WITHDRAWN
HARVARD LIBRARY
WITHDRAWN

Hans-Jürgen Prien

Die Geschichte des Christentums
in Lateinamerika

HANS-JÜRGEN PRIEN

Die Geschichte des Christentums in Lateinamerika

Mit 7 Abbildungen und 2 Karten
im Text sowie 1 Faltkarte

VANDENHOECK & RUPRECHT
IN GÖTTINGEN

Monika,
meinen Studenten in Brasilien
und meinen Freunden
in Lateinamerika

CIP-Kurztitelaufnahme der Deutschen Bibliothek
Prien, Hans-Jürgen
Die Geschichte des Christentums in Lateinamerika. -
Göttingen: Vandenhoeck und Ruprecht, 1978.
ISBN 3-525-55357-9

© Vandenhoeck & Ruprecht, Göttingen 1978. – Printed in Germany. –
Ohne ausdrückliche Genehmigung des Verlages ist es nicht gestattet,
das Buch oder Teile daraus auf foto- oder akustomechanischem Wege
zu vervielfältigen. – Satz und Druck: Gulde-Druck, Tübingen. –
Bindearbeit: Hubert & Co., Göttingen

Inhalt

Einleitung

1	Zielsetzung und Methode	17
2	Lateinamerika	23
3	Der Stand der Forschung	26
4	Zur Periodisierung	29

1 *Die völkischen, kulturellen und religiösen Ausgangspunkte Lateinamerikas*

11	Die Ureinwohner der Neuen Welt	33
111	Die Problemstellung	33
112	Die Herkunft der ‚amer-indios'	34
113	Die indianischen Kulturphasen	35
1131	Die Paläo-Indianische Periode	35
1132	Die Meso-Indianische Periode	36
1133	Die Neo-Indianische Periode	36
11331	Einfache Ackerbauvölker zur Zeit der Conquista	38
11332	Die Völker der intermediären Kulturstufe	39
11333	Die Völker der Stufe der Hochkulturen	40
114	Grundzüge der Religionen des Alten Amerika	47
1141	Die Religion der Jäger-, Fischer-, Sammler- und Ackerbauvölker Südamerikas	47
1142	Die Religion der Völker der intermediären Kulturstufe	51
1143	Die Religion der Hochkulturvölker	52
11431	Zur Religion der Chibcha	52
11432	Zur Religion der Inka	52
11433	Zur Religion Meso-Amerikas	55
12	Der Zusammenstoß zwischen der iberischen und den amerindischen Zivilisationen	58
121	Die iberische Zivilisation	58
122	Die Entdeckung und Eroberung der Neuen Welt	64
123	Der kulturell-religiöse Zusammenstoß	73

2 *Die Entwicklung des lateinamerikanischen Christentums im Zeichen des Modells der „Christenheit"*

21	Kolonisation und Mission — Kolonialkirche und Missionskirche: Der Versuch, das Unvereinbare zu vereinen	79

211	Zum Kontext der Kirche in der Kolonialzeit: Einwanderung — Bevölkerungsentwicklung — Kolonialverwaltung und Kolonialwirtschaft	79
2111	Zur Bevölkerungs-, Besiedlungs- und Gesellschaftsgeschichte	79
2112	Die Kolonialverwaltung	93
2113	Die Wirtschaftsstrukturen der Kolonialzeit	99
212	Der Aufbau der kirchlichen Organisation in Amerika	106
2121	Die Diözesanorganisation	106
2122	Die Kirche als Werkzeug und Gefangene des monarchisch-absolutistischen Staates	123
21221	Die historische Genesis des kolonialen Staatskirchentums	124
21222	Das Ausmaß der staatlichen Eingriffe in das Leben der Kirche Amerikas	128
2123	Die Arbeitsfelder der religiösen Orden	138
21231	Die männlichen Orden	138
212311	Franziskaner	142
212312	Dominikaner	145
212313	Augustinereremiten	147
212314	Merzedarier	148
212315	Hieronymiten	150
212316	Jesuiten	151
212317	Kapuziner	156
212318	Barfüßige Karmeliter	157
212319	Spitalorden	158
212320	Sonstige Orden	159
21232	Weibliche Kongregationen	160
22	**Der kolonialethische Hintergrund der Mission**	165
221	Der Kampf um die Menschenrechte der Indianer	165
2211	Das Indianerbild der Spanier und Portugiesen	165
2212	Kolonialpolitik und Kolonialethik	168
22121	Im spanischen Bereich	169
22122	Im portugiesischen Bereich	183
222	Die Negersklaverei	192
223	Die Entstehung des landwirtschaftlichen Großgrundbesitzes als kolonialethisches Problem	200
23	**Mission als Hispanisierung: Das Scheitern einer indianischen Kirche**	204
231	Menschenbildung und Mission	204
2311	Mission	205
23111	Die Kontakt- und Verständigungsmethoden	205
23112	Die Missionsmethoden	207
231121	Die friedliche Missionsmethode	207
231122	Mission durch die Anwendung militärischer, ziviler und kirchlicher Zwangsmethoden	209
2312	Menschenbildung bzw. Hispanisierung	211
23121	Die Problemstellung	211
23122	Die gesellschaftliche Bildung der Indianer durch Reduktionen	215

231221	Die ersten Reduktionsversuche — die antillanische Periode (1503—1530)	215
231222	Die Gründung von Reduktionen auf dem Festland (1530—48)	215
231223	Die definitive Phase der Reduktionen (ab 1548)	216
231224	Die ‚aldeias' in Brasilien	217
	Bilder aus der ‚Nueva corónica y buen gobierno' des Inka Guamán Poma de Ayala von 1614	221
2313	Missionstechniken	229
23131	Die Wandermission	229
23132	Pueblos Hospitales de Santa Fe	231
23133	Die ‚encomienda-doctrina'	232
23134	Missionen	232
2314	Mission durch Schaffung einer „christlichen" Umwelt	233
2315	Theorie und Praxis der Indio-Mission	234
232	Die Beteiligung der amerikanischen Bevölkerung am missionarischen und kirchlichen Dienst	245
2321	Die Rolle der Laien	245
2322	Das Problem der Schaffung eines einheimischen Klerus	247
23221	Von der Eroberung bis Mitte des 16. Jahrhunderts	250
23222	Die zweite Hälfte des 16. und das 17. Jahrhundert	251
23223	Das 18. Jahrhundert und die Aufklärung	254
233	Die Folgen des Tridentinums und der Junta Magna	255
2331	Die Rezeption des Tridentinums in Lateinamerika und seine Auswirkungen auf die Entwicklung der Kirche	255
2332	Die Folgen der Junta Magna von 1568	260
24	**Die jesuitischen Reduktionen in Paraguay — ein Versuch, Mission als Rettung des ganzen Menschen in einer kolonialen Enklave zu praktizieren**	262
241	Die Entwicklung der kolonialen und kirchlichen Situation in der Provinz Paraguay bis Anfang des 17. Jahrhunderts	262
242	Zur Vorgeschichte und zum Beginn der Arbeit der Jesuiten in Paraguay	265
243	Der Aufbau der Jesuitenreduktionen in der Provinz Paraguay	269
2431	Guaycurú	269
2432	Paraná	270
2433	Guayrá	270
2434	Uruguay und Tape	275
244	Krise und Konsolidierung der Paraguay-Reduktionen (1628—1650)	277
245	Zwischen Paternalismus und sozialer Strukturveränderung	282
2451	Die rechtlichen Grundlagen der Reduktionen	282
2452	Die Jesuitenreduktionen im gesamtkirchlichen Kontext	285
2453	Der Alltag in den Reduktionen: Sozialreform und Mission	287
25	**Formen der Frömmigkeit im Kolonialzeitalter**	291
251	Problemstellung	291
252	Der patriarchalische Katholizismus	294
253	Das Spektrum des Volkskatholizismus	301

254	Bruderschaften und Zünfte als Ausdruck des Volkskatholizismus und der gesellschaftlichen Kontrolle	316
255	Amerindisch-christliche Religiosität	319
2551	Das Problem des amerindisch-christlichen Synkretismus . .	319
2552	Messianische Bewegungen	323
25521	Autochthone indianische Messianismen	324
25522	Synkretistische messianische Bewegungen	325

3 Die Krise der lateinamerikanischen „Christenheit" im Zeitalter von Aufklärung und politischer Emanzipation

31	Die Aufklärung in Lateinamerika	327
311	Aspekte der Aufklärung im spanischen und portugiesischen Kolonialgebiet	327
3111	Das Vordringen der Aufklärung nach Lateinamerika	327
3112	Die eklektizistische Rezeption der Aufklärung	330
312	Die Inquisition in Lateinamerika	333
3121	Die Ausbildung der Inquisition in den amerikanischen Kolonien	333
3122	Ziele und Verfahrensweise der Inquisition in Amerika . . .	335
3123	Inquisition und Aufklärung	341
313	Das Tribunal des hl. Kreuzzuges (Santa Cruzada)	344
314	Die Reformen des aufgeklärten Absolutismus	345
3141	Wirtschaft, Verwaltung und Militärwesen	345
3142	Kirche und Staat im Zeichen des Regalismus des 18. Jahrhunderts	347
31421	Kennzeichen des Regalismus	348
31422	Die Vertreibung der Jesuiten aus Brasilien im Jahre 1759 . .	350
31423	Die Vertreibung der Jesuiten aus Spanisch-Amerika im Jahre 1767	352
3143	Erziehungswesen und Aufklärung	356
315	Aufklärung und Unabhängigkeit	363
32	Unabhängigkeitskampf und Kirche. Der Zusammenbruch der lateinamerikanischen Patronatskirche im Zeitalter der kreolisch-oligarchischen Emanzipation	368
321	Revolutionäre Vorspiele der Unabhängigkeitskriege	368
3211	In Spanisch-Amerika	368
3212	In Brasilien	371
322	Emanzipation und Kirche	376
3221	Französisch-Haiti	376
3222	Ibero-Amerika (1807—1824)	377
32221	Das politische und militärische Panorama Ibero-Amerikas im Zusammenhang mit dem der Alten Welt	377
32222	Gesellschaftspolitische Aspekte der Emanzipation	385
32223	Christen und Revolution	388
32224	Der strukturelle Zustand der Kirche am Ende der Befreiungsepoche	395

4 Kirche und Gesellschaft zwischen Restauration und Säkularisation. Infragestellung und Abbau des traditionellen Modells der lateinamerikanischen „Christenheit" durch die Kräfte von Liberalismus und Protestantismus

41	Das Christentum als Faktor im Kampf von Konservativen und Altliberalen und eine neue Staatsordnung	401
411	Staatsbildung, Demokratie und Christentum	401
412	Kirchliche Restauration unter staatlicher Vormundschaft im wechselnden Kräftespiel von Liberalen und Konservativen . .	408
4121	Das Verhältnis Roms zu den unabhängigen Staaten	408
4122	Die Rolle des Protestantismus	420
41221	Das Vordringen des Protestantismus nach Lateinamerika . .	420
41222	Die kirchliche und gesellschaftliche Herausforderung durch den Protestantismus	422
4123	Überblick über die staats-kirchliche Entwicklung in den einzelnen Ländern	423
41231	Brasilien – Das Kaiserreich (1882–1889)	423
41232	Argentinien (1816–1852)	433
41233	Uruguay (1828–1872)	440
41234	Paraguay (1811–1870)	444
41235	Chile (1818–1865)	448
41236	Bolivien (1825–1883)	452
41237	Peru (1825–1883)	456
41238	La República de la Gran Colombia (1819–1830)	464
412381	Ekuador (1830–1895)	465
412382	Nueva Granada bzw. Colombia (1830–1880)	473
412383	Venezuela (1830–1899)	479
41239	Zentralamerika (1823–1871)	489
41240	Mexiko (1821–1876)	494
4124	Der Streit um Reichtum, wirtschaftliche und gesellschaftliche Macht der Kirche als Kern des Kirchenkampfes im 19. Jahrhundert	506
42	Kirche und Gesellschaft im Zeitalter von Spätliberalismus und Szientismus	511
421	Der geistesgeschichtliche und sozio-ökonomische Hintergrund	511
4211	Die Hauptprobleme des Zeitalters von Spätliberalismus und Szientismus	511
4212	Die lateinamerikanische Rezeption von Szientismus und Positivismus	516
4213	Liberale und positivistische Wirtschaftspolitik und die sozio-ökonomische Entwicklungsproblematik Lateinamerikas . . .	524
422	Religiöse und kirchliche Hauptprobleme des Zeitalters der Säkularisierung (1880–1964)	528
4221	Die kirchliche Entwicklung im Zeichen der Privatisierung der Frömmigkeit (ca. 1880 bis 1930)	528

4222	Innerkirchliche Konsolidierung und Betonung des kirchlichen Öffentlichkeitsauftrages (1930–1964)	534
423	Überblick über die Entwicklung von Kirche, Staat, Gesellschaft und Wirtschaft in den einzelnen Ländern	541
4231	Brasilien (1889–1964)	541
42311	Die Revolution von 1889 und die Rolle der Militärs in der brasilianischen Politik	451
42312	Sklavenemanzipation und Rassenideologie	543
42313	Die Einwanderung: Vom Sklavenersatz über die Rassenverbesserung zur pluralistischen Gesellschaft	548
42314	Die Trennung von Staat und Kirche	550
42315	Die klerikale Restauration der römischen Kirche (1890–1960)	553
42316	Innere Probleme der katholischen Restauration	558
42317	Das Verhältnis von Staat und Kirche (1890–1964)	562
4232	Argentinien (1852–1976)	573
42321	Die Begründung des modernen Argentinien (1852–1916) . . .	573
42322	Gesellschaftskrise und Kirche (1916–1976)	584
4233	Uruguay (1873–1976)	592
4234	Paraguay (1871–1977)	598
4235	Chile (1866–1970)	604
42351	Chile 1866–1925	605
42352	Der sozialpolitische Sensibilisierungsprozeß der chilenischen Christen im 20. Jahrhundert	611
4236	Bolivien (1884–1935)	618
4237	Peru (1885–1968)	624
42371	Positivismus und wirtschaftliche Entwicklung (1885–1919) .	624
42372	Peru auf der Suche nach seiner Identität (1919–1968) . . .	628
4238	Ekuador (1895–1972)	636
42381	Die Herrschaft der Spätliberalen (1895–1925)	636
42382	Der Kampf des Kleinbürgertums um soziale Emanzipation (1925–1948)	641
42383	Die neokonservative Periode im Zeichen des wirtschaftlichen und politischen Aufstiegs der neuen Mittelschicht (1948–1960) und der Krise der neokonservativen Politik nach dem Ende des Bananenzyklus (1961–1972)	644
4239	Kolumbien (1880–1974)	651
42391	Die Renaissance von Konservativismus und Klerikalismus (1880–1930)	651
42392	Halbherzige Reformen und der Ausbruch der ‚violencia' (1930–1957)	659
42393	Die Epoche der Nationalen Front (1957–1974)	670
4240	Venezuela (1899–1974)	676
42401	Messianismus und Positivismus	676
42402	Festigung des venezolanischen Staatswesens und wirtschaftliche Entwicklung im Zeichen des Kapitalismus	680
42403	Kirche und Politik von Gómez bis Caldera (1908–1974) . .	686
4241	Zentralamerika	696
42411	Die politische und sozio-ökonomische Entwicklung (1871–1945)	696
42412	Die kirchliche Entwicklung	703

42413	Kirche und Entwicklungsproblematik: Der Fall Guatemala (1944—1976)	709
4242	Mexiko (1876—1911)	720
42421	Der Aufbau des Porfiriato	720
42422	Die Rolle des Positivismus	722
42423	Das Verhältnis von Staat und Kirche während des Porfirismo	725
42424	Das Wiedererstarken der katholischen Kirche	726
42425	Der Antagonismus von Kirche und Staat auf dem Gebiet des Erziehungswesens	728
42426	Die Ausweitung des Großgrundbesitzes und die Proletarisierung der Landbevölkerung	730
42427	Die industrielle Ausbeutung von Bodenschätzen und Menschen	735
42428	Die Stellung der Kirche zu den sozio-ökonomischen Problemen	737
43	**Die Entwicklung der protestantischen Kirchen in Lateinamerika in der Schlußphase des konfessionellen Zeitalters: 1807—1964**	742
431	Die Rolle der Bibelgesellschaften	742
432	Die Rolle der protestantischen Auslandsgemeinden	748
433	Die deutschen Einwandererkirchen	753
4331	Einwanderung, Bekenntnisstand, Volkstum	753
4332	Die Evangelische Kirche lutherischen Bekenntnisses in Brasilien (EKLBB)	759
4333	Die Arbeit der Missouri-Synode in Lateinamerika	767
4334	Die Evangelische Kirche des La Plata (Iglesia Evangélica del Río de la Plata) (IERP)	774
4335	Evangelisch-Lutherische Kirche in Chile (ELKC)	782
434	Protestantische Kirchen angelsächsischer Tradition in Lateinamerika	794
4341	Das Problem der protestantischen Mission in Lateinamerika	794
43411	Lateinamerika-Bild und Motivation des Missionsprotestantismus	794
43412	Selbstverständnis und Wesen des Missionsprotestantismus	800
4342	Die Entwicklung der protestantischen Mission angelsächsischer Tradition in Lateinamerika	804
43421	Mexiko	804
434211	Die Anfänge des Protestantismus und der Gemeindebildung	804
434212	Überblick über die Entwicklung der angelsächsischen Denominationen in Mexiko	810
434213	Grundsätzliche Probleme der Evangelisationsarbeit der historischen angelsächsischen Denominationen in Mexiko	815
43422	Brasilien	819
434221	Die Überwindung der Identifizierung des religiösen Systems der gesellschaftlichen Organisation mit der römisch-katholischen Kirche	820
434222	Der brasilianische Katholizismus und die Botschaft der Reformation	822

434223	Denominationelle Mission und protestantische Identität . .	825
43423	Protestantismus und sozio-kultureller Wandel in Lateinamerika	837

44 Volksreligiosität und enthusiastische Frömmigkeit im 19. und 20. Jahrhundert 844

441	Messianische Bewegungen	844
4411	Ländliche messianische Bewegungen	844
4412	Städtische messianische Bewegungen	848
442	Die gesellschaftspolitische Funktionalität der Volksfrömmigkeit	849
443	Neue Formen enthusiastischer Frömmigkeit	856
4431	Die Pfingstkirchen	857
44311	Zum theologie- und frömmigkeitsgeschichtlichen Hintergrund der nordamerikanischen Pfingstbewegung	857
44312	Die Entstehung und Ausbreitung der Pfingstbewegung in Lateinamerika	858
44313	Zur Theologie, Ethik und Frömmigkeit der Pfingstler . . .	864
44314	Soziologische Überlegungen zur Pfingstbewegung	870
44315	Pfingstfrömmigkeit als autochthone Form protestantischer Frömmigkeit in Lateinamerika?	871
4432	Pfingstfrömmigkeit innerhalb der historischen Kirchen . . .	872
444	Exkurs: Animistisch-spiritistische Frömmigkeitsformen im christlichen Umfeld	875
4441	Die Ausbreitung des Hochspiritismus	876
4442	Afro-amerikanische Kulte und niederer Spiritismus	878

5 Das Christentum im Zeitalter des Ökumenismus und der Krise der oligarchischen Nationalstaaten im Entwicklungskonflikt

51	Die Konfrontation der Kirchen mit der Lateinamerikanischen Wirklichkeit und der Notwendigkeit der überregionalen und ökumenischen Zusammenarbeit	885
511	Die Entwicklung der überregionalen Zusammenarbeit innerhalb der römischen Kirche Lateinamerikas	885
5111	Vom Lateinamerikanischen Plenarkonzil bis zur Gründung nationaler Bischofskonferenzen	885
5112	Von der Gründung der Lateinamerikanischen Bischofskonferenz (CELAM) bis zum Vatikanum II	890
512	Vom Vatikanum II bis Medellín	893
5121	Die Herausforderung der lateinamerikanischen Kirche durch das zweite Vatikanische Konzil	893
5122	Die lateinamerikanische Rezeption des Vatikanum II in Medellín (1968)	898
513	Die überregionale und kontinentale Zusammenarbeit konfessionsgleicher protestantischer Kirchen: Das Beispiel der Lutheraner	906
514	Die regionale und kontinentale interkonfessionelle Zusammenarbeit protestantischer Kirchen	914

5141	Die interkonfessionale protestantische Zusammenarbeit von Panamá bis Whitby (1916—1947)	914
5142	Die interkonfessionelle protestantischen Zusammenarbeit in Lateinamerika 1948—1961: Von der Gründung des Ökumenischen Rates der Kirchen (ÖRK) bis zum Vatikanum II . . .	924
515	Kirchliche Zusammenarbeit in Lateinamerika im Zeitalter des Ökumenismus	927

52 Kirche — Abhängigkeit — Befreiung 935

521	Die Haltung der Kirchen in sozialrevolutionären Prozessen . .	935
5211	Die Mexikanische Revolution	936
52111	Die Phasen Maderos und der Konstitutionalisten: 1910—1920	936
521111	Politische Aspekte	936
521112	Das Verhältnis von Kirche und Staat	942
52112	Vom Antiklerikalismus zum Totalitarismus (1920—1935) . .	952
52113	Überblick über die Weiterentwicklung der Mexikanischen Revolution bis zur Gegenwart	964
52114	Kirchen und Revolution im heutigen Mexiko	969
5212	Die Bolivianische Revolution	973
52121	Die Vorgeschichte (1936—1952)	973
52122	Der sozial-revolutionäre Prozeß 1952—1964	975
52123	Das Abgleiten des MNR in die Reaktion: Barrientos (1964—1969)	982
52124	Die Rückkehr zum nationalistischen Reformkurs: Ovando bis Torres (1969—1971)	985
52125	Der Rückfall in die Rechtsdiktatur — Bolivien unter Banzer (1971—?)	991
5213	Die Kubanische Revolution	995
52131	Die Vorgeschichte	995
52132	Die Kubanische Revolution (1953—1959)	1006
52133	Die Haltung der Kirchen während des Aufstandes gegen Batista	1008
52134	Die Haltung der Kirchen in der Anfangsphase der revolutionären Regierung (Januar—Dezember 1959)	1009
52135	Dissens und Konfrontation von Kirche und Staat (Dezember 1959—September 1961)	1011
52136	Die Suche nach der kirchlichen Identität: Zwischen Ghettokirche und Kirche für das neue Kuba	1018
522	Von der Abhängigkeit zur Befreiung: Auf der Suche nach einer kontextualen Theologie — programmatische Entwürfe einer „Theologie der Befreiung"	1026
523	Christliche Optionen in den sozial-revolutionären Befreiungsprozessen von Peru und Chile	1041
5231	Der sozial-revolutionäre Prozeß in Peru ab 1968	1041
5232	Der sozial-revolutionäre Prozeß in Chile 1970—73	1057

53 Die Krise der missionarischen Identität der Kirche 1063

531	Der Priestermangel als Ausdruck der Strukturkrise der römisch-katholischen Kirche	1063

5311	Der Begriff des „Priestermangels"	1064
5312	Zahlenmäßige Stärke und Herkunft des Klerus	1066
5313	Der einheimische Priesternachwuchs	1074
5314	Die Rolle der ausländischen Mitarbeiter	1076
5315	Historische Gründe für die Strukturkrise der römischen Kirche	1082
5316	Soziologische Analyse der Krise des Priesteramtes in der nachkonziliaren Situation	1088
532	Wege zur Überwindung der Strukturkrise in der römisch-katholischen Kirche	1092
5321	Wege zur Überwindung des Mangels an seelsorgerlich tätigen Priestern	1092
5322	Versuche zur Überwindung der statischen parochialen Struktur	1095
53221	Überblick über die vorkonziliaren Laienbewegungen in Lateinamerika	1096
53222	Die Christenheitskurse	1098
53223	Die Basisgemeinden	1109
533	Ansätze zur theologischen Aufarbeitung der Krise der missionarischen Identität innerhalb der römisch-katholischen Kirche	1117
534	Die Krise der missionarischen Identität des Protestantismus	1128
5341	Die ‚Church Growth'-Strategie	1129
5342	Die Missionsstrategie von ‚Evangelism in Depth'	1133
5343	Die Suche nach missionarischer Identität angesichts der Herausforderungen durch den Ökumenismus und die sozio-politische Krise Lateinamerikas	1140
535	Die Identitätskrise des kirchlichen Erziehungswesens	1153
536	Indianermission heute: Integration oder Befreiung?	1161
5361	Rückblick auf den Neuaufbau der Indianermission im 19. und 20. Jahrhundert	1161
5362	Die gegenwärtige Diskussion über die Indianermission	1169

Verzeichnis der Abbildungen, Karten, Tabellen und Statistiken . 1179

Abkürzungsverzeichnis 1180

Literaturverzeichnis 1188

Bibelstellenregister 1244

Personenregister 1245

Sachregister 1265

Abgeschlossen: Mai 1977

Vorwort

Seit ich 1954 meine Lehre im Außenhandel in Hamburg begann, habe ich mich mit Lateinamerika beschäftigt. Meine firmenleitende Tätigkeit in El Salvador (1958—61) vermittelte mir die Landeskenntnis Zentralamerikas und Mexikos, erlaubte mir Einblicke in die Entwicklungsproblematik und gab mir die Gelegenheit zum Studium der indianischen Kulturen Mesoamerikas, das ich ab 1961 neben dem Theologiestudium in Deutschland fortsetzte. Die Berufung auf einen Lehrstuhl für Kirchen- und Dogmengeschichte an der Theologischen Fakultät der Evangelischen Kirche Lutherischen Bekenntnisses in Brasilien in São Leopoldo im Jahre 1969 versetzte mich aus der Wirklichkeit einer deutschen Auslandsgemeinde in San Salvador in die Wirklichkeit einer deutschen Einwandererkirche in Brasilien, zwang mich, Lateinamerika mit den Augen eines protestantischen Theologen von einem ganz anderen geographischen Standort in einer neuen Phase des Entwicklungskonflikts zu studieren. Der Mangel an einem geeigneten kirchengeschichtlichen Handbuch über Lateinamerika, der sich bald im Unterricht zeigte, führte zu dem Gedanken an die Ausarbeitung eines geschichtlichen Aufrisses, zu der mich Ende 1970 mein Lehrer Prof. Dr. Bernhard Lohse ermutigte. Die jahrelange intensive Lehr- und Forschungsarbeit ließ daraus das vorliegende umfangreiche Werk werden.

Die Verwirklichung dieses schwierigen und langwierigen Projektes wäre ohne wertvolle Unterstützung von vielen Seiten nicht möglich gewesen. Mein Dank gilt der Kirchenleitung der EKLBB für ihre freundliche Förderung, dem Kirchlichen Außenamt der EKiD für Ermunterung, finanzielle Hilfen bei den Forschungsreisen in Lateinamerika und die Gewährung eines einjährigen Forschungsstipendiums zusammen mit dem Rat der EKiD. Zu danken habe ich weiter vielen Auslandspfarrern in Lateinamerika, die mich auf meinen Reisen bereitwillig aufgenommen und unterstützt haben, meinem Studenten René Krüger aus Paraguay, der mir bei Archivstudien geholfen hat und inzwischen Pfarrer in Argentinien ist, den Herren Dr. Ulrich Duchrow und Gerd Decke von der Studienabteilung des Lutherischen Weltbundes für ihre beratende Begleitung, meinen Lehrern Prof. Dr. B. Lohse und Prof. Dr. Inge Buisson für hilfreiche Gespräche und kritische Lektüre von Teilen des Entwurfs. Außerdem bin ich Herrn Prof. Dr. J. Specker, dem Herausgeber der NZM in Immensee, für die Lektüre und Bewertung eines großen Teils des Manuskripts zu Dank verpflichtet. Mein besonderer Dank gilt auch den unermüdlichen Helfern bei der Korrektur: Herrn Prof. Dr. Hans-Karl Schneider vom Romanischen Seminar der Universität Hamburg, meiner Tante Marie-Luise von Knobelsdorff, meiner ehemaligen brasilianischen Studentin Frau Pastor Elisabeth Moltmann und meinem Freund Dr. Herbert Nissen. Nicht zuletzt gebührt mein Dank Frau

Gertrud Chappuzeau M. A. im Verlag Vandenhoeck & Ruprecht für ihre freundliche und umsichtige redaktionelle Bearbeitung.

Ohne die Geduld meines Verlegers, der die Wandlung und Ausweitung dieser Untersuchung verständnisvoll begleitet hat, ohne die Freundlichkeit meines Kirchenvorstandes und meiner Kollegen im Pfarramt St. Nikolai zu Finkenwerder, die es lange ertragen haben, daß ich meine Arbeitskraft nicht gänzlich der Gemeinde widmen konnte, ohne die Hilfsbereitschaft besonders meines Amtsbruders Alfred Großnick, der mir manche Amtshandlung abgenommen hat, und ohne die großzügigen Druckkostenzuschüsse der Evang.-Luth. Kirche im Hamburgischen Staate und der Vereinigten Evangelisch-Lutherischen Kirche Deutschlands wären die Fertigstellung und der Druck dieser Arbeit nicht möglich gewesen. In meinen Dank an alle Genannten und manche Ungenannten möchte ich noch einschließen den letzten Präsidenten des Hamburger Landeskirchenamtes, Herrn Dr. Dietrich Katzenstein, der mich schon bei seinem Besuch in Brasilien zur Weiterarbeit ermuntert hat, Herrn OKR Dr. Wolfram Conrad vom Hamburger Landeskirchenamt und Herrn OKR Dr. Lutz Mohaupt vom Lutherischen Kirchenamt in Hannover, die sich nachhaltig um Druckkostenzuschüsse bemüht haben.

Hamburg, im Mai 1977   Hans-Jürgen Prien

Einleitung

1 Zielsetzung und Methode

Wie durch den Titel „Geschichte des Christentums in Lateinamerika" angedeutet, geht es bei dieser Untersuchung um den Versuch, die Grundlinien der Kirchengeschichte der Neuen Welt im Spannungsfeld der gesellschaftlichen, politischen, wirtschaftlichen und kulturellen Strukturen der verschiedenen Epochen aufzuzeigen.

Das Interesse für die geschichtlichen Implikationen der Ökonomie ergibt sich aus der längeren Tätigkeit des Verfassers im Außenhandel (1954—1961). Seine Fächerkombination im Studium, Theologie mit besonderem Nachdruck auf Kirchengeschichte, Profangeschichte und Amerikanistik war bereits von dem Gedanken geleitet, daß die Kirchengeschichte nur im gesamtgeschichtlichen Kontext recht erfaßbar sei. In diesem Sinne nahm er auch 1969 seine Lehr- und Forschungstätigkeit an der Theologischen Fakultät der ‚Igreja Evangélica de Confissão Luterana no Brasil' in São Leopoldo auf und bemerkte in seiner Antrittsvorlesung: „Weniger als je zuvor darf ... die Kirchengeschichte zu einer innerfachlichen, bzw. innerkirchlichen Nabelschau ausarten, die den ‚Sitz im Leben' der Kirche in den jeweiligen Sozial- und Gesellschaftsstrukturen und die sich daraus ergebende Wechselwirkung zwischen Kirche und Gesellschaft außer acht läßt."[1] Unter diesem Blickwinkel nahm er 1970 die vorliegenden Forschungsarbeiten auf.

Die Tatsache, daß der Vf. nach seiner Tätigkeit in Zentralamerika in den Jahren 1958 bis 1961 bei den vorliegenden Forschungsarbeiten von 1969 bis 1973 zum zweiten Mal in die Neue Welt übersiedelte, erleichterte es ihm, die eurozentrische Betrachtungsweise der Geschichte zu überwinden und seinen Standpunkt in Lateinamerika selbst zu beziehen. Das zeigt sich u. a. in der Anlage von Teil 1, der von den Ureinwohnern Amerikas, ihren Kulturen und Religionen ausgeht und dann nach einer kurzen Schilderung der luso-spanischen Kultur und der endgültigen „Entdeckung" des vierten Kontinents für die Europäer den kulturell-religiösen Zusammenstoß darstellt, der dazu führte, daß Amerika und seine Ureinwohner sowohl politisch wie kirchlich, kulturell und wirtschaftlich zu einem kolonialen Anhängsel der Alten Welt wurden. Dieser Problematik werden Darstellungen nicht gerecht, die die amerikanische Kirchengeschichte einerseits als einen sekundären Nebenschauplatz der zentralen abendländischen Kirchengeschichte betrachten und andererseits kontextual isolieren als „Geschichte der Theologie, der Frömmigkeit und des Kultus, der geistlichen Institutionen, der Kirchenpolitik"[2].

[1] Prien 1969, 84. In demselben Sinne bemerkt Methol 1968, 70: „Sicher, die Kirche überschreitet Lateinamerika und schließt es ein. Aber gleichzeitig ist die sichtbare Kirche Teil der Geschichte Lateinamerikas. Sie umfassen und durchdringen sich gegenseitig in verschiedenem Sinne. Es wäre sehr komplex, jene doppelte und doch selbige Geschichte Lateinamerikas und der Kirche zu schreiben. Streng genommen überschreitet ein solches Vorhaben den Menschen."
[2] Vgl. das Vorwort Bernd Moellers zu seiner „Geschichte des Christentums", Göt-

Der Gesichtspunkt der Abhängigkeit, der in der lateinamerikanischen soziologischen Fachdiskussion in den letzten Jahren zur Dependenztheorie weiterentwickelt worden ist, wurde dem Vf. zuerst von seinem soziologischen Kollegen Manfredo Berger nahegebracht. In der lateinamerikanischen Soziologie haben wie in der Theologie bis in die jüngste Gegenwart hinein europäische und nordamerikanische Theorien und Modelle eine beherrschende Stellung innegehabt. Wissenschaftliches Niveau, universelle Gültigkeit der Normen und Werte wissenschaftlichen Arbeitens und die Ausdehnung der systematisch-empirischen Forschung bezeichneten die wissenschaftstheoretischen Positionen der Soziologen in Lateinamerika wie in den USA oder Westeuropa. Von den universellen Regeln der wissenschaftlichen Methode ausgehend soll die soziologische Arbeit in den einzelnen Staaten Lateinamerikas soziologisches Wissen über deren Gesellschaften liefern und damit zugleich einen Beitrag zur Entwicklung der allgemeinen soziologischen Theorie leisten. Diese Position führt indes dazu, daß Methoden, Theorien und Begriffe „vorfabriziert" übernommen werden und mit ihnen der jeweilige nationale Kontext vom ausländischen Blickwinkel her interpretiert wird.

Da eine Reziprozität zwischen Wissenschaft und Wirklichkeit besteht, bringt eine koloniale Wirklichkeit eine koloniale Wissenschaft bzw. eine abhängige Situation auch eine abhängige Soziologie hervor. Eine importierte „Konserven-Soziologie" erweist sich also als unfähig, zur Überwindung der Dependenzsituation Lateinamerikas beizutragen. Der brasilianische Soziologe Ramos ist seit Ende der fünfziger Jahre ein Exponent jener Gruppe lateinamerikanischer Wissenschaftler, die sich der Dependenzsituation bewußt geworden sind und versuchen, sich über die historischen und ideologischen Voraussetzungen ihrer Arbeit klarzuwerden. Ramos schlägt zur Veränderung dieser Situation vor, der wörtlichen und passiven Übernahme importierter wissenschaftlicher Produktion eine kritische Assimilation gegenüberzustellen. Dieses methodische, systematische und kritische Verhalten nennt er die „soziologische Reduktion". Dieser Begriff läßt sich im allgemeinen Sinne definieren als „Beseitigung alles dessen, was durch seinen zusätzlichen und sekundären Charakter die Absicht, das Wesentliche eines Faktums zu verstehen und zu erreichen, stört". Reduktion läßt sich im engeren Sinne soziologisch definieren als „ein methodisches Verhalten, das die jeweiligen historischen (referentiellen) Voraussetzungen der Objekte und der Faktoren der sozialen Wirklichkeit zu entdecken versucht". „Die soziologische Reduktion beschränkt sich" also „nicht auf die Soziologie", sondern empfiehlt sich in einer dependenten Situation für jedwede Wissenschaft als „Methode der kritischen Assimilation" der ausländischen Produktion und als ein „parenthetisches" Verhalten, „d. h. als eine kulturelle Vorbereitung des Individuums, die es befähigt, die umfassenden Bedingungen, die gegen sein freies und autonomes Handeln und Denken wirken, zu überschreiten"[3].

Ramos ist hier nur ein Beispiel, an dem verdeutlicht werden soll, daß bei einer Soziologie, die dependenzüberwindend wirken will, eine enge Beziehung

---

tingen 1965, der sich die Überwindung einer solchen Isolation der Kirchengeschichte zum Ziel gesetzt hat. Kurz vor der Drucklegung dieser Untersuchung fiel dem Vf. Gensichens Ende 1976 erschienener Aufsatz „Kirchengeschichte im Kontext" in die Hand, in dem er unter dem Stichwort Kontextualität der Historiographie ähnliche Überlegungen anstellt, aber den Gesichtspunkt der Dependenz übersieht oder bewußt ausklammert.

[3] Ramos 1957 und 1967 zitiert nach Berger 1972, 397ff.

zwischen gesellschaftlichem Prozeß und soziologischem Wissen besteht. Denn „einerseits nehmen die Sozialwissenschaftler die Veränderung der Gesellschaftsstruktur und deren Folgen wahr, andererseits stellt die Gesellschaft Forderungen an die Sozialwissenschaftler, Lösungen für bestimmte Probleme zu finden ... Dieser Trend zum Engagement und der blühende Aufschwung dieser systemüberwindenden Soziologie wurde" 1964 in Brasilien „gestoppt, als diese Soziologie als subversiv und zum Feind der Interessen der (brasilianischen) Nation erklärt wurde. Auf nationaler Ebene gehindert, hat sich diese Soziologie ‚lateinamerikanisiert' und auf dieser Ebene einen fruchtbaren Boden zur Weiterentwicklung gefunden"[4].

Die lateinamerikanische Soziologie wird hier deshalb so ausführlich erwähnt, weil sie die entscheidenden Schrittmacherdienste für eine theologische Selbstbesinnung geleistet hat[5]. Ohne die Anstöße der Soziologie wäre der heute unter dem Begriff „Theologie der Befreiung" bekannte Versuch der Entwicklung einer situationsbezogenen autochthonen lateinamerikanischen Theologie undenkbar! Die Kirchengeschichtsschreibung Lateinamerikas kann heute an den soziologischen Erkenntnissen nicht vorübergehen. Ein Kirchenhistoriker wie der Argentinier Dussel erkennt das in seiner „Historia de la iglesia en américa latina" (1972) an:

„Menschsein bedeutet in Lateinamerika, im kolonialen oder neokolonialen Amerika seit jeher beherrscht, unterdrückt zu sein. Ontologisch leidet der amerikanische Mensch daran, ein Benachteiligter, ein minderes Wesen, ein irgendwie Versklavter zu sein (sei es der Indianer im Hinblick auf den Kommendenbesitzer, sei es der Kreole im Hinblick auf den Spanier, sei es der koloniale Spanier im Hinblick auf den metropolitanischen Spanier, sei es das lateinamerikanische Volk oder Oligarchie im Hinblick auf Europa und Nordamerika...", sei es, so könnte man hinzufügen, die Masse der Bevölkerung im Hinblick auf die nationalen Oligarchien[6].

Um den Preis der Verkennung der geschichtlichen Zusammenhänge kann die Kirchengeschichtsschreibung Lateinamerikas diese Situation nicht außer acht lassen, ob man sie nun wie Dussel mit den Begriffen Beherrschung und Unterdrückung oder mit soziologischen Begriffen wie Unterentwicklung oder Dependenz bezeichnet. Nach Darcy Ribeiro sind folgende Merkmale charakteristisch für eine dependente Gesellschaft: Verlust der Autonomie, Zerstörung der ethnischen Einheit, Unterjochung, Beeinträchtigung der späteren Entwick-

---

[4] Berger aaO 410f.
[5] Vgl. in diesem Sinne auch Dussel 1972, 284. Gustavo Gutiérrez (1970) stellt den ersten Abschnitt seines Artikels „Von der Kolonialkirche nach Medellín" unter das Thema: „Von der Dependenz zur Befreiung".
[6] AaO 28. In Buenos Aires ist 1973/74 die erste große, landesgeschichtlich angelegte Reihe eines interdisziplinären Forscherteams zur Untersuchung der Auswirkungen der Dependenz auf den wichtigsten Lebensgebieten erschienen. Die 10 Einzelbände dieser „Collección Dependencia" im Umfang von jeweils ca. 100 Seiten behandeln die historische Analyse der argentinischen Dependenz (Rosa), „Wissenschaft – Kultur und Dependenz" (Guillermo Gutiérrez), „Religion – Entfremdung in einer abhängigen Gesellschaft" (Büntig), „Wirtschaftliche und politische Analyse der Dependenz" (Trevignani, Bertone, Carri), „Soziologische und psychologische Analyse der Dependenz" Caterina, Allio), „Der Sinn von Wissenschaft und Technik und die Dependenz" (Yunes), „Analyse der ungleichen Entwicklung zwischen Hauptstadt und Binnenland" (Cerro), „Das Imperium und die Kirchen" (Borrat, Büntig), „Universität und Dependenz" (Leyendecker), „Theologie, Seelsorge und Dependenz" (Gera, Büntig, Catena).

lung, Verlust der Kontrolle des eigenen Schicksals etc. Der in soziologischen Wörterbüchern gern durch Termini wie Relation, Interrelation und Interdependenz verdeckte Sachverhalt, der mit dem Begriff Dependenz klarer umrissen ist, wird von Berger präzisiert als Internalisierung von „Abhängigkeitsstrukturen und Abhängigkeitsketten" (vgl. Senghaas 1972) in einem konkreten Gesellschaftsprozeß; weshalb er von konkreten, historisch gewordenen Dependenzsituationen sprechen kann. Er geht davon aus, daß eine Gesellschaft von den internalisierten Abhängigkeitsstrukturen, -prozessen und -beziehungen her dependent sein kann[7]. Über seine Analyse von politischer, wirtschaftlicher und sozio-kultureller Dependenz hinaus kann der Historiker in der lateinamerikanischen Kirchengeschichte die strukturelle, personelle und theologische, um nicht zu sagen, ideologische Dependenz der römischen Kirche und der protestantischen Kirchen nicht übersehen. Eine abhängige Situation bringt eben auch abhängige Kirchen und Theologien hervor! Der Gesichtspunkt der Dependenz kann indes nur ein hilfreiches Kriterium für die jeweilige Untersuchung der Frage sein, inwieweit Theologien und kirchliche Strukturen die Verkündigung der befreienden Botschaft des Evangeliums in den verschiedenen historischen Situationen ermöglicht oder erleichtert haben oder inwieweit sie weniger der Verkündigung dieser Botschaft als politischen, wirtschaftlichen, gesellschaftlichen und kirchenorganisatorischen Interessen dienten.

Eine derartige Methodik setzt die Überwindung des objektivistischen Wissenschaftsbegriffes des Historismus voraus, nach dem die geschichtliche Forschung als Wissenschaft sich nur mit „bloßen Tatsachen" beschäftigen darf. Heute erkennt die profane Geschichtswissenschaft weithin an, daß in der historischen Wissenschaft im Gegensatz zur Naturwissenschaft das Objektive nicht eindeutig dem Subjektiven übergeordnet werden kann, da es die Geschichte immer mit „Tatsachen und Deutungen" zu tun hat[8]. Um den Versuch der Deutung handelt es sich, wenn die heutige Generation lateinamerikanischer Kirchengeschichtler sich nicht darauf beschränkt, das Elend der kirchlichen und gesellschaftlichen Situation mit Hilfe von Daten und Statistiken zu beschreiben, sondern „wesentlich die Aufmerksamkeit auf ihre tiefen Ursachen richtet", die sie im Zustand der Abhängigkeit sieht[9], der es bisher verhindert

---

[7] Berger aaO 67ff, der sich 61f abgrenzt gegen vulgäre Imperialismustheorien, die von den dominierenden Gesellschaften ausgehen und in den dependenten Gesellschaften ein unidimensionales und unilateral determiniertes Produkt der dominierenden Gesellschaften sehen, was der Wirklichkeit genau so wenig gerecht wird wie Ansätze, die von dependenten Gesellschaften in dem Sinne sprechen, daß sie von anderen Gesellschaften total abhängig sind, d. h. keinerlei Eigendynamik aufweisen. Gerade weil „die dependente Struktur eine relative Autonomie aufweist", hält es Berger für sinnvoll, „sie vom Standpunkt der Veränderungen ihrer eigenen Struktur her zu erklären".

[8] I. T. Ramsey, Art. Wissenschaft – RGG 3. Aufl. VI, 1776.

[9] Gutiérrez 1970, 4. In ähnliche Richtung gingen die Erkenntnisse einer 1971 von der Gesamtpastoral-Abteilung des CELAM veranstalteten einmonatigen Arbeitsfreizeit von 53 Bischöfen aus praktisch allen Teilen Lateinamerikas. Bischof Dammert von Cajamarca (Peru) sieht den Fehler der bisherigen Darstellung der Kirchengeschichte in der Außerachtlassung der politischen und wirtschaftlichen Interessen der europäischen Mächte an den politisch emanzipierten Republiken. „Der große Irrtum der Kirchengeschichte, so wie sie an den Seminaren gelehrt wurde, bestand darin, die Kirche als eine von der Welt getrennte Einheit zu betrachten, während sie in Wirklichkeit in der Welt existiert und durch die politischen Ereignisse bedingt und beeinflußt

hat, daß Kirche und Gesellschaft Lateinamerikas ihre eigene Identität gefunden haben. Diese Identitätsfindung sieht Hoornaert in der brasilianischen Geschichte bis in die Gegenwart verhindert durch „den sukzessiven Abschluß verschiedener kolonialer Pakte, die als Ergebnis eine Unterdrückung zeitigten, das Zurückweichen von offeneren apostolischen Arbeiten"[10].

Im Gegensatz zu früheren brasilianischen Kirchengeschichtlern wie Paulo Florêncio da Silveira Camargo und Pedro Calmon beschränken sich Forscher wie Hoornaert nicht mehr auf die Schilderung der Institution der römischen Kirche und ihrer Wandlungen in den verschiedenen Epochen, da diese „leicht positivistisch" ausfallen kann, indem sie „die Fortschritte oder Rückschläge der Institution, die Triumphe, Jubiläen und denkwürdigen Daten beschreibt" und „auf diese Weise die Fortschritte der Institution mit den Fortschritten der Christianisierung verwechselt". Vielmehr definieren sie in der CEHILA (Lateinamerikanische Kirchengeschichtskommission)[11] die „Geschichte der Kirche als Geschichte der befreienden Botschaft" des Evangeliums[12]. Damit wird von katholischen Historikern in Lateinamerika erstmals die Identifizierung der Kirchengeschichte mit der Geschichte der soziologisch erfaßbaren, theologisch mit dem Corpus Christi mysticum in eins gesetzten Institution der Römischen Kirche aufgegeben!

Eine solche ökumenische Offenheit war der Ausgangspunkt der vorliegenden Arbeit. Ausgehend von Luthers Kirchenbegriff, dessen ökumenische Weite dem Phänomen Kirche als Volk Gottes angemessen ist, wird Kirche zunächst verstanden als communio sanctorum, als Volk Gottes, das nicht an ein bestimmtes Kirchentum gebunden ist, das aber unter seinem Haupt Christus in allen kirchlichen Strukturen präsent ist. Die Anwesenheit und Wirksamkeit dieses Volkes Gottes in den Kirchen qua Organisation ist freilich nur für den Glaubenden wahrnehmbar, gehört also in den Bereich der Deutungen, während die organisierten Kirchen und ihre Entwicklung in den Bereich der Tatsachen gehören, mit dem es die Geschichtsschreibung primär zu tun hat. Aber dieser umfassende Kirchenbegriff schützt vor der Verabsolutierung eines bestimmten Kirchentums. Gleichzeitig zeigt er die begrenzten Möglichkeiten der Kirchengeschichte, die nie im Vollsinn Geschichte des Volkes Gottes sein kann, da dies mit objektiven wissenschaftlichen Kategorien nicht faßbar ist, sondern bestenfalls Geschichte der Kirchen, die sich in jeder Epoche wieder vom Evangelium her in Frage stellen lassen müssen. Dabei erscheint es nicht als ausgemacht, daß man das Evangelium umfassend genug mit der Formel der befreienden Botschaft beschreiben kann. Vielleicht läßt es sich mit Dörries besser als das Menschheit begleitende, in sie eingehende und doch über ihr bleibende, ihr fremde Wort beschreiben[13]. Seinen Weg und seine Wirkung in der Geschichte von Kirche und Gesellschaft will diese „Geschichte des Christentums in Lateinamerika" verfolgen. Auch wenn aus Platzgründen nicht das Erscheinen jeder

---

ist." Und Bischof Adames von Santiago de los Caballeros (Dominikanische Republik) spricht von „pastoralem Kolonialismus", der darin besteht, daß die römische Kirche in Lateinamerika eine reine Kopie der europäischen Theologie, eine Wiederholung der päpstlichen Dokumente war. VIS 24—25 (1971), 15ff.

[10] Hoornaert 1973 REB, 118.
[11] Die CEHILA plant in Teamarbeit bis Ende der siebziger Jahre eine vielbändige Kirchengeschichte Lateinamerikas.
[12] Hoornaert aaO 120.
[13] Vgl. H. Dörries, Wort und Stunde Bd. III, 1970, S. V.

kleinen Gruppe von Protestanten in Lateinamerika oder das Erscheinen von einzelnen Protestanten gewürdigt wird, ist zu bedenken, daß auch die Kolonialgeschichte selbst ohne das Erscheinen von Protestanten keine rein katholische Kirchengeschichte wäre. Denn die Geschichte des Katholizismus in Lateinamerika ist fast von Anfang an die Geschichte einer Welt, die den Protestantismus gewaltsam ausschloß und daher ohne dieses protestantische Gegenüber nicht zureichend verstanden werden kann.

Die Definitionen von Christentum schwanken in der Literatur. Schlink versteht darunter „— über den Begriff Kirche hinaus — den Bereich der vom Glauben der Kirche ausgehenden Prägung des Denkens, der Sitte, der Erziehung, der sozialen, rechtlichen und staatlichen Ordnung"[14]. Ähnlich weit versteht der Vf. Christentum als Auswirkung der christlichen Überlieferung auf alle Lebensgebiete, allerdings ohne jede Wertung. Er rechnet also nicht nur das, was vom Glauben der Kirche geprägt ist, zum Christentum, sondern alles, was sich als christlich ausgibt, was in einer bestimmten Epoche als christlich galt[15].

Da ein Überblick über einen Zeitraum von fast 500 Jahren über ein so ausgedehntes Gebiet wie den amerikanischen Subkontinent (zur Definition von Lateinamerika vgl. Abschnitt 2) angestrebt ist, kann es sich nicht um den Versuch handeln, eine Addition oder Zusammenfassung von territorialen Kirchen-, Gesellschafts-, Wirtschafts- und Kulturgeschichten zu veranstalten, sondern darum, in einer problemgeschichtlich orientierten Darstellungsweise in Quer- und Längsschnitten die Hauptprobleme der Christentumsgeschichte einzelner Länder und Epochen in ihren Bedingtheiten aufzuzeigen. Es handelt sich hierbei also nicht um eine handbuchartige Zusammenstellung bekannter Forschungsergebnisse, sondern um den Versuch, gestützt auf eigene Quellenforschungen in ausgewählten Gebieten wie z. B. der Anfangsphase der christlichen Mission im karibischen Raum und Neu-Spanien, der jesuitischen Missionsarbeit in Brasilien, der Entwicklung der Jesuitenreduktionen in Paraguay, der Ausbreitung des Protestantismus, der Problematik der Indianermission im 20. Jahrhundert, Fallstudien zur Haltung der Kirchen in revolutionären Prozessen der Gegenwart und der Theologie der Befreiung, in einer neuen fächerübergreifenden Zusammenschau unter eingehender Berücksichtigung der spanisch-, portugiesisch-, englisch-, französisch- und deutschsprachigen Forschungsarbeiten erstmals, die Hauptlinien und -probleme einer Christentumsgeschichte Lateinamerikas darzustellen[16]. Angesichts der ungeheuren Menge an Literatur und ihrer oft schweren Zugänglichkeit in mehr oder weniger lokalen Zeitschriften oder privaten Bibliotheken Lateinamerikas muß jeder derartige Versuch trotz zahlreicher persönlicher Kontakte in den wichtigsten Zentren des Kontinents, ohne die sich viele Veröffentlichungen gar nicht beschaffen lassen, begrenzt sein und kann in der Anziehung der Literatur keine Vollständigkeit anstreben.

---

[14] Vgl. E. Schlink, Art. Christentum – EKL I, 718.

[15] Ähnlich weit definiert Kantzenbach in: Christentum in der Gesellschaft 1975, 37, einer Arbeit, die während der Endredaktion dieser Untersuchung erschien, den Begriff Christentum. Für den Kirchenhistoriker „muß alles das interessant sein, was christlich zu heißen in Anspruch nahm".

[16] Eine solche umfassende Berücksichtigung der Forschungsergebnisse aus der Alten und der Neuen Welt ist durchaus nicht selbstverständlich. Nordamerikanische Sammelbände wie die von Whitaker 1961, Hanke 1967 und Greenleaf 1971 geben mehr oder weniger einseitig nordamerikanischen Forschungen den Vorrang und vernachläs-

2 Lateinamerika

Lateinamerika ist ein kultureller und kein geographischer Begriff, der erst im 19. Jahrhundert in Frankreich geprägt worden ist, um den ganzen Bereich amerikanischer Länder, die bleibend von der lateinischen Zivilisation durch Spanier, Portugiesen, Franzosen und Italiener geformt sind, zu bezeichnen. Dieselben Länder werden nicht selten mit dem Begriff Iberoamerika zusammengefaßt. Obgleich streng genommen mit Iberoamerika nur die heute noch spanisch- und portugiesischsprachigen Länder bezeichnet werden könnten, werden im Handbuch „Ibero Amerika" alle Staatsgebiete Amerikas südlich der USA aufgeführt[17]. Trotzdem ist der umfassendere Begriff Lateinamerika, der sich international stärker eingebürgert hat, vorzuziehen. Umstritten ist, ob ursprünglich spanische Gebiete, die noch während der Kolonialzeit in britische oder holländische Hand übergegangen sind, zu Lateinamerika zu rechnen sind. So trägt das renommierte, jährlich in den USA erscheinende „South American Handbook" den Untertitel „A Traveller's Guide to Latin America and the West Indies"[18]. Darin werden Gebiete wie Britisch Honduras und niederländisch Guayana zu Lateinamerika und die karibischen Inseln mit Ausnahme von Kuba, Haiti und der Dominikanischen Republik zu West-Indien gezählt, während ein echt spanischsprachiges Gebiet wie das mit einer gewissen Autonomie von den USA in kolonialer Abhängigkeit gehaltene Puerto Rico gar nicht erscheint. In der vorliegenden Arbeit werden in Ermangelung eines besseren Begriffs alle südlich der Vereinigten Staaten gelegenen Staaten und Länder zu Lateinamerika gerechnet. Die britischen und holländischen Kolonien oder inzwischen selbständig gewordenen Gebiete lassen sich wegen ihrer seit der Aufklärung zunehmenden geistesgeschichtlichen und politischen Querverbindungen und wegen ihrer kirchengeschichtlichen Rolle als erste Bastionen des Protestantismus nicht ausklammern. Andererseits sah sich der Verfasser aus räumlichen Gründen gezwungen, die Darstellung auf die Festlandstaaten und ihre Kirchen zu konzentrieren und den karibischen Raum demgegenüber etwas zu vernachlässigen.

Dennoch muß, ohne daß hier auf Einzelheiten der bald zweihundertjährigen Diskussion um das Selbstverständnis der Lateinamerikaner eingegangen werden kann, darauf hingewiesen werden, daß der Begriff „Lateinamerika" an einer fatalen Einseitigkeit leidet, da er die indianischen und afrikanischen Kulturelemente überhaupt nicht berücksichtigt und den Zustand der kulturellen Dependenz der südlichen Hemisphäre Amerikas von Europa zumindest begrifflich

---

sigen z. B. wichtige deutsche Untersuchungen völlig. — Auch die Zielsetzung einer so umfangreichen Teamarbeit wie der auf 9 Bände konzipierten Kirchengeschichte Lateinamerikas von CEHILA, zu deren ‚VI. Encuentro Latinoamericano' in Panamá der Vf. im Dezember 1976 eingeladen war, ist verhältnismäßig bescheiden. CEHILA beabsichtigt zunächst eine Auswertung der vorhandenen Einzelforschungsergebnisse, wenn auch unter neuen methodischen Gesichtspunkten, besonders dem, daß die Kirche zum Dienst an den Armen berufen ist, weshalb auch das alltägliche Leben der Menschen eine wichtige Rolle spielen soll. Umfassende neue Forschungen sind erst ein Fernziel von CEHILA. Dazu bedarf es einer Sichtung der Quellen in ganz LA, wozu auf der erwähnten Sitzung eine umfassende Archivorganisation auf dem Subkontinent ins Auge gefaßt wurde.

[17] Ibero Amerika 1954.
[18] Vgl. 46. Aufl. 1970 hrg. v. Andrew Marshall, Chicago.

verewigt. Dagegen regten sich besonders seit den zwanziger Jahren dieses Jahrhunderts einheimische Stimmen. Erwähnt seien nur der kulturphilosophische Essay des argentinischen Universitätsprofessors und Literaten Ricardo Rojas „Eurindia" (1924), die Studie des mexikanischen Unterrichtsministers José Vascencelos „Indologia" und der von dem peruanischen Politiker Haya de la Torre geprägte Begriff „Indoamerika". Allen ist gemeinsam die Betonung des indianischen Elements[19]. Ein klares politisches Programm hat indes nur Haya de la Torre mit seinem Begriff Indoamerika verbunden. Für ihn sind die indianischen Landarbeiter die unterprivilegierte Klasse Amerikas, die es in erster Linie zu befreien gilt. Sein Appell an die andinen Indianer wurde allerdings in Ländern wie Argentinien, in denen das indianische Element nur noch schwach vertreten ist, weniger verstanden[20], was zeigt, daß der Begriff Indoamerika Lateinamerika nicht ersetzen kann.

Auch die Frage nach der gemeinsamen Basis Lateinamerikas, die erst dazu berechtigt, die Völker und Länder des Subkontinents in gewissem Grade als eine Einheit zu behandeln, kann hier nicht ausdiskutiert werden. Ein verläßlicher Gradmesser der kulturellen Einheit ist die Literatur. Noch kürzlich konnte ein so bedeutender Fachmann wie Rudolf Grossmann feststellen:

„Die Literatur des lateinischen Amerika stellt eine Ganzheit, eine fest in sich gegründete Totalität dar... Ihr Name ist Amerikanität. Sie ist das statische Element, die tragende Basis der lateinamerikanischen Literatur. Zu den Elementen ihrer Ganzheit gehören nicht nur die beiden iberoamerikanischen Sprachen, deren enge Verwandtschaft in den Grenzgebieten zwischen Brasilien, Uruguay und Argentinien in Poesie und Prosa besonders deutlich wird. Es gehört dazu auch jene Eigentümlichkeit des amerikanischen Bodens und seiner Menschen, mit jeder Herausforderung, die von außen auf sie zukommt, und deren Kette ist endlos – in einer von allen anderen Kontinenten verschiedenen Weise fertig zu werden... Der fernerstehende europäische Betrachter erkennt das wahrscheinlich deutlicher als der lateinamerikanische in seiner ortsgebundenen Nähe... Zum Begriff der Ganzheit gehört schließlich der von Generation zu Generation in ununterbrochener Folge sich festigende Wille, die Herausarbeitung der eigenen Art nicht nur der Assimilationskraft des Bodens zu überlassen, sondern als verantwortungsbewußter Autor daran mitzuarbeiten." Ganzheit heißt natürlich nicht Einheit. Die lateinamerikanische Literatur kennt zwar den Begriff der Einheit, „aber nur in der Pluralität, entwickelt und parzelliert aus Zeitgehalt, Landschaft und Bewußtseinslage. Die Einheitsströmungen sind das fluktuierende, das treibende und antreibende Element, und damit das eigentlich Dynamische der lateinamerikanischen Literatur". Natürlich gibt es unterscheidende Symptome von Republik zu Republik, aber fast ebenso starke unterscheidende Symptome kann man innerhalb der größeren Länder feststellen[21].

Genau wie in der Literatur gibt es auf vielen anderen Gebieten gemeinsame Traditionen, gemeinsame Probleme und gemeinsame Herausforderungen, die eine kontinentale Betrachtungsweise rechtfertigen. Die heutigen Staaten waren weithin zunächst nur Verwaltungseinheiten der kolonialen Herrschaft, von der sie sich im 19. Jahrhundert emanzipierten. Während in Europa das Staatsvolk der einzelnen Staaten durch sein Gemeinschaftsbewußtsein geprägt ist, das u. a. durch Kriege gefestigt worden ist, ist das „Staatsvolk" der lateinamerikanischen Republiken wenig homogen zusammengesetzt aus einer oligarchischen Oberschicht spanischen oder portugiesischen Ursprungs und der Masse von Indianern, Mestizen, Negern, Mulatten und später eingewanderten Europäern,

---

[19] Vgl. Italiander 1969, 12. [20] Worcester 1956, 806f. [21] Grossmann 1969, 584f.

die in einigen Ländern die Bildung einer Mittelschicht beschleunigt haben. Der für ein Staatsvolk charakteristische Gemein- und Bürgersinn beschränkt sich vielfach auf junge Eliten, so daß die lateinamerikanische Staatsauffassung noch weithin vom Personalismus bestimmt ist, der den Staat den subjektiven Interessen herrschender Persönlichkeiten, Gruppen oder Parteien unterordnet. Das Gemeinschaftsgefühl muß in den Staaten des Subkontinents zur Bewältigung zahlreicher Schwierigkeiten, die sie miteinander teilen, wachsen. Stichwortartig seien erwähnt das unbewältigte Problem der Agrarreform und das damit zusammenhängende der Monokulturen, der Abhängigkeit vom Auslandskapital, die anstehende Bewältigung der sozialen Frage, der Integration der marginalisierten ländlichen und städtischen Massen und damit zusammenhängend der Bevölkerungsexplosion (kontinentaler Durchschnitt 3 %, d. h. daß von 1960 bis 1975 65 Millionen neuer Arbeitskräfte in den Wirtschaftsprozeß eingegliedert werden müssen!), die Lösung der Frage, wie die Industrialisierung vorangetrieben werden kann, ohne die Abhängigkeit zu vergrößern, die Suche nach einer Regierungsform, die sich auf eine möglichst breite Bevölkerungsbasis stützen kann, die Durchsetzung von Steuerreformen zur Verbesserung der Steuergerechtigkeit und von Verwaltungsreformen und -rationalisierungen zur Beseitigung der Überbürokratisierung und der personalen Überbesetzung der Staatsverwaltungen[22]. Diese Ähnlichkeit oder Gleichheit vieler sozio-ökonomischer Probleme hat im Amerika südlich der USA die Einsicht wachsen lassen, zur Dritten Welt zu gehören und die Bereitschaft erhöht, als amerikanischer Teil der Dritten Welt enger zusammenzuarbeiten, die 1975 ihren Ausdruck in der Konzipierung eines Wirtschaftssystems Lateinamerikas (SELA = Sistema Económico Latino Americano) gefunden hat. Der Verwirklichung dieser 1969 in der Organisation Amerikanischer Staaten (OAS) geborenen Idee hatten sich die Vereinigten Staaten jahrelang energisch widersetzt, wie überhaupt das Zusammenwachsen Lateinamerikas heute nur durch einen „kontinentalen Nationalismus" vorankommt, der die Entwicklungsländer des Subkontinents von dem Industriegiganten auf der nördlichen Hälfte des Kontinents abgrenzt.

Diese und andere Herausforderungen beschäftigen auch die Kirchen in Lateinamerika, die sich ständig mehr bewußt werden, daß die Sorge um das Heil und das materielle Wohl des Menschen eine Einheit bilden muß. Die zahlreichen kirchlichen Sozialprojekte und sozialen Hilfsorganisationen, die neuerdings teilweise interkonfessionell strukturiert sind, sind genauso ein Ausdruck dieser Sorge wie die kontinentalen Bemühungen um eine kontextuale Theologie, die in der Genesis der Theologie der Befreiung die ersten Früchte trägt. Die Arbeit des lateinamerikanischen Bischofsrates der römischen Kirche (CELAM) ist genauso ein Zeichen des Versuchs von Kirchen und Christen, in den Dimensionen Lateinamerikas zu denken, wie die kontinentale Ausbreitung der Bewegung für Kirche und Gesellschaft (ISAL = Iglesia y Sociedad en América Latina) oder der mit der „Provisorischen Kommission für die Evangelische Einheit in Lateinamerika" unternommene Versuch zur kontinentalen Zusammenarbeit der Evangelischen Kirchen (zu UNELAM vgl. 515).

Diese Beispiele dürften ausreichen, um zu demonstrieren, daß der Begriff Lateinamerika nicht nur für vergangene, sondern auch für gegenwärtige und zukünftige Gemeinsamkeiten steht, so daß eine kontinentale Betrachtung der Geschichte des Christentums angezeigt erscheint.

---

[22] Vgl. Hillekamps 1966, 11ff.

3 Der Stand der Forschung

Es ist keineswegs so, wie Hegel meinte, daß Amerika ein geschichtsloser Kontinent sei. An Geschichtsquellen und Darstellungen aus allen Epochen fehlt es nicht. Die frühesten stammen bereits aus präkolumbischer Zeit wie der berühmte Popul Vuh aus Guatemala, eine Darstellung der Kultursendung der meso-amerikanischen Völker. Eine halbwegs repräsentative Aufzählung der wichtigsten Quellen würde den Rahmen dieser Einführung überschreiten. Es sei diesbezüglich für den spanisch-amerikanischen Bereich zur Kolonialzeit auf die reichhaltige Bibliographie bei Lopetegui und Zubillaga 1965 verwiesen, sowie auf die Bibliographien der einzelnen Territorialkirchengeschichten, für Brasilien auf Camargo 1955 und die monumentale Darstellung der Geschichte der Gesellschaft Jesu von Leite 1938 ff. Die Geistes- und Religionsgeschichte Spanisch-Kolonialamerikas erschließt auf ca. 300 Seiten die Bibliographie Redmonds (1972). Als Einführung in die brasilianische Historiographie leistet Sodré 1967 gute Dienste. Hilfreich sind auch Quellen- und Aufsatzsammlungen wie die von Hanke zu Lateinamerika von der Kolonialzeit bis zur Gegenwart (1967 I-II) und von Burns (1966) und T. Castro (1969) zu Brasilien. Die neueste Zusammenstellung einer ausgewählten Bibliographie zum Stand der Forschung über die Kolonialzeit findet sich bei Greenleaf 1971 (265–272), in der allerdings neueste in Lateinamerika veröffentlichte Aufsätze ungenügend berücksichtigt sind. Diesbezüglich sind für Brasilien besonders in der REB erschienene Aufsätze von Comblin und Hoornaert heranzuziehen. Als Koordinator der CEHILA für Brasilien hat Hoornaert 1973 in seinem Aufsatz „Para uma História da Igreja no Brasil" die neueste Bibliographie zur Geschichte der römischen Kirche in Brasilien bis zur Gegenwart veröffentlicht. Darüber hinaus wären zur brasilianischen Kolonialzeit besonders zu nennen Carrato (1968) zu Kirche, Aufklärung und Erziehungswesen in Minas Gerais, Miranda (1969) zur Rolle der Franziskaner und Hoornaert (1974) als neuester Versuch einer Darstellung der Genesis des brasilianischen Katholizismus von den seit dem Vatikanum II aufgebrochenen Fragen her. Über die Kolonialzeit hinaus reichen Campos (1968) zu Thomismus und Neothomismus, der Sammelband „Missão da Igreja no Brasil" (1973) und Montenegros „Evolution des Katholizismus in Brasilien" (1972). Mit Schwerpunkt in den Jahren 1950–1973, aber mit einem guten Überblick über das 19. und 20. Jh. untersucht Bruneau (1974) aus politologischer Sicht die katholische Kirche Brasiliens als religiöse Institution in ihren politischen Reaktionen. Der einzige Versuch, den brasilianischen Protestantismus interkonfessionell problemgeschichtlich darzustellen, wobei allerdings die Einwandererkirchen ausgeklammert bleiben, stammt von Léonard (1963). Ein ähnlich fundiertes Werk fehlt für den Protestantismus in Spanisch-Amerika. Hier bietet *Damboriena* SJ (1962/63) aus vorkonziliarer Sicht mit Hilfe einer Fülle inzwischen überholten statistischen Materials und einer problemgeschichtlichen Einleitung in Bd. I immerhin eine gewisse Information. Abgesehen von einer Fülle denominationeller Darstellungen gibt es auch einige neuere übergreifende Untersuchungen wie die von Kessler (1967) zu Peru und Chile oder die von Costas (1976) zur protestantischen Missionstheorie der Gegenwart, sowie den Bericht des ersten Treffens der protestantischen Mitarbeiter von CEHILA (CEHILA 1976 P). Das entscheidende bibliographische Hilfsmittel zur Erschließung des Protestantismus in Lateinamerika stellt der soeben in 2. stark erweiterter Auflage erschienene „Bibliographical Guide" von Sinclair (1976) dar, der auch einen bibliographischen Überblick zum lateinamerikanischen Katholizismus enthält. Die kurz vor Drucklegung dieser Untersuchung erschienenen Werke konnten natürlich hier nur noch teilweise berücksichtigt werden.

Bis in die sechziger Jahre hinein fehlte es an Versuchen, die Kirchengeschichte Lateinamerikas als eine Ganzheit zu betrachten. Die Forschung war völlig von Landeskirchengeschichten abhängig wie der mexikanischen von *Cuevas* (1921–28), der peruanischen von *Vargas Ugarte* (1953–62), der ekuadorianischen zur Kolonialzeit von *J. M. Vargas* (1962) und zur ekuadorianischen Kirche des 19. Jahrhunderts von *Tobar Donoso* (1934), der argentinischen von *Zuretti* (1945) und der schon erwähnten brasilianischen von *Camargo* (1955), um die wichtigsten Beispiele zu nennen. Die Produktion von Landeskirchengeschichten setzte sich auch in den sechziger Jahren fort. Abgesehen von Brasilien könnte man auf die kurze Episkopalgeschichte Panamas von *Castillero* (1965) hinweisen, auf die essayistische Darstellung der katholischen Kirche Mexikos von *Murray* (1965), auf die erste Kirchengeschichte Costa Ricas von *Blanco Segura* für die Zeit von 1502 bis 1850 (1967) und ganz besonders auf die bisher die Kolonialzeit umfassende sechsbändige argentinische Kirchengeschichte *Cayetano Brunos* (1966–1970), die internationalen historischen Maßstäben gerecht wird.

Im Zuge der von Houtart geleiteten, mit internationalen Mitarbeiterstäben durchgeführten kontinentalen Erforschung des sozialen und religiösen Wandels in Lateinamerika in den Jahren 1958–1962, deren Ergebnisse in einer Vielzahl von Bänden der Reihe ‚Estudios Socio-Religiosos' von FERES (Federación Internacional des los Institutos Católicos de Investigaciones Sociales y Socioreligiosas) in Fribourg und Bogotá veröffentlicht sind, war auch eine „Geschichte der Kirche in Lateinamerika" geplant, von der allerdings bisher nur die Bände I über die Evangelisation Lateinamerikas von Tormo (1962) und III über „Die Kirche in der Unabhängigkeitskrise" von Tormo und Gonzalbo (1963) erschienen sind. Obgleich der Titel es vermuten läßt, ist Brasilien nicht eingeschlossen. Aber die sprachlich-kulturelle Barriere zwischen Brasilien und Spanisch-Amerika hat bis in die siebziger Jahre zu einer völligen Zweigleisigkeit der kirchengeschichtlichen Forschung geführt. So beschränkt sich auch die wichtigste überregionale Arbeit der sechziger Jahre, die „Historia de la Iglesia en la América Española" der Jesuiten Lopetegui, Zubillaga und Egaña (1965 bis 66), wie dies im Titel korrekt angegeben wird, auf Spanisch-Amerika. Das etwa 2000 Seiten starke zweibändige Werk, das sich auf die Kolonialzeit beschränkt, ist in seiner Anlage nicht einheitlich. Während der erste, Mexiko, Zentralamerika und die Antillen umfassende Band nach einer problemgeschichtlichen Einführung zum Gesamtwerk die Kirchengeschichte wesentlich themenorientiert darstellt, bietet der zweite Band für Südamerika eine Aneinanderreihung von Bistumsgeschichten, die regional zusammengefaßt und zeitlich in drei Epochen unterteilt sind: 1. Von Ferdinand V. bis Philipp II. (1508–1556) 2. Von Philipp II. bis Karl II. (1556–1700) und 3. Von Karl II. bis Ferdinand VII. (1700–1833). Am Ende der Bistumsgeschichten jeder dieser drei Epochen versucht Egaña einen „synthetischen Überblick" unter den Obertiteln „Das heiligende Handeln der Kirche", „Das kulturelle Handeln der Kirche" und „Das künstlerische Handeln der Kirche".

Der neueste Versuch einer „Geschichte der Kirche in Lateinamerika" mit dem Untertitel „Coloniaje y Liberación 1492/1972" auf dem Schutzumschlag stammt aus der Feder des argentinischen Kirchengeschichtlers Enrique Dussel (1972).

Er wird allerdings dem Anspruch seines Titels nicht gerecht. Denn erstens ist Dussels Blick stark auf Hispano-Amerika fixiert, so daß Brasilien nur am Rande erscheint, wie schon seine Periodisierung zeigt (vgl. Abschnitt 4) und zweitens wird der lateinamerikanische Protestantismus nur im Anhang V und VI auf 9 von 350 Seiten des Werkes kurz berührt. Im übrigen kommt Dussel wie nach ihm Hoornaert (1974) zu Brasilien das Verdienst zu, als erster die lateinamerikanische Kirchengeschichte unter den seit dem Vatikanum II und Medellín (1968) virulenten Fragestellungen von Befreiung und Identität untersucht zu haben.

Nach Kenneth Scott Latourettes „History of the Expansion of Christianity" (vgl. Bd. III 1939 und Bd. V 1943 zu Lateinamerika) hat zuerst der protestantische kubanische Kirchenhistoriker Justo Gonzáles in seiner „Missionsgeschichte" (1970) versucht, die Ausbreitung von Katholizismus und Protestantismus in Lateinamerika darzustellen. Für den karibischen Bereich hat derselbe Autor 1969 eine ökumenische Geschichte der „Entwicklung der Christenheit" vorgelegt, in der er eine Wertung mit den Kategorien Kirchenwachstum und Relevanz vornimmt, wobei er die Relevanz der Kirchen auch an ihrer Reaktion auf die sozialen und politischen Herausforderungen mißt. In diesem Zusammenhang ist noch *Lloyd Mechams* Neubearbeitung seiner „Geschichte der politisch-kirchlichen Beziehungen", wie der Untertitel von „Church and State in Latin America" (1966) lautet, zu erwähnen, in der in gewissem Grade der Protestantismus in den Länderkapiteln mit berücksichtigt wird.

Schließlich wird die Kirchengeschichte Lateinamerikas auch in den großen Handbüchern behandelt. Hingewiesen sei auf drei international bekannte Werke, und zwar zunächst auf zwei katholische, auf die Beiträge zu Lateinamerika in der „New Catholic Encyclopedia" Bd. VIII (1967), die Antonine Tibesar herausgegeben hat — vgl. seinen eigenen gründlichen Überblick über die Kolonialzeit (448–469) — und im „Handbuch der Kirchengeschichte", hrg. von Hubert Jedin, in dem die Abschnitte zu Lateinamerika von Josef Glazik, Johannes Beckmann, Roger Aubert und Oskar Köhler stammen (1967–1973). Beide Handbücher beschränken sich auf die Geschichte der Katholischen Kirche. Nur in dem protestantischen Handbuch „Die Kirche in ihrer Geschichte", hrg. von Kurt Dietrich Schmidt und Ernst Wolf, wird in Band 4 (1963) in den Beiträgen von Martin Begrich zu Brasilien auf 12 Seiten und von Manfred Jacobs zu Spanisch-Amerika auf 29 Seiten versucht, neben der Entwicklung der römisch-katholischen Kirche auch derjenigen des Protestantismus gerecht zu werden.

Dieser Überblick über den Stand der Forschung zeigt, daß es an einer Kirchengeschichte Lateinamerikas fehlt, die das ganze Gebiet einschließlich Brasiliens umfaßt, die neuesten Fragestellungen aus lateinamerikanischer Sicht berücksichtigt und den Protestantismus einbezieht. Wünschenswert wären an sich zunächst mehr selektive Fallstudien und eine Geschichte des Protestantismus in Lateinamerika. Aber in Fallstudien kommt Lateinamerika als Ganzes ebenso wenig in den Blick wie in einer sich auf den Protestantismus beschränkenden Darstellung, die für weniger als 10 % der Einwohner des Subkontinents repräsentativ wäre und die Kolonialzeit, die in gewissem Sinne so etwas wie das „Mittelalter" Amerikas ist, weitgehend beiseite lassen oder voraussetzen müßte. Da es also an Vorarbeiten fehlt, muß manches in der vorliegenden Untersuchung provisorisch oder hypothetisch bleiben. Aber die wissenschaftliche Durchsichtigkeit bleibt durch entsprechende Hinweise in jedem Fall gewahrt. Ausgangspunkt der Arbeit war die Lücke in der Kirchengeschichtsschreibung,

4 Zur Periodisierung der Christentumsgeschichte Lateinamerikas

Der Periodisierung einer Christentumsgeschichte stehen vielfache Schwierigkeiten entgegen. Zunächst einmal läßt sich die amerikanische Geschichte nicht in das Schema von Altertum — Mittelalter — Neuzeit einordnen, das aus einer eurozentrischen Geschichtssicht stammt. Auf den ersten Blick könnte es zwar verführerisch erscheinen, die altamerikanischen Hochkulturen dem Altertum zuzuordnen, die Kolonialzeit dem Mittelalter, wobei der Beginn der Neuzeit markiert würde durch die mit dem Humanismus in Europa vergleichbare Aufklärung in Amerika, durch die die Bildung von Nationalstaaten einleitende politische Emanzipation und durch das der Reformation vergleichbare Eindringen des Protestantismus im 19. Jahrhundert. Aber solche Vergleiche halten einer genaueren Situationsanalyse nicht stand. Zwischen der Indianerwelt präkolumbianischer Prägung und der Kolonialzeit tut sich eine tiefe Kluft auf. Auch nicht die Amero-Romantik des 19. Jahrhunderts mit ihrer Rückbesinnung auf die indianischen Kulturen räumte diesen jemals einen der Rolle der europäischen Antike in der Renaissance vergleichbaren Platz ein. Und eine seit Ende des 16. Jahrhunderts vom Geist des Barock und des Tridentinums geprägte Kolonialzeit ist eben trotz gewisser mediävaler Elemente nicht dem europäischen Mittelalter gleichzusetzen. Genauso wenig löste das Vordringen des Protestantismus in Kirche und Gesellschaft Lateinamerikas dem europäischen Reformationszeitalter vergleichbare Reaktionen aus, wie es auch innerhalb der Römischen Kirche nicht zu einer nennenswerten Reformbewegung kam[23].

Vorbilder für eine Periodisierung der Geschichte des Christentums in Lateinamerika gibt es nicht, kaum Periodisierungsversuche für die Geschichte der Römischen Kirche in Lateinamerika, sondern meist getrennte Modelle für den spanischsprachigen Teil Amerikas und für Brasilien.

So gliedert Dussel (1972) folgendermaßen:

I. Die westindische Christenheit (16.–18. Jahrhundert)
   1. Die ersten Schritte (1493–1519)
   2. Die Missionen in Nueva España und Peru (1519–1552)
   3. Die Organisation der Kirche und ihre Festigung (1552–1620)
   4. Die Konflikte zwischen Missionskirche und spanischer Zivilisation (17. Jh.)
   5. Die bourbonische Dekadenz (1700–1808)
II. Agonie der kolonialen Christenheit (1808–1961)
   1. Die Krisen der neuen unabhängigen Staaten
   2. Die großen Etappen der Kirchengeschichte im politisch unabhängigen Lateinamerika
III. Morgenröte einer neuen Epoche (ab 1962)
   1. Die lateinamerikanische Krisis der Befreiung
   2. Beschreibung der jüngsten Vorgänge

---

[23] Vgl. Grossmanns Erwägungen zum Schema: Altertum — Mittelalter — Neuzeit aaO 32f.

Die Abgrenzungen von I, 1—3 passen für Brasilien nicht. Hier begann die Mission später. Von einer Organisation der Kirche und ihrer Festigung könnte man hier frühestens von der Erhebung Salvadors zum Erzbistum im Jahre 1676 bis zur Errichtung des letzten Bistums in der Kolonialzeit im Jahre 1745 (Mariana) sprechen. I, 5 müßte geändert werden, da in Portugal keine Bourbonen auf den Thron kamen, denn die Dynastie Braganza hielt sich von 1640 bis 1910.

Für Brasilien schlägt Hoornaert[24] folgende Einteilung vor:

I. Die brasilianische Christenheit (1500—1808)
   1. Die Evangelisation
      a) 1500—1614 Die transozeanische oder Küstenperiode
      b) 1614—1700 Die Erschließung des Landesinneren über die Flußwege
      c) 1700—1750 Die Entdeckung der ‚minas gerais' (der reichen Erzvorkommen im heutigen Bundesstaat gleichen Namens) und der Anfang von ‚Groß-Brasilien'.
      d) 1750—1808 Die Reaktion des Kolonialpaktes von Portugal und Brasilien auf die durch den Frieden von Utrecht (1713) geschaffenen neuen Fakten
   2. Die Organisation (Orden, Episkopat, Klerus, Laien)
   3. Das tägliche Leben (Klerus, Laien, Typologie des Katholizismus)
II. Die Kirche und der neue Staat (1808—1930)
   1. Die politische Emanzipation und die Kirche
   2. Die Formierung des neuen Staates und der Kirche
   3. Die Reorganisation der Kirche gegenüber dem liberalen Staat und seinen Krisen
III. In Richtung auf eine lateinamerikanische Kirche (1930—)
   1. Die Laienschaft und die soziale Frage (1930—1962)
   2. Die Kirche des Vatikanum II, der CELAM und der Befreiung

Abgesehen von einer anderen inhaltlichen Konzeption der Kirchengeschichte wird die Periodisierung von Hoornaert den Problemen der katholischen Kirchengeschichte Brasiliens gut gerecht, berücksichtigt aber nicht die Geschichte des Protestantismus.

Schließlich sei noch der Periodisierungsversuch des uruguayischen Kirchengeschichtlers Methol (1968) vorgestellt, der Brasilien einbezieht:

I. Die indianische Christenheit (1492—1808)
   1. Expansion und Organisation der Kirche (1492—1620)
   2. Dualismus zwischen etablierter Kirche und Mission (1620—1808)
II. Die erste Emanzipation und die kirchliche Anarchie (1808—1831)
   1. Die Auswirkungen der landwirtschaftlichen, urbanen und industriellen Revolution auf die iberischen Staaten
   2. Industrielle Revolution und politische Emanzipation Amerikas
   3. Die kirchliche Anarchie
III. Die Kirche zwischen Restauration und Säkularisation (1831—1962)
   1. Die Kirche vor der wissenschaftlichen, industriellen und sozialen Revolution
   2. Der Rückzug der lateinamerikanischen Kirche (1831—1962)
      a) Die Restauration akzeptiert die Säkularisation nicht (1831—1930)
      b) Die Restauration findet sich mit der Säkularisation ab (1930—1962)

Auch diese Periodisierung hat ihre Vorzüge und Schwächen und kann für den vorliegenden Versuch einer Geschichte des Christentums so nicht übernommen werden. Diese drei Modelle zeigen, daß man kaum zu einer allseits

---

[24] 1973 REB.

befriedigenden Periodisierung der Kirchengeschichte Lateinamerikas kommen kann, ohne den Verlauf der Geschichte zu vergewaltigen. Miranda (1971) hat darauf hingewiesen, daß man nicht einmal für ein Land wie Mexiko zu einer einheitlichen Periodisierung kommen könne, weil sich die einzelnen Regionen des Landes mit erheblicher zeitlicher Verschiebung entwickelt haben. Miranda unterscheidet in der Kolonialzeit den ‚periodo misional' — erste Ansätze zur kirchlichen Organisation, Initiativen der Missionare, Unsicherheit der Missionsmethoden, frontaler Zusammenstoß der Zivilisationen — und den ‚periodo colonial' — Errichtung der hierarchischen Organisation der Kirche, verbreitete Annahme des Christentums durch die Bevölkerung, Ersetzung des Ordensklerus durch den Säkularklerus.

Bei dem vorliegenden Versuch eines synthetischen Überblicks über die Christentumsgeschichte Lateinamerikas kann kein allseits befriedigender Ansatz zur Periodisierung gefunden, geschweige denn übernommen werden. Diesbezügliche Bemühungen müssen den Regional- und Territorialkirchengeschichten überlassen bleiben. Dennoch galt es einen Ansatz zu finden, der den Problemen einer Christentumsgeschichte gerecht wird. Er besteht in der Überwindung der bisher üblichen Zweiteilung in Kolonialgeschichte und Geschichte Lateinamerikas seit den Unabhängigkeitskämpfen. Der eigentlichen Kolonialzeit ist der Teil 1 vorgeschaltet. Nicht die Unabhängigkeitskämpfe, sondern die Auswirkungen der Aufklärung bilden für die Christentumsgeschichte die entscheidende Zäsur. Die kaum mehr zu überbietende Abhängigkeit der Kirche vom Staat im Zeichen des Regalismus und ihre absolute Unterordnung unter das Prinzip staatlicher Souveränität offenbaren eine derartige Divergenz zwischen staatlichen und kirchlichen Zielvorstellungen, daß das traditionelle Christenheitsmodell in eine tiefe Krise geriet, die im Zeitalter der Unabhängigkeitskämpfe zum weitgehenden Zusammenbruch der kirchlichen Strukturen führen sollte. Die damit verbundene Infragestellung der traditionellen Autorität von Kirche und Staat und der hartnäckige Versuch der jungen emanzipierten Staaten, die römische Kirche mit Hilfe des staatlichen Kirchenpatronats in derselben Abhängigkeit zu halten wie vorher der aufgeklärte Absolutismus der iberischen Metropolen, zeigen, daß die politische Emanzipation Amerikas für die Geschichte des Christentums keine Epochen scheidende Bedeutung hat. In vieler Hinsicht ist also Teil 3 stärker mit Teil 4 als mit dem vorhergehenden Teil 2 verbunden.

Diese Überlegungen waren auch für die Bestimmung der Proportionen dieser Untersuchung maßgebend. Im Gegensatz zu Dussel (1972), der von ca. 250 Seiten nur knapp 40 Seiten auf eine äußerst summarische Darstellung der „Westindischen Christenheit" vom 16. bis zum 18. Jahrhundert verwendet, davon 1 1/2 Seiten für die Aufklärung, schien dem Vf. eine gründliche Darstellung dieser Zeiträume unumgänglich, um die Entwicklung des lateinamerikanischen Christentums im 19. und 20. Jahrhundert verständlich zu machen. Zentrale Probleme der neuesten Zeit wie die immer stärkere Auseinanderentwicklung verschiedener Formen von Katholizismus, die schichtenspezifische Reduktion der Römischen Kirche, der „Priestermangel" bzw. die gegenwärtige kirchliche Strukturkrise, das starre Festhalten am Modell der „lateinamerikanischen Christenheit", der Einbruch der Pfingstbewegung etc. müssen im gesamtgeschichtlichen Zusammenhang gesehen werden.

I
Die völkischen, kulturellen und religiösen Ausgangspunkte Lateinamerikas

11 Die Ureinwohner der Neuen Welt

111 *Die Problemstellung*

Die Christenheit in Lateinamerika besteht aus zwei Komponenten, aus der mit den Eroberern und Siedlern nach Amerika verpflanzten iberischen Kirche und aus der durch Mission gewonnenen indianischen Christenheit, wenn man einmal absieht von der aus importierten Sklaven rekrutierten schwarzen Christenheit. Die Absicht der Bekehrung der amerikanischen Ureinwohner zum Christentum lieferte einen willkommenen Vorwand zur Conquista. Bei der Kolonisation sollte den Missionaren die wichtige Aufgabe der Zivilisierung der Indianer obliegen (vgl. 23). Ohne die Arbeitskraft der „zivilisierten" Indianer wäre eine Kolonisation unmöglich gewesen (vgl. 2212). Und ohne die Substanz der indianischen Frauen hätten die Eroberer und Siedler ihr Bevölkerungspotential nicht ausreichend vergrößern können (vgl. 2111). Bis in die Gegenwart hinein werden die Indianer wesentlich als Menschenmaterial betrachtet, das die nach Amerika verpflanzte iberisch-europäische Gesellschaft zu ihren eigenen Zwecken benötigt. Deshalb spricht man von Akkulturation im Sinne der Hinführung der Indianer in die technische Zivilisation des Westens oder von Integration der Indianer in deren Gesellschaft. Oder man drängt die Indianer in unerschlossene Landesteile zurück, wenn sie bei der Erschließung wirtschaftlich interessanter Regionen — d. h. heute in erster Linie des Amazonasbeckens — als hinderlich und überflüssig empfunden werden, weil das Bevölkerungspotential der nationalen Gesellschaften groß genug ist (vgl. 53).

Heute, nach fast fünfhundert Jahren, ist der Missionsprozeß keineswegs abgeschlossen, und zwar in doppelter Hinsicht: Einerseits sind noch immer nicht alle indianischen Völker vom Evangelium erfaßt worden, andererseits zeigt sich, daß die Evangelisierung großer indianischer Gruppen so wenig in die Tiefe gedrungen ist, daß man nach ganz neuen Wegen zur echten Christianisierung suchen muß. Allgemein gesprochen scheint in Lateinamerika die „Endlösung" der Indianerfrage vor der Tür zu stehen, sei es in Form des Ethnozid, also der soziokulturellen Auslöschung, sei es in Form des Genozid, der physischen Auslöschung der Existenz der Indianer. Das wird ganz besonders deutlich bei der im Augenblick von allen Seiten vorangetriebenen Erschließung des Amazonasbeckens. Straßenbauvorhaben bringen den westlichen „Fortschritt" in bisher weitgehend unberührte Urwaldregionen. Und viele Völker im brasilianischen Amazonasgebiet, die Kampa in Peru, die Shuár (Jívaros) in Ekuador und die Cuiva in Kolumbien, um nur einige Beispiele zu nennen, müssen um ihre Existenz bangen.

Wie 1870 der Viehzüchter Pedro del Carmen Gutiérrez 250 Cuiva, die er zum Essen eingeladen hatte, abschlachtete, so wurden noch im Dezember 1967 16 Cuiva von weißen Siedlern umgebracht, die sie ebenfalls zum Essen eingeladen hatten. Die sieben kolumbianischen Kolonisten ermordeten kaltblütig Männer, Frauen und Kinder und zerhackten ihre Leichname mit Macheten, weil sie ihnen angeblich Vieh gestohlen und ihre Pflanzungen beschädigt hatten. Sie wurden sogar in der ersten Instanz vor Gericht freigesprochen, weil sie behaupteten, sie hätten nicht gewußt, daß „Indianer umzubringen, ein Delikt sei"[1]. Der in der Eroberungszeit weit verbreitete Zweifel, ob die Indianer vollgültige Menschen seien, also zur Gattung des homo sapiens gehören, ist unterschwellig also noch heute anzutreffen. Damit stellt sich die Frage nach Herkunft und Kultur der Ureinwohner Amerikas, deren Menschenrechte bis heute mit Füßen getreten werden. Diese Frage ist um so aktueller, als die gegenwärtige Diskussion über die Indianermission zu einer Neubewertung der autochthonen Kulturen und Religionen geführt hat. Eine kurze Einführung in Kultur und Religion der Ureinwohner der Neuen Welt, die heute in der Fachliteratur vielfach „amer-indios" genannt werden, ist deshalb sowohl zum Verständnis der Missions- und Kolonialgeschichte wie der heutigen kirchlichen und gesellschaftlichen Probleme unerläßlich, ohne daß dabei tiefer in die Fachdiskussion eingedrungen werden kann.

112 Die Herkunft der ‚amer-indios'

Die Frage nach der Herkunft der Ureinwohner der Neuen Welt hat C. W. Ceram in seinem letzten Buch in populärer Weise unter dem zugkräftigen Titel „Der erste Amerikaner" behandelt, sich dabei allerdings fast ausschließlich auf Nordamerika beschränkt[2]. Die bis 1927 allgemein vertretene These, daß der amerikanische Kontinent erst 4000 Jahre bewohnt sei, ist durch die neuere archäologische Forschung längst überholt. In Meso-Amerika[3] reicht der Besiedlungsnachweis 10 000 Jahre zurück, ebenso in den ekuadorianischen Anden und in Patagonien[4], sowie in Lagoa Santa in Brasilien[5]. Im westlichen Venezuela reicht die archäologische Evidenz sogar ca. 15 000 Jahre zurück[6]. In Nordamerika weisen neuere Funde sogar 30 000—50 000 Jahre zurück.

Dennoch läßt sich nach dem gegenwärtigen Stand der Forschung der autochthone Ursprung der Paläo-Indianer kaum wahrscheinlich machen, vielmehr gilt weiterhin die Hypothese, nach der die Ureinwohner Amerikas aus Asien stammen und in der Hauptsache über die Bering-Straße von Sibirien nach

---

[1] CP v. 29.6.72 — vgl. Arcand 1972 zur Gesamtsituation der Cuiva. Zur Lage der Indianer im Amazonasbecken vgl. Prien INDIANA 1975, Fuerst 1972, Siverts 1972, Junqueira 1973, zu Peru vgl. Varese 1972 und Carsten 1973.

[2] 1972.

[3] Unter ‚Meso-Amerika' versteht man in der Amerikanistik den Kulturbereich, der im mittleren Mexiko beginnt und dessen Südgrenze etwa von der Mitte der atlantischen Nordküste von Honduras zum Golf von Nicoya an der pazifischen Küste von Costa Rica verläuft. Der geographische Begriff ‚Mittel- oder Zentralamerika' hingegen bezeichnet die Landbrücke zwischen dem Isthmus von Tehuantepec in Südmexiko und dem Isthmus von Darién in Panamá, die Nord- mit Südamerika verbindet.

[4] Zu Meso-Amerika vgl. Haberland 1959; zum Jäger von Tepexpán vgl. Terra 1954, 164ff; zu Ekuador Larrea 1971, 79ff; zu Chile Mostny 1968, 443ff; zu Peru Cardich 1970, 141ff; zur Archäologie der Ostküste vgl. Prata 1969.

[5] Walter 1958 und Camargo Mendes 1970, 42ff. [6] Erika Wagner 1968, 285.

Alaska gekommen sein dürften, gab es doch hier während der Eiszeit eine Landbrücke[7]. Im Gegensatz zur germanischen Völkerwanderung dürfte es sich bei den Einwanderern nur um relativ kleine Gruppen von sibirischen Jägern gehandelt haben, die anthropologisch einen Seitenzweig der mongolischen Rasse bilden. Diese proto-mongoloiden Großwildjäger dürften am Ostrand der Rocky Mountains nach Süden gezogen sein. Die Frage, wie relativ kleine Einwandererhorden einen ganzen Kontinent bevölkern konnten, läßt sich rechnerisch klären[8]. Es läßt sich auch wahrscheinlich machen, daß solche Horden sich innerhalb von 1500 Jahren von der Bering-Straße bis nach Feuerland ausgebreitet haben, wenngleich die Ursache des Dranges nach Süden rätselhaft bleibt. Genauso unerklärlich bleibt es, warum manche Indianergruppen auf der Stufe von Jägern und Sammlern stehenblieben, während andere es zu Hochkulturen brachten, wie die Maya, Azteken und Inka.

Indianer, indianide oder amer-indios, wie heute die Sammelnamen für die ursprünglichen Einwohner der Neuen Welt mit Ausnahme der Eskimos lauten, stellten anthropologisch gesehen eine Mischrasse dar aus proto-mongoloiden Elementen sowie evtl. polynesischen, australiden und europäischen Beimischungen. Sie haben sich aufgegliedert in ca. 370 größere Stämme und Völkerschaften und etwa 125 Sprachfamilien mit mindestens 600 Sprachen. Manche Linguisten rechnen für das Jahr 1492 sogar mit 2000–2200 gesprochenen Sprachen, die sich in Vokabular und Grammatik mindestens so stark wie das Deutsche vom Englischen unterschieden[9].

113 Die indianischen Kulturphasen

Kulturgeschichtlich kann man die altamerikanischen Kulturen grob in drei Phasen einteilen, die sich allerdings nicht synchron entwickelt haben, so daß die iberischen Eroberer Völker in jeder dieser drei Phasen vorfanden:

1131 *Die Paläo-Indianische Periode* umfaßt generell die Zeit bis etwa 5000 v. Chr. Sie entspricht zeitlich und gerätekundlich ungefähr dem jüngeren Teil der Altsteinzeit (Paläolithikum) der Alten Welt. Grabungen in Patagonien zeig-

---

[7] Louis S. B. Leakey, der 1970 durch seine Funde von Menschenresten in der Oldovayschlucht am Südostrand der Serengeti in Ostafrika berühmt geworden ist, die auf ca. 600 000 Jahre geschätzt werden, datierte eine Feuerstelle mit Werkzeugen in der Mojave-Wüste in Kalifornien auf 50 000–120 000 Jahre – vgl. CP v. 28.10.70: „Homen primitivo nos Estados Unidos". Vor 40–20 000 und vor 13–12 000 Jahren sollen die Bedingungen für die Überquerung der Landbrücke zwischen Sibirien und Alaska besonders günstig gewesen sein – vgl. das bei Ceram 1972, 309ff zitierte Material. Zur Ausbreitung der Einwanderer vgl. Haberland 1963, 19.

[8] C. Vance Haynes jr., Elephant-hunting in North America, Scientific American 214, Nr. 6 (1966) (nach Ceram 1972, 312), hat berechnet, daß sich eine Horde von nur 30 Jägern innerhalb von 500 Jahren auf maximal 12 500 Menschen, d. h. auf 425 Horden vermehren könnte. Die Übergänge nach Südamerika sind über den Isthmus von Darién erfolgt. Jäger, die, mit Spitzen bewaffnet von Norden nach Süden vordrangen, dürften die Entdecker der Hochebenen und Steppen Südamerikas gewesen sein. Möglicherweise bewegten sich etwas später Gruppen von Fischern entlang der atlantischen und pazifischen Küste nach Süden – vgl. Laming-Emperaire 1966, 328f. Die späteren Wanderungen der Karir und der Tupí von den Anden nach der atlantischen Küste lassen den Schluß zu, daß auch die Erstbesiedler schon diesen Weg genommen haben könnten – vgl. Ott 1958, 222.

[9] Sanders/Marino 1971, 31 – vgl. auch Katz 1969, 28.

ten, daß sich dortige Indianer noch zur Zeit der spanischen Landnahme in der paläo-indianischen Phase befanden, die durch eine nomadische Lebensweise und eine Wirtschaftsform gekennzeichnet ist, in der Jagd und Fischfang die wichtigste Rolle spielen, wofür sie verschiedene Arten retouchierter Steingeräte herstellten[10].

1132 *Die Meso-Indianische Periode* erstreckt sich wesentlich über den Zeitraum zwischen 5000 und 2000 v. Chr. und entspricht der Mittleren Steinzeit (Mesolithikum) der Alten Welt. Die meist als Prädatoren bezeichneten Menschen dieser Phase hielten noch an der nomadischen Lebensweise fest, betrieben aber neben Jagd und Fischfang in größerem Umfang auch das Sammeln von Wildpflanzen. Zahlreiche Völkerschaften Amerikas, die nie den Ackerbau entwickelt oder von Nachbarn übernommen haben, sind in dieser Phase stecken geblieben. Sie werden in der Literatur vielfach als „primitive Völker" bezeichnet. Dieser Ausdruck ist insofern irreführend, als sich die Bezeichnung primitiv nur auf den Entwicklungsstand der Technik bezieht und als es sich nicht um Völker, ja nicht einmal um organisierte Stämme, sondern um Familienclans handelt, in denen ein Mann ein mehr oder weniger großes Familienprestige erlangt, wie es bei den Gruppen von Pampa-Indianern der Fall war (Ona, Puelche, Chechehet). Um 1500 n. Chr. erstreckte sich die Verbreitung dieser Jäger und Sammler hauptsächlich auf das südliche Patagonien, die argentinische und uruguayische Pampa, einen Teil des Chaco, den Küstenstrich von Guanabara bis Salvador-Bahia und zahlreiche Flußläufe des nordöstlichen Südamerika. Rechnet man die Gruppen hinzu, bei denen der Ackerbau sich gerade in den ersten Anfängen befand, dann vergrößert sich dieses Gebiet noch um einen erheblichen Teil des nordöstlichen und zentralen Brasiliens sowie um den östlichen Andenabfall in den heutigen Staaten Bolivien, Peru, Ekuador und Kolumbien. Der Wirtschaftsform entsprach eine geringe Bevölkerungsdichte, die bei den Jägern der Pampa nur 2,5 Einwohner auf 100 km² betragen haben dürfte, bei Jägern und Sammlern mit beginnender Landwirtschaft wie den Ge 10 Einwohner auf 100 km² oder bei den Botokuden 15 Einwohner auf 100 qkm[11]. Weil die Jäger sehr viel Raum brauchten, sind sie im Zuge der Eroberung Südamerikas durch die Europäer weitgehend ausgerottet worden. Nur wenige nomadische Gruppen haben in den Wäldern oder an der Küste überlebt wie die Xetá in der Serra dos Dourados (Paraná/Brasilien), die noch bis in die Mitte des 20. Jahrhunderts hinein Steine bearbeiteten[12]. Neben Jagd, Fischfang und dem Sammeln von Wildpflanzen gewann am Ende der Meso-Indianischen Periode der Ackerbau speziell in Meso-Amerika zunehmend an Bedeutung.

1133 *Die Neo-Indianische Periode* reicht von 2000 v. Chr. bis zum ersten Kontakt mit den Europäern und entspricht der Jungsteinzeit (Neolithikum) der Alten Welt. Der sich schon in der Meso-Indianischen Periode anbahnende Übergang vom Sammeln von Wildpflanzen zur Entwicklung und zum Anbau von Kulturpflanzen hatte einen dreifachen Effekt: Er ermöglichte eine seßhafte Lebensweise, eine Erhöhung der Bevölkerungsdichte und eine Vermehrung der nicht für den Lebensunterhalt benötigten Zeit. Dieser Zeitüberschuß führte zur Weiterentwicklung des wirtschaftlichen, sozialen, politischen und religiösen Lebens[13].

---

[10] Sanders/Marino 1971, 68.
[11] Steward 1963 V, 655ff.
[12] Laming-Emperaire 1966, 332.
[13] Sanders/Marino 1971, 70ff.

Während in der Alten Welt zwischen der Entwicklung von Ackerbau und Viehzucht praktisch eine Symbiose bestand, fehlte letztere in der Neuen Welt fast völlig. Die Zahl der Haustierarten war hier sehr gering[14]. Die Feldbestellung war ausschließlich auf Menschenkraft abgestellt und erfolgte vielerorts extensiv mit Brandrodung (slash and burn agriculture), wobei ein Stück Wald abgeholzt und, wenn es getrocknet ist, in Brand gesteckt wird. Eine Bebauung mit Mais z. B. ist nur drei Jahre hintereinander möglich, dann folgt eine Brache von ca. acht Jahren, in der die Felder wieder mit Busch zuwachsen. Diese Methode läßt nur eine halbseßhafte Lebensweise und eine relativ geringe Bevölkerungsdichte zu[15]. Sie ist noch heute in manchen Teilen Amerikas verbreitet, z. B. im tropischen Tiefland des Amazonasbeckens und auf der Halbinsel Yucatán. Die fortschrittlichere Zwei- oder Mehrfelderwirtschaft mit Pflanzzeiten von zwei bis drei und Brachen von drei bis vier Jahren war ebenfalls mancherorts bekannt, u. a. in der mexikanischen Hochebene[16]. Dort und in den zentralen Anden ist es auch zur Intensivlandwirtschaft mit dauernder Feldbebauung gekommen, wofür komplizierte Bewässerungssysteme und Terrassen, die man in den Anden an vielen Stellen noch heute benutzt, angelegt worden sind. Hier war auch die Düngung bekannt[17]. Man legte sogar Sümpfe trocken, um Ackerland zu gewinnen. Aber während die Anbaumethoden mit Pflanzstock und Hacke recht primitiv waren, ist die Zahl von etwa 120 Kulturpflanzen um 1500 n. Chr. beeindruckend. Viele davon, wie Mais, Erdnüsse, Kakao, Kartoffeln, rote Bohnen, Tomaten, Paprika, Ananas, Maniok, die meisten Kürbisarten, Tabak und Baumwolle, sind aus der heutigen Weltwirtschaft nicht mehr wegzudenken.

Neben Vorderasien ist Mexiko eines der beiden Zentren, in denen zum erstenmal in der Weltgeschichte der Ackerbau entwickelt wurde. Es handelt sich dabei nach Meinung der Mehrzahl der Forscher um eine autochthone Entwicklung, bei der die Pflanzenzüchtungen auf der Grundlage der einheimischen Flora vorgenommen worden sind. Die Landwirtschaft ist praktisch gleichzeitig in Mexiko und Vorderasien eingeführt worden. In Vorderasien sind die ersten Kulturpflanzen für die Zeit zwischen 7000 und 6000 v. Chr. nachgewiesen, und zwar zwei Weizenarten und eine Gerstenart[18]; in Mexiko für die Zeit zwischen 7000 und 5000 v. Chr., nämlich von Menschenhand gezogene Flaschenkürbisse, zwei Arten Chilipfeffer und eine Sorte Kürbis, später zwischen 5000 und 3000 v. Chr. auch gemeine Bohnen und Baumwolle. Die bedeutendste Leistung der altmexikanischen Landwirtschaft war zweifellos die Züchtung von Mais zwischen 3000 und 2200 v. Chr., der zur Ernährungsgrundlage der urbanen Hochkulturen werden sollte[19]. Über das Flußsystem von Paraná und Paraguay und das Gebiet des Rio de la Plata ist die Landwirtschaft nicht weiter in den Süden des Subkontinents vorgedrungen.

---

[14] Nur der Hund findet sich überall. In Mesoamerika hielt man außerdem Truthähne (perus), in den südamerikanischen Tiefebenen stattdessen Enten. Nur im Andengebiet kannte man als Fleischlieferanten neben Hausenten auch Hausschweine und Lamas. Letztere dienten auch als Lasttiere, Alpakas und Vikunjas dagegen als Wollproduzenten.
[15] Vgl. hierzu H. O. Wagner 1968, 179ff.
[16] Ebd. 183. Wagner nennt dies „semi-permanent agriculture" und bemerkt, daß das Verhältnis zwischen Bebauung und Brache günstigenfalls 1:1 ist.
[17] Sanders/Marino 1971, 74. In den Anden wurde Tier- und in Mexiko Menschendünger verwandt.
[18] Vgl. Stichwort: Getreidebau – Ackerbau 1969, 27.
[19] Richard S. MacNeish, Ancient Mesoamerican civilization, Science 143 (1964), 531–537 nach Sanders/Marino aaO 8off, der sich auf Ausgrabungen im Staat Tamaulipas und im Tal von Tehuacán im zentralen mexikanischen Hochland stützt. Am letzte-

11331 Einfache Ackerbauvölker zur Zeit der Conquista

Die als der Meso-Indianischen Periode zugehörig bisher erwähnten Jäger, Fischer, und Sammler mit oder ohne beginnende Landwirtschaft werden in der Amerikanistik vielfach zu den Marginalstämmen (marginal tribes) gerechnet. Typische Ackerbauvölker sind nach dieser Einteilung in erster Linie die tropischen Urwaldstämme (tropical forest tribes) des Amazonasbeckens und von Teilen der Ostküste Brasiliens[20]. Die Stämme des tropischen Urwalds unterscheiden sich von den Marginalstämmen in erster Linie durch eine ausgebildetere Landwirtschaft mit der Kultivation tropischer Wurzeln wie des bitteren Maniok, Bau und Benutzung brauchbarer Flußfahrzeuge, Hängematten als Betten und die Herstellung von Keramik[21]. Die tropischen Urwaldstämme weisen eine bemerkenswerte Homogenität ihrer Kultur auf. Diese starke Akkulturation verdanken sie der durch die Ausbildung des Kanus ermöglichten großen Mobilität auf den Flußsystemen von Amazonas und Orinoco, die durch den Casiquiare miteinander verbunden sind[22].

In linguistischer Hinsicht gliedern sich die einfachen Ackerbauvölker im wesentlichen in drei große Sprachfamilien:

1. die Arawak, die vom Amazonas bis in die Karibische See vordrangen und nach den Ciboney, Jäger- und Sammlergruppen, die wohl aus Florida kamen, als zweite Volksgruppe die Antillen okkupierten[23].
2. die Kariben, die noch heute in Guayana siedeln. Teile dieser Gruppe drangen als dritte Invasionswelle einige Jahrhunderte vor der Conquista auf die Antillen vor und eroberten definitiv die Kleinen Antillen.
3. Ähnlich weit ausgebreitet wie die Arawak haben sich die zur Sprachfamilie der Tupi-Guaraní gehörenden Völker. Ihre Mehrheit lebt südlich des Amazonas, die Guaraní im Gebiet von Paraná und La Plata[24]. In diesem Zusam-

ren Ort erfolgte die Weiterentwicklung, besonders die Züchtung von Mais, dessen Kenntnis schon 2300 v. Chr. bis Panamá und ab 1400 v. Chr. bis an die Mittelküste Perus gedrungen war, wo die Anfänge des Ackerbaus um 3600 v. Chr. liegen. Nebenbei sei erwähnt, daß es im Alten Amerika auch Megalithkulturen gab, die wenig erforscht sind, so daß es unsicher ist, ob sie von einfachen Ackerbauvölkern stammen. Jedenfalls gibt es verstreut über den riesigen Bereich von Colorado/USA, Tabasco/Mexiko, Nikaragua, Peru, Argentinien und Brasilien typische Monumente megalithischer Kulturen wie Kromlechs (Steinkreise), Menhire, Dolmen und Großsteingräber – vgl. dazu Canals Frau 1955 und Homet 1958.

[20] Vgl. Lowie bei Steward 1946ff III, 1ff; vgl. zu den Tropical Forest Tribes die Karte in Bd. IV, XX (Map 1).

[21] Lowie aaO.

[22] Das schließt nicht aus, daß es in diesem riesigen Raum auch isolierte Gruppen einer niedrigeren Kulturstufe gibt, z. B. die Mura am unteren Rio Madeira, die als Fischer zwar Kanus besitzen, aber nicht mit dem Ackerbau vertraut sind oder die nomadischen Arara, die weder Boote noch Ackerbau kennen.

[23] Zu den Arawak gehören auf dem Festland u. a. die Mehinacú am oberen Xingu, die Mojo in Bolivien, die Paressí in Mato Grosso, die Tereno im Chaco, die Guajiro im Westen des Golfes von Venezuela und verschiedene Gruppen der Purú am oberen Rio Ucayalí.

[24] Ausnahmen sind die Oyampi und die Emerillon, die an der brasilianischen Küste nördlich der Amazonasmündung leben, oder die Cocama am Rio Ucayalí oder die Chiriguano in Andennähe. Tupinamba war der Sammelname für alle Tupí-Stämme, die im 16. Jahrhundert die Herren der brasilianischen Küste waren von der Amazonasmündung bis Cananéa im Süden des heutigen Staates São Paulo.

menhang muß allerdings bemerkt werden, daß eine Einteilung in Sprachfamilien sich nie völlig mit einer kulturgeschichtlichen Einstufung decken kann[25].

11332 Die Völker der intermediären Kulturstufe

Die Kultur des zirkum-karibischen und subandinen Gebietes lag in ihrem Niveau zwischen dem der einfachen Ackerbauvölker des tropischen Urwalds und dem der andinen und meso-amerikanischen Hochkulturen und kann daher als intermediär bezeichnet werden. Im Gegensatz zu der undifferenzierten Gesellschaft der einfachen Ackerbauvölker, die in kleinen Dörfern mit Sippen- bzw. Großfamilienstruktur leben, haben die Völker der intermediären Kulturstufe eine überdörfliche, regionale politische Organisationsform erreicht[26]. Die Ausbildung einer Klassengesellschaft erfolgt nach dem Grundmuster: Chef — Adelige — Gemeine — Sklaven. Dieses soziale Klassensystem ist indes noch nicht so kompliziert und in sich undurchlässig wie bei den Hochkulturen. Der soziale Status war zwar vielfach erblich, aber doch noch in gewissem Grade beweglich und z. B. besonders durch Kriegsleistungen zu verbessern. Die Entwicklung reichte bei den einzelnen Kulturen von einer überregionalen Organisation bis zu einer beginnenden Staatlichkeit. Kriege führten Völker dieser Kulturstufe weniger zu politischen Zwecken als wegen persönlicher Ambitionen, wegen Kannibalismus oder manchmal zur Gefangennahme von Sakralopfern, wegen Zur-Schau-Stellung oder Erwerbs von menschlichen Trophäen oder zur Gefangennahme weiblicher Sklaven.

Allgemeine Aussagen dieser Art können über die Völker der intermediären Kulturstufe allerdings nur mit größten Vorbehalten gemacht werden, weil die Bandbreite von Kulturen zwischen den einfachen Ackerbauvölkern und den Hochkulturen ziemlich groß ist. Man müßte hier mindestens drei Kulturbereiche unterscheiden:

1. Der zirkum-karibische Kulturbereich umfaßte das Gebiet des an Meso-Amerika südlich sich anschließenden Zentralamerika und das der Großen Antillen[27]. Die zirkum-karibische Kultur entspricht der formativen Phase der Hochkulturen. Die dafür charakteristischen Züge wie die Aufschichtung von Grabhügeln (mounds), der Bau von bestimmten Grabtypen sowie möglicherweise von Tempeln und Wegen läßt sich archäologisch auch in diesem Gebiet nachweisen. Auch in bezug auf die ökologische Anpassung, die sozio-religiösen Modelle, die Technologie und die materiellen Züge der Kultur ist diese Entsprechung gegeben, wobei auf materiellem Gebiet noch einige Züge hinzukommen, die typisch für die Kulturen im tropischen Regenwald sind. Da sich wichtige kulturelle Elemente sowohl im andinen Gebiet wie in der zirkum-karibischen Kultur, aber nicht in Mexiko finden, ist für die formative Periode ein nicht unerheblicher Kultureinfluß von Süden nach Norden anzunehmen[28].

---

[25] So zählen z. B. die sprachlich zu den Arawak gehörenden Taino, die 1492 die Gr. Antillen bevölkerten, aber völlig ausgerottet worden sind, zu den zirkum-karibischen Kulturen.
[26] Sanders/Marino aaO sprechen diesbezüglich von ‚chefía agrícola'.
[27] Vgl. J. H. Steward, The Circum-Carribean Tribes: An Introduction, in: Steward 1946ff IV, 1ff.
[28] Solche kulturellen Elemente, die in Mexiko fehlen, sind: Kokain, Palisadendörfer, Hängematten, Bastkleidung, Blasrohre, eine entwickelte Metallurgie, Mumifizierung, Begräbnis eines Chefs mit seinen Bediensteten, Alter-Ego-Statuen, gravierte Steinplat-

2. Der subandine Kulturbereich. Geographisch handelt es sich auch hier um tropisches Tiefland und subtropisches mittleres Hochland, und zwar im nördlichen Kolumbien und im nordwestlichen Venezuela. Zu diesem Bereich zählen also die Stämme des nordkolumbianischen Tieflandes, der Cauca-Atrato-Region, die Stämme östlich des Cauca und die Stämme des oberen Rio Cauca. Die subandinen Stämme des westlichen Kolumbien entsprechen am besten dem zirkum-karibischen Kulturmuster (pattern), zeichnen sich aber durch die Kenntnis gewisser andiner Kulturmerkmale aus wie Lianen-Hängebrücken, Salzgewinnung, Kupfergewinnung und -legierung mit Gold, Bau von Wegen und Bergfesten, Kriegsbanner und Schwesterehe der Chefs. Die Steinbildhauerei scheint nur in einer sehr frühen Phase bekannt gewesen zu sein. Die berühmten Steinskulpturen von San Agustín und Tierradentro können jedenfalls keiner historisch bekannten indianischen Volksgruppe zugeschrieben werden[29]. Menschenopfer werden nur von einigen Völkern berichtet, ohne daß wir über den religiösen Hintergrund genauer informiert wären. Die nordöstlichen subandinen Stämme stehen kulturell etwas niedriger als die des westlichen Kolumbien. Ihnen fehlen in erster Linie die typisch andinen Kenntnisse in der Metallverarbeitung.
3. Im südandinen Bereich nahmen ursprünglich die Araukaner in ihrem kulturellen Niveau eine Zwischenstellung zwischen den tropischen Urwaldstämmen der Akkerbauvölker und den andinen Hochkulturen ein, waren und sind aber in ihrem Kulturmuster sehr anpassungsfähig. Im nördlichen Mittel-Chile vom Río Aconcagua bis zum Río Bío-Bío gerieten die Araukaner unter die Oberhoheit der Inka, die sie allerdings nie aufhörten zu bekämpfen. Der kulturelle Einfluß der Inka wirkte daher prägend auf die nördlichen Stämme, die sich dadurch von den wilderen unterschieden, die im südlichen Mittelchile zwischen dem Río Bío-Bío und der Insel Chilöe lebten. Die Araukaner leisteten nicht nur den Inka, sondern auch den Spaniern und später den Chilenen erbitterten Widerstand, bis sie endlich im Jahre 1887 besondere Reservatsprivilegien erhielten. In der Kolonialzeit sind einige araukanische Gruppen nach der Übernahme des Pferdes auf die Stufe nomadischer Jäger zurückgefallen. Sie brachten große Teile der argentinischen Pampa unter ihre Kontrolle und machten als geübte Krieger den Spaniern und noch im 19. Jahrhundert den Argentiniern viel zu schaffen. Obgleich die Araukaner im Hausbau und in der Landwirtschaft kooperativ arbeiteten, kannten sie nicht die für den zentralandinen Bereich typischen größeren Bauwerke, wie auch ihre Religion noch in der animistischen Phase verharrte[30]. Das System von Stammesführer – Distriktführer – Dorfhäuptling mit Ältestenrat war in soziologischer wie in politischer Hinsicht grundlegend demokratisch. Aber die verschiedenen araukanischen Stämme, wie die Pucunche, Mapuche, Huiliche, Pehuelche und Moluche waren voneinander ziemlich unabhängig, weshalb es noch nicht zu einer Staatenbildung kommen konnte.

11333 *Die Völker der Stufe der Hochkulturen*

Die Hochkulturen heben sich von den intermediären hauptsächlich durch folgende Merkmale ab: durch eine noch stärkere Ausbildung der Klassengesellschaft und parallel dazu durch eine politische Organisation in Form von

---

ten des Manabí-Typs (Manabí ist ein Departament in Ekuador) und tiefe Schachtgräber.

[29] Steward aaO IV, 15.
[30] Wendell C. Bennett, The Andean Highlands: An Introduction, Steward 1946 II, 6 und Noggler 1973. „*Araukaner im engeren Sinne* sind die Mapuches." Die sprachverwandten Ethnien der Pucunche, Mapuche, Huilinche, Cunco und Pehuelche sind erst „nach der ersten poetischen Beschreibung des neu eroberten Landes und seiner Menschen durch Alonso de Ercilla y Zuñega („La Araucana', Madrid 1569–1589) zusammengefaßt als ,Araukaner' in die Literatur eingegangen" – Weischet 1970, 25.

regelrechten Staatsgebilden oder gar Imperien; durch ihre rational durchdachte Kriegführung, die auf Eroberung oder Tributverpflichtung abzielte; durch die Herausbildung einer besonderen Priesterklasse für den Tempelkult, die sich vom Schamanentum abhob; durch eine hohe Produktivität der Landwirtschaft mit Hilfe der Anwendung von Bewässerungssystemen, so daß die Ausweitung der Siedlungen zu regelrechten urbanen Zentren möglich wurde, wenngleich die Regionen, die am Urbanisierungsprozeß teilgenommen haben nur ca. 5 % des heute zu Lateinamerika rechnenden Gebietes umfaßten[31]. Aber die wichtigsten indianischen Städte sollten im 16. Jahrhundert die Lokalisation der ersten spanischen Kolonialstädte bestimmen.

Zum Bild der Hochkulturen gehören ferner erheblich höhere handwerkliche und künstlerische Leistungen. So ist z.B. die Keramik technisch und künstlerisch viel besser, besonders was die Bemalung anbelangt, während die Töpferscheibe unbekannt blieb. In der Weberei sind viele Spezialtechniken zu beobachten. Fortgeschrittene Methoden der Steinbearbeitung zeitigten beachtliche Früchte auf den Gebieten der Baukunst und Bildhauerei, die jedem Vergleich mit Kunstwerken der Alten Welt standhalten können[32]. Auch die Entwicklung des Fernhandels ist ein Charakteristikum der Hochkulturen, und zwar zunächst innerhalb Meso-Amerikas und innerhalb des andinen Südamerika, dann aber auch auf den Seewegen zwischen diesen beiden großen Kulturregionen[33]. Während die andinen Hochkulturen führend waren in der Metallurgie, die bis zur Erfindung der Bronze reichte, ferner in der Weberei, in Bewässerungssystemen und Terrassierungen und speziell der Verwaltungsaufbau und die Wirtschaftslenkung des Inkareiches im übrigen Altamerika unerreicht blieben, dominierte Meso-Amerika eindeutig in der Entwicklung von Zahlensystemen und damit des Kalenders, sowie ideographischer Schriften[34]. Wenn auch die Schrift nicht der einzige Weg geschichtlicher Überlieferung ist, so ermöglicht sie doch eine reichere Entfaltung und eine bessere Bewahrung einzelner Erkenntnisse und macht aus der Kommunikation ein Element der Kul-

---

[31] Hardoy 1968, 13ff unterscheidet 6 Teilregionen, die am Urbanisierungsprozeß teilgenommen haben und fast alle mehrere Jahrtausende, d. h. von vor der vorkeramischen Zeit bis zur iberischen Eroberung, ständig besiedelt waren — vgl. Karte S. 49; vgl. ferner IAK 1970 II. Speziell zu den altamerikanischen Hochkulturen ist neuerdings Séjourné 1971 heranzuziehen.

[32] Vgl. als Überblick für Mexiko z. B. Bernal 1972.

[33] Möglicherweise waren die Peruaner die Anreger dieser Kontakte, denn nur sie hatten Seeverkehrsmittel im engeren Sinne des Wortes entwickelt, nämlich mit Masten und Segeln ausgestattete Balsaboote — Trimborn 1959, 121.

[34] Vgl. zur Maya-Schrift u. a. Cordan 1963 und 1964, der verdienstvolle Sprachstudien betrieben hat, um der rein ideographischen Forschungsrichtung aus der Sackgasse zu helfen; zum Stand der Forschung vgl. Riese 1972, 389ff; zur aztekischen Schrift u. a. Prem 1968, 159ff, der u. a. ausführt, daß die aztekische Schrift ein mnemotechnische Hilfsmittel benutzendes teilweises Schriftsystem ist, das die Kenntnis von Sprache und Situation voraussetzt und dennoch mißverstanden werden kann; bei den Inka dienten die Quipu, Knotenschnüre, mit ihren Knoten und Farben als mnemotechnisches Hilfsmittel zur Speicherung von Daten aller Art für die staatliche Verwaltung. Der Tübinger Kryptologe Barthel hat neben diesem Medium für numerische Informationen das Medium der Quillca mit mindestens 400 geometrischen Zeichen entdeckt, von denen er hofft, daß sie auf den Gebieten von Religion und Mantik, Astronomie und Astrologie und politisch-soziologischen Marken Aufschluß geben — vgl. Barthel 1968, 237ff.

tur. Akzeptiert man die übliche Abgrenzung von Vorgeschichte und Geschichte durch das Kriterium der Herausbildung der Schrift, dann folgt daraus, daß ein Teil der altamerikanischen Hochkulturen bis in den Bereich der Geschichte vorgedrungen ist.

Vergleicht man das kulturelle Gesamtniveau der amerikanischen Hochkulturen, in deren Bereich die christliche Mission im 16. Jahrhundert vordringen sollte, etwa mit dem der germanischen Völker, deren Missionierung im 3. und 4. Jahrhundert begonnen hat, so ergibt sich, daß die Germanen zwar in der Metallurgie weiter fortgeschritten waren, eben schon die Eisenzeit erreicht hatten, aber in bezug auf Baukunst, Bildhauerei, Malerei, Staatsorganisation, Zahlensystem, Chronologie, Astronomie und Schriftwesen den bedeutendsten altamerikanischen Hochkulturen stark unterlegen waren, die in technischer Hinsicht noch zum Neolithikum oder zur Bronzezeit zu rechnen sind. Deshalb ist es irreführend, wenn gesagt wird, der Entwicklungsstand der höchstentwikkelten altamerikanischen Kulturen entspreche dem der ersten Dynastie in Altägypten und dann daraus gefolgert wird, daß der kulturelle Abstand zwischen den Indianern der Hochkulturen und den iberischen Eroberern mehr als 5000 Jahre betragen habe[35].

Während die Germanen sich trotz ihrer kulturellen Unterlegenheit gegenüber dem Römischen Reich infolge ihrer Waffen- und Kampftechnik halten und es schließlich sogar bezwingen konnten, selbst aber dessen christliche Religion und Teile seiner Kultur übernehmen, sollte es das Schicksal der altamerikanischen Völker sein, von den iberischen Eroberern staatlich, kulturell und religiös überwunden und vergewaltigt zu werden, so daß sie ihre Identität verloren. Darin liegt die Wurzel des bis heute ungelösten Indianerproblems.

Werfen wir noch einen Blick auf die wichtigsten Hochkulturen, die die iberischen Eroberer vorfanden.

Die *Chibcha* in der Mesa Central des heutigen Kolumbien im Gebiet der Departamente Cundinamarca und Boyacá standen erst an der Schwelle zur Entwicklung einer Hochkultur. Nicht das allgemeine kulturelle Niveau macht die Chibcha erwähnenswert, denn die Steinbauweise war noch unbekannt, der Urbanisierungsprozeß nicht recht in Gang gekommen. Weder auf dem Gebiet der Töpferei noch der Weberei oder der Goldschmiedekunst brachten sie Hervorragendes zustande, von irgendwelchen Leistungen auf den Gebieten der Astronomie, Chronologie oder des Kalenderwesens ganz zu schweigen. Es gibt lediglich eine Reihe von Petroglyphen, die noch ungenügend erforscht sind[36]. Lediglich die Tatsache, daß sie die Stammesphase überwunden und bis zur Staatengründung vorgedrungen sind, hebt die Chibcha aus der intermediären Kulturstufe heraus. Bemerkenswert ist außerdem, daß die Spanier bei ihnen das sagenumwobene „El Dorado", das Reich des Goldes, fanden, das sie sich allerdings noch viel goldhaltiger vorgestellt hatten! Nach ihrem kümmerlichen Widerstand gegen die Spanier zu urteilen, waren die Chibcha keine bedeutenden Krieger. Die Zahl der Chibcha zur Zeit der spanischen Conquista 1537 wird auf maximal 1 Mill. geschätzt, was einer Bevölkerungsdichte von 40 E/km² entsprechen würde[37]. Auf der Basis des Zensus von 1919 rechnete Miguel Triana

---

[35] Dies tut z. B. Dussel 1972, 53.
[36] Triana 1970, 190ff will darin die Anfänge einer Schrift sehen. Vgl. allgemein zu den Chibcha: A. L. Kroeber.
[37] AaO 21f.

1922 mit ca. 100 000 reinblütigen Chibcha-Nachkommen und ca. 600 000 Mestizen[38].

Vom Bauerndorf zum *Imperium von Tawantinsuyu*, dem Reich der „vier Enden der Welt", so könnte man die Geschichte des Inka-Reiches überschreiben, das ein Kaiser, Inka, d. h. Sohn des Sonnengottes Inti, genannt, regierte. Der Ursprung dieses Reiches und seiner Hauptstadt El Cuzco verliert sich im mythischen Dunkel. In der Periode „Inca Provincial" von 1200—1438 war das Volk in Sippen (Ayllu) organisiert und der Inka war nur einer von verschiedenen Stammeshäuptlingen mit begrenzten Funktionen. In der zweiten Periode „Inca Imperial" von 1438—1537 erfolgte der Übergang von einer Stammesföderation zum Imperium von Tawantinsuyu innerhalb von knapp 30 Jahren. Yupanqui, der Sohn des Inka Viracocha, begründete die imperiale Idee, nachdem er 1438 die Föderation erfolgreich gegen die Chanca verteidigt hatte. Er regierte unter dem Namen Pachacutec, der Veränderer, führte das Ketschua als Reichssprache ein, das noch heute von mehr als 5 Mill. Indianern gesprochen wird, baute das Imperium und El Cuzco als seine Hauptstadt aus und setzte die Verehrung des Sonnengottes Inti als Reichskult durch, neben dem sekundäre Stammes- und Lokalkulte geduldet wurden. Unter dem Inka Huayna Capac (1493—1527) erreichte das Imperium seine größte Ausdehnung vom Ancasmafluß in Südkolumbien bis zum Río Maule in Chile, womit es an Ausdehnung das Römische Reich übertraf. Eine 5000 km lange Andenstraße vom heutigen Quito bis nach Talca in Chile bildete die Nord-Süd-Achse. Die Pax Incaica wurde durch umfangreiche technische und wirtschaftliche Maßnahmen in Form von aufwendigen Bewässerungsanlagen und Bergterrassierungen ergänzt. Die Leistungen auf dem Gebiet von Straßen- und Brückenbau stehen in Altamerika einzig da und übertreffen im Schwierigkeitsgrad die der Römer. Die Kunst der Inka blieb in Keramik und Skulptur hinter den Leistungen früherer Andenkulturen (z. B. Mochica, Chavín und Tiahuanaco) zurück. Der Inka-Staat ist rückblickend u. a. von Garcilasco idealisiert worden. Seine Modellvorstellung dürfte den jesuitischen „Indianerstaat" in Paraguay beeinflußt haben. Der nicht selten verwendete Begriff Sozialismus trifft das Inka-Gesellschaftssystem nicht. Die für uns auffällige gemeinsame Feldarbeit der Sippen (Ayllus) gab es schon vor der Inkaherrschaft. Sie ist typisch für weite Teile des Alten Amerika und deutet auf eine grundlegend andere Mentalität der Indianer, denen Privatbesitz und Kapitalismus weitgehend fremd und unverständlich sind, was ihre Marginalisierung seit der Kolonialzeit noch gefördert hat[39].

Das Panorama der *Hochkulturen Meso-Amerikas* ist so reichhaltig, daß selbst Andeutungen hier kaum möglich sind. Bis zum 8. Jahrhundert reichte etwa die klassische Phase der Hochkulturen. Von den klassischen und nachklassischen Kulturen soll nur die der Azteken und der Maya kurz erwähnt werden.

Die Wurzeln der *Maya-Kultur* reichen bis ins 3. Jahrtausend v. Chr. zurück. Es gilt heute nicht mehr als ausgeschlossen, daß der absolute Nullpunkt des Maya-Kalenders, der je nach der Korrelation zu unserer Zeitrechnung[40] im

---

[38] AaO 21f.
[39] Zu den Inka vgl. die Handbücher von Disselhoff 1953, Trimborn 1959 und 1969, Katz 1969, Wauchope 1970, Ravines 1970, Hagen 1966, Rowe 1963, Prescott 1961 und 1970, Sejourné 1971; zur vor-inkaischen Kulturfolge in den zentralen Anden vgl. Hagen, Culturas.
[40] Die Korrelationen von Spinden, Thompson u. a. differieren um 260 Jahre, was sich dadurch erklärt, daß die Maya mit der Klassik ihre große Rechnung mit dem

Jahr 3373 bzw. 3113 v. Chr. liegt, mehr ist als ein bloß fiktives Datum. Obgleich der Maya-Kalender älter ist als der Julianische und der Gregorianische, übertrifft er beide an Genauigkeit. Die derzeit älteste bekannte Dateninschrift reicht bis ins 1. bzw. 3. nachchristliche Jahrhundert (Tikal, Stele 29). Sie bezeichnet den Übergang von der Vorgeschichte zur Geschichte und gleichzeitig von der Protoklassik zur Klassik, in der sich der kulturelle Schwerpunkt vom Primärzentrum an der Pazifikküste zwischen Chiapas und dem Westen von El Salvador in das tropische Tiefland zwischen dem Golf von Honduras und dem Golf von Mexiko mit Ausstrahlung auf die Halbinsel Yucatán verlagerte. Hier entstanden große Zeremonialzentren wie Tikal, Copán, Uaxactún, Yaxchilán, Piedras Negras, Palenque u. a.[41] Man kann in dieser Zeit nicht von einem Maya-Reich sprechen, sondern nur von einer Anzahl miteinander in religiöser, kultureller und wirtschaftlicher Beziehung stehender selbständig verwalteter „Stadt"-Staaten, die verhältnismäßig unkriegerisch gewesen sein dürften, war doch keines der Zentren befestigt. Im 7. bzw. 9. Jahrhundert kam es zur weitgehend unerklärlichen Aufgabe der großen Zentren im Süden und zu einem Exodus, der zur Besiedlung der zentralen niedrigen Bergzone (Puuc) des Inneren der Halbinsel Yucatán führte, die den Beginn des neo-klassischen Horizontes (Maya-Renaissance) bezeichnet, in dem Zeremonialzentren wie Uxmal, Kabah, Zayil, Labná und Xlapak entstanden. Die Dekadenz dieser von den Xiu getragenen Kulturphase wurde wahrscheinlich Ende des 10. Jahrhunderts durch den Einfall der Tolteken aus dem zentral-mexikanischen Hochland unter Quetzalcoatl, bzw. auf aztekisch Kukulcán, herbeigeführt.

Die Tolteken gründeten Mayapán, das „Banner der Maya", führten das Menschenopfer und ihre militaristische Tradition im Maya-Bereich ein und schufen mit der Liga von Mayapán (1007 n. Chr.?) das erste staatliche Gebilde im Kulturraum der Maya. Es kam zu einer kulturellen Spätblüte. Die Städte wurden befestigt, das Straßennetz ausgebaut. In der Architektur verdrängte die Balkendecke, die größere Spannweiten erlaubt, das klassische Kragsteingewölbe. Die

---

absoluten Nullpunkt aufgegeben haben und nur noch die 52 Jahreszyklen zählten. Zur Einführung in die Maya-Kultur vgl. die unter Anm. 39 aufgeführten Handbücher, ferner Morley 1956, Thompson 1959, Hagen 1960, Girard 1966, Thompson 1971, Vela 1967, Stierlin 1966. Zu den Schriftsystemen Meso-Amerikas vgl. Prem 1973, der außer dem Maya-Schreibsystem mindestens fünf Schreibsysteme in diesem Kulturraum zu erkennen meint.

[41] Wenn sie auch keine Städte im eigentlichen Sinne darstellten, so waren sie doch der Mittelpunkt eines dicht besiedelten Gebietes. Herausragendes Merkmal dieser Zentren sind die Hochtempel, deren kultische Bedeutung aus einem alten Höhenkult zu eruieren sein dürfte. „Während die abendländischen Völker den Himmel als ein ‚Gewölbe' betrachteten, empfand ihn der mittelamerikanischen Völker als einen Berg, den die Sonne am Morgen hinauf- und am Nachmittag hinabsteigt. Aus dieser Vorstellung erklärt sich auch die Stufenform der ‚künstlichen Berge', der sogenannten ‚Sonnenleitern', die man sowohl bei den alten Maya wie auch noch heute bei verschiedenen Eingeborenenstämmen auch in Form von Miniaturpyramiden aus Erde oder Holz als Tempelschmuck findet" – Hagen 1966, 172f. Die steilen Monumentaltreppen ähneln der biblischen ‚Jakobsleiter', die wahrscheinlich auf dem Hintergrund von entsprechenden mesopotamischen Treppenkonstruktionen zu verstehen ist. Der Berg ist ein „Ort der Begegnung" zwischen den Göttern und ihren Priestern, und die Stufen der Treppe erscheinen „wie ein Verbindungsglied zwischen zwei Ebenen einer theologischen Hierarchie", nämlich derjenigen der Götter und derjenigen der Priester – vgl. Stierlin 1966, 98.

Erfindung des Papiers schuf die Voraussetzung zur Entstehung prachtvoller illustrierter Kodices, z. B. des erhaltenen Codex Dresdensis aus dem 12. Jahrhundert. Die Entwicklung der Seeschiffahrt ermöglichte Handelsverbindungen bis in das Seengebiet von Nikaragua, bis Panamá und auf die karibischen Inseln (Kuba und Jamaica). Nach dem Ende der Liga von Mayapán mit Chichén Itzá, Uxmal und anderen Zentren kam es 1194—1440 zur Hegemonie von Mayapán, der einzigen wirklichen Hauptstadt, die es im Mayabereich je gegeben hat. Die Epoche bis 1440 war von zahlreichen Kämpfen der inzwischen kriegerisch gewordenen Maya gekennzeichnet, die das Joch der Cocom von Mayapán abschütteln wollten. Desintegration und Verfall der Maya-Zivilisation bestimmten die letzte Phase von 1441—1697, in der die spanischen Eroberer nach Yucatán vordrangen. Trotz ihrer politischen Desintegration sollten die Maya länger als irgendein anderes altamerikanisches Volk einer vergleichbaren Kulturstufe den Spaniern widerstehen[42]. Dabei spielte auch die relativ hohe Bevölkerungszahl auf der Halbinsel Yucatán eine Rolle, die erheblich über 3 Mill. gelegen haben dürfte, die man etwa für die Zeit um 800 n. Chr. am Schluß der klassischen Phase für den Maya-Raum annimmt[43].

Die chichimekisch-aztekische Kultur ist nachklassisch. Toltekische Bevölkerungselemente dürften die entscheidenden Kulturvermittler für die Chichimeken gewesen sein. Spätestens ab 1168 n. Chr. scheinen aztekische Stämme, genannt Tenochca[44], in das Anáhuac-Tal der mexikanischen Mesa Central

---

[42] 1527 versuchte Francisco Montejo die Eroberung der Halbinsel Yucatán. 1535 war kein Weißer mehr dort. Nur wenige hatten sich absetzen können. 1546 wurden die Maya in einem riesigen Blutbad unterworfen. 50 000 freie Männer wurden in die Sklaverei verkauft. Aber erst 1697 wurde der letzte unabhängige Maya-Staat, der sich im Petén mit Tayasal als Hauptstadt am Lago Petén Itzá (heute: Flores See) gebildet hatte, zerstört. Das bedeutet, daß sich die Kultur der Maya mindestens 3700 Jahre gehalten hat, eine nur von ganz wenigen Kulturen der Menschheitsgeschichte erreichte Länge.

[43] Importierte Seuchen, wie das mit den Negern ins Land gekommene Gelbfieber und die von den Europäern eingeschleppten Pocken und die Pest müssen im 16. Jahrhundert unter den Mayas gewütet und die Halbinsel Yucatán weitgehend entvölkert haben, denn ein Zensus von 1784 ergab nur 264 261 Maya – H. O. Wagner 1968, 191f.

[44] Die Sprache der Azteken heißt im Spanischen korrekt ‚mexicano', wie sie sich auch selbst ‚Mexitli' oder ‚Mecitin', also Mexikaner, nannten nach ihrem Stammesheros ‚Mexitli' oder ‚Mecitli', der womöglich mit ihrem Stammesgott Huitzilopochtli (südlicher Kolibri = Urheber der Sonnenwärme = Bezeichnung des tierischen Aspektes des Gottes) identisch ist. Sie nannten sich außerdem auch ‚Tenochca' nach ihrem ältesten Stammeshäuptling ‚Tenoch'. Nur um ihre Herkunft von dem mythologischen Ort Aztlán (das Land der weißen Farbe) anzudeuten, gebrauchten sie in sehr begrenztem Sinn den Ausdruck ‚Azteken', d. h. Leute von Aztlán. In der Verbreitung der uto-aztekischen Sprachgruppe, zu der die Mexikaner gehören, haben wir „das Ergebnis einer ungeheuren altamerikanischen Völkerwanderung vor uns, die einen Raum von 30 Breitengraden – vom Salzsee in Utah bis zum Nikaragua-See – umspannte, ja noch darüber hinaus, bis zur Lagune von Chiriquí von Panamā reichte..." – Krickeberg 1956, 54+60. Zur Literatur über die Azteken vgl. die in Anm. 39 aufgeführten Handbücher, ferner Soustelle 1955; Prescott 1937; León-Portilla 1962+1963. Hollenweger 1971, 438f zitiert León Portilla 1963 und weist darauf hin, daß die Mexikaner vor der Conquista eines der modernsten Bildungsprogramme und eine faszinierende Philosophie entwickelt haben. Ihre asystematische Philosophie hinderte sie nicht, „ein obligatorisches Bildungsprogramm zu entwickeln, das dem Kind

eingedrungen zu sein. Im Stile der vergleichenden Religionswissenschaft kann man, ohne damit eine Wertung der religiösen Traditionen vorzunehmen, verblüffende Parallelen zwischen der Mythologie und Vorgeschichte der Azteken und der Israeliten entdecken.

Wie Abraham kamen sie aus einem fernen Land, nämlich aus Aztlán, dessen Lokalisierung bis heute umstritten ist. Wie die israelitischen Stämme waren sie lange Nomaden, wenn auch keine Kleinviehzüchter, sondern Jäger und Sammler. Wie jene fanden sie das „Gelobte Land" in der Hand anderer Völker vor. Wie jene in Ägypten als Sklaven, so lebten diese im Hochtal von Mexiko als Ausgestoßene und Unterworfene. Wie jene von Jahwe durch die Wüste geleitet wurden, so wurden diese auf ihrem ca. 150 Jahre währenden Exodus von ihrem Stammesgott Huitzilopochtli geführt. Wie die Israeliten historisch gesehen langsam in Palästina einsickerten und unwirtliches Bergland besiedelten oder sich im Kulturland fremder Gewalt beugten, so waren die Azteken gezwungen, sich in unwegsamen und unfruchtbaren Gebieten niederzulassen, nachdem sie von dem strategisch bedeutsamen Hügel von Chapultepec („Berg der Heuschrecke") von den verbündeten Staaten des Hochtals vertrieben worden waren. Nach ihrer Überlieferung fristeten sie 52 Jahre ein kümmerliches, aber wohl unabhängiges Dasein in Atetelco. Dann wohnten sie als Söldner des Stadtstaates Culhuacán in Tizapán, von wo sie aber wieder vertrieben wurden, möglicherweise wegen ihrer blutigen Kultriten und weil sie wegen ihrer kriegerischen Art staatsgefährdend wurden. Wieder begann die Wanderung. Aber wie Jahwe die Israeliten schließlich aus der Wüste errettete und ins verheißene Land führte, so führte auch Huitzilopochtli schließlich die Azteken in das neue Land, nachdem er ihnen in einem Orakel angekündigt hatte, sie sollten auf einer Insel seinen Tempel und ihre Stadt bauen, wo sie einen Adler eine Schlange verschlingen sähen. Der Adler mit der Schlange im Schnabel ist übrigens heute das Wappentier Mexikos, das seit der Revolution sehr bewußt an die indianische Vergangenheit anknüpft. Wie die Israeliten in Palästina noch lange nicht die Hauptrolle spielten, so mußten sich die Azteken noch lange mit einer sekundären Rolle begnügen, nämlich als Söldner, Untergebene und Verbündete des tepanekischen Stadtstaates von Atzapotzalco am Ufer des Texcoco-Sees, dem sie im 14. Jahrhundert zur Hegemonie über das gesamte Hochtal von Mexiko verhalfen. Und wie bei jenen die Amphiktyonie, der Zwölfstämmebund, der Ausgangspunkt zur Begründung einer staatlichen Macht geworden war, so wurde bei diesen der Dreibund zwischen Tenochtitlán, der Hauptstadt der Azteken, das Zentrum des heutigen Mexiko-Stadt, Tlacopán, dem heute Tacuba genannte Vorort von Mexiko-Stadt, und Tetzcoco zur Vorstufe der Bildung staatlicher Macht.

Dem Dreibund gelang in den Jahren 1428—33 die Eroberung Atzapotzalcos, wodurch der Dreibund zum Machtzentrum im Hochtal von Mexiko wurde. Verheerende Mißernten lösten 1450—54 die schlimmste Hungersnot im Hochtal aus und wurden in der Periode von 1450—1502 zum Katalysator neuer Entwicklungen, nämlich zur Intensivierung der Landwirtschaft durch gigantische Wasserregulierungsarbeiten[45] und zu einer gewaltigen militärischen Expansion zur Sicherung landwirtschaftlicher Überschußgebiete des Tieflandes. Die letzte Phase von 1502—1519 ist durch Stagnation gekennzeichnet. Die militärische Macht des Dreibundes kam an ihre Grenzen. Seine Geschlossenheit ließ auf Grund des Hegemoniestrebens von Tenochtitlán nach, das die ursprünglich gleichberechtigten Verbündeten zu provinziellen Befehlsempfängern zu degradieren trachtete. Auch der Zusammenhalt der sozialen Klassen in Tenochtitlán

---

aus einfachsten Verhältnissen die gleichen Bildungschancen bot wie den Adeligen und Prinzen" – vgl. Soustelle 1955, 204ff.

[45] Hagen 1966, 36.

selbst ließ nach. Moctezuma II. (1503–1520), der „Erste Sprecher", versuchte dieser Schwierigkeiten Herr zu werden, indem er danach strebte, den Verdienstadel zu Gunsten des Erbadels auszuschalten, den Obersten Rat der Vier, der ihm traditionell gleichberechtigt war, sich unterzuordnen und die Auffassung vom „Gotteskönigtum" des Ersten Sprechers definitiv durchzusetzen, um dadurch das Recht auf den Besitz des gesamten Grund und Bodens beanspruchen zu können[46]. Obgleich das aztekische Staatswesen mit seinen 5–15 Mill. Menschen in 37 Provinzen die größte Territorial-, Bevölkerungs- und Machtzusammenballung der Geschichte Meso-Amerikas bildete, wurde daraus kein echtes Imperium wie bei den Inkas, da eine weitgehende Integration nur im Hochtal von Mexiko zustandekam. Es blieb ein Herrschaftsgebiet mit einer prekären Pax Azteca, dessen Provinzen nach den erhalten gebliebenen Archiven zwar genügend Lebensmittel und Bekleidung zur Versorgung der ca. 360 000 Einwohner von Tenochtitlán liefern konnten, die aber in Verwaltung, Sprache und Kultur fast völlig selbständig blieben[47].

114 Grundzüge der Religionen des Alten Amerika[48]

1141 Die Religion der Jäger-, Fischer-, Sammler- und Ackerbauvölker Südamerikas

Da selbst die schon zum Ackerbau übergegangenen Stämme „noch weitgehend in der Weltanschauung des Jägertums befangen sind"[49], können sie hier zusammen mit den Jägern behandelt werden, bei denen freilich die Vegetationsgottheiten fehlen. Der Zusammenhang zwischen den religiösen Vorstellungen der Nichtackerbauer und der Ackerbauvölker läßt sich gut am gemeinsamen Komplex von Kürbisrassel und Kopfgeistern aufzeigen[50]. Die verbreiteten Mythen über Kopfgeister, also Geister, die sich in Form eines menschlichen Kopfes fortbewegen, stammen fast alle aus dem typischen Kulturhorizont der Jäger. Aber das diesen Mythen entsprechende Kultinstrument, die Kürbisrassel (maraca), deren Form den menschlichen Kopf darstellen soll, findet sich vorwiegend bei Ackerbauvölkern. Erst bei ihnen entwickelte sich die Assoziation Kopf—Hohlfrucht, handelt es sich bei der crescentia cujete doch um eine Kulturpflanze. Der Schamane hingegen, der sich als Hauptinstrument der Kürbisrassel bedient, stammt aus dem religiösen Bereich der Jäger[51]. Er hat Einfluß auf die Wildgeister, z. B. bei den Tupí sprechenden Gruppen auf Korupira oder Kaapora, den Herrn der Tiere, den Schutzgeist der Tiere und Wälder, der die Geheimnisse der Wälder bewahrt, aber dem Jäger, der ihm ein Tabak-, Blumen- oder Feueropfer darbringt, gestattet, Wild zu erlegen. Aber, so könnte

---

[46] Zum Ganzen vgl. Katz 1969.
[47] Im Vergleich mit dem Inka-Reich fällt ferner auf, daß die Azteken mit ihren Kriegerorden über dem mittelalterlichen Ritterstand vergleichbare Berufssoldaten, aber nicht über Fernstraßen und Lagerhäuser zur Versorgung der Armee in den Provinzen verfügten. Tenochtitlán war damals größer als die bedeutendsten Städte des Abendlandes wie Sevilla, Rom, Antwerpen oder Amsterdam.
[48] Zur Einführung vgl. die entsprechenden Abschnitte in den erwähnten Handbüchern. Zu 1141 speziell Zerries 1961, 269ff und 1954, sowie Métraux 1963 V, 559ff und 1967.
[49] Zerries 1961, 302.
[50] Zerries, La maraca...
[51] Ebd. 130ff.

man mit Albert Schweitzer sagen, er flößt den Menschen „Ehrfurcht vor dem Leben" ein, indem er den Jägern bei Strafandrohung nur die Erlegung einer beschränkten Anzahl von Tieren erlaubt. Daher hat man nirgendwo im indianischen Amerika etwas der Schießwut der „Zivilisierten" Vergleichbares beobachten können. Tierarten sterben erst aus, seit die Weißen von diesem Kontinent Besitz ergriffen haben! Eine ähnliche Funktion hat bei den Mundurukú die Geistmutter aller Jagdtiere oder bei Fischervölkern der Herr der Fische. Der Animismus mag uns zwar als primitiv erscheinen, aber er zeugt gleichzeitig von einem Respekt vor der Schöpfung, der vielen Christen abgeht. Eine der Aufgaben des Schamanen ist es, mit Versöhnungsriten den Herrn der Tiere oder die Schutzgeister der Tiere freundlich zu stimmen oder die Rache eines Jagdtieres abzuwehren, die von der Tiermutter oder einer Art „Rachemacht", die der Tierseele innewohnt, ausgesandt wird.

Während bei den Jägervölkern der Einfluß des Schamanen auf die Tier- und Waldgeister im Zusammenhang mit dem Jagdzauber im Vordergrund des Interesses steht, beruht seine dominierende Stellung bei den Ackerbauvölkern auf eben diesem Einfluß, aber im Zusammenhang mit der Krankenheilung werden doch die Tier- und Waldgeister mit den Krankheitsdämonen identifiziert.

Die Mythen der Kopfgeister stehen gleichfalls nicht nur mit der Welt der Jäger in Verbindung, sondern können auch ein Ausdruck der Weltanschauung der Ackerbauvölker sein, insofern der Ursprung der Kulturpflanzen in Teilen des menschlichen Körpers gesehen wird[52]. Z. B. ließ sich der Kulturheros der Kaingang nach seinem Tode über die Felder schleifen. Daraufhin sollen aus seinen Geschlechtsorganen Maiskolben und Bohnen und aus seinem Kopf Kürbisse herausgewachsen sein[53]. Hier deuten sich wichtige Zusammenhänge zwischen Menschenopfer, Kannibalismus und Landwirtschaft an, über die man aus dem Popul Vuh[54] der Maya-Quiché näheren Aufschluß erhalten kann. Nach einer Episode aus dem Popul Vuh soll die maraca bzw. sonaja eine getreue Nachbildung des abgehauenen Kopfes des Gottes Ahpú sein, der sich in eine Kalabasse verwandelt hat[55].

„Der Ursprungsmythos des Menschenopfers steht" im Popul Vuh „im Zusammenhang mit dem Ursprungsmythos der ersten vom Menschen gezüchteten oder für Nahrungszwecke verwendeten Pflanzen, mit dem des Gottes der Fruchtbarkeit, des Regens und der Nahrung, mit dem Ursprungsmythos des Lebensbaumes, des Agrarkultes, des Schamanismus, der Institution des Obersten Rates, des Ballspieles, der Konzeption des viereckigen Kosmos, in dessen Zentrum ein Baum steht, des ersten Idols, der Zeremonial-Sonaja (deren Modell das sprechende Haupt Ahpús ist, das durch einen auf einen Stab gesteckten Kürbis symbolisiert wird), der rituellen Verwendung der Zigarre, der magischen Kraft des Rauches, der den Männern vorbehaltenen Zeremonialsitze, der animistischen Auffassungen, die in den Begräbnisriten zum Ausdruck

---

[52] Ebd. 131f.
[53] Métraux 1967, 207f. Allgemein kann man sagen, daß der Ursprung der wichtigsten Kulturpflanzen entweder auf eine Art Lebensbaum oder auf das Geschenk eines Kulturheros an die Menschen zurückgeht. Die zahlreichen Mythen über den Ursprung des Menschen lassen zwei gegensätzliche Anschauungen erkennen. „Nach der ersten Auffassung wären die Menschen *Geschöpfe* eines göttlichen Wesens, das zu ihrer Erschaffung eine bestimmte Substanz verwendete wie z. B. Ton, Holz oder Schilfrohr. Nach der zweiten Anschauung kämen die Menschen vom Himmel oder aber aus einer unterirdischen Welt" – ders. 205f.
[54] Zum Text des Popul Vuh vgl. u. a. Cordan 1962.   [55] Vgl. Girard 1966, 334ff.

kommen, der Begriffsassoziation ‚Fruchtbarkeit des Bodens' und ‚menschliche Fruchtbarkeit', des Glaubens, daß der Geist in den Knochen oder im Schädel sitzt, usw. Diese Kulturelemente und Konzeptionen legen Zeugnis ab für den Anfang einer Zivilisation und Religion von Ackerbauern. Sie bilden ein organisches und kohärentes Ganzes. Ihre Einheit wird durch die Tatsache verdeutlicht, daß der Kulturheros Ahpú sie alle personifiziert, exemplifiziert oder mit ihnen in Verbindung steht."[56]

Von allen indianisch-amerikanischen Mythologien gibt der Popul Vuh die klarsten und vollständigsten Auskünfte über die mit Krieg, Gefangenschaft und Kannibalismus zusammenhängende Einrichtung des Menschenopfers, „die bei den Tupí-Guaraní und den Kariben des 16. Jahrhunderts noch existierte, während man sie bei den Maya nicht antraf. Diese Völker dramatisierten in vivo und in derselben Reihenfolge, wie sie der Popul Vuh zeigt, die dort beschriebenen Szenen. Ausgerichtet auf eine Beeinflussung der Niederschläge, der Bodenfruchtbarkeit und der Nahrungserzeugung, hatten die Menschenopfer bei den Kannibalenvölkern des 16. Jahrhunderts die gleichen Funktionen wie bei den primitiven Maya. . . Man darf solche Konzeptionen und Sitten nicht als Manifestation blutgieriger Instinkte oder angeborener Grausamkeit ansehen; sie sind aus einem Kulturkomplex, der sie bedingt, aus religiös-sozialen Prinzipien heraus zu begreifen, die das Wohl und die Erhaltung der Menschheit zum Ziel haben"[57].

U. a. finden folgende Kulturmerkmale oder -elemente bzw. magisch-religiöse Vorstellungen der Urwaldvölker in den Quiché-Mythen eine ätiologische Erklärung: Die zyklische Zeitauffassung mit den vier Weltzeitaltern, die einer zyklischen Vorstellung vom Schöpfungsgeschehen entspricht, das sich in den vier Jahreszeiten bildhaft wiederholt[58]; das blätterverkleidete Kreuz, das z. B. als Idol der Tupinamba bekannt ist. Für Maya-Gruppen ist es noch heute nicht nur eine symbolhafte Darstellung des Lebensbaumes Xibalba, sondern geradezu eine dendromorphe Verkörperung „einer kosmokratischen Gottheit, die die gesamte Göttlichkeit in sich vereint". Sie nennen das Kreuz einen „gesegneten Pfahl" oder einen „Pfahl der Gnade", weil es durch göttliche Macht in Form der Übertragung magisch-religiöser Potenz belebt ist, durch die es „Regenfälle, die pflanzliche Wiedererschaffung, die Fruchtbarkeit der Erde und die Fruchtbarkeit der Frauen" bewirkt. In diesem Zusammenhang ist noch das kosmische Kreuz zu erwähnen, das auch von den südamerikanischen Völkern „als Gerüst und Stütze der Erde" angesehen wird[59]. Das von den Indianern in ihren Riten verehrte Kreuz ist also autochthonen Ursprungs. Der Popul Vuh bietet auch die einzige mythologische Erklärung des Ballspiels, das in seiner primitiven Form von allen ackerbauenden Völkern Altamerikas von Arizona bis zur Tupí-Guaraní-Region und den Antillen gespielt worden ist[60]. Das Ballspiel ist danach ein kosmisch-magischer Ritus, bei dem der Kampf des Lichtes gegen die Finsternis nachvollzogen wird. Der Ball symbolisiert die Sonne, die roten und schwarzen Lendentücher der Spieler der beiden Parteien bezeichnen Osten und Westen, also die Bahn der Sonne. Möglicherweise endete das Ballspiel bei den Azteken mit einem Enthauptungsopfer, was sich aus der Enthauptung Hunahpús erklären würde: „das Kultopfer wird von den Heroen in mythologischen Bildern vor-gespielt"[61].

[56] Ebd. 334.   [57] Ebd. 336.
[58] Ebd. 337. Noch heute gibt es Maya-Gruppen, die beim Frühlingsfest in der kalten Hochlandnacht zitternd darauf warten, ob die Götter „wiederum den Kreislauf des Werdens erneuern würden" — Cordan 1960, 93f.
[59] Girard aaO 337 mit Verweis auf Nimuendajú.
[60] Vgl. Cordan 1962, 85—92 und Girard aaO. 338 mit Verweis auf Theodore Stern, The Rubber Ball Games of the Americas, New York 1950.
[61] Interpretation bei Cordan 1962, 194ff.

Die Vorstellung eines Hochgottes, also eines Schöpfergottes, eines Stammvaters, eines Urhebers und Lehrers (Kulturheros) der Menschheit ist praktisch bei allen Naturvölkern Südamerikas vorhanden. Wenn dieser Schöpfergott oder Kulturheros auch meist als hoch erhaben über die menschlichen Geschäfte vorgestellt wird, so hat er doch nicht einen rein mythologischen Charakter, wie überhaupt die Unterscheidung zwischen einem Schöpfer, der verehrt wird und deshalb Teil eines religiösen Systems ist, und einem Schöpfer, der eine rein mythologische Figur ist, mehr theoretischer als praktischer Natur ist[62]. Denn der mythische Charakter einer Gottheit muß nicht deren Wirklichkeitsgrad für die Gläubigen reduzieren. Und ihre Verehrung kann nicht nur in direkter Anrufung, sondern genauso in magisch-kultischen Riten ihren Ausdruck finden, wie das oben in Bezug auf das Ballspiel angedeutet ist.

Die Vorstellung eines solchen Hochgottes, der über anderen Göttern steht, ist natürlich von den christlichen Missionaren aufgenommen und als Anknüpfungspunkt eifrig gefördert worden. Dabei ist nicht selten in den Glauben der Eingeborenen zuviel hineingelesen worden. So wurde der einstige Dämon des Donners bei den alten Tupí-Guaraní-Völkern erst von den Missionaren zur Würde eines Höchsten Wesens erhoben und mit dem Gott der Christen gleichgesetzt. Tupán ist deshalb bis heute unter der Guaraní-sprechenden Bevölkerung Paraguays und Brasiliens die übliche christliche Gottesbezeichnung[63].

Einer Vielzahl von Völkern aller drei Amerika war die Vorstellung von einem Lande ohne Übel, ohne Krankheiten, ohne Tod eigen, wo man gemächlich Ackerbau treiben kann, ohne Dürre oder Insektenplagen befürchten zu müssen, wo die Ernten überreichlich sind und wo der Hochgott wohnt[64]. Es handelt sich also um eine Analogie zu den orientalisch-abendländischen Mythen von einem irdischen Paradies oder einem goldenen Zeitalter[65]. Bei den Guaraní wurde dieser Mythos schon vor der Ankunft der Weißen zum Ausgangspunkt für messianische Bewegungen, die in der Kolonialzeit auch bei anderen Völkern, z. B. den Tupinamba[66], zu beobachten sind und bei den Guaraní bis in die Gegenwart fortdauern. Bei ihnen hat sich in der Kolonialzeit der Mythos des Landes ohne Übel mit den Themen der Rückkehr des Kulturheros Ñanderykey und einer universalen Katastrophe verbunden. Das Land ohne Übel ist einerseits immanent, trachtet man es doch durch einen Exodus zu erreichen, andererseits aber auch transzendent, soll es doch der Aufenthaltsort der großen Schamanen und Krieger, wenn nicht gar aller Menschen nach ihrem Tode sein[67].

Die den tropischen Urwaldvölkern eigene endokannibalische Bestattungsweise weist sowohl auf den Zusammenhang zwischen Menschenopfern, Kannibalismus und Fruchtbarkeit der Pflanzen hin wie auf einen Auferstehungsglauben. Denn dieser nur bei Ackerbauvölkern übliche Genuß von Totenasche bezeichnet ein Auferstehungsritual innerhalb einer Weltanschauung, die den Vorgang von Werden und Vergehen vom Bilde der Pflanze her versteht. Außerdem steht das Verzehren von Knochenasche wie auch die sorgfältige Aufbewahrung der Totengebeine bei anderen Stämmen, die oft mit einer späteren Verbrennung der Knochen und einem sekundären Urnenbegräbnis verbunden ist, in Zusammenhang mit der Vorstellung vom Sitz einer Seele in den Knochen. Die meisten Naturvölker Südamerikas nehmen die Existenz mehrerer Seelen

---

[62] Métraux 1963, 562.
[63] Zerries 1961, 283.
[64] Queiroz 1973, 43 ff.
[65] Schaden 1946 nach Queiroz aaO 45.
[66] Zerries 1961, 282.
[67] Queiroz aaO 43 ff.

im Menschen an, die Apapocuva-Guaraní z. B. von zwei Seelen, einer präexistenten göttlichen ayvucué (Hauch, Atem), von der die guten Regungen im Menschen herrühren, und einer Tierseele (acyiguá = lebhaft, heftig, stark), die die mehr oder weniger angenehmen Eigenschaften des betreffenden Tieres auf das menschliche Temperament überträgt. Im Zusammenhang mit der Ermittlung der Herkunft der Seelen nach der Geburt und der Vernichtung der gefährlichen Tierseele nach dem Tode hat der Schamane wichtige Funktionen.

Materielle Darstellungen übernatürlicher Wesen sind bei den einfachen Akkerbaukulturen Südamerikas nicht eben häufig, wenngleich holzgeschnitzte, steinerne oder aus Federn bestehende Idole wie auch solche aus Wachs gelegentlich anzutreffen sind[68].

1142 Die Religion der Völker der intermediären Kulturstufe

Die Vorstellungswelt der Jäger und Ackerbauer wirkt in der intermediären und in der Hochkulturstufe weiter. Während für die einfachen Ackerbauvölker schamanistische Praktiken und nur wenige von Schamanen geleitete Gruppenzeremonien charakteristisch sind, haben die Völker der intermediären Stufe einen differenzierten Kult nach dem Muster der Hochkulturen mit der Dreiheit: Tempel — Priester — Idole, aber noch ohne eine strikte Trennung zwischen schamanistischen und priesterlichen Funktionen. Bei den Araukanern fehlt indes der Komplex des Tempelkultes noch, wenngleich sie einen öffentlichen Kult kennen[69].

Die Vorstellung von einem Höchsten Gott oder gelegentlich mehreren Spitzengöttern war auch in diesen Kulturen mehr oder weniger ausgeprägt. Man glaubte an persönlich gedachte Numina, die vorwiegend anthropomorph, aber teilweise auch mit zoomorphen Merkmalen vorgestellt wurden, Ausfluß der Eigentümlichkeit des naturvölkischen, nicht durch abstrakte Systeme geformten Denkens, bei dem die Einheit des Lebendigen im Vordergrund steht, die Grenze also nicht zwischen Mensch und Tier (nebst anderen ‚Sachen') verläuft, sondern zwischen belebt und unbelebt. Diese Einheit des Lebenden führt dank der fließend gedachten Übergänge zwischen Göttern, Menschen und Tieren leicht zur Annahme von ‚Verwandlungen' und ist zugleich der Nährboden aller sogenannten ‚totemistischen' Phänomene.

Wenn der Höchste Gott bisweilen als ‚deus otiosus' gedacht wird, der nicht in das Weltgeschehen eingreift, dann tun das andere Götter, derem Eingreifen der Kult entspricht als antwortendes Handeln der Menschen u. a. in Form von Opfergaben. Bei den Taino, den ehemaligen Bewohnern der Großen Antillen, stößt man auf den gar nicht so seltenen Zusammenhang zwischen Ahnenverehrung oder sogar Ahnenkult und Götterkult, wobei bedeutende Ahnen, z. B. die Seelen von Kaziquen, als Mittler zwischen den Menschen und dem Höch-

---

[68] Zerries 1961, 357ff. „Die Darstellung übernatürlicher Wesen im Kult durch Masken, die nicht nur einfache Vermummung darstellen, ist im naturvölkischen Südamerika im wesentlichen auf einige Verbreitungszentren beschränkt." Chthonische Vegetationsdämonen, -gottheiten und entsprechende Fruchtbarkeitsriten, die teilweise mit der weiblichen Fruchtbarkeit oder der Zeugungsfähigkeit des Mannes in Beziehung gesetzt werden, sind bei allen Ackerbauvölkern bekannt – vgl. Zerries 1961, 327ff und Métraux 1964.

[69] Cooper 1963, 742ff, ferner Noggler 1973, 91–123 zur Religion der Araukaner.

sten Wesen fungieren[70]. Der Ahnenkult ist meistens verbunden mit dem Animismus, also der Vorstellung von der Beseelung der gesamten Natur, sowohl der belebten wie der unbelebten, wobei je nach ihrer Einstellung zu den Menschen gute und böse Geister unterschieden werden, die man sich wenigstens zum Teil identisch mit den Seelen der Toten denkt — so z. B. bei den Chocó am Río Atrato (Kolumbien), den Kuná im Darién (Panamá) und den Muisca, jenem Teil der Chibcha-Völker, der die Hochkultur im Zentrum Kolumbiens hervorgebracht hat[71].

1143 Die Religion der Hochkulturvölker

11431 Bei den *Chibcha*, auf deren Religion hier nicht näher eingegangen werden kann, ist neben dem erwähnten Animismus besonders der Kult der Urmutter und Göttin der Fruchtbarkeit Bachué mit Gold- und Smaragdopfern in den heiligen Seen erwähnenswert, dessen Riten zur Entstehung der Legende vom vergoldeten Menschen, dem ‚Dorado', geführt haben[72].

11432 Von *der* Religion der *Inka* kann man kaum sprechen, denn im Reich von Tawantinsuyo gab es zu Beginn des 16. Jahrhunderts einen umfassenden Synkretismus, der sich aus der Kombination der religiösen Traditionen der alten Regionalkulturen der Küste und des andinen Hochlandes sowie des Staatskultes der Inka ergab, so daß manche Autoren sogar vier verschiedene Religionen unterscheiden: „Die offizielle Religion des Inkastaates, die Religion der Gebildeten und der Oberschicht des Imperiums, die Religion der unterworfeönen Staaten und die der Sippen, lokaler Gruppierungen und des einzelnen"[73]. Ein einheitliches Grundphänomen des religiösen Erlebens im zentralen Andenraum ist die Pluralität, „die sich durchlaufend als ein polytheistisches System präsentiert. Ihm gehören männliche und weibliche Göttergestalten an. Die Numina stehen vielfach in einer Polarität von Gegenspielern, doch auch in einer fruchtbringenden Ergänzung als Götterpaar. Die Vielfalt der Gottheiten ist durch Reichsbildungen gefördert worden; ursprünglich regionale Götter wurden dabei zu Ressortgottheiten mit bestimmter Zuständigkeit", z. B. für Regen, Fruchtbarkeit, Weissagungen und sonstige menschliche Anliegen. In der ‚imperialistischen' Phase des Reiches von Tawantinsuyo ging die Aufspaltung des Götterpantheons in Ressortgottheiten mit der Rezeption der lokalen Gottheiten der unterworfenen Stämme einher, ein Vorgang der in einer amtlichen Götterhierarchie gipfelte, „während andererseits die staatliche und geistliche Zentrale den von ihr speziell gepflegten Kult des Sonnengestirns zugleich als politisches Machtinstrument der zu schmiedenden Reichseinheit propagierte"[74]. Das ab 1500 n. Chr. ständig betonte Kindschaftsverhältnis des herrschenden Inka zum Sonnengott Inti diente als mythische Fundierung des Gottesgnadentums bzw. sogar des Gottkönigtums.

---

[70] Zerries 1961, 293. Die Taino verehrten ihnen wohlgesinnte ‚Zemí', baumwollene, hölzerne oder steinerne Idole, von denen sie annahmen, daß der Geist eines verstorbenen Kaziken in ihnen wohnte, der seinerseits Einfluß auf Jocahu Maorocon, den unsterblichen und unsichtbaren Hochgott, nehmen kann.

[71] Vgl. Trimborn 1959, 102, 116 und 120.

[72] An bestimmten Festtagen wurde der Fürst von Guatavita am ganzen Körper mit Harz gesalbt, auf das man aus Röhrchen Goldpulver blies. Er ließ sich dann auf einem Floß auf den See hinausrudern, stieg ins Wasser und opferte dadurch das an seinem Körper haftende Gold — Trimborn 1959, 101.

[73] Katz 1969, 550f. [74] Trimborn 1959, 128 und 146f.

„Denn über die Herleitung der Dynastie vom Sonnengotte hinaus war das Herrscherhaus mit einer ständigen göttlichen Sendung zur Lenkung der irdischen Ordnung betraut. Und beides, Herkunft und Sendung, erklären es uns, daß der Inka zum mindesten nach dem Tode göttlich verehrt wurde. Sein Leichnam wurde feierlich mumifiziert — eine Maßnahme, die den Fortbestand des ‚lebenden Leichnams' durch die Erhaltung der Körperform sichern sollte."[75]

Die Gebildeten verehrten neben Inti besonders den vom Inka Pachacutec propagierten Kult des Kulturheros und Schöpfergottes Viracocha, der zur zentralen Gestalt des Götterpantheons der Ketschua und Aymará wurde. Pachacamac, ‚der Welterschaffer' hingegen ist eine renommierte Regionalgottheit der mittleren peruanischen Küste, der dem Hochlandpantheon einverleibt wurde. Auf der Ebene der Sippe (Ayllu) stand der noch stark mit animistischen Elementen durchsetzte Huaca-Glaube im Vordergrund der Religiosität, gepaart mit der Verehrung von den römischen Laren vergleichbaren Schutzgeistern[76].

Abweichend von Mesoamerika gab es neben dem Kult persönlich gedachter Höherer Wesen noch eine zweite Säule numinosen Erlebens, die sich aus den Vorstellungen vom Jenseits und dem Leben nach dem Tode und dem Kult der toten Ahnen zusammensetzte. Trotz der Annahme, daß die Toten noch am Tun der Überlebenden teilhaben, siedelte sie der Glaube auch in bestimmten Totenreichen an, wobei der überlieferte ethische Maßstab für das Jenseitsschicksal möglicherweise auf christlichen Einfluß zurückgeht[77].

Die persönliche Frömmigkeit des einfachen Mannes äußerte sich in zeitweiliger Abstinenz von Pfeffer, Salz, Fleisch, Chicha[78] oder vom Geschlechtsverkehr, ferner in der Darbringung von Opfern, die nicht allein den Priestern vorbehalten waren, im Gebet, in dem er sich mit persönlichen Anliegen und auch mit der Bitte um Vergebung und Gunst an die Götter wandte, im noch heute

---

[75] Ebd. 149 — vgl. 102f: Auch die Chibcha bemühten sich um die Erhaltung der Körperform, „die das Leben nach dem Tode gewährleistete". Dieser Glaube mag auch erklären, warum der Inka Atahualpa noch vor seinem Tode zum Christentum übertrat. Er wurde dadurch vom Tode durch Verbrennung zum Tode durch Erdrosseln begnadigt, so daß die Erhaltung seines Leichnams möglich wurde und er hoffen konnte, als lebender Sonnensohn seine Existenz fortzusetzen, und zwar wie üblich begleitet von menschlichen ‚Grabbeigaben', also seinen Lieblingsfrauen und einigen Dienern und unter Beibehaltung seiner Hofhaltung, wurden doch die Paläste der verstorbenen Inka für diese weiter gepflegt und instand gehalten mit besonderem Personal, so daß man von einer „einmaligen Verzahnung transzendenter und wirtschaftlich realer Gedankengänge" sprechen kann — ebd. 149.

[76] „Huaca waren einerseits die persönlich gedachten Höheren Wesen, aber auch mit ihnen identifizierte Sternbilder, die auf den Menschen Einfluß nahmen; huaca waren heilige Quellen als Sitz von Wassergottheiten, heilige Felsen und Berge als Versteinerungen von Vorzeitheroen und heilige Höhlen als Zugänge zu dem Reich der Erdmutter und der Toten; huaca aber waren andererseits auch die numinos betrachteten Toten, ihre Leichnams und ihre Grabstätten, und huaca bedeutet schließlich jedweden Tempel, jedwedes Heiligtum", also alles, was mit dem Numinosen in Verbindung steht. Die Geister, die in dem vom Tempel bis zum Steinhaufen reichenden huacas wohnten, galt es, durch Verehrung, Gebete und Opfer gnädig zu stimmen — ebd. 127f. Solchen huaca-Geistern opfern die Ketschua- und Aymará-Indianer Perus und Boliviens noch heute nach vierhundertjähriger Christianisierung — Métraux 1967, 199.

[77] Trimborn aaO. 145f, der auch auf die Mythologie näher eingeht.

[78] Chicha ist ein verbreitetes berauschendes Getränk, das aus in Zuckerwasser fermentiertem Mais hergestellt wird.

bei den Ketschua und Aymará üblichen Versprengen einer Libationsflüssigkeit (Trankopfer mit ‚challa'), in Gebetsformeln, die man aussprach beim Vorübergehen an einer Quelle oder beim Überqueren eines Flusses. Krankheiten wurden ähnlich wie im Alten Testament mit Sünden in Verbindung gebracht[79].

Die Struktur der Priesterschaft war differenziert in Priester des Reichskultes, der Regionalkulte unterworfener Völker und der Ayllus, wobei letztere etwa die Rolle von Schamanen spielten. Im Reichskult gab es außerdem Priesteranwärter und Sonnenjungfrauen. Die von den Priestern dargebrachten Opfer dienten hauptsächlich zwei Anliegen: der Gewährung von Nahrung und Heilung. Menschenopfer hatten eine viel geringere Bedeutung als in Mesoamerika[80].

Für die christliche Mission sollten Ethik, Sündenvorstellung, Beichte und Absolution besonders gewichtig werden. Die Institution der Beichte ist ein Reflex einer ausgeprägten Ethik, deren Verhaltensregeln teilweise noch heute bekannt sind, z. B. die Formel: Du sollst nicht stehlen, nicht lügen und nicht faulenzen![81] Neben der sich hierin spiegelnden typisch inkaischen Wirtschafts-, Verwaltungs- und Eigentumsordnung gab es eine Vielzahl religiös begründeter ethischer Normen, bei denen das Verbot zu töten, sei es direkt oder indirekt durch magische Praktiken, und das Verbot des Ehebruchs an oberster Stelle standen. Die Sünde führte zum Ausschluß von der Teilnahme an Kulthandlungen, verpflichtete zur Beichte, anschließender ritueller Reinigung und Bußwerken wie Gebeten, Enthaltungen und Fasten. Nur so konnte der durch Sünden oder Rechtsbrüche einzelner der Gemeinschaft drohende Schaden abgewendet werden. Vollständigkeit und Wahrheit der Beichte überprüften die Priester u. a. durch Wahrschau oder eventuell sogar Gewaltmaßnahmen. Die Absolution für eine unvollständige Beichte war ungültig. Anderseits konnte die Absolution entsprechend der engen Verflechtung von Kult und Staat auch vor manchen weltlichen Strafen bewahren. Schließlich sei darauf hingewiesen, daß alle Rituale, Feste und Tänze, Musik und Dichtung einen vorwiegend kultisch-religiösen Bezug hatten[82].

---

[79] Ebd. 151.

[80] Menschenopfer beschränkten sich auf besondere Anlässe, etwa Hungersnöte, Seuchen, Rückschläge im Krieg, Krankheiten und die Thronbesteigungen der Inka, bei denen allerdings bis zu 200 zehnjährige Mädchen bei lebendigem Leibe geopfert wurden – ebd. 152f.

[81] Wie dem Vf. eine Lehrerin in Bolivien berichtete, spielen solche Formeln noch heute im dortigen Erziehungswesen eine Rolle. Die Beichte hatte auch ihren festen Platz in der Religion der Azteken, in der es auch eine Art von Erbsünde gibt. Sie ist aber nicht aus einer Urschuld der Menschheit zu erklären. Vielmehr kann es sich bei der Erbsünde nur um Schuld und Sünden der leiblichen Eltern handeln. Solche eventuelle Erbschuld wird von der Regengöttin Chalchiuhtlicue in einer Taufe abgewaschen, die als Reinigung von dem Schmutz verstanden wird, den die Kinder bei der Geburt mitbekommen haben. Symbole der Sünde sind bei den Azteken die Nacktheit, die Eidechse und der große Penis, wie denn auch Ehebruch und Trunkenheit als schwerste Sünden galten. Die Sünde wird als ‚Schaden', ‚Dreck' oder ‚Kot' empfunden. Der Begriff der Gedankensünde scheint unbekannt gewesen zu sein. Aber auch verborgene Sünden galten als strafbar, weshalb ein Sünder bestrebt war, nicht aufzufallen. Den göttlichen Strafen korrespondierten staatliche. Die Furcht vor letzteren war oft das Hauptmotiv der Beichte, glaubte man doch, daß die Götter besonders an ihren jeweiligen Festen verborgene Sünden publik machen könnten! Krickeberg 1956, 189f.

[82] Trimborn aaO 160.

11433 Es ist zwar wissenschaftlich umstritten, ob man von einer *Religion Meso-Amerikas* sprechen kann, aber es lassen sich doch zahlreiche analoge Grundprinzipien nennen, die die Theogonie, die Kosmogonie und die Mythologie inspiriert haben: Die Vorstellung eines Hoch- oder Hauptgottes, der mit dem Taghimmel, der Sonne und dem Feuer assoziiert wird und der sich in ein Schöpferpaar verwandelt, das dann als Himmel und Erde konzipiert wird, die die Menschen zeugen und gebären, sie erhalten und mit Lebensmitteln versorgen. Dieses Erzeugerpaar hat Zwillingssöhne wie Quetzalcoatl und Xolotl oder die vier Tezcatlipoca bei den Azteken oder Pumaschlange und Tigerschlange. Auch der Grundzug der mesoamerikanischen Kosmogonie ist einheitlich. Das Universum besteht aus verschiedenen Sphären, deren oberste der Himmel und deren unterste die Erde ist, entsprechend der Vorstellung eines Schöpferpaares. Die Sphären sind nach den vier Kardinalpunkten hin orientiert, entsprechend den vier Söhnen des Schöpferpaares. Der Organisation des Universums in verschiedene Sphären entspricht die Klassifizierung alles Seienden, d. h. der Götter, Menschen, Tiere, Bäume und Farben[83]. Die Heiligkeit der Zahl vier zeigt sich nicht nur bei den vier Kardinalpunkten, sondern auch bei den vier Weltkatastrophen bzw. Weltepochen, die als vier immer vollkommenere Schöpfungen angesehen werden.

Wenngleich das Menschenopfer und der rituelle Wert, der menschlichem Blut beigemessen wird, beinahe ein Charakteristikum aller polytheistischen Religionen ist, das ansatzweise noch in monotheistischen Religionen durchschimmert, so ist doch die Konzeption des Opfers als Repräsentation der Götter und vor allen Dingen die Annahme, daß das Blut ein Faktor ist, mit dem der Mensch zum Mitarbeiter der Götter zur Aufrechterhaltung der kosmischen Ordnung wird, ein besonderes Kennzeichen mesoamerikanischer Religiosität[84]. Von hier aus ergibt sich die Verbindung zum Menschenopfer. „In einer stolzen Umkehrung sonst üblicher Vorstellungen hielten sich die Maya für unentbehrlich, damit die Götter leben konnten", andererseits waren die Menschen bis in die Einzelheiten ihrer alltäglichen Tätigkeiten von den Göttern bzw. ihrer Konstellation im Kalender abhängig, natürlich speziell in bezug auf Fruchtbarkeit und Regen. So erhalten also die Menschen die Welt mittels der Götter, aber eben auch die Götter Welt und Menschen[85]. Als Opfer genügte bei den Maya der klassischen Zeit im allgemeinen das hauptsächliche Haustier, der Hund. Gelegentlich kam es auch zu Menschenopfern für den Regengott Chak. Erst unter dem Einfluß der Tolteken sollten Menschenopfer im Mayagebiet zu Massenschlächtereien ausarten[86], wie sie auch von den Azteken bekannt sind. Nach dem mythologischen Fundament der aztekischen Kriegerorden der Adler und Jaguare hat sich der Gott Nanahuatzin bei der Schaffung des gegenwärtigen Zeitalters, d. h. der gegenwärtigen ‚Sonne', zusammen mit einem Adler und einem Jaguar in den Feuerherd ‚Götterofen' gestürzt, um durch das gemeinsame Selbstopfer Licht zu schaffen. Seitdem gilt es als Vorrecht der Glieder dieser Kriegerorden, durch das als höchster Ausdruck der Buße bewertete Selbstopfer den Sonnengott zu ernähren, wofür sie Gefangene hinzunehmen konnten. „Nach ihrem Tod wurde ihnen das beneidenswerte Schicksal zu-

---

[83] Bei den Maya wurden 23 Sphären oder Regionen angenommen, 13 himmlische, 1 irdische und 9 unterirdische, bei anderen meso-amerikanischen Völkern 9 oder 13. Die These von einer Religion Meso-Amerikas vertritt Caso 1968.
[84] Caso aaO.   [85] Cordan 1963, 48 und 58.   [86] Krickeberg 1956, 74.

teil, Adler, ‚Begleiter der Sonne', zu werden..." Die Tötung der Gefangenen erfolgte also nicht aus Haß oder Verachtung, sondern aus Wertschätzung und Brüderlichkeit, was man an der Sitte erkennt, daß ein Krieger mit seinem Gefangenen zu weinen pflegte und ihn ‚Bruder' nannte. Weil die Götter den Menschen so nahestehen und ihnen ähneln, ist Menschenblut die einzige Opfergabe, die ihrer würdig ist. Tieropfer konnten höchstens einen Ersatz für Menschenopfer darstellen. Simoni bemerkt, daß unter den historischen Gründen, die zu der furchtbaren Niederlage der Mexikaner gegen die Spanier führten, einer möglicherweise darin zu suchen ist, „daß die Spanier bestrebt waren, möglichst viele Feinde zu töten, während die Azteken möglichst viele Gefangene machen wollten, um sie als Opfer für die Götter aufzusparen"[87], ein wesentlich weniger effektives Geschäft als das Töten der christlichen Eroberer um jeden Preis.

Die Religion der Maya, die hier nicht näher geschildert werden kann, mutet u. a. deshalb so verwirrend an, weil die Götter der Maya sich im Gegensatz zu den griechischen Göttern nie in ihrer wahren Gestalt zeigen. Sie haben verschiedene Aspekte. So könnte nach einer Hypothese Girards der der Naturreligion der Maya entstammende Regengott Chak der anthropomorphe Aspekt Kukulkans sein, dessen zoomorpher Aspekt die gefiederte Schlange und dessen dendromorpher Aspekt der Lebensbaum sein könnte, der Sitz der Götter, vorgestellt als Ceiba, als jener immergrüne Baum mit flaschenförmigem Stamm und weitausladender Krone, der der hauptsächliche Schattenspender der Mayadörfer ist[88]. Wenn das Göttliche für die Maya also im Grunde ungreifbar und wohl auch unbegreiflich blieb, so mag man darin eine Parallele zu Luthers Wort sehen, daß Gott im Weltgeschehen stets hinter Larven und Mummen ver-

---

[87] Simoni 1967, 184.
[88] Girard 1966, 392f. Die Ceiba könnte eine stilisierte Darstellungsform des kosmischen Baumes sein. Die zoomorphe Darstellung des Regengottes Chac als gefiederte Schlange könnte sich daraus erklären, daß die Schlange wie der Jaguar als Mondtier in vielen Kulten direkt mit dem Phallus, dem Fruchtbarkeitssymbol par excellence, assoziiert wird. Fruchtbarkeit aber ist ja auch eine besondere Gabe des Regengottes Chak. Die gefiederte Schlange, die die Tolteken und Azteken zu einer Hauptgottheit erhoben haben, stellt die Verbindung der fruchtbaren Schlange mit dem grünen Quetzalvogel dar, wobei die grünen Federn eine rituelle Umschreibung der grünen Blätter des Mais sind. In Südamerika, wo es keine Quetzalvögel gibt, „verwandelt sich das Motiv in die zahllosen Darstellungen der Kondor-Schlange".

Das *Zeitverständnis der Maya* muß im Zusammenhang mit ihrer Angst vor einer periodischen, den Bestand des Universums gefährdenden Katastrophe gesehen werden. Die Sicherung des Bestandes der Welt dürfte das treibende Moment für alle astronomischen und chronologischen Forschungen der Maya-Priester gewesen sein, das sie schließlich als erste Menschen zur Konzeption eines Kalenders führte, „in dem jedes Datum durch so viele Koordinaten bestimmt wurde, daß es erst nach 374 440 Jahren wiederkehrte" — Krickeberg 1961, 61ff. Damit haben sie einen bedeutenden Schritt vom zyklischen zum linearen Zeitverständnis hin getan, der möglicherweise dem sich im Alten Testament abzeichnenden ebenbürtig ist, denn auch dort ist das zyklische Denken ja nicht völlig überwunden, da mit einer Entsprechung von Urzeit und Endzeit gerechnet wird.

Zur *Religion der Azteken* ist anzumerken, daß es sich bei ihr keineswegs wie bei den Maya um eine einheitliche oder verhältnismäßig gewachsene Religion handelt, sondern um „ein buntes Gemisch aus uralten und sehr jungen, stammesfremden und stammeseigenen Elementen" — aaO 37.

borgen agiere oder an Rudolf Ottos Erkenntnis denken, daß das Numinose, das Heilige, das Göttliche stets das „ganz andere" ist, eben das Mysterium tremendum, das in gewissen Archetypen in allen Religionen wieder begegnet und dessen höhere und unbegreifliche Wirklichkeit im Mythos vorgespielt wird, wie man mit Karl Kérenyi sagen könnte. Denn ein Mythos ist nicht eine Erfindung um des Selbstgenusses willen, sondern drückt das Staunen des ursprünglichen Menschen aus, „dessen Vernunft noch nicht erklären kann". Denn vor der Schaffung allgemeiner Ideen (Universalien) dachte der Mensch in Einzelbildern und mußte Verwirrendes oder Unerhörtes in diese Ganzheit der Bilder einordnen. Vor einer Welt also, deren Ursachen ihm unbekannt sind, sucht der Mensch die Erklärung im Mythos. „Diese Erklärung, immer der spezifischen Umwelt entsprechend, ist eher gemütvoll als vernünftig; sie verbindet sich auf die natürlichste Weise mit Elementen der Religion."[89]

---

[89] Vgl. R. Otto, Das Heilige, 1917. Zum Mythos wurde Repetto Milán in seinem Vorwort zu Cordan 1963, 6 zitiert, der sich seinerseits auf Bowras Ausführungen über den griechischen Mythos stützt. Zur Lage der rezenten Indios vgl. mit Kartenmaterial Barbados 1972.

12 Der Zusammenstoß zwischen der iberischen und den amerindischen Zivilisationen

121 *Die iberische Zivilisation*

Da die iberische Halbinsel sowohl von Europa aus über die Pyrenäen wie von Afrika aus über die Meerenge von Gibraltar zugänglich ist, ist es im Laufe der Geschichte immer wieder zu Einwanderungsbewegungen und Einflüssen ausländischer Mächte aus diesen beiden Richtungen gekommen. Und die ursprünglich keltisch-iberische Bevölkerung hat sich vielfach mit anderen Elementen vermischt, im Altertum mit griechischen Kolonisten, phönizischen Karthagern und Römern verschiedenster Herkunft und im Mittelalter mit Germanen — Vandalen, Alanen, Sueben, Westgoten und Franken — und Arabern. Diese völkische und kulturelle Mischung prägt das Bild der iberischen Zivilisation im Zeitalter der Renaissance und der Entdeckungen.

Die Herkunft gewisser Züge des spanisch-portugiesischen Volkscharakters und seiner Zivilisation läßt sich mit einiger Wahrscheinlichkeit aufzeigen. So dürfte die urbane Tendenz des iberischen Lebens und das System der Latifundien, die mit Sklaven oder Menschen minderen Rechts bearbeitet werden, auf die Römer zurückgehen[1]. Beides wurde genauso nach Amerika übertragen wie möglicherweise das rechteckige, schachbrettförmige Planungsmuster römischer Kolonialstädte auf der iberischen Halbinsel. Das spanische Landgut (cortijo) und seine Kopie, die amerikanische ‚hacienda/fazenda' folgen grundlegend der Anlage der römischen villa. Wie in allen Ländern, die lange unter römischer Herrschaft gestanden haben, hielt sich der romanische Baustil sehr lange auf der Halbinsel und wurde noch im 16. Jahrhundert nach Amerika exportiert, wo u. a. Kirchen im Basilika-Muster davon zeugen[2]. Der arabische Beitrag besteht hauptsächlich in der Übermittlung wissenschaftlicher Tradition der griechischen Antike, sowie arabischer Zahlen und Mathematik, des Kompaß, astronomischer und nautischer Kenntnisse und der Karavelle, des ersten Hochseeschiffes, das ohne Ruder gegen den Wind kreuzen konnte. Ohne diese Voraussetzungen wäre die luso-hispanische Seefahrt nicht denkbar[3].

Ein typisch germanisches Erbe, vermischt mit mittelalterlich christlichem Geist, sind Rittertum und Kreuzzugsfrömmigkeit. Die germanische Heldenethik wurde christlich umgebogen, so daß das christliche Rittertum als Stand mit besonderer Weihe und eigenem Ethos entstehen konnte, mit Schwert- und Fahnensegen und Krieger-Heiligen wie Mauritius, Sebastian und Georg, die im Schlachtruf angerufen wurden[4]. Hatten die Normannen 1066 in der Schlacht bei Hastings unter der ihnen von Papst Alexander III. geschickten blutroten

---

[1] Worcester 1956, 6.
[2] Weckmann 1967, 16 und 22; Konetzke 1965 bestreitet allerdings, daß die römische Stadt im Planungsmuster der Kolonialstädte fortlebt. Vgl. im einzelnen Abschnitt 2111. Besonders Hardoy zeigt, daß kulturelle Herleitungen nur mit großer Vorsicht vorgenommen werden können (1970).
[3] Worcester aaO 8 und Innes 1970, 15, vgl. S. 89.
[4] Zur Entstehung des Kreuzzugsgedankens vgl. Erdmann 1955.

Petrusfahne im Kampf gegen ihre angelsächsischen Glaubensbrüder noch „Thor Hilf!" gerufen und damit Petrus mit dem nordischen Donnergott gleichgesetzt, so riefen die westgotischen Ritter während der Reconquista (Wiedereroberung) gegen die Mauren Santiago (Hl. Jakobus) an. Die nicht wenigen Städte in Amerika mit dem Namen Santiago legen ein beredtes Zeugnis für das Ausmaß der Verehrung ab, die dieser Schlachtenpatron unter den Konquistadoren genoß[5].

Entgegen einem häufig wiederholten Klischee muß betont werden, daß die spanische Reconquista, die schon im 8. Jahrhundert, lange vor der abendländischen Kreuzzugsbewegung begonnen hat, aufs Ganze gesehen kein Kreuzzug war, sondern „zunächst Verteidigung und Selbstbehauptung gegen die Macht des Islam" und später zunehmend der Versuch einer „Wiederherstellung Spaniens, wie es vor der arabischen Invasion bestanden hatte", verbunden mit der Wiederaufrichtung der alten Bischofssitze und dem Wiederaufbau der zerstörten Kirchen und Klöster. Nahm die Reconquista auch gelegentlich die Züge eines Maurenkreuzzuges an[6], so war sie doch im allgemeinen kein Glaubenskrieg, der auf die Christianisierung der Mauren abzielte. „Das Staatsinteresse hielt den Kreuzzugsgeist in Schranken"[7], und Christen, Juden und Muslime hatten sich daran gewöhnt, „in einer relativ ‚offenen' oder freien Gesellschaft miteinander zu leben." In dem Maße, wie sich bis Ende des 13. Jahrhunderts das Gleichgewicht eindeutig zu Gunsten der Christen verschob, ließ auch die für mittelalterliche Verhältnisse ungewöhnliche Toleranz nach[8]. Sie erreichte Ende des 15. Jahrhunderts ein jähes Ende. Der Fall des Nasriden-Reiches von Granada im Jahre 1492 bezeichnet den Wendepunkt. Das berüchtigte Edikt vom 31. März 1492 stellte die Juden vor die Alternative Taufe oder Auswanderung. Und die ca. 50 000, die sich zur Taufe bereit fanden und jene, die dies schon früher getan hatten, wurden als Neuchristen oder ‚conversos' in besonderem Maße von der 1478 in Kastilien und 1482 auch in Aragon wiedererrichteten Inquisition überwacht bzw. verfolgt. Dasselbe Schicksal sollte den vielen nach Portugal geflüchteten Juden ein knappes halbes Jahrhundert später blühen, als auch dort 1536 die Inquisition eingerichtet wurde. Da sie zur Bewahrung ihres Glaubens geflüchtet waren, liegt es auf der Hand, daß sie in noch höherem Maße als die ‚conversos' von 1492 nach der Zwangstaufe „Kryptojuden" blieben, die jede Möglichkeit zur Auswanderung aus Portugal benutzten, um den Fängen des Hl. Offiziums zu entgehen und daher auch zu den ersten Siedlern Brasiliens gehörten, was sich für den Aufbau der christlichen Kirche in

---

[5] Zur Schlacht bei Hastings vgl. Haller 1965 II, 254f; nach der Legende soll der spanische Nationalheilige Santiago, der neutestamentliche Jakobus, der Bruder des Johannes und Sohn des Zebedäus, der etwa im Jahre 44 das Martyrium erlitten hat, in Santiago de Compostela begraben sein, das deshalb der meistbesuchte europäische Wallfahrtsort des Mittelalters wurde. Der Santiago-Kult hat sich speziell unter der Herrschaft von Alfonso III. (866–910) durchgesetzt – vgl. Sánchez-Albornoz 1956 I, 280. Die Santiago-Frömmigkeit hat im 16. Jahrhundert besonders auch unter den Konquistadoren sehr zugenommen, die ihm viele Altäre, Kirchen und Städte weihten, so daß er den Indianern als Verkörperung des Miles Christi erscheinen mußte.

[6] Dhondt 1968, 195 identifiziert die Reconquista zu stark mit dem Kreuzzugsgedanken.

[7] Gegenüber Dhondt hebt Konetzke 1972, 61 den Unterschied zwischen Reconquista und Kreuzzugsgedanken hervor und zitiert Sánchez-Albornoz als den besten Kenner des spanischen Mittelalters: „Man suchte weder die Ausdehnung eines religiösen Glaubens durch das Schwert noch den bloßen Kampf gegen Völker einer anderen Religion" – aaO I, 310.   [8] Kamen 1967, 12f.

Brasilien als nicht gerade förderlich erweisen sollte. Und so rief während der Kolonialzeit in Spanischamerika die bloße Tatsache, daß jemand Portugiese war, den Verdacht hervor, daß er ein Jude sei[9].

1502 hatte auch die Stunde der Mauren geschlagen. Entgegen den Kapitulationsbedingungen von 1492 wurden sie in Kastilien vor dieselbe Alternative wie die Juden gestellt. Da aber die Auswanderung ihnen in praxi verwehrt wurde, blieb nur die Taufe. Karl V. dehnte 1526 diese Gesetzgebung auch auf Aragon aus. In dieser Zwangslage „meldeten sich die Mauren zu Tausenden, um eine Religion anzunehmen, an die sie nicht glaubten, die sie keineswegs liebten und die sie niemals im Ernst auszuüben gedachten"[10]. Aber als ‚moriscos', als getaufte Mauren, unterstanden sie fortan der Strenge der Inquisition.

Bezeichnenderweise wurde der religiöse Fanatismus zum Teil von denselben Kräften gefördert, die die innere Reform der katholischen Kirche Spaniens auf ihre Fahnen geschrieben hatte. Nachdem sich in toleranteren Zeiten besonders die Bettelorden um eine echt christliche Mission der Muslime und Juden bemüht hatten, z. B. ein Mann wie der Minorit Ramón Llull († 1316), war es ausgerechnet ein Franziskaner, der Beichtvater der Königin Isabella von Kastilien und Erzbischof von Toledo, Francisco Jiménez de Cisneros, der für die gewaltsame Bekehrung der Mauren eintrat und mit Massentaufen und Bücherverbrennungen 1499 in Granada jene Unruhen hervorrief, die den Vorwand für das Gesetz von 1502 lieferten! Mögen die Katholischen Könige, „trotz ihres persönlichen, beinah fanatischen Glaubens, anfangs keine Pläne zur Herbeiführung der religiösen Einheit Spaniens mittels der Inquisition gehabt" haben, so war doch die religiöse Zwangseinheit schließlich das Ergebnis ihrer Politik[11]. Bei der Eroberung Amerikas konnte also kaum mehr Toleranz und Verständnis gegenüber anderen Religionen erwartet werden, als in Spanien und wenig später in Portugal damals praktiziert wurde.

Betrachtet man den sozio-ökonomischen Hintergrund der Unterdrückung von Juden und Muslimen, dann erkennt man, daß die Inquisition zur Waffe des geistlichen und weltlichen Adels wurde, mit der allen Volksgruppen die Ideologie dieser Stände aufgezwungen werden sollte, was einerseits zu bisweilen heroischem Spiritualismus, andererseits zu Rassenhaß führte. Von einer Ge-

---

[9] Lewin 1967, 129f. Im Gefolge der Judenpogrome von 1391 war es zu den bis dahin schlimmsten Judenmassakern der spanischen Geschichte gekommen. Isabella von Kastilien, die Frau von Dom Manuel I., übte auf ihren Mann einen erheblichen Druck aus, damit dieser auch in Portugal gegen die Juden vorgehe. 1497 stellte er daraufhin die Juden vor die Wahl: Übertritt zum Christentum oder Ausweisung. Aber erst unter João III. (1521–57) erhörte der Vatikan die Bitten des portugiesischen Hofes und ordnete 1536 durch die Bulle Pauls III. „Cum nihil magis" die Errichtung des Heiligen Offiziums in Portugal an – vgl. Jacob 1969, 91f. Lewin betont, daß es nicht die spanischen Marranen waren, die in größerer Zahl nach Amerika kamen, sondern die portugiesischen ‚christãos novos' und daß Fernando de Noronha, der erste Konzessionär der portugiesischen Krone in Brasilien, der zuerst jene Insel in Besitz nahm, die heute seinen Namen trägt, einer dieser portugiesischen Judenchristen war – aaO 131f.

[10] Kamen 1967, 123ff. Die getauften Mauren wurden Marranen oder ‚moriscos' genannt.

[11] Kamen aaO 62f und 35f. Jiménez muß freilich zugute gehalten werden, daß er aus Sorge um das Seelenheil der Mauren Gewaltanwendung empfahl, während die Toleranz vieler spanischer Christen im Mittelalter nichts anderes als Gleichgültigkeit in bezug auf das Seelenheil der Muslime war.

samtbevölkerung von ca. 9 Mill. in den Königreichen von Kastilien und Aragon im Jahre 1482 „gehörten etwa 0,8 % zum höheren Adel und etwa 0,85 % zur städtischen Aristokratie... Dieser winzige Bruchteil der Bevölkerung herrschte direkt oder indirekt, als Besitzer über 97 % des Bodens, der Halbinsel". Die Eroberung von Granada hatte die wirtschaftliche Macht des Adels genauso vermehrt wie die weitgehende Ausschaltung des jüdischen Bürgertums. „Die Vertreibung der Juden bedeutete: Sieg des feudalistischen Adels über die Klasse, deren Angehörige er nur als Geschäftemacher betrachtete. Und die Entdeckung Amerikas bedeutete: Öffnung neuer Grenzen für die herrschenden Klassen Kastiliens." Durch den „Wegfall der dynamischeren städtischen Mittelschicht, der Juden, blieb nur noch wenig Trennendes zwischen dem Lehnsherrn und seinem Bauern". Durch die Vertrautheit zwischen den Ständen kam es dazu, daß sich auch die „unteren" zu den Idealen der „höheren" bekannten und deren Ritterlichkeit und Begriff von „Ehre" wie auch deren Verachtung manueller Arbeit übernahmen[12] und später nach Amerika exportierten. Die Niederschlagung des Aufstandes der ‚Comuneros' (1520) bezeichnet den endgültigen Verfall der selbstbewußten bürgerlichen Schicht. Der Mangel einer bürgerlichen Arbeitsmoral und die durch das spanische Erbe bedingte Verzögerung der Entstehung einer bürgerlichen Mittelschicht sollten verhängnisvolle sozioökonomische Folgen für die Entwicklung der Kolonien haben.

Wenn man die Eroberung Amerikas auch nicht als eine Fortsetzung der Expansion der Reconquista über die Grenzen der iberischen Halbinsel hinaus in Verbindung mit der christlichen Missionsidee beschreiben kann, so kann man doch eine Kontinuität in den Personen und Methoden konstatieren.

Der Konquistador ist „die Renaissanceform des spanischen Ritters der Reconquista-Periode... Der Hidalgo war brotlos geworden, wie so viele Offiziere nach den Weltkriegen" des 20. Jahrhunderts, aber die Vorsehung „hielt ein neues... Betätigungsfeld für ihn bereit, in dem er seine aus den Maurenkriegen gewonnenen Eigenschaf-

---

[12] Kamen aaO 16 ff. Die Anwendung des aus dem 19. Jahrhundert stammenden Terminus „Klasse" ist hier mißverständlich. Der höhere Adel war an der Eroberung und Erschließung Amerikas zwar kaum beteiligt. Aber ein Jahrhundert nach der Entdeckung waren sämtliche bedeutenden Adelshäuser Kastiliens groß in Westindien vertreten — aaO 20. Zur Bevölkerungsstatistik: Portugal hatte um 1500 etwa 1,5 Mill. Einwohner, Spanien gut 8 Mill., das Römische Reich Deutscher Nation hingegen ca. 28 Mill., Italien 10 Mill., Frankreich 16 Mill. und England 4-5 Mill. – vgl. Andreas 1959. Man kann sich also mit Ribeiro 1970, 65ff fragen, warum ausgerechnet die marginale iberische Halbinsel, die weder bevölkerungsmäßig noch wirtschaftlich besonders entwickelt war, zur Übersee-Expansion befähigt war. Ribeiro sieht das im Erbe der islamischen Technik und Nautik und in der Kampferfahrung durch die jahrhundertelangen Auseinandersetzungen mit den Sarazenen begründet. Außerdem spielte dabei die expansive Kraft des militanten iberischen Katholizismus eine Rolle. Darin sieht Ribeiro allerdings auch die Schwäche der iberischen Staaten für die fernere Zukunft. Da Spanien und Portugal merkantilmessianische Reiche (Impérios Mercantis Salvacionistas) waren, konnten sie auf die Dauer mit den wirtschaftlich weiter entwickelten, rein merkantilistisch ausgerichteten Staaten wie England, Frankreich und Holland nicht mithalten und gerieten immer stärker in deren Abhängigkeit. Willeke 1976, 16 bemerkt zu Brasilien: „So war *körperliche Arbeit* Angelegenheit der Schwarzen, und jeder Freie mied sie nach Möglichkeit als *menschenunwürdig*. Aus dieser Haltung heraus empfanden auch die Klöster großen Mangel an Brüdern und griffen für die Haus- und Gartenarbeiten sowie für die langen Terminreisen unter Leitung eines Bruders oder Paters auf die Afrikaner zurück."

ten in potenzierter Form entfalten konnte: den rücksichtslosen Drang über die Enge Kastiliens hinaus, die materielle Begehrlichkeit bei äußerlicher Askese, und eine unbeirrbare katholische Strenggläubigkeit"[13].

Während der Reconquista hatte das Wirtschaftsleben großenteils auf Plünderung und Kriegsbeute beruht, während die im Prinzip gleichartigen Piratenüberfälle für das Gedeihen der Seestädte gesorgt hatten. ‚Algaras' oder ‚cabalgadas', im Vertrauen auf göttliche Hilfe unternommene Plünderungsstreifzüge berittener Trupps, und ‚entradas', Einfälle in das feindliche Gebiet von Granada, sollten die Methoden sein, die die zahlreichen aus Andalusien stammenden Konquistadoren auch in der Neuen Welt anwandten. Die Tatsache, daß die Reconquista mit Hilfe verschlagener Kreuzfahrer in Portugal schon 1249 mit der Eroberung der Algarve ihr Ziel erreicht hatte, erklärt, daß Portugal nach der Erringung seiner Unabhängigkeit von Spanien 1385 die Expansion nach Übersee 1415 mit der Eroberung von Ceuta einleitete.

„Die allmächtige Gier nach Reichtümern", die codicia, hatte im ausgehenden Mittelalter alle Stände erfaßt und drängte Portugiesen, Spanier und viele andere Europäer in unbekannte Weltgegenden hinaus. Sie war der Motor für den „Übergang von der präkapitalistischen Wirtschaft zum Handelskapitalismus". Langsam hatten sich die kastilischen Kaufleute den neuen Geschäftspraktiken der Genuesen und Florentiner angepaßt. Der andalusische Adel wurde vom kapitalistischen Geist ergriffen, genauso die Handwerker und kleinen Leute, die sich mit ihren Einlagen bald am Handelsgeschäft mit Westindien beteiligen sollten[14]. Aber die Vertreibung der Juden hatte dem spanischen Finanzwesen einen schweren Schlag versetzt, so daß Handel und Verwaltung in zunehmenden Maße von ausländischen Geldgebern abhängig wurden. So erfuhren im Zeitalter der Entdeckungen die Militärkaste, die Kriegsindustrie und der Handel eine gewaltige Ausdehnung in Portugal und Spanien, aber beide Staaten blieben in ihren Finanz- und Wirtschaftsstrukturen hinter den führenden europäischen Metropolen zurück und gerieten im Kolonialzeitalter immer stärker in deren Abhängigkeit. „Sogar im Kulturellen behauptete sich das Konservative." Während die Periode der Renaissance im übrigen Europa alles radikal erneuerte, schloß sie in Spanien einen ‚Waffenstillstand' mit dem Traditionalismus, „und zwar mit dem scholastischen Katholizismus, mit den romanceros und den Büchern von den fahrenden Rittern"[15].

In der Theologie bestanden die thomistischen und nominalistischen Schulen weiter, aber es drang auch erasmianische Kirchenkritik ein[16]. Die Religiosität des 16. Jahrhunderts ist auf der iberischen Halbinsel von der hereinbrechenden Welle der Mystik, starker Marienfrömmigkeit, Verehrung von Beatas (frommen Frauen) und zunehmender Eucharistieverehrung gekennzeichnet[17]. Die gläubige Inbrunst erwartete alles vom Himmel. Das Jenseits mit Himmel und Hölle

---

[13] Großmann 1968, 16. Konetzke 1972, 63 bemerkt zur Motivation der Konquistadoren: „Niemand möchte wohl diese ebenso tapferen und harten wie beutegierigen Leute als Kreuzfahrer ausgeben oder ihnen unterstellen, daß sie nach Amerika gekommen waren, den Indianern das Evangelium zu bringen und sich um deren Seelenheil zu bemühen."

[14] Konetzke 1972, 62ff bemerkt zur Beutegier der spanischen Hidalgos: „Gelegentlich heißt es in Chroniken der spanischen Eroberung Amerikas, daß die Soldaten in Indianerorten plünderten wie in ‚tierras de moros'."

[15] Kamen aaO 21f unter Berufung auf Ramón Menéndez Pidal, The Spaniards in their history, London 1950, 135.

[16] Vgl. Bataillon 1966.   [17] Vgl. Prien 1967, 44ff.

war die Quelle größter Hoffnung oder tiefster Angst, bestimmte es doch nicht nur die Zukunft, sondern auch den Alltag in diesem Tränental. Man fürchtete den göttlichen Zorn in Form von Dürre und Unwetter, Hunger und Pest, Bürgerkriegen oder feindlichen Einfällen. Man erwartete reiche Ernten, Gesundheit und Siege über die Muslime von der Gnade des Höchsten. Sein göttliches Wohlwollen trachtete man mit rituellen Gebeten, frommen Praktiken, Kirchbauten, frommen Stiftungen oder Gaben für Orden zu gewinnen.

„In keinem anderen Land des Okzidents findet sich auf einem so beschränkten geographischen Raum eine so große Anhäufung von Klöstern und Kirchen." Man versuchte die Sünden zu meiden, um dem göttlichen Zorn gegen einzelne oder die Gemeinschaft zu entgehen. Und wenn man dennoch den unbesiegbaren Feinden Hochmut, Stolz, Neid und Zorn erlegen war, erbettelte man die göttliche Vergebung demütig „mit harten Bußübungen oder schwierigen Wallfahrten und besonders durch Angebote und Gefälligkeiten an die Kirche. Zahlreiche Wunderberichte waren in Umlauf..."[18].

Die Geschichte der Reform in Spanien zeigt, daß „weder das Werk des Jiménez de Cisneros, noch die Arbeit der Gesellschaft Jesu, noch das Konzil von Trient ausreichten, um eine vollständige Moralisierung des Klerus der Halbinsel zu erreichen. Es ist offenkundig, daß sogar in den Augenblicken des größten religiösen Eifers und tiefster Strenge Angehörige des Welt- und Ordensklerus vorhanden waren, die ein Leben führten, das sehr von einem evangelischen entfernt ist". Und solche Elemente sollten natürlich auch in die Mission nach Amerika kommen[19], was nicht heißen soll, daß sie das Bild der iberischen Missionare bestimmten.

In den verschiedenen Königreichen der iberischen Halbinsel hing die römische Kirche in hohem Grade vom Königtum ab, was sich teilweise aus der gotischen Landeskirchentradition erklärt, teilweise aus den besonderen Verhältnissen bei der Reconquista, verfügte doch nur das Königtum über die Macht und Autorität, um die Reconquista voranzutreiben. Andererseits bedurften auch die Staaten der Kirche als irdischer Delegierten der Gottheit, als Fürbitteninstanz im Kriege, als Vergebungsinstanz und Verteilerin irdischer Strafen. Die Verbindung und Vermischung von Kirche und Staat waren hier größer als in irgendeinem anderen westlichen Staat. Bischöfe und Äbte wurden zu höfischen Beratungen hinzugezogen, regierten über geistliche Territorien und waren zu Vasallendiensten im Kriege verpflichtet[20]. In der durch päpstliche Privilegien noch geförderten Vermischung von Kirche und Staat sind die juristischen Wurzeln für das königliche Patronat über viele Kirchen zu suchen, das dann systematisch zu einem generellen königlichen Patronatsrecht über die Kirche in den

---

[18] Sánchez-Albornoz 1956 I, 319ff. Zur moralischen Situation des Klerus und der Hierarchie in Spanien vgl. auch Egaña 1966, 93f, der bemerkt, daß schon die Zahl von ca. 100 000 spanischen Klerikern ihrem Stand das Gewicht einer sozialen Klasse gab, die indes keineswegs einheitlich war.

[19] Quirarte 1967, 33f, der zur religiösen Lage in Spanien aaO 66 Bataillon 1950, 70 zitiert: „Aber trotz der Inquisition, trotz seiner militanten Haltung gegenüber dem Islam und dem Judaismus, erscheint der spanische Katholizismus im Ausland nicht mit dem Glanz jener fleckenlosen Reinheit, die er so hochmütig in der Epoche der Gegenreformation forderte. Man hat völlig zu Recht festgestellt, daß die Schärfe der inquisitorischen Repression ein Zeichen ist, daß die Spanier Gewalt benötigten, um Christen zu sein." Zur Geldgier des geistlichen Adels vgl. auch Kamen aaO 14 und die Belege bei Prien 1967.   [20] Sánchez-Albornoz aaO 320f.

Kolonialgebieten ausgeweitet werden sollte, wie es für die kirchliche Entwicklung Amerikas charakteristisch wurde[21].

122 Die Entdeckung und Eroberung der Neuen Welt

Nicht die Landungen der Vikinger in Nordamerika Ende des 10. Jahrhunderts unter Leif Erikson haben das Weltbild und die wirtschaftlichen Lebensbedingungen des westlichen Menschen verändert, sondern die Fahrten des Kolumbus. Und sie eröffneten gleichzeitig das umfangreichste Kapitel der Missionsgeschichte seit der mittelalterlichen Germanenmission. Insofern Gott der Herr der Geschichte ist, kann man natürlich eine Beziehung zwischen der Christianisierung der Neuen Welt und Gott herstellen. Aber man sollte sich hüten, Gottes Vorsehung allzu leichtfertig zur Rechtfertigung und Sublimierung gewisser historischer Vorgänge heranzuziehen, wie dies noch 1950 Júlio Maria tat, indem er von der „posse divina" Brasiliens bzw. Amerikas sprach. Er tradiert unkritisch jene alte These weiter, nach der „die Entdeckung Amerikas eine Kompensation für die Kirche in der Epoche war, in der der Protestantismus dem katholischen Glauben die Hälfte Europas entriß" und nach der die Reformation nichts anderes ist als Häresie, die Revolutionen, Katastrophen und Schlechtigkeiten nach sich zieht. So kann Maria sagen: „Auf der einen Seite wiesen Millionen von Gläubigen den Glauben zurück, auf der anderen Seite suchten Millionen von Proselyten Zuflucht bei der Kirche und pflanzten das Kreuz"[22].

Mit der Entdeckung und Kolonisierung von Madeira, der Azoren und der Kapverdischen Inseln durch Portugal und der Kanarischen Inseln durch Kastilien im 15. Jahrhundert war das Sprungbrett für die weitere maritime Expansion der beiden Reiche geschaffen. Durch den epochalen Versuch von Christoph Kolumbus, „den Orient im Okzident zu suchen", wurde 1492 gleichsam aus Versehen die Neue Welt entdeckt, während die erhoffte West-Ost-Passage erst 1520 ebenfalls im spanischen Auftrag, von dem portugiesischen Seefahrer Fernão de Magalhães bewältigt werden sollte. Die Kunde von der Entdeckung des „Japanischen Archipels" über den westlichen Seeweg durch Kolumbus drohte zum militärischen Konflikt zwischen den spanischen Königreichen und Portugal zu führen, das die neu entdeckten Gebiete für sich beanspruchte, und zwar auf Grund eines Auftragslehens von Papst Nikolaus V. von 1454. Während 1493 eine spanisch-portugiesische Konferenz in Barcelona sich um die Klärung der Ansprüche beider Länder bemühte, erlangten die Katholischen Könige von Alexander VI. ebenfalls ein Auftragslehen in Form des auf den 4. 5. 1493 rückdatierten Motu proprio „Inter cetera", das nicht als „Schenkungsbulle" mißverstanden werden darf. Es handelt sich vielmehr um eine völkerrechtliche Anerkennung der faktisch teilweise schon in Besitz genommenen Gebiete in Westindien durch den Papst als höchste Autorität der Christenheit verbunden mit der Lehnspflicht der Missionierung. Durch die Einwilligung Portugals im Staatsvertrag von Tordesillas von 1494 erhielt das Motu proprio praktisch nachträglich den Rang eines Schiedsspruches, wenngleich nach der

---

[21] Zum Patronatsrecht vgl. im einzelnen Abschnitt 2122.
[22] Maria 1950, 49ff. Zur Entdeckung Amerikas vgl. Ceram 1972, 31ff, Zitat S. 46. Ceram weist S. 33 auch darauf hin, daß Kolumbus sich zeitlebens spanisch Cristóbal Colón genannt hat und daß es wahrscheinlicher sei, daß er spanischer als italienischer Herkunft gewesen sei.

Übereinkunft zwischen den Kontrahenten die zur Abgrenzung der beiderseitigen Lehensbereiche dienende Demarkationslinie von 100 auf 370 Meilen westlich der Azoren verschoben wurde[23]. Höffner betont, daß man nicht von einer Weltverschenkung durch Alexander VI. sprechen könnte, was oft als unvorstellbare päpstliche Anmaßung angeprangert worden sei, muß aber doch einräumen, daß die Lehnsformel an die „alten Theorien von der päpstlichen Weltherrschaft erinnerte" und „im Ringen um die Titel der Conquista" auch immer wieder theokratisch gedeutet und von Spanien zur Verteidigung der Demarkationslinie herangezogen werden sollte[24]. Andere europäische Seemächte wie England, Holland und Frankreich waren bald nicht mehr bereit, diese Teilung der Welt von und zu Gunsten der iberischen Staaten widerstandslos hinzunehmen.

Als Kolumbus im Jahre 1500 von seiner dritten Reise von dem königlichen Kommissionär Francisco Bobadilla in Ketten gelegt nach Spanien zurückkam, waren nicht nur seine Rechte als Admiral und Vizekönig dahin, sondern auch sein nautisches Monopol gebrochen, denn Bischof Fonseca, der die kastilische Krone in Sevilla in maritimen Dingen vertrat, hatte die von Kolumbus von dieser Reise an den Hof gesandten geographischen Berichte kopieren und an andere Seefahrer verteilen lassen. Die vierte von Kolumbus nach seiner teilweisen Rehabilitierung unternommene Reise (1502—04), auf der er das Festland von Zentralamerika entdeckte, war unter diesen Umständen nur noch eine Entdeckungsreise unter anderen. Am 22. April 1500 hatte schon eine portugiesische Flotte unter Pedro Alvares Cabral die brasilianische Küste gesichtet und auf der Insel Coroa Vermelha und kurz darauf auf dem Festland in Pôrto Seguro den formalen Akt der Landnahme vollzogen, begleitet von den damals üb-

---

[23] Höffner 1969, 210ff trägt diese nicht unbestrittene Deutung vor, die dem doppelten Vorgang von päpstlichen Bullen und Staatsvertrag zwischen Portugal und den spanischen Königreichen am ehesten gerecht werden dürfte. Zum Text des Vertrages von Tordesillas vgl. Burns 1970, 16—19, zu den Bullen vgl. das Magnum Bullarium Romanum, Bd. I, Luxemburg 1742, 454ff. Höffners Deutung wird im wesentlichen unterstützt von Lopetegui 1965, 53ff und 1971, ohne daß dieser sich auf Höffner beziehe. Lopetegui hebt hervor, daß man die alexandrinischen Bullen nicht isoliert betrachten und daher auch Ausdrücke wie „concedimus, donamus" nicht überbewerten dürfe. Seine diesbezügliche Kritik richtet sich gegen Castañeda Delgado 1968, der auch zu leichtfertig vom theokratischen Denken Alexanders VI. rede. Es könne keine Rede davon sein, daß der Papst sich als Herr der Welt gefühlt habe, bestenfalls in eingeschränktem Sinne Herr der Heidenwelt. Man müsse außerdem zwischen der päpstlichen Intention und dem ‚machiavellistischen' Gebrauch, den die spanischen Könige von dem päpstlichen Dokument gemacht hätten, unterscheiden. Blanke 1966, 89ff hingegen betont: „Der Papst verschenkt Reiche, die ihm gar nicht gehören, ja, die er nicht einmal kennt", und zwar „aus der Fülle seiner apostolischen Vollmacht heraus", die er in der Bulle „Romanus Pontifex" vom 8. 1. 1454 zweifellos „im Sinne der päpstlichen Weltherrschaft" versteht, „wie sie im Hochmittelalter Innozenz III. (1198—1216) und Bonifaz VIII. (1294—1303) verkündet hatten: Der Papst hat die Oberhoheit über den gesamten Erdkreis, auch über die Heidenvölker. Theologen wie Ägidius Romanus († 1316) und Heinrich von Segusia († 1271) hatten diesen päpstlichen Universalismus theoretisch unterbaut... Heidnische Staaten haben also überhaupt keine Daseinsberechtigung... Die Bulle Nikolaus' V. von 1454 hat... in der Bulle Alexanders VI. von 1493 ihr genaues Gegenstück." Zur Interpretation der 370 leguas von Tordesillas vgl. auch Hochleitner 1972.

[24] Höffner aaO 214ff.

lichen symbolischen Handlungen wie der Aufrichtung von Kreuzen und Altären und dem Abhalten von Messen, Rituale, die über Freiheit und Leben der Indianer entschieden, obgleich diese ihnen verständnislos als Statisten beiwohnten[25]. In dem gelegentlich als Taufschein Brasiliens bezeichneten Bericht von Pero Vaz de Caminha an seinen König Dom Manuel I. heißt es u. a.: „Wir haben bisher keine Anzeichen dafür, ob es im Lande Gold oder Silber oder irgendein Metall oder Eisen gibt... aber die beste Frucht, die man meines Erachtens darin bringen kann, wäre, diese Leute zu erlösen, und dies müßte der hauptsächliche Samen sein, den Eure Hoheit darin ausstreuen sollte..."[26] Diesem frommen Wunsch nach Indianermission entsprach nur der vorläufige Name des Landes „Insel des wahren Kreuzes" bzw. ab 1501, als der Festlandcharakter erhärtet war, „Land des wahren Kreuzes". Der materielle Gewinn, um den es im Zeitalter der Entdeckungen in erster Linie ging, sollte bald den endgültigen Namen des Landes bestimmen: Das einzige nützliche Produkt, das man vorerst fand, das Brasilholz, machte aus der christlich-mittelalterlichen ‚Terra de Santa Cruz' das merkantilistische ‚Brasil', dessen Einwohner bald ‚brasileiros', wie die Brasilholzhändler, genannt wurden[27]. Wenig dienlich für die christliche Mission waren auch die beiden Strafgefangenen, die Cabral als einzige Christen auf dem Festlande zurückließ, damit sie die Indianersprache lernten und später als Dolmetscher dienen könnten, eine Praxis, die die Portugiesen auch bei späteren Akten der Landnahme hier übten. Diese Strafgefangenen kann man also als Begründer des mestizischen Bevölkerungselementes in Brasilien ansehen. Brasilien blieb indes lange Zeit nicht mehr als eine Art Flankensicherung für Portugals Westafrikanische Besitzungen und Stützpunkt für die Ostasienfahrt. Nach der heute bevorzugten historischen These war die Entdeckung Brasiliens kein Zufall, sondern geplant[28].

Von den vielen Entdeckern, die der Eroberung der Neuen Welt den Weg bereitet haben[29], soll hier nur noch Amerigo Vespucci erwähnt werden, dessen Name der Kontinent heute trägt. Er hat in portugiesischem Auftrag als Kosmograph ab 1501 mindestens zwei Reisen nach Südamerika mitgemacht. Während Kolumbus sich nicht davon abbringen ließ, einen Teil Asiens entdeckt zu haben, wurde Vespucci 1501–1502 klar, daß er den vierten bis dahin völlig unbekannten Teil der Welt vor sich hatte: „Es war nicht *eine* neue Welt, es war *die* Neue Welt."

Sein Reisebericht machte in Europa in seiner lateinischen Übersetzung unter dem Titel „Mundus Novus" Furore. Und ein Kosmographenkreis, zu dem der deutsche Kartograph Martin Waldseemüller gehörte, schlug durch seine Feder für den neuen Kontinent dann den Namen ‚America' vor, der von den Spaniern lange abgelehnt

---

[25] Konetzke 1965, 31, vgl. ferner Rocha Pombo 1967, 14 und Jacob 1969, 84ff.

[26] Abgedruckt bei T. Castro 1968, 18–26 im portugiesischen Originaltext, bzw. in englischer Übersetzung bei Burns 1970, 20–29.

[27] Faber 1970, 56.

[28] Jacob 1974, 158f. Die These mancher Forscher hat einiges für sich, nach der die Portugiesen schon 1494 gewisse Informationen über die brasilianische Küste besaßen und eben deshalb auf der 370 Meilen-Demarkationslinie von den Kapverdischen Inseln westlich von Pol zu Pol bestanden.

[29] Zu den Entdeckungsfahrten vgl. die reichhaltige Literatur, z. B. Innes 1970, Molinari 1964, Correia da Silva 1960, Wright 1970 und St. Clair 1970 zur Entdeckungsgeschichte des Amazonas.

wurde, die bis ins 18. Jahrhundert von „las Indias" sprachen³⁰. In nichts wird der Unterschied zwischen dem im Grunde letzten mittelalterlichen Reisenden Kolumbus und Vespucci deutlicher als in der aus mittelalterlicher Tradition erklärbaren Überzeugung von Kolumbus, auf seiner dritten Reise das Irdische Paradies gefunden zu haben, dessen Reichtümer ohne weiteres ausreichen würden, den letzten entscheidenden Kreuzzug zur Zurückeroberung des Heiligen Grabes in Jerusalem mit 100 000 Mann Infanterie und 10 000 Mann Kavallerie zu führen³¹.

Die Mißachtung der Menschenwürde der Indianer, die man in der Kolonialzeit immer wieder beobachten kann, äußerte sich schon bei Kolumbus, der gleich bei der Entdeckung der Insel San Salvador 1492 sieben friedliche Indianer als Anschauungsmaterial für die Katholischen Könige festnehmen ließ.

Auch auf Hispaniola mißbrauchte er das Vertrauen der Indianer und nahm etliche als Gefangene mit nach Spanien, was Bartolomé de Las Casas zu dem Kommentar veranlaßt hat: „... die natürliche Sanftmut, die einfache, gütige und bescheidene Art der Indianer, ihr Mangel an Waffen, ihre unbekleidete Erscheinung ließ die Spanier sich erdreisten, sie gering zu schätzen und ihnen so grausame Arbeiten aufzuerlegen, ... und sie rücksichtslos zu behandeln, um sie zu unterdrücken und zu verbrauchen, wie sie es dann getan haben"³².

Die Indianer hatten darunter zu leiden, daß weder Kolumbus noch andere das Problem der Kolonisation bewältigen konnten. Die Spanier waren von psychologischem Widerwillen gegen körperliche Arbeit erfüllt³³, wollten auf leichte Art Reichtümer erwerben, verloren als Menschen der gemäßigten Klimazone in den Tropen einen Teil ihrer Energie, litten unter der lästigen Einwirkung zahlloser Insekten und Krankheiten, besonders der damals oft zum Tode führenden Syphilis, die sie sich im Umgang mit Indianerinnen zuzogen. Da die Indianer mit ihrer Subsistenzwirtschaft über längere Zeit nicht imstande waren, täglich über 1000 Weiße mit Lebensmitteln zu versorgen, die seit 1494 in einer Siedlung auf Hispaniola wohnten, aus der sich die Stadt Santo Domingo entwickelt hat, war den Spaniern bald jeder Vorwand recht, um mit Waffengewalt gegen die Taino vorzugehen und sie zu versklaven, was ihnen nach der geltenden Naturrechtsauffassung bzw. dem Kriegsrecht in bezug auf nichtchristliche Gefangene als zulässig erschien. Schon der Schein von Widerstand oder Unbotmäßigkeit oder auch vom Standpunkt der Taino aus berechtigte Verteidigung ihrer Interessen oder irgend etwas anderes, was man als ‚Beleidigung Gottes' interpretieren konnte, reichte dazu aus. Als Kaziken 1495 16–17 Spanier im Innern von Hispaniola umbringen ließen, um sie für ihre Räubereien und Gewalttaten zu bestrafen, nahm Kolumbus dies zum Anlaß für einen fürchterlichen Rachefeldzug, bei dem die kümmerlich bewaffneten Taino den Bluthunden und den gepanzerten und bis an die Zähne bewaffneten Spaniern praktisch wehrlos ausgeliefert waren. Seitdem galt das Vergeltungsprinzip, daß für

---

³⁰ Arciniegas 1956, 258f, der die Ansicht verteidigt, daß die Neue Welt gerechtermaßen nach Amerigo benannt worden ist, daß aber der Atlantik den Namen von Kolumbus tragen müßte – aaO 13f.
³¹ Weckmann 1967, 11f.
³² Las Casas 1951 I, 232f und 263.
³³ „Sie waren Hidalgos oder wollten es sein, und so anstrengende Arbeit (wie graben, bauen, pflanzen) war Sache der Ungläubigen und anderer Geringer. Die Spanier waren gekommen, um auf leichte Art Reichtümer zu erwerben und große Dinge zu vollbringen" – Fagg 1971, 73.

einen toten Spanier mindestens hundert Indianer liquidiert wurden, und zwar oft auf die unmenschlichste Weise[34]. Diese brutale Art der Selbstbehauptung mußte die missionarischen Ansätze der wenigen damals mit ausgereisten Priester[35] von vornherein zunichte machen, sprach sie doch schon dem alttestamentlichen Begriff eines gerechten Gottes Hohn, wieviel mehr aber der neutestamentlichen Botschaft der Nächsten- und Feindesliebe! Was nützte es, daß die ehrlich um den Schutz der Indianer besorgte Königin Isabel es Kolumbus sehr übel nahm, daß er 500 gefangene Indianer[36] als Sklaven nach Spanien geschickt hatte, daß sie sie sogar freiließ und zurück in ihre Heimat beorderte, wenn die Indianer, die bei dieser und anderen Anlässen oder Rebellionen gefangen worden waren, auf Hispaniola praktisch als Sklaven in Bauwesen, Akkerbau, Viehzucht und in wachsendem Maße bei der Goldgewinnung in Höhlen und Flußbetten bis zum Umfallen schuften mußten.

Der nackte Schrecken packte die Taino ob dieser Zwangsarbeit. Sie flüchteten auf benachbarte noch von Spaniern freie Inseln, begingen Selbstmord, starben an Unterernährung, Überarbeitung, Kummer oder an für Europäer harmlosen Krankheiten wie Grippe, Masern, Pocken, so daß schon von 1494 bis 96 hierdurch und durch die willkürlichen Massaker der Spanier 33 % der Indianer auf Hispaniola umkamen, in den ersten zwanzig Kolonialjahren sogar 90 %. Auf diese Weise sollte die indianische Rasse von den Antillen in wenigen Jahrzehnten völlig verschwinden[37].

---

[34] Las Casas 1951 I, 405. Unbotmäßigkeiten aller Art konnten als ‚Beleidigung Gottes' von den Spaniern interpretiert werden – vgl. Höffner 1969, 71. Um die Kosten für die Westindienunternehmung zu decken, hat Kolumbus die Theorie von der Steuerpflicht der Indianer entwickelt. Schon 1494 verpflichtete er jeden Indianer über 14 Jahre zur vierteljährlichen Tributzahlung in Form einer bestimmten Menge Goldstaubes oder ersatzweise 25 Pfund Baumwollkleidung. Dieses Abgabesystem sollte in allen spanischen Kolonien gang und gäbe werden und in einigen Ländern bis ins 19. Jahrhundert hinein fortbestehen.

[35] Auf der 2. Reise waren 1500 Mann auf 17 Schiffen mit Kolumbus ausgereist, darunter viele Landarbeiter mit Vieh, Werkzeugen und Waffen, ferner nicht wenige Adlige. „Religiose und Kleriker (um zu predigen und diese Leute zu bekehren) kamen sehr wenige; Mönche... (der katalanische Benediktinerpater Buil wurde als Abt mit päpstlichen Vollmachten ausgesandt, kehrte aber vor einer eigentlichen Amtsausübung wieder nach Spanien zurück, ferner zwei sehr missionseifrige Franziskanerlaienbrüder); drei oder vier Kleriker, entweder weil sich nicht mehr anboten und nicht mehr Freiwillige vorhanden waren wegen der Ungewißheit und der großen Entfernung dieser Länder und der geringen Kenntnis, die man von ihnen besaß, oder wegen der geringen Mühe, die man sich gegeben hatte, um welche zu suchen und zu überreden, oder wegen der geringen Inbrunst und des geringen Eifers, der in bezug auf das Seelenheil dieser unendlichen Seelenzahl damals in der Welt vorhanden war, denn beim Klang von Gold und aus Neugierde, um diese Länder zu sehen (ich glaube allerdings, daß letzteres sie am wenigsten bewegte), erboten sich so viele, diese Reise mitzumachen" – Las Casas 1951 I, 349 und 344f. Möglicherweise hat Biermann 1961, 170 recht, wenn er aus der Tatsache, daß Kolumbus seit seiner ersten Reise seinen Vornamen Christoferens schrieb, daß er „Christusbringer sein wollte". Aber missionsgeschichtlich muß man fragen, inwieweit er das objektiv war.

[36] Fagg 1971, 74 bemerkt zu den 500 nach Spanien gesandten Indianern: „To make matters worse, these were people who had been ‚tamed' and started on the path to Christianization by the clergy." Einen diesbezüglichen Hinweis findet man bei Las Casas allerdings nicht. [37] Fagg aaO 75; Las Casas aaO I, 420.

Die schon bei der Besetzung und Kolonisierung der Antillen auftretenden Probleme potenzierten sich bei der Eroberung des Festlandes. Vasco Núñez de Balboa hatte in Veragua, im nördlichen Panamá, eine Kazikentochter geheiratet, wie damals üblich ohne das Ehesakrament, so daß er später um die Hand der Tochter des Statthalters anhalten und die Tochter Caretas wieder verstoßen konnte. Von Careta hatte er erfahren, daß ein reiches Goldland hinter den Bergen liege. Daraufhin brach er nach Westen auf und wurde zum Entdecker des Südmeeres. Beim Anblick des Pazifik läßt er seine Leute niederknien und beendet seine kleine Ansprache mit den Worten, daß Gott und seine gesegnete Mutter ihnen zu dieser Entdeckung verholfen hätten und ihnen auch weiter helfen würden, damit sie in den Genuß der begehrten Reichtümer kämen. Wie üblich nahm Vasco von Land und Meer feierlich für die Krone von Kastilien Besitz. Als ein Kazike es wagte, ihm den Weg von den Bergen zum Meer zu verstellen, ließ er ihn und etliche andere Indianer zur Abschreckung mit Bluthunden und Gewehrfeuer niedermachen. Auf dem Rückmarsch ließ er vier Kaziken den Bluthunden zum Zerreißen vorwerfen, die keine Auskunft über die Herkunft von 3000 Goldpesos geben konnten oder wollten, die die Spanier in ihrem Dorf gefunden hatten. Falls die Feststellung von Schoens stimmt, daß Núñez nach der Übereinstimmung aller Berichte, „die Indianer weit besser behandelte als andere condottieri"[38], könnte man daraus Rückschlüsse auf das Ausmaß von Grausamkeit anderer Konquistadoren ziehen.

Nicht Núñez sollte indes in den Besitz der Reichtümer des Inka-Reiches kommen, sondern sein Waffengefährte Francisco Pizarro, der Vasco auf Geheiß des Gouverneurs Pedrarias wegen angeblichen Verrats eigenhändig enthauptet hatte. Dieser uneheliche Sohn eines kleinen Landbesitzers aus der Estremadura, der als Knabe Schweinehirt gewesen war, brachte mit unerhörter Skrupellosigkeit und viel Mut, gestützt auf eine Ernennungsurkunde Karls V. zum Gouverneur über das noch gar nicht eroberte Inka-Reich, dieses Großreich zu Fall, indem er mit List und Tücke den Inka Atahualpa in Cajamarca in seine Gewalt brachte. Der Nachfolgebürgerkrieg Atahualpas mit seinem Bruder Huascar (1527—32), der kaum beendet war, kam Pizarro dabei zustatten, da die Generäle Huascars die Gefangenschaft Atahualpas nicht ungern sahen. Eingeladen nach Cajamarca trat dem Inka und seinem unbewaffneten Gefolge nur der Dominikanerpater Vicente Valverde entgegen, die Hauptfigur unter mehreren Geistlichen, die ganz oder teilweise an Pizarros Zug teilnahmen. Mit einem Kreuz in der einen und einem Brevier oder einer Bibel in der anderen Hand versuchte Valverde durch einen ziemlich kümmerlichen Übersetzer dem Inka den Inhalt einer königlichen Proklamation von 1514 klarzumachen, die vor der Eröffnung jedweder Feindseligkeiten verlesen werden mußte[39].

---

[38] Las Casas 1951 II, 594ff; von Schoen 1953, 103ff.

[39] Die Konquistadorenproklamation *(requerimiento)* von 1514 hat der von der theokratischen Idee geprägte Kronjurist Palacios Rubios 1513 verfaßt. Sie wurde von Bischof Fonseca und vom Indienrat gebilligt. In diesem sonderbaren ‚Evangelium' heißt es: „Im Anfang habe Gott zwei Menschen geschaffen, von denen alle Völker der Erde abstammen. Über alle diese Menschen habe Gott einem Manne Gewalt gegeben, nämlich dem Römischen Papste. Der Papst aber habe die neu entdeckte Welt den spanischen Königen geschenkt. Die Indianer sollten also freiwillig die Oberherrschaft des Königs von Spanien anerkennen und sich zur wahren Religion bekehren. Andernfalls werde man sie mit Gewalt unterjochen und zu Sklaven machen samt ihren Frauen und Kindern" — Höffner 1969, 156, vgl. ausführlicher dazu 219f.

Davon verstand Atahualpa soviel, daß er sich Kaiser Karl V. unterwerfen und den Gekreuzigten als Gott anerkennen sollte. Er war indes nur bereit, Karl V. als Bruder anzuerkennen, nicht als tributpflichtiger Untertan. Den Papst nannte er verrückt, Ländereien zu verschenken, die ihm gar nicht gehörten. Auch wollte er bei seinem Glauben bleiben, denn sein Gott lebe, worauf er auf die Sonne zeigte, und sei nicht von seinen eigenen Leuten getötet worden. Das ihm als Autorität überreichte Brevier schleuderte er zu Boden und drohte, er würde Rechenschaft und Wiedergutmachung für die Übergriffe und Plünderungen der Spanier in seinem Reich verlangen. „Santiago und auf sie" war der Angriffsruf Pizarros. 2000 unbewaffnete Indianer wurden niedergemetzelt und Atahualpa gefangen. Der sonst in Sachen Kirche wenig zimperliche Pizarro hatte am Vortage seine Truppen zur Beichte und zur Kommunion geschickt und selbst eine Art Predigt gehalten. Das von ihm veranlaßte Massaker an wehrlosen Gegnern hat dem spanischen Rittertum in der ganzen Welt zur Schande gereicht und wurde zum Symbol der blutigen Kolonialgeschichte Perus. Zu seiner und Pater Valverdes Entlastung kann nur die enorme Überlegenheit der Peruaner angeführt werden. Pizarro brach später auch sein Versprechen, den Inka gegen immense Goldlieferungen wieder freizulassen, und Valverde widersetzte sich nicht dem durch nichts zu rechtfertigenden Todesurteil gegen den Inka[40]. Pizarro und seine Leute übertrafen in ihren Ausschreitungen noch erheblich Cortés. Ihre Vergewaltigungen vornehmer Inkafrauen sind nicht zu zählen. In El Cuzco respektierten sie auf ihrer gierigen Jagd nach Gold und Wertsachen nicht einmal die Ruhe der Toten. Im Gegensatz zu anderen Eroberern hat Pizarro nie vorgegeben, wegen der Bekehrung der Heiden gekommen zu sein. Als später ein Priester den Gouverneur aufforderte, mehr zur Christianisierung Perus zu unternehmen, erwiderte Pizarro: „Ich bin nicht um solcher Dinge willen gekommen. Ich bin gekommen, um ihnen ihr Gold wegzunehmen." Aber als er 1541 in seinem Palast erstochen wurde, zeichnete er auf dem Boden liegend mit seinem Blute doch ein Kreuz, küßte es und starb[41].

Der große Lehrmeister Pizarros ist Hernán Cortés gewesen, der erste Eroberer, der mit indianischen Hochkulturen konfrontiert wurde, nachdem er der prosaischen Existenz eines Viehzüchters auf Hispaniola überdrüssig geworden war. Schon bei der ersten Schlacht in Tabasco erkannte Cortés, daß angesichts des Volkreichtums der Indianerstaaten an eine gewaltsame Eroberung gar nicht zu denken war. „Diplomatie, die geballte Faust im Samthandschuh, war der einzige Schlüssel zum Sieg."[42] Er gab theatralisch erscheinende Proben seiner Waffenmacht, weil er sah, daß sich die abschreckende Wirkung

---

Hieran wird deutlich, daß die Spanier frühzeitig „Inter cetera" 1493 als päpstliche Weltverschenkung interpretiert haben. Zum ‚requerimiento' vgl. auch Biermann 1950.

[40] Zum Ganzen vgl. Prescott 1961, 249ff. Am Vortage des ruchlosen Mordes an Atahualpa, also am 28. 8. 1533, sangen übrigens alle begeistert in der Messe das Psalmlied: Exsurge, Domine... (Ps 21, 14), also jene Worte mit denen auch Luthers Bannbulle anfing – Innes 1970, 291. Zur Haltung von Pater Valverde vgl. Vargas, Hist. I, 106f. Der bekannte Jesuit José de Acosta, der 1571–86 in Peru wirkte, nannte das Verhalten der Konquistadoren gegenüber Atahualpa eine „schwere Versündigung" an diesem Inkafürsten – „Die procuranda salute Indorum", Lib. II c. 19 p. 248 nach Höffner 1969, 168 – und Wright 1970, 244 ist sogar der Meinung, daß Valverde auf die Exekution des Inka gedrungen habe.

[41] Wright 1970, 229 und 251.   [42] Innes 1970, 52.

durch das Kommunikationsmittel der Bilderschrift bei den Indianern vervielfachen ließ. Es ist typisch für seine Befriedungsmethode, daß er vor und nach jeder Schlacht Friedensangebote machte und für den Kaiser auch protokollarisch festhalten ließ. Nicht selten hatte er damit Erfolg und gewann Zeit. Stets befahl er den Indianern schon nach ganz kurzem Kontakt, sich von ihren Götzen abzuwenden und den christlichen Glauben anzunehmen, wozu er einen Altar und ein großes Holzkreuz aufstellen und häufig auch Marienbilder zeigen ließ. Das war sicher nicht nur Missionseifer mit einer recht oberflächlichen Methode, sondern auch Politik, denn mit den Sinnbildern ihres angestammten Glaubens hoffte er wohl die Wurzeln ihres Selbstvertrauens zu zerstören[43]. Die den Kriegszug begleitenden Priester mahnten Cortés allerdings häufig zu größerer Zurückhaltung bei seinen Christianisierungsveruschen. Von Massentaufen sah er dann auch weitgehend ab. Nur die zahlreichen den Spaniern als Geschenk dargebrachten Jungfrauen ließ Cortés sofort taufen, bevor sie als ‚barraganas', also nach damaliger Mentalität als legale Konkubinen mit den Christen intimen Kontakt aufnehmen durften. Nicht zuletzt wegen der Übersetzungskunst und des Einfühlungsvermögens seiner Konkubine, der aztekischen Prinzessin Doña Marina, kam Cortés überhaupt bis Tenochtitlán. Die Unzufriedenheit der mexikanischen Vasallen mit den drückenden Tributen der Azteken und den Übergriffen ihrer Steuereinzieher und die aus Ratlosigkeit erklärliche Politik der nachgebenden Besänftigung Moctezumas taten ein übriges. Aber weil die Spanier nicht wie andere Oberherren, die die Azteken kannten, gekommen waren, um sich mit Tributen und der zusätzlichen Verehrung ihres Gottes zufrieden zu geben, mußte diese Politik des ‚appeasement' scheitern.

Die von Cortés' Vertreter Alvarado befohlene Abschlachtung von tausend mit Edelsteinen behangenen nackten Tänzern, am aztekischen Erntedankfest[44], führte zum Sturz Moctezumas und zur vorläufigen Vertreibung der Spanier aus Tenochtitlán, das ein Jahr später dennoch nach fünfundsiebzigtägigem heroischen Widerstand unter Cuauhtémoc 1521 in Schutt und Asche sinken sollte. Dieser letzte oberste Sprecher der Azteken wurde 1524 auf dem Honduras-Zug von Cortés unter dem Vorwand, eine Verschwörung angezettelt zu haben, erhängt. Christliche Priester hatten schon vorher zur Ausrottung des Götzenkultes alle noch greifbaren Kunstwerke, Götterbilder, Federmosaike, Geschmeide und den Inhalt der Bibliotheken vernichten lassen und damit die Substanz der aztekischen Kultur ausgelöscht. Man muß mit dem mexikanischen Kirchenhistoriker Mariano Cuevas fragen, ob nicht die indirekte Mission zur geistlichen Eroberung des Landes mehr beigetragen hätte. Hierbei hätte man das Beispiel der Spanier, ihre Messen, ihren Kult, ihre Zeremonien und Gebete in der Gegenwart der Indianer wirken lassen und darauf vertrauen müssen, daß „die schlichte Frömmigkeit hartgesottener Krieger, die demütig vor dem Kreuz und dem Bild der Jungfrau mit dem Kinde knieten", die Indianer möglicherweise eher vom Kult blutrünstiger Götter abgebracht hätte als hitzige Predigten, erzwungene Taufen und die gewaltsame Zerstörung von Tempeln und Idolen[45].

[43] Ebd. 55; zum Ganzen vgl. die klassische Darstellung von Prescott 1952 und die indianischen Dokumente bei León-Portilla 1962.
[44] Es handelte sich um den macehualixtli-Tanz, der bei einer Art aztekischen Erntedankfest im großen Tempel getanzt wurde – vgl. Innes 1970, 133 ff.
[45] Cuevas, Historia de la Iglesia en México, 5 Bde., México 1921–28, Bd. I, 101 bis 117, 130–156 zitiert nach Ricard 1966, 17.

Immerhin muß die bemerkenswerte Tatsache vermerkt werden, daß eine Reihe von Mitkämpfern des Cortés später Mönche in Mexiko wurden[46]. Cortés selbst erwarb sich später bei der Kolonisation Mexikos auch friedliche Meriten, bemühte sich, die Indianer gerecht zu behandeln und war vor allen Dingen sehr um ihre Christianisierung besorgt. Damit das Christentum auch überzeugend vertreten werde, bat er Karl V. um strenge Observantenmönche[46a]. Hier wird also plötzlich der Hintergrund des Zeitalters der Reformation deutlich, in dem strenge Observanten die letzte Hoffnung für ein authentisches römisch-katholisches Christentum darstellten.

Abschließend soll noch der Eroberer und erste Gouverneur Costa Ricas, Juan Vázquez de Coronado, erwähnt werden, der diese Provinz 1562–1565 befriedete. Ihm wird in einer neueren Untersuchung bescheinigt, praktisch die von dem berühmten spanischen Universitätstheologen Fray Francisco de Vitoria aufgestellten Grundsätze des Völkerrechts[47] respektiert zu haben. Er soll die Indianer als vollgültige Menschen mit ihren Stärken und Schwächen und Träger derselben unsterblichen Seele wie die Spanier anerkannt und unparteiisch behandelt und unter seiner paternalistischen Führung einen familiären Umgang zwischen Weißen und Indianern eingeführt haben, so daß es zu einer Integration der Sitten gekommen ist, die ein selbstbewußtes, von Komplexen freies Mestizentum hervorgebracht hat[48]. Da die Zahl reinblütiger Indianer in Costa Rica heute gering ist, erhebt sich indes die Frage, ob ein problemloses Aufgehen der indianischen Rasse in der zivilisatorisch überlegenen iberischen Rasse das legitime Ziel einer unter dem Zeichen des Kreuzes und mit dem Vorwand der christlichen Mission begonnenen und unternommenen Eroberung sein konnte.

Die Eroberung Brasiliens vollzog sich weniger spektakulär als die Spanisch-Amerikas. Brasilien wurde schrittweise durch Raubzüge ins Landesinnere (entradas und bandeiras) erschlossen, die sich bis ins 19. Jahrhundert fortsetzten, und zwar nachdem sich gewisse Siedlungszentren im Küstenbereich stabilisiert hatten (vgl. 22122).

„Die ‚bandeiras' führten Guerrillakriege, aber noch nicht im modernen säkularisierten, sondern in einem sehr sakralen Sinn. Das religiöse und mythische Element war grundlegend für den ‚bandeirismo'. In diesem Sinne sagt man, daß Brasilien eine Frucht des Mythos ist, nämlich der Mutter des Goldes (mãe-d'ouro), die die Mutter des Wassers (mãe-d'agua) besiegte. Die ‚bandeira'-Bewegung wurde in Brasilien durch den dritten Generalgouverneur Mem de Sá (1556–1572) amtlich gutgeheißen und besteht bis heute unter verschiedenen kulturellen Formen weiter. Antônio Raposo Tavares (verantwortlich für die Ausrottung von ca. 15 000 Indios und für die Versklavung von über 10 000, Borba Gato, Anhanguera, Belchior Dias Moréia, Gabriel Soares, Domingos Jorge Velho (der den berühmten ‚quilombo' von Palmares zerstörte), Manuel

---

[46] Bernal Díaz del Castillo, Historia verdadera de la conquista de la Nueva España, hg. v. Carlos Pereyra, 2 Bde., Madrid 1928, Bd. II, 535f nach Ricard 1966, 16.

[46a] Historiadores primitivos de Indias, hg. v. Enrique de Vedia, Madrid 1852–53, Bd. I, 115, zitiert nach Zubillage 1965, 290f. – Subjektiv dürften die Eroberer indes überzeugt gewesen sein, in dreifacher Weise verdienstlich zu handeln: 1. vor Gott wegen der Verbreitung des Glaubens, 2. vor dem König wegen der Erweiterung seines Reiches und 3. vor sich selbst wegen der Ehren und Reichtümer, die sie für sich und ihre Nachkommen erworben hatten – Figuera 1965, XIII.

[47] Urbano 1968; vgl. zu Francisco de Vitoria Höffner 1969, 319ff.

[48] Urbano aaO 266ff.

Preto, Pero Lopes, Fernão Dias Paes Lemes sind die großen Namen der territorialen Besetzung Brasiliens, die den spanischen ‚conquistadores' vergleichbar sind. Sie sind meist Mamelucken, Brasilianer also. Der ‚bandeirismos' ist typisch für Brasilien. Er besteht aus einer Mischung von sporadischen, lokalen Bewegungen, die im allgemeinen nicht einmal der Zentralverwaltung bekannt wurden. Kriege gegen die Indios im eigentlichen Sinne sind im Gegensatz zur Geschichte des spanischen Amerika selten... Der Kampf gegen die Indios auf ‚guerrilla'-Basis und nicht durch reguläre Kriege trug zur Entstehung des Mythos der Gewaltlosigkeit bei der Bildung Brasiliens bei." Dieser im 19. Jahrhundert propagierte und noch heute in der öffentlichen Meinung fest verwurzelte Mythos der Gewaltlosigkeit steht in offenen Widerspruch zu den blutigen Fakten der Geschichte Brasiliens, von der ein so bedeutender Kenner wie Capistrano de Abreu gesagt hat: „Unsere Kolonialgeschichte ist die eines Volkes, das im Verlauf dreier Jahrhunderte beschnitten und wieder beschnitten, verblutet und wiederum verblutet ist."[49]

123 Der kulturell-religiöse Zusammenstoß

Bei der Eroberung Amerikas ging es nicht nur um eine militärische Unterwerfung indianischer Staaten und Völkerschaften, obgleich deren Begleitumstände schrecklich genug waren.

Durch Feuer und Schwert, durch Bluthunde und Kanonen, durch Raub und Schändung sind Zehntausende vernichtet worden, und Millionen von Indianern sollten in den ersten Jahrzehnten der Kolonisation noch umkommen. „Was Soldaten, die selbst dabei gewesen waren, dem sachlich denkenden Francisco de Vitoria erzählt haben, war ... so schrecklich, daß ihm ... ‚das Blut im Leibe erstarrte'."

Bei der Conquista ging es vielmehr gleichzeitig um einen Kampf auf Leben und Tod zwischen der indianischen Mentalität und Lebensweise und der iberischen, der mit der völligen kulturellen und religiösen Vernichtung der amerindischen Zivilisationen enden sollte. Da letztlich nur Waffen zählten und die indianische Unterlegenheit auch waffentechnisch gegeben war, bestand angesichts der iberisch-abendländischen Mentalität und des „spanischen Messianismus", also der engen Verbindung zwischen Christentum und spanischer Zivilisation[50], letztlich keine Chance einer friedlichen Koexistenz zwischen den grundverschiedenen Zivilisationen.

Das zeigte sich schon bei der Entdeckung der ersten Insel der Bahamas. Anstatt die Bewohner zu fragen, wie die Insel heiße, nannte Kolumbus sie San Salvador, wie auch später den Einwohnern der Neuen Welt pauschal der Name Indianer beigelegt wurde. Nimmt man Gen 2 ernst, dann bestimmt im biblischen Sinne der Name das Wesen. Mit dem Namen werden die Dinge dem Menschen verfügbar. Insofern kann man sagen, daß schon auf der 1. Reise des Kolumbus die Neue Welt und ihre Menschen ohne Rücksicht auf ihr Wesen den Entdeckern verfügbar gemacht werden sollten. Das indianische Amerika lieferte nichts weiter als die Substanz zu Lateinamerika. Das drückt sich in der Rolle

---

[49] Hoornaert 1976 T, 69f. Zum Mythos der ‚mãe-d'ouro' und der ‚mãe-d'agua' vgl. die berühmte Studie Holandas (1969). Abreu 1934 gilt als beste Interpretation der Kolonialgeschichte. Hoornaert zitiert hier einen Brief Abreus an J. Lúcio de Azevedo vom 16. 7. 1920.
[50] Höffner 1969, 169. Zum Begriff „spanischer Messianismus" vgl. Dussel 1973, 78. Man sollte besser „iberischer Messianismus" sagen, da diese Haltung auch für die Portugiesen typisch ist.

der indianischen Frau aus, die zumindest in den ersten hundert Jahren die Frau Amerikas schlechthin war. Sie wurde zur Konkubine der Weißen gemacht und brachte den Mestizen hervor, den Lateinamerikaner. Sie ist die erste unterdrückte Frau der Neuzeit und ist es bis heute geblieben[51].

Die Entdecker und Eroberer erkannten schnell die objektive technische Unterlegenheit der Indianer, weshalb kaum Versuche zur friedlichen Koexistenz unternommen wurden. „Der Kampf entzündete sich fast unmittelbar... Der Indianer kämpfte gegen den Konquistador, weil er erbittert sein Leben und seine Sitten verteidigte. Er tat dies mit dem größten Mut, den man von einem Menschen unter diesen Umständen verlangen kann. Die Wirksamkeit, mit der sie militärisch die Verteidigung ihres Erbes durchführten, ist schon eine Frage anderer Ordnung, bezüglich derer der Leser sich nicht durch spanische Chroniken täuschen lassen darf.

Der relativ schnelle Sieg, den Cortés in Mexiko erlangte, und der noch schnellere von Pizarro in Peru finden ihre Erklärung in anderen Tatsachen als im Fehlen von Mut der Männer. Sicher ist es überraschend, daß diese beiden Kommandeure in sehr kurzer Zeit die beiden größten auch auf militärischem Gebiet am besten organisierten und disziplinierten Reiche bezwangen. Der Krieg gegen die Kariben, die Araukaner, die Völker der Pampa hingegen hat Jahrhunderte gedauert, und einige Eroberungen kamen erst in unseren Tagen zum Abschluß. Aber man kann nicht behaupten, daß der Mut eines Araukaners größer war als der eines Azteken oder des Peruaners, der mit seiner Schulter die Sänfte Atahualpas trug, um den unausweichlichen Dolchstoß zu empfangen. Die Eroberungen von Mexiko, Peru und Neu Granada wurden durch eine Reihe von Faktoren erleichtert, aber nicht durch den mangelnden Mut der Eingeborenen. In den solide organisierten Staaten war eben die Disziplin, die die Herren den Eingeborenen auferlegt hatten, eine wirksame Hilfe für die schnelle Unterwerfung und spanische Kolonisation... Und der Umstand, der nach Pater Acosta grundlegend für die schnelle Katechisierung der Eingeborenen war, war auch grundlegend für die säkulare Eroberung... Die Araukaner waren schon nach zwanzig Jahren Kampf so auf den ‚Geschmack' des Krieges gekommen..., daß sie Pfeil und Bogen aufgeben, ungewöhnliche Lanzen einführen, um Pferde aufzuhalten und schließlich dieses Tier beherrschen und sich seiner bedienen... ‚hispanisiert' sind und... Schwadrone bilden und zusammenhalten wie Deutsche..."[52]

So rücksichtslos wie die Konquistadoren auf militärischem und politischem gingen sie bzw. die Vertreter der Kirche, die im Schutz der iberischen Waffen kamen, auch auf religiös-kulturellem Gebiet vor. Sie fühlten sich als Protagonisten einer „katholischen" Religion, die den Anspruch erhob, „universal zu sein und aufs Ganze zu gehen, ein Anspruch, der ... auch die indianischen Religionen dem inneren Wesen nach in ihrer magischen Verbundenheit mit dem All erfüllt hatte". „Nicht ganz unähnlich der magisch-mythologischen Vorstellung der Indianer" bedeutete Leben für den Spanier „Einverleibung des Universums in das Individuum, Assimilierung des Alls durch den einzelnen", wie es Madariaga in seinem Buch „España" ausgedrückt hat. Die Kirchenleute begriffen nicht den Sinn der amerindischen Kultur und ihrer Kultakte und bemühten sich auch kaum darum. Sie verstanden z. B. nicht, daß Menschenopfer zur kosmi-

---

[51] Dussel 1973 72f. Ihre Unterdrückung und Diskriminierung äußerte sich eben darin deutlich, daß sie als ‚barragana' zwar alle Pflichten einer Ehefrau hatte, aber wegen des Fehlens des Ehesakraments keinerlei Rechte.
[52] Salas 1950, 6ff nach José de Acosta, Historia natural y moral de las Indias... México, Fondo de Cultura Económica, 1940. LXXXV, 596f.

schen Erneuerung für nötig erachtet wurden. Statt die Indianer geduldig von der Sinnlosigkeit solcher Auffassungen zu überzeugen, wurde alles indianische Wesen in Bausch und Bogen als Teufelszeug verdammt, womit die Indios praktisch ihrer Identität beraubt und zu Wesen zweiter Klasse degradiert wurden, deren Menschentum nach dem Urteil der Eroberer davon abhing, inwieweit sie sich iberische Religion und Zivilisation angeeignet hatten[53]. Indem die von außen kommende iberische Zivilisation die indianische unterdrückte, wurde eine Reihe von Anpassungsmechanismen ausgelöst, die das schufen, was Oscar Lewis eine neue „Kultur der Armut" nennt, eine krankhafte Folge des Kolonialismus, die menschenunwürdig ist, da sie im Menschen den unerträglichen Eindruck hervorruft, ein Fremder im eigenen Hause zu sein. Dabei spielen die materiellen Bedingungen gar nicht die primäre Rolle, sondern die Bedingungen, die die Entfaltung der menschlichen Persönlichkeit verhindern.

Für die Indios war ihre eigene Niederlage eine Niederlage ihrer Götter gegen die christlichen Götter. Zwei verschiedene Weltanschauungen standen sich gegenüber. Mit der indianischen Religion wurde ihre Weltanschauung, ihre Mythologie, ihre Kunst und Wissenschaft zum Untergang verurteilt. Da die Eroberer die „Seele des Indios" nicht verstehen konnten, wurden alle Möglichkeiten zu einer organischen Evolution verbaut, wurde das Evangelium unter dem Stichwort „Ausrottung der Götzenanbetung" der indianischen Religiosität übergestülpt, was nicht hinderte, daß Elemente indianischer Religiosität in die lateinamerikanische Frömmigkeit eindrangen, und zwar nicht nur unter den Indios, sondern auch unter den Mestizen und Kreolen (vgl. 25 und 44). Symbole der Bilderstürmerei wurden in Mexiko die franziskanischen Bischöfe Diego de Landa von Yucatán und Juan de Zumárraga von Mexiko-Stadt[54]. Selbst ein so sehr um die Erforschung und Deutung der indianischen Kulturen Mexikos bemühter Mann wie Fr. Bernadino de Ribeira OFM, nach seinem Geburtsort in León Sahagún genannt, bekannte nach der Beschreibung der Menschenopfer: „Ich glaube nicht, daß es ein Herz gibt, das so hart ist, daß es nicht erweicht und zu Tränen, Schrecken und Entsetzen gerührt ist, wenn es eine so un-

[53] Grossmann 1969, 106; Dussel/Esandi 1970, 91ff; 1967, 46f bemerkt Dussel: „Die indianische Kultur – als lebendiges und organisches System mit der Möglichkeit zur Evolution – verschwindet und die indianische Rasse wird zu einer gesellschaftlichen Schicht, die die Spanier daran zu hindern suchen, in die Führungselite aufzusteigen. Hierin besteht die wahre Tragik... die vorspanische ‚Weltanschauung' löst sich in Staub auf." Arciniegas 1972, 50ff erinnert daran, daß mit der neuen Religion eine neue Moral eingeführt wurde, eine neue Zeiteinteilung mit der Siebentagewoche und dem Sonntag als Ruhetag und Markttag, ein neues Bildungssystem mit neuen Sprachen und ein neues Rechtssystem. Mit der indianischen Religion ging fast die gesamte autochthone Kunst unter, die so Großartiges auf den Gebieten der Baukunst, der Bildhauerei, der Malerei, der Silber- und Goldschmiedearbeiten hervorgebracht hat. Indianische Handwerker konnten fortan nur noch eine sekundäre Rolle in der alles überlagernden christlichen Kunst spielen.

[54] Vgl. Lewis 1961/65 und dazu Hoornaert 1970E, 38ff. Zumárraga ist der erste Bischof von Mexiko. Er trat sein Amt 1528 an – vgl. dazu Joaquín García Icazbalceta, Don Fray Juan de Zumárraga, Primer Obispo y Arzobispo de México, México o. J. – nach Quirarte 1967, 30, der bemerkt, daß manches über die Zerstörungswut von Zumárraga und Landa übertrieben worden sei, sogar von Prescott. Murray 1965, 49 stellt apologetisch fest, daß die Verkündigung der christlichen Botschaft in Amerika alle Zerstörungen über die Maßen kompensiere. Man müsse eben verstehen, daß die ersten Mönche das erste Gebot sehr ernst genommen hätten.

menschliche Grausamkeit, die mehr als bestialisch und teuflisch ist ... hört."[55] Angesichts solcher Aspekte indianischer Kulturen ist es verständlich, daß der missionarische Eifer oft zur Zerstörung von Bauten, Tempeln und Manuskripten führte und daß die Mönche des 16. Jahrhunderts nicht objektive Wissenschaft betreiben, sondern die Wissenschaft nur pflegen konnten, „wenn sie als Instrument zur Evangelisation diente"[56].

Laien wie Amtsträger kamen nach Amerika als Vertreter des iberischen Christentums und des iberisch-abendländischen Kulturhorizonts und waren im allgemeinen unfähig, zwischen Christentum und Kultur bzw. zwischen dem Evangelium und dem iberisch geprägten Christentum zu unterscheiden, weshalb man vom „iberischen Messianismus" sprechen kann. Ansätze zu einer notwendigen Differenzierung finden sich bei einigen herausragenden Gestalten wie den Dominikanern Antonio de Montesinos († 1566) und in gewissem Grade bei manchen Jesuiten. Sie wurden indes in der Kolonialzeit und auch nach der Unabhängigkeit nie Allgemeingut. Bestimmender blieb die berüchtigte Maxime Cortés': Acabar con el alma del indio — die Seele des Indio auslöschen! Unter solchen Vorzeichen waren die Voraussetzungen für die Mission in Amerika ungleich ungünstiger als beispielsweise bei der Mission der Germanen im Frühmittelalter. Sie vollzog sich in einem jahrhundertelangen Prozeß unter Beteiligung vieler germanischer Missionare, und die Bekehrung unter Waffengewalt, wie verschiedentlich unter Karl d. Gr. geschehen, blieb aufs Ganze gesehen doch eine Ausnahme. Wenn auch römische Kultureinflüsse oft stark mit der Mission gekoppelt waren, so wurde doch den Germanen nicht das römische Wesen als das einzig mögliche aufgezwungen wie das iberische Wesen den Indianern. Man spricht sogar von einer Germanisierung des Christentums[57]. Von einer „Indianisierung" des Christentums kann dagegen kaum die Rede sein. Erzbischof Toribio de Mogrovejo von Lima hat zwar Ende des 16. Jahrhunderts den Begriff der „neuen Christenheit der Indien" geprägt, und Dussel spricht daran anknüpfend von der „dritten Christenheit" nach der byzantinischen und lateinischen, muß aber hinzufügen, daß es sich dabei um die einzige koloniale Christenheit handelt[58]. Damit wird bereits ausgedrückt, daß ihr Wesen fremdbestimmt ist. Zu einer Besinnung auf das Proprium der lateinamerikanischen Christenheit, die allerdings schon längst nicht mehr mit der „neuen Christenheit" des 16. Jahrhunderts identisch ist, sollte es erst nach dem Vatikanum II in den sechziger Jahren des 20. Jahrhunderts kommen.

So wie die iberischen Christen nicht zwischen Evangelium und Kultur unterscheiden konnten, mußte den Indianern auch beides als eine Einheit erscheinen. Die Kirche erschien als ein Instrument der brutalen Eroberer.

---

[55] Sahagún, Historia general de las cosas de la Nueva España, México 1938, Bd. I, 68ff nach Quirarte aaO 30. Hoornaert 1974, 53 bemerkt in bezug auf Brasilien, daß der in der Eroberung sich manifestierende kriegerische Geist des Katholizismus zu einer Neubelebung der alten Kriegsgötter der indianischen Mythologie geführt habe. Diese Sakralisierung des indianischen Abwehrkampfes sei indes von den Chronisten völlig entstellt worden. So habe schon Hans Staden (1557), der Verfasser des ersten Buches über Brasilien, Anthropophagie, Kannibalismus und rituelle Vernichtung der Feinde als schreckliche moralische Verirrung der Indianer dargestellt. Die Eroberer standen in bezug auf Perversität den Einheimischen bei ihren zahllosen Gewaltakten indes keineswegs nach.

[56] Quirarte aaO.

[57] Vgl. K. D. Schmidt RGG 3. Aufl. II, 1440–42.

[58] Dussel 1973, 71.

Nicht wenigen Indianern wird es wie dem von Hispaniola nach Kuba geflüchteten Kaziken Hatuey gegangen sein, der 1511, bevor er dort von den Spaniern gefangen wurde, den Seinigen einen Goldklumpen zeigte und ihn mit den Worten in einen Fluß warf: Das Gold ist der Gott der Spanier, wegen dieses Gottes setzen sie uns zu! Als er wegen Majestätsbeleidigung lebendig verbrannt werden sollte – als eine solche wurde seine Flucht gewertet – und ihn ein Franziskaner noch zur Taufe überreden wollte, erwiderte Hatuey: „Warum sollte ich wie die Christen sein, die doch böse sind." Auch der Hinweis auf die himmlischen Freuden vermochte ihn nicht umzustimmen, denn er wollte nicht auch noch nach dem Tode im Himmel mit den verhaßten Spaniern zusammentreffen. Daraufhin wurde er verbrannt[59].

Die Einheit von iberischer Zivilisierung und katholischer Mission im Zeichen des Kirchenpatronats der Könige der Halbinsel führte dazu, daß das Evangelium von Anfang an verschrien wurde als Religion der Imperialisten, Kolonisten und Ausbeuter, wenn man diese modernen Schlagworte hier einmal gebrauchen will. Die Kirche war in ihrer Abhängigkeit vom Staat ein ziemlich willfähriges Instrument der kriegerischen und wirtschaftlichen, von der Maxime des Merkantilismus bestimmten Politik der Expansion der iberischen Staaten, die im spätmittelalterlichen Geist als Ausdehnung des regnum christianum verstanden wurde, wobei zwei Ziele unlösbar miteinander verbunden waren: die Beherrschung der Weiten Amerikas und ihrer Bewohner durch die potestas temporalis der Kronen und die Evangelisation zur Eingliederung in die Kirche, d. h. zur Unterstellung unter die potestas spiritualis des regnum christianum.

Der kriegerisch-militante Charakter der spanischen Mission ist übrigens auch in die Kolonialkunst speziell des 16. und des beginnenden 17. Jahrhunderts eingegangen. Christliche Themen werden mit militärischen Motiven angereichert.

„Die Ikonographie des Bekehrungswahns ist deutlich auf den missionairischen Herrschaftsanspruch zugeschnitten. Hatte diese Kunst erst einmal Fuß gefaßt, so mobilisierte sie alle Engel und Heiligen gegen die unheimliche und fremde Welt des neu eroberten Kontinents. Am markantesten wird diese Haltung im immer wiederkehrenden Motiv des mit langer Flinte bewaffneten ‚Arkebusierengels', der als typische Eigenschöpfung der südamerikanischen Barockkunst gelten kann, Ausdruck einer christlichen Missionskunst mit Donnerbüchse."[60]

---

[59] Las Casas 1951 II, 507f und 522ff. Tormo 1962ff I, 205 bemerkt unter Verweis auf Cespedes del Castillo, Las Indias en el reinado de los Reyes Católicos, in: Historia Social y Económica de España y América II, 546f: „Da es kein ethnologisches Bewußtsein gab und man die Mechanismen der Prozesse der Akkulturation nicht kannte, konnte anfangs niemand, nicht einmal die Missionare, verhindern, daß die Indianer niederer Kultur zusammenbrachen angesichts der Anwesenheit von Kolonisatoren, die eine Kultur einführten, die die Eingeborenen unmöglich plötzlich assimilieren konnten."
[60] Stauch-v. Quitzow 1977.

2

Die Entwicklung des lateinamerikanischen Christentums im Zeichen des Modells der „Christenheit"

21 Kolonisation und Mission – Kolonialkirche und Missionskirche: Der Versuch, das Unvereinbare zu vereinen.

211 *Zum Kontext der Kirche in der Kolonialzeit: Einwanderung — Bevölkerungsentwicklung — Kolonialverwaltung und -wirtschaft*

2111 *Zur Bevölkerungs-, Besiedlungs- und Gesellschaftsgeschichte*

Die europäische Auswanderung nach Amerika begann mit jenen 1500 Siedlern, die mit Kolumbus auf seiner zweiten Reise im Jahre 1494 auf Hispaniola landeten. Der Verkehr mit den Kolonien und die Auswanderung wurde von der kastilischen Krone ab 1503 durch die ‚Casa de la Contratación' in Sevilla abgewickelt. Je nach den Berichten aus Amerika wurde die Auswanderung gefördert oder gedrosselt. Frühzeitig wurde von Spanien aus die Auswanderung von Mauren, Juden und Neuchristen nach der Neuen Welt verboten, weil sie die Heidenmission gefährden konnten. Portugal hingegen duldete die Ausreise von Cristãos Novos, wie es überhaupt die Auswanderung nicht planmäßig staatlich lenkte und weniger überwachte. Die portugiesische Gesetzgebung war auch gegenüber Ausländern sehr großzügig, während Karl V. 1538 sogar die erst 1526 seinen eigenen deutschen und genuesischen Untertanen erteilte Erlaubnis zur Auswanderung entzog und damit die Kolonien allen Ausländern, sogar weitgehend Ordensangehörigen aus nichtspanischen Ländern, verschloß, weil er die Verbreitung reformatorischer Lehren, aber wohl noch mehr die Handelskonkurrenz befürchtete.

Spezialstudien über die soziale Herkunft der Einwanderer fehlen.

Aber man kann davon ausgehen, daß alle Schichten der iberischen Gesellschaft auch in der Neuen Welt vertreten waren. Die kastilische Krone war bemüht, die Auswanderung von Bauern- und Handwerkerfamilien zu fördern mit dem Erfolg, daß schon wenige Jahrzehnte nach der Eroberung der Mangel an weißen Frauen wesentlich geringer war als in Brasilien, wohin bis Mitte des 17. Jahrhunderts wenig Frauen und geschlossene Familien kamen[1]. Aus den spanischen Gebieten kamen weniger

---

[1] Vgl. Konetzke 1965, 59ff und Mörner 1966, 19ff. Es gab in manchen Epochen allerdings durchaus eine gewisse Überwachung der Reisenden nach Brasilien durch die Praxis, einen Mönch an Bord jedes Schiffes mitfahren zu lassen, der die „religiöse Gesundheit" aller Fahrgäste prüfte. Nicht die Nationalität, nicht die Frage, ob

freie Bauern als Landarbeiter und Bedienste, also abhängige Leute adeliger Herren, die sich selbständig zu machen und mit Hilfe von Indianerzwangsarbeit ein gemächliches Leben zu führen gedachten. Erfolgreicher als unter den freien Bauern war die Werbung unter den spanischen Handwerkern. Dank ihrer zahlreichen Auswanderung bildeten sich z. B. schon im 16. Jahrhundert in Lima Zünfte und Gilden der Handwerker, die aus Weißen, Mestizen und Mulatten bestanden und erheblich zum Wohlstand und zur Stabilität des Vizekönigreiches beitrugen. In Brasilien hingegen stieß die Organisation der Handwerke wegen des Mangels an Handwerkern und wegen der vorwiegend von Negersklaven betriebenen häuslichen Industrie der Großgrundbesitzer, die den Eigenbedarf deckte, auf große Schwierigkeiten. Die dadurch bedingte Unterentwicklung von freiem Handwerk und Handel verzögerte die Urbanisierung in Brasilien[2]. Die Deportation von Kriminellen nach Amerika wurde auf Vorschlag von Kolumbus eine Zeitlang vorgenommen, blieb aber die Ausnahme, so daß es im spanischen Amerika keine Siedlung gibt, die aus einer Sträflingskolonie hervorgegangen ist. Portugal hingegen wandte wegen des allgemeinen Mangels an Arbeitskräften und Auswanderungswilligen systematisch die Zwangsauswanderung in Form der Verbannung von Missetätern nach Brasilien an. „Man nannte Brasilien das ‚Fegefeuer für Weiße'. Die Gouverneure hatten ihre Not mit den ‚verbannten Übeltätern, von denen die meisten den Tod verdienten, und die keinen anderen Beruf haben, als Böses auszuhecken'[3]. Der Donatario Duarte Coelho (Capitania de Pernambuco) bat den König, daß er aus Liebe zu Gott ihm nicht die Kapitanie mit solchem Gift anfülle."[4]

Was die Zahlen der Einwanderer anbelangt, so ist man weitgehend auf Schätzungen angewiesen. Man kann mit etwa 300 000 ausgewanderten Spaniern im 16. Jahrhundert rechnen, während die portugiesische Auswanderung in diesem Zeitraum vergleichsweise unbedeutend war. Erst nach Beendigung des Krieges gegen die Holländer (1654) führten wirtschaftliche Not und persönliches Mißgeschick viele Portugiesen nach Brasilien, so daß man 1680 jährlich fast 2000 Auswanderer zählte. Nach der Entdeckung der Goldlager in Minas Gerais setzte Ende des 17. Jahrhunderts dann eine regelrechte Massenauswanderung ein, so daß sich die jährliche Quote auf ca. 3–4000 erhöhte, aber 1709 durch Paßzwang eingedämmt und 1720 ganz abgewürgt wurde. Erst unter dem Einfluß des aufgeklärten Absolutismus förderte die portugiesische Regierung von der Mitte des 18. Jahrhunderts an wieder die Auswanderung zur Besiedlung strategisch wichtiger Gebiete wie Santa Catarina (SC) und Rio Grande do Sul (RS).

Die Verwendung von schwarzen Sklaven war im 15. Jahrhundert schon auf der iberischen Halbinsel üblich, und zwar am stärksten in Portugal.

Bald nach 1492 sind die ersten Schwarzen als Haussklaven vornehmer Spanier nach Amerika gekommen. Auch die Krone sandte Negersklaven für ihre Faktoreien und später für öffentliche Arbeiten (negros del Rey). Legte man anfangs Wert darauf, daß die Neger schon Christen waren, damit ihr schlechtes Beispiel nicht der Indianermission schade, so führte die rasch steigende Nachfrage nach schwarzen Sklaven, die an „Leistungsfähigkeit, Ausdauer und Fügsamkeit den Indianern weit überlegen" waren[5], die wegen der enormen Arbeitsanforderungen schnell dahinstarben, dazu,

---

jemand Syphilis, Schanker, Pocken oder Lepra hatte, sondern nur die Rechtgläubigkeit spielte eine Rolle! Freyre 1961 I, 38f nach Montenegro 1972, 21.

[2] Holanda 1963, 361.

[3] Mem de Sá an den portugiesischen König — 31. 3. 1560. Documentos relativos a Mem de Sá. Anais da Biblioteca Nacional, vol. 27, 99 nach Konetzke aaO 72.

[4] Konetzke ebd.

[5] Ebd. 75f. Brasilien hatte im Jahre 1700, die nicht akkulturierten Indianer nicht mitgerechnet, 300 000 Einwohner und 1800 bereits ca. 3,3 Mill., was ohne die enorme

daß königliche Lizenzen zum Direktimport von Negern aus Afrika erteilt wurden, die bald eine bedeutende Einnahmequelle der königlichen Kasse wurden.

Ökonomische Gesichtspunkte waren also sowohl in den Metropolen wie in den Kolonien für den während der gesamten Kolonialzeit andauernden Zwangsexport von Negern aus Afrika nach Amerika ausschlaggebend. Plantagenbetriebe im tropischen Tiefland, besonders Zucker-,Ingenios' und Baumwollpflanzungen waren völlig auf Negersklaven angewiesen. Und so findet sich die größte Konzentration von Schwarzen auf den Antillen, den Küstentiefländern des karibischen Meeres und des Atlantiks in Brasilien. Obgleich die portugiesische Krone erst 1559 jedem Besitzer einer Zuckerrohrplantage den Bezug von 120 Sklaven gestattet hat, sollte Brasilien, das die Sklaveneinfuhr bis weit ins 19. Jahrhundert hinein fortsetzte, das gesamte Hispano-Amerika an Negersklaven übertreffen. Man schätzt, daß insgesamt in der Kolonialzeit ca. 3 Mill. Neger nach Spanisch-Amerika und bis etwa 1850 ca. 4 Mill. Neger nach Brasilien geschleppt worden sind[6].

Nicht entfernt so viele Menschen sind bis heute nach Lateinamerika eingewandert wie zwischen 1492 und 1570 von der indianischen Urbevölkerung gestorben sind. Die Gründe für das Massensterben der Indianer sind zu suchen in den grausamen Kriegen der Conquista, Mißhandlungen, Zwangsarbeit, Familientrennung, Frauenzwangsarbeit verbunden mit hoher Kindersterblichkeit, verheerende Auswirkungen durch die Anfälligkeit gegen die von den Europäern eingeschleppten Mikroben und Viren, speziell Grippe, Lungenentzündung und Pocken, natürlich in höchstem Maße unter von Weißen umgesiedelten und zu Arbeits- und Missionszwecken konzentrierten Indianern. Aber auch der ‚Kulturschock' schwächte vielerorts den Lebenswillen der Eingeborenen. Bei den Tieflandindianern wirkte der Bekleidungszwang, den die Christen aus moralischen Gründen meinten ausüben zu müssen, sehr schädigend auf die Gesundheit, fehlte es doch an genügend geeigneter Kleidung und Kenntnissen der Hygiene beim Umgang mit europäischer Bekleidung. Zuerst verminderte sich stark die an sich zahlreiche Bevölkerung der atlantischen, karibischen und pa-

---

Einwanderung von Portugiesen im 18. Jahrhundert nicht möglich gewesen wäre. Furtado 1959 spricht von 300 000 portugiesischen Einwanderern im 18. Jahrhundert – nach Galeano 1973, 64. Zur Bevölkerungsstatistik Brasiliens und zur Gesellschaftsgeschichte vgl. Alden 1963. Ab 1526 hatte die spanische Krone keine Bedenken mehr gegen die Lieferung von „negros bozales" nach Amerika, d. h. von Negern, die noch nicht in Spanien akkulturiert und zum Christentum bekehrt waren (negros ladinos), weil sie sich als gefügiger erwiesen. Wirtschaftliche Interessen setzten sich also gegen missionarische Interessen durch.

[6] Mörner 1966, 20f. Zelinsky 1949 und andere kommen allerdings zu viel höheren Zahlen, indem sie den enormen illegalen Handel mit Negern mit berücksichtigen. Zelinsky nennt ca. 15 Mill. nach Lateinamerika geschleppte Neger, eine noch konservativ gerechnete Zahl. Infolge der niedrigen durchschnittlichen Lebenserwartung der Negersklaven in Amerika von 6–7 Jahren, des Mangels an Negerfrauen und der enormen Kindersterblichkeit war die natürliche Vermehrung minimal – vgl. Konetzke aaO 104. Man kann das Maß an Demoralisierung und Dekulturation unter den Negern in Amerika auf Grund der wahllosen Vermischung von Negern ganz verschiedener Herkunft kaum überschätzen. Dennoch sollte man den kulturellen Beitrag der Neger in Lateinamerika nicht unterschätzen – Zelinsky aaO. Zu den verschiedenen Berechnungen der Menge der bis 1850 nach Brasilien geschleppten Negersklaven, die zwischen 2,5 und 12 Mill. schwanken, vgl. auch Peschke 1954, 143f.

zifischen Küsten und der Flußschiffahrtswege im tropischen Gebiet[7]. Die Gesamthöhe der Urbevölkerung südlich des Río Grande del Norte im Jahre 1492 ist umstritten. Lange Zeit galten Rosenblats Berechnungen, die auf 13,3 Mill. Indianer hinausliefen[8], als zuverlässig. Heute muß man nach neueren Forschungen allein für Zentralmexiko mit 25 Mill. und für den gesamten Subkontinent mit ca. 100 Mill. Indianern rechnen[9]. Desto erschütternder ist der Rückgang auf etwa 10–12 Mill. im Jahre 1570[10].

Das Zusammenleben von drei verschiedenen Rassen im kolonialen Amerika, verbunden mit dem anfänglichen Mangel an weißen Frauen, ausgeprägter Sexualität der iberischen Einwanderer und unschwer zu überwindenden anthropologischen Unterschieden zwischen der europäisch-mediterranen und der altamerikanischen Rasse führte schnell zu vielfältigen Kreuzungen, wobei Verbindungen von Weißen mit schwarzen Frauen in Brasilien häufiger auftraten als in den spanischen Gebieten. In den Anfangszeiten kam es naturgemäß besonders häufig zu Verbindungen von Weißen mit Indianerinnen. Für Brasilien gilt die Regel, daß die Viehfazenda die Stätte der regsten indianisch-weißen Vermischung und die Zuckerplantage die der stärksten schwarz-weißen Mischung war. Mestizen und Mulatten trugen mit ihrer Arbeitskraft entscheidend dazu bei, daß der iberischen Kolonisation Amerikas ein dauerhafter Erfolg beschieden war[11]. Die Verhältnisse auf den portugiesischen Latifundien in Brasilien sind eindringlich von Gilberto Freyre beschrieben worden.

Die Bettfrau war ein fester Begriff in der Hierarchie des Herrenhauses. Es handelte sich dabei um eine Mulattin nach dem Motto: „Eine Weiße für die Hochzeit, eine

[7] Zu den Küstengebieten sind in diesem Fall auch die Antillen zu rechnen – vgl. Steward 1963 V, 665ff. Zur geographischen Verteilung der Neger vgl. auch Zelinsky aaO. Bischof Ruiz (1971, 63) weist darauf hin, daß durch den Bekleidungszwang eine Kettenreaktion in Gang gesetzt wird, die die indianische Kultur in Unordnung bringt: „Der Eingeborene akzeptiert die angebotene Kleidung entweder unter Druck oder aus einem gewissen Interesse, aber er kann für gewöhnlich keine Kleider zum Wechseln bekommen, so schwitzt er, fühlt sich feuchtkalt und klebrig in immer denselben Kleidungsstücken, bis er krank wird." Genauso gravierend ist eine andere Folge, nämlich, daß die Missionare gleichzeitig unwissend die Tatauierungssprache unterdrücken, deren Zeichen auf die Haut gemalt werden, und damit einen grundlegenden Wert vieler Kulturen zerstören:

[8] Mörner 1966, 18 nach Rosenblat 1954.

[9] Vgl. Borah/Cook 1963, die für Zentralmexiko für die Zeit der Conquista 20–28 Mill. Einwohner schätzen und an anderer Stelle für ganz Lateinamerika 100 Mill. annehmen – vgl. Mörner aaO 18f. Zur heutigen Statistik der Tieflandindianer vgl. Barbados 1972 und Münzel 1974.

[10] Vgl. Rosenblats Statistiken, die zum Teil bei Konetzke 1965, 102f wiedergegeben sind. Für 1650 gibt Rosenblat sogar nur 9 175 000 Indianer an.

[11] Diégus Júnior 1972, 96. Die wichtigsten Bezeichnungen für Mischlinge sind folgende: ‚mestizos' (zum Begriff ‚cholo' vgl. die Abschnitte 41236 und 41237) bzw. in Südbrasilien ‚mamelucos' und im Norden, wo sie kaum eine Rolle für den sozialen Aufbau spielten, ‚caribreus' oder ‚carubreus' (vgl. Peschke 1954, 145) und in der neueren Zeit ‚caboclos'. Alle diese Bezeichnungen für Nachkommen von Indianern und Weißen werden im Text meist als *Mestizen* bezeichnet. Als ‚castizos' werden die Kinder von Mestizinnen und Spaniern bezeichnet (auch ‚albino' oder ‚cuarterón' deren Kinder mit Spaniern, also die 3. Bastardgeneration, die wieder als rechtmäßig spanisch galt), als *Mulatten* die Mischungen von Negern und Weißen, als ‚zambos' (zambaigos), ‚chinos' oder in Brasilien ‚cafuzos' die Mischungen von Indianern und Negern, die im Text Zambos genannt werden.

Mulattin fürs Bett und eine Schwarze für die Arbeit." Die Farbige war dem Willen des Plantagenbesitzers und seiner halbwüchsigen Söhne nicht nur in bezug auf ihre Arbeitskraft, sondern auch auf ihre Intimsphäre fast wehrlos ausgeliefert.

Die sexuelle Ausbeutung ist geradezu eines der Kennzeichen der Sklaverei. Mit Sklavinnen Kinder zu zeugen, galt als die billigste Art, den Sklavenbesitz zu vermehren. Sexuelle Ausbeutung war aber auch ein Kennzeichen der spanischen Kolonisation, die ohne die letztlich darauf beruhende Rassenmischung mit Indianerinnen gar nicht möglich gewesen wäre. Anfänglich war sie eine Folge der enormen Disproportionalität zwischen den Geschlechtern. Obgleich vom 17. Jahrhundert an genügend Spanierinnen in Amerika waren — selbstverständlich gab es diesbezüglich regionale Unterschiede — kam es bestenfalls zum Rückgang des Konkubinats. Weischet stellt für Chile fest, „daß die meisten Spanier die ganze Kolonialzeit hindurch viele Kinder mit mehreren Frauen hatten" (zu Paraguay vgl. 241). Martínez P. belegt für den zentralamerikanischen Raum, daß die Indianerinnen zur Zeit der Conquista mit brutaler Gewalt mißbraucht worden seien und später als Sklavinnen und Dienerinnen in den Häusern der Weißen auf dem Lande und in den Städten mit Selbstverständlichkeit geschlechtlich ausgenutzt worden seien. Martínez spricht diesbezüglich von ‚mestizaje feudal'.

„Unter dem kolonialen Feudalismus entstanden allgemein Bedingungen wirtschaftlichen und sozialen Drucks, so daß als ein wiederholtes Phänomen die Männer der Gruppe der Bodenbesitzer sich der indianischen Frauen sexuell bedienen konnten. Zwei Tatsachen müssen bezüglich dieses Problems unterstrichen und festgehalten werden. Erstens: Das Konkubinat des Spaniers oder Kreolen mit der Indianerin, das wir anfängliche Rassenmischung (mestizaje inicial) nennen werden, obwohl es sich während der ganzen Kolonialzeit ereignete, entwickelte sich am Rande der Ehe und war definitiv ein besonderer Aspekt der kolonialen Unterdrückung. Und zweitens: Die numerische Vermehrung der Mestizen ist in höherem Grade als auf die ‚mestizaje inicial' auf die Vermehrung der Mestizen unter sich und mit anderen Gruppen zurückzuführen..."

Der kolumbianische Jesuit Arboleda erinnert daran, daß die Wirtschaftsform der hacienda/fazenda (vgl. dazu 2113 und 223) auf spanischem wie lusitanischem Gebiet die ländliche Gesellschaftsstruktur bestimmte und teilweise noch heute bestimmt. Alle auf der hacienda Lebenden gehörten in der Kolonialzeit und noch lange danach zur Großfamilie des hacendado/fazendeiro und waren der patriarchalischen Großfamilie durch das kirchlich verankerte System der Pseudoverwandtschaft mit Hilfe des ‚compadrazgo' verbunden. Dank dieser Gevatterschaft wurde das Oberhaupt der patriarchalischen Familie der Pate alle auf seinem Besitz geborenen Kinder. Damit hatte er beinahe so viele Rechte wie ein Vormund. Das Zentralproblem der aus Weißen, Indianern, Mestizen, Negern und Mulatten bestehenden Großfamilie lag darin, daß sich nur die patriarchalische Kernfamilie solide und menschenwürdig und damit der christlichen Ethik entsprechend organisieren konnte. Mit Ausnahme des patriarchalischen Kerns hat die große Masse der Bevölkerung vor dem 19. Jahrhundert kaum ein stabiles eigenes Familienleben gekannt[12].

---

[12] Vgl. Freyre 1961 II, 440f, 518 u. ö. 598f schildert er den weißen Plantagenbesitzer als ein körperlich degeneriertes Wesen, das den ganzen Tag in seiner Hängematte verbringt und sich auch in ihr umhertragen läßt, um die Sklaven zu inspizieren. Nur in seiner Geschlechtsfunktion zeige er sich arrogant männlich. Martínez Peláez 1971, 261ff schildert die patriarchalische spanische Familie in Guatemala. Er ver-

Die im Lichte christlicher Moralvorstellungen nicht zu rechtfertigende Unsitte, Indianerinnen und später auch Negerinnen, Mestizinnen und Mulattinnen als ‚barraganas' (legale Konkubinen), als Hauptfrau, oder neben einer Ehe mit einer iberischen Frau als Nebenfrauen zu nehmen, dürfte sich teilweise aus der im Hochmittelalter in Europa verbreiteten offenen oder heimlichen Konsensehe erklären. In den Jahrzehnten der Conquista war die ‚barragania' nicht selten dadurch begründet, daß Männer ohne ihre Frauen und Familien nach Amerika gekommen waren und deshalb ihre Konkubinen nicht legal ehelichen konnten. Die vielfach weit über die Konsensehe mit einer Nebenfrau hinausgehende sexuelle Freizügigkeit erklärt das freilich genauso wenig wie die Tatsache, warum unverheiratete Männer sich auch dann noch weiger-

---

weist alles, was über die Verführungs- und Anziehungskraft, die von den weißen Eroberern auf die Indianerinnen geschrieben ist – vgl. z. B. Konetzke 1965, 89f –, in den Bereich von Fabel und Pornographie bzw. der Selbstrechtfertigung der Kreolen. In Wirklichkeit seien die Indianerinnen über die Abschlachtung ihrer Männer und Söhne entsetzt gewesen und von den Weißen mit brutaler Gewalt mißbraucht worden. Später seien sie als Sklavinnen bzw. Dienerinnen in den Häusern der Weißen mit Selbstverständlichkeit geschlechtlich ausgenutzt worden, so daß man auf den Latifundien von einer „mestizaje feudal" (einem in feudalistischer Abhängigkeit gezeugten Mestizentum) sprechen müsse. Arboleda 1973, 475 weist darauf hin, daß im spanischen wie portugiesischen Bereich die ganze Gesellschaftsstruktur durch das System der patriarchalischen Großfamilien, der Verwandtschaft und Pseudoverwandtschaft und des ‚compadrazgo' (Gevatterschaft – das Oberhaupt der patriarchalischen Familie wird Pate aller auf seinem Besitz geborenen Kinder) bestimmt wurde. Dabei spielte die Primogenitur, die die Autorität des ältesten Sohnes über die Großfamilie begründete, eine entscheidende Rolle. Nach iberischer Tradition begründete die Patenschaft nicht nur eine geistliche Verwandtschaft mit dem Patenkind, sondern auch mit seinen Eltern, die die Paten als ‚compadre' und ‚comadre' (Mitvater und Mitmutter) anreden. Daraus erwächst eine besondere Hilfs- und Schutzpflicht der Paten. Arme und abhängige Familien legten großen Wert darauf, über dieses System in die Pseudoverwandtschaft bedeutender Familien zu kommen und daraus gewisse Vorteile zu ziehen. Vgl. zum Verwandtschaftssystem Wagley 1971, 168ff. Die römische Kirche hat in neuester Zeit die Bestimmungen über die geistliche Verwandtschaft außer Kraft gesetzt. Zum Familienleben vgl. Berger 1972, 184. HKorr 22 (1968), 538 wird betont, daß in der patriarchalischen Großfamilie Mittelamerikas das Familienoberhaupt noch heute nach alter Tradition mit Selbstverständlichkeit sexuelle Ansprüche auf alle abhängigen Hausangestellten farbiger Herkunft erhebt.

Encina 1959 I, 179f bemerkt zur Lage in Chile zu Beginn der Kolonialzeit: „In dem ganzen von Spaniern besetzten Gebiet und besonders in den Militärlagern zeugte der Iberer mit den Weibern (‚hembras') der Chinchachilenen und später der Mapuche soviel Kinder, wie es seine Kräfte erlaubten. Von Anfang der Konquista an billigten die Gouverneure und Geistlichen stillschweigend die Vereinigung der spanischen Soldaten mit den jungen Indianerinnen" ... „Alvarez de Toledo spricht von Spaniern, die bis 30 Konkubinen besaßen, und der Konquistador Francisco de Aguirre hatte 50 anerkannte Söhne, abgesehen von den nicht anerkannten, die möglicherweise die ersteren noch übertrafen ... Das Phänomen der Konkubinen war eine Folge der enormen Disproportionalität zwischen den Geschlechtern ..." zit. nach Weischet 1970, 31, der generell bemerkt: „Ohne die Rassenmischung wäre die spanische Kolonisation nicht möglich gewesen. Dabei spielte noch eine wesentliche Rolle, daß die meisten Spanier die ganze Kolonialzeit hindurch viele Kinder mit mehreren Frauen hatten und daß die Anerkennung der außerehelichen Kinder, vor allem der Söhne, für die Kolonialspanier etwas Normales war. Die unehelichen Kinder waren nicht ... von vornherein im Ansehen herabgesetzt, wie sich an vielen Beispielen hochgestellter Persönlichkeiten nachweisen läßt."

ten, eine farbige Konkubine zu ehelichen, als die Kirche erklärte, daß es kein diesbezügliches Ehehindernis gäbe. Der minimale Erfolg der nicht immer und überall von der Amtskirche mit demselben Nachdruck geforderten Legalisierung der Konkubinate mag einerseits, wie Konetzke meint, dadurch beeinträchtigt worden sein, daß vielen Priestern die Glaubwürdigkeit abging, weil sie selbst in Konsensehen lebten[13], andererseits dürfte speziell bei den Spaniern auch das Standesbewußtsein eine Rolle gespielt haben, das sie zwar nicht von solchen Bindungen, wohl aber von deren Legalisierung abhielt, da sie die farbigen Frauen nicht als ‚gleichwertig' erachteten.

Bei Spaniern wie Portugiesen galt „die legale Ehe des weißen Mannes mit einer Indianerin" als sozial herabsetzend. Dieses soziale Vorurteil war bei den Spaniern auch durch ihren Stolz auf die ‚limpieza de sangre' (Reinheit des Blutes) und ihre altchristliche Abstammung motiviert. Beides war eine Voraussetzung für die Zulassung zu vielen öffentlichen Ämtern und Ehrenstellungen. In den Erlassen der portugiesischen Krone wird weniger Wert auf die Abstammung als auf die weiße Hautfarbe bei den Kandidaten für gewisse wichtige öffentliche Ämter gelegt. Skidmore betont sogar, daß es in Brasilien keine strikte gesetzliche Diskriminierung für Farbige gegeben habe, um dann doch einschränkend zu bemerken, daß die portugiesische Regierung und die Kolonialgesellschaft dennoch „häufig versucht habe, durch schriftliche Regeln eine Farbschranke zu erzwingen, sogar gegen Mulatten"[14]. Das staatliche oder gesellschaftliche Farbvorurteil oder die direkte Rassendiskriminierung mußte dem kirchlichen Bemühen um die Legalisierung der Konsensehe direkt entgegenwirken und damit die doppelte Moral der Weißen indirekt stützen.

Eine doppelte Moral ist noch heute innerhalb der lateinamerikanischen Oberschicht bezeichnend für das Verhältnis der Geschlechter zueinander. Es fehlt in der Forschung nicht an Stimmen, die den Virilitätskomplex (machismo) der Männer der Oberschicht, dessen Komplement der Virginitätskomplex der höheren Töchter ist, in seinem Ursprung aus den Verhältnissen in der kolonialzeitlichen patriarchalischen

[13] Konetzke 1965, 90. Zu den Bemühungen der brasilianischen Jesuiten um die Überwindung der ‚mancebia' (port. für barraganía) vgl. Leite 1938ff II, 378ff. Die ‚barraganía' bezeichnet einen jederzeit auflösbaren Freundschafts- und Gemeinschaftsvertrag, der im Spätmittelalter hinsichtlich der Stellung der Frau und der Kinder sogar gesetzlich geregelt worden ist. In einem Land wie El Salvador findet sich noch heute alternativ in den Personalpapieren die Bezeichnung ‚esposa' (Ehefrau) oder ‚compañera de vida' (Lebensgefährtin), worin diese Tradition weiterwirkt.

[14] Zum spanischen Standesbewußtsein vgl. Konetzke aaO 88ff, der darauf aufmerksam macht, daß für spanisches Empfinden die Ehe eines Weißen mit einer Mestizin nicht gesellschaftlich diffamierend oder der Reinheit des Blutes abträglich war. Zum portugiesischen Standesbewußtsein vgl. Skidmore 1972, 7f, der einschränkende gesetzliche Bestimmungen anführt und im übrigen auf Russel-Wood 1968, 140 und Boxer 1963, 116ff verweist. Willeke 1976, 24 weist darauf hin, daß nach Kanon 303/4 der Konstitutionen von Bahia von 1707 „Neger nach göttlichem und menschlichem Recht sowohl mit Freien wie mit Sklaven die Ehe eingehen können", so daß kirchlicherseits kein Hinderungsgrund für Herren bestand, eine Sklavin kirchlich zu heiraten. In HKorr 22 (1968), 538 wird vermutet, daß Erscheinungen der Polygamie in Lateinamerika teilweise auf polygame Traditionen einiger indianischer Ethnien zurückgehen könnten (vgl. ähnlich Konetzke aaO 89 zur Polygamie bei den Guaraní in Paraguay und deren Übernahme durch die Spanier), bei denen die Zahl der Frauen ein „Symbol für Macht und Sozialprestige" war. In ländlichen Gebieten werden die Priester noch heute nicht selten „vor die Frage gestellt, wie sie sich angesehenen Männern gegenüber verhalten sollen, wenn diese zum Sonntagsgottesdienst von mehreren Frauen begleitet erscheinen".

Großfamilie herleiten. Es gilt freilich auch, die Warnungen vor „dem ganzen Mythos der weiblichen Passivität und der männlichen Überlegenheit oder dem ‚machismo'" zu beachten[15].

Wenn heute nach einer Vergleichstabelle der UNO aus den Jahren 1955—58 unter 56 Staaten der Welt die lateinamerikanischen Länder bezüglich ihres Anteils an unehelichen Kindern die ersten 19 Plätze einnehmen (einzige Ausnahme ist Island an 12. Stelle) und wenn generell die Geburtenrate in Lateinamerika enorm hoch ist, kann man dafür freilich nicht den ‚machismos' in erster Linie verantwortlich machen, sondern die sozialen Verhältnisse, den Mangel an Aufklärung und Verhütungsmitteln, und man muß gleichzeitig darauf hinweisen, daß „in einem sogenannten römisch-katholischen Kontinent die Abtreibungsrate alarmierend hoch ist". Hinsichtlich der Konsensehe wird man wohl vermuten dürfen, daß die kolonialzeitliche Entwicklung dazu beigetragen hat, daß sie heute in Lateinamerika zu einer normalen Institution geworden ist, die auch vielerorts staatlich anerkannt wird.

War sie in der Kolonialzeit vorwiegend durch rassische Vorurteile begründet, so ist die ‚union libre' heute in der Unterschicht durch soziale Umstände bedingt und verbreitet, die dahin geführt haben, daß ein Land wie Panamá mit 70 % unehelichen Geburten die Weltliste anführt[16]. In minderem Grade kann

---

[15] Martín-Baró 1968 sieht in der heutigen Gesellschaft folgende Auswirkungen des Virilitäts- bzw. Virginitätskomplexes: Während weithin bis heute die weibliche Jungfräulichkeit durch institutionelle Vorkehrungen zur Geschlechtertrennung in der Schule, durch Anstandsdamen und Familienkontrolle der Liebschaften um jeden Preis bis zur Ehe aufrechterhalten wird, gilt es als physisch gesund, typisch für die Rasse und als physiologische Folge des tropischen Klimas, daß Jungen sich von der Pubertät an aktiv geschlechtlich betätigen, und zwar an sozial niedriger gestellten Frauen, wodurch die sexuelle Ausbeutung der Kolonialzeit fortgesetzt wird. Die Überbetonung der männlichen Geschlechtsfunktion bringt es mit sich, daß die Frau auch in der Ehe zu einem menschlichen Wesen zweiter Kategorie wird, zu einem Werkzeug des Mannes, das ihm gehorchen und ihn achten muß. Die typisch weiblichen Eigenschaften wie etwa Gefühle gelten ebenfalls als zweitrangig, so daß in der Ehe ein authentischer Dialog zwischen gleichberechtigten Partnern selten zustande kommt.

Ein mit übertriebener Aggressivität verbundener Ehrbegriff ist ein weiteres Charakteristikum des ‚machismo'. Diese Art von „Männlichkeit" beeinflußt die gesamte gesellschaftliche Entwicklung. Die tierische Zurschaustellung des männlichen Geschlechtstriebes drängt Wissenschaft und Studium, berufliche und wirtschaftliche Entwicklung auf eine untergeordnete Stufe. Am abträglichsten sind bis heute die bereits angedeuteten Folgen für die Ehe. Entweder die Ehefrau wird als sexuelles Mittel zum Zweck betrachtet oder als kindliches Mutterbild verehrt und die sexuelle Befriedigung außerhalb der Ehe gesucht, was nach der in der Oberschicht verbreiteten doppelten Moral als völlig normal erscheint. Die Frauen kompensieren ihren Mangel an geschlechtlicher und ehelicher Erfüllung vielfach in einem Übermaß an Fürsorge für die Kinder, die sie verwöhnen und verziehen und psychologisch auf sich fixieren.

Aus seinen jahrelangen Erfahrungen in El Salvador kann der Verfasser etliche dieser Beobachtungen bestätigen. Der brasilianische Soziologe Berger 1972, 182ff belegt nach dem neuesten Stand der Forschung das Problem des ‚machismo' für Brasilien. Die ebenfalls zitierte Nora Kinzer (1972) belegt indes Übertreibungen in der Beurteilung des ‚machismo' und seiner Auswirkungen und bringt eine ausführliche Bibliographie zur Stellung der Frau in Lateinamerika.

[16] Zur UNO-Tabelle vgl. Paraguay 1971, 25. Zur heute weit verbreiteten, sozial

sie auch ein Reflex auf die in manchen Staaten unter katholischem Einfluß verweigerte gesetzliche Möglichkeit zur Scheidung sein. In Ländern, die wie Brasilien die legale Scheidung verbieten, aber die Trennung (desquite) legal ermöglichen, wird als Folge der Trennung notwendigerweise die Zahl von Konsensehen und damit von unehelichen Kindern erhöht.

Kehren wir zum Ausgangspunkt dieses Exkurses über die Konsensehe zurück: zum Problem der Rassenmischung in der Kolonialzeit. Die spanische Gesetzgebung verfolgte das Prinzip der beiden Republiken der Weißen und der Indianer und rechnete zunächst gar nicht mit der Erscheinung einer dritten Gruppe, der der Mestizen und Mulatten. Diese Mischlingsgruppen sollten am Ende der Kolonialzeit in Mexiko und auf den Westindischen Inseln immerhin 23,91 % und im spanischen Südamerika 30,46 % der Gesamtbevölkerung ausmachen. Zwar wurde die Ehe mit Indianerinnen schon 1514 gesetzlich gestattet und die daraus hervorgegangenen Kinder den Spaniern gleichgestellt, aber die Masse der Verbindungen und folglich der Kinder blieb aus den genannten Gründen auf dem Niveau der ‚barraganía', so daß ein großes Kontingent Unterprivilegierter entstand, die als ‚castas' (Mischblut) bezeichnet wurden, was keineswegs als Etablierung einer ‚Kastengesellschaft' interpretiert werden darf. Vielmehr war die hispano-amerikanische Gesellschaft „das Ergebnis der Verpflanzung der hierarchischen, auf Großgrundbesitz gegründeten, korporativen Gesellschaft des spätmittelalterlichen Kastiliens in die vielrassige, koloniale Situation in die Neuen Welt". Man hat von einer ‚pigmentokratischen' Gesellschaft gesprochen. Aber die Grenzen zwischen den einzelnen Gruppen waren fließend, so daß die Hautfarbe nie allein über den sozialen und legalen Status bestimmte. Wenn auch die marxistische Deutung, daß die rassische Differenzierung nur dem Schutz des wirtschaftlichen Eigeninteresses der herrschenden Gruppe entsprang und diente, so ausschließlich nicht zutrifft, darf man doch diesen Aspekt nicht unterschätzen. Er dürfte in der Zeit der Bourbonen (d. h. seit dem Frieden von Utrecht 1713) eine größere Rolle gespielt haben als in den vorangegangenen Jahrhunderten. Wenn auch die Motivationen sich verschoben, blieb doch die Diskriminierung der Mischblütigen,

---

bedingten Konsensehe ist folgendes zu bedenken: Bei den einfachen Leuten wirken auch die Kosten für die legale Eheschließung abschreckend, seien sie durch die kirchlichen Gebühren oder durch die weite Reise zum nächsten Priester oder zum nächsten staatlichen Standesamt gegeben. Die offizielle Eheschließung gilt vielen schlicht als eine „Sitte der Reichen". Man kann also heute praktisch drei Familientypen in Lateinamerika unterscheiden: 1. die bürgerliche Ehe, 2. die Konsensehe, die auf die ‚barraganía' zurückgeht und in den niedrigeren sozialen Schichten verbreitet ist, und 3. die „Gemeinschaft zwischen der Mutter und ihren Kindern von verschiedenen Vätern, wobei der Zusammenhalt ausschließlich von der Mutter gewährleistet wird. Die Kinder wachsen ohne Vater und selbst ohne seine finanzielle Unterstützung auf. Das Verhältnis zwischen der Frau und ihren wechselnden Lebensgefährten ist auf die sexuellen Beziehungen reduziert". Es mag Verbindungslinien zwischen dieser Form des Zusammenlebens und dem Matriarchat bei einigen indianischen Ethnien geben. Man muß sich also vor Augen halten, daß sich die Familien in Lateinamerika „zum großen Teil nicht auf die Ehe" gründen. „Im Gegenteil, die Naturehe hat den Charakter einer sozialen Institution erlangt und ersetzt in zahlreichen Gegenden fast gänzlich die gesetzliche Eheschließung." DESAL S. 136 nach HKorr 22 (1968), 537ff.

Zu den Abtreibungen vgl. Kinzer 1972, 456. Führend ist Chile mit einer Abtreibung auf zwei Lebendgeburten.

die gesetzlich durch den ‚Régimen de castas' festgelegt war, weitgehend bis zum Ende der Kolonialzeit bestehen[17]. Eine vergleichbare Rechtsordnung gab es in Brasilien nicht. Auf das Rassenproblem in Brasilien mit einem Rückblick auf die Kolonialzeit wird unten (41231 und 4242) eingegangen.

Die *Besiedlungsgeschichte* der iberischen Kolonien wird durch das Nichtvorhandensein von echten Dörfern und richtigen Bauern charakterisiert, da die gesamte Landwirtschaft auf großen Domänen beruhte, die mit Hilfe indianischer oder schwarzer Arbeitskräfte bebaut wurden (vgl. 2113 und 223). Die kulturellen Leistungen der Kolonisatoren treten daher eher bei den Städtegründungen zutage, wenngleich man sich vor Augen halten muß, daß noch um 1800 ca. 90 % der ca. 18,9 Mill. Einwohner Lateinamerikas auf dem Lande lebten.

Die Portugiesen fanden in Brasilien keine autochthonen städtischen Zentren vor. Auch war ihr ‚peninsular background' weniger urban als der spanische. Bei der ‚reconquista' hatten sie nur marginale Teile arabischer Reiche erobert, von denen ebenfalls keine starken urbanen Impulse ausgingen. Da die portugiesische Krone primär an der maximalen wirtschaftlichen Ausbeutung der Kolonie interessiert war, wurde die Lokalisation der Städte durch Gesichtspunkte des See- und Flußtransportes bestimmt, so daß Brasilien bis heute die Merkmale einer Küstenzivilisation nicht völlig überwunden hat. Die Städte wurden vielfach auf gebrochenem Gelände gegründet, weisen einen Mangel an geordneter Planung auf, der beim Betrachter den Eindruck eines „malerischen Durcheinanders" hervorruft. In echt portugiesischer Tradition entstanden die Franziskaner- und Benediktinerklöster jeweils auf Hügelketten am Stadtrand[18]. Sowohl die kleinen städtischen Zusammenballungen, die als Häfen für die Verschiffung des Zuckers der umliegenden ‚engenhos' dienten, wie die ersten Orte mit Stadtrecht – São Vicente (1532), Salvador da Bahia de Todos os Santos (1549), São Sebastião do Rio de Janeiro (1567) und Filipéia de Nossa Senhora das Neves (1585), das spätere Paraíba und heutige João Pessoa – lagen an der Küste. Abgesehen von São Paulo blieb die Küstensiedlung bis zum 18. Jahrhundert typisch für Brasilien, und diese war ganz von der merkantilistischen Struktur und der „Unausgeglichenheit zwischen dem ländlichen Glanz und dem städtischen Elend" geprägt. Die Gründung von Santo André, der Keimzelle von São Paulo, auf der Hochebene von Piratininga Mitte des 16. Jahrhunderts stellt einen Präzedenzfall für die portugiesische Siedlung landeinwärts dar und gilt als neue Stufe der nationalen Geschichte Brasiliens, die im 18. Jahrhundert, im Zeichen des Goldrausches, mit der Erschließung der Kapitanie Minas Gerais ihre Fortsetzung finden sollte. Mauro betont, daß es unter den brasilianischen Städten keine echte Rangordnung gab, abgesehen davon, daß Salvador bzw. ab 1763 Rio de Janeiro die Hauptstadt war. Eine klare

---

[17] Vgl. Mörner 1966, 23ff. Die ‚castas', d. h. der gesamte Sektor der Mestizen und Mulatten, hatten gegenüber den Indianern das Vorrecht der Tributfreiheit, der freien Wahl des Arbeitsplatzes und des Wohnortes. Gegenüber den Spaniern und Kreolen waren sie dadurch schlechter gestellt, daß ihnen öffentliche Ämter, gewisse Berufe verschlossen waren. Außerdem litten sie unter der Rechtsungleichheit des Strafrechts, das für ein und dasselbe Verbrechen bei ‚castas' schwerere Strafen vorsah. Im Spanischen kann man die Mestizen und Mulatten unter dem Begriff ‚ladinos' zusammenfassen – Martínez Peláez 1971, 268ff. Mörner aaO 24 erinnert daran, daß auf rechtlichem Gebiet „freie" Neger, Mulatten und Zambos stärker diskriminiert wurden als Mestizen.

[18] Hardoy 1972, 157 zitiert die Bevölkerungsschätzung von Carr Saunders, Población mundial, Mexiko 1939. Zur portugiesischen Urbanisierung vgl. Smith 1955, Omegna 1971 und Mauro 1970, 124ff.

Ordnung gab es auch im 18. Jahrhundert in Minas nicht, wo Vila Rica de Ouro Preto mit seinen ca. 30 000 Einwohnern und 13 herrlichen Kirchen Sitz der Provinzregierung wurde, das kleinere Mariana hingegen Sitz des Bischofs[19].

Hardoy vertritt gut belegt die These, daß für den spanischen Kolonialstädtebau zwar urbane spanische Muster herangezogen wurden, daß sich aber folgende fünf Elemente erst in der Neuen Welt nach dem erstmals in Mexiko und Lima verwirklichten Vorbild durchsetzten:

1. die schachbrettförmige Anlage mit quadratischen oder rechteckigen Elementen;
2. die ‚plaza' im Zentrum war ein solches unbebautes Element;
3. um die ‚plaza' wurden Stadtverwaltungsgebäude (cabildo) und Hauptkirche gebaut;
4. die Seiten der ‚plaza' und die von ihr abgehenden Straßen hatten Arkaden;
5. gegenüber den anderen Kirchen ließ man einen kleinen Platz (plazoleta) frei.

Die Kolonialgesetzgebung legalisierte jeweils die schon vorher bestehende Praxis (speziell die ‚Ordenanzas de Descubrimiento y Población' von 1573). Der große Einfluß des Urbanismus der indianischen Hochkulturen auf die Lokalisierung der spanischen Städte ist unverkennbar, mit Ausnahme von Mexiko und Cuzco ist indes ihr Einfluß auf die städtische Anlage gering, da die präkolumbischen Zentren meist nach einiger Zeit abgerissen und nach neuen Kriterien wieder aufgebaut wurden. Mauro betont mit zahlreichen anderen Autoren den Vorrang der Städte im spanischen Amerika über das Land und meint, daß das urbane Südspanien, jene fruchtbare Kombination der beiden städtischen Kulturen des Mittelmeerraumes, der griechisch-römischen und der orientalisch-hellenistischen, möglicherweise die alte Idee in die Neue Welt transponiert hätte: „Zivilisieren und kolonisieren heißt bauen." Wie die arabische urbane Kultur assimilierten die Spanier auch die urbanen indianischen Hochkulturen. Im Vergleich zu den brasilianischen Städten fällt die Höhenlage der meisten spanischen Städte und ihre Orientierung zum Pazifik auf, die für den Handel teure Landtransporte der Waren erforderlich machte. In dem Bestreben, aus den neuen Ländern mehr als Faktoreien zu machen, gründeten die Spanier schon 1538 die Universität von Santo Domingo und 1551 die von Lima und Mexiko. Außer diesen wurden in der Kolonialzeit in Hispano-Amerika noch 23 Hochschulen gegründet, in Brasilien hingegen keine einzige. Holanda bemerkt: „Die spanische Kolonisation zeichnet sich weitgehend durch das aus, was der portugiesischen fehlt: durch ein starkes Bemühen, die militärische,

---

[19] Mauro aaO. Die große Wanderung der Tupí-Stämme zur Küste und ihre dortige Siedlung bereitete den Boden für die portugiesische Kolonisation, war doch Tupí die lingua franca des Landes. Nicht von Tupí bewohnte Gebiete in relativer Küstennähe wie z. B. Espírito Santo wurden vielfach erst im 19. Jahrhundert erschlossen, z. B. von deutschen Einwanderern. Dom João III. (1521–57) hatte die Inlandkolonisation verboten, so daß die Widerrufung des Verbotes des Donatarios von São Vicente durch seine Frau Ana Pimentel im Jahre 1554, die die Gründung von Santo André ermöglichte, einen Präzedenzfall für die Siedlung landeinwärts darstellte, der unter den Stadtverordneten (camaristas) von São Vicente große Bestürzung hervorrief – vgl. Holanda 1963, 92ff. Nach anderen Quellen wurde Santo André 1553 von Tomé de Sousa gegründet, im selben Jahr wie die jesuitische Missionsaldeia São Paulo, die am 25. Januar 1554, dem Tag der Bekehrung Pauli, ihren definitiven Namen erhielt, als 12 Jesuiten dort eintrafen. Da es für die Jesuiten unbequem war, die Siedlung der Mamelucken mitzuversorgen, befürworteten sie die Zusammenlegung beider Orte in São Paulo, die Mem de Sá daraufhin 1560 verfügte – vgl. MBR III, 344 u. 376; Leite 1938ff I, 282ff.

wirtschaftliche und politische Vormacht der Metropole über die eroberten Ländereien durch die Schaffung großer, stabiler und wohl geordneter Bevölkerungszentren zu sichern." Es gab also kein derartig großes Übergewicht des ländlichen Großgrundbesitzes über die Städte wie in Brasilien. Die spanische Vorliebe für das Stadtleben führte bei den Grundbesitzern eher zum ‚absentismo' von ihren Landsitzen zu Gunsten ihrer städtischen Residenzen (Mauro)[20]. Auch förderten die besseren Bildungsmöglichkeiten die Bildung einer gewissen Mittelschicht.

Hinsichtlich der *Bevölkerungsentwicklung* ist festzustellen, daß in Hispano-Amerika die in der Neuen Welt geborenen Weißen vom 17. Jahrhundert an stärker für die Zunahme der weißen Bevölkerung sorgten als der fortgesetzte Fluß der Einwanderung. Im 18. Jahrhundert waren schätzungsweise 95 % aller in Lateinamerika lebenden Weißen dort geboren[21]. Im amtlichen Sprachgebrauch der zweiten geographischen Beschreibung der Städte, Ortschaften und Provinzen der Neuen Welt von 1604 wurden die von europäischen Eltern in Amerika Geborenen separat als Kreolen (criollos) erfaßt[22]. Aber der Begriff Kreole blieb nicht durch Rasse und geographische Herkunft allein definierbar. Vielmehr fühlten sich die Kreolen als Erben der Konquistadoren und bildeten eine mehr oder weniger geschlossene gesellschaftliche Schicht mit einer eigenen Gruppenideologie, die auf einem Gefühl spanischer Überlegenheit über die Indianer beruhte, die ihren sichtbaren Ausdruck in Großgrundbesitz und Ausbeutung indianischer Arbeitskraft fand.

Die begrenzte Menge verfügbarer indianischer Arbeitskraft, ohne die Grund und Boden wertlos war, verhinderte ein unbegrenztes Wachstum der Gruppe der Kreolen, wenngleich Einwanderer durch entsprechenden Erwerb von Latifundien mit Indianern oder durch Einheirat in diese Gruppe aufsteigen, durch weitgehenden Verlust ihres Besitzes verarmte Kreolen hingegen in die Mittelschicht absinken konnten. Da die spanische Kolonialbürokratie auf königliche Weisung ab Mitte des 16. Jahrhunderts die Kompetenzen und die Macht der kreolischen Aristokratie schmälerte, sonderten sich die Kreolen immer stärker von den europäischen Spaniern ab, konnten aber ihre wirtschaftliche Position sogar noch stärken, so daß sie schließlich die gesellschaftliche Schicht bildeten, die „in der Stunde der Unabhängigkeit die Macht übernahmen". Ihr wirtschaftliches Interesse blieb auch später dasselbe: die Erhaltung und Vermehrung ihres Grundbesitzes und die Kontrolle über die Indianer[23].

---

[20] Vgl. Hardoy 1968A; Mauro 1970, 115ff; Holanda 1963, 86ff. Insgesamt sind zu den Problemen des Urbanismus die Beiträge des Symposiums ‚El proceso de urbanización en América desde sus orígenes hasta nuestros días' vom IAK Lima 1970 heranzuziehen, die Bd. II der Akten dieses Kongresses füllen. — Hardoy 1970 kommt in einer gründlichen Analyse der urbanen Modelle der Engländer, Franzosen, Holländer, Portugiesen und Spanier in Lateinamerika zu dem Schluß, daß alle ihre europäischen Modelle den lokalen Gegebenheiten angepaßt haben, daß aber nur die Spanier einen wirklich neuen Typ zu schaffen versuchten.

[21] Konetzke 1965, 103.

[22] Ebd. 98. Während die in Amerika geborenen Kinder der spanischen Vollbürger (vecinos) ‚criollos' genannt werden, bezeichnet die sprachliche Entsprechung von Kreole im Portugiesischen, ‚crioulo', in Amerika geborene Negerkinder. Die sinngemäße Entsprechung zu ‚criollo' ist ‚mazombo' oder ‚filho de brancos nascido no Brasil'. Mit Kreole ist im Text stets der spanische Sinn des Begriffes gemeint.

[23] Martínez Peláez 1971, 110, 112f, 164f. Konetzke 103f erwähnt, daß Kreolinnen europäische Spanier als Gatten bevorzugten und dadurch für die Reinerhaltung des weißen Bevölkerungselementes sorgten. Dagegen ist zu bedenken, daß auch aus

Die Spitze der sozialen Pyramide bildeten also die mit der Kolonialverwaltung betrauten Spanier und die Kreolen.

Diese Oberschicht konnte sich zwar nicht auf ein feudales System stützen, denn die Krone wachte sorgsam darüber, daß dies in Amerika nicht entstand, aber sie zeigte feudale Haltungen. Der Lebensstil der Oberschicht war feudalistisch. Wie eine feudale Gesellschaft bildete die Honoratiorengesellschaft Spanischamerikas einen übertriebenen Sinn für Ehre und persönliche Würde aus und war überempfindlich in Protokollfragen. Man trat zwar weniger zu Duellen an, dafür „kämpften die spanischen Bürokraten mit Worten, Beleidigungen und Intrigen!" „Wie in einer feudalen Gesellschaft war die ganze gesetzliche Ordnung ein reines Bündel von Privilegien." Dies war das Erbe des Feudalstaates, das der Patrimonialstaat des Spätmittelalters übernommen hatte, so daß die Verwaltung der Zuerkennung von Rechten, Privilegien und Verpflichtungen gleichkam, die in der Standesgesellschaft stets auf dem Grundbesitz basierten. Auch die ‚encomienda' (Recht der Verfügung über indianische Arbeitskräfte) hatte einen feudalen Kern, insofern die ‚encomenderos' zur Waffenhilfe verpflichtet waren[24].

Das Fundament der Gesellschaft bildete die Masse der unterdrückten Indianer, bzw. auf den Antillen, wo diese ausgerottet waren, die der Negersklaven. Gegen Ende der Kolonialzeit wuchsen dazwischen immer stärkere Mittelschichten, die sich aus verarmten Kreolen und Mischblütigen aller Art, aus freigelassenen Negern und reich gewordenen Indianern rekrutierten.

Martínez Peláez (1971) zeigt in bezug auf Guatemala, daß sich zuerst die städtische Schicht der Handwerker mit ihren Zünften bildete, dann die städtische Plebs mit kleinen Händlern, die ländlichen ‚ladinos', die obere ländliche Mittelschicht und die obere städtische Mittelschicht. Diese Mittelschichten sahen sich erheblichen wirtschaftlichen Schwierigkeiten und Unterbeschäftigung gegenüber, da ihre Ausdehnung im gesellschaftlichen System nicht vorgesehen war. Sie selbst wurden von der Oberschicht ausgebeutet und beuteten auch andere Schichten aus. Die Handwerksmeister versperrten Konkurrenten den Zugang zur Meisterwürde. Die kleinen Fabrikanten und die Händler beuteten Arbeiter und Angestellte aus, die städtische Plebs bereicherte sich auf Kosten der den Markt beliefernden Indianer, die ‚ladinos' auf Kosten der Indianer, deren Land sie sich anzueignen und die sie zu den verschiedensten unbezahlten Diensten zu zwingen versuchten[25].

---

legitimen Ehen hervorgegangene Mestizen echte Kreolen waren, so daß die Schicht der Kreolen nie völlig weiß war. Entscheidend blieben die Merkmale der Verfügung über indianische Arbeitskräfte und Großgrundbesitz. Martínez erwähnt, daß sich im Generalkapitanat Guatemala bis gegen Ende der Kolonialzeit ziemlich konstant eine Zahl von 40 000 Spaniern und Kreolen aller Altersstufen und beiderlei Geschlechts und 1,5 Mill. Indianer und Mestizen gegenüberstanden. Das lag daran, daß zwar genug Boden für mehr Spanier vorhanden war, aber nicht genug nach der Kolonialgesetzgebung zur Bewirtschaftung von haciendas freigegebene Indianer zur Verfügung standen. Erst als im 19. Jahrhundert der Kaffeeanbau sich durchsetzte und der gesetzliche Schutz für die Indianer aufgehoben wurde, die ihre eigenen kommunalen Ländereien gehabt hatten, erweiterte sich die Bodenbesitzerklasse, weil nun mehr indianische Arbeitskräfte ausgebeutet werden konnten — ebd. 164f.

[24] Phelan 1967, 323f. Auch Stavenhagen 1971, 244 hebt hervor, daß die Kolonialgesellschaft zwar zur Vorgeschichte der sich in Europa anbahnenden bürgerlichen Revolution gehörte, aber in ihrer Struktur und besonders auf dem Gebiet der zwischenmenschlichen Beziehungen noch stark feudalistisch geprägt war.

[25] Martínez Peláez 1971, 259 und 422ff. Die ‚ladinos' „entdeckten sich selbst als Bastarde in einer gesellschaftlichen Umwelt, die mit ihrem Erscheinen nicht gerech-

Die Kolonialgesellschaft, die ursprünglich aus den beiden starren Blöcken der weißen Eroberer und der besiegten und versklavten Indianer bestanden hatte und ein „Produkt der merkantilistischen Expansion" war, diversifizierte sich mehr und mehr und ging über in eine Klassengesellschaft, deren Struktur sich auf die Art der Arbeitsverhältnisse und des Besitzes gründete. Hierbei traten ethnische, politische, soziale und residentielle Gesichtspunkte in den Hintergrund. Sowohl die Kolonial- wie die sie ersetzende Klassengesellschaft verfolgten das Grundprinzip der Unterdrückung und Ausbeutung der indianischen Arbeitskraft, nur daß letztere, indem sie die Indianer aufsaugte, ihnen auch noch ihr Indianersein, ihren Rest von Identität, raubte und sie zum namenlosen Bodensatz der Gesellschaft machte[26].

Dieselben Tendenzen kann man in der Entwicklung der brasilianischen Gesellschaftsstrukturen in der Kolonialzeit beobachten. Auch hier löste sich das starre Schema der feudalistischen Standesordnung mit geistlichem und weltlichen Adel und Volk nach und nach auf. Bot der geistliche Stand dort den Kreolen Aufstiegsmöglichkeiten, so waren auch hier die Familien lebhaft daran interessiert, ihr Ansehen dadurch zu heben, daß die Söhne Kleriker wurden[27]. Speziell die weiblichen Klöster, die vornehmlich höhere Töchter aufnahmen, dienten Neureichen, die eine Tochter dorthin schickten, als Bestätigung des aristokratischen Status der Familie[28]. Auch in Brasilien dominierte eine kleine Oberschicht, wenngleich der im Lande geborene Kolonialadel nicht mit einem so eindeutigen Begriff wie Kreole im spanischen Bereich beschrieben werden kann. Entsprechend den wirtschaftlichen Zyklen fluktuierte die Oberschicht. Die Funktionäre der Krone und die Militärs wurden in Brasilien an Ansehen übertroffen von den reichen Großgrundbesitzern, für die die Zahl ihrer indianischen oder afrikanischen Sklaven, das Alter der christlichen Herkunft ihrer Familien (cristaos velhos) bzw. ihres Familienadels entscheidende Adelsprädikate waren. Aber auch Neuchristen mit entsprechendem Besitz und im 18. Jahrhundert Minenbesitzer (mineiros) stiegen in diese Kategorie auf. Auch in Brasilien dehnte sich die Mittelschicht langsam aus, die aus Bandeiranten, Speditionskaufleuten (tropeiros), Viehzüchtern ohne Sklaven (vaqueiros), Händlern, Handwerkern bestand. Das wesentliche Charakteristikum dieser heterogenen Schicht ist die Instabilität ihrer wirtschaftlichen Unternehmungen[29]. Zur

---

net hatte und sie mit einer gewissen Verlegenheit aufnahm". Man wußte nicht wohin mit ihnen, obgleich ihre ersten Generationen schon Plätze im Handwerk und anderen Berufen einnahmen, die die Spanier verließen. „Es war jemand auf den Plan getreten, der weder Knecht noch Herr war und dessen Stellung als freier Mann leicht der Keim zur Agitation unter den Indianern werden konnte..." Aber auch Versuche, die ‚ladinos' strikt von den Indianern zu trennen, schlugen fehl. Im Laufe von drei Jahrhunderten sollten die ‚ladinos' in den Indianerdörfern (pueblos), den Städten, den ‚haciendas', den Bergwerken, den Salinen, den Kasernen an Bedeutung gewinnen und eine wichtige wirtschaftliche Rolle auf den Gebieten von Ackerbau und Viehzucht, Handwerk, Transportwesen und Einzelhandel spielen — ebd. 266 f.

[26] Stavenhagen 1971, 244ff.

[27] Omegna 1971, 130. Zum Adelssystem des öffentlichen portugiesischen Rechts vgl. Azevedo 1966, 32.

[28] Hoornaert 1972, 291.

[29] Omegna aaO 120ff, der darauf hinweist, daß weniger reiche ‚senhores de engenho' und ‚fazendeiros' praktisch nur ein Leben der Mittelschicht führten (134). Zur Fort-

untersten Mittelschicht sind auch noch die kleinen Landpächter zu rechnen, die zum Teil akkulturierte Indianer (caboclos) sind, während die Masse der indianischen und afrikanischen Sklaven die Basis der gesellschaftlichen Pyramide bildet.

Ähnlich wie im spanischen Bereich drückt sich die scharfe kulturelle und gesellschaftliche Trennung der einzelnen Schichten auch in den brasilianischen Kolonialstädten im Stadtbild aus. Jede gesellschaftliche Gruppe hatte ihre eigene Kirche. So diente in der kleinen brasilianischen Stadt Penedo die Franziskanerkirche den Herren, die Kirche „Unserer lieben Frau vom Rosenkranz" (Nossa Senhora do Rosário) den Hausklaven, die Kirche São Gonçalo den Arbeitern der Zuckerrohrmühle etc. Die Schichten und Gruppen, die Männer und Frauen gehörten verschiedenen Bruderschaften an. In Prozessionen dokumentierte sich die grundlegende gesellschaftliche Hierarchie deutlich[30], indem sich die einzelnen Stände und berufsständischen Gruppen in ihrer charakteristischen Tracht in den für sie zuständigen Bruderschaften formierten[31].

2112 Die Kolonialverwaltung

Rein formal kann man weder von Kolonien noch von Kolonialverwaltung sprechen, da das Wort ‚colonia' erst in amtlichen Texten des 18. Jahrhunderts vorkommt und die amerikanischen Besitzungen der iberischen Kronen staatsrechtlich weder als Ausland noch als Kolonien galten. Effektiv hatten diese Länder aber einen Kolonialstatus, weil die Mutterländer ständig bestrebt waren, einen maximalen Nutzen für ihre Staatsfinanzen und für die Wirtschaft der Metropolen aus ihnen zu ziehen und sie in politischer und wirtschaftlicher Abhängigkeit zu halten. Sie wurden auch der Machtpolitik der Kronländer untergeordnet und dadurch in die europäische Geschichte verwickelt. Das betrifft abgesehen von der Zeit der Personalunion der spanischen und der portugiesischen Krone (1580—1640) Brasilien allerdings weniger[32], da Portugal dank seiner Randlage weniger in die europäischen Verwicklungen hereingezogen wurde und deshalb seine Kolonien stärker unter rein kommerziellen Gesichtspunkten verwalten konnte.

In den ersten Jahrzehnten konzessionierte Portugal deshalb zunächst eine rein private Kolonisation. Da mit diesem anfänglichen Kolonialsystem der Faktoreien das Kolonialgebiet nicht genügend erschlossen und vor ausländischen Invasionen geschützt werden konnte, wurde es 1534 durch das lehnsrechtliche

---

wirkung der sozialen Diskriminierung in der heutigen Gesellschaft vgl. Azevedo 1966, 30ff.

[30] Hoornaert aaO 294 — zur Frage der Frömmigkeit im Kolonialzeitalter vgl. Abschnitt 25.

[31] Entsprechend dem Formalismus und dem ausgeprägten Ehrbegriff der Kolonialgesellschaft wurde streng auf die sichtbare Relation zwischen der Kleidung und dem gesellschaftlichen Stand geachtet — Arboleda 1973, 476. Der Stand kam auch in der Anrede zum Ausdruck. Angehörige der Oberschicht mußten mit dem Titel Don und Doña bzw. port. Dom und Dona angeredet werden, der wie der englische Sir vor den Vornamen kommt. Der portugiesische Titel Dom wird heute nur noch für geistliche Würdenträger verwendet.

[32] Zur Epoche von 1580 bis 1640 ist besonders Veríssimo Serrão 1968 heranzuziehen.

System von 15 erblichen Kapitanien (Capitanias Hereditarias) ersetzt. Durch diesen Versuch der Einführung des in Portugal schon im Untergang befindlichen Lehnssystems fand der Feudalismus in Brasilien in viel stärkerem Maße Eingang als im spanischen Amerika.

Die lehensrechtliche Schenkungsurkunde verpflichtete die Empfänger, Personen aus dem niederen Adel oder Mittelstand, durch die Übertragung des Titels ‚capitão-mor', einer Reihe von Hoheitsrechten, Erblichkeit und Unveräußerlichkeit ihres Besitzes, auf eigene Kosten die Besiedlung ihrer Kapitanie in die Wege zu leiten[33]. Es wurden also keine Bauernhöfe für kleine und mittlere Bauern geschaffen, sondern es entstand der feudale Grundbesitz weniger kapitalkräftiger Adliger, deren Latifundien von Sklaven bewirtschaftet wurden. Handarbeit galt als nicht standesgemäß.

Der Einfluß dieser sozialwirtschaftlichen Grundlage hat sich auch später noch gezeigt, als diese erblichen ‚capitanias' längst abgeschafft waren, was schon 1549 der Fall war, als Tomé de Sousa als erster Generalgouverneur eine Zentralregierung in der von ihm gegründeten Stadt Salvador in der von João III. zurückgekauften Kapitanie Bahia errichtete. Neben der mangelnden Funktionsfähigkeit der meisten Kapitanien, den zunehmenden Rivalitäten zwischen den ‚donatarios', ihrer Unfähigkeit, den Schmuggel mit Brasilholz und die Piratenzüge der Franzosen zu unterbinden[34], spielte bei dem Beschluß der Krone, den bürokratischen Anstaltsstaat nach Brasilien auszudehnen, die Entdeckung der reichen Silbervorkommen in Potosí (Alto Perú) eine Rolle. Denn man hoffte in Lissabon, daß der Generalgouverneur durch die Aussendung von Expeditionen auch in Brasilien ähnliche Funde machen könnte[35]. Die Kapitanien blieben auch nach Rückgabe der Hoheitsrechte von den ‚donatarios' an den Generalgouverneur Verwaltungsbezirke, wurden im brasilianischen Kaiserreich Provinzen und in der Republik Bundesstaaten. An der Agrarstruktur änderte sich durch die Übernahme des portugiesischen Agrarsiedlungsgesetzes von 1375 (Lei das sesmarias) unter *Tomé de Sousa* wenig, denn die Intention des Gesetzes, die Größe des Landbesitzes auf die Fläche tatsächlich bewirtschafteten Landes zu beschränken, kam nicht zum Tragen, vielmehr förderte dies Gesetz weiter die Entstehung von Latifundien[36], da die Vorschrift der Bebauung ebensowenig beachtet wurde wie die der Vermessung. Letzteres hatte zur Folge, daß die Bodenbesitzordnung immer mehr durcheinander kam und daß mit dem Anwachsen der Bevölkerung sich immer größere Kontingente von landlosen Siedlern (posseiros oder intrusos) auf unbewirtschafteten Flächen niederließen. Dazu muß man wissen, daß die portugiesischen und spanischen Monarchen nach einem im Mittelalter übernommenen römischen Rechtsgrundsatz herrenloses Land — und als solches galt weithin das den Indianern abgenommene Land — als Krongut, als Patrimonium, betrachteten, das sie aus königlicher Gnade nach eigenem Ermessen an Siedler und Bauherren verteilen konnten[37].

Nach dem Tode des dritten Generalgouverneurs Mem de Sá (1556–70) wurde 1573 die Verwaltung in zwei Bezirke unterteilt, deren Gouverneure ihren Sitz in Sal-

---

[33] Konetzke 1965, 115.   [34] Jacob 1974, 167ff.
[35] Konetzke aaO 116 und 137.
[36] Jacob aaO 169f. Konetzke aaO 138 bemerkt, daß „die Erben der ‚donatários' noch eine weitreichende Autonomie" behaupteten.
[37] Vgl. im einzelnen zur Seismaria: Passos Guimarães 1968, 41–59. 1822 wurde die ‚Lei das Seismarias' aufgehoben. Zum ‚merced de tierra' vgl. Konetzke 1972, 69.

vador und Rio de Janeiro hatten. 1621 änderte Philipp III. die Einteilung, indem er die beiden Einheiten des Estado do Brasil und des Estado do Maranhão mit Verwaltungssitzen in Salvador und São Luís bzw. Belém schuf, die 1630—54 durch den holländisch besetzten Nordosten geographisch voneinander getrennt waren. Erst 1772 wurde Brasilien zu einer einzigen Verwaltungseinheit zusammengefaßt, die von einem Vizekönig (definitives Vizekönigtum seit 1714) mit Sitz in Rio de Janeiro (seit 1763) geleitet wurde. Der Zyklus des Goldes und der Diamanten hatte den Schwerpunkt der Kolonie nach Süden verlagert und die Krone im Zeichen des Absolutismus zu einer stärkeren Zentralisation der Kolonialverwaltung veranlaßt, nachdem die Macht der Krone in den Zeiten des Zyklus von Brasilholz, Zucker, Tabak, Viehzucht und Baumwolle so gering gewesen war, daß „Brasilien nicht mehr als ein Konglomerat von Faktoreien, Kapitanien, ‚sesmarias' war, von Lissabon ziemlich unabhängigen Besitzungen".

Rio de Janeiro war schon 1751 der Sitz eines obersten Gerichtes (relação) für Südbrasilien geworden, nachdem es zunächst nur einen obersten königlichen Richter (oidor) und ab 1587 auch eine ‚relação' in Salvador gegeben hatte. Dem Generalgouverneur bzw. Vizekönig unterstanden die Provinzgouverneure (capitães-mores) der Kapitanien sowie der oberste Gerichtshof, dessen Richter er auch zur Überwachung der lokalen Gerichtsbarkeit entsandte. Die unterste Verwaltungsinstanz bildeten die Stadträte (Senado da Câmara), die lokale Verwaltungs- und Wirtschaftsbehörde für das jeweils ausgedehnte Stadtgebiet, die meist aus zwei Laienrichtern (juizes ordinários), zwei bis sechs Ratsmännern (vereadores) und einigen anderen Mitgliedern bestand und von der großen Bürgergemeinde gewählt wurde. Wahlberechtigt waren nur die sozial höher stehenden Stadtbürger (homens bons oder republicanos). Der Senado da Câmara mischte sich bisweilen auch in politische und kirchliche Angelegenheiten ein und trat mitunter gegenüber Gouverneuren und Bischöfen recht selbstbewußt auf. Als fester Bestandteil jeder brasilianischen Stadtgemeinde ist noch die Santa Casa zu erwähnen, eine Mischung aus Armenhaus, kostenloser öffentlicher Klinik und Beerdigungsinstitut, eine portugiesische Einrichtung, die auf das Jahr 1498 zurückgeht. Die Santa Casa wurde von einer Bruderschaft mit schwarzen Ordensgewändern betreut, die auch zum Tode Verurteilten das letzte Geleit zum Galgen gab, nachdem diese statt im Gefängnis die letzten drei Nächte in einer besonderen Zelle der Santa Casa verbracht hatten. Die öffentliche Hinrichtung glich vielfach einem Volksfest und ersetzte die von den Römern so geschätzten Zirkusspiele[38].

Im spanischen Herrschaftsgebiet entsprach dem Senado da Câmara der ‚Cabildo', der großen Bürgergemeinde der ‚Cabildo abierto', der aus allen Vollbürgern (vecinos), d. h. Bürgern mit Grundbesitz, bestand, aber seltener als in Brasilien zusammentrat und auch seltener die Gelegenheit erhielt, die beiden Stadtrichter (alcaldes) und die verschiedenen Ratsmänner (regidores) zu wählen, da der Cabildo sich meistens durch Kooptation ergänzte, so daß aus dem Cabildo eine geschlossene Korporation von städtischen Honoratioren, eine *Honoratiorenoligarchie* wurde, die seit Philipp II. sogar ihre Ämter auf Lebenszeit kaufen konnte und sie im 17. Jahrhundert sogar als erblichen Besitz mit dem Recht auf Weiterverkauf erhielt. Vom Verkauf ausgeschlossen blieb nur das Amt der alcaldes. Durch diese Veränderungen wurde also das mittelalterliche System der städtischen Selbstverwaltung, das im Mutterland schon abgeschafft war, auch in den Kolonien unterlaufen, nachdem es dort von vornherein durch die Beauftragung eines königlichen Kommissars (corregidor) mit dem Vorsitz im Cabildo eingeschränkt worden war.

---

[38] Vgl. die farbige Beschreibung einer Hinrichtungsprozession bei St. Clair 1970, 99ff, ferner Hoornaert 1971, 612f und zum ganzen Abschnitt Konetzke aaO 115f, 126 137f, sowie zur „verwickelten" Verwaltungsgeschichte Brasiliens die bei Jacob 1974, 171 Anm. 5 aufgeführte Literatur; wörtliches Zitat nach Hoornaert 1974, 93.

Der koloniale Cabildo ist also keine Gesamtvertretung der städtischen Bürgerschaft, keine demokratische Institution gewesen, kein Träger der Volkssouveränität, der sich der monarchischen Staatsgewalt hätte entgegenstellen können. „So haben sich Bürgergeist und Gemeinschaftssinn in den spanischen Städten Amerikas nicht ausbilden können. Städtische Selbstverwaltung ist hier nicht zur Vorstufe und Erziehung für eine politische Selbstregierung geworden"[39].

Eine Anzahl dieser untersten Verwaltungs- und Rechtsprechungseinheiten der Corregimientos oder Alcaldías Mayores bildeten jeweils ein Gouvernement oder ein Generalkapitanat, diese zusammen mit der Hauptstadtprovinz, die der Vizekönig direkt verwaltete, ein Vizekönigreich.

Seit der definitiven Schaffung des amerikanischen *Vizekönigtums* im Jahre 1535 (Entsendung von Antonio de Mendoza als Vizekönig für Nueva España) wurde diese Einrichtung zur Hauptstütze der spanischen Herrschaft und erhielt eine bürokratische Struktur, indem der Vizekönig nun auf Widerruf und mit befristeter Amtszeit eingesetzter Beamter wurde. Abgesehen von den Anfangszeiten entstammten die Vizekönige aus dem höheren spanischen Adel. Der Vizekönig war der Chef der Verwaltung, der militärische Oberbefehlshaber und der Präsident der ‚Audiencia' der Hauptstadt, des Appellationsgerichtes der zweiten Instanz. Oblag dem Vizekönig als Statthalter des Königs die besondere Aufgabe, „in der Neuen Welt den charismatischen Charakter der Herrschaft zu bewahren, der im Glauben an den König von Gottes Gnaden gegeben ist", so war es die Aufgabe der *Audiencias*, zur Grundlegung des Rechtes in den neuen Provinzen beizutragen, denn damit „wird die christliche Religion begründet und unser heiliger Glaube ausgedehnt, und die Eingeborenen werden gut behandelt und in ihm unterrichtet", so heißt es in einem Gutachten des Indienrates von 1551. Die Audiencias bildeten als Kollegialbehörden zugleich ein Gegengewicht gegen die Machtstellung der Vizekönige und als Gerichtshöfe ein staatliches Kontrollorgan für die koloniale Bürokratie. Wie das Gutachten des Indienrates zeigt, sollten sie dem als ethische Manifestation des christlich gedachten Staates verstandenen Recht auf allen Ebenen zum Durchbruch verhelfen, d. h. auch besonders gegenüber den Indianern. „Sie sollten Hüter der allgemeinen Prinzipien der spanischen Kolonialpolitik sein."[40] Im Falle der Vakanz des Vizekönigamtes

---

[39] Konetzke aaO 138ff. Die spanische Stadtverfassung des ‚cabildo' wurde teilweise auch den Indianern zugestanden. Zum ‚cabildo' gehörten neben anderen Amtspersonen außer den als Laienrichtern tätigen Alkalden und den Stadträten (regidores) der städtische Herold und Bannerträger, der Polizeichef, der Gendarmeriechef für den Landbezirk, der Wirtschaftsdezernent und der Stadtschreiber. Zum Militärwesen vgl. Konetzke aaO 157ff.

[40] Konetzke aaO 126ff. An den Daten der Gründung der einzelnen Audiencias kann man am schnellsten den Aufbau der Kolonialverwaltung erkennen:

Vizekönigreich Nueva España (ab 1535)

1. Santo Domingo 1511
2. Mexiko 1527
3. Guatemala 1543
4. Guadalajara 1548

Vizekönigreich Peru (ab 1542)

1. Panamá 1538
2. Lima 1543
3. Santa Fe de Bogotá 1548
4. La Plata de los Charcas 1559
5. Quito 1563
6. Chile (1563–1573) definitiv: 1606
7. Buenos Aires (1661–1672) definitiv: 1776
8. Caracas 1786
9. El Cuzco 1787

In das 1718 abgeteilte *Vizekönigreich Nueva Granada* wurden die Audiencias 1, 3, 5

übernahm die Audiencia der Hauptstadt auch dessen Funktionen. Insgesamt wurden von 1511 bis 1787 dreizehn Audiencias gegründet und den vier im Laufe der Kolonialzeit geschaffenen Vizekönigreichen zugeordnet. Bis auf das zuletzt gegründete Vizekönigreich La Plata entstanden alle Vizekönigreiche ganz oder teilweise auf dem Gebiet präkolumbischer Staaten, nämlich Nueva España im Aztekenreich (1535), Peru (1542) im Inkareich und das Zentrum von Nueva Granada (1718) im Chibchareich.

Die spanische Kolonialpolitik bewegte sich im Koordinatensystem des ständisch-korporativen Staates, der sich durch die eingebauten Eigenschaften der Ungleichheit einer zutiefst traditionellen Gesellschaft auszeichnete. Das spanische Reich vereinte in einzigartiger Kombination charismatische, feudalistische, patrimoniale und legale Züge, aber die Monarchie leitete ihre Legitimation im wesentlichen aus einer Mischung von charismatischen und patrimonialen Idealen ab. Man kann mit Eisenstadt die Zwischenstufe zwischen traditionaler und charismatischer Herrschaftsform einerseits und legaler Herrschaft andererseits, die für das spanische Herrschaftssystem kennzeichnend war, historisch-bürokratisch nennen[41]. Der typische Trend bürokratischer Staaten geht in Richtung auf Legalismus und Traditionsbindung. Die Bürokratie nimmt also instinktiv eine Haltung ein, die auf die Erhaltung des status quo abzielt und ist mißtrauisch gegen königliche ad hoc-Maßnahmen, die ihn gefährden können. Dementsprechend gingen Reformimpulse eher vom König und seinen Exekutivministern aus als von der Verwaltung. Sie versuchten, Macht und Einfluß von Adel und Kirche zu beschränken, besonders im 18. Jahrhundert unter dem Einfluß der Aufklärung, durch die Schaffung neuer und flexiblerer Statusgruppen, hatten damit aber nur sehr begrenzten Erfolg, da die Könige fortfuhren, Statussymbole zu benutzen, „die mit religiösen und aristokratischen Eliten identifiziert wurden". Echte Reformen hätten die Erweiterung der politischen Basis durch die Einbeziehung politisch passiver Gruppen der unteren städtischen Schichten und der Landbevölkerung erfordert, die die Struktur der Ständegesellschaft gefährdet hätte, deren Ungleichheiten nur bei gleichzeitiger Entmündigung der Massen bewahrt werden konnten. Deshalb war es der Monarchie letztlich unmöglich, die Prinzipien hierarchischer gesellschaftlicher Gliederung und Legitimation zu überwinden, die von den aristokratischen Gruppen vertreten wurde, deren Einfluß sie doch beschneiden wollte.

Dieser Widerspruch hatte bemerkenswerte Folgen für die Kolonialpolitik:
1. Der Grad der gegenseitigen Identifikation zwischen der Krone und den Unterschichten blieb gering. Diese konnten bestenfalls ein gewisses Maß an paternalistischer Protektion innerhalb des Rahmenwerkes der aristokratischen und hierarchischen Gesellschaft erlangen, die ihre Rechte eng umgrenzte. Das war z. B. in bezug auf die indianische Bevölkerung der Fall. Die unteren Schichten waren wegen des enormen kulturellen Gefälles zwischen Indianern und Negern einerseits und den herrschenden weißen Minoritäten andererseits noch passiver als in Europa.

und 8 eingegliedert bzw. dort erst errichtet und in das 1776 gegründete *Vizekönigreich La Plata* die Audiencias 4, 6 und 7.

[41] Phelan 1967, 320ff rekurriert auf Max Webers Differenzierung von drei prinzipiellen Herrschaftsformen, der charismatischen, der traditionalen und der legalen und fügt nach S. N. Eisenstadt, The political systems of Empire, New York 1963, als vierte Form die „*historical bureaucratic polities*" hinzu, die er z. B. im Inka-Reich, im Römischen Reich und im Spanisch-Amerikanischen Reich verwirklicht sieht. Konetzke 1972, 69 spricht mit Weber vom *patriarchalen Patrimonialismus*.

2. Die zentrale politische Institution konnte kaum nichtaristokratische, dynamische Elemente anziehen, weil traditionsgemäß aristokratische Werte als überlegen legitimiert waren. Die Folge war, daß nichtaristokratische Gruppen versuchten, die Aristokratisierung zu erlangen, indem sie sich mit jenen Werten und Symbolen identifizierten, was sie ihrer dynamischen Wirkung beraubte und zugleich die Möglichkeiten zu gesellschaftlicher Mobilität begrenzte. Die Kolonialverwaltung begünstigte deshalb die Interessen der oberen Gesellschaftsgruppen. Die Rechtmäßigkeit der Ungleichheit auf Grund des tiefverwurzelten Konservativismus wurde nie hinterfragt. Dabei waren der Indienrat und die Vizekönige gegenüber den gesellschaftlichen Interessen unparteiischer als die Audiencias, die eindeutig zur Bevorzugung der Interessen der kreologischen Elite tendierten. Sie versuchten, deren Wünsche mit den Anweisungen der Zentralbehörden in Form von Kompromissen zu befriedigen.

Diese Dialektik der spanischen Kolonialverwaltung kann man mit der Hegelschen Formel verdeutlichen:
These: Die Wünsche und Anweisungen der spanischen Zentralbehörden
an die Kolonialverwaltung in Amerika.
Antithese: Der Druck der Kolonialgesellschaft, den die königlichen Beamten berücksichtigen mußten.
Synthese: Kompromiß zwischen den Intentionen der Zentralbehörde und dem, was die lokale Pression zuließ entsprechend dem angelsächsischen Prinzip: to obey but not to execute.

3. Die oben erwähnte Tendenz zur Aristokratisierung in der Kolonialgesellschaft führte auch zur Überbewertung des Landbesitzes als Statussymbol. Damit wurde das wirtschaftliche Wachstum beschränkt, dessen Förderung an sich das Ziel aller „historical bureaucratic polities" ist[42]. Landbesitz aber

---

[42] AaO 321ff. Für den *Patrimonialismus* ist es charakteristisch, daß die Beamten jegliche Autorität von der Gunst und vom Vertrauen des Herrschers beziehen, daß also keine Amtssicherheit besteht, da auch die auf Zeit berufenen Beamten vorher abberufen werden konnte. Die einzige Norm des Herrschers im Umgang mit den Beamten ist die heilige Tradition. Die Rechtsprechung ist kasuistisch, beruht also auf einer Serie individueller Fälle, die in oberster Instanz von der Krone entschieden werden, von der folglich alle Rechtssicherheit abhängt. Wie in Europa konnte man im 16. und 17. Jahrhundert in Spanisch-Amerika eine Dichotomie des öffentlichen Amtes beobachten: einerseits bemühte man sich um die Durchsetzung des neuen Ideals des besoldeten Beamten mit klar umgrenzten Pflichten, andererseits bestanden die alten patrimonialen Traditionen fort, nach denen es üblich war, die öffentlichen Ämter finanziell und gesellschaftlich zum eigenen Nutzen auszubeuten. Ein ungenügendes Gehaltsniveau auf den verschiedenen Ebenen machte den Kampf gegen die Korruption aussichtslos. Der *Legalismus*, der weniger auf der Verwaltung des Rechts als auf dem Gehorsam gegenüber dem kodifizierten Recht beruht, sollte sich in Europa erst im 19. Jahrhundert endgültig durchsetzen. In der spanischen Kolonialverwaltung sind patrimoniale und legale Züge verwirrend vermischt. Einerseits wurde eine berufliche Qualifizierung gefordert, andererseits blühten Favoritismus und Beeinflussung zusammen mit der Bestechung. Büroposten in den Audiencias, einige Zeremonialposten und munizipale Posten konnten gekauft und zum Teil sogar vererbt werden. Andererseits gab es Anklänge für moderne Ämterhierarchie: Indienrat, Vizekönig, Audiencia, Finanzverwaltung, Corregidores, Munizipalitäten etc. Gleichzeitig blieb aber die direkte horizontale Verbindung zum König erhalten, was der Willkür Vorschub leistete, während die Gepflogenheit, alle Amtsgeschäfte auf

war in den Kolonien nur in Zusammenhang mit der Verfügung über Arbeitskräfte etwas wert.

Die Entstehung des Großgrundbesitzes ist in den spanischen Gebieten daher eng mit indianischen Frondiensten und Zwangsarbeit verbunden, sei es in Form der ‚repartimientos', der ‚Yanaconas' oder der ‚encomienda', wobei letztere an sich nur eine Tributpflicht bezeichnete, die aber vielerorts unter Zwang abgearbeitet wurde oder in Randgebieten wie Venezuela, Chile und Paraguay auf Dauer in das System der kolonialen Leibeigenschaft überging (encomienda de servicios personales). Mit unverständlicher Kurzsichtigkeit riefen die spanischen wie die portugiesischen Großgrundbesitzer immer wieder nach „Armen" für ihre Wirtschaft statt nach Menschen. Die Degradierung des Indianers oder Negers zum Arm (brazo) trug aber entscheidend zur Entvölkerung der Kolonien bei und wirkte lähmend auf ihre wirtschaftliche Entwicklung[43].

2113 Die Wirtschaftsstrukturen der Kolonialzeit

Die Beurteilung der kolonialen Wirtschaftstrukturen ist in hohem Maße kontrovers. Da diese Strukturen und ihre negativen Auswirkungen in nicht unerheblichem Maße bis in die Gegenwart hineinwirken, hat diese Kontroverse keineswegs rein akademischen Charakter, sondern ist entscheidend für die Leitlinien heutiger Wirtschafts- und Entwicklungspolitik, die in den sechziger Jahren des 20. Jahrhunderts als Kontext christlichen Handelns entdeckt ist.

Grob gesagt gibt es drei Hypothesen:

1. Die liberalen Autoren behaupten, daß die Kolonialwirtschaft feudalistisch war und daß ihre negativen Nachwirkungen durch kapitalistische Modernisierung und Technisierung zu überwinden sind. Das entspricht etwa dem Konzept der Entwicklungshilfe der sechziger Jahre, die mit dem Begriffspaar: Unterentwicklung – Entwicklung arbeitete.
2. Die dualistische Schule, deren typischer Exponent W. A. Lewis ist, geht hingegen davon aus, daß man in den lateinamerikanischen Wirtschaften weithin bis heute zwei Bereiche unterscheiden könne, den Sektor der kapitalistischen Wirtschaft und den Sektor der Subsistenzwirtschaft. Dieser Situationsanalyse haben sich auch marxistische Theoretiker in Lateinamerika angeschlossen, die der Meinung

---

schriftlichem Wege durch Dokumente zu erledigen durchaus dem Legalismus entspricht. Konetzke 1972, 69 bemerkt: „Wenn man nach Otto Hintze die Staaten, die ‚ohne Umweg über ein feudalistisches Großreich' entstanden sind, als *Privilegienstaaten* bezeichnet, dann trifft diese Bezeichnung für das spanische und portugiesische Imperium zu. Der absolute Monarch beider Reiche verlieh aus seiner legitimen Autorität bestimmte Vorrechte an einzelne Personen oder Personengruppen, so daß sich ein abgestufter Rechtsstatus der Untertanen, eine rechtliche Ungleichheit von Personen und Körperschaften ergab." Das „europäische Erbe des *absoluten Privilegienstaates* ist für die politische Geschichte Lateinamerikas von entscheidender Bedeutung geworden".

[43] Mariátegui 1971, 56 macht auf die Verkennung des „menschlichen Kapitals" aufmerksam und meint, man könne die *Kolonialpolitik* geradezu unter dem Motto: „*Entvölkerung und Sklaverei*" betrachten. In ähnlichem Sinne bemerkt Zelinsky 1949, 220 im Zusammenhang mit der Sklaverei: „Eine rationale Ausbeutung der Neuen Welt war vielleicht ein Programm, das jenseits der kulturellen Fähigkeit der Siedler der Kolonialzeit lag. Oder das Krankhafte der Situation könnte seinen Ursprung direkt in der westeuropäischen Zivilisation haben. Auf jeden Fall ist das gegenwärtige Ergebnis eine der großen Tragödien der Menschheitsgeschichte...". Vgl. Feder 1973.

sind, daß der stagnierende Sektor feudalistisch sei und der dynamische kapitalistisch. Die Marxisten stimmen mit bürgerlichen Gruppen darin überein, daß der rückständige Sektor mit Hilfe des Kapitalismus modernisiert werden müsse und sind deshalb auch bereit, national ausgerichtete bürgerlich-demokratische Revolutionen zu unterstützen, die sich gegen die mit dem internationalen Kapitalismus verflochtene Oligarchie richten, da der Übergang zum Sozialismus erst möglich erscheint, wenn der Kapitalismus sich voll durchgesetzt hat.

3. Eine dritte Gruppe, deren heute wohl bekanntester Vertreter Andre Gunder Frank ist, versucht nachzuweisen, daß sich in den luso-spanischen Überseegebieten von Anfang an ein Kolonialkapitalismus durchsetzte, der bis heute fortdauert und nur durch den Übergang zum Sozialismus überwunden werden kann[44]. Nach Frank handelt es sich bei den heutigen isolierten Latifundien mit ihren halb-feudalistischen Zügen um dekadente Produktionseinheiten, die erst durch das Nachlassen der internationalen Nachfrage nach ihren Produkten den kapitalistischen Status verloren haben. Der heutige Satellitenstatus der lateinamerikanischen Volkswirtschaften geht auf die Kolonialzeit zurück. Denn die europäische Metropole kolonisierte die Neue Welt, „um den wirtschaftlichen Surplus der Arbeitskraft der Satelliten zu enteignen und ihn sich für die Kapitalakkumulation der Metropole anzueignen — damit wurde die gegenwärtige Unterentwicklung des Satelliten und die wirtschaftliche Entwicklung der Metropole eingeleitet... Marx bemerkte dazu: ‚Welthandel und Weltmarkt eröffnen im 16. Jahrhundert die moderne Lebensgeschichte des Kapitals'"[45].

Ernesto Laclau hat kürzlich aufgezeigt, daß die Kontroverse zum Teil dadurch bedingt ist, daß die Verfechter der verschiedenen Hypothesen die Begriffe „feudalistisch" und „kapitalistisch" verschieden und teilweise sehr ungenau definieren. Mit Frank lehnt er die dualistische These ab, da inzwischen nachgewiesen ist, daß in der Kolonialzeit sogar die entlegensten Sektoren und rückständigsten ländlichen Gebiete mit den dynamischen Teilen der Kolonialwirtschaft und über sie mit dem Weltmarkt in Verbindung standen und daß es auch innerhalb der Kolonien einen starken Warenfluß gab, so daß man zu keiner Zeit von einer geschlossenen Wirtschaft sprechen kann.

Was Frank indes als Kapitalismus ansieht, stimmt nicht mit der Definition von Marx überein. Für Frank ist der Kapitalismus gekennzeichnet durch die Produktion für den Markt, wobei der Gewinn den Anreiz zur Produktion bildet, der Gewinn selbst aber nicht dem Erzeuger, sondern einem Dritten zugute kommt. Marx selbst bemerkt, daß die Plantagenwirtschaften nur formal kapitalistisch sind, weil ihre Begünstigten für einen Weltmarkt arbeiten, dessen produktive Sektoren schon kapitalistisch sind. Entscheidendes Kriterium des Kapitalismus ist für Marx eine Produktionsweise, bei der der Besitz an den Produktionsmitteln strikt von dem Besitz der Arbeitskräfte getrennt ist, wobei die Arbeitskräfte selbst zu einer Ware werden, indem sie ihre Arbeitskraft gegen Lohn verkaufen. In Europa bezeichnet die Wirtschaftskrise des 17. Jahrhunderts den Übergang zum Kapitalismus[46].

[44] W. A. Lewis von der Manchester School hat verschiedene Schriften veröffentlicht z. B. „Theory of economic growth, London 1955 vgl. Laclau 1973, 191 Anm. 5; Frank 1969.

[45] Frank aaO 38f nach Karl Marx, Das Kapital (Dietz), Berlin 1959, I, 153. Laclau bemerkt zu diesem Zitat, daß man unbedingt zwischen Kapital und Kapitalismus bei Marx unterscheiden müsse. Marx sage hier nur, daß die Erweiterung des Weltmarktes im 16. Jahrhundert die Voraussetzung zur Ausdehnung des Kapitals gebildet habe, nicht aber des Kapitalismus (aaO 184).

[46] Laclau aaO 183 beruft sich diesbezüglich auf Eric J. Hobsbawn, The crisis of the 17th century, in: Past and Present, Nr. 5, Mai 1954, 41.

Im kolonialen Amerika waren die Bedingungen andere. In dicht von Indianern aus Hochkulturen besiedelten Gebieten wie Mexiko, Guatemala, Ekuador, Peru und Bolivien wurden die Indianer nicht völlig ihrer Produktionsmittel beraubt, aber in wachsendem Maße zur Ableistung von Arbeitsdiensten auf den ‚haciendas' gezwungen. Die *Plantagen* auf den Antillen, an den Küsten des Karibischen Meeres und in Brasilien gründeten ihre Produktionsweise auf Sklavenarbeit von Negern, *Vieh-Fazendas* in Brasilien auch auf die von Indianern.

In den *Bergbaugebieten* Hispanoamerikas wurden Formen von verschleierter Sklaverei (mita) und andere Arten von Zwangsarbeit entwickelt, die auch nicht zur Bildung eines kapitalistischen Lohnarbeiterproletariats führten. Nur in der Pampa Argentiniens und Uruguays und ähnlichen Gebieten, in denen eine schwache indianische Bevölkerung rasch dezimiert worden war, aber keine Negersklaven in nennenswerter Zahl eingeführt wurden, kam es frühzeitig zu Ansätzen kapitalistischer Produktionsweise, die sich durch die massive Einwanderung im 19. Jahrhundert ausweiteten. Das System von außerwirtschaftlichen Zwängen auf die indianische Landbevölkerung, das für die ‚hacienda' typisch ist, muß im Sinne der marxistischen Definition[47] als feudalistisch bezeichnet werden. Das feudalistische Hacienda-Regime tendierte dahin, die Forderungen nach Dienstleistungen gegenüber der indianischen Landbevölkerung nach Maßgabe der steigenden Nachfrage des Weltmarktes zu steigern und deren Rechte — z. B. das auf freies Weideland — zu schmälern. Wir haben es also mit einer Landbevölkerung zu tun, die zu Frondiensten gezwungen wird und deren Lohn, wo ein solcher gezahlt wird, niedriger liegt als bei Tagelöhnern. Der Weltmarkt trug also noch zur Verfestigung des Feudalregimes bei. Und die Tendenz, zwecks Profitmaximierung und steigender Weltmarktnachfrage den Druck auf die abhängige Landbevölkerung zu erhöhen, kann man noch heute in weiten Teilen Lateinamerikas beobachten, was keineswegs die dualistische Hypothese unterstützen muß.

Laclau betont also im Gegensatz zu Frank die unauflösliche Einheit zwischen der Aufrechterhaltung der feudalistischen Rückständigkeit und dem dynamischen bürgerlichen Kapitalismus, kommt aber zu demselben Schluß wie *Frank*, „daß die Entwicklung die Unterentwicklung hervorbringt". Es kam zu einer Abhängigkeit Lateinamerikas, weil die europäischen Mächte kraft ihrer Monopolstellung die Preise für die Waren aus ihren überseeischen Reichen willkürlich festsetzen konnten, um eine dauernde Disparität zu ihren Gunsten zu sichern, während sie gleichzeitig durch außerwirtschaftlichen Druck die einheimischen Arbeitskräfte in Bergwerken und Plantagen ausbeuteten. Auf diese Weise konnte die Entwicklung der vorherrschenden wirtschaftlichen Strukturen der Metropolen in der Epoche des Merkantilismus Unterentwicklung in den abhängigen überseeischen Gebieten erzeugen, in denen der Prozeß der sozialen Differenzierung und der Erweiterung der inneren Märkte verlangsamt wurde. Die damit gegebene Abhängigkeit unterscheidet sich indes von jener Abhän-

---

[47] Frank definiert den Feudalismus als eine geschlossene Subsistenzwirtschaft, was ähnlich manche kommunistischen Parteien in Lateinamerika tun. Für Marx hingegen besteht der Feudalismus aus einem Geflecht von außerwirtschaftlichen Zwängen, die auf der Landbevölkerung lasten und einen großen Teil ihres wirtschaftlichen Überschusses absorbieren und dadurch den Prozeß der internen Differenzierung der ländlichen Schichten zu Klassen und die Expansion des Kapitalismus hinauszögern — vgl. Laclau aaO 181ff.

gigkeit, die vom 19. Jahrhundert an in Lateinamerika durch die spezifisch kapitalistische Expansion Europas begründet wurde.

Die wirtschaftliche Verflechtung Lateinamerikas speziell im 18. Jahrhundert kann man sich mit Sandner/Steger (1973) klarmachen am Begriff des dreikontinentalen politisch-ökonomischen Verbundsystems zwischen Europa, Afrika und Amerika.

„Afrika fungierte dabei als Energiemeiler. Es lieferte die Sklaven, das ‚Erdöl der Kolonialzeit'" — eine makabre sozio-ökonomische Ausdrucksweise — „nach Lateinamerika, wo sie im wesentlichen in dem *Plantagengürtel* an der Ostküste, von Virginia bis Bahia eingesetzt wurden." Knotenpunkt dieses Systems war für den spanischen Bereich der Karibische Raum, für Brasilien Pernambuco. „Diese Plantagengesellschaften waren letztlich ausgelagerte europäische Produktionskomplexe, ökonomische Außenstellen der missionarischen Imperien des Merkantilismus, wie Darcy Ribeiro sagt, die die Monokulturgüter zuzubereiten und den Metropolen abzuliefern hatten. Europa unterhielt in den Plantagen-Gesellschaften ein ‚externes Proletariat', eine quasi kostenlose und als subhuman angesehene Energiequelle.

Das Dreikontinente-System ... war nach Westen hin gegen die *Haciendaökonomie* abgesetzt, die von Mexiko bis Paraguay reichte. Der nördliche Endpunkt war die mexikanische Hacienda-Wirtschaft, auf das stärkste durch die Jesuiten bestimmt: eine großflächige Überlagerung der aztekischen Landwirtschaft durch umfassendere Produktionseinheiten, die nach den modernsten Wirtschaftlichkeitsprinzipien arbeiteten. Der südliche Endpunkt war der Jesuiten-‚Staat' in Paraguay, seit dem Ende des 17. Jahrhunderts ebenfalls zur ökonomischen Großmacht entwickelt, die jedoch nach den genau entgegengesetzten Prinzipien organisiert war: ihr Charakteristikum war die vollständig durchgeführte Vergesellschaftung der Arbeit, von der dann ihrerseits wieder Viehzucht-estancias abhingen" im heutigen Gaucho-Gebiet von Südbrasilien, Uruguay und Argentinien. Ergänzend müßte darauf hingewiesen werden, daß sich die Haciendaökonomie in Chile noch weiter nach Süden erstreckte, wo ab Ende des 17. Jahrhunderts der Export von Weizen nach Peru den Export von Rindertalg und Häuten auf die zweiten Stelle unter den Exportgütern verwies[48].

„Seit Beginn der Kolonialzeit ist für Lateinamerika neben der Plantagen- und Haciendawirtschaft (beide sind die für das 18. Jahrhundert charakteristischen Endformen vielfältiger Vorstufen des 16. und 17. Jahrhunderts und der vorspanischen und der vorportugiesischen Zeit)" — vgl. zur Entstehung der ‚hacienda' 223 — „noch ein drittes ökonomisches System typisch: *die Schaffung von Mehrwert aus dem Nichts*, die Erfüllung alchimistischer Träume aus dem Mittelalter. So war z. B. der Silberberg von Potosí, der berühmte cerro, ein ‚kosmischer Ofen' (wie der alchimistische Fachausdruck lautete), d. h. ein Mehrwertmeiler, in welchem das Volk des Inkareiches verbrannt wurde — gemünztes und ungemünztes Silber lieferte, für das nie auch nur ein einziger Europäer eine einzige Stunde lang unter Tage gearbeitet hat. Bis heute hat die Zahl solcher ‚Öfen' ständig zugenommen, nur handelt es sich nicht mehr so sehr um Silber, als um Zinn oder Erdöl oder Eisenerz. Die Vernichtung dieses vielfältig in sich verschachtelten politisch-ökonomischen Systems wird zu einem der Hauptziele des allmählich sich entwickelnden europäischen *Frühkapitalismus*. Sie beginnt mit der Zerschlagung des Karibischen Raumes als einer zusammenhängenden politischen Potenz", der als Umschlagsplatz für den ungehinderten Transport des „extern geschöpften Mehrwertes" nach Spanien diente. Die Zerschlagung beginnt mit der Errichtung eines britischen Piratenstaates „(endgültige Übernahme von Jamaica 1655) und endet mit dem spanisch-nordamerikanischen Krieg von 1898. Schon sehr früh wird der karibische Raum umorientiert und dem Dreieckshandel Neuengland

---

[48] Weischet 1970, 35. Der Weizenexport nach Peru steigerte sich von 100 000 t p. a. Anfang des 18. Jahrhunderts auf 183 960 t 1712 und schließlich 200 000 t 1788.

(Newport)-Goldküste – Jamaica/Barbados – Neuengland nutzbar gemacht"[49]. Ein ähnlicher Dreieckshandel, der ebenfalls der Zuckerproduktion diente, entstand nach der Vertreibung der Holländer aus Nordostbrasilien (1654) zwischen Afrika (Sklavenlieferant), den holländischen Antillen und Holland[50].

Das dreikontinentale politisch-ökonomische Verbundsystem muß vor dem Hintergrund der verschiedenen *wirtschaftlichen Zyklen* betrachtet werden, die im lusitanischen Bereich anders verliefen als im spanischen und die sich auch nie auf das gesamte Kolonialgebiet einer der beiden Mächte beziehen. Für den spanischen Bereich sind folgende Zyklen charakteristisch:

Die Zeit der Conquista wird bezeichnet durch den Zyklus des Goldes (1492–1550). Die primären Ziele der Eroberer waren die edelmetallverarbeitenden intermediären und Hochkulturen auf den Gr. Antillen, im Gebiet der heutigen Staaten Mexiko, Kolumbien, Ekuador, Peru und Bolivien. Es folgte der Zyklus des Silbers (ca. 1550 bis

---

[49] Zum Ganzen vgl. Sandner/Steger 1973, 19ff, die sich u. a. auf Ribeiro 1970, 62ff stützen. Sie weisen darauf hin, daß das interkontinentale ökonomische System der Kolonialzeit um die Wende des 18. zum 19. Jahrhunderts schon weitgehend zerstört war, und zwar durch das Ende der jesuitischen Hacienda-Wirtschaft in Mexiko (1767), durch den etwa mit der Vertreibung der Jesuiten zusammenfallenden rapiden Rückgang der Silberproduktion und durch den Niedergang des brasilianischen Nordostens.

[50] Unter dem Gesichtspunkt moderner Entwicklungspolitik mußte das vorwiegend fiskalische Interesse der iberischen Mutterländer ein schweres Hindernis für die wirtschaftliche Entwicklung der Kolonien darstellen, die durch Kronmonopole, dirigistische Eingriffe, Produktionsverbote und Einschränkungen auf dem landwirtschaftlichen und gewerblichen Sektor behindert wurde.

Solche Kronmonopole waren z. B. in Brasilien während eines mehr oder weniger langen Zeitraumes der Export von Brasilholz, der Walfang, der Tabakhandel, der Salzhandel und die Gewinnung von Diamanten. Die wirtschaftliche Abhängigkeit Portugals von England, die 1703 mit dem Vertrag von Methuen begründet wurde, führte zur totalen Blockierung kleinster Anfänge industrieller Entwicklung in Brasilien, legte doch England, dem der brasilianische Markt für seine Erzeugnisse geöffnet worden war, nur Wert auf Bezahlung mit Gold. So verbot die Krone 1715 sogar Zuckerraffinerien in Brasilien, 1729 den Ausbau des Straßennetzes im Bergbaugebiet und ordnete schließlich 1785 an, „die brasilianischen Webstühle und Spinnereien in Brand zu stecken" – Galeano 1973, 68. Zu den Einzelheiten der wirtschaftlichen Entwicklung Amerikas vgl. Konetzke 1965, 285–333, speziell zur gewerblichen Tätigkeit in Brasilien S. 328. Der Wunsch der Metropolen, die Kolonien auch in wirtschaftlicher Abhängigkeit zu halten, war der Hauptgrund für gewisse Produktionsverbote in Amerika. – Zu den portugiesischen Handelsgesellschaften, die die Kronmonopole ausbeuteten vgl. Jacob 1974, 185f. Im Zeichen der Aufklärung erreichte die Ausbeutung Brasiliens durch diese Gesellschaften unter Pombal ihren Höhepunkt (bis zu seinem Sturz 1777).

Phelan 1967, 324 zeigt am Beispiel der Audiencia Quito (Ekuador), daß die wirtschaftliche Entwicklung auch durch die Überbewertung des aristokratischen Lebensstils negativ beeinflußt wurde, durch den die Entstehung von Mittelschichten und die Entfaltung von deren dynamischen Kräften gebremst wurde (vgl. Abschnitt 2112). Die kreolische Oligarchie pflegte einen „anti-utilitaristischen" Lebensstil, bar wirtschaftlicher Interessen, aber mit Zurschaustellung ihres Reichtums bei Meßbesuch, Liebeleien und Kartenspiel. „Die Verachtung der kreolischen Aristokraten in bezug auf den Handel war dieselbe, die feudalistische Gruppen normalerweise gegenüber der Bourgeoisie wegen deren Verfolgung von utilitaristischen Zielen an den Tag legen."

1750), dessen Auftakt die Entdeckung des Cerro Rico, jenes gewaltigen Silberberges in 4700 m Höhe in Alto-Perú, im Jahre 1545 bildet, an dessen Fuß die Villa Real de Potosí gegründet wurde, die 1650 160 000 Einwohner hatte, mehr als irgendeine europäische Metropole jener Zeit[51]. Bis 1558 wurden auch ergiebige Silberminen von Zacateca und Guanajato in Mexiko entdeckt.

Die Gier der Spanier nach Edelmetallen ist wirtschaftlich verständlich in einer Epoche, in der derart von Europa entfernte Gebiete kaum andere Produkte exportieren konnten. Für die Indianer der betreffenden Gebiete hingegen hatte sie entsetzliche Folgen. Sie wurden dem Edelmetallrausch buchstäblich geopfert. Wenn die Conquista oft damit gerechtfertigt worden ist, daß durch das Christentum so grausame Bräuche wie die Menschenopfer abgeschafft worden sind, vergißt man gemeinhin zu berücksichtigen, daß durch die wirtschaftliche Ausbeutung der Indianer durch die Christen tausendmal mehr Indianer ihr Leben lassen mußten. Waren die Ketschua in Peru beispielsweise unter den Inkas vorwiegend ein agrarisches Volk, so wurden sie unter den Spaniern in Massen in die Bergwerke getrieben, entwurzelt, von ihren Familien getrennt und versklavt (mita), während andere Indianer aus Hochkulturen wenigstens auf dem Lande bleiben konnten[52]. Der Erzabbau mit seinem Bedarf an Rinderhäuten, Holz und Zugtieren und mit seiner enormen Steigerung des Lebensmittelbedarfs durch seine Bevölkerungskonzentration führte in weitem Umkreis der Bergbauorte zu einer Erhöhung der Viehbestände und der Nahrungsmittelproduktion mit Hilfe der Hacienda-Wirtschaft. So gab z. B. „das Silber von Potosí Anlaß zur Entstehung eines agrarischen Großraumes vom Pazifik bis zum Atlantik"[53]. Mitte des 17. Jahrhunderts machte das Silber mehr als 99 % des Gesamtwertes der spanischen Ausfuhren aus Amerika aus. „Zwischen 1503 und 1660 gelangten 185 000 kg Gold und 16 Millionen kg Silber" nach Spanien. Das ist die dreifache Menge der gesamten damaligen Silberreserven Eu-

---

[51] Galeano 1973, 31: Schon der Inka Huayna Cápac hatte von dem „schönen Hügel" reden gehört. Er wollte dort Silber abbauen lassen, aber die ersten indianischen Bergleute sollen von einer hohlen Stimme zu Boden geworfen sein und in einer Lautstärke wie Donner vernommen haben: „Dies ist nicht für euch; Gott bewahrt diesen Reichtum für die, die von drüben kommen." Daraufhin erhielt der Berg den Namen „Potosí", d. h. in Ketschua: „Der, der donnert, auseinanderbirst und explodiert."

[52] Mariátegui 1971, 57.

[53] Konetzke 1965, 299ff. Für die Amalgamation von Silber und die Kupferverhüttung wurde deutsche Technologie eingeführt. Die Kupfergewinnung war wichtig für die Zuckerindustrie, deren Kessel aus Kupfer waren. Im Geiste der Aufklärung wurden zwar in der 2. Hälfte des 18. Jahrhunderts Versuche unternommen, die Rückständigkeit des amerikanischen Berg- und Hüttenwesens zu überwinden, gleichzeitig aber die Suche nach Eisenerzen in der Neuen Welt untersagt, nachdem in Mexiko reiche Vorkommen entdeckt waren, an deren Abbau die spanische Regierung desinteressiert war. Im 16. und 17. Jahrhundert spielte die Perlenfischerei vor den Küsten von Venezuela eine wirtschaftliche Rolle. Zahllose indianische Taucher erlagen Lungenschäden, die sie sich bei der raschen Dekompression zuzogen. Schneller als die aus der Alten Welt eingeführten Pflanzen (z. B. Zitrusfrüchte, Bananen, Kaffee, Zuckerrohr, Reis, Wein) verbreiteten sich die eingeführten Haustiere, besonders stark im La Plata-Gebiet, wo Rinder und Pferde als herrenloses Gut (ganado cimarrón) frei herumliefen, bis Anfang des 18. Jahrhunderts auf den großen Estancias eine intensivere Viehwirtschaft begonnen wurde.

ropas, was die These untermauert, daß die Edelmetallausbeute der neuen Welt die wirtschaftliche Entwicklung Europas entscheidend gefördert hat[54].

Ein dritter Zyklus, der sich schon im 17. Jahrhundert mit dem des Silbers überschnitt, ist bestimmt durch exportorientierte Monokulturen, die weitgehend durch Plantagenwirtschaft betrieben wurden und im 18. Jahrhundert zunehmend an regionaler Bedeutung gewannen: außer dem Zuckeranbau im karibischen Raum, dem Kakao-Anbau in Venezuela, einem bis dahin wenig entwickelten Gebiet, die Gewinnung von Mate-Tee im La Plata-Raum und gegen Ende der Kolonialzeit der Anbau von Kaffee auf Kuba, Puerto Rico, in Costa Rica und Venezuela[55].

Die wirtschaftlichen Zyklen Brasiliens verliefen beinahe in umgekehrter Reihenfolge. Das scheinbar an Edelmetallen arme Land erhielt zunächst im Zyklus des Brasilholzes (1500—1550), das zur Herstellung eines roten Farbstoffes verwandt wurde, kaum wirtschaftliche und kolonisatorische Impulse, da der Export des Brasilholzes auf einem reinen mit Hilfe von Indianern durchgeführten Holzraubbau an den Küsten beruhte. Erst der Zyklus des Zuckerrohres (1530 bis in die 2. Hälfte des 17. Jahrhunderts) machte die Kolonisation Brasiliens wirtschaftlich lohnend, denn Zucker war im 16. Jahrhundert in Europa noch ein teurer Luxusartikel, der grammweise in den Apotheken verkauft wurde. Die kapitalintensive Zuckerproduktion auf den Plantagen (engenhos) des Nordostens, die *Gilberto Freyre* in allen ihren Aspekten beschrieben hat (Herrenhaus und Sklavenhütte), wurde hauptsächlich von den Holländern finanziert, was die Invasion der Dutch West India Company (1629—54) und mit ihr den ersten massiven Einbruch des Protestantismus in Brasilien erklärt.

Nach ihrer Vertreibung produzierten die Holländer auf den Antillen, näher am europäischen Markt, billiger, so daß die Zuckerrohrpreise Brasiliens um 50 % sanken. Damit begann die Dekadenz des brasilianischen Nordostens (vgl. Freyre, ‚Sobrados e Mucambos' — städtische Patrizierhäuser und Elendshütten), der im Zeichen des Zuckerrohrbooms eine aufwendige Architektur mit zahllosen prächtigen Kirchen und Klöstern in Zentren wie Salvador und Olinda hervorgebracht hatte. Teilweise fiel die Landwirtschaft auf die Stufe der Subsistenzwirtschaft zurück, teilweise wich sie im 18. Jahrhundert verstärkt auf die Exportproduktion von Tabak, Baumwolle, Reis, Leder, Trockenfleisch aus. Daneben spielte der Zuckerexport nach wie vor eine wichtige Rolle, war aber nicht mehr der wirtschaftliche Motor einer ganzen Region. Hinzukam gegen Ende der Kolonialzeit der Kaffeeanbau in São Paulo[56].

---

[54] Galeano 1973, 33. Die spanische Verschuldung in Europa war so groß, daß das Wenigste von dem Edelmetall in Spanien blieb. Ende des 17. Jahrhunderts beherrschte Spanien nur ca. 5 Prozent seines Handels mit den Kolonien. 95 Prozent gingen über Spanien in holländische und flämische, englische, genuesische und deutsche Hände – ebd. 34f.

[55] Die Holländer hatten den Kaffeestrauch aus Abessinien nach Surinam gebracht und die Franzosen ihn von dort nach Französisch-Guayana geschmuggelt – Konetzke 1965, 312.

[56] Vgl. Galeano 1973, 72ff. Zur Frage der Organisationsform der Zuckerrohrplantage bemerkt Berger 1972, 78f im Anschluß an D. Ribeiro, daß sie durch die unternehmerische Organisation gekennzeichnet sei, „die Arbeitskräfte zu einer Produktionseinheit vereint, mit der Absicht für den Weltmarkt zu produzieren, unter einem ‚patronalen' Kommando, das auf Geldgewinn ausgerichtet ist" – Ribeiro 1970, 266f. Berger kommt zu dem Schluß: „Das Fazendasystem hebt sich folglich klar vom Feudalsystem ab, weil es wirtschaftlich von Anfang an auf kommerzieller Basis beruht. Andererseits ist es kein kapitalistisches System, weil ‚patronales' Kommando

Im 18. Jahrhundert stand Brasilien im Zeichen des Zyklus des Goldes und der Diamanten. Die Goldproduktion von Minas Gerais übertraf am Ende des Jahrhunderts den Gesamtertrag, den die Spanier in 200 Jahren aus ihren amerikanischen Besitzungen geholt hatten. 300 000 Portugiesen strömten im 18. Jahrhundert nach Brasilien. Der Goldrausch führte zu einem Sittenverfall, der auch den Klerus erfaßte. 1705 wurde behauptet, es gäbe „in ganz Minas Gerais keinen einzigen Priester, der sich für die Verbreitung des christlichen Glaubens im Volke interessiert hätte, und sechs Jahre später ging die Krone so weit, die Niederlassung jedweden religiösen Ordens im Minendistrikt zu untersagen"[57].

Der Bergbau und die Plantagenstruktur wirkten „wie ein zum Entweichen des natürlichen Reichtums erdachtes Sieb. Im Moment des Eintritts in den Weltmarkt erlebte jede Zone einen dynamischen Zyklus; später jedoch, sei es infolge der von Ersatzprodukten ausgeübten Konkurrenz, der Erschöpfung des Bodens oder dem Aufkommen anderer, besser geeigneter Zonen, kam der Verfall. Die Kultur der Armut, die auf bloßes Fortbestehen orientierte Wirtschaft, die Lethargie, das sind die Preise, die im Verlaufe der Jahre für den anfänglichen Impuls der Produktion zu bezahlen sind"[58].

212 Der Aufbau der kirchlichen Organisationen in Amerika

2121 Die Diözesanorganisation

Der Beginn dieses Abschnittes mit der Diözesanorganisation bedeutet keineswegs, daß hier der alte Fehler wiederholt werden soll, die Kirchengeschichte auf eine Geschichte der kirchlichen Institution zu reduzieren. In der Tat läge es nahe, mit der Mission zu beginnen, gingen aus ihr doch die ersten Ansätze zur kirchlichen Organisation hervor. Und die ersten Bistümer auf Hispaniola waren auch vorwiegend als Missionsdiözesen konzipiert. Aber im Verlaufe der

---

(vgl. in Brasilien bis weit ins 20. Jahrhundert hinein den ‚coronelismo') alles andere als rationale Unternehmerorganisation ist." Zuckerrohr war ein so rentables Geschäft, daß jedes zweite Jahr die Produktionskapazität in Brasilien verdoppelt wurde. Theoretisch gehörten die Ergebnisse des Produktionsprozesses den Fazendeiros, so daß sich die Frage erhebt, wohin die Erträge flossen. Außer in die Zuckerrohrproduktion (Import einfacher Arbeitsinstrumente, Maschinen, Baumaterial und hauptsächlich dem Kauf von Sklaven) wurde in Brasilien kaum Kapital in andere wirtschaftliche Tätigkeiten investiert, so daß als Erklärung für den Verbleib der Gewinne nur übrig bleibt, daß die Erzeuger einen großen Teil des Ertrages als Kapitalzinsen an die Händler abführen mußten, die ihnen einen großen Teil des Arbeitskapitals geliehen hatten, so daß der Hauptteil der Gewinne nach Europa ging und dort blieb – vgl. Berger aaO nach Furtado 1959, 50.

[57] Galeano 1973, 64f, Zahlenangaben nach Furtado 1959. Hoornaert 1974, 93f hingegen deutet das Verbot der Orden in Minas Gerais von dem entgegengesetzten Gesichtspunkt, daß die Krone eine mögliche Infragestellung der unmenschlichen Verhältnisse in MG durch den Regularklerus verhindern wollte, ein Argument, das angesichts des inneren Verfalls der Orden in Brasilien im 18. Jahrhundert nicht völlig überzeugt.

[58] Galeano aaO 73. Selbst ein in bezug auf koloniale Ausbeutung so zurückhaltender Autor wie Konetzke 1965, 329 bemerkt: „Eine Gegenüberstellung der Warenausfuhren nach Amerika zeigt, daß Spanien aus seinem überseeischen Imperium das Doppelte bis Vierfache an Werten erhielt, als die Warenlieferungen nach Amerika ausmachten." Eine Feststellung, die für Portugal sicher in ähnlicher Relation stimmt.

kolonialen Kirchengeschichte wurden doch die Siedler und ihre Nachkommen, die Kreolen und Mestizen, deren wirtschaftliche Interessen — Erlangung der besten Böden und Ausbeutung der indianischen Arbeitskraft — den Interessen der Mission zuwiderliefen, immer mehr zu den maßgebenden Faktoren der Kirche. Der Konflikt zwischen der Missionskirche, also einer Kirche, die uneigennützig um das Wohl und Heil der Ureinwohner Amerikas besorgt ist, und der Kolonialkirche, die den Interessen der Kolonialmächte und deren Siedlern dient, war von vornherein angelegt. Symptomatisch dafür ist, daß sich nach Las Casas' Angaben Hispaniola durch die Indianerzwangsarbeit schneller entvölkerte, als die Missionsbistümer errichtet werden konnten. Hinzukommt, daß die Spanier sich wesentlich mehr beeilten beim Aufbau der sichtbaren Strukturen der ihnen aus der Heimat vertrauten institutionellen Kirche als bei der Schaffung der gleichsam mehr unsichtbaren, die Überzeugung und Bekehrung der Ureinwohner Amerikas voraussetzenden indianischen Kirche. Denn für den Durchschnittsspanier, und das gilt genauso für den Portugiesen, war die Kirche ein selbstverständliches Element der von ihr geprägten Gesellschaft, auf das man auch in der Neuen Welt nicht verzichten konnte, und nicht eine Gemeinschaft engagierter, vom Sendungsauftrag motivierter Christen. Ferdinand der Katholische konzipierte die Kirche Amerikas als eine religiös-politische Organisation nach demselben Plan wie die im 1492 eroberten Königreich Granada. Genau wie im politischen Bereich die ‚cabildos' wurden im kirchlichen Bereich die spanischen Domkapitel nach Amerika verpflanzt, die zwar der Kolonialkirche in spanischen Siedlungszentren dienen konnten, aber für eine missionarische Kirche eher ein schweres Hindernis darstellten[59]. Obgleich also die Diözesanorganisation nur ein Teil der institutionellen Kirche ist, läßt sie etwas vom Kirchenbegriff erkennen, der hier wirksam war und zeigt, wo die Schwerpunkte kirchlicher Arbeit lagen.

Es kam indes nicht selten zu zeitlichen Verschiebungen zwischen dem Stand der Besiedlung und der Mission und der Gründung von Bistümern, da hierbei die finanziellen Interessen der iberischen Kronen eine Rolle spielten, die als Patronatsherren dafür zuständig waren (vgl. 21222). Das ist neben der relativ schwachen Besiedlung der Grund dafür, daß in Brasilien das erste Bistum erst 1557 und weitere Bistümer erst in der zweiten Hälfte des 17. Jahrhunderts gegründet worden sind, während in den spanischen Gebieten in schneller Folge eine große Anzahl von Diözesen entstand. Tabelle 1 zeigt, daß in der Kolonialzeit in ganz Lateinamerika 51 Bistümer gegründet worden sind, die dauerhaften Bestand hatten, davon nur sieben in Brasilien. Weitere sieben Bistümer in spanischen Gebieten scheiterten in den ersten Anfängen, von denen in der Liste aber nur Concepción de la Vega aufgeführt ist[60]. Tabelle 2 gibt einen statistischen Überblick über die Entwicklung bis 1960.

---

[59] Las Casas 1951 II, 434; zu den Anfängen der Diözesanorganisation vgl. u. a. Tormo 1962 I, 87ff; zur Kritik an der Transplantation der äußeren kirchlichen Strukturen Egaña 1966, 97.
[60] Vgl. dazu die Aufstellungen bei Dussel 1969ff 32, V 1, 118.

Tabelle 1

Übersicht über: Die Entstehung der Diözesanstruktur während der Kolonialzeit[61]

Nummer	Gründungsjahr	Bistum	Orden des 1. Bischofs	Papst
1a	1511 (K)	*Santo Domingo*	OFM	Julius II.
1b	1511 (K)	*Concepción de la Vega:* Nur zweimal besetzt, 1527 S. Domingo eingegliedert	OP	Julius II.
1c	1511 (K)	*San Juan de Puerto Rico*	Cler	Julius II.
2	1513 (Pr)	*Santa Maria la Antigua del Darién:* Nachdem das Gros der Bevölkerung 1519 auf der pazifischen Seite die Stadt Panamá gegründet hatte, wurde einige Jahre später auch der Sitz des Bistums nach dort verlegt, das nun *Panamá* oder anfangs auch Tierra Firme oder Castilla de Oro hieß	OFM	Leo X.
3	1517 (K)	*Kuba* (Baracoa, Santiago de Cuba) (1515 Abtei Jamaica)	OP	Leo X.
4	1519 (K)	*Tlaxcala* (Puebla de los Ángeles, Angelopolitana, Ángeles) in Puebla/Mexiko	OP	Leo X.
5	1520 (K)	*Río de la Palma* y Tierra Florida – USA: nur zweimal besetzt	OSant	Leo X.
6a	1527 (Pr)	*Mexiko* P: 1528	OFM	Clemens VII.
6b	1527 (Pr)	*Nikaragua:* Santiago de León, P: 1531	Cler	Clemens VII.
7	1530 (W)	*Michoacán* (Morelia, Mechoacán, Pátzcuaro	Cler	Paul III.
8a	1531 (K)	*Honduras* (Higüeras, Comayagua): Zunächst in der Hafenstadt Trujillo und ab 1539 in Valladolid im Comayagua-Tal	OJer	Clemens VII.
8b	1531 (M)	*Guatemala* in Ciudad de Santiago de Goathemala (Antigua)	Cler	Paul III.
8c	1531 (K)	*Coro* an der karibischen Küste Venezuelas: „Das Karibische Meer ist ein wahres Mittelmeer. Es verleiht Santo Domingo die Rolle Roms und Coro die des Hauptsitzes in Nordafrika; d. h. seine Städte und Territorien wandten dem Kontinent den Rücken zu und waren am Meer lokalisiert"[62]. 1638 wurde der Sitz des Bistums nach Caracas verlegt (Santiago de León de Caracas)		
8d	1531 (W)	*Santa Marta I*, Tierra Firme – Kolumbien: „Das ‚erste' Santa Marta war der logistische Stützpunkt für die geistliche Erobe-	Cler	Clemens VII.

---

[61] Abkürzungen: B = Errichtung eines Bischofssitzes. K = Datum des päpstlichen Konsistoriums oder der päpstlichen Ernennungsurkunde. M = Mitteilung an den Gewählten. P = posse, d. h. tatsächlicher Amtsantritt an Ort und Stelle. Pr = Präsentation des Bischofs in Rom. W = Wahl des Bischofs.

[62] Dussel 1969ff 35, V 4, 116.

Nummer	Gründungsjahr	Bistum	Orden des 1. Bischofs	Papst
		rung des neuen Reiches, deshalb z. B. verlangte ein ‚cabildo' von Tunja eine bestimmte Person als Bischof von Santa Marta, weil es zur Jurisdiktion jener Diözese gehörte"[63]. Nachdem Santa Fe de Bogotá schon 1538 gegründet worden war, wurde 1562 der Sitz des Bistums nach dort verlegt und in Santa Marta nur eine Prälatur belassen		
9	1533 (M)	Cartagena, Tierra Firme, ebenfalls im späteren Kolumbien		Clemens VII.
10a	1534 (K)	Oaxaca (Guaxaca, Antequera) — Mexiko	Cler[64]	Paul III.
10b	1534 (W)	El Cuzco — Peru (1. Bischof: Vicente de Valverde)	OP	Paul III.
11	1538 (M) P: 1539	Chiapas (Ciudad Real — Civitas Regalis, heute: San Christóbal de Las Casas): Hier war Bartolomé de Las Casas 3. Bischof (1543—47)		Paul III.
12a	1540 (Pr) P: 1541	Lima (Ciudad de los Reyes, Civitas Regnum) — Peru	OP	Paul III.
12b	1540 (M) P: 1546	Quito — Ekuador	Cler	Paul III.
13	1545 (M) P: 1546	Popoyán (Pompeian) — Südkolumbien	Cler	Paul III.
14a	1547 (M)	Guadalajara (Compostela, Nueva Galicia/Jalisco) — Mexiko: Sitz des Bischofs bis 1560 in Compostela, danach in Guadalajara	OFM	Paul III.
14b	1547 (K)	Asunción del Paraguay (Guayra; bis 1620 hieß das Bistum ‚Río de la Plata', während danach dieser Titel auf Buenos Aires überging): Die Ciudad de la Asunción de Nuestra Señora del Río de la Plata ist 1536 von Juan de Salazar y Espinosa gegründet worden. Die Real Cédula vom 20. 1. 1548 betont besonders die Missionsaufgabe des Bistums Paraguay[65].	OFM	Paul III.
15a	1551 (Pr)	Yucatán: Schon 1520 sollte auf Cozumel die Diözese ‚Santa María de los Remedios' gegründet werden. 1551 wurde fray Juan de San Francisco in Mérida als Bischof vorgeschlagen, der ohne päpstl. Bulle 1552 ausreiste, aber 1553 zurücktrat. Der Nachfolger fray Juan de la Puerta, ebenfalls OFM, starb 1557 in Sevilla vor der Aus-		Pius IV.

---

[63] Ebd.
[64] Cler = Säkularkleriker, in Oaxaca z. B. Domherr von Oviedo, Juan López de Zárate.
[65] Vgl. Dussel 1969ff 37, V 6, 300.

Nummer	Gründungsjahr	Bistum	Orden des 1. Bischofs	Papst
		reise, so daß erst 1561 fray Francisco de Toral OFM mit Konsistorialbeschluß die Diözese offiziell errichten konnte, und zwar in Mérida		
15b	1551 (K)	Errichtung des 1. brasilianischen Bistums: Igreja de São Salvador na *Cidade de Bahia de todos os Santos* (1. Bischof: Pedro Fernandes Sardinha, ein Säkularkleriker aus der Diözese Évora). Bis dahin unterstand Brasilien dem 1514 auf der Insel Madeira gegründeten Bistum Funchal. Das neue Bistum Salvador wurde dem Erzbistum Lissabon unterstellt[66].	—	Pius IV.
16	1552 (W)	*La Plata* im Gebiet Los Charcas des heutigen Bolivien: „Ein Vertreter Pizarros, Pedro Anzures, drang von Norden kommend in das Gebiet Los Charcas ein und gründete am 16. 4. 1538 die spätere Stadt *Chuquisaca*. Wenig später nahm die Stadt dank der Entdeckung der Silberminen diesen Namen an und gewann große Bedeutung."[67] Die heutige nominelle Landeshauptstadt von Bolivien wurde im 19. Jh. nach dem Freiheitshelden und Unterfeldherrn Simón Bolívars, Antonio José de Sucre, in Sucre umbenannt	—	Pius IV.
17	1554 (W)	*Vera Paz*: Das vorher zum Bistum Chiapas gehörende Gebiet umfaßt die heutigen guatemaltekischen Departamente Alta y Baja Vera Paz und das Gebiet der Lakandonen bis zum Usumacinta hin. Das Bistum erhielt seinen Namen auf Vorschlag von Bartolomé de Las Casas, weil es nicht durch Waffen, sondern durch die Predigt des Evangeliums befriedet wurde. Nachdem das Gebiet von den Spaniern nicht mit Gewalt erobert werden konnte, verpflichtete sich 1537 der Gouverneur, zunächst für 5 Jahre keine Spanier in die Region hineinzulassen, damit die Missionare ungestört arbeiten konnten, was vom König 1544 bestätigt wurde. Vom päpstlichen Konsistorium wurde das Bistum erst 1561 bestätigt	OP	Pius IV.

---

[66] Vgl. die Errichtungsbulle „Super specula militantis Ecclesiae" bei Pastor 1937 VI, 215. In der Bulle heißt es wörtlich: „ac in una ex praefecturis ipsis de Bahia Omnium Sanctorum nuncupata, unum oppidum civitatem nuncupatam Sancti Salvatoris" — Leite 1938ff II, 516 Anm. 1. João III. bat den Papst, dem Bischof von Salvador die Jurisdiktion über ganz Brasilien zu übertragen, bevor andere Bistümer gegründet würden. „Aus dieser Bitte resultiert die erfundene Unterscheidung: Es gab ein Bistum *in* Brasilien, in Salvador Bahia, aber kein Bistum *Brasilien*" — S. Camargo 1965, 189.   [67] Dussel 1969ff 37, V 6, 222.

Nummer	Gründungsjahr	Bistum	Orden des 1. Bischofs	Papst
18a	1556 (W)	*Trujillo:* „Die Stadt Trujillo wurde 1535 von Francisco de Pizarro gegründet, der ihr diesen Namen in Erinnerung an seine Heimat Estremadura gab ... Schon im Nov. 1556 hatte Don Andrés Hurtado de Mendoza auf die Zweckmäßigkeit hingewiesen, hier ein Bistum zu gründen"[68]. Obgleich schon 1556 A. Guzmán y Talavera OJer gewählt wurde, kam es nach der Kandidatur von Francisco de Ovanda OFM erst 1577 zum Konsistorialbeschluß zur Gründung des Bistums	OJer bzw. OFM	Gregor XIII.
18b	1556 (W)	*Arequipa:* Bischof Sebastian de Lartaún Cler, 1573–83, von Cuzco, von dessen übergroßem Bistum Trujillo und Arequipa abgetrennt werden sollten, wehrte sich mit allen Kräften gegen die Verluste dieser Pfründen. Die Anfänge der Diözese liegen im Dunkeln. 1577 erfolgte der päpstliche Konsistorialbeschluß zur Gründung, aber Fray Antonio de Ervias OP konnte seine Diözese aus den angedeuteten Gründen nicht in Besitz nehmen. Erst Pedro de Perea OSA, der von *1619*–1628 amtierte, gelang es, die Diözese gegen zahlreiche Widerstände von Klerus und Bürgerschaft, die sich an ihre Unabhängigkeit gewöhnt hatten, aufzubauen	Cler bzw. OP bzw. OSA	Gregor XIII.
19	1559 (Pr)	*Santiago de Chile:* Der Consejo de Indias betrieb seit 1556 die Gründung dieses Bistums, aber Paul IV., seit 1555 verbündet mit Frankreich gegen Karl V. wegen des verhaßten Augsburger Religionsfriedens, den Ferdinand I. gewährt hatte, gab nicht die Genehmigung, so daß die Bulle erst von Pius IV. (1559–1565) im Jahre 1561 ausgestellt wurde	Cler	Pius IV.
20	1561 (M)	*La Imperial* (Civitas Imperialis): „Auf seinem Vormarsch nach Süden gründete Valdivia 1551 am Río Cautén die Stadt La Imperial, die 106 ‚leguas' von Santiago und 36 von Concepción entfernt lag. Man dachte seit 1556 an die Bistumsgründung – zusammen mit Santiago – aber erst am 22. 3. 1564 wird unsere Diözese gegründet" – Real Cédula de aviso von 1561, päpstliche Bulle von 1564[69], tatsächliche Errichtung des Bistums 1571	OFM	Pius IV.

---

[68] Ebd. 164.   [69] Ebd. 201f.

Nummer	Gründungsjahr	Bistum	Orden des 1. Bischofs	Papst
		Zwischen 1599 und 1603 erhoben sich die Araukaner gegen die schlechte Behandlung durch die Spanier und eroberten das gesamte Gebiet südlich des Río Bío-Bío, wobei u. a. die Städte Santa Cruz de Coya, Valdivia, Osorno und Villarica zerstört und der Bischofssitz La Imperial, der gerade vakant war, entvölkert wurde, weshalb der Sitz 1603 offiziell nach Concepción verlegt wurde		
21	1570 (K)	*Córdoba del Tucumán* — Argentinien: „Die Region von Tucumán ist der Mittelpunkt, um den herum die Geschichte von Chile, Charcas, Paraguay und Buenos Aires entstand... Die Geschichte der gegenwärtigen Staaten Argentinien, Uruguay, Bolivien und Paraguay erklärt sich nicht vom Atlantik her, sondern von der Eroberung her, die Pizarro in Perú und vom Pazifik und die Valdivia in Chile unternommen hat, also von Nordwesten nach Südosten." Mit päpstlicher Bulle von 1570 wurde das Gebiet der neuen Diözese von der Jurisdiktion Santiagos de Chile abgetrennt[70] und 1699 der Sitz des Bistums nach Córdoba verlegt.	OP	Pius V.
22	1574 (W)	*Santa Marta II* (vgl. 8d): Nachdem das ursprüngliche Bistum von Santa Marta 1562 nach Santa Fe de Bogotá verlegt worden war, war Santa Marta 14 Jahre lang (1563–77) eine Praelatura Nullius. 1574 wurde Juan Méndez de Villafranca OP als Bischof gewählt, aber päpstlich erst 1577 bestätigt[71] und aus der Abtei Santa Marta, die zu Bogotá gehörte, wurde wieder ein selbständiges Bistum.	OP	Gregor XII.
23	1605 (K)	*Santa Cruz de la Sierra* — Bolivien (Sancta Crucis, Santa Cruz de la Frontera): „Lorenzo Suárez de Figueroa schrieb am 15. 10. 1590 dem König und teilte ihm die Gründung von Santa Cruz de la Sierra mit. Es war 100 ‚leguas' von Charcas entfernt. Die Eroberung des Gebietes war indes von Nuño de Chávez bewirkt, der von Asunción/Paraguay den Río Grande kreuzte und der erste Besiedler und Gouverneur wurde."	Cler	Paul V.

[70] Ebd. 270ff. Der Sitz des Bistums war zunächst in Santiago del Estero errichtet worden.

[71] 36 V 5, 269 spricht Dussel versehentlich von der Verlegung nach Bogotá 1534, obwohl die Stadt erst 1538 gegründet ist; S. 193 hingegen schreibt er korrekt: 1562.

Nummer	Gründungsjahr	Bistum	Orden des 1. Bischofs	Papst
		1605 wurde das Bistum Charcas in 3 Teile geteilt: Charcas selbst, Barranca in der Provinz Santa Cruz de la Sierra (diesen Namen erhielt bald auch die Stadt) und La Paz (Chuquiabo)[72]		
24	1604 (B)	La Paz — Bolivien: Die Zunahme des Bergbaus und damit der wirtschaftlichen Bedeutung der Diözese von Charcas (vgl. 16) bewegte den Indienrat 1602 bei der günstigen Gelegenheit der Vakanz dieses Sitzes zur Teilung des Bistums. Päpstl. Bulle von 1606	Cler	Paul V.
25	1611 (M)	Guamanga (Huamanga, heute: Ayacucho) — Peru: „Die Stadt San Juan de la Victoria de Guamanga ... wurde von Francisco de Pizarro 1539 gegründet, um Cuzco mit Lima zu verbinden[73]. Päpstl. Bulle von 1609, aber mangels Kandidaten erst 1612 besetzt (Ankunft 1614)	OSA	Paul V.
26	1617 (Pr)	P: 1620 Buenos Aires: Río de la Plata: „Erst 1536 kam der ‚adelantado' Pedro de Mendoza vom Atlantik, um die Vorstöße der Portugiesen an der brasilianischen Küste zu begrenzen, und gründete die Stadt der allerheiligsten Dreifaltigkeit und den Hafen Santa Maria de los Buenos Aires (der guten Lüfte), der Patronin der Seefahrer, deren Bild im Palast San Telmo, der Seefahrtsschule des 16. Jh. in Sevilla, verehrt wird. Die Charrúa-Indios ließen die Vollbürger nicht leben, und die Stadt wurde zerstört. Sie sollte von Juan Garay 1580 wieder aufgebaut werden und ihren langsamen Aufstieg beginnen." 1613 schlug der Gouverneur in Asunción selbst eine Teilung des Territoriums wegen der zu großen Entfernungen vor. 1617 wurde das Bistum Asunción geteilt, und Anfang 1621 traf der erste Bischof von Buenos Aires Pedro de Carranza ein, der über die spätere Metropole am Rio de la Plata bemerkte: „Das Fort ist aus Lehmmauern ... es gibt wenig Leute, ungefähr bis 200 Personen."[74]	OC	Paul V.
27	1620 (K)	Diözese Nueva Vizcaya mit Sitz in Durango — Mexiko: „Die Eroberung (Mexikos) schritt ausgehend vom Osten nach Nordosten fort. Hauptmann Alonso de Pacheco gründete im Jahre 1563 im Auftrage des Vizekönigs Velasco eine Ortschaft im Tal	OSA	Paul V.

---

[72] Ebd. 37 V 6, 262f.   [73] Ebd. 169f.   [74] Ebd. 339ff.

8 Prien, Lateinamerika

Nummer	Gründungsjahr	Bistum	Orden des 1. Bischofs	Papst
		des Guadiana, die später die Stadt Durango wurde. Nachdem sie anfangs zur Jurisdiktion von Compostela und später zu Guadalajara gehört hatte, ist ihre Geschichte eingeschlossen in die des Bistums Nueva Galicia (vgl. 14a). Schon 1561 hatte Bischof Ayala von Guadalajara empfohlen, ein neues Bistum im Nordosten zu schaffen."[75]		
28a	1676 (K)	*Rio de Janeiro:* 1560–65 überwanden die Portugiesen die França Antartica in der Bucht von Rio de Janeiro, wo sie dann 1565 am Fuß des Zuckerhuts den Ort Rio de Janeiro gründeten. 1575 schuf Gregor XIII. auf Bitten von D. Sebastião die Prälatur Rio d. J., die von Pôrto Seguro über ES, RJ bis São Vicente reichte – 1. Administrator: P. Bartolomei Simões Pereira. Auf Antrag von Pedro II. wurde dann 1676 die Prälatur in den Rang eines Bistums erhoben. Der 2. Bischof P. José de Barros Alarção nahm effektiv den Bischofssitz 1682 ein.	OP	Innozenz XI.
28b	1676 (K)	*Olinda:* Paul V. schuf 1614 die Prälatur von Pernambuco, die Paraíba und Maranhão mitumfaßte. 1. Prälat: P. Antônio Teixeira Cabral, der in Paraíba residierte. Nach Streitigkeiten mit dem Bischof Barradas von Bahia, erhielt dessen Nachfolger 1622 das Recht, Generalvikare in Paraíba und Maranhão einzusetzen, womit die Prälatur von Pernambuco 1624 wieder erlosch. Nach der knapp einjährigen Besetzung von Salvador Bahia (8. 5. 1624–30. 4. 1625) eroberten die Holländer 1630 Pernambuco, wo sie sich bis 1654 hielten. „Auf diese Weise wurde für mehr als zwei Jahrhunderte auch die Gefahr der Einwurzelung des Protestantismus in Brasilien verhindert", bemerkt dazu S. Camargo[76]. Erst nach diesen Ereignissen schuf Innozenz XI. 1676 das Bistum von Olinda, das die Gebiete vom Río S. Francisco bis Ceará umfaßte. 1678 traf als 1. Bischof Estevão Brioso de Figueiredo aus Évora ein	–	
29	1677 (K)	*Maranhão* – Gebiete von Maranhão, Pará und Amazonas, Suffraganbistum der Erzdiözese Lisboa: Der 1. Bischof D. Gregório dos Anjos traf 1679 an seinem Sitz in São *Luís* ein	–	Innozenz XI.

[75] Ebd. 36, V 5, 183f.   [76] 1965, 231.

Nummer	Gründungsjahr	Bistum	Orden des 1. Bischofs	Papst
30	1719 (K)	*Pará* — abgetrennt von Maranhão: Die Stadtkammer von Belém hatte João V. schon 1713 um die Gründung eines selbständigen Bistums gebeten. 1724 traf als 1. Bischof der Karmelitermönch D. Frei Bartolomeu do Pilar ein. Pará war ebenfalls Suffraganbistum von Lisboa, das seit 1710 Patriarchat war	OC	Innozenz XI.
31a	1745 (K)	*São Paulo*: Die Diözese umfaßte etwa das Gebiet des heutigen Staates SP und reichte im Süden bis Paranaguá, S. Francisco und Laguna. RS verblieb bei Rio d. J. 1746 traf als 1. Bischof D. Bernardo Rodrigues Nogueira ein	—	Benedikt XIV.
31b	1745 (K)	*Mariana*: Die neue Diözese in Minas Gerais wurde von RJ abgetrennt. „Der 1. Bischof von Mariana (das bis dahin Ribeirão do Carmo genannte Örtchen war vorher mit dem Namen der Königin Dona Mariana d'Áustria zur Stadt erhoben worden) war der alte Bischof von Maranhão, Dom Manuel da Cruz. Er unternahm das Abenteuer, auf einer langwierigen Reise vom 3. 8. 1747 bis zum 28. 11. 1748 die ‚sertões' von São Luís bis zu seinem neuen Sitz zu durchqueren."[77]	—	Benedikt XIV.
32a	1777 (K)	*Nuevo León* — Mexiko. Das sogenannte Nuevo Reino de León, das 1570 gegründet werden sollte, reichte 200 ‚leguas' nach Norden und 200 nach Westen von der Mündung des Río Pánuco (Gebiet der heutigen Staaten Tamaulipas und Nuevo León)	—	Pius VI.
32b	1777 (K)	*Mérida de Venezuela*: Südlich des Maracaibo-Sees in der östl. Kordillere	—	Pius VI.
33	1779 (K)	*Sonora*: Heute: Hermosillo am Río Sonora, die Hauptstadt des heutigen mexikanischen Bundesstaates Sonora	—	Pius VI.
34	1786 (K)	*Cuenca*: Im südlichen Ekuador	—	Pius VI.
35	1787 (K)	*La Habana* — Kuba	—	Pius IV.
36	1790 (K)	*Santo Tomás de la Guayana*: Heute: Ciudad Bolivar am Orinoco/Venezuela	—	
37	1805 (K)	*Maynas*: Heute: Cachapoyas im Department Cajamarca/Peru	—	Pius VII.
38	1806 (K)	*Salta*: Territorien von Jujuy, Salta, Tucumán, Catamarca, Tarija/Argentinien (1782 Real orden de Carlos III., 1785 Cédula aclaratoria, 1806 Ernennung des 1. Bischofs)	—	Pius VII.

[77] Calmón 1970, 55. S. Camargo 1965, 770 nennt ihn João da Cruz.

Tabelle 2: Übersicht über die Entwicklung der Diözesanstruktur bis 1960 in den Grenzen der heutigen Staaten

Länder	16. Jh.	17. Jh.	18. Jh.	19. Jh.	16.–19. Jh.	1900–50	1950–60	1900–60	Insgesamt
Große Antillen	3	–	1	5	9	5	4	9	18
Dominikanische Republik	1	–	–	–	1	–	4	4	5
Haiti	–	–	–	5	5	1	–	1	5
Puerto Rico	1	–	–	–	1	1	1	1	2
Kuba	1	–	1	–	2	4	–	4	6
Mexiko	7	1	2	20	30	4	13	17	47
Zentralamerikanische Festlandsrepubliken	4	–	1	2	6	14	10	24	30
Guatemala	1	–	–	–	1	2	6	8	9
El Salvador	–	–	–	1	1	2	2	4	5
Honduras	1	–	–	–	1	3	–	3	4
Nikaragua	1	–	–	–	1	4	1	4	5
Costa Rica	–	–	–	1	1	2	1	3	4
Panamá	1	–	–	–	1	1	1	2	3
Nördliches Lateinamerika	14	1	3	27	45	23	27	50	95
Südamerika	17	7	7	42	73	167	121	288	361
Kolumbien	4	1	–	7	11	21	16	37	48
Venezuela	1	1	2	3	7	4	9	13	20
Ekuador	1	–	1	8	10	3	6	9	19
Peru	4	1	1	4	9	11	14	25	34
Bolivien	1	2	–	1	4	8	3	11	15
Chile	2	–	–	2	4	13	5	18	22
Argentinien	2	–	–	6	8	15	12	27	35
Uruguay	–	–	–	2	2	–	4	4	6
Paraguay	1	–	–	–	1	4	3	7	8
Brasilien	1	3	4	9	17	88	49	137	154
Spanisch-Südamerika	16	4	3	33	56	79	72	151	207
Lateinamerika	31	8	19	69	127	190	148	338	456

Quelle des Zahlenmaterials:
Houtart/Pin 1966 Cuadro 17, deren falsche Zahlenangabe für Brasilien 1900–1950 hier korrigiert ist.

Es entspricht dem Weg der Eroberer, Missionare und Siedler, daß die ersten Bistümer auf den Großen Antillen (1504–1511) gegründet wurden, dann weitere auf dem Festland, zunächst am Golf von Darién (Panamá – 1513), ab 1519 in Mexiko und ab 1534 (El Cuzco) im Herzen Südamerikas. Von Lima (1540) ging eine Stoßrichtung nach Norden, wo 1540 das Bistum Quito und 1545 das Bistum Popayán im oberen Cauca-Tal errichtet wurde. Die Missionare folgten also der Route von Sebastián de Belalcázar, der Neu-Granada 1533–39 von Süden her erschlossen hatte, während Gonzalo Jiménez de Quesada 1536–39 von Norden aus den Magdalena aufwärts in die zentrale Hochebene vorgedrungen war, sich der Gold- und Smaragdenschätze der Chibcha bemächtigt und 1538 Santa Fe de Bogotá gegründet hatte. Die Beute machten ihm allerdings Belalcázar und Nicolaus Federmann, der 1535 bis 39 im Auftrage des Bankhauses der Welser über die Östliche Kordillere vom Karibischen Meer aus nach Santa Fe vorgestoßen war, streitig. Santa Marta, der Ausgangspunkt von Jiménez de Quesada, wurde 1531 das erste Bistum im nördlichen Andenraum. Von Lima, der Ciudad de los Reyes, ging eine zweite Stoßrichtung nach Südosten in den La Plata-Raum, wo die Bistümer La Plata in Chuquisaca/Sucre (1552), Río de la Plata in Asunción (1547) und Tucumán in Santiago del Estero (1570) entstanden. Eine dritte Stoßrichtung zielte auf den Spuren von Pedro de Valdivia südlich nach Chile, wo 1559 das Bistum Santiago de Chile errichtet wurde. Als 1620 in Buenos Aires der südlichste und in Durango in Neu-Spanien der bis dahin nördlichste Diözesansitz entstand, waren diese Orte bessere Dörfer, während sich zur selben Zeit Mexiko und Lima in bezug auf Bevölkerung, Universitäten und wirtschaftliche Blüte ohne weiteres mit europäischen Hauptstädten jener Epoche messen konnten. Auch in Brasilien folgten die Bistümer, wenn auch teilweise recht verspätet, den Bewegungen der Besiedlungsgeschichte. Von der Hauptstadt Salvador (1551) ging eine Linie nach Süden, wo 1575 in Rio de Janeiro elf Jahre nach Vertreibung der Franzosen aus ihrem „antarktischen Frankreich" eine Prälatur für ganz Südbrasilien und 1676 ein Bistum errichtet wurde, von dem 1745 São Paulo und Mariana, entsprechend der enormen Bedeutung, die Minas Gerais im Zyklus des Goldes gewonnen hatte, abgetrennt wurden. Die parallele Gründung von Diözesen in São Paulo und Mariana ist gleichzeitig ein Reflex darauf, daß es São Paulo nicht gelungen ist, seine Macht über Minas Gerais zu behaupten, das 1709 als selbständige Kapitanie von São Paulo abgetrennt worden war. Die zweite Stoßrichtung von Salvador zielte in den Nordosten, wo zweiundzwanzig Jahre nach Vertreibung der Holländer 1676/77 Bistümer in Olinda und Maranhão errichtet wurden, bzw. nach Norden, wo 1719 Pará zu einem selbständigen Bistum erhoben wurde.

In ähnlicher Weise gibt die Errichtung und Unterteilung der Erzbistümer Aufschluß über die politischen, wirtschaftlichen und kirchlichen Zentren der einzelnen Epochen.

Zunächst hatten alle spanischen Bistümer dem Metropoliten von Sevilla unterstanden. Eine wichtige Zäsur auf dem Weg zur kirchlichen Selbständigkeit Amerikas bildet das Jahr 1546, in dem die ersten drei Erzdiözesen entstanden: Santo Domingo, das den Primat über die Bistumssitze der Häfen des Karibischen Meeres, Mexiko, das den Primat über das Festland bis einschließlich Guatemala, und Lima, das den Primat über den pazifischen Bereich bis hinauf nach León de Nicaragua erhielt. Gemäß dem Fortschreiten der kolonisatorischen Erschließung und dem Ausbau der lokalen Kirchen wurde 1564 das Erzbistum Santa Fe de Bogotá errichtet, das aus der Jurisdiktion von Santo Domingo Cartagena und Santa Marta II übernahm, was der verminderten politischen Bedeutung von Santo Domingo entsprach. Die zunehmende Bedeutung Zentralamerikas begünstigte die Erhebung Guatemalas zur Erzdiözese (1743). Während Chile auf dem Seeweg schnell von Peru aus zu erreichen war und deshalb auch kirchlich mit Lima verbunden blieb, machten die große Entfernung und der wirtschaftliche Aufschwung des La Plata-Raumes die Abtrennung von Lima erforderlich[78]. Es lag nahe, das Erzbistum in La Plata de los Charcas (Chuquisaca) zu errichten (1609), wo seit 1559 bereits eine Audiencia ihren Sitz hatte. Die Lage des politischen und kirchlichen Zentrums in den östlichen Anden entspricht der kolonialzeitlichen Ausrichtung des ganzen La Plata-Raumes auf den Pazifik hin. Erst die Unabhängigkeit brachte die definitive Umorientierung auf die La Plata-Mündung und den Atlantik und sollte 1865 zur Gründung eines eigenen Erzbistums in Buenos Aires führen, was mit dem Bestreben der jungen Nationalstaaten übereinstimmte, die Grenzen der kirchlichen Jurisdiktionsgebiete mit den nationalen Grenzen zur Deckung zu bringen. Gemäß ihrer gestiegenen politischen und wirtschaftlichen Bedeutung wurden 1803 kurz vor dem Ende der Kolonialzeit noch Caracas und Santiago de Cuba in den Rang von Erzbistümern erhoben. Brasilien hing lange Zeit kirchlich von Lissabon ab[79], bis, verzögert durch die Loslösung Portugals von der spanischen Monarchie im Jahre 1640, Salvador endlich 1676 zum Metropolitansitz erhoben wurde. Die später im ‚Estado do Pará e Maranhão' gegründeten Bistümer blieben allerdings Lissabon unterstellt und wurden erst im Kaiserreich 1827 Salvador zugeordnet.

Infolge der Struktur der Patronatskirche bildeten die Bischöfe und Erzbischöfe kein echtes Gegenüber zur staatlichen Kolonialverwaltung. Starke Persönlichkeiten unter ihnen gewannen dennoch nicht selten maßgeblichen Einfluß auf die Administration, wenn sie lange in ihrem Amt blieben. So war der erste Metropolit von Lima, Fr. *Jerónimo de Loaisa* OP (1548—75), weit mehr die große Figur des entstehenden Peru als *Diego Almagro*, der erste Usurpator der Macht in Peru, oder als *Gonzalo Pizarro*, der als Haupt einer Rebellion den Vizekönig *Blasco Núñez Vela* besiegte und enthauptete und sein Amt usurpierte (1546), oder als der ganz unsoldatische *Pedro de la Gasca*, der 1548 im Auftrage *Karls V.* ohne Soldaten Pizarro die Macht aus der Hand nahm, das Land ordnete, aber wieder nach Europa zurückkehrte. *Loaisas* Nachfolger *Toribio de Mogrovejo* leitete von 1580 bis 1606 geradezu die Geschicke Perus, obgleich zu seiner Zeit mit *Francisco de Toledo* ein tüchtiger Vizekönig die Krone vertrat[80].

Das bischöfliche Amt war vielfach der Punkt, in dem der Konflikt zwischen der Missionskirche und der Kolonialkirche ausgetragen wurde. *Dussel* hat nachgewiesen, daß das Klischee, nach dem die Bischöfe Exponenten der Kolonialkirche und die Orden, speziell die Jesuiten, die Exponenten der Missionskirche gewesen seien, in dieser verallgemeinerten Form keineswegs mit dem historischen Befund übereinstimmt, am allerwenigsten in dem untersuchten Zeitraum von 1504—1620, in dem bei vielen Bischöfen der spanisch-amerikani-

---

[78] Dussel 1969ff 35, V 4, 19ff meint, daß man in bezug auf Spanisch-Amerika sagen könne, daß die kirchliche Organisation zum Teil vorbereitend für die staatliche Organisation wirkte, z. B. die Schaffung der Erzdiözese Santa Fe de Bogotá 1564 für die erst 1718 erfolgte Gründung des Vizekönigreiches Nueva Granada und die der Erzdiözese La Plata für die erst 1776 erfolgte Gründung des Vizekönigreichs La Plata. Hortal 1973, 98 weist darauf hin, daß der Umfang der ersten brasilianischen Diözese Salvador an sich auf 50 leguas begrenzt war, um die Visitation zu erleichtern.

[79] Brasilien hing von 1500—14 sogar zunächst vom Vikariat Tomar ab, dann 1514 bis 1551 von dem neu geschaffenen Bistum Funchal auf Madeira, das nicht nur weit von Brasilien entfernt liegt, sondern dessen Bischof auch in dem noch entfernteren Lissabon zu residieren pflegte – Silveira Camargo 1965, 171.

[80] Dussel 1973, 83f.

schen Kirche ein starkes Bemühen um den Schutz der Indianer sichtbar wird[81]. Das ergibt sich auch aus den Kapiteln der Juntas Apostólicas oder Eclesiásticas[82], sowie der Diözesan- und Provinzialsynoden, deren Inhalt im Unterschied zum Tridentinum missionarisch-pastoraler, nicht dogmatischer Natur war. Die größte Bedeutung kommt in diesem Zusammenhang natürlich den Provinzialsynoden von Mexiko und Lima zu, da diese Metropolitansitze, die auf den Fundamenten der Reiche der Azteken und Inka aufbauten, die Zentren kirchlicher Organisation Hispano-Amerikas waren.

Man kann mit *Dussel* in den ersten Provinzialkonzilien von Lima (1551) und Mexiko (1555) eine Zäsur zwischen der ersten großen Missionsepoche und der Organisationsphase der Kirche sehen, die mit den Synoden beginnt[83]. Man sollte sich dabei klarmachen, daß sowohl die Missionsepoche wie die ersten Konzile noch vortridentinisch waren. Erst das II. Provinzialkonzil von Mexiko (1565) und das II. von Lima (1567–68) vermittelte die amerikanische Rezeption des kurz zuvor abgeschlossenen Tridentinums (1545–63). Welcher Anstrengungen es bedurfte, das immense Territorium von Kalifornien bis Chile kirchlich zu organisieren, sieht man u. a. an den Schwierigkeiten bei der Durchführung der ersten Synoden, die sich nicht nur aus Kommunikations- und Transportproblemen erklären. Zur Abhaltung des ersten Limenser Konzils mußte sich Loaisa zunächst der Unterstützung des Königs vergewissern. Trotzdem fand er 1550 mit seiner Einladung bei den Bischöfen keinerlei Widerhall. Auf seine zweite Einladung für 1551 hin schickten die Bischöfe auch nur ihre Prokuratoren als Stellvertreter[84]. Das zweite Limenser Konzil sah zwar 1567 eine Reihe von Bischöfen versammelt, aber ihre Kapitel wurden schlicht vom Indienrat abgelegt und erhielten weder die Approbation des Königs noch des Papstes, obwohl sie ganz dem Geist des Tridentinums folgten[85]. Nach den Bestimmungen des Tridentinums sollten alle drei Jahre Provinzialsynoden abgehalten werden. Obgleich *Paul V.* 1610 schließlich diese Frist auf zwölf Jahre verlängerte, wurde sie in den folgenden Jahrhunderten in Amerika selten eingehalten.

Das dritte Limenser Konzil wäre 1573 fällig gewesen. Die Einberufung scheiterte an der Abwesenheit von Vizekönig Toledo, der von 1570–75 die Generalvisite des

---

[81] Dussel 1969ff, dessen Untersuchung sich auf den spanischen Bereich beschränkt. Trotzdem gilt es, gleichzeitig die Bemerkung von Matthei 1970, 23 zu hören: Fast gänzlich dem Einfluß Roms entzogen und dem königlichen Patronat verpflichtet, „fühlten sich die Bischöfe dem gemeinsamen Unternehmen der Ausweitung des Reiches beider Majestäten, der göttlichen und der in Madrid residierenden irdischen verpflichtet. Die Grenzen ihrer eigenen Diözesen (die ohnehin ziemlich unbekannt waren) lasteten weniger auf ihren Seelen als die Verteidigungs- und Angriffslinien gegen den gemeinsamen Gegner: den häretischen Piraten, den Portugiesen, den Kariben, den nicht pazifizierten Eingeborenen".

[82] Die erste nur von Missionaren veranstaltete Junta fand 1524/25 in Mexiko statt, die erste, an der ein Bischof teilnahm, daselbst 1532 – Dussel 1972, 67.

[83] Dussel 1973, 83f, der erwähnt, daß er eine Liste von 72 Synoden in Spanisch-Amerika für den Zeitraum von 1536–1636 aufgestellt habe.

[84] Vgl. Egaña 1966, 60ff zum Konzil; zum ersten mexikanischen Provinzialkonzil vgl. Zubillaga 1965, 381ff; zum zweiten Limenser Konzil Egaña 1966, 63ff – Quellen der Limenser Konzile bei Vargas U. 1951ff; zum zweiten mexikanischen Konzil Zubillaga 1965, 580. Zur Person von Erzbischof Loaisa, der vorher in Spanien Generalmeister des Dominikanerordens gewesen war, vgl. Egaña 1966, 44f und 60ff.

[85] Egaña 1966, 64.

Vizekönigreiches durchführte. Toledo wünschte dringend ein Konzil, um zwischen Mönchen und Klerikern Einigkeit über die Art der Indianerkatechese, des Katechismus, der Verwaltung der Sakramente und die Form der Messe herzustellen, aber bei seiner Rückkehr war Loaisa gestorben. Sieben Jahre blieb der Stuhl des ausgedehntesten Erzbistums der Welt unbesetzt. Es fehlte nicht an Versuchen Franciscos de Toledo, trotzdem die Synode abzuhalten, die er durch den Bischof von Quito, Fr. Pedro de la Peña, einberufen ließ. Fast alle Bischöfe fanden passende Entschuldigungen, um ihr Fernbleiben zu begründen. Dabei spielte auch der Streit zwischen den Stühlen von Quito und Panamá eine Rolle, pochte doch Fr. Manuel Mercado Alderete auf das größere Alter seines Bistums am Isthmus, das ihm das Recht auf die Einberufung der Synode und auf ihren Vorsitz geben sollte. Erst der neue Metropolit Toribio Alfonso de Mogrovejo konnte dann 1581 endgültig das Concilium Provincialis Limensis III zu 1582 einberufen, nachdem alle Prälaten eine direkte königliche Order bekommen hatten, in der alle eventuellen Entschuldigungsgründe für nichtig erklärt wurden. Die einjährige Frist erwies sich angesichts der langen Post- und Reisewege für die Prälaten der entferntesten Bistümer, etwa Nikaragua oder Asunción, als noch zu knapp bemessen[86]. Dennoch wäre das mühsam einberufene Konzil beinahe auf skandalöse Weise über den Streit um das Verhalten des Bischofs von El Cuzco, Sebastián de Lartaún, zerbrochen, über den Klagen aus Klerus und Bürgerschaft seiner Diözese vorlagen. Nachdem sich die Mehrzahl der Bischöfe und die anwesenden Mitglieder der Audiencia mit Lartaún solidarisiert und die Synode ohne ihren Oberhirten fortzuführen versucht hatten, wurden sie von Mogrovejo öffentlich exkommuniziert. Es gelang zwar der Audiencia zu vermitteln und den Frieden wiederherzustellen, aber Lartaún erkannte das kanonische Recht des Erzbischofs auf den Vorsitz im Konzil nicht an. Er wollte sich nur der Leitung durch den Heiligen Geist unterstellen[87].

Trotz der unerfreulichen Streitereien der Bischöfe, die gleichzeitig ein Ausdruck ihres Unabhängigkeitsstrebens gegenüber der schwach entwickelten kirchlichen Zentralautorität wie auch ihres Selbstbewußtseins ist, gilt das *Limensis III* wegen der Bedeutung seiner Kapitel als das Tridentinum Südamerikas, ungeachtet der großen inhaltlichen Unterschiede. Es übertrifft an Gewicht noch das *III. Provinzialkonzil von Mexiko* (1585), das gelegentlich als das „Tridentinum Mexikos" bezeichnet wird[88]. Diese beiden bedeutendsten Synoden der Kolonialzeit assimilierten endgültig den Geist und die Bestimmungen von

---

[86] Vargas U. 1953ff II, 49ff. Nikaragua und Panamá waren allerdings gerade vakant. Zusätzliche Probleme entstanden für die Kirchenorganisation dadurch, daß in fast jeder Erzdiözese immer irgendein Bistum längere Zeit verwaist war. Zu den rechtlichen Aspekten der Synoden vgl. Bruno 1967, 179ff. Zu Santo Toribio de Mogrovejo vgl. die umfangreiche Biographie von Rodríguez V. 1956f I–II.
[87] Vgl. Egaña 1966, 269ff, Vargas U. 1953ff II, 42ff. Die trübe Rolle des ersten Bischofs von Tucumán, Fr. Francisco de Victoria, eines gebürtigen Portugiesen, der um 1560 in Peru Dominikaner geworden war und der sich in Lima auf dem Konzil beim Herausgehen des Erzbischofs der Konzilsakten bemächtigte, um die Fortführung des Konzils auch in Abwesenheit des Erzbischofs zu ermöglichen, beschreibt besonders Bruno 1966ff I, 401f. Durch den Tod des Vizekönigs gewannen die Oidores als Vertreter der staatlichen Gewalt einen ungünstigen Einfluß auf das Konzil.
[88] Egaña 1966, 273 und Dussel 1972, 68; vgl. eine Tabelle der Provinzialsynoden bei Dussel 1972, 71. Das Mexikanum III wurde übrigens erst 1621 von Philipp III. bestätigt und damit in Kraft gesetzt! Nach den Provinzialsynoden des ersten Viertels des 17. Jahrhunderts fanden 150 Jahre keine Provinzialsynoden mehr statt, nur Diözesansynoden, deren Zahl wesentlich größer ist. „Die vorhergehende königliche

Trient (vgl. 2331), was auf den vorherigen Synoden von 1565 bzw. 1567/68 wegen der großen zeitlichen Nähe nur teilweise gelungen war. Auch erlangten die Beschlüsse des Limensis II erst durch ihre Bekräftigung auf der dritten Synode endgültig Rechtskraft[89]. Wenn noch das Lateinamerikanische Plenarkonzil von Rom 1899 streckenweise eine Aktualisierung der Disziplinarbestimmungen und des Pastoralsystems des Limensis III darstellt[90], dann nicht deshalb, weil jene Synode des 16. Jahrhunderts eine sklavische Nachahmung von Trient war, sondern weil sie eben nicht versucht hatte, eine ‚importierte' Kirche zu etablieren, sondern die Probleme der Evangelisierung der Indianer, der Benutzung der Indianersprachen, des Katechismus und des Tätigkeitsfeldes der Pfarrer in einer neuartigen Missionssituation in angemessener Weise zu lösen. Hier und auf den anderen Synoden des 17. Jahrhunderts strengte sich die Kirche enorm an, der Wirklichkeit von ‚Indo-Amerika', dem Amerika der Indianer, mit dem es überlagernden Kolonialamerika gerecht zu werden. Diese Wirklichkeit war allerdings so komplex, daß sie die Anpassungsmöglichkeiten der damaligen Kirche überstieg. Man wird der Kirche des 16. Jahrhunderts allerdings mit *Dussel* bescheinigen können, daß sie ernsthaft und hart an der Bewältigung der ihr gestellten übergroßen Aufgabe gearbeitet hat, „viel mehr", als sie es irgendwann später getan hat[91].

Die brasilianische Kirchengeschichte ist von der langsamen Ausbildung der kirchlichen Strukturen durch den hemmenden Einfluß des Regalismus gekennzeichnet. Von 1551 bis 1676 gab es nur ein einziges Bistum, in den folgenden 21 Jahren bis 1889, also bis zum Ende des Kaiserreiches, nur ein Erzbistum mit sechs Bistümern und zwei Prälaturen, ein Hinweis darauf, daß die kolonialen staatskirchlichen Strukturen auch nach der Unabhängigkeit fortbestanden.

Nachdem der erste in das neue Erzbistum Bahia berufene Metropolit, *Gaspar Barata de Mendoça*, wegen seines vorgerückten Alters gleich in Portugal geblieben war und die Amtsgeschäfte durch Vertreter erledigen ließ, sollte es noch gut 30 Jahre dauern, bis der 7. Erzbischof, *Sebastião Monteiro da Vide* (1702–22), *1707 die einzige brasilianische Provinzialsynode der Kolonial- und Kaiserzeit* einberief, um zu einer inneren Ordnung der kirchlichen Verhältnisse zu kommen. Die von ihr verabschiedeten „Ersten Konstitutionen des Erzbistums Bahia" lassen den Versuch erkennen, wenigstens auf kirchlichem Gebiet die totale Abhängigkeit von der Metropole zu überwinden und durch die Erringung einer gewissen Autonomie auf kirchlichem Gebiet zur Schaffung einer menschlicheren Gesellschaft in Brasilien beizutragen. Aber diese Absicht konnte gerade in dem für die brasilianische Entwicklung maßgeblichen ländlichen Gebiet kaum erreicht werden, weil die „pastoralen Agenten" im Stile von Priestern in Eigenkirchen fast völlig von den Grundbesitzern, den bestimmenden Elementen der lokalen patriarchalischen Kultur, abhängig waren.

Erlaubnis, die Teilnahme der Vizekönige an dem Konzil als Vertreter der Person des Monarchen und die Prüfung der Konzilsbeschlüsse durch den Indienrat bedeuteten so viele Schwierigkeiten, daß die amerikanischen Kirchenfürsten wenig Neigung zur Veranstaltung dieser Kirchentagungen hatten" – Konetzke 1965, 236f. In Brasilien war es im Zuge der Reformen Pombals (ab 1756) unmöglich, irgendwelche Synoden abzuhalten. Der Regalismus wollte jegliche freie Diskussion kirchlicher Probleme durch die kirchliche Organisation verhindern – vgl. Hoornaert 1974, 64.

[89] Vgl. Zubillaga 1965, 580 und Egaña 1966, 64.
[90] Bruno 1966ff I, 401.   [91] Dussel 1973, 84.

Ähnlich wie die Kapitel des Limensis III oder des 3. Provinzialkonzils von Mexiko haben die „Ersten Konstitutionen . . ." wegen ihrer Situationsbezogenheit Modellcharakter und wurden weder vom Lateinamerikanischen Plenarkonzil in Rom 1899 noch vom ersten brasilianischen Plenarkonzil 1939 übertroffen. Erst die Lateinamerikanische Bischofskonferenz von Medellín 1968 sollte in ihrem Bemühen um kirchlich-theologische Unabhängigkeit von Europa und um die Bewältigung der spezifischen Probleme der Neuen Welt den Anschluß an die drei bedeutendsten Synoden der Kolonialzeit herstellen und auf dem von ihnen eingeschlagenen Weg weitergehen[92]. Es ist übrigens auch ein gemeinsamer Zug aller drei Synoden, daß ihre Kapitel in der Volkssprache abgefaßt und erst nachträglich ins Lateinische übersetzt worden sind.

Die starre Übertragung der europäischen Bistumsstruktur mit ihrem Domkapitel erwies sich als unangemessen für die ambivalente Situation einer Missions- und Kolonialkirche. Sie wurde speziell der Missionsaufgabe nicht gerecht. Hortal bemerkt in bezug auf Brasilien, daß das Vorhandensein der traditionellen kirchlichen Makro-Struktur die Illusion nährte, daß eine fest gefügte Kirche vorhanden sei und daß die Bewohner des Landes römisch-katholische Christen seien[93]. Die Interessengegensätze zwischen Rom und den iberischen Kronen verhinderten eine Lösung der strukturellen Probleme der Kirche. Als die spanische Junta Magna 1568 mit Billigung Philipps II. den vernünftigen Vorschlag machte, das traditionelle Bistumsmodell auf die spanischen Siedlungszentren zu beschränken und für die Missionsgebiete reine Ordensdiözesen zu schaffen, in denen Bischof und Glieder des Kapitels aus demselben Orden stammten, so daß auch Kompetenzstreitigkeiten zwischen Bischöfen und Orden vermieden würden, lehnte Rom diesen Vorschlag ab, wahrscheinlich aus Furcht vor einer zu großen Machtzunahme der Orden. Als Papst Gregor XV. dann 1622 versuchte, die weltweiten Missionsprobleme von Rom aus in den Griff zu bekommen durch die Gründung der Congregatio de propaganda fide, war es für Lateinamerika bereits zu spät. In den spanischen Gebieten war die Hierarchie grobmaschig organisiert. Und auch Brasilien war als direkt zum portugiesischen Staatsverband gehöriges Territorium dem Zugriff Roms entzogen. Gensichen betont, daß man nach den neueren Forschungsergebnissen in der Gründung der „Propaganda fide" nicht nur eine kuriale Zentralisierungsmaßnahme sehen dürfe, sondern daß es sich dabei um den Ausgangspunkt einer missionsmethodischen Umwälzung handelte, die der Abwehr der „Politisierung und Kommerzialisierung der Mission", der „Europäisierung der Missionskirchen" und der „Zersplitterung durch Ordensrivalitäten" dienen sollte[94].

---

[92] „Constituiçoes primeiras do arcebispado da Bahia" — vgl. Hoornaert 1972, 279f. In den Konstitutionen findet sich u. a. im 3. Buch, Titel 32 (Art. 551) der erste brasilianische auf die Lage der Sklaven zugeschnittene Katechismus. Vgl. auch Hoornaert 1974, 74 und 80, der hier die Konstitutionen kritischer betrachtet als Ausdruck eines die patriarchalischen Strukturen stützenden Katholizismus „religiöser Assistenz".

[93] Hortal 1973, 98, der die Rede von Brasilien als dem „größten katholischen Land der Welt" auf die Illusion zurückführt, es handele sich bei der brasilianischen Kirche um eine festgefügte Institution, während es sich in Wirklichkeit um eine Kirche in einer Missionssituation handelt: „Brasilien wurde nie wirklich als Missionsland betrachtet."

[94] Bruno 1967, 247–49; Pius V. hatte schon 1568 eine Kongregation zur Bekehrung der Ungläubigen gegründet. Aber ihre Ausdehnung auf den spanischen Kolonial-

Aufs Ganze gesehen hat die Hierarchie in Brasilien in der Kolonialzeit nie eine so gewichtige Rolle gespielt wie in Hispano-Amerika. Infolge ihrer späten Etablierung lag die organisatorische Last stärker bei den schon lange im Lande tätigen Orden. Der Kirche fehlte ein eigentliches Zentrum, eine ihr innewohnende Dynamik, ein Mangel, der bis heute nachwirkt[95]. Deshalb wurde sie leichter zu einer Exponentin der Interessen der kolonialen Gesellschaft. Man kann direkt von „Kolonialpakten" der Kirche mit dem Staat sprechen, die in den Jahren 1557–1614 und 1750–1808 zu einer weitgehenden Unterdrückung der missionarisch-apostolischen Arbeit der Kirche unter den Indianern führten[96]. Aber auch im spanischen Bereich kann man im 17. Jahrhundert erhebliche Veränderungen der kirchlichen Landschaft konstatieren. Es brachte nicht nur die Blüte kolonialbarocker Frömmigkeit, sondern war gekennzeichnet von zahllosen Streitigkeiten zwischen Bischöfen und Orden und zwischen den Jesuiten und Dominikanern. Die Missionsaufgabe trat in den Hintergrund[97].

2122 Die Kirche als Werkzeug und Gefangene des monarchisch-absolutistischen Staates

Man kann die Geschichte der Kirche der Kolonialzeit nur verstehen, wenn man sich über den gordischen Knoten im klaren ist, durch den die kirchliche Verwaltung mit der staatlichen verbunden war. Durch die Unterwerfung ihrer Amtsträger unter die staatliche Autorität wurde die Kirche in ein „instrumentum regni" umfunktioniert. Die mittelalterliche Synthese von Religion und staatlicher Institution erlebte im Zeichen der politischen Doktrin der Gegenreformation in den iberischen Staaten, die sich dieselbe in besonders hohem Maße zu eigen machten, eine Neuauflage[98]. Die Religion wurde von den iberischen Monarchen als das feste Fundament der politischen Herrschaft angesehen. Ihre „Kirchenpolitik in Amerika folgte der Auffassung, daß die staatsbürgerlichen Tugenden der Untertanen in der Religion am festesten begründet sind"[99]. Bei Anerkennung aller Großzügigkeit und Hilfsbereitschaft speziell der spanischen Kronen im Anfangsstadium der Kirchwerdung in Amerika gereichte die staatliche Protektion und Bevormundung der Kirche, die sie um ihre evangelische Freiheit brachte, ihr doch mehr zum Schaden als zum Nutzen. 1591 bezeichnete der Bischof von El Cuzco, Fr. Gregorio de Montalbo OP, die Unterdrückung der Kirche im Namen des königlichen Patronates sogar als „Luteranismo"[100], also als Parallele zu dem in den reformatorischen Territorien entstandenen landesherrlichen Kirchenregiment, das Luther allerdings keineswegs als ideale

---

bereich scheiterte am Widerstand Philipps II. – vgl. Konetzke 1965, 227. Gensichen 1961, T 4.

[95] Comblin 1966, 589.   [96] Hoornaert 1973, 118f.   [97] Dussel 1973, 87.

[98] Montenegro 1972, 12ff und 39, der von einer Synthese der Ratio Status und der Ratio Confessionis spricht.

[99] Konetzke 1965, 238; in ähnlichem Sinne bemerkt Costeloe 1967, 14ff, daß die spanischen Monarchen sich abgesehen von ihrer religiösen Überzeugung des Wertes bewußt waren, den eine etablierte Kirche für die Aufrechterhaltung und Sicherung ihres Einflusses über die entfernt liegenden Kolonien darstellen mußte. Daher lag es nicht nur im religiösen, sondern auch im politischen Interesse der Krone, die Entwicklung einer mächtigen Kirche nach Kräften zu fördern, was u. a. durch die Übergabe des Zehnten an den Klerus geschah.

[100] Vargas U. 1953ff I, 367f u. 371.

Form der Kirchenleitung betrachtete, kannte er doch ebensowenig einen christlichen Staat „wie ein christliches Schusterhandwerk"[101].

Der wachsende staatliche Einfluß auf das kirchliche Leben ist ein Ausdruck der fortschreitenden Ausbildung des monarchischen Absolutismus, die in spanischen Landen unter den Habsburgern (1504—1700) erfolgte[102] und innenpolitisch unter Karl V. besonders deutlich wurde bei der Niederschlagung des Aufstandes der ‚Communeros', kastilischer Kommunalstände, im Jahre 1520, sowie außenpolitisch 1557 im Krieg Philipps II. gegen Papst Paul IV., der sich mit den Franzosen verbündet hatte. Es kam allerdings in den Kolonien zu einer viel weitergehenden Unterordnung der Kirche unter die Staatsgewalt als in den iberischen Metropolen, was sich aus der staatlichen Leitung der Heidenmission ergab[103], die sich aus dem Patronatsrecht entwickelte.

21221 *Die historische Genesis des kolonialen Staatskirchentums*

Portugal, dessen maritime Expansion vor der spanischen begann, erwirkte auch zuerst päpstliche Sonderrechte für seine Kolonialgebiete, aus denen sich das königliche Patronat entwickelte. Die Verleihung dieser Rechte muß man auf dem Hintergrund des Kampfes gegen die Sarazenen sehen, gegen die durch die Kolonialunternehmungen im Mittleren Osten eine zweite Front errichtet werden sollte. Die Päpste versahen mit verschiedenen Bullen im 15. Jahrhundert die portugiesischen Seefahrts- und Eroberungsprojekte des Christusritter-Ordens mit ihrem Segen.

Zunächst erhielten die portugiesischen Könige nach der Eroberung der Kanarischen Inseln des Investiturrecht. Und „*1452* wurden Alfonso V. und seine Nachfolger vom Papst Nikolaus V. durch die Bulle ‚*Dum diversas*' ermächtigt, ‚die Länder der Ungläubigen zu erobern, diese zu unterwerfen und zu versklaven'"[104]. Damit wurde das portugiesische Besitzrecht an im legitimen Kreuzzug eroberten Ländern und das ausschließliche Handels- und Verkehrsrecht mit ihren Einwohnern bestätigt, sowie das Investiturrecht auf sie ausgedehnt. Mit dieser Bulle billigte der Heilige Stuhl also generell das, was wir heute die militärisch-politische Missionsmethode nennen könnten. Mit der Bulle „*Romanus Pontifex*" bestätigte Nikolaus V. *1494/95* diese Rechte und erwähnte ausdrücklich, daß die portugiesischen Könige das Recht hätten, Kirchen, Kapellen und fromme Stätten zu errichten und Missionare zu entsenden. Kalixt III. erteilte *1456* mit der Bulle „*Inter coetera*" noch weitergehende Vollmachten in bezug auf die überseeischen Kirchen, indem er der Krone nicht nur das Jus patronatus im engeren Sinne, also wesentlich das Investiturrecht, bestätigte, sondern dem Christus-Orden die gesamte ordentliche kirchliche Gerichtsbarkeit über alle schon entdeckten und noch zu entdeckenden Länder vom Kap Bojador entlang der Küste von Guinea bis nach Indien übertrug, so daß dessen Großmeister alle Kirchenämter und Pfründen verleihen konnte. Da der portugiesische König gleichzeitig das Amt des

---

[101] Vgl. Holl 1911, 347.
[102] G. Lanzckowski, Spanien — RGG³ VI, 226.
[103] Konetzke 1965, 227. Während für alle weltlichen und kirchlichen Angelegenheiten Spanisch-Amerikas definitiv etwa ab 1524 als oberste Verwaltungsbehörde der ‚Consejo Real y Supremo de las Indias' (Indienrat) zuständig war, war die erst 1604 gegründete portugiesische Zentralbehörde, die ab 1642 ‚Conselho Ultramarino' hieß, nur für die weltliche Verwaltung zuständig. Kirchenpolitik und Mission waren Sache der ‚Mesa de Consciência e Ordens' (1627—1828), die mit anderer Ordnung schon ab 1532 bestanden hatte — ebd. 119ff und Hoornaert 1974, 64.
[104] Jacob 1969, 79.

Großmeisters des Christusritter-Ordens zu bekleiden pflegte, wurde er durch die Bulle von 1456 zu einer Art Bischof, ja sogar Laienpapst über die portugiesischen Kolonialgebiete[105]. „... die Großmeisterwürde des Christusordens wurde zur Quelle des Staatsabsolutismus auf dem portugiesischen Missionsgebiet. Das Kolonialreich war nullius dioceseos, und der Großvikar des Mutterklosters von Tomar vom Großmeister, dem König, völlig abhängig"[106], und zwar definitiv seit 1551 die Großmeisterwürde ein für allemal der portugiesischen Krone eingegliedert wurde.

Die Bulle von 1456 im Zusammenhang mit dem Motu proprio ‚Inter cetera' Alexanders VI. von 1493 und dem Vertrag von Tordesillas sollte auch die Grundlage der portugiesischen Kirchenpolitik in Brasilien bilden[107].

Wie bereits oben (122) erwähnt, bildete die Bulle „Romanus Pontifex" einen Präzedenzfall für ähnliche Forderungen der Katholischen Könige an Rom nach der ersten Reise von Kolumbus. Sie hatten ähnliche Vorrechte schon während des Feldzuges gegen das Maurenreich Granada mit der Patronatsbulle Innozenz' VI. erwirkt, nämlich „das Vorschlagsrecht für die Besetzung der Bischofsstühle ... die Verleihung aller kirchlichen Benefizien" und die Abtretung des Zehnten. „Nach diesem Vorbild erstrebte das spanische Königspaar auch die Schutzherrschaft über die neue Kirche in Westindien."[108] Rom kam diesem Verlangen weitgehend entgegen und marginalisierte sich dadurch selbst gegenüber der Neuen Welt. Grundlegend sind die Bullen Alexanders VI. aus dem Jahre 1493 „Inter cetera" und „Eximiae devotionis" sowie „Eximiae devotionis" von 1501, „Universalis Ecclesiae" (1508) von Julius II. und „Sacri Apostolatus munere" (1518) von Leo X. Die damit an die spanischen Kronen verliehenen Privilegien könnte man schon ein „Superpatronat" nennen. Es besteht aus fünf Privilegien: dem Recht, Missionare auszusuchen und zu entsenden, dem ausschließlichen Besitzrecht an Amerika, gekoppelt mit der Missionsverpflichtung, dem Recht zur Erhebung des Zehnten, dem Universalpatronat über die Kirche der Neuen Welt und dem Recht, die Bistümer zu teilen. Das bedeutet, daß Rom sich der Möglichkeit begab, die Christenheit in Amerika zu errichten und zu reformieren, die Missionsvorhaben zu steuern, die amerikanische Kirche in finanzieller Hinsicht zu kontrollieren, die Glieder der Hierarchie selbst auszusuchen und den Aufbau der Diözesanorganisation zu bestimmen.

„Ferdinand der Katholische hatte die Grundlagen für ein Staatskirchentum im spanischen Amerika geschaffen." Bei einer sehr engen Auslegung der Privilegien wären Rom noch einige Einflußmöglichkeiten offen gewesen. Aber Karl V.

---

[105] Vgl. Tormo 1962ff I, 112ff, der das Wort vom Laienpapst zitiert nach Garcia Gutiérrez, Regio Patronato Indiano, S. 27. Tormo weist darauf hin, daß die Bulle „Dum diversas" von 1452 im Grunde nur frühere Bullen von Martin V. — „Sicut carissimus" (1418) — und von Eugen IV. — „Cum dudum affligebant" — bestätigte.

[106] Promper 1965, 96.

[107] Vgl. Konetzke 1965, 241. Erst seit der Expedition von Martim Afonso de Sousa 1532 „und der Einrichtung der Donatários haben wir Nachrichten über eine portugiesische Kirchenpolitik in Brasilien. Einzelne vorhergehende Errichtungen von Kapellen und die ersten Missionsversuche erfolgten ohne Mitwirkung der Krone. Nunmehr entsandte und bezahlte der König Vikare und Kapellane und ordnete die Errichtung von Pfarreien an. Andererseits übernahmen die Donatários die Initiative zur Erbauung von Kirchen. Mit der Einsetzung eines Generalgouverneurs im Jahre 1549 verstärkte sich die Betätigung des portugiesischen Königs als Kirchenpatron in Amerika". Mit der päpstlichen Bulle zur Errichtung eines Bischofsitzes in Salvador wurde die Rechtslage noch einmal bestätigt.

[108] Ebd. 220.

und Philipp II. erweiterten ständig den Bereich ihrer Interventionen in kirchliche Angelegenheiten, indem sie Einzelheiten des Kultes festlegten, Verhaltensnormen für die Kleriker und Religiosen erließen etc. Die letzte Möglichkeit des Vatikans, die amerikanische Kirche durch päpstliche Erlasse, Richtlinien und Ratschläge zu beeinflussen, wurde schließlich noch weitgehend verbaut, indem Karl V. 1538 das königliche Placet (spanisch: pase oder visto bueno) einführte, so daß keinerlei päpstliche Verlautbarungen in Amerika ohne Prüfung und Zustimmung der Krone bekanntgemacht werden durften[109].

Trotz aller Privilegien blieb bei allen Ernennungen von Gliedern der Hierarchie oder gewichtigen geistlichen Entscheidungen Rom zuständig. Wegen des schnellen Wandels der Situationen in Amerika und wegen der enormen Entfernung wurde sowohl in Eingaben und Briefen aus der Neuen Welt wie von der spanischen Krone die Ernennung eines außerordentlichen Bevollmächtigten verlangt, der den Instanzenweg nach Rom überflüssig machte, indem er die notwendigen Entscheidungen an Ort und Stelle traf. Man wollte also weniger die Verbindung Amerikas mit Rom vertiefen, als die Vollmachten des Papstes direkt durch einen Vertreter beanspruchen, wodurch Rom befürchten konnte, überflüssig zu werden und womöglich einer Spaltung der Kirche vorzuarbeiten. 1493 hatten die Katholischen Könige umfangreiche päpstliche Vollmachten für den Benediktiner Fr. Bernal Boil erwirkt, der das erste Dutzend Kleriker führte, die nach Hispaniola ausreisten. Er hat die umfangreiche Reihe von Kontroversen zwischen der geistlichen und der weltlichen Macht in der Kolonialgeschichte Amerikas eröffnet und sogar Kolumbus mit dem Kirchenbann belegt, um ihn zur Mäßigung bei seinen Maßnahmen zu zwingen. Ende 1494 kam Boil krank nach Spanien zurück. Nie wieder kam es zwischen Spanien und Rom zu einer Verständigung über die Ernennung eines besonderen päpstlichen Bevollmächtigten für Amerika, sei es eines Patriarchen mit Sitz in Spanien, wie ihn Ferdinand V. 1513 erbat, oder zweier Patriarchen mit Sitz in Peru und Neuspanien, wie sie Philipp II. 1560 wünschte oder über die Errichtung einer päpstlichen Nuntiatur in Amerika, wie sie Pius V. ab 1568 anstrebte. Die Krone wollte die kirchlichen Probleme Amerikas nach eigenem Gutdünken durch einen selbst ausgesuchten päpstlichen Bevollmächtigten lösen, also durch eine „königliche Kreatur". Rom erkannte bis 1566 die Dringlichkeit des Problems nicht in vollem Umfang und sah auch keinen Weg zu seiner Lösung. Von Papst Pius V. an versuchte es dann, genau den entgegengesetzten Kurs zur Krone zu steuern, also die Probleme nach eigenem Gutdünken zu lösen. So blockierte man sich gegenseitig: Rom willigte nicht in ein spanisches Patriarchat für Amerika ein, und Madrid verhinderte die Errichtung einer päpstlichen Nuntiatur in Amerika[110].

---

[109] Rom verblieb natürlich noch das Recht der Jurisdiktion nach dem Kanonischen Recht, das aber nur bei Verstößen gegen Vorschriften des Kanonischen Rechts zum Tragen kam. Vgl. Borges 1961, 146ff und Konetzke 1965, 221ff, sowie Bruno 1966, der 118ff u. a. noch das Breve „Exponi nobis fecisti" Hadrians VI. von 1522 erwähnt, das als Bulle „Omnimoda" bekannt ist. Hierin wird das königliche Recht, die Missionare auszusuchen, zu approbieren und zu verteilen, bekräftigt, unbeschadet der Jurisdiktion über sie, die in Händen der Orden bzw. Roms blieb. Außerdem wurden den Leitern der missionarischen Expeditionen dieselben Vollmachten über ihre Mitbrüder gegeben, die sonst nur die Ordensgeneräle hatten.

[110] Zu Boil (Boyl) s. Tormo 1962ff I, 66ff; im übrigen: Borges 1961, 153–160 und Konetzke 1965, 224f.

Pius V. (1566—72), Gregor XIII. (1572—85) und Sixtus V. (1581—90) versuchten, die Entsendung von Visitatoren nach Amerika durchzusetzen, sprachen doch ihre amerikanischen Informanten von „schweren Mißbräuchen" in der Kirche der Neuen Welt. Sie wurden allerdings recht einseitig informiert, nämlich vorwiegend von den Gegnern des iberischen Patronatssystems, und es fehlte der Kurie an dem notwendigen kritischen Gespür zur Auswertung der Berichte, aber auch an der Möglichkeit zu umfassender Information. Denn schon 1538 hatte Karl V. die Bischöfe Neu-Spaniens angewiesen, alle an Rom zu richtenden Gesuche oder Berichte über den Indienrat zu leiten.

Man kann geradezu von einer Nachrichtensperre sprechen, die Karl V. und Philipp II. gegenüber dem Vatikan verhängten, nach dem Prinzip: „Je weniger der Papst über Amerika erfährt, desto geringer ist die Gefahr, daß er sich in seine Angelegenheiten einmischt." Der spanische Hof sorgte über seinen Botschafter am Vatikan dafür, daß nur positive Versionen über die spanische Kolonialpolitik, die von 1580 bis 1640 auch für den portugiesischen Bereich bestimmend war, durchsickerten. Der Indienrat hatte in Spanien und der spanische Botschafter in Rom geradezu ein Polizeisystem errichtet, um unerwünschte Informanten notfalls mit Gewalt abzufangen. In demselben Sinne wirkte der ‚Generalkommissar der Indien' des Franziskanerordens, der vielen Religiosen die Reise nach Italien untersagte. Philipp II. hatte dieses Amt, das die Junta Magna von 1568 vergeblich für alle Missionsorden gefordert hatte, ganz unter seine Kontrolle gebracht und konnte über den Franziskanerorden etwa die Hälfte aller Ordensleute in Amerika steuern[111]. Statt einer Entsendung von Visitatoren nach der Neuen Welt gelang Rom schließlich 1588 nur die Entsendung eines Visitators, Pedro de Moya y Contreras, zum Indienrat, dessen Ernennung sich der König selbst vorbehalten hatte. Als weiteren Erfolg konnte Sixtus V. 1585 die Durchsetzung der Visitatio ad Limina verbuchen, der bischöflichen Pflicht zur Berichterstattung beim Papst, und zwar im Zehnjahresrhythmus. Wegen der ungünstigen Folgen einer langen bischöflichen Abwesenheit für das kirchliche Leben der Diözesen mußte Rom später die Forderung auf die Entsendung eines bischöflichen Prokurators ermäßigen. Auch dies wurde oft nicht eingehalten, und es gelang der Krone, die Leitung der ohnehin nur sehr sporadisch gesandten bischöflichen Berichte über den Indienrat zu erzwingen, so daß Rom wieder keine Informationen aus erster Hand erhielt. Es ist charakteristisch für den Regalismus der Bourbonen, daß Karl III. 1777 in Rom sogar um einen völligen Dispens von der bischöflichen Berichterstattungspflicht nachsuchte, den Pius VI. allerdings versagte[112].

Borges ist der Meinung, daß Karl V. und Philipp II. subjektiv keinen Cäsaropapismus anstrebten, sondern sich dem Einfluß Roms in Amerika widersetz-

[111] Borges 1961, 162, 149ff, 145f. 1572 ernannte der Ordensgeneral der Franziskaner Pater Francisco de Guzmán zum Generalkommissar. Das Ordenskapitel von Toledo (1583) und auch der Papst billigte diese Institution — Konetzke 1965, 232. Da der Generalkommissar seine Residenz bei Hofe haben mußte und vom Hof vorgeschlagen wurde, war er ein Werkzeug des Königs. In der einschlägigen Literatur bei Borges und Konetzke wird übersehen, daß das Amt eines „Comisario general... en las provincias de las indias..." schon 1528 auf dem Generalkapitel von Guadalajara geschaffen wurde, das allerdings bestimmte, daß die Amtsinhaber in Amerika wirken sollten — Prien 1967, 21f mit Belegen. In der späteren Ausbildung des Indienkommissariats verloren die Provinziale und der General weitgehend den direkten Einfluß auf die Ordensangehörigen in Amerika. Zur Bedeutung der Junta Magna von 1568 vgl. Beckmann 1970, 257f bzw. 2332.

[112] Borges 1961, 166f. Pius V. hatte schon 1586 eine Kardinalskommission eingesetzt, die sich mit den amerikanischen Problemen befassen sollte — aaO 149 und Vargas U. 1953ff I, 362.

ten, weil sie glaubten, daß niemand die Geschicke der westindischen Christenheit besser lenken könne. Borges wagt keine Aussage darüber, ob eine Kontrolle der amerikanischen Kirche durch Rom im 16. Jahrhundert zu ihrem Vorteil gewesen wäre, was man angesichts des römischen Versagens in Europa füglich bezweifeln kann[113].

Schon im 16. Jahrhundert wurde bei den spanischen Königen das Bestreben nach dem Ausbau des westindischen Kirchenpatronats zu einem königlichen Vikariat sichtbar. Wenn es ihnen auch nicht gelang, direkt den Rechtstitel eines päpstlichen Vikars zu erhalten, so erwarben sie doch de facto dessen Rechte, die ihnen die geistliche Regierung der Neuen Welt ermöglichten[114]. Die Entstehung der Theorie des königlichen Vikariates Christi kann hier nicht im einzelnen geschildert werden. Sie wurde zuerst von Regularklerikern verteidigt, die mit ihrer Hilfe die von Rom nach dem Tridentinum wiederholt geforderte Unterstellung der Missionsarbeit der Orden unter die bischöfliche Jurisdiktion vermeiden wollten, danach von Juristen weiterentwickelt — vgl. „De Indiarum iure y Politica indiana" I und II 1629/39 von dem Juristen des Indienrates Juan de Solórzano Pereira — und im 18. Jahrhundert im Zeichen des aufgeklärten Absolutismus der Bourbonen zur offiziellen Lehre des Hofes. Karl III. betrachtete sich aktenkundlich nachweisbar ab 1765 als „Vikar und Legat des Apostolischen Stuhles" und beanspruchte die gesamte geistliche Leitung der Kirche Amerikas, einschließlich der kirchlichen Jurisdiktion.

Die Auswirkungen des staatlichen Patronats waren in Brasilien ganz ähnlich wie in Spanisch-Amerika. Es entwickelte sich in der Öffentlichkeit nicht das Bewußtsein, daß Kirche die Gemeinschaft der Christen ist, sondern daß Kirche eine Verwaltungsstruktur sei, die sich auf positives staatliches Recht gründe „und, was schwerwiegender ist, im Dienst des Staates steht"[115].

21222 Das Ausmaß der staatlichen Eingriffe in das Leben der Kirche Amerikas

Nachdem im vorigen Abschnitt die historische Entwicklung des kolonialen Staatskirchentums angedeutet ist, sollen nun seine praktischen Auswirkungen auf die einzelnen Gebiete des kirchlichen Lebens noch in Form eines systematischen Überblicks verdeutlicht werden.

Das im Patronatsrecht enthaltene Recht der Stellenbesetzung ermöglichte der Krone eine gewisse Unterordnung der hierarchischen Instanzen.

Der Indienrat reichte dem König für die Präsentierung der Bischöfe und Erzbischöfe eine Vorschlagsliste mit verschiedenen Kandidaten ein. Der König bat dann den

---

[113] AaO 152f und 168.
[114] AaO 143 und 146.
[115] Vgl. Tórres 1968, 32ff; zu Spanisch-Amerika vgl. Bruno 1967, 131—54. Beckmann 1970, 259f bemerkt, daß das erwähnte Werk des Kronjuristen Solórzano „eine geradlinige Fortsetzung und Entwicklung der Grundidee des großen Gegners des Bartolomé de Las Casas, Ginés de Sepúlveda", sei. Konetzke 1925, 225 hebt hervor, daß die von Solózano definierte Lehre vom königlichen Vikariat „das unverrückbare Fundament für die spanische Kirchenpolitik in Amerika geblieben" ist. Von Rom wurde Solórzanos Kodex 1642 indiziert, aber in Spanien kam er nicht auf den Index. Philipp IV. reagierte bitter auf diese Verurteilung, deren Veröffentlichung er verbot. „Dieses Rechtsbuch zu verbieten", heiße seiner Meinung nach, „virtuell alle Rechte, die ihm durch Apostolische Bewilligung zukommen, bezweifeln und ablehnen" — Biermann 1961, 177.

Papst um die Ernennung des ihm am geeignetsten erscheinenden Prälaten, der sogleich vom König eine vorläufige Ernennungsurkunde (ejecutorial) erhielt und dabei einen von den Katholischen Königen eingeführten Treueid zu leisten hatte, der das Versprechen enthielt, das königliche Patronat zu respektieren, die königliche Gerichtsbarkeit und die Einziehung der königlichen Abgaben nicht zu behindern und seinen Amtspflichten treu nachzukommen. Der provisorisch ernannte Prälat mußte sich anschließend gleich auf die Reise nach Amerika begeben. Der Papst hatte also praktisch keine Wahl unter verschiedenen Kandidaten, sondern konnte der königlichen Ernennung nur noch zustimmen, es sei denn, er vermochte kanonische Bedenken gegen den Vorgeschlagenen geltend machen. Die päpstliche Einsetzung wurde also zu einer reinen Formalität, dies um so mehr, als der König dem Prälaten einen Empfehlungsbrief an sein Domkapitel mitgab, in dem dieses gebeten wurde, ihm schon vor dem Eintreffen der päpstlichen Bulle und der anschließend vorzunehmenden Bischofsweihe die provisorische Verwaltung des Bistums zu übertragen. Nach dem kanonischen Recht war dies Verfahren nicht unzulässig, wenn der während der Vakanz amtierende Kapitularvikar zu Gunsten des vorgeschlagenen Prälaten zurücktrat und das Kapitel ihn einstimmig wählte. Auf diese Weise konnten in weit entfernten Bistümern lange Sedisvakanzen vermieden werden, denn die Laufzeit der Präsentation in Rom und der Bullen nach Amerika verlängerte die Vakanzen auf unerträgliche Weise[116].

Die häufigen und langen Sedisvakanzen, bedingt durch Versetzungen, Krankheiten, Sterbefälle und lange Reisezeiten, stellten ohnehin eines der schwierigsten Probleme der Kirchenleitung in Amerika dar.

So wechselte das 1609 geschaffene Erzbistum La Plata de los Charcas im 17. Jahrhundert sechzehnmal den Amtsinhaber, und vier der sechzehn Metropoliten kamen nicht einmal bis in ihr Erzbistum. Das Bistum Asunción del Paraguay, das eine Schlüsselfunktion im zentralen La Plata-Raum von Paraguay und Uruguay, also dem Gebiet der Jesuitenreduktionen, hatte, war von 1650–1724 bestenfalls 25 Jahre besetzt! Von fünf ernannten Prälaten nahmen nur zwei die Diözese in Besitz. Der letzte, Pedro Díaz de Burena, blieb trotz aller königlichen und päpstlichen Mahnungen, endlich sein Bistum einzunehmen, von 1702 bis zu seinem von Zeichen geistiger Umnachtung begleiteten Tode im Jahre 1717 in der ca. 1700 km Luftlinie entfernten südperuanischen Stadt Arequipa[117]. Dieser Fall zeigt, daß das Zusammenwirken zwischen der Krone und Rom gegen nachlässige und widerspenstige Prälaten keineswegs einwandfrei funktionierte. In diesem Fall zögerte Rom die Erklärung der Sedisvakanz sogar noch Jahre hinaus, so daß der Stuhl von Asunción erst 1724 wieder besetzt werden konnte. Knapp ein Jahrhundert vorher war das Bistum durch die Eigenmächtigkeiten von Bernadino de Cárdenas erschüttert worden, der sich 1641 ohne päpstliche Bullen, nur auf Grund eines Schreibens von Kardinal Barberini, dessen Echtheit umstritten ist, vom Bischof von Tucumán hatte weihen lassen, obgleich der Rektor der Universität Córdoba, P. Boroa SJ, vorher die kanonische Irregularität einer Weihe in einem Gutachten festgestellt hatte. 1649 ließ sich Cárdenas, der inzwischen zu einem geschworenen Gegner der Jesuiten und ihrer Indianerreduktionen geworden war, mit Hilfe eines gefälschten Dokumentes der Audiencia von Charcas sogar zum Interims-Gouverneur von Paraguay wählen[118].

Im Zusammenhang der Vakanzen ist auch zu bedenken, daß die Besetzung der Bistümer in Amerika für die Krone keineswegs immer einfach war, erschien doch vielen spanischen Klerikern des Mutterlandes eine Mitra speziell in den

---

[116] Konetzke 1965, 229 und Bruno 1967, 249ff.
[117] Egaña 1966, 374f, 188, 751f.
[118] Relação do estado em que se encontravam as Reduções do Paraná e Uruguai 1640–Angelis 1951ff III, 193 (XIX); Bruno 1966ff II, 287f; Egaña 1966, 186ff.

Anfangszeiten der Kolonisation und in den ärmeren und primitiveren Diözesen keineswegs als verlockend und wurde von ihnen häufig abgelehnt. Das ist einer der Gründe dafür, weshalb der Indienrat Mönche bevorzugte, die außerdem mehr christliche Demut, mehr Bereitschaft, Entbehrungen zu ertragen und die Indianersprachen zu lernen, zeigten und sich generell durch ihr Gemeinschaftsleben und ihre Ordensdisziplin in den Anfangszeiten sowohl für die Missionsarbeit wie für den Aufbau der kirchlichen Organisation als geeigneter erwiesen, weshalb im 16. Jahrhundert von 171 Prälaten für Amerika 108 Regularkleriker waren[119]. Außerdem, und das gilt sowohl für Portugal wie Spanien, waren die Glieder der kirchlichen Hierarchie, entsprechend ihres angestammten Platzes in der etablierten feudalistischen Gesellschaftsordnung, von mittelalterlichem Standesdenken erfüllt und fühlten sich vielfach hoch erhaben über den niederen Klerus und das einfache Volk. Demgemäß spielte bei der Auswahl der Prälaten der gesellschaftliche Status der Kandidaten und die Gunst, in der sie beim König standen, im allgemeinen eine größere Rolle als ihre christliche Lebensweise, ihr apostolischer Eifer und ihre theologische Kultur. Seelsorge und Predigt traten zurück hinter persönlichen Ambitionen, Pfründenjagd und Ämterhäufung. Solche Erscheinungen in der Hierarchie der Mutterländer mußten sich zwangsläufig auch in Amerika auswirken[120].

Die Probleme der Besetzung der Hierarchie erstreckten sich nicht nur auf die bischöflichen Stühle, sondern auch auf die Domkapitel (Cabildo eclesiástico), die in jeder Diözese nach abendländischem Vorbild geschaffen wurden.

Die Präsentierung der Glieder der Domkapitel oblag ebenfalls den Königen. Und die Gefahr, daß es Bewerbern mehr um eine attraktive Dompfründe als um den kirchlichen Dienst ging, wuchs in dem Maße, wie der Aufstieg der amerikanischen Bischofsstädte, die mit prächtigen Kirchenbauten geschmückt wurden, sie für den Klerus der Metropolen immer anziehender machte. Schon im 16. Jahrhundert bestand ein großer Teil der Geschichte der spanischen Domkapitel in Amerika aus Streitigkeiten über die Honorare der Pfründeninhaber. Es waren dies jeweils ein Dechant, der höchste Würdenträger nach dem Bischof und Verantwortlicher für den gesamten Kult, ein Erzdechant, dem die Prüfung der ordinierten Kleriker und die Stellvertretung des Bischofs in der Verwaltung oblag und der Jurist sein mußte, ein Kantor, ein Schulmeister, ein Küster, eine bestimmte Zahl von Domherren und Presbytern, ein Lektor (Theologe), ein Prediger, ein juristischer Berater und Beichtvater. Sie alle hielten zwei Sitzungen pro Woche ab. Aber sie machten vielfach dem Bischof das Leben schwer, ließen sich kaum von ihm leiten und zu ihren Pflichten zwingen, hatten nicht selten Frauengeschichten, brachten manchmal schon eine Frau unter dem Namen einer Schwester aus der Heimat mit und waren hauptsächlich auf Geld versessen. Wollte ein Bischof es nicht mit dem König verderben, mußte er wohl oder

---

[119] Konetzke 1965, 233, der anmerkt, daß der „Aufstieg der amerikanischen Bischofsstädte mit ihren prächtigen Kirchenbauten" und gut dotierten Dompfründen immer mehr Weltgeistliche nach Amerika lockte.

[120] Montenegro 1972, 18 und 37 mit Bezug auf Portugal, der sich auf José de Castro, Portugal no Concílio de Trento, Lissabon 1944, 28ff stützt. Zu Spanien vgl. 121 Anm. 19 und Egaña 1966, 93f, der mahnt, man müsse bei den 100 000 Geistlichen der 2. Hälfte des 16. Jahrhunderts zwischen der Minderheit der von Kardinal Jiménez de Cisneros reformierten Kleriker auf den verschiedenen Stufen der Hierarchie und der Masse der vulgären Geistlichen unterscheiden, die sich aus nicht versorgten Söhnen des niederen Adels und unehelichen Kindern rekrutierten und im kirchlichen Amt eine wirtschaftliche und gesellschaftliche Bleibe suchten. Dieselben Motive führten sie auch nach Amerika.

übel jemand, der aus der Metropole mit einem königlichen Dokument ankam, in sein Kapitel aufnehmen. Das II. Mexikanische Provinzialkonzil von 1565 sah sich gezwungen, die Domherren aufzufordern, wenigstens ihrer Anwesenheitspflicht bei den vorgeschriebenen Chorgebeten und Messen nachzukommen[121].

Insgesamt dürfte die starre Übertragung dieser mittelalterlichen Einrichtung in die völlig andere Situation der Kirche in Amerika ein kostspieliger Fehler gewesen sein — das Kapitel war mit 25 % des Zehnten üppig dotiert —, der der Glaubwürdigkeit des Evangeliums eher abträglich war.

Der König nahm sein Patronatsrecht indes nicht nur bei der Präsentierung vor, sondern war als oberster Kirchenherr auch ständig in Amerika präsent, indem er sich durch Vizekönige und Audiencias als Vizepatrone vertreten ließ, die ihrerseits vom 1524 geschaffenen Indienrat abhingen, der nach dem Monarchen das oberste Vizepatronat wahrnahm und oberste Kirchenverwaltungsbehörde für Hispano-Amerika war. Sieht man einmal von denen für die Kolonialzeit typischen, aber letztlich irrelevanten protokollarischen Streitigkeiten über den Vorrang zwischen Erzbischöfen und Bischöfen einerseits und Vizekönigen und Beamten der Audiencias (oidores) andererseits ab, so gerieten die Erzbischöfe und Bischöfe in eine gefährliche Abhängigkeit von den Vizekönigen, berichteten diese doch ständig über sie an den Indienrat, machten ihnen Auflagen und tadelten ihre Fehler. Seit der Ausreise des Vizekönigs von Peru, Andrés Hurtado de Mendoza, Marqués de Cañete, 1555, erhielten die Vizekönige besondere Instruktionen zur Wahrnehmung der königlichen Patronatsprärogativen. Und Francisco de Toledo, 1569—81 Vizekönig von Peru, sowie Martín Enríquez, 1568—83 Vizekönig von Neu-Spanien, zwei königliche Vertreter, die das Vizekönigtum in Amerika endgültig stabilisierten, beschnitten drastisch die Selbständigkeit der Kirche, die bis dahin noch ziemlich groß war. So berichtete Toledo, der Welt- und Ordensklerus sei in geistlichen Dingen völlig unabhängig und erkenne auch in weltlichen Dingen kaum noch die Vorrechte der Behörden an. Die Vizekönige nahmen den Prälaten die Möglichkeit, selbständig die Pfarrer einzusetzen, indem sie allen Orts- und Missionspfarrern, die ihnen nicht zur Einsetzung präsentiert waren, das Gehalt sperrten. Dem königlichen Vizepatron mußten jeweils zwei Kandidaten vorgeschlagen werden, die vorher die vom Tridentinum vorgeschriebene Prüfung abgelegt haben mußten. Philipp II. brachte durch einen Erlaß von 1574 die Pfarrer in noch größere Abhängigkeit von der Krone, indem er sie zu absetzbaren Amtsträgern erklärte. Die Absetzung konnten die Vizekönige und die zuständigen Prälaten im gegenseitigen Einvernehmen anordnen. Als Vertreter des Vizekönigs nahmen auch die Audiencias Vizepatronatsrechte wahr, waren auf den Synoden vertreten und wachten über die Einhaltung königlicher Anordnungen an die Kirche, so daß Konflikte von Bischöfen mit Audiencias häufig waren. Sie konnten vielfach nur durch Vermittlung der Vizekönige oder Appell an die Krone beigelegt werden, wodurch die Abhängigkeit der kirchlichen Instanzen noch wuchs, die völlig unter staatliche Aufsicht gerieten und gleichzeitig fast jeden Kontakt mit Rom verloren[122].

---

[121] Zubillaga 1965, 564ff. Natürlich gab es in diesem „rebellischen und merkantilistischen" Panorama auch ehrenwerte und herausragende Gestalten – vgl. ebd. 567.
[122] Der Berufungsprozeß wurde endgültig durch Philipp II. 1609 geregelt. Pfarrstellen wurden danach öffentlich ausgeschrieben, wobei drei Kandidaten präsentiert werden mußten. Die an sich gegen das Kanonische Recht verstoßende Möglichkeit

Die Frage, ob die Bischöfe praktisch zu Staatsbeamten wurden, die in der Literatur meist bejaht wird[123], hat kürzlich González Echenique untersucht.

Er weist zunächst einmal darauf hin, daß der König als Patronatsherr, der den Bischof präsentiert, „sich in eine Art säkularen Herrn des Bischofs verwandelt", dies um so mehr als das Patronat in zunehmendem Maße von den absoluten Monarchen als integrierender Bestandteil ihrer königlichen Souveränität verstanden wurde (Höhepunkt 18. Jahrhundert). Einschneidender ist indes, daß die Krone selbst geistliche Zielsetzungen hatte, die sie aus den päpstlichen Bullen ableitete, so daß die Bischöfe, deren Amt wesentlich geistlicher Natur ist, notgedrungen zu einem Teil des Verwaltungsapparates wurden, der sich mit Mission und ewigem Heil der Untertanen befaßte. Die in bischöflichen Dokumenten tradierte Floskel „aus dem Rat seiner Majestät", nach der die Bischöfe also Mitglieder des Hofrates sind, ist mehr ein mittelalterliches Relikt ohne praktische Bedeutung. Daß die Bischöfe tatsächlich zu königlichen Funktionären wurden, kann man am besten aus der Praxis nachweisen. Zwar braucht die Krone gegenüber den Bischöfen im Unterschied zu den zivilen Funktionären keine imperativischen Formeln, sondern spricht ihre Anweisungen in Form von Bitten aus, aber das tat ihrem Gewicht kaum Abbruch. Die Korrespondenz zwischen Bischöfen und Indienrat befaßt sich nicht nur mit geistlichen Problemen, sondern auch vielfach mit öffentlichen Arbeiten und Fragen der staatlichen Verwaltung, und zahlreiche königliche Anweisungen beziehen sich sowohl auf geistliche wie weltliche Fragen, bis zur Aufforderung an die Bischöfe, die staatliche Steuereinziehung zu unterstützen. Aber sie werden auch in rein geistlichen Fragen wie bei der Einberufung von Diözesansynoden instruiert.

Man kann also tatsächlich behaupten, daß die Bischöfe staatliche Funktionäre waren, wenn auch sui generis und rechtlich nicht eindeutig festgelegt. Die *portugiesische* Kirchenpolitik und die Praxis der Nominierung von Bischöfen für Brasilien war im 17. Jahrhundert noch recht liberal. Im 18. Jahrhundert wurde indes der regalistische Zentralismus immer stärker, so daß die Bischöfe 1781 (alvará das faculdades) schließlich zu reinen Regierungsfunktionären bzw. Funktionären der „Mesa de Consciência e Ordens" degradiert wurden[124].

Auf die staatlichen Eingriffe in die kirchliche Gesetzgebung ist bereits mehrfach hingewiesen worden. Sie wirkten sich besonders stark auf die Synoden aus, an denen der Vizekönig, der Präsident oder Gouverneur des Distriktes oder ein Vertreter teilnehmen mußte, um sicherzustellen, daß keinerlei königliche Prärogativen verletzt wurden. Die Beschlüsse von Synoden galten als null und nichtig, wenn sie nicht die Zustimmung des Indienrates erlangt hatten. Auch das königliche Exequatur für päpstliche Bullen war mehr als eine Zurkenntnisnahme, Prüfung der Echtheit und Registrierung. Besonders bekannt ist die Verweigerung des Placets für die Indizierung des oben erwähnten Rechtskompendiums von Solórzano Pereira „De Indiarum iure" 1647 durch Philipp IV., das daraufhin in Spanisch-Amerika nicht auf den Index der verbotenen Bücher kam, und der Streit um die jährlich am Gründonnerstag zu verlesende Bulle „In Coena Domini".

Die Bulle ist 1302 unter Bonifaz VIII. erlassen und mehrfach ergänzt und verändert worden, zuletzt 1627 durch Urban VIII. um zwanzig Reservatfälle. Stein des Anstoßes für die spanische Krone war die in der Bulle enthaltene allgemeine Verdammung

---

der Absetzung durch staatliche Instanzen wurde erst 1795 widerrufen – Vargas U. 1953ff I, 36off.

[123] So z. B. bei Konetzke 1965, 229.
[124] González Echenique 1970; zu Brasilien vgl. Hoornaert 1974, 94.

aller, die die Freiheit der Kirche beschränken, ihre Rechtsprivilegien verletzen, die Appellation an die Kurie oder den Gebrauch päpstlicher Bullen verhindern. Ab 1572 gab es in Westindien Auseinandersetzungen mit den staatlichen Behörden, als „In Coena Domini" erstmals in El Cuzco verlesen worden war und Erzbischof Loaiza sich auf den Standpunkt stellte, das königliche Exequatur sei nur für Bullen erforderlich, die speziell für Amerika erlassen würden, nicht aber für solche, die für die gesamte römische Kirche gelten[125]. Aber den Behörden galt die Bulle als konspirativ.

Auch staatliche Eingriffe in die *kirchliche Gerichtsbarkeit* waren in der Kolonialzeit an der Tagesordnung, sei es, daß Bischöfe vor die Audiencias zitiert wurden, sei es, daß die Indemnität der Kleriker mißachtet wurde.

„Die Krone nahm ein Aufsichts- und Disziplinarrecht gegenüber der Geistlichkeit in Anspruch", drängte in zahlreichen Erlassen darauf, daß die Geistlichen sich gänzlich ihren seelsorgerlichen Aufgaben widmeten, ein moralisches Vorbild abgaben und das Konkubinat mieden. Die Einschaltung der staatlichen Gerichtsbarkeit hatte indes nicht selten auch die gegenteilige Wirkung, nämlich dann, wenn Kleriker an eine Audiencia gegen disziplinarische Maßnahmen eines Bischofs appellierten, wie dies z. B. nach dem Limensis III geschah, als Kleriker sich gegen die auf dem Konzil beschlossenen Reformen wehrten. 1584 wies Philipp II. allerdings die Audiencia von Lima in ihre Schranken und sprach ihr das Recht ab, die Durchführung konziliarer Reformmaßnahmen zu verhindern[126].

Unter den staatskirchlichen Einrichtungen wären noch zwei kirchliche Sondergerichtshöfe zu erwähnen, die nach Amerika verpflanzt wurden, das *hl. Offizium der Inquisition* und der *hl. Kreuzzug (Santa Cruzada)*. Auf sie soll in einem späteren Abschnitt (312) näher eingegangen werden. Der *kirchliche Strafvollzug* blieb im wesentlichen vom Patronatssystem unangetastet. Der Staat versuchte allerdings, Übertreibungen der Kirchenzucht zu beschränken und gewisse Ausnahmen zu erreichen. Der leichtfertige Gebrauch des Banns, der nur in den seltensten Fällen gegen notorische Häretiker ausgesprochen wurde, sondern ein alltägliches Druckmittel der bischöflichen Finanzverwaltung gegen ganz normale kleine Leute war, die aus den verschiedensten Gründen gerade nicht imstande waren, Zahlungsverpflichtungen gegenüber der Kirche nachzukommen, dauerte in Amerika trotz Luthers Protesten gegen diese unevangelische mittelalterliche Praxis an. Es zeigte sich auch an diesem Punkt, daß in der iberisch-amerikanischen Kirche viele Aspekte mittelalterlichen Kirchentums und mittelalterlicher Frömmigkeit ungebrochen weiter existierten[127].

Die üblichen Stufen der Kirchenzucht waren: Mahnung – verstrich der angegebene Zahlungstermin, folgte die Androhung der Exkommunikation. Blieb auch diese Maß-

---

[125] Bruno 1967, 177ff und 192ff. Reservatfälle sind solche Sünden, deren Lossprechung dem zuständigen Bischof, Ordensoberen oder dem Papst selbst vorbehalten ist. Auch Erzbischof Toribio de Mogrovejo ließ die Abendmahlsbulle verlesen. In Chile kam es ab 1600 diesbezüglich zu Auseinandersetzungen, weil Bischof Juan Pérez de Espinosa OFM ebenfalls dieser Praxis folgte.

[126] Konetzke 1965, 237f und Bruno 1967, 207ff.

[127] Vgl. Luthers Sermo de virtute excommunicationis. Exaudi, 16. 5. 1518 – WA 1,638–43 und dazu Boehmer 1955, 186f. Ausgehend von seinem neuen Kirchenbegriff unterscheidet Luther in jener Predigt zwischen der äußeren Kirchengemeinschaft, aus der man durch den Bann ausgeschlossen werden kann, und der inneren Gemeinschaft der Gläubigen, die auf dem einen Glauben, der einen Liebe und der einen Hoffnung beruht, aus der man sich also nur selbst ausschließen kann.

nahme erfolglos, wurde der Kirchenbann auf Anweisung der kirchlichen Richter von allen Kanzeln des Kirchenkreises dreißig Tage nach der Androhung verkündet. Damit wurde der Gebannte von allen kirchlichen Veranstaltungen ausgeschlossen und alle Gläubigen aufgefordert, jeden Verkehr mit ihm zu meiden. Gleichzeitig wurde der weltliche Arm der Justiz gebeten, den Gebannten festzunehmen. War diese Maßnahme undurchführbar, wie z. B. bei weltlichen Richtern, so schritt man zur öffentlichen Anathematisierung in Sonntags- und Feiertagsmessen, begleitet von feierlichen Riten wie Verhängung der Kerzen auf dem Altar mit einem schwarzen Schleier und anschließende Löschung der Lichter in einem Wassereimer, wobei rezitiert wurde: „So wie diese Kerzen in diesem Wasser sterben, soll die Seele des besagten Exkommunizierten sterben und in die Hölle hinabfahren zusammen mit Judas, dem Apostaten. Amen." Damit wurde also der Glaube am Leben gehalten, daß ein im Bann Gestorbener der Seligkeit verlustig gehe. Die letzte Steigerungsmöglichkeit war das Interdikt, mit dem eine Parochie, eine Stadt oder eine ganze Diözese aller kirchlichen Dienste beraubt werden konnte.

Selbst ein so zurückhaltender Kritiker kirchlicher Mißbräuche wie Cayetano Bruno gibt zu, daß der einfache Kirchenbann in der Kolonialzeit „in üppigem Maße" angewandt wurde. Schon 1560 warnte ein königlicher Erlaß alle kirchlichen Amtsträger vor dem leichtfertigen Mißbrauch kirchlicher Strafen. 1594 erging eine erneute Bitte um Mäßigung, besonders auch bei Anwendung des Interdiktes. Weitere Beispiele ließen sich bis zum Ende der Kolonialzeit aufführen[128].

Wie oben bereits angedeutet, gab es zumindest de facto auch staatliche Eingriffe in das kirchliche Disziplinarrecht gegenüber den Klerikern.

Zunächst wurden die Bischöfe Neu-Spaniens 1552 ersucht, mit Hilfe der Audiencia Priester, die sich ohne ordentliche königliche Lizenz in ihren Diözesen aufhielten, nach Spanien zurückzuschicken. 1563 erging eine Anweisung an den Präsidenten der Audiencia von Lima, den Bischöfen Priester zu melden, die ein schlechtes Beispiel geben und die öffentliche Ordnung stören, damit sie zusammen mit solchen, deren Papiere nicht in Ordnung waren, in die Heimat zurückkehren. 1619 wurde der Vizekönig von Peru, Fürst von Esquilache, angewiesen, die kirchlichen Instanzen zu bitten, den Audiencias jeweils Kopien kirchlicher Urteile zu übersenden. Blieb all' dies noch im Rahmen einer interessierten Zusammenarbeit zwischen dem weltlichen und dem geistlichen Arm, so fand sich schließlich doch noch ein Hintertürchen, um in das kirchliche Disziplinarrecht einzugreifen, das im Laufe der Zeit immer willkürlicher benutzt wurde.

Nach dem Prinzip der „politischen und wirtschaftlichen Rechtsprechung", das jeder Familienvater beanspruchen kann, um Störenfriede aus seinem Hause zu werfen, nahm auch der Staat das Recht in Anspruch, gegen Kleriker und Prediger, ja sogar Prälaten vorzugehen, die die öffentliche Ordnung störten, Unruhe hervorriefen oder in ihren Predigten die königliche Rechtsprechung angriffen. Um den Schein des Rechtes zu wahren, wurde diesen Personen kein Prozeß gemacht, was ein offener Verstoß gegen die Bulle „In Coena Domini" gewesen wäre und entsprechende kirchliche Sanktionen nach sich gezogen hätte. Vielmehr wurden sie nur summarisch aufgefordert, Amerika binnen so und so viel Tagen zu verlassen, was juristisch nicht als Strafe betrachtet wurde.

Schließlich wäre noch das Asylrecht zu erwähnen, um dessen Einschränkung sich die spanische Krone bemühte.

---

[128] Bruno 1967, 295ff, der vier Stufen unterscheidet: 1. monitoria 2. declaratoria 3. mandamiento de anatema 4. entredicho und cesación a divinis.

Obgleich Gregor XIV. 1591 mit der Bulle „Cum alias nonnulli" die Immunitätsfälle erheblich einschränkte und Wegelagerer, Mörder, Ketzer, Attentäter auf königliche Personen, Kirchen- und Friedhofsschänder davon ausnahm, erhielt diese Bulle nicht das königliche Exequatur, weil es der Krone nicht paßte, daß die kirchlichen Instanzen eingeschaltet blieben und entsprechende Asylsuchende zunächst in kirchlichen Gefängnissen zu verbleiben hatten, bis der zuständige Bischof den Tatbestand eines dieser Delikte anerkannte. Die Könige wollten unbedingt vermeiden, daß schwere Verbrecher straffrei ausgingen.

Es gab häufig Auseinandersetzungen zwischen kirchlichen und staatlichen Stellen über Asylsuchende, bis schließlich mit einer königlichen Verordnung von 1787 das Asylrecht auf ein unscheinbares Minimum reduziert wurde. Danach waren alle Asylsuchenden sofort an die staatlichen Behörden auszuliefern und konnten binnen drei Tagen auf Antrag kirchlichen Stellen wieder übergeben werden, wenn diese die Immunität nachweisen konnten[129].

Eine starke *Abhängigkeit* der Kolonialkirche vom Staat bestand zunächst auch *auf finanziellem Gebiet*. Mit der Bulle „Eximae devotionis sinceritas" hat Alexander VI. 1501 den Katholischen Königen in Anerkennung ihrer Kosten bei der Erschließung der Neuen Welt den Zehnten überlassen, mit dem sie den Aufbau und die Unterhaltung des Kirchenwesens bestreiten sollten. Analog verfügte in Portugal der Großmeister des Christusordens, und d. h. der König in dieser Funktion, über den Zehnten. Bis zur Expedition Martim Afonso de Sousas im Jahre 1532 kümmerte sich die portugiesische Krone überhaupt nicht um die Missionsarbeit und den Aufbau des Kirchentums in Brasilien bzw. um deren Finanzierung. Danach entsandte und bezahlte sie zwar Vikare und Kapellane, überließ aber den Donatários die Kosten zur Erbauung von Kirchgebäuden. Daß das erste Bistum in Brasilien erst 1557 und weitere erst in der zweiten Hälfte des 17. Jahrhunderts gegründet wurden, erklärt sich u. a. auch aus finanziellen Interessen der Könige, womit der Widerspruch deutlich wird zwischen dem faktischen Interesse an der maximalen Ausbeutung der Kolonien und dem verbal immer bekräftigten Vorrang der Christianisierung. Im spanischen Bereich wirkten finanzielle Erwägungen bei der Frage der Gründung von Bistümern viel seltener retardierend. Freilich hat Ferdinand der Katholische 1511 kurz nach dem Tode von Isabella aus ähnlichen Motiven die bereits von Papst Julius II. legalisierte Gründung des Metropolitansitzes Hiagutensis auf Hispaniola verhindert, so daß 1511 statt eines Metropolitansitzes und zweier Bistümer nur drei Bistümer in Abhängigkeit von Sevilla geschaffen wurden.

Doch nun zurück zum Zehnten. Er war eine landwirtschaftliche Umsatzsteuer, die Spanier, Portugiesen und Mestizen, in geringerem Maße auch Indianer, zu entrichten hatten. Vom Ei bis zur Kuh war buchstäblich jedes landwirtschaftliche Produkt zu versteuern.

Die Katholischen Könige betrachteten sich von Anfang an als die legitimen Herren der Erträge des Zehnten und gedachten, den besseren Teil für sich zu behalten und mit dem Rest die Kirchen zu dotieren[130]. Mit den Dekreten von 1539, 1540 und 1541

---

[129] Bruno 1967, 297–310. Vargas U. 1953ff I, 200 erklärt das Interesse des Staates an Eingriffen in das kirchliche Disziplinarrecht u. a. damit, daß viele Priester illegal nach Peru kamen, fasziniert vom Gold und nicht von der Missionsarbeit. An ihrer Entfernung waren die Behörden interessiert.

[130] Bruno 1967, 285ff. Figuera 1965 I, XLIII weist darauf hin, daß mit der Bulle „Illius fulciti praesidio" von 1504, mit der ursprünglich das Erzbistum Hispaniola

setzte sich dann folgender Verteilungsschlüssel durch: 25 % an den zuständigen Bischof, 25 % an dessen Domkapitel. Die restlichen 50 % wurden in neun Teile aufgeteilt, von denen 4/9 an die Parochien gingen, 3/9 zur Unterhaltung kirchlicher Gebäude und Krankenhäuser dienten und die restlichen 2/9 für die Krone bestimmt waren[131]. Im 16. und 17. Jahrhundert war der Ertrag des Zehnten noch gering, da er sich nicht auf Metalle bezog. Damals wie auch später wurde er ergänzt durch Zwangsarbeit von Indianern und Negersklaven auf kirchlichen Gütern, die zur Unterhaltung von Schulen, Universitäten oder anderen kirchlichen Einrichtungen dienten.

Finanzielle Probleme entstanden vor allem im 16. und 17. Jahrhundert in den ärmeren Provinzen, in denen der Anteil am Zehnten nicht ausreichte zur Unterhaltung der kirchlichen Organisation. Häufig Streit gab es über die Verwendung der einzelnen Teile dieser Steuer bei Vakanzen, und ein unentwirrbares Durcheinander bildeten schon nach Meinung von Solórzano Mitte des 17. Jahrhunderts die königlichen Erlasse zur Befreiung oder Heranziehung der Indianer in Spanisch-Amerika zum Zehnten[132]. Besonders in den Anfangszeiten entstanden Schwierigkeiten aus der Tatsache, daß der Zehnte in Naturalien entrichtet wurde, so daß Bischöfe oder kirchliche Stellen zu Händlern wurden, die Waren transportierten und verkauften, um das Steuerprodukt in Geld umzusetzen, was wiederum anstößig wirkte und teilweise zur Vernachlässigung der geistlichen Aufgaben führte.

So beruhten die schon erwähnten Vorwürfe gegen Bischof Sebastián de Lartaún von El Cuzco auf dem Limensis III hauptsächlich darauf, daß er sich von Anfang an um nichts mehr gekümmert habe als um die finanziellen Aspekte seiner Diözese und um den Handel mit den Erträgen des Zehnten[133]. Ähnlich steht es mit dem Streit um Fr. Francisco de Victoria OP, dem ersten Bischof von Tucumán (1582–90), der wie alle Bischöfe, Priester, Generalkapitäne und Vizekönige seiner Zeit nach einer Abfluß- oder Exportmöglichkeit für die Naturalien des Zehnten und anderer kirchlicher Abgaben suchen mußte. Das war im La Plata-Raum gar nicht einfach, weil der gesamte Handel über Peru gehen mußte. Bischof Victoria gilt als Pionier des Brasilienhandels vom La Plata aus. Wenngleich er in wirtschaftlicher Hinsicht ein Wohltäter seiner Diözese gewesen sein mag, ließ sich seine Handelstätigkeit nicht mit seinen geistlichen Aufgaben und mit seiner Residenzpflicht vereinen. Seine scharfe Zunge und sein leichtfertiger Umgang mit den Waffen der Inquisition machten ihn außerdem zu einem schwierigen Hirten, der im Laufe seiner kurzen Amtszeit zwei Drittel aller seiner Priester als Gefangene zum Inquisitionstribunal in Lima schickte. Gegen den Gouverneur Lerma, einen offenbar wenig fähigen königlichen Vertreter, und einige seiner Funktionäre, die das Asylrecht gröblich verletzt hatten, machte er

---

begründet werden sollte, die spanischen Patronatsrechte noch völlig ungesichert blieben. Erst mit der Bulle „Eximiae devotionis affectus" überließ Julius II. 1508 den spanischen Kronen auch den Zehnten auf alle Bergbauprodukte (Gold, Silber, Metalle) unter der Bedingung, daß sie genügend Kirchen bauten und unterhielten. Zur portugiesischen Kirchenpolitik vgl. Anm. 90 – Hoornaert 1971, 596f zeigt, daß die portugiesische Krone unbequeme Prälaten wie z. B. Lourenço de Mendonça von Rio de Janeiro durch Prozesse aus dem Amt entfernte (1640) und aus finanziellen Gründen den unerträglichen Zustand, das ganze Land von einem einzigen Bischof verwalten zu lassen, in die Länge zog.

[131] Dieser Verteilungsschlüssel galt bis 1804 – Costeloe 1967, 14ff in bezug auf Neu-Spanien. Bruno 1967, 291 hingegen erwähnt einen Erlaß aus San Ildefonso vom 23. 8. 1783, mit dem eine Vierteilung des Zehnten angeordnet worden sein soll.

[132] Bruno 1967, 291ff und Konetzke 1965, 240.

[133] Vargas U. 1953ff II, 68f.

einen Prozeß bei der Audiencia von Charcas und bei der Inquisition anhängig und verhängte das Interdikt über seine ganze Diözese. Trotzdem mußte der Bischof selbst flüchten[134]. Wenn also schon ein Bischof so schwer gegen einen Gouverneur ankam, mag man sich fragen, wie es mit dem Recht einfacher Leute oder gar Indianer gegenüber solchen staatlichen Vertretern bestellt gewesen sein mag.

Gegen Ende des 18. Jahrhunderts waren die Zehnten zu einer reichen Einkommensquelle für die Kirche geworden, die eine große Verwaltungsorganisation für den Einzug und die Verteilung dieser Steuer aufgebaut hatte. Der kirchliche Besitzstand wurde weiter vermehrt durch gelegentliche Landschenkungen der Krone für gewisse kirchliche Werke, besonders zu Anfang der Kolonialzeit. Eine Haupteinnahmequelle waren indes bis ins 19. Jahrhundert hinein freiwillige Schenkungen, Stiftungen und Erbschaften, die freilich gelegentlich von einem gewissen Druck der Pastoren begleitet waren. Verpflichtet war mit einer einzigen Ausnahme[135] niemand, etwas für die Kirche zu stiften, so daß alle Schenkungen als ein Ausdruck der traditionellen katholischen Frömmigkeit der großen Mehrheit der Kreolen und Mestizen angesehen werden können. Da Nonnenklöster noch weithin die mittelalterliche Funktion von Damenstiften für unverheiratete höhere Töchter hatten, war es auch üblich, den Töchtern an Stelle der Aussteuer eine namhafte Stiftung für ihr Kloster mitzugeben.

Da die Stifter oft nicht über genügend Bargeld verfügten, verpfändeten sie einen Betrag aus ihren landwirtschaftlichen Erträgen in Höhe von 5 % der Stiftungssumme, die sie nur nominell gezeichnet hatten, so daß die Kirche damit praktisch zum Teilhaber an ihrem Betrieb wurde. Da die meisten Familien ihre Stiftung auch später nie in bar abdeckten, blieb die Kirche durch Generationen hindurch ihr Gläubiger. Von den eingehenden Zinsen, die durch neue Stiftungen in jeder Generation stiegen, kauften sich die Kathedralkapitel, Krankenhäuser, Bruderschaften und Schulen Grund und Boden, sowie Häuser, die sie ihrerseits wieder verpachteten. Dadurch wurden z. B. die Regularorden in Neu-Spanien zu den größten Landbesitzern. Der Cabildo von Mexiko-Stadt versuchte ab 1578 deshalb schon den Grunderwerb durch die Orden in der Stadt zu unterbinden.

Der kirchliche Fiskus, der durch die höheren aus Spanien entsandten Glieder des Klerus über den gebildetsten Teil der Gesellschaft verfügte, übertrug die in Spanien erprobten und bewährten Methoden und Prinzipien kirchlicher Finanz- und Investitionspolitik auf die Kolonien. In Nueva España versuchte man schon auf den Synoden von 1555, 1565 und 1585 die Finanzpolitik endgültig zu fixieren. Die Kirche baute faktisch ein eigenes Bankwesen auf, das einzige, das es in der Kolonialzeit gab, und zwar in Form des Gerichtes für Testa-

---

[134] Bruno 1966ff I, 372ff, 462ff und 393ff; zur finanziellen Ausbeutung von Indianern in Neu-Spanien durch Kleriker vgl. Gibson 1964, 123ff, der auf Fälle hinweist, in denen den Indianern ihr in Naturalien entrichteter Zehnter von Klerikern mit Zwang und unverschämten Profit zurückverkauft wurde. Sonstige Handelstransaktionen waren bei Klerikern gang und gäbe, wenn auch nicht ganz so offen wie bei ‚corregidores'.

[135] Costeloe 1967,15: Die Ausnahme bildeten die ‚mandas forzosas', d. h. die Verpflichtung jedes Erblassers, in seinem Testament eine beliebig hohe Schenkung für fromme Werke vorzusehen, was durch königliches Dekret im 18. Jahrhundert bestimmt und bis ins 19. Jahrhundert hinein beachtet wurde, wenn die entsprechenden Beträge auch bisweilen lächerlich gering waren.

mente, Kaplanpfründen und Fromme Werke (Juzgado de Testamentos, Capellanías y Obrias Pías), das in vielen Diözesen gebildet wurde. Das ständig wachsende Finanzaufkommen der Kirche wurde dann im 18. Jahrhundert von den Juzgados in Neu-Spanien immer weniger zum Kauf von neuen Grundstücken als zur Gewährung von Krediten an Landwirte, Bergbauunternehmer und Handelsunternehmen benutzt, die eine entsprechende Sicherheit, meist in Form einer Hypothek, bieten konnten. Die Darlehensdauer von fünf bis neun Jahren wurde im allgemeinen durch Verlängerungen weit überschritten, so daß die Darlehen vielfach auch von Generation zu Generation weitergegeben wurden. Dadurch erhielt die Kirche in ständig höherem Maße die Verfügungsgewalt über Immobilien aller Art, denn ohne ihre Genehmigung konnte mit ihren Hypotheken belegter Besitz nicht veräußert werden. Damit hatte die Kirche auf wirtschaftlichem Gebiet in Neu-Spanien eine einmalige Machtstellung erworben, die ihr nach der Unabhängigkeit im 19. Jahrhundert zum Verhängnis werden sollte. Bemerkenswert bleibt, daß die Kirche zum niedrigsten Zinssatz Darlehen gewährte und daß beispielsweise die mexikanische Kirche nie der Ausbeutung angeklagt wurde, da sie auch bei steigenden Lebenshaltungskosten nicht die Zinssätze erhöhte, sondern die Einkommensverluste durch Anregung zu neuen Stiftungen mit mehr Kapital auszugleichen versuchte.

Costeloe kommt in seiner Untersuchung des Finanzgebarens der mexikanischen Kirche zu dem Schluß, daß sie nicht nachweislich eine bestimmte fiskalische Politik verfolgte, um die Nation wirtschaftlich und folglich auch politisch unter Kontrolle zu bekommen. „Die Richter und Beamten führten ihre Geschäfte entsprechend den Wünschen oder Bedürfnissen der Öffentlichkeit, sowohl der Wohltäter wie der Leiher." Die daraus resultierende wirtschaftliche Macht der Kirche war mehr ein Zufallsergebnis als Absicht. Tatsächlich ist aber der Einfluß der Juzgados auf die Eigentum besitzende Mittelschicht bis ins 19. Jahrhundert ins Ungemessene gewachsen. Im Erzbistum Mexiko z. B. war der größte Teil des Grundbesitzes an die eine oder andere kirchliche Korporation verpfändet. Und sogar aus einer abgelegenen und ärmlichen Gegend wie dem Bistum Durango wird 1856 berichtet, daß es kaum ein Haus oder eine hacienda gab, die nicht mit einer kirchlichen Hypothek belastet war.

Aus den verschiedenen aufgezeigten Gründen hatte die Kirche also am Ende der Kolonialzeit eine bessere finanzielle Struktur als die staatliche Verwaltung. Speziell in den Anfangszeiten der Kirche Amerikas hatte indes die finanzielle Abhängigkeit der Kirche von der Krone verhängnisvolle Auswirkungen auf die Mentalität vieler Geistlicher, die die Überzeugung gewannen, „den beiden Majestäten dienen zu müssen, die sie gerufen hatten: Gott und dem König, der den Unterhalt bestritt"[136].

2123 Die Arbeitsfelder der religiösen Orden

21231 Die männlichen Orden

Die Last des kirchlichen Neuanfangs und der Evangelisation in der Neuen Welt lag überwiegend bei den Orden. Der Größe der Aufgabe waren sich die ersten Ordensleute in Amerika allerdings kaum bewußt. Und es verdient festgehalten zu werden, daß es nicht die 1493 mit dem apostolischen Vikar Fr.

---

[136] AaO 128f; ‚ambas Majestades' – Noggler 1973, 138; Egaña 1966, 100f sieht in der kirchlichen Abhängigkeit vom Staat zugleich eine Chance und eine Gefahr.

Bernal Boil ausgereisten Priester waren, die unter den schwierigen Anfangsbedingungen ausharrten und sich der Missionsaufgabe stellten, sondern drei Laienbrüder, die beiden flämischen Franziskaner Deule und Tisin und der katalanische Hieronymit Pané. Sie waren die ersten, die sich überhaupt für die Evangelisation der Indianer ernsthaft interessierten und sich der Mühe unterzogen, die Indianersprachen auf Hispaniola zu erlernen[137].

Die Rolle, die Ordenspriester als Militärkapläne auf den Eroberungszügen in den verschiedenen Teilen des Kontinents spielten, stellte naturgemäß keinen besonders glücklichen Auftakt für christliche Missionsvorhaben dar. Die eigentliche Missionsarbeit begann im allgemeinen erst, nachdem die Eroberung eines Gebietes abgeschlossen war. Hernán Cortés schrieb 1524 an Karl V., er habe zwar früher um Bischöfe und andere Prälaten zum Aufbau der kirchlichen Verwaltung und zur Abhaltung der Gottesdienste gebeten, aber er möchte nun lieber viele Religiose haben, gläubige und pflichtbewußte Mönche, die besser für die Bekehrung und Unterweisung der Eingeborenen taugen.

„Denn wenn man Bischöfe und andere Prälaten hat, würden sie nicht aufhören, dem Brauch zu folgen, den sie um unserer Sünden willen heute haben, nämlich über das Kirchengut zu verfügen, indem sie es für Prunk und andere Laster ausgeben und ihren Kindern und Verwandten Majoratserben hinterlassen." Die pauschale Übertragung der iberischen Diözesanverfassung in die Neue Welt würde für die Sache der Mission fatale Folgen haben und der Glaubwürdigkeit der Kirche Abbruch tun, denn wenn die Eingeborenen „die Dinge der Kirche" sähen „und den Gottesdienst in der Gewalt der Domherren und anderen Würdenträger und wüßten, daß jene Diener Gottes sind und sie mit ihren Lastern und ihre weltliche Gesinnung sähen, die sie jetzt zu unseren Zeiten in jenen Königreichen (Spaniens) an den Tag legen, müßten sie unseren Glauben verachten und für einen Betrug halten; und der Schaden wäre so groß, daß ich nicht glaube, daß er sich durch irgendwelche andere Verkündigung, die man an sie richtet, wieder gutmachen ließe"[138].

Diese Befürchtungen erwiesen sich gerade im Hinblick auf das Verhalten der Glieder der Domkapitel, wie oben bereits angedeutet, als nicht unberechtigt. Unter den Bischöfen gab es allerdings nicht wenige herausragende Gestalten. Hier sei nur an das Beispiel des 1726 unter Benedikt XIII. heiliggesprochenen Erzbischofs Toribio Alfonso de Mogrovejo erinnert.

Toribio, der 1578 von Philipp II. präsentiert wurde, während er als Vierzigjähriger als Berater der Inquisition in Granada noch Laie war, diente der peruanischen Kirche von 1580 bis 1606. Er hielt 12 Diözesan- und drei Provinzialsynoden ab und visitierte unermüdlich seine Gemeinden in den entlegensten Landesteilen, so daß er ca. 60 000 km zu Fuß oder auf dem Rücken von Reittieren zurücklegte. Er kam in die unwegsamsten Gebirgsgegenden, die oft kein Spanier zuvor betreten hatte und trat überall in direkten Kontakt mit den Indianern. Er war ein Mann absoluter Armut und das Bild eines missionarischen Bischofs, der von den Indianern wie ein Vater verehrt wurde. So ist es verständlich, daß ein so seiner Aufgabe hingegebener Mann zum großen Heiligen Amerikas wurde. Die staatlichen Behörden legten ihm aller-

---

[137] Tormo 1962ff I, 70f; Zubillaga 1965, 214; Boil war bis 1492 Benediktiner und dann Glied des streng asketischen Bettelordens der Minimen. Juan de la Deule und Juan de Tisin stammen aus dem damals burgundischen Hennegau – Konetzke 1965, 248.

[138] Historiadores primitivos de Indias Bde. I–II, hg. v. Enrique de Vedia, Madrid 1852–53, I, 115 nach Zubillaga 1965, 290f.

dings viele Steine in den Weg. So teilte Vizekönig García Hurtado de Mendoza 1590, nachdem er noch nicht einmal ein halbes Jahr in Peru war, dem König mit, er halte, wie seine Informanden, Toribio, den er wegen dessen dauernder Visitationen noch gar nicht in Lima gesehen habe, für unfähig zu seinem Amt und schlage seine Abberufung nach Spanien vor. Die Amtsgeschäfte in Peru sollte ein Koadjutor an seiner Stelle tun. Seine ständigen Besuche bei den Indianern und die Tatsache, daß er ihr Elend teile, seien völlig unangebracht, außerdem mische er sich dauernd in Patronatsfragen ein. Dazu muß man wissen, daß Toribio bei seinen Visitationen feststellte, daß es in den Kirchen und Krankenhäusern der Indianer in manchen Gegenden an dem Nötigsten fehlte, daß aber die Corregidores, die dafür bestimmte Gelder verwalteten, sie anderweitig verwendeten. In dem daraus entstehenden Rechtsstreit deckten höchste staatliche Instanzen die Machenschaften der Corregidores[139], die sicher nicht untypisch für die Kolonialzeit waren, stand doch das Recht der Indianer oft nur auf dem Papier.

Es ist daher verständlich, daß ein so pflichtbewußter Oberhirte wie Toribio, der versuchte, die Handlungsfreiheit der Kirche und die Rechte der indianischen Bevölkerung zu wahren, der Verwaltung ungelegen war.

Grossmann hat stark vereinfachend festgestellt, daß in Amerika der Konquistador regierte und der Mönch herrschte.

In weiterem Sinne soll das heißen, daß der weltliche Arm regierte und verwaltete, daß aber die Kirche, die mit ihrer viel ausgedehnteren Organisation auch in den entlegensten Gebieten gegenwärtig war, in Wahrheit eine umfassende Herrschaftsfunktion hatte. Die Kirche „gründet Hospitäler und Altersheime, Universitäten und höhere Schulen und sichert dadurch ihren Einfluß auf die gegenwärtigen und kommenden Generationen der bürgerlichen Mittelschicht; sie bringt Ordnung in das tägliche Leben, indem sie es einem strengen, kosmisch gebundenen Ritus und Rhythmus unterwirft: Frühmesse, Abendgottesdienst, regelmäßige Prozessionen, zumal an jahreszeitlich relevanten Tagen, Einhaltung der Feiertage; dazu als ethische Aufgabe die Überwachung der öffentlichen Moral. In den vorgeschobenen Außenposten der Missionen übernimmt der Geistliche in gleicher Weise nicht nur die seelsorgerliche Betreuung, sondern auch die geistige Erziehung und nicht zum mindesten die politische, mancherorts sogar militärische Leitung der Indianer", d. h. „der sozial Verkümmerten, der geistig am meisten Vernachlässigten". Die Kirche wurde aber speziell im 16. und 17. Jahrhundert vorwiegend von den Mönchen vertreten, die als städtische Ordensgeistliche und als Missionare in Indianerterritorien die Neue Welt geistig und geistlich formten[140].

Träger der Eroberung und der Mission waren nicht etwa die an der Reconquista der iberischen Halbinsel hervorragend beteiligten nationalen Ritteror-

---

[139] Vargas U. 1953ff I, 101ff; Dussel 1973, 84f.
[140] Grossmann 1969, 13ff, der S. 15 irrtümlich behauptet, daß die Erzbischöfe ex officio im Vakanzfall die Vizekönige vertraten und die Staatsgeschäfte übernahmen. Das ist zwar in einzelnen Fällen vorgekommen, aber die zuständigen Vertreter der Vizekönige waren die Audiencias — vgl. Konetzke 1965, 134. Generell betont Grossmann die Herrschaftsfunktion der Kirche zu stark, ohne in demselben Maße klarzumachen, daß die Kirche im Zeichen des Patronatsrechtes ihrerseits eine Dienerin des Staates war. Zutreffend ist freilich die Intention seiner Aussage: Die Kirche konnte herrschen, insoweit ihre Herrschaft der Stützung der staatlichen Interessen diente, was bis zur Aufklärung der Fall war. In diesem Sinne meint auch Quirarte 1967, 34ff: „Ohne Übertreibung kann man sagen, daß nach einem Jahrhundert spanischer Herrschaft die Kirche in Neu-Spanien eine so große Macht erlangt hatte, daß keine Äußerung des Geistes ihrem Einfluß entging."

den in Spanien und Portugal, also die Orden „Santiago", „Calatrava", „Alcántara" und der „Christusorden", deren Großmeisterwürden wegen der Reichtümer dieser Ritterorden zu einem „Streitobjekt rivalisierender Adelsfamilien" geworden waren, bis die Katholischen Könige für die drei spanischen und der portugiesische König für den „Christusritterorden" von den Päpsten die Verbindung der leitenden administrativen Funktion mit ihren Kronen erwirkt hatten. Die Ordensritter beteiligten sich weder an den Eroberungsfahrten, noch bedienten sich die Könige ihrer zur Mission oder gestatteten ihnen die Ausreise[141]. *Die spanische Monarchie*, der die Missionsaufgabe an den Indianern, die ihr von Rom im Zusammenhang mit dem Auftragslehen von 1493 übertragen war, zur „religiös-ethischen Legitimierung" ihres amerikanischen Imperiums diente, *machte die Bettelorden zu den entscheidenden Werkzeugen der Mission*. Das war um so verständlicher, als sie im 13. Jahrhundert das urchristliche Apostolat erneuert hatten. Auf der iberischen Halbinsel hatten besonders die drei Katalanen Ramón de Penyafort und Ramón Marti, beides Dominikaner, und der Franziskaner Ramón Lull der neuen Missionsbewegung zum Durchbruch verholfen. In den Reihen ihrer Orden bestand im 16. Jahrhundert die größte Bereitschaft, an dem neuen großen Missionswerk teilzunehmen, d. h. bei den Franziskanern besonders unter den Observanten, der streng reformierten Richtung des Ordens. Karl V. verschloß sich auch nicht den in dem Brief von Cortés aus dem Jahre 1524 genannten Gründen, die für die Entsendung von Bettelmönchen sprachen. „Kirche und Staat wurden so gemeinsam Träger der Heidenmission in Amerika"[142]. Und wenn im Folgenden nun die Ausbreitung der Orden in der Neuen Welt kurz geschildert werden soll, ist dabei stets zu bedenken, daß die Operationen der Orden in Abstimmung mit der Krone erfolgten und auch von ihr finanziert wurden. Ohne der These verfallen zu wollen, der Zweck heiligt die Mittel, wird man mit Egaña feststellen können, daß die Verbindung von Thron und Altar es erlaubte, daß die Kirche im Schutz der Waffen in so kurzer Zeit in so weiten Gebieten Amerikas Fuß fassen konnte, und daß es ohne die wirtschaftliche Unterstützung der königlichen Kasse unmöglich gewesen wäre, jene großen missionarischen Expeditionen vorzubereiten; ebenso hätten die Missionare in den Augen der Indianer auch kaum jenes Prestige erlangt, daß sie dank der moralischen Unterstützung der Politiker und Militärs besaßen[143]. Der Wert dieser schnellen Anfangserfolge ist indes äußerst zweifelhaft, führte er doch zu Fehlentwicklungen, die die lateinamerikanische Kirche bis heute nicht überwunden hat, ja, die in ihrem vollen Gewicht erst nach dem II. Vatikanum erkannt werden sollten.

Der folgende Überblick über die Orden muß notgedrungen sehr fragmentarisch sein, denn bis heute gibt es keine kritische Gesamtgeschichte über Entwicklung und Tätigkeit der Orden in Lateinamerika, sondern nur mehr oder weniger von triumphalistischem Geist durchtränkte Darstellungen der verschiedenen Orden. Ein solches Gesamtwerk wurde erst 1975/76 von der CLAR (Con-

---

[141] Konetzke 1972, 66f.
[142] Vgl. Konetzke 1959, 98; ders. 1965, 248 und Miranda 1964, 61. Tormo 1962ff I, 82f weist darauf hin, daß es in der ersten Dekade des 16. Jahrhunderts in den ‚capitulaciones' noch keine Klausel gab, die die Mitnahme von Religiosen bei Fahrten nach Amerika vorschrieb, sondern erst in der zweiten Dekade.
[143] Egaña 1966, 100.

ferencia Latinoamericana de Religiosos) in Zusammenarbeit mit der CEHILA geplant und beschlossen. Es soll eine Ordensgeschichte unter dem Aspekt des Dienstgedankens werden, die danach fragt, welches Bild vom Christentum die Orden hervorgerufen haben und welche Art von religiösem Leben die Orden in Lateinamerika geschaffen haben und die gleichzeitig die wirtschaftlichen, politischen und kulturellen Machtstrukturen der Orden innerhalb der regionalen Kirchen und Staaten untersucht. Die CLAR sieht die Funktion der Orden innerhalb der Kirche wesentlich in der Aufrechterhaltung einer Art eschatologischer Spannung, die durch das Nebeneinander von kirchlichen Strukturen und mit der Utopie des Ordenslebens entsteht, eine Spannung die verlorengeht, wenn die Orden von den kirchlichen Strukturen aufgesaugt werden.

212311 Wie bereits oben angedeutet, nahm die Missionsarbeit der *Franziskaner* ihren Anfang auf Hispaniola.

Deule und Tisin kehrten 1499 nach Spanien zurück, zusammen mit zwei von ihnen bekehrten Indios, um ihren Oberen, Generalvikar Maillard, um Verstärkung, speziell um Priester, zu bitten. Und so reisten im Jahre 1500 drei OFM-Priester mit dem neuen Gouverneur Bobadilla aus. Mit dessen Nachfolger Nicolás de Ovanda trafen 1502 weitere 17 Franziskaner auf Hispaniola ein, so daß 1505 die erste Ordensprovinz in Amerika gegründet werden konnte: Provincia de Santa Cruz.

Das Jahr 1500 markiert also den Beginn der Mission in Amerika[144]. 1508 bat Ferdinand V. das Generalkapitel der Franziskanerobservanten um Missionare für die Evangelisation auf dem Festland.

1515 konnte in Santa Maria la Antigua, dem Sitz des ersten Bischofs des Darién, Juan de Quevedo OFM, der erste Franziskanerkonvent auf dem amerikanischen Festland gegründet werden. Die Zahlen der ausreisenden Franziskaner, die mit der Arbeit auf Kuba, Puerto Rico und Jamaica begannen, steigerten sich in jenen Jahren, wenn auch manche Obere Mönche schickten, die sie loswerden wollten, und es oft nicht leicht war, genügend Freiwillige zu finden. Um die Aussendung ungeeigneter Kandidaten zu verhindern, setzten die Oberen der amerikanischen Provinz die Ernennung eines Generalkommissars zur Rekrutierung und Examinierung der Ausreisenden durch. Dieses Indienkommissariat wurde am 4. 10. 1528 auf dem Generalkapitel von Guadalajara geschaffen. In den dreißiger Jahren scheint es üblich geworden zu sein, daß der jeweilige Generalkommissar nach Amerika reiste, um die Arbeit dort an Ort und Stelle zu überwachen und zu koordinieren[145].

Der erwähnte Brief von Cortés führte zum Beginn der methodischen Evangelisation im Aztekenreich. Noch 1524 reisten 12 Angehörige der Ordensprovinz Estremadura, die für ihre strenge Observanz bekannt war, nach Neu-Spanien aus und begannen ihre Arbeit im Tal von Mexiko und in der Gegend von Puebla-Tlaxcala. Es war kein Zufall, daß der Generalminister Francisco de los Ángeles die Zwölfzahl der Apostel gewählt hatte. Vielmehr entsprach es bewußt dem Rekurs auf die Urkirche, den er auch in seiner Instruktion anklingen ließ:

„Und an dem Tag, bevor Christus starb, sprach er zu seinen Aposteln: ‚Ein Beispiel

---

[144] Tormo 1962ff I, 73.
[145] Prien 1967, 143 Anm. 2. Ab 1510 wurden die ausreisenden Kleriker auf staatliche Anordnung hin examiniert – Tormo aaO 86. Die Ausreise nichtspanischer Franziskaner wurde sehr erschwert – Konetzke 1965, 250.

habe ich euch gegeben, damit ihr auch tut, wie ich euch getan habe' (Joh 13,15). Was die Apostel später in Wort und Tat bewiesen, indem sie durch die Welt zogen in viel Armut und Mühen..., in deren Verfolg sie das Leben mit Freude verloren aus Liebe zu Gott und dem Nächsten, weil sie wußten, daß in diesen beiden Geboten das ganze Gesetz beschlossen ist... Und die Heiligen, die später kamen, haben immer versucht, dieses Gebot zu halten: entflammt von der Doppelliebe zu Gott und dem Nächsten liefen sie durch diese Welt wie zwei Füße. Sie suchten nicht ihre Ehre, sondern die Ehre Gottes, nicht ihre Ruhe, sondern den Nächsten."

Die *Rückkehr zur Urkirche* wurde nicht nur von den Franziskanern, die auch den ersten Bischof von Mexiko, Juan de Zumárraga, stellten, sondern genauso von den wenig später in Mexiko ankommenden Augustiner-Eremiten und Dominikanern als Voraussetzung für den Erfolg der Mission unter den Indianern angesehen[146]. Damit hängt der alte *Gedanke von der Schaffung eines christlichen Reiches* zusammen, d. h. einer religiös, gesellschaftlich und politisch einheitlichen Struktur, die bis in alle Einzelheiten von der römisch-katholischen Lehre bestimmt sein sollte. Dieser Traum, der in Europa nicht hatte verwirklicht werden können, sollte nun in Amerika Wirklichkeit werden. Von oben nach unten sollte eine mustergültige Christenheit geschaffen werden. Diese von apokalyptischen Traditionen gespeiste Vorstellung spielte besonders bei den Franziskanern eine große Rolle[147].

Die Franziskaner weiteten ihre Arbeit im 16. Jahrhundert in fast alle Teile des amerikanischen Kontinents aus.

Der schnelle Fortschritt in Neu-Spanien erlaubte es, daß die dortige Kustodie der spanischen Provinz ‚San Gabriel de Estremadura' schon 1535 zur autonomen ‚Provincia del Santo Evangelio' erhoben werden konnte. 1565 entstand aus der Missionsarbeit in Michoacán-Jalisco eine zweite Provinz (‚San Pedro y San Pablo'). Und ein Jahr später konnte aus fünf Klöstern in Zacatecas noch eine Missionskustodie gebildet werden. Im übrigen dienten die Minderbrüder als Militärkapläne bei Eroberungsfeldzügen in Nordwestmexiko und als Begleiter auf Forschungsexpeditionen. 1570 gab es schon 67 franziskanische Häuser im Gebiet des heutigen Mexiko. Charakteristisch für ihre Arbeit war hier ihre Freiheit in der Ausbreitung, da sie als erster Orden im Lande die Mission aufnahmen. Die zwei Jahre später gekommenen Dominikaner mußten sich schon mit den Lücken zufrieden geben, was in noch höherem Maße von den erst 1533 eingetroffenen Augustiner-Eremiten gilt[148].

Die Anfänge franziskanischer Ausbreitung in Peru liegen ziemlich im Dunkeln.

Aus Nikaragua kommend scheint sich Fr. Murcos de Niza 1532 noch dem Eroberungszug von Pizarro angeschlossen zu haben. 1534 dürften drei weitere Fratres eingetroffen sein, so daß 1535 in Quito der erste Konvent und kurz danach in der Ciudad de los Reyes (Lima) schon der zweite und möglicherweise noch in den dreißiger Jahren ein dritter in El Cuzco gegründet wurde. Wie bei den anderen Orden blieb die Zahl der Religiosen und das Ausmaß ihrer Tätigkeit bis 1548 bescheiden. Mit

---

[146] Miranda 1964, 61.
[147] Vgl. Phelan 1956, Borges 1960, Beckmann 1970, 261. Hier wirkte die Drei-Reiche-Lehre eines Joachim von Fiore († ca. 1202) weiter. Das dritte Reich, das Zeitalter des Hl. Geistes, dessen Beginn Joachim für das Jahr 1260 prophezeit hatte, wäre demnach in Amerika angebrochen.
[148] Ricard 1966, 66ff vgl. Karte 62–63; Glazik 1967, 611 nennt abweichende Zahlen.

dem Ende der Rebellion des Gonzalo Pizarro begann in jenem Jahr in Peru eine friedliche Epoche, die die Ausbreitung des Kirchenwesens begünstigte. Von 1544 bis 1552 reisten 135 Franziskaner nach Peru aus, so daß der Orden sich über das ganze Land ausbreiten und 1553 die Provinz der Zwölf Apostel gründen konnte.

Von Peru aus drangen die Franziskaner nach Chile (1553), Charcas, Tucumán, Santa Fe (1573) und Asunción (1574) vor, wo teilweise Kustodien geschaffen wurden. 1580 waren es Franziskaner, die die ersten Indianerreduktionen in Paraguay gründeten. Die Kirchen von Tobatí und Yaguarón aus dem 16. und 17. Jahrhundert sind schöne künstlerische Zeugnisse ihrer Arbeit mit den Guaraní. Auch im Norden des Subkontinents faßten die Franziskaner frühzeitig Fuß, im Gebiet des heutigen Kolumbien ab 1509 (Expedition von Alonso de Ojeda), definitiv dann ab Mitte des Jahrhunderts, als sie eine Kustodie in Santa Fe de Bogotá gründeten. Nach Venezuela kamen 1575 die ersten Minderbrüder aus Hispaniola. 1563/65 wurden Santa Fe de Bogotá, Quito und Chile zu selbständigen Provinzen erhoben[149].

Auch in Brasilien bildeten die Franziskaner die missionarische Vorhut.

Frei Henrique de Coimbra, einer der Fratres aus der Flotte von Cabral zelebrierte im Jahre 1500 die erste Messe in Brasilien. Später (1510?) kamen zwei unbekannte Franziskaner in die Faktorei Pôrto Seguro, wo sie die erste Kapelle auf brasilianischem Boden bauten und ihrem seraphischen Ordensgründer weihten. Sie scheinen gewisse missionarische Erfolge gehabt zu haben, fielen aber nach einigen Jahren zusammen mit den Weißen den Indianern zum Opfer, die sich offenbar durch schlechte Behandlung oder Übervorteilung beim Warentausch von den Kolonisten herausgefordert sahen. Nach diesen beiden Protomärtyrern Brasiliens kamen möglicherweise 1515 zwei italienische Franziskaner nach P. Seguro. 1532 befanden sich zwei Franziskaner in der Begleitung von Afonso de Sousa bei der Gründung von São Vicente, wo sie unter den Carijó zu missionieren begannen. Wohl nach einigen Jahren kam einer von ihnen bei einer Flußüberquerung durch Pfeile von Tamoio um. Ungefähr 1534 wirkte ein Franziskaner in Olinda, um 1549 einer in Bahia. Schließlich wirkten von 1535 bis 1548 einige Franziskaner in Santa Catarina, Überlebende zweier gescheiterter spanischer Río de la Plata-Expeditionen (1535 und 1537), die eine sehr verheißungsvolle Arbeit unter den Carijó begannen. Nach einem Brief aus dem Jahre 1538 soll vier Jahre vor ihrer Ankunft der Indio Esiguara wie ein Prophet vom Geist erfüllt predigend durch das ausgedehnte Stammgebiet der Carijó gezogen sein, das sich nach Süden bis zur Lagoa dos Patos erstreckte, und angekündigt haben, daß „binnen kurzem die wahren Christen kommen würden, Brüder der Schüler des Apostels Thomas, und alle taufen würden". Dieser Brief ist eine der Stützen für die Theorie, daß Thomas in Amerika gewesen sei, die heute noch von manchen Forschern vertreten wird, die Anspruch auf Ernsthaftigkeit erheben[150]. Die Briefverfasser wie die neueren Interpreten setzen dabei einfach den in der Mythologie mancher indianischen Völker beggnenden „Vater Sumé" mit „Vater Tomé", der portugiesischen Form von „Thomas", gleich.

Das Ende dieses echt evangelischen missionarischen Ansatzes, der ganz ohne Waffenschutz und Waffendrohung erfolgte, ist symptomatisch für die

---

[149] Vargas U. 1953ff I, 104 und 210ff, II, 9ff. Konetzkes Angabe (1965, 252), daß 1531 die ersten Franziskaner nach Peru kamen, dürfte ungenau sein. Zu Venezuela vgl. Gómez C. 1969.

[150] Röwer 1947, 26ff — dort 33f lange Auszüge aus dem Brief von 1538. Zur Hypothese der Tätigkeit des Apostels Thomas in Amerika neuerdings Spalding 1972! Zur Thomaslegende in der Kolonialzeit vgl. auch Lafaye 1974.

Missionsarbeit in Brasilien: Zwei portugiesische Schiffe legten in der Nähe an, lockten mit falschen Versprechungen Indianer an und nahmen sie dann zusammen mit den wenigen dort wohnenden Spaniern und dem letzten Franziskaner, Fr. Alfonso, gefangen, um sie in São Vicente und Ilhéus als Sklaven zu verkaufen. Ein Beispiel für viele andere, das den unüberwindlichen Widerspruch zwischen der Missionskirche und der von „Altchristen" betriebenen Kolonisation verdeutlicht.

Bis zum Jahre 1585 blieb es bei einzelnen Franziskanern, die hier und da ohne Planung und Koordination im brasilianischen Küstenstreifen unter den Portugiesen und Indianern wirkten. Dank der Unnachgiebigkeit des Donatarios von Pernambuco, Jorge de Albuquerque Coelho, der seinen Wunsch nach Entsendung von Franziskanern nach Olinda 1580 schriftlich König Philipp II. vortrug, kam es im Zeichen der Thronunion von Spanien und Portugal dank der energischen Unterstützung durch die spanische Krone 1585 zur Entsendung von acht Observanten, nachdem das Ordenskapitel 1584 in Lissabon die Schaffung der Kustodie St. Antonius in Olinda beschlossen hatte. Mit Frei Melquior als Superior begann dann die Expansion der franziskanischen Arbeit in Brasilien, die in Olinda an Anfänge von Terziarenarbeit anknüpfen konnte. In den folgenden Jahren entstanden Klöster in Salvador (1587), Igaraçu (1588), Paraíba und Vitória (1589) und Rio de Janeiro (1607). „Rio de Janeiro wurde 1657 zur Kustodie erhoben, und 1675 wurde für den Süden eine neue Provinz gegründet. Die Missionsarbeit der Franziskaner zeigte sich besonders in der Anlage zahlreicher Indianerdörfer."[151] Aber während fast überall im spanischen Amerika den Franziskanern das Verdienst zukommt, mit der systematischen Missionsarbeit unter den Indianern angefangen zu haben, gebührt es in Brasilien den Jesuiten, die 1585 schon 142 Mitarbeiter im Lande hatten. In den spanischen und portugiesischen Gebieten zusammengenommen stellten die Franziskaner noch am Ende der Kolonialzeit die größte Zahl von Religiosen eines Ordens.

212312 Als zweiter Bettelorden kamen 1510 auf Veranlassung ihres in der Reformationsgeschichte durch sein Lutherverhör 1518 bekannten Ordensgenerals Thomas de Vio, genannt Cajetan (1508–1518), drei *Dominikaner* nach Hispaniola, darunter der Obere Pedro de Córdoba, der später den Prototyp eines dominikanischen Katechismus verfaßte, der 1548 zweisprachig in spanisch und náhuatl erschien, und Antonio de Montesinos, der 1511 mit seiner Adventspredigt gegen die Mißhandlung der Indianer den Kampf der Missionskirche für die Rechte der Indianer eröffnete. Der bekannteste Wortführer dieses Kampfes sollte Bartolomé de Las Casas werden, der Pedro de Córdoba 1512 bei seiner Ordination in Concepción de la Vega kennenlernte und der 1515 nach seinem „Damaskus" bei der Eroberung von Kuba von Pedro in seiner Mission bei Hofe zu Gunsten der Indianer bestärkt wurde. 1523 sollte Bartolomé selbst in Santo Domingo dem Orden beitreten. Die Dominikaner waren auf Hispaniola von Anfang an aktive Missionare[152]. Das Wirken der Dominikaner in Amerika war indes nicht frei von Widersprüchen. Während 1520 Dominikaner in Cumaná an der venezolanischen Küste in nicht erobertem Gebiet ohne Waffenschutz eine Indianermissionsarbeit aufzubauen versuchten, begleiteten später andere Ordensglieder als Militärkapläne die Konquistadoren von

---
[151] Röwer aaO 54ff, Konetzke 1965, 253f.
[152] Zubillaga 1965, 251 u. 403; Jiménez F. 1962, XIVff.

Neu-Granada und Peru. Die mißliche Rolle von Fr. Vicente Valverde im Gefolge Pizarros wurde bereits erwähnt (vgl. 122). 1530 entstand die erste amerikanische Ordensprovinz in Santo Domingo, 1532 eine zweite in Neu-Spanien, wohin die erste Gruppe von Dominikanern 1526 gelangt war, die eine Kette von Klöstern im Gebiet des heutigen Staates von Puebla, in der Gegend von Oaxaca und der Landenge von Tehuantepeque gründeten. Die Direktive der Ordensleitung, zur Erhaltung der Klostergenossenschaft stets größere Klostergemeinschaften zu errichten, ließ sich allerdings nicht mit dem Heidenapostolat vereinbaren, so daß die Dominikaner dazu übergehen mußten, Vikariate mit jeweils zwei oder vier Mönchen in den Indianergebieten zu schaffen. Die Missionsarbeit dehnte sich dann weiter nach Zentralamerika aus, das analog zu den Bistümern zunächst von Peru abhing. 1551 wurden Chiapas und Guatemala zusammen mit den Konventen in León und Granada in Nikaragua zur selbständigen Provinz ‚San Vicente' erhoben[153].

1531 befanden sich die ersten Glieder des Predigerordens bereits am Darién, und 1532 kam Vicente de Valverde nach Peru, wo kurz nach der Eroberung von El Cuzco noch 1534 das erste Dominikanerkloster gegründet wurde. Es folgten weitere Klöster in Lima und Quito. Schon 1539/40 wurde die selbständige Provinz ‚San Juan Bautista del Peru' mit Fr. Tomás de San Martín als Provinzial errichtet, die vom Río de la Plata bis Chiapas reichte. Für das Jahr 1538 akzeptiert der peruanische Kirchengeschichtler Vargas Ugarte noch die zeitgenössische Kritik von Martel de Santoyo, wonach weder die Dominikaner noch die Merzedarier „wahrheitsgemäß behaupten könnten, Indianer bekehrt noch in unserem heiligen Glauben unterrichtet zu haben". Die Behauptung des Chronisten P. Calancha, daß vor der Ankunft der Augustinereremiten im Jahre 1551 von einer Verkündigung des Evangeliums unter den Indianern und von ihrer Bekehrung nicht die Rede sein könne und daß es in Peru auch keine Indianerreduktionen gegeben habe, hält Vargas indes für eine „offenkundige Übertreibung"[154].

Immerhin wird man aus diesen Quellen entnehmen können, daß die Dominikaner angesichts ihrer zunächst ungenügenden Zahl mehr Nachdruck auf die Errichtung städtischer Klöster mit entsprechenden Benefizien als auf die sofortige Missionsarbeit gelegt haben. Später wurden größere Teile der Ordenskräfte von der wachsenden spanischen Bevölkerung in Anspruch genommen. Die unter den Indianern arbeitenden Dominikaner teilten allerdings getreu der Tradition der Bettelorden deren Armut und bauten nur armselige Konvente und Kirchen, die eher Indianerhütten und Einsiedeleien glichen.

1551 wurden nicht nur Guatemala und Chiapas von Peru abgetrennt, sondern auch die Arbeit in Neu-Granada zur Kongregation von ‚San Antonio' unter einem Generalvikar erhoben. Nachdem allein 1565 25 Religiose aus Spanien dort eingetroffen waren, wurde daraus 1571 auch eine selbständige Provinz. 1581 schließlich wurden von ‚San Juan Bautista del Perú' die Provinzen ‚San-

---

[153] Vgl. Konetzke 1965, 255, dessen Daten in bezug auf die Dominikaner vielfach nicht dem neuesten Stand der Forschung entsprechen. So reisten 1509 nicht 15 Dominikaner aus, sondern nur drei, 1510 weitere sechs, 1511 sieben und Ende 1511 noch Tomás de Toro y Cabero, der spätere erste Bischof von Cartagena — vgl. Ariza 1969, 94ff, der eingehend über Venezuela berichtet. 1551 wurden nicht zwei Ordensprovinzen Chiapa und Guatemala gegründet, sondern nur eine — vgl. Vargas U. 1953ff II, 5 und Ricard 1966, 72. Die erste Gründung war die ‚Provincia de la Santa Cruz' in Santo Domingo, die zweite die ‚Provincia de Santiago' in Mexiko.

[154] Vargas U. 1953ff I, 204ff.

ta Catalina de Quito' und ‚San Lorenzo de Chile' abgetrennt, womit die Organisation des Ordens in den Grundzügen stand[155]. Auffälligerweise dehnte sich der Predigerorden nicht in den portugiesischen Kolonialbereich aus, was mit Spannungen mit den dort sehr aktiven Jesuiten zusammenhängen dürfte (vgl. 312).

212313 Als dritter Bettelorden erhielten die kastilischen *Augustinereremiten* vom Indienrat die Genehmigung, missionarisch in der Neuen Welt tätig zu werden, so daß 1532 die ersten Augustiner in Neu-Spanien eintrafen, die im folgenden Jahr nach Süden vorstießen und mit der Mission im östlichen Teil des Gebietes von Guerrero begannen.

1536 beschloß ihr Kapitel einen Vorstoß nach Norden in die Sierra Alta nach Hidalgo zur Evangelisation unter den Otomí, die ihnen dabei nicht geringe Schwierigkeiten bereiteten. Schließlich beschloß das Kapitel von 1537, über Toluca die Missionsarbeit nach Westen in Richtung Michoacán auszudehnen. 1545 erhielt Mexiko den Rang einer Ordensprovinz ‚del Santo Nombre de Jesús'. Eines der schönsten künstlerischen Zeugnisse, das die Augustiner hinterlassen haben, ist die Klosterkirche von Acolman nördlich von Mexiko-Stadt, deren Anfänge auf die erste Hälfte des 16. Jahrhunderts zurückgehen. Ihre primitive Vorgängerin wurde schon 1539 gebaut.

Nachdem Karl V. seit 1546 die Entsendung von Augustinern nach Peru geplant hatte, kamen 1551 zwölf Mönche in Lima an. Es wurde ihnen gleich klar, daß sie sich in kleine Gruppen auflösen mußten, um unter Spaniern und Indianern arbeiten zu können. Sie beschlossen, daß jeweils mindestens vier in einem Konvent zusammen wohnen sollten. Wie bei den anderen Orden wurde die Gründung der Konvente durch die Notwendigkeit beeinflußt, Patrone zu finden, die zu Landschenkungen und finanzieller Unterstützung bereit waren. Genauso hing die Missionsarbeit anfangs von den Bitten einzelner ‚encomenderos' ab, die die Augustiner aufforderten, sich der christlichen Unterweisung ihrer Indianer anzunehmen. Die ersten Konvente wurden in Lima, Trujillo und El Cuzco gegründet. Ab 1562 dehnte sich die augustinische Arbeit nach Alto Perú aus — Chuquisaca, Chuquiabo und Tapacari in der Provinz Cochabamba —, wo sie auf Grund eines Erlasses Philipps II. von 1588 im Jahre 1589 auch die ‚doctrina' Copacabana am Chucuito See (Titicaca) übernahmen. Wegen des seit 1583 in Copacabana befindlichen Mariengnadenbildes sollte dieser Ort eines der wichtigsten Wallfahrtszentren Südamerikas werden und die Evangelisation der Indianer stark beeinflussen, verehrt man dort doch eine indianische Madonna (vgl. 253). Den Bau der kolossalen Basilika, die heute das Gnadenbild beherbergt, begannen die Augustiner im Jahre 1668.

Spätestens 1575 waren die Augustiner auch nach Quito gelangt, von wo aus sie dann nach Santa Fe de Bogotá vorstießen. Beide Orte wurden Zentren neuer Ordensprovinzen, die 1576 (definitiv 1612) und 1596 entstanden. Auf königlichen Befehl gingen sie 1595 auch nach Chile, wo die Gründung ihrer Niederlassung in Santiago von den Dominikanern und Franziskanern stark behindert wurde. Noch nach Fertigstellung einer primitiven Kirche gefährdeten jene die ganze Anlage einschließlich der

---

[155] Ders. II, 6 bemerkt, daß der Hauptzweck der Aktivität der Dominikaner in Peru die Mission gewesen sei, weshalb sie sich ab 1560 auf einige Zentren wie das Chicama-Tal bei Trujillo, das Chincha-Tal südlich von Lima und die Ufer des Titicaca-Sees (Chucuito-See) konzentrierten. Konetzke 1965, 255 berichtet ungenau, daß die Provinz Quito 1586 und Jacobs 1963, S. 39, daß die Provinz Neu-Granada 1577 gegründet worden sei!

Behausung der Augustiner, indem sie in einer regnerischen Nacht das Stauwehr eines Entwässerungsgrabens öffneten und das ganze Gelände unter Wasser setzten. Ein Beispiel dafür, daß die Zusammenarbeit der verschiedenen Orden keineswegs überall optimal war.

In einer Zeit, in der der Orden Martin Luthers in Deutschland kurz vor seiner Auflösung stand, nahm er durch die kastilischen Rekollekten in Amerika einen neuen Aufschwung.

In einem Brief aus dem Jahre 1569 rühmte Fr. Juan de S. Pedro die Entwicklung des Konvents in Lima: „Es gibt zehn Novizen. In den anderen Klöstern haben sie nicht so viele. Gebet, Sammlung, Buße und Demut stehen in Blüte. Vom Größten bis zum Kleinsten kleiden sich alle in sehr schlechte Hanfleinwand. Sicher dient das zum Lobe Gottes. Nie stand diese Provinz so gut wie jetzt da ... mit soviel Sammlung und Ruhe ..."[156]

Nach Brasilien gelangten auch die Augustiner nicht.

212314 Der ‚Orden de la Merced' (amtlich: Ordo Beatae Mariae de Mercede Redemptionis Captivorum), der 1218 vom hl. Petrus Nolaskus und Ramón de Peñafort als Laienbruderschaft zur Auslösung der von Mauren gefangengenommenen Christen in Barcelona gegründet worden ist, genoß in Spanien dieselben Privilegien wie die Bettelorden, obgleich er eine Mischung aus Ritter- und Bettelorden war und neben Priestern und Brüdern auch Ritter als Laienbrüder zu seinen Gliedern zählte. Da die Merzedarier nicht an eine strenge Klausur gebunden waren, brachten sie gute Voraussetzungen für die Tätigkeit als Militärkapläne im Gefolge der Konquistadoren mit. Die Möglichkeit, als einzelne zu wirken, kam ihnen später auch bei der Missionsarbeit zustatten, konnte doch ein Merzedarier eine ‚doctrina' allein übernehmen. Ihr Individualismus und die mangelnde Kontrolle der einzelnen durch die Oberen sollte sich indes auch oft schädlich auswirken. Obgleich durch Peñafort dem Orden der Geist der neuen Missionsbewegung eingestiftet war, geriet er gelegentlich in Konflikt mit der ritterlichen Tradition.

Möglicherweise reiste Fr. Juan de Zolórzano 1493 auf der zweiten Reise von Kolumbus als erster Merzedarier nach Amerika. 1514 scheint es schon einen provisorischen Konvent in Santo Domingo gegeben zu haben. Bei der Eroberung von Mexiko war Fr. Bartolomé de Olmedo ein sehr mäßigendes Element, der sich der Zerstörung indianischer Idole und Cortés' Versuchen, den Indianern das Christentum pauschal aufzuzwingen, widersetzte. 1530 kamen 12 Merzedarier nach Neu-Spanien, wo sie in Mexiko-Stadt „kühl aufgenommen" wurden, so daß sie erst 1589 dort ein Studien- und Novizenhaus eröffnen konnten, was einen Sturm der Entrüstung bei den anderen Orden auslöste, die eine Abnahme ihres Nachwuchses befürchteten. Erst Eingriffe von Madrid und Rom konnten die Wogen wieder glätten. Schneller hatten die Merzedarier von Mexiko kommend in Zentralamerika Fuß gefaßt, wo sie 1538 in Guatemala einen Konvent gründeten, nachdem sie vorher schon mit der Missionsarbeit in Chiapas angefangen hatten, so daß bald eine selbständige Provinz entstand, deren

---

[156] Vargas U. 1953ff II, 31 zu Chile, sonst zu Südamerika II, 27ff und zu Venezuela, wo nach 1650 Indianermissionen entstanden, vgl. Campo del Pozo 1969, 128ff. Zu Copacabana s. „Nuestra Señora de Copacabana y su Santuario" o. Vf. 1943 — Edit. „Sport"-Esq. Yanacocha Indaburu. Vargas schreibt zwar aaO 30, die Augustiner seien schon 1586 in Copacabana gewesen. Aber da in der erwähnten Schrift der königliche Erlaß vom 7. 1. 1588 aus Madrid und die offizielle Übergabe der ‚doctrina' am 16. 1. 1589 erwähnt werden, dürften diese Angaben zutreffen. Zu Mexiko vgl. Ricard 1966, 72ff.

Kapitel Ende des 16. Jahrhunderts, mit Befriedigung zur Kenntnis nahm, daß der Orden schließlich auch in Nueva España auf 40 Glieder angewachsen war. 1596 hatte allerdings der päpstliche Nuntius in Spanien, Kardinal Cajetan, im Auftrage von Clemens VIII. in einem Breve allen mexikanischen Gemeinden schwere Strafen androhen müssen, die die Merzedarier belästigten und sie nicht als Brüder und apostolische Mitarbeiter akzeptieren wollten. Das wirft ein Schlaglicht auf die oft wenig erfreuliche Konkurrenzsituation zwischen den verschiedenen Orden.

Der Schwerpunkt der Arbeit des Ordens lag allerdings in Südamerika, wo schon 1536 in Ciudad de los Reyes (Stadt der Könige), ein Jahr nach der Gründung von Lima, ein Konvent gegründet wurde.

1560 erkannte Pius IV. El Cuzco als von Kastilien unabhängige Provinz an. Nach Tucumán und in die Region des Rio de la Plata kamen die Merzedarier auch schon mit den Eroberern. 1590 hatten sie u. a. Konvente in Asunción, Salta, Tucumán, Santiago del Estero und Córdoba. Sie gehörten wie die in Potosí, Chuquiabo, Chuquisaca, Cochabamba, Arequipa und Arica zu den insgesamt 16 Konventen der Provinz El Cuzco, die Ende des 16. Jahrhunderts 114 Priester, 25 Choristen und Laienbrüder zählte und 17 ‚doctrinas‛ betreute. Die Provinz San Miguel de Lima hatte zur gleichen Zeit in 13 Konventen und 47 ‚doctrinas‛ zwischen Panamá und Lima 161 Priester, 55 Choristen und 10 Laienbrüder. Außerdem gab es 1599 in der Provinz Chile 11 Konvente. Von Quito aus stießen sie den Amazonas abwärts nach Brasilien vor und gründeten 1639 in Pará ein Vikariat.

Die innere Verfassung der amerikanischen Provinzen entsprach indes nicht ihrer äußeren Stärke, was zum Teil daran liegen mochte, daß sie sehr bereitwillig junge Kreolen und sogar Mestizen aufnahmen, die die Autonomiebestrebungen der Provinzen nachdrücklich unterstützten, den Orden aber gleichzeitig bei Philipp II. verdächtig machten. 1571 berichtet Vizekönig Francisco de Toledo dem König von schweren Mißständen im Ordensgebiet von Panamá bis Chile und empfiehlt einschneidende Reformmaßnahmen, nämlich ein zeitlich begrenztes Aufnahmeverbot für Novizen, keine weitere Entsendung von Merzedariern bzw. höchstens von ganz vertrauenswürdigen Leuten, die Reformmaßnahmen in Amerika durchführen können, und die Erwirkung eines päpstlichen Breves, das Angehörige anderer Orden ermächtigt, die Merzedarier zu visitieren und zu reformieren[157].

Echte Missionsarbeit der Merzedarier beschränkte sich auf Chiapas und Guatemala, die Audiencia von Quito, wo sie unter Barbacoas und im Gebiet der Maynas wirkten, Südchile, wo sie z. B. in Valdivia und La Imperial gut mit den Franziskanern in der Araukanermission zusammenarbeiteten, und Brasilien, wo sie ab 1640 im Estado do Maranhão und am Amazonas missionarisch tätig waren. In den Kerngebieten des spanischen Kolonialreichs hingegen, in Neu-Spanien und Peru „teilten sie mit den Missionsorden nicht die harten Strapazen eines fruchtbaren, aber undankbaren Apostolats. Für gewöhnlich verwalteten sie zwar fruchtbare, aber auch leichte Pfarrämter in Gemeinden und Schulkollegs. Mit ihren herrlichen Kirchen und besonders ihren prächtigen Konventen ... erweckten sie den Eindruck eines reichen Ordens". Im 17. Jahrhundert erreichten sie ein beachtliches intellektuelles und wissenschaftliches Niveau, besetzten einen erheblichen Teil der Hochschullehrstühle und stellten wie schon im Jahrhundert vorher eine Reihe von Bischöfen. Durch

---

[157] Pérez 1923, 19ff; Jiménez 1965 II, 343ff; Zubillaga 1965, 284ff und 734f; Vargas U. 1953ff II, 21ff; Konetzke 1965, 256 und Hofmeister, Merzedarier, RGG³ IV, 882.

innere Unruhen und Streitigkeiten sank der Ruf des Ordens von der Mitte des 17. Jahrhunderts an[158].

212315 *Die Eremitenkongregation der Hieronymiten* ist in der Neuen Welt nur in geringem Umfange tätig geworden, obgleich sie auf der iberischen Halbinsel großen Einfluß hatte. Die Hieronymiten waren bevorzugte Beichtväter am spanischen und portugiesischen Hof, weshalb Karl V. seinen Lebensabend in ihrem Kloster San Yuste verbrachte, Philipp II. für sie seinen Klosterpalast San Lorenzo de Real in Escorial bauen ließ, und ihr 1497 unweit Lissabon erbautes Kloster Belém den portugiesischen Königen als Begräbnisstätte diente. Der erste der spanischen Eremiten des hl. Hieronymus, der nach Amerika kam, war der oben erwähnte Román Pané, der 1493 mit Kolumbus auf Hispaniola eintraf. Kardinal Jiménez de Cisneros beauftragte während seiner Regentschaft (1516—17), d. h. also nach dem Tode Ferdinands des Katholischen, drei Hieronymitenobere mit der Durchführung eines Planes zur Reform des Encomienda-Systems, weil sie auf Hispaniola nicht engagiert und folglich unparteiischer waren als Missionare der Bettelorden oder Hofpersonen. Außerdem empfahlen sich die Hieronymiten, weil sie mystische Kontemplation mit körperlicher Arbeit zu vereinigen suchten und zu diesem Behuf musterhafte Agrarbetriebe aufgebaut hatten, in denen Mönche mit Weltpersonen in einer patriarchalischen Gemeinschaft zusammenarbeiteten, was möglicherweise ein brauchbares Modell für die Arbeit mit Indianern bilden konnte. Trotz der Beratung durch den ihnen mitgegebenen Vorkämpfer der Freiheit der Indianer, Bartolomé de Las Casas, gerieten die drei Hieronymiten unter den Einfluß der westindischen Kolonisten und empfahlen die Fortführung des Encomienda-Systems.

Hieronymiten spielten im übrigen als Bischöfe eine Rolle in Amerika. Aus Dussels Listen ergibt sich, daß allein bis 1620 siebzehn Eremiten in zwölf verschiedenen Diözesen auf Bischofsstühle berufen wurden. Unter ihnen war der vormalige Prior des Klosters von Guadelupe in der Estremadura, Francisco de Benavides, den Karl V. als dritten Bischof für Cartagena vorschlug, wohin er mit vier weiteren Gliedern seiner Kongregation reiste. 1543 wurde er bei einem Überfall von 500 Korsaren unter französischem Kommando, die Cartagena eroberten und plünderten, halb zu Tode geprügelt. Aber als ein Muster mönchischer Armut führte er sein Amt bis 1550 weiter[159].

Die Beispiele verheerender Piratenüberfälle durch europäische ‚Mitchristen' ließen sich leicht mehren. Am bekanntesten sind die Mordtaten, die unter dem Kommando von Henry Morgan geschehen sind, der dafür von König Charles II. von England noch geadelt und zum Gouverneur von Jamaica ernannt worden ist, das Mitte des 17. Jahrhunderts auf Geheiß von Cromwell von den Engländern erobert worden war. 1668 nahm Morgan mit 2000 Mann Portobelo, den wichtigsten spanischen Stützpunkt auf der karibischen Seite des Darién, pferchte die Bevölkerung in die Kirchen, wo die Frauen auf den Altären vergewaltigt, Männer verstümmelt und jeder gefoltert wurde, der

---

[158] Zubillaga 1965, 735; Egaña 1966, 353; zu den Araukanern vgl. Noggler 1973, 129ff: In Angol brachten die Merzedarier ein blühendes religiöses Leben hervor. Dort wurden zwei der ihren Blutzeugen der Missionsarbeit: P. Antonio Rondón und P. Luis de Peña. Zu Brasilien vgl. Silveira Camargo 1965, 236; Klostergründungen in Pará 1640, in Alcântara 1659, in Maranhão 1664 und Missionen am Amazonas und in Pará 1699.

[159] Konetzke 1965, 180; Egaña 1966, 28f; Dussel 1969ff (32) V, 187ff.

Eigentum verbarg. 1670 überquerte Morgan mit 1800 Mann den Isthmus von Darién und eroberte Panamá, den wichtigsten Warenumschlagplatz am Pazifik. Einschließlich aller kirchlichen Gebäude wurde die 1519 gegründete Stadt, der älteste Bischofssitz des Festlandes, in einem achtundzwanzigtägigen Schreckensregiment total eingeäschert. Den schlimmsten Schlag erlebte indes die Mission im Jahre 1571, als bei zwei Überfällen zwischen den Kanarischen Inseln und den Azoren von französischen Korsaren aus La Rochelle 52 Jesuiten auf hoher See abgeschlachtet wurden, das größte Kontingent, das je nach Brasilien ausgereist ist. Die fanatische Feindschaft zwischen den Kalvinisten und den Jesuiten spielte dabei eine nicht geringe Rolle[160]. So warf das Zeitalter der Glaubenskriege seine Schatten auch nach Amerika.

212316 *Die Gesellschaft Jesu* wurde dem portugiesischen König João III. 1538 von dem ihm befreundeten Juristen Diogo de Gouveia brieflich aus Paris wegen ihrer exemplarischen Priester zum missionarischen Einsatz in den Kolonien empfohlen[161]. Nachdem der portugiesische Botschafter in Rom, Pedro de Mazcarenhas, 1540 den guten Ruf der Jesuiten bestätigt hatte, konnten im Einvernehmen mit Paul III. zwei von den damals nur sechs in Rom befindlichen Jesuiten nach Portugal reisen[162]. 1549 kamen zusammen mit dem ersten Generalgouverneur Brasiliens, Tomé de Sousa, die ersten sechs Jesuiten nach Amerika, die die Grundlagen für die Kolonial- und Missionskirche Brasiliens legten. Ihr Oberer, P. Manuel da Nóbrega, eine der bedeutendsten Gestalten der brasilianischen Kirchengeschichte, der 1553 der erste Provinzial der brasilianischen Provinz wurde, hat noch 1549 den prophetischen Satz geschrieben: „Dieses Land ist unser Unternehmen, es ist das heidnischste der Welt."[163] Die Jesuiten nahmen diese Herausforderung an. Sie wurden vom „größten und besten Teil der Bevölkerung" dem Säkularklerus vorgezogen. Sie waren in Brasilien die ersten auf allen Gebieten, de facto die Kirchenführer, so daß es nicht wunder nimmt, daß es binnen kurzem zu Reibereien mit dem 1552 auf dringenden Wunsch Nóbregas entsandten ersten Bischof von Brasilien, Pedro Fernandes Sardinha, kam. Hauptmotiv der Auseinandersetzungen waren indes Indianermission und Indianerschutz. Es ist schon eine eigenartige Fügung, daß ausgerechnet dieser Bischof, der mehr Verwirrung als Ordnung in das junge brasilianische Kirchenwesen gebracht hat und dem beinahe jegliche Versklavung der Indianer als gerecht erschien, 1556 nach einem Schiffbruch vor der Küste Alagoas', als er zur Berichterstattung zum König gerufen war, zusammen mit fast einhundert Besatzungsmitgliedern und Fahrgästen den menschenfressenden Caeté zum Opfer fiel[164].

---

[160] Fagg 1971, 208f und Castillero 1965, 20. In den achtziger Jahren des 17. Jahrhunderts wurde der Piraterie von den europäischen Seemächten ein Ende bereitet, da sie inzwischen an der systematischen Ausbeutung der eroberten Antilleninseln — besonders in Form von Zuckerrohranbau — interessiert waren. Fagg meint: „Es erscheint symbolisch, daß Port Royal/Jamaica, das Hauptquartier für so viel Piraterie in den vorhergehenden Jahren, 1692 durch ein Seebeben im Meer versank." Zu den jesuitischen Märtyrern vgl. Silveira Camargo 1965 196ff.

[161] Brief v. 17. 2. 1538 — MBR I, 94—96.

[162] Brief v. 4. 8. 1539 von João an Pedro de Mascarenhas — ebd. 102ff; Brief v. 10. 3. 1540 von Pedro an König João — ebd. 105ff.

[163] „Esta terra hé nossa empresa, e o mais gentio do mundo" — Brief aus Baía v. 9. 8. 1549 an P. Simão Rodriguez, Lissabon — ebd. 121ff.

[164] Wetzel 1972, 23ff — wörtliches Zitat nach O. van der Vat OFM, Fernandes Sardinha, primeiro Bispo do Brasil — REB 2 (1942), 410.

Unter dem zweiten Gouverneur, Duarte da Costa (1553—56), war es darüber hinaus zu einem fast völligen Bruch zwischen den staatlichen und kirchlichen Autoritäten gekommen, so daß eine vernünftige Missionsarbeit der Jesuiten erst unter dessen Nachfolger Mem de Sá (1557—72) beginnen konnte, der ihrer Arbeit sehr wohlwollend gegenüberstand[165].

1581 verfügten die Jesuiten in zwei Kollegien in Salvador und Rio de Janeiro und in fünf Residenzen über 140 Patres. Von Salvador und den zugehörigen Residenzen Pôrto Seguro und Ilhéus aus gingen Missionare in die Berge zu den Rariern, die bis 1594 weitgehend evangelisiert waren. Von Rio de Janeiro aus wurden 1585 die Karriger gewonnen und 600 getauft. Piratininga de (São Paulo) wurde der Ausgangspunkt für die Bekehrung der Miramonini. Überall wurden nach dem von Mem de Sá gebilligten Modell Schutzdörfer (aldeias) für die Indianer angelegt. Ein weiteres Kolleg in Pernambuco wurde zum Mittelpunkt der Paraiben- und Petiragenmission. Auch in Espírito Santo wurden sechs ‚aldeias' angelegt. Neben Nóbrega und seinem unermüdlichen Mitarbeiter Antônio Rodrigues tat sich besonders der 1553 nach Brasilien gekommene P. José de Anchieta (1534—97) in der Missionsarbeit hervor, der 1577 der zweite Provinzial der jungen Provinz wurde. 1622 versorgten 180 Jesuiten 30 000 indianische Neuchristen und hunderttausende von Negern auf den Zuckerengenhos Brasiliens. Von den ersten Anfängen der Eroberung an (ab 1615) wirkten Jesuiten auch in Maranhão, aber erst der 1653 aus Portugal zurückgekehrte P. Antônio Vieira wurde zum Vorkämpfer der Freiheit der Indianer im Estado do Maranhão. Er begann seinen dornenreichen Weg mit seiner berühmten Predigt am ersten Fastensonntag des Jahres 1653, in der er die Indianersklaverei verdammte. Vieira, den die Indianer ‚den großen Vater' nannten, sollte ein zweiter Las Casas werden. 1687 wurde er Jesuitenprovinzial und soll in sieben Jahren 60 000 Indianer getauft und 150 ‚aldeias' nördlich des Amazonas gegründet haben. Wie schwer indes sein Stand war, erhellt daraus, daß in Maranhão, Pará und Amazonien nur 25 Jesuiten wirkten[166] (vgl. 22122).

Nóbrega empfand die Arbeit in Brasilien als problematisch, einmal wegen der schlechten portugiesischen Bevölkerungssubstanz, die sich weitgehend aus Verbannten rekrutierte, „das niederträchtigste und perverseste Pack des Königreiches", dann wegen der Unsitte, Jesuiten nach Brasilien zu schicken, die anderswo nicht zu gebrauchen waren, und schließlich wegen des unbezähmbaren Naturells der Indianer. Deshalb plante er schon 1555, den Schwerpunkt der Arbeit zu den Guaraní nach Paraguay zu verlegen, da diese schon befriedet waren und die Spanier auch nach Jesuitenmissionaren riefen[167]. Daß auch spanische Jesuiten planten, sich am Río de la Plata und in Paraguay zur Indianermission niederzulassen, brachte sie in Verdacht, die koloniale Expansion Portugals unterstützen zu wollen, weshalb ihnen der Indienrat die Ausreise verbot. Im übrigen vertrat er die Meinung, daß die vier Bettelorden für die Missionsaufgabe in Amerika ausreichten. Auch im Orden selbst regten sich Zweifel, ob die erst 1539/40 konstituierte Gesellschaft es sich leisten kön-

---

[165] Wetzel aaO 32f.
[166] Otruba 1959, 36f — vgl. seine Fastenpredigt bei Burns 1970, 82—89 und zur Vita Vieiras, der als Kind nach Brasilien kam und dort 1623 Jesuit wurde, s. Silveira Camargo 1965, 374f. Beckmann 1970, 282 sieht das Todesjahr Vieiras, 1697, als den Punkt an, an dem die Kraft der Jesuiten in Brasilien erschöpft war.
[167] Brief aus S. Vicente v. 25. 3. 1555 an P. Inácio de Loyola, Rom — MBR II 167ff.

ne, ihrer qualifiziertesten Theologen wegen der schwierigen Aufgabe der Heidenmission in Übersee zu entraten[168].

Erst 1566 änderte der Indienrat seine Haltung und nahm die Gesellschaft Jesu in die Liste der im spanischen Amerika zugelassenen Orden auf. Aber auch nun behielt sich die Krone noch vor, die Ausreise von Jesuiten jeweils zu genehmigen. Nachdem Philipp II. der Ausreise von zwanzig Jesuiten nach Südamerika zugestimmt hatte, entsandte Ordensgeneral Francisco de Borja zunächst acht Religiose, die 1568 in Lima eintrafen. Dort wie auch ab 1572 in Mexiko-Stadt und ab 1598 in Bogotá widmeten sie sich zunächst der Arbeit unter der spanischen Bevölkerung, speziell auf dem Schul- und Erziehungssektor, da hier nach der Konsolidierung der allgemeinen Lebensverhältnisse erheblicher Nachholbedarf bestand. Die staatlichen und kirchlichen Behörden wünschten auch ausdrücklich diesen Einsatz der Jesuiten im Dienste von Spaniern und Kreolen, der auch zu einer wesentlichen Hebung der Bildung und der sozialen Stellung des Weltklerus führte.

In die eigentliche Indianermission wuchsen die Jesuiten erst langsam hinein, seit das Provinzialkapitel von El Cuzco 1576 das Missionszentrum von Juli am Titicacasee zu übernehmen beschloß. Im letzten Drittel des 16. Jahrhunderts begann eine neue Etappe der Mission. Die Missionierung der Bevölkerung der alten Hochkulturen Mexikos, des kolumbianischen Hochlandes und des Inka-Reiches von Ekuador bis Chile war, wenn auch in oberflächlicher Form, abgeschlossen. Die Jesuiten sahen sich also mit der sehr viel schwierigeren Aufgabe konfrontiert, die Missionsarbeit in das Gebiet der einfachen Tieflandkulturen und sogar der Fischer-, Jäger- und Sammlervölker vortragen zu müssen, d. h. in riesige unerschlossene Räume Nordmexikos, Zentralamerikas, Venezuelas, Guayanas, des Ostabfalls der Anden auf dem Territorium der heutigen Staaten Kolumbien, Ekuador, Peru und Bolivien, sowie des La Plata-Beckens. Natürlich konnten sie diese gigantische Aufgabe nicht allein bewältigen. Aber es ist das bleibende Verdienst der Gesellschaft Jesu, daß sie sich weitgehend als erste und nicht selten als einzige dieser Herausforderung stellte, die sie in Brasilien schon angenommen hatte, und damit der Mission neue Impulse gab.

Ein Blick auf die jesuitische Missionskarte gibt einen Eindruck von der Ausdehnung ihrer Evangelisationsarbeit im 18. Jahrhundert. Von Norden nach Süden sind folgende Zentren zu erkennen: In Neu-Spanien, wo die Jesuiten 1584 mit dem Studium einheimischer Sprachen begonnen hatten, beteiligten sie sich entscheidend an der Erschließung des unwirtlichen Nordens. Nicht selten folgten sie freilich den spanischen Truppen. Aber es gab auch Gestalten wie Eusebio Francisco Kino, ein Norditaliener, der von 1681 bis zu seinem Tode 1711 dort wirkte und oft allein und unbewaffnet bis tief nach Arizona vordrang und so auch erfolgreich rebellischen Indianern entgegentrat. Die Gebiete der heutigen Staaten Durango, Chihuahua, Sinaloa, Sonora, Nieder-Kalifornien und Teile von Arizona wurden von den Jesuiten mit Missionsstationen überzogen. 1745 hatten sie in Baja California 37 Missionsstationen, davon 16 mit

---

[168] Konetzke 1965, 257f. Mit der Bulle „Regimini militantis ecclesiae" Pauls III. war erst 1540 die zunächst auf 60 Glieder beschränkte Gründung der Gesellschaft Jesu autorisiert worden. 1543 fiel die zahlenmäßige Beschränkung weg. Nach der ‚Formula Instituti' vom 24. 6. 1539 war die SJ eine Priestergesellschaft für innere und äußere Mission, wobei der Nachdruck auf innerer Mission, also auf Bekehrung der entkirchlichten Massen, lag. Die Gesellschaft war mehr als Schulorden für den gelehrten Unterricht, denn als Missionsorden konzipiert.

ständig dort wohnenden Religiosen. Die Jesuiten wirkten freilich auch in anderen Landesteilen unter Spaniern und Indianern im Einzugsbereich der Städte, wo es besonders in den ersten Jahren nicht selten zu Zusammenstößen mit dem Regular- und Säkularklerus kam, der ältere Rechte geltend machte. So versuchten 1574 die Dominikaner von Oaxaca mit Hilfe ihres Bischofs, Fr. Bernardo de Albuquerque OP, die von einem Domherrn eingeladenen Jesuiten mit allen Mitteln wieder aus der Stadt zu vertreiben. Der in dieser Sache eher unschlüssige Dominikanerbischof ließ sich schließlich sogar zur Exkommunizierung der Jesuiten hinreißen. Erst Eingriffe von Cabildo, Audiencia und Vizekönig stellten das Einvernehmen am Ort wieder her[169].

Auch der Arbeitsanfang in Guatemala im ersten Jahrzehnt des 17. Jahrhunderts, der wesentlich dem Schulsektor galt und 1691 zur Eröffnung einer Universität führen sollte, war von anhaltendem Unverständnis kirchlicher Kreise gegenüber der jesuitischen Arbeit gekennzeichnet[170]. In Nikaragua wurde die Gesellschaft ab 1616 tätig. Aber der Schwerpunkt ihrer Arbeit lag eindeutig in Südamerika, wo ihre Reduktionen vom Orinoco bis zum La Plata Ende des 17. Jahrhunderts schließlich etwa die Funktion deutscher Grenzmarken im Frühmittelalter erlangten, indem sie der kraftvollen portugiesischen Expansion in Richtung auf den Pazifik und den La Plata einen Riegel vorschoben[171]. Der Konflikt zwischen portugiesischen Kräften und Jesuitenreduktionen, die teilweise auf sowohl von Spaniern wie Portugiesen beanspruchtem Gebiet lagen, war daher unvermeidlich, pflegten doch politische und wirtschaftliche Aspekte in der Kolonialgeschichte im allgemeinen das Übergewicht gegenüber kirchlichen und missionarischen zu erlangen.

Ab 1659 begannen Jesuiten, von Bogotá kommend, im heutigen Venezuela, im Bereich der südlichen Nebenflüsse des Orinoco, vornehmlich am Río Casanare, zu missionieren. 1767 hatten sie dort sechs Missionen mit ca. 2200 Indianern. 1599 drang Rafael Ferrer ohne Begleitung, „nur mit seiner Bibel, seinem Brevier und einem Kruzifix" bewaffnet, als einer der ersten Missionare von Quito aus in das obere, von zahlreichen Indianervölkern bewohnte Amazonasbecken vor. Hier im Maynas genannten Raum (heutiges Zentrum Iquitos), wo Ferrer 1611 das Martyrium erlitt, begannen Absolventen des 1594 gegründeten Jesuitenseminars San Luis in Quito 1637 mit systematischer Missionsarbeit, nachdem ab 1633 auch einige Franziskaner dort tätig waren.

Obwohl die Arbeit mit den dortigen Indianern wesentlich schwieriger war als mit den Guaraní, sollen bis 1767 157 Jesuiten in den Maynas das Evangelium ungefähr einer halben Million Indianern verkündet haben[172]. Ab 1587 waren einige Jesuiten in Santa Cruz de la Sierra im östlichen Hoch-Peru. Obgleich die Gesellschaft prinzipiell gegen die Teilnahme an militärischen Expeditionen war, ließ sich auch hier eine solche in das Gebiet der Mojo nicht umgehen. Aber weder 1595 noch später gelang eine militärische Unterwerfung dieses Volkes.

Mit sehr viel Geduld, Einfühlungsvermögen und ungeheuren physischen Strapazen gewannen schließlich in den Jahren 1674–84 einige Jesuiten das Vertrauen der Mojo und überzeugten sie von der Notwendigkeit der Zusammensiedlung in Reduktionen auf Ackerbaubasis. Von 1684 bis 1693 entstanden sechs Reduktionen mit 16 486 Einwohnern. Die Mittelachse dieses Gebietes, das das Vakuum zwischen Cochabamba und Santa Cruz füllte, bildete der Mamoré[173].

Wegen Mißbräuchen der ‚Encomenderos', besonders der Verschleppung Jugendlicher zum ‚servicio personal' nach Santa Cruz kam es zu jahrzehntelangen bewaff-

---

[169] Sánchez Baquero 1957, 72ff. Sonst zu Mexiko: Murray 1965, 53ff; Latourette 1939, 121ff und zu Kino: Zubillaga 1965, 741ff.   [170] Zubillaga aaO 668.
[171] Bruno 1966ff II, 254f — besonders die Bodenschätze von Peru übten eine magische Anziehungskraft auf die Bandeiranten aus. Zu Nikaragua s. Latourette 1939, 134.   [172] Latourette 1939, 143ff u. 151ff.
[173] Egaña 1966, 393ff; zur jesuitischen Arbeit im Großraum von Neu-Granada vgl. Rey F. 1967 und 1969.

neten Auseinandersetzungen zwischen den nordwestlich von Santa Cruz de la Sierra lebenden indianischen Grenzvölkern und den spanischen Kolonisten, bis die Indianer 1690 ihren Widerstand aufgaben. Gouverneur Agustín de Arce bat die Jesuiten, sich auch dieser mit den Guaraní verwandten Völker anzunehmen, weshalb P. José de Arce 1691 dort unter den *Chiquito* mit der Mission begann. Von 1692 bis 1699 entstanden vier Reduktionen, die allerdings nicht denselben Grad von Stabilität erreichten wie die bei den Mojo. Das erklärt sich wesentlich aus geopolitischen Faktoren. Die unmittelbare Nähe der Spanier mit ihrem negativen moralischen Einfluß erschwerte die Missionsarbeit genauso wie die Versuche der Mamelucken, sie in die Sklaverei zu führen. Schon 1592 hat P. José de Arce erfolgreich den Widerstand der Chiquito organisiert und mit spanischen Kräften kombiniert, so daß eine ‚bandeira' von Paulistanern fast völlig vernichtet wurde[174]. Hier wie an so vielen anderen Stellen zeigte sich, daß die weißen „Christen" weithin das größte Hindernis für eine erfolgreiche Missionsarbeit in Amerika waren. Die gesamte Aktivität der Jesuiten in diesem Raum baute auf den Erfahrungen auf, die sie in Paraguay mit den Guaraní gesammelt hatten. Wegen seiner exemplarischen Bedeutung für die Missionsgeschichte Amerikas soll das Problem der Jesuitenreduktionen in Paraguay weiter unten (2312) eingehend geschildert werden.

Abschließend noch einige Anmerkungen über die übrigen jesuitischen Reduktionen im Gebiet des späteren Vizekönigreichs La Plata. Die entscheidende Verkehrsachse für die Verbindung mit Peru von Salta über Tucumán, Santa Fe bis Buenos Aires war noch in der ersten Hälfte des 17. Jahrhunderts alles andere als gesichert. Es gab mehr oder weniger gesicherte Inseln im Umkreis der spanischen Siedlungen, aber große Teile des Landes waren noch in der Hand von unbefriedeten, meist sehr militanten Indianervölkern, die sich durch häufige Überfälle unliebsam bemerkbar machten. Das galt genauso für die Pampa südlich von Buenos Aires. Jesuitische Missionsarbeit war überall hier von der spanischen Verwaltung erwünscht, aber weniger um der Mission als solcher willen als wegen der durch sie bewirkten Befriedung der entsprechenden Völker. Stets lassen sich drei Phasen erkennen:
1. Gründung der Missionen auf Wunsch der Indianer oder als Bedingung der Spanier für die Annahme des ihnen von den Indianern angetragenen Friedenswunsches;
2. Evangelisation nach dem Modell der Reduktionen von Paraguay;
3. Untergang der Missionsarbeit durch die Verteibung der Jesuiten 1767 bzw. im Falle der Pampa-Mission durch Streitigkeiten verschiedener Indianervölker und Auflehnung gegen Gewaltakte der Spanier 1753.

Von Norden nach Süden entstanden fünf Missionszonen: ab 1735 bei den Vilela südöstlich von Salta, ab 1711 bei den Lule im Umkreis von San Miguel del Tucumán, ab 1749 bei den Abiponen am Westufer des Paraná südlich der Mündung des Río Bermejo, wo der österreichische Historiker und Ethnologe Martin Dobrizhoffer SJ tätig war, ab 1743 bei den Mocobí nördlich von Santa Fe, wo der durch den Zwettler-Codex bekannte Österreicher Florian Paucke SJ wirkte und ab 1740 in der Pampa südlich und südwestlich von Buenos Aires bei den Pampa (Taluhet), Puelche und Tehuelche[175].

[174] Egaña aaO 412ff.
[175] Hier ist keine Vollständigkeit der Aufführung der Tätigkeitsfelder der Jesuiten erstrebt, die z. B. auch in Chile wirkten — vgl. Egaña aaO 741–51. Zu den argentinischen Reduktionen s. Bruno 1966ff I, 73 zu den Reduktionen der Pampa-Indianer: a) Nuestra Señora de la Concepción 1740, Laguna Seca (Taluhet), b) Nuestra Señora del Pilar 1744, in der Gegend von Bahia Blanca (indios serranos = Puelche),

212317 Einzelne *Kapuziner* missionierten schon seit dem 16. Jahrhundert im brasilianischen Küstenstreifen. Dank der unermüdlichen Bemühungen des vormaligen Land- und Seeoffiziers und Santiago-Ordensritters Baron Tiburcio de Redín, der als Laie unter dem Namen Francisco de Pamplona Kapuziner geworden war, sollten diese strengen Franziskanerobservanten, die 1528 die päpstliche Erlaubnis zur selbständigen Konstitution erhalten hatten, auch in Spanisch-Amerika tätig werden. Es handelte sich hierbei um eine Initiative der jungen ‚Congregatio de Propaganda Fide' und des Kapuzinerordens, die 1646 beschlossen, die Aufnahme der Missionsarbeit in Amerika zu versuchen. Erst nach Überwindung schwerer Widerstände des Indienrates, der keine neuen Orden mehr in Amerika zulassen wollte, konnte 1649 eine Genehmigung für Granada in der Gruppe der Inseln über dem Winde erwirkt werden, die sich als wertlos erwies, da die Insel 1650 bei Ankunft der Kapuziner bereits von

c) Nuestra Señora de los Desamparados 1750, südöstlich von Pilar (Tehuelche); zu den Reduktionen bei den Vilela und Lule – I, 65ff; zu den Reduktionen der Abiponen und Mocobi – II bzw. Paucke 1959 I, 226ff.

Ordensstatistik nach Otruba 1959, 12f:

Provinzen	Errichtet	Anwesende 1619	1710	SJ 1750	Zahl d. Niederlassg.	Professhaus	Kollegien	Noviziate	Seminare	Residenzen	Missionen	Christen (Jahr)
Brasilien	1553	120 (1597)	180 (1616)	445	69		7	1	1	32	28	56 000 (1663)
Maranhão	1740			145	44		2			42		
Peru	1567	370 (1616)	518	526	24 +1 UNI	1	15	1	4	3		55 000 (1767)
Mexiko	1572	340	508	572	45	1	23	1	8	4	8	122 000 (1767)
Paraguay	1606	119 (1613)	269	303	21 +1 UNI		9	1	1	2	7	113 716 (1767)
Quito	1616		199	209	18		11	1	1		4	7 580 (1767)
Chile	1624		155	242	23 +1 UNI		9		1	12		7 671 (1767)
Neu-Granada und Antillen	1696		149	193	12		9	1	1	1		6 594 (1767)
Lateinamerika				2535								368 561

Insgesamt waren aus den Provinzen Austria und Bohemia 491 deutschstämmige Jesuiten in LA tätig – ebd. 18. Konetzke 1965, 261 erwähnt, daß bis 1598 nach Spanisch-Amerika insgesamt ausgereist sind: 2200 Franziskaner, 1670 Dominikaner, 470 Augustiner, 300 Merzedarier und 350 Jesuiten.

französischen Korsaren besetzt war. Obgleich sie die päpstliche Genehmigung für die Arbeit in irgendeinem Teil Amerikas hatten, wurden sie vom Indienrat 1651 zur Aufgabe der ersatzweise in Venezuela angefangenen Missionsarbeit gezwungen, da Siedler und spanische Verwaltung sich in Sevilla beschwert hatten. Sie hatten kein Interesse daran, sich bei der Ausbeutung der Indianer Beschränkungen auferlegen zu lassen. Francisco de Pamplona starb 1651 auf dem Wege nach Spanien, wo er die Genehmigung für Venezuela durchsetzen wollte. Die Kapuziner mußten ebenfalls in die Heimat zurückkehren und konnten erst 1662 wieder nach Venezuela kommen, nachdem sie schließlich die dafür erforderliche Lizenz des Indienrates erwirkt hatten. Sie wurden die wichtigsten Indianermissionare auf dem schwierigen und ausgedehnten Arbeitsfeld von Guayana, Venezuela und den östlichen Teilen des heutigen Kolumbien, wo vorher nur in beschränktem Maße Franziskaner tätig gewesen waren[176].

212318 Schließlich sind noch die *Barfüßigen Karmeliter* zu erwähnen, die teilweise auch missionarisch tätig wurden, jedenfalls in Brasilien, wohin sie 1584 kamen und als erste die Missionsarbeit in Olinda aufnahmen. 1586 dehnten sie ihre Wirksamkeit nach Salvador aus, wo sie kurz darauf auf geschenktem Grund und Boden eines der größten Klöster des Kontinents errichteten[177]. Im übrigen Südamerika konnten sie, von einem kurzen Gastspiel in Quito Mitte des 17. Jahrhunderts abgesehen, nicht Fuß fassen, während sie in Nueva España, wo zehn der ihren 1585 eingetroffen waren, eine stattliche Reihe von Klöstern, Schulen, Kirchen und Krankenhäusern bauten. Da sie sich steigender Beliebtheit erfreuten und reiche Stifter fanden, konnten sie ihre Kirchen üppig schmücken und mit Kleinodien füllen. Obgleich Schweigen und Kontemplation die Ordensideale sind, konnten sich die Karmeliter auch in lautstarke Streitereien verwickeln.

1662 gerieten die Konvente von Mexiko und San Ángel über die Wahl des neuen Provinzials in blutigen Konflikt. Verärgert über die Wahl des Kandidaten von San Ángel, Fr. Miguel de los Ángeles, denunzierten ihn die mexikanischen Ordensbrüder bei der Inquisition, die ihn kurz nach Amtsantritt festnahm. Diejenigen von San Ángel nahmen Rache in der 15. Dezembernacht desselben Jahres. 44 mit Schuß, Hieb- und Stichwaffen aller Art bewaffnete Karmeliter stürmten das stadtmexikanische Kloster und überraschten ihre Kontrahenten bei der Frühmette, fesselten sie, verletzten Fr. Antonio de San Miguel tödlich und verprügelten drei weitere, besonders handfest begleitet von Rufen wie: „Mögen sie sterben, diese Hunde, diese feindlichen Ketzer des Provinzials und die Freunde der Inquisition" und „Die Forken und die Flammen der Hölle sind zu wenig für Euch!" Danach feierten sie ihren Triumph im Refektorium

---

[176] Egaña 1965, 571ff; jetzt entscheidend: Carrocerra 1969, der vier dauerhafte Missionen unterscheidet: Cumaná (1657–1810), Llanos de Caracas (1658–1818), Guayana (1686–1817) und Maracaibo (1694–1818). Für Brasilien vgl. Metodio da Membro OFMCap, Storia dell' attività missionaria dei Missioni Cappuccini nel Brasile (1538?–1889), Rom 1958 nach Beckmann 1970, 270, ferner Silveira Camargo 1965, 211f. Nach Brasilien waren die ersten Kapuziner aus Frankreich gekommen im Zusammenhang mit dem Versuch, eine França Equinocial in Maranhão zu begründen, nachdem das Projekt einer França Antartica in der Bucht von Guanabara gescheitert war. 1654 ließen sich auch Kapuziner in Recife nieder, 1679 auch in Bahia, wo 1712 eine Präfektur des Ordens errichtet wurde. Eine weitere Niederlassung gründeten sie in Rio de Janeiro. Zahlreiche Kapuziner der späteren Zeit waren Italiener.

[177] Calmon 1970, 37.

und hielten schließlich eine Messe ab[178]. Es folgte das Nachspiel vor der Inquisition, das diese Fakten offenlegte, die auf Dekadenzerscheinungen im Karmel deuten.

212319 Mit der Stabilisierung der Kolonialgesellschaft in ihren wichtigsten Zentren in der zweiten Hälfte des 16. Jahrhunderts trat die Notwendigkeit der Schaffung sozialer und karitativer Institutionen immer mehr zutage. Es ist ein Zeugnis des christlichen Geistes der Kolonialgesellschaft, daß sie dieses Problem umfassend mit Hilfe der Privatinitiative angepackt hat. Krankenhäuser, Waisenheime, Witwenasyle etc. wurden vielerorts von privaten Stiftern oder berufsständischen Laienbruderschaften (Hermandades und Cofradías) ins Leben gerufen. Unter den karitativen Werken nahm die Krankenpflege den ersten Platz ein. In ihr betätigten sich auch von Anfang an Laienbrüder der missionierenden Orden, darunter nicht wenige ausgebildete Ärzte. Die Fülle der Bruderschaften kann hier nicht aufgezählt werden. Es sei nur die Bruderschaft der ‚Miseriocordia' erwähnt, die nach portugiesischem Vorbild in Brasilien die Einrichtung der ‚Santa Casa' betrieb und damit die Krankenpflege weitgehend in ihrer Hand hatte.

Erst im 17. Jahrhundert kamen dann auch europäische Hospitaliter nach Amerika, und es entstanden zwei lateinamerikanische *Spitalorden*, die überregionale Bedeutung gewannen. Als erste trafen die Barmherzigen Brüder des hl. Johannes von Gott (San Juan de Dios) in Amerika ein, die 1602/03 ihre ersten Krankenhäuser in La Habana und Mexiko-Stadt bauten, bald zahlreiche kreolische Novizen anzogen und Hospitäler in zahlreichen Städten von Nueva España, Mittel- und Südamerika errichteten, und die Antoniter (San Antonio Abad), von denen 1628 zehn in Mexiko-Stadt eingetroffen sind, ohne daß sie in der Neuen Welt besondere Bedeutung gewonnen hätten. Wie die einheimischen Kongregationen der Hippolitaner und der Bethlehemiten waren sie keine Priestergemeinschaften, sondern Laienorden, die nur ausnahmsweise Priester zu ihren Gliedern zählten. Die Seelsorge an ihren Spitälern übertrugen sie im allgemeinen Säkularpriestern. Finanziell waren sie auf die Spenden der Bevölkerung angewiesen. Bedeutende Ärzte waren in ihren Reihen. Der Umfang der Tätigkeit des Ordens von ‚San Juan de Dios' in Neu-Spanien wird deutlich, wenn man hört, daß er im Jahrfünft von 1768—73 129 983 Kranke behandelt hat. Höhepunkte von Einsatzbereitschaft und Opfersinn waren die Pestepidemien, von denen allein Neu-Spanien im 16. Jahrhundert siebenmal heimgesucht wurde. Im Pestjahr 1736 starben in Mexiko allein 15 Religiose dieses Ordens bei der Pflege von 9402 Pestkranken[179].

Die Hippolitaner verdanken ihren Namen ihrem ersten Krankenhaus in Mexiko, das sie dem hl. Hippolyt geweiht hatten. Clemens VIII. hatte dieser säkularen Kongregation der „Brüder der Caritas des hl. Hippolyt", die Bernadino

---

[178] Zubillaga 1965, 732f; Egaña 1966, 354 und Vargas U. 1953ff III, 70ff.

[179] Specker 1961, 181f; Zubillaga 1965, 736ff; Vargas U. 1953ff II, 494; Egaña 1966, 237 und 683; Beckmann 1970, 287. Die Beliebtheit des Hl. Antonius als Kirchen- und Ortspatron scheint in keinem ursächlichen Zusammenhang mit der Verbreitung der Antoniter zu stehen. In der Volksfrömmigkeit spielt der Hl. Antonius von Padua OFM (* ca. 1195 in Lissabon, † 1231 bei Padua) besonders in Brasilien eine viel wichtigere Rolle als Antonius d. Gr. — vgl. Literatur bei Hoornaert 1974, 39 Anm. 3. Aber auch im spanischen Bereich wurde seine Verehrung von den Franziskanern stark verbreitet — vgl. Dussel/Esandi 1970, 131.

Álvarez in Mexiko selbst gegründet hatte, 1594 dieselben Rechte und Privilegien wie den Brüdern „San Juan de Dios" gewährt.

Gut ein halbes Jahrhundert später rief der Franziskanertertiarier José de Betancourt in Guatemala einen weiteren lateinamerikanischen Spitalorden ins Leben: die Bethlehemiten (Orden religiosa hospitalitaria de betlemitas).

Der aus Teneriffa stammende Betancourt (1626-67) hatte zunächst eine Katechismusschule eröffnet, einige Tertiarier um sich gesammelt und dann seinen 1655/56 gefaßten Plan zur Gründung eines Hospitals zur Pflege der Rekonvaleszenten betrieben. Ihr trauriges Schicksal hatte ihn gerührt. Da sie nach dem Ende einer akuten Erkrankung buchstäblich auf die Straße gesetzt wurden, war die Rückfallhäufigkeit groß. Acht Tage nach dem Tode Betancourts traf Fr. Antonio de la Cruz aus Spanien mit der Genehmigung für das Krankenhaus ein, das schon vorher gebaut worden war. Bischof Fr. Payo de Ribera, OESA, von Guatemala, der den Orden nachdrücklich unterstützte, rief ihn später als Erzbischof von Mexiko (1668-89) auch nach dort. Eine Kollektenreise nach Lima, die zwei Brüder 1669 mit amtlicher Genehmigung unternahmen, bildete den Anlaß für die Ausbreitung der Bethlehemiten nach Südamerika. Bei seiner Auflösung durch die spanischen Cortes im Jahre 1820 hatte der Orden 10 Hospitäler in der mexikanischen und 22 in der peruanischen Provinz. 1696 wandelten sich die Bethlehemiten in eine Kongregation mit der Augustinerregel um. Anfang des 18. Jahrhunderts wurden Hippolitaner und Bethlehemiten in den Rang eines autonomen Ordens erhoben. Aber die innere Kraft der Bethlehemiten, die schon vorher mit Streitigkeiten und Spaltungen zu kämpfen gehabt hatten, ließ nach.

Durch ihre demütigen Dienste an Kranken und Rekonvaleszenten, durch ihr Beispiel christlicher Nächstenliebe an Menschen jeder Hautfarbe leisteten die Angehörigen aller krankenpflegerischen Bruderschaften, Kongregationen und Orden einen wichtigen Beitrag zur inneren Festigung der Kirche, indem sie die Glaubwürdigkeit der christlichen Botschaft erhöhten. Insofern kommt ihnen eine eminent missionarische Bedeutung zu, besonders wenn man berücksichtigt, daß beispielsweise die Bethlehemiten auch nichtchristliche Patienten pflegten[180].

212320 Von den sonstigen noch in einige Teile der Neuen Welt gelangten Orden, die nicht alle genannt werden können, erlangten die Benediktiner die relativ größte Bedeutung. Sie waren nach den Jesuiten der zweite Regularorden, der auf Anforderung von Einwohnern Salvadors 1581 nach Brasilien kam. Schon 1584 wurde das zunächst nur von drei Mönchen bewohnte Kloster von Salvador zur Abtei erhoben. Es sollte später zur bedeutendsten Ordensniederlassung in der westlichen Hemisphäre werden. Bis 1660 entstanden acht weitere Klöster, nachdem Brasilien 1598, sieben Jahre nach dem Tode des Gründers der Abtei São Sebastião in Salvador, Fr. Antônio Ventura, zur autonomen Provinz erhoben worden war. In Südamerika traten sonst nur in Lima ab 1599 spanische Benediktiner auf, die hauptsächlich Kollekten für ihr Heimatkloster Montserrat in Katalonien sammelten. Einige Benediktiner kamen 1602 nach Mexiko-Stadt. Sie blieben völlig von Spanien abhängig, und ihre Zahl

---

[180] Specker aaO 181; Zubillaga aaO 738: Trotz seines amerikanischen Charakters hatte der Orden der Bethlehemiten mehr Spanier als Kreolen unter seinen Gliedern, weil viele Neuankommende in das Ordenshaus in La Habana eintraten. Egaña 1966, 355: Bemerkenswert ist die Wohltätigkeit der Bethlehemiten und ihre „Hingabe an das Volk in einer Epoche, in der die Gesellschaft, ohne Sinn für kommunale Gerechtigkeit, das Proletariat sich selbst überließ". Zu Peru vgl. Vargas U. 1953ff III, 44ff.

überstieg nie fünf bis sechs Mönche, die denselben Beschäftigungen wie in Europa nachgingen, also einige Kinder erzogen, Landwirtschaft betrieben, alte Manuskripte abschrieben, in gewissem Grade Wohltätigkeit übten und mit ihrer Apotheke Kranken halfen[181].

Obgleich Franz von Paula († 1507) sich in der Neuen Welt und namentlich in Brasilien als Kirchenpatron großer Beliebtheit erfreut, ist der von ihm gegründete Orden der Minimen (Paulaner) im portugiesischen und spanischen Bereich nur in geringem Umfang tätig geworden, obgleich einer der ihren, Bernal Buil, 1493 für kurze Zeit als apostolischer Delegat nach Hispaniola gekommen war. Dasselbe gilt von den von Filippo Neri (1515–95) gegründeten Oratorianern, einem Weltpriesterinstitut, das angesichts seines geringen organisatorischen Zusammenhaltes wenig in Erscheinung trat und deshalb möglicherweise auch wenig Nachwuchs anzog, wie Egaña bezüglich ihres Auftretens in Peru bemerkt.

Mit den in der zweiten Hälfte des 17. Jahrhundert in Amerika auftretenden Minimen und Oratorianern ebbte die Welle neuer Institute langsam ab. Zuletzt kam 1737 noch der Priester-Bettelorden der Kamillianer nach Peru, der sich auf alle geistlichen und leiblichen Werke der Barmherzigkeit spezialisiert und in Peru einige Häuser eröffnet hat[182].

21232 Weibliche Kongregationen

Es fehlt an Untersuchungen über den missionarischen, frömmigkeitsgeschichtlichen und kulturellen Beitrag der weiblichen Kongregationen im kolonialen Amerika. Aus verstreuten Bemerkungen kann hier nur eine grobe Skizze gezeichnet werden.

Isabel Flores de Oliva (1586–1617), bekannt unter ihrem selbst gewählten Beinamen Rosa de Santa María, die 1671 als erster Lateinamerikaner von Clemens X. heilig gesprochen wurde, kann als Prototyp weiblicher Frömmigkeit in der Kolonialzeit angesehen werden. Der als Santa Rosa de Lima verehrten peruanischen Kreolin sind zahlreiche Kirchen und Städte in allen Teilen des Kontinents geweiht. Sie ist der Typ einer spanischen Beata des 16. Jahrhunderts, einer Mystikerin in den Fußspuren einer Teresa de Jesús von Ávila, die sich von Jugend auf strengen Bußübungen unterzog, täglich fastete, wenig schlief, und das auf einer Holzpritsche, und von der Welt kaum mehr kannte als den wenige hundert Meter langen Weg von ihrem Haus bis zur Kirche Santo Domingo. Dort nahm sie 1606 auch den Habit einer Dominikanerterziarin, nachdem sie die Überzeugung gewonnen hatte, nicht zur Nonne berufen zu sein. Dennoch lebte sie wie eine Nonne, abgeschlossen von der

---

[181] Zubillaga aaO 735f; Egaña aaO 354; Vargas U. 1953ff III, 35ff; Calmón 1970, 36 und 38; Silveira Camargo 1965, 205. In Brasilien entstanden folgende Benediktinerklöster: 1586 Rio de Janeiro, 1590 Olinda, 1596 Paraíba do Norte, 1598 São Paulo, 1598 Espírito Santo, 1643 Parnaíba (S. Vicente), 1650 Santos, 1660 Sorocaba.

[182] Wie streng die Tätigkeit der Orden in Spanisch-Amerika überwacht wurde, zeigt eine königliche Order aus dem Jahre 1620, die die zwangsweise Repatriierung von Hieronymiten, Benediktinern, Karmelitern, Trinitariern und Paulanern (Minimen), die sich ohne entsprechende Lizenz des Indienrates in Amerika herumtrieben, vorschrieb – Vargas U. 1953ff III, 70. Oratorianer gab es ab 1674 in Lima, später vorübergehend in El Cuzco und Panamá – ders. III, 58–70; Minimen lebten ab 1666 in Lima – ebd. IV, 41–44; zu den Kamillianern – IV, 25ff.

Welt, ganz der Sammlung hingegeben, in der sie sich bis zur unio mystica mit Gott erhoben fühlte. Ihr frommes Vorbild führte andere junge Mädchen auf denselben Weg[183].

Indem Clemens X. Rosa heiligsprach und zur himmlischen Patronin ganz Amerikas erhob, stellte er einen nach Amerika verpflanzten spätmittelalterlichen iberischen Frömmigkeitstyp als vorbildlich hin, der keinerlei Verbindung mit den spezifischen Problemen der Kirche in der Neuen Welt, besonders denen einer missionarischen Kirche, aufwies. Santa Rosa ist lediglich ein Beispiel dafür, daß tiefe spanische Religiosität des Goldenen Jahrhunderts auch in Amerika blühte, nicht aber dafür, daß die Herausforderungen der missionarischen Situation einen bodenständigen Frömmigkeitstyp hervorgebracht hätten.

Wie Rosa verkörpert auch die 1950 heiliggesprochene Mariana de Jesús Paredes, die weiße Lilie von Quito, den Typ einer Beata, einer Jungfrau, der ihr eigenes Haus zum Kloster wurde. Während eines Erdbebens und einer Pestepidemie im Jahre 1645 bot sie sich Gott als Opfer an, erkrankte und starb kurz darauf[184].

Wenn in der Literatur von ‚religiosas' die Rede ist, sind nicht selten solche Beatas gemeint, fromme Frauen, die entweder wie Mariana gar keinem oder wie Rosa einem Drittorden angehörten. Sie waren frei und unabhängig und konnten tun, was sie wollten. Die ersten sechs von ihnen waren schon 1529 nach Neu-Spanien gekommen, wo sie sich vorzugsweise in der schulischen Erziehung von jungen Indianerinnen betätigten, die sich hauptsächlich auf Katechese und Hausarbeiten erstreckte, wobei ungewiß ist, ob sie auch lesen und schreiben lernten. Beaterios, klosterartige Einrichtungen, speziell für Indianertöchter, haben Missionare im 16. und 17. Jahrhundert in verschiedenen Teilen des spanischen Kolonialreiches gegründet, teilweise auch weil ihnen der Zugang zu echten Frauenorden verwehrt wurde, in erster Linie aber, um das Problem der Frauenerziehung und -bildung anzugehen.

Der erste Bischof von Mexiko, Fr. Juan de Zumárraga OFM (1527–47), strebte besonders nach einer angemessenen Lösung des Problems der Frauenerziehung. Da er mit den Leistungen der aus Spanien für weibliche Bildungsarbeit herangeholten Beatas nicht zufrieden war, bemühte er sich beim Indienrat um Ordensfrauen, also Profeßschwestern (moniales de voto). Nach anfänglicher Ablehnung erhielten dann doch nach und nach zahlreiche Frauenorden die Genehmigung zur Arbeit in Amerika. Nach Neu-Spanien kamen: 1540 Konzeptionistinnen, Nonnen der Unbefleckten Empfängnis, 1570 Urbanistinnen (Klarissinnen der 5. Regel), 1575 Dominikanerinnen, 1585 Hieronymitinnen, 1598 Augustiner-Chorfrauen (Kanonissinnen), 1604 Barfüßige Karmeliterinnen, 1665 Kapuzinerinnen, 1724 Klarissinnen der 1. Regel. Bis auf die Karmeliterinnen, die sich streng nach ihrer Regel auf das kontemplative Leben

---

[183] Vargas U. 1953ff II, 474–78. Die einzige ausführlichere Studie zu den Frauenorden in Amerika stammt von Alfons Väth SJ: Die Frauenorden in den Missionsländern, Aachen 1920. Specker 1953, 228 hält diese Arbeit für „sehr lückenhaft". Beckmann 1970, 285f bemerkt: „Es fällt auf, daß von der Teilnahme der Frauenorden am Bekehrungswerk in Amerika entweder gar nichts oder nur beiläufig etwas geschrieben wird."

[184] Vargas U. 1953ff III, 418ff – den Titel „Azucena de Quito" (Lilie) gab ihr einer der ersten Biographen, weil an der Stelle, an der sie mehrmals jährlich im Garten Blut vergoß, eine weiße Lilie gewachsen sein soll.

beschränkten, waren alle Frauenorden in der weiblichen Erziehungsarbeit tätig und gaben dem Werk der Evangelisation damit eine neue Dimension. Ihre Klosterbauten führten namentlich im letzten Drittel des 17. Jahrhunderts zu einer neuen Blüte des Kolonialbarocks in Mexiko[185].

Die meisten dieser Orden wurden auch in Südamerika tätig, nachdem zuerst zwei Witwen 1558 in Lima ein Beaterio eröffnet hatten, dessen Angehörige sich ausschließlich auf das beschauliche Leben beschränkten. Von den Angehörigen der bald darauf aus Europa kommenden Frauenorden kann man dies indes nicht behaupten. Sogar die Karmelitinnen unterhielten in Lima eine Mädchenschule und ein Mädchenwaisenhaus[186]. Es gab auch einige Frauenklöster direkt in Missionsgebieten. So bildeten im Raum Osorno (Chile) zwei Frauenklöster im letzten Drittel des 16. Jahrhunderts einen Ruhepol und ein Zentrum für die Zivilisation der Spanier und Indianer, besonders für die Christianisierung der araukanischen Frau[187]. Für die Emanzipation der indianischen Frau taten die weiblichen Orden bis ins 18. Jahrhundert hinein fast nichts. Hier sollte man nicht mit verstreuten Notizen, die bestenfalls Ausnahmen beweisen, ein positiveres Bild zu zeichnen versuchen[188]. Wenn die Orden auch etwas für die Bildung der Indianerinnen taten, verweigerten sie ihnen doch in ihren eigenen Organisationen die Aufnahme und bestätigten damit das Vorurteil der Kolonialgesellschaft, das sie zu Menschen zweiter Klasse stempelte. Sie folgten hierin übrigens nur dem schlechten Beispiel der männlichen Orden, die nicht nur Indianer, sondern auch Mestizen abwiesen[189]. Änderungsversuche scheiterten leicht an der Hartnäckigkeit der Vorurteile. So wurde zwar auf königliche Order in Quito für Kazikentöchter ein Klarissinnenkloster gegründet. Aber nachdem allmählich Spanierinnen die Macht im Kloster an sich gerissen hatten, weigerten sie sich fortan, Kazikentöchter als Chorschwestern zuzulassen[190]. 1691 wurde schließlich in Copacabana am Titicaca-See ein Beaterio für Indianerinnen eingerichtet, aber der Versuch der Äbtissin Catalina de Jesús Huamán Cápac, 1733 die Umwandlung des Beaterios in ein echtes Kloster durchzusetzen, scheiterte am Widerstand des Indienrates, der dafür keine finanzielle Unterstützung gewähren wollte. In Mexiko-Stadt gelang es dagegen 1724, das Corpus Christi Kloster für Indianerinnen mit der Regel der hl. Clara zu errichten. Sieht man davon ab, daß arme Indianerinnen in manchen Stiften als Dienerinnen ihrer kreolischen Herrinnen Aufnahme fanden, um ihnen dort weiter zu dienen, gibt es kaum weitere positive Beispiele für die Überwindung von Rassenvorurteilen in den weiblichen Orden[191].

---

[185] Zubillaga aaO 427, 637, 870—74 erwähnt, daß nach einem Bericht von Sahagún Missionare in Mexiko gleich in den zwanziger Jahren des 16. Jahrhunderts versucht hatten, an die aztekische Tradition von Tempeljungfrauen anzuknüpfen, aber mit diesem übereilten Experiment von Konventen indianischer Frauen keinen Erfolg gehabt hätten.
[186] Zu den Karmelitinnen in Lima vgl. Beckmann 1970, 286 Anm. 138; allgemein: Vargas U. 1953ff IV, 41f und Specker 1953, 231.
[187] Noggler 1973, 130f.
[188] Dies versucht wenig überzeugend Beckmann 1970, 286.
[189] Vargas U. 1953ff IV, 40.
[190] Specker 1953, 231 nach Väth aaO 4f.
[191] Vargas U. aaO 40 und Beckmann 1970, 286, Anm. 141, wo er auf Grund einer verstreuten Notiz, daß eine freigelassene Negerin in Peru in ein Klarissenkonvent eingetreten sei, gleich den verallgemeinernden Schluß zieht, daß auch

Vielfach erfüllten die weiblichen Klöster die Bedürfnisse der Oberschicht, die aus ähnlichen Gründen wie im mittelalterlichen Europa Töchter in renommierten Stiften unterbringen wollte, sei es, weil es den Eltern an den Mitteln fehlte, sie standesgemäß zu verheiraten, sei es, weil manche Mädchen ihre Erfüllung darin sahen, ihre Jungfernschaft zu bewahren und heiligen Tugenden zu leben. So kamen die ersten portugiesischen Klarissinnen 1677 auf den ausdrücklichen Wunsch der bahianischen Aristokratie nach Salvador, wie damals üblich, begleitet von ihren „Dienerinnen". Später entstanden in Brasilien auch Drittordenshäuser und Sammlungshäuser (recolhimentos) zur Unterbringung von Mädchen, die auf eine Heiratsgelegenheit warteten, für arme Mädchen oder für Prostituierte.

Die von Hoornaert geäußerte Kritik an der Ethik, die den Insassen dieser Häuser und den Schülerinnen von Klosterschulen vermittelt wurde, trifft für den spanischen Bereich genauso zu wie für den portugiesischen: Es handelt sich um eine Moral der häuslichen Zurückgezogenheit, die der Frau ihren Platz hinter den Mauern des elterlichen oder ehelichen Hauses anweist, eine Moral der stillschweigenden Unterordnung unter den Ehemann, Konformität mit männlichen, außerehelichen Geschlechtsexzessen und „eine übersteigerte und traumatische Religiosität"[192].

Dienten die weiblichen Klöster oft mehr einem gesellschaftlichen wie einem kirchlichen Zweck, so nimmt es nicht wunder, daß nicht selten weltlicher Geist in ihnen herrschte: Luxus in Klöstern und Klosterkirchen und in der Kleidung, Nachlässigkeit bei den liturgischen Gebeten, großzügige Regelung von Immobilienproblemen, freizügiger Besuch männlicher Kleriker etc. Als Äbtissinnen pflegten nicht nur in Peru die Töchter aus den angesehensten aristokratischen Familien gewählt zu werden, die fast nie aus geistlichen Gründen ins Kloster eingetreten waren. Unter den mehr als tausend Nonnen Limas gab es häufig heftige Auseinandersetzungen anläßlich dieser Wahlen.

Die Nonnen bekannten sich mit angesteckten Farbbändern in den Wahlkämpfen zu ihrer Favoritin, wenn es auch nicht immer nötig war, daß ein Graf von Lemus mit 200 Mann ein Kloster absperren mußte, damit die Wahl ordnungsgemäß vorgenommen werden konnte. Nach der Wahl pflegte in Lima die siegreiche Partei das Ereig-

---

Negerinnen in Frauenklöster aufgenommen wurden. Baumgartner 1972 weist auf zwei neuere Veröffentlichungen hin: Josefina Muriel, Conventos de Monjas en la Nueva España, Mexiko 1946 und Juan B. Olaechea, Doncellas indias en religión, Missionalia Hispanica 27 (1970), 341–78. Das weibliche Kolleg von Texcoco (Mexiko), das 1529 zahlreiche Indianerinnen beherbergt hatte, schlug fehl. Danach dienten einzelne Indianerinnen als Beatas (donadas) in verschiedenen Klöstern. „Allmählich entstanden eine ganze Reihe sogenannter Beaterios, d. h. Gemeinschaften von Indias, die als Terziarinnen eine bestimmte Regel befolgten, das entsprechende Gewand trugen und, wiewohl nicht zur Klausur verpflichtet, sich dieser (in Anlehnung an einheimische Bräuche) unterzogen." Außer in Copacabana gab es schon vor 1672 ein gemischtrassiges Beaterio in El Cuzco und später auch in Lima. In Neu-Spanien datiert das erste nur adligen Indianerinnen vorbehaltene Kloster aus dem Jahre 1724 (in Santiago de los Caballeros/Guatemala). Von dort erfolgten weitere Gründungen in Cosamaloapán (Valladolid) 1737 und zwischen 1775 und 1782 das U. L. Frau von den Engeln in Antequera. *Erst 1831 entstand ein Frauenkloster, das indianischen Bewerberinnen aus allen Schichten Zutritt gewährte* (Nuestra Señora de Guadalupe). Zu Texcoco vgl. Ricard 1966, 233.

[192] Hoornaert 1972, 292f.

nis mit einem Wagenrennen in der Nähe des Klosters, mit Musik und überschwenglichen Feiern zu begehen. Der Plan einer energischen Klosterreform des Limenser Erzbischofs Almoguera stieß in den siebziger Jahren des 17. Jahrhunderts auf den entschlossenen Widerstand der Äbtissinnen, führte aber zu einer gewissen Besserung[193].

---

[193] Egaña 1966, 299f; Phelan 1967, 189 bestätigt in bezug auf die audencia Quito die gesellschaftliche Funktion der Konvente: „The convents were in practice reserved for the daughters of well-to-do citizens."

22 Der kolonialethische Hintergrund der Mission

Man kann die Probleme der Mission in Amerika nicht verstehen, wenn man sie nicht im Kontext des Kolonialismus sieht, der Gesellschafts- und Wirtschaftstrukturen hervorbrachte, die bis heute fortbestehen oder nachwirken. Dabei bediente sich die Kolonialpolitik des Christentums als moralischer Legitimation, gestützt auf päpstliche Bullen. Gewappnet mit dem Rüstzeug scholastischer Ethik wurden die iberischen Christen vor kolonisatorische und missionarische Probleme eines Schwierigkeitsgrades gestellt, dem die wenigsten gewachsen waren. Es ist tröstlich, daß es dennoch nicht an aufrechten Christen gefehlt hat, die Unrecht Unrecht und Knechtschaft Knechtschaft nannten und dagegen nachdrücklich protestierten. Aber man muß zugeben, daß aufs Ganze gesehen, sich in den Auseinandersetzungen zwischen Kolonialismus und Evangelium das Scheitern der institutionellen Kirche abzeichnet, die als Patronatskirche gezwungen war, zugleich Kolonial- und Missionskirche zu sein. Daran mußte die Glaubwürdigkeit des Evangeliums Schaden nehmen. Das als Religion der Eroberer und Kolonisten vorbelastete Christentum wurde weithin entstellt zu einer die gesellschaftlichen Verhältnisse stabilisierenden jenseitsorientierten kultischen Religion.

Darin, daß der Kampf um die Menschenrechte der Schwarzen gänzlich und der um die der Indianer trotz aller juristischen Erfolge de facto verlorenging, liegt ein wesentlicher Grund dafür, daß die missionarischen Bemühungen um Schwarze und Indianer nicht genügend in die Tiefe gingen, so daß das indianische Christentum bis heute synkretistisch ist und daß sich unter den Negern afro-amerikanische Kulte immer mehr ausbreiten.

Denn zur dauerhaften Errichtung einer indianischen Kirche konnte es angesichts der dominierenden gesellschaftlichen und wirtschaftlichen Strukturen nicht kommen, zu einer der Schwarzen natürlich noch weniger.

2211 Das Indianerbild der Spanier und Portugiesen

Menschenrechte werden nur jemandem zugebilligt, der als Mensch anerkannt wird. Die erste Stufe des Kampfes um die Mensehenrechte der Indianer bestand deshalb darin, ihre Anerkennung als vollgültige Menschen durchzusetzen. Diese Anerkennung ist bis heute weder in der Mentalität des Durchschnittslateinamerikaners noch in der des Gesetzgebers, der die Indianer weithin als unmündige Kinder behandelt, voll erreicht.

2211 Das Indianerbild der Spanier und Portugiesen

Die Frage des Menschentums der Indianer spitzte sich besonders in Brasilien zu, weil die Portugiesen sich hier mit einfachen Ackerbauvölkern konfrontiert sahen, deren Sitten, namentlich ihre kultische Anthropophagie, sie ihnen als primitive Wilde erscheinen ließen. Die freundlichere Beurteilung der Indianer, die sich an die Vorstellung vom ‚guten Naturmenschen' anschloß, verschwand bald nach Beginn der intensiveren Kolonisation im Jahre 1534[1]. Sie klingt an in dem berühmten Brief des Pero Vaz de Caminha aus dem Jahre 1500 an den portugiesischen König Manuel I., der mit viel Sympathie die Indianer wegen ihrer Sanftmut, Einfalt und Unschuld feiert. Sie scheinen ihm nach den Naturgesetzen zu leben und edler und schöner als die durch die Zivilisation „verdorbenen" Europäer zu sein[2]. Aber in der portugiesischen Literatur fand die indiophile Richtung kaum einen Niederschlag. So zeichnete Fernão Guerrero von den Aimoré im Norden von Espírito Santo ein völlig negatives Bild: „... schrecklich barbarische Wesen, ohne jede Menschlichkeit, die nur einen sehr bescheidenen Gebrauch von ihrer Vernunft zu machen scheinen; die wildesten, rauhesten und grausamsten Indianer ganz Brasiliens..."[3]

Sowohl im spanischen wie im portugiesischen Bereich fehlt es nicht an Stimmen, die so weit gehen, die Indianer überhaupt nicht als vernunftbegabte Wesen gelten zu lassen. Trotz aller Andersartigkeit der Indianer dürfte dabei wohl weniger echte Überzeugung der eigentliche Beweggrund gewesen sein als der Wunsch, die Indianer ohne Rücksicht auf humane Erwägungen schamlos zum eigenen wirtschaftlichen Nutzen ausbeuten zu können.

So behauptet, um nur ein Beispiel zu zitieren, ein Gesprächspartner im ‚Diálogo das Grandezas do Brasil', er sähe keinen Unterschied zwischen Indianern und wilden Tieren[4]. Extrem negativ äußerte sich auch der französische Katholik Villegaignon 1557 in einem Brief an Calvin über die Indianer. Villegaignon hatte 1556 mit einer Anzahl französischer Katholiken und Kalvinisten in der Bucht von Rio de Janeiro die Kolonie „Antarktisches Frankreich" gegründet. Die Indianer sind „gewalttätige und wilde Leute, alle Umgangsformen und alles Menschliche ist ihnen fremd; sie sind in jeder Hinsicht von den Europäern verschieden, ohne Religion, ohne Tugend und Ehrlichkeit, wissen nicht, was recht und unrecht ist". Wörtlich fügt er hinzu: „Mir kam der Gedanke, daß wir unter Tiere in menschlicher Gestalt geraten seien."[5] Der Konquistador Mexikos, Hernán Cortés, teilte hingegen nie die Ansicht mancher seiner

---

[1] Thomas 1968, 12ff.

[2] Carta de Caminha abgedruckt bei T. Castro 1969, 18–26 und in englischer Übersetzung bei Burns 1970, 20ff.

[3] Fernão Guerreiro, Relação anual das cousas que fizeram os padres da Companhia de Jesus nas suas missões. Bd. 1, Coimbra 1930, 389f nach Thomas 1968, 13. Es liegt auf dieser Linie, wenn der erste brasilianische Bischof Pedro Fernandes Sardinha sich kaum um die Erlösung der Indianer kümmerte und sich nicht einmal für ihren Bischof hielt, weil sie „ihm unfähig zu jeder Indoktrination erschienen wegen ihrer Brutalität und Bestialität" — so Nóbrega an Tomé de Sousa, MBR III, 72f nach Wetzel 1972, 171ff; vgl. zu dieser Frage auch Miranda 1969, 159ff; in lapidarer Kürze drückten die Portugiesen das mangelhafte Menschentum der Indianer nicht selten so aus wie Fr. Vicente do Salvador OFM: „Sie ermangeln des Glaubens, des Gesetzes und des Königs" — aaO 102; vgl. dazu auch Thomas aaO 15. Greenleaf 1962, 32 kommt zum gleichen Schluß wie der Vf., wenn er feststellt: „Diejenigen, die die Eingeborenen ausbeuten wollten, sowohl Eroberer wie Klerus, leugneten die Tatsache, daß der Indianer ein menschliches Wesen war. Stattdessen war er eine Art tierisches Wesen, vielleicht ein dreckiger Hund, und als solcher paßte er in die aristotelische Hierarchie auf der niedrigeren Ebene." So argumentiert z. B. der königliche Chronist Oviedo.

[4] Erschienen 1618, neu hg. v. Rodolfo Garcia mit einer Einführung von Capistrano de Abreu, 2. Aufl. Bahia 1956, 322 nach Thomas 16.

[5] Brief Villegaignons an Calvin vom 31. 3. 1557, Lery 1957.

Zeitgenossen, die auch im Hinblick auf die kulturell wesentlich höher stehenden mexikanischen Indianer argumentierten, daß diese keine rationalen Wesen seien[6]. Genau dies behaupteten indes auch manche Mönche wie Fr. Domingo de Betanzos OP († 1538) in Mexiko oder Fr. Tomás Ortiz OP, der 1524 in Santa Marta (Kolumbien) von den Indianern u. a. sagte: „... Sie kennen keine Gerechtigkeit, gehen nackend herum, empfinden weder Liebe noch Scham, sie sind Esel, dumm, toll, geisteskrank; zu töten oder getötet zu werden, ist für sie dasselbe; sie kümmern sich nicht um die Wahrheit, wenn sie nicht zu ihrem Vorteil dient... sie sind bestialisch in ihren Lastern... verräterisch, grausam, rachsüchtig... Hexenmeister... feige wie Kaninchen, dreckig wie Schweine..."[7] Und noch 1626 beschrieb Fr. Francisco Verdugo, Bischof von Guamanga in einem Brief an Philipp IV. die spanische Volksmeinung in Peru so: Die Leute sind der Ansicht, „daß diese Indianer Barbaren sind, die außerstande sind, die Geheimnisse des Glaubens zu lernen und zu kennen". Verdugo lehnt diese Ansicht mit Hinweis darauf ab, daß die Indianer besser mit den Lebensumständen in der Neuen Welt fertig werden als die Europäer und sie auch in den einschlägigen Handwerken übertreffen und daß ihr Rückfall in die Religion ihrer Väter sich wesentlich daraus erkläre, daß sie nie richtig katechesiert worden seien[8].

Es liegt auf der Hand, daß Entwicklung und Erfolg der Mission wesentlich von der Beurteilung der Indianer durch die Missionare und die übrigen Weißen, mit denen die Indianer in Berührung kamen, beeinflußt wurden. Es sollen deshalb noch einige Urteile aus dem portugiesischen Bereich zitiert werden.

1549, im Jahr der Ankunft der Jesuiten in Brasilien, äußerte sich ihr Oberer, Manuel da Nóbrega, noch sehr positiv über die Indianer, die „in moralischer Hinsicht nach dem Naturgesetz leben und es besser einhalten" als die Christen, wenngleich sie die schlechten Sitten ihrer Vorfahren ablegen müssen[9]. In dem 1556/57 von ihm in Bahia verfaßten ‚Diálogo sobre a conversão do gentio', dem ersten missiologischen Dokument aus Brasilien, bezieht einer der Gesprächspartner hingegen Jesu Wort, man solle das Heilige nicht den Hunden geben und die Perlen nicht vor die Säue werfen (Mt 7,6), auf die Indianer Brasiliens: „sehen wir doch, daß sie Hunde sind, indem sie sich fressen und umbringen, und Schweine sind in den Lastern und in der Art, wie sie sich behandeln."[10] Und im völligen Gegensatz zu seiner Ansicht von 1549 schrieb Nóbrega 1558, daß man „die Heiden unterwerfen und wie vernunftbegabte Geschöpfe leben lassen müßte, indem man sie dazu bringt, das Naturgesetz zu halten..."[11]. Auch der als „Apostel der brasilianischen Indianer" berühmt gewordene José de Anchieta empfand für die Indios wegen ihrer Laster wie Polygamie, Kriegslüsternheit, Trunksucht, Unbeständigkeit und ihres Desinteresses am christlichen Glauben keine Sympathie, schienen sie ihm doch in ihrer Wildheit und Unbezähmbarkeit dem Wesen der Tiere näherzustehen als dem der Menschen[12].

---

[6] Quirarte 1967, 28.
[7] Nach Arciniegas 1972, 149f.
[8] Brief vom 1.2.1626 – nach Bruno 1967, 24f. Auch der portugiesische Jesuit Fernão Cardim versuchte Ende des 16. Jahrhunderts die Indianer ziemlich unvoreingenommen entsprechend ihrer Kulturstufe zu verstehen und meinte, daß sie dementsprechend trotz ihrer Fehler und Laster den Portugiesen moralisch überlegen seien, ganz besonders, wenn man die Schandtaten der Portugiesen mit den unbewußten Verfehlungen der Indianer vergleiche – Thomas 1968, 14.
[9] Brief an P. Simão Rodriguez, Lissabon, Bahia 9.8.1549 – MBR I, 121ff.
[10] Dialog über die Bekehrung der Heiden – MBR II, 317–345, Zitat 320f.
[11] Bahia 8.5.1558 an P. Miguel de Torres, Lissabon – MBR II, 447.
[12] São Paulo de Piratininga 1.9.1554 an Ignatius von Loyola – MBR II, 113f. Hoornaert 1976 T, 69ff kommt zu ähnlichen Schlüssen wie der Vf. Die brasilianischen Indios hatten nach Auffassung der Jesuiten eine rückständige Kultur, befanden

Aber während die Kolonisten sich überhaupt nicht bemühten, die brasilianischen Indianer von dem, was ihnen als Unsitten erschien, abzubringen, namentlich von der Menschenfresserei und den dauernden Kriegen untereinander, ja sich sogar über diese Kriege freuten, weil sie sie als Sicherung ihrer eigenen Existenz betrachteten[13], ließen die Jesuiten nicht davon ab, sich für die Zivilisierung und Bekehrung der Indianer einzusetzen und sie vor der rücksichtslosen Ausbeutung zu schützen. Die Siedler hatten dafür wenig Verständnis und antworteten auf entsprechende jesuitische Vorwürfe, man solle die Indianer sich doch fressen und töten lassen, da sie ohnedies Hunde seien[14].

Mißhandlung aller Art und Ausbeutung waren der praktische Anlaß, aus dem heraus Christen gegen das negative Indianerbild ankämpften, um die Menschenrechte der Indianer durchzusetzen. *In Mexiko wurde dieser Kampf* von Männern wie den Bischöfen Zumárraga OFM und Vasco de Quiroga *im Namen eines augustinisch gefärbten christlichen Humanismus geführt*, für den sich der Begriff *„evangelischer Katholizismus"* eingebürgert hat (vgl. Jones 1967).

2212 Kolonialpolitik und Kolonialethik

Zu diesem Problemkreis gibt es zahllose Veröffentlichungen[15]. Hier müssen deshalb einige Andeutungen genügen. Neben der ad hoc bewußt negativ gefärbten Anthropologie fehlte es nicht an anderen Theorien zur Rechtfertigung der Unterwerfung und Versklavung der Einwohner der Neuen Welt. Eine entscheidende Rolle spielte dabei die Lehre vom gerechten Krieg, die das mittelalterliche Kriegsrecht in ihrer Ausformung in den Gratianischen Dekreten und in der Lehre des Aquinaten geprägt hat. Es fehlte nicht an Versuchen, den Begriff der ‚guerra justa' einzugrenzen und an Bedingungen zu knüpfen, wie dies im 14. Jahrhundert Fr. Álvaro Pais OFM in Portugal getan hat[16]. Wichtig ist in diesem Zusammenhang nur, daß nach der mittelalterlichen Tradition das Recht der Kirche unbestritten blieb, einen Krieg gegen die Heiden zu veranlassen und daß ein solcher Krieg eo ipso als gerecht galt. Dabei muß freilich die Unterwerfung von Heiden mit der Mission verbunden sein, obgleich eine derartige Schwertmission eindeutig gegen den Geist des Neuen Testamentes verstößt – vgl. Mt 10,14 par. oder die Worte vom Tragen des Kreuzes oder das

---

sich also „auf einer Evolutionsstufe der Menschheit, die die Europäer schon überschritten hatten". Daraus erklärt sich das geringe Interesse der Jesuiten der 1. Generation, einschließlich von Anchieta, für die indianischen Kulturen. Man könnte also von einem „Kulturdarwinismus" der Jesuiten sprechen, was Hoornaert indes nicht tut.

[13] Nóbrega, Bahia, Rio Vermelho im August 1551 an P. M. de Torres, Lissabon – MBR II, 428f.

[14] Jr. Antônio Blázquez im Auftrage von Nóbrega, Bahia 30.4.1558 an P. Diego Laynes, Rom – MBR II, 429.

[15] Vgl. Zavala 1963; Höffner 1969; Forschungsbericht von Specker über Las Casas 1966; Bataillon 1951 u. 1964; Jiménez F. 1962 u. ö.; Biermann 1960 u. 1964; Dussel 1974; als Einführung auch Blanke 1966 und Konetzke 1965, 165–219, dort weitere Bibliographie. Zur portugiesischen Kolonialpolitik und -ethik Henderson 1958 und Thomas 1968.

[16] Vgl. Manuel Paula Merêa, A guerra justa segundo Álvaro Pais, O Instituto 64, Coimbra 1917, 351ff nach Thomas 1968, 35; ferner zum „gerechten Krieg" Zavala 1943.

ausdrückliche Verbot der Gewaltanwendung gegen das ungastliche Samariterdorf Lk 9,53 ff. Länger als in der spanischen blieb in der portugiesischen Überseepolitik die Praxis vorherrschend, zur Ausbreitung des Glaubens, d. h. in Wirklichkeit zur Ausbreitung politischer und wirtschaftlicher Interessen, Krieg zu führen, und zwar guten Gewissens. So heißt es noch in einem Dokument aus den zwanziger Jahren des 17. Jahrhunderts, daß die Kriege der portugiesischen Könige und Privatleute gegen die Heiden im allgemeinen ohne die Prüfung ihrer Rechtlichkeit unternommen würden, da man die Tatsache, daß die Bekriegten Heiden seien, als ausreichenden Kriegsgrund ansehe, während in Wirklichkeit nicht Missionseifer, sondern Haß und Habgier die auslösenden Momente seien. Das gelte insbesondere für die ‚capitães' in den Kolonien, deren Handeln nicht vom Gewissen, sondern von der Absicht bestimmt sei, Sklaven zu erwerben. Deshalb kommt der unbekannte Verfasser zu den Schluß, daß die meisten sogenannten ‚gerechten Kriege' ohne Zweifel ungerechte Kriege seien[17]. Demgegenüber wirkt es wie ein Hohn, wenn der portugiesische Rechtsgelehrte Serafim de Freitas im 17. Jahrhundert kühn behauptete, „daß Portugal niemals ein Volk unter dem Vorwand der Glaubensverbreitung unterworfen habe"[18].

22121 Im spanischen Bereich

Schon die ersten Jahre spanischer Herrschaft auf Hispaniola haben gezeigt, daß den Eroberern jeder Vorwand recht war, um mit Waffengewalt gegen die Indianer vorzugehen (vgl. 122). Bei einer extensiven Auslegung der bis zum Vorabend des Goldenen Zeitalters entwickelten Theorie von der ‚Beleidigung Gottes', die als Kriegsgrund ausreicht, fiel ihnen die Rechtfertigung jedweder Gewaltaktionen gegen die Indianer nicht schwer. Damit aber erreichten sie mühelos ihr wirtschaftliches Ziel: unter dem Schein des Rechtes Sklaven zu erwerben. Denn nach der geltenden Naturrechtsauffassung bzw. nach dem mittelalterlichen Kriegsrecht waren nichtchristliche Gefangene zu versklaven. Den Menschenhandel mit Indianern außerhalb Amerikas, also den Export nach Europa, verboten die spanischen Monarchen bereits 1495. Er wurde auch von den Portugiesen später nicht angefangen. Darin hat sich ein Mindestmaß an ethischer Gesinnung gegenüber den wirtschaftlichen Realitäten durchgesetzt. „Diese grundsätzliche Einschränkung der Indianersklaverei erschien auch zur Erfüllung des Missionsauftrages der Papstbullen von 1493 geboten, denn die Christianisierung der Ungläubigen mußte durch deren Versklavung behindert werden."[19]

Das Problem der Versklavung der Indianer ist praktisch kaum von dem der verschiedenen Arten von Indianerzwangsarbeit zu trennen, weshalb beide Aspekte hier auch gemeinsam geschildert werden sollen, und zwar zunächst für den spanischen Bereich.

1497 wurde durch königlichen Erlaß der Grund und Boden in Amerika ohne Rücksicht auf Besitzansprüche der Indianer als Königsland deklariert und Kolumbus zur Landverteilung (repartimiento) an die Siedler ermächtigt. 1498 begann Kolumbus da-

---

[17] Nach Thomas aaO 37.
[18] De Justo Imperio Lusitanorum Asiatico nach Hanke, 1959, 156 bei Thomas aaO 36f.
[19] Konetzke 1965, 166f.

mit und verteilte die auf dem Boden ansässigen Indianer wie Herdenvieh unter die Landempfänger. Die Indianer galten zwar nicht als Sklaven, waren aber zu umfangreichen Arbeitsleistungen verpflichtet und praktisch unfrei wie Leibeigene[20].

1503 stellte Königin Isabella einen Freibrief zur Indianerversklavung aus, indem sie das in seinen Auswirkungen unkontrollierbare Zugeständnis machte, daß kannibalische Kariben als Sklaven verschleppt werden dürften[21]. Las Casas macht darauf aufmerksam, daß Juan Rodríguez de Fonseca, der 1492 Erzdechant in Sevilla und später Bischof in verschiedenen Diözesen, zuletzt in Burgos, war, als Mann der Kirche entscheidenden Einfluß auf die Entwicklung der gesamten Indiengesetzgebung gehabt habe[22].

1511 meldete sich mit der Adventspredigt von Fr. Antonio de Montesinos OP in Santo Domingo erstmals ein energischer christlicher Protest gegen die fortgesetzte Mißhandlung und Ausbeutung der Indianer. Als „eine in der Wildnis dieser Insel schreiende Stimme Christi" kündigte er den verblüfften Spaniern und ihren Beamten an, daß sie sich im Stande der Todsünde befänden und genauso wenig wie „Mauren und Türken" erlöst werden könnten, weil sie ohne jedes Recht ein grausames Sklavenregiment über unschuldigen Menschen errichtet hätten, maßlose Arbeitsleistungen verlangten, dabei die Indianer nicht einmal ausreichend ernährten und sich überhaupt nicht um deren christliche Unterweisung kümmerten. Er rief aus: „Sind jene etwa keine Menschen? Haben sie keine vernunftbegabten Seelen? Seid ihr nicht verpflichtet, sie wie euch selbst zu lieben?" Keiner wollte diese Stimme hören. Der Skandal war vollständig, obgleich sich die Dominikaner vor Ort einig waren. 1512 forderte Ferdinand der Katholische den Gouverneur Diego Kolumbus auf, die Dominikaner zur Vernunft zu bringen, andernfalls sie nach Spanien zurückzuschikken, da sie mit solchen Ideen eine Gefahr darstellten. Und der spanische Dominikanerobere Alonso de Loaysa drohte seinen Ordensbrüdern, jeden personellen Nachschub aus Spanien zu sperren, wenn sie von solcher skandalösen Verkündigung nicht absähen[23]. Damit wurde der unüberwindliche Gegen-

---

[20] Indem der Grund und Boden als ‚tierra de realengo' (Königsland) deklariert wurde, sollte die Bildung von Großgrundbesitz in LA vermieden werden, weshalb auch die Einzäunung von Ländereien und eigene Gerichtsbarkeit der Siedler verboten wurde. Zum Erlaß vom 22. 6. 1497 vgl. Las Casas 1951 I, 438. Die Indianer wurden praktisch zu rechtlosen Objekten in der Verfügung der Weißen. Kolumbus ist als der Mann in die Geschichte eingegangen, der als erster die Versklavung jener sanften Taino vorgeschlagen und auch begonnen hat, die ihn auf seiner ersten Reise so überaus gastfreundlich aufgenommen und ihm sogar das Leben gerettet hatten. Nie hat er hierüber irgendeine Form von Reue gezeigt. Durch seine skrupellosen Kolonialmethoden gewann er ein Vermögen, das groß genug war, um seinen Erben ein Leben als spanische Granden zu ermöglichen – vgl. Las Casas 1951, I, 71f; II, 196 Anm. 1.

[21] Las Casas 1951 II, 270f vgl. auch Konetzke 1965, 168f.

[22] Las Casas 1951 II, 379.

[23] Zum Wirken der Dominikaner auf Hispaniola vgl. Las Casas II, 381ff, zur Predigt von Montesinos II, 438ff, Hanke 1965, 121ff. Der Geist rücksichtsloser Ausbeutung war bei den protestantischen Deutschen, die seit 1529 im Auftrage des Bankhauses der Welser mit kaiserlicher Konzession in Venezuela tätig waren, um nichts geringer als bei den Spaniern. Der ihnen von Karl V. mit dem Titel eines Beschützers der Indianer mitgegebene *Fr. Antonio de Montesinos* wurde wegen seines häufigen entschlossenen Eintretens für die Rechte der Indianer *1540 von deutschen Landsknechten in Venezuela umgebracht* – Ariza 1969, 101f.

satz zwischen zwei verschiedenen Zielvorstellungen, die die iberischen Kronen verfolgten, sichtbar: nämlich einerseits lohnende Einkünfte aus den Kolonien zu beziehen und andererseits die Indianer christianisieren zu wollen. Derart divergierende, sich gegenseitig behindernde Zielsetzungen mußten eine Folge ärgerlicher Dispute und fauler Kompromisse zur Folge haben, die die iberische Kolonialpolitik während dreier Jahrhunderte charakterisieren[24].

Immerhin bewirkte der Protest der Dominikaner, daß sich 1512 eine königliche Junta in Burgos grundsätzlich mit den Problemen befaßte.

Die beiden Dominikaner Matías de Paz, Professor zu Valladolid, und Bernardo de Mesa, königlicher Beichtvater, deuteten die westindischen Edikte des Vatikans zur Rechtfertigung der Conquista in theokratischem Sinne und billigten dem König das Recht zu, die Indianer zu bekriegen, wenn dies nicht aus Herrsch- oder Goldgier, sondern aus Eifer für Christus geschehe. Nicht ganz unbeeindruckt vom Protest ihrer Ordensbrüder in Santo Domingo lehnte Paz es ab, die Eingeborenen ohne weiteres zu Sklaven zu machen. Getaufte dürften auf keinen Fall versklavt werden. Indianer, die hartnäckig die spanische Herrschaft und „das süßeste Joch unseres Erlösers" abweisen, dürfen seiner Ansicht nach allerdings zu Sklaven gemacht werden. In typischer Doppeldeutigkeit wird einerseits gesagt, um der christlichen Liebe und des Glaubens willen solle man den Indianern die Freiheit lassen, andererseits aber das Recht des Königs bestätigt, von den Neuchristen höhere Abgaben und Dienste zu verlangen als von den Spaniern in Amerika, womit die Möglichkeit zur Erhaltung der Freiheit illusorisch wurde. Mesa schloß sich den Ansichten von Paz an, betonte aber, „die Indianer seien freie Menschen, keine Sklaven. Papst Alexander VI. habe den spanischen König beauftragt, ihnen den wahren Glauben zu bringen und sie zu diesem Zwecke politisch zu unterwerfen. Auch seien die Spanier berechtigt, die Eingeborenen zu ordentlicher Arbeit anzuhalten und sie in den Kommenden den Siedlern anzuvertrauen"[25].

Diese widersprüchliche Verbindung von theoretischer Anerkennung der Freiheit der Indianer und praktischer mit Arbeitszwang gekoppelter Unterwerfung ist typisch für das spanische Denken. Selbst Kirchenleute konnten sich ihm selten entziehen. Es macht die Größe eines Las Casas aus, diesen Widerspruch erkannt und sich kompromißlos auf die Seite des Evangeliums und damit auch der Indianer gestellt zu haben. Es nimmt angesichts obiger Argumentation nicht wunder, daß ein Mann wie der Jurist Juan de Palacios Rubios, der, um Las Casas zu zitieren, „unter dem Herzeleid und der Unterdrückung" der Indianer litt[26], 1513 die Konquistadorenproklamation (requerimiento) verfassen konnte, „eine Mischung von so viel Lüge und Wahrheit", wie sie der menschliche Intellekt nur unter größten Schwierigkeiten zustandebringen kann. In diesem vom Bischof von Palencia unterzeichneten ‚requerimiento', der bei spanischen Landnahmeaktionen und Feldzügen den Indianern mehrfach verlesen werden mußte, werden die Indianer aufgefordert, die Kirche als „Meister und Herrin der ganzen Welt", den Papst als „obersten Priester" und den König und die Königin von Spanien als „Herren dieser Inseln und dieser Kontinente" anzuerkennen, andernfalls kann ein ‚gerechter Krieg' gegen sie geführt werden, und sie können mit Frauen und Kindern zu Sklaven gemacht werden. Der ‚requerimiento' war etwa drei Jahrzehnte in Kraft, also während

---

[24] Vgl. Hanke 1963, 182.
[25] Vgl. Höffner 1969, 216ff mit Belegen.
[26] Dies hat Palacios Rubios jedenfalls Las Casas gegenüber behauptet – Las Casas 1951 III, 28.

der Zeit der hauptsächlichen spanischen Eroberungen (vgl. 122 mit Anm. 39)[27]. Damit konnten immer neue Indianerversklavungen gerechtfertigt werden.

1515 verzichtete der Weltpriester Bartolomé de Las Casas auf seinen großen Land- und Indianerbesitz auf Kuba und reiste nach Absprache mit Fr. Pedro de Córdobo OP auf Hispaniola nach Spanien, um seinen lebenslangen Kreuzzug zu Gunsten der Indianer zu beginnen. Er stieß weder bei dem todkranken Ferdinand V. noch bei Bischof Fonseca auf Verständnis, konnte aber später den 1516—17 als Regenten für Kastilien fungierenden Kardinal Jiménez de Cisneros OFM, Erzbischof von Toledo und Primas von Spanien, und den von Karl V. als Reichsverweser ernannten Hadrian von Utrecht, den späteren Papst Hadrian VI., die sich de facto in die Regentschaft teilten[28], für seine Reformpläne gewinnen. Die 1517 zur Durchführung einer Reform des Encomienda-Systems nach Hispaniola gesandte Hieronymitendelegation unter Leitung des „intrigierenden Fr. Luis de Figueroa", die der mit dem Titel eines Prokurators der Indianer ausgestattete Las Casas begleitete, scheiterte, da die Hieronymiten sich allzu schnell von den Spaniern überzeugen ließen, daß die Indios zu Freiheit, Selbstregierung und Eigenverantwortung unfähig seien[29].

Trotzdem versuchte Karl V. 1526, die immer stärker zunehmenden willkürlichen Versklavungen unter Kontrolle zu bringen, indem er das Recht zur Brandmarkung mit dem amtlichen Eisen auf Gouverneure und königliche Beamte beschränkte und, als auch das nichts nützte, 1530 die Indianerversklavung ganz verbot. Eine Privatnachricht des oben zitierten Begründers der mexikanischen Dominikanerprovinz, Fr. Domingo de Betanzos, an den Indienrat aus dem Jahre 1533 scheint entscheidend zur Aufhebung des Versklavungsverbotes im Jahre 1534 beigetragen zu haben. Betanzos wird nachgesagt, behauptet zu haben, die Indianer seien Tiere, ohne Fähigkeit zum christlichen Glauben, in Sünde vor Gott, der sie zum Untergang verurteilt habe. Dabei hatte er nicht einmal eine Indianersprache gelernt, wie er 1549 auf dem Totenbette bekannte, als er alles widerrief[30]. Aber das Gift hatte bereits seine Wir-

---

[27] Vgl. Hoornaert 1970, 852f; vgl. die kommentierte Übersetzung des Requerimiento bei Biermann 1950, der darauf hinweist, daß abgewandelte und abgemilderte Fassungen des Requerimiento bis in die 2. Hälfte des 16. Jahrhunderts gebraucht wurden. Biermann faßt S. 113 sein Urteil zusammen: „... verhängnisvoll war die völlige Gleichschaltung von Staat und Kirche, wie sie im spanischen Patronat grundgelegt war und im Requerimiento so stark zum Ausdruck kam. Wer den Glauben annehmen wollte, mußte nicht nur den spanischen Schutz anerkennen, sondern das gesamte spanische Regierungssystem, einschließlich Steuer- und Arbeitsforderungen..." Vgl. ferner Hanke 1941. Die „Ordenanzas de Su Magestad para los nuevos descubrimientos, conquistas y pacificaciones — Julio de 1573" sind ein Beispiel für den Wandel in der Art der Unterwerfung der Indianer. Sie befehlen friedliche Methoden und verbieten für neue Entdeckungen sogar die Bezeichnung „conquista" — vgl. Text bei Hanke I, 149—152. Zum Requerimiento auch Las Casas 1951 III, 26f Text, 28ff Kritik.

[28] Posner 1962, 19f. — Nach Abfassung dieses Abschnittes erschienen 1974ff zum 500. Geburtstag von *Las Casas eine Reihe neuer Untersuchungen*: die Biographie von Friede (1974) und 1974 anläßlich des II. Encuentro Lationamericano de CEHILA in San Cristóbal de Las Casas gehaltene Vorträge von Dussel (1976), Villegas (1976), Ruíz Maldonado (1976), Polanco Brito (1976), Moscoso (1976).

[29] Jiménez Fernandez 1962, XVIf; vgl. den Text des Gutachtens ebd. 32ff.

[30] Vgl. Biermann 1968, 181: Das Memoriale ist im Wortlaut bis heute nicht gefunden und daher inhaltlich umstritten. 1534 behauptete Betanzos, der von Rom mit

kung getan. Denn wenn nicht einmal Kirchenleute bedingungslos für die Indianer eintraten, war von der Krone wenig zu erwarten, die in Amerika über keine eigenen Ordnungskräfte verfügte, sondern von den ‚encomenderos' und ihren Privattruppen abhing. Und jene liefen gegen alle Maßnahmen zum Schutz der Indianer Sturm[31]. Zahllose Proteste von Franziskanern aus Amerika gegen die Aufhebung des Versklavungsverbotes verhallten wirkungslos in Spanien.

Das Jahr 1537 sollte ein entscheidendes Zeichen aus Rom bringen. Fr. Bernardino de Minaya OP, der schon vor seiner Bekanntschaft mit Las Casas ein entschiedener Vorkämpfer für die Rechte der Indianer gewesen war, bewirkte in Rom, unterstützt von einem berühmt gewordenen Brief des ersten Bischofs von Neu-Spanien, Fr. Julián Carcés OP, die Bulle „Sublimis Deus". In ihr stellte Paul III. fest: „1. Alle Völker der Erde sind ihrer Natur nach wahre Menschen; 2. als solche genießen sie ihre Freiheit und ihren Besitz und können erlaubterweise nicht dessen beraubt und zu Sklaven gemacht werden; 3. alle sind durch Predigt und gutes Beispiel zum christlichen Glauben einzuladen."[32] Hinter diese Magna Charta des Völkerrechts konnte Rom nicht mehr zurück. Aber Karl V. verlangte die Rücknahme dieser Bulle und anderer in diesem Zusammenhang erlassenen Bullen und Breven, weil der Indienrat nicht vorher gefragt war, weshalb der Papst 1538 seinen epochemachenden Schritt zu verkleinern suchte, indem er von einem nur „in forma brevis" ergangenen Schreiben redete. Unmittelbare und effektive Folgen für die Lage der Indianer hatte der päpstliche Schritt von 1537 also nicht. Der juristische Kampf um die Anerkennung der Menschenwürde der Indianer mußte auf der iberischen Halbinsel geführt werden. Für dieses Ziel unermüdlich gefochten zu haben, ist das unbestreitbare Verdienst von Bartolomé de Las Casas.

Las Casas war es in den dreißiger Jahren in Guatemala gelungen, die bis dahin unbezwingbaren Völker der Tuluzutlan und der Lakandonen mit friedlichen und freundlichen Mitteln zu pazifizieren. Er traf Anfang der vierziger Jahre in Spanien auf einen reformwilligen Kaiser, der versuchte, der Korrup-

---

einer großen Schar Missionare nach Neu-Spanien zurückkam, er habe nur die Fähigkeit der Indianer zum Glaubensverständnis als so beschränkt beurteilt wie die der Kinder. Auf dem Totenbett hat er am 13. 9. 1549 obige Behauptung noch einmal ausdrücklich widerrufen. Vgl. den Text des Widerrufs bei Jiménez F. 1962, 184ff. Betanzos bekennt, frühere Behauptungen ohne Kenntnis der Indianersprachen aufgestellt zu haben.

[31] Konetzke 1965, 169.
[32] Biermann 1968, 182ff. Derselbe Forscher hat 1966, 198f darauf hingewiesen, daß Thomas de Vio Cajetanus, der durch Fr. Pedro de Peñafiel ca. 1514/15 über den Kampf von Montesinos und seinen dominikanischen Freunden (1511) unterrichtet worden ist, der erste bedeutende unabhängige römische Theologe sei, der sich mit der Rechtmäßigkeit der Eroberung Amerikas befaßt habe — vgl. seine 1540/41 in Lyon mit der Summe des Aquinaten erschienenen Kommentare zur II^a II^{ae} zu q 66, art. 8 ad 2 (verfaßt 1517). Er stellt darin fest, daß Ungläubige in Gebieten, die niemals zum Römischen Reich gehörten, weder von einem König noch dem Kaiser noch von der Römischen Kirche besetzt und unterworfen werden dürften, „weil kein gerechter Kriegsgrund vorliegt. Jesus Christus, der König der Könige (Apk 17, 14; 19, 16), dem alle Gewalt gegeben ist im Himmel und auf Erden (Mt 28, 18), hat keine Soldaten und bewaffnete Heere ausgesandt, sondern heilige Prediger, wie Schafe unter die Wölfe (Mt 10, 16; Lk 10, 3) ... Deshalb würden wir schwer sündigen, wenn wir den Glauben auf diese Weise ausbreiten wollten".

tion in der Kolonialverwaltung ein Ende zu bereiten, 1541 den Spaniern in Amerika den Handel mit Indianersklaven verbot und Ende 1542 die berühmten ‚Leyes Nuevas de Indias' erließ. Diese „Neuen Gesetze" entsprachen weitgehend den Forderungen von Las Casas und den Petitionen mancher anderen Missionare, speziell aus Neuspanien. Sie sahen ein völliges Verbot der Indianersklaverei — auch im Falle von gerechten Kriegen — und eine Beschränkung der Kommenden vor, u. a. sollten Beamte und Prälaten ihre Kommenden verlieren, sowie ein Verbot zur Bildung neuer ‚encomiendas'. Aber was nützten die besten Gesetze, wenn sie sich im amerikanischen Alltag nicht durchsetzen ließen? Wie konnte man Gehorsam von den Laien erwarten, „die sich in ihrer Existenz bedroht fühlten", wenn nicht einmal der Klerus und die Bischöfe, die wie Francisco Marroquín von Guatemala meist selber Indianersklaven und Kommenden besaßen, mit Selbstverständlichkeit die Neuen Gesetze befolgten? „Die Orden gaben ihre Gutachten gegen die Gesetze ab und die Provinziale der Dominikaner, Franziskaner und Augustiner (von Neu-Spanien) fuhren nach Spanien, um die Aufhebung des § 35 über die Encomiendas zu erbitten, natürlich um sicherzustellen, daß ihre eigene Verfügung über indianische Arbeitskräfte nicht angetastet würde"[33]. In einem 1544 von zwölf Dominikanern in Mexiko verfaßten Gutachten, zu dessen Autoren auch der schon mehrfach erwähnte Prior Domingo de Betanzos gehörte, werden die Neuen Gesetze zwar in der Theorie gebilligt, in der praktischen Ausführung indes abgelehnt. Bezeichnend an der Argumentation ist, daß eine Beziehung zwischen der Ausbeutung der Indianer und der Erhaltung des christlichen Glaubens hergestellt wird. Der Glaube könne sich nur im Lande halten, wenn die Spanier ihre feste Position bewahrten, und dies setze voraus, daß es genügend reiche Spanier gäbe. Das aber lasse sich nur gewährleisten, wenn genügend Dörfer den Reichen als Kommenden gehörten[34].

In Mexiko suspendierte der Beauftragte Ldo. Tello de Sandoval die Ausführung der Neuen Gesetze. Und in Peru kam es 1544 bei der Ankunft des ersten Vizekönigs Blasco Núñez Vela sogar zur offenen Rebellion, als bekannt wurde, daß er den Neuen Gesetzen Geltung zu verschaffen gedachte. Hatten die Eroberer Gefahren und Tod getrotzt, „nur um die Indianer glücklich zu machen"? Núñez Vela wurde von Gonzalo Pizarro, dem Haupt der Rebellion, besiegt und umgebracht[35]. Selbst die spanische Hofverwaltung unter Francisco Cobos († 1547) verstand es nach der Abreise Karls V. aus Spanien, die Gesetze zu unterminieren und den Widerstand gegen sie in Amerika zu schüren, so daß der Kaiser 1545 keinen anderen Ausweg sah, als sie selbst zu widerrufen. Außerdem war es Cobos gelungen, Las Casas vom Hof zu entfernen. Zwar hatte dieser das reiche Bistum El Cuzco ausgeschlagen, aber 1543 Chiapas

---

[33] Biermann 1960a, 173; Blanke 1966, 101. Ähnliche Vorgänge gab es schon früher, so ließ sich 1512 der Franziskanerprior Alonso del Espinal in Santo Domingo von den Siedlern bereden, nach Spanien zu gehen, um bei Hof gegen die Dominikaner die Indianersklaverei zu verteidigen — Las Casas II, 446ff.

[34] Höffner 1969, 205. Vgl. Text der Neuen Gesetze bei Hanke I, 144–149.

[35] Fagg 1971, 121 bzw. Vargas, Hist. I, 166ff. · Fagg weist darauf hin, daß der Widerstand in Peru daraus resultierte, daß die ‚encomenderos' sich in der Hoffnung betrogen sahen, erbliche Dynastien bilden zu können, da die Kommenden bei ihrem Tode an die Krone zurückfallen sollten. Außerdem sollten alle, die an der Fehde zwischen Almagro und Pizarro beteiligt gewesen waren — und das waren die meisten —, sofort ihre Kommende verlieren.

akzeptiert, das ihm als Versuchsfeld zur Erprobung der Neuen Gesetze angeboten worden war.

Bischof Bartolomé sah sich in seinem Kampf für Gerechtigkeit für die Indianer bald von allen Seiten isoliert, sowohl von seinen Amtskollegen in Zentralamerika wie von der ‚Audiencia de los Confines', die, statt ihn zu unterstützen, bei Hof gegen ihn intrigierten. In einem Hirtenbrief vom 20. 3. 1545 hatte Las Casas allen Christen die Absolution vorzuenthalten gedroht, die nicht ihre persönlichen Indianersklaven freiließen und auf unmoralische Weise durch Kommenden-Zwangsarbeit erworbene Güter zurückerstatteten. Da „drei skandalöse Kleriker" und „unbußfertige Merzedarier" weiterhin freizügig absolvierten, entzog Las Casas dem gesamten Klerus die Absolutionsvollmacht und verfaßte ein neues Beichtbüchlein. In einem Brief an Prinz Philipp von Spanien vom 9. 11. 1545, in dem er seine Rückkehr nach Spanien ankündigte, machte Las Casas die bemerkenswerte Feststellung, daß die Häresien in Deutschland nicht so schwerwiegend seien wie die Übergriffe gegen die Indios, „denn deren (der Deutschen) Häresien mißachten unseren unbefleckten und sehr festen Glauben nicht, noch hören sie auf, unseren Gott, den gekreuzigten Christus, anzubeten"[36].

Angesichts des völligen Zusammenbruchs der indiophilen Politik und um den gegen ihn vorgebrachten Verleumdungen zu begegnen, ging Las Casas 1547 erneut nach Spanien, wo ihm in dem Hofchronisten und Juristen Juan Ginés de Sepúlveda ein neuer Gegner erwachsen war, der unter dem Titel „Demócrates Alter ein Traktat verfaßt hatte, in dem er in ausgezeichnetem Latein eine miserable anti-humane und anti-christliche Lehre bemäntelte"[37]. Las Casas und Sepúlveda sollten die beiden Hauptkontrahenten vor dem 1550 von Karl V. in Valladolid einberufenem „Rat der Vierzehn" sein, der dem Gesetzgeber ein neues Gutachten zur Indianerfrage liefern sollte. Die besondere Bedeutung der Beratungen von Valladolid, die 1551 mit einer zweiten Runde endeten, liegt darin, daß hier für den spanischen Bereich zum letzten Mal die beiden Zentralfragen der Mission diskutiert wurden. Erstens: welches ist die angemessene Art der Glaubensverkündigung und -verbreitung und zweitens: welche gesetzlichen Regulative sollen den Handlungsspielraum der Eroberer und Kolonisatoren begrenzen?

---

[36] Jiménez F. 1962, XXIIff; vgl. ferner Höffner 1969, 196ff. Las Casas hatte 1543 den Prinzen Philipp mit seinem Buch „Brevissima Relación de la Destrucción de las Indias" über die trostlose Lage der Indianer zu informieren versucht. Dieser polemisch gehaltene Bericht (deutsch Las Casas 1960) erschien erstmals 1552 in Sevilla im Druck. Der erwähnte lateinische Confessionario ist verschollen. Vgl. Zitat des Briefes v. 9. 11. 1545 nach Friede 1974, 171f, der S. 176 darauf hinweist, daß es Las Casas in Chiapas nur gelungen sei, einzelne Kommendenbesitzer zu bekehren. Zur Wirksamkeit von Las Casas in Chiapas vgl. im einzelnen Moscoso 1976, der S. 162 erwähnt, daß die Indios in Ciudad Real, dem heutigen San Cristóbal de Las Casas, ein Artikel des Kaufs und Verkaufs waren. Die Stimmung in der Stadt war derart gegen den Bischof, daß seine Priester ihn wiederholt zum Verlassen der Diözese aufforderten. Auf dem Höhepunkt der Auseinandersetzung zwischen den Kommendenbesitzern und dem Bischof weigerte sich der Dechant Quintana dem Absolutionsverbot des Bischofs für unbußfertige ‚encomenderos' zu folgen, so daß Las Casas ihn schließlich exkommunizierte – ebd. 165ff.

[37] Jiménez F. 1962 XXIX.

Sepúlveda griff zur Rechtfertigung der Conquista auf die mittelalterliche „Ideologie" des Orbis christianus zurück und verteidigte die Schwertmission hauptsächlich aus pragmatischen Gründen als einzig erfolgversprechende Methode, die durch die Schwere der Verstöße der Indianer gegen das Naturrecht, ihren Götzendienst und ihr niedriges humanes Niveau gerechtfertigt sei. Las Casas hingegen wollte zwar an einigen besonders exponierten und gefährdeten Grenzorten zum Schutz der Missionare Befestigungen dulden, befürwortete aber im allgemeinen eine Missionsmethode, die nach und nach mit viel Geduld friedlich, liebevoll und mit gutem Beispiel die Eingeborenen für das Christentum gewinnt[38].

Unmittelbare Folgen für die Gesetzgebung hat die Junta von Valladolid nicht gehabt. Auch später noch hat die Krone gewaltsame Eroberungen ausdrücklich autorisiert. Aber das Gewicht der gesamten kolonialethischen Diskussion des 16. Jahrhunderts wirkte doch mäßigend auf die Gesetzgebung. Man kann es schon als einen gewissen Erfolg von Las Casas betrachten, daß Sepúlvedas Ansichten in Valladolid nicht durchdrangen und daß die Veröffentlichung seines Traktates bis ins 18. Jahrhundert hinein verboten blieb[39].

Die relativ große Handlungsfreiheit, die die Jesuiten speziell für die Paraguay-Mission erhielten, kann auch als eine positive Folge jener Diskussion angesehen werden[40]. Als wichtigste Vertreter spanischer Kolonialethik seien hier genannt: Francisco de Vitoria OP († 1546), der Begründer der Schule von Salamanca, die die Grundlagen des Völkerrechtes gelegt hat, Domingo Soto OP († 1560), der 1550 in Valladolid den Vorsitz hatte, Melchor Cano OP († 1560), ebenfalls Mitglied jener Junta, Domingo Bañez OP († 1604), alle theologische Lehrer wie ihre jesuitischen Kollegen Luis Molina († 1600) und Francisco Suárez († 1617), die wie auch die Franziskaner wesentlich in den von Vitoria vorgezeichneten Bahnen dachten[41]. Ohne die Bedeutung dieser und anderer spanischer Moraltheologen schmälern zu wollen, muß man doch als Fazit der Kolonialethik feststellen, daß das Recht der Heidenstaaten auf Unabhängigkeit als legitim anerkannt wurde, als die indianischen Staatsgebilde ihre Unabhängigkeit definitiv verloren hatten, und daß die Urbevölkerung der Neuen Welt in der Folgezeit nicht vor einer Fortsetzung der Zwangsmission und wirtschaftlichen Ausbeutung bewahrt werden konnte[42].

Keiner dieser Ordenslehrer hatte eine vergleichbare Kenntnis der Lage vor Ort wie Las Casas, der zu einer geschichtlichen Persönlichkeit geworden ist, „weil er... fünfzig Jahre seines Lebens unermüdlich und leidenschaftlich der Verteidigung der unterdrückten Eingeborenen Amerikas gewidmet hat und weil er die spanische Kolonisation zu einer friedlichen Mission von Christen-

---

[38] Leute wie Sepúlveda griffen stets auf die berüchtigte Behauptung von Aristoteles zurück, daß gewisse Menschen von Natur aus Sklaven seien, da sie nicht imstande seien, sich selber zu leiten, sondern geführt werden müßten. Die These war ein fester Bestandteil der mittelalterlichen Naturrechtskonzeption. Zum Orbis christianus vgl. Höffner 1969, 172. Hanke 1959 (Greenleaf), 51 weist auf die Übereinstimmung zwischen Las Casas' Missionskonzept und demjenigen von Ramón Lull hin.

[39] Lopetegui 1965, 88ff und Hanke 1963, 187.

[40] Hanke 1959 (Greenleaf), 52 meint, daß die strikte paternalistische Kontrolle, die die Jesuiten in den Reduktionen ausübten, weitgehend den Vorstellungen von Las Casas entsprach.

[41] Vgl. dazu im einzelnen Höffner 1969, 243ff.

[42] Zu diesen Schlüssen kommt Höffner aaO 393, wenngleich er insgesamt eine eher positive Würdigung der spanischen Kolonialleistungen versucht.

tum und Humanität machen wollte". Dabei muß man berücksichtigen, daß er mit seinen Ideen kein einsamer Rufer in der Wüste war, sondern „innerhalb einer Bewegung" stand, „die von missionierenden Bettelmönchen" im „Geist einer christlichen Erneuerungsbewegung im Abendland" vorangetragen wurde und die „im Kampf gegen das verderbliche System der Conquista und der Encomienda neue Methoden der Kolonisation forderte"[43]. Auch wenn man der Meinung mancher Forscher beipflichtet, nach der Las Casas nicht nur ein moralischer Theoretiker in Indianerfragen war, sondern auch Politiker, muß man doch erkennen, daß die Grundlage seines Kampfes für Gerechtigkeit nicht nur die „amerikanische Wirklichkeit" war, sondern vor allem der christliche Glaube. Das Hauptziel seiner Aktivität war zweifellos die Christianisierung der Indianer, die ihm nur möglich schien, „wenn die Spanier ein gutes Beispiel gaben, d. h. als Christen lebten und den Indianern Gerechtigkeit widerfahren ließen" (Hanke 1964). 1974, zu seinem 500. Geburtstag, wurde Las Casas auch als Vorläufer der „Theologie der Befreiung" gewürdigt, als erster, der den Indianer in seiner Andersartigkeit geachtet und anerkannt und der ein Herrschaftssystem in seiner Totalität kritisiert hat, das den anderen zu einem Gebrauchsobjekt, einem ‚encomendado', herabsetzt und damit verletzt und entfremdet. Las Casas muß daher in der Sicht von Dussel wesentlich als ein Prophet verstanden werden. Wie sehr Las Casas seiner Zeit voraus war, zeigt auch ein Vergleich mit den mexikanischen Jesuiten, die 1577 auf einem Ordenstreffen die natürliche Unterordnung der Indianer unter die Spanier postulierten. Zur selben Zeit sprachen die jesuitischen Gelehrten Rubio und Hortigosa in einem Gutachten an Philipp II. schon von einem Gewohnheitsrecht spanischer Herrschaft über die Indianer und rechtfertigten die Zwangsarbeit, wenngleich sie theoretisch die Indianer als freie Leute anerkannten und die Sklaverei ablehnten[44].

Die praktischen Auswirkungen der spanischen Kolonialpolitik stellen sich folgendermaßen dar. Die direkte Indianersklaverei verschwand nach 1542 allmählich, da das diesbezügliche Verbot in den Neuen Gesetzen in Kraft blieb und immer wieder eingeschärft wurde. Ausnahmen blieben indes noch lange möglich, und zwar in Randgebieten, so gegenüber den kriegerischen Pijao in der Provinz Popayán, den Kariben und den Araukanern. Sieht man einmal von dem Argument des Kannibalismus ab, das bei den Kariben und den Pijao angeführt wurde, so bleibt zur Rechtfertigung der Sklaverei im wesentlichen das Argument, es handele sich um aggressive und unbezähmbare Völker, die sich nachdrücklich der spanischen Herrschaft widersetzten. Bei den kulturell am höchsten stehenden Araukanern wurde das Mittel der Verskla-

---

[43] Konetzke 1964, 447ff nach Specker 1966, 221f, der damit Las Casas in die durchaus positiv zu wertende idealistisch-eschatologische Strömung stellt.

[44] Hanke 1964, 301f nach Specker 1966, 218. Las Casas (1474–1566) hat die letzten 15 Jahre seines Lebens nach der Junta von Valladolid in Spanien damit verbracht, durch zahlreiche Eingaben an Ordensobere, Krone und Kurie die Entsendung geeigneter dominikanischer und franziskanischer Missionare zu fördern, zahlreiche Hilfsgesuche aus Amerika zu unterstützen und seine literarischen Vorhaben zu beenden, namentlich seine große dreibändige „Historia de las Indias", mit deren Durchsicht und der Fertigstellung des umfangreichen Anmerkungsapparates er indes nicht mehr fertig wurde. Das Werk wurde erst 1875 erstmals veröffentlicht – vgl. Hanke 1951, Xff und Jiménez F. 1962, XXXVIff; Dussel 1974; Liss 1973, 460; Beiträge in CEHILA 1976.

vung aller Gefangenen etwa vom 10. Lebensjahr an offen als Repressalie gegen deren kriegerischen Widerstand bezeichnet[45]. Hier, wo noch Gelegenheit vorhanden war, das auf Thomas von Aquin zurückgehende Prinzip der spanischen Kolonialethiker in die Praxis umzusetzen, daß die Heiden nicht deshalb bekriegt werden dürfen, weil sie den christlichen Glauben abweisen[46], erwies sich erneut, daß letztlich Machtpolitik und wirtschaftliche Interessen die spanische Kolonialpolitik bestimmten. Sogar Papst Paul V. hat sich 1606 noch dazu hinreißen lassen, den Krieg gegen die Araukaner für erlaubt zu erklären und den Soldaten dafür noch Ablässe zu gewähren. Desto bemerkenswerter sind zahlreiche Stellungnahmen von Missionaren und Bischöfen in Chile, die seit Mitte des 16. Jahrhunderts im Lande selbst in Eingaben an den König nachdrücklich für die Freiheit der Indianer eingetreten waren und Angriffskriege gegen sie als unzulässig bezeichnet haben — so z. B. Fr. Gil González de San Nicolás OP nach 1552, die ersten fünf Franziskaner unter ihrem Prior Martín de Robleda nach 1553, Fr. Juan de Vega OFM 1572 und die Bischöfe von Imperial, Fr. Antonio de San Miguel OFM (1567—91), und von Santiago, Fr. Diego de Medellín OFM[47]. Sie erkannten, daß der Widerstand der Araukaner und ihre verschiedenen gefährlichen Aufstände (1655, 1723 und 1792) durch die Übergriffe spanischer Soldaten und die brutale Ausbeutung der versklavten Araukaner regelrecht provoziert wurden. Und dennoch zeigte sich bei anderen Missionaren im 17. Jahrhundert wieder „die unglückliche Verquickung nationalpolitischen Denkens mit der Verkündigung", die brutale Vergeltungsmaßnahmen der Spanier billigen konnte. Unter dem Eindruck der Greuel des Aufstandes von 1655 ff. billigten die chilenischen Ordensoberen noch 1671 in einem Gutachten die Versklavung aller gefangenen Araukaner beiderlei Geschlechts ab 10 Jahren. Ihnen war die spanische Königin Marianne von Österreich voraus, die 1674 endgültig die Sklaverei von Indianern in Chile abschaffte[48].

Als *indirekte Indianersklaverei* wirkte sich weithin das System der ‚encomienda' aus, besonders weil es bis Mitte des 16. Jahrhunderts dauerte, bis der rechtliche Status der Kommende eindeutig umschrieben war. Ihre Vorstufe kann man in der schon 1494 von Kolumbus eingeführten Tributpflicht der Indianer auf Hispaniola sehen (vgl. 12 Anm. 34). Um mit den rebellischen Spaniern unter Roldán fertigzuwerden, gestand der Entdecker auf seiner dritten Reise (1498—1500) ihnen das Recht zu, entweder wie bis dahin im Sold des Königs zu bleiben oder unabhängig zu wirtschaften mit Hilfe von zugeteiltem Land und indianischen Hilfskräften. Diese Zuteilung (repartimiento) wurde später nach der Übertragungsformel allgemein ‚encomienda' genannt. Der spanische Gesetzgeber versuchte in der Folgezeit, diese Institution rechtlich zu begrenzen, so daß die Kommende ein von den Behörden verliehenes Recht wurde, „eine bestimmte Anzahl Indianer gegen Entgelt zwangsweise zur Arbeit zu verwenden, wobei die sehr dehnbare Verpflichtung übernommen wurde, für das leibliche und seelische Wohl der Anvertrauten zu sorgen... Die Kommende schuf ein persönliches Abhängigkeitsverhältnis, glich also der

---

[45] Vgl. Konetzke 1965, 170. Die Pijao durften allerdings nur auf 10 Jahre versklavt werden.
[46] Blanke 1966, 94.
[47] Noggler 1973, 165f und ADVENIAT 72/73, 3ff.
[48] Noggler aaO 202ff und 165f.

abendländischen Hörigkeit und Leibeigenschaft"[49]. Man kann in der Entstehung der Kommende den Übergang von der staatlich betriebenen Faktoreiwirtschaft zur Kolonialwirtschaft mit privater Verfügung über die Produktionsmittel sehen[50].

Wie bei vielen geschichtlichen Erscheinungen kann man die ‚encomienda' weniger von ihrer gesetzlichen als von ihrer tatsächlichen Form her beurteilen. Aus der Tributpflicht erwuchs schließlich ein persönliches Dienstverhältnis (servicio personal), das den Indianer aus einem direkten Untertanen des Königs zu einem direkten Untertanen des ‚encomendero' und damit zu einem nur noch mittelbaren Untertanen des Königs machte[51]. Der in den Gesetzen von Burgos (1512) gemachte Versuch, Indianerschutz und Indianerzwangsarbeit miteinander in der Institution der Kommende zu verbinden, war zum Scheitern verurteilt[52]. Als die Kommende von Westindien auf das Festland übertragen wurde — also zunächst nach Mexiko —, hatte sie sich bereits in eine „Terroreinrichtung" verwandelt. Wegen der engen Verbindung von Sklaverei und Kommende setzte sich in den ersten Jahrzehnten des 16. Jahrhunderts der formale Unterschied zwischen beiden Einrichtungen in der Praxis nicht durch. Cortés selbst brandmarkte seine Indianer in Texcoco und verkaufte sie als Sklaven.

Die Bilanz der Kommende in der ersten spanischen Generation im Hochtal von Mexiko beschreibt Gibson so: Einsatz der Indianer zu allen Arten von Handarbeit in Landwirtschaft, Bauwesen, Bergbau und Wasserwirtschaft. Die ‚encomenderos' forderten zu hohe Tribute und zu hohe Arbeitsleistungen. Sie sperrten die Indianer ein, „brachten sie um, schlugen sie und hetzten Hunde auf sie. Sie bemächtigten sich ihres Besitzes, zerstörten ihre Landwirtschaft und nahmen ihre Frauen. Sie brauchten sie als Lasttiere". Naturalabgaben verkauften sie unter Zwang „mit exorbitantem Profit" an die Indianer zurück. Bei den Arbeitsaufsehern waren Zwangsmaßnahmen und Mißhandlungen an der Tagesordnung. „Ohne eine bekannte Ausnahme verstanden die ersten encomenderos spanische Macht als Ermöglichung eines unbegrenzten persönlichen Opportunismus." „Um die Dienste der ersten Entdecker und Siedler zu belohnen und ihr Andenken zu bewahren, fand sich die Regierung bereit, die Erbfolge der Encomiendas für ein drittes und ein viertes Leben stillschweigend zu dulden. So kam es ... zur gesetzlichen Dissimulation einer Ungesetzlichkeit."[53]

Der Kampf von Las Casas und seinen Freunden galt auch den Kommenden, besonders der Umwandlung der Tributleistungen in persönliche Arbeitsleistungen. Aber der Widerstand gegen die Neuen Gesetze von 1542 zeigte, daß

---

[49] Im Text des amtlichen Übertragungsformulars hieß es: So und so viele Indianer werden zusammen mit ihrem Kaziken Herrn X anvertraut (encomendar = anvertrauen, empfehlen). Der Besitzer einer ‚encomienda' wurde ‚encomendero' genannt. Höffner 1969, 180f. Zur Entstehungsgeschichte der Kommende vgl. Konetzke 1965, 173ff, speziell zu den juristischen Implikationen Bruno 1967, 173ff. Nach einer ersten Regelung der indianischen Arbeitspflicht 1503 wurde diese 1512 in den Gesetzen von Burgos (zum Text vgl. Simpson 1960) genauer definiert. Die 1512 eingeführte Bestimmung, daß die Indianer beim Besitzwechsel auf ihrer Scholle bleiben müssen, bedeutete die Angleichung der Kommende an die in Europa damals übliche Hörigkeit. Vgl. den vollen Text einer ‚encomienda' aus dem Jahre 1566 bei Hanke I, 152—54.
[50] Molinari 1964, 95.
[51] Zum ‚servico personal' vgl. Bruno 1967, 41ff.
[52] Konetzke 1965, 177.   [53] Gibson 1964, 58f und 77f.

es praktisch unmöglich war, den ‚encomenderos' ihre sozialökonomischen Privilegien zu nehmen, da sie als militärische Führungsschicht unentbehrlich waren. Zwar wurden 1549 die ‚servicios personales' definitiv verboten. Aber dies Verbot ließ sich vielerorts nicht durchführen. So erhielt sich „die ‚encomienda de servicio personal' ... bis zum 18. Jahrhundert in den Provinzen Chile, Paraguay, Tucumán, Río de la Plata und teilweise in der Audiencia von Quito", während in den dichter besiedelten Gebieten der altamerikanischen Hochkulturen nur die Pflicht der Indianer zu Geld- und Naturalabgaben an die ‚encomenderos' bestehen blieb[54]. Hinzukamen andere Abgaben wie der kirchliche Zehnte. Durch wachsende staatliche Kontrolle der Kommenden ab Mitte des 16. Jahrhunderts verschlechterte sich nicht selten die Lage der Indianer noch mehr, da die ‚corregidores', die spanischen Verwaltungsbeamten auf der Kreisebene (corregimientos), ihr Einkommen durch illegale Maßnahmen zu verbessern pflegten, also durch zusätzliche Anforderungen an indianische Zwangsarbeit oder durch Zwangsverkauf von Naturalienabgaben zu unverschämt überhöhten Preisen an die Indianer[55].

---

[54] In Venezuela bestand der ‚servicio personal' sogar gesetzlich bis 1686 – Konetzke 1965, 185ff. Zum Text der Neuen Gesetze von 1542 vgl. Stevens 1893. Nach den Gesetzen von 1542 wurde die Kommende für kirchliche Institutionen endgültig untersagt – vgl. Castellanos 1969, 81ff –, was aber nicht bedeutet, daß nicht z. B. Orden wie die Jesuiten sich von Wohltätern gelegentlich Kommenden-Indianer für ihre Arbeiten ausliehen. Höffner 1969, 383ff weist darauf hin, daß die spanischen Scholastiker, die sich so lebhaft mit der Indianersklaverei befaßten, nur ein geringes Interesse für die Problematik der ‚encomienda' an den Tag legten, da sie deren gefährliche Konsequenzen offenbar nicht begriffen. Castellanos 1969, 81ff berichtet vom Kampf der Jesuiten gegen die Kommende. P. Diego de Torres, Gründer des Kollegs in Santa Fe de Bogotá kritisierte 1606 in einem Brief an den König scharf die Kommenden; 1608 als Provinzial von Paraguay zwang er die Kollegien von Santiago de Chile und Córdoba, auf ihre Kommenden zu verzichten, ein Hinweis darauf, daß in diesen Gebieten auch nach 1542 kirchliche Institutionen Kommenden besaßen. Die Jesuiten in den Provinzen Río de la Plata und Paraguay erklärten es 1613 für eine Todsünde, nicht den ‚Ordenanzas de Alfaro' zuzustimmen, jenen Anordnungen des königlichen Visitators Francisco de Alfaro, der den ‚servicio personal' verbot und die Kommenden auf ein Minimum einschränkte – vgl. Konetzke 1953ff II, 1–202; vgl. auch Egaña 1966, 122f.

[55] Gibson 1964, 81–97. Der Rückgang der Kommenden in Zentralmexiko etwa ab 1550 ging einher mit wachsender Ausbeutung der Indianer durch die ‚corregidores'. Die einzelnen ‚corregimientos' in Mexiko waren direkt klassifiziert nach der Höhe der möglichen Nebeneinnahmen dieser staatlichen Beamten. Chalco z. B. erbrachte jährlich das Dreißigfache des festgesetzten Jahreseinkommens eines ‚corregidor'. Der königliche Sieg über die Kommende erwies sich also als ein Pyrrhussieg, der die privaten Mißbräuche auf eine aufgeblähte Bürokratie übertrug.
Im Bereich der präkolumbischen Hochkulturen wie z. B. in Mexiko waren indianische Arbeitseinsätze üblich und wurden zunächst auch in der Kolonialzeit unter dem Kommando der Kaziken fortgesetzt. Als Mitte des 16. Jahrhunderts die Macht der Kaziken großenteils verfallen war, begann für die Indianer die „große Freiheit", an die sie nicht gewöhnt waren. Die theoretisch vorgesehene Ablösung der Kommende durch freiwillige Lohnarbeit erwies sich als sehr schwierig, weshalb die von den Indianern vorher als unproblematisch empfundenen Arbeitseinsätze unter den Kaziken durch das als Joch unwillig ertragene System spanischer Zwangsarbeit unter der Zuständigkeit der ‚corregidores' abgelöst wurden – ebd. 118. Miguel Agía OFM, der auf Wunsch des peruanischen Vizekönigs ein Gutachten über das Arbeits-

Es gab indes noch andere Formen unfreier Arbeit der Indianer, so die ‚naboría' auf den Westindischen Inseln und in Mexiko, eine Einrichtung in der die Eingeborenen abhängiges Hausgesinde waren, ähnlich wie bei der ‚yanacona' in Peru, wobei es sich um erbabhängiges Haus- und Hofpersonal handelte. Viele Indianer in Peru zogen die ‚yanacona' der Zwangsarbeit in Silber- und Quecksilberbergwerken, der ‚mita' vor, die wegen ihrer grausamen Handhabung einen entsetzlichen Blutzoll forderte. Erzbischof Melchior de Liñán von Lima, interimistisch auch Vizekönig von Peru, hatte bemerkt, daß er „es für gewiß hielt, daß jene Edelmetalle im Blut der Indianer gebadet waren, daß, wenn man das aus ihnen herausgeholte Geld ausdrücken würde, mehr Blut als Silber aus ihm heraustropfen müßte und daß, wenn man nicht die Zwangsmita beseitigte, man die Provinzen gänzlich zugrunde richten würde". Vizekönig Conde de Lemos hatte schon ab 1670 den Ersatz der ‚mita' durch ein System freier Lohnarbeit vorgeschlagen und war darin von Vertretern des Domkapitels und der Ordensgeistlichkeit unterstützt worden. 1719 dekretierte der Indienrat die Aufhebung der ‚mita', aber Philipp V. zog seine Unterschrift zurück, so daß diese Schreckensinstitution erst 1812 von den Cortes von Cadiz aufgehoben wurde, nachdem sie sich bereits ziemlich aufgelöst hatte. Alle diese Einrichtungen wurden im Laufe der Zeit gesetzlich so beschränkt, daß sie in der Theorie erträglich schienen. In der Praxis indes herrschten vielfach Ausbeutung und Unmenschlichkeit mit stillschweigender Duldung staatlicher und nicht selten auch kirchlicher Amtsträger vor[56].

gesetz von 1601 verfaßte, erkannte, daß „in der Begegnung zwischen Spaniern und Indianern zwei diametral entgegengesetzte Welten aufeinandertrafen, was auch eine vernünftige Regelung der Arbeitsbeziehungen ungeheuer erschwerte. ‚Der Indianer ist von Natur ohne Habsucht und der Spanier äußerst habsüchtig, der Indianer ist phlegmatisch, der Spanier cholerisch, der Indianer bescheiden, der Spanier anmaßend, der Indianer langsam in allem, was er tut, der Spanier ungestüm in allem, was␣␣er will, der eine befiehlt gern, der andere möchte nicht dienen'" — Konetzke 1965, 207. So wurde ein System gelenkter Arbeitsvermittlung üblich, bei dem die Indianer zur Einteilung der Arbeit durch den corregidor oder andere Beamte auf dem Hauptplatz der Stadt täglich erscheinen sollten. Dieses System wurde ‚repartimiento' genannt, also mit demselben Begriff bezeichnet wie anfangs die Kommende. Mißbräuche breiteten sich schnell aus. Indianer wagten sich nicht mehr zu Besuchen in die Stadt, nicht einmal in die Kirche, weil sie gewärtig sein mußten, aufgegriffen und zur Arbeit zwangsweise abgeführt zu werden. Staatliche Versuche, Mißbräuche gesetzlich einzudämmen, fruchteten in der Praxis wenig — vgl. Konetzke aaO 204ff.

[56] Das Ketschua-Wort ‚yanacona' bezeichnete ursprünglich Hörige, die im Hofstaat des Inka arbeiteten. Auch die ‚mita' war eine inkaische Einrichtung, die indes bei den Inka sehr viel menschlicher gehandhabt worden ist. Die Spanier befürchteten, daß mit der Aufhebung der ‚yanacona' die Landwirtschaft in Peru und mit der Aufhebung der ‚mita' der Bergbau zusammenbrechen würde. Wenn auch, wie erwähnt, die Einführung freier Lohnarbeit wegen der Mentalität der Indianer schwierig war, kann doch nichts die Spanier von der Schuld entlasten, diese Einrichtungen so unmenschlich gehandhabt zu haben, daß z. B. die ‚mita' zu einer weitgehenden Entvölkerung des Hochlandes geführt hat. Erstaunlich ist, daß selbst ein so sehr seinen Indianern verbundener Mann wie Erzbischof Jerónimo de Loaisa OP (1548 bis 75) von Lima die ‚mita' zeitlebens als ein notwendiges Übel betrachtet und erst in seinem Testament 1575 sein dem Vizekönig gegebenes Einverständnis bereut hat — Konetzke 1965, 195ff. Der erste bedeutende Theologe, der selbst vor Ort die Arbeitsbedingungen in den Quecksilberbergwerken von Huancavelica und den Silberbergwerken von Potosí inspizierte, war 1576 der bekannte peruanische Mis-

Castañeda hat 1972 darauf hingewiesen, daß die bis zur Zeit der Unabhängigkeit bestehende *Tributpflicht der Indianer* gegenüber der Krone in ihren ethischen Implikationen kaum untersucht worden ist. So ist kaum bekannt, welche Auswirkungen die Besteuerung auf das Leben in den ‚pueblos' der Indianer hatte oder welche Rolle diese Einkünfte wirklich für die Krone spielten. Die von Castañeda herangezogenen Kolonialethiker bejahen übereinstimmend die Tributpflicht der Indianer, wenngleich sie teilweise gewisse Einschränkungen machen.

So bezeichnet Diego de Avendaño SJ († 1688), Professor an der Universität San Francisco de Chuquisaca und Rektor des Colegio Máximo de San Pablo in Lima, die Besteuerung der Minenarbeiter, der Armen, Behinderten und Alten als ungerecht und unmenschlich. Alonso de la Peña y Montenegro († 1687), Bischof von Quito, fordert in seinem berühmten ‚Itinerario' eine nur mäßige Besteuerung, die sich proportional nach ihrem tatsächlichen Einkommen richtet und die persönlichen Dienste berücksichtigt, zu denen sie gegenüber den Spaniern gezwungen sind, „die eine andere sehr beschwerliche Spezie von Tribut darstellen, die sie belästigt und belastet". Schon diese wenigen Andeutungen lassen das Ausmaß von Ungerechtigkeit ahnen, das mit der königlichen Besteuerung der Indianer verbunden war.

Da nach den Schilderungen in diesem Abschnitt und im Abschnitt 122 der Eindruck entstehen könnte, die spanischen Eroberer und Siedler seien angesichts ihrer Mißachtung der Menschenwürde der Indianer allesamt gottlose Opportunisten gewesen, soll der *Tugendbegriff der Spanier* noch etwas genauer betrachtet werden. E. Otte hat unter dieser Fragestellung 668 Privatbriefe von Kolonisten an ihre Familienangehörigen in Spanien aus der Zeit von 1540–1636 untersucht. Otte zeigt, daß die Werteskala der Einwanderer durch die neue Umgebung gewandelt wurde. Während in Spanien „ein Ehrenmann nicht Handel treiben konnte", widmeten sich nach einem Bericht aus Peru aus dem 17. Jahrhundert „vom Vizekönig bis zum ärmsten Beamten" alle dem Handel, weil er die einzige Möglichkeit darstellte, an Edelmetalle zu kommen. Viele gaben ihre angestammten Berufe auf oder übten sie nur noch nebenher aus, so daß „der Handel zur verbreitetsten wirtschaftlichen Aktivität in Amerika wurde", was „eine Revolution der gesellschaftlichen Werte bedingte". Sie äußert sich in einer neuen Bewertung des materiellen Lebens. Der gegenüber dem Mutterland erheblich höhere Lebensstandard, der es den Siedlern erleichterte, die Neue Welt als ihr Vaterland zu betrachten, führte zu einer neuen Bewertung der Arbeit, der sie ihren Wohlstand verdankten.

---

sionstheoretiker José de Acosta SJ, der anschließend für menschlichere Arbeitsbedingungen kämpfte, aber nicht für die Abschaffung der Zwangsarbeit, die ihm zur Errichtung einer lebensfähigen Gesellschaft in Peru unverzichtbar erschien. Als 1599 der in seinem Gewissen durch die Zwangsarbeit belastete Vizekönig Luis de Velasco Rat bei den Jesuiten des Kollegs ‚San Pablo' in Lima suchte, stellten u. a. Esteban Ávila und Juan Pérez de Menacho fest, daß es ethisch verwerflich sei, wenn der Vizekönig für neu entdeckte Minen zusätzliche Indianer verpflichte. Abgesehen davon sei die in bezug auf die ‚mita' verfolgte Politik für das Land schlecht. In der Zeit, in der mehr Kräfte in der Landwirtschaft benötigt würden, würden die wenigen verfügbaren in den Bergbau geschleppt. „Diese Arbeit war vielleicht für das Königreich Spanien lohnend, aber sicher nicht für das Königreich Peru" — Martin 1968, 55f. *Hier wurde zu einem recht frühen Zeitpunkt von Theologen einmal die koloniale Ausbeutung beim Namen genannt.* Zum Gesamtkomplex der Indianerarbeit vgl. Bannon 1966.

Viele Siedlerbriefe „verleihen der Überzeugung Ausdruck, daß ein Leben der Arbeit und der Tugend wirtschaftlich Früchte bringen muß". Wohlstand wird als Gabe Gottes verstanden. Hier deuten sich also Parallelen zur puritanischen Lebensauffassung der späteren nordamerikanischen Siedler an, ein Gesichtspunkt, den Otte nicht erwähnt. Ihm kommt es darauf an, den Einfluß des Tugendbegriffes von Erasmus, wie er sich im ‚Enchiridion' findet, nachzuweisen.

Nach der fünften Regel des Enchiridions besteht der Weg zur Tugend darin, „die sichtbaren Dinge gering zu achten und sich zu den unsichtbaren zu erheben". Otte meint, „diesen Glauben an den Vorrang der Seele" aus den Briefen belegen zu können. Er weist zwar keine Verachtung der irdischen Werte bei den Siedlern nach, meint aber offenbar, daß diese den Wohlstand als Frucht ihrer Tugend verstehen. Indianer und Neger sehen sie in diesem Zusammenhang als „reine Instrumente an, um den eigenen Wohlstand zu erlangen und zu vermehren". Deren geringer Arbeitseifer bietet einen Vorwand zu ihrer Verachtung. Otte kommt zu dem Schluß, daß die Siedler das Postulat christlicher Tugenden zwar akzeptierten, es aber einseitig im Sinne ihrer persönlichen Erlösung interpretierten. Sie verkannten oder verachteten den wahren Sinn der Tugend, den ihr nicht nur Bartolomé de Las Casas, sondern auch Erasmus selbst beimaß, „nämlich Gleichheit und Brüderlichkeit für alle Menschen des Erdkreises". In ihrer egoistischen Beschränkung auf ihr privates Heil wird man ihnen allerdings den Vorwurf bewußter oder unbewußter Heuchelei nicht ersparen können[57].

22122 Im portugiesischen Bereich

Wie oben (2211) bereits angedeutet, war das Indianerbild der Portugiesen noch negativer gefärbt als das der Spanier. Bevor 1530 eine Besiedlung der brasilianischen Küste in gewissem Ausmaß begann, bemühten sich die Portugiesen nach Kräften, Auseinandersetzungen mit den Eingeborenen zu vermeiden. Danach versuchten sie kurze Zeit im Austausch gegen Waren ihre Arbeitskraft auszunutzen. Etwas deutlichere Konturen nahm die Eingeborenenpolitik Portugals in dem Regiment an, das João III. dem ersten Generalgouverneur, Tomé de Sousa (1549–53), mitgab. Dieser ‚regimento', den Leite als „Grunddokument, wahre magna carta Brasiliens und seine erste Verfassung" bezeichnet, bildet die politisch-rechtliche Grundlage für die Missionsarbeit der Jesuiten und bestimmt auch deren Durchführung bereits näher, indem es die Betreuung der Indios in ‚aldeias' vorsieht, also in festen Zwangssiedlungen[58], die im Folgenden der Klarheit halber Missions-aldeias genannt werden sollen, da derselbe Ausdruck auch die ursprünglichen Siedlungen der Indianer bezeichnen kann. Wie seit Beginn der portugiesischen Übersee-Expansion bleibt das Leitmotiv der Eroberung: „Glaube und Imperium", wie es Camões in den Lusiaden formuliert hat; aber es kommt der wirtschaftliche Aspekt hinzu: Das zu kolonisierende Land und seine Bewohner sind wirtschaftlich zu nutzen, d. h. zu Gunsten der Metropole auszubeuten. Friedliebende Indianer sollen unter den Schutz der Krone gestellt, die Mission gefördert und der portugiesischen Herrschaft feindlich gesinnte Indianer ohne Nachsicht bekämpft werden. Ge-

---

[57] Vgl. Castañeda 1972; Otte 1968, sowie 1966 und 1969; zum Einfluß von Erasmus in LA vgl. Bataillon 1966.
[58] Leite 1938ff II, 140f und Thomas 1968, 169, Anm. 6.

gen die mit den Franzosen verbündeten Tupinambá — die Franzosen betrieben etwa seit 1526 Faktoreien an der brasilianischen Küste — wurde sogar ein unbarmherziger Rachfeldzug angeordnet, der die Ermordung und Versklavung eines angemessenen Teils der Bevölkerung vorsah. Obgleich Rom schon mehr als zehn Jahre vorher die Freiheit der Indianer verkündet hatte, machten die Portugiesen weiterhin von der ihnen 1452 in der Bulle ‚Dum diversas' gemachten Vollmacht Gebrauch, „die Länder der Ungläubigen zu erobern, diese zu unterwerfen und zu versklaven"[59].

Erst nachdem sich die Position der Portugiesen in Brasilien langsam gefestigt hatte und unter dem dritten Gouverneur Mem de Sá (1557—72) 1567 die Franzosen aus der Guanabara-Bucht, aus ihr ‚França Antártica', vertrieben waren, vermochten es die Portugiesen, nachdrücklicher gegen feindselige Indianerstämme vorzugehen. Die streitbaren brasilianischen Indianer verteidigten sich furchtlos gegen die weißen Eindringlinge, denen sie bei ihrer damals noch dürftigen Bewaffnung viel zu schaffen machten. „So kam es, daß in den fruchtbarsten Gebieten Bahias der Indianer fast vollständig ausgerottet wurde, wogegen er sich im steppenartigen Nordosten des Staates (sertão) ziemlich stark erhalten hat."[60] Der tiefere Grund für Racheakte der Indianer, die willkommenen Anlaß zu Strafexpeditionen unter dem Vorzeichen des „gerechten Krieges" boten, war meist eine von den Portugiesen selbst begangene Gemeinheit. Stämme, die es wagten, ein portugiesisches Ultimatum abzulehnen, dessen Bedingungen nicht zu befolgen, kurz sich nicht vorbehaltlos der Kolonialmacht zu unterwerfen, wurden mit exemplarischer Härte in die Knie gezwungen, wobei niemand — weder Frauen, Kinder noch Greise — bei den Kampfhandlungen verschont und geradezu eine Politik der verbrannten Erde angewandt wurde. So wurden nach zeitgenössischen Quellen 1559 im Krieg gegen die Tarajó am Paraguassú im Hinterland von Bahia unter dem Kommando von Mem de Sá 130—160 Indianerdörfer total zerstört, ein Ausmaß an Vergeltung, das in keinem Verhältnis zu dem Mord an drei bis vier Fischern steht, der ihnen angelastet wurde[61]. Generell blieb den Indianern nur das stumme Erleiden und Erdulden jedweder Schmach von seiten der „Christen" übrig, da ihnen der Rechtsweg versperrt war. Nicht einmal die Bekehrung zum Christentum verschaffte ihnen Rechtsgleichheit, da die Behörden nur Weiße als Zeugen zuließen. Darüber beschweren sich die Jesuiten oft, indes völlig vergeblich[62].

Der Bedarf der Plantagenwirtschaft an Arbeitskräften, besonders der ar-

---

[59] Zu dieser Bulle vgl. Abschnitt 2122 mit Anm. 87; weitere Literatur bei Thomas aaO 47.

[60] Ott 1958, 227.

[61] Wetzel 1972, 65. Bei der Pazifizierung von Ilhéus heißt es in den Quellen wörtlich, daß Mem de Sá, nachdem er die Indianer geschlagen, ihre Dörfer dem Erdboden gleichgemacht habe. Bei demselben Feldzug wurden die flüchtenden Indianer bis ins Meer verfolgt und die verletzt ans Ufer Geschleppten dort umgebracht — ebd. 51.

[62] Vgl. z. B. Brief Nóbregas an T. d. Sousa vom 3. 7. 1559 — MBR III, 88f. De facto bestand dieselbe Rechtsungleichheit in Spanisch-Amerika: „Sechs Indianern wird nicht mehr Glauben geschenkt als einem tauglichen Zeugen", d. h. natürlich einem Weißen, wird in einem alten Gesetz festgestellt, das Juan Solórzano Pereira in seiner Política Indiana I, 417 und 423 (Madrid-Buenos Aires o. J.) zitiert — vgl. Leite 1938ff II, 61 mit weiteren Belegen bei Wetzel 1972, 179.

beitsintensiven Zuckerrohrplantagen, führte zu einer immer ungehemmteren Ausbreitung der Sklaverei, dies um so mehr, als in Portugal keine Zweifel an der grundsätzlichen Zulässigkeit der daselbst schon lange üblichen Sklaverei bestanden, so daß sogar Geistliche sich in Brasilien um das Privileg des Sklavenerwerbs bemühten[63]. Folgende Methoden dienten zur Versklavung der Indianer:

‚Resgate': Die Portugiesen erwarben im Tausch gegen billige Importwaren von den Indianern ‚indios de corda', d. h. in Stammeskriegen gefangene, am Strick (corda) abgeführte, die an sich als Opfer für kannibalische Feste bestimmt waren.

Dieses Verfahren, das die Portugiesen schon vor 1534 angewandt hatten, nahm immer üblere Züge an, denn um ihren wachsenden Sklavenbedarf zu decken, ließen die Portugiesen nichts unversucht, um Feindschaften zwischen den Stämmen zu stiften und sie gegeneinander in den Krieg zu hetzen. Es kam so weit, daß Eltern ihre eigenen Kinder aus kommerziellen Gründen verkauften, wogegen sich bereits Nóbrega wandte[64]. Noch die große ‚Consulta' von Lissabon, die an Bedeutung der spanischen Junta von Valladolid gleichkommt, billigte im Jahre 1655 grundsätzlich den ‚resgate' und die daraus resultierende lebenslängliche Sklaverei der „Befreiten", die den Portugiesen unendlichen Dank schuldig seien. Hier wird so getan, als ob die Portugiesen aus Nächstenliebe Opfer des Kannibalismus befreiten. Im übrigen wird die Frage wie eine Geschäftsangelegenheit behandelt. Biermann meint: „Diese Siedler wären gewiß auf ihre Kosten gekommen, wenn man von den Befreiten einen entsprechenden Dienst verlangt hätte, um die Unkosten zu decken... Das Bild, das hier von der Psyche der Siedler entworfen wird, bleibt ein trauriges Zeugnis menschlicher Schwäche."[65]. Dabei übersieht er noch, daß das zwar unerfreuliche, aber kultisch erklärliche Kriegswesen der Indianer mit den zu Opfern bestimmten Gefangenen erst durch den ‚resgate' zu einem ruchlosen kommerziellen Geschäft ausgeweitet worden ist, weshalb es keinerlei Rechtfertigung dafür geben kann.

‚Saltos': Indianerrazzien, die schon in der Zeit der Handelsfahrten nach Brasilien üblich waren, vergifteten in der Zeit der ‚donatários' vollends das Verhältnis zwischen Indianern und Portugiesen, so daß jene zur Verteidigung ihres Lebensraumes ansatzweise zum Vernichtungskrieg gegen die portugiesischen Siedler übergingen, z. B. in Espírito Santo, wo es zu besonders schlimmen Exzessen beim ‚resgate' gekommen war[66].

---

[63] So erhielt 1550 der Priester Francisco da Luz aus Espírito Santo ein entsprechendes Privileg und 1549 der Vikar von Santos, Gonçalo Moneiro, das Recht, jährlich zwei Indianersklaven durch ‚resgate' zu erwerben, und zwar steuerfrei. Vgl. Thomas 1968, 25. Der zweite brasilianische Bischof Pedro Leitão (1559–72) beteiligte sich aktiv am Sklavenhandel – Wetzel 1972, 201.

[64] Brief vom 5. 7. 1559 an den ehemaligen Gouverneur Tomé de Sousa in Lissabon – MBR III, 79 und „Ob der Vater seinen Sohn verkaufen könne..." Antworten von Nóbrega... – MBR IV, 412f.

[65] Biermann 1957, 217.

[66] In ES stifteten die Portugiesen die Indianer an, ihre eigenen Familienangehörigen an den Strick zu legen. Als sie die Indianer dann auch noch um das Lösegeld (resgate) betrogen, brach der allgemeine Aufstand von 1558 los, bei dessen Bekämpfung der Sohn des Gouverneurs, Fernão de Sá, in der verlorenen Schlacht am Rio Cricaré umkam, während seine Soldaten nichts Eiligeres zu tun hatten, als mit den von ihnen gefangenen Indianern zu flüchten, wollten sie sie doch als Sklaven gewinnbringend verkaufen. Brief von Br. António Blázquez im Auftrag von Nóbrega an P. Diego Laynes in Rom – Bahia 30. 4. 1558 – MBR II, 439ff. Der Ausdruck

Entradas' und ,bandeiras': Als die Indianer in den brasilianischen Küstenregionen weitgehend versklavt und ausgerottet waren, begannen die Portugiesen mit Raubzügen ins Landesinnere, die z. B. in den Paulistaner Dokumenten in synonymer Bedeutung ,entradas' und ,bandeiras' genannt werden, obgleich die neuere Forschung hier differenziert[67]. Sieht man von den ,entradas' der Jesuiten in Nordostbrasilien ab, die dazu dienten, die Indianer mit friedlichen Mitteln zu überreden, sich in den Küstenregionen anzusiedeln und freiwillig in den Dienst der Siedler zu treten, so war der Indianerfang eine Begleiterscheinung fast aller ,entradas' und ,bandeiras', auch jener, die nicht ausschließlich zu diesem Ziel auszogen, sondern z. B. nach Edelmetallen suchten. Bei diesen Unternehmungen zwangen die Paulistaner jeweils Tausende von bereits versklavten Indianern zu Hilfsdiensten gegen ihre eigenen Landsleute. Daß indes nicht nur die Mamelukken von São Paulo Tausende und Abertausende von Indianern versklavten und in schwungvollem Handel verkauften, zeigt die Angabe, daß in Mittelbrasilien allein in den Jahren 1575—76 20 000 Eingeborene aus der Serra de Arabó im Hinterland von Bahia gefangen und an die Küste gebracht worden sein sollen[68].

Namentlich in der zweiten Hälfte des 16. Jahrhunderts stellten die Jesuiten in Brasilien die maßgebliche kirchliche Kraft dar, so daß ihre Haltung in der Indianerfrage besonders interessiert. Die Jesuiten scheinen die Überzeugung der staatlichen Obrigkeit geteilt zu haben, daß Portugal unanfechtbare Besitzrechte an Brasilien habe, so daß jeder Krieg gegen ein unbotmäßiges Indianervolk als ein „gerechter Krieg" angesehen werden konnte. Nur so ist beispielsweise das Verhalten Nóbregas im oben erwähnten Paraguassú-Krieg (1559) verständlich, zu dem er den Gouverneur noch ermunterte und dafür den kriegserfahrenen Laienbruder A. Rodrigues zur Verfügung stellte, der das Angriffssignal gegen die Indianer von Tarajó unter Anrufung des „lebendigen Namens des Heiligen Kreuzes" gab[69]. Der tiefere Grund für die Billigung von Kriegshandlungen gegen die Indianer dürfte in der Überzeugung liegen, daß man nur die pazifizierten Indios missionieren könne (vgl. 222). Anders erklärt sich der hundertprozentige Einsatz von Leib und Seele der Jesuiten gegen die unter dem Kommando von Villegaignon stehenden Franzosen in der Guanabara-Bucht. Hier bewog sie gegenreformatorischer Eifer im Kampf gegen die ver-

---

,resgate' konnte sich auch ganz vom Begriff des Loskaufes lösen. So wurden in Amazonien im 17. Jahrhundert die zahlreichen Raubzüge zu Wasser, die sich mit der Einbringung von Indianersklaven für die Zuckerrohrmühlen von Pará und Maranhão befaßten, von sogenannten ,tropas de resgate' durchgeführt, die die Uferregionen des Amazonas und seiner Nebenflüsse entvölkerten, indes keineswegs daran dachten, irgendeinen Gegenwert für die mitgenommenen Indianer zu hinterlassen — Vianna 1970, 202.

[67] Thomas 1968, 38f schlägt vor, alle Expeditionen des 16. Jahrhunderts nach dem damaligen Wortgebrauch ,entradas' zu nennen, die seit Beginn des 17. Jahrhunderts durch die Übernahme militärischer Formen der Milizen gekennzeichneten Unternehmungen hingegen ,bandeira'. Da diese Entwicklung von São Paulo ausging, sollte der Ausdruck ,bandeira' vorzugsweise auf die Züge der Paulistaner in den ,sertão' angewandt werden. Der neueste Stand der brasilianischen Forschung findet sich bei dem von Thomas nicht zitierten Vianna 1970, 133ff und 198 Anm. 8, der weitgehend mit Thomas übereinstimmt und fünf verschiedene Zyklen von ,bandeiras' unterscheidet.

[68] Thomas 1968, 40.   [69] Wetzel 1972, 64.

meintlichen Ketzer. In Wirklichkeit sahen sich die Kalvinisten, die in der Hoffnung auf Glaubensfreiheit den Atlantik überquert hatten, von dem katholischen Villegaignon grausam betrogen, da er sie bald brutal unterdrückte, so daß drei der Ihren, Jean du Bourdel, Matthieu Verneuil und Pierre Bourdon, am 9. Februar 1558 als erste evangelische Blutzeugen ihr Leben in Brasilien lassen mußten[70]. „Wie so oft noch in späteren Jahren, erwiesen sich die Jesuiten in ihrer Fähigkeit, mit den Indianern zu verhandeln und zwischen den Rassen zu vermitteln, als Wegbereiter der portugiesischen Kolonisation"[71], denn ohne massive indianische Unterstützung wäre ein Sieg gegen die Franzosen nicht möglich gewesen.

Da die Jesuiten die Sklaverei nicht grundsätzlich ablehnten, sondern nur gegen die unkontrollierbare und ungerechtfertigte Versklavung von Indianern eintraten, billigten sie auch Mem de Sás Verurteilung des ganzen Volkes der Caeté zur Sklaverei im Jahre 1562 als Vergeltung wegen des Deliktes der Anthropophagie im Zusammenhang mit dem Schiffbruch des ersten brasilianischen Bischofs Pedro Fernandes Sardinha (1556). Dieser Erlaß steht in der Kolonialgeschichte einzig da, insofern er ein ganzes Volk betraf, und kann in Spanisch-Amerika nur mit jener Verfügung von 1503 verglichen werden, mit der Isabella die Katholische die Versklavung der westindischen Kariben wegen ihres Kannibalismus legalisierte[72].

In der portugiesischen Indianergesetzgebung sind die Jahre 1566—1580 von Versuchen gekennzeichnet, verschiedene Aspekte des Indianerproblems zu regeln, wobei man eine ständige Wellenbewegung beobachten kann. Kaum war der Indianerschutz gesetzlich verbessert, so erhoben sich schon Proteste unter den Siedlern, die sich in ihrer wirtschaftlichen Existenz bedroht fühlten,

---

[70] Southey 1965 I, 279 meint, daß Villegaignon auf jeden Fall opportunistisch handelte und vielleicht sogar von Kardinal Guise gekauft war. Vgl. die Quellen zu den Märtyrern von Rio de Janeirao bei Crespin 1955 mit dem von den drei Märtyrern abgegebenen ersten protestantischen Bekenntnis der brasilianischen Kirchengeschichte. Acht Monate vor der Ermordung der drei Protestanten hatte sich Villegaignon vor der protestantischen Gemeinde selbst ziemlich unmißverständlich zum evangelischen Glauben bekannt. Nun unterdrückte er jede protestantische Regung unter Androhung der Todesstrafe. 1559 zog er sich nach Frankreich zurück, rechtzeitig bevor Mem de Sá 1560 das Fort Coligny angriff und zerstörte. José de Anchieta behauptet in einem Brief an P. Diego Laynes, Rom, vom 1. 6. 1560 — MBR III, 175ff —, daß man in der Festung zahlreiche häretische Schriften gefunden habe und daß die Franzosen protestantische Missionsversuche bei den Indianern unternommen hätten. Vgl. Wetzel 1972, 69 und 127ff, der bemerkt, daß die weniger als 10 Franzosen, die 1567 nach ihrer Gefangennahme von Portugiesen hingerichtet wurden, nicht wegen Häresie starben, sondern weil ein abschreckendes Exempel gegen Invasoren statuiert werden sollte.

[71] Thomas 1968, 53. Der Feldzug gegen die französischen Kolonisten atmete mittelalterlichen ‚reconquista'-Geist. Bischof Pedro Leitão sprach in São Sebastião seinen Segen für den Kriegszug aus, also eine Art Waffensegen, und die Jesuiten stellten das Unternehmen unter Gottes Schutz. Und um sich der Waffenhilfe des Stadtpatrons, des Hl. Sebastian zu versichern, wurde der Angriff auf seinen Namenstag, den 20. 1. 1567, angesetzt — Wetzel 1972, 126.

[72] Thomas 1968, 54; Wetzel 1972, 194 und 204. Hoornaert 1976 T, 69ff weist darauf hin, daß die von Mem de Sá (1556—72) offiziell anerkannte Bandeira-Politik von der Kirche im allgemeinen und zunächst auch von den Jesuiten gebilligt worden ist. Das gilt für Nóbrega, Vieira und Anchieta.

was stets eine entsprechende Ermäßigung der gerade in Kraft getretenen Schutzbestimmungen zur Folge hatte, so daß sich effektiv nicht viel geändert oder zu Gunsten der Indianer verbessert hat.

Praktisch wurde die seit 1549 eingeschlagene Politik fortgesetzt, die zwei Klassen von Indianern unterschied, nämlich die in den Missionsaldeias lebenden Katechumenen und die wilden, frei lebenden Indianer, wobei der Schutz jener durch die Freigabe der Verfolgung dieser erkauft wurde[73]. Unter der spanischen Krone (1580 bis 1640) wurde die portugiesische Indianerpolitik stark an die spanische angeglichen, wenngleich die spanischen Gesetze keineswegs automatisch von Portugal übernommen, sondern jeweils und oft mit bewußter Verzögerungstaktik in der königlichen Kanzlei in Lissabon bestätigt werden mußten, bevor sie für Brasilien Rechtskraft erlangten. Die Gesetze der Jahre 1587, 1595, 1596 und 1605 bezeichnen den Weg einer fortschreitenden Einschränkung der Sklaverei von Indianern, dessen Höhepunkt das Indianerdekret Philipps III. von 1609 darstellt, das die Sklaverei der brasilianischen Indianer gänzlich verbot. Wegen der konträren Stimmung der Siedler, die von maßgeblichen Kreisen des Säkular- und Ordensklerus unterstützt wurde, denen die Vormachtstellung der Jesuiten mit ihrer weltlichen und geistlichen Verwaltung der Missions-aldeias ein Stein des Anstoßes war, ließ sich diese Linie auf lange Sicht nicht durchhalten. Nur im seltenen Fall, daß ein Gouverneur und der Bischof zusammen mit den Jesuiten für die Respektierung der Menschenrechte der Indianer eintraten, war ein gewisser Erfolg gegen die egoistischen Interessen der Siedler möglich.

Obgleich Tomé de Sousa (1549—53) noch zu Anfang seiner Amtszeit als erster Generalgouverneur an den König geschrieben hatte, „man werde sich niemals um den Bestand der Indianer zu sorgen brauchen"[74], waren gegen Ende des 16. Jahrhunderts die Indianer der Küstengebiete — bis auf eine kleine Zahl in den Missions-aldeias geschützter — ausgerottet oder versklavt. Restgruppen hatten sich zum Teil mehrere hundert Kilometer ins Innere zurückgezogen. Die ‚entradas' zum Sklavenfang führten deshalb bereits weit in den ‚sertão' hinein, wobei das Gesetz von 1587 den begleitenden Jesuiten die undankbare Aufgabe übertrug, mit Hilfe ihres Vertrauenskredites bei den Indianern, diese zur Arbeit auf den ‚engenhos' und ‚fazendas' zu überreden und von der friedlichen Absicht der ihrer Hilfe bedürftigen Portugiesen zu überzeugen. Der Gouverneur oder der oberste Richter sollten dann die Arbeitskräfte so verteilen, „daß den Indianern mehr Nutzen und Freude daraus erwachse als denen, unter die sie verteilt werden"[75]. Die iberischen Kanzleibeamten waren offenbar so wirklichkeitsfremd, daß sie sogar der Meinung waren, daß Zwangsarbeit im Rahmen der abendländisch-christlichen Zivilisation noch Anlaß zur Freude sein könne. Welche effektive Hilfe kann man von einer solchen Verwaltung erwarten?

Eingliederung der brasilianischen Eingeborenen in die iberische Zivilisation, das wurde immer deutlicher das Hauptanliegen der portugiesischen Indianerpolitik. Die Eingliederung erfolgte entweder über die Missions-aldeias oder über den Dienst als ‚indios de administração'. Die Indios erhielten damit ähnlich wie die Kommenden-Indios im spanischen Bereich einige Rechte, die sie über den Status eines Sklaven erhoben, aber doch eindeutig zu Menschen zweiter Klasse stempelten. Hoornaert weist darauf hin, daß die ersten Missions-aldeias zur Zeit Mem de Sás nach dem mittelalterlichen Asylrecht

---

[73] Thomas aaO 74. [74] Ders. 90 nach Varnhagen.
[75] Ders. 85f – Gesetz vom 24. 2. 1587.

konzipiert waren, daß die Jesuiten bei deren Organisation indes *das kolonialethische Hauptproblem des Bodenbesitzrechtes* übersehen bzw. nicht zur Debatte gestellt hätten. Die fehlende gesetzliche Verankerung des indianischen Bodenbesitzrechtes hat letztlich entscheidend zur Vertreibung und zum Untergang der brasilianischen Indios beigetragen.

Mit dem Gesetz von 1609 wurde die Politik der Eingliederung konsequent fortgesetzt. Das Gesetz entspricht in der Essenz den Neuen Gesetzen Karls V. von 1542. Damit wurde also die „Politik der Trennung", die sich im Regiment für Tomé der Sousa abgezeichnet hatte, endgültig aufgegeben[76]. Im Zeitalter der holländischen Kolonisationsversuche in Brasilien (1624—54) kam es besonders in Südbrasilien zu einem Höhepunkt des Sklavenfangs, der die Paulistaner Bandeiranten immer tiefer ins Innere und damit zum Konflikt mit den spanischen Jesuiten-Reduktionen in Guyará (ab 1628) und im Tape führte (vgl. 243 und 244). Die Krone duldete stillschweigend diese Übergriffe, weil die Holländer nach der Eroberung des wichtigen Sklavenmarktes von Luanda (Angola) den Sklavenhandel nach Brasilien kontrollierten und der Mangel an Negersklaven in Bahia den verstärkten Rückgriff auf indianische Arbeitskräfte erzwang[77].

Der Kampf um die Menschenwürde der Indios wurde in Brasilien keineswegs nur von den Jesuiten geführt. Hoornaert hat nachgewiesen, daß z. B. eine ganze Reihe von Prälaten von Rio de Janeiro ab 1577 energisch gegen die Auswüchse des Menschenhandels Front gemacht haben, damit indes bei den Behörden und der Bevölkerung auf wenig Verständnis und Gegenliebe gestoßen sind. Sie mußten sich sagen lassen, sie sollten sich gefälligst um ein rein kultisch verstandenes Christentum und um die Untersuchung jüdischer Praktiken kümmern, oder sie wurden gar mit Hilfe des Patronatsrechtes abgesetzt. Der Pöbel wurde mitunter sehr handgreiflich. So wurde Fr. Lourenço de Mendonça, Prälat ab 1632, ein Pulverfaß ins Haus gestellt und in Brand gesetzt, so daß er knapp mit dem Leben davonkam.

Vor diesem Hintergrund muß man die Vorgänge von 1640 sehen, die durch *das päpstliche Breve „Commissum Nobis" von 1639* ausgelöst wurden, mit dem Urban VIII. auf Drängen spanischer Jesuiten, namentlich Montoyas, das berühmte Breve Pauls III. über die Menschenrechte der Indianer von 1537 ausdrücklich für „Brasilien, Paraguay, Río de la Plata ..." bestätigte. Dieses Breve, das den Handel und den Besitz von Indianersklaven mit der Exkommunikation bedrohte, wurde in Brasilien als Kriegserklärung der Jesuiten verstanden. Das Breve war 1540 in Brasilien ohne das erforderliche portugiesische Einfüh-

---

[76] Ders. 108f. Als ‚indios de administracáo' wurden nach dem Gesetz von 1587 solche Indianer bezeichnet, die in eigenen Dörfern in der Nähe der Pflanzungen, auf denen sie Zwangsarbeit zu leisten hatten, als „freie Vasallen" des Königs leben und ähnlich wie die Portugiesen auch eigene Landparzellen (seismarias) zugeteilt bekommen sollten – vgl. Thomas aaO 86 und 90; Hoornaert 1976 T, 73.

[77] Thomas 1968, 131 und Anm. 44 S. 187; vgl. Alfredo Ellis Júnior, Meio século de banderismo (1590–1640), S. Paulo 1938, 181. Die spätere Entwicklung bestätigt die These von Ellis Jr. Die Rückeroberung Angolas durch eine portugiesische Expedition von 1648 und die endgültige Vertreibung der Holländer aus Brasilien (1654) enthoben die Kolonie des Arbeitskräftemangels durch erneuten Zustrom afrikanischer Sklaven. Diese Entwicklung wandelte den Charakter der ‚bandeiras', die seit dem Ende des 17. Jahrhunderts in zunehmendem Maße der Suche nach Gold und Edelsteinen galten.

rungsgesetz bekannt geworden, da die Ausfertigung desselben von Sklavenhalterkreisen in Portugal in Verbindung mit Beratern der Vizekönigin, der Herzogin von Mantua, hintertrieben worden war. Die Bekanntgabe des Breves führte in São Paulo, Santos und Rio de Janeiro trotz loyalen Verhaltens des Gouverneurs Salvador Correia de Sá zu Gewalttakten des Pöbels gegen die Jesuiten, da breiteste Kreise der Bevölkerung einschließlich der Orden von dem Sklavenverbot betroffen waren und Weltpriester ständig Sklavenhaltern die Absolution zu erteilen pflegten. In Rio de Janeiro ließ sich der kirchliche Administrator Albernaz von den Vertretern der städtischen Kammer einschüchtern und wurde zu einem Feind der Jesuiten. Benediktiner, Karmeliter und Franziskaner versuchten, sich neutral zu verhalten[78]. Nach dem Bericht des Franziskaners Jaboatão hat die Haltung seines Ordens entscheidend zur Vertreibung der Jesuiten aus São Paulo beigetragen. „Dieser Orden kam den Forderungen der Siedler in der Indianerfrage sehr weit entgegen, da er weder das Recht der Siedler auf ihre indianischen Sklaven bestritt noch den ‚aldeamento' (das System der Missions-aldeias) in der Weise wie die Jesuiten verteidigte"[79]. Der brasilianische Historiker der Gesellschaft Jesu, S. Leite, schließt daraus, daß diese Haltung der Franziskaner ihnen die Sympathie der Bevölkerung sicherte und zitiert als Beleg noch aus einem Brief des Jesuiten Carvalhais: „Wir (die Bevölkerung von Santos) sind zufrieden mit den Karmelitern und Franziskanern, die uns direkt in den Himmel führen, während die Jesuiten uns in die Hölle stecken wollten."[80]

Der Konflikt endete mit „einer völligen und bedingungslosen Kapitulation der geistlichen Kräfte der Kolonie: Man akzeptierte die Sklaverei als vollendete Tatsache und wies das päpstliche Dokument einfach und schlicht zurück". Es erwies sich, daß man allein kraft Gesetzes die Kolonialgesellschaft nicht ändern konnte. Die Tradition des Gesetzes als „toter Buchstabe" war in der brasilianischen Geschichte schon zu stark. Hier hätte nur eine geduldige Konszientisierung auf lokaler Ebene vielleicht einiges ändern können. Die führenden portugiesischen Universitäten von Évora und Coimbra waren nicht wie Salamanca zu Reflexionszentren der Kolonialethik geworden. Die Schaffung einer Universität in Brasilien wurde von der Krone verhindert. Und die jesuitischen Kollegs waren auch keine Reflexionszentren für eine kritische Missionstheologie. Schließlich fehlte es den Jesuiten, die das Bündnis von Thron und Altar, von Kirche und herrschenden feudalistischen Kreisen, aufrechtzuerhalten suchten, am Verständnis für die sich immer mehr durchsetzenden merkantilistischen Wirtschaftsstrukturen und deren Eigengesetzlichkeiten. Es verdient schließlich festgestellt zu werden, daß mehr als *ein* Laie Vermögen, Karriere und Leben im Kampf für die Sache der Indianer Brasiliens verloren hat — ein Beispiel dafür ist der Tod Pedro Taques 1641 in São Paulo — und daß mehr als *ein* Pater Sklavenhalter war. Infolge eines falsch verstandenen hierarchischen Kirchenbegriffes wurde freilich weder der Laieneinsatz

---

[78] Hoornaert 1971, 590ff und Thomas 1968, 145f nach Leite 1938ff VI, 572–588.

[79] Fr. Antônio de Santa Maria Jaboatão, Novo orbe seráfico brasílico... Lissabon 1761, Neuauflage Rio de Janeiro 1858–62, Bd. 2, Teil 2, 522f. Des weiteren zur Haltung der Franziskaner bei der Vertreibung der Jesuiten: Charles R. Boxer, Salvador de Sá and the struggle for Brazil and Angola 1602–1686, London 1952, 135f.

[80] Brief vom 16. 5. 1640 bei Leite 1938ff VI, 419 nach Thomas aaO 146.

zu Gunsten der Indianer — vgl. zu Anfang des 20. Jahrhunderts den Fall von Rondon — noch der Kampf der Laien um die Abschaffung der Negersklaverei im letzten Drittel des 19. Jahrhunderts von der Amtskirche entsprechend unterstützt.

Bevor die Jesuiten und deren Kollegs im 18. Jahrhundert ihre Rolle als Vorkämpfer der Freiheit der Indianer aufgaben und auch die Bischöfe beginnend mit Fr. Antônio de Guadelupe von Rio de Janeiro (1725—40) sich den Erwartungen der Kolonialgesellschaft anpaßten[81], kämpfte P. *Antônio Vieira* SJ (1602—97) seinen großen Kampf für die Menschenrechte der brasilianischen Indianer, vornehmlich im Nordosten, im Estado do Maranhão, der nach der Vertreibung der Holländer (1654) immer stärker von den Portugiesen erschlossen wurde (vgl. S. 152).

Gleich bei seiner Ankunft im Estado do Maranhão im Jahre 1653 erlebte er einen Rebellionsversuch in São Luís. Dabei war das Volk nicht nur von Mitgliedern der städtischen ‚Câmara', sondern auch von Weltpriestern und Religiosen anderer Orden gegen die Jesuiten aufgewiegelt worden. Vieira meint, der Teufel habe den Leuten den Gedanken in den Kopf gesetzt, daß die Jesuiten vom König die ‚Ordem Régia' erwirkt hätten, die der neue ‚Capitão-mor' Sousa Pereira, mitgebracht hatte, nach der alle in Maranhão gefangenen Indianer freizusetzen waren[82].

Die Versicherung der Jesuiten gegenüber der aufgebrachten Menge, sie seien in erster Linie um des Seelenheils der Portugiesen nach Maranhão gekommen und erst in zweiter Linie um der Indianer willen[83], kann man als offizielles Leitmotiv der Arbeit der Jesuiten und damit auch Vieiras werten. Vieira sollte wie in besonders spektakulärer Weise sein Orden im 18. Jahrhundert zusammen mit der ganzen Kirche in Amerika an dieser Duplizität scheitern. Denn der Versuch, eine Kirche für die Kolonialgesellschaft mit einer Kirche für die Eingeborenen, also mit einer Missionskirche, zu vereinen, erwies sich so undurchführbar wie die Quadratur des Zirkels.

Das mindert freilich nicht die Verdienste von Vieira, der 1654 wieder nach Lissabon fuhr, um eine Verbesserung des Gesetzes durchzusetzen, das immer noch acht Fälle von Erlaubtheit der Sklaverei vorsah. Vieira hatte selbst ‚entradas' mitgemacht und erleben müssen, wie die begleitenden Jesuiten praktisch machtlos gegenüber den Machenschaften der Soldaten waren und wie die besten gesetzlichen Bestimmungen in der Praxis unbeachtet blieben. Auf Vieiras Betreiben kam es 1655 in Lissabon zu der oben erwähnten großen ‚Consulta' über die Fragen des Indianerrechts, deren Ergebnis sich im Gesetz von 1655 niederschlug, das eine klare Unterscheidung von Offensiv- und Defensivkriegen vorsah, also die Möglichkeiten zu „gerechten Kriegen" gegen die Indianer weiter einschränkte und die eigentliche Missionsarbeit in Maranhão ganz den Jesuiten übertrug. Ausgestattet mit der geistlichen und weltlichen Jurisdiktion über alle Missions-aldeias konnte Vieira diese für eine kurze Zeit zu großer Blüte bringen. 1660 schätzte er die Zahl von Indianern, die unter jesuitischer Oberhoheit mit den Siedlern in Frieden lebten, auf 100 000. Aber 1661 brach der Aufstand der Kolonisten gegen die ihnen unerträglich scheinende Allmacht der Jesuiten los, die die ‚entradas' und die Zuteilung der indianischen Arbeitskräfte kontrollierten, und im Laufe weniger Jahre setzten

---

[81] Hoornaert 1971, 600ff.
[82] Leite 1938 IV, 45. In den franziskanischen Missionsgeschichten, die das Eintreten ihrer Ordensbrüder für die Sache der Indianer immer gebührend hervorheben, wird diese unerfreuliche Episode meist übergangen.
[83] Leite 1938ff IV, 46ff.

sie alle Jesuiten einschließlich Vieiras gefangen und schickten sie nach Portugal zurück. Damit war der letzte Versuch, die Besserstellung der Indianer in Brasilien unter christlichen Vorzeichen durchzusetzen, gescheitert. Vieiras letzte Einflußnahme nach Jahren im Kerker der Inquisition in Lissabon und des Exils in Rom, die in den Gesetzen von 1680 sichtbar wurde, wirkte sich in der Praxis nicht dauerhaft aus[84]. Es blieb der aufklärerischen und jesuitenfeindlichen Politik des Marquis de Pombal vorbehalten, 1755 das „rote Blut" gesetzlich zu adeln, Mischehen zu empfehlen, die Indianersklaverei zu verbieten und die Disziplinierung und Rekrutierung indianischer Arbeitskräfte, auf die auch jetzt nicht verzichtet wurde, auf eine neue Grundlage zu stellen. Inwieweit Pombal dabei von humanitären und inwieweit von geschäftlichen Überlegungen beeinflußt war, ist umstritten (vgl. 31421). Jedenfalls blieben die neuen Bestimmungen großenteils papieren und bewahrten die Indianer nicht vor weiterer Ausbeutung und Ausrottung[85].

Man kann mit Comblin (1966, 587 f) feststellen, daß die für das Mittelalter typische Kontrolle des sozio-ökonomischen Lebens und damit auch der normative Anspruch christlicher Ethik in Spanisch-Amerika länger virulent blieb als in Brasilien. Männer wie Las Casas oder Vitoria lebten noch aus der mittelalterlichen Ethik. In Portugal lehnte schon im 16. Jahrhundert die bestimmende Allianz von Absolutismus und Merkantilismus jegliche ethisch begründete Einmischung der Kirche in den wirtschaftlichen und gesellschaftlichen Bereich ab und behauptete damit praktisch die Eigengesetzlichkeit dieser Lebensgebiete. Niemand hatte mehr ein Recht, die vom König geleitete Wirtschaftspolitik zu kritisieren. Das erklärt die brasilianische „Tradition des Schweigens", der stillschweigenden Hinnahme der legalen Ordnung. Nur wenige Stimmen erhoben sich, um die Sklaverei, die Monokulturen, das Minensystem, kurz das ganze von der Monarchie errichtete Ausbeutungssystem zu kritisieren. Zu denen, die für ein konsequentes Christentum der Bergpredigt eintraten, gehören u. a. die Jesuiten P. Miguel Garcia (1550–1614), der erste Theologieprofessor, und P. Gonçalo Leite (1546–1603), der erste Philosophieprofessor des Landes. Wenngleich Hoornaert (1974, 58 ff.) zeigt, daß noch eine Reihe anderer Jesuiten bis 1759 im Namen des Evangeliums der „Infragestellung des kriegerischen Katholizismus" gefolgt ist, gilt allgemein, daß auch die Jesuiten in Brasilien weithin eine Politik des Mitmachens im Dienste der Interessen der Kolonialgesellschaft verfolgten, um Schlimmeres zu verhüten, nämlich den Entzug der Missions-aldeias aus ihrer Obhut.

222 Die Negersklaverei

Verglichen mit dem Umfang der kolonialethischen Diskussion über die Sklaverei und die Zwangsarbeit der Indianer führte die Diskussion über die Negersklaverei, wenn man überhaupt von einer solchen sprechen kann, ein kümmerliches Schattendasein. Dabei nahm die Negersklaverei vom 17. Jahrhun-

---

[84] Zu Vieira vgl. Biermann 1957, 103ff.
[85] Felix Contreiras Rodrígues, Traços da economia social e política do Brasil colonial, Rio de Janeiro 1935, 48 nach Wetzel 1972, 222f und Joaquim Moreira da Silva Cunha, Política Indígena. Apontamentos das Liçóes proferidas ao 2. ano do Curso de Administração Ultramarina, 1955–56, Lissabon 1956, 129 – zitiert von Henderson 1958, 31 nach den vervielfältigten Kursusunterlagen.

dert an immer gigantischere Ausmaße in Lateinamerika an (vgl. 2111). Seit dem Altertum dürften nie solche Menschenmassen aus einem Kontinent in einen anderen als Sklaven geschleppt worden sein — und das geduldet von der christlichen Kirche und gefördert von vorgeblich christlichen Monarchen und deren Beamten. Die Verantwortung für diesen entsetzlichen Menschenhandel, bei dem ein Drittel aller Schwarzen auf dem Weg in die Verschiffungshäfen und ein zweites Drittel auf der Überfahrt nach Amerika umkamen, so daß nur ein Drittel lebend die Neue Welt erreichte, liegt allerdings keineswegs nur bei Spanien und Portugal, das im ersten Viertel des 15. Jahrhunderts mit dem Sklavenexport nach Europa angefangen hatte, sondern genauso bei den Holländern, Franzosen, Engländern, Dänen, Schweden und sogar Brandenburgern, die sich an diesem lukrativen Geschäft beteiligten[86].

Tannenbaum meint, daß die aus der Stoa stammende Überzeugung von der Gleichwertigkeit aller Menschen nach Natur und Vernunft durch die christliche Betonung der Gleichheit aller Menschen vor Gott einerseits gestärkt, andererseits in ihren rechtlichen Konsequenzen relativiert worden sei. Denn die Gleichheit vor Gott ließ die Gleichheit im menschlichen Recht als etwas Sekundäres, weniger Wichtiges erscheinen. So ist es bezeichnend, daß eine Fülle von Gesetzen entstand, die sich mit den Lebensfragen der Indianer befaßten, während für die Negersklaven einfach die bestehende iberische Gesetzgebung auf Amerika ausgedehnt wurde und nur gelegentlich Einzelbestimmungen zu speziellen Fragen ergingen[87].

Immerhin waren die Sklaven nach iberischem Recht nicht eo ipso Untermenschen, sondern konnten theoretisch befreit werden, wenn sie ihren Kaufpreis aufbrachten. Das war in Brasilien von Anfang an möglich. Und in Spanisch-Amerika sah dies der Rechtskodex zur Negersklaverei von 1789 vor, und zwar auch in nachträglicher Ratenzahlung, wie spanische Sklaven auch schon früher eine Erklärung ihres Wertes verlangen und dann neue Herren suchen konnten, die bereit waren, diesen Preis zu zahlen. Die Möglichkeit der finanziellen Ablösung nahm der Sklaverei einiges von ihrem Makel. Portugiesisches und spanisches Recht erleichterte die Freilassung von Sklaven, und die römische Kirche erklärte diesen Akt zu einem besonders gewichtigen guten Werk[88]. Aber weder damit noch durch spätere Erklärungen gegen den

---

[86] Vgl. Tannenbaum 1946, 16 und 28f; im 18. Jahrhundert brachten die Engländer den Sklavenhandel immer mehr in ihre Hände. „In Friedensschlüssen mit Spanien war eine der wesentlichen Bedingungen, daß die spanischen Kolonien ihre Sklaven nur durch englische Vermittlung erhielten" — Peschke 1954, 146f. Willeke 1976, 16 nennt folgende Ausfallquoten im Sklaventransport nach Brasilien: „16 % aller Sklaven starben auf dem Seetransport an Unterernährung oder ansteckenden Krankheiten; weitere 30 % erlagen bald den Mißhandlungen und äußerst harten Arbeiten. Den Arbeitgebern lag nicht daran, ihre Sklaven auf lange Zeit arbeitsfähig zu erhalten, sondern sie soweit wie möglich auszubeuten und dann durch neue zu ersetzen." Willeke verweist diesbezüglich auf Azevedo 1975, 13ff, der bemerkt, daß die Sklaven bis 1888 wegen ihrer unmenschlichen Lage nie zugenommen hätten und als Rasse auch heute nicht zunehmen, weil sie sich mit anderen Rassen vermischen.

[87] Ebd. 48ff. Erst 1789 wurden die spanischen ‚cédulas' zur Negersklaverei zu einem Kodex vereinigt. Wie in der Indianergesetzgebung nahm sich die Lage der Negersklaven im Gesetzestext besser aus als in der Wirklichkeit.

[88] Ebd. 53ff. Es gab auch zahlreiche Familienanlässe, zu denen es üblich war, einen Sklaven freizulassen. Aber es gilt nüchtern festzustellen, daß die Negersklaven

Sklavenhandel konnte der Vatikan die Bresche wieder schließen, die er mit den Bullen des 15. Jahrhunderts geöffnet hat, die den Portugiesen Versklavungen im großen Maßstab erlaubten. Durch die Taufe wurden die Sklaven in kirchlicher Sicht zu vollgültigen Menschen, um deren Seelsorge sie sich kümmerte, wie auch die amerikanischen Bischöfe den Sklavenhaltern wiederholt einschärften, ihre Sklaven in die Messen zu schicken und sich um ihr Seelenheil zu sorgen[89].

Andererseits gehörten zahllose kirchliche Institutionen selbst zu den Sklavenhaltern, dies um so mehr, als sie nach den Neuen Gesetzen von 1542 in Spanisch-Amerika von der Verfügung über Kommenden-Indianer im Prinzip ausgeschlossen waren.

Dafür nur einige Beispiele: Das Karmeliterinnenkloster Santa Teresa von Córdoba/Río de la Plata hatte eine Hacienda mit 300 männlichen und weiblichen Sklaven. 1773 wurden in Córdoba allein 1000 Sklaven von zwei anderen Orden gehörenden Haciendas verkauft. 1729 hatte das Jesuitenkolleg in Buenos Aires ca. 300 Sklaven, die buchstäblich alle Handarbeiten erledigten, denn kaum ein Spanier war bereit,

---

in Brasilien allererst durch die erzbischöflichen Konstitutionen von 1707 Rechte erhielten. Dort wurde es z. B. als Todsünde bezeichnet (Buch 1, Titel 71, Art. 303), Sklaven an der Heirat Freier oder Unfreier zu hindern oder sie deshalb schlechter zu behandeln – Hoornaert 1972, 280.

[89] Tannenbaum aaO 61ff führt Verdammungen des Sklavenhandels von Rom auf: Pius II. – 7. 10. 1462; Paul III. – 29. 5. 1537; Urban VIII. – 2. 4. 1639; Benedikt XIV. – 20. 12. 1741; Gregor XVI. – 3. 12. 1839. Daß die päpstliche Haltung indes keineswegs so konsequent war, die Sklavenhaltung gänzlich zu verbieten, zeigt sich daran, daß Paul III. 1548 ausdrücklich auch kirchlichen Amtsträgern das Recht bestätigte, Sklaven zu halten, womit er die konservative Linie der Auslegung des Naturrechts unterstützte – vgl. H. D. Wendland, Sklaverei – RGG (3. Aufl.) VI, 103. Die Reformatoren und späteren Protestanten hatten mit Ausnahme des völlig konsequenten Zwingli Rom in der Haltung zur Sklavenfrage allerdings auch nichts voraus – vgl. G. Locher, Sklaverei, EKL (2. Aufl.), 979. In Brasilien fand die Sorge der Hierarchie um die Negersklaven in 40 Kanons der ‚Constituições Primeiras do Arcebispado da Bahia' Ausdruck, die 1707 die einzige Provinzialsynode der Kolonialzeit, die auf Einladung von Erzbischof Sebastião Monteiro da Vide zusammengetreten war, verabschiedete. Die Synode hielt nach dem Beispiel des Neuen Testaments die Sklaverei, „die seit 200 Jahren zum portugiesischen Kolonialreich" gehörte, für eine legitime Einrichtung, die vom Staat gesetzlich geregelt und von den meisten Moraltheologen gebilligt ist. Selbst wenn die Kirche diese Institution zumindest indirekt duldete, nimmt es wunder, daß die Kanons die unmenschliche Behandlung der Neger nur am Rande erwähnen. Die Kanons beschränken sich im wesentlichen darauf, die Sklavenhalter dazu aufzufordern, den Sklaven die Erfüllung ihrer Christenpflichten zu ermöglichen. Flüchtigen Afrikanern wird sogar das kirchliche Asylrecht verwehrt, von deren Herren allerdings bei der Rückgabe eine eidesstattliche Erklärung verlangt, sie nicht zu mißhandeln, falls deren Strenge der Grund zur Flucht war. Geldstrafen wurden Herren angedroht, die die Osterpflicht (Beichte und Kommunion) verhinderten oder ihren Sklaven den „nötigen Unterhalt und die Kleidung" verweigerten oder sie in ungeweihter Erde beerdigten (hierauf stand außerdem der Kirchenbann). Als schwere Sünde wurde die Verweigerung der Sklavenheirat oder der Verkauf des Ehepartners auf große Entfernung gerügt. Das unsittliche Vergehen der Herren an ihren Sklaven, „z. B. die wilden Ehen weißer Gutsbesitzer mit ihren Sklavinnen als Kebsweibern" wurde eigenartigerweise nicht gerügt. Möglicherweise scheute die kirchliche Obrigkeit scharfe Auseinandersetzungen mit den Sklavenhaltern. Vgl. Willeke 1976, 18f.

Arbeiten in Haus, Feld und Handwerk zu erledigen[90]. Die Anschaffung von Negersklaven stellte eine der größten Investitionen der Gesellschaft Jesu in Amerika dar. Aus moralischen Gründen waren die Jesuiten zwar gehalten, genauso viele weibliche wie männliche Sklaven zu erwerben, aber im übrigen richteten sie sich nach rein wirtschaftlichen Gesichtspunkten, zogen z. B. den Kauf neuer Sklaven der Bildung von eigenen Nachwuchs vor, da das die Unterhaltung einer größeren unproduktiven Bevölkerung bedingt hätte. In Peru besaß die Gesellschaft im 18. Jahrhundert 5224 und in Neu-Granada einschließlich Mérida zusammen mit der Audiencia Quito 1722 Sklaven[91].

In Brasilien war die Lage ähnlich. Nachdem Ordensgeneral Francisco Borja 1576 das Verbot, Indianersklaven zu halten, wieder aufgehoben hatte, besaßen so ziemlich alle Jesuitenhäuser Indianer- und Negersklaven[92]. Die Negersklaven befanden sich bei den Jesuiten freilich in privilegierter Lage, da sie den Sklaveneinsatz überwachten, um schlechte Behandlung zu vermeiden. Außerdem bemühten sie sich um die Förderung ihrer Begabungen, indem sie sie nicht nur in der Landwirtschaft einsetzten, sondern auch in Handwerken und Künsten ausbildeten. Die Jesuiten bemühten sich auch intensiv um die Seelsorge an Negersklaven auf den ihnen nicht gehörenden ‚fazendas'. Die Weltpriester ignorierten dieses immense Aufgabenfeld weitgehend und versuchten auch nicht, die Negersprachen zu lernen. Die Seelsorge an den Negersklaven war ungemein schwierig, da sie weit verstreut auf den ‚fazendas' im Inland lebten, und manche ‚fazendeiros' sie nicht einmal ein bis zwei Tage für den kirchlichen Unterricht bei jesuitischen Reiseseelsorgern freigeben wollten. 1584 bemängelte der jesuitische Visitator Gouveia, daß die ‚fazenda'-Priester, deren Status dem der europäischen Priester in Eigenkirchen im Frühmittelalter ähnelte, auf Druck ihrer Herren die tägliche Messe so spät abhielten, daß die Sklaven längst auf den Feldern waren. Die Herren mochten mit ihrer Familie nicht mit nackenden und stinkenden Negern, die sie „Hunde" und „Köter" nannten, zusammen in der Kapelle sitzen. Man rechnete schon damals in Brasilien mit über 40 000 Negern, die nur nominell Christen waren. Hier liegt die Wurzel zu den heute sich so rapide ausdehnenden Mischkulten wie Umbanda.

Ende des 16. Jahrhunderts begannen schon die Negerrevolten und die Flucht von Negern ins Landesinnere — ein Vorgeschmack auf die sich seit der holländischen Invasion in größerer Zahl bildenden Siedlungen (quilombos) in die Urwälder geflüchteter Schwarzer. In Alagoas bildete sich daraus in 50 Jahren ein staatsähnliches Gebilde, die ‚República dos Palmares' unter dem Häuptling Zumbi (1694 vernichtet). Aus einem Jesuitenbericht des Jahres 1617 ergibt sich, daß die Gesellschaft in der Negerseelsorge die Religion als reinstes „Opium des Volkes" verabreichte. Die Funktion der Jesuiten war „nützlich"

---

[90] Tannenbaum aaO. 9ff mit Belegen.
[91] Colmenares 1969, 92ff. Diese Zahlenangaben sind nur als Beispiele ausgewählt. Wie angedeutet, hatten praktisch alle Orden Sklaven.
[92] Um 1701 wurde die Arbeit in SJ-Kollegs in Südbrasilien indes schon von bezahlten Indios erledigt — Leite 1938ff II, 343ff. Willeke 1976, 17 erwähnt ohne Zeitangabe, daß eine SJ-Farm in der Kapitanie Rio de Janeiro 1000 Negersklaven beschäftigte, „um den Unterhalt der Indianermissionen und Ordensschulen zu sichern". Die Verachtung körperlicher Arbeit drückte sich auch in einem Mangel an Laienbrüdern in den Orden aus.

für die Schwarzen, weil sie getröstet und indoktriniert wurden, „nützlich" für die Sklavenhalter, weil die Sklaven ruhig ihrer Arbeit nachgingen und sich nicht mit Fluchtgedanken befaßten, „nützlich" für den Staat, weil mit blühender Sklavenarbeit die Produktion und damit das Steueraufkommen wuchs und schließlich in moralischer Hinsicht „nützlich", weil die Sklaven sich nicht dem Alkoholismus und der Unzucht ergaben[93].

Der jesuitische Historiker S. Leite versucht allerdings, die Funktion der Gesellschaft mit dem Hinweis zu rechtfertigen, daß die Sklaverei die Grundlage des wirtschaftlichen Lebens Brasiliens war, so daß die Jesuiten diese Basis akzeptieren mußten, wenn sie im Lande bleiben wollten. Hier wird also quasi eine wirtschaftliche Eigengesetzlichkeit als Argument ins Feld geführt. Erkennt man erst einmal Eigengesetzlichkeiten an, ist die christliche Ethik allemal am Ende! Jesuiten wie die oben erwähnten Garcia und Gonçalo Leite erkannten in den achtziger Jahren des 16. Jahrhunderts das Dilemma der apostolischen Arbeit im Kolonialgebiet in seiner ganzen Schärfe. Es spitzte sich auf die Alternative zu, entweder den Vorrang der wirtschaftlichen Gegebenheiten anzu-

---

[93] Leite aaO. Der Begriff ‚útil' (nützlich) begegnet in der ‚Relação'. Auch Poma de Ayala versuchte die Neger auf das Jenseits zu vertrösten. „So mahnt er die armen Neger zu geduldigem Leiden, zum Singen und Weinen vor Gott nach dem Vorbild des Königs David. Wenn sie das tun, so wird Gott Trost senden und sie schließlich mit einer himmlischen Krone schmücken... Im Himmel werden wir alle vereint sein, wie uns Gott verheißen hat" (711) — Kilger 1948, 115. P. Luís de Grã SJ, Nóbregas Nachfolger als Provinzial in Brasilien, schwebte hingegen das Ideal absoluter Armut der Jesuiten vor. Durch das Vorbild eines Lebens in Armut hoffte er, die Siedler für die Sache der Jesuiten zu gewinnen, weshalb er auf jegliche Sklavenarbeit in der Gesellschaft verzichten wollte. Nóbrega hingegen blieb in diesem Punkt Pragmatiker. Ohne die Hilfe von Sklaven zum Wasserholen, Holzsammeln, Brotbacken etc. ginge es nicht. Gräs Intention sei im Prinzip zwar richtig, aber praktisch undurchführbar. Es brächte die Jesuiten auch in eine zu große Abhängigkeit von den Almosen der Pflanzer. Ja, selbst wenn man das hinnehmen wolle, kämen nirgendwo genügend Almosen zusammen, um ein Kolleg damit zu unterhalten — Nóbrega am 12. 6. 1561 aus S. Vicente an Diego Laynes, Rom — MBR III 346f. 1562 billigte der Ordensgeneral den Erwerb der zur Unterhaltung von Kinderhorten für Jungen und Mädchen erforderlichen Sklaven, wies aber gleichzeitig auf die Möglichkeit hin, daß Laienbrüder und Weltleute die Haus- und Landwirtschaft betreiben könnte (Diego Laynes am 16. 12. 1562 an Nóbrega — MBR III ebd.), was allerdings aus Mangel an portugiesischen Arbeitskräften in Brasilien kaum realisierbar war.

Galeano 1972, 67 erwähnt, daß die Neger in Minas Gerais unerbittlich verschlissen wurden und nur selten 7 ununterbrochenen Arbeitsjahren standhielten. Sie waren meist noch in Afrika getauft worden. Rolim 1973, 82 bestätigt dies und weist darauf hin, daß man in den ersten Jahrzehnten des 19. Jahrhunderts in Recife noch Massentaufen von gerade ausgeschifften Negersklaven beobachten konnte. Wenn hier bemerkt wird, daß ein ursächlicher Zusammenhang zwischen der Fluchtbewegung von Sklaven, die zur Bildung der Quilombos führte, und der holländischen Invasion besteht, so gilt es andererseits Willekes (1976, 22) Feststellung zu beachten: „Ohne die treue Hilfe der Neger wären die Holländer kaum besiegt worden. Heerführer wie der Neger Henrique Dias kämpften mehr für die Religionsfreiheit als um Hab und Gut." Willeke sieht darin einen Beweis für die Verchristlichung der Neger, leisteten sie doch Widerstand gegen die Holländer, weil diese „die katholische Kirche verfolgten, Gotteshäuser profanierten und Ordensleute verbannten oder gar ermordeten...".

erkennen und das Evangelium durch ständige faule Kompromisse zu verfälschen oder aus Gewissensgründen die kirchliche Arbeit notfalls aufzugeben und damit der kolonialen Ausbeutung den Schein eines christlichen Missionsunternehmens zu rauben. Beide optierten für das letztere. Beide wurden als Ruhestörer von der Gesellschaft nach Europa zurückgeschickt, nachdem eine Befragung der führenden juristischen und moraltheologischen Autoritäten Europas, u. a. Luis Molinas SJ, ergeben hatte, daß alle darin übereinstimmten, daß es eine „gerechte" Sklaverei geben könne. Garcia hingegen hatte dem Ordensgeneral geschrieben, er sei der Überzeugung, kein Neger oder Indianer sei rechtmäßig gefangen. Sein Gewissen könne es nicht ertragen, daß die Häuser seiner Ordensprovinz so viele Sklaven besäßen, so daß er zu dem Schluß gekommen sei, daß er Gott sicherer im weltlichen Stande dienen und errettet werden könnte als in einer Ordensprovinz, in der er die Dinge mit ansehen müßte, die er sähe[94].

Im allgemeinen wurde die Negersklaverei in kirchlichen Kreisen während der Kolonialzeit nicht grundsätzlich in Frage gestellt. Der Ordenshistoriker Leite meinte noch in neuerer Zeit, die schwierige Aufgabe der Patres habe eben darin bestanden, ihr Gewissen mit den wirtschaftlichen Realitäten in Einklang zu bringen. Er scheint ein sacrificium conscientiae für geboten zu halten, denn den beiden nach Europa zurückgeschickten Jesuiten wirft er mangelnde Anpassungsfähigkeit vor[95]. Wenn sogar ein Moraltheologe wie Molina, der sich am gründlichsten mit dem Problem der Negersklaverei beschäftigt und auch deren Schattenseiten klar erkannt hatte, es trotzdem nicht wagte, sie zu verdammen[96], kann man von Kirchenmännern niederer Grade kaum ein klareres Urteil erwarten. Schließlich hatten Geistliche wie Las Casas Ne-

---

[94] Wetzel 1972, 219f - vgl. Leite 1938ff II, 227f. Garcia nahm in Brasilien niemandem mehr die Beichte ab, nicht einmal Jesuiten. Willeke 1976, 16f erwähnt als Bestreiter der Sklaverei den Franziskanerkustos von Maranhão und Kommissar des Hl. Offiziums, P. Christoph von Lissabon, der 1624-35 zwischen Ceará und Amazonien gewirkt hat. Christoph berichtet 1647 König João IV., daß holländische Kaufleute sich am Amazonas niedergelassen hätten, mit den Indios Tauschhandel betrieben, sie menschlich behandelten und ihnen gerechte Preise bezahlten, während die Portugiesen die Indios ausbeuteten und versklavten, so daß sie wie die Tupinambá von der Küste ins Innere flöhen und den christlichen Namen haßten. Gerechte Behandlung der Indios würde die Einfuhr von Negersklaven überflüssig machen. Damit widerlegt Christoph also das übliche Argument, man brauche die Negersklaven für die Arbeit und bezeichnet die Ausbeutung der Indios als wahren Grund für die Sklaverei von Indios und Schwarzen.

[95] Leite 1938ff II, 228; vgl. Liss 1973, 460: Jesuiten akzeptierten 1577 in Mexiko die Negersklaverei als einen „allgemeinen Brauch".

[96] Zur Stellung der spanischen Kolonialethiker zur Frage der Negersklaverei vgl. Höffner 1969, 371-383. Höffner erwähnt, daß die kalvinistischen Ethiker der Niederlande im 17. Jahrhundert die scholastischen Grundsätze über die Sklaverei ohne Einschränkung übernommen hätten (382f). Martin 1968, 66ff geht ausführlich auf die Stellung der Ethiker des Jesuitenkollegs San Pablo in Lima zur Negersklaverei ein. Männer wie Avendaño und Oñate setzten sich mit Molina und Suárez auseinander. Theoretisch lehnten sie die Sklaverei ab, aber in der Zwangslage, daß das Kolleg – 1767 hatte es 1550 Negersklaven – ohne Sklavenarbeit wirtschaftlich nicht bestehen konnte und daß viele Orden, Priester und Bischöfe ohne Gewissensskrupel Sklaven besaßen, beschränkten sie sich auf Forderungen zur Abmilderung des Systems und zur Verbesserung der Fürsorge, die bei den SJ ein beachtliches Niveau erreichte.

gertransporte nach Westindien befürwortet. Wenn auch Las Casas keineswegs der erste war und wenn er diese Empfehlung auch zur Entlastung der Indianer vom harten Arbeitszwang aussprach, so hat der Widerspruch zwischen seinem Einsatz zu Gunsten der Indianer und seinem Desinteresse für das Los der Schwarzen doch ein eigenartiges Licht auf ihn geworfen. Aber es spricht für ihn, daß er später seinen Ratschlag bereut hat, denn es sei „die Versklavung der Neger ebenso ungerecht wie die der Indianer". Der Kauf von Negersklaven sei genauso eine Sünde wie ihr Fang in Afrika[97]. Es fehlte auch sonst nicht an spanischen Theologen, die die Negersklaverei genauso konsequent ablehnten wie die Indianersklaverei, z. B. der bedeutende Bischof von Michoacán in Neu-Spanien, Vasco de Quiroga (1537—65)[98], der mit Las Casas und Minaya bekannte Lizentiat Juan Calvo de Padilla OP, der 1550 auf seiner Rückreise aus Neu-Spanien in Lissabon auch mit João III. darüber verhandelte, wie man den Indianern und Negern die Freiheit bringen könne, und der 1559 nach Guinea fuhr, „weil er die Befreiung der Neger und der Indios als *eine* Sache betrachtete". Er beobachtete zwei Jahre auf den Kapverdischen Inseln Sklavenfang und -verschiffung aus der Nähe[99]. Erzbischof Alonso de Montúfar OP von Mexiko schrieb 1560 an Philipp II.: „Wir wissen nicht, welchen Grund es gibt, daß die Neger mehr Sklaven seien als die Indianer." Und Alonso de Sandoval SJ trug in seinem „De Instauranda Aethiopium Salute" (Madrid 1641) auch eine grundsätzliche Kritik und Ablehnung der Negersklaverei vor. Aber die ökonomischen Realitäten erwiesen sich als stärker als christliche Warnungen, daß die Negersklaverei sündhaft sei. Die Sklaverei blieb „eine charakteristische Erscheinung aller europäischen Kolonisationen in der Neuen Welt" und stellte „einen wichtigen Faktor in der überseeischen Politik der westeuropäischen Völker" dar[100].

Wie wenig die Negersklaverei in Brasilien während der Kolonialzeit in Frage gestellt wurde, zeigt das Beispiel des großen Indianermissionars Antônio Vieira SJ, für den die Verbringung der Schwarzen nach Brasilien wie auch deren Sklavendasein Teil des göttlichen Heilsplans war, der ihre Erlösung bewirkte. Das heißt natürlich nicht, daß die Kirche in Brasilien sich nicht um die Seelsorge an den Schwarzen kümmerte. Diesbezüglich gibt es viele Bestimmungen in den Konstitutionen von Bahia (1707).

Für die Zeit vor 1707 gibt es „keine direkten Unterlagen über die religiöse Unterweisung der Sklaven Brasiliens, abgesehen von gelegentlichen Volksmissionen auf den Farmen und den üblichen Sonntagspredigten. Wieweit die Kapläne der Latifundien die Schwarzen katechetisch erfaßt haben, bleibt in Dunkel gehüllt". Ohnehin „beschränkte sich der Religionsunterricht in Brasilien allgemein auf das Auswendiglernen der Gebete und die Vorbereitung auf den Sakramentenempfang". Vor 1707 dürfte die religiöse Betreuung der Schwarzen weithin von der Aktivität ihrer Herrin-

---

[97] Konetzke 1965, 76 und 80 mit Anm. 100 und 108.
[98] Rubén Landa, Don Vasco de Quiroga, Barcelona 1965, 237f nach Specker 1966, 225.
[99] Biermann 1968, 187f.
[100] Konetzke 1965, 79f. Hanke 1963, 188 bemerkt: „Der Unterschied zwischen der spanischen Haltung gegenüber Indianern und Negern ist noch nicht befriedigend erklärt worden und stellt weiterhin ein wichtiges Forschungsproblem dar." Hanke behauptet, daß weder Sandoval noch Pedro Claver jemals „die Negersklaverei als eine unchristliche Institution anklagten". Er geht indes auf die erwähnte Schrift von Sandoval aus dem Jahre 1641 nicht ein.

nen abhängig gewesen sein, die sie teilweise zum abendlichen Rosenkranzgebet heranzogen. Willeke meint, daß man über den wirklichen Einfluß der christlichen Lehre auf die Schwarzen aus Mangel an Dokumenten nicht urteilen könne, räumt aber gleichzeitig ein, daß bei „manchen Schwarzen ... der stille Protest gegen die Religion der Weißen ..., die sie für die unmenschliche Behandlung der Sklaven verantwortlich machten", zur Erhaltung der afrikanischen Kulte beigetragen haben mag. Willeke verweist in diesem Zusammenhang auch auf die Rolle der Sklavenbruderschaften, die ebenfalls zur christlichen Durchdringung der Schwarzen beigetragen haben. „Die Kirche förderte die Negerbruderschaften mit ihren Kapellen und sonntäglichen Gottesdiensten, weil die Sklaven zum Kult und den Vereinen der Weißen im allgemeinen keinen Zutritt fanden. Diese Trennung nach den Rassen selbst bei Kulthandlungen sollte Zusammenstöße unter ihnen verhüten, wirkte sich aber auf die Dauer in anderer Hinsicht übel aus. Denn die Neger tarnten bei gewissen Andachtsübungen ihre heidnischen Fetische mit Heiligenfiguren, um keinen Verdacht zu erwecken, daß sie in Wirklichkeit ihren afrikanischen Kult trieben, der strengstens verboten war. Hier kam es zum Synkretismus von christlichen und fetischistischen Kultriten, die heute unter verschiedenen Formen und Namen im ganzen Lande verbreitet sind, so z. B. Umbanda, Xangô, Candomblé, Catimbó (vgl. 254 und 444)[101].

Versucht man die Haltung der Christen, die in der Kolonialzeit in irgendeiner Weise für das Elend der Schwarzen sensibilisiert wurden, systematisch zu erfassen, so kann man vier Reaktionsformen unterscheiden:
1. Christen wie Vieira werteten das Leiden der Schwarzen als reinste Form der Nachfolge Christi, optierten also für eine konformistische Moral, die auf das Jenseits vertröstet. Diese Haltung entspricht im Grunde dem patriarchalischen Katholizismus. Sie leugnet die befreiende Kraft des Evangeliums hier auf Erden und verabreicht das, was Karl Marx „Opium des Volkes" nennt. 2. Andere Christen beschränkten sich auf Ermahnungen an die Sklavenhalter und machten Reformvorschläge zur partiellen Besserung der Lage der Schwarzen wie z. B. der Inka-Abkömmling Phelipe Guamán Poma de Ayala um 1600 in seiner Bilderchronik[102]. 3. Männer wie Gonçalo Leite und Miguel Garcia optierten für einen konsequenten Kampf gegen die Negersklaverei, dessen erstes Ziel logischerweise der Verzicht auf Sklavenarbeit in kirchlichen Diensten sein mußte. 4. Schließlich konnte man die Negersklaverei ablehnen, sich aber angesichts der Erfolglosigkeit seiner Proteste in mitleidender praktischer Nächstenliebe verzehren. Dies war die Option der beiden Jesuiten Alonso de Sandoval und Pedro Claver in der ersten Hälfte des 17. Jahrhunderts in Cartagena, dem größten festländischen Sklaveneinfuhrhafen Spanisch-Amerikas. Ab 1605 gab sich Sandoval und ab 1616 sein Nachfolger Claver ganz dem Dienst an den Negersklaven hin, Claver nach dem Motto: „Immer Sklave der Neger." Für Sandoval und Claver bildeten leibliche Fürsorge und Seelsorge eine Einheit. Sie empfingen die Neger schon auf den Schiffen und besuchten sie noch auf dem Lande bei ihren Herren. Beide dienten den Schwarzen bis zum letzten Atemzuge, blieben in ihrem Dienst aber selbst in der Gesellschaft

---

[101] Vgl. Bio 1970 nach Hoornaert 1974, 33ff. Für Vieira fügte sich dieser Gedanke nahtlos in seine Leitvorstellung, daß das Reich Gottes durch Portugal und dessen Könige aufgerichtet werde. Er stützt sich dabei auf alttestamentliche Stellen wie Jes 18, 1–2 und Ps 72, 9, an denen in der Vulgata-Übersetzung von Äthiopiern die Rede ist. Zu den Konstitutionen von Bahia vgl. Willeke 1976, 15ff.
[102] Zu Vieira vgl. Hoornaert 1974, 85ff, zu Poma de Ayala Kilger 1948.

Jesu unverstanden. Sie waren in ihrem Leben eine wandelnde Anklage gegen die reichen Sklavenhalter[103].

223 Die Entstehung des landwirtschaftlichen Großgrundbesitzes als kolonialethisches Problem

Von den drei *Faktoren Land, Arbeit und Tribut*, auf denen das Ausbeutungssystem der Kolonialwirtschaft beruhte — von der anfänglichen direkten Indianersklaverei und der Negersklaverei einmal abgesehen —, sollte auf lange Sicht der Faktor Landbesitz die Existenz der Indianer am meisten bedrohen. Die Erschließung des Amazonasbeckens in den siebziger Jahren des 20. Jahrhunderts, die wiederum zum Erwerb riesiger Flächen für den nationalen und internationalen Großgrundbesitz führt, ist ein beredtes Zeugnis für die letzte Phase der Einengung bzw. völligen Aufhebung des indianischen Lebensraumes. Die Hacienda-Wirtschaft (vgl. 2113) wurde „nach der Vertreibung der Jesuiten mehr und mehr ‚privatisiert' und aus ihrer Pflicht entlassen, die erwirtschafteten Gewinne im Erziehungswesen zu investieren". Nach der Erringung der Unabhängigkeit war die freie Verfügbarkeit des Bodens „eine der Grundforderungen der liberalen Bourgeoisie" des 19. Jahrhunderts.

„In Lateinamerika hieß das, daß das kollektive indianische Gemeinschaftsland ‚privatisiert' und damit spekulationsverfügbar gemacht wurde: Die kreolische Führungsschicht benutzte die Besitzvorstellungen der europäischen bürgerlichen Gesellschaften des 19. Jahrhunderts, um einen Landraubfeldzug kontinentalen Ausmaßes durchzuführen, eine zweite Konquista, wie man gesagt hat."[104]

Wo es noch heute indianisches Gemeinschaftsland gibt, setzt sich dieser Prozeß, die letzten mehr oder weniger intakten indianischen Gemeinschaften auf den Status von besitzlosen Proletariern herabzudrücken, fort[105]. Wenngleich es Tribut- und Arbeitspflicht auch schon im Gebiet der altamerikanischen Hochkulturen gegeben hat, so ist es doch nirgendwo zu einem vergleichbaren Maß von Landenteignung gekommen.

Nach der zur Zeit der Conquista vertretenen Rechtstheorie galt zwar der gesamte Grundbesitz in Amerika als Patrimonium der iberischen Kronen (vgl. 2112), aber de facto wurde die Usurpation von Land weder in Spanisch-Amerika noch in Brasilien von den Behörden wirksam kontrolliert oder gar verhindert, sondern stillschweigend toleriert. Bezüglich Brasiliens urteilt Hoornaert, die portugiesische Krone habe die Entstehung einer patriarchalischen Kultur gefördert, um den Einwanderern trotz des offenkundigen Raubes des Landes

---

[103] Vgl. Latourette 1939, 144; Egaña 1966, 482 und 552ff. Claver (1580–1654) wurde schließlich 1888 von Leo XIII. heiliggesprochen. Genaueres Quellenstudium würde wahrscheinlich auch zur Frage der Negersklaverei noch mehr kritische christliche Stimmen zu Gehör bringen. So erwähnt Campo del Pozo 1969, 141f in Venezuela am Ende des 17. Jahrhunderts den Augustinerpater Caicedo y Velasco aus Bogotá, der sich ganz den Negern von Barinas widmete und die Negersklaverei prinzipiell verdammte. Als Standardwerk zum Verhältnis von Kirche und Sklaverei in Amerika ist immer noch Markgraf 1865 heranzuziehen.
[104] Vgl. Sandner/Steger 1973, 21ff und zum Ganzen Gibson 1964, 405ff.
[105] Heutige Indianerzusammenschlüsse stellen die Frage des Landbesitzes als Zentralproblem heraus – vgl. Hambre 1973 und Cauca 1974 bzw. Dokumente in „Indianische Minderheiten".

von den indianischen Eigentümern den Eindruck zu vermitteln, das Land gehöre ihnen. Das Verhältnis Herr und Vasall zwischen Papst und König von Portugal sei nicht nur in der Anfangszeit auf das Verhältnis zwischen König und ‚donatário' übertragen worden, sondern in der Folgezeit auch auf das Verhältnis von König und Herr einer Zuckerrohrplantage (senhor de engenho) bzw. Besitzer einer ‚sesmaria'[106].

Weder Las Casas noch andere Kolonialethiker wurden auf das Problem des Bodenbesitzes, von dem auf lange Sicht das Überleben der Indianer abhängen sollte, aufmerksam. Anfangs schien Land im Überfluß vorhanden zu sein, besonders weil die eingeborene Bevölkerung rapide abnahm. Frei werdendes Indianerland eigneten sich die Europäer an, teilweise wurde das Land durch entsprechende Konzentration von Indianern in Reduktionen frei (vgl. hierzu 23 122). Staatliche Beamte wurden zu Komplizen der Bodeninteressenten und halfen bei der Vermittlung von Rechtstiteln. So kam es zur *Entstehung der ‚hacienda' bzw. ‚fazenda'*, die bis heute ungenügend erforscht ist, wie u. a. das große internationale Kolloquium „Les Problèmes Agraires des Amériques Latines" 1965 in Paris ergab. Wie bereits oben (2113) angedeutet, muß hinsichtlich der Wirtschaftsform zwischen Plantagen — z. B. in Brasilien im Nordosten vorwiegend Zucker-engenhos, Vieh-fazendas bzw. am La Plata ‚estancias' — und den ‚haciendas' im engeren Sinne im andinen Bereich von Mexiko bis Chile unterschieden werden. Auch hinsichtlich der Größe schwankt der Begriff ‚hacienda' im weiteren Sinne von Land zu Land. Während in einem Land schon 150 ha ausreichen, um den Namen ‚hacienda' zu verdienen, sind es in anderen Ländern mindestens 500 oder sogar 2000 ha. Selbstverständlich sind die heutigen Formen der Landwirtschaft, die unter dem Oberbegriff ‚hacienda' zusammengefaßt werden, noch vielfältiger als die der Kolonialzeit[107].

Der kumulative Landerwerb wurde in dem Augenblick für die Indianer verhängnisvoll, in dem ihre Bevölkerung in den Gebieten der altamerikanischen Hochkulturen wieder zunahm, etwa seit dem Ende des 17. Jahrhunderts. Zu diesem Zeitpunkt hatte sich die Landaristokratie fest etabliert. Der Landbesitz war ein willkommener Ausgleich für die Abnahme der Faktoren Arbeit und Tribut, die durch die wachsende staatliche Kontrolle der Kommende verursacht war. Die überschüssige landlose indianische Bevölkerung war praktisch gezwungen, sich auf den ‚haciendas' von Mexiko bis Peru zu verdingen und niederzulassen. Die Großgrundbesitzer nahmen sie als willkommene Arbeitskräfte gern auf und konnten dabei noch die humanitäre Rolle von Indianerbeschützern spielen. Das Ergebnis war die Entstehung der perfektesten Institution zur Unterjochung und Ausbeutung der Indianer, die in der Kolonialzeit entstanden ist und großenteils bis heute weiter besteht[108]. Die ‚hacienda' wurde in der Kolonialzeit zur „Institution, die die Gesellschaft prägte"[109].

„Die ‚hacienda' ist nicht einfach ein Landgut, das einem einzelnen gehört; sie ist vielmehr eine Gemeinschaft unter privater Leitung. Sie ist ein in sich geschlossenes

---

[106] Hoornaert 1974, 67.
[107] Vgl. Agrarprobleme 1967. Auch in Paris wurde die ‚hacienda' trotz der Schwankungen hinsichtlich ihrer Größe unter dem Oberbegriff Großgrundbesitz oder Latifundium bzw. ‚grand domaine' behandelt, da sie ein „fundamentales soziales und wirtschaftliches System" bezeichnet — Matos 1967, 765. Vgl. ferner Martínez R. 1975; Florescano 1975 und Feder 1975.
[108] Gibson aaO.
[109] Goldenberg 1963, 25 nach Kliewer 1973, 72.

Gesellschaftssystem und lenkt das Leben derjenigen, die ihr angehören, von der Wiege bis zur Bahre; sie bestimmt die Wirtschaft, Politik, Erziehung, die sozialen Einrichtungen und die industrielle Entwicklung in ihrem Bereich."[110] Der ‚peón' steht in einem fest umgrenzten Verhältnis zu seinem Herrn (patrón), das sich von einer Leibeigenschaft kaum unterscheidet, das sich keineswegs auf den wirtschaftlichen Aspekt beschränkt, sondern auch eine besondere Sozialethik mit sich brachte. „Die Hacienda schuf ein ganz besonderes Abhängigkeitsverhältnis zwischen dem ‚hacendado' und seinen Arbeitern, das sich zu einer autoritären Tradition von Herrentum und Unterwürfigkeit verfestigt."[111] Es ist schon bezeichnend, wenn ein protestantischer Missionar noch in neuester Zeit den bolivianischen ‚peón' folgendermaßen beschreiben kann: „Ein Peón ist ein dem Menschen ähnliches Geschöpf. Es ist beinahe eine Person, handelt aber höchst selten als solche. Im allgemeinen wird es als ‚Ding' betrachtet... Es lacht, lächelt, ißt und — mehr als alles andere — gehorcht. Es denkt nicht. Peón ist ein Synonym zu Gehorsam... Der Peón ist eine unermüdliche Arbeitsmaschine, ein Lasttier, welches auf den Pfiff seines edlen Meisters für ihn auf Schatzsuche geht."[112]

Schließlich gehört zur ‚hacienda' die streng patriarchalische Struktur der Großfamilie genauso wie der dem pater familias untergeordnete Kaplan, der die Strukturen kultisch-religiös legitimiert. Das Ergebnis des jahrhundertealten Systems der ‚hacienda' ist der Verlust der Identität der entpersönlichten ‚peones' (zu den sozialen Auswirkungen der ‚hacienda' vgl. S. 83).

Es ist charakteristisch, daß die ‚hacienda' mit ihren de iure freien, auf Lohnbasis arbeitenden ‚peones' sich in ihrer Struktur nicht wesentlich von der brasilianischen Plantage, die vorwiegend mit Negersklaven arbeitete, unterschied, wie sich auch der Status der Arbeitskräfte auf den ‚fazendas' nach Aufhebung der Sklaverei nicht radikal ändern sollte. Gilberto Freyre beschreibt die Problematik der Plantage treffend:

„... eines der Kennzeichen des in seiner Art feudalistischen oder aristokratischen Systems der Plantage... war die quasi absolute Macht der Zuckerrohrpflanzer... Immer wenn ein Pflanzer pro domo sua handelte, handelte er auch zu Gunsten der portugiesischen Macht in Amerika. Das erklärt, warum die Herrenhäuser in höherem Grade als die öffentlichen Gebäude zu Symbolen der portugiesischen Stabilität an der Küste Brasiliens wurden.
Die von der Krone den Herrn der Zuckerrohrmühlen gewährten Privilegien erklären, warum die Herrenhäuser schließlich nicht nur bedeutender waren als die Mehrzahl der öffentlichen Gebäude, sondern auch bedeutender als die Kathedralen, als die Eigenkirchen und die rein religiösen Klöster. Ich sage *Eigenkirchen*, weil jedes Herrenhaus... seine Kirche oder Kapelle hatte als Teil der architektonischen und gesellschaftlichen Gesamtanlage mit einem Kaplan, der mehr vom Hausherrn... abhing als vom Bischof. Und ich sage ‚*rein religiöse Klöster*', weil in der Kolonialzeit einige Klöster in Brasilien mit den Herrenhäusern konkurrierten. Sie schienen weniger für religiöse Zwecke zu bestehen als für die wirtschaftliche Ausbeutung des

---

[110] Tannenbaum 1969, 66 nach Kliewer aaO.
[111] Ebd. nach Kliewer aaO 74.
[112] Hollenweger, Handbuch O2b, 870 nach Kliewer aaO 75. In Paris bestand Übereinstimmung darin, daß die ‚hacienda' auch heute noch Teil einer „Beherrschungsstruktur der lateinamerikanischen Gesellschaft" ist, „weil der größte Teil der besten Kultivationsböden und der größte Teil der Ländereien, die der Viehzucht dienen, sich in der Hand weniger Familien befinden, die Teil eines Beherrrschungsmechanismus sind". Gleichzeitig prägt die ‚hacienda' die menschlichen Verhaltensweisen dank eines „Beherrschungssystems der internen sozialen Beziehungen" — Matos 1967, 765.

Bodens durch den Anbau von Zuckerrohr mit Hilfe zahlreicher Sklaven, die die Mönche oder die religiösen Orden besaßen. Denn es ist wahr, daß einige der mächtigen religiösen Orden, die aktiv an der Kolonisation Brasiliens teilhatten, statt das Feudalregime oder das fast feudalistische Regime der Landwirtschaft wegen seiner unchristlichen Mißbräuche zu verdammen, in ihm eine Kraft sahen, die das kolonialbrasilianische Leben und seine wirtschaftliche Struktur beherrschen mußte, weshalb sie sich passiv dieser Herrschaft anpaßten."[113]

In ähnlichem Sinne konstatiert Gibson für Spanisch-Amerika: „Die Kirche hörte auf, aktiv in der Verteidigung der Indianer zu sein, weil die Kleriker die Methoden und Haltungen der zivilen Kolonisten übernahmen. Kirchenmänner konnten teilweise deshalb gegen die Kommende opponieren, weil es ihnen verboten war, Kommendenbesitzer zu werden. Aber eine kirchliche Verdammung des Latifundiums hätte die Verdammung einer Institution bedeutet, die wesentlich für kirchlichen Reichtum und kirchliche Macht war" (vgl. 21 222 zum Stiftungswesen der Großgrundbesitzer). Schließlich gehörte auch der umfangreiche Landbesitz der verschiedenen kirchlichen Institutionen ursprünglich den Indianern, wenn er auch nur zum kleineren Teil den Indianern direkt vom Klerus abgenommen oder von den Indianern selbst gestiftet worden war. Das meiste kirchliche Land stammte aus Stiftungen von Kolonisten, die es selbst oder deren Vorfahren es auf zweifelhafte Weise den Indianern entrissen hatten[114]. Der hier zum Ausdruck kommende Widerspruch zwischen einer triumphalistischen und konformistischen Kirche und der neutestamentlichen Forderung einer mit den Armen solidarischen und ihrem Auftrag treuen Kirche der Armen sollte erst zur Zeit des Zweiten Vatikanischen Konzils weiteren kirchlichen Kreisen Lateinamerikas bewußt werden.

Da die Erschließung der ungeheuren Weiten des brasilianischen Raumes im 19. Jahrhundert weit intensiver erfolgte als in der Kolonialzeit, sollte für Brasilien das 19. Jahrhundert den eigentlichen Beginn des Latifundiensystems bringen, das durch die kraft der ‚Lei das Terras' von 1850 im ganzen Land geschaffenen Katasterämter seine legale Grundlage erhielt. Von 1850 an gehörte der Boden demjenigen, der die Besitztitel in der Hand hatte, zum Nachteil schriftunkundiger Kleinsiedler und der Indios, die nun nur noch als Hindernis zur Inbesitznahme des Bodens betrachtet wurden, und das bedeutete ihren Untergang. Alle Arbeit für die Indios hing fortan von der Zuteilung öffentlicher Ländereien ab.

„Die mehrere hundert Jahre alte Erfahrung der ‚aldeamentos' wird mißachtet, wenn der indigenistische Agent, sei er ein Vertreter der Landesregierungen, der Kolonisationsgesellschaften, der religiösen Orden, der Lokalpolitiker oder einfach der Grundeigentümer sich in die modernisierte brasilianische Version des Kommendenbesitzers spanisch-amerikanischer Tradition verwandelt. Der brasilianische ‚Kommendenbesitzer' ist eine Erscheinung des 19. Jahrhunderts. Die wahre ‚conquista' ... vollzog sich in Brasilien während des 19. Jahrhunderts unter dem Schleier scheinbaren Friedens und der Gewaltfreiheit". Damit „verloren die Indios definitiv ihren Platz in der Geschichte Brasiliens, um sich in die Marginalität zurückzuziehen."[115]

---

[113] Freyre 1971, 59.   [114] Gibson aaO 405.
[115] Hoornaert 1976, T, 74f, der gleichzeitig auf den Zusammenhang des Latifundiensystems mit den neuen Metropolen hinweist. Nicht zufällig steht die Öffnung der brasilianischen Häfen im Jahre 1808 am Beginn des Jahrhunderts der Durchdringung Brasiliens mit dem System des Großgrundbesitzes.

23 Mission als Hispanisierung: Das Scheitern einer indianischen Kirche

Wenn in der lateinamerikanischen Kirchengeschichte von Mission gesprochen wird, bezieht sich dieser Begriff in der Kolonialzeit fast ausschließlich auf den Problemkreis der Bekehrung der Indios. Die wichtige Frage der Christianisierung der Negersklaven wird in der Historiographie genauso am Rande behandelt wie in der Kirchenpolitik der Kolonialzeit. Deshalb ist es nicht leicht, dieses Defizit in der vorliegenden Arbeit auszugleichen (vgl. 222; 253 und 4442). In diesem Kapitel wird die Diskussion über die Missionsproblematik allerdings bewußt auf die Bekehrung der amerikanischen Urbevölkerung beschränkt, die das primäre Problem für die Eroberer darstellte.

Eine ganze Reihe von Faktoren trug dazu bei, daß die Bildung einer indianischen Missionskirche nicht über hoffnungsvolle Ansätze hinauskam. Sie scheiterte an der Mentalität der Kolonisten, der Mehrheit der Missionare, der iberischen Kolonialpolitik und -ethik und der Entschlossenheit der staatlichen Instanzen Spaniens und Portugals, den Indios iberisches Christentum und iberische Zivilisation überzustülpen, um sie desto einfacher beherrschen zu können. Dieses vom „iberischen Messianismus" (vgl. 123) getragene Unterfangen soll in Ermangelung eines anderen Begriffes als *Hispanisierung* bezeichnet werden, in Anlehnung an den alten, die ganze iberische Halbinsel bezeichnenden Namen Hispanien. Auf spanisch könnte man zur Vermeidung von Mißverständnissen hingegen von ‚iberización' sprechen.

Die hispanisierende Mission war bestimmt vom Modell der mittelalterlichen Christenheit mit ihrer Integration von Kirche und Staat. Dementsprechend mußte die Kirche mehr Wert auf die Schaffung christlicher Strukturen als auf die Christianisierung der Individuen legen. Denn die Strukturen sollten die Menschen, in diesem Falle die Indios, zu Christen machen, ein Gesichtspunkt, der beispielsweise die Massentaufen in einem anderen Licht erscheinen läßt (vgl. zur Missionstheorie im einzelnen 2315).

231 *Menschenbildung und Mission*

Die gigantische Aufgabe der Missionierung der Bevölkerung eines ganzen Kontinents stand Ende des 15. Jahrhunderts ins Haus, ohne daß die Hauptverantwortlichen, Papst Alexander VI. und die Katholischen Könige, mehr als eine vage Ahnung von der Größe der Problematik hatten.

Es gab damals im europäischen Klerus keinerlei Missionserfahrung. Woher sollte der Papst „die eifrigen Missionare nehmen, die ohne Vorbilder hinausziehen mußten in eine völlig neue Welt, unter unsäglichen Opfern und Gefahren, woher die Gelder für die unabsehbaren Aufgaben, während er selber, durch Simonie zum päpstlichen Throne emporgestiegen, überlastet war mit weltlichen Sorgen um die Festigung seiner Herrschaft im Kirchenstaat, um die Förderung seiner Familie, um kostspielige römische Bauten? Damals gerade brauchte er die Hilfe (König) Ferdinands (des Katholischen) für seinen ‚sakrilegischen' Sohn, den Herzog von Gandia... Diese Last haben die spanischen Könige dem Papste abgenommen, ohne noch von der Tragweite ihrer Verpflichtungen eine Ahnung zu haben, bei demselben Mangel an Erfahrung, aber unter Voraussetzung der materiellen Mittel zur Durchführung, zur Erfüllung ihrer regalistischen Absichten."

Biermann, der das spanische und portugiesische Patronat „die bedeutendste Laienhilfe für die Mission" nennt, „die je von der Kirche erbeten und von Laien geleistet wurde"[1], übersieht hierbei allerdings, daß die materiellen Mittel für die Missionsunternehmung von Anfang an durch die koloniale Ausbeutung Amerikas aufgebracht werden sollten und per saldo auch aufgebracht wurden. In dieser Verquickung von imperialistischer Eroberung und Kolonisation auf der einen und Mission auf der anderen Seite liegt das Grundproblem der Christianisierung der Neuen Welt. Die amerikanische Urbevölkerung mußte mit ihren Schätzen und ihrer Arbeitskraft nicht nur ihre eigene Mission bezahlen, sondern auch noch den Kronen von Spanien und Portugal und den Eroberern und Kolonisten zu einem einträglichen Geschäft verhelfen. Es dürfte in der christlichen Missionsgeschichte kein zweites Beispiel geben für ein ähnlich großes Missionsvorhaben, das sich derart durch seine eigenen Voraussetzungen diskreditierte.

2311 *Mission*

Die nach Amerika entsandten Missionare hatten keinerlei „eigene Ausbildung für die Missionsarbeit". Während die Ordenspriester im allgemeinen wenigstens eine gute theologische Ausbildung hatten, mangelte es bei den Weltgeistlichen oft auch hieran, „abgesehen von solchen, die im geistlichen Amt einen Broterwerb sahen"[2]. Dementsprechend gab es lange Zeit keine durchdachte Missionsmethode[3].

23111 *Die Kontakt- und Verständigungsmethoden*

Systematisierend kann man vier Methoden unterscheiden. Zunächst mußte die *„stumme Methode"* angewandt werden, weil Kolumbus, in der Hoffnung die westliche Passage nach Asien zu finden, nur Dolmetscher für arabische und östliche Sprachen mitgenommen hatte. Die Kommunikation beschränkte sich also auf gestikulierende Dialogversuche, bei denen die Spanier wie auch später die Portugiesen bei ihren Kontaktversuchen in Brasilien den Indianern ihre friedlichen Absichten klarzumachen versuchten und anschließend äußere zeremonielle Akte mit christlichen Symbolen vornahmen, also Kreuze errichteten und Messen lasen. Die Indianer maßen dem Kreuz leicht magische Bedeutung bei oder hielten die Weißen überhaupt für verrückt. Einen kleinen Fortschritt auf dem Wege zur Verständigung stellte die *„mimische Methode"* dar, eine universelle Verständigungsart unter Indianern verschiedener Sprache, die mit bestimmten Zeichen ihre Absichten bekunden, z. B. Pfeile zerbrechen, um den Wunsch zu friedlichem Kontakt kundzutun. Als nächstes versuchte man den Einsatz indianischer Dolmetscher, der sich auch als wenig taugliches Mittel

---

[1] Biermann 1961, 168 und 161; zum oben erwähnten Modell der Christenheit vgl. in bezug auf die brasilianische Kolonialgeschichte, allerdings ohne Berücksichtigung des Missionsproblems, Bruneau 1974, 28ff.

[2] Noggler 1973, 134.   [3] Baumgartner 1971, 141.

zur Mission erwies. Denn die entsprechenden Indianer waren meist gewaltsam unter Mißbrauch ihres Vertrauens gefangen genommen und zum Erlernen des Spanischen oder Portugiesischen gezwungen worden. Sie lernten die europäische Sprache nur sehr oberflächlich, wurden trotz der Taufe selten überzeugte Christen und verstanden in jedem Fall die christliche Lehre nicht so gut, daß sie sie richtig weiter vermitteln oder gar in die ganz andersartige indianische Geisteswelt übertragen konnten. Deshalb ging man bald zur *„linguistischen Methode"* über, also zum Erlernen von Eingeborenensprachen durch Weiße, die dazu länger unter den Indianern lebten. Das war seinerzeit ungleich schwieriger als etwa heute für die Wyclif-Bibelübersetzer, weil es keinerlei Möglichkeiten für eine wissenschaftliche linguistische Ausbildung gab. Die ersten, die indianische Sprachen lernten, waren Laien, so auf Hispaniola der Seemann Cristobal Rodríguez, dann Laienbrüder wie Tisin, Deule und Pané[4] und in Brasilien zwei Strafgefangene, die Cabral im Jahre 1500 auf der Ilha de Vera Cruz zurückließ, damit sie nach längerem Zusammenleben mit den Indianern als Dolmetscher dienen könnten, eine Praxis, die „die Portugiesen auch bei ihren späteren Landnahmen in Südamerika" übten[5].

Auf dem Gebiet der Erforschung der indianischen Sprachen leisteten bald die Missionare Pionierarbeit, indem sie deren Grammatik systematisierten, sie in Schriftform brachten, Wörterbücher zusammenstellten, Katechismen und Laiendogmatiken verfaßten und Teile der Bibel übersetzten, Leistungen, die hier nicht im einzelnen gewürdigt werden können[6]. Dem Druck der Übersetzungen, insbesondere der Bibelteile, standen seit Mitte des 16. Jahrhunderts freilich immer größere Hindernisse entgegen. Nachdem man auf der Iberischen Halbinsel schon im Spätmittelalter der Übersetzung der Bibel in Volkssprachen nicht sehr positiv gegenübergestanden hatte, sah man seit dem Anbruch der Reformation in solchen Übersetzungen die Ursache aller Häresien, weshalb sie auch durch das Konzil von Trient sehr eingeschränkt wurden. Die Spanier waren allerdings noch rigoroser als das Konzil und setzten alle Bibelübersetzungen auf den Index; deshalb vereitelte die Inquisition dann auch in Amerika fast alle Übersetzungsdrucke und schadete damit einer gründlichen Missionsarbeit, denn ohne den Druck konnten die mühsam erstellten Überset-

---

[4] Tormo 1962ff I, 129ff; Röwer 1947, 29 zitiert die Antwort eines der ersten beiden italienischen Franziskaner in Porto Seguro auf die Frage, warum er den Indianern das Evangelium vorlese, obwohl sie seine Sprache nicht verstünden: „Es ist Gottes Wort. Es hat die Kraft, in ihnen zu wirken." Daraus spricht ein quasi magisches Verständnis der Wirkungsweise des Evangeliums. Noch 1969 sieht Miranda (aaO 48) darin, daß 1500 Indianer im Jahre 1500 der Gestik der Portugiesen bei ihrer ersten Messe in Brasilien folgten und darin, daß die Portugiesen ihnen Halsanhänger in Kreuzform gaben, ein Beispiel für die stumme Missionsmethode, ja für den Beginn der Katechese in Brasilien.

[5] Faber 1970, 55

[6] Die entsprechenden Leistungen der Jesuiten in Brasilien werden ausführlich von Leite 1938ff gewürdigt, II, 532f zur Epistolographie, 545ff zur Sprachforschung, IV 301ff zur Ethnologie, 317ff zur Historiographie. Anchieta hat 1556 die erste Tupí-Grammatik verfaßt, Domingo de Santo Tomás OP, der Begründer der Linguistik in Peru, 1560 die erste Ketschua-Grammatik — Martin 1968, 24. Ähnliche Beispiele ließen sich für alle Länder Amerikas aufführen. Auch in der Pharmazeutik leisten die Missionare Beachtliches. So hatte das SJ-Kolleg San Pablo in Lima die beste Apotheke Perus mit einem Versorgungs- und Bezugssystem für alle Außenposten bis hin zu den Reduktionen in Paraguay (Martin aaO 97ff).

zungen nur in wenigen handschriftlichen Exemplaren zirkulieren, so daß sie keine Breitenwirkung erhielten[7].

23112 Die Missionsmethoden

Unterscheidet man grundsätzlich zwischen reiner Mission ohne kolonisatorische Absichten, wie man sie im Mittelalter bei der Germanenmission, z. B. bei den Angelsachsen oder in Skandinavien, beobachten kann, und einer mit kolonisatorisch-imperialistischen Interessen gekoppelten Mission, dann muß man feststellen, daß es ersteren Typ, der die Souveränität der Indianer respektiert hätte, in Amerika nicht gegeben hat. Alle Missionare mußten von dem globalen Herrschaftsanspruch der iberischen Könige über die Neue Welt ausgehen, zu dem sie sich durch päpstliche Bullen berechtigt fühlten. Das bedeutet andererseits nicht, daß alle Mission in Amerika Schwertmission gewesen ist.

231121 Die friedliche Missionsmethode

Es gereicht den Dominikanern auf Hispaniola, die 1511 als erste den Protest gegen die Indianersklaverei artikuliert haben, zur Ehre, daß sie auch den ersten friedlichen Missionsversuch in Amerika unternommen haben, und zwar 1514 an der venezolanischen Küste, an der es noch keine spanischen Stützpunkte und Siedlungen gab. Fr. Pedro de Córdoba hatte Ferdinand den Katholischen persönlich davon überzeugt, daß es für die Ausbreitung des christlichen Glaubens das Beste sei, exemplarische Religiose ohne jeden Waffenschutz zur Predigt wie die Apostel auszusenden in eine Gegend, in der die skandalösen Untaten der Christen noch nicht bekannt waren. Als die Arbeit in Piritú ungefähr ein Jahr bestand, landete dort Gómez de Ribera, mißbrauchte das Vertrauen der Dominikaner und der Indianer und raubte den Kaziken mit Frau und weitere 17 Indianer, um sie als Sklaven auf Hispaniola zu verkaufen. Die Indianer gaben den Mönchen eine Frist von vier Monaten, um mit Hilfe der Behörden die Entführten zurückzubringen. Aber die korrupten spanischen Behörden verschafften Gómez noch Straffreiheit, indem sie ihm die Zuflucht in einem Merzedarierkloster erlaubten. Daraufhin mußten 1515 Fr. Francisco de Córdoba und Laienbruder Juan Garcés als erste Glaubenszeugen in Amerika ihr Leben lassen.

Trotzdem wagte der Dominikanerobere Pedro de Córdoba noch 1515 ein neues Experiment in derselben Gegend, in Cumaná südlich der Perleninsel Margarita, und zwar mit fünf Dominikanern und einigen Franziskanerobservanten, die Kardinal Jiménez de Cisneros entsandt hatte. Dominikaner und Franziskaner schufen zwei getrennte Missionszentren, die sich gut entwickelten. Las Casas erwirkte in Spanien weitere Unterstützung für das Projekt, das er mit weiteren Religiosen erweitern wollte. Auf dem Rückweg traf er 1521 in San Juan de Puerto Rico auf eine Kriegsflottille unter Gonzalo de Ocampo, der sich nicht von einem Rachefeldzug gegen die Indianer der Gegend von Cumaná abhalten ließ, die 1520 zwei Dominikaner umgebracht hatten, die sie für Komplicen von Alonso de Ojeda hielten. Dieser hatte 1520 die Gutgläubigkeit der Indianer mißbraucht, sie betrogen, ein Gemetzel unter ihnen angerichtet und eine Anzahl von Indianern als Sklaven weggeschleppt. Die Tragödie von 1515 hatte sich also wiederholt. Las Casas fand 1521 den franziskanischen

---

[7] Specker 1966a.

Missionsstützpunkt noch intakt und reiste erneut nach Spanien, um den König objektiv über die Vorfälle zu informieren. Da hinterging ihn sein eigener Vertrauensmann, der von ihm zurückgelassene Truppenführer Francisco de Soto, und fing selbst mit Indianerraub und -handel an, was 1522 die Indianer zur blutigen Rache veranlaßte. Soto und der Franziskanerbruder Dionisio kamen um, die übrigen flüchteten auf Kanus auf die Insel Cubagua. Seit der Ankunft von Truppen 1521 bestand das Projekt ohnehin nicht mehr in seiner ursprünglichen völlig waffenfreien Intention. Es gab in Cumaná zwar noch weitere franziskanische Missionsversuche, aber bereits abgesichert durch ein 1523 dort errichtetes Fort[8]. Das Problem des Waffenschutzes der Cumaná-Mission war schon 1517 in einem Brief der Hieronymiten-Reformkommission auf Hispaniola aufgetaucht, wobei die Erfahrung eine Rolle spielte, daß die befriedeten Indianer gelegentlich von den kriegerischen, der Mission abgeneigten Gruppen bedroht wurden[9]. Auf lange Sicht sollte sich allerdings zeigen, daß Waffen am dringendsten zum Schutz gegen die Übergriffe nomineller weißer Christen erforderlich waren.

Friedliche Missionsversuche wurden im Verlauf der Kolonialgeschichte immer wieder dann unternommen, wenn es darum ging, kriegerische Völkerschaften ohne die Kosten und das Risiko militärischer Expeditionen zu pazifizieren oder das Kolonialgebiet auf diese Weise bequem zu erweitern.

So wirkten Ordensmissionare im zweiten Viertel des 16. Jahrhunderts allein auf sich gestellt im zentralen an Chiapas grenzenden Hochland Guatemalas, das als Kriegsland bezeichnet wurde, weil es der militärischen Eroberung hartnäckig widerstanden hatte. Die Möglichkeit, die Sorge für das Kriegsland übernehmen zu können, die ihm Karl V. 1544 dann auch übertrug, war für Las Casas der Hauptgrund zur Annahme des ihm angetragenen Bischofsamtes in Chiapas. Der Erfolg der friedlichen Missionsmethode war in diesem Gebiet so groß, „daß Las Casas mit den Missionaren übereinkam, das Kriegsland fortan Verapaz, oder ‚wahrer Friede' zu nennen". „Ohne die Schwierigkeiten, welche die Spanier bereiteten, wäre der Erfolg der Mission gewiß ein noch weit größerer gewesen, vielleicht wäre es zu dem Aufstand der Acalaes im Jahre 1555 nicht gekommen und wäre auch der Weg zu den anderen Stämmen im Norden offen gewesen."[10]

Die Expansion des spanischen Kolonialreiches nach Florida, Texas, Neu-Mexiko und Kalifornien im Norden und in das ostandine Amazonasgebiet in Südamerika geht ebenfalls weitgehend auf friedliche Missionsvorstöße der Orden zurück, wenngleich es gelegentlich an mehr oder weniger direkter militärischer Rückendeckung durch Errichtung von Grenzstützpunkten oder auch durch militärischen Geleitschutz nicht fehlte. Außerdem mußte den Eingeborenen die friedliche Mission und der Schutz durch die Orden gegenüber der direkten militärischen Unterwerfung, für deren Folgen sie genug Beispiele kannten, als das geringere Übel erscheinen. Friedliche Missionsversuche gab es schließlich immer wieder unter den zäh ihre Unabhängigkeit behauptenden Araukanern in Südchile[11]. Auch in Brasilien gibt es zahlreiche Beispiele für unbewaffnete Pazifizierungs- und Missionsvorhaben, speziell im

---

[8] Vgl. Ariza 1969, 94ff; Gómez C. 1969, 144ff, die wesentlich auf Las Casas 1951ff fußen, wie ein Vergleich ergibt. Tormo 1962ff I, 201 meint, die Idee zur friedlichen Mission in Venezuela könne ursprünglich von den mehr praktisch denkenden Franziskanern stammen.

[9] Tormo aaO 203f.

[10] Biermann 1960a, 172ff. Auf Bitten der Dominikaner bestätigte Kronprinz Philipp 1547 den Namen Verapaz, den noch heute zwei Provinzen in Guatemala tragen.

[11] Vgl. zum Ganzen Tormo 1962ff I, 154 und zu den Araukanern Noggler 1973.

17. Jahrhundert am Amazonas, aber sie standen stets im Dienst des globalen Kolonisationsvorhabens. Nie hatten die Missionare über längere Zeit so freie Hand wie in den Reduktionen in Spanisch-Amerika.

Der klassische Theoretiker der friedlichen Missionsmethode ist Bartolomé de Las Casas. Es gehört zur Tragik seines Lebens, daß auch sein Traktat „De Unico vocationis modo..." für Jahrhunderte im Archiv verschwand. Las Casas betont darin den universalen, auch auf die Völker Amerikas gerichteten Heilswillen Gottes und die Fähigkeit aller Menschen zur Annahme des Christentums. Nach dem Vorbild der von Gregor d. Gr. eingeleiteten Angelsachsenmission muß jede Missionstätigkeit absolut friedfertig und gewaltlos vollzogen werden, was auch in der Katechese jeglichen Zwang oder gar körperliche Züchtigungen genau wie jede Äußerung von Herrschsucht und Habsucht auf seiten der Missionare ausschließt und ein durch „Milde und Güte, Bescheidenheit und Demut" geprägtes exemplarisches Leben der Glaubensverkündiger erfordert. Das Leben des Missionars muß eine lebendige Predigt sein. Dieser in Abschriften zikulierende Traktat hat auf einzelne Missionare aller Orden seine Wirkung nicht verfehlt. Ein Beispiel dafür ist die Pastoral für Indianermissionare (Itinerario para parochos de Indios) des Bischofs von Quito, Alonso de la Peña Montenegro (1653—87), der mit Las Casas das Prinzip der absoluten Freiwilligkeit in der Mission betont[12].

Im Gefolge von Francisco de Vitoria OP, dem sich als erster Domingo de Soto OP anschloß, lehnten alle späteren spanischen Scholastiker den Glaubenskrieg als dem Envangelium widersprechend ab, was indes nicht bedeutete, daß sie das Prinzip der Gewaltlosigkeit der Mission so konsequent vertraten wie Las Casas[13].

231122 Mission durch Anwendung militärischer, ziviler und kirchlicher Zwangsmethoden

Die Schwertmission stellte eine konsequente Fortsetzung der ‚reconquista' in der Neuen Welt dar. Die Indianer wurden den Mauren gleichgesetzt. Die militärische Unterwerfung der Völker Amerikas galt als unabdingbare Voraussetzung zur Ermöglichung der Verkündigung des Evangeliums. Man könnte Ginés de Sepúlveda als Theoretiker der Schwertmission bezeichnen, der noch in den vierziger Jahren des 16. Jahrhunderts in seinem ‚Democrates Alter' zwar nicht die gewaltsame Taufe forderte, aber doch die Meinung vertrat, Verkündigung und Lehre des Evangeliums setzten die Unterwerfung unter spanische Herrschaft voraus: „Ich glaube, daß die Barbaren mit demselben Recht unterworfen werden können, wie sie gezwungen werden können, das Evangelium zu hören."[14]

Mit der Schwertmission wurden die Grundlagen des spanischen Kolonialreichs und der Kirche in Amerika gelegt. Auf den Antillen und an den Küsten der Karibischen See versuchten die Eingeborenen sich durch Flucht ins Landesinnere den grausamen Eroberern zu entziehen. Aber im mesoamerikanischen und südamerikanischen Hochland konnten volkreiche Gebiete unterworfen werden, in denen die Kirche relativ ungefährdet mit der Missionsarbeit

---

[12] Beckmann 1966, 175ff. Vgl. Zusammenfassung von Las Casas' Traktat bei Remesal 1966, L VI/10, 771—74.

[13] Vgl. Höffner 1969, 334ff und 282ff und Ybot 1954 I, 408ff.

[14] Democrates Alter 337 nach Tormo 1962ff I, 151.

beginnen konnte, um den Preis, daß das Christentum mit dem Omen der Religion der weißen Eroberer belastet war. Die Kampagne der Dominikaner, vorab Las Casas' und anderer Missionare wie Fr. Jacobo de Testera führte dazu, daß *die Schwertmission 1542 mit den Neuen Gesetzen prinzipiell eingestellt wurde*[15], aber in umkämpften Grenzgebieten wie im Araukanerland in Chile fand sie noch länger Anwendung. *In Brasilien wurde sie nie ganz aufgegeben.* Angesichts der Geistesart der Franziskaner kann man sich nur wundern, daß zahlreiche Missionare des Ordens missionsmethodisch gegenüber der gewaltsamen Eroberung und dem Kommendensystem kaum Bedenken hatten und daß auch ein Ordenstheologe wie Antonio de Córdoba († 1578) sich nur zögernd zur Gewaltlosigkeit in der Mission bekannte[16].

Wie bereits geschildert, folgten der militärischen Gewalt andere Formen von staatlichem oder staatlich gebilligtem Zwang wie Versklavung, Kommenden oder Arbeitseinsatz. Dazu gesellten sich kirchliche Zwangsmaßnahmen wie Zwangstaufen, speziell Massentaufen von Kindern, deren Eltern noch gar nicht bekehrt waren[17], Kindererziehung in Internatsschulen, staatlich geförderte Zwangsumsiedlung (Reduktion), Teilnahmezwang am katechetischen Unterricht und an Gottesdiensten, körperliche Züchtigung und Gewaltanwendung gegen Abgefallene. Ob der Mißbrauch des Evangeliums schwerwiegender ist als der Mißbrauch des Natur- und Völkerrechts, wie Höffner meint[18], oder ob nicht beides letztlich untrennbar miteinander verbunden ist, mag dahingestellt bleiben.

Ein großer Teil der Missionare akzeptierte die Eroberung und Besetzung Amerikas als eine vollendete Tatsache, die nicht als unvereinbar mit der Christianisierung galt, was nicht bedeutet, daß sie die vorherige Unterwerfung als unabdingbare Voraussetzung für die Mission betrachteten. Auch fehlte es bei ihnen nicht an Protesten gegen konkreten Machtmißbrauch gegenüber den Indianern. Die Frage der Rechtmäßigkeit der Eroberung erschien ihnen schon deshalb von sekundärem Interesse, weil auch die Azteken und Inkas zahlreiche Völkerschaften unterworfen hatten. In der Mission selbst lehnten sie Zwangsmaßnahmen keineswegs ab. Predigt des Evangeliums, Katechese, gutes Vorbild der Missionare und liebevolle Behandlung allein schien ihnen angesichts des Naturells der Indianer nicht zu genügen. Vielmehr meinten sie, es handele sich bei den Indianern um jene dritte Gruppe von Menschen aus dem Gleichnis vom großen Abendmahl, von denen es im Vulgata-Text heißt: „et compelle intrare" (Lk 14, 23), was in augustinischer Tradition als Legitimation für die Anwendung von Zwang bei der Mission verstanden wurde. Die Indianer erschienen ihnen als Kinder, die man auf dem Weg zum Glauben an die Hand nehmen und notfalls mit körperlicher Züchtigung auf dem rechten Wege halten müsse. Diese Auffassung begegnet schon Ende des 15. Jahrhunderts bei dem

---

[15] Tormo aaO 150ff.
[16] Höffner 1969, 288f, der bei Antonio Nachwirkungen der Lehre des Kardinals von Ostia, Heinrich von Segusia († 1271) sieht, der in seiner Goldenen Summe die Ansicht vertritt, alle Heiden seien dem Papst als Stellvertreter Christi unterworfen und dürfen mit Waffengewalt ihres Besitzes beraubt werden, wenn sie dessen Herrschaft nicht anerkennen, „eine Ansicht, die sich in der kolonialethischen Diskussion des 16. Jahrhunderts verhängnisvoll auswirkte" – aaO 57.
[17] AaO 339f und 404; Beispiele für Zwangsmission nach Vargas U. 1953ff I, 222.
[18] Höffner aaO 415.

Hieronymiten Román Pané auf Hispaniola und blieb während der ganzen Kolonialzeit in weiten Kreisen der Kirche maßgebend, sowohl im spanischen wie im portugiesischen Amerika[19].

Außer dem Rückgriff auf Augustin und den Konsequenzen, die sich aus dem Indianerbild der Missionare (vgl. 221) ergaben, hat die Anwendung von Zwang im kirchlichen Bereich im Mittelalter eine lange Vorgeschichte. Hingewiesen sei nur auf die naive Gleichsetzung von Glauben und kultischem Gehorsam, von Kirche und Frankenreich, die seinerzeit die Schwertmission unter den Sachsen gerechtfertigt und verhängnisvoll weitergewirkt hat. So konnte auch ein „Francisco de Vitoria den Grundsatz' des Reformationszeitalters ‚Cujus regio, ejus religio' nicht überwinden", jene Ansicht also, „daß ein Volk seine religiöse Freiheit dem Staate überantworten könne"[20], die auf die Kolonialpolitik übertragen bedeutete, daß die Kolonialherren über die Religion ihrer Untertanen befinden konnten, was eo ipso einen Zwang mit sich brachte.

2312 Menschenbildung bzw. Hispanisierung

23121 Die Problemstellung

Sowohl die Missionsmethoden wie auch die noch zu schildernden Verfahren oder Techniken kann man nur auf dem Hintergrund der eng mit der Mission verbundenen Menschenbildung (modelación humana del indio) verstehen. Aus dem reichen, von Borges verarbeiteten Quellenmaterial zu dieser Frage kann man schließen, daß die Missionare bewußt oder unbewußt noch im scholastischen Zweistockwerkdenken befangen waren. Die fünf Stufen der Missionsarbeit, die Borges nennt, lassen sich folgendermaßen auf beide Stockwerke verteilen:

---

[19] Tormo 1962ff I, 150ff unterteilt die Missionsmethoden noch stärker:
a) Die militärische Methode, die von der Überzeugung ausgeht: zuerst besiegen, dann bekehren.
b) Die pazifistische Methode oder die reine Predigt.
c) Die Praxis beider Methoden. Weitgehend in der umgekehrten Reihenfolge wurden die beiden Methoden kombiniert nach dem Verbot der Schwertmission ab 1542 angewandt, d. h. Missionare bekehrten große Völkerschaften an den Rändern des Kolonisationsgebietes, die noch nicht militärisch bezwungen waren, weitgehend friedlich. Die Truppen beschränkten sich auf den Grenzschutz, aber die Bekehrung bedeutete de facto die Anerkennung der Oberhoheit der iberischen Kronen. Große Teile Nordmexikos bzw. des heutigen Südens der USA und des Amazonasbeckens wurden so missioniert.
d) Die Methode teilweisen Zwangs setzt die militärische Unterwerfung voraus und ist bestimmt von der Überzeugung, daß auch nach der Unterwerfung nicht die freie Predigt genügt, sondern daß die Einhaltung der christlichen Gebote mit Zwang durchgesetzt werden muß.
e) Totaler Zwang oder Gewaltmethode. Sie wurde in der Anfangsphase der Conquista angewandt, z. B. in Peru in Puná, Túmbez, Cajamarca, Lima u. a. Orten, wo sich die Soldaten als Prediger betätigten und die Gefangenen gefesselt gegen deren freien Willen tauften.
[20] Höffner 1969, 396ff.

Schaffung eines Klimas von Bereitwilligkeit, dem Missionar zuzuhören (captación de la benevolencia); die Indianer der neuen Religion geneigt machen; Menschenbildung;	*Unteres Stockwerk* — fides generalis (notitia und assensus)
Bekehrung; Einführung einer moralischen Ordnung: Bekämpfung der Laster	*Oberes Stockwerk* — fides specialis (fiducia)

Bei der Menschenbildung ist allerdings auch der erasmianische Einfluß zu berücksichtigen, unter dem z. B. Juán de Zumárraga OFM, der erste Bischof von Mexiko, stand. So stellte für die ersten franziskanischen Mönche in Mexiko das Bestreben zu alphabetisieren, spanische Werte und christliches Dogma zu vermitteln, eine Einheit dar. In eine ähnliche Richtung zielt der Hinweis von Borges, daß die Missionare des 16. Jahrhunderts unter dem Einfluß der Renaissance „das Christentum als eine Vervollkommnung sogar in der Naturordnung" verstanden haben könnten.

Es gab einen breiten consensus darüber, daß die Indianer zuerst lernen mußten, „Menschen" zu sein und als Menschen zu leben, ehe sie Christen werden konnten. Deshalb beginnt auch der Katechismus des zweiten Erzbischofs von Santa Fe de Bogotá, Luis Zapata de Cárdenas OFM (1573—90), mit Normen, die das soziale System des Lebens der Indianer anheben sollen und geht dann erst auf die christliche Lehre ein, beschreibt also den Weg vom weniger Vollkommenen zum Vollkommeneren. Derselbe Gedanken wird auf dem Limensis III (1582—83) noch akzentuierter vertreten. Während für Zapata die „körperliche Ordnung" (policia corporal) eine Stufe darstellt, über die man zur „geistlichen Ordnung" (policia espiritual) gelangt, d. h. zum Ende eines evolutiven Prozesses der Vervollkommnung, ist sie für das Konzil mehr als eine Stufe, nämlich ein unaufgebbares Fundament, das das Christentum trägt. Das Christentum setzt also das natürliche Licht der Vernunft voraus, d. h. das wahre Menschsein, und dieses äußert sich in einer menschenwürdigen Lebensweise, die man den Indianern vor den christlichen Wahrheiten beibringen muß. Unter einer „humanen und politischen" Lebensweise versteht das Konzil u. a., daß man nicht dreckig und unordentlich in die Kirche geht, sondern gewaschen, gekämmt und sauber, die Frauen mit einem Schleier, daß man im Hause Tische zum Essen und Betten zum Schlafen benutzt, daß die Häuser nicht Viehkralen gleichen, sondern ordentliche, saubere und menschliche Behausungen darstellen. Der soziale und der hygienische Aspekt und nicht der moralische steht also im Vordergrund.

Es ging im Grunde also immer um die Frage, ob die Indianer im vollen Sinne Menschen seien. Die Frage traf aber den Kern der Sache nicht, da das Humanum unkritisch von der iberischen Zivilisation her verstanden wurde. Die weitgehende Unkenntnis des indianischen Wesens und die unbedachte Abwertung des mythischen Weltverständnisses als primitiv verhinderten eine Korrektur der Fragestellung in Richtung darauf, was man tatsächlich hätte ergründen müssen, nämlich nicht ob, sondern auf welche Weise die Indianer Menschen sind[21]. Statt dessen klassifizierte ein Mann wie der führende südamerikanische

---

[21] Vgl. Borges 1960, 203ff, der die fünf Stufen aber nicht in das scholastische Stockwerkschema einordnet. Zum Einfluß von Erasmus vgl. Gibson 1963, 99 und Bataillon 1966, 807ff Anhang: Erasmo y el Nuevo Mundo; zum mythischen Weltverständnis vgl. Dussel 1972, 81.

Missiologe des 16. Jahrhunderts, José de Acosta SJ, die Menschen nach dem Maß ihrer Abweichung vom europäischen Standard in drei Gruppen: 1. solche Heiden, die nicht zu sehr von der richtigen Vernunft und dem im Menschengeschlecht allgemein Üblichen abweichen und die in beständigen Staaten mit Gesetzen, Autoritäten und Schrift organisiert sind, wozu er die Inder, Chinesen und andere zählt, aber in Verkennung der Lage nicht die altamerikanischen Hochkulturvölker; 2. Heiden mit Gesetzen, Magistraten, Republiken, aber ohne Schrift, philosophische Wissenschaft und zivilisierte Gebräuche, wie z. B. die Inkas und Azteken, und 3. jene Indianer, die mehr wilden Tieren ähneln als Menschen und nur menschliche Gefühle haben, des Gesetzes, einer obersten Autorität, Magistraten etc. entbehren wie die Tieflandindianer Südamerikas.

Acosta, der 1589 als erster das, was in der Praxis unvollkommen an Menschenbildung durchgeführt wurde, systematisierte und daraus die *Theorie der ‚modelación humana del indio'* machte, differenzierte das Maß der notwendigen Humanisierung bei diesen drei Gruppen. In Gruppe zwei wollte er die guten Bräuche erhalten und nur die der (iberisch-christlichen) Vernunft widersprechenden langsam unterdrücken, während er die Indianer der Gruppe drei nur als halbe Menschen betrachtete, die wie Kinder zu behandeln und von Grund auf zu humanisieren seien, und zwar notfalls auch mit Zwangsmaßnahmen. Methodisch dachte er an Kontakt mit den Spaniern, äußere Fürsorge, Strafen, Belohnungen und die Errichtung von Dörfern und Häusern[22].

Der enge Zusammenhang zwischen der Auffassung, die Tieflandindianer seien ihrem Entwicklungsstand nach noch Kinder, und der Anwendung von erzieherischem Zwang zur Menschenbildung und Mission wird auch bei den führenden Jesuiten in Brasilien deutlich.

So befürwortete José de Anchieta SJ 1560 zur Ermöglichung dieser Ziele Zwang, der bewirke, daß die Indianer „in Unterwerfung und Furcht" in den Missions-aldeias wohnen blieben[23]. 1563 gab er seiner Zuversicht Ausdruck, daß in der Kapitanie São Vicente „die Türen zur Bekehrung der Heiden" geöffnet seien, „wenn Gott der Herr es nur auf eine Art ermöglichen wolle, daß sie unterworfen und unterjocht würden, denn für diese Art von Leuten gibt es keine bessere Predigt als Schwert und Eisenstange (vgl. Ps 2,9), denn bei ihnen muß mehr als bei anderen das ‚compelle eos intrare' (Lk 14,23) erfüllt werden"[24]. Und Nóbrega hat 1556/57 im ersten missiologischen Traktat Brasiliens zwar betont, daß die Indianer Menschen seien, die auch befähigt seien, sich zum Christentum zu bekehren, aber gleichzeitig darauf hingewiesen, daß dazu neue äußere Lebensbedingungen mit mäßigem Zwang geschaffen werden müßten[25]. Die brasilianischen Jesuiten hätten sicher Acostas Feststellung bestätigt: „Es ist vergeblich, denjenigen die göttlichen und himmlischen Dinge zu zeigen, die die menschlichen nicht verstehen"[26]. Ähnlich hatte P. Bartolomé Hernández 1572 bemerkt, daß diejenigen, die mit „so bestialischen" Sitten leben wie die

---

[22] Borges 1960, 211ff.
[23] Brief von Anchieta aus São Vicente v. 1. 6. 1560 an Ordensgeneral Diego Laynes/Rom — MBR III, 255.
[24] Ders. aus S. Vicente v. 16. 4. .1563 an Laynes — MBR III, 554.
[25] Nóbrega 1557.
[26] „En vano le enseñaras las cosas divinas y celestes a quienes no entienden las humanas" — Acosta 1589, 356 nach Borges aaO 207. Und Höffner zitiert aus demselben Werk von Acosta (Lib. III c. 19, 324f) das Wort eines erfahrenen Missionars: „Man müsse bei den Barbaren zunächst zu erreichen suchen, daß sie Menschen zu sein verstünden, dann erst Christen."

Indianer, nicht fähig seien, ein „so geistliches, kluges und vernünftiges Gesetz wie das des Christentums" anzunehmen[27].

Borges übernimmt diese Definition des Christentums als geistliches Gesetz völlig unkritisch. Aus den aufgezeigten Zusammenhängen ergibt sich also, daß die Missionare völlig von scholastischem Denken geprägt waren. Naturgesetz als unteres Stockwerk und geistliches Gesetz als oberes Stockwerk gehören für sie unabdingbar zusammen. Je bruchstückhafter das indianische Verständnis des Naturgesetzes ist, so wie die Missionare es in christlich-abendländischer Tradition verstanden, desto mehr Menschenbildung ist erforderlich, um das Ziel der Bekehrung zu erreichen. Als eine unabhängig von Naturgesetzauffassungen aus allen gesetzlichen Zwängen befreiende Botschaft, die nicht von einer bestimmten Zivilisation abhängt, kam das Evangelium hier nicht in Sicht.

Für das Maß an Menschenbildung, das die Missionare für erforderlich erachteten, waren oft deren subjektive Eindrücke maßgebend. So war Fr. Pedro de Azuaga OFM von den grausamen Bräuchen der Azteken so beeindruckt, daß er die Azteken als „bestias brutales" bezeichnete, die erst zu „Vernunftmenschen" gemacht werden müßten[28]. Acosta hingegen erachtete die politischen Qualitäten, die die Indianer aus den Hochkulturen besaßen, als eine gute natürliche Vorbereitung zur Eingießung des Glaubens[29]. Eine autochthone Stimme wie die des Inka Garcilasco de la Vega betonte freilich stärker die Zweckmäßigkeit, die guten indianischen Bräuche beizubehalten und sie dem Zweck des Christentums so weit wie möglich anzupassen (acomodar). Bei Garcilasco taucht also das Stichwort Akkomodation auf. Er betont in Übereinstimmung mit zahlreichen Missionaren den kulturellen Wert des Ketschua, der lingua franca des Inkareiches, dem unter den Indianern des Andenbereiches derselbe kulturelle Wert zukomme wie den klassischen Sprachen in Europa. Das Ketschua fördere die Schärfe des Denkens und das Verständnis und mache aus Barbaren in gewissem Grade zivilisierte Menschen. Am meisten war zweifellos der Bischof von Chiapas, Bartolomé de Las Casas, seiner Zeit voraus, der sagen konnte: „Alles wird mit der Predigt und dem Empfang des Glaubens abgelegt und unterdrückt." Damit durchbrach Las Casas das Stockwerkdenken! Ähnlich äußerte sich Ende des 16. Jahrhunderts der Merzedarier Martín de Murúa in Peru, der die ‚policía' nicht als eine Voraussetzung, sondern als eine Frucht der Bekehrung ansah und auch nur in geringerem Umfange als nötig erachtete als andere Autoren[30].

---

[27] Brief von P. Hernández aus Lima v. 19. 4. 1572 an den Präsidenten des Indienrates — nach Borges aaO 207.

[28] Parecer sobre varios puntos acerca de la gobernación y población de las Indias, o. Datum, in CDIA XI, 177f nach Borges aaO 210. Azuaga war Anfang der neunziger Jahre des 16. Jahrhunderts Visitator der franziskanischen Ordensprovinz des Nuevo Reino de Granada und wurde 1595 Bischof von Santiago de Chile — vgl. Egaña 1966, 218.

[29] Acosta, Historia natural y moral de las Indias, Sevilla 1590, 532 nach Borges aaO 208.

[30] Las Casas, Aquí se contienen treinta proposiciones muy jurídicas... prop. XXVII — ohne Ort 1552 — nach Borges aaO 211. Garcilaso ist Mestize, sein Vater war Spanier, seine Mutter stammte aus einem vornehmen Inka-Geschlecht, weshalb er in der Literatur meist als Inka bezeichnet wird.

Borges weist nach, daß die spanischen Kronen seit 1503 immer deutlicher auf die Menschenbildung der Indianer drangen, die für sie darin bestand, daß die Amerikaner die Lebensweise der Einwohner der iberischen Halbinsel übernehmen möchten. Und wenn königliche Anweisungen immer wieder den Spanisch-Unterricht für die Indianer forderten, dann deshalb, weil man darin ein wirksames Mittel zur Übernahme der spanischen Lebensweise sah. Das Ziel der Hispanisierung der Indianer wurde in praxi zwar nicht so schnell erreicht, das bescheidenere Ziel der ‚policía' aber desto konsequenter verfolgt[31]. Und die Menschenbildung muß als ein Teil der Hispanisierung angesehen werden. Ähnliches kann man in Brasilien beobachten.

Was nun die praktische Durchführung der Menschenbildung anbelangt, kann man den gesellschaftlichen und den familiär-individuellen Bereich unterscheiden.

23122 Die gesellschaftliche Bildung der Indianer durch Reduktionen

Um im gesellschaftlichen Sinne als Menschen zu gelten, wurde von den Eingeborenen erwartet, daß sie zwei Bedingungen erfüllten: Erstens, daß sie aus ihren verstreuten Wohnsitzen in organisierte Siedlungen iberischen Stils und Zuschnitts zogen, d. h. in der Sprache der Zeit ‚reducción a pueblos'; zweitens, daß sie in diesen Siedlungen (‚pueblos' bzw. portugiesisch ‚aldeias') nach Gesetzen lebten, von denen die Kolonialherren meinten, sie seien der menschlichen Natur angemessen. Mit Borges kann man im 16. Jahrhundert drei Entwicklungsphasen dieser Reduktionen, die sich zur größten Umsiedlungsaktion auswuchsen, die die amerikanische Urbevölkerung erlebt hat, unterscheiden.

231221 Die ersten Reduktionsversuche – die antillanische Periode (1503–1530)

Die Entwicklung, die von einer ‚cédula' Isabellas der Katholischen an Nicolás de Ovanda (1503)[32] über die Gesetze von Burgos (1512) bis zur Instruktion an die Hieronymitenkommission (1516) verläuft, kann nicht im einzelnen skizziert werden. Sie zeigt ein wachsendes Problembewußtsein beim Gesetzgeber. Der Weg führt vom brutalen Zwang bei der Umsiedlung zu dem Versuch, Verständnis und Bereitschaft für die Maßnahmen bei den betroffenen Indianern zu wecken, von totaler Bevormundung bei der Bestimmung der Lage der Reduktion bis zur Konsultation der Kaziken und der Berücksichtigung der Interessen der Indianer. Der Interessenkonflikt zwischen der Sklaverei bzw. Zwangsarbeit und dem Reduktionsmodell, der Mangel an uneigennützigen Spaniern zur Durchführung der Umsiedlung und zur Leitung der Reduktionen sowie Pockenepidemien brachten das Programm zum Erliegen.

231222 Die Gründung von Reduktionen auf dem Festland (1530–48)

Die Eroberung riesiger Ländereien auf dem Festland mit zahlreichen Indianervölkern machte die Wiederbelebung der Siedlungsversuche erforderlich.

---

[31] Borges aaO 214ff. Zur Menschenbildung gehört natürlich der ganze Komplex der Bildungseinrichtungen, die für die Indianer geschaffen wurden.
[32] Vgl. Konetzke 1953ff I, 10.

Aber die enorme Ausdehnung des Kolonialreiches machte den Vorsatz illusorisch, wie bei den ersten Versuchen etliche Spanier für die Verwaltungs- und Erziehungsbelange in jeder Reduktion einzusetzen und den Priester auf die geistlichen Belange zu beschränken. In einer ‚cédula' für Nueva España aus dem Jahre 1538 wurde erstmals vom Gesetzgeber eine Beziehung zwischen Humanisierung und Christianisierung hergestellt, indem die Erziehung zu menschlicher Ordnung (policia humana) als „Weg und Mittel" zur Bekanntmachung der göttlichen Ordnung gewertet wurde[33]. Nachdem sich das Zutrauen in die politischen Fähigkeiten der Indianer gestärkt hatte, lag es nahe, auf die ohnehin knappen spanischen Verwalter zu verzichten und die Anlage und Führung der Reduktionen Religiosen in Zusammenarbeit mit Kaziken und indianischen Amtsträgern zu überlassen. Als dann 1538 die königlichen Beamten in Mexiko und Guatemala noch angewiesen wurden, und zwar offenbar entsprechend einem Vorschlag von Bischof Marroquín von Guatemala, die Indianer für Hausbau und Anlage von Feldern zeitweise von Kommendenarbeiten und Tributen zu befreien, kam die Umsiedlung richtig in Gang. In Guatemala gelang es den Franziskanern in den Jahren 1540–53, praktisch alle Indianer aus ihren Verstecken zu locken und in nach Schachbrettmuster angelegten ‚pueblos' mit zentralem Platz — umgeben von Kirche, Bürgermeisterei, Gefängnis und Gemeinde- und Besucherhaus — anzusiedeln[34], ein Schema, von dem noch heute die Indianerdörfer des Landes geprägt sind.

231223 Die definitive Phase der Reduktionen (ab 1548)

Der Eindruck von der hohen Organisationsform der Indianer in Peru besserte bei der Krone die Vorstellungen von den Fähigkeiten der Indianer. Die Erinnerung an den Mißerfolg des antillanischen Experiments verblaßte. Die immer akzentuiertere Politik der guten Behandlung der Indianer führte geradezu zu einer Umkehrung des Konzepts des engen Zusammenlebens von Spaniern und Indianern. Lebten in der ersten Phase mehrere Spanier in der Reduktion und in der zweiten Phase der ‚regidor', der Priester und oft auch der ‚encomendero', so wurde in der dritten Phase dem Kommendenbesitzer verboten, in den ‚pueblos' seiner Kommende selbst zu wohnen, um die gute Behandlung der Indianer zu gewährleisten und „unter dem Aspekt der Christianisierung" von den Spaniern ausgehende „schädliche" Einflüsse zu vermeiden. Mithin gelangte die Leitung der Reduktionen und die Verantwortung für die Menschenbildung der Indianer unter Ausschaltung von ‚corregidores', ‚visitadores' und sonstigen spanischen Autoritäten ausschließlich in die Hand der Missionare und der indianischen Autoritäten. Obwohl also das *Reduktionsmodell mit dem Kommendensystem gekoppelt* war, gab es im spanischen Bereich den Missionaren große Einflußmöglichkeiten, und sie waren es auch, die unabhängig von häufigen Behinderungen durch Gouverneure und Beamte im zweiten Teil des 16. Jahrhunderts die Gründung neuer Reduktionen in Neu-Spanien vorantrieben. Borges schätzt, daß in Mexiko vornehmlich dank der Arbeit der Franziskaner und in Guatemala dank der Arbeit von Franziskanern und Dominikanern etwa zwei Drittel aller Indianer umgesiedelt wurden[35].

In Peru bedurfte es erst drastischer Aktionen von Vizekönig Francisco de Toledo (1569–81), um das Umsiedlungsprogramm der Indianer in großem Stil

---

[33] Borges aaO 227.   [34] Ebd. 230f.   [35] Ebd. 233ff.

in Gang zu bringen. Erst 1571 konnte er mit der Überwältigung von Tupac Amaru, dem dritten Erben von Manco Inca, den neu-inkaischen Staat mit der gesamten Inka-Dynastie in Strömen von Blut ersticken. Im Unterschied zu Mexiko waren die missionarischen Erfolge um 1570 in Peru noch relativ kümmerlich. Volle Klöster in Lima bildeten einen bedauerlichen Kontrast zu kleinen Gruppen von Missionaren im Landesinneren, so daß Toledo unter Übergehung kirchlicher Instanzen Religiose aus Lima an die Missionsfront schickte[36]. Durch die Bildung indianischer Kommunitäten im Stile der Reduktionen nahm die Missionsarbeit in Peru nach 1570 einen großen Aufschwung[37]. Die heutigen ‚communidades indígenas' gehen weitgehend auf sie zurück und nicht auf die inkaischen ‚ayllus' (vgl. 11333).

Die hier aufgezeigte Vorgeschichte ist zum Verständnis der jesuitischen Reduktionen speziell in Paraguay wichtig. Sie unterscheiden sich indes in wichtigen Zügen von dem allgemeinen Reduktionsmodell, u. a. durch den Wegfall der Bindung mit dem Kommendensystem, wie im Abschnitt 24 zu zeigen ist.

231224 Die ‚aldeias' in Brasilien

Abgesehen von der direkten Versklavung konnten die Indianer in Brasilien sich „nach eigenem Entschluß" als bezahlte Arbeitskräfte auf den ‚fazendas' der Siedler niederlassen mit dem Status von ‚índios de administração'. Diese von der Junta von 1566 als Übergangslösung gedachte Regelung entwickelte sich zu einer Dauerlösung. Wie wenig freiwillig sich die Indianer in diesen Status begeben haben werden, ergibt sich schon daraus, daß sie damit ihre Freiheit endgültig verloren. Denn im Falle ihrer Flucht konnten sie gewaltsam zurückgeholt und gezüchtigt werden. Nach einem Gesetz von 1587 sollte ihnen allerdings auch Land zur eigenen Bewirtschaftung zugeteilt werden[38], ähnlich wie bei den Kommendenindianern.

Schon vor dieser Regelung hatten die Jesuiten indes in Brasilien die Gründung von Reduktionen in Form von Missions-aldeias versucht, und zwar zunächst auf der Grundlage völliger Freiwilligkeit auf seiten der Indianer. So war es 1552 dem ersten portugiesischen Siedler von Bahia, Diogo Álvares, von den Indianern Caramuru genannt, gelungen, diese von den guten Absichten der Jesuiten zu überzeugen, so daß eine erste Reduktion in Bahia gegründet werden konnte. Da Bischof Fernandes Sardinha gegen das Projekt war, wich Nóbrega in die entlegene Kapitanie São Vicente aus, setzte sich mit dem ältesten Siedler des Südens, João Ramalho, ins Vernehmen, der das Vertrauen der Tibiriçá und der Caiubí gewonnen hatte, suchte mit genialer Intuition einen Siedlungsort am Tietê aus, der zum Entwässerungssystem des La Plata gehört, und überzeugte die Indianer dreier Dörfer, an jenen Ort zu ziehen, der „der bedeutendste Mittelpunkt der territorialen Expansion Brasiliens werden" sollte: São Paulo[39].

Die Motivation für die Gründung der ersten Reduktionen in Brasilien war zunächst eine rein missionarische. Die Effektivität ambulanter Mission unter

---

[36] Vgl. Tibesar 1953, 61; Fagg 1971, 123ff; vgl. Abschnitt 21231 und Anm. 137.
[37] Tibesar 1953, 61.
[38] Thomas 1968, 68ff; vgl. Abschnitt 22 Anm. 76.
[39] Zu S. Paulo s. Leite 1938ff I, 270. Seit 1553 bestand die jesuitische Provinz Brasilien, so daß die Jesuiten dem Bischof kirchenrechtlich nicht unterstanden.

den halbnomadischen Indianern, die die Missionare oft nach einem Jahr nicht wieder antrafen, war gering. In ihrer gewohnten Umgebung waren die Indianer schwer von ihrem heidnischen Glauben, ihrer Kriegslust und ihren mit Anthropophagie verbundenen Menschenopfern abzubringen. Deshalb hatte schon König João III. (1521—57) 1548 im ‚Regimento' für Tomé de Sousa die Ansiedlung der Indianer in der Nähe der Siedlungen portugiesischer Christen angeordnet, damit deren Umgang sie fördere und das schlechte Beispiel der heidnischen Indianer wegfalle[40]. Nóbrega erkannte schnell die Nachteile dieses Systems. Das vom König empfohlene Zusammenleben der Indianer mit den Portugiesen hatte nur negative Auswirkungen: „Je weiter wir von den Altchristen weg sind, die hier leben, desto mehr Frucht kann in der Bekehrung der Heiden erzielt werden" und desto besser können sie vor der Ausbeutung durch die Kolonisten geschützt werden. Außerdem konnte es der Katechese nur zugute kommen, wenn die Missionare ständig unter den Indianern lebten und dadurch deren Sprache richtig erlernten[41].

Die Abreise von Bischof Fernandes Sardinha 1556 und die Ankunft des neuen Generalgouverneurs Mem de Sá 1557, der sich gleich zu Beginn seiner Tätigkeit mit der Indianerfrage beschäftigte, ermöglichten die staatlich geförderte Gründung weiterer ‚aldeias'. Inzwischen waren die Indianer des ‚Recôncavo' (Bucht von Bahia) unterworfen, und die Jesuiten neigten immer mehr zu der Überzeugung, daß man nur die pazifizierten Indianer mit dauerhaftem Erfolg missionieren könne, so daß Mem de Sá in ihrem Sinne handelte, als er die Ansiedlung (aldeamento) der Indianer um Bahia per Dekret verfügte. Gleichzeitig verbot er ihnen, weiterhin untereinander Kriege zu führen und Menschenfleisch zu essen, und gebot ihnen, für die Jesuiten Kapellen und Häuser zu bauen, womit das Motiv der Menschenbildung bereits anklingt. Trotz der Proteste der Siedler, denen die Aussicht eines mächtigen Rings von Indianersiedlungen rings um die Stadt schlaflose Nächte bereitete, verwirklichte der Gouverneur seinen Plan, so daß ab 1558 vier große Missions-aldeias im Hinterland von Bahia de Todos os Santos entstanden. Um den Eingeborenen trotz ihres ausgeprägten Freiheitssinnes und der sich daraus ergebenden Lust zum Ortswechsel die Lebensweise unter der Obhut der Patres schmackhaft zu machen, gewährte Mem de Sá den ‚aldeias' beinahe städtische Regalien und gewisse Grundrechte zur teilweisen Selbstverwaltung unter der Oberaufsicht der Jesuiten. Hier liegt der Ursprung des zeitlichen Regimentes der Patres, das Ordensgeneral Diego Laynes erst nach ernsten Zweifeln zuließ, während es spätere Generäle wieder in Frage stellten[42].

---

[40] Thomas aaO 198f als Auszug im Anhang II.
[41] Vgl. Wetzel 1972, 180 mit Belegen.
[42] Ebd. 193f. Die städtischen Regalien bestanden aus dem ‚pelourinho' (Schandpfahl für Missetäter) und ‚tronco' (Gefängnis). Die städtische ‚câmara', die zur völligen Selbstverwaltung der bis dato als unmündig geltenden Indianer geführt hätte, wurde den ‚aldeias' nicht gewährt. Epidemien — z. B. 1563 eine Pockenepidemie — führten zu starkem Einwohnerschwund in den ‚aldeias'. Die Rechtsprechung der Jesuiten hatte auch ihre problematischen Seiten. Die hauptsächlichen Delikte der Indianer in den Missionssiedlungen waren: Anthropophagie, Saufgelage, Streitigkeiten, Ehebruch, Diebstähle, ungerechtfertigtes Fehlen bei der Arbeit, im Gottesdienst oder in der Schule, was vom ‚meirinho' geahndet wurde, wobei den Vätern die Möglichkeit vorbehalten blieb, die Strafen zu bestätigen, zu ermäßigen oder dem Delinquenten zu verzeihen. Die üblichen Strafarten waren

Um das zeitliche Regiment der ‚aldeias' entzündete sich ein fortwährender Streit. Wurde es von den Jesuiten und später auch Religiosen anderer Orden wahrgenommen, lehnten sich die Siedler auf, weil sie die Indianer nicht genug ausbeuten zu können meinten. Waren die Gesetze geändert und Kapitäne verwalteten die Siedlungen, dann flüchteten immer mehr Indianer, und die Siedler mußten nicht nur die wenigen noch verfügbaren Indianer nach den Vorschriften entlohnen, sondern auch noch die Kapitäne bestechen, um überhaupt Arbeitskräfte zu bekommen. Daher plädierten sie dann selbst für die Rückgabe der Verwaltung an die Religiosen, so daß der circulus vitiosus von vorn beginnen konnte[43].

Im Laufe der Zeit bildeten sich vier verschiedene Typen von ‚aldeias' in Brasilien mit je eigener gesetzlicher Ordnung heraus: ‚aldeias do serviço dos Colégios' zur Unterhaltung kirchlicher Internatsschulen, ‚aldeias do serviço Real' für öffentliche Arbeiten, ‚aldeias de repartição' für Arbeiten auf dem Kolonistenland, worin „freie" Indianer wohnten (forros), also die oben erwähnten ‚indios de administração', und schließlich direkte Missions-aldeias, die meist ‚Missões' genannt wurden. Letztere pflegten weit entfernt von den portugiesischen Siedlungen zu liegen und hatten keine besonderen Arbeitsauflagen. Als vorgeschobene Posten der Zivilisation dienten sie nur der Seßhaftmachung, der Gewöhnung an die europäische Landwirtschaft und der Katechese. Eine Feststellung wie die von Lúcio de Azevedo, daß jedes dieser Modelle einen Schritt nach vorn von der Welt der Wildnis zur Welt der Ordnung (mundo policiado) darstellt[44], zeigt eindeutig die enge Verbindung zwischen Menschenbildung, Mission und Kolonialismus. Gerieten Missions-aldeias in das Vorfeld der Expansion der Siedler, dann war ihre Existenz bald in Frage gestellt, da die Pflanzer stets das beste Land für sich beanspruchten. Dennoch gibt es noch heute brasilianische Autoren, die beklagen, daß die Jesuiten in den ‚aldeias' die Indianer zu sehr von der Kolonialgesellschaft abgekapselt und sie nicht genügend zu aktiven und integrierten Mitgliedern des Kolonial-

---

Auspeitschen oder Gefängnis. Um Übertreibungen zu vermeiden, wohnten die Väter dem öffentlichen Auspeitschen bei. Gelegentlich scheinen simulierte Bestrafungen wie Beerdigung bei lebendigem Leibe, Verbrennung eines Schamanen in seiner Hütte vorgenommen worden zu sein, um die abschreckende Wirkung zu erhöhen. Im letzten Augenblick wurde der zu Tode Geängstigte dann gerettet. Auch andere Strafen muten uns heute wie Exzesse an, so wenn einem Mörder mehrere Finger abgehackt wurden, aber eben nachdem sein an sich angemessenes Todesurteil aufgehoben worden war. Es ist aber auch vorgekommen, daß ein Negersklave zu Tode gepeitscht wurde. Derselbe Pater Leitão, der hierfür verantwortlich war, bestrafte persönlich einen Indianer für eine Nichtigkeit, indem er ihn mit einem Vieheisen brannte. Das Brennen von Sklaven war ja in der Kolonialzeit üblich, allerdings waren die Marken kleiner als beim Vieh. Eine bei den Pflanzern übliche Strafart war, die Sklaven in eiserne Fußschellen zu legen, etliche Sklaven mit Fußschellen aneinander zu ketten und so arbeiten zu lassen. Das scheinen teilweise auch die Jesuiten praktiziert zu haben, denn sonst hätte Ordensgeneral Francisco de Borja dies nicht eigens zu verbieten brauchen. Und 1579 beantragte eine Consulta da Provincia in Bahia unter dem Vorsitz von Anchieta die Wiederzulassung dieser Strafart, weil mangels eines wirksamen Zwangsmittels Saufereien und Schlägereien zugenommen hätten. Der General gab diesem Antrag für schwere Anlässe und nur „ad tempus" statt — vgl. Wetzel 1972, 199ff.

[43] Leite 1938ff IV, 102f.
[44] Ebd. 97 nach Lúcio de Azevedo, Os Jesuitas no Grao-Pará.

systems gemacht hatten. Der Gedanke, daß es nicht die Aufgabe der christlichen Mission sein kann, Heiden zur Integration in ein Ausbeutungssystem vorzubereiten, und daß die Indianer womöglich das Recht auf eigene soziale, wirtschaftliche und kirchliche Organisationsformen gehabt hätten, kommt ihnen überhaupt nicht in den Sinn. In diesem Zusammenhang gilt es, Hoornaerts Bemerkung zu beachten, daß man den Untergang der ‚aldeias' der Jesuiten, Franziskaner, Kapuziner, Karmeliter und Merzedarier nicht nur der Politik Pombals anlasten dürfe, der 1755 die besonders von den Jesuiten verteidigte zeitliche Verwaltung auf die Kolonisten übertrug und ihnen damit die ‚aldeias' endgültig in die Hände spielte. Die Folge war indirekter Genozid. In Brasilien überlebten die Indianer fast ausschließlich in Form der Rassenmischung. Aber man muß auch sehen, daß die Dekadenz der Missions-aldeias schon vor 1755 eingesetzt hatte. Sie war wesentlich dadurch mitbedingt, daß die Missionare den positiven Wert der Kultur der Indianer völlig verkannten. Weil die Mission verfremdend wirkte, war das Interesse der Indianer an der Katechese seit dem 16. Jahrhundert sehr gering[45].

---

[45] Costa 1967, 42 nach Prado Junior 1942, 86f erhebt beispielsweise solche Vorwürfe; Hoornaert 1974, 124ff.

Mission und Hispanisierung aus der Sicht eines indianischen Christen des 17. Jahrhunderts

Die *Bilder* aus der ‚Nueva corónica y buen gobierno' des Inka Guamán Poma de Ayala von *1614*, die André Aubry (1974, 123 ff) kommentiert, sind ein ungewöhnliches Dokument. Der Titel „... und gute Regierung" ist ironisch gemeint; denn Guamán zeigt die Kehrseite der üblichen Geschichtsschreibung der Weißen, eine Geschichte der marginalisierten Indios. Weil Guamán sich aus voller Überzeugung zum Christentum bekehrte, ist seine Klage über ein Christentum, das ihn zwingt, nicht mehr Inka zu sein, um Christ sein zu können, desto überzeugender.

222

Bild 1 (folio 694) zeigt einen in Lumpen gekleideten, auf den Knien betenden Indio mit der Überschrift „Armer Indio" und der Unterschrift „Armer Jesus Christus". Der Inka identifiziert also den leidenden Indio mit dem Herrn. Der geschundene Indio ist der Leidenszeuge der Gründung der Kirche der Neuen Welt. Wie die hl. Barbara „wird unser bekehrter Indio von sechs Bestien gehetzt: der Drachen ist der ‚corregidor', der Löwe der Kommendenbesitzer; der Tiger ist der Spanier der Rasthäuser, d. h. der Funktionär der Krone, dem die Rasthäuser unterstanden und der die indianischen Lastenträger mit roher Gewalt behandelte". Die Ratte links unten ist weniger eine Bestie als ein schädliches Tier; sie stellt den indianischen Kaziken dar, der sich den Spaniern unterworfen hat und deren Ausbeutungssystem stützt, und rechts die heuchlerische Katze, der Schreiber, eine Art „Zöllner" der Neuen Welt. In der Mitte rechts schließlich erscheint der Pater der ‚Doctrina' in der Gestalt eines Fuchses.

Bild 2 (folio 645), ‚doctrina' betitelt, zeigt, warum der Missionar unter die Verfolger gezählt wird. „Die Graphik stellt einen schlechtrasierten Dominikaner-Pater dar, der mit einer Hand auf den Webstuhl zeigt, an dem eine schluchzende mit ihrem Kind beladene Indianerin arbeiten muß, und mit der anderen Hand packt er unbarmherzig den Zopf der Frau. Die Überschrift erklärt: ‚Sehr cholerischer und hochmütiger Dominikaner-Pater, der es auf alleinstehende Mädchen und Witwen abgesehen hat, die er zu Kebsweibern macht...' Es gibt andere zeitgenössische Belege dafür, daß Indianerinnen zu Kebsweibern gemacht wurden, durch deren Arbeit sich die Mönche illegale Einkünfte verschafften.

Bild 3 (folio 557) zeigt deutlich die Löwenrolle des Kommendenbesitzers. „Links sieht man eine Mauer, an der ein rebellierender Kazike gehängt ist (es versteht sich: einer, der Inka bleiben wollte), Juan Cayanchire. In der Bildmitte mit lächelndem Munde der Kommendenbesitzer. Rechts ein Jesuiten-Pater, der mit ausgestrecktem Finger vor dem Munde komplizenhaftes Schweigen fordert. Um die Botschaft zu verstehen, wollen wir die Graphik noch einmal von rechts nach links betrachten: Der Jesuit verbirgt in seiner Soutane eine Anklageschrift gegen Don Juan Cayanchire." Seine Schweigegeste bekundet, daß der ‚encomendero' Stillschweigen darüber bewahren soll, daß er als „weltlicher Arm" im Auftrag der Kirche gehandelt hat. Die Kirche möchte also ihre Verantwortung vertuschen. „In der Mitte zeigt der ‚encomendero' mit der Hand auf den Gehängten, aber sein Blick richtet sich auf dem Pater, als ob er sagen wollte: Auftrag erfüllt. Und links simuliert der Gehängte, dessen Füße mit einem einzigen Nagel durchbohrt sind, einen von neuem gekreuzigten Christus, diesmal aber an der Mauer einer ‚doctrina'-Kirche."

Bild 4 (folio 661): ‚doctrina'. Mit seiner Komik will es die iberische „Zivilisation" lächerlich machen. Die drei dargestellten Personen sind der Kantor der ‚doctrina', der Staatsbeamte (fiscal) und der Sakristan, ausgestattet mit ihren jeweiligen Attributen, den musikalischen, den staatlichen und den kirchlichen. ‚Der fiscal' ist der Apostel der Zivilisation, der mit Eleganz seine Amtstracht trägt: den Hut (der damals bei den Indios unbekannt war, genau wie das Pferd, das ein besonderes Privileg anzeigte, das den Eingeborenen nur im seltensten Falle gewährt wurde), die spanische Tunika, in einen weiten Überwurf gehüllt, die Pumphosen, die langen Strümpfe und die Schuhe. Der Kantor hat vor einer so hochgestellten Person einen Hut aufgesetzt, der mangels Übung schief sitzt und seine ländliche indianische Haartracht erkennen läßt. Über seiner weißen, halblangen Hose ... hat er eine spanische Tunika angelegt, konnte aber wegen seines langen Weges weder auf seinen Poncho noch auf seine Spargatten verzichten. Der Sakristan verkörpert die traurige Figur eines Eingeborenen, der sich für einen Christen hält, wenn er nur ein Abendländer mit indianischem Gesicht ist. Er hat typisch indianische Gesichtszüge, hat sich aber einen spanischen Haarschnitt zugelegt, was komisch wirkt, und trägt einen überproportionierten Hut zur Schau. Er hat die Tunika des Eroberers, sowie Pumphosen, Strümpfe und Schuhe angelegt, wobei er die Füße lächerlich unbeweglich setzt, und prangt mit dem spanischen Poncho trägt. Aber dieser sitzt nicht gut, weil er ihn wie einen Poncho trägt. In seinen Händen schließlich zeigt er die Schlüssel der Kirche der ‚doctrina'. Das ist die traurige Figur eines durch die ‚doctrinas' bekehrten Indios, eines lächerlich Vermummten."

Bild 5 stellt den Mißbrauch der Beichte dar (folio 635). Es bezieht sich auf Matienzos ‚El Gobierno del Perú' und auf ein polyglottes Ritualbuch für Missionare. „Ein Pater der Gesellschaft Jesu steht vor einem knieenden Eingeborenen. Der Pater hat in einer Hand eine Peitsche, in der anderen einen Rosenkranz. Natürlich zieht der Indio letzteren vor und sagt: ‚Nimm das Bekenntnis aller meiner Sünden entgegen. Um der Liebe Jesu Christi und seiner heiligen Mutter Maria willen frage mich nicht nach den ‚huacas' und Idolen. Erteile mir die Absolution und wirf mich nicht zur Tür hinaus.' Tatsächlich diente die Beichte nicht nur zur Absolution, sondern auch dazu, um Informationen über das Gold der ‚huacas' (der inkaischen Heiligtümer), deren Lage und deren Verehrer etc. zu erlangen. Sie war zur selben Zeit Beichte, Verhör und Anklage. Hinter den Sakramenten der tridentinischen Seelsorgepolitik verbarg sich ein polizeiliches Verhör; durch die ‚doctrinas' kämpfte man unter dem Vorwande, die Götzenanbetung auszurotten', gegen die einheimischen Gebräuche. Der Kommentar Guamán Pomas ist in seiner Kürze sehr beredt und erinnert an moderne humoristische Protest-Karikaturen: ‚Wenn die verehrten Patres die Evangelien lehrten und die Leiden Jesu Christi und der Jungfrau Maria und aller Heiligen und die Hl. Schrift predigten, würden die Indios nicht fliehen, ABER . . .'"

Bild 6 (nach folio 520): „Was befürchtete unser vor dem Jesuiten kniender Eingeborener? Die Züchtigungen, die die Buße bei jenen Beichten waren, nämlich lächerlich auf ein Lama gesetzt zu werden, nackt und blutend, während ein anderer gekaufter Indio ihn verfolgt und auspeitscht, oder an den Füßen mit dem Kopf nach unten aufgehängt und mit Peitsche oder Stock am Körper mißhandelt zu werden." Diese Szenen widerlegen unkritische Missionslegenden und zeigen, daß die Indios die Märtyrer jener Epoche waren. Duvoils (1971) weist nach, daß das Netz der Inquisition die ‚doctrinas' erfaßte. Unabhängig von der kanonischen Regelung belegt Guamán Poma, daß „der erste Schritt des Inquisitionsprozesses für den schlichten, einfachen Indio seine Beichte beim Herrn ‚cura' der ‚doctrina' war".

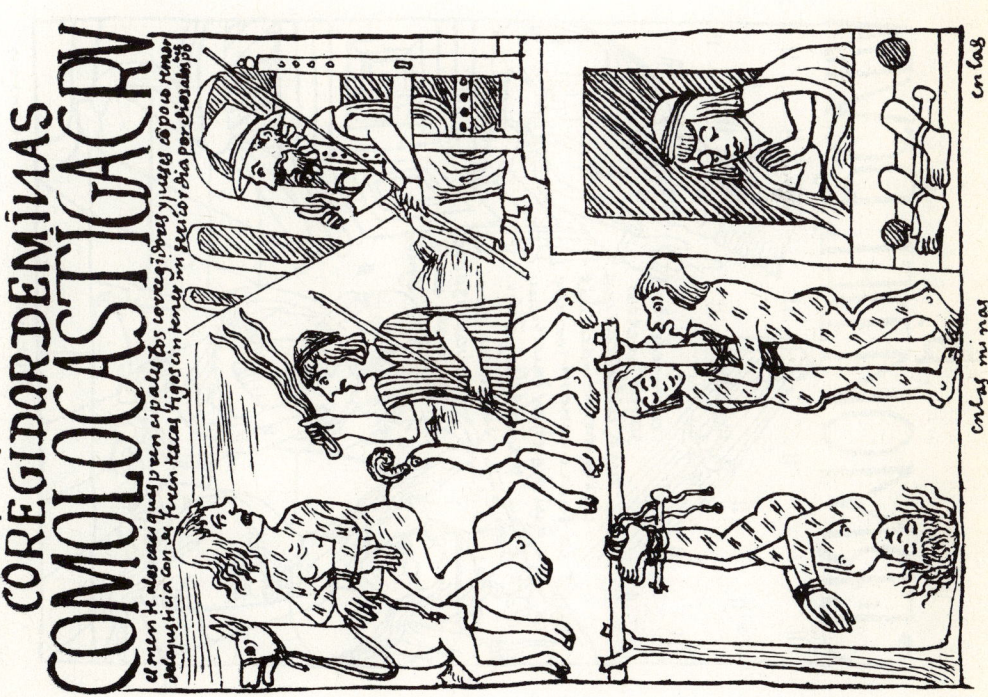

Bild 7: „Trotzdem, so viele Exzesse und Mißbräuche verwirren den engagierten und glühenden Glauben unseres Chronisten nicht. Die Graphik, die jene Kommentare abschließt, ist eine Botschaft der Hoffnung. Wir sind im Kapitel über die ‚doctrinas', und es handelt sich um die Predigt des ‚padre cura'. Er ist auf der Kanzel, aus seinem Mund kommen nur Wörter in quechua (schon nicht mehr auf spanisch), unter denen sich die Verwirklichung des Wunsches der vorletzten Graphik erraten läßt...: Evangelium und heilige Schrift. Die Eingeborenen zeigen nicht mehr Furcht und Beklemmung, im Gegenteil, die Hälfte des Bildes ist gefüllt von einer Versammlung von Männern und Frauen, nicht mehr in Lumpen, sondern mit richtig getragenen, sauberen Ponchos, in gesammelter Haltung. Zum Zeichen der Meditation haben einige die Augen geschlossen, andere blicken auf die Lippen des Paters, trinken seine quechua-Worte, andere zeigen Tränen, nicht mehr des Schmerzes, sondern der Rührung. Durch das Fenster der Kirche dringt ein Lichtstrahl ein, der auf die Versammlung gerichtet ist. In ihm fliegt eine Taube. Feuerflammen fallen herab. Der von Guamán nicht geschriebene Schluß ist offenkundig: wenn die Patres in den ‚Doctrinas' nur das Evangelium ohne spanische Beimischung gepredigt hätten, wäre es ein reines Pfingsten für die lateinamerikanische Kirche gewesen." (folio 609).

2313 Missionstechniken

Im Zusammenhang mit den oben unterschiedenen drei Missionsmethoden und den Methoden zur Menschenbildung sind verschiedene Techniken zur Durchführung der eigentlichen Mission in der Praxis angewandt worden, wobei es zu den verschiedensten Kombinationen kam.

23131 Die Wandermission (Misiones volantes)

Die Frühphase der Mission ist durch ambulante Missionspraxis gekennzeichnet. Sie wurde sowohl von Militärkaplänen auf den Eroberungszügen im Rahmen der zwangsweisen Missionsmethode wie von Religiosen in pazifizierten Gebieten, also im Rahmen der Methode des teilweisen Zwangs, wie von anderen Ordensleuten in nicht pazifizierten Gebieten, also im Rahmen der friedlichen Missionsmethode, ausgeübt. Der Aspekt der Menschenbildung blieb bei diesem sporadischen Verfahren weitgehend ausgeklammert, wenngleich es in Brasilien ‚aldeias de visita' gab, in denen ein portugiesischer Kapitän für Verwaltung und Menschenbildung zuständig war, während die Missionare die Siedlung nur in einem bestimmten Turnus zur Katechese besuchten.

Ambulante Mission, noch dazu, wenn sie mit der Eroberung gepaart war, führte leicht zu einer oberflächlichen, opportunistischen Annahme des Christentums, die ohne Anwendung von Gewalt und Zwang nicht dauerhaft war. Denn oft stellte eine Expedition nach ihrer Ankunft in einer Indianersiedlung den Einwohnern ein Bild der allerheiligsten Jungfrau vor Augen, taufte einige und nahm dann an, der Glaube habe hier nun seinen Ort. In Wirklichkeit hatten die Indianer nichts begriffen und verfielen binnen kurzem wieder ihren angestammten Überzeugungen und Kulten. In Gebieten wie den Antillen oder auch in Costa Rica wurden die Indianer schneller verdrängt und physisch ausgerottet, als sie ernsthaft missioniert werden konnten[46].

Als Prototyp eines vorbildlichen Wandermissionars kann Francisco Solano OFM (1549–1616) angesehen werden, der 1590 von Spanien nach San Miguel del Tucumán kam. Er begann dort seine Tätigkeit als ‚doctrinero' unter den Lule und Tonocote, besaß geniale Fähigkeiten im schnellen Erlernen der verschiedensten indianischen Sprachen in kurzer Zeit und predigte furchtlos als einzelner unter kriegerischen indianischen Gruppen. Berühmt ist seine Predigt vor 45 Kaziken der Diaguita mit zahlreichem Gefolge in La Rioja 1593. Der Einzug dieser riesigen kämpferischen Indianermasse hatte die spanischen Einwohner des kleinen Städtchens in Angst und Schrecken versetzt. So unbestreitbar groß wie die Bekehrungserfolge dieses echten Nachfolgers des Franziskus waren, so unbefriedigend blieb doch sein ambulanter Arbeitsstil, noch dazu, wo er 1601 endgültig nach Lima abberufen wurde[47]. Solano ist der Typ eines Asketen, Mystikers, Predigers und Wundertäters, dem, obgleich eine Generation jünger als Las Casas und obgleich er in einem Gebiet wirkte, in dem der Mißbrauch des ‚servicio personal' besonders offenkundig war, die soziale Frage, die Frage der Menschenrechte der Indianer, nicht aufging. Konnte es ihm gleichgültig sein, was aus den Indianern wurde, nachdem er

---

[46] Blanco Segura 1967, 37ff. In Costa Rica lebt heute nur noch ein kleines Kontingent Indianer in den Bergen von Talamanca.
[47] Vgl. Bruno 1966ff I, 497ff.

ihnen das Christentum gebracht hatte? Ist es Zufall, daß Solano ungewöhnlich schnell selig und heilig gesprochen wurde (1675/1726), während Las Casas solche Ehrungen bis heute versagt blieben?

Franziskaner, Dominikaner, Merzedarier und später auch Augustiner und Jesuiten wandten anfangs aus Mangel an Missionaren die ambulante Evangelisationsmethode an, die in kirchlich ungenügend versorgten und dünn besiedelten Gebieten noch im 17.–18. Jahrhundert unersetzlich war. Als Ausgangspunkt dienten zunächst Ordenshäuser in den Städten und später auch im ländlich indianischen Gebiet, weshalb man auch von „Durchdringungsmission" (misión de penetración) spricht[48], wobei der Radius der Missionare sich mehr und mehr auf eine Provinz beschränkte. Aber das Grundproblem ambulanter Mission blieb bestehen: die ungenügende Zeit der Katechese, die mangelnde Aufmerksamkeit gegenüber dem einzelnen Indianer, Massentaufen, wie sie aus der Germanenmission bekannt sind, bei denen mitunter nur die ‚curacas' bzw. Kaziken richtig getauft und die Masse der Indianer kaum mit dem Weihwedel besprengt wurde. Von einer tiefergehenden Bekehrung konnte dabei selten die Rede sein[49]. Dem Synkretismus waren Tor und Tür geöffnet.

---

[48] Vgl. Vargas U. 1953ff I, 226; Zubillaga 1965, 305; Tibesar 1953 unterscheidet z. B. für *Peru zwei Phasen franziskanischer Wandermission:* 1. 1533–48 fast ausschließlich ausgehend von städtischen Stützpunkten – „Bekehrte" wurden hier und da getauft und Kapellen gebaut, aber die Wanderprediger kehrten immer wieder in die Stadtklöster zur Erholung zurück. 2. 1548–70 ausgehend von Konventen in den Indianergebieten (aaO 54f). Erst nach und nach erkannten die Franziskaner, die in Europa keine reguläre pfarramtliche Tätigkeit ausübten, daß es mit solcher sporadischen Arbeit unter den Indianern nicht getan war. Noggler 1973, 321f erwähnt, daß von den *Jesuiten bei den Araukanern noch in der 1. Hälfte des 18. Jahrhunderts Wandermission* betrieben wurde, wenngleich sie damals schon umstritten war – vgl. die Synode in Concepción von 1702. In *Brasilien* meint Miranda 1969, 139f keinerlei Widerspruch zwischen den beiden *von den Franziskanern parallel betriebenen Missionssystemen* entdecken zu können, nämlich zwischen der ambulanten Mission im eigentlichen Habitat der Indianer und den Missions-aldeias. Mit unverhohlener Kritik an den Jesuiten fügt sie hinzu: „Hierin besteht das eigene System der franziskanischen Katechese, daß sie selbst mit ihrer Strenge nicht von einer mißlichen Schematisierung bestimmt wurde, noch von Künstlichkeit. Mehr den konkreten Realitäten zugewandt, gleichzeitig Männer des Gebetes und der Tat, der Liebe zur Natur und zu den Menschen, ihren Brüdern, in einem Leben rigoroser Armut und ohne Besitzallüren, hatten die Franziskaner mehr Verständnis für die Erziehung der Heiden, ohne ihre Autonomie und Spontaneität zu unterdrücken. Sie bemühten sich, deren Erfahrung nutzbar zu machen, damit der Eingeborene, wenn auch nur in den Grundzügen, in seinen Fähigkeiten gefördert würde oder die Wirklichkeit der menschlichen Person verstehen lerne." Die entsprechend der Epoche strengen disziplinären Maßnahmen – vgl. oben Anm. 42 zu den Strafen der Jesuiten – sollten nach Meinung der Franziskaner die Indianer davor bewahren, Zivilisation mit Zügellosigkeit und Disziplinlosigkeit zu verwechseln, mit Egoismus und Unkenntnis der Rechte und Pflichten des Individuums und der Gemeinschaft. Die apologetische Absicht der Verfasserin und ihr unkritisches Verständnis von „Zivilisation" sind deutlich.

[49] Vgl. Vargas U. 1953ff I, 226; Tibesar 1953, 59; Martin 1968, 119ff zitiert den Brief General Aquavivas vom 8. 4. 1584 mit der Anweisung, *jesuitische Missionare sollten indianisches Gebiet nie unter militärischem Geleitschutz betreten.* 1584 begann die jesuitische Wandermission von Lima aus. 1626 erneuerte Provinzial Torres

23132 Pueblos Hospitales de Santa Fe

Die sogenannten Hospitaldörfer sind ein rein neu-spanisches Missionsexperiment, das an Originalität den späteren jesuitischen Paraguay-Reduktionen nicht nachsteht. Ihr Schöpfer, Vasco de Quiroga, seit 1528 Glied der königlichen Kanzlei Karls V. in Valladolid und seit 1530 Oidor in Mexiko, war bei seiner Tätigkeit in der Audiencia vom unsäglichen Elend der Indianer gerührt worden und hatte, angeregt von Thomas Mores Utopia, in der Nähe der Hauptstadt auf eigene Kosten für kranke und obdachlose Indianer und für solche, die Glauben, gesellschaftliches Leben und Politik der Spanier kennenlernen wollten, 1531/32 in der Nähe der Hauptstadt ein Hospitaldorf gegründet und dafür die Unterstützung von Kaiser, Audiencia und Bischof gewonnen. Als die Tarasco-Indianer von Michoacán sich in ihrer Hoffnung betrogen sahen, durch die Taufe vor den Übergriffen und Ungerechtigkeiten der Spanier geschützt zu sein, und rebellierten und sich in die Berge zurückzogen, gelang es Quiroga, sie wieder zu beruhigen und auch bei ihnen ein Hospitaldorf einzurichten. Obgleich er nur die niederen Weihen hatte, war er der geeignete Mann zur Besetzung des neu errichteten Bistums Michoacán, für das er 1536 präsentiert wurde. 1538 erhielt er von Bischof Zumárraga die Priester- und Bischofsweihe.

Als Bischof (bis 1565) machte er in Michoacán die eine Art von Reduktionen darstellenden Hospitaldörfer zum Normalmodell für Menschenbildung und Mission. Seine eigene ‚Doctrina Christiana' sieht die Erhaltung guter indianischer Bräuche vor.

Den Mittelpunkt der Dörfer bildete eine Krankenstation mit getrennten Abteilungen für Kranke mit und ohne ansteckende Krankheiten, das Haus des Verwalters und ein Gemeinschafts- und Speisehaus. Darum gruppierten sich mit eigenen Gärten die Häuser der von einem pater familias geleiteten, aus jeweils acht bis zwölf Paaren bestehenden Großfamilien, auf denen die Gesellschaftsordnung ruhte. Landwirtschaft und Bauvorhaben aller Art wurden in der sechsstündigen täglichen Arbeitszeit gemeinsam betrieben. Davon wurde auch das Hospital, das gleichzeitig allen Indianern der Umgebung diente, erhalten. Der Schul- und Katechismusunterricht der Jungen enthielt zwei Wochentage Arbeitspraktika in der Landwirtschaft, während bei den Mädchen im Spinnen und Weben ausgebildet wurden. Die Kleidung war jeweils bei Männern und bei Frauen einheitlich. Bei festlichen Gelegenheiten finanzierte das Dorf gemeinsame Essen. Der Rektor wurde vom Bischof bestimmt. Die übrigen Verwaltungsämter (regidores) wurden durch Wahlen vergeben. Die Hospitaldörfer sind ein seltenes Beispiel für eine entscheidende bischöfliche Missionsinitiative, bei der der Ordensklerus nur Hilfestellung leistete.

Greenleaf sieht in den Pueblos, abgesehen von Las Casas' „bescheidenem Erfolg" in Verapaz, den einzigen konkreten Erfolg der frühen christlichen Humanisten in Neu-Spanien[50].

---

die Anweisung, daß jesuitische Missionare ohne Rückfrage im San Pablo-Kolleg weder taufen noch Kirchen bauen sollten.

[50] Zubillaga 1965, 355ff; Warren 1963, 37ff; Gibson 1963, 100 bemerkt, daß es Quirogas Ziel gewesen sei, die natürliche Moral der Indianer zu pflegen „und die Bedingungen des Urchristentums in einer einzelnen exemplarischen Gemeinde erneut zu schaffen. Wenngleich die effektive Geschichte von Santa Fe kurz und ihre Bevölkerung gering war, so steht sie doch da als die reinste der Bemühungen, das indianische Leben in christlich-humanistischen Kategorien umzugestalten und als

23133 Die ‚encomienda-doctrina'

Das auf die Praxis der spanischen Ritterorden in der ‚reconquista' zurückgehende Modell ‚encomienda-doctrina', das in Spanisch-Amerika 1573 sechs Millionen Indianer umfaßte, beruht auf einer engen Zusammenarbeit von Kirche und Staat. Dem Kommendenbesitzer oblag die Integration der Indianer in das gesellschaftliche und wirtschaftliche Leben der Kolonie, also ein wesentlicher Aspekt der Menschenbildung, die durch die Arbeit des ‚doctrinero' in Form der kulturellen Integration mit Spanisch-Unterricht, Lehre der iberischen Sitten und der Religion ergänzt wurde[51]. In den Gebieten altamerikanischer Hochkulturen war die Bevölkerungsdichte vielfach für das Kommendensystem ohne Umsiedlung ausreichend, so daß oft zuerst von den Spaniern Kommenden geschaffen wurden, auf die erst wesentlich später einer der anfangs knappen ‚doctrineros' kam. So paßten sich in Zentralmexiko die missionierenden Orden den teilweise gewachsenen Verwaltungsstrukturen an und legten den Sitz einer ‚doctrina' in die Kopfstadt (cabecera) der Kommende, wo sie ihre Kirche und Residenz errichteten und die als ‚visitas' bezeichneten abhängigen Städtchen und Dörfer von dort aus versorgten. Durch dieses System waren für die Religiosen die Probleme von Kirchbesuch, ordentlichen Zahlungen und indianischen Arbeitsleistungen von vornherein geregelt. Außerdem saßen sie am Ort der Kaziken, was ihnen erlaubte, ihre erfolgreichste Bekehrungstechnik anzuwenden, nämlich zuerst die Kaziken zu gewinnen in der Hoffnung, daß ihnen ihre Leute folgten[52].

Wie oben 23122 geschildert, erfolgte die Umsiedlung in anderen Gebieten oft auf Initiative der Missionare, die dann in den Reduktionen als ‚doctrineros' fungierten. Insofern kann man auch die ‚aldeias' in Brasilien, sofern deren Einwohner zur Arbeitsleistung bei den Kolonisten verpflichtet sind, in weiterem Sinne mit zu diesem Modell rechnen. Militante und freiheitsbewußte Indianer wie die Araukaner ließen sich auch im 18. Jahrhundert noch nicht zur Zwangsansiedlung bewegen. Ihnen erschienen die Missionare, in diesem Fall die Jesuiten, bei der Reduktionsmethode nicht ohne Grund „im Zwielicht kolonialer Handlanger"[52a].

23134 Missionen

In den Randgebieten der iberischen Kolonisation, wo die Eingeborenen meist noch gar nicht unterworfen waren, blieb die Umsiedlung der Indianer

---

ein praktischer Ausdruck der intellektuellen und moralischen Überzeugung der ersten Missionare in Mexiko". Vgl. ferner Greenleaf 1962, 30ff.

[51] Hoornaert 1970, 853.

[52] Gibson 1963, 110f; Noggler 1973, 130 Anm. 36: „‚Doctrina' bedeutet zunächst die Glaubenslehre. Dann wird das Wort zur Bezeichnung des Bezirks verwandt, in dem die Glaubenslehre verkündet wird und unterscheidet sich in der spanisch-amerikanischen Geschichte kaum von dem Begriff ‚Pfarrei'. Vier Elemente vor allem konstituieren die ‚doctrina'. 1. Ein bestimmtes Territorium, das in einer Diözese gelegen ist und daher dem Bischof untersteht. 2. Eine Kirche, der mehrere andere unterstellt sein können, wenn der Bereich der ‚doctrina' z. B. mehrere Ansiedlungen (pueblos) umfaßt. 3. Die Anwesenheit eines Seelsorgers aus dem Welt- oder Ordensklerus. 4. Indianische Mehrheit der Bevölkerung.
Der ‚doctrinero', wie der Seelsorger heißt, wird in letzter Instanz aus der Staatskasse unterhalten." [52a] Noggler 1973, 323; Trujillo 1963, 88ff.

ganz den Missionaren überlassen, die dort ‚misiones' bzw. ‚conversiones' gründeten. Hierzu kann man die zur Zeit Antônio Vieiras im 17. Jahrhundert in Maranhão gegründeten ‚aldeias' rechnen. In den Missionen wirkten ausschließlich die Missionare. Die Indianer waren von Steuerpflicht und Arbeitspflicht bei den Kolonisten befreit. Wie anfangs die ‚doctrinas' waren die Missionen praktisch „nullius diocesis", unterstanden also keinem Bischof, sondern nur dem entsprechenden Orden. Es gehörte im Rahmen der Menschenbildung zu den Aufgaben der Missionare, die Indianer an geregelte Arbeit zu gewöhnen. In Spanisch-Amerika endeten etwa vom 17. Jahrhundert an die Privilegien der Missionen nach zehn bis zwanzig Jahren. Danach wurden sie zur ‚doctrina', was nach Trient bedeutete, daß sie der Jurisdiktion des Ortsbischofs unterstanden und Weltpriestern übergeben werden konnten[53]. Die Jesuitenreduktionen, die portugiesisch auch als ‚missões' bezeichnet werden, sind praktisch Missionen mit Sonderrechten gewesen, die wegen ihrer besonderen Bedeutung in einem eigenen Kapitel behandelt werden sollen.

2314 Mission durch Schaffung einer „christlichen" Umwelt

In so relativ kurzer Zeit und mit verhältnismäßig ungenügenden Missionaren, sowohl was ihre Zahl als auch ihre missionarischen Fähigkeiten anbelangt, hätte in so großen Gebieten nie eine auch nur oberflächliche Christianisierung erreicht werden können, wenn Kirche und Kolonisten nicht eine völlig neue, kultisch-christlich durchtränkte Umwelt geschaffen hätten, ein Abbild der iberischen „sakralen Zivilisation", in die Indianer integriert wurden. Und ein wesentlicher Grund zur Bildung von Reduktionen war die Absicht, auch jene Indianer, die am Rand oder außerhalb des iberischen Kolonisationsraumes lebten, in einer neuen Umwelt umzuerziehen und zu bekehren.

Vor der Ankunft der iberischen Eroberer „hatte das Heidentum das ganze Leben der Indianer durchtränkt, von der Geburt bis zum Tode, vom Tempel bis zum häuslichen Herd, in Krieg und Frieden. Dieses Leben mußte mit Christentum durchtränkt werden. Einst hatte der Indianer seine heidnischen Götter allenthalben gesehen; er war von ihnen besessen und konnte sie sich nicht aus dem Kopf schlagen. Nun würde er von Christus besessen sein; er konnte Ihn oder Seine Priester überall sehen; von der Geburt bis zum Tode würde er ein Glied der Kirche Christi sein. Er würde Christus in den Herzen Seiner Diener finden, die alles verlassen hatten, um für sein leibliches Wohl und seine ewige Gesundheit zu arbeiten". Und „er würde Ihn in den Klöstern finden, wo er im Katechismus, Lesen und Schreiben unterrichtet wurde, in den Werkstätten, wo er in den Handwerken unterrichtet wurde, in den Krankenhäusern, in denen er gepflegt wurde, wenn er krank wäre. Er würde Ihn in den Straßen und auf den Plätzen seines Dorfes finden. Hier stand die Kirche; dort zogen die Prozessionen vorbei; und dort war die Bühne für das nächste Mysterienspiel (auto sacramental). Christus würde ihn sogar innerhalb seiner Familie verfolgen, die er nur nach Seinem Gesetz gründen konnte, ja, sogar in seinem eigenen Haus würde er die Glocken für den Gottesdienst läuten hören oder der Katechist würde vorbeikommen und ihn zur Messe oder zur Schule auffordern. Christus würde ihn sogar in seinen Vergnügungen verfolgen, denn alle seine heidnischen Lustbarkeiten

---

[53] Vgl. Hoornaert 1970, 854; Noggler aaO für Chile und Carrocera 1969, 47f für Venezuela. „Zahlreiche brasilianische Städte, besonders im Nordosten und Norden, gehen in ihrem Ursprung auf diese ‚aldeamentos' zurück, die sich überall ausbreiteten" – Hoornaert 1976 T, 73. Im einzelnen vgl. Trujillo aaO 88ff.

waren durch christliche ersetzt worden, die genauso prächtig, lebhaft und verführerisch waren. Er wurde in Christus geboren, lebte und starb in Ihm".

Wenn Ricard auch mit seiner Feststellung recht haben mag, daß die Missionare in Mexiko nicht bewußt eine Hispanisierung der Indianer anstrebten — versuchten sie sie doch, wo möglich, sogar am Kontakt mit den Spaniern zu hindern[54]—, so sehr mußte die radikale Umgestaltung der Umwelt zumindest zur religiösen Hispanisierung führen, handelte es sich doch um die Umwelt des iberischen Christentums, das in Amerika eine Renaissance erlebte.

2315 Theorie und Praxis der Indio-Mission

Seit dem Vatikanum II erinnert man sich in der römischen Kirche wieder des Paulinischen Wortes über die missionarische Anpassung (1 Kor 9,19—22). Hoornaert (1967) zitiert diese Stelle, um das Missionsverständnis von Papst Gregor d. Gr. und das des ersten brasilianischen Bischofs Pedro Fernandes Sardinha zu vergleichen.

Im Gegensatz zu der bekannten Anweisung des Papstes an den Benediktinermissionar Augustin, die Mission der Angelsachsen mit Hilfe verständnisvoller Anpassung an ihre Religion zu bewirken, verstand Sardinha die Katechese als Mittel der Eroberung Brasiliens für die europäische Kultur. Die Unfähigkeit, auf die autochthonen Religionen einzugehen, erklärt Hoornaert als Folge des „negativen Kontakts mit dem Islam; und der daraus erwachsenen „Kreuzzugsmentalität", die nicht nur in das Bewußtsein, sondern auch in das „kollektive Unterbewußtsein des Christentums" eingedrungen sei, „was die fatalsten Folgen für die Geschichte der christlichen Missionen aller Konfessionen haben sollte", wie Ernst Benz (1961, 126) bemerkt. Eine dieser Folgen ist, daß die Bekehrung einzelner oder ganzer Gruppen als völliger Bruch mit ihrer religiösen und kulturellen Vergangenheit angestrebt wird, indem man ihre Religion als absolut falsch und irrig hinzustellen versucht. Dementsprechend wurden in Brasilien die indianischen Priester bzw. Schamanen (pajés) sofort aller ihrer Funktionen beraubt und durch Jesuiten ersetzt. Es kam nicht zu einer Akkomodation, wie sie etwa Matteo Ricci SJ in China anstrebte, der die Mandarine nicht nur respektierte, sondern sogar nachzuahmen versuchte. Das „Wunder von Irland" (Daniel-Rops 1959), wo die keltischen Druiden ihre religiösen Funktionen auch nach der Bekehrung beibehielten und damit das rasche Wachsen der irischen Klosterkirche mitermöglichten (Hughes 1966), wiederholte sich nirgendwo in Lateinamerika. Hoornaert sieht darin auch eine Folge der Auseinandersetzung mit der Reformation, die im katholischen Klerus eine apologetische Mentalität erzeugt habe, die zu einer „übertriebenen Distanzierung zwischen dem Gott der Schöpfung und dem Gott der Offenbarung" geführt habe. „,Unser Gott' entfernt sich von den ,falschen Göttern'. Die

---

[54] Ricard 1966, 290f. Zur „sakralen Zivilisation" vgl. P. Gordan 1959, 595 nach Promper 1965, 105f; zur Frage des ‚auto sacramental' liegt eine neuere Untersuchung von Hessel/Raeders 1972 über das jesuitische Theater in Brasilien vor. Das Mysterienspiel als solches war zwar ein Importprodukt des mittelalterlichen Europa, aber durch die Übernahme indianischer Musik, Gesänge, Mimik, Masken und Federn wurden die *Schauspiele* zu einem angemessenen Mittel des Apostolats, eine Art „*Illustration eines Elementarkatechismus, die Verlängerung einer rudimentären Liturgie*" (15). In Brasilien hat sich Anchieta besonders um das dort von den Jesuiten eingeführte Theater verdient gemacht. Und ein Dialog wie der von Nóbrega (1557) gehört zu dieser Gattung, sollte er doch zur Aufklärung der Kolonisten dienen. Das jesuitische Theater in Amerika diente einem dreifachen Zweck: der Christianisierung der Indianer, der Moralisierung der Kolonisten und der mystischen Erziehung der Schüler (97f).

Feinfühligkeit gegenüber Gott, der sich in den Werken der Schöpfung manifestiert, die wir in den animistischen Religionen finden, wird von Missionaren nicht als Anknüpfungspunkt genutzt, da sie in ihrer Ausbildung dahingehend beeinflußt worden waren, daß sie die Lehre vor jedweder Häresiegefahr zu bewahren hatten."

Insgesamt dürfte die Mission am meisten darunter gelitten haben, daß das Evangelium im Schlagschatten der iberischen Waffen zu den Indios kam. Die Missionare mußten ihre Arbeit im Zeichen der feststehenden Rollenverteilung von Siegern und Besiegten beginnen, ausgenommen jene Gebiete, in denen sie die Vorhut bildeten (vgl. 231121). Da die Missionare kraft ihrer Herkunft eo ipso auf der Seite der Sieger standen und das Evangelium als Religion der Sieger erschien, wurde sein befreiender Charakter von Anfang an verfälscht, dies um so mehr, da dem Eroberungskrieg ein „sozialer Krieg" folgte, der die Indios auch sozio-ökonomisch in der Rolle der Besiegten fixierte. Die so bedingte Abhängigkeit wurde noch um die Abhängigkeit von der Kirche vermehrt, deren Missionare die Indios als ausgewachsene Kinder betrachteten, sie entsprechend paternalistisch behandelten und sie, wo dies möglich war, weitgehend von den Altchristen isolierten, um deren schlechtes Vorbild zu neutralisieren. Die Pflege und Ausbreitung der wichtigsten indianischen Sprachen wie náhuatl (aztekisch) in Mexiko, ketschua und aymara in Peru, guaraní in Paraguay und tupí in Brasilien diente sowohl der Katechese wie auch indirekt der Erhaltung der Sprachbarriere zu den Altchristen; das erhöhte die Abhängigkeit der betreffenden Indios von den Religiosen und beschwor die Gefahr der völligen Marginalisierung herauf, die im Zeitalter der Unabhängigkeit angesichts des fast völligen Zusammenbruchs der kirchlichen Missionsarbeit deutlich werden sollte.

So sehr die Missionare auf sprachlichem Gebiet anpassungsfähig waren, so wenig waren sie bereit, rituelle Analogien zu Sakramenten wie Taufe, Eucharistie oder Beichte, die es gerade in den altamerikanischen Hochkulturen gab, als Anknüpfungspunkte zu benutzen. Vielmehr qualifizierten sie alle Ähnlichkeiten als teuflische Parodien ab, die mehr schadeten als nützten. Das gilt auch für führende Köpfe wie Sahagún OFM in Mexiko und Acosta SJ in Peru. Obgleich sie sich um das Verständnis der heidnischen Kultur und Religion bemühten, praktizierten sie die Methode der tabula rasa, die zur sozio-religiösen Entwurzelung der Indios und damit zum Verlust ihrer Identität führen mußte. So wurden die Grundlagen gelegt für die von Oscar Lewis so genannte „Kultur der Armut", die Subkultur der entwurzelten Massen, in denen der Wille zur selbständigen Entwicklung und Eigenverantwortung erstickt worden ist.

Es war den damaligen Missiologen nicht bewußt, daß das Christentum bei seinem Eindringen in den griechischen, römischen und germanischen Kulturraum jeweils einen Anpassungsprozeß durchgemacht hatte, in dem heidnische Elemente assimiliert wurden. Entsprechend schwach waren auch die Versuche, das christliche Dogma in seiner Darstellung der Vorstellungswelt der jeweiligen indianischen Kultur und Religion anzupassen. Das wird mit daran liegen, daß die Missionare aus einem Lande kamen, das seit den katholischen Königen jeder Art von Heterodoxie feindlich gegenüberstand und dem gerade im heraufziehenden Zeitalter der Reformation jeder heidnisch-christliche Synkretismus dem Häresieverdacht ausgesetzt sein mußte.

Correa weist darauf hin, daß die *Identifizierung der amerindischen Götter mit dem Teufelsverständnis des Zeitalters der Renaissance* wenigstens von der Seite der Eroberer her den enormen Abstand zwischen dem iberischen Christentum und den amerindischen Kulturen überbrückt habe.

„Eingeborene Götter gleichen dem christlichen Teufel: Dieses Thema beherrschte das Werk der Evangelisation in der Neuen Welt... Die eingeborenen Kulturen standen unter der Herrschaft des Satans. Dieser Satan war der große Teufel des zeitgenössischen Europa, der Teufel der Ketzerei."

Dieser Vorstellungskreis erschwerte jede Art von Akkomodation. In Mexiko war Bischof Zumárraga deshalb auch bei der Beschreibung theologischer Begriffe in indianischer Terminologie äußerst zurückhaltend, um falsche Analogien zu vermeiden, konnten sie doch Erinnerungen an heidnische Vorstellungen wachhalten, die man gerade durch die Neugestaltung der Umwelt schnell in Vergessenheit geraten lassen wollte. So wurden indianische Übersetzungen religiöser Texte mit spanischen und lateinischen Wörtern „wie Dios, Apóstoles, Yglesia, Misa, Sanctus Spiritus etc." durchsetzt[55]. Damit wurde jede Brücke von der traditionellen Religion zum Christentum abgebrochen und das iberische Christentum verabsolutiert. Christianisierung bedeutete also völlige religiös-kulturelle, sozio-politische und wirtschaftliche Entfremdung, eben Hispanisierung. Sie war verbunden mit einem ständigen Paternalismus von seiten der Missionare oder Seelsorger, die die Indianer mehr oder weniger als Kinder betrachteten, die nie erwachsen würden und die sie vor den mit dem Hispanisierungsprozeß verbundenen Gefahren bewahren wollten. Dadurch machte sich der Klerus unentbehrlich, erzog aber andererseits die Indianer nie zu ebenbürtigen und den Spaniern und Portugiesen gewachsenen Partnern, so daß sie in gewissem Grade hilflos waren, wenn die Priester ihnen nicht mehr zur Verfügung standen.

Es dürfte allerdings eine *Vereinfachung sein, wenn man sagt, daß die Bettelorden strikt die Anknüpfung an alles Heidnische ablehnten*, also rigoros nach der Methode der tabula rasa arbeiteten, *während die Jesuiten*, wenn auch nicht so ausgeprägt wie Roberto Nobili in Goa, Matteo Ricci in China und Francisco Xavier in Japan *eher zur Akkomodation bereit waren*[56], also zur religiösen und kulturellen Anpassung und Anknüpfung an vorhandene Werte und Vorstellungen. Allerdings riefen tatsächlich schon bescheidene jesuitische Versuche in dieser Richtung, z. B. in Peru, Widerstand hervor, nämlich die Förderung der Gründung indianischer Bruderschaften, die Veranstaltung von Prozessionen für Indianer und die regelmäßige Predigt auf ketschua. Die Jesuiten waren durch römische Instruktionen von 1567 angewiesen, den Nachdruck ihrer Indianerarbeit nicht auf die schnelle Konversion, sondern auf gründliche

---

[55] Zur Verteufelung der indianischen Götter vgl. Correa 1955, 41ff; zur Anpassungsfähigkeit der Missionare s. Ricard aaO 284ff. Matthei 1970, 24 weist darauf hin, daß in den Missionaren die Bereitschaft wuchs „Indianer mit den Indianern zu werden", sich mit ihnen ans Feuer zu hocken und ihren Mythen zu lauschen. Es entstand eine umfangreiche Literatur, die man unter dem Obertitel „Suche des Verständnisses des anderen" zusammenfassen könnte. Die bedeutendste Erscheinung auf diesem Gebiet war Fr. Bernardino de Sahagún OFM. Aber es ist auch bezeichnend, daß man ihn für verdächtig hielt und den Druck seiner Werke verhinderte, weil sie zu voll waren „von Reminiszenzen einer präkolumbinischen und vorchristlichen Vergangenheit, die man gerade aus dem Sinn der Neophyten auslöschen wollte". – Zur Übersetzung vgl. Castillo 1967, 160.

[56] So äußert sich etwas zu einseitig Otruba 1959, 23ff.

Instruktion zu legen, d. h. intellektuelle Anstrengungen zu unternehmen, um die indianische Gesellschaft und deren religiöse Implikationen zu verstehen. In diesem Sinne schrieb der Rektor des ‚San Pablo'-Kollegs von Lima, Bartolomé Hernández SJ, am 19. April 1572 an den „allmächtigen Präsidenten des Indienrates, Juan de Ovando", daß die Jesuiten nach ihren ersten Missionserfahrungen den Eindruck gewonnen hätten, *daß den Indianern der christliche Glaube mehr durch Bekehrungsdruck aufgezwungen als durch Belehrung nahegebracht worden sei.* „Zweimal in seinem Brief an Ovando bestätigte er die jesuitische Überzeugung, daß man, *bevor man versuche, die Indianer zu bekehren, ihnen zu einem menschenwürdigen Leben innerhalb gut organisierter sozio-politischer Strukturen verhelfen müsse".* Was menschenwürdige Strukturen sind, ergab sich freilich auch für Hernández mit Selbstverständlichkeit aus den vom Renaissance-Denken geprägten europäischen Vorstellungen über urbanes Leben, die ihn zur Bejahung des Reduktionsprinzips führten[57].

Baumgartner bemüht sich unter Einführung des Begriffs *Adaptation* um den Nachweis, daß alle Missionsorden in Mexiko den Willen zur Adaptation hatten, und zwar weniger in Form einer Theorie „als einer Hellhörigkeit für die Forderungen der augenblicklichen Situation". Die Beispiele, die er dann anführt, verdeutlichen allerdings, daß es sich hierbei weniger um eine positive Anknüpfung im Sinne der Sublimierung der vorfindlichen kulturellen und religiösen Elemente als um eine geschickte Substitution handelte.

„Von Bauwut geradezu besessen" — dies gilt in besonderem Grade für die Augustiner — ersetzte die Kirche alle heidnischen Heiligtümer durch gleich große und prächtige christliche Bauten. Adaptation bedeutete für die Missionare, „Altes, das aufgegeben werden mußte, durch Neues zu ersetzen, und zum andern das Anknüpfen an präspanisches Brauchtum". „Sie empfahlen ... die Errichtung der Hausoratorien — als Gegenstück zu den aztekischen Gepflogenheiten. Daß sie in der Katechese wieder und wieder die Schönheit der christlichen Lehre betonten und herausstrichen, geht auf diese Einstellung zurück: anstatt Mythen der heidnischen Vergangenheit die Erzählungen über das Leben Christi und der Seinen. Vollwertigen Ersatz für die Vielzahl der einstigen Götter sollten die Heiligen bieten. An die Stelle der zahlreichen Gedenkstätten an Wegen und Straßen trat jetzt das Kreuz. Auf die Anrufung der Schutzgottheiten folgte im Christenstand die Verehrung der Patrone, die Hinwendung zu den Heiligen, die Andacht zum Namen Jesu. Götterbegängnisse und Herumtragen der Bilder fanden einen Ausgleich in den christlichen Prozessionen, ja, der ganze prunkvolle Aufwand in der liturgischen Entfaltung war letztlich gedacht als Füllung der Leere, die durch die Abschaffung der aztekischen Kultmanifestationen zu entstehen drohte. Nicht weniger offensichtlich läßt sich die andere Tendenz der Mönche erfassen, nämlich an vorgegebene Haltungen und Gewohnheiten, Bräuche und Sitten anzuknüpfen. Der aktive Zug im rituellen Verhalten der Azteken übertrug sich auf den christlichen Raum: Gesang und Spiel, Musik und Tanz, Blumen und Weihrauch, Lichter und Bilder, Prozessionen und Umzüge, Bußübungen und Kasteiungen, Symbolpflege und Hingabe an Feste und Feiern, Theater und Kurzszenen, all das ward im Zusammenhang mit der Liturgie geduldet, wenn nicht sogar gefördert durch die Frailes." Wie der jesuitische Missionstheoretiker Acosta in Peru es angeraten hatte, beließen auch die Missionare in Mexiko „bezüglich Sitten und Gebräuchen, Festen und Feiern den zu Bekehrenden alles, was irgendwie möglich war, sofern es nur keine Irrtümer enthielt". Die Anpassungsbereitschaft der Missionare, gerade auch der Bettelorden, äußerte sich schließlich auch „beim Mitleben und Mitfühlen mit dem ein-

---

[57] Vargas U. 1953ff I, 224; zu Hernández vgl. Martin 1968, 119ff. Zur Frage der Akkomodation in den SJ-Reduktionen vgl. 2453.

fachen Volk", was für Spanier wie Portugiesen keine Kleinigkeit bedeutete. Das ging von der eingehenden „Beschäftigung mit Sprache und Kultur der zu Bekehrenden bis hin zum Erfassen der tiefsten geistig-religiösen Sehnsüchte dieser Menschen"[58]. Natürlich gab es diesbezüglich Unterschiede zwischen den einzelnen Orden, aber auch innerhalb derselben. Allgemein wird man sagen können, daß die ethnographischen und linguistischen Studien in der Anfangszeit am stärksten von den Franziskanern und später von den Jesuiten gepflegt worden sind.

Baumgartner bescheinigt den Missionaren in Neu-Spanien zwar, daß sie sich der Dringlichkeit „einer neuen, echt indianischen Kirche ... klar bewußt" waren und diese nicht zuletzt unter dem Einfluß von Erasmus nach dem Vorbild der Urkirche schaffen wollten, muß aber zugeben, daß die Akkomodation nicht bis in das Zentrum des Gemeindelebens vordrang.

„Der Gedanke einer autochthonen Liturgie, die selbst das zentrale gottesdienstliche Geschehen berührt hätte", lag ihnen „absolut fern. Die Indigenisierung drang nicht bis in das Herz der Liturgie vor; die Versuche, die einheimische Sprache im offiziellen Gottesdienst einzubürgern, muten eher zaghaft und dilettantisch an. Die Kirche von damals verstand es nicht, die kulturellen und religiösen Reichtümer des Landes, in dem sie Wurzeln zu schlagen begann, ihrem gottesdienstlichen Erbe einzuverleiben, wie ja auch die theologische Reflexion die missionarische Problematik in Übersee zu wenig grundsätzlich erfaßte. Es gebrach den Evangelisatoren eben an missionarischer Erfahrung. So kam es nicht zu einer positiven Auseinandersetzung mit den Fremdreligionen – in ihnen erblickte man noch zu sehr Teufelswerk –, nicht zum systematischen Durchdenken des außerchristlichen Kultphänomens, nicht zur Berücksichtigung der religiösen Mythen, nicht zur bewußten, kritischen Übernahme der wertvollen Elemente aus diesem so reichen Kosmos, ebenfalls nicht zur Einsicht in die Zusammenhänge von Kultur und Liturgie. Befangen in der typisch spanischen Bekümmertheit um die Orthodoxie, vermochten die Mönche nicht, die religiösen Anschauungen und kultischen Betätigungen der zu Bekehrenden in ihrem positiven Gehalt zu würdigen. Beweis dafür die Auffassung, daß zuerst alles abzutragen, eine Art religiösen Vakuums nötig sei, um von Null aus aufbauen zu können."[59]

In den zentralen Fragen kann also von Akkomodation keine Rede sein. Hier gab es nur tabula rasa, die zur geistlichen und kulturellen Entwurzelung der Indianer führen und Versuche zur Schaffung einer indianischen Kirche von vornherein zur Aussichtslosigkeit verurteilen mußte. Das hier in bezug auf

---

[58] Baumgartner 1971, 415ff; Höffner 1969, 402f bemerkt hingegen kritisch zum Eifer der Missionare, Tempel in Mexiko abzubrechen: „Auf den Gedanken, das Christentum als eine Erfüllung und Vollendung der heidnischen Sehnsüchte den Eingeborenen näherzubringen, ist man leider nicht gekommen." Es fehlt also die tiefere Form der Akkomodation. Das sieht man auch bei Acosta in Peru, der verlangte: „Man muß die Götzen aus den Herzen entfernen; man muß aber auch dafür sorgen, ‚daß sie aus den Augen und aus den Bräuchen verschwinden'. Jede Spur muß vernichtet werden. Doch darf man nicht dabei stehenbleiben. ‚Zeremonien müssen durch Zeremonien in Vergessenheit gebracht werden.' Weihwasser, Bilder, Rosenkranz, Kerzen, Palmen und dergleichen sind deshalb für die amerikanische Mission von größter Bedeutung" – vgl. Acosta 1589, Lib. V c. 11, p. 481ff.

[59] Baumgartner aaO 412ff; Glazik 1967, 614 übersetzt tabula rasa mit Methode der „Entwurzelung"; Tormo 1962ff I, 143 zitiert Ricards Bemerkung, daß ein außerordentlich zahlreiches (er vergißt hinzuzufügen: und fähiges) Missionspersonal erforderlich gewesen wäre, um angesichts der Vielzahl der völkisch-sprachlichen Gruppen (Mexikos) erfolgreich die Akkomodationsmethode praktizieren zu können.

Neu-Spanien Gesagte müßte in Einzeluntersuchungen für die anderen Missionsfelder Amerikas nachgeprüft werden. Mit aller gebotenen Vorsicht wird man indes grundsätzlich ähnliche Ergebnisse erwarten dürfen.

Fragen wirft das ungestüme Tempo der Mission auf, das bei Vernachlässigung einer gründlichen Katechese zur Oberflächlichkeit führen mußte. Gewaltige Scharen von Täuflingen, die Chronisten sprechen von Millionen, Mengen von Firmkandidaten, die kaum zu bändigender Zustrom von Bewerbern zur kirchlichen Eheschließung, ein Ansturm auf die Beichtstühle, wie man ihn in den ersten Jazrzehnten vornehmlich in Neu-Spanien beobachten konnte, läßt auf ein enthusiastisches Christentum schließen, das von Missionaren entfacht worden ist, die selbst unter dem Einfluß später Nachwehen joachimitischen Geistes standen, was besonders für die Franziskaner gilt. Die Missionare des 16. Jahrhunderts wähnten sich kurz vor dem Weltende und sahen es als ihre Pflicht an, in der knappen ihnen noch zur Verfügung stehenden Zeitspanne möglichst viele Menschen durch die Verkündigung des Evangeliums in die Kirche einzugliedern.

„Unter dem Antrieb der eschatologischen Ideen begnügten sie sich mit einer summarischen Einweisung der Taufbewerber ins Christentum; die Vertiefung des Glaubens und die gründlichere Einführung in den neuen Lebensstand behielten sie einer späteren Seelsorge vor."

Abgesehen von Ausnahmen, wie in Mexiko Bischof Quiroga, „der das Katechumenat wieder zum Leben erweckte, oder von Fr. Juan de Focher, der wenigstens ein" mehrwöchiges Katechumenat verlangte, „hielt der Großteil der Missionare es nicht für nötig, dieser Einrichtung der christlichen Frühzeit — auf die man sich sonst ständig berief — in der Neuen Welt zum Durchbruch zu verhelfen"[60]. Auch in Peru fand eine reguläre Katechese nur in den ‚cabezas de doctrina', also am Sitz der Religiosen, statt, während man in den Filialen indianische Hilfskräfte mit der Wiederholung des Katechismus beauftragte[61], aber eben die Indianer auch vor einer gründlichen Unterrichtung schon zu taufen pflegte.

Ein auf lange Sicht entscheidenderes Motiv für die übereilte Taufpraxis dürfte darin zu suchen sein, daß „man als Hauptzweck jeglicher Missionierung die ‚Seelenrettung' ansah. Es war nach diesem Missionsverständnis ein wichtiger Dienst am Menschen getan, wenn es gelang, ihn zu taufen. Kinder und Erwachsene wurden daher getauft, wenn eben ein Pater in die Gegend kam; oft war er seit Jahrzehnten der erste und für Jahrzehnte der letzte", wie Noggler

---

[60] Baumgartner aaO 412f; vgl. Focher: Tractatus de Baptismo et Matrimonio.
[61] Vargas U. 1953ff II, 235f; Glazik 1967, 614 betont, daß die ‚doctrinas' gerade im Hinblick auf die Katechese eingerichtet worden seien und daß zur Mitarbeit auch die ‚encomenderos' verpflichtet worden seien, Ziele, so muß man hinzufügen, die nur mangelhaft erreicht wurden. Zubillaga 1965 erwähnt, daß die Missionare in Mexiko auch auf den Stolz der Indianer Rücksicht nehmen mußten, der verletzt worden wäre, wenn man ihre Bereitschaft, sich taufen zu lassen, allzu zögernd honoriert hätte. Um Massentaufen durchführen zu können, verkürzten sie das römische Taufritual — aaO 318f. Ricard 1966, 292 bemerkt, daß die Missionare erwachsene Indianer freizügig tauften, „weil sie darauf rechneten, immer an ihrer Seite zu sein und darauf achten zu können, daß sie ihre Verpflichtungen erfüllten". Hier steht also deutlich das oben S. 204 erwähnte Christenheitsmodell Pate. Zur Katechese in Peru vgl. Castillo 1967 und Trujillo 1963.

in bezug auf Südchile bemerkt. „In einer kurzen Unterweisung, die oft genug nur zwei bis drei Tage in Anspruch nahm, wurden die wichtigsten Glaubenswahrheiten verkündet und damit war nicht selten christliche Unterweisung fürs ganze Leben geschehen."[62] Hinter dieser Taufpraxis, „die zahlreiche Neuchristen, aber nur eine geringe Verchristlichung erzielte", stand letztlich „die unbewältigte Frage nach dem Heil der Heiden" und die damit verbundene nach der Natur und dem Inhalt des zum Heil notwendigen Glaubens[63].

Über die Taufpraxis kam es in Neu-Spanien in den dreißiger Jahren des 16. Jahrhunderts zum Streit, der schließlich von Paul III. 1537 mit der Bulle „Altitudo divini consilii" geschlichtet wurde.

Gegenüber der arg abgekürzten Taufpraxis hauptsächlich der Franziskaner legte Rom, damit den Wünschen der Dominikaner entgegenkommend, die Mindestbestandteile des Taufrituals fest[64]. Außerdem machten sowohl das Limensis I (1551-52) wie das erste Mexikanische Provinzialkonzil (1555) Auflagen hinsichtlich der Belehrung vor der Taufe, wenngleich ein eigentliches Katechumenat auch danach über Ansätze nicht hinauskam[65]. Auch in Brasilien hatten die ersten Franziskaner der Praxis der Massentaufen gehuldigt, während die Jesuiten unter Nóbrega 1549 sofort die Taufpraxis verschärften und die Taufe von nicht angesiedelten, also halbnomadischen oder noch dem Kannibalismus und der Polygamie zugetanen Indianern ablehnten. Dem schlossen sich Ende des 16. Jahrhunderts die Franziskaner an, ja, sie verschärften die Auflagen noch und hielten auch noch die Trunksucht für ein Taufhindernis, so daß sie schließlich vorzugsweise erst Sterbenskranke tauften. Das aber führte bei vielen Indianern zur Ablehnung der Taufe, weil sie eine ursächliche Verbindung zwischen Taufe und Tod vermuteten. Hoornaert bestätigt zwar, daß die Taufe in Brasilien mittelalterliche Züge gehabt habe: „Taufe Sterbenskranker, Kindermassentaufen, heimliche Taufe in der Todesstunde", betont aber auf Grund franziskanischer Studien, daß die Taufe in der ganzen Kolonialzeit mit Leichtigkeit verabreicht worden sei. Diese Leichtigkeit, mit der zuerst die Indios und später die Schwarzen getauft worden seien, habe bei ihnen hervorgerufen, daß der Unterschied zwischen ihrer traditionellen Religion und der christlichen gar nicht so abgrundtief sei, so daß sie das Christentum als eine „herrliche Weiterentwicklung des fetischistischen Kultes" betrachteten". Auf diese Weise öffnete die allgemeine Taufe

---

[62] Noggler 1973, 321. Dies Problem bestand so lange, wie es ‚misiones volantes' gab.

[63] F. Rousseau, L'idée missionaire aux XVIe et XVIIe siècles, Paris 1930, ohne Seitenangabe bei Promper 1965, 105 und Glazik 1967, 608 zitiert. Zubillaga 1965, 317ff urteilt positiver über die Qualität des Unterrichts vor der Taufe. Und Baumgartner aaO 417f meint: „Mit dem Fortschreiten der Missionierung und der Vermehrung der Hilfskräfte ließen die Religiosen den Kandidaten eine solidere Einweisung in die christliche Lehre angedeihen. Der, an heutigen Maßstäben gemessen, arg summarische Unterricht vor dem Eintritt in die Kirche ... wurde in etwa wettgemacht durch die ständige Katechese für die Gläubigen: anläßlich des Sonntagsgottesdienstes, bei der Spendung jedes Sakraments, durch zusätzliche Predigten in der Fasten- und Adventszeit, durch das religiöse Theater (das eng mit dem gottesdienstlichen Geschehen einherging) und die Instruktionen gelegentlich der zahlreichen Feste. Dabei bedienten sich die Frailes geradezu moderner Hilfsmittel, der Bilder und Malereien, der Spruchtafeln und Doctrinas, der Musik und des Gesanges, ja sogar des Tanzes und szenischer Darstellungen." Baumgartners Annahme, „daß ein Großteil der Getauften allmählich in die christliche Welt hineingewachsen ist", erscheint angesichts des hartnäckigen Fortlebens amerindischer Religiosität als zu optimistisch – vgl. Abschnitt 254.

[64] Vgl. Zubillaga 1965, 320f.   [65] Vargas U. 1953ff II, 226.

(eine mittelalterliche Praxis) in Brasilien eine Tür, durch die Indios und Neger der ganzen katholischen Tradition einen neuen Sinn geben konnten, wobei sie sich auf ihre Gebräuche und ihre Kultur stützten". Dadurch wurden Synkretismen möglich, indem z. B. die Orixá der Schwarzen unter dem Namen und der Gestalt von katholischen Heiligen weiter verehrt wurden (vgl. 4442). Außerdem erlangte die Taufe „als Ritus der gesellschaftlichen Verbindung" für die Unterprivilegierten durch die Gevatterschaft große Bedeutung. Indem man ein Mitglied einer einflußreichen Familie, von dem man durch die landwirtschaftlichen Strukturen sowieso abhängig ist, für sein Kind als Paten gewinnt, sichert man ihm langfristig eine gesellschaftliche Förderung[66].

Animismus und magischem Weltverständnis auf seiten der Indios stand seitens der Religiosen des 16. und 17. Jahrhunderts *mittelalterlicher Wunderglaube* gegenüber. Hierfür zwei Beispiele:

Als Franziskaner in der brasilianischen ‚aldeia' Assunção oder Jococa mit Hilfe der Indios eine Kirche bauten, brach unter den Erwachsenen eine Epidemie aus. Viele Indios starben oder flüchteten in den Urwald. „Da rief einer der Missionare, ein Mann lebendigen Gehorsams, die geflüchteten Indios auf, zurückzukommen, um die Kirchbauarbeiten zu beenden, wobei er sagte, daß er ihnen im Namen Gottes den Schutz der allerheiligsten Jungfrau verspräche, so daß sie von dem Übel nicht angegriffen würden. Die Indios schenkten dem Religiosen Glauben, kehrten zur Arbeit an der Kirche zurück und keiner wurde von der Krankheit erfaßt." Als kurz darauf unter den Kindern eine tödliche Krankheit ausbrach, schnitten die Indios ihren Kindern eine Tonsur nach dem Vorbild der Ordensväter. „Und Gott belohnte ihr Vertrauen, indem er nicht erlaubte, daß eines der so Gekennzeichneten stürbe."[67]

Bemerkenswert ist, daß der moderne franziskanische Historiker Röwer, der diese Quelle zitiert, nichts daran auszusetzen hat, daß die Tonsur zu einem quasi magischen Schutzmal wurde und daß er in dem Schutzversprechen des Religiosen unkritisch ein Zeichen „lebendigen Glaubens" sieht, ohne sich zu fragen, ob es nicht eher eine Versuchung Gottes gewesen sein könnte (vgl. Lk 4,9 ff – Dtn 6,16).

Tormo kommt bei einer Untersuchung der Wunder in der amerikanischen Missionsgeschichte zu dem Schluß, daß es neben Erscheinungen, die sich nur der Phantasie der Laien und Kleriker als wundersam darstellten, besonders im Zusammenhang mit dem Wirken der Selig- und Heiliggesprochenen eine gewisse Anzahl wunderhafter Erscheinungen gegeben habe, wenn auch in geringerer Fülle als auf anderen Missionsfeldern. Hoornaert betont, daß *die Jesuiten in Brasilien sich bewußt in den Augen der Indios wunderhaft erscheinender Kräfte zu katechetischen Zwecken bedient* hätten, um sie sich gefügiger zu machen.

Mit dem „Wunder" wollten sie beweisen, daß der Christengott stärker ist als die Idole der ‚pajés' und daß die Väter mit seiner Himmelskraft ausgestattet seien. Die

---

[66] Promper 1965, 103ff; Noggler 1973, 323 bemerkt in ähnlicher Richtung, daß die Franziskaner in Südchile die bis dahin von den Jesuiten gepflegte Wandermission ablehnten und feste Missionsstationen einrichteten, was auch auf eine strengere Taufpraxis deutet. Vgl. ferner Hoornaert 1970, 31ff, der sich zu den mittelalterlichen Zügen auf die von den Jesuiten in Brasilien eingeführte Taufpraxis bezieht und im übrigen im Gegensatz zu Promper auf Grund von 1936 in der ‚Revista da Provincia Franciscana de S. Antônio' (Salvador/Bahia) veröffentlichter Studien die Leichtigkeit der Taufpraxis in der gesamten Kolonialzeit betont. Bezüglich der Taufpraxis herrscht also in der Forschung keine völlige Klarheit.

[67] Röwer 1947, 104 nach Jaboatão 1858f I, vol. 2,57 und Röwer aaO 365.

Heiligen an ihrer Seite galten nicht als historische Persönlichkeiten, sondern mehr als himmlische „Diener Gottes unter dem Schutz von Christkönig und Königin Maria. Es ist in die Augen fallend, wie militaristisch die marianische Terminologie ist: Das Volk muß ‚Diener der Mutter Gottes' sein und sich ihr ‚ergeben' oder sich ihr ‚unterwerfen'". Indem die Jesuiten die Idole zerstörten, um sie durch Zeichen des stärkeren Schöpfer- und Herrengottes zu ersetzen, „änderte die Religion nur ihren Namen, während langsam eine wirkliche Subkultur entstand". Im Gegensatz zu den iroschottischen und angelsächsischen Missionaren des 7. und 8. Jahrhunderts in Europa verstanden sich die Missionare der Neuen Welt von vornherein als Vertreter einer fremden, höheren Kultur, so daß „im 16. Jahrhundert sogar die Reliquien dazu dienen, den Kolonialismus in Amerika aufzurichten".

Auf Grund von Montoyas' Beschreibung der Katechese in den Paraguay-Missionen (1639), die er für ziemlich repräsentativ für die gesamte katholische Missionsarbeit in Amerika hält, kommt Hoornaert zu dem Schluß, daß *die Katechese*, die die Volksweisheit mißachtete und bewußt auf die Zerstörung einer tausendjährigen Kultur ausging, die Indios eher vom Katholizismus entfernte, als sie dazu zu bekehren, weil die Katechese in erster Linie moralisierend war. „Die Jesuiten betrachteten jede neue menschliche Wirklichkeit, die sie entdeckten, unter dem Gesichtspunkt der Moralität." So stießen sie vielerorts mit den männlichen Führungsgruppen zusammen, weil diese an der Polygamie festhalten wollten, die den Vätern aus moralischen Gründen unerträglich erschien. Die Folge war der weitgehende Verlust der Mitarbeit der Männer in der Kirche seit Beginn der Evangelisationsarbeit, der sich in Brasilien noch heute im Fehlen männlicher Laien in der Kirche äußert, bzw. im Überwiegen des frommen weiblichen Elements. Im übrigen meinten die Väter, das biblische Wort Gottes sei in erster Linie für die Altchristen bestimmt, während man die Neuchristen und die Ungetauften mit Wundern beeindrucken müßte. So wurde für letztere „Wort Gottes" fast zu einem Synonym für „die Gebote des Gesetzes Gottes", und diese wiederum gipfelten in der Beachtung des sechsten Gebotes (zur Gleichsetzung von Glaube und Gehorsam gegenüber dem katholischen Gesetz in der Volksfrömmigkeit vgl. unten S. 313 f.). Hoornaert vertritt die These, daß die moralisierende Katechese gepaart mit einem paternalistischen Indianerschutz von seiten der Missionare zur Lähmung der Eigeninitiative der Indios geführt habe, die heute eines der entscheidenden Entwicklungshemmnisse sei[68].

Um beurteilen zu können, inwieweit die Katechese über ein reines Taufchristentum hinausgeführt hat, muß nun auch die *Inanspruchnahme der zentralen Sakramente der Buße und der Eucharistie* betrachtet werden. Nach der zeitgenössischen iberischen Tradition war ohnehin nur eine einmal jährliche Beichte und Kommunion zu erwarten. In bezug auf ein Sündenbekenntnis hatte es bei den Azteken schon eine entsprechende Praxis gegeben, so daß die Einführung der Beichte in Mexiko bei den Azteken wie auch bei den Zapoteken und Mixteken keine Schwierigkeiten bereitete. Baumgartner spricht sogar von einem „Ansturm auf die Beichtstühle". Die Bevölkerung ganzer Indianerdörfer zog nicht selten geschlossen bis zu hundert und mehr Kilometern zum näch-

---

[68] Tormo 1962ff I, 161ff, der sich nur auf Spanisch-Amerika bezieht. Hoornaert 1970, 40f und 35ff, der sich teilweise auf die klassische Arbeit Georg Friedericis 1925ff stützt. Mit dem Stichwort „Subkultur" spielt Hoornaert auf Lewis' Begriff „Kultur der Armut" an.

sten Religiosen, um zu beichten. Die Bußauflagen wurden widerspruchslos akzeptiert und ernstgenommen[69]. In Peru hingegen, wo der Lizenziat Castro in der zweiten Hälfte der sechziger Jahre des 16. Jahrhunderts, ohne auf Widerspruch zu stoßen, auf einem Missionarstreffen behaupten konnte, daß unter 300 000 Getauften keine 40 wahren Christen seien, bereitete die Einführung der Beichte erhebliche Schwierigkeiten, dies nicht zuletzt, weil die Missionare die Indianer körperlich züchtigen ließen oder ihnen die Haare abschnitten und generell ihr Zutrauen nicht gewannen, weil sie sich ihrer Arbeitskraft unentgeltlich bedienten und ihnen teilweise sogar ihr Erbteil wegnahmen. Dies Problem bestand noch zur Zeit des Limensis III (1582—83), wo die Religiosen die schwache Beichtpraxis auch damit begründeten, daß die Indianer bis dahin zu primitiv, zu wenig katechisiert und zu leicht rückfällig seien, speziell in Sachen Trunkenheit. Diesbezüglich schuf die Bestimmung des Tridentinum Abhilfe, daß die Seelsorger gelegentlich andere Priester zum Beichtehören einladen sollen, damit die Gläubigen dies mit größerer Freiheit tun können. Ein weiteres Hindernis stellten lange Zeit die mangelnden Sprachkenntnisse der Seelsorger dar, die sie zwangen, bei der Beichte indianische Übersetzer zu verwenden, was dem Beichtgeheimnis schlecht bekam und daher auch Indianer von der Beichte abhielt[70].

Wie das Bußsakrament war auch die Eucharistie in Neu-Spanien von skrupulösen Vorsichtsmaßnahmen umgeben. Die erste Junta von 1524 hatte die Teilnahme der Indianer an der Kommunion gänzlich abgelehnt, die späteren Konzilien sie indes befürwortet. Aber die Praxis wich stets von der Theorie ab, und ein Teil der Missionare war grundsätzlich dagegen.

Die Kommunion blieb ein seltenes und außergewöhnliches Ereignis, auf das die Augustiner die Indianer am entschlossensten vorbereiteten, sogar die Kinder für die Frühkommunion. Nach strenger Selektion der Kandidaten wurden von ihnen verlangt: „Fasten, Almosen, besondere Gebete, Prüfung in den Glaubenswahrheiten, vorherige Beichte (zuweilen zwei oder mehrere Male abgelegt), Ansprache an die Kandidaten. Festlich gekleidet, näherten sich die Indios dem Tisch des Herrn, und den ganzen Tag über verharrten sie in Gebet und Sammlung, besuchten die Kirchen, ohne sich in die Geschäfte des Alltags einzulassen." Baumgartner erklärt diesen Rigorismus mit der geringen Häufigkeit der Kommunion in Europa und der Sorge, „das Heilige nicht leichtfertig den Neuchristen, diesen zarten Pflänzchen im Weinberg des Herrn, auszuliefern". Ricard bemerkt treffend, daß die Kommunion offenbar eher als eine Belohnung für außerordentliche Tugend und Frömmigkeit angesehen wurde, denn als ein Mittel um solche Tugend und Frömmigkeit zu erlangen[71]. Aus protestantischer

---

[69] Baumgartner 1971, 413; Zubillaga 1965, 385 und 406f, der erwähnt, daß die Teilnahme an der Beichte in Mexiko in den ‚doctrinas' von den Priestern kontrolliert und notfalls erzwungen wurde. Über die Durchführung der Firmung fehlt es an Spezialuntersuchungen. In den ersten Jahrzehnten der Mission, als Bischöfe gar nicht oder nur in geringer Zahl in Amerika waren, werden viele Indianer nie gefirmt worden sein – ebd. 405f.

[70] Vargas U. 1953ff II. 227 und 237ff.

[71] Baumgartner aaO 419f; Ricard aaO 287f, der hinzufügt, daß die Zahl der indianischen Kommunikanten größer gewesen sei, als häufig angenommen werde. Zubillaga 1965, 385 erwähnt, daß das 1. Mexikanische Provinzialkonzil (1555) die einmal jährliche Beichte und Kommunion notfalls mit Zwang durchsetzen wollte nach dem Prinzip: *Besser sollen die Indianer mit Zwang gerettet als in Freiheit verdammt werden* – Concilios provinciales primero y segundo... México 1769, Kap. 7, S. 49. Ricard aaO 109ff geht ausführlich auf die Verwaltung der Sakramente

Sicht muß man hier ein Verdienstdenken bemerken, ganz abgesehen von der mittelalterlich-magischen Hostienverehrung.

In Peru war auch die Theorie der Kommunion restriktiver. Das Limensis I machte die Teilnahme an der Kommunion noch von der Genehmigung des Bischofs abhängig. Das 2. Konzil lockerte die Beschränkungen und das 3. verschärfte sie wieder. In Peru waren es mehr noch als die Augustiner die Jesuiten, die viel Mühe darauf verwandten, die Neophyten auf Beichte und Kommunion vorzubereiten, und diese betrachteten dann auch die Zulassung zur Kommunion als Ehre. Vargas U. bezeichnet die Langsamkeit der Einführung beider Sakramente in Peru als Beweis für eine mangelhafte Katechesierung[72]. In Brasilien waren es besonders die Franziskaner, die mit ernsten Prüfungen die Ehrfurcht vor dem Altarsakrament vertiefen wollten. Aber auch die Jesuiten steigerten die Eucharistie-Frömmigkeit so sehr, daß sie die Indianer nicht zur Kommunion zulassen mochten. Vieira wirkte dann als Bahnbrecher zur Öffnung des Altarsakraments für die Indianer. Aber noch 1668 hört man in Quellen über Maranhão, daß Weltpriester christlichen Indianern nicht nur die Eucharistie, sondern auch die Letzte Ölung verweigerten, ja, es sogar ablehnten, sie zum Grabe zu geleiten[73].

Hoornaert hat kürzlich darauf aufmerksam gemacht daß *Taufe und Eucharistie* im Katholizismus der Konquistadoren bzw. im „kriegerischen Katholizismus" eine neue Funktion erhalten haben. Die Taufe wurde zu einem Mittel der Pazifizierung der Indianer, was die Massentaufen und den Taufzwang der Anfangszeit in einem anderen Licht erscheinen läßt. Genauso wurde die soziale Bedeutung der Eucharistie in der Kolonialzeit verändert. Sie war weniger ein Sakrament der Gemeinschaft der Christen als ein Mittel zur göttlichen Legitimierung der Einheit von Kirche und Staat. Es führt eine Linie von den prunkhaften öffentlichen Fronleichnamsprozessionen, der Zurschaustellung von Hostien, „der Sterilisierung der hl. Hostie in Reliquiaren" bis zu den staatlich geförderten Eucharistischen Kongressen des 20. Jahrhunderts.

Auf den Beitrag der Jesuiten zur Missionstheorie und -praxis soll im folgenden Kapitel noch eingegangen werden. Bei den Franziskanern kam es in der zweiten Hälfte des 17. Jahrhunderts zur Vorbereitung einer missionarischen Renaissance. Antonio Llinás, seit 1674 Guardian des Konvents von Valladolid

---

in Mexiko ein. Besondere Hindernisse stellten sich nicht nur hier der Einführung des Ehesakraments entgegen, da bei den Indianern, wenn auch weitgehend auf die Führungselite beschränkt, die Polygamie verbreitet war, die weniger ein sexuelles, als ein wirtschaftliches und soziales Problem bildete. Das schlechte Beispiel der Spanier auf sexuellem Gebiet war für die Indianer ein zusätzliches Argument gegen die von den Missionaren geforderte christliche Ehe.

[72] Vargas U. 1953ff II, 238f; 1951ff III, 14ff betont Vargas, daß das Limensis I in puncto Kommunion zu strenge Maßstäbe angelegt habe, daß diese aber seit dem Limensis II abgemildert worden seien. In der Praxis sei es aber speziell *in den Inlandsprovinzen Ekuadors, Perus und Boliviens bis in die Gegenwart hinein weithin bei der Praxis geblieben, den Indianern den Tisch des Herrn zu versperren.* Auch Acosta 1589, Lib. 6, Cap. 7 bestätigt, daß zu seiner Zeit die Indianer von der Kommunion ausgeschlossen gewesen seien, genauso noch 1668 der Bischof von Quito Peña y Montenegro. Lib. III, Trat. Unico, Secc. 1. Generell vgl. Bayle 1944.

[73] Zur franziskanischen Kommunionpraxis vgl. Jabotão 1858f I, 2, 152 nach Willeke 1958, 138 bei Promper 1965, 106; zur jesuitischen Praxis vgl. Leite 1938ff IV, 239ff.

in Mexiko, erkannte, daß aus den großen städtischen Konventen des Landes nach deren über hundertjährigem Bestehen die erforderlichen apostolischen Kräfte nicht mehr gewonnen werden konnten. Er wollte dem Apostolat durch eine Verschärfung der Observanz und eine konsequente Hinwendung zur Volksmission neue Kräfte erschließen. Nachdem er 1680 auf dem Ordenskapitel in Toledo Billigung für seinen Plan zur Gründung von Missionskollegien gefunden hatte und entsprechende Statuten vom Ordensgeneral erlassen und von der vatikanischen Propaganda-Kongregation gebilligt worden waren, wurde im Kloster des Hl. Kreuzes in Querétaro das erste Missionskolleg eingerichtet. Es wurde der Vorort für zahlreiche ähnliche Konvente der neuen Observanz, die bis Mitte des 18. Jahrhunderts von Mexiko bis Chile gegründet wurden und speziell seit der Vertreibung der Jesuiten das Rückgrat der Indianermission bildeten[74].

232 Die Beteiligung der amerikanischen Bevölkerung am missionarischen und kirchlichen Dienst

2321 Die Rolle der Laien

Man wird Guardas (1972) These zustimmen können, daß die Rolle der Orden in der kolonialen Missions- und Kirchengeschichte zu einseitig hervorgehoben und demgegenüber der Beitrag der Laien über Gebühr vernachlässigt werde. Es ist nicht zu bestreiten, daß es kirchlich aktive und bedeutende Laien gegeben hat und daß z. B. nicht wenige Laien im 18. Jahrhundert in Chile aus Interesse Theologie studiert haben. Es lassen sich Beispiele für hervorragende Laienfrömmigkeit finden sowie für reges Interesse an spanischen Bibelübersetzungen, Hagiographien, Patristikerausgaben, ethischen und mystischen Werken. Aber eine missionarisch positive Rolle einer bedeutenderen Anzahl iberischer Einwanderer kann auch Guarda nicht glaubhaft machen. Zwar ist bemerkenswert, daß schon einige Teilnehmer der Eroberungsfeldzüge und später nicht wenige Kolonisten die Reihen der Orden als Laienbrüder aufgefüllt haben, aber insgesamt erwies sich die schon 1497 von den Königen Isabella und Ferdinand aufgestellte Hypothese, daß jeder Einwohner der iberischen Halbinsel allein kraft seiner Taufe befähigt sei, eine aktive Rolle bei der Bekehrung der amerikanischen Eingeborenen zu spielen, als Trugschluß. Dennoch hat sowohl die spanische wie die portugiesische Kolonialpolitik an dieser Fiktion festgehalten, weil sich nur damit die Sklaverei und die Kommende bemänteln ließen. 1497 sah man bei Hofe die Rolle der Altchristen so positiv, daß man sogar zu diesem Zwecke freigelassenen Straftätern zutraute, „an der Bekehrung mitzuwirken". Zumindest haben sie auf Hispaniola ausgeharrt, während die erste Priestergruppe unter Buil der Neuen Welt schnell wieder den Rücken kehrte. Eroberer wie Siedler waren zwar von mittelalterlich-kultischer Frömmigkeit erfüllt, aber in ihrer großen Mehrheit keine Vorbilder für die Einheit von lebendigem Heilsglauben und christlichem Lebenswandel. Schließlich hatte sie nicht die Absicht, Menschen für Christus zu gewinnen, nach

---

[74] Hoornaert 1974, 48, der mit dem Stichwort „kriegerischer Katholizismus" und seine Infragestellung etwa dasselbe Feld beschreibt, das der Vf. mit dem Konflikt von Missions- und Kolonialkirche bezeichnet. Zur missionarischen Renaissance der Franziskaner vgl. Beckmann 1970, 271ff.

Amerika geführt, sondern der Wunsch, mit allen Mitteln ihre soziale Stellung zu verbessern, wozu ihnen Indianer und Neger helfen sollten. Selbst wenn sie katechetische Versuche an ihnen unternahmen, mußten sie in Richtung einer quietistischen Jenseitsvertröstung gehen. Außerdem waren sie von ihrer sozialen Herkunft und ihrem Bildungsniveau her in ihrer Masse in keiner Weise geeignet, in einer neuen Umwelt Menschen gänzlich anderer Kulturen verständnisvoll zu begegnen.

Speckers Bezeichnung aller in der Mission tätigen Laien als „missionarisches Hilfspersonal" klingt reichlich klerikal und leicht abwertend. Denkt man dabei zunächst an die Glieder weiblicher Kongregationen und an Laienbrüder, wenngleich sie, sofern Professen, im katholischen Verständnis nicht als Laien, sondern als Religiose angesehen und auch in den Chroniken oft unterschiedslos wie Priester ‚frayles' genannt werden, so kann ihre Tätigkeit gar nicht hoch genug eingeschätzt werden. Sie waren es, die die äußeren Missionswerke wie Kirchen, Klöster, Schulen und Hospitäler aufbauten und unterhielten. Sie bildeten die Indianer in den verschiedenen Handwerken aus, betätigten sich als Krankenpfleger, Ärzte, Verwalter und wirkten besonders auch in der Anfangszeit direkt in der Missionsarbeit in Predigt, Katechese und Taufe. Auch Indianer wirkten in den Orden mit, wenngleich meist im Status von ‚donados', d. h. nicht zu den Gelübden zugelassene Brüder minderen Rechts.

Nicht gering war der Anteil von Indianern rein weltlichen Standes am Missionswerk. Vielfach sind sie schon als Kinder mehr oder weniger freiwillig von ihren Eltern den Religiosen zur Erziehung übergeben worden, um ihnen später als Dolmetscher zu dienen. In Internaten aufgewachsene Indianermädchen waren als Lehrerinnen und Katechistinnen tätig. In den ‚doctrinas' unterrichteten auch ältere Leute alltags zusammen mit Kirchensängern die Kinder. Beim Gottesdienst half eine Anzahl von Sakristanen. Ab 1532 zogen zuerst in Mexiko die Franziskaner Hilfskatechisten (fiscales) in den ‚doctrinas' als Mitarbeiter heran, die die Indianer zum Unterricht (doctrina) zu versammeln, ihren Meßbesuch zu kontrollieren, die unentschuldigt Fehlenden zu bestrafen, Informationen über Geburten, Todesfälle und mögliche Ehehindernisse zu sammeln und bisweilen auch den Dienst eines Sakristans zu versehen hatten. Außerdem sollten sie im Untergrund weiter praktizierte indianische Kulte beobachten, sich also auch als Spione, Denunzianten und Strafvollzugsorgane betätigen. Dieses insofern nicht so sympathische Amt wurde später staatlicherseits anerkannt und auf ganz Amerika ausgedehnt und erhielt in Peru einen „positiveren Charakter", wie Guarda bemerkt und hinzufügt, daß es sich in Südchile auf Chiloé bis heute erhalten habe und seit dem Vatikanum II zur Neubelebung der Laienpastoral eine wichtige Rolle spiele. Kilger meint, daß es wohl kaum eine moderne Mission geben dürfte, „der eine solche Anzahl einheimischer Helfer mit solchen Aktionsmöglichkeiten zur Verfügung steht, wie sie die alte Peru-Mission um 1600 aufzuweisen hatte", ein Urteil, das Spekker auf ganz Spanisch-Amerika ausdehnt. Dabei ist noch zu bedenken, daß es auch noch andere Helfer in der Mission gab, z. B. jenen 1547 bekehrten ‚curaca' der Lampaz in Peru, der seine Habe unter die Verwandten aufteilte, seine Frauen entließ und erfolgreich auf eigene Faust unter den Indianern missionierte, oder den Kaziken Millalién in Toltén, der den Seinen nach jesuitischen Berichten besser predigte als der Pater der Gesellschaft Jesu. Schließlich sei noch das Beispiel der Familienmission der Christen von Tlaxcala erwähnt, die in Familiengruppen unter die äußerst schwer zu bekehrenden Chichimeken zogen und dort ohne Hilfe von Religiosen durch ihr Vorbild wirkten, bis die Chichimeken spontan die Entsendung von Missionaren erbaten[75].

2322 Das Problem der Schaffung eines einheimischen Klerus

Die Grundlagen zur Ausbildung eines bodenständigen Klerus in Amerika — in Form von Seminaren — wurden praktisch erst Ende des 16. Jahrhunderts auf Grund der entsprechenden Bestimmungen des Konzils von Trient geschaffen. Aber da vom spanischen Hof teilweise mehr verbale als finanzielle Unterstützung zur Gründung von Konzilsseminaren kam, verging fast das ganze 17. Jahrhundert, bis über ein Dutzend Seminare in Spanisch-Amerika den Betrieb aufgenommen hatten, zuletzt das von Mexiko-Stadt 1697[76]. Hinzu kam aller-

---

[75] Guarda 1972 und Specker 1953, 226ff. Bei den Jesuiten werden unter ‚hermanos' im allgemeinen Priesteramtskandidaten verstanden.

[76] Eine lückenlose Tabelle der Gründungsdaten der Diözesanseminare ist in der Literatur nicht zu entdecken. Aus verschiedenen Hinweisen kann man ohne Anspruch auf Vollständigkeit folgende Aufstellung zusammenstellen:

	Gründung/Eröffnung	Diözese	Bischof	Land
1.		1540	San Nicolás/*Michoacán*	Vasco de Quiroga	Mexiko
2.		ca. 1550–1650	San Bartolomé/*Oaxaca*	Bernardo de Alburquerque OP	Mexiko
			Neugründung	Nicolás del Puerto	
3.		1573–1586	San Luis/*Santa Fe de Bogotá*	Luis Zapata de Cárdenas OFM	Kolumbien
	1605		San Bartolomé — Neugründung — Auftrag: SJ	Bartolomé Lobo Guerrero	
4.		1585	Santiago (ganz klein)	Diego de Medellín OFM	Chile
5.	1551	1571	Theol. Fakultät der Universität San Marcos in *Lima* von Pius V. bestätigt (seit 1551 in Funktion)		Peru
		1590	Seminario de Santo Toribio de Mogrovejo als erstes großes amerikanisches Konzilsseminar gegründet in Form eines Universitätskollegs.		Peru
6.		1553	Eröffnung der Theol. Fakultät der San Pablo Universität in *Mexiko-Stadt*		Mexiko
		1690	Konzilsseminar in Mexiko-Stadt	Francisco Aguiar y Seijas	Mexiko
7.		1595	Charcas	Cabildo (Vakanz)	Bolivien
8.		vor 1563	Dominikaner-Seminar Santo Tomás		Guatemala
		1573	Franziskaner-Seminar		Guatemala
		1610	Merzedarier-Seminar		Guatemala
		1625	Jesuiten-Seminar		Guatemala
	1676	1681	Universität *Guatemala* mit Theol. Fakultät		Guatemala
9.	1601	1603	*Santo Domingo*-Konzilsseminar in Form eines Universitätskollegs in der Hand der Dominikaner (Die 1545/58 ins Leben gerufene Universi-	Agustín Dávila y Padilla OP	Hispaniola

dings eine ganze Reihe von Ordensseminaren, deren Errichtung schon lange vor dem Tridentinum begonnen worden war. In Brasilien blieb die theologi-

Gründung/Eröffnung		Diözese	Bischof	Land
		dad de Santiago de la Paz' stand auf schwachen Füßen. Die Theol. Fakultät scheint mangels Lehrern nicht zustande gekommen zu sein). Vorher gab es im karibischen Raum nur das Studium Generale (der Begriff bezeichnete damals auch eine Universität) der Dominikaner in San Juán de *Puerto Rico*, das 1538 von Paul III. anerkannt worden ist, aber keine königliche Bestätigung erhielt.		
10.	1586 1603	Universität San Fulgencio in *Quito* mit Theol. Fakultät	Luis López de Solís OSA	Ekuador
11.	1599	Jesuiten-Kolleg in *Córdoba*	Hernando Trejo OFM	Argentinien
		1597 Beschluß der Diözesansynode, ein Konzilsseminar in Santiago del Estero zu eröffnen — 1605/07 dort von Jesuiten kümmerlich errichtet. 1613 mit SJ-Kolleg in Córdoba zusammengelegt, das 1623 zur Universität ausgebaut wurde.		
12.	1627	Jesuitenkolleg zusammen mit Konzilsseminar in *Trujillo*	Carlos Marcelo Corne	Peru
13.	1643 1645	Diözesanseminar San Francisco de Asís in *Popayán* in Händen der Jesuiten.	Francisco de la Serna OSA	Kolumbien
14.	1641	*Puebla* de los Ángeles	Juan de Palafox	Mexiko
15.	1609	Konzilsbeschluß zur Errichtung eines Seminars in *Caracas*. Zeitpunkt der Ausführung unsicher. 1687 weiterer Ausbau.	Antonio de Alzega OFM	Venezuela
16.	1625	*Huamanga*	Francisco Verdugo de las Navas y Quevedo	Peru
17.	1680	Seminar San Ramón in *León*, aus dem die spätere Universität von León hervorging.		Nikaragua
18.	1680	*Comayagua*		Honduras
19.	1710 1758	*Mérida*; seit 1618 gab es hier schon ein jesuitisches Kolleg, das nach 1648 zur Hochschule ausgebaut wurde.		Mexiko
20.	1718	*Imperial-Concepción* 1724 in die Hände von Jesuiten gegeben.	Juan de Nicolalde	Chile
21.	1775 (?)	*Cartagena*		Kolumbien
22.	1783	*Asunción*	(vgl. Oleachea 1969, 373)	Paraguay
23.	?	*Santa Fe*		Mexiko
24.	?	*Zacatecas*		Mexiko
25.	1809	*Santa Marta*	Miguel Sánchez Cerrudo OFM	Kolumbien
		(Termin der Wiederbelebung des schon früher gegründeten, aber dahinsiechenden Seminars)		

sche Ausbildung fast bis zur Vertreibung der Jesuiten 1756 ausschließlich in Händen der Gesellschaft Jesu und der anderen Orden. Bezeichnend ist, daß die Konstitutionen der einzigen Provinzialsynode von 1707 sich überhaupt nicht mit der Seminarfrage befassen, sondern nur das theologische Prüfungswesen regeln. Der frische Wind der Aufklärung, der mit dem wissenschaftlich interessierten Papst Benedikt XIV. ab 1740 auch die Kurie erfaßte, sollte diesbezüglich einigen Wandel schaffen, legte Benedikt doch erheblichen Nachdruck auf die Schaffung eines einheimischen Klerus, so daß auch in Brasilien einige Konzilsseminare entstanden. Aber da gleichzeitig Pombals aufklärerische Reformpolitik kirchliche Treffen aller Art verhinderte und mit den Jesuiten die letzten Träger eines etwas kritischen theologischen Denkens vertrieben hatte, vegetierte die Pastoraltheologie in Brasilien dahin[77].

Ausgangspunkt dieser Aufstellung war eine Liste bei Pérez R./Labelle 1964, 37, die sich als unvollständig und fehlerhaft erwies. Sie wurde korrigiert unter Heranziehung von Zubillaga 1965, Egaña 1966, Blanco Segura 1967, Padilla d'Onis 1971, Bartra 1971, Sánchez 1931, Oleachea 1969, Promper 1965, 80. Zu bedenken ist, daß die Zahl der Seminaristen meist recht gering war, wenn man von bedeutenden Seminaren wie denen von Mexiko und Lima absieht. Die Tabelle beschränkt sich nicht auf sogenannte Konzilsseminare, sondern zeigt, daß es schon vorher vereinzelte bischöfliche Initiativen zu Seminargründungen gab und daß neben den Ordensseminaren, die nur für Guatemala einmal beispielshaft aufgeführt sind, den ersten Universitäten eine wesentliche Rolle bei der theologischen Ausbildung zukam. Diese Renaissance-Universitäten, die nach dem Modell von Salamanca geschaffen wurden, das seinerseits am Vorbild der Universität Paris orientiert war, atmeten noch etwas vom mittelalterlichen Geist, für den die Gesellschaft auf den drei Säulen Sacerdotium, Regnum und Studium (Universität) ruhte. Waren im 16. Jahrhundert die Dominikaner die wichtigsten Promotoren der Lehre, so waren es vom 17. Jahrhundert an die Jesuiten, die neben zahlreichen eigenen Seminaren auch Konzilsseminare im Auftrage der Bischöfe führten. Ein jesuitisches ‚colegio máximo' wie das von Mexiko (San Ildefonso) bildete jeweils das Zentrum einer ganzen Reihe kleinerer Kollegs im ganzen Land, die alle überwiegend der Ausbildung des Säkularklerus dienten, so daß obige Tabelle keineswegs alle Ausbildungsstätten von Weltklerikern enthält. Die jesuitischen Kollegs sind eine typische Verkörperung des Geistes der kirchlichen Erneuerung von Trient – vgl. Zubillaga 1965, 678.

[77] Die Liste der *brasilianischen Diözesanseminare* nimmt sich wesentlich bescheidener aus:

vor 1740 ‚São José' in Rio de Janeiro (b)
    1745 in Pará (a)
    1748 ‚Nossa Senhora da Boa Morte' in Mariana, MG (c)
    1800 in Olinda/Pernambuco (a)
    1814 in Salvador/Bahia (a)
    1852 in Pôrto Alegre (a)

a= Promper 1965, 80; b= Hoornaert 1971, 610; c= Carrato 1968, 106ff.
Bevor diese Seminare gegründet wurden, bildeten die Orden in den größeren Konventen und Kollegien der Küstengebiete auch einheimische Säkularpriester heran, „Söhne der portugiesischen Siedler, Mestizen und vereinzelte Neger (aber keine Indianer), die sich durchweg als anpassungsfähiger erwiesen als europäische Missionare" – Beckmann 1970, 269f. Das Ansehen der Weltpriester in Brasilien war allerdings minimal. In der Kolonialzeit galt die Regel: „Für jede wichtige Predigt ist es nötig, einen Pater zu rufen" – Comblin 1966, 586f. Zur Pastoraltheologie vgl. Hoornaert 1974, 64.
Zur *Ausbildung der Pfarramtskandidaten* in der Kolonialzeit bemerkt S. Camargo 1955, 284, sie sei *„sui generis"* gewesen. Da es bis 1739 kein Seminar für Welt-

Was nun die Zusammensetzung des in Amerika auszubildenden Klerus anbelangt, waren natürlich Spanier und Portugiesen von Anfang an zugelassen, ferner Kreolen, wenngleich die Jesuiten in Brasilien noch 1610 die extreme Meinung vertraten: „Die in Brasilien geborenen Leute sind wegen ihrer Natur und Neigung nicht für die Gesellschaft geeignet ..."[78] Um einen den Bevölkerungsquerschnitt richtig spiegelnden Klerus zu schaffen, hätten aber Indianer, Neger und Farbige aller Art herangezogen werden müssen, was in vollem Umfang in der Kolonialzeit nie gelang. Man kann diesbezüglich grob drei Epochen unterscheiden:

23221 Von der Eroberung bis Mitte des 16. Jahrhunderts herrschte zunächst ein gewisser Optimismus in einigen kirchlichen Kreisen hinsichtlich ihrer Fähigkeiten. Nóbrega sah die Mestizen und Indianer allein schon wegen ihrer Sprachkenntnisse und wegen ihrer völkischen Verwandtschaft als wertvolle Kräfte für die Mission an, hielt aber ihre Ausbildung in Europa für unerläßlich[79]. Die zweite Junta Eclesiástica de México gestattete 1539 die niederen Weihen für Indianer und Mestizen, damit sie im Pfarrdienst aushelfen könnten. Bei den Mestizen bildete allerdings die meist uneheliche Geburt ein Weihehindernis. Das Limensis I (1551—52) eröffnete unter gewissen Bedingungen Indianern sogar die Möglichkeit der Zulassung zu den höheren Weihen. Aber gründliche Versuche, die ja eine jahrelange Vorbildung von Indianerkindern in Lateinschulen voraussetzten, wurden praktisch nur in Mexiko unternommen.

Die Franziskaner, die dort schon 1527 den Versuch unternommen hatten; Ordensnachwuchs unter den Indianern zu rekrutieren und dann erlebten, daß die Indianer ihr Vollkommenheitsideal nicht teilten und vorzogen zu heiraten, wenngleich sie gute Christen blieben, wagten 1536 im Stadtteil Santiago Tlatelolco von Mexiko-Stadt das Experiment einer Höheren Schule, unterstützt von ihrem Bischof Zumárraga, ihrem Provinzial García de Cisneros, dem Präsidenten der Audiencia von Mexiko und vormaligen Bischof von Santo Domingo und Concepción Sebastián Ramírez de Fuenleal und dem ersten Vizekönig António de Mendoza (1535-50), „der eine hohe Meinung von der Intelligenz der Indianer hatte". Allein schon die Tatsache der Vermittlung höherer Bildung an die Indianer barg viel Zündstoff. Augustiner und Dominikaner hatten damals keine einzige Sekundarschule in ihren Missionen, und letztere waren strikt gegen Lateinunterricht für Indianer, ermöglichten doch Lateinkenntnisse den Zugang zur Bibel und der gesamten theologischen Literatur. Bald zeigte sich, daß viele dem Kolleg nur eine gewisse Narrenfreiheit zugebilligt hatten, in der sicheren Annahme, es werde ohnehin ein Fehlschlag werden. Als seine Schüler aber nach einigen Jahren mit verblüffenden Lateinkenntnissen glänzten und sich die Bildung

---

kleriker gab, war es Brauch, daß „geeignete Jünglinge, die den Priestern als Sakristane halfen, die Tonsur und nach Maßgabe ihrer Forschritte an Alter, Diensten, Lateinstudien und in den Wahrheiten des Glaubens und der Moral sukzessive die kleinen und größeren Weihen erhielten" — nach Bruneau 1974, 37, der auch auf die dürftige wirtschaftliche Lage des brasilianischen Klerus hinweist. Die Priester gehörten zum öffentlichen Dienst und wurden daher nicht von den Laien unterstützt. Da der Staat sie aber schlecht bezahlte, suchten sie sich andere Einkommensquellen, die ihnen indes den üblen Ruf von gewinnsüchtigen Ausbeutern einbrachten. Ders. erwähnt S. 55f, daß die 12 brasilianischen Diözesen 1889 erst 9 Seminare unterhielten.

[78] Wetzel 1973, 41f; Brief von P. Jácome Monteiro von 1610 nach Leite 1938ff II, 436, Anm. 2.
[79] Brief v. 30.7.1559 an den neu gewählten Ordensgeneral D. Laynes, Rom — MBR III, 117 Z 106-115.

einer indianischen Elite ankündigte, die auch Spanier übertreffen konnte – z. B. viele ignorante Weltpriester –, brach die Opposition gegen das Modell von Tlatelolco los. Sie war im wesentlichen getragen von einem rassistischen Vorurteil, nach dem der schlichteste Spanier immer noch mehr wert ist als ein Indianer, und kolonialistischem Denken, nach dem die Indianer sich mit der Rolle von Sklaven und Trägern begnügen sollten. Kirche und Gesellschaft gaben den Indianern keine echte Chance zum Priestertum. Damit verlor auch das Kolleg von Tlatelolco seinen Seminarcharakter. Hinzukam, daß die Kandidaten mehr der Ehe zuneigten als dem Zölibat und sich damit nach traditionell römischem Urteil ohnehin als untauglich für die ihnen ursprünglich zugedachte Rolle erwiesen.

Man wird Ricards Urteil folgen können, daß aus mangelnder missionarischer Erfahrung erklärlichem experimentellen Überschwang am Anfang, der bei den ersten Schwierigkeiten schnell der Resignation Platz machte, allzu große Scheu vor neuen Versuchen in der Folgezeit gegenüberstand. Außerdem war die Beschränkung auf Söhne des indianischen Adels sicher ein Fehler.

Allgemein ist Bayles Hinweis zu beachten, daß die eucharistische Minimalmethode den Aufstieg der Eingeborenen zum Priestertum entscheidend hemmte. Um 1550 wurde die Warnung des nichtspanischen Fr. Jacobo Daciano OFM, daß die mexikanische Kirche überhaupt noch nicht richtig begründet sei, da sie über keine eingeborenen Priester verfüge, sogar im eigenen Orden in den Wind geschlagen, der 1570 in Mexiko beschloß, den Indianern kategorisch auch die untersten Stufen des Ordenslebens zu versperren, so daß ein Mann wie der durch hervorragende Tugenden und exemplarisches Leben ausgezeichnete Lukas allein auf Grund der Tatsache, daß er Indianer war, nicht von den Franziskanern aufgenommen wurde. Den wenigen, die erkannt hatten, daß man ein „exotisches Volk" weder richtig regieren noch bekehren kann, wenn man ihm nicht von Anfang an mit Verständnis begegnet, wenn man keine einheimische Elite heranbildet und die Kirche keinen ausschließlich von Europäern getragenen Fremdkörper bleiben läßt, stand die Masse derjenigen gegenüber, die kein langfristiges Entwicklungskonzept hatten, sondern nur kurzfristige empirische Lösungen suchten, die Einheimischen verachteten, kein Gefühl für ihre Leiden hatten und sie auf Dauer in einer untergeordneten Stellung halten wollten[80].

23222 *In der zweiten Hälfte des 16. und während des ganzen 17. Jahrhunderts setzte sich diese negative Tendenz in Amerika durch.* Daran änderte auch nichts, daß es im Laufe der Zeit einige indianische und farbige Priester geben sollte. Die Kirche verpaßte die Gelegenheit, tiefe Wurzeln in der einheimischen Bevölkerung zu schlagen und dadurch eine amerikanische Kirche zu werden, ein Versäumnis, das ihr in der Krise der Unabhängigkeit schwer zu schaffen machen sollte. Bereits bevor die Bestimmungen des Tridentinums hinsichtlich Weihehindernissen (u. a. uneheliche Geburt: sessio XXI, cap. 2) in Lateinamerika bekannt waren, hat das 1. Mexikanische Provinzialkonzil 1555 die Weihe von Indianern ausdrücklich verboten, ebenfalls das Limensis II (1567/68), und zwar gleichzeitig mit der Rezeption von Trient. Noch 1622

---

[80] Bayle 1944 nach Promper 1965, 105; Ricard 1966, 217–235 zum Experiment von Tlatelolco, der weitere Beispiele für hervorragende Indianerchristen bringt. 1577 folgte die mexikanische Dominikanerprovinz, die unter Betanzos das Kolleg von Tlatelolco heftig befehdet hatte, dem negativen Beschluß der Franziskaner von 1570. 1571 nahm auch der Jesuitengeneral zur Aufnahme von Indianern Stellung. Er empfahl Umsicht und Zurückhaltung – vgl. Specker 1953, 192.

schärfte das 4. Provinzialkonzil von Santo Domingo dasselbe Verbot ein und machte lediglich für Mulatten mit fast weißer Haut eine Ausnahme. Dabei hatte Gregor XIII. mit der Bulle „Nuper ad Nos" schon die Weihe für Mestizen gestatten und eine Dispens für uneheliche Geburt erteilt. Und auf ein Gesuch (1583) von peruanischen Mestizen an Gregor XIII. hin setzte die Kurie die Aufhebung eines 1578 von Philipp II. erlassenen Weiheverbotes für Mestizen durch[81]. Auch das 3. Mexikanische Provinzialkonzil (1585) hielt die Weihe von Indianern noch für verfrüht, weshalb der jesuitische Plan zur Errichtung eines Indianerkollegs und -seminars in Tepotzotlán 1587 nicht verwirklicht wurde[82].

Der erste Sekretär der Congregatio de propaganda fide, Francesco Ingoli (1622–49), erkannte die Dringlichkeit der Weihe von Kreolen, Mestizen und Indianern. Er urteilte 1638: „Wenn die spanischen Ordensleute keine Indianer weihen, wird die Kirche in den beiden Indien immer ein kleines Kind bleiben und nie innerlich erstarken...". 1631 verurteilte das Kardinalskollegium den Ausschluß der Indianer von der Priesterweihe und vom Eintritt in die religiösen Orden, nachdem eine Rückfrage in Madrid ergeben hatte, daß der Zulassung keine königlichen Erlasse, sondern nur Beschlüsse der amerikanischen Bischöfe und Provinziale entgegenstanden. Nach ausführlichen Konsultationen mit Indianermissionaren war Ingoli zu folgenden Schlüssen gekommen:

1. „Die Spanier wollen nicht, daß man in Europa die Wahrheit über Amerika erfährt; deshalb ist es den Indianern unter Strafe verboten, nach Europa zu kommen. 2. Die Spanier weihen keine Indianer zu Priestern, noch lassen sie sie zu den höheren Studien zu, sondern belassen sie in ihrem unzivilisierten Zustand, damit sie sich ihrer umso leichter bedienen können; und dies alles unter dem Vorwand, sie seien von Natur aus ungeeignet und neigten zur Trunksucht." Dabei haben die Europäer die Indianer erst richtig zur Trunksucht verführt. Der schwunghafte Alkoholhandel wird auch vom Staat nicht verboten. Ingoli deckte also kolonialistischen Paternalismus und Ausbeutung auf. 3. „Ja, selbst die in West-Indien geborenen Spanier, die Kreolen genannt werden, gelten den Spaniern als unfähig. 4. Die Indianer sind fähig, die Priesterweihe zu empfangen; sie sind intelligent, lernen leicht, lieben die Disziplin, verabscheuen Ehebruch, Diebstahl, Verrat, Lüge, bezahlen ihre Schulden und in der Frömmigkeit übertreffen sie die Europäer". 5. Die Behandlung der Indianer als Sklaven, die Verbindung von Glaubensverkündigung und Freiheitsberaubung, ist zusammen mit dem Ausschluß der Indianer aus dem Klerus die Hauptursache für den Stillstand der Amerikamission im 17. Jahrhundert. Die Situation kann nicht mit den Anfängen der Mission verglichen werden. Durch dauernde Abhängigkeit und Unterdrückung ist eher ein Rückfall ins Heidentum zu erwarten als durch Hereinnahme der Indianer in die geistliche Verantwortung. Wörtlich bemerkt Ingoli:

„Dieses Heilmittel der Zulassung der Indianer zu den Weihen würde den ersten Mißstand (mangelhafte Sprachkenntnisse der ausländischen Bischöfe und Missionare) von selbst beseitigen. Die einheimischen Priester würden mit mehr Liebe und Uneigennützigkeit für das geistliche Wohl ihrer Landsleute sorgen, und es wäre nicht

---

[81] Vgl. Promper 1965, 110ff, der sich hauptsächlich auf Ybot L. 1954 stützt. Pérez/Labelle 1964, 33ff weist darauf hin, daß in Trient nicht zwischen Spaniern und Indianern unterschieden wurde, daß aber bei einer entsprechenden Unterschätzung der moralischen und intellektuellen Kapazität der Indianer das Tridentinum restriktiv für deren Zulassung zu den Weihen ausgelegt werden konnte. Vgl. ferner Pott 1956 und Polanco 1969.
[82] Zubillaga 1965, 578.

mehr nötig, daß sich Europäer nach ... West-Indien begeben, um dort zu herrschen und sich zu bereichern unter dem Vorwand, die Indianer geistlich zu betreuen."[83]

Man muß sich natürlich darüber im klaren sein, daß die vermehrte Zulassung von Farbigen zu den Weihen für sich allein genommen nicht alle Probleme der amerikanischen Kirche beseitigt hätte, denn sie steht in einem unlösbaren Zusammenhang mit den Vorurteilen der kolonialen Gesellschaft, ihrer auf Ausbeutung unterprivilegierter Arbeitskräfte beruhenden Wirtschaft und der staatlichen Kolonialpolitik.

Deshalb änderte auch die vermehrte Zulassung von Indianern, Farbigen und Negern im 18. Jahrhundert grundsätzlich nichts mehr am Zustand der Kirche, die sich längst zu einer festgefügten Kolonialkirche entwickelt hatte, in der Farbige nun untergeordnete Hilfsdienste ohne Aufstiegsmöglichkeiten versehen konnten, ein Gesichtspunkt, der in mancher apologetischen Untersuchung übersehen wird, in der mühsam auf jeden farbigen Priester hingewiesen wird, der sich entdecken läßt.

So ist in Santo Domingo schon 1645 ein Schwarzer ordiniert worden, der zu seiner Zeit als der beste Theologe und Prediger der Insel galt, aber noch im 18. Jahrhundert wurden auf Hispaniola im allgemeinen keine Schwarzen, sondern nur Farbige geweiht. Auch auf dem seit 1659 französischen Westteil der Insel mit seinem enorm hohen Anteil von Negern an der Gesamtbevölkerung kam es nicht zur Bildung eines schwarzen Klerus. Nur in Brasilien scheinen schwarze Priester im 18. Jahrhundert keine Seltenheit mehr gewesen zu sein[84].

---

[83] Metzler 1969 — Zitat nur am Schluß wörtlich nach Ingoli. Promper 1965, 113 meint mit Lopetegui, daß den Spaniern eine Betreuung durch Indianerpriester nicht zuzumuten war. Und da es kaum möglich gewesen wäre für Mestizen, Indianer und Neger einen je eigenen Klerus auszubilden, sei das Problem der farbigen Priester kaum lösbar gewesen. Ein solches rein rassistisch begründetes Urteil erscheint als unhaltbar. Der Bildungsstand, nicht die Hautfarbe sollten für die Befähigung zum Priesteramt ausreichen. Die Erfahrungen mit Tlatelolco zeigen, daß es mehr darum ging, die Bildung einer indianischen Elite zu verhindern. Wie berechtigt Ingolis Vorwurf der Bereicherung der Priester auf Kosten der Indianer ist, zeigt ein entsprechendes Verbot des Mexikanum III — Zubillaga 1965, 607.

[84] Brito 1969, 700. Es handelte sich dabei um freigelassene Sklaven. Bastide 1971 I, 159 bemerkt hingegen, daß nicht einmal freigelassene Neger in die Orden aufgenommen wurden. Schwarze Ordenspriester in Brasilien kamen stets von den Kapverdischen Inseln oder aus Angola, während hellhäutige Mulatten in der späteren Kolonialzeit zu den Weihen zugelassen wurden. Den frömmsten Negersklaven in ihren Diensten erwiesen die Jesuiten die Gnade, sie in ihrer Todesstunde in die Gesellschaft aufzunehmen. Andere ließen sie wegen ihrer besonderen Frömmigkeit frei — ebd. 171. Hoornaert 1971, 606f erwähnt, daß der portugiesische König in der Zeit, in der José de Barros de Alarcão Bischof von Rio de Janeiro war (1682–1700), in einem Brief an die Jesuiten darauf drang, ‚moços pardos', also Mulatten, in ihre Kollegien aufzunehmen. Hoornaert meint, allein die Tatsache, daß der König dies verlangen mußte, zeigt, „wie sehr das kolonialistische System die Geister verkehrte". Vgl. auch Willeke 1962 bzw. 1976, der auf das allgemeine Verbot der Zulassung von Negern, Juden und Indianern zum Priestertum hinweist. Die sich darin ausdrückenden Rassenvorurteile wurden nur langsam überwunden. Trotz des bestehenden Verbotes wurden manche Schwarzen zum Priestertum zugelassen, einer von ihnen wurde sogar ein hervorragender Bischof: Dom Silvério Pimenta von Mariana (2. Hälfte des 19. Jahrhunderts; vgl. Calmón 1970, 158) — 1976, 25f.

23223 Die veränderte Einstellung zu den Farbigen und Indianern im 18. Jahrhundert war eine Frucht der Aufklärung. 1697 und 1725 hatte die spanische Krone mit der ‚Cédula de Honores' ausdrücklich angeordnet, daß Indianer in die religiösen Orden aufgenommen und an den Kollegien ausgebildet werden konnten. Daß der Erfolg dieser Anordnung nicht so überwältigend war, erkennt man schon daran, daß Clemens XIII. sich 1766 veranlaßt sah, dieser königlichen Anweisung mit einem Breve zusätzlichen Nachdruck zu verleihen, ferner daran, daß Karl III. 1769 die Abhaltung von Provinzialkonzilen in Amerika verlangte, die der schon 1691 von Karl II. erlassenen Order allgemeine Geltung verschaffen sollten, daß in neu zu schaffenden Kollegs 25–33 % Indianer und Mestizen auf Stipendienbasis aufzunehmen seien. Gab es bis dahin nur an den Sitzen von Vizekönigen bzw. Erzbischöfen oder Audiencias Konzilsseminare, so entstanden nun auch in Gebieten mit starker indianischer Bevölkerung Seminare: in Asunción (Paraguay) – 1783, in Santa Fe und Zacatecas (Mexiko).

Aber die Gleichberechtigung der Indianer blieb auch im Zeitalter der Aufklärung mehr Theorie. In Peru wurden die Indianerkinder schon an den Sekundarschulen derart verachtet und verspottet, daß ihre Teilnahme am Lernprozeß schwer behindert wurde. Der Anteil von Kazikensöhnen an den Sekundarschulen und Seminaren wurde selten eingehalten. Trotzdem stieg der Anteil indianischer Priester in Mexiko und Peru in der zweiten Hälfte des 18. Jahrhunderts steil an. Lima und El Cuzco waren die Zentren indianischer Ausbildung in Peru. Aber die Promotion von Indianern scheiterte meist am Mangel eigener Finanzen und der höhere Aufstieg selbst der Begabtesten in die Hierarchie an den Vorurteilen im Klerus.

So bedurfte es 1682 noch der königlichen Entschlossenheit Karls II., um Juan de Espinosa Medrano, nach Garcilasco die bedeutendste literarische Begabung des kolonialen Peru – seine gesammelten Predigten wurden 1695 posthum in Madrid veröffentlicht (La Nobena Maravilla) –, gegen den hartnäckigen Widerstand im Klerus als Domherrn in das Kapitel von El Cuzco zu bringen. Er stieg in den folgenden Jahren weiter auf, scheiterte aber wegen der Vorurteile gegen einen Indianer schließlich bei der Kandidatur für das Amt des Erzdechanten.

Der Drang nach besseren Stellen und Pfründen wurde hundert Jahre später bei den indianischen Priestern immer größer. Während des großen Aufstandes von Tupac Amaru II. 1780 besetzten sie solche Stellen auf eigene Faust. Ende des 18. Jahrhunderts waren schließlich indianische Priester in allen Kathedralkapiteln von *Peru und Mexiko*, die in Gebieten mit starker indianischer Bevölkerung lagen, vertreten. Im *Vizekönigreich Neu-Granada* hingegen gab es praktisch keine Indianerpriester, nicht einmal in der stark indianisch besiedelten *Audiencia von Quito*, wo es um 1750 nur einige farbige oder schwarze Priester gab. In *Venezuela* war durch eine königliche Order noch 1695 jeglicher Sekundarunterricht für Indianer verboten worden. Im *Gebiet der Audiencia von Charcas* hingegen waren Mestizen und akkulturierte Indianer stark im Klerus vertreten, bildeten aber eine Art von clerus minor ohne Aufstiegschancen. In *Chile* kam die Kirche offenbar nur angesichts des hartnäckigen Widerstandes der Araukaner und der geringen Missionserfolge auf den Gedanken, ein Araukaner-Seminar zu schaffen. Obgleich die königliche Kanzlei dies schon 1697 forderte, erfolgte die Gründung des Chillán-Seminars erst 1777. Nachdem es 1690 schon einmal einen araukanischen Priester gegeben hatte, erfolgten die ersten drei Araukanerweihen von Studienabgängern des Seminars endlich 1794. Obgleich es Anfang des 19. Jahrhunderts eine etwas bedeutendere Anzahl von Araukanerpriestern gab, war kaum einer von ihnen in der Mission unter seinen Landsleuten tätig, sondern in der Kolonialkirche[85].

233 Die Folgen des Tridentinums und der Junta Magna

2331 Die Rezeption des Tridentinums in Lateinamerika und seine Auswirkungen auf die Entwicklung der Kirche

Für die werdende indianische Kirche sollte sich auch das Tridentinum als ein zweischneidiges Schwert erweisen. Karl V. und Philipp II. haben die Teilnahme amerikanischer Bischöfe am Konzil wie auch die Erörterung von Problemen der amerikanischen Kirche zu verhindern gewußt. Das Konzil von Trient ist nur auf dem Hintergrund des europäischen Mittelalters zu verstehen, dessen Korrektiv es ist. Was Comblin in bezug auf Brasilien bemerkt, trifft weitgehend auch für Spanisch-Amerika zu: Die amerikanische Kirche hat kein Mittelalter, höchstens Züge mittelalterlicher Frömmigkeit. Es fehlen folgende Kennzeichen des Mittelalters: typische Landgemeinden, Rittertum bzw. Adel, der der mittelalterlichen Christenheit Glaubensvorbilder geliefert hat, freie städtische Kommunen mit Ansätzen demokratischen Geistes, Häresien und in Brasilien Universitäten. Brasilien blieb während der ganzen Kolonialzeit im Einflußbereich von Coimbra, das keinen mittelalterlichen Geist mehr atmete, sondern dem königlichen Absolutismus angepaßt und von dekadenter Scholastik mit ihren leeren Formeln erfüllt war. Aber mit der Niederlage des erasmianischen Einflusses an den spanischen Universitäten in der zweiten Hälfte des 16. Jahrhunderts verschwand auch auf ihnen und den Neugründungen in Amerika der letzte Rest von freiem mittelalterlichen Denken, so daß „die Geistlichen zu Katecheten des Konformismus und die Religiosen zu Apologeten der staatlichen und kirchlichen Macht wurden, während die Laien zu schweigen lernten oder den großen liberalen Aufstand vorbereiteten", der in die Unabhängigkeit einmünden sollte.

Für Lateinamerika sind weniger die Konzilsdekrete, die sich mit kontroversen theologischen Fragen befassen, wichtig geworden, als der „tridentinische Geist", der die Reorganisation der römischen Kirche bestimmte. Und wie der Protestantismus in Nordamerika seine schärfste Ausprägung fand, wo der katholische Hintergrund fehlte, wurde der tridentinische Geist in Lateinamerika am deutlichsten, wo der protestantische Hintergrund fehlte. Mit der Übernahme der Beschlüsse von Trient durch die iberischen Könige entstand in Lateinamerika eine religiös uniformere Gesellschaft, als es sie im mittelalterlichen Europa je gegeben hatte. Angesichts des Fehlens von Häresien entwickelte sich ein Kulturkatholizismus, dem die Einhaltung der äußeren Formen der Frömmigkeit genügte. Während sich der offiziellen Kirche auf den Gebieten von Dogma, liturgischen Formen, Kirchenrecht und administrativen Strukturen ein starrer Formalismus bemächtigte, lebte die mittelalterliche Frömmigkeit in Amerika ungebrochen weiter als Volksfrömmigkeit, vermischt mit india-

---

[85] Vgl. Oleachea 1969.

nischen und afrikanischen Elementen. Als Antwort auf die Herausforderung des Protestantismus wurden Prozessionen, Heiligenverehrung, Fürbitten für die Seelen im Fegefeuer, Ablaß etc. geradezu zu Zeichen treuen katholischen Glaubens (vgl. 251), genau so wie das starre Festhalten an der (Neu-)Scholastik[86].

Hemmend für die Mission und die Entstehung einer autochthonen indianischen Kirche mußten sich das starre Festhalten an der lateinischen Liturgie und die Ablehnung von Bibelübersetzungen in indianische Sprachen auswirken wie überhaupt die theologische und strukturelle Erstarrung der Kirche. Die historisch gewachsene abendländische Form von Katholizismus mit all' ihrem kulturellen Ballast wurde von Trient praktisch dogmatisiert, so daß der Kirche die für jede missionarische Situation erforderliche Anpassungsfähigkeit verlorenging. Daß die verschärften Ausbildungsbestimmungen für Priester in Lateinamerika in einem für Indianer, Neger und Mestizen restriktiven

---

[86] Comblin 1966; Glazik 1967, 608 bemerkt: „Wie wenig man sich der neuen Lage bewußt war, verraten die Konzilsväter von Trient dadurch, daß sie die Überseegebiete kaum einmal erwähnen, geschweige denn zum Gegenstand ernsthafter Überlegungen machen. So ist das kirchliche Leben in den Missionen auch nach 1563 noch lange vortridentinisch geprägt geblieben. *Man übertrug unbesehen die heimischen Verhältnisse auf die fremden Kulturräume und schuf so geschlossene, ausschließlich latein-europäische Reiche unter der Herrschaft des ‚katholischen' Königs von Spanien.*" Und Beckmann 1970, 264f faßt die Auswirkungen des Konzils mit den Worten zusammen: Die nach Trient aufkommenden zentralistischen Tendenzen mußten sich hemmend und schließlich unheilvoll auf den Aufbau der indianischen Kirche auswirken; „auffallend schnell wurden die ursprünglichen missionarischen Leitideen aufgegeben. Der ersten Generation der Missionare stand das Beispiel der Urkirche vor Augen; die Lehre von der Kirche als mystischem Leib Christi wurde ihren Christen sehr früh nahegebracht. Die Glaubensverkündigung war sehr stark in der Hl. Schrift und den Lehren der Väter verwurzelt. Daß die Glaubenslehre speziell auf die geistige Fassungskraft der Indianer ausgerichtet war, bezeugt der Ausdruck *Theologia Indiana*. Darunter verstand man im 16. Jahrhundert die Lehrbücher und Traktate in den einheimischen Sprachen. Diese Geisteshaltung geht nach dem 16. Jahrhundert immer mehr zurück und macht einer *rein europäisch-spanischen Ausrichtung*, z. B. durch Übersetzung europäischer Katechismen (etwa von Bellarmin) und *Zurückdrängung der Hl. Schrift und der Väter*, Platz." Zum *Geist der Scholastik* bemerkt Luna 1971, 29 überspitzt polemisch: „... die Scholastik war das philosophische Instrument, das den Bewohner der Indien geistig und seelisch dafür prädisponierte, daß er die Politik und die Bedingung, die sie der Kolonisation aufzwang, akzeptierte, und ... die katholische Religion war das Mittel zur Überredung und Überzeugung, damit dafür die Konformität des Bevölkerungskonglomerats erreicht würde ...". Was die Inkraftsetzung der Konzilsbeschlüsse in LA anbelangt, so unterzeichnete Philipp II. schon am 12.7.1564 das entsprechende Dekret. Villegas 1975, 275ff weist nach, daß die spanische Politik zwischen Beachtung und Nichtbeachtung der Konzilsbeschlüsse hin und her schwankte. So übernahm die Krone schon 1556 die Bestimmungen über die Zulassung zum Priesteramt, während sie später bezüglich der Rechte der Religiosen und der Fristen für die Provinzialkonzilien päpstliche Exemtionen verlangte. „Die wichtige ‚cedula' über das königliche Patronat vom 1.6.1574 war sicher mit dem Geist des Konzils nicht vereinbar. Oft mußten Bischöfe sich über Vizekönige, Audiencias und königliche Beamte beschweren, die sie nicht unterstützen." In Peru wurde Erzbischof Mogrovejo zum eifrigen Vorkämpfer der Konzilsbeschlüsse, wenngleich er diesbezüglich unter den Prälaten eine Ausnahme war.

Sinne angewandt wurden, ist bereits oben angedeutet worden. Montenegro (1972) bemerkt, daß Brasilien noch lange nach dem Tridentinum aus Portugal einen dürftig ausgebildeten Säkularklerus erhalten habe, der nur die äußeren Formen des Christentums ins Land gebracht habe und für die Entstehung religiöser Gleichgültigkeit in breiten Schichten der Bevölkerung und später auch von Antiklerikalismus verantwortlich sei[87].

Was nun die Bischöfe angeht, so läßt sich zwar zeigen, daß die Berufung auf die Tridentiner Beschlüsse reformeifrigen Prälaten einen Rückhalt bot, „um Anliegen der Kirche gegenüber den staatlichen Behörden energischer zu vertreten"[88], aber der Konzilsbeschluß, die Religiosen in der Seelsorge der Jurisdiktion der Bischöfe zu unterstellen und das Pfarramt grundsätzlich dem Weltklerus vorzubehalten, der ohne alle Kenntnis der Verhältnisse in Amerika gefaßt wurde, sollte zu einem unheilvollen, beinahe bis ans Ende der Kolonialzeit währenden Streit zwischen Ordens- und Weltklerus führen, der der Mission schwer schadete.

Die Franziskaner und die anderen Bettelorden, die durch päpstliche Dekrete in Europa jahrhundertelang von der Pfarrverwaltung ausgeschlossen gewesen waren, hatten sich in Amerika plötzlich pastoralen Aufgaben gegenüber gesehen, auf die sie in keiner Weise vorbereitet waren.

Traditionelle Ordensmentalität und Ausbildung standen der Übernahme von Gemeinden entgegen. So dauerte es in Peru beispielsweise bis 1557, bis die Franziskaner ‚doctrinas' übernahmen, wie dies in Mexiko schon länger üblich war. Vizekönig Marquis de Cañete (1556–60) hatte auf Wunsch der Franziskaner mit seinem königlichen Exequatur entsprechende päpstliche Privilegien in Kraft gesetzt. Jede an Ordensleute übergebene ‚doctrina' bedeutete für den zuständigen Bischof natürlich eine Einbuße an Macht (Exemtion der Regularkleriker) und Einkommen[89]. Die Situation wurde noch verworrener durch den Umstand, daß besonders im 16. Jahrhundert viele Bischöfe selbst Franziskaner oder Dominikaner waren und dadurch eine doppelte Jurisdiktion hatten. Da es zunächst relativ wenig Säkularpriester in Amerika gab, war der Einfluß eines Bischofs, der nicht selbst Regularkleriker war, auf seine Kirchenprovinz recht beschränkt. Auf Grund der Bulle „Omnimoda" Hadrians VI. von 1522 konnten nämlich Franziskaner in Gebieten, in denen es keine Bischöfe gab oder die mindestens zwei Tagesreisen von einem Bischofssitz entfernt waren, alle pfarr-

---

[87] Montenegro 1972, 37ff.
[88] Villegas 1971 weist dies für Peru nach – vgl. Konetzke 1972, 71. Villegas 1975, 277 bemerkt: „Das Konzil von Trient gab den Kirchen der Indien die Möglichkeit, sich um die Person des Reformbischofs herum zu organisieren, des Hirten, der die Seinen hütet, des Bischofs, der seinen Klerus ausbildet, auswählt und in die pastoralen Arbeitsgebiete sendet, des Bischofs, der für die Reform seiner Kirche verantwortlich ist, schließlich des Bischofs, der die seelsorgerlichen Aktivitäten seines kirchlichen Jurisdiktionsgebietes organisiert. Die Kirchen Perus erkannten klar diese neuen Möglichkeiten, die ihnen das Konzil bot. Domkapitel, Kleriker und Religiose fürchteten sich vor dem Bischof, der sein Amt gemäß dem Konzil verstand, das königliche Patronat auch. Die Organisation der lokalen Kirche um den verantwortlichen Bischof herum, der solche Vollmachten hatte, wie es das Tridentinum vorschlug, konnte kaum mit der Kirchenpolitik der Krone harmonieren."
[89] Vgl. Tibesar 1953, der erwähnt, daß Vizekönig Toledo noch 1569 bei seiner Ankunft in Peru die Klöster Limas wohl gefüllt, aber die Indianermissionen vernachlässigt oder verlassen vorfand, was der damaligen Ordensmentalität entsprach.

amtlichen Funktionen ausüben. Zur Bekämpfung der Götzenverehrung maßten sie sich teilweise sogar inquisitorische Vollmachten an[90].

Als die Zahl der Weltpriester in der zweiten Hälfte des 16. Jahrhunderts dank entsprechender Bemühungen der Bischöfe zunahm, verdrängten sie zunächst die Regularkleriker aus den Domkapiteln und städtischen Pfarreien. Der Widerruf aller früher den Orden gewährten Privilegien, die im Widerspruch zu den Trienter Beschlüssen standen, den Pius IV. 1564 verkündete (In Principis Apostolorum Sede), eröffnete den Säkularpriestern auch die ‚doctrinas' und hätte bei strikter Durchführung zu einem weitgehenden Zusammenbruch des Missionswerkes führen müssen. Aber die Orden konnten Philipp II. und Rom von der Unzweckmäßigkeit eines solchen Vorgehens überzeugen, so daß Pius V. 1567 die Ordensprivilegien wieder in Kraft setzte (Exponi nobis nuper). Dennoch ging der Konflikt zwischen Bischöfen, die mit Synodalbeschlüssen ihre Kompetenzen, z. B. auf dem Gebiet des Eherechtes, zu erweitern trachteten, und den Orden weiter. Möglicherweise wäre mancher Schaden, der dadurch entstand, daß die Bischöfe nach dem 3. Provinzialkonzil von Lima und Mexiko allzu schnell ‚doctrinas' an sprachlich und missionarisch völlig unerfahrene Weltpriester übergaben, vermieden worden, wenn die Orden sich freiwillig stärker der bischöflichen Autorität unterstellt hätten[91]. Statt dessen neigten die Orden dazu, ihre Privilegien mit Hilfe des weltlichen Arms gegen die Bischöfe zu verteidigen, und da diese ihrerseits die Krone anriefen, wurde sie zum Schiedsrichter dieses Streits, womit dem Regalismus Vorschub geleistet und die Abhängigkeit der Kirche vom Staat erhöht wurde.

Seit den beiden großen Konzilen von Lima und Mexiko (1583/85) gingen ‚doctrinas' in vermehrtem Maße an Weltpriester über. Eine verhängnisvolle Beschleunigung erfuhr dieser Prozeß durch den Bischof von Puebla, seinerzeit die reichste Diözese Spanisch-Amerikas, Juan de Palafox y Mendoza (1640 bis 50), der gleichzeitig die Funktion eines Generalvisitators von Mexiko ausübte. Gleich 1640 klagte er die Franziskaner beim König angemaßter Jurisdiktion an. 1643 wiederholte er die Vorwürfe und entzog binnen kurzem den Franziskanern alle ‚doctrinas' in seinem Bistum, um das Recht des Weltklerus auf die gesamte Seelsorge durchzusetzen. Nachdem er sich 1647 in einen Streit mit den Jesuiten verwickelte und diese sogar exkommunizierte, weil sie ihm nicht ihre Privilegien schriftlich vorwiesen, wurde er im selben Jahr von der Krone als Visitator abgesetzt und 1649 zur Rückkehr nach Spanien aufgefordert. Aber sein Beispiel machte bei anderen Bischöfen in Mexiko und Südamerika Schule, so daß der Sache der Mission und der Gesamtkirche schwerer Schaden zugefügt wurde. Eingearbeitetes Missionspersonal mußte nicht selten in städtische Konvente zurückkehren, während unzureichend vorgebildete Weltpriester eine viel zu große Anzahl von Indianern in ‚doctrinas' versorgen mußten, die noch lange keine regulären Gemeinden waren. Wo vorher zwar nur ein

---

[90] Ennis 1957. Erste Vollmachten hatte bereits Leo X. 1521 mit der Bulle „Alias felices" erteilt, die Hadrian VI. mit der „Exponi nobis fecisti" (Omnimoda) 1522 bestätigte.

[91] These von Ennis aaO 72. Dagegen spricht allerdings, daß nur eine unabhängig funktionierende Ordensorganisation mit direktem Befehlsweg wirksam die Kontrolle der Missionare garantieren konnte. Eine etwaige doppelgleisige Jurisdiktion von Bischöfen und Ordensoberen hätte wohl eher hinderlich gewirkt — vgl. Shiels 1939, 97ff.

‚doctrinero' aus der Staatskasse bezahlt worden war, aber effektiv drei bis fünf Patres tätig waren, die von der Unterstützung der Indianer lebten, kam nun im allgemeinen ein Weltpriester hin, um bis zu 20 000 Indianer zu betreuen. Manche ‚doctrina' wurde bald aufgehoben oder nur noch unregelmäßig von einem Pfarrer besucht. In der Sprachenfrage drang der Indienrat je länger je mehr auf eine Hispanisierung der Indianersiedlungen, die indes kaum vorankam und die Ausbildung der ‚curas' in der betreffenden Indianersprache nicht überflüssig machte.

Wie es auch unter den Bischöfen, die keine Ordensleute waren, hervorragende Missionare gab — erwähnt sei nur Alonso de la Peña Montenegro († 1687), Bischof von Quito —, so auch unter den Weltpriestern, wenngleich sie speziell in der Ordensliteratur meist in einem wenig schmeichelhaften Licht erscheinen und als habgierig und zügellos geschildert werden. Generell ließ Ende des 18. Jahrhunderts die Disziplin des Welt- und Ordensklerus nach. Konkubinen von Weltpriestern sind in manchen Gegenden von Lateinamerika noch heute keine Seltenheit[92].

Ohne hier Vollständigkeit in bezug auf die Auswirkungen des Tridentinums auf Amerika anzustreben, sei noch auf die Bestimmung hingewiesen, alle zwei Jahre Diözesansynoden abzuhalten, die sich sehr positiv auswirkte und wesentlich besser eingehalten wurde als die Vorschrift, alle drei Jahre auch Provinzialsynoden einzuberufen[93].

[92] Zum Ganzen vgl. Beckmann 1970, 264ff. Promper 1965, 166f erwähnt, daß in Brasilien schon im 16. Jahrhundert unter dem Regularklerus Disziplinlosigkeit herrschte. Man könne noch heute in Salvador die Wohnungen besichtigen, die einstmals den Konkubinen der Mönche als Unterkunft dienten. Hoornart 1971, 611 kritisiert die Weltfremdheit der meisten Mönche in Brasilien, die weder die Sprache des Volkes, noch seine Sitten, noch die Volksfrömmigkeit studierten. Mitte des 18. Jahrhunderts seien die Klöster schon durch ihre Lage in den vornehmen, ruhigen Außenbezirken der Städte als feudalistische Überreste in einer merkantilistischen Gesellschaft ausgewiesen gewesen. Sie bildeten einen Fremdkörper in der Gesellschaft, der sich damit zufrieden gab, seine finanzielle Unterstützung von der Krone zu bekommen und sich deshalb auch nicht dem Volk, sondern nur der Krone verpflichtet fühlte.
Der Streit zwischen Welt- und Ordensklerus wird von Konetzke 1965, 234f ausführlich geschildert. 1572 hat Gregor XIII. das Zugeständnis seines Vorgängers an die Orden von 1567 widerrufen, was neue Polemiken hervorrief. Der Überschuß an Weltgeistlichen veranlaßte verschiedene Bischöfe Neu-Granadas und Neu-Spaniens, den Indienrat zu bitten, Religiosen ‚doctrinas' wegzunehmen und Weltgeistlichen zu geben. Das Limensis III (1583) beschloß, daß Religiose Indianerpfarreien nur noch im Auftrag, also unter der Jurisdiktion der Bischöfe, verwalten dürften. Philipp II. trug den verschiedenen Anregungen Rechnung und wies die Bischöfe an, vorzugsweise geeignete Weltpriester für ‚doctrinas' vorzuschlagen, was zu einer Welle von Amtsenthebungen von Bettelmönchen führte, die den König 1586 veranlaßte anzuordnen, in Neu-Granada den Mendikanten ihre ‚doctrinas' zurückzugeben. 1591 hob dann Gregor XIV. das Breve von 1572 wieder auf, so daß Bettelmönchen auch von der Kurie die seelsorgerliche Tätigkeit wieder gestattet war. Ende des 16. Jahrhunderts waren Weltpriester und Ordenspriester also rechtlich gleichgestellt. So blieb es im 17. Jahrhundert, wenn auch die Diskussionen darüber nie aufhörten. Dem aufgeklärten Absolutismus des 18. Jahrhunderts erschienen die religiösen Orden in Amerika hinsichtlich ihrer Königstreue suspekt, so daß königliche Erlasse von 1753 und 1757 verstärkt auf die endgültige Übergabe der Mehrzahl der ‚doctrinas' an Weltgeistliche drangen.

[93] Zu den Provinzialsynoden vgl. Abschnitt 2121, zu den Diözesansynoden

„Nachdem die Verwirklichung der (regelmäßigen) Provinzialkonzile nicht möglich war und die Kommunikation mit Rom schwierig blieb, absorbierten der Indienrat und der König de facto die wichtigsten hierarchischen Funktionen. Ein Prozeß der Klerikalisierung begleitete diese hierarchische Neuordnung." Der Klerus „monopolisierte kirchliche Verantwortung und kirchliche Aktivitäten. Die Äußerungen der Laien blieben bescheiden", bei den Männern auf die Bruderschaften und bei glaubenserfüllten Frauen auf die weiblichen Orden beschränkt, wenn man einmal von den Laien in Politik und Verwaltung absieht, die Instrumente des königlichen Patronats waren. „Hierarchisierung und Klerikalisierung der Kirchen prägten das gesellschaftliche Leben der Kolonie Ende des 16. Jahrhunderts."

Das einzig wirklich Neue, was das Konzil zumindest in Spanisch-Amerika bewirkte, war die Schaffung der Konzilsseminare. Villegas kommt deshalb zu dem Schluß, daß es eine unzulässige Vereinfachung der historischen Wirklichkeit sei, „zu behaupten, die Kirchen Spanisch-Amerikas seien während der Kolonialzeit tridentinisch gewesen"[94]. Dem widerspricht indes nicht die oben getroffene Feststellung, daß der tridentinische Geist im Sinne eines Kulturkatholizismus für die Kolonialkirchen charakteristisch wurde.

2332 Die Folgen der Junta Magna von 1568

Die von Villegas in der Zeit nach Trient konstatierte Absorbierung der wichtigsten hierarchischen Funktionen durch den Indienrat und die Krone ist eine direkte Folge der Junta Magna. Erst in jüngster Zeit ist von der Forschung indes erkannt worden, daß die aus allen Mitgliedern des Indienrates, ausgewählten Mitgliedern des Rates von Kastilien und zusätzlich berufenen Persönlichkeiten bestehende Junta Magna von Madrid außer dem Ziel des konsequenten Ausbaus des Patronatsrechtes zur endgültigen Ausschaltung des Einflusses von Rom und damit zur Aushöhlung der kirchenrechtlichen Bestimmungen des Tridentinums noch ein zweites Ziel verfolgte, nämlich die Liquidierung der in der Entstehung begriffenen indianischen Kirche zu Gunsten einer einheitlich spanisch geprägten Kolonialkirche. Wenn auch Ziel und Mittel nicht vollkommen erkannt waren, so hatte doch den Missionaren in Spanisch-Amerika, zumal den Franziskanern, nicht die Schaffung einer Kirche nach spanischem Muster, sondern eine wie auch immer gestaltete indianische Kirche von Anfang an vor Augen gestanden. Mit Hilfe des Regalismus wurde der Weg in Richtung auf eine indianische Kirche konsequent versperrt. Wie im vorigen Abschnitt im Zusammenhang mit dem Problem der Heranbildung indianischer Priester gezeigt, konnte sich die Krone dabei auf entsprechende Vorurteile bei der Mehrheit ihrer Beamten und des Klerus stützen. Philipp II. gab dem 1569 ausreisenden Vizekönig von Peru, Francisco de Toledo, Geheiminstruktionen mit, die die neue Richtung markierten: Die Missionare des Ordens- und Weltklerus wurden zu ausführenden Organen der staatlichen Instanzen degradiert, die nun zu den eigentlichen Garanten des Missionswerkes wurden.

Sollte sich die fast völlige Ausschaltung Roms und damit auch der neuen Propaganda-Kongregation schon lähmend auf missionarische Initiativen aus-

---

Egaña 1966, 275. Die Trienter Vorschrift, jedes Jahr Diözesansynoden abzuhalten, wurde wegen der besonderen geographischen Verhältnisse für Amerika auf alle zwei Jahre ermäßigt.

[94] Villegas 1975, 277f.

wirken, so tat die staatliche Zensur ein übriges, die nach folgenden Grundsätzen arbeitete: „1. alles, was den guten Ruf der Conquista oder Konquistadoren schmälerte, mußte unterdrückt werden; 2. bei der Behandlung der Missionen mußten alle Hinweise auf Konflikte mit den staatlichen Behörden weggelassen werden; 3. die Indianer mußten als tiefstehende Menschenrasse ohne Kultur dargestellt werden." Mit diesen ungeschriebenen, aber peinlich beachteten Gesetzen wurden die Indianer also systematisch diskriminiert und das zentrale Moment zum Aufbau einer indianischen Kirche getroffen: „Die Ausbildung eines volkseigenen Klerus." Bedeutende Werke von Toribio de Benavente OFM (Motolinia, † 1568), einem der sogenannten zwölf Apostel von Mexiko, Gerónimo de Mendieta OFM († 1604), Las Casas und Diego Durán OP, um nur einige aus dem mexikanischen Bereich zu nennen, konnten nicht veröffentlicht werden, weil in ihnen „die großen Fähigkeiten und guten Eigenschaften der Indios hervorgehoben wurden"[95].

---

[95] Vgl. Beckmann 1970, 257ff; zur Zensur: Friede 1959.

24 Die jesuitischen Reduktionen in Paraguay – ein Versuch, Mission als Rettung des ganzen Menschen in einer kolonialen Enklave zu praktizieren

Das Modell der Reduktion ist im 17. Jahrhundert von den Jesuiten in der Provinz Paraguay in einem Umfang und mit einer Konsequenz zum Prototyp der Indianermission entwickelt und ausgebaut worden, die ihm einen hervorragenden Platz in der kolonialen Missions- und Kirchengeschichte Südamerikas sichern.

241 Die Entwicklung der kolonialen und kirchlichen Situation in der Provinz Paraguay bis Anfang des 17. Jahrhunderts

Das 1537 von Hauptmann Juan de Salazar etwa halben Wegs von der La Plata-Mündung nach Potosí am Río Paraguay gegründete Fort „Unserer Lieben Frau von der Himmelfahrt" (Asunción), das 1541 die Rechte einer Stadt erhielt, konnte sich nur dank seiner Lage an einer idealen Wasserstraße inmitten eines nicht pazifizierten Gebietes halten. Die Voraussetzung zur Kolonisation des Umlandes von Asunción war indes die Freundschaft mit dem halbnomadischen, ackerbautreibenden größten Volk der Provinz, den Guaraní, da nur sie mit dem Anbau von Mais und Maniok die Ernährungsgrundlage für die Spanier sichern konnten. Die das weite Gebiet zwischen den Flüssen Paraguay, Paraná und oberem Uruguay bewohnenden Guaraní-Gruppen sind ethnisch und linguistisch Verwandte der Tupí und speziell der Tupinambá in Brasilien. Wegen ihrer erbitterten Feindschaft mit nomadischen Chaco-Völkern wie den Guaycurú und den Agace[1] waren die Guaraní-Gruppen im Umkreis von Asunción daran interessiert, sich der Spanier als mächtiger Bundesgenossen zu versichern, so daß eine auf Gegenseitigkeit beruhende Freundschaft entstand. Die bei den Guaraní übliche Polygamie wurde zunächst von den Spaniern weitgehend übernommen, ermöglichte sie es ihnen doch, in den Besitz einer größeren Zahl von Guaraní-Frauen zu kommen, die sie als Arbeitskräfte dringend benötigten, war doch die Feldarbeit bei den Guaraní Sache der Frauen. So begann schnell ein Rassenmischungsprozeß großen Stils, bei dem sich die Spanier besonders mit den einflußreichen Kaziken verschwägerten und sich dadurch auch deren persönliche Dienste bzw. die ihrer Leute sicherten, so daß man von einem ‚yanaconato'[2] auf der Grundlage von Blutsverwandtschaft sprechen kann.

Dieses System, bei dem die Guaraní-Frauen Gebärerinnen, Hausgehilfen und Feldarbeiter waren, bewirkte die alsbaldige Desintegration der auf Gemeingeist und Gemeinschaftsarbeit gründenden Guaraní-Gruppen. Der „erste Dienst aus Freundschaft und auf Grund Verwandtschaft", bei dem die Frauen zu reinen Objekten degradiert wurden, die die Spanier für Pferde und Wä-

---

[1] Vgl. Susnik 1965ff I, 9ff und III, 12ff.
[2] Susnik aaO I, 11; zum ‚yanacona' vgl. Abschnitt 22121 und Anm. 56.

sche umtauschten, wurde von den Guaraní binnen kurzem als Ausbeutung und Unterdrückung durchschaut, so daß es schon 1545 zum ersten Aufstand kam, dem 1569, 1575 und 1578 weitere, von den Schamanen unter dem Motto: Zurück zu den alten Sitten! schlecht organisierte messianische Erhebungen folgten. Die Spanier, die anfangs als die in der Vorzeit vom Kulturheros Guiraipotí angekündigten Erben gegolten hatten, als Beschützer der Guaraní und Bringer neuer landwirtschaftlicher Techniken, erschienen ihnen nun als böse Zauberer, die die Guaraní wie Tiere jagten und behandelten. Hatten sie das wenige, das sie besaßen, freigebig mit den Spaniern geteilt, so wandten diese die schlimmsten Repressalien an, wenn Guaraní einmal eine Kuh schlachteten. Die Spanier unterdrückten die Revolten brutal. Tausende von Guaraní flüchteten in die Urwälder. 1560 soll eine Epidemie mehr als 100 000 Guaraní hingerafft haben. Ende des 16. Jahrhunderts gab es nur noch 3000 Indianer im Umkreis von 30 Kilometern um Asunción[3].

Mitte des 16. Jahrhunderts erfaßte der sogenannte „Freundschaftsdienst" nur Indianer im Umkreis von knapp 170 km um Asunción. 1555 setzte sich unter den Kolonisten die Gruppe um Pedro de Orantes durch, die auf der Einführung der Kommende in Paraguay bestand, weil sie darin die sicherste Grundlage für die Struktur einer Gesellschaft spanischer ‚hidalgos' sah. Gouverneur Domingo Martínez de Irala (ab 1552) sah sich veranlaßt, 1555 300 Kommenden unter den ca. 100 000 Guaraní in einem Gebiet zu schaffen, das sich ca. 280 km nordöstlich und südöstlich von Asunción ausdehnte. Statt zum Schutz und zur Erhaltung der Indianersubstanz beizutragen, führte die Kommende zu noch schlimmerer Ausbeutung und den oben erwähnten Folgen. Der sozio-ökonomische Desintegrationsprozeß unter den Guaraní beschleunigte sich, Unsitten der Spanier und Mestizen wurden übernommen, „Trunksucht und andere alte psycho-emotionale Praktiken" stellten die letzte Zuflucht dar. Von einer Katechesierung der Indianer durch die ‚encomenderos' konnte kaum die Rede sein[4].

Auch die kirchliche Organisation kam in Asunción nur sehr mühsam auf die Beine. Zwar hatte Paul III. 1547 das Bistum Río de la Plata errichtet, aber es sollte bis 1556 dauern, bis Fr. Pedro Fernández de la Torre OFM effektiv von der neuen Diözese Besitz ergriff. Nach seinem Tode 1573 blieb der Stuhl wieder bis 1585 vakant. Alonso Guerra OP (1585—90) verbrachte einen wesentlichen Teil seiner Zeit im Kampf um die Verbesserung seiner spärlichen Einnahmen durch Ausweitung des Zehnten, bis die staatlichen Behörden ihn auswiesen. Es sollte wiederum 13 Jahre dauern, bis der Nachfolger Martín Ignacio de Loyola OFM (1603—1606) eintraf, der sich als erster der Frage der Mission annahm[5].

---

[3] Haubert 1967, 24ff; zum Messianismus der Schamanen vgl. Susnik 1965ff I, 71.
[4] Ebd. 72ff. 1590—1610, in der Kampfzeit um die Verteilung der ‚brazos mitayos', gab es überhaupt keine Mission und die Zahl der Indianer nahm absolut ab.
[5] Egaña 1966, 175ff. Der Zustand der Priesterschaft war auch recht betrüblich. Bevor Bischof la Torre von seinem Bistum Besitz ergriff, waren mehrfach Priester im Soldatenrock ins Land gekommen. Als sie die Soutane anzogen, wußte niemand, ob sie ordentlich geweihte Priester waren. Offenkundig war es mit ihrer Frömmigkeit nicht weit her. In einer Quelle heißt es sogar, sie kämen nicht einmal mit der Zelebration der Messe zurecht und lachten öffentlich über ihre eigenen Zeremonien – vgl. Bruno 1966ff I, 185ff. Was die Frömmigkeit der Gemeinde von Asunción anbelangt, so stand es damit noch schlechter. Bruno nennt das Leben der Einwoh-

Hernando Arias de Saavedra, genannt Hernandarias, einer der fähigsten Gouverneure von Paraguay und der erste Kreole in diesem Amt (1592—1609 und 1615—21), stand vor dem Problem, wie die Erschließung und Kolonisation der Provinz fortgeführt werden sollte angesichts der rapiden Abnahme der Kommendenindianer, des Widerstandes der übrigen Guaraní und insbesondere der nomadischen Stämme des Chaco, die keinen Kulturheros kannten, mit dem sie die Spanier in Verbindung gebracht hätten, sondern diese offen verachteten und sie dank ihrer durch die Übernahme von Pferden vergrößerten Mobilität oft ungestraft überfallen konnten, standen ihnen doch nur wenige Berufssoldaten und schlecht ausgebildete Milizen gegenüber. Hernandarias strebte eine verstärkte „Kreolosierung" (criollización) der Guaraní-Kommendenindianer an, praktisch also eine religiös-sozio-kulturelle Entfremdung, um ihre Interessen völlig mit denen der Spanier zu verbinden, sie der aus Kreolen und Mestizen bestehenden Bevölkerungsgrundlage der Eroberer einzuverleiben und diese damit zu verbreiten, was ihm auch weitgehend gelungen ist[6]. Nur bei der Sprache machte die Hispanisierung halt. Das rezente Guaraní ist noch heute die zweite Landessprache von Paraguay. In keinem anderen lateinamerikanischen Land hat eine modernisierte indianische Sprache eine derartige Bedeutung erlangen können.

Das entscheidende Mittel zur Durchführung des Prozesses der „Kreolisierung" sah der Gouverneur in einer konsequenten Mission der Kommendenindianer durch des Guaraní kundige Missionare[7]. Wie üblich war die Christianisierung also ein Vehikel der Kolonisation.

Seit 1575 hatten sich die beiden Franziskaner Fr. Luis de Bolaños und Fr. Alonso de Buenaventura schon um ‚policía' und ‚doctrina' der Indianer bemüht, und zwar zunächst als Wandermissionare ohne festen Wohnsitz und dann ab 1580 mit Hilfe von Reduktionen. Ausgangspunkt ihrer weiteren Tätigkeit war die 1580 östlich vom Ypacaraí-See gegründete Reduktion Los Altos, der 1585—87 die Reduktionen Ytá und Yaguarón folgten. Wie so oft bei der Reduzierung von Indianern schmolz deren Zahl rasch durch Epidemien, 1594 bis auf 10 %. 1595 brachte Fr. Martín Ignacio de Loyola OFM, der spätere Bischof, etwas Verstärkung aus Spanien mit. 1610 gelang es Bolaños, Hernandarias von der militärischen Unterwerfung kriegerischer Gruppen südlich Asunción abzuhalten. Die Vorführung des spanischen Militärapparates genügte, um 20 Kaziken willig zu machen, die Taufe von den Franziskanern zu erbitten. Die Reduktion San José de Caazapá konnte ca. 160 km südlich von Asunción gegründet werden. 1611 folgte ca. 65 km weiter San Francisco de Yutí. Hernandarias unterstützte die Bildung der franziskanischen Reduktionen, um ein doppeltes Ziel zu erreichen: die Bekehrung der Indianer zu fördern und die Sicherung des Flußweges nach Buenos Aires zu erreichen. Entsprechend war die Politik des geistlichen und des weltlichen Armes koordiniert, seit die erste Diözesansynode von La Plata 1603 die Ansiedlung der Indianer und die Katechisierung mit Hilfe des von Bolaños auf Guaraní verfaßten Katechismus beschlossen hatte.

Hernandarias war vom „beispielhaften Leben und dem selbstlosen Einsatz" der Franziskaner, die bei den Indianern sehr beliebt waren, beeindruckt, so

---

ner in jener Zeit ausschweifend und christlicher Enthaltsamkeit diametral entgegengesetzt — aaO 187.   [6] Susnik aaO I, 74.

[7] Ebd.; s. auch Haubert aaO 32. Das koloniale Guaraní ist eine verarmte und marginalisierte Sprache der Marginalisierten. Lediglich das Reduktions-Guaraní stellte einen Versuch dar, die Sprache auf allen Lebensgebieten zu erhalten und weiter zu entwickeln — vgl. Meliá 1971 und 1969.

daß er noch 1616 bemerkte, „nur die Franziskaner braucht diese Provinz"[8], aber sie waren zahlenmäßig nicht in der Lage, ihre Reduktionen zu halten — wenig später gaben sie einige an die Jesuiten ab —, geschweige denn, ihre Arbeit weiter auszudehnen, wie überhaupt Priester und Mönche in der Mehrzahl schnell wieder aus dem ungastlichen Paraguay entwichen, dessen arme Kolonisten ihnen nur einen kümmerlichen Unterhalt gewähren konnten[9].

242 Zur Vorgeschichte und zum Beginn der Arbeit der Jesuiten in Paraguay

Der Anstoß zur Arbeit in Paraguay kam von den Jesuiten selbst, und zwar zuerst von den Jesuiten in Brasilien. Zwar weist Leite mit Recht die Behauptung zurück, die portugiesischen Jesuiten hätten mit der Gründung von São Paulo die Schaffung eines Imperiums beginnen wollen, das dem späteren der Guaraní nicht nachgestanden hätte[10], aber São Paulo war in der Tat die erste Station auf dem präkolumbischen Weg, der von der Küste São Vicentes über die Flüsse Tibagí, Ivaí und Piriquirí hinweg an den Paraná führte, so daß die Jesuiten in São Paulo über diesen Piabiru-Pfad mit den Spaniern und den Guaraní in Paraguay in Kontakt kamen. Genaue Informationen erhielten sie 1553 von dem deutschen Landsknecht Ulrico Schmidel[11], dem spanischen Hauptmann Rui Díaz Melgarejo und dem erfahrenen spanischen Soldaten Antonio Rodríguez, der in São Paulo Jesuit wurde. Sie hatten alle zur Truppe Pedro de Mendozas gehört, der 1536 die erste Gründung von Buenos Aires versucht hatte und vom La Plata nach Hoch-Peru wollte. Diese und andere Spanier und Guaraní forderten die Jesuiten auf, nach Paraguay zu kommen, um den miserablen kirchlichen Verhältnissen abzuhelfen, ein Gedanke, den Nóbrega hartnäckig verfolgte, u. a., weil er über die Arbeitsmöglichkeiten in Brasilien enttäuscht war[12]. Wenn portugiesische Jesuiten also bereit waren, nach Paraguay zu gehen, so bedeutete das implizit, daß sie es im Dienst ihres Königs tun wollten, stimmten sie doch mit Gouverneur Tomé de Sousa in der Meinung überein, daß auch Paraguay zum portugiesischen Kolonisationsgebiet gehöre[13]. Da man bis zum 18. Jahrhundert nicht in der Lage war, geographische Längen einwandfrei zu messen, war es unklar, wo die im Vertrag von Tordesillas vereinbarte Demarkationslinie durch den Subkontinent verlief, so daß weder Portugiesen noch Spanier sich darum kümmerten, sondern ihre Kolonisation nach geo-politischen und wirtschaftlichen Gesichtspunkten nach Westen bzw. Osten vorantrieben[14].

---

[8] Vgl. Bruno 1966ff II, 179ff.   [9] Haubert aaO 32.
[10] Leite 1938ff I, 334.
[11] Ulderico, Ulrico oder Utz Schmidel, einem Landsknecht, dem ersten historisch bezeugten Deutschen im La Plata-Raum, der zur Expedition von Pedro de Mendoza gehörte, verdanken wir eine der ersten Quellen über dies Gebiet: Erst theil dieses Weltbuchs von Newen erfundenen Landschaften..., Frankfurt 1567, vgl. die Neuausgabe: Ulrich Schmidel, Wahrhaftige Historien einer wunderbaren Schiffahrt (1567), hg. v. Hans Plischke, Graz 1962 (Reihe: Frühe Reisen und Seefahrten in Originalberichten, 1).
[12] Vgl. Nóbregas Briefe vom 23. 5. 1555 — MBR II, 168, vom 8. 5. 1558 — MBR II, 454.   [13] Leite 1938ff I, 337f.
[14] Cortesão 1951, 70. Leite aaO 337 erwähnt noch, daß damals Gerüchte über Gold- und Silberfunde innerhalb des portugiesischen Kolonisationsgebietes um-

Um die Küstengebiete nicht der notwendigen geistlichen Versorgung zu berauben und es den Vätern nicht zu ermöglichen, sich weit im Hinterland, außerhalb der Reichweite der staatlichen Behörden, festzusetzen, erteilte Tomé de Sousa den Jesuiten keine Genehmigung zur Ausweitung ihrer Arbeit nach Paraguay. Nur in dem Maße, wie die Kolonisation ins Innere vorrückte, sollten auch die Jesuiten ins ‚interior' vordringen[15] — die Verbindung von Kolonialismus und Mission wird wieder einmal deutlich. Ignatius von Loyola machte seine Einwilligung zu dem Projekt von der Zustimmung des spanischen Königs abhängig, der sie weder 1555 noch nach der Personalunion mit der portugiesischen Krone 1580 aus Furcht vor portugiesischen Expansionsbestrebungen zu geben bereit war. Aber 1584 erteilte Ordensgeneral Claudio Aquaviva auf Antrag der Provinzialkongregation von Bahia schließlich die begrenzte Genehmigung, daß einige Brüder „per modum missionis" nach Paraguay geschickt werden dürften[16]. Eine Gelegenheit dazu ergab sich durch eine Bitte des ersten Bischofs von Tucumán, Fr. Francisco de Victoria OP, der offenbar nicht viel Hoffnung hatte, Jesuiten aus Peru zu bekommen und deshalb 1585 nach Brasilien schrieb, besonders auch, weil er nicht zu Unrecht meinte, daß der Anmarschweg von dort wesentlich kürzer sei[17]. Es sollte bis 1587 dauern, bis fünf brasilianische Jesuiten auf Geheiß ihres Visitators Cristóvão de Gouveia in Santiago del Estero eintrafen, nachdem die beiden Schiffe mit Ladung für Bischof Victoria[18], auf denen sie reisten, in der Mündung des La Plata noch von britischen Korsaren unter Robert Writhington überfallen und ausgeraubt worden waren. Zu ihrer Überraschung fanden sie in Santiago schon spanische Jesuiten am Werk, die bereits ein Ordenshaus gebaut hatten und Schule und ‚doctrina' für Indianerkinder erteilten und Indianer auf den ‚estancias' betreuten. Am 24. 1. 1587 hatte der Ordensgeneral auch

---

liefen, weshalb T. de Sousa jegliche spanische Bewegungen zwischen S. Catarina und Paraguay verhindern wollte. Das hatte zur Voraussetzung, daß die portugiesische Besiedlung von S. Vicente nicht geschwächt wurde.

[15] So faßt Leite 1938ff I, 336f die Begründung Sousas zusammen.
[16] Ebd. 344.   [17] Furlong 1962, 29.
[18] Der Bischof, der portugiesischer Herkunft ist, und sich auch Vitoria schreibt, ist nicht zu verwechseln mit dem bereits 1546 gestorbenen berühmten theologischen Lehrer der Universität Salamanca, der denselben Namen trug. Der Bischof scheint jüdischer Herkunft gewesen zu sein. Sein Bruder wurde als praktizierender Jude von der Inquisition in Lima verfolgt. Er selbst soll als Schiffsjunge nach Peru gekommen und dort bei einem Händler als Ladenjunge tätig gewesen sein, bevor er in den Dominikanerorden eintrat und Theologie studierte. Seine bischöfliche Amtszeit in Tucumán ist gekennzeichnet durch den unversöhnlichen Streit mit dem Gouverneur Lerma und durch seine umfassenden wirtschaftlichen Aktivitäten für die arme Diözese, die ihm oft zur Last gelegt worden sind, da sie Sache der weltlichen Obrigkeit gewesen wären und seine pastoralen Aktivitäten beeinträchtigten. Die Sorge um die materielle Wohlfahrt seines Bistums erscheint freilich heutigen Beobachtern berechtigter, da die staatliche Obrigkeit diese Aufgabe weitgehend vernachlässigte. Immerhin hätte diese Sorge nicht zur Vernachlässigung seiner eigentlichen bischöflichen Tätigkeit führen dürfen, kritisiert Bruno 1966ff I, 370ff, 454ff. Vitorias Amtszeit war mehr durch seine Abwesenheit als durch seine Anwesenheit im Bistum charakterisiert. 1591 entfernte er sich eigenmächtig und ging nach Spanien, um seinem Rücktrittsgesuch Nachdruck zu verschaffen. Dort starb er 1592. Zum Zwang der Bischöfe zum Tauschhandel wegen der Naturalienabgaben vgl. Abschnitt 21222.

verfügt, daß die neue Mission von der peruanischen Provinz abhängen sollte. Zwei der Portugiesen kehrten wieder nach Brasilien zurück, während die Patres Saloni († 1599), Ortega und der Ire Fields, die keine Neigung verspürten, die ihnen neuen Sprachen der Indianer des Bistums Tucumán zu lernen, nach Paraguay weiterzogen, wo sie das dem Tupí verwandte Guaraní leichter verstanden. Saloni blieb in Asunción, während sich die anderen beiden nach Villa Rica del Espírito Santo in Guayrá begaben, wo Ortega zum eigentlichen Begründer der jesuitischen Indianerarbeit in Paraguay wurde, wie auch die Jesuitenkirche in Villa Rica die älteste im Bistum Río de la Plata ist[19]. Bis 1609 soll Ortega mehr als 20 000 Guaraní und Ibirajara getauft haben[20].

In der Bewertung des portugiesischen Anteils am jesuitischen Missionswerk in Paraguay unterscheiden sich bis heute die portugiesisch- und spanischsprachigen Historiker. Während Furlong zwar ihre vorbereitende Arbeit anerkennt, aber hervorhebt, daß sie weder Reduktionen gegründet noch dies nachweislich beabsichtigt hätten[21], nennt Leite den Tag der Ankunft der drei Jesuiten aus Brasilien in Asunción (11. 8. 1588) „das wahre Anfangsdatum der Paraguay-Mission". Man wird mit Leite die Frage des Einflusses der Jesuiten aus Brasilien von der anderen der Gründung der Reduktionen unterscheiden müssen. Es ist unbestritten, daß die Reduktionen später gegründet wurden und in vielen Aspekten von den Missions-aldeias in Brasilien abweichen. Aber die Väter aus Brasilien dürften sich schon für die Freiheit der Indianer eingesetzt und das Modell des ‚aldeamento' mit der geistlichen und zeitlichen Regierung in der Hand der Gesellschaft vor Augen gehabt haben. Jedenfalls ist es unwahrscheinlich, daß sie in Paraguay nicht von den Missions-aldeias sprachen und nicht ähnliche Methoden eingeführt haben. Sie verfaßten einen Katechismus in Guaraní, pflegten Gesang und Prozessionen[22]. Die große Ausdehnung des Gebietes und die unbedeutende Zahl von Missionaren zwang indes zur ambulanten Mission und dürfte jeden Gedanken an die Gründung von Missions-aldeias im Keim erstickt haben.

Was nun die organisatorischen Voraussetzungen der Arbeit spanischer Jesuiten in Paraguay anbelangt, so führte ihr Weg von Peru aus notwendigerweise über Tucumán. 1584 hatte Bischof Francisco de Victoria mit dem peruanischen Jesuitenprovinzial Piñas über die Entsendung von Mitarbeitern in sein Bistum verhandelt, und 1585 trafen die Patres Francisco Ángulo und Alonso Barzana und der Koadjutor Juan de Villegas als Sprachkenner dort ein. Aber die Konsolidierung der Paraguay-Mission sollte sich zwei Jahrzehnte verzögern, da von sieben 1593 aus Peru in Marsch gesetzten Jesuiten sechs in Tu-

---

[19] Cortesão 1951, 78.
[20] Ebd. nach dem Jahrbrief von P. Diogo Tôrres von 1609.
Ortega wurde 1603 oder Anfang 1604 vor die Inquisition in Lima bestellt, wo er bis 1606 in Haft blieb, weil er zwei Frauen im Beichtstuhl Anträge gemacht haben soll. Nach den Forschungen von José Toribio Medina im Inquisitionsarchiv in Lima weisen die Prozeßakten eine Fülle von Fällen dieser Art auf, in denen Weltpriester und Religiose aller Orden des Mißbrauchs des Beichtstuhls zu Liebesanträgen an weibliche Beichtkinder angeklagt werden. Solche Anklagen waren sicher zum Teil berechtigt, zum Teil beruhten sie aber auch auf niederträchtigen Gründen, etwa Racheakten von Frauen wegen nicht erwiderter Liebe. Für den Angeklagten war es sehr schwer, solche Vorwürfe zu widerlegen. Portugiesen wurden außerdem von der spanischen Inquisition besonders scharf behandelt – vgl. Cortesão aaO 79.

[21] 1962, 29.   [22] Leite 1938ff I, 351.

cumán blieben und nur P. Marciel Lorenzana sich tatsächlich nach Paraguay begab. Eine Anordnung des Visitators von Peru, P. Esteban Páez, aus dem Jahre 1600 deutet auf eine völlige Aufgabe der Arbeit in Paraguay[23], so daß Fields 1601 Ordensgeneral Aquaviva (1581—1616) bat, Paraguay den portugiesischen Jesuiten zu übergeben, da die Kommunikationsmöglichkeiten mit Brasilien viel einfacher und schneller seien. Nachdem Saloni gestorben (1599), Fields krank im Ordenshaus Asunción lag und Ortega sich 1603 nach Lima und Lorenzana 1604 nach Córdoba begeben mußte, war das Missionsfeld Paraguay praktisch wieder verwaist. Die Konkurrenz der Dominikaner, die den jesuitischen Besitz in Asunción und Villa Rica an sich bringen wollten[24] und die Hartnäckigkeit der brasilianischen Jesuiten scheint Aquaviva 1604 schließlich bewogen zu haben, Tucumán-Paraguay zu einer selbständigen Ordensprovinz unter P. Diego de Torres zu erheben[25]. 1608 kam Torres dort mit 13 Jesuiten an. Bis 1610 erhöhte sich die Zahl der Jesuiten um weitere 24, so daß in organisatorischer und personeller Hinsicht die Voraussetzungen zur Missionsarbeit im großen Stil gegeben waren, sofern die Bereitschaft der staatlichen Stellen vorhanden war und die rechtlichen Grundlagen geschaffen werden konnten.

Provinzial Torres fand gleich guten Kontakt zum Gouverneur Hernandarias und zum Bischof Reginaldo Lizárraga OP (1608—1609), der Philipp III. die Gründung eines Jesuitenkollegs in Asunción vorgeschlagen hatte[26]. Hernandarias hatte schon früher dem König geschrieben, daß es mit den vorhandenen militärischen Mitteln unmöglich wäre, die 150 000 Indianer im Gebiet von Guayrá zu unterwerfen, woraufhin er 1608 die Antwort erhielt: „Selbst wenn wir die erforderlichen Kräfte besäßen, dürften die Indianer von Guayrá nur mit den Lehren des Evangeliums unterworfen werden"[27], ein goldenes Wort der amerikanischen Missionsgeschichte, das freilich wiederum zeigt, daß für die iberischen Kronen Mission und Kolonialismus ein unteilbares Ganzes bildeten. Der Augenblick der Ankunft der Jesuiten war also ein denkbar günstiger. Hernandarias brauchte dringend zusätzliche missionarische Kräfte, und er wollte sie nach den guten Erfahrungen mit den Franziskanern für das Projekt einer größeren Anzahl von Reduktionen einsetzen. Er verfolgte damit ein dreifaches Ziel:

1. Reduktionen schienen ihm die beste Kombination von geistlicher und friedlicher physischer Eroberung zu sein,
2. eine Mission z. B. unter den Guaycurú bedeutete eine Sicherung des Verbindungswegs nach Peru,
3. Reduktionen unter den Guaraní stellten eine Ausweitung der spanischen Herrschaft nicht nur de iure, sondern auch de facto in südöstlicher Richtung von Asunción dar, also auf Santa Catarina und den Atlantik zu.

So beflügelten geistliche, politische und soziale Gründe die Konzeption von Jesuitenreduktionen in Paraguay[28].

Wie bereits im vorigen Abschnitt (23) im Zusammenhang mit der Menschenbildung gezeigt, hatten Reduktionen sowohl im spanischen wie im portugiesischen Kolonialbereich bereits eine längere Vorgeschichte und bezeichneten

---

[23] Furlong 1962, 30.   [24] Ebd.   [25] Ebd. 31.   [26] Lugon 1968, 30.
[27] Egaña 1966, 184. Lizárraga war vorher Bischof in Concepción de Chile gewesen und kam 1609 nach Asunción, wo er im selben Jahr an Altersschwäche starb.
[28] Furlong 1962, 32.

Siedlungen von Indianern, die mehr oder weniger freiwillig auf das nomadische oder halbnomadische Leben verzichtet hatten und zum Leben nach dem Gesetz „reduziert" waren, „ad ecclesiam et vitam civilem reducti"[29]. Erfahrung mit der Missionsarbeit in Reduktionen hatten zuerst die portugiesischen Jesuiten gesammelt. Die seit 1568 in Peru tätigen spanischen Jesuiten hatten sich zunächst geweigert, Indianerpfarreien zu übernehmen, wohl um nicht zu stark von den staatlichen und kirchlichen Instanzen abhängig zu werden, 1576 dann aber doch das große Missionszentrum von Juli am Titicaca-See übernommen[30]. Nachdem Gouverneur Hernandarias Torres gleich nach seiner Ankunft in Asunción nach Absprache mit Bischof Lizárraga vorgeschlagen hatte, je zwei Patres nach Guayrá, Paraná und Guaycurú zu entsenden[31], konnte das jesuitische Missionswerk in der Provinz Paraguay in größerem Maßstab beginnen.

243 Der Aufbau der Jesuitenreduktionen in der Provinz Paraguay

Die Aufbauarbeit begann 1609 in den drei von Hernandarias gewünschten Stoßrichtungen: Guaycurú, Paraná und Guayrá.

2431 Guaycurú

Die Reduzierung der Guaycurú am rechten Ufer des Río Paraguay im Chaco sollte Asunción in nordwestlicher Richtung vor Angriffen absichern. Da die Guaycurú im Gegensatz zu den Guaraní noch nicht einmal die Anfänge der Landwirtschaft kannten, fanden die beiden zu ihnen 1609 entsandten Missionare sehr widrige Bedingungen vor. Alle Versuche, die Nomaden zur seßhaften Lebensweise zu bringen, schlugen fehl.

Die Väter Vicente Griffi und Roque González de Santa Cruz berichteten 1610 von „rigoroser Keuschheit", aber gleichzeitig sehr kriegerischer Art der Guaycurú, so daß bis 1613 kaum ein Fortschritt erzielt wurde[32]. Mörners Angabe, daß die enttäuschten Väter 1613 dem ‚cabildo' von Asunción versicherten, es sei nötig, die Guaycurú mit „Feuer und Schwert" zu bekämpfen, ist unsicher. Jedenfalls hat Provinzial Torres 1614 allen Gliedern der Gesellschaft strikt verboten, irgendwelche negativen Gutachten über Indianer abzugeben[33]. Die Arbeit in der Reduktion Santa María de los Reyes

---

[29] Lugon 1968, 30 Anm. 3. Im Begriff Reduktion schwingt die Unterwerfung unter das Gesetz der Kolonialmächte mit. Als die SJ-Reduktionen in Paraguay sich schon stark entwickelt hatten, gab P. Antonio Ruiz de Montoya in seiner „Conquista Espiritual ...", Madrid 1639, 6r folgende Definition: „Nachdem die Indianer nach ihrem alten Brauch auf Hügeln, in Gebirgen, Tälern und versteckten Bächen in drei, vier oder sechs Häusern voneinander eine, zwei drei oder mehr leguas (span. Meile = 5,572 km) entfernt gelebt haben, nennen wir die Indianerdörfer, die großen Ansiedlungen, in denen sie durch Maßnahmen der Patres zusammengefaßt und zu einem politischen und menschlichen Leben geführt (reduzidos) sind, Reduktionen."

[30] Beckmann 1970, 277, der die Übernahme von Juli auf den bedeutenden jesuitischen Missionstheoretiker José de Acosta zurückführt, der 1576 Provinzial von Peru war.

[31] Bruno 1966ff II, 211ff; vgl. AGI, Aud. de Charcas, 146 el P. Diogo de Torres a S. M., 30. 4. 1610. [32] Bruno 1966ff II, 228ff.

[33] Vgl. Mörner 1968, 36; Bruno 1966ff II, 228ff geht auf das von Mörner (1953) zitierte Material nicht ein. Ordensgeneral Vitelleschi ermahnte am 30. 6. 1617 die

kam nicht voran und wurde 1626 endgültig aufgegeben. Damit war den Jesuiten der Weg in den Chaco versperrt, in den sie dann erst hundert Jahre später von der argentinischen Seite aus eindringen sollten[34].

2432 Paraná

Als erste Jesuiten-Reduktion der Provinz Paraguay konnte Ende Dezember 1609 San Ignacio-guazú eingeweiht werden, südlich des Río Tebicuary gelegen, der künftig die Grenze zwischen dem Missionsgebiet der Jesuiten und Franziskaner bilden sollte. 1615 gründete Roque González in der Nähe der heutigen argentinischen Stadt Posadas die Reduktion Nuestra Señora de la Encarnación de Itapuá, die später auf das rechte Ufer des Paraná verlegt wurde und noch heute im Namen der paraguayischen Stadt Encarnación weiterlebt. Das übliche Verfahren bei der Gründung war dies: Mit Hilfe der Ungläubigen wurde zunächst das Erlösungszeichen, das Kreuz, aufgerichtet, das die Indianer als heilige Insignie zu bewachen versprechen mußten. Die Jesuiten verschafften sich dann beim Gouverneur eine amtliche Genehmigung (auto) und begannen danach mit der eigentlichen Anlage der Reduktion. Bis 1626 entstanden im Raum des Paraná fünf weitere Reduktionen[35].

2433 Guayrá

Die dritte Stoßrichtung, in der die Jesuiten 1609 ihre Missionsbemühungen aufnahmen, zielte von Asunción aus nach Nordosten in die Provinz Guayrá, das heutige brasilianische Westparaná, wo schon die brasilianischen Jesuiten Ortega und Fields gearbeitet hatten. Mit der für viele brasilianischen und portugiesischen Historiker typischen Spitzfindigkeit, mit der sie die territorialen Rechte Brasiliens verteidigen, postuliert Jaime Cortesão aus dem zeitlichen Primat der portugiesischen Erforschung dieses Gebietes und auf Grund des „kulturellen Erbes, das sie von den Eingeborenen, ihren Verbündeten, erhalten hatten", daß die Paulistaner sich als „legitime Herren jener Region" fühlen konnten[36]. Cortesão übersieht, daß die Paulistaner zwar mit den Tupí, aber nicht mit den Guaraní von Guayrá verbündet waren, die keinerlei Neigung zeigten, sich den Tupí und den Paulistanern unterzuordnen. Wenn man einmal von der Tordesillas-Linie absieht, die das Gebiet den Spaniern zuerkannte, die aber ihrerseits auch von den Spaniern bei der Besetzung der Philippinen mißachtet worden war, geht es hier um einen reinen Interessengegensatz und nicht um Rechte. Tatsache ist, daß die ersten zivilisatorischen Bemühungen in diesem Gebiet von Westen aus unternommen wurden, nämlich die Gründung der beiden ersten Siedlungen durch die Spanier und die systematische und freiwillige Mission der Indianer durch die spanischen Jesuiten ab 1609.

Vor dem Hintergrund dieses Interessengegensatzes zwischen Spaniern und

---

Väter zu Geduld und Ausharren. Schon die Taufen sterbender Kinder seien eine ausreichende Motivation, um zu bleiben. Außerdem sei die Sicherung des Friedens für die Spanier in Asunción ein gewichtiges Motiv.

[34] Furlong 1962, 110.
[35] Bruno 1966ff II, 211f: Laguna de Santa Ana, Yahuapoa (1616), Corpus Christi (1622), la Natividad de N. S. del Acaray (1619–24) und Santa María del Iguazú.
[36] Cortesão 1951, 68ff.

Portugiesen muß man die Gründung der Reduktionen in Guayrá sehen. Sie wurde erschwert durch fast unüberwindliche Kommunikationsschwierigkeiten mit Asunción.

Die erste Gruppe von Jesuiten mußte einen 50tägigen Fußmarsch zurücklegen, 40 Tage davon durch menschenleeres Gebiet, um nach Überwindung schlechtester Wege und Sümpfe, Überquerung gefährlicher Flüsse und achttägiger Bootsfahrt endlich in Ciudad Real del Guayrá anzukommen. 1610 begann die Indianermission. Die Arbeit lief sehr gut an. Die Indianer erwiesen sich als aufnahmebereit für die christliche Katechese. Im selben Jahr konnten die Reduktionen Nuestra Señora de Loreto del Pirapó, San Ignacio-miní del Ypaumbucú gegründet werden. Beide Reduktionen zählten zusammen ca. 2000 Familien mit 8000 Seelen. Die Straßen waren genau rechtwinklig angelegt, die Häuser relativ bequem mit Innenhöfen voller Hühner, Gänse und anderer Hausvögel. Religiös entwickelten sich die Einwohner bald so sehr, daß sie anderen Indianern und sogar Europäern als Vorbild dienen konnten[37]. P. Oñate bemerkte 1620, daß die Kommunion für sie soviel bedeutete, daß sie anschließend nie mehr sündigten und ihr Leben wirksam besserten[38]. An eine Erweiterung des Aktionsraumes der Jesuiten in Guayrá war zunächst nicht zu denken, da es an Kräften fehlte. 1614 starb mit nur 26 Jahren P. Martín Urtasum an purer Überarbeitung[39].

Erst als das Mitarbeiterproblem gelöst war, konnte der Superior Ruiz de Montoya (ab 1620) in den Jahren 1622—1629 die missionarische Eroberung des Guayrá mit der Gründung von elf weiteren Reduktionen erfolgreich weiterführen[40].

Freilich blieben dabei Schwierigkeiten nicht aus, wohnten doch oft befreundete mit feindlich gesinnten Stämmen in einem Gebiet, so z. B. im Gebiet des befreundeten Kaziken Tayaoba, wo die Gründung einer Reduktion mehrfach vereitelt wurde, weil kannibalische Stämme wesentlich niedrigeren Kulturstandes sich erhoben und die Väter zur Flucht zwangen. Schließlich rief P. Ruiz de Montoya die Hilfe der himmlischen Heerscharen in Gestalt der sieben Erzengel an, rahmte ein Bild von ihnen und ließ es in einer Prozession von nur 30 Indianern vorantragen, die drei Tage bis zum Ort des letzten gescheiterten Gründungsversuches liefen, dort erneut ein großes Kreuz aufrichteten und den Platz um die kleine Kapelle mit einer Palisadenwand befestigten. Die feindliche Haltung der Indianer ließ nach, und gruppenweise langten sie in der neuen Reduktion Los Siete Arcángeles an[41]. Bei den Guaranístämmen selbst kam Anthropophagie nicht vor. Angesiedelt wurden in Guayrá außer Guaraní Gruppen von Chiqui und Gualacho.

Die Spanier der Region erwiesen sich auch nicht gerade als eine Stütze der jesuitischen Arbeit. Trotz der Vorarbeiten der Väter Ortega und Fields Ende des 16. Jahrhunderts bereiteten die Einwohner von Villa Rica del Espírito Santo den neuankommenden Jesuiten einen feindseligen Empfang[42].

---

[37] Carta anua del P. Diego de Boroa. 13. 8. 1637 XX, 726—27—Bruno aaO 224.
[38] Carta anua. 17. 2. 1620 XX, 205 — Bruno aaO 223.
[39] Bruno aaO 225 mit Verweis auf Furlong 1962, 105 und Ruiz d. M. 1639 (vgl. Anm. 29).
[40] Vgl. im einzelnen Bruno aaO 225ff.
[41] Montoya 1639, 41 und 44 nach Bruno aaO 226ff.
[42] Ángelis 1951ff I, 201ff — Carta Anua von P. Nicolás Mastrillo Durán über die Reduktionen der Provinz Paraguay, Abschnitt über Guayrá — Reduktion San Pablo — Córdoba 12. 11. 1628.

Sie gingen dazu über, die Missionsarbeit in den Reduktionen zu behindern, indem sie versuchten, die Indianer zur encomienda-Arbeit zu zwingen[43]. Da die Spanier ihre encomienda-Indianer weit über die gesetzlich zugelassene Zeit zur Arbeit zwangen und sie erbarmungslos zum yerba-mate Sammeln haufenweise in die Wälder jagten, starben ihnen viele weg, die sie durch Sklavenfang zu ersetzen suchten, was zu dauernden Konflikten mit den Reduktionen führte[44], die sie direkt angriffen, so daß Ruiz de Montoya bemerkt, er wüßte nicht, ob die Portugiesen oder die Spanier schlimmer seien. Schon 1614 klagte P. Torres über die „fürchterlichen spanischen Tiger", die nicht nur heidnische Indianer aus deren Dörfern raubten, wie es die Paulistaner auch taten, sondern „sogar Indianer und Kaziken aus den Reduktionen entrissen", die unter der Aufsicht der Jesuiten standen[45].

Gegenüber den Portugiesen bildeten spanische Siedler, Jesuiten und Indianer eine brüchige gemeinsame Front. Aus Gründen der politischen und wirtschaftlichen Souveränität, die sie durch die Portugiesen verletzt sahen, nahmen die Spanier nicht nur Tupí sondern auch Paulistaner, die auf Indianerfang in den Guayrá zogen, gefangen und sperrten sie ein. Die Jesuiten beteiligten sich an diesen Maßnahmen und führten die Haft sogar in Gefängnissen in ihren Reduktionen durch[46], was sie den Mamelucken in wachsendem Maße verhaßt machen mußte. Zum Teil gingen die Indianer, durch Geschenke und falsche Versprechungen angelockt, freiwillig mit den Paulistanern, um dem drückenden Joch der spanischen Kommende zu entfliehen. Da die Indianer allerdings in São Paulo als Sklaven verkauft wurden, kamen sie vom Regen in die Traufe. Aber es gebricht den Spaniern an moralischer Rechtfertigung, um sich über die Portugiesen zu erheben. Es handelte sich vielmehr um eine Konkurrenz bei der Ausbeutung der Indianer[47]. Die Bandeiras wiederholten sich Jahr für Jahr und nahmen an Größe zu, so daß die spanischen Kommandanten (lugartenientes) ihnen keinen wirksamen Widerstand mehr leisten konnten. Hernandarias Vorschlag, Guayrá zu einer selbständigen Provinz mit Gouverneur und Bischof zu machen, um so die Abwehrkraft zu erhöhen, fand in Madrid kein Gehör[48].

Bis 1628 unterließen die Bandeiranten direkte Angriffe auf die Reduktionen.

Cortesão meint, daß eine Verschlechterung der Situation durch Übergabe der Leitung der Guayrá-Missionen an P. Montoya im Jahre 1620 eingetreten sei, da dieser ein „alter Soldat, ein ungestümer und autoritärer Charakter gewesen sei, der die Feindseligkeiten gegen die Paulistaner 1628 wieder aufnahm"[49]. Daran ist sicher etwas Wahres. Andererseits ist zu bedenken, daß es bis 1620 in Guayrá nur zwei Reduktionen gab, während in den zwanziger Jahren elf weitere hinzukamen, so daß sich automatisch die Reibungsfläche mit den Paulistaner Sklavenjägern vergrößerte. Von

---

[43] Vgl. Carta Anua von Ruiz d. M. von 1628, in der er in Bezug auf San Javier von seiner Absicht spricht, die Indianer aus der Encomienda-Arbeit herauszuziehen.
[44] Ángelis aaO unter S. Pablo und Ángeles.
[45] Cortesão 1951, 83. [46] Ebd.
[47] Bruno aaO 259 weist darauf hin, daß die Bandeiras im großen Stil zur Zeit der Entstehung der Reduktionen begannen. 1610 erfolgte der erste große Einfall von Paulistanern, bei dem Encomiendo-Indianer von Ciudad Real del Guayrá geraubt wurden. Bei einer ‚bandeira' im Jahre 1612 scheinen die Paulistaner die Indios mit Geschenken angelockt zu haben.
[48] Furlong 1962, 110f.
[49] Cortesão 1951, 83 mit Hinweis auf Dokument XL.

daher gesehen ist es unwahrscheinlich, daß noch so großes Wohlverhalten der Jesuiten im Sinne der Duldung der Bandeiras schließlich den frontalen Zusammenstoß vermieden hätte. Die Jesuiten hatten keine Möglichkeit, im Konflikt zwischen Portugiesen und Spaniern neutral zu bleiben, da die rechtlichen Grundlagen für die Missionsarbeit in diesem Gebiet durch die spanische Verwaltung gelegt worden sind. Die Guaraní-Reduktionen hatten eine immense strategische Funktion, versperrten sie doch den Zugang nach dem Río de la Plata, Tucumán und Peru, was offenbar sowohl Gouverneur Hernandarias wie Jesuitenprovinzial Diego de Torres erkannt hatten. Aber, geblendet von den Silberminen Potosís, verkannte die spanische Regierung die Schlüsselfunktion der Reduktionen genauso wie die späteren Gouverneure Paraguays, die sich in kleinliche Machtkämpfe mit den Jesuiten verwickelten, statt mit ihrer Hilfe den Zugang zum Atlantik zu gewinnen[50]. Vergeblich fochten die Jesuiten, deren Indianer mit Pfeil und Bogen gegen die Lederpanzer der Paulistaner nichts ausrichten konnten, um eine königliche Genehmigung zum Bezug von Feuerwaffen. Eine königliche Cédula von 1628, die die Gouverneure von Buenos Aires, Francisco de Céspedes, und von Paraguay, Luis de Céspedes Jería, zum verstärkten Schutz der Reduktions-Indianer verpflichtete, war praktisch wertlos, weil ersterer viel zu weit entfernt saß und letzterer an Guayrá uninteressiert war. Der mit den Portugiesen verschwägerte Luis de Céspedes kam sogar in den Geruch der Komplizenschaft mit den Paulistanern, deren Bandeiras er duldete. Er verpfändete ihnen sogar sein Wort, aus São Paulo geflüchtete und dort verheiratete Indianer wieder auszuliefern. Die Familienzusammenführung diente also als pseudomoralisches Argument für die Rücksendung in die Sklaverei. Da Flüchtlinge im allgemeinen den Schutz der Jesuiten-Reduktionen suchten, war in diesem Versprechen schon der Keim zu den zukünftigen Streitereien von Céspedes mit den Jesuiten enthalten, denn er konnte ihnen nur Indianer entreißen, wenn er ihnen die weltliche Jurisdiktion über die Reduktionen strittig machte. Ein 1631 von der Audiencia von Charcas gegen Céspedes angestrengter Prozeß konnte den Schaden, den er verursacht hatte, nicht mehr gutmachen. Nach einigen Jahren der Verbannung konnte er 1635 wieder nach Asunción zurückkehren, wo er seinen Kampf gegen die Jesuiten fortsetzte und 1657 sogar noch Bürgermeister (alcalde) wurde. Seine Frau vermachte später das auf zweifelhafte Weise erworbene Vermögen den Benediktinern von Rio de Janeiro, um in deren Kirche 1667 ein ehrenvolles Begräbnis zu erhalten[51].

Das Signal des Angriffs gegen die Reduktionen in Guayrá gab Antônio Rapôso Tavares Ende Januar 1629. Die Bandeiranten begnügten sich nicht damit, 2000 Indianer zuzüglich Frauen und Kindern der Reduktion San Antonio zu verschleppen, sondern plünderten auch noch die Kirche und das Haus von Pater Mola, den später einige flüchtige Indianer erwürgen wollten, weil sie meinten, von ihm verraten worden zu sein. Es folgten Überfälle auf die Reduktionen Jesús María und San Miguel, worauf die Väter aus Mangel an Sicherheit die Reduktionen La Encarnación, San Pablo, Arcángeles und Santo Tomás selbst auflösten. In der trügerischen Hoffnung, das königliche Recht in Brasilien einklagen zu können, waren die Jesuitenväter Manzilla und Mazetta mit ihren Schützlingen 1628 nach São Paulo und schließlich allein bis zum Generalgouverneur nach Salvador gezogen. Die nächste Bandeira zerstörte 1631 San Francisco Javier und San José und kündigte die Vernichtung der restlichen Reduktionen an. Schließlich blieben nur noch die beiden ältesten übrig: Nuestra Señora de Loreto und San Ignacio-miní. Der herbeigeeilte Jesuitenprovinzial P. Vázquez konnte schließlich den Kommandanten von Villa Rica zu militärischen Gegenmaßnahmen bewegen, aber als die spani-

---

[50] Furlong aaO.   [51] Bruno aaO 263—274.

schen Soldaten eine Palisade mit gefangenen Indios erreicht und von den Portugiesen gleich mit Kugeln begrüßt worden waren, leisteten die Spanier trotz zahlenmäßiger Übermacht nur kurzen Widerstand. Dann zogen sie es vor, sich mit den Portugiesen zu verständigen und wieder nach Hause zu ziehen. In der Überlieferung wird von einem Saldo von 200 000 insgesamt aus dem Guayrá von den Bandeiranten verschleppten Indianern gesprochen, die Kinder und die Greise, die sie gleich niedermachten, mit eingerechnet[52].

1631 war die Lage für die letzten beiden Jesuiten-Reduktionen in Guayrá hoffnungslos geworden. Sie konnten nur noch auf den bereits angedrohten Überfall warten. Trotz des Widerstandes der spanischen Vollbürger von Ciudad Real, die die Indianer in die Nähe der Stadt umsiedeln und ihrem Kommenden eingliedern wollten, setzten der Obere der Mission, Ruiz de Montoya, und der Provinzial Francisco Vázquez Trujillo ohne Konsultation oder Genehmigung staatlicher Stellen die Evakuierung der restlichen 12 000 Reduktions-Indianer in die Tat um.

Auf 700 Kanus und Flößen flüchteten sie mit allen transportablen Vorräten auf dem Río Paranapané nach Westen und dann auf dem Río Paraná nach Süden, während in ihrem Rücken die Bandeiranten die leeren Dörfer besetzten und vergeblich ihre flüchtige Beute verfolgten. Auf der Flußfahrt und bei der Umgehung der Wasserfälle von Guayrá auf mühsam mit der Axt gebahnten Urwaldpfaden brach eine Hungersnot und schließlich auch die Pest aus, die etwa 2000 Indianer hinrafften. Ein großer Teil der Flüchtlinge war nicht mehr transportfähig und mußte vorübergehend in Natividad und Santa María Mayor untergebracht werden, wo ohnehin schon Lebensmittelknappheit herrschte. P. Ruiz de Montoya blieb bei ihnen zurück, während P. Espinosa mit den anderen weiter flußabwärts auf dem Paraná fuhr und in ca. 50 bis 60 km Entfernung von der heutigen argentinischen Stadt Posadas am Río Jubaruru mit der Neugründung von Loreto und San Ignacio-mini begann, deren Ruinen noch heute von der Vergangenheit zeugen. Bei dem Versuch, aus benachbarten Reduktionen Schafe in die Neugründungen zu treiben, auf deren Wolle man zum Schutz vor der feuchten Kälte des Winters in Ermangelung eigener Baumwolle dringend angewiesen war, wurde P. Espinosa Anfang Juli 1634 von heidnischen Indianern überfallen und umgebracht.

Zweifellos ist der Rückzug der 12 000 Guaraní über 1200 km gefährliche Flußläufe und unwegsames Gebiet genauso denkwürdig wie der berühmte „Zug der Zehntausend" 401 v. Chr., den Xenophon in seiner Anabasis beschreibt[53]. Besonders bemerkenswert ist die Exodusbereitschaft der Indianer, die sehr gut angelegte Orte, schöne Häuser, fruchtbare Felder und riesige Viehbestände hinter sich ließen und bereits auf den ersten Evakuierungsvorschlag von Ruiz d. M. antworteten: „Väter, ihr habt uns das unschätzbare Gut des Glaubens zukommen lassen, und wir brauchen euch, um es zu bewahren. Deshalb, wohin ihr geht, werden wir euch folgen."[54] Daß diese Exodusbereitschaft für die sehr heimatliebenden Guaraní keineswegs selbstverständlich war, sollten die Vorgänge im Zusammenhang mit dem spanisch-portugiesischen Grenzvertrag von 1750 zeigen, wo sich die Mehrzahl der Guaraní weigerte, die empfohlene Übersiedlung auf das Westufer des Uruguay mitzuma-

---

[52] Ebd. 275 ff; zur Zahlenangabe vgl. Ángelis 1951 ff I, 380–382.
[53] Lugon 1968, 56.
[54] Ebd. 57 nach Pierre François de Charlevoix, Histoire du Paraguay, Paris 1747, 6 Bde, vgl. Aufl. von 1756 in 3 Bden, I, 396f.

chen. Der Zug der 12 000 brachte der Gesellschaft Jesu nicht wenig Kritik ein, nicht zuletzt von den beiden Städten im Guayrá, die die Jesuiten anklagten, die Provinz entvölkert zu haben. Tatsächlich war die Aufgabe der beiden spanischen Städte im Guayrá und auch die von Santiago de Jerez eine Folge der Emigration der Indianer. Ihre Ursache ist indessen in der jahrelang gezeigten Gleichgültigkeit gegenüber der weit größeren Entvölkerung durch die Bandeiras zu suchen.

2434 Uruguay und Tape

Roque González de Santa Cruz begann 1619 die geistliche Eroberung der Ufer des Río Uruguay.

Seine Missionsversuche unter den dort lebenden Guaraní waren so vielversprechend, daß er schon im selben Jahr als erste Reduktion Nuestra Señora de la Concepción (Unserer lieben Frau von der Empfängnis) gründete. Aber erst nach einer dreijährigen Pestepedemie, die fast alle Indianer dahinraffte, gelang P. Diego de Alfaro ein kontinuierlicher Aufbau mit 500 Familien. Während weitere Missionsversuche flußabwärts scheiterten, traf Roque nach 50 km oberhalb von Concepción auf größere Aufnahmebereitschaft und konnte dort 1626 San Nicolás del Piratini gründen. Zwischen beiden Reduktionen schuf er noch im selben Jahr eine dritte, die zu Ehren des amtierenden Gouverneurs von Río de la Plata, Francisco de Céspedes, den Namen San Francisco Javier de Céspedes erhielt. 1627 gründete Roque auf Anordnung des Provinzials die südlichste Reduktion an der Mündung des Río Guaviraví in den Uruguay: Nuestra Señora de los Reyes de Yapeyú. 1628 folgte Nuestra Señora de la Candelaria del Caazapá-miní, die der Sitz des Oberen der Uruguay-Missionen wurde. Diese fünf Reduktionen genehmigte Gouverneur Céspedes am 22. 6. 1629[55]. Roque, den A. Pôrto „einen der größten Exponenten der südamerikanischen Katechese" nennt, und P. Pedro Romero waren in Caazapá-miní zunächst keineswegs mit offenen Armen, sondern mit Waffen empfangen worden. Aber es war Roque gelungen, den Haupt-Kaziken, Aguaraguaví, zu gewinnen, so daß er sich zur Hilfe bereit fand und sich bekehrte[56]. Mit der Gründung von Candelaria war die Ausdehnung der Missionsarbeit in den Tape anvisiert, die im selben Jahr mit der Errichtung von Asunción del Yjuhí, am 15. August, dem Feste Mariä Himmelfahrt, und Todos los Santos del Caaró, am 1. November, dem Tage Allerheiligen, fortgesetzt wurde.

Was hier schnell aufgezählt ist, war mit unsagbaren Mühen und Anstrengungen verbunden, mit endlosen Märschen durch von Weißen bisher unberührte Urwälder, über Gebirge und Flüsse, in einem Gebiet, dessen Einwohner den fremdartigen Missionaren, die ihre Religion und Lebensweise bedrohten, keineswegs von vornherein alle freundlich gegenüberstanden. Zwar hatte die Arbeit in Caaró nur auf Grund einer Einladung der Indianer aufgenommen werden können, aber starke regionale Kräfte unter Führung des Kaziken und Schamanen Nezú waren fest entschlossen, alles zu tun, um die Ausbreitung der jesuitischen Arbeit in dieser Gegend zu verhindern. Nachdem Nezú alle Kaziken der Gegend für den Fall, daß sie die Missionare nicht umbringen würden, mit fürchterlichen Plagen bedroht hatte, wurden am 15. November 1628

---

[55] Bruno aaO 220 nach AGN, Colonia – Secc. Gobierno: Compañía de Jesús, leg. 1 : S. IX, c. 6, a9, n. 3. Bruno zitiert ein Dokument, das von der Gründung Anfang 1628 spricht, Pôrto 1954, 85 dagegen nennt den 2. 2. 1627, das Fest Mariä Reinigung.

[56] Pôrto aaO 84f; Tape ist der indianische Name der Reduktion Santo Tomás aaO 98.

P. Roque González de Santa Cruz und P. Alonso in Caaró und am 17. November P. Juan del Castillo in Asunción del Yjuhí auf heimtückische Weise umgebracht. Damit hatte die noch keine zwanzig Jahre alte Paraguay-Mission der Jesuiten schon drei Blutzeugen.

Nach späteren Zeugenaussagen der Indianer sollen die Mörder, als sie einen Tag nach der Bluttat wieder zur Leiche von P. Roque kamen, dort seine Stimme in Guaraní vernommen haben, die ihnen prophezeite: „Obwohl ihr mich tötet, sterbe ich nicht, denn meine Seele geht zum Himmel, ich werde von euch scheiden und wiederkommen, aber die Strafe wird nicht auf sich warten lassen." Die Mörder und 53 Indianer bezeugten, diese Stimme gehört zuhaben. Sie ließen sich indes dadurch nicht beeindrucken. Carupé, der Kazike von Caaró befahl, den Körper öffnen zu lassen, um zu sehen, woher die Stimme kam. Sie meinten, sie käme aus dem Herzen, rissen es heraus, durchbohrten es mit einem Pfeil und warfen es ins Feuer. Die Spanier fanden später die Leiche mit geöffneter Brust und das Herz mit Blasen, aber unverbrannt auf dem Aschenhaufen[57].

Diese Vorgänge lösten einen Krieg in den Reduktionen aus. Erst nach weiteren Überfällen erkannten die Väter, daß es sich offenbar um einen weitgesteckten Vernichtungsplan gegen die Reduktionen handelte, und begannen, sich um deren wirksame Verteidigung zu sorgen. Erstmals sammelte sich eine Verteidigungsstreitmacht aus verschiedenen Reduktionen, in der Nicolás Neenguirú, der angesehenste christliche Kazike des Uruguay-Gebietes aus der Reduktion Concepción, eine führende Rolle spielte. Noch im November konnten die aufständischen Indianer überwältigt werden. Der gemeinsame Widerstand schuf ein Zusammengehörigkeitsgefühl unter den Reduktions-Guaraní und überzeugte gleichzeitig die Jesuiten, daß ohne eine militärische Schutzmacht nicht auszukommen war. Allerdings sollten erst die Angriffe der Paulistaner zu systematischen militärischen Vorkehrungen führen.

1631 wurden die letzten beiden Reduktionen im Uruguay-Gebiet gegründet: San Carlos del Caapí, nördlich der heutigen Stadt Santo Ángelo in Rio Grande do Sul, und Santos Apóstoles San Pedro y San Pablo. Wie einst bei der Germanenmission, so trug auch hier bei der Bekehrung der Guaraní das Verhalten der einflußreichen Kaziken stets erheblich zum Erfolg oder Mißerfolg der Mission bei. Aber im Gegensatz zur anfänglichen Praxis der Bettelorden vermieden die Jesuiten Massentaufen und tauften erst, wenn die Katechese im Verhalten der Indianer Früchte zeigte. In San Carlos war der Kazike Apicabiyia am angesehensten. Es fiel ihm schwer, sich von seinen sieben jungen Geliebten zu trennen. Aber schließlich begnügte er sich doch mit seiner alten Frau und ließ sich taufen, was die übrigen Indianer sehr beeindruckte. Wie das Beispiel von Nezú zeigt, konnten einflußreiche Schamanen die Missionsarbeit sehr behindern. In San Pedro y San Pablo war es der Schamane Ibapiri, der die Katechisierung der Indianer sehr erschwerte. Erst mit seinem Tode war der Bann gebrochen. Die Zahl der getauften Erwachsenen stieg auf 400 neben den 200 getauften Kindern.

---

[57] Bruno aaO 240ff mit Belegen. Das Herz von Roque González wurde an Ordensgeneral Vitelleschi nach Rom geschickt und kehrte erst im 20. Jahrhundert nach Argentinien zurück, wo es in der Kirche ‚El Salvador' in Buenos Aires gehütet wird. Die Kanonisation der drei Protomärtyrer wurde in Rom endlos verschleppt, so daß die Seligsprechung erst 1932 erfolgte – ebd. 251f.

Ende 1631 fehlte es der Gesellschaft an qualifizierten Missionaren für den Aufbau des Arbeitsbereichs im Tape, da in diesem unwirtlichen, jungfräulichen Gebiet nicht nur völlige Selbstlosigkeit, sondern auch gute Sprachkenntnisse und Missionserfahrungen vonnöten waren. Diese Voraussetzungen brachten die Veteranen aus dem Guayrá mit, die in größerer Zahl ab 1632 zur Verfügung standen[58]. Unter der Leitung von P. Pedro Romero konnten im Tape in den Jahren 1632—1634 zehn neue Reduktionen gegründet werden.

Während Santo Tomás (1632), San Miguel (1632), San José (1632) und San Cosme y Damián (1634) noch im Einzugsbereich des Río Ibicuí, eines Nebenflusses des Río Uruguay lagen, richtete sich der 1633 von Romero eingeleitete weitere Vorstoß nach Osten auf das Entwässerungsbecken des Iguaí (heute Rio Jacuí), also eines Flußsystems, das über die Lagoa dos Patos in den Südatlantik entwässert und damit weit nördlich von Buenos Aires Paraguay den Zugang zum Meer öffnete. Da der Iguaí einer der Verkehrswege der Paulistaner war, die hier über örtliche Verbindungsleute (mus) verfügten, die ihnen beim Handel und beim Sklavenfang halfen, mußte der neue missionarische Vorstoß notwendigerweise zur Konfrontation mit den Bandeiranten führen. Es darf nicht verschwiegen werden, daß die Reduktionsmethoden der Jesuiten teilweise sehr rücksichtslos waren. So ließen sie die frisch Zusammengesiedelten ihre früheren Ländereien (chácaras) zerstören, ihre Hütten abbrennen, ja sogar den schon wachsenden Mais ausreißen, um ihnen die Rückkehr in ihr früheres Leben unmöglich zu machen. Da dies aber schon geschah, bevor die Äcker der neuen Reduktionen abgeerntet werden konnten, zogen diese Gewaltmaßnahmen Hungersnöte nach sich[59].

244 Krise und Konsolidierung der Paraguay-Reduktionen (1628—1650)

Es sollte sich bald herausstellen, daß die vernichtenden Angriffe der Paulistaner auf die Reduktionen im Guayrá ab 1628 nur der Auftakt zu einer umfassenden Auseinandersetzung zwischen den die Speerspitze des portugiesischen Kolonialismus bildenden Bandeiranten und den das spanische Kolonisationsgebiet abdeckenden Jesuiten-Reduktionen sein sollten. Erschwerend für die Jesuiten war, daß sie von den spanischen Behörden kaum Hilfe erfuhren.

Zu einer ersten gemeinsamen militärischen Unternehmung der Tape-Reduktionsindianer sollte 1635 die Ermordung des kreolischen P. Cristóbal de Mendoza aus Santa Cruz de la Sierra (Hoch-Peru) führen. Mendoza war aus Jesús María auf Einladung der Caaguapé, die sehr zahlreich waren und sich in Reduktionen ansiedeln wollten, bis in das Gebiet des heutigen Munizips Caxias do Sul vorgedrungen. Bei einer Rast wurde er dort mit seinen Begleitern von heidnischen Indianern überfallen. Weil er versuchte, einem verletzten Begleitindianer noch geistlichen Trost zu spenden, verpaßte er die Gelegenheit zur Flucht auf seinem Pferde. P. Cristóbal wurde von den Indianern halb tot ge-

---

[58] Pôrto aaO 96f zählt auf: Simón Masseta, Pablo Benavides, Luís Ernot, Pedro Mola, José Cataldino, José Doménech, Pedro Álvarez und Cristóbal de Mendoza. Sie waren die Pioniere der Tape-Mission.

[59] Auf diese Zusammenhänge hat Cortesão hingewiesen — Angelis III, Introdução 4f; vgl. Brief von P. Francisco Díaz Taño an den Oberen des Tape vom 26. 9. 1635 — Ángelis III, 105ff. Díaz spricht davon, daß die Hungersnot wegen dieser Maßnahmen so groß sei, daß die Indianer abgemagert wie Skelette umherliefen. Zu den Gründungen der Reduktionen vgl. Pôrto aaO 95ff.

schlagen. Nachts kam er wieder zu Bewußtsein, konnte sich aber nur ein kurzes Stück weit schleppen, so daß seine Mörder ihn am nächsten Morgen (25. 4. 1635) unter unbeschreiblichen Grausamkeiten verstümmelten und ihm buchstäblich den letzten Lebenshauch aus dem Leib schlugen, während er mit letzter Kraft sie mit Bibelworten zu bekehren versuchte[60].

Die Indianer aus der von Mendoza gegründeten Reduktion San Miguel und aus anderen Reduktionen ließen sich von den Vätern zwar von dem Plan eines Rachefeldzuges gegen die von ihren Schamanen aufgehetzten Ibianguará abbringen, der dem Gebot der Feindesliebe widersprochen hätte, bestanden aber auf der Bergung und Heimführung der Leiche. Als ihnen die Schamanen der Ibianguará an der Stätte des Martyriums Fetzen der Soutane zeigten und sagten: „Wir haben eure Großmutter umgebracht", denn so nannten sie die Väter aus Spott wegen ihrer sexuellen Enthaltsamkeit, wurde der Angriff der 1400 Reduktionsindianer des Tape ausgelöst. Die Ibianguará wurden überwältigt, ihr führender Schamane getötet und die Leiche von P. Cristóbal heimgeführt. Zwar wurde der heidnische Widerstand dadurch noch mehr angestachelt, so daß eine Versammlung von Schamanen überallhin Kulttänzerinnen, die zum Kriegszug aufriefen, sandte. Aber die rechtzeitig gewarnten Reduktionsindianer konnten die Angreifer vor Jesús María in die Flucht schlagen.

Diese gegen gleich bewaffnete Indianer durchgeführten Aktionen stellten indes noch keine zureichende Vorbereitung zur Abwehr jener großen Bandeira von Antônio Rapôso Tavares dar, die um jene Zeit von São Vicente aus per Schiff in Laguna in Santa Catarina angekommen sein dürfte und schon am 2. Dezember 1636 vor Jesús María auftauchte[61]. Nach der Katastrophe im Guayrá hatte Provinzial Diego de Boroa zusammen mit anderen Vätern und dem Gouverneur von Buenos Aires beschlossen, die Reduktionen notfalls mit Gewalt gegen weitere Invasionen zu verteidigen. Zwei Koadjutoren, erfahrene ehemalige Soldaten, waren mit Feuerwaffen und Munition zur Ausbildung der indianischen Hilfstruppen in den Tape entsandt worden, obwohl die Übergabe der ihre Überlegenheit begründenden Feuerwaffen an die Reduktionsindianer weder von den spanischen Kolonisten gebilligt noch von den höchsten spanischen Instanzen und vom Ordensgeneral Vitelleschi offiziell genehmigt war[62].

[60] Pôrto aaO 114, der davon spricht, P. Cristóbal habe versucht, einen verwundeten Indio noch zu taufen, während Bruno gestützt auf eine Quelle meint, er habe einem in der Agonie liegenden Katechumenen die Letzte Ölung spenden wollen. Beides spricht für eine quasi magische Sakramentsauffassung.

[61] Pôrto aaO 128 erwähnt, daß die mit den Tupí und den Bandeiranten befreundeten Bilreiro oder Ibirajara ursprünglich eigene Kriegszüge zum Sklavenfang unternahmen und ihre Gefangenen dann den Paulistanern verkauften, die meistens nur bis Laguna kamen. 1634 organisierten die Ibirajara eine ‚junta', eine Art Bandeira, auf der sie die neuen Tape-Reduktionsindianer fangen wollten. Als die Väter davon hörten, brachten P. Pedro Mola von Jesús María und P. Cristóbal de Mendoza ein Heer zusammen, mit dem sie die Sklavenfänger überwältigten, die Anführer festnahmen und sie in die Paraná-Reduktionen schickten. Demnach liegt die Annahme nahe, daß die Bandeira von Rapôso Tavares von 1636 eine direkte Reaktion der Paulistaner auf die Unterbindung des Sklavenfangs im Tape war.

[62] Eigenartigerweise verschweigt Bruno aaO 269ff dieses quellenmäßig belegte Detail – vgl. Pôrto aaO 136f. Die von Bruno angeführten Ordensquellen zeigen, daß der General Vitelleschi die de facto schon begonnene militärische Ausbildung durch die Laienbrüder Antonio Bernal und Juan de Cárdenas, sowie die Auslieferung von Feuerwaffen, erst ein Jahr später genehmigte.

Die Schanzarbeiten in Jesús María waren noch nicht abgeschlossen, als die Paulistaner dort in unerwarteter Stärke mit einer Kerntruppe von 150 mit Hakenbüchsen bewaffneten Portugiesen und 1500 Tupí eintrafen, offenbar begleitet von zwei portugiesischen Feldkaplänen, von denen einer, nach jesuitischen Dokumenten zu urteilen, exkommuniziert war[63]. Offenbar in Unterschätzung der Stärke der Bandeira antworteten die Jesuiten auf einen Brief von Rapôso Tavares, sie in Frieden zu empfangen und ihnen mit Lebensmitteln auszuhelfen, nicht. Der Kampf entbrannte, und die nur 300 in der Reduktion anwesenden Indianer verteidigten sich hartnäckig, während ihre Frauen und Kinder in der Kirche Schutz gesucht hatten und für ihre Errettung beteten. Als die Portugiesen nicht voran kamen, scheuten sie in heidnischer Grausamkeit nicht davor zurück, die Kirche mit Brandpfeilen in Brand zu setzen[64]. Um der Frauen und Kinder willen zeigte einer der Jesuiten ein weißes Tuch und bat um einen christlichen Frieden, der allerdings nicht gewährt wurde, was zu Zweifeln gegenüber den angeblich anfänglich friedlichen Absichten von Tavares berechtigt. Mord und Totschlag brachen über Jesús María herein. Nicht genug, daß die „geheiligten Bilder Christi, unseres Herrn, und der allerheiligsten Jungfrau, der Altar und die heiligen Ölgemälde und das Haus der Väter verbrannten", die Paulistaner erbrachen auch die Kasse der Jesuiten, stahlen wichtige Papiere und die Altargeräte, zerrissen das Tauf- und Heiratsregister, sperrten die Frauen wie Rinder in einen Kral ein und ließen den verwundeten P. Mola ohne jede Hilfe einen ganzen Tag in der glühenden Sommersonne liegen[65]. Christlich getraute Ehepaare wurden rücksichtslos zum Sklavenverkauf auseinandergerissen und die Jesuiten einige Tage gefangen gehalten. Dann folgten portugiesische Angriffe auf die Reduktionen San Cristóbal und Santa Ana, die ebenfalls verwüstet wurden, während hinhaltender Widerstand der Reduktionsindianer und eine Art Guerrilla-Krieg gegen die überall hin in kleinen Gruppen auf Nahrungssuche ausschwärmenden Bandeiranten deren weiteren Vormarsch verhinderten.

Nach Abzug der Bandeira inspizierten der Ordensobere, Diego de Boroa, und der neue Provinzial Diego de Alfaro, der Montoya ablöste, mit einem Heer von 1500 Indianern die zerstörten Reduktionen, die ein Bild des Grauens boten. Der Hauptaltar der Kirchenruine von Jesús María war in eine Latrine verwandelt worden, im Konzentrationslager der Portugiesen für die gefangenen

---

[63] Pôrto aaO 140.

[64] Die Wahrheit über die Vorgänge bei dieser Bandeira und ihrem Angriff auf die Reduktionen läßt sich nur durch eine kritische Analyse der drei frühesten Quellenberichte annäherungsweise eruieren, nämlich dreier Briefe von Provinzial Diego de Boroa an König Philipp IV. vom 28. 1. 1637, an einige Jesuiten der spanischen Ordensprovinz vom 4. 3. 1637 und an den Ordensgeneral Mutio Vitelleschi vom 10. 4. 1637 — vgl. Angelis III, Nos. XIII, XIV und XV, S. 139ff, 143ff und 153ff. Es mutet eigenartig an, daß ein moderner Historiker wie Bruno aaO 292ff sich in erster Linie auf die Beschreibung der Vorgänge bei Ruiz de Montoya 1639 stützt, obwohl dieses Werk von Einseitigkeiten nicht frei ist, da es in Spanien für die bedrohten Reduktionen gegen die Paulistaner Stimmung machen wollte, ein zweifellos damals notwendiges Unterfangen, bei dem die Farben etwas dicker aufgetragen werden konnten.

[65] Ángelis III, 155, s. obigen Brief. Was uns heute nach den Grausamkeiten des 2. Weltkrieges und des Vietnamkrieges kaum noch auffällt, galt in jenem Zeitalter noch als Glaubensfrevel, der nicht nur die Strafe der Kirche (Exkommunikation), sondern auch die Rache des Patrons der Kirche und damit Gottes auslösen konnte. Nicht umsonst hatte Philipp II. im Krieg gegen Frankreich (1556—59) ein Gelübde abgelegt, dem hl. Lorenz eine Kirche zu bauen, nachdem seine Artillerie die Kirche St. Lorenz in St. Quentin in Brand geschossen hatte. Er löste dieses Gelübde mit dem Bau des Klosterpalastes San Lorenzo del Escorial ein.

Indianer waren zahlreiche verwundete Indianer lebendig verbrannt worden, ein zehnjähriges Mädchen war von einem Tupí bös mißhandelt worden, weil es versucht hatte, mit seinem kleinen Bruder zu fliehen, einem anderen Indianer wurde nach einem Fluchtversuch der Kopf abgehackt und seine Leiche zur Warnung so auf den Weg gelegt; in Santa Ana waren vier Indianer geköpft und halb verbrannt worden, weil sie Gefangene hatten laufen lassen[66]. 1639 kalkulierte der Obere Diego de Boroa die Zahl der versklavten oder getöteten Indianer auf 25 000. Die Wirkung für die noch im Aufbau befindlichen Reduktionen im Tape war verheerend[67]. Während die Portugiesen üble Propaganda unter den Indianern ausstreuten und behaupteten, die Jesuiten seien an ihrem Elend schuld, weil sie sie nicht mehr auf Väterweise leben ließen, versuchte die Gesellschaft mit Hilfe ihrer Abgesandten Ruiz de Montoya, der nach Madrid fuhr, und Díaz Taño, der zum Vatikan reiste, die Krone und die Inquisition wegen Kirchenschändung und Trennung christlicher Eheleute zu Maßnahmen gegen die führenden Bandeiranten in São Paulo zu bewegen. Aber angesichts der Wirkungslosigkeit dieser Versuche kam es letztlich auf die Selbstverteidigungskraft der Reduktionen an.

So mußten die Indianer des Tape 1637 eine Bandeira von André Fernandes über sich ergehen lassen, der Santa Teresa, San Carlos del Caapí und Los Apóstoles del Caazapá-guazú zum Opfer fielen. Eine sofortige Kapitulation der Väter bewahrte weder die Indianer vor der Versklavung noch die Reduktionen vor der Zerstörung. Schließlich trieben zwei Heere der Katechumenen die Portugiesen in die Enge, die hinter eilig aufgerichteten Palisaden Zuflucht suchten. Die Tatsache, daß die Jesuiten sich zunächst damit begnügten, den Portugiesen im Auftrage des Provisors und Generalvikars des Bistums Buenos Aires, Gabriel de Peralta, mehrfach die Exkommunikation anzudrohen für den Fall, daß sie das Bistum nicht sofort verließen, den Schaden ersetzten und die Indianer freiließen, gab ihnen die Möglichkeit, eines Nachts mit ihrer Beute zu entkommen. Kein Wunder, daß sich 1638 schon wieder eine Bandeira in den Tape wagte, die sogenannte „Bandeira de Caaçapá-guaçu", wohl unter dem Kommando von Fernão Dias Pais. Obgleich alle Hilferufe des Oberen der Reduktionen, Diego de Alfaro, an die spanischen Autoritäten ungehört verhallten, gelang es den Indianern aus den Uruguay-Reduktionen unter Nicolás Neenguirú, die Bandeira zu vernichten, nachdem sie erlebt hatten, wie vor dem Treffen ihr Oberer Diego de Alfaro von einem Mamelucken aus dem Hinterhalt niedergeschossen war. Mehr als 2000 Indianer wurden befreit und 17 Portugiesen gefangengenommen und dem Gouverneur von Paraguay übergeben, der sie indes eher als Staatsgäste denn als Gefangene behandelte, fünf in Asunción entkommen ließ und die übrigen nach Buenos Aires schickte zusammen mit Verleumdungen gegen die Jesuiten, die die Schuld der Bandeiranten abmildern sollten[68].

Weniger bekannt, aber noch viel komplizierter organisatorisch zu bewältigen als der oben geschilderte Exodus von 12 000 Reduktionsindianern aus dem Guayrá war der zum Teil unter chaotischen Umständen beginnende, durch die Bandeiras ausgelöste *Massenexodus von ca. 50 000 Tape-Indianern*

---

[66] Ángelis III, 147 Dok. XIV.
[67] Carta anua v. 11. 11. 1639 zit. nach Bruno aaO 295.
[68] Pôrto aaO 175ff und Bruno aaO 299f.

in das Zwischenstromland von Uruguay und Paraguay in den Jahren 1637—40.
Ein Teil der Indianer flüchtete vorzeitig, ein Teil wurde richtig von den Väter geführt, ein anderer weigerte sich, die Heimat zu verlassen und floh einfach in unwegsame Gebiete. Daß es den Vätern schließlich gelang, 50 000 Indianer im neuen Siedlungsraum zu sammeln und ordentlich anzusiedeln, kann in seiner Bedeutung kaum überschätzt werden. Mit dieser für die damaligen Verhältnisse in Südamerika erheblichen Konzentration ländlicher Bevölkerung wurden die Reduktionen endgültig konsolidiert und erhielten mit den Flußläufen natürliche, besser zu verteidigende Grenzen[69].

Die Niederlage der Bandeiranten in Caazapá-guazú und die Teilnahme von Paulistanern an den Kämpfen gegen die Holländer im brasilianischen Nordosten verschafften den Reduktionen 1639—41 Ruhe vor neuen Angriffen. Bei seinem Versuch, das päpstliche Breve „Commissum Nobis" 1640 in Rio de Janeiro bekanntgeben zu lassen, erfuhr P. Díaz Taño von den Vorbereitungen zu einer neuen riesigen Bandeira. Er eilte nach Buenos Aires und konnte das inzwischen auf eine Größe von 4000 Indianern angewachsene Reduktionsheer rechtzeitig alarmieren, das über 300 Feuerwaffen und eine selbstgefertigte Kanone mit einem lederumwickelten Bambusrohr gebot. Das bis dahin größte Bandeirantenheer mit 400—600 Portugiesen, Mamelucken mit bester Bewaffnung und 2500 Tupí-Bogenschützen, das im Februar 1641 mit 700 Kanus und Schiffen auf dem Río Acarágua, einem Nebenfluß des Uruguay, in das Reduktionsgebiet einfiel, wurde von den Guaraní unter der Oberleitung von P. Pedro Mola in einen regelrechten Vernichtungskrieg mit täglich neuen Angriffen verwickelt, bis es flüchtete. Zahlreiche Tupí waren zu den Guaraní übergelaufen, nachdem diese durch die ersten Überläufer allen, die es ihnen gleich täten, „den Genuß der Freiheit, die Gott und der König ihnen gewährte", versprochen hatten[70]. In der für die Bandeiranten wie für die früheren Konquistadoren kennzeichnenden Mischung von Frömmigkeit und Grausamkeit beschäftigten sich die geflüchteten Paulistaner am Gründonnerstag mit dem Errichten von Kreuzen und der Vorbereitung von Kreuzwegstationen. Dabei wurden sie von den Guaraní wieder entdeckt und erneut angegriffen und bis Ostersonntag weiter durch den Urwald verfolgt. Ein Te Deum in allen Reduktionen und große Freudenfeste beschlossen diesen bis dato größten militärischen Erfolg der Reduktionsindianer.

In der Historiographie fehlt es nicht an kritischen Stimmen gegen die Art der Kriegführung der Jesuiten. Sie kommen vorzugsweise von lusitanisch-brasilianischen Historikern, die Vorgänge, die zur räumlichen Expansion und nationalen Größe Brasiliens beigetragen haben, mit einem anderen Maßstab messen, als solche, die den Prozeß behindert haben[71]. Sie lassen außer acht, daß die Jesuiten nach der schrecklichen Bilanz der Gewalttätigkeit der Bandeiras nur um den Preis des Verlustes ihrer Glaubwürdigkeit und des Zusammenbruchs der gesamten Reduktionsarbeit imstande gewesen wären, dem Wunsch der Paulistaner nach freiem Abzug stattzugeben. Denn die Guaraní wollten sich die Gelegenheit, endlich ihre Erzfeinde vernichtend zu schlagen,

---

[69] Vgl. Lugon aaO 59f, Bruno aaO 313f, Pôrto aaO 196ff mit genauer Umsiedlungsliste (200—202).

[70] Vgl. Ángelis III, Dok. XLII Relação da derrota sofrida pelos Bandeirantes em Mbororé. Escrita pelo P. Claudio Ruyer, São Nicolau 6. 4. 1641.

[71] Vgl. z. B. Cortesão Introdução, Ángelis III, 11.

nicht nehmen lassen. Ein Entgegenkommen der Jesuiten wäre praktisch Kollaboration mit dem Feind gewesen und hätte bewiesen, daß die Weißen im Ernstfall eher zu ihren Feinden halten, wenn sie weißer Hautfarbe sind, als zu ihren indianischen Freunden.

Die erfolgreiche Abwehr dieser Bandeiras hatte entscheidende stabilisierende Wirkung für die schwer angeschlagenen Reduktionen. Die Expansion der Bandeiranten wurde künftighin durch die dreifache Naturbarriere der Wasserfälle des Guayrá, des Iguaçu und des Uruguay begrenzt[72]. Das Geschäft des Sklavenfangs kam damit allerdings noch nicht zum Erliegen. Kleinere Bandeiras zogen auch in der Folgezeit u. a. in das von den Jesuiten verlassene Rio Grande do Sul[73]. Einige Jahrzehnten lang waren die Bandeiranten zweifellos militärisch gesehen die größte Bedrohung für die spanische Herrschaft in Südamerika, vornehmlich in dem Bereich des Río de la Plata. Die beliebte These indes, daß sie die Ausdehnung der lusitanischen Herrschaft nach Rio Grande do Sul ermöglicht hätten, ist unzutreffend. Sie entvölkerten dieses Gebiet, so daß es schließlich auch handelsmäßig für sie uninteressant wurde. Infolgedessen konnten Ende des 17. Jahrhunderts die Reduktionsindianer wieder in ihre alten Stammsitze östlich des Río Uruguay zurückkehren und dort wieder sieben Reduktionen gründen (Sete Povos), die erst durch den spanisch-portugiesischen Grenzvertrag von 1750 und seine Folgen wieder verloren gingen[74].

Während die Reduktionen an Uruguay und Paraná ab 1641 Ruhe vor Überfällen der Paulistaner hatten, litten diejenigen in Itatines, also im Norden von Asunción, noch unter folgenreichen Angriffen. So wurde die nördlichste Reduktion, Santa María de Fe del Taré, durch einen plötzlichen Angriff im Jahre 1647 gezwungen, nach Süden auszuweichen. Bei dem unermüdlichen Versuch, die versprengten Indianer wieder zu sammeln, starb 1648 P. Domingo Muñoa in einer wüstenartigen Gegend. Der Konflikt zwischen dem Bischof von Asunción, Bernardino de Cárdenas OFM (1641 – 49), und den Jesuiten erleichterte 1648 einen Angriff von Antônio Rapôso Tavares auf die am Mboymboy neugegründete Reduktion, wobei P. Arenas aus der Reduktion San Ignacio de Caaguazú den Tod fand. Es waren noch einige Verlegungen nötig, bis diese Reduktionen in Itatines endlich ihre Ruhe fanden[75]. Hatte 1628 allein die Zahl der Indianer in den 13 Reduktionen des Guayrá über 100 000 betragen, so pendelte sich die Gesamtzahl der Indianer in den 30 Paraguay-Reduktionen vor dem Grenzvertrag von 1750 auf etwa 120 000 ein[76].

245 Zwischen Paternalismus und sozialer Strukturveränderung

2451 Die rechtlichen Grundlagen der Reduktionen

Die rechtliche Stellung der Jesuiten-Reduktionen war anfangs keineswegs abgesichert. Die Gründung der einzelnen Reduktionen bedurfte der Genehmigung durch den zuständigen Gouverneur, wie auch Hernandarias das Startzeichen für die Gesellschaft Jesu gegeben hatte. Aber erst im Laufe von mehr als hundert Jahren entstand aus einer Fülle königlicher Einzelentscheidungen ein

---

[72] Ebd. [73] Vgl. Pôrto 1954, 192f.
[74] Vgl. die Anmerkung des Herausgebers und Überarbeiters der 2. Aufl. von Pôrto 1954, P. Luís Gonzaga Jaeger SJ, 199f.
[75] Vgl. Karte bei Bruno aaO 230. [76] Vgl. Konetzke 1965, 270.

ganzes Corpus Iuris, das den Reduktionen in Paraguay eine Sonderstellung innerhalb der Kolonialgesellschaft verlieh, so daß der Vorwurf, sie bildeten einen Staat im Staate, nicht völlig aus der Luft gegriffen war, wenngleich man zutreffender sagen könnte, sie waren ein königliches Missions-Schutzgebiet, das den Interessen wirtschaftlicher Ausbeutung der Kolonialgesellschaft entgegengesetzt war. Nur solange christliche Verantwortung und christliches Gewissen bei den spanischen Monarchen noch ein Gegengewicht zu den Prinzipien von säkularer Vernunft, Rentabilität, wirtschaftlichem Profit und Staatsraison darstellten, konnten sie ihren Sonderstatus bewahren.

Aus dem Entstehungsprozeß der Sonderrechte der Reduktionen können hier nur einige Beispiele angeführt werden. 1626 übergab Gouverneur Luis de Céspedes der Gesellschaft das ganze Gebiet des rechten Ufers des Río Uruguay bis zum Atlantik offiziell zur Evangelisation mit geistlicher und weltlicher Herrschaft, um Paraguay gegen die Vorstöße der Paulistaner abzusichern. Aber 1629 versuchte Luis de Céspedes, die ersten drei Reduktionen am Uruguay unter seine direkte Verwaltung zu bringen, weil er meinte, auf diese Weise dem König eine neue bedeutende Provinz erobern, einen reichen Handel nach Buenos Aires entwickeln und sich womöglich in den Besitz eines Marquis-Titels bringen zu können. Die Ankunft von drei Spaniern in den Missionen, die die Verwaltung übernahmen, führte bereits zu Unruhen. Als ein Spanier einen Guaraní gar ohrfeigte, rettete nur das zufällige Dazukommen von Provinzial Durán ihm das Leben. Angesichts des drohenden Zusammenbruchs des Missionswerkes ließ sich Céspedes von Durán bewegen, wieder zu der Abmachung von 1626 zurückzukehren[77].

Wie bereits erwähnt, stand die Verteidigung der Reduktionen auf schwachen Füßen. Dank des Verständnisses mancher königlichen Beamten verfügten die Jesuiten über eine unbedeutende Zahl von Feuerwaffen. Sie begannen mit militärischen Abwehrmaßnahmen gegen die Paulistaner, längst bevor sie eine rechtliche Grundlage dafür hatten. Die Aufmerksamkeit des entschlußschwachen Philipp IV. und seines Favoriten, des Herzogs von Olivares, richtete sich ganz auf den Dreißigjährigen Krieg und speziell auf die Unterdrückung des Freiheitskampfes der Niederlande, so daß verschiedene Hilferufe der Jesuiten bei Hofe ungehört verhallten. Erst 1639 konnte Ruiz de Montoya eine königliche ‚cédula' gegen die Einfälle der Mamelucken erwirken, ein ziemlich wertloses Stück Papier. Dem mit der Veröffentlichung seiner „Conquista Espiritual..." 1639 in Madrid verfolgten Ziel, das autonome Leben der Reduktionen zu sichern, kam Ruiz d. M. 1642 ein erhebliches Stück näher, als er die königliche Genehmigung zur Bewaffnung der Reduktionsindianer mit Feuerwaffen erreichte, nachdem Vizekönig Marquis de Mancera angesichts der portugiesischen Expansion in die La Plata-Region dies gegen den Einspruch der Asunzener befürwortet hatte. 1647 erkannte der König die zwölfjährige Verteidigung der Grenze mit Brasilien durch die Guaraní ausdrücklich an. 1649 erklärte daraufhin Vizekönig Herzog von Salvatierra die Reduktionsindianer zu königlichen Grenztruppen, befreit von Kommende und ‚servicio personal' und mit einer geringen Tributpflicht[78].

---

[77] Bruno aaO II, 218f und Egaña 1966, 192.
[78] Pablo Hernández, Organización social de las doctrinas guaraníes de la Compañía de Jesús, 2 Bde., Barcelona 1913, Bd. I apénd. 5, 515—16 nach Bruno aaO 312. Nach der peruanischen Gesetzgebung, die 1611 dank des Druckes der Jesuiten auch in Paraguay Geltung erlangte, waren Indios, die freiwillig die

Damit wurden sie auch de iure von Diensten befreit, die sie de facto dank der Abgelegenheit der Reduktionen von spanischen Siedlungen nie geleistet hatten. Sie hatten freilich schon vorher eine umstrittene Rechtsgrundlage dafür, nämlich die ‚Ordenanzas' des königlichen Visitators Francisco de Alfaro von 1611, die in Chile schließlich am heftigen Widerstand der Siedler gescheitert waren. Mit dem Verbot des ‚servicio personal' und der Kommenden und dem Gedanken, die Indianer in selbständigen Siedlungen zusammenzuziehen, um die Mission zu erleichtern und sie nur noch bezahlte Dienste für die Spanier leisten zu lassen, kann Alfaro als einer der geistigen Väter der späteren Reduktionen gelten. In Chile hatten Jesuiten und Franziskaner Partei für Alfaro ergriffen, Bischof H. Trejo OFM (1595 — 1614) ebenfalls; aber er ging auf die Seite der Siedler über, als er sah, daß ihr Widerstand zu heftig war, während die Merzedarier gleich Partei für die Siedler genommen hatten[79].
Noch zur Zeit der Angriffe der Bandeiranten auf die Reduktionen im Tape versuchte der Gouverneur von Buenos Aires, den Plan wiederzubeleben, spanische Städte im Missionsgebiet zu gründen, um es zu beschützen, ein Plan, der zweifellos zur Einführung der ‚encomienda' geführt hätte. Er scheiterte am Widerstand der Jesuiten[80]. Auch nach der Freistellung von 1649 waren die Guaraní allerdings auf Anforderung der Gouverneure zur Durchführung gewisser öffentlicher Arbeiten verpflichtet[81]. Es läßt sich nicht leugnen, daß die Jesuiten sich auch stillschweigend manche Rechte anmaßten und erst später legalisieren ließen, so z. B. die Ernte und den Verkauf von ‚Yerba Mate'. Dieser Tee war seit 1620 ein Hauptexportartikel, der zur Bezahlung des königlichen Tributs diente. Eine königliche Lizenz dafür erhielten die Jesuiten erst 1645[82].

Zusammenfassend kann man sagen, daß die Reduktionen ihren Ursprung provinzialem Recht der Gouverneure verdankten, daß die Jesuiten es aber mit Hilfe ihrer weit verzweigten Organisation verstanden, auch gegen den Willen der Kolonisten und Gouverneure in den Reduktionen unpopulären Gesetzen wie den ‚Ordenanzas de Alfaro' Geltung zu verschaffen und nach und nach durch vizekönigliche und königliche Entscheidungen Rechtsgrundlagen für die Reduktionen zu schaffen, die zumindest eine teilweise Exemtion gegenüber den Provinzialbehörden von Paraguay und Buonos Aires (ab 1617 selbständige Provinz) darstellten. Gegen die latente Opposition der Siedler und der von ihnen beeinflußten Provinzialbehörden konnten die Reduktionen also nur so lange bestehen, wie die Jesuiten die volle Rückendeckung der Krone hatten.

---

spanische Herrschaft anerkannten, ohnehin 10 Jahre von Kommende und Tributzahlungen befreit. Als Grenztruppen erwiesen sich die Reduktionsindianer ab 1680 der spanischen Krone als äußerst nützlich im Einsatz gegen die von den Portugiesen am Nordufer des Río de la Plata im heutigen Uruguay gegründete Colônia do Santíssimo Sacramento. Bis im Vertrag von San Ildefonso Uruguay definitiv zum spanischen Kolonisationsgebiet kam, ist Colônia 1680, 1762 und 1763 von spanischen, im wesentlichen aus Reduktions-Guaraní bestehenden Truppen erobert worden. Vgl. Ángelis V, S. 27ff III Bericht über die erste Eroberung von Colônia — vgl. ferner die nationalbrasilianisch gefärbte Darstellung bei Pôrto aaO 398ff.
[79] Vgl. Meliá 1972, 4 und Egaña 1966, 122f; Meliá aaO weist darauf hin, daß die *Ordenanzas de Alfaro* nur in den Jesuitenreduktionen befolgt wurden, da sie „geradezu eine Negation des Kolonialsystems" waren. Sie bildeten also eine wichtige rechtliche Grundlage.
[80] Vgl. Mörner 1968 Abschnitt: La Crisis Exterior (1628–41).
[81] Haubert 1967, 212.   [82] Ebd. 216.

2452 Die Jesuitenreduktionen im gesamtkirchlichen Kontext

Die Vorstellung, die Jesuiten hätten sich der Opposition von Hierarchie, Weltklerus und anderen Orden gegenüber gesehen, trifft nicht so allgemein und vor allen Dingen nicht für die ganze Zeit der über einhundertfünfzig Jahre bestehenden Reduktionen zu. Aber mit der Verstärkung des Interessengegensatzes zwischen der Kolonialgesellschaft und der indianischen Gesellschaft in den schließlich 30 Reduktionen unter jesuitischer Leitung kam es zu einer zunehmenden Solidarisierung von Diözesanklerus, Ordensklerus und Bischöfen mit den Interessen der Kolonialgesellschaft, in der sie verwurzelt waren, wobei bei den Bischöfen natürlich auch der Wunsch eine Rolle spielte, ihre Jurisdiktion auf die Reduktionen auszudehnen und den Zehnten auch dort erheben zu können.

Der erste Bischof von Format des Bistums La Plata, Martín Ignacio de Loyola OFM, ein Neffe zweiten Grades des Gründers der Gesellschaft Jesu, war von derselben Sorge um das menschliche und geistliche Schicksal der Indianer erfüllt wie die Jesuiten. Auf der von ihm 1603 einberufenen ersten Diözesansynode von La Plata wurden erstmals zahlreiche soziale Ungerechtigkeiten angeprangert, die es den Eingeborenen unmöglich machten, „im Christentum ihre wahre Befreiung zu finden".

Stein des Anstoßes waren die Kommendenbesitzer und Siedler, die nur auf die wirtschaftliche Ausbeutung der Indianer aus waren, sie zum ‚servicio personal' zwangen und ihre Frauen und Mädchen mißbrauchten. Diese Auswüchse sollten mit Hilfe des Beichtinstitutes bekämpft werden, also durch die Verweigerung der Absolution und durch Verschärfung der Reservatfälle. Kinderarbeit wurde verboten für Jungen unter 15 und Mädchen unter 13 Jahren, ebenso Frauenarbeit im Kommendensystem, und der Sonnabend zum Ruhetag für die Indios erklärt, damit sie am Sonntag ausgeruht an der Messe teilnehmen könnten[83]. Obgleich Hernandarias diese kirchlichen Bestimmungen in die staatliche Gesetzgebung aufnahm, blieben sie weitgehend toter Buchstabe, was sich daraus erklärt, daß hier der aussichtslose Versuch gemacht wurde, strukturelle Probleme mit dem Appell an die Moral zu lösen.

Bischof Tomás de Torres OP (1621–26) eröffnete die Reihe von Bischöfen, die in Auseinandersetzungen mit den Jesuiten eintraten. Es kam zu einem öffentlichen Streit zwischen ihm und dem Rektor des Jesuiten-Kollegs in Asunción, P. Juan Pastor, im Verlaufe dessen er den Jesuiten die Latein- und Ethikstudien entzog, die marianischen Kongregationen der Schüler auflöste, Indianerprozessionen verbot, Jesuitenpriestern außerhalb des Kollegs die ministerialen Rechte absprach und bis zu dem Punkt gelangte, sie alle in Ketten zur Inquisition befördern zu wollen. Das Durcheinander in Asunción wurde schließlich durch seine Versetzung auf den Bischofsstuhl von Tucumán beendet[48]. Sein Nachfolger Cristóbal de Aresti OSB (1628–35), der sich ganz seiner pastoralen Aufgabe widmete und in Winkel seines Bistums vordrang, die noch keiner seiner Vorgänger gesehen hatte[85], schickte 1631 nach einem Besuch von fünf Reduktionen einen von Lob überquellenden Bericht an den Hof. 1631

---

[83] Diese Synode von 1603 versuchte das Limensis III (1582–83) für die paraguayische Wirklichkeit zu konkretisieren — vgl. Textveröffentlichung von Meliá 1969, 2.
[84] Egaña 1966, 183ff, vgl. Dussel 1969ff, 37 (VI), 336 Anm. 183.
[85] Ebd. 185.

rief er die Audiencia von Charcas zum Schutz der Reduktionen im Guayrá gegen die Bandeiranten auf. 1632 reiste er selbst nach dem Guayrá und führte die kleinmütigen Spanier des belagerten Villa Rica mit dem Kruzifix in der Hand zum Angriff. Aber sein Eingreifen kam zu spät, um die Provinz noch retten zu können[86].

Auch das Verhältnis zwischen Franziskanern und Jesuiten scheint entgegen der These von Mörner, der von Anfang an Spannungen sehen will[87], keineswegs unfreundlich gewesen zu sein. 1615 trat die Gesellschaft die Reduktion Santa Ana aus Zweckmäßigkeitsgründen an die Franziskaner ab[88]. 1628 schrieb der Pionier der Franziskanerreduktionen, Luis de Bolaños OFM, er sterbe getröstet, weil er die Reduktionen durch die Jesuiten verbessert sehe[89], und im selben Jahr schickte Fr. Gregorio de Osuna OFM, den Vázquez Trujillo SJ „großen Vater und unseren Freund" nennt, 200 Krieger den bedrohten Reduktionen zur Hilfe[90].

Verhängnisvolle Fernwirkungen sollte der Streit zwischen Bischof Bernadino de Cárdenas OFM und der Gesellschaft Jesu haben. 1642—44 zeigte er sich ihr noch geneigt und lobte in einem Brief an Philipp IV. deren Arbeit nach einem Besuch in San Ignacio-guazú. Aber als die Jesuiten ihm eine gerade erworbene ‚estancia' nicht überlassen wollten und zusammen mit den Dominikanern und Merzedariern seine Weihe als unkanonisch anfochten, bahnte sich die Auseinandersetzung an.

Cárdenas lag auch mit Gouverneur Hinestrosa im Streit, wobei er die Partei der Kolonisten vertrat, deren Opposition zu den Jesuiten immer schärfer wurde, seit sie für die ‚Ordenanzas de Alfaro' eingetreten waren[91] und 1639 auch noch das päpstliche Breve „Commissum Nobis" erwirkt hatten, jene spezielle Anwendung des Breves Pauls III. aus dem Jahre 1537 für „Brasilien, Paraguay, Río de la Plata ...". Nachdem die Jesuiten loyalerweise weisungsgemäß dem bedrohten Gouverneur 600 bewaffnete Reduktionsindianer zum Schutz gegen Cárdenas und die Siedler geschickt hatten, kannte dessen Zorn keine Grenzen mehr. 1648 nahm er ihnen die Reduktionen bei den Itatines ab und versprach den Kolonisten, daß er ihnen 20 000 christliche Reduktionsindianer zur Kommende verteilen werde. Die bedrohten Indianer flohen aus den Reduktionen in den Urwald. „In Streitschriften beschuldigte Cárdenas die Jesuiten der planvollen Einkreisung der Stadt Asunción, des geplanten Abfalls von der spanischen Krone, der Unterdrückung der Indianer, des Verschweigens von Goldminen in ihren Territorien", eine gefährliche Saat von Verleumdungen, die in der Zeit der Aufklärung im jesuitenfeindlichen Europa aufgehen und viel Schaden stiften sollte. Als vom Volk gewählter Interimsgouverneur nach dem Tode von Hinestrosa und dem seines Nachfolgers Diego de Escobar vertrieb er am 7. März 1649 die Jesuiten aus Asunción und ließ ihr Kolleg in Brand stecken. Die Jesuitenkirche wurde geplündert und eine Christusstatue wegen ihrer jesuistischen Gewänder zersägt. Das zeigt, wie aufgebracht die Asunzener Bevölkerung schon gegen die Jesuiten war. Es

---

[86] Relação do estado em que se encontravam as Reduções do Paraná e Uruguai 1640, Ángelis III, 193, Dok. XIX.

[87] Mörner 1968, 26 und Anm. 19 S. 172.

[88] Bruno aaO 214. Diese Reduktion konnte so mit Yaguarí verbunden werden, die sich ebenfalls in der Hand der Franziskaner befand.

[89] Daß der franziskanische Generalkommissar Gabriel de Guilléstegui in einem Brief vom 12. 10. 1663 aus Santa Fe del Nuevo Reino de Granada an den Jesuitengeneral Juan Pablo Oliva diese Aussage von Bolaños zitiert, zeigt, daß das Verhältnis zwischen den Orden in jener Zeit noch gut gewesen sein dürfte.

[90] Bruno aaO 247f. [91] S. o. Anm. 79.

bedurfte des militärischen Eingreifens der Audiencia von La Plata, um Cárdenas 1651 wiederum mit Hilfe von Reduktionstruppen abzusetzen[92].

Die Jesuiten hatten sich zwar behauptet, aber der zweimalige Einsatz von Reduktionstruppen gegen die Partei der Siedler ist ein nicht zu übersehendes Alarmzeichen für den tiefen Riß zwischen Siedlern und Jesuitenreduktionen, der durch das Dach der *einen* Kolonialkirche nicht mehr dauerhaft verdeckt werden konnte.

2453 Der Alltag in den Reduktionen: Sozialreform und Mission

P. Diego de Torres Bollo, der erste Provinzial der 1606 gegründeten Ordensprovinz von Paraguay und Chile, hat vor seiner Amtsübernahme sieben Jahre lang Erfahrungen in der Indianerarbeit im Missionszentrum Juli am Titicaca-See gesammelt. Um die Indianer dort für den Bergbau ansässig zu halten, bestand das alte Wirtschaftssystem der Inka in modifizierter Form weiter. Den Priestern kam neben der religiösen Betreuung auch die wirtschaftliche Fürsorge für die Indianer zu, „die Sicherung des täglichen Lebensunterhaltes, der Bekleidung, aber auch der Unterricht und die Freizeitgestaltung, die Versorgung der Kranken und der Alten. Sie hatten ebenso für die noch aus der Inka-Zeit bestehenden gemeinschaftlichen Güter Obsorge zu tragen und die Arbeitseinteilungen zugunsten des Gesamtvolkes zu treffen. Dies alles mußte aber unter größter Rücksichtnahme auf die Indianer und Anpassung an die bestehenden Verhältnisse erfolgen". Dies Modell stand dem Organisator der Paraguay-Reduktionen vor Augen. Denn in seiner Instruktion betont er, daß „die Orte nach der Art derjenigen von Peru angelegt werden sollten oder wie es den Eingeborenen gefällt". Außerdem betont er die Notwendigkeit der Akkomodation: „Dies alles soll nach und nach, nach dem Gefühl der Eingeborenen gemacht werden."[93] Man wird deshalb die wirtschaftlichen und sozialen Einrichtungen in den Reduktionen nicht als ein interessantes Experiment für sich betrachten dürfen[94], sondern als einen integralen Bestandteil einer auf den ganzen Menschen bezogenen Missionspraxis. Die Reduktionen entstanden auf der Grundlage des den Kaziken von den Jesuiten gegebenen Versprechens, daß sie frei vom Dienst für die Spanier bleiben würden. Es gehört zum Proprium der Reduktionen, daß es den Jesuiten schnell gelang, eine Organisationsform zu entwickeln, „die gleichzeitig die Evangelisation, die Subsistenz der eingeborenen christlichen Gruppen und die Befreiung von den Kommenden sicherte". Das Ergebnis war eine autonome soziökonomische

---

[92] Otruba 1959, 44; Bruno aaO 303f; Haubert aaO 312, Anm. 1. Die Behauptung des Goldhandels sollte bis ins 18. Jahrhundert hinein von Zeit zu Zeit immer wieder erhoben werden, um die Jesuiten zu verdächtigen, sie entbehrt indes jeder sachlichen Grundlage, da im Reduktionsgebiet nie Gold gefunden worden ist. Otruba aaO 44f: „Wenn auch die Jesuiten sich behauptet hatten, so war ihr geschlossenes Missionsgebiet um Asunción verloren gegangen. Am nachteiligsten sollten sich aber noch über ein Jahrhundert lang die bösartigen Anschuldigungen der Streitschrift Cárdenas' erweisen, die vor allem im jesuitenfeindlichen Europa viel Schaden stifteten und dort die Geister verwirrten."
[93] Otruba aaO 42.
[94] Ders. unter Bezug auf J. S. Geer, der als erster die Meinung widerlegt hat, die Reduktionen seien primär ein wirtschaftliches Experiment gewesen.

Grundlage der Reduktionen, die den Eindruck eines Staates im Staate erweckt, die indes nicht von vornherein angestrebt war, sondern die Antwort auf sukzessiv auftretende Missionsprobleme im Kontext der Kolonialgesellschaft darstellt. Heute ist man eher als früher geneigt, darin keine theokratischen Züge zu sehen, sondern den, wenn auch unvollkommenen Versuch der Verwirklichung „eines sozialen Evangeliums"[95].

Die Wirtschaftsordnung läßt sich als eine Form von Agrarkollektivismus ohne völlige Ausschaltung von Privateigentum bezeichnen. Das System der Landverteilung an die Familien durch die Kaziken knüpft an die traditionelle Vorstellung der Guaraní an, daß die Kaziken die Rechte der Gruppe über die angestammten Ländereien verwalten. Die Familien erhielten nur Nutzungsrechte, die alle paar Jahre neu verteilt werden mußten, wenn der Boden erschöpft war[96]. Dieses System hatten schon die Inka aus der gesellschaftlichen Struktur von einverleibten Indianervölkern übernommen[97].

Es gab zwei Arten von wirtschaftlichem Besitz: 1) Abambaí — „Sache des Mannes": Familienacker, Haus, Mobiliar, Kleintiere, Erträge von Jagd und Fischerei.

2) Tupambaí — „Sache von Tupán", d. h. Sache Gottes, Kommunalland zum Anbau von Mais, Weizen, Roggen, Reis, den Grundnahrungsmitteln in den Reduktionen, ferner von Zuckerrohr, Tabak, Baumwolle, Wein und Mate, dessen Kultivierung nur den Jesuiten in der Kolonialzeit gelang. Tumpambaí waren auch die riesigen Großviehbestände. Zwei bis drei Tage in der Woche mußte jeder Indianer für den Tupambaí arbeiten. Aus den Ernteerträgen der Gemeinschaftsarbeit wurden große Vorräte angelegt, die Tribute an den König bezahlt, die kirchlichen Einrichtungen unterhalten, Witwen, Waisen und Arbeitsunfähige ernährt[98]. Das Interesse der Indianer am Familienland war verhältnismäßig gering. „Der Privatbesitz setzte sich nie durch" im Gebiet der Reduktionen. „Das bescheidenste Stück Boden zu kaufen, zu verkaufen, zu verpachten oder zu vererben, die Arbeitskraft eines anderen zu eigenen Nutzen und Profit zu benutzen, den Boden in ein Instrument zur Beherrschung oder Ausbeutung des Menschen durch den Menschen zu verwandeln", das sind Handlungsweisen, die in den Reduktionen bis zu deren Ende unbekannt blieben[99].

Von der Kolonialzeit bis heute hat der Aspekt der Kollektivwirtschaft Beobachter zu mehr emotional als sachlich begründeten Urteilen hingerissen. Die Kolonialgesellschaft sah ihr eigenes Wirtschaftssystem in Frage gestellt und bewirkte 1743 ein königliches Dekret zur Einführung von Privatbesitz in den Reduktionen, das mangels Interesse der Indianer keine praktische Bedeutung erlangte. Und in seltsamer Eintracht kritisieren koloniale Großgrundbesitzer wie Kommunisten die Wirtschaftsordnung der Reduktionen als Ausbeutungssystem der Jesuiten[100]. In Wirklichkeit kam der Arbeitsertrag der Indianer in

---

[95] Meliá 1969, 3 S. 9 und 1972, 4.
[96] Haubert aaO 209; Konetzke 1965, 273.
[97] Becker-Donner 1966, 863. Es liegt also kein Grund für einen Rekurs auf religiös-kommunistische Vorstellungen der Urkirche vor. Eher ist die auffällige Parallele zwischen den grundlegenden Gesellschaftsstrukturen Israels und denen der altamerikanischen Agrarkulturen zu vermerken.
[98] Zur Landwirtschaft und zum Gemeinbesitz vgl. Lugon 1968, 121ff; 167ff. Haubert aaO 217 erwähnt, daß den Jesuiten 1660 die Zucht von Mate gelang.
[99] Lugon aaO 182.
[100] Konservative Christen sehen in den Reduktionen Kommunismus und Kommunisten wie Paul Lafargue, der Schwiegersohn von Karl Marx, „eine Ausbeutungsorganisation kapitalistischer Kolonialpolitik", — vgl. Die Niederlassungen der Jesuiten

einem Höchstmaß ihrer Gemeinde zugute. Die Erziehung der Indianer zu Landwirtschaft und Viehzucht war schwierig. Alle Arbeitsgeräte mußten an Ort und Stelle hergestellt werden. Bewässerungssysteme wurden angelegt. Die Jesuiten unterhielten Versuchsgärten, in denen sie viele erfolgreiche Zucht- und Akklimatisationsexperimente durchführten. Lugon urteilt, daß das Gebiet der Reduktionen trotz aller Schwierigkeiten der am besten organisierte landwirtschaftliche Komplex Amerikas war[101].

Dank der umfassenden Bemühungen der Väter und des großen handwerklichen Geschicks der Guaraní erlebten Handwerk und Kunsthandwerk in den Reduktionen eine nirgendwo in den Kolonialzentren Südamerikas anzutreffende Blüte. Vom Schiffbau über Bauhandwerke, Spinnerei, Weberei, Schneiderei, Schusterei, Schlosserei, Glockengießerei, Herstellung von Feuerwaffen bis zur Herstellung von Uhren und Musikinstrumenten waren alle Handwerke vertreten. Die Ruinen der Reduktionskirchen und zahlreiche Plastiken zeugen noch heute für den hohen Stand der Bildhauerei. Ab 1700 führten die Jesuiten das Druckereiwesen am La Plata ein, und zwar mit besonderen, für die Phonetik des Guaraní geeigneten Schriftzeichen[102]. Die Pflege des Guaraní als Kult- und Verkehrssprache in den Reduktionen und ihre Überführung in eine literarische Sprache hat die Guaraní vor einer kulturellen Entfremdung wesentlich mehr bewahrt als ihre Verwandten in der spanischen Gesellschaft, deren Guaraní zu einer reinen Umgangssprache marginalisiert wurde. Um die Indianer vor den schädlichen Folgen des Umgangs und Handels mit den Spaniern zu bewahren, vermieden die Jesuiten den Spanischunterricht, eine Unterlassung, die den Indios im Verlauf der Säkularisierung der Missionen sehr schadete.

„Heute wissen wir, daß der höchste kulturelle Wert der Guaraní ihre Religion ist, eine Religion des inspirierten Wortes, im Traum von den Schamanen erfahren und in langen Ritualtänzen ‚gebetet'." So paradox es klingt, die Missionare aus dem barocken Europa, in dem der religiöse Gedanke sich in von Skulpturen überladenen Kirchen und im geistlichen Theater materialisierte, waren außerstande, eine großenteils so geistige Religion wie die der Guaraní zu verstehen. „Der religiöse Absolutheitsanspruch und die Vorstellung, daß eine Religion Kultstätten und Idole und große ‚logische' Lehren haben müsse, die sie bei den Guaraní nicht sahen, ließ sie die religiöse Kultur der Guaraní übersehen." Es gab also keinerlei religiöse Akkomodation, sondern nur die Substitution der Guaraní-Religion durch die christliche. Mehr unbewußt wurden gewisse religiöse Werte von den Jesuiten aufgenommen, wie lange Gebete in den Kirchen, Zeremonien und Feste, die die Ritualtänze ersetzten[103]. Akkomodation kann man also nicht auf religiösem, sondern auf pädagogischem Gebiet beobachten, zunächst in Form persönlicher Anpassung der Missionare und dann in Form sachlicher Anpassung in bezug auf die Art der christlichen Verkündigung. So förderten die Väter das starke musikalische Interesse der Indios, indem sie Orchester zusammenstellten, musikalische Wettspiele, Prozessionen und Festlichkeiten mit Musik, besonders zur Feier des Namenspatrons der Reduktionen, veranstalteten. Da die Indianer keine

---

in Paraguay, in: Geschichte des Sozialismus in Einzeldarstellungen, Stuttgart 1895, I, 747 nach Lugon aaO 167ff.

[101] Lugon aaO 121ff.   [102] Ebd. 133ff – vgl. Haubert aaO 222.
[103] Meliá 1972, 6.

fortlaufende Arbeit gewöhnt waren, kamen die Jesuiten ihrer Mentalität entgegen und gestatteten immer wieder Unterbrechungen der Arbeit, machten Schwerarbeit mir reichlichen Fleischzuteilungen attraktiv, gaben der Arbeit durch Musikbegleitung einen fröhlichen Akzent und veranstalteten kleine Feste an Ernteabenden. Frauenarbeit wie Spinnen, Weben, Färben wurde mit Yerba-Mate, Tabak und Zucker belohnt. Bis zur Bekehrung duldeten die Missionare auch die Vielweiberei, danach schufen sie für die überzähligen Frauen ein Frauenhaus, das wie das Hospital und das „Witwen- und Geschiedenenhaus" von der Gemeinschaftsarbeit mit getragen wurde. Da die Indianer buchstäblich nach Strafen bei Übertretungen verlangten und deren Schwere geradezu als Maßstab ihrer Wertschätzung durch die Väter betrachteten, führten die Väter die Prügelstrafe ein, die sie allerdings nur von Indianern vollziehen ließen. Den masochistischen Hang zu Selbstgeißelungen nutzten sie allerdings nur in beschränktem Maße, indem sie bei bestimmten kirchlichen Feiern Selbstgeißelungen gestatteten[104].

Abschließend stellt sich die Frage nach dem, was die Jesuiten bei ihrem Versuch, den „neuen Menschen" in einer neuen Gesellschaft zu erziehen, erreicht haben. Die Anpassung an die Mentalität der Guaraní hat zu einer „Ritualisierung" von Religion und Leben geführt. Alle Ereignisse wurden von Riten begleitet. Alles war nach einem festen Rhythmus geordnet. Daraus wurde Routine. Aus dem Sozialismus wurde ein jesuitischer Paternalismus, der das Personsein der Indianer nicht ernst genug nahm. Man versäumte es, rechtzeitig eine geistige Elite heranzubilden, die eigenverantwortlich Schlüsselfunktionen wahrnehmen konnte. Das lag zum Teil an eigener rassischer Überheblichkeit[105]. Das abendländische Weltbild scheint den Jesuiten einen den Indianern gemäßen Zugang zur Theologie verstellt zu haben. Wie anders soll man sich sonst erklären, daß sie nach über hundert Jahren Missionsarbeit unter den Guaraní keine anhaltenden Versuche zur theologischen Ausbildung auf dem Niveau einfacher Landpfarrer machten? Anscheinend wirkte sich hier auch die Studienordnung der Gesellschaft hinderlich aus. Offenbar unterrichteten sie Indianer in Latein, weil ihnen das als Voraussetzung für die philosophischen (Aristoteles) und theologischen Studien (Thomas von Aquin) als unerläßlich erschien[106].

Dennoch, in all ihrer Unvollkommenheit waren die Reduktionen eine Gestalt gewordene antikoloniale Utopie[107], eine christliche Herausforderung des kolonialen Systems, die unter dem Einfluß der Aufklärung dem Primat kolonialwirtschaftlicher Interessen geopfert werden sollte.

---

[104] Vgl. im einzelnen Becker-Donner 1966, 863ff.
[105] Meliá 1972, 5ff. Der Reduktionskrieg von 1750 zeigte, daß die Guaraní auch unabhängig von den Jesuiten handeln konnten.
[106] Becker-Donner aaO 868.
[107] Meliá 1972, 7.

25 Formen der Frömmigkeit im Kolonialzeitalter

251 Problemstellung

Die Körperlichkeit des Menschen bedingt es, daß alle menschliche Frömmigkeit vermittelt wird durch Zeichen, Gesten, Symbole, die sich im Kult zu Liturgien verdichten und in Zusammenhang stehen mit der Geisteswelt und Kultur eines Volkes. Die christliche Kirche des ersten Jahrtausends erwies sich als außerordentlich anpassungsfähig an die verschiedensten Kulturkreise, denen sie das Evangelium von Jesus Christus verkündete. Anders hätte ihre Mission nie einen so großen Erfolg erringen können. Von Äthiopien über Ägypten, Syrien, Persien, die Welt der Griechen, Römer bis zur Welt der Germanen und Slaven bildeten sich eigene Formen der Frömmigkeit und der Liturgie. In der Kirche des Westens kam es unter dem wachsenden Einfluß der Bischöfe von Rom, die nach Durchsetzung der stadtrömischen Liturgie trachteten, Anfang des 2. Jahrtausends zu einer zunehmenden Erstarrung der offiziellen Formen der Frömmigkeit, die dann auf dem Konzil von Trient endgültig festgeschrieben werden sollten. In dieser Erstarrung kann man die entscheidende Ursache für die Entstehung der sogenannten Volksfrömmigkeit – pia exercitia und Paraliturgien – sehen[1].

Der Protest der Reformatoren gegen die Auswüchse der Volksfrömmigkeit wurde in Trient nicht positiv aufgenommen (vgl. 2332). In einer Art Trotzreaktion betonte man, daß der Katholik sich gerade auszeichne durch Teilnahme an Prozessionen, Heiligenverehrung, Gebet für die Seelen im Fegefeuer, Ablaß etc., so daß es als Ergebnis des Konzils praktisch zu einer Restauration der mittelalterlichen Volksfrömmigkeit kam. Comblin sieht das Resultat von Trient in einer feierlichen Festschreibung der Dichotomie des katholischen Kultes: auf der einen Seite der starre Formalismus der offiziellen Religion mit der genauen Fixierung des Dogmas, die im Catechismus Romanus zur Richtschnur der Lehre erhoben wurde, die Fixierung des Kultes im zwingend für alle lateinischen Katholiken vorgeschriebenen Missale Romanum bis in so unbedeutende Einzelheiten wie die Haltung der Finger während der Messe, ferner die Fixierung des Kirchenrechtes und der Verwaltungsstrukturen, auf der anderen Seite völlige Freiheit für Volksfrömmigkeit, Gefühlsüberschwang und abergläubisches Frömmigkeitsverständnis. Dem Wildwuchs der Volksfrömmigkeit waren mithin keine Grenzen gesetzt. Der „Tridentismus" brachte beispielsweise in Brasilien, wo das protestantische Gegenüber, das Trient motiviert hatte, fehlte, einen sehr „menschlichen", sehr weitherzigen und verständnisvollen Katholizismus hervor, im Grunde einen Kulturkatholizismus, der mühelos von jedermann akzeptiert werden konnte[2]. In Lateinamerika, wo

---

[1] Dussel/Esandi 1970, 19ff.
[2] Comblin 1966, 581ff, der sich bezüglich des Verhältnisses von Trient zum Volkskatholizismus beruft auf: L. A. Veit/L. Lenhart, Kirche und Volksfrömmigkeit

Gesellschaft und Kirche praktisch identisch waren, kann man von einer marginalen Kirchenzugehörigkeit sprechen, die durch die Taufe begründet und durch gelegentliche Inanspruchnahme der Sakramente aktiviert wird. Die Kirche ist bestenfalls eine Bezugsgruppe. Der kirchliche Anspruch, die ganze Gesellschaft zu erfassen, mußte zu einer Minimalisierung der Anforderungen an ihre Glieder führen[3].

Da das Gros der Bevölkerung die heilige Meßsprache, das Latein, nicht verstand, konzentrierte es sich auf die Sakramente und betrachtete das kirchliche Ritual als ein Stück Folklore. In Brasilien rückte unwichtiges Beiwerk in den Mittelpunkt des Interesses, so das Salz bei der Taufe, die Reaktionen des Kindes auf das Ritual, die Salbung des Bischofs bei der Firmung, der auf das Brautpaar nach der Trauung gestreute Reis, die Engel über den Altären oder das Feuerwerk bei religiösen Festen[4]. In demselben Sinne berichtet Flores aus Guatemala, daß der Empfang von Asche am Aschermittwoch, des Palmzweiges am Palmsonntag oder von Weihwasser am Karsamstag wichtiger genommen wird als die Teilnahme an der damit verbundenen Messe[5].

Das Pochen der Missionare auf die lateinische Liturgie und ihr Beharren auf erstarrten Frömmigkeitselementen, die in einem ganz anderen Kulturraum entstanden sind, trug dazu bei, daß sie nicht in die Geistes- und Glaubenswelt der Indianer und Afrikaner eindringen und sie christlich durchdringen konnten. Die missionierende Kirche paßte sich wohl u. a. aus Rücksicht auf die Kolonisten nicht den Naturgegebenheiten der südlichen Hemisphäre an, indem sie z. B. Weihnachten mit der südamerikanischen Wintersonnenwende im Juni, die u. a. bei den Inka eine große Rolle spielte, und Ostern mit den agrarischen Frühlingsfesten im September zusammenlegte, um diese zentralen heidnischen Feste umzudeuten, wie sie dies einst in Europa getan hatte. Diese Feste wurden folglich nicht christlich „getauft" und leben mancherorts in alter Form bis heute fort.

Andererseits führte die unter massivem Druck erfolgte Einführung des römischen Katholizismus als obligatorischer Religion in Amerika, deren Beachtung später durch die Inquisition zusätzlicher Nachdruck verliehen wurde, zu einer Veräußerlichung der „offiziellen" Frömmigkeit bei den Indianern und Afrikanern, die sich dem Bekehrungszwang nicht durch Selbstmord oder Flucht in entlegene Gebiete entzogen hatten. Wie früher die zwangsweise auf der iberischen Halbinsel getauften Juden und Moslems verstanden sie es, Bestandteile ihrer traditionellen Religiosität so zu „verpacken", daß sie einen christlichen Anschein erweckten, oder sie heimlich weiter zu pflegen[6].

---

im Zeitalter des Barock, Freiburg 1956. Comblin spricht vom ‚sentimentalismo' (Gefühlsüberschwang) der brasilianischen Religiosität, der besonders in der ‚semana santa' (Karwoche mit Ostern), dem Kult der ‚Santos de junho' (Juniheilige, besonders Antonius von Padua, Johannes der Täufer und Peter und Paul) und den verschiedenen Formen der Marienverehrung, sowie in den Weihnachtssitten zum Ausdruck komme. Es sei typisch, daß Brasilianer, die ihren Glauben verloren hätten, noch lange im Banne dieses ‚sentimentalismo' blieben.

[3] Gruson 1972, 6 (Venezuela).   [4] Comblin aaO (Brasilien).
[5] Flores 1968, 429f (Guatemala). Dazu ist zu bedenken, daß die hergebrachte Form der Messe dem Volk kaum irgendeine echte Beteiligungsmöglichkeit bot, so daß das Ausweichen auf Nebensächlichkeiten beinahe unvermeidbar war.
[6] Vgl. Comblin aaO; Vessuri 1971, 47 (Argentinien) macht darauf aufmerksam, daß die Volksfrömmigkeit die kirchlichen Feste teilweise selbst dem agrarischen

Wenn hier nun von Volksfrömmigkeit gesprochen wird, dann sind im weitesten Sinne zunächst alle Ausprägungen der Religiosität gemeint, die in der Kolonialzeit populär waren, ohne daß damit eine Wertung im Namen eines wie auch immer definierten dogmatischen Christentums verbunden ist. In ihrer europäischen Wurzel ist diese Religiosität durchtränkt von den mittelalterlichen Komponenten der Wunder- und Bußfrömmigkeit und von der neuzeitlichen Komponente des barocken Katholizismus bzw. des katholischen Pietismus[7], in ihrer amerikanischen Komponente von Einflüssen amerindischer Frömmigkeit und in ihrer afrikanischen Komponente von Elementen aus Negerkulten (vgl. 51). Alle diese Frömmigkeitselemente sind mehr oder weniger stark in die Religiosität der herrschenden Oberschicht und der beherrschten Massen eingegangen. Insofern ist die Volksfrömmigkeit nicht primär ein klassenspezifisches Problem, zumindest nicht in der Kolonialzeit. Das wird sie erst vom 19. Jahrhundert an, nachdem die Oberschichten sich zunehmend von der traditionellen Religiosität lösten, während die einfacheren, ungebildeteren Schichten noch an ihr festhielten. Wenn im Folgenden doch zwischen patriarchalischem Katholizismus und „Volkskatholizismus" differenziert wird, geschieht dies vorwiegend deshalb — um in der Literatur gebräuchliche Begriffe zu benutzen —, um einerseits die besonderen Züge der Herrenreligion und andererseits die religiösen Ausdrucksformen derer zu bezeichnen, die im Namen des Evangeliums nicht befreit, sondern unterjocht worden sind und die in der Kolonialzeit genauso wenig als Volk gegolten haben wie die Sklavenmassen in der Antike. Eine strenge Systematisierung ist dabei nicht möglich, da viele Züge des patriarchalischen Katholizismus und des Volkskatholizismus der gemeinsamen Grundlage der Volksfrömmigkeit entstammen. So ist als Organisationsform für beide das System der Bruderschaften charakterisch, und es ist mehr oder weniger zufällig, unter welcher der beiden Überschriften es dargestellt wird.

In bezug auf den Volkskatholizismus als Religiosität der Unterdrückten kann man nicht einfach wahre und falsche Religion nach Kriterien der Orthodoxie unterscheiden. Vielmehr wird man im Sinne der heutigen „Theologie der Befreiung" feststellen können, daß ein noch so orthodoxes Christentum so lange kein wahres Christentum ist, wie es Situationen der Sklaverei und Ausbeutung aufrechterhält (vgl. Hoornaert 1973, 106), und daß umgekehrt die Ausprägungen des Volkskatholizismus oft in ursächlichem Zusammenhang mit solchen Situationen stehen.

Zyklus der südlichen Hemisphäre angepaßt habe. So ist Himmelfahrt ein Herbstfest, das etwa mit der Wintersonnenwende zusammenfällt und Mariä Himmelfahrt (Asunción — 15. August) ein Fest, das das bevorstehende Ende des Winters ankündigt. Die Hoffnung auf den Frühling und die neue Ernte läßt die Landbevölkerung in der Provinz Santiago del Estero ‚Asunción' ähnlich freudig feiern wie die Europäer den Anfang eines Neuen Jahres. Und die Zeit zwischen ‚Ascensión' und ‚Asunción' ist von Todes- und Endzeiterwartungen erfüllt wie die Zeit vor der Wintersonnenwende in Europa — vgl. im Kirchenjahr die Adventszeit.

[7] Vgl. im einzelnen hierzu Comblin 1968, 50ff, der den barocken Pietismus in Amerika weitgehend im ‚catolicismo mineiro' (Minenkatholizismus) verkörpert sieht. Die optimistische Grundtendenz des barocken Pietismus hält die Vorbilder der Frömmigkeit jener Epoche — den hl. Johannes vom Kreuz, Teresa de Jesús, Franziskus, Ignatius u. a. — für erreichbar und nachahmbar. Die Kernfrage ist: „Wie wird man ein Heiliger? Das Ideal ist, ein Heiliger zu sein."

252 Der patriarchalische Katholizismus

Mit diesem von Bastide und anderen geprägten Begriff[8] soll der Typos von Katholizismus bezeichnet werden, der für die koloniale Oberschicht charakteristisch war und für die Oligarchie zum Teil heute noch ist. Man könnte den patriarchalischen Katholizismus noch unterteilen in den kriegerischen Katholizismus, den eigentlichen patriarchalischen Katholizismus der Landherren und Beamten und den Katholizismus der Bergbauregionen.

Die grundlegende Trennung zwischen einer *Herrenreligion*, dem patriarchalischen Katholizismus, *und einer Religion der Abhängigen* und Sklaven, die zur Redeweise der zwei Katholizismen geführt hat[9], kommt sogar in der Art der Versammlung der gottesdienstlichen Gemeinde zum Ausdruck.

In Mexiko beispielsweise wurde entweder die „königliche Kapelle" für die Oberschicht neben die Kirche gebaut oder noch häufiger die den Weißen vorbehaltene Kirche seitwärts in Richtung auf einen ‚patio' (Hof) geöffnet, auf dem die Indianer während der Messe verharrten. In Brasilien waren die Kirchen und Kapellen ebenfalls meist zweigeteilt in Kirchenschiff und Eingangssäulenhalle. Der Platz der Weißen war im Schiff, derjenige der Indianer und Afrikaner in der Eingangshalle und davor. Die Abhängigen waren also gleichzeitig mit ihren Herren in deren Kult vereint und doch als niedere Wesen räumlich von ihnen getrennt. Andernorts wurden in den Kapellen der brasilianischen Großgrundbesitzer zu verschiedenen Uhrzeiten Messen für die Sklaven und die herrschaftliche Familie abgehalten. In den städtischen Kirchen war der Platz der Bruderschaften der Farbigen in einer der Seitenkapellen. Und in den brasilianischen Kathedralen oder Parochialkirchen, in denen die rassischen und sozialen Schranken aufgehoben werden sollten, wurden sie in Form verschiedener Kopfbedeckungen bei den Damen und Sklavinnen aufrechterhalten[10].

Der patriarchalische Katholizismus ist eine Form von „Staatsreligion", die den von den Kolonialherren geschaffenen status quo sanktionierte. Während in Spanisch-Amerika der Einfluß der Zentralverwaltung überwog und die Machtentfaltung der Großgrundbesitzer in gewissen Grenzen hielt, waren in Brasilien ein ‚senhor de engenho' oder ein ‚fazendeiro' fast absolute lokale Patriarchen. Und während in der spanisch-amerikanischen Kirche die *Figur des ‚cura'* (Weltpriester) eine gewisse selbständige Bedeutung erlangen konnte, gab es in Brasilien praktisch nur in den Reihen der Gesellschaft Jesu einen unabhängigen Klerus und auch da nur unter jenen, die sich der Arbeit in den Missions-aldeias widmeten.

Der Priester ist in Brasilien traditionellerweise ein dem ländlichen Patriarchen untergeordneter Kaplan, ein Erzieher der privilegierten Jugend, Patenonkel der Großfamilie und geistlicher Ratgeber der Familie. Wie der Verwalter (feitor) die Überwachungs- und Polizeifunktionen des lokalen Patriarchen nahm der Pater seine reli-

---

[8] Bastide 1971 I, 157 spricht von „patriarchalischer Religion", Hoornaert 1974, 73ff von „patriarchalischem Katholizismus".

[9] Bastide aaO 157 in bezug auf Brasilien oder Queiroz 1971, 157, die von den „brasilianischen Katholizismen" spricht unter Bezug auf Azevedos (1953, 253) ersten Versuch einer Typologie des brasilianischen Katholizismus.

[10] Bastide aaO 158 und 168. Die Sklavinnen hüllten Kopf und Körper in schwarzes Tuch. Die Damen warfen sich eine Mantille aus feinster Wolle über das Haupt. Galeano 1972, 67 erwähnt, daß die Afrikaner in Brasilien zwar zur Teilnahme an der Messe verpflichtet waren, sich aber dem Choraltar nicht nähern und das Kirchengestühl nicht benutzen durften.

giösen und erzieherischen Funktionen wahr. Visitationen eines Bischofs gehörten zu den größten Seltenheiten. Wegen der großen Entfernungen zwischen den landwirtschaftlichen Betrieben kam es kaum zu Kontakten zwischen Gruppen von Christen und auf Grund der Abhängigkeit der Priester von den Herren auch nicht zu echter Gemeindebildung. Nicht der Priester prägte die Mentalität seiner „Gemeinde", sondern der Herr, dessen ausführendes Organ er war. In einem solchen sich auf religiöse Assistenz beschränkenden Katholizismus brauchte auch die Liturgie nicht verständlich zu sein. „Das Lateinische wurde die Sakralsprache des patriarchalischen Katholizismus schlechthin." Hoornaert kommt zu dem Schluß, daß der patriarchalische Katholizismus ein Synkretismus zwischen dem iberischen Katholizismus und der Umwelt der Sklavenhaltergesellschaft Brasiliens bzw. der Kommendengesellschaft im spanischen Gebiet ist. Er ist weniger geprägt von der befreienden Botschaft des Evangeliums als von der Heiligung des Paternalismus der Herren und der Unterwerfung und Treue der Abhängigen und Sklaven, so daß die Religion eine ähnliche Funktion hat wie in der Sklavengesellschaft der Antike[11].

Die privilegierte Stellung der Herren, die durch Aufnahme in traditionelle Ritterorden Spaniens und Portugals, durch Verleihung von Offizierspatenten etc. von den Kronen geadelt wurden, kam auch in der bevorzugten Spendung der Sakramente zum Ausdruck. Während in Europa die Hostien nur im Krankheitsfalle in Häuser gebracht wurden, fanden es die Damen in Brasilien im 17. Jahrhundert standesgemäß, ihren Beichtvater zu Hause zu empfangen, dort sogar die Messe zu hören und zu kommunizieren. Noch im 19. Jahrhundert war es ein häufiges Schauspiel, daß ein Priester sich in einer Sänfte von zwei Sklaven bei Glockengeläut mit dem Allerheiligsten durch die Straßen tragen ließ, wobei sich die einfachen Leute respektvoll verneigten[12].

Der patriarchalische Katholizismus entfaltete sich vornehmlich im Zeichen des *Kolonialbarock*. Nimmt man die knapp 400 aus dem Indienarchiv veröffentlichten Baupläne für öffentliche Gebäude in Amerika und auf den Philippinen zum Maßstab, dann wurden weniger als 6 % der wichtigen Gebäude und Kirchen vor 1610 gebaut[13], d. h. das Gros der endgültigen Bausubstanz entstand im Zeitalter des Barock. Nach dem Kopernikanisch-Brunoischen Schock, der den Zusammenbruch des vorbarocken schützenden Weltgehäuses zur Folge hatte, wurde die durch die Erkenntnis der Unendlichkeit des Universums hervorgerufene Weltangst u. a. durch die Barockkirchen kompensiert. Ihre Kuppeln bildeten gleichsam einen Fluchtraum, einen neuartig gewölbten Sphärenhimmel, was sich auch daran zeigt, daß sehr oft die aufsteigenden Rangordnungen von den Bekennern, zu den Seligen, den Heiligen, den Engelordnungen bis zu Gottes Thron dargestellt wurden[14]. So sehr dieser Wunsch nach Geborgenheit auch oder gerade die Spanier und Portugiesen in der Fremdheit der Neuen Welt beseelt haben mag, so wenig bestand doch hier das Bedürfnis der Gegenreformation, die Gläubigen und die Protestanten mit dem verwirrenden Glanz der Barockkunst in den Bann der römisch-katholi-

---

[11] Hoornaert 1974, 37ff; Rolim 1965, 15 bemerkt: „Man kann behaupten, daß ein Katholizismus der Zurschaustellung und des Sozialprestiges, der mehr zur Bildung einer patriarchalischen Gesellschaft als zu einer religiösen Integration diente, aus der Einheit der kolonialen Vergangenheit geboren wurde. Das ging so weit, daß es mit den Jahren schwer wurde, zwischen den zwei Dingen zu unterscheiden: ein Katholik zu sein und ein Brasilianer zu sein."

[12] Hoornaert aaO 8of.   [13] Kelemen 1967, 239.

[14] Vgl. Philipp 1963, XXVIIff.

schen Kirche zu ziehen, es sei denn, man sähe darin auch ein wirksames Mittel der Mission. Die aus dem griechisch-römischen Kontext der Mittelmeerwelt nach Amerika verpflanzte verschnörkelte und überladene Kirche des Barock eignet sich zwar für triumphale Feiern, pompöse Zeremonien, Festmusiken und rhetorischen Überschwang, ist aber wenig geeignet, zur Entstehung des Glaubens an den Gott beizutragen, der sich in Jesus den Demütigen und Elenden zugewandt hat[15].

Ungenügend erforscht ist indes die Frage, inwieweit eine innere Affinität zwischen dem patriarchalischen Katholizismus und dem barocken Triumphalismus der römischen Kirche bestand. Das koloniale Amerika ist eine Schöpfung des barocken Stils. Die Eroberung der Neuen Welt wurde als ein Sieg der Kirche und Christi dargestellt. Das Mittelalter hat keinen Kult der Kirche gekannt. Die Heiligen waren hoch spezialisierte Verteiler bestimmter Gnadenerweise. Comblin macht darauf aufmerksam, daß erst das nachreformatorische Zeitalter der Restauration der römischen Kirche einen direkten Kult der Kirche hervorgebracht hat, der seinen künstlerischen Ausdruck in dem die römische Kirche glorifizierenden barocken Stil fand. Die Heiligen galten fortan als Erweis der Heiligkeit der Kirche. Dies wird besonders in den Bildergalerien der Heiligen der Gesellschaft Jesu deutlich, die in den Residenzen die Heiligkeit und den Triumph der Kirche sichtbar demonstrieren sollen. Die Weltangst wurde kompensiert durch einen heroischen Optimismus, der sich auch in der barocken Kirchenarchitektur manifestierte. Aber zumindest in Brasilien wurde der heroische Stil nicht von der Volksfrömmigkeit rezipiert. Heroische Missionare wie Nóbrega und Anchieta erlangten in der Volksmentalität nie einen mit Antonius von Padua, Petrus oder Sebastian vergleichbaren Ruhm. Niemand kam auf die Idee, zu ihnen zu beten. Die „Brasilianer" erkannten sich in ihnen nicht wieder. Und der Impuls, der die herrlichen Kirchen von Salvador entstehen ließ, ging ebensowenig auf sie über wie jener, der zur Gründung der Missionsdörfer führte. Aus dem Zusammenleben mit jenem Lebensstil übernahmen die Brasilianer indes ein umfassendes, kindliches Vertrauen in die Macht der römischen Kirche, aus dem gleichzeitig ein Vertrauenskredit für deren Klerus erwuchs[16].

Der „Glanz der kirchlichen Architektur" des Kolonialbarock in Städten wie Quito, Lima, Mexiko oder Salvador (Bahia) „bildete den passenden Rahmen für den theatralischen Katholizismus des 17. Jahrhunderts". In Quito, das damals den Ruf eines „Heiligtums kolonialer Kunst" erwarb, entstanden auf weniger als 8 km^2 zehn elegante Kirchen und ebensoviele prächtige Klöster. In der Malerei breitete sich der Ruf der Schulen von Quito und El Cuzco in ganz Südamerika aus. Zum Bild dieses Katholizismus gehörte auch eine barocke Vielfalt von Laienkongregationen und Bruderschaften, die z. B. in Lima von den Jesuiten besonders gefördert worden ist.

1659 gab es in Lima allein 13 unter der Obhut des Jesuitenkollegs San Pablo stehende Kongregationen, nämlich der spanischen ‚caballeros' der Oberklasse, der jungen spanischen Händler und Kaufleute, der Universitätsstudenten, der Gymnasialschüler, der akkulturierten Indianer (ladinos), der peruanischen Indianer, der aus Chile stammenden Indianer, der im Lande geborenen Neger (negros criollos), der Mulatten, der in Afrika geborenen Neger (negros bozales), der spanischen, indianischen und schwarzen Kinder. Ihre Veranstaltungen wie auch ihre Prozessionen hat-

---

[15] Vgl. Hoornaert 1974, 127.   [16] Comblin 1966, 584ff.

ten in hohem Maße eine unterhaltende Abzweckung. Die religiösen Prozessionen boten volkstümliche Unterhaltung in der lustigen Atmosphäre einer Parade mit leichter Musik und Gesang, Zurschaustellung der Roben und einem großen abendlichen Feuerwerk. Das Feuerwerk in der Luft, das oratorische Feuerwerk der Redner und Prediger des Jesuitenkollegs, die gefühlsbetonte Poesie des Gymnasiums und das barocke Theater auf der Gymnasialbühne entsprachen demselben überschwenglichen barocken Geist und seiner Mentalität. Für die exklusive Kongregation ‚Unsere liebe Frau von O', deren Ehrenmitglieder Papst Innozenz XI. und König Carlos II. von Spanien waren, diente auch die öffentliche Fürsorge der Betonung des eigenen Status, und sie vollzog sich in barocken Formen. So wurde mit umfangreichem Ritual ein üppiges Bankett delikatester Speisen auf Gold- und Silbergeschirr der reichen Familien durch die Straßen Limas zum San Andrés-Hospital getragen, und zwar unter lebhafter Anteilnahme der armen Zuschauer am Straßenrand und der Frauen und Töchter der Reichen auf den Balkonen, unter musikalischer Begleitung einer Negerkapelle. In einer Art frommen Selbstbetrugs wuschen dann die feinen Herren den Patienten die Hände und bedienten sie mit Hilfe von Nonnen.

Der Glanz der äußeren Zurschaustellung der Religion stellte die innere Frömmigkeit weit in den Schatten. „Die Pracht des Kultes stand in scharfem Kontrast zur öffentlichen und privaten Unmoral." Die peinliche Beachtung der religiösen Rituale ging Hand in Hand mit „einer systematischen Mißachtung der ethischen und moralischen Implikationen, die jene Rituale symbolisierten". Die Betonung des religiösen Pathos verdeckte bei den königlichen Beamten wie bei der kreolischen Oberschicht nur dürftig die Habgier und Zügellosigkeit. Die Fülle der Mestizen und Mulatten ist ein beredtes Zeugnis für die bedenkenlose Promiskuität der Spanier und Portugiesen. Außerdem verbarg sich in vielen Kolonialstädten hinter dem Pomp und Flitter der barocken Fassade die Situation einer rohen und primitiven Frontstadtgemeinde[17].

Aber der patriarchalische Katholizismus war nicht nur in der Hinsicht durch eine *doppelte Moral* gekennzeichnet, daß äußerer Schein und innere Haltung nicht übereinstimmten, sondern auch dadurch, daß er eine unterschiedliche Moral für die Herren und für die Abhängigen vertrat. Nicht „ökonomische Tugenden"[18] sondern die mittelalterliche „Heiligung des Almosens" blieb für die lateinamerikanische Herrenschicht bestimmend. Verachtung von Geld und wirtschaftlichem Denken war gepaart mit ostentativem Luxus, verschwenderischer Gastfreundschaft, Freude an aufwendigen Festen und Sorglosigkeit gegenüber der Zukunft[19]. Sagenhaft kostspielige öffentliche Feiern wurden in den kolonialen Hauptstädten anläßlich der Geburt spanischer Thronfolger, der Beerdigung von Königen und Königinnen und der Huldigung für Thronfolger abgehalten. Einen Höhepunkt besonderer Art bildeten 1603 die Feiern zur

---

[17] Zu Lima und den Bruderschaften vgl. Martin 1968, 131ff; zu Quito und der Ethik der Oberschicht vgl. Phelan 1967, 177; zum Theater vgl. 23 Anm. 54. In Brasilien stand es mit der Ethik nicht besser, wie Rolim 1965, 16 bemerkt. Der Traditionskatholizismus hat zwei Verhaltensweisen hervorgebracht, die eine bezieht sich auf die Erfüllung der religiösen Pflichten, die andere auf das moralische Verhalten. Und letzteres steht in offenem Widerspruch zu den religiösen Akten. Die eine Verhaltensweise bezeichnet den Kirchenraum, die andere die Welt vor den Toren der Kirche.

[18] Vgl. zu den „ökonomischen Tugenden" Max Webers (1864–1920) These über den Einfluß des Kalvinismus auf die angelsächsische Wirtschaftsethik in: Die Protestantische Ethik und der Geist des Kapitalismus.

[19] Hoornaert 1974, 83f.

Kanonisation des spanischen Heiligen Ramón de Penyafort OP, die sich z. B. in Quito über 15 Tage erstreckten. Diese öffentlichen Feste waren die spanische Version der römischen Zirkusspiele[20]. Die Brocken, die bei diesem Luxus von der Herren Tische fielen, waren die Almosen für die Armen und Abhängigen, Ausdruck einer Mentalität, nach der gelegentliche Hilfe für die Armen den moralischen Anforderungen an einen christlichen Lebenswandel genügt. Diese *Flucht aus der sozialen Verantwortung*, die die grundsätzliche Gleichheit aller Menschen mißachtet und den Assistenzialismus und Paternalismus zu Tugenden erhebt, nennt Hoornaert eine „Sakralisierung des Almosens". Der Assistenzialismus, jene Haltung, die ungerechte Strukturen durch Hilfe in Form von Almosen etwas erträglicher macht, ohne sie zu ändern, „gründet sich auf eine verlogene Situation, in der der Erbe der Invasoren sich gegenüber den Enterbten des Landes so aufführt, als wäre er der legitime Herr dieser Länder". Uneingestandene Ängste um ihren Grundbesitz, die geradezu neurotische Formen annehmen können, machen bis heute jede sachliche Diskussion über Agrarreformen in Lateinamerika unmöglich. Die überreiche Behängung von Statuen der heiligen Familie und vieler Heiliger mit Gold-, Silber- und Diamantenschmuck kann auch als ein Versuch gedeutet werden, Besitzansprüche mit Hilfe der Religion zu sichern[21].

Auch die *religiöse Etikette* diente zur Stabilisierung des gesellschaftlichen Status quo.

So begrüßten in Brasilien die Sklaven morgens ihren Herrn mit „Gelobt sei Jesus Christus". Und dieser antwortete „In Ewigkeit". Danach verteilte er die Arbeiten. Abends grüßten einige ihren Herren mit einem Kniefall, andere baten ihn: „Vater, gib mir deinen Segen", andere küßten die Hand ihres Herrn[22]. Streng wurde auf die genaue Beachtung der gesellschaftlichen Hierarchie in der Öffentlichkeit geachtet. Dabei kam es im Zeichen des Regalismus nicht selten zu Streitigkeiten über die Rangordnung zwischen weltlichen und geistlichen Würdenträgern, wie auch die Orden in gewissen Abständen immer wieder von Auseinandersetzungen zwischen spanischen und kreolischen Mönchen erschüttert wurden[23]. In Brasilien war die Trennung zwischen den einzelnen gesellschaftlichen Gruppen so strikt, daß man schließlich sogar offiziell von einer „weißen Kirche" und einer „schwarzen Kirche" sprach. Hier wie in Spanisch-Amerika gab es endlose Diskussionen und Streitigkeiten, die die kirchliche Justiz beschäftigten, über den Vorrang der verschiedenen Gruppen bei Prozessionen, Festumzügen und Beerdigungen[24]. Dabei war jede Gruppe, also die Herren, die verschiedenen Zünfte, die Mestizen, die Mulatten, die Indianer und die Schwarzen in verschiedenen Bruderschaften organisiert.

Die doppelte Moral der Herren wirkte sich gegenüber den Abhängigen so aus, daß ihnen eine *konformistische Ethik* gepredigt wurde (vgl. 222). Hierbei kam es zu den eigenartigsten Widersprüchen. Während Antônio Vieira SJ z. B. für die Indianer in den Missions-aldeias von Maranhão eine Art Theologie der Befreiung entwarf, predigte er den Schwarzen, daß ihre Arbeit und ihr Leben in höchstem Maße dem Leiden Christi glichen. Nicht Juden und Heiden waren nun also die Verfolger Christi, sondern katholische Herren[25].

Der Geist und die Frömmigkeit der Eroberer und Kolonialherren kam in ihren Gnadenbildern zum Ausdruck. Im 16. Jahrhundert symbolisierten sie

---

[20] Phelan 1967, 180f.
[22] Bastide aaO 161.
[24] Bastide aaO 165ff.
[21] Hoornaert 1974, 83ff.
[23] Phelan aaO 183.
[25] Hoornaert 1974, 86ff.

Schutz auf gefährlicher Seereise, Dankbarkeit für die Bewältigung der Gefahren des Meeres und Staunen angesichts der Schönheit und der Geheimnisse der Neuen Welt. Dafür einige Beispiele aus Brasilien: Die Karavelle Cabrals (1500) hieß „Unsere liebe Frau der Hoffnung", das Bild des ersten Portugiesen in Bahia, Caramuru, „U. l. Fr. der Gnade" (1530). Seit 1550 wird in Bahia „U. l. Fr. der Wunder" verehrt. Die Flotte des ersten Generalgouverneurs, Tomé de Sousa, brachte 1549 „U. l. Fr. der Hilfe" und „U. l. Fr. der Empfängnis" mit. Aber bald wurde die Marienfrömmigkeit von dem auf der Kreuzzugtradition beruhenden kriegerischen Katholizismus durchtränkt und damit zur Legitimierung der Machtansprüche der Eroberer mißbraucht. Die zweite Kirche Salvadors wurde anläßlich eines Sieges über Indianer von Álvaro de Castro „U. l. Fr. des Sieges" geweiht (1555); „U. l. Fr. des Sieges" in Paraguaçu erinnert an den Sieg Mem de Sás über die „Heiden" (1559). Die Reihe ließe sich beliebig verlängern. Sie findet ihren Höhepunkt in „U. l. Fr. der Freuden" (Nossa Senhora dos Prazeres) in den Guararape-Bergen bei Recife, eine Kapelle, die der portugiesische Kommandant Francisco Barreto 1656 nach dem endgültigen Sieg über die Holländer (1654) bauen ließ. Wie „U. l. Fr. des Rosenkranzes" an den Sieg über die Türken in der Seeschlacht von Lepanto (1572) so erinnert Guararape daran, „daß hier Unsere liebe Frau auf der Seite der Christen gegen die feindlichen Ketzer gekämpft hat".

Während das einfache Volk den hl. Antonius von Padua als Heiratsvermittler, Helfer bei der Suche nach verlorenen Objekten, Helfer bei der Lösung schwieriger Probleme, Helfer der Kranken und Arbeitsvermittler verehrte, machte der patriarchalische Katholizismus in Brasilien aus ihm einen Kriegsheiligen par excellence. Von vielen Stadträten, ja sogar von der portugiesischen Krone wurden ihm zahlreiche Offizierspatente zugesprochen. Es lag offenbar im Interesse der Oberschicht, auf diese Weise im Rahmen des Vorsehungsglaubens den einfachen Mann für Kriege zu begeistern, die in Wirklichkeit nur den Besitzenden dienten. Ähnliche Bedeutung als kriegerische Heilige hatten Kosmas und Damian, der hl. Sebastian und St. Georg in der brasilianischen Tradition, während im spanischen Bereich die kriegerischen Eigenschaften von Georg dem Bilde des hl. Jakobus (Santiago) assimiliert wurden, dem wichtigsten Kriegsheiligen der spanischen Conquista. Auf derselben Linie des Versuchs christlicher Legitimierung der Eroberung liegt es, daß auf offiziellen Darstellungen alle Persönlichkeiten der portugiesisch-brasilianischen Kolonialgeschichte im Gewand der Christusritter dargestellt werden, mit jenem roten Kreuz auf weißem Grund, das schon die Kreuzritter trugen, wie man auch die Verbindung iberischer Landnahme-Zeremonien mit der Kreuzzugtradition nachweisen kann.

Die *Sakralisierung der Ziele der Monarchen und der Oberschicht*, die zur Erzeugung der religiösen Begeisterung der Massen nützlich war, deren Unterstützung sie bedurften, läßt sich in der ganzen Kolonialzeit zeigen. Man versicherte sich des Schutzes der Himmelsmächte für den eigenen Besitz, sei es, indem man bei der Gründung jeder Stadt Schutzpatrone bestimmte, deren Feste jährlich überschwenglich begangen wurden, sei es, indem João IV. am Fest Mariä Himmelfahrt 1646 alle portugiesischen Kolonien der Unbefleckten Empfängnis weihte, sei es, indem man Heiligenfiguren auf den Hausaltar stellte[26]. Man sicherte die Dauerhaftigkeit der etablierten gesellschaftlichen Ord-

---

[26] Vgl. Hoornaert 1974, 36ff; Dussel/Esandi 1970, 127; Diekhans 1951.

nung durch den offiziellen Katholizismus, der lückenlos alle Lebensbereiche erfaßte. Jeder war darauf angewiesen, sich an religiöse Institutionen wie Parochien, Bruderschaften, religiöse Genossenschaften und in Brasilien die ‚Santa Casa' zu wenden, sei es, um Arzneien zu bekommen, ein Haus zu kaufen, der Tochter eine Mitgift zu verschaffen, Geld zu leihen, Arbeit zu bekommen und schließlich ein Grab zu erhalten. Allein schon, um sich vor der Inquisition zu schützen, empfahl es sich, die Plantage, den Handwerksbetrieb oder das Handelshaus durch die Anrufung eines Heiligen und die Benennung nach seinem Namen zu schützen[27].

Als besondere Form des patriarchalischen Katholizismus kann man den in Gebieten der Edelmetallgewinnung, also z. B. in Potosí oder Minas Gerais, entwickelten ‚catolicismo minero' ansehen. Die Exponenten dieses *Minen-Katholizismus* waren die Verwaltungsbeamten und die Händler, die mit reichen Stiftungen zum Bau und zur Unterhaltung prächtigster Kirchen beitrugen und glänzende Prozessionen und Feste finanzierten und so die Weiterführung der Lehre einer konformistischen Moral durch den von ihnen abhängigen zahlreichen Klerus sicherstellten. In Spanisch-Amerika stand der Minen-Katholizismus bereits im 17. Jahrhundert in voller Blüte, während seine Entwicklung in Brasilien etwa mit der Regierungszeit von João V. (1706—1750) zusammenfiel und eine Epoche steil ansteigenden Interesses der Metropole für die plötzlich so ertragreiche Kolonie einleitete, mit der Einführung einer absolutistisch-zentralisierten Verwaltung, verstärktem Regalismus, vorwiegend portugiesischem Klerus in Minas Gerais und der Aufstellung der ersten stehenden Truppe. Daher war auch der Minen-Katholizismus stärker von portugiesischen Frömmigkeitselementen geprägt als der mehr im Lande entwickelte patriarchalische Katholizismus der Plantagen.

Der Minen-Katholizismus war vom städtischen Milieu geprägt. Ein wahres Heer von Weltpriestern zweifelhafter Ausbildung betätigte sich in Minas Gerais in der Funktion von Kaplänen für Bruderschaften, Drittorden, ‚Santas Casas' und andere autonome Einrichtungen. Im brasilianischen ‚catolicismo mineiro' spielte die Mission gar keine Rolle. In Minas Gerais hat es keine Missions-aldeias gegeben. Die Religion zeigte unverhüllt ihr vom Kolonialismus geformtes Gesicht. „Eucharistische Triumphe" wie der berüchtigte von 1733, mit dem repressive Aktionen von 1709 und 1720 in Vila Rica de Ouro Preto gefeiert wurden, machen deutlich, wie sich die koloniale Staatsmacht massiv von Gott legitimieren lassen wollte und dazu die Hostienfrömmigkeit mißbrauchte. „Die in den Händen des Priesters getragene geheiligte Hostie, aufs engste umkreist von der repressiven Obrigkeit, bezeichnete symbolisch den Triumph der kolonialen Ordnung". In bezug auf den Minen-Katholizismus in allen Teilen Amerikas kann man feststellen, daß er „eine Religion des Luxus und der Zurschaustellung oberhalb des allgemeinen Elends" war[28].

Die folgende Beschreibung der Frömmigkeit im kolonialen Potosí macht deutlich, wie sehr der patriarchalische Katholizismus, bzw. seine Sonderform, der Minenkatholizismus, von Elementen der Volksfrömmigkeit durchtränkt war:

---

[27] Hoornaert ebd. 17ff.

[28] Das Jahr 1709 bezeichnet die sogenannte ‚Guerra dos Emboabas' zwischen Neueingewanderten in Minas Gerais und den Paulistanern, die ihre Vormacht dort sichern wollten, und 1720 eine Erhebung in Ouro Preto gegen das Kolonialregime. Vgl. Hoornaert aaO 88ff und 49ff. Zum Ausdruck „Minenkatholizismus" vgl. Anm. 7; zur „Volksreligion" in Minas Gerais, ferner Carrato 1968, 27ff.

„Wie die Festessen und die Stierkämpfe, die Bälle und die Feuerwerke war auch der mit allem Luxus vollführte religiöse Kult letzten Endes ein Nebenprodukt der indianischen Sklavenarbeit gewesen. Die Kurpfuscherei und die Hexerei waren bei dem der kolonialen Gesellschaft eigenen Delirium der Inbrunst und der Schreckensbilder nicht von der rechtmäßigen Religion zu trennen. Die Letzte Ölung mit Glockengeläute und Pallium wie auch die Kommunion konnten den mit dem Tode Ringenden heilen, wenn auch ein saftiges Testament zur Errichtung eines Gotteshauses oder eines Silberaltars weitaus wirksamer war. Man bekämpfte das Fieber mit den Evangelien: Die Gebete in bestimmten Klöstern erfrischten den Körper; in anderen spendeten sie Wärme. ‚Das Credo war frisch wie die Tamarinde oder der süße Salpeter und das Salve warm wie die Orangenblüte oder der Bart am Maiskolben...'"[29]

253 Das Spektrum des Volkskatholizismus

Bis in die jüngste Zeit hinein hat die römische Kirche alle Äußerungen des Volkskatholizismus mehr oder weniger unkritisch unterstützt. Die Woche für Internationale Katechese in Medellín im Jahre 1968 markiert einen Wendepunkt für das traditionelle Denken in Begriffen der „Christenheit", das für den lateinamerikanischen Kirchenbegriff bis dahin charakteristisch war. Mit Medellín begann eine kritische Bestandsaufnahme der Phänomene des Volkskatholizismus in kleineren Untersuchungen und Reihen wie „El Catolicismo Popular En La Argentina", in denen Gruppen von Wissenschaftlern diesen Fragenkomplex in soziologischer, biblischer, psychologischer, ethnologischer, historischer und pastoraler Sicht untersuchen[30]. Dabei bemühen sich die Autoren, den Volkskatholizismus nicht von einem wie auch immer definierten „universalistischen Katholizismus"[31] oder von protestantischer Religionskritik (Kierkegaard, Barth, Bonhoeffer) her abzuurteilen, sondern ihn aus der Situation der entsprechenden gesellschaftlichen Gruppen zu erklären und seinen christlichen und kulturellen Wert aus lateinamerikanischer Sicht neu einzuschätzen. Auf der ebenfalls 1968 in Medellín abgehaltenen CELAM-Konferenz wurde die ‚religiosidad popular' definiert als „Frucht einer Evangelisation der Zeit der Eroberung, mit spezifischen Merkmalen. Es ist eine Frömmigkeit der Gelübde und Versprechen, der Wallfahrten und einer Vielzahl von Frömmigkeitsäußerungen, die auf dem Empfang der Sakramente, besonders der Taufe und der Erstkommunion, beruhen, deren Empfang mehr gesellschaftliche Implikationen hat als einen echten Einfluß auf die christliche Lebenspraxis"[32]. Diese weitmaschige Definition der heutigen Volksfrömmigkeit kann hier

---

[29] Gustavo Adolfo Otero, Vida social en el coloniaje, La Paz 1958 o. S. zitiert nach Galeano 1972, 46.
[30] Koordinator dieser wesentlich von der United States Catholic Conference finanzierten argentinischen Forschungsreihe ist der Soziologe A. J. Büntig Pbro.
[31] Den Begriff „offizieller" oder „universalistischer Katholizismus" benutzt Queiroz 1971, die sich auf die Typologie von Azevedo bezieht. Comblin 1968 wendet sich gegen eine simplifizierende Aburteilung des Volkskatholizismus als „degenerierte Form des offiziellen Katholizismus" (aaO 47). „Der offizielle Katholizismus, definiert durch Theologie und kanonisches Recht, hat nie existiert. Es gibt konkrete Systeme, die durch eine gewisse christliche Imprägnierung verschiedener Kulturen gebildet sind. Aber das reine, offizielle Christentum gibt es nicht." Daher genügen auch die Kategorien von Émile Pin, Elementos para uma sociologia do catolicismo latino-americano, Petrópolis 1966, nicht (aaO 48).
[32] Medellín 1968, 89, Abschnitt 6: Pastoral Popular.

als grobe Skizzierung auch für den Volkskatholizismus der Kolonialzeit dienen.

Innerhalb des Volkskatholizismus kann man als lateinamerikanisch alle Elemente ansehen, die aus dem Erlebnis eines neuen Lebensraumes und aus dem Zusammenstoß amerindischer und afrikanischer Religionen mit der iberischen Frömmigkeit entstanden sind, die nachstehend allerdings nicht im einzelnen aufgezeigt werden können. Es liegt auf der Hand, daß sich die *iberische Volksfrömmigkeit* in Zonen, in denen es kaum zum Zusammenleben von Kolonisten mit Indianern oder Afrikanern kam, relativ unvermischt erhalten hat. Dies ist z. B. der Fall in Gebieten mit familiärer Subsistenzwirtschaft und Viehzucht in Süd- und Nordbrasilien. Angesichts des Priestermangels in diesen armen Regionen übernehmen hier Kenner der Rituale des Volkskatholizismus nebenamtlich kultische Funktionen als „Kaplane", „Beter", „Novenenbeter" (puxadores de novena), ‚beatos' im Norden und „Mönche" im Süden des Landes[33].

Die von allen Beobachtern bemerkte *Hinwendung der Volksfrömmigkeit* in der Kolonialzeit *zu „dieser Welt"*, deren Probleme man vornehmlich mit Hilfe des Kultes „wundertätiger" Heiliger, um deren Gunsterweisungen sich alles drehte, zu bewältigen suchte[34], muß im Zusammenhang mit der mittelalterlich iberischen Weltanschauung gesehen werden. Sie war erfüllt von *Vorsehungs- und Wunderglauben*, weil es ihr fehlte am „Bewußtsein eines Dualismus, einer Teilung, eines Nebeneinanders zwischen Mensch und Gott: der Mensch von Fleisch und Blut und die Transzendenz besitzen beide die gleiche Realität"[35]. Im Rahmen dieses von der Vorsehung bestimmten Weltverständnisses, das Lateinamerika bis ins 18. Jahrhundert hinein prägte, wurden alle positiven Ereignisse im Leben wunderhaft gedeutet. Es waren also nicht eigentlich Spanier und Portugiesen, die in der Neuen Welt agierten; vielmehr wirkte die göttliche Vorsehung durch sie.

Nicht die Portugiesen siegten am 27. September 1535 in Igaraçu (PE) über die Indianer, sondern die Tagesheiligen Kosmas und Damian, denen Kapitän Afonso Gonçalves vor dem Kampf für den Fall des Sieges den Bau einer Kapelle gelobte. Sie ist heute das wohl älteste erhaltene Bauwerk Brasiliens. Von Anfang an entwickelte sich ein starker Heiligenkult in Igaraçu. Kosmas und Damian wurden zahlreiche Wunder nachgesagt[36]. Noch heute erinnert ein Gemälde im Antonius-Konvent des Ortes daran, wie die Heiligen im 17. Jahrhundert die vordringenden Holländer mit Blindheit geschlagen und dadurch abgewehrt haben sollen. Der unerschütterliche Glaube an die Vorsehung spricht aus einer Fülle von Urkunden, Gemälden, Bauwerken, geographischen und topographischen Namen. Die Flotte, die König Manuel 1501 zur Erforschung der brasilianischen Küste aussandte, hat Orte, Buchten, Flüsse, Inseln, Kaps und Häfen einfach nach den Heiligen des entsprechenden Entdeckungstages benannt, z. B. den St. Franziskus-Fluß (4. Oktober), die Allerheiligen-Bucht (Bahia de Todos os Santos, 1. November), die am 1. Januar 1502 entdeckte vermeintliche Flußmündung „Rio de Janeiro", São Vicente (22. Januar) etc.

„Die göttliche Vorsehung bestimmte den Rhythmus des Lebens, des Jahres, der Kriege und der Friedenszeiten, der Hoffnungen und der Ruhmestaten. Noch heute

---

[33] Queiroz 1971, 174f.   [34] So u. a. Azevedo 1969.
[35] Grossmann 1969, 106.
[36] Hoornaert 1974, 107 nennt für die Schlacht in Igaraçu das Jahr 1530, während der Verfasser bei einem Besuch am Ort den Hinweis auf das Jahr 1535 fand, das auch S. Camargo 1965, 174 nennt.

spricht das einfache Volk im Landesinneren vom ‚Monat' des hl. Johannes, der hl. Anna und Weihnachtens. Der Himmel scheint der Erde nahe zu sein, die Vorsehung ist an unseren menschlichen ‚Erfolgen' interessiert." Krisenmomente der Kolonialgeschichte wurden von den Zeitgenossen als Eingriffe der göttlichen Vorsehung gedeutet, und zwar immer in Übereinstimmung mit den Zielen der Herrschenden. Sogar brutale Abenteurer wie die Bandeiranten zogen „mit langen Rosenkränzen am Hals" durch den Urwald und waren untröstlich, wenn einer der Ihren ohne Beichte und Letzte Ölung verschieden war[37].

Der Vorsehungsglaube der Eroberer war den Indianern und Afrikanern verhältnismäßig leicht verständlich, wirkte in ihm doch genau wie in ihrem magischen Weltverständnis animistische Weltangst weiter[38].

Das Verhältnis Mensch—Natur bei den Indianern kann man auf die Formel bringen: „Spiritualisierung des Natürlichen bei gleichzeitiger Kosmisierung des Menschlichen. Für den Indianer ist die ganze Natur beseelt von Geistern. An der peruanischen Küste heißen sie ‚huacas' (vgl. 1143), in Mexiko ist die Erde ‚das Abbild des Himmels'... In der magischen Welt steht der Mensch in der Vorstellung, daß er als Mikrokosmos ein Teil des Makrokosmos sei, die Kräfte der Allheit analogisch auf ihn selber übergingen und er auf diesem Wege, und nur auf diesem Wege, Einfluß gewinnen könne auf die Lenkung des Übersinnlichen"[39]. Diese Einflußnahme wurde noch in den indianischen Hochkulturen mit Beschwörungs- und Austreibungsformeln versucht, mit denen gute Geister zur Hilfe gerufen und böse gebannt wurden. Die Nähe dieser Praktiken zum Glauben an wundertätige Heilige, an Segnungen und Exorzismen liegt auf der Hand. Der „Seelenkult" ist noch heute ein Problem des Volkskatholizismus. In Guatemala z. B. hat man Weihwasser im Haus, um sich vor bösen Geistern zu schützen. An Stätten, an denen jemand verunglückt ist, empfindet man das Bedürfnis, den Geist „zu erheben". Die übertriebene Sorge um die Seelen im Fegefeuer, die besonders in zahllosen Totenmessen ihren Ausdruck findet, liegt auf derselben Linie[40].

Der Vorsehungsglaube als solcher ist synkretistisch. Seine *Tendenz zum Fatalismus bzw. Konformismus* — ‚paciencia' (Geduld) ist ein geflügeltes Wort in Amerika — entspricht ebenso wenig dem Geist des Evangeliums wie seine fast völlige Gleichgültigkeit gegenüber sozialen Problemen des menschlichen Lebens, die schon im Zusammenhang mit dem patriarchalischen Katholizismus angemerkt worden ist. Das Gewicht sozialer Probleme erscheint jenen unbedeutend, die alles von der Rückkehr ihrer Seele in das Haus ihres Vaters erwarten[41]. Die für den lateinamerikanischen „Normalchristen" bis heute charakteristische Trennung zwischen Frömmigkeit und Ethik, die schon bei den Eroberern sichtbar ist (vgl. 122), dürfte u. a. hier ihren Ursprung haben. Com-

---

[37] Hoornaert aaO 105ff; Rolim 1965, 25: Genauso wurden persönliche Schicksalsschläge wie Unglücksfälle, Krankheiten, Sterben als unmittelbarer Ausfluß des Willens Gottes angesehen wie etwa auch eine Dürre.
[38] Vgl. Ossa 1973, 37, die vom modernen Volkskatholizismus bemerkt, er sei soziologisch „als Kontinuität von animistischer Weltangst und moderner Konsumideologie" zu erklären.
[39] Grossmann 1969, 76f.   [40] Flores 1968, 429.
[41] Hoornaert 1974, 105ff; Rolim 1973, 87 macht für den Mangel an Sozialethik den Heilsegoismus verantwortlich. Die Privatfrömmigkeit ist nur darauf bedacht, sich im Diesseits der Hilfe der Heiligen zu versichern und im Jenseits das individuelle Seelenheil zu erlangen. Den *Fatalismus* sieht Rolim (1965, 25) wesentlich durch das jahrhundertelange Zusammenleben der iberischen Christen mit den Moslems bedingt.

blin meint, daß die Trennung von Moral und Dogma durch die anthropozentrische Ausrichtung des Molinismus noch verstärkt bzw. theologisch gerechtfertigt worden sei[42].

Ein Besucher des brasilianischen Nordens wies auf die Diskrepanz zwischen Frömmigkeit und Ethik hin: „Niemand geht ohne großen Rosenkranz in der Hand, kleinem am Hals und einen hl. Antonius am Wanst. Alle sind darauf bedacht, pünktlich beim Angelus-Glockenzeichen auf der Straße zu knien, aber gleichzeitig unterläßt es vorsichtshalber niemand, ohne einen Dolch im Gewande, eine Pistole in der Tasche und einen langen Degen auf der linken Seite aus dem Haus zu gehen."[43] Diese „doppelte Moral" kommt noch heute darin zum Ausdruck, daß man häufig in Omnibussen, Friseurläden, Geschäften und Werkstätten neben Heiligenbildern pornographische Darstellungen sieht, daß als „sehr katholisch" geltende Leute der Oberschicht, die häufig an der Messe teilnehmen und sogar Wallfahrten nach Lourdes, Rom oder in das Heilige Land unternehmen, ihre Bediensteten auf den ‚fincas' mit Hungerlöhnen und menschenunwürdigen Bedingungen vegetieren lassen oder daß Religion in allen Schichten der Lateinamerikaner nicht erst seit der Gegenwart als Frauensache gilt, was ethische Konsequenzen fast nur auf dem Gebiet der Sexualmoral hat, während die Männer diesbezüglich weitgehende Freiheit haben und uneheliche Söhne ihrem gut katholischen Ruf nicht schaden[44].

So sehr der *Vorsehungs- und Wunderglaube* bezeichnend für die ganze Kolonialgesellschaft vor dem Zeitalter der Aufklärung war und kulturell gesehen eine Verlängerung des iberischen Mittelalters auf amerikanischem Boden darstellt, gilt doch zu beachten, daß er *für die beherrschten Schichten geradezu eine lebensnotwendige Kompensation* darstellte, ohne die das Leben unerträglich gewesen wäre. Denn er „verleiht dem menschlichen Leben eine große Einheitlichkeit: alles erfährt eine zureichende Erklärung; die Geschichte ist eine Abfolge von Versprechen und Bezahlungen von Voten; alles ist wunderhaft (Gnade, Erfolg, Sieg) oder Strafe Gottes (Ungnade). Das Wunder zeigt die Heiligkeit, die Strafe Sünde an". Kompensation für ihre elende Lage, Trost und Zuflucht suchten und suchen die unterdrückten Massen bis hin zu einem Anflug von Masochismus auch vor zahllosen Bildern und Statuen, die christliches Leiden ausdrücken. Bilder des rot bekleideten Jesus, der sein Kreuz trägt, Unsere liebe Schmerzensfrau, der hl. Sebastian, durchbohrt von Pfeilen, St. Franziskus mit den Wundmalen Christi und Darstellungen des Leichnams Jesu im Grabe[45] bis hin zu Skulpturen des Leichnams in Lebensgröße im

---

[42] Comblin 1966, 587: „Theoretisch wird nicht bestritten, daß alle Initiative von der Gnade Gottes ausgeht. Aber es gibt eine praktische Regel: glauben, daß alles von Gott kommt, aber tun, als ob alles von uns käme. Die Verbreitung der molinistischen Mentalität hat auch den brasilianischen Charakter tief durchdrungen: die Moral ist von der Frömmigkeit getrennt. Die Moral ist ein Problem des Gehorsams gegenüber den Geboten, um Gott zu gefallen und in den Himmel zu kommen. Viele haben nie eine andere Botschaft empfangen."

[43] Zitiert bei Carrato 1968, 46f.

[44] Flores 1968, 430f; zur Sexualethik vgl. Abschnitt 2111.

[45] Hoornaert 1974, 113 und 86ff. Flores 1968, 430 bestätigt, daß die Auferstehung in der Seele des guatemaltekischen Volkes kein Echo finde und daß die Volksfrömmigkeit geradezu von ‚tristeza religiosa' gekennzeichnet sei. Die Passion Christi, die „Jungfrau der Einsamkeit", die Verstorbenen stünden im Mittelpunkt der Volksfrömmigkeit. Flores kann diesen Widerspruch zwischen „religiöser Traurigkeit" und der gleichzeitig in der Volksseele vorhandenen Tendenz zu ausgelassenen Feiern nur als Kompensation erklären, ohne diesen Schluß näher zu begrün-

Glaskasten wie im Konvent der unbeschuhten Karmelitinnen in Salvador (Bahia). Diese Bilderfrömmigkeit signalisiert einen Teufelskreis: Einerseits sublimieren die Bilder das eigene Leiden, machen es erträglich, andererseits internalisieren sie eine konformistische Ethik, die ihrerseits zur Aufrechterhaltung des status quo, der ungerechten Gesellschaftsordnung, beiträgt und damit das Leiden der Unterdrückten mit deren Hilfe verlängert. So sehr also die 1925 auf dem Congress on Christian Work in South America laut gewordene protestantische Kritik an einer Jesusfrömmigkeit berechtigt ist, die vornehmlich Bezug nimmt auf Darstellungen Jesu als Baby in den Armen Marias oder aber des gekreuzigten Herrn, also gefühlsgeladen ist, erfüllt von mütterlicher Zuneigung oder Mitleid, während die Wirklichkeit des Auferstandenen bedeutungslos bleibt[46], so wird doch übersehen, daß diese Frömmigkeit wesentlich durch die sozio-ökonomischen Verhältnisse bedingt ist. Neueste katholische Untersuchungen kommen deshalb zu dem Schluß, daß man die Probleme der Volksfrömmigkeit nicht allein mit einer dogmatisch korrekten Katechese aus der Welt schaffen kann. Vielmehr müsse die befreiende Kraft des Evangeliums auch in sozialen Reformen Gestalt annehmen, dann werden die Gläubigen die religiösen Daten auch neu interpretieren und neue Ausdrucksformen der Frömmigkeit finden[47] (vgl. 442).

In diesem Zusammenhang muß man auch Teile der *Marienfrömmigkeit* sehen. Nicht nur die Eroberer haben ja Marienkulte eingeführt, um für wunderhafte Hilfe zu danken. Auch die Unterdrückten fanden in der Marienverehrung eine Kompensation. So gehen die heute noch beliebtesten Madonnen der Neuen Welt auf indianische Frömmigkeitserlebnisse zurück.

Die 1737 zur Schutzpatronin der Stadt Mexiko proklamierte Jungfrau von Guadalupe, der 1746 alle Einwohner Neu-Spaniens die Treue geschworen haben, soll im Jahre 1531 wiederholt dem Indianer Juan Diego aus Cuauhtitlán auf dem kleinen Berge Tepeyacac erschienen sein[48]. Das berühmteste Gnadenbild im Andenhochland, die Jungfrau von Copacabana, deren Kirche die größte Verehrung in ganz Südamerika genießt[49], wird auf eine Marienerscheinung Tito Yupanquis, eines Sohnes des Oberpriesters Tota Yupanqui aus höchstem Inka-Adel, Anfang der achtziger Jahre des 16. Jahrhunderts zurückgeführt[50]. Und der Ursprung der Nationalheiligen Paraguays, der „Jungfrau der Wunder von Caacupé", soll auf den christlichen Guaraní José zurückgehen, der die Holzstatue 1603 im See Ypacaraí treibend entdeckt haben soll. Luis de Bolaños OFM hatte José die ‚doctrina' Atyrá anvertraut und den See auf Grund der wunderhaften Entdeckung nach einem Sturm „gesegnetes Wasser" (Ypacaraí) genannt[51].

---

den. Vargas U. 1953ff III, 231 fällt die „Vorliebe für Schmerzensszenen des Lebens Christi" auch auf, aber er kann sie sich nur mit der „besonderen Sensibilität der Eingeborenen" in Peru erklären. AaO 240ff weist er darauf hin, daß in Lima die *Praxis der Frömmigkeit der drei Stunden des Todesleidens Jesu* im Jahre 1660 durch die Bruderschaft ‚Escuela de Cristo' eingeführt sei, die sich durch das Büchlein von P. Alonso Messia, Devoción a las Tres Horas de Agonía de Cristo Nuestro Señor, auch nach Europa ausgebreitet hat.

[46] Montevideo 1925/II; vgl. zu den Darstellungen Christi in der Kolonialkunst Vargas 1964, 55ff zur Schule von Quito.
[47] Vgl. Perani 1974, 73.
[48] Vgl. Überblick bei Zubillaga 1965, 345–54.
[49] Barton 1968, 134.
[50] Ugarteche 1968; vgl. auch Abschnitt 21 Anm. 139.
[51] Paraguay 1968, 37ff.

Es war für die Mission von unschätzbarer Bedeutung, daß die Indianer sich mit Marienbildern identifizieren konnten, die ihre Gesichtszüge und ihre Hautfarbe tragen. „Unsere liebe Frau von Guadalupe" soll vor den Augen von Bischof Zumárraga OFM während eines Besuches von Diego als Abbild auf dessen indianischem Überwurf (ayatl) sichtbar geworden sein. Tito Yupanqui sah Maria in der Gestalt einer zauberhaften jungen Inkafrau mit einem Kind auf dem Arm am Ufer des heiligen Sees, des Titicaca. Und er schnitzte sie, nachdem er bei Bildhauern in die Lehre gegangen war, als „braune Jungfrau" (virgen morena). Und die spätere Patronin Paraguays ist jahrzehntelang von Indianern aufbewahrt und verehrt worden, ehe sie ihren endgültigen Ort in Caacupé fand.

Darüber hinaus ist es bedeutsam, daß die Aufstellungs- oder Herkunftsorte der Gnadenbilder eng mit der vorkolumbischen Frömmigkeit in Verbindung stehen.

Die Tatsache, daß die Herkunft der „Jungfrau der Wunder" auf den größten See Paraguays zurückgeführt wird, dürfte mit dem Glauben der Guaraní zusammenhängen, daß Wasser eine Lebensquelle, eine Muttergöttin ist[52]. Die Halbinsel Copacabana, „der Ausblickspunkt auf den See", der den Blick freigibt auf die Mondinsel mit einem lunaren Heiligtum und auf die Sonneninsel mit einem Heiligtum der inkaischen Sonnenjungfrauen, war als Tor zu den hl. Inseln von alters her einem Reinigungskult gewidmet. Und Tito beantragte beim Bischof von Charcas auch die Inthronisierung des Gnadenbildes unter dem Titel „Nuestra Señora de la Purificación" (U. l. Fr. der Reinigung). Tatsächlich nannten später die Spanier das Gnadenbild „La Candelaria", „die Kerzenjungfrau", weil sie am Lichtmeßtage (candelaria), der zu deutsch auch „Mariä Reinigung" genannt wird, feierlich in den Ort Copacabana eingeholt worden war. Die die Statue geleitenden Indianer hatten vor der Morgendämmerung nach einem chthonischen Ritual Pacha Mama, der belebt vorgestellten Erde, ein Koka-Opfer dargebracht. Als dann die ersten Sonnenstrahlen auf das inkaische Gesicht der Jungfrau fielen, erschien sie ihnen als Botschafterin des Vaters Sonne, eine Funktion, die einst der Inka gehabt hatte. Und die ‚Virgen de Guadalupe' ist Diego in der Gestalt einer Indianerin auf dem Hügel Tepeyacac erschienen, auf dem Tonantzin, die aztekische Erdmutter, verehrt wurde. Sahagún und andere haben deshalb schon im 16. Jahrhundert gegen den Guadalupe-Kult polemisiert, weil er eine reine Fortsetzung des Tonantzin-Kultes sei, steht doch die Basilika auf demselben Hügel und wird die Jungfrau von vielen Indianern sogar Tonantzin genannt.

Die Frage der Historizität der diese Marienkulte begründenden Ereignisse wird heute auch von ernsthaften katholischen Forschern offengelassen. Entscheidend dürfte hingegen sein, daß die indianischen Massen angesichts eines Christentums, dessen befreiende Botschaft durch eine mit den Kolonialmächten verbündete Kirche in ihr Gegenteil verkehrt war, in der „abergläubischen" Verehrung solcher indianischen Marienbilder einen Weg zur Wahrung ihrer Menschenwürde und damit auch etwas Befreiung gefunden haben. Außerdem haben sie etwas von der Adaptation des christlichen Glaubens vollzogen, die die Kirche ihnen verweigerte.

Freilich ist solcher volkstümliche Marienkult immer zweideutig. Wenn er erst einmal von Kirche und Gesellschaft offiziell übernommen und anerkannt wird, wird daraus schnell ein neues Instrument zur Unterdrückung der Massen.

---

[52] Diese Zusammenhänge sind nicht erforscht. Die Annahme des Vfs. stützt sich darauf, daß dieser Glaube noch heute bei der Guaraní-Gruppe der Abá von Ibypyté begegnet — vgl. Samaniego 1968, 407f.

Seit die oben erwähnten Gnadenbilder oder ‚Nossa Senhora Aparecida' in Brasilien zu nationalen Schutzpatronen erhoben und ihnen gigantische Basiliken gebaut worden sind[53] oder noch gebaut werden, wie dies in Caacupé und in

---

[53] Die Reihe berühmter, wundertätiger Marienbilder Lateinamerikas ließe sich leicht verlängern. Aus Brasilien könnte man u. a. noch erwähnen ‚N. S. da Penha', die Bergmadonna in Vitoria/ES aus dem 16. Jahrhundert in einem Franziskanerkonvent aus dem 17. Jahrhundert. Es handelt sich dabei um das älteste berühmte Madonnenbild Brasiliens — vgl. Röwer 1965. Das wichtigste Gnadenbild von MG ist ‚N. S. da Lapa' in einer Grotte ca. 10 km von Vila Rica de Oura Preto — vgl. Carrato 1968, 34ff. Zu ‚N. S. Aparecida' vgl. die kritische Beurteilung von P. d. Reis 1968. Die 1717 aus dem Rio Paraíba gefischte Statue — daher der Name ‚Aparecida' (die Gefundene oder die Erschienene) — wurde 1904 gekrönt und 1930 zur Schutzpatronin Brasiliens erhoben (vgl. 42317). Eine als Original ausgegebene Kopie stand 1942 im Zentrum des 4. Nationalen Eucharistischen Kongresses in São Paulo als „Pilgerin des Kongresses". Es fehlt nicht an Stimmen, die behaupten, der Ortspfarrer von Guaratinguetá, José Alves Vilela, habe sich 1717 anläßlich des Durchzuges von Gouverneur Conde de Assumar in Szene setzen wollen und die 30 cm große, künstlerisch unbedeutende Terrakotta-Figur selbst in den Rio Paraíba geworfen und den Fischern dann im Stil Jesu geboten, an jener Stelle ihre Netze zum Fischzug für das Essen des Gouverneurs auszuwerfen. Saake 1969 schildert den Aparecida-Kult völlig unkritisch. Er sieht darin einen Ausdruck der „Lebendigkeit, Kindlichkeit und Lieblichkeit der brasilianischen Frömmigkeit". Den 1946 begonnenen Neubau einer gigantischen Basilika hinterfragt Saake angesichts der ungeheuren sozialen Herausforderungen des Landes und der seit Medellín wieder geläufigen Forderung einer Kirche der Armen nicht.
Nach Fertigstellung dieses Abschnittes erschien eine Studie Hoornaerts (1976) über „Die indianische Verehrung der Jungfrau von Guadalupe", die die These bestätigt, die der Vf. vertritt. Hoornaert weist nach, daß die Jungfrau der Legende zeigt, daß „evangelisieren nicht heißt: Sprechen, Reden halten, Dogmen darlegen, lehren, sondern bei den Armen bleiben, ihre Klagen anhören... in Erwartung der Ankunft des Gottes, der Recht schafft". In der Legende muß nicht der Indio sich bekehren, sondern der Bischof. Damit wird das übliche Missionsschema: Elite — Masse — „die Elite ist weise und aktiv, das Volk ist unwissend und passiv" — umgekehrt. Im Sinne des Magnificat (Lk 1) „nimmt die Tradition von Guadalupe die biblische Tradition der Erhöhung der Armen, des Sturzes der Mächtigen, des Wegschickens der Reichen und der Sättigung derer, die da hungert, wieder auf" (151ff). Lafaye (1974) hat die gründlichste und umfassendste Studie der Entfaltung des Kultes von Guadalupe (279—395) veröffentlicht. Er zeigt, daß „die Vorstellung von Tonantzin-Guadalupe breite Schichten erfaßte und einen entscheidenden Kristallisationspunkt bildete, in welchem die verschiedenen Volksgruppen aufeinander zuwuchsen und ihre Identität fanden und wodurch sie sich von der Kolonialmacht abheben und schließlich die Unabhängigkeit erlangen konnten". Die mythische Verbindung zwischen dem Priesterkönig Quetzacóatl (Grüne Federschlange), der später vergöttlicht Teil des aztekischen Pantheons war, und dem Apostel Thomas kam hingegen „nur in gewissen Kreisen (unter Historikern, Juristen, Ideologen) zum Tragen". Die Verschmelzung dieser beiden Figuren ist ein „Musterbeispiel synkretistischer Legendenbildung", die dazu diente nachzuweisen, daß die Indios dem einen Geschlechte Adams angehören, daß sie „durch einen Apostel evangelisiert" wurden, daß eigene Propheten die Conquista als Rückkehr Quetzalcóatls ankündigten und daß die Neubekehrten mit der Marienerscheinung von Guadalupe „Zeichen und Gnadenerweise vom Himmel" empfingen — zitiert nach Baumgartner 1975, 223ff. In diesem Sinne kann Lafaye wörtlich sagen: „Die Historiographie Westindiens war vorab eine befreiende Katharsis für die amerikanischen Kreolen." (aaO 409)

Aparecida do Norte der Fall ist, sind sie wesentlich „Opium des Volkes". Sie werden mißbraucht als Standarten einer triumphalistischen Kirche, die im Bunde mit dem Staate nationalistische Emotionen schürt und es zuläßt, daß ihr Kult die etablierte Ordnung stabilisiert. Kritik an der Förderung dieser Art von Frömmigkeit ist auf der Katechese-Konferenz 1968 in Medellín laut geworden.

„Diese Art Religiosität wird konserviert und zum Teil veranlaßt durch die herrschenden Superstrukturen, denen die Kirche angehört, z. B. die Einrichtung neuer Formen der Religiosität, ihrer Kommerzialisierung in Heiligtümern, die touristische Ausbeutung der religiösen Folklore und die Weise, in der Eucharistische Kongresse gefeiert werden. Die Förderung dieser Art Religiosität bremst ihrerseits den Wandel sozialer Strukturen."[54]

Die starke *Marienverehrung* ist ein Erbe iberischer Frömmigkeit. Schon die Eroberer benannten unzählige Orte und später Kirchen: Encarnación, Rosario, Asunción, Concepción, Mercedes etc. Jeder Orden förderte einen anderen Aspekt der Marienfrömmigkeit, die Dominikaner den Rosenkranz, die Franziskaner die Verehrung der Unbefleckten Empfängnis, die Merzedarier die Gnadenreiche Jungfrau (la Merced), die Bethlehemiten die Jungfrau von Bethlehem und die Jesuiten die Madonna von Loreto. Die Jesuiten taten sich in der Marienverehrung besonders hervor. Sie weihten Kirchen, Ordenshäuser und Ortschaften der Jungfrau Maria und feierten mit Inbrunst alle Marienfeste. Das Salve wurde in fast allen Kirchen Amerikas jeden Sonnabend feierlich gesungen. Vieira führte 1653 in Maranhão am Tage Mariä Verkündigung auch noch die Praxis des gesungenen Rosenkranzes (Rosario cantado) ein. Das war seinerseits der Anstoß für die Gründung einer marianischen Kongregation. Solche Kongregationen wurden unter jesuitischem Einfluß an vielen Orten der Neuen Welt gegründet und mit besonderen Ablässen ausgestattet[55]. Wie sehr die Jesuiten die Marienfrömmigkeit überzogen, erhellt folgende Inschrift über dem Portal von La Compañía (typische Bezeichnung für Jesuitenkirchen) in El Cuzco, in der Mt 11, 28 statt auf Jesus auf Maria bezogen wird: „Kommet zu Maria alle, die ihr mühselig und beladen seid...". Was das Neue Testament mit dem hohepriesterlichen Amt Christi assoziiert, wird also auf Maria übertragen[56].

Außerdem förderten die Jesuiten die Verehrung der Jesusfamilie, also der Großeltern Jesu, des hl. Joachim und der hl. Anna, und natürlich des hl. Josef, dessen Verehrung in der Neuzeit von Ignatius von Loyola, Francisco Suárez und Teresa de Jesús (Theresa von Ávila) populär gemacht worden ist. Ortsnamen wie Santa Ana und San José sind Legion in Amerika. Daneben wurden von jedem Orden die Heiligen der eigenen Tradition besonders verehrt, von der Gesellschaft Jesu also Ignatius, Francisco Xavier und Francisco de Borja, des Patrons von Portugal und Schutzheiligen gegen Erdbeben. Typisch für die Jesuiten war schließlich die Verehrung Petri und Pauli, der Erzengel, besonders Michaels und Rafaels, der hl. Apollonia (gegen Zahnschmerzen), der hl. Lucia (gegen Augenkrankheiten) und der hl. Barbara (gegen Blitz und Donner).

---

[54] Orientaciones y conclusiones de la Semana Internacional de Catequesis, Comisión 6, Nr. 3 zitiert nach Ossa 1973, 35.
[55] Zuretti 1945, 152f und Leite 1938ff IV, 239ff. Zu den von Vieira in Rom mit Brief vom 11. 2. 1660 erbetenen Plenarablässen für die Indios vgl. Leite aaO 246f.
[56] Montevideo 1925/II.

Zentral war für die Jesuiten freilich die *Kreuzesfrömmigkeit,* die generell im lateinamerikanischen Volkskatholizismus einen hervorragenden Platz einnimmt. Mit dem Kreuz begann die Katechese. Mit der Errichtung eines Kreuzes in einer Missions-aldeia oder Reduktion wurde deren Übergabe an Christus symbolisch angezeigt. Mit Berg- und Wegekreuzen versuchte man beispielsweise in Peru die Verehrung der ‚huacas' und deren Einfluß auf die Indianer zu bannen. Orte und Länder wurden nach dem Kreuz benannt, z. B. Vera Cruz, Santa Cruz, wie denn auch Brasilien anfangs ‚Ilha de Vera Cruz' (Insel des wahren Kreuzes) und dann ‚Terra de Santa Cruz' (Land des hl. Kreuzes) hieß. Auf gewissen Altären wurden besondere Kruzifixe verehrt mit Namen wie Santo Cristo, Bom Jesus do Bonfim (Guter Jesus des guten Endes) oder Bom Jesus dos Aflitos (Guter Jesus der Bedrückten) in Pará und anderswo. Die Feiern der Fastenzeit und der ‚Semana Santa' mit den Kreuzwegstationen und Bußprozessionen wurden von den Jesuiten genauso eingeführt wie die besondere Eucharistiefrömmigkeit mit großer Begehung des Fronleichnamsfestes (Corpus Christi). Die Jesusfrömmigkeit bezog sich auch auf die Verehrung der Krippe zur Weihnachtszeit, sowie von Statuen des Jesuskindes. In Peru hatten viele Familien zu Hause Krippen. Die Jesuiten führten auch die Verehrung des Herzens Jesu ein, die in Brasilien ab 1679 belegt ist[57]. Man darf allerdings nicht übersehen, daß das Kreuz in Amerika nicht nur ein Zeichen der Versöhnung und des Friedens war, sondern oft mehr ein Symbol der Politik, des Krieges und der erzwungenen politischen Einheit. Seit das Kruzifix dem Inka Atahualpa vorgehalten worden war und mit den Todesurteilen der Inquisition von Lima assoziiert wurde, ist das Kreuz den drohenden

---

[57] Vgl. Leite aaO 239ff bzw. zu Peru Vargas U. 1953ff III, 227ff. Rolim 1965, 22 bemerkt, daß sogar die Jesuiten, die an sich als Verkörperung orthodoxer Frömmigkeit gelten, Elemente portugiesischer und indianischer Volksreligiosität übernommen haben, z. B. Kreuze und Medaillen als Amulette gegen das Böse benutzten, das in der Welt der Indios von bösen Geistern herrührte. AaO 17 zählt Rolim 17 weitere Heilige auf: Es gibt Heilige, die Krankheiten, ja selbst gebrochene Glieder heilen können, wie Franziskus, Heilige, die Gräten aus dem Hals ziehen, Heiraten begünstigen wie Antonius von Padua, Geschäfte begünstigen wie der hl. Georg oder vor Dürre und Trockenheit schützen wie der hl. Joseph, der stellenweise die Funktion amerindischer Regengötter übernommen hat. Lepargneur 1974, 79 bestätigt, daß z. B. Kreuze an Halsketten noch heute in Brasilien als Amulett gegen alles Böse getragen werden. Ebd. 60: Die Weihnachtszeit vom 24. Dezember bis 6. Januar, dem Fest der Hl. drei Könige, bildet in Brasilien den zweiten großen folklorischen Zyklus neben der Semana Santa mit Gruppen- und Tanzvorführungen wie Marujada, Fandango, Barca, Ternos de Reis, Reisados. Nach der Legende geht die Darstellung von Jesu Geburtszene im Gottesdienst und damit die Krippenfrömmigkeit auf das Jahr 1223 zurück, in dem Franziskus erstmals mit lebendigen Tieren eine Krippenszene aufgebaut haben soll. Zur Herz-Jesu-Frömmigkeit zitiert Lepargneur aaO 81 neben Comblin 1968 E, der die Verbreitung der Herz-Jesu-Frömmigkeit in Brasilien wesentlich auf den Einfluß der italienischen Frömmigkeit im 19. Jahrhundert zurückführt, die auch neue Heilige wie Santa Rita, Santa Filomena und São João Bosco eingebürgert hat, auch Freyre 1961 I, Anm. 1 zu Kap. 1, der diese Art von Frömmigkeit schon in der Kolonialzeit für verbreitet hält: „Es darf nicht übersehen werden, daß in einem Land, in dem Jahrhunderte lang Sklaven und Frauen durch extrem männlichen Druck zusammengestaucht wurden, der beherrschende Kult unter der katholischen Mehrheit der masochistische, sentimentale des Herzens Jesu war. Er ist unter den Dichtern verbreitet als Exhibitionismus des leidenden Herzens..."

Charakter nicht wieder losgeworden. Unter der Drohung des Lebensverlustes im Diesseits und der Verbannung im Jenseits signalisiert es den Befehl zu glauben[58].

Typisch für den Volkskatholizismus ist ein *Pantheon* von *„Heilanden", Jungfrauen, Aposteln und Heiligen*. Da jeder Ort und teilweise jede Familie ihre speziellen Patrone hat, kommt es zu einer förmlichen Pluralität von „Heilanden" und Jungfrauen. Sie wurde noch gefördert von einer neuerdings auch katholischerseits kritisierten pastoralen Praxis, die die Redeweise einführte vom ‚Señor de los Temblores' (Herr der Erdbeben) in El Cuzco, ‚Señor de Luren' in Ica, ‚Señor de los Milagros' (Herr der Wunder) in Lima, ‚Señor del Mar' (Herr des Meeres) in der Hafenstadt Callao, ‚Jesús del Gran Poder' (Jesus der großen Kraft), wie die wunderhafte Darstellung des sein Kreuz tragenden Jesus in Quito heißt, ‚Señor de Esquipulas' in Guatemala oder von der Jungfrau ‚La Candelaria' in Copacabana, ‚Nossa Senhora Aparecida' in Brasilien oder der ‚Virgen del Rosario de Quezaltenango' in Guatemala (zur lateinamerikanischen Christologie vgl. 442). Diese Pluralität hat dazu geführt, daß die Volksfrömmigkeit geradezu objektbezogen ist. Man betet nicht zur Jungfrau Maria, sondern zur ‚Virgen del Rosario de Quezaltenango', ja es gibt in Guatemala auch die Vorstellung, daß man ein Gnadenbild nicht dislozieren dürfe, da es sonst seinen „Geist" verlöre[59]. *Gnadenbilder* sind also stellenweise in Anknüpfung an präkolumbinische Traditionen förmlich zu *Lokalgottheiten* geworden. Im Rahmen dieser Religiosität werden die Heiligen zusammen mit Gott, Jesus und Maria letztlich alle in einer Linie gesehen und nur nach ihrer Macht abgestuft. Die Heiligen sind weniger mächtig als Gott und Jesus, aber sie kommen den Menschen näher. Sie sind in ihren Bildern gegenwärtig, die mithin ein Stück Himmel auf Erden sind[60]. Man wird von der Vorstellung einer Materialisierung des ‚sanctum' in den Bildern ausgehen können, die bei einfachen Menschen das an Kontaktmagie grenzende Bestreben, Chri-

---

[58] Montevideo 1925/11.

[59] Zu den peruanischen Christusbildern vgl. Vargas U. 1953ff III, 231ff, zu den brasilianischen Lepargneur aaO 72ff, der die drei wichtigsten beschreibt: Bom Jesus do Bonfim in Salvador, Bom Jesus da Lapa im Tal des Rio São Francisco und Bom Jesus de Matosinhos in Congonhas do Campo/MG. Der am häufigsten Verehrte, der ‚Senhor do Bonfim', rangiert in der Popularität noch hinter zwei Marienbildern: N. S. da Penha de Irajá in Rio de Janeiro und N. S. de Nazaré in Belém de Pará. Zum ‚Senhor do Bonfim' bemerkt Anastacio 1969, 61, daß dieses Bild auf dreifache Weise verstanden werde: Unter Kindern und dem einfachen Volk herrsche ein rein transzendentales Verständnis vor, unter dem aufgeklärten Bevölkerungsteil und den Studenten eine humanistische Sicht der Person Jesu und unter der farbigen Bevölkerung weithin ein synkretistisches Verständnis zwischen dem ‚Senhor do Bonfim' und ‚Oxalá', orixa, der bedeutendsten „Gottheit" des Candomblé. Zu Guatemala vgl. Flores 1968, 430ff. Hoornaert 1974, 58 berichtet aus Brasilien, daß die Heiligkeit einer Kirche oder Kapelle von den in ihr befindlichen Gnadenbildern abhängt. Wird der „Heilige" aus der Kirche entfernt, dann ist die Kirche kein Ort mehr, an dem man beten kann.

[60] Vgl. Hoornaert 1973, 56 bzw. 1969, 589. Diese Aussagen basieren auf einer Erforschung der heutigen Religiosität der ländlichen Bevölkerung im brasilianischen Nordosten. Sie dürften in gewissem Grade auch für die Volksfrömmigkeit der Kolonialzeit repräsentativ sein. Hoornaert betont, daß diese Religiosität noch spontan sei, der Autonomie des Volkes unterstehe, während die offizielle kirchliche Religiosität als „Gesetz" empfunden werde.

stus-, Madonnen- oder Heiligenbilder physisch zu berühren, erklären hilft. Die im Bilderstreit der Alten Kirche erreichte theologische Klärung der Bilderverehrung, nach der die ‚adoratio', die Anbetung, Gott vorbehalten ist, den Bildern gegenüber nur ‚veneratio', Verehrung, zulässig ist, ist nicht bis in die Welt der Volksfrömmigkeit vorgedrungen. An Magie grenzt auch der Gebrauch gewisser „heiliger" Gegenstände wie Skapuliere, Medaillen, Blättchen mit dem Magnificat, kleiner Besen des hl. Martin von Porres oder die Vorstellung von der automatischen Wirkung von Segnungen, Gebeten, Novenen und Wallfahrten[61].

Alles dies entspricht jener *Weltsicht der Wunderfrömmigkeit*, nach der die Religion und das Heilige das alltägliche Leben durchtränken. „Die Religion erhält hier einen häuslichen Aspekt mit Hauskapellen, an den Wänden angebrachten Heiligen, die alle Augenblicke gegen Unglücksfälle, Beschwerden bzw. in schwierigen Momenten des Lebens angerufen werden."[62] Eine solche *Religiosität ist in höchstem Maße egozentrisch. Es* dreht sich alles um das Ich. Über dem Ich ist der Himmel, dem der Gläubige zustrebt, um ihn ist die Erde, die an bevorzugten Stellen, nämlich in Kirchen, vom Himmel berührt wird. Dort kommen die Heiligen vom Himmel herab. Man verkehrt mit ihnen nach dem völlig unevangelischen *Prinzip des „do ut des"*: ich gebe etwas in Form eines Versprechens; für den Fall, daß der angerufene Heilige meine Bitte erfüllt, erfülle ich mein Versprechen, eine bestimmte Wallfahrt zu unternehmen und an seinem Bilde eine Opfergabe niederzulegen[63]. Als Positivum kann man bestenfalls eine ausgeprägte Dankbarkeit bei den Gläubigen konstatieren[64]. Aber Glaube reduziert sich wesentlich auf das Zutrauen zu einem Heiligen oder ganz massiv zu einem Gnadenbild, einen Wunsch zu erfüllen. Und dieser *Glaube wird* förmlich *von der Gebetserhörung abhängig gemacht.*

Es gibt Fälle, in denen die „Besitzer" (dueños) von Heiligenbildern ihren Hausheiligen, wenn er sich mehrfach widerwillig bei der Erfüllung ihrer Wünsche erwiesen hat, „bestrafen", indem sie ihm Blumenschmuck und Kerzen entziehen oder ihn in eine dunkle Kammer stellen. Ein guter Heiliger ist nur derjenige, der wirksam wunderhaft hilft. Heilige — diese bezeichnende Redeweise meint, wie oben gezeigt, immer konkrete Bilder oder Statuen —, die sich nicht als hilfreich erweisen, werden auch nicht verehrt. Die Hoffnung des Heiligenverehrers auf Erfüllung seiner Gebetsbitte beruht nicht darauf, daß er auf Grund seiner Tugend oder Gerechtigkeit einen Gnadenerweis erwartet. Verdienstdenken ist hier nicht im Spiel. Vielmehr geht es unter Absehung von moralischen Kategorien bei den Beziehungen zwischen dem „Besitzer" und seinem Heiligen nur um Geschäfte auf Gegenseitigkeit[65].

Neuere Untersuchungen der Frömmigkeit der argentinischen und brasilianischen Landbevölkerung in traditionellen Siedlungsgebieten, deren Ergebnisse man mit der gebotenen Vorsicht auch als einigermaßen repräsentativ

---

[61] Flores aaO 430; Porres oder Perras (1569—1639) war ein heilkundiger Limenser Mulatte und Dominikanerbruder, der schrankenlose Nächstenliebe übte. Vgl. ferner Hoornaert 1973, 58 sowie zur Rolle der Mentalität der Missionare 2315.

[62] Rolim 1965, 17.

[63] Hoornaert 1969, 589.   [64] So Flores aaO 430.

[65] Vessuri 1971, 42; Hoornaert 1973, 64: Bilder sind das Evangelium der Armen, der Analphabeten, und Versprechen ihr Glaube, „weil er die menschliche Anstrengung in Richtung auf den Himmel ausdrückt". Der in dieser Bemerkung zum Ausdruck kommende Glaubensbegriff ist allerdings nicht neutestamentlich.

für die Kolonialzeit wird ansehen können, ergeben, daß sie keinen klaren *Gottesbegriff* hat. In Analogie zur Struktur der ländlichen Gesellschaft, die von ihren Herren (patrón) abhängt (vgl. 223), kann Gott als oberster Patron und Begründer des ganzen Patronatssystems angesehen werden. Unterhalb der Trinität gibt es ein ganzes Heer im ständigen Streit miteinander liegender guter und böser Wesen: Heiliger, Teufel und Seelen Verstorbener. Die Pluralität der in ihren Bildern gegenwärtigen Madonnen und Heiligen bildet in der himmlischen Hierarchie eine Art von minderen Patronen, die sich als Fürsprecher und Vermittler zur Trinität eignen[66]. Gott und Jesus werden teilweise auch der Kategorie der Heiligen assimiliert und als mächtigste Heilige angesehen[67].

Charakteristisch für das Frömmigkeitswesen des Volkskatholizismus sind fehlende oder unwirksame Kontrolle durch die institutionelle Kirche bzw. Duldung und ein *Pluralismus der Frömmigkeit,* der mit einer „Privatisierung" verbunden ist[68], die ganz den Bedürfnissen der verschiedenen Gesellschaftsschichten entspricht.

Ihr Nährboden war auch die unterschiedliche Ausprägung der Frömmigkeit der verschiedenen Orden, die jeweils verschiedene Heilige besonders verehren, was dazu beitrug, daß im Schatten der Ordenskirchen „geistliche Kapellen" und in den Herrenhäusern private Oratorien entstanden, die den Lieblingsheiligen gewidmet waren. Genauso förderten die Bruderschaften den Kult je verschiedener Heiliger. „Das christliche Volk als solches verschwindet und wird aufgespalten in kleine von Mönchen geleitete Kapellen." „Eine nachtridentinische katholische Stadt ist ausgestattet mit einer franziskanischen, einer jesuitischen, einer karmelitischen Kirche etc.", mit je einer Schule der Franziskaner, Jesuiten, Dominikaner, Karmeliter, Augustiner, Benediktiner..." Die Orden und Kongregationen werden zu Spezialisten und Propagandisten eines Chefs der Spiritualität", einer besonderen Form von Frömmigkeit[69].

Das Volk kürt bis heute selbst seine Heiligen.

Ein typisches Beispiel dafür ist der Kult des in Brasilien besonders bei den Farbigen populären ‚São Benedito, o Preto'. Der erst 1736 selig- und 1807 heiliggesprochene Benedikt von Palermo oder San Fratello, der Sohn einer schwarzen Sklavin, wurde auf Grund eines Wunders ab 1612 in Rio de Janeiro verehrt. In der Kolonialzeit gab es kaum ein Ort in Brasilien, der nicht ein Bild, einen Altar oder eine Kapelle bzw. eine Bruderschaft Benedikts hatte, dessen Verehrung die Franziskaner besonders unterstützten[70]. Oft ist es nicht der offizielle Patron der Stadt, z. B. in der brasilianischen Stadt Cunha Unsere liebe Frau der Empfängnis, der beim Volk die größte Verehrung genießt, sondern ein Heiliger, der seinen Bedürfnissen speziell entspricht, in Cunhal São José, denn Joseph ist der Regenheilige[71].

Die überschwenglich gefeierten *Feste der Heiligen* haben auch einen Kompensationscharakter. Das bei der einfachen Landbevölkerung durch Hunger, Stille, Dunkelheit, Einsamkeit, Mißtrauen und Feindschaft, Gewöhnlichkeit

---

[66] Vessuri aaO 41ff.   [67] Hoornaert 1973, 56.
[68] Vgl. Gruson 1972, 27; Rolim 1973, 86, der den Begriff „Privatisierung" von Azevedo übernimmt.
[69] Comblin 1966, 586f.
[70] Paula e Silva 1941 und Bastide 1971 I, 163.
[71] Rolim 1973, 85; Zuretti 1945, 151 erwähnt, daß in der Kolonialzeit die Bevölkerung in Argentinien sogar über den Patron einer Stadt abzustimmen pflegte.

und Profanität gekennzeichnete Alltagsleben wird auf der ‚fiesta' überhöht, erfüllt mit Essen, Lärm, Licht, Menschenmenge, Solidarität, Ungewöhnlichkeit und Heiligkeit. Das Fest „ist eine Zeit, während der die empirischen Unterscheidungen des Alltagslebens durch die durch das Ritual hervorgebrachte mythische Einheit verdeckt werden. Der Umzug des Heiligen während der Prozession bezeichnet den Höhepunkt des Festes, der Augenblick, in dem das Symbol des sanctum in die profane Welt eintritt"[72].

Die Privatisierung der Frömmigkeit führt zu einem *unmittelbaren Verhältnis des einzelnen zu den Heiligen* und durch sie zu Gott. Die *Vermittlerrolle des Priesters* bleibt in unterschiedlichem Maße erhalten. Eine neuere Befragung in den Armenvierteln Salvadors (Bahia) ergab, daß die Mehrheit überzeugt ist, daß nicht der Priester, sondern Gott allein die Vollmacht hat, Sünden zu vergeben. Das Bußsakrament wird für überflüssig gehalten. Die Vergebungsbereitschaft Gottes gilt als so groß, daß der Volkskatholizismus kaum ethische Implikationen hat. Auch andere Untersuchungen des heutigen brasilianischen Volkskatholizismus haben ergeben, daß der Aspekt des strafenden Gottes nicht ernst genommen wird[73]. Der *verschwommene Sündenbegriff* umfaßt Gotteslästerungen, Zank, Streit, aufbrausendes Temperament, Schimpfwörter, was als Auflehnung gegen den Willen Gottes und damit als Form des Unglaubens angesehen wird[74]. *Glaube* dagegen wird im brasilianischen Nordosten *gleichgesetzt mit Gehorsam gegenüber dem katholischen Gesetz*. Diesem Gesetz meint man zu entsprechen, wenn man seine Kinder taufen läßt, die kirchlichen Feste mitfeiert und die Messe besucht, ohne ihren Inhalt recht zu verstehen. Das schließt eine Verehrung der Gegenwart Christi in der Eucharistie ein, die allerdings im seltensten Falle zu einer Teilnahme an der Kommunion führt. In Bezug auf das Geheimnis der Eucharistie ist die Mittlerrolle des Priesters am wenigsten angefochten[75].

---

[72] Vessuri 1971, 46.
[73] Azevedo 1969. Diese Feststellungen werden voll von einer neueren Untersuchung Hoornaerts im brasilianischen Nordosten bestätigt — 1973, 52. Und Holanda 1956, 216 bemerkt zum brasilianischen Katholizismus der Kolonialzeit: ein „Kult ohne Verpflichtungen und ohne Strenge, intim und familiär", „ein Kult, der den Gläubigen von jeder Anstrengung, allem Eifer, jeder Tyrannei über sich selbst dispensierte" — zit. nach Carrato 1968, 46. Comblin 1968, 56f weist allerdings darauf hin, daß es in Brasilien verschiedene Bewegungen gegeben habe, die von der mittelalterlichen Bußfrömmigkeit beeinflußt seien, einmal verschiedene messianische Bewegungen, zum andern eine Volksfrömmigkeit, für die der Katholizismus wesentlich auf dem Dekalog und den sexuellen Verboten beruhe, weshalb das Bußsakrament im Mittelpunkt stehe. „Die Gebote beachten, Sünden vermeiden, die Sünden bekennen, Buße tun, Ablässe gewinnen — ihr moralisches Leben ist in diesen Kreis eingeschlossen." Comblin scheint hiermit die traditionelle Frömmigkeit der kirchlich engagierten Teile der Mittelklasse zu charakterisieren, während Azevedo und Hoornaert sich auf die einfache Landbevölkerung im Nordosten beziehen.
[74] Azevedo 1969. Hoornaert 1974, 98ff bemerkt, daß Sünde in der Kolonialzeit grundlegend verstanden wurde als Auflehnung gegen die etablierte Ordnung, die mit dem Schicksal gleichgesetzt wurde. Dieser den Status quo erhaltende Sündenbegriff ist den Beherrschten von Oberschicht und Kirche internalisiert worden.
[75] Hoornaert 1973, 51f, der darauf hinweist, daß das größte persönliche Engagement bei Seelenmessen (Messen des 7. Tages und des jährlichen Todestages) vorhanden sei. Flores 1968, 431 nennt als Motivation für die Taufe die Beschaffung von Paten (compadrazgo) und die Sorge um die Gesundheit des Kindes und für den

Trotz des unmittelbaren Verhältnisses des einzelnen zu seinen Heiligen kann er des Priesters nicht ganz entraten, weil er dank seines intimen Verhältnisses mit dem Übernatürlichen ein nützlicher Patron ist, dessen Riten wirksam sind[76]. Diese Wirksamkeit tritt besonders in *Segenshandlungen* hervor, einem *typischen Element der mittelalterlichen Wunderfrömmigkeit*, das in der Predigt eine große Rolle spielt. Statuen des segnenden Christus kann man in vielen Teilen Lateinamerikas sehen. Der Segen wird verstanden als ein Wunder niederen Grades mit einer Dauerwirkung. In einer asketischen Sicht des Lebens ist nichts erlaubt, bevor nicht durch eine priesterliche Segenshandlung das Verbot aufgehoben wird. Ohne Segen hat man ein unwohles Empfinden, ein Schuldgefühl. „Wenn ein Unfall oder ein Unglück eintreten, wird es dem Fehlen des Segens zugeschrieben."[77] Für den Volksglauben ist der Segen bis heute ein wirksames Gegengift gegen den Teufel, böse Geister und herumirrende Seelen, die die Menschen verfolgen. Die Weihe von Objekten, Straßen, Brücken, Häusern, Schulen, Fabriken, Maschinen etc. dient ganz massiv dazu, das Böse und den Bösen zu bannen[78].

„Dem Vertrauen auf die jeweils besondere Vermittlungsfunktion der Heiligen" stand also in der Kolonialzeit allgemein und steht in den unteren Schichten noch heute der *Glaube an das Wirken des Teufels* gegenüber, der zumal in Brasilien „durch den Kontakt mit den Negern noch gesteigert wurde. Die schwarze Hautfarbe und die Fremdartigkeit und elementare Wucht ihres magischen Rituals waren für die Weißen untrügliche Zeichen der Zugehörigkeit zum teuflischen Bereich. Der Reiz des Unbekannten und die verblüffende heilende und schädigende Wirksamkeit der Zaubermittel überwanden die Abwehr und Scheu der Weißen und ließen sie in den Bann dieser magischen Kräfte geraten, deren sie sich zu bedienen versuchten, die sie aber noch mehr zu fürchten hatten"[79]. *Schreckensvorstellungen von der Hölle*, die im Innersten der Erde lokalisiert wurde, wurden z. B. im brasilianischen Nordosten noch im 19. Jahrhundert in einem Maße erzeugt, daß *Geißelungen* keine Seltenheit waren. Hier zeigt sich also die Fortwirkung der mittelalterlichen Bußfrömmigkeit. In diesem Zusammenhang wurden die Christen stets als Sünder und nicht als Kinder Gottes angesprochen. Die Kirche stellte sich demgegenüber als Zufluchtsort für eine nur auf die individuelle Erlösung der Seele erpichte Religiosität und der Priester als „Verteiler wohltuender Riten und Spender heiliger Dinge zur Erlangung zeitlicher Vorteile"[80] dar. Denn die „Devotio-

---

Meßbesuch, „um Gott zu gehorchen, um nicht zu sündigen, um Christ zu bleiben, um sich Gunsterweise Gottes zu erhalten". Plasker 1969 zeigt an Hand einer Untersuchung der Taufgebräuche in der Provinz Veraguas/Panamá die Verbreitung der ohne Priester vorgenommenen Taufe (bautizo popular), die nicht auf die Gemeinde, sondern auf die Familie bezogen ist und viele magische Elemente enthält. Hoornaert 1969, 602 erwähnt, daß die Messe von der Landbevölkerung des brasilianischen Nordostens verstanden werde als Spektakulum, Geheimnis und Fest. Der Höhepunkt ist der Augenblick der Elevation, die die Gegenwart Christi bezeichnet.

[76] Vessuri 1971, 577ff; Hoornaert 1969, 62: Der Priester ist Verwalter der Kirche und der ‚Guardián' (Wächter) der Patronatsheiligen.

[77] Comblin 1968, 58.   [78] Vessuri aaO 57.   [79] Gerbert 1970, 17.

[80] Rolim 1965, 18ff. Als Andachts- und Meditationsbuch diente die im 19. Jahrhundert erschienene Predigtsammlung „A Missão Abreviada", dazu, „dem Volk eine „Schreckensreligion" einzuflößen. Leite 1938ff II erwähnt verschiedene, von den Jesuiten geförderte *Massengeißelungen* der brasilianischen Kolonialzeit. 1549 fan-

nalkirche" verfügt über einen unerschöpflichen Gnadenvorrat. Die Verdienste der Heiligen werden in der Volksfrömmigkeit weniger als Quelle zur eigenen geistlichen Erneuerung betrachtet, denn als auszubeutender Vorrat von Gnaden und Gunsterweisen[81]. Der Glaube an das Wirken des Teufels hat noch heute bei der Landbevölkerung der argentinischen Provinz Santiago del Estero eine soziale Kompensationsfunktion. Wie die gesamte Frömmigkeit der Unterdrückten ist er ein Reflex auf eine Gesellschaftsordnung, die von den Privilegierten zwangsweise eingeführt ist und aufrechterhalten wird. So dient der Teufelsglaube dazu, Reichtum und soziale und wirtschaftliche Ungleichheiten zu rechtfertigen, die nach faustischem Vorbild auf Pakte der Begünstigten mit dem Teufel zurückgeführt werden[82]. Im brasilianischen Nordosten hingegen scheint der Konformismus ausgeprägter zu sein. Armut und Reichtum werden noch vielfach als Gottesordnungen hingenommen, wie dies in der Kolonialzeit selbstverständlich gewesen sein dürfte. Nicht zu überhören ist heute indes die Unzufriedenheit über die soziale Ungerechtigkeit, bei deren Bewältigung die Armen sich von der römischen Kirche allein gelassen fühlen[83].

Vorstellungen der Volksfrömmigkeit über *Tod und Erlösung* sind ungenügend untersucht.

In Santiago del Estero wird ein unter besonders unglücklichen Umständen eingetretener Tod auf die Einwirkung einer Hexe zurückgeführt. Allgemein gilt der „böse Tod" (muerte mala), der durch lange Krankheiten oder Unfälle verursacht ist, als von der Vorsehung bewirkte gerechte Strafe. Unschuldige Kinder hingegen werden durch einen frühen Tod zu Engeln, die eine Sühnekraft haben, mit der sie Eltern und Paten und andere Teilnehmer an ihrer Beerdigung mit Gott versöhnen können. Die Vergeltung der Sünden erfolgt weniger im dogmatischen Rahmen von Fegefeuer und Hölle als durch ein Umherirren der Seelen nach dem Tode, eine Vorstellung, die durch indianische Religiosität beeinflußt sein dürfte. Jede Seele eines kürzlich Verstorbenen ist potentiell ein den Lebenden übelwollender Geist, weshalb alle Beerdigungsriten darauf abzielen, mögliche Einflüsse der Seele zu verhindern, u. a. durch die Beerdigung in der geweihten Erde eines kirchlichen Friedhofes. Die vielen im Zustand der Strafe umherirrenden Seelen (almas en pena), besonders der irgendwo verscharrten Indianer früherer Jahrhunderte, stellen eine Gefahrenquelle ersten Ranges dar. Die ‚almas en pena' können allerdings nach einer bestimmten Zeit zu ‚almas mulas' werden, zu Seelen die sich im Stadium der Überwindung ihres Leidensprozesses befinden und schließlich erlöst werden. Wie beim Teufelsglauben ist auch

---

den in Piratininga Bittprozessionen gegen die Pest statt, an denen alle Nicht-Erkrankten teilnehmen mußten. Männer und Frauen gingen mit Kerzen in der Hand, Kinder trugen Kreuze auf dem Rücken. Und alle peitschten sich bis aufs Blut. 1559 und 1614 fanden in Bahia Geißelprozessionen statt gegen die Dürre, 1556 für die Gesundung von König João III. und 1560 sogar für den Feldzug Mem de Sás gegen die Franzosen und Tamoio in der Bucht von Rio de Janeiro. S. 337 schließt Leite nicht aus, daß es bei Blutgeißelungen gelegentlich zu Übertreibungen gekommen ist. Das Verfahren als solches kritisiert er nicht. [81] Comblin 1966, 586.

[82] Vessuri 1971, 58–64; typische Bezeichnungen des Teufels sind: Zupay (ein Ketschuawort), el amigo (der Freund), el malo (der Böse), el maligno (der Boshafte, der Verderber), el familiar (der Vertraute), el negro (Neger, Schwarzer), el toro Zupay (der Zupay-Stier), el otro (der andere).

[83] Hoornaert 1973, 62f. Wie in Anm. 74 angedeutet, spielt in bezug auf Armut und Reichtum der Schicksalsglaube eine große Rolle.

hier der Gedanke der ausgleichenden Gerechtigkeit unverkennbar, der den Ausgebeuteten ihr Schicksal erträglicher macht[84].

254 Bruderschaften und Zünfte als Ausdruck des Volkskatholizismus und der gesellschaftlichen Kontrolle

In der Kolonialzeit gehörte praktisch fast jeder Christ zu einer oder mehreren *Bruderschaften oder Zünften*. Das förderte die oben angedeutete Besitzermentalität gegenüber den Heiligen. Denn jeder glaubte über die Gnaden desjenigen Heiligen verfügen zu können, dem er durch seine Bruderschaft angehörte[85]. Grundlegend für die zahlreichen Bruderschaften, zu denen in Brasilien auch diejenigen der ‚Santa Casa de Misericordia' gehörten, sowie für die Drittorden war der korporative Geist der mittelalterlichen Zünfte, in denen sich Meister und Gesellen eines Handwerkes im Zeichen des Kreuzes unter dem besonderen Schutz eines Heiligen zusammenschlossen. Gemeinsame Formen der Frömmigkeit und/oder Hilfe auf Gegenseitigkeit kennzeichnen die Bruderschaften[86]. Die Mitgliedschaft in bestimmten religiösen Korporationen wurde schnell zu einem Statussymbol, wie dies oben am Beispiel der aristokratischen Bruderschaft „Unsere liebe Frau von O" in Lima schon angedeutet worden ist.

In Brasilien begehrten die ‚cristãos-novos' den Eintritt in die Korporationen, weil sie ein Ausweis der Christlichkeit waren. Noch im 19. Jahrhundert strebten die Freimaurer in Brasilien in die Korporationen, weil man sich auch noch in jener Zeit ohne einen religiösen Grund nicht versammeln konnte. Als häufig auf Laieninitiative zurückgehende und hauptsächlich von Laien verwaltete Organisationen haben die Korporationen einen wichtigen Beitrag zur Emanzipation der Laien geleistet. Aber so positiv die Mobilisierung der Laien und die Gruppenintegration in die Gesellschaft zu bewerten ist, so negativ muß doch der fehlende übergreifende Integrationseffekt beurteilt werden, führten die Vereinigungen doch schließlich zur Verfestigung sozialer und auch rassischer Vorurteile — z. B. des spanischen Verständnisses der Reinheit des Blutes — und sogar zu ihrer kirchlichen Sanktionierung. Die Anziehungskraft der Korporationen beruhte zum großen Teil darauf, daß sie die Rollen in der kolonialen Gesellschaft bestätigten.

Die öffentliche Wohlfahrt lag in der Kolonialzeit generell in den Händen von religiösen Bruderschaften. Aber auch der Bau zahlloser Kapellen und Kirchen geht auf ihre Initiative zurück. Die Gebäude waren im Besitz der Korporationen, die auch ihre eigenen Kapläne bezahlten. Sehr verbreitet waren die Bruderschaften des „allerheiligsten Sakraments", die die Eucharistiefrömmigkeit pflegten, das Krankenabendmahl austrugen und die Altäre schmückten.

---

[84] Vèssuri 1971, 50–56; Zuretti 1945, 151f berichtet aus der argentinischen Kolonialzeit von Saufgelagen beim Leichenschmaus und dafür engagierten Klageweibern, Auswüchse, die von den Bischöfen wiederholt ohne Erfolg verboten worden seien.

[85] Comblin 1966, 586.

[86] Vargas U. 1953ff II, 494; Bruneau 1974, 40 nennt die Bruderschaften in den Städten auf staatlichem und kirchlichem Gebiet die beherrschenden Institutionen. Sie entstanden nach iberischen Vorbildern. In Salvador (Bahia) gab es allein 30 vom Staat genehmigte Bruderschaften der Jungfrau Maria. Neben religiösen und karitativen Zwecksetzungen verfolgten die Vereinigungen korporative Zwecke (Handwerker-Bruderschaften) oder vertraten rassische Ausschließlichkeit.

In Brasilien gab es an jedem Ort eine Bruderschaft des Sakraments, eine „Unserer lieben Frau" und eine „der Seelen des Fegefeuers". Auch gab es Bruderschaften, die für die Kosten der Beerdigung und der Seelenmessen aufkamen. Die Sorge um die Seelen im Fegefeuer ist ein typischer Zug der iberischen Frömmigkeit. In Lima bemühten sich beispielsweise fast alle Korporationen um Stiftungen für Seelenmessen. Bei „Unserer lieben Frau von O" deckte das dafür angesammelte Kapital bald 6 bis 7000 Totenmessen jährlich, so daß die Jesuiten, die diese Bruderschaft geistlich betreuten, sich außerstande sahen, alle zu lesen. Deshalb beauftragte der Administrator dieser Bruderschaft arme und tugendhafte Priester im ganzen Vizekönigreich mit Hunderten von Messen für je sechs Pesos, was gleichzeitig eine wirtschaftliche Hilfe für dieselben bedeutete[87].

Die religiösen Korporationen nahmen ihren Anfang bei den Weißen, dehnten sich aber bis Ende des 16. Jahrhunderts auf alle Gesellschaftsschichten aus.

In Brasilien wurde eine der ersten Bruderschaften für Schwarze 1589 auf einer Zuckerrohrplantage von zwei Jesuiten gegründet, die auf diese Weise deren christliche Erziehung fördern wollten[88]. Die beliebtesten Patrone der sich später in großer Zahl bildenden *Bruderschaften der Schwarzen* waren in Brasilien ‚Nossa Senhora do Rosário', ‚São Benedito', ‚Sta. Ifigênia', ‚Sto. Elesbão' und andere farbige Heilige, wie denn überhaupt der schwarze Katholizismus in gewissem Grade eine „Klassen-Subkultur" darstellt, deren brasilianische Ausprägung Bastide (1971) detailliert untersucht hat. Der Kult der schwarzen Madonnen und Heiligen ist den Afrikanern anfangs von ihren weißen Herren „als Mittel zur sozialen Kontrolle, als Instrument zur Unterwerfung ... aufgezwungen worden". Aber die zwangsweise Integrierung der Schwarzen führte zur Gegenreaktion, so daß die schwarze Katholizismus die afrikanischen Bruderschaften zu Werkzeugen der ethnischen Solidarität und der Forderung nach mehr sozialer Gerechtigkeit gemacht hat. Wie die „Kirche der Weißen" aufgespalten war in zahllose Bruderschaften der Zünfte oder der Klans der einflußreichen Familien, so war es allerdings auch die „Kirche der Schwarzen". Die Mulatten hatten so weit ihre Identität verloren, daß sie keinesfalls mit den Schwarzen verwechselt werden wollten, weshalb die Farbigen gemeinsam keinen Druck auf die weiße Oberschicht ausüben konnten. Zu einer Gemeinsamkeit zwischen Schwarzen, Mulatten und Weißen kam es nicht einmal in den berufsorientierten Zünften. Bei Festprozessionen marschierten alle Gruppen getrennt[89].

---

[87] Zu Lima vgl. Martin 1968, 131ff, zu Brasilien Hoornaert 1974, 17f; Bastide 1971 I, 165 bemerkt zu Brasilien, daß aristokratische Bruderschaften wie der Drittorden der Franziskaner exklusive Zirkel waren, die Neuchristen oder Farbigen völlig verschlossen waren.

[88] Leite 1938ff II, 324; Bastide 1971 I, 77f bemerkt, daß die ‚confrarias' der Afrikaner in Brasilien ganz allgemein der Katechese und der Integration der Afrikaner dienen sollten, nachdem die Sklavenbesitzer dieser Pflicht nicht nachkamen. In bezug auf die Bedeutung von Kapellen und Kirchen der religiösen Korporationen führt Carrato 1968, 44f Beispiele aus MG an, nach denen diese die Pfarrkirchen weit in den Schatten stellten.

[89] Bastide 1971 I, 162ff. Skidmore 1972, 8 weist darauf hin, daß eine Bruderschaft wie der franziskanische Dritte Orden in Brasilien strikte Farbschranken aufrechterhielt. Willeke 1976, 20ff bemerkt, daß die Negerbruderschaften unter dem Schutz der Rosenkranzkönigin, St. Benedikts des Schwarzen und als Gürtelbrüder des Hl. Franz v. Assisi die Sklaven religiös erfassen sollten, „um ihre jährlichen Patronatsfeste zu feiern und die sozialen Bindungen unter ihnen zu pflegen". Die Mitglieder verpflichteten sich z. B. „täglich den Rosenkranz zu beten, den Patron besonders zu verehren, der Festfeier am 4. Sonntag im November in der eigenen Tracht und mit angezündeter Kerze beizuwohnen, tags darauf die Messe für die

In Brasilien wurden die Sklaven nach „Nationen", d. h. nach ihrer ethnischen Herkunft, registriert. Und sowohl säkulare Tanzvereinigungen wie religiöse Korporationen der Schwarzen folgten strikt derselben Einteilung. Das entsprach einem Bedürfnis der herrschenden Schicht, die auf diese Weise eine Solidarisierung aller Sklaven verhindern wollte und eifrig bemüht war, alte Stammesanimositäten aus Afrika am Leben zu erhalten. Es entsprach andererseits auch einem Bedürfnis der Schwarzen selbst, die auf diese Weise ihre religiösen und kulturellen Traditionen in der Neuen Welt pflegen konnten. Denn dem herrschenden „formalistischen Katholizismus" genügte es, wenn die religiösen Formen katholisch waren[90]. So konnte sich in der Gestaltung der Bruderschaftsfeste viel *afrikanisches Erbe* erhalten. Als ein typisches Beispiel für den christlich-afrikanischen Synkretismus sei das Rosenkranzfest erwähnt, das die brasilianischen Neger umfunktionierten zur ‚Congada', zum Fest der Wahl des „Königs" und der „Königin", und mit ihren traditionellen Tänzen feierten. „Mit dem wachsenden Selbstbewußtsein der Neger nahmen auch die afrikanischen Bräuche überhand und erregten die Mißbilligung der Kirche; die verbotenen Zeremonien glitten daraufhin in den Bereich des Folkloristischen ab... Als Ende des 18., Anfang des 19. Jahrhunderts die Anzahl der freien Schwarzen größer geworden war und die Nationen an Geschlossenheit gewonnen hatten, gingen von ihnen die entscheidenden Impulse zu jener afrikanischen Renaissance aus, in der die heute traditionellen afrikani-

---

verstorbenen Brüder zu hören und einen jährlichen Beitrag zu zahlen. Für jedes verstorbene Mitglied las der Priester acht Messen und für die aus dem Vorstand zehn. Jeden Mittwoch war Messe für die Bruderschaft und nachmittags Bettelgang der zwei Prokuratoren. Wollte sich ein Mitglied bei seinem Herrn loskaufen, so konnte es die Vereinskasse in Anspruch nehmen, falls genügend Geld vorhanden war, und später die Schulden abtragen . . ." Nach den Statuten der Bruderschaft vom seligen Antonius von Categerô, die 1699 in Bahia bestätigt wurden, die Willeke hier zitiert, „zu schließen, war das religiös-kulturelle Niveau der Negerbruderschaften sehr niedrig. Man begnügte sich mit gewissen Andachtsübungen und dem Erlernen der Hauptgebete, während die religiösen Kenntnisse auch allgemein unter dem Volk sehr zu wünschen übrig ließen".

[90] Bastide aaO 78ff. Negerrevolten brachen stets nur getragen von einer „Nation" aus und sie wurden stets von einer rivalisierenden „Nation" verraten, so daß sich das Prinzip „divide et impera" bestens bewährte. Hoornaerts (1974, 16f) Aussage über den „formalistischen Katholizismus" kann man mit Bastide aaO 79f dahingehend einschränken, daß die Kirche im Zuge der Akkomodation gewisse kulturelle Werte der Afrikaner erhalten bzw. christlich uminterpretieren wollte, daß sie aber keineswegs afrikanische Religiosität im christlichen Gewande bewahren wollte. Da die Afrikaner aber auch in den Bruderschaften ihre eigenen Sprachen weiter verwandten und es keine in afrikanischen Sprachen ausgebildeten Priester gab, konnte sich in den Bruderschaften unkontrolliert afrikanisches Glaubensgut erhalten.

Überall, wo afrikanische Bruderschaften bestanden, sei es in Brasilien, Uruguay und Argentinien oder in Peru und Venezuela, hat sich afrikanische Religiosität erhalten. Und die Religiosität verlor sich, wenn die Kirche es den Bruderschaften verbot, sich außerhalb des Kirchengebäudes nach der Messe zum Tanz zu versammeln.

Die ethnische Zersplitterung der religiösen Korporationen und die zahlreichen Streitigkeiten der städtischen Bruderschaften im Brasilien des 18. Jahrhunderts, die gelegentlich geradezu kriegerische Formen annahmen, beweisen, wie in sich gespalten die brasilianische Gesellschaft war. Das zeigt, wie unhaltbar die beliebte These von der Konfraternisation der Rassen, Kulturen und gesellschaftlichen Gruppen in Brasilien ist — vgl. Hoornaert 1974, 96.

schen Kulte entstanden sind"[91], die gleichzeitig das Ergebnis eines inzwischen stattgehabten innerafrikanischen Synkretismus sind (vgl. 4442).

255 Amerindisch-christliche Religiosität

In Ergänzung zu der oben (23) beschriebenen Mission soll noch kurz angedeutet werden, welche spezifischen Formen von Frömmigkeit die römische Mission der Kolonialzeit unter den Indianern hervorgebracht hat. Bei diesem Versuch besteht dasselbe methodische Problem wie bei diesem ganzen Kapitel: Es fehlt weithin an brauchbaren Quellen. Gründliche wissenschaftliche Untersuchungen stammen aus den letzten Jahrzehnten. Aber da die stärkste gegenseitige Durchdringung von amerindischer und christlicher Religiosität in den ersten hundert Jahren des Kontaktes stattgefunden hat und seitdem die christlich-iberischen Elemente ständig weiter vorgedrungen sind, kann man prinzipiell davon ausgehen, daß die heute noch vorhandenen Bestandteile amerindischer Religiosität nur noch einen Teil von dem bilden, was in der Kolonialzeit vorhanden war[92].

2551 Das Problem des amerindisch-christlichen Synkretismus

Es fehlt bis heute an einer umfassenden wissenschaftlichen Darstellung dieses Bereichs[93]. Der Begriff Synkretismus beinhaltet nicht eo ipso eine negative Wertung. Er kann im weitesten Sinne verstanden werden als die „Koexistenz unter sich fremder Elemente innerhalb einer Religion"[94]. Solche Elemente können aus einer anderen Religion kommen wie der afrikanische Iemanjá-Kult, der sich mit dem Marienkult vermischt hat, oder aus gesellschaftlichen Strukturen wie das patriarchalische Bild des Patrons der ländlichen Gesellschaft Amerikas, das das biblische Vaterbild überlagert hat. Als interne Synkretismen könnte man Elemente bezeichnen, die vor längerer Zeit von einer Religion assimiliert worden sind, z. B. die Vermischung des Evangeliums mit griechisch-römischen Philosophien wie der Stoa und dem Neoplatonismus. Die Bemühungen der Kirchenväter um die christliche Bewältigung dieser Philosophien verdeutlichen, daß Synkretismen in diesem Sinn Erfordernisse der Mission sind[95]. Wie schon im Zusammenhang mit der Frage der Akkomodation angedeutet (vgl. 2315), war diese Einsicht während der missionarischen Bemühungen der römischen Kirche in der Neuen Welt weithin verschüttet. Synkretismen blieben dennoch unvermeidlich, nur wurden Bestandteile

---

[91] Gerbert 1970, 19f. Beim afro-christlichen Synkretismus (vgl. hierzu auch Abschnitt 4442) kann man ähnliche Beobachtungen machen wie beim amerindisch-christlichen, auf den im folgenden Abschnitt 2551 etwas näher eingegangen wird. Indem die Kirche nach dem Vorbild des Staates die Organisation der Schwarzen nach „Nationen" in Bruderschaften zugelassen hat, hat sie dem afro-christlichen Synkretismus Tor und Tür geöffnet — Bastide 1971 I, 82. Zur Akkulturation der Schwarzen vgl. Bastide 1953. Zum Volkskatholizismus in Brasilien ist noch die Sondernummer der REB 141 1976/1 zu beachten, die hier nicht mehr ausgewertet werden konnte. Vgl. weitere Literatur im Abschnitt 442.
[92] Hedrick 1967, 9.
[93] Ebd. 18. Diese Feststellung trifft noch heute zu.
[94] Kamstra, Synkretisme, Leiden 1970 (Inauguralvorlesung) zitiert nach Hoornaert 1974, 23.
[95] Hoornaert 1974, 23ff, der auch den Begriff „externe Synkretismen" verwendet.

amerindischer Religiosität vielfach nicht von christlichen Theologen, sondern entsprechend „unvollkommener" von den betreffenden Volksgruppen selbst assimiliert. Gewisse amerindische Glaubensüberlieferungen werden bis heute von Menschen, die sich als „gut katholisch" bezeichnen, völlig unverbunden mit dem Katholizismus weiter praktiziert, so daß man von „externen" Synkretismen sprechen könnte. Die Frage, inwieweit die einzelnen Synkretismen mit der Intention des Evangeliums vereinbar sind, muß im nachstehenden Überblick ausgeklammert werden.

Davis' Beschreibung des Verhältnisses von römischer Kirche und indianischer Religiosität in Mexiko trifft in erheblichem Maße auch auf den Andenraum zu:

Die Kirche bildete zunächst einmal das architektonische und künstlerische Zentrum der Welt des ‚peón'. Sie bestimmte auch sein gesellschaftliches, wirtschaftliches und religiöses Leben. „Die Kirche wirkte als Patron, Bankier, Geldleiher und Richter. Sie bestritt die Kosten der Feste und bestimmte den Kalender der Orte; sie organisierte die Erziehungszentren, taufte Kinder, weihte Ehen und begrub die Toten. Sie feierte Messen für die ewige Ruhe der Verstorbenen, vermittelte Amulette, um die Geister des Bösen zu vertreiben, segnete und reinigte die Wege, die Quellen, die Felder, die Bauten und die neuen Vorhaben. Die Kirche war nicht nur die Mitte, um die sich das Leben der Gemeinde bewegte, sondern sie war Spender und Schiedsrichter des Lebens selbst. Die Tatsache, daß die Kirche im Verlauf ihres allmächtigen Ganges die Gebühren für ihre Dienste immer mehr erhöhte, wurde als Teil des Lebenssystems des Indianers hingenommen als etwas völlig Natürliches. Zur Kirche zu gehören, verlieh Sicherheit und ein gewisses Maß an Bequemlichkeit bei Genuß ihrer Segnungen. Und natürlich erschien es als logisch, daß man für solche Privilegien bezahlen mußte.

Die Eingeborenen hatten wenig Schwierigkeiten, sich an die Kirche anzupassen, weil sie ihnen ihre Arme weit öffnete und ihnen nicht nur die Taufe und die Errettung gab, sondern ihren Göttern christliche Namen verlieh oder sie überging oder innerhalb ihrer kirchlichen Ordnung Platz für ihre Geister, ihre Zaubereien, ihre Feste und ihre heiligen Orte fand. Das geistliche Leben des Indianers ging seinen Gang mit geringer Veränderung weiter, und praktisch schloß sich die gesamte Bevölkerung des Landes nominell der Kirche an." Bis in die Gegenwart werden in ländlichen Gemeinden, die mehr oder weniger regelmäßig von einem katholischen Priester bedient werden, viele Glaubensformen der Azteken „mit ihren Schamanen, ihren Zaubereien und Exorzismen" weiter ausgeübt. „Auf diese Weise war es dem Indianer möglich, mit leichten Abänderungen an seinen Gewohnheiten und Glaubensüberzeugungen fortzufahren, und zwar unter dem Schutz der Kirche, wenn er nur ihre Autorität anerkannte und für die Dienste bezahlte, die sie ihm erwies."[96]

Systematisierend kann man die amerindischen Synkretismen in fünf Gruppen einteilen[97]:

---

[96] Davis 1941, 28f; als Beispiel für die Richtigkeit dieser Thesen sei auf einen Bericht des Priesters von Sola de Vega im Bistum Oaxaca aus dem Jahre 1653 verwiesen, den Carmichael 1971 veröffentlicht hat. Der Priester berichtet seinem Bischof darin, daß 125 Jahre nach der Eroberung die Indianer sich um Rat und Hilfe immer noch an ihre eigenen „Priester" wenden, die nach eigenen Kodizes die Wahrsagepraxis der günstigen und ungünstigen Tage fortführen, sowie Opfer- und Versöhnungsriten für ihre 13 traditionellen Götter. Die Indianer besuchen immer noch alte Götterbilder, vollziehen traditionelle Riten und verehren ihre Götter sogar in den Kirchen.

[97] Die ersten vier Gruppen sind von Hedrick aaO übernommen.

a) Amerindische Tänze, die in mehr oder weniger veränderter Form an gewissen christlichen Festtagen aufgeführt werden. Die Missionare drangen sogar vielfach darauf, daß die Indianer die Tänze, die sie vorher vor ihren Göttern aufgeführt hatten, nun vor dem Gott der Christen und seinen Heiligen tanzten, um ihre Ablehnung gegenüber der neuen Religion abzubauen[98].

b) Amerindische Feste werden unter dem Deckmantel christlicher Feste weiter gefeiert, wie denn z. B. der Festkalender der Azteken oder Maya durch den christlichen Festkalender ersetzt wurde, wobei die Feste amerindischer Götter nicht selten auf denselben Tag fielen wie diejenigen von Heiligen mit ähnlichen Eigenschaften[99]. Das hängt auch damit zusammen, daß

c) vielfach amerindische Gottheiten unter den Namen von Maria oder christlichen Heiligen weiter verehrt werden oder daß konkreten christlichen Gnadenbildern sogar die Namen indianischer Götter beigelegt werden, wie dies schon am Beispiel der ‚Virgen de Guadalupe‘ (Tonantzin) gezeigt worden ist. Die Indianer verstanden meist nicht, daß die Heiligen keine Gottheiten, sondern nach katholischem Verständnis nur Vermittler zu Gott sind und daß ihre Bilder kein Gegenstand der adoratio sein dürfen. Die Azteken faßten die Heiligen nach ihrer Tradition als unvollkommene Götter auf, d. h. Götter mit Temperamentsausbrüchen und Liebesaffairen! Sie integrierten Gott und die ‚Virgen de Guadalupe‘ in ihr aztekisches Konzept eines von entgegengesetzten männlichen und weiblichen Gottheiten regierten Universums. Entsprechend ihrer Kosmogonie verschiedener Weltschöpfungen und -zerstörungen änderten sie das Gottesbild dahin, daß Gott ein Schöpfer und Zerstörer der Welt ist. Er ist aber nicht allmächtig, sondern bedarf für den Fall einer Weltvernichtung der Zustimmung der Jungfrau von Guadalupe. Der Monotheismus wurde ganz allgemein von den Indianern in seiner Abstraktheit schwer rezipiert. Sie akzeptierten den christlichen Gott als oberste Schöpfungsgottheit — so etwa wie Tloque Nahuaque im aztekischen Pantheon —, aber nicht als einzige Gottheit. Im fatalistischen Schicksalsglauben der Azteken ersetzten Gott und der Teufel die vormaligen aztekischen Gottheiten als Schiedsrichter des menschlichen Schicksals[100].

d) Der Brauch, vor Götterbildern Opfer darzubringen, seien es Blumen oder Kopal, seien es gelegentlich sogar Tiere. Die Opfer werden vielfach an tradi-

---

[98] Madsen 1957, 174 in bezug auf Mexiko.
[99] Ebd.
[100] Ebd. 172ff; zur Rolle des Teufels bei der Indianermission vgl. Correa 1955. Ganz allgemein läßt sich sagen, daß die Indianer nur jene christlichen Vorstellungen assimilierten, für die in ihrer traditionellen Religion ein Anknüpfungspunkt vorhanden war. So zeigt Schaden 1969, 246, daß die Guaraní sich in ihrer bereits vorhandenen Erwartung eines Weltunterganges durch die drastischen Endzeitpredigten der Jesuiten dermaßen bestärkt sahen, daß die kataklysmologischen Vorstellungen ein auslösendes Moment für messianische Bewegungen wurden. Madsen 1957, 172ff geht ausführlich auf den Faktor der Übertragbarkeit religiöser Vorstellungen ein. In der Ethik gab es für die Verbote des Tötens, Stehlens und den Ehebruch direkte Anknüpfungspunkte im Kodex der Azteken. Für Sanftmut, Rechtfertigung und Gottesliebe hingegen fehlten sie, so daß diese Forderungen für die Azteken völlig abstrakt blieben. Auch der christliche Sündenbegriff erwies sich als zu abstrakt, um vollständig übertragen werden zu können. Etwas Ähnliches wie Höllenstrafen kannten die Azteken nur für Zauberei und Mord. Aber als Antrieb für solche Untaten gilt ihnen nicht der menschliche Wille, sondern die Macht des Schicksals.

tionellen Feiertagen dargebracht. In weiten Teilen Mexikos, sogar bei Mestizen und teilweise auch Kreolen, wurde das Allerheiligenfest den Riten eines präkolumbianischen Festes angepaßt, an dem die Seelen der Verstorbenen besuchsweise zur Erde zurückkehren und deshalb ernährt werden müssen. Am Fest Allerheiligen werden daher Nahrungsopfer auf die Gräber gesetzt (1. bis 3. November). Dies gilt als Christenpflicht. Und wer sich ihr entzieht, wird nach dem Volksglauben binnen einer Woche von Gott in das Feuer der Hölle gesandt[101].

e) Bei gewissen Teilen der indianischen Bevölkerung, z. B. in Südmexiko und Guatemala, findet man noch heute nicht nur einzelne der oben aufgezählten Synkretismen, sondern ein fast völlig intaktes System amerindischer Religiosität, das bei derselben Bevölkerungsgruppe mit dem Katholizismus koexistiert, weitgehend unvermischt und unverbunden, so daß man von externem Synkretismus sprechen könnte. Beispielsweise im Bistum Verapaz in Guatemala haben die Indianergemeinden autochthone „Priester" (tijoneles oder aj tij), die sich als wahre Vermittler zwischen den Gottheiten und den Indianern verstehen. Sie erfüllen diese Aufgabe mit traditionellen Gebeten, Bitt- und Versöhnungsriten und Opfern. Girard zeigt, daß sich die Religion der Maya in hohem Maße bei den verschiedenen heutigen Maya-Völkern erhalten hat[102]. Während die römische Messe den Teilnehmern kaum die Möglichkeit zur Beteiligung bietet, zeichnen sich die indianischen Riten durch ihren star-

---

[101] Hedrick aaO 14 und Madsen aaO 175. Opferzeremonien mit der Verbrennung von Kopal kann man vielerorts bei den heutigen Maya beobachten, sei es in Chichicastenango, sei es in Santiago Atitlán (Guatemala) auf den Stufen der Freitreppe zur Kirche. Cordan 1960 führt Beispiele aus Südmexiko dafür an, daß die Maya von heute häufig sogar weitgehend traditionelle Riten in den Kirchen zelebrieren, in Orten, in denen kein katholischer Priester residiert. Er bringt auch zahlreiche Beispiele zu den Punkten b und c. Während die ‚ladinos' Karneval feiern, begehen die Chamula das Fest Kin Tajimoltíc, das Frühlingsfest des Monats Februar, mit dem die Trockenzeit zu Ende geht. „Im April beginnen die langen Regen" (89). Oder bei den Zinacanteco (Azteken) ist der hl. Sebastian der wichtigste Heilige. In seiner Gestalt wird Xipe Tótec, der jünglingshafte Blumen- und Frühjahrsgott weiter verehrt. „Auch er erlitt das Baldurschicksal. Das ist ein Urmotiv, ein Völkergedanke, ein religiöser Archetypus... Xipe Tótec wurde an einen Baum gebunden und durch Pfeile getötet; aber jedes Jahr erstand er wieder, mit Blumen und Opfern begrüßt." In dem blassen von Pfeilen durchbohrten Sebastian der Spanier erkannten die Zinacanteco Xipe Tótec wieder (27). In vielen Maya-Orten kann man drei Kreuze sehen. Das eine ist das alte Maya-Sonnenkreuz (ahomché), das zweite ist zur Abwehr der bösen Geister und das dritte zur Abwehr der ‚ladinos'. Das ‚ahomché' erscheint überall auf den klassischen „Tempelfriesen, Vasen und Statuen. Es steht nicht aufrecht, sondern diagonal und ist gleichschenklig. Es ist auch die Hieroglyphe für Sonne und Tag: k'in". In einer Prophezeiung des Buches Chilám Balám (Tigerpriester) heißt es: „‚Dieses Mayakreuz wird das Land erleuchten von Norden bis Westen', in dem dunklen Weltviertel also... Das Mayakreuz strahlt noch heute in diesen Landen... Wenn die Indios aus der Messe kommen, verneigen sie sich vor der Sonne und schlagen ein Kreuz, das nicht das Todesholz meint." Girard hat gezeigt, daß die Palmenblätter oder an Festen Bromelien oder Orchideen, die in den Mayadörfern an den Schnittpunkten der hohen Standkreuze angebunden werden, dazu dienen, die Gleichschenkligkeit des Mayakreuzes wieder herzustellen. Gelegentlich findet man auch unter den Blättern ein ‚ahomché' eingekerbt (1966, 30ff).

[102] Girard 1966.

ken Gemeinschaftscharakter aus. Die Koexistenz zwischen Katholizismus und traditioneller Religiosität geht so weit, daß vor oder nach der Messe oder der Traumesse entsprechende Maya-Liturgien gefeiert werden, ja, daß ‚tijoneles' Glieder der Katholischen Aktion sind oder sich sogar auf das katholische Priesteramt vorbereiten. Eine Aufgabe der indianischen Religiosität bedeutet noch heute den Verlust der Identität und die Verbannung aus der Volksgruppe. Katholische Missiologen sind sich heute darüber im klaren, daß die frühere gewaltsame Mission ein Irrweg war und daß man nur versuchen kann, das Problem des externen Synkretismus durch einen starken Wandel der kirchlichen Strukturen und ganz neue Akkomodationsmodelle zu bewältigen[103] (zu als „Idolatrie" gestempelten Synkretismus vgl. 3122).

Galilea (1972) spricht rückblickend von einer „dialektischen Synthese der Christianisierung des Kontinents". Einerseits verfuhr sie mit den präkolumbischen Religionen nach dem System der tabula rasa und zwang den Indianern ein „typisch iberisches Christentum auf", andererseits konnte sie das Weiterleben dieser Religionen in Synkretismen nicht verhindern. Einerseits unternahm die Kirche besonders in den ersten hundert Jahren Anstrengungen, sich unabhängig und kritisch gegenüber der Gesellschaft zu halten, andererseits paßte sie sich gleichzeitig auf profunde Weise der neuen Gesellschaft an, „ging mit ihr eine Symbiose ein, indem sie aus dem Binom Evangelisation-Zivilisation ein und dieselbe Sache machte. Wenn die dialektische Haltung der Kirche gegenüber der Religion Synkretismen hervorbrachte, brachte ihre Haltung gegenüber der Gesellschaft und den säkularen Institutionen das hervor, was wir die lateinamerikanische ‚Christenheit' nennen", die bis ins 19. Jahrhundert hinein intakt blieb.

2552 Messianische Bewegungen

Unter Messianismus werden hier von einem „Messias" geführte Bewegungen verstanden, die darauf abzielen, ein irdisches Paradies zu finden oder zu errichten, das den Anhängern in dieser Welt Rettung und Glück bringen soll[104]. Messianische Bewegungen gab es in der Kolonialzeit in erster Linie in Brasilien, und zwar nicht unter der weißen Bevölkerung, wo es lediglich Ansätze des Sebastianismus gab — A. Vieira SJ war einer seiner bekanntesten Vertreter —, dessen Elemente bei messianischen Bewegungen des 19. Jahrhunderts eine Rolle spielen sollten (vgl. 441)[105], und nicht unter der schwarzen Bevöl-

---

[103] K'Ekchi 1973; s. auch Abschnitt 5362; vgl. Synkretismen in Anm. 101.
[104] Definition von Queiroz 1965, 140.
[105] Ebd. 195ff. Der in Portugal entstandene Sebastianismus gründet auf eine von dem Schuster Bandarra vorgenommene Sammlung apokalyptischer Prophetien aus verschiedenen Quellen, die die Ankunft eines großen Fürsten, des ‚Encoberto' (Geheimnisvollen) verheißen, der Portugals Größe mehren würde, so daß es die Vorherrschaft unter den Völkern ausüben kann. Vieira deutete in einem Nachruf auf König João IV. diesen als den ‚Encoberto'. Eine anonyme Quelle aus Bahia nannte demgegenüber João nur einen Vorläufer von D. Sebastião. Der Tod des jungen Königs Sebastian in der Schlacht bei Alcazar-Kebir (Marokko) gegen die Mauren im Jahre 1578 hat die portugiesische Volksphantasie seit jeher angeregt. Nur 60 Portugiesen hatten jene Schlacht überlebt und die Hiobsbotschaft nach Lissabon gebracht. Mit Alcazar-Kebir endete Portugals Heldenepoche, was 1580 durch die Zwangsvereinigung der portugiesischen mit der spanischen Krone drastisch verdeutlicht wurde — vgl. Jacob 1969, 105f.

kerung[106], sondern unter den Indianern. Sie „widerlegen die Auffassung, daß jeder Messianismus aus einer Aneignung oder Umdeutung des christlich-jüdischen Messiasglaubens hervorgegangen sei. Die meisten Stämme besitzen in ihrer Mythologie messianische Elemente, die nicht dem Christentum entlehnt sind"[107]. Es handelt sich im Gegensatz zur These von Hultkrantz beim indianischen Messianismus keineswegs nur um revivalistische Bewegungen, in denen sich christliche und heidnische Ideen miteinander verbanden[108]. Vielmehr kann man zwei Typen von Messianismen bei den Indianern unterscheiden.

25521 Autochthone indianische Messianismen

Solche nicht durch Kontakt mit der iberischen Kolonisation ausgelösten messianischen Bewegungen beruhen auf der amerindischen Mythologie gewisser Völker, in der ein irdisches Paradies, das Land ohne Übel, eine entscheidende Rolle spielt, dessen Erreichen durch einen Exodus erstrebt wird, um einem drohenden Weltuntergang zu entgehen (vgl. 1141). Bei den Guaraní scheint nach der Ankunft der Weißen in Amerika noch das Moment der Rückkehr des Kulturheros hinzugekommen zu sein, dem man in der ‚Terra sem Males' zu begegnen hoffte[109]. Die Eigenart dieser Messianismen besteht also darin, daß sie endogen entstanden sind, verursacht durch eine messianische Mythologie. Die Wanderungen erfolgten unter der Führung eines prophetischen Charismatikers, meist eines Schamanen (pajé), wobei das „Land ohne Übel" im Osten, jenseits des Meeres, gesucht wurde, was den Zug aus dem Binnenland zur Küste erklärt. Der ‚pajé' versteht sich als Vorbote oder Verkörperung des Kulturheros. Nächtelange kultische Tänze und Gesänge, die als Hinterlassenschaft des Kulturheros gelten, begleiten die messianischen Bewegungen[110]. Nach dem heutigen Stand der Forschung dürften die ausgedehnten Wanderungen der Tupí-Guaraní zur Küste in vorkolonialer Zeit messianisch motiviert sein[111].

Etwas anders ist die Lage bei den Wanderungen des 16. Jahrhunderts. 1539 erfolgte unter dem Schamanen Viaruzu ein großer Exodus der Tupí von der brasilianischen Küste nach den peruanischen Anden. 1562 wurde eine zweite Wanderungsbewegung aus dem Gebiet von Bahia von einem jesuitischen Missionar verhindert. Und um 1600 zogen drei große Tupinambá-Gruppen an die Anden, von wo sie sich nach Kontakt mit den Spaniern auf die Insel Tupinambarana am Zusammenfluß von Madeira und Amazonas zurückzogen. Möglicherweise hat die Enttäuschung über die vergebliche Suche der ‚Terra sem Males' an der Atlantikküste und in gewissem Maße vielleicht auch der Kulturschock durch die Berührung mit den Weißen zur Umkehrung der Wanderrichtung geführt[112].

Schließlich kam es Anfang des 19. Jahrhunderts unter den Guaraní-Stämmen im südlichen Mato Grosso zu messianischen Bewegungen, die bis heute

---

[106] Vgl. Queiroz 1971, 111ff.   [107] Gerbert 1970, 24.
[108] Art. Indianer I, 5, RGG³ III, 702.
[109] Queiroz 1973, 45. Zu den Messianismen der Guaraní vgl. auch Schaden 1969, 245ff.   [110] Gerbert aaO 24ff.
[111] Vgl. die Arbeiten von Kurt Nimuendaju, Alfred Métraux und Egon Schaden.
[112] Vgl. Queiroz 1965, 14f. Aus dem 17. und 18. Jahrhundert sind keine messianischen Migrationen überliefert.

noch nicht ganz erloschen sind. Ihre Richtung war wieder Osten. Möglicherweise sind ihre kataklysmologischen Vorstellungen von der christlichen Apokalyptik beeinflußt, stellen mithin Nachwirkungen der Jesuitenmissionierung im 17. und 18. Jahrhundert dar, die jene Guaraní-Gruppen vorübergehend berührt hat, so daß man sie nicht mehr in vollem Sinne als autochthon bezeichnen könnte[113].

25522 Synkretistische messianische Bewegungen

Schon im 16. Jahrhundert entstanden vornehmlich unter den von den Jesuiten unter Zuhilfenahme staatlicher Gewalt reduzierten Indianern messianische Bewegungen eines anderen Typs, die sogenannten ‚Santidades'. Sie entstanden unter den aus ihrem Stammesgefüge durch Ansiedlung herausgerissenen Indianern. Ihre ‚pajés' haben bereits einige christliche Vorstellungen assimiliert. So hieß der Führer der wichtigsten dieser Bewegungen im 16. Jahrhundert, der ‚Santidade de Jaguaripe' (1585), Papa (Papst) und gleichzeitig indianisch ‚Tupanassu'. Und der Führer der Rio-Negro-Bewegung (1850) trat sogar als der wiedergekommene Christus auf. Außerdem wurde das Amt des Laienführers (morubixaba) wiederbelebt. Die ‚Santidades' sind eine nativistische Reaktion gegen die den Indianern gewaltsam auferlegte gesellschaftliche und religiöse Ordnung, durch die sie marginalisiert und jeder Selbständigkeit beraubt wurden. Mit Hilfe der Wiederbelebung der traditionellen Stammesorganisation, der Sitten, Riten und der Mythologie, in die christliche Elemente miteingeflossen sind, wurde durch Wanderungen in entlegene Gebiete des Inlandes die ‚Terra sem Males' gesucht. Im Unterschied zu den autochthonen Messianismen geht es den ‚Santidades' bei der Suche nach dem Land der Verheißung gleichzeitig um Befreiung von den kolonialen Herrschaftsstrukturen[114]. Insofern stellen die ‚Santidades' eine legitime Gegenbewegung zu einer unter dem Zeichen des Kolonialismus erfolgten Mission dar.

Inwieweit eine Revolte 1712/13 in Chiapas, an der Westgrenze Guatemalas, eine Parallele zu den brasilianischen ‚Santidades' darstellt, müßte noch untersucht werden. Hier war ein indianisch-christlicher Mischkult entstanden, von den Indianern ein eigener Bischof geweiht und die Messe gefeiert worden. Eine indianische Prophetin, die erklärte, von Petrus zum Stellvertreter auf

---

[113] Gerbert aaO 26f und Schaden 1955.
[114] Vgl. Ribeiro 1962, 55ff, Queiroz 1965, 188ff, Gerbert aaO 28ff. Prononziert tritt „das Streben nach Umkehr der bestehenden Herrschaftsordnung" hervor, bis hin zur Ankündigung der Vertreibung oder Versklavung der Weißen (Gerbert aaO 29). Umstritten ist in der Forschung, ob die Bewegungen gegenakkulturativ gedeutet werden können, wie dies Gerbert aaO unter Berufung auf Queiroz tut, so daß die Zielrichtung vornehmlich gegen die Herrschaft der Weißen, aber nicht gegen ihre Kultur ginge. Wahrscheinlich ist diese Tendenz erst im 19. Jahrhundert hervorgetreten, nachdem die kulturelle Durchdringung der Indianer schon weit vorgeschritten war. Ohne Zusammenhang mit messianischen Bewegungen führt Leite 1938ff II, 22f Beispiele dafür an, wie Indianer schon frühzeitig in synkretistischer Weise den christlichen Heiligkeitsbegriff sich nutzbar machten, um ihren religiösen Einfluß zu steigern. So behauptete schon 1552 ein Schamane in Brasilien, er sei ein Verwandter der Jesuiten, denn er sei gestorben und auferstanden. „Ein Indianer nannte sich Papst, andere hießen sich Bischöfe; und eine Indianerin gab sich sogar als ‚Mutter Gottes' aus, von kleineren Heiligen ganz abgesehen." Tupanassu oder Tupauassu bedeutet: „großer Gott Tupán" oder „großer Vertreter".

Erden, mit der Vollmacht Priester zu weihen, berufen zu sein, führte ihre Anhänger zur Revolte gegen die Spanier, die indes schnell niedergeschlagen wurde[115].

---

[115] Vgl. Latourette 1939, 135 nach H. H. Bancroft, History of Central America, 3 Bde., San Francisco 1883—87, Bd. II 672—679.

3
Die Krise der lateinamerikanischen „Christenheit" im Zeitalter von Aufklärung und politischer Emanzipation

31 Die Aufklärung in Lateinamerika

311 Aspekte der Aufklärung im spanischen und portugiesischen Kolonialgebiet

Johannes Beckmann hat 1970 (288) bemerkt: „Eine gerechte Würdigung der Aufklärung in Lateinamerika ist immer noch äußerst schwierig. Wenn schon die spanisch-portugiesische Geistesgeschichte des 18. Jahrhunderts bis in die jüngste Vergangenheit als Zeit des Obskurantismus und der scholastischen Erstarrung kaum beachtet wurde, so gilt das erst recht von Amerika, von dessen Geistesleben in Europa wenig bekannt ist." Aus diesem Grunde erscheint es entsprechend der Gesamtkonzeption dieses Werkes doppelt gerechtfertigt, den vorliegenden Paragraphen breiter anzulegen und nicht auf die im engeren Sinne kirchengeschichtlich relevanten Gesichtspunkte zu beschränken, die, aus dem geistesgeschichtlichen und sozio-ökonomischen Kontext herausgerissen, leicht zu Fehldeutungen führen können.

3111 Das Vordringen der Aufklärung nach Lateinamerika

Die geistesgeschichtliche Verbindung zwischen der Neuen und der Alten Welt war während der Kolonialzeit gegeben durch das kontinuierliche Zuströmen von Geistlichen und Verwaltungsbeamten von der iberischen Halbinsel, durch die ständige Auffüllung öffentlicher und privater Bibliotheken mit europäischen Neuerscheinungen, durch den Einfluß der 23 Universitäten in Spanisch-Amerika bzw. durch Priesterseminare und Akademien in Brasilien und durch das Studium von Lateinamerikanern, speziell Brasilianern, in Europa. Die beliebte These, daß Lateinamerika kulturell drei Jahrhunderte hinter Europa zurückgewesen sei, läßt sich nicht halten. Es gab nur einen Hiatus von ungefähr einer Generation zwischen den europäischen Erneuerern und den amerikanischen Akademikern. Dieser Abstand, allerdings zwischen den rückständigeren Universitäten Europas und der amerikanischen Elite, schwand gegen 1800 immer mehr. 85 Jahre nach seinem Tode wurde Descartes in Lateinamerika gelehrt. Newton war bereits 50 Jahre nach der Veröffentlichung seiner ‚Principia mathematica', also ein Jahrzehnt nach seinem Tode, allgemein akzeptiert. Und Lamarcks Werk über die Evolution, das 1802 erschienen ist, wurde schon 1803 in den Akademien der Neuen Welt diskutiert. Zwischen

1780 und 1800 schmolz also der kulturelle Hiatus dahin. Nur die Transportwege blieben als Verzögerungsmoment erhalten[1].

Die geistige Abschnürung der Kolonien hatte sich nicht mehr aufrechterhalten lassen in einer Epoche, in der das wirtschaftliche Monopol der iberischen Mutterländer gefallen war und die spanische Regierung „europäischen Forschern vom internationalen Range eines Bougainville, Thaddäus Haencke, Aimé Bonpland und Alexander von Humboldt Einlaß in ihren überseeischen Besitz gewährt hatte. Spanien selber wurde überschwemmt von den Lehren der Physiokraten, die die Landwirtschaft als Hauptquelle alles Nationalvermögens ansahen, ferner von den Theorien des Naturrechtes und dem neuen regalistischen Geist, der an den alten Anschauungen über die Hoheitsbereiche und Monopole des Staates rüttelte. Überall bis ins ultra-hispanische Salamanca hinein finden wir im Mutterland den ‚Contrat social' von Rousseau, die Werke Voltaires, Montesquieus, Condillacs, aber auch in der amerikanischen Übersee, so ängstlich man sie ihr vorzuenthalten trachtet. Enzyklopädismus und Aufklärung werden widerwillig, aber unaufhaltsam zu Parolen auch für die iberischen Reiche in ihrer ganzen Erstreckung"[2].

In bezug auf *Brasilien* darf im 18. Jahrhundert allerdings eine zunehmende Auseinanderentwicklung mit Spanisch-Amerika nicht übersehen werden, die erst nach der Unabhängigkeit (1822) bzw. nach dem Sturz des Kaiserreiches (1889) wieder abnehmen sollte[3]. Wie es angesichts des Fehlens von Universitäten und Druckereien nicht ausbleiben konnte, entwickelte sich das intellektuelle Leben in Brasilien in geringerem Maße.

Grob gesprochen kann man sagen, daß Brasilien in der Geneaologie der westlichen Geistesgeschichte das letzte Glied war, denn Portugal rangierte hinter Spanien, Spanien hinter Italien und Italien hinter Frankreich und Deutschland. Die portugiesische Verwaltung verfolgte den festen Vorsatz, die Zirkulation neuer Ideen in Brasilien, die ein Risiko für die Stabilität der Kolonialherrschaft darstellten, zu verhindern. So waren im Zeichen des aufgeklärten Absolutismus zwar sehr liberale Einwanderungsbestimmungen erlassen für alle, die zur Entwicklung des Landes beitragen konnten, nicht aber für solche, die wir heute als „subversiv" bezeichnen würden. Unter diese Kategorie fiel offenbar auch „ein gewisser Baron von Humboldt aus Berlin", dessen Reise den „politischen Interessen" der Krone „höchst abträglich" zu sein schien. Deshalb erging Anfang des 19. Jahrhunderts ein königlicher Befehl an alle nördlichen Kapitanien bis hinauf nach Ceará, Alexander von Humboldt nicht ins Land zu lassen. Desto erstaunlicher ist es, daß trotz dieser restriktiven Kolonialpolitik das geistige Leben Brasiliens im 18. Jahrhundert unter dem Einfluß der Aufklärung sich zu entwickeln begann, namentlich durch die Gründung von Akademien ab 1724. Einen besonderen Markstein auf diesem Wege bildete die Gründung der ‚Sociedade scientífica do Rio de Janeiro' im Jahre 1772, die als erste ihr besonderes Interesse auf „nützliches Wissen" richtete. Marchant urteilt auf Grund der Arbeit der Akademien, der politischen Klubs und Geheimgesellschaften in Brasilien, daß der Einfluß der Aufklärung im portugiesischen Kolonialgebiet zwar, verglichen mit der

---

[1] Whitaker 1961, 89f; ähnlich wie Beckmann stellt Kossok 1972, 417 fest, „daß die Geschichte der lateinamerikanischen Aufklärung bislang noch nicht – auch nicht für ein einzelnes Land oder einen bestimmten Länderkomplex – ihren Meister gefunden hat".

[2] Grossmann 1969, 150.

[3] Whitaker 1961, 10, der sich diesbezüglich auf Gilberto Freyre beruft, der vom zunehmenden asiatischen Charakter Brasiliens im 18. Jahrhundert spricht.

Gesamtheit des spanischen Amerika geringer war, daß Brasilien aber Einzelgebieten wie Mexiko, Buenos Aires oder Venezuela kaum unterlegen gewesen sei[4].

Wie schon oben angedeutet, erreichte die Woge der Vernunft, zusammengesetzt aus britischer Naturwissenschaft, französischer Philosophie und spanischer politischer Reform, die die Neue Welt überrollte[5], *die spanischen Kolonien keineswegs nur durch die Hintertür über Bücherschmuggler etc.* Der Bücherhandel war offiziell geduldet, und die wenigsten der in der 2. Hälfte des 18. Jahrhunderts entsandten Beamten und Kirchenleute waren Reaktionäre. Nicht selten drangen spanische Kolonialbeamte sogar auf die Benutzung der aufklärerischen Programmschriften an höheren Schulen und Universitäten. Erst nach Ausbruch der Französischen Revolution (1789) sollte sich die staatliche Repression verstärken[6].

Dennoch gelangten auch weiterhin verbotene Bücher nach Amerika, wie neuere Untersuchungen von Bibliothekslisten zeigen. Das ist nicht weiter verwunderlich, schätzt man doch, daß durch illegalen Handel „ebenso viele Waren nach dem spanischen Südamerika eingeschleust worden sind, wie der offizielle Handel auf den Geleitflotten dorthin gebracht hat"[7]. Durch Handelskontakte war der britische Einfluß in Mexiko, Chile und am La Plata sehr groß und mag den französischen Einfluß in Brasilien und Kuba sogar übertroffen haben. Kuba, die übrigen Antillen und Zentralamerika mit Ausnahme von Guatemala verspürten bis 1808 allerdings kaum etwas vom Geist der Aufklärung[8]. Das Überwiegen des Einflusses der französischen Aufklärer in Spanisch-Amerika erklärt sich wesentlich aus den bourbonischen Familientraktaten von 1733 und 1761, die die Bekämpfung frankophiler Ideen in den Kolonien sehr erschwerten. Für Nueva España wurde New Orleans, der Hafen von Französisch-Louisiana, geradezu zum Umschlagplatz aufklärerischer und revolutionärer Ideen. Franzosen aus Louisiana oder von den französischen Antillen betätigten sich im Vizekönigreich Neu-Spanien offen als Propagandisten der Aufklärung[9]. Der französischen Komponente der Aufklärung ist allerdings die italienische noch hinzuzurechnen (vgl. Kossok Anm. 15). Schließlich darf die Rolle der ersten Gazetten der Neuen Welt für die Verbreitung des Geistes der Aufklärung nicht unerwähnt bleiben[10] (zur Rolle des Erziehungswesens vgl. 3143).

[4] Vgl. Hussey 1961, 43; Marchant 1961, 96ff und zur restriktiven portugiesischen Politik und zu Humboldt Holanda 1963, 119ff. Kossok aaO 420 meint auf Grund des Standes der Forschung von „einer nur sekundären Wirkung der Aufklärung" in Brasilien sprechen zu müssen.   [5] Bernstein 1961, 53.

[6] Lanning 1961, 71ff und Hussey 1961, 35, der darauf hinweist, daß Descartes und Newton schon 1736 von den Jesuiten in Quito gelehrt wurden.

[7] Vgl. Konetzke 1965, 331 und Hussey 1961, 30, der erwähnt, daß z. B. Chile und Peru von 1696 bis 1751 von 175 französischen Schiffen angelaufen wurden und daß im karibischen Raum lebhafter Kontakt mit den britischen Inseln Grenada, Tobago, Trinidad und Jamaica bestand. Außerdem brachte der anglo-spanische Krieg 1779—83 zahlreiche französische Agenten nach Venezuela. Zu den Inventarien der Bibliotheken von Lima und Guatemala vgl. ebd. 42f.

[8] Hussey 1961, 47f. Der britische Einfluß wurde 1713 durch den in Madrid geschlossenen Asiento-Vertrag verstärkt, der Großbritannien als einziger europäischer Macht das Recht zum Sklavenhandel mit Spanisch-Amerika einräumte.

[9] Greenleaf 1971, 165f.

[10] Hussey 1961, 39ff; Grossmann 1969, 152 nennt den ‚Mercurio Peruano' das berühmteste Beispiel einer literarisch-ästhetischen Zeitschrift der Aufklärungsperiode in Lateinamerika. Die erste Welle einer periodischen Presse starb aber selbst in großen Ländern wie Peru und Mexiko bald wieder ab. Und Brasilien hatte keine einzige Druckpresse – vgl. Beckmann 1970, 291.

3112 *Die eklektizistische Rezeption der Aufklärung*

Eklektiker, wie sie waren, konnten sich die Lateinamerikaner auch aus zweiter Hand ein gutes Bild über die neuen Geistesströmungen in Europa machen.

So kamen beispielsweise Jerónimo Feijóos „Teatro crítico" (1726–40) und seine „Cartas eruditas" (1741–60), in denen Descartes Philosophie untersucht wird, vor bzw. unabhängig von der französischen wissenschaftlichen Expedition von 1735 nach Quito. Und in Peru, Los Charcas, Guatemala und Mexiko waren es die kartesianischen Rationalisten, die den grundlegenden intellektuellen Übergang zum Frankreich des 18. Jahrhunderts bezeichneten[11]. Hatte die Entdeckung und Eroberung der Neuen Welt im Zeichen der „humanistischen Phase der Renaissance mit ihrer wissenschaftlichen Neugier" gestanden, wurde „der wissenschaftliche Wagemut des Humanismus" in den Kolonien bald zum „Winterschlaf gezwungen", nachdem die Gegenreformation in Amerika „zu einem evangelistischen Unternehmen, einem politischen Programm für Missionare und Inquisitoren unter der eisernen zentralistischen Regierung Philipps II. geworden war".

Als die Bourbonen den spanischen Thron bestiegen — 1713 im Frieden von Utrecht wurde Philipp V. anerkannt —, öffneten sie die spanischen Kolonien dem französischen Einfluß, und damit dem Geist der Aufklärung. Im Gegenschlag zu der von Aristoteles geprägten Scholastik, die in Amerika mehr als zweihundert Jahre nach der europäischen Renaissance das Geistesleben unangefochten weiter bestimmt hat, bildet die Aufklärung für die koloniale Welt praktisch die zweite Renaissance[12].

Wie groß dieser Einbruch war, läßt sich am Problem der Rezeption des kopernikanischen Weltbildes verdeutlichen. Erst 125 Jahre nachdem Carlos de Sigüenza y Góngora (1645–1700) den Flamen Martín de la Torre verbannt hatte, weil er den Kometen von 1680 mit Hilfe des kopernikanischen Weltbildes erklärt hatte, wurde das kopernikanische System an der Universität Mexiko als Hypothese vorgelegt, nachdem dort auch die kartesianische Philosophie als zulässige Methode anerkannt worden war[13]. Noch 1774 wurde in Bogotá der bedeutende Botaniker und Mathematiker José Celestino Mutis (1732–1808) bei der Inquisition angezeigt, weil er behauptet hatte, die Erde drehe sich um die Sonne. Nur weil ihm ausnahmsweise die Möglichkeit eingeräumt wurde, sich in einem öffentlichen Verfahren zu verteidigen, konnte er sich mit seiner Argumentation überzeugend durchsetzen. „Und von dem Tage an, begann die Erde sich auch in Bogotá um die Sonne zu drehen." Genauso war es mit der auf Kopernikus aufbauenden Philosophie und Mathematik von Descartes. Cogito, ergo sum, bedeutete in Lateinamerika lange: „Ich denke, trotzdem lebe ich noch" (statt: Ich denke, also bin ich). Nicht selten drangen aufklärerische Ideen gerade wegen ihrer Bekämpfung in das Bewußtsein der Öffentlichkeit. So verdammten Feijóo und Christoval Mariano Coriche OP,

---

[11] Lanning 1961, 72ff. Benito Jerónimo Feijóo y Montenegro war kein bedingungsloser Vertreter der Aufklärung in Spanien. Wie Jovellanos, Campomanes und Floridablanca war er Monarchist und gleichzeitig Voltaire-Anhänger. Wie sie las er Rousseau, ohne sich darüber im klaren zu sein, daß durch den Import dieser französischen Aufklärungsideen die spanische Monarchie und ihr Reich unterminiert wurden – vgl. Arciniegas 1972, 336. Martin 1968, 96 bemerkt, daß die Werke von Feijóo die „neuen Winde der Aufklärung" in das SJ-Kolleg ‚San Pablo' in Lima brachten.

[12] Arciniegas aaO 231f.   [13] Lanning 1961, 84.

einer seiner Anhänger in Santo Domingo, Rousseaus „Discours sur les Arts et Sciences" im Namen des Fortschrittes. Der Disput machte Rousseau in Amerika bekannt, so daß sein „Contrat Social" nach seiner Veröffentlichung 1763 so schnell in der Neuen Welt zur Kenntnis genommen wurde, daß er 1780 schon einem breiten Publikum vertraut war[14].

Den Eklektizismus bei der Rezeption der Aufklärung kann man auf verschiedenen Gebieten zeigen. Grossmann tut dies auf literarischem Gebiet, wobei seine Epochenbezeichnung Amero-Klassizismus „die ganze Spannweite der Zeit zwischen 1760 und 1830" umfaßt, „d. h. zwischen Rokoko, Aufklärung und Morgendämmerung der Romantik... Aristokratie, Bürgertum und ‚Volk' kommen darin gleichmäßig zu Wort, zum erstenmal, seitdem die weißen Herren ihren Fuß auf Amerika gesetzt haben".

In einem Zeitalter, das wie dieses „zwischen Statik und Umsturz steht, mußte die Revolution zu allererst in der ideologischen Arena auftreten" und damit in der Literatur. Nachdem bis ins 18. Jahrhundert hinein die Tradition alles bestimmt hatte, meldete sich nun der Fortschritt zu Wort. In der Literatur zeigte er sich in einer neuen Haltung gegenüber der Natur, wobei im Arkadismus der Brasilianer in der zweiten Hälfte des 18. Jahrhunderts „vorromantische Empfindsamkeit, klassizistische Ästhetik und rational gesteuertes freies Denken in einer Welle nationalpatriotischer Hoffnungen und Erwartungen" zusammenschlugen, wie überhaupt die klassizistische Literatur der Jahrhundertwende immer mehr die Begeisterung für die Unabhängigkeitsbewegung schüren sollte. Der Sinn für echtes Naturerleben ging den Lateinamerikanern indes weitgehend ab, da auf ihnen noch zu sehr die kirchliche Anschauung des Barock lastete, die das Interesse auf den Menschen selber, sein Verhältnis zum absoluten Gott und zum absoluten Staat konzentriert hatte. Die von Rousseau begründete humanitäre Haltung, die den Landmenschen als „primären Erkenner der Wahrheit vor dem zivilisierten, verbildeten und moralisch verwilderten Menschen der Städte" pries, und die praktisch-utilitaristische Haltung, die der Natur wieder ihren Lauf und ihre natürliche Entfaltung lassen wollte, da sie dadurch auch dem menschlichen Fortschritt am besten dienen kann, kam folglich in der Neuen Welt nur abgeschwächt zum Tragen.

Der Eklektizismus zeigt sich auch in der „aufklärerischen Unterwanderung des christlich-katholischen Gottesbegriffes in der Literatur des Amero-Klassizismus. War im Barock nahezu jeder Spanier, der sich mit dem Problem des Göttlichen befaßte, ein verkappter Geistlicher, auch wenn er weder Soutane noch Kutte trug, so ist es im Klassizismus umgekehrt: wer um das Transzendente ringt, ist ein Philosoph, selbst wenn er die Weihen empfangen hat. Die Wörter ‚Gott' und ‚Kirche' haben auch die größten Skeptiker des amerikanischen Klassizismus nicht aus ihrem Wortschatz gestrichen. Ihre Angriffe richteten sich höchstens gegen die politische Macht der Jesuiten und moralische Dekadenzerscheinungen innerhalb der Geistlichkeit. Noch der große kolumbianische Revolutionär und Aufklärungsmann Antonio Nariño (1765–1823) unterstützte seine Verteidigung in dem Prozeß, den ihm die Spanier anhingen, weil er die ‚Proklamation der Menschenrechte' der französischen Constituante von 1793 ins Spanische übersetzt hatte, mit einer ausführlichen und wohlbegründeten Berufung auf den hl. Thomas von Aquin. Das Südamerika des Klassizismus hat nicht, wie die Pariser Volksmassen der Revolution, die Göttin Vernunft auf den Thron gesetzt, sondern eine ‚*Aufklärung mit Gott*' ge-

---

[14] Arciniegas aaO 235 und 246.

macht, genau wie Spanien. Erst im Verlauf des 19. Jahrhunderts sollte das anders werden"[15].

Die Attraktivität der Philosophie der Aufklärung scheint für die Lateinamerikaner geringer gewesen zu sein als die ihrer Methode. In ihrer eklektischen Art rezipierten sie „Descartes methodischen Zweifel und Bacons und Newtons Nachdruck auf dem Experiment sowohl in der Philosophie wie in der Naturwissenschaft", womit sie die dekadente Scholastik überwanden. Der Bruch mit der Scholastik erfolgte freilich nicht mit einem Schlage, und er tritt in den Naturwissenschaften deutlicher zutage als in der Philosophie. So kann man von den vierzig bekannten Autoren philosophischer Traktate in Neu-Spanien im 18. Jahrhundert etwa zehn eindeutig zu den Aufklärern zählen. Sowohl hier wie in Neu-Granada und La Plata spielten Religiose, vornehmlich Jesuiten, bei der Einführung der modernen Philosophie eine bahnbrechende Rolle, wobei Aspekte, die ihnen im Widerspruch zum katholischen Dogma zu stehen schienen, eliminiert wurden[16].

---

[15] Grossmann 1969, 153ff. Die praktisch-utilitaristische Haltung wurde besonders bei Naturforschern wie Mutis und Francisco José de Caldas in Neu-Granada sichtbar. Die Geistlichen behielten ihre Hand im Spiel, „als sich gegen Schluß der Kolonialzeit die Regungen mehrten, den Weg zum inneren Erlebnis freizumachen, dem Glücksgefühl Worte zu leihen, daß man in dieser amerikanischen Natur leben, wachsen und sich ergehen, sich einsetzen dürfe beim Aufbau eines neuen Heimat- und Staatsgefühls". Vgl. auch Kossok aaO 419: „Die starke spanische Nabelschnur der lateinamerikanischen Aufklärung findet ihren vielleicht sinnfälligsten Ausdruck im Fehlen einer radikalen Religionskritik. Es wäre zu einfach, lediglich von philosophischer ‚Inkonsequenz' zu sprechen. Wie die Praxis erwies, gelang eine Mobilisierung der bäuerlich-indianischen Massen nur in jenen Fällen (Hidalgo und Morelos in Mexiko), wo unter bewußtem Verzicht auf den Atheismus und Materialismus der intransigenten Aufklärung an das patriotisch-sozialrevolutioäre Religionsverständnis der ausgebeuteten Volksmassen appelliert wurde." Demgegenüber erhebt sich freilich die Frage, ob die Aufklärer in LA überhaupt auf eine Mobilisierung der Massen reflektierten, war doch die Aufklärung eine Sache der Oberschicht, die zunächst gar nicht an die mögliche politische Emanzipation dachte. Kossok selbst sagt: „Für die Spitzen der Kolonialgesellschaft bedeutete standesgemäß zugleich aufgeklärt zu sein" (418). Kossok weist mit Recht darauf hin, daß die Forschung das Problem *„der regional unterschiedlichen Intensität, mit der die verschiedenen Komponenten der Aufklärung wirkten"*, noch nicht genügend zur Kenntnis genommen habe. „Die Vorherrschaft der italienisch-französischen Komponente ist am eindeutigsten für das La Plata-Gebiet (Buenos Aires) nachweisbar. Sowohl die ‚Representación' von 1793 als auch das ‚Memorial' von 1794 — zwei Dokumente, die zu Recht als theoretische Grundlegung des Strebens nach ökonomischer Freizügigkeit für das Vizekönigreich Río de la Plata gelten — gehen auf Genovesi zurück; die Reformgesetzgebung der Revolutionszeit wiederum fußte in hohem Grade auf den Ideen von Filangieri. Auch die radikalsten Rousseauisten — wie z. B. Mariano Moreno — konnten sich diesem Einfluß nicht entziehen. In anderen Gebieten Lateinamerikas — wie Mexiko, Kolumbien, Venezuela und Chile — überwogen (vor allem in der Absage an ‚jakobinische' Experimente) die gemäßigteren englischen und nordamerikanischen Leitbilder. Es bleibt zu fragen, welchen konkreten Einfluß diese Differenzierung auf das Revolutionsverständnis der führenden Kräfte und darüber hinaus auf den Inhalt und die Formen des entstehenden Nationalbewußtseins ausübte."

[16] Schmitt 1959, 153f, der Pater Juan Gamarras „Elemente Moderner Philosophie" (1774) als Beispiel für eine vorsichtige Rezeption der kartesianischen Philoso-

312 Die Inquisition in Lateinamerika

Bevor die Rolle der Inquisition im Zeitalter der Aufklärung geschildert wird, soll in einem Rückblick kurz auf das Wirken der Inquisition in der Neuen Welt eingegangen werden.

3121 Die Ausbildung der Inquisition in den amerikanischen Kolonien

Das Wirken der Inquisition in Amerika ist eine Realität, die nüchtern historisch untersucht werden muß, ohne unter dem Einfluß der „schwarzen Legende" übertrieben, aber auch ohne den neuerer Apologien untertrieben zu werden[17]. Nicht erst seit ihrer Verpflanzung nach Amerika war die Inquisition ein politisches Instrument. Wie für die iberischen Monarchien bis zur Aufklärung Religion und Politik eine unteilbare Einheit bildeten, wurde auch von der Inquisition kaum zwischen politischer und religiöser Häresie unterschieden. „Das hl. Offizium klagte Häretiker als Verräter und Verräter als Häretiker an."[18]

Streng genommen kam die Inquisition schon 1493 mit dem päpstlichen Bevollmächtigten Fr. Bernal Buil nach Hispaniola. Bevor es Bischöfe in Amerika gab, übten dann die Ordensprälaten die vigilantia ordinaria in Glaubenssachen aus. Diese Überwachungspflicht ging dann ex officio auf die Bischöfe über. Darüber hinaus hat der Generalinquisitor von Spanien, Alonso Manrique, den ersten Bischöfen noch die Würde von Apostolischen Inquisitoren delegiert. Ob das schon 1512 bei der Ausreise des Bischofs von Puerto Rico, Alonso Manso, der Fall war, ist ungewiß. Auf jeden Fall hat Manrique 1519 ihn und den ersten Dominikanervizeprovinzial, Pedro de Córdoba, zu Apostolischen Inquisitoren für die Antillen ernannt. Außerdem übertrug Papst Hadrian VI. gemäß der Bulle „Omnimoda" 1524 dem Oberen der ersten nach Neu-Spanien ausgereisten Franziskanergruppe, Martín de Valencia, den Titel eines Kommissars der Inquisition. Mit der Ankunft des Dominikanergeneralvikars Vicente de Santa María OP in Veracruz im Jahre 1528 ging die inquisitorische Funktion wieder auf die Dominikaner über. Bis 1569 hat es in den wichtigsten Provinzen des spanischen Kolonialreichs bereits von den Bischöfen geführte Inquisitionsprozesse gegeben. Nachdem die christliche Bevölkerung in Amerika erheblich zugenommen hatte, ordnete Philipp II. 1569 die Errichtung regelrechter Inquisitionstribunale in Mexiko und Lima, den Hauptstädten der beiden Vizekönigreiche, an[19]. Nachdem diese Tribunale 1570 bzw. 1571 errichtet worden waren, kam 1610 ein weiteres in Cartagena hinzu. Diese Tribunale erfaßten die Weiten des Kontinents durch ihre Kommissare, mit inquisitorischen Auf-

---

phie anführt und auf die Rolle der Jesuiten in Neu-Granada und am La Plata hinweist.

[17] Auf letztere Gefahr weist Lewin 1967, 13ff in einer grundlegenden Untersuchung der Inquisition in Spanisch-Amerika hin.

[18] Greenleaf 1962, 174 in bezug auf Nueva España und analog Montenegro 1972, 20ff für Brasilien. Zur Inquisition vgl. auch Abschnitt 121.

[19] Vgl. Lewin 1967, 146f, der sich hauptsächlich auf José Toribio Medina, La primitiva Inquisición americana, Santiago de Chile 1914, und zahlreiche weitere Untersuchungen dieses bedeutendsten Erforschers der Inquisition in Spanisch-Amerika stützt. Zu Mexiko vgl. auch Zubillaga 1965, 438. Domínguez 1971, 133 meint, die Bischöfe hätten vor 1570 wenig Gebrauch von ihrer inquisitorischen Vollmacht gemacht.

gaben betraute Kleriker, die unabhängig von der bischöflichen Jurisdiktion wirkten. An jedem Bischofssitz und in jedem Seehafen gab es einen Kommissar, der seinerseits von einer Anzahl ‚familiares' unterstützt wurde, Laienbeauftragten der Inquisition, denen ihre dienstlichen Aufwendungen erstattet wurden. Es gab praktisch keinen Ort, an dem Spanier wohnten, an dem nicht ein ‚familiar' ehrenamtlich für die Inquisition wirkte[20].

In *Brasilien* machte sich die Inquisition bis zur Ankunft des ersten Bischofs im Jahre 1551 kaum bemerkbar[21]. Die Bischöfe von Salvador/Bahia hatten die normalen, ihrem Amt inhärenten inquisitorischen Vollmachten, von denen sie in wachsendem Maße Gebrauch machten.

Der dritte Bischof, Fr. Antônio Barreiros, erhielt 1579 vom Thronverweser Kardinal Henrique zusätzliche inquisitorische Vollmachten. Außerdem wurden auch hier Kommissare und ‚familiares' eingesetzt, letztere speziell in den Häfen. Der Posten des ‚familiar' war wegen der damit verbundenen Privilegien sehr begehrt. Das Amt des Kommissars hatten teilweise Rektoren von Jesuiten-Kollegien inne, z. B. regelmäßig in Pará und Maranhão[22]. Außerdem wurden in den Häfen Schiffsvisitatoren (visitador das naus) bestellt. Wie im spanischen Bereich waren alle Mitarbeiter der Inquisition jeglicher öffentlichen Kritik oder Kontrolle entzogen[23]. Schließlich wurde zeitweise die Praxis geübt, den aus Portugal ausreisenden Schiffen einen Mönch mitzugeben, der die Gewissen und den Glaubensstand der Ausreisenden zu prüfen hatte. Gilberto Freyre bemerkt dazu bissig: „Was damals den Einwanderer zurückhielt, war die Ketzerei... Es kam auf die religiöse Gesundheit an. Die Syphilis, der Schanker, die Pocken, die Lepra konnten von Europäern und Negern verschiedener Herkunft frei ins Land geschleppt werden... Man fürchtete im akatholischen Ankömmling den politischen Feind, der imstande wäre, jene Solidarität, die sich in Portugal zusammen mit der katholischen Religion entwickelt hatte, zu zerstören oder zu schwächen."[24]

Am sichtbarsten trat die Inquisition in Brasilien anläßlich der zwei Visitationen, ad hoc zusammengestellten Inquisitionskommissionen, in Erscheinung, die dem Land 1580–1596 unter Leitung des Visitators Heitor Furtado de Mendonça und 1618 ff unter Marcos Teixeira eine „Gnadenzeit" (tempo de graça) bescherten. Beide Visitationen beschränkten sich auf den Nordosten des Landes[25]. Wohl ausgelöst durch die Verfolgung der jesuitischen Reduktionsindianer Paraguays durch die Paulistaner (vgl. 2212 und 2433-4) ordnete die spanische Krone mit Gesetz vom 16. 9. 1639 die Schaffung einer Inquisitionsbehörde in Rio de Janeiro an. Aber durch die Auflösung der Personalunion infolge der portugiesischen Restauration 1641 kam dieses Gesetz nicht mehr zur Ausführung[26], so daß in Brasilien kein selbständiges Inquisitionstribunal entstand. Aber es gab außer den laufenden Ermittlungen von Kommissaren gelegentlich

---

[20] Lewin aaO 183f.
[21] Salvador 1969, 83 erwähnt nur einen Fall von Judaismus 1549.
[22] Ebd. 148f.   [23] Novinsky 1972, 106.   [24] Montenegro 1972, 21.
[25] M. Fischer 1972, 154f. Die Visitationen bildeten ein ambulantes Inquisitionstribunal, das bis auf wenige schwere Fälle alles selbst aburteilte, aber die zu Kerkerstrafen Verurteilten zur Verbüßung ihrer Haft nach Portugal deportieren ließ. Der Begriff „Gnadenzeit" rührt daher, daß die Inquisitoren beim Besuch einer Stadt eine Gnadenfrist setzten, z. B. 30 Tage, innerhalb derer die Bevölkerung Bekenntnisse ablegen oder Denunziationen machen konnte und dabei auf eine gnädige Behandlung der Inquisition rechnen durfte – vgl. Wiznitzer 1966, 10.
[26] Thomas 1968, 151f.

ad hoc berufene Tribunale wie jenes, das 1646 auf Anweisung von Lissabon mehr als 3 Monate lang in Bahia die ‚Grande Inquiricão' (großes Verhör) unter Leitung von Manoel Fernandes SJ durchführte[27].

3122 Ziele und Verfahrensweise der Inquisition in Amerika

Die Aufgabe der Inquisition war die Überwachung der katholischen Orthodoxie im strengsten Sinn, wobei Orthodoxie mit Gehorsam gegenüber der etablierten Ordnung gleichgesetzt wurde. Es gab Verfahren wegen blasphemischer Häresien, gegen Hexen, Wahrsager, Teufelsanbeter, Astrologen, Alchimisten, Bigamisten, Exkommunizierte, Protestanten, sowie ‚cristãos novos' und ‚moriscos', die angeblich oder tatsächlich ihren angestammten jüdischen bzw. islamischen Glauben nicht aufgegeben hatten. Hinzukam die von der Inquisition ausgeübte Zensur. In den Seehäfen wurden Schiffe in bezug auf verbotene Literatur, heterodoxe Kultobjekte und verdächtige Passagiere inspiziert[28]. Der Apparat der Inquisition war besonders groß, weil er nicht nur Ermittlungen und Prozesse durchführte, sondern auch die Urteilsvollstreckung selbst vornahm, d. h. speziell Besitz und Vermögen von Verurteilten beschlagnahmte. In Spanisch-Amerika waren Vermögensbeschlagnahmen indes lange nicht so häufig wie in Spanien, so daß die Inquisition wegen ihrer wirtschaftlichen Schwäche von der Krone unterstützt werden mußte. In ganz Amerika gab es in den etwa 250 Jahren der Tätigkeit der Inquisition ungefähr 100 Todesurteile, ein im Vergleich zur iberischen Halbinsel bescheidenes Ergebnis. In Spanisch-Amerika sollte die Inquisition auf Wunsch der Krone sich speziell um die Besserung der erschlafften Sitten des Klerus kümmern. Neben Prozessen gegen Kleriker lag der Schwerpunkt der Ermittlungen und Prozesse bei Bigamie, Hexerei und verschiedenen Formen von Aberglauben.

Amerika war der Zufluchtsort aller derer, die in Spanien und Portugal nicht wohl gelitten waren. Trotz aller Ausreisekontrollen fanden sie Mittel und Wege, dorthin zu gelangen. Zu dieser Gruppen gehörten in erster Linie die ‚cristãos novos'. Die relativ geringe Zahl von Prozessen gegen die spanischen ‚conversos' läßt darauf schließen, daß sie sich schnell assimilierten und in der spanisch-amerikanischen Christenheit aufgingen[29]. Naturgemäß mußte es unter den um ihres Glaubens aus Spanien nach Portugal geflüchteten Juden, die dort dann von König Manuel I. 1496 doch zur Taufe gezwungen waren, mehr heimliche Anhänger des alten Glaubens (Kryptojuden) geben. Ohnehin war der Anteil von Juden mit 20 % im Jahre 1496 an der Bevölkerung Portugals weit höher als derjenige der in Spanien verbliebenen Juden[30].

Und ab 1536 tat das Wüten der portugiesischen Inquisition gegen Marranen, die nur noch vage Erinnerungen an ihren angestammten jüdischen Glauben hatten, „mehr zur Wiederbelebung des jüdischen Glaubens als alle Ermahnungen der Rabbi-

---

[27] Novinsky aaO 129ff.
[28] Wiznitzer aaO 10 erwähnt unter den Verbrechen, die verfolgt wurden, noch „unnatürliche sexuelle Praktiken". Zum Ganzen vgl. Lewin aaO 183 und zur Zensur 222ff. Montenegro 1972, 20f hebt hervor, daß *Häresie* in den Augen der Monarchie Opposition gegen die „offizielle Ideologie" darstellte, denn als solche verstand sie die „katholische Orthodoxie".
[29] Domínguez 1971, 134f. Zur Begründung vgl. Abschnitt 121.
[30] Wiznitzer nennt als absolute Zahl 190 000 Juden in Portugal für das Jahr 1496 – aaO 1ff.

ner in den voraufgegangenen Jahrhunderten". Nachdem die Juden zuerst zu Katholiken gemacht und dann zu Parias der Gesellschaft gestempelt und von der Inquisition bedroht worden waren, lag es nahe, daß sie bewußt oder unbewußt eine Aversion gegen jene Aspekte des Katholizismus bewahrten, die mit der jüdischen Religiosität am wenigsten vereinbar waren, also gegen die Bilderverehrung, die Kommunion, die Beichte, die Gottheit Christi und die Trinität, sowie die unbefleckte Empfängnis Mariä. Ihr religiöser Inkonformismus, ihre Skepsis gegenüber der offiziellen Religion und dem Dogmatismus der Kirche bot der Inquisition leichte Vorwände, sie als Gotteslästerer, Ketzer oder Abtrünnige hinzustellen[31].

Ob als mit offizieller Erlaubnis Ausgewanderte, wie von 1507 bis 1531, oder als des Judaismus Überführte und Verbannte gelangten die Marranen in wachsender Zahl nach Brasilien[32]. Viele emigrierten nach der Generalamnestie von 1605[33]. Und die Union der iberischen Kronen erleichterte ab 1580 den Massenexodus von Marranen aus Brasilien in die benachbarten spanischen Kolonien, wenngleich Portugiesen offiziell im Spanischen Reich Ausländer blieben. Im Vizekönigreich Peru herrschte bis 1635 relative Toleranz gegenüber den Marranen, d. h. bis zum Ausbruch der Feindseligkeiten zwischen Spanien und Frankreich in der letzten Phase des Dreißigjährigen Krieges, und in Neu-Spanien bis 1642, also bis zur portugiesischen Restauration. Zu diesen Zeitpunkten schlug die Inquisition mit großen Verhaftungswellen zu. Das chronische Defizit der Inquisition in Spanisch-Amerika verwandelte sich in einen beträchtlichen Überschuß, der nach Spanien überwiesen wurde. Das Mißtrauen der spanischen Krone gegenüber den Marranen wurde mit ihrer religiösen und politischen Unzuverlässigkeit begründet. Effektiv spielte bei den Denunziationen Neid gegenüber den erfolgreichen portugiesischen Händlern die Hauptrolle.

In Lima endete die Großaktion der Inquisition mit dem Autodafé vom 23. Januar 1639, in dem 11 zur Kapitalstrafe Verurteilte der weltlichen Justiz überstellt, 54 Marranen zu Strafen verschiedener Höhe verurteilt und 7 freigesprochen wurden. Besitz im Werte von 800 000 Goldpesos war beschlagnahmt worden. Trotzdem erwog Vizekönig Marquis von Mancera 1646 noch die Ausweisung der etwa 6000 in Peru verbliebenen Marranen. In Mexiko endete 1649 eine Reihe von Prozessen gegen Marranen mit einem Autodafé, in dem einer lebendig, 12 vorher Erhängte als Leichen und 57 nicht Gefaßte als Puppen verbrannt, sowie 38 zu anderen Strafen verurteilt wurden. Nach diesem Zeitpunkt sind nur noch Einzelfälle inquisitorischer Verfolgungen wegen Judaismus in Spanisch-Amerika bekannt[34].

---

[31] Novinsky aaO 37ff.
[32] Wiznitzer aaO 10: Seit Einführung der Inquisition in Portugal (1536) kam die Praxis auf, judaisierende Personen, wie schon vorher Kriminelle, nach Brasilien zu deportieren.
[33] Novinsky aaO 62 mit Bezug auf die Juden in Bahia.
[34] Dominguez 1971, 127ff. Die Wege der Marranen nach Spanisch-Amerika führten über den La Plata, aber noch mehr über Cartagena. Das weitgehende Monopol im Sklavenhandel bot portugiesischen Kaufleuten immer wieder die Möglichkeit, spanische Häfen in Amerika anzulaufen. Die Portugiesen blieben allerdings auch nach der Thronunion offiziell Ausländer in kastilischen Besitzungen. Auf Grund eines päpstlichen Breves vom 23. 8. 1604 wurde 1605 in Lissabon eine Amnestie für Marranen veröffentlicht. Alle von der Inquisition verurteilten Marranen konnten innerhalb eines Jahres um Verzeihung bitten und ihr Vermögen zurückerhalten. Den Hintergrund dazu bildet eine Finanzhilfe der Marranen für den Papst. Die Schuldfrage bei den spanisch-amerikanischen Inquisitionsprozessen gegen Mar-

Wie in den spanischen Kolonien war auch in Brasilien nicht nur angeblicher oder tatsächlicher Judaismus der Grund für das Eingreifen der Inquisition, sondern die Nichtbeachtung von Gesetzen seitens der Marranen, die auf dem iberischen „Mythos" der Blutreinheit basieren, der im 17. Jahrhundert zusammen mit den Mythen der Häresie und des Adels immer mehr die iberische Mentalität bestimmte. Novinsky nennt die „Statuten des Blutes" „das erste Beispiel von organisiertem Rassismus in der Geschichte". Es gereicht der Gesellschaft Jesu zur Ehre, daß sie sich der Übernahme der Statuten in den Orden widersetzt und ‚cristãos novos' ohne Diskriminierung aufgenommen hat[35]. Theoretisch durften Marranen im 17. Jahrhundert weder Kleriker noch Beamte werden, weder Apotheker noch Mediziner und keine Universitätslaufbahn ergreifen. Diese für Spanien und Portugal geltenden diskriminierenden Bestimmungen wurden 1641 ausdrücklich auf Brasilien übertragen. Rechtlich nicht viel besser als Schwarze gestellt, konnten sie dank ihrer Hautfarbe und Tüchtigkeit dennoch in die Herrenschicht aufsteigen und ihre Herkunft verwischen. Es ist psychologisch verständlich, wenn „Altchristen" (cristão velhos) ohne Adel und Vermögen sich ganz an den Mythos ihrer rassischen Überlegenheit klammerten und die Gelegenheit zu Denunziationen von wohlhabenden Marranen nutzten[36]. So kam es auch in Spanisch-Amerika vor, daß die Nichte eines wegen Judaismus Abgeurteilten denunziert wurde, weil sie seidene Gewänder mit Goldfransen trug, oder ein Neffe, weil er Waffen trug und zu Pferde ritt[37].

Trotz ihres wirtschaftlich bedingten gesellschaftlichen Aufstiegs litten die Marranen noch lange unter dem Trauma ihrer angeblichen Andersartigkeit, mußten sie doch stets herhalten als Sündenböcke der Gesellschaft, die entgegen den Mythen der reinen Katholizität und des reinen Blutes auch auf der iberischen Halbinsel im Grunde genommen religiös und rassisch pluralistisch war und auch bis weit ins 15. Jahrhundert hinein gegenüber Konvertiten keinerlei Diskriminierung gekannt hatte. Der Kampf gegen die Marranen muß soziologisch als Versuch der adeligen Großgrundbesitzer verstanden werden, die Entstehung einer städtisch-bürgerlichen Mittelschicht zu verhindern. Und so war auch in Brasilien ein schwerwiegendes wirtschaftliches Ungleichgewicht, das mit religiösen Termini bemäntelt wurde, der Hauptgrund für die Aktivität der Visitatoren und Kommissare. Die Prozeßakten zeigen, daß die seit dem Mittelalter ständig gleichen Vorwürfe gegen die „Juden" erhoben wurden, nämlich daß sie den Altchristen schadeten, alle Vermögen an sich rissen, die besten Ländereien und die höchsten Positionen besetzten[38].

---

ranen kann hier nicht untersucht werden. Zweifellos gab es Fälle von Judaismus. So wurde z. B. in Mexiko bei einem Hauptmann Simón Vaéz Sevilla eine Haussynagoge entdeckt. Das ändert nichts daran, daß jegliche Glaubensverfolgung mit dem Evangelium unvereinbar ist.

[35] Novinsky aaO 43ff, ferner Salvador 1969, 146ff, der auch auf die Auseinandersetzungen zwischen Jesuiten und Dominikanern betreffs der Inquisition hinweist. Vieira SJ ist ein typisches Beispiel für die pragmatische Haltung der Jesuiten gegenüber den Juden. Vieira stellte die Frage des portugiesischen Staatswohls über Erwägungen der Glaubensreinheit.

[36] Vgl. Novinsky aaO 47ff. Medina 1952, 18 erwähnt dieselben Berufsverbote für Spanien und seine Kolonien.

[37] Zum „inquisitorischen Rassismus" in Spanisch-Amerika vgl. Lewin aaO 168ff.

[38] Novinsky aaO 60ff und 36ff.

Angesichts dieser Tradition ist es nicht verwunderlich, daß vornehmlich den Marranen die Schuld am Fall Salvadors 1624 und des späteren Verlustes weiter Teile des brasilianischen Nordostens an die kalvinistischen Holländer in die Schuhe geschoben wurde. Neuere Forschungen haben die Unhaltbarkeit dieser Vorwürfe erwiesen. Die Zahl der Marranen, die mit den Holländern zusammenarbeiteten, entsprach etwa ihrem Anteil an der Bevölkerung. Weder bei den Marranen noch bei den übrigen Brasilianern kann man von „Kollaboration" im heutigen Sinn des Wortes sprechen, da es noch kein klar umrissenes brasilianisches Nationalgefühl gab, so daß wirtschaftliche Interessen ausschlaggebend waren[39]. Während die portugiesischen Kolonialbehörden die Holländer als häretische Invasoren in katholische Ländereien hinstellten, zeigt der Defätismus eines großen Teils der Einwohner der betroffenen Landstriche, daß es mit dem katholischen Kampfgeist nicht so weit her war, ja, es fehlte nicht einmal an Sympathie für die Holländer. Aber wie im Kampf gegen die Afrikaner der Quilombos oder die Indianer beharrte die Krone auch in den Auseinandersetzungen mit den Holländern darauf, im Bunde mit der Inquisition die These von der katholischen Homogenität zu verteidigen[40]. Wie die christlichen Ideale der brasilianischen Kombattanten wurde auch der sehnsüchtige Wunsch der ‚cristãos novos', zum Judentum zurückzukehren, dem sie unter holländischer Herrschaft stattgegeben haben sollen, stark übertrieben[41]. In Bahia dürften während des einen Jahres der holländischen Herrschaft etwa ein Dutzend Marranen geblieben sein. Ob sie eine jüdische Gemeinde gegründet haben, ist ungewiß. In dem 1630–54 unter der Herrschaft der holländischen West-Indiengesellschaft stehenden Pernambuco war die Lage nicht viel anders. Allerdings wanderten hierhin etwa 200 jüdische Familien aus Holland aus, nachdem die Holländer auch hier Religionsfreiheit gewährt hatten und sich jüdische Gemeinden bildeten. Die Rechte einer Staatskirche erhielt allerdings die reformierte Kirche, wenngleich die Holländer in Brasilien sich im Gegensatz zu den Puritanern im nordamerikanischen Neu-Holland nicht als das auserwählte Gottesvolk fühlten und alle anderen als Kananäer ansahen. Vielmehr fehlte es nicht an teilweise erfolgreichen Versuchen, Indianer und Afrikaner für den Protestantismus zu gewinnen[42]. Da die spanisch und portugiesisch sprechenden vormals iberischen Juden aus Amsterdam in den ersten Jahren der holländischen Aktivität in Brasilien eine Schlüsselstellung als Vermittler einnahmen, sind die Klagen der Altchristen gegen sie nicht selten. Aber die Westindienkompagnie blieb auf ihr Kapital angewiesen. Die Kapitulationsbedingungen von 1654 erlaubten den freien Abzug aller Holländer und Juden, so daß es nicht zu Inquisitionsprozessen gegen Juden und Kalvinisten kam, während 1567 beim Fall des „Antarktischen Frankreich" in der Guanabarabucht knapp zehn Franzosen hingerichtet worden waren. Nach 1654 gab es nur noch sehr gelegentlich Inquisitionsverfahren gegen Marranen in Brasilien[43].

Wirft man einen Blick zurück, dann ergibt sich, daß seit der ersten Visitation Brasiliens, 1580, in Bahia von 121 Prozessen 40 wegen des Delikts der Homosexualität geführt wurden, die sich teilweise aus dem anfänglichen Frauenmangel erklären mag, und die übrigen fast ausschließlich wegen „Judaismus" von ‚cristãos novos'. Ähnlich war die Relation in Pernambuco und Paraíba. Insgesamt waren 612 Denunziationen bei der Visitationskommission eingegangen, eine große Zahl im Verhältnis zur damaligen geringen Siedlungsdichte im Nordosten. „Sicher waren unter den

---

[39] Ebd. 121ff. [40] Hoornaert 1974, 17. [41] Novinsky aaO 124f.

[42] Wiznitzer aaO 43ff; zum Selbstbewußtsein der Holländer und zu deren protestantischer Mission vgl. Holanda 1963, 47ff.

[43] Zur holländischen Herrschaft in Brasilien vgl. Wiznitzer aaO 36–158; zur França Antartica vgl. Abschnitt 22122 mit Anm. 70–71; zum politischen Kontext vgl. Abschnitt 315. Nach der Restauration Portugals 1640/41 wurde sogar ein Bündnis zwischen Portugal und Holland geschlossen, das sich gegen Spanien richtete und einen zehnjährigen Waffenstillstand in Brasilien vorsah.

zahlreichen Anzeigen auch solche, die aus ehrlicher religiöser Überzeugung gemacht waren. Aber wieviel Denunziationen mögen wohl aus purer Rachsucht, aus Neid und Habgier und anderen niedrigen Motiven erfolgt sein!" Da beim Inquisitionsverfahren Kläger und Verklagte nicht konfrontiert wurden, die Denunzianten also völlig anonym blieben, war der Willkürjustiz im Namen des Evangeliums Tor und Tür geöffnet. Ein Beispiel dafür ist Juan de Loyola aus der Familie des Ordensgründers Ignatius, der 1743 in Mexiko wegen jüdischer Praktiken verhaftet wurde und im Kerker der Inquisition wohl nicht zuletzt infolge der Folterungen starb, bevor ihm der Prozeß gemacht wurde. Der Familie wurde fünf Jahre lang sein Tod verheimlicht, bis er posthum bei einem Autodafé rehabilitiert wurde[44]. Da den Denunzierten nicht einmal der Grund ihrer Verhaftung mitgeteilt wurde, sondern sie gefragt wurden, ob sie sich vorstellen könnten, warum sie angezeigt worden seien, belasteten sie sich durch ihre Aussagen oft noch zusätzlich. Erbrachte das Verhör nichts Belastendes, so wurden die Opfer von durch Masken unkenntlich gemachten Peinigern gefoltert. Bestanden sie die Folterungen ohne belastende Geständnisse, wurden sie als leichte Fälle eingestuft, was sie indes erst durch die ‚absolución del cargo' (Freispruch) erfuhren. Verhaftete, die ihre Schuld bekannten und Reue zeigten, wurden im Autodafé nach Abgabe eines Wiedergutmachungsversprechens mit der Kirche „versöhnt" (reconciliación), was sie nicht vor Verlust ihrer Güter und langjährigen Kerkerstrafen bewahrte. Denn leichter konnte ein Beklagter sein Leben retten als sein Hab und Gut.

Es läßt sich denken, welche Tragödien mittellos gewordener Familien die Urteile der Inquisition ausgelöst haben. Nur im Fall einer äußerst leichten Verfehlung mochte es gelingen, das Vermögen zu retten und nur eine Geldstrafe zu bezahlen, so daß man mit Medina feststellen kann: Um vor der Inquisition sicher zu sein, mußte man ihr angehören, was aber wegen des erforderlichen Nachweises der ‚limpieza de sangre' — des religiösen „Ariernachweises" der Spanier — sehr schwer war.

Escandell (1972) weist auf Grund der Untersuchung der Amtsführung des ersten peruanischen Inquisitors, Antonio Gutiérrez de Ulloa (1571—97), auf die Besonderheiten hin, die die Inquisition in der Neuen Welt entwickelte, und die sie noch unberechenbarer machte.

Es entwickelten sich prozessurale Irregularitäten illegaler und formaler Art. Zu den illegalen Irregularitäten gehörte z. B. der rein „politische Gebrauch" der Inquisition, etwa in Form der Bestrafung von persönlichen Gegnern eines Vizekönigs. Zu den soziologischen Besonderheiten gehörte das Eindringen von ‚conversos' in dieses „unberührbare Redukt der Altchristen", was darauf hindeutet, daß die Gruppenintegration in Peru schon weiter fortgeschritten war als in der Metropole. Besonders gravierend war die Tendenz zur „Privatisierung der inquisitorischen Rechtsprechung", die aus den Mitarbeitern der Inquisition kleine Feudalherren machten, so daß, wie Vizekönig Graf Villar klagte, man „statt Inquisitor von Peru" korrekter sagen müßte „das Peru des Inquisitors". Die Inquisition wurde willkürlich nach eigenem Gutdünken und zum eigenen wirtschaftlichen Nutzen ihrer Mitarbeiter betrieben. Das umfassende Klientelverhältnis, das sich Kommissare, Beamte, Berater, Diener (familiar) errichteten, stellte praktisch „eine bürokratische und moderne Form der alten mittelalterlichen Vasallenbindungen dar". Die Mitarbeiter der Inquisition benutzten ihre Immunität und ihre Einflußmöglichkeiten auch zu amourösen Abenteuern mit jungen Mädchen und Damen der Gesellschaft.

[44] M. Fischer 1972, 152ff. 1702 begann mit Bischof Dom Francisco de São Jerônimo in Rio de Janeiro die inquisitorische Arbeit auch in Südbrasilien. Zwischen 1707 und 1711 wurden 160 Personen beiderlei Geschlechts, zum Teil sogar ganze Familien, verhaftet und nach Lissabon transportiert.

Obgleich die Inquisition gehalten war, nicht gegen indianische Neu-Christen vorzugehen, maßte sie sich gelegentlich auch über sie Autorität an. So eröffnete Juan de Zumárraga OFM, der erste Bischof von Neu-Spanien, der 1535 vom spanischen Großinquisitor, Erzbischof Alonso Manrique de Toledo, zum apostolischen Inquisitor ernannt worden war, einen Prozeß gegen den wahrscheinlichen Neffen des Aztekenfürsten Netzahualcóyotl von Texcoco, der mit dessen lebendiger Verbrennung endete.

„Dieser barbarische Akt brachte ihm den Tadel des Großinquisitors ein, denn Zumárraga war durch königliche Verfügungen stärkstens beauftragt, nicht mit Schärfe und durch Konstitutionen des Hl. Offiziums gegen indianische Neu-Christen vorzugehen, um keinen Schrecken zu verbreiten und weil Kenntnisse im Glauben Jesu Christi und in den Lehren der Kirche noch gering waren". Greenleaf hat allerdings nachgewiesen, daß sich die Inquisition auch später noch mit der Orthodoxie der Indianer befaßte, wenngleich dies die Aufgabe der Bischöfe war, die hierfür Sonderämter, die Provisorate, schufen. In Peru versetzte 1609 die Entdeckung von indianischer Idolatrie nach so vielen Jahren der Evangelisation einen schmerzlichen Schock. Martin spricht von einer „religiösen Hysterie", die das Jesuitenkolleg ‚San Pablo' erfaßte. Francisco de Ávila SJ ließ Karren voll Idolen, anderen hl. Objekten und Mumien auf die Plaza Mayor von Lima schaffen, um den Vizekönig und den Erzbischof vom Ernst der Lage zu überzeugen. Die Gegenstände wurden in einem Autodafé verbrannt. „In einem Brief an den König vom 27. Mai 1619 konnte der Vizekönig triumphierend zusammenfassend, sicher um seine allerheiligste katholische Majestät zu erbauen, die Ergebnisse des hl. Kreuzzuges gegen die Idolatrie mitteilen: 20893 Indianer hatten die Sünde der Idolatrie zugegeben und waren gebührend absolviert; 1618 Schamanen waren verhaftet, ver- und abgeurteilt; 1768 große Idole und 7288 kleinere waren zerstört; 1365 Mumien entdeckt und zu Asche verbrannt.; Vierzig der gefährlichsten Hexer waren unter der Obhut der Jesuiten eingesperrt in der ‚Casa de la Santa Cruz' und mit Zwangsarbeit und Zwangskatechese beschäftigt[45].

---

[45] Zu Mexiko vgl. Medina 1952, 13–23, ferner Greenleaf 1971, 9 und 1965, zu Peru Martin 1968, 125f, der bedauernd das Schweigen der Intellektuellen Limas angesichts der Vernichtung so vieler lebendiger Symbole der indianischen Geschichte und Kultur vermerkt. Jones 1967, 429f erklärt das inquisitorische Vorgehen Zumárragas gegen Indianer mit seinem christlichen Humanismus, der ihn die Indianer als vollgültige Menschen sehen ließ (vgl. Abschnitt 2211), die sich genau wie Spanier vor der Inquisition verantworten müßten (vgl. Anm. 86). Zu den Methoden der Inquisition bemerkt Salvador 1969, 81f: Das Schreckensbild der Inquisition raubte den Menschen ihre Ruhe. „Falsche, von Feinden lancierte Denunziationen genügten, um einen Unschuldigen in die widerlichen Kerker zu werfen. Und bis seine Schuld verifiziert war, litt er Monate und Jahre, völlig von der Familie und der Welt isoliert, der materiellen Güter beraubt, schlecht ernährt, ohne Zugang zur Sonnenwärme, ohne den Namen des oder der Ankläger zu kennen und noch dazu Folterungen unterworfen. Wenn trotz allem jemand es fertigbrachte, mit dem Leben herauszukommen, und viele wurden absolviert, litt er für gewöhnlich doch weiterhin an gewissen Anomalien, war zur Armut verurteilt und wurde von der Gesellschaft schief angesehen . . . Was das hl. Offizium interessierte, war nicht, zur Kapitalstrafe zu verurteilen, sondern die Maschine am Laufen zu halten, d. h. das zahlreiche Personal, das von ihr abhing, was gänzlich unmöglich wäre, wenn es keine Angeklagten mehr gäbe." Die Inquisition wagte nicht einmal, den Päpsten Rechenschaft abzulegen, wenngleich diese 1546 und 1674 wegen der zahlreichen Klagen an die Kurie Untersuchungen anordneten. Zur peruanischen Inquisition des 16. Jahrhunderts vgl. Escandell 1972, zum Kampf gegen die „Idolatrie" Duvoils 1971.

3123 Inquisition und Aufklärung

Die Zensur der Inquisition konnte das Eindringen der aufklärerischen Ideen und Schriften nach Lateinamerika nicht verhindern. Die Zensur arbeitete in der langen Periode von der Gegenreformation bis zu den Unabhängigkeitskriegen „wesentlich bürokratisch und unwirksam". Ohne Angst und Schrecken haben die bedeutenden Lehrer der Neuen Welt die Bücher der Aufklärung gelesen[46]. Die Französische Revolution führte zu einer intensiveren Überwachung des Geisteslebens durch die Inquisition. Erst 1790 wurden in den spanischen Kolonien zahlreiche französische Werke, die dort schon längst zirkulierten, indiziert, u. a. von Bayle, Bossuet, Diderot, Montaigne, Montesquieu, Raynal, Rousseau und Voltaire. Autoren wie Descartes, Hobbes, Hume, Lamarck, Lavoisier, Leibniz, Newton, Pascal und Wolf wurden nie auf den Index gesetzt[47]. Die Inquisition versuchte indes nicht nur, politisch aufklärerische Schriften zu verbieten, sondern alle, die die absolutistische Staatsräson in Frage stellen konnten. Da die Französische Revolution in Amerika als Verwirklichung der Ideen der Aufklärer verstanden wurde, wurden alle Berichte über ihren Verlauf unterdrückt.

Wenn auch die Mehrheit des Klerus traditionalistisch eingestellt war, die aufklärerischen Gedanken ablehnte und Ketzer denunzierte, gehörten doch Kleriker zu den eifrigsten Lesern der aufklärerischen Literatur. So wurden beispielsweise Juan Pastor Morales, Professor am Konzilsseminar in Mexiko, Juan Ramírez OFM und der Priester und kirchliche Richter Anastasio Pérez Alamillo 1794 von der mexikanischen Inquisition verklagt wegen religiöser und politischer Häresien, als da sind abfällige Redeweise über Papst, Inquisition und spanischen König, Lektüre französischer Philosophen, Liebäugeln mit dem republikanischen System, Verteidigung der Hinrichtung Ludwigs XVI. etc. Diese Prozesse waren Vorläufer der großen Inquisitionsprozesse von 1810 gegen die Vorkämpfer der Unabhängigkeit Mexikos, Hidalgo und Morelos. Generell kann man beobachten, daß das Gewicht der Strafen gegen unorthodoxe Kleriker erheblich geringer war als das derjenigen gegen ausländische Propagandisten aufklärerischen Ideengutes. Wegen des Wechsels der Bündnisse Spaniens mit Frankreich und England war es für die Inquisition allerdings ein fast hoffnungsloses Unterfangen, stets der „Parteilinie" dessen zu folgen, was gerade als orthodox bei Hofe galt. Außerdem taten die spanischen Könige Karl III. (1759–1788) und Karl IV. (1788–1808) wenig, um die Stellung der Inquisition im Herrschaftsgefüge zu klären, womit sie deren Stellung effektiv schwächten[48].

---

[46] Lanning 1961, 72 und Quirarte 1967, 67ff, der diesen Sachverhalt bestätigt und darauf hinweist, daß einige Lehrer sich vom Glauben emanzipierten, daß andere den Glauben mit der Modernität zu verbinden trachteten, z. B. Díaz de Gamarra, Clavijero, Francisco Javier Alegre, Landívar u. a. Quirarte macht auf die Diskrepanz zwischen dem Verlust einiger Gläubiger und dem unverminderten Wachstum des kirchlichen Besitzes in Mexiko aufmerksam.

[47] Hussey 1961, 25.

[48] Greenleaf 1971, 167ff. Silio 1969, 600 lobt ausdrücklich Carlos III. dafür, daß er die Macht der Inquisition beschränkt habe, wie das in Portugal Pombal getan habe. Zubillaga 1965, 906 zeigt an Hand des Besuches des Visitators José de Gálvez 1765 in Neu-Spanien, wie sehr das Prestige der Inquisition gesunken war. Gálvez hat weder beim ersten Landgang in Veracruz noch in Mexiko-Stadt den Inquisitoren irgendeinen Besuch abgestattet, noch ihnen irgendeine Botschaft überbringen las-

Genau umgekehrt war es in Portugal, wo Pombal die finsteren Methoden seines Polizeiapparates noch durch die Inquisition abdecken ließ und nicht dem Hl. Offizium, sondern den Jesuiten die Rückständigkeit des Landes anlastete. Im Zuge der Reaktion unter Königin Maria (1777—1816) behielt die Inquisition ihre Bedeutung[49].

In Brasilien ist indes ein hochpolitischer Fall wie der der ‚Inconfidência Mineira' (Verschwörung von Minas Gerais) 1789 von den weltlichen Gerichten behandelt worden. Brasilianische Intellektuelle wurden während oder nach ihrer Studienzeit in Europa nicht selten von der portugiesischen Inquisition verfolgt, z. B. Anfang des 19. Jahrhunderts Hipólito da Costa, der in Lissabon verurteilt wurde, weil er bei einem Besuch der USA flüchtige Beziehungen zu den Freimaurern aufgenommen hatte. Er konnte 1805 aus dem Kerker nach England fliehen, wo er 1808—22 den ‚Correio Brasiliense' herausgab, die erste brasilianische Zeitung, die von dort nach Brasilien geschmuggelt wurde[50].

Wie zahlreiche andere Geheimgesellschaften propagierten die *Freimaurer* die Bildungsideale der Aufklärung, u. a. die liberal-demokratischen Ideale, die die Leitsätze der bürgerlichen Revolutionen bildeten: Freiheit, Gleichheit, Brüderlichkeit. Daß die Freimaurer sich die Bekämpfung der absolutistischen Mächte zum Ziel setzten, erklärt ihre weite Verbreitung in den absolutistisch regierten Ländern, wo ihre liberal-individualistische Ideologie vom aufsteigenden Bürgertum als Antwort auf den unbefriedigenden status quo empfunden wurde. Definierte die Freimaurerei in Europa vornehmlich die Interessen der Bourgeoisie, so wurde sie in Lateinamerika, wo diese Schicht kaum ausgebildet war, von den Söhnen der Bodenaristokraten rezipiert, die in Europa studierten. So lernten beispielsweise die brasilianischen Studenten sie zusammen mit aufklärerischem Gedankengut in Coimbra oder bei Postgraduiertenstudien in England bzw. Frankreich kennen, wo besonders Montpellier ein Zentrum der Freimaurerei war. Obgleich die Logen primär keine politischen Ziele verfolgten, wirkten sie bewußtseinsbildend. Indem sie in Amerika eine Elite sammelten und sie ihre politische Entfremdung erkennen ließen, bereiteten sie den Boden der Unabhängigkeitsbewegung. Obgleich ein natürlicher Interessengegensatz zwischen der Freimaurerei und der mit dem absolutistischen Staat verbundenen, sich als Erhalterin des status quo verstehenden konservativen Patronatskirche bestand, sollte sich ein nicht unerheblicher Teil des nativistischen Klerus in Lateinamerika der Freimaurerei als Exponent im Kampf um die Unabhängigkeit anschließen. Wenn man beispielsweise in allen gescheiterten brasilianischen Emanzipationsbewegungen wie der ‚Inconfidência Mineira' (1789) oder der ‚Conjuração Fluminense' (1794) den Einfluß der Freimaurer nicht klar aufzeigen und abgrenzen kann, liegt das wahrscheinlich daran, daß man nicht unterscheiden kann, inwieweit die nachweisbaren liberalen Ideen von der Geheimorganisation verbreitet worden sind, die sich sehr um deren Propagierung bemühte, und inwieweit die liberalen Gedanken sich bereits durch ihr eigenes Gewicht durchgesetzt hatten[51].

---

sen. Praktisch waren damit die Beziehungen zwischen den Inquisitoren und der obersten Autorität des Vizekönigreichs abgebrochen.

[49] Vgl. Carrato 1968, 170f und Tôrres 1968, 49f. Die Rolle der Inquisition in Brasilien im Zeitalter der Aufklärung ist kaum erforscht.

[50] M. Fischer 1972, 158.

[51] Barreto 1962, 191ff.

Als Beginn der Freimaurerei in Spanien kann man die Genehmigung zur Gründung einer der Großen Loge von England verbundenen Loge in Gibraltar im Jahre 1726 ansehen. Unter dem Ersten Minister Aranda (ab 1766) kam es durch die Gründung der ‚Gran Oriente Español', in die die größten aufgeklärten Geister der Epoche eintraten, zur Verselbständigung der spanischen Freimaurerei. Unter dem Druck dieser aristokratischen Loge beschränkte König Karl III. 1768 die Vollmachten der Inquisition in rechtlicher Hinsicht auf die Verfolgung von Apostasie und Häresie[52]. Im Jahre 1785 fand in Mexiko der erste Inquisitionsprozeß gegen einen Freimaurer statt. Angeklagt war der wegen seines Portraits des Vizekönigs Revillagigedo berühmte venezianische Maler und Bildhauer Felipe Fabris. Er hatte zu dem Schwarm von in der Mehrzahl freimaurerisch und revolutionär gesinnten Ausländern, besonders Franzosen, gehört, die Revillagigedo mit ins Land gebracht und vor der Inquisition geschützt hatte. Offenbar war der ihm im Amt folgende Vizekönig Erzbischof Alonso de Haro y Peralta aus Cuenca, ein sehr gebildeter und linguistisch versierter Aristokrat, selbst Freimaurer. Das zeigt die Verbreitung, die die Freimaurerei Ende des 18. Jahrhunderts unter den liberalen Beamten in Lateinamerika gefunden hatte[53]. In Brasilien wird mit der Präsenz der Freimaurerei ab 1788 gerechnet, nachdem sie 1733 und verstärkt unter Pombal in Portugal Fuß gefaßt hatte. Königin Maria ließ zwar unter dem Einfluß ihres Polizeiintendanten Pina Manique die Freimaurer von Polizei und Inquisition verfolgen, aber die Französische Revolution (1789) gab allen Geheimgesellschaften neuen Auftrieb. Die ideologische Durchdringung der portugiesischen und brasilianischen Eliten durch den individualistischen Liberalismus der Freimaurer erfolgte relativ langsam, weil die Aufklärung in diesen Gebieten schwach entfaltet war, die Inquisition ab 1777 verschärft gegen die Logen vorging und der frankophile Einfluß von Großbritannien abgebremst wurde, von dem Portugal wirtschaftlich und militärisch abhing[54].

[52] Madariaga 1955, 319ff. Speziell die 1492 aus Spanien vertriebenen Juden, deren Verhältnis zu ihrer ehemaligen Heimat seitdem von einer Art Haßliebe gekennzeichnet ist, wurden in ihrem Exil – u. a. in ihrer großen Kolonie in Antwerpen – vom aufklärerischen Gedankengut des 18. Jahrhunderts erfaßt. Die skeptisch-philanthropisch ausgerichtete Philosophie jener Epoche schien ihnen die Möglichkeit zu geben, sich aus der sozialen Sklaverei zu befreien, in der die Vorurteile der Christen sie gefangenhielten. Viele Sephardim waren Enzyklopädisten und Verehrer Voltaires. Da sie nach wie vor die spanische Sprache bevorzugt benutzten, dienten sie als Vermittler aufklärerischen Denkens und Philisophierens für die spanischsprachige Welt, wie sie einst Vermittler arabischer Kultur gewesen waren. Der Bischof von Kuba schrieb in einem Brief vom 3. 2. 1777 an den Generalinquisitor: „Alle Tage kommen hier neue Werke herein, die Amsterdam, Leyden, London und ähnliche Münder ausspeien."
[53] Madariaga 1955, 325ff.
[54] Hussey 1961, 27 betont indes, daß die Freimaurer ab 1733 in Portugal starken Zulauf von Offizieren und Angehörigen der Oberschicht hatten. Pombal gründete 1759 die ‚Arcadia de Lisboa', eine Akademie, die in erster Linie der Ausbreitung der Aufklärung diente. Sie wurde im Zuge der Reaktion 1779 durch die ‚Academia real das sciencias' ersetzt. Trotz der Verfolgung blieben die Freimaurer so stark, daß sie 1804 in Portugal eine nationale Großloge gründen konnten. 1817 kam es zur Verschwörung von Gomes Freire, des Großmeisters der ‚Grande Oriente', die den Sturz der Monarchie zum Ziel hatte. Deshalb wurden die Freimaurer ab 1817 stärker verfolgt und 1818 von Dom João wie alle Geheimgesellschaften verboten. Zur Rolle

Gegen Ende des 18. Jahrhunderts war die Inquisition sowohl auf der iberischen Halbinsel wie in Lateinamerika stark geschrumpft und zu einem Verlustgeschäft für den Staat geworden. Während des Krieges gegen die französischen Invasoren beschlossen die spanischen ‚Cortes' in Cádiz 1813 die Auflösung der Inquisition, so daß die Tribunale in Spanisch-Amerika geschlossen wurden[55]. Die Wirksamkeit der portugiesischen Inquisition in Brasilien war faktisch durch die napoleonische Besetzung Portugals im Jahre 1807, die zur Verlegung des Hofes nach Rio de Janeiro führte, nicht mehr gegeben. Durch Beschluß der portugiesischen ‚Cortes' wurde die Inquisition nach der Befreiung des Landes dann formell 1821 abgeschafft. In der letzten Phase der Unabhängigkeitsbewegung der Territorien der Neuen Welt konnte die Inquisition also nicht mehr tätig werden. In Brasilien dürfte die Inquisition schon durch die Vertreibung der Jesuiten 1759 geschwächt worden sein, hatten doch Glieder der Gesellschaft Jesu in diesem Lande, in dem die mit ihnen in verschiedene Auseinandersetzungen verwickelten Dominikaner überhaupt nicht vertreten waren, häufig als Kommissare inquisitorische Aufgaben wahrgenommen.

313 Das Tribunal des hl. Kreuzzuges (Santa Cruzada)

Neben der Inquisition fungierte als ein zweiter Sondergerichtshof in Spanisch-Amerika die ‚Santa Cruzada', deren Verfall im Zeitalter der Aufklärung kaum erforscht ist. Der Verkauf von Ablaßbullen des hl. Kreuzzuges ist in den Kolonien frühzeitig aufgenommen worden. Er entwickelte sich im Lauf der Zeit zu einer bedeutsamen Einkommensquelle der spanischen Krone. Unter der Oberaufsicht des Generalkommissars des Kreuzzuges in Spanien wurde für jeden Sitz einer Audiencia ein Delegat des Generalkommissars ernannt, der von Mitarbeitern der Audiencia und lokalen Subdelegaten unterstützt wurde, die für die Verkündigung von Bullen und den Verkauf von Ablaß mit Hilfe von Kassenwarten sorgten. Außerdem wurde ein von der übrigen kirchlichen Gerichtsbarkeit unabhängiges Gerichtswesen für die ‚Santa Cruzada' aufgebaut. „Der Verkauf der Bullen und andere geschäftliche Operationen des Kreuzzuges boten Gelegenheit zum Mißbrauch des Privilegs. Schatzmeister, die versucht waren, ihre Autorität für persönlichen Profit zu mißbrauchen, beanspruchten die Immunität von jeglicher ziviler Gerichtsbarkeit." Kleriker der Organisation versuchten sich der Autorität ihrer Bischöfe zu entziehen, und die Kreuzzugsgerichte trachteten ständig danach, ihren Einfluß auszuweiten, z. B. auf herrenlose Güter, besonders Vieh und Besitz von Personen, die, ohne

---

der Freimaurerei bei der politischen Emanzipation Spanisch-Amerikas und ihrem Verhältnis zur römischen Kirche vgl. im einzelnen Silvera 1970.

[55] Vgl. Kamen 1967, 307ff. Durch das Dekret der Cortes vom 22. 2. 1813 „wurde die Inquisition nicht faktisch abgeschafft, sondern nur erklärt, daß sie ‚mit der Verfassung unvereinbar' sei". Aber gleichzeitig wurde die gesamte Rechtsprechung in Glaubensfragen wieder den Bischöfen übertragen. Das Tribunal von Cartagena war schon 1810 von der revolutionären Junta der Stadt aufgelöst worden – vgl. Egaña 1966, 971. Murray 1965, 87 weist darauf hin, daß die Rechtsgrundlage der Inquisition in Spanisch-Amerika ab 1808 unsicher war, da Napoleon die Inquisition im Mutterland abgeschafft hatte; unsicher ist, ob mit oder ohne Zustimmung Carlos' IV. und Fernandos VII. Fernandos Restauration der Inquisition 1814–20 gab der dekadenten Institution für kurze Zeit wieder eine legale Grundlage.

ein Testament zu hinterlassen, gestorben waren, obgleich solche für Spanien gewährte Privilegien in Amerika nicht galten[56].

314 Die Reformen des aufgeklärten Absolutismus

Die Spanier waren sich des Niederganges ihres Reiches seit Philipp II. bewußter als die Portugiesen, weshalb bei ihnen mehr Aufnahmebereitschaft für die von Frankreich und England ausgehende Aufklärung bestand. Deshalb sind im Zeichen des aufgeklärten Absolutismus der spanischen Bourbonen eher politische und religiöse Reformen veranlaßt worden als von der portugiesischen Krone, d. h. immer mit der Einschränkung, daß die Reformen im Rahmen der etablierten Ordnung durchführbar waren[57]. Insbesondere der Schock der Niederlage im Siebenjährigen Krieg (1756—1763) machte Karl III. für Reformgedanken aufgeschlossen.

Der Familientraktat der spanischen und der französischen Bourbonen von 1761, der von der Freundschaft der Minister Grimaldi und Choiseul begünstigt worden war, sah vor, beide Länder wieder zu Handels- und Wirtschaftsmächten erster Ordnung zu machen, wobei die Neue Welt als große Milchkuh und als defensive Zone des Systems betrachtet wurde. Wirtschaftliche Gesichtspunkte waren also für die Reformen ausschlaggebend. 1761—70 bestimmte Frankreich die Allianz, drang auf Reformen, schlug neue Beamte und Methoden vor. Der Sturz von Choiseul und die versagte Hilfe Frankreichs beim englischen Angriff auf die Islas Malvinas (Falklandinseln) und drei Jahre später der Versuch, Spanien wegen Schweden in einen Krieg gegen England zu verwickeln, führten zur Selbstbesinnung Spaniens auf seine Bedeutung. Ab 1773 spielte es die Rolle des wichtigeren Partners in der Allianz[58].

In Portugal war das verheerende Erdbeben, das Lissabon am 1. November 1755 in Schutt und Asche legte, der Ausgangspunkt einer verstärkten Reformpolitik unter Marquis de Pombal als Erstem Minister.

3141 Wirtschaft, Verwaltung und Militärwesen

Konkreter Nutzen aus Reformen wurde auf beiden Seiten des Atlantik dringend benötigt, z. B. eine Erhöhung der Gold-, Silber- und Quecksilberproduktion in Spanisch-Amerika, die einen wissenschaftlichen Aufschwung in Spanien voraussetzte, wie er sich u. a. in den enzyklopädischen Arbeiten von P. Benito J. Feijóo manifestierte. „Nützliches Wissen" wurde besonders unter deutschem und italienischen Einfluß in Amerika verbreitet[59]. Der Geist der Erneuerung war sowohl wirtschaftlich wie militärisch motiviert. Der Siebenjährige Krieg hatte gezeigt, wie gefährdet die Kolonien waren. Um aber die Stärke der Seestreitkräfte erhöhen und wichtige Häfen wie La Habana, San Juan de Puerto Rico und Veracruz befestigen zu können, bedurfte Spanien größerer Profite aus Amerika. Bei der Wirtschaftsreform ging es also in erster Linie um eine Erhöhung der Erträge der Kolonien.

„Aber die obwaltenden Bedingungen des Wechsels und der Geist der Kritik des Alten und Abgenutzten schufen eine Atmosphäre, in der wissenschaftlicher, literari-

---

[56] Zum Verhältnis SJ — OP auf der iberischen Halbinsel und zum Verhältnis der SJ zur Inquisition s. o. Anm. 35 und Salvador 1969, 146ff und 189f. Zur ‚Santa Cruzada' vgl. Scholes 1936, 26ff.
[57] Whitaker 1961, 11.   [58] Aiton 1942, 120f.   [59] Whitaker aaO 12.

scher und humanitärer Fortschritt nicht nur möglich war, sondern positiv ermutigt wurde." Trotz der wichtigen Rolle Frankreichs zu Beginn der Reform kamen die Konzeption, das Personal und die Zielvorstellungen im wesentlichen aus Spanien, das sich als fähig erwies, „ausländische Experten auszuwählen, fremde Ideen auszuleihen und ihren eigenen Zwecken anzupassen". Es handelte sich also um eine durchaus spanische Reform im Zeichen des europäischen aufgeklärten Absolutismus[60]. Um Erhöhung der staatlichen Profite ging es auch Pombal bei der wirtschaftlichen Reformpolitik Portugals in Brasilien, etwa bei der Gründung der Para- und Maranhão-Kompanie (1755), die den englischen Brasilienhandel vernichten sollte, oder bei der Einführung des Kaffeeanbaus in der Provinz Rio de Janeiro, sowie bei der Erweiterung der Eisengewinnung von São Paulo und der Diamantenausbeute in Minas Gerais[61]. Im Zeichen der Reaktion ab 1777 sollte dann 1785 die Zerstörung der Schmelzöfen und der Textilmanufakturen angeordnet werden, da Portugal die Konkurrenz der kolonialen Industrie befürchtete. Genauso versuchte Spanien zunächst u. a. durch die Entsendung von Hüttenfachleuten aus Deutschland die technische Rückständigkeit des amerikanischen Berg- und Hüttenwesens zu beseitigen, verbot aber nach 1782 die Erschließung der reichen in Mexiko entdeckten Eisenerzvorkommen[62].

Die Reform der Kolonialverwaltung zielte auf eine bürokratische Zentralisierung und Rationalisierung durch Einführung des ab 1764 in Kuba erprobten Intendantensystems. 1782 wurden die spanischen Kolonien in 43 ‚Intendencias' unter Leitung eines ‚Gobernador Intendente' unterteilt und damit die Vizekönige zu den höchsten repräsentativen Obrigkeiten reduziert. Auch Portugal betrieb durch Pombal die Vereinheitlichung der Verwaltung Brasiliens mit Hilfe des Intendantensystems, „wenn auch diese Zentralisierung nie das Ausmaß wie im spanischen Amerika erreicht hat"[63]. Umstritten ist, inwieweit Spanien bei den Reformen von dem aufgeklärten Wunsch geleitet war, „die Lebensbedingungen in den Kolonien zu verbessern"[64]. Konetzke u. a. sehen ein solches Bestreben nach Errichtung eines aufgeklärten Rechts- und Wohlfahrtsstaates, der speziell auch den Indianern mehr Gerechtigkeit bringen sollte. Versuche zur Verbesserung der Sozialordnung zugunsten der unteren Volksschichten sollten indes keine Dankbarkeit der Bewohner der Neuen Welt gegenüber der Krone hervorrufen, sondern vornehmlich die kreolische Oberschicht, die ihre Privilegien bedroht sah, in die Opposition zum Mutterland treiben und damit revolutionäre Bewegungen begünstigen[65].

Auf militärischem Gebiet wurde der Grundsatz der Waffenpflicht der freien Untertanen nach dem Siebenjährigen Krieg in den spanischen Gebieten planmäßig beachtet, was zu einer Verstärkung der Milizen führte.

Anfang des 19. Jahrhunderts gab es 108 Kompanien mit 9931 Mann. Im 18. Jahrhundert wurden auch spanische Linientruppen in die Neue Welt verlegt, ja sogar Indianermilizen aufgestellt, obgleich bis dahin den Indianern das Waffentragen strikt untersagt gewesen war. Im spanischen wie im portugiesischen Bereich mußte die Abneigung gegen den Militärdienst durch die Gewährung besonderer Privilegien ab-

---

[60] Aiton aaO 125.   [61] Vgl. Jacob 1969, 130f.
[62] Konetzke 1965, 328 und 300.
[63] Jacob ebd. 131 und Konetzke aaO 136ff. Mit seinen Reformen beseitigte Pombal die Überreste des verfallenen Systems der ‚Capitanias Hereditarias'.
[64] Aiton aaO 125 stellt eine solche Absicht in Abrede.
[65] Konetzke 1965, 136f. Zubillaga 1965, 907 kommt zu dem Schluß, daß Carlos III. die Stände in Gesellschaftsklassen überführen wollte, wozu er den Adel schwächte und das Bürgertum begünstigte.

gebaut werden. Die Schaffung einer einheitlichen brasilianischen Heeresorganisation ab 1767 war das Werk von Generalleutnant Johann Heinrich Böhm, des „brasilianischen Steuben", eines der bedeutendsten Schüler der Militärakademie Wilhelmstein von Graf Friedrich Wilhelm von Schaumburg-Lippe[66].

Nicht nur Versuche zur Verbesserung der Sozialordnung wirkten letztlich contra producentem, sondern auch die Militärreform, die ab 1764 in Spanisch-Amerika zur Verstärkung der Kolonialmilizen führte, die sich eines Tages als kreolische Armeen gegen die Metropole wenden sollten, die Förderung der ‚cabildos' durch die Intendanten, die dadurch in den achtziger Jahren politisches Bewußtsein erlangten und sich gegen ihre Herren wenden sollten, und die vom Ertragsgesichtspunkt bestimmte Anziehung der Steuerschraube, die 1779, bestimmt von der Notwendigkeit, den Krieg gegen England zu finanzieren (Karl III. hatte sich mit Ludwig XVI. zur Unterstützung des Unabhängigkeitskampfes der 13 nordamerikanischen Kolonien verbündet, um Gibraltar, Menorca und Florida von England zurückzuerobern), zu einem brutalen Ausbeutungsversuch Spanisch-Amerikas führte, der besonders in Peru und Neu-Granada Widerstand hervorrief (vgl. 3211)[67].

3142 Kirche und Staat im Zeichen des Regalismus des 18. Jahrhunderts

31421 Kennzeichen des Regalismus

Die vom Staat veranlaßten Reformen der spanischen Bourbonen und der portugiesischen Dynastie Braganza erfolgten im Geiste des Regalismus. Im Gegensatz zu den früheren Habsburgern verstanden sie das Kirchenpatronat weniger als eine Reihe päpstlicher Konzessionen, denn als inhärenten Bestandteil ihrer Souveränität (vgl. die Theorie vom königlichen Vikariat Christi 21221). Gallikanische Ideen, die auf die Schaffung einer vom päpstlichen Einfluß freien Nationalkirche hinausliefen, sowie Gedankengut aus dem Josephinismus des 18. Jahrhunderts, der für eine staatlich geleitete Kirche und die Durchführung von Kirchenreformen durch den Staat eintrat, vermischten sich im Regalismus der iberischen Dynastien. Leitender Gesichtspunkt bei allen Reformen war die Staatsräson, die als unlösbar verbunden mit pastoralen Aspekten verstanden wurde. Während Portugal zur Zeit Pombals in erster Linie bestrebt war, die Kirche konsequent der Staatsräson zu unterwerfen, führten die Bourbonen im selben Geist eine Reihe von positiven Reformen in Amerika durch, z. B. die Erhöhung der Zahl der Parochien, die Verbesserung der Abgrenzung der Bistümer, die Verbesserung der Bezahlung des Klerus, die Neuorganisation des Theologiestudiums und die Neufassung der pastoralen Lebensordnung. Viele Reformvorhaben wurden nicht verwirklicht, weil die päpstliche Bestätigung der vom Staat einberufenen und manipulierten Provinzialkonzile von Mexiko (1771), Lima (1772), Santa Fe de Bogotá (1774) und Charcas (La Plata 1774—78) ausblieb.

Es ist in der Forschung umstritten, ob und inwieweit die Glaubenssubstanz der Kirche durch die regalistischen Eingriffe getroffen wurde und ob das moralische Niveau des Klerus im 18. Jahrhundert effektiv wesentlich niedriger lag

---

[66] Vgl. Konetzke 1965, 158ff; zu Brasilien: Oberacker 1968, 150ff.
[67] Vgl. Humphreys/Lynch 1968, 14ff.

als in den vorangegangenen Jahrhunderten. Insbesondere ist die Frage kontrovers, ob die Moral des Klerus am Ende der Kolonialzeit durch die Anhäufung von kirchlichem Reichtum korrumpiert worden ist[68].

Im Zusammenhang mit der Polarisation von Regalismus und Ultramontanismus und derjenigen von auf göttliches Recht pochenden Monarchie (Gottesgnadentum) und Konstitutionalismus, den beiden bedeutendsten Streitfragen des 18. Jahrhunderts, die den Klerus spalteten, muß auch die Vertreibung der Jesuiten aus Portugal und Spanien gesehen werden. Die Jesuiten waren nämlich in beiden Fragen mit einem großen Teil der Hierarchie zerstritten. Das erklärt teilweise, daß beispielsweise die mexikanische Hierarchie die Vertreibung der Jesuiten im Jahre 1767 billigte, teilweise sogar von Herzen begrüßte. Besonders aufschlußreich ist die Androhung der Exkommunikation und anderer Strafen durch den Bischof von Oaxaca aus dem Jahre 1768 für jeden, der die Ausweisung der Jesuiten als ungerecht bezeichnet. Der Bischof wirft den Jesuiten praktisch „Subversion" vor, die er in den Lehren von Probabilismus und Konstitutionalismus ihrer spanischen Lehrer Francisco Suárez (1548 bis 1619) und Juan de Mariana (1536–1624) zu sehen meint. Der von den Jesuiten vertretene einfache Probabilismus stellt eine nominalistische Korrektur einer normativen Moral dar, indem er dem Individuum die Freiheit zubilligt, im eigenen Interesse gegen bestehende Vorschriften zu handeln, wenn dafür gewichtige Gründe beigebracht werden können. Diese Betonung der Handlungsfreiheit des einzelnen lief sowohl der von den Bischöfen vertretenen traditionellen normativen Ethik wie dem Interesse des absolutistischen Staates zuwider, der eine verstärkte Kontrolle über seine Untertanen anstrebte. Dasselbe gilt von den Theorien Marianas über das Widerstandsrecht, den Tyrannenmord und die Herleitung der Legitimität der königlichen Gewalt von der Volkssouveränität. Es ergibt sich die paradoxe Situation, daß sowohl die regalistische Einstellung der Bischöfe wie die jesuitischen Theorien, die den Suprematie der Freiheit über die Autorität behaupteten und damit für eine Beschränkung der königlichen Macht eintraten, ja das Recht zur Revolution nicht a limine ausschlossen, sich in Übereinstimmung mit dem politischen Denken der Aufklärung befanden. Andererseits müssen die Behauptung der Hierarchie, die

---

[68] Vgl. Greenleaf 1971, 9ff; Bruno 1967, 181 zu den Konzilien. Beckmann 1970, 292f weist darauf hin, daß den Synoden durch den Indienrat die genauen Traktandenlisten, der ‚tomo regio', vorgelegt wurden, so daß beispielsweise Erzbischof Franc. Ant. de Lorenzana von Mexiko der Bischofsversammlung einfach die von ihm und dem Bischof von Puebla, Fabián y Fuero, ausgearbeiteten Dekrete zur Abstimmung ohne Diskussion vorlegte. „Um dem Vertreter des Vizekönigs zu beweisen, wie loyal ihre Haltung gegenüber dem König war, fügten sie zwei Bestimmungen hinzu, nach welchen jeder Widerstand gegen eine königliche Verfügung oder jede Beleidigung des Königs mit der Strafe der Exkommunikation bedroht wurde. Als der Bischof von Durango, José Vicente Díaz Bravo, ein solches Vorgehen der Synodenvorsteher tyrannisch nannte, machte man ihm den Prozeß. Er wurde seines Bistums beraubt und sollte sich zur Verantwortung nach Madrid begeben. Auf der Reise starb er. Dagegen wurden Lorenzana und sein Kollege von Puebla befördert, der erstere zum Erzbischof von Toledo (1789) und Kardinal, der andere zum Bischof von Valencia." Holanda 1963, 117 bemerkt zur moralischen Qualifikation des Klerus, daß im kolonialen Brasilien „nachlässige, auf Gewinn bedachte und zuchtlose" Priester „nie Ausnahmen bildeten".

Monarchie sei durch göttliches Recht legitimiert, und die ultramontanistische Haltung der Gesellschaft Jesu als „nicht aufgeklärt" bezeichnet werden[69].

Die Vertreter des aufgeklärten Absolutismus differenzierten zwischen dem kirchlichen Anspruch, Empfänger und Anwalt der göttlichen Offenbarung zu sein, und der moralischen Präsenz der Kirche. Während die moralische Autorität der Kirche zur Stärkung der Staatsräson nach wie vor erwünscht war, erschien eine metaphysisch begründete kirchliche Organisation wie die römische Kirche unter Leitung des Papsttums geradezu als eine Herausforderung für den Absolutheitsanspruch des Staates und für den Zeitgeist, der die Erleuchtung des Menschen eher in der menschlichen Vernunft als in Gott zu finden meinte. Das, was oben mit Karl Schmitt etwas anachronistisch als Ultramontanismus der Jesuiten bezeichnet wurde, jene Haltung, die nach der Begriffsprägung des Jahrhunderts für die Freiheit der Kirche vom Staat eintritt und damit im Kontext der römischen Kirche eo ipso der Stärkung des Papsttums dient, mußte dem absolutistischen Staat, der das Kirchenpatronat zum königlichen Vikariat Christi weiter entwickelt hatte (vgl. 21221), ein Dorn im Auge sein. Etwa dasselbe wie Ultramontanismus meint Zubillaga, wenn er von der „Theokratie der Jesuiten" spricht, die sich in der Freiheit äußerte, „Gesetzen der Monarchen im Namen Gottes zu widerstehen", eine Freiheit, die dem absolutistischen Verständnis von Staatsräson diametral entgegengesetzt war. In der Kampagne, die zur Unterdrückung der Gesellschaft Jesu in den iberischen Staaten und in Frankreich führte, war stets dieses politische, sich auf die Staatsräson berufende Argument mit antireligiösen Motiven vermischt[70].

Die Unterdrückung der Jesuiten in Portugal und Spanien und deren amerikanischen Kolonien stellt den folgenschwersten Eingriff des Regalismus in die Strukturen der Kirche der Neuen Welt im 18. Jahrhundert dar. Die komplexen Hintergründe dieses herausragenden Ereignisses der kolonialen Kirchengeschichte, das schlaglichtartig das Ausmaß der Abhängigkeit der Kirche vom Staat beleuchtet, können hier nur stichwortartig angedeutet werden. Mit den Jesuiten, die sie als Bollwerk der päpstlichen Macht betrachteten, wollten die absolutistischen Regierungen im Grunde das Papsttum selbst treffen und schwächen.

Deshalb ruhten die wichtigsten katholischen Staaten Europas nicht eher, als bis sie unter Androhung des Schismas Clemens XIV. (1769-74) dahin gebracht hatten, daß er, um schlimmeren Schaden für die Kirche abzuwenden, 1773 mit dem Breve „Dominus ac Redemptor", die damals noch 22 000 Glieder zählende Gesellschaft Jesu auflöste. Die Tatsache, daß der Gesellschaft keinerlei Möglichkeit zur Verteidigung

---

[69] Vgl. Schmitt 1959, 158ff; die regalistische Haltung eines Mannes wie des Bischofs von Puebla, Fabián y Fuero, verhinderte jede realistische Sehweise und jede vernünftige Abgrenzung der staatlichen Rechte gegenüber der Kirche, so daß er in seinem Hirtenbrief vom 28. 10. 1767 behaupten konnte, die Vertreibung der Jesuiten entspreche dem „rechtmäßigen Gebrauch der Rechte, welche Gott dem König mit der Krone verliehen hat". — vgl. Beckmann 1970, 292. Humphreys/Lynch 1968, 9 bemerken zu den sogenannten ‚doctrinas populistas' von Francisco Suárez und den spanischen Neu-Scholastikern: „. . . there is little evidence that the highly theoretical doctrines of the neo-scholastics survived as a living force either in Spain or in America. They may have been studied as classical texts in the universities (of LA), though even this is doubtful. But they did not constitute a powerful and continuous tradition capable of challenging an empire."

[70] Vgl. Zubillaga 1965, 908.

gegen die gegen sie erhobenen Vorwürfe gegeben wurde, veranlaßte Heinrich Heine 1843 zu der Feststellung: „Die Jesuiten sind hingerichtet worden, nicht gerichtet." Und nachdem die Forschungen Ludwig von Pastors ergeben hatten, daß sogar der Text des päpstlichen Breves in der spanischen Botschaft in Rom redigiert worden ist, bemerkte Kardinal Michael Faulhaber: „Die Aufhebung des Jesuitenordens war eine diplomatische, aber keine dogmatische Kundgebung des Papstes."[71]

Aber die päpstliche Auflösung der Gesellschaft Jesu bildet ein Problem der europäischen Kirchengeschichte, das freilich in der lateinamerikanischen mit angelegt ist. Darum müssen wir uns darauf beschränken, jene Vorgänge in der Neuen Welt etwas zu erhellen, die zur Unterdrückung der Jesuiten in den portugiesischen und spanischen Territorien führten.

31422 Die Vertreibung der Jesuiten aus Brasilien im Jahre 1759

Die Vertreibung der Jesuiten fällt in die Zeit der Herrschaft von José I. (1750–1777), die ganz von Sebastião José de Carvalho e Melo bestimmt wurde, den er 1750 als Außen- und Kriegsminister berief, 1756 zum Premierminister ernannte und 1770 in den Stand eines Marquis de Pombal erhob. Das politische Leitprinzip Pombals war die Durchsetzung der absoluten Souveränität des Staates, die er in erster Linie von der römischen Kirche bedroht sah, was seine Angriffe gegen die Inquisition und die Jesuiten erklärt. Zu Spannungen zwischen dem von Pombal gelenkten Staatswesen und den Jesuiten in Brasilien kam es in den fünfziger Jahren im nordbrasilianischen Missionsgebiet (Maranhão) und im Süden, wo das Verhalten der spanischen Jesuiten im Zusammenhang mit dem luso-spanischen Grenzvertrag von 1750 den Zorn des Ministers hervorrief.

Die Auseinandersetzungen im Norden begannen mit der Amtstätigkeit von Carvalhos jüngerem Bruder, Francisco Xavier de Mendonça Furtado, als Gouverneur des Estado do Maranhão im Jahre 1750, und zwar zunächst im Zusammenhang mit seiner Amazonasexpedition, die der dortigen Grenzfestlegung nach dem Vertrag von 1750 dienen sollte. Aus Marina am Rio Negro schickte Furtado einen Katalog heftiger Anklagen an den Hof, die darin gipfelten, daß die Jesuiten in ihren Missionen ein „diabolisches System" errichtet hätten. Sie verwehrten den Portugiesen den Zutritt zu den Missionen, um die Indianer ungehindert ausbeuten und schließlich das ganze Gebiet von Portugal abtrennen zu können. Die weitgehende Ausrottung der brasilianischen Indianer führte er auf die brutalen, unmenschlichen Sklavenhaltermethoden der Jesuiten zurück, die den Indianern nicht einmal Zeit für den Ackerbau ließen.

Schon Southey hat auf die totale Widersprüchlichkeit der Anklagen Furtados hingewiesen. Wie könnten die Jesuiten die Indianer ausrotten, wenn sie eine von Portugal unabhängige Eigenherrschaft anstrebten? Sie würden dann doch völlig von den Indianern als Hilfskräften abhängen. Wie sollten sie die Landwirtschaft vernachlässigen, wenn sie ihr Handelsmonopol ausweiten wollten? Die Jesuiten taten alles, um sich mit dem Gouverneur gut zu stellen. Noch 1752 scheint der Prokurator der Mission optimistisch gewesen zu sein, denn er bat den Ordensgeneral um die Entsendung von elf zusätzlichen Missionaren aus Deutschland und Italien. Indessen wurde der Zorn Carvalhos ausgelöst durch die Korrespondenz zwischen den Jesuiten und der frommen Königinmutter Maria, in der die Jesuiten auf deren ausdrücklichen Wunsch von Übergriffen königlicher Beamten berichteten. Carvalho hatte entsprechende Schreiben abfangen lassen.

---
[71] Vgl. Rabuske 1973.

1755 wurde der vom General entsandte Visitator Francisco de Toledo mit einem königlichen, über den Bischof von Pará geleiteten Dekret angewiesen, drei Missionare „zum Wohle des Gottesdienstes und des Ordens" nach Portugal zurückzuschicken. Damit begann die Erosion des jesuitischen Missionswerkes am Amazonas. Pombal wollte die bis 1760 ständig steigenden Erträge der brasilianischen Kolonie 1755 durch die Gründung der mit dem regionalen Handelsmonopol ausgestatteten ‚Companhia do Grão-Pará e Maranhão' weiter erhöhen und den Jesuiten damit ihre ökonomische Grundlage nehmen.

Denn diese waren auf den Verkauf der überschüssigen Produkte ihrer ‚fazendas' zur Finanzierung ihrer Missionsarbeit angewiesen. Dieser Handel galt ab 1755 als Verstoß gegen das staatliche Handelsmonopol. Gleichzeitig wurde 1755 die Indianersklaverei verboten (vgl. 22122), um die ‚fazendeiros' zu zwingen, teure Negersklaven von der ‚Companhia' zu kaufen, und um den Religiosen die säkulare Verwaltung der Missionen zu entziehen. 1757 teilte der Gouverneur dies den Missionaren auf einer Versammlung mit, und zwar mit der Begründung, die Jesuiten seien gemäß ihren Gelübden zu dieser Funktion unbefähigt, und die Kapuziner, die am Maranhão Missionen hatten, müßten von ihren Verwaltungsfunktionen entbunden werden, weil sie der Demut ihres Ordens widersprächen. Bezeichnenderweise wurde der Bischof von Pará, Miguel de Bulhões, mit dem die Jesuiten in jeder Hinsicht loyal zusammengearbeitet hatten, zu einem willfährigen Werkzeug des Gouverneurs Furtado in seinem Kampf gegen die Gesellschaft Jesu. Er hoffte offenbar, mit staatlicher Hilfe seine Position ausbauen zu können, denn 1757 teilte er den Missionaren mit, daß ihm die Jurisdiktion über alle Religiosen zukomme. Als Ende 1757 Francisco de Toledo mit 14 Jesuiten nach Portugal abgeschoben wurde, zeichnete sich der Zusammenbruch des Missionswerkes im Norden ab.

Die Vorgänge in Nordbrasilien müssen auf dem Hintergrund des Streites um die Durchführung des Vertrages von Madrid von 1750 an der brasilianischen Südgrenze gesehen werden. Mit diesem ersten Grenzvertrag seit Tordesillas nahm Spanien im wesentlichen die portugiesische Expansion hin, sicherte aber den La Plata, indem es portugiesische Ansprüche gegen das heutige Gebiet von Uruguay (Colônia do Sacramento) abgalt durch die Abtretung der riesigen Ländereien der ‚Sete Povos das Missões' (vgl. 244) bis hin zum Río Uruguay, der die künftige Grenze Rio Grandes do Sul bilden sollte. Betroffen waren etwa 30 000 Guaraní in diesen Jesuitenreduktionen, die ohne jede Schuld der Früchte einer jahrzehntelangen Kultivierungsarbeit beraubt und zwangsweise nach Westen in spanisches Gebiet umgesiedelt werden sollten. Es gelang den Jesuiten nicht, die Guaraní in der gebotenen Eile für dieses Vorhaben zu gewinnen. Als die luso-spanische Grenzmarkierungskommission entgegen jesuitischen Protesten schon 1753 die Arbeit aufnahm, griffen die Guaraní eigenmächtig zu den Waffen, schlugen unter Sepe Tiarajú 1754 die luso-spanischen Truppen zurück, wurden aber 1756 mühelos besiegt. 1761 war indessen die Opposition in Spanien gegen den Vertrag derartig gewachsen, daß er annulliert wurde. Für Pombal war der Widerstand der Jesuiten ein entscheidender Grund, um sie 1759 gänzlich aus den portugiesischen Ländern zu vertreiben. Die Zurückhaltung der Jesuiten, die das mächtige Reduktionsheer nicht zugunsten der ‚Sete Povos' mobilisiert hatten, zahlte sich nicht aus[72]. Während der spanische Hof nach einer Untersuchung die Jesuiten 1759 aus-

---

[72] Vgl. zum ganzen Komplex Pastor 1937, XXXVff; Southey 1965, VI, 61ff; Mörner 1968; Gonzaga Jaeger 1960; Carnaxide 1940; Lugon 1968, 283ff.

drücklich für unschuldig am Paraguay-Krieg erklärte, begründete José I. in seinem Dekret vom 19. 1. 1759 die Einziehung aller Güter der Gesellschaft Jesu und die Verhaftung aller ihrer Glieder in ihren Wohnstätten damit, daß sie den Paraguay-Krieg angestiftet und sich an der Verschwörung gegen das Leben des Monarchen (Attentat in der Nacht vom 3. zum 4. Sept. 1758) beteiligt hätten. Von den 453 Jesuiten in Brasilien bewiesen 283 den Mut und die Standhaftigkeit, ihrer Berufung treu zu bleiben und die Leiden der Verbannung auf sich zu nehmen[73]. Carnaxide hat auf den ursächlichen Zusammenhang zwischen der Finanzkrise der portugiesischen Krone und der Beschlagnahme des Vermögens der reichsten Adelsfamilien Portugals und der Gesellschaft Jesu hingewiesen[74]. Die Ausweisung der Jesuiten erfolgte auf brutale und unmenschliche Weise und stand unter der Androhung der Todesstrafe für jedes Glied der Gesellschaft Jesu, das es wagte, in portugiesischem Gebiet zu bleiben. Die Amazonasmission und das Schulwesen Brasiliens erlitten einen Schlag, von dem sie sich in den folgenden hundert Jahren nicht wieder erholen sollten. Die Rache Pombals traf in den Jahren nach 1759 auch andere Teile von Hierarchie und Klerus, die sich nicht bedingungslos seinen absolutistischen Anordnungen fügten. So wurden 1760 der Erzbischof von Bahia, José Botelho Matos, und 1764 die Bischöfe von Pará und Maranhão nach Portugal deportiert und in Konvente eingesperrt. Dasselbe Schicksal traf zahlreiche Oratorianer, Augustiner, Karmeliter und Franziskaner. Hoornaert weist zu Recht darauf hin, daß die Vertreibung der Jesuiten „direkt mit der Erfahrung der Missions-aldeias verbunden ist". In den Augen Pombals verkörperten die Missions-aldeias letztlich eine Ablehnung des Kolonial-Systems[75].

31423 Die Vertreibung der Jesuiten aus Spanisch-Amerika im Jahre 1767

Die Unterdrückung der Gesellschaft Jesu in Spanien und seinen Kolonien fällt in die Zeit von Carlos III. (1759–1788) und des Premierministers Graf Aranda, der seit 1766 die Geschäfte führte, nachdem sein Vorgänger, Marquis

---

[73] Pastor 1937, XXXVI, 131–162. Pombal nutzte alle Vorwände, um seine beiden mächtigsten Gegner, den Adel und die Jesuiten, zu dämpfen. Bei dem Attentat, das den Kammerdiener des Königs traf, der diesen auf dem nächtlichen Rückweg von seiner Geliebten, der Marquesa de Tavora, traf, dürfte es sich um eine Familienrache zur Wiederherstellung der Familienehre gehandelt haben. Den Jesuiten konnte keinerlei Verbindung zu diesem Attentat nachgewiesen werden – vgl. Gonzaga Jaeger 1960, 125f. Promper 1965, 118f nennt die Zahl von 428 Jesuiten in Brasilien, von denen 37 unter den Indianern am Amazonas und 67 bei anderen Indianern des Landes wirkten, wo sie in 31 Christendörfern 22 000 Indianer betreuten.
[74] Carnaxide 1940. Der Schlag gegen den Adel wurde mit dem Attentat begründet.
[75] Zu den Einzelheiten der Ausweisung der Jesuiten vgl. Gonzaga Jaeger 1960, 127 und zu Pombals Übergriffen gegen Hierarchie und Klerus Pastor aaO XVI, 417 und XXXVI, 170. Erzbischof José Botelho Matos traf der Zorn Pombals, weil er 1758 das Edikt des portugiesischen Primas Saldanha gegen die jesuitischen Handelsgeschäfte zwar veröffentlicht, aber nicht konsequent ausgeführt hatte. Matos hatte nicht alle Jesuitengüter beschlagnahmt, weil er nach einer gerichtlichen Untersuchung zu der Erkenntnis gekommen war, daß keineswegs alle Jesuitengüter durch illegalen Handel erworben waren, sondern daß die Väter weithin unschuldig waren. Mangels des Einverständnisses von Rom konnten Matos und seine Kollegen zwar nicht ver- oder abgesetzt, aber nach Portugal zurückgerufen und an der Amtsausführung gehindert werden, die auf Kapitularvikare überging – Hoornaert 1976 T, 73.

von Esquilache, nach Volksunruhen aus Madrid geflüchtet war. Wie in Portugal das Attentat auf den König lieferte in Spanien die Erhebung von Madrid den Vorwand zur Vertreibung der Jesuiten, denen in beiden Fällen keine Beteiligung an den Vorgängen nachgewiesen werden konnte. Nachdem der König noch am 11. Januar 1767 vierzig Jesuiten nach Paraguay und Chile hatte ausreisen lassen, unterzeichnete er am 27. Februar das Ausweisungsdekret, das ähnlich rücksichtslos wie in den portugiesischen Territorien durchgeführt wurde. Begründet wurde der Schritt gegen die politisch wie wirtschaftlich mächtige Gesellschaft Jesu auch in Spanien mit der absolutistischen Staatsräson.

Die anti-jesuitische Propaganda der französischen Enzyklopädisten und vor allem diejenige Pombals, der ab 1756 eine anonyme Schmähschrift in einer Auflagenhöhe von fast 20 000 Exemplaren in portugiesisch, französisch, lateinisch und italienisch in den einflußreichen Kreisen Westeuropas hatte verteilen lassen[76], hatte auch in Spanien ihre Wirkung gezeigt. In dem nicht veröffentlichten Memorandum der staatlichen Untersuchungskommission vom 29. Januar 1767 wurde den Jesuiten u. a. die Usurpation der Souveränität in den Paraguay-Reduktionen, die Aufwiegelung der Guaraní gegen den Grenzvertrag von 1750 und die Hintertreibung der von Carlos III. gewünschten Kanonisation von Bischof Palafox (in Puebla 1640–50) – vgl. 2331 – vorgeworfen. Palafox war unter den aufgeklärten Geistern Neu-Spaniens und Spaniens wegen seiner Kontroverse mit den Jesuiten besonders populär.

Eine nicht unerhebliche Rolle spielten auch Konkurrenzneid anderer Orden und Klagen von Bischöfen der Neuen Welt über die finanziellen Einbußen durch die Reduktionen, die keinen Zehnten an sie abführten[77]. Anders wäre es gar nicht erklärlich, daß der Erzbischof von Mexiko auf dem Vierten Mexikanischen Provinzialkonzil 1771 ohne Widerspruch ein Schreiben König Carlos' III. an Papst Clemens XIV. den Synodalen zur Kenntnis geben konnte, in dem der König mit Vorwürfen aller Art seinen Wunsch begründete, der Papst möge die Gesellschaft Jesu auflösen[78].

Indes entsprach dieser Haltung der Hierarchie keineswegs überall die Stimmung der Bevölkerung.

Zwar fügte sich die gesamte Oberschicht Limas, deren Vertretern Vizekönig Amat am 8. September 1767 den königlichen Befehl bekanntgegeben hatte, wortlos in den despotischen Willen Carlos III., obgleich viele von den Jesuiten erzogen worden waren und manche bei der Durchführung der Verhaftungen mit Tränen in den Augen dastanden[79]. Schon der Versuch einer Opposition gegen die Zwangsmaßnahmen

---

[76] Titel: „Relação abreviada da República que os religiosos jesuítas das Provincias de Portugal e Esphanha estabeleceram nos domínios ultramarinos das duas Monarquias; e da guerra que neles têm movido e sustentado contra os exércitos espanhóis e portugueses" – vgl. Rabuske 1973, 212.

[77] Vgl. Pastor aaO XXXVII, 62–142; zur Frage des Grenzkrieges von 1750 und zur Vertreibung der Jesuiten ist als wichtige Quelle Cardiel 1900 heranzuziehen.

[78] Zubillaga 1965, 920f.

[79] Martin 1968, 149. Auch in Santiago de Chile wurden die Jesuiten unter dem Bedauern der Bevölkerung deportiert – Pastor aaO XXXVI, 398. Humphreys/Lynch 1968, 8f bemerken, daß die Vertreibung der Jesuiten sicher von vielen Kreolen als „grauenhafte Ungerechtigkeit" empfunden wurde. So waren von den 680 aus Mexiko vertriebenen Jesuiten 450 geborene Mexikaner mit entsprechender Verwandtschaft im Lande. Aber diejenigen, die jesuitischen Besitz gekauft hatten, und das waren teilweise sogar die Familien der Vertriebenen, waren natürlich nicht an einer Rückkehr

wurde scharf geahndet. So wurden in Buenos Aires fünf Bürger auf drei Jahre verbannt, weil sie den Jesuiten ihr Vertrauen ausgedrückt hatten, und acht Bürger wurden längere Zeit verbannt, weil sie öffentlich ihr Mitleid mit den Jesuiten kundgetan hatten[80]. Bei gewissen Gruppen von Großgrundbesitzern und Händlern, speziell in Paraguay, wurde die Vertreibung der Jesuiten natürlich begrüßt. Und zu tätlichem Widerstand gegen die Obrigkeit kam es außer in Mexiko nirgends. Dort entflammte unter den Bergleuten Potosís der Volkszorn gegen den Kommandanten, so daß er sich gezwungen sah, die verhafteten Jesuiten zunächst freizulassen, die als Fürsprecher der von hohen Steuern bedrückten Kumpel von San Luis de Potosí und San Luis de Paz sehr beliebt waren. Trotz drakonischer Maßnahmen zur Unterdrückung projesuitischer Regungen blieb die Volksstimmung in weiten Teilen Mexikos den Jesuiten günstig, so daß sich der Erzbischof von Mexiko in einem Brief an den Vizekönig Marquis de Croix vom 24. November 1767 zu dem Geständnis bemüßigt fühlte, daß das Volk und viele Orden die Bischöfe und alle, die bei der Vertreibung der Jesuiten mitgewirkt hätten, als Ketzer und Exkommunizierte ansähen. Zahlreiche kleine Schriften mit Infamien gegen die weltlichen und kirchlichen Autoritäten ließ die Inquisition ungehindert zirkulieren, bis der Vizekönig auf Grund von Klagen aus Madrid per Dekret (26. 11. 1767) die Autoren als Majestätsbeleidiger bedrohte[81]. Ohnehin hatte de Croix gleich bei der Bekanntgabe der Ausweisung der Jesuiten überaus deutlich erklärt, daß „ein für allemal die Untertanen des großen Monarchen, der den Thron Spaniens innehat, wissen müßten, daß sie dazu geboren seien, um zu schweigen und zu gehorchen und nicht um zu diskutieren und sich eine Meinung über die hohen Angelegenheiten der Regierung zu bilden". Die Grenzen der Aufklärung gegenüber dem absolutistischen Königswillen waren damit klar abgesteckt. Nicht nur in Mexiko dürften die von den Jesuiten erzogenen Kreolen in der Vertreibung der Jesuiten einen Gewaltakt der Spanier gesehen haben, der mit vielen anderen Faktoren zusammen das Feuer des Unabhängigkeitswillens schürte[82].

In Paraguay, wo am ehesten mit offenem Widerstand der Guaraní gerechnet werden mußte, war der Gouverneur von Buenos Aires, Marquis von Bucareli, sehr umsichtig zu Werke gegangen, indem er vor Bekanntwerden der Absichten der Regierung durch den Jesuitenoberen die ‚corregidores' der Reduktionen nach Buenos Aires bringen ließ. Dort wurde diese Guaraní-Elite mit größter Höflichkeit behandelt. Bucareli versprach ihnen volle Bürgerrechte mit allen Freiheiten spanischer Bürger, Freigabe aller Berufslaufbahnen einschließlich der Verwaltung, des Heeres und des Klerus, ja sogar die Errichtung einer Universität in Candelaria. Der Gedanke, ihre Söhne als Priester und königliche Beamte nicht nur am La Plata, sondern möglicherweise sogar bei Hofe in Madrid zu sehen, scheint die ‚corregidores' bestochen zu haben. Ohnehin hatten die Jesuiten seit den Grenzstreitigkeiten ab 1750 an moralischer Autorität einiges eingebüßt. Am 2. Januar 1768 wurde die „Pragmatische Sanktion" von 1767 in den Provinzen Paraguay, La Plata und Tucumán verkündet und die dortigen Jesuiten reihten sich in die Kette der weit über 2000

---

der Gesellschaft Jesu interessiert. „Such Creoles, therefore, both suffered and gained by the expulsion."

[80] Pastor aaO XXXVI, 395.

[81] Ebd. 368f.

[82] Quirarte 1967, 57ff, der im übrigen Marcelino Menéndez y Pelayo, Historia de los Heterodoxos Españoles, Madrid 1945, VI, 189f zitiert, der meint, die Vertreibung der Jesuiten habe der iberischen Kultur einen tödlichen Schlag versetzt, so daß Spanien und Portugal, abgesehen von Griechenland und der Türkei, zu den kulturellen Schlußlichtern Europas geworden seien (Erstauflage Bd. I ff. 1880–82).

Ordensglieder, die aus Spanisch-Amerika vertrieben wurden und von denen fast 200 den Strapazen und Mißhandlungen bei der Verbannung erlagen[83].

Im paraguayischen Reduktionsgebiet wurden die wertvollen Bibliotheken der Väter ein Opfer des Vandalismus der spanischen Truppen, die dort die Autorität der Jesuiten ersetzen sollten. Schon am 28. Februar 1768 baten alle Glieder des ‚cabildo' der Reduktion S. Luiz Gonzaga in einem denkwürdigen Schreiben den Gouverneur von Buenos Aires unter Tränen, ihnen die Jesuiten wiederzuschicken, da die ihnen als Ersatz zugeteilten Weltpriester und Religiosen sich nicht um sie kümmerten und die Guaraní sie auch nicht liebten. In richtiger Einschätzung der Entwicklung teilten sie ihre Befürchtung mit, daß die Guaraní bei längerem Fernbleiben ihrer geistlichen Väter in die Wälder flüchten würden. Daß es dazu kam, lag wesentlich an der Kolonialverwaltung, deren Reformen zwar von der Konzeption her fortschrittlich zu sein schienen, in der Ausführung aber wegen des kolonialistischen und merkantilistischen Geistes, von dem sie getragen waren, verhängnisvoll wirkten. Die massenhaft in das nun geöffnete Reduktionsgebiet einströmenden Spanier, die den Handel und die besten Ländereien an sich rissen und hauptsächlich mit Alkohol bezahlten, demoralisierten die Bevölkerung schnell. Es fanden sich keine spanischen Verwaltungsbeamten, die nicht auf persönliche Bereicherung aus waren. Die schönen Versprechungen von Gouverneur Bucareli wurden nicht verwirklicht. Und noch schlimmer als das Ausbleiben einer Universität wirkte sich der Verfall der in jesuitischer Zeit blühenden Primar- und Handwerksschulen aus. Die drei bis vier Druckereien wurden demontiert. Die Kinder mußten arbeiten, statt lernen zu können. Unter den zu freien Bürgern erklärten Erwachsenen wurde ein übles System der Zwangsarbeit errichtet. Bucareli

---

[83] Zur Gesamtzahl der deportierten Jesuiten vgl. die Statistik oben S. 155f Anm. 175. Die genaue Anzahl der Jesuiten ist allerdings umstritten. Lugon 1968, 304 nennt 2 337 aus allen spanischen Kolonien, inklusive den Philippinen, Vertriebene. Promper 1965, 118f nennt 2 171, davon 1 293 Priester, 320 Scholastiker, 489 Laienbrüder, davon in der *Provinz Paraguay* 385 Priester, 59 Scholastiker, 11 Novizen, 109 Laienbrüder, die in 13 Kollegien, einem Noviziat, 3 Exerzitienhäusern und 2 Residenzen 113 700 Indianer betreuten. Für *Chile* nennt Noggler 1973, 187ff folgende Zahlen: 317 Priester, 32 Studenten, 15 Novizen und 70 Koadjutoren. Es ist aufschlußreich, daß davon nur 19 Priester und 2 Koadjutoren in der Araukanermission arbeiteten. Aber es ist deutlich, was für ein harter Schlag für die Kirche Chiles die Vertreibung so vieler Kräfte war. Nach Pastor aaO XXXV, 357f und 368f betreuten die Jesuiten um 1767 in *Peru* 521 Pfarreien mit 370 216 christlichen Indianern und in *Bolivien* 234 Pfarreien mit 242 564 Indianern. In *Kalifornien* betreuten die Jesuiten mit Hilfe von 15 von Stiftern finanzierten Missionsstationen ca. 22 000 Indianer und in den Bergen von Tarahumara (Sonora) unterhielten sie 120 Posten, von denen sie nach 1745 auf eigenen Wunsch 22 an den Säkularklerus übergaben.

Die *Problematik der Wirtschaftsmacht der Jesuiten* in der Neuen Welt kann hier nicht aufgearbeitet werden. Hierzu ist als neue sachliche Gebietsstudie für Nueva Granada Colmenares 1969 heranzuziehen. Colmenares belegt, daß z. B. in Nueva Granada, wo die Jesuiten relativ spät Fuß faßten, deren Vermögen jedwedes Privatvermögen überstieg und daß insgesamt die Gesellschaft Jesu in der Kolonialzeit dasjenige Instrument bildete, das „einem modernen Wirtschaftsunternehmen" am nächsten kam. Auch die ‚cofradías' der Jesuiten waren in gewissem Sinn Finanzinstitute, deren Mittel die Gesellschaft Jesu nutzte (16f). Die ethischen Aspekte der Wirtschaftsmacht der Jesuiten können hier genauso wenig ausgeleuchtet werden wie die volkswirtschaftlichen. Schon die Ergebnisse der Untersuchungen von Colmenares zeigen indes, daß der Jesuitenbesitz unter seinem Wert verkauft wurde, daß die iberischen Metropolen den amerikanischen „Finanzmarkt" mit der Eintreibung der Verkaufssummen erheblich schwächten und den privaten Großgrundbesitz weiter stärkten.

führte sogar die unter den Jesuiten unbekannte Todesstrafe ein, um die Guaraní einzuschüchtern. Unter Androhung von Prügelstrafen wurden die Frauen zum Spinnen gezwungen. Der gemeinschaftliche Landbesitz bestand auch ohne die deswegen oft verleumdeten Jesuiten fort. Aber bis Ende des 18. Jahrhunderts nahm die Bevölkerung rapide ab. Statt die Befreiung der Reduktionen zu bewirken, führten die langwierigen Unabhängigkeitskriege zu ihrem endgültigen Untergang. Die Reduktionen am Ostufer des Uruguay (Sete Povos) fielen den ab 1801 wieder aufflackernden Grenzstreitigkeiten der Portugiesen und Spanier zum Opfer, die zur endgültigen Angliederung dieses Gebietes an Brasilien führten[84].

Die Entwicklung in anderen Missionsgebieten der Jesuiten in der Neuen Welt, die hier nicht im einzelnen geschildert werden kann, verlief ähnlich. Andere Religiose, vornehmlich Franziskaner und Weltpriester, konnten die Jesuiten nur unzulänglich ersetzen und den weitgehenden Verfall der Missionsarbeit nicht verhindern.

Die Unterdrückung der Gesellschaft Jesu in den iberischen Staaten macht schlagartig sichtbar, daß die Interessen von Staat und Kirche sich in der 2. Hälfte des 18. Jahrhunderts so weit auseinanderentwickelt hatten, daß ihre Koordination im überlieferten Modell der Christenheit kaum mehr möglich war. Die Perversion des evangelischen Auftrags der Kirche mußte durch das weitere zähe Festhalten der iberischen Kronen und später der unabhängigen Republiken am Patronat immer folgenschwerere Auswirkungen haben. Indem die Abhängigkeit der römischen Kirche vom Staat und der sie tragenden Oberschicht zum Dauerzustand wurde, entfremdete die Kirche sich immer mehr von der Masse des Volkes, womit sie ihre Basis und ihren Nachwuchs in verhängnisvoller Weise verkleinerte.

3143 Erziehungswesen und Aufklärung

Abgesehen von einer Reihe staatlicher Universitäten in Spanisch-Amerika lag das Erziehungswesen während der Kolonialzeit gänzlich in Händen der Kirche, und zwar speziell der Orden. Unter ihnen nahmen die Jesuiten eine Vorrangstellung und in Brasilien sogar eine Art Monopolstellung ein, so daß Berger für Brasilien folgende Periodisierung des Bildungswesens vorschlägt:
1549–1759 Periode des jesuitischen Monopols.
1759–1808 Periode des Säkularisierungsversuchs.
Nur in den niedrigeren Studien verwandten die Jesuiten neuere humanistische Ideale und Erziehungsmethoden der Renaissance. Die beiden wichtigsten Neuerungen des Humanismus, die rationale Fragemethode und der Rekurs zu den Quellen, wurden vernachlässigt. In Philosophie und Theologie dominierte weiterhin die Scholastik. Der Niedergang eines weiteren christlichen Humanismus dürfte als Folge der Reformation und der Tendenz der Inquisition, erasmianische Gelehrte der Häresie zu verdächtigen, zu erklären sein. Die jesuitische Erziehung vermittelte die Werte einer engeren christlichen Kultur, nämlich der iberischen. Es fehlte der Geist eines weltlichen oder liberalen Humanismus. Vom 17. Jahrhundert an gewannen christliche Tugenden und manifeste katholische Religiosität der Schüler ein immer größeres Übergewicht über weltliche Studien. Liss hat gezeigt, daß die Jesuiten Neu-Spaniens konsequent die koloniale Ideologie der spanischen Monarchie vertraten, sich

---

[84] Lugon 1968, 300ff.

bewußt auf die Erziehung der Eliten konzentrierten und die Kreolen zu Spaniern erzogen, was einer Entfremdung gleichkommt. Während die jesuitischen Missionen der Sicherung der Grenzen des spanischen Imperiums dienten, diente ihre Erziehungsarbeit dem Fortbestehen der Kolonialherrschaft, indem sie den Eliten den christlichen Glauben als Ausdruck der spanischen Kultur einimpften[85]. Trotzdem waren die Jesuiten auch in der Erziehungsarbeit darauf bedacht, den Unterschied zwischen Kirche und Staat nicht gänzlich verschwimmen zu lassen; ihre gefährlichen Ideen über Freiheit und ihr Widerstand gegen das Patronat der Krone waren der Grund, weshalb dem San Pablo-Kolleg in Lima das Recht, akademische Grade zu verleihen, entzogen wurde. Das Kolleg erhielt nur das Exklusivrecht, als Vorbereitungsschule zum Hochschulstudium die humanistische Bildung verabreichen zu dürfen, so daß es ein aus dem europäischen Mittelalter übernommenes Studienwesen weiterbetrieb, das der Titelsucht der Oberschicht genügte, aber nicht den wahren Interessen des Landes entsprach. Es darf indes nicht übersehen werden, daß die Erziehungseinrichtungen in Spanisch-Amerika ganz andere Möglichkeiten zur Bildung einer intellektuellen, wenn auch entfremdeten Elite boten als in Brasilien.

Während hier in der ganzen Kolonialzeit etwa 150 000 Studenten die Hochschulen durchlaufen haben — allein in Mexiko wurden von 1775 bis 1821 7850 Studenten graduiert und 473 promoviert —, wurden im selben Zeitraum nur 720 Brasilianer in Coimbra graduiert, also gut 90 % weniger als in Mexiko. Und während ein so wichtiges Kulturinstrument wie die Druckerei schon 1535 in Mexiko-Stadt und 1584 in Lima in Funktion trat, gab es in Brasilien offenbar erst seit 1724 eine hausinterne Presse bei den Jesuiten in Rio de Janeiro. 1747 mußten auf königlichen Befehl die gerade erst eingetroffenen Druckmaschinen der ersten kommerziellen Druckerei Brasiliens nach Portugal zurücktransportiert werden, da der Hof den Zeitpunkt zur Einführung der Druckerei in Brasilien nicht für opportun hielt. Er schärfte statt dessen die Notwendigkeit der Einholung von Drucklizenzen bei der Inquisition und beim ‚Conselho Ultramarino' ein. Während also in Brasilien während der Kolonialzeit kein einziges Buch gedruckt wurde, erschienen allein in Mexiko 11 652 Titel[86].

Das kirchliche Bildungswesen in Brasilien verharrte in der Anfangsstufe des spanisch-amerikanischen Bildungswesens, d. h. bei den beiden Schwerpunkten: Alphabetisierung der Indianerkinder im Dienste der Katechese also der Missionskirche, und Erziehung der Söhne der Portugiesen im Dienste der Kolonialkirche. Letztere zielte darauf ab, den portugiesischen Kindern neben der

---

[85] Vgl. Berger 1972, 202 und Liss 1973, die allerdings auch darauf hinweist, daß die Jesuiten rezeptiv gegenüber den indianischen Kulturen waren und Elemente derselben weitergaben.

[86] Vgl. Martin 1968, 31ff; zu den Studentenzahlen etc. vgl. Holanda 1963, 119ff. Jones 1967, 428 weist darauf hin, daß die Einrichtung der ersten Druckpresse der Neuen Welt in Mexiko wesentlich dem zum Kreis der christlichen Humanisten zählenden Bischof Zumárraga zu verdanken ist. Zu den ersten Büchern, die er drucken ließ, gehört seine ‚Doctrina Cristiana', deren 1. Teil eine sinngetreue Kürzung der ‚Suma de doctrina cristiana' des später im Inquisitionsgefängnis gestorbenen Constantino Ponce de la Fuente ist, während ein Anhang von Erasmus stammt, von dem damals schon etliche Werke auf dem spanischen Index standen. Zumárraga vertrat wie Constantino einen „evangelischen Katholizismus", der kirchlicher und augustinischer geprägt war als der Humanismus von Erasmus und auch in der Inquisition ein legitimes Instrument der Kirche sah.

Technik des Lesens und Schreibens „gute Sitten" beizubringen, was wohl so viel wie christliche Ethik heißen soll. Das weiterführende Schulwesen in Form von ‚colégios', einer Fortbildung der mittelalterlichen Lateinschule, diente fast ausschließlich den Einwanderern und deren Nachkommen. Indianer, Mestizen, Neger und Mulatten, die den größten Teil der Bevölkerung ausmachten, spielten im Primarschulwesen eine untergeordnete Rolle und waren vom weiterführenden Schulwesen fast völlig ausgeschlossen, weil die Jesuiten den Einfluß auf die Massen nicht durch die Erziehung der Gesamtgesellschaft, sondern durch die Erziehung der sie beherrschenden Oberschicht sichern wollten. Mit diesem auch in den spanischen Ländern angewandten taktischen Prinzip trugen die Gesellschaft Jesu und die anderen erzieherisch tätigen Orden zur Stabilisierung des Systems der Kolonialgesellschaft bei und förderten damit deren Abhängigkeit von den iberischen Metropolen. Die enorme Rolle, die die Privatinitiative bis in die jüngste Gegenwart im lateinamerikanischen Schulwesen spielt, hat ihre Wurzeln im kirchlichen Schulwesen der Kolonialzeit. Da beim Besuch von Privatschulen die Zahlungskraft der Eltern ausschlaggebend ist, wurde Bildung in Lateinamerika zu einem Privileg der Vermögenden.

Speziell die Jesuitenschule hat seit der Aufklärung immer wieder im Kreuzfeuer der Kritik gestanden. Ohne daß die Berechtigung der Kritik hier im einzelnen geprüft werden kann, seien einige häufige Argumente genannt. Eine Schule klassischen und humanistischen Inhalts führe zu intellektueller Monokultur, Unterwürfigkeit, Entfremdung und passiver Intelligenz, und dies besonders weil die Jesuitenschule dem Individuum nur orthodox katholische Ideen vermittle und weil der Inhalt des Unterrichts sich zentral auf das Fach Latein aufbaue. Damit sei in der gebildeten Oberschicht nicht nur das Verhältnis zwischen Mensch und Natur zerstört, sondern auch „das Entstehen von Neugier und Wißbegierde, die Freude des Abenteuers der Intelligenz, das Empfindungsvermögen für die wissenschaftliche Durchforschung der Natur" verhindert worden. In der Pädagogik seien zwar die Ziele der häuslichen patriarchalischen Erziehung und derjenigen der Jesuiten verschieden, aber die Beherrschungsmethode dieselbe: „... die Individualität des Kindes zu unterdrücken, um passive und hörige Erwachsene zu bilden. ‚Die Jünglinge, die in den Seminaren und ‚colégios' ausgebildet worden sind, verwandelten sich in Individuen, die, anstatt schöpferische Tätigkeiten zu entwickeln, damit die starren Strukturen verändert werden könnten, Anpassungsgeist und einen bestimmten Geschmack für Autorität, Ordnung und Universalität entwickelten..."[87]

„Durch Schule, Beichte und auch Theater versuchte der Jesuit, die passiven Elemente des Herrenhauses der Kirche unterzuordnen: die Frau, die Söhne, die Sklaven."[88] Das gelang um den Preis, daß die Kirche sich dem System des Großgrundbesitzes anpaßte. Denn in einer Gesellschaft wie der brasilianischen, die auf Sklaverei basierte, kommt dem Bildungswesen die Funktion zu, als Ornament der Oberschicht zu fungieren. Der von den Jesuiten tradierte Inhalt der Schule führte dahin, daß schulische Bildung den größten Teil der Bevölkerung gar nicht ansprach, so daß unter Indianern, Negern und Mestizen, deren Bildung der Oberschicht naturgemäß unerwünscht war, auch gar kein Bildungsbedürfnis aufkommen konnte. Ohnehin galten Lesen und Schreiben damals eher als Beruf denn als Lebensbedingung. Neben

---

[87] Zum Ganzen vgl. Berger aaO 272ff, der hier G. Freyre 1961 II, 316 und 76 zitiert.
[88] Freyre aaO 71 nach Berger aaO 269f.

Adel und Großgrundbesitz, den maßgeblichen Faktoren zur Perpetuierung der Klassenunterschiede in der Kolonialzeit, wurde die jesuitische Erziehung zu einer neuen sozialen Kategorie, die den Aufstieg in die Oberschicht durch die Ausübung hoher staatlicher Ämter ermöglichte[89].

Die Vertreibung der Jesuiten aus Amerika führte zunächst zu einem teilweisen Zusammenbruch des bestehenden Bildungswesens.

Das gilt in besonderem Maße für Brasilien, wo die Beschlagnahme des Besitzes der Gesellschaft Jesu zur zeitweiligen Schließung aller Schulen führte. Aber auch im spanischen Gebiet war der Einbruch beträchtlich. Oft war ein Jesuitenkolleg die einzige Bildungseinrichtung am Ort. Zwar konnten die Schulen zum Teil von Franziskanern und Dominikanern mit niedrigerem Niveau weitergeführt werden, nicht selten fehlte es aber auch an Ersatzkräften wie in Mendoza (Argentinien)[90], oder in Paraguay, und zwar nicht nur im Reduktionsgebiet, sondern auch in Asunción, genauso in Buenos Aires, wo, wie in Asunción, noch zwanzig Jahre nach der Vertreibung der Jesuiten das Schulwesen völlig daniederlag. Die Beispiele ließen sich mehren von der Audiencia Quito, in der das Schulwesen ganz in Händen der Jesuiten gelegen hatte, bis nach Neu-Spanien, wo in nicht wenigen Gebieten ein jahrzehntelanges schulisches Vakuum entstand. Jesuitische Hochschulen wie die Universität von Córdoba gerieten in politische Abhängigkeit oder wissenschaftliche Dekadenz wie der ‚Colegio de San Ildefonso' in Mexiko-Stadt[91]. Schließlich darf nicht übersehen werden, daß durch die weitgehende ‚Privatisierung' der Hacienda-Wirtschaft nach der Vertreibung der Jesuiten (vgl. 223) eine entscheidende Finanzquelle zur Unterhaltung des Bildungswesens wegfiel, hatten doch die Jesuiten ihre Bildungseinrichtungen weitgehend mit eigenen ‚haciendas' unterhalten.

Steger urteilt: „Es war das tragische Geschick der Jesuiten, daß sie im 17./18. Jahrhundert mit den durch hochmoderne Methoden erwirtschafteten Profiten ein Erziehungswesen finanzierten, das strukturell und inhaltlich noch im 16./17. Jahrhundert verhaftet war; der Orden hat dadurch die wachsende Kluft zwischen der Struktur des Erziehungswesens und der gesellschaftlichen Wirklichkeit selbst finanziert."[92]

Bei solchen Urteilen ist indes Vorsicht geboten, wie denn Mörner darauf hinweist, daß entscheidende Fragen im Zusammenhang von Bildungswesen und Vertreibung der Jesuiten praktisch in ihrer Tiefe unerforscht sind[93]. Dazu gehört die Frage, ob die Jesuiten im 18. Jahrhundert hartnäckige Verteidiger der Scholastik gewesen sind oder im Gegenteil die ersten Vertreter einer katholischen Aufklärung, oder ob die Entfernung der Jesuiten von den Kolonialuniversitäten zu deren Modernisierung erforderlich war, oder ob jesuitische „Humanisten" entscheidend zur Bereicherung der aufgeklärten akademischen Kultur der Wende vom 18. zum 19. Jahrhundert hätten beitragen können, wenn sie nicht auf eine Exilliteratur beschränkt worden wären.

Die Ausschaltung der Jesuiten aus dem lateinamerikanischen Bildungswesen stellte eine willkommene Gelegenheit zu Reformen für die Kolonialmächte dar.

---

[89] Berger aaO 278ff.   [90] Vgl. Dussel 1973, 89.
[91] Vgl. Eguía 1953, zur Universität Córdoba Moses 1965 und ausführlich zu den Folgen für das Bildungswesen in Spanisch-Südamerika Egaña 1965, 1072ff.
[92] Sandner/Steger 1973, 21f nach Steger 1967.
[93] Mörner 1965, 175 (Einleitung zu Eguía). Zur Literatur der aus Amerika vertriebenen Jesuiten vgl. Batllori 1966.

Das Bildungswesen Brasiliens hat besonders gelitten, weil die von Pombal angestrebte Reform ganz auf die Bedürfnisse der Metropole zugeschnitten war, so daß die Kolonie von den Früchten der „Modernisierung" nicht begünstigt wurde. Eine in der Metropole zentralisierte Verwaltung war nicht in der Lage, die nach einer Vakanz von einem Jahrzehnt in den größten Städten gegründeten wenigen Königlichen Schulen (Escolas e Aulas Régias) mit Lehrplänen auszustatten und zu beaufsichtigen. Außerdem hatte Lissabon nur ein geringes Interesse daran, die Kolonie mit einem effizienten Bildungssystem zu versehen. Man versuchte, den für die Selbständigwerdung eines Landes entscheidenden Aufbau eines umfassenden Erziehungs- und Bildungswesens mit landeseigenen Hochschulen, wie sie in Spanisch-Amerika schon lange existierten, weiterhin zu verhindern, um die Dependenzsituation Brasiliens desto leichter aufrechterhalten zu können. Dadurch, daß das vom Jesuitenorden errichtete Bildungssystem nicht mit Erfolg vom Staat ersetzt werden konnte, ist in Brasilien der „Säkularisierungsversuch" völlig fehlgeschlagen[94]. Die von Pombal befohlene Reform der Universität Coimbra (1772) wirkte sich allerdings in Reformen von Lehrplänen, -methoden und Statuten einiger kirchlicher Institute in Brasilien aus. Aber in diesem Zusammenhang ist Torres' Bemerkung zu beachten, daß in „einer Art von totalitärem Staat", wie dem von Pombal geschaffenen, ohne Gewissensfreiheit nicht per Dekret ein wissenschaftlicher Geist gedeihen konnte. Man kann eben nicht per Dekret die barocke Scholastik abschaffen und mit Hilfe der Einführung der Naturwissen-

---

[94] Berger 1972, 204f; in demselben Sinne stellt Carrato 1968, 146f fest, daß es in Brasilien weder genügend Lehrer gab, noch daß die vorhandenen Lehrer bereit gewesen wären, den Jesuiten in ihrer schwierigen Aufgabe zu folgen. „Als die Lehrer der Gesellschaft entlassen waren, gab es in den kolonialen Hauptstädten nirgendwo Magister, abgesehen von einigen ‚Onkel-Patres' in einigen Patrizierhäusern und traditionellen ‚fazendas' und einigen fratres der Franziskaner und Karmeliter, sowie einigen Benediktinermönchen. So kam die Verbannung der Gesellschaft Jesu wie die vielleicht größte Katastrophe über das Leben des kolonialen Brasilien." Carrato zitiert Azevedo 1943, 314: „Mit der Vertreibung der Jesuiten erlebte Brasilien nicht eine Bildungsreform, sondern schlicht und einfach die Zerstörung des gesamten kolonialen jesuitischen Unterrichtssystems. Es wurde nicht ein pädagogisches System... umgewandelt oder durch ein anderes ersetzt, sondern eine Schulorganisation ausgelöscht", ohne daß in ausreichendem Maße sofort eine andere an ihre Stelle getreten wäre. Carrato fährt fort: Franziskaner, Karmeliter, Oratorianer, Benediktiner, ‚mercenários' (Söldner) (legitur mercedários), Kapuziner und andere über die Kolonie verstreute Weltpriester und fazenda-Kapläne konnten eben nicht das umfassende System der jesuitischen Primarschulen, geschweige denn ihre Kleinen Seminare und 17 Kollegs und Seminare ersetzen. Es ergab sich ein Circulus vitiosus: Da das Aufkommen des ‚subsídio literário' zu gering war, behauptete die Krone, die Lehrer nicht ausreichend besolden zu können. Da die Lehrer so schlecht bezahlt wurden, arbeiteten sie lustlos und ohne Niveau. Wegen der schlechten Bezahlung waren paradoxerweise weiterhin die meisten Lehrer Kleriker, die noch andere Einkünfte hatten.
Campos 1968, 44 erwähnt, daß 1759 an Stelle des gesamten jesuitischen Höheren Erziehungswesens in Brasilien ein franziskanisches Institut in Rio de Janeiro trat, dem Pombal die Lizenz erteilte, die minderen Studien nach dem Reformmodell von Coimbra (einschließlich eines Lehrstuhls für Philosophie) zu vermitteln.

schaften eine sich auf Vernunft und Erfahrung gründende Gesellschaft schaffen[95].

In Spanisch-Amerika ist ein so konsequenter „Säkularisierungsversuch" des Erziehungswesens gar nicht erst unternommen worden[96].

Das Primarschulwesen befand sich in weit höherem Maße in Händen des Weltklerus, so daß sich hier der Abgang der Jesuiten nicht so einschneidend bemerkbar machte. Entsprechend der aufgeklärten Mentalität der bourbonischen Epoche wurde allerdings schon in den ersten Schuljahren der Akzent mehr auf die materielle als auf die geistliche Bildung gelegt, ohne daß deshalb der Katechismusunterricht abgeschafft wurde. Die neue Zielvorstellung war, „für das Vaterland nützliche Bürger zu produzieren". Im Sekundarschulwesen wurde verstärkter Nachdruck auf die naturwissenschaftlichen Fächer gelegt, die nur in geringerem Maße von klerikalen Lehrkräften unterrichtet wurden. Stellenweise wurden sogar Handwerksschulen gegründet. Trotz des wachsenden Einflusses weltlicher Lehrer legte die Elterngeneration nach wie vor größeren Wert auf die traditionelle humanistische Ausbildung. Die kirchliche Erziehung der Mädchen beschränkte sich nach wie vor weitgehend auf die „höheren Töchter" und war literarisch und moralisch orientiert. Eine neue Ausbildungsstätte wie das 1779 in Bogotá eröffnete Kolleg ‚del Pilar' war indes entsprechend dem Zeitgeist schon stärker auf die Erziehung zu Müttern und Hausfrauen ausgerichtet. Der Versuch des chilenischen Priesters José Ignacio Zambrano, Mädchen des Volkes zu erziehen, stieß 1796 allerdings noch auf stärkste gesellschaftliche Vorurteile[97].

Auf dem *Gebiet des Hochschulwesens* kam es ebenfalls zu Reformen, sei es innerhalb des Kurrikulums der traditionellen Fächer, sei es durch Errichtung neuer naturwissenschaftlicher Lehrstühle. Anregungen dafür gingen u. a. aus von der ‚Instrucción reservada a la Junta de Estado' Carlos' III. (1759—1788), in der er die Pflege von politischen und ökonomischen Wissenschaften, sowie Naturwissenschaften (Mathematik, Astronomie, Geometrie, Experimentalphysik, Botanik etc.) empfiehlt. Der Wert der Wissenschaften wurde zunehmend nach ihrer Nützlichkeit für den Staat beurteilt[98].

Das Hochschulwesen ist durch seine Vielfalt bestimmt. Neben staatlichen Universitäten wie den 1551 gegründeten von San Marcos (Lima) und Mexiko-Stadt gab es nicht nur Ordens- und Konzilseminare zur theologischen Ausbildung, sondern auch ‚colegios', die vielfach nicht nur Sekundarschulen waren, sondern den fließenden Übergang zum Hochschulwesen bezeichneten, da sie das Bestreben hatten, „sich durch Aufnahme weiterer Studienfächer zum Studium generale auszubauen und Rang und Privilegien einer Universität zu erlangen". Sie befanden sich fast ausschließlich in den Händen von Dominikanern und Jesuiten. Bis weit in das Zeitalter der Aufklärung

---

[95] Torres 1968, 50. Ähnlich bemerkt Carrato 1968 bezüglich der 1759 nach der Vertreibung der Jesuiten verordneten Reform der minderen Studien in Coimbra und bezüglich der Reform der höheren Studien 1772: „Não se cria uma mentalidade nova de uma hora para outra, mesmo por fôrça da lei mais impositiva" (145f).

[96] Berger 1972, 204f.

[97] Egaña 1966, 1072ff und 1088f. Konetzke 1965, 336 weist darauf hin, daß die Elementarschulen in den Städten Spanisch-Amerikas gegen Ende des 18. Jahrhunderts beträchtlich zunahmen und daß das Analphabetentum unter der weißen Bevölkerung nicht wesentlich größer gewesen sein dürfte als im Mutterland. Es gab Bestrebungen zur Einführung der allgemeinen Schulpflicht. Indianer und Mischlinge auf dem Lande sind indes vom kolonialen Schulwesen kaum erfaßt worden.

[98] Egaña aaO 1089f.

hinein herrschte an diesen verschiedenartigen Lehrstätten derselbe „scholastische Lehrbetrieb mit der Ausrichtung aller Bildung auf die Theologie und die Jurisprudenz" wie im Mutterland[99].

Wie oben (311) gezeigt, vollzog sich das Eindringen neuer Erkenntnismethoden und die Zunahme des Interesses für die Naturwissenschaften unabhängig von Universitätsreformen, zu denen es erst in der 2. Hälfte des 18. Jahrhunderts kam. Nach 1767 galt die erste Sorge der Besetzung der von den Jesuiten hinterlassenen Lücken, die oft nur unvollkommen gelang. Eine einheitliche Universitätsreform gab es in Spanisch-Amerika nicht. Art und Zeitpunkt der Reformen hingen weitgehend von den Vizekönigen, den staatlichen und kirchlichen Behörden und den Rektoren ab.

So bemühte sich z. B. in Peru Vizekönig Manuel Amat y Junient (1761–76) um die Reform des Hochschulwesens, nachdem Erzbischof Barroeta 1758 nach einem Besuch von San Marcos, der einzigen Universität pleno iure Südamerikas, die enorme Laxheit und Pflichtvergessenheit von Lehrern und Studenten bei der Abhaltung und dem Besuch der Vorlesungen gerügt hatte. Universitäre Reformtendenzen aus Spanien machten sich um 1771 in Peru bemerkbar, als die ‚Junta de Temporalidades' auf Anweisung von Amat eine Studienreform einführte, die indes praktisch nur vom Convictorio Carolino übernommen wurde, das nach der Vertreibung der Jesuiten aus den Colegios de San Martín und San Felipe gebildet worden war. Durchgreifendere Reformen sollte hier ab 1786 der neue Rektor Toribio Rodríguez de Mendoza durchführen, der bei der Kurrikulumsreform nach eklektizistischen Gesichtspunkten verfuhr. Damit wurde der Einfluß aristotelischen Denkens zurückgedrängt und moderne Philosophie eingeführt. Ähnliche Reformen griffen auch in den Konzilsseminaren Platz, so etwa in Santiago de Chile unter Bischof Alday[100].

Wenngleich entsprechende Universitätsreformen das Vordringen des aufklärerischen Geistes erleichterten, waren sie doch nicht die entscheidende Bedingung dafür.

So haben selbst an einer Provinzuniversität wie der von Guatemala speziell kreolische Lehrer der Aufklärung zum Durchbruch verholfen. Der in Costa Rica geborene José Antonio Liendo y Goicoechea z. B. lehrte seine Studenten den Wert der experimentellen Methode erkennen und weckte in ihnen das Bewußtsein für soziale Probleme. „Dieser große Gelehrte erforschte die wirtschaftlichen und sozialen Probleme Zentralamerikas mit Wirklichkeitssinn und Humanismus in seinem berühmten ‚Memorial on Mendicity'."[101] Lanning hat nachgewiesen, daß an der entlegenen ‚Universidad de San Carlos' in Guatemala „zur Zeit der Französischen Revolution dasselbe gelehrt wurde, was der Durchschnittsstudent in Frankreich lernte"[102].

---

[99] Vgl. Konetzke aaO 336f.
[100] Vargas U. 1953ff IV, 331ff. Konetzke aaO 338 bemerkt: „Das Studium der Mathematik und Naturwissenschaften verbreitete sich an den Universitäten; Beobachtungen und Experiment sollten die Grundlage für die Erkenntnisse in der Physik bilden. Auch die Medizin hörte auf, ein bloßes Buchwissen zu sein. Ein Lehrstuhl der Medizin ohne Anatomie wurde als nutzlos bezeichnet... Die Herstellung von Textbüchern für die einzelnen Lehrgebiete war... ein besonderes Anliegen der Universitätsreform", weil es an einer hinreichenden Zahl von Büchern fehlte. Zur Reform der Universität San Marcos vgl. Valcárcel 1960.
[101] Rodríguez 1965, 55.
[102] Lanning 1956 zitiert nach Konetzke aaO 338.

Zusammenfassend kann man sagen, daß im 18. Jahrhundert unter dem Einfluß der Aufklärung die intellektuelle Tradition der Scholastik im höheren Bildungswesen nach und nach durch die rationalistische Erkenntnismethode zurückgedrängt worden ist und mit Hilfe neuer Lehrstühle die naturwissenschaftlichen Fächer Gewicht erlangten, wenngleich mangels finanzieller Mittel und einer ausreichenden Zahl Intellektueller die durch den Abgang der jesuitischen Elite verursachten Verluste für das Bildungswesen nicht voll ausgeglichen werden konnten[103]. Außerdem darf nicht übersehen werden, daß das katholische Denken trotz der Reformen sich als außerstande erwies, die „wissenschaftliche Revolution reflexiv zu bewältigen"[104].

315 Aufklärung und Unabhängigkeit

Spanien war 1580 durch den Vollzug der Personalunion mit Portugal auf dem Höhepunkt seiner Macht angekommen. Der Beginn seines Machtverfalls, den die klassische Geschichtsschreibung 1588 ansetzt, als mit dem Untergang der Armada der Versuch Philipps II. scheiterte, England seinem Weltherrschaftssystem einzugliedern, machte sich in Amerika vom 17. Jahrhundert an bemerkbar, und zwar zunächst in Form immer häufigerer Überfälle englischer Korsaren (vgl. S. 150 f.), die sich zu offiziellen Kriegsakten ausweiten, als Spanien sich ab 1620 in den Dreißigjährigen Krieg hineinziehen ließ und dadurch u. a. mit England und Frankreich konfrontiert wurde, deren expansive Interessen auf Spanisch-Amerika gerichtet waren. In ihnen erhielten die um ihre Unabhängigkeit von Spanien kämpfenden Niederländer mächtige Bundesgenossen. Ihre Expansion nach Brasilien 1624 bzw. 1630–54 markiert am sichtbarsten die Erosion der iberischen Macht in der Neuen Welt, deren Basis durch die Restauration Portugals 1640 zunächst weiter geschwächt wurde. Seit der Zeit des Dreißigjährigen Krieges hörte Amerika südlich des 30° nördlicher Breite auf, ausschließlich iberisches Kolonialgebiet zu sein. England baute seine Machtposition im karibischen Raum auf – 1625 Barbados, 1632 Antigua und andere Inseln über dem Winde, 1655 Jamaica, 1672 die Jungferninseln und 1694 die Bahamas –, desgleichen Holland, das 1625 Surinam und 1634 die Inseln unter dem Winde (Curaçao, Aruba etc.) an sich brachte, und Frankreich, das ebenfalls einige Inseln über dem Winde (1635 Guadeloupe und Martinique), sowie Haiti (1659) und Cayenne (1664) eroberte. *Damit war in Lateinamerika für den Protestantismus und für die Aufklärung eine Bresche geöffnet.* Der anglospanische Krieg von 1779–83, in dem Spanien sich Frankreich in der Unterstützung der Unabhängigkeitsbewegung der 13 englischen Kolonien in Nordamerika anschloß, führte auch nicht zur Schwächung der britischen Position im karibischen Raum.

Der äußere Machtverfall der iberischen Reiche, der im Spanischen Erbfolgekrieg (1701–14) nach dem Aussterben der spanischen Habsburger einen Höhepunkt erreicht hatte, wurde begleitet von einer kulturellen Dekadenz. Die

---

[103] So weist Garibay 1966, 64f darauf hin, daß allein in Mexiko 1767 27 Jesuitenkollegs mit „höchstem Kultur- und Erziehungsniveau" im Sekundarschulwesen geschlossen wurden. Das Land verlor mehr als 600 Jesuiten, d. h. nicht nur Theologen, sondern auch Ingenieure, Architekten, Landwirte und Industrielle. „Die mexikanische Kultur hat sich von diesem ersten Blutverlust an Talenten und geistlicher Erbauung nie wieder erholen können."

[104] Methol 1968, 77.

Übernahme des spanischen Thrones durch die Bourbonen markiert gleichsam den Beginn des Einbruchs der Aufklärung in die dekadenten iberischen Reiche der Alten und der Neuen Welt. Damit stellt sich die *Frage nach dem Zusammenhang zwischen der Aufklärung und den lateinamerikanischen Unabhängigkeitsbewegungen* Anfang des 19. Jahrhunderts, *die die iberischen Patronatskirchen in die schwerste Krise ihrer Geschichte stürzen sollten.*

Die Generation von 1808 ist tief vom Einfluß der Aufklärung erfaßt und in ihrem Kampf um die Unabhängigkeit von ihr beeinflußt[105], und alle lateinamerikanischen Republiken haben zu verschiedenen Zeiten und mit verschiedenen Worten ihre *Unabhängigkeitserklärung auf die „natürlichen Rechte"* gegründet. Aber die Arbeiten von Ernst Cassirer, Carl Becker u. a. haben ergeben, daß neben den politischen Aspekten der Aufklärung (Montesquieu, Voltaire, Rousseau) die philosophisch-wissenschaftlichen (Descartes, Locke, Newton) nicht genügend beachtet worden sind. Die Aufklärung hat nicht unbedingt einen für Revolutionen günstigen Geist bewirkt, sondern genauso oft Reformen innerhalb der bestehenden Ordnung oder gar aufgeklärten Despotismus, wie oben gezeigt. Obgleich die Konsequenzen dieser Einsichten für Lateinamerika noch nicht genügend gezogen worden sind, betont die neuere Forschung die Rolle der Aufklärung für die Unabhängigkeit schon wesentlich weniger. Auch die politische Philosophie tritt mehr in den Hintergrund, weil man deutlicher die beschränkten Ziele der Revolten in der Neuen Welt erkannt hat. Dafür werden neuerdings *die wirtschafts- und sozialgeschichtlichen Aspekte* stärker beachtet, die den Interessenkonflikt von Kaufleuten, Plantagenbesitzern und Großhändlern mit der Kolonialgesetzgebung aufzeigen, der ein neues Motiv für die Unabhängigkeitsbestrebungen abgibt.

Wichtiger als die früher so betonte Erneuerung der politischen Theorie mag für die Revolutionen in Lateinamerika der *Glaube an die Vernunft* als Führer des menschlichen Geistes auf der Suche nach Wahrheit gewesen sein, ohne Rücksicht auf das traditionelle Autoritätsprinzip, ob es sich nun auf Aristoteles, die Theologie der römischen Kirche oder den königlichen Absolutismus gründete[106]. Diese innere Relativierung ihrer Autorität traf die römische Kir-

---

[105] Hussey aaO 25. Zavala 1963, 61f betont, daß Unabhängigkeit und Liberalismus keineswegs ausschließlich im Zuge der Aufklärung nach Lateinamerika vordrangen, sondern daß das Christentum in Gestalten wie Bartolomé de Las Casas „für die menschliche Freiheit günstige Fermente" in die Neue Welt gebracht habe. Mit seiner Untersuchung der Menschenrechte in Lateinamerika vom 16. bis zum 18. Jahrhundert versucht Zavala zu belegen, „daß die ideologische Geschichte Amerikas mit der weltweiten Sorge um die Menschenrechte, um die Ordnung der politischen Gemeinschaft und um das Zusammenleben der Nationen verbunden ist". Humphreys/Lynch 1968 stellen einerseits fest: „... the empire, at the time of the death of Charles III in 1788, had never been better governed, nor had its peoples ever enjoyed a greater prosperity or well-being" (6), andererseits bemerken sie den Abfall der Regierungsmethoden von Karl IV. bis Manuel Godoy: „Already before 1808, therefore, the Spanish American empire had been weakened by a crisis of administration: the revolt for independence followed rather than preceded the disintegration of colonial government" (15).

[106] Griffin 1961, 119ff. Humphreys/Lynch 1968, 11ff betonen, daß die Aufklärung, soweit sie die Kolonien über Spanien erreichte, „eine konservative, nicht eine revolutionäre Kraft war". Auch Zeitungen wie der ‚Mercurio Peruano' (1791–95) hg. v. Dr. José Unánue, die ‚Gazeta de Guatemala' (ab 1797) oder der ‚Seminario del Nuevo Reino de Granada' hg. v. José de Caldas stellten nie die spanische Herr-

che der Neuen Welt genauso schwer wie der weitgehende Zusammenbruch ihrer äußeren Strukturen im Gefolge der Unabhängigkeitskämpfe in Spanisch-Amerika, in denen die im Zeichen des Regalismus in einem Höchstmaß an die spanische Monarchie gebundene Patronatskirche eine unglückliche Position innehatte.

Das verstärkte Vertrauen auf die menschliche Vernunft führte zu einer von den Kolonialuniversitäten geförderten *„Modernisierung der kolonialen Mentalität"*, die sich im Eifer der Staatsmänner der revolutionären Periode zur Erwerbung und *Verbreitung von nützlichem Wissen* äußern sollte. Fast alle zivilen Führer der Revolution in Spanisch-Amerika waren nämlich Produkte der kolonialen Universitäten, und in Brasilien war der Hauptmitarbeiter Pedros I. Bonifacio de Andrada, ein Student und sogar zeitweiliger Professor der portugiesischen Universität Coimbra. Die Hochschätzung nützlichen Wissens brachte schon am Ende der Kolonialzeit den *Glauben an den Fortschritt* hervor, den Royalisten mit Revolutionären teilten. Er führte im 19. Jahrhundert zu der Konsequenz, daß der Staat die Verantwortung für die Entwicklung der wirtschaftlichen Hilfsmittel übernahm, was Staatsmänner der ersten Stunde wie Rivadavia in Buenos Aires, O'Higgins in Chile, Santander in Großkolumbien und Dom João in Brasilien zunächst auch taten. Wie bei den aufgeklärten Despoten wirkte die Aufklärung in der *Förderung von Erziehung und Kultur* weiter, ferner in *philanthropischen Bestrebungen*, die allerdings für die Indianer vieler Republiken nur die theoretische Anerkennung ihrer Rechte zur Folge hatten, während die Negersklaverei in Mexiko, Chile und am La Plata schon in der revolutionären Periode abgeschafft werden und der Sklavenhandel generell zurückgehen sollte.

Die weiterwirkenden politischen Ideen der Aufklärung divergierten im Kolonialgebiet.

Während die an Rousseau, Thomas Paine u. a. anknüpfende Richtung der Revolutionäre den Gesellschaftsvertrag und die Volkssouveränität betonte und zumindest theoretisch die Demokratie anstrebte, stellte eine andere Richtung zwar die traditionelle Autorität von Staat und Kirche in Frage, strebte aber keine demokratische Grundlage an, sondern äußerte sich in aufgeklärtem Absolutismus oder der Bewunderung des oligarchischen Konstitutionalismus englischer Prägung. Indes sollte die Stimme der revolutionären Demokratie durch die mächtigeren Kräfte der Oligarchie und die Rivalitäten zwischen Generalen und Politikern bald weitgehend zum Schweigen gebracht werden. Nach 1815 kann man in Lateinamerika einen generellen Rückzug von radikal verstandener Demokratie beobachten. „Die quasi-konstitutionelle Dik-

schaft als solche in Frage. Nur eine Minderheit innerhalb der Minderheit der Oberschicht war mehr als Reformer, nämlich Revolutionäre, die von der revolutionären Philosophie der Aufklärung beeinflußt waren, z. B. Francisco de Miranda, Simón Bolívar, Antonio Nariño, der reiche kreolische Jurist aus Santa Fe de Bogotá, der 1794 auf seiner eigenen Presse eine Übersetzung der Menschenrechte druckte, Francisco Javier Espejo, der mestizische Arzt aus Quito, der zunächst die Mängel der Wirtschaft von Quito und schließlich das spanische politische System selbst kritisierte, oder Manuel Belgrano und Mariano Moreno am La Plata. „But though the ideas of the Enlightenment were important in Spanish America, it may be questioned whether they were important as a ‚cause' of independence" (14). Sie meinen vielmehr, daß die napoleonische Invasion in Spanien und Portugal die entscheidende Ursache der Unabhängigkeitsbewegung in Lateinamerika war: . . . „the French Revolution in its Napoleonic expression may properly be regarded as the ‚greatest of all the forces which made a revolution in Latin America inevitable'" (5) mit Zitat von Webster 1938, 78.

tatur unter Juan Martín de Pueyrredón in Buenos Aires, die Diktatur von O'Higgins in Chile, das Protektorat, das Simón Bolívar in Venezuela und Kolumbien bis 1821 ausübte, leugneten zwar in keinem Fall das Prinzip der Volkssouveränität, aber sie agierten nicht dementsprechend." In der Praxis unterschieden sie sich wenig von offen autoritären Regierungen eines aufgeklärten Despotismus, bzw. ähnelten ihm mehr als der revolutionären Ideologie, und in Brasilien flackerten radikale republikanische Ideen zwar 1817 kurz in der Revolution im Nordosten auf und Pedro I. erklärte sich 1822 zum Kaiser von Volkes Willen, aber er lehnte dann die Verfassung der Konstituante ab und gab 1824 eine Verfassung vom Thron herab, die die kaiserliche Macht über die Legislative sicherstellte und das Prinzip der Volkssouveränität schwächte. Und in Mexiko sollte unter Iturbide (1822–23) der Gedanke der Volksregierung sogar negiert werden[107].

Kossok sieht in diesen Widersprüchen das Problem des „kolonialen" Charakters der lateinamerikanischen Aufklärung. Dieser koloniale Charakter ist weniger durch den überdurchschnittlichen hohen Anteil an „importierten" Ideen bedingt, als durch „die soziale Spezifik einer noch ‚vor'bürgerlichen Umwelt, obwohl sich beide Seiten eng miteinander berühren". Der Zusammenhang von Aufklärung und Unabhängigkeit ist in Hispano-Amerika durch folgenden Widerspruch gekennzeichnet: „Eine objektive Krisensituation zwang zum Bruch mit der vom Absolutismus verkörperten Kolonialherrschaft in Form unabhängiger Republiken; die in den Verfassungsleitbildern zum Gesetz erhobenen Aufklärungsideen nahmen sich politisch wesentlich radikaler aus als die zeitlich vergleichbaren Leistungen der Metropole von 1804/14 und 1820/23. Auf sozialem Gebiet wird dagegen eine auffällig ‚koloniale Physiognomie' deutlich. Trotz verbaler Bekenntnisse zu den Prinzipien von 1775, 1789 und 1791 bleibt die auf weitestgehender Identität von ethnischer und sozialer Differenzierung aufbauende Klassenstruktur der Kolonialgesellschaft erhalten... Hauptziel ist die politische Unabhängigkeit; die herrschenden Klassen, die in Zukunft über Charakter und Macht des Staates bestimmen, sind an der Aufrechterhaltung des sozialen Status quo ante interessiert und retten damit den Kolonialfeudalismus in die Unabhängigkeitsperiode." Obgleich im Gegensatz zu Frankreich in Spanisch-Amerika „diejenigen, die die Aufklärung ‚gedacht' haben, „weitgehend dieselben waren", die später die Revolution ‚gemacht' haben", blieb „die zum dauerhaften Gesetz der Nachemanzipation geronnene Wirklichkeit... weit hinter den scheinbar unendlichen Horizonten der Theorie zurück — immanentes Problem bürgerlichen Revolutionsverständnisses, potenziert durch den latenten sozialen Konservatismus einer zur herrschenden Klasse aufsteigenden Schicht von halbfeudalen Großgrundbesitzern (und Sklavenhaltern)"[108].

Der Konservatismus sollte sich auch im Hinblick auf das Verhältnis zur römischen Kirche in den jungen Staaten bemerkbar machen. Diesbezüglich dachte die herrschende Schicht weiter in den vom *Regalismus* fixierten Bahnen und beanspruchte das *Patronatsrecht* der iberischen Kronen in vollem Maß für sich, was im Dreiecksverhältnis der regionalen Kirchen zum Vatikan

---

[107] Griffin aaO 127ff.
[108] Kossok 1972, 420ff. Zur Aufklärung ist die Bibliographie Redmonds heranzuziehen (1972). Ein breiterer Überblick zur komplexen Frage der Aufklärung in Lateinamerika ist von der Ende 1976 in die Planung gegangenen „Historia de la Filosofía y Teología en América Latina" zu erwarten, die für die CEHILA möglicherweise Lic. Fernando Danel Janet schreiben wird.

und zu den Staatsregierungen zu vielen Spannungen führen sollte. Außerdem sollte im 19. Jahrhundert der säkulare Standpunkt der Aufklärung auch in Lateinamerika stärker zum Durchbruch kommen, wenngleich ein extremer Antiklerikalismus in der Epoche der Unabhängigkeit auf das Regime von Rivadavia in Buenos Aires beschränkt bleiben sollte.

32 Unabhängigkeit und Kirche. Der Zusammenbruch der lateinamerikanischen Patronatskirche im Zeitalter der kreolisch-oligarchischen Emanzipation

321 Revolutionäre Vorspiele der Unabhängigkeitskriege

3211 In Spanisch-Amerika

Die wachsende koloniale Ausbeutung hat im 18. Jahrhundert zu einer ganzen Reihe von Erhebungen geführt, die teilweise revolutionäre Ausmaße annahmen. Erwähnt sei der Aufstand der ‚comuneros' in Paraguay (1721—35), der Aufstand Tupac Amarus II. (1780—81) in Peru und der Aufstand der ‚comuneros' in Nueva-Granada (1781). Der Begriff ‚comuneros' bezeichnet jeweils die kommunalen bzw. munizipalen Stände, die die Erhebungen entfachten.

In Paraguay wurde José de Antequera y Castro, ein vormaliger Jesuitenschüler aus La Plata (Charcas), der Recht studiert hatte, kurzzeitig am Hofe Philipps V. gearbeitet hatte, dann ‚protector de indios' an der Audiencia von Charcas gewesen war und als Nachfolger von Diego de los Reyes Balmaceda Gouverneur in Asunción war (1721—25), Exponent der „kommunalen" Interessen der Kommendenbesitzer. In Paraguay konkurrierten bekanntlich zwei institutionalisierte Mittel der Indianerkontrolle: das Kommendensystem und das missionarische Reduktionssystem. Angesichts der Auszehrung ihrer Arbeitskraftreserven richtete sich das Interesse der ‚encomenderos' naturgemäß auf die jesuitischen Reduktionsindianer.

Weil er sich persönlich bereicherte, Indianer grausam behandelte, aber hauptsächlich weil er mit den Jesuiten liiert gewesen war und ein Rotationssystem für die Kommendenindianer durchsetzen wollte, hatten die ‚encomenderos' in Charcas die Absetzung von Reyes durchgesetzt. Zur Rebellion kam es erst, als die Jesuiten den unter Arrest stehenden Reyes aus Asunción befreit, ihm zur Flucht nach Buenos Aires verholfen hatten und dann versuchten, ihm als legitimen Gouverneur wieder ins Amt zu verhelfen, da Antequera ihre wirtschaftlichen Vorrechte beschneiden und seiner theoretischen Autorität über die Missionsprovinz Geltung verschaffen wollte. Als Reyes wieder nach Asunción verbracht worden war und ein Guaraní-Heer unter dem Gouverneur-Leutnant von Buenos Aires, Baltasar García Ros, auf Asunción marschierte, leistete 1724 eine Koalition aus ‚encomenderos' und kleinen Landbesitzern unter Antequera erfolgreich militärischen Widerstand, weil sie sich dem Jesuitenfreund García Ros auf keinen Fall unterwerfen wollten. Antequera verlangte vom König die Übergabe der Reduktionen an Weltgeistliche und die Überstellung der Reduktionsindianer in den Kommendendienst. Bischof José de Palos OFM bewährte sich in dieser schwierigen Situation als Verteidiger der wahren Interessen der Indianer, konnte aber die Vertreibung der Jesuiten aus Asunción (1732), die in dieser Situation wohl unvermeidlich war, nicht verhindern[1].

---

[1] Vgl. Egaña 1966, 752ff, der indes von einer gewaltsamen Absetzung von de los

Gauto sieht in der Niederschlagung der Revolte durch den Vizekönig mit Hilfe von Reduktionstruppen einen Sieg des königlichen Absolutismus und urteilt, daß die in der Folge verhängte Steuererhöhung dem feudalistischen Kommendensystem in Paraguay den Todesstoß versetzt und andererseits den Aufstieg einer zahlenstarken Schicht kleiner Grundbesitzer begünstigt habe. Wenngleich Gutiérrez den revolutionären Charakter der Rebellion hervorhebt, überzeugt Schofield Saeger mehr, wenn er erklärt, die Rebellion in Paraguay sei ein Anachronismus gewesen, deren wirtschaftliche und antijesuitische Ziele einem ähnlichen Aufstand der Provinz unter Führung von Bischof Bernardino de Cárdenas in den vierziger Jahren des 17. Jahrhunderts glichen.

„Sie spiegelte nicht die neuen Entwicklungen des 18. Jahrhunderts. Nie eine wahre Revolution, die auf einen grundlegenden Wechsel in Paraguay selbst abzielte, hatte sie kaum irgendeine Beziehung mit anderen Aufständen im 18. Jahrhundert wie denen der comuneros von Neu-Granada oder der Revolte von Tupac Amaru II."[2]

Aus dem Interessengegensatz zwischen Kommendenbesitzern und Jesuiten wurde in der Zeit der Unabhängigkeitskriege der Interessengegensatz zwischen ‚hacendados' und Indianern.

Weit ausgedehnter und gefährlicher war die mit dem Namen des Indianers José Gabriel Candorcanqui bzw. mit seinem Herrschertitel Tupac Amaru II. verbundene revolutionäre Bewegung, die sich aus dem Raum El Cuzco bis in die Audiencia Quito und noch weiter nach Norden, bis zu den Araukanern nach Süden und über Hoch-Peru nach Südosten bis an den La Plata ausdehnte. Die namentliche Anknüpfung an den letzten herrschenden Inka, mit dessen Hinrichtung der Neo-Inka-Staat von Vilcapampa (1537—1572) untergegangen ist, und das Programm gegen Indianer-‚repartimientos' durch ‚corregidores', gegen Tribute, ‚mita' und ‚servicio personal' — also ein Sozialprogramm, das auf die Beseitigung der Haciendawirtschaft (vgl. 223) und der Bergbauausbeutung hinzielte — sicherte der unlenkbaren, nur von Tupac Amaru II. verantworteten Bewegung breiteste Gefolgschaft unter den Indianern. Es ist in der Forschung umstritten, ob es sich vornehmlich um eine Emanzipationsbewegung der Indios handelte.

Tatsache ist, daß sie wegen ihres Kampfes gegen die vom Generalvisitator José Antonio de Areche verfügte Erhöhung der Umsatzsteuer von 4 auf 6 %, gegen neue Zölle und Preiserhöhungen des Staatsmonopols auch unter den Kreolen Sympathisanten fand. Tatsache ist auch, daß Tupac Amaru II., der von Weltpriestern und Jesuiten erzogen worden war, ein überzeugter Christ war. Humphreys und Lynch weisen indes darauf hin, daß man den kreolischen Aufruhr in La Paz, Arequipa, Cochabamba und Cuzco (1780), der sich unter dem traditionellen Ruf: „Es lebe der König, die schlechte Regierung komme um!" als Ausdruck der Unzufriedenheit gegen die Steuergesetzgebung entlud, von der durch eine tiefer gehende Unzufriedenheit gekennzeichneten indianischen Aufruhrbewegung unterscheiden müsse. Der Kazike José Gabriel, der ein direkter Nachfahre der königlichen Inka-Familie zu sein behauptete, hatte schon in den siebziger Jahren friedlich für die Reform der ‚mita' gekämpft, um dann im November 1780 bei Cuzco den bewaffneten Aufstand zu beginnen, und zwar um im Namen des Königs „die ‚corregidores im öffentlichen Interesse auszulöschen..., die Potosí-Mitas, die ‚alcabalas', die internen Zölle und viele andere

---

Reyes spricht. Demgegenüber ist die neue Quellenstudie von Schofield Saeger 1972 zu beachten.
[2] Gauto 1972, 5; Gutiérrez 1973, 19; Schofield Saeger 1972, 229.

schädliche Abgaben abzuschaffen". Tupac Amaru hatte zwar an die Kreolen appelliert, im Kampf gegen die Europäer gemeinsame Sache mit den Indios zu machen, aber angesichts seines Versprechens, die Sklaven zu befreien und seiner gefährlichen Ansichten über den Grundbesitz verbanden sich die Kreolen, erschreckt über die Größe des indianischen Aufruhrs, bald mit den Spaniern, die im April 1781 Tupac Amaru II. gefangennahmen und zusammen mit seiner Familie auf der ‚Plaza de las Armas' von Cuzco auf barbarische Weise umbrachten, womit der größte Indio-Aufstand der spanischen Kolonialgeschichte erstickt war. Wegen des Interessengegensatzes von Indios und Kreolen konnte diese revolutionäre Bewegung nicht zu einer Unabhängigkeitsbewegung werden[3].

Die Hierarchie sah sich in dieser revolutionären Bewegung erstmals in die für das Zeitalter der Emanzipation typische Zwangslage versetzt, zwischen gerechten Forderungen der Bevölkerung und der Loyalität gegenüber den Funktionären der Krone optieren zu müssen, besonders in der ersten Phase, in der auch die Kreolen sich erhoben. Für einen Mann wie den 1784 von Karl III. für Charcas präsentierten Metropoliten San Alberto, der ganz im Geist des bourbonischen Absolutismus erzogen war, gab es allerdings gar keine Wahl. Die Sache der Kirche war für ihn fest mit der des Thrones verbunden. Der Klerus hingegen unterstützte an einigen Orten die Bewegung Tupac Amarus II., auch das eine Erscheinung, die sich in den Unabhängigkeitskämpfen wiederholen sollte. In diesem Zusammenhang ist die Rolle des aus Peru vertriebenen Jesuiten Juan Pablo Viscardo als aktiven Vorkämpfers der Unabhängigkeit Perus beachtenswert, der versuchte, die britische Regierung zu überreden, eine militärische Expedition zur Unterstützung Tupac Amarus II. zu entsenden[4].

Umstritten ist, ob es eine Verbindung zwischen der revolutionären Bewegung in Peru und dem *1781* nach der Hinrichtung Tupac Amarus II. in der Provinz *Socorro (Neu-Granada)* ausgebrochenen *Aufstand* gibt. Auch die ‚comuneros' strebten nicht nach Unabhängigkeit, sondern nach einem Wechsel der Verwaltungs- und Finanzpolitik.

Es handelte sich bei dem Aufstand der ‚comuneros' um den Protest des kleinen Mannes gegen die Fiskalpolitik des General-Visitators Juan Francisco Gutiérrez de

---

[3] Vgl. Lewin 1967 A; Valcárcel 1965; Humphreys/Lynch 1968, 16ff.

[4] Zur Haltung des Erzbischofs vgl. Egaña 1966, 668ff, zu Viscardo: Humphreys/Lynch 1968, 7f, die erwähnen, daß im Grunde nur zwei der über 2000 aus Spanisch-Amerika vertriebenen Jesuiten, Juan José Godoy und Viscardo, als Förderer der Unabhängigkeitsbewegung Bedeutung erlangten. Viscardo, der bedeutendere von beiden, formulierte 1781 die Idee der Unabhängigkeit Perus, „meines Heimatlandes". Sein hinterlassener ‚Lettre aux Espagnols-Américains', den Miranda 1799 veröffentlichte, wurde bald als klassischer Ausdruck der Beschwerden der Kolonialbevölkerung und der Sache der Unabhängigkeit anerkannt. Vgl. auch Fagg 1971, 260f, der in der Revolte keine „reine Reformbewegung, sondern einen Rassenkrieg großen Maßstabes von Indianern gegen Weiße" sieht. 60 000 Mann Milizen wurden von Vizekönig Areche aufgeboten, um die Rebellion niederzuschlagen. Wie bei früheren Gelegenheiten war die Widerstandsfähigkeit der Aymara in Hoch-Peru größer als die der Ketschua, so daß die „Pazifizierung" von Hoch-Peru mehrere Jahre in Anspruch nahm. Überlegungen zur Zeit des Unabhängigkeitskampfes, einen Inka zu küren, um sich der Mithilfe der Indianer im Kampf gegen die Spanier zu versichern, wurden nicht weiter verfolgt, weil man erfahren hatte, wie unzügelbar die Indianer werden konnten, wenn ihr Haß gegen die Kolonialregierung sich in Waffentaten ausdrücken konnte.

Piñeres, der im staatlichen Monopolhandel die Preise für Salz, Tabak und Alkohol erhöht und außerdem eine Kriegssteuer verordnet hatte. Motiviert war diese Fiskalpolitik durch den erhöhten Geldbedarf der Krone im anglo-spanischen Krieg (1779 bis 83). Die Konzentration der spanischen Truppen in der von den Engländern bedrohten Küstenzone um Cartagena erleichterte die Operationen der Aufständischen, denen sich, angelockt von Güepsa Ambrosio Pisco, einem direkten Nachkommen der Chibcha-Fürsten, der sich den Titel eines señor de Chía zulegte, zahlreiche Indianer anschlossen. Erzbischof Antonio Caballero y Góngora konnte die Einnahme von Santa Fe de Bogotá nur durch eine Übereinkunft mit dem Heerführer der Aufständischen, Juan Francisco Berbeo, in Zipaquirá verhindern, in der er im Namen der Audiencia dessen Forderungen anerkannte. Der zweite Anführer, José Antonio Galá versuchte unterdessen vergeblich, des Visitators habhaft zu werden[5]. Bemerkenswert ist an dieser Revolte zweierlei, das Zusammengehen von Kreolen und Indianern und die Vermittlerrolle des Erzbischofs. Dadurch, daß der Erzbischof von den notariellen Vereinbarungen abrückte, als die spanischen Truppen kamen, um die Rädelsführer zu ergreifen und zu bestrafen, verspielte er den Vertrauenskredit der Hierarchie und untergrub, zumindest für Neu-Granada, deren Position in den Unabhängigkeitskämpfen.

3212 Brasilien

Man kann in den seit der holländischen Invasion im brasilianischen Nordosten im 17. Jahrhundert entstandenen ‚*Palmenrepubliken*' (quilombos, vgl. 222) geflohener Negersklaven eine Analogie zu der von Tupac Amaru projektierten Revolution sehen. Wie die Indianer wollten die Schwarzen ihre traditionelle bäuerliche Arbeitsstruktur wiederherstellen. Gleichzeitig hielten sie allerdings externe Großbetriebe aufrecht, mit deren Erlösen sie die Existenz ihrer ‚quilombos' „als Enklaven innerhalb der kolonialzeitlichen merkantilistischen Ökonomie absichern" wollten. Man kann daraus mit Sandner/Steiger folgern: „Die revolutionäre Inbesitznahme der Produktionsmittel durch die Ausgebeuteten und Sklaven hätte in Lateinamerika restaurativen Charakter gehabt, rückwärtsgerichtete Ausklammerung der Kolonialzeit bedeutet."[6]

In der *ersten Rebellion der Kolonialbevölkerung im Jahre 1641* ging es demgegenüber nicht um Freiheit, Recht und Menschenwürde, sondern um die unbeeinträchtigte Fortsetzung der ausschließlich vom eigenen Nutzen und Willkür bestimmten Indianerfängerei der Paulistaner, die sie durch die jesuitische Einflußnahme beim Vatikan in Madrid bedroht sahen (vgl. 22122). Insofern war diese Rebellion wie die der ‚comuneros' in Paraguay keine echte Revolution, die auf einen grundlegenden Wechsel der Verhältnisse abzielte, wollte sie doch einen Wechsel verhindern.

---

[5] Quintero 1971, 134ff und Humphreys/Lynch 1968, 18f, die betonen, daß es außerhalb des Kerns der Bewegung auch Elemente wie Antonio Nariño und andere 1794 Deportierte gab, die weiterreichende revolutionäre Ziele verfolgten. Das gilt auch für Venezuela, wo die Konspiration Manuel Guals und José María Españas 1797 in unklarer Weise Unabhängigkeit, „Freiheit und Gleichheit" anstrebte.

[6] Sandner/Steger 1973, 25f, vgl. im einzelnen Steger 1970; Bastide 1971; Fernandes 1969; Schwartz 1968. Sandner/Steger aaO sehen ihre These vom restaurativen Charakter der Inbesitznahme der Produktionsmittel durch die Ausgebeuteten und Sklaven auch am Fall Haitis bestätigt, „dessen staatliche Existenz ja die Folge der einzigen gelungenen Sklaven-Revolution auf der Wende vom 18. zum 19. Jahrhundert ist".

Es ist kein Zufall, daß diese Rebellion in der Krisensituation der Loslösung Portugals von der spanischen Krone erfolgte und daß die Proklamation des ‚fazendeiro' Amador Bueno Ribeira zum König ausgerechnet auf der Hochebene von Piratininga in São Paulo vollzogen wurde, wo sich auf Grund der starken Vermischung von Portugiesen und Indianern ein neuer Menschenschlag, die Mamelucken, entwickelt hatte, wo alle Welt tupí sprach, weshalb die Kinder noch im 18. Jahrhundert portugiesisch als Fremdsprache auf der Schule lernten, wo eigener Pioniergeist und nicht Anregungen von jenseits des Atlantik die koloniale Expansion vorantrieben. Diese Rebellion, die zur Vertreibung der Jesuiten aus São Paulo führte, spiegelt die Hochspannung zwischen der Kolonialgesellschaft und dem missionarischen Teil der Kirche. Hoornaert kritisiert, daß die Jesuiten sich zu sehr auf die aristokratische Führungsschicht der Gesellschaft stützten und lokale Probleme durch die Anrufung entfernter höherer Instanzen wie Papsttum und Königtum zu lösen versuchten. Da die Sozialstruktur der portugiesischen Kolonialgesellschaft auf den Privilegien der Sklavenarbeit beruhte, wäre es seiner Meinung nach darauf angekommen, modellhaft eine Kolonialgesellschaft zu organisieren, die wie die Einwandererkolonisation des 19. Jahrhunderts ohne die Hilfe von Sklaven ausgekommen wäre. Dazu hätte es allerdings enormer Aufklärungsarbeit (Konszientisation) unter Siedlern, Weltpriestern und Angehörigen anderer Orden bedurft[7].

Wie die Paulistaner erreichten auch die Siedler in Maranhão, die die *Revolte von Beckmann 1684/85* unterstützt hatten, ihre Ziele. Das vom ersten Bischof Maranhãos, Gregorio dos Anjos, in Zusammenarbeit mit Vieira SJ bei Hofe bewirkte Gesetz gegen die Versklavung der Indianer wurde ebenso abgeschafft wie das staatliche Handelsmonopol. Der Schein der staatlichen Autorität wurde durch die Bestrafung der Rädelsführer gewahrt, zu denen auch zwei Geistliche gehörten[8]. Bei den blutigen *Zusammenstößen zwischen Paulistanern und ‚Emboabas'* — so nannten jene alle „Eindringlinge" in die Kapitanie Minas Gerais — *1708—1709* und bei dem *Krieg zwischen dem in Olinda zentrierten Grundadel gegen das* neu nach Recife gezogene *kleine Handelsbürgertum (Mascates) 1710—11* handelt es sich im Grunde eher um ein spätes Kapitel der Einwanderungsgeschichte als um ein frühes Kapitel der Unabhängigkeitsgeschichte. Beide Erhebungen ereigneten sich in einem Augenblick relativer Schwäche der Metropole, die auf Grund des Methuen-Vertrages (1703) mit Großbritannien in den spanischen Erbfolgekrieg (1701—14) hineingezogen, 1706 in der Schlacht bei Almansa eine schwere Niederlage erlitten hatte. In Minas Gerais ging es um den Besitz der von den Paulistanern entdeckten Goldminen, nach denen eine wahre Völkerwanderung aus allen Gebieten Brasiliens und ein Strom von Neueinwanderern strebte[9]. Auf seiten der Emboabas spielte eine Reihe von Regularklerikern zum Teil recht zweifelhafte Rollen. Die herausragende Gestalt ist die des Trinitariers Fr. Francisco de Menezes, dessen Friedensbemühungen in Lissabon Anerkennung verdienen, wie sich denn überhaupt das Handeln der Mönche aus dem Fehlen einer Regierungsgewalt erklärt, die imstande gewesen wäre, Ruhe und Ordnung zu sichern, so daß die Selbsthilfe der Emboabas gegenüber einer völligen Anarchie als das geringere Übel erscheinen mußte.

Unter den ‚Pernambucanos' von Olinda setzte sich ein Fürsprecher der Unabhängigkeit, Bernardo Viera de Melo, der einen republikanischen Staat nach holländi-

---

[7] Vgl. Holanda 1963, 94 und Hoornaert 1971, 60of.
[8] Vgl. Belege bei Leopoldo e Silva 1972, 22.
[9] Vgl. Pombo 1967, 232.

schem oder venezianischem Vorbild forderte, nicht durch. Indem die Truppen der Krone den Kampf entschieden und Recife Regierungssitz des Gouverneurs blieb und die Stadtrechte behielt, erlitten nicht die Kräfte der brasilianischen Unabhängigkeit eine Niederlage, denn nicht Monarchie oder Republik war die eigentliche Frage, sondern die Rivalität zwischen der herrschenden Schicht der Großgrundbesitzer und den Handel und Gewerbe treibenden, von feudalen Bindungen freien Städtern (mascates), die sich freilich nur mit Hilfe der Krone gegen die von den ‚fidalgos' manipulierte ländliche Mehrheit durchsetzen konnten.

Wie so oft in der lateinamerikanischen Geschichte stand die kirchliche Autorität in Gestalt des Bischofs von Olinda, Manoel Álvares da Costa, auf der Seite der Großgrundbesitzer. Costa verstieg sich sogar dazu, von Olinda aus die Mascates en bloc zu exkommunizieren, obgleich sie seine Autorität anerkannten und auf die von ihm versprochene Rückkehr an den Regierungssitz warteten. Die Auseinandersetzungen in Pernambuco sind insofern ein Vorspiel der Unabhängigkeitsepoche, als sie zu einer für diese typischen Konfrontation zwischen portugiesischem und einheimischen Klerus führten, wobei der nativistische Teil für die Seite der Großgrundbesitzer Partei ergriff[10]. Dabei rechtfertigte der Anlaß eine solche Konfrontation keineswegs.

Bei der *Verschwörung von Vila Rica de Ouro Preto im Jahre 1789* (Inconfidência Mineira) kam der gewachsene Stolz einer Bevölkerungsgruppe, der Minenbesitzer, erstmals in direkten Konflikt mit der sie bevormundenden und unterdrückenden Kolonialmacht. Auslöser war die bedrückende Fiskalpolitik in einer Zeit rückläufiger Goldgewinnung. Neu gegenüber früheren revolutionären Stimmungen waren im weiteren Sinne dem Zeitalter der Aufklärung zuzuordnende Faktoren: das Vorbild des nordamerikanischen ‚Bill of rights' (1776) und des Unabhängigkeitskrieges (1776–1783), Forderungen nach rationaleren Staatsformen (Republik), Menschenrechten, Öffnung der Häfen, wirtschaftlicher Entwicklung und das Eindringen der Freimaurerei.

Die Verschwörung wurde in der ‚Arcadia Ultramarina' und einem weiteren literarischen Kreis vorbereitet. Zu diesen Kreisen gehörten sieben Kleriker. Die Schlüsselrolle in der vorzeitig durch Verrat aufgedeckten Verschwörung spielte der Fähnrich der Linienkavallerie Joaquim José da Silva Xavier, genannt Tiradentes (Zahnzieher), der gehofft hatte, eine Separationserklärung von Minas Gerais würde entsprechende Schritte von São Paulo und Rio de Janeiro nach sich ziehen. Elf Verschwörer wur-

---

[10] Der Bürgerkrieg von Pernambuco wird zu Unrecht vielfach „Guerra dos Mascates" genannt – vgl. Pombo aaO 209ff –, denn nicht die Mascates eröffneten die Feindseligkeiten, sondern der Bodenadel. Brasilianische Historiker wie Pombo pflegen einseitig für die Pernambucanos Partei zu ergreifen, weil sie in deren Erhebung eine Art von Separationsbewegung von Portugal sehen und alles, was irgendwie mit der Unabhängigkeit zu tun hat, eo ipso positiv beurteilen. Da es bei den Kämpfen um die Behauptung von Gruppeninteressen des Bodenadels ging, ist es auch völlig unangebracht, den auf seiten der Pernambucanos stehenden Klerikern für ihre mancherlei Leiden zu Gunsten einer rein weltlichen Sache den Ruhmestitel von „mártires Pernambucanos" zuzuerkennen, wie dies zuerst der Oratorianer Dias Martins im 19. Jahrhundert getan hat. Vgl. zum Ganzen Leopoldo e Silva aaO 25ff. Vielleicht erklärt sich die untypische Parteinahme eines portugiesischen Bischofs für die Rebellen gegen die vom Gouverneur vertretene Zentralregierung daraus, daß er mit Selbstverständlichkeit annahm, daß die seit ihrem Abwehrkampf gegen die Holländer von überschäumendem Selbstbewußtsein erfüllten Pernambucanos von der Krone recht bekommen würden.

den zum Tode verurteilt, ein zwölfter, Claudio Manuel da Costa, hatte sich im Gefängnis während der Untersuchung erhängt. Nur an Tiradentes wurde die Kapitalstrafe in Form der Hängung und Vierteilung vollzogen. Die übrigen wurden lebenslänglich verbannt. Ausgerechnet der erste gebürtige Brasilianer auf dem flumensischen Bischofsthron, José Joaquim Justiano Mascarenhas Castelo Branco, gab sich auf Wunsch des Senates nach der Hinrichtung von Tiradentes dazu her, einen Dankgottesdienst abzuhalten, nachdem der Guardian des Antonius-Konventes von Rio de Janeiro, Fr. José de Jesus Marai do Desterro, aus eigener Initiative noch vom Blutgerüst herab eine flammende Ansprache für die Sache des Kolonialregimes gehalten hatte.

Das Thema der sozialen Emanzipation klang *1798* noch deutlicher an bei der sogenannten ‚*revolução dos alfaiates*' (Schneiderrevolution) in Bahia. 1799 wurden drei Mulatten als Hauptschuldige hingerichtet. Vor dem Hintergrund des seit 1791 in Haiti tobenden Unabhängigkeitskampfes der Farbigen tritt die Gefahr von Rebellionen der Farbigen in Brasilien deutlicher hervor[11].

Hoeltje (1954) vertritt mit einleuchtenden Gründen die Hypothese, daß sich um 1800 der Beginn des Märtyrerkultes um Tiradentes abzeichnet. Er sieht die Wende in der Konzeption der Gruppe der zwölf Propheten, dem berühmten Alterswerk des großen farbigen brasilianischen Bildhauers Antônio Francisco Lisboa (Aleijadinho) vor dem ‚Santuário do Bom Jesus de Matosinhos' in Congonhas do Campo (MG). Er deutet die vom Auftraggeber Vicente Freire de Andrada im Jahre 1800 veranlaßte Aufstellung der Propheten zwischen Kreuzwegstationen und Wallfahrtskirche in einem festungsartigen Atrium als Hinweis auf die zwölf Hauptverschwörer von 1789. Thema der Prophetenzitate auf den Statuen ist die soziale Ungerechtigkeit. Was „Andrada und seinem Künstler vorgeschwebt hat, war das Ideal des politisch tätigen Menschen, eingeschmolzen in das alte Bild des Gottesmannes, des Propheten".

Die letzte Erhebung vor der Unabhängigkeit, die *Pernambukanische Revolution von 1817*, wird geradezu eine „Revolution der Patres" genannt, da allein 57 Priester verhaftet und abgeurteilt wurden, so daß die Zahl der beteiligten Geistlichen noch höher gelegen haben dürfte. Der Dechant des vakanten Bistums Olinda, Bernardo Luís Ferreira Portugal, goß mit einem vom ganzen Domkapitel mit unterschriebenen Hirtenbrief noch Öl in das Feuer der Revolution, indem er erklärte, daß sie nicht gegen das Evangelium verstoße[12]. Ungenügend erforscht ist die unleugbare *Verbindung der Freimaurer mit dieser Revolution* und ihr Einfluß auf die beteiligten Kleriker.

Die Freimaurerei war bekanntlich erstmals 1738 kirchlich durch die Bulle Clemens XII. „In Eminenti" und dann erneut durch Benedikts XIV. Breve „Providus" 1751

---

[11] Vgl. im einzelnen Leopold e Silva aaO 47ff und Barroso 1937 I, 152ff, für den die von Tiradentes vorgeschlagene Fahne mit einem Dreieck darauf ein schlagender Beweis für die Mitwirkung von Freimaurern ist, da das Dreieck ein judaistisch-freimaurerisches-kabbalistisches Symbol sei. Barroso weist darauf hin, daß die ersten Logen in Brasilien ca. 25 Jahre vor der Übersiedlung des Hofes gegründet worden seien, und zwar in Rio de Janeiro, Salvador und Olinda, alle mit adonhiramatischem Ritus, entweder unter den Auspizien der portugiesischen Loge ‚Grande Oriente' oder der französischen oder auch ganz unabhängig. Barroso übernimmt von André 1922, 81 die tendenziöse Meinung, daß die Unabhängigkeit der Kolonien in Lateinamerika für die europäischen Logen kein Selbstzweck gewesen sei, sondern ein Mittel zum Zweck, um Spanien und Portugal, die beiden größten Feinde des Judaismus, zu schwächen: „Latinidade e catolicidade" (Latinität und Katholizität).

[12] Vgl. Leopolde e Silva aaO 57ff und Hoeltje 1954, 121.

verdammt worden. Aber da Kirche und Theologie in jener Epoche keinerlei positives Verhältnis zu dem für sie neuen Phänomen der bürgerlichen Revolution finden konnten, dürfte die Tatsache, daß die Freimaurer die Botschaft von der Brüderlichkeit als erste in ein politisches Programm einbezogen, bei dem nach Orientierung suchenden nativistischen Klerus ihren Eindruck nicht verfehlt haben. Der Klerus des Nordostens war nicht zuletzt durch das im Jahre 1800 von Bischof José Joaquim da Cunha de Azeredo Coutinho in Olinda gegründete Seminar vom Gedankengut der Aufklärung erfüllt und dadurch ansprechbar für das verwandte Ideengut der Freimaurerei. Außerdem wurde das Seminar in Olinda, das einzige Zentrum für Sekundarstudien in einem ausgedehnten Gebiet, auch von vielen anderen bildungsbeflissenen jungen Leuten besucht, die nicht die kirchliche Laufbahn einschlagen wollten. Duarte Leopoldo e Silva hebt zwar hervor, es sei nicht bewiesen, daß der Bischof selbst „liberal" gewesen sei, daß aber die Oratorianer und die übrigen theologischen Lehrer „liberal" gewesen seien. Außerdem blühte fast gleichzeitig in Itambé der „Areopag" Dr. Manuel de Arruda Câmaras, „in dem die fortschrittlichsten Ideen des Liberalismus diskutiert wurden"[13].

Die Revolution von 1817 mit ihren grausamen Massakern an europäischen Portugiesen kann gewertet werden als ein Ausdruck der Desillusionierung über die Gegenwart des portugiesischen Hofes in Rio de Janeiro seit 1807 und des lokalen Ressentiments des sich als Herz Brasiliens betrachtenden Nordostens gegenüber dem sekundären Rio. Die politischen und wirtschaftlichen Gravamina waren durch die Gegenwart des Hofes nicht beseitigt worden. Es war eben „schwierig, gleichzeitig König von Portugal und Brasilien zu sein und väterlich mit zwei Völkern zu verfahren, die so entgegengesetzte Interessen haben. Eines kann ohne das Monopol nicht leben; der Fortschritt des anderen verlangt seine Abschaffung"[14]. Im übrigen gilt von dieser Revolution genau wie von der Verschwörung von Minas von 1789, daß die breiten Volksschichten in „ihrem traurigen Fatalismus" verharrten und „sich mit ihrer unglücklichen Lage abfanden". *Beide Revolutionen hatten erstmals die Befreiung der Negersklaven in ihre Programme aufgenommen*, was den Verschwörern „als besonderes Zeichen ihrer Staatsgefährlichkeit und ihrer umstürzlerischen Gesinnung angerechnet" wurde[15], vor der Geschichte aber ein Ruhmesblatt für sie bildet. Zumindest 1817 scheint es diesbezüglich ein erhebliches klerikales Engagement gegeben zu haben. Im übrigen muß man konstatieren, daß in Brasilien wie vielerorts in Lateinamerika die Massen nicht vom Streben nach nationaler Emanzipation erfüllt waren, wie sie denn auch bei den Unabhängigkeitskriegen manipuliert oder marginalisiert wurden, ohne den Lauf der Dinge letztlich in ihrem Interesse, d. h. im Sinne einer substantiellen Umformung der sozio-ökonomischen Strukturen, bestimmen zu können.

---

[13] Barroso 1937 I, 220: „Os eclesiásticos maçons de Pernambuco fôram vítimas do que Valéry-Radot denomina ‚paródia demoníaca da mensagem evangélica da fraternidade'". Zum Seminar von Olinda vgl. Leopoldo e Silva aaO 64ff.
[14] Quintas 1962, 215.
[15] Zum Sklavenbefreiungsprogramm vgl. Peschke 1954, 149; zum Ganzen Barroso 1937 I, 154 nach Calmón 1933, 142. Eine genauere Analyse der auch unter Profanhistorikern in vielen Punkten umstrittenen Ursachen der Revolution von 1817 ist hier nicht möglich.

322 Emanzipation und Kirche

3221 Französisch-Haiti

1804 proklamierte der Negerführer Dessalines die Unabhängigkeit des westlichen Teils der Antilleninsel Hispaniola unter dem alten indianischen Namen *Haiti*. Wenn auch Haiti wegen seines Übergangs unter die französische Souveränität (1659) etwas außerhalb des spanisch-lusitanischen kolonialen Kontextes steht, kommt seiner Unabhängigkeit eine doppelte Bedeutung zu: Es ist der erste erfolgreiche Emanzipationsversuch in Lateinamerika und die einzige gelungene Sklavenrevolution.

Der Unabhängigkeit waren von 1790 bis 1803 fast ununterbrochene, von unbeschreiblichen Massakern begleitete Kämpfe zunächst der Mulatten und der befreiten Sklaven und dann auch der Sklaven um die Bürgerrechte vorausgegangen, die die französische Revolutionsregierung 1790 den Mulatten und befreiten Sklaven zuerkannt hatte, die die lokalen Behörden unter dem Druck der weißen Oligarchie ihnen aber verweigerten.

Nach der militärischen Einmischung von Großbritannien und Spanien, das 1697 die französische Souveränität über den Westteil Hispaniolas anerkannt hatte, hatte nur die Proklamation der Freiheit für alle Sklaven durch Frankreich dessen Herrschaft dank der Siege des Mulattenführers Rigaud im Süden und des Exsklaven Toussaint Louverture im Norden vorübergehend wieder stabilisieren können. Angesichts des Versuchs Napoleons, den seit 1801 verfassungsmäßig gesicherten, praktisch autonomen Status von Haiti unter Toussaint als Gouverneur auf Lebenszeit mit militärischen Mitteln wieder zu einem Kolonialstatus zu reduzieren, war es zum effektiven Unabhängigkeitskampf gekommen, bei dem Guerrilla-Krieg und Gelbfieber das französische Heer 1803 in die Knie gezwungen hatten.

Von den 520 000 Einwohnern Haitis im Jahre 1789 hatten die 452 000 Sklaven und die 28 000 befreiten Sklaven die Freiheit gewonnen, während von der ehemaligen Oberschicht von 40 000 Weißen die meisten geflohen oder umgekommen waren.

1803 lag die Produktion von Rohrzucker und Kakao, dem landwirtschaftlichen Reichtum der Insel, danieder, die meisten Kirchgebäude waren Ruinen und die Priester noch knapper als vorher. Daß die Priester bei Massenabschlachtungen von Weißen meistens gerettet wurden, zeigt, daß sie sich schon vorher intensiv um die Schwarzen gekümmert hatten. Der Jesuit Boutin hatte sogar nach der regulären Messe eine „Negermesse" zur sonntäglichen Katechese eingeführt. Hierarchische Strukturen hatte es auf Haiti im 17. Jahrhundert überhaupt nicht gegeben. Erst 1705 war Haiti in zwei apostolische Präfekturen unter der Obhut von Dominikanern und Jesuiten eingeteilt worden. Wegen des Mangels an Missionaren und der mangelnden Bereitschaft der weißen Kolonisten, bei der Christianisierung mitzuwirken, war die Mission der Afrikaner oberflächlich geblieben. Afrikanische Glaubenselemente und Riten vermischten sich mit christlichen Elementen zum bis heute stark verbreiteten Vodô-Kult[16].

---

[16] Vgl. González 1969, 49ff und zum Vodou heute Cordan 1961. Johnson 1968, 34f sieht die Unabhängigkeitsbewegung in Lateinamerika stimuliert durch die Unabhängigkeit der USA, die Französische Revolution, die Unabhängigkeit Haitis und die napoleonische Besetzung der iberischen Halbinsel. Die Tatsache, daß auf Haiti Sklaven und Exsklaven mehr der Gewalt als der revolutionären Theorie trauend beinahe die weißen Siedler ausrotteten, wirkte dämpfend auf den revolutionären

3222 Ibero-Amerika (1807—1824)

Ohne das komplexe Panorama der politischen Szene in Europa und Ibero-Amerika in den Jahren 1807—1824 einigermaßen zu überblicken, kann man zu keiner nüchternen und halbwegs objektiven Beurteilung der Haltung von Hierarchie und Klerus in dieser tiefsten Krise Amerikas seit der Conquista kommen. Die Historiographie der unabhängigen Staaten hat allzu oft in unhistorischer Weise die Einstellung der Amtskirche zur Unabhängigkeit zum einzigen Kriterium der Beurteilung der Amtsträger erhoben und diese schematisch in Royalisten und Protagonisten der Unabhängigkeit eingeteilt, wobei beide Bezeichnungen Werturteilen gleichkommen. Damit wird ein später allgemein anerkannter Wert, die politische Unabhängigkeit, zurücktransponiert in eine Epoche äußerster politischer Verwirrung, in der selten eindeutig klar war, was politisch und militärisch machbar und was politisch und kirchlich wünschenswert war. Bevor hier deshalb über die Haltung der Amtsträger berichtet wird, soll ein Überblick über den politischen und militärischen Kontext der Epoche versucht werden.

32221 Das politische und militärische Panorama Ibero-Amerikas im Zusammenhang mit dem der Alten Welt.

Die Signalwirkung des mit sozialer Revolution gepaarten Unabhängigkeitskampfes Haitis auf Ibero-Amerika ist schwer abzuschätzen. Wenn auch die Exzesse gegen die weiße Oberschicht auf der Insel auf die Kreolen abschreckend wirken mußten, so bewies doch die Bewahrung der Unabhängigkeit ab 1804 die Möglichkeit autonomer politischer Existenz mit der wohlwollenden Rückendeckung einer politischen Großmacht, in diesem Fall der Vereinigten Staaten von Nordamerika, die 1775—1783 selbst ihre Unabhängigkeit erkämpft hatten.

Das Ende 1804 vom Premierminister Karls IV., Godoy, mit dem napoleonischen Frankreich gegen Großbritannien geschlossene Bündnis schuf auf der europäischen Westflanke die Voraussetzungen für die Ende 1806 von Napoleon verfügte Kontinentalsperre. Nur das durch den Vertrag von Methuen (1703) zum Freihandel mit Großbritannien verpflichtete Portugal scherte im Westen noch aus. Der Vertrag von Fontainebleau (1807) mit Spanien, dem darin halb Portugal als Beute zugesichert wurde, ermöglichte den französischen Einmarsch in Portugal (1807). England deckte die Flucht der königlichen Familie nach Rio de Janeiro. Neben der geistesgestörten Königin Maria (1777 bis 1816), dem Prinzregenten João (ab 1816 König João VI.) und seiner Frau Carlota Joaquina, der Schwester des spanischen Thronfolgers Ferdinand (VII.) kamen Tausende von Adeligen und Beamten nach Brasilien (1808). Die Übersiedlung des Hofes garantierte zwar auf viele Jahre das Fortbestehen der Kolonialherrschaft, aber die Unterbringung und Finanzierung dieses gewaltigen portugiesischen Wasserkopfes — auf 36 Schiffen waren 15 000 Personen mit dem Prinzregenten aus Lissabon geflüchtet[17] — und die ungewohnte direkte

---

Enthusiasmus der Kreolen. Das Vorbild der nordamerikanischen Unabhängigkeit gab dem revolutionären Denken in Lateinamerika einen „engeren, nationaleren, persönlicheren Charakter als das der französischen Revolutionäre, deren Ideen von Freiheit, Brüderlichkeit und Gleichheit eine ausgeprägt universale Qualität hatten".

[17] Jacob 1974, 195.

Unterordnung unter den höfischen Apparat erzeugten in der brasilianischen Oberschicht auch Ressentiments.

Die Außenpolitik Großbritanniens gegenüber Lateinamerika war speziell unter dem Druck der Kontinentalsperre, aber auch später, weitgehend von handelspolitischen Gesichtspunkten bestimmt.

Als Preis für die britische Hilfe bei der Übersiedlung des Königshauses zahlte João 1808 mit der Öffnung der brasilianischen Häfen für die „befreundeten Nationen", d. h. in erster Linie für England, mit der Konzession des Stationierungsrechtes einer englischen Marinedivision in Rio de Janeiro für einige Jahre und mit dem Abschluß des Handelsvertrages von 1810, in dem für die Einfuhr englischer Waren niedrigere Zölle als für die Einfuhr portugiesischer Waren festgesetzt wurden[18], so daß der Markt von Rio de Janeiro binnen kurzem von englischen Importwaren überschwemmt war[19]. Am La Plata hatte Großbritannien den Gedanken des Freihandels zur Rettung seiner Industrie mit militärischer Gewalt durchzusetzen versucht, solange es sich noch mit Spanien und seinem Kolonialreich als Verbündeten Frankreichs im Krieg befand. Im Juni 1806 war Buenos Aires kampflos einem kleinen Expeditionskorps unter Beresford in die Hände gefallen, aber sein Angebot von Freihandel und Unabhängigkeit stieß nicht auf Gegenliebe. Irreguläre Truppen unter Santiago de Liniers vertrieben nach einigen Wochen die Engländer. Die ‚porteños'[20] setzten in gestiegenem Selbstbewußtsein in einem offenen ‚cabildo' Vizekönig Marquis de Sobremonte, der die Stadt kampflos geräumt hatte, ab und wählten statt seiner Liniers. Sobremonte zog sich nach Montevideo zurück, um dort im Oktober 1806 erneut vor einer unvergleichlich stärkeren britischen Invasionstruppe unter Whitelock zu fliehen, die 1807 auch Buenos Aires angriff, aber von Liniers abgewiesen wurde. Karl IV. sah sich gezwungen, in Dankbarkeit Liniers wenigstens interimistisch anzuerkennen. Diese Autorisierung eines Willküraktes der Untertanen – denn so stellte sich diese Handlung aus absolutistischer Sicht dar –, war die stärkste Annäherung der Krone an einen Wahlakt der amerikanischen Untertanen, zu der die spanische Krone sich in dieser Krisenepoche bereitfand[21].

Die Nachricht, daß 1808 spanische Offiziere Karl IV. aus Protest gegen seine frankophile Politik gestürzt und seinen Sohn als Ferdinand VII. zum König ausgerufen hatten, wurde im spanischen Kolonialreich mit Begeisterung aufgenommen, galt doch Fernando als ‚el Deseado' (der Erwünschte). Kurz nachdem man ihm in den Hauptstädten Amerikas in den üblichen gottesdienstlichen Zeremonien die Treue geschworen hatte, traf die Hiobsbotschaft ein, daß Fernando sich nicht an die Spitze des militärischen Widerstandes gegen die Franzosen gesetzt hatte, sondern einer Zitation Napoleons gefolgt war, was zur Folge hatte, daß Fernando und sein Vater formell zur Abdan-

---

[18] Vgl. Jacob aaO 195f. Der Zoll für englische Waren betrug 15%, für portugiesische 16% und für solche aus Drittländern 24%.

[19] Marchant 1965, 24f bemerkt, daß viele der englischen Importwaren „für Land und Leute, die sie aufnehmen sollten, ungeeignet waren". In ihrem Handelsfieber hatten manche Kaufleute wahllos die Sortiments der Warenhäuser von London verschifft und gedachten das tropische Rio de Janeiro mit warmen Bettdecken, Fußwärmpfannen und Schlittschuhen zu erfreuen. Aber das Paradoxe ist, daß sogar solche Artikel gekauft wurden, weil sie aus in Brasilien nicht erhältlichem Material waren, wie z. B. die Schlittschuhe aus gehärtetem Stahl, weshalb sie zu Messern weiterverarbeitet wurden, während man die Wärmpfannen als Zuckerkochkessel verwenden konnte.

[20] Bezeichnung der Einwohner der Hafenstadt Buenos Aires.

[21] Vgl. Fagg 1971, 313ff.

kung gezwungen und in Bayonne im Exil festgehalten wurden, während Napoleons Bruder Joseph Bonaparte den Thron in Madrid bestieg. Die kirchliche Hierarchie wurde zusätzlich durch eine zweite Hiobsbotschaft des folgenden Jahres verunsichert: Pius VII., der 1804 mit der Salbung Napoleons in der Kathedrale von Notre Dame dessen Kaiserkrönung praktisch legitimiert hatte, war von den Franzosen gefangen gesetzt (1809—1814)[22]. Im noch unbesetzten Südspanien bildete sich 1808 eine ‚Junta Suprema', die den militärischen Widerstand gegen Frankreich organisierte und interimistisch die Ausübung der königlichen Gewalt beanspruchte. Nachdem die ‚Junta Suprema' sich 1809 im Kampf gegen Napoleon mit Großbritannien verbündet hatte, verlor dieses das Interesse an der Unterminierung des spanisch-amerikanischen Reiches und förderte keinerlei Bestrebungen zur Unabhängigkeit.

In den Kolonien herrschte über die Frage, ob man mit der ‚Junta Suprema' zusammenarbeiten bzw. sich ihr unterstellen sollte, keine Einmütigkeit, waren doch die Kolonien de iure seit den Zeiten Isabellas der Katholischen kein integrierender Besitz Spaniens, sondern nur der Krone von Kastilien unterstellt. Wenn also diese Krone vakant war, konnten koloniale ‚Juntas' den an der Regierung verhinderten Ferdinand VII. mit demselben Recht direkt vertreten, wie dies die ‚Junta Suprema' in Spanien tat.

Im Vizekönigreich La Plata wurde die Situation noch dadurch erschwert, daß Prinzregent João die Situation nutzen wollte, um die Expansion Brasiliens bis an seine „natürlichen Grenzen" voranzutreiben, worunter Portugal den La Plata verstand. Großbritannien, dessen Politik am Plata weiterhin von seinen Wirtschaftsinteressen geleitet war, verstand es, diese Absichten ebenso zu vereiteln wie das Bestreben Dona Carlotas, für ihren Bruder die Regentschaft im Vizekönigreich La Plata selbst auszuüben. Kreolen in Buenos Aires wie Rodríguez Peña, Sarratea und Belgrano sowie spanische Behörden in Montevideo, Paraguay und Hoch-Peru scheinen den Plan einer La Plata-Monarchie unter Carlota, die im Bündnis mit portugiesisch Brasilien die Unabhängigkeit erlangt hätte, ernsthaft erwogen zu haben[23]. Die Bildung aufständischer ‚Juntas' 1809 in Chuquisaca und La Paz (Hoch-Peru) scheinen sich gegen diese Tendenzen gewandt zu haben, während eine ‚Junta' in Montevideo sich gegen die angebliche Kooperation Liniers mit den Franzosen richtete. Die ‚Juntas' in Hoch-Peru wurden von königlichen Truppen aus Peru, die ebenfalls 1809 gebildete ‚Junta' von Quito von Truppen aus Neu-Granada beseitigt. In Venezuela, wo Francisco Miranda schon 1806 mit einer Landung in Puerto Cabello vergeblich versucht hatte, eine Revolution zu entfachen, scheiterte in Caracas der Versuch, eine ‚Junta' zu bilden, wie auch Emissäre Joseph Bonapartes abgewiesen wurden, die in verschiedenen Teilen des Kolonialreichs die Unabhängigkeit von Frankreichs Gnaden anboten. In Mexiko rief Vizekönig José de Iturrigaray zusammen mit dem ‚cabildo' 1808 eine ‚Junta' ins Leben, die ihre Autonomie gegenüber der spanischen ‚Junta Suprema' betonte. Aber kurz darauf setzte eine Konspiration aus Mitgliedern der Audiencia, der Bodenaristokratie, des Handels zusammen mit Erzbischof und Großinquisitor den frankophilen Vizekönig ab und schuf eine Ferdinand VII. ergebene Junta.

Erst *das Jahr 1810* sollte das Kolonialreich in eine tiefe Krise stürzen, die durch die Nachricht ausgelöst wurde, daß trotz erheblicher Finanzhilfe aus den Kolonien der Widerstand der spanischen Patrioten in Südspanien prak-

---

[22] Vgl. zu den Einzelheiten Heyer 1963, 86ff, der allerdings irrtümlich von der Kaiserkrönung *1802* spricht.
[23] Vgl. Melogno 1968, 111.

tisch zusammengebrochen und mit der Auflösung der ‚Junta Suprema' in Sevilla die letzte allgemein anerkannte Klammer zwischen dem Mutterland und Amerika zerbrochen war. Die Legitimität eines anschließend gebildeten Regentschaftsrates, der sich nur dank britischen Flottenschutzes auf der Insel León bei Cádiz halten konnte, war umstritten. Mit Truppenverstärkungen aus der Metropole konnte in absehbarer Zeit nicht mehr gerechnet werden. Von diesem Zeitpunkt an wurden neu gebildete ‚Juntas' zu Sammelbecken von Autonomiebestrebungen, wenn sie auch noch formell vorgaben, Platzhalter Ferdinands zu sein. Die spanische Autoritätskrise konnte nicht entscheidend dadurch gemildert werden, daß der Regentschaftsrat 1810 die spanischen ‚Cortes' mit Beteiligung von einem Drittel überseeischer Vertreter nach Cádiz einberief. Es mußte als Herausforderung auf die amerikanischen Abgeordneten wirken, daß das besetzte Mutterland, dessen winzige freie Enklave in Cádiz nur durch englische Waffen gehalten wurde, Amerika mit seinen 15 Mill. Einwohnern gegenüber den 10 Mill. der Metropole nur eine Drittelvertretung zubilligte und die Ständeversammlung auch schon vor deren Eintreffen eröffnete. Die amerikanischen Abgeordneten forderten gleich eine klare Mehrheit für sich in der Versammlung, was die Halbinselspanier mit dem beleidigenden Argument ablehnten, die meisten Amerikaner seien zweitklassige Menschen, Indianer, Neger und Mischlinge. Ganz allgemein machten sowohl die Reaktionäre wie die Liberalen aus ihrer Verachtung für die Kolonialspanier keinen Hehl. So hatte weder die Ständeversammlung noch deren an sich fortschrittliche Verfassung von 1812, die u. a. viele kirchliche Privilegien abschaffte und die Monarchie auf die Volkssouveränität gründete, aber in altspanischer Tradition am Katholizismus als ausschließlicher Staatsreligion festhielt, eine zur Erhaltung des Kolonialreiches positive Wirkung[24]. Für die an patronale Abhängigkeit von der Krone gewöhnte Hierarchie mußte eine in Abwesenheit des Königs ohne dessen Zustimmung in Kraft gesetzte Verfassung, die erheblich in die kirchliche Sphäre eingriff — u. a. auch die Inquisition praktisch abschaffte (vgl. 3123) — die ohnehin unübersichtliche Lage weiter verwirren. Andererseits kam ein großer Teil der amerikanischen Intelligenz stärker durch die aus aufklärerischem Geist entstandene Verfassung von Cádiz mit den Ideen der Aufklärung in Berührung als vorher durch direkte Quellenlektüre. Die Tatsache, daß sich die ‚Cortes' als souverän erklärt hatten, nach britischem Vorbild vom spanischen Obskurantismus sprachen und die Pressefreiheit einführten, wenn auch durch ein Pressetribunal etwas eingeschränkt, verfehlte ihre Wirkung auf Amerika nicht. Für breitere Kreise bildete die Verfassung von Cádiz ein Lehrstück politischer Erziehung. Konnte beispielsweise in Mexiko von 1808 bis 1811 die Behauptung der Volkssouveränität noch als Ketzerei verdammt werden, so setzte sie sich als Prinzip nach 1812 auch hier durch. Und die Pressefreiheit bedeutete eine „ideologische Revolution", die das Niveau der Presse enorm hob[25].

Die Reaktionen auf die spanischen Vorgänge von 1810 zeigten sich von

---

[24] Dazu im einzelnen Fagg aaO 315ff.
[25] Quirarte 1967, 101ff, dessen Feststellungen über Mexiko in gewissem Grade auf andere spanische Kolonialgebiete übertragbar sind. Garaycoa 1964, 40 unterläßt in seiner kurzen Aufzählung der Juntas diese wichtige Differenzierung zwischen 1808/09 und 1810.

April bis September desselben Jahres in Caracas, Buenos Aires[26], Bogotá, Santiago de Chile und Mexiko.

Die radikalsten Ziele verfolgte die Revolution des Priesters Hidalgo in Mexiko. Die Junta von Caracas, zu deren führenden Köpfen Miranda und Bolívar gehörten, sollte im Juli 1811 die Unabhängigkeit verkünden. Abgesehen von Mexiko wurden an den genannten Orten die spanischen Behörden einschließlich der Vizekönige abgesetzt. Juntas bestanden auf ihrem Recht, souverän als Vertreter Ferdinands VII. zu regieren. In Asunción und Montevideo wurde der Kurs von Buenos Aires als unloyal abgelehnt. In der ‚Banda Oriental' (Bezeichnung des heutigen Gebiets von Uruguay), den Provinzen von Corrientes, Santa Fe und Entre Ríos wurde die Lage noch zusätzlich kompliziert durch die Gaucho-Revolution lokaler ‚caudillos', deren angesehenster Führer José Gervasio Artigas war, der gegen die Bevormundung durch ‚porteños' und Portugiesen kämpfte. Hoch-Peru fiel nach knapp einem Jahr bonaerenser Vorherrschaft 1811 königlichen Truppen aus Peru in die Hand. In Asunción wurden die spanischen Behörden 1811 von einer Junta abgesetzt, die gleich die Unabhängigkeit erklärte, aber mit Buenos Aires zusammenarbeitete, bis ab 1814 José Gaspar Rodríguez de Francia durch einen nationalistischen Kurs den Einfluß der ‚porteños' ausschaltete. In Venezuela wurde im Juli 1812 die „Erste Republik" von königlichen Truppen niedergeschlagen, während im westlichen Hochland Neu-Granadas drei konkurrierende Regierungen in Tunja, Cundimarca und Cartagena keine überregionale Autorität aufbauen konnten. Trotzdem gelang es dem hierher geflüchteten Bolívar, mit einer kleinen Armee Caracas zurückzuerobern (1813) und die „Zweite Republik" in Venezuela auszurufen.

In dieser Situation traf im *Frühjahr 1814 die Nachricht von der Rückkehr Ferdinands VII. auf den spanischen Thron in der Neuen Welt ein*, die die Juntas, die noch in seinem Namen zu regieren vorgaben, zwang, Farbe zu bekennen und den Royalisten allenthalben mächtigen Auftrieb gab. Indem Ferdinand schon im Mai 1814 die Verfassung von Cádiz außer Kraft setzte und die absolutistische Restauration einleitete, trieb er die liberalen Mitglieder der Juntas in die Opposition, die allerdings angesichts der starken militärischen Position Spaniens in Amerika, die nun durch Nachschub noch gefestigt wurde, aussichtslos erscheinen mußte.

Chile, durch einen Richtungskonflikt zwischen O'Higgins und Carrera ohnehin geschwächt, fiel 1814 aus Peru angelandeten Truppen in die Hand. Die „Zweite Republik" in Venezuela verschwand 1814 ebenfalls wieder von der Landkarte. Im Mai 1816 konnten spanische Truppen in Bogotá Montalvo als Vizekönig einsetzen. Zwei Landungsversuche Bolívars in Venezuela scheiterten mangels breiter Unterstützung. In Mexiko wurde 1815 der Nachfolger Hidalgos, der ‚cura' Morelos, mit den Resten revolutionärer Truppen gefangen genommen, so daß nur am La Plata die spanische Macht noch nicht wieder aufgerichtet war.

In Europa zog der Wiener Kongreß (1814—15) einen Schlußstrich unter die Epoche der Französischen Revolution und eröffnete das Zeitalter der Restauration. Pius VII., der 1814 die Gesellschaft Jesu restituiert hatte, schickte am 30. Januar 1816 seine Enzyklika *„Etsi longissimo"* an die Bischöfe Amerikas, in der er sie aufforderte, ihrer Herde die fürchterlichen Folgen der Rebellion klar-

---

[26] In Buenos Aires war 1809 der interimistische Vizekönig Liniers von dem Sendling der Junta Suprema Vizekönig Hidalgo de Cisneros abgelöst worden, der der Kritik am spanischen Handelsmonopol mit der Öffnung des Hafens von Buenos Aires begegnete, aber trotzdem 1810 abgesetzt wurde.

zumachen und ihr die „berühmten und einzigartigen Tugenden unseres geliebten Sohnes in Jesu Christus Ferdinand, eures katholischen Königs vor Augen zu stellen, für den nichts wertvoller ist als die Religion und das Glück seiner Untertanen". Pius beschwört die unsterblichen Beispiele spanischer Frömmigkeit und erklärt den Bischöfen, daß sie mit dem Gehorsam gegenüber dem Monarchen ihren Völkern den größten Dienst erweisen, ja, daß ihre diesbezüglichen Anstrengungen den „Lohn des Himmels" verdienen[27].

Nichts schien die Vollendung der Restauration des spanischen Kolonialreiches aufhalten zu können. Aber die revolutionären Ideen wurden nicht so schnell vergessen, und das Beispiel der erfolgreichen Unabhängigkeitsbewegung der USA stand den Lateinamerikanern vor Augen. Nachdem alle Beschwerden (agravios) der Kolonialspanier[28] in den königlichen Kanzleien lange geprüft waren, ohne daß sich etwas an der Kolonialpolitik und -verwaltung änderte, nahm die Unzufriedenheit in Amerika wieder zu[29].

Am La Plata reagierte nach langem Zögern die verfassunggebende Versammlung von Tucumán 1816 mit der Erklärung der Unabhängigkeit des ‚Estado de las Provincias Unidas del Río de la Plata' auf die Restauration Ferdinands VII. Der Generalkongreß wählte die Jungfrau Santa Rosa de Lima zur Patronin der Unabhängigkeit Amerikas und bat den Papst um eine entsprechende Bestätigung, die Pius VII. 1817 auf spanischen Druck natürlich verweigerte[30]. Indessen baute General José de San Martín in eigener Initiative als Gouverneur von Cuyo eine Andenarmee auf (1814–17), überquerte 1817 die Anden in Ost-West-Richtung mit 5400 Soldaten, 9000 Maultieren und 1600 Pferden, ein Unternehmen, das als schwieriger gilt als Hannibals Zug über die Alpen[31], und befreite Chile, wo er O'Higgins die politische Führung übertrug. Während Chile 1818 endgültig von spanischen Truppen gesäubert seine Unabhängigkeit erklärte, ließ San Martín eine Flotte ausrüsten, mit der er 1820 eine Armee in Peru landete. Bolívar war 1817 von Jamaica zurückgekommen, den Orinoco hinaufgefahren und hatte in Angostura an der heutigen Grenze von Venezuela und Kolumbien angefangen, Reste von Aufständischen, ausländische Söldner und ‚llaneros' (Viehhirten der Ebenen = llanos) zu sammeln. Während die ‚llaneros' unter José Antonio Páez ihm mit einer Reihe von Blitzangriffen in Venezuela den Rücken freihielten, rückte Bolívar 1819 in Neu-Granada ein (Schlacht von Boyacá) und gewann Bogotá.

1820 wurde der Verlauf der Ereignisse in Amerika erneut entscheidend durch die Vorgänge im Mutterland beeinflußt. Zum selben Zeitpunkt, zu dem Vizekönig Joaquín de la Pezuela, ein unbeugsamer Absolutist, die Nachricht von der Landung der Armee San Martíns in Peru erhielt, wurde er von der liberalen Revolution in Spanien informiert, die seine Stellung untergrub.

Nach zahlreichen früheren Rebellionen in Spanien seit 1814 hatten Anfang 1820 Einheiten, die seit vier Jahren in Cádiz auf ihre Einschiffung nach Amerika warteten, rebelliert. Volksmengen in Madrid hatten Ferdinand VII. zu dem Versprechen gezwungen, die Verfassung von Cádiz wieder in Kraft zu setzen. Die ‚Cortes' traten wieder zusammen und beschlossen, keine Truppenverstärkungen mehr in die Neue Welt zu schicken. Die Kolonialbeamten wurden angewiesen, mit den Rebellen zu

---

[27] Vgl. Pedro J. Sánchez, Episodios Eclesiásticos de México, Mexiko 1948, 173f zitiert nach Quirarte aaO 156.
[28] Vgl. z. B. den berühmten ‚Memorial de Agravios' von Camilo Torres aus Neu-Granada von 1809 – Quintero 1971, 163ff.
[29] Fagg aaO 344.   [30] Vargas U. 1962, 327ff.
[31] Die andine Paßhöhe beträgt knapp 4000 m – Fagg aaO 347.

verhandeln und deren Absichten zu erkunden. „Das Schauspiel von Vizekönigen und spanischen Generalen beim Parlamentieren mit patriotischen Kommandeuren unterminierte das Vertrauen der Royalisten und war Wasser auf die Mühlen der Rebellen." Während die Spanier bei den Verhandlungen merkten, daß die amerikanischen Führer sich nicht mehr mit Reformen innerhalb einer liberalisierten Monarchie zufrieden geben, sondern die Unabhängigkeit wollten, erkannten die Amerikaner, daß die Spanier für den Wunsch nach politischer Autonomie kein Verständnis hatten und ihre Vertreter in den spanischen ‚Cortes' nach wie vor demütigend behandelten[32].

Die Folge war, daß in Amerika die Waffen die endgültige Entscheidung brachten. In Neu-Spanien war die Oligarchie über die radikale Entwicklung in Spanien erschrocken. Die Unabhängigkeit wurde 1821 nicht als Fortsetzung des von Hidalgo und Morelos eingeleiteten revolutionären Prozesses erreicht, sondern durch den „Einfluß einer rückwärts gewandten Konspiration und einem Feldzug unter Führung von Agustín de Iturbide"[33], einem Offizier, der vom Vizekönig mit einem größeren Truppenkommando betraut wurde, um Rebellen zu bekämpfen, statt dessen aber eine Übereinkunft mit dem Führer der liberalen Rebellen, Vicente Guerrero, traf (Plan von Iguala) und als „Befreier" in Mexiko-Stadt einzog. Nachdem sich die Liberalen, die für die Republik eintraten, nach neun Monaten mit den Monarchisten im konstituierenden Kongreß noch nicht auf eine Verfassung geeinigt hatten, wurden sie von Iturbide um ihren Anteil am Sieg gebracht, als er den Kongreß im Bündnis mit den konservativen Kräften zwang, ihn zum Kaiser zu wählen. Die Generalkapitanie Guatemala mit ihren ca. 1 Mill. Einwohnern, die 1811 und 1813 nur unbedeutende Verschwörungen oder Rebellionen in San Salvador, León und Guatemala erlebt hatte, erklärte durch ihre Provinzialversammlung auf Vorschlag ihres eigenen Generalkapitäns Gabino Gaínza 1821 ebenfalls ihre Unabhängigkeit und ging für kurze Zeit eine brüchige Union mit Mexiko ein. In Südamerika eroberte Bolívar 1821 nach einem vorübergehenden Waffenstillstand Venezuela. Sein Adjutant, Antonio José de Sucre, bezwang 1822 (Schlacht am Pichincha) die spanischen Truppen in der Audiencia Quito und besiegte schließlich am 9. Dezember 1824 die königlichen Truppen Perus in der Schlacht von Ayacucho, die den endgültigen Zusammenbruch der spanischen Macht auf dem amerikanischen Festland bezeichnet und die spanische Kolonialherrschaft auf die Antillen beschränkte.

Brasilien war seit der Ankunft des Hofes 1808 zu ganz neuem Leben erwacht. Der Handel war belebt, Manufakturen im Lande erlaubt, eine Nationalbank, eine Bibliothek, zwei medizinische Hochschulen, eine Kunstakademie, ein Museum, eine Militärakademie, ein botanischer Garten und ein wissenschaftliches Nationalinstitut wurden gegründet und die Druckerei endlich eingeführt. Damit wurde die Isolation Brasiliens überwunden. Wissenschaft und Technologie, Früchte des Zeitalters der Aufklärung, hielten ihren Einzug. Der Hof schüttete Titel und Ehren aus, baute aber auch einen Regierungsapparat auf, der in ungekanntem Maße über die Durchführung der Gesetze und die Eintreibung erhöhter Steuern wachte. Statt 1814 in das befreite Portugal zurückzukehren, erhob João 1815 Brasilien zum gleichberechtigten Königreich, blieb auch ab 1816 als König João VI. in seinem neuen Reich und ließ Portu-

---

[32] Fagg aaO 350ff.
[33] Quirarte 1967, 85ff; zu den Verschwörungen in Zentralamerika vgl. Gavidia 1969 und Rodríguez 1965.

gal durch den englischen General Beresford verwalten. Als die Woge liberaler Revolution 1820 auch Portugal erfaßte, wo die spanische Verfassung von 1812 von den Rebellen verkündet wurde, entschloß sich der König schließlich 1821 unter dem massiven Druck seines Hofes, mit seinem zahlreichen Gefolge nach Lissabon zurückzukehren und seinen Sohn Pedro als Stellvertreter zurückzulassen. Die Brasilianer reagierten verärgert auf die Haltung der portugiesischen ‚Cortes', die dem gewaltigen Land nur eine unbedeutende Vertretung im Ständeparlament zubilligten, es erneut auf den Status einer Kolonie reduzierten, das Handelsmonopol wieder einführten und schließlich Ende 1821 Prinz Pedro aufforderten, nach Portugal zurückzukehren, um seine Erziehung in einem „zivilisierten Land" abzurunden. Pedro widerstand entsprechenden Aufforderungen und soll schließlich am 7. September 1822 zwischen Santos und São Paulo den „Schrei von Ipiranga" ausgestoßen haben: „Unabhängigkeit oder Tod!" Seine Frau, Leopoldina von Habsburg, hatte ihm eindringlich die Alternative Chaos oder Unabhängigkeit vor Augen gestellt. Der eigentliche Akt der Unabhängigkeit wurde am 12. Oktober 1822 in Rio de Janeiro mit der Akklamation Pedros zum Kaiser von Brasilien vollzogen, der indes von den Portugal ergebenen Juntas der Städte des Nordostens und Nordens nicht anerkannt wurde. Später sollte sich zeigen, daß Pedro den recht gegensätzlichen Erwartungen von Konservativen, die den Liberalismus des Mutterlandes nicht ertragen konnten, und liberalen brasilianischen Nationalisten vom Schlage der Andradas aus São Paulo kaum gerecht werden konnte. José Bonifacio Andrada, der erste Außenminister des Kaiserreiches, hatte vor der Unabhängigkeit Dom Pedro in die patriotisch bestimmte Freimaurerei hineingezogen. Im brasilianischen Nordosten und Norden, wo die republikanische Opposition 1817 erstickt worden war (vgl. 3212), mußte der Widerstand der mit den ‚Cortes' zusammenarbeitenden Juntas und der portugiesischen Milizen mit militärischer Gewalt überwunden werden, was wesentlich von See mit Hilfe angelandeter Truppen und dem Geschwader Lord Cochranes gelang, der schon San Martín in Chile die Flotte für den Angriff auf Peru aufgebaut hatte. Im Juli 1823 war der Autorität Dom Pedros überall Geltung verschafft worden[34].

Hatte die liberale Revolution in Spanien und Portugal 1820 die konservativen Großgrundbesitzer und Teile der Hierarchie in Spanisch-Amerika und Brasilien gegen ihre Mutterländer aufgebracht und damit die Sache der Unabhängigkeit durch ein befristetes Bündnis zwischen konservativen und liberalen Kräften gefördert, so konnte *eine erneute absolutistische Restauration Fernandos VII. 1823 und Joãos VI. 1824,* die mit Hilfe der Heiligen Allianz herbeigeführt wurde, die weitgehend vollzogene Tatsache der Unabhängigkeit nicht wieder rückgängig machen. Großbritannien hatte sich von der militärischen Aktion der Hl. Allianz in Spanien distanziert und war nicht bereit, eine militärische Rückeroberung der amerikanischen Kolonialreiche zu dulden. Sein Außenminister George Canning versuchte, gemeinsam mit den Vereinigten Staaten eine Erklärung gegen eine mögliche Intervention der restaurativen Kräfte in Amerika abzufassen. Aber Präsident Monroe zog es vor, am 2. Dezember 1823 einseitig die sogenannte *Monroe-Doktrin* zu verkünden, eine Warnung an die Mächte der Alten Welt, in der Neuen Welt Kolonien zu begründen oder zu versuchen, ihre politischen Systeme in die Neue Welt auszudehnen[35].

---

[34] Vgl. Fagg aaO 357ff; als zeitgenössische Quelle vgl. Armitage 1836.
[35] Zur Monroe-Doktrin vgl. Fagg aaO 370.

Im Augenblick der Freude der Befreier über die unerwartete Schutzerklärung der USA konnte niemand ahnen, daß die Monroe-Doktrin eines Tages den Vorwand zu Interventionen der Vereinigten Staaten in der südlichen Hemisphäre liefern würde. Canning überzeugte João VI. von der Unsinnigkeit neuer kolonialer Ambitionen gegenüber Brasilien und brachte 1826 ein Übereinkommen zu Wege, mit dem Portugal das brasilianische Kaiserreich unter Pedro I. anerkannte. Der Prozeß der Anerkennung der Vielzahl von Republiken im ehemals spanischen Kolonialgebiet durch das Mutterland sollte hingegen erst nach Fernandos Tod (1833) beginnen und sich lange hinziehen[36].

32222 Gesellschaftspolitische Aspekte der Emanzipation

Der gesamte Hintergrund der Emanzipation mit seinen weltpolitischen, inneramerikanischen, finanz- und wirtschaftspolitischen und emotionalen Faktoren kann im Rahmen dieser Arbeit nicht ausgeleuchtet werden. Diesbezüglich muß auf Aufsatzsammlungen wie Hanke 1967 II und Humphreys und Lynch 1965 und deren Bibliographien verwiesen werden[37].

Für die Christentumsgeschichte besonders relevant sind indes die soziologischen Aspekte der damaligen Umwälzungen. Wie Alexander von Humboldt 1799—1804 vorausgesagt hat, sahen die Kreolen in einer gesellschaftlichen Revolution nur Nachteile, nämlich „den Verlust von Privilegien, den Verlust von Sklaven, den Verlust von Status und Reichtum. Vor allem haßten sie Gleichheit und befürchteten die Herrschaft ihrer sozial Untergeordneten"[38]. Jeder politische Umsturz brachte aber die Gefahr eines sozialen Umsturzes mit sich, wenn man bedenkt, daß beispielsweise im volkreichsten Vizekönigreich, dem von Neu-Spanien, 90 % der Bevölkerung (60 % ‚castas' und 30 % Indianer) sich im Zustande völliger sozio-ökonomischer Abhängigkeit von 10 % Spaniern und Kreolen befanden.

Niedergeschlagen und entwürdigt wie sie waren, waren sie durch revolutionäre Parolen ansprechbar wie die des ‚cura' von San Felipe im ‚pueblo' Dolores, Miguel Hidalgo y Costilla, der im Augenblick des Verrats der Verschwörung von Querétaro auf eigene Faust losschlug. Aus einem Häuflein von 800 Anhängern wurden schließlich 50 000, die bis an den Rand der zentralmexikanischen Hochebene vordrangen und die Hauptstadt bedrohten. „Weil Hidalgo nicht auf einen einfachen politischen Wechsel, sondern auf die Zerstörung der jahrhundertealten gesellschaftlichen und wirtschaftlichen Ordnung hinaus wollte, konnte er nicht auf Grausamkeiten verzichten... Die Ausrottungsformel Hidalgos und Callejas (des königlichen Generals), wie später die von Iturbide und Morelos sind" nach Auffassung Quirartes „der literarische Ausdruck zweier Ideologien, zweier Bestrebungen, zweier unversöhnlicher Tendenzen. Alle humanitären Gefühle scheinen in der Seele jener Kombattanten zu verschwinden. Das Blut wird ohne Pietät vergossen, Gnade wird nicht angenommen und auch nicht gefordert."[39]

---

[36] So wurde Mexiko 1836 von Spanien anerkannt, nachdem Fernando noch 1829 versucht hatte, dort Truppen anzulanden.
[37] Zur vergleichenden Revolutionsgeschichte s. a. Kossok 1969.
[38] Humboldt sinngemäß zitiert von Johnson 1968, 35; vgl. ebd. Auszug aus Humboldts „Personal narrative of travels to the equinoctial regions of the new continent, during the years 1799—1804", übersetzt von Helen Maria Williams, London, 2. Aufl. 1822, III, 329—41.
[39] 1967, 85—95.

Die 1810 virulent gewordene Sache der sozialen Emanzipation der Masse des Volkes, die damals erstickt worden ist, sollte hundert Jahre später in Mexiko die erste sozial-emanzipatorische Revolution des 20. Jahrhunderts auslösen.

Eine echte „Volksrevolution" stellte die Gaucho-Bewegung unter Artigas am La Plata dar, die die Profitmöglichkeiten des städtischen Patriziats von Montevideo beschnitt und dessen Privilegien in Frage stellte, indem sie eine Agrarpolitik verfolgte, die den Landbesitz demjenigen zuerkannte, der direkt auf dem Land saß und es bearbeitete, und damit den in den Augen der Oligarchie „unerwünschten" Landarbeitern, christlichen Indianern, Negern und ‚castas' den gesellschaftlichen Aufstieg ermöglichte. Zur Unterdrückung dieser Revolution des Landvolkes, derer sich Buenos Aires vorübergehend zu eigenen politischen Zwecken bediente, kam es zu einer unheiligen Allianz zwischen Buenos Aires, Montevideo und Brasilien, bei der Buenos Aires sogar wichtige Ländereien opferte[40]. Es ist bezeichnend, daß ein Historiker vom Format Faggs Artigas im Grunde nur negativ sieht als einen ‚caudillo', dessen „Aktivitäten viel dazu beitrugen, die Organisation einer zivilisierten Regierung am La Plata zum Scheitern zu bringen"[41]. Damit macht er sich die von ihren Interessen bestimmte Sicht des damaligen Patriziats von Buenos Aires und Montevideo zu eigen, das in Artigas einen gefährlichen „Chaoten" sah[42].

Als „Zivilisation" erschien den Kreolen in Amerika schon damals die Kultur Frankreichs und Englands, die sie nach Kräften nachahmten und sich daraufhin schmeichelten, größere kulturelle Fortschritte gemacht zu haben als die iberischen Metropolen. Die Kreolen erlagen einem für die weitere Entwicklung Lateinamerikas im 19. Jahrhundert gefährlichen Trugschluß: *Sie identifizierten Kultur mit Fortschritt* und Fortschritt mit England und Frankreich[43]. Statt nach Jahrhunderten iberischer Abhängigkeit ihre eigene *Identität* zu suchen, zu der das Gaucho-Element genauso gehört wie das amerindische Element, vertauschten sie die kulturelle Abhängigkeit von den iberischen Metropolen mit der von England und Frankreich.

Wenn sich auch sozial-revolutionäre Bewegungen im Zeitalter der Emanzipation nicht durchsetzten und man bezüglich der weiteren Entwicklung im 19. Jahrhundert feststellen kann, daß sich die in den meisten Republiken geringe politische Stabilität umgekehrt proportional zur Stabilität der gesellschaftlichen Institutionen verhielt, brachten die revolutionären Kämpfe doch soziale Veränderungen mit sich. San Martín und Simón Bolívar hatten den Sklaven die Freiheit versprochen, um ihre Unterstützung zu gewinnen. Ohne

---

[40] Vgl. Melogno 1968, 112f. 1820 wurden die letzten Reste der Gaucho-Bewegung zerschlagen.

[41] AaO 340.

[42] Für Dr. Manuel José García, den Vertrauensmann der porteños in Brasilien, handelt es sich um „anarchische Vorgänge des caudillo der Banda Oriental", die angesichts der Gefahr einer Militärexpedition Spaniens sogar mit Hilfe Brasiliens niederzuschlagen geraten schien – vgl. Melogno aaO 112.

[43] Vgl. Johnson 1968, 33f: Die Unabhängigkeitserklärung von Caracas rächte ein Jahrhundert metropolitanischer Arroganz gegenüber den Kolonialspaniern nun mit Verachtung der Kreolen für das Mutterland: „Es ist gegen die Naturordnung, daß viel ausgedehntere Gebiete mit einer unvergleichlich zahlreicheren Bevölkerung einer Halbinselecke des europäischen Kontinents unterworfen und von ihr abhängig sein sollten."

die Reiterheere der unterprivilegierten ‚gauchos' am La Plata bzw. der ‚llaneros' in Venezuela wären die Erfolge gegen die spanische Infanterie nicht möglich gewesen. „Das Versprechen eines freien und autonomen Lebens", von dem der peruanische Historiker Jorge Basadre spricht, war in Zusammenhang mit dem neuen kreolischen Selbstbewußtsein (conciencia de sí)[44] zweifellos ein entscheidender Faktor zur Mobilisierung von Kräften aller Bevölkerungsschichten für den Unabhängigkeitskampf. Aber wenn Basadre meint, man dürfe nicht nur von einer „bürgerlichen" Revolution sprechen, sondern in Analogie zu den Vorgängen in den USA, Frankreich, Italien und Griechenland auch von einer „demokratischen Revolution", so ist dem entgegenzuhalten, das das, was unter dem Etikett „Demokratie" im 19. Jahrhundert in Lateinamerika verwirklicht wurde, nichts weiter war als eine Kopie von Verfassung und Institutionen der Vereinigten Staaten, die auf andere gesellschaftliche Verhältnisse zugeschnitten waren. Deshalb spricht Pereyra von einem „konstitutionellen Fetischismus"[45]. Frei und autonom sollten nur die besitzenden Schichten werden, die die Macht unter demokratischen Vorzeichen ausübten. Zwar war durch die Unabhängigkeitskriege die Relation der einzelnen Gesellschaftsschichten zueinander verschoben worden, die alte Kolonialaristokratie wurde durch kreolische und mestizische Elemente ergänzt, aber die hierarchische Gesellschaftsstruktur blieb sogar in einem so vom Krieg zerfurchten Land wie Venezuela erhalten. Für den mexikanischen ‚peón', den peruanischen Indianer oder den chilenischen ‚inquilino' bedeutete die Unabhängigkeit fast nichts, bzw. nicht selten sogar eine Verschlechterung ihrer Lage, da nun eine Appellation an die zwischen ihnen und den sie ausbeutenden Oligarchien ausgleichende Krone unmöglich war.

Abgesehen von Brasilien, wo die gesellschaftlichen Veränderungen durch die monarchische Kontinuität am minimalsten waren, wurde in den meisten amerikanischen Republiken die Negersklaverei kurz nach der Unabhängigkeit beschränkt oder abgeschafft[46].

In diesem Zusammenhang spielte auch die von Großbritannien auf dem Wiener Kongreß durchgesetzte feierliche Erklärung der Hauptmächte gegen den Sklavenhandel eine Rolle. Diese Initiative Großbritanniens war genauso wenig uneigennützig und rein humanitär wie jene andere, die zur Forderung des Wiener Kongresses nach freier Schiffahrt für alle Flüsse führte, die mehr als ein Land durchfließen. Zielte diese u. a. auf den unbehinderten Warentransport am La Plata, so ging es bei der Unterdrückung des Sklavenhandels darum, die traditionelle Kräftezufuhr nach Lateinamerika abzuschneiden und damit die landwirtschaftliche Produktion zu drosseln und zu verteuern. Damit wurde der englische Handel mit tropischen Produkten begünstigt, der sich auf eine so volkreiche, billig produzierende Basis wie Ostasien stützen konnte. Das in der 2. Hälfte des 19. Jahrhunderts sich verstärkende britische Engagement zu Gunsten der völligen Abschaffung der Sklaverei war ähnlich motiviert. Inzwischen war der Gedanke der Vergrößerung der internen Absatzmärkte durch Erhöhung der Kaufkraft der breiten Massen, d. h. durch Erschließung der Skla-

---

[44] Vgl. Basadre 1958, 293ff.
[45] 1958, 428f. Noggler 1973, 214 bemerkt in bezug auf die Emanzipation Chiles: „Das Volk als solches bezog kaum Stellung. Es zählte nicht. ‚Die objektive Wirklichkeit, wie sie aus den Dokumenten hervorgeht, ist die, daß *das Volk am Werden der Unabhängigkeit keinen Anteil nahm'*. Es kämpfte und stand jeweils auf der Seite, auf der sein Patron stand." Sekundärzitat von Encina 1954, 487.
[46] Vgl. Abschnitt 315.

venheere als potentieller Konsumenten, neben ethischen Erwägungen bestimmend geworden.

32223 *Christen und Revolution*

Entsprechend dem früheren hierarchischen Kirchenbegriff der römisch-katholischen Kirche stand bis in die jüngste Gegenwart die Haltung der Hierarchie — vgl. die maßgebliche Untersuchung von U. Vargas 1962 — oder auch die Haltung des Klerus — vgl. eine Reihe speziell zur Hundert- oder Hundertfünfzigjahrfeier der Unabhängigkeit in den verschiedenen lateinamerikanischen Staaten erschienene Arbeiten — im Mittelpunkt der kirchenhistorischen Forschung. Die Einstellung der revolutionären Führer oder gar der Masse ihrer Gefolgsleute ist hingegen weniger erforscht. Gewisse Rückschlüsse lassen sich aus den Verfassungen der beiden Revolutionsjahrzehnte ziehen, die u. a. Mecham 1966 untersucht hat.

Grossmann bemerkt, daß „die Gottesvorstellung der führenden lateinamerikanischen Intellektuellen im Befreiungszeitalter... ungefähr der des französischen Deismus" entsprach, „ein Standpunkt, der demjenigen nicht allzu fern stand, den auch Meléndez Valdés in Spanien in einzelnen seiner Dichtungen vertreten hat, so daß kein Anlaß für die Amerikaner vorlag, von ihm abzuweichen oder den Deismus zum Gegenstand politischer Diskussion zu machen. Wo die Beziehungen zur englischen Geisteswelt stärker waren, wird er ergänzt durch die Freimaurerei. Für den halb oder durchschnittlich gebildeten Amerikaner bestand noch der koloniale Begriff des scholastisch-theologischen Gottes durchaus fort, der, etwas zeitgemäß verbrämt, im christlichen Spiritualismus der ersten Jahrzehnte des 19. Jahrhunderts wiedererscheint"[47]. Der aus dem Geist der Aufklärung geborene Deismus findet beispielsweise seinen Ausdruck in einem Verfassungsprojekt für die Ostprovinz Uruguays aus der Zeit von Artigas, die diesbezüglich dem Modell von Massachusetts folgt: Es ist „die Pflicht aller Menschen der Gesellschaft, öffentlich das höchste Wesen zu verehren, den großen Schöpfer und Erhalter des Universums, soweit damit nicht der öffentliche Frieden gestört noch die anderen in ihrem religiösen Kult der hl. katholischen Kirche in Verlegenheit gebracht werden". Der hier zum Ausdruck kommende Gottesbegriff entspricht weitgehend dem der Freimaurer.

Die neue Atmosphäre der „Unfrömmigkeit" setzte sich freilich zunächst nur an wenigen Punkten durch, z. B. unter dem aufstrebenden Handelsbürgertum von Buenos Aires, wo der Presbyter Agüero so weit ging, die Gottheit Christi zu leugnen, die potestas Papae als dem Evangelium entgegengesetzt zu bezeichnen und schließlich in Atheismus und Materialismus zu enden. Aber selbst unter den von der Aufklärung stark beeinflußten politischen Führern der ‚porteños', die sich als Liberale verstanden, behielt der Katholizismus sein Gewicht, ein Befreiungskämpfer wie General Belgrano war sogar ausgesprochen fromm[48], oder er gab sich zumindest so, denn er hatte erkannt, daß der Unabhängigkeitskampf nicht nur ein Krieg der Waffen, sondern auch der Meinungen war, wie er in einem Brief (6. 4. 1814) an San Martín schrieb, den er deshalb aufforderte: „Höre nicht auf, ‚Nuestra Señora de los Mercedes' anzurufen und ernenne sie zur Generalin der Rebellenarmeen"[49]. Noch heute kann

---

[47] AaO 1969, 157. [48] Methol 1969, 24f. [49] Vgl. Mecham 1966, 44f.

man im ‚Santuario Nacional de la Virgen Generala' in San Miguel del Tucumán vor dem Gnadenbild den Generalsstab Belgranos sehen, den er ihr entsprechend einem vor der Schlacht von Tucumán (1812) abgegebenen Gelübde nach seinem Sieg dargebracht hat.

Das Gnadenbild von ‚Nuestra Señora de las Mercedes' war eine Verkörperung des patriarchalischen Katholizismus (vgl. 252) genau wie die ‚Virgen de los Remedios', die in Mexiko die Royalisten zur Generalin ernannten im Kampf gegen die Revolutionäre unter Hidalgo, der sich der Jungfrau von Guadalupe als eines politischen Instruments bediente, indem er sie zur Patronin der Revolution machte. Wie Hidalgo an die Volksfrömmigkeit der Indianer appellierte, erregte Vizekönig Venegas im Gegenzug den religiösen Fanatismus der Spanier und Kreolen, so daß Mecham vom „Krieg der Jungfrauen" sprechen kann. San Martín beherzigte übrigens den Rat Belgranos, sagte nichts Abfälliges über die Religion, verteilte Skapuliere unter den Truppen und ließ sie von Feldkaplänen mit einem tragbaren Altar begleiten. In seinem ‚Estatuto Provisorio' für Peru von 1821 erklärte San Martín den römischen Katholizismus zur Staatsreligion, drohte scharfe Strafen für öffentliche oder private Angriffe auf das Dogma an und machte die Erhaltung und Unterstützung der Kirche zu einer der wichtigsten Pflichten des Staates. Die Freimaurer Miranda und Bolívar waren nur nominelle Katholiken. Zutiefst von der Philosophie der französischen Aufklärung beeinflußt, war Bolívar ursprünglich für eine Trennung von Staat und Kirche eingetreten und hatte versucht, seine religiös liberalen Ansichten in die Verfassungen von Venezuela und Neu-Granada einfließen zu lassen. Aber er erkannte bald die Bedeutung klerikaler Unterstützung der Revolution und war diplomatisch genug, auf die Trennung von Staat und Kirche zu verzichten. Zusammenfassend kann man sagen, daß „kein prominenter Revolutionsführer, ob er nun ein ‚guter' Katholik war oder nicht, ein Feind der Kirche war"[50].

Bezüglich der *Geistlichkeit* kann man nur mit Vorbehalten das verbreitete Urteil weiter tradieren, daß die hohe Geistlichkeit die Partei der Spanier und die niedere Geistlichkeit die der Unabhängigkeitsbewegung ergriffen habe[51]. Hier muß genau nach den einzelnen Phasen und dem Charakter der lokalen Unabhängigkeitsbewegungen unterschieden werden. Da der Unabhängigkeitskampf wesentlich eine Revolution der kreolischen Oligarchie war, in der Mischlinge, ‚castas' und Indianer nur als Kanonenfutter dienten[52], lag es nahe, daß der niedere Klerus, und zwar besonders der Weltklerus, der in höherem Maße aus Kreolen bestand, eher der Unabhängigkeitsbewegung zuneigte als die Hierarchie, die hochgradig aus Halbinselspaniern bestand. Außerdem waren die Bischöfe in der jahrhundertelangen Tradition der Patronatskirche durch einen persönlichen Treueschwur zum Gehorsam gegenüber dem König als Patronatsherren verpflichtet. Nicht selten meinten die Bischöfe auch, in den freimaurerischen oder liberalen Rebellen Kirchenfeinde zu erkennen, obgleich die örtlichen Anführer sich nach Kräften bemühten, sich der Sympathie der Amtskirche zu versichern. Die lokalen Vorgänge wurden zusätzlich kompliziert durch die verschiedenen politischen Phasen auf der iberischen Halbinsel, die den Durchblick noch rückschauend für den Historiker erschweren, wieviel mehr erst für die Zeitgenossen. Schließlich ist zu bedenken, daß die Hierarchie 1808–1824 nicht dieselbe Zusammensetzung aufwies, hatte doch

---

[50] Ebd. 42ff. [51] So z. B. Hillekamps 1966, 115. [52] Vgl. Dussel 1973, 93.

Fernando VII. in der Zeit der absolutistischen Restauration (1814–20) Gelegenheit, 28 der 42 Diözesen Spanisch-Amerikas mit absolut königstreuen Bischöfen neu zu besetzen[53].

Für die Haltung der Geistlichkeit können hier aus den verschiedenen Revolutionsphasen in den verschiedenen Gebieten Lateinamerikas nur einige Beispiele angeführt werden[54]. Im Jahr der Juntas 1809 reagierte Bischof Remigio de la Santa von La Paz in Hoch-Peru am energischsten. Als die Junta auf die Unabhängigkeit zusteuerte, trat er zurück, schleuderte von Irupuma aus den Bann gegen ihre Führer und ging sogar militärisch gegen sie vor, nachdem er Truppen gesammelt hatte[55]. In der Audiencia Quito kam der Weltgeistliche José Riofrío als erster revolutionärer Kleriker um, während Bischof José de Cuero als nomineller Vizepräsident der revolutionären Junta nicht belangt wurde. Er bemühte sich 1810, den Präsidenten der Audiencia, Ruiz de Castilla, zur Aussetzung der Prozesse gegen die verhafteten Mitglieder der Junta und andere Patrioten zu bewegen, um weiterem Aufruhr vorzubeugen[56]. Generell muß man im Gebiet des Vizekönigreichs Neu-Granada drei revolutionäre Phasen unterscheiden, die unterschiedliche Reaktionen beim hier mehrheitlich kreolischen Klerus hervorriefen: der sogenannte „erste Unabhängigkeitsschrei" (1809) galt hier wie andernorts der Unabhängigkeit von Frankreich und der zweite (1810) der Unabhängigkeit vom zweifelhaften spanischen Regentschaftsrat. In diesen beiden Phasen unterstützten zahlreiche Kleriker die Revolutionäre, die sich ihnen in der dritten Phase, in der es um die totale Unabhängigkeit ging, versagten! Insgesamt war die ideologische und wirtschaftliche Unterstützung des Klerus für den Erfolg der Emanzipationsbewegung im Bereich der späteren Staaten Kolumbien, Venezuela und Ekuador entscheidend[57].

Der Schlachtruf der mexikanischen Rebellen unter Pfarrer Hidalgo: „Nieder mit schlechter Regierung! Tod den Gachupines! Lang lebe die Religion. Lang lebe unsere allerheiligste Jungfrau von Guadalupe!" war bezeichnend für die sozio-politische Lage der Kolonien, in denen Ressentiments gegen die aus der Metropole stammenden Spanier (gachupines) verbreitet waren, weil diese ein Monopol auf die höchsten politischen, militärischen und kirchlichen Positionen beanspruchten. Der ‚regidor', der Feldwebel und der Pfarrer waren die durchschnittlich höchsten Ämter der Kreolen, die damit gesellschaftlich und wirtschaftlich herabgesetzt wurden. Die Trennung ging so weit, daß es teilweise sogar separate Kirchengemeinden für Spanier und Kreolen gab. Die *Reaktion der mexikanischen Bischöfe auf die Revolution Hidalgos* war eindeutig. Der wegen des ausstehenden päpstlichen Breves noch nicht konsakrierte Ordinarius Hidalgos, Bischof Abad y Queypo von Michoacán, exkommunizierte ihn schon acht Tage nach Beginn der Revolte. Er wurde diesbezüglich von Erzbischof Francisco Javier Lizana y Beaumont und der gesamten Hierar-

---

[53] Vgl. Hillekamps aaO 115ff und Coleman 1967, 443.
[54] Vgl. im einzelnen Vargas U. 1962 und den nach Ländern geordneten Überblick in der New Catholic Encyclopedia Bd. VIII 1967, 443–446.
[55] Egaña 1966, 910f.
[56] Unsicher ist, ob Cuero y Caicedo sich geweigert hat, an den Sitzungen der Junta teilzunehmen, wie dies Vargas U. 1962, 106 nach den von ihm konsultierten Quellen behauptet, während der ekuadorianische Historiker Tobar 1934 keinerlei diesbezüglichen Hinweis bringt.
[57] Romero 1967, 445f.

chie, die sich mit den beiden solidarisierte, unterstützt. Nach der Verhaftung Hidalgos (1811) und Morelos' (1815) wurde in üblicher Weise auch die Inquisition als politische Waffe[58] gegen die Unabhängigkeitskämpfer eingesetzt. Hidalgo nahm im Inquisitionsprozeß die Hauptschuld auf sich und gab zu, daß sein Verhalten als Führer der Rebellen nicht mit dem Evangelium zu vereinbaren sei. Aber man kann mit Quirarte fragen, ob dies etwa bei den Priestern der Fall war, die der spanischen Herrschaft anhingen, „die die Tatsachen verdrehten und ein Glaubensgericht in ein politisches Instrument im Dienste des Staates verwandelten"[59]. 125 Priester wurden erschossen, weil sie mit der Waffe in der Hand die Rebellion unterstützt hatten. Eine weit größere Zahl der ca. 8000 Priester Neu-Spaniens hatte die Revolte auf andere Weise unterstützt[60].

Über die Lage in der ‚Banda Oriental' angesichts der *Revolution von Artigas* schrieb Gouverneur Vigodet Ende 1811 an Bischof Benito Lué y Riega von Buenos Aires, dessen Bewegungsfreiheit die Junta auf den Stadtbezirk begrenzt hatte: „Seine grobe Unwissenheit" läßt das Volk „nur sehen, was ihm die Pfarrer sagen, die unglücklicherweise bis auf einen die erklärtesten Gegner der guten Sache sind", d. h. der Sache der spanischen Monarchie. In der Tat spielte der Klerus in der Gaucho-Bewegung eine maßgebliche Rolle. Der Franziskaner Monteroso war der Sekretär Artigas', der die „Hauptstadt" Purificación (Mariä Reinigung) nannte. Unter den Abgeordneten der ‚Banda Oriental' in der Verfassungsgebenden Versammlung der ‚Provincias Unidas del Río de la Plata' von 1813 waren vier Priester, die „bürgerliche und religiöse Freiheit im weitesten Sinne" für Uruguay forderten, also provinzielle Autonomie gegenüber den zentralistischen Tendenzen der ‚porteños', Autonomie auch auf kirchlichem Gebiet vom Domkapitel von Buenos Aires, dessen Provisoren seit dem Tode von Bischof Lué bloße Werkzeuge der bonarenser Junta waren[61].

Die absolutistische Restauration Fernandos VII. im Jahre 1814 brachte Hierarchie und Klerus der Kolonien in ein ethisches Dilemma, das Dr. Cross, ein Glied des höheren Klerus, der der mexikanischen Revolution als Sekretär diente, so darstellte: Entweder waren die ‚Cortes' von Cádiz, wie Fernando behauptete, illegal, dann waren diejenigen Amerikaner, die sie nicht anerkannt hatten, keineswegs, wie die Vertreter der ‚Cortes' behauptet hatten, „Ketzer

---

[58] Zur Rechtsgrundlage der amerikanischen Inquisition nach 1808 vgl. Abschnitt 31 Anm. 55.
[59] AaO 85ff.
[60] Zu den aktiven Sympathisanten der Revolution gehörte auch das gesamte Domkapitel von Valladolid (Morelia). Immerhin haben 1815 bei der Verkündigung des Todesurteils gegen Morelos Erzbischof Fonte und die gesamte Hierarchie Neu-Spaniens Vizekönig Calleja um dessen Begnadigung gebeten — vgl. Tormo 1962f III, 51ff. Insgesamt haben in Mexiko 200 Weltpriester für die Sache der Unabhängigkeit ihr Leben gelassen — Murray 1965, 115.
[61] Methol 1969, 22ff, der einen längeren Auszug aus dem Brief Vigodets vom 14. 12. 1811 bringt. Zur Haltung der Geistlichkeit im Gebiet des heutigen Argentinien gegenüber der Unabhängigkeit bemerkt Furlong 1967, 782, daß die drei Bischöfe von Buenos Aires, Córdoba und Salta die separatistische Bewegung ablehnten, daß aber 95% des Weltklerus und 60% des Regularklerus mit ihr sympathisierten, und zwar waren fast alle Merzedarier dafür, aber fast alle Franziskaner dagegen, oder sie duldeten bestenfalls die Bewegung.

und Rebellen", sondern treue Anhänger von Religion und Vaterland. Dann waren die Rebellen im Gefolge Hidalgos im Recht und Vizekönig Venegas, der sich den ‚Cortes' unterstellt hatte, ein Verräter. Oder die ‚Cortes' waren legal und handelten als wahre Vertreter der spanischen Interessen auch legitim, dann konnte Fernando VII., der sie despotisch aufgelöst hatte, nicht als König anerkannt werden[62].

Die schwierige Lage eines Bischofs im Ablauf dieser bewegten Epoche läßt sich verdeutlichen am Verhalten des Erzbischofs von Caracas, Narciso Coll y Prat, der ungleich anderen Prälaten, die sich in den Stürmen der Revolution einfach aus ihrem Amt zurückzogen, bei seiner Herde ausharrte. Nachdem Mitte 1814 die Zweite Republik Venezuela gescheitert war und Coll y Prat sich bemühte, die kirchlichen Strukturen wieder zu konsolidieren, nachdem die Priesterschaft jahrelang in Patrioten und Royalisten aufgespalten gewesen war, erhielt er 1816 seine Abberufung nach Spanien. Nach einer unsicheren Überlieferung soll er auf die Vorwürfe des Monarchen wegen seines nicht hundert Prozent königstreuen Verhaltens geantwortet haben, „daß er nicht nach Venezuela gegangen sei, um Generalkapitän zu sein, sondern um seine Herde als Erzbischof zu führen". Hierin spiegelt sich das Dilemma der Hierarchie: Sowohl der spanische König und seine Vertreter in Übersee wie die patriotischen Rebellen erwarteten von den Bischöfen in jeder Situation die totale Unterstützung, die sie nicht gewähren konnten, wollten sie nicht bei jedem Machtwechsel ihr Amt aufs Spiel setzen und damit die Kirche der Leitung berauben.

Coll y Prat hatte 1811 die Unabhängigkeit als vollzogene Tatsache akzeptiert und bei dem Festakt erklärt: „Wenn Venezuela sich rühmt, in den Rang der Nationen eingetreten zu sein, kann meine venezolanische Kirche sich auch rühmen, ihren Platz unter den katholischen Nationalkirchen zu haben..." Gleichzeitig hatte er das Patronat für erloschen erklärt und seine Kirche unmittelbar dem Papst unterstellt, ein Schritt, den der venezolanische Staat indes nie anzuerkennen bereit war. Als 1812 ein verheerendes Erdbeben Caracas und andere in der Hand der Rebellen befindliche Städte zerstörte, verkündeten die Royalisten und mit ihnen große Teile des Klerus, daß dies eine Strafe des Himmels für die Aufrührer sei. Als der Erzbischof dem Wunsch Mirandas, eindeutig zu erklären, daß das Erdbeben von keiner der streitenden Parteien als Zeichen des Himmels für ihre Sache gedeutet werden dürfe, nicht befriedigend nachkam, sondern es zweideutig in einem Hirtenbrief auf die Sünden der Menschen zurückführte, befahl Miranda seine Expatriierung, die dank des Sieges der Royalisten indes nicht vollzogen wurde. Als 1813 Bolívar Caracas erneut in seine Hand gebracht hatte, behandelte er den Erzbischof mit Härte und Mißtrauen, weil er den Sieg der Royalisten in hohem Maße auf die Haltung des Klerus nach dem Erdbeben zurückführte. Coll y Prat fand sich trotzdem auf Wunsch Bolívars bereit, alle Christen aufzurufen, „der Unabhängigkeit zu huldigen und sich in Gehorsam der Freien Regierung zu unterwerfen". Der Erzbischof suspendierte sogar viele Priester auf Wunsch des „Befreiers"[63]. Auch im Klerus gab es außer entschlossenen Patrioten und Royalisten eine große Gruppe, die umsichtig genug war, die jeweils etablierte Regierung als Obrigkeit anzuerkennen[64].

Andere Bischöfe erwiesen sich als unbeugsame Royalisten. So lehnte es Custodio Díaz Carrillo OP von Cartagena 1810 im Gegensatz zur Mehrheit

---

[62] Tormo aaO 57. Zum ethischen Problem von Legalität und Legitimität vgl. Thielicke 1958ff II, 2, 405ff.
[63] Vargas U. 1962, 236ff.
[64] Romero 1967, 446.

seines Domkapitels ab, der städtischen Junta den Eid zu schwören, was 1812 seine Expatriierung und eine vierjährige Vakanz zur Folge hatte[65]. Sein im Zeichen der monarchistischen Restauration 1817 installierter Nachfolger, der Basilianer Gregorio José Rrodríguez, erwies sich als ein geradezu fanatischer Royalist, der von den Gläubigen verlangt haben soll, beim Betreten und Verlassen der Kathedrale „Es lebe der König" zu sagen und nach dem Sieg Bolívars bei Boyacá 1819 in einem Hirtenbrief die Patrioten als „Feinde Gottes und des Königs" bezeichnete. Vor dem Fall Cartagenas flüchtete er zu Schiff zusammen mit dem Vizekönig Sámano! Sein Kollege Jiménez de Enciso von Popayán verließ 1819 seinen Bistumssitz, wobei er viele zwang, mit ihm die königlichen Truppen auf dem Rückzug zu begleiten. Er bedrohte alle Mitkämpfer der Befreiungsheere mit dem Bann und erklärte alle Priester, die die Soldaten vom Bann freisprechen sollten, als suspendiert. Vergeblich erinnerte ihn Santander an seine Pflicht, bei seiner Herde auszuharren. 1820 erklärte eine Gruppe von Theologen und Kanonisten von Santa Fe de Bogotá in einem veröffentlichten Gutachten den Bann des Bischofs für ungültig. Santander ließ Jiménez absetzen, woraufhin dieser den ohne seine Einwilligung eingesetzten Provisor Manuel María Urrutia „einen Sohn des Teufels" nannte. Dennoch versöhnte sich Jiménez 1822 nach der Einnahme Pastos mit Bolívar und den Patrioten und folgte dessen Aufruf, bei Respektierung der Gesetze und Behörden der Republik seine Amtsgeschäfte wieder aufzunehmen. Am 19. April 1823 schrieb er Pius VII., er glaube, „es gäbe keine revolutionäre Bewegung in der Welt, die der Religion weniger geschadet habe als die von Neu-Granada"[66].

Auch die Reaktionen der wenigen kreolischen Bischöfe waren verschieden. So wurde Rafael Lasso de La Vega aus Panamá 1816 von Fernando VII. als glühender Royalist für den Bischofsstuhl von Mérida de Maracaibo vorgeschlagen, wo er gleich im Sinne des Breves „Etsi Longissimo" sein Bistum zur Loyalität gegenüber dem König aufrief und bis 1820 hartnäckig die Sache Spaniens verteidigte. Dann wurde er nach einem Gespräch mit Bolívar dessen enger Mitarbeiter beim Wiederaufbau der kirchlichen Hierarchie im ehemaligen Neu-Granada[67]. Der oben bereits erwähnte Bischof Cuero y Caicedo von Quito hingegen ließ sich 1810 vom Cabildo überreden, wenigstens ad honorem die Präsidentschaft der zweiten revolutionären Junta zu übernehmen. 1812 bei der Landung königlicher Truppen unter General Toribio Montes mobilisierte er alle verfügbare kirchliche Hilfe zur Verteidigung der Revolution, entließ königstreue Kleriker und floh schließlich zusammen mit vielen Klerikern, Mönchen und sogar Karmelitinnen und Klarissinnen vor den königlichen Truppen aus Quito. Nach dem Sieg der Reaktion kam es zu einem unfruchtbaren Kompetenzstreit zwischen dem vom Bischof eingesetzten Kapitularprovisor und dem unkanonisch von Montes und dem Cabildo eingesetzten. Duero y Caicedo konnte krank und gebrochen sein Amt nicht wieder selbst übernehmen und wurde 1815 ausgewiesen. Seine Einkünfte waren beschlagnahmt, so daß er in völliger Armut 1816 in Lima starb[68].

Ganz anders wiederum war die Lage in *Mexiko* in der Schlußphase der Unabhängigkeit, die durch die liberale Erhebung in Spanien (1820) ausgelöst war.

---

[65] Egaña 1966, 971f. [66] Vargas U. aaO 295ff und 275.
[67] Coleman 1967, 443.
[68] Tobar 1943, 25ff; in die Aufstände seit 1808 waren nach einer Liste von General Montes 102 Priester auf seiten der Rebellen verwickelt – Vargas 1962, 500ff.

Wegen der „antikirchlichen" Dekrete der spanischen ‚Cortes' meinten viele Glieder der mexikanischen Hierarchie und des Klerus, zur Verteidigung der Religion die Unabhängigkeitsbewegung unterstützen zu müssen, um Mexiko vor dem Einfluß der Liberalen zu bewahren[69]. Ähnlich war in *Brasilien* die Unabhängigkeitsbewegung eine Reaktion auf die Beschlüsse der ‚Cortes' in Lissabon, die die Rückkehr Dom Pedros in die Metropole, die Reduktion Brasiliens auf den Status einer Kolonie mit erneuter wirtschaftlicher Abhängigkeit (Rekolonisation) und die Auflösung Brasiliens in verschiedene voneinander unabhängige Provinzen (Regionalismus) wünschten. Die Geistlichkeit war indes im Unterschied zu Mexiko nicht von der Sorge erfüllt, die liberalen ‚Cortes' könnten dem Katholizismus in Brasilien schaden. Im Gegensatz zur Mehrheit der Geistlichkeit in Spanisch-Amerika, die ein festes Bollwerk der kolonialen Institutionen bildete, war der brasilianische Klerus schon immer in der Propagierung der liberalen Prinzipien vorangegangen.

Die sogenannte „revolução dos Padres" von 1817 (Pernambuco) offenbart das hohe Maß an Politisierung des Klerus. Trotz seines mit europäischen Maßstäben gemessenen niedrigen moralischen und intellektuellen Niveaus bildete der Klerus die gebildetste Schicht Brasiliens. Die Tatsache, daß er nicht über die Zehnten oder andere Privilegien verfügen konnte, mag es ihm erleichtert haben, sich die Sache der Unabhängigkeit zu eigen zu machen. Da die Kirche in Brasilien nie eine mächtige, reiche Institution „an der Spitze der kolonialen Beherrschungsstruktur war", rief etwa im Unterschied zum La Plata keine revolutionäre Bewegung des Landes „irgendeine Art von Antiklerikalismus hervor". Andererseits nimmt es nicht wunder, daß „in einem Lande, in dem die religiösen Exerzitien einen wesentlichen Teil des Lebens bildeten und die religiösen Feste fast die einzige Belustigung des Volkes waren", der Einfluß des Klerus auf die öffentliche Meinung erheblich war. Er äußerte sich im Pro und Contra der Unabhängigkeit durch Glieder des Klerus, die Stellung nahmen in Predigten, in Zeitungen, auf dem Schlachtfeld, als Glieder von Regierungs-Juntas, als Abgeordnete der ‚Cortes' in Lissabon und der Verfassungsgebenden Versammlung in Rio de Janeiro[70].

Die große Mehrheit des Klerus trat für die „nationale Sache" ein. Das Engagement des Klerus war so umfassend, daß hier nur wenige Beispiele für sein Eintreten für oder gegen die Unabhängigkeit angeführt werden können. Mönche wie Francisco Sampaio und Antônio de Arrábida, sowie der Kanoniker Januário da Cunha Barbosa gehörten zum ‚Clube da Resistência', der ersten Vereinigung, die sich der Vorbereitung der Unabhängigkeit widmete. Nicht wenige Kleriker waren Glieder der ‚Grande Oriente' oder der ‚Apostolado', weil die freimaurerischen Logen Zellen des Widerstandes gegen Portugal waren. Den meisten Rückhalt fand die Sache der Unabhängigkeit in den Bistümern São Paulo und Rio de Janeiro. Sampaio verfaßte das Manifest des Volkes von Rio vom 29. Dezember 1821, das mit 8000 Unterschriften, darunter die vieler Kleriker, Dom Pedro zum Verbleib in Brasilien aufforderte. Am 1. Januar 1822 hatten Bischof Mateus de Abreu Pereira von São Paulo, sein Domkapitel und der Klerus seiner Diözese in einem anderen Manifest mit zahlreichen Unterschriften Dom Pedro aufgefordert, Brasilien vor dem Status einer

---

[69] So unterschrieben der Bischof von Puebla, der Bistumsverweser von Valladolid, der Pfarrer des Sagrario Metropolitano Alcocer und der Presbyter Sartorio die Unabhängigkeitserklärung – Tormo 1962f III, 57ff.

[70] Vgl. Rodrigues 1972, 309ff; Leopoldo e Silva 1972, 201ff und Camargo 1965, 690ff.

Provinz in der Gefangenschaft Lissabons und vor der despotischen Macht der ‚Cortes' zu bewahren, im Lande zu bleiben und es zu regieren. In São Paulo brachte Pfarrer Ildefonso Xavier Ferreira am 7. September 1822 als erster ein Hoch auf Dom Petro als ersten brasilianischen König aus, das zu einer allgemeinen Akklamation der Anwesenden auf den Regenten wurde. In Rio de Janeiro wurde am 3. Mai 1823 unter Vorsitz des städtischen Bischofs, José Caetano da Silva Coutinho, die Verfassunggebende Versammlung für das unabhängige Kaiserreich Brasilien eröffnet, von deren 90 Deputierten 16 Kleriker waren.

Hochburgen der portugiesischen Partei bildeten Bahia und der Norden des Landes, der nicht einmal den Namen ‚Brazil' trug, sondern ‚Maranhão', mit den Provinzen Piauí, Maranhão und Pará. In Pernambuco hingegen wurde 1821 nach der Freilassung der revolutionären Patres von 1817 ein Te Deum im Karmeliterkloster gesungen. Bis auf einen schlossen sich alle Freigelassenen den revolutionären Bewegungen von Goiana und Igarassu an. Aber die Hierarchie des Nordostens und Nordens hielt mit den von den städtischen ‚cabidos' gebildeten Juntas zu Portugal. So forderte Bischof Romualdo de Sousa Coelho von Belém (Pará), übrigens der einzige geborene Brasilianer unter den damaligen Bischöfen, in einem Hirtenbrief vom 20. Dezember 1821 zur Treue für Portugal auf. Der Bischof von Maranhão, Joaquim de Nossa Senhora do Nazaré, akzeptierte noch am 16. November 1822 die Wahl zum Präsidenten einer Portugal ergebenen Junta und weigerte sich noch nach dem Fall Maranhãos im Juli 1823, Dom Pedro die Treue zu schwören, weshalb er expatriiert wurde. Es gab indes auch im Süden proportugiesische Regungen, z. B. die von portugiesischen Klerikern angeführte Revolte von 1822 in São Paulo, die nach einem ihrer Initiatoren, Pater Bernardo Conrado, genannte ‚Bernarda'[71].

32224 Der strukturelle Zustand der Kirche am Ende der Befreiungsepoche

Die Wirren der Befreiungskriege haben die Patronatskirche Amerikas in die tiefste Krise seit ihrer Gründung gestürzt, eine Krise, die fast alle Gebiete kirchlicher Arbeit berührte. Besonders unheilvoll wirkte sich in dieser revolutionären Epoche das Bündnis von Thron und Altar aus, das die Kirche nach dem regalistisch gedeuteten Patronatsrecht an die Monarchie kettete. Die oft gegensätzlichen politischen Meinungen von Klerus und Hierarchie zerrütteten genauso die *kirchliche Disziplin* wie die nicht seltenen Kompetenzstreitigkeiten zwischen von Bischöfen eingesetzten Kapitularprovisoren und unkanonisch von revolutionären Obrigkeiten eingesetzten Provisoren. Die lange Vakanz der meisten Bistümer tat ein übriges zum Erschlaffen der Disziplin.

„Viele Religiose hatten sich säkularisiert und andere lebten ein weltliches und ausschweifendes Leben . . ."[72] In Brasilien löste sich das Mönchtum praktisch auf. Die

---

[71] S. Anm. 70; Bruneau 1974, 48 spricht ohne Namensnennung davon, daß neben zahlreichen Priestern auch drei Bischöfe Freimaurer waren.

[72] Luis Medina Ascensio, La Sante Sede y la Emancipación Mexicana, Mexiko 1946, 174f nach Quirarte aaO 165. Diese Feststellung Medinas gilt genauso für andere Teile Lateinamerikas. So bemerkt Zuretti 1945, 182 in bezug auf den La Plata: „Unido al impulso liberador que precipitó a muchos clérigos a las filas de la revolución el latente antagonismo con sus superiores originó un especial estado de desquicio en la disciplina de los conventos, y de anarquía en los eclesiásticos

theologische Qualität des Weltklerus ließ sehr zu wünschen übrig. In dem 1764–1779 vakanten Bistum Mariana wurden allein in den Jahren 1775–1780 vom Bischof von São Paulo 280 Kandidaten ordiniert. Diese Abgänger des neuen Seminars von Mariana hatten genau wie die Absolventen des Seminars von Olinda mehr Politik als Theologie im Kopf. In bezug auf Olinda bemerkt Viotti, daß der dort ausgebildete Klerus „sich von rein weltlichen Ideen infizieren ließ, erfüllt vom enzyklopädistischen Liberalismus, vom gallikanischen Jansenismus, d. h. von denselben schädlichen Lehren", die Pombal leiteten und die den Klerus von Rom entfremdeten und die Disziplinlosigkeit ausweiteten[73]. Die Probleme des Regularklerus wurden dadurch erschwert, daß den Orden im Zuge der Unabhängigkeit der Kontakt mit den auf der iberischen Halbinsel residierenden Generalkommissaren de facto, aber auch de iure durch Verfügungen der neuen Regierungen unmöglich gemacht wurde.

Die jahrelangen kriegerischen Auseinandersetzungen, bei denen beide Parteien die Kirche kräftig zur Kasse gebeten hatten, beließen die Kirche in zum Teil erheblichen *finanziellen Schwierigkeiten*. Bei dem gewaltigen *Exodus von Säkular- und Regularklerus* dürften aber weniger finanzielle Probleme, die u. a. von der Konfiskation von Ordensgütern herrührten, eine maßgebliche Rolle gespielt haben, als die Bindung dieses Teils der Geistlichkeit an die Sache der iberischen Monarchien. Es fehlt an Untersuchungen über das Ausmaß der Schwächung der kirchlichen Strukturen unterhalb der Ebene der Bischöfe. In Mexiko z. B. verminderte sich von 1810 bis 1834 die Zahl der Weltgeistlichen von 4229 auf 2282, die der Religiosen von 3112 auf 1726 (im Jahre 1831) und die der Konvente von 208 auf 155[74].

---

seculares. La división del clero en bandos opuestos favorecía tal reyerta y sus protestas de patriotismo dieron lamentable fruto." Der Abbruch der Beziehungen zwischen patriotischen Priestern und royalistischen Bischöfen führte praktisch dazu, daß vielerorts kleine *autonome Lokalkirchen* entstanden, die durch keinerlei großflächige Organisation verbunden waren.

[73] Viotti 1972, 353. Kiemen 1967, 768 spricht davon, daß das Seminar in Olinda jene „besondere Art von jansenistischem Regalismus lehrte", die durch die Reform Pombals die Universität Coimbra erfüllte.

[74] Zahlen nach Olmedo 1967, 777, der diese Angaben von dem mexikanischen Kirchenhistoriker Cuevas übernommen hat (1921ff I–V). Murray 1965, 115f bemerkt, daß sich der Verlust von 1194 Weltpriestern folgendermaßen erkläre: 200 Tote für die Unabhängigkeit, 300 Rückkehrer nach Spanien, eine unbekannte Zahl von Toten in der Cholera-Epidemie von 1833 und zahlreiche altersbedingte Abgänge, die u. a. mangels Bischöfen nicht ersetzt wurden. Olmedo gibt als Stichjahr für die verringerte Zahlenangabe 1831 an, Murray dagegen 1834, was schon wegen des Hinweises auf die Cholera zutreffender sein dürfte. Mehr als ein Jahrzehnt der Unabhängigkeit hat also die Verhältnisse mit beeinflußt. Der starke Rückgang der Religiosen erklärt sich nach Murray bzw. Cuevas weniger durch moralischen Verfall als durch die gesetzliche Expatriierung (Dekret vom 20. 12. 1827) von 267 spanischen Religiosen und durch die von der spanischen Regierung verordnete Auflösung der Hospitalorden, die mehr als 1000 Religiose betraf. Insofern sei die Zahl von rein mexikanischen Religiosen 1831 relativ höher gewesen als vorher in der Kolonialzeit. Die Zahl der Nonnen verringerte sich seit 1810 sogar nur um 187 von ursprünglich 2 098. Es wäre aber irreführend, wollte man diese relativ günstige Entwicklung in Mexiko auf andere Teile des Subkontinents übertragen. Tibesar 1970, 356f weist auf die wesentlich ungünstigere Entwicklung in Peru hin, wo die Zahl von 1 891 Religiosen des Jahres 1792 um 1820 schon ganz erheblich unterschritten war, so daß z. B. in der Franziskanerprovinz Lima 1770–1800 im Jahresdurchschnitt 6,9 Ordensleute die Profeß ablegten, 1810–1820 nur noch 2,3 und 1821–1837 keiner mehr. Mangels einwandfreien

Der geistliche und moralische Schaden war mindestens genauso schwerwiegend wie der physische.

„Der Anblick von Kirchenmännern, sowohl Gliedern des Säkular- wie des Regularklerus, die Armeen in die Schlacht führten, politische Erklärungen abgaben, ihren kirchlichen Oberen widerstanden, sich auf übelste Weise am Kirchenbesitz vergriffen, hinterließ einen tiefen Eindruck, der bis heute nachwirkt. Die Entzweiung zwischen dem spanischen und dem im Lande geborenen Klerus war in vieler Hinsicht scharf und deutlich, obgleich prominente Glieder beider Gruppen auf den entgegengesetzten Seiten zu finden waren. Das Blutvergießen und Plündern hat schlafende Instinkte geweckt, die in all den langen Jahren seit dem Schrei von Dolores (Grito de Dolores) nicht wieder eingeschlafen sind. Kirchen, Schulen, Konvente, Klöster und Krankenhäuser waren zerstört oder geschlossen, so daß die soziale und kulturelle Arbeit der kirchlichen Einrichtungen derart unterbrochen war, ... daß sie nie wieder so gut funktionierte wie auf dem Höhepunkt der kolonialen Blüte."[75]

Was hier von Mexiko gesagt wirkt, kann cum grano salis auf ganz Lateinamerika übertragen werden, so daß trotz aller konservativen Restauration die römische Kirche nach der Emanzipation nie wieder dieselbe war wie vorher. *Aus der Kolonialkirche wurde indes keine in demselben Maße für alle Schichten offene Kirche, vielmehr blieb sie weitgehend ein Instrument der neuen Herren, d. h. der kreolischen Oligarchie.* Denn die Mehrheit des Klerus, die aus diesen Kreisen hervorging, übernahm deren Vorurteile. Sie beanspruchten zwar die Freiheitsideale der bürgerlichen Revolution für sich, verweigerten sie aber der Masse der einfachen Landbevölkerung, besonders also den Indianern, die zwar vielfach auf der Seite der Kreolen gegen die Spanier gekämpft hatten, aber danach von den Siegern ignoriert, „ja als nicht existent betrachtet" wurden. Das zeigt sich z. B. in der „Aufhebung der Lehrstühle für einheimische Sprachen an den staatlichen Universitäten". Die speziellen Probleme der Indianer, Mestizen, Neger und Mulatten kamen in Kirche und Gesellschaft nicht in den Blick und sind bis heute nicht befriedigend gelöst. Unter diesem Gesichtspunkt nennt Konetzke „die Unabhängigkeitsbewegung sogar eine ‚Reaktion gegen den geschichtlichen Fortschritt'"[76]. Diese reaktionäre Gesinnung ist die Folge einer kulturellen Dependenz, einer „entfremdeten" Mentalität, die ihre Identität nach ausländischen Vorbildern zu bestimmen sucht.

Man kann die Konsequenzen dieser Entwicklung für die Mission im Zusammenhang mit dem verbreiteten Verfall der sie tragenden Orden kaum überschätzen. *Das Missionswerk brach* in Lateinamerika infolge der Emanzipation praktisch *zusammen.* Das war besonders verhängnisvoll, weil schon vor den Unabhängigkeitswirren zuviel herumexperimentiert worden war.

„Vielerorts waren dort, wo Ordenspriester die Kirche zwar ‚eingepflanzt', das Werk der Bekehrung aber keineswegs zum Anschluß gebracht hatten, Ordenspfarreien Weltpriestern übertragen worden, die nicht selten die Sprache der Indios kaum beherrschen und auch zu ihrer Erlernung keine Anstalten machten. Dadurch hatte das christliche Leben in manchen Missionsgebieten stagniert, so daß später wieder Ordenspriester gerufen wurden."[77]

---

statistischen Materials läßt sich indes für die numerische Entwicklung des Klerus in jener Epoche kaum ein kontinentaler Überblick erreichen.   [75] Murray 1965, 94.
[76] Beckmann 1970, 294, Sekundärzitat von Konetzke 1961, 165.
[77] Promper 1965, 122ff; vgl. die Beispiele bei Aspurz 1946 bzw. Abschnitt 2331.

Insgesamt hatte die Mission zu sehr der Umformung der sozialen Strukturen gedient, hatte eine Welt von Getauften geschaffen und rituelle Vorschriften erlassen, deren erste die Taufe ist. Da es weithin nicht gelungen war, das Leben der Getauften umzuformen[78], geriet mit dem Verfall der missionarischen Strukturen das gesamte jahrhundertelange Missionswerk in Gefahr. Es sollte bis weit ins 20. Jahrhundert hinein dauern, bis mit Hilfe ausländischer Ordenskräfte die Missionsstrukturen im erforderlichen Umfang wieder aufgerichtet werden konnten. Hierarchie und Klerus in den Ländern der Neuen Welt hatten viel zu früh das Bewußtsein einer „fertigen Kirche" erlangt, so daß nach der Emanzipation der missionarische Eifer stark nachließ[79]. Der ab Mitte des 19. Jahrhunderts in wachsendem Maße erfolgende Einsatz europäischer und später auch nordamerikanischer Ordenskräfte zum Wiederaufbau der Missionsstrukturen konnte indes nicht die mangelnde Identifizierung des einheimischen Klerus mit der sozio-ökonomisch unterdrückten Masse der Bevölkerung wettmachen.

Der durch den erwähnten Exodus bedingte erhebliche Substanzverlust des Klerus wurde noch dadurch verschlimmert, daß in vielen Diözesen der *theologische Unterricht* des Nachwuchses jahrelang zum Erliegen kam oder daß keine Bischöfe zur Ordination der Kandidaten zur Verfügung standen. Genauso blieben die Noviziate der Orden lange Zeit leer. Anarchische öffentliche Verhältnisse wie in Chile bis 1831, die unklare Rechtslage der Kirche in den unabhängigen Staaten und Eingriffe der neuen Obrigkeiten in das kirchliche Leben verlängerten die tiefe Krise der Kirche im Emanzipationszeitalter in vielen Ländern bis in die dreißiger Jahre des 19. Jahrhunderts, in denen die *Periode der „akephalen" Kirchen* durch die jahrelange Verwaisung der meisten Bischofssitze schließlich dank der Kontaktaufnahme zwischen Vatikan und unabhängigen Staaten beendet wurde. Die Vakanzen waren sowohl durch die Rückkehr royalistischer Bischöfe auf die iberische Halbinsel wie durch Sterbefälle verursacht. Mangels Klärung der staatlich-kirchlichen Rechtslage zog sich die Wiederbesetzung teilweise viele Jahre hin. So waren von den sechs brasilianischen Bistümern und zwei Prälaturen 1825 nur noch die beiden Bistümer Rio de Janeiro und Pará besetzt[80]. Im spanischsprachigen Amerika erreichte die Zahl der Vakanzen, abgesehen von Kolumbien und Venezuela, wo Rom schon 1827 die ersten Neubesetzungen vornahm, 1829 ihren Höhepunkt. Ab 1825 war Bischof José Sebastián Goyeneche y Barrera von Arequipa, den Vizekönig La Serna 1822 allein kraft Patronatsrecht zum Erzbischof ernannt hatte, der einzige legitime Bischof im Bereich der heutigen Staaten Ekuador, Peru, Bolivien, Chile und Argentinien[81]. Nur in der Banda Oriental (Uruguay) gab es ab 1823 einen von Muzi ernannten Apostolischen Vikar, der das Gebiet des späteren Bistums Montevideo betreute[82]. Bis 1827 waren in Kolumbien (einschließlich Panamá ab 1823) und Venezuela nur die Bistümer Popayán und Mérida besetzt. Zentralamerika verlor 1829 mit dem Ableben

---

[78] Promper aaO nach Jacques Leclercq, La liberté d'opinion et les catholiques. Rencontres Bd. 65, Paris 1963, 110f.

[79] So urteilt z. B. Bischof Larraín von Talca/Chile, der ab 1963 Präsident des CELAM war, in: Die Stimme der Welt, CAJ, Essen 1956, 10 nach Promper aaO.

[80] Vgl. die Bistumslisten bei Camargo 1965, 769ff.

[81] Garacoa 1964, 40f. 1825 hatte sich der kranke Bischof Orihuela von Cuzco von seinem Sitz zurückgezogen.

[82] Vargas U. 1962, 335f.

des Erzbischofs von Guatemala den letzten Hirten, ebenfalls Mexiko mit dem Tode von Bischof Pérez von Puebla, so daß 1829—31 Priesteramtskandidaten aus Zentralamerika und Mexiko bis New Orleans reisen mußten, wollten sie die Weihen erhalten[83]. Das bedeutete außerdem, daß fast nirgendwo in Lateinamerika mehr die Firmung gespendet wurde und daß zahlreiche verlassene Pfarreien nicht oder nicht kanonisch gültig besetzt werden konnten. Trotzdem brach die Diözesanverwaltung dank der von der iberischen Halbinsel nach Amerika verpflanzten Struktur der Domkapitel nicht gänzlich zusammen, da die Kapitel aus ihren eigenen Reihen Administratoren wählen konnten.

Es ist von besonderer kirchengeschichtlicher Tragik, daß es in der Stunde des Zusammenbruchs der spanischen und portugiesischen Patronatskirche nicht möglich war, von staatlicher Bevormundung freie Nationalkirchen zu schaffen. Nur wenige Bischöfe waren überhaupt so weitsichtig, eine Trennung von Staat und Kirche anzustreben, wie dies als erster Coll y Prat von Caracas 1811 tat[84]. Die Mehrheit der höheren Geistlichkeit, die nach der Unabhängigkeit im Amt blieb, konnte sich nach jahrhundertelanger Gewöhnung an das staatliche Patronat eine Wiederaufrichtung der kirchlichen Strukturen ohne die gewohnte staatliche Hilfe kaum vorstellen. Sie war sich nur darüber im klaren, daß die Patronatsrechte nicht automatisch von den iberischen Monarchien auf die unabhängigen Staaten übergingen, daß sie vielmehr nur durch Konkordatsverhandlungen mit dem Vatikan erworben werden konnten, so daß vor dem Abschluß solcher Verhandlungen alle staatlichen Eingriffe, die sich auf das verflossene Patronatsrecht stützten, rechtsungültig sein mußten. Obgleich die Kirche mit dem Kolonialstaat identifiziert wurde, für den sie ein Herrschaftsinstrument war, stand ihr Schicksal als solches nicht auf dem Spiel. Das lag sicher weniger an einer tiefen Christlichkeit von Konservativen und Altliberalen als daran, daß die christliche Tradition die Gesellschaft so geprägt hatte, daß sie ohne Kirche nicht denkbar war und daß die neuen Herren die Kirche genauso als Herrschaftsinstrument brauchten wie die alten. Sie verlieh ihrer Herrschaft in den Augen der Masse des Volkes Legitimität und Würde. Als Herrschaftsinstrument eignete sich aber keine unabhängige Kirche. Deshalb beanspruchten die Revolutionäre, geprägt von derselben regalistischen Einstellung wie die Royalisten, kompromißlos sämtliche Prärogativen des Patronatsrechtes der iberischen Monarchien auch für die unabhängigen Staaten. Dies gilt natürlich erst recht für Brasilien, das im Zeichen einer eigenen Monarchie unabhängig geworden ist. Nur auf den weiter von Spanien beherrschten Großen Antillen bestand die königliche Patronatskirche fort — in Santo Domingo bis 1865, in Kuba und Puerto Rico bis 1898.

---

[83] Murray 1965, 109.
[84] Murray aaO 98 erwähnt, daß Historiker liberal-revolutionärer Prägung es der mexikanischen Hierarchie noch heute verübeln, daß sie 1822 deutlich erklärt hat, der neue Staat habe die Patronatsrechte nicht geerbt. Murray hält es für ausgemacht, daß die mexikanische Hierarchie ein Ende des Kirchenpatronats anstrebte.

4
Kirche und Gesellschaft zwischen Restauration und Säkularisation. Infragestellung und Abbau des traditionellen Modells der lateinamerikanischen „Christenheit" durch die Kräfte von Liberalismus und Protestantismus

41 Das Christentum als Faktor im Kampf von Konservativen und Altliberalen um eine neue Staatsordnung

411 *Staatsbildung, Demokratie und Christentum*

Abgesehen von Brasilien, wo die Monarchie ein Element der Kontinuität und der Stabilität bildete, das bürgerkriegsähnliche Auseinandersetzungen der politischen Gruppierungen um die neue Staatsform verhinderte, wurde das spanischsprachige Amerika nach der Erringung der politischen Unabhängigkeit ein Opfer jahrelanger erbitterter Auseinandersetzungen zwischen altliberalen und konservativen Kräften. Das Ringen um die Staatsform behinderte nicht nur äußerlich den Wiederaufbau der kirchlichen Strukturen des Katholizismus, sondern betraf auch direkt dessen Rolle in Gesellschaft und Staat, die zwischen Liberalen und Konservativen umstritten war. Der terminus a quo dieses Abschnittes ist bestimmt durch die effektive Erringung der Unabhängigkeit und schwankt zwischen 1816 (Provincias Unidas del Río de la Plata) und 1824 (Peru). In allen Staaten setzten sich die Altliberalen, d. h. die Generation der Liberalen, die in der Epoche der Emanzipation bestimmend agiert hat, nur zeitweilig durch. Sie wurden durch konservative Kräfte abgelöst und zurückgedrängt, die vorwiegend im zweiten Drittel des 19. Jahrhunderts an der Macht waren. Die Ablösung der Konservativen durch die vom Positivismus beeinflußten Spätliberalen, d. h. der Liberalen der zweiten und dritten Generation, bezeichnet den terminus ad quem dieses Abschnittes. Er schwankt zwischen 1852 (Argentinien) und 1899 (Venezuela).

Das Problem der Grenzziehung und Nationbildung mit seiner langen Forschungsgeschichte kann hier nur kurz angedeutet werden, da es für die Christentumsgeschichte nur insoweit relevant ist, wie die staatlichen Grenzen auch die Grenzen kirchlicher Organisation bezeichnen.

Nur der portugiesische Kolonialbereich, der bis 1772 aus zwei getrennten Verwaltungseinheiten bestanden hatte, dem Estado do Brasil und dem Estado do Maranhão, behielt nach Erringung der Unabhängigkeit in etwa dieselben Grenzen und bildet folglich das flächenmäßig größte Staatsgebilde Lateinamerikas. Im spanischsprachigen Amerika boten sich die vier Vizekönigreiche als Kristallisationspunkte zur Nationbildung an. In der Tat entstanden einige mehr oder weniger kurzlebige Föderationen in Anlehnung an die Grenzen der Vizekönigreiche. Die Generalkapitanie Guatemala, also im wesentlichen das heutige Zentralamerika ohne Panamá, aber mit Chiapas, die am 15. September 1821 ihre Unabhängigkeit erklärt hatte, und zwar initiiert durch den spanischen Generalkapitän Gavino Gaínza, der damit schweren Unruhen zuvorkommen wollte, schloß sich nach einer entsprechenden Mehrheitsabstimmung ihres Kongresses am 5. Januar 1822 dem mexikanischen Reich Iturbides an, um sich nach dessen Sturz 1823 auf dem Verhandlungswege unter dem Verlust seines gesamten Goldschatzes und der Provinz Chiapas wieder von Mexiko zu trennen[1]. Die Zentralamerikanische Föderation selbst konnte sich auch nur bis 1839 halten. Konkurrierende Lokalinteressen führten zu einer Balkanisierung Zentralamerikas in die Zwergrepubliken Guatemala, El Salvador, Honduras, Nikaragua und Costa Rica, die insgesamt nicht viel mehr als 1 Mill. Einwohner hatten[2]. Unter der Regie Bolívars konstituierte sich 1821 die República de la Gran Colombia. Auch in ihr überwogen schließlich die zentrifugalen Kräfte, so daß Großkolumbien 1830 in die drei Staaten Kolumbien, Venezuela und Ekuador zerfiel. Eine Vereinigung zwischen Peru und dem ehemaligen Hoch-Peru, das sich seit 1825 República de Bolívar nannte, lag nach Bevölkerungsstruktur, Wirtschaft und Politik nahe. Aber eine Confederación Peru-Boliviana mit den drei Provinzen Bolivien, Nordperu und Südperu erlangte 1834–39 unter dem bolivianischen Präsidenten General Santa Cruz nur eine ephemere Existenz, weil sie nicht die Kraft aufbrachte, sich gegen die 1835 gegründete Konföderation der 14 La Plata-Provinzen mit Chile zu verteidigen, die sich durch den andinen Großstaat bedroht fühlte und ihm deshalb 1836 den Krieg erklärte, nach dem Sieg aber selber keinen Bestand hatte. Der Versuch, die Einheit des ehemaligen Vizekönigreichs La Plata zu erhalten, schlug trotz vielem Blutvergießen fehl. Weder Hoch-Peru noch Paraguay wollte sich der Herrschaft der ‚porteños' unterwerfen. Am umstrittensten war die ‚Banda Oriental', die König João VI. eingedenk des alten portugiesischen Interesses an den natürlichen Grenzen am La Plata 1817 annektiert hatte. 1825 hatte die Emigrantengruppe der „dreiunddreißig Unsterblichen" den La Plata überquert und mit argentinischer Unterstützung einen Aufstand entfacht, der zur Konfrontation zwischen Brasilien und Argentinien führte, die beide finanziell und wirtschaftlich von Großbritannien abhingen, das sich deshalb die Schiedsrichterrolle anmaßte und 1828 die Gründung des unabhängigen Pufferstaates Uruguay durchsetzte und sich gleichzeitig die freie Schiffahrt auf dem La Plata von Argentinien garantieren ließ[3].

[1] Gavidia 1969, 301f.
[2] Großbritannien hatte zunächst die Emanzipation Zentralamerikas begrüßt, weil es dieses Gebiet dadurch für seinen Handel erschließen konnte. Erst nach dem Zerfall der ZAF wurde Chatfield zum Feind aller Unionsbestrebungen, weil er sie als gefährlich für den kolonialen Besitzstand Englands ansah, den er nun kräftig zu vermehren trachtete. Er erkannte die enorme handelspolitische und strategische Bedeutung der Landbrücke zwischen Nord- und Südamerika und der Schiffahrtsbarriere zwischen Atlantik und Pazifik. Der Ausbau der britischen Position in ZA sollte England die Option für einen eventuellen Kanalbau in Nikaragua sichern — vgl. Rodríguez 1965, 92.
[3] Für einen uruguayischen Historiker wie Methof Ferré stellt die Gründung des Pufferstaates Uruguay, die den britischen Einfluß am La Plata sichern sollte, eine Etappe der Balkanisierung der „nationalen Einheit Lateinamerikas" dar. Die Zersplitterung in 20 Staatsgebilde lieferte Lateinamerika dem neokolonialen Einfluß Westeuropas im 19. Jahrhundert und der USA im 20. Jahrhundert aus. Um 1830 war das Schicksal einer echten Emanzipation Lateinamerikas besiegelt. Die Vision einer nationalen Einheit am La Plata wurde mit Artigas im paraguayischen Urwald zu Grabe getragen (vgl. Abschnitt 32222); San Martín war im Exil, verdrängt von den liberalen

Abgesehen von Zentralamerika entsprechen alle damals entstandenen amerikanischen Republiken ehemaligen spanischen Verwaltungseinheiten, seien es Vizekönigreiche (Mexiko, Kolumbien, Peru, Argentinien), Generalkapitanien (Venezuela und Chile), Audiencias (Ekuador, Bolivien) oder ein Militärbezirk wie Uruguay. Eine Ausnahme bildet Paraguay, dessen Selbständigkeit sich möglicherweise aus seiner geographischen Isolation und der besonderen Tradition der Jesuitenreduktionen erklärt. Das zuletzt (1776) gegründete Vizekönigreich La Plata hatte die geringste Kohäsion.

Das Streben nach größeren, überregionalen politischen Einheiten in Spanisch-Amerika, das noch heute im Panamerikanismus lebendig ist, stammt aus der Epoche der Emanzipation.

1810 haben zuerst die Chilenen Juan Martínez de Rozas und Juan de Egaña einen Plan zur Organisation der spanischen Kolonien vorgelegt. Unter den Befreiern war es Simón Bolívar, der am energischsten für die Einheit Spanisch-Amerikas eintrat. Aber trotz aller hochtrabenden Reden vom Vaterland Amerika und von der gemeinsamen Kultur mußte Bolívar „mit den politischen und militärischen Figuren in Caracas, Bogotá, Guayaquil, Lima und La Paz hart feilschen, um die Art von Zusammenarbeit zu erreichen, die er benötigte... Seine siegreichen Armeen waren die Früchte internationaler Zusammenarbeit, aber ausgenommen die Offiziere war ihr Charakter kaum spanisch. Seine nordeuropäischen Veteranen und seine Negersklaven, analphabetische indianische Bauern und mestizische Viehhirten aus einem halben Dutzend künftiger Republiken wußten wenig oder gar nichts von dem kulturellen Konzept, das das Kreolentum verkörperte. Wenn seine spanisch-amerikanischen Kontingente irgend etwas gemeinsam hatten, dann war es der Wunsch nach Freiheit, Freiheit von den starren gesellschaftlichen Beschränkungen, die ihnen ihre kreolischen Herren auferlegt hatten". Gegen Ende der Befreiungskriege erkannte Bolívar, daß die klimatischen, geographischen und menschlichen Verschiedenheiten so groß und die konkurrierenden Interessen so stark waren, daß an die Schaffung einer einzigen Nation nicht gedacht werden konnte. Der Versuch, wenigstens einen Staatenbund zu schaffen, scheiterte 1826 auf dem Panamá-Kongreß. Der spätere noch bescheidenere Plan Bolívars zur Schaffung eines andinen Staatenbundes, bestehend aus Bolivien, Peru und Großkolumbien, scheiterte am Widerstand Großkolumbiens unter Santander.

Die Pläne zur Einheit Spanisch-Amerikas mußten scheitern, weil die spanische Sprache und die Kultur der Kreolen Sprache und Kultur einer Minderheit waren. Die Massen sprachen weder spanisch, noch waren sie ethnisch, kulturell oder politisch integriert, ging es doch den spanisch sprechenden Kreolen und denjenigen Farbigen, die ihre Werte übernommen hatten, nur darum, die spanische Macht in die eigenen Hände zu bekommen. Dementsprechend erkannten die ersten Verfassungen die vollen Bürgerrechte auch nur Alphabeten und Grundbesitzern zu. „Auf diese Weise waren die Massen unter den frühen Nationalisten kaum besser dran als unter den Imperialisten. Niemand, einschließlich Bolívars, war fähig oder willens den status quo in Frage zu stellen." Wenngleich die ersten Verfassungen den Farbigen eine gewisse Gleich-

---

„Unitariern" Rivadavias, indirekt auch von Bolívar, der sich auf dem Treffen in Guayaquil im Juni 1822 mit ihm nicht auf eine gemeinsame Strategie für die Fortführung der Emanzipation hatte einigen können (vgl. dazu Johnson 1968, 62f); Bolívar seinerseits war 1826 mit dem Panamá-Kongreß gescheitert, wurde von Santander, wie Rivadavia ein Liberaler aus der Schule Benthams, verdrängt und nach seinem Tode im Jahre 1830 von der europäischen Presse als „Tyrann" verfemt – Methol 1969, 31.

heit vor dem Gesetz garantierten, brachten die Kreolen im Gegenzuge wieder den Mythos von der rassischen Ungleichwertigkeit in Umlauf und hüteten sich, die Mestizen, Indianer und Neger im Gebrauch ihrer Rechte zu unterrichten. Die Kreolen hatten kein Interesse daran, die Ständegesellschaft in eine Klassengesellschaft umzuwandeln. „Die Menschen mochten in der Sicht Gottes gleich geschaffen sein, aber sie waren nicht gleich in den Augen der Kreolen."[4]

Diese gesellschaftliche Problematik muß man vor Augen haben, wenn man die Rolle der Kirche in den unabhängigen Staaten, wenn man die Beziehungen von Kirche und Staat in dieser Epoche verstehen will. Wenn in den Republiken oder in der konstitutionellen Monarchie Brasiliens von Demokratie, von Parteiungen wie Konservativen und Liberalen die Rede ist, dann geht es immer nur um die 5—10 % der Bevölkerung, um die Oligarchie, die allein politisch maßgebend ist und deren Geschichte fast ausschließlich die Geschichtsbücher füllt.

Die liberale Ideologie, die sich besonders auf Rousseaus „Du contrat social" von 1762 und auf die Prinzipien der Französischen Revolution berief, hat die ‚Libertadores' (Befreier) in den Unabhängigkeitskämpfen, bei den Staatsgründungen und bei den Beratungen über die ersten Verfassungen stark beeinflußt. Auf den Zusammenhang zwischen Liberalismus und Aufklärung und auf die Rolle der freimaurerischen Logen bei der Ausbreitung der liberal-demokratischen Ideale ist in 315 bzw. 3123 bereits hingewiesen worden.

Die aktive und kämpferische altliberale Minorität trat für einen völligen Bruch mit der kolonialen Vergangenheit ein zu Gunsten einer Nachahmung des politischen Modells der USA, Großbritanniens oder Frankreichs. Nach der Unabhängigkeit breitete sich der Liberalismus als Gegenideologie zum Konservativismus zunächst unter dem Kleinbürgertum der städtischen Ballungsgebiete aus, und zwar vorwiegend in den Hafenstädten, die seit den Unabhängigkeitskämpfen für den Einfluß europäischer Ideen besonders empfänglich waren und die ersten Ansatzpunkte für die Gründung freimaurerischer Organisationen und für die Ausbreitung des Protestantismus boten. Das föderalistische Ideal der Altliberalen trug bei seiner energischen Verfechtung in den völlig ungefestigten Staatswesen der jungen Republiken zur Entstehung anarchistischer Zustände bei. So stürzte der Kampf zwischen Föderalisten und Zentralisten Großkolumbien ab 1828 in die Anarchie. Ebenso versank Chile in den Jahren 1825—30 unter der Herrschaft der gesellschaftsreformerischen föderalistischen ‚Pipiolos' (Liberalen), die von den zentralistischen ‚Pelucones' (Konservativen) bekämpft wurden, in Chaos und Anarchie. Rückschauend konnte der kolumbianische Staatsmann Rafael Núñez in den achtziger Jahren des 19. Jahrhunderts feststellen, daß offenbar die spezielle Form des republikanischen Systems, sei es die zentralistische oder die föderalistische, nicht die entscheidende Ursache für die in fast allen Republiken auftretenden anarchischen Phasen sein kann. Denn Mexiko, Zentralamerika und die La Plata-Staaten nahmen föderative Verfassungen an, Neu-Granada und Venezuela einen durch munizipale Freiheiten gemäßigten Zentralismus, Ekuador einen stärkeren, Peru und Bolivien einen absoluten Zentralismus. Alle aber „boten das Schauspiel des Bürgerkrieges als ein fast normales Phänomen", abgesehen von Chile.

Als Voraussetzung für eine demokratische Gesellschaftsordnung mußten die Liberalen zu allererst geistige Freiheit durchsetzen, womit sie automatisch mit den Kräften der römischen Hierarchie in Konflikt gerieten, die mit ihrem traditionellen Denk- und Glaubensmodell weiterhin die Gesellschaft bestim-

---

[4] Vgl. Johnson 1968, 70—82.

men wollten. Als Vorkämpfer für philosophische und religiöse Toleranz sollten die Liberalen in Lateinamerika direkt oder indirekt auch zu Wegbereitern des Protestantismus werden. Ihr rationalistischer Denkansatz und ihr Bestreben zur Säkularisierung der Gesellschaft sollten sie schließlich in einen unversöhnlichen Konflikt mit der römischen Kirche bringen. Die Kirche wurde von den Liberalen als Säule der Kolonialgesellschaft angesehen. In der liberalen Polemik eines Francisco Bilbao (1823—65) aus Chile etwa wurden spanisches Erbe, Katholizismus, Monarchie, Feudalismus, Inquisition, Isolation, soziale Ungleichheit, Intoleranz und blinder Gehorsam identifiziert und den aus England kommenden liberalen Reformidealen gegenübergestellt[5]. Damit aber führten die Liberalen die lateinamerikanische Kultur und Gesellschaft aus einer Abhängigkeit in eine andere (vgl. 32222).

Man kann rückschauend urteilen, daß das demokratische Programm der Liberalen in einer vorindustriellen Gesellschaft utopische Züge aufwies und daher zum Scheitern verurteilt war[6]. Man muß die scharfe Kritik des Mexikaners Octavio Paz (* 1914) zur Kenntnis nehmen, daß Parteiwesen, Parlamentarismus und Verfassungen in Lateinamerika, weil sie nur der Herrschaft einer Minderheit dienten, „die politische Lüge beinahe verfassungsgemäß" einführten. „Die liberale und demokratische Ideologie vertuschte unsere wirkliche historische Lage... Während mehr als hundert Jahren haben wir Gewaltregierungen erlitten, die die Sprache der Freiheit führten."[7] Die Ursachen dafür hängen mit der paradoxen Feststellung des Mexikaners Francisco Bulnes zusammen, daß es in den lateinamerikanischen Nationen „keine Freiheiten gab, solange es Liberale gab", weil die Liberalen ihre Auffassungen gegen die konservative, katholische Mehrheit mit mehr oder weniger Zwang durchsetzen mußten[8]. Sicher ist, daß der Geist des Kolonialsystems, das von Philosophen wie Leopoldo Zea als „Staatstotalitarismus" kritisierte iberische Erbe, über das 19. Jahrhundert hinaus weiter wirkte, wie es der chilenische Liberale José V. Lastarria (1817—88) zum Ausdruck gebracht hat: „Der Despotismus der Könige fiel, der Despotismus der Vergangenheit blieb mit aller Macht erhalten." Nach Lage der Dinge konnte es im 19. Jahrhundert keine Regierung des Volkes durch das Volk geben, sondern bestenfalls eine Regierung für das Volk, zum Wohle des Volkes, also eine paternalistische Regierung im positiven Sinne mit einer demokratischen Zielvorstellung[9]. Diese Zielvorstellung aber sollte ausgerechnet bei den Spätliberalen im letzten Drittel des 19. Jahrhunderts immer mehr verlorengehen (vgl. 42).

Unter wirtschaftspolitischen Gesichtspunkten betrachtet waren die Liberalen „die Befürworter der exportorientierten (monokulturellen) Landwirtschafts- und Bergbauökonomie", die Konservativen hingegen „die Vertreter der (merkantilistischen) Hacienda- und Plantagenökonomie". Sie hingen verschiedenen Arbeitskonzeptionen an, die Liberalen traten für die rational begründete Gleichheit des Arbeitsvertrages ein,

---

[5] Zu Nuñez vgl. Ocampo 1966, 96f; Bilbao, Sociabilidad chilena (Chilenische Gesellschaftsstruktur) 1844 — vgl. Grossmann 1969, 253; Arciniegas 1972, 379 und Zea 1971, 48f.
[6] Aubert 1971, 723.
[7] Vgl. Paz, Das Labyrinth der Einsamkeit — zitiert nach Conteris 1969, 62.
[8] Zitiert nach Quirarte 1967, 358 ohne Stellennachweis. Gemeint sind die bürgerlichen Freiheiten.
[9] Zea 1971, 44ff.

„wie sie für einen intensiven internationalen Warenverkehr unabdingbar ist", die Konservativen für eine „paternalistisch zugeschnittene Ungleichheit". Daran wird deutlich, daß „diese im späten 18. Jahrhundert verankerte Parteiung" mit unseren europäischen Parteibildungen wenig zu tun hat. „Die Konservativen sind demnach, überspitzt ausgedrückt, die Verfechter der merkantilistischen Staats- und Wirtschaftskonzeption gewesen. Die Liberalen sammelten diejenigen Kräfte, die gegenüber der europäischen kapitalistischen Entwicklung kooperationswillig waren, was natürlich nicht unbedingt heißen muß, daß sie auch selbst ‚Kapitalisten' sein mußten; sie vertraten jedenfalls die Entwicklung der lateinamerikanischen Wirtschaft ‚nach außen' (hacia afuera, wie das viel zitierte Schlagwort heißt)."

Allgemein kann man sagen, daß die Konservativen im Gegensatz zu den Liberalen an der iberischen Tradition festhielten, aber unter Bewahrung der politischen Unabhängigkeit von den ehemaligen Kolonialmächten. „Gestützt auf die drei Pfeiler der traditionellen Gesellschaft, nämlich auf die Grundbesitzerklasse, das Heer und die römische Kirche, hat die konservative Ideologie die charakteristischen Merkmale der Kolonialzeit und den sogenannten strukturellen Dualismus in Lateinamerika" vielerorts bis in die Gegenwart bewahren können. Etwas zu einseitig schreibt Conteris der Vorherrschaft konservativer Elemente mit teilweise reaktionären Varianten dieser Ideologie die Mängel zu, von denen die lateinamerikanische Politik bis weit ins 20. Jahrhundert hinein gekennzeichnet ist:

„Staatsstreiche, Garnisonaufstände, Pfründenvergebung, Vetternwirtschaft, Korruption in der Verwaltung, oligarchische Struktur und sozialwirtschaftliche Unordnung, Elend, Analphabetentum und Unterentwicklung."[10]

An diesen Mängeln sind die liberalen Kräfte in kaum geringerem Maße schuld. Im Verhältnis von Staat und Kirche vertraten die Konservativen weiterhin das Ideal der „lateinamerikanischen Christenheit", also der konstantinischen Synthese von Thron und Altar, unter der schon die Konquistadoren angetreten waren[11], wobei sie die Patronatsrechte nun für die neu geschaffenen Staaten beanspruchten. In diesem Punkte stimmten die Liberalen mit ihnen überein, da auch sie das Patronatsrecht als inhärenten Bestandteil der staatlichen Souveränität betrachteten, im Gegensatz zu den Konservativen aber Einfluß und Vorrechte der Kirche in der Gesellschaft entscheidend abbauen wollten.

---

[10] Zu den wirtschaftspolitischen Aspekten vgl. Sandner/Steger 1973, 26; Conteris 1969, 61. Eckl 1975, 11 zeigt am Beispiel Chiles, daß die Fraktionen der Großgrundbesitzer und der Minen- und Handelsbourgeoisie sich nur unzulänglich als Konservative und Liberale etikettieren lassen. Beide Fraktionen waren überzeugte Anhänger des Freihandels. „Die schutzlose Öffnung und Eingliederung Chiles in den kapitalistischen Weltmarkt beschleunigte förmlich die kapitalistische Entwicklung der Unterentwicklung, denn ‚im 19. Jahrhundert bedeutete Freihandel industrielles Monopol und Entwicklung für Großbritannien und Fortdauer der ausbeutenden kapitalistischen Metropolen-Satellitenstruktur und unvermeidlich eine immer tiefere strukturelle Unterentwicklung für die Satelliten. Als sich einmal Großbritannien hinter seinen Schutzzöllen industrialisiert hatte, hinter dem Navigation Act und anderen monopolistischen Maßnahmen, wurden seine Hauptexportprodukte die *Doktrin des Freihandels und ihr Zwilling, der politische Liberalismus*'" – zitiert nach Frank 1969, 82.
[11] Vgl. Dussel 1967, 126ff.

412 Kirchliche Restauration unter staatlicher Vormundschaft im wechselnden Kräftespiel von Liberalen und Konservativen

Die kirchengeschichtlichen Hauptprobleme dieses Zeitalters lassen sich mit folgenden Stichworten andeuten: *Wiederaufbau der kirchlichen Strukturen, kirchliche Reform* und *Neubestimmung der Rolle der Kirche in der Gesellschaft*. Mangels kirchlicher Handlungsfähigkeit, mangels Reformwillen mancher Hierarchen oder überhaupt kraft des von ihnen beanspruchten Patronatsrechtes schritten viele Staaten einseitig zu kirchlichen Reformen, durch die die Beziehungen zu Rom wiederum erschwert wurden. Der Unterschied zwischen dem von den iberischen Königen ausgeübten Patronatsrecht und dem der politischen Führer der unabhängigen Staaten der Neuen Welt war wesentlich ein prozessualer. Die Könige beanspruchten es iure divino, die Politiker kraft der Volkssouveränität, in deren Namen sie agierten. Man sollte den sich im 19. Jahrhundert fortsetzenden Regalismus nicht mit einer auf das Ancien Régime bezogenen Begrifflichkeit — Jansenismus, Gallikanismus, Josephinismus — charakterisieren, sondern von republikanischem Regalismus oder, um die brasilianische Wirklichkeit miteinbeziehen zu können, mit Santos (1971) von *regalistischem Liberalismus* sprechen. Dabei wird mit dem Begriff Liberalismus angedeutet, daß die regalistische Kirchenpolitik von parlamentarischen Regimen betrieben und das Bestreben, die „Freiheit" der nationalen Kirchen von Rom zu vergrößern, besonders von liberalen Politikern gefördert wird. Versuche, kraft einseitigen Beschlusses der weltlichen Gewalt die für das jeweilige Land gültige kanonische Gesetzgebung oder gegebenenfalls auch die kanonische Disziplin zu ändern, wurden durch einen mit dem Liberalismus gepaarten überspitzten *Nationalismus* beflügelt, der als Gegenreaktion auf die lange kolonialistische Bevormundung autoritative Akte der römischen Kurie als Beeinträchtigung der eben gewonnenen nationalen Souveränität zu betrachten geneigt war. Die Konservativen verteidigten nicht selten die Politik der Kurie nur deshalb, weil die Liberalen sie aus einer Euphorie der Freiheit oder übersteigertem Nationalismus heraus angriffen (vgl. Santos aaO. 1 ff].

An Reibungsflächen zwischen Staat und Amtskirche fehlte es im 19. Jahrhundert wahrlich nicht, war doch die Rolle der Kirche in der nachkolonialen Gesellschaft bzw. ihr Verhältnis zum Staat auf vielen Gebieten umstritten, so auf dem Erziehungssektor, auf dem die römische Kirche bis dahin das Monopol gehabt hatte, auf dem Sektor der unabhängigen kirchlichen Gerichtsbarkeit (fuero eclesiástico), des kirchlichen Eherechtes, der ausschließlichen Führung der Personenstandsregister durch das kirchliche Amt, der ausschließlich von der Kirche verwalteten Friedhöfe, der Finanzstruktur der Kirche (Immobilienbesitz und Zehnter), der Frage der Kultfreiheit und der religiösen Toleranz und der Stellung der kirchlichen Orden in den unabhängigen Staaten, einschließlich der Frage, ob der weltliche Arm die äußerliche Einhaltung der Gelübde erzwingen sollte. Die Amtsträger der Kirche versuchten in ihrer überwältigenden Mehrheit eine Regelung aller dieser Fragen in Übereinstimmung mit den traditionellen Gepflogenheiten der Kolonialzeit durchzusetzen, was ihnen mit Hilfe der konservativen Kräfte weitgehend gelang. Man kann deshalb eher von kirchlicher Restauration als von kirchlicher Reform sprechen.

Insofern kann man diese Epoche kirchensoziologisch nach Valliers (1970) Fünfstufentypologie wie die Kolonialzeit noch der Stufe der „Monopol-Kirche" zuordnen, in der die römische Kirche gesetzlich geschützt ist, die Staatsreligion bildet oder zumindest als etablierte Kirche vom Staat unterstützt wird, während dieser das Patronat beansprucht, so daß die Hierarchie vom weltlichen Arm kontrolliert wird und der Klerus wesentlich einen Teil des staatlichen Beamtenapparates bildet. Das Hauptinteresse der Prälaten ist eher auf die politische Meinungsbildung der Legislative gerichtet als auf die Parochien. Die Laien werden „als Chargen oder rituelle Klienten" betrachtet, die mit Hilfe der Sakramente „bedient" werden. Die schwache und lückenhafte Seelsorge begünstigt das Entstehen und die Fortbildung von Formen der Volksfrömmigkeit (vgl. 258). Die Kirche versucht, ihr Erziehungsmonopol auch im entstehenden öffentlichen Schulwesen zu wahren, indem sie dort Religionsunterricht erteilt. Außerdem übt die Kirche über ihre Verbindung zur Elite verschiedene unsichtbare Kontrollfunktionen aus. Aber das Ausmaß des effektiven kirchlichen Einflusses ist innerhalb dieser Stufe von Land zu Land verschieden, im brasilianischen Kaiserreich z. B. viel geringer als etwa in Kolumbien.

In drei Abschnitten soll nun erstens die Entwicklung der Beziehungen zwischen den unabhängigen Staaten und dem Vatikan, zweitens die Rolle des Protestantismus und drittens die innere Entwicklung der Staatskirchen in den einzelnen Staaten im Überblick dargestellt werden.

4121 Das Verhältnis Roms zu den unabhängigen Staaten

Das Problem der „akephalen" Kirchen im Zeitalter der Emanzipation ist bereits im Abschnitt 32224 angesprochen worden. Im Kontakt zwischen den unabhängigen Staaten und dem Papst kann man mehrere Phasen unterscheiden. Während bei den Unabhängigkeitsbewegungen ausgesprochenes Interesse am Kontakt mit dem Vatikan bestand, reagierten die Päpste wegen ihrer Abhängigkeit von den europäischen und amerikanischen Machtkonstellationen zögernd.

a) 1813, als Pius VII. in Fontainebleau und der entthronte Fernando VII. in Bayonne weilte, versuchten Abgesandte von Cartagena und Venezuela in Paris die Ernennung eines päpstlichen Legaten a latere mit der Jurisdiktionsvollmacht über ganz Spanisch-Amerika beim Papst durchzusetzen. Der Fall Napoleons, die europäische Restauration, die militärischen Erfolge Spaniens in der Neuen Welt und die auf die Wiedereinsetzung Fernandos folgende Intervention des spanischen Botschafters in Rom verhinderten ein greifbares Ergebnis.

b) Über die Verhältnisse in Amerika nur durch spanische Kanäle informiert, nahm Pius VII. sogar stillschweigend die Maßnahmen der spanischen Krone gegen die den Unabhängigkeitsbewegungen gegenüber verständnisvoll eingestellten Bischöfe hin und veröffentlichte ohne stärkeren spanischen Druck am 13. Januar 1816 die Enzyklika „Etsi longissimo" (vgl. 32221), in der er die Bischöfe strikt auf das im Europa der Restauration unbestrittene Legitimitätsprinzip einschwor.

c) Die ab 1820 völlig veränderten europäischen und amerikanischen Verhältnisse führten zu einer flexibleren Haltung des Vatikans, die in folgenden Vorgängen zum Ausdruck kommt:

In einem Antwortschreiben vom 7. September 1822 an Lasso de la Vega, Bischof von Mérida/Venezuela, einen ehemaligen Anhänger des Legitimismus, der sich inzwischen der neuen Realität angepaßt hatte[12], betonte Pius VII. die Neutralität des Hl. Stuhles gegenüber dem politischen Umsturz in Lateinamerika. Damit löste er sich stillschweigend von der Vertretung der spanischen Interessen.

Seit 1819 der Kanoniker Valentín Gómez im Auftrage des Präsidenten von Buenos Aires, Pueyrredón, wahrscheinlich heimlich nach Rom gekommen war, hatten verschiedene in- oder halboffizielle Besucher aus Amerika den Vatikan vergeblich zu Initiativen hinsichtlich einer Neuordnung der kirchlichen Verhältnisse in der Neuen Welt zu bewegen versucht. Erst die Ankunft des Erzdekans Cienfuegos als offiziellem Abgesandten des chilenischen Senats am 3. August 1822 in Rom, also kurz vor dem erwähnten Brief Pius', brachte die Dinge ins Rollen[13]. An den La Plata und nach Chile wurde eine päpstliche Mission unter Leitung des Legaten Giovanni Muzi gesandt, an der auch Giovanni Maria Graf Mastai-Ferretti teilnahm, der spätere Pius IX. (1846–78), der erste Papst, der die Neue Welt aus eigener Anschauung kannte. Bevor die Mission ausreisen konnte, verschied Pius VII. am 20. August 1823. „Am 28. September 1823" — am selben Tage, „an dem Annibale della Genga als Leo XII. aus dem Konklave hervorging — wurde der spanische König Fernando VII. wieder in die Rechte eines absoluten Monarchen eingesetzt"[14], der im Gegensatz zur liberalen spanischen Regierung auch Verhandlungen über rein geistliche Fragen zwischen Rom und den unabhängigen Regierungen zu dulden nicht geneigt war. Die päpstliche Bestätigung der Muzi-Mission, die am 5. Oktober 1823 von Genua abgesegelte, konnte er entsprechend den Nachrichtenmitteln der Zeit noch nicht verhindern. Sie war indes wegen bereits auf der Ausreise aufgetretenen Meinungsverschiedenheiten zwischen Muzi und Cienfuegos von vornherein belastet. Cienfuegos intrigierte gleich in Buenos Aires bei Präsident Rivadavia und dem von ihm eingesetzten Kapitularvikar Zavaleta gegen Muzi. Unschwer machte sich Zavaleta die Ansicht zu eigen, daß Muzis Absicht, in Argentinien zu firmen, eine Einmischung in seine Jurisdiktion darstelle. Die Folge war, daß die Mission bei den offiziellen Stellen eine kühle Aufnahme fand, während das Volk begeistert war. In Santiago, wohin die Mission auf dem Landwege über die Anden gelangt war, traf Muzi auf eine delikate Situation, der er sich nicht gewachsen zeigte. Im Januar 1823 war der ‚supremo director' O'Higgins, auf dessen Initiative der Kontakt mit Rom zurückging, gestürzt und von einer Regierung liberaler Prägung unter General Ramón Freire abgelöst worden, die zwar verhandlungswillig

---

[12] Rafael Lasso de la Vega hatte es nach einem Zusammentreffen mit Bolívar 1821 in Trujillo auf sich genommen, Rom von der kirchlichen Lage in Neu-Granada zu informieren — sein Brief v. 20. 10. 1821, Pius' VII. Antwort v. 7. 9. 1822. Übersendung weiterer Berichte nach Rom, Antwort Leos XII. v. 19. 11. 1823 — vgl. Vargas U. 1962, 258ff bzw. Quellentexte bei Leturia 1959 II–III. Nach Lasso haben auch die übrigen in Großkolumbien verbliebenen Bischöfe die Unabhängigkeit anerkannt, d. h. die Bischöfe von Santa Marta (ein Spanier), von Panamá (ein Peruaner aus Lima) und von Popayán (ein Spanier), außerdem der Bischof von Puebla in Mexiko — vgl. Vargas U. aaO 260ff.

[13] Vgl. Batllori 1967, 441f; Leturia aaO II und Vargas U. 1962, 87ff, der darauf hinweist, daß die chilenische Regierung von Rom Folgendes erwartete: die Entsendung eines Nuntius oder Legaten, die Anerkennung des Patronatsrechtes für den ‚Supremo Director', die Erhebung Santiagos zum Erzbistum und die Gründung von Bistümern in Coquimbo, Talca, Chióe oder Valdivia. Furlong 1957, 121ff deutet die Haltung des Vatikans gegenüber der Unabhängigkeitsbewegung in offenkundig apologetischer Absicht. Er betont, die Kurie habe keinen der Revolutionäre exkommuniziert und vor 1816 die Revolutionen als solche nicht verurteilt. Auch „Etsi longissimo" beinhalte keine direkte Verdammung der Revolution, sondern nur den Aufruf zu Liebe und Anerkennung des legitimen Souveräns.

[14] Vgl. Promper 1965, 224; Die Entsendung Muzis mit Vollmachten für ganz Spanisch-Amerika bedeutet nach Furlong 1957, 122 einen klaren Bruch mit dem Patronatsrecht.

war, aber Muzis Zustimmung zu ihrem Ordensreformprogramm und seine Anerkennung ihrer Ansprüche auf das nationale Kirchenpatronat erwartete. José Ignacio Cienfuegos, der von 1817 bis 1821 als Kapitularvikar die Diözese Santiago verwaltet hatte, strebte selbst das Bischofsamt an. Er unterstützte die liberale Kampagne gegen Bischof Rodríguez Zorrilla, der als Royalist 1816 konsekriert, 1817 von O'Higgins nach Mendoza verbannt und 1822 im Zuge einer Amnestie wieder in sein Amt eingesetzt worden war, aber den Erwartungen O'Higgins in bezug auf eine fruchtbare Zusammenarbeit nicht entsprochen hatte. In dieser Lage mußte es fast unmöglich für Muzi sein, mit Rodríguez und der liberalen Regierung zu befriedigenden Abmachungen zu gelangen. Er verbaute sich vollends die Möglichkeit dazu, als er nach Kontakten mit Rodríguez einen Hirtenbrief veröffentlichte, in dem er die Chilenen und indirekt alle Amerikaner aufforderte, mit Rom verbunden zu bleiben und sich vor falschen Reformatoren zu hüten. Er lehnte die Ordensreformen der Regierung Freire direkt ab. Der Hirtenbrief, der auch in Buenos Aires von Dekan Funes mit fast häretischen Argumenten bekämpft wurde, mußte in Chile zu einer Verhärtung der Fronten führen. Die Regierung fühlte sich in der Folgezeit durch Ungeschicklichkeiten des Bischofs und des Presbyters Manuel Mata derart herausgefordert, daß sie Mata des Landes verwies und Rodríguez in Melipilla unter Hausarrest stellte, nachdem sie Cienfuegos zum Kapitularvikar ernannt hatte. Der Außenminister Pinto informierte Muzi von diesen Schritten, die dessen Billigung nicht fanden. Kurz darauf wurde die Ordensreform in Kraft gesetzt, die die staatliche Sequestrierung von Ordensgütern in Fällen vorsah, in denen Konvente nicht mindestens acht Insassen hatten, für die Aufnahme von Novizen ein Mindestalter von 21 und für die Profeß ein Mindestalter von 25 Jahren vorschrieb. Auch hiergegen erhob Muzi vergeblich Einspruch. Er einigte sich mit Pinto nur auf die Herabsetzung der Zahl der kirchlichen Feiertage. Obgleich die Regierung Muzi entgegenkam und Cienfuegos von seinen Funktionen entband, um ihn dann als Bischof zu präsentieren, machte Muzi nicht von seiner Vollmacht Gebrauch, in Chile zwei Titularhilfsbischöfe zu konsakrieren, sondern verließ das Land per Schiff, um nach Montevideo zu reisen. Nachdem deutlich war, daß der im Grunde seines Herzens royalistisch gebliebene Rodríguez von einer nationalen Regierung nicht wieder akzeptiert werden würde, hinterließ Muzi das Land praktisch ohne Bischof[15]. „Darüber hinaus beging er, verblendet durch seine reaktionäre Geisteshaltung, die ihn Streben nach Unabhängigkeit mit Revolution gleichsetzen ließ, den Fehler, die offizielle Einladung Bolívars, sich nach Großkolumbien" und Peru „zu begeben, nicht anzunehmen; diesen Aufenthalt hätte er zweifellos dazu benützen können, die kirchliche Reorganisation dieser Gebiete, die weit dichter besiedelt waren als jene südlich" des südlichen Wendekreises, in Angriff zu nehmen[16]. Hinsichtlich Perus verlieh Muzi durch sein Antwortschreiben an Bolívar nur Dr. Pedemonte, dem Kapitularvikar der Diözese Trujillo, die Vollmacht, die Firmung zu spenden. Ferner sanktionierte er den bereits staatlich verordneten Fortfall einiger kirchlicher Feiertage. Das und die kirchenrechtliche Abtrennung Montevideos von Buenos Aires sowie die

---

[15] Vgl. Vargas U. 1962, 78—97.
[16] Vgl. Aubert 1971, 202, der die von Bolívar auch hinsichtlich Perus ausgesprochene Einladung zu erwähnen vergißt; zu Peru im einzelnen Garaycoa 1964, 44ff. Die Einladung Muzis erging im Namen der peruanischen Regierung durch Bolívar, der sich in der Endphase der Befreiung in Peru befand. Garaycoa zeigt wie Furlong, daß sich die Vollmachten Muzis auf ganz Spanisch-Amerika erstreckten mit Ausnahme von Kolonien, in denen sich noch die spanische Regierung hält „oder die Wahrscheinlichkeit besteht, daß sie sich wieder durchsetzt". Dort sollte Muzi keinerlei Neuerungen vornehmen. Nun hielt sich zum Zeitpunkt der Abreise Muzis von Chile (19. 10. 1824) die spanische Herrschaft noch in Südperu, die erst durch die Schlacht von Ayacucho (9. 12. 1824) endgültig zusammenbrechen sollte. Das erklärt allerdings nicht, warum Muzi sich nicht um eine Neuordnung der kirchlichen Verhältnisse im längst vom spanischen Einfluß befreiten Großkolumbien bemühte.

heimliche Ernennung Mariano Medranos zum Apostolischen Vikar mit bischöflichen Vollmachten in Buenos Aires waren die einzigen greifbaren Ergebnisse der Muzi-Mission. Ein zweiter Brief Bolívars, der ihm nach Montevideo nachgeschickt wurde, in dem der Befreier Muzi unter Hinweis auf den inzwischen erfolgten völligen Zusammenbruch der spanischen Macht in Peru (Schlacht von Ayacucho am 9. Dezember 1824) erneut einlud, erreichte den Legaten nicht mehr vor seiner Einschiffung nach Italien.

d) Die Muzi-Mission erhellt das Ausmaß an Schwierigkeiten, die sich durch die staatliche und innerkirchliche Situation in Amerika, aber auch durch die wenig flexible Haltung des Vatikans einer kirchlichen Erneuerung entgegenstellten. Noch während der Muzi-Mission hatte sich die Haltung des Vatikans gegenüber den unabhängigen Staaten Amerikas erneut versteift. Leo XII. hatte sich nämlich von Fernando VII. dazu hinreißen lassen, am 25. September 1824 mit der Bulle „Etsi iam Diu" wie sein Vorgänger in einer allerdings ganz anderen Situation 1816 gegen die Unabhängigkeit Stellung zu nehmen. In der Enzyklika bedauerte der Papst den Zustand von Kirche und Staat in den aufständischen Ländern Spanisch-Amerikas. Um die Leiden der Völker zu mildern, empfahl er den Bischöfen, ihre Herde von den „erhabenen und ausgezeichneten Qualitäten" seines „sehr geliebten Sohnes Ferdinand" zu überzeugen, „dessen hohe und solide Tugend ihn den Glanz der Religion und das Glück seiner Untertanen der Herrlichkeit seiner Größe überordnen läßt..." Eine solche Enzyklika mußte nicht nur das künftige Verhältnis der jungen Staaten zum Vatikan belasten, sondern war auch Wasser auf die Mühlen des Antiklerikalismus der Liberalen[17]. Als die Enzyklika in Amerika bekannt wurde, hatte Spanien in Ayacucho bereits seine letzte Schlacht im Unabhängigkeitskrieg verloren. Während konservative Politiker in Amerika und die Mehrheit des Klerus „auf alle denkbare Weise den Papst zu entschuldigen versuchten, den sie für ein Opfer des spanischen Drucks hielten", machten Kleriker mit liberalen Tendenzen aus ihrer Ablehnung kein Hehl[18]. Einer ihrer vehementesten Sprecher in Mexiko, fray Servando Teresa de Mier, bezweifelte zwar die Echtheit der Bulle, ging aber für den Fall, daß der Papst sich endgültig gegen Mexiko stellen sollte, so weit, die Erneuerung der Kirche durch die Bildung einer mexi-

---

[17] Quirarte 1967, 161 nach Cuevas 1921ff V, 202. Die ‚Gaceta de Madrid' veröffentlichte die Enzyklika noch am 10. 2. 1825, also gut drei Monate nach der Niederlage von Ayacucho. Aubert 1971, 202 weist darauf hin, daß der spanische Botschafter in Rom diese legitimistische Enzyklika dank der Unterstützung der Botschafter Österreichs und Rußlands erwirkte. Furlong 1957, 123 betont, Leo XII. habe in dieser Enzyklika weder die Unabhängigkeit verdammt noch wie Pius VII. 1816 ausdrücklich zur Treue gegenüber dem König ermahnt, sondern sich nur allgemein gegen „von Liberalismus und Freimaurerei in Südamerika verursachte Kriege" gewandt. Wie Vargas U. 1962, 200 erwähnt, ging die Bulle entsprechend dem Patronatsrecht zunächst von Rom nach Madrid und mußte von dort an die Bischöfe Amerikas versandt werden, was nach Ayacucho nicht mehr möglich war. Deshalb wurde die Enzyklika durch die erwähnte spanische und andere französische und englische Presseveröffentlichungen in Amerika bekannt, was die dort geäußerten Zweifel an ihrer Echtheit erklärt. Unzutreffend ist Zurettis Annahme (1945, 225–230), der Vatikan selbst habe auf die Absendung der Bulle nach Bekanntwerden der Niederlage von Ayacucho verzichtet.
[18] Diese Feststellungen Quirartes (1967, 161f) in Bezug auf Mexiko wird man cum grano salis verallgemeinern können.

kanischen Nationalkirche unabhängig von Rom vorzuschlagen[19]. In der Zentralamerikanischen Föderation sollte es kurz darauf zur selbständigen Schaffung des Bistums San Salvador kommen, für das Matías Delgado als Bischof eingesetzt wurde, so daß manche Autoren von einem „schismatischen Bischof" sprechen[20]. In der Tat fehlte es angesichts der ablehnenden oder doch äußerst zögernden Haltung Roms gegenüber den unabhängigen Staaten nicht an Stimmen, die die Schaffung unabhängiger Nationalkirchen forderten[21].

e) Die Handlungsschwäche Roms, das ständig unter dem Druck der Mächte der Heiligen Allianz stand, wurde dadurch verstärkt, daß in jener kritischen Zeit innerhalb von neun Jahren vier verschiedene Päpste auf dem Stuhl Petri saßen: Pius VII. 1800—23; Leo XII. 1823—29; Pius VIII. 1829—30; Gregor XVI. 1831—46[22]. Daß es nicht zur Bildung unabhängiger Nationalkirchen in großem Stil kam, ist wesentlich der Einsicht und Geduld der Lateinamerikaner und namentlich Bolívars zu verdanken.

Der auf seine Anregung hin von Groß-Kolumbien nach Italien entsandte Sonderbotschafter Ignacio de Tejada mußte von September 1824 bis Mitte 1826 warten, bis er von Leo XII. empfangen wurde, nachdem der spanische Botschafter es 1824 fertiggebracht hatte, Tejadas Ausweisung aus Rom und schließlich sogar aus dem Vatikanstaat zu erwirken[23]. Über zwei Jahre mußten nach Ayacucho vergehen, bis endlich

---

[19] Mier, León XII. y los Países Hispanoamericanos, wiederabgedruckt in der ‚Gaceta del Gobierno de Lima' (Mai 1826) und der ‚Gaceta Mercantil' von Buenos Aires (Juni 1826). Vargas U. 1962, 202f zitiert verschiedene andere Pressestimmen, die die Enzyklika als Frucht politischer Manöver der Heiligen Allianz deuten.

[20] So Tormo 1962f III, 181; Dussel 1972, 113 spricht etwas zurückhaltender vom ‚obispo semi-cismático de San Salvador', während Batllori 1967, 442 irrtümlich vom „establishment of a schismatic bishopric in Guatemala" spricht. Die Errichtung des Bistums Salvador ist vom Kongreß der Zentralamerikanischen Föderation ohne das Einverständnis des Erzbischofs von Guatemala beschlossen worden, der diesen Schritt für null und nichtig erklärte. Leo XII. forderte Delgado brieflich auf, „sich von dem illegitim usurpierten Amt zurückzuziehen und umzukehren von dem Weg des Verderbens..." — vgl. Arciniegas 1972, 350, der diesen Brief auszugsweise zitiert.

[21] Vgl. Belege dazu bei Arciniegas 1972, 349f und Dussel 1972, 111 Anm. 20. Zu erwähnen sind die vorläufige ‚Constitución civil del clero' von Miranda, Haltung und Reden des Abtes Dominico de Pradt in Paris, der für jeden Staat die Errichtung eines Patriarchates vorschlug, das den nationalen Episkopat unabhängig von Rom leiten sollte, die unnachgiebige Haltung Delgados, die Polemik Miers und die Drohung Bolívars, seine Mission von Rom zurückzuziehen und auf der Panamá-Konferenz von 1826 eine eigenständige Lösung der Kirchenfrage des Subkontinents zu erarbeiten. Dieses Schreiben Bolívars kreuzte sich mit der Information von Ignacio de Tejada aus Rom, daß Leo XII. ihn endlich empfangen und die Ernennung von Bischöfen für Großkolumbien zugesagt habe. Es ist deshalb nicht mehr überreicht worden.

[22] Auf diesen oft übersehenen Umstand macht Murray 1965, 106f aufmerksam.

[23] Vgl. im einzelnen Vargas U. 1962, 286–298. Die Grundlage der Entsendung Tejadas war der erwähnte Briefwechsel zwischen Bischof Lasso und Pius VII. – s. o. Anm. 12. Furlong 1957, 123 bemüht sich, das Gewicht der Bulle „Etsi iam Diu" zu verringern. Er spricht von der flexiblen Haltung Leos XII., habe dieser doch knapp vier Monate nach der Bulle bereits ein sehr herzliches Breve an das Domkapitel von Bogotá gerichtet (10. 1. 1825) und darin begeistert die Unabhängigkeit begrüßt, was noch deutlicher in einer offiziellen Antwort an den Präsidenten Mexikos, General Guadalupe Victoria, wurde (20. 6. 1825), den er den „inclito duce" (rechtmäßigen Führer) nannte und ihm zu dem Frieden beglückwünschte, den er der mexikanischen

im Konsistorium vom 21. Mai 1827 Erzbischöfe für Santa Fe de Bogotá und Caracas, Fernando Caicedo und Ramón Ignacio Méndez, und Bischöfe für Santa Marta, Cuenca, Quito und Antioquia ernannt wurden, nachdem die kirchliche Problematik der Neuen Welt im vorherigen Konsistorium vom 13. August 1826 ausführlich erörtert worden war, und zwar auf dem Hintergrund der akuten Gefahr eines Schismas, die Rom nach dem Vorgang von San Salvador deutlich wurde, sowie angesichts der Petitionen aus Groß-Kolumbien „und sogar aus dem entfernten Charcas".

Kardinal Cappellari, der sich mehr und mehr zum Fachmann für Lateinamerika entwickelte und während seines Pontifikats (ab 1831) eine realistischere Politik einschlagen sollte, indem er die geistlichen Bedürfnisse der Völker den politischen Forderungen überordnete, machte schon unter Leo XII. seinen Einfluß dahingehend geltend, daß nicht nur Apostolische Administratoren oder Titularbischöfe in partibus, sondern Residenzbischöfe ernannt wurden.

Die Rücksicht auf Spanien beschränkte sich darauf, daß dies motu proprio erfolgte, was auch geboten erschien, um eine de facto-Anerkennung des Präsentationsrechtes, das die Regierungen beanspruchten, zu vermeiden. Wenngleich Leo XII. sich bezüglich der Auswahl der Kandidaten an die Vorschläge Bolívars hielt, entsprach er ausschließlich den geistlichen Bedürfnissen und vermied eine Verquickung mit der Politik, wäre doch die Ernennung auf Vorschlag der Regierung Groß-Kolumbiens einer politischen Anerkennung derselben gleichgekommen. Trotzdem reagierte die spanische Regierung mit einem geharnischten Protest und wies den neuen, gerade eingereisten päpstlichen Nuntius wieder aus Spanien aus[24].

f) Daraufhin ging Leo XII. wieder einen Schritt zurück und verpflichtete sich entgegen dem Rat von Capellari, der unterdes Präfekt der Propagandakongregation geworden war, gegenüber Spanien, fortan nur noch Apostolische Vikare zu ernennen, womit die Empfindlichkeit der jungen Republiken gereizt werden mußte, die darin eine bewußte Degradierung sahen, hatten ihre Diözesen doch vielfach eine jahrhundertelange Geschichte[25]. Während Rom für Großkolumbien am System der Residenzbischöfe festhielt und angesichts des plötzlichen Todes des noch nicht einmal konsekrierten Bischofs von Quito entsprechend dem Vorschlag des kolumbianischen Kongresses den Bischof von Mérida, Rafael Lasso de la Vega, nach Quito versetzte und zum Erzbischof ernannte und Buenaventura Arias zum Hilfsbischof für Mérida (1828), beschränkte es sich für Chile 1828 auf die Ernennung von zwei Apostolischen Vikaren für Santiago und Concepción[26], ernannte aber gleichzeitig einen Titularbischof für Cuyo in Argentinien[27].

Nation gebracht habe. Arciniegas 1972, 349 erwähnt ein ähnlich freundliches Schreiben an den amtierenden Präsidenten von Großkolumbien, Francisco de Paula Santander, bemerkt aber insgesamt zur Verfahrensweise Roms: „Spanien ist in Ayacucho leichter geschlagen worden als in Rom."

[24] Vargas U. 1962, 299ff und Aubert 1971, 203.   [25] Aubert aaO.

[26] Am 22. 12. 1825 war Bischof Rodríguez von Santiago des Landes verwiesen worden, nachdem er unter Druck seine Vollmachten auf den Kanoniker Antonio Elizondo übertragen hatte. Bis zu seinem Tode 1831 in Spanien konnte Rom nur mit dem Einverständnis von Rodríguez einen Vikar ernennen. In vertraulicher Mission war Cienfuegos 1828 erneut nach Rom gereist, um eine Lösung für das Führungsproblem der chilenischen Kirche zu suchen. Im Konsistorium vom 15. 12. 1828 wurde Cienfuegos zum Titularbischof für Concepción und Manuel Vicuña für Santiago ernannt. Trotz Bedenken wegen des Motu proprio gab der Kongreß am 29. 10. 1829 den ‚pase'. Gregor XVI. erhob später beide zu Residenzbischöfen – Vargas U. aaO 99ff.

[27] Leo XII. ernannte am 22. 12. 1828 Fr. Justo de Santa María de Oro OP zum Titular-

Päpstliche Initiativen zur kirchlichen Restauration in der post-emanzipatorischen Phase des 19. Jahrhunderts

●●●● *Mexiko-Stadt:* 1851–61 *Apostolischer Legat.* 1864–65 *Nuntius am Hofe Maximilians.* 1896–99 *Apostolischer Visitator.*

═══ *Santo Domingo:* 1822 *Apostolischer Vikar.* Glori de Macri zur Ordnung der kirchlichen Verhältnisse im Antillen-Raum. 1823 politischer Intrigen beschuldigt und ausgewiesen.

▬ ▬ ▬ *Santa Fe de Bogotá:* 1837 *Internuntius für Kolumbien* und *Apostolischer Legat für Spanisch-Amerika.* 1837–42 Gaetano Baluffi. 1842–50 Lorenzo Barilli (nur Geschäftsträger?). Ab 1851 Barilli wieder als Internuntius für Kolumbien und Legat für Ekuador, Peru, Bolivien und Chile. 1853 Abbruch der diplomatischen Beziehungen Kolumbiens mit dem Vatikan – Barilli residierte trotzdem weiter in Bogotá. 1857 Mieczyslaw Graf Ledóchowski. 1861 Ausweisung Ledóchowskis – *Quito:* 1861–77 Sitz des Apostolischen Legaten für Ekuador und Peru.

▬●▬● *Rio de Janeiro:* 1830 *Apostolischer Nuntius.* 1830–32 Pietro Ostini. 1832–40 Fabbrini (Geschäftsträger). 1840 – Jahrhundertwende: *Internuntius.* Zuständigkeit: 1830–36 für ganz Lateinamerika. 1836–40 de iure für Brasilien, de facto wegen besserer Postverbindung auch für Uruguay, Argentinien und Chile. Ab 1840 auch de iure für die genannten Länder. Ab 1842 de iure für ganz Lateinamerika mit Ausnahme der von Bogotá betreuten Andenstaaten bis 1877 sowie mit zeitweiliger Ausnahme einiger La Plata-Staaten.

▬▬ ▬ ▬▬ *Paraná (Argentinien):* 1849 *Apostolischer Legat.* 1849–51 Besi für Argentinien, Uruguay und Paraguay. 1857–64 Marino Marini für Argentinien, Uruguay, Paraguay, Chile und Bolivien.

▬▬▬ *Muzi-Mission:* 5. 10. 1823 ab Genua – 4. 1. 1824 Buenos Aires – Córdoba – Mendoza – 6. 5. 1824–19. 9. 1825 Santiago – 19. 9. bis 30. 9. 1825 Valparaiso – Ende 1825 Montevideo.

g) Pius VIII. ernannte am 7. Oktober 1829 den von Muzi 1824 heimlich zum Apostolischen Legaten mit den Vollmachten eines Kapitularvikars für Buenos Aires gemachten Mariano Medrano zum Titularbischof, aber es sollte bis 1834 dauern, bis die Regierung der ‚Provincias Unidas' Medrano anerkannte, weil sie ihre Patronatsrechte als verletzt ansah[28]. Weder unter Leo XII. noch unter Pius VIII. führten hingegen die Verhandlungen mit dem mexikanischen Gesandten Pablo Vázquez zum Ziel. Der volkreichste katholische Staat der Neuen Welt war ab 1829 ohne einen einzigen Bischof, lehnte aber die Degradierung auf den Status eines heidnischen Missionsgebietes ab, wie sie die Ernennung von Titularbischöfen in partibus implizierte. Der Vatikan seinerseits brachte den vorgeschlagenen Bischofskandidaten kein Vertrauen entgegen, hielt die Regierungen in Mexiko für zu wenig stabil und wollte es an Rücksicht für die spanischen Interessen nicht fehlen lassen[29]. Die entscheidende Neuerung, die Pius VIII. zur Milderung der Führungskrise der Kirche in Amerika einführte, war die Errichtung einer Nuntiatur in einem amerikanischen Staat, der von der Hl. Allianz anerkannt war, nämlich in Brasilien im Jahre 1830. Indes stellte Nuntius Ostini bald fest, daß die Kommunikation mit Zentralamerika, dem La Plata und der südamerikanischen Westküste praktisch nur auf dem Umweg über die USA oder England möglich war. Dennoch erwies sich die Nuntiatur als nützlich[30].

h) Gregor XVI. (1831–46) und seine Nachfolger dehnten das System der Nuntiaturen in Lateinamerika aus (vgl. S. 414 ff). Gregor, der schon als Kardinal Cappellari für die Ernennnung von Residenzbischöfen eingetreten war, widmete sich unverzüglich der kirchlichen Restauration in Lateinamerika. Trotz „seiner unnachgiebig antiliberalen Haltung" überwand er alle diesbezüglichen Hindernisse und reorganisierte in den ersten fünf Jahren seines Pontifikates die Hierarchie in Mexiko, Argentinien, Chile, Uruguay und Peru[31]. In den Jahren 1839–42 beendete er die irreguläre Lage in San Salvador, das er offiziell zum Bistum erhob, und 1844 nahm er den ersten Kontakt zu Paraguay auf, indem er den ihm vom Staatschef Carlos Antonio López präsentierten Bruder Basilio López zum Bischof von Asunción ernannte[32].

---

bischof für Cuyo, eine neue Diözese, die er von Córdoba abtrennte – Vargas U. aaO 338.

[28] Vargas U. aaO 339f.   [29] Quirarte 1967, 162ff.   [30] Garaycoa 1964, 46ff.
[31] Vgl. Batllori 1967, 442 – zur Anerkennungs Kolumbiens vgl. Abschnitt 431.
[32] In der Bulle „Solicitudo Ecclesiarum" von 1831 erläuterte Gregor XVI. seine Kirchenpolitik gegenüber Lateinamerika – Aubert 1971, 204. Zu *Paraguay* vgl. Mecham 1966, 192; Vargas U. aaO 342 und Egaña 1966, 759ff; s. Abschnitt 41234. Zu *Peru*: Nachdem Erzbischof Las Heras 1822 von der revolutionären Regierung, die einen Teil des Landes beherrschte, ausgewiesen worden war, hatte Vizekönig La Serna, der noch den Südteil des Landes in der Hand hatte, kraft Patronatsrecht im selben Jahr Bischof Goyeneche von Arequipa zum Metropoliten ernannt. Goyeneche behielt diese Funktion bis zur endgültigen Unabhängigkeit Ende 1824. 1825 wurde Dr. Carlos Pedemonte, der Kapitularvikar von Trujillo, vom Kongreß und von Bolívar zum Erzbischof von Lima und der Dechant Echagüe von Lima zum Bischof von Trujillo bestellt. Die politische Reaktion des Jahres 1827 erkannte die Maßnahmen des Kongresses von 1825 aus Opposition gegen den inzwischen abgereisten Bolívar nicht an. 1831 starb Pedemonte, ohne daß die Reorganisation der Hierarchie in Peru vorangekommen war. Inzwischen hatte indes Bischof Goyeneche mit einem

i) Während des langen *Pontifikats von Pius IX.* (1846—78) ging es nicht mehr um die Anknüpfung der Beziehungen zwischen der Kurie und den unabhängigen Staaten, sondern um ihre langfristige Konsolidierung, die im Zeichen häufiger Machtverschiebungen zwischen Liberalen und Konservativen und einem übersteigerten Souveränitätsanspruch seitens der Regierungen von der Kurie großes Fingerspitzengefühl und Flexibilität erforderte. Obgleich Pius IX. Südamerika aus eigener Anschauung kannte und bei seiner Wahl als ein Mann des Liberalismus galt, wirkte sich seine Politik gegenüber den lateinamerikanischen Staaten wenig segensreich aus.

Nachdem er 1848 vor den italienischen Nationalisten nach Gaéta in neapolitanisches Gebiet geflohen war und 1850 im Schutz französischer Truppen Napoleons III. wieder in den Vatikan einzog, hatte er offenbar eine innere Wandlung durchgemacht. „Seine Politik geriet von nun an ganz in das Fahrwasser unnachgiebiger Reaktion und schroffsten, unzeitgemäßen Absolutismus', vor allem unter dem Einfluß des neuen Kardinal-Staatssekretärs Antonelli — er war kein Priester —, einer der verhängnisvollsten Erscheinungen der neueren Papstgeschichte..."[33] Pius IX. war weder in der inneritalienischen noch in der lateinamerikanischen Szene imstande, zwischen Angriffen auf die weltliche Macht von Papsttum und Kirche und Angriffen auf Glauben und Dogma zu unterscheiden. „Er konnte oder wollte die Kirche nicht der Evolution anpassen, die die Gesellschaft radikal veränderte. Besessen wie er war von der Drohung der liberalen und der nationalen Revolution, erkannte er nicht, daß eine dritte Revolution auf dem Marsch war: die soziale Revolution, und daß auch ihr gegenüber die Kirche Stellung beziehen mußte."[34]

Pius IX. blieb unbeugsam gegenüber allen Reformwünschen und verdammte in einer Enzyklika am *8. Dezember 1864*, die von einem Syllabus begleitet war, scharf alle Bestrebungen des Liberalismus. Diese *Enzyklika „Quanta cura" und der Syllabus* mit seinem Verzeichnis der 80 „hauptsächlichen Irrtümer unserer Zeit" verurteilten u. a. die mit dem modernen Liberalismus zusammenhängenden Irrtümer wie die Forderung nach Religions- und Meinungsfreiheit, die laizistische Erziehung bzw. das Recht des Staates, die Freiheit der Erziehung gesetzlich zu garantieren, die Bildung laikaler Staaten, die die Kirche der staatlichen Autorität und Souveränität unterordnen wollen, wie überhaupt das Prinzip der Volkssouveränität sowie den Satz, „daß der Papst sich mit dem Fortschritt, dem Liberalismus und der modernen Zivilisation aussöhnen und verständigen könne und solle"[35].

Wenn diese Verlautbarung schon in den gefestigteren europäischen Staaten große Erregung hervorrief und ihre Veröffentlichung in einigen Staaten verboten wurde, läßt sich denken, wieviel mehr sie die liberalen Kräfte in Lateinamerika gegen die römische Kirche aufbringen mußte, deren politischer Einfluß über die Konservativen noch mächtig, wenn nicht bestimmend war. Die Reaktion gegen die römische Kirche wurde noch gesteigert durch die an sich gegen die italienischen Nationalisten gerichtete Enzyklika *„Ubi Vos"* (1871), die anläßlich der gewaltsamen Aufhebung des Kirchenstaates (1870) allen die Exkommunikation androhte, die weltliche Rechte der Kirche übernahmen,

---

Brief von Okt. 1828 den direkten Kontakt zur Kurie hergestellt — Vargas U. aaO 194—230; Tormo 1962f III, 117.

[33] Kühner 1965, 158.

[34] Daniel Rops, L'église des révolutions, Paris 1960, 568 zitiert nach Quirarte 1967, 310f.

[35] Vgl. Schwaiger 1968, 23f.

was die lateinamerikanischen Bischöfe analog auf ihre Situation übertragen konnten. Die schroffe Absage an die moderne Kultur, den modernen Staat und die freiheitlichen Errungenschaften seit der Französischen Revolution drängte die römische Kirche nicht nur zunehmend in die Isolation, sondern mußte bei den Liberalen das ideologisch gefärbte Feindbild der Kirche bestätigen und folglich auch in Lateinamerika radikale Lösungen im Verhältnis von Kirchen und Staaten begünstigen[36].

In dieselbe Richtung wirkte die lehramtliche Definition der päpstlichen *Infallibilität auf dem Vatikanum I*, (1869—70), in der man den Höhepunkt der klerikalen Restauration sehen kann, deren Ideologie sich schon 1799 in der programmatischen Frühschrift Cappellaris „Il trionfo della Santa Sede" ankündigte, die erst in seinem Pontifikat ab 1831 größere Publizität erlangte[37] und deren sichtbares Zeichen nicht zuletzt die Restitution der Gesellschaft Jesu am 7. August 1814 durch Pius VII. war, wenige Monate nach dem Untergang des napoleonischen Frankreich. Gleichzeitig bezeichnet das Vatikanum I einen Triumph der ultramontanen Bewegung. Der den römischen Zentralismus bejahende und fördernde *Ultramontanismus* (vgl. 31421) schien in einem Land wie dem revolutionären Frankreich, das „dem Klerus jede Anlehnungsmöglichkeit im eigenen Nationalstaat nahm"[38], eine berechtigte Alternative zum vorherigen Gallikanismus darzustellen, mußte aber in den lateinamerikanischen Staaten, die sich die Kirche als Werkzeug ihrer Politik erhalten wollten, als Herausforderung wirken und zu ständigen Konflikten führen. Trotzdem gewann der Ultramontanismus als einzige erkennbare Alternative zur Abhängigkeit der Kirche vom Staat auch in Lateinamerika im Laufe des 19. Jahrhunderts immer mehr an Boden. Die römische Kirche war in jener Zeit in der Neuen Welt eine um ihr Überleben und ihren Bestand ringende unzeitgemäße Erscheinung, die von der Intelligenzschicht häufig als Überbleibsel der Kolonialzeit angesehen wurde. Sie schien zum langsamen Dahinsiechen verurteilt, war doch die Dekadenz der geistlichen Orden offenkundig und fehlte es generell an schöpferischer Kraft, die zur Erneuerung des Klerus und zur Hervorbringung und Gestaltung neuer Initiativen erforderlich gewesen wäre[39]. Es nimmt deshalb nicht wunder, daß die Hierarchie der Regionalkirchen, denen es an Kraft zur Durchführung der kirchlichen Restauration fehlte, sich hilfesuchend an Rom wandten. Eine der Antworten Pius' IX. war die Gründung des *Collegium Pio Latinoamericanum* in Rom im Jahre 1859, in dem ganze Priestergenerationen erzogen wurden, die später als Bischöfe in Brasilien und den spanisch-sprachigen Republiken dazu beitrugen, daß auf die Zyklen der indianischen und der hispanischen Christenheit nun ein römischer Zyklus folgte, der die religiöse Abhängigkeit bis zum Vatikanum II in veränderter Form fortsetzen sollte. Die *Romanisierung von Kirche und Theologie* wurde verstärkt durch den ab Mitte des 19. Jh. anwachsenden Zustrom von Priestern und Kongregationen aus Italien und Frankreich. Hierarchie und Klerus bezogen fortan ihre geistigen Anregungen zur Auseinandersetzung mit dem Zeitgeist fast ausschließlich aus den päpstlichen Enzykliken, deren Sitz im Leben in der ganz anderen poli-

---

[36] Quirarte aaO 306; zur Enzyklika „Ubi Vos" vgl. auch Heyer 1963, 123.
[37] 1833 erschien diese Schrift in deutsch — Heyer aaO 109.
[38] Vgl. Heyer aaO 120f, der zu Recht darauf hinweist, daß das protestantische Urteil über den Ultramontanismus sich in der Gegenwart angesichts eigener protestantischer, internationaler, ökumenischer Zusammenschlüsse wandele.
[39] Comblin 1969, 174.   [40] Methol 1968, 78.

tischen, geistesgeschichtlichen und religiösen Situation Europas zu suchen ist. Der kirchlich-theologischen Abhängigkeit des lateinamerikanischen Katholizismus von Rom entsprach eine wachsende kulturelle und wirtschaftliche Abhängigkeit der nationalen Gesellschaften von England und Frankreich[40]. Die Abhängigkeit von Rom wurde strukturell dadurch erheblich verstärkt, daß mit der Ablösung des Patronatsrechtes der spanischen Krone auch die damit gestützte *Metropolitanverfassung zusammenbrach*. In Angleichung an die Entwicklung seit Trient hatten die Erzbischöfe in den unabhängigen Republiken keinen wesentlichen Vorrang vor den Bischöfen mehr, die dem Papst direkt verantwortlich waren, so daß die Erzbischöfe auch die nationale kirchliche Entwicklung nicht mehr koordinieren konnten. Durch die Entsendung von Nuntien regierte der Papst direkt in die Landeskirchen hinein. Obgleich die Nuntien kirchenrechtlich keine Autorität über die Bischöfe haben, übten sie diese de facto aus. Angesichts der zahlreichen Auseinandersetzungen der Nationalstaaten mit dem Vatikan über die von diesen beanspruchte Fortführung des Patronatsrechtes wurde die Stellung der Landeskirchen gegenüber den Regierungen durch die Aushöhlung der Metropolitanverfassung erheblich geschwächt.

Pius und seine Nachfolger versuchten, die unklare Rechtslage seit der Unabhängigkeit durch den *Abschluß von Konkordaten* mit den lateinamerikanischen Staaten zu beseitigen. Konkordate kamen 1851 mit Bolivien, 1852 mit Guatemala und Costa Rica, 1860 mit Haiti, 1861 mit Honduras und Nikaragua, 1861 mit Venezuela und Ekuador und 1887 mit Kolumbien zustande. Konkordatsabschlüsse gelangen nur zu Zeitpunkten, in denen diese Staaten fest in der Hand einer konservativen Mehrheit waren und wurden nicht selten später unter der Herrschaft von Liberalen revidiert oder völlig in Frage gestellt. So gelang Bischof Guevara von Caracas 1862 im Auftrage der venezolanischen Regierung in Rom zwar der Abschluß eines Konkordats, aber die venezolanische Kammer ratifizierte es nicht, weil der Mehrheit der oberste Grundsatz der nationalen Souveränität durch die Bestimmungen über Patronatsrecht und kanonisches Recht nicht eindeutig genug beachtet zu sein schien[41]. Auch das von García abgeschlossene Konkordat rief heftige Proteste unter den Liberalen Ekuadors hervor, die wie alle Liberalen jener Epoche von ihrer Ideologie her kein wie auch immer geartetes Konkordat akzeptieren konnten, meinten sie doch, es bedinge die Koexistenz zweier souveräner Gewalten auf dem nationalen Territorium: derjenigen Roms und der des Staates[42]. Unter Alfaro sollten dann 1899 durch ein Patronatsgesetz zahlreiche Bestimmungen des Konkordats außer Kraft gesetzt werden, was zum Abbruch der diplomatischen Beziehungen zwischen Rom und Quito bis zum Jahre 1937 führte.

Gegen Zugeständnisse in der Frage des Patronats versuchte die Kurie durch die Konkordate die traditionellen Privilegien der Kolonialkirche zu erhalten. Die katholische Religion wurde verbindlich zur Staatsreligion gemacht und ein entsprechender Artikel in die Verfassung aufgenommen, falls er noch nicht vorhanden war. „Ferner wurde in den Konkordaten das Missionsrecht geregelt, die Gültigkeit des kanonischen Rechtes in Ehefragen, die Schulauf-

---

[41] Navarro 1929, 241ff; Jacobs 1963, 51 zählt irrtümlich dieses nicht in Kraft getretene Konkordat mit Venezuela ohne Kommentar mit den anderen rechtsgültigen Konkordaten auf.
[42] Pareja 1962, 285.

sicht, das Privatschulrecht, die Unterstützung der Kirche durch den Staat, die Behandlung fremder Religionsgesellschaften usf." Zum anderen bemühte sich Rom durch *Parteinahme für die kirchenfreundlichen konservativen politischen Gruppierungen,* indirekt die klerikale Prärogative auf geistlichem und weltlichem Gebiet zu beeinflussen. „Diese Eingriffe in die politischen Auseinandersetzungen und Parteikämpfe haben zur Politisierung des südamerikanischen Katholizismus und zur Destruktion seines geistlichen Auftrages wesentlich beigetragen."[43] Dabei stand der Anspruch der Hierarchie auf politischen Einfluß in einem immer deutlicheren Mißverhältnis zur religiösen Basis der Kirche, war doch die Entwicklung in diesem Zeitraum gekennzeichnet von einer zunehmenden Privatisierung der Religion.

„Die Religion tritt... von der autoritären Lenkung durch Kirche und Staat in die private Gefühls- und Entscheidungssphäre des einzelnen", was das Vordringen des auf die persönlichen Gefühle, auf eigene Entscheidung und Bekehrung abzielenden missionarischen Protestantismus erleichterte. Für die Übergangszeit ist im Katholizismus die „tiefgreifende Scheidung zwischen traditionsgebundenem Festhalten am aristokratischen Geist und der Aufgeschlossenheit für den Fortschritt" charakteristisch, die „sich auch im Klerus niederschlägt. Die höhere Geistlichkeit hält es mit dem Grundbesitz und im allgemeinen mit der Regierungsprominenz, die niedere ist oft so liberal eingestellt, daß offene Abtrünnigkeit vom Glauben in ihren Reihen kaum auffällt.

In der Literatur ist ‚Gott' kein Thema, das die südamerikanischen Literaten der Epoche gern behandelt hätten. Schon die entschiedene Hinwendung zur indianischen Vergangenheit bedeutete, in diesem Licht gesehen, eine Loslösung vom Christentum. Das spanisch-portugiesische Mittelalter der Reconquista war bis ins Mark christlich gewesen, das ‚Mittelalter' Amerikas heidnisch. Vor der Tür stehen die Zweifel des realistischen Zeitalters ... Die religiöse Mittellage der Amero-Romantik kann man als einen verschwommenen, noch von der Aufklärung übernommenen Deismus bezeichnen, der durchaus dem politischen Liberalismus entsprach. Bis zu einer eigenen, das Wesen der amerikanischen Romantik erschöpfenden Darstellung des Göttlichen sind die Dichter und Schriftsteller jener Zeit nicht durchgedrungen."[44]

4122 *Die Rolle des Protestantismus*

Im hier betrachteten Zeitraum gewann das Christentum in der Neuen Welt eine neue Dimension durch das Eindringen des Protestantismus. War dessen Anhängerschaft auch im 19. Jahrhundert rein zahlenmäßig noch sehr klein, so deckte sich doch das Christentum nicht mehr mit der traditionellen lateinamerikanischen Christenheit. Nachdem unbeschadet weiterer Einzelheiten im Abschnitt 43 in einem ersten Abschnitt die Ausbreitung des Protestantismus im Zeitraum von 1807 bis 1880 skizziert wird, soll in einem zweiten Abschnitt seine Bedeutung für die traditionelle Kirche und Gesellschaft beleuchtet werden.

41221 *Das Vordringen des Protestantismus nach Lateinamerika*

Erste Periode 1807–1850[45]

Diese Periode bezeichnet die Epoche der Unabhängigkeitskämpfe und der auf sie folgenden „nationalen Konsolidierung" der jungen Staaten des balkanisierten Latein-

---

[43] Jacobs 1963, 51.   [44] Grossmann 1969, 213f.
[45] Versuche zur Periodisierung der Entwicklung des Protestantismus in Latein-

amerika, die sich dem Kapitalismus im Zeichen des Liberalismus öffneten und als Rohstoffmärkte in die Abhängigkeit des britischen Weltreiches gerieten. Es entwickelte sich die Dialektik von „Zivilisation und Barbarei", wobei in jedem Staat diejenigen Gruppen, deren Interessen mit denen der Hegemonialmächte (in erster Linie Großbritanniens) übereinstimmten, sich deren Verständnis von „Zivilisation" zu eigen machten. Das brachte bei den liberalen Führern auch eine gewisse Aufgeschlossenheit und Toleranz gegenüber dem Protestantismus mit sich, an einigen Orten auch eine mehr oder weniger diskrete Unterstützung der protestantischen Sache – z. B. in Buenos Aires in den zwanziger und in Mexiko in den fünfziger Jahren. Einen Synchronismus zwischen dem Aufkommen liberaler, antiklerikaler Regierungen und dem Beginn der protestantischen Missionstätigkeit kann man auch noch später in Lateinamerika beobachten[46].

Kolporteure der Bibelgesellschaften und Kaufleute, Techniker und Industrielle verschiedener Nationen, die sich vorwiegend in den Hafenstädten niederließen, brachten den Protestantismus nach Lateinamerika. Während sich die Vertreter der Bibelgesellschaften in erster Linie ohne konfessionelle Nebenabsichten an Katholiken und katholische Hierarchie wandten, taten sich die ausländischen Residenten zu Auslandsgemeinden der anglikanischen, schottisch-presbyterianischen und evangelischen Kirchen des deutschen Sprachraumes zusammen. In Brasilien entstanden durch Einwanderung die ersten ländlichen Gemeinden evangelischer Kolonisten aus Deutschland. Gegen Ende dieses Zeitabschnitts kam es auch zur Bildung der ersten Kongregationen nordamerikanischer Presbyterianer und Methodisten. Im allgemeinen war die protestantische Arbeit auf ausländische Residenten bzw. auf die Einwanderer beschränkt. Das gilt weitgehend auch für die früheste dauerhafte protestantische Gemeindebildung im 19. Jahrhundert, die 1807 von englischen Methodisten in Haiti begonnen wurde, jenem Land, das 1803 als erstes in Lateinamerika die Unabhängigkeit erlangt hatte. Die Methodisten widmeten sich hier nicht der französisch-sprachigen Bevölkerung, sondern englisch-sprachigen Negern, die auf der Suche nach Freiheit von der Sklaverei nach Haiti kamen[47]. 1836 faßten die Methodisten in Argentinien und 1839 in Uruguay Fuß, die Presbyterianer ebenfalls 1836 in Argentinien und 1846 in Chile.

Zweite Periode 1850–1880

Dies waren die „goldenen Jahre" des europäischen Einflusses im allgemeinen und des englischen Einflusses im besonderen. Durch die massive europäische Einwanderung, speziell in die ABC-Staaten und nach Uruguay, kam es zu gesellschaftlichen Umformungsprozessen. Die Woge protestantischer Einwanderer führte zur Verstärkung der Gemeinden europäischer protestantischer Tradition (Iglesias del Trasplante) und zu Neubildungen. Ganz neue Gruppen kamen hinzu wie die 1858–61 nach Uru-

---

amerika sind in geringer Zahl unternommen worden. Damboriena 1962, 17ff teilt die Zeit von der Unabhängigkeit bis 1960 in vier Abschritte ein, wobei ihm als Kriterien die Art der Organisation der protestantischen Kräfte und das Maß ihrer Ausbreitung dienen. Büntig und seine Mitarbeiter (Esperanza) definieren ebenfalls vier, jedoch auch anders abgegrenzte Perioden. Sie ziehen dabei politische und sozio-ökonomische Kriterien heran. Die hier und in Abschnitt 42 gegebene Periodisierung basiert auf Elementen beider Schemata und auf eigenen Arbeitsergebnissen.
[46] Latourette 1943, 117 macht z. B. auf den Fall Ekuador aufmerksam, wo 1895 mit Alfaro die Liberalen an die Macht gekommen sind und 1897 mit W. E. Reed von der Gospel Union of Kansas City der erste protestantische Missionar ankam, obgleich die Verfassung noch keine religiöse Toleranz vorsah.
[47] González 1969, 66f.

guay und Argentinien ausgewanderten Waldenser, die auch unter den Katholiken missionarisch aktiv wurden[48]. Wenn man von den Herrenhuter Brüdern absieht, die schon seit 1734 auf den nicht-spanischen Antillen und in Niederländisch-Surinam und Berbice, dem heutigen Niederländisch-Guayana, und seit 1849 auch an der britisch besetzten Mosquito-Küste von Nikaragua missionarisch tätig waren, so begann im dritten Viertel des 19. Jahrhunderts die eigentliche protestantische Mission in Lateinamerika. Es waren wesentlich die „traditionellen Denominationen" aus den USA (Presbyterianer, Methodisten, Episkopale), die über die eingewanderten Gruppen hinausgingen und das Bekehrungswerk an der spanisch- und portugiesisch-sprachigen Bevölkerung in die Hand nahmen und die ersten Kongregationen bildeten, die sich ausschließlich der einheimischen Sprachen bedienten. Die Mission der traditionellen Denominationen in Brasilien hatte einen wesentlichen Impuls erhalten durch die Einwanderung einer größeren Zahl von Baptisten, Methodisten und Presbyterianer aus den Südstaaten der USA nach dem für sie enttäuschenden Ausgang des Sezessionskrieges (1863–65), da die Organisationen der Heimatkirchen in den Südstaaten sich der Auswanderer annahmen, ihnen bei der Bildung von Kongregationen halfen und diese dann als Ausgangspunkte für die Missionsarbeit in Brasilien benutzten[49]. Die Kongregationen ausländischer Residenten wurden in entstehende denominationelle Organisationsformen einbezogen. Die Presbyterianer drangen 1856 nach Kolumbien, 1859 nach Brasilien, 1872 nach Mexiko und 1882 nach Guatemala vor, die Methodisten 1873 nach Mexiko, 1886 nach Brasilien, 1890 auf die Antillen und gegen Ende des 19. Jahrhunderts auch nach Costa Rica, Panamá und Bolivien. Abgesehen von den englischen Besitzungen breiteten sich die Anglikaner und Episkopalen langsamer aus und setzten sich hauptsächlich an den strategisch bzw. handelsmäßig wichtigsten Punkten des Subkontinents fest.

41222 Die kirchliche und gesellschaftliche Herausforderung durch den Protestantismus

Im Kontext einer Christenheit, die mehr politisch als geistlich genährt wurde[50], in der Hierarchie und konservative Kreise mit aller Macht versuchten, die Deckungsgleichheit zwischen traditioneller Christenheit und Gesamtbevölkerung zu erhalten, stellte schon die bloße Anwesenheit protestantischer Residenten- und Einwanderergemeinden eine Herausforderung dar, wieviel mehr die von evangelischen Missionaren. Die übereinstimmende Forderung von Einwanderer- und Missionsgemeinden nach religiöser Toleranz und nach der Trennung von Thron und Altar bzw. Kanzel in Brasilien und Staat und Kirche in den spanisch-sprachigen Republiken stellte den kirchlich-gesellschaftlichen status quo in Frage und deckte sich mit entsprechenden Forderungen der Liberalen. Auch wenn man heute rückblickend die überschwengliche Bewunderung der lateinamerikanischen Eliten des 19. Jahrhunderts und besonders der Liberalen unter ihnen für die englische, französische oder nordamerikanische Zivilisation als eine kulturelle Entfremdung, als Übergang von der kolonialen Abhängigkeit in eine neue Form von Abhängigkeit kritisieren muß, läßt sich nicht leugnen, daß die Liberalen und mit ihnen auch die Protestanten, die verständlicherweise ihre Affinität zu den Liberalen entdeckten, einen wesentlichen Beitrag zur Modernisierung der Gesellschaft der jungen lateinamerikanischen Staaten geleistet haben. Schon einer der ersten Bibelkolporteure, James Thomson, trat als Reformer des Schulsystems auf, indem er das Lancasterschulsystem propagierte. Auf dem Gebiet der Erziehung und

---

[48] Damboriena aaO. [49] Büntig, Esperanza. [50] Escobar 1975, 132.

der ländlichen Medizin haben die Protestanten, je mehr sie in Lateinamerika Wurzel faßten, desto mehr zur Entwicklung und Modernisierung beigetragen[51]. Die vielfältigsten Impulse gingen sowohl von den protestantischen Einwanderern aus[52] als auch von den missionarisch aktiven Denominationen.

Zu den Herausforderungen an die katholische Kultur gesellten sich solche an gewisse römisch-kirchliche Monopolrechte wie Eheschließung, Führung der Zivilregister, Verwaltung der Friedhöfe, deren Säkularisierung die Protestanten in Übereinstimmung mit den Liberalen forderten, um ihre Identität zu wahren und ihre Gleichberechtigung durchzusetzen. So fragwürdig dem heutigen Beobachter die kulturelle Überheblichkeit vieler Missionare[53] und ihr exklusives Selbstverständnis, Wiederhersteller „des wahren und authentischen Christentums"[54] zu sein, erscheinen muß, so wenig läßt sich doch leugnen, daß vom Protestantismus in Lateinamerika heilsame Langzeitwirkungen zur Reform der römischen Kirche ausgegangen sind, ob man nun an die Bibelverbreitung in den Volkssprachen denkt, an die Aktivierung der Laien oder an den Eindruck, der vom Bekehrungsernst in den protestantischen Missionsgemeinden inmitten eines Kulturkatholizismus ausgehen mußte. In der Betonung der Frucht einer durch Bekehrung und Erwachsenentaufe bewußt erlebten Umformung besteht eine Ähnlichkeit zwischen „dem Protestantismus der ersten Stunde in Lateinamerika" und den Täufergruppen der Reformationszeit[55]. Nicht zu vergessen ist in diesem Zusammenhang der Kampf aller Protestanten für die Integrität der evangelischen Botschaft, wenngleich die von ihnen entfachte religiöse Diskussion vielfach zu sehr importiert wirkte, zu wenig aus dem lateinamerikanischen Kontext hervorgegangen ist und zu konfessionalistisch geführt wurde.

4123 Überblick über die staats-kirchliche Entwicklung in den einzelnen Ländern

41231 Brasilien – Das Kaiserreich (1822–1889)

Mit heute 8,5 Mill. km² (ca. 34mal so groß wie die Bundesrepublik Deutschland) ist Brasilien der großflächigste Staat Lateinamerikas. Mit ca. 4 Mill. Einwohnern (920 000 Weiße, 1 960 000 Neger und Mulatten, 1 120 000 Indianer und Mestizen) am Anfang des 19. Jahrhunderts[56] war es nach Mexiko zu Beginn des Unabhängigkeitszeitalters der zweit-volkreichste Staat des Subkontinents. Angesichts der ungeheuren Größe des Landes und der schwierigen Verbindung seiner Gebiete – viele waren nur auf dem See- oder Flußwege zu erreichen – drohten von der kurzlebigen Äquatorkonföderation des Nordostens im

---

[51] Ebd. 135.
[52] Den Anteil der protestantischen Einwanderer übersieht ein Mann wie Escobar, der fast ausschließlich den Missionsprotestantismus im Auge hat. Vgl. für Brasilien z. B. Oberacker 1968 und Roche 1969.   [53] Vgl. Grijp 1974, 16f.
[54] Escobar aaO 133.   [55] Hierauf weist Escobar aaO 132 hin.
[56] Faber 1970, 141, der die nicht akkulturierten Indianer überhaupt nicht berücksichtigt, deren Zahl zu Anfang des 19. Jahrhunderts noch gut 1 Mill. betragen haben dürfte, belief sie sich doch noch 1910 auf ½ Mill., nachdem die Landnahme der „Zivilisierten" enorme Fortschritte gemacht hatte – vgl. Prien, INDIANA 1975. Calmón 1935, 158 nennt für 1835 nur eine brasilianische Gesamtbevölkerung von 3 460 000 (845 000 Weiße, 1 987 000 Schwarze und 628 000 Mestizen) – zitiert nach Berger 1972, 88.

Jahre 1824 bis zur separatistischen Farrapen-Revolution in Santa Catarina und Rio Grande do Sul 1835—1845 immer wieder zentrifugale Kräfte, zu denen Teile des Klerus gehörten, das Riesenreich nach dem Vorbild des spanischen Kolonialreiches in viele Teile auseinanderzubrechen[57]. Diese Gefahr war besonders akut in der Zeit der Regentschaft (1831—1840) zwischen der Abdankung Pedros I., der wegen seines mehr und mehr an den Absolutismus erinnernden Regierunsstils immer unpopulärer geworden war, und der vorzeitigen Mündigerklärung seines Sohnes Pedro II., der 1840 mit 15 Jahren den Thron bestieg. Pedro I. hatte sich u. a. unbeliebt gemacht durch die gewaltsame Auflösung der ‚Constituante' am 12. November 1823, durch die 1824 vom Thron herab gewährte, zwar liberale, aber die Volkssouveränität ignorierende Verfassung, durch die ‚Guerra Cisplatina' 1825—28, den Krieg, der mit dem Verlust der zisplatinischen Provinz Uruguay endete, durch die Härte, mit der er die Anführer der ‚Confederação do Equador' bestrafte, nämlich durch Erschießung u. a. auch des journalistischen Promotors dieser separatistischen Bewegung, des Karmelitermönches Joaquim do Amor Divino Caneca, und schließlich durch seine Konfrontation mit der Legislative (1829—31) wegen seiner Bemühungen um entscheidenden Einfluß auf die Geschicke Portugals nach dem Tode seines Vaters João VI. 1826[58].

Nach der Verfassung von 1824, die bis 1889 in Kraft blieb, kam dem Kaiser gegenüber Senat und Abgeordnetenhaus ein ‚poder moderador' zu. Diese Moderatorenrolle gegenüber den oligarchischen Gruppen, die sich in der konservativen und der liberalen Partei organisierten, hat Pedro II. recht geschickt gehandhabt, obgleich die öffentliche Meinung, nach der er sich bei der Ablösung von Regierungen oder der Auflösung des Parlaments zu richten versuchte, nur wenig repräsentativ war. Denn noch gegen Ende des Kaiserreiches beschränkte sich das aktive Wahlrecht auf ca. 1 % der Gesamtbevölkerung, d. h. auf ca. 150 000 Einwohner. Die Politik spiegelte also die Interessen „der lokalen Oligarchien in den Provinzen — der Zuckerrohrpflanzer, Minenbesitzer", Viehzüchter „und später der Kaffeepflanzer — und die Meinungen einer kleinen, aus einigen tausend Rechtsanwälten, Ärzten, Ingenieuren, Priestern, Beamten und Geschäftsleuten bestehenden Wählerschaft"[59].

Das zentrale sozialethische Problem des Kaiserreiches war die Negersklaverei, die Brasilien länger als jeder andere Staat der Neuen Welt aufrechterhielt, nämlich bis 1888. Die Abolitionsbewegung wurde von Liberalen, Freimaurern und teilweise Republikanern getragen.

„Der führende Mann im Kampf um die Befreiung der Sklaven" war Senator Joaquim Nabuco (1849—1910) aus einer alten Landadelsfamilie des Nordostens, der selbst auf

---

[57] Kadt 1968, 44 beruft sich diesbezüglich auf Herring, der die akute Gefahr sieht, daß Brasilien damals in drei Teile auseinanderzubrechen drohte: in das Zuckerrohranbaugebiet des Nordostens, das Bergbaugebiet im Zentrum und die südliche Viehzuchtregion. Mehr oder weniger während der Regentschaft kam es zu folgenden, von der undisziplinierten Soldateska angezettelten Rebellionen: in Ceará 1831—32, in Pernambuco 1832—35, in Pará 1835—37, in Bahia 1837—38, in Maranhão 1838—41, in Rio Grande do Sul 1835—45 (Farrapen), Sorocaba und Minas Gerais 1842 — Camargo 1965, 713.

[58] Vgl. hierzu die einschlägigen Handbücher zur brasilianischen Geschichte — in deutsch Jacob 1974. Zur Beteiligung des Klerus an der ‚Confederação do Equador'. Camargo 1965, 703ff.

[59] Kadt 1968, 44.

einem durch Sklaven betriebenen Zucker-‚engenho' aufgewachsen war. *Hoornaert sieht in Nabuco die typische Verkörperung des brasilianischen Intellektuellen des 19. Jahrhunderts, der seinen Kinderglauben durch die Lektüre von Ernest Renan verloren und neue Werte durch die Freimaurerei kennengelernt und dann durch die soziale Frage den christlichen Glauben wiederentdeckt hat*, so daß er den Kampf um die Abolition wesentlich mit christlichen und humanitären Argumenten führte. Hoornaert betont, daß es nicht die kirchliche Institution war, „die um die Abschaffung der Sklaverei in Brasilien kämpfte, sondern die Freimaurerei", die in diesem Land nie „anti-religiös oder anti-christlich war, obwohl sie die konkreten Strukturen der religiösen und christlichen Institution der Epoche nicht akzeptierte". Der brasilianische Historiker Sodré (1967) stellt sogar unmißverständlich fest, daß der katholische Klerus in den Jahren 1869 ff sich ostentativ nicht an der Kampagne zur Abschaffung der Sklaverei beteiligte und sich damit den Großgrundbesitz verpflichtete. Kiemen (1967) äußert sich über das Engagement der katholischen Amtskirche in der Abolitionsbewegung zurückhaltend: „Clergymen seem not to have had much to do with this movement, although some religious orders and bishops freed all their slaves many years before abolition."

Die ältere, mehr triumphalistisch ausgerichtete brasilianische Kirchengeschichtsschreibung — so S. Camargo (1965) und Calmon (1970) — hingegen mißt der Sklavenbefreiung durch die Benediktiner und andere Kongregationen und dem Aufruf des brasilianischen Primas vom 28. Juli 1887, die größtmögliche Anzahl von Sklaven freizulassen und Hilfsorganisationen für die Freigelassenen zu gründen, eine schlechthin entscheidende Signalwirkung bei. Tatsache ist, daß die Bischöfe in dieser späten Phase dazu aufforderten, Christen möchten ihre eigentlich dem Papst zugedachten Gaben zum Freikauf von Sklaven verwenden (cartas de alforria), daß sie es aber nicht wagten, die ungerechte Struktur der Sklaverei grundsätzlich zu verdammen.

Wie oft in sozialethischen Fragen waren die jungen protestantischen Gemeinden des Landes auch in dieser Frage von der Herkunft ihrer Missionare und Gemeindeglieder beeinflußt. McIntire zeigt, daß bei den Presbyterianern die Missionare und Einwanderer aus den US-Südstaaten, die vielfach sogar ihre Sklaven mitgebracht hatten, für die Beibehaltung der Sklaverei eintraten, Missionare aus den US-Nordstaaten und junge nationale Pastoren hingegen für die Abolition.

‚O Evangelista' wurde mit der ‚pro-slavery group' identifiziert, wenngleich das Blatt auch einmal einen Leserbrief des glühenden Vorkämpfers der Abolition, Rev. Pereira, veröffentlichte. Die Redaktion der ‚Imprensa Evangélica', in deren Organ die Diskussion schon sehr früh ausgebrochen war, wollte zunächst eine klare Stellungnahme vermeiden, um niemanden wehzutun, mußte sich aber schließlich doch zur Befürwortung der Abolition durchringen. Ihre ‚anti-slavery' Einstellung wurde zu einem der entscheidenden Faktoren für den Rückgang des Blattes. Schon 1870 hatte sich die Opposition gegen die editoriale Politik der ‚Imprensa' bemerkbar gemacht, die bis 1887 die einzige presbyterianische Zeitung des Landes gewesen war[60].

Nachdem José Bonifacio de Andrada e Silva, wohl humanitär motiviert wie die Revolutionäre von 1789 und 1817, kurz nach der Unabhängigkeit (1822) in der ersten Kammer nicht einmal eine Vorlage zum Verbot der Skla-

---

[60] Zu Nabuco vgl. Daghlian 1969 mit Literatur und Hoornaert 1973 REB, 128; Sodré aaO 158; Kiemen aaO 770; Camargo aaO 744f; Calmón aaO 158f; zur Haltung der Protestanten zur Sklavenfrage, die weithin unerforscht ist, vgl. McIntire 1969, 8/25–8/45f.

veneinfuhr binnen fünf Jahren hatte durchbringen können, bedurfte es massiven ausländischen Drucks und sozio-ökonomischer Veränderungen, um die Sklaverei abzubauen.

Auch Großbritannien, die vormalige Großmacht des Sklavengeschäftes, bekämpfte im 19. Jahrhundert Sklavenhandel und Sklaverei nicht nur aus christlich-humanitären Gründen, sondern wegen handfester wirtschaftlicher Interessen (vgl. 32222). Es steigerte sich nach der „Bill Aberdeen" (1845) in einen kriegsähnlichen Zustand mit Brasilien, nachdem alle anderen Abmachungen zur Reduzierung und Abschaffung des Sklavenhandels von brasilianischer Seite nicht eingehalten worden waren. Nach dem 1850 von Minister Queiróz gesetzlich verbotenen Sklavenimport, dem die brasilianische Kriegsmarine Geltung verschaffte, begann der Umschwung: „Unterbindung des Trafik, Ausweisung der reichen Sklavenhändler (meist Portugiesen) aus Brasilien; Gründung von ‚Abolitionsklubs', Begünstigung europäischer Einwanderer. Es spricht für die Brasilianer, daß dieser bald vierzigjährige Kampf um die Sklavenbefreiung nicht in einem Bürgerkrieg wie in den USA endete."[61] Mit dem Erlaß des Gesetzes des ‚Ventre Livre' (des freien Bauches) im Jahre 1871 wurde ein wichtiger Meilenstein auf dem Wege zur Abolition erreicht. Das Gesetz bestimmte, daß alle von Sklavinnen geborenen Kinder frei seien. Bezeichnenderweise blieben aber die Herren, die oft genug ihre leiblichen Väter waren (vgl. 2111), ihre Vormünder bis zur Mündigkeit, konnten deren Arbeitskraft also so lange noch ausnutzen[62]. Die ökonomischen Veränderungen, die die Abolition begünstigten, gingen von den Ansätzen zur Industrialisierung und besonders vom raschen Anwachsen der Kaffeenachfrage auf dem Weltmarkt aus (Anteil des Kaffees am brasilianischen Gesamtexport 1821–30 = 18,4 %, 1871–80 = 56,5 %). Die enorme Steigerung der Kaffeeproduktion hatte zu einem erheblichen Mangel an Arbeitskräften geführt, der angesichts der guten Renditen des Kaffeegeschäftes genauso gut oder sogar besser mit bezahlten Arbeitskräften abgedeckt werden konnte, die durch Einwanderung aus Europa gewonnen wurden, als durch vermehrten Sklaveneinsatz; denn die Sklavenmassen konnten nur durch ständigen Import beschafft werden, da die Geburtsrate bei den Sklaven niedrig und ihre Sterblichkeit enorm hoch war.

Vergleicht man die Sklavenfrage in Brasilien mit derjenigen der USA, so ergibt sich, daß beide Staaten Anfang des 19. Jahrhunderts ca. 1 Mill. Negersklaven besaßen. Die Sklaveneinfuhr Brasiliens war in den folgenden Jahrzehnten dreimal so groß wie die der USA. Trotzdem gab es in den USA zu Beginn des Sezessionskrieges 4 Mill. Sklaven, in Brasilien hingegen nur 1,5 Mill., was eindeutig alle jene Theorien widerlegt, die besagen, daß die Sklavenbehandlung in Brasilien erheblich besser gewesen sei als in den Vereinigten Staaten[63].

---

[61] Jacob 1974, 209ff und Peschke 1954.   [62] Kadt 1968, 44.
[63] Berger 1972, 88f, der die Zahlenangaben von Furtado 1959, 126 übernimmt. Der Mangel an Arbeitskräften bestand nur regional. Theoretisch hätten Arbeitskräfte aus denjenigen Gebieten Brasiliens beschafft werden können, die schon einen Entwicklungszyklus durchgemacht hatten (Zuckerrohr- und Goldminenregion) und sich in der Rezession befanden, also nur noch Subsistenzwirtschaft betrieben. Aber da die Menschen über eine riesengroße Fläche verteilt waren und die Großgrundbesitzer ihr Sozialprestige an der Zahl der von ihnen beschäftigten Leute maßen und deshalb die Mystik der „Cheftreue" pflegten, kam es nicht zu einer entsprechenden Mobilisierung der Arbeitskräfte. Auch in den Städten gab es potentielle Arbeitskräfte, die nur selten eine Dauerbeschäftigung fanden, sich freilich auch nicht ohne weiteres an die Landarbeit und die Lebensbedingungen auf den Plantagen anpassen wollten, aber hauptsächlich fehlte es an einer zentralen Macht, die diesen Prozeß der Umverteilung der Arbeitskräfte hätte einleiten können. – Berger nach Furtado 129f. Der

Auf religiös-kirchlichem Gebiet ist die Zeit des Kaiserreiches gekennzeichnet durch „den *Regalismus,* die Vernichtung der religiösen Orden, das mangelhafte Ansehen des Klerus, die energische, aber ephemere *Gegenreaktion des Episkopates* und des katholischen Elementes gegen die Usurpationen des weltlichen Armes, den *Rationalismus und den Skeptizismus der führenden Klassen*"[64]. Die Oberschicht betrachtete ihren Unglauben geradezu als ein Privileg, als ein Zeichen ihrer kulturellen Überlegenheit. Während der Landadel sich „reeuropäisierte", sich damit von der Masse des Volkes geistig und räumlich entfernte, und dabei die Erträge der Landwirtschaft in seinen städtischen Residenzen genoß, machte er sich den Verfall der kirchlichen Missionen zunutze, indem er die ländliche Mischbevölkerung der ‚caboclos' völlig in seine Abhängigkeit brachte. Die geistige Entfremdung zeigte sich auch im schwach entwickelten staatlichen Schulwesen, das sich auf wenige städtische Sekundarschulen beschränkte, wurden doch dessen Erziehungsprogramme mehr an internationalen Vorbildern als an den inneren Bedürfnissen der Erziehung des brasilianischen Volkes ausgerichtet. Das Desinteresse der Eliten am Katholizismus und an einer katholischen Erziehung beraubte die Kirche der geistigen Führungsschicht des Landes und führte notwendig zur Degeneration des Volkskatholizismus, in dem die Masse des Volkes sich religiös allein überlassen blieb[65] (vgl. 442). Die Folge der religiösen Verlassenheit und der Unterdrückung und Ausbeutung durch den Landadel waren die messianischen Bewegungen des 19. Jahrhunderts, die im Kaiserreich im Einverständnis mit der Amtskirche, die ihnen ratlos gegenüberstand, brutal niedergeschlagen wurden (vgl. 441).

Was den Erziehungssektor anbelangt, sollte angesichts der trostlosen Lage des staatlichen Schulwesens bald der Privatinitiative, d. h. vornehmlich der kirchlichen, wieder große Bedeutung zukommen. Nach ihrer Rückkehr nach Brasilien 1842 sollten die Jesuiten wieder eine wichtige Rolle im Schulwesen spielen. Bald darauf ins Land kommende französische Orden eröffneten die ersten Mädchenschulen. Aber zu einem katholischen Bildungsmonopol kam es nicht wieder, da nun auch die protestantischen Kirchen Schulen errichteten, und zwar Missionskirchen wie Methodisten und Presbyterianer und die evangelischen Gemeinden deutscher Einwanderer, die erstmals Schüler beiderlei Geschlechts unter einem Dach versammelten[66].

Gemäß § 5 der Verfassung von 1824 blieb der römische Katholizismus die Staatsreligion des Kaiserreiches, und die Glieder des Klerus waren Staatsbeamte. Der Kaiser war rechtlich der Herr der Kirche. Seine Regierung hatte Angriffe auf das katholische Dogma wie zur Kolonialzeit als politische Verbrechen zu betrachten, konnte aber auch die theologischen Handbücher zen-

---

Anteil der Sklaven an der Gesamtbevölkerung hatte mit über 60% Mitte des 18. Jahrhunderts sein Maximum erreicht, während absolut gesehen in der 1. Hälfte des 19. Jahrhunderts im Jahresdurchschnitt die höchste Zahl von Sklaven importiert wurde – vgl. Peschke 1954, 146.

[64] Maria 1950, 137.
[65] Comblin 1966, 593 spricht von einem „sozialen und kulturellen Schisma", das weithin bis in die Gegenwart andauert.
[66] Über die nordamerikanischen Missionskirchen drangen dann auch pädagogische Ideen aus der nördlichen Hemisphäre nach Brasilien ein. Die Gründung privater Primar- und Sekundarschulen erreichte in den Jahren 1860–90 ihren Höhepunkt – Berger aaO 208.

sieren. Nicht-katholische Kulte durften indes in von außen nicht als Kirchen erkennbaren Gebäuden praktiziert werden.

Das Festhalten an der Einheit von Staat und Kirche und an der Staatsform der Monarchie ist Ausdruck traditionalistischen Denkens, das im Widerspruch steht zum Liberalismus, den die Mehrheit der Legislative auf ihre Fahnen geschrieben hatte. Montenegro spricht von einem grundlegenden Dualismus der entgegengesetzten Ideologien von ‚tradicionalismo' und ‚progressismo', aus dem sich eine Ideologie sui generis, die imperiale, gebildet habe, die wesentlich eine Ideologie der Ordnung sei. Die sich selbst als liberal bezeichnende imperiale Ideologie „wendet sich gegen ihr eigenes Freiheitsprinzip, indem sie eine regalistische Politik des Thrones inspiriert, durch die die Vorrechte und die Handlungsfreiheit der (Staats-)Kirche aufs äußerste beschnitten wurden"[67].

Sozusagen als Gegenleistung zu § 5 der Verfassung erwarteten der Kaiser und die politischen Repräsentanten von der Staatskirche, daß sie den Staat heiligte[68], eine Erwartung, die auch in den spanisch-sprachigen Republiken gehegt wurde (vgl. 32224). Auf Grund der Verhandlungen von Mgr. Francisco Corrêa Vidigal in Rom kam es zwar nicht zum Abschluß eines Konkordats, aber doch zur Gewährung des vollen Patronatsrechtes durch die Bulle „Praeclara Portugalliae" (15. 5. 1827), durch die für Brasilien der Christus- und der Avis-Orden geschaffen wurden, „indem sie von Portugal abgetrennt wurden und ihnen das Patronat der Kirchen und die Benefizien des Kaiserreiches übertragen wurden", zu deren ständigen Großmeistern die Kaiser gemacht wurden[69]. Ausgehend von der regalistischen These, daß die Patronatsrechte ein inhärenter Bestandteil der Monarchie seien, die der Papst nur anerkennen, aber nicht verleihen könne, lehnte die Legislative die Bulle ab. Rom reagierte mit einem Modus vivendi, um die Situation nicht weiter zu komplizieren.

Dank dieses Modus vivendi hatten 1826 die Prälaturen von Goiás und Cuibá zu Bistümern erhoben, 1828 die Diözesen von Maranhão und Pará vom Erzbistum Lissabon gelöst und Salvador unterstellt und 1830 in Rio de Janeiro die erste Nuntiatur des Subkontinents errichtet werden können. 1848 erhielt auch die südlichste Provinz Brasiliens, Rio Grande do Sul, ein eigenes Bistum mit Sitz in Pôrto Alegre, nachdem dort während der Farrapen-Revolution (1835–45) die äußerste Form von geistlich-kirchlicher Dekadenz erreicht worden war. Außerdem war es zu einer Art Schisma gekommen, als die Farrapen P. Francisco das Chagas Martins de Ávila e Souza zu ihrem Oberhirten mit dem Titel eines apostolischen Vikars gemacht hatten (vgl. Rabuske 1973, 56).

In der Zeit der Regentschaft (1831–40) verstärkte sich indes der *regalistische Liberalismus*, und das mit Unterstützung der 22 Abgeordneten aus dem Klerus. Die Versuche zur Kirchenreform des Abgeordneten P. Diogo Antônio Feijó, der 1831–32 Justizminister und 1835–37 alleiniger Regent Brasiliens war, fanden allerdings in Hierarchie und Klerus geteilte Aufnahme. Das gilt besonders von seiner seit 1827 vertretenen Forderung nach Abschaffung des Zölibats. Falls Rom nicht dazu bereit war, verlangte er, daß das brasilianische Parlament einseitig die kirchlichen Strafen aufheben solle, die Klerikern drohen, die sich verheiraten, eine Absicht, die in der Literatur scharf kritisert wird, die aber nach dem Vatikanum II in anderem Licht erscheint. Schon 1938 be-

---

[67] Montenegro 1972, 43ff.
[68] Maria 1950, 137: „O império ... pediu à Igreja a sua sagração."
[69] Wetzel 1972, 42.

merkte Dornas Filho dazu, daß Feijó, gerade weil er ein exemplarischer Priester und strenger Zölibatär war, den Zölibat wegen des niedrigen Standes der öffentlichen Moral bekämpfte. Selbst ein uneheliches Kind, wollte er auch unter dem Klerus auf sexuellem Gebiet offene und ehrliche Verhältnisse schaffen[70]. Zum offenen Konflikt mit Rom kam es dann wegen der Präsentation von P. Antônio de Moura für das Bistum Rio de Janeiro (1833), der einige staatskirchliche Reformvorhaben unterstützt hatte[71], und von Feijó für das Bistum Mariana (1835). Als die Kurie die Bestätigung für beide ablehnte, drohte Feijó 1836 mit dem Schisma und berief zur Indianerkatechese zwei böhmische Brüder. Als die Parlamentsmehrheit die Trennung von Rom ablehnte, zogen Feijó und Moura ihre Kandidaturen zurück, so daß die Krise 1839 mit der Ernennung anderer Bischöfe beendet wurde[72]. Nach einem Plan von 1837 wurde 1839 Rom sogar ein neuer Konkordatsplan vorgelegt, der allerdings ebenso wenig wie der erste verwirklicht wurde[73].

Ein anderer zentraler Punkt der regalistischen Kirchenpolitik betrifft die Orden, deren qualitativer und quantitativer Tiefstand im 19. Jahrhundert einschneidende Reformen dringend erforderlich machte. Da die Orden selbst sich als unfähig zur Reform erwiesen[74], forderten sie staatliche Eingriffe geradezu heraus, besonders nachdem eine Reforminitiative des Geschäftsträgers der Nuntiatur, Mgr. Fabbrini, 1833 am Widerstand der Benediktiner gescheitert war. Da die Konvente oft kaum noch besetzt waren, hatte die Regierung schon 1824 die Augustiner-Eremiten in Bahia und 1830 die unbeschuhten Karmeliter und die Kapuziner in Pernambuco aufgelöst. Der Besitz von Konventen anderer Orden verfiel dem Staat, sobald der letzte Bewohner gestorben war. Die staatliche Gesetzgebung zielte immer stärker auf die Auslöschung der Orden ab. Ausländische Mönche wurden in den traditionellen Orden nicht zugelassen. Schließlich wurden 1855 von Justizminister José Tomás Nabuco die Orden zum Tode durch Auszehrung verurteilt, indem ihnen die Aufnahme von Novizen bis zur Regelung der Ordensreform in einem Konkordat, über das dann nicht ernsthaft verhandelt wurde, verboten wurde[75]. Das Verbot blieb bis zum

---

[70] Dornas F. 1938, 20; Feijó hat an der Ausarbeitung der „Constituição Eclesiástica do Bispado de S. Paulo" (1835) mitgewirkt, die die Abschaffung des Zölibatzwangs vorsah. Santos 1971, 2, der diese Bistumsverfassung gründlich erforscht hat, spricht diesbezüglich von ‚liberalismo eclesiástico'. Die Provinzialversammlung von S. Paulo hat die Entscheidung, ob die Konstitution in Kraft treten sollte, dem Bischof Dom Manuel Joaquim Gonçalves de Andrade (1827–47) überlassen, der diesen von den nationalen Bedürfnissen ausgehenden Reformversuch mit Rücksicht auf das kanonische Recht nicht in Kraft setzte.
[71] 1831 waren drei Projekte ausgearbeitet: 1. Die Domkapitel aufzulösen und statt dessen Presbyterien zu schaffen; 2. verschiedene kirchliche Ehehindernisse zu beseitigen und andere auf staatsrechtlicher Basis zu postulieren; 3. eine Kirchenkasse zur Unterhaltung von Pfarrern und Bischöfen zu schaffen. Nuntius und Vatikan lehnten diese Projekte als Einmischung in innerkirchliche Angelegenheiten strikt ab — Camargo 1965, 719.
[72] Vgl. im einzelnen Santos 1971. Auf dem Höhepunkt der Krise wurde das Tribunal der Nuntiatur verboten, weil es für eine ausländische Macht innerhalb eines unabhängigen Staates Recht sprach. 1836 wurde auch jedweder Rekurs nach Rom zur Erlangung geistlicher Gnaden untersagt.
[73] Auf diesen Konkordatsplan hat erstmals Silveira 1961 hingewiesen.
[74] Vgl. Comblin 1966, 589 und zum Zustand der Orden Maria 1950, 160f.
[75] Dornas F. 1938, 24 erwähnt zusätzlich das Verbot der Unbeschuhten Karmeliter

Ende des Kaiserreiches 1889 in Kraft. Dennoch läßt sich nicht beweisen, daß die Regierungen des Kaiserreiches eine konsequent ordensfeindliche Politik betrieben, denn sie riefen 1825 italienische Kapuziner ins Land, damit sie sich der Indianermissionen annähmen, die die Franziskaner nach Ausschaltung der Jesuiten 1759 rein zahlenmäßig nicht bewältigen konnten. Sie ließen 1842 wieder Jesuiten aus Europa ins Land, ferner Lazaristen, Salesianer und Barmherzige Schwestern, wenngleich deren Zahlen nicht so groß waren, daß sie im dekadenten Ordenswesen eine Tendenzwende hätten herbeiführen können[76].

Dom Pedro II. (1840–1889) war von liberalem Geist beseelt. Dornas F. betont, daß der Kaiser ein anti-priesterliches, aber kein antiklerikales Vorurteil hatte.

Die Frage der religiösen Berufung ließ ihn kalt. Pater[77] und Soldat waren für ihn Fachleute, die es nach den gesellschaftlichen Notwendigkeiten sinnvoll einzusetzen galt, den Pater als Lehrer an Schule und Hochschule, den Militär als Mathematiker, Astronom, Chemiker und Ingenieur. Pedro drang nicht so tief in die Materie ein, daß er den Widerspruch zu seinem laikalen Erziehungsprinzip bemerkt hätte. Dom Pedros Mangel an Sympathie für den traditionellen Katholizismus kommt auch darin zum Ausdruck, daß er ab 1855 in einem Land, das angesichts seiner schlechten Kommunikationsmöglichkeiten dringend auf überschaubare organisatorische Einheiten angewiesen war, die Schaffung neuer Bistümer verhinderte. Vorher hatte er wenigstens drei Bistümer gründen lassen: 1848 São Pedro mit Sitz in Pôrto Alegre für RS und 1854 Diamantina als zweites Bistum in Minas Gerais und Ceará mit Sitz in Fortaleza. Boehrer weist auf die innere Entwicklung des Kaisers hin, die ihn gegen Ende seiner Herrschaft in größere Nähe zur kirchlichen Orthodoxie geführt habe, so daß er sogar gelegentlich Nichtkatholiken wegen ihrer Verbreitung anderer als der katholischen Lehren tadelte. Entscheidend aber ist Boehrers Feststellung, daß Dom Pedro

---

in Sergipe vom 8. 3. 1835 und in Bahia vom 2. 6. 1840. Zu beachten ist, daß die Verbote jeweils durch Provinzgesetz für eine Provinz erfolgten. Viotti 1972, 354 bemerkt, daß Feijó als Justizminister am 9. 12. 1831 den Präsidenten von MG an das noch gültige Verbot von Noviziaten auf brasilianischem Boden erinnerte, das 1764 von Pombal erlassen worden war. Feijó wollte damit die Schließung des Noviziates der Lazaristen in Caraça erreichen, das João VI. 1820 ausdrücklich genehmigt hatte. Viotti kommt zu dem Schluß, daß das Verbot von Noviziaten auf der Linie von Pombal liegt und insofern keine grundsätzliche Neuerung in Brasilien darstellte. Was die Ordensreform anbelangt, so waren die 1857 von Nabuco konsultierten Bischöfe nicht dagegen. Erzbischof Romualdo Antônio de Seixas von Bahia hielt die Verwaltung weltlicher Güter für abträglich für die Mönche. Er sah darin eine der Ursachen der Dekadenz und der Erschlaffung ihrer Disziplin. Auch Bischof Antônio Ferreira Viçoso von Mariana lobte die Absichten der Regierung, da die herkömmliche Organisation der Orden bei der geschrumpften Zahl ihrer Glieder überholt sei – Dornas F. 1938, 28f.

[76] Vgl. Maria 1950, 148–172; Kiemen 1967, 769 erwähnt auch Redemptoristen, aber diese sind nach Maria aaO 172 erst 1894, also in der 1. Republik, ins Land gekommen. Viotti 1972, 358 bemerkt noch, daß 1871 in Itú P. Bartolomeu Taddei die fromme Vereinigung des ‚Apostolado da Oração' gegründet hat, eine Gebetsbruderschaft, die sich schnell über ganz Brasilien ausbreitete und neues Leben in die Parochien brachte, deren sakramentales Leben unter dem Einfluß des Jansenismus steril geworden war. 1872 entstand in Rio de Janeiro die erste ‚Conferência de São Vicente de Paulo', die die Praxis verborgener Wohltätigkeit fördert und heute 100 000 Glieder hat.

[77] Die Anrede ‚Padre' (Pater) beschränkt sich in Brasilien wie auch in Spanisch-Amerika vielfach nicht auf Ordensväter, sondern wird allgemein für Priester benutzt.

abgesehen von seiner eigenen Haltung zum Glauben die Notwendigkeit einer Reform der Kirche erkannte und dementsprechend um die Präsentation moralisch integerer Bischöfe bemüht war, weil er wußte, daß eine Reform des Weltklerus nur von ihnen ausgehen konnte. Vor die Alternative gestellt, einen Kandidaten wählen zu müssen, dessen Philosophie seinem Denken entsprach, aber nicht sein sittlicher Lebenswandel, oder einen ultramontanen Kandidaten keuscher Lebensart, zog er letzteren vor, etwa Dom Antônio Ferreira Viçosa, den er 1845 für Mariana vorschlug (vgl. 42315)[78].

Trotz der Wertschätzung der Priester als Fachleute *verfielen indes nicht nur die Orden weiter*, gegen die sich die Politik verschiedener Ministerien richtete, *sondern auch der Weltklerus*. Hatte Brasilien im dritten Viertel des 18. Jahrhunderts über ca. 3000 Regular- und Säkularpriester verfügt, d. h. etwa ein Priester auf je 1000 Einwohner, so sank deren Zahl bis 1889, nachdem sich die Bevölkerung vervierfacht hatte (12–14 Mill.), auf ganze 700, d. h. etwa ein Priester auf je 17–20 000 Einwohner[79]. Man wird mit Comblin urteilen können, daß sich die Dekadenz der kirchlichen Institution im Kaiserreich nicht nur aus ungünstigen äußeren Einwirkungen erklärt, sondern auch aus einem Mangel an Lebenskraft, der sie unfähig machte, auf die Herausforderungen der Epoche zu reagieren.

Diese Herausforderungen waren letztlich eine Folge der Aufklärung, die zum Unglauben der Oberschicht geführt hatte, die Dogmen, Riten und Moralvorschriften der institutionellen Kirche durch eine „natürliche" Religion mit einer „natürlichen" Moral ersetzen wollte. Der unbestrittene Triumph der Aufklärung im Kaiserreich fand seinen institutionellen Ausdruck in der Freimaurerei, die die Trägerin der kulturellen Werte der Oberschicht und eines Teils des Klerus wurde, die sie ohne Widerstand der Kirche durchdrungen hatte. Die Oberschicht fühlte sich ihren europäischen Vorbildern noch überlegen, weil sie nicht versuchte, das einfache Volk zu entchristlichen, sondern „es in seiner folkloristischen Religion zu erhalten", bestrebt war, genau wie sie ihre eigenen Frauen dazu anhielt, „sich treu den katholischen Dogmen, Riten und Gebräuchen zu unterwerfen". Daher gelten in der Oberschicht bis heute religiöse und soziale Fragen als Frauensache[80].

Man wird es als Zeichen der Neubesinnung der kirchlichen Institution werten können, daß wenigstens drei der zwölf Bischöfe Brasiliens 1872 den Kampf gegen die Infiltration freimaurerischen Geistes in den Klerus und in die kirchlichen Bruderschaften aufnahmen. Die sogenannte „*religiöse Frage*" (*questão religiosa*) 1872–75 bezeichnet das erste Aufsehen erregende bischöfliche

---

[78] Dornas F. aaO 1938, 32; Boehrer 1968, 64f.
[79] Comblin 1966, 590 schlüsselt die Zahl von 700 Priestern auf in 520 Welt- und 180 Ordenspriester. Er nennt für 1889 eine Gesamtbevölkerung von 14 Mill., Viotti aaO 357 dagegen nur 12 Mill. Zum Zustand des Weltklerus bemerkt Bruneau 1974, 55: „... der Weltklerus war nicht die Gruppe, von der man eine Vermehrung des Einflusses der Kirche erwarten konnte." Als typisches Beispiel nennt er den Vikar von Paracutu MG, der als „tapfer, politisch, gewissenhaft, mit seiner Frau lebend und liebvoll seine Kinder erziehend" beschrieben wird. Pedro Maria de Lacerda erwählte 1868, als er Bischof von Rio de Janeiro wurde, einen Generalvikar, dessen Mangel an Keuschheit allgemein bekannt war, weil das ganze Kapitel ein ähnliches Leben führte, so daß es keine Alternative gab. Bruneau sieht diesen Befund für ganz Brasilien in den Quellen bestätigt.
[80] Comblin aaO 590ff.

Aufbegehren gegen den kaiserlichen Regalismus, der von den Freimaurern nachdrücklich unterstützt wurde. Der „Unionismus" (unionismo), die Politik der Vermischung der beiden Gewalten und der Unterwerfung der geistlichen unter die weltliche[81], sollte aus dem Konflikt geschwächt hervorgehen. Insofern stellt der Konflikt eine Stufe auf dem Weg zur Gewaltentrennung im Jahre 1890 dar. Da der „Unionismus" für das Kaiserreich grundlegend war, traf seine Schwächung dasselbe an einer seiner Wurzeln.

Der Staat sah sich in seiner Autorität herausgefordert, weil die Bischöfe sich auf päpstliche Enzykliken gegen die Freimaurerei (u. a. „Quanta cura" mit Syllabus) stützten, die sein Plazet nicht erhalten und daher in Brasilien weder veröffentlicht noch staatskirchlich verbindlich waren. Daher war im Lande auch die Meinung verbreitet, die brasilianische Freimaurerei unterscheide sich wesentlich von der europäischen, sie sei nicht kirchenfeindlich, so daß Katholizismus und Freimaurerei sich nicht gegenseitig ausschlössen. Die Bischöfe hingegen machten sich, gestützt auf die durch das Dogma der Unfehlbarkeit noch erhöhte Autorität des Papsttums, dessen Beurteilung der Freimaurerei zu eigen, die sich doch wesentlich auf europäische Erfahrungen stützte. Ein Mann wie Bischof Dom Vital von Olinda, der zur Zeit des Syllabus in Frankreich studiert hatte, kannte den europäischen Kontext besser als das Problem der brasilianischen Freimaurerei. Ähnlich dürfte es bei dem von französischen Lazaristen in Brasilien ausgebildeten Bischof von Rio de Janeiro, Lacerda, gewesen sein. Der Konflikt zwischen den Bruderschaften und ihren Bischöfen entwickelte sich zu einer Konfrontation zwischen bischöflichem Ultramontanismus und kaiserlichem Regalismus, nachdem die Bruderschaften an Dom Pedro II. appelliert hatten. Ein Dialog zwischen den Bischöfen und dem Kaiser war nicht möglich, denn beide Parteien sprachen von verschiedenen Dingen, der Kaiser von der „Religion des Reiches", die für ihn ein sozio-kulturelles Phänomen darstellte, das zum Leben der Nation dazugehörte, die Bischöfe sprachen von „Kirche" und sahen das christliche Bekenntnis auf dem Spiel stehen.

Der Konflikt begann, als P. Antônio Martins Anfang 1872 in Rio de Janeiro in der Loge Grande Oriente do Vale do Lavradio in einer Festsitzung zur Feier des Gesetzes des ‚ventre livre' eine Rede hielt, die gleichzeitig eine Ehrung für deren Großmeister, den amtierenden Premierminister Vicomte von Rio Branco, war, und er diese Rede auch noch veröffentlichte. Wenngleich sein Bischof Pedro Maria Lacerda dieses Gesetz billigte, mißbilligte er das Auftreten des Priesters in der Loge. Da Martins nicht bereit war, aus der Loge auszutreten, erklärte ihn sein Ordinarius der priesterlichen Rechte für verlustig. Dadurch fühlten sich beide Logen der Oriente von Rio de Janeiro und auch der Regierungschef herausgefordert, der sich vornahm, die bischöfliche Macht zu bezwingen. Einige Zeitungen verlangten sogar die Absetzung des Bischofs. Auch einige protestantische Stimmen machten sich die Krise zunutze, die erst ausuferte, als sich im selben Jahr die Bischöfe von Olinda und Belém, Vital Maria Gonçalves de Oliveira und Antônio de Macedo Costa, in Hirtenbriefen gegen die Freimaurerei wandten. Der gerade erst installierte 26jährige Dom Vital OFM Cap bemerkte, daß die Bruderschaften (vgl. 254) von freimaurerischen Elementen durchsetzt waren. Er forderte deshalb die zuständigen Vikare auf, Freimaurer in den Bruderschaften zur Distanzierung von der Freimaurerei zu bewegen oder sie aus den Bruderschaften auszuschließen. Außerdem sollten alle Priester sich von den Logen trennen, was auch fast alle taten. Da aber einige Bruderschaften dem Bischof widersetzten, verhängte er das Interdikt über sie (1873). Ihr Rekurs an die Zentralregierung gab dieser die Möglichkeit, einzugreifen und Dom Vital aufzufordern, das Interdikt aufzuheben. Der Internuntius in Rio de Janeiro hatte auf Drängen der Regierung Dom Vital schon vorher zur Mäßigung geraten. Der daraufhin von Dom Vital informierte Pius IX. hingegen hatte mit seiner Bulle „Quamquam dolores" vom 29. Mai

---

[81] Zum Gebrauch des Begriffes ‚unionismo' vgl. Montenegro 1972, 86f.

1873 dessen Haltung unterstützt und Dom Vital beauftragt, die Bulle allen Bischöfen zur Kenntnis zu geben. Trotzdem schloß sich nur der Bischof von Pará seinem Vorgehen gegen die Freimaurer in den Bruderschaften an. Mit seinem Versuch, die päpstliche Bulle gegen die brasilianischen Freimaurer durchzusetzen, obwohl sie das kaiserliche Exequatur nicht erhalten hatte, verletzte Dom Vital die Verfassung. Im Gegensatz zu den Jesuiten in Recife, die den Bischof unterstützten und damit ins Kreuzfeuer der Kritik miteinbezogen wurden, hielt sich der mit dem Kaiser befreundete Kapuzinerobere Caetano de Messina auch nach der Verhaftung Dom Vitals 1874 völlig zurück. Auf einer Rom-Mission hatte Baron de Penedo den Vatikan noch gegen Dom Vital einzunehmen vermocht, so daß Kardinalstaatssekretär Antonelli in einem Brief vom 18. Dezember 1873 dessen Verhalten tadelte und ihn zur Aufhebung der Interdikte aufforderte. Erst die Verhaftung der Bischöfe überzeugte den Vatikan von der Richtigkeit ihrer Handlungsweise. Die vom Kaiser in Gefängnis umgewandelten Strafen von vier Jahren Zwangsarbeit für die beiden Bischöfe zogen Ende 1874 noch Strafen gegen die Bistumsadministratoren nach sich, die sich ebenfalls weigerten, die Interdikte aufzuheben. Es kam zu weiteren Priesterverfolgungen, Volkserhebungen im ,sertão' des Nordostens gegen die Freimaurer. Es bedurfte des Sturzes der Regierung Rio Brancos (22. Juni 1875), damit im September 1875 Bischöfe und Administratoren bedingungslos amnestiert wurden[82]. Trotzdem wies Pius IX. anschließend die Bischöfe an, die Interdikte aufzuheben, so daß sie die Bruderschaften nicht endgültig von Freimaurern säubern konnten. Wenn es auch jetzt keine Priester mehr in den Logen gibt, so ist die bischöfliche Kontrolle über die einflußreicheren Bruderschaften bis heute „ziemlich schwach".

Nach dem abgewogenen Urteil von Santos wird man das Gewicht der Freimaurerei in Brasilien nicht überschätzen dürfen. Die Freimaurerei war keine geeinte Kraft, die es auf nichts anderes abgesehen hatte als auf die Vernichtung der römischen Kirche. In der „religiösen Frage" handelten die drei Bischöfe ziemlich isoliert. Der Inter-Nuntius und der Primas hüllten sich in Schweigen. Die Freimaurerei in Brasilien, die die römische Kurie nicht als so gefährlich und anti-katholisch ansah wie die europäische, hat zwar eine mächtige Pressekampagne gegen die drei von ihr als intolerant bezeichneten Bischöfe entfesselt, „aber deren Verurteilung ist auf einen Jahrhunderte alten Regalismus zurückzuführen". Der Anti-Kurialismus der brasilianischen Politik des 19. Jahrhunderts erklärt sich weniger durch den Einfluß der Freimaurerei als durch „die Euphorie der Freiheit und den überspitzten Nationalismus" der nicht-konservativen Politiker[83].

41232 Argentinien (1816—1852)

Mit heute 2·808 492 km² ist Argentinien der flächenmäßig zweitgrößte Staat Lateinamerikas. Davon befanden sich allerdings erst knapp zwei Drittel in der Hand der 13 Provinzen, die es Mitte des 19. Jahrhunderts erst auf ca. 1,5 Mill. Einwohner brachten[84].

---

[82] Vgl. im einzelnen Camargo 1965, 724ff; Mecham 1966, 270ff und Montenegro aaO 79ff, der den Konflikt sozio-ökonomisch aus dem Fehlen eines ideologischen Pluralismus im Kaiserreich erklärt. Dieser Mangel ist begründet durch die wirtschaftliche Rückständigkeit, den sozialen Immobilismus und die Konzentration wirtschaftlicher Mittel in einer dünnen Oberschicht. Vgl. ferner SEDOC Nr. 72/1974, 1400ff zum 110. Jahrestag der Verurteilung Dom Vitals.

[83] Kiemen 1967, 770; Santos 1971, 11ff, der u. a. auf Calógeras 1966, 283 verweist.

[84] Der erste Zensus ergab 1869 eine Gesamtbevölkerung von 1 736 923 — vgl. Ortiz 1971 I, 112 nach Büntig, Esperanza 44. Wenn man davon ca. 200 000 als Zu-

Die heutigen Provinzen La Pampa, Río Negro, Chubut, Santa Cruz und Tierra del Fuego waren noch ausschließlich von Indianern bewohnt. Formosa, Misiones und der Ostteil von Corrientes gehörten bis 1870 noch zu Paraguay. Nach ihrer rassischen Zusammensetzung bestand die Masse der Bevölkerung aus Mestizen wie noch heute in Paraguay und im Norden Argentiniens. Hinzu kam ein beträchtliches Kontingent reinrassiger Indianer, von denen es noch heute etwa 100 000 gibt[85], im Norden und im uneroberten Süden. Von den 1,5 Mill. Einwohnern lebten ca. 100 000 in Buenos Aires, das außer einigen schönen Gebäuden aus der vizeköniglichen Zeit vorwiegend aus eingeschossigen Stein- oder Adobegebäuden bestand und außer einigen gepflasterten Straßen nur matschige oder staubige Straßen besaß, weshalb fast jedermann sich auf ihnen zu Pferde bewegte. Der Hafen war so flach, daß die Schiffe auf offener Reede ankern mußten. Die Bevölkerungsdichte an der Atlantikküste war zwar etwas größer als im Hinterland, aber die Bevölkerungsverteilung weit günstiger als heute, wo sich ein Drittel der Gesamtbevölkerung im Raum von Groß-Buenos Aires konzentriert. Durch die Abtrennung Hoch-Perus (Boliviens) verlor die Kleinindustrie von Nordwestargentinien ihren traditionellen Absatzmarkt. Die ‚porteños' ihrerseits zogen es vor, billige Konsumgüter aus Europa zu importieren, anstatt Möbel, Kleidung und Weine in einem siebenwöchigen Transport per Ochsenkarren von den Städten am Fuße der Anden zu beziehen. Dieser wirtschaftliche Interessenkonflikt zwischen Buenos Aires und den 13 Provinzen bestimmte in hohem Maße die politische Entwicklung. Die Hafeninteressen wurden im Namen des Liberalismus verfochten, der hier am La Plata im Gegensatz zur sonst üblichen Frontstellung für die Sache des Zentralismus stand, während die konservativen Kräfte der Provinzen mit ihren auf Gaucho-Heere gestützten ‚caudillos' für eine föderalistische Staatsverfassung kämpften. Der Konflikt erhielt eine zusätzliche Schärfe dadurch, daß die ‚porteños' gegenüber den Einwohnern des Hinterlandes, namentlich gegenüber den ihnen als halbe Barbaren geltenden ‚gauchos', eine das andernorts übliche Maß übersteigende Verachtung empfanden.

In dem langwierigen Prozeß der Staatswerdung hat die römische Kirche in bezug auf das zu verwirklichende staatliche Projekt keine eindeutige Rolle gespielt. Ihr Hauptaugenmerk war vielmehr zunächst auf das Überleben gerichtet, also auf die Besetzung der vakanten Bistümer und Pfarreien und sodann auf die organisatorische Festigung der Strukturen, zu deren Sicherung die Amtskirche einen Modus vivendi mit den jeweiligen Machthabern anstrebte und nur lebhaft reagierte, wenn ihre institutionellen Interessen bedroht schienen, d. h. die christliche Ehe durch Projekte zur Einführung von Zivilehe

---

wachs durch Einwanderer und Gewinne durch die annektierten Territorien Chaco und Formosa abzieht, kommt man auf ca. 1,5 Mill. E für 1850. Ribeiro 1970, 542 schätzt die Bevölkerung Argentiniens im Jahre 1810 wohl mit nur 350 000 „Neu-Amerikanern" zu niedrig ein. Pereyra 1958, 431 dürfte mit 630 000 E für 1820 der Wahrheit am nächsten kommen. Davon lebten 135 000 in Buenos Aires und seiner Provinz. Rivadavia versuchte, das Übergewicht von Buenos Aires zu verringern, indem er die Provinz mit ihren 60 000 E verselbständigte und die Stadt mit 75 000 E nationalisierte (1826).

[85] Nach Barbados 1972, 385 gibt es heute 47 400—53 650 Tieflandindianer in Argentinien. Nimmt man die Hochlandindianer hinzu, so dürfte diese Zahl erheblich höher liegen. So berichtete die Zeitung ‚O Globo', Rio de Janeiro, am 19. 4. 1972 anläßlich des erstmaligen Treffens von 27 Kaziken des Landes in einer ‚Futa Traun' (großes Parlament) in der andinen Stadt Neuquén von der Existenz von 155 000 Indianern, die 0,7% der Gesamtbevölkerung ausmachen und sich hauptsächlich auf die Stämme der Toba, Mataco, Mapuche, Araukaner, Cola, Pilaga und Tehuelche verteilen. Sie wohnen vorwiegend in den Provinzen Salta, Chaco und Formosa, sowie in der Andenprovinz Neuquén und in den südlichen Provinzen Chubut und Río Negro.

und Scheidung und die kirchliche Erziehung durch die laikale Erziehung. Die Amtskirche kompromittierte sich, indem sie in der Sorge um die Erhaltung ihres Status quo weitgehend kritiklos mit den verschiedenen Regimen zusammenarbeitete und dabei ihre evangelische Aufgabe, Stimme der Sprachlosen, der Armen und Unterdrückten zu sein, vernachlässigte. Büntig weist darauf hin, daß die Amtskirche dadurch in Gegensatz zum „katholischen Volk" geraten sei, das seit den Tagen der Unabhängigkeitskämpfe stets für seine totale Befreiung gekämpft habe[86].

Der Generalkongreß von Tucumán hat bei seiner Eröffnung 1816 nach einer Messe in der Kirche San Francisco geschworen, „die katholische Religion zu bewahren und zu verteidigen"[87], und die amerikanische Jungfrau Santa Rosa de Lima zur Patronin der Unabhängigkeit Amerikas erkoren. Nach ihrem Umzug nach Buenos Aires 1817 beschloß die konstituierende Versammlung, der neun Kleriker angehörten, 1819 eine Verfassung, die zwar nie politische Bedeutung erlangte, da das Land sich praktisch in Anarchie befand, aber kirchengeschichtlich bedeutsam ist, weil sie als erste lateinamerikanische Verfassung *Gewissensfreiheit* garantierte, ein Desiderat, das Bolívar in den Andenstaaten nirgendwo durchsetzen konnte[88]. Rivadavias zentralistische Verfassung von 1826 war von einem noch toleranteren Geist getragen. Ohnehin hatte sich die Britische Krone im Freundschaftsvertrag von 1825 Toleranz im Hinblick auf ihre Untertanen ausbedungen. Sie bekamen Religionsfreiheit und Kultfreiheit innerhalb geschlossener Räume und das Recht auf eigene Friedhöfe zugebilligt, so daß sie 1829 die erste protestantische Kirche in Buenos Aires bauen konnten[89].

In der römischen Kirche nahm in dieser Zeit des Umbruchs Korruption und Zügellosigkeit unter dem vielfach recht politisierten Säkular- und Regularklerus ein unerträgliches Ausmaß an. Die Provisoren der Domkapitel der vakanten Bistümer hatten nicht genügend Autorität, um dem zu steuern. Dem Regularklerus war die Verbindung mit den Oberen in Spanien verboten worden. Nach Lage der Dinge konnte Abhilfe nur durch die Zivilgewalt geschaffen werden. Diese hatte sich in der Provinz Buenos Aires unter dem Gouverneur General Martín Rodríguez (1820—24) stabilisiert. Sein Staatsminister Bernardino Rivadavia (1821—24), persönlich ein frommer und praktizierender Katholik, der vom aufgeklärten Absolutismus Karls III. beeinflußt war, an dessen Hof er gelebt hatte, brachte 1822 ein Kirchenreformgesetz durch den Kongreß, das einerseits durch sein autoritäres, zentralistisch-liberales, aber keineswegs antikatholisches Denken, andererseits durch den Gallikanismus und Josephinismus seiner Berater geprägt war.

Das Gesetz bestimmte die Abschaffung des Zehnten, der kirchlichen Sondergerichtsbarkeit (fuero eclesiástico), Umwandlung des Domkapitels (cabildo eclesiá-

---

[86] Büntig 1973.
[87] Zuretti 1945, 201; zur Kirchenpolitik ab 1810 vgl. Tormo 1962f III 66ff mit Literaturangaben S. 69 Anm. 5.
[88] Mecham 1966, 226; Zuretti übergeht dieses Faktum völlig, obwohl es interessant wäre zu klären, auf welchem Hintergrund dieser Beschluß zustande kam und in welche Beziehung ihn die Abgeordneten zu dem Schwur von 1816 stellten und welche Rolle dabei der Handels- und Freundschaftsvertrag mit Großbritannien spielte, in dem Argentinien sich hinsichtlich der britischen Untertanen zur Religions- und Kultfreiheit innerhalb geschlossener Räume und zur Gewährung des Rechts auf eigene Friedhöfe verpflichtet hatte. [89] Mecham aaO 227.

stico) in ein ziviles Organ (senado del clero), Umbenennung des Konzilsseminars in ‚Colegio Nacional de estudios eclesiásticos', Verpflichtung des Bischofs zur Abhaltung von Pastoralkonferenzen für den Klerus, jährliche Festsetzung der vom Staat aufzubringenden Kosten für den Kult. Für den Regularklerus wurden Disziplinarregeln erlassen, die u. a. das Eintrittsalter auf 25 Jahre heraufsetzten, die ewigen Gelübde aufhoben und eine Minimal- und Maximalbesetzung der Konvente mit 15 bzw. 30 Insassen vorsahen. Einige Orden wie die Bethlehemiten wurden aufgelöst und ihr Eigentum beschlagnahmt. Gebäude und Land, die nicht unmittelbar gottesdienstlichen Zwecken dienten, wurden unter staatliche Kontrolle gestellt und der Bischof verpflichtet, einen jährlichen Bericht über das Finanzgebaren der Diözese vorzulegen[90].

Die dem kanonischen Recht widersprechende Reform wurde von der seit 1811 freien Presse, großen Teilen der Öffentlichkeit in Buenos Aires und sogar von einem Teil des Klerus begrüßt, während die Ultramontanen, auch ‚apostólicos' genannt, einen Sturm des Protestes entfachten und unter Führung von Gregorio Tagle mit dem Ruf ‚religión o muerte' (Religion oder Tod) sogar zu Gewalttätigkeiten schritten. Die Einführung der Kultfreiheit und die Anerkennung von konfessionsverschiedenen Mischehen hatten ihren besonderen Zorn erregt.

Die gespaltene Haltung des Klerus gegenüber den Reformen kommt auch in der gegensätzlichen Reaktion der hierarchischen Spitzen zum Ausdruck. Während Dekan Funes nachdrücklich die Reformen unterstützte, lehnte der Provisor Mariano Medrano sie ab und wurde deshalb von Rivadavia abgesetzt. Einzelne Provinzgouverneure übernahmen Teile des Reformgesetzes. Besonders einschneidend waren seine Auswirkungen beim Regularklerus. Viele seiner Glieder ließen sich säkularisieren, weil sie ohnehin der Konventsdisziplin entwöhnt waren, nachdem sie lange Zeit Parochien verwaltet hatten, andere, weil sie nur einem Orden beigetreten waren, um in ihrer Heimatstadt statt in einem entfernteren Seminar des Säkularklerus studieren zu können[91].

Buenos Aires war in den wenigen Jahren seit Erringung der Unabhängigkeit stark unter den Einfluß des englischen Neokolonialismus geraten. Für ein Darlehen von nominell £ 1 Mill. hatte das gesamte öffentliche Land der Provinz Buenos Aires zur Sicherheit verpfändet werden müssen, so daß keine Kolonisationsvorhaben durchgeführt werden konnten[92]. Das Niedrigzölle vorsehende Handelsabkommen von 1825 führte zu einem permanenten Defizit in der Handels- und Zahlungsbilanz mit entsprechendem Goldabfluß. Im Zeichen des Liberalismus kam es zu einer unlösbaren Verquickung von Handels-, Finanz- und politischen Interessen in der Person Rivadavias. Rivadavia mußte auf Biegen und Brechen eine zentralistische Verfassung durchsetzen, um die

---

[90] Zuretti 211 und 214; Mecham aaO 226.
[91] Der katholische, argentinische Kirchenhistoriker Zuretti räumt aaO 216 ein, daß das Reformgesetz nur deshalb so stark auf den Regularklerus wirkte, weil dessen Strukturen ohnehin morsch waren.
[92] Die Tilgung dieses Darlehens sollte sich bis 1904 hinziehen. Für den Gegenwert von in Papier erhaltenen 3 Mill. Pesos wurden 23 706 000 Pesos in Gold zurückgezahlt – Rosa 1973, 33ff. Handelsagenten aus Manchester, Glasgow und Liverpool bereisten Argentinien, um die einheimischen Produkte kopieren und unterbieten zu können, womit bald die Kleinindustrie ins Elend gestürzt wurde, während Buenos Aires durch Hafengebühren, Zölle und Vertrieb der Importwaren enorm verdiente, besonders seine wichtigste Handelsfamilien wie Escalada, Belgrano, Pueyrredón, Vieytes, Las Heras, Cerdiño – vgl. Galeano 1972, 203.

Provinzen des Hinterlandes den kapitalistischen Interessen der Engländer erschließen zu können. Der Bankrott der River Plate Mining Association, verbunden mit der Aufdeckung seiner Beteiligung an der Gesellschaft und seiner Verwendung britischer Kreditmittel für das zur Beseitigung seiner Gegner dienende „präsidiale Heer" statt zur Zahlung des rückständigen Soldes der in Uruguay gegen die Brasilianer kämpfenden Armee führte 1827 zu Rivadavias Sturz als argentinischer Präsident (1826—27)[93].

Vor diesem Hintergrund wird verständlich, weshalb die neuere argentinische Geschichtsschreibung die Herrschaft des von liberalen Historikern nur unter der Rubrik übler Diktator eingeordneten Juan Manuel de Rosas positiver sieht als die vorangegangene Epoche, die auch nicht demokratisch war, sondern in der für Lateinamerika typischen Weise oligarchische Interessen durch parlamentarische Formen wahrte. Rosas bestimmte als „starker Mann" ab 1829 zunehmend die argentinische Politik. Als ‚caudillo' von Buenos Aires brachte er 1831 mit dem ‚Pacto Federal' eine gewisse nationale Einheit zustande, indem er im Gegensatz zu Rivadavia die föderalistischen Neigungen der Provinzen respektierte. Auch für Rosas war es trotz des gefährlichen Dauerdefizits in der Handels- und Zahlungsbilanz nicht leicht, sich aus den Fesseln des liberalen Denkens zu befreien, gab es doch Politiker, die den Freihandel auf dieselbe Stufe stellten wie die Menschenrechte[94]. Das 1836 in Kraft gesetzte Schutzzollsystem brachte einen positiven Wandel, wenngleich Rosas mit dem Importverbot für Luxusgüter die verwöhnte Oberschicht der ‚porteños' und generell mit dem Schutzzollsystem die Engländer gegen sich aufbrachte[95]. 1838—40 hielt Argentinien einer französischen Seeblockade stand und war damit der erste lateinamerikanische Staat, der sich der Machtdemonstration einer europäischen Großmacht nicht beugte[96].

Rosas verstand sich als „Restaurator" kreolischer Größe. Er hatte erkannt, daß die ‚Revolución de Mayo' (1810) in einem Strudel von Phrasen und abstrakten Ideen tabula rasa aus allen kolonialen Institutionen (z. B. ‚cabildos' und ‚audiencias') gemacht hatte, ohne ruhig zu überlegen, was daran bewahrenswert war. Er zog es vor, die traditionelle Ordnung zu reformieren, statt ausländische Verfassungsideen unbesehen zu übernehmen. 1850 war Rosas auf dem Höhepunkt seiner Macht angekommen. Das war bei seiner ungünstigen Ausgangsposition in einem uneinigen und zerstrittenen Land, dessen Oberschicht ständig um wirtschaftlicher Vorteile willen dazu neigte, mit ausländischen Mächten zu paktieren, nur zu erreichen gewesen durch den Aufbau eines wirksamen Polizeisystems, eines guten diplomatischen Korps, durch die Verstaatlichung der Bank und die Ausschaltung des Einflusses privater

---

[93] Rosa 1973, 49ff.
[94] Rosa aaO 58 zitiert eine entsprechende Äußerung von Las Heras aus dem Jahre 1817. Zum Dauerdefizit vgl. ebd. 57f; zum Zollgesetz Galeano aaO 208f.
[95] Zusätzlich brachte er die Großgrundbesitzer des Südens gegen sich auf, die 1839 eine Revolution gegen ihn anzettelten (revolución de los estancieros del sur), weil er sie um ihre horrenden Pachtgewinne durch die Verpachtung des seinerzeit an Großbritannien verpfändeten Landes gebracht hatte, indem er das Staatsland doch verkaufte.
[96] Trotz Brotmangel in Buenos Aires hielt die Volksmasse zu Rosas, während die ‚clase principal' ähnlich wie unter Allende 1973 ihrem Unmut Luft machte — vgl. Chile 1974, 71. So kündigte Mariquita Sánchez Rosas ihre Freundschaft, weil es in Buenos Aires an Duftseife fehlte — Rosa 1973, 64.

Kapitalisten auf die Staatsfinanzen. Bei aller Anerkennung der Leistungen Rosas' für die politische und wirtschaftliche Unabhängigkeit der Vereinigten Provinzen darf jedoch nicht verschwiegen werden, daß der Polizeiterror schließlich jedes erträgliche Maß überschritt.

Esteban Echeverría (1805–51) beschreibt in seiner Erzählung „El Matadero" (Das Schlachthaus), einem Vorläufer des naturalistischen Romans, wie die Mazorca, die Grossmann mit der nationalsozialistischen SS vergleicht, versuchte, die Privatsphäre der Menschen zu manipulieren, indem sie sie zwang, ihre Häuser, Türen und Fenster rot anzustreichen und rote Krawatten und Haarschleifen zu tragen, „die Symbolfarbe des argentinischen Föderalismus". Er arbeitet die Parallele zwischen Tier- und Menschenschlachthaus heraus: „Ausbruch eines Stieres, der zur Schlachtbank geführt werden soll und auf der Straße unter den Späßen der Menge einem Kind den Schädel zertrampelt – Ausbruch eines eingekerkerten Unitariers (eines liberalen Zentralisten), der vom Mazorcachef verfolgt und kaltschnäuzig im Beisein der Menge zu Tode gefoltert wird."[97]

Angesichts der Vielzahl von Widerständen, die Rosas zu überwinden hatte, konnte ihm nicht an einem Konflikt mit der römischen Kirche gelegen sein. Obgleich 1834 ein Komitee von 39 Juristen und Theologen im Auftrage der Regierung das Ausmaß des nationalen Kirchenpatronates definiert hatte (Memorial Ajustado), nahm Rosas es mit diesen Richtlinien der Kirchenpolitik nicht so genau. Er erteilte z. B. 1835, nachdem er mit diktatorischen Vollmachten ausgestattet war, dem nicht präsentierten, vom Papst motu proprio zum Hilfsbischof von Buenos Aires ernannten Mariano Escalada das Exequatur[98]. Es ging Rosas darum, nach Jahren der Anarchie auf allen Gebieten wieder die Ordnung zu festigen, und zwar auf föderalistischer Grundlage. Dieses Bestreben leitete auch seine Kirchenpolitik. Nach der durch die Reform Rivadavias verursachten Unruhe versuchte er, der katholischen Kirche wieder ihren angestammten Platz im öffentlichen Leben zurückzugeben.

Er richtete seine Aufmerksamkeit auf den Zustand von Kirchen und kirchlichen Schulen und veranlaßte über die Provisoren der Bistümer die Absetzung unfähiger Pastoren, ließ einige neue Kirchen bauen und wirkte versöhnlich gegenüber den Orden. Die Franziskaner erhielten ihre Immunität zurück, die Dominikaner ihre Konvente und die Jesuiten durften 1836 ins Land zurückkehren. Ab 1840 wandte sich Rosas allerdings gegen die Jesuiten, da das Gerücht umging, sie sympathisierten mit den zentralistischen Kräften, so weilte von 1849 bis 1852 kein Jesuit mehr in Argentinien.

Die römische Amtskirche unterstützte Rosas aus verständlichen Gründen von Anfang an und war ihm schließlich „hoffnungslos unterworfen", wie Mecham urteilt. Ingenieros meint: „In den Personen von Rosas und Medrano war die Union von Thron und Altar verwirklicht."[99]

Rosas entwickelte immer stärker eine regalistische Mentalität im Stile eines aufgeklärten Absolutismus. In seiner selbstgewählten Rolle als Wiederhersteller der Ge-

---

[97] Grossmann 1969, 243.
[98] Nach dem Memorial sollte es keine Beziehungen zu Rom geben, bis es in einem Konkordat die nationalen argentinischen Rechte anerkannt hatte – Mecham 1966, 231.
[99] Mecham aaO 231 im einzelnen; José Ingenieros, La Evolución de las Ideas Argentinas, Buenos Aires 1920 II, 520 zit. nach Mecham aaO. Zur Diskussion über die Bewertung der Politik Rosas' vgl. die bei Hanke 1967 II, 60–112 wieder abgedruckten Aufsätze u. a. von Romero 1963, Burgin 1946 und Kroeber 1960.

setze wollte er auch die Kirche wieder aufrichten und zeigte dabei wenig Respekt vor dem kanonischen Recht. Ähnlich wie Joseph II. von Österreich schrieb er die Themen der Predigten und die Farbe der Gewänder der Kanoniker vor, ernannte Pastoren, ordnete Fürbittengebete an etc., behandelte also die Kirche wie einen Zweig der Zivilverwaltung. Rosas übertraf den Regalismus Rivadavias noch, indem er sogar einige Bistumsgrenzen änderte und Pastoren durch die Zivilgewalt einsetzen ließ. Einige Priester und Vikare widersetzten sich seinen Übergriffen und gingen ins Exil. Trotz der Eingriffe Rosas' ließ die kirchliche Disziplin weiter nach, besonders weil einige Gouverneure undisziplinierten Religiosen willig Zuflucht boten. Wie fast in allen Republiken Lateinamerikas im 19. Jahrhundert versuchte man auch in Argentinien, die übergroße Zahl religiöser Feiertage einzuschränken, was zunächst an der Mißbilligung Roms scheiterte. Ende 1858 gewährte Rom dann ohne besondere Umstände diese Verringerung dem Abgesandten von Präsident Urquiza, del Campanillo[100]. Wenn diese Verringerung der kirchlichen Feiertage auch volkswirtschaftlich wünschenswert erscheinen mochte, war sie doch nicht besonders human. Denn diese Feiertage bildeten die einzige Form von Urlaub und Erholung für die Masse des Volkes, und in keinem lateinamerikanischen Staat wurde die Verringerung der Feiertage von der Einführung eines regulären Urlaubs begleitet. Leider scheint Rom auf diesen wichtigen Aspekt nicht hingewiesen zu haben.

Theologisch bedenklicher als die Verletzung des rein menschlichen kanonischen Rechtes waren Rosas' Versuche, die Kirche vor den Wagen seiner im föderalistischen Credo gipfelnden Politik zu spannen. Neben Bildern von Christus und Maria scheinen auch solche der Helden der ‚Santa Causa de la Federación' verehrt worden zu sein, ja in Buenos Aires tauchten sogar Bilder von Rosas auf den Altären auf. Außerdem war die Verwendung von föderalistischem Rot im Altarschmuck vorgeschrieben. Der Bischof von Cuyo mußte 1839 bei der Erteilung des Exequatur für seine Ernennung schwören, „in Predigten, Beichtgesprächen und Unterhaltungen die Freiheit und Unabhängigkeit der Republik unter dem Föderal-Regime zu verteidigen und aufrechtzuerhalten"[101]. Eine quasi religiöse Weihe staatlicher Ordnungen und Verfassungen ist allerdings in Lateinamerika bis heute nichts Besonderes und kann daher nicht speziell Rosas angelastet werden.

Rosas fiel schließlich im Februar 1852 in der Schlacht am Monte Caseros dem schon länger schwelenden Konflikt mit Brasilien zum Opfer, den er mit einem Präventivkrieg hatte zur Lösung bringen wollen. Rosas' wachsender internationaler Einfluß — d. h. seine Freundschaft mit Manuel Oribe, der Uruguay zurückerobert und damit dem brasilianischen Einfluß entzogen hatte, sein Bündnis mit Manuel Isidoro Belzú in Bolivien und seine sich ständig verbessernden Beziehungen zu Chile und Peru — war ein Stein des Anstoßes für das brasilianische Kaiserreich Dom Pedros II., dessen Aristokratie sich auf Sklavenarbeit stützte und das Echo republikanischer Ideen aus Argentinien in den Hütten der Sklaven befürchtete. Wie zugespitzt die Lage schon 1848 war, wird daran deutlich, daß damals die Konservativen die Wahlen mit dem Schlachtruf gewannen: „Entweder Rosas oder Brasilien."[102]

1852 endete der erste Versuch, die unabhängig gewordenen La Plata-Provinzen auf der Grundlage der kreolischen Volkssubstanz und Wirtschaftskraft nicht nur politisch, sondern auch wirtschaftlich unabhängig zu entwickeln. Kirchengeschichtlich ging damit in Argentinien eine Epoche zu Ende, in der die römische Kirche praktisch ausschließlich das Feld beherrschte. Der Protestan-

---

[100] Vgl. Zuretti 1945, 239ff und Mecham aaO 237.
[101] Mecham aaO 233. [102] Vgl. Fagg 1971, 438.

tismus hatte sich von 1829 bis 1852 auf die ausländischen Residenten und eine relativ geringe Zahl von Einwanderern beschränkt. Die Abhaltung protestantischer Gottesdienste und Predigten in spanisch war untersagt[103].

41233 Uruguay (1828–1872)

Die Schaffung der Zwergrepublik Uruguay – heutige Staatsgröße 186 926 km² – mit ihren 1828 knapp 60 000 Einwohnern – entweder Bewohner der Hafenstadt Montevideo oder mehrheitlich ‚gauchos' des Binnenlandes – ist eine Frucht der lateinamerikanischen Kanonenbootpolitik des britischen Premiers Canning und seines Botschafters in Buenos Aires, Lord Ponsomby. Die Oberschicht war sich der Zusammenhänge nicht recht bewußt, und die Masse des Volkes, die auf der Seite von Artigas gestanden hatte, war an der Staatsgründung nicht beteiligt. Der nordamerikanische Konsul Forbes hatte seiner Regierung schon 1826 aus Montevideo geschrieben, daß es sich bei der Gründung „einer unabhängigen und neutralen Regierung in der Banda Oriental" nur darum handele, „eine verschleierte britische Kolonie zu schaffen". Die Verfassung von 1830 schloß die große Masse der Bevölkerung aus der aktiven Politik aus. Die aufgeklärten Glieder der Oberschicht hatten einen europäischen Verfassungsrahmen übernommen, der theoretisch vollkommen zu sein schien, aber die Wirklichkeit eines von langen Kämpfen verwüsteten Landes mit einer erschöpften, zahlenmäßig schwachen Bevölkerung, daniederliegender Wirtschaft, stagnierender Produktion und ungesicherten Grenzen völlig außer acht ließ. Die Folge waren jahrzehntelange blutige Bürgerkriege mit ausländischen Interventionen und die Verwicklung in kriegerische Auseinandersetzungen zwischen Brasilien und Argentinien (1852 Krieg gegen Rosas) bzw. beider Länder mit Paraguay (Dreibundkrieg 1865–70)[104].

Die Verfassung von 1830 erklärte die römisch-katholische Religion zur Staatsreligion, ohne ausdrücklich die Ausübung andersartiger Glaubensüberzeugungen zu untersagen und ohne der römischen Kirche explizit den Schutz des Staates zuzusagen. Das sich darin äußernde, für damalige Verhältnisse ungewöhnliche Maß an Toleranz wurde 1840 erstmals auf die Probe gestellt, als die Konsuln der Vereinigten Staaten, Großbritanniens und Schwedens um die Genehmigung zur Errichtung einer protestantischen Kirche und Schule nachsuchten. Der von der Regierung konsultierte Apostolische Vikar Larrañaga – seit 1832 war Uruguay Vikariat (ab 1865 Sitz eines Bischofs in partibus und ab 1878 eines Residenzbischofs) – erhob Einspruch, aber die Regierung in Montevideo autorisierte den Bau, der 1844 begonnen wurde, nachdrücklich unterstützt vom örtlichen Finanzmagnaten Samuel Lafone, der mit der Schottischen Bibelgesellschaft verbunden war.

---

[103] Im Gegensatz zur traditionellen Historiographie sieht E. Palacios, Historia de la Argentina, Bd. V „Derrota Nacional y Gobierno de los Emigrados" in der Niederlage Rosas' bei Caseros eine nationale Niederlage – zitiert nach Büntig 1973, 78. Die spanische Predigttätigkeit von Protestanten sollte erst 1867 beginnen. – vgl. González 1970, 335.

[104] Faget 1969, 274 spricht von dem „kuriosen Fall der Schaffung eines Staates, der durch den Willen anderer geboren wird", ohne daß die Oberschicht von der Zweckmäßigkeit der Gründung ganz überzeugt ist, ganz zu schweigen vom Volk, das auf seiten von Artigas gestanden hatte. Faget beruft sich auf Zum Felde 1967, 113; vgl. in ähnlichem Sinne Melogno 1968, 119. Sobrado 1968 betont, daß die Religiosität der Bevölkerung zwar formalistisch war, aber engen Weltbezug hatte und daß die institutionelle Kirche „eine glühende Vorkämpferin der politischen Unabhängigkeit und der Geburt der Nationalität" war, aber mit dem Aufstieg von Vera und dem Ultramontanismus immer mehr an Einfluß verloren habe (134).

Als Lafone in der von ihm unterstützten, von dem Jesuiten Ramón Cabré (die SJ war seit 1840 wieder im Lande) aufgebauten ‚Escuela de Niños Emigrados' (Schule für Kinder vom Lande) protestantische Bibeln verteilen ließ, entzündete sich die „Bibelfrage". Die ‚cuestión de las Biblias', die von Cabré und dem Provisor Lorenzo Fernández geschürt wurde, erhielt zusätzliche Nahrung durch Gregors XVI. Bulle von 1836, in der er die protestantischen Bibelgesellschaften verdammt und auch die von Alexander VII. 1757 genehmigte Lektüre der Bibel in den Muttersprachen in approbierten Übersetzungen erneut untersagt hatte. Trotz der Unterstützung Lafones durch Minister Melchor Pacheco führte die katholische Agitation schließlich zu einer Bibelverbrennung, dem heftigsten antiprotestantischen Akt der Geschichte Uruguays[105].

Indes ließ sich auch in Uruguay der Prozeß der Säkularisierung nicht aufhalten, der namentlich von den Liberalen vorangetrieben wurde, die hier unter dem Namen ‚Colorados' (Rote) bekannt sind. Die Geschichte Uruguays ist bis in die Gegenwart von der scharfen, teilweise blutigen Rivalität der Colorados und der ‚Blancos' (Weißen) bestimmt, wenngleich ihre politischen Ziele oft wenig voneinander abweichen und die Erlangung oder die Verteidigung der Macht ihr Hauptziel ist. Die graduellen Unterschiede der beiden Gruppen, aus denen fest gefügte Parteien wurden, lassen sich folgendermaßen beschreiben: Die konservativen Blancos vertraten die Interessen der Kreolen des Binnenlandes, d. h. der Viehzüchter und des Klerus. Absolutistisch und nationalistisch in ihrer Gesinnung verfochten sie den intoleranten Katholizismus der Kolonialzeit und verbündeten sich eine Zeitlang mit Rosas. Bezüglich des Kirchenpatronats stimmten sie mit den Colorados überein, deren Hochburgen die Städte an der Küste bildeten. Interessiert am Freihandel kooperierten sie mit England und Frankreich. Damit waren sie automatisch Freunde der Gegner Rosas', wenngleich sie bei ihrem brasilianischen Nachbarn auch nicht die Monarchie unterstützten, sondern die aufständischen Farrapos. Waren die Colorados im allgemeinen wenig aggressive Antiklerikale, die einige Kirchenreformen durchführten, so waren die Blancos „nachlässige und lauwarme Verteidiger der Staatskirche", die solche Reformen nicht widerriefen, so daß Macht und Prestige der römischen Kirche insgesamt sanken[106].

Unter dem ersten Colorado-Präsidenten Fructuoso Rivera (ab 1830) wurde das berühmte Franziskanerkloster San Bernardino aufgelöst, weil es nur noch zwei Insassen hatte. 1838 wies er die Franziskaner aus Uruguay aus. Der Plan seines Ministers Ellauri, den gesamten Kirchenbesitz zu verstaatlichen, scheiterte am Widerstand von Larrañaga. Theoretisch war ab 1835 der Blanco Oribe Präsident, aber er lag von Anfang an im Krieg mit seinem Vorgänger Rivera, der mit seinen Anhängern Montevideo in der Hand hatte. Daraus entwickelte sich die ‚Guerra Grande', der große Krieg (1843–51), in dem Oribe mit argentinischer Unterstützung von Rosas Montevideo völlig vom Hinterland abschnitt, während die Franzosen, unterstützt von den Engländern 1845–48 vor Buenos Aires eine Seeblockade aufrechterhielten und Montevideo als Flottenbasis benutzten. Kein Wunder, daß uruguayische Historiker in Oribe und Rosas die Vereinigung der letzten Kräfte der „indianischen Christenheit" gegen die anglo-französische Satellitisierung sehen[107]. Der Krieg hatte auch eine de facto Teilung der römischen Kirche zur Folge. Der Apostolische Vikar bildete auf der Seite Oribes die hierarchische Spitze und der Provisor P. Lorenzo Fernández in

---

[105] Vgl. Methol 1969, 32ff und Mecham aaO 252f.
[106] Mecham aaO 253f und Fagg 1971, 750f.
[107] Methol aaO 33.

Montevideo, wo es zu jener Zeit, als der Bau der ersten protestantischen Kirche begann, mehr Ausländer als ‚orientales' (Uruguayer) gab. Der Aufstand von Urquiza in Argentinien gegen Rosas führte 1851–53 zu einer Koalition der Colorados mit Brasilien, dessen Streitmacht das Schicksal Oribes besiegelte. Brasilien nutzte 1853 die Anwesenheit seiner Streitkräfte in Uruguay, um ihm einen mit Geländeverlusten verbundenen Grenzvertrag aufzuoktroyieren. Durch die Einmischungen Brasiliens wurde die Innenpolitik Uruguays noch verwirrender. Der Grenzvertrag führte zum Aufstand des Colorado-Obersten Venancio Flores, der 1853–55 das Land beherrschte, aber 1855 durch eine brasilianische Intervention gestürzt wurde und die Blancos wieder an die Macht brachte, von denen das Kaiserreich hoffte, sie würden ihm freundlich gesonnen sein. Die Blanco-Präsidenten Bernardo Berro und Aguirre (1860–65) erfüllten indes diese brasilianische Erwartung nicht, weshalb Brasilien 1864 erneut intervenierte und wie Argentinien die ‚Cruzada Libertadora' (Befreiungskreuzzug) von Flores unterstützte, den es einst gestürzt hatte. Das Hilfeersuchen von Präsident Aguirre an Präsident López von Paraguay sollte zum Dreibund (Triple Alianza) von Brasilien, Argentinien und Flores gegen Paraguay führen. Der blutige Paraguay-Krieg (1864–70) bewirkte 1865 den Sturz der Blancos, die 1870 einen Bürgerkrieg gegen die Hegemonie der Colorados begannen, der ihnen 1872 einen Anteil an den öffentlichen Posten sicherte.

Der kirchengeschichtliche Hintergrund dieser Epoche, insbesondere der Jahre 1859–63, ist 1971/72 erstmals durch eine gründliche Quellenforschung von Lisiero durchleuchtet worden, die den eigentlichen Beginn einer uruguayischen Kirchengeschichtsschreibung bezeichnet[108]. Die Organisation einer nationalen katholischen Kirche erforderte einen genauso langwierigen und mühsamen Prozeß wie die Erlangung einer echten politischen Unabhängigkeit. Alle kirchenpolitischen Schritte Montevideos zielten nicht auf „eine ehrliche Systematisierung der kirchlichen Geschäfte" ab, sondern entsprachen „einem falschen Ehren- und Unabhängigkeitsprinzip" der weltlichen Hand, die zwar die Vorteile des Patronatsrechts genießen und ein Bistum errichten, aber nicht die finanziellen Lasten zur Unterhaltung eines Bischofs und eines Konzilsseminars tragen wollte. Die Tatsache, daß der Anteil der einheimischen Priester 1830–60 nie „die bescheidene Zahl von 12 bis 15 überstieg", erhellt die besondere Notwendigkeit eines Seminars. Aber unter dem Druck der freimaurerischen Minister wollte man zwar den äußeren Glanz einer nationalen Kirche, aber nicht deren solide Begründung, die die laikalen Ziele gefährdet hätte[109].

Mangels Hörern mußten erstmals 1860 und endgültig ab 1865 die Lehrveranstaltungen des Lehrstuhls für Theologie an der 1849 gegründeten Universität von Montevideo ausfallen, deren philosophischer Lehrstuhl zwar noch von scholastischem Geist erfüllt war, deren Lehrbetrieb aber allgemein vom Geist des Rationalismus und Liberalismus durchtränkt war, wie überhaupt das „intellektuelle und religiöse Gesicht Uruguays" vom freidenkerischen Rationalismus

---

[108] Lisiero 1971, 1. Die politischen Verwicklungen, die zum Dreibundkrieg führten mit der ohne brasilianische Kriegserklärung erfolgten Invasion Uruguays, werden im einzelnen dargestellt in CM 62 (1972): „Política de Brasil en Uruguay. La Misión Saraiva."

[109] Ebd. 4ff; 1861 gab es 84 Priester, davon nur 13 Orientales (118). Die meisten Priester waren an den politischen Umstürzen beteiligt (86). Die ausländischen Priester kamen fast ausschließlich aus Spanien und waren vielfach minderer Qualität. Sie waren ausgewandert, um ungestört vom bischöflichen Disziplinarrecht auf ihre Weise leben zu können (79 v. 117). Wirtschaftlich ungesichert, strebten sie nach materiellen Vorteilen (119).

geprägt war. Schon in der Kolonialzeit war das Land keine kirchliche Hochburg gewesen[110]. In der ersten Hälfte des 19. Jahrhunderts waren die „Eliten" von einem deistischen Moralismus erfüllt, der den ungeschlachten Volkskatholizismus nach dem rein menschlich verstandenen moralischen Vorbild von Jesus „entsprechend dem göttlichen Gesetz des Gewissens" reinigen wollte. Aus dem von der Romantik beeinflußten konzilianten „Spiritualismus", jener „katholischen Freimaurerei", die dem Christentum eine Modellrolle für die Gesellschaft zuerkannte, entwickelte sich in den sechziger Jahren ein kämpferischer „Spiritualismus", der zum frontalen Zusammenstoß zwischen Kirche und Freimaurerei führte[111]. Die aus Argentinien vertriebenen Jesuiten, die sich 1840/41 um P. Ramón Cabré gesammelt und das Kolleg Santa Lucía zur Priesterausbildung gegründet hatten, bildeten das Ferment des Ultramontanismus in Uruguay inmitten eines liberalen Katholizismus, der auch die Amtskirche erfaßt hatte, die deshalb dem Häuflein Jesuiten anfangs kaum Rückendeckung gegen die Angriffe der Freimaurer gewährte.

Nachdem der neue Apostolische Vikar, José Benito Lamas, 1855 Klerus und Gläubige in einer Verlautbarung an die päpstliche Verdammung der Freimaurerei erinnert hatte, begann der Kampf von Minister Herrera und den maßgeblichen Mitgliedern des ‚Instituto Nacional' gegen die Jesuiten, weil diese im Gegensatz zu Lamas nicht an einem Modus vivendi mit den Freimaurern interessiert waren. Als P. Félix del Val 1859 gesagt hatte: „Die Philanthropie ist die falsche Münze der Nächstenliebe" und P. Sato in einem Brief bemerkt hatte: „Philanthropie ohne wahren Glauben und feste Hoffnung ist nicht mehr als eine vage Fiktion der christlichen Liebe", brach der Sturm der Entrüstung gegen die Jesuiten los, der in der Presse in dem Satz gipfelte: „Die Inquisition ist errichtet!" Während die Jesuiten der Regierung Pereira jede Kompetenz zur Einmischung in einen religiösen Streit absprachen, erließ sie mit regalistischer Begründung 1859 ein Dekret zur zweiten Ausweisung der Jesuiten, dem 1860 eines zur zweiten Ausweisung der Franziskaner folgte. Die Eskalation des Streites setzte sich fort, als ein Priester dem vom Protestantismus zum Katholizismus übergetretenen Freimaurer Jakobsen das Sterbesakrament verweigerte und der Apostolische Vikar Vera seine Beerdigung auf dem geweihten Friedhof untersagte, der Minister sie aber dennoch autorisierte (1861). Schließlich verhinderte ein Kompromiß doch den logischen nächsten Schritt der Säkularisierung der Friedhöfe. Auch ein Projekt zur Einführung der Zivilehe kam noch nicht durch (1858). Beim Streit über die kirchliche Gerichtsbarkeit fand man 1861 auch einen Kompromiß mit Rom. Dennoch sollte es 1861 zur totalen Konfrontation von Kirchenleitung und Staat kommen, als die Regierung kraft Patronatsrecht den Apostolischen Vikar Vera und den Provisor Conde ihrer Ämter für verlustig erklärte, weil sie als Spitzen der Kurie von Montevideo den übel beleumundeten, freimaurerischen Presbyter der Mutterkirche, Juan José Brid, nach vergeblicher Ermahnung seiner priesterlichen Rechte für verlustig erklärt hatten. Am 7. Oktober 1862 wurden Vera und Conde des Landes verwiesen. Der Triumph der staatlichen Patronatsmacht über die Kirche schien vollkommen zu sein. Aber im April 1864 begann der Befreiungskreuzzug des aus Buenos Aires zurückgekommenen glühenden Colorado-Katholiken Venancio Flores, dessen Mitkämpfer das Kreuz auf ihren Lanzen hatten und einen Teil des Landvolkes davon überzeugten, daß sie für die Rechte der Kirche kämpften. Ihre Erfolge ließen es Präsident Berro geraten erscheinen, die Verstoßenen zurückzuholen und wieder in ihr Amt einzusetzen. Wie bei der Frage der Friedhöfe wurden indes die Streitfragen nicht juristisch gelöst, und die Kompetenzen von Vikar und Regierung blieben unklar. Noch 1864 erreichte Präsident Aguirre in Rom die Zustimmung zur Ernennung seines Freundes Jacinto Vera zum Bischof in partibus infidelium. Seine Weihe am 16. Juli 1865 sollte bereits unter Flores erfolgen.

[110] Lisiero aaO 31ff.   [111] Methol aaO 36f.

Man kann indes keineswegs von einem Triumph der katholischen Kirche sprechen. Nachdem es den Freimaurern nicht gelungen war, ihr liberales Verständnis von Katholizismus durchzusetzen und die Amtskirche zu unterwandern, spalteten sie die Gesellschaft, entzogen den kulturellen (Universität) und den politischen Sektor (Freimaurerei) völlig dem kirchlichen Einfluß. Der Bruch zwischen Kirche und Staat war de facto, wenn auch noch nicht de iure vollzogen. Die Gesellschaft entfremdete sich in zunehmenden Maße der Kirche. Die Säkularisierung und Laikalisierung der Gesellschaft, die in Uruguay in besonders starkem Maße erfolgen sollte, nahm ihren Lauf.

Die religiöse Unabhängigkeit war eine logische Folge der Prämissen der Liberalen, die nicht unbedingt mit den Freimaurern gleichzusetzen sind. Aber mehr als in anderen lateinamerikanischen Staaten machte sich die Freimaurerei in Uruguay zur Sprecherin von Aufklärung, Rationalismus und Protestantismus und damit zur Wegbereiterin der Liberalisierung und Säkularisierung[112].

41234 *Paraguay (1811—70)*

Neben Bolivien das einzige Binnenland Südamerikas umfaßt Paraguay heute eine Fläche von 406 732 km², d. h. fast genauso viel wie bei seiner Unabhängigkeit 1811. Denn über 150 000 km², die es 1872 an Brasilien und Argentinien verlor, gewann es 1935 im Chaco-Krieg gegen Bolivien im nördlichen Chaco hinzu. Die dichter besiedelte Ostregion, in der heute ca. 95 % der Einwohner leben, ist mit ca. 160 000 km² allerdings kleiner als Uruguay. Die Bevölkerungsschätzungen für das 19. Jahrhundert gehen weit auseinander: von 200 000 im Jahre 1811 bzw. 300 000 1840 und 400 000 bis 800 000 oder sogar 1,5 Mill. für das Jahr 1865[113].

Die Beurteilung der Geschichte Paraguays im Zeitraum 1811—70, der von den drei Diktatoren Gaspar Rodríguez de Francia (1816—40), Carlos Antonio López (1841—62) und dessen Sohn Marschall López (1862—70) bestimmt wird, ist in höchstem Maße kontrovers.

Erst in jüngster Zeit finden sich positive Stimmen zu dem Versuch, nicht nur die politische, sondern auch die wirtschaftliche Autonomie zu erringen. So weist Hoyt Williams auf Grund von Quellenstudien nach, daß die außenpolitische Isolation Paraguays weniger der Tyrannei Francias entsprang als den geographischen und vor allem den politischen Bedingungen der Epoche, wollte Argentinien sich doch bis zum Ende der Ära Rosas' nicht mit dem Verlust Paraguays abfinden und wollten Handelsmächte wie Großbritannien und Frankreich es um Paraguays willen nicht mit Argentinien verderben, weshalb sie den Binnenstaat nicht anerkannten. Überhaupt hatte sich die Mai-Revolution von 1811 weniger gegen Spanien gerichtet als gegen portugiesische Invasionstruppen und gegen die Gefahr der Abhängigkeit von Buenos Aires. Wichtiger als die verhältnismäßig unbedeutende Zahl von als verdächtig geltenden Ausländern, die bis in die zwanziger Jahre hinein in Paraguay festgehalten wurden,

---

[112] Lisiero aaO 38ff, der S. 51 erwähnt, daß die Zentrale der Freimaurer in Montevideo ihm noch heute die Einsicht in ihr Archiv, ja sogar in ihre Bibliothek verwehrt habe. Die Untersuchungen von Lisiero widerlegen die Behauptung von Mecham aaO 254, daß 1861 die Friedhöfe in Uruguay säkularisiert wurden. 1865 durften unter Flores religiöse Kongregationen wieder ins Land, die sich der Erziehungsarbeit widmeten, u. a. die Jesuiten (254f). 1878 wurde Jacinto Vera vom Papst zum Residenzbischof ernannt.

[113] Die ersten beiden Zahlen nennt Fagg aaO 440 offenbar nach Moussy, 800 000 nach Monchez und 1,5 Mill. nach Du Gratty – vgl. Pereyra 1958, 463.

ist die wenig bekannte Tatsache, daß Francia Paraguay zu einem offenen Land für alle Asyl Suchenden von Artigas aus Uruguay bis zu entlaufenen brasilianischen Negersklaven gemacht hat, so daß die Zahl von Ausländern in Paraguay wesentlich höher war als vielfach angenommen[114].

Die Politik Francias zielte auf die Zerschlagung der Macht der Großgrundbesitzer und der alten Kommendenbesitzer, sowie der kleinen, aber einflußreichen Handelsbürgerschicht und des hispanophilen Klerus, wobei er vor Enteignungen und Terror nicht zurückschreckte. Auf diese Weise kam fast der gesamte Grund und Boden in Staatshand und wurde an die kleinen Landwirte, die in jeder Hinsicht gefördert wurden, günstig verpachtet. Das Handwerk wurde durch das fast völlige Einfuhrverbot für ausländische Waren gefördert. Der gesamte Außenhandel, den Argentinien zu behindern versuchte, wurde staatlich kontrolliert.

Carlos López schaffte 1842 Folterungen, Enteignungen und die Sklaverei ab, sanktionierte aber den zwangsweisen Arbeitseinsatz der Indios (reparto), befreite indes besonders bewährte Indios davon, indem er ihnen Land und Vieh schenken ließ. 1848 verstaatlichte er den Besitz von 21 ehemaligen Jesuitenreduktionen gegen die Anerkennung der Bürgerrechte der Indianer. Auf wirtschaftlichem Gebiet vollendete er den merkantilistischen Staat. Mit Hilfe ausländischer Berater, aber einheimischer Arbeitskräfte wurden Gießereien, Werften, Fabriken für landwirtschaftliche Geräte, Waffen, Munition und sogar Papier, sowie Webereien errichtet. 1854 begann der Bau der ersten Normalspureisenbahn Südamerikas zwischen Asunción und Paraguarí. Auch die erste Telegraphenlinie Südamerikas entstand in Paraguay. Paraguay war der einzige Staat Lateinamerikas, der ein hohes Maß an technischer Entwicklung und Modernisierung ohne Überfremdung, Auslandsverschuldung und totale Abhängigkeit zuwege brachte.

Carlos López unternahm auch gewaltige Anstrengungen zur Alphabetisierung der Bevölkerung, die nahe an hundert Prozent herangekommen sein soll. Studenten schickte er nach Europa. Vor allem gelang es erstmals in Paraguay, wo das rezente Guaraní als Landessprache eine wichtigere Rolle als das Spanische spielte, in der Mischbevölkerung, die nur einen relativ unbedeutenden Teil von europäischem Blut hat, ein indianisches Selbstbewußtsein zu schaffen, einen Guaraní-Nationalismus, ja das Gefühl, ein Herrenvolk zu sein[115] – eine entscheidende Voraussetzung zur Emanzipation der indianischen Bevölkerungsgruppen.

Brachte schon der liberale Parlamentarismus, der als politische Form in den meisten lateinamerikanischen Staaten eingeführt wurde, der Kirche keine Freiheit, dann tat es der „nationalistische Cäsarismus" Francias erst recht nicht, sondern führte, gestützt auf das Patronatsrecht, zu einem scharfen Cäsaropapismus, den er als ein Erfordernis der nationalen Souveränität und Unabhängigkeit rechtfertigte. Er erklärte sich zum „Chef der paraguayischen Kirche"[116], deren unumschränktes Oberhaupt er nach dem Vorbild Heinrichs VIII. von England wurde. Den religiösen Orden gebot er die völlige Unabhängigkeit zu im Ausland befindlichen Ordensinstanzen. Den 1809 eingesetzten Bischof von Asunción, Pedro García de Panes OFM, ließ Francia wegen angeblicher oder tatsächlicher Geistesschwäche absetzen und durch den von ihm zum Provisor und Generalvikar ernannten Presbyter Antonio Céspedes ersetzen.

Obwohl Gaspar Rodríguez, der sich wegen seiner uneingeschränkten Bewunderung für das Frankreich Robespierres und Napoleons ‚de Francia' nannte, den Grad eines Doktors der Theologie an der Universität Córdoba erworben hatte, hielt er

---

[114] Hoyt Williams 1972, 102ff.
[115] Vgl. Ribeiro 1970, 530 und allg. zur Politik López' Machuca 1951, 29f; zum Cäsarismus in Lateinamerika vgl. Peralta 1966.
[116] Vgl. Lozáno 1971, 10.

einerseits Macht und Einfluß der Kirche für unvereinbar mit seinem absoluten Herrschaftsanspruch, der in seinem an Gotteslästerung grenzenden Titel ‚El Supremo' (der Allerhöchste) zum Ausdruck kommt. Andererseits erschien ihm die Priesterschaft insgesamt dumm, faul, undiszipliniert und in ihrem Lebenswandel unmoralisch. Er schüchterte die Priester durch Verfolgungsmaßnahmen derart ein, daß sie zu servilen Werkzeugen des jeweils an der Macht befindlichen Cäsaren wurden und befehlsgemäß ihm unter Bruch des Beichtgeheimnisses als Spitzel dienten. Obwohl die Religiosen die Sache der Unabhängigkeit unterstützt hatten, wurden sie bald wie die ganze Amtskirche ein Opfer Francias, der 1824 nicht nur das Seminar schließen und das Domkapitel auflösen ließ, sondern auch die Aufhebung aller Konvente und die Säkularisierung ihrer Insassen anordnete. Die Konvente wurden in Kasernen umgewandelt, sämtlicher Kirchenbesitz säkularisiert und die Orden der Dominikaner, Franziskaner und Merzedarier förmlich verboten[117].

Carlos López milderte den Cäseropapismus zu einem scharfen Regalismus, weil er in den Priestern keine Gefährdung seiner Machtbasis mehr sah. Vielmehr machte er Bischof und Priester zu regelrechten Regierungsfunktionären, d. h. zu seinen Hilfskräften, denen er Fürsorge angedeihen ließ, indem er die Pfarreien wiederherstellte, ihnen teilweise zusätzlich zu ihren geistlichen noch weltliche Funktionen zuerkannte und sich „Patron und Beschützer der paraguayischen Kirche" nennen ließ[118].

Man kann mit Mecham im Bischofsreformgesetz von 1845 die Intention sehen, das Ansehen des bischöflichen Amtes herabzusetzen. Tatsächlich wurden indes nur unevangelische Mißbräuche wie das Glockenläuten zu Ehren des Bischofs, die Vorschrift, in der Öffentlichkeit beim Vorübergehen des Bischofs zu knien, und die Benutzung von Bischofsroben und Bischofsthron abgeschafft.

Nach dem Tode Francias (1840) hatte der Klerus der Hauptstadt den Pfarrer von Villa San Isidro (Curupayty), José Vicente de Orúe, zum Generalvikar gewählt und Gregor XVI. um seine Ernennung gebeten, die er gewährte, so daß die Verbindung zur römischen Kurie wiederhergestellt war. Nach dem Tode Orúes setzte López 1842 Pedro José Moreno als Interimsvikar ein, ließ ihn der Kurie davon Mitteilung machen, ihn den Bischofssitz für vakant erklären und präsentierte Basilio und Marcos.

Gregor XVI. ernannte den Bruder des Präsidenten, Basilio Antonio López OFM, als ersten Paraguayer zum Bischof (1845–59) und den wegen eines Gegenvotums im Kongreß im Jahre 1816 von Francia 14½ Jahre lang gefangengehaltenen Marcos Antonio Maíz zum Titular- und Hilfsbischof.

Der Präsident ließ Basilio zwar wenig Freiraum, aber durch die Ausbildung von Priesternachwuchs und häufige Visitationen konsolidierte sich die Kirche langsam wieder. Wenn Carlos López sich auch der Rückkehr der Orden widersetzte, weil sie unter ausländischer, d. h. spanischer Leitung standen, so duldete er es doch, daß Basilio fünf Jusuiten für das Sekundarschulwesen ins Land holte. Auf Maíz († 1848) folgte als Koadjutor Juan Gregorio Urbieta, der 1860 die Nachfolge Basilios als Bischof antrat und das Konzilsseminar ins Leben rief.

Der Präsident berief zu Beginn der Amtszeit von Bischof Urbieta wieder ein Domkapitel und empfing 1862 den Nuntius Marini, womit formell die Beziegen zum Hl. Stuhl wiederhergestellt waren. Carlos López ließ außer der Kathedrale mehrere Kirchen bauen[119].

---

[117] Vgl. Tormo 1962f III, 31f; Paraguay 1968, 28; Paraguay 1971, 20; Mecham aaO 190f.
[118] Lozano 1971, 11. Das Patronatsrecht ist in der Verfassung von 1844 verankert.
[119] Paraguay 1968, 29.

Unter Marschall Francisco Solano López (1862—70) nahm der „nationalistische Cäsarismus" napoleonische Ausmaße an, zum Teil durch die „Grenzfrage" bedingt, die zum Krieg führen sollte[120]. Für die Kirche bedeutete das eine neue Zunahme der staatlichen Bevormundung. Solano ließ sich von dem ihm befreundeten Bischof Manuel Antonio Palacios (1865—68) und vom Klerus von der Kanzel herab als vom Herrn erwählten Herrscher bezeichnen.

Mecham beanstandet mit Recht diese Servilität der Kirche, vergißt aber zu erwähnen, daß das Gottesgnadentum damals in Europa noch weithin mit Selbstverständlichkeit akzeptiert wurde. Wie den spanischen und portugiesischen Königen schätzten die paraguayischen Diktatoren an der Kirche besonders ihre Funktion, die etablierte Ordnung zu legitimieren. Lozano zeigt, daß die auf Veranlassung des vorletzten spanischen Gouverneurs von Paraguay, Lázaro de Ribera, angesichts von kommunalen Unruhen 1796 vom König für den Schulunterricht vorgeschriebene Vasalenordnung dieselbe Funktion hatte. Im Frage- und Antwortstil mußten die Schüler bestätigen, daß die Person des Königs geheiligt ist, daß er die göttliche Majestät repräsentiere, den Titel Retter (Christus) zu Recht trage, Minister für das Gute sei und daß jedes Attentat auf die Person des Königs ein Sakrileg sei[121]. Mecham belegt auch mit einem Brief von Bischof Palacios von 1865, daß die Amtskirche nach Kräften dazu beigetragen hat, aus den friedlichen Paraguayos mutige Soldaten zu machen, indem sie ihnen klar machte, daß der „ewige Schöpfer" diejenigen, die ihr Leben im Kampf für das Vaterland lassen, mit dem ewigen Leben belohnen werde. Mecham verrät indes erhebliche Einseitigkeit, wenn er den Bischof „in nicht geringem Maße für die Tragödie Paraguays" 1864—70 verantwortlich erklärt und von der „Befreiung" Paraguays durch die Alliierten von einem „geistesgestörten Herrscher" spricht, dem das Volk nur deshalb gefolgt sei, weil ihm dies als religiöse Pflicht eingeimpft worden sei[122].

Die römische Kirche, die sich gerade etwas erholt hatte, wurde wie das ganze Volk Paraguays durch den Dreibundkrieg, der durch die brasilianische Praxis der verbrannten Erde zum ersten Vernichtungskrieg der neueren Geschichte wurde, verheerend getroffen. Die Tatsache, daß weniger als die Hälfte der paraguayischen Gesamtbevölkerung den Krieg überlebte, d. h. 200 bis 220 000 von mehr als 500 000 oder gar mehr als 1 Mill., verdeutlicht, daß es sich um einen wahren Völkermord handelte. Auf neun Frauen kam bei Kriegsende nur noch ein Mann. Mit den Soldaten kam die Mehrzahl der Priester um. Das prominenteste Opfer war Bischof Palacios, der freilich von seinem Präsidenten umgebracht wurde, weil „er es gewagt hatte, die vaterländischen Gesetze zu tadeln, die Form der nationalen Verwaltung mißbilligt hatte, nicht eingedenk, daß Gott es verbietet, von einem Fürsten oder allerhöchsten Chef eines Volkes schlecht zu sprechen...". Als Treulosigkeit und Verrat wurde es ihm ausgelegt, daß er die Regierung Solanos als „absolutistisch und despotisch bewertet hatte". Besonders widerwärtig ist es, daß P. Fidel Maíz, der selbst in Ungnaden gefallen war, aber im November 1866 entsprechend dem Verlangen des Diktators „die erste Selbstkritik stalinistischen Stils in Latein-

---

[120] Lozano aaO. 11; zur Haltung des Klerus im Kriege 1864—70 vgl. Gaona 1961.
[121] Vgl. Lozano aaO 10 und Mecham aaO 194.
[122] Mecham aaO; dieselbe Voreingenommenheit verrät Mechams Landsmann Fagg 1971, 442, der Solanos Intervention in Uruguay „arrogant" nennt, aber die brasilianische Intervention nicht verurteilt. Was die Belohnung Gottes für den „Heldentod" fürs Vaterland anbelangt, ist zu bedenken, daß der Soldatentod noch im Ersten Weltkrieg in Europa weithin unangefochten als christliches Opfer verherrlicht wurde.

amerika veröffentlicht hatte", sich dazu hergegeben hat, das Amt des die Todesstrafe verlangenden Staatsanwalts gegenüber seinem eigenen Bischof anzunehmen. Diese Episode zeigt, welches Ausmaß die Servilität des Klerus im Krieg angenommen hat, als unbedingter Gehorsam gegenüber dem Staatschef als Zeichen von Patriotismus und Treue zur Nation galt[123].

Ohne auf die Hintergründe des Krieges näher eingehen zu können, läßt sich sagen, daß Paraguay, das damals die größte stehende Armee Südamerikas unterhielt, ein berechtigtes Interesse an der Aufrechterhaltung des Gleichgewichts der Kräfte am La Plata hatte, das gestört wurde, wenn Uruguay sich zu eng an Argentinien oder Brasilien band und damit den Zugang Paraguays zum Atlantik bedrohte. Uruguay, dessen Blanco-Präsident Aguirre mit seinem Hilfsersuchen an Paraguay den Krieg ausgelöst hatte, wurde in einem seltsamen Spiel internationaler Interessen von der Gegenseite in einen grausamen Krieg hineingezogen, „dessen Endziel die Beseitigung des einzigen authentischen amerikanischen Staates war, der seine Entwicklung ohne die Hilfe des Britischen Empire", ja gegen dessen Widerstand, „versucht hatte"[124]. Neben erheblichen Geländegewinnen für Argentinien und Brasilien ging es in diesem Krieg nicht zuletzt um massive Wirtschaftsinteressen, d. h. um die Einführung eines liberalistischen Wirtschaftssystems in Paraguay. Das zeigt u. a. eine Äußerung des argentinischen Präsidenten und Heerführers Mitre aus dem Jahr 1869: „Wenn unsere Krieger von ihrem langen und ruhmreichen Feldzug zurückkehren, um den verdienten Beifall zu empfangen, den ihnen das Volk spendet, kann der Handel auf seinen Fahnen die großen Prinzipien geschrieben sehen, die die Apostel des Freihandels (Adam Smith und Cobden) zum größeren Ruhm und zum größeren Glück der Menschen verkündet haben."[125]

41235 Chile (1818—1865)

Mit einer Fläche von heute 741 777 km², von der 62 % landwirtschaftlich nicht nutzbar sind, und einer Nord-Süd-Ausdehnung von 4230 km — das entspricht etwa der Ost-West-Ausdehnung der USA — bei einer durchschnittlichen Breite von 176 km ist Chile der langgestreckteste Staat Lateinamerikas. 1818 bildete freilich der Bío-Bío Fluß die Südgrenze gegenüber den unbesiegten Araukanern, und die Provinz Antofagasta im Norden gehörte noch zu Bolivien, so daß die Länge der Republik Chile nur etwa 1450 km betrug (etwa vom 25.° bis zum 38.° südlicher Breite). 1845, also bevor die Einwanderung im größeren Umfange einsetzte, belief sich die Bevölkerungszahl Chiles auf 1 192 000[126].

Von den Anden nach Osten, durch die unpassierbare Atacama-Wüste nach Norden, durch Urwälder und Fjorde nach Süden geographisch abgeschlossen vom übrigen Lateinamerika schien die marginale, ehemalige Generalkapitanie Chile dank ihrer natürlichen Grenzen ideale Voraussetzungen für eine ungestörte politische Entwicklung zu bieten. Die fruchtbare Zentralregion, das Tal von Chile (Valle de Chile), befand sich in der Hand von ca. sechzig Familien, meist Kolonialadel, die wie Feudalherren über Leibeigene über das Leben der vorwiegend auf ihrem Landbesitz wohnenden verarmten Weißen, Mestizen, Neger und Mulatten[127] geboten. Auch

---

[123] Lozano aaO 11f.
[124] Faget 1969, 275. In Paraguay 1971, 20 wird dieses Zitat, das sich auf Uruguay bezieht, fälschlich auf Paraguay bezogen und ungenau übersetzt.
[125] B. Mitre, Arengas — Leitartikel in: La Nación I, 277 zitiert nach Rosa 1973, 78.
[126] Bevölkerungsangabe nach Chile 1974, 24; Ramón 1967, 583 gibt für das Jahr 1800 660 000 an.
[127] Nach der Klassifizierung von Ribeiro 1970, 430 sind die Chilenen ein „neues

die kleine Schicht von Handwerkern und kleinen Geschäftsleuten in Städten wie Santiago und Valparaíso hing von ihnen ab. Trotzdem fiel es dem Landadel schwer, sich auf ein Regierungsprogramm zu einigen[128].

Auf die relative Ruhe unter dem von San Martín eingesetzten O'Higgins (1818–23) folgten unter der Herrschaft der quasi-liberalen Pipiolos (Neulinge, Grünschnäbel — ihnen von den Konservativen beigelegter Schimpfname) des Präsidenten General Ramón Freire Jahre politischer Wirren, in denen der Versuch einer sozialen Revolution mit Beschränkung der Macht der Kirche, Aufhebung von Adelsprivilegien, Reform gesellschaftlicher Bräuche und Verringerung des Großgrundbesitzes scheiterte. „... politische Unruhen und plündernde Revolutionsbanden hielten das Land in Atem. Während sich die Präsidenten der Republik abwechselten, Wahlen gefälscht wurden und das Land von einer verheerenden Überschwemmungskatastrophe heimgesucht wurde, drängte die politische Lage auf einen Bürgerkrieg hin." Am 15. April 1830 kam es zur Entscheidungsschlacht am Lircay-Fluß, „in der die Anhänger Freires" von den konservativen Pelucones unter General Prieto „vollständig niedergemacht wurden. Damit kehrte wieder eine gewisse Ruhe ein. Nur noch zwei große Parteien wurden schließlich zugelassen, und Prieto konnte am 18. September 1831 zum Präsidenten gewählt werden"[129].

Trotz Ordensreform (1819), einer Klerus-Reform (1823), die in gewissem Sinn eine Antwort der Liberalen auf die konservative Schlagseite des Klerus dar-

---

Volk", eine Frucht der Rassenmischung zwischen Araukanern und Spaniern. Die Kontingente von Einwanderern in der 2. Hälfte des 19. und der 1. Hälfte des 20. Jahrhunderts waren nicht so bedeutend, daß sie die Mestizenschicht zu einer sozial niedrigeren Kaste gemacht hätten. Weischet 1970, 55 bemerkt: „In der Gesellschaftsstruktur blieb es bis zum Anfang des 19. Jahrhunderts bei der Dreischichtigkeit der nichtländlichen Bevölkerung: Privilegierte Oberschicht aus Españoles und Europeos auf der einen, ein Heer von Bediensteten, Mestizen und Indianern auf der anderen Seite und dazwischen die Criollos mit jenen Mestizen, die das Los des Entrechteten und Dienenden nicht akzeptierten. Die beiden letzteren bildeten zusammen die Kader der Revolutionäre und Befreiungsarmeen...". Was Ribeiro „neues Volk" nennt, wird in Chile vielfach mit dem Ausdruck „raza chilena" bezeichnet. In der Masse der chilenischen Bevölkerung hat sich das spanische Element phänotypisch nicht durchgesetzt. Der rein weiße Bevölkerungsanteil liegt womöglich unter 20%. Aber die Chilenen pflegen sich nicht ethnisch zu klassifizieren, sondern nach ihrer gesellschaftlichen Stellung. Auch die offiziellen Statistiken gehen nach sozial-politischen Aspekten vor. Die Angaben über den Anteil an Mestizen schwanken enorm, weil der Anteil indianischen Blutes bei der Definition stark schwankt. Die Angabe von 80% Mestizen rechnet jeden zu dieser Gruppe, der überhaupt einen indianischen Vorfahren hat, wie entfernt er auch sei. „Die in den Zählungen des 17. und 18. Jahrhunderts aufgeführten Neger und Mulatten sind ohne Nachwirkungen für die chilenische Bevölkerung geblieben." Heute kann man noch mit 300 000 blutsmäßig einwandfreien Indianerfamilien rechnen. Da die raza chilena wesentlich aus Indio-Blut gebildet ist, kommt ihr „nachwirkendes geographisches Interesse" zu aaO 23ff.

[128] Fagg 1971, 380f; zur Kirchengeschichte Chiles vgl. Araneda 1968.
[129] Noggler 1973, 221. Pelucón ist ebenfalls ein Schimpfname, der die Träger der altertümlichen Allongeperücken bezeichnet und in Chile „Zopfmenschen" = Konservative meint. Eckl 1975, 11 bemerkt: „... anzunehmen, mit der Niederlage der Liberalen in der Schlacht von Lircay 1829 sei nun der liberale Einfluß für die nächsten 30 Jahre aus der Politik geschwunden, verkennt, daß die ‚liberale' Orientierung auf Außenhandelsbeziehungen bestimmendes Moment in beiden Lagern bleibt. Sei es, daß die Agrarbourgeoisie gleichfalls auf den Export angewiesen ist und die gesamte chilenische Bourgeoisie sich in der Gier nach unbeschränkter Einfuhr nach Luxusgütern einig ist, allesamt sind sie die überzeugtesten ‚Freihändler'."

stellte, einiger Klosterenteignungen bis 1826, die u. a. dazu dienten, dem britischen Bibelagenten James Thomson 1823 Raum für seine Unterrichtsversuche nach dem Lancaster-System zu verschaffen, sind der kirchliche Besitz und das kirchliche Ansehen fast unbeschadet aus den Wirren bis 1830 hervorgegangen. Enteigneter Besitz wurde 1830 zurückgegeben. Mit der päpstlichen Ernennung von Apostolischen Vikaren für Santiago und Concepción (1828) war die hierarchische Spitze wiederhergestellt. Bis zur Verkündung der Verfassung von 1833, die bis 1925 in Kraft blieb, d. h. länger als irgendeine andere lateinamerikanische Verfassung, war Chile eines der intolerantesten Länder des Subkontinents. Unter konservativen Vorzeichen wurde 1833 natürlich die *katholische Religion* wiederum zur *Staatsreligion* erklärt, aber nur die öffentliche Ausübung abweichender Bekenntnisse verboten. Dies Verbot wurde indes in den folgenden Jahrzehnten nicht rigoros durchgesetzt. Im übrigen erkannte die Verfassung der römischen Kirche eine ähnliche Stellung zu wie in der Kolonialzeit, wobei der Staat das Patronatsrecht mit Exequatur beanspruchte[130].

Die dreißiger Jahre standen im Zeichen des Pelucones-Führers Diego Portales (1793–1837), der nicht das Präsidentenamt anstrebte, sondern nur einmal Vizepräsident und einige Male Minister war und im übrigen aus dem Hintergrund regierte. Seit dem Tode seiner Frau und seines Kindes (1821) ein Skeptiker, glaubte er nicht mehr an Gott, sondern nur noch an die Priester, d. h. an die Macht und Fähigkeit der Kirche, die ungebildete Masse zu beherrschen. Wie die Diktatoren in Paraguay und die Könige in der Kolonialzeit schätzte er die Kirche als Instrument zur Aufrechterhaltung des Status quo und sprach in diesem Zusammenhang sogar von der „Religion" der Regierung. Da die Verfassung von 1833 das Wahlrecht ohnehin auf alphabetisierte Grundbesitzer beschränkte und ein kompliziertes indirektes Wahlsystem die Wahl der Abgeordneten und Senatoren beider Häuser ziemlich undurchschaubar machte, fiel es Portales nicht schwer, deren Wahl zu manipulieren. Gegen „Abweichler" von seiner Linie wandte er rücksichtslose diktatorische Methoden an: Zensur, summarische Gerichtsverfahren, Verbannung etc. Portales kam im Zusammenhang mit einer Truppenmeuterei 1837 in dem von ihm gegen die Konföderation von Bolivien und Peru angezettelten Krieg um, der 1839 zum Sturz Santa Cruz' und seiner Konföderation führen sollte.

Auf der von Portales geschaffenen legalen Grundlage erlebte Chile bis in die sechziger Jahre hinein unter dem Motto „Ordnung und Fortschritt" unter den Präsidenten General Manuel Bulnes, Manuel Montt und José Joaquín Pérez im Zeichen eines „aufgeklärten Konservativismus" der Führer des ‚Partido Nacional' (Pelucones) relativ ruhige und friedliche Jahre, die 1850–51 durch namentlich von Francisco Bilbao stimulierte liberale Unruhen und 1859 durch Unruhen unter den Bergleuten von Copiapó im Norden gestört wurden, die zu einem regelrechten Bürgerkrieg gegen die bewaffneten Bergleute führten. Bis 1857 herrschte die ländliche Aristokratie absolut. Auch weiter bis 1925 blieb sie als Oligarchie bestimmend, entledigte sich aber zu reaktionärer Elemente und verbreitete ihre Basis durch städtische Neureiche aus Handel und Gewerbe[131].

„Chile wollte mit Riesenschritten den Weg zu einem modernen, unabhängigen Staat zurücklegen und suchte daher auch die kirchliche Struktur der eines

---

[130] Mecham 1966, 205ff. Die Verfassung von 1833 ersetzte die Verfassungen von 1823 – diese beschränkte das Bürgerrecht auf Katholiken – und 1828, eine sehr liberale Verfassung. Zur katholischen Restauration trugen ab Ende der dreißiger Jahre auch aus Spanien vertriebene Mönche bei – vgl. Tibesar 1972, 47 (vgl. Peru 41237).

[131] Fagg aaO 492ff; zum Bergarbeiteraufstand mit Quellen Noggler aaO 233.

vergleichbaren europäischen Landes anzugleichen. Santiago de Chile gehörte kirchlich gesehen immer noch zum Kirchensprengel von Lima. Auch dem sollte ein Ende gesetzt werden." 1840 erhob Gregor XVI. Santiago zum Metropolitansitz und schuf die Diözesen La Serena im Norden von Santiago und Ancud im Süden auf der Insel Chilöe. Bischof Manuel Vicuña Larraín, „der Bischofsvikar während der Verbannung Bischof Rodríguez Zorrillas, erhielt als erster die erzbischöfliche Würde. Damit war die Unabhängigkeit Chiles vollständig. Blieb nur noch der Stachel der ‚Tierra', des ‚Estado de Arauco', der immer noch ein Fremdkörper im chilenischen Staatsgebilde war. Diesen Fremdkörper gedachte man mit Hilfe der Mission zu assimilieren"[132] (vgl. 5361).

Durch die Besetzung des Erzbistums Santiago mit Rafael Valentín Valdivieso Zuñartu 1845 und des Bistums Concepción mit José Hipólito Salas Toro 1854 kam es zu entscheidenden innerkirchlichen Reformen, die der nachkolonialen Kirche Chiles ein solides Fundament gaben. Valdivieso hat die Kurie und die Orden neu organisiert, das Seminar wiedererrichtet und die Gründung von Gemeindeschulen gefördert. Obgleich die Zahl der Orden durch ausländische Niederlassungen ab 1840 zunahm, erlangten die Orden in Chile nie wieder dieselbe Bedeutung wie vor 1810. Während der Anteil an Nicht-Chilenen in der Kolonialzeit nie 20 % überstieg, sollte er bis 1964 auf 63 % steigen. Möglicherweise hat sich die Zahl der echten Berufungen nicht so erheblich verringert. Vielmehr sind soziale Gründe fortgefallen, aus denen Söhne kinderreicher alter, verarmter Familien ins Kloster gingen[133]. Mit der Zunahme der Bevölkerung und der Ausdehnung des Staatsgebietes in der zweiten Hälfte des 19. Jahrhunderts machte sich beim Säkular- und Regularklerus ein zunehmender Priestermangel bemerkbar.

Das Verhältnis von Kirche und Staat war bis 1856 herzlich. 1853 verpflichtete sich der Staat, der die von Freire theoretisch schon abgeschafften Zehnten weiter kassierte, die Amtskirche aus dem Etat zu unterstützen. In der zweiten Amtszeit von Montt (1857-61) kühlten die Beziehungen zur Kirche etwas ab, was an einem unbedeutenden Zwischenfall sichtbar wurde. Als zwei Kanoniker wegen Mangel an Respekt vor ihren Vorgesetzten aus dem Domkapitel von Santiago ausgestoßen wurden, appellierten sie an das oberste staatliche Gericht, das sich in die kirchliche Gerichtsbarkeit einmischte und das Urteil des Kapitels widerrief (‚la cuestión del sacristán' 1856-57)[134].

Protestantische Aktivitäten waren lange Zeit auf die Ausländer beschränkt. In Valparaíso, wo es eine englische Kolonie gab, weil dort das britische Pazifikgeschwader stationiert war, wurden schon 1825 die ersten anglikanischen Gottesdienste in Privathäusern abgehalten. 1837 kam der erste Kaplan, John Rowlandson, als Privatlehrer nach dort, und hielt so gut besuchte Gottesdienste, daß er 1838 dafür einen Saal anbaute. Probleme mit den Behörden entstanden erst, als einige mit Engländern verheiratete Chileninnen an den Gottesdiensten teilnehmen wollten, was die Regierung verbot. Unter dem zunehmenden liberalen Einfluß in der zweiten Präsidentschaft

---

[132] Noggler aaO 223, der sich insgesamt wesentlich auf Encina 1954 stützt.
[133] Ramón 1967. Als Mindestalter für die Profeß wurden wie in praktisch allen Staaten 25 Jahre festgesetzt — Mecham aaO 208.
[134] Mecham aaO 210; zur politisch-religiösen Krise von 1856/57, die in der chilenischen Kirchengeschichte von Wichtigkeit ist, vgl. Jiménez 1971, der sich um den Nachweis bemüht, daß Erzbischof Valdivieso versuchte, Kirche und Politik zu trennen, aber einräumt, daß die Bildung der modernen konservativen Partei als katholischer Partei historisch mit dem an sich in eine andere Richtung zielenden Handeln des Erzbischofs verbunden ist (vgl. 4235).

Montts konnten die Anglikaner in Valparaíso ein Grundstück kaufen und 1858 die St. Paul's Church einweihen, nachdem vorher zweihundert Bürger deren Abriß gefordert hatten. Solange die britische Regierung Konsular-Kaplansämter finanzierte (bis 1875), nahm die Zahl der englischen Kapläne mit Hilfe der South American Missionary Society in London zu, was dazu beitrug, das Vorurteil gegen die Protestanten unter der Bevölkerung abzubauen. Aber die gesamte Arbeit wurde bis weit ins 20. Jahrhundert in Englisch durchgeführt und verfolgte keinerlei evangelistische Ziele. Das gilt auch für die eingewanderten evangelischen Deutschen, die sich bei der Gemeindebildung schwerer taten als die Engländer und erst 1867 in Osorno/P. Montt nach dem Eintreffen eines deutschen Pfarrers eine Gemeinde gründeten (vgl. 4335). Im Gegensatz dazu zeichnete sich die nonkonformistische Arbeit des auf Bitten einiger Engländer und Amerikaner aus Valparaíso 1845 von der Foreign Evangelical Society in New York entsandten kongregationalen Geistlichen David Trumbull durch eine starke Identifizierung mit den Chilenen aus, denen er mit einem spanisch-sprachigen Literaturprogramm — ab 1869 Zeitschrift ‚La Piedra' (Der Stein), 1879 umbenannt in ‚Alianza Evangélica', dem offiziellen Magazin der presbyterianischen Mission — das protestantische Verständnis des Evangeliums zu vermitteln suchte. Trumbull versah zunächst die Seemannsmission, gründete 1846 mit Nonkonformisten eine Free Chapel, aus der 1847 eine Union Church entstand, die 1856 eine neugotische Kirche einweihte, deren Fassade auf Anordnung der Behörden allerdings hinter einem Bretterzaun verborgen war, nachdem es dem Erzbischof von Santiago zunächst sogar mit einem Protest gelungen war, den Bau ein halbes Jahr gänzlich zu unterbrechen[135]. Es handelt sich um das erste protestantische Kirchengebäude an der südamerikanischen Westküste.

1844 hatte die ‚Ley sobre Matrimonio de Disidentes' die Nichtkatholiken von der Pflicht, die Ehe mit dem katholischen Ehesakrament einzugehen, befreit. 1865 leitete Präsident Pérez mit der ‚Ley Interpretativa' eine neue Epoche der religiösen Toleranz ein. Gegen einen klerikalen Proteststurm wurde durch dieses Gesetz in etwas sophistischer Weise die Verfassung von 1833 so interpretiert, als gewähre sie volle religiöse Toleranz im Sinne der öffentlichen Ausübung nicht-katholischer Kulte[136].

41236 Bolivien (1825–1883)

Der mit heute 1 075 794 km² größte Binnenstaat Südamerikas war bei seiner Gründung im Jahre 1825 durch den Nordchaco, den er 1935 an Paraguay und durch die Salpeterprovinz Antofagasta mit der Atacama-Wüste, die er infolge des 1879 ausgebrochenen Salpeterkrieges an Chile verlor, noch über 20 % ausgedehnter. Nicht gerechnet die Tieflandindianer der östlichen ‚Yungas' (tropisches Tiefland), deren Zahl heute auf 63 300 bis 99 800 geschätzt wird[137], dürfte die tatsächlich in den Staatsverband einbezogene Bevölkerungszahl 1825 6–700 000 betragen haben. Noch heute sind über 50 % der Gesamtbevölkerung reinrassige aymara oder ketschua sprechende Indios, ca. 35 % ‚cholos' und ca. 13 % Weiße. ‚Cholos' sind nicht einfach mit Mestizen zu identifizieren, vielmehr stammt ihr größter Teil von der ehemals staatstragenden Schicht des Inka-Reiches ab. Ein Teil dieser weitgehend reinrassigen ‚cholos' lebt auf dem Lande, ein anderer in den Städten. Die modernste Schicht von ihnen spricht nur noch spanisch. Sie nahm im 19. Jahrhundert auch Mestizen auf, d. h. Kreuzungen zwischen Indianerinnen (cholas) und Nachkommen von Negersklaven, neu eingewanderten Weißen, Japanern und Chinesen. Am stärksten mischblütig hingegen ist in Bolivien, Peru und Ekuador die hispanisierte Oberschicht, jene heute 13 % umfassende Schicht, die stolz ihre Herkunft von den Eroberern, spanischen oder indianischen Adligen (curacas) ableitet. Auf Grund ihrer führenden Rolle

---

[135] Vgl. Kessler 1967, 40ff. [136] Mecham aaO 207ff. [137] Barbados 1972, 385.

definieren sich ihre Glieder selbst als „Weiße". Diese Anfang des 19. Jahrhunderts vorwiegend aus Großgrundbesitzern bestehende Schicht war das aktive Element der Emanzipationsbestrebungen und der tragende Pfeiler der Eigenstaatlichkeit, die mithin für die Bevölkerungsmasse kaum von Interesse war. Darcy Ribeiro bezeichnet Gesellschaften wie die bolivianische als „Zeugenvölker", weil sie daran kranken, daß die Masse der indianischen Bevölkerung bis heute nicht politisch und sozial wirklich gleichberechtigt, d. h. unter Anerkennung ihrer eigenen Sprache und Kultur in eine pluralistische, also nicht einseitig spanisch-europäisch orientierte Gesellschaft integriert ist[138].

Dementsprechend ging die Entwicklung im 19. Jahrhundert auf praktisch allen Lebensgebieten — von der Politik bis zur Kirche — völlig an der Masse des Volkes vorbei und war eine Sache der Oberschicht, für die das „Volk" nur die Arbeitskräfte und die Soldaten zu stellen hatte. Bis 1776 als Alto Peru zum Pazifik ausgerichtet, ab 1776 als Teil des neugeschaffenen Vizekönigreiches La Plata zum Atlantik hingewendet, ermangelte das durch die ähnliche Bevölkerungsbasis, die gemeinsame Geschichte seit dem Inka-Reich und durch die geographischen Bedingungen stärker mit Peru verbundene Bolivien wie letzteres eines vorfindlichen Staatsvolkes. Die beiderseits der ihnen oktroyierten Grenzen lebenden Völker von ketschua und aymara sprechenden Indios fühlen sich bis jetzt durch ihre Art mehr verbunden, als daß sie sich als Peruaner und Bolivianer gegenüberstehen. Das kann man noch heute auf Märkten im Grenzgebiet beobachten, z. B. in Desaguadero am Titicaca-See, die von zahlreichen durch die Staatsgrenze willkürlich getrennten, aymara sprechenden Kolla besucht werden. Das heute zwei Millionen zählende Volk der Kolla hat sein Hauptsiedlungsgebiet rings um den Titicaca in den Departamenten La Paz, Ururo (Bolivien), Puno, Tacna und Moquegua (Peru)[139]. Die andinen Indios leben noch heute vielfach in ‚ayllus' (Sippendörfern), die indes vielfach nicht mehr mit den präkolumbischen ‚ayllus' identisch sind, sondern durch Reduktionen entstanden sind[140].

Bolívar, den die Oberschicht zum Vater des Vaterlandes machte und als ‚Protector Presidente' einlud, ihr bei der Staatswerdung zu helfen, hat die Schwierigkeiten vorausgesehen, die sich bei diesem Prozeß ergeben würden aus der heterogenen Zusammensetzung der Bevölkerung, die fast völlig analphabetisch war, aus dem Fehlen einer Mittelschicht, der praktisch nur durch die Priester beeinflußbaren indianischen Massen mit ihrem oberflächlichen Katholizismus, aus der Unlust der Kreolen, sich selbst bei der Arbeit die Hände schmutzig zu machen, dem Mangel an Bürgersinn und Zusammengehörigkeitsgefühl in der Gesamtbevölkerung, den politischen Exzessen, die von den Vorkämpfern der Emanzipation weiterhin geduldet wurden und aus der

---

[138] Zu den Zeugenvölkern vgl. Ribeiro 1970, 123ff; Bevölkerungszusammensetzung nach Ibero Amerika 1954, 105.

[139] Llanque 1971, 68f weist auch darauf hin, daß aymara nur von der rassisch-völkischen Gruppe der Kolla gesprochen wird, während ketschua als ehemalige Reichssprache des Inka-Reiches von ganz verschiedenen völkischen Gruppen gesprochen wird. Das Siedlungsgebiet der Kolla umfaßt ca. 100 000 km² in Bolivien und gut 43 000 km² in Peru. Zum Zusammengehörigkeitsgefühl der Kolla vgl. auch Ribeiro 1970, 190.

[140] Vgl. 231223; Ribeiro aaO 194f spricht von einem gegenwärtigen Erstarken der ‚ayllus', das bei den Indios das Bewußtsein der unrechtmäßigen Landenteignungen durch die vormaligen Kolonialherren wachhalte.

Tendenz, einem nationalen Helden zwar zu schmeicheln, aber nach der Wahl zum Staatschef nicht wirksam zu unterstützen. So sollte Bolivien, das erste Land, das die Waffen für den Unabhängigkeitskampf erhoben hatte und die Unabhängigkeit nach langem, das Land verwüstenden Guerrilla-Krieg als letztes errang, eine noch viel längere Periode innerer Wirren zur staatlichen Organisation durchmachen.

Die politischen Wechselfälle Boliviens im einzelnen zu schildern, lohnt wegen des spärlichen Ertrages für die Christentumsgeschichte nicht. Nach dem Abgang Bolívars 1826, der dem Land die erste, nur kurzfristig geltende Verfassung gab, wechselten sich von Antonio José de Sucre (1826–28) bis Tomás Frías (1872–73), d. h. bis zum Ende des Salpeterkrieges, der in gewissem Grade eine Art Epochenscheide darstellt, achtzehn Präsidenten an der Macht ab. Besonders nach dem Sturz von Andrés de Santa Cruz (1829–39) beim Zusammenbruch der Confederación Peru-Boliviana (1834–39) im Krieg mit Chile bestimmte der ‚caudillismo' die Politik. Militärs übten als starke Männer (caudillos) im Präsidentenamt rücksichtslos die Macht aus, bereicherten sich aus dem Staatssäckel und versuchten, durch Vetternwirtschaft ihre Stellung zu festigen. Ein Regierungswechsel ergab sich nur aus dem Streit von Caudillos. „In den frühen Jahren der Republik hatten Wahlen selten irgendeine Wirkung auf die Partei an der Regierung oder die Form der Regierung." Mit der Zeit gehörten die Caudillos dann zu einer der politischen Parteien, zu den Konservativen oder zu den Liberalen. Wie in den anderen lateinamerikanischen Republiken rekrutierten sich die Konservativen im wesentlichen aus der Großgrundbesitzeraristokratie, also aus Viehzüchtern und Pflanzern, sowie aus dem Klerus. Sie traten für die staatliche Unterstützung der römischen Kirche, für ein aristokratisches, zentralistisches Staatssystem und befürworteten besonders in der zweiten Hälfte des 19. Jahrhunderts ausländische Investitionen. Der Anhang der Liberalen kam aus der ziemlich schwachen Schicht von Intellektuellen und Geschäftsleuten, die von Aufklärung und Französischer Revolution beeinflußt sich ausländischen und klerikalen Einflüssen auf die Regierung widersetzten, ein föderalistisches Staatssystem befürworteten, das zumindest theoretisch auf eine breite Volksbasis abgestützt werden sollte. „Aber die Volksmassen verstanden die politischen Machenschaften nie richtig und pflegten dem zu erliegen, der am meisten versprach. Caudillos, die sich als Liberale oder Konservative maskierten, hielten die Massen Boliviens 75 Jahre lang, von der Befreiung gerechnet, in Aufruhr. Zwischen der Unabhängigkeit und dem Ende des Jahrhunderts wurde die Regierung mehr als sechzigmal durch Staatsstreiche bedroht oder gestürzt. Sechs ihrer Präsidenten wurden im selben Zeitraum im Amt umgebracht."[141]

Für die römische Kirche bedeutete die Zeit von 1826 bis 1860 fast völlige Abhängigkeit vom Staat im Zeichen des *republikanischen Regalismus*.

In einem Gebiet mit einem schwach entwickelten staatlichen Verwaltungsapparat griffen die Gründer der Republik, Bolívar und Sucre, voll auf die kirchliche Verwal-

---

[141] Vgl. Barton 1968, 169ff, 175f. Schon unter Sucre (1826–28) erwies sich Bolivien als schwer regierbar. Seine wirtschaftliche Lage war miserabel. Die Silberminen von Potosí, einst die entscheidende finanzielle Stütze von Alto Peru, waren außer Betrieb. Potosí, die mit 160 000 E lange Zeit größte Stadt Südamerikas, war im Verlauf der Unabhängigkeitskriege auf 6 000 E zusammengeschmolzen. Die Provinzgouverneure waren nicht zur Abführung der festgesetzten Steuersummen an den Staatsfiskus zu bewegen. Kaum hatte Bolívar, der Vater des Vaterlandes, Bolivien wieder verlassen, da widerrief die gesetzgebende Versammlung die von ihm konzipierte Verfassung und andere Gesetze, die den Indianern Freiheit von jeglicher Zwangsarbeit und soziale Gleichberechtigung sichern sollten! Das feudalkoloniale System sollte die Zeiten bis Mitte des 20. Jahrhunderts überdauern.

tung zurück. Die Enteignung kirchlicher Güter erschien ihnen möglicherweise nur als die Übertragung von einem staatlichen Verwaltungszweig auf einen anderen. Die von der Krone in gewissem Umfang anerkannten Selbstverwaltungsrechte der Kirche, Immunitäten und Privilegien wurden dabei genauso wenig beachtet wie das kanonische Recht, so daß sogar die Verwaltung der Bistümer und ihre Jurisdiktion in sklavische Abhängigkeit vom Staat gerieten.

Einerseits wurde die Kirche wie eine rechtlose besiegte Verbündete der spanischen Monarchie behandelt, andererseits wie eine selbstverständlich notwendige Stütze der neuen Republik, deren man sich durch restlose Unterwerfung zu bedienen trachtete. Hier rächte sich die jahrhundertelange Verbindung von Thron und Altar, von der niemand abstrahieren konnte. Die Umwandlung in eine Verbindung von Republik und Altar in Form einer exklusiven Staatskirche schien auch für die Hierarchie — mit der päpstlichen Ernennung von José María Mendizábal zum Bischof von La Paz 1829 begann mit Hilfe von Santa Cruz die Reorganisation der Amtskirche — die einzig mögliche Lösung. Ihr Versuch, staatlichen Schutz und staatliche Bevormundung auseinanderzudividieren, blieb so aussichtslos wie der Versuch der Quadratur des Zirkels.

Die Politik eines nachdrücklichen republikanischen Regalismus verfolgten insbesondere die Präsidenten José de Sucre (1826–28), Santa Cruz (1828–39), José Ballivián (1840–47), Manuel Isidoro Belzú (1845–55), ein demagogischer Exponent des städtischen Proletariats, dessen Schwiegersohn Jorge Córdova (1855–57) und José María Linares (1857–61), der die Reaktion der Oberschicht gegen die Begünstigung der ‚cholos' und Indios unter Belzú repräsentierte, übrigens der erste Zivilist im Präsidentenamt. Unter ihrer Regierung wurden Klöster aufgehoben und zusammengelegt — von 36 Klöstern 1826 gab es am Ende der Amtszeit Sucres 1828 nur noch sechs —, Noviziate wurden aufgelöst, die Profeß für unter Fünfundzwanzigjährige verboten und die Klöster der Jurisdiktion der Bischöfe unterstellt. Letztere Maßnahme erschien vernünftig, weil die Auflösungserscheinungen klösterlicher Disziplin, die bereits im 18. Jahrhundert zutage getreten waren, nach den Unabhängigkeitswirren ein gefährliches Ausmaß angenommen hatten[142]. Staatliche Schulen und Krankenhäuser wurden mit Hilfe der Besitzungen geschlossener Konvente gegründet und unterhalten, Priesterseminare zeitweise zusammengelegt (1825–29) und unter staatliche Leitung gestellt, Bischöfe aus den staatlichen Etat bezahlt, andererseits dem Klerus Kriegszwangsanleihen und Abzüge von den Primizien auferlegt. 1843 wurden die Gemeindepfarrer verpflichtet, Grundschulen zu unterhalten. 1833 hatte die Regierung die Befähigung der Kandidaten zum Impfen gegen Pocken zur Voraussetzung der Ordination erklärt; 1852 verlangte sie zusätzlich den ordnungsgemäßen Abschluß eines Theologiestudiums mit Lizenziatenprüfung, nachdem der Staat bis dahin die Beurteilung der Qualifikation der Kandidaten den Bischöfen überlassen hatte. 1846 ordnete die Regierung die Anlage von Friedhöfen für Nichtkatholiken an, 1847 gebot sie den Pfarrern, eine kirchliche und eine staatliche Genehmigung beim Verlassen ihrer Parochie einzuholen. 1850 verpflichtete sie die Bischöfe zur Kontrolle und Approbation der Abrechnungen der Parochien, Konvente und Seminare, die den Behörden eingereicht werden mußten, und 1859 sogar zur Konsultation der Regierung vor der Einsetzung von Pfarrern[143].

---

[142] Vargas U. 1962, 54ff gemäß einer Botschaft Sucres an den Außerordentlichen Kongreß von 1828. Bei der Ernennung des Bischofs von La Paz, José María Mendizábal, waren das Bistum Santa Cruz de la Sierra und der Metropolitansitz Chuquisaca (Charcas — La Plata) noch vakant. Zur Regular-Reform vgl. Vargas aaO 61f und López 1965, 163. Die praktisch völlige Schließung der Noviziate wurde per Dekret Ende 1839 wieder aufgehoben.

[143] López 1965, 144ff, der 166ff erläutert, daß auf Anordnung Bolívars die Prie-

Diese keineswegs vollständige Aufzählung verdeutlicht das Ausmaß staatlicher Reglementierung der Kirche, die teilweise deutlich vom Geist der Aufklärung geprägt — vgl. die Einführung der Pockenimpfung und der Gemeindeschulen —, aber keineswegs kirchenfeindlich in der Substanz ist. Das zeigt sich auch bei dem Bemühen der Regierung Belzú, die Beziehungen zum Vatikan zu normalisieren, die 1851 zu einem Abkommen führten, in dem die Kurie das Patronatsrecht des Präsidenten jedenfalls tolerierte und es hinnahm, daß zivilrechtliche Streitigkeiten der Kleriker in die Zuständigkeit der staatlichen Justiz fielen. Nach einigen kleinen Abänderungen wurde dieses Abkommen von der ‚Convención Nacional' gebilligt. 1852 erhob die Regierung ‚Nuestra Señora del Carmen' zur Patronin der Republik, was Pius IX. mit einem Breve ratifizierte[144].

Die Restauration der bolivianischen Kirche wurde ab 1837 in wachsendem Maße mit Hilfe spanischer Kleriker durchgeführt. Ein Abgesandter der Regierung hatte in Rom Mönche zum Wiederaufbau des geistlichen Lebens gesucht und war dort auf Spanier gestoßen, die nach dem Ordensverbot in Spanien (1836) ausgewandert waren. Es waren treue und ihrer Sache hingegebene Naturen, aber Monarchisten und Ultramontane. So positiv sich ihre Übereinstimmung von Predigt und Lebenswandel auswirkte, so wenig konnten sie als Spanier der bolivianischen Kirche auf der Suche nach ihrer Identität helfen[145].

Der Protestantismus hat in diesem Zeitraum in Bolivien noch nicht Fuß gefaßt.

41237 Peru (1825—1883)

Der Flächeninhalt des heutigen Staatsgebietes beträgt 1 249 049 km². Das Land gliedert sich in drei Landschaftszonen: die wüstenhafte ‚Costa' (Küstenlandschaft mit 8 % der Fläche), die ‚Sierra', das andine Gebirgsland (ca. 65 %) und die Oriente oder Montaña-Region, der mit tropischem Regenwald bedeckte östliche Andenabfall (ca. 27 %). 1825 war Südperu um die im Salpeterkrieg an Chile abgetretenen Küstenprovinzen Arica und Tacna größer, aber um 174 565 km² Amazonasgebiet kleiner, die es 1942 Ekuador gemäß dem Protokoll von Rio de Janeiro abnahm. Peru dürfte um 1820 etwa 2 Mill. Einwohner gehabt haben[146], wobei unklar ist, ob in diese Zahl die dem Staatsverband nicht eingegliederten Tieflandindianer eingerechnet sind, die 1970 auf ca. 226 400 geschätzt wurden[147]. Die Bevölkerungszusammensetzung ist ähnlich wie in Bolivien, wenngleich der Anteil europäischen Blutes höher ist. 1940

---

sterseminare in La Paz und Santa Cruz geschlossen und mit dem Seminar in Chuquisaca zusammengelegt worden sind, das als bolivianisches Zentralseminar säkularisiert, d. h. staatlicher Leitung unterstellt wurde. 1829 gestattete Santa Cruz wieder die Eröffnung der anderen beiden Seminare, allerdings nach dem säkularisierten Muster von Chuquisaca. Santa Cruz ordnete auch zwei spektakuläre Neubauten von Kathedralen in La Paz und Santa Cruz an, die ältere Bauten ersetzen sollten (Baubeginn in La Paz 1835 und in Santa Cruz 1845).

[144] López aaO 156. Mecham aaO 183, der die neue Arbeit von López noch nicht kannte, behauptet auf Grund älterer Literatur offenbar unzutreffend, daß dieses „agreement" — López nennt es sogar Konkordat — am Einspruch des bolivianischen Kongresses gescheitert sei.

[145] Zur Restauration vgl. den entsprechenden Abschnitt über Peru (41237).

[146] Nach Tibesar 1970, 350; Fagg 1971, 649 spricht nur von 1,5 Mill. E im Jahre 1836.

[147] Barbados 1972, 385.

wurden im Zensus 46 % als Indianer ausgewiesen, 53 % als „Weiße" und Mestizen – zu dieser Gruppe gehören die ‚cholos', die Ribeiro in den Zeugenvölkern auf ca. 35 % schätzt – und ca. 1 % Neger und Asiaten[148]. Bis zur Unabhängigkeit gab es praktisch nur Stände (estamentos), d. h. unbewegliche und gegenseitig undurchdringliche Sektoren der Gesellschaft, zu denen man durch Blutsbindung und Erblichkeit (Adel), durch die religiöse Funktion (Klerus) oder die natürliche Sklaverei bzw. Leibeigenschaft (einfaches Volk) gehörte. Das Ständeprinzip wurde vom 19. Jahrhundert an langsam durchbrochen, so daß man vom 20. Jahrhundert an von einer Klassensituation sprechen kann, die durch das verwirrende Phänomen des rassischen Elements undurchsichtiger ist als in Europa. Allgemein dominieren an der Küste die Mestizen und Weißen und im Hochland die Indianer. Aber nicht selten bewahren Mestizen mit starkem Anteil weißen Blutes das indianische Gehabe und rassisch reine Indianer passen sich völlig der westlichen Zivilisation an.

Der gesellschaftliche Prozeß vollzog sich in Peru besonders langsam. Das ist ein wesentlicher Grund für die heutige „Unterentwicklung". Bustamante sieht dafür folgende Gründe: Die schwierige rassische Situation, die Fortdauer der kolonialen Mentalität bis weit in das 20. Jahrhundert hinein, insbesondere was die Wirtschaftsstruktur anbelangt – hier müßte man die mangelnde Bereitschaft der Oberschicht, sich mit der Masse des Volkes zu identifizieren, hinzufügen. Schließlich hat das ungünstige geographische Habitat, die riesige Ausdehnung des Landes und seine ungünstige Topographie mit dem trockenen Küstenstreifen, dem Hochland mit seinen enormen Transportproblemen und dem transandinen, fast undurchdringlichen Urwald den sozialen Prozeß verlangsamt. Bis in die zweite Hälfte des 20. Jahrhunderts sollte die ‚yanaconaje' überdauern, jene unwürdige Verbindung von Landverpachtung mit beinahe sklavischer Abhängigkeit des ‚yanacón' (Pächter) vom ‚hacendado' (Großgrundbesitzer), die den Pächter einer Parzelle zu Dienstleistungen und nicht selten auch zum Verkauf seiner Ernte zu Niedrigpreisen an den Herrn verpflichtet. Im Hochland lebten noch um 1965 sieben Achtel der Landbevölkerung in ca. 5000 ‚ayllus'. Im Departament Puno lebten 90 % der Landbewohner in ‚ayllus', verfügten aber nur über 40 % des Bodens, während die 0,5 % Vieh-‚Hacienda' Besitzer über 60 % des Bodens verfügten. Mit der größten Selbstverständlichkeit, so bemerkt Bustamante 1959, *„kommen viele hacendados überhaupt nicht auf den Gedanken, daß der indianische Hirt eine menschliche Person ist wie sie. Er ist nur ein Arbeitstier. Die Kolonie hat auf den andinen Ebenen lange überlebt"*[149].

Wie Bolivien hatte auch Peru eine Verfassung von Bolívar erhalten (1826), in der der Katholizismus zwar zur Staatsreligion erklärt, aber keine Beschränkungen für andere Kulte festgelegt wurden. Dadurch wurde sofort die klerikale Opposition auf den Plan gerufen, die den Befreier des Mangels an Frömmigkeit zieh. Die klerikale Opposition verband sich mit den Royalisten in der Person des Bischofs José Sebastián Goyeneche von Arequipa. Als er von seiner Opposition nicht abließ, hatte ihn Bolívar eines Großteils seiner Funktionen beraubt und sie auf den Dekan der Kathedrale, Dr. Córdoba, übertragen, eine Einmischung in die geistliche Gewalt, die sogar die von Luna Pizarro geführten National-Liberalen gegen Bolívar aufbrachte. Bolívars Verfassung wurde dann aus religiösen und politischen Gründen auch prompt nach dessen Abreise außer Kraft gesetzt und 1828 durch eine andere ersetzt, die die Ausschließlichkeit des römisch-katholischen Kultes postulierte.

Die von Bolívar eingesetzte Auftragsregierung unter General Andrés de Santa Cruz war 1827 gestürzt worden, als sich der Präsident auf einer diplomatischen Mis-

---

[148] Ibero Amerika 1954, 297 – unter „Mestizen" sind hier offenbar auch Mulatten gerechnet.

[149] Bustamante 1959, 31ff; zu den ‚ayllus' vgl. Anm. 140.

sion in Chile befand. Sein provisorischer Vizepräsident war abgesetzt und sein Nachfolger ermordet worden. In Peru herrschte das Chaos.

Ähnlich wie in Bolivien setzte auch in Peru das gesellschaftliche Establishment mit seinem Reichtum und seinem ungebrochenen Prestige seine Interessen wieder gänzlich durch. Entgegen der Reformgesetzgebung von Bolívar wurden fast allerorten die Negersklaverei, die indianischen Tribute und die indianische Zwangsarbeit wieder eingeführt. Der Bergbau war stark zurückgegangen. Das kulturelle Leben hatte sich seit den Tagen der Vizekönige nicht wieder erholt[150]. Der ‚caudillismo' bestimmte die Politik.

Die gegenseitigen Antipathien zwischen Peruanern und Bolivianern, die sich durch kriegerische Streitigkeiten nach der Unabhängigkeit entwickelt hatten, ließen sich auch durch die ‚Confederación Peru-Boliviana' nicht überwinden. Mit ihrem Mangel an innerem Zusammenhalt und Entschlossenheit, sich gegen die Aggression Chiles nachdrücklich zu verteidigen, verspielten Peru und Bolivien am 20. Januar 1839 in der Schlacht von Yugay die Chance, das Gleichgewicht der Kräfte am Pazifik zu sichern. Die fatalen Folgen sollten sich 1879 im Pazifikkrieg zeigen.

General Agustín Gamarra, der schon 1829—34 als starker Mann Peru beherrscht hatte, ergriff 1839 noch einmal die Macht, kam allerdings 1841 in der Schlacht bei Ingavi in Bolivien um, nachdem er gemeint hatte, den Machtstreit zwischen José Miguel Velasco und General José Ballivián zu einer Intervention in Bolivien nutzen zu sollen. Ballivián verzichtete vernünftigerweise auf einen Gegenschlag gegen Peru und schloß 1842 einen Versöhnungsfrieden[151]. Ab 1844 übte Ramón Castilla als starker Mann Zentralperus zwanzig Jahre lang maßgeblichen Einfluß auf die Politik aus. Als viertelblütiger Indianer mit volkstümlichen Gehabe und kindlichem Patriotismus faszinierte er die Massen und leitete während seiner ersten Präsidentschaft (1845 bis 51) eine, wenn auch nur schwache Phase liberaler Politik in Peru ein. Durch den ab 1840 steigenden Guano-Export kam es zum ersten wirtschaftlichen Aufschwung des Landes seit der Kolonialzeit. Castilla modernisierte die Wirtschaft und baute eine der ersten Eisenbahnen Südamerikas (Lima—Callao). In seiner zweiten Amtszeit (1856 bis 60) proklamierte er eine „Regierung der Moral", die durch die Verfassung von 1856 alle *Indianer-Tribute und die Negersklaverei abschaffte*, aber auch die einzige dezidiert antiklerikale Regierung wurde, die es allerdings verstand, die Exzesse der mexikanischen Liberalen zu vermeiden. Ab 1860 bestimmte die Reaktion das Feld, die die liberale Verfassung von 1856 sofort durch die konservative Verfassung von 1860 ersetzte, die allerdings noch zweimal von liberalen Präsidenten wieder durch die von 1856 ersetzt wurde, bis sie von 1872 bis 1919 ununterbrochen in Kraft blieb. 1872 gewann erstmals die Opposition in Peru die Wahlen, und zwar die Partei der ‚civilistas' mit Unterstützung der Großgrundbesitzer. Manuel Prado (1872—76) bekämpfte den dominierenden Einfluß der Militärs durch eine Reduktion der Armee auf 3000 Mann, setzte die Modernisierung fort, indem er an der Universität von San Marcos zur Ausbildung von Staatsbeamten eine Fakultät für Politische Wissenschaften einrichtete und Ingenieurschulen für Bergbau, Landwirtschaft, Schiffbau und Artillerie gründete. Pressefreiheit und Humanismus charakterisierten diese Periode. Pardo versuchte vergeblich, eine größere Anzahl europäischer Einwanderer ins Land zu ziehen. Den illegalen Zustrom chinesischer Kulis — 85 000 zwischen 1861 und 1875 — drosselte er. Erstmals erwachte in jener Zeit in Peru das Interesse für die präkolumbische Vergangenheit[152].

Auch in Peru hatte sich die römische Kirche in dieser Epoche mit dem republikanischen Regalismus auseinanderzusetzen. Er führte zu erheblichen Verzögerungen bei der Besetzung der Bistümer, die nach entsprechendem Kon-

---

[150] Fagg 1971, 430. [151] Barton 1968, 181ff. [152] Fagg aaO 430ff.

takt des Außenministers mit dem Kardinalstaatssekretär erstmals 1834 bzw. 1835 für Lima und Trujillo erfolgte.

Daß Rom dabei das Patronatsrecht nicht anerkannte, verzögerte das Exequatur, wie es in anderen Fällen zu erheblichen Verlängerungen der Vakanzen kam, wenn die Regierung, die einen Kandidaten in Rom präsentiert hatte, beim Eintreffen der päpstlichen Bulle schon gestürzt war. So verlängerte sich z. B. die Vakanz Cuzcos von 1840 bis 1845, weil General Gamarra nicht den ‚PASE' für den von Santa Cruz präsentierten Dr. Eugenio Mendoza gab, der Erzbischof von Lima andererseits nicht seine Manöver zur Präsentierung eines anderen Kandidaten unterstützte, weshalb schließlich Präsident Castilla das Exequatur erteilte.

Nachdem die Regierung Echenique 1852 einen Botschafter zum Vatikan entsandt hatte, erkannte dieser die Unabhängigkeit Perus an und ersetzte Umschreibungen wie „Peruviana Regionis" oder „Peruviana Dictionis" in Bischofsernennungsbullen durch die korrekte Staatsbezeichnung.

Nachdem ein Teil der offenen Fragen in den Beziehungen zwischen Lima und Rom bereits durch päpstliche Reskripte und Resolutionen geklärt war, gewährte Pius IX. 1875 mit der Bulle „Praeclara Inter Beneficia" den peruanischen Präsidenten als regionalen Rechtsnachfolgern der spanischen Könige das *Patronatsrecht*.

Garaycoa kommt nach einer Untersuchung der Rechtslage zu dem Schluß, daß zwischen Peru und dem Vatikan eine konkordatsähnliche Beziehung bestehe, obgleich der Abschluß eines förmlichen Konkordates nie zustande kam[153].

Im Zeichen des republikanischen Regalismus war es zu erheblichen Eingriffen in das Disziplinarrecht und den Besitz der Orden gekommen.

Ein noch von der vizeköniglichen Regierung 1820 erlassenes Dekret verfügte die Aufhebung von Klöstern, deren Bewohnerzahl ein bestimmtes Minimum unterschritt. Davon ausgenommen waren die Häuser der Hospitaliter, die sich durch deren Krankendienste trugen. Sie wurden indes wie in Spanien so auch in Peru und den anderen Republiken nach der Unabhängigkeit aufgehoben, wobei nicht einmal die Ordinarien konsultiert und die Verkäufe oft sehr ungünstig durchgeführt wurden. Die frommen Stiftungen und ihre Auflagen wurden dabei völlig mißachtet. Wie in Bolivien und Chile wurden Schulen und zahlreiche andere öffentliche Einrichtungen, die in den ersten Jahren der Republik gegründet wurden, fast ausschließlich in den beschlagnahmten Räumen der verschiedenen Orden eingerichtet.

Mit der kirchlichen Disziplin war es sowohl im Regular- wie im Säkularklerus schon zu Beginn des 19. Jahrhunderts schlecht bestellt gewesen.

Tibesar kommt zu dem Schluß, daß in der Kolonialzeit das klerikale Konkubinat eines „substantiellen Teils" des Regular- und Diözesanklerus „mit einer oder mehreren Frauen" von der öffentlichen Meinung der Zentren Lima und Arequipa mit Nachsicht hingenommen wurde. Unter dem Klerus des ‚altiplano', des andinen Hochlandes, ist der Zölibat ohnehin von Anfang an nur wenig beachtet worden[154].

---

[153] Garaycoa 1970, 70ff bemerkt, daß die Beziehungen zwischen dem Vatikan und Peru so seien, als gäbe es ein Konkordat. Er zitiert diesbezüglich S. 85 die Definition van Hoves für Konkordate: „Concessio sive conventio auctoritatis ecclesiasticae et auctoritatis civilis, qua ordinatur relationes inter Ecclesiam et Statum sirce materiam aliqua ratione utramque potestatem concernentem" — Prolegomena ad commentarium Lovaniense. In Codicem Iuris canonici, Mechlinae-Roma 1945, 83.

[154] Tibesar 1970, 221.

Auch sonst stand es nicht zum Besten mit der Observanz. Schon 1810 klagte z. B. der Provinzial der Minimen, daß sie ihre Konvente tagsüber nach Belieben verließen, und zwar mit weltlicher Kleidung, daß sie keinerlei Ernst zum Studium zeigten und sogar gegen das ausdrückliche Verbot ihrer Oberen nicht davon abließen, Stierkämpfe zu besuchen. In der Zeit der Unabhängigkeitskriege kam es zu Gruppenbildungen von Patrioten und Monarchisten unter den Ordensleuten im allgemeinen, wobei die Gruppen jeweils verschiedene Obere wählten, so daß die Disziplin völlig zusammenbrach. 1823 wurden in Cuzco sogar zwei Bethlehemiten wegen Mordes am Präfekten, an einem Mönch und einem Kind von der Real Audiencia zum Tode verurteilt.

Mönche wie Nonnen entzogen sich durch Flucht der Ordensautorität, eine Erscheinung, die in den Wirren des Zeitalters der Emanzipation erheblich zunahm und zur de facto Säkularisierung zahlreicher Religiosen beiderlei Geschlechts führte[155]. Die Zahl von 1891 Ordensleuten im Jahre 1792 war 1820 schon längst erheblich unterschritten. Die 1821 staatlich verordnete Heraufsetzung des Mindestalters für Novizen auf 25 Jahre hat die rückläufige Tendenz höchstens noch beschleunigt. 1848 bemerkte die Zeitung ‚El Comercio', daß eine Profeß einen derartigen Seltenheitswert habe, daß sie eine große Notiz in der Presse verdiene. 1847 hieß es in einem Bericht, daß seit 1821 in Lima nur 5 Dominikaner, 1 Franziskaner, 4 Merzedarier, 2 Augustiner-Eremiten und 1 Dekan der Kamillianer ordiniert worden seien, während im selben Zeitraum allein die Dominikaner und Franziskaner 160 Priester und die Augustiner nicht viel weniger verloren hatten[156].

Auf diese Weise mußten ohne Intervention des Staates mit der Zeit zahlreiche Konvente ihre Pforten endgültig schließen, so daß 1860 einige Orden in Peru ganz untergegangen waren, z. B. die Minimen, die Johanniter und die Bethlehemiten. Die einst aus zahlreichen Häusern bestehende Augustinerprovinz und die der Agonizanten schrumpfte jeweils auf ein einziges Ordenshaus in Lima. Ihr gesamter Besitz verfiel dem Staat, der ihn für Erziehungs- und Wohltätigkeitszwecke verwendete. Die Unterstellung unter die Jurisdiktion der Bischöfe hatte sich in der Krisen- und Übergangszeit heilsam ausgewirkt. Nach dem radikalen Gesundschrumpfungsprozeß kehrten die Orden in den letzten Jahrzehnten des 19. Jahrhunderts wieder unter die Aufsicht eigener Oberer zurück[157].

Nicht nur der Regalismus der Regierungen, auch das offenkundige Mißtrauen Roms gegenüber Kirchenleuten, die mit San Martín oder Bolívar befreundet waren oder selbst eine maßgebliche Rolle in der Unabhängigkeitsbewegung gespielt hatten, erschwerte die Herstellung einer erquicklichen Verbindung zwischen Peru und der Kurie, die den hierarchischen Aufstieg dieser Kleriker verhinderte oder von einem Sinneswandel in Richtung auf den Ultramontanismus abhängig machte.

So erschien Luna Pizarro, der eine führende Rolle als liberaler Politiker gespielt hatte und Präsident des ersten Kongresses gewesen war, dem Vatikan erst als Erzbischof von Lima akzeptabel, nachdem er acht Jahre in der Abgeschlossenheit eines

---

[155] Vargas U. 1953ff V, 84–92.
[156] Tibesar aaO 356f. Nach ihrem Reichtum klassifiziert Tibesar die Orden in Peru folgendermaßen: die Agonizanten von St. Camillus von Lellis (Buena Muerte), die Dominikaner, die Augustiner-Eremiten, die Merzedarier und als die ärmsten die Franziskaner. Dabei sind nicht eingestuft die Bethlehemiten, die Oratorianer und die Barmherzigen Brüder des Johannes von Gott. Bei den Dominikanern gab es von 1812 bis 1827 nicht eine einzige Profeß. Vgl. weiteres Material von Tibesar in Anm. 74 Abschnitt 32224.
[157] Vargas aaO und Tibesar aaO.

franziskanischen Konvents verbracht hatte. Gualberto Valdidia hingegen, „einer der begabtesten Peruaner des 19. Jahrhunderts", der 1856 für das Bistum Cuzco nominiert worden war, gewann nicht die Unterstützung Roms, obgleich er ein früheres Werk über den Zölibat widerrufen und eine neue Abhandlung über die päpstliche Unfehlbarkeit geschrieben hatte. „Rom bekam nicht immer den Bischof, den es vorzog, aber ließ nie einen Bischof zu, den es nicht wollte. Die Verehrung des peruanischen Volkes für den Papst machte das möglich."

Neben der Auswahl der präsentierten Bischofskandidaten entwickelte sich das 1595 gegründete *Seminar Santo Toribio* in Lima, in dem ursprünglich nur ein kleiner Prozentsatz der Diözesanpriester ausgebildet worden war, nach seiner Reform 1847 zu einem *Kontrollinstrument Roms für den Klerus*.

Hatte das Seminar 1820 nur 70–80 Seminaristen, so war deren Zahl 1865 im Kleinen und Großen Seminar zusammen schon auf über 500 angewachsen. Santo Toribio wurde zur Hauptausbildungsstätte des priesterlichen Nachwuchses des Erzbistums Lima und dank einer ausgezeichneten, reich mit ultramontanen Werken versehenen Bibliothek zu einer Stätte romtreuer Erziehung und römischen Denkens. Die ab 1846 vom Seminar unter verschiedenen Titeln veröffentlichte Zeitschrift wurde zum Sprachrohr des Ultramontanismus in Peru[158].

Zu einem weiteren Kontrollinstrument Roms entwickelte sich die traditionelle *Universität San Carlos* ab 1842 unter Rektor P. Bartolomé Herrera.

Ursprünglich ein typischer Vertreter der peruanischen Aufklärung hatte Herrera schon vor seinem Rektorat (ab 1842) eine innere Wandlung durchgemacht, so daß er seine ganze Energie darauf verwendete, San Carlos wieder zu einer Stätte strikter Disziplin, scholastischer, ultramontaner Bildung und orthodoxer Theologie zu machen. Herreras Eifer erwies sich insofern contra producentem, als die Mehrzahl der Graduierten von San Carlos nun keine Priester mehr wurden[159].

Zum Erfolg der ultramontanen Restauration trugen schließlich auch die spanischen Mönche bei, die ab 1837 nicht nur nach Bolivien, sondern auch nach Peru kamen. Diese Mönche, die im Vatikanstaat von dem spanischen Flüchtling Fr. José Costes in seiner neuen Methode der inneren Mission ausgebildet worden waren, begannen ihre Arbeit auf der ‚Sierra' im 1836 wieder errichteten berühmten kolonialen Missionszentrum Ocopa der Provinz Jauja.

In den als subversiv geltenden ‚doctrinas' von Jauja und Huánuco brachten die spanischen Mönche mit ihrer exemplarischen Arbeit den Geist der Restauration zu den Indios und Mestizen[160].

Von Rom aus gesehen war der Erfolg der ultramontanen Restauration in Peru bemerkenswert. Rückschauend, vom Zweiten Vatikanum aus, erscheint er eher zweifelhaft für die Entwicklung der Kirche in Peru und für ihre Identitätsfindung.

---

[158] Vargas aaO 304f; Tibesar 1973, 39ff. Die Zeitschrift des Seminars Santo Toribio hieß von 1845–46 ‚El Redactor Eclesiástico', ab 1846 ‚El Católico' und ab 1861 ‚El Progreso Católico'.
[159] Tibesar aao 46 bemerkt außerdem: Herreras „most beloved student, José Gálvez, helped to foster another college, Nuestra Señora de Guadalupe, to oppose the authoritarianism of Herrera's San Carlos".
[160] Nach Tibesar aaO 46ff scheint es sich dabei um Franziskaner gehandelt zu haben.

Die unmittelbare Folge der Restauration war das Zerbrechen der Einheit zwischen Priestern und gebildeten „Laien", die auf Grund der ähnlichen Ausbildung bis 1820 bestanden hat. Durch diesen Bruch manövrierte sich die Amtskirche immer mehr ins gesellschaftliche Abseits und verlor die Eliten. Sie suchte ihren Rückhalt bei den konservativen Kräften, mit denen der gebildete Teil des Klerus, besonders die ‚curas' der Erzdiözese Lima, keineswegs seit der Emanzipation paktiert hatte, wie dies in anderen Ländern der Fall gewesen ist. Wie tief der Bruch zwischen Amtskirche und Intellektuellen Mitte des 19. Jahrhunderts bereits war, zeigte sich 1855–56, als die ‚convencionales' die erwähnte liberale Verfassung durchsetzten. Obwohl zahlreiche Priester der Generation von 1821 für die Abschaffung der Negersklaverei, der indianischen Tribute, des Zehnten, der Stolgebühr, der kirchlichen und der militärischen Sondergerichtsbarkeit (fueros) eingetreten waren, war die neue Priestergeneration dagegen, und Erzbischof José Manuel Pasquel y Erasmo weigerte sich, den Eid auf die neue Verfassung zu leisten, „weil der Gesetzgeber nicht vorher den Papst konsultiert habe". Zahlreiche Priester behaupteten in ihren Predigten, der Kongreß sei exkommuniziert. Herrera verdammte die Verfassung in der Zeitschrift ‚El Católico'. Bischof Agustín Charún von Trujillo rief sogar zur offenen Rebellion auf und wurde darin von den franziskanischen Missionaren unterstützt, die das Volk auf seine Gehorsamspflicht gegenüber Bischof und Papst hinwiesen. Glücklicherweise starb Charún Anfang 1857, bevor es zu Gewalttätigkeiten gekommen war.

Schließlich setzte sich der Einfluß der Kirche gegen die Liberalen durch. Mit Hilfe der Konservativen wurde 1860 eine Verfassung in deren Geist konzipiert, „aber um den Preis der Einheit des Landes", um den Verlust der Aktionseinheit zwischen Kirche und progressiven intellektuellen Elementen, einer Einheit, die gerade in der Entstehungsphase einer Nation besonders wichtig ist, in der ihr geistiges Fundament nicht besonders breit ist, wie der franziskanische Forscher Tibesar bedauernd bemerkt[161].

Ein typisches Beispiel für die ganz andere Sicht der älteren, am Vatikanum I orientierten Forschergeneration ist der um die Erforschung der peruanischen Kirchengeschichte hochverdiente Rubén Vargas Ugarte SJ, dessen 5. Band der ‚Historia de la Iglesia en el Perú (1800–1900) 1962 erschienen ist. Er zitiert zustimmend das Urteil eines Konservativen, daß die liberale Verfassung von 1856 „von dem Tag an, an dem sie entstanden ist, toter Buchstabe war"[162]. Sicher zu Recht beklagt Vargas an das Bestreben der Liberalen, Kirche und Religion auf den Bezirk der Kirchenmauern und der Innerlichkeit zu beschränken und ihre Stimme im öffentlichen Leben auszuschalten[163]. Aber er übersieht, daß dies Bestreben erheblich dadurch gefördert wurde,

---

[161] Tibesar 1970, 364–70.
[162] Vargas U. 1953ff V, 225f. Die Liberalen setzten ein Verbot der Gesellschaft Jesu durch, starteten eine „antireligiöse Kampagne" und präsentierten sich dabei stets als Verteidiger der Verfassung, obgleich es ihnen darauf ankam, den Einfluß von Klerus und Orden zu verringern und die Grundlagen von Autorität und Recht der Kirche zu erschüttern. Ganz anders urteilt Aubert 1971, 587: „In Peru konnte der gemäßigt liberale Präsident R. Castilla trotz der Proteste einer mit der konservativen Partei verbundenen Gruppe von Priestern, die der Hierarchie ihre reaktionären Ansichten aufzuzwingen versuchte, mit der Unterstützung der konzilianten Erzbischöfe F. X. de Luna Pizarro (1845–55) und J. S. Goyeneche (1859–72) die Annahme einer Kompromißlösung erreichen. Es ließ sich zwar nicht vermeiden, daß die kirchlichen Gerichtshöfe, der Zehnte und die Kontrolle des Klerus über den Unterricht abgeschafft wurden, aber der Hauptbestand des Kirchenbesitzes war gerettet, und vor allem erhielt die Kirche eine Unabhängigkeit vom Staat, die weit über jene in anderen lateinamerikanischen Staaten hinausging."
[163] Ebd. 226.

daß die Amtskirche an ihren kolonialzeitlichen Privilegien festhielt, sich zu deren Verteidigung mit den Konservativen verbündete und den Forderungen nach gesellschaftlicher Freiheit und Gerechtigkeit, nach Durchsetzung demokratischer Prinzipien ablehnend gegenüberstand. Zur Unterstützung der kirchlichen Position wurde 1867 in Lima von Herren der Oberschicht die ‚Sociedad Católica Peruana' gegründet, die feststellte, daß in Wissenschaft, „Moral und Gesetzgebung versucht werde, die unheilvollsten Irrtümer durchzusetzen, die, wenn sie von der Jugend, die sich von ihnen ernährt, praktiziert werden, unsere Gesellschaft in einen tiefen Abgrund führen"[164]. Vargas begrüßt diese Gesellschaft genauso wie das Wirken von Bartolomé Herrera, den er in den schönsten Farben schildert als „den bemerkenswertesten aller" von Gott in Peru erweckten Männer, „mit gesunden Prinzipien und solider philosophischer und juristischer Bildung, die es auf sich nahmen, den Irrtum zu demaskieren, der sich hinter hochtönenden Phrasen der Demagogen und Liberalen aller Schattierungen verbarg"[165].

Entsprechend unnachsichtig kritisiert Vargas den ‚cura' Vigil Yáñez (1792–1875), der die innerkirchliche Opposition verkörperte. Er war zuerst Abgeordneter und 1833 Präsident des Parlamentes. Als solcher unterschrieb er das antikanonische Gesetz zur Senkung der bischöflichen Gemeindesteuer[166]. Vargas wirft Vigil vor, nicht nur ein Liberaler, sondern sogar ein Rationalist gewesen zu sein, der die Vernunft zur einzigen Erkenntnisquelle erhoben habe. Seine 1848 veröffentlichte „Verteidigung der Autorität der Regierungen gegen die Ansprüche der römischen Kurie" wurde 1851 von Pius IX. in einem Breve verdammt, was Vigil nicht zum Widerruf, sondern zu einer Erwiderung und zum Ablegen des priesterlichen Habits veranlaßte. Er wurde später zum entschiedenen Kritiker der ihm spitzfindig erscheinenden Dogmatisierung der unbefleckten Empfängnis Marias (1854), obwohl er Marias Bewahrung vor Sünde nicht leugnete, und der Dogmatisierung der päpstlichen Infallibilität (1871), obgleich er generell die Autorität der Konzilien anerkannte. Im Vorwort zu seiner ‚Defensa de la Autoridad de los Gobiernos...' rief er die Jugend Amerikas dazu auf, „die Religion im Evangelium, in den Werken der Kirchenväter und im Buch der Natur zu studieren und nicht in den Kommentaren der Dekretalisten und Kurialisten, in denen sich nicht Gott, noch Christus, sondern der Papst findet". Vargas kommentiert das mit den Worten: „Wie weit war er von der wahren christlichen Einsicht entfernt... ‚Ubi Petrus ibi Ecclesia'", um dann auch noch Dante zu zitieren: „Der Papst ist der lebendige Christus auf Erden."[167]

Es nimmt nicht wunder, daß in der Atmosphäre von kirchlicher Restauration und konservativer Reaktion der Protestantismus bis 1888 nicht Fuß fassen konnte, wenn man von ephemerischen Missionsversuchen, der Bildung von protestantischen Einwanderergemeinden und einigen Besuchen von Vertretern von Bibelgesellschaften ab 1822 absieht[168].

---

[164] Ebd. 227 nach den Anales de la Sociedad Cat. Per. Bd. I, Lima 1968.
[165] Ebd. 216.
[166] Immerhin hat er die geplante völlige Abschaffung der ‚cuartas episcopales' verhindert – ebd. 228ff.
[167] Vargas U. aaO 232ff will Vigil die christlichen Tugenden nicht absprechen, meint aber, es habe ihm an Demut gefehlt. Das erhelle daraus, daß er in schwerer Krankheit zwar Bischof Goyeneche bestellen ließ und einräumte, er könne sehr wohl geirrt haben, aber bei seiner Confessio würde er Gott nur um die Vergebung seiner Schuld und nicht um die Vergebung seiner Irrtümer bitten.
[168] Vgl. González 1970, 359.

41238 La República de la Gran Colombia (1819—1830)

Auf die kurze Geschichte Großkolumbiens, die wesentlich in das Zeitalter der Befreiungskriege gehört (vgl. 32), kann hier nur noch kurz eingegangen werden.

Am 15. August 1819 unterzeichneten die Vertreter von Venezuela und Neugranada auf dem Kongreß von Angostura eine provisorische Verfassung und legten damit die Grundlage für Großkolumbien, dessen Staatlichkeit und Selbständigkeit nach Bolívars entscheidendem Sieg über die Spanier bei Carabobo (24. Juni 1821) in Venezuela zunächst gesichert war. Sucres Sieg am Pichincha am 24. Mai 1822 ermöglichte die Einbeziehung der Audiencia Quito in den Staatsverband, von dem Bolívar freilich im Nachherein meinte, es sei „keine Republik, sondern ein Heerlager" gewesen[169].

Mecham urteilt, daß es einzig der Unerfahrenheit der Gesetzgeber und nicht etwa einer atheistischen oder freimaurerischen Opposition zuzuschreiben ist, daß die Religionsfrage in der vom konstituierenden Kongreß von Cúcuta 1821 beschlossenen Verfassung nicht im eigentlichen Verfassungstext, sondern nur im Prolog angesprochen wird. Der Kongreß von Cúcuta legte im übrigen die Grundlagen der Kirchengesetzgebung, indem er die Inquisition abschaffte, ihren Besitz verstaatlichte, ihre kirchliche und geistliche Jurisdiktion wieder den Bischöfen übertrug, aber dem weltlichen Arm in Fragen der äußeren Disziplin der Kirche Rechte vorbehielt, z. B. das Recht zur Zensur oder zum Verbot von Büchern. Strafbar sollten Schriften bleiben, die den Dogmen des römisch-katholischen Glaubens zuwiderliefen, was allerdings stark vom Ermessen des Präsidenten abhing. Vizepräsident Santander, der die meiste Zeit anstelle des Befreiers in Bogotá regierte, handhabte das Gesetz sehr liberal und ließ Werke von Voltaire, Rousseau und Diderot zu, die auf dem Index standen. Im übrigen bestimmte die neue Gesetzgebung, daß als Bischöfe nur noch im Lande geborene Kleriker zuzulassen seien. Um die Einwanderung zu erleichtern, wurde die geistliche Gerichtsbarkeit der Bischöfe auf im Lande geborene Katholiken und deren Nachkommen, sowie auf Personen, die sich als Katholiken ins Parochialregister eintragen ließen, beschränkt.

Bolívar strebte weder eine Staatskirche noch eine völlige Trennung von Staat und Kirche an, sondern erklärte den Staat gesetzlich zum Protektor der Kirche, weil sie nicht nur vorherrschend, sondern universell im Staate war, weshalb dieser moralisch zu ihrem Schutz verpflichtet schien. Deshalb besuchte der Freidenker Bolívar auch regelmäßig die Messe, half Konventen und anderen kirchlichen Institutionen mit staatlichen Mitteln, ehrte die Bischöfe öffentlich und suchte Kontakt mit dem Vatikan. Freilich war Bolívars Haltung gegenüber der römischen Kirche auch stets von Erwägungen der Staatsräson mitbestimmt.

Großkolumbien mit seinen zwölf Provinzen, einem immensen, dünn besiedelten Territorium, dessen Bevölkerung durch die fünfzehnjährigen Kämpfe um die Unabhängigkeit noch erheblich zurückgegangen und geographisch stark voneinander isoliert war, war mit seiner Vielzahl lokaler Chefs (caudillos), die zwar zum Kampf, aber nicht zur Verwaltung des wirtschaftlich schwer geschädigten Gebietes geeignet waren, ohnehin praktisch kaum regierbar. Da es an einer geographischen Einheit fehlte und Großkolumbien wesentlich von der moralischen Kraft und dem Ansehen

---

[169] Nach Pereyra 1958, 501.

Bolívars zusammengehalten wurde, kam es darauf an, jedes einende Band — und ein solches war auch die Kirche — zu erhalten und zu stärken.

Vizepräsident Santander hingegen, ein prominenter Freimaurer, der während der zahlreichen Feldzüge Bolívars häufig die Staatsgeschäfte führte, vertrat einen pronunzierten Regalismus. Zu denjenigen, die unter Santanders Regierung die politische und wirtschaftliche Macht der römischen Kirche mit entsprechenden Maßnahmen einschränken wollten, gehörten durchaus auch fromme Katholiken, die zwar antiklerikal, aber keineswegs irreligiös eingestellt waren und darin manchen späteren Liberalen glichen[170]. Nachdem sich Bolívar in der Nacht des 25. September 1828 vor einem Anschlag auf sein Leben nur knapp durch einen Sprung aus dem Fenster hatte retten können, ging er noch mehr auf die Seite der Klerikalen über. Er schrieb die Verschwörung den freimaurerischen Anhängern Santanders zu und verbot deshalb alle Geheimgesellschaften. In inquisitorischer Manier ließ er aus den Büchern des englischen Aufklärers Jeremy Bentham alle Abschnitte auslöschen, die gegen Religion, Moral und öffentliche Ordnung gerichtet sind.

Da der Antiklerikalismus in Venezuela weit ausgeprägter war als im Gebiet des späteren Kolumbien, kam es hier angesichts der als reaktionär empfundenen Schwenkung der Politik Bolívars noch zu einer Stärkung der antiklerikalen Kräfte[171], was dem Abfall Venezuelas den Boden bereitete. Angesichts Bolívars Etablierung als Diktator war es schon vorher in Neu-Granada zu Aufständen der Generale José María Obando und José Hilario López gekommen. Bolívars Rückkehr zur Demokratie im Jahre 1830 konnte den Verfall der Staatseinheit nicht mehr aufhalten. Die mit Unruhen verbundene Ermordung Marschall Sucres (Mai 1830) und der Tod des Befreiers Simón Bolívar, des Symboles der Staatseinheit, im Dezember 1830 ließ den Großstaat vollends zerfallen.

Der Zerfall in die drei Nachfolgestaaten Kolumbien, Venezuela und Ekuador zeigt, daß die Tradition einer überregionalen Kolonialverwaltungseinheit nicht stark genug war, um die divergierenden Landesteile zusammenzuhalten, ja, daß nicht einmal das gemeinsame Erlebnis der Befreiungskriege ein ausreichendes verbindendes Element bildete. Das dürfte mit daran liegen, daß die Bevölkerungszusammensetzung in Ekuador auf der einen Seite und in Kolumbien und Venezuela auf der anderen Seite verschieden war und daß die Unabhängigkeitskriege nie richtig den Interessen der Volksmassen und deren politischer Emanzipation dienten.

412381 Ekuador (1830—1895)

Das Territorium Ekuadors mit seinen gegenüber Kolumbien, Brasilien und Peru noch nicht genau fixierten Grenzen umfaßte mehr als 760 000 km², die sich durch Ab-

---

[170] Haddox 1965, 140; ferner Mecham aaO 88ff und besonders ausführlich Tormo 1962 III, 80—98.
[171] Mecham aaO 97, der aus einem Brief von Páez an Bolívar zitiert: „We have worked much to destroy the horrors of fanaticism and influence of the priests on the people; in Venezuela they now meddle with public matters in their ministry... I judge that when you tell me the government is to support religion, it will be with all the delicacy that the enlightenment of an age which prefers, in my opinion, liberty of thought to civil liberty, demands." Zitiert nach Watters 1933, 25f auf Grund von Simón B. O'Leary, Memorias del General O'Leary, II, 149—50 (Quelle).

tretungen an die genannten Länder im 20. Jahrhundert auf nur 271 000 km² reduzieren sollten, womit Ekuador unter den südamerikanischen Republiken der große Verlierer wurde. Von den ca. 760 000 km² waren nur das Küstentiefland und das Hochland mit zusammen weniger als 160 000 km² halbwegs erschlossen und irgendwie administrativ erfaßt. Der riesige Block von mehr als 560 000 km² entfiel auf den Ostabfall der Anden und auf undurchdringliche Urwälder des Amazonasbeckens. Die rein indianische Bevölkerung dieser Gebiete läßt sich zahlenmäßig kaum schätzen. Ausgehend vom ersten Zensus 1955, der 3 202 757 Einwohner ergab, kann man die Bevölkerung im erschlossenen Kernland in der Mitte des 19. Jahrhunderts auf ca. 600 000 schätzen. Heute leben von der Gesamtbevölkerung ca. 40,5 % im Küstentiefland (69 467 km²) und 57,9 % in der ‚sierra' (81 824 km²)[172]. Kultur-soziologisch kann man mit Ribeiro Ekuador wie Peru und Bolivien zu den Zeugenvölkern rechnen. Während das Statistische Amt 1942 die Bevölkerung einfach schematisch aufteilte in 41 % Mestizen, 39 % Indianer, 10 % Weiße, 5 % Schwarze und 5 % Andere[173], kann man nach anderen Kriterien davon ausgehen, daß ca. 30 % der heutigen Gesamtbevölkerung mit der iberischen Zivilisation zusammenhängen, nämlich 10 % Weiße, 2 % Neger, 6 % Mulatten und 12 % Mestizen, wobei Neger und Mulatten fast ausschließlich unter den ‚costeños' (Küstenbevölkerung) zu finden sind. Die übrigen ca. 70 % setzen sich zu ca. 30 % aus ‚cholos' – großenteils zweisprachigen, stärker akkulturierten Nachkommen der staatstragenden Schicht des Inka-Reiches – und ca. 40 % weitgehend marginalisierten, vorwiegend ketschua-sprechenden Indianern zusammen. Umstritten ist, ob diese Randstellung schon im Inka-Reich vorhanden war, wo es eine überlegene Schicht von Eroberern und eine andere bodengebundene gab, oder ob sie durch die Überlagerung der spanischen mit der amerindischen Kultur begann und sich seit der Unabhängigkeit noch mehr vertiefte. Tatsache ist, daß die analphabetischen indianischen Massen noch in der Gegenwart nicht die nach der Verfassung als unerläßlich vorgeschriebenen Bedingungen zur Ausübung der Bürgerrechte erfüllen, so daß man von einer gewissen Rassentrennung sprechen kann[174].

Ekuador war 1830–95 in der Phase des Machtkampfes zwischen den konservativen Kräften von Großgrundbesitz, Kirche und Armee, deren Kräftezentrum in der ‚sierra' mit Mittelpunkt in Quito lag, und den liberalen Kräften von Bürgertum, Handwerkern und Intellektuellen, deren Kräftezentrum an der Küste mit Mittelpunkt in der Hafen- und Handelsstadt Guayaquil lag, weit davon entfernt, eine Nation zu sein. Beinahe wäre Guayaquil mit einem großen Küstenstreifen ein Teil Perus geworden oder von Kolumbien annektiert worden. Es fehlte auch nicht viel, daß die Küste mit Guayaquil sich zu einem selbständigen Staat proklamiert hätte[175].

Vom tropisch heißen, von Seuchen geplagten Pazifikhafen Guayaquil aus war das auf 2850 m NN in der Zwischenandenregion liegende Quito nur schwer zugänglich. San Francisco de Quito, die 1534 gegründete älteste südamerikanische Hauptstadt, wurde in der Kolonialzeit das „Florenz Amerikas" genannt. Die „Schule von Quito" bezeichnete im 17. und 18. Jahrhundert einen Höhepunkt kolonialer Kunst. Mit 28 500

---

[172] Venezuela y Ecuador 60ff.

[173] Ekuador 1970, 6 – in seinem Kommentar relativiert das Statistische Amt den Wert der zur ethnischen Bestimmung der Bevölkerung angewandten Kriterien und räumt die Möglichkeit ein, daß die Indianer den stärksten Bevölkerungsblock stellen.

[174] Ekuador 1970, 17 – vgl. Ribeiro 1970, 189. Dieser anerkannte Ethnologe und Soziologe weist ausdrücklich darauf hin, daß *cholos* entgegen einer weit verbreiteten oberflächlichen Betrachtungsweise genetisch reine Indianer und nicht Mestizen sind.

[175] Ekuador 1970, 14f.

Einwohnern im Jahre 1780[176] war es bis Mitte des 19. Jahrhunderts, als die Bevölkerung auf 75 000 angewachsen war, die größte Stadt im südamerikanischen Andenraum. Zur Zeit, als Ekuador im Jahre 1830 selbständig wurde, hatten die führenden Kreise der Stadt ihren kolonialen Habitus kaum abgelegt. Die Stadt war noch voll von Adel. General Juan Flores, wie Sucre einer der vormaligen Leutnants Bolívars, Gouverneur schon in der Zeit der großkolumbianischen Union, war als indianischer Mestize venezolanischer Herkunft nur deshalb von den ‚serranos' akzeptiert, weil er in Quitos Aristokratie eingeheiratet hatte.

Ein Humorist hat die Union der drei Staaten, die 1830 zerbrochen war, „eine Kaserne, eine Schule und ein Konvent" genannt, womit die Rollen von Venezuela, Kolumbien und Ekuador gekennzeichnet werden sollen[177]. In der Tat ist Ekuador der kirchlich konservativste der drei Staaten im 19. Jahrhundert gewesen; er hat bis 1895 einer echten liberalen Revolution widerstanden. Die politische Entwicklung des 19. Jahrhunderts, die im wesentlichen von den Weißen mit gelegentlicher Beteiligung von Mestizen und ‚cholos' bestimmt wurde, läßt sich in vier Abschnitte einteilen.

1. Período floreano (1830—45)

Diese nach dem Caudillo Juan Flores genannte Periode des von der Konvention von Riobamba ‚República El Ecuador en Colombia' genannten Staates wurde bestimmt von den Interessen der Großgrundbesitzer. Flores stützte seine Herrschaft auf seine Veteranen aus Nueva Granada und Venezuela, aber der Zustand der Armee war so desolat, daß der heute als ‚Defensor' und ‚Conservador' verehrte Caudillo 1832 im Grenzstreit mit Kolumbien auf ein reiches Gebiet der Audiencia von Quito (Pasto, Buenaventura, Popayán und Buga) verzichten mußte und froh sein konnte, daß er bis Anfang 1835 verschiedener Aufstandsbewegungen gegen seine autoritäre Führung Herr wurde, die die Staatseinheit bedrohten. Anfang 1835 hatte sich die Konvention der konservativen Revolutionäre des Departaments Quito unter Félix Valdivieso zur Durchsetzung ihrer Interessen nicht gescheut, die Republik für aufgelöst zu erklären und den Anschluß des Departaments an Kolumbien zu verkünden.

Die ‚Virgen' del Quinche', ein Gnadenbild des patriarchalischen Katholizismus, beschuldigten die konservativen Rebellen bei diesem Schritt öffentlich, ihre Sache im Stich gelassen zu haben.

Flores hatte schon 1834 erkannt, daß er die Einheit des Staates nicht nur durch militärische Siege über die ‚costeños' und die ‚serranos' erhalten könnte und deshalb mit dem von ihm besiegten liberalen Rebellen aus Guayaquil, Vicente Rocafuerte, ein Abkommen geschlossen, das dem Führer der Liberalen die Präsidentschaft im Wechsel mit Flores zusicherte. Die Gründung einer liberalen Partei war wesentlich von dem englischen Oberst Francis Hall befördert worden, der als Überbringer eines Briefes von Bentham an Bolívar nach Ekuador gekommen war und sich hier als Propagandist des Utilitarismus betätigt hatte. Zusammen mit seinem Landsmann Oberst Wright wirkte er bei der Gründung der liberalen Zeitung ‚El Quiteño Libre' mit. Als liberale Rebellen 1833 bei einer Erhebung in die Kasernen mit dem Schlachtruf eindrangen: „Lang lebe ‚El Quiteño Libre'!", wurde mit ihnen auch Hall ein Opfer der blutigen Repression. Flores ließ ihn zusammen mit den Rebellen nackend an Laternenpfählen der Plaza hängen. „Die Karmeliterinnen verhüllten seinen Leib."[178]

---

[176] Vetrano 1968, 216.
[177] Pereyra 1958, 502 ohne Quellenangabe.
[178] Arciniegas 1972, 383.

Rocafuerte, der Journalist des ‚El Hombre Libre' (Der freie Mensch) aus Guayaquil, jenes Blattes, das zusammen mit ‚El Republicano' in Quito die Opposition gegen Flores artikuliert hatte, verfolgte als *Präsident (1835—39)* einen sehr gemäßigt liberalen Kurs. Er bemühte sich um die Modernisierung des Landes u. a. durch den Schulbau. Rocafuerte schaffte den Indianertribut im Departament Guayaquil ab und löste einige ‚doctrinas' von Parochien und Haciendas auf, deren Geistliche, „unter dem Vorwand der Katechese" die Indianer ausbeuteten[179]. Wie beinahe jede neue Regierung jener Epoche gab Rocafuerte dem Staat eine neue Verfassung, ohne in der Nationalversammlung die Religionsfreiheit durchsetzen zu können, die man hier wie in Peru und Bolivien im 19. Jahrhundert hartnäckig ablehnte. Auch mit seinem Versuch, die kirchliche Erziehung zu säkularisieren, kam er nicht weit. Er nahm den Dominikanern den ‚Colegio de San Fernando' weg und vereinigte ihn mit der Universität. Er erlaubte einem Quäker nach Quito zu kommen, um die Leitung einer Schule zu übernehmen, aber jener wurde von einer aufgebrachten Menge wieder vertrieben und mußte das Land verlassen, so daß bei dieser und anderen Gelegenheiten zaghafte Versuche Rocafuertes, das Land dem Protestantismus zu öffnen, scheiterten[180].

Flores (1839—45) machte alle liberalisierenden Maßnahmen rückgängig und unterdrückte die Pressefreiheit noch stärker als Rocafuerte. Die dritte Verfassung Ekuadors von 1843 ist als ‚Carta de Esclavitud' (Charta der Sklaverei) in die Geschichte eingegangen. Obgleich Flores sich auf Armee und Klerus stützte, hatte er wenig Respekt vor der Kirche. Er glaubte ihren Interessen genügt zu haben, als er in seiner Charta den Katholizismus zur Staatsreligion erklärte. Mit der Konzession privater akatholischer Kulte hoffte er die Unterstützung der Liberalen zu finden, erregte indes geradezu mittelalterlich anmutenden Fanatismus unter dem Klerus der Departamente Quito und Cuenca, der sich weigerte, den Eid auf die Verfassung zu leisten und Flores vorwarf, mit den Freimaurern von Nueva Granada im Bunde zu sein.

2. Liberale Periode (1845—60)

Die Märzrevolution von 1845, die zum Sturz von Flores führte, war soziologisch gesehen ein Sieg der Bourgeoisie über die Großagrarier. Der gegen die Verfassung von 1843 aufgebrachte Klerus hatte sich der Aufstandsbewegung mit den Schlachtrufen „Es lebe die Religion" und „Nieder mit der Verfassung" angeschlossen.

In den folgenden fünfzehn Jahren war die Macht der bürgerlichen Liberalen nicht so groß, daß sie radikale Reformen durchführen konnten. Ihr erster Präsidentschaftskandidat Olmedo fiel sogar durch, so daß mit Vicente Ramón Roca (1845—49) ein gemäßigt Konservativer die Staatsführung übernahm. Der Gegensatz zwischen Konservativen und Liberalen — erstere stellten ihre Parteiinteressen eindeutig über die Staatsinteressen und scheuten sich nicht, diese sogar ans Ausland zu verraten — erschwerte eine kontinuierliche Regierungsarbeit enorm, wenngleich man die Zeit von 1845 bis 1860 nicht pauschal als Anarchie bezeichnen kann[181]. Ein Streit um die Aufnahme von aus Kolumbien ausgewiesenen Jesuiten führte zum Sturz des von General José María Urbina präsentierten Präsidenten Noboa (1850—51) und zur Militärdiktatur Urbinas (1851—56) und General Francisco Robles (1856—60).

---

[179] Pareja 1962, 257. [180] Mecham aaO 140f.
[181] So spricht z. B. Mecham aaO 141 von Anarchie.

Urbina wies die Jesuiten 1852 aus, vermied aber weiteres Blutvergießen, gab dem Land 1854 das erste Bürgerliche Gesetzbuch, schaffte die Tribute der Indianer gänzlich ab. Der Freimaurer Urbina setzte außerdem die Freilassung der Negersklaven durch und verschaffte ihnen auch noch einen Lebensunterhalt, indem er sie ins Heer aufnahm. Erstmals ermöglichte er in Ekuador die Pressefreiheit. Der Aufstieg der bürgerlichen Mittelschicht und die Militarisierung der Schwarzen, die Urbina „meine Kanoniker" zu nennen pflegte, führten unter Robles, dem ersten frei gewählten Präsidenten, zur wachsenden Beunruhigung der reaktionären, an der Erhaltung kolonialwirtschaftlicher Verhältnisse interessierten Latifundienbesitzer, die sich um García Moreno sammelten, der auf einer Europareise zu der Überzeugung gekommen war, daß Ekuador vor Militärdiktatur oder Anarchie nur bewahrt werden konnte, wenn das Volk durch die Kirche gezügelt und von ihr wieder zu Disziplin und christlicher Moral erzogen würde.

3. Período garciano (1860–75)

García kam durch Verrat nationaler Interessen an Peru mit Hilfe Perus an die Macht. Den Vorwand für den Aufstand der Konservativen hatte die 1857 von Robles mit Zustimmung des Kongresses eingeleitete Ablösung der drückenden Auslandsschuld gegenüber Großbritannien abgegeben. Ekuador wollte Großbritannien mit Peru umstrittenes Gelände am Westufer des Marañón, sowie Gebiete in Esmeraldas überlassen und seine Forderungen an Peru aus dem Befreiungskrieg abtreten. Die Ländereien sollten unter der nationalen Hoheit bleiben und zu Kolonisationsprojekten dienen, also dem Land die dringend erwünschte Menschenzufuhr bringen. Kein Wunder, daß Peru gern mit den ekuadorianischen Konservativen gegen dieses Abkommen paktierte.

García beseitigte die parlamentarische Stimmengleichheit der drei Departamente Quito, Cuenca und Guayaquil, die sich als Sprengsatz im Staate erwiesen hatte, und ersetzte sie durch Provinzvertretungen proportional zur Einwohnerzahl. 1861 erließ eine Konvention die siebte ‚Carta Fundamental' und wählte García zum Präsidenten.

Soziologisch gesehen war García ein Vertreter der konservativen Großgrundbesitzer der ‚sierra', die inzwischen zwar an einer gewissen Modernisierung des Landes, aber nicht an einer Änderung der Produktionsmethoden interessiert waren[182]. García versuchte, seine Herrschaft geradezu in modernem totalitären Sinn zu untermauern, indem er durch den geistlichen Einfluß des Klerus über die Gewissen zu herrschen trachtete. Nach seinem Prinzip „faith and order"[183] widmete er sich sogleich der Reorganisation des Klerus im Rahmen eines theokratisch konzipierten Staates. Es war kein Widerspruch dazu, daß er sich vornahm, das staatliche Kirchenpatronat abzuschaffen, befreite er doch dadurch den Staat von vielen Verpflichtungen gegenüber der Kirche, verbesserte die Beziehungen zum Vatikan und konnte im Bedarfsfall als autoritärer Chef der Exekutive doch im kirchlichen Bereich intervenieren. Nach außen betonte er freilich, die Kirche könne nur erfolgreich wirken, wenn sie frei von jeder Bevormundung durch den Staat sei, weshalb er ihr in den Konkordatsverhandlungen, die 1862 zum Abschluß kamen, auch zahlreiche Vorrechte einräumte.

Das 1863 in Kraft getretene Konkordat sah die Abschaffung jeglicher Kult- und Religionsfreiheit vor, band die öffentliche Erziehung von der Grundschule bis zur

---

[182] Zu den soziologischen Deutungen vgl. Moreno 1972.
[183] Mecham aaO 143; zu García vgl. O. P. H. Smith in: HAHR 45 (1965), 1–24.

Universität auf religiösem und moralischen Gebiet an bischöflich autorisierte Texte, gewährte der Kirche das Zensur- und Verbotsrecht für Bücher, gestattete den Bischöfen den freien Verkehr mit dem Papst, untersagte Appellationen von kirchlichen Gerichten an Zivilgerichte, garantierte der Kirche ihren Besitzstand, gab ihr das Recht zum Grunderwerb und erlaubte allen katholischen Religionsgesellschaften die Arbeit im Lande.

Rom kam García in folgenden Punkten entgegen: Der Präsident darf in neu zu errichtenden Bistümern den ersten Kandidaten präsentieren; auch sonst darf er geeignete Kleriker für Pfründen, Würden und Ämter in den Domkapiteln vorschlagen. Die Wahl der Bischöfe hingegen soll frei durch die Kapitel erfolgen. Die Kirche verzichtet weitgehend auf ihre Ansprüche gegenüber der Staatskasse wegen des 1836 enteigneten Besitzes frommer Werke, d. h. sie beansprucht nur eine Entschädigung in Höhe von 10 %[184].

Das Konkordat rief lebhafte Proteste der Liberalen in Ekuador und anderen lateinamerikanischen Republiken hervor, die von ihrer Ideologie her kein wie auch immer geartetes Konkordat akzeptieren konnten, da sie darin die Anerkennung der Koexistenz zweier souveräner Gewalten auf einem nationalen Territorium erblickten, derjenigen Roms und derjenigen des Staates[185].

García kommt das Verdienst zu, die administrative und disziplinarische Reform des Klosterwesens als Bedingung für das Konkordat durchgesetzt zu haben, die dann ein päpstlicher Legat mit Garcías Rückendeckung gegen den Widerstand des Regularklerus in Gang brachte.

Nachdem 1838 das Bistum Guayaquil geschaffen und 1848 Quito zum Metropolitansitz für Cuenca und Guayaquil erhoben worden war, wurden nach Abschluß des Konkordats die Bistümer Ibarra, Riobamba, Loja und Portoviejo geschaffen. Zur Verbesserung der Universitätsbildung holte García die Jesuiten unter Zusicherung völliger Lehrfreiheit wieder ins Land, ferner für das Schulwesen Christliche Schulbrüder und einige weibliche Orden.

Der Zügellosigkeit des Säkularklerus wehrte er persönlich, indem er manche Priester, die ihres Amtes unwürdig waren, einsperren ließ und andere auf Missionsstationen in die gefürchteten tropischen Amazonaswälder verbannte. „Auf diese Weise schuf sich García Moreno eine stark verbündete Macht und legte den Grund der konservativ-klerikalen Partei."[186]

De iure herrschte García von 1861—65, dann versuchte er de facto aus dem Hintergrund zu regieren, ließ 1867 eine ungefügige Marionette stürzen und riß 1869 als Diktator die Macht an sich. Außenpolitisch in Auseinandersetzungen mit Kolumbien hatte er eine wenig glückliche Hand. Innenpolitisch regierte er seit den ersten Umsturzversuchen 1862 mit eiserner Hand und ließ 1864/65 Dutzende von Insurgenten und deren Gefolgsleute erschießen. Eine der Revolten wurde von Eloy Alfaro angeführt, der in den nächsten Jahrzehnten zum Sybol des liberalen Widerstandes werden sollte. Dem Mitverschwörer General Manuel Tomás Maldonado rettete auch nicht die Fürsprache des Erzbischofs von Quito das Leben. Nachdem García 1865 einen Landungsversuch von Urbina bei Guayaquil abgeschlagen hatte, ließ er 26 Gefangene erschießen. Der Apostolische Legat in Quito, Msgr. Tavani, lehnte das präsidentiale Ansinnen, eine Dankmesse für den Sieg zu zelebrieren, ab, woraufhin García ihm das Betreten der Kathedrale verbot.

---

[184] Mecham aaO. Die Entschädigung in Höhe von 10% konnte aus dem Drittel des Zehnten geleistet werden, das Rom der Regierung zugestand. Das Konkordat stimmt fast völlig mit den 1852 mit Guatemala und Costa Rica geschlossenen überein — ebd. 148.

[185] Pareja 1962, 285.   [186] Ebd. 286.

Die 1869 von García durchgepaukte *achte Verfassung ist als "schwarze" (Carta Negra)* bekannt. Sie verlängerte die Amtszeit der Präsidenten, erlaubte ihre Wiederwahl, brachte eine absolute Machtkonzentration für die Exekutive und eine Beschränkung der bürgerlichen Freiheiten einschließlich der Freiheit des gesprochenen und geschriebenen Wortes. Um die verbreitete Sitte des Konkubinats zu beseitigen, wurden die Bürger zur Ehe gezwungen. Da es sich als unmöglich erwiesen hatte, die „Häretiker" gänzlich dem Lande fern zu halten, wurden die Bürgerrechte auf die Katholiken beschränkt[187]. Angesichts des moralischen Eifers des Präsidenten, der sogar ihre Schlafzimmergewohnheiten überwachen ließ, um sie zur Ehe zu zwingen, lebten die Ekuadorianer in Furcht.

Bezüglich der Entwicklung des Landes sind García in beiden Amtszeiten gewisse Verdienste nicht abzusprechen. Er führte eine Finanzreform durch, bekämpfte die Korruption im öffentlichen Dienst, baute die dringend benötigte Straße von Quito nach Guayaquil, die erste Eisenbahn (Ferrocarril del Sur), Eisenbahntelegraphen, Krankenhäuser, ein Waisenhaus, ein Musikkonservatorium und die Nationaldruckerei. Er ließ zahlreiche Straßen in den ‚pueblos' pflastern und erwarb sich besondere Verdienste um die Förderung des Bildungswesens. Er gründete eine Ausbildungsanstalt für Indianerlehrer, kümmerte sich um die für die Kolonisation wichtigen Indianermissionen im ‚oriente', eröffnete von Nonnen geleitete Sekundarschulen für Mädchen, erhöhte die Gesamtzahl der Schüler von 1867–1875 von 14 000 auf mehr als 32 000. Er senkte den Militäretat zu Gunsten des Bildungswesens und förderte die Alphabetisierung, indem er versprach, daß ab 1882 jeder, der lesen und schreiben könne, von Zwangsarbeit befreit werde.

Abgesehen von der Fortsetzung der Ordensreform und der Reform der kirchlichen Disziplin im allgemeinen und der Seminare im besonderen, die einen neuen Studienplan auf Beschluß der Provinzialsynoden erhielten, fühlte sich García in seiner zweiten Amtszeit auch international als Beschützer der römischen Kirche. Er mischte sich in die kolumbianische Politik ein, wenn ihm dort von seiten der Radikalen Gefahr für die Kirche zu drohen schien, lobte Maximilian in Mexiko als Befreier des Landes, protestierte bei König Victor Emanuel gegen die Besetzung Roms und veranlaßte den Kongreß, 52 000 Franken für den „Gefangenen im Vatikan" zu spenden. „Schließlich weihte" er „1873 in mystischem Eifer durch offizielles Dekret Ekuador dem Hl. Herzen Jesu". Sich selbst betrachtete er übrigens als Verwalter eines päpstlichen Lehens[188].

Als gegen Ende der zweiten Amtsperiode 1875 zwei bekannte Journalisten, die gegen den Plan einer Wiederwahl Garcías polemisiert hatten, in den Amazonaswald verbannt wurden, kam es am 6. August 1875 zu einem Attentat auf den machtbesessenen Präsidenten, der zugleich ein religiöser Fanatiker und ein Wohltäter war. Er kam auf den Stufen seines Palastes um[189].

---

[187] Ebd. 293 und Mecham aaO 150.
[188] Mecham aaO 151; Abad 1974, 175 weist darauf hin, daß in Art. 161 des 1871 in Kraft gesetzten Strafgesetzbuches sogar der Versuch, die kath. Religion zu verändern oder abzuschaffen, mit der Todesstrafe bedroht wird.
[189] Die HKorr 13 (1958/59), 4 zitiert die reichlich unkritische Feststellung Paulus Gordans, „daß die neue Geschichte Lateinamerikas eigentlich nur einen wirklich christlichen Staatsmann kennt: García Moreno von Ecuador, der 1875 von politisch weltanschaulichen Gegnern ermordet wurde" – nach Wort und Wahrheit, Dez. 1957, 738.

4. Período del progresismo (1875–95)

In der vielfach als ‚progresismo' charakterisierten Epoche von 1875 bis 1895, auf deren verwirrende politische Einzelheiten hier nicht eingegangen werden kann, kam es nicht zu einer grundsätzlichen Neuorientierung der Politik. Die konservativen Großgrundbesitzer dominierten weiterhin. Eloy Alfaro, der große Liberale Ekuadors, nahm seinen Kampf gegen die neuen Autokraten aus dem Ausland auf.

Der 1876 durch eine Rebellion an die Macht gekommene General Ignacio de Veintimilla eröffnete eine turbulente antiklerikale Reformperiode. Am Karfreitag des Jahres 1877 wurde Erzbischof José Ignacio Checa in Quito vergiftet, im Juni desselben Jahres das Konkordat außer Kraft und das alte Patronatsgesetz wieder in Kraft gesetzt[190]. Das rief eine Revolte des Bischofs von Riobamba hervor, der allen, die dem Konkordat ihre Anerkennung verweigerten, die Exkommunikation androhte. Veintemilla kündigte daraufhin allen rebellischen Prälaten den Entzug ihrer Einkünfte an. Als 1882 seine Position wackelig wurde, setzte er das Konkordat wieder in Kraft, womit er die Konservativen nicht befriedigte und die Liberalen vor den Kopf stieß. Ohnehin hatte er trotz neuer liberaler Verfassung (Nr. 9) autoritär regiert. Von 1884 bis 1888 regierte der geschäftstüchtige und korrupte Präsident José María Plácido Caamaño Ekuador direkt und bis 1895 weiter aus dem Hintergrund als starker Mann. Im Gegensatz zu seinem Vornamen Plácido (der Sanfte) erwies sich Caamaño als grausamer Präsident, der die Liberalen verfolgte, die Presse knebelte und durch einen engen Kreis von Privilegierten regierte, die ‚la argolla' (Halseisen, Handschelle) genannt wurden.

Caamaño schloß ein intimes Bündnis mit dem Klerus und den alten Gefolgsleuten von García Moreno, weihte das Land erneut dem Hl. Herzen Jesu und ordnete den Bau einer Nationalkirche für das Hl. Herz „als ein immerwährendes Monument der Dankbarkeit zu Gott" an[191].

Eine neokonservative Bewegung, frei von Fanatismus und Klerikalismus, die dem Land 1888–92 Frieden und einigen Fortschritt bescherte und am ehesten den Namen ‚progresismo' verdient, vertrat der nicht völlig von Caamaño abhängige Präsident Antonio Flores Jijón, ein Sohn des ersten Präsidenten der Republik. Gleichwohl machte er sich als Progressist unglaubwürdig, als er seinen Justizminister das Verbot billigen ließ, das der Bischof von Portoviejo, Pedro Schumacher, über liberale aus den USA importierte Zeitschriften verhängt hatte.

1895 forderte ein parlamentarischer Untersuchungsausschuß Präsident Luis Cordero (1892–95), der ein Opfer des geschäftstüchtigen Caamaño geworden war, zum Rücktritt auf. Cordero trat zurück und Caamaño floh ins Ausland. Mit dem ‚caamañismo' brach das Regime zusammen. In Guayaquil brach die Revolution aus. Die Kasernen wurden angegriffen und der offene Cabildo rief Eloy Alfaro, den langjährigen Vorkämpfer einer liberalen Republik zum Staatschef aus. Die Oligarchie war entsetzt: „Man hat den Indio Alfaro gerufen, den Häretiker. Armes Land!"

Die klerikale Reaktion blies zum Widerstand gegen Alfaro. Bischof Schumacher von Portoviejo führte selbst ein kleines Heer an und veröffentlichte eine Proklamation, in der es u. a. hieß: „Wählet zwischen Gott und Satan ... christliche Soldaten! Wer im Kampf fällt... wird die Krone des Martyriums erlangen. Der Herr möge die höllischen Geister zurücktreiben..." Und der Erzbischof von Quito tönte in einem Hirtenbrief: „Der Liberalismus in seiner ganzen abscheulichen Nacktheit und ekelhaften Unförmigkeit... ist ein entsetzliches,

---

[190] A. Berthe 1942, 90 zitiert nach Dellaferrera 1972, 206.
[191] Mecham aaO 153.

unbeschreibliches Ungeheuer der Hölle... Er ist die große Hure von Babylon ... sitzt wie ein Weib auf einer Bestie von blasphemischen Namen...! Ergreift die Waffen und seid guten Mutes!"

Alfaros Proklamation klingt zweifellos christlicher als die der Bischöfe: „Ich bin nichts, ich habe keinen Wert, ich habe keinen Ehrgeiz, will nichts für mich. Alles für euch, die ihr das Volk seid, das wert geworden ist, frei zu sein... Wir müssen einer humanen Politik der Toleranz und der Gerechtigkeit zum Durchbruch verhelfen... Als ich die Macht übernahm, habe ich das Wort Frieden ausgesprochen, weil ich es der Torheit der Feinde des Vaterlandes überlasse, Krieg zu provozieren..." Indes predigte auch keineswegs der gesamte Klerus Haß oder rief zum Kampf mit der Waffe auf. Viele Geistliche schwiegen, andere ergriffen Partei für die Sache der Freiheit. Die Großgrundbesitzer hingegen verkrochen sich auf den Ruf: „Der Indio Alfaro kommt" auf ihren Haciendas. Aber der erste ‚cholo' an der Spitze des Staates gewann immer mehr Unterstützung von den Angehörigen seiner Rasse, für die er eine neue Hoffnung verkörperte. In verschiedenen Schlachten wurden die Heere der Konservativen vernichtet, so daß Alfaro im September 1895 triumphierend in Quito einziehen konnte.

Praktisch im ganzen 19. Jahrhundert hat die römische Kirche in Ekuador ihr Unterrichtsmonopol bewahrt und ihren Grundbesitz sogar noch vergrößern können. Folgte die politisch-administrative Organisation des Staates wie in der Kolonialzeit den Jurisdiktionen der Kirche, so war diese auch wie in der Kolonialzeit „ein Vehikel der nationalen Integration"[192]. Eine nennenswerte protestantische Missionstätigkeit hat es vor 1895 in Ekuador nicht gegeben.

412382 *Nueva Granada bzw. Colombia (1830–1880)*

Nach dem Auseinanderfallen Großkolumbiens nannte sich das zentrale Gebiet wieder wie in der Kolonialzeit Neu-Granada, womit implizit der Anspruch auf die einstige Größe des Vizekönigreiches aufrechterhalten wurde, der dann 1863 bei der Umbenennung in Estados Unidos de Colombia fallengelassen wurde.

Bogotá war von Anfang an die politische Hauptstadt, wenngleich es mit seinen 40–45 000 Einwohnern Mitte des 19. Jahrhunderts keineswegs die größte Stadt war, sondern übertroffen wurde von Cartagena, dem Haupthandelsplatz der Kolonialzeit, der seit Abschaffung der Monopole allerdings stagnierte, und von Popayán, der volkreichsten Stadt des Landes, der Metropole des sich schnell entwickelnden Cauca-Tales. Die schätzungsweise 2,5 Mill. Einwohner[193] lebten um 1850 etwa wie heute zu 78 % im Hochland, dessen Flächenanteil vom heutigen Staatsterritorium von 1 134 258 km² 22 % beträgt[194]. Die drei das Land ungefähr von NO nach SW durchziehenden Kordillerenketten mit mehr als einem Dutzend enorm vulkanischer Ge-

---

[192] Pareja aaO 294–308; ferner Montalbán 1963, 674ff. Peter Schumacher war ein deutscher Lazarist. Als 1. Bischof von Portoviejo holte er 1888 deutsch-amerikanische Benediktiner aus Pennsylvania in seine Diözese – vgl. Dantzenberg 1908; ferner Abad 1974, 174.

[193] Eigene grobe Schätzung für 1850, die davon ausgeht, daß der heutige Anteil Kolumbiens an der Gesamtbevölkerung Lateinamerikas ca. 7% beträgt und diesen Prozentsatz von der Gesamtbevölkerung von 35 Mill. im Jahre 1850 berechnet. Zu den demographischen Daten Lateinamerikas vgl. Ruiz García 1971, 25ff.

[194] Von der Staatsfläche Kolumbiens liegen 22% über 1000 m NN, 12% über 2000 m und immerhin 3% sogar über 3000 m NN.

birgsmassen zwischen 4000 und 5780 m NN erschweren die Kommunikation in diesem selbst für Südamerika, das für seine morphologischen Kontraste bekannt ist, einzigartigen Land. Von den Anden stürzen Hunderte von reißenden Flüssen, die in wenigen Stunden fast 2 m steigen oder fallen. Wie in der Kolonialzeit bildeten auch im 19. Jahrhundert Maultierkarawanen und Schiffe, nun allerdings mit Dampf betrieben, auf dem Magdalenenstrom, dem Río Cauca und anderen großen Flüssen die hauptsächlichen Reise- und Transportmittel. Die undurchdringlichen tropischen Regenwälder am Andenabfall und im Amazonasbecken blieben unerschlossen und weitgehend ihren Ureinwohnern vorbehalten. Diese widrige Geographie, die eine Besiedlung nur auf etwa einem Drittel der Fläche zuläßt und diesen beschränkten Anteil darüber hinaus noch durch Gebirgszüge und feuchte Flußtäler segmentiert, ließ die Schaffung einer kolumbianischen Nation als ein unerreichbares Fernziel erscheinen[195].

Kolumbien und Venezuela bildeten im 19. Jahrhundert schon „neue Völker". Diese Kategorie von Darcy Ribeiro will sagen, daß die ursprünglichen Bestandteile der Bevölkerung: Indianer, Neger und Spanier in ihrer ethnischen Eigenart weitgehend untergegangen sind und so etwas wie eine neue Volksmasse bilden, die schon nicht mehr indianisch, afrikanisch oder spanisch ist. Die noch vorhandenen ethnisch reinen Indianer sind an den Rand dieser neuen Gesellschaft gedrängt und existieren auch meistens in den geographischen Randzonen des Staatsterritoriums. Während die Hochlandindianer weitgehend im Kontingent der Mestizen untergegangen sind, hat Kolumbien noch heute den zweitstärksten Anteil an ethnisch reinen Tieflandindianern Südamerikas, nämlich 123 700 oder nach anderen Schätzungen sogar 248 000, eine Zahl, die im 19. Jahrhundert noch höher gewesen sein dürfte[196].

Abgesehen von den nicht integrierten Tieflandindianern und von den in Spanien geborenen Weißen, die nach der Unabhängigkeit in Venezuela geblieben sind, sowie der weißen Einwanderung im 19. und 20. Jahrhundert nach Kolumbien, die im Vergleich zu Venezuela minimal war, setzt sich die Gesellschaft der neuen Völker wesentlich aus zwei mehr sozial als rassisch bestimmten Schichten zusammen: aus der Schicht der Kreolen, deren weißes Blut vorwiegend mit indianischem, aber teilweise auch mit Negerblut mehr oder weniger stark pigmentiert ist, und aus der Schicht der ‚pardos' (Braune), Mestizen und Mulatten, bei denen der Anteil von Indianer- und Negerblut den weißen Einschlag überwiegt. Grob gesprochen kennzeichnet die hellere oder dunklere Hautfarbe also auch einen rassischen Unterschied, der ein soziales Vorurteil impliziert, bei dem die koloniale Vergangenheit nachwirkt. Man sieht also im Neger oder Mulatten noch etwas von dem Sklaven, der die schwersten Feld- und Transportarbeiten zu verrichten hatte, und im Mestizen den analphabetischen Landarbeiter (campesino) oder Domestiken. Insofern wird eine dunklere Hautfarbe leicht mit einem niedrigeren sozialen Status identifiziert[197]. Es wäre aber ein Irrtum, wollte man die sozialen Auseinandersetzungen in Kolumbien und Venezuela als Rassenkonflikte zwischen Negern, Mulatten und Mestizen einerseits und Weißen andererseits interpretieren. Dazu sind die Grenzen viel zu fließend und die Größenordnungen zu unterschied-

---

[195] Fagg 1971, 418.   [196] Barbados 1972, 285.
[197] Dix 1969, 36ff, der die Ausführungen von Ribeiro über die Zusammensetzung der Bevölkerung von Kolumbien und Venezuela im wesentlichen bestätigt. Der Sprachgebrauch von ‚mestizo' variiert in Kolumbien je nach Lage oder sozialer Klasse. In den atlantischen und pazifischen Zonen sind ‚mestizos' vorwiegend Mischungen von Weißen und Negern, streng genommen also Mulatten, im Landesinnern dagegen vorwiegend von Weißen und Indianern. Und je höher die soziale Stellung einer Person ist, desto wahrscheinlicher ist ihre Abstammung von weißen oder fast weißen Vorfahren.

lich. Denn die ‚pardos' bilden die Masse des Volkes. Nach der offiziellen Statistik gibt es in Kolumbien heute 20 % Weiße[198]. Ihr Gegensatz beruht also nicht auf ihren zum Teil sehr ähnlichen oder nur graduell verschiedenen rassischen Bestandteilen, sondern auf dem Interessengegensatz zwischen der Masse des Volkes und der Oligarchie, die alles tut, um ihre Vormachtstellung zu verteidigen. Ribeiro kennzeichnet ihr Verhalten in der ersten Hälfte des 19. Jahrhunderts als „herrisch-nationalistisch", seit Mitte des 19. Jahrhunderts als „herrisch-kosmopolitisch" und seit Ende des zweiten Weltkrieges als „patrizisch-kosmopolitisch". In dem Maße, in dem das Volk seiner Rolle als bloßes Arbeitsvieh ohne Aussicht auf Fortschritt und Freiheit bewußt wird, muß es zu gewaltsamen Auseinandersetzungen kommen.

„Die fürchterliche Gewalttätigkeit, die periodisch in den politischen Kämpfen Kolumbiens ausbricht, genau wie der blutrünstige Charakter der venezolanischen Diktaturen sind dramatische und konfuse Ausdrucksweisen dieser frontalen Opposition zwischen den nationalen Oligarchien und den ‚entkulturierten' Nachkommen der Indianer und Negersklaven, die sich nur revolutionär entladen kann." Diese „Ethnien des neuen Volkes werden die Bedingungen ihrer Befreiung nur im Verfolg des zivilisatorischen Prozesses finden, der sie hervorgebracht hat, nämlich durch die Integration der ganzen venezolanischen und kolumbianischen Gesellschaft in die Lebensformen der modernen Industriegesellschaften, durch eine Neuordnung, die es dem Volk selbst erlaubt, sich die Geschicke der Nation und die Früchte der Arbeit zu eigen zu machen"[199].

Von diesem Ziel der Befreiung und Selbstbestimmung der Masse des Volkes aus muß die Profan- und auch die Christentumsgeschichte im großkolumbianischen Raum seit 1830 betrachtet werden. Es sollte bis in die jüngste Gegenwart dauern, bis der römischen Hierarchie ihre einseitige Bindung an die Interessen der Oligarchie teilweise klar wurde.

Während in Kolumbien und Venezuela die ‚pardos' zumindest als Kanonenfutter in den Unabhängigkeitskriegen eine gewisse Rolle gespielt haben, in denen ihnen viele leere Versprechungen gemacht worden sind, war die Sache der Unabhängigkeit in Ekuador viel stärker ein Monopol der „weißen" Oberschicht. Die bloße Zeugenrolle der Massen hat es mit sich gebracht, daß die sozialen Gegensätze im weiteren Verlauf der Geschichte weniger heftig zum Ausbruch gekommen sind, so daß die Oligarchie länger und wesentlich ungestörter ihre Position behaupten konnte. In dieser Hinsicht wie auch bezüglich der kaum angefochtenen Position der römischen Kirche sind die Parallelen zwischen Ekuador und den benachbarten Zeugenvölkern in Peru und Bolivien deutlich.

Wie überall in Lateinamerika bildete die römische Kirche in Kolumbien eine wichtige Klammer für den Zusammenhalt der Bevölkerung. Ihre öffentliche Rolle war in Neu-Granada von jeher besonders stark akzentuiert. Schon in der Kolonialzeit obsiegten hier die Prälaten meist im Streit mit königlichen Beamten im Konkurrenzkampf um die politische Kontrolle des Vizekönigreiches.

---

[198] Offiziell werden in der Statistik 20% Weiße, 4% Neger und 75% Mischblütige aufgeführt. Alle diese Gruppen sind, wie bereits angedeutet, sehr heterogen. Die Weißen kommen aus den verschiedensten Teilen von Spanien, Deutschland und dem Nahen Osten, die Schwarzen aus vielen verschiedenen Völkern in verschiedenen Gegenden Afrikas und die Indianer, die in der Mischblutbevölkerung aufgegangen sind, aus Kulturen mit sehr verschiedenem Niveau und unterschiedlicher ethnischer Herkunft.

[199] Ribeiro 1970, 343.

So hat die römische Kirche bis heute zäher als in anderen Republiken ihren maßgebenden Einfluß auf das „nationale und zivile Leben" behauptet. Bis in die Gegenwart „ist die Kirchenpolitik immer ein wesentlicher Aspekt der Parteiprogramme gewesen, und die wiederkehrenden Änderungen der politischen Ordnung waren stets von radikalen Umschwüngen der Kirchenpolitik begleitet"[200].

Die Geschichte Kolumbiens von 1830 bis 1880 läßt sich in zwei Abschnitte einteilen.

1. Gemäßigt konservative Periode (1830—48)

Die konservative Oligarchie vertrat die Interessen der Großgrundbesitzer, der Armee und der Kirche, konnte aber den liberalen Einfluß nicht völlig ausschalten, so daß die römische Staatskirche (Verfassung von 1832) auch gewisse Reformmaßnahmen hinnehmen mußte.

So ließ der erste gewählte Präsident, General Francisco de Paula Santander, 1833 in konservativer Manier das liberale Blatt ‚Cachaco de Bogotá' verbieten, weil es für Religionsfreiheit und Abschaffung der Orden eintrat. Andererseits erregte er 1835 den Unwillen orthodoxer Kreise, als er durch Gesetz den Nichtkatholiken Land auf den Friedhöfen zur Verfügung stellte und 1836 sogar die kirchlichen ‚fueros' stark einschränkte, indem er die Kleriker auch den Zivilgerichten gegenüber verantwortlich machte. Kurz vorher hatte der Vatikan 1835 Nueva Granada als erste lateinamerikanische Republik politisch anerkannt.

Der Staat beanspruchte voll das Patronatsrecht (Präsentation und Exequatur). Santander ließ politisch geschickt die Herabsetzung der religiösen Feiertage durch ein päpstliches Dekret (1835), das gleich Gesetzeskraft erlangte, herbeiführen. Andererseits blockierten er und sein Nachfolger, General José Ignacio de Márquez (1837 bis 41), ein anderes 1835 erlassenes Breve, das dem Erzbischof Visitations- und Reformrechte zur Wiederherstellung der Disziplin im Regularklerus erteilte, durch Verweigerung des Exequatur bis 1840. Unter Márquez erreichte die staatliche Kontrolle der Kirche 1841 einen Höhepunkt, als die Polizei gesetzlich beauftragt wurde, Prälaten, Domkapitel und Priester zu überwachen, um festzustellen, ob „sie irgendwelche Neuerungen in der äußeren Disziplin einführten oder das Patronat oder souveräne Rechte der Republik beanspruchten"[201]. Márquez beugte sich auch nicht der nachdrücklichen kirchlichen Forderung, die Benutzung der Werke des englischen Aufklärers Jeremy Bentham (1748—1832) an den Schulen zu verbieten. Er ging gegen die Mißachtung eines Gesetzes von 1826 durch die Orden vor, das ihnen verbot, Novizen vor dem 25. Lebensjahr aufzunehmen und erlaubte dem 1837 in Bogotá eingetroffenen außerordentlichen Internuntius Mgr. Cayetano Baluffi erst 1840 die Ausübung seiner kirchenleitenden und disziplinären Funktionen, nachdem durch Gesetz von 1840 gesichert war, daß alle päpstlichen Verlautbarungen und die Anweisungen der Legaten dem ‚pase' (Exequatur) der Regierung unterlagen.

Eine aus heutiger Sicht sehr vernünftige staatskirchliche Maßnahme der Regierung Márquez führte 1839 zu einer gefährlichen Rebellion der Provinz Nariño. Im Einvernehmen mit dem Bischof von Popayán hob der Kongreß 1839 die Exemtion einiger Konvente von Pasto auf, so daß der Bischof die Mönche in der darniederliegenden Indianermissionsarbeit einsetzen konnte. Der Besitz der schwach besetzten Konvente wurde eingezogen und zur Unterstützung der Mission bestimmt, die Gebäude selbst zu öffentlichen Schulen gemacht. Aus zwielichtigen Motiven empörte sich der lokale Klerus gegen diese Maßnahmen. Es fiel General José María Obando angesichts der notorischen Unzufriedenheit und des Provinzialismus der Einwohner jener Region

---

[200] Mecham 1966, 115.   [201] Ebd.

nicht schwer, den Anlaß zu einer bewaffneten Revolte zu nutzen, der sich die Behörden von Nariño beugten. Es ist symptomatisch für das damalige politische Klima, daß die einen Márquez im Zusammenhang mit dem Pasto-Zwischenfall einer antikatholischen, „liberalen" Politik, die anderen ihn einer zu großen Freundlichkeit gegenüber der Kirche ziehen[202]. Jedenfalls trugen die Niederlage Obandos, die Wahl General Pedro Alcántara Herráns, der Gesetz und Ordnung wieder aufgerichtet hatte, zum Präsidenten (1841–45) und der Tod Santanders zu einer Stärkung der Position der konservativen Kräfte bei, die ihren Ausdruck in einer konservativeren Verfassung (1843) fanden, in der die Exklusivität der römisch-katholischen Religion noch stärker betont wurde. Generell nahm der klerikale Einfluß zu, was auch in der Wiederzulassung der Jesuiten zum Ausdruck kam, die 1844 wieder ins Land kamen.

Die Regierungen Márquez, Herrán und General Tomás Mosquera (1845–48) leisteten konstruktive Arbeit im Sinne der Entwicklung und Modernisierung des Landes. Das zeigte sich in der Erweiterung der effektiven Freiheiten, den Reformen auf dem Gebiet des Geldwesens, der Einführung des metrischen Systems, der Förderung der Statistik und des öffentlichen Schulwesens, der Errichtung von Dampfschiffahrtslinien auf dem Magdalenenstrom, dem Bau der wichtigen Quindío-Straße in der Cordillera Central, ihrem gesetzgeberischen Werk und der Reorganisation der Indianermissionen, bei der sie den Akzent auf deren zivilisatorische Aufgabe legten[203].

Die Kirchenpolitik Mosqueras, der in Florentino González einen der bedeutendsten Liberalen als Minister hatte, war liberal beeinflußt. Er schaffte den Zehnten ab und reduzierte die fiskalische Protektion der Kirche. Daß er gleichzeitig die Jurisdiktion der Jesuiten auf dem Missionsfeld ausdehnte, muß seiner liberal-pragmatischen Linie nicht widersprechen, hatte er doch erkannt, was für eine wichtige Rolle sie bei der Durchsetzung der Regierungskontrolle im Landesinneren spielten. Mecham urteilt, daß die römische Kirche trotz des extremen Regalismus von Santander und Márquez unter den konservativen Präsidenten einen glücklichen Status bewahrt habe, besonders wenn man ihn mit der nun anbrechenden Zeit der Vorherrschaft der Liberalen vergleicht[204].

2. Periode liberaler Vorherrschaft (1848–80)

Wenn die Einwohner Bogotás ihre Stadt auch gern das „Athen Amerikas" nannten, so war es doch in kultureller Hinsicht eher eine Imitation von Paris, mit dem es den Kult für die Revolution von 1789, das verbreitete Interesse für radikale demokratische Ideen aus Europa und die Mode linker politischer Klubs teilte, sowie das Interesse seiner Studenten für den Sozialismus. So war es kein Wunder, daß das europäische Revolutionsfeuer von 1848/49 auch auf Bogotá übergriff. Demonstrierende Studenten, Intellektuelle und Liberale auf den Straßen und Zwischenrufer auf den Rängen des Kongresses schüchterten die Abgeordneten derart ein, daß sie bei der Präsidentenwahl ihre Stimmen dem Liberalen José Hilario López (1848–53) gaben[205].

Im Geist der Revolutionen von 1848 begann López eine antiklerikale Politik, die von der Ausweisung der Jesuiten und der Legalisierung der Scheidung (1850) über die Abschaffung des Asylrechts in Kirchgebäuden, der Re-

---

[202] Mecham aaO 119; Fagg 1971, 418; Pereyra 1958, 505.
[203] Pereyra aaO 505; Fagg aaO 419 bemerkt, daß Mosquera ein aufgeklärter Konservativer gewesen sei, der sich durch Toleranz auszeichnete und mit den Liberalen den Eifer für den Fortschritt teilte.
[204] Mecham aaO 120. [205] Fagg aaO 419.

ste kirchlicher Sondergerichtsbarkeit (fueros), sonstiger Privilegien und des Zehnten (ersetzt durch vom Staat fixierte und bezahlte Gehälter für den Klerus) (1851) bis zur durch eine Verfassungsänderung 1853 ermöglichten Trennung von Staat und Kirche — der ersten in Lateinamerika — führte. Die Domkapitel erhielten mehr Handlungsfreiheit, da sie nun ihren Dompropst selbst wählen konnten. Aber die Prälaten hatten 1852 nach einer Rundfrage der Regierung die Trennung von Staat und Kirche einhellig abgelehnt und so heftig gegen die als antikirchlich empfundene Gesetzgebung protestiert, daß López Erzbischof Mosquera, einen Bruder des oben erwähnten Präsidenten, drei Bischöfe und eine Anzahl Priester des Landes verwies.

Die Angliederung des Konzilsseminars der Erzdiözese an den staatlichen ‚Colegio Nacional de San Bartolomé' 1852 erscheint als Widerspruch zu der im selben Jahr propagierten Trennung von Staat und Kirche.

Die Verankerung der Religionsfreiheit in der Verfassung nahm der 1853 gewählte Präsident José María Obando vor, der Vertreter der gemäßigten liberalen Gruppierung der ‚Democráticos' oder ‚Draconianos', der seinerzeit die Rebellion von 1839/40 angeführt hatte. Damit boten sich Ansatzpunkte für die protestantische Mission, die bald darauf von den Presbyterianern aufgenommen wurde.

Nach weiteren liberalen Maßnahmen — Einführung der obligatorischen Ziviltrauung, der Säkularisierung der Friedhöfe und der Übertragung der Besitzrechte an Kirchgebäuden auf die in den Parochien wohnenden Katholiken bzw. bei Kathedralen auf alle Katholiken der Diözese — wurde Obando binnen Jahresfrist 1854 gestürzt. Die konservativen Kräfte brachten mit Revolten in den Provinzen mit Mariano Ospina (1857–60) noch einmal einer der ihren ins höchste Staatsamt. Mit seiner extrem föderalistischen Verfassung von 1858 — die Konservativen scheinen hier in ihren Provinzbastionen einen letzten Schutz gegen das Vordringen der Liberalen gesehen zu haben — gefährdete er die ohnehin durch die lokalen Caudillos schwer bedrohte Einheit der ‚Confederación de Nueva Granada' noch mehr. Als seine Regierung 1860 versuchte, die Wahlverfahren in den Bundesstaaten zu inspizieren, was einer Übertragung der Machtverhältnisse der Parteien von Bogotá auf die Bundesstaaten gleichkam, brach ein fürchterlicher Bürgerkrieg aus, der durch das Vorbild der Sezession der elf nordamerikanischen Südstaaten besonders bedrohlich war.

Aus dem Bürgerkrieg gingen 1861 die Liberalen mit dem auf ihre Seite übergegangenen vormals konservativen General Tomás Cipriano de Mosquera als Präsidenten als Sieger hervor, die zusammen mit linken Demokraten die Macht bis 1880 festhalten konnten. Mosquera, der mit diktatorischen Vollmachten regierte, entwickelte sich zu einem der radikalsten Gegner der römischen Kirche. Er versuchte seine Machtposition durch politisch-religiöse Reformen zu festigen, die eine Art von „Kulturkampf" auslösten.

Um der mehr potentiellen als aktuellen klerikalen Opposition vorzubeugen, dekretierte er 1861, daß kein Kleriker seine religiösen Funktionen ohne die Autorisation durch den Präsidenten der Republik oder den zuständigen Staatsgouverneur ausüben dürfe, was der verfassungsmäßigen Trennung beider Gewalten offen widersprach und wenig überzeugend mit einem Bevormundungs- und Protektionsrecht der Regierung begründet wurde. In praxi bedeutet das, daß kein Priester seines Amtes walten durfte, ohne einen Eid auf die Verfassung geschworen zu haben. Verweigerte er den Eid, wurde er ausgewiesen[206]. Die unter Ospina wieder zugelassenen Jesuiten

---

[206] Mecham aaO 124.

wurden aus „Sicherheitsgründen" zusammen mit dem Internuntius Msgr. Ledochowski ausgewiesen, alle Konvente, Klöster und sonstigen kirchlichen Gebäude, die nicht unmittelbar dem öffentlichen Gottesdienst dienten, wurden 1861 zusammen mit dem gesamten kirchlichen Eigentum säkularisiert. Den säkularisierten Mönchen und Nonnen wurde allerdings eine jährliche Rente vom Staat gewährt. Erzbischof Antonio Herrán wurde wegen seiner heftigen Proteste des Aufruhrs und der Absicht, die oberste Staatsgewalt stürzen zu wollen, angeklagt und eine Zeitlang unter Arrest gestellt. Auch andere Bischöfe wurden verhaftet oder ausgewiesen.

„Mosquera tötete, verhaftete und exilierte seine Gegner, zensierte die Presse und schwang die Peitsche über der Bevölkerung." Von Demokratie konnte unter diesem „Liberalen" keine Rede sein. Trotzdem wagte es der Kongreß, die Amtszeit der Präsidenten auf zwei Jahre ohne sofortige Wiederwahlmöglichkeit zu beschränken, so daß Mosquera 1864 zurücktreten und aus dem Hintergrund regieren mußte, um dann 1866 erneut ins Amt zu kommen und immer deutlichere Zeichen seines Größenwahns zu geben[207]. Angestachelt vom Widerstand einiger Prälaten ließ er sich noch einmal zu einer heftigen Kirchenverfolgung hinreißen und den Erzbischof von Bogotá, sowie die Bischöfe von Pasto und Santa Marta verhaften oder ausweisen. Mosqueras Feinde im Kongreß intrigierten mit Militäreinheiten in Bogotá und sorgten 1867 für seinen Sturz[208].

Die ab 1870 regierenden Präsidenten verloren die antiklerikale Schärfe. Sie bestanden nicht mehr auf der völligen Trennung von Staat und Kirche, während sich die Konservativen immer mehr zu einer klerikalen Partei entwickelten, die ständig darüber wachte, daß der Kirche keine weitere Unbill widerfuhr.

Unter den nur jeweils zwei Jahre amtierenden Präsidenten gewannen parlamentarische Demokratie und lokale Autonomie an Kraft. Presse- und Redefreiheit wurden Realitäten, und das Geistesleben Bogotás wurde führend im damaligen Lateinamerika[209].

412383 *Venezuela (1830—1899)*

Venezuela umfaßte 1830 ein Gebiet von 1 052 050 km², wovon nach einem Streit mit Großbritannien durch den Schiedsspruch von Paris 1899 140 000 km² (Guayana Esequiba) verloren gingen und Britisch-Guayana einverleibt wurden[210]. Die verbleibenden 912 050 km² verteilen sich auf drei völlig verschiedene Landschaftszonen: ca. 85 000 km² andines Gebiet im Westen, ca. 300 000 km² ‚llanos', Ebenen, die in mittleren und höheren Lagen aus hervorragend zur Viehzucht geeignetem Grasland bestehen und in tieferen Lagen aus mit Urwald bestandenen Überschwemmungsgebieten der Flußebenen, und das 527 000 km² große, südlich des Orinoco gelegene Bergland von Guayana, das 1830 fast unerschlossen war. Je nach Höhenlage wechselt das Klima, das in den Hochtälern in der Nähe der karibischen Küste angenehm kühl ist, so daß sich dort und im andinen Westen bis heute die Masse der Bevölkerung konzentriert[211]. Der Orinoco, mit 2736 km Länge, der drittlängste Strom Südamerikas, der in der Regenzeit fast 1700 km von der Mündung aus schiffbar ist, teilt das Land in eine nördliche und eine südliche Hälfte.

Venezuela war in der Kolonialzeit zunächst zurückgeblieben, da es keine nennenswerten Vorkommen an Edelmetallen aufwies. Die reichen Erz- und Ölvorkommen

---

[207] Fagg aaO 421 und Mecham aaO 124.   [208] Vgl. Fagg aaO.
[209] Mecham aaO 125.   [210] Arellano 1971, 100.
[211] Ibero Amerika 1954, 349ff — Kartenmaterial vgl. bei Wilgus 1969, 252ff. Man kann in Lateinamerika zwischen den Wendekreisen folgende höhenbedingte Klimazonen unterscheiden: Tierra caliente (tropisch) 0 – 550 bzw. 800 m NN, mit Jahresmittelwerten von 25–29°C; tierra templada (gemäßigt) mit Mittelwerten von 15 bis 25°C und tierra fría ab 2200 m NN (Kältezone: Nebelwald bis 2500–3000 m, Schneegrenze bei 4400 m).

sollten erst im 20. Jahrhundert eine wichtige Rolle für die Wirtschaft des Landes spielen. Im 16. Jahrhundert jagten die Eroberer imaginären Gold- und Silbervorkommen im ‚El Dorado' des benachbarten kolumbianischen Hochlandes nach. In Venezuela bemächtigten sich die Siedler mangels weißer Frauen ganzer Scharen von Indianerinnen und zerstörten damit die indianische Sozialstruktur. Viele Indianer begingen aus Verzweiflung Selbstmord. Im 17. Jahrhundert nahm die Landwirtschaft zu und damit der Import von Negersklaven, womit sich die Vorliebe der weißen Herrenschicht von den Indianerinnen auf die Negerinnen und Mulattinnnen verlagerte. 1607 gab es erst 740 ‚vecinos' (Vollbürger) und 16 000 Kommenden-Indianer[212]. Erst im 18. Jahrhundert bekam Spanien das Gebiet von Venezuela fester in den Griff. Landwirtschaft und Viehzucht weiteten sich aus. Häute, Kakao, Indigo, Tabak und Zuckerrohr wurden in zunächst sehr bescheidenen Mengen die Exportprodukte, die der Kolonie wegen des Handelsmonopols der ‚Compañía Guipuzcoana' (1728 bis 1785) noch dazu wenig einbrachten. Erst im letzten Drittel des 18. Jahrhunderts beschleunigte sich die Entwicklung des Landes, und die spanische Krone trug dem Rechnung durch die Errichtung einer Generalkapitanie und einer Audiencia im Jahre 1786, die dem Land weitgehende Unabhängigkeit in Verwaltung und Justiz vom Vizekönig in Bogotá gaben.

1810 hatte sich aus einem Stamm von nur 12 000 Spaniern — vorwiegend Emigranten von den Kanarischen Inseln und Basken — und einer schwer schätzbaren Zahl von Indianern und Negern ein „neues Volk" von ca. 800 000 Weißen, Mestizen, Negern, Mulatten und Zambos gebildet[213]. Hinzukam eine erhebliche Zahl von ethnisch reinen Indianern im kaum erschlossenen Landesinnern. Heute wird die Gesamtzahl der nicht integrierten Tieflandindianer auf 52050—87300 geschätzt[214]. Im Laufe des 19. Jahrhunderts verdreifachte sich die Bevölkerung Venezuelas, wozu auch die Einwanderung aus Europa in gewissem Grade beitrug, so daß 1910 2 664 000 Einwohner gezählt wurden[215].

Venezuela wird nicht umsonst „Kasernenstaat" genannt, denn es ist von 1830 bis in die zweite Hälfte des 20. Jahrhunderts fast stets autokratisch mit Hilfe des Militärs regiert worden. Freilich muß man bei den militärischen Kräften des 19. Jahrhunderts weniger an kaserniertes Militär denken als an die Heere von ‚llaneros' und ‚campesinos', die von ihrem jeweiligen Caudillo mobilisiert wurden, um dessen Machtinteressen durchzufechten.

Die venezolanische Gesellschaft des 19. Jahrhunderts war agrarisch bestimmt. Eine Bevölkerungsverschiebung vom Land zur Stadt fand praktisch nicht statt. Die Städte stagnierten. Caracas, die größte Stadt des Landes, die indes bis 1935 Valencia die Rolle des Regierungssitzes nicht streitig machen konnte, hielt seine Bevölkerungszahl von knapp 100 000 etwa von 1870 bis 1920 konstant. Das Land brauchte die Städte kaum. Das primitive landwirtschaftliche Instrumentarium wurde auf dem Lande selbst hergestellt und ein Großteil der agrarischen Produktion auch dort verbraucht.

Die zahllosen Bürgerkriege des 19. Jahrhunderts waren ‚guerras personalistas', die persönlichen Machtinteressen jeweils eines Caudillos galten und stets in der ländlichen Peripherie ausbrachen, um im Falle des Erfolgs mit der Eroberung von Caracas zu enden. Das nationale Territorium war praktisch parzelliert in die Einflußsphären regionaler Caudillos, die quasi wie mittelalterliche Feudalherren agierten und deren übliche Methode, Rivalitäten und Konflikte kriegerisch auszutragen, den Staat häufig an den Rand der Anarchie brachte, was dem Venezuela des 19. Jahrhunderts den zweifelhaften Ruhm

---

[212] Zahlenangaben nach Arellano 1971, 21.
[213] Zahlenangaben nach Ruiz García 1971 I, 52ff.
[214] Barbados 1972, 385.   [215] Arellano 1971, 55.

passe. Für ihn komme deshalb nur ein konditioneller Eid in Frage. In ihm brachte er zum Ausdruck, daß er der Verfassung, den Gesetzen und der Regierung nur insoweit Gehorsam schulde, wie diese sich nicht in Widerspruch zu seinem Gehorsamseid gegenüber dem Papst befänden. Er bestritt dem Kongreß das Recht zur Kontrolle der kirchlichen Seminare und wandte sich dagegen, Gedankenfreiheit auch für Religion, Dogmen, Moral und kirchliche Disziplin gelten zu lassen. Sein Beharren auf dem konditionellen Eid führte am 21. November 1830 zu seiner Verbannung nach Curaçao[226]. Aus demselben Grunde wurden die Titularbischöfe Mariano Talavera y Garcés und Buenaventura Arias, die die Bistümer von Guayana und Mérida verwalteten, ausgewiesen. Die Verbannung dürfte mit ein Anlaß für die ‚Revolución Integrista' gewesen sein, die José Gregorio Monagas zusammen mit Klerikalen und Militärs um die Jahreswende 1830/31 entfachte. Carrera sieht in dieser Revolution eine Manifestation der Unzufriedenheit der Massen, die sich durch die neue Verfassung in ihrer Hoffnung auf Freiheit und Gleichheit betrogen sahen[227].

Nach dem Ende des Aufstandes konnten die Prälaten im Mai 1832 in ihre Bistümer zurückkehren. Der Regierung in Valencia war sicher verborgen geblieben, daß Méndez sich in einem Briefwechsel aus dem Exil mit Santander „über die Religionslosigkeit, Unmoral und die radikalen Aktivitäten der ‚Jakobiner' in Venezuela beklagt hatte"[228].

Die Rückkehr der Prälaten war zwar ein Entgegenkommen der Regierung, bedeutete aber auch ihre Unterwerfung unter die Staatsraison, denn sie mußten es 1834 hinnehmen, daß der Kongreß die Religionsfreiheit dekretierte, weil er die Notwendigkeit verstärkter Einwanderung erkannt hatte. Noch 1834 wurde der Grund zu einer anglikanischen Kapelle gelegt. Die Protestanten erhielten auch das Recht, einen eigenen Friedhof zu unterhalten.

Schon 1833 war der Zehnte abgeschafft und die Unterhaltung für Klerus und Hierarchie aus dem Staatshaushalt geregelt worden[229]. 1836 wurde die Schaffung öffentlicher Register für Geburten, Eheschließungen und Todesfälle angeordnet, was den Klerus einer seiner einflußreichsten Aufgaben beraubt hätte, wenn dieses Gesetz durchgeführt worden wäre. 1837 kam Gregor XVI. einem Antrag der Regierung zur Herabsetzung der Feiertage nach.

1837 löste die Regierung die letzten Konvente, die noch existierten, auf[230]. Damit gab es im Lande keinerlei männliche Orden mehr. Nonnenorden sollten

---

ihr mehr geschadet als genützt. Aber im übrigen erinnere er an die großen Bischofsgestalten der Alten Kirche.

[226] Arellano 1971, 53 und Navarro 1929, 205f; Mecham spricht irrtümlich von seiner Verbannung im Jahre 1831 und stellt deshalb auch einen falschen Zusammenhang her zwischen der Revolte von Monagas und der Eidesforderung des Staatsrates, die er als Folge der Revolte ansieht.

[227] Carrera aaO 50f.

[228] Mecham aaO 100 — vgl. Archivo Santander XIX, 181, 278. Eigenartigerweise verschweigt Navarro diesen Briefwechsel bei seiner ausführlichen Darstellung der Handlungsweise Méndez' völlig.

[229] Gesetz vom 6.4.1833 — Navarro 1929, 211. Mecham aaO scheint die Abschaffung des Zehnten erst auf 1834 anzusetzen und zitiert sinngemäß nach Gustavo Arboleda, daß die Abschaffung der Zehnten auf den Klerus einen demoralisierenden Effekt hatte, weil sie ihn in finanzielle Abhängigkeit von einer unsympathischen Regierung brachte (Historia Contemporánea de Colombia, Bogotá 1918).

[230] Nach einem groß-kolumbianischen Gesetz aus dem Jahre 1826 waren unterbesetzte kleine Konvente aufgelöst und die Profeß unter einem Alter von 25 Jahren verboten worden. Dieses Gesetz war von Bolívar 1828 wieder aufgehoben, so daß einige wenige Klöster in Venezuela wieder gestattet waren.

erst 1874 unterdrückt werden[231]. Es ist bezeichnend, daß Erzbischof Méndez nicht aus so einem wichtigen Anlaß eine neue Protestaktion unternahm, sondern 1836 in einem Hirtenbrief zur Einhaltung des Zehnten aufrief und sich weigerte, einen von der Regierung präsentierten Dekan und einen Erzdekan zu weihen, nicht weil er etwas gegen die Personen einzuwenden hatte, sondern weil die Pfründen für sie fehlten. Die Regierungszuwendungen erkannte er nicht als Ersatz für die Pfründen an. So riskierte der Erzbischof um finanzieller Vorteile willen erneut die Verbannung, in die die Regierung Navarte ihn dann auch schickte[232].

Anfang der vierziger Jahre begann der Ruhm des Freiheitskämpfers Páez, der von 1830—35 und von 1839—43 regierte, langsam zu verblassen. Die Radikal-Liberalen stellten die Liberal-Konservativen, zu denen man Páez zählen muß, als Fortsetzer der verhaßten kolonialen Ordnung hin. Die radikal-liberale Zeitung ‚El Venezolano' kritisierte die Ausrichtung der gesamten Gesetzgebung auf die Interessen der herrschenden Oligarchie und beklagte namentlich das elende Schicksal der Landarbeiter. Das Finanzrecht liefere die Schuldner schutzlos den Gläubigern aus, Gesetze legalisierten Wucher und grausame Verfolgungen, Gesetze bedrohten das Kleineigentum. Es fehle nicht an Gesetzen, „die den Klerus in eine Maschine zur Beherrschung verwandelt haben und die das Mandat der (politischen) Amtsträger zu verewigen trachten, indem sie aus Weihrauchfaß, Bußsakrament und Kanzel des Hl. Geistes politische Instrumente machen".

Diese Angriffe auf die Konservativen veranlaßten Páez, 1842 im Kongreß seinen Antrag von 1833 zu wiederholen, die sterblichen Reste von Bolívar zu repatriieren und ihm die Verdienste zuzuerkennen, die man 1830 bei der Sezession bestritten hatte. Diesmal stimmte der Kongreß zu, so daß die Regierung behaupten konnte, sie habe dem Volk Bolívar zurückgegeben. Dem Volk oblag es nun, sich seines Helden als würdig zu erweisen, indem es die Regierung respektierte, die vorgab, seine Ideale zu verwirklichen. Sogleich ging die Regierung daran, einen Bolívarkult zur nationalen Erbauung einzurichten, der das Volk von seiner konkreten Not ablenken sollte.

Bei den Feierlichkeiten zur Heroisierung des Freiheitshelden und Staatsgründers wirkte 1842 der Kanoniker José Alberto Espinoza als Vertreter der Hierarchie mit. Mit folgenden Worten legte er dar, daß die heilige Natur der Asche Bolívars nicht auf der innigen Liebe des Volkes beruhe, sondern auf einer Emanation Gottes:

„Erhabener Gott! Auf deinen allmächtigen Arm geht alles zurück, und ein Abglanz deines Thrones spiegelt sich heute im ehrwürdigen Antlitz unseres Helden. ... der Sohn Venezuelas, sein unsterbliches Genie hat seine himmlische Mission erfüllt. Und welche größeren Ruhmestaten könnten dem Lob eines Menschen in dieser Welt dienen?" Aber der auf diese Weise in ein ausführendes Organ des göttlichen Willens verwandelte Heros ist nicht mit jenen zahllosen Sterblichen zu verwechseln, derer sich die göttliche Vorsehung zur Erfüllung ihrer Ziele bedient; denn Heroen wie Bolívar „sind mehr als Menschen... sie sind unsterblich; sie sind die Herren der Menschen und der Jahrhunderte..."[233].

Es ist müßig, darüber zu streiten, ob Carrera den Befund überzeichnet, wenn er davon spricht, daß der Bolívarkult quasi die zweite Religion der Venezolaner wurde. Die Tendenz, den Bolívarkult als „Opium des Volkes" zu benutzen, hat er überzeugend aufgezeigt[234].

---

[231] Das Gesetz von 1828 wurde widerrufen — Navarro aaO 216.
[232] Ebd. 212ff.   [233] Carrera aaO 52ff.
[234] Fermín Toro, La doctrina conservadora, Caracas 1960, 348f zitiert nach Car-

Präsident Carlos Soublette (1843–47) holte 1843 100 spanische Priester ins Land, um dem Priestermangel zu begegnen, wogegen die Liberalen lebhaft protestierten, die kirchenfördernde Maßnahmen nicht aus dem Patronat ableiten wollten[235]. 1846 erstickte Soublette eine liberale Revolution in einem Meer von Blut. Er ließ 350 Todesurteile vollstrecken. Die Verurteilung der Gewaltanwendung der liberalen Aufständischen, die nicht einherging mit einem Aufruf zur Mäßigung an die Regierung, die Erzbischof Ignacio Fernández Peña (1840–49) am 2. November 1846 in einem Hirtenbrief aussprach, ließ die Amtskirche den Liberalen als konservativer Gehilfe erscheinen[236]. Als Positivum aus der Zeit der abwechselnden Präsidentschaft der Brüder Monagas (1847 bis 58) ist die endgültige Abschaffung der Negersklaverei zu erwähnen.

2. Die Epoche von 1859–99

Die Epoche von 1859–99 wurde von den Liberalen bestimmt. Die Zäsur bildet der 1859 ausgebrochene Föderationskrieg, mit dem die „Gelben" (Liberale) den Zentralismus der „Blauen" (Konservative) brechen und durch ihr Prinzip eines Bundesstaates ersetzen wollten.

Durch ein Gentlemen Agreement (Pacto de Caballeros) zwischen Páez und dem Führer der Heere der Liberalen, General Antonio Guzmán Blanco, dem eine Generalamnestie vorausgegangen war, wurde 1863 der verheerende Krieg beendet. Das völlig ruinierte Land, dessen Bank 1862 zusammengebrochen war, mußte 1865 in London um eine Anleihe von £ 1,5 Mill. nachsuchen, wovon nach Abzug der Provisionen etc. nur 60 % effektiv zur Auszahlung gelangten. Politische Instabilität, Revolutionen und eine permanente Finanzkrise des Staates, die 1868 so akut war, daß nicht einmal mehr die Unkosten für den Kongreß bestritten werden konnten, kennzeichneten die Lage jener Jahre. Nach einem konservativen Intermezzo unter General José Tadeo Monagas (1868–70) gelang den Liberalen unter Guzmán 1870 endgültig auf revolutionäre Weise der Durchbruch zur Macht, die Guzmán 1870–89 direkt als Diktator bzw. ab 1873 gewählt oder über Marionetten aus dem Hintergrund ausübte. Diese Epoche kennzeichnet eine starke wirtschaftliche Entwicklung, die ausländisches Kapital und ausländische Unternehmen anzog. Währung und staatliche Finanzen wurden saniert, Eisenbahnen, Telegraphenleitungen, Straßen und Brücken gebaut, Häfen sowie Caracas modern ausgebaut, der Export von Kaffee, Zuckerrohr und Kakao gesteigert. Das alles kam indes nur den Großgrundbesitzern und dem Handel treibenden Bürgertum zugute. Guzmán war apathisch gegenüber der Armut und dem Analphabetentum der Massen und tat wenig für das öffentliche Schulwesen. Die ländlichen Massen vegetierten in totaler Ignoranz dahin, und die von den ‚Ilaneros' betriebene Viehzucht entwickelte sich im Gegensatz zur Viehzucht in anderen lateinamerikanischen Republiken rückläufig[237].

---

rera aaO 60f. Es wäre voreilig, die fundierten Studien von Carrera Damas durch den Verdacht zu entwerten, er sei ein Marxist. Carrera war 1969 als Professor der Universidad Central von Venezuela der Direktor des Fachbereiches Geschichte (Escuela de Historia de la Facultad de Humanidades y Educación). Er hat sich durch Forschungen auf dem Gebiet der Methodologie der Geschichte und der Geschichte der venezolanischen Historiographie hervorgetan. „El culto a Bolívar" ist zum Gedenken an den 25. Jahrestag der Gründung des Instituto de Antropología e Historia in der ‚Serie de Historia' der Facultad de Humanidades y Educación erschienen.

[235] 1848 wurde die Einreise für Jesuiten verboten. 1849 wurden die Hafenkontrollen verschärft, um die illegale Einreise ausländischer Priester zu unterbinden – Mecham aaO 102f.

[236] Vgl. die ausführliche Zitierung des Hirtenbriefes bei Navarro aaO 234ff.

[237] Fagg 1971, 617.

In den jahrelangen kriegerischen Auseinandersetzungen von 1859 bis 1870 war es zu einer inneren Spaltung der kirchlichen Organisation in einem nie zuvor beobachteten Ausmaß gekommen. Während die höheren Grade der kirchlichen Hierarchie den ländlichen Aufstandsbewegungen der „Gelben" ablehnend gegenüberstanden und sie von ihren Kanzeln aus bekämpften, bis General Guzmán Caracas erobert hatte, und zum Teil auch noch später den Widerstand gegen Guzmán schürten, hatte die ländliche Priesterschaft in hohem Maße gemeinsame Sache mit den gelben Caudillos gemacht. Jeder dieser Caudillos hatte seinen eigenen Feldkaplan, der sich nicht scheute, das Kriegshandwerk neben seinem geistlichen Amt auszuüben, wie er vorher mitunter als einziger Alphabet eines ländlichen Nestes ein Leser liberaler Zeitungen und auch ein Propagandist der Sache der Liberalen gewesen war. Diese Kluft zwischen den kriegerischen liberalen Feldkaplänen und den konservativen Gliedern der Hierarchie bezeichnet den Beginn des Niedergangs der kirchlichen Macht, den Guzmán und seine Nachfolger mit einer antiklerikalen Gesetzgebung nachdrücklich beschleunigten. Der Widerstand, den manche Bischöfe gegen den Verlust aller kolonialzeitlichen Privilegien leisteten, verlor erheblich an Effektivität, weil gleichzeitig kleine Meßpriester der liberalen Sache zujubelten, so daß Guzmán sich im Stile eines Heinrichs VIII. bis zum Punkt der Errichtung einer katholischen Nationalkirche vorwagen konnte[238].

Guzmán behauptete, nach Harmonie mit der römischen Kirche zu streben, machte aber schon 1870 klar, daß er nicht dulden werde, daß der Klerus sich in der Presse oder auf der Kanzel zum „Echo der Reaktion" mache. Nachdem ihm in allen Kämpfen Kleriker als aktive Helfer der Konservativen entgegengetreten waren, war es nicht sehr verwunderlich, daß er in Übereinstimmung mit der liberalen Ideologie daran ging, den klerikalen Einfluß einzudämmen. Gleich 1870 kam es zum Zusammenstoß zwischen Guzmán und Erzbischof Silvestre Guevara (seit 1852 im Amt), der sich zwar jeder politischen Konstellation angepaßt, aber bei Verhandlungen für das von Páez 1863 unterzeichnete Konkordat (vgl. 4121), das am Votum des Kongresses scheiterte, doch seinen starken Ultramontanismus gezeigt hatte[239]. Guevaras Ablehnung des Wunsches von Guzmán, nach der entscheidenden Schlacht von Guama in der 1867 fertiggestellten Kathedrale von Caracas ein Te Deum für die siegreichen Liberalen singen zu lassen, führte zu seiner Verbannung. Selbst der wohlmeinende katholische Historiker Msgr. Navarro meint, ganz aus der Luft gegriffen dürfte der Guevara bei seiner Verbannung gemachte Vorwurf nicht sein, er habe häufig bei viel tristeren Anlässen ein Te Deum zelebriert[240]. Der Berater Guevaras, Presbyter Dr. Antonio José Sucre, eilte 1871 in die letzte Hochburg der „Blauen" im Osten des Landes und tat alles, um aus dem Widerstandskampf der Konservativen einen Kreuzzug zu machen, indem er ihre mit dem Kreuz gezierten Fahnen segnete, die Kämpfer an die Leiden der Kirche und des Volkes in jenem Krieg erinnerte und ihnen vor Augen hielt, daß sich aus ihren Kreuzesfahnen die Pflicht ableite, Religion, öffentliche Ordnung und Moral wiederherzustellen. Kurz darauf wurden die Konservativen bei Apure endgültig von Guzmán besiegt[241].

[238] Rangel aaO 41ff.
[239] Mecham aaO 106; Navarro aaO 244 bemerkt, daß Guevara auch ein Freund Guzmáns war.
[240] Navarro aaO 246ff, der 251ff erwähnt, daß die Regierung unmittelbar nach der Übermittlung des Verbannungsbescheides an den Erzbischof noch einen Versöhnungsversuch unternommen habe, der aber durch die starre Haltung von Guevara, in der ihn seine Berater, die Presbyter Antonio Sucre, José Plaz und Salustiano Crespo bestärkten, vereitelt wurde.
[241] Navarro aaO 254ff.

Zu der anschließend anhebenden schärfsten Fehde zwischen Staat und Kirche, die es in der venezolanischen Kirchengeschichte gegeben hat, wäre es nach Meinung von Navarro kaum gekommen, wenn Erzbischof Guevara y Lira eine der ihm von Guzmán angebotenen Möglichkeiten zur Versöhnung ergriffen hätte. So indes kam es zu einer immer stärkeren, von irrationalen Emotionen begleiteten Eskalation der Schritte des exilierten Erzbischofs und der Regierung, die hier nicht in allen Einzelheiten beschrieben werden können.

Das Ergebnis dieses Kirchenkampfes war Folgendes: 1872 Eingliederung des erzbischöflichen Priesterseminars in die staatliche Universität und Verbot aller kirchlichen Schulen, 1873 Einführung der obligatorischen Zivilehe, die auch Priester für sich in Anspruch nehmen durften; strenge Durchführung des 1836 erlassenen Gesetzes über die Führung von Zivilregistern; Verbot der Darbringung von Erstlingsgaben für die Kirche; 1874 Säkularisierung der Friedhöfe, die nun auch Protestanten und Juden offenstanden und Verbot aller Nonnenkonvente. Dennoch beschränkte die neue Verfassung von 1874, die die Religionsfreiheit garantierte, die Ausübung akatholischer Kulte auf das Innere von Gebäuden. Es muß die Parallelität dieses Kirchenkampfes mit dem Vatikanum I beachtet werden. Die staatliche Universität von Caracas, nach der Schließung der elf Kleinen und Großen Priesterseminare des Landes die einzige Ausbildungsstätte für den geistlichen Nachwuchs, erkannte das neue Dogma der päpstlichen Infallibilität nicht an.

Den Kern der Kontroverse bildete die Frage der Neubesetzung des erzbischöflichen Stuhls in Caracas, nachdem keiner der von Guevara eingesetzten Generalvikare seine Funktionen mehr ausüben konnte. Pius IX. nahm zunächst zu dem Hilfsmittel einer direkten Verwaltung der Erzdiözese mit Hilfe des zum Apostolischen Vikars ernannten Dr. Miguel Antonio Barault Zuflucht, das Guzmán 1873 akzeptierte. Trotz des Servilismus des Vikars gegenüber der „Arroganz des Despoten" erklärte dieser schon 1874, die fortdauernde Tätigkeit des Apostolischen Vikars sei ein die Souveränität und die Gesetze verletzendes Attentat[242].

Nicht nur die Sprache des Kampfes gegen den Ultramontanismus in Venezuela war ähnlich wie die beim gleichzeitigen Kulturkampf in Deutschland, sondern auch die Verwässerung des christlichen Glaubens zu einer Art von Deismus.

So bemerkte Guzmán: „Die Religion der Epoche beschränkt sich darauf, an Gott zu glauben, die Moral und die Pflicht in jedem Augenblick des Lebens zu praktizieren, der einzige Kult, der jenes Gottes würdig ist, und an Jesus Christus als das große Modell der Menschheit zu erinnern."[243]

Der Streit über die Neubesetzung des Erzbistums zog sich bis 1876 hin, als Pius IX. Guzmáns Freund Dr. José Antonio Ponce (1876–83) akzeptierte, und das nach langwierigen Bemühungen des Apostolischen Legaten in Santo Domingo, Roque Cocchia, der Guevara zum Rücktritt bewegen mußte, damit sein Sitz als vakant erklärt werden konnte. Vorher hatte Guzmán am 9. Mai 1876 den Kongreß gebeten, die venezolanische Kirche von der Jurisdiktion Roms zu lösen, also in eine Nationalkirche umzuwandeln, wobei nach dem Vorbild der Alten Kirche die Pastoren in

---

[242] Mecham aaO 107 mit Hinweis auf Art. 14, Sektion 13. Eine der beschlagnahmten Kirchen hat Guzmán den Protestanten angeboten in der Hoffnung, daß der Protestantismus in Venezuela fester Wurzel schlagen würde. Aber *es gab zu jener Zeit noch keine organisierte protestantische Gemeinde im Lande*, die von dem Angebot hätte Gebrauch machen können.

[243] Navarro aaO 288ff. Der spanische Begriff ‚humanidad' heißt sowohl Menschheit wie Menschlichkeit, so daß der Sinn des Zitates nicht restlos klar ist.

Zukunft von den Gläubigen und die Bischöfe von den Pastoren gewählt werden sollten[244].

Mit der Bildung einer venezolanischen Nationalkirche hoffte Guzmán der Christenheit der republikanischen Staaten Amerikas „ein großes Beispiel" zu geben, die „auf ihrem Marsch zu Freiheit, Ordnung und Fortschritt durch das stets rückschrittliche Element der Römischen Kurie gelähmt" sei[245].

Die Folgen dieses Kirchen- und Kulturkampfes waren für die venezolanische Kirche fatal. Die kirchlichen Unterrichtseinrichtungen waren zerstört. Der Ruf des Klerus hatte durch die Verleumdungskampagnen gelitten. Tatsächlich ließ seine ethische und intellektuelle Verfassung auch erheblich zu wünschen übrig. Die Tür zu Intrigen und Karriere wenig geeigneter Kleriker war geöffnet. Navarro sah 1929 die Folgen der Unterwerfung des Episkopats und seine „fast bedingungslose Abhängigkeit" von der Staatsgewalt fortwährend die Lage der Kirche bestimmen. Die Abhängigkeit ist die Folge „jenes gewaltigen Kampfes, in dem politischer Haß sich auf teuflische Weise mit der edlen Leidenschaft für die Würde und den Triumph der Kirche vermischten". Auch Mecham konstatiert, daß der Diktator den verbliebenen Einfluß der römischen Kirche vernichtet und den Klerus zu einem servilen Werkzeug der Regierungen gemacht habe, so daß die Kirche ihr damals verlorenes Prestige nie wieder gewinnen konnte[246]. Wenngleich der Kirchenkampf in Venezuela ein Teilaspekt der weltweiten Auseinandersetzung zwischen den liberalistischen Kräften und der römischen Kirche war und Erzbischof Guevara und die ihm in die Verbannung Gefolgten der Meinung waren, sie hätten im Interesse der Sache der Kirche gegen Guzmán gekämpft, so haben sie in Wirklichkeit die Sache der Konservativen mit derjenigen der Kirche verwechselt und damit der Kirche sehr geschadet. Eine starre Verteidigung der traditionellen Position der römischen Kirche war im Zeichen der Vorherrschaft der liberalen Kräfte von vornherein aussichtslos, während eine realistische Einschätzung der Möglichkeiten des Augenblicks womöglich manche vom Zorn diktierte Maßnahme Guzmáns hätte verhindern können, wie ein Guevara so wohlgesonnener Historiker wie Navarro nicht müde wird zu betonen.

Unter den Nachfolgern Guzmáns kam es bis 1899 nicht zu einer dauerhaften Kursänderung. In der Zeit des ‚continuismo' (Fortsetzung der Linie Guzmáns) gelangte die konservative Partei (Partido Liberal Nacionalista) namentlich ab 1892 wieder zu größerem Ansehen. Anderseits begannen die unteren Volksschichten sich zu organisieren. 1894 kam es erstmals zu einer Demonstration von 3000 Arbeitslosen in Caracas. 1896 trat ein Arbeiterkongreß zusammen, um eine Volkspartei zu gründen, die die Rechte des einfachen Volkes verteidigen, die öffentliche Erziehung und die Lage der Arbeiterschaft verbessern und sich für die Gründung von Genossenschaften einsetzen sollte[247].

Erzbischof Ponce bekam es schon bei seiner Weihe zu spüren, was es hieß, Bischof von Guzmáns Gnaden zu sein. Der ‚Ilustre Americano' nahm das mittelalterliche Investiturrecht für sich in Anspruch und wollte Ring und Stab überreichen. Immerhin gelang es Ponce, die Priesterausbildung wieder unter kirchliche Aufsicht zu bekommen. Unter Ponces Nachfolger Críspulo Uzcátegui (1885–1904) konnten

---

[244] Ebd. 322ff. Guzmán selbst meinte in Verkennung der ganz andersartigen Struktur der Bistümer der Alten Kirche eine solche Praxis wäre altkirchlich.
[245] Ebd. 324ff.
[246] Navarro aaO 339f und Mecham 108.
[247] Arellana 1971, 95ff.

trotz des Fortbestehens der antikirchlichen Gesetzgebung verschiedene Orden wieder ins Land geholt werden, so 1891 die Kapuziner für die Missionsarbeit am Orinoco, aber auch zur allgemeinen Seelsorge, und 1894 die Salesianer für die Erziehungsarbeit[248].

41239 *Zentralamerika (1823—1871)*

„Mittelamerika als natürliche Einheit, als Brücke zwischen Nord- und Südamerika, beginnt auf mexikanischem Boden mit dem Isthmus von Tehuantepec und endet auf der Wasserscheide der Flüsse Atrato und Tuira, die auch teilweise die Grenze zwischen Panamá und Columbien bildet. Nach politisch-geographischen Gesichtspunkten versteht man unter Mittelamerika den Komplex der sechs Republiken Costa Rica, El Salvador, Guatemala, Honduras, Nikaragua und Panamá, der Kronkolonie Britisch Honduras sowie der Kanalzone mit zusammen 594 000 km^2"[249] und einer Gesamtbevölkerung, die 1968 auf 18,5 Mill. (ohne Britisch-Honduras) geschätzt wurde. Angesichts des enormen Geburtenüberschusses rechnet man ab 1980, daß die dann erreichte Gesamtbevölkerung von 22 Mill. sich alle 22 Jahre verdoppeln wird[250]. Das heutige Staatsgebiet der fünf Republiken Guatemala, Honduras, El Salvador, Costa Rica und Nikaragua, die 1823—39 in der Zentralamerikanischen Föderation zusammengeschlossen waren, umfaßt 442 710 km^2. Die Gesamtbevölkerung der ehemaligen Generalkapitanie Guatemala belief sich um 1810 auf ca. 1 Mill. Ribeiro rechnet Costa Rica, das eine weit überwiegend spanisch-stämmige Bevölkerung hat, zu den „neuen Völkern" und die anderen vier Republiken zu den „Zeugenvölkern". Die stärkste Konzentration indianischer Bevölkerung findet sich in Guatemala, wo 200 Dialekte gesprochen werden, die zu den sechs Sprachfamilien Quiché, Mam, Pocoman, Chol, Maya und Caribe gehören. Während 1950 das Zahlenverhältnis Nichtindianer: Indianer in Guatemala noch bei 86 : 100 lag, verschob es sich bis 1964 auf 130 : 100. In Nikaragua beträgt der Anteil der Indianer 24 %, in El Salvador 20 % und in Honduras 10 %. Das stärkste nichtindianische Bevölkerungskontingent der Zeugenvölker stellen die ‚ladinos' dar, indianische Mestizen, die sich den Indianern überlegen fühlen und vielleicht die Substanz zu einer „zentralamerikanischen Kultur" abgeben können. An der karibischen Küste und in Panamá ist der Anteil antillanischer Neger erheblich[251].

Die Oberflächengestalt Zentralamerikas erschwert erheblich die Kommunikation.

Von NW nach SO erstreckt sich die Landbrücke von Guatemala bis Panamá in einer Länge von ca. 1800 km mit einer größten Breite von 500 km und einer Einengung von 60 km auf der Höhe des heutigen Panamá-Kanals. „Tiefland liegt in Mittelamerika als schmaler Streifen entlang der pazifischen Küste und als ein breiteres Vorland an der atlantischen Küste, besonders in Nikaragua, dem östlichen Honduras, Costa Rica und in Britisch-Honduras." Es war Anfang des 19. Jahrhunderts noch vielfach mit tropischen Regenwäldern bestanden. Nach Guatemala reichen von Westen her die Gebirge Mexikos hinein (Alta Verapaz, Sierra de las Minas 3000—3500 m NN.). „Im Süden bildet der eigentliche Rücken des nördlichen Mittelamerika ein gewaltiges vulkanisches Gebirge. Man zählt von der Grenze Mexikos bis Costa Rica fünfzig zum großen Teil tätige Vulkankegel ... Südlich der Nikaragua-Senke beginnt in Costa Rica der andine Bau Südamerikas mit zwei Zügen: den Kordilleren von Talamanca, Veragua (bis 3000 m) und Darién einerseits und einer zerbrochenen Küstenkordillere andererseits..."[252]

---

[248] Navarro aaO 346ff, 340 und 353; Mecham aaO 108f.
[249] Ibero Amerika 1954, 424.   [250] Escobar 1971, 42.
[251] Ribeiro 1970, 168ff und Escobar 1971, 43ff.   [252] Ibero Amerika 1954, 424f.

Die verwirrende politische Entwicklung Zentralamerikas und ihre kirchenpolitischen Implikationen können nur kurz angedeutet werden. Die konstituierende Versammlung der Zentralamerikanischen Föderation (ZAF) beschloß 1824 die Aufhebung der Negersklaverei bei entsprechender Entschädigung der Sklavenbesitzer. Es ist bezeichnend, daß dieser Triumph des aufgeklärten humanistischen Liberalismus zu diplomatischen Auseinandersetzungen mit Großbritannien führte, obgleich es sich doch angeblich im Namen der Menschlichkeit auf dem Wiener Kongreß zum Sprecher der Gegner des Sklavenhandels gemacht hatte.

Die diplomatischen Auseinandersetzungen um den „fugitive slave issue" hatten ihren Grund darin, daß britische Siedler in Belize um ihre Sklaven fürchteten, da nach dem Gesetz der ZAF auch geflohene Sklaven die Freiheit erhielten. Zusätzlichen Zündstoff enthielt die Aufrechterhaltung der prinzipiellen Souveränitätsrechte der ZAF über Belize. Nach Auflösung der ZAF sollte es Großbritannien durch das Dallas-Clarendon Abkommen gelingen, die Grenzen des Territoriums von Belize derart zu verschieben, daß es von 6000 auf 22 000 km² anwuchs, was Guatemala 1859 vertraglich unter der Bedingung anerkannte, daß die Engländer auf eigene Kosten die günstigste Verkehrsverbindung zwischen Guatemala-Stadt und Belize zu bauen hätten, eine Bedingung, die sie nie erfüllten. Hier liegt die Wurzel für den bis heute andauernden Streit um Belize zwischen Guatemala und Großbritannien[253].

Die ZAF kam mit der Annahme des zukunftsweisenden Vorschlages von José Cecilio del Valle zur Schaffung eines transkontinentalen panamerikanischen Organismus entsprechenden Anregungen Bolívars, die auf dem Panamá-Kongreß im Jahre 1826 beraten wurden, noch zuvor[254]. Aber die Euphorie des ZAF-Kongresses und der Föderation insgesamt dauerte nur bis 1826, als ein Bürgerkrieg ausbrach.

Die Machtgelüste des ersten Präsidenten der ZAF, Manuel José Arce aus Salvador, untergruben die Föderation. Obwohl selbst ein Liberaler, war Arce seine Machtposition wichtiger als seine Ideologie. Hinter dem Rücken seiner liberalen Parteifreunde verbündete er sich mit den ‚serviles' (Konservativen) von Guatemala-Stadt, die bereit waren, seine Ambitionen hinzunehmen, wenn sie nur die Liberalen aus der Staatsregierung verdrängen konnten. So ließ Arce den liberalen Staatschef von Guatemala, Barrundia, verhaften, um es den Konservativen wie in der Kolonialzeit zu ermöglichen, das politische und das wirtschaftliche Leben Guatemalas zu bestimmen.

Unter Führung des Marquis von Aycinema führten die Konservativen in Guatemala in offener Verachtung der liberalen Einrichtungen viele völlig überholte kolonialzeitliche Praktiken wieder ein. Sie erfreuten sich dabei der Unterstützung vieler prominenter Vertreter der Kirchenhierarchie, die von Geburt Spanier waren. So wurde das in der Zeit des Unabhängigkeitskampfes relativ harmonische *Verhältnis von Staat und Kirche* von den Liberalen plötzlich als sehr problematisch empfunden. Nachdem die Liberalen sich nach dreijährigen Kämpfen 1829 wieder durchsetzen konnten, wandten sie sich gegen die Institution Kirche. Unter der Hegemonie der Liberalen in Kongreß und Länderregierungen kam es zu massiven antikirchlichen Maßnahmen.

Nicht nur der kompromittierte Erzbischof von Guatemala, Ramón Casaus y Torres, wurde 1829 expatriiert, sondern auch 289 Religiose, Priester und Laienbrüder, Merzedarier wie auch die um die Indianer und die Kultur Guate-

---

[253] Vgl. Gavidia 1969, 369f.   [254] Ebd. 312.

malas so verdienten Orden wie die Franziskaner und Dominikaner[255]. Kirchliches Eigentum wurde entschädigungslos verstaatlicht.

Da auch prominente ‚serviles' ausgewiesen waren, schürten sie Unruhen und machten bis 1831 zwei Invasionsversuche von Mexiko und den karibischen Inseln her. Von den fünf Jahren der Unruhe und des Bürgerkrieges (1826–31) sollte sich die ZAF nie wieder erholen. Die Wirtschaft lag danieder, und die Bundesregierung war völlig verschuldet.

In den dreißiger Jahren setzte sich die liberale Kirchenpolitik mit der Einführung der Religionsfreiheit, der Zivilehe und der Säkularisierung der Orden fort. Damit wurde die römische Kirche noch stärker in das Lager der Konservativen gedrängt und die Mehrheit des Klerus zu Gegnern der Föderation, die sie zusammen mit den Konservativen bekämpften[256]. Auch die delikate Patronatsfrage war umstritten.

Sowohl die Bundesregierung wie die Landesregierungen beanspruchten das Patronat für sich. Salvador und Costa Rica versuchten ein Fait accompli zu schaffen, indem sie gegen den Willen der Bundesregierung und Roms Bistümer errichteten, wobei man in San José allerdings keinen willigen Kandidaten fand[257].

Während die Liberalen offenkundig mehr am Profit und der Ausnutzung ihrer Ämter interessiert waren, hielten die Konservativen nach der Niederlage des guatemaltekischen Landesregierungschefs Gálvez 1838 die Zeit für gekommen, die Liberalen auf Landes- und Föderationsebene zu stürzen. Als Instrumente dienten ihnen dafür die neuen Caudillos, Rafael Carrera in Guatemala, Braulio Carrillo in Costa Rica und Francisco Ferrera in Honduras, die indes ihrerseits unbeschränkte Macht für sich selbst anstrebten. Als im April 1839 Carrera und die Konservativen Guatemala-Stadt eroberten und die Sezession von Guatemala erklärten, versetzten sie der ZAF den Todesstoß.

Die folgenden Jahrzehnte bis 1870 standen in den fünf Republiken innenpolitisch vorwiegend im Zeichen der konservativen Restauration und außenpolitisch, jedenfalls bis 1852 (1850 Clayton-Bulwer Vertrag und 1852 Abberufung des britischen Sonderbotschafters Frederik Chatfield, der die Kanonenbootdiplomatie seines Chefs im Foreign Office, Lord Palmerston, vor Ort vertrat), im Zeichen des britischen Imperialismus, der die konservativen Regime als Garanten gegen alle föderativen Bestrebungen, die der kolonialen Expansion Großbritanniens Einhalt gebieten wollten, unterstützte.

Die britische Expansion kam mit der Besetzung der Islas de la Bahía (1839) im Golf von Honduras und der Beanspruchung des Protektorats über die Mosquito-Küste Nikaraguas (Seeblockaden von 1842 und 1844) auf ihren Höhepunkt[258]. Nachdem der Widerstand der USA gegen die Expansionsgelüste Großbritanniens 1850 im Clayton-Bulwer Vertrag zum Verzicht beider Vertragspartner auf Siedlungs-, Kolonisations- und Befestigungsvorhaben geführt hatte, kam es mit Duldung der USA dennoch 1855 zur Besetzung Nikaraguas durch nordamerikanische Söldner unter William Walker, die die Liberalen des Landes gerufen hatten, nachdem sie im Kampf gegen die Konservativen hoffnungslos unterlegen waren. Es bedurfte einer gemeinsamen zentralamerikanischen militärischen Anstrengung, um Nikaragua 1856 wieder zu befreien[259].

---

[255] Zahlenangabe nach Promper 1965, 88f.
[256] Mecham aaO 369–79; González 1970, 386.
[257] Mecham aaO 365ff.
[258] Zum britischen Imperialismus in Zentralamerika vgl. Rodríguez 1965, 73ff.
[259] US-Botschafter Wheeler in Nikaragua tat alles zur Unterstützung des Regimes

Die nordamerikanische Okkupation Nikaraguas markiert den langsamen Übergang von der britischen zur nordamerikanischen Hegemonie über Zentralamerika.

Rückblickend stellen sich die ersten fünfzig Jahre zentralamerikanischer Unabhängigkeit als eine Epoche der Bürgerkriege mit mehr als 143 Kriegshandlungen und mehr als 7000 Gefallenen und 2000 Verwundeten schon in den ersten zwanzig Jahren dar. Man brachte sich um mit altem europäischen Kriegsmaterial aus zweiter Hand, das vielfach noch aus den napoleonischen Kriegen stammte. Waffengewalt und Kasernenputsche mit Unterstützung einer der politischen Parteien waren die übliche Methode, um an die Macht zu kommen. Auf wirtschaftlichem Gebiet änderten sich Produktion und Warenangebot, verglichen mit der Kolonialzeit, kaum. Nur die Möglichkeit des Freihandels war neu. Die Häfen wurden ausgebaut, regelmäßige Schifffahrtsverbindungen angeknüpft, einige Straßen ausgebaut, die ersten Eisenbahnen von englischen Firmen angelegt. Guatemala wurde unter Rafael Carrera — seit 1838 Heeres- und seit 1844 Staatschef — zum Hort der Konservativen und El Salvador zum Rückhalt der Liberalen, die auf die Erneuerung der ZAF drängten. Nikaragua wurde durch die Invasion der US-Söldner am ärgsten ins Chaos gestürzt, während Costa Rica, das zu Beginn der Unabhängigkeit rückständigste Gebiet, sich dank seiner weitgehenden Abstinenz von Bürgerkriegen kulturell am stärksten entwickelte. Bis zu seinem Tode 1865 war Carrera die bestimmende Figur Zentralamerikas, nachdem er den vom Guerrilla-Krieg bis zu Invasionen reichenden Widerstand der Liberalen von Salvador und Honduras gegen seine Herrschaft 1851 in der Schlacht in der Arada endgültig gebrochen hatte.

Carrera stellte die Macht der römischen Kirche in Guatemala wieder her und gab ihr ihr Eigentum zurück. Die führenden Familien, der bürokratisch-administrative Apparat und die römische Kirche wurden die drei Säulen, auf denen die Diktatur Carreras und seines Nachfolgers, General Vicente Cerna, bis 1871 ruhte[260]. In allen Republiken wurden Grundschulen nach der Lancaster-Methode gegründet, was den protestantischen Bibelgesellschaften einigen Einfluß verschaffte. Aber sie blieben in ihrer Zahl weit hinter den Notwendigkeiten zurück. Das Interesse der Konservativen lag mehr bei der Entwicklung der Sekundarschulen und Universitäten, die ihrem Nachwuchs die elitäre Rolle sichern sollten. Im höheren Erziehungswesen spielte die römische Kirche nach wie vor eine Schlüsselrolle.

In San Salvador wurde 1841 die erste Sekundarschule eingeweiht (La Asunción), an die sich 1842 eine Universität anschloß, ein zu hoch gestochener Begriff, denn 1843 gab es nur einen Lehrstuhl für Philosophie. 1847 kamen einer für Medizin und noch später weitere für Jura und Theologie hinzu. In Honduras gab es schon den ‚Colegio Tridentino' in Ciudad de Comayagua 1841 wurde durch die Initiative der ‚Sociedad del Genio Emprendedor y del Buen Gusto', deren Spiritus rector P. José Trinidad Reyes war, im Franziskanerkonvent der Landeshauptstadt Tegucigalpa auch eine höhere Schule gegründet, der die Regierung 1847 als ‚Academia Literaria de Tegucigalpa' universitären Rang verlieh[261].

Die beiden neuen wie auch die alte Universität San Carlos in Guatemala waren im traditionellen Stil rein geisteswissenschaftlich, um nicht zu sagen

Walker und erreichte die diplomatische Anerkennung seiner Marionetten im Amt des Ministerpräsidenten Rivas und Fermín Ferrer. Die Anhänger Walkers forderten sogar unverblümt die Abschaffung des Clayton-Bulwer Vertrages und die Anerkennung des Eroberungsrechtes für jedes zentralamerikanische Land. Schließlich ließ sich Wheeler auch noch dazu herbei, zusammen mit Ferrer dem Akt zu präsidieren, in dem Walker sich selbst zum Präsidenten machte, weil er keine gefügige Marionette mehr fand — vgl. Gavidia 1969, 376ff.

[260] Rodríguez 1965, 70; Gavidia 1969, 324f.   [261] Gavidia aaO 376ff.

scholastisch, ausgerichtet und konnten deshalb den wirtschaftlich-technischen Entwicklungsproblemen Zentralamerikas gar nicht gerecht werden.

Die Kirchenpolitik der fünf Republiken stand nach dem Zerfall der ZAF zunehmend im Zeichen der konservativen Reaktion, die die Privilegien der römischen Kirche weitgehend wiederherstellte. Nikaragua hatte die antiklerikale Gesetzgebung der ZAF gar nicht erst übernommen, und Costa Rica lag so weit vom zentralamerikanischen Sturmzentrum entfernt, daß es vom Streit zwischen Staat und Kirche kaum betroffen war. Am weitesten ging die kirchliche Restauration dort, wo die antiklerikalen Maßnahmen am schärfsten gewesen waren, nämlich in Guatemala.

In Guatemala wurden die ‚fueros' wiederhergestellt, die Orden wieder zugelassen, die Religiosen aus dem Exil zurückgerufen und 1843 auch die Jesuiten zugelassen. Nach der Verfassung von 1851 erhielt die römische Kirche sogar zwei Vertreter im Kongreß. Der Katholizismus wurde zur alleinigen Staatsreligion erklärt.

Ansätze zu einer gewissen Toleranz zeigten sich erst allmählich in Zentralamerika. So gestatteten z. B. die honduranischen Verfassungen von 1848, 1865 und 1873 die private Ausübung anderer Kulte, wenn sie die öffentliche Ordnung nicht gefährdeten. Die Verfassung Costa Ricas von 1860 behielt zwar den Katholizismus als Staatsreligion bei, gewährte aber erstmals Freiheit für andere Denominationen.

Wie bereits oben (4121) erwähnt, schlossen alle fünf Republiken nach dem Beispiel Guatemalas zwischen 1852 und 1862 Konkordate mit dem Vatikan, die der Kirche z. B. in Guatemala die absolute Kontrolle der öffentlichen Erziehung und sogar eine Bücherzensur ermöglichte. 1842 erlangte San Salvador durch die Erhebung zum Bistum die ersehnte kirchliche Unabhängigkeit von Guatemala und 1850 San José vom nikaraguanischen León. 1878 wurde in San José auch ein eigenes Priesterseminar geschaffen.

Der erste salvadorianische Bischof Viteri ermahnte zwar den Klerus zur Zurückhaltung in politischen Dingen, erzwang aber selbst 1844 den Rücktritt von Präsident Guzmán und schob den Günstling Carreras, General Malespín, ins höchste Staatsamt, um selbst aus dem Hintergrund die Macht auszuüben. Er wurde allerdings so arrogant, daß er die Volksgunst verlor und vom nächsten Präsidenten, Aguilar, nach Nikaragua ausgewiesen wurde. Aguilar verstärkte dann mit einem Dekret den Artikel des Strafgesetzbuches, der die Praxis der Kleriker, politische Unruhen mit Hilfe ihres Amtes hervorzurufen, mit Strafe bedrohte. Viteris Nachfolger, Tomás Miguel Piñeda y Zaldaña, geriet mit der liberalen Regierung von Vasconcelos (1848–52) in Konflikt, die vom Klerus einen Treueid verlangte, was den Bischof und zahlreiche Kleriker zur Flucht nach Guatemala veranlaßte, wo Carrera sie mit offenen Armen aufnahm. Der ab 1852 im Amt befindliche konservative Präsident El Salvadors, Francisco Dueñas, rief Bischof Piñeda zurück. Dueñas, ein einstiger Dominikaner, der sich 1829 nach der Schließung der Klöster vom Papst hatte dispensieren lassen, war ein glühender Verteidiger kirchlicher Interessen. Er verankerte in seiner Amtszeit (1863–71) den privilegierten Status der Kleriker in der Verfassung von 1864.

Auch der erste Bischof von San José, Anselmo Llorente y Lafuente, überspannte den Bogen gegenüber der ihm an sich wohlgesonnenen konservativen Regierung, als er sich 1850 weigerte, eine vom Kongreß beschlossene Steuer zur Unterhaltung der Krankenhäuser zu zahlen. Daraufhin wurde er verbannt.

Die Konservativen in Honduras gaben sich besonders fromm. 1840 wurde der Kongreß mit dem vierundvierzigfachen Absingen des Te Deum eröffnet, und Präsident Ferrera ließ sich in der Kathedrala beweihräuchern. Als es aber darum ging, den seit 1819 vakanten Bischofssitz Comayagua zu besetzen und Gregor XVI. den der Regierung nicht genehmen Presbyter Dr. José Trinidad Reyes einsetzen wollte, scheute

Präsident Ferrera nicht vor der Lüge zurück, um statt Reyes seinen Kandidaten Francisco de Paula Compoy durchzusetzen. Er teilte dem Vatikan schlicht mit, Reyes sei bereits verstorben[262].

41240 Mexiko (1821—1876)

Mit 5 837 000 Einwohnern am Anfang des 19. Jahrhunderts war Mexiko der volkreichste und mit einem Staatsgebiet von über 3 Mill. km² der zweitgrößte Staat Lateinamerikas.

Durch die militärischen Auseinandersetzungen mit den USA in den Jahren 1836 bis 1848 sollte sein Territorium auf 1 969 367 km² zusammenschrumpfen. Die Oberflächengestalt Mexikos ist bestimmt durch den aus Sierra Madre, Tarasker-Nahua-Gebirgssystem, Mesa Central und östlichem Hochland der Mixteca Alta bestehenden Hochlandblock im nordamerikanischen und durch das Hochland der Sierra Madre de Chiapas im mittelamerikanischen Teil des Staates. „Das wenig übersichtliche Hochland fällt im Norden zu einer versumpften Schwemmlandküstenebene am Golf von Mexico (im südl. Veracruz) ab ... Die niedrig flache Halbinsel Yucatán ist eine große Kalktafel, die oberflächlich sehr verkarstet ist. Die ganze atlantische Tiefebene besitzt eine Nehrungs- und Lagunenküste mit wenigen guten Naturhäfen."[263]

Die Bevölkerung des Landes setzte sich folgendermaßen zusammen:

In Spanien geborene Spanier	70 000
In Amerika geborene Spanier (Kreolen)	1 245 000
Indianer	3 100 000
Neger	10 000
‚Castas' (Mischlinge)	1 412 000
	5 837 000[264]

Entsprechend dieser ethnischen Zusammensetzung der Bevölkerung rechnet Ribeiro die Mexikaner zu den Zeugenvölkern[265]. Nach den Erhebungen von Mendizábal und Moreno wurden im präkolumbischen Mexiko 125 verschiedene indianische Sprachen und Dialekte gesprochen, viele davon noch im 19. Jahrhundert[266]. Nach einem Zensus von 1895 setzten sich die Erwerbstätigen mit ihren Familienangehörigen zu 80,74 % aus Landarbeitern (peones), zu 6,68 % aus Pächtern, zu 3,23 % aus landwirtschaftlichen Handwerkern, zu 0,72 % aus ländlichen Kleinhändlern und zu 8,63 % aus anderen Berufen zusammen. Nachdem sich die Konzentration des Bodenbesitzes unter kapitalistischen Vorzeichen im 19. Jahrhundert fortgesetzt hatte, besaßen also kaum 6,67 % der niederen Volksschichten Land. „Die peones waren einem echten Fronarbeitssystem unterworfen ... Wenn sie auf der Großhazienda arbeiteten, so mußten sie in Unterkünften fern von den Zentralgebäuden hausen, in elenden, aus Luftziegeln, Holzlatten oder Baumästen (Materialien je nach Gegend des Landes) gebauten, ein- oder zweiräumigen Hütten ohne Fenster und mit festgestampftem Lehmboden. Im allgemeinen diente derselbe Raum als Küche und Schlafzimmer zugleich. Außer einem kleinen Kohlebecken für die Zubereitung der Maistortillas (eine Art Maisfladen), ein paar irdenen Tiegeln und Tellern und den Gestellen, auf denen der peón, seine Frau und die meist große Zahl der Kinder schliefen, gab es weiter keine Möbel und kein Geschirr."[267]

---
[262] Zum Komplex Kirche vgl. bes. Mecham aaO 316ff; Blanco 1967, 322ff; zum Ganzen Rodríguez und Gavidia.   [263] Ibero-Amerika 1954, 377f.

[264] Ruíz García 1971 I, 67; auf Grund der ‚Memoria sobre la población del reino de Nueva España' von 1810 von Navarro y Noriega gibt González R. 1969, 17 folgende zahlenmäßige Zusammensetzung der mexikanischen Bevölkerung: Indios 3 676 281; Indomestizen 704 245; Afromestizen 624 461; Euromestizen 1 092 367; Weiße oder Europäer 150 000; Neger oder Afrikaner 10 000; insgesamt: 6 122 354 — nach Cue Cánovas 1963, 119—121.   [265] 1970, 145ff.

[266] Mendizábal/Moreno 1939.   [267] Beyhaut 1965, 128f.

Die politische Entwicklung des 19. Jahrhunderts ist durch den Dauerkonflikt zwischen den konservativen und den liberalen Kräften gekennzeichnet. Dabei ist zu berücksichtigen, daß es im soziologischen Sinn des Wortes noch keine Parteien gab. „Das Land wurde durch Fraktionen regiert oder war ‚Personalismen' unterworfen"[268], d. h. von starken Männern bestimmten Regierungen. Ein typisches Beispiel für letztere ist der von 1829 bis zu seinem endgültigen Sturz 1854 immer wieder als Deus ex machina aus dem Hintergrund der mexikanischen Politik auftauchende General Santa Anna, den man in den dreißiger Jahren anfänglich den Liberalen zurechnen kann.

Die konservativen und die liberalen Fraktionen organisierten sich in Ermangelung echter Parteistrukturen wie Freimaurerlogen. Teilweise waren die Fraktionen auch von den Logen kaum zu unterscheiden, die das politische Leben störten, da sie als Geheimgesellschaften die öffentliche Diskussion der politischen Fragen behinderten und wegen ihres Antagonismus zahlreiche Rebellionen auslösten.

In den „Wahlen" von 1829 unterstützte z. B. der rechte Flügel der Logen des New Yorker Ritus zusammen mit den schottischen Logen den Konservativen Manuel Gómez Pedraza, der selbst zu den New Yorkern gehörte. Nachdem er die Präsidentschaftswahlen gewonnen hatte, griffen indes die Anhänger des Gegenkandidaten Vicente Guerrero, eines Liberalen und Großmeisters der New Yorker, der vom linken Flügel dieser Logen unterstützt wurde, zu den Waffen und zwangen den Kongreß, Guerrero als gewählt zu erklären. Es heißt also die Dinge vereinfachend zu verzeichnen, wenn man, wie Mecham, erklärt, die Konservativen hätten ihren Rückhalt in der schottischen Loge, die antirepublikanisch und spanienfreundlich war, gehabt, und die Liberalen in den Logen des New Yorker Ritus, die erst in der Zeit der Republik als Gegengewicht zur antirepublikanischen und zentralistischen Propaganda der schottischen Logen errichtet wurden[269].

Wie üblich rekrutierten sich die Konservativen hauptsächlich aus der Aristokratie der Großgrundbesitzer, dem Militär und dem Klerus, Gruppen also, die ihre Privilegien verteidigten, zu denen bei Heer und Klerus auch die jeweilige Sondergerichtsbarkeit (fueros) gehörte. Bei den mexikanischen Konservativen ist außer der zentralistischen auch die monarchistische Tendenz bemerkenswert. Sie hat es bewirkt, daß das Land nach Erlangung der Unabhängigkeit in Ermangelung eines europäischen Prinzen, den man nicht schnell genug fand, unter Iturbide als Agustín I. (1822–23) sich erstmals vorübergehend als Kaiserreich konstituierte und daß dieses Experiment mit Hilfe einer militärischen Intervention Englands, Spaniens und vornehmlich des Frankreichs Napoleons III. 1861/62 unter dem Zepter des habsburgischen Prinzen Maximilian als Kaiser Maximilian I. (1864–67) wiederholt wurde.

Die Liberalen formierten sich vorwiegend aus Kreolen und Mestizen der arbeitenden Schichten sowie Intellektuellen, die keine Privilegien besaßen und deshalb für Demokratie im Sinne der Gleichberechtigung aller Bürger und für den Föderalismus eintraten, weil sie in ihm einen Schutz der individuellen Freiheit sahen. Vor 1867 konnten die liberalen Kräfte nur kurzfristig die Macht erobern, nämlich 1832–34 unter Santa Anna und Gómez Farías und 1855–58 nach der Revolution von Ayutla. Mitte des 19. Jahrhunderts spielte die erste Generation der Liberalen, zu der Zavala, Ramos Arizpe, García Salinas u. a. gehörten, keine Rolle mehr. Hinter dem Plan von Ayutla (1854) stand eine neue Generation von Liberalen – Ocampo, Arriaga, Lerdo de Tejada, Benito Juárez u. a. –, die „radikaler, aggressiver und unnachgiebig" war. Nach dem Sturz der Diktatur von Santa Anna bildete General Juan Álvarez als Präsident der Republik zunächst ein Kabinett, dem außer den erwähnten fünf Radikal-Liberalen

---

[268] Quirarte 1967, 390f.
[269] Historia de México 1971, 420ff; Mecham aaO 343ff.

der gemäßigte General Comonfort angehörte. Der Versuch von Justizminister Juárez, die Sondergerichtsbarkeit in Kirche und Heer im Zuge einer Rechtsreform einzuschränken (1855), und die Enteignung des Kirchenbesitzes (Ley Lerdo 1856) unter der Präsidentschaft Comonforts (ab Dezember 1855) führten zum Aufstand der Konservativen unter der Parole „Religion und Privilegien" (Religión y Fueros). Es kam 1858–61 zum großen Bürgerkrieg (Guerra de la Reforma). Als ab 1860 die liberalen Kräfte die Oberhand gewannen, kam es zu der erwähnten, von den Konservativen begünstigten ausländischen Intervention. Nachdem Benito Juárez auf diese Weise um seinen Sieg in der ‚Guerra de la Reforma' betrogen worden war, brach er 1867 endgültig die Macht der Konservativen und bestimmte bis zu seinem Tode 1872 die Politik[270].

Bis 1867 sind die liberalen Reformen jeweils von der konservativen Reaktion außer Kraft gesetzt worden. Wegen der Ausstrahlungskraft dieser Reformen des volkreichsten Staates des damaligen Lateinamerika auf die anderen Republiken muß dennoch die liberale Reformgesetzgebung vor 1867 geschildert werden.

Die liberale Reform unter Gómez Farías (1833–34) brachte auf dem Gebiet des Verhältnisses von Kirche und Staat einen Rückschritt. Der konservative Präsident Bustamante (1830–32) hatte 1831 unter Verzicht auf das Präsentationsrecht bei Gregor XVI. die Besetzung der fünf vakanten Bistümer des Landes Motu proprio erreicht. Das im selben Jahr gesetzlich anerkannte Recht des Klerus auf freie Wahl der Kanoniker bedeutete den völligen Verzicht auf Patronatsansprüche. Wenn Mecham in diesem Zusammenhang von Ultramontanismus und einem Triumph des Klerikalismus spricht, verkennt er, daß die staatliche Kontrolle der Kirche durchaus kein erstrebenswerter Zustand ist, sondern meist die Kirche in eine fatale Abhängigkeit bringt, die ihr die Erfüllung ihres evangelischen Auftrages erschwert[271]. Im übrigen bedeutet der Verzicht auf das Patronat einen entscheidenden Schritt in Richtung auf die Trennung von Kirche und Staat, an der den Liberalen so viel lag. Trotzdem stellte Gómez Farías das Patronatsrecht wieder her, wohl weil er meinte, die Selbstbestimmung innerhalb der Kirche tangiere die staatliche Souveränität. Diese Befürchtung ist am ehesten aus der historischen Erfahrung erklärbar, daß der Klerus offen politisch im Sinne der Konservativen agierte. Deshalb hofften die Liberalen durch staatlichen Einfluß auf die Hierarchie, ihnen genehme Männer ins Amt zu bringen.

Noch verhängnisvoller war, daß Gómez alle Ordensmissionen auflöste und dem Säkularklerus übergab. Land und Gebäude sollten den Indianern und Siedlern übergeben werden, aber schon der Versuch in Alta y Baja California zeigte, daß dabei nur die Indios um ihr Land betrogen wurden. Gómez ließ auch alle kirchlichen Schulen und die altehrwürdige Universität von Mexiko-Stadt schließen. Er nahm den Zusammenbruch des gesamten Erziehungswesens in Kauf, um die Jugend vor klerikaler Beeinflussung zu bewahren, obgleich der Staat lange kein ebenbürtiges Erziehungssystem an Stelle des kirchlichen aufbauen konnte. Die liberalen Reformer riskierten auch den Aufruhr unter Mönchen und Nonnen, indem sie die Verbindlichkeit der ewigen Gelübde abschafften und ihnen die Rückkehr ins Zivilleben freistellten, wovon allerdings nur wenige Gebrauch machten. Als die Reformer die seit der Kolonialzeit übliche staatliche Eintreibung des Zehnten abschafften und außer der kirchlichen auch noch die militärische Sondergerichtsbarkeit beschneiden wollten, formierte sich der Widerstand, weshalb Santa Anna sich von den Li-

---

[270] Ebd. 456ff.   [271] Mecham aaO 343ff.

beralen distanzierte, von der Zurückgezogenheit seiner ‚hacienda' ins Zentrum der Politik zurückkehrte, 1834 seinem Vizepräsidenten Gómez die Zügel aus der Hand nahm und sich zum Retter der militärischen und kirchlichen Privilegien machte[272].

In der Bewertung der liberalen Reform weichen die Urteile der Historiker weit voneinander ab. Der katholische mexikanische Kirchenhistoriker Mariano Cuevas bestritt 1928, daß Liberale wie Gómez Farías unter dem Antrieb tiefer politischer, sozialer und wirtschaftlicher Motive gehandelt haben. Er meint schlicht, es habe sich um eine atheistische gegen die Kirche selbst gerichtete Bewegung gehandelt. Gómez und seine Gefolgsleute seien Schüler des Teufels gewesen[273]. Quirarte räumt ein, daß es bei den Liberalen 1824 schon klare Äußerungen von Antikatholizismus gegeben habe, die „die Dogmen, den katholischen Glauben, die Autorität der Kirche angriffen", daß sie sich aber nicht zu Gewaltakten verstiegen hätten, wie sie in der Französischen Revolution vorgekommen sind[274]. Mecham hingegen schließt daraus, daß Gómez seinen Kindern eingeschärft hat, den Sonntag zu heiligen und an den von der Kirche verordneten Tagen zur Messe zu gehen und die christlichen Praktiken zu befolgen[275], daß Gómez keineswegs die katholische Religion angreifen wollte. Er habe weder ein dogmatisches Reformprogramm wie Luther gehabt, noch das Dogma schlechthin wie Voltaire verachtet. Andererseits habe hinter den Reformgesetzen aber auch keine Klassenbewegung gestanden, denn die Liberalen ließen es an jeglicher Sozialgesetzgebung fehlen. In Wirklichkeit spielten weder für die Liberalen noch für die Konservativen die Massen eine Rolle. Man wird der Wahrheit am nächsten kommen, wenn man davon ausgeht, daß die Liberalen die kirchlichen Privilegien angriffen, um die ihr politisch-ideologisches Programm behindernde theokratische Macht der Amtskirche zu untergraben, um also ihr Programm durchzusetzen, in dem sie die einzige Möglichkeit sahen, die Grundlagen der Demokratie in Mexiko zu legen. Wie andere politische Machtgruppen verwechselten sie allerdings Demokratie mit ihrer eigenen, unangefochtenen Ausübung der Macht.

1852 wurde die schwache, korrupte, ansatzweise liberale Regierung Mariano Aristas durch eine konservative Revolte gestürzt (Plan de Hospicio). Das Be-

---

[272] Mecham aaO und Murray 1965, 125ff. Am 30. 12. 1836 traten die ‚Siete Leyes Constitucionales' in Kraft, mit denen die Konservativen die föderalen Verfassungsbestimmungen der Liberalen aufhoben und eine zentralistische Verwaltung schufen, sowie die Reformgesetze außer Kraft setzten. Im selben Monat hatte Spanien die Unabhängigkeit Mexikos anerkannt und auch der Vatikan nahm dann diplomatische Beziehungen mit Mexiko auf. Der ab April 1837 amtierende Präsident Bustamante war darüber so erfreut, daß er dem finanzschwachen Vatikan sogar bei der Bestallung des Internuntius in Mexiko mit Staatsgeldern half. Die Verhandlungen über ein Konkordat kamen trotzdem nicht voran, da weder die mexikanische Hierarchie noch der Vatikan übermäßiges Interesse daran zeigten. Es war schon ein Entgegenkommen des Vatikan, daß er auf Wunsch der Regierung José Herrera (1848 bis 1851) bei der Besetzung von Vakanzen auf die Erwähnung des Motu proprio verzichtete und damit noch eine Hoffnung auf die Anerkennung des Patronats bestehen ließ.

[273] Cuevas 1921ff V, 196.   [274] 1967, 150.

[275] Mecham 348f verweist diesbezüglich auf Gómez' Farías Erziehungsleitfaden: „Reglas que deberán observar mis hijos", undatiertes Manuskript, Gómez Farías Papers, García Collection – vgl. Ricardo Delgado Román, Valentín Gómez Farías, ideario reformista, Guadalajara 1958.

sondere daran war, daß es sich hierbei erstmals nicht nur um ‚pronunciamientos' von Militärs handelte, sondern um den ersten von Klerus und Militär in der Kathedrale von Guadalajara entworfenen und verkündeten Umsturzplan.

Retter in der Not war zum letzten Mal Santa Anna, der vom Führer der Konservativen, Lucas Alamán, aus seinem Exil in Kolumbien zurückgeholt worden war, um ein autoritärer Übergangsherrscher zu sein, bis die Konservativen einen ihnen genehmen Prinzen gefunden haben würden. Das Bekanntwerden dieses monarchistischen Planes, der die mexikanische Selbstachtung beleidigende Verkauf eines Wüstenstreifens in Arizona (La Mesilla) an die USA (Gadsen Purchase für nur US $ 10 Mill.), der Santa Anna dazu diente, Armee und Bürokratie ein weiteres Jahr finanziell zufriedenzustellen, die Erklärung Santa Annas zum Diktator auf Lebenszeit und die dauernden Veruntreuungen seiner Kamarilla, die zu einem Jahresdefizit von mehr als $ 20 Mill. führten, riefen die liberale Opposition auf den Plan, die in der blutigsten Revolution seit der Unabhängigkeit 1855 die Macht eroberten. Die revolutionäre Junta unter dem gescheiterten Reformer Valentín Gómez Farías wählte den reinrassigen Indianer Juan Álvarez zum provisorischen Präsidenten. Sein Kabinett bestand ausschließlich aus Freimaurern, die bis auf den gemäßigten Kriegsminister Comonfort alle antiklerikal eingestellt waren. Der zweite Indio, Vizepräsident Benito Juárez, sollte die Schlüsselrolle bei der endgültigen Durchsetzung der liberalen Reform spielen. Die ‚Guerra de la Reforma' (1858–61) zog die Wirtschaft des Landes auf das schwerste in Mitleidenschaft und machte die siegreiche liberale Regierung unter Juárez praktisch zahlungsunfähig, so daß sie auch den Auslandsschuldendienst 1861 unterbrechen mußte.

Die liberale Reform der fünfziger Jahre war eine Folge der unbewältigten Problematik der verhinderten Reform der dreißiger Jahre. Quirarte weist darauf hin, daß es in der Zeit der Präsidenten Herrera (1848–51) und Arista (1851–53) keinerlei moralischen Impuls in Richtung auf eine Sozialreform gegeben habe, auch keinerlei Anstöße der Kirche. Den Bischöfen habe die Weitsicht von Soziologen gefehlt. Nach den Erfahrungen von 1833 hätten sie die gemäßigten Liberalen Herrera und Arista zu Gesellschaftsreformen bewegen müssen.

„Dieses Fehlen eines wahrhaft christlichen Eifers, diese Unfähigkeit, sich auf die Höhe der Notwendigkeiten seines Jahrhunderts zu stellen, erklärt das Warum einiger Exzesse der ‚Revolución de Reforma' nicht. Soll man indessen die Gewalttätigkeiten und Verbrechen ausschließlich den Adepten des Liberalismus anlasten? Die Revolution mußte notgedrungen Gewalttätigkeiten von beiden Seiten hervorbringen. Die Prälaten betrachteten diese Vorgänge einseitig" (vgl. die Bischofserklärung von Ende August 1859).
Der konservative Führer Alamán hat 1853 den Sturm, der sich gegen die katholische Kirche entfesseln sollte, vorausgesehen. „Er sah in Ocampo den schrecklichsten Gegner der Ultramontanen. Er irrte sich nicht." Obgleich er die Gefahr erkannte, wußte er nicht, wie er ihr begegnen sollte — noch weniger die Prälaten, die völliges Unverständnis zeigten, als der Sturm losbrach.
Die ‚Guerra de la Reforma' war ein Prinzipienkrieg, in dem die Konservativen für den Bestand der traditionellen Gesellschaft und die Liberalen für eine säkulare Gesellschaft kämpften, wobei beide sich in bezug auf Grausamkeiten nicht nachstanden. Quirarte sieht darin einen „tauben und unversöhnlichen Kampf zwischen dem Klerus, der seine Vorherrschaft auf religiösem, politischem und moralischem Gebiet verteidigte, und der liberalen Regierung, die die Grundlagen für eine zivile Gesellschaft legen wollte". Zu Unrecht verglichen die Bischöfe 1859 die Exzesse der Revolution mit denen der Französischen Revolution. In Mexiko sind Priester nur ganz vereinzelt umgekommen oder expatriiert worden. Sie wurden zwar lächerlich gemacht, aber es

gab keine Exzesse wie 1789—93 in Frankreich. Die Bischöfe behaupteten zwar, nie die Disziplinarmaßnahmen des Kanonischen Rechts zu politischen Zwecken mißbraucht zu haben, aber sie haben 1857 pauschal alle Staatsbeamten, die die neue Verfassung beschworen hatten, exkommuniziert, ohne Rücksicht auf deren wirtschaftliche Lage. Genauso unzutreffend ist die Behauptung der Bischöfe, nie gegen die Regierung konspiriert zu haben, hatte doch Erzbischof Lázaro de la Garza in vielen Hirtenbriefen und in der erwähnten Bischofserklärung von 1859 Juárez nicht als Staatschef anerkannt, was der Rebellion gleichkam. Die Siege der Konservativen mit einem Te Deum zu feiern, hieß doch auch, gegen die liberale Regierung zu agieren[276].

Man wird Justo Sierra beipflichten können, wenn er meint, der Klerus hätte besser getan, sich in diesem Konflikt völlig neutral zu verhalten und dadurch die Versöhnung zu fördern. Darin hätte der Erzbischof ein Vorbild sein müssen.

Indes verfiel die Hierarchie den Lockungen der Reaktionäre, die bei einer Fronleichnamsprozession ergeben die Hand der „Diener des Allerhöchsten" küßten, so daß sie in den Augen des Volkes die authentische Regierung darstellten[277].

Juárez wollte weder das Patronat noch ein Konkordat, sondern die völlige Trennung von Staat und Kirche. Die Bischöfe weigerten sich, einen solchen Schritt als legitim anzuerkennen, weil damit einem „exklusiv katholischen Volk" die Tür für jedweden Kult geöffnet werde und jede Verpflichtung gegenüber der römischen Kirche hinfällig wäre. Offenbar konnte sich die Hierarchie nicht vom staatskirchlichen Denken lösen, das die Durchsetzung des Kirchenrechts mit Hilfe staatlicher Gewalt für unerläßlich hält. Das zeigte sich besonders deutlich bei der Frage der kirchlichen Finanzen, wo die Prälaten den Versuch eines Laien, des Ministers Ocampo, die Frage der unsozialen Stolgebühren anzupacken, entrüstet ablehnten, sich aber nicht scheuten, vom Staat, also von Laien, die Eintreibung ihrer Abgaben zu erwarten.

„Seit der Zeit, in der Melchor Ocampo die Notwendigkeit dargelegt hatte, die Stolgebühren von Michoacán zu Gunsten der armen Schichten zu modifizieren, war diesbezüglich nichts unternommen worden. In einem Land wie Mexiko damals, in dem es eine beträchtliche Zahl von Familien in einer wirtschaftlich sehr bescheidenen Lage gab, war eine Änderung der Gebühren durch die Kirche eine zwingende Notwendigkeit. Sie brachte sie nicht fertig. Was man im Anfang mit friedlichen Mitteln zu erreichen versucht hatte, wurde nun mit gewaltsameren Mitteln verlangt."[278]

Der Bürgerkrieg erklärt sich zum Teil auch daraus, daß es damals noch kein mexikanisches Vaterland im strengen Sinne des Wortes gab. „Mexiko war noch kein Volk mit dem vollen Bewußtsein seines Seins und seiner Nationalität." Beide Seiten suchten ausländische Hilfe: Die Konservativen — Gutiérrez de Estrada, José Manuel Hidalgo und die Ihren — steuerten auf die Errichtung eines zweiten Kaiserreiches mit einem ausländischen Prinzen zu. Die Mehrzahl der Caudillos der Reformpartei dachte daran, ein US-Heer zur Unterstützung ihres Kampfes gegen die Konservativen ins Land zu rufen, wogegen sich

---

[276] Quirarte 1967, 278ff. José Roa Bárcena und die Vertreter der Reaktion hatten den Schlachtruf „Pro Aris et Focis" (für Altäre und Heime), nebenbei bemerkt eine Parallele zu der heute in Lateinamerika verbreiteten Gesellschaft zur Verteidigung von Tradition, Familie und Besitz (Tradición, Familia, Propiedad = TFP).
[277] Quirarte aaO 292 nach Sierra 1965, 185.
[278] Ebd. 294.

allerdings Juárez mit seiner patriotischen Gesinnung auflehnte. Als der provisorische Präsident Juárez 1861 endlich siegreich in Mexiko-Stadt eingezogen war und vom Kongreß zum konstitutionellen Präsidenten gewählt wurde, betrieben die exilierten Konservativen und die von Juárez vertriebenen Mitglieder des hohen Klerus mit aller Macht die europäische Intervention. Papst Pius IX. blieb der Regierung Juárez feindlich gesonnen, der seinerseits nun auch hartnäckig eine Versöhnung mit der Kirche ablehnte und das Heil in der völligen Trennung von Staat und Kirche suchte[279].

Die erwähnte Unterbrechung der Zinszahlungen für die Auslandsschulden im Juli 1861, die Aussicht auf die Unterstützung durch die konservative Opposition als „Fünfte Kolonne" und die außenpolitische Lähmung der USA durch den Sezessionskrieg ließen Großbritannien, Spanien und Frankreich den Zeitpunkt für eine militärische Intervention als günstig erscheinen. Sie landeten Truppen an der Golfküste zwischen Dezember 1861 und Januar 1862. Die Ziele der drei Mächte waren indes unterschiedlich. Während Großbritannien und Spanien, das 1830 den letzten militärischen Versuch der Rückeroberung Neu-Spaniens unternommen hatte, nur Druck auf die mexikanische Regierung zur Sicherung ihrer finanziellen Ansprüche ausüben wollten, wollte der von der Wahnvorstellung französischer Grandeur geblendete Napoleon III., der den Begriff „Lateinamerika" wesentlich mitgeprägt hat, in Mexiko Frankreich, das sich als Vorort der lateinischen Staaten Europas fühlte, einen maßgeblichen Einfluß sichern. Als deutlich wurde, daß Frankreich sich massiv in die mexikanische Innenpolitik einmischen wollte, zogen die beiden anderen Mächte ihre Truppen zurück.

Bei ihrem Vormarsch wurden die Franzosen vielerorts mit einem Te Deum begrüßt. In dem von den Franzosen eingesetzten Regentschaftsrat spielte der aus dem Exil zurückgekehrte Erzbischof Labastida eine entscheidende Rolle. Nachdem eine ‚Asamblea de Notables' 1863 die Errichtung einer Monarchie unter einem gemäßigten katholischen Erbprinzen beschlossen hatte, wurde die Krone Erzherzog Maximilian von Österreich angeboten. Maximilian ließ sich unter dem Einfluß seiner ehrgeizigen Frau, der belgischen Prinzessin Charlotte, voreilig in ein Abenteuer ein, das ihn sein Leben kosten sollte, obwohl ihm Napoleon III. geraten hatte, die Annahme der Krone von einer vorherigen befriedigenden Lösung des komplizierten Streites um die Rechte und den Besitz der mexikanischen Kirche in Verhandlungen mit dem Vatikan abhängig zu machen.

Bei der *Etablierung des zweiten Kaiserreiches* anläßlich Maximilians Einzug in Mexiko-Stadt am 12. Juni 1864 wurde ein Hirtenbrief verlesen, in dem die Bischöfe des Landes erklärten, sie hätten sich in Erfüllung ihres geheiligten Amtes abseits von politischen Fragen und Parteienzwist gehalten, deren Resultat, die Revolution, als Sünde betrachtet werden müsse.

„Die Gläubigen wurden ermahnt, ihren religiösen Pflichten nachzukommen, und die Zelebrierung von Messen pro electo Imperatore wurde angeordnet. Dieser Hirtenbrief war eine versteckte Drohung, daß die Existenz der kaiserlichen Regierung effektiv davon abhängen würde, welcher Lösung der Kaiser das Problem der Kirche zuführen würde."[280]

---

[279] Ebd. 296–302. Zu den Reformgesetzen ‚Ley Lerdo' und ‚Ley Juárez' vgl. 4124. Zu diesen schon 1856 erlassenen Gesetzen kommt noch die ‚Ley Iglesias' – ein nach dem gleichnamigen Minister genanntes Gesetz – hinzu, das bestimmte, daß der Klerus die Amtshandlungen gratis ausführen müsse. 1856 waren außerdem die von Santa Anna wieder zugelassenen Jesuiten ausgewiesen und die Anwendung von gesetzlichem Zwang zur Einhaltung von Ordensgelübden untersagt worden.

[280] Zum Begriff „Lateinamerika" vgl. Fagg 1971, 513f: „France aspired to the

Von vornherein bestand nur eine brüchige Übereinstimmung zwischen den Verfechtern einer Monarchie einerseits und Napoleon III. andererseits. Pater Miranda hatte extreme Befürworter der Privilegien der Kirche wie Gutiérrez de Estrada und Befürworter einer relativ liberalen Regierungsform wie Hidalgo nur oberflächlich zusammengebracht. Napoleon andererseits hatte von vornherein klargemacht, daß er dem mexikanischen Imperium eine rein liberale Ausrichtung geben wollte. So bedeutet praktisch die französische Intervention eine Festigung der Reformen von Juárez. Diese für die Konservativen unangenehme Entdeckung mußte, verbunden mit der Erkenntnis, daß Maximilian nicht sehr fromm war und die Kirche mit Hilfe eines Konkordats dem weltlichen Arm unterordnen wollte, ihre Begeisterung für die von Frankreichs Gnaden abhängige Herrschaft Maximilians erheblich dämpfen. Das wiederum stärkte sogleich die Sache der Republikaner.

Die Masse des Volkes war bei Maximilians Ankunft weder juaristisch noch liberal.

---

leadership of the Latin world, assisting Italy and Rumania and befriending Spain. The popularization of the term, ‚Latin America', was a French enterprise of some imperialistic implication. A bold undertaking in romantic Mexico might serve to bring Spanish and Portuguese America under French influence in ways that would strengthen the causes of Pan-Latinism, monarchy, Catholicism, and the glory of France." Zum Ganzen vgl. Mecham aaO 346ff, der 370 Cuevas 1921ff V, 340 zitiert: „To their honor, the conservatives and the Mexican bishops wished and procured a liberating intervention and a Mexican Empire" – vgl. García G. 1955. Am Vorabend der französischen Intervention war die Finanzlage Mexikos ruinös. Die Auslandsschuld belief sich auf 82 Mill. Pesos. Die Hoffnung auf eine militärische Unterstützung der Invasoren durch die konservativen Kräfte erfüllte sich kaum. Frankreich hatte zunächst nur 5500 Mann in Mexiko, weil es auf die Unterlegenheit der mexikanischen Truppen und die Unterstützung der Konservativen hoffte. Der gescheiterte Feldzug von General Lorencez (1861) widerlegte beides. Im Sept. 1862 wurde das Heer unter General Forey auf 30 000 Mann verstärkt, die schwachen einheimischen Truppen der Konservativen mitgerechnet. Erst nach 62tägiger Belagerung konnte Forey am 17. 5. 1863 Puebla nehmen, so daß der Weg zur Hauptstadt frei war, auf deren Verteidigung Juárez verzichtete. Ab Okt. 1863 bot General Bazaine, der dritte französische Oberkommandierende, 42 000 Mann auf, davon 34 000 Franzosen, um die übrigen Bundesstaaten zu erobern. 1865 konnte sich Juárez nur noch in den nördlichen Grenzstaaten halten – Historia de México 1971, 496ff.

Alle liberalen Reformperioden waren mit den Ausweisungen von Bischöfen verbunden. Bei der 2. Reform in den fünfziger Jahren wurden nur 3 Bischöfe nicht exiliert: Antonio de Zubiría von Durango entging diesem Schicksal allerdings nur, weil er sich bis zu seinem Tode auf einer ‚hacienda' versteckte; Juan Francisco Escalante, ein Titularbischof und Apostolischer Vikar für Niederkalifornien, dem nur 3 Priester unterstanden und der bereits 80 Jahre alt war, blieb genauso unbehelligt wie der Bischof von Yucatán, José María Guerra. Im Grunde blieb also nur Bischöfen in marginalen Positionen die Verbannung erspart – vgl. Murray 1965, 182f. S. 196 führt Murray aus, daß es in der Forschung ungenügend geklärt sei, welche Haltung die über Amerika und Europa verstreuten, exilierten mexikanischen Bischöfe bezüglich der europäischen Intervention in Mexiko eingenommen hätten. Sie hielten die Regierung Juárez wegen ihrer antiklerikalen Gesetzgebung für illegal. „It may well be that the Mexican bishops were not overly enthusiastic about a monarchical establishment but they seemed to be fairly united on the need ... of a plan for a strong government that would include most of those things put forward by the monarchists". Die französische Intervention ermöglichte die Rückkehr der überlebenden Bischöfe.

Als das Volk aber sah, daß ein katholischer Fürst liberale Gedanken verfocht, als es die Übergriffe französischer Kommandanten wie Dupin, Berthelin und Castagny erdulden und die Morde, begangen im Namen des Gesetzes vom 3. Oktober 1864, sehen mußte, spürte es, daß die Hoffnung auf die nationale Einheit in Wahrheit von Juárez verkörpert wurde, der sich dadurch aus dem Vertreter einer politischen Gruppe „in das Symbol einer Nation verwandelte"[281].

Die Verhandlungen Maximilians mit dem Ende 1864 eingetroffenen Nuntius Meglia sind erhellend für die Haltung von Vatikan und mexikanischer Hierarchie. Sie zeigen, daß beide aus den Erfahrungen des halben Jahrhunderts seit Beginn der Unabhängigkeitsbewegung und des Aufstiegs der Liberalen kaum gelernt haben und starr das kolonialzeitliche Modell der lateinamerikanischen Christenheit aufrechterhalten wollten, und dies im mexikanischen Fall sogar, ohne dem Staat Patronatsrechte einräumen zu wollen. Sei es, daß Meglia von Pius IX. keine Weisung zu Kompromissen mitbekommen hatte, sei es, daß er sich von Erzbischof Labastida und anderen Prälaten von jedem Entgegenkommen abhalten ließ, er bestand auf sechs Maximalforderungen, die man den Vorschlägen Maximilians folgendermaßen gegenüberstellen kann:

1. Annullierung aller Reformgesetze	Nationalisierung der Kirchengüter, kostenlose Amtshandlungen, Anerkennung des Zivilregisters, Säkularisierung der Friedhöfe, Aufhebung der kirchlichen Sondergerichtsbarkeit
2. Exklusivität der römischen Kirche	Religionsfreiheit
3. Beseitigung jedweder Abhängigkeit der Kirche vom Staat, d. h. Aufhebung des Patronates	Anerkennung des staatlichen Patronatsrechtes
4. Völlige Freiheit der Bischöfe bei der Ausübung ihrer kirchlichen Funktionen	Einstufung der Kirche als Organ des Staates mit entsprechender finanzieller Unterstützung als Ausgleich für die Einziehung des kirchlichen Besitzes
5. Wiedererrichtung der monastischen Orden	Wiederzulassung der Orden nur, wenn durch neue Regeln von Papst und Kaiser sichergestellt ist, daß es nicht wieder zu Ausschweifungen im monastischen Leben kommt
6. Erneute Unterstellung der öffentlichen und privaten Erziehung unter kirchliche Kontrolle	Laikale öffentliche Erziehung, Freiheit für private kirchliche Erziehung

Eine Annäherung zeigte sich nur in Punkt 5. In Punkt 6 war der Nuntius sogar zum Nachgeben bereit. Meglia bestand nachdrücklich auf der Rückgabe aller enteigneten Kirchengüter und dem Recht der Kirche, ihren Immobilienbesitz (Patrimonium) selbst zu verwalten. Was Rom Frankreich nach der Revolution gewährt hatte, verweigerte es Mexiko mit der Begründung, die Verstaatlichung des Kirchenbesitzes widerspreche dem Dogma und dem Kanonischen Recht.

Was Pius IX. in Europa duldete, wollte er offenbar Mexiko noch lange nicht zugestehen, aus Furcht, damit ein schlechtes Beispiel für ganz Lateinamerika zu geben. Indes widerstand Maximilian öffentlich den Ansprüchen Roms. Er verbot die kirchliche Bekanntgabe der Enzyklika „Quanta cura" mit dem Syllabus, erlaubte aber den Laien, sie zu kommentieren, anzugreifen und lächerlich zu machen. Außerdem bestätigte er am 7. Januar 1865 seine liberale Kirchen-

---

[281] Quirarte 1967, 315ff.

politik[282]. Damit und mit dem Erlaß der Schulden der indianischen ‚peones' gegenüber den Großgrundbesitzern (31. August 1865) brachte er die Konservativen völlig gegen sich auf[283]. Unverständlich bleibt, warum Rom nicht konziliant mit Maximilian verhandeln wollte, der die letzte Möglichkeit für eine gemäßigt liberale Politik darstellte. Außerdem hat Kardinalstaatssekretär Antonelli, der Glauben und Tugend der Mexikaner und ihrer Prälaten rühmt, zugegeben, daß Bürgerkrieg und Revolutionen in Mexiko der Kirche viel weniger geschadet hätten als in anderen Staaten Lateinamerikas[284]. Der Vatikan wollte Mexiko keine Religionsfreiheit erlauben, weil er es für ein völlig katholisches Land hielt. Er übersah dabei, daß die Basis des Katholizismus unter den Indianern mit ihren Synkretismen recht wackelig war[285]. Meglia schätzte die Kräfteverhältnisse völlig falsch ein, als er seine unnachgiebige Haltung gegenüber Charlotte damit begründete, daß schließlich der Klerus das Kaiserreich geschaffen habe, das in Wirklichkeit den französischen Waffen seine Existenz verdankte. Einer kaiserlichen Delegation, die in Rom um die Fortführung der Verhandlungen bemüht war, wurde abweisend mitgeteilt, Pius IX. habe Maximilians Regierung als anti-katholisch gebrandmarkt. Daraufhin erklärte der Kaiser, „der mexikanische Erzbischof und die Bischöfe verstünden weder die moderne Zeit noch den wahren Katholizismus und ermangelten christlicher Herzen"[286].

Mit der Inkraftsetzung einiger Teile des Reformprogramms von Juárez maßte sich Maximilian die Rechte eines Herrschers mit königlichem Patronat an, ohne die Macht eines absoluten Fürsten zu haben. Er erreichte damit nicht die Annäherung zu den Liberalen, wohl aber den offenen Bruch mit den Konservativen und dem Klerus.

Als sich wenig später Napoleon III. nach dem Ende des Sezessionskrieges in den USA (April 1865) von der nordamerikanischen Regierung unter Hinweis auf die Monroe-Doktrin unter Druck gesetzt sah (1. August 1865) und Präsident Johnson schließlich sogar Truppen an der mexikanischen Grenze zusammenzog und mit einer Intervention drohte, ordnete Napoleon III. am 22. Januar 1866 den sofortigen Rückzug aller französischen Truppen aus Mexiko und die Einstellung jeglicher Wirtschafts- und Finanzhilfe für Maximilian an. Damit war Maximilians Schicksal praktisch besiegelt. Gegen den Druck der liberalen Truppen, die aus allen Richtungen kamen, war die kaiserliche Armee weitgehend machtlos. Die Erschießung Maximilians und seiner Generäle Mejía und Miramón als Hochverräter in Querétaro am 19. Juni 1867 erscheint indes als ein ungerechtfertigtes und überflüssiges Opfer für die Befreiung Mexikos, hatte doch nicht Maximilian Mexiko verraten, sondern Konservative und Kleriker und saß doch der Hauptschuldige, Napoleon III., in Paris[287].

Mecham bemerkt: „Die mexikanische Geschichte zeigt, daß auf seiten der Kleriker Gefühle nationaler Treue hinter die Loyalität zur Kirche zurücktraten."

---

[282] Ebd. 337 und 343ff.   [283] Vgl. Historia de México 1971, 511f.
[284] Francisco de Paula Arrangoiz, México desde 1808 a 1867, Madrid 1872, 346 nach Quirarte aaO 346f.   [285] Quirarte aaO 348f.   [286] Mecham aaO 372f.
[287] Als populäre Monographie über Maximilian sei Egon Caesar Conte Corti, Die Tragödie eines Kaisers, Frankfurt 1953, erwähnt. Als Maximilian 1867 erschossen wurde, polierte Napoleon III. den Glanz seines Reiches gerade mit Hilfe der Pariser Weltausstellung wieder auf. Einer der Hauptvorwürfe gegen Maximilian, die seine Todesstrafe begründen, war, daß er den Bürgerkrieg noch mehr als ein Jahr nach dem Abzug der Franzosen fortgesetzt und damit viele sinnlose Opfer verschuldet habe.

1821 hatte sich der mexikanische Klerus von seinem legitimen Souverän losgesagt, um seine Privilegien zu retten, und 1861 war er bereit, die Unabhängigkeit des Landes aufs Spiel zu setzen, um die Kirche vor gefährlichem Schaden durch die Liberalen zu bewahren[288]. Statt Schaden für die Kirche zu verhüten, hatten Konservative und Klerikale nur den Abgrund vertieft, der sie von den Liberalen trennte und damit die Stellung der Kirche in dem *ab 1867 endgültig von den liberalen Kräften beherrschten Staat* weiter erschwert. Die Identifizierung von katholischer Kirche und konservativer Reaktion zeitigte verhängnisvolle Folgen bis weit in die mexikanische Revolution des 20. Jahrhunderts.

Die kirchliche „Partei" war 1868 fast völlig zerbrochen. Genauso heuchlerisch wie die Prälaten im Hirtenbrief vom 18. Juni 1864 behauptet hatten, sich nie in die Politik eingemischt zu haben, gab nun die liberale Regierung in einem Rundschreiben an die Provinzgouverneure vom 20. Juli 1868 vor, daß sie die seit dem Gesetz vom 12. Juni 1859 bestehende völlige Trennung von Staat und Kirche respektiere und daß jede Einmischung in kirchliche Angelegenheiten vermieden werde, so daß sie dem Klerus alle Freiheit zur Ausübung seiner geistlichen Funktionen garantiere.

Das befreite Mexiko unter Benito Juárez lehnte die Anerkennung der astronomischen Schulden ab, die Maximilian im Namen seines zukünftigen Kaiserreiches vor seiner Ausreise in Paris und Miramar eingegangen war[289]. Juárez führte bis zu seinem Tode im Jahre 1872 die Reformgesetze durch, baute die republikanische Verwaltung wieder auf, versuchte die Anarchie in Staat und Gesellschaft in einer Zeit zu überwinden, in der das militärische Führertum (caudillismo militar) und das Kazikentum (caciquismo) in Hochblüte standen. Er reduzierte die Armee auf die Hälfte (ca. 30 000 Mann) und erreichte eine erhebliche Herabsetzung der Auslandsschulden. Dabei mußte er ständig um die Erhaltung seiner Machtstellung kämpfen.

Gemäß der Verfassung folgte ihm 1872 Lerdo de Tejada als Präsident des obersten Gerichtshofes und Vizepräsident im Amt, das er dann nach seiner Wahl bis zur Rebellion Porfirio Díaz' 1876 innehatte.

Nachdem es unter Juárez (1867—72) zu ersten Ansätzen einer beginnenden Versöhnung von Staat und Kirche gekommen war, steuerte Tejada, einer der Radikalsten unter den Liberalen, wieder auf scharfen Kollisionskurs. Er ließ die Reformgesetze von 1859 verfassungsmäßig verankern und ruhte nicht eher, bis er „eine Handvoll Jesuiten und andere männliche Religiose aus Mexiko verbannt hatte unter dem Vorwand, sie seien gefährlich für die Staatswohlfahrt". Außerdem unterzeichnete er das Dekret, durch das die einzige weibliche Kommunität, die von der Reformgesetzgebung der Jahre 1856—1872 verschont geblieben war, die Vinzentinerinnen (Hermanas de la Caridad de San Vicente de Paúl), säkularisiert wurde.

Während Murray von einem „Kulturkampf" spricht, wirft er dem texanischen Prof. Mecham vor, ihn scheine die Reformgesetzgebung mit tiefer Genugtuung zu erfüllen.

---

[288] AaO 369.
[289] Bazant 1968, 232. Nach Historia de México 1971, 518 handelte es sich um 260 Mill. Franken zur Bezahlung der französischen Intervention (Vertrag von Miramar), eine Summe, die die wirtschaftlichen Möglichkeiten Mexikos bei weitem überstieg. Schon die ökonomische Torheit, die aus der Unterzeichnung eines solchen Schuldenvertrages durch Maximilian spricht, muß aus der Sicht der damit belasteten Mexikaner seinen Sturz rechtfertigen.

Mecham führt aus, daß die Verfassung 1873 um folgende Punkte ergänzt wurde: Trennung von Staat und Kirche, obligatorische Zivilehe, Verbot des Bodenerwerbs für kirchliche Institutionen, Verbot monastischer Gelübde und Ersetzung des religiösen Eides im zivilen Bereich durch ein Wahrheitsversprechen. Als der Kongreß Ende 1874 diese Verfassungsänderung angenommen hatte, war die von Gómez Farías angefangene und von Benito Juárez wieder aufgenommene antiklerikale Reformbewegung an ihrem Ziel angekommen. Daran änderten die Agitation des Klerus und einige Erhebungen der sogenannten ‚cristeros' im Raum von Guanajuato und Jalisco nichts[290].

„Juárez und Ocampo dachten einmal daran, das Land protestantisch zu machen, aber ihr politisches Geschick hielt sie davon ab oder ließ sie in den Grenzen des Möglichen handeln."[291] Die protestantischen Aktivitäten waren seit der Gründung der Episcopal Church 1853 noch viel zu unbedeutend, um eine ernsthafte Gefahr für die römische Kirche darzustellen.

Dennoch ist der Zusammenhang zwischen dem Beginn der protestantischen Mission und der Reformgesetzgebung der Liberalen genauso wenig zu übersehen wie die Förderung dieser Mission durch die Liberalen, wie u. a. eine Bemerkung von Juárez verdeutlicht:

„Die Protestanten sollen nur kommen, sie lehren die Indios wenigstens lesen und schreiben, anstatt sie, wie die anderen, nämlich die Katholiken – ihre Zeit mit Kerzenanzünden vertun zu lassen."

Murray sieht verstärkte protestantische Aktivitäten in Mexiko seit dem Toleranz-

---

[290] Murray 1965, 272ff meint, Juárez habe sein Land auf dem Altar der Verfassung von 1857 geopfert. Juárez und Tejada hätten die liberalistische Gesetzgebung in einem Maße verabsolutiert, daß das Gesetz nicht mehr für den Menschen da war, sondern der Mensch für das Gesetz. Murray weist ferner darauf hin, daß es bezüglich der Ausweisung der wenigen Jesuiten und der Barmherzigen Schwestern unter den Liberalen eine kräftige Opposition gegen die starre Politik der „jakobinisch-freimaurerischen Minderheit gab, die die verfassungsmäßige Garantie religiöser Freiheit lächerlich machen wollte". Diese Opposition verzögerte die Ausweisung beträchtlich. Es gelang einigen Jesuiten sogar, in Mexiko zu bleiben. Die politisch ungerechtfertigte Ausweisung bereitete mit den Grund für den Triumph von Porfirio Díaz und seinen Anhängern. Den Barmherzigen Schwestern wurde nur die Wahl gelassen, als nicht organisierte Einzelpersonen im Lande zu bleiben oder ausgewiesen zu werden. Die 410 Schwestern pflegten in 143 Institutionen 15 000 Menschen und stellten damit die größte Krankenpflegeorganisation Mexikos dar. In einigen ihrer Häuser unterhielten sie auch Grundschulen, Handelsschulen und gaben berufsbildende Kurse für Jungen und Mädchen. Bedenkt man, daß die Schwesternschaft mit 11 Schwestern unter Agustina Inza erst 1844 aus Spanien nach Mexiko gekommen war und daß von den 1875 ausgewiesenen 410 Schwestern 355 Mexikanerinnen waren, kann man den ungeheuren Erfolg dieser Schwesternschaft ermessen. Vgl. zum Ganzen auch Bravo Ugarte 1941ff.
In dieser liberalen Reformperiode verlor die Kirche fast alle ihre großen Gebäude, „die als Seminare, Kollegschulen, Konvente oder wohltätige Einrichtungen gedient hatten. Fast alle Bibliotheken wurden von der Regierung beschlagnahmt oder zerstört" – Olmedo 1967, 779. Aubert 1971, 723f urteilt trotzdem gemäßigt optimistisch: „In Wirklichkeit jedoch war die Situation angesichts der Verbundenheit, die ein Großteil der Bevölkerung dem Katholizismus bewahrte – vorausgesetzt, daß er nicht zu hohe Forderungen an sie stellte – und angesichts der Großzügigkeit der Gläubigen weniger tragisch, als sie dem Gesetz nach erschien; die *weltliche Macht der Kirche jedoch war nun endgültig gebrochen.*"

[291] Quirarte 1967, 389.

edikt Maximilians vom 26. Februar 1865. Drei warnende Hirtenbriefe von 1866 veranlassen ihn zu der Feststellung, daß durch das kaiserliche Dekret „eine neue Ära der religiösen Geschichte in Mexiko eingeleitet" worden sei[292].

Abschließend soll mit statistischem Material von 1850 die Lage der katholischen Kirche vor dem verheerenden Reformkrieg im Vergleich zu den ersten Jahrzehnten des 19. Jahrhunderts erhellt werden (vgl. dazu Anm. 74 S. 396).

	1810	1834	1850
Weltpriester	4 229	2 282	1 937
Religiose	3 112	1 182	1 295
Parochien	1 072		
Bevölkerung	5 837 Mill.		ca. 8 Mill.
bzw.	6 122 354		

Von den Regularklerikern lebten 1043 in 144 Konventen, die 32 Parochien und 26 Missionen verwalteten. Die übrigen 152 waren in ‚Colegios de Propaganda Fide' tätig. Die weiblichen Orden hatten 1850 1485 Nonnen, 103 Novizinnen und 533 Mädchen, d. h. Schülerinnen von Konventschulen oder Laien, die in Klöstern lebten, sowie 1266 Bedienstete.

Die Gesamtzahl von 3232 Klerikern bedeutet mehr als eine Halbierung gegenüber der Zeit von Humboldt und das bei einer erheblichen Steigerung der Bevölkerung. Auf knapp 2500 Einwohner kam also 1850 ein Priester. Berücksichtigt man allein den Säkularklerus, der die Hauptlast der Parochien trug, so ergibt sich sogar nur eine Relation von ca. 1:4000, die angesichts des Glaubenseifers der Mexikaner niedrig ist[293].

Wenngleich die Priesterzahlen nach heutigen Maßstäben erträglich zu sein scheinen, bedeuteten sie in den alten Strukturen einen erheblichen Priestermangel, der in allen Bistümern zu langanhaltenden Vakanzen führte. Der fortdauernde Rückgang an Priestern nahm 1835 so dramatische Formen an, daß der Justizminister befürchtete, daß in Gebieten wie Durango, Monterrey und Sonora bald auf weiten Strecken kein einziger Priester anzutreffen sein würde. Nur in einem einzigen Jahr zwischen 1826 und 1851 waren wenigstens 75 % der Parochien mit einem Priester besetzt. In Jahren wie 1828, 1829, 1830, 1843 waren jeweils fast 50 % vakant[294].

4124 Der Streit um Reichtum, wirtschaftliche und gesellschaftliche Macht der Kirche als Kern des Kirchenkampfes im 19. Jahrhundert

In den Länderabschnitten ist bereits deutlich geworden, daß die jahrzehntelangen Spannungen und Auseinandersetzungen zwischen Staat und Kirche

[292] Zitat von Juárez nach Hillekamps 1966, 126 ohne Quellenangabe. Murray 1965, 225 und 273, wo er hervorhebt, daß Lerdo de Tejada Hilfe und Schutz für protestantische Missionare verstärkte.
[293] Bazant 1971, 7f nach M. Lerdo de Tejada, Cuadro sinóptico de la república mexicana en 1856, Mexico 1856, 8off mit Zahlenangaben aus der ‚Memoria de Justicia' von 1851. Daten für 1810 und 1834 nach Murray 1965, 115f.
[294] Costeloe 1967, 130. Für die Regularkleriker differenziert Murray aaO 116 nicht zwischen der Gesamtzahl der Religiosen (1821 = 3112; 1830 = 1726) und derjenigen der Ordenspriester. Die Zahlenangaben der einzelnen Autoren widersprechen sich außerdem. Costeloe aaO spricht für 1810 von insgesamt 7000 Priestern, davon 4000 Regularkleriker, Murray hingegen von 4229 Weltpriestern. Letztere Zahl stimmt mit González R. 1969, 93 überein, dessen statistische Angaben am besten belegt sind.

ihren Grund in der namentlich von den Liberalen geforderten Neubestimmung der Rolle der Kirche in den unabhängigen Staaten hatten, gegen die sich die nationalen Hierarchien mit Rückendeckung Roms sträubten. Die privilegierte Stellung der Kirche in der Kolonialgesellschaft war durch ihre tragende Rolle in dem als Mission deklarierten Eroberungs- und Kolonisationsunternehmen begründet gewesen. So sehr sich die im Laufe von mehr als drei Jahrhunderten in Amerika errichtete Zivilisation von Kreolen und Mestizen auch noch im 19. Jahrhundert in ihrer überwältigenden Mehrheit als christlich verstand — und das war ein Synonym für römisch-katholisch —, so wenig brauchte sie nach ihrem unter dem Einfluß der Aufklärung gewandelten Selbstverständnis fernerhin die Kirche als Legitimation ihres Daseins in der Neuen Welt.

Schrumpfte aber die Rolle der Kirche von derjenigen einer schlechthin tragenden Säule der Kolonialgesellschaft zu einer zwar geachteten, aber mehr dekorativen Sakralfunktion in der emanzipierten Gesellschaft des 19. Jahrhunderts, so mußten auch ihre juristischen Sonderrechte, ihr Monopol auf dem Erziehungssektor und ihre beherrschende ökonomische Stellung, die ja Ausdruck ihrer besonderen sozialen Funktion gewesen waren, ins Feuer der Kritik geraten. Träger dieses neuen gesellschaftlichen Bewußtseins, dem sich auch die Konservativen nicht völlig entziehen konnten, waren die Liberalen, die häufig gleichzeitig Freimaurer waren.

Die Auseinandersetzungen um die Neubestimmung der gesellschaftlichen Rolle der Kirche sollen am Beispiel Mexikos, des wirtschaftlich gewichtigsten lateinamerikanischen Staates im 19. Jahrhundert, noch etwas genauer erläutert werden.

Mit mehr als 1000 Parochien, fast 300 Konventen und über 7000 Priestern stellte die Kirche zu Beginn der Unabhängigkeit die mächtigste Interessengruppe des Landes dar. Krankenhäuser, Schulen, Waisenhäuser, ja sogar Gefängnisse wurden von kirchlichen Verbänden finanziert und betrieben. Die Kirche war die größte Grundbesitzerin und das größte Bank- und Finanzierungsunternehmen (zum kirchlichen Finanzwesen vgl. 21222). Dank ihrer enormen geistlichen Beeinflussungsmöglichkeiten des Volkes, die u. a. auf ihrem Erziehungsmonopol beruhte, dank ihres umfassenden organisatorischen Apparates und ihrer beherrschenden wirtschaftlichen Position, mußte sie im politischen und gesellschaftlichen Leben eine so dominierende Rolle spielen, daß der weltliche Arm völlig in ihre Abhängigkeit geriet, wenn er die Position der Kirche nicht schwächte. Die entschlossenen Anstrengungen der Kirche, „ihren Reichtum zu verteidigen, sollte einer der indirekten Gründe der meisten großen sozialen und politischen Umwälzungen sein"[295], die Mexiko im 19. Jahrhundert durchzumachen hatte. Dabei ist zu berücksichtigen, daß die Unterstützung kirchlicher und konservativer Kreise für die Sache der Unabhängigkeit Mexikos wesentlich bedingt gewesen war durch ihre Ablehnung der liberalen spanischen Verfassung von 1812, die u. a. vorsah: eine teilweise Verstaatlichung des kirchlichen Besitzes, die Abschaffung der Inquisition, die Wegnahme des Zehnten und die Errichtung eines freien Pressewesens.

Eine objektive Bewertung des Besitzes der Kirche stößt auf größte Schwierigkeiten. Am wertvollsten war der Besitz der Regularkleriker, die sich 1843 in sechs Orden aufteilten, und zwar in der Reihenfolge ihres Reichtums: Augustiner-Eremiten mit 2 Provinzen, México und Michoacán, mit 21 Häusern, den Karmelitern mit 1 Provinz mit 16 Klöstern, den Dominikanern in 4 Provinzen mit 26 Häusern, den recht armen Mer-

---

[295] Costeloe 1967, 2, der Callcott 1926, 4 zitiert: „Its enormous economic interests and its control of education, to say nothing of its spiritual hold upon the people, made it dominant in the political and social life of the country."

zedariern mit 19 und den noch ärmeren vom ‚Orden de San Diego' mit 14, sowie den Franziskanern in 4 Provinzen mit 51 Häusern, die zwar kaum Grund und Boden besaßen, aber beträchtliches Kapital, das allerdings im Wert geringer war als der Grundbesitz der anderen Orden. Die Nonnenklöster, die im allgemeinen der Jurisdiktion der Bischöfe unterstanden, waren noch reicher, selbst wenn man berücksichtigt, daß sie fast die doppelte Zahl von Insassen zu unterhalten hatten. Sie dienten oft als Zufluchtsort für höhere Töchter, die ihre Mitgift einbrachten. Lediglich die Kapuzinerinnen hatten keinerlei Grundbesitz und lebten von Almosen. Am Rande wären noch die ‚Beaterios' zu erwähnen, Gemeinschaften von Frauen, die keinen Orden angehörten und der Aufsicht der kirchlichen Behörden unterstanden. Ein nicht geringer Teil des kirchlichen Besitzes war zu erzieherischen oder wohltätigen Zwecken auch funktionsgebunden, also der Besitz der kirchlichen Schulen oder der Krankenhäuser, die vornehmlich von den drei Hospitaliter-Orden unterhalten wurden, den ‚Hospitalarios de Belén', dem Orden von ‚San Juan de Dios' und ‚San Hipólito', wenngleich es auch einige unabhängige Krankenhäuser gab. Die Hospitalorden waren schon 1821 von der liberalen spanischen Regierung aufgelöst und ihr Besitz verstaatlicht worden, was auch in Mexiko durchgeführt worden war. Schließlich hatten auch die Bruderschaften einen erheblichen Besitz zusammengebracht, der freilich meist auch sozialen Zwecken diente, bei Bruderschaften reicher Leute, wie den Biscaya-Kaufleuten in der Bruderschaft von Aranzú, diente die Liebestätigkeit der Allgemeinheit, bei den von Zünften gegründeten Bruderschaften meistens der sozialen Fürsorge ihrer Mitglieder. Die Haupteinnahmequelle der Kirche und auch die schwerste Belastung für die Landwirtschaft stellte freilich der Zehnte dar.

Was nun die Bewertung angeht, so kommt Bazant nach den Ministerialberichten von 1821–56 zu folgenden Schlüssen:

Regularorden	25 Mill. pesos
Capellanías und fromme Werke	15 Mill. pesos
Säkularklerus, Bruderschaften, Schulen, Krankenhäuser	10 Mill. pesos
minimaler Wert des produktiven Besitzes	50 Mill. pesos
den Behörden nicht gemeldeter Besitz	10–20 Mill. pesos
unproduktiver Besitz:	
Gebäude: Kirchen, Klöster, Konvente	10 Mill. pesos
Kunstgegenstände aus Gold, Silber, Juwelen etc.	10 Mill. pesos

Daraus ergibt sich, daß der Gesamtbesitz der Kirche in der Mitte des 19. Jahrhunderts 100 Millionen pesos nicht überschritten haben dürfte, was keineswegs, wie oft behauptet worden ist, der Hälfte des Nationalbesitzes entsprach[296].

Bazant weist darauf hin, daß diese Anhäufung kirchlichen Reichtums nicht von vornherein negativ beurteilt werden muß, zeigt sie doch, daß besonders die Orden ein ihren Regeln entsprechendes einfaches Leben führten, das in krassem Gegensatz zu den Extravaganzen der Monarchen und Politiker stand, die mit Luxus, Kriegen und Kosten zur Unterhaltung umfangreicher Heere den Besitz des Staates verschleuderten und dadurch erst jenen frappierenden Gegensatz zwischen einem verarmten Staat und einer reichen Kirche schafften, der geradezu zu Verstaatlichungen einlud. Freilich muß auch berücksichtigt

---

[296] Bazant aaO 9ff, der damit die bekannten zeitgenössischen Schätzungen des liberalen Politikers José María Luis Mora widerlegt, der den Besitz der Kirche im Jahre 1832 auf 180 Mill. Pesos berechnete.

werden, daß die fast völlige Steuerfreiheit der kirchlichen Organisationen zur Anhäufung des Reichtums beigetragen hat[297].

Die wichtigste laufende Einnahmequelle der Kirche bildete der Zehnte, an dem allerdings auch der Staat gut verdiente. Die unter dem kolonialen ‚patronato real' bestehende gesetzliche Fiktion, daß alle Fonds zur Unterstützung der Kirche Staatsgelder sind, die durch die Regierung verteilt werden[298], wurde nach der Unabhängigkeit beibehalten. Folglich wurde mit Zustimmung der Kirche ab 1821 der bis dahin der Krone vorbehaltene Anteil des Zehnten an die nationale Regierung abgeführt, die 1824 die direkte Zahlung ihrer Anteile an die staatlichen Departamentsverwaltungen anordnete. Angesichts des mit der Unabhängigkeit beginnenden Streites über das Patronatsrecht wurden bis 1838 kaum bedeutendere Vakanzen beseitigt, so daß der Staat nach dem kolonialen Patronatsgewohnheitsrecht die dem jeweiligen Bischof zustehenden 25 % des Zehnten und entsprechende Anteile der unterbesetzten Domkapitel während der Vakanzen einbehalten konnte. Die Folge war, daß der Staat 1833 de facto 61,5 % des Zehnten für sich kassierte[299].

Aber weder die prekäre Finanzsituation des Staates, die die Beibehaltung des Zehnten ratsam erscheinen ließ, noch die Überlegung, daß man mit seiner Abschaffung in erster Linie den konservativen Großgrundbesitzern half, hielt Gómez Farías 1833 davon ab, den obligatorischen Zehnten abzuschaffen. Abgesehen davon, daß eine einseitig die Landwirtschaft belastende Umsatzsteuer in einer Zeit der Ausweitung von Handel und Gewerbe nicht mehr zeitgemäß war, scheinen die Liberalen den Zehnten in erster Linie aus ideologischen Gründen abgeschafft zu haben, um damit die höheren Ränge der kirchlichen Hierarchie zu treffen, deren einzig beständige Einnahmequelle der Zehnte war[300]. Auch der vereinigte Druck von Pastoren, die ihre Schäflein mit Güte und religiösen Drohungen traktierten, und die Bemühungen der kirchlichen Steuereinzieher konnten den Zehnten nicht zu einer noch halbwegs ertragreichen Steuer auf freiwilliger Basis umformen[301]. Die Abschaffung des Zehnten wurde auch von den späteren konservativen Regierungen nicht wieder rückgängig gemacht, die ihre Defizite mit der kolonialzeitlichen Praxis von Anleihen der Kirche zu überbrücken trachteten[302].

Nach dem Zehnten war der kirchliche Immobilienbesitz das Ziel der liberalen Finanzminister. Die ‚Ley Lerdo' (1856) und die liberale Verfassung von 1857 wurden zum Signal des Bürgerkrieges von 1858–61. Das nach dem Finanzminister Miguel Lerdo de Tejada genannte Gesetz sah den Zwangsverkauf jeglichen korporativen Landbesitzes vor, bei dem die Regierung sich durch eine Transfer-Steuer zu sanieren gedachte.

Für die Kirche hatte die ‚Ley Lerdo' den Vorteil, daß sie nicht entschädigungslos enteignet werden sollte. Den vom Gesetz ebenfalls betroffenen In-

---

[297] Ebd. 1.
[298] W. E. Shields, King and church. The rise and fall of the Patronato Real, Chicago 1961 bzw. Church and state in the first decade of Mexican independence, in: Catholic Historical Review XXVIII (1942), 206ff nach Costeloe 1967, 3.
[299] Costeloe aaO 20.   [300] Ebd. 20f.
[301] Costeloe aaO 19 meint, daß das Gesetz von 1833 von der Mehrheit der Bevölkerung begrüßt wurde. Denn der Zehnte war eine unpopuläre Steuer, die sich zum Schaden der Landwirtschaft auswirkte. Das hat sogar Bischof Abad y Queipo 1805 in einer Verteidigungsschrift des Zehnten zugegeben (Representación a nombre de los labradores y comerciantes de Valladolid de Michoacán... 24 Octubre de 1805, veröffentlicht von G. B. Castillo, Estudios de Abad y Queipo, Mexiko 1947, 36. Und 1809 berichteten die für die Einziehung des Zehnten im Erzbistum Mexiko zuständigen ‚Jueces Hacedores', daß die Leute jede denkbare Anstrengung unternahmen, um die Zahlung zu vermeiden.
[302] Costeloe aaO 10f.

dianern drohte indes die völlige Proletarisierung durch Degradierung zu wehrlosem Arbeitsvieh der Großgrundbesitzer, wenn sie des ihrer Mentalität und Wirtschaftsstruktur entsprechenden Kommunallandes beraubt wurden. Nach 1861 sollte die Kirche entschädigungslos ihren Besitz verlieren.

Schon 1855 war auch die ‚Ley Juárez' verkündet worden, ein Dekret, durch das der Justizminister Benito Juárez Sondergerichte verbot, ausgenommen Militär- und Kirchengerichte, denen die Praxis untersagt wurde, Fälle an sich zu ziehen, die sie nur mittelbar betrafen. Kirchliche und militärische Gerichte durften sich also nur noch mit Vergehen von Klerikern und Religiosen bzw. Militärs befassen, also mit der Gruppe, die den ‚fuero' besaß. Bei gewöhnlichen Vergehen kann ein Angeklagter allerdings zwischen einem kirchlichen und einem zivilen Gericht wählen. Die Beschneidung und Relativierung der Standesgerichte im Namen gesellschaftlicher Gleichheit ließ die Offiziere den Protestschrei von 1833 wieder aufnehmen: „Religión y Fueros!"[303] Die Intention der Gesetzgeber, den beherrschenden Einfluß von Armee und Kirche auf die Gesellschaft zu verringern, war deutlich.

Beide Gesetze gingen zusammen mit der Erklärung der Freiheit der Erziehung in die Verfassung von 1857 ein, die 1867 wieder in Kraft gesetzt wurde. Patronatsrecht und Katholizismus als Staatsreligion werden nicht erwähnt, Gedanken- und Gewissensfreiheit gewährt, aus der sich die Kultfreiheit ableitet. Im Hinblick darauf, daß z. B. dem Klerus die vollen Bürgerrechte vorenthalten wurden, bemerkt Murray: „Es ist eine der Tragödien Mexikos gewesen, in welcher Weise beide Verfassungen, die von 1857 und die von 1917, entstellt worden sind, um einigen gerade die Freiheiten vorzuenthalten, die sie allen garantieren wollen." Im übrigen kritisiert er die Tendenz fast aller heutigen mexikanischen Historiker, den Antiklerikalismus und teilweise Antikatholizismus der Liberalen herunterzuspielen[304].

Abschließend sei nach dem gegenwärtigen Stand der Forschung noch eine Bewertung der viel diskutierten Säkularisation des kirchlichen Besitzes versucht.

Da ein Großteil der kirchlichen Einnahmen aus Zinszahlungen für Darlehen bestand und kaum eine Regierung es sich aus Popularitätsgründen leisten konnte, zum Geldeintreiber für die Außenstände der Kirche zu werden, mußte von daher eine Verstaatlichung des kirchlichen Besitzes zu einem großen Verlustgeschäft werden, das den Staat um einen wesentlichen Teil der so dringend zum Ausgleich der öffentlichen Finanzen benötigten Gelder brachte, während zahlreiche Privatleute davon profitierten[305]. Theoretisch hätte die Enteignung und Verstaatlichung des kirchlichen Besitzes von Nutzen sein können, wenn die Güter nach und nach, ohne Zeitdruck entweder parzelliert und zu günstigen Preisen und Zahlungsbedingungen an die arme Landbevölkerung, die Boden brauchte, verkauft worden wären oder zu Höchstpreisen an Kapitalisten. Dann hätten zwei Fliegen mit einer Klappe geschlagen werden können, man hätte den sozialen Frieden gefördert und die Staatsfinanzen saniert, um eine stärkere Auslandsverschuldung zu vermeiden. Mit den Budgetüberschüssen hätte der Ausbau der Wirtschaft gefördert werden können, so daß ausländische Inve-

---

[303] Murray 1965, 138f.   [304] Ebd. 140ff.
[305] Costeloe aaO 28: „... the fact that many people were in debt to the ecclesiastical corporations could imply that they would tacitly aid such measures as the abolition of convents in the hope that their debt would also disappear." Auch die Historia de México 1971, 468 kommt zu dem Ergebnis, daß die Landenteignung nur zu einer schädlichen Konzentration des Landbesitzes geführt hat und daß die Chance einer Landreform verspielt worden ist.

stitionen in so exzessiver Höhe, wie sie dann in der Ära Porfirio Díaz' erfolgen sollten, vermeidbar gewesen wären.

Unter dem Druck der Umstände der europäischen Intervention mußte die liberale Regierung 1862 die konfiszierten Besitzungen der Kirche „so schnell wie möglich, zu jedem Preis und an jedermann" verkaufen. Der soziale Effekt einer Bodenreform ging verloren. Es kam nicht zu der von den Liberalen erträumten Schaffung einer ländlichen Mittelschicht durch stückweisen Verkauf der Kirchengüter und damit auch nicht zu einer wenigstens teilweisen Demokratisierung des ländlichen Grundbesitzes. Nur von dem großen städtischen Hausbesitz der Kirche kam wenigstens ein Teil in die Hände relativ armer Leute.

„Nur wirtschaftlicher Fortschritt im Rahmen einer enormen sozialen Ungleichheit blieb vom Liberalismus übrig."[306] Bedenkt man, daß Landwirtschaft, Handel und Industrie seit den kolonialen Zeiten nur etwa 20 % Eigenkapital besaßen und daher in höchstem Maße von den billigen Krediten der kirchlichen Einrichtungen abhingen[307], die wie der ‚Juzgado de Testamentos, Capellanías y Obras Pías' keine modernen auf Rendite abgestellten Unternehmen waren, dann kann man sich leicht ausmalen, welchen verhängnisvollen Einfluß von nun an die Wucherer (agiotistas) mit ihren exorbitanten Zinsforderungen und die kapitalistische Bankwirtschaft des Auslandes erlangen mußten.

Deshalb ist auch jene beliebte Interpretation der Vorgänge von 1856—63 einseitig, die von der revolutionären Umwandlung des Landes von einer feudalen in eine kapitalistische Gesellschaft spricht, also davon ausgeht, daß die Kirche auf wirtschaftlichem, gesellschaftlichem und politischem Gebiet eine feudale Institution gewesen sei. Die Zerstörung ihrer Macht habe der kapitalistischen Entwicklung und den Interessen der Bourgeoisie auf gesellschaftlichem und politischem Gebiet zum Durchbruch verholfen. Als Beispiel wird gern auf den landwirtschaftlichen Besitz des Klerus verwiesen, der nur für den Eigenbedarf produziert hätte und durch die marktorientierte Latifundienwirtschaft ersetzt worden sei[308]. In Wirklichkeit aber war Mitte des 19. Jahrhunderts der kirchliche Landbesitz weitgehend an Landwirte verpachtet und auch die von kirchlichen Organisationen selbst bewirtschafteten ‚haciendas' produzierten sowohl für den Eigenverbrauch wie für den Markt.

„Kurzfristig bewirkte das liberale Programm eine zunehmende Zirkulation von Besitz, aber langfristig war es ein Fehlschlag", weil sich in der zweiten Generation der Landkäufer wieder die lateinamerikanische Mentalität durchsetzte, derzufolge Grundbesitz adelt. Die aristokratische Lebensweise der alten Großgrundbesitzer wurde von den neuen übernommen. Die Privatvermögen blieben in Immobilien gebunden und nicht einmal die Rendite wurde in industrielle Unternehmungen investiert, sondern zur Bestreitung der mit den aristokratischen Ansprüchen gestiegenen Lebenshaltungskosten aufgebraucht. Wir stehen hier vor einem Handikap der lateinamerikanischen Mentalität, das die industrielle Entwicklung des Subkontinents bis in die Gegenwart erschwert und die Abhängigkeit vom Auslandskapital erhöht.

Vergleicht man die Enteignung kirchlichen Besitzes in Europa mit demjenigen in Mexiko, so kommt man zu dem Ergebnis, daß überall die Großgrundbesitzer, ob adelige oder bürgerliche, die Hauptgewinner waren, so daß praktisch der Einfluß der Bodenaristokratie im politischen Leben gefestigt wurde. Die einzige Ausnahme bildet Frankreich, wo nach dem Gesetz vom 2. November 1789 nicht nur der kirchliche Besitz, sondern auch ein Teil des Besitzes der Adligen enteignet wurde[309].

---

[306] Bazant 1971, 289f.   [307] Costeloe 1967, 129.
[308] Bazant 1971, 287, der Solís widerlegt: Hacia un análisis general a largo plazo del desarrollo económico de México, in: Demografía y Economía 1967, Nr. 1, S. 4.
[309] Bazant 1971, 1ff und 287ff.

42 Kirche und Gesellschaft im Zeitalter von Spätliberalismus und Szientismus

421 Der geistesgeschichtliche und sozio-ökonomische Hintergrund

4211 Die Hauptprobleme des Zeitalters von Spätliberalismus und Szientismus

Das mit den Begriffen Spätliberalismus und Szientismus[1] bezeichnete Zeitalter beginnt in allen lateinamerikanischen Staaten ungefähr im letzten Drittel des 19. Jahrhunderts und ragt vielfach bis in die unmittelbare Gegenwart hinein, jedenfalls in allen jenen Republiken, in denen der Spätliberalismus bis heute die bestimmende politische und wirtschaftliche Konzeption ist, die sich in den sechziger Jahren des 20. Jahrhunderts mit einer technokratischen Entwicklungsideologie gepaart hat, die dem positivistischen Szientismus gar nicht so unähnlich ist. Wie jede Bezeichnung eines Zeitalters, so ist auch diese anfechtbar, da nie alle Lebensäußerungen eines Volkes oder gar der Völker eines Kulturraumes unter einem oder zwei Begriffen subsummiert werden können. Bewußt wird nicht ein für die innerkirchliche Entwicklung besonders charakteristischer Oberbegriff verwendet, wie dies in anderen Periodisierungsversuchen geschieht (vgl. Einleitung 4), um die Einbettung der kirchlichen und theologischen Entwicklung in den sozio-ökonomischen, politischen und geistesgeschichtlichen Kontext zu verdeutlichen.

Es handelt sich um ein Zeitalter, in dem die wissenschaftliche Revolution, die sich in Europa bereits im 17. und 18. Jahrhundert (Bacon, Descartes, Galilei, Leibniz, Newton u. a.) ereignet hatte und in der Aufklärung in Lateinamerika nur zögernd und eklektizistisch rezipiert worden war (vgl. 3112), verstärkt in das Bewußtsein der Lateinamerikaner eindrang, und zwar vermittelt durch den Szientismus d. h. durch die verschiedenen Formen von Positivismus, Evolutionismus und Materialismus, die in der lateinamerikanischen Literatur sehr häufig unter dem Sammelbegriff „Positivismus" zusammengefaßt werden, der keinesfalls mit dem enger umgrenzten europäischen philosophischen Begriff von Positivismus gleichgesetzt werden darf. Während in Europa der Positivismus, einmal im allgemeinsten Sinne verstanden, ein philosophischer Versuch war, die voraufgegangene wissenschaftliche Revolution zu bewältigen, führte der Positivismus Lateinamerika in wissenschaftliches Denken und wissenschaftliche Kultur allererst ein, was seine überragende Bedeutung auf dem Gebiet des Erziehungswesens erklärt[2]. Die von naturwissenschaftlicher Methodik geprägte Wissenschaftsgläubigkeit des Szientismus trug sodann dazu

---

[1] In der Literatur begegnen verschiedene Begriffe. Im La Plata-Bereich sprechen Alberto Methol Ferré (1968, 78) und Arturo Ardao (1963, 193) von ‚ciencismo'. Letzterer bezeichnet die degenerierte Form von ‚ciencismo' als ‚cientificismo', während Josefina Z. V. Knauth in der spanischen Übersetzung eines in Mexiko erschienenen Artikels von William D. Raat von ‚cientismo' spricht (Raat 1969, 189). In neueren deutschen Fachveröffentlichungen hat sich der Begriff Szientismus eingebürgert.   [2] Ardao 1963, 193.

bei, daß die in den führenden Staaten Europas im 19. Jahrhundert als Konsequenz der wissenschaftlichen Revolution voll ausgebrochene technisch-industrielle Revolution auch in Lateinamerika rezipiert wurde. Die Ansätze dazu vermehrten sich durch die Lieferunfähigkeit Europas im Ersten Weltkrieg. Aber es bedurfte der Wiederholung dieses Dilemmas im Zweiten Weltkrieg, um der technisch-industriellen Revolution in allen Staaten des Subkontinents, wenn auch in verschieden starkem Maße, zum Durchbruch zu verhelfen. Die Bewußtwerdung der Entwicklungsproblematik in den sechziger Jahren des 20. Jahrhunderts trug ein übriges dazu bei. Wie die technisch-industrielle Revolution, die in vielen Gebieten erst in der Gegenwart richtig in Gang kommt, keineswegs bewältigt ist, wirft auch die mit ihr eng verbundene soziale Revolution zahlreiche Probleme auf, für die man in Lateinamerika bisher kaum brauchbare Lösungen gefunden hat. Auch hier weist die Entwicklung erhebliche Unterschiede zu Europa auf. Während in England, Deutschland und Frankreich die durch die „Bevölkerungsexplosion" des 19. Jahrhunderts ausgelöste Landflucht und Urbanisierung halbwegs gleichzeitig mit der industriellen Revolution stattfand und diejenigen Arbeitskräfte, die von der damals noch sehr arbeitskräfteintensiven Industrie nicht aufgenommen werden konnten, in die Emigration ausweichen konnten, hat die Bevölkerungsexplosion in Lateinamerika vor dem eigentlichen Anlaufen der industriellen Revolution begonnen. Die Landflucht, zu der in den meisten Gebieten wegen der großen Reserveflächen unbebauten Landes an sich keine zwingende Notwendigkeit besteht, wird durch völlig überholte Bodenbesitzstrukturen gefördert. Die überstürzte Urbanisierung, für die es keine Alternative in Form von Auswanderung gibt, schafft kaum lösbare Eingliederungs-, Wohnungs- und Arbeitsprobleme, deren Lösung noch dadurch erschwert wird, daß moderne Industrieanlagen wegen ihres hohen Grades an Automation relativ wenige Arbeitsplätze schaffen, die indes hohe Investitionen erfordern. Wegen des niedrigeren Lohnniveaus in Lateinamerika ist die Automation dort natürlich teilweise noch nicht ganz soweit fortgeschritten wie in den USA oder Europa.

Nachdem im Verlauf des Ersten Weltkriegs die Macht in den lateinamerikanischen Staaten weitgehend wieder in die Hände der Konservativen übergegangen war, führten die erwähnten krisenhaften sozio-ökonomischen Prozesse, die durch die Weltwirtschaftskrise verschärft wurden, teilweise zu einer Rückkehr der Liberalen an die Macht. Der weltweite Zusammenbruch der Rohstoffpreise und das Ausbleiben neuer Kredite brachte die industrielle Entwicklung der wirtschaftlich völlig von den USA und Europa abhängigen lateinamerikanischen Staaten zum Stillstand und führte langfristig zu einer ungeheuren Verschuldung. Mit Hilfe der demagogischen Mittel des ‚populismo' machte sich in dieser Krisensituation die vom Positivismus beeinflußte zweite und dritte Generation der Liberalen, die hier als Spätliberale bezeichnet werden, zum Sprecher der Sorgen der breiten Massen, um die Macht zurückzugewinnen.

Der ‚populismo' ist ein Ausdruck der Krise der Oligarchie, die, gezwungen durch die sozio-ökonomischen Umwälzungen, sich die Macht durch die Freigabe eines gewissen Demokratisierungsprozesses zu sichern suchte. Zugleich ist der ‚populismo' Ausdruck der Schwächen der herrschenden urbanen politischen Gruppen in der Auseinandersetzung mit den oligarchischen Gruppen im nationalistischen, kapitalistischen Entwicklungsprozeß. Schließlich ist der ‚populismo' vor allem Ausdruck der Entstehung organisierter, unterprivilegierter Gruppen der städtischen Massen, um deren Unterstützung sich die herrschenden Gruppen bemühen. In Brasilien war beispielsweise der ‚populismo' seit Vargas einerseits ein Mechanismus der Herrschaftsausübung der an der Macht beteiligten Gruppen, also eine Form von Manipulation der unteren Schichten, andererseits stellte er auch eine Demokratisierungsmöglichkeit des politischen Prozesses dar, durch die die dominierenden Strukturen in Gefahr gebracht wurden[3].

Aber wichtiger als die Durchsetzung echter Volkssouveränität und Demokratie war den Spätliberalen der Durchbruch zur Macht und die Sicherung der einmal gewonnenen Macht zur Durchsetzung ihrer wirtschaftlichen Interessen. Nicht selten führten unter liberalen Vorzeichen angetretene „starke Männer" eine mehr oder weniger verhüllte Diktatur herauf oder erlitten eine konservative Metamorphose. Einmal an der Macht, verabreichten die Spätliberalen eher Beruhigungsmittel für die Massen, als daß sie einschneidende Reformen durchführten.

Die Tatsache, daß sich die politische Linie von Liberalen und Konservativen zunehmend verwischte, erklärt sich zum Teil auch dadurch, daß beide politischen Gruppierungen im 20. Jahrhundert zwei sehr unterschiedliche Flügel ausbildeten. Die Konservativen hatten einen rechten Flügel, der oft mehr oder weniger mit der katholischen Rechten oder von den dreißiger Jahren an mit der „populistischen" oder diktatorialen Rechten übereinstimmte, und einen Mittelflügel, der die Interessen der alten Oligarchien vertrat und zunehmend unter kapitalistischen und teilweise ausländischen Einfluß geriet. Die Liberalen hatten einen rechten Flügel, der die Interessen der liberalen Oligarchien und des gehobenen Bürgertums bzw. des oberen Teils der Mittelschicht vertrat, und einen „Volksflügel", der oft aus den sogenannten Radikalen bestand und am deutlichsten die ursprüngliche Linie des Liberalismus vertrat, wenn auch jetzt stärker abgestützt durch regionale, vom Populismus getragene Caudillos[4].

---

[3] Berger 1972, 161ff. Der Begriff ‚populismo' läßt sich kaum übersetzen. Im Lexikon findet sich dafür „volkstümliche Politik", was nur einen Teilaspekt trifft. Vgl. im einzelnen Abschnitt 4231.
Fuenzalida 1972, 81 bemerkt: Bei ihrer Modernisierung hat die „kolonialistische Gesellschaft ihr monopolistisches Verhalten hinsichtlich der Produktionsgüter, des Kredits und der Kontrolle der Kommerzialisierung nicht geändert". Die Folge davon ist eine rein wirtschaftliche Betrachtungsweise des Fortschritts, die häufig als „Neoliberalismus" kritisiert wird, der mehr als der Liberalismus des 19. Jahrhunderts die Interessen der Privatunternehmen der herrschenden Schicht mit dem öffentlichen Sektor verbindet. Der staatliche Neoliberalismus hat sich umgesetzt in den ‚desarrollismo', „der versucht, das interne Herrschaftssystem zu festigen, indem er dem industriellen Komplex, der das System stützt, eine praktisch exklusive Priorität und dauernde Unterstützung gibt". Infolgedessen kommt es nicht zur Bildung eigenen Kapitals, zur Diversifizierung der beruflichen Beschäftigung auf allen Ebenen. „Damit gewinnt die Rentabilität der sozialen Dienste einen negativen Aspekt, wenn man sie auf die gesamte Bevölkerung bezieht." Das traditionelle ‚laissez faire' wirkt in der technisch-wirtschaftlichen Situation von heute als Stütze der hegemonialen Gesellschaft, die große Teile der Gesellschaft von der Teilhabe am Fortschritt ausschaltet. Fuenzalida verwendet also den Begriff „Neoliberalismus" in ähnlichem Sinne wie der Vf. „Spätliberalismus".
[4] Zur Differenzierung der Parteiflügel vgl. Dussel 1972, 120, der auf die zunehmende Schwächung der traditionellen Parteien wegen ihrer ungenügenden ideologischen Basis hinweist, sowie auf ihren verengten Nationalismus, der ein Erbe des 19. Jahrhunderts darstellt.

Zwischen dem Mittelflügel der Konservativen und dem rechten Flügel der Liberalen kam es zu einer bemerkenswerten ideologischen Annäherung. Die Liberalen waren nicht mehr strikte Anhänger der Trennung von Staat und Kirche, wenngleich sie nach wie vor versuchten, den Einfluß der Kirche zu beschränken und die laikale öffentliche Erziehung durchzusetzen, und die Konservativen waren nicht mehr ausschließlich klerikal und autoritär. Hingegen haben die Radikal-Liberalen, die soziologisch die Interessenvertreter der kleineren ländlichen Grundbesitzer und des aufsteigenden merkantilen und industriellen städtischen Bürgertums waren, der durch naturwissenschaftlichen und technologischen Positivismus bedingten Säkularisierung zum Durchbruch verholfen und die Modernisierung der Gesellschaft am stärksten angeregt und vorangetrieben. Konservative und Liberale aller Schattierungen, besonders aber der beiden angenäherten Flügel, wahrten häufig in den politischen Strukturen den Schein der Demokratie. Sie scheuten sich nicht, die Verfassungen nach den Interessen der gerade an der Macht befindlichen Partei zu ändern. Die Zusammensetzung der parlamentarischen Gremien entspricht bis heute selten den Grundsätzen einer freiheitlich repräsentativen Demokratie, sei es, daß die Wahlen nicht frei sind, sei es, daß das Wahlrecht auf Besitzbürger oder Alphabeten beschränkt ist, sei es, daß die Landbevölkerung durch archaische Strukturen bei den Wahlen manipuliert wird (vgl. den ‚coronelismo' im brasilianischen Kaiserreich und in der Ersten Republik)[5], sei es, daß die Wahlergebnisse frisiert werden, sei es, daß die Massen den Wahlen weitgehend fernbleiben, weil sie sich durch die konservativen und liberalen Parteien in ihren Interessen nicht vertreten sehen. Die einen demokratischen Rechtsstaat begründende saubere Trennung zwischen Legislative, Exekutive und richterlicher Gewalt ist selten gegeben. Gegen die Interessen der sich der parlamentarischen Strukturen bedienenden Machtgruppen sind auch Rechtsansprüche oft kaum durchsetzbar.

Das etablierte System gerät dort in die Krise, wo Gegeneliten – z. B. christdemokratische, sozialistische oder marxistische – sich um die Bewußtseinsbildung der Massen bemühen und entweder auf revolutionärem Wege die Macht erkämpfen (z. B. die mexikanische Revolution ab 1910 und die kubanische ab 1959) oder sich durch Wahlen durchsetzen, wo dies die Strukturen und andere Parteien zulassen (z. B. in Chile 1970, wo die Christdemokraten als

---

[5] Zum ‚coronelismo' vgl. Berger 1972, 136 und Abschnitt 4231. Lokale Führer, in Brasilien meist Oberste (coroneis) treiben die ländlichen Wählergruppen wie Viehherden an die Wahlurnen, wo sie im Sinne ihres ‚patrón' stimmen müssen. Eine derartige Beeinflussung der einfachen ländlichen Wähler ist zwar heute seltener, konnte aber vom Verfasser noch in den Jahren 1958–61 in El Salvador beobachtet werden. Dohms 1930, 81ff bemerkt, daß die Liberalen in Brasilien lediglich Kultusfreiheit forderten, „sich also nur gegen die ausschließliche Ausstattung und Bevorrechtung der kath. Kirche" wandten, aber im Gegensatz zu den Positivisten nicht eine absolute Trennung von Kirche und Staat programmatisch vertraten. *Der Einfluß des Positivismus mußte der demokratischen Entwicklung abträglich sein, denn nach Comte ist Politik* „wissenschaftlich begründeter, religiös-ethischer Menschheitsdienst". *Diese Politik der* „Ordnung" *und des* „Fortschritts" *bedarf nicht der Parlamente und Abstimmungen.* „In der Wissenschaft wird auch nicht abgestimmt. Sie bedarf aber einer sauberen Geschäftsführung und der Leitung und Stützung durch eine öffentliche Meinung, die gebildet wird von denen, welche die Gesamtwissenschaft in absoluter materieller Unabhängigkeit von den Lenkern des Staates lehren" – aaO 67ff.

Steigbügelhalter fungierten). Seit der kubanischen Revolution bedienen sich die Oligarchien indes verstärkt brutaler Repressionsmechanismen von Polizei (Folterungen) und im Untergrundkampf geschulter Armeeinheiten[6].

4212 Die lateinamerikanische Rezeption von Szientismus und Positivismus

Eine klare Behandlung dieser Frage droht an dem oben angedeuteten methodischen Problem der Begriffsdefinition und der begrifflichen Abgrenzung von „Positivismus" zu scheitern. In der lateinamerikanischen Fachliteratur kann als Positivismus so ziemlich alles von der Rezeption der wissenschaftlichen Revolution bis zum philosophischen Positivismus in der Prägung von Comte bezeichnet werden, genauso der Evolutionismus von Spencer und Darwin, der Utilitarismus von Bentham oder Mill, der naturwissenschaftliche Materialismus eines Moleschott oder Büchner oder der Monismus von Häckel. Einige Autoren meinen, einen autochthonen Positivismus in Lateinamerika entdecken zu können, etwa bei Justo Arosemana in Panamá, Juan Bautista Alberdi (1810 bis 1884) und Domingo Faustino Sarmiento (1811–88) in Argentinien oder bei José Victorino Lastarria (1817–88) in Chile. Sogar bei Simón Bolívar will man schon einen, wenn auch „etwas vagen, intuitiven" Positivismus bemerken, z. B. in seinem Brief aus Jamaica (1815) oder in seiner Rede vor dem Kongreß von Angostura (1819)[7]. William D. Raat kritisiert (1969, 185), daß sogar ein so durch seine Arbeiten über den Positivismus in Mexiko ausgewiesener Forscher wie Leopoldo Zea nicht selten schon die Übernahme der wissenschaftlichen Methodik damit gleichsetzt, „obgleich der Positivismus viel mehr war als eine Methode, nämlich eine Geschichtsphilosophie, die das Vorhandensein von geschichtlichen Abschnitten postulierte, die sich fortschreitend auf ein wissenschaftliches Ziel hin entwickelten".

Wenngleich es angesichts der Begriffsverwirrung auch nicht ohne weiteres möglich ist, den Terminus „Positivismus" auf die Philosophie von Auguste Comte zu beschränken, so sollte doch wenigstens zwischen positivistischer Philosophie französischer oder englischer Herkunft im weitesten Sinne des Wortes und der wissenschaftlichen Methode unterschieden werden, für die ich mit Raat und anderen Autoren den Begriff ‚ciencismo' verwende. „Szientismus" könnte man definieren als eine „These, die behauptet, daß die Methoden der Naturwissenschaften in allen Bereichen der Forschung, einschließlich der Humanwissenschaften, der Philosophie und der Sozialwissenschaften zur Anwendung gelangen müssen"[8]. In diesem Sinne kann man mit Kolakowski von einer „szientistischen Ideologie" sprechen[9], die eine gefährliche Herausforde-

---

[6] Lateinamerikanische Polizeioffiziere werden seit vielen Jahren im Rahmen des nordamerikanischen Hilfsprogramms des Office of Public Safety (OPS) geschult, während Offiziere und Armeeinheiten seit Anfang der sechziger Jahre mit großem Erfolg in der Panamá-Kanalzone vom US Southern Command im Kampf gegen subversive Kommandos und im Guerrilla-Krieg ausgebildet werden. Auf diese Zusammenhänge weist ein ideologisch so unverdächtiger Zeuge wie der Direktor der Lateinamerika-Abt. des National Council of Churches der USA, William Wipfler 1972, 69f, hin. Zum Problem der Folterungen in Lateinamerika vgl. u. a. die Jahresberichte vom Amnesty International.

[7] Vgl. Chong 1972, 4; die entsprechenden Quellentexte sind in englischer Übersetzung abgedruckt bei Johnson 1968, Reading 12 und 13, 151–199.

[8] Raat 1969, 185 mit Anm. 35.

[9] Vgl. Kolakowski 1971, 207f, der den Szientismus als integrierenden Bestandteil

rung an die christliche Theologie darstellt, die sich einem solchen Methodendiktat ebenso wenig beugen kann wie die Humanwissenschaften, die Philosophie und die Sozialwissenschaften. Sie haben sich ihm auch in Lateinamerika nie vollständig gebeugt. Aber wegen des z. B. im staatlichen Sekundarschulwesen vielerorts bis in die vierziger Jahre und teilweise darüber hinaus fortdauernden Einflusses des Szientismus erscheint es angebracht, den ‚ciencismo' neben dem Spätliberalismus als ein wichtiges Charakteristikum der Epoche anzusehen, was vom Positivismus im engeren Sinne nur für die Zeit bis etwa zum Ersten Weltkrieg gilt.

An den oben erwähnten Thesen über einen autochthonen Positivismus ist sicher etwas Richtiges, insofern als Szientismus und Positivismus keine reinen Importprodukte waren. Vielmehr gibt es Ansätze zum naturwissenschaftlich-positivistischen Denken schon bei den genannten Autoren, die dann viel später, etwa von den sechziger Jahren des 19. Jahrhunderts an, als die Schriften von Comte und anderen in Lateinamerika bekannt wurden, ihre geistige Affinität mit dem europäischen Positivismus bemerkten. So hatte Arosemena schon frühzeitig erkannt, daß „die Rasse und die Umwelt, das Erbe und die Psychologie den Schlüssel für die Erforschung der hispano-amerikanischen Gesellschaft bilden". Und ein Simón Bolívar hat die Forderung der späteren Positivisten vorweggenommen, daß in Lateinamerika die Schaffung von Fachschulen zur Ausbildung von Technikern, Agronomen und kommerziellen Fachleuten Vorrang haben müsse vor der Ausbildung von geisteswissenschaftlichen Intellektuellen (gente letrada)[10]. Der enorme Eindruck, den der europäische Positivismus in Lateinamerika machte, läßt sich wohl daraus erklären, daß er an ein diffuses Vorverständnis anknüpfen konnte und daß er Antworten auf viele tatsächlich vorhandene Fragen anbot, vermittelte er doch nicht nur

---

jeder Art von Positivismus ansieht. Er definiert Szientismus als „Glaube an die grundsätzliche methodische Einheit der Wissenschaft und die Überzeugung, daß die Unterschiede, die weiterhin zwischen den verschiedenen Wissensdisziplinen, vor allem zwischen Geistes- und Naturwissenschaften bestehen, die Folge der Zurückgebliebenheit der Geisteswissenschaft seien, die sich jedoch mit der Zeit unausweichlich dem naturwissenschaftlichen Modell angleichen werde". Bezüglich des Begriffs „Positivismus" unterscheidet Kolakowski aaO 7 folgende Bedeutungen: die philosophische Doktrin, „die weder Doktrin noch Philosophie sein möchte", ferner eine bestimmte Position in der Rechtstheorie, eine bestimmte Strömung in der Literaturgeschichte und ein Standpunkt in theologischen Fragen. „Die Verwendung ein und derselben Bezeichnung in allen diesen Fällen ist nicht gänzlich arbiträr und hat ihre Gründe in der gedanklichen Orientierung der Standpunkte, die genannt wurden." Kolakowski beschränkt sich in seiner Arbeit auf den Positivismus als philosophischen Standpunkt, wobei er den Bogen sehr weit spannt, nämlich von Hume über Comte, Claude Bernard, J. J. Mill, Spencer, Avenarius, Ernst Mach, Peirce bis zum logischen Empirismus der Gegenwart. Er befreit also den Begriff „Positivismus", wie dies auch im lateinamerikanischen Sprachgebrauch üblich ist, aus der engen Bindung an Auguste Comte.

[10] Chong 1972, 4f. Andere Autoren unterscheiden einen ‚ambiente positivista' in der 1. Hälfte des 19. Jahrhunderts, der das Terrain vorbereitet hat, von der eigentlichen ‚filosofía positivista' Comtes, die vor 1868 in Lateinamerika nicht nachweisbar ist. Weiteres Material bringt Arciniegas in seiner lateinamerikanischen Kulturgeschichte unter der Überschrift: „Vom Utilitarismus zum Positivismus" — 1972, 378ff. Er erwähnt z. B. daß Alberdi schon 1837 den Begriff der „Gesellschaftswissenschaft" geprägt habe: „The science that seeks a general law for the harmonious development of human beings is *social science*" — aaO 385.

die Fülle neuer naturwissenschaftlicher und philosophischer Erkenntnisse und Daten, die seit Kopernikus, Kepler, Galilei, Newton, Leibniz, Bacon, Descartes, Lamarck und Darwin über die Menschheit hereingebrochen waren, sondern bot gleichzeitig ein philosophisches System zu ihrer Einordnung und Bewältigung an, das noch dazu die auch in Lateinamerika seit der Emanzipation virulenten gesellschaftlichen Probleme miteinbezog.

Wie die mehr oder weniger parallele Kunstrichtung des Realismus kann man den Positivismus als Gegenschlag zur Romantik und damit als konsequenten Versuch verstehen, sich der kontextualen Wirklichkeit der menschlichen Existenz zuzuwenden. Die heute so oft beschworene Notwendigkeit einer autochthonen kulturellen, wirtschaftlichen und politischen Entwicklung Lateinamerikas kam im Zeichen des Positivismus freilich noch nicht in den Blick. Der Klärungsprozeß der in Lateinamerika vorhandenen geistigen Substanz war noch lange nicht abgeschlossen.

Zwar hatte die Amero-Romantik schon eine Rückbesinnung auf die indianischen Kulturen, ein Staunen angesichts der grandiosen Landschaften der Neuen Welt und eine kriollistische Bewegung mit „folkloristischer Herauskehrung des Bodengewachsenen" hervorgebracht, aber durch die Unterstützung der nationalistischen Parole: „Völlig los von Spanien! Völlig los von Portugal!"[11] doch auch einer kritischen Aneignung des iberischen Kulturerbes einen Riegel vorgeschoben (vgl. das Problem der Identität 32222). Nachdem Spanien und Portugal ihre Kolonien 300 Jahre lang vom geistigen Einfluß des nichtiberischen Europa abgesperrt hatten, suchten die geistigen Eliten der jungen unabhängigen Staaten nach kosmopolitischer Erweiterung ihres Horizonts, eine Tendenz, die sich in der zweiten Hälfte des 19. Jahrhunderts im Zeichen von Amero-Realismus und Positivismus noch verstärkte. Der Blick richtete sich gebannt auf Europa. „Da dieses Europa inzwischen aber neben dem geistigen Imperialismus der Französischen Revolution auch den wirtschaftlichen Imperialismus vor allem der Angelsachsen auf seine Fahnen geschrieben hatte, kam der Ansturm von zwei Seiten: der intellektuellen sowohl — und dazu gehören in erster Linie Philosophie und Literatur — wie der materiellen. Die riesengroße Möglichkeit der Überfremdung, die in diesem Ansturm lag, wurde in der Ära zwischen 1860 und 1890 noch nicht erkannt. Noch galt Europa als das Ideal des Fortschritts schlechthin, im übrigen vertraute man der Assimilationskraft des amerikanischen Bodens."[12]

Der Positivismus mußte in Lateinamerika einen avantgardistischen Eindruck machen und ließ deshalb notgedrungen die Kirchen, sei es die in ihrer kolonialen Vergangenheit befangene römische Kirche, seien es die gerade erst Fuß fassenden protestantischen Einwanderer- und Missionskirchen, die weitgehend unreflektiert evangelisches Glaubensgut anderer Epochen und Länder in den damaligen lateinamerikanischen Kontext zu verpflanzen versuchten, als rückständig und obsolet erscheinen. Die schwach entwickelte, im Laufe des 19. Jahrhunderts zum Neothomismus tendierende katholische Theologie in Lateinamerika — von einer lateinamerikanischen Theologie kann man ja bis in die jüngste Zeit hinein kaum sprechen — war zu einer Systemkritik der positivistischen Wissenschaft außerstande, d. h. zur Kritik an der willkürlichen Beschränkung ihres Forschungsrahmens, der ausschloß, die Produkte ihrer Forschung mit den menschlichen Antagonismen zu verbinden, also die Situation der Rückständigkeit der lateinamerikanischen Völker als eine Folge der wirtschaftlichen Ausbeutung zu erkennen und sie nicht als eine normale Stufe auf der evolutiven Leiter des Fortschritts zu verschleiern. Die Kirchen erkannten

---

[11] Grossmann 1969, 207f.   [12] Ebd. 263.

nicht, daß die positivistische Wissenschaft in den abhängigen Ländern ein Ausdruck der „aufgeklärten" Oligarchien war, eine Anerkennung des einlinigen Evolutionsmodells der weiter entwickelten Gesellschaften, deren Überlegenheit die Positivisten der weniger entwickelten Länder nun wissenschaftlich anerkannten und damit die Ausbeutung der Peripherie durch die Metropole noch rechtfertigten. Denn nach diesem Denkmodell ist die Herrschaft der Stärkeren, „dem zivilisatorischen Modell Näheren, über die Schwachen, die Reste der ‚barbarischen und kulturlosen' Vergangenheit", eo ipso gerechtfertigt. Eine Ideologiekritik an der partikularen westeuropäischen Gesellschaft kam für die lateinamerikanischen Positivisten nicht in Frage. Vier Jahrhunderte europäischer Expansion schienen ihnen mit wissenschaftlicher Stringenz die Notwendigkeit der Entwicklung auf das westeuropäische Gesellschaftsmodell hin zu beweisen. Die universale Gültigkeit dieses Modells zu bestreiten, war für sie irrational, weil unwissenschaftlich[13]. Noch die Anfang der sechziger Jahre des 20. Jahrhunderts kaum bestrittene Entwicklungstheorie des Nordamerikaners W. W. Rostow ging davon aus, daß die Länder der Dritten Welt dieselben Entwicklungsstufen durchlaufen müßten wie die heutigen Industrienationen im 19. Jahrhundert[14]. Erst nach der Entwicklung der dependenzkritischen lateinamerikanischen Soziologie (vgl. Einleitung 1) wurde eine Ideologiekritik wie die oben nach Guillermo Gutiérrez zitierte möglich.

Die römische Kirche versuchte hingegen, die Prinzipien von Utilitarismus und Positivismus zunächst mit scholastischen Kategorien zu widerlegen, so etwa in der ersten kirchlichen Philosophischen Fakultät Brasiliens, die mit erzbischöflicher Hilfe 1908 im Benediktinerkloster von São Paulo eröffnet wurde. Die Fakultät sollte „den Geist der Studenten aus der experimentellen Methode in die Freiheit des Geistes führen, die sich durch das a priori auszeichnet, wohlverstanden, auf der Suche nach den Prinzipien der Wahrheit, um ein

---

[13] Gutiérrez 1973, 56. Dejung 1973, 59 bemerkt: Herbert Spencer übertrug das Darwinsche Denken direkt auf Gesellschaft und Geschichte. Der amerikanische Soziologe William Graham Sumner machte diese Übertragung „zum beherrschenden Credo der amerikanischen Sozialwissenschaften bis zum Ersten Weltkrieg... *Diese Philosophie* — nach Hofstadter *ein Produkt des englischen Industrialismus und die weltanschauliche Ideologisierung des Laissezfaire-Kapitalismus* — führte im Bereich der Ethik zu einer reformfeindlichen Haltung gegenüber den im Zuge des Industrialisierungsprozesses offenbar gewordenen Widersprüchen der Gesellschaft. Denn ausgehend vom Postulat eines universalen Entwicklungsgesetzes — auf der Grundlage einer perfektionierten Deutung des Darwinschen Selektionsprinzips vom ‚Überleben des Tüchtigsten' und auf der Lamarckschen These von der Vererbung erworbener Eigenschaften — entwickelten Spencer und Sumner eine ‚negative Soziologie', die jegliche Kontrolle der gesellschaftlichen Entwicklung ablehnte und die Unterwerfung unter die ewigen Wahrheiten des universalen Entwicklungsprozesses als den einzigen Weg zum Fortschritt pries. Aus seinem geschichtsphilosophischen Ansatz zog Spencer folgende gesellschaftspolitische Konsequenzen: Er forderte eine negativ bestimmende Rolle des Staates, dessen Aufgabe allein darin besteht, die Freiheitsrechte des Individuums zu sichern, sich aber ansonsten jeglicher Eingriffe in den sozialen und wirtschaftlichen Ablauf enthalten muß. Die Folge waren Spencers Ablehnung der Gesetze gegen die Armut, der staatlichen Erziehung und Gesundheitspflege, sowie einer staatlichen Zollpolitik". Es liegt auf der Hand, wie sehr die Übernahme dieser Philosophie in Lateinamerika stabilisierend für den Status quo wirken mußte.

[14] Vgl. Prien 1973, 155.

Gleichgewicht herzustellen zwischen dem a posteriori und dem a priori der menschlichen Erkenntnis"[15]. Im Zuge der mehr defensiven Auseinandersetzung mit Szientismus und Positivismus kapselte die römische Kirche sich zunehmend ab, indem sie eine Kette von katholischen Universitäten auf dem Subkontinent aufbaute. Protestantische Institute erfüllten in kleinerem Rahmen eine ähnliche Funktion.

Das Spektrum des Einflusses von Szientismus und Positivismus ist sehr breit; systematisierend kann man sagen, daß folgende Bereiche besonders betroffen worden sind:

a) Das staatliche Erziehungswesen wurde von der Grundschule bis zur Universität von der naturwissenschaftlich-mathematischen Kultur und ihrer experimentellen Methodik durchdrungen. Aber die Unterrichtsreformen im letzten Drittel des 19. Jahrhunderts verhalfen nicht nur dem Szientismus zum Durchbruch, sondern waren auch mitbestimmt von positivistischen Gedanken Comtescher Prägung und evolutionistischen Vorstellungen in der Linie Spencers. Die unter angelsächsisch-evolutionistischem Einfluß erfolgte Weiterbildung

---

[15] Campos 1968, 69f. Kolakowski aaO 256 bemerkt zum Problem des a priori: „Die jahrhundertelange Arbeit der positivistischen Denker, insbesondere die Kritik der synthetischen Urteile a priori, die Kritik der Rechtmäßigkeit der Induktion, die Kritik an den ‚essentialistischen' Metaphysiken sowie die Kritik an den Werturteilen" hat „unter den Nichtpositivisten ein solches Selbstverständnis der Problemlage erweckt, das sich nicht mehr rückgängig machen noch verdrängen läßt. Wir sind nicht gezwungen, diese Kritik in dem Sinn zu akzeptieren, in dem sie jegliche metaphysische Suche und jegliche Suche nach Gewißheit ganz einfach auf einen Irrtum reduziert; wir sind jedoch gezwungen, ihre Ergebnisse zur Kenntnis zu nehmen, und zwar anzuerkennen, daß die Gesamtheit jener technologisch unbrauchbaren Geistesarbeit, die verspricht, zum Sein selbst vorzudringen, ein für allemal darauf verzichten muß, Anspruch auf einen ‚wissenschaftlichen' Status zu erheben". Letztlich sieht Kolakowski im Positivismus eine „Antiphilosophie", deren Absolutheitsanspruch er bestreitet. Dem kann sich die Theologie nur anschließen. Den implizit vorausgesetzten Wissenschaftsbegriff muß sie indes ablehnen. Alves 1972 macht mit Recht darauf aufmerksam, daß man auch bei exakter Anwendung der Forschungsmethoden nur das entdeckt, was man sucht. Wenn die wissenschaftliche Mentalität seit Feuerbach, Marx und Freud davon ausgeht, daß Phantasie Pathologie ist und daß das menschliche Verhalten nur als Funktion der Strukturen erklärbar ist, kommt sie notwendig zu dem Schluß, daß Religion, ob sie nun wissenschaftlich untersucht ist oder nicht, a priori als falsches Bewußtsein oder als Krankheit zu definieren ist. Bei diesem Ansatz geht der Szientismus aber selbst von einer „unbewußten Metaphysik" aus, nach der der konkrete Mensch nichts zur Erklärung der soziologischen Einrichtungen beiträgt, „in denen er funktioniert". Nun hat aber die Psychoanalyse bewiesen, daß Träume einen Sinn haben. Daraus folgt, daß „die Welt, in der der Mensch lebt, als ein konkretes Wesen, nicht die Welt ist, die durch wissenschaftliche Abstraktion beschrieben wird. Bewußtsein ist Beziehung. Beziehung hat es mit den vitalen Problemen zu tun, mit denen es die Personen täglich zu tun haben. Und weil jeden Augenblick das Leben auf dem Spiel steht, erlebt der Mensch die Welt zunächst und grundlegend als Emotion. Die Welt ist nie ein Objekt, das er desinteressiert betrachtet... Deshalb scheint es mir, daß die Religion, sogar in ihren ‚entfremdetsten' Formen, eine Kritik des Wirklichkeitsbegriffes enthält, den die Wissenschaft als Gefangene ihrer eigenen Metaphysik nicht überschreiten kann". Bisher hat die Wissenschaft die Religion entmythologisiert. „Gäbe es nicht die umgekehrte Möglichkeit, daß die Religion Wege eröffnet zur Entmythologisierung der Wissenschaft?"

der Pädagogik zur Erziehungswissenschaft setzte sich beispielsweise am La Plata (Argentinien und Uruguay) durch. Unter dem Einfluß des Positivismus erhielten die Wirtschaftswissenschaften und die Soziologie Pflegestätten an den lateinamerikanischen Universitäten. Weit länger als der philosophische Positivismus blieb der Szientismus die Grundlage des öffentlichen Schulwesens.

Der literarische Protest des Uruguayers José Enrique Rodó (1872–1917) in seinem Roman „Ariel", der gelegentlich ungenau als die erste Reaktion gegen den Positivismus in Lateinamerika angeführt wird, richtete sich in Wahrheit nicht gegen den Positivismus der Linie Comtes, zu dem sich Rodó selbst bekannte, sondern gegen einen platten Utilitarismus, wie er ihn in der nordamerikanischen Mentalität verkörpert fand.

b) Im Bereich der Politik setzte sich im Sinne des Szientismus überall ein wirklichkeitsbezogenes Denken durch, das von Fakten ausgeht, wirtschaftliche Planungen entwirft, Nützlichkeitserwägungen anstellt und nach praktischen Lösungen sucht[16]. Abgesehen von der unkritischen Übernahme des vom positivistischen Denken geprägten einlinigen Entwicklungsmodells ist es in der jüngsten Diskussion umstritten, wie weit der philosophische Positivismus eine direkte Rolle in der lateinamerikanischen Politik gespielt hat. Leopoldo Zea glaubte dessen politische Bedeutung hinreichend nachgewiesen zu haben. Raat wirft Zea indes vor, alle jene unkritisch Positivisten zu nennen, die sich bei ihren Forschungen und ihrem Handeln von der „positiven Methode" leiten ließen, ferner daß er sich einer vagen Terminologie bediene, und zwar nicht nur in bezug auf den Begriff „Positivismus", sondern auch hinsichtlich von Begriffen wie „Mittelklasse", „Geist der Zeit", „mexikanische Mentalität" etc. und daß er die herangezogenen Quellen nicht kritisch genug analysiert habe, also auch dann von Positivismus spreche – z. B. in Regierungserlassen und Zeitungsaufsätzen –, wenn er sich im philosophisch-ideologischen Sinne herzlich wenig nachweisen lasse[17]. Weil Zea trotzdem etwas Richtiges gesehen hat und auch Raat ihm seine Rolle als Klassiker auf dem Gebiet der Erforschung des lateinamerikanischen Positivismus nicht streitig machen will, sei seine Sicht des politischen Einflusses des Positivismus nach einem neueren Aufsatz kurz skizziert:

Nachdem die ersten Jahrzehnte nach Erlangung der Unabhängigkeit in den lateinamerikanischen Republiken unter dem Einfluß des Liberalismus von der Diskussion um die Verwirklichung und Sicherung der individuellen Freiheiten bestimmt waren, trat entsprechend der Empfehlung von Sarmiento und Alberdi, daß die lateinamerikanischen Länder dem Vorbild der USA nacheifern müßten, die Frage nach dem materiellen Fortschritt in den Vordergrund, und Freiheit galt nun als etwas erst sekundär Verwirklichbares. Praktiker, die Ordnung, materiellen Wohlstand und Reichtum den Völkern verkündeten, traten auf die politische Bühne. Da es sich als illusorisch erwiesen hatte, aus der Anarchie heraus die wahre Freiheit des Individuums verwirklichen zu wollen, ging man nun daran, zunächst die Gesellschaft zu stärken, d. h. praktisch die Oligarchien zu festigen, die im letzten Viertel des 19. Jahrhunderts das politische Schicksal der Republiken bestimmen sollten. Am typischsten wurde das in Mexiko unter der langen Diktatur von Porfirio Díaz deutlich, die die Interessen der nationalen Oligarchie vertrat.

So formierte sich in den Jahren von 1880–1900 ein völlig neues Spanisch-Amerika, das mit den Republiken der Anfangsphase der Unabhängigkeit kaum noch etwas ge-

---

[16] Zu a–c vgl. Ardao 1963, 195ff.   [17] Raat 1969, 180.

mein hatte. Eine neue Ordnung war errichtet, die mit der ehemaligen kolonialen nichts mehr zu tun hatte, sondern auf den Gedanken des Fortschritts und der Wissenschaftlichkeit beruhte. Diese Ordnung schien für die Erziehung und das materielle Wohl der Bürger zu sorgen. Ihr waren die politischen Freiheiten geopfert worden, die man nun als unnötig und Unruhe stiftend empfand. „Die einzige Freiheit, für die man kämpfte, war die Freiheit zur Bereicherung und zur Vorherrschaft der Fähigeren, so wie es die neuen philosophischen Strömungen zeigten. Eine mächtige europäische Einwanderung führte dazu, daß die Länder Südamerikas an die Entstehung von weiteren, den Vereinigten Staaten des Nordens ähnlichen Ländern dachten. Der Reichtum, der auf der Industrie basierte, schien der beste der Antriebe im neuen Hispano-Amerika zu sein. Die Eisenbahnen, Straßen und Industrien vervielfachten sich. Es wuchs auch die Zahl der Schulen, in denen man die zukünftigen Bürger den praktischen Geist der angelsächsischen Völker lehrte, die Form, wie man im Leben triumphieren kann, wie man der Fähigste im Kampf um die Vorherrschaft der Fähigsten wird. Die Philosophie, die diese Ordnung rechtfertigte und dieser neuen Erziehungsform als Richtschnur diente, war der Positivismus" in seinen beiden Ausprägungen, derjenigen von Comte und der englischen[18].

Bei der genaueren Betrachtung der Entwicklung der einzelnen Staaten wird zu prüfen sein, inwieweit sich diese Sicht der Dinge erhärtet. Generell wird man mit Ardao zu den drei wichtigsten Staaten Lateinamerikas feststellen können, daß in Brasilien der offizielle Positivismus zwar wichtig war, für die staatliche Entwicklung indes letztlich akzidentell blieb, daß der Positivismus in Argentinien nur als implizite Doktrin der Ideologen der Macht offiziellen Charakter hatte, während er sich in Mexiko — jedenfalls nach der Interpretation von Zea — in die explizite Doktrin der langen Diktatur von Porfirio Díaz verwandelte[19].

c) *Auf religiösem Gebiet* wirkte der Positivismus auf zwei Ebenen: „auf der theoretischen des Glaubens und auf der praktischen der Kämpfe gegen die Kirche und den Klerus."

Nachdem in der Generation nach der Unabhängigkeit der spiritualistische Deismus der Romantiker in der lateinamerikanischen Intelligenz die Glaubenskrise ausgelöst hatte (vgl. 4121)[20], signalisierte der Positivismus die Krise des Gottesgedankens. Die Positivisten polemisierten gegen die spiritualistische Metaphysik, „die den Deisten mit dem Katholizismus gemeinsam war", und endeten im Agnostizismus, wenn nicht gar im Atheismus. Während noch im voraufgegangenen religiösen Rationalismus, der den Kampf gegen die Kirche im Namen der Naturreligion aufgenommen hatte, der Gottesgedanke dominierte, fiel er nach 1880 „in den aktivsten universitären Zentren der lateinamerikanischen Intelligenz" dem allgemeinen Zusammenbruch der Metaphysik zum Opfer. Der Übergang von der kritischen, destruktiven zur konstruktiven Aktion, also der Einführung der von Comte propagierten Religion der Humanität, gelang den Positivisten in Lateinamerika, von schwachen Ansätzen in Argentinien und Chile abgesehen, nur in Brasilien, wo 1897 ein Tempel der Humanität für diesen Kult in Rio de Janeiro eingeweiht wurde.

Auf dem praktischen Gebiet des Kampfes gegen Kirche und Klerus, d. h. be-

---

[18] Zea 1957, 68f. Das klassische Standardwerk Zeas, auf das sich die Kritik Raats in erster Linie bezieht, ist: El positivismo en México, México D. F. 1943.

[19] Ardao 1963, 197f.

[20] Dazu muß man wissen, daß der für manche Sektoren der europäischen Romantik — in Deutschland etwa bei Novalis — charakteristische religiöse Zug in der Amero-Romantik praktisch völlig fehlt — vgl. Grossmann 1969, 207.

sonders gegen deren weltliche Macht, markiert der Positivismus die dritte Phase des im 19. Jahrhundert ausgebrochenen Antiklerikalismus. In der ersten Phase war es unter dem Einfluß Voltaires und der Enzyklopaedisten in der Generation der Unabhängigkeit zur Reaktion gegen den spanischen „Ultramontanismus" gekommen, zu einem Kampf, der dann gegen seine kreolischen Erben fortgesetzt wurde, aber nicht zum Bruch mit dem Katholizismus als solchem geführt hatte. In der zweiten Phase war es dann unter dem Einfluß des rationalistischen Deismus in der Generation nach der Unabhängigkeit, also in der Epoche der Amero-Romantik, zum Bruch mit der Offenbarungsreligion gekommen und damit notwendig mit der Kirche als ganzer. „Der Kampf richtete sich gegen die Gesamtheit des Klerus, aber sein besonderer Nachdruck" lag auf dem Dissensus in den philosophischen Grundsatzfragen. In der dritten von den Positivisten bestimmten Phase wurde die theoretische Polemik über Fragen von Glaube und Dogma zurückgestellt zu Gunsten des konzentrierten Kampfes gegen die katholische Kirche als gesellschaftliche Organisation. Der schon von den Liberalen deistisch-spiritualistischer Prägung propagierte Laizismus auf dem Gebiet des Erziehungswesens wurde durch den Antiklerikalismus der positivistischen Spätliberalen weiter gefördert und konsolidiert. Die Aktionsrichtung der Spätliberalen zielte auf eine weitgehende Säkularisierung aller Institutionen und die endgültige Trennung von Kirche und Staat, die sie allerdings nicht überall durchsetzen konnten, weshalb sie sich damit zufriedengaben, wenn der weltliche Einfluß der Kirche genügend reduziert war.

Zusammenfassend kann man sagen, daß der Positivismus in Lateinamerika mehr als Ideologie denn als Philosophie wirksam wurde, also als ein „System des gesellschaftlichen Denkens, worin die außerempirischen Kategorien und die Auswahl des empirischen Materials durch die gesellschaftlichen Interessen der Betrachtenden beeinflußt, wenn nicht gänzlich bestimmt werden"[21]. Der ideologische Einfluß auf den Gebieten von Erziehung, Politik und Religion bewirkte eine innige, „strukturelle Verbindung mit dem Bewußtsein der Epoche... Als geistige Form hatte der Kontinent seit der kolonialzeitlichen Scholastik keine so organische Phase erlebt. Andererseits war es der Zeitabschnitt der größten gegenseitigen Isolierung der verschiedenen lateinamerikanischen Länder"[22]. Alle bestehenden lateinamerikanischen Gemeinsamkeiten dieser Epoche erklären sich durch den gemeinsamen europäischen Hintergrund und nicht etwa durch die normalerweise zu erwartende Kommunikation der lateinamerikanischen Universitäten und Studienzentren. Während in Europa besonders zwischen England und Frankreich eine rege briefliche Verbindung zwischen Philosophen wie Comte, Mill und Taine bestand, war die Entwicklung der drei wichtigsten positivistischen Zentren Lateinamerikas: Mexiko, Brasilien und Argentinien, jahrzehntelang durch völlige gegenseitige Ignoranz gekennzeichnet[23].

Obgleich die Krisis der positivistischen Ideologie bereits um 1900 offenkundig wurde, sollte die Krisis der von ihr geschaffenen Institutionen erst viel später ausbrechen. Vielleicht ist die heutige Scheidung zwischen Theorie und Praxis, die es in der Epoche des Positivismus nicht gegeben hat, ein Ausdruck dieser institutionellen Krise, vermutete Arturo Ardao 1963[24].

---

[21] Definition von „Ideologie" nach N. Birnbaum, Art. Ideologie, RGG³ III, 567ff.
[22] Vgl. zum Ganzen Ardao 1963, 195ff.
[23] Ebd. 192f.   [24] Ebd. 199.

4213 Liberale und positivistische Wirtschaftspolitik und die sozio-ökonomische Entwicklungsproblematik Lateinamerikas

Nach der Wirtschaftsphilosophie der liberalen Eliten des 19. Jahrhunderts war die lateinamerikanische Wirtschaft gekennzeichnet vom Dualismus eines feudalistischen und eines kapitalistischen Sektors (vgl. 2113). Nach der Formel Sarmientos „Zivilisation und Barbarei" wurde alles Koloniale mit Rückständigkeit, Stagnation, Barbarei und alles Europäische mit Fortschritt identifiziert. „Innerhalb dieser manichäischen Sicht der historischen Dialektik erschien die Koexistenz beider Segmente der Gesellschaft unmöglich." Deshalb mußten die kolonialen Gesellschafts- und Wirtschaftsstrukturen so schnell wie möglich in kapitalistische überführt werden[25]. Die Liberalen übersahen dabei, daß die lateinamerikanischen Wirtschaften schon immer Marktwirtschaften gewesen sind, d. h. daß ihre Rückständigkeit keineswegs die Folge einer geschlossenen Wirtschaft oder einer Subsistenzwirtschaft war, sondern daß der Merkantilismus mit seiner Manipulation durch die Kolonialmächte ihre Rückständigkeit bedingt hatte. Indem die liberalen Reformer im Zeichen der Expansion des Kapitalismus im 19. und 20. Jahrhundert versuchten, die Rückständigkeit ihrer Volkswirtschaften mit Hilfe des Kapitalismus zu überwinden, scheiterten sie und verstärkten noch die wirtschaftliche Abhängigkeit ihrer Länder.

Die Erklärung für dies Scheitern der liberalen Wirtschaftspolitik ist in der sie begründenden falschen Situationsanalyse zu suchen. Auf lange Sicht tendiert die Expansion des Kapitalismus nämlich zu einer ständigen Verringerung der Gewinnspanne. Um den Prozeß der Kapitalakkumulation dennoch fortsetzen zu können, muß ein Sektor im internationalen Wirtschaftssystem gefunden werden, der wegen des niedrigeren technologischen Standes seiner Produktionseinheiten oder der exzessiven Ausbeutung der Arbeitskräfte dazu geeignet ist, den Profitabfall der dynamischeren oder fortschrittlicheren Industrien abzufangen. Diese Rolle ist idealtypisch für Unternehmen der peripheren Wirtschaftsgebiete. Das läßt sich z. B. an den Plantagen und ‚haciendas' zeigen. Als Rohstofferzeuger ist ihre Kapitalgrundlage verglichen mit der Industrie schwach. Ihre Arbeitskräfte sind im allgemeinen außerwirtschaftlichen Zwängen ausgesetzt im Stile der Produktionsweisen der feudalistischen Wirtschaft oder der Sklavenwirtschaft oder, wenn es sich um freie Arbeitskräfte handelt, wie dies seit Ende des 19. Jahrhunderts immer stärker der Fall ist, sind sie auf Grund der strukturellen Unterentwicklung in so reichlicher Zahl vorhanden, daß sie sehr billig sind. Der Schluß liegt nahe, daß die niedrigen Produktionskosten und Rohstoffpreise dieser Betriebe die Kapitalakkumulation in Europa und den USA gefördert hat, woraus man folgern könnte, „daß die Expansion des industriellen Kapitalismus der Metropolen von der Aufrechterhaltung vorkapitalistischer Produktionsformen in den peripheren Zonen abhängig war". Die Kapitalakkumulation hängt von der Aufrechterhaltung einer lohnenden Gewinnmarge ab und diese ihrerseits von der Konsolidierung und Ausdehnung der vorkapitalistischen Wirtschaftstrukturen in den Randgebieten[26].

[25] Laclau 1973, 181.
[26] Ebd. 190. Laclau macht darauf aufmerksam, daß noch empirisch bewiesen werden müßte, daß erstens im 19. Jahrhundert das Wachstum des Kapitals in den Metropolen größer war als die Zunahme der Produktivität der dortigen Industrien, zweitens, daß das in den peripheren Ländern investierte Kapital bei der Aufrechterhaltung einer angemessenen Gewinnspanne in den Metropolen eine wichtige Rolle gespielt hat.

In diesem Zusammenhang erwies es sich für die Entwicklung der lateinamerikanischen Volkswirtschaften als verhängnisvoll, daß ihre Eliten zusammen mit der positivistischen Ideologie die Auffassung übernommen haben, die peripheren Völker seien ohnehin nur zur Rohstofferzeugung geeignet; denn „der Positivismus versuchte die sozio-ökonomischen und politischen Forderungen der zeitgenössischen Industriegesellschaften als wissenschaftliche Gesetze, also als universale, notwendige, objektive und vernünftige Gesetze darzustellen"[27].

Die europäische Wissenschaft hatte zuerst den Gedanken ihrer eigenen Autonomie als reiner Anwendung der Erkenntnistheorie entwickelt und dann ihre Methode als ausschließliche Frucht der europäischen Vernunft interpretiert, womit sie gleichzeitig alle Denkformen, die nicht von ihren Prämissen ausgehen, als vorwissenschaftlich und irrational abwertete. So wurde im 19. Jahrhundert die koloniale Beherrschung dienende Erlösungsideologie (ideología salvacionista) abgelöst und im Zeichen der Säkularisierung durch eine wissenschaftliche Rechtfertigung des europäischen Imperialismus ersetzt. Hatte die von Galilei in Gang gesetzte wissenschaftliche Revolution zunächst der Sammlung von Wissen zur Beherrschung der Natur gedient, so kam es im 19. Jahrhundert zu einer ideologischen Revolution innerhalb der Wissenschaft, die dazu führte, daß die Wissenschaft sich den Interessen der sie tragenden Schicht integrierte.

Das kann man besonders deutlich bei den von den Positivisten begründeten Sozialwissenschaften sehen. Sie gehen von einer Verabsolutierung der europäischen Vernunft und von Gesetzen aus, die am Bezugsrahmen der kapitalistischen Gesellschaft beobachtet worden sind, als deren Höhepunkt und vollendetster Ausdruck die Gesellschaft des viktorianischen England galt. Objekt der Soziologie war deshalb nur die europäische Gesellschaft und später die nordamerikanische (vgl. Einleitung 1). Die vom üblichen eurozentrischen Bezugspunkt als peripher geltenden Gesellschaften, z. B. Lateinamerikas, galten lediglich als „Kulturen", mit denen sich die gleichzeitig mit der Soziologie entstandene Anthropologie zu befassen hatte. Die kulturelle Anthropologie ging im Gefolge darwinistischen Denkens davon aus, daß diese lateinamerikanischen Kulturen sich auf einer niedrigeren Entwicklungsstufe befänden. Dieselbe Begrenzung zeigte der Bezugsrahmen der Psychologie, deren Objekt das isoliert betrachtete Individuum wurde, bzw. die Sozialpsychologie, der es nur um Anpassung und passive Funktion des Individuums innerhalb des als solchen nicht hinterfragten gesellschaftlichen Systems geht. So war Ende des 19. Jahrhunderts das positivistische Denken der theoretische Bezugsrahmen der neuen Humanwissenschaften, die damit weithin die individualistische Tradition bürgerlich intellektueller Arbeit festschrieben[28].

Diesen Hintergrund muß man kennen, um zu verstehen, weshalb es in Lateinamerika fast nirgendwo zu einem raschen und umfassenden technologischen Entwicklungsprozeß gekommen ist, obgleich die von den Liberalen ausgehende Modernisierung der Gesellschaft unter dem Einfluß des Positivismus um die Modernisierung der Wirtschaft und den Beginn der Industrialisierung ergänzt wurde. Das „nationale Projekt" der lateinamerikanischen Nationalstaaten, d. h. die Gesamtheit der Zielvorstellungen der politisch und wirtschaftlich maßgebenden Sektoren der Gesellschaft, ist wesentlich von ihrer kolonialzeitlichen Situation als periphere Wirtschaftssysteme bestimmt gewesen, die Roh-

---

[27] Juan Pablo Franco, Sociológica crítica y doctrina de la liberación, in: Antropología 3er. Mundo, Nr. 6, 121 zitiert nach Gutiérrez 1973, 43f.
[28] Gutiérrez aaO 47ff. Um diese Kritik eines Vertreters der Dependenztheorie zu akzeptieren, braucht man kein Marxist zu sein.

stoffe exportierten und Fertigwaren importierten und damit völlig vom internationalen Markt abhingen. Ihre innere Stabilität beruht auf dem Bündnis zwischen den lokalen Nutznießern — der Oligarchie der Großgrundbesitzer, Exporteure und Importeure — und den Zentren der Weltwirtschaft. Die Einfuhr von Konsumgütern war stets verbunden mit der Einfuhr von Kulturgütern, Gewohnheiten, Mode, Wertvorstellungen etc. Diese „Importmentalität" wurde, wie oben angedeutet, durch den Positivismus noch verstärkt. Diese Mentalität führte später zu der selbverständlichen Erwartung, daß man auch Technologie aus Europa und den USA ständig importieren könnte. Anfangs hatte die Produktion der Rohstoffe eine eigene technologische Forschung und die Entwicklung eigener Verfahren ohnehin als weitgehend entbehrlich erscheinen lassen.

Wie in Abschnitt 4211 bereits erwähnt, bewirkte eine Reihe von Faktoren eine Änderung der Lage, nämlich äußere Faktoren wie die beiden Weltkriege mit ihrer Verknappung bei der Lieferung von Konsum- und Industriegütern, die Weltwirtschaftskrise mit ihrem Nachfragerückgang für Rohstoffe begleitet von einem entsprechenden Preisverfall und in den letzten 25 Jahren die beständige Verschlechterung der Preisrelation zwischen Rohstoffen und Fertigprodukten (Terms of Trade) und innere Faktoren wie die Bevölkerungsexplosion (Anstieg der Gesamtbevölkerung Lateinamerikas von 35 Mill. im Jahre 1850 auf 284 Mill. 1970[29]), die damit zusammenhängende Landflucht und rasche Urbanisierung, die Verbesserung der öffentlichen Erziehung, das Aufkommen der Massenkommunikationsmittel und das Anwachsen einer Mittelschicht. Wie Epinay betont, stellt die Urbanisierung in Lateinamerika wie auch in anderen Teilen der Dritten Welt im Gegensatz zu Europa und den USA nicht den Beginn der Industrialisierung dar.

„Die Urbanisierung bedingt vielmehr den Versuch zur Entwicklung einer staatlichen Verwaltung und eines privaten Dienstleistungsgewerbes, die, ohne das Gewicht des nationalen Reichtums zu erhöhen, Konsumwünsche erzeugen. Das Wachstum des tertiären Sektors (Dienstleistungen) geht nicht auf die Ausdehnung des sekundären Sektors (Industrie) zurück, im Gegenteil der Dienstleistungssektor geht dem industriellen Sektor voraus und würgt ihn folglich ab. Innerhalb dieses Rahmens der ‚permanenten wirtschaftlichen Krise' führt die Landflucht nicht von der ‚hacienda' in die Fabrik, sondern von der Landhütte (choza) in die städtische Elendshütte" (z. B. ‚callampa' genannt in Chile). Die Ausdehnung des missionarischen Protestantismus und besonders der Pfingstbewegung von den dreißiger Jahren an steht in ursächlichem Zusammenhang mit der durch die Landflucht bedingten Marginalisierung. Bot doch der Protestantismus den marginalisierten Menschen die Möglichkeit zur „Eingliederung in eine brüderliche Gemeinschaft, einen Status, in einem Wort: menschliche Würde, die sich in Rechten und Pflichten ausdrückt, wobei die letzteren als Privilegien betrachtet werden".

Trotz der grundlegenden Änderung der sozio-ökonomischen Situation gegenüber der Mitte des 19. Jahrhunderts kam es nicht zur Formulierung eines völlig neuen „nationalen Projekts" auf Grund der jeweiligen Erfordernisse der Lage der lateinamerikanischen Völker, sondern nur zur Umformulierung der alten Projekte, in die nun die Industrialisierung zur Substitution gewisser Einfuhren aufgenommen wurde. Eine völlige Neuformulierung des „nationalen Projekts" wäre wahrscheinlich nur durch die Verbindung der relativ schwa-

---

[29] Zahlen nach Ruiz G. 1971 I, 33.

chen Mittelschicht mit dem Proletariat möglich gewesen. Man wird mit Herrera vermuten können, daß die Mittelschicht befürchtete, damit einen gesellschaftlichen Umformungsprozeß einzuleiten, der möglicherweise ihrer Kontrolle entgleiten konnte, weshalb sie es vorzog, die Macht mit der alten Großgrundbesitzer-Oligarchie zu teilen und nur die ihr genehmen Reformen durchzuführen, ohne die Grundstrukturen zu ändern.

Neben der „Importmentalität" dürfte die Unterentwicklung in Grundlagenforschung und Technologie auch mit der Furcht der herrschenden Schichten zusammenhängen, daß große eigene wissenschaftliche und technologische Forschungszentren eine unerwünschte innere Dynamik entwickeln könnten. Eine neue Generation von Wissenschaftlern würde sich womöglich nicht damit begnügen, Technologien für beschränkte wirtschaftliche Notwendigkeiten zu konzipieren, sondern die grundlegenden Strukturen und die geltende Ordnung selbst in Frage und zur Diskussion stellen, wie man dies seit der kubanischen Revolution schon an den lateinamerikanischen Universitäten beobachten kann, die ihren Studenten genügend Freiraum lassen[30].

Was die Frage der wirtschaftlichen Abhängigkeit Lateinamerikas in der unmittelbaren Gegenwart anbetrifft, ist zu bedenken, daß die enorme Erhöhung der Produktivität in den Industrienationen auf Grund der modernen Technologie das oben geschilderte klassische System der exzessiven Ausbeutung der vorkapitalistischen Arbeitskraft in den peripheren Wirtschaften zum Zweck der Kapitalakkumulation und -investition in den hochentwickelten Ländern nicht mehr wirtschaftlich erscheinen läßt. Die Investitionen der Industrienationen richten sich jetzt auf den strategisch interessanten Rohstoffsektor — z. B. auf Erdöl und Erze — oder auf die industrielle Produktion in den Randgebieten. Das Maß an Abhängigkeit zwischen den Metropolen und den Satelliten — wenn man diese heute verbreitete Terminologie einmal übernehmen will — wird dadurch freilich nicht geringer, nur daß es sich um eine andere Art von Abhängigkeit handelt als zu Zeiten des Merkantilismus oder der Expansion des Kapitalismus im 19. Jahrhundert[31].

---

[30] Die über den Zusammenhang von Gesellschaft und Technologie vorgetragenen Gedanken lehnen sich an ein Paper von Amilcar O. Herrera an, „Ciencia, tecnología y sociedad", das mir die Abteilung „Kirche und Gesellschaft" des ÖRK 1974 freundlicherweise vor seiner Veröffentlichung zur Verfügung gestellt hat. Herrera weist darauf hin, daß die Staaten Lateinamerikas mit Ausnahme Kubas bis heute nur 0,1—0,2% ihres Bruttosozialproduktes in Grundlagenforschung und Technologie investieren, während dieser Prozentsatz bei den Industrienationen bei 1—3% liegt. Man hält die Technologie für ein Spezifikum dieser Länder und verläßt sich darauf, sie einführen zu können wie andere Artikel, ohne zu bedenken, daß man damit seine Abhängigkeit vergrößert und letztlich auf Verfahren angewiesen ist, die für einen anderen technologischen und wirtschaftlichen Kontext entworfen worden sind. Dussel 1972, 120 macht auf den engen Zusammenhang zwischen der allgemeinen Unterentwicklung und dem Entwicklungsstand der Kirche aufmerksam. Diesbezüglich könnte man auf die kirchliche Importmentalität hinweisen, die sich in der selbstverständlichen Erwartung ausdrückt, Geld und menschliche Hilfskräfte aus dem Ausland beziehen zu können. Zur Urbanisierung vgl. Lalive d'Epinay 1969, 36.

[31] Laclau aaO 190.

422 *Religiöse und kirchliche Hauptprobleme des Zeitalters der Säkularisierung (1880–1964)*

Sowohl die Entwicklung der römischen Kirche wie die der protestantischen Kirchen in Lateinamerika zeigt eine Zäsur Ende der zwanziger Jahre, die etwa mit dem Beginn der Weltwirtschaftskrise zusammenfällt, weshalb auch dieser Überblick entsprechend unterteilt werden soll.

4221 *Die kirchliche Entwicklung im Zeichen der Privatisierung der Frömmigkeit (ca. 1880 bis 1930)*

Parallel zum Abbau des Modells der lateinamerikanischen Christenheit und damit des Öffentlichkeitscharakters der römischen Kirche ist die Religion bereits im Zeitalter der Amero-Romantik zunehmend in die private Entscheidungs- und Gefühlssphäre eingetreten (vgl. 4121). Dieser sich auch nach der Jahrhundertwende fortsetzende Prozeß der Privatisierung der Frömmigkeit begünstigte die protestantische Missionsarbeit in Lateinamerika. Die Säkularisierung des Denkens (vgl. S. 522f), die die Eliten folgerichtig vom verschwommenen Deismus zum prononzierten Freidenkertum führte, bedingte gleichzeitig den Verlust der Eliten für die römische Kirche. Der Dualismus zwischen kirchlicher Frömmigkeit und dem sich als fortschrittlich verstehenden Freidenkertum fand im letzten Drittel des 19. Jahrhunderts in der Literatur des Amero-Realismus deutlich seinen Niederschlag als „Spannung zwischen Religion und Positivismus". Unter dem Einfluß des Positivismus lebt die Romanliteratur der Epoche davon, „Religion und Ethik, althergebrachte transzendente Institutionen der menschlichen Gesellschaft", auf ihren Nützlichkeitswert zu prüfen und vom Standpunkt des öffentlichen Wohles aus zu betrachten[32].

Das 19. Jahrhundert war die Zeit der stärksten europäischen Einwanderung, die Lateinamerika seit dem Höhepunkt der kolonialzeitlichen Immigration erlebt hat. Wenngleich lange nicht alle Republiken davon gleichmäßig betroffen wurden, lag doch ihr Schwerpunkt in den sogenannten ABC-Staaten, Argentinien, Brasilien und Chile sowie in Uruguay. Aber „der Kosmopolitismus der Einwanderer hat in der Ära der Jahrhundertwende in Lateinamerika keinen Kosmopolitismus der Religionen (bzw. Konfessionen) zuwege gebracht". Der Kosmopolitismus der Einwanderer bewirkte keine ökumenische Öffnung der katholischen Kirche, sondern stellte eher im Geiste des späten Konfessionalismus vor die Alternative: entweder orthodoxer römisch-katholischer „Kirchenglaube oder radikale Abkehr davon". Damit erhielt auf literarischem Gebiet „die Situation des realistischen Zeitalters nur eine Bekräftigung. Das öffentliche Bekenntnis der Dichter zum katholischen Glauben wird spärlicher als kurz zuvor, obwohl sie vielfach aus gutchristlichen Familien stammen und sich äußeren Riten, Taufe, Firmung, kirchlicher Hochzeit und christlichem Begräbnis nicht entziehen. Bekennen sich auch nicht alle zum Paganismus oder Atheismus, so doch oft zu ausgesprochenem Pantheismus... Die zwiespältige Einstellung des Zeitalters zu Gott und den letzten Dingen, das Unsichere und Extremistische in diesem Verhältnis, hat wohl keiner so schlagend for-

---

[32] Grossmann 1969, 268f. Das Stichwort „Privatisierung der Frömmigkeit" begegnet sinngemäß z. B. bei Methol 1968, 79, der von der Flucht des Katholizismus aus der Gesellschaft „in das Privatleben, in moralische, individuelle oder häusliche Fragen" spricht.

muliert wie" der Nikaraguenser Rubén Darío (Félix Rubén García Sarmiento, 1867–1916), „als er ausrief: ,Ich bin ein Gelehrter, bin Atheist, glaub' weder an Gott noch Teufel mehr (... aber wenn es ans Sterben geht, holt mir den Beichtvater her!)'"[33].

„Soweit es um die in der Religion verankerten sittlichen Grundgesetze geht", urteilt ein so profunder Kenner der Neuen Welt wie Grossmann, „hat sich der lateinamerikanische Mensch noch nicht von seiner ursprünglichen Erdnähe gelöst. Er hängt noch weitgehend dem paradiesischen Zustand des ,Jenseits von Gut und Böse' an und kennt den Begriff der Sünde nicht. So wenig die Kausalität in den geheimen kosmischen Rhythmus von Leben und Sterben seiner Meinung nach eingreift, so wenig tut es Gott. Freilich gewinnt dadurch auch das Unwägbare und nicht Vorauszusehende Raum, der Mensch wird unsicher in seinem innersten Wesen und neigt am Ende zur fatalistischen Ergebung in sein Schicksal"[34], eine Mentalität, die die politische Mobilisierung der Massen enorm erschwert.

Bezeichnet das Stichwort „Privatisierung der Frömmigkeit" eine Tendenz der inneren Haltung der Individuen, so drückt Valliers (1970) zweite religionssoziologische Stufe — die „politische Kirche" — die Verhaltensweise der römischen Amtskirche etwa vom dritten bzw. vierten Quartal des 19. Jahrhunderts an aus. Nachdem die liberalen Kräfte immer mehr an Gewicht gewannen und die römische Kirche eine Beschneidung ihrer Privilegien und Vorrechte erleiden mußte, die ihre Monopolstellung gefährdeten, verbündete sie sich offen mit den politisch Konservativen, um ihre Stellung zu verteidigen — z. B. während der liberalen Republik in Chile (1871–91) (vgl. 42351) — oder um verlorene Vorrechte womöglich zurückzuerlangen — z. B. in Kolumbien, wo es als erstem Land Lateinamerikas 1853 zur Trennung von Staat und Kirche gekommen war, deren Nachteile aber durch die Verfassung von 1886 und das Konkordat von 1888 wieder vollkommen ausgeglichen werden konnten. Ein ähnlicher Erfolg konnte in Brasilien 1934 errungen werden, der im Abschnitt 42317 als Erneuerung des Kolonialpaktes bzw. als Herausbildung des Modells der „Neuen Christenheit" beschrieben wird.

Außenpolitisch und wirtschaftlich ist die Periode von 1880–1930 gekennzeichnet vom Rückgang der europäischen Hegemonie. Eine deutliche Zäsur bildet der Erste Weltkrieg, von dem an Lateinamerika immer stärker in den Einflußbereich der USA geriet. Nur in Argentinien und Uruguay dominierte der britische Einfluß noch bis in den Zweiten Weltkrieg hinein.

Seit dem spanisch-amerikanischen Krieg (1898–1900), der mit der Annexion von Puerto Rico und der Besetzung von Kuba (1898–1902) zur Liquidierung der letzten Bastionen des spanischen Kolonialreiches führte, häuften sich die nordamerikanischen Interventionen im karibischen Raum, die seit der von den USA 1903 bewirkten Sezession Panamás von Kolumbien gern mit dem Schutzbedürfnis im strategischen Vorfeld des Panamá-Kanals motiviert wurden, wenngleich meist wirtschaftliche Interessen ausschlaggebend gewesen sein dürften. Kuba war zwischen 1906 und 1920 dreimal das Opfer militärischer Interventionen. Haiti wurde 1915–35, die Dominikanische Republik 1916–24 und Nikaragua 1912–33 von US-Marineinfanterie kontrolliert.

Im Schatten des nordamerikanischen Einflusses verstärkte sich die missionarische Aktivität protestantischer Gruppen in diesen Ländern ganz ungemein. Das läßt sich auf Kuba und Haiti besonders deutlich beobachten. Haiti hat

---

[33] Ebd. 323. [34] Ebd. 422f.

heute mit weit über 300 000 Protestanten unter den Antillen den prozentual höchsten protestantischen Bevölkerungsanteil. Auf Puerto Rico begann die protestantische Mission erst nach der nordamerikanischen Annexion. Nach dem Ersten Weltkrieg nahmen der Handel und die Investitionen der USA in Lateinamerika enorm zu. Die USA wurden der größte Gläubiger der Republiken des Subkontinents, so daß deren Regierungen von daher moralisch verpflichtet waren, das Vordringen des Protestantismus eher zu erleichtern als zu behindern[35].

In den Gebieten europäischer Einwanderung kam es in diesem Zeitraum zu synodalen Zusammenschlüssen von Einwanderergemeinden, die bei den evangelischen Deutschen und Deutschstämmigen in Brasilien regionaler Natur waren (Gründung von vier Synoden 1886—1912), in Chile nationaler Natur (Deutsche Evangelische Chile-Synode 1906) und im La Plata-Raum übernationaler Natur (Deutsche Evangelische La Plata-Synode 1899/1900 für Argentinien, Uruguay und Paraguay). Innerhalb der traditionellen Denominationen nordamerikanischen Ursprungs begannen die Autonomiebestrebungen gewissermaßen parallel zu neuen sozialen und nationalistischen Bewegungen als Ausdruck eines wachsenden Unabhängigkeitsstrebens der Lateinamerikaner auf allen Gebieten. Sie nahmen ihren Anfang in Brasilien, wo der Missionsprotestantismus schon 1914 zahlenmäßig die bedeutendsten Erfolge in ganz Lateinamerika gehabt hat. Die Autonomiebestrebungen hatten bereits 1903 ein Schisma bei den brasilianischen Presbyterianern durch die Bildung der Igreja Presbiteriana Independente zur Folge gehabt, während ähnliche bei den brasilianischen Methodisten 1924 einsetzende Bestrebungen 1930 zur Unabhängigkeit der ganzen methodistischen Kirche führten. Ein Schisma trennte 1925 auch die nordbrasilianischen Baptisten (Convenção do Norte) von den übrigen Baptisten. Es war anfangs durch den wachsenden Nationalismus begründet, dann durch „Ultra-Kongregationalismus". 1934 kam es indes zur weitgehenden Versöhnung der Associação Batista Brasileira mit der Convenção und 1935 auch mit der Igreja Batista Brasileira de Paraíba[36].

Besonders charakteristisch für diese Periode ist das Erscheinen einer Vielzahl weiterer Missionen, zunächst einer Reihe anderer freikirchlicher Missionen, nämlich der Baptisten (ab 1871 in Brasilien, ab 1880 in Mexiko, ab 1884 in Argentinien), der Disciples of Christ (im 19. Jahrhundert in den USA aus presbyterianischer Tradition unter Beimischung baptistischer Einflüsse entstanden), einiger Quäker, der Heilsarmee (zuerst 1890 in Argentinien), der Free Brethren (Hermanos Libres — 1882 in Argentinien), der Adventisten des

---

[35] Die Gesamtzahl der Protestanten auf Haiti betrug 1961 schon 327 140. Zum Beginn der protestantischen Mission auf Puerto Rico vgl. Latourette 1943, 123. Nach dem Stand von 1927/28 betrug der Kreditanteil der USA an der Gesamtverschuldung folgender Staaten: Dominikanische Republik, Haiti, Kuba, Panamá und Ekuador 100%, El Salvador 80%, Guatemala und Kolumbien 66,6%, Costa Rica und Argentinien 50%, Chile 40%, Nikaragua 33,3%, Honduras 25%, Brasilien 20%. Der sicher recht hohe Anteil Mexikos war nicht bekannt. Der Sekretär des CCLA schloß daraus: „Die nordamerikanischen Bürger sind Besitzer eines beträchtlichen Anteils des südamerikanischen Reichtums und erhalten einen großen Teil ihrer Einkünfte von jenen Nationen" — CCLA 1928, 5 nach Damboriena 1962, 24.

[36] Vgl. Leonard 1952, 184ff. Die Spaltung der Baptisten hängt auch mit der Spaltung der nordamerikanischen Baptisten in eine nördliche und eine südliche Konvention zusammen, die sich 1845 aus der Einstellung zur Sklavenfrage ergeben hatte.

7. Tages (1894 in Brasilien, kurz darauf in Chile, 1906 in Peru) u. a., sodann der Glaubensmissionen (‚faith mission'), überkonfessioneller Missionsvereinigungen nach dem Vorbild der englischen China-Inland-Mission, die zum Teil direkt für die Mission in Lateinamerika in den USA gegründet worden sind. Zur Vielzahl dieser Glaubensmissionen gehören u. a. die South American Evangelical Mission (1897), die Help for Brazil Mission (1892 organisiert zur Unterstützung der Kongregationalen in Brasilien) und die Südamerikasektion der Regions Beyond Missionary Union (1890 Arbeitsbeginn in Peru), die sich 1911 zur Evangelical Union of South America mit Hauptsitz in London zusammenschlossen (Missionsfelder: Brasilien, Argentinien, Peru), ferner die Christian Missions in Many Lands (Plymouth Brüder), die American and Foreign Christian Union (1853 Kolumbien, später Peru), die Christian and Missionary Alliance (Ekuador ca. 1900), die Peniel Missionary Society (1906 Bolivien), die Inland South American Society, die Central American Mission, die Gospel Missionary Society, die Latin America Mission[37].

Schließlich fällt in diese Epoche noch die Entstehung von Niederlassungen internationaler interdenominationeller Jugendgesellschaften in Lateinamerika, also des Christlichen Vereins Junger Mädchen (Young Women's Christian Association), der schon 1890 in Buenos Aires Fuß faßte, und des Christlichen Vereins Junger Männer (Young Men's Christian Association), der 1896 zuerst in Brasilien Wurzel schlug.

Die Verteilung dieser vielschichtigen protestantisch-missionarischen Arbeit blieb recht ungleichmäßig. Die Schwerpunkte lagen in Brasilien und Mexiko, im karibischen Raum und in den La Plata-Staaten. Die andinen Staaten von Venezuela bis Bolivien waren ziemlich vernachlässigt. Eine Ausnahme bildet Chile, wo es 1914 mehr Protestanten gab als in allen anderen andinen Staaten zusammen, was daran liegen mag, das hier das Ancien Régime, d. h. die alte Gesellschaftsordnung, nicht mehr so stark war wie in den die katholische Tradition stark bewahrenden übrigen Andenstaaten[38], weil hier der durch Urbanisierung und Industrialisierung eingeleitete gesellschaftliche Umbruchsprozeß schon stärker fortgeschritten war.

Der fortgesetzte Einwandererstrom brachte weitere europäische protestantische Gruppierungen nach Lateinamerika. Im Gefolge der russischen Revolution von 1917 kamen Ende der zwanziger Jahre Mennoniten über Kanada nach Paraguay. Schon 1917 hatten die Altmennoniten aus Nordamerika in Argentinien mit Missionsarbeit angefangen, die sie später nach Uruguay, Paraguay, Brasilien, Peru und Kolumbien ausdehnten. Holländische Reformierte kamen ab 1889 aus dem Mutterland und als Folge des unglücklichen Ausgangs des Burenkrieges (1899–1902) auch aus Südafrika nach Argentinien und Brasilien. Die Auflösung der Donaumonarchie (1918) führte auch ungarische Reformierte in diese Länder, die sich etwas später als die Holländer in Gemeinden organisierten.

---

[37] Die Daten bezeichnen die Entstehung der Gesellschaften bzw. ihren Arbeitsbeginn in Lateinamerika – vgl. hierzu Latourette 1943, 111ff. Unter den Freikirchen könnte man u. a. noch die ‚Holiness Church of California' und die ‚Church of the Nazarene' erwähnen, die 1903 bzw. 1914 die Arbeit in Peru aufnahmen – vgl. ebd. 117f.

[38] Diese Erklärung Latourettes (aaO 119) wird allerdings der Lage in Venezuela kaum gerecht, wo die katholische Tradition stark erschüttert war, ohne daß der Protestantismus sich besonders ausgebreitet hätte.

Ein neues Phänomen des beginnenden 20. Jahrhunderts ist die Überschneidung des volkskirchlichen Protestantismus der Einwandererkirchen mit dem nordamerikanischen „Bekehrungsprotestantismus". Während die Einwandererkirchen sich im volkskirchlichen Stil darauf beschränkten, ihre Gemeinden recht und schlecht zusammenzuhalten und wegen der völlig unzureichenden Zahl vorwiegend ausländischer Pastoren zu einer weiterreichenden Arbeit auch außerstande gewesen wären, legten Missionare von Einwandererkirchen aus den USA, die sich an dieselben ethnisch-religiös bestimmten Gruppen wandten, großen Nachdruck auf die Belebung des Glaubens unter den nominellen Protestanten im Sinne der pietistischen Forderung der Wiedergeburt. Durch ihren Lernprozeß in der religiös pluralistischen Gesellschaft der USA und durch aus Europa mitgebrachte pietistische Traditionen hatten sich diese amerikanischen Kirchen bereits vom volkskirchlichen Modell gelöst[39]. Von diesen Kirchen begannen als erste die Missouri-Lutheraner in Lateinamerika Fuß zu fassen, und zwar in Brasilien ab 1900 und in Argentinien ab 1905. Ihnen folgten in Argentinien ab 1908 bzw. systematisch ab 1919 Missionare verschiedener lutherischer Synoden der USA, die sich 1960 zur Lutheran Church in America (LCA) zusammenschließen sollten und ähnlich wie die Missouri-Lutheraner erheblichen Wert auf glaubensbewußte Glieder im freikirchlichen Sinne legten[40]. Als Frucht sollte aus dieser Arbeit die 1948 synodal organisierte Iglesia Evangélica Unida (IELU) hervorgehen, die Lutheraner verschiedener Sprache und verschiedenen völkischen Hintergrunds sammelte. Auf die Eigeninitiative von Rußlanddeutschen, die sich 1924 von der Deutschen Evangelischen La Plata-Synode lösten und von den Kongregationalisten in den USA einen Pastor erbaten, geht die Entstehung der Iglesia Evangélica Congregacional (IEC) in Argentinien zurück. Hierbei spielte die pietistische Frömmigkeitstradition der Rußlanddeutschen eine entscheidende Rolle. Während sich die IEC bewußt auf die Arbeit unter Rußlanddeutschen beschränkt, ist die Igreja Congregacional in Brasilien, die auf die 1855 von dem englischen Pastor Dr. Robert Kalley begonnene Missionsarbeit zurückgeht, eine ethnisch ungebundene Missionskirche[41]. Sachlich, wenngleich nicht zeitlich, gehört in diesen Zusammenhang noch die 1957 von der American Lutheran Church (ALC) in Brasilien begonnene Missionsarbeit, die ab 1964 partnerschaftlich mit der aus vier Synoden entstandenen Igreja Evangélica de Confissão Luterana no Brasil (IECLB) zusammenarbeitete und wie schon früher die „Gnadauer Brasilien Mission" innerhalb der IECLB das in pietistischem Sinne auf Bekehrung bedachte Element und im Unterschied zu den Gnadauern auch das portugiesische Element verstärkte.

Diese vielfältigen und zersplitterten protestantischen Gruppierungen stellten rein numerisch — überall lag ihr Anteil weit unter 5 % der Gesamtbevölkerung — keinerlei Bedrohung für die römische Kirche dar, deren Hierarchien im 19.

---

[39] Auf diese Zusammenhänge hat speziell Lalive d'Epinay aufmerksam gemacht — vgl. Villalpando 1970, 161ff und seinen Aufsatz: Les Protestantismes Latinoaméricains. Un modèle typologique, in: Archives de Sociologie des Religions 30 (1970), 33—57.
[40] Zum Luthertum in den USA vgl. Wentz 1964 — dort zur LCA 269ff.
[41] Vgl. Read 1967, 209ff. Im Jahre 1914 schlossen sich 15 selbständige Kongregationen zu einer ‚Convenção de Igrejas Congregacionais' zusammen, die in den sechziger Jahren ca. 30 000 Glieder zählen, aber keinen dauerhaften Bestand haben sollte.

Jahrhundert unendliche Energien damit vergeudet hatten, die Trennung von Staat und Kirche zu verhindern und die lieber staatliche Patronatsansprüche in Kauf genommen hatten, als auf das Exklusivrecht der rechtlich gesicherten Staatskirche zu verzichten, weil sie darin die wirksamste Abwehrgarantie gegen die protestantische Mission sahen. Trotzdem hatten sie in vielen Ländern die Entwicklung zur rechtlichen oder wenigstens faktischen Trennung von geistlicher und weltlicher Gewalt genauso wenig aufhalten können wie das Eindringen protestantischer Missionen. Die römische Kirche konnte das Entstehen einer profanen und pluralistischen Gesellschaft und Zivilisation nicht verhindern. Durch ihr anachronistisches Festhalten am kolonialen Modell der lateinamerikanischen Christenheit manövrierte sie sich selber in eine Abseitsstellung. Immerhin reichte ihr gesellschaftlicher Einfluß noch aus, um durch starre Betonung der Orthodoxie des römisch-katholischen Glaubens, die von ihr als „Sekten" diffamierten protestantischen Missionen und Kirchen ihrerseits zu marginalisieren und sogar reine Konventionskatholiken aus gesellschaftlichen Gründen weithin davon abzuhalten, sich einer protestantischen Kirche anzuschließen.

Während die katholische Kirche auf politischem und gesellschaftlichen Gebiete gegen die Säkularisierung und die konfessionelle Pluralität ankämpfte, obgleich sich in Lateinamerika das Ende des konstantinischen Zeitalters immer deutlicher abzeichnete, wurde sie mit den Problemen ihrer strukturellen Restauration nicht fertig. Selbst in jenen Ländern, die Konkordate mit Rom geschlossen hatten (vgl. 4121), reichte die staatliche Unterstützung nicht zum befriedigenden Aufbau neuer missionarischer Strukturen aus. Vollends überfordert war die Kirche durch die pastoralen und organisatorischen Anforderungen, die die zunehmenden inneren Wanderungen (Landflucht — Urbanisierung) und die Einwanderung aus Europa an sie stellten. Der Mangel an Parochien und Mitarbeitern erlaubt es nicht, sich ausreichend der aus dem Landesinneren und aus dem Ausland in die Städte strömenden Massen anzunehmen. Die Folge war die Entchristlichung der großen Bevölkerungszentren, die für das heutige Lateinamerika charakteristisch ist. Die mehrheitlich katholischen Einwanderer gingen vielfach der Kirche als praktizierende Katholiken verloren. Sie paßten sich der religiösen Indifferenz der Mittelschichten an, während die vom Lande Zugewanderten ihren mit den ländlichen Strukturen verbundenen Volkskatholizismus verloren und sich enthusiastischen Bewegungen zuwandten, seien sie christlicher Natur wie die Pfingstkirchen, seien sie synkretistisch wie Umbanda.

Wie bereits oben angedeutet (vgl. 4121), führte die aus Italien und Frankreich gewährte kirchliche Hilfe — Entsendung von Priestern und Ordensangehörigen — genau wie die Arbeit des Collegium Pio Latinoamericanum und das Erste Lateinamerikanische Plenarkonzil, das 1899 in Rom von Leo XIII. abgehalten wurde, zu einer wachsenden Romanisierung der Kirche in Lateinamerika, die Hierarchie und Klerus zunehmend dem kontinentalen Kontext entfremdete. Diese Tendenz wurde durch die weltabgewandte Ausbildung des Klerus, der jeder konkrete Situationsbezug fehlte, noch verstärkt. Neue Formen des Wirklichkeitsverständnisses wie Wirtschafts- und Sozialwissenschaften sowie lateinamerikanische Profan- und Kirchengeschichte blieben unbeachtet. Man begnügte sich mit kanonischem Recht, Naturrecht und Zusätzen von nicht an die lateinamerikanischen Verhältnisse angepaßter Soziallehre und Geschichtsvermittlung. Dem entsprach eine „Entsozialisierung" und Privatisierung des Katholizismus, der zu einer Sache der individuellen Moral und des Familienlebens und in ihm besonders der Frauen wurde, die mit Politik nichts zu tun hatte, jedenfalls insoweit es sich um ein persönliches Engagement der Christen in der Sozialpolitik handelte. Die politische Unterstützung der konservativen Kräfte und Parteien durch die Hierarchien blieb allerdings weiterhin üblich. Der uruguayische katholische Kirchenhistoriker Methol faßt seine Kritik in den Worten zusammen: Die römische Kirche reagierte nur, wenn sie „eine Gefahr zu sehen glaubte". „Die Kirche hörte und erkannte die Zeichen der Zeit nicht."[42]

Der Syllabus von 1864, jenes Verzeichnis von achtzig der „hauptsächlichen Irrtümer unserer Zeit", hatte aus der Sicht von Pius IX. zusammenfassend festgestellt, was aus päpstlicher Sicht an der Moderne alles falsch war. Für eine wünschenswerte Sozialordnung stand dabei das mittelalterliche katholische Modell Pate mit seinem theokratischen Staat, der hierarchisch gegliederten Gesellschaft, der agrarischen Wirtschaft und der politisch monarchischen Struktur. Eine vollkommen neue Perspektive bot erst Leos XIII. Enzyklika „Rerum Novarum" von 1891, die freilich auf die europäischen Verhältnisse zugeschnitten war, wenngleich die Forderungen gerechter Löhne und erträglicher Lebensbedingungen für die neue städtische Arbeiterklasse auch lateinamerikanische Probleme berührten. Die Hierarchie gewährte der Enzyklika „bestenfalls einen lauwarmen Empfang. Einige Bischöfe verzögerten ihre Veröffentlichung, aber aus Loyalität erwiesen die meisten ihr wenigstens einen Lippendienst". Einige Glieder des niederen Klerus hingegen wie Júlio Maria in Brasilien begrüßten den päpstlichen Schritt mit Begeisterung. In Mexiko wurden ab 1900 einige Sozialkongresse abgehalten, und in Chile gab sie schon in den achtziger Jahren gegründeten Studienkreisen und paternalistischen Wohltätigkeitsorganisationen Auftrieb[43].

4222 Innerkirchliche Konsolidierung und Betonung des kirchlichen Öffentlichkeitsauftrages (1930–1964)

Die Entwicklung des Christentums in dieser Phase läßt sich schwer in einem Begriff zusammenfassen. Methol schreibt in bezug auf den Katholizismus: Die Restauration findet sich mit der Säkularisation ab. Das bedeutet, daß die römische Kirche langsam zu einer Bejahung von Prompers Frage kommt, ob die Säkularisierung des öffentlichen Lebens nicht auch Gewinn gebracht habe, „indem nämlich die profane Welt aus der Bevormundung durch die Kirche entlassen wurde und der Öffentlichkeitsauftrag des christlichen Laien besser zur Geltung" komme[44]. Stärker als durch die Bejahung der Säkularisation sind sowohl die römische Kirche wie die schon länger in Lateinamerika tätigen protestantischen Kirchen indes von ihrem Bemühen um die Konsolidierung ihrer kirchlichen Strukturen geprägt. Katholischerseits waren diese Bemühungen eine Reaktion auf die von den liberalen Kräften verursachte Erschütterung der Monopolstellung der römischen Kirche und auf den Ende des 19. Jahrhun-

---

[42] Vgl. zum Ganzen Methol 1968, 78f.
[43] Schmitt 1972, 16ff.
[44] Promper 1965, 120. Als Zäsur wurde das Jahr 1964 betrachtet, weil damit die Spätphase des konfessionellen Zeitalters endet. Mit der Verabschiedung des Ökumenismusdekretes 1965 öffnete sich auch Rom offiziell dem ökumenischen Gedanken.

derts eingeleiteten gesellschaftlichen Umbruchprozeß, der durch die Einwanderung, die Binnenwanderungen, die Verstädterung und die beginnende Industrialisierung ausgelöst war. Dieser Umbruchprozeß, der sich in der Zeit nach 1930 verstärkte, verursachte nämlich eine Lockerung der traditionellen Bindungen der betroffenen Bevölkerungsschichten an die katholische Kirche und erleichterte damit das Vordringen protestantischer Missionen. Die Krise des kapitalistischen Wirtschaftssystems ab 1929 lockerte ihrerseits die Verbindung der Missionsfilialen mit den Missionsgesellschaften in den Mutterländern. Der Erste und noch stärker der Zweite Weltkrieg verminderten entsprechend die Bindungen zwischen den Einwandererkirchen und den europäischen Mutterkirchen[45].

Vallier (1970) nennt seine dritte religionssoziologische Stufe die *„Ghetto-Kirche"*, die etwa den Zeitraum von 1930 bis 1955 umfaßt. Der Zeitpunkt war von Land zu Land verschieden, an dem die Kirchenführer erkannten, daß ihre kurzsichtigen Bündnisse und öffentlichen Niederlagen zu einer Spaltung der Laienschaft führen und den kirchlichen Legitimitätsanspruch wie auch die innerkirchliche Autorität untergraben und den Zugang zu den aufsteigenden Statusgruppen liberaler Überzeugung erheblich erschweren mußten. Getrieben von der Sorge um die geschwächte Stellung des Katholizismus als religiösem System wurde eine Beeinflussungsstrategie entwickelt, „die Konfessionalismus mit der Errichtung spezialisierter Strukturen vereinte, die dazu dienten, die Katholiken von den weltlichen Kräften abzuschirmen". Es wurden Parallelstrukturen zu den gesellschaftlichen Strukturen geschaffen: Katholische Gewerkschaften, Jugendgruppen, Schulen, Wohlfahrtseinrichtungen, so daß es zu einem bürokratischen Wachstum der kirchlichen Strukturen kam. Die Laien sollten in missionarischen Kadern organisiert werden, die in der Katholischen Aktion (KA) zusammengefaßt wurden, was gleichzeitig der Festigung der hierarchischen Autorität diente. In der selbst gewählten kirchlichen Isolierung wurde direkte politische Einflußnahme vermieden. Der Öffentlichkeitsauftrag wurde nur indirekt durch die Mobilisierung der Laien wahrgenommen, die nun als Mitarbeiter der Hierarchie und weltliche Missionare anerkannt wurden. Vallier spricht vom „kontrollierten Kontakt mit der Gesellschaft" oder vom „Parallelismus". Die hier geschilderten Züge der Ghetto-Mentalität mit ihren kirchlichen Parallelstrukturen sind weithin auch für die protestantischen Kirchen Lateinamerikas, und zwar zum Teil bis heute, charakteristisch.

In den fünfziger Jahren sieht Vallier den Übergang zu einer grundlegend anderen Stufe, die er *„dienende Kirche"* nennt. Die in der Überschrift erwähnte Betonung des kirchlichen Öffentlichkeitsauftrages bezieht sich vorwiegend auf diese Phase, in der die progressiven Sektoren der Kirchen aus der gesellschaftlichen Defensive herauszugehen begannen und die sozialen Herausforderungen der Zeit annahmen. Erstmals wurden nun soziale und religiöse Ziele als Einheit gesehen. Soziale Hilfsprogramme für marginalisierte Gruppen dienten als Mittel zur Rückkehr in die Gesellschaft. Daraus entwickelten sich gesellschaftliche Reformprogramme, die mit der katholischen Soziallehre begründet wurden, die aber gleichzeitig zu Zielkonflikten innerhalb der Hierar-

---

[45] Damboriena 1962, 26 macht darauf aufmerksam, daß man die Auswirkungen der Weltwirtschaftskrise nicht überschätzen dürfe, denn noch 1930 hätten die Protestanten aus den USA US$ 4 320 959 nach Südamerika geschickt, um ihre Missionare, ihre 131 Sekundarschulen, ihre 16 Krankenhäuser und 86 laufenden Publikationen zu unterhalten.

chie führten. Denn obgleich politische Bündnisse vermieden werden, symbolisieren gewisse Hilfsprogramme eine progressive politische Stellung. Herausragende Beispiele für die dienende Kirche sind die Alphabetisierungsprogramme in Kolumbien, Brasilien und Chile (Rundfunkschulen), Versuche der chilenischen Kirche mit der Landreform, die Unterstützung der Bildung ländlicher Genossenschaften etc. Einen besonderen Schwerpunkt bildete bis 1964 die soziale Entwicklungsarbeit im brasilianischen Nordosten.

Auf protestantischer Seite ist auf dem Gebiet des Kirchenwachstums die stürmische Ausbreitung der Pfingstbewegung, die ein Echo auf die Weltwirtschaftskrise zu sein scheint, das auffälligste Phänomen der Epoche ab 1930. Die lateinamerikanische Pfingstbewegung nahm ihren Anfang in Chile, wo pfingstlerische Gruppen vom Methodismus ausgestoßen worden waren. Hatten die „Bekehrungskirchen" aus den USA — vornehmlich die Methodisten, Presbyterianer und Baptisten — schon mit gewissem Erfolg im Kleinbürgertum und der aufsteigenden Mittelschicht Brasiliens und Mexikos Fuß gefaßt, so sollte sich die Pfingstbewegung in Chile, Brasilien, Haiti, Guatamala und Mexiko in eine echte „Massenreligion" verwandeln, die mit ihren missionarischen Erfolgen den „historischen Denominationen" schwer zu schaffen machte (vgl. 443). Der Unterschied im soziologischen Erfassungsbereich der „historischen Kirchen" und der freien Gruppen ist wesentlich sozialgeschichtlich begründet. Denn im 19. Jahrhundert hatte der Emanzipationsprozeß der Mittelschicht begonnen, der sie auch für neue religiöse Gedanken ansprechbar machte, während etwa ab 1930 auch die Emanzipation der unteren Schichten in Gang kam.

Bei den Einwandererkirchen kam es nach dem Zweiten Weltkrieg zu einer fortschreitenden Nationalisierung, die sich im vermehrten Gebrauch der Landessprachen, in der institutionellen Selbständigkeit, in wachsender finanzieller Unabhängigkeit und in immer stärkerer Identifizierung mit den Problemen ihrer Länder äußert. Die Bindung an die europäischen Mutterkirchen wurde zunehmend aus einer Abhängigkeit in eine Partnerschaft gewandelt, die im Eintritt in konfessionelle Weltorganisationen und den Ökumenischen Rat der Kirchen ihren Ausdruck fand.

Charakteristisch ist für diesen Zeitabschnitt schließlich der massierte Einsatz vorwiegend nordamerikanischer Missionare. Nachdem schon 1927 wegen des Vormarsches der südchinesischen Truppen auf Peking 5000 Missionare hatten China verlassen müssen und 1934 der China-Mission durch die japanische Besetzung der Mandschurei ein weiterer Riegel vorgeschoben worden war, rückte Lateinamerika als mögliches Betätigungsfeld für nordamerikanische Missionare immer mehr in den Mittelpunkt des Interesses. Das hatte zur Folge, daß Lateinamerika, das schon 1928 auf der Sitzung des Internationalen Missionsrates in Jerusalem offiziell zugelassen worden war, auf der Ratssitzung in Madras 1938 zum vorrangigen Missionsfeld erkoren wurde. In Madras wurde zwar kein förmlicher Beschluß in dieser Richtung gefaßt, aber die entsprechenden Empfehlungen, die Mott im Oktober 1941 vorlegte, gehen auf die Beratungen in Madras zurück. Damit begann eine systematische Missionskampagne in Lateinamerika, die alle Länder erfaßte und die Zahl der Kultplätze 1916—1957 von 2635 auf 25 565 steigen ließ, die Zahl der ausländischen Missionare von 1707 auf 6361, der nationalen Pastoren und Hilfskräfte von 2176 auf 14 299 und die Gesamtzahl der Protestanten von 170 527 auf 4 230 413, nach anderen Angaben sogar auf 6 131 000[46]. Heute stellen die sogenannten

---

[46] Ebd. 27ff.

„nicht-historischen" Kirchen ca. 75 % aller Missionare in Lateinamerika[47], wovon ein erheblicher Teil auf ‚faith-missions' aus den USA entfällt, die man weitgehend zur Gruppe der Evangelikalen rechnen kann[48].

Die Hauptprobleme des Protestantismus sind folgende: Die Einwandererkirchen mußten sich stark auf ihre innere Konsolidisierung konzentrieren. In ihrer vorwiegend aus Europa importierten oder dort ausgebildeten Pfarrerschaft änderte sich das Weltverständnis erst in den dreißiger Jahren, vornehmlich unter dem Einfluß von Theologen wie Gogarten und Bonhoeffer. Aus einer volkskirchlichen Wirklichkeit in eine Diasporasituation verpflanzt, waren sie weithin vollauf damit beschäftigt, mit Hilfe von Volkstumspflege auch in der Neuen Welt eine Volkskirche en miniature aus den Einwanderern zu bilden. Damit vergrößerten sie einerseits die Marginalisierung der Einwanderergruppen und die ihrer Kirchen und verzichteten andererseits auf den universalen Anspruch des Evangeliums. Die protestantischen Missionskirchen nordamerikanischer Provenienz litten wegen ihrer fundamentalistischen Ausrichtung ohnehin am Dualismus von Kirche und Welt. Sie konzentrierten sich auf die Ausweitung ihrer Basis durch intensive Mission und auf ihre organisatorische Konsolidierung, wobei es zwischen den Weltkriegen zunehmend zu Spannungen zwischen Missionen und um Selbständigkeit bemühten jungen nationalen Kirchen kam. Sei es durch den Geruch des Ausländischen, den Mangel an Latinität, die Beschränkung auf Einwanderergruppen, sei es durch den auch bei ihnen nicht überwundenen Hiatus zwischen Kirche und Welt, gelang den protestantischen Kirchen in Lateinamerika trotz beachtlicher Anfangserfolge nicht der entscheidende große Durchbruch. Die Werbekraft der Botschaft der Reformation hatte in 400 Jahren in Ermangelung einer echten Aktualisierung erheblich nachgelassen. Die innere Verfestigung der ekklesiologischen Strukturen bei den historischen Kirchen ließ den Unterschied zur römischen Kirche vielfach nur als graduell erscheinen. Das Neben- und Gegeneinander importierter in ganz anderem Zeit- und Problemkontext entstandener Bekenntnis- und Freikirchen trug ein übriges dazu bei, ihre Anziehungskraft zu verringern. Eine Zusammenarbeit (vgl. 514) ließ sich eher auf den Antikatholizismus gründen als auf positive protestantische Gemeinsamkeit oder gar auf gemeinsame Antworten auf die sozialen Herausforderungen der Zeit.

Auch die römische Hierarchie hat das sich zuspitzende soziale Problem in Lateinamerika mehrheitlich solange wie möglich ignoriert. Die Neuformulierung der katholischen Soziallehre in der Enzyklika „Rerum Novarum" 1891 und ihre Bestätigung vierzig Jahre später durch Pius XI. in der Enzyklika ‚Quadrogesimo Anno" 1931 wurde kaum zur Kenntnis genommen, geschweige denn im großen Stil zur Aufklärung des Kirchenvolkes verbreitet. Die Opposition verschiedener lateinamerikanischer Bischöfe ging so weit, daß sie Gebete zur Aufklärung des Papstes anordneten. Und noch weniger als ein Jahrzehnt vor dem II. Vatikanum wurde in Zentralamerika ein Sekretär der christlichen Gewerkschaften auf Veranlassung des örtlichen Bischofs als kommunistischer Agent des Landes verwiesen, obgleich er einen Vortrag gehalten hatte, der

---

[47] Rosales 1968, 1/5.
[48] Viele ‚faith missions' gehören der Interdenominational Foreign Missions Association an, nicht selten aber auch oder gleichzeitig, wie das Beispiel der Latin America Mission zeigt, der Evangelical Foreign Missions Association, der Missionsorganisation der National Association of Evangelicals der USA – vgl. Rosales 1968, 1/4.

nur aus Zitaten der beiden genannten Enzykliken bestand[49]. Oskar Köhler meint freilich, daß die römische Kirche selbst dann, wenn sie sich nonkonformistischer verhalten und nicht ständig mit den Großgrundbesitzern paktiert hätte, „nach den Säkularisierungen schwerlich in der Lage gewesen wäre, über die konventionelle christliche Liebestätigkeit hinaus eine Veränderung der Zustände zu bewirken"[50]. Abgesehen davon, daß man historisch nicht nach dem „Was wäre, wenn..." fragen kann, ist es durchaus offen, was geschehen wäre, wenn die Kirche die Säkularisation des 19. Jahrhunderts als Stunde Gottes erkannt hätte, statt ihrem verlorenen Besitz nachzutrauern, eine Kirche der Armen geworden wäre und zur sozialen Emanzipation mit anderen sozialen Befreiungsbewegungen paktiert hätte. Eine Zusammenarbeit mit den Sozialisten hatte Leo XIII. 1891 ausdrücklich abgelehnt, während Pius XI. 1931 immerhin den gemäßigten Sozialismus billigte und nur den Kommunismus ablehnte.

Bezüglich der möglichen Gründe, aus denen heraus die römische Kirche die ihr im 19. Jahrhundert von den Liberalen verordnete Armut ablehnte, vermutet Frederick B. Pike, daß die römische Kirche in der Neuen Welt wie in Spanien gerade deshalb so sehr um die Bewahrung und Wiedererlangung ihrer wirtschaftlichen Position gekämpft hat, weil sie die soziale Krise heraufkommen sah[51].

Früher als in Lateinamerika brauchte sie in Spanien das Argument, daß eine Beschneidung der kirchlichen Prärogativen unweigerlich einer sozialistischen Infragestellung der alten Ordnung förderlich sein werde. Die Kirche empfahl sich als Stütze des Status quo. Mit Hilfe ihrer Erziehungseinrichtungen konnte sie die Armut durch das Versprechen der himmlischen Seligkeit erträglich machen und die Massen ruhig halten. In dem Maße wie die Liberalen in den zwanziger und dreißiger Jahren erkannten, daß sie die durch brutale Ausbeutung der ländlichen und städtischen Arbeitskräfte anschwellende soziale Unruhe nur durch Anwendung von Gewalt unterdrücken konnten, begannen sie auf die kirchliche These zu hören, daß die religiöse Unterweisung der Arbeiter Vorrang vor sozialen und wirtschaftlichen Verbesserungen haben müßte. Leos XIII. Befürwortung der korporativen Gesellschaftsstruktur war in Spanien als Votum für die Wiederaufrichtung des mittelalterlichen Zunftsystems gedeutet worden. Nachdem die Spanisch-Amerikaner Ende des 19. Jahrhunderts zunächst naiv dem liberalen Credo gehuldigt hatten, die gute Neue Welt werde von den Klassenkampfproblemen der Alten Welt verschont bleiben, übernahmen sie in den ersten Jahrzehnten des 20. Jahrhunderts mehr und mehr die Ansicht der spanischen Konservativen, daß eine Revolution als Folge des materialistischen Individualismus nur zu vermeiden sein werde, wenn die Gesellschaftshierarchie durch die Kirche abgestützt würde, z. B. durch die katholische Gewerkschaftsbewegung[52].

Pike kommt zu dem Schluß, daß die Parallelen zwischen der Entwicklung in Spanien und Spanisch-Amerika nicht übersehen werden können, wobei die Entwicklung in Mexiko am meisten divergiert.

[49] A. Vanistendael, Das Christentum ist doch die bessere Revolution, in: Religion und Kommunismus. Kirche in Not Bd. 10, Königsstein 1963, 142f zitiert nach Promper 1965, 204.   [50] 1973, 134.   [51] 1972, 4.
[52] Ebd. 15. „Spanish conservatives reacted also with satisfaction when an Argentine prominent in Buenos Aires social work declared that the Catholic syndicalist movement as initiated in Spain offered the best means for a solution to his country's social problem" – vgl. den Artikel des Präsidenten des Consejo Superior de Mutualidad y Previsión Social von Buenos Aires, Benjamín E. del Castillo, La cuestión social en Espana y América – ebd. XXXVII (April 1924), 54–55.

„Indem die katholische Kirche gesellschaftliche Stabilität und die Bewahrung der etablierten Ordnung mit religiöser Intoleranz, mit besonderen Privilegien einschließlich umfassenden kirchlichen Reichtums und mit klerikalem Einfluß auf weltlichem Gebiet identifizierte, gewann sie für sich selbst wachsende Zustimmung unter den angepaßten Gruppen der Gesellschaft, mochte dies auch widerwillig geschehen. Denn die überwältigende Mehrheit der angepaßten Gruppen war darauf festgelegt, die etablierte Gesellschaftsordnung zu erhalten, und sie war bereit, jedes auch noch so ärgerliche Mittel in Kauf zu nehmen, wenn sie überzeugt war, daß es zur Erreichung dieses Zieles nützlich war.

Wenn die römische Kirche ihre Politik rein opportunistisch ausgerichtet hätte, statt sich von Überzeugung, Dogma, Theologie und Tradition leiten zu lassen, hätte sie im Amerika des 19. Jahrhunderts kaum eine bessere Überlebenstechnik finden können! ... Wie sonst könnte man sich die eindrucksvolle Auferstehung der Kirche etwa in der Zeit von 1900 bis zum Zweiten Weltkrieg unter großen Teilen der spanisch-amerikanischen Führungsschichten, die von den Vorboten sozialer Umwälzungen immer mehr beunruhigt waren, erklären."

Im 19. Jahrhundert hat die Kirche auf die Erhaltung der etablierten Gesellschaftsordnung gesetzt und davon vorübergehend profitiert. Im 20. Jahrhundert ist die katholische Kirche zwar in wachsendem Maße von den Eliten wieder akzeptiert worden, weil sie kirchlichen Traditionalismus und sozialen Konservativismus als zwei Seiten ein und derselben Münze ausgab, aber der Preis für die Stärkung der kirchlichen Strukturen dürfte zu hoch gewesen sein[53]. Dussel spricht zu unkritisch von der „Renaissance der lateinamerikanischen Eliten in einem Projekt der neuen Christenheit (1930–1961)"[54]. Man wird sagen müssen, daß hier zur Unzeit versucht wurde, im Bündnis mit den Eliten, deren christliche Einstellung noch zweifelhafter war als in früheren Jahrhunderten, kolonialzeitliche staatskirchliche Strukturen wiederzubeleben. Dadurch mußte die Glaubwürdigkeit der Kirche bei den Volksmassen weiter abnehmen.

Ein teilweises Wiedererwachen des religiösen Interesses bei den Eliten, wenn auch keineswegs im strikt kirchlich-orthodoxen Sinn, zeigt sich auch in der Literatur des Amero-Expressionismus zwischen den beiden Weltkriegen.

In ihr begegnet der Versuch, „eine dogmenfreie Religion zu vertreten, vergleichbar etwa der Position, die Herder, Goethe, Schiller und Schleiermacher im Zeitalter der deutschen Klassik einnehmen", der in der hohen Literatur des Amero-Expressionismus seinen Niederschlag gefunden hat. „Ricardo Rojas, Universitätsprofessor und Dichter in Buenos Aires beispielsweise (in: El Cristo invisible) und in gewissem Sinne auch der Mexikaner José Vasconcelos beginnen sich Gedanken darüber zu machen, wie eine solche Religion in Lateinamerika ausschauen könnte. Im Sinne des orthodoxen Katholizismus alter Observanz wäre es ein ketzerisches Christentum (mit ähnlicher Betonung des Mensch-Charakters Christi wie bei dem beinahe zeitgenössischen Unamuno in Spanien). Im Sinne seiner Verfechter dagegen käme es den Urquellen näher als irgendeines der christlichen Bekenntnisse in Europa: Der Mensch soll nicht mehr mittelbar durch das Dogma, sondern unmittelbar und ganz persönlich mit Gott verbunden sein, mystisch oder pantheistisch – aber auf jeden Fall ein Häretiker im Sinne der Kirche... Nachhaltiger wirkt die schon im Amero-Realismus offenkundig werdende Tendenz, das Thema von der philosophischen Warte aus zu betrachten", d. h. im Umkreis des karibischen Raumes speziell vom französischen Positivismus her, während andere Literaten sich ganz der materialistischen Philosophie zuwandten, für die die Metaphysik kein lohnendes Thema mehr war.

---

[53] Pike aaO 16; vgl. zum Quellenhintergrund Pike 1971.
[54] 1972, 124ff.

„Um so mehr fällt es auf, wenn in Brasilien jetzt die Gestalt Christi zum Gegenstand von Dichtungen gemacht wird (Murilo Mendes: O Cristo da Pedra Fria; Jorge de Lima: Cristo Peixe) und sogar der ‚vormalige' Integralistenführer Plínio Salgado eine ‚Vida de Jesús' schreibt (1943), die als das brasilianisch-modernistische Seitenstück zu Ernest Renans ‚Vie de Jésus' (1863) und David Friedrich Strauß' ‚Das Leben Jesu' (1835) außerordentlichen Beifall fand."[55]

Die von Dussel apostrophierte „Renaissance der lateinamerikanischen Eliten", die zur Stärkung und Konsolidierung der römischen Kirche führte, war wesentlich eine Frucht des europäischen Reformkatholizismus, der von der Neuscholastik ausgeht. Jacques Maritain, der aus neuthomistischer Sicht die säkulare, profane, pluralistische und demokratische Gesellschaft als neue positive geschichtliche Größe akzeptiert, wurde für die kirchlichen Kreise Lateinamerikas zum Katalysator der wissenschaftlichen Revolution (vgl. Die Stufen des Wissens). Nachdem die katholische Kirche sich lange Zeit weithin auf die Arbeit an Kindern beschränkt hatte, konnte sie nach Bewältigung der wissenschaftlichen Revolution die Bildungs- und Erziehungsarbeit an den Erwachsenen verstärken, was vornehmlich durch die neu entstehenden katholischen Universitäten geschehen sollte. Langsam änderte sich auch das Selbstbewußtsein der Kirche. Ihrer Aufgabe als Volk Gottes aus Klerus und Laien, die einander zu- und nicht untergeordnet sind, wurde sie sich voll erst nach dem Vatikanum II bewußt. Die in den dreißiger Jahren stark ausgebaute Katholische Aktion stellte noch einen typischen Versuch des Episkopats dar, den Aktivismus der Laien auf sozialem Gebiet voll der hierarchischen Leitung zu unterstellen. Die ‚Acción Católica' kann indes als Keim für die christlich-demokratische Bewegung nach dem Zweiten Weltkrieg betrachtet werden. Der Widerhall des italienischen Faschismus und der spanischen Falange als nationalkatholischer Bewegungen — z. B. im brasilianischen Integralismus — stellte in Lateinamerika eine nationalistische Reaktion auf den Panamerikanismus dar[56]. Diesem letzten Versuch, ein katholisches Lateinamerika von der nördlichen Hemisphäre und ihren Einflüssen zu isolieren, kommt indes nur sekundäre Bedeutung zu. Alle seit den dreißiger Jahren unternommenen Versuche der Wiederdurchsetzung des alten katholischen Modells der Christenheit stehen in der Gefahr, das „dekorativ Christliche" (Maritain) in den lateinamerikanischen Gesellschaften mit dem Wesen des Christentums zu verwechseln[57]. Im Brasilien der dreißiger Jahre konnte die Kirche dank des Entgegenkommens des Staates das Modell der „neuen Christenheit" weitgehend durchsetzen. Ihm entsprach aber kein echtes Engagement des Volkes, dessen Katholizismus keine Gewissenssache war, sondern aus schönen Worten und äußeren Akten bestand[58]. Im Zusammenhang mit der katholischen Erneuerung in Lateinamerika muß schließlich auf den Beitrag auf theologischem, biblischen, liturgischen, katechetischen und parochialen Gebiet hingewiesen werden, der allerdings erst nach dem Vatikanum II besondere Dynamik aufweist, während die von Europa ausstrahlende monastische Erneuerung die latein-

---

[55] Grossmann 1969, 422f.
[56] Methol 1968, 79.   [57] Vgl. Promper 1965, 199.
[58] Vgl. im einzelnen die Kritik von Bruneau 1974, 91ff. Zur inneren Entwicklung der Kirchen vgl. Abschnitt 44 und 53. Besonders für den Zeitschriftensektor ist für die Entwicklung des Verhältnisses von Kirche und Staat etwa für den Zeitraum 1960–71 die ‚Bibliografia CEMCEI' hilfreich.

amerikanische Kirche bereits seit der zweiten Hälfte des 19. Jahrhunderts wesentlich befruchtet hat.

423 Überblick über die Entwicklung von Kirche, Staat, Gesellschaft und Wirtschaft in den einzelnen Ländern

Die Länderüberblicke schließen an an die in Abschnitt 41 für das 19. Jahrhundert gegebenen, so daß der Terminus a quo von Land zu Land verschieden ist. Dieser Abschnitt soll bis in die sechziger Jahre und womöglich andeutungsweise bis in die siebziger Jahre führen. Sozial-revolutionäre Prozesse in Mexiko, Bolivien, Kuba, Peru und Chile werden im Abschnitt 52 untersucht.

4231 Brasilien (1889–1964)

Die politische Entwicklung Brasiliens ab 1889 weist verschiedene Zäsuren auf, die teilweise auch eine sozio-ökonomische Relevanz haben und insofern jeweils eine neue Herausforderung für die Kirchen darstellen:

Im Jahre 1930 endete die Erste, 1945 die Zweite und 1964 die Dritte Republik, womit die sich selbst „Demokratische Revolution" nennenden Kräfte dem demokratischen Rechtsstaat in Brasilien, soweit er vorhanden war, ein Ende bereiteten. Die Wurzeln dieses Umsturzes reichen etwa bis in das Jahr 1960 zurück, in dem die politischen, sozialen und wirtschaftlichen Herausforderungen der Gegenwart, die bald mit dem Stichwort „Unterentwicklung" umschrieben werden sollten, auch für die Kirchen unübersehbar wurden. Deshalb bietet sich die Jahreswende 1960/61 als eine Hauptzäsur für diesen Abschnitt an, der im übrigen thematisch untergliedert werden soll.

42311 Die Revolution von 1889 und die Rolle der Militärs in der brasilianischen Politik

Die Entfremdung zwischen der katholischen Hierarchie und der Monarchie im Zuge der „religiösen Frage" (vgl. S. 431ff), die Entfremdung zwischen der konservativen Bodenaristokratie, aus der die führenden politischen Kräfte des Kaiserreiches hervorgegangen waren, und der Monarchie wegen der entschädigungslosen Sklavenbefreiung (Unterzeichnung der ‚Lei Áurea' durch Prinzessin Isabel am 13. Mai 1888 stellvertretend für ihren Vater Dom Pedro II., der sich auf Europareise befand), der Widerstand der Liberalen gegen die vorgesehene Thronfolge der Prinzessin wegen ihrer frommen und klerikalen Neigungen und wegen des Umstandes, daß an ihrer Herrschaft ein Ausländer beteiligt sein würde, ihr französischer Prinzgemahl Gaston d'Orléans, Herzog von Eu. Als gravierendes und auslösendes Moment kam die Unzufriedenheit der Heeresoffiziere hinzu. Die Heeresstärke betrug zwar nur ca. 12 000 Mann, die hauptsächlich an der Küste verteilt waren. Nur in Ausbildungszentren wie Rio de Janeiro gab es Truppenkonzentrationen bis zu 1000 Mann. Hinzukam die Marine mit 3000 Mann, deren Präsenz in den Häfen die kaiserliche Autorität verkörperte und die zusammen mit dem Heer in der ‚Questão Política' das Werkzeug der Zentralgewalt darstellte, um die föderativen Tendenzen zu unterdrücken. Die ‚politische Frage' spitzte sich zu, als in den achtziger Jahren die liberalen Föderalisten das republikanische Ideal propagierten. Die „historischen Republikaner" gewannen Rückhalt in dem vornehmlich im Staate São Paulo konzentrierten Teil der Großgrundbesitzer, deren moderne Produktionsmethoden beim Kaffeeanbau die auf Sklavenarbeit gründende hergebrachte sozio-ökonomische Ordnung als überholt und für die Weiterentwicklung der Wirtschaft hinderlich erscheinen ließ. Eine entscheidende Voraussetzung für die republikanische Revolution war die Spaltung der herrschenden Bodenbesitzerschicht in ein republikanisches Element, das sich aus den Kaffeeproduzenten in São Paulo und den ihnen verbundenen Viehzüchtern in Südbrasilien rekrutierte, und in das traditionalistische Element, das sich aus den Zuckerproduzenten im Nordosten und den Baumwollproduzenten in Maranhão bildete, das auf Sklavenarbeit gestützte, koloniale Arbeits- und Produktionsmethoden fortführte[59]. Die „historischen Republikaner", die ihre Machtbasis in São Paulo hatten und eine neue Wirtschaftspolitik anstrebten, konnten das Kaiserreich indes nur mit Hilfe der Militärs stürzen. Die Heeresreduktion nach dem Paraguay-Krieg von ca. 23 000 auf ca. 12 000 Mann im Jahre 1888, die niedrigen Offiziersgehälter und die bescheidene Höhe des Heeresetats hatte zur Unzufriedenheit im Offizierskorps geführt. Dem Gegensatz zwischen den Großgrundbesitzern des Nordostens und des Südens korrespondierte in den achtziger Jahren der sich zuspitzende Gegensatz zwischen den Heeresoffizieren und den Obersten (coronéis) der alten Territorialarmeen, der wesentlich soziologisch motiviert war. Denn die Heeresoffiziere entstammten zunehmend der aufstrebenden Mittelschicht. Ihre jüngere Generation war von Benjamin Constant an der ‚Escola Militar' von Rio de Janeiro in positivistischem und republikanischem Geist erzogen worden[60]. Im Gegensatz zu den ländlichen ‚coronéis' trat namentlich von den jüngeren Heeresoffizieren eine starke Gruppe für die Sklavenbefreiung ein, ferner für die Abschaffung des Zensuswahlrechtes, nach dem nur Grund- und Hausbesitzer wahlberechtigt waren. Benjamin Constant hatte 1887 mit Unterstützung des ‚Clube Militar' von Rio de Janeiro über General Deodoro eine Petition zur Abolition an Prinzessin Isabel gerichtet und gefordert, das Heer möge bei der Gefangennahme von geflüchteten Sklaven nicht mehr eingesetzt werden[61]. Sodré betont, daß der veraltete Staatsapparat des Kaiserreiches in der Übergangssituation, in der es darauf ankam, die halbkolonialen Produktionsbedingungen dem Kapitalismus anzupassen, „der wirtschaftlichen, gesellschaftlichen und politischen Wirklichkeit nicht mehr entsprach". Er verstand es nicht, die Mittelschicht, vertreten durch die Heeresoffiziere, an der Macht zu beteiligen[62].

Der führende Kopf der Revolution war Benjamin Constant. „Überzeugt von den soziologischen Lehren Auguste Comtes, daß die Gesellschaft und der Mensch so wie die Welt unabänderlichen Naturgesetzen gehorchen, so daß eine Reform der Institutionen durch eine Änderung der Ansichten und Sitten vorbereitet werden muß", war er in der Sicht von Ivan Lins, der die umfassendste Untersuchung über den Positivismus in Brasilien vorgelegt hat, „kein gewöhnlicher Revolutionär. Es war die Revolution, die ihn suchte, und nicht er, der sie suchte, so daß er gezwungenermaßen zum Helden wurde, wie er selbst gesagt hat". Er erkannte, daß ein einfacher Kasernenputsch, der nur zu einem Wechsel im kaiserlichen Ministerium geführt hätte, nicht zur Sicherung von politischer Freiheit in Brasilien geführt hätte. Deshalb schritt er von der Rebellion zur republikanischen Revolution, d. h. zum Regimewechsel, wobei es ihm darum ging, Unordnung und Blutvergießen zu vermeiden und die Revolution in einen Evolutionsprozeß umzuwandeln. Das gelang ihm, indem er sich der Unterstützung des Heeres in den Personen des Generaladjutanten Floriano Peixoto und des angesehenen und bis kurz vorher monarchistischen Gene-

---

[59] Sodré 1967 o, 178ff.

[60] Hahner 1970 zieht den Aspekt der Mittelklassezugehörigkeit der Heeresoffiziere in Zweifel (178), während Nunn 1972, 33 sich der These von Sodré anschließt. Zu Constant und der Rolle des Positivismus bei der Revolution von 1889 vgl. im einzelnen Lins 1967, 315ff.

[61] Lins aaO 321f. Die Stellungen sind hier etwas systematisierend vereinfacht. So weist Santos 1942 darauf hin, daß z. B. die Haltung der Kaffeepflanzer gegenüber der Sklavenfrage bis zur Abolition unklar war.

[62] Sodré 167 F.

rals Manuel Deodoro da Fonseca versicherte, der die Leitung der provisorischen republikanischen Regierung übernahm, nachdem Deodoro sich am 15. November 1889 an die Spitze der Truppen gesetzt und das Kabinett für abgesetzt erklärt hatte, woraufhin der Kaiser, um Blutvergießen zu vermeiden, auf Widerstand verzichtet hatte[63].

Der Kontext der Revolution von 1889 ist hier etwas ausführlicher geschildert, weil seither das brasilianische Militär sich die Rolle eines ‚Poder moderador' in der Politik angemaßt hat, so daß auch das Verhältnis von Kirche und Staat und jedwedes soziale Engagement der Kirche stets im Zusammenhang mit der Position der Militärs bedacht werden muß. Alle politischen Umstürze des 20. Jahrhunderts erfolgten durch militärische Erhebungen, seien es die gescheiterten Erhebungen der Leutnants (tenentismo) in den zwanziger Jahren, sei es das Ende der Ersten Republik 1930, der Sturz von Vargas 1945 oder die sogenannte „Demokratische Revolution" von 1964. Immer handelte das Militär entsprechend der sozialen und ökonomischen Entwicklung in Verbindung mit anderen gesellschaftlichen und wirtschaftlichen Machtgruppen. 1889 hat es sich mit den Modernisierungskräften verbunden. Die ‚civil-military relations', die seit 1870 von einer wachsenden politischen Partizipation des Militärs gekennzeichnet sind (vgl. Nunn 1972), bedürfen einer eingehenden Untersuchung, die kürzlich von dem Politologen Bernhard Moltmann versucht worden ist[64].

42312 *Sklavenemanzipation und Rassenideologie*

Das gravierendste gesellschaftliche Problem, mit dem sich Staat und Kirche zu Beginn der Republik konfrontiert sahen, war die Lage der emanzipierten Sklaven. Erst viele Jahrzehnte später dämmerte im Verlauf des 20. Jahrhunderts bei manchen Politikern und Soziologen die Erkenntnis, daß aus dem Sklavenproblem ein Rassenproblem geworden war, dessen Lösung zur Bewältigung der Entwicklungsaufgaben vorrangig ist. Diese Problematik, mit der sich auch andere lateinamerikanische Staaten konfrontiert sehen — sei es hinsichtlich der Schwarzen oder der Indianer — soll am Beispiel Brasiliens etwas eingehender betrachtet werden.

Wie in Abschnitt 41231 angedeutet, vollzog sich die Aufhebung der Sklaverei in Brasilien schrittweise vom Verbot der Sklaveneinfuhr 1850 bis zur Abolition am 13. Mai 1888. Waren im 18. Jahrhundert 60 % der Gesamtbevölkerung Sklaven gewesen, so waren es 1850 nur noch ca. 28 % (mehr als 2 Mill.), 1871 noch ca. 1,6 Mill. und 1887 nur noch 5 % der inzwischen auf ca. 14 Mill. angewachsenen Bevölkerung. 1888 wurden schließlich nur noch knapp 3 % der Gesamtbevölkerung vom Befreiungsgesetz betroffen[65].

Die Beobachtung, daß es unter den Sklaven schon verschiedene Grade von Unfreiheit gegeben hat — schlimmstenfalls trugen die Sklaven auf den Zuckerplantagen lebenslang Fußfesseln —, daß es seit dem 17. Jahrhundert im Zusammenhang mit den Kämpfen gegen die Holländer Freigelassene gab und daß es besonders im 19.

---

[63] Im einzelnen Lins 1967, 321ff.

[64] Die brasilianischen Streitkräfte 1880–1910. Innermilitärische Voraussetzungen für politisches Handeln. Diss. phil. Berlin 1976. Zur konservativen Ausrichtung der Militärs vgl. Kadt 1968, 46.

[65] Peschke 1954, 150ff gibt für 1887 die absolute Sklavenzahl mit 723 400 an. Peschke schildert die einzelnen Schritte zur Aufhebung der Sklaverei vom Einfuhrverbot 1850 bis zur Abolição 1888.

Jahrhundert „Handwerker aller Art auf den großen Fazendas, sogar Barbiere, Uhrmacher und Mechaniker" gab, „die auch entlohnt wurden und so Gelegenheit hatten, sich loszukaufen"[66], hat im Zusammenhang mit der graduellen gesetzlichen Reduzierung der Sklaverei manche Autoren zu dem Fehlschluß verleitet, das soziale und rassische Problem der Schwarzen sei zu Beginn der Republik relativ unbedeutend gewesen. Zwar bedingte die Abolition 1888 keine abrupte Änderung der Rassenbeziehungen in Brasilien, da es zahlreiche Modelle der freien Existenz Farbiger im 19. Jahrhundert gab[67], aber der Weg von der rechtlichen Freiheit zur faktischen sozialen Emanzipation und Gleichberechtigung erwies sich als lang und dornenreich und ist bis heute keineswegs zu seinem Abschluß gelangt.

„Eine Freilassung bedeutete... in der Kolonialzeit und auch später noch keineswegs, daß die Freizügigkeit erworben war." „Die ehemaligen Sklaven... blieben meist nach wie vor dem Patrão verpflichtet. Das System der ‚Caudilhos' mit ihrem ‚Capangas' (Leibwächter, Haustruppe), das noch heute Spuren im Innern hinterlassen hat, baut sich darauf auf, daß der Patrão eine Schar von Freigelassenen um sich sammelte, die ihm unbedingt ergeben war."[68]

Das im ‚coronelismo' verkörperte System der sozialen Beziehungen der abhängigen Landbevölkerung zu ihrem lokalen Patrão entwickelte sich kontinuierlich vom Kaiserreich zur Ersten Republik weiter. Sofern freigelassene Farbige auf dem Lande blieben, blieben sie auch in dieses Abhängigkeitssystem eingebunden.

Es war ein bei den Politikern verbreiteter Irrglaube, daß durch die Gegenwart einiger deutscher und italienischer Einwanderer das ländliche Abhängigkeitssystem von selbst abgebaut werden würde. Die ländliche Misere war weder der Hierarchie noch dem Klerus in seiner Mehrheit bewußt. Eine große Ausnahme stellten die französischen Trappisten dar, die seit 1903 u. a. in Tremembé SP eine Landschule und ein Mustergut betrieben und durch die gute Bezahlung, Unterbringung und medizinische Versorgung ihrer 300 Angestellten — freigelassene Sklaven, ‚caboclos', Mestizen und einige Italiener — ein Zeichen setzten. Die Trappisten erkannten, daß das ländliche Kreditverkaufssystem — teilweise handelte es sich um ein echtes Trucksystem — große Teile der Landbevölkerung in einen Zustand der „Halbsklaverei" versetzte, indem sie sie der Willkür der meist mit den Großgrundbesitzern liierten Händler auslieferte.

Der französische Priester Gaffre, der die Trappisten 1911 besuchte, sprach von einer bevorstehenden verheerenden Sozialkrise Brasiliens und verstand nicht, weshalb die Regierung nicht in die Beziehungen zwischen Landbesitzern und Landarbeitern eingriff und letztere vor Ausbeutung und Schuldknechtschaft beschützte, ein Problem, das bis heute nicht restlos aus der Welt geschafft ist. Die Trappisten konnten die Dringlichkeit der Lösung der sozialen Frage indes weder ihrer brasilianischen Amtskirche noch den bürgerlichen Politikern verdeutlichen. Freyre erwähnt außer den Trappisten nur noch das Beispiel des christlichen Industriellen Carlos Alberto de Meneses, der ab 1891 im neuen Industriegebiet von Pernambuco und Bahia katholische Sozialprinzipien zu verwirklichen suchte, die erste Genossenschaft in Brasilien gründete (1896 eine industrielle Genossenschaft), die Föderation christlicher Arbeiter ins Leben rief und 1902 den ersten katholischen Kongreß in Pernambuco veranstaltete, der sich mit der sozialen Frage beschäftigte[69].

---

[66] Ebd. 147.
[67] Darauf weist Skidmore 1972, 1 und 19 hin.
[68] Peschke aaO 147.
[69] Freyre 1970, 322ff. Willeke 1976, 21f bemerkt zum religiösen Leben unter Pedro II.:

Was nun die Farbigen anbelangt, hat sich ihre Lage juristisch von der Verfassung von 1891 (Gleichheit vor dem Gesetz — Art. 72 § 2) über die Verfassung von 1934 (Art. 113, Abs. 1) bis zur Verfassung von 1946, die ausdrücklich das Rassenvorurteil verbietet (Art. 141 §§ 1 u. 5), laufend verbessert. „Alle diese Normen konnten indes nicht verhindern, daß die rassisch begründeten gesellschaftlichen Ungleichheiten ohne tiefgreifende Veränderungen weiterbestehen und nach wie vor im wechselseitigen Verkehr und in der Ausnützung der wirtschaftlichen und gesellschaftlichen Aufstiegsmöglichkeiten eine Rolle spielen... Infolge ihrer Stellung innerhalb einer auf Sklaverei gegründeten Gesellschaft waren es vor allem die Neger, die zum Gegenstand herabsetzender Behandlung der Weißen wurden und die in höherem Grade als andere rassische oder völkische Gruppen die Wirkungen des Vorurteils zu erleiden hatten" (zur heutigen Diskriminierung der Indianer vgl. 536). Fernandes weist darauf hin, daß selbst nach 1930 an Kraft zunehmende Negerorganisationen wie die ‚Frente Negra Brasileira' (Front der brasilianischen Neger) mit öffentlicher Agitation und Kongressen nicht die Macht hatten, „um das Parlament oder die Exekutivgewalt zu Maßnahmen" strafrechtlicher Verfolgung der Diskriminierung zu veranlassen. Im Gegensatz zu den USA waren Farbige in Brasilien nie gewerkschaftlich oder parteipolitisch eigenständig organisiert. 1951 verabschiedete ein Parlament, in dem es keinen einzigen schwarzen Abgeordneten gab, auf Antrag des oppositionellen Abgeordneten Afonso Arinos de Melo Franco, des Vertreters der União Democrática Nacional für Minas Gerais, erstmals ein Gesetz, das versucht, anti-diskriminatorische Rechtsmaßnahmen einzuführen. In einem Gutachten zum Gesetz heißt es:

„... Der Neger ist bis heute für zahlreiche Personen ein minderwertiges Wesen, das nicht würdig erachtet wird, auf der gleichen Ebene und im Verkehr mit den Weißen mit diesen um die Schätzung der Mitmenschen zu wetteifern... Solange der Weiße die wirtschaftliche Vormachtstellung innehat, die ihm von den früheren Sklavenhaltern vererbt worden ist, solange die Neger infolge fehlender Mittel den ärmeren Schichten angehören, solange werden auch die Vorurteile fortdauern. Unter solchen Bedingungen gibt es kein Gesetz, das sie aus der Welt schaffen könnte."

Fernandes sieht in dem Gesetz wesentlich eine paternalistische Maßnahme zur Salvierung des Gewissens der Parlamentarier, die von keiner umfassenden Aufklärung und Unterstützung der Farbigen begleitet worden sei. Noch 1951 sei nichts wirklich zur Förderung der Farbigen geschehen[70]. Es ist kennzeichnend für die Situation der Farbigen nach 1888, daß sie weder psychologisch noch beruflich auf ihre Freilassung vorbereitet worden sind. Daraus folgt:

1. „Die Auflösung des auf die Sklaverei gründenden Gesellschaftssystems vollzog sich in Brasilien, ohne daß die Freisetzung der früheren Träger der Sklavenarbeit

„Das religiöse Leben ließ sehr nach und beschränkte sich fast nur auf Kirchenfeste und pompöse Prozessionen. Dritte Orden und Bruderschaften, einschließlich der Schwarzen, die früher geblüht hatten, verweltlichten oder gingen ein. Mit der Abschaffung der Sklaverei 1888 verloren die Bruderschaften der Neger viel an Bedeutung, weil die freigelassenen Sklaven allmählich zu allen Kirchen und Vereinen Zutritt erhielten... Schwarze besuchten die Kirchen der Weißen und umgekehrt diese die ursprünglichen Negerkapellen. Heute künden von der früheren Bedeutung der Sklavenbruderschaften fast nur noch ihre alten Kirchen."

[70] Vgl. Fernandes 1953, 108ff, zu den Verfassungstexten Almeida 1958. Fernandes aaO. 113 bemerkt, daß kleine Leute faktisch rechtlos seien und, wenn sie ihre Rechte verlangten, leicht der Subversion oder des Kommunismus beschuldigt würden.

mit den notwendigen Unterstützungen und Garantien einhergegangen wäre, die sie im Übergang zum System der freien Arbeit hätte schützen können. Die früheren Herren wurden von der Verantwortung für den Unterhalt und die Sicherheit der Freigelassenen entbunden, ohne daß der Staat, die Kirche oder irgendeine andere Institution die Aufgabe übernommen hätte, die Freigelassenen auf das neue System der Lebens- und Arbeitsorganisation vorzubereiten. Der Freigelassene sah sich so als sein eigener Herr und für seine eigene Person sowie die von ihm Abhängigen verantwortlich, obwohl er im Rahmen einer auf Wettbewerb gründenden Gesellschaftsordnung keineswegs über die materiellen und moralischen Voraussetzungen zur Erfüllung dieser Aufgabe verfügte."[71] „Analphabet und ohne je die Möglichkeit gehabt zu haben, sich selbst zu bestimmen, ist vom ehemaligen Sklaven nichts anderes zu erwarten, als sich weiterhin konform zu verhalten, d. h. weiterhin seinem Herrn zu dienen, oder sich abweichend zu verhalten, was oft nichts anderes bedeutet als einem nicht befriedigten Freiheitsbedürfnis nachzugeben.

2. Das abweichende Verhalten findet seine Befriedigung im Genuß des Nichtstuns." Da Arbeit bisher als Fluch empfunden wurde, ist das Bedürfnis nach Muße verständlich. Die Patrone legten es als Nachlassen der Arbeitsdisziplin aus. Die Freigelassenen hingegen arbeiteten zum Teil lieber nur 2–3 Tage die Woche und ‚kauften Muße'.

3. „Der ‚freigelassene' Landarbeiter hat sich jedoch bis heute noch nicht unabhängig machen können und wirkt deshalb hemmend auf den autonomen und unabhängigen Entwicklungsprozeß. Wirtschaftlich bilden die ehemaligen Sklaven und deren Nachkommen, sei es auf dem Lande als ‚Arbeiter', sei es in den städtischen Elendsvierteln als arbeitssuchende Arbeitslose, ein totes Gewicht im Entwicklungsprozeß. Es ist sozusagen selbstverständlich, daß in dieser Situation Menschen nicht in der Lage sind, wirtschaftliche Anreize wahrzunehmen. Die Idee des Sparens z. B. ist ihnen völlig fremd. ‚Während der ganzen ersten Hälfte des 20. Jahrhunderts lebt weiterhin die große Masse der Nachkommen der ehemaligen versklavten Bevölkerung innerhalb eines sehr beschränkten Bedürfnisniveaus und spielt deshalb eine total passive Rolle in den wirtschaftlichen Veränderungen der Gesellschaft.'"[72]

Die hier angestellten sozio-ökonomischen Überlegungen gelten mutatis mutandis auch für Millionen von Indianern in anderen lateinamerikanischen Staaten, die während der Kolonialzeit an eine der Leibeigenschaft ähnelnde Abhängigkeit gewöhnt worden sind, die ihre juristische Grundlage längst verloren hat, aber de facto in manchen Gegenden noch fortbesteht, da die Eliten kein Interesse an der Emanzipation der indianischen Massen haben. Der Vergleich der Lage der Farbigen in den USA mit ihrer relativ ausgeprägten Rassentrennung und der sogenannten „Rassendemokratie" in Brasilien hat in der älteren Forschung bei Nash, Bilden und Williams zu einer uneingeschränkten Bewunderung der Rassenintegration in Brasilien[73] und bei Forschern wie Pierson, Wagley und Tannenbaum in um die Mitte des 20. Jahrhunderts veröffentlichten Arbeiten noch zu dem optimistischen Urteil geführt, „daß es in Brasilien ein ausgesprochenes Rassenvorurteil nicht gibt"[74].

---

[71] Fernandes 1969, 17; Berger 1972, 98.
[72] Berger aaO und Furtado 1959, 148f, der aus dem Kaffeeanbaugebiet von der Kurzarbeit berichtet.
[73] Vgl. kritisch dazu Rout 1972.
[74] Vgl. Cardoso 1963/64, 12 bzw. Tannenbaum 1946, dessen harmonisierende Sicht von Rout aaO 472 und Skidmore 1972, 17 kritisiert wird. Während Tannenbaum aaO 121 meint, die Dynamik des Rassenkontakts und der sexuellen Interessen seien in Brasilien stärker als Vorurteile, so daß ein neuer Schönheitstyp geschaffen sei, stellt Skidmore richtig, daß eine Bewegung wie „black is beautiful" oder die ‚négri-

Rosenfeld stellte noch 1954 ein intensives Farbvorurteil und erst recht ein Rassenvorurteil in Abrede, erkannte aber an, daß es eine Rassenideologie gäbe[75]. 1911 präsentierte ein Mann wie der Anthropologe und Direktor des brasilianischen Nationalmuseums, João Baptista de Lacerda, auf dem ersten Weltrassenkongreß in London das Rassencredo der brasilianischen Oberschicht seiner Zeit, nach dem Brasilien eine „weiße" Nation werden würde. Im Sinne der Gesellschaftsdarwinisten der Epoche erklärte er, die Rassenmischung sei vorteilhaft, weil sie die Schwarzen aufhelle und weil Mulatten „physisch und intellektuell den Schwarzen erheblich überlegen" seien[76]. Obgleich die brasilianischen Eliten keine Rassenreinheit anstrebten, waren sie im Sinne positivistischer Soziologen wie Lapouge und Spencer überzeugt von der Überlegenheit der fortgeschrittenen weißen Rasse, weshalb sie die Ausschaltung des minderwertigen ethnischen Elements durch Vermischung für „wissenschaftlich" gerechtfertigt hielten. In den zwanziger Jahren wurden die Thesen der biologischen und kulturellen rassischen Überlegenheit der Weißen von den brasilianischen Wissenschaftlern zwar mehr und mehr abgelehnt, aber von Intellektuellen und Politikern noch lange vertreten[77]. Rout betont, daß die brasilianische Regierungspolitik zur Festigung des kaukasischen Rassenideals beigetragen habe, indem sie z. B. im Einwanderungsgesetz von 1890 „Eingeborene aus Asien und Afrika" ausgeschlossen, Farbige vom auswärtigen Dienst ferngehalten und noch mit Dekret Nr. 7967 im September 1945 den Wert der europäischen Abstammung bei Einwanderern betont und den Ausschluß von Asiaten und Afrikanern bekräftigt habe[78].

Systematische neuere soziologische Untersuchungen von Bastide (1959), Fernandes (1969), Ianni (1966), Cardoso (1962) u. a. haben den Mythos der brasilianischen „Rassendemokratie" entlarvt[79]. Auf Grund dieser Untersuchungen hat sich herausgestellt, „daß das Vorurteil gegenüber den Negern in Brasilien, auch wenn es ein solches des Merkmals ist, trotzdem als ein rassisches Vorurteil besteht bleibt. Die Bildung von sozialen Schichten begleitet nur den Vorgang der Zuerkennung eines ‚Status'. Aber anstatt das Rassenvorurteil angesichts der Unnachgiebigkeit der Klasse aufzulösen, fügt er in diesem Falle den Widerständen, die der Neger findet, nur eine neue Seite hinzu. Er ist nicht nur sozial ‚minderwertig', sondern ist es auch durch seine Hautfarbe. Seine Hautfarbe verrät deswegen, auch wenn er die Klassenschranken zu überbrücken vermag, die sozial niedrige Herkunft des Negers. Die Abstufungen in der Hautfarbe wirken wie ein Magnet, der die Masse der negativen Wertungen anzieht, und gelten als Anzeichen einer gefährlichen Situation für die Weißen: Neger, ‚der seinen Platz verlassen hat'". Wider Erwarten führt deshalb der so-

---

tude' in Afrika in Brasilien undenkbar seien, wo die Mulatten bestrebt seien, durch Heirat weißere Kinder zu bekommen und bei entsprechendem sozialem Aufstieg die Beziehungen zu Dunkleren abbrächen.

[75] AaO 166 und 173.   [76] Rout aaO 475.
[77] Skidmore 1972, 14f. Zum wissenschaftlichen Rassismus 1880–1920 vgl. 5f. Rout aaO 481 bemerkt, daß dem Rassismus die Schaffung eines weißen Brasilien als Rettung der Nation galt.   [78] Rout aaO 479f.
[79] Berger 1972, 96. Fernandes 1965 bemerkt in der Einleitung zu Bd. I: „Die Struktur der brasilianischen Gesellschaft verdeckt unter dem täuschenden Schein der ‚Rassendemokratie' die Wirklichkeit der bestehenden Spannungen und Konflikte... Die Rassenordnung überlebte die Abschaffung der Sklaverei, wobei sie sich in den neuen Strukturen infiltrierte, die mit der Verallgemeinerung der freien Arbeit geschaffen wurden... Die ‚Welt der Weißen' verewigte sich als mit der ‚Welt der Neger' konstrastierende Wirklichkeit. Diese bestand am Rande der Gesellschaft weiter" – zitiert nach Hoornaert 1967, 46.

ziale Aufstieg der Schwarzen bei gleichgestellten Weißen nicht zur Beseitigung, sondern zur Verstärkung des Rassenvorurteils und damit ihrer Intoleranz, weil er von ihnen als Bedrohung ihres Status empfunden wird[80]. Man wird eine ähnliche Akkumulation von Rassen- und Sozialvorurteilen auch bei den Weißen anderer lateinamerikanischer Länder vermuten können, wenngleich darauf im Rahmen dieses Handbuches nicht näher eingegangen werden kann.

42313 Die Einwanderung: Vom Sklavenersatz über die Rassenverbesserung zur pluralistischen Gesellschaft

Wenngleich man die Zensuszahlen wegen der Unsicherheit der Kriterien bei der Bestimmung von Weißen nur mit Vorbehalt heranziehen kann, zeigen sie doch eine schnelle, namentlich durch Einwanderung verursachte Zunahme der ‚weißen' Bevölkerung von 44 % im Jahre 1890 auf 62 % 1950[81]. Das erste Einwanderungsprogramm der neueren Zeit war noch gegen Ende der Kolonialzeit im 18. Jahrhundert mit Azoren-Portugiesen zur Sicherung Südbrasiliens (PR, SC, RS) durchgeführt worden. 1824 hatte die staatlich geförderte Einwanderung von Deutschen nach Rio Grande do Sul begonnen, wo bis 1859 mehr als 20 000 deutsche Auswanderer in „Kolonien" angesiedelt wurden. Ab 1847 wurden auch in Santa Catarina Kolonien gegründet (Joinville, Blumenau etc.). Zwischen 1870 und 1890 folgten Einwanderungswellen von Italienern, die besonders im Raum Caxias (RS) siedelten, nach dem Ersten Weltkrieg Polen und Russen, die in Paraná kolonisierten. Die Einwanderer machten die drei Südstaaten zu „einem anderen Brasilien". Hier entstand das einzige geschlossene bäuerliche Siedlungsgebiet Südamerikas. Da die Einwanderer sich schneller vermehrten als die sie umgebende luso-brasilianische Bevölkerung, geriet diese in nicht wenigen Gebieten in die Minderheit[82]. Die deutschen Einwanderer führten in einem bis dahin nur extensiv viehwirtschaftlich genutzten Gebiet den Ackerbau und die Nutzung des Pfluges allererst ein. Ihr Beitrag zur Entwicklung von Gewerbe, Kleinindustrie und Handel ist erheblich[83].

Deutsche und Schweizer siedelten indes im 19. Jahrhundert auch in den Staaten São Paulo (Zone um Campinas-Rio Claro um 1866), Rio de Janeiro (Nova Friburgo 1824, Petrópolis 1845), Minas Gerais (Teófilo Otoni 1847, Juiz de Fora 1858), Espírito Santo (Campinho ab 1846, Santa Leopoldina 1856) und in geringerer Zahl in Bahia. Aber nur in Espírito Santo, das von den fünfziger Jahren an stärker erschlossen wurde, kam es zu einer der Situation in den Südstaaten vergleichbaren geschlossenen Siedlungsweise[84].

In den genannten Staaten waren die Einwanderer von den auf kommerzialisierte Ernten (Kaffee, Zuckerrohr, Baumwolle) spezialisierten Großgrundbesitzern in erster

---

[80] Cardoso 1963/64, 16 spricht von einer Akkumulation von Rassen- und Sozialvorurteil, genauso Rout aaO 480.

[81] Skidmore 1972, 4f.

[82] Zur deutschen Einwanderung bis 1859 vgl. Schröder 1931, 29f, der die ersten Einwanderungswellen wie folgt beziffert: 1826 — 828; 1827 — 1088; 1828 — 99; 1829 — 1689; 1830 — 117. Wagley 1971, 72f und 76f nennt für 1939 folgende Bevölkerungsschätzungen: 600 000 Deutschstämmige in RS, 300 000 in SC, 126 000 in PR und 1970 ca. 200 000 Polnischstämmige in PR. Roche 1969 I, 170 schätzt für 1950 die Zahl der Deutschstämmigen in RS schon auf mindestens 900 000.

[83] Vgl. im einzelnen Roche 1969 I–II.

[84] Vgl. Wagemann 1915.

Linie als Erntearbeiter angefordert worden, so daß sie es nicht leicht hatten, sich als Kleinlandwirte selbständig zu machen. Ab 1882 hat São Paulo die Einwanderung gefördert. Dieser Bundesstaat, der von 1886 bis 1936 fast 1,5 Mill. italienische, portugiesische, spanische und deutsche Einwanderer anzog, wurde der größte Schmelztiegel der Ethnien. Auch von den ca. 200 000 Japanern, die seit 1908 ins Land gekommen sind, haben die meisten sich hier niedergelassen. Sie sichern heute die Gemüseversorgung der volkreichsten Stadt Brasiliens.

Insgesamt sind zwischen 1890, als die Migration stärker einsetzte, und 1942 etwa 3,8 Mill. Italiener, Portugiesen, Spanier, Deutsche, Japaner u. a. eingewandert[85].

Den Hintergrund der Einwanderung erhellt die Feststellung des Ministers Pedro de Araujo Lima vor der Gesetzgebenden Versammlung im Jahre 1828: „Der Sklavenhandel läßt nach, und wir stehen vor der Notwendigkeit, diese Lücke füllen zu müssen ... Brasilien braucht Arme, fleißig und arbeitsam."

Die kaiserliche Regierung wie auch die Sklavenbarone betrachteten die Einwanderung als Ersatz für den Sklavenimport; aber während die Regierung die Einwanderung zur Schaffung selbständiger bäuerlicher Kleinbetriebe mit öffentlichen Geldern fördern wollte, waren letztere nur an möglichst abhängigen Arbeitskräften interessiert. Ihr Widerstand gegen staatlich unterstützte Kleinbetriebe führte 1830 und später mehrfach zur Unterbrechung der Einwanderung. Es bedurfte großer Anstrengungen, bis die Einwanderer, die von der Sklavenhaltergesellschaft zunächst geringschätzig betrachtet wurden, da sie sich nach der herrschenden Mentalität durch Handarbeit erniedrigten, eine gewisse gesellschaftliche Anerkennung erwarben und schließlich 1880 aus geduldeten „Gastarbeitern" zu vollberechtigten Bürgern wurden[86]. Bei den deutschstämmigen Einwanderern war die Pflege ihrer Sprache und ihres Volkstums unter diesen Umständen einerseits eine Abwehrreaktion auf die nur zögernd gewährte gesellschaftliche Anerkennung und andererseits die Voraussetzung zur Erhaltung eines gewissen kulturellen Niveaus, da sie in schulischer Hinsicht völlig auf Eigenhilfe angewiesen waren: Waren die Einwanderer Protestanten, dann war auch der Wunsch, die Bibel in der Sprache Luthers lesen und die Lieder der Väter singen zu können, ein wichtiger Grund, um am Deutschen festzuhalten (vgl. 433). Die Erlangung der politischen Gleichberechtigung 1880 stärkte das Selbstbewußtsein der deutschen Kolonisten und ermutigte sie, auch den Kampf um die religiöse Gleichberechtigung aufzunehmen.

[85] Vgl. Wagley 1971, 69f; Gesamtzahl nach McCann 1970, 15; Kadt 1968, 46: Von 1890–1900 strömten jährlich 100 000 Einwanderer ins Land, namentlich Portugiesen und Italiener.

[86] Zitat Araujo Limas nach Schröder 1931, 54f; vgl. Oberacker 1968, 326f; Roche 1969 II, 593ff, zur Unterbrechung der Einwanderung 1830 ebd. I, 94ff. Es soll keineswegs behauptet werden, die deutschen Einwanderer wären von allen Seiten geringschätzig behandelt worden. So schreibt Dohms 1924: „Als am 18. Juli 1824 die ersten Einwanderer mit der Brigg ‚Protektor' in Pôrto Alegre gelandet waren, berichtete der damalige Präsident der Provinz RS, José Feliciano Pinheiro, der spätere Visconde de São Leopoldo, nach Rio de Janeiro u. a.: ‚Es schien mir angemessen, einen Beweis der hohen Wertschätzung zu geben, die ich diesem bedeutsamen Geschenk an unser Land beimaß. Ich begab mich daher unverzüglich zu ihrem Empfang an Bord.' Nie hat seither eine brasilianische Regierung die deutsche Siedlung in RS anders beurteilen können, als es der Visconde de Pôrto Alegre vor 100 Jahren tat ..."

So wagte es die Gemeinde von Sta. Maria da Boca do Monte (RGS) 1886/87, sich eine von außen als solche erkennbare Kirche mit Turm und drei Glocken zu bauen, was gegen Art. 5 der Verfassung von 1824 verstieß, weshalb die Polizei gegen die Kirchengemeinde einschritt. Die 1886 gegründete Riograndenser Synode entschloß sich zu einer großen Unterschriftensammlung für eine Petition an die Legislative zwecks Abänderung der Verfassung. Die schon vom Senat akzeptierte Novelle wurde in der Deputiertenkammer in Rio de Janeiro unter dem Druck einer Unterschriftensammlung der Damen der Gesellschaft abgelehnt, die in dem Begehren der Akatholiken einen blasphemischen Anschlag auf die Moral sahen[87].

42314 Die Trennung von Staat und Kirche

Bei dieser Lage der Dinge ist es verständlich, daß man im alten deutschen Siedlungszentrum von São Leopoldo, dem Sitz der Riograndenser Synode, am 7. Januar 1890, dem Tag, an dem das Dekret zur Trennung von Staat und Kirche erging, den „Sieg der guten Sache" mit einem Feuerwerk feierte[88].

Waren die Dekrete über die Schaffung der Staatsflagge mit dem Wappenspruch ‚Ordem e Progresso' (Ordnung und Fortschritt) und über die Einrichtung der Nationalfeiertage rein positivistische Schöpfungen der provisorischen Regierung gewesen, der kurze Zeit die beiden Positivisten Benjamin Constant und Demétrio Ribeiro als Minister angehörten, so war die Trennung von Staat und Kirche der letzte bedeutsame Akt, „der auf den Einfluß des Positivismus im Schoße der Regierung zurückzuführen ist"[89]. Die Trennung des ‚pouvoir spirituel' und des ‚pouvoir matériel', die die Trennung von Kirche und Staat bedingt, war eine grundlegende Forderung in Comtes „System der positiven Politik". Gewissens- und Kultusfreiheit hatte die Radikal-Liberale Partei seit 1868, die direkte Trennung von Staat und Kirche die Republikanische Partei seit 1870 verlangt. Aber offenbar aus Furcht vor Unruhen rührten ihre Vertreter in der provisorischen Regierung diesen Punkt nicht an, bis der positivistische Minister Ribeiro eine entsprechende Kabinettsvorlage präsentierte, die der Liberale Rui Barbosa dann redigierte. Das Dekret vom 7. Januar 1890 erklärte die Kultfreiheit, garantierte den religiösen Vereinigungen das Recht, Güter zu erwerben, führte die Zivilehe obligatorisch ein, säkularisierte die Friedhöfe und verbot die staatliche Unterstützung irgendeiner Kirche. Das im Verfolg der Trennung am 24. Januar 1890 ergangene Dekret zur Einführung der bürgerlichen Eheschließung sah ausgehend von Comtes Anschauungen über die Familie die Möglichkeit der Scheidung a vinculo nicht vor. Die Bestimmungen dieser Dekrete sind in die Bundesverfassung von 1891 eingegangen. Dort sind indes, wie Dohms betont, die positivistischen Gedanken über die Trennung von Staat und Kirche „nicht grundsätzlich klar zum Ausdruck gebracht".

Nachweisbar ist der Positivismus Comtes in Brasilien seit 1850. Maßgeblich gefördert war sein Einfluß von Benjamin Constant Botelho de Magalhaes, dessen „Politique Constitutionelle" in der Republik quasi den Rang einer parlamentarischen Bibel errang, und durch dessen Schüler Miguel Lemos, Teixeira Mendes und Demétrio Ribeiro. Aus einer 1876 gegründeten positivistischen Vereinigung entstand 1881 eine Positivistische Kirche von Brasilien, nachdem Lemos sich 1879 zur Religion der Menschheit bekehrt hatte. Der positivistische Apostolat mit seinen beiden Tempeln in Rio de Janeiro und Pôrto Alegre hatte bis 1930 über 4300 meist dünne Veröffent-

---

[87] Gesuch der RGS an die Legislative (1887): Gesetzliche Regelung der Religionsfreiheit – Archiv der RGS, S. Leopoldo, datiert v. 28. 5. 1887.
[88] Vgl. Fausel 1936.
[89] Vgl. Dohms 1930, 81ff mit wörtlichem Zitat von Miguel Lemos.

lichungen in Buchform herausgebracht, aber 1890 den Höhepunkt seines politischen Einflusses überschritten[90].

De Kadt kommt zu dem Schluß, daß letztlich diejenigen, die nur teilweise von den positivistischen Lehren berührt waren, am meisten zum Fortschritt Brasiliens beigetragen haben, nämlich die Ärzte, die Ingenieure und die Militärs, „die Krankheiten besiegten, Straßen bauten oder die Indianer vor der Ausrottung bewahrten"[91]. Der Gründer des brasilianischen Indianerschutzes, Cândido Mariano da Silva, Marschall Rondon (1865–1958), war bekanntlich ein Mitglied der positivistischen Kirche[92].

Wenngleich die deutschstämmigen Protestanten die Trennung von Staat und Kirche feierten, weil sie das Ende ihres Kampfes um politische und religiöse Gleichberechtigung bildete, den sie nach anfänglichem Zögern im Bunde mit der Liberalen Partei geführt hatten, so waren einige ihrer weitsichtigsten Männer auf lange Sicht keineswegs über die Beschränkung der Kirchen auf den reinen Vereinsstatus glücklich, der das Proprium der Kirche auf den Sektor des Privaten und der Innerlichkeit beschränkt und damit ihre Entwicklung hemmt, da sie ihrem Wesen nach einen Öffentlichkeitsauftrag hat, dem sie mit Hilfe eines besonderen Öffentlichkeitsrechtes eher entsprechen kann. Daß der Staat in der Ersten Republik „in positivistischer Uninteressiertheit" sich völlig von der Kirche zurückzog und sie entsprechend dem liberalen Denken mit Hilfe des Vereinsrechtes auch rechtlich in die private Sphäre verwies[93], traf die römische Staatskirche natürlich weit schwerer.

Das Verhältnis von Hierarchie und Klerus zur Monarchie seit der „religiösen Frage" (1872–75) ist in der Forschung umstritten.

Boehrer (1968) betont, daß der Streit als Auseinandersetzung zwischen dem amtierenden Ministerium und der Hierarchie verstanden wurde, aber nicht als Konflikt von Monarchie und Kirche. Die katholische Presse betonte von Zeit zu Zeit ihre Gleichgültigkeit gegenüber der Staatsform. Aber die anti-katholische Ausrichtung der Republikanischen Partei ließ die große Mehrheit der Bischöfe und Pfarrer auch nach 1875 an der Monarchie festhalten. ‚A Boa Nova' von Belém, das zweitgrößte katholische Organ der Epoche, drückte die Zusammenhänge simplifizierend so aus: „Der Republikanismus ist die Vorhut des Liberalismus; der Liberalismus ist die Vorhut der Freimaurerei; und letztere ist die Brücke zum Protestantismus. Monarchisten, die der Freimaurerei beitreten, sind, vielleicht ohne es zu wissen, Gegner des monarchischen Prinzips."[94] Und Maria kritisiert, daß der Klerus im Kaiserreich die Versklavung der Kirche durch den Staat willig ertrug, weil er sich an die „Privilegien und Subsidien klammerte" und „in der Unterwerfung den Habitus von Aktivität und Arbeit verloren hatte"[95]. Man wird mit Bruneau feststellen können, daß die „religiöse Frage" den Bischöfen „die Risiken einer engen Verbindung zwischen Kirche und Staat bewußt machte"[96]. Auf Grund dieser Erfahrung mußte ihnen eine Trennung der beiden Gewalten in anderem Licht erscheinen.

Als 1890 die römische Kirche als integrierender Bestandteil der konstitutionellen Monarchie ihre privilegierte Stellung als Staatskirche einbüßte, sahen

---

[90] Ebd. 72: Nach der Begründung der Republik hatte das posivistische Apostolat nur noch in RS einen gewissen politischen Einfluß.
[91] Kadt 1968, 45.
[92] Zu Rondon vgl. Prien, Indiana 1975, 163 mit Literatur.
[93] Der erste Präses der RGS, Dr. W. Rotermund hatte schon 1885 die mögliche Trennung von Staat und Kirche als „Danaer-Geschenk" bezeichnet. Vgl. die Kritik des späteren Präses Dohms (1939) am Vereinsstatus der Kirche.
[94] A Boa Nova, Belém v. 17. 5. 1873.
[95] Maria 1950, 218.
[96] 1974, 63f.

sich ihre Bischöfe in einem gemeinsamen, von Dom Antônio de Macedo Costa (Pará) verfaßten Hirtenbrief vom 17. März 1890 zum Protest veranlaßt:

„Im Namen der gesellschaftlichen Ordnung, im Namen des öffentlichen Friedens, im Namen der Eintracht der Bürger, im Namen der Rechte des Gewissens weisen wir Katholiken die Trennung von Kirche und Staat zurück; wir fordern die Verbindung beider Gewalten...", freilich nicht in Form eines wie auch immer gearteten Regalismus mit einer staatlichen Kultusverwaltung. Die „hl. katholische Kirche" fühlt sich der „Ehrenkrone" beraubt, die die Vorfahren ihr an die Stirn geheftet haben, die die brasilianische Nationalität begründet haben. „Obwohl sie vom Liberalismus der Französischen Revolution erfüllt waren, haben sie dich respektiert, haben sie dich auf dem souveränen Platz belassen, den du schon einnahmst, und dir in der Verfassung die Vorrechte eingeräumt, die du schon hattest und immer haben wirst als Kirche des brasilianischen Volkes!" Die Bischöfe wollten „Unabhängigkeit" der Kirche, nicht „Trennung". Weil die „Untertanen" der „religiösen" und der „zivilen Gesellschaft" identisch seien, dürften beide Gesellschaften nicht „antagonisch sein"[97].

Montenegro (1972) nimmt das Wort von Dornas F. (1938) wieder auf, daß dieser Hirtenbrief „ein Interpretationsrätsel" darstelle, „das die Intelligenz der Geschichte herausfordere", weil er einerseits die durch die Trennung gewonnenen Freiheiten der Kirche einhellig begrüße, andererseits die Trennung ablehne, einerseits das Ende des Patronats begrüße und von den Leiden der Kirche in der Ägide des Regalismus spreche, andererseits aber an der Fiktion einer Staatskirche festhalte[98]. Dornas F. kann sich diesen Widerspruch nur mit der Vergeßlichkeit der Bischöfe erklären, die sich seinerzeit nicht mehr bewußt waren, was jene „lange und leidvolle Periode der Verbindung der Gewalten für die Kirche bedeutet hat"[99]. Maria sieht das Problem mehr bei den Politikern der Republik, die die Trennung von Staat und Kirche mit religiöser Gleichgültigkeit verwechselten und im Namen der Trennung „die Zurückweisung jeglichen religiösen Elements in Regierung und Politik verlangten"[100].

Montenegro sieht im Ordnungsdenken beim Fall des Kaiserreiches ein verbindendes Element zwischen Positivismus, Liberalismus und Katholizismus. Wie „Volk", „Verfassung", „Gesetz" oder „Staat" war der Ordo-Begriff Teil einer neuen säkularen Dogmatik. Aber während die Liberalen in ihrem anti-klerikalen Denken aus Furcht vor einem Wiedererstarken der Kirche durch die Vergrößerung ihrer materiellen Güter dazu neigten, etwas von der religiösen „Freiheit" zu Gunsten der „Ordnung" zu opfern, bestanden die Positivisten auf uneingeschränkter Religionsfreiheit, weil echte Ordnung nur auf religiöser Ehtik gründen kann. Im übrigen waren sie auch bereit, Freiheiten zu Gunsten einer starken staatlichen Autorität zu opfern. Nach dem katholischen Ordo-Begriff, dem der positivistische am nächsten steht, muß der Staat ein instrumentum Dei sein. Deshalb ist eine Trennung der Gewalten als Ausdruck eines Laizismus für die Kirche nicht akzeptabel[101]. Davon läßt sich katholisches Denken nicht einmal mit dem Argument abbringen, daß ein religiös gleichgültiger Staat nicht mehr kompetent ist, der offizielle Anwalt der Kirche zu sein[102].

Es liegt in der Konsequenz dieses katholischen Ordo-Denkens, daß die römische Kirche während der Republik „mit Nachdruck den Kult der öffentlichen

---

[97] Ausführlicher Text bei Dornas F. 1938, 286ff. Der Hirtenbrief nimmt Bezug auf die Verfassung von 1824.
[98] Montenegro 1972, 150.   [99] AaO 294.
[100] AaO 221.   [101] Montenegro aaO 151ff.
[102] Maria aaO 218, der hierzu Cándido Mendes zitiert.

Autorität betrieb", obgleich sie keine Staatskirche mehr war und von daher die Möglichkeit gehabt hätte, ihr prophetisches Amt wahrzunehmen. Montenegro kommt zu dem Schluß, daß in der „religiösen Frage" das prophetische Amt der Kirche zwar einmal vernehmbar wurde, es aber keine Kontinuität erlangt habe. Wie meist bei kirchlichen Protesten hätten auch die Klagen über die Trennung von Staat und Kirche keine praktischen Folgen gehabt, weil der kirchliche Apparat nicht imstande gewesen sei, „eine gründliche Analyse der politischen, sozialen oder wirtschaftlichen Wirklichkeit vorzunehmen, um sich ein realistisches Urteil zu bilden oder eine anwendbare Konfrontationsstrategie zu entwickeln"[103]. Mangels innerer Erneuerung im 19. Jahrhundert war der Einfluß der römischen Kirche auf die neuen Eliten allerdings ohnehin minimal und die Zahl praktizierender Katholiken unter ihnen unbedeutend[104], so daß eine Konfrontation aussichtslos gewesen wäre. Eine grundlegende, in der Literatur nicht genannte Ursache der hartnäckigen Ablehnung der Trennung der Gewalten dürfte im katholischen Kirchenbegriff liegen. Religionsfreiheit bedeutet kirchliche Nivellierung, Einstufung der römischen Kirche als einer Bekenntniskirche neben anderen und damit Negierung des Absolutheitsanspruches, den die römische Kirche zumindest bis zum Vatikanum II nachdrücklich aufrechterhalten hat. Man kann an der lateinamerikanischen Kirchengeschichte beobachten, daß die römische Kirche bereit war, die Aufrechterhaltung ihres Absolutheitsanspruches durch die Anerkennung als Staatskirche ihrem prophetischen Auftrag als Mahnerin von Recht und Gerechtigkeit auf allen Lebensgebieten zu opfern. Bruneau kommt in seiner sozio-kulturellen Untersuchung der katholischen Kirche Brasiliens zu analogen Schlüssen: „Der Einfluß der Kirche war immer durch die Macht des Staates bestimmt, und die Strukturen des Staates wurden benutzt, um ihn zu schaffen und auszuüben." Die Bischöfe wollten zwar Unabhängigkeit, aber gleichzeitig Unterstützung des Staates, da diese „eine Form von offiziellem Status bedeutete"[105].

42315 Die klerikale Restauration der römischen Kirche (1890–1960)

Neben den innerkatholischen Reformansätzen sind zwei Faktoren für die Restauration grundlegend: der Schock und die Befreiung durch die Trennung von Staat und Kirche 1890 und die protestantische, vorwiegend nordamerikanische Missionstätigkeit, deren wohltätige Folge es war, „daß die ‚schlafenden Hirten' geweckt wurden und daß die Kirche der religiösen Verlassenheit und Unwissenheit des Volkes zu steuern suchte". Eine entscheidende Voraussetzung zur Durchführung der Restauration war die Tatsache, daß die Trennung

---

[103] Montenegro aaO 148f. [104] Vgl. Bruneau 1974, 65.
[105] Ebd. 67 nach Pérez u. a. 1965, 40. Rotermunds Bemühungen um staatliche Anerkennung der deutschen evangelischen Gemeinden (1885) und Dohms Kritik am Vereinsstatus der Kirche laufen im Grunde in eine ähnliche Richtung, nur daß sie vom kirchlichen Pluralismus ausgehen. Luís Antônio dos Santos, Erzbischof von Bahia, hatte zwar öffentlich General Deodoro den Segen des Himmels gewünscht, aber Ende 1890 in einem Telegramm vor der Trennung von Staat und Kirche gewarnt: „Machen Euer Exzellenz Euer glorreiches Schwert nicht zum Instrument der Zerstörung des Glaubens des brasilianischen Volkes" – Text bei Calmón 1970, 164f. Sein Nachfolger Antônio de Macedo Costa appellierte in demselben Sinne am 12. 1. 1891 an die Konstituierende Versammlung – ebd. 166ff.

der Gewalten ohne die Beschlagnahme von Kirchenbesitz durchgeführt wurde, ja sogar begleitet von der Rücknahme früherer Säkularisationsgesetze.

Der einzig konkrete Erfolg des bischöflichen Protestes von 1890 war die Rücknahme eines anti-jesuitischen Gesetzes, wofür sich der erste Vizepräsident von Rio Grande do Sul (RS), Júlio Prates de Castilhos, nachdrücklich eingesetzt hat, der die fruchtbare Arbeit der deutschsprachigen Jesuiten seit 1849 aus eigener Anschauung kannte[106]. Bei der Ankunft der ersten spanischen Jesuiten in der Provinz São Pedro do RS im Jahre 1842 „war die katholische religiöse Praxis im Kreise der Luso-Brasilianer so gut wie erloschen". Mit dem Kommen der ersten beiden deutschsprachigen Jesuiten 1849 wurde die katholische Bevölkerung der deutschen Kolonie zum neuen religiösen Ferment der Provinz. Das Gemeinde- und Schulmodell der Jesuiten in den deutschen Kolonien wurde zum organisatorischen Vorbild für den Aufbau der Parochien in RS[107].

Reformansätze, die die erstaunliche kirchliche Restauration während der Ersten Republik überhaupt erst ermöglicht haben, gab es indes auch von seiten der Bischöfe.

Als Übergangsfigur zwischen den kolonialzeitlichen Patronatsbischöfen und den Reformbischöfen des 19. Jahrhunderts kann man den Erzbischof von Salvador Romualdo Antônio de Seixas (1827–60) ansehen, der begann, die kirchlichen Strukturen gegen laikale Eingriffe zu verteidigen und damit die Rolle eines reinen Staatsfunktionärs aufgab. Die Gruppe der Reformbischöfe, die sich an der Reformbewegung von Papst Pius IX. (1846–78) orientierten und erstmals in der brasilianischen Kirchengeschichte ein eigenes kirchliches Bewußtsein schufen, wird angeführt von Dom Antônio Ferreira Viçosa in Mariana (1844–75), einem Portugiesen und Mitglied der römischen Missionskongregation. Viçosa packte als erster die Diözesanreform an, um dadurch das Niveau des Säkularklerus zu heben. Das Vorschlagsrecht der Politiker für die kirchlichen Benefizien hatte zur Entstehung der „politischen Priester" geführt, „die ihre Stellung und ihre zukünftige Beförderung einer politischen Partei verdankten". Mit Hilfe französischer Lazaristen machte er ab 1853 das Seminar in Caraça zum Ausbildungszentrum für einen moralisch und intellektuell gehobenen Reformklerus. Die besten Schüler, die zur Weiterbildung nach Paris und Rom geschickt wurden, übernahmen bald andere Diözesen, so Pedro de Lacerda Rio de Janeiro (1869–90), João dos Santos Diamantina (1863–1905) und Luís Antônio dos Santos zunächst Fortaleza (1861–81) und dann Salvador (1881–90). Auch außerhalb der Schule von Dom Antônio Viçosa gab es eine Reihe bedeutender Reformbischöfe, namentlich Antônio de Macedo Costa in Belém (1861–90), der geradezu zum charismatischen Führer der Erneuerungsbewegung wurde, Vital Maria Gonçalves de Oliveira, der gegen kaiserliches Gesetz Kapuziner geworden und dennoch 1871 für Olinda-Recife präsentiert worden war, Sebastião Larangeira in Pôrto Alegre (1860–88), der Nachfolger von Dom Romualdo im Erzbistum Bahia, Manuel Joaquim da Silveira (1861–74), und Dom Antônio Joaquim de Melo (1852–61) in São Paulo. Sie alle nahmen die Reform ihrer Bistümer in Angriff und gerieten dadurch in Konflikt mit „dem liberalen Klerus, den liberalen Laien und den liberalen Politikern".

Die Klerusreform, die bis heute nachwirkt, begann 1845, als Dom Viçoso im Seminar Mariana die internen, zum Priesterberuf bestimmten Schüler von den externen trennen ließ, und nahm ihren Fortgang mit der Übergabe des Seminars an die Lazaristen. Der Einfluß der französischen Theologie und Frömmigkeit sollte für die Reform entscheidend werden. 1853 übergab auch Dom Romualdo sein Seminar in Salvador an die Lazaristen, 1864 folgte das Seminar in Fortaleza, 1869 das Seminar São José in Rio de Janeiro, während das 1856 in São Paulo gegründete Seminar gleich fran-

---

[106] Wetzel 1973, 45.   [107] Rabuske 1973, 49ff.

zösischen Kapuzinern übergeben worden war[108]. (Zur Fortwirkung der Reform vgl. 42316).

Ab 1890 konnten die brasilianischen Bischöfe erstmals zusammen mit dem Internuntius — die Beziehungen zum Vatikan wurden 1890 nicht abgebrochen — dem Papst direkt ihre Vorschläge für den Ausbau der kirchlichen Strukturen unterbreiten. Leo XIII. reagierte 1892 darauf und schuf mit der Bulle „Ad universitas orbis ecclesis" vier neue Bistümer (Amazonas, Paraíba, Niterói und Curitiba), sowie einen zweiten Metropolitansitz in Rio de Janeiro. Die Bistümer des Nordens und Nordostens blieben Salvador, die des Südens ab Minas Gerais wurden Rio unterstellt.

Von 1895 bis 1924 wuchs die Zahl der Erzbistümer auf 14, die der Bistümer auf 44. Hinzu kamen 7 kirchliche und 3 apostolische Prälaturen[109]. 1940 wurde die Zahl von 100 kirchlichen Verwaltungseinheiten überschritten. Allein zwischen 1951 und 1960 kamen weitere 46 Einheiten dazu. Für 1964, wo es 178 Erzbistümer, Bistümer etc. gab, hat Bruneau eine Steigerung um 1500 % gegenüber 1889 errechnet. 1973 gab es ca. 250 Glieder der brasilianischen Bischofskonferenz und 211 Verwaltungseinheiten „(32 Erzbistümer, 131 Bistümer, 41 Prälaturen, 2 Abteien nullius, 3 orientalische Eparchien, 1 Ordinariat des orientalischen Ritus und 1 Militärvikariat), eine Anzahl, die nur noch von Italien übertroffen wird". Diese in der Weltkirche sensationelle und einmalige Vermehrung der Makrostrukturen nährte den Mythos „des größten katholischen Landes der Welt", der buchstäblich Gewicht gewinnt, wenn man den ‚Anuario Católico do Brasil 1970/71' mit seinen 2292 Seiten zur Hand nimmt.

Auch das Wachstum der Mikrostrukturen war beträchtlich. 1933 gab es 2384 Parochien, heute etwas über 5700. Hat sich in den letzten 50 Jahren die Zahl von 450 000 Katholiken pro Bistum relativ konstant gehalten, so gilt dies in den letzten 10 Jahren auch für etwa 17 000 pro Parochie. Indes sind bei den Parochien die räumlichen Größenunterschiede ähnlich wie bei den Makrostrukturen, wo zwar die Durchschnittsgröße 40 000 km² beträgt, aber beispielsweise das Bistum Santo André im Staate São Paulo 873 km² hat, die Prälatur Diamantino hingegen 363 401 km² „(so viel wie Italien und die Schweiz zusammen)". Abgesehen von den sogenannten Kolonien der Einwanderer in RS und SC, die den europäischen Landgemeinden ähneln, gibt es in Brasilien keine echten Land-Parochien. Die Parochien haben fast immer ihren Sitz in kleinen Städten, von wo aus die ländlichen Gebiete recht und schlecht betreut werden. Die Priester haben meist eine städtische Mentalität. „In der brasilianischen Literatur und im Film sind die Figuren der Patres sprichwörtlich, die den ganzen Tag ‚im Schatten mit kühlem Wasser' sitzen in Erwartung von Täuflingen, Hochzeiten und Beerdigungen, die ihnen ihren Unterhalt liefern."[110]

Den Hintergrund zu dem immensen kirchlichen Wachstum bildet die demographische Explosion Brasiliens. Lag Brasilien 1889 mit 12—14 Mill. Einwohnern noch etwa Kopf an Kopf mit Mexiko, das 1895 12 637 000 zählte, so wurde es im 20. Jahrhundert schnell zum volkreichsten Staat Lateinamerikas, der 1968 mit 88 Mill. Mexiko mit seinen knapp 49 Mill. weit überrundet hatte[111].

Der Ausbau der Priesterseminare konnte mit der schnellen Ausweitung der Makrostrukturen nicht Schritt halten. Von 1890 bis 1927 stieg die Zahl der

---

[108] Vgl. Boehrer 1968, 60ff und Hoornaert 1973 REB, 130f.
[109] S. Camargo 1965, 759.
[110] Hortal 1973, 98ff; Bruneau 1974, 69. Einen Überblick über die Entstehung und Besetzung der Bistümer vermittelt Calmón 1970, 171ff. Zahl der Parochien 1933 nach Léonard 1963, 206. Hortal aaO nennt für 1969 5 433 Parochien.
[111] Statistische Angaben nach Ruiz G. 1971 I, 38.

Großen Seminare nur von 9 auf 15 und die der Kleinen von 11 auf ca. 30. Bruneau führt dieses langsame Wachstum auf einen Mangel an Priesterberufungen zurück, den er durch das geringe Ansehen des niedrig bezahlten kirchlichen Dienstes erklärt, dem noch das Bild des Staatsfunktionärs anhaftete. Hoornaert betont hingegen den Mangel an guten theologischen Lehrern, der zu einem unbefriedigenden Ausbildungsniveau führte, während Bruneau meint, die von Rom ermutigte Gründung von Seminaren durch Lazaristen und Jesuiten habe zu einer solideren Ausbildung einer insgesamt ungenügenden Zahl von Priestern geführt[112].

Die Lücke zwischen dem zahlenmäßig ungenügenden brasilianischen Nachwuchs und dem Ausbau der kirchlichen Strukturen konnte nur mit Hilfe ausländischer Priester, namentlich Ordensleuten, geschlossen werden. Nur dank der Politik des Vatikans, Kongregationen zu ermuntern, Regularpriester, Religiose und Ordensfrauen nach Brasilien zu entsenden, gelang es, Konvente, die Mitte des 19. Jahrhunderts geschlossen worden waren, wieder zu eröffnen, neue Ordenszentren und Erziehungseinrichtungen zu gründen, den Lehrkörper von Seminaren und Vakanzen in Parochien zu besetzen. Während die Zahl der Weltpriester 1889—1964 von 520 auf 4872 (Ausländeranteil 16 %) stieg, erhöhte sich die der Ordenspriester von 180 auf 7309 (Ausländeranteil fast 53 %)[113]; zum Priestermangel vgl. 53. Wie oben am Beispiel der Jesuiten in RS gezeigt, stellten die Kongregationen einen entscheidenden Faktor bei der katholischen Restauration dar, seien es neu aus Europa gekommene Kongregationen wie Jesuiten, Kapuziner, Lazaristen, Salesianer u. a. oder durch ausländische Kräfte wiederbelebte und vorübergehend ausländischen Provinzen angegliederte Kongregationen wie die der Franziskaner, Benediktiner, Karmeliter u. a. Die zahlreichen Ordensfrauen sind nicht nur in ihrer großen Mehrheit Ausländerinnen, sondern gehören auch fast ausnahmslos ausländischen Kongregationen an, die seit Ende des 19. Jahrhunderts nach Brasilien gekommen sind[114]. Während es Anfang des 20. Jahrhunderts nur 5 weibliche Kongregationen mit 2462 Schwestern gab, war die Zahl der Kongregationen Ende der sechziger Jahre auf 325 und die ihrer Glieder auf 41 309 angestiegen.

Die wichtigsten weiblichen Kongregationen haben folgende Stärke: Vinzentinerinnen — Sociedade das Filhas da Caridade de São Vicente de Paulo — 2520; Irmãs Missionárias de Jesús Crucificado — eine rein brasilianische Gründung — 1876; Irmãs de São José Chambery 1746; Schwestern des unbefleckten Herzens Mariä — Irmãs do Imaculado Coração de Maria — 1408. Von den 108 männlichen Kongregationen sind die stärksten: Franziskaner (913), Kapuziner (695), Salesianer (644), Jesuiten (544), do Santíssimo Redentor (435), Congregação da Missão (253), do Sagrado Coração (227), do Verbo Divino (210), Missionários do Sagrado Coração de Jesus (156), Sociedade do Apostolado Católico (156)[115]. „In fünfzig Jahren schafften es die Religiosen mit viel Entsagung, einen dem europäischen Katholizismus, aus dem sie herkamen (Deutschland, Italien, Holland, Frankreich, Spanien), gleichenden institutionellen Apparat aufzubauen. In den Jahren ab 1880 begann die Einrichtung

---

[112] Bruneau aaO 68 und Hoornaert 1973 REB, 133.
[113] Bruneau aaO 69. Dohms 1925 erwähnt deutsche Franziskaner und Jesuiten, flämische Prämonstratenser, holländische Redemptoristen, französische Dominikaner, Steyler Patres und italienische Kapuziner.
[114] Comblin 1966, 596.
[115] Calmón 1970, 250 nach CERIS. Die angegebenen Ziffern von Ende der sechziger Jahre weichen nur geringfügig von denen von CERIS 1970/71 ab.

eines Netzes von Sekundarschulen." Es folgten die parochialen Hilfswerke, die Arbeiterkreise und in den Jahren 1930—35 die Katholische Aktion. „Es gab auch in der Folgezeit kein europäisches Werk und keine Bewegung, die in Brasilien nicht nach dem importierten Modell imitiert worden wären."[116]

Von den Laienbewegungen sind außer der Katholischen Aktion und den Arbeiterkreisen die Marianischen Kongregationen zu erwähnen, die während ihrer Blüte eine halbe Million Mitglieder zählten, und der Apostolado da Oração, der 1900 und 1901 Kongresse in Salvador und São Paulo abhielt. Schließlich gibt es eine Reihe von Laienkongregationen, deren drei größte die Maristen (1054), Irmãos das Escolas Cristãs (380) und Irmãos do Sagrado Coração (54) sind. Der massiven Mobilisierung der Laien dienen die Eucharistischen Kongresse, die auf regionaler Ebene ab 1915 (São Paulo) und auf nationaler Ebene mit enormem Glanz und Aufwand ab 1933 (Salvador — zuletzt 1970 in Brasilia) abgehalten werden und deren Höhepunkt der XXXVI. Internationale Eucharistische Kongreß 1955 in Rio de Janeiro war[117].

Der triumphalistische Zug der katholischen Restauration zeigt sich auch in einem Hang zum Monumentalen beim Kirchenbau. In zahlreichen kleinen und mittleren Städten sind speziell seit dem Zweiten Weltkrieg Kirchbauten in den Ausmaßen von Kathedralen begonnen worden, die offenbar den Exklusivitätsanspruch der römischen Kirche über Brasilien in Stein oder Beton manifestieren sollen. Nicht selten zieht sich die Fertigstellung dieser Bauten über Jahre und Jahrzehnte hin, begleitet von ständigen Sammelaktionen unter den Gläubigen. Die bekanntesten Beispiele unter den gigantischen Bauten sind wohl die Kathedrale ‚Nossa Senhora Aparecida' in Brasilia in Form einer Dornenkrone, die 1976 eingeweihte Kathedrale von ‚São Sebastião do Rio de Janeiro' und die 1973 fast fertiggestellte Basilika der Schutzpatronin Brasiliens, N. S. Aparecida, in Aparecida do Norte. Noch ganz im triumphalistischen Geist schrieb 1972 der Jesuit Abranches Viotti, daß diese Basilika das meistbesuchte marianische Heiligtum der Welt und nach St. Peter in Rom die größte Kirche der Christenheit sei. Augenscheinlich meint Viotti, der in seiner Darstellung der „Expansion der Kirche" auf die schweren sozialen Probleme Brasiliens überhaupt nicht eingeht, ein solches Bauwerk komme der „größten katholischen Nation der Welt" auch zu, denn er bemerkt befriedigt, daß der Vatikan diesem Anspruch Brasiliens in der Größe seiner Vertretung auf dem Vatikanum II Rechnung getragen habe[118]. Eine Untersuchung des Bauvolumens der römischen Kirche in Brasilien in den letzten fünfzig Jahren und des Geistes, der sie zur Monumentalität getrieben hat, bildet ein wichtiges Desiderat der Forschung.

---

[116] Comblin aaO; Gera 1974, 102 Anm. 17 weist auf das hohe Maß an Spezialisierung hin, das die KA in Brasilien erreichte mit der Kath. Universitätsjugend (JUC), der kath. Arbeiterjugend (JOC), der Landjugend (JAC), der kath. Jugend an den Gymnasien (JEC) und der Jugend in den freien Berufen (JIC). „Den Jugendgruppen entsprachen zum Teil ähnlich orientierte Gruppierungen von Erwachsenen. Wesentlich ist also in jedem Fall das Engagement im Bereich des Berufes und der damit gegebenen gesellschaftlichen Problematik."
[117] Vgl. Calmón 1970, 250; S. Camargo 1965, 764f; Viotti 1972, 360.
[118] Viotti aaO 361f.

42316 Innere Probleme der katholischen Restauration

Die zentrale Problematik der römischen Kirche in Brasilien im Zeitraum von 1890 bis 1960 kann man mit dem Begriffspaar Entfremdung von der brasilianischen Wirklichkeit und Romanisierung umschreiben.

Der Reformklerus wurde von französischen Priestern ausgebildet, die naturgemäß von den in Europa virulenten theologischen Fragestellungen ausgingen. Durch die europäisierte Ausrichtung der theologischen Ausbildung mit dem römischen Akzent gegen Liberalismus, Modernismus, Freimaurerei und alle in der Aufklärung wurzelnden Geistesströmungen riß die in der Kolonialzeit bestehende Verbindung zwischen klerikaler und völkischer Kultur ab. Indem die Seminare nach europäischem Vorbild nur noch als Internate für den Priesternachwuchs dienen sollten — im ganzen 19. Jahrhundert dienten die Kleinen Seminare gleichzeitig als kirchliche Sekundarschulen und auch die Großen Seminare standen externen Studenten offen —, wurde der Kontakt zwischen Klerus und Eliten abgebaut und die Seminare entleert. Die Abkapselung der kirchlichen Ausbildungsstätten und ihre Romanisierung förderte den oft beklagten Mangel an Berufungen (vgl. 53).

Die Reformbischöfe haben keine grundlegende Analyse der brasilianischen Wirklichkeit durchgeführt und daraufhin ein neues pastorales Konzept entwickelt. Vielmehr blieb das Pastoralkonzept sakramentalistisch, die geistig-kulturelle Ausrichtung auf Scholastik bzw. Neuthomismus mit seiner kämpferischen Haltung gegenüber der modernen Zivilisation fixiert, und in finanzieller Hinsicht stützte sich die Kirche weiter auf die Stolgebühren und das vorhandene Kirchenvermögen. Neu war nur die Opposition gegen das staatliche Kirchenpatronat, der Geist institutioneller Selbständigkeit und das entsprechende klerikale Bewußtsein, das es so früher nicht gegeben hat. Die in der zweiten Hälfte des 20. Jahrhunderts einsetzende strukturelle Dekadenz der Kirche brachte es an den Tag, daß der Klerus nicht darauf vorbereitet war, dem wachsenden Druck der modernen Zivilisation standzuhalten[119]. Die brasilianischen Pastoralmethoden sind wesentlich von einem statischen Denken geprägt.

Das gilt von den von 1707 bis 1900 in Kraft befindlichen ‚Constituições Primeiras do Arcebispado da Bahia', die für alle Zeiten die Lehre, die Sakramentsverwaltung und den Kampf gegen die Häresien regelten, genauso wie für die ab 1900 geltenden Dekrete des lateinamerikanischen Plenarkonzils in Rom. Auch die ‚Pastoral Coletiva de 1915', die Geltung für ganz Brasilien erlangte, kommt in paternalistischem Ton gehalten nicht weit über eine Klage über „die Zeiten, die wir durchmachen" hinaus und bildet so etwas wie einen Vorentwurf zum Kodex des Kanonischen Rechtes, der 1948 vom nationalen Episkopat angenommen wurde. Außerdem war dieser Pastoralplan beim Klerus wenig bekannt. Vor allen Dingen fehlte ihm völlig die soziale Komponente. Es ist bezeichnend, daß der Vorschlag eines gemeinsamen Pastoralplanes nicht vom brasilianischen Episkopat ausging, sondern 1958 von Johannes XXIII. im Hinblick auf Lateinamerika vor Vertretern des CELAM in Rom geäußert wurde[120].

---

[119] Vgl. Hoornaert 1973 REB, 131f.
[120] Hortal 1973, 104ff. Der Pastoralplan von 1915 war in triumphalistischem Geist gehalten, befaßte sich besonders mit liturgischen Fragen, ließ eine Dienstgesinnung gegenüber den Menschen vermissen und zielte wesentlich auf die Wahrung des Besitzstandes der Kirche ab.

Die katholische Restauration, die weithin einer „Re-Europäisierung" glich, ist bis Anfang der sechziger Jahre ohne einen gemeinsamen Plan auf Grund einer Fülle miteinander unverbundener Faktoren erfolgt.

Die Tatsache, daß jede Kongregation unabhängig von den anderen arbeitet und hinsichtlich ihrer pastoralen Methoden von ihren ausländischen Stammprovinzen abhängig ist, hat zu einer wahren Anarchie von Initiativen geführt. Mehr als ein halbes Jahrhundert unkoordinierter Arbeit hat den „Ökumenismus zwischen den religiösen Familien teilweise schwieriger gemacht als den Ökumenismus zwischen Kirchen. Zwischen Jesuiten, Franziskanern, Salesianern z. B., um nur einige wichtige Gruppen in Brasilien zu nennen, ist die Verbindung fast null". Während in Europa der starke Stamm von Bischöfen und Weltklerus für die Einheit sorgt, ist der ohnehin schwache Weltklerus in Brasilien in so viele kirchliche Verwaltungsbezirke aufgeteilt, daß er mit den starken Orden nicht mithalten kann, deren Anteil an der Gesamtpriesterschaft unablässig steigt, deren Priester aber in eigenen Provinzen organisiert sind. „Das Bild der Kirche wird in Brasilien nicht von den Bischöfen, sondern von den Provinzen (und den Mutterprovinzen) geprägt. Die Bischöfe sind mit den Problemen belastet, verfügen aber nicht über die Kräfte, um die Probleme zu lösen."[121]

Statt ein neues pastorales Konzept zu entwerfen, haben die Reformbischöfe die Strukturen der brasilianischen Kirche mit denen europäischer Kirchen verglichen und daraufhin eine am römischen Vorbild orientierte Strukturreform eingeleitet. Es entstand keine neue missionarische Dynamik. Die Erneuerung der Kirche ging nicht von den Wurzeln des brasilianischen Katholizismus aus, sondern vom Import vorfabrizierter europäischer Strukturen. Dank des Einflusses der größten „italienischen" Stadt Brasiliens, São Paulo, und der italienischen Nuntien erfolgte der Aufbau der kirchlichen Strukturen immer stärker nach dem italienischen Vorbild[122].

Während sich die brasilianischen Eliten durch die Assimilation der europäischen Aufklärung von der völkischen Wirklichkeit Brasiliens entfremdeten, entfremdeten sich Hierarchie und Klerus sowohl von den Eliten wie von der Basis durch die Rezeption des lateinischen Restaurationskatholizismus, der wesentlich eine Reaktion auf die Glaubensbedrohung durch Liberalismus, Säkularisierung, Freimaurerei, Sozialismus und Protestantismus darstellte. Indem die brasilianische Kirche sich in diese Abwehrfront eingliederte, entfernte sie sich von der Wirklichkeit des Landes, denn Sozialisten und Protestanten spielten hier eine wesentlich unbedeutendere Rolle als in Europa. Völlig sekundär war die Bedeutung des Modernismus, dennoch fand er in der Hierarchie und in den Seminaren größte Aufmerksamkeit, nachdem Pius X. ihn 1907 im Dekret „Lamentabili" und in der Enzyklika „Pascendi" verdammt hatte. Zentrale Probleme der brasilianischen Kirche wie der Spiritismus, afrikanische Synkretismen, die ländliche Volksfrömmigkeit, soziale Fragen, der Mangel an kirchlich engagierten Laien und die ungenügende finanzielle Grundlage fanden indes kaum Beachtung.

Als Gegenstück zur säkularisierten nationalen Gesellschaft wurde eine katholische Sakralgesellschaft mit Schulen aller Stufen, Sozialeinrichtungen (Krankenhäuser, Gewerkschaften, Genossenschaften, Erziehungseinrichtungen), politischen Bewegungen, Zeitungen und anderen Medien aufgebaut. Aber während diese katholische Minderheitsgesellschaft in Europa, wo die Mittelschicht ungleich stärker entwickelt war, eine erhebliche Breitenwirkung hatte, beschränkte sie sich in Brasilien auf das städtische Milieu, so daß es

---

[121] Comblin 1966, 598.   [122] Hoornaert 1973 REB, 133.

geradezu zu einer Teilung zwischen den traditionell orientierten Landgebieten und den städtischen Regionen kam. Während in Europa die Konzentration auf die Mittelschicht ihrer wachsenden Bedeutung entsprach, erfolgte sie in Brasilien im Geist der Imitation und beschränkte die Kirche ausgerechnet auf jene Schicht, die sich nach dem Vorbild der Oberschicht innerlich von ihr zu distanzieren begann und beispielsweise kirchliche Erziehungseinrichtungen weniger wegen ihrer christlichen Ausrichtung als wegen ihrer Qualität und des sozialen Status, den sie verliehen, in Anspruch nahm.

Bruneau sieht die starke Hinwendung der Kirche zur Mittelschicht nicht nur durch die Imitation des europäischen Vorbildes bedingt, sondern auch durch die Möglichkeit, dort die finanziellen Mittel zu finden, die sie brauchte. Obgleich die Priester aus den niedrigeren Schichten stammten, nahmen sie schon in den Seminaren den Habitus der Mittelschicht an und entfremdeten sich dadurch der Masse des Volkes und der Kirche auf dem Lande. „Obgleich die Institution ihr Interesse für das ganze Volk verkündete, konzentrierte sie in Wahrheit ihre Anstrengungen fast ausschließlich auf die Mittelschichten."[123]

Léonhard gibt einen Überblick über eine Vielzahl isolierter Übergriffe fanatischer Katholiken gegen Protestanten in den Jahren 1870–1909 und erneut im Nordosten 1921–24 (vgl. 43422) und kommt zu dem Schluß, daß die Ausbreitung des Protestantismus zunächst kaum eine positive Reaktion innerhalb der römischen Kirche ausgelöst hat. Erst 1937 analysierte der deutsche Fr. Benitius Hochmann in Recife die erfolgreiche protestantische Evangelisationsarbeit und legte seinem Bischof einen Pastoralplan vor, der Erkenntnisse aus der protestantischen Arbeit positiv verwertete.

Hoornaert beklagt den „reaktionären Geist" der meisten aus Europa gekommenen Kongregationen.

„Ende des 19. Jahrhunderts kann man nicht das Entstehen eines missionarischen Geistes beobachten, wie man dies 1549 bei der Ankunft der ersten Jesuiten in Brasilien konnte. Die Kongregationen suchten sich zu ‚installieren' (Sekundarschulen für die entstehende Bürgerklasse, Parochien für dieselbe Klasse)... Die Geschichte der Kirche ist zu Beginn des 20. Jahrhunderts auf diese Weise hauptsächlich eine Geschichte der Etablierung."

Während die Dominikaner, Redemptoristen und Salesianer immerhin der Herausforderung der vernachlässigten ländlichen Kirche zu begegnen versuchten[124], kam die Mehrheit der Kongregationen gar nicht dazu, die wahren Bedürfnisse der Menschen zu erforschen.

Sie war mit dem Aufbau und der Verwaltung der importierten Werke vollkommen ausgelastet. Die Folge war, daß weder die Kongregationen noch deren Werke vom Volk richtig assimiliert wurden, sondern daß sie sich in kleinen geschlossenen Kreisen abkapselten. Da die Kongregationen durchweg von Ausländern geleitet wurden, hatten sie den Kontakt mit der kolonialen Vergangenheit verloren. Wenn ihre Bewegungen und Initiativen nicht den gewünschten Erfolg hatten, hielten sie gleich nach neuen Anregungen aus Europa Ausschau[125].

[123] Vgl. Comblin aaO 595 und Bruneau aaO 70ff.
[124] Vgl. Léonard 1963, 108–124 und 216ff; Hoornaert 1973 REB, 132f.
[125] Comblin aaO 596d bzw. Freyre 1970, 312f: „... Brazil apparently continued to be a ‚pays de mission', whereas it should have recruited most of its religious workers from the ranks of its own population. It was this scarcity of Brazilians in the religious orders which facilitated Masonic or nationalist campaigns in the newspapers and magazines." Die Ordensleute aus Portugal und Frankreich waren vielfach aus ihrer Heimat ausgewiesen worden.

Die Romanisierung erstreckte sich auch auf das Gebiet der Frömmigkeit. Nach dem Modell der europäischen Spiritualität seit Pius X. gewann die Verehrung des Allerheiligsten Sakraments und des Herzens Jesu besondere Bedeutung (vgl. 442). Die massive Einführung der italienischen Frömmigkeit des 19. Jahrhunderts förderte indes kaum das Verständnis der spontanen Volksreligiosität, wie sie sich in den messianischen Bewegungen äußerte (vgl. 441), die gleichzeitig die verhängnisvollen Folgen der „Teilung" der Kirche in Stadt und Land und die damit zusammenhängende Vernachlässigung der sozialen Betreuung der Landbevölkerung deutlich zutage treten ließen. „Der orthodoxe Katholizismus versteht die spontanen religiösen Erscheinungsformen nicht, die vom europäischen Vorbild oder vom römischen Legalismus abweichen und stuft sie als Häresien ein" (zur Problematik des ausländischen Klerus vgl. 5314).

Bei der Analyse des grundlegenden Hirtenbriefes von 1916 des Erzbischofs von Olinda und Recife Sebastião Leme de Silveira Cintra (1916–1921), der herausragenden Figur des brasilianischen Katholizismus der ersten Hälfte des 20. Jahrhunderts (Koadjutor in Rio de Janeiro 1921–30 und Kardinalerzbischof 1930–42), kommt Montenegro zu dem Schluß, daß Dom Leme einseitig den Akzent bei der Evangelisation auf das ministerium verbi legt und dem z. B. die Taufe unterordnet, eine für das Luthertum interessante Feststellung. Dadurch würden Intelligenz und Willen überbetont und ein Rationalismus gezüchtet, der sich mit bürgerlichem Individualismus paare und den Trägern dieser Art von Religiosität den Zugang zur Volksreligiosität ebenso verbaue wie umgekehrt der Volksmasse den Zugang zum orthodoxen Katholizismus[126]. Diese Kritik erklärt übrigens in gewissem Grade auch die Unfähigkeit gewisser protestantischer Kirchen, Menschen unterhalb eines bestimmten Bildungsniveaus anzusprechen.

Mit der „Heiligsprechung" einer bedeutenden Figur der messianischen Bewegungen, des Priesters Cícero Romão Batista (1844–1934), der wegen seiner enormen Zuwendung zum Volk und seiner langjährigen Sozialarbeit in Juazeiro (1873–1934), einem armseligen Städtchen in Ceará, zu einer Art Lokalheiligen geworden ist, hat die ‚Igreja Católica Apostolica Brasileira' 1973 versucht, eine marginalisierte Erscheinung des ländlichen Katholizismus für sich zu reklamieren.

Die in Brasilien ca. 100 000 Glieder zählende „brasilianische katholisch apostolische Kirche", die eine Schwesterorganisation in Argentinien hat, ist 1945 vom Bischof von Maura, Carlos Duarte Costa, gegründet worden, nachdem Dom Carlos exkommuniziert worden war. Diese Kirche ist in weiterem Sinne den Altkatholiken zuzurechnen. Der römischen Kirche ist sie als Konkurrenz weit unangenehmer als die protestantischen Kirchen, weil sie den Titel „katholisch" beansprucht und sich als treue Hüterin des wahren katholischen Glaubens versteht. Ähnlich wie die Altkatholiken in Europa hat sie frühzeitig die Muttersprache in der Messe eingeführt, erkennt nicht die Infallibilität des Papstes und seinen Jurisdiktionsprimat an, wohl aber eine Art Ehrenprimat. Sie fühlt sich als eine Hüterin der alten katholischen Traditionen, insbesondere auch der überkommenen Volksfrömmigkeit, bezichtigt die nachvatikanische Kirche der Gegenwart der „Anarchie", des Anthropozentrismus, des Marxismus und der Subversion und nimmt auf politischem Gebiet eine extrem rechte Position ein[127].

---

[126] Montenegro 1972, 159ff.
[127] Vgl. die Kontroverse um die „Kanonisation" von P. Cícero in SEDOC Nr. 58 (1973), 1111–1126 und Nr. 64 (1973), 338f.

42317 Das Verhältnis von Kirche und Staat (1890—1964)

Bis Mitte des 20. Jahrhunderts blieb die Politik der Hierarchie von dem 1890 deutlich gewordenen Bestreben bestimmt, die Trennung der beiden Gewalten rückgängig zu machen, bzw. den Staat dazu zu bewegen, die herausragende Bedeutung der durch die römische Kirche allein verkörperten geistlichen Gewalt wieder anzuerkennen.

Am 6. August 1890 protestierte der Episkopat brieflich beim Präsidenten der Republik, Marschall Deodoro da Fonseca, gegen die Art der Behandlung der Kirche. Am 6. November desselben Jahres richtete der Episkopat ein Denkschreiben an die Verfassungsgebende Versammlung. Am 12. Januar 1891 forderte Dom Macedo Costa die Parlamentarier auf, mit ihren Gesetzen nicht die Rechte der Katholiken zu verletzen. Der 400. Jahrestag der Entdeckung Brasiliens bot 1900 den Bischöfen eine neue Gelegenheit, ihre Stimme zu einem öffentlichen Bußaufruf gegenüber den „Förderern und Fortsetzern der nationalen Apostasie" zu erheben und alle Organe, die öffentliche Autorität ausüben, aufzufordern, „Jesus Christus irgendeinen Tribut des Glaubens und der Anerkennung zu entrichten"[128]. Gemeint sein konnte damit nur eine Geste der Anerkennung der nationalen Bedeutung der römischen Kirche.

Diesem Ziel, den Politikern und staatlichen Instanzen die Bedeutung der römischen Kirche vor Augen zu führen, diente wesentlich auch die Politik der römischen Kurie gegenüber Brasilien. Der Nuntius Msgr. José Macchi (1898—1901) setzte nach zähem Kampf durch, daß er als Botschafter der höchsten Kategorie wieder als Doyen des diplomatischen Korps in Rio de Janeiro anerkannt wurde. 1905 hob Rom die Internuntiatur in Rio in den Status einer Nuntiatur. Erzbischof Arcoverde de Albuquerque Cavalcanti von Rio wurde im selben Jahr als erster Lateinamerikaner mit dem Kardinalshut geehrt. Nach päpstlichem Dekret von 1903 wurde 1904 das Gnadenbild Nossa Senhora Aparecida mit großem Gepränge gekrönt, 1908 die Wallfahrtskirche in den Rang einer päpstlichen ‚Basílica Menor' erhoben und 1930 das Gnadenbild schließlich zur Patronin Brasiliens gemacht. Nimmt man den schon geschilderten enormen Ausbau der Makrostrukturen hinzu, dann kann man mit einem Ausdruck aus der Verhaltensforschung vom „Imponiergehabe" der römischen Kirche gegenüber dem umworbenen Staat sprechen. Mit einiger Verzögerung reagierte der Staat dann 1919 und erhob seine Vertretung am Vatikan in den Rang einer Botschaft, wobei expressis verbis die Rangerhöhung der päpstlichen Vertretung in Rio und die Verleihung des Kardinalats vom brasilianischen Präsidenten gewürdigt wurde. Rom revanchierte sich sogleich und erhob die Nuntiatur in Rio in den ersten Rang mit Recht auf das Kardinalat und stellte sie damit den Vertretungen bei den wichtigsten katholischen Mächten in Europa gleich.

Nachdem die Friedensnote Benedikts XV. vom 1. August 1917 kurz vorher noch im ‚Diário do Congreso' veröffentlicht worden war, hielt es der Episkopat, nachdem Brasilien noch im selben Jahr ohne offizielle Kriegserklärung den Kriegszustand mit Deutschland erklärt hatte, es für seine vaterländische Pflicht, „einstimmig seine Untertanen zur Verteidigung des Vaterlandes und zur Erhöhung der Produktion aufzurufen", ein Dienst, den der Staat sehr wohl zu schätzen wußte, wie er 1919 durch seinen Vertreter anläßlich der Rangerhöhung der diplomatischen Vertretung Brasiliens am Vatikan äußern ließ. 1919 glich übrigens die Reise des päpstlichen Nuntius Msgr. Scarpardini OP durch Brasilien „einem wahren Triumphzuge, und überall wurde der Vertreter des Hl. Vaters auch von den Zivil- und Militärbehörden auf das festlichste empfangen". Dank des Drucks der katholischen Laien wurde im neuen Bürgerlichen Gesetzbuch 1917 die Ehescheidung verworfen und den religiösen Lehranstalten die ihnen 1915 entzogene staatliche Anerkennung wieder erteilt[129].

[128] Vgl. S. Camargo 1965, 753f.
[129] Das entsprechende Material wird von S. Camargo aaO 765ff unkritisch im triumphalistischen Stil zitiert. Zitat über Scarpardini nach Dohms 1925, 134ff.

Calmon nimmt an, daß es dem „diskreten und klugen Einfluß des Vatikans" auf Dom Antônio de Macedo Costa, der 1890 zu Gesprächen mit Leo XIII. in Rom war, zu verdanken ist, daß es in Brasilien nicht zur Gründung einer katholischen Partei gekommen ist[130]. In den zwanziger Jahren hingegen kämpfte Jackson de Figueiredo, der Gründer und Leiter des ‚Centro Dom Vital' (1922—28) in Rio de Janeiro, für die Gründung einer katholischen Partei.

Figueiredo sah die Welt „gespalten zwischen Guten und Bösen, zwischen Gläubigen und Ungläubigen". In ganz anderem Sinn als Paulus wollte er durch den Kampf um die Macht die Bösen ausschalten. Im Kreuzzugsgeist wollte er die Überordnung der geistlichen Gewalt über die weltliche, d. h. konkret der römischen Kirche Brasiliens über die Politik erkämpfen. Sein Nachfolger in der Leitung des ‚Centro Dom Vital', Alceu Amorosa Lima, wirft ihm deshalb eine unzulässige Vermischung „zwischen politischer Aktion und katholischer Aktion" vor[131].

Mit der Gründung des ‚Centro Dom Vital' 1922 wurde so etwas wie das geistige Zentrum der katholischen Restauration geschaffen.

Der Name Dom Vital war ein Symbol und deutete ein Programm an, das zwar auf Unabhängigkeit der Kirche vom Staat abzielt, aber nicht auf Trennung der Gewalten. Es ist in diesem Zusammenhang symptomatisch, daß im offiziösen Dokumentationsdienst der brasilianischen Kirche zum 100. Jahrestag der Verurteilung Dom Vitals Gonçalves de Oliveira unter den drei wichtigsten Daten der neueren Kirchengeschichte Brasiliens nicht das Jahr der Trennung von Staat und Kirche genannt wird, sondern das Jahr 1873 als Beginn der „religiösen Frage" mit dem Widerstand von Dom Vital, das Jahr 1885, in dem P. Júlio Maria mit seinen ‚Apostrofes' begann, für eine Erneuerung der Kirche zu plädieren, und das Jahr 1916, in dem Erzbischof Dom Leme seinen bekannten Hirtenbrief verlesen ließ[132].

Es gab innerhalb der Hierarchie in der ersten Hälfte des 20. Jahrhunderts wohl niemanden, der sich so sehr um den öffentlichen Einfluß der römischen Kirche bzw. um dessen offenkundigen Mangel sorgte, wie Erzbischof Dom Leme de Silveira Cintra. Dom Leme hat sein Ziel 1916 klar ausgesprochen: Die römische Kirche muß organisiert und geeint werden, damit sie Druck auf die Regierung ausüben kann[133]. Im Gegensatz zu seinem Freund Figueiredo lehnte aber Dom Leme die Gründung einer katholischen Partei sowohl in den zwanziger wie in den dreißiger Jahren ab, als viele seiner Helfer erneut darauf drangen, nachdem er 1932 eine Wahlliga ins Leben gerufen hatte (Liga Eleitoral Católica = LEC). Dom Leme benutzte die LEC zwar als politisches Druckinstrument, erkannte aber, daß er den Anspruch, die Kirche repräsentiere alle Brasilianer, nur aufrechterhalten konnte, wenn er keine kirchliche Partei schuf[134].

Die Euphorie der strukturellen Expansion der römischen Kirche in der Ersten Republik muß man auch als Begleiterscheinung zur Euphorie der Oberschicht sehen,

---

[130] AaO 170.   [131] Montenegro aaO 173, der Lima zitiert.
[132] Vgl. SEDOC 6, Nr. 72, 1974, 1407.
[133] Bruneau aaO 81, Quelle: A Carta Pastoral de Sua Eminência o Senhor Cardeal Dom Leme, quando Arcebispo de Olinda, saudando os seus Diocesanos, Petrópolis 1916.
[134] In diesem Zusammenhang muß erwähnt werden, daß der Protestantismus nach Maßgabe seiner unerwarteten Ausbreitung in der Liberalen Partei politische Unterstützung fand. Bei örtlichen Auseinandersetzungen mit Katholiken machten sich auch die Freimaurer zu Fürsprechern der Protestanten – vgl. Léonard 1963, 114f.

die durch den Kaffee- und Kautschukboom hervorgerufen worden ist, der indes seit dem Ersten Weltkrieg rückläufig war. Die Zunahme des von Dom Leme und anderen erstrebten politischen Einflusses der römischen Kirche erfolgte geradezu umgekehrt proportional zur wirtschaftlichen und politischen Stabilität der Ersten Republik. Hoornaert kritisiert, daß es der Kirche nur um die „Restaurierung ihres Systems gegen Angriffe der ‚Feinde des Glaubens' ging, nicht um eine Öffnung zur Welt und ihren Problemen". Mit Festlichkeiten, Jubiläen, eucharistischen Kongressen, Strukturausweitung und Sakramentalisierung steigerte sie die religiöse Ausbeutung des Volkes. Statt sich um die soziale Lage der Massen zu kümmern, *strebte die Hierarchie den Abschluß eines zweiten „Kolonialpaktes" mit der herrschenden Schicht an*, was ihr in den dreißiger Jahren unter Getúlio Vargas weitgehend gelingen sollte[135].

Im Präsidentschaftswahlkampf von 1922 empfahl die Kirche erstmals einen „katholischen" Kandidaten, nämlich Arturo Bernardes, gegen Nilo Peçanha. Bernardes (1922–26) „hat sich dann als der katholische Präsident nach seiner Wahl durchaus bewährt. Es haben wohl schon vorher zunehmende, aber doch kaum so innige Beziehungen zwischen dem Präsidenten der Republik und Rom und der katholischen Kirche in Brasilien bestanden wie jetzt. Es handelte sich bei den Beziehungen zu Rom nicht um bloße Formen. Die Segnungen, die herüberkommen, und die Wünsche und Ergebenheitsversicherungen, die durch Vermittlung der brasilianischen Rompilger, die dem Präsidenten vor ihrer Abreise ihren Abschiedsbesuch machen, hinübergehen, sind katholische Äußerungen"[136]. Bernardes war der erste Präsident, der in einer politisch sehr schwierigen Periode dem Haupt der römischen Kirche Brasiliens, Kardinalerzbischof Dom Joaquim Cavalcanti, einen offiziellen Besuch abstattete. Aber bei einer Verfassungsänderung im Jahre 1925 fand der Wunsch nach offizieller Anerkennung des Katholizismus und nach „Sicherstellung der Möglichkeit des fakultativen Religionsunterrichtes in den Staatsschulen nicht die notwendige Zweidrittel-Mehrheit". Die Hoffnung auf eine solche Änderung war nicht unbegründet, hatte doch in Santa Catarina das Abgeordnetenhaus staatliche Mittel zur Errichtung der Bistümer Joinville und Lajes bewilligt, waren doch in Paraná „Männer, die gegen die verfassungswidrige Bewilligung staatlicher Mittel für die Errichtung von neuen Bistümern protestierten, wegen Beleidigung des Staatspräsidenten zu Gefängnisstrafen verurteilt" worden und war doch in nicht wenigen Staatsregierungen, speziell in dem gut katholischen Minas Gerais, die Meinung verbreitet, „es liege im Interesse des Staates und der Republik, ein enges Bündnis mit der ‚Nationalkirche' einzugehen und die Bundesverfassung in diesem Sinne zu ändern".

In der Tat kann man das Leitmotiv der katholischen Politik darin sehen, im Zeichen des Nationalismus zu einem Bündnis zwischen Staat und Kirche zu kommen, wobei der Staat die römische Kirche zwar nicht zur Staatskirche, aber doch „zur Kirche des brasilianischen Volkes fast in seiner Gesamtheit, d. h., zur ‚Nationalkirche'" erklären sollte.

In diesem Sinne verlangte Ático Eusébio da Rocha, Bischof von Santa Maria, RS (1923–28), daß die Verfassung der Republik „die katholische Religion als Religion des brasilianischen Volkes anerkennt und proklamiert".

Zur Errichtung dieses Zieles bediente sich die katholische Kirche des in den zwanziger Jahren wachsenden Nationalismus. An vielen Orten wurde in Konkurrenz zum Christlichen Verein Junger Männer Gruppen der Vereinigung katholischer Junger Männer (Associação de Moços Cathólicos) mit dem Wahlspruch gegründet: „Pro Deo et Patria." Zu ihren Zielen gehörte die Pflege des nationalen Gedankens und die Stärkung der Staatsautorität. Damit empfahl sich die Kirche dem Staat als Bundesgenossen, beanspruchte freilich für ihre „energische Mitarbeit an der Bildung der Nation ... öffentliche Geltung". Eine wichtige Komponente des Nationalismus war der

---

[135] 1973 REB, 133.   [136] Dohms 1925, 134ff.

Nativismus, der von der im Ersten Weltkrieg gegründeten ‚Liga Nacionalista' mit Zentrum in São Paulo propagiert wurde. Wesentliche Programmpunkte des Nativismus waren: „Bekämpfung des Analphabetismus, Einführung der allgemeinen Schulpflicht, militärische Erziehung der Jugend, ‚Nationalisierung' der Eingewanderten und ihrer Nachkommen, Stärkung der Staatsautorität, besonders der Autorität der Bundesregierung gegenüber den Staatsregierungen, überhaupt Zentralisierung, Uniformisierung und Militarisierung." Ohne sich mit allen diesen Zielen zu identifizieren, betonte die römische Amtskirche, daß sie „sich selbst naturalisiert" habe und daß deshalb „die Ziele des Nationalismus' von niemandem erfolgreicher betrieben werden" könnten als von ihr. Die katholischen Führer der ‚Liga Nacionalista' haben die vaterländisch-nationalen Regungen in ihrer Kirche nachdrücklich begrüßt[137].

Es lag in der Linie des Nationalismus, wenn die Kirche in einer Zeit, in der die Regierungen der chaotischen sozio-ökonomischen Situation bestenfalls mit ad hoc Maßnahmen begegneten, die Wiederherstellung von „Ordnung" als vordringliches Ziel herausstellte und ab 1921 in Rio de Janeiro mit dem Segen Dom Lemes eine neue Zeitschrift mit diesem programmatischen Titel (A Ordem) herausgab. Die Zeitschrift bezog ihr metaphysisch begründetes, auf eine Sakralisierung der Gesellschaft abzielendes Ordnungskonzept zunächst von reaktionären westeuropäischen Denkern wie Joseph de Maistre, Charles Maurras, Donoso Cortés und Leroy Beaulieu, öffnete sich aber bald unter Leitung von Jackson de Figueiredo dem brasilianischen Nationalismus, der in der Krise der zwanziger Jahre eine neue Richtung zu weisen schien, wenngleich ihm eine Globalkonzeption fehlte und die Methoden zur Untersuchung der sozialen, wirtschaftlichen und politischen Problematik noch rein empirisch waren. Unter der Federführung von Figueiredo erklärte ‚A Ordem' die herrschende Anarchie mit der „Gleichgültigkeit der herrschenden Elite gegenüber den katholischen Prinzipien" und damit gegenüber der brasilianischen, wesenhaft katholischen Nationalität. Grundlage einer neuen Ordnung muß also die katholische Moral sein. Indem Jacksons Nationalismus sich auf Maurras stützt, dieser aber entscheidend von Comte abhängig ist, kommt es zur Rückkoppelung zwischen dem positivistischen und dem katholischen Ordo-Denken (vgl. 42314). Für Jackson und seine Anhänger geht es um die Sicherung des religiösen a priori, die durch die Koordination der geistlichen und der weltlichen Gewalt in einem Ordnungskonzept erfolgt. Alle materiellen Aspekte der Politik, alle Sozialpolitik gilt als a posteriori. Die Lösung der sozialen Frage hängt von der Lösung der theologischen Frage ab. Montenegro wirft Jackson und seiner Schule ein Abgleiten in einen Kulturkatholizismus vor, in dem der grundlegende Unterschied zwischen der Religion, die wesentlich Liebe ist, und der Politik, die wesentlich Gewalt ist, verwischt wird. Unbewußt wendet Montenegro also Kriterien der lutherischen Zweireichelehre an. Jackson hat „eine Para-Soziologie der brasilianischen Wirklichkeit begründet, die reaktionären ideologischen Bewegungen, die Rückhalt an einer vorgeblich christlichen Ordnung suchen, so lieb ist, wie dem ‚Integralismus' und der in der Gegenwart so aktiven Gruppe ‚Permanência', die von Gustavo Coração geführt wird"[138].

Der Nationalismus war Teil einer kulturellen Revolution des ‚movimento modernista', die ihren Ausgangspunkt in der „Woche der modernen Kunst" hat, die im Februar 1922 in São Paulo veranstaltet wurde. Der bis in die Jetztzeit hineinreichende Modernismus betont den Wert der Gegenwart und des Neuen im modernen Geist im Gegensatz zur Vergangenheit und hat eine autochthone Ideenrevolution bewirkt, die der geistigen Nachahmung Europas ein Ende bereitet hat.

---

[137] Dohms aaO, Bruneau aaO 78, der viele von Dohms berücksichtigte Einzelheiten vermissen läßt.
[138] Vgl. Montenegro 1972, 165ff.

„Die Bewegung des Modernismus war von größter Bedeutung nicht nur für Kunst, Literatur und Wissenschaft, sondern auch für Politik, Wirtschaft und soziale Praxis. Mit Recht hat man gesagt, daß mit der Sklavenbefreiung die erste soziale Revolution in Brasilien begann; sie führte fünfzig Jahre später durch Verstädterung und Industrialisierung (von 1914 bis heute) zur zweiten großen Revolution", nämlich zum Estado Nôvo von 1937, zur autoritären Phase der Ära Vargas. Wegbereitend dafür war innerhalb der Armee der ‚tenentismo', „eine geistige Erneuerungsbewegung junger Offiziere aus dem Mittelstand (keineswegs nur Leutnants = tenentes), die in den Jahren 1922 bis 1927 in verschiedenen Rebellionen für ihre Ideale (ohne festes Programm) kämpften und dann zusammen mit unzufriedenen Politikern die Revolution von 1930 unter Getúlio Vargas herbeiführten"[139]. Der ‚tenentismo' ist die brasilianische Form des Strebens junger Offiziere in Lateinamerika nach dem Wechsel des politischen Systems im Zeichen eines zunehmenden Nationalismus. Die Verachtung des politischen Systems der Ersten Republik ging einher mit der Überzeugung, die Armee sei für das Volk in höherem Maße repräsentativ als die „Republik selbst", als Präsidenten und Gouverneure, die sich häufig mit Hilfe der Armee und des Belagerungszustandes vor dem Volk schützen ließen. Die Revolution von 1930 verdeutlicht die Umkehrung der ‚civil-military relations' von der Unterordnung unter die zivilen Politiker zur Mitbestimmung und Überordnung, die Nunn mit dem Begriffspaar ‚Military Professionalism' und ‚Professional Militarism' bezeichnet. Der ‚Professional Militarism', der gegenwärtig in Lateinamerika weithin dominiert, bildete sich in Brasilien in den zwanziger Jahren heraus und fand seinen Rückhalt in der zur größten Streitmacht des Subkontinents ausgebauten Armee (1888: 12 000; 1908: 29 752 und 1920: 75 000 Mann)[140].

Der im Zuge der Weltwirtschaftskrise zwischen September 1929 und Januar 1930 eingetretene Kaffeepreisverfall um 50 % brachte auch die Kaffeebarone auf die Seite der ‚Aliança Liberal', die 1930 den Wahlsieg von Júlio Prestes, dem Kandidaten von Präsident Washington Luís (1926–30), nicht anerkennen und keinen zweiten Paulistaner auf dem Präsidentenstuhl sehen wollten. Abgesehen von den mit Hilfe des ‚coronelismo' und anderer Praktiken vorgenommenen Wahlmanipulationen, zeigt schon eine Wahlbeteiligung von gut 3 Mill. (Bevölkerung bereits 1920 30 Mill.), wie wenig repräsentativ die demokratischen Formen waren.

Als im Oktober 1930 die revolutionären Truppen bereits von allen Seiten auf Rio de Janeiro marschierten und es den Generälen in der Hauptstadt nicht gelungen war, Washington Luís zum Rücktritt zu bewegen, vermochte dies Kardinal Leme mit einer persönlichen Intervention[141]. Leme organisierte

---

[139] Jacob 1974, 218ff; Berger 1972, 170.
[140] Nunn 1972, 37ff; Skidmore 1967, 11. „Die ‚tenentes' erstrebten grundlegenden Wandel in der öffentlichen Verwaltung und Brasiliens Aufstieg als moderne Nation; sie versprachen sich nichts von Wahlen, da sie die übliche Staatsmaschinerie kannten, die jede Wahl für ihre Zwecke manipulieren würde. Sie glaubten ihr Ziel zu erreichen durch Kader von unpolitischen Technokraten mit unbeirrbarem Sinn für nationale Sendung" — Jacob aaO 220, Anm. 15 nach Skidmore aaO 9f, der 3f zum ‚coronelismo' bemerkt: Mit dem Anwachsen der Städte wurde die Wahlmanipulation im 20. Jahrhundert zwar schwieriger. „But the results in the cities could still be neutralized by the electoral ‚herds' of the back-country bosses (known as ‚coronels') who ruled their patriarchal domains with an iron hand." Obgleich das politische System des ‚coronelismo' infolge des wirtschaftlich bedingten sozialen Wandels unterminiert wurde, spielte es bei den Wahlvorverhandlungen 1929 noch eine wichtige Rolle.
[141] Skidmore aaO 6 nach Leme 1962, 216–26. Man darf freilich in der römischen Kirche keineswegs eine vorbereitende Kraft der Revolution von 1930 sehen. Der Nationalismus Jacksons unterschied sich von der ‚tenentes', indem er weitgehend

1931 zwei eindrucksvolle Demonstrationen von Katholiken und besuchte den provisorischen Präsidenten Vargas, begleitet von fünfzig Bischöfen, um ihm eine Liste von kirchlichen Wünschen zu übergeben. Die Bildung der LEC tat ein übriges, um dem ursprünglich eher zur Linken tendierenden Vargas den Rückhalt der katholischen Kirche zu verdeutlichen, so daß er in der *Verfassung von 1934* alle Forderungen der LEC berücksichtigte.

Formell blieb die Trennung von Staat und Kirche erhalten, aber die Präambel enthält einen Bezug auf Gott, der Staat konnte die Kirche „im Interesse der Allgemeinheit" finanziell unterstützen (Art. 17); die Religiosen erhielten das Wahlrecht (Art. 108) die gesetzliche Stellung der Kongregationen wurde verbessert (Art. 113,5); die Militärseelsorge wurde gestattet (Art. 113,6); die kirchliche Trauung wurde der zivilen gleichgestellt (Art. 145) und die Scheidung verboten (Art. 144). Von ganz besonderer Wichtigkeit war schließlich die Bestimmung, daß die Kirchen nicht nur außerhalb des offiziellen Stundenplans mit eigenen Kräften an den öffentlichen Schulen Religionsunterricht anbieten konnten, sondern nun innerhalb des Stundenplans, wobei es dem Staat freistand, katholische Schulen zu subventionieren (Art. 153).

Insgesamt stellte die Verfassung von 1934 einen bedeutsamen Sieg für die römische Kirche dar, erhielt sie doch das Maß an öffentlicher Anerkennung, das sie nach ihrer Stellung innerhalb der Gesellschaft für angemessen hielt[142]. Für die römische Kirche war dies gleichzeitig ein *Sieg über die protestantischen Kirchen*, die sie mit ihrer Identifizierung mit Nationalismus und Nativismus als unbrasilianische, ausländische Sekten nach Kräften zu diffamieren trachtete.

Silvério Gomes Pimenta, Erzbischof von Mariana, MG (1896–1922), forderte 1921 in einem Hirtenbrief zum „zähen und unversöhnlichen Widerstand gegen die protestantische Propaganda auf, deren Hauptzweck es ist, die nordamerikanische Herrschaft in unserem Brasilien aufzurichten". Er versuchte erstmals, den Nationalismus als Abwehrkraft gegen den Protestantismus zu mobilisieren, indem er sich zu der Behauptung verstieg: „In irgendeiner Weise die protestantische Lehre zu schützen, ist ein Verbrechen gegen den Glauben und Verrat am Vaterland."[143] João Becker, Erzbischof von Pôrto Alegre, RS (1912–46), zitierte in seinem Hirtenbrief ‚Christo E A República' 1931 u. a. jenen Satz aus dem gemeinsamen Hirtenbrief von 1890, in dem die Bischöfe klagen, welchen Schmerz es ihnen bereite, daß die mit der Entwicklung der nationalen Geschichte und allen ihren großen Ereignissen aufs engste verbundene Kirche „plötzlich mit einigen häretischen Sekten verwechselt und auf eine Ebene mit denen gestellt" wird, „die die kürzliche Flut der europäischen Einwanderung auf unseren Strand gespült hat!" Becker verlangt zwar nicht, daß „die Rechte der religiösen Minderheiten verletzt werden", möchte aber „die Rechte der Mehrheit gesichert" sehen[144]. Am 1. November 1930 hatte Becker den Sieg der Revolution in Gegenwart der Staatsbehörden und Tausenden von Zuhörern mit einem Te Deum gefeiert und über die Verfassung von 1891 geklagt: „Dem katholischen christlichen Brasilien wurde eine unvollkommene Verfassung aufgezwungen, ‚ohne Gott und ohne König' (das ist eine Formel des Positivismus für die positive Gestaltung des Staates), nach den Ideen einer Schule mit wenigen Anhängern und gegen die religiösen

---

an der kath. Vergangenheit Brasiliens orientiert war, also an der guten alten Zeit, in der Brasilien noch nicht von Freimaurerei, Protestantismus, Kapitalismus und Judaismus bedroht war. Jacksons Nachfolger Alceu Amoroso Lima (ab 1928) war zunächst ein Gegner der Revolution von 1930, weil sie dem katholischen Ordnungsprinzip widersprach – vgl. Kadt 1970, 194.   [142] Bruneau aaO 83.
[143] Dohms 1925, 134ff.   [144] Becker 1931, 76 und 70.

Traditionen vieler Jahrhundert", eine Verfassung, die nicht der brasilianischen Wirklichkeit mit ihrer mehrheitlich katholischen Bevölkerung entsprochen habe[145].

Zur Lage des Protestantismus und der Riograndenser Synode bemerkt Dohms, daß der Staat in der Ersten Republik von ihr keine Notiz genommen hat.

„Die Möglichkeit einer Änderung schien sich erstmalig nach der Revolution von 1930 zu ergeben, in der die Weltanschauung untergegangen ist, welche die erste Republik beherrschte."[146] Ein Element dieser Weltanschauung ist der Positivismus gewesen, der in Rio Grande do Sul seine letzte Bastion bis 1930 besessen hat, weil er hier in der Republikanischen Partei eine feste politische Organisation besaß, „an deren Spitze seit dem Tode des Gründers Júlio de Castilhos der hervorragendste Vertreter des politischen Positivismus in Brasilien" stand, Dr. A. A. Borges de Medeiros, der mehrfach Präsident von RS gewesen ist[147]. Auf ihrer Synode in Caí äußerte die Riograndenser Synode zwar, daß sie keinen Grund habe, „eine neue Regelung des Verhältnisses von Staat und Kirche anzuregen", betonte aber gleichzeitig, daß sie sich als eine „riograndenser evangelische Kirche" verstehe, das Beste des Staates suche und „wie die katholische Kirche, wenn auch in durchaus anderer Weise – das öffentliche Leben durchdringen und mitgestalten" wolle. Dennoch lehnte sie die 1934 verwirklichten katholischen Forderungen ab[148]. Es liegt auf der hier angedeuteten Linie, daß sie 1934 eine von 53 000 Gliedern unterschriebene Petition einreichte, in der sie den Staat ersuchte, als eine Kirchengemeinschaft, „die durch die Zahl ihrer Glieder und durch ihre Geschichte Gewähr für Dauer" biete – diese Formulierung hatte Borges de Medeiros in seinen Verfassungsentwurf aufgenommen –, „als Körperschaft öffentlichen Rechts anerkannt zu werden"[149]. Diese Petition blieb unberücksichtigt.

Welche Schritte die römische Kirche unternommen hat, um eine rechtliche Gleichstellung größerer evangelischer Kirchen zu verhindern, ist ebensowenig erforscht wie die Haltung des gesamten brasilianischen Protestantismus in dieser entscheidenden Frage. Es verdient jedenfalls festgehalten zu werden, daß eine Einwandererkirche wie die Riograndenser Synode, die sich, von ihrem deutschen Hintergrund her durchaus verständlich, als „Volkskirche" verstand, ebenso wie die römische Kirche nach öffentlicher Anerkennung und gleichzeitig nach Abgrenzung gegenüber unbedeutenderen protestantischen Missionskirchen strebte.

Der protestantische Mißerfolg zeigt, daß Präsident Vargas, der sich selbst zum Agnostizismus bekannte, den Einfluß der römischen Kirche offenbar unterschätzt hat, als er 1932 äußerte, er möchte neben jeder katholischen Kirche in Brasilien eine protestantische sehen, oder als er 1925 in der Debatte über die Verfassungsänderung als Kongreßabgeordneter ein recht kritisches Bild von der katholischen Kirche zeichnete:

„Bezüglich der vorgeschlagenen Verfassungsänderung, die feststellt, daß die katholische Kirche die Kirche der Mehrheit des brasilianischen Volkes ist, meine ich zunächst, daß eine solche Feststellung sehr anfechtbar ist. Damit jemand sich katholisch nennen kann, sollte er die Lehre kennen, annehmen und danach leben. Diese Bedingungen erfüllt nur eine Elite, eine auserlesene Minderheit. Die gehobenen gesellschaftlichen Kreise haben einen ziemlich skeptischen und eleganten Katholizismus angenommen. Und die großen unwissenden Massen befinden sich noch im

---

[145] Dohms 1930, 139.   [146] Dohms 1939, 11f.
[147] Dohms 1939, 72.   [148] Dohms 1931.
[149] Dohms 1939.

Alter der fetischistischen Verehrung von Heiligen mit verschiedenen wundertätigen Eigenschaften."[150]

Die politische Entwicklung der dreißiger Jahre war von einer zunehmenden Radikalisierung bestimmt. Urbanisierung und Industrialisierung erhöhten das politische Gewicht der Massen, so daß sich die Parteien um eine breitere Grundlage im Volk bemühen mußten (populismo). Die erste Partei mit einem eindeutigen und langfristigen Programm war die 1922 gegründete Kommunistische Partei, deren legalistischer Flügel mit der ‚Aliança Nacional Libertadora' (ANL) unter dem Rebellen der zwanziger Jahre, Luís Carlos Prestes, als Sammlungsbewegung den Wahlsieg einer Volksfront anstrebte. Die Rechte organisierte sich unter dem „Führer" Plínio Salgado in der faschistisch ausstaffierten ‚Ação Integralista Brasileira' und hoffte Vargas für ihre Ideologie zu gewinnen. Vargas hatte ab 1930 bereits die Arbeitergewerkschaften in halbstaatliche Organisationen und Instrumente zur Manipulation der Massen verwandelt[151]. Als ein geschickter Taktierer verstand er es, die Linke gegen die Rechte auszuspielen, d. h. 1935 zunächst mit Unterstützung der ihnen konträren Integralisten und der von Kommunistenfurcht erfüllten bürgerlichen Parteien die ANL und die Kommunisten auszuschalten und 1938 nach deren kümmerlichen Putsch auch die Integralisten[152]. Der November-Putsch des revolutionären Flügels der Kommunisten hatte Vargas 1935 einen gefügigen Kongreß beschert, der ihm den Belagerungszustand und weitere Gesetze genehmigte, die einer „Ermächtigung" nahekamen. Mit einer Reihe von Interventionen machte er sich die Mehrzahl der Bundesstaaten gefügig, so daß er den Präsidentschaftswahlen von Januar 1938, in denen verfassungsmäßig seine Wiederwahl unmöglich war, mit einem Staatsstreich am 10. November 1937 entging. Er rief den ‚Estado Nôvo' (Neuer Staat) aus und schaffte die „die nationale Einheit bedrohende Parteiendemokratie" ab[153]. Vargas, der die Industrialisierung entscheidend fördern wollte, mußte der städtischen Arbeiterschaft besondere Konzessionen machen, vergaß aber die ländlichen Massen und hing gleichzeitig von der Bourgeoisie ab[154]. Dennoch versuchte er durch den ‚populismo' als geschickter Demagoge mit Hilfe bisher politisch ungenutzter Sektoren die Machtbasis jener Kaste zu unterminieren, der er selbst entstammte[155].

Da der Estado Nôvo geschickt als Garantie vor der kommunistischen Gefahr lanciert wurde, konnte Vargas der Unterstützung der breiten Mehrheit der kirchlichen Kräfte sicher sein. In der Riograndenser Synode billigte man seine Maßnahmen unter dem Aspekt des Antikommunismus, und ihre Jugendzeitschrift versuchte Vargas zusammen mit Hitler in die Einheitsfront gegen den Kommunismus einzureihen[156]. Die im Dezember 1937 anlaufenden staatlichen Maßnahmen gegen die brasilianische Filiale der NSDAP, die die Mehrheit der fast 2300 deutschen Vereine und Organisationen in ganz Brasilien kontrollierte, führten indes zur Ernüchterung, als sie im Zuge des Nativismus

---

[150] CCLA 1933, 3.
[151] Vgl. Berger 1972, 155 bzw. Kadt 1970, 37.
[152] Vgl. im einzelnen Skidmore 1967, 21ff und zum Integralismus McCann 1970.
[153] Skidmore aaO 26ff.   [154] Berger aaO 159.
[155] Jacob 1974, 227f, der S. B. Holanda zitiert: „Der entscheidende und große Bruch in der modernen Geschichte Brasiliens liegt nicht bei 1889, sondern bei 1930..."   [156] Vgl. Prien 1971, 18.

1938 auch das deutschsprachige kirchliche Schulwesen weitgehend lahmlegten[157].

Erzbischof João Becker von Pôrto Alegre, in dessen Sprengel auch bei den Katholiken das Deutsche in Schulwesen und Seelsorge eine große Rolle gespielt hatte, sprach sich 1939 in seinem 28. Hirtenbrief ausdrücklich für „ein ungeteiltes Brasilien in der Einheit seiner Sprache" aus. Enzykliken Pius' XI. aus dem Jahre 1937 über die falschen Ideologien „sowohl des Neu-Heidentums wie des atheistischen Kommunismus" dienen ihm als Ausgangspunkt zur Rechtfertigung der Verfassung von 1937, die ihm demokratisch erscheint. Die korporative Arbeitsgesetzgebung sieht er in Übereinstimmung mit der Soziallehre Pius' XI. Katholische Grundforderungen wie die Unauflösbarkeit der Ehe, die gesetzliche Gültigkeit der kirchlichen Trauung und das Recht der Eltern über die Erziehung der Kinder zu entscheiden, sind gesichert. Vargas hat ausdrücklich die römische Kirche als „Hauptfaktor bei der geistigen Bildung der Rasse" anerkannt. Becker akzeptiert Vargas' Behauptung, daß der Estado Nôvo die einzige Alternative zum Chaos darstelle:

„Man kann nicht daran zweifeln, daß der Herr Präsident Dr. Getúlio Vargas die Nation vor einer entsetzlichen Katastrophe bewahrte, wofür er die Dankbarkeit und den Beifall aller guten Brasilianer verdient. Denn in schweren Krisen muß die Zentralgewalt die allgemeinen Interessen der Nation beschützen oder nach einem Wort des großen Salazar: Es ist die Aufgabe der Zentralmacht, ‚alle Interessen dem Interesse aller unterzuordnen'."[158]

„Dom Leme zeigte sich öffentlich nicht derart begeistert, akzeptierte aber das diktatorische Regime wegen des Nutzens, den es bieten konnte." Bruneau kommt zu dem Schluß, daß die Verfassung von 1937 zwar auf die für die Kirche wichtigen Fragen wenig detailliert eingeht, daß Vargas indes die Zusammenarbeit mit der römischen Kirche immer mehr vertiefte, da sie neben der Armee eine Hauptstütze seiner Diktatur war.

„Christliche Ordnung", wie die katholische Kirche sie forderte, und „Ordnung und Stabilität" des Estado Nôvo waren kaum zu unterscheiden. Die Kirche wurde praktisch zum sozialen Arbeitszweig des Staates. Teilweise bediente sich der Staat der vorhandenen kirchlichen Strukturen im Schulwesen und auf dem sozialen Sektor und unterstützte sie finanziell, teilweise bediente sich die Kirche staatlicher Einrichtungen wie öffentlicher Schulen oder militärischer Einrichtungen für Religionsunterricht und Seelsorge. Ab 1934 kam es immer deutlicher zur Herausbildung des Modells der „Neuen Christenheit" (neo-cristandade). „Erneut konnte die Kirche sagen: ‚Brasilianer sein, heißt katholisch sein." Aber damit war das aktive kirchliche Engagement des Volkes nicht sichergestellt, noch eine Mobilisierung der Laien, noch eine unabhängige Finanzierung. Äußerlich starke Strukturen standen im Widerspruch zu einer

---

[157] Vgl. Mc Cann 1970, 18ff. Per Dekret vom 18. 4. 1938 wurden alle ausländischen politischen Organisationen für illegal erklärt und ausländische Kultur-, Erziehungs- und Hilfsorganisationen einer strikten Überwachung des Justizministeriums unterstellt. Noch im April ordneten die Regierungen von PR, SC und RS an, daß alle Schulen in ihren Gebieten den Unterricht in Portugiesisch zu erteilen hätten und keinerlei finanzielle Unterstützung aus dem Ausland mehr empfangen dürften.

[158] Becker 1939, 34, 3 und 17ff. Man sieht, daß die Ideologie des Ständestaates auch von der Iberischen Halbinsel abfärbte, wo in Portugal ab 1932 Salazar autokratisch herrschte.

schwachen Basis. Die römische Kirche konnte durch Gesetze versuchen, eine christliche Mentalität zu schaffen, indem sie z. B. unmoralische Filme verbieten ließ, die gesetzliche Möglichkeit der Ehescheidung verhinderte oder auf die Heiligung des Lebens hinwirkte, indem sie jegliche Geburtenkontrolle verhinderte, aber sie konnte mit Hilfe des Staates kein echtes christliches Leben in ihren Strukturen erzwingen. Im Gegenteil, die innere Reform der Kirche geriet ab 1930 ins Stocken, weil die Hierarchie ihr angesichts des neu gewonnenen Einflußmechanismus über den Staat nicht mehr dieselbe Priorität beimaß.

Darunter litten sowohl der ‚Centro Dom Vital' wie die Katholische Aktion. Unter Alceu Amoroso Lima trug der Centro zwar durch die Rezeption der Werke von Maritain und Bernanos noch zur Erneuerung des brasilianischen Katholizismus und zur Stimulierung seines sozialen Interesses bei und konnte auch die Zahl der Berufungen für progressive Orden wie Dominikaner und Benediktiner steigern, erlangte aber nicht die notwendige Breitenwirkung. Nach dem Tod von Dom Leme (1942) war die Dekadenz der Katholischen Aktion nicht mehr zu übersehen. Da es ihr an konkreten Zielen fehlte, trocknete sie aus. Der Tenor von ‚A Ordem' beweist, daß die Amtskirche ab Mitte 1935 mit ihrer Stellung im Staat zufrieden war. Eine zu starke Laienbewegung war den Bischöfen nun nicht mehr erwünscht, da sie ihrer Autorität nur abträglich sein konnte[159].

Dementsprechend wurden auch keinerlei Versuche zur positiven Bewältigung des Problems der Säkularisierung unternommen. Zu einer Besinnung hierüber sollte es erst in den sechziger Jahren kommen. So stellte Schooyans 1968 fest: „Es ist an der Zeit, Schluß zu machen mit der demagogischen Behauptung, die Brasilien zur größten katholischen Nation der Welt proklamiert!" Man könne sich Beobachtungen von Soziologen wie Azevedo nicht länger verschließen, der bemerkt, daß es „keinen Unterschied zwischen dem Lebensstil vieler brasilianischer Katholiken und dem Lebensstil von Atheisten, Häretikern oder sogar öffentlichen Sündern" gäbe[160].

Das Kriegsende 1945 bildete eine gewisse Zäsur. Die Pressefreiheit wurde wieder hergestellt, Präsidentschaftswahlen abgehalten, so daß Vargas' Kriegsminister General Gaspar Dutra (1945–51) das höchste Staatsamt übernahm. Im Wahlkampf von 1950 machte sich erneut der von Dutra kritisierte „renitente Personalismus" im Parteienwesen bemerkbar, d. h. es wurde „wieder nach dem alten System mit seinen personalistischen und Gruppeninteressen gekämpft und der frühere Diktator wieder ‚im Namen und mit den Mitteln der Demokratie' ans Steuer gebracht" (1951–54)[161]. Auch die römische Kirche arbeitete wieder mit den bewährten Mitteln. Mit der LEC wurde 1946 und 1950 erfolgreich Druck ausgeübt, so daß die Hierarchie angesichts dieses von ihr zu kontrollierenden politischen Instruments Versuche zur Bildung einer christdemokratischen Partei nach dem Vorbild Chiles nicht förderte[162].

Nicht immer war indes der kirchliche Druck erfolgreich. So konnten die Opposition der LEC und die Exkommunikationsdrohungen der Hierarchie gegen alle potentiellen Wähler des Presbyterianers João Café Filho dessen Wahl zum Vizepräsidenten 1950 nicht verhindern. Nach dem Selbstmord Vargas' 1954 wurde Café Filho der erste amtierende protestantische Präsident

---

[159] Bruneau aaO 83–97.
[160] Schooyans 1968, 60, der Azevedo 1966, 179 zitiert.
[161] Jacob 1974, 225f.   [162] Bruneau aaO 90f.

Brasiliens (1954–55). Auch die Wahl Kubitscheks und Goularts 1955 stellte eine Niederlage für die Hierarchie dar, wenngleich diese später beide Politiker unterstützte. Gegen den Protest des Evangelischen Bundes half die Bundesregierung 1955 noch unter Café Filho indes bei der Finanzierung des Eucharistischen Kongresses von 1955, in dessen Mitte die Weihe der Nation an das „Hl. Herz Jesu" stand[163].

Die Zeit bis 1963 war durch eine enorme wirtschaftliche Expansion Brasiliens gekennzeichnet. Sie ging Hand in Hand mit einer starken Binnenwanderung und sozialen Mobilität, wodurch der Anteil der städtischen Bevölkerung von 31 % 1940 auf 46 % 1960 stieg. Durch die Verbindung der römischen Kirche mit den mächtigen Familien auf dem Lande und durch den Einfluß des traditionellen Volkskatholizismus ist die Landbevölkerung nominell katholisch. Die in die Stadt Abgewanderten verloren indes vielfach den Kontakt mit ihrer Kirche und bilden eine potentielle Kräftereserve für die protestantische Mission, speziell die der Pfingstkirchen (vgl. 4431).

Ab Ende der fünfziger Jahre zwang die fortschreitende Inflation in wachsendem Maße Eltern der Mittelklasse, ihre Kinder statt auf schulgeldpflichtige katholische Sekundarschulen auf staatliche Sekundarschulen zu schicken. Dadurch kam es erstmals zu einem alarmierenden Rückgang des katholischen Sekundarschulwesens. Diese vielfältige Schwächung der kirchlichen Basis ging Hand in Hand mit einem immer gefährlicheren Nachwuchsmangel beim Klerus (vgl. 531).

Die kirchliche Antwort auf alle diese Herausforderungen bestand wesentlich in politischen Strategien und nicht in einer stärkeren Basisevangelisation, zu der dem Klerus die Kräfte fehlten. Das letzte besonders markante Beispiel kirchlichen Handelns im Rahmen des Modells der „Neuen Christenheit" ist der durch die 1945 gegründete ‚Associação de Educação Católica' (AEC) anläßlich der Diskussion des neuen Erziehungsgesetzes (Lei de Diretrizes e Bases da Educação Nacional) ausgeübte Druck, der es bewirkt hat, daß in diesem 1961 erlassenem Gesetz noch einmal der katholische Einfluß mit Hilfe staatlicher Macht sichergestellt wurde, indem der Staat sich verpflichtete, weiterhin die kirchlichen Schulen finanziell zu unterstützen und im übrigen die Privatschulen den öffentlichen fast gleichstellte[164].

Die römische Amtskirche, die die Regierung Vargas legitimiert hatte und nach 1945 diese Legitimationsrolle der staatlichen Macht weiter spielte und im Zuge des Kalten Krieges mit zunehmender Kommunistenfurcht immer mehr zur Stütze des Status quo wurde, hatte es schwer, gleichzeitig eine sozialreformerische Linie zu verfolgen. Dennoch bewirkte die Erkenntnis, daß sie die städtische Arbeiterschaft bereits verloren habe, daß sich die Amtskirche innerhalb jenes Prozesses, den man seit Ende der fünfziger Jahre „eine brasilianische Revolution" nannte, an ländlichen Entwicklungsprogrammen beteiligte. Auch hierbei wollte die Kirche ihren religiösen Einfluß sichern, aber über den Umweg sozialer Hilfe. Ohne daß an dieser Stelle die Haltung der katholischen Kirche zur sozialen Frage im einzelnen geschildert werden soll (vgl. 512), sei kurz auf die Rolle des 1961 gegründeten ‚Movimento de Educação de Base' (MEB) hingewiesen. Diese Basiserziehung der ländlichen Bevölkerung zielte auf Alphabetisierung und Bewußtmachung der sozialen und politischen Lage (Konszientisation). Eine solche Aufklärung der ländlichen Massen, die vorher als Analphabeten kein Wahlrecht hatten und in Unkenntnis ihrer Lage keine

---

[163] Mecham 1966, 279; zu Café Filho und dem Kongreß von 1950 vgl. Pierson 1974, 239 und 200.
[164] Vgl. Bruneau aaO 101ff.

Reformen fordern konnten, war ein eminent revolutionäres Unterfangen, das den ländlichen Status quo in den Grundfesten bedrohte. Als im Februar 1964 der Gouverneur von Guanabara, Carlos Lacerda, als erste staatliche Autorität gegen den MEB einschritt und ihn wegen einer Schrift des Kommunismus verdächtigte, zeigte sich, daß die Hierarchie in sich gespalten war und nur ein Teil den MEB unterstützte[165].

Der Populismo kam 1964 an einen Scheideweg. Ein Manövrieren zwischen den Interessen der Volksmasse, die viele selbst korrupte Politiker mit demagogischem Geschick zu vertreten behaupteten, und den Interessen der Oligarchie, wie es bis dahin der Stil aller Regierungen gewesen war, wurde immer weniger möglich. Entweder es kam zu einer grundlegenden Reform, die einer sozialistischen Revolution glich, oder zu einer Reaktion der herrschenden Kreise. Ob eine offene Revolution in der Anarchie geendet hätte, ist schwer zu beurteilen. Offenbar fehlte es aber dafür an geeigneten Führern und einem entsprechenden Maß von Konszientisation der Massen. Fest steht lediglich, daß ein möglicher revolutionärer Prozeß von bürgerlichen Militärs, die sich auf ländlichen Großgrundbesitz, Industrie, Handel und Banken stützten, durch den Staatsstreich von 1964 verhindert worden ist. Es entstand ein Regime, das Hélio Jaguaribe im selben Jahr als „kolonial-faschistisch" bezeichnete, d. h. eine Militärdiktatur, die sich teilweise demokratischer Formen bedient, stark von den USA abhängig ist und sich in einer Zeit nach den Schemata des Kalten Krieges orientierte, in der die Ost-West-Blockbildung schon in die Krise geraten war[166]. In diesem Sinne behauptet die herrschende Gruppe, für Demokratie und abendländisches Christentum einzutreten, und diffamiert jede grundsätzliche Opposition oder gar ein Eintreten für sozialistische Gesellschaftsreformen als Kommunismus.

Brasilien ist in diesem Abschnitt als eine Fallstudie ausführlicher behandelt, als es bei anderen Ländern möglich ist, nicht nur, weil es das volksreichste Land Lateinamerikas ist, sondern weil hier die politischen Ziele der römischen Kirche besonders deutlich werden, die bis in die sechziger Jahre hinein auf die Erhaltung des Modells der Christenheit gerichtet waren. Zugleich wird sichtbar, wie von den sechziger Jahren an die soziale Frage immer mehr zur Kernfrage im Verhältnis von Kirche und Staat wird. In sich selbst bei der Beurteilung dieser Frage gespalten, wird die Amtskirche in offene Konflikte mit den den Staat beherrschenden, auf die Erhaltung des Status quo bedachten Schichten getrieben, wenn sie ihr soziales Engagement ernst nimmt. Damit wird das auf Benutzung der staatlichen Machtstrukturen gerichtete Christenheitsmodell endgültig ad absurdum geführt. Die Sterbewehen dieses Modells dauern indes noch in den siebziger Jahren an.

4232 Argentinien (1852—1976)

42321 Die Begründung des modernen Argentinien (1852—1916)

In der sogenannten Phase der ‚Organización Nacional' (1852—1880) hat sich nach dem Abgang Rosas' vorübergehend unter Führung des ‚caudillo' von Entre Ríos,

---
[165] Ebd. 140—163; Kadt 1970, 195ff.
[166] Vgl. Janni 1968, 217ff. Die Beurteilung der März-Revolution von 1964 ist schwierig. Zu viele Beobachter — so auch Jacob aaO 231ff — lassen sich zu sehr von der chaotischen Situation 1963/64 unter João Goulart beeindrucken. Heute lautet die Frage weniger, ob der Militärputsch nötig war, als vielmehr, ob die Militärs die Möglichkeiten genutzt haben, Brasilien eine festere sozio-ökonomische und politische Grundlage zu geben. Diesbezüglich scheinen sie, je länger, desto mehr ihre anfänglichen Chancen zu verspielen, von der Mißachtung der Menschenrechte ganz abgesehen.

Justo José de Urquiza (1852–60), das föderalistische Prinzip der Provinzen gegen das „unitarische" der ‚porteños' behauptet, und zwar um den Preis der nationalen Spaltung, denn Buenos Aires, die 13. Provinz, war aus der Föderation ausgetreten. Nach militärischen Konfrontationen bei Cepada (1859) und Pavón (1861) ging das militärische und politische Übergewicht auf Buenos Aires über, dessen gebildete Oberschicht das wirtschaftliche und kulturelle Monopol besaß.

Nachdem Buenos Aires 1862 seine Verfassungsänderungswünsche durchgesetzt und General Bartolomé Mitre zum Präsidenten des Bundes (1862–68) gemacht hatte, begann die Entwicklung des modernen Argentinien, die heute mehr denn je umstritten ist, nämlich die Entwicklung von einem Neuen Volk mit mehrheitlich indianischer Grundsubstanz, aus der sich durch die relativ geringe Zahl spanischer Einwanderer die breite Mestizenschicht der ‚gauchos' gebildet hatte, die bis Ende des 18. Jahrhunderts noch überwiegend guaraní sprachen, und die rassisch etwas mehr weißes Blut besitzende Oberschicht der ‚ladinos', die spanisch sprachen, zu einem „verpflanzten Volk", das sich mehrheitlich aus den Nachkommen von europäischen Einwanderern des 19. und 20. Jahrhunderts zusammensetzt[1]. Nach den USA wurde Argentinien derjenige amerikanische Staat, der die größte Zahl von Emigranten aufnahm. Ausschlaggebend dafür waren eine besonders einwandererfreundliche Politik, gute wirtschaftliche Möglichkeiten und ein in den meisten Landesteilen relativ gemäßigtes Klima. Die Haupteinwanderung erfolgte zwischen 1880 und 1952. „Insgesamt wanderten im Zeitraum von 1857 bis 1957 über 7,6 Mill. Menschen ein, von denen allerdings nur 4,2 Mill. endgültig in Argentinien blieben."[2] Wenn auch die überwiegende Mehrheit der Einwanderer aus romanischen Ländern kamen, also katholisch waren, nämlich 78,5 % (Italiener, Spanier, Portugiesen), wozu man noch Teile der 4,5 % Polen und 1,8 % Ungarn rechnen kann, so sollten doch die zahlenmäßig schwächeren Kontingente von Mittel- und Nordeuropäern den Grundstock für die protestantischen Einwandererkirchen bilden[3].

Die Förderung der Einwanderung in Argentinien, die entscheidend dazu beitrug, daß die Bevölkerung 1940 auf 14 169 000 und 1968 auf 23 707 000 anstieg[4], war nicht nur durch pragmatische Überlegungen bedingt, also durch die geringe Bevölkerungsdichte, sondern auch durch eine Rassenideologie, wie wir sie schon in Brasilien beobachtet haben, nur daß das als minderwertig geachtete farbige Element hier weniger aus Schwarzen als aus indianischen Mestizen (gauchos) bestand.

Schon 1853 wurde die Verfassung der USA als Modell für die eigene Verfassung gewählt, und zwar im Namen eines Verständnisses von Zivilisation und Humanität,

---

[1] Ribeiro 1970, 515f; die Bevölkerungszählung von 1869 ergab 1 736 923 E. Wenn man davon ca. 100 000 Einwanderer seit 1850 und die Gewinne durch die annektierten Territorien Chaco und Formosa und das biologische Bevölkerungswachstum abzieht, kommt man auf ca. 1,5 Mill. E für 1850. Zum Zensus vgl. Ortiz 1971 I, 112. Ribeiro aaO 542 schätzt die Bevölkerung Argentiniens im Jahre 1810 auf nur 350 000 „Neu-Amerikaner". Barbados 1972, 385 spricht für die Gegenwart von 46 400–53 600 Tieflandindios, wenngleich sich diese Zahl noch um die Hochlandindios erhöht. So berichtete ‚O Globo', Rio de Janeiro v. 19. 4. 72 anläßlich des erstmaligen Treffens von 27 Kaziken aus Argentinien in einer ‚Futa Traun' (großes Parlament) in der Stadt Neuquén von der Existenz von 155 000 Indios, die 0,7 % der Gesamtbevölkerung ausmachen, sich hauptsächlich auf die Ethnien der Tobá, Matacó, Mapuche, Araukaner, Colá, Pilagá und Tehuelche verteilen und vorwiegend in den nördlichen Provinzen Salta, Chaco und Formosa, in der Andenprovinz Neuquén und in den südlichen Provinzen Chubut und Río Negro leben.

[2] Sandner/Steger 1973, 52f, die auf H. Wilhelmy und W. Rohmeder, die La Plata-Länder, Braunschweig 1963, fußen. Die Rückwandererquoten erklären sich aus der Mitzählung süditalienischer und spanischer Saisonarbeiter.

[3] Nach Sireau (Tabellen 11–12) ergibt sich für die Gesamteinwanderung 1857–1946 folgendes Bild für die Herkunft der Einwanderer:

das nicht von den Eigenheiten der argentinischen cives und ihrer civitas ausgeht, sondern im Gegenteil von der Zivilisation der Nordamerikaner bzw. Europäer. Zivilisation ist also den Ausländern eigen, das Barbarische hingegen der argentinischen Bevölkerungssubstanz. Die mit den Interessen des britischen Imperialismus im Zeichen der Ideologie des Liberalismus sich identifizierende Oligarchie entfremdete das Bewußtsein des Volkes durch die Propagierung der „aufgeklärten Kultur" und machte so die Selbstbehauptung des Volkes unmöglich. „Die Ideologie der Weißheit und die positivistische Rationalität formten gemeinsam die Idee der Abwertung der kreolischen Kultur", die nirgendwo in Lateinamerika so stark hervortrat wie am Río de la Plata[5]. Die fixe Idee von der Unterlegenheit des Farbigen den Weißen gegenüber hatte sich durch das jahrhundertelange verachtete Sklavendasein der Farbigen erhärtet. Die Unterlegenheit wurde im Nachhinein geradezu zur Rechtfertigung ihrer Versklavung. Für einen Positivisten wie José Ingenieros (1877–1925) entsprach die Dialektik zwischen Weißen und Farbigen derjenigen von Zivilisation und Barbarei. Die Vorherrschaft des farbigen Elements in Argentinien bedingt innerhalb der internationalen Arbeitsteilung Argentiniens Rolle als Rohstofflieferant und folglich als abhängiges Land[6].

Im Kontext der liberalen Ideologie, die durch das Evolutionsdenken des Positivismus noch eine Bestätigung erfuhr, erklärt sich die eifrige Förderung der europäischen Einwanderung. Ein Sarmiento (1811–88) fragte, was man mit den „schwachen Rassen" – und damit meinte er auch die kreolisch-mestizische – und mit ihrem Barbarentum machen solle. Das kreolische Volk hat nur „physische Fähigkeiten ohne irgendwelche Intelligenz... arbeitet nicht, ist jenes, das gebildete Leute Kanaillen, Plebs, ordinäres Volk, Masse, Pöbel, Mob nennen"[7]. Ähnlich dachte der Journalist Alberdi (1810–84), der mit seinen „Bases... para la Organización de la República Argentina" die Verfassung von 1853 maßgeblich beeinflußt hat: „Laßt den Mestizen, den gaucho, den cholo, die Grundeinheit unserer Volksmassen durch die Umformungen des besten Erziehungssystems verschwinden... Ihr werdet weder Ordnung noch Erziehung des Volkes haben, es sei denn durch den Einfluß eingeführter Massen mit in jener Ordnung und guten Erziehung verwurzelten Sitten."

Um die erwünschte Masseneinwanderung zu erreichen, empfahl Alberdi Besitzgarantien für die Immigranten, bürgerliche Freiheit, Sicherheit und religiöse Toleranz.

Gesamteinwanderung 1857–1946	%	Herkunft
3 438 558	100	
65 595	1,9	Deutschland
62 045	1,8	Österreich-Ungarn
10 696	0,3	Österreich
27 292	0,8	Schweiz
156 113	4,5	Polen
118 358	3,8	Rußland
20 692	0,8	England
1 598	0,04	Irland
1 502 832	43,7	Italien
1 163 394	33,8	Spanien
35 159	1,0	Portugal

Der Anteil der Mitteleuropäer nahm zu Beginn des 20. Jh.s zu. Nach dem Ersten Weltkrieg kamen zahlreiche Rußlanddeutsche und Balten, die in der Statistik unter Russen erfaßt sind, aber einen wesentlichen Anteil an Protestanten stellten.

[4] Ruíz G. 1971 I. 38.   [5] Gutiérrez 1973, 73f.
[6] Ebd. 41 und 54f vgl. José Ingenieros, Crónicas de viaje. Las razas inferiores - Neuausgabe von R. Roggero, Buenos Aires 1951.   [7] Büntig 1973, 79.

"Das spanische Amerika, beschränkt auf den Katholizismus unter Ausschluß eines anderen Kultes, stellt ein einsames und ruhiges Mönchskonvent dar. Das Dilemma ist fatal: entweder ausschließlich katholisch und entvölkert oder bevölkert und blühend und tolerant in Sachen Religion ..."

Indem Alberdi bemerkt, daß man protestantische Einwanderer ihres Agens berauben würde, „das sie zu dem macht, was sie sind", wenn man sie ohne ihren Kult ins Land bringen wollte[8], nimmt er etwas von Max Webers Theorien über die protestantische Ethik und den Geist des Kapitalismus voraus. Darcy Ribeiro weist darauf hin, daß Argentinien den historisch seltenen Fall darstelle, in dem die herrschende Schicht dem eigenen Volk so sehr entfremdet gewesen sei und so oppressive Ziele verfolgt habe, daß sie sich beim Projekt des Aufbaus der Nationalität vornehmen konnte, das eigene Volk durch „Leute besserer Qualität" zu ersetzen. Wenngleich es bei den Oligarchien anderer lateinamerikanischer Völker ähnliche Bestrebungen gab, konnten sie doch nirgendwo so zielstrebig verwirklicht werden wie am Río de la Plata[9].

Dieser Bezugsrahmen mußte dargestellt werden, weil das Christentum vom 19. Jahrhundert an praktisch neu definiert werden mußte, entweder als Christentum innerhalb der „aufgeklärten Kultur" oder als Christentum innerhalb der „Volkskultur". Die römische Kirche und die durch Einwanderung entstandenen protestantischen Kirchen müssen sich fragen lassen, ob die von ihnen vermittelten Wertvorstellungen dem Evangelium entsprechen oder mehr vom Ethos des Kulturbereiches bestimmt sind, in dem die Kirchen ihre Hauptstützen finden, ob es sich also um eine ideologische Interpretation des Evangeliums in Übereinstimmung mit gewissen Kulturmustern handele? Vom Protestantismus kann man behaupten, daß er de facto in Verbindung mit dem „neokolonialen liberalen Projekt" stand, und zwar nicht aus ideologischen Gründen, sondern weil er mit vorwiegend angelsächsischen und deutschen zivilisatorischen Elementen eng verbunden ist, deren Einpflanzung in Argentinien den Liberalen wichtig war.

So ließ Sarmiento Lehrerinnen aus den USA kommen, um das argentinische Schulwesen aufbauen zu lassen, also nicht, weil es ihm auf ihr protestantisches Bekenntnis ankam, sondern auf ihre Kulturvermittlung, um derentwillen er freilich ihr Bekenntnis in Kauf nahm[10]. Ähnliches gilt für die Einwanderer ganz allgemein: Man war an ihren Fähigkeiten und an ihrer Arbeitskraft, an ihnen als Kulturträger interessiert und hatte deshalb auch nichts gegen ihre religiösen Auffassungen.

Die Einwandererkirchen gerieten damit zwangsläufig in den Zusammenhang des zivilisatorischen Imports, der heute unter dem Blickwinkel der Befreiung als wesentlicher Faktor der Abhängigkeit zunehmend kritisch betrachtet wird. Dem wird in den Abschnitten 522 und 534 weiter nachzugehen sein.

In politischer und wirtschaftlicher Hinsicht triumphierten nach Pavón die liberalen Vorstellungen der ‚porteños', die eine maximale Europäisierung des Landes propa-

---

[8] Bases y puntos de partida para la organización política de la República Argentina, Colección Clásicos Argentinos, Edit. Estrada, Buenos Aires 1943, Kap. XVI zitiert nach Büntig, Esperanza 33. Die Begünstigung der Einwanderung ging genauso in die Verfassung von 1853 ein wie die Freiheit der Schiffahrt auf den Flüssen. Und die von Alberdi zur Lenkung des Einwandererstromes in das Landesinnere empfohlene Förderung des Eisenbahnbaus ließen sich die Regierungen auch angelegen sein.

[9] Ribeiro aaO 522.   [10] Vgl. Büntig, Esperanza 19 und 22.

gierten, die einheimische Industrie weitgehend den Idealen des Freihandels opferten und damit den wirtschaftlichen Niedergang der Provinzen des Landesinnern förderten. Die Ausfuhrmöglichkeiten für kreolische Produkte wurden auch nicht durch den Eisenbahnbau verbessert, da dieser von den Engländern nach Gesichtspunkten betrieben wurden, die durch die Invasion der Ausländer und deren Landhunger diktiert wurden[11]. Die Folge des wirtschaftlichen Niedergangs der Provinzen waren die unter Mitre und Sarmiento ab Mitte der sechziger Jahre ausbrechenden Gaucho-Aufstände, die blutig niedergeschlagen wurden und die endgültige Reduktion der ursprünglich freien Gauchos zu einer untergeordneten und marginalisierten Schicht völlig von ihrem Patron abhängiger Landarbeiter, deren Tragödie José Hernández 1872 in dem volkstümlichen Epos „Martín Fierro" dargestellt hat[12]. In den siebziger Jahren waren die Gauchos noch gut genug, um im Süden des Landes auf Befehl Präsident Avellanedas (1874–80) unter General Julio A. Roca „die Indianergefahr ein für allemal zu beenden" im Zuge der sogenannten „Eroberung der Wüste"[13]. Diese „Endlösung" der Indianerfrage mit ihren Indianerschlächtereien in der Pampa bildet ein übles Kapitel von Völkermord. Ob die rücksichtslose Unterwerfung der Indianer von der das Recht des Stärkeren betonenden Rassenideologie des Positivismus gefördert worden ist, wie gelegentlich behauptet worden ist, ist umstritten[14]. Im Chaco und in Nordwestargentinien sollte es noch bis in die Mitte des 20. Jahrhunderts hinein Indianeraufstände geben, die durch unmenschliche Ausbeutung hervorgerufen wurden[15].

Das oligarchische Projekt lief auch nach 1880 weiter. Seine Wirtschaftspolitik beruhte vornehmlich auf drei Aspekten: 1. Verkauf der enormen Flächen öffentlichen Landes, die durch die Eroberung des Südens ins Ungemessene gewachsen waren, zur Vergrößerung des Latifundiensystems, das man in Argentinien der spanischen Kolonialherrschaft am wenigsten anlasten kann. 2. Modernisierung des Landes durch Freihandel und massiven Kapitalimport. 3. Massive Einfuhr von Arbeitskräften, seien es Einwanderer, seien es Saisonarbeiter. Diese langfristig durchgeführte Wirtschaftspolitik formte in wenigen Jahrzehnten die rioplatensische Gesellschaft um und förderte eine intensive Entwicklung, brachte aber andererseits das Land in eine gefährliche Abhängigkeit von ausländischem, vornehmlich englischem Kapital, das zunehmend die Wirtschaft Argentiniens fernsteuerte. Schon vor der Jahrhundertwende waren 25 % des nationalen Reichtums in ausländischem Besitz. „Durch Freihandel und die Gewährung von Privilegien wurde die spanische auf Kontrolle und Ausbeutung bedachte Herrschaft durch neue, feinere und wirksamere Methoden ersetzt, die die

---

[11] Rosa 1973, 79ff weist darauf hin, daß im Gegensatz zu Europa und den USA der Eisenbahnbau in kolonialen und halbkolonialen Ländern immer hauptsächlich zur Sicherung der Hegemonie der Metropole gedient habe. Die Transportprobleme ließen sich noch auf traditionelle Art lösen, jedenfalls besser als durch zu ungünstigen Bedingungen ins Ausland vergebene Eisenbahnkonzessionen. Die Eisenbahnen halfen die Verteilung der importierten Waren bis in die hintersten Winkel zu verbessern und ließen das ausländische Kapital sogar noch am Transport verdienen, der vorher in argentinischer Hand war. Das Niedrigzollgesetz von 1853 beschleunigte den Niedergang der einheimischen Kleinindustrie.

[12] Vgl. Grossmann 1969, 278ff. Das Werk entspricht so sehr der Volkskunst, daß es in Argentinien in weiten Kreisen als anonym gilt.   [13] Fagg 1971, 455.

[14] In bezug auf Mexiko hat Raat 1971 diese These bestritten.

[15] Vgl. Bartolomé 1972, 219, der u. a. erwähnt, daß in einigen Gebieten das ‚encomienda'-System noch bis zum Ende des 19. Jahrhunderts überlebte. Fälle, daß Indios wie Sklaven zu landwirtschaftlichen Arbeit gehalten wurden, gab es freilich noch viel länger. Dem Vf. liegt die Kopie einer Quittung des ‚Ingenio y Refinería San Martín del Tabaca S. A.' in Orán/Salta über den Kauf von mehr als 60 Indios aus dem Jahre 1944 vor.

La Plata-Nationen in Anhängsel der europäischen Wirtschaft verwandelten."[16] Da die Oligarchie den Einwanderern den Zugang zum preiswerten Erwerb von Grundbesitz verwehrten und der Staat auch nicht daran dachte, ihnen durch günstige Bedingungen zu Landbesitz zu verhelfen, kam es nicht zur Bildung einer neuen ländlichen Mittelschicht. Die Einwanderer konzentrierten sich vorwiegend in den Städten. Der Binnenmarkt blieb unterentwickelt. Es kam zu jener volkswirtschaftlich unvernünftigen Bevölkerungskonzentration von 48,5 % in der Bundeshauptstadt und der Provinz Buenos Aires[17]. Die Bildung von landwirtschaftlichen Kolonien wie in Südbrasilien blieb aufs Ganze gesehen eher eine Ausnahme[18].

In der Krise von 1889/90 zeigte sich eine unerwünschte Folge der massiven Einwanderung. Die Einwanderer schlossen sich mit der einheimischen Bevölkerung in der Forderung nach echter politischer Mitbestimmung zusammen. Im Kampf gegen den aufgeklärten Despotismus der herrschenden Oligarchie, deren Präsidenten seit 1853 stets selbst ihre Nachfolger bestimmt hatten, kam es zur Gründung der ersten echten politischen Partei, der ‚Unión Cívica', die entscheidend dazu beitrug, daß 1912 das freie, gleiche, allgemeine Wahlrecht eingeführt wurde, durch das 1916 mit Hipólito Yrigoyen von der Unión Cívica der erste Volkspräsident an die Macht kommen sollte.

Aus Protest gegen die laikale Gesetzgebung unter den Präsidenten J. A. Roca (1880–86) und Juárez Celmán (1886–92) beteiligten sich katholische Kreise an den oppositionellen Bemühungen der Unión Cívica. Unter Roca schien es eine Zeitlang so, als käme es zu einer Art Kirchenkampf, nachdem 1880 in Buenos Aires der Presbyter Dr. Tomás Pérez auf offener Straße ermordet und Msrgr. Gelabert von den Schülern des Colegio Nacional de Concepción del Uruguay gesteinigt worden war. Die bald darauf einsetzende laikale Gesetzgebung war ein Echo auf die Laikalisierung der Schulen in Belgien, auf die von Jules Ferry in Frankreich geförderten Debatten und auf die damals in Europa aufgekommenen pädagogischen Kongresse. 1882 fand in Buenos Aires ein pädagogischer Kongreß anläßlich der Kontinentalausstellung statt, auf dem die Kirche beschuldigt wurde, der Erziehung zu schaden. Gleichzeitig veranstalteten die Freidenker eine Straßenagitation und veranstalteten im Mai 1882 ein Fest zu Ehren von Darwin, „um dem Volk den Widerspruch zwischen Religion und Naturwissenschaft vor Augen zu führen"[19].

Die in Brasilien 1890 beginnende laikale Gesetzgebung war ehrlicher und konsequenter, weil sie von der Trennung von Staat und Kirche ausging. In Argentinien wurde der Religionsunterricht an den öffentlichen Schulen abgeschafft (1883), die Zivilehe eingeführt (1887), und die Friedhöfe wurden säkularisiert. Büntig hat sicher recht, wenn er feststellt, daß der Liberalismus, der diese Gesetze durchsetzte, nicht populär war[20]. Aber er vergißt wie andere katholische Autoren, daß laikale Gesetze

---

[16] Ribeiro aaO 537; Fagg aaO 462; Rosa 1973, 82ff. Sarmiento kommentierte seine Bevölkerungspolitik mit den Worten: „Wir konnten in drei Jahren 100 000 Siedler ins Land bringen und den unfähigen, unzivilisierten und rohen kreolischen Pöbel, der uns jeden Augenblick über den Weg läuft, in den Falten des Gewerbes ersticken" (ahogar en los pliegues de la industria) – Jorge A. Ramos, Revolución y contrarevolución en la Argentina, Buenos Aires 1970, Bd. I, 250 zitiert nach Büntig, Esperanza 20.

[17] Pellegrini 1965, 3 nennt diesen Prozentsatz. Nach einer bewaffneten Auseinandersetzung zwischen Buenos Aires und der Bundesregierung wurde Buenos Aires 1880 zum Bundesdistrikt erklärt, Hauptstadt der Provinz wurde La Plata.

[18] Ribeiro aaO 545. Bis 1886 gab es 98 solcher Siedlungsvorhaben, weitere 12 begannen. In 46 lebten Deutsche und Schweizer, die hier evangelische Gemeinden gründeten – Büntig Esperanza 20.   [19] Zuretti 1945, 263f.   [20] 1973, 94.

in jener, durch die starke Einwanderung immer pluralistischer werdenden Gesellschaft in der einen oder anderen Form unumgänglich waren, um echter religiöser Toleranz zum Durchbruch zu verhelfen.

Der am Modell der lateinamerikanischen Christenheit klebenden römischen Amtskirche mußte es recht sein, daß sie den ihr in der Verfassung von 1853 zugebilligten offiziellen Status behielt. Die Verfassungsväter waren alle mehr oder weniger mit den Lehren von Bentham, Stuart Mill und Grocio aufgewachsen, die in die Vorgeschichte des Positivismus gehören, und wollten in erster Linie die Freiheit sichern. Da nach Esteban Echeverrías (1805—51) „El Dogma Socialista" — Zuretti nennt diese Schrift die Bibel der Verfassungsgebenden Versammlung — eine Staatsreligion mit dem Postulat der Gewissensfreiheit unvereinbar ist, hatte die Mehrheit der Versammlung die Anerkennung einer Staatsreligion abgelehnt[21]. Die „Generation der achtziger Jahre", die Argentinien zur Faktorei Großbritanniens gemacht hat, ohne den neokolonialen Zuschnitt ihres „nationalen Projektes" damals erkennen zu können[22], blieb bei der eigenartigen Verfassungskonstruktion von 1853, die einerseits freie Kultausübung garantierte und andererseits den Staat zur Unterstützung der „römisch-katholischen Religion" verpflichtete, die dieser quasi die Stellung einer Staatsreligion etwa im Sinne der Kirche von England sicherte[23].

Das Beharren auf einem sehr extensiv ausgelegten Patronatsrecht, das dem Bund das Präsentationsrecht vom Hilfsbischof aufwärts und das Exequatur für alle päpstlichen Ernennungen, Bullen etc. reservierte, sowie den Provinzregierungen, die ab 1820 das Patronat zunächst ganz für sich beansprucht hatten, alle jene Rechte, die nicht ausdrücklich der Bundesregierung zugestanden waren, also die Festsetzung der Gebührenordnung für kirchliche Amtshandlungen, die Auswahl der Pastoren, ihre Bestallung etc.[24], führte zu immer neuen Spannungen mit der einheimischen Hierarchie und dem Vatikan.

Da die staatlichen Zuwendungen für den Kult relativ gering waren und der kirchliche Grundbesitz, der nie verstaatlicht worden ist und durch Stiftungen ständig weiter wuchs, bedeutend war, andererseits aber die staatlichen Interventionen auf Grund des Patronatsrechtes sehr weitgehend waren, wäre der römischen Kirche ein Verzicht auf ihren offiziellen Status sicher besser bekommen. So verausgabte sie ihre Energien im Kampf um die Verteidigung vorgeblich „essentieller Rechte", die vom Regalismus der Liberalen häufig verletzt wurden. Die Auseinandersetzungen spitzten sich in den achtziger Jahren zu, als 1884 die Kapitularvikare von Córdoba, Dr. Jerónimo Clara, und von Santiago del Estero sowie Jujuy von der Bundesregierung ihrer Ämter enthoben und der Apostolische Legat Mattera zur Persona non grata erklärt wurde und Argentinien binnen 24 Stunden verlassen mußte. Die Folge waren jahrelange Spannungen mit dem Vatikan, der es lange ablehnte, einen anderen diplomatischen Vertreter nach Buenos Aires zu entsenden[25]. Trotz des star-

---

[21] Zuretti aaO 247f. Angenommen wurde die unbestimmte Formulierung: „Die Bundesregierung unterstützt (sostiene) die römisch-katholische Religion". Zurettis Schluß, daß damit das Vorhandensein einer „offiziellen Religion" in Abrede gestellt werden sollte, ist von Mecham (1966, 235) überzeugend widerlegt worden.
[22] Büntig 1973, 79f.   [23] Vgl. die Analyse Mechams aaO 235.
[24] Ebd. bis 244.
[25] Jerónimo Clara hatte sich unter Berufung auf den Syllabus Pius' IX. von 1864 gegen Irrlehren, die von der Universität Córdoba wie auch von gewissen Zeitungen

ken republikanischen Regalismus der innerlich mehr und mehr zusammenwachsenden Nation, fand sich Rom schließlich stillschweigend mit dem Anspruch der Bundes- und der Provinzregierungen auf das Patronatsrecht ab, d. h. es gewährte in praxi Argentinien nahezu alle Rechte, die ihm nach Abschluß eines Konkordates zugestanden hätten[26].

Die oben angeschnittene Frage, ob das Christentum von der zweiten Hälfte des 19. Jahrhunderts an definiert wurde als Christentum innerhalb der „Volkskultur" oder innerhalb der „aufgeklärten Kultur", muß nicht nur hinsichtlich der protestantischen Kirchen, sondern auch hinsichtlich der römischen Kirche in letzterem Sinn beantwortet werden. Das Volk hielt zwar an seiner angestammten Religion fest, aber die Kirche hielt nicht am Volk fest.

Zuretti hält das Volk Mitte des 19. Jahrhunderts für „gefühlsmäßig katholisch" und gegen „positivistische Ungläubigkeit" und Blasphemie gefeit, obwohl er einräumen muß, daß angesichts des Priestermangels von ausreichender Glaubensunterrichtung und Sakramentsspendung nicht die Rede sein konnte[27]. Tatsächlich kämpften Gaucho-Führer wie Güema und El Chaco unter der Devise „Religion oder Tod". Angesichts des sich nach 1860 konsolidierenden „liberal-oligarchischen, probritischen Projektes verwandelte sich der Glaube zusammen mit anderen Werten, die ihm strittig gemacht wurden, in eine Forderung des Volkes"[28]. Das zeigt z. B. der Vers im „Martín Fierro": „Der Gaucho muß Haus, Schule, Kirche und Rechte haben." Desto verwunderlicher ist es, daß die römische Amtskirche sich nie mit Nachdruck öffentlich zur Verteidigung der Rechte der kreolischen Bevölkerung eingesetzt hat. Dabei wurde mit Gaucho-Blut nicht gespart und Empfehlungen wie die berüchtigte von Sarmiento an General Mitre: „Spare nicht mit Gaucho-Blut, denn das einzig menschliche, was sie haben, ist das Blut", stellen eine unerträgliche Herausforderung für jedes christliche Gewissen dar. Aber die Kirche erhob ihre Stimme nicht für ihr Volk. Sie isolierte sich, igelte sich ein, um ihren institutionellen Rahmen zu stärken und für ihre Rechte gegen Regalismus, Liberalismus und Antiklerikalismus der herrschenden Schicht zu kämpfen. Dies ist wahrscheinlich einer jener zahlreichen verpaßten Gelegenheiten in der Kirchengeschichte, an denen der Kampf um den institutionellen Bestand zum Verrat am Evangelium wurde, während der Kampf für Glauben und Recht des einfachen Volkes vielleicht zum Untergang der Institution, gewiß aber auch zu ihrer Auferstehung geführt hätte.

Die von den aufgeklärten Zivilisatoren angepriesene liberale und angeblich demokratische Ordnung fand auch unter dem Klerus Verteidiger, die sie trotz

verbreitet wurden, gewandt und war auch auf die in Córdoba neu errichtete Schule unter protestantischer Leitung eingegangen, wobei er die Katholiken daran erinnerte, daß deren Besuch nach den päpstlichen Bestimmungen verboten sei. Gerade der Bezug auf den Syllabus wurde von den Behörden beanstandet, weil für ihn der ‚pase' der Regierung fehlte, so daß der Syllabus in Argentinien nicht verkündet werden konnte – vgl. Zuretti aaO 266. Mecham aaO 244 weist darauf hin, daß nur die Kathedralen verstaatlicht wurden.

[26] Vgl. Mecham aaO 238–42. Die Zeit des Nebeneinanders der Föderation und der Provinz Buenos Aires 1852–62 war kirchenorganisatorisch besonders schwierig. Wegen des Gegensatzes zu Buenos Aires drängte Präsident Urquiza 1855 auf die Loslösung von Santa Fe, Corrientes und Entre Ríos von der Jurisdiktion des Bischofs von Buenos Aires. Der Apostolische Legat Marino Marini traf 1858 in Paraná ein und schuf im selben Jahr das neue Bistum Paraná, das 1860 mit Luis Gabriel Segura y Cubas besetzt wurde – vgl. Zuretti aaO 253.
[27] AaO 247f.
[28] Nach einem vervielfältigten Bericht des ‚Movimiento de la Iglesia y Cambio de la Argentina' (MICAR) von Mai 1971, den Büntig 1973, 92 zitiert.

der offenkundigen Widersprüche zum traditionellen katholischen Denken als Gott-gewollte „Naturordnung" verteidigten. Büntig kommt zu dem Schluß, daß es der hierarchischen Kirche Argentiniens auf dem Höhepunkt des Liberalismus an Bedeutung für Volk und Gesellschaft gefehlt habe. Es gelang der Strategie des Liberalismus, die stillschweigende Unterstützung der kirchlichen Hierarchie für ein Herrschaftsmodell zu finden, „das das Volk systematisch marginalisiert und ausbeutet". Die Religion wurde immer mehr auf den privaten Bereich, auf den Sektor des Geistlichen, Unhistorischen gedrängt, womit praktisch die Fleischwerdung des Logos geleugnet wurde. Der Liberalismus allein hätte das nie erreichen können, wenn eine individualistische und ganz auf das jenseitige Heil orientierte Theologie die Kirche nicht ohnehin aus dem konkreten historischen Prozeß herausgedrängt hätte. Dadurch konnte es kaum zu Versuchen prophetischer Kritik an der sozio-ökonomischen Entwicklung Argentiniens kommen. Neben den theologischen Voraussetzungen fehlte indes auch die Nähe zum Volk, zu seinen Problemen und zu seinem Elend[29]. Es ist noch heute für Lateinamerika charakteristisch, daß speziell die römische Kirche zu den ‚autoridades' gezählt wird und ihre Vertreter mit denen der zivilen Autoritäten bei öffentlichen Akten gemeinsam auftreten und folglich mit der zivilen Obrigkeit mehr oder weniger identifiziert werden.

Wenn der Staat versuchte, die römische Kirche zu einer Abteilung der staatlichen Verwaltung zu machen, und den Bischöfen und dem Klerus als Beamten des Staates — als solche galten sie, weil der Staat sie bezahlte — verbot, sich kritisch gegenüber staatlichen Maßnahmen zu äußern, oder in den achtziger Jahren den Religionsunterricht aus dem Stundenplan des staatlichen Schulwesens verdrängte, so waren das nur Teilaspekte des liberalen und positivistischen Geistes. Das Gesamtpanorama des Positivismus in Argentinien war breiter. Der Einfluß der europäischen Positivisten hatte schon in der Generation der zwanziger Jahre begonnen[30]. Auf politisch-administrativem Gebiet dominierte in Argentinien der Positivismus angelsächsischer Prägung, der dazu diente, die wirtschaftlichen und politischen Interessen der herrschenden Oligarchie zu untermauern[31]. Der Mischung aus Fortschrittsglauben und Ras-

---

[29] Vgl. Büntig aaO 91ff und 88—95.

[30] Rivadavia wurde in der Gesetzgebung vom Gedankengut Benthams beeinflußt. Echeverría liegt auf der Linie Saint-Simons, Alberdi dagegen schon auf derjenigen Spencers, wie seine Bemerkungen zeigen, die Soziologie sei die Grundlage der Gesetzgebung, welche sich nach den Prinzipien der Gesellschaft richten müsse, oder, die Gesetzgebung könne nicht programmatisch sein, also nicht bestimmte Prinzipien der christlichen Ethik vertreten, sondern müsse ein Produkt der sozialen Evolution oder ein Ausdruck der Geschichte der Gesellschaft sein. Die Evolution der Gesellschaft aber versteht Alberdi wie eine Naturgeschichte. Entsprechend sind für Carlos Octavio Bunge (1875—1918) Soziologie und Psychologie von den unwandelbaren Gesetzen der Biologie bestimmt. José Nicolás Matienzo interpretiert die Geschichte ganz nach dem Schema Spencers. Die Mischung von positivistischem und liberalen Gedankengut und „sozialem Realismus" ist kennzeichnend für die Generation der Amero-Romantik, also z. B. für Echeverría und Alberdi — vgl. Chong 1972, 6.

[31] Vgl. Zea 1957, 71 und Chong aaO 6, der sich auf die grundlegende Untersuchung von Soler (1959) bezieht, der seinerseits eine Äußerung Berta Perelsteins zitiert:
„Que la modalidad positivista argentina, así como el antipositivismo, representan, en realidad, expresiones ideológicas de la burguesía argentina en coyunturas históricas específicas."

sismus und dem darauf beruhenden nationalen Entwicklungsmodell traten weder die römische noch die in Argentinien im Entstehen begriffenen protestantischen Kirchen nachdrücklich entgegen. Zuretti beklagt den fast religiösen Kult des Fortschritts, der in Eisenbahnen, Telegraphenlinien und ausländischen Banken seinen Ausdruck fand[32] und schildert dann die „Reaktion gegen den Liberalismus". Es kam 1882 zur Gründung zweier dem Kampf gegen den Laizismus gewidmeter katholischer Blätter[33], zu kurzlebigem Eifer einer ‚Asociación Católica', die auch ‚Círculos de Obreros' (Arbeiterkreise) anregte und 1884 einen Kongreß abhielt, der der Forderung nach Beibehaltung von Religionsunterricht an öffentlichen Schulen Nachdruck verleihen sollte. Dieses Hauptziel scheiterte, weil es unter den katholischen Politikern am notwendigen Verständnis dafür fehlte. Sie hatten selbst nur einen oberflächlichen Begriff vom Katholizismus. Sie nahmen routinemäßig an Messen teil, nahmen die Sakramente sehr selten „und ermangelten jeglichen Sinnes des Apostolats"[34]. 1890 waren alle Aktivitäten bis auf die Arbeiterkreise zusammengebrochen. Aber auch sie standen ziemlich hilflos vor den Symptomen der zunehmenden Entchristlichung und des wachsenden Materalismus breiter Volkskreise[35]. Ob die Enzyklika „Rerum Novarum", die 1891 nach der Agonie der argentinischen Sozialarbeit veröffentlicht wurde, eine entscheidende Hilfe bot, muß füglich bezweifelt werden. Erstens war sie auf die anders gelagerten Probleme der Arbeiter im europäischen Industrialisierungsprozeß zugeschnitten, zweitens konnte sie nicht das fehlende Engagement der argentinischen Amtskirche zu Gunsten ihres eigenen Volkes ersetzen. Zuretti gibt zu, daß der Widerhall von „Rerum Novarum" in Argentinien minimal war, weil kaum jemand auf die Beschäftigung mit der sozialen Frage vorbereitet war, wurde doch die kirchliche Sozialarbeit des deutschen Paters Friedrich Grote von einflußreichen Katholiken verdammt. Grote, der die Arbeiterkreise aus Deutschland kannte, war in Argentinien der entscheidende Vorkämpfer dieser Kreise, die Hilfe auf Gegenseitigkeit propagierten und eine staatliche Sozialgesetzgebung forderten (Sonntagsruhe, Schutz für arbeitende Frauen und Kinder etc.). 1919 erklärte Erzbischof Espinosa die von Grote nach dem Vorbild Giuseppe Toniolos, des italienischen Vorkämpfers der katholisch-sozialen Bewegung, gegründete ‚Democracia Cristiana' für aufgelöst, deren Intention genau der Soziallehre von „Rerum Novarum" entsprach[36].

[32] AaO 255.
[33] Wegen mangelnder Einigkeit kam es zur Gründung zweier Blätter: La Unión (1882–89) und La Voz de la Iglesia. La Unión bewirkte 1883 die Wiederbelebung der ersten in Argentinien von Félix Frías (1816–81) gegründeten ‚Asociación Católica', die nach dessen Tod ihr Leben ausgehaucht hatte. Der ‚porteño' Frías, ein Unitarier, der wie so viele andere Intellektuelle Rosas mit der Feder bekämpft und über Chile nach Europa geflüchtet war, wo er in Kontakt mit führenden Katholiken der Zeit gestanden hatte, war der erste, der in Argentinien die Französiche Revolution einer verständnisvollen Kritik unterzogen und die Grenzen der Freiheit aufgezeigt hatte. Er war Mitglied der ‚Conferencia Vicentina de Buenos Aires' und als solcher mit sozialen Hilfsaktionen beschäftigt, z. B. nach dem Erdbeben von Mendoza – Zuretti aaO 280.
[34] Ebd. 281f.   [35] Ebd. 285.
[36] Ebd. 286. Unabhängig von den Arbeiterkreisen gründete Grote 1902 die ‚Democracia Cristiana', die den Vorstellungen des italienischen Vorkämpfers der katholisch-sozialen Bewegung Giuseppe Tonolio (1845–1918) entsprach und sich um die Bildung von Genossenschaften, Hilfsprojekten auf Gegenseitigkeit, Handwerkerin-

Statt dessen kam es nach langen Beratungen der argentinischen Bischöfe 1919 im Geiste der Enzyklika Pius' X. „Il fermo proposito" und angeregt von der katholischen sozialen Aktion in Italien zur Gründung einer nationalen Sammelorganisation, der ‚Unión Católica Argentina', die eine Junta Nacional, eine Liga de Damas, eine Liga Económico-Social, eine Jugendliga und ein nationales Sekretariat umfaßte und zunächst einmal eine große Kollekte sammelte, um sozial tätig zu werden[37]. Schon die Namen der Organisationen verraten ihren bürgerlich paternalistischen Geist.

Auf dem *Erziehungssektor* galt es zunächst, den Priesternachwuchs zu fördern. 1857, als sich die organisatorische Lage der Kirche in der Provinz Buenos Aires bereits weitgehend normalisiert hatte, gab es dort ganze 16 Seminaristen[38] und im ganzen Gebiet von Buenos Aires, Santa Fe, Entre Ríos und Corrientes fast keine Novizen für die Orden. Das Seminar in Buenos Aires wurde ausgebaut und 1865 als Konzilsseminar den Jesuiten übergeben[39].

Etwa seit dem Sturz von Rosas 1852 zeichneten sich vorwiegend durch die Orden, von denen viele mit den Einwanderern neu ins Land kamen, Bemühungen auf dem Schulsektor ab, die zur Gründung eines katholischen Schulwesens führten[40].

1907 und 1908 abgehaltene Kongresse der „katholischen Argentinier" regten neben der Gründung der ‚Liga Social Argentina' (1908), die sich mit Hilfe europäischer Fachleute um die Schaffung von Gewerkschaften und ländlichen Hilfskassen bemühte, die Gründung einer katholischen Universität an, die der Episkopat aufnahm, indem er 1912 eine juristische Fakultät eröffnete[41]. Die Tatsache, daß die römische Kirche ausgerechnet eine juristische Fakultät eröffnete, läßt den Rückschluß zu, daß es ihr nicht vordringlich um die Entwicklung des Landes ging — dafür hätte sie Ingenieure, Ökonomen und Agronomen ausbilden müssen —, sondern um die Erweiterung ihres politischen Einflusses unter den künftigen Beamten und Politikern aller Ebenen.

Was das Ordenswesen anbelangt, ist es bemerkenswert, daß von den zwanzig in der zweiten Hälfte des 19. Jahrhunderts in Argentinien tätig gewordenen Schwesternschaften acht eigene Gründungen sind. Auch die barfüßigen Karmelitinnen, der einzige kontemplative weibliche Orden, wurde durch argentinische Initiative und überwiegend mit Argentinierinnen im Lande begründet. Die übrigen elf Schwesternschaften kamen überwiegend aus Italien und Frankreich. Bis auf die Karmelitinnen widmeten sich alle der Erziehungsarbeit und/oder der Diakonie. Alle männlichen Orden hingegen wurden ins Land gerufen, wobei auch die neuen Kongregationen aus Italien und Frankreich überwiegen. Das verdeutlicht die strukturelle und substantielle Schwäche der katholischen Kirche Argentiniens in jener Zeit und zeigt das Maß ihrer Abhängigkeit von Europa auf, die wie in Brasilien zur Romanisierung führte. Es muß allerdings gerechterweise berücksichtigt werden, daß die Aufgabenfülle, die durch die Lawine von Einwanderern katholischer Provenienz hervorgerufen wurde, auch nur mit Hilfe der Einwanderung katholischer Hilfskräfte bewältigt werden konnte, jedenfalls, wenn man die traditionellen Arbeitsformen beibehielt.

nungen und die Verbreitung der Soziallehre von „Rerum Novarum" kümmerte. Nach Spannungen und Abspaltungen formte Grote die DC auf nationaler Ebene zur ‚Unión Democrática Cristiana' um und gab ihr eine politische Zielsetzung, um die politischen Interessen der Kurie zu vertreten, wozu diese jedoch ihre Zustimmung verweigerte, weshalb Espinosa sie 1919 für aufgelöst erklärte.

[37] Ebd. 315f.   [38] Büntig 1973, 91.
[39] Zuretti aaO 296ff. Nur Córdoba erhielt sein Seminar in den politischen Wechselfällen des 19. Jahrhunderts einigermaßen beständig aufrecht. In Salta und Catamarca gab es nur kurzzeitig Seminare, in Salta allerdings endgültig ab 1874.
[40] Vgl. Einzelheiten zur Ordenstätigkeit ebd. 287ff.
[41] Ebd. 314f.

42322 Gesellschaftskrise und Kirche (1916–1976)

Im 20. Jahrhundert verschärfte sich die Teilung der Bevölkerung in Land- und Stadtbevölkerung, wobei letztere durch die Einwanderung überproportional wuchs. Der Mangel an Kommunikation zwischen beiden Bevölkerungsteilen behinderte das Entstehen eines einheitlichen Nationalgefühls und einer einheitlichen Werteskala genauso sehr wie der Gruppenegoismus der herrschenden Schicht, deren Führungsanspruch immer mehr an Legitimität verlor und die, fasziniert vom Vorbild der USA und Europas, nicht das Nachahmenswerte einführte, sondern das Eigene verachtete[42]. Der reiche ‚estanciero', der auf Reisen in London und Paris verschwenderisch Geld ausgab, bestimmte das europäische Bild von Argentinien. In Buenos Aires war der Jockey Klub das Zentrum der Bodenaristokratie.

Die Hoffnung, daß nach der Einführung des allgemeinen Wahlrechts 1912 die wachsende gesellschaftliche Desintegration überwunden werden könnte, sollte sich nicht erfüllen. Zwar kam von 1916 bis 1930 mit den Präsidenten Hipólito Yrigoyen und Marcelo Alvear von der ‚Unión Cívica Radical' erstmals das Volk an die Regierung, aber nicht an die Macht. Der Demagogie des Volkstribunen Yrigoyen, der auf eine argentinische Form von ‚populismo' gestützt mit einer volkstümlichen Apotheose umgeben war wie vor ihm nur Rosas, entsprach kein der Lage wirklich gerecht werdendes Reformprogramm, so daß Argentinien in der Wohlfahrtsgesetzgebung weit hinter Chile und Mexiko zurückblieb[43]. Der schon etwas senile Yrigoyen wurde in seiner zweiten Präsidentschaft (ab 1928) mit den durch die Weltwirtschaftskrise 1929 aufgeworfenen Problemen nicht mehr fertig. Die ‚Unión Cívica Radical', die mit ihren Rebellionen von 1890, 1893 und 1905 den Typ der Parteirebellion geprägt hatte, wurde nun vom neuen Typ der Militärrebellion gestürzt, und zwar 1930, also im selben Jahr wie die Erste Republik in Brasilien. Wie fast alle Rebellionen seit 1870 erfolgte auch diese im ersten Teil der Talfahrt der wirtschaftlichen Krise. Die Krise des Exports traf genau jene bonärenser Mittelschicht, die 1914 21 % der wirtschaftlich aktiven Bevölkerung ausmachte und der Führungselite der ‚Unión Cívica Radical' bildete. Ihre Unzufriedenheit und die des städtischen Proletariats nutzte die traditionelle Oligarchie, um mit Hilfe der Militärs Regierung und Macht wieder ganz an sich zu reißen[44]. Von 1930 bis 1943 sollte es sechs Militärrebellionen geben. Die Epoche wird wegen der florierenden Korruption und des Ausverkaufs wirtschaftlicher Privilegien an englische Interessenten die ‚década infame' genannt. Angesichts der zunehmenden internationalen Konkurrenz im Fleisch- und Getreideexport kam es in den dreißiger Jahren schließlich zum Ausbau der Industrie, deren Produktion sich von 1935 bis 1942 verdoppelte[45].

---

[42] Vgl. Iglesia y el País 1967, 28f.

[43] Es kam nur zu einigen Verbesserungen für die städtischen Arbeiter und zu einer Boden- und Erbschaftssteuer, die trotz ihrer minimalen Höhe die besitzenden Schichten aufregte, weil sie darin einen Präzedenzfall sahen.

[44] Büntig aaO 82. Hanke 1967 II, 85 spricht sogar von einer Palastrevolution, die sich wegen der Unfähigkeit Yrigoyens sogar der Unterstützung des Volkes erfreut habe. Merkx 1973 bemerkt, bei den Militärs handele es sich um eine Statusgruppe im Sinne Max Webers. Zwei Faktoren hätten zur Entstehung der Militärrebellionen beigetragen: Die Professionalisierung der Streitkräfte ab 1901 und das wirtschaftliche Engagement in Form der Schaffung eigener Rüstungsproduktionskapazitäten, zu der sie durch die Isolierung im Zweiten Weltkrieg gezwungen worden seien. Vgl. im übrigen zum ganzen Abschnitt Fagg aaO 467ff, Merkx und Ribeiro aaO 541ff.

[45] Ribeiro aaO und Hanke 1967 II, 85. Im Ersten Weltkrieg war es nur zu bescheidenen Ansätzen einer Industrialisierung gekommen, die nach 1918 wieder zum Stillstand kamen. Erst als durch die Depression ab 1930 die Preise für argentinische Rohstoffe schneller fielen als für die eingeführten Fertigwaren, erhielt die Fertigwarenproduktion einen neuen Impuls, was zur Fertigung von „Schuhen, Hüten, Radios,

Die dreizehn Jahre von 1930 bis 1943, in denen die konservativen Kräfte mit ihrer gewohnten politischen Strategie von Wahlfälschungen und Interventionen in den Provinzen wieder die politische Szene beherrschten, übten zusammen mit der Zurschaustellung des Reichtums und mit dem Desinteresse der Regierung für die Lage der Massen einen recht negativen Einfluß auf die Mentalität des Volkes aus, besonders weil die beiden letztgenannten Züge in etwas abgeschwächter Form auch schon unter den Radikalen sichtbar gewesen waren. Man glaubt fast eine Stellungnahme zu den siebziger Jahren zu hören, wenn man die 1937 geäußerte Klage des berühmten argentinischen Literaten Eduardo Mallea liest, daß die Nation seit 1900 bequem geworden sei und den Schwung der Pionierzeit vermissen lasse. Es gäbe nichts, was die Einwanderer herausfordere, die Jugend sei zynisch geworden, alles drehe sich um die Anbetung des goldenen Kalbes. Dem Land fehle eine klare Führung und eine Zielsetzung[46]. Jede gesellschaftliche Gruppe suchte die andere zu marginalisieren, statt für alle akzeptable Standorte im gesellschaftlichen Rahmen zu suchen. Die Krisis des Zusammenlebens äußerte sich in dauernder Instabilität, d. h. in Rebellionen und Staatsstreichen[47].

Eine ausreichende integrierende Funktion in dieser von Mangel an nationaler Zusammengehörigkeit und gemeinsamer geschichtlicher Bindung geprägten Situation konnte die historisch am tiefsten im Lande verwurzelte römische Kirche auch nicht ausüben. Sie bemühte sich meist mit Erfolg um einen Modus vivendi mit den Machthabern, der oft sogar einem Konnubium glich. Es ist bemerkenswert, wo sich der Widerstand der Hierarchie formierte. 1902 erschien der gesamte Episkopat zum ersten und bisher einzigen Mal vor der ‚Cámara Legislativa', um sich dem in Diskussion befindlichen Gesetzentwurf über die Ehescheidung zu widersetzen. In den zwanziger Jahren machte sich die Hierarchie zum Kampf um die Freiheit der Kirche gegen die Bevormundung durch den Staat über das Patronatsrecht stark. Aber von seltenen Ausnahmen abgesehen, denunzierte die Hierarchie in jenen Jahrzehnten kein soziales Unrecht. Yrigoyen hatte von 1916 bis 1922 die Interessen der römischen Kirche nachdrücklich verteidigt, sich dem Gedanken eines Scheidungsgesetzes widersetzt und Klerikern wichtige öffentliche Posten gegeben[48], wie denn die Äußerungen des Antiklerikalismus in Argentinien generell viel milder ausfielen als in den meisten anderen Staaten des Subkontinents[49]. Auch in den dreißiger Jahren änderte sich das Bild nicht. General José F. Uriburu (Präsident 1931—32) war eng mit der Hierarchie liiert[50]. Die Kirche beschränkte sich

---

Möbeln, Haushaltswaren und Spielzeug" führte. Aber die wichtigsten Artikel des industriellen Zeitalters wie landwirtschaftliche Maschinen, schwere Maschinenausrüstungen, Baumaterialien, Stahl, Kohle, Öl, Kraftfahrzeuge etc. wurden weiterhin importiert — Fagg aaO 695.

[46] Hanke aaO 85f und Grossmann 1969, 562.

[47] Iglesia y el País 1967, 32ff. Dahinter steht eine tiefgehende Krise, die Argentinien bis heute nicht überwunden hat. Die Parteien repräsentieren nicht mehr das Volk, arbeiten nicht mehr für das Gemeinwohl, sondern für das Gruppeninteresse, so daß die Kluft zwischen Volk und regierenden Pseudo-Eliten immer größer wurde. Die neu entstandene Mittelklasse intergrierte sich nicht richtig, blieb in ihrem Individualismus befangen und sah ihre Rolle nur in Konkurrenz zur Oberschicht, deren Status sie erben wollte, so daß sie nicht zur gesellschaftlichen Stabilität, sondern zur gesellschaftlichen Unruhe beitrug. Oberschicht und Mittelklasse ignorierten das quantitative und qualitative Anwachsen der neuen Arbeiterklasse.

[48] Hanke aaO 84 und Büntig 1973, 97f.

[49] Mecham 1966, 247.   [50] Hanke aaO 85.

auf den Sektor von Familie und Erziehung. Sie schwieg zu der mit Betrug, Unterschlagungen und Vetternwirtschaft arbeitenden konservativen Restauration, als ob Kirche und Welt wie nach einer falsch verstandenen lutherischen Zweireichelehre zwei völlig geschiedene Bereiche wären. Aufschlußreich ist in diesem Zusammenhang eine Äußerung von Bischof Gustavo Franceschi, einem der einflußreichsten argentinischen Katholiken jener Zeit:

„Wenn die Kirche ihre wesentlichen Rechte respektiert sieht, schweigt sie, u. a. weil sie unzerstörbar ist und die Menschen und die politischen Regime vorübergehenden Charakter haben."[51] Damit wurde die römische Kirche zu einer bedeutsamen Stütze der herrschenden Machtstrukturen. Trotzdem soll nicht verschwiegen werden, daß es bei Männern wie Msgrs. Franceschi und D'Andrea oder den Dres. Bas, Cafferatta, O'Farrel u. a. gewisse Bemühungen um die Probleme der Arbeiter und Ausgebeuteten gab. Aber sie bildeten nie eine Hauptsorge der herrschenden Hierarchie, die ihre Wertvorstellungen, ihre Theologie aus Europa bezog, war sie doch fast ausschließlich in Rom ausgebildet[52].

Organisatorisch festigte sich die römische Kirche in jenen Jahren erheblich.

Die oben erwähnte Zusammenlegung aller Laienorganisationen in der ‚Unión Popular Católica Argentina' (UPCA 1919) brachte im Verhältnis zu dem Maß der hierarchischen Unterstützung und den aufgewandten wirtschaftlichen Mitteln nur dürftige Früchte. Vor allen Dingen konnte sie wegen der starken bischöflichen Zügelführung kein echter Ausdruck des Laienelementes des Volkes Gottes werden. Daran änderte die 1928 vom Episkopat auf Wunsch von Pius XI. beschlossene Umwandlung der UPCA in die „Acción Católica" nichts, wenngleich diese Organisation mit ihrer streng vertikalen Struktur eine enorme Ausweitung erfuhr und bis in die Mehrzahl der Parochien reichte. Auch die Zahl der Priester und Religiosen wuchs und mit ihnen der Anteil an Argentiniern unter ihnen. Neue Priesterseminare wurden eingerichtet und füllten sich. Das Parochialnetz wurde besonders im Landesinneren dichter und wirksamer, schließlich war die Bevölkerung Argentiniens 1940 auf über 14 Mill. gewachsen. Die Zahl der Bistümer vervielfachte sich 1934, als Pius XI. mit der Bulle „Nobilis Argentiniae Ecclesiae" anläßlich des Internationalen Eucharistischen Kongresses in Buenos Aires 13 neue Bistümer schuf[53]. 1935 wurde Erzbischof Santiago Luis Co-

---

[51] Büntig aaO 99f mit Zitat nach H. Gualdieri, Gobierno e iglesia (1946–1959), in: Polémica Nr. 88, Buenos Aires 1972, 199; vgl. auch: Franceschi, Iglesia y estado, in: Criterio VII (3. 1. 1935), 9.

[52] Büntig aaO 97f. Vgl. Gera 1974, 89: „Dabei prägte Rom auf dem Weg über die Bildung von Priestern und Bischöfen die argentinische Kirche sehr stark in ihrem juristischen, normativen und institutionalisierenden Sinn".

[53] 1907 Schaffung des Bistums Santiago del Estero (von Tucumán abgetrennt), 1910 Catamarca (von Tucumán abgetrennt), Corrientes (von Paraguay abgetrennt), 1935 Azul, Bahia Blanca, Jejuy, La Rioja, Mendoza, Mercedes, Río IV, Rosario, San Luis, Viedma, Resistencia (Chaco und Formosa), Neuquén und Misiones. Kardinal Eugenio Pacelli, der spätere Pius XII., nahm am Eucharistischen Kongreß in Buenos Aires teil. 1897 hatte Leo XIII. drei neue Diözesen geschaffen: Santa Fe mit Chaco und Formosa (abgetrennt von Paraná), Tucumán mit Santiago del Estero (abgetrennt von Salta) und La Plata (Provinz Buenos Aires abgetrennt von der Erzdiözese Buenos Aires) – vgl. Zuretti aaO 294ff, 308f und 310ff. Zur Katholischen Aktion bemerkt Gera 1974: „Im Gegensatz zu anderen la. Ländern, in denen sich die Katholische Aktion primär in ihren spezialisierten Bewegungen entwickelte, hat sie in Argentinien fast ausschließlich eine pfarrliche und diözesane Struktur". Hier dürfte der Grund für ihre heutige Krise liegen. „Denn die pfarrliche und diözesane Struktur mit ihren starren Reglements und genau festgelegten Anordnungen machte

pello von Buenos Aires mit dem Kardinalshut geehrt und 1936 zum Primas der argentinischen Kirche erhoben[54]. Die Abhaltung des 32. Internationalen Eucharistischen Kongresses im Oktober 1934 in Buenos Aires bildete den Glanzpunkt der Ecclesia triumphalis. Die Volksfrömmigkeit der Epoche war gekennzeichnet durch die Marien- und die Herz-Jesu-Verehrung. Neue Marienandachtsstätten schossen in den Zentren des Landes aus dem Boden[55].

Angesichts der organisatorischen Festigung und Konsolidierung der römischen Kirche und ihrer breiten Basis im Volk nimmt es nicht wunder, daß Präsidenten wie Agustín P. Justo (1932–38) die Kirche unterstützten, wenngleich kaum aus religiösen, sondern eher aus politischen Gründen.

Die protestantischen Kirchen spielten keine vergleichbare Rolle; wenngleich sich die Zahl der Protestanten von 1895 bis 1947 absolut verzehnfacht hat, während sich die Gesamtbevölkerung nur vervierfachte. Dennoch bildeten die Protestanten nur 2 % der Gesamtbevölkerung, ein Prozentsatz, der allerdings über dem lateinamerikanischen Durchschnitt liegt und sich durch die Einwanderung nach dem Zweiten Weltkrieg noch auf 2,6 % erhöhen sollte[56].

Im Zeitraum von *1930–1943* war die vorherrschende Mentalität der Hierarchie vom Integralismus gekennzeichnet, d. h. zu einem Zeitpunkt, an dem autoritäre Regime Argentinien beherrschten, nährte die Kirche ausgehend von ihrem Traditionalismus und ihrer anti-liberalen Einstellung den argentinischen Nationalismus mit dem Gedanken, daß das „Reich Gottes" seinen Ausdruck in der argentinischen Nation findet, wie Floria es zugespitzt formuliert[57].

---

schöpferische Tätigkeiten unmöglich und begünstigte einen über Gebühr auf Institutionalisierung bedachten Zentralismus" (102f).

[54] Zuretti aaO 314.

[55] Büntig 1973, 99. Zuretti, der das staatliche Präsentationsrecht als Angriff auf die Kirche ablehnte, weil sie eine „vollkommene Gesellschaft" ist (248f), sah durch den Modus vivendi von Kirche und Staat das Problem des Regalismus weitgehend beseitigt, den Liberalismus und den weltlichen Katholizismus in der Agonie. Er verstand 1945 die Aufgabe der Kirche rein apostolisch. Er sah die Frömmigkeit im Sinne der von Pius X. geforderten häufigen täglichen Eucharistie sowie durch ein besseres Verständnis der Liturgie verbessert, das ganze christliche Leben durch die ausgebaute kirchliche Organisation und die steigende Zahl der Priester begünstigt. Die soziale Herausforderung in ihren ganz neuen Dimensionen scheint ihm verborgen geblieben zu sein (316). Gera 1974, 104 bemerkt: „...der Episkopat hält an der Unterscheidung Leos XIII. zwischen *Kirche und Staat als vollkommenen Gesellschaften* fest. Die Katholische Aktion erhält als Institution das Mandat von der Hierarchie und wird so zu ihrem offiziellen Arm. Wenn also die Laien, die in der KA tätig sind, sich auf zeitliches Engagement einlassen, dann bringen sie auf der einen Seite die Haltung der Hierarchie zum Ausdruck und kompromittieren auf der anderen Seite die Kirche gegenüber dem Staat und der zeitlichen Gesellschaft. Um solche Situationen zu vermeiden, verbieten die Normen der KA z. B. den Leitern eine Mitgliedschaft in politischen Parteien... Wenn eine Kirche dem Volk dienen und bei seiner Befreiung mitarbeiten will, muß sie dann nicht als Gesamtheit bestimmte politische Optionen auf sich nehmen? Ist nicht die Zeit gekommen, daß sie sich des auf ein scheinbares Gleichgewicht bedachten Liberalismus entledigen und ernsthaft zugunsten all derer engagieren muß, denen sie auf eine besondere Weise zu dienen wünscht?"

[56] 2,6 % im Jahre 1960 vgl. Villapando 1970, 64 und 69. Zur Bibliographie des Protestantismus am La Plata und in Chile vgl. CEHILA 1976 P, 75–84.

[57] Floria 1963. Pius X. (1903–13), der Bekämpfer des Modernismus, hatte den Integralismus geduldet. Der Integralismus will Antworten für alle Fragen des öffentlichen und privaten Lebens allein aus dem Glauben entnehmen. Schwaiger 1968, 65f

In der Militärregierung von General Farrel begann 1944 die Tätigkeit von Oberst Perón, der das Sekretariat für Arbeit und Sozialfürsorge schuf und 1945 unter dem Druck konservativer Militärs und der Oligarchie zum Rücktrit gezwungen wurde. Das „abhängige Nationalprojekt" wurde nach der Unterbrechung von 1916—30 erneut durch die zwei Phasen des Peronismus 1946 bis 55 und 1973—76 unterbrochen. Perón trat an mit dem Vorsatz, „politische Souveränität, soziale Gerechtigkeit und wirtschaftliche Unabhängigkeit" zu erreichen[58]. Inwieweit er diesen Zielen nahegekommen ist, kann hier nicht untersucht werden. Tatsache ist, daß Juan Perón 1946 und 1973 durch freie, allgemeine Wahlen ins Amt gekommen ist und daß er 1946 als erster Lateinamerikaner einen Befreiungsprozeß eingeleitet hat, der wegweisend wurde für die Befreiungsprozesse in der Dritten Welt.

Peróns Wahlfeldzug 1945—46 ist von der Hierarchie massiv unterstützt worden, weil er im Gegensatz zur Demokratischen Union gegen die Trennung von Kirche und Staat, gegen ein Scheidungsgesetz und für die Beibehaltung des 1943 wieder eingeführten obligatorischen Religionsunterrichtes an den öffentlichen Schulen eintrat und seine Sozialpolitik verbal auf die päpstlichen Enzykliken stützte[59]. Für den katholischen Nationalismus war die Zeit ab 1946 ein Höhepunkt. Endlich konnte in die Praxis umgesetzt werden, was vorher nur gepredigt worden war. Auf Grund des Fehlens einer klaren und weitsichtigen theologischen Reflexion verwischte sich die Trennlinie zwischen Katholischer Aktion und staatlicher Sozialpolitik immer mehr, so daß die römische Kirche in der öffentlichen Meinung als eine Institution des Regimes erschien[60]. Trotzdem kam es angesichts des Justizialismus und der sozialen Frage zu einer vertikalen Teilung in der argentinischen Kirche. Die Unterstützung des Justizialismus war verschieden motiviert. Die konservative Mehrheit des Episkopats und die rechtsgerichteten Gruppen der nationalistischen Laien unterstützten Perón als Gegentyp zum Liberalismus, Laizismus und Kommunismus, die sie in der Demokratischen Union am Werke sahen, wegen seiner Sympathie zum Nationalsozialismus und vor allem, weil er die als essentiell erachteten katholischen Prinzipien vertrat und behauptete, seine Bewegung sei neuthomistisch inspiriert. Einige Bischöfe und vor allem Pfarrer in städtischen Arbeitervierteln und ländlichen Gebieten unterstützten die Bewegung in der Hoffnung auf mehr soziale Gerechtigkeit. Die christdemokratische Elite hingegen sprach sich gegen den Peronismus aus, weil sie seine totalitären, antidemokratischen und pronazistischen Züge ablehnte. Dem Modell einer „neuen Christenheit" hingen indes im Grunde sowohl die Befürworter wie die Gegner des Peronismus an[61].

Bedingt durch taktische Fehler Peróns und eine Fehleinschätzung des Rückhalts der katholischen Kirche kam es ab November 1954 zur Konfrontation von Kirche und Peronismus.

Offenbar um ein letztes unabhängiges Bollwerk, das seine mehr oder weniger diktatorische Herrschaft gefährden konnte, zu beseitigen, ging Perón auf einen antiklerikalen Kurs, ließ gesetzlich die Scheidung ermöglichen, den Religionsunterricht an den öffentlichen Schulen abschaffen und eine Reform der Verfassung von 1949 vor-

urteilt, daß „der religiöse Totalitarismus, der sich in solchem Denken zeigte, ... gewiß nicht minder gefährlich war als der Modernismus".

[58] Büntig, Esperanza 27. [59] Vgl. Mecham 1966, 247f.
[60] Floria 1963. [61] Büntig 1973, 100.

bereiten, die die Kirche etwas stärker begünstigt hatte als die von 1853. Die Verfassungsreform zielte auf die Trennung von Staat und Kirche ab. Die katholische Kirche sah ihre „essentiellen Rechte" mißachtet und bemerkte bei ihrer Opposition gar nicht, daß sie zum Vorreiter der liberalsten und antiklerikalsten Kräfte der antiperonistischen Opposition gemacht wurde und praktisch den mit der „Generation der achtziger Jahre" identischen konservativen und unsozialen Kräften als Steigbügelhalter zur Rückeroberung der Macht diente. Es kam zu antikirchlichen Ausschreitungen, Priesterverhaftungen und zur Ausweisung von zwei Bischöfen, die Pius XII. veranlaßte, alle Regierungsbehörden zu exkommunizieren, die „die Rechte der Kirche mit Füßen getreten hatten". Damit war dem Militär der Vorwand zum Eingreifen gegeben. Es ist heute umstritten, inwieweit die Ausschreitungen und Kirchenbrände womöglich von der antiperonistischen Opposition inszeniert worden sind, um das Feuer zu schüren[62]. Büntig kommt zu dem Urteil, daß die Kirche wieder einmal nicht am Schicksal der Arbeiter interessiert war, sondern nur an ihren „essentiellen Rechten", wenngleich er einräumt, daß man in der verworrenen Situation kaum ein klares Urteil gewinnen konnte[63].

Die Jahre 1955 und wahrscheinlich auch 1976 markieren liberale Restaurationsversuche. Die konservative Restauration 1955—73 stand seit der ‚Revolución Argentina' von 1966 ganz unter militärischen Vorzeichen. Die Generale im Präsidentenamt — Onganía (1966—70), Levingston (1970—71), Lanusse (1971—73) und Videla (ab 1976) — bezeichnen die Unfähigkeit der Militärs, mit wachsenden wirtschaftlichen Schwierigkeiten und den in der Guerrilla sich entladenden sozialen Spannungen fertigzuwerden. Höhepunkt der Stadtguerrilla waren 1969 die Unruhen in der Industriestadt Córdoba (el ‚Cordobazo'). Wenngleich auch die zweite peronistische Phase (1973—76) durch zunehmende Gewalttätigkeit, besonders nach dem Tode Peróns (1974) durch die von Wohlfahrtsminister José López Rega geförderten Mordaktionen an Linksperonisten mit Hilfe der „Antikommunistischen Allianz Argentiniens" (AAA), gekennzeichnet war, erreichte die Terrorwelle nach dem Sturz Isabel Peróns 1976 im Zeichen der Militärherrschaft einen neuen Höhepunkt. Ihr fielen 1976 1407 Personen zum Opfer, „davon 983 Untergrundkämpfer, 167 Polizisten oder Soldaten, 33 Geschäftsleute, 28 Gewerkschaftler, 15 Hochschulangehörige, 9 Geistliche sowie zahlreiche Politiker"[64]. Im Juni 1976 führte Videla die seit 1921 im argentinischen Strafgesetzbuch nicht mehr enthaltene Todesstrafe für Terroristen und Saboteure wieder ein, was zuletzt Präsident Juan Carlos Onganía im Juni 1970 getan hatte. Von Conta beurteilte zu Beginn der neuen Militärdiktatur die wirtschaftliche Entwicklung wie folgt:

„Die 68 Mill. ha der ‚Feuchten Pampa' im Hinterland von Buenos Aires sind mit ihrer vorwiegend aus Viehzucht bestehenden Landwirtschaft der eine, der Industriegürtel rund um Buenos Aires der andere Pol der argentinischen Wirtschaft. Zwischen beiden schwingt das Pendel im Dreijahresrhythmus." Er zitiert den argentinischen Wirtschaftsjournalisten Carlos Villar Araujo: „In den fetten Jahren der Industrie produzieren die Fabriken viel, das nationale Einkommen steigt, die Arbeiter verdienen

---

[62] Letztere Ansicht stellt Büntig aaO 103 als bewiesen hin, während Mecham aaO 248ff und Furlong 1967, 748 diese Vorkommnisse nicht kritisch hinterfragen.
[63] Ebd. 102 und Anm. 11. Zum Peronismus vgl. Waldmann 1974.
[64] Zahlenangaben nach SZ 33, Nr. 1 (3. 1. 1977). „Laut Information von Amnesty International wurden in den ersten sechs Monaten des Militärregimes in Argentinien 800 Menschen ermordet, 20 000 sind aus politischen Gründen inhaftiert und im großen Maße Folterungen ausgesetzt" — Leserbrief von A. H. Clarke in SZ 32, Nr. 244 (20. 10. 1976).

mehr, es wächst der Konsum, und es bleibt weniger Ware für den Export. Da die erhöhte Produktion aber den Import von Rohstoffen in die Höhe trieb und der gesteigerte Umsatz der großen Konzerne sich auch mit vermehrten Gewinnüberweisungen ins Ausland niederschlägt, dauert es nicht lange, bis die Devisenkasse des Staates ohne einen einzigen Dollar ist... Gewöhnlich erscheint in diesem Augenblick einer der Zauberer des Wirtschaftsliberalismus, installiert sich in der Regierung und predigt Sparsamkeit und Enthaltung. Mit einigen Aufwertungen des Dollars überträgt er bisher von der Industrie gemachte Gewinne in die Landwirtschaft (die im Durchschnitt 80 % der Exporteinnahmen des Landes bringt). Mit gebremster Industrieproduktion und steigender Arbeitslosigkeit in den Städten wird nicht mehr importiert, aber genügend Fleisch und Weizen ausgeführt. Der Zauberer verkündet zufrieden, daß er die Wirtschaft gerettet habe. Aber die sozialen Spannungen steigen bis zum Siedepunkt, Unruhe breitet sich aus, und der Zauberer des Wirtschaftsliberalismus macht auf der Bühne einem sympathischen Minister Platz, der Kredite verteilt, die Industrie animiert... So beginnt alles von vorne, bis zur nächsten Krise." Solche Krisen gab es 1952, 1956, 1959 und seitdem alle drei Jahre. Nun ist 1976 mit der Militärjunta wieder ein „Zauberer des Wirtschaftsliberalismus" in die Regierung gezogen. Conta meint: „Dieser Kreislauf, dem konservative Wirtschaftstheoretiker offenbar ratlos gegenüberstehen, könnte nach Ansicht der progressiven Kollegen nur durchbrochen werden, wenn die Großagrarier der Pampa ihre Produktion und nicht ihre Preise erhöhen. Versuche vergangener Regierungen, finanzielle Anreize zur Steigerung der Produktion zu geben, scheiterten immer wieder daran, daß der Landbesitzer der Pampa nicht daran denkt, sein feudales Herrenleben zu ändern: Während in Buenos Aires 2000 arbeitslose Ingenieure ihr Brot in anderen Berufen, beispielsweise als Ausfahrer einer Wäscherei oder als Vertreter, verdienen, produziert man auf einem Hektar Pampa-Weide nur 180 statt jener 600 kg Rindfleisch pro Jahr, die man bei Anwendung moderner Techniken mühelos erreichen könnte."

Die Familien der Pampa — darunter die des neuen Wirtschaftsministers Martínez de Hoz — sind „einer Art von vorkapitalistischer, dynastischer Mentalität verhaftet. In ihrem Denken ist es ruhmreicher, Land zu besitzen, als darauf zu produzieren. Die kapitalistischen Kriterien von Produktivität und Verzinsung wendet diese soziale Schicht nur im industriellen Sektor der Wirtschaft an, mit dem man durch Beteiligungen (vornehmlich an Niederlassungen ausländischer Konzerne) stark verbunden ist. Die politische Macht, die sich daraus ergibt, hat es selbst auf dem Höhepunkt des peronistischen Populismus unmöglich gemacht, eine Landreform durchzusetzen: Gegen die Hochburgen der großagrarischen Standesorganisationen, der ‚Sociedad Rural' oder der ‚Konföderation der Landwirtschaftsverbände von Buenos Aires und der Pampa' setzt sich so leicht niemand durch. Nun, da die Militärs die Macht übernommen und einen der Ihren zum Wirtschaftsminister gemacht haben, ist mit Strukturveränderungen erst recht nicht zu rechnen"[65]. Diese Analyse ist hier so ausführlich zitiert, weil sie die wirtschaftliche Lage vieler lateinamerikanischer Staaten verständlich macht.

Floria sieht das Ende der ersten peronistischen Phase (1955) als den Beginn pluralistischen politischen Bewußtseins innerhalb der Amtskirche an, die sich nun bewußt wurde, daß die politische Rechte nicht notwendigerweise den Geist des Evangeliums vertritt[66]. Bis dahin galt, wie Gera bemerkt, daß die Kirche, „und zwar die gesamte Kirche, die faktisch von Europa beeinflußt ist, immer der Rechten oder allenfalls dem Zentrum" zuneigte. Als 1966 die

---

[65] Manfred v. Conta: Wo wenig Weizen und viel Reichtum wächst, SZ 32, Nr. 83 (8. 4. 1976).   [66] Floria aaO.

schwache Zivilregierung Illías durch einen Putsch General Onganías zu Fall gebracht wurde, versuchten sich die argentinischen Militärs wie vor ihnen die brasilianischen als Verteidiger der „abendländischen christlichen Kultur" hinzustellen. Als ein Zeichen des Entgegenkommens gegenüber der katholischen Kirche verzichtete der Staat am 10. Oktober 1966 auf sein Recht, Bischöfe zu präsentieren, womit das Patronatsrecht in Argentinien praktisch erlosch. Es ist kein Zufall, daß die Militärs nach dem blutigen ‚cordobazo' am 12. November 1969 ankündigten, die Nation der Jungfrau von Luján weihen zu wollen. Während die Drittweltpriester das als Schützenhilfe für die Militärdiktatur ablehnten, konnten sich die Bischöfe nicht zu einer klaren Stellungnahme durchringen, so daß die Weihe mit Hilfe des Episkopats am 8. Dezember 1969 durchgeführt werden konnte.

Diese schwankende Haltung des Episkopats verdeutlicht das grundsätzliche Dilemma der argentinischen Kirche.

Deshalb fordern Gera und Rodríguez eine Entscheidung „zwischen der Erhaltung des Status quo — mit anschließender Wachablösung aufgrund von Staatsstreichen und Wahlen, deren Ergebnis aber gleich wieder durch den einen oder anderen Staatsstreich seitens des Militärs abgeändert wird — und dem totalen Wandel des Systems oder zwischen der Entscheidung für eine systemimmanente Entwicklungsideologie und der Entscheidung für den Weg, der zur Befreiung des Volkes führt. Dabei darf nicht unerwähnt bleiben, daß die Entwicklungsideologie unmöglich das Modell liefern kann für ein nationales volksverbundenes Projekt, da sie im Innern des Landes den Widerspruch aufrechterhält zwischen Machtoligarchie und unterdrücktem Volk. Diesen Widersprüchen kann die Kirche unmöglich ausweichen, wenn sie sich im Zeitlichen wirklich konkretisieren und der Welt dienen will"[67].

Das ist die Kardinalfrage, vor der im Grunde alle Kirchen Lateinamerikas stehen.

Innerhalb des argentinischen Episkopats und des Klerus hat sich bislang keine deutliche Mehrheit für eine der drei widerstreitenden Richtungen ergeben: für die traditionalistisch-konservative, die innerkirchlich-progressive oder die gesellschaftsbezogen-revolutionäre. Die Kirche tat sich schwer bei der Rezeption des Vatikanum II und konnte sich zu keiner klaren Stellungnahme gegenüber der Militärdiktatur ab 1966 durchringen. Die Hierarchie machte Vorbehalte gegenüber der 10. Versammlung des CELAM in Mar del Plata 1966 geltend (vgl. 5121) und lehnte das vorbereitende Arbeitsdokument für Medellín (vgl. 5122) ab. Dennoch approbierte die Bischofskonferenz im April 1969 in der Erklärung von San Miguel die noch radikaleren Beschlüsse von Medellín. Wenn auch „seit Medellín die Zahl der Bischöfe beträchtlich zugenommen hat, die zu konkreten Situationen sprechen und zu ihnen Stellung nehmen", sind die Erklärungen der Bischofskonferenz mangels „ideologischer Positionen ‚a priori' bei der Mehrzahl der Mitglieder" inkohärent und hin und her schwankend und von einem „Ängstlichkeits- und Neutralisierungskomplex" der Bischöfe beeinflußt, wobei „das ängstliche Bestreben nach Erhaltung von Einheit" sie „daran hindert, den Widersprüchen auf den Grund zu gehen", und ihnen „jede Fähigkeit zur Option raubt"[68].

[67] Gera 1974 85f; zum Ende des Patronatsrechts vgl. Dussel 1972, 193f.
[68] Ebd. 86. Zur Declaración del Episcopado Argentino sobre la adaptación a la realidad actual del país de las conclusiones de la II Conferencia General del Episcopado Latinoamericano, San Miguel, 21–26 Abril de 1969. Texto oficial del Secretariado General del Episcopado Argentino, Buenos Aires ²1969, vgl. Gera aaO auch S. 71 und 92. In der Erklärung werden u. a. Gerechtigkeit (4), Frieden (5) und volksnahe Pastoral (6) gefordert.

Kennzeichnend dafür ist die Erklärung der ständigen Kommission der Bischofskonferenz vom 12. August 1970, in der mit Blick auf die Drittweltpriester (vgl. 5121) festgestellt wird: „Die eigentliche Sendung, die Christus der Kirche anvertraut hat, ist nicht politischer, wirtschaftlicher oder sozialer Art" (Konzilskonstitution über die Kirche in der Welt von heute Nr. 42), deshalb ist es für Priester nicht zulässig, für den „lateinamerikanischen Sozialismus" zu optieren, der die Vergesellschaftung der Produktionsmittel für möglich hält, was gegen das sozial-ethische Eigentumsprinzip verstößt[69].

Im Juni 1976 äußerte sich der Episkopat erstmals seit dem Umsturz der Regierung Isabelita Perón am 24. März 1976 zu konkreten Aspekten der sozialen, wirtschaftlichen und moralischen Lage des Landes. Angesichts der Schwierigkeiten der Armee, den marxistischen Zielsetzungen linker Gruppen, der Guerrilla und den mutwilligen Repressionsmaßnahmen im Namen der Sicherheit versucht das Bischofsdokument jenseits der Ideologien und Partisanenkämpfe aus christlicher Sicht Forderungen für das Gemeinwohl aufzustellen".

„Es ist ein Irrtum, die Sicherheit festigen zu wollen durch Verhaftungen und Diskriminierungen, das Verheimlichen von Informationen über das Schicksal der Gefangenen, die Nichtbenachrichtigung von Familien im Falle einer Verhaftung von extrem langer Dauer, und die Verweigerung des religiösen Beistandes für Häftlinge." Die Bischöfe nehmen auch gegen die Verwirrung zwischen „der Subversion, dem Marxismus oder der Guerrilla" einerseits und „bedeutenden Anstrengungen derjenigen, die im christlichen Sinn im Namen der Gerechtigkeit versuchen, die Armen und diejenigen, die keine Stimme haben, um gehört zu werden, zu verteidigen", andererseits. Ebenfalls protestieren die Bischöfe gegen eine Wirtschaftspolitik, die „Leute ins Elend führt durch ein Mißverhältnis zwischen den Preisen und den Löhnen und durch Entlassungen, die man schwerlich rechtfertigen kann"[70].

Eine grundsätzliche Option für ein neues nationales Projekt spricht auch aus diesem Dokument nicht.

4233 Uruguay (1873–1976)

Die noch in der ersten Hälfte des 19. Jahrhunderts mehrheitlich aus Mestizen — hier wie in Argentinien ‚gauchos' genannt — bestehende schwache Bevölkerungsgrundlage, die die Kennzeichen eines „neuen Volkes" aufwies, wurde durch die starken Wellen europäischer Einwanderer in der zweiten Hälfte des 19. und der ersten Hälfte des 20. Jahrhunderts so sehr überfremdet, daß man die Uruguayer wie die Argentinier kulturell als ein „verpflanztes Volk" ansehen muß[1].

---

[69] CEA ARGENTINA 1970.
[70] LWBI 30/76 4 (30. 6. 1976). Zur Haltung der Kirche in der Dependenz-Situation vgl. im einzelnen: Gera, Büntig, Catena 1974. Zur Auseinandersetzung zwischen Episkopat und Drittweltpriestern vgl. Polémica en la Iglesia 1970, und zum Verhältnis der Drittweltpriester zum Peronismus Concatti 1972. Zur Herabsetzung des Reproduktionsniveaus in Argentinien bemerkt Müller-Plantenberg 1977, 9: „In Argentinien beträgt die Inflationsrate im Februar dieses Jahres 423,6 %. Der Plan Mondelli vom März 1976 legt eine Preiserhöhung von Benzin (78 %), Strom (80 %) und öffentlichen Verkehrsmitteln (50–150 %) fest, automatisch steigen hiermit auch die Preise der Grundnahrungsmittel. Die Lebenshaltungskosten stiegen im März um isgesamt 38 %. Die Lohnerhöhung gleicht den Inflationsverlust nicht aus".

[1] Ribeiro 1970, 514ff.

Die Einwohnerzahl des Landes stieg von 60 000 1828 auf 2 155 000 1940 und 2 818 000 im Jahre 1968[2]. Die Erschließung der östlichen Pampa entsprach den Interessen des vorwiegend britischen Auslandskapitals, das die Wirtschaft Uruguays steuerte, aber nicht der Entwicklung gesunder Agrarstrukturen. Wie in Argentinien ging die Domestizierung des Gaucho einher mit der Konsolidierung des Großgrundbesitzes weniger Familien, die verstärkt ab 1872 ihren sichtbaren Ausdruck in der beschleunigten Einzäunung der Ländereien fand[3]. Heute gehört 600 Familien fast das halbe Staatsgebiet[4]. Die gigantischen Latifundien werden vielfach nur extensiv viehwirtschaftlich genutzt. Nur 25 % der Bodenfläche von 187 000 km² werden intensiv genutzt. „60 % der landwirtschaftlichen Betriebe sind unrentable Minifundien (860 000 ha), wogegen 60 % der Bodenfläche (9 400 000 ha) im Besitz großer Latifundien ist... Die Agrarproduktion stagniert seit 30 Jahren."[5] Nur der kleinere Teil der Großgrundbesitzer, der sich in der ‚Asociación Rural del Uruguay' zusammengeschlossen hat, hat die Betriebe modernisiert. Daneben bestehen die unproduktiven Latifundien weiter. Nur Krisenzeiten wie der Zweite Weltkrieg und der Koreakrieg mit der großen Nachfrage nach Agrarprodukten verhalfen Uruguay zu enormen Exportüberschüssen. Die Konzentration des Landbesitzes mit seiner wenig Arbeitskräfte beanspruchenden Viehwirtschaft hat die Landflucht beschleunigt. Sie hat zur Entstehung eines umfangreichen Lumpenproletariates in den städtischen Elendsvierteln geführt, besonders in den 18 ‚cantegriles' Montevideos, in denen 1973 ca. 200 000 Menschen in primitiven selbst gebauten Unterkünften hausten. Die Verstädterungsrate Uruguays, die unter Einschluß der kleinen Landstädte 81 % beträgt – die höchste ganz Lateinamerikas –, steht in Widerspruch zur überwiegend agrarischen Struktur des Landes, dessen Bruttosozialprodukt und dessen Export weitgehend von der Landwirtschaft abhängen[6]. Ungenügende landwirtschaftliche Produktivität, nachlassende Nachfrage auf dem Weltmarkt und sinkende Rohstoffpreise kennzeichnen eine Seite der seit Anfang der sechziger Jahre offenkundigen Wirtschaftskrise Uruguays, die zur massiven Kapitalflucht ins Ausland und zur Auswanderung großer Bevölkerungskontingente geführt hat. Die andere Seite ist gekennzeichnet durch die parasitäre Existenz des Bevölkerungs- und Verwaltungswasserkopfes Montevideo, in dem weit über ein Drittel der Gesamtbevölkerung konzentriert ist und deren Anteil am Nationaleinkommen in keiner Weise durch das von ihr erbrachte Sozialprodukt gedeckt wird. Die von José Batlle y Ordóñez (1903–07 und 1911–15) eingeleitete Sozialgesetzgebung hat zu einer ungeheuren Aufblähung des Staatsapparates geführt, dessen Beamtenzahl von 1938 bis 1959 von 58 000 auf 193 000 anstieg. Gleichzeitig erhöhte sich die Zahl der Pensionäre (Staatsbeamte dürfen sich nach 20 Dienstjahren pensionieren lassen) von 1948 bis 1959 von 45 470 auf 114 437. Da der Staat häufig mit der Zahlung von Gehältern und Pensionen mehrere Monate im Rückstand ist, üben zahlreiche Uruguayer gleichzeitig mehrere Berufe aus. Die wirtschaftliche Lähmung ist von einer seit anderthalb Jahrzehnten galoppierenden Inflation begleitet[7].

---

[2] Ruiz G. 1971 I, 38.
[3] Vgl. R. Jacob 1969, der die sozialen Konsequenzen der Einzäunung untersucht hat. [4] Ruiz G. aaO 340.
[5] HKorr 26 (1972), 74. Ruiz G. aaO 346 spricht sogar davon, daß 86 % der kultivierbaren Fläche nur extensiv genutzt werden.
[6] Neben eigenen Informationen im Lande vgl. R. Jacob aaO 115f; Sandner/Steger 1973, 272. Die Landwirtschaft ist in hohem Maße Weidewirtschaft. Ferner wird Weizen-, Mais- und Leinsaatanbau betrieben.
[7] Vgl. HKorr aaO 75 und M. v. Conta, Der große Nachbar springt mit dem Scheckheft ein (SZ 31, Nr. 137 v. 19. 6. 1975), der erwähnt, daß die Bevölkerung trotz beachtlicher Geburtsraten in den letzten 10 Jahren stagniert, weil eine Massenauswanderung ca. 800 000 Menschen ins Ausland getrieben habe. Sobrado 1968, 120 behauptet, daß Montevideo mehr als die Hälfte der Gesamtbevölkerung beherberge. Zu Batlle vgl. CM Nr. 32 (Dez. 1969).

Mit der, abgesehen von den ‚cantegriles' europäischen Maßstäben entsprechenden städtischen Entwicklung von Montevideo kontrastiert der vernachlässigte und unterentwickelte Zustand der Wohn- und Lebensqualität auf dem flachen Lande.

Trotz dieser düsteren Gegenwartsperspektiven gleicht es einem Wunder, daß sich Uruguay überhaupt so weit entwickelt hat. Um 1880 regierte nämlich das Chaos. Oberst Latorre trat vom Präsidentenamt zurück, weil ihm das Land unregierbar erschien[8]. Bis 1904 gab es de facto zwei Regierungen im Land: die offizielle in Montevideo in der Hand der ‚colorados' und die Gegenregierung des Binnenlandes auf der Estancia del Cordobés in der Hand der ‚blancos', die zuletzt Saravia innehatte. Ohne das Einverständnis der ‚blancos', die über eine starke Armee verfügten, konnte die Regierung in Montevideo praktisch landesweit nichts durchsetzen. Erst der Bürgerkrieg, der 1903–04 um die Präsidialnachfolge von Batlle y Ordóñez entbrannte und mit der Niederlage der ‚blancos' und dem Tode von Saravia in der Schlacht bei Masoller endete, machte diesem Dualismus ein Ende.

Unter den Regierungen von Latorre und Santos hat sich 1877 ff, einem Höhepunkt des Kampfes zwischen Liberalen und Katholiken, die Säkularisierung durchgesetzt, die unter Batlle zu einem offenen Säkularismus wurde und in folgenden gesetzlichen Maßnahmen ihren Ausdruck fand:

1877 Erziehungsreform, die auf dem Primarschulsektor das kirchliche Monopol abschaffte;
1879 Einführung der Zivilregister;
1885 Einführung der obligatorischen Ziviltrauung;
Verbot der Niederlassung neuer Ordensgemeinschaften und Reglementierung der bestehenden;
staatliche Regelung des Sekundar- und Hochschulwesens unter Ausschluß der römischen Kirche;
1906 Verstaatlichung des Wohlfahrtwesens;
1907 Abschaffung des Bezuges auf Gott und die Evangelien beim parlamentarischen Schwur;
Einführung der Ehescheidung;
1909 völlige Laikalisierung des gesamten öffentlichen Schulwesens mit ausdrücklichem Verbot der Abhaltung von Religionsunterricht an den öffentlichen Schulen;
1910 Studienreform mit Wegfall des Lateins an den weiterführenden Schulen;
1911 Abschaffung offizieller Ehrungen bei religiösen Festakten und Laikalisierung des Militärkodex[9].

Der Säkularismus wird seit den achtziger Jahren von den Universitäts-Eliten getragen, deren Mitte des 19. Jahrhunderts noch vorhandener Deismus sich im Zeichen des Positivismus in Agnostizismus oder sogar erklärten Atheismus und Materialismus verflüchtigte. Aber ob es sich nun um den positivistisch-agnostischen Evolutionismus eines Vásquez Acevedo und eines Martín C. Martínez oder um den monistischen Materialismus eines Roxlo und eines Figari handelt, alle verbindet ein Kult des „Ideals" mit einer Pflichtenethik, die

---

[8] Oberst Lorenzo Latorre hat 1875 durch einen Putsch der Garnison von Montevideo die Macht an sich gerissen, als starker Mann im selben Jahr die ‚Revolución Tricolor' zerschlagen und 1876 selbst die Regierung übernommen (vgl. CM Nr. 58, März 1972: „Latorre. La Revolución Tricolor y el militarismo" und Nr. 60, April 1972: „Latorre. De la dictatura al destierro".) Der Diktator Latorre begründete seinen Rücktritt am 13. 3. 1880 u. a. mit seiner Entmutigung über die Unregierbarkeit Uruguays (vgl. Abdruck der Erklärung in CM Nr. 60, 48). Die Herrschaft Latorres stellt den ersten Höhepunkt der Militärherrschaft in Uruguay dar. Eine zweite, ungleich grausamere Militärherrschaft sollte Mitte 1973 beginnen.

[9] Vgl. Sobrado 1968, 112.

das vom verborgenen Gott hinterlassene Vakuum ausfüllen. Wesentlich war aber, daß die säkularistische Politik eines Batlle sich außerdem auf die Massen der im Zuge der Kämpfe um die Einheit Italiens von antiklerikalem Geist erfüllten italienischen Einwanderer, unter denen sich zeitweise auch Garibaldi befunden hatte, stützen konnte, sowie auf die traditionell liberalen ‚colorados'. Da die römische Kirche in Uruguay nie besonders mächtig oder reich gewesen ist, gab es an sich keine inneren Gründe für einen so heftigen Antiklerikalismus. Freilich fand die antiklerikale Politik auch eine opportunistische Stütze in den *Protestanten*, für die die Erlangung der religiösen Gleichberechtigung nur über den Abbau der Vorrechte der römischen Kirche möglich war.

Pastor Thompson, der den Methodismus aus den USA nach Uruguay einführte und damit dem missionarischen Protestantismus mit spanischer Predigttätigkeit die Bahn brach, schloß in den siebziger Jahren ein Zweckbündnis mit den Rationalisten gegen die Katholiken, „aber verteidigte das Christentum gegen die Rationalisten". Sein Nachfolger P. Wood wurde in den achtziger Jahren der große Organisator der methodistischen Kirche in Uruguay, gründete evangelische Schulen, die später zum Crandon-Institut zusammenwuchsen, sowie die Jugendorganisation ‚Club Literario Metodista'. In jenen Jahren nationalisierte P. Daniel Armand Ugon auch die Arbeit der italienischen Waldenser, deren erste Gruppe 1860 mit P. Miguel Morel ins Land gekommen war. Ugon regte die Gründung neuer Kolonien an, weil er die Hauptaufgabe der Waldenser unter der ländlichen Bevölkerung sah, führte das Spanische als Kultsprache ein und gründete die erste eigene Sekundarschule (Liceo Evangélico de Colonia Valdense). 1862 war auch eine Kolonie von reformierten und katholischen Schweizern entstanden, die, dem Ökumenismus weit voraus, zu Gottesdiensten dieselbe Kirche benutzten. Die protestantischen Aktivitäten gipfelten um die Jahrhundertwende in der Gründung des ‚Club Protestante', der die Zeitschrift ‚El Atalaya' (Der Wachturm) herausgab[10].

Mit dem Strom der Einwanderer kamen auch neue katholische Orden ins Land, die die kirchlichen Erziehungseinrichtungen ausbauten. 1885 wurde der ‚Círculo Católico de Obreros' gegründet. 1889 kam es zur umfassenden Laienmobilisierung auf dem Ersten Katholischen Kongreß, auf dem die ‚Unión Católica' ins Leben gerufen wurde. 1890 wurde der Erste Eucharistische Nationalkongreß in Montevideo abgehalten. Der kurzlebigen ‚Revista Católica' (1860–62) folgte ab 1878 ‚El Bien Público' als katholisches Organ. Im Gegenzug zur antiklerikalen „jakobinischen" Propaganda von Batlle wurde 1911 als katholische Partei die ‚Unión Cívica' gegründet, die aus der ‚Unión Católica' hervorging.

Aber auch der politische Einsatz militanter katholischer Laien konnte die Verfassungsreform von 1917, die 1918 zur Trennung von Staat und Kirche führte, nicht verhindern. Sie beraubte den politischen Katholizismus seiner Ziele

---

[10] Methol 1969, 44ff und 47. González 1970, 341f nennt als Datum der ersten spanischen Predigt Juan F. Thomsons das Jahr 1867 und für den Beginn der waldensischen Einwanderung das Jahr 1856. Die waldensische Kirche zählt heute ca. 16 000 Glieder, die methodistische 1 600. Piquinela 1976, 73f, der die Gründung der Anglikanischen Gemeinde 1844 mit der viel späteren der deutschen Auslandsgemeinde verwechselt, nennt das Jahr 1868 für die erste spanische Predigt. Waldenser und Methodisten begannen 1888 mit der Gründung der ersten protestantischen Sekundarschule des Landes die interdenominationelle Zusammenarbeit. Im Zuge der Auseinandersetzungen zwischen Katholiken und Rationalisten am ‚Ateneo' und in der Universität von Montevideo (1870–90) wurde 1877 von Tomás B. Wood die Zeitschrift ‚El Evangelista' ins Leben gerufen, die erste auf spanisch erscheinende evangelische Zeitschrift am La Plata und wahrscheinlich die erste in Südamerika.

und beförderte die Marginalisierung der römischen Kirche. Als einziger Streitpunkt mit dem Staat blieb bis in die vierziger Jahre die Forderung nach Freiheit des privaten kirchlichen Schulwesens. Politik galt nun weithin als „zivile" Sache. Kirche und kirchliche Einrichtungen existierten in einem Ghetto am Rande der Gesellschaft. Daran änderte auch die Gründung der Katholischen Aktion 1935 nichts. Verlust von Weltbezug und Verinnerlichung charakterisierten sowohl den Katholizismus wie den Protestantismus, besonders denjenigen nordamerikanischer Herkunft, der vom Fundamentalismus geprägt ist.

Ende des 19. Jahrhunderts ist die Heilsarmee nach Uruguay gekommen, 1900 die Baptisten, nach dem Zweiten Weltkrieg Pfingstler, Zeugen Jehovas und Mormonen. Die Anglikaner hatten bekanntlich 1844 die erste protestantische Kirche gebaut. Das Luthertum weitete sich kaum über die deutsche Gemeinde aus. Die Mennoniten beschränkten sich auf ihre Einwanderungsgruppen[11].

Das auffälligste Zeichen des Säkularismus ist bis heute die 1919 verordnete Kalenderreform, die zwar die Tradition bestimmter christlicher Feiertage bewahrte, zugleich aber diese Tradition durch völlig unchristliche Namen zu verwischen trachtet. So heißt Mariä Empfängnis (8. Dez.) „Tag der Strände", Weihnachten (25. Dez.) „Familientag", Hl. Drei Könige (6. Jan.) „Tag der Kinder und die Karwoche (Semana Santa) „Woche des Tourismus"[12].

Die oben angedeutete Privatisierung der Frömmigkeit in der Epoche des ‚Batllismo' (1904–58) geht einher mit einem minimalen Anteil militanter Katholiken (nur 0,3 % der 1 206 281 Einwohner der sieben Bistümer des Binnenlandes), einem relativ geringen Anteil nomineller Katholiken (52 % aller Männer und 65,9 % aller Frauen) und einer ungünstigen Konzentration von Klerus und Religiosen in der Metropole und einem hohen Anteil ausländischer Mitarbeiter[13].

Im Gegensatz zur römischen Kirche Brasiliens oder Argentiniens hatte diejenige Uruguays nicht die geringste Chance, das Modell einer „neuen Christenheit" durchzusetzen. Zwar gab sie den Versuch, politischen Einfluß zu erlangen, nicht ganz auf, aber die ‚Unión Cívica', deren Stimmanteil seit 1916 lange zwischen 1–2 % schwankte, kam über einen Höchstsatz von 5,4 % 1946 nicht hinaus und der als Nachfolgepartei ins Leben gerufene ‚Partido Demócrata Cristiano' ab 1962 nicht über 3 %[14]. Das dürfte wesentlich daran gelegen haben, daß die Katholiken in politischer Hinsicht gespalten waren. Die militante Minderheit, die die ‚Unión Cívica' mit Unterstützung der Hierarchie führte, ist aus der Colorado-Partei hervorgegangen, während die breite Masse der ländlichen Traditionschristen mit der Blanco-Partei sympathisierte[15].

Die seit 1918 zu beobachtende religiöse „Pazifizierung", die den Beginn eines harmlosen religiösen Pluralismus ohne Öffentlichkeitswirkung zu bezeichnen schien, wurde in den fünfziger Jahren parallel zum Dahinschwinden des britischen Einflusses begleitet von einem „historischen Verschwinden der

---

[11] Methol aaO 47ff. Bei der Trennung von Staat und Kirche wurde die römische Kirche als juristische Person anerkannt, behielt ihre Gebäude und ihren sonstigen Besitz und erlangte Steuerfreiheit.
[12] Sobrado 1968, 114.
[13] Ebd. 120ff. Andere Bekenntnisse gaben insgesamt 3,1 % der Frauen an. Die übrigen bezeichneten sich als „gläubig" ohne Nennung eines Bekenntnisses – ebd. 118ff.
[14] Vgl. ebd. 114.   [15] Methol aaO 58.

uruguayischen Freimaurerei", deren philantropische Rolle weitgehend von ideologisch weniger befrachteten Vereinigungen wie den Rotary und den Lions Klubs übernommen wurde, die den Bedürfnissen der Bourgeoisie entsprechen und deren Aufblühen mit dem seit Ende des Zweiten Weltkrieges dominierenden nordamerikanischen Einfluß zusammenhängen dürfte[16].

Die jüngste Entwicklung Uruguays kann nur kurz angedeutet werden.

„Vom 13. Juni 1968, dem Datum, an dem der damalige Präsident Pacheco Areco per Dekret besondere Sicherheitsmaßnahmen in Kraft setzte, hat das Land einen Prozeß der institutionellen Verschlechterung erlebt."[17] Der Kampf gegen die Stadtguerrilla der Tupamaros, der internationale Schlagzeilen lieferte, verlief ziemlich erfolglos, bis ihn nach den letzten freien Wahlen von 1971 die Militärs der Polizei aus den Händen nahmen. Die nationalen Reformkräfte, die sich unter General Liber Seregni zur ‚Frente Amplio' zusammengeschlossen hatten, verfehlten zwar 1971 die Mehrheit, zwangen aber Juan María Bordaberry zu einer Colorado-Minderheitsregierung mit 41 Sitzen gegenüber 58 Sitzen der ‚Blancos' und der ‚Frente Amplio'. Vergeblich forderte Seregni 1972 die Regierung auf, mit dem ‚Movimiento de Liberación Nacional' der Tupamaros zu verhandeln. Bordaberry zog es vor, die Militärs zum Vernichtungskampf gegen die Tupamaros heranzuziehen. Durch die Bekämpfung der Tupamaros wurde das traditionell unpolitische uruguayische Militär zu einem überragenden Machtfaktor. Die Militärs machten Bordaberry in einem „im ersten Halbjahr 1973 scheibchenweise vollzogenen Staatsstreich" zur zivilen „Gallionsfigur einer Militärdiktatur"[18].

Die Tupamaros, die Sympathisanten unter katholischen und evangelischen Christen, Offizieren und Parlamentariern gehabt hatten, stellten wahrscheinlich die einzige Alternative gegenüber einer dekadenten, den Problemen des Landes hilflos ausgelieferten Demokratie und der nun eingetretenen Militärdiktatur dar. Die Militärs zwangen Bordaberry zu einer Revision seiner Wirtschaftspolitik, die nun nach dem Vorbild des „liberalen" Stils der chilenischen Militärjunta „freie Bahn dem Stärksten, der Bevölkerung jedoch nur wachsenden Hunger bietet"[19]. Verhaftungen und Folterungen erreichten ein in Uruguay nie zuvor erlebtes Maß. Proteste des ÖRK[20] und der römischen Kirche bewirkten eher noch eine Verstärkung der Unterdrückung. Im November 1975 verbot Bordaberry die Verbreitung und die Verlesung eines Hirtenbriefes des Präsidenten der Bischofskonferenz, Msgr. Tonna, in den Kirchen, in dem „eine so breit wie möglich angelegte Amnestie" für die politischen Gefangenen und

---

[16] Ebd. 54. Während im Protestantismus in der Epoche 1917—1962 ein nationales Bewußtsein erwachte, das sich in Sozialwerken, der Gründung von Theologischen Seminaren (Seminario Menonita 1955, Instituto Bautista 1956, Instituto Nazareno 1959, Instituto de las Asambleas de Dios 1960) und in Initiativen zur ökumenischen Zusammenarbeit (z. B. der Gründung der ‚Federación de Iglesias Evangélicas del Uruguay') äußerte, kam es nach dem Evangelisationsfeldzug von Billy Graham 1962 zu einer Renaissance des denominationellen Bewußtseins und zur Krise der ökumenischen Zusammenarbeit — vgl. Piquinela aaO 74ff mit Bibliographie; ferner: Aspectos religiosos de la sociedad uruguaya, hrsg. vom ‚Centro de Estudios Cristianos' der Federación de Iglesias Evangélicas del Uruguay. Montevideo 1965.
[17] CM Nr. 47 (März 1971), 1: „Cristianos y Marxistas. Frente ampplio".
[18] Zitate nach Conta aaO Anm. 7 und CM Nr. 69 (April 1973):„La era militar". Zur Stadtguerrilla in LA vgl. die Bibliographie von Russel 1974.
[19] Conta aaO.
[20] Vgl. SZ 31, Nr. 20 (25./26. 1. 1975): „Verstärkte Repression in Uruguay. Juristenkommission berichtet über Verhaftungswelle und ‚Säuberung' der Universität".

ein Ende der Folterungen gefordert wurde[21]. Im April 1975 war bereits der Direktor der katholischen Zeitschrift VISPERA, Héctor Borrat, und am Karfreitag der Jesuitenprovinzial verhaftet worden[22].

4234 Paraguay (1871–1977)

Die Geschichte Paraguays und der Guaraní ist umwittert von Tragik. Seit dem gewaltsamen Ende des „heiligen Experiments" (vgl. 31423) ist es Paraguay gegen den Widerstand der es umgebenden Großmächte Brasilien und Argentinien nicht gelungen, außenpolitisch seine nationalen Interessen wirksam durchzusetzen und seine binnenländische Isolierung zu überwinden (vgl. 41234) sowie politische Freiheiten und soziale Gerechtigkeit zu erreichen.

Die vielfältige Problematik Paraguays spiegelt sich wider in seiner Bevölkerungsstruktur. Da das Land weder politische Freiheit noch Vollbeschäftigung gewähren kann, lebte 1968/69 von einer theoretischen Gesamtbevölkerung von fast 3 Mill. ungefähr ein Drittel im Exil, vornehmlich in Argentinien[1]. Da aber vorwiegend Männer zur Arbeit ins Ausland gehen, bedeutet das, daß Paraguay ein Land der vielen Frauen und unehelichen Kinder (über 50 %) und der wenigen Männer ist. Diese Problematik hat auch eine historische Dimension. Das Matriarchat hat bei den Guaraní eine alte Tradition. Frauen versehen die Feldarbeit (vgl. 241). Auf dem Lande geht die Erbfolge noch heute über die Mutter. Unter der auf höchstens die Hälfte durch den Dreibundkrieg reduzierten Bevölkerung, die sich 1871 auf 221 000 belief, waren nur noch 28 000 meist ältere, nicht wehrfähige Männer gewesen, deren Einsatz in Verbindung mit der polygamen Tradition der Guaraní die Regeneration des ganzen Volkes zu danken ist. Man spricht diesbezüglich von einer zweiten „Guaranisierung", da der Anteil spanischen Blutes unter den überlebenden Männern weit geringer war als vor dem Krieg. Die starren katholischen Moralbegriffe hinderten die Mütter indes, ihre Kinder als die eigenen anzuerkennen. Sie mußten sie als Waisen und Findlinge ausgeben und konnten sie dann adoptieren[2]. Die Folge des Krieges war die Wiederbelebung des Matriarchats und eine Zerrüttung christlicher Ehetraditionen, Vorgänge, die sich, wenn auch in abgeschwächter Form, in den dreißiger Jahren infolge des Chaco-Krieges mit 30 000 gefallenen paraguayischen Soldaten wiederholten. Das hat bei den Guaraní eine Mentalität gefördert, „die Frauen als Spielzeug, als Zuchttiere und als Arbeitssklaven betrachtet" und männliches Nichtstun zum Privileg erhebt[3]. Heute resultiert das matriarchalische Gesellschaftssystem daraus, daß „der Mann mit nomadi-

[21] Vgl. ICI Nov. 1975 und 15. Mai 1975 zitiert nach Kirchenkampf LA.
[22] 1977 wurde der bekannte urugayische Theologe Hiber Conteris verhaftet und gefoltert, wie dem Vf. auf Grund zuverlässiger Informationen vom LWB bekannt wurde.
[1] Ruiz G. 1971 I, 38 nennt für 1968 2 231 000 E; zur Exilsrate vgl. Paraguay 1971, 6 bzw. Paraguay 1972, 9.
[2] Vgl. Falk-Rønne 1970, 174f: „Die Krinolinen und die aus Europa eingeführte Mode der Turnüren kamen" den Witwen auf den großen Gütern „neben der Entlegenheit der Güter zu Hilfe... Sie strotzen von einer Unzahl von Unterröcken, wodurch es ihnen möglich war, ein außereheliches Kind unter dem Herzen zu tragen, ohne daß die Kunde davon dem lokalen Padre oder ihren Freundinnen in Asunción zu Ohren zu kommen brauchte. Das neugeborene Kind wurde auf ihrer Veranda abgelegt und am Morgen nach der Geburt von getreuen Dienstleuten ‚gefunden', worauf sie es in aller Gemütsruhe und ohne die Moral der Kirche zu verletzen adoptierten und im Hause aufziehen konnten. Auf diese Weise wurde Paraguay noch ein zweites Mal ‚guaranisiert'". Fagg 1971, 687 betont die Rolle der bis 1876 im Lande gebliebenen brasilianischen Besatzung bei der Regeneration.
[3] Falk-Rønne aaO 178.

schem und unstetem Charakter und sehr individualistischen Tendenzen" sich oft weigert, „ein Heim zu gründen und Verantwortung für sein Tun zu übernehmen. In vielen Fällen ist die Mutter die einzig Verantwortliche für die Familie und bedarf der Hilfe und Unterstützung... Das Matriarchat wird obendrein noch dadurch unterstützt, daß der Unterricht in der Grundschule" zu 90 % „in Händen weiblicher Lehrer liegt". Die Folge der mangelhaften wirtschaftlichen Situation und Erziehung bzw. Familienkontrolle ist, daß ein großer Teil der unehelichen Kinder früh aus dem Hause getrieben wird, um auf irgendeine Weise Geld zu verdienen, nachdem die wenigsten eine ausreichende Schulbildung hinter sich haben oder quantitativ und qualitativ ausreichend ernährt worden wären[4].

Sowohl die große Zahl der im Exil arbeitenden Paraguayos wie auch positive Ergebnisse in katholischen ‚Ligas Agrarias' beweisen, daß es den Männern keineswegs an Arbeitslust fehlt, wie in ideologisch einseitigen Untersuchungen teilweise behauptet wird[5]. Die Misere Paraguays — Fagg spricht von der „ärmsten und unterdrücktesten Nation des Kontinents"[6] — ist wesentlich strukturell bedingt. Darauf deutet schon die ungesunde Gesellschaftspyramide hin: 2 % Oberschicht, 8 % Mittelschicht, 90 % Unterschicht. Sie ist ein Spiegelbild der „wirtschaftlich abhängigen Struktur des merkantilen Kapitalismus", der sich auf die extensive Vieh- und Holzwirtschaft einer kleinen Gruppe von Großgrundbesitzern (1,02 % aller Landbesitzer besitzen 86,7 % des Landes) und die intensive Landwirtschaft der Minifundienbesitzer stützt. Seit dem Dreibundkrieg ist ein erheblicher Anteil von Großgrundbesitz in ausländische Hände übergegangen[7]. Der Widersinn der Bodenverteilung ergibt sich auch aus der Ungleichheit der wirtschaftlichen Ergebnisse. Die Minifundienbesitzer, die teilweise nur Subsistenzwirtschaft betreiben können (69,3 % aller landwirtschaftlichen Betriebe verfügen nur über 0,5–9,9 ha, d. h. insgesamt über 2,3 % der kultivierten Fläche), erwirtschaften 65 % des gesamten landwirtschaftlichen Ertrages mit ihrem intensiven Ackerbau, die Viehwirtschaft der Großgrundbesitzer hingegen nur 35 %. Beide Sektoren der Landwirtschaft sind durch Kapitalmangel gekennzeichnet. Die 1950 begonnene Agrarreform hat die Verhältnisse noch nicht entscheidend verbessern können. Die schlechte Infrastruktur und das völlig ungenügende ländliche Schulwesen wirken abschreckend für Neusiedler. Ruiz G. kommt zu dem Schluß, daß ein Circulus vitiosus bestünde zwischen den den wirtschaftlichen Fortschritt in der Landwirtschaft hemmenden Bodenbesitzverhältnissen, der geringen Produktivität und der geringen Kaufkraft der Masse der Bevölkerung (Durchschnittsjahreseinkommen der Landbevölkerung 1961 nur US $ 75!). „Der Widerstand gegenüber Veränderungen, die absolute Vorherrschaft der Oligarchie, der an der Macht befindlichen Gesellschaftsklasse, der Grundbesitz in Dimensionen, die Produktivität und zureichende Ernährung der Bevölkerung unmöglich machen, kennzeichnen das historische Dilemma."[8] Nickson kommt in einer Untersuchung der Rolle des Auslandskapitals zu

---

[4] Vgl. Paraguay 1971, 25f, zur Unter- bzw. Mangelernährung ebd. 6, zum Schulwesen ebd. 8: 36 % der Gesamtbevölkerung befindet sich in schulpflichtigem Alter, 42 % der Kinder der ländlichen Gebiete besuchten 1958 keine Schule. 1965 brachten es von 2 613 Grundschulen nur 14,7 % fertig, alle vorgeschriebenen 6 Klassen anzubieten. Fagg 1971, 687: Bis 1920 hat es nur ein paar Dutzend Primarschulen im Lande gegeben. Paraguay 1972, 20f: Auf dem Lande rechnet man mit 70 % funktionalen Analphabeten. 1962 hatten 43,5 % der Landbevölkerung eine Schulausbildung von weniger als 3 Jahren, was bedeutet, daß sie sich über kurz oder lang in funktionale Analphabeten verwandeln.
[5] Vgl. Paraguay 1972, 27.   [6] Fagg 1971, 691.
[7] Paraguay 1972, 24f — z. B. Carlos Casado, ein argentinischer Industrieller und internationale Gesellschaften wie Liebig und International Food Products, die natürlich moderner wirtschaften als die Mehrheit der nationalen Besitzer.
[8] Vgl. Ruiz G. 1971 I, 283ff. Nach einem Bericht der BID von 1967 gingen 42 % des Bruttowertes der Viehproduktion durch Krankheiten der Herden verloren. Vgl.

dem Schluß, daß es geradezu dazu beitrage, Strukturreformen zu verhindern und eine maximale Investition nationaler Reserven durchzuführen, die allein zu einer Überwindung der wirtschaftlichen Abhängigkeit führen könne[9].

Die Zeit von 1870 bis 1940 stand wirtschaftlich und handelspolitisch im Zeichen des britischen Einflusses. Politisch stand Paraguay 1870—1904, d. h. während der Herrschaft der 1887 von Präsident General Bernardino Caballero gegründeten ‚Asociación Nacional Republicana' (Colorado-Partei), die die Interessen der Großgrundbesitzer vertrat, unter der Hegemonie Brasiliens. 1889 wurde zwar die Universität in Asunción gegründet, aber die dort gelehrte Wissenschaft war genauso abhängig von importierten Vorstellungen wie die Wirtschaft vom ausländischen Kapitalismus. Die Juristen heiligten das absolute Prinzip des Privateigentums. Die Epoche von 1904—1940 ist außenpolitisch vom „Subimperialismus" von Buenos Aires bestimmt, deren innenpolitisches Instrument die Liberale Partei war, der ebenfalls 1887 gegründete ‚Centro Democrático', dessen Präsidenten 1904—1936 die Macht ausübten. Die Liberalen vertraten die Interessen des stark mit Buenos Aires verbundenen Handelsbürgertums[10].

Angesichts des Antiklerikalismus der Liberalen schadete der römischen Kirche ihre Verbindung zum Staat eher, als daß sie nützte. Sogar zur Schaffung der beiden neuen Bistümer Concepción und Villarrica und der parallelen Erhebung Asuncións zum Erzbistum (1929) bedurfte es prokirchlicher Demonstrationen und tagelangen politischen Tauziehens[11]. Die Amtskirche hatte in den Jahrzehnten vorher ihre eigene „patriotische Treue" betont und die „Untreue" des liberalen Staates bezüglich des alten historischen Paktes bedauert, der die Regeln des Patronatsspiels nicht beachtete. Die leidenschaftlichen Parlamentsdiskussionen im August 1928 über die Bistumsfrage demonstrierten das fortdauernde Interesse des liberalen Staates am Patronat, aber auch sein Widerstreben gegenüber jeder institutionellen Stärkung der Kirche. Die herausragende Gestalt der kirchlichen Defensive in der antiliberalen Kontroverse war Juan Sinforiano Bogarín, ab 1895 Bischof und 1930—49 Erzbischof von Asunción. Bogarín betonte die vermittelnde und neutrale Position der sich als Mutter aller Paraguayer betrachtenden Kirche und verteidigte in zahlreichen Dokumenten die kirchliche Position gegen die Freimaurer, die er als Hauptgegner der Kirche und Verantwortliche für die liberalen Bestrebungen zur „Privatisierung der Kirche" ansah, die ihren Ausdruck fanden in der religiösen Toleranz (Verfassung von 1870), der Verstaatlichung der Friedhöfe, der Zivil-

---

ferner Paraguay 1971, 11f. Das Durchschnittsjahreseinkommen der Gesamtbevölkerung lag 1971 bei US$ 243, was in LA nur noch von Bolivien (190) und Haiti (87) unterschritten wird — vgl. LA 1974, 7. Angesichts der großen Wasserkraftprojekte von Yaciretá-Apipé (argentinisch-paraguayische Kooperation) und von Itapú (Brasilianisch-paraguayische Kooperation) kommt die Deutsch-Südamerikanische Bank allerdings zu optimistischen Schlüssen bezüglich der wirtschaftlichen Zukunft Paraguays — Deutsch — Süd, LA 4/74, 93ff.

[9] R. Andrew Nickson, El capital extranjero en la economía paraguaya, in: Paraguay 1972, 10—18 mit Bibliographie.

[10] Vgl. Gauto 1972, 16ff; Paraguay 1971, 20: Die enorme Instabilität der politischen Situation in Paraguay, speziell bis zur Jahrhundertwende, erhellt aus der Tatsache, daß es 1870—1932 32 Präsidenten gab.

[11] Mecham 1966, 196 nach John J. Considine, New horizons in Latin America, New York 1958, 119f.

trauung (1898), der Laikalisierung des öffentlichen Schulwesens (1902) und der Ermöglichung der Scheidung (1919). „Mit einer gewissen pietistischen Naivität betrachtet die Kirche die Nationalen Eucharistischen Kongresse und die Weihung Paraguays dem Heiligen Herzen Jesu als wirksame Gegengifte gegen den antiklerikalen Laizismus"[12].

Der Chaco-Krieg (1932—35)[13] stellt einen tiefen Einschnitt im öffentlichen und kirchlichen Leben Paraguays dar. Auf politischem Gebiet führte er trotz des siegreichen Ausgangs zur Liquidierung des liberalen Staates. Das Massenaufgebot der unterprivilegierten Landbevölkerung erschütterte die Gesellschaftsordnung und entlud sich in der faschistisch gefärbten Revolution Oberst Francos vom 17. Februar 1936.

Obgleich durch Gesetz 1060 eine nationale Arbeitsbehörde geschaffen und ein so revolutionärer Grundsatz wie „Der Boden gehört dem, der ihn bearbeitet" verkündet wurde, kam es nicht zur überfälligen Reform der gesellschaftlichen Strukturen. Nach einer kurzen liberalen Reaktion unter dem siegreichen Truppenführer General José Félix Estigarribia (1939—40), der schnell im Amt starb, kam es unter General Higinio Morínigo (1940—48), dem „Führer" (auf guaraní ‚Tendotá'), zu einem faschistisch gefärbten „pseudo-nationalistischen militärischen Cäsarismus", der sich mit legalen demokratischen Strukturen umgibt, aber nur eine demokratische Fiktion darstellt. Dieses System setzt sich, 1948—54 durch eine anarchische Herrschaftszeit der Colorados unterbrochen, bis heute unter Alfredo Stroessner fort, einem Artillerie-Oberst, der 1954 durch einen Militärputsch an die Macht gekommen ist. Ideologisch sucht das System die Anknüpfung an den Nationalismus der ersten Epoche des paraguayischen Cäsarismus und „mystifiziert den Präsidenten als Reinkarnation des heroischen und fortschrittlichen Geistes der López, aber auf dem Gebiet der Sozial- und Wirtschaftspolitik wird er widerlegt und desavouiert von dem Modell der abhängigen Entwicklungspolitik, der er unter dem Druck der Metropole folgt"[14]. Stroessner trat mit Rückendeckung der USA und Peróns im Zeichen des Kalten Krieges an als Antikommunist par excellence und machte sich Colorado-Partei und Verwaltung gefügig. Die sich fortsetzende Verarmung breiter Volksschichten zeigt, daß sich mit einer auf Frieden und Ordnung um jeden Preis basierenden Ideologie, die ernsthafte Strukturveränderungen ausschließt, keine aussichtsreiche, die wirtschaftliche Abhängigkeit Paraguays verringernde Entwicklungspolitik im Sinne der nationalen Befreiung betreiben läßt[15].

---

[12] Lozano 1971, 12f. Paraguay 1971, 21 bemerkt zum Laizismus, daß die Auswirkungen der Säkularisierung in den Schulen gering waren, „da der Unterricht meist in den Händen frommer Frauen lag".

[13] Der letzte blutige Konflikt im ‚cono sur' (südliches Dreieck bestehend aus Paraguay, Uruguay, Argentinien und Chile) geht in seinen Wurzeln noch auf die Kolonialzeit zurück, insofern 1782 bei der Errichtung des Vizekönigreiches Río de La Plata die Grenzziehung mit Alto-Peru unklar geblieben ist. Geschürt wurde der Krieg indes durch den britisch-nordamerikanischen Hegemoniekonflikt, der sich an den Ölinteressen der nordamerikanischen ‚Standard Oil' einerseits und der britisch-holländischen ‚Royal Dutch' andererseits, die beide die umstrittene Grenzzone für ihre Konzessionsgeber beanspruchten, entzündete. Die Aufrüstung Boliviens erfolgte mit nordamerikanischem Geld, die Ausbildung der Armee durch den deutschen General Hans Kundt. Als das Blatt sich zu Ungunsten Boliviens wandte und die Mineninteressen der Patiño, Arramayo und Hochschild bedroht waren, wurde eine friedliche Lösung gesucht. Die Ölgesellschaften verstopften die Brunnen und verließen den Chaco mit seinen Legionen sinnlos Geopferter zweier Brudervölker — vgl. Ruiz G. 1971 I, 284ff. Den Gedanken der Sinnlosigkeit dieses Bruderkrieges drückt sogar das Reiterstandbild des siegreichen Feldherrn Estigarribia in Asunción aus.

[14] Vgl. Lozano 1971, 13f.   [15] Gauto 1972, 22f.

Kirchenpolitisch hat die Solidarisierung der römischen Kirche mit der Sache Paraguays im Chaco-Krieg, die ihren Ausdruck in der trotz Priestermangel auf kirchliche Eigeninitiative geschaffenen Militärseelsorge fand[16], zu einer Veränderung der Beziehungen von Staat und Kirche geführt. Der Neo-Cäsarismus versuchte an die Patronatspolitik der Vorgänger im 19. Jahrhundert anzuknüpfen, was einerseits vermehrte materielle Fürsorge, andererseits den Erwartungsdruck mit sich brachte, die Kirche müsse die etablierte Ordnung bedingungslos legitimieren[17]. Dem entsprach die Kirche nur teilweise und vorübergehend.

So rühmte Erzbischof Aníbal Mena Porta im April 1962 Stroessner wegen seiner Zusammenarbeit mit der Kirche und ihrer Arbeit für „die moralische und spirituelle Erbauung des Volkes"[18]. 1963 verbesserte Stroessner die Stellung der Kirche durch Gesetz Nr. 863 im Rahmen der zweiten Stufe des „nationalen Wiederaufbaus". Die römische Kirche wurde als juristische Person anerkannt, erhielt Steuerfreiheit für Kirchenbesitz und Stiftungen und wurde in den nationalen Haushaltsplan einbezogen. „Die Hierarchie nahm dieses Gesetz dankbar an und der Erzbischof von Asunción, Msgr. Mena Porta, ließ dies den Präsidenten in aller Öffentlichkeit wissen... Wollte Präsident Stroessner vielleicht das Schweigen der Kirche erkaufen, weil er eine neue Kandidatur (1966) erstrebte?"[19]

Der gegenwärtige Konflikt von Staat und Kirche, der seit 1966 durch immer häufigere Konfrontationen gekennzeichnet ist, resultiert daraus, daß die römische Kirche der Beschränkung auf die rein „geistliche Mission", die ihr vom Staat zugedacht ist, nicht treu geblieben ist. Zur Bewußtseinsbildung innerhalb der Kirche haben seit dem Chaco-Krieg drei Faktoren beigetragen:

1. Die 1938 gegründete und in den vierziger Jahren stark entwickelte Katholische Aktion, die zu einer Bewußtseinsbildung und Radikalisierung unter Studenten, städtischen und ländlichen Arbeitern geführt hat, so daß sich im Laienapostolat schon zum Gesetz von 1963 kritische Stimmen vernehmen ließen, die es als anachronistisch bezeichneten. Heute sind die ländlichen Genossenschaften (Ligas Agrarias) der KA, die die ländliche Besitzstruktur in Frage stellen, ein besonderer Stein des Anstoßes[20].

---

[16] Die Geschichte der ‚capellanía militar' wird im patriotischen Geist von Gaona 1964 beschrieben.
[17] Vgl. Lozano aaO 14.
[18] Mecham aaO 199 nach Hispanic American Report XV, Nr. 4 (April 1962), 1160.
[19] Paraguay 1971, 29 — vgl. Revista Eclesiástica XXII, Nr. 87 Dez. 1963.
[20] Die grausamen Repressionsmethoden der Regierung, mit denen auch ländliche Eigeninitiativen abgewürgt werden sollen, illustrierte am 8. und 9. Febr. 1975 der militärische Überfall einer Spezialtruppe gegen Subversive auf die Liga Agraria San Isidro de Jejuí in der Provinz San Pedro südlich von Lima (im NNO von Asunción). Bei der Vermarktung der Produkte war es zu Problemen mit dem ortsansässigen Großgrundbesitz gekommen, der dann die Lieferung von Saatgut verhinderte. Dadurch verstärkte sich die politische Bewußtseinsbildung unter den 24 Familien, ihrem Priester und den ihnen helfenden Kleinen Brüdern Jesu, einem kontemplativen Orden französischen Ursprungs. Wie stets bei den Ligas Agrarias war die Schaffung einer Basisgemeinde in geistlicher Hinsicht (vgl. 53223) Hand in Hand mit derjenigen einer Genossenschaft in materieller Hinsicht gegangen. Für den Großgrundbesitz rechtfertigte dies den Einsatz militärischer Gewalt gegen subversive bzw. „kommunistische" Gruppen mit entsprechenden Massenverhaftungen. Auch 800–1 000 Bauern aus anderen Ligas Agrarias waren zeitweise verhaftet – vgl. Paraguay: Unterdrückung – Gewalt – Diktatur – Arbeitskreis Paraguay, Göttingen (1975) und: San Isi-

2. Die Fortbildung des Klerus auf theologisch-pastoralem Gebiet durch die seit 1942 abgehaltenen nationalen Begegnungen, die auf der Ebene der Diözesen ihre Fortsetzung gefunden haben.
3. Die Entstehung einer freien Meinung innerhalb der Kirche, die ab 1962 besonders durch die Wochenzeitschrift ‚Comunidad' (Gemeinde) gefördert wurde, die 1969 vom Innenministerium verboten wurde. Ihr war in den Jahren 1946–47 die von der KA herausgegebene Zeitschrift ‚Trabajo' (Arbeit) voraufgegangen. Seit 1969 hält ‚Acción', die „Zeitschrift für Reflexion und Dialog", soviel kritische Meinungsfreiheit aufrecht, wie derzeit in Paraguay möglich ist.

Diese Ansätze wurden natürlich durch das Vatikanum II und durch Medellín 1968 verstärkt und haben zu einer besonders starken Bewußtseinsbildung innerhalb der paraguayischen Kirche geführt, die sich nicht mit der Entrechtung und Unterdrückung des Volkes abfindet[21].

Unter den Protestanten, deren Kirchen sich vorwiegend aus Einwanderern im 20. Jahrhundert gesammelt haben — mit Ausnahme von Ekuador ist Paraguay das vom missionarischen Protestantismus am meisten vernachlässigte Land[22] —, hat sich die Einsicht, daß echte Seelsorge als Sorge um den ganzen Menschen in Paraguay ohne durchgreifende Strukturveränderungen nur mit beschränktem Erfolg durchgeführt werden kann, noch nicht eindeutig durchgesetzt.

Die größte protestantische Gruppe bilden die 8–9000 Mennoniten, die in den Jahren 1926, 1930 und 1947 als geschlossene religiöse Gruppe im Chaco gesiedelt haben mit der Garantie von Religionsfreiheit, Wehrfreiheit, Freiheit vom Schwur und autonomer Verwaltung. Sie haben in dem vorher von Weißen zum Ackerbau nicht besiedelten wüstenähnlichen Chaco eine bemerkenswerte zivilisatorische Leistung vollbracht und sind wider Willen auch zu bedeutenden Indianermissionaren geworden (vgl. 536) in einem Gebiet, in dem noch heute 9–10 000 von westlicher Zivilisation kaum berührte Indianer leben. Die religiöse Isolation der Mennoniten hat sie lange daran gehindert, sich aktiv mit den sozio-ökonomischen Problemen ihrer Wahlheimat auseinanderzusetzen. Gegenwärtig droht diese freiwillige Isolation umzuschlagen in einen unkritischen paraguayischen Patriotismus.

Neben den Mennoniten spielen Huterische Brüder, deutschstämmige Lutheraner, Disciples of Christ, Heilsarmee und Baptisten eine zahlenmäßig untergeordnete Rolle[23].

Die seit Ende 1975 erneut verschärften Unterdrückungsmaßnahmen in Paraguay hängen wahrscheinlich mit Stroessners vierter, nicht verfassungsgemä-

---

dro de Jejuí, Arbeitsgemeinschaft der Katholischen Studenten- und Hochschulgemeinden, Bonn 1975.
[21] Vgl. Lozano aaO 14f und 52. Die Zahl der kirchlichen Jurisdiktionen beträgt gegenwärtig 11: die Erzdiözese Asunción (1929), die Bistümer Villarrica (1929), Concepción (1929), San Juan Bautista de las Misiones (1957) und Caacupé (1960), die Apostolischen Vikariate von Pilcomayo (1925) und Chaco Paraguayo (1948), die Prelatura Nullius von Eancarnación (1957), Coronel Oviedo (1961) und Alto Paraná (1967), sowie das Militärvikariat (Vicariato General Castrense). Besondere Verehrung durch die Volksfrömmigkeit genießen die Patrone Paraguays: Die Jungfrau der Wunder von Caacupé, der die arme Kirche Paraguays in den siebziger Jahren eine aufwendige Riesenkathedrale baut, Nuestra Señora de la Asunción, der Hl. Blasius (Bischof und Märtyrer) und der selige Roque González de Santa Cruz, der 1628 umgekommene Jesuitenmissionar – vgl. 2434 und Antonio Cosp: Roque. Sugerencias para un programa de pastoral popular. In: Acción 30 (1976), 18–21.   [22] Mecham aaO. 199.
[23] Vgl. Damboriena 1963 II, 134ff u. González 1970, 344f.

ßer Wiederkandidatur zum Präsidentenamt zusammen. Am 6. Februar 1977 ließ Stroessner den seit dreißig Jahren herrschenden Ausnahmezustand für 24 Stunden aufheben „und die 900 000 Wähler Paraguays von der allmächtigen Maschinerie seiner Regierungspartei... wieder einmal zu den Urnen treiben. Diesmal hatte sie ihre Stimme für die 120 offiziellen Kandidaten einer Verfassungsgebenden Versammlung abzugeben, deren einzige Aufgabe es ist, Art. 173 außer Kraft zu setzen", der Stroessners Wiederwahl 1978 verhindert hätte[24].

Der am Tag des Chaco-Friedens (12. 6. 1976) veröffentlichte Hirtenbrief der Bischöfe zeigt das Ausmaß der Repression. Die Bischöfe protestieren gegen:

Verstärkte Anwendung von Folterungen, die Gewaltanwendung gegen Gegner des Regimes, die Polizeiübergriffe gegen kirchliche Sekundarschulen, Priesterseminare und sonstige Einrichtungen, die ungerechtfertigte Verhaftung zahlreicher Seminaristen und Priester, die willkürliche Ausweisung von vielen Jesuiten, alles Vorgänge, die nicht durch richterliche Befehle gedeckt und nicht durch gerichtliche Verfahren legitimiert worden sind. Die Freiheit und die Arbeitsmöglichkeiten der Kirche seien auf unerträgliche Weise eingeschränkt worden[25].

Ein 1976 gebildetes ökumenisches Friedenskomitee fördert indessen Problembewußtsein und Zusammenarbeit der Kirchen[26].

4235 Chile (1866—1970)

Der Wahlsieg der Radikalen und der Demokraten im Jahre 1920, der zur Ablösung der bis dahin dominierenden konservativen Oligarchie führte und den ersten „Mittelklassen-Präsidenten", Arturo Alessandri, ins Amt brachte[1],

---

[24] M. v. Conta: Paraguay - ein Staat, der als Familienbetrieb geführt wird. Die Parole heißt: „Durchschmuggeln", in: SZ 33, Nr. 31 (8. 2. 1977): „Heute bestehen rund 40 % des Handelsvolumens Paraguays aus dunklen Geschäften, sei es die Verschiebung argentinischer Rinder nach Brasilien oder brasilianischen Kaffees auf den internationalen Parallelmarkt außerhalb des Kaffeekartells. Die Belieferung der Trinker Südamerikas mit schottischem Whisky oder die Verteilung von jährlich 16 Milliarden Schachteln nordamerikanischer Zigaretten machen Paraguay zum wichtigsten ‚Konsumenten' dieser Produkte gleich nach den USA." Hinzu kommt der von der Luftwaffe durchgeführte Drogentransport. „Nach 23 Jahren Stroessner-Herrschaft ähnelt Paraguay einem paternalistisch geführten Familienunternehmen... So ist ein Vertrag, welcher der nordamerikanischen ‚Anschütz-Corporation' praktisch kostenlos auf ein halbes Jahrhundert die Ausbeutung aller Bodenschätze Westparaguays überträgt, von Stroessner selbst ausgehandelt worden."
[25] Pronunciamiento del Episcopado sobre la hora actual de la Iglesia, Asunción 12. 6. 1976, in port. Übersetzung veröffentlicht in CEI documento 71, August 1976.
[26] In der ehemaligen Jugendstrafanstalt ‚Emboscada' sitzen zur Zeit 349 politische Häftlinge, weitere 15 sind „verschwunden". „Das Kirchenkomitee, dem der deutsche Franziskanerbischof von Incarnación, Johann Bockwinkel, der Pastor der deutschen evangelischen Gemeinde von Asunción, Friedrich Höner, und der Prediger der nordamerikanischen Jünger-Christi-Kirche, Luis del Pilar, vorstehen, verschafft den Gefangenen Rohmaterial für handwerkliche Arbeiten, aus deren Erlös Nahrungsmittel gekauft werden. Außerdem betreut es die ohne Ernährer dastehenden Familien einsitzender Campesinos, indem es versucht, Arbeit für sie zu organisieren. Nachdem für 40 Häftlinge ein Prozeß angekündigt ist, besorgt das Komitee auch Anwälte." Kardinalerzbischof Evaristo Arns von São Paulo hat Anfang Februar 1977 dem Komitee einen Solidaritätsbesuch abgestattet — Conta aaO, dem hier zwei Fehler unterlaufen sind: Bockwinkel gehört zur Societas Verbi Divini und steht der Praelatura nullius Encarnación vor.   [1] Mecham 1966, 218.

bezeichnet nicht nur einen politischen, sondern auch einen entscheidenden soziologischen und kirchengeschichtlichen Einschnitt.

42351 Chile 1866—1925

Alessandri brachte das Kunststück einer einvernehmlichen Trennung von Staat und Kirche (1925) fertig. Die Jahrzehnte seit der politisch-religiösen Krise von 1856/57 (la cuestión del sacristán) und der ‚Ley Interpretativa' von 1865 sind von verschiedenen Spannungsphasen im Verhältnis von Kirche und Staat erfüllt gewesen.

Die sechziger und siebziger Jahre brachten die Bildung einer modernen konservativen Partei, der „Nationalen", die sich unter kräftiger Förderung durch den Bischof von Concepción, José Hipólito Salas, der selbst vom ‚Partido Conservador Católico' sprach, immer mehr zu einer katholischen Partei entwickelte. Die Bildung katholischer Parteien entsprach einem aus Europa bekannten Zug der Zeit. Der politische Katholizismus konsolidierte sich in Chile nach dem Tode von Erzbischof Valdivieso, der ursprünglich gegen eine Vermischung von Kirche und Politik votiert hatte[2].

Als die Konservativen unter Präsident Errázuriz (1871—76) von den Liberalen und Radikalen aus der Staatsverantwortung gedrängt wurden, kam es gegen die heftige Opposition von Klerus und Konservativen zur Lösung der sogenannten „theologischen Fragen", d. h. zunächst nur zur Abschaffung der kirchlichen Gerichtsbarkeit für alle Zivil- und Kriminalfragen (fuero eclesiástico 1874), des Zehnten und zur Sicherung des Rechtes von Protestanten, auf bestimmten Teilen katholischer Kirchhöfe bestattet zu werden. Erzbischof Rafael Valentín Valdivieso, der 1878 nach dreißigjähriger Amtszeit starb, verstieg sich in den Auseinandersetzungen, die die Umbildung der konservativen Partei zu einer ultramontanen, katholischen Partei beförderten, zur Exkommunikation aller, die diese Gesetze unterstützt hatten. Unter dem liberalen Präsidenten Pinto (1876—81), der an sich die Beziehungen zur Kirche wieder verbessern wollte, kam es über der Präsentation des liberalen Kanonikers Francisco de Paula Taforo für den Erzbischofssitz von Santiago zu Auseinandersetzungen mit Rom, das Taforo in Übereinstimmung mit der Mehrheit von chilenischer Hierarchie und Klerus ablehnte.

Als auch der Besuch des Apostolischen Legaten Celestino del Frate keine Lösung des Streitfalls brachte, brach Präsident Santa María (1881—86) die Beziehungen zum Vatikan ab und erklärte 1883, er wolle nun die von den Liberalen lang erwünschte Lösung der übrigen „theologischen Fragen" durchsetzen. Der eigentliche Motor bei der Durchführung der ‚reformas teológicas' war sein Innenminister José Manuel Balmaceda, der selbst am Priesterseminar von Santiago studiert hatte. Bis 1884 wurden

---

[2] Vgl. Jiménez 1971, der als Zeitpunkt der endgültigen Konsolidierung die ‚Primera Convención del Partido Conservador' von 1878 ansieht. „Im Pazifikkrieg (1879—83) zwischen Chile, unterstützt von Großbritannien, und Peru und Bolivien, unterstützt von den USA, fielen durch Annexion der Provinzen Antofagasta und Tarapacá (die vorher bolivianisch waren), die größten Lagerstätten an Natursalpeter auf der Erde in dieser äußerst mineralreichen Wüstenregion an Chile... Mit dem Salpeterkrieg erwarb Chile zwar ‚bedeutende Produktivkräfte, die auch in der Gegenwart von erstrangiger Bedeutung für seine ökonomische Struktur sind' (Ramírez 1961, 142), doch ‚verwandelte sich das Salpetergebiet in eine große britische Faktorei' (ebd.). In zehn Jahren verdreifachten sich die britischen Investitionen. Mit dem Sieg Chiles im Salpeterkrieg hatte sich seine Unterwerfung unter den britischen Imperialismus vollendet" - Eckl 1975, 12.

Gesetze zur Säkularisierung der Friedhöfe, zur Einführung der Zivilehe (einschließlich der Übertragung des gesamten Eherechts auf den Staat) und der Zivilregister in Kraft gesetzt. Versuche, auch die Trennung von Staat und Kirche durchzusetzen, führten zu einem derartigen öffentlichen Proteststurm, daß die Regierung zur Wahrung des inneren Friedens davon absah.

Trotzdem haben die „theologischen Reformen" Stellung und Prestige der römischen Kirche in Chile nachhaltig geschwächt und sie in die Defensive gedrängt. Gegenüber den Protestanten verfolgten die Behörden weiterhin eine Politik der de facto-Toleranz.

Als Präsident stellte Balmaceda (1886–91) den Frieden mit der Kirche wieder her, nahm die Beziehungen zum Vatikan wieder auf und präsentierte Mariano Casanova, so daß das Erzbistum Santiago 1887 nach neunjähriger Vakanz wieder besetzt wurde. Es folgte ein Vierteljahrhundert freundschaftlicher Beziehungen zwischen Staat und Kirche[3]. 1894 rief Casanova eine Provinzialsynode ein, die der inneren Neuordnung der Kirche diente. Es war die erste Synode seit Bestehen der chilenischen Kirche, in der der Staat auf seinen aus dem Patronatsrecht hergeleiteten Anspruch verzichtete, durch seine Vertreter an der Synode teilzunehmen. Damit zeichnete sich bereits das Ende des republikanischen Regalismus ab[4]. 1905 wurde der erste Nationale Eucharistische Kongreß abgehalten, eine Katholische Universität in Santiago gegründet und zur Bildung von Arbeitervereinigungen aufgerufen. Dank der Macht der Liberalen wurde 1906 ein Versuch der Radikalen, die Trennung von Staat und Kirche durchzusetzen, abgewehrt. Der Religionsunterricht an den öffentlichen Schulen blieb obligatorisch. Die Gründung eines Lehrstuhls für Soziologie an der Katholischen Universität in den neunziger Jahren deutet auf den frühen Anfang kirchlicher Beschäftigung mit der sozialen Frage in Chile[5].

Zu neuen Spannungen mit Rom kam es im Gefolge des Salpeter-Krieges (1879–83) und des Friedensvertrages von Ancón (1883), durch den die kirchliche Verwaltung in den eroberten Provinzen nicht auf Chile übertragen worden war.

Da Chile seine Verpflichtung nicht einhielt, nach zehn Jahren in den ehemals peruanischen Provinzen Tacna und Arica ein Plebiszit abzuhalten, kam es wegen der ‚chilenización' zu Spannungen mit dem patriotischen peruanischen Klerus in diesen Provinzen. Für die vormals bolivianischen Provinzen Antofagasta und Tarapacá hatte der Vatikan schon in den achtziger Jahren die Schaffung Apostolischer Vikariate unter chilenischer Kontrolle ermöglicht. Das Problem der kirchlichen Jurisdiktion für Tacna und Arica entzündete sich um die Jahrhundertwende, als der zuständige Bischof von Arequipa die Übernahme chilenischer Priester ablehnte und peruanische Priester es ablehnten, chilenische Feste zu feiern. Als sich Rom 1908 weigerte, seine Neutralität in diesem Territorialstreit aufzugeben und auf Vorschlag der chilenischen Regierung für Tacna ein von Chile und Peru unabhängiges Apostolisches Vikariat zu gründen, ließ Chile 1910 alle peruanischen Priester ausweisen. Es kam zum Bruch der diplomatischen Beziehungen mit Rom, bis der Vatikan 1915 der Einsetzung eines chilenischen Militärgeneralvikars für beide Provinzen zustimmte, der als Hilfsbischof

---

[3] Mecham aaO 210ff; zur Kirchengeschichte Chiles ist Araneda 1968 heranzuziehen, der leider in Chile vergriffen und in keiner öffentlichen Bibliothek Westdeutschlands vorhanden ist, so daß der Vf. ihn nicht zitieren kann.

[4] Vgl. Oviedo 1964, 80f.

[5] Mecham aaO 215 und Landsberger 1970 Chile, 78f.

dem Erzbischof von Santiago unterstand. Tacna sollte 1929 vertraglich Peru und damit auch der peruanischen Kirche wieder angegliedert werden[6].

Seit der Jahrhundertwende machte sich bei den Chilenen eine Abnahme des katholischen Engagements bemerkbar, die weniger auf den Einfluß von Freidenkern und Protestanten zurückzuführen ist als auf zunehmende religiöse Gleichgültigkeit und Toleranz. Die Zahl der männlichen Messebesucher nahm rapide ab, die Laxheit bezüglich Beichte und Fasten stark zu[7]. Insofern kann man von einer geistigen Vorbereitung der Trennung von Staat und Kirche sprechen, von deren Nützlichkeit sich auch der achtzigjährige Primas Crescente Errázuriz überzeugen ließ, als er sah, daß die Regierung Alessandri damit keine kirchenfeindlichen Tendenzen verfolgte.

Die neue Verfassung von 1925 erkannte die römische Kirche als juristische Person an, beließ ihr den kirchlichen Besitz, sah eine finanzielle Übergangshilfe vor, garantierte ihr das Recht auf Führung eigener Schulen und Steuerfreiheit für alle Einkünfte, die zu kirchlicher Arbeit verwendet werden. Dieselben Rechte erlangen alle anderen Bekenntnisse, da die Verfassung vollkommene Gewissens- und Kultfreiheit garantiert. Erzbischof Errázuriz erkannte in einem Hirtenbrief an, daß die Regierung nicht im Geist der Kirchenverfolgung gehandelt habe, daß die Kirche die ihr nach göttlichem Recht zukommende Freiheit erlangt habe, daß der Staat zwar von der Kirche getrennt sei, aber die Kirche nicht vom Staat, so daß sie immer bereit sei, ihm zu dienen.

Die römische Kirche unterhält sich seitdem von Einkünften aus ihrem großen Grundbesitz, von freiwilligen Gaben und Spenden. An den öffentlichen Schulen darf sie auf Freiwilligkeitsbasis Religionsunterricht abhalten. Von den 4200 Schulen und Sekundarschulen wurden 1965 500 von der römischen Kirche unterhalten. Hinzukommen die Universitäten von Santiago und Valparaíso. Die Trennung vom Staat hat eher zur Belebung als zur Schwächung der römischen Kirche beigetragen. Freilich blieb die römische Kirche bis nach dem Zweiten Weltkrieg von ihrer Mentalität und auch von der Zusammensetzung ihrer Hierarchie her — Mitte der sechziger Jahre stammten fast alle Prälaten, d. h. die sechs Erzbischöfe und 27 Bischöfe aus den gut hundert Familien der chilenischen Aristokratie — eine „Kirche der Reichen". Das bedeutete, daß sie im 19. Jahrhundert wesentlich von der Oberschicht getragen wurde[8]. Im 20. Jahrhundert werden in Chile indes „alle Angestellten zusammen mit den selbständigen Gewerbetreibenden (Schumacher, Installateure und kleine Ladenbesitzer z. B.) zu den Reichen gerechnet"[9].

---

[6] Vgl. Vargas U. 1953ff V, 305ff und Mecham aaO 216f.

[7] Mecham aaO 218; Weischet 1970, 64 bemerkt zu der oft zitierten Redensart ‚aqui no manda nadie' (hier hat keiner zu bestimmen), daß „mit ‚nadie' nicht nur Vertreter der politischen Gewalt, sondern auch der Kirche und Geistlichkeit, letztere vielleicht sogar noch nachdrücklicher, gemeint sind".

[8] Vgl. Mecham aaO 218ff und HKorr 25 (1971), 577.

[9] Diesen Aspekt verkehrt der Vf. des Artikels „Strukturwandel in Chile. Ein Jahr Allende" in HKorr aaO 577, wenn er von der „Kirche der Reichen" spricht, wie er auch völlig unzutreffend behauptet, daß es nach dem Zweiten Weltkrieg zur Bildung einer katholischen Mittelschicht kam. Dieser Vorgang geht ins letzte Viertel des 19. Jahrhunderts zurück. Zum Begriff die „Reichen" vgl. Weischet aaO 67. Nach dem amtlichen Gebrauch in Statistiken galten 1965 41 % der Bevölkerung als „reich", wenngleich die mit 22 % an der Gesamtbevölkerung beteiligten Angestellten mit durchschnittlich US$ 365 Jahreseinkommen nur mit 19 % am Nationaleinkommen beteiligt waren, „die ganz Reichen, die nur knapp 5 % der Bevölkerung aus-

Das deutet auf den soziologischen Wandel, der sich bis zu den zwanziger Jahren vollzogen hatte und der mit den Stichwörtern Urbanisierung und Bildung eines Mittelstandes umschrieben werden kann. Die Wahl Alessandris 1920 ist Ausdruck des enorm gewachsenen städtisch-mittelständischen Potentials.

War die Gesamtbevölkerung 1892—1920 von 3,3 auf 3,8 Mill. gewachsen, so hatte der Anteil der städtischen Bevölkerung von nur 27 % 1875 auf über 43 % 1907 zugenommen. Santiago wuchs 1885—95 um mehr als 30 %, Concepción, Valparaíso, Antofagasta und Iquique sogar noch mehr[10]. Damals wie heute, wo in den Statistiken ein städtischer Bevölkerungsanteil von 69 % (1960) angegeben wird, muß man freilich berücksichtigen, daß die spanische Kolonialkultur eine städtische Kultur war, daß es praktisch keine Dörfer im mitteleuropäischen Sinn gibt. Die in der Landwirtschaft Tätigen wohnen in einzeln auf ihrem Grund stehenden Häusern, auf im Zuge der Bodenreform geschaffenen standardisierten Kleingehöften, bzw. die Landarbeiter in vom Großgrundbesitzer in Reihen auf seinem ‚fundo' (Gut) gebauten ‚Inquilino'-Häusern. Alle übrigen Chilenen leben in ‚poblaciones urbanas', was man kaum mit „städtische Siedlungen" übersetzen kann, da darunter nicht nur „nach Physiognomie, Funktion und Rechtstitel" echte Städte (ciudades) fallen, sondern auch die Fischer- und Bergwerkssiedlungen „sowie die vielen kleinen Landorte, die, in ‚pueblos' (1000—5000 Einwohnern) und ‚aldeas' (200—1000 Einwohner) unterteilt, charakteristisch sind für eine bestimmte Schicht der chilenischen Gesellschaft... Als Konzentrationspunkte von Bevölkerungsteilen, welche unter bescheidensten Lebensverhältnissen ihr Auskommen in Handel oder Dienstleistungen suchen, als Standort eines Polizeipostens, einer Poststelle und Fernsprechvermittlung, evtl. sogar einer Kirche und des Pfarrers, als Eisenbahn- oder Bushaltestelle repräsentieren sie einen zentralen Ort niederer Ordnung, dessen Einwohner vollständig außerhalb der agrarischen Wirtschaft stehen und zur nichtländlichen Gesellschaft zu zählen sind"[11].

Die Silber- und Kupferproduktion, sowie der Salpeterabbau hatten Ende des 19. Jahrhunderts zu einer Wirtschaftsblüte geführt, die die Bildung einer neuen Bourgeoisie begünstigte, „die ihren Reichtum im wesentlichen aus dem Bergbau, dem Handel und dem Finanzgeschäft" zog. Der Aufbau neuer Industrien war gering und lag zudem meist in den Händen europäischer und nordamerikanischer Neueinwanderer. „Der größere Teil der Bourgeoisie, also alle begüterten, aber nicht übermäßig reichen Städter" bildete „zusammen mit der Angestelltenkaste (Angestellte im stark ausgeweiteten öffentlichen Dienst und bei privaten Unternehmen) einen Mittelstand (clase media), welcher sich in der ‚liberalen' und in der ‚radikalen Partei' „organisierte" und nach dem Bürgerkrieg des Jahres 1891 zur politisch ausschlaggebenden Kraft im Staate" wurde[12].

---

machen und zu einer Reihe wohlformierter Familien gehören, trugen dagegen ein gutes Drittel des Volkseinkommens davon".

[10] Pike, Chile 1968, 62.   [11] Weischet 1970, 23 und 51f.

[12] Ebd. 59ff: „Die Tendenz zur Monopolbildung und zu inflationistischer Finanzpolitik ist unübersehbar, stimuliert von den Interessen der neuen clase media... Mit dem Wirtschaftsaufschwung hatte endlich die Schicht der früher hintangehaltenen Criollos und Mestizos blancos die Möglichkeit, zu dem lange entbehrten Wohlstand zu kommen". Man kann bedauern, daß die neue Gruppe ihr Geld wesentlich für luxuriöse Lebenshaltung ausgab oder ins Ausland brachte, statt „es in arbeitsschaffendem Kapital anzulegen", aber, „wie jede Generation waren die Chilenen der Jahrhundertwende Kinder ihrer Zeit, in der Fortschrittsglaube, Liberalismus und Lebensgenuß Trumpf waren... Die Kunde vom Wirtschaftboom in Chile zog naturgemäß eine große Zahl von Ausländern an, welche sich bei der liberalen Wirtschaftspolitik sehr rasch in die prosperierende Gesellschaft einordnen konnten" (1880—1920: 33 000 Spanier, fast 12 000 Italiener, 8 500 Deutsche, je 7 000 Engländer und Fran-

Nachdem seit Casanovas Hirtenbrief über „Rerum Novarum" im Jahre 1891 in den Industriestädten in Zentralchile und in den Nitratminen im Norden bei Unruhen viel Blut vergossen worden war, veröffentlichte Erzbischof Errázuriz 1921 einen sehr energischen Hirtenbrief zu Gunsten der Arbeiter und ihrer Gewerkschaften. Aber die „gemäßigten Reformmaßnahmen" der Regierung Alessandri auf dem Gebiet der Arbeits- und Sozialgesetzgebung dienten wesentlich dem Ausbau der Privilegien der Angestelltenkaste und trug den Problemen der Arbeiterklasse, die sich in häufigen Unruhen und Streiks entluden, zu wenig Rechnung. Nachdem die alten ländlichen ‚patrón-inquilino' (Herr-Pächter)-Beziehungen, deren Paternalismus immerhin in gewissem Grade vom Prinzip ‚noblesse oblige' bestimmt gewesen waren, immer mehr zerbrachen, wurden die Arbeiter immer intensiveren Formen von Ausbeutung unterworfen. Die „Weltwirtschaftskrise und die damit verbundene endgültige Entwertung des Salpeters als Devisenbringer" (Rückgang des Exportwertes 1929 bis 32 um 80 %[13]) und der Zweite Weltkrieg zwangen Chile zur Intensivierung der nationalen industriellen Produktion, die das Land indes bis heute nicht aus seiner sozio-ökonomischen Krise herausgeführt hat.

---

zosen, 5 500 Slawen aus der Donaumonarchie, 3 000 Nordamerikaner, über 5 000 ‚Turcos', d. h. meist christliche Syrer). Da die liberale Wirtschaftspolitik des 19. Jahrhunderts fast völlig auf die Einkommensbesteuerung und auf staatliche Investitionen in der Grundstoffindustrie verzichtete und die Ober- und Mittelschicht auch nicht investierte, kam es zur ‚Desnationalisierung', d. h. ein „Großteil der wirtschaftlichen Entwicklung im kapitalintensiven und technisch anspruchsvollen Bergbau" wurde ausländischen Unternehmern überlassen.

[13] Zu den Sozialenzykliken vgl. Landsberger 1970 Chile, 84f. Errázuriz schildert dramatisch die Lage der ländlichen und städtischen Arbeiter und griff die Reichen an, die „in großer Zahl das edle Gefühl, einen Unglücklichen zu trösten, nicht kennen, statt dessen aber, je mehr sie haben, desto leidenschaftlicher an ihrem materiellen Reichtum hängen". Vgl. ferner Pike aaO 62; Salpeter-Zitat nach Weischet aaO 72, der 64ff auf die Festigung der sozialen und wirtschaftlichen Situation der ‚clase media' durch die großzügige Sozialgesetzgebung Alessandris hinweist. Zwar wurden auch Arbeiter-, Sozial- und Versorgungskassen gegründet, aber bemerkenswerterweise ist „die Sozialversicherung für Arbeiter nach Höhe und Leistung wesentlich schlechter als die der Angestellten... Mit diesen Gesetzen waren nun die Angestellten endgültig zu Inhabern von Privilegien geworden... und Chile hatte damit die Züge eines sozialen Wohlfahrts- und Versorgungsstaates angenommen... In knapp hundert Jahren hatte sich ein sehr breit angelegter Mittelstand gebildet, welcher die politische Macht an sich zog, die vorher von einer zahlenmäßig kleinen Plutokratie über die breite Masse der im ganzen ärmlichen Bevölkerung ausgeübt worden war". Weischet 1974, 15 weist allerdings darauf hin, daß der ländliche ‚paternalismo' noch in den sechziger Jahren eine verbreitete Realität war. Das paternalistische Verhältnis des Fundobesitzers zu den „bei ihm arbeitenden und meist auch auf seinem Lande lebenden inquilinos und Arbeiterfamilien" äußerte sich darin, daß sie neben einer minimalen finanziellen Entlohnung (goce) Haus und Garten „zu ihrer Verfügung erhielten, sowie Anbau- und Weiderechte und regalías in Form von Zuteilungen von Erzeugnissen des fundos". Theoretisch sollte der patrón für die schulische Ausbildung der Kinder sorgen und die patrona sollte im Falle von Krankheiten oder Geldsorgen aushelfen. „Zu dem paternalismo steht natürlich eine Organisation auf gewerkschaftlicher Basis in offenem Widerstreit", weshalb bis 1947 Landarbeiterzusammenschlüsse völlig verboten waren. Dann waren sie nur innerhalb des fundo erlaubt. Aber mit dem Verbot der Kommunistischen Partei 1948 verloren sie ihre besten Aktivisten. Erst 1967 brachte die Regierung Frei durch „Gesetz 11625 die volle gewerkschaftliche Organisationsfreiheit für Landarbeiter".

Denn wegen der „überhöhten Gewinnquoten der zu Monopolgesellschaften zusammengefaßten Produzenten" und wegen der „zu hohen Verwaltungskosten der mit Angestellten überbesetzten staatlichen Unternehmen" liegen die Preise der nationalen Gebrauchsgüter erheblich über dem internationalen Niveau. Die Folge war, daß die Industrieproduktion schon in den sechziger Jahren stagnierte und daß die Industrialisierung nicht entscheidend zur Gesundung der Gesamtwirtschaftsstruktur beigetragen hat.

Hinzukommt, daß „die Beteiligung der Landwirtschaft an der Volkswirtschaft im Hinblick auf die potentiellen Möglichkeiten viel zu niedrig ist, besonders in Relation zu der hohen Zahl der... Beschäftigten". Durch den Preisstopp für Grundnahrungsmittel sank die Produktion, so daß 1965 20 % des Imports auf Nahrungsmittel entfielen, obgleich das Land sich selbst versorgen könnte. In diesem Zusammenhang spielt freilich auch die Konzentration von 70 % des Grundbesitzes in der Hand von 1,5 % aller landwirtschaftlichen Bodenbesitzer eine Rolle[14]. Beim Kupferexport können die internationalen Marktschwankungen im ungünstigsten Fall von einem Haushalt bis zum nächsten zu einer Reduktion des Nationaleinkommens um 12 % führen. Mit 57 % ist der tertiäre Sektor (Dienstleistungen, Handel und Verkehr) weit überhöht. Fachleute halten 30–35 % für Chile für angemessen. Schließlich ist die „sehr gravierende Disproportionalität zwischen den Einkommensgruppen" – die 59 % der ländlichen und städtischen Arbeiter sind nur mit gut 20 % am Nationaleinkommen beteiligt – „ihrerseits ein entscheidendes Hindernis für jede wirtschaftliche Weiterentwicklung..., da... die größere Hälfte der chilenischen Bevölkerung (59 %) in materieller Not lebt und damit als potentielle Käuferschicht für Waren der industriellen Produktion ausfällt"[15].

Damit ist das Bezugsfeld für die Christentumsgeschichte der letzten Jahrzehnte abgesteckt, die wesentlich vom Sensibilisierungsprozeß gegenüber der

[14] Weischet 1970, 69ff und Pike aaO 67 zum Nahrungsmittelimport und zum Bodenbesitz; zur Agrarreform ab 1964 vgl. Weischet 1974, 12ff.

[15] Weischet 1970, 67ff, der S. 49 auf die nicht nur für Chile, sondern ganz Südamerika charakteristische Tatsache hinweist, „daß die arme Landbevölkerung...oft den schlechtesten Ernährungszustand aufweist". Das erklärt sich dadurch, daß 50 % aller landwirtschaftlichen Besitzungen 1955 über weniger als 10 ha verfügten. Die mittlere Größe betrug sogar nur 2 ha Trockenfeldbau und 0,6 ha Bewässerungsfläche, die in weiten Teilen Chiles nicht den Nahrungsertrag für eine Familie liefern. Vor der Agrarreform waren die „Extrema der Gesellschaft... die Herren und Besitzer von Latifundien auf der einen und die in Reduktionen zusammengefaßten Indianer auf der anderen Seite". Den ‚latifundistas' folgt „die zusammengenommen wirtschaftlich stärkste ländliche Sozialgruppe der ‚fundistas'. Fundos muß man normalerweise der Betriebsgröße nach zum Großgrundbesitz rechnen". ‚Fundistas' stammen sowohl aus kolonialspanischen Familien wie aus dem Mittelstand und europäischen Neueinwanderern. Unterhalb der ‚fundistas' steht im Zentrum zwischen den erwähnten Extremgruppen „der ‚huaso chileno', der chilenische Mittel- und Kleinbauer. Von Geblüt Mestize mit erheblichem europäischen Einschlag, traditions- und familienbewußt, mit relativ einfacher, gesunder Lebensweise, wirtschaftlich immer etwas schwächer, als er sein sollte... Vom Huaso zum Reduktionsindianer vermittelt eine zahlenmäßig relativ große Schicht, welche im wesentlichen die ‚colonos' auf Minifundos, die ‚inquilinos' (Instleute) und die ‚peones' (Landarbeiter) umfaßt – ebd. 47f.

Das Problem der materiellen Not wird durch „die kurze, gedrungene Alterspyramide eines jugendlichen Volkes" verschärft (1960 fast 40 % aller Chilenen unter 15 Jahren, knapp 50 % unter 20 Jahren), die den Staat vor das gigantische Problem stellt, enorm viele neue Arbeitsplätze schaffen zu müssen. Die relativ niedrige Lebenserwartung deutet auf die schlechte Ernährung und die mangelhafte medizinische Versorgung. 1960 führten Todesfälle durch Tuberkulose noch die Liste der Todesursachen an – ebd. 15f.

sozio-ökonomischen Krise bestimmt ist. Das gilt auch von einem Wachstumsphänomen wie dem der Pfingstbewegung (vgl. im einzelnen 4431). Denn die ersten großen Streiks zu Beginn der dreißiger Jahre, die von Polizeitruppen um den Preis von Tausenden von Opfern unterdrückt wurden, die Bildung der Syndikate und der beiden großen Volksparteien, der kommunistischen und der sozialistischen, müssen, wie Lalive d'Epinay bemerkt (1969, 36), in Zusammenhang mit der Ausbreitung der Pfingstbewegung gesehen werden: „Syndikaler und politischer Protest, aber auch und parallel dazu religiöser Protest, der durch die Pfingstbewegung ausgedrückt und kanalisiert wird".

42352 Der sozialpolitische Sensibilisierungsprozeß der chilenischen Christen im 20. Jahrhundert

Es fehlte unter den chilenischen Katholiken nicht an Befürwortern korporativer Gesellschaftsmodelle, die erkannten, daß die aufsteigenden Mittelschichten von stärkerer Verachtung für die Arbeiter erfüllt waren als die Oligarchie und folglich als Sachwalter der Interessen der Arbeiter kaum geeignet waren.

Einer der prominenten Befürworter der sozialen Solidarität war Juan Enrique Concha. Dem Einfluß Conchas und der Katholischen Aktionsgruppen sowie dem Druck des Militärs ist die Aufnahme eines Teils der Sozialgesetzgebung in die Verfassung von 1925 zu verdanken. Aber der Hauptimpuls der Sozialgesetzgebung kam von der Liberalen Allianz, weshalb auch die Bürokratie der Mittelschicht zum Sachwalter der Sozialgesetzgebung wurde. Während der „kreolische Faschismus" auch in Chile teilweise fanatisch wurde und den Katholizismus als einzig mögliche Grundlage für den chilenischen Nationalismus hinstellte und dabei die Unterdrückung der demokratischen Prinzipien, der Freimaurerei und des Judaismus forderte, befürwortete ein Teil der katholischen Führer eher einen humanistischen Sozialismus, so daß zur Verärgerung vieler Katholiken ein Mann wie der aus einfachen Kreisen aufgestiegene erste Kardinal Chiles, der Erzbischof von Santiago, José María Caro, 1938 sogar dem Präsidenten der Volksfront, Pedro Aguirre Cerda, sein persönliches Vertrauen aussprechen und die Gleichgültigkeit der Reichen für die arbeitenden Klassen und die Bauern kritisieren konnte.

Schon 1922 hatte der erste Erzbischof Chiles, Crescente Errázuriz, selbst Sohn einer aristokratischen Familie, betont, daß die Kirche „nicht für das Handeln irgendeiner politischen Partei verantwortlich gemacht werden kann, noch irgendeine zu beeinflussen versucht", sondern absolute Unabhängigkeit braucht. 1934 schrieb in ähnlichem Sinne Kardinal Eugenio Pacelli (ab 1939 Papst Pius XII.) an den chilenischen Episkopat. Er lehnte den Absolutheitsanspruch einer Partei auf die Vertretung der Interessen der Katholiken nachdrücklich ab.

In diesem Kontext muß man die Abspaltung einer Fraktion der Konservativen Partei 1937/38 sehen, die den Absolutheitsanspruch dieser Partei unterminierte.

Neruda schreibt über die Entstehung dieser Fraktion: Sie nannten sich „Falange Nacional", eine fürchterliche Bezeichnung, übernommen unter dem Eindruck, den der junge Faschist José Antonio Primo de Rivera bei ihnen hinterlassen hatte. Nach Beendigung des Spanienkrieges beeinflußte Maritain sie; sie bekehrten sich zu Antifaschisten und änderten ihren Namen". Eine kleine Gruppe katholischer Intellektueller, „eine Elite aus Maritainisten und Thomisten" trug fortan diese Partei. „Ich konnte einige junge Führer bewegen, bei den großen Versammlungen, die ich nach meiner Rückkehr aus dem kämpfenden Madrid organisierte, zugunsten der Spanischen Republik zu sprechen. Diese Beteiligung war ungewöhnlich; die von der Konservativen Partei aufgestachelte kirchliche Hierarchie war nahe daran, die neue Partei aufzulösen. Nur der Eingriff eines bahnbrechenden Bischofs rettete sie vor dem politischen Selbstmord. Die Erklärung des Prälaten von Talca ermöglichte das Überleben der Gruppe, die mit der Zeit zu Chiles stärkster politischer Partei wurde. Ihre Ideologie wandelte sich mit den Jahren grundlegend. Nach Frei ist der wichtigste Mann unter den christlichen Demokraten Radomiro Tomic gewesen."

Erst 1957 gab die Falange sich den neuen Namen einer Christlich-Demokratischen Partei (Partido Demócrata Cristiano — DC). Spätestens ab 1945 konnte sie nicht mehr mit dem inzwischen diskreditierten Faschismus identifiziert werden. Auf die Vorgeschichte der DC muß über die Anmerkungen von Neruda hinaus noch etwas eingegangen werden:

Die Anfang der vierziger Jahre von P. Alberto Hurtado SJ beratene Katholische Aktion führte der Falange junge Führungskräfte zu. Männer wie Hurtado und Bischof Manuel Larraín von Talca, der die Katholische Aktion in der zweiten Hälfte der vierziger Jahre leiteten, waren schon 1916—20 von ihrem Lehrer Fernando Vives SJ am ‚Colegio de San Ignacio' für die soziale Frage aufgeschlossen worden. Sie bemühten sich, soziales Bewußtsein unter den Katholiken zu wecken und die päpstlichen Sozialenzykliken gegen den von der Aristokratie und einem großen Teil des Klerus vorgebrachten Einwand zu verteidigen, sie seien nicht anwendbar auf die chilenische Situation, ein Einwand, den die Konservativen ebenfalls ständig vorbrachten. Die Konservativen, die sich auch noch nach dem Zweiten Weltkrieg als die berufenen Sprecher des Katholizismus fühlten, fürchteten wegen der Aktivität der Falange um ihren Nachwuchs. Als die Falange, die schon 1938 die Volksfront unterstützt hatte, energischen Widerstand gegen das sogenannte „Gesetz zur dauernden Verteidigung der Demokratie" leistete, das in Wirklichkeit dem Verbot der Kommunistischen Partei diente und 1948 das Parlament passierte, sahen die Konservativen die Chance, eine Verdammung der Falange durch die Hierarchie zu bewirken, da der Antikommunismus eine Konstante der päpstlichen Enzykliken seit 1891 war. Sie überredeten den Hilfsbischof von Santiago, Salinas, Priester, die die Katholische Aktion berieten, von ihren Posten abzuberufen und sich in der Hierarchie für eine Verdammung der Falange einzusetzen. Als 1947 das erwähnte Gesetz beraten wurde, kam es fast zur Verdammung der Falange. Nur eine Klarstellung von Bischof Larraín bewirkte, daß die Falange sich nicht auflöste. Immerhin kam es zur Auflösung der Katholischen Studentengemeinde (ANEC) und anderer Gruppen des Jugendzweiges der Katholischen Aktion.

Während die Konservativen auch nach dem Zweiten Weltkrieg den klassischen wirtschaftlichen Liberalismus vertraten, im übrigen aber eher zu autoritären politischen Formen neigten, lehnte die Falange bzw. von 1957 an die DC den wirtschaftlichen Liberalismus ab, befürwortete aber politische Aspekte des Liberalismus wie religiöse Toleranz und eine pluralistische Gesellschaft. Deshalb lehnte sie den politischen Katholizismus ab. Jesuiten wie Jorge Fernández Pradel und Alberto Hurtado und Laien wie Eduardo Frei kritisierten die starre Struktur der Schichten einer geschlossenen Gesellschaft mit ihren paternalistischen und autoritären Zügen und traten für eine pluralistische Gesellschaft auf Grund einer politischen Demokratie ein[16].

---

[16] Vgl. Neruda 1975, 456ff; Pike 1970, 62ff; Landsberger 1970 Chile, 81ff: Fontaine 1971, 423; Chile 1975, 13f. Zu den chilenischen Sozialenzykliken von 1891, 1921, 1931,

Ende der vierziger Jahre erweiterte Bischof Larraín entscheidend das Arbeitsfeld der Katholischen Aktion. Die ‚Acción Católica General', die Laien wegen des Priestermangels zu organisatorischen, katechetischen und liturgischen Hilfsfunktionen heranbildete, blieb zwar bestehen. Aber das Gewicht wurde auf die spezialisierte Aktion verlagert, der es darum ging, den Laien darauf vorzubereiten, seine eigene Umwelt zu evangelisieren. Das setzte eine genaue Kenntnis und Auseinandersetzung mit den Problemen der Welt und folglich vorrangig mit der sozialen Frage voraus. Die dadurch ausgelöste heftige Diskussion der Beziehung von Kirche und Welt sollte in Chile das von Johannes XXIII. mit dem Ziel des ‚aggiornamento' einberufene Vatikanum II vorbereiten. Ein anderes vieldiskutiertes Thema war die Spiritualität der Laien[17]. Die großen kirchlichen Erneuerungsbewegungen Europas, die später im Konzil zusammenflossen: die Bibel- und Hirtenbewegung, die Neue Theologie und die Erneuerung der Liturgie, bewegten Laien wie Priester gleichermaßen.

„Die Spiritualität von Besitzlosigkeit und Gebet der Kleinen Brüder von Foucauld, die von P. Hurtado nach Chile eingelassen worden waren, verbreiteten sich." Die Blüte der Arbeiter- und Jugendgruppen der Katholischen Aktion führte den Priesterseminaren verstärkt Nachwuchs zu[18]. Sie selbst bildete in der Dekade der fünfziger Jahre Tausende von Laien, und zwar besonders jugendliche aus. In der ersten Phase der Entwicklung eines sozialen Bewußtseins während der fünfziger Jahre kam es zu verschärfter Kritik an der Verschwendung der Reichen und zu vermehrter gezielter Hilfe für die Armen. Bei der sozialen Assistenz trafen christliche Studenten und junge Priester, die vom Vorbild der französischen Arbeiterpriester beeinflußt waren, in den ‚poblaciones callampa' (Pilzsiedlungen), den städtischen Elendsvierteln (Wohnungsdefizit 1963 über 1/2 Mill.)[19], auf Marxisten, denen es weniger um direkte Hilfe als um die Politisierung der marginalisierten Bevölkerungsgruppen ging, um durch ihren Druck Strukturreformen zu bewirken. Zu einem intensiven Dialog zwischen Christen und Marxisten sollte es indes erst Ende der sechziger Jahre kommen.

Für diese Phase mag Fontaines Feststellung zutreffen, daß die soziale Gesinnung zu einem wesentlichen Einigungsfaktor des politisch gespaltenen Katholizismus geworden sei. Aber wenn er fortfährt: Was einst verdammt worden war — der politische Pluralismus der Katholiken, die Syndikalisierung der Landarbeiter und die Bodenreform — wurde nun akzeptiert[20], so dürfte das nur für die Mehrheit des inzwischen stark verjüngten Episkopates, der Priester und der Laien zutreffen, die sich in der ersten Hälfte der sechziger Jahre

---

1937, 1949, 1950 und 1962 vgl. Landsberger 1970 Chile, 84ff. Chile gehörte zu den wenigen la. Ländern, in denen „Rerum Novarum" durch den Hirtenbrief Erzbischof Casanovas von 1891 wenigstens eine gewisse Verbreitung erfuhr. Noch 1950 mußte sich eine bischöfliche Stellungnahme mit dem Argument auseinandersetzen, die päpstlichen Sozialenzykliken böten generelle Richtlinien, die je nach Situation in den verschiedenen Ländern angewandt oder nicht angewandt werden könnten. Letzteres war die Meinung der Konservativen in bezug auf Chile. Ferner mußten die Bischöfe die Meinung zurückweisen, daß diejenigen, die nicht mit der Konservativen Partei übereinstimmten, sich selbst außerhalb der Kirche plazierten.

[17] Chile 1975, 14.
[18] Chile 1974, 26, wo weitgehend ohne Verweis Fontaine zitiert wird.
[19] Zum Wohnungsdefizit vgl. Weischet 1970, 17.
[20] Fontaine aaO 245; zur Syndikalisierung der Landarbeiter vgl. Anm. 13. 1952 ergriff die katholische Kirche auf dem Gebiet der Organisierung der Landarbeiter eine Initiative, indem sie der mächtigen Vereinigung der großen Landwirte (Socie-

immer mehr mit dem ‚Partido Demócrata Cristiano' (DC) identifizierten, während sich die Traditionalisten um die Gesellschaft zur Verteidigung von Tradition, Familie und Besitz (TFP) und die Zeitschrift ‚Fiducia' scharten[21] und politisch den ‚Partido Nacional', die Fusion der alten Konservativen und der Liberalen Partei, unterstützten, die unter dem Eindruck des Aufstiegs der DC zustande gekommen war.

Die DC, in deren Bildung aus der Falange im Jahre 1957 man eine direkte Frucht der Arbeit der spezialisierten Katholischen Aktion sehen kann, brachte es 1958 im ersten Wahlgang bereits auf 255 168 Stimmen. Die Tatsache, daß der Kandidat der vereinigten Linken (Frente de Acción Popular), Salvador Allende (352 915), nur mit 35 000 Stimmen dem „nationalen" Wahlsieger, Jorge Alessandri, dem Sohn des Altpräsidenten Arturo Alessandri, unterlag[22], macht indes deutlich, daß buchstäblich im letzten Augenblick in Chile versucht wurde, eine Mehrheit für eine christlich orientierte Reformpartei zu finden.

Unter der Regierung Alessandris (1958–64) erreichte die sozialpolitische Aktivität der Amtskirche ihren Höhepunkt. Hauptsprachrohr der Reformer war die Monatsschrift des ‚Centro Bellarmino' ‚Mensaje', die Anfang der sechziger Jahre maßgeblich von dem belgischen Soziologen Roger Vekemans SJ geprägt wurde, der unter dem für die damalige Reformergeneration entscheidenden Einfluß des christlichen Humanismus Jacques Maritains versuchte, aus der vagen katholischen Soziallehre eine Reihe konkreter sozialer Modelle für die DC zu entwickeln[23]. Programmatisch war eine Sondernummer von Mensaje 1962 unter dem Titel: „Revolución en América Latina – Visión Cristiana".

Im Leitartikel heißt es, daß eine wachsende Mehrheit in Lateinamerika „sich ihrer Macht, ihres Elends und der Ungerechtigkeit jener politischen, rechtlichen, sozialen und wirtschaftlichen ‚Ordnung' bewußt wird, die sie gezwungen wird, hinzunehmen; und jene Mehrheit ist nicht bereit, länger zu warten. Sie fordert einen schnellen, gründlichen und völligen Wechsel der Strukturen... Um den Kommunismus zu be-

---

dad Nacional de Agricultura) eine ‚Federación Sindical de Trabajo' gegenüberstellte, die die Beschränkungen des Arbeitsgesetzes zur Organisierung von Landbesitzern dadurch umging, daß sie „die kleinen Landbesitzer zum Kern einer überregionalen Organisation machte und die Landarbeiter nur zusätzlich aufnahm" - Weischet 1974, 16.

[21] Vgl. Chile TFP 1976, 34. In diesem von der argentinischen Schwestergesellschaft der chilenischen TFP herausgebrachten kommentierten Dokumentarband wird der verhängnisvolle Weg von Teilen des chilenischen Episkopats und Klerus zum Marxismus gegeißelt, während die Verteidiger der traditionellen Rolle der Kirche (Seelsorge und Erhaltung des Status quo = Schutz des Besitzes) als die wahren Katholiken hingestellt werden.

[22] Pike aaO 64. Die Gesamtbevölkerung Chiles 1960 von 7 627 000 verdeutlicht die relativ geringe Wahlbeteiligung der ca. 3,8 Mill. über Zwanzigjährigen, die sich u. a. durch die damals noch gültige Beschränkung des Wahlrechtes erklärt. 1968 belief sich die Gesamtbevölkerung auf 9 351 000 und für 1980 wird sie auf 12 912 000 geschätzt – vgl. Ruiz G. 1971, I, 38. Chile hat zwar den niedrigsten Analphabetensatz in Südamerika (er fiel von 50 % 1920 auf weniger als 20 % 1963), aber wegen des starken Anteils an Kindern fehlt es an Schulplätzen. Vor allen Dingen richtet sich die Auswahl der Hochschulstudenten nur nach Vermögen der Eltern. Unter den Erstsemestern waren nur 3,6 % aus Arbeiterfamilien – vgl. Chile 1964, Einleitung.

[23] Vgl. Drekonja, Rel 1971, 60f. Der jesuitische ‚Centro Bellarmino' entstand 1959 - Fontaine aaO 426.

kämpfen, muß man schrittweise und in Freiheit die Reformen durchführen, die der Kommunismus mit Gewalt machen will... Bürger, die ihr die gewaltsamen Verfolgungen der Marxisten fürchtet, unterstützt eine ‚christliche Revolution'!"[24] Damit war das Stichwort für Eduardo Freis Wahlkampf 1964 gegeben: „Revolution in Freiheit." Der konservative Teil der Katholiken war traumatisiert von dieser Nummer von ‚Mensaje', aber das offiziöse Wochenblatt des Erzbistums Santiago, ‚La Voz', unterstützte dieselbe Linie[25]. Zur selben Zeit erkannten die jungen Katholiken den palliativen Charakter ihrer Hilfsaktionen in den ‚callampas' und begannen von Paternalismus zu sprechen. Wirtschaftswissenschaftlich und soziologisch ausgebildete Priester waren „modern". Auf Kennedys „Allianz für den Fortschritt" (1961) folgten 1962 bedeutsame Hirtenbriefe des chilenischen Episkopats über die Lage der Landbevölkerung und über die sozialen und politischen Pflichten der Christen. In ihnen ging der Episkopat erstmals vom traditionellen Antikommunismus ab. Zwar lehnt er die generelle politische Zusammenarbeit mit den Kommunisten nach wie vor ab, gestattet aber von Fall zu Fall die Zusammenarbeit zur Erreichung bestimmter guter Ziele. Insgesamt erkennt Landsberger in beiden Hirtenbriefen eine politische Mittellinie zwischen der DC und den Konservativen, also die Vermeidung von „extremem Radikalismus".

Es blieb indes nicht bei Worten. Bischof Larraín und der seit 1961 im Amt befindliche Erzbischof von Santiago, Kardinal Raúl Henríquez, setzten 1962 ein Zeichen für die Agrarreform, indem sie kirchliche Ländereien an besitzlose Landarbeiter übergaben, ein Beispiel, dem später andere Bischöfe folgten. Damit distanzierte sich die Kirche ostentativ von der alten Bodenaristokratie, geriet indes in eine neue Bindung mit der aus Industriellen, Angestellten, jungen Wissenschaftlern und Studenten bestehenden Mittelschicht.

Gleichzeitig konzentrierte sich die römische Kirche seit der „Nationalen Pastoral-Woche" von 1960, in der durch religionssoziologische Untersuchungen deutlich geworden war, daß man Chile nicht länger ein katholisches Land nennen konnte, auf groß angelegte Vorhaben der inneren Mission im ganzen Lande[26]. Katechese und Predigt wurden erneuert und „erstmals Elemente der kirchlichen Soziallehre in die Missionspredigt aufgenommen"[27].

Verschiedene Faktoren trugen dazu bei, daß die römische Kirche in der zweiten Hälfte der sechziger Jahre auf sozialpolitischem Gebiet immer schweigsamer wurde.

---

[24] Chile TFP 1976, 37f.
[25] Ebd. - vgl. die Ausgaben von ‚La Voz' v. 16. und 23. 12. 1962.
[26] Landsberger 1970 Chile, 91ff; ferner: Fontaine aaO 426ff, vgl. den ‚Plan Pastoral' von 1962 in: Chile 1964. 1960 gab es in Chile 19 Bistümer und 4 Apostolische Vikariate. Der Anteil der Katholiken an der Gesamtbevölkerung nimmt ständig ab. Bei folgenden Volkszählungen erklärten sich als nicht-katholisch: 1907 - 2 %; 1920 - 5 %; 1940 - 11 %; 1952 - 12 %; 1962 - 14 %. „Stichproben bei den Universitätsstudenten gaben nachstehendes Ergebnis: 67 % katholisch, 6 % evangelisch, 18 % religionslos, 9 % ohne Meinung oder sonstige Religionen". Immerhin gingen 1964 noch 800 000 Laien pro Sonntag in die Messe, obwohl die große Masse, vornehmlich die Arbeiter, nie richtig christianisiert worden ist. In ihrem ersten gemeinsamen Pastoralplan machten die Bischöfe sich klar, daß es weniger der Errichtung neuer katholischer Strukturen bedarf als der Durchdringung der bestehenden Strukturen, und zwar angesichts des Priestermangels mit Hilfe des Laienapostolats. Dem Beispiel der bischöflichen Agrarreform sind auch mehrere Kongregationen gefolgt. Außerdem hat die römische Kirche bis 1964 ein „Institut für Agrarentwicklung" gegründet.
[27] Chile 1975, 16.

Die Tatsache, daß sich mit Eduardo Frei Montalva (1964–70) die von den progressiven kirchlichen Sektoren unterstützte DC an der Macht befand, schien besondere kirchliche Aktivität überflüssig zu machen. Die nach dem Vatikanum II nicht nur in Chile und Lateinamerika zu beobachtende Welle von Säkularisierungen von Priestern und Religiosen verunsicherte die Hierarchie und führte zur Infragestellung der spezialisierten Katholischen Aktion, deren großer Förderer, Bischof Larraín, 1966 starb. Man versuchte die ‚Acción Católica General' wieder stärker zu beleben, um durch verstärkten Laieneinsatz die Priesterverluste auszugleichen, u. a. durch Diakone. Die Konzentration der Kirche auf innere Probleme wurde verstärkt durch die ständig wachsende zwischenkirchliche Hilfe aus Europa, den USA und Kanada, die eine neue Form von „Assistenzialismus" erlaubte: den Bau von zahlreichen karitativen Institutionen, Bildungseinrichtungen etc. Leitender Gesichtspunkt wurde immer weniger die soziale Notlage und immer stärker der Gedanke, durch neue Einrichtungen die kirchlichen Strukturen zu stärken. In dem Maße wie die enttäuschten Eliten der spezialisierten Katholischen Aktion in Opposition zur Hierarchie gingen, bediente diese sich für die zahlreichen neuen Verwaltungsaufgaben mittelständischer Fachkräfte, mit der den chilenischen Angestellten eigenen Versorgungsmentalität.

In dem Maße wie klar wurde, daß die DC statt der versprochenen „Revolution in Freiheit" im wesentlichen nur Reformen durchführte, die der Abmilderung von Auswüchsen des Kapitalismus und im übrigen seiner Modernisierung dienten, wuchs in progressiven katholischen Kreisen die Unzufriedenheit. Unter den Jugendlichen gewannen Camilo Torres, Fidel Castro und Che Guevara an Einfluß. Ausdruck dessen war die Besetzung der Katholischen Universität von Santiago während der ersten postkonziliaren Synode 1967. Sie bezeichnete den Anfang der Studentenrevolution, die sich 1968 mit der Besetzung der Kathedrale von Santiago fortsetzte, durch die die Initiatoren vor dem Papstbesuch in Kolumbien die Aufmerksamkeit des Papstes und der Welt auf das soziale Elend in Lateinamerika richten wollten. Die daraus entstandene Bewegung ‚Iglesia Joven' (Junge Kirche) markierte den Weg vieler Katholiken nach links, der 1969 zur Abspaltung des linken Flügels der DC (MAPU) führen sollte. Die Erneuerung des marxistischen Denkens in Europa hatte zur wachsenden Beschäftigung mit dem Marxismus in Chile geführt. Die jungen Katholiken begannen kritisch die Soziallehre ihrer Kirche zu hinterfragen, von der sie ausgegangen waren. Hatte der Episkopat zu Anfang der Regierung Frei geschwiegen, weil er meinte, daß die kirchlich geschulten Laien nun handeln könnten, so schwieg er nun aus Unsicherheit gegenüber den kritischen Anfragen der soziologisch geschulten jungen Elite und zog sich immer mehr aus dem sozialpolitischen Gebiet zurück[28].

[28] Ebd. 18ff und Fontaine aaO 428ff, der die Zeit von 1967 bis 1971 als eine Periode ansieht, die geprägt wird durch die Begriffe: Abhängigkeit - Befreiung - Revolution, nachdem erkannt worden war, daß die durch den Begriff „Unterentwicklung" bezeichnete Not Chiles als Teil der Dritten Welt durch Entwicklungshilfe im Stil der „Allianz für den Fortschritt" nicht überwunden werden konnte. Für die TFP war indes schon „Frei der chilenische Kerenski", wie ein von ihr herausgegebenes Buch betitelt ist. Für die TFP stellt der „kollektivistische Kommunitarismus" der DC bereits einen gefährlichen Verstoß gegen die katholische Besitzlehre dar. Die Enttäuschung der jungen Eliten über die Regierung der DC kann man z. B. durch den Fortgang der Agrarreform erklären, die durch Gesetz 16640 1967 voll anlief. War 1964 im Zuge der „Revolution in Freiheit" die Zuteilung von Landzuweisungen für 100 000 Familien versprochen worden, so wurden bis 1970 nur 30 % von dieser Zielzahl erreicht (29 139 Familien), was bei 200–300 000 Wartenden natürlich nicht viel ist. Weischet 1974, 24ff kommt zu dem Schluß, daß die Regierung Frei das Tempo der Land-

Was das sozialpolitische Engagement der chilenischen Protestanten anbelangt, so ist es schon bezeichnend, daß Kessler Jr. 1967 in seiner ausführlichen Studie des chilenischen Protestantismus diese Frage ganz übergehen konnte. Auf einer von der Abteilung ‚Kirche und Gesellschaft' des Ökum. Rates der Kirchen 1957 in Montevideo abgehaltenen Konsultation unter dem Thema „Rapid Social Change in Argentina, Chile and Uruguay" war bezeichnenderweise nur ein evangelischer Student aus Chile unter gut zwei Dutzend Vertretern aus den La Plata-Ländern[29]. Nur in den La Plata-Staaten und Brasilien hatte es vor der ersten ISAL-Konferenz 1961 in Huampaní/Peru ein Häuflein vom Problem „Kirche und Gesellschaft" umgetriebener Protestanten gegeben. Die Tatsache, daß die zweite ISAL-Konferenz im Januar 1966 in El Tabo/Chile stattfand, deutet auf Fortschritte im gesellschaftspolitischen Bewußtsein der chilenischen Protestanten[30], die man allerdings nicht überschätzen darf, denn abgesehen von den gut $1/2$ Mill. Pfingstlern sind die über 70 000 Protestanten der lutherischen Einwanderer- und der nordamerikanischen Missionskirchen weitgehend auf den Mittelstand beschränkt und auf seine Wertvorstellungen fixiert und/oder durch fundamentalistisches Denken ohnehin an theologischer Sozialkritik gehindert[31]. Der lutherische Pastor Koerner schrieb 1971, daß die Linken die deutschstämmigen Lutheraner als „Mumien" betrachteten, weil sie mehrheitlich gegen sozialistische Reformen waren[32]. Was die Pfingstler anbelangt, kommt Kliewer zu dem Schluß, daß sie zwar weit davon entfernt seien, eine einheitliche politische Kraft darzustellen und sich auch nur zögernd an den von Frei für die Slumbewohner propagierten Nachbarschaftsorganisationen beteiligten, weil die Pastoren diese wie die Gewerkschaften leicht als Konkurrenz anzusehen geneigt sind, daß sie sich aber schnell der Möglichkeiten des Assistenzialismus bedient hätten, die durch die großzügige Lieferung nordamerikanischer Überschußgüter gegeben waren. Um auch für ihre Glieder an den Gütern teilzuhaben, die die katholische Caritas verteilte, haben die Protestanten schon 1958 durch den 1941 ins Leben gerufenen Evangelischen Kirchenrat (Concilio Evangélico de Chile) eine eigene Verteilungsorganisation (Ayuda Cristiana Evangélica-ACE) gegründet. Durch die Teilnahme an diesen Hilfsprogrammen gerieten die Protestanten, d. h. vornehmlich die am stärksten vertretenen Pfingstler, in eine doppelte Abhängigkeit: zunächst von den Hilfsgütern und der damit verbundenen Propaganda,

---

vergabe gedrosselt hat, um den Rechten durch ein Absinken der landwirtschaftlichen Produktion kein billiges Wahlkampfargument zuzuspielen. Tatsächlich sei eine Steigerung der landwirtschaftlichen Produktion in der 2. Hälfte der sechziger Jahre erreicht worden.   [29] Vgl. Kirche u. Gesellschaft 13 (1958).

[30] Vgl. Kirche und Gesellschaft 24 (1969), 9 und 17f. Es fehlt an einer wissenschaftlichen Analyse des Sozialbewußtseins der chilenischen Protestanten in den sechziger Jahren.

[31] Für 1957 gibt Damboriena 1963, 63 folgende Zahlen für die größeren protestantischen Gruppen: Pfingstler 500 000, Lutheraner 25 000, Southern Baptists 11 723, Methodisten 6 173, Presbyterianer 3 690, Heilsarmee 3 106, South American MS 7 200, Christian and Missionary Alliance 8 000. In Chile 1964 werden für 1961 bereits schon 834 000 Protestanten und für 1963 voraussichtlich mehr als 1 Mill. genannt nach T. L. Ligett, Bilan du monde. Der Haupteffekt der Pfingstler liegt in ihrer übersichtlichen, von Laien getragenen Gemeindestruktur. So stehen im katholischen Bistum Temuco 22 katholische Pfarreien 288 protestantische Gemeinden gegenüber.

[32] Koerner 1971.

sodann von der chilenischen Regierung, die den Verteilerapparat der ACE finanzierte[33].

4236 Bolivien (1884–1935)

Mit dem Pazifikkrieg schien für Bolivien alles verloren: die militärische Ehre, der Zugang zum Meer und damit auch die für den Staatshaushalt dringend notwendigen Abgaben aus der Salpetergewinnung.

Der Fluch von Queen Victoria schien sich zu erfüllen, die Bolivien einst aus Zorn über den Caudillo Melgarejo (1865–71), der den britischen Gesandten auf einen Esel gebunden und durch eine ihn schmähende Menschenmenge getrieben hatte, von ihrer Weltkarte gestrichen und erklärt hatte: „Bolivien gibt es nicht mehr!"[1]

Aber Bolivien brach trotz der völligen Pleite seiner militärischen Caudillos nicht zusammen. Die reichen Familien nahmen die Herrschaft durch den konservativen ‚Partido Constitucional' selbst in die Hand, so daß mit den Konservativen von 1884 bis 1899 erstmals Zivilisten regierten. Für die Masse der indianischen Bevölkerung brachte die insgesamt konservative Grundtendenz des 19. Jahrhunderts gegenüber der spanischen Kolonialepoche einen sozialen Rückschritt, der sich daraus ergab, daß die Grundbesitzer jetzt die direkte Gerichtsbarkeit über die Landbevölkerung ausübten, die ihnen vorher die spanische Krone stets verwehrt hatte[2].

Die Konservativen hatten von vornherein gegen eine starke Opposition der neuen liberalen Partei zu kämpfen, der gegenüber sie sich als Verteidiger des Glaubens fühlten[3].

Es war indes schon 1871 zu einer gewissen Liberalisierung gekommen, als Einwanderern die Abhaltung nicht-katholischer Kulte gestattet worden war und 1880 die Primizen und der Zehnte abgeschafft und durch eine Landsteuer ersetzt worden war, aus deren Ertrag der Staat Subsidien für den kirchlichen Kult zahlte[4].

Man kann kirchengeschichtlich die Epoche von 1860 bis 1899 als Zeit der teilweisen Emanzipation der römischen Kirche aus der staatlichen Bevormundung charakterisieren. Die Kirche wurde aus einem Organ der staatlichen Verwaltung wieder zu einer Größe sui generis, die nach eigenem Recht regiert wurde, wenngleich es gelegentlich noch zu staatlichen Eingriffen kam.

---

[33] Kliewer 1973, 275ff mit Quellen. Eine monatliche Unterstützung von US$ 100, wie sie Pastoren als ACE-Mitarbeiter erhielten, konnte niedrig bezahlte Pastoren schon in eine erhebliche Dollar-Abhängigkeit bringen. In einem Interview bestätigt der chilenische Pfingstpastor Palma, daß die Ergebnisse der Hilfe des ‚Church World Service' traurig gewesen seien und zur Korruption unter den Leitern des chilenischen Protestantismus geführt hätten, von der Begünstigung der Yanquee-Ideologie ganz abgesehen. Nur die ‚Iglesia Evangélica Pentecostal' hätte sich ganz aus dem Hilfsprogramm herausgehalten - vgl. Palma 1969, 43. Allgemein zum Protestantismus in Chile vgl. Vergara 1962 und Kessler 1967. Bibliographie des Protestantismus in Chile: CEHILA 1976 P, 80ff.   [1] Fagg 1971, 429 Anm. 4.

[2] Carlos Montenegro, Nacionalismo y coloniaje. Su expresión histórica en la prensa de Bolivia, La Paz 1943, 203 zitier nach Wolff 1967, 736. Bolivien hatte sich zunächst geweigert, den Friedensvertrag von Ancón zu unterzeichnen und 1904 die Rückgabe des Seehafens von Arica und den Bau einer Eisenbahn von La Paz nach Arica durch Chile als Gegenleistung zur Abtretung der Atacama-Provinz erreicht (1912 fertiggestellt) - Barton 1968, 210f.

[3] Barton aaO 212f.   [4] Mecham 1966, 181ff.

Die staatliche Toleranz gegenüber der Kirche begann unter den Präsidenten General José María de Achá (1861–65), General Adolfo Ballivián (1873–74) und Tomás Frías (1874–76) und setzte sich unter den konservativen Präsidenten fort. 1860–99 wurden acht Parochien und zahlreiche Missionen neu begründet. Das besondere staatliche Interesse an den Indianermissionen, speziell im Chaco, erklärt sich aus dem staatlichen Unvermögen, diese Gebiete selbst zu kontrollieren.

Wie einst in der Kolonialzeit benutzte der Staat den kirchlichen Missionseifer zur Domestikation der Indios. Diese Vermischung von Evangelisation und Kolonisation dürfte der Hauptgrund für blutige Aufstände der Chaco-Indianer gewesen sein, 1874 der Chiriguano und Tobá, 1889 erneut der Tobá und 1892 wieder der Chiriguano, die jeweils zur Zerstörung von Missionsstationen führten und vom Staat dann mit einer wahren Indianerschlächterei beantwortet wurden[5]. 1893 wurden die Chaco-Missionen unter direkten staatlichen Schutz gestellt.

Der Wiederaufbau der bolivianischen Kirche erfolgte mit Hilfe eines ab 1837 wachsenden Zustroms vorwiegend spanischer Religiosen aus Rom, was eine starke Überfremdung der Kirche im Sinne einer zunehmenden Romanisierung bedingte. Es wird sich wissenschaftlich kaum mehr klären lassen, ob die Romanisierung der Kirche ein Nachlassen des Nachwuchses im Lande begünstigt hat. Tatsächlich ist für die Erzdiözese La Paz ein Rückgang des bolivianischen Weltklerus ab 1888 belegt (1888 – 138 Priester, 1908 – 102, 1928 – 74, 1968–29)[6].

Die Indianermissionen blieben praktisch ganz in den Händen der aus Europa aufgefrischten Franziskaner. 1881 kamen die Jesuiten wieder ins Land und gründeten 1882 in La Paz ein Gymnasium (Colegio de instrucción ‚San Calixto'). 1896 kamen Salesianer, die in La Paz und Sucre ein ‚Colegio Don Bosco' gründeten mit den für sie typischen Werkstätten zur praktischen Ausbildung. Zahlreicher war der Zustrom von Ordensschwestern aus Europa, die meist von der Regierung gerufen wurden, um Schulen und Krankenhäuser zu übernehmen[7].

Mit Ausnahme der Franziskaner konzentrierten sich die männlichen und weiblichen Orden in den Städten. Von ihren höheren Schulen profitierten wegen der Schulgeldpflicht hauptsächlich die besser gestellten Kreise. Die Regierungen drangen zwar auch auf die Errichtung von Parochialgrundschulen – z. B. 1895 und 1896 –, aber auch diese konnten ohne Schulgeld nicht auskommen[8]. Auch das unterentwickelte staatliche Schulwesen „begünstigte nur die Begüterten".

---

[5] López 1965, 182ff zu den Fakten.
[6] Bolivien 1970, 2.
[7] An Ordensschwestern kamen: 1879 die Hijas de Santa Ana (Töchter der Hl. Anna), die in La Paz, Sucre, Potosí, Cochabamba und Tarija Krankenhäuser übernahmen und Schulen eröffneten - jeweils in Übereinstimmung mit den staatlichen Behörden und den Bischöfen. 1883 kamen die Hijas de la Caridad de San Vicente de Paúl (Vinzentinerinnen), die in La Paz ein Haus für Kriegsversehrte und Waisenkinder übernahmen, im selben Jahr auch die Religiosas de los Sagrados Corazones (Schwestern der Hl. Herzen Jesu und Mariae), die in La Paz eine Anstalt für höhere Töchter eröffneten. 1891 folgten die Religiosas del Buen Pastor, die in La Paz einen Kinderhort und eine Grund- und Hauptschule eröffneten, 1899 schließlich die Siervas de María (Dienerinnen Mariens), die in Sucre ein Krankenhaus und ein Frauenirrenhaus übernahmen - López 1965, 193ff.
[8] Ebd. 187.

„Die niedrigen städtischen Schichten konnten sich wirtschaftlich kaum über Wasser halten, während die Indios während der ganzen Silberzeit (1884–1899) die billigen Arbeitskräfte stellten, die die Ausbeutung der nicht mehr besonders ertragfähigen Minen Boliviens und die Landwirtschaft ermöglichten."[9] Insgesamt brachten die konservativen Regierungen den Beginn der Modernisierung Boliviens mit dem Bau von Straßen, Eisenbahnen, Telegraphenlinien und die Beseitigung des militärischen Vandalismus durch den Bau regulärer Kasernen. Damals wie heute stellte allerdings die morphologische Gestalt des Landes die größte Schwierigkeit für seine Entwicklung dar. Obgleich nur ca. ¼ der heutigen Staatsfläche vom Hochland eingenommen wird, gilt Bolivien zu Recht als das Tibet Südamerikas, weil sich im Hochland 90 % seiner Bevölkerung konzentriert. Ca. 14 % der Fläche bilden die Yungas, Regenwälder in tiefeingeschnittenen Tälern im Puna genannten Nordostabfall der Anden, die landwirtschaftlich kaum genutzt werden. Weit über die Hälfte der Staatsfläche besteht schließlich aus Llanos, unter 500 m NN liegenden Savannen, die die Grenzen mit Brasilien, Paraguay und Argentinien bilden und außer im Raum Santa Cruz, wo es intensive Landwirtschaft gibt, nur extensiv viehwirtschaftlich genutzt werden.

Ein parlamentarischer Streit über die Frage, ob Sucre wieder die effektive Hauptstadt Boliviens werden sollte, führte 1899 zu einem kurzen Bürgerkrieg und zum Machtübergang an die Liberalen unter General José Manuel Pando (1899–1904), der sich zum Verteidiger der Interessen der Paceños gemacht hatte.

Die Bevölkerung Boliviens belief sich damals auf 2 Mill. Nachdem die Silbergewinnung ab 1892 durch den internationalen Silberpreisverfall an wirtschaftlicher Bedeutung verloren hatte, wurden um die Jahrhundertwende Kupfer- und Bleivorkommen entdeckt, aber an Bedeutung weit übertroffen durch die von dem Mestizen Simón Patiño entdeckten ergiebigsten Zinnadern der Welt. Der Zinnboom führte zur Entstehung der Mammutkonzerne der Patiño, Aramayo und Hochschild. Die Zinnbarone zeigten sich den liberalen Vertretern des ‚laissez-faire' politisch gefällig, manipulierten aber auch die Regierungen. 1920 sorgte Simón Patiño, verärgert über einen ihm von den Liberalen angehängten Steuerprozeß, für das Ende der liberalen Ära[10]. Der durch den Zinnboom herbeigeführte wirtschaftliche Fortschritt blieb sehr ambivalent. Die Eisenbahnen dienten wesentlich zum Erztransport. Die Arbeitsplätze in den Minen brachten Niedrigstlöhne und menschenunwürdige Arbeitsbedingungen[11]. Obgleich man „Parteien und Persönlichkeiten einer Zeit, für die Positivismus, Fortschrittsglauben und Individualismus Leitideen gewesen" sind, nicht mit heutigen Maßstäben messen darf, kann man doch feststellen, daß der Staat in der liberalen Ära „seine Aufsichtsfunktionen aufgegeben, den Schutz der schwächeren Teile der Gesellschaft vernachlässigt und unter dem Einfluß liberaler Wirtschaftsprinzipien die Ausbeutung weiter Kreise der Bevölkerung durch die großen Bergwerksgesellschaften zugelassen" hat[12]. Fagg sieht bei der Oberschicht jener Zeit noch

---

[9] Barton 1968, 217. Man nannte die konservative Epoche 1884–99 die Silberzeit, weil die ersten drei konservativen Präsidenten ihr Vermögen mit Silberminen machten - ebd. 213. [10] Ebd. 219f.
[11] Noch heute sind die ‚mineros' absolut an ihre Mine gebunden, die Arbeit, Wohnung, Lebensmittel gibt. Wer ausscheidet, „verliert nicht nur seinen Job, sondern seine Existenz...Von der Wiege an hat die Mine die Menschen in ihrer Gewalt. Noch heute müssen selbst bei der staatlichen Comibol 12- und 13jährige Knaben in der Mine arbeiten, weil ihr Vater zu früh gestorben ist". Durchschnittliche Arbeitsfähigkeit der ‚mineros': 15 Jahre, Lebenserwartung 35 Jahre. „60 % der Bergleute werden lungenkrank, die Hälfte der Kinder überlebt das erste Altersjahr nicht" - Stichwörter LA 34, 97f.
[12] Vgl. die Kritik von Montenegro aaO 203 (vgl. Anm. 2) nach Wolff 1967, 736. Heu-

immer eine koloniale Mentalität. Die Mittelschicht war noch unbedeutend. Die indianische Volksmasse verdingte sich in Bergwerken, Pflanzungen oder in der Viehzucht zu minimalen Löhnen. Nach der Saison kehrten sie meist wieder in ihre alte Bergwelt zurück, wo sie Mais und Kartoffeln züchteten, ihre Lamas hielten und sich den Hunger mit dem Kauen von Kokablättern vertrieben oder ihr Elend zeitweise durch einen Chicha-Rausch zu vergessen suchten[13]. Sozialkritiker wie der aus der Oberschicht stammende Literat, Jurist und Diplomat Alcides Arguedas (1879–1946) blieben eine Ausnahme. Dennoch darf man die Wirkung seiner Untersuchung über die Grundübel des lateinamerikanischen Kontinents „Pueblo enfermo, contribución a la psicología de los pueblos hispano-americanos" (1909) oder seines Appells für soziale Gerechtigkeit für die bolivianischen Hochlandindios in seinem Roman „Raza de bronce" (Eherne Rasse, 1919)[14] auf die Intellektuellen nicht unterschätzen. Noch unter Präsident Pando war übrigens eine große Revolte der Hochlandindianer unter Temible Willka ausgebrochen, die die Einlösung der Versprechen der Liberalen forderten, ihnen ihr Land wiederzugeben, das Melgarejo (1865–70) ihnen weggenommen hatte[15].

In der Sicht der traditionellen katholischen Kirchengeschichtsschreibung steht die Epoche der Liberalen im Zeichen einer wahren Verfolgungswelle gegenüber der römischen Kirche. Nach López wurde sie „ein Opfer aller Arten von Gewalttätigkeiten und Aggressionen gegen ihre Autorität und ihre Einrichtungen"[16]. Tatsächlich indes wurden viele extreme Anträge mancher Abgeordneter im Kongreß abgelehnt, und das Gesamtergebnis der kirchlichen Gesetzgebung jener Zeit ist für die römische Kirche günstiger als in anderen Staaten des Subkontinents, wo sie auch nicht so lange wie in Bolivien Zeit gehabt hatte, sich nach den Wirren der Unabhängigkeitskriege wieder zu festigen.

Eingeführt wurden: Kultfreiheit (1906), Säkularisierung der Friedhöfe (1906), Laikalisierung des öffentlichen Schulwesens (Abschaffung von Latein- und Religionsunterricht 1904) – 1913 wurde allerdings ein freiwilliger Religionsunterricht auf Antrag der Eltern wieder gestattet –, obligatorische Zivilehe (1911). Abgeschafft wurde die staatliche Zusatzzahlung für hoheitliche Tätigkeiten von Pfarrern (congruas de los curas – 1906) und die kirchliche Sondergerichtsbarkeit (fuero eclesiástico). Strafen für Delikte gegen die Religion und den katholischen Kult wurden herabgesetzt (1905), die Steuerfreiheit der kirchlichen Einrichtungen für Zuwendungen Dritter aufgehoben (1914). Außerdem wurde die Dienstpflicht der Indianer in den ländlichen Gemeinden (indios comunarios) für den Ortspfarrer aufgehoben (1909). Wenn es den Liberalen auf die Menschenrechte dieser Indianer ankam, müssen sie sich fragen lassen, warum sie sich dann nicht gleichzeitig um die Lohn- und Arbeitsbedingungen der Minenarbeiter gekümmert haben. Andererseits hätte die Kirche auf diesen feudalistischen Rest freiwillig verzichten können, um damit ein sichtbares Zeichen für die Freiheit und Menschenrechte der Indianer zu setzen.

---

te können nur etwa 3 % der Bolivianer in den Minen beschäftigt werden - Stichwörter LA 34, 98; vgl. auch Spahni 1974, 222ff.
[13] Fagg 1971, 664.   [14] Vgl. Grossmann 1969, 363f.
[15] Barton 1968, 222. Der Indianeraufstand verhinderte eine wirksame Verteidigung gegenüber brasilianischen Annexionsbestrebungen an der Nordostgrenze, wo Melgarejo 1867 schon einmal 100 000 km² von Mato Grosso und Acre an Brasilien abgetreten hatte. Jetzt mußte Bolivien für die Zusage des Baues einer Eisenbahnumgehung um die Stromschnellen auf dem Madeira, die eine Transportverbindung mit dem Marmoré ermöglichen sollte, ganz Acre (über 150 000 km²) mit seinem reichen Bestand an Gummibäumen abtreten.
[16] AaO 207.

1908 und 1910 setzte sich die Hierarchie mit Exkommunikationen gegen die Angriffe radikaler Journalisten zur Wehr[17]. Ähnliche Entschiedenheit im Kampf für die Menschenrechte der Masse der katholischen Bevölkerung vermißt man auf seiten der Hierarchie. Vatikanische Proteste gegen die bolivianische Kirchenpolitik führten 1907 zum Abbruch der diplomatischen Beziehungen durch Präsident Ismael Montes (1904—09 und 1913—17). Die Einführung der Kultfreiheit ein Jahr zuvor hatte Bolivien dem Protestantismus endgültig geöffnet.

Die Jahre von 1920 bis 1936 bis zum Ende des Chaco-Krieges sind von der Vorherrschaft der Republikaner gekennzeichnet.

Wie bereits angedeutet, stürzte der letzte liberale Präsident, José Gutiérrez Guerra (1917—20), dank des durch den Ersten Weltkrieg gesteigerten Machtrauschs der Zinnbarone. Ein unblutiger Staatsstreich brachte den neuen ‚Partido Republicano' an die Macht, eine Sammelbewegung früherer Konservativer, die sich der Unterstützung einer Gruppe unzufriedener Zinnminenbesitzer erfreute. Bautista Saavedra (1920—25) hatte mit Unzufriedenheit in Parlament, Armee und Arbeiterschaft und verschiedenen Auf- und Ausständen zu kämpfen. Deshalb scheint er sich als erster etwas für die Belange der Arbeiter eingesetzt zu haben, indem er das Streikrecht legalisierte und den Achtstundentag einführte[18]. Das Straßennetz, der Zinnbergbau und der Handel wurden ausgebaut, nicht zuletzt durch wachsende US-Investitionen und exzessive Auslandsanleihen, deren Kündigung 1929 in der Weltwirtschaftskrise sich nicht voll auswirkte, da Bolivien für den 1928 ausgebrochenen Chaco-Krieg zur Modernisierung seiner Armee einen 60 Mill. Dollarkredit von den USA erhalten hatte. Hernando Siles (1926—30) war u. a. durch die energischen Forderungen der Arbeiter nach wirtschaftlicher Besserstellung der Arbeiter in Schwierigkeiten geraten. „Zum ersten Mal seit den achtziger Jahren des 19. Jahrhunderts wurden die Indianer widerspenstig."[19] General Carlos Blanco (1930—31), Chef der Militärjunta, verwirklichte einige Punkte des republikanischen Programms von 1915: Einführung des Habeas Corpus, Begrenzung des Belagerungszustandes, Dezentralisierung der Verwaltung zur besseren Berücksichtigung der Wünsche des Volkes, ein Punkt, den die traditionell förderalistischen Liberalen in Bolivien fallengelassen hatten. Schließlich gewährte er den Universitäten Selbstverwaltung, um die Unterstützung der Studenten zu gewinnen.

---

[17] Auch die Liberalen unterstützten die Indianermission. Gemäß Gesetz von 1900 übernahm der Staat sogar die Gesamtkosten. Die Ausfälle der Liberalen gegen das Mönchtum blieben fast ausschließlich verbaler Natur. Nur das Mindestalter für die Profeß wurde auf 30 Jahre hinaufgesetzt. Die Jesuiten gründeten 1912 eine Primar- und Sekundarschule in Sucre. 1919 konnten die Brüder vom Unbefleckten Herzen Mariae (Cordimarianos) die Hauptgemeinde von Oruro übernehmen. Auch die Lazaristen kamen ins Land und nahmen sich der Priesterseminare in La Paz (1905) und Sucre (1906) auf Wunsch der Bischöfe an. Auch die weiblichen Kongregationen entfalteten sich weiter. Neu hinzu kamen die Hermanitas de los Ancianos Desamparados, eine Schwesternschaft für Altenpflege, die 1909 in La Paz ein Altenasyl eröffnete - López aaO 220ff.

[18] Barton 1968, 224f. Nach Stichwörter LA 34, 98 dauert allerdings noch heute in der nicht verstaatlichten Minería Chica das Elend der 60-Stundenwoche mit einem Tagelohn von 5 Schweizerfranken an. „Die Werkzeuge der Arbeiter sind noch Meißel und Vorschlaghammer, über wacklige Drahtleitern steigen sie in die Mine ein. Ihre Hütten sind nicht besser als die der Bauern des Altiplano, und wie diese kauen sie ununterbrochen Koka, das den Geist abstumpft, aber auch Hunger und Schmerz nimmt. Es gibt kein Spital und keine Schule" (diese Angaben beziehen sich auf die Wolfram- und Antimon-Mine Santa Isabel, 1 1/2 Stunden östlich von Oruro).

[19] Fagg 1971, 665.

Bis die Militärs 1935 die Sinnlosigkeit des Chaco-Krieges einsahen, hatten 50 000 bolivianische Soldaten ihr Leben lassen müssen. Das Land hatte sich eine Inflationsrate von 25 % eingehandelt und seine Kriegsziele, die Sicherung des Chaco Boreal und die Erwerbung eines Hafens am Paraguay, verfehlt. Für Bolivien endete die Epoche der Zinnbarone, der oligarchischen Präsidenten und des wirtschaftlichen Liberalismus. Reformen, soziale Revolution und Nationalismus standen ins Haus (vgl. 5212).

Für die römische Kirche zählt dieser Einschnitt nicht. Die Zeit von 1920 bis weit in die sechziger Jahre hinein läßt sich subsumieren unter dem Aspekt der Harmonie zwischen Kirche und Staat, des ungestörten Ausbaus der kirchlichen Einrichtungen und der Korrektur ungeliebter Maßnahmen der Liberalen[20]. Als einziges Negativum wird die Einführung der absoluten Ehescheidung (1932) verzeichnet. Die obligatorische Zivilehe wurde für Indianer 1922 wieder rückgängig gemacht, so daß die Kirche auf dem Lande ihre Stellung als oberste Autorität wieder festigen konnte. Der Religionsunterricht wurde 1928/29 an allen Schulen wieder eingeführt. 1925 weihte Präsident Saavedra die Republik dem Hl. Herzen Jesu, und zwar in der nominellen Hauptstadt Sucre, eine Woche bevor in der de facto-Hauptstadt La Paz der Erste Nationale Eucharistische Kongreß abgehalten wurde. López sieht das Wirken der Kirche ganz unter dem Gesichtspunkt des „intellektuellen, moralischen und sozialen Fortschritts des Landes", dem die päpstlich autorisierte Krönung der berühmtesten Madonna Boliviens, der Virgen de Copacabana, 1925, und die Gründung der KA genauso dienten wie der Ausbau der kirchlichen Organisation durch die Gründung von drei neuen Bistümern (Potosí, Oruro und Tarija 1924) und die Erweiterung der Ordenseinrichtungen[21]. Die Tätigkeit der schon im Lande befindlichen wie auch der neuen Kongregationen richtete sich auf den schulischen und karitativen Sektor. Nur sehr wenige beziehen auch berufliche Schulung ein wie die Salesianer und die Zisterzienserinnen. Der staatliche Verzicht auf das Kirchenpatronat gab der römischen Kirche in dieser Epoche ihre volle Autonomie, ohne daß sie auf ihre protegierte Stellung als Staatsreligion zu verzichten brauchte.

Die protestantische Missionsarbeit hielt sich in Grenzen. Die Methodisten widmeten sich ab 1901 hauptsächlich der schulischen (Institutos Americanos – in La Paz ab 1907, in Cochabamba ab 1912) und medizinischen Betreuung (Pfeiffer Memorial Hospital und Clínica Americana). Die kanadischen Baptisten begannen ihre Arbeit 1899, die ‚Bolivian Indian Mission' aus Australien 1907 (eine der ‚China Inland Mission' ähnliche Organisation), die ‚Christian Missions in Many Lands' Anfang des Jahrhunderts – 1931 hatte sie sieben Missionare –, die Heilsarmee und schließlich die Adventisten, die sich zur

---

[20] Vgl. López 1965, 234ff.
[21] Hier sind besonders weitere, neu ins Land gekommene Kongregationen zu erwähnen wie die Christlichen Schulbrüder (1920), die Passionisten (1928), die Zisterzienser (1928), die Unbeschuhten Karmeliter (1929), die Augustinereremiten (1932), die Concepcionistas (1921 - Kongregation der Unbefleckten Empfängnis Mariens), die Christlichen Schulschwestern aus Deutschland (1924), die Zisterzienserinnen (1928), die Sklavinnen des Herzens Jesu (Esclavas del Corazón de Jesús) und die 1925 gegründete Congregación de las Misioneras Cruzadas de la Iglesia, eine volksmissionarische Kongregation, die wahrscheinlich der protestantischen Mission vorbeugen sollte - López aaO 236.

stärksten evangelischen Gruppe entwickeln sollten, kamen ebenfalls schon vor dem Ersten Weltkrieg ins Land[22].

4237 Peru (1885–1968)

42371 Positivismus und wirtschaftliche Entwicklung (1885–1919)

1925 kam ein Peruaner immer noch schneller von Lima nach New York und zurück als nach Iquitos am Amazonas. Entsprechend schwierig war es, das Land mit seinen 1921 ca. 5,5 Mill. Einwohnern, davon ca. 3 Mill. reinrassige Indianer, von Lima aus mit einer zentralistischen Verwaltung zu regieren.

Man hat davon gesprochen, daß Peru eigentlich aus drei Ländern bestehe: „Seine Küstenregion ist ein Ägypten; sein Berggebiet ein Tibet; und sein weites bewaldetes Hinterland eine Art von Kongo. Jede Region hat ein unterschiedliches Klima, unterschiedliche Lebensformen, Traditionen und Bedürfnisse."[1]

Ähnlich wie Bolivien stand Peru nach dem Pazifikkrieg mit einer Auslandsschuld von US-$ 200 Mill. am Rande des Bankrotts.

Ungeachtet dessen, weigerte sich die ca. 5 % der Bevölkerung umfassende Oberschicht weiterhin hartnäckig, Steuern zu bezahlen, wozu die Masse der Bevölkerung wirtschaftlich nicht in der Lage war. Oberst Remigio Morales Bermúdez (1890–94) war der letzte ausschließliche Statthalter der Oligarchie, die als Konsequenz aus dem verlorenen Krieg die kleine städtisch-bürgerliche Mittelschicht an der Macht beteiligen mußte, was seit Präsident Piérola (1895–99) in Form einer Koalition von ‚Demócratas' und ‚Civilistas' geschah, die bis 1919 hielt. Piérola dehnte das Wahlrecht unabhängig vom Besitz auf alle alphabetisierten Männer aus, womit sich die Basis der theoretisch am politischen Leben Beteiligten mindestens verdoppelte, wenngleich außer den Frauen über 80 % Analphabeten weiterhin ausgeschlossen blieben. Das Schulwesen wurde zwar ausgebaut, aber die Gesamtzahl von 168 000 Schülern zeigt, wie klein der Kreis der Begünstigten blieb. Für die Masse der Indianer und Armen zeigte ohnehin keine der Parteien stärkeres Interesse. Ohne Wahlrecht konnten sie keinen politischen Druck ausüben und unalphabetisiert, wie sie waren, nützte ihnen auch die zunehmende Pressefreiheit nichts. Von der Besserung der wirtschaftlichen Lage hatten sie wenig[2].

---

[22] Vgl. Damboriena 1963, 46ff, der für 1957 insgesamt nur knapp 34 000 Evangelische aufführt. In Education 1925, 3–13 werden für die Zeit nach dem Ersten Weltkrieg folgende schulischen Aktivitäten der Protestanten erwähnt: Eine Schule der Adventisten am Titicaca-See, eine der kanadischen Baptisten (Peniel Hall Society) mit landwirtschaftlichem Betrieb auch am Titicaca- (sie gilt unter den Protestanten als Modell für LA – Damboriena aaO 47), größere Institute des Methodist Episcopal Board in La Paz und Cochabamba mit ca. 400 Schülern und 4 Primarschulen sowie das Reekie College der kanadischen Baptisten, letzteres mit 60 Schülern. Dieser bescheidene protestantische Anteil bleibt bemerkenswert, wenn man ihn in Beziehung setzt zum Schulwesen von 1918 mit insgesamt 450 Primarschulen mit 3 960 Lehrern und 57 137 Schülern, im Sekundarschulwesen 21 colegios, 5 kirchliche Anstalten und 5 privaten Lizeen mit 180 Lehrern und 2 598 Schülern, im Hochschulwesen 19 Anstalten mit 78 Professoren und 1291 Studenten. Die Primarerziehung war freiwillig, erfolgte meist in gemieteten Gebäuden. Nur ca. 0,1 % der Indios waren damals Alphabeten. Bibliographie des Protestantismus in Bolivien in: CEHILA 1976 P, 53f.   [1] Montevideo 1925/3, 3–23.

[2] Fagg 1971, 651f. Die Landwirtschaft nahm einen Aufschwung durch neue mit Bewässerung arbeitende Zuckerrohr- und Baumwollplantagen im Küstengebiet. Außer dem Guanoexport nahm die Ausfuhr anderer Mineralien zu. Reiche Kupfervor-

Desto bemerkenswerter ist es, daß die römische Kirche auf dem 7. Limenser Konzil 1912 ihre prophetische Stimme zu Gunsten der Armen erhob und die Großgrund- und Minenbesitzer zusammen mit allen anderen Arbeitgebern ermahnte, in den Indianern die für sie im Schweiße ihres Angesichtes arbeitenden Söhne Christi zu sehen.

Jedem, der sie nicht liebevoll behandelt, seine Rechte nicht anerkennt und sie nicht schützt oder sie an der Erfüllung ihrer religiösen Pflichten hindert, drohe der Zorn Gottes. Ihnen müsse ein gerechter Lohn gezahlt werden, von dem sie ihre Familien ernähren können. Laster dürften nicht gefördert, sondern müßten verhindert werden durch moralische und soziale Erziehung. Beichtväter, Missionare, Prediger und Pastoren müssen mit allem Nachdruck erklären, eine wie schwere Sünde gegen Gerechtigkeit und Liebe jene begehen, „die die Eingeborenen in wahre Sklaven verwandeln oder ihnen den festgesetzten Lohn verweigern oder sie schamlos ausbeuten..."[3].

Man muß schon weit in die Kolonialzeit zurückgehen, um ein so deutliches Wort der peruanischen Kirche zur Frage der indianischen Menschenrechte zu finden. Leider entsprach diesen Worten keine Offenheit gegenüber nichtkatholischer Hilfe für die Indianer. Als der Aymara Manuel Zúñiga Camacho, der in Chile eine protestantische Schule besucht hatte, 1904 in Platería im Distrikt Puno am Titicaca-See eine Schule ohne bestimmte konfessionelle Grundlage aufgemacht hatte, weil er erkannt hatte, daß die Erziehung der Schlüssel zur Lösung der Probleme seines Volkes war, schickte der Bischof von Puno Mönche, die den Indianern die Beteiligung an dem Schulunternehmen ausreden sollten.

In einer der Predigten wurde den Indianern mitgeteilt, „Gott habe nie beabsichtigt, sie zur Schule gehen und Wissen erwerben zu lassen. Ihre Aufgabe sei es, sich um ihre Schafe und ihre Ernten zu kümmern, und wenn sie darauf beharrten, die Schule zu besuchen, würden ihre Ernten vernichtet und ihre Herden durch Krankheiten umkommen." Die Folge war, daß Zúñiga, der sich schon 1904 vergeblich um Hilfe gegen Ausbeutung und Ungerechtigkeit, die den Aymara laufend von seiten der Großgrundbesitzer widerfuhr, an den Präsidenten der Republik gewandt hatte, nach einiger Zeit seine Schule schließen mußte, sich nun aber nach protestantischer Hilfe umsah, was der Bischof von Puno womöglich hätte vermeiden können, wenn er selbst diese Schulinitiative unterstützt hätte.

Zúñiga fand bei den Adventisten, die gerade erste Fühler nach Peru ausstreckten, Gehör mit seiner Bitte um einen Missionar. Zúñiga wandte sich dem Adventismus zu, eröffnete 1909 wieder seine Schule, die bald 60–70 Schüler hatte und ab 1911 voll von Frederick und Ana Stahl unterstützt wurde. Stahl vermied jede Sektiererei. Er predigte die Erlösung durch Gnade. Seine lebendige Verkündigung, daß Jesus die Indianer liebte, kam zusammen mit Manuels Zeugnis, das das Mißtrauen der Indianer zerstreute, bei den Aymara an. Hygieneunterricht, Pockenimpfungen, Krankenpflege — Ana war gelernte Krankenschwester — und Kampf gegen die Abhängigkeit von Trinken und Koka-Kauen ergänzten die Predigt, zu der sich um 1911 800 Indios am Sabbat trafen. Als 1913 schon indianische Helfer ausgebildet, ein neues Schulgebäude, Apotheke und Missionsstation in Platería gebaut worden waren, er-

kommen am Cerro de Pasco wurden von einer US-Gesellschaft ausgebeutet. In Talara wurde Öl gefunden. Und im transandinen Loreto-Territorium begann das Gummigeschäft. Allgemein zu Peru vgl. Spahni 1974, 181ff.

[3] Exigencias Sociales 1959, 269.

schien nach vergeblichen Drohungen lokaler Priester am 3. März Bischof Valentín Ampuero von Puno persönlich mit einem Gefolge von 200 Indianern in Platería, um die Aymara in Abwesenheit der Stahls einzuschüchtern. Der Mob stürmte die neuen Gebäude, zerstörte Einrichtungen und Medizinvorräte. Als alle Drohungen nicht bewirkten, daß die Adventisten, geführt von Manuel, sich wieder der Autorität der römischen Kirche und der Großgrundbesitzer unterwarfen, scheute sich ein Priester nicht, Manuel auszupeitschen. Er wurde zusammen mit sieben anderen Indianern verhaftet und eingesperrt[4].

Wie in anderen Fällen bewirkten diese Gewaltakte über die aufgebrachte öffentliche Meinung Reaktionen contra producentem, d. h. gegen die religiösen Monopolansprüche der römischen Kirche. Schon 1890 hatte die Verhaftung des Bibelkolporteurs Francisco G. Penzotti, der 1888 in Callao eine Bibelgesellschaft gegründet und eine spanisch-sprachige Gemeinde gesammelt hatte, zu einer Verstärkung des politischen Liberalismus geführt. Bekannte Bürger Limas hatten sich von Penzotti die Bibel im Gefängnis auslegen lassen, bis er nach drei Monaten ohne Auflagen entlassen wurde, nachdem er sich geweigert hatte, das Land zu verlassen[5]. Ab 1895 erschwerten die konservativ orientierten ‚Civilista'-Regierungen die von Penzotti angefangene protestantische Arbeit, die mit Thomas Bond Wood zur Begründung des Methodismus in Peru führte, wiederum stärker, indem sie verschiedene protestantische Schulen schließen ließen[6].

Die Liberalen konnten gegen heftigen klerikalen Widerstand 1897 die Einführung der Zivilehe nur als Möglichkeit für Nichtkatholiken durchsetzen. Dennoch verdammte der Erzbischof von Lima, Manuel Antonio Bandini, in einem Hirtenbrief vom 13. November 1897 das Gesetz[7], wohl weil damit eine erste Bresche in das römische Eherechtsmonopol geschlagen wurde. Da die römische Kirche durch ihre Pfarrer einen starken politischen Einfluß ausübte und über die Gemeindeglieder die Wahlen massiv beeinflußte, war die Exekutive nur sehr zögernd bereit, von der Legislative in den Jahren 1897–1915 verabschiedete antiklerikale Gesetze in Kraft zu setzen[8]. Der skandalöse Übergriff des geistlichen Arms in die Kompetenz des weltlichen Arms in Platería nützte dem Kampf der Liberalen für religiöse Toleranz, dem sich seit 1913 auch John Ritchie, einer der Pioniermissionare der ‚Regions Beyond Missionary Union' (RBMU), der seit 1906 in Peru arbeitete, widmete[9].

Schließlich gelang es 1915 die religiöse Toleranz durch eine Grundgesetzänderung zu sichern. Bis heute blieb der römischen Kirche allerdings das Privileg erhalten, an allen öffentlichen Schulen Religionsunterricht erteilen zu dürfen, obgleich sie sonst im Unterrichtswesen keinerlei Mitspracherecht mehr besitzt[10]. 1929–31 war allerdings noch einmal evangelischer Religions-

---

[4] Kessler 1967, 227ff. Der Richter von Puno ließ die Indianer wieder frei. Da sie aber von einem Bischof verhaftet worden waren, ging der Fall vor das oberste Gericht in Lima, das ebenfalls auf Freispruch plädierte.

[5] Ebd. 32ff.

[6] Ebd. 87f. Der Methodist Wood hatte in Callao eine Sekundarschule gegründet, die mit eigener Grundschule heute noch in Betrieb ist, ferner in Lima eine Grundschule, 1906 eine Sekundarschule für Mädchen (heute: Colegio María Alvarado) und eine kleine Grundschule in Tarma (1904), aus der sich später nach der Verlegung nach Huancayo der ‚Colegio Andino' entwickelt hat.

[7] Vargas 1953ff V, 329.   [8] Vgl. Mecham 1966, 172.

[9] Kessler aaO 168.

[10] Mecham aaO weist darauf hin, daß die römische Kirche nur noch in sechs la-

unterricht sogar in Privatschulen verboten, weil sich Diktator Leguía davon Stimmvorteile bei der Wahl 1930 versprach[11].

Mit Recht meint Vargas, daß bei der Zahl von 200 000 Protestanten in Peru, die 1916 auf dem Kongreß für Christliche Arbeit in Lateinamerika in Panamá genannt worden sein soll, wohl alle gelegentlichen Besucher mitgezählt sein müßten. Die wahre Zahl dürfte sich auf kaum 5 % davon belaufen haben. Fragwürdig ist indes seine Behauptung, die protestantische Propaganda des 19. Jahrhunderts habe eher dazu geführt, daß sich viele von der römischen Kirche entfernt und gar kein Bekenntnis mehr hätten, als daß sich annähernd so viele einer anderen Konfession angeschlossen hätten[12]. Da es erst ab 1890 dauerhafte protestantische Arbeitsansätze in Peru gibt, kann man kaum von Folgen der protestantischen Propaganda im „19. Jahrhundert" reden. Die Entfremdung der Liberalen von der römischen Kirche hat viel ältere Wurzeln. Tatsache ist, daß die Liberalen zunächst protestantische Missionare recht freundlich aufnahmen, z. B. Jarret und Peters von der RBMU 1895 in Cuzco. Aber von der Verachtung der Liberalen für den „Romanismus" auf eine Aufnahmebereitschaft für die evangelische Botschaft zu schließen, erwies sich meist als Irrtum. So erwiesen sich z. B. die Liberalen in Cuzco „als völlig gleichgültig gegenüber jedem religiösen Annäherungsversuch, gleichgültig ob katholisch oder protestantisch". Es bleibt deshalb als bemerkenswert festzuhalten, daß der Protestantismus in Peru etwa im Unterschied zu Chile nicht in der gebildeten Schicht Fuß faßte, sondern zunächst unter den Indianern, was die Errichtung eines nationalen kirchlichen Amtes erleichterte[13].

Stärker als durch den Protestantismus wurde die intellektuelle Führungsrolle der römischen Kirche durch den Positivismus in Gestalt des englischen Empirismus in Frage gestellt, dessen Einfluß sich in Peru ab 1860 bemerkbar machte und der von 1885 bis 1915 seinen Höhepunkt erlebte[14]. Der größte Teil der Schriftsteller und Studenten der Epoche war von der Philosophie des Positivismus erfaßt, der auch noch die Studentengeneration von 1920 prägte, die schon in der Reaktion auf den Positivismus ausgebildet wurde. Der Positivismus hat die Renaissance des Universitätswesens in Peru und ganz besonders der traditionsreichen ‚Universidad de San Marcos' bewirkt. Auch heute noch, wo es längst keine Vertreter des dogmatischen Positivismus mehr gibt, sind in ihrem Unterrichtswesen noch Überreste nachweisbar[15].

Obgleich der Positivismus als solcher atheistisch ist, kann man von der Mehrzahl der peruanischen Positivisten nicht behaupten, sie seien Atheisten gewesen, denn sie blieben auf gutem Fuß mit der römischen Kirche, nahmen weiterhin an Messen teil und schickten ihre Kinder teilweise auf kirchliche Schulen. Wenn sie auch den Katholizismus bzw. die Scholastik als Philosophie für die Gebildeten ablehnten, erkannten sie doch den Nutzen des Volkskatho-

---

teinamerikanischen Staaten Religionsunterricht an öffentlichen Schulen erteilen kann: In Peru, Kolumbien, Argentinien, Brasilien, Costa Rica und Haiti. In Peru können Priester, Nonnen etc. auch in anderen Fächern unterrichten, wenn sie die erforderliche Qualifikation besitzen, obgleich diese Kräfte mehrheitlich im privaten Schulwesen tätig sind.

[11] Vgl. Kessler aaO 184 und 239.
[12] Vargas 1953ff V, 329.
[13] Kessler aaO 160ff und 50f.
[14] Vgl. Interdonato 1968, 30ff und Pike 1970, 64.
[15] Interdonato aaO 32, der sich auf Augusto Salazar Bondy, Historia de las ideas en el Perú contemporáneo, Lima 1965, 2 Bde. bezieht.

lizismus für die breite Masse an. Unter dem Eindruck der erkenntnistheoretischen Kritik Henri Bergsons fiel es ihnen später nicht schwer, sich wieder vom Positivismus abzuwenden, was allerdings keine offene Rückkehr zum Katholizismus bedeutete[16].

Als ein Sonderfall unter den peruanischen Positivisten sei Manuel González Prada (1848–1918) erwähnt, der ein konsequenter Gegner der römischen Kirche wurde. In einem Essay über Pfarrer Vigil Yáñez (vgl. 41237) bemerkt er, daß in Ländern wie Peru ein Priester wie Vigil, der sich von der Kirche trenne, von der Gesellschaft zur völligen Isolierung verdammt werde, auch wenn er moralisch noch so untadelig sei, weil er als Häretiker gälte, während andere Kleriker, die öffentlich der Simonie und der Libertinage überführt sein könnten, sogar als Bischöfe im Amt blieben, wenn sie nur orthodox seien. González fordert nicht nur die Emanzipation der Männer vom traditionellen Glauben, sondern ruft auch zur Befreiung der Frauen aus der Sklaverei des Romanismus auf. Vernichtend ist sein Urteil über die Nonnen und das vorwiegend von ihnen geleitete kirchliche Schulwesen. Ihre Religion sei nichts weiter als die unbewußte Praxis abergläubiger Zeremonien und ihre Moral nichts weiter als ein Kult der vanitas. Wie nicht wenige Liberale und Laizisten in Lateinamerika war auch González ein Protagonist des Protestantismus, ohne etwa selbst ein überzeugter Protestant zu sein. Der Protestantismus erschien ihm indes als ein nützliches Gegengewicht zur Macht Roms in der westlichen Hemisphäre. Und er zog ihn außerdem dem Katholizismus vor, weil er die Freiheit des Denkens nicht so einenge und immer einen Notausgang in Richtung auf den Rationalismus offenhielte[17].

42372 *Peru auf der Suche nach seiner Identität (1919–1968)*

Der 1919 gewählte Expräsident Augusto B. Leguía verwandelte sich schnell in einen Diktator, der die Macht bis 1930 nicht wieder aus der Hand gab. Er versuchte sich den Anschein eines wohlwollenden Herrschers zu geben, konnte aber nicht umhin, Kritiker einzusperren und die San Marcos Universität mehrfach zu schließen, weil sie ein Zentrum politischer Demonstrationen war. Wie wenig der Positivismus an der sklavischen Orientierung der peruanischen Gesellschaft an Europa geändert hat, erhellt daraus, daß die auf ihn fußenden Soziologen an San Marcos in ihren Lehrveranstaltungen in den zwanziger Jahren überhaupt nicht auf peruanische Probleme eingingen[18].

Als kluger Opportunist sicherte sich Leguía das Wohlwollen der römischen Hierarchie, indem er endgültig auf das staatliche Patronatsrecht verzichtete[19] und sich deren Rückendeckung bei seinem Bemühen um die Erhaltung des gesellschaftlichen Status quo in einer Zeit wachsender gesellschaftlicher Spannungen sicherte. Er ließ der Katholischen Aktion staatliche Hilfe angedeihen, entsprach doch ihr Versuch, durch die Weckung des sozialen Gewissens der Oberschicht, die gesellschaftliche Solidarität wiederherzustellen,

---

[16] Interdonato aaO 33. Ausgehend von einer „falschen Differenzierung zwischen der Moral der Elite und der des Volkes glaubten sie, daß für erstere die ephemeren und wechselnden Konstruktionen des modernen Subjektivismus genügten und für letztere die alten in Traditionen und Institutionen objektivierten Mythen". Die Positivisten versuchten den Katholizismus auf die Stufe einer „Volksreligion" zurückzustufen.

[17] Ebd. 37ff. Bekannte peruanische Positivisten sind: Javier Prado (1871–1921), Clemente Palma (1872–1946), Mariano Cornejo (1866–1942), der direkt von Comte geprägt war, und Manuel Vicente Villarán (1873–1958). Der neue Spiritualismus Bergsons wurde besonders von Alejandro O. Deustua (1849–1945) vertreten.

[18] Hanke 1967 II, 31.   [19] Fagg aaO 653ff.

ganz seiner Absicht, mit paternalistischen Hilfsmaßnahmen den Klassenkonflikt zu vermeiden[20]. Das 8. Limenser Konzil trug 1927 mit seiner ausgewogenen Erklärung zur sozialen Lage den gemeinsamen Interessen von Oligarchie und Hierarchie Rechnung.

Es ist nur noch die Rede vom „Fehlen von Gerechtigkeit und christlicher Liebe, mit der *einige* gottvergessene Kapitalisten, Anbeter des goldenen Kalbes, die Arbeiterklasse unterdrücken". In nur scheinbarer Ausgewogenheit werden dann sogleich die „Exzesse" bedauert, zu denen sich einige Arbeiterorganisationen hinreißen lassen, die „nicht damit zufrieden sind, ihre legalen Rechte zu fordern, sondern mit unzulässigen Streiks das Leben der Völker durcheinanderbringen, den Klassenhaß wachhalten und drohen, gewaltsam die *natürliche* Ordnung der Gesellschaft umzustürzen"[21]. Angesichts seiner schreienden Not konnte das Proletariat solche Aussagen kaum als Zeichen der Solidarität der Amtskirche mit seiner Lage verstehen.

Obgleich eine Kirche wie die der Adventisten im Vergleich zu ihrer Größe viel energischere Bemühungen zur Förderung der Indianer unternahm als die römische — bis 1924 hatte sie mit 73 indianischen Mitarbeitern 80 Primarschulen mit 4150 Schülern aufgebaut —, vermißt man in der bischöflichen Erklärung ein Wort des Bedauerns über die Exzesse, denen sich die adventistischen Indianer mit stillschweigender oder offener Billigung katholischer Priester von seiten der Grundbesitzer ausgesetzt sahen. Seit 1919 mußte durchschnittlich ein Ketschua pro neuerrichteter Missionsstation bzw. Schule sein Leben lassen.

Als ein wahres Gegenbild zum Dominikanerpater Valverde, der den Inka Atahualpa mit dem Kreuz in der Hand in einen bewaffneten Hinterhalt lockte (vgl. 122) trat der argentinische Adventist Pedro Kalbermatter 1919 vor der ersten Missionsstation im Ketschua-Gebiet 200 bewaffneten Angreifern unbewaffnet entgegen mit der Bibel in der einen Hand, die andere Hand ausgestreckt zur Begrüßung, nachdem er die Feuerwaffen der eigenen Leute hatte vergraben lassen. Blutvergießen konnte so vermieden werden. Aber 1920 wurde eine Gruppe von 50 Indianern dieser Station von Angreifern umstellt, wobei 12 getötet und viele verwundet wurden. Später wurden noch einmal 15 Indianer getötet. Wegen der isolierten Lage der Stationen war auch der nach dem Überfall von 1920 zugesagte Regierungsschutz nicht immer wirksam, so daß sich die Gewalttätigkeiten bis Ende der zwanziger Jahre hinzogen[22].

Auf der Suche nach der Identität Perus wurde in den zwanziger Jahren erstmals seit der Conquista auf die Indianer und ihre Kultur zurückgegriffen, wobei ihre Lebens- und Wirtschaftsform etwas leichtfertig mit dem Sozialismus gleichgesetzt wurden.

Einer der unermüdlichen Vorkämpfer des „sozialistisch-indophilen Kreuzzugs der zwanziger Jahre war Luis E. Valcárcel", der die Erneuerung Perus von den präkolumbischen „sozialistischen" Praktiken und Wertvorstellungen erwartete. Die dekadente Kultur der pseudo-peruanischen Elemente europä-

---

[20] Pike 1970, 65: Leguía „established a warm relationship with the somewhat naive and overly receptive Archbishop of Lima Emilio Lissón y Chávez...".
[21] Const. 208—209 nach Exigencias Sociales 1959, 269f. Die Rede von der „natürlichen Ordnung der Gesellschaft" ist geeignet, den Eindruck zu erwecken, als ob die Beherrschung und Regierung des Volkes durch die Oligarchie und die Ausbeutung der Volksmasse bzw. bestenfalls eine paternalistische Fürsorge durch Naturrecht gottgewollt seien.
[22] Kessler aaO 234f.

isch beeinflußter Kreolen und Mestizen wollte Valcárcel durch revolutionäre Gewalt beseitigen und Indo-Amerika wiedererstehen lassen[23]. Auf derselben Linie bewegte sich auch der „ernsthafteste politische Denker, den Peru bis jetzt hervorgebracht hat", José Carlos Mariátegui[24]. „Wie seinem Vorgänger González Prada (1844–1918) im realistischen Zeitalter ist ihm das soziale Anliegen das wichtigste, dessen Forderungen: grundsätzlicher Strukturwandel der Wirtschaft, Bodenreform, Nationalisierung der Produktionsmittel, Kampf gegen Imperialismus und Kapitalismus, Revalorisierung der ursprünglichen Besitzer des Bodens er so radikal vertrat, daß seine Gegner ihn als Kommunisten bezeichneten."[25] Auf einer ähnlichen Linie lag Víctor Raúl Haya de la Torre, der erheblich von dem Presbyterianer-Missionar John Mackay beeinflußt war und 1923 die Studentendemonstrationen anführte, die dagegen protestierten, daß Leguía Peru feierlich dem Hl. Herzen Jesu weihte.

Haya wurde daraufhin von dem Diktator ausgewiesen und versuchte 1927 in Mexiko die Gründung einer kontinentalen Befreiungsbewegung für Indo-Amerika (Alianza Popular Revolucionaria Americana – APRA), die allerdings nur in Perú wirklich Fuß fassen sollte, wohin Haya 1931 zurückkehrte. Die populistische APRA trat für eine Nationalisierung von Grund und Boden und der Industrie ein, sowie für die Internationalisierung des Panamá-Kanals und für den Zusammenschluß aller Staaten Lateinamerikas. Sie bekämpfte besonders den Imperialismus der USA[26].

Der Radikalismus der meisten Indiophilen, die wie Valcárcel die römische Kirche mit den zu bekämpfenden dekadenten peruanischen Strukturen gleichsetzten, erleichterte es der Kirche, eine Frontstellung gegen diese Bewegung zu beziehen, deren berechtigte Anliegen sie erst in den sechziger Jahren nach und nach verstehen sollte. Sie kam dadurch fast unwillkürlich auf die Linie des in den zwanziger Jahren von den peruanischen Hispanophilen enthusiastisch

---

[23] Pike 1970, 67. Valcárcel (*1891) war als Amerikanist eine anerkannte wissenschaftliche Autorität. Er war Direktor des Archäologischen Museums in Cuzco, später des Nationalmuseums in Lima und Ordinarius der Universität San Marcos - vgl. Grossmann 1969, 481.

[24] Hanke aaO 32. Seine bekannten „Siete ensayos de interpretación de la realidad peruana" von 1928 sind 1971 in 19. Aufl. erschienen. Ganzález Prada († 1918), der wegen zahlreicher posthumer Veröffentlichungen seine größte Breitenwirkung in den zwanziger Jahren erzielte, war der aufrüttelndste Schriftsteller der Gruppe der lyrischen Indianisten des Amero-Realismus. Er nannte alle bishierigen Revolutionen Perus Betrugsmanöver, in denen die Indianer sich ausschließlich zum Nutzen ihrer Patrone schlagen mußten und zum Dank bestenfalls ein Schulterklopfen geerntet hätten. Die Indianisten des Amero-Realismus hatten sich als „Literatur der Ernüchterung" aus den Kräften des sozialen Umbruchs nach dem verlorenen Pazifikkrieg formiert. Sie versuchten die Gründe für die Niederlage zu eruieren, nämlich den Zentralismus der reichen Oligarchie, die das Land von Lima aus regierte, ohne sich für lokale Entwicklungen zu interessieren, die Latifundienwirtschaft, mit den von ihr begründeten Abhängigkeitsverhältnissen, die völlige Vernachlässigung der Indianer und die Verkennung ihrer alten Kultur, sowohl von seiten der Gesellschaft wie der Kirche, die in inniger Verbindung mit der herrschenden Schicht reich inmitten eines armen Volkes lebte und der Lage der Indianer gegenüber völlige Gleichgültigkeit an den Tag legte - vgl. Hanke 1967 II, 30f und Grossmann 1969, 282.

[25] Grossmann aaO 510. 1928 erklärte er sich tatsächlich zum orthodoxen Marxisten-Leninisten und 1929 half er bei der Gründung der Sozialistischen Partei Perus, die sich nach seinem Tode der kommunistischen Internationale anschloß.

[26] Vgl. Ribeiro 1970, 199–205. Zum Einfluß Mackays auf Haya de la Torre vgl. Kess-

rezipierten Faschismus, der zunächst vom italienischen Vorbild Mussolinis und dann von Franco geprägt wurde.

Nachdem die ruhmreiche Tradition des spanischen Mutterlandes in Franco einen modernen Verteidiger gefunden hatte, konnte sich ein spanischer Faschist zu dem Satz versteigen: „Die spanische Kultur ist derjenigen der Indianer Perus so unendlich überlegen, daß die indianische Kultur zerstört werden muß, um die Einführung von Moralität und Fortschritt zu ermöglichen. Die ‚Hispanität' bildet die dauerhafte geistige Gemeinschaft der hispanischen Völker, und sie beruht auf den Werten von Katholizismus, Hierarchie und der Bruderschaft der iberischen Völker... Diese Bruderschaft verpflichtet uns, für die gesellschaftliche Ordnung der christlichen Gerechtigkeit zu kämpfen, wobei wir als gleich schlecht den liberalen Kapitalismus und den marxistischen Kollektivismus ablehnen." Der bedeutende Historiker José de la Riva Agüero, lange Zeit ein Freidenker, kündigte 1932 feierlich seine Heimkehr in den Schoß der katholischen Kirche an und wurde dann der prominenteste Prediger des Faschismus in Peru. Nur der Katholizismus und der Faschismus mit dem korporativen Staat, „mit Ordnung, Hierarchie und Autorität" können seiner Meinung nach die kommunistische Gefahr aufhalten[27]. Die 1917 gegründete Katholische Universität in Lima wurde zur intellektuellen Hochburg des Faschismus, was ihrer soziologischen Struktur entsprach, war sie doch eine elitäre Zufluchtstätte der Jugend der Oberschicht, nachdem die Traditionsuniversität San Marcos unter dem Einfluß der 1918 im argentinischen Córdoba initiierten Universitätsreformbewegung auch Studenten aus einfachen Kreisen aufnahm.

Hatte die römische Kirche von der humanistisch-spiritualistischen Reaktion auf den Positivismus nur in bescheidenem Maße profitiert[28], so akzeptierte sie nun desto bereitwilliger die Schützenhilfe des Faschismus, der sich als die genuin katholische Antwort auf den von Positivismus, Kapitalismus und Demokratie geförderten Materialismus ausgab und im Gegensatz zu dem als sozialistisch abgelehnten Indianismus die peruanische Identität wiederum einseitig in der mittelalterlich katholisch-spanischen Tradition fand.

ler 1967, 146f. Haya war 1919 schon von Mackays Erziehungsideen und von seinem Vorbild der regelmäßigen Bibellektüre beeinflußt. Der 1919 zum Präsidenten des Studentenbundes der San Marcos Universität gewählte Haya gründete 1920 eine Volksuniversität mit Abendkursen für das Volk, in der erstmals der Klassenunterschied zwischen Hochschulstudenten aus besseren Kreisen und Arbeitern überbrückt wurde. Die Arbeiter und Studenten-Entente engagierte sich für soziale Gerechtigkeit u. a. auch für die unterdrückten Indios. Die Stärke dieser neuen Bewegung wurde bei den Massendemonstrationen von 1923 gegen die Weihe Perus an das Hl. Herz Jesu deutlich. Dieser Weiheakt sollte nämlich den Boden für ein Konkordat bereiten, das die Regierung nicht nur gezwungen hätte, die römische Kirche finanziell erheblich zu unterstützen, sondern auch alle Gesetze zu widerrufen, die den Vorstellungen des Vatikans über die bestimmende Rolle des Katholizismus zuwiderliefen.
[27] Pike 1970, 66f. Riva zeichnete die faschistische Position bei anderer Gelegenheit so: „Liberalismus, Kapitalismus und Demokratie, die alle auf dem Utilitarismus und Materialismus gründen, haben die Klassen- und Werthierarchie zerstört und zur Herrschaft der Mittelmäßigkeit geführt und allgemein die menschliche Existenz so beschmutzt, daß sie den Kommunismus als Reaktion und vermeintliche Abhilfe gezeugt haben. Die einzige Lösung ist die Rückkehr zur mittelalterlichen, katholischen, spanischen Tradition wie sie jetzt vom Faschismus verkörpert wird" - ebd. 67.
[28] Pike aaO 64f scheint das Ausmaß der Rückwendung von Intellektuellen und Politikern zur katholischen Kirche im Zeichen der mehr humanistisch-spiritualistischen Reaktion auf Positivismus und Utilitarismus zu überschätzen, denn Interdonato 1968, 54f drückt sich wesentlich vorsichtiger aus.

Trotz ihrer langen Tradition zumindest paternalistischer Hilfe für die Indianer wandte sich die Amtskirche in ihrer Mehrheit als Reaktion auf den Indianismus von ihren Schützlingen ab.

Selbst jene Kirchenleute, die weiter zu den Indianern standen, lehnten Reformen zu deren Gunsten ab, die von einem gesellschaftlichen Pluralismus ausgingen, also von einer sozial ebenbürtigen Rolle der Indianer ohne Aufgabe ihrer ethnisch-kulturellen Identität. Kirchlicherseits konnte man sich die Zukunft Perus nur mit Beibehaltung des Lehrer-Schülerverhältnisses zwischen der Oberschicht und der von ihrer paternalistischen Fürsorge abhängigen Eingeborenen vorstellen, denen sie eine gleichberechtigte Teilnahme am gesellschaftlichen Leben erst nach einer völligen Akkulturation, d. h. nach Übernahme des spanischen Kulturmusters, in späteren Generationen zutrauten. 1937 konnte Erzbischof Pedro Pascual Farfán von Lima, ohne mit Widerspruch rechnen zu müssen, äußern: „Armut ist der sicherste Weg zur ewigen Seligkeit. Nur der Staat, dem es gelingt, die Armen von den geistlichen Schätzen der Armut zu überzeugen, kann seine sozialen Probleme lösen."

Als 1945 Faschismus und Indianismus mehr und mehr an Anziehungskraft verloren und unter der Mehrheit der Intellektuellen ein Konsensus darüber zustande kam, daß Perus wahre Identität im Mestizentum zu suchen sei, schloß sich die römische Kirche erneut der mehrheitlichen Strömung der politisch bestimmenden Minderheit an und wandte sich wieder verstärkt der Indianerfürsorge zu. Ganz allgemein erhöhte sich die Bereitschaft der politisch maßgeblichen Gruppen, etwas zur Lösung der Probleme der Indianer und für ihre gesellschaftliche Integration zu unternehmen[29].

Die politische Geschichte, die hier nicht im einzelnen geschildert werden kann, stand von 1931 bis 1962 im Zeichen undemokratischer Regierungen, die die Interessen der Oberschicht und der Militärs vertraten, das sich verschiedentlich als Moderator der Macht betätigte, während die APRA um die Macht kämpfte, die ihr bei manipulierten, nicht überprüfbaren Stimmauszählungen vorenthalten wurde.

Der in seiner Stellung durch die Weltwirtschaftskrise geschwächte Leguía wurde durch einen Putsch des Garnisonkommandanten von Arequipa, Oberst Luís Sánchez Cerro, gestürzt, der sich 1931 zum Präsidenten wählen ließ. Der vermutete Wahlbetrug führte zur Apristenrevolte von Trujillo, bei der 200 Soldaten umkamen. Das war der Anlaß zu einem wahren Apristenpogrom, dem allein 1932 5000 Apristen zum Opfer fielen, viele von ihnen wurden in Gefängnissen ermordet. Der Kampf zwischen APRA und Oligarchie zog sich bis 1945 hin. Die APRA blieb die einzige Massenpartei Perus und überhaupt die erste nationalpolitische Bewegung Lateinamerikas, die etwas anderes war als „eine patriarchale Vermittlerelite zwischen dem Volk und der Macht", nämlich eine Zentralorganisation mit Tausenden von militanten Zellen, die auch auf den Kampf im Untergrund vorbereitet waren. Desto erstaunlicher ist es, daß Haya nie einen echten Versuch zur revolutionären Machtergreifung machte[30]. Ab 1945 grenzte

---

[29] Pike aaO 65ff. Zitat aus dem Hirtenbrief von 1937 anläßlich des Festes der Hl. Rosa von Lima - ebd. 73.

[30] Ribeiro 1970, 204f meint, daß Haya eben doch kein echter revolutionärer Führer war. „Sein Radikalismus kommt über eine für die Mittelklasse typische konspirative Staatsmentalität nicht hinaus". Durch das Veto der Oligarchie sieht er sich nicht zum Kampf für seine politische Linie, für die zahlreiche seiner Anhänger ihr Leben gelassen haben, veranlaßt, sondern zur Revision seiner Überzeugungen, um durch Anpassung an die Oligarchie an der Macht teilzuhaben. Verständlicherweise kam die Basis bei dieser Metamorphose nicht mit, so daß es zur Demoralisierung der Apristen kam.

Haya sich immer stärker von den Kommunisten ab und paßte sich an die Wohlstandsmentalität der Mittelschicht an, die inzwischen ca. 15 % der Bevölkerung umfaßte. 1961 lebten schon 48 % der 11 Mill. Peruaner in städtischen Siedlungen gegenüber 33 % 1940. Nachdem Haya immer mehr den Status quo unterstützte, so daß die Basis an ihm irre wurde, stimmte der Slogan der Kommunisten: „Der Kommunismus ist eine lebendige Partei mit einem toten Führer (Mariátegui), während die APRA eine tote Partei mit einem lebendigen Führer (Haya) ist."[31]

Die Annullierung des APRA-Sieges 1962 durch die Streitkräfte wegen eines Betrugsfalles, die in den Neuwahlen 1963 zum Sieg des Führers der 1956 gegründeten ‚Acción Popular', Belaúnde Terrys (1963—68), führten, bedeutete, daß die Finanz-Agrar-Allianz nicht mit Hilfe der APRA ihre alte Wirtschafts- und Gesellschaftspolitik fortsetzen konnte[32]. Belaúnde schien sich das ursprüngliche Anliegen der APRA zu eigen gemacht zu haben. Er knüpfte am Indianismus der zwanziger Jahre an und predigte einen situationsgemäßen Humanismus, der die autochthone inkaische Kultur als ideologisches Element benutzte. Agrar- und Erziehungsreform und staatliche Wirtschaftsplanung waren die erklärten Ziele des ‚Belaundismo', der versuchte, speziell die bäuerlichen Massen der Indianer zu mobilisieren mit Slogans wie diesem: „Spitzhacken und Schaufeln für die Revolution ohne Gewehrkugeln". Aber öffentliche und private Investitionen kamen in erster Linie der Mittelschicht zugute. Die seit der Bodenreform in Bolivien (1952ff) stärker durch politisches Bewußtsein motivierte andine Landbevölkerung fühlte sich wieder betrogen, so daß die Gefahr der Radikalisierung latent vorhanden war[33].

Der Reformkurs Belaúndes fand nicht nur die Unterstützung der Armee, sondern auch der römischen Kirche, die seit 1958 neues soziales Bewußtsein entwickelte. Im Januar 1958 leitete die Hierarchie mit einem gemeinsamen Hirtenbrief eine Kampagne für soziale Gerechtigkeit ein. Der Hirtenbrief enthält keine konkreten revolutionären Forderungen, verlangt kaum Strukturreformen, sondern stellt allgemein die katholische Soziallehre dar und appelliert an die christlichen Gewissen, menschliche Gehälter zu zahlen, die Arbeiter am Betriebsgewinn zu beteiligen, um die Kluft zwischen Arbeit und Kapital zu überbrücken und die Arbeitsplätze zu sichern. Der Staat wird an seine Pflicht

---

[31] Hanke 1967 II, 34.   [32] Marini 1974 Peru, 102.
[33] Pasara 1967 bemerkt, daß die Tatsache, daß die Ergebnisse der Regierungszeit Belaúndes weit hinter den Erwartungen zurück blieben, sich teilweise daraus erklärt, daß die APRA und die UNO (Unión Nacional Odrista) mit ihrer Parlamentsmehrheit die Reformen blockierten und teilweise dadurch, daß auch ein Teil der Abgeordneten von Belaúndes Acción Popular und ein Teil der mit ihr verbündeten Christdemokraten ideologisch der Rechtsposition zuneigten. Der radikalere Sektor der Acción Popular um Vizepräsident Edgardo Seoane, dem ehemaligen Leiter der KA, und sympathisierende Presseorgane wie die Tageszeitung ‚El Comerico' und die Wochenzeitschrift ‚Oiga' erinnerten die Regierung vergeblich an die in den Wahlen beschworene Nationalisierungspolitik, z. B. auf dem Erdölsektor, der von der allmächtigen Standard Oil Co. beherrscht wurde. Sicher wurden öffentliche Bauvorhaben verwirklicht — Schulen, Krankenhäuser, Straßen etc. — und die Wirtschaft wuchs durch öffentliche und private Investitonen. Aber alles kam in erster Linie der wachsenden Mittelschicht zugute. Pike aaO 120f erwähnt, daß das Bruttosozialprodukt um 5—7 % wuchs. Aber das Ausmaß der wirtschaftlichen Abhängigkeit Perus von den USA erfüllte nicht wenige Peruaner mit Sorge, denn bis 1964 beliefen sich die US-Investitionen in Peru auf ca. US$ 450 Mill. und 35—40 % des Bruttosozialprodukts resultierten aus der Tätigkeit ausländischer Unternehmen.

erinnert, auf gesetzlichem Wege die Rechte der Arbeitnehmer zu sichern. Die Bischöfe sorgen sich besonders um die andinen Indianer, die im Elend dahin vegetieren, empfehlen die verstärkte Gründung von Genossenschaften im parochialen Rahmen und die Abhaltung eines ‚Congreso Indigenista Católico', sowie einer sozialen Studienwoche, die dann im August 1959 abgehalten wurde[34].

Auf dieser ‚Primera Semana Social del Perú' wurde u. a. davor gewarnt, die Kirche mit der Hierarchie zu verwechseln und von letzterer zu viel zu erwarten. Die soziale Lage könne sich nicht ändern, wenn sich nicht das ganze christliche Volk ändere. Dennoch müsse der Klerus in besonderem Maße für die Verbreitung der Sozialehre sorgen. Der Mangel an sozialer Praxis in Lehrerschaft, Laienvereinigungen, Bruderschaften und frommen Vereinigungen sei frappierend. Sie ließen sich sonst etwas einfallen, um das notwendige Geld zur Verschönerung oder Versilberung von Kultbildern zweifelhaften Wertes zusammenzubekommen, übersähen aber schreiendes Elend in nächster Nähe. Auch die Katholische Universität wird scharf kritisiert (vgl. 535). Die Zusammenfassung aller katholischen Hilfswerke zur ‚Cáritas del Perú' im Jahre 1959 wird als Schritt nach vorn bewertet, aber davor gewarnt, sich auf die Verteilung von US-Spenden zu beschränken. Vielmehr müsse der Caritas um die soziale Integration im weitesten Sinne gehen. Dazu sei die ‚Misión de Lima' ein erster Schritt, die den Einwohnern der Armenviertel geistlich helfen wolle. Aber was seien schon 23 Zentren für 136 Arbeiterviertel (barriadas) mit 300 000 Bewohnern. Das Fehlen von sozialer Gerechtigkeit bei vielen katholischen Unternehmern treibe die Arbeitnehmer dem Kommunismus in die Arme[35].

1963 blieb es nicht bei den Worten des Wahlhirtenbriefes ‚Política, deber social'[36]. Um der Debatte über das Agrarreformgesetz, das die Regierung Belaúnde 1964 in sehr verwässerter Form durchbrachte, einen kräftigen Impuls zu geben, setzte Erzbischof Carlos M. Jurgens von Cuzco ein deutliches Zeichen, indem er 13 000 ha kirchlichen Grundbesitz der Regierung zur Ver-

---

[34] Vgl. den Text des Hirtenbriefs in Exigencias Sociales 1959, 259ff. Die erstaunliche Forderung der Bischöfe nach Gewinnbeteiligung der Arbeiter wird gleich wieder eingeschränkt durch die Bemerkung, dies dürfe nicht dazu führen, daß die Arbeiter arbeitsunwillig würden, „denn der Mensch ist zur Arbeit geboren wie der Vogel zum Fliegen", sondern müsse der Bildung von Rücklagen dienen (aaO 264). So richtig die Intention dieser Aussage sein mag, so bedenklich ist im lateinamerikanischen Kontext die naheliegende Identifizierung von Mensch und Proletarier. Denn daß der Weiße der Oberschicht zur Arbeit geboren ist, hat die Kirche jahrhundertelang nicht verkündet. Sie hat die tief eingefleischte Überzeugung der weißen Oligarchie, daß es eines Weißen unwürdig sei, die geringste manuelle Verrichtung auszuführen, praktisch unwidersprochen hingenommen.

[35] Dammert 1959, 157 - späterer Hilfsbischof von Lima.

[36] Dussel 1972, 195 erinnert daran, daß sich im selben Jahr Guerrillero-Zellen bemerkbar machten, die sich der Welle der Landbesetzungen bedienten. Bei der Bekämpfung der Guerrilleros zeigte sich, daß die peruanischen Streitkräfte seit der kubanischen Revolution schon erfolgreich mit US-Hilfe in der Bekämpfung subversiver Kräfte ausgebildet worden waren. Einer der Führer der 1965 niedergeschlagenen Guerrilla, Héctor Béjar, analysierte die Fehler des Untergrundkampfes im Gefängnis. Er sieht die Hauptfehler in der Doppelheit von zwei verschiedenen Organisationen, dem ELN (Ejército de Liberación Nacional) und dem MIR (Movimiento de Izquierda Revolucionaria), in der Beschränkung auf ländliche Gebiete bei völliger Vernachlässigung der Städte und im ungünstigen Zeitpunkt, zu dem in der Öffentlichkeit noch kaum Verständnis für die Notwendigkeit eines radikalen Umsturzes vorhanden war - nach VIS 3, Nr. 13/14 (1969), 53–57 Rezension zu Béjar 1969.

teilung überließ, während allenthalben die ungeduldig gewordene Landbevölkerung zu Landbesetzungen schritt[37]. Schon Ende der fünfziger Jahre war es unter der Landbevölkerung der südlichen Sierra Perus unter der Führung Hugo Blancos nicht zuletzt unter dem Eindruck der kubanischen Revolution zu Landbesetzungen nach der Devise „Land oder Tod" (tierra o muerte) gekommen[38]. Schon 1964 mußte sich der jesuitische Vizeprovinzial, Ricardo Durand, mit dem Vorwurf auseinandersetzen, der Klerus sei kommunistisch infiltriert und übernähme die materialistische Philosophie. Er antwortete: Wenn die Forderung nach mehr Gerechtigkeit kommunistisch sei, dann sei das Evangelium kommunistisch, denn für diejenigen, die diesen Vorwurf erhöben, sei ohnehin alles, was nicht rechtsliberal sei, kommunistisch[39].

Mitte der sechziger Jahre war die tiefe Krise der peruanischen Gesellschaft und Demokratie nicht mehr zu übersehen. Die Allianz von Industrie, Bourgeoisie und Kleinbourgeoisie, „repräsentiert in den Parteien ‚Acción Popular' und ‚Partido Demócrata Cristiano' kontrollierte" seit 1963 „die Exekutivgewalt, die Finanz-Agrar-Allianz aus den Parteien APRA und ‚Unión' Nacionalista Odríista' die Legislative". Deshalb war auf „demokratisch-repräsentativem" Wege keine Überwindung der sich gegenseitig blockierenden Interessen abzusehen und von den drei Hauptzielen des Reformprogramms Belaúndes – Agrarreform – Industrialisierung – Zurückgewinnung des Erdöls für Peru – konnte keins befriedigend verwirklicht werden[40].

Der Beitrag der relativ schwachen evangelischen Kirchen in Peru zur sozialen Entwicklung ist verschieden groß. Die Adventisten, deren Zahl in Peru und Bolivien die Zahl der Glieder aller anderen evangelischen Kirchen zusammengenommen übersteigt, hatten den einmaligen Vorteil, daß sie ihre Arbeit auf ausdrückliche indianische Einladung begannen, und zwar auf dem ländlichen Primarschulsektor. Bis 1947, wo der staatliche Ausbau des ländlichen Schulwesens verstärkt wurde, behielt das Schulwesen bei den Adventisten die Priorität, so daß sie 1950 noch 166 Primarschulen unterhielten.

Die Missionen der Methodisten, der ‚Evangelical Union of South America' (EUSA) und der Adventisten stellten den Indianern Gott als den Dienenden vor Augen, aber nur die Adventisten ließen die Indianer an der sozialen Anwendung des Evangeliums teilhaben, wie sie den Indianern überhaupt so weit wie möglich die Initiative überließen. Es zeigte sich, daß sie dort am meisten Erfolg hatten, wo sie weniger gesetzliche Ethik predigten als Gnade[41]. Die anderen Kirchen betreiben natürlich auch So-

---

[37] Ruiz G. 1971 I, 317, der Jurgens irrtümlich als Erzbischof von Lima bezeichnet.
[38] Die Landbesetzungsbewegung Blancos ist nicht mit der 1963 ausbrechenden Guerrilla-Bewegung zu verwechseln. Sie war bereits vorher von der Armee unterdrückt worden, die ihre Führer einsperrte. Allerdings führte die Militärjunta von 1962/63 in der südlichen Sierra im Raum von La Convención und Lares daraufhin eine regional begrenzte Bodenreform durch - Soberón 1969, 95.
[39] Dussel 1972, 255.   [40] Marini 1974 Peru, 103ff.
[41] Kessler 1967, 240ff. 1946 bekannten sich bei einem Regierungszensus allein im Bezirk Puno 29 000 Indios als Adventisten, obgleich die offizielle Statistik der Titicaca-Mission bei weniger als 6 000 lag. Damboriena 1963, 140 gibt für 1957 in ganz Peru eine Mitgliezahl von 19 501, bzw. eine Gesamtgemeinde von ca. 40 000 an. Nach Intensivierung des staatlichen Schulprogramms ging die Zahl der adventistischen Schulen bis 1960 auf 47 zurück. Es ist keineswegs so, daß die protestantische Schularbeit auf Grund der verfassungsmäßig garantierten Religionsfreiheit nicht erschwert würde. So versuchte die Regierung 1955 die Beachtung eines Gesetzes zu erzwingen, daß alle Sekundarschüler eine Prüfung in der „katholischen Religion"

zialarbeit, aber eben deutlicher als Mittel zur Mission. So begann die RBMU, aus der sich 1922 die ‚Iglesia Evangélica Peruana', die zweitgrößte evangelische Kirche Perus[42], entwickelte, 1908 mit drei Arbeitszweigen: dem Zeitungssektor, der Bibelschule und einer Musterfarm mit Schule und Waisenhaus[43]. Wo starker Nachdruck auf Bibelschulausbildung gelegt wird, wie etwa bei der ‚Pilgrim Holiness Church in Peru', erlebt man es, daß der Prozentsatz der Abgänger, die sich für den kirchlichen Dienst interessieren, niedrig ist, weil viele die Bibelschule nur als eine billige schulische Bildungsmöglichkeit betrachten. Bei der ‚Church of the Nazarene' ist hingegen das Bibelschulniveau niedriger, so daß es zu Bildungszwecken weniger attraktiv ist[44]. Bei den peruanischen Pfingstlern ist der soziale Aspekt des Evangeliums am schwächsten entwickelt[45].

4238 Ekuador (1895–1972)

42381 Die Herrschaft der Spätliberalen (1895–1925)

Mit Eloy Alfaro gelangte 1895 der 1878 gegründete ‚Partido Liberal Radical' an die Macht, der in erster Linie die Plantagenbesitzer der Küste, die Exportbourgeoisie und die Bankiers von Guayaquil repräsentierte, d. h. die Oberschicht der Küste. Entsprechend dem für Ekuador typischen ‚personalismo' war auch die Liberale Partei wesentlich eine Vereinigung von gleichgesinnten politischen Freunden, die sich weniger um ein Programm als um einen ‚caudillo' scharten, also um Alfaro, weshalb man auch vom ‚alfarismo' spricht, der das politische Leben bis 1911 bestimmte.

---

ablegen müssen, die in den evangelischen Schulen natürlich nicht gelehrt wird. Genauso hat die römische Kirche immer wieder versucht, den Verkauf von Bibeln und religiösen Schriften sowie die protestantischen Gottesdienste einzuschränken. Ein Regierungsdekret vom 4. 1. 1945 beschränkte alle nicht-katholischen religiösen Aktivitäten auf von außen erkennbare Kirchgebäude. Als das Dekret zu lasch gehandhabt wurde, beschwerte sich die römische Kirche, so daß viele Treffpunkte für Familienandachten, Sonntagsschulen, Ferienbibelschulen und einfache Hütten auf dem Lande geschlossen wurden. Vgl. CCLA 1955, 14–16. Zur Schularbeit vgl. Anm. 6.

[42] Damboriena aaO nennt für 1957 eine Mitgliedzahl von 7 725 und eine Gesamtgemeinde von 23 175.

[43] Kessler 167ff.

[44] Ebd. 277ff. Wie die Adventisten und die Baptisten, praktizieren die RBMU und die EUSA die Erwachsenentaufe, während die Pilgrim Holiness und die Nazarener Kirche wie die Pfingstler den Hauptnachdruck auf die Geisttaufe legen. Für 1964 gibt Kessler (aaO 274) für die Nazarener Kirche in 43 Gemeinden und Missionen eine Zahl von etwa 2 200 Gliedern an - vgl. Damboriena für 1957 1478 bzw. eine Gesamtgemeinde von 2 613 und für die Holiness Kirche nur 125 bzw. 270, für die Pfingstler (Asambleas de Dios) hingegen eine Gesamtgemeinde von 7 000.

[45] Kessler aaO 287. Im übrigen sind noch die Irischen Baptisten zu erwähnen, die in Puno, Tacna und dem äußersten Süden des Landes arbeiten, die US-Southern Baptists in Lima (ab 1950), die Wyclif Bibelübersetzer, die im Amazonastiefland mit der Schweizer Indianer-Mission zusammenarbeiten und die Heilsarmee (seit 1910), deren Arbeit die Pfingstler positiv beeinflußt hat, die aber nie zu einer Kirche geworden sind - ebd. 2f. Die Missionsarbeit der presbyterianischen Free Church of Scotland ab 1913 ist in den städtischen Zentren, wo sie am meisten gefördert, aber auch in Abhängigkeit von der Mission gehalten wurde, fast zusammengebrochen, während sich die ländlichen Gruppen mit mehr Eigeninitiative besser halten - ebd. 144ff.

Alfaro fand zwar für die zweite Amtsperiode (1901–05) in Leónidas Plaza einen fähigen Nachfolger. Aber sein Mangel an Vertrauen zu Plaza schadete der Zukunft des Liberalismus und führte dazu, daß Plaza 1905 mit Lizardo García einen Gegner Alfaros nominierte, so daß es 1906 zur Revolution von Riobamba kam, die den Weg zu Alfaros zweiter Präsidentschaft (1906–11) bereitete. Pareja nennt Alfaro den „großen heiligen Laien", weil er nach allen bewaffneten Aufständen den Feinden seiner Regierung großzügig den Generalpardon gewährte und am Gründonnerstag stets zwölf Arme an seinen Präsidententisch lud, sie von seiner aristokratischen Frau bedienen und sich von ihnen den Segen erteilen ließ[1]. Abad hingegen nennt ihn einen „machtbesessenen" ‚caudillo' und zitiert den zynisch klingenden Satz, mit dem Alfaro Kritik am Wahlbetrug der Liberalen zurückgewiesen haben soll: „Wir wollen nicht mit Papierchen verlieren, was wir mit Gewehren gewonnen haben." Abad kommentiert diesen Ausspruch mit der Bemerkung, daß er der politischen Realität Ekuadors im 19. und 20. Jahrhundert nahekomme, ganz gleich, ob er von Alfaro geäußert sei oder nicht. Denn bis heute haben Wahlen nur dazu gedient, „den personalistischen Kampf und die Gewaltanwendung innerhalb der Cliquen zu institutionalisieren, statt eine institutionelle Konzeption der politischen Parteien hervorzubringen". „Sowohl in ländlichen Gegenden, wo die Stimmabgabe als Dienst für den ‚patrón' angesehen wird, als auch in den urbanen Gebieten ist der Prozeß der Wahl ein reiner Betrug. In den Elendsvierteln des Subproletariats der Städte werden Wählerstimmen nicht nur mit den Versprechungen des ‚caudillo' gewonnen, sondern auch von den Mäzenen, die den Wahlkampf finanzieren, die Stimme wie eine Ware erworben oder im Tausch für große Mengen Alkohol zur Hebung der Lebensfreude ihrer Anhänger in den organisierten Komitees während der Tage des Wahlfestes."[2]

„Das politische System Ekuadors hängt in seiner gegenwärtigen Strukturierung vom Haciendasystem ab... Trotz gegenteiliger Beteuerungen spiegelt sich auch in allen Verfassungen die Macht der Großgrundbesitzer wider." Heute übt der Großgrundbesitzer allerdings „durch die Adaption an die ‚moderne kapitalistische Welt'" auch „eine Unternehmerfunktion aus", so daß „seine politische Macht... durch die Symbiose von Grundbesitz und Kapitaloligarchie" gestärkt wird. Grundsätzlich wird die urbane Politik von demselben Paternalismus beherrscht wie die ländliche, nur daß in den ländlichen Gebieten die lokale Verwaltung fast völlig von dem regionalen Kaziken und seiner „Partei" beherrscht wird, während dies in den Städten nicht so sehr in die Augen fällt. Auf dem Lande sind Gesetze „absolut wertlos und werden nur angewandt und ausgelegt zugunsten des ‚patrón' und des ihm umgebenden Freundeskreises". Der regionale Kazike „wird zum ‚caudillo', wenn es ihm gelingt, „durch Charisma und wirtschaftliche Macht... seinen Einfluß über seine Provinz oder Region hinaus geltend zu machen". „Bei den ad-hoc-Bewegungen der ‚caudillos', die z. B. vor Präsidentschaftswahlen gebildet werden und auf nationaler Ebene operieren, handelt es sich um reine Zweckallianzen der verschiedenen regionalen oder lokalen oligarchischen Gruppen mit dem Ziel, ihre soziale und wirtschaftliche Macht über ihren Aktionsradius hinaus zu erweitern und zu konsolidieren." Bis zur zweiten Amtszeit Velasco Ibarras (1944–48) identifizierte sich der jeweilige präsidentiale ‚caudillo' fast völlig mit der Region, die ihn an die Macht gebracht hatte, also entweder mit der ‚sierra' oder mit der ‚costa'. 1895–1944 dominierten die ‚caudillos' der Küste[3].

Nach dieser Schilderung des politischen Hintergrundes soll nun versucht werden, einen Überblick über die kirchliche und sozio-ökonomische Entwicklung zu vermitteln.

Auf welche Schwierigkeiten die Modernisierung in Ekuador stieß, zeigt das Beispiel des von Alfaro durchgesetzten Baus einer Eisenbahnverbindung vom

---

[1] Pareja 1962, 323. Zum Thema Kirche und Entwicklung vgl. auch CIAS Quito 1972.
[2] Abad 1974, 52 und 129f. [3] Ebd. 52ff.

Hafen Guayaquil nach der Hochlandhauptstadt Quito, wegen der Überwindung eines Höhenunterschiedes von 2800 m eine der schwierigsten Trassen der Welt. Während Alfaro verkündete: „Die Eisenbahn wird der beste Lehrer sein", da sie jedermann den technischen Fortschritt augenfällig demonstrieren, die Kommunikation fördern und damit auch ein einheitliches Nationalgefühl zu schaffen helfen könnte, tönten konservativ-katholische Kreise, „der Ketzer Alfaro fördere die Ketzerei, indem er die ,costeños' beförderte, damit sie die ,serranos' dadurch verdürben"[4]. Dazu muß man wissen, daß Guayaquil erst 1838 ein Bistum geworden war, daß die kirchliche Versorgung an der Küste lange Zeit völlig ungenügend gewesen ist, so daß der Katholizismus in der Hochburg des Liberalismus vielfach nur einer dünnen Firnisschicht glich. Bis heute fehlt es in der ganzen Küstenzone an einem bodenständigen Klerus und halbwegs ausreichendem Priesternachwuchs[5]. Weil Alfaro englische und nordamerikanische Firmen, also Protestanten, die Eisenbahn bauen ließ, wurde er 1898 im Parlament des Angriffs auf die katholische Religion, ja des Landesverrates beschuldigt, „denn mit jenen (den Protestanten) war der Teufel..."[6].

Angesichts dieser fanatisch-katholischen Mentalität, die womöglich als Erbe García Morenos weiter wirkte, mußte sich Alfaro neuer klerikaler und konservativer Kritik aussetzen, als er in seiner ersten Amtszeit als erster protestantischer Kirche den Methodisten die Arbeit auf dem Erziehungssektor gestattete, nachdem er sich von ihren pädagogischen Fähigkeiten überzeugt hatte, und das, obgleich auch die liberale Verfassung von 1897 wiederum den traditionellen Status der römischen als der Staatsreligion unter Ausschluß aller anderen Kulte bestätigt hatte. Mecham urteilt, die fortdauernde Agitation der konservativen und klerikalen Kräfte habe Alfaro zur Aufgabe seiner gemäßigten Kirchenpolitik getrieben[7]. Abad spricht dagegen von einem baldigen Verlust des Elans der Liberalen bei der Modernisierung des Landes — vom diesbezüglichen Einfluß des Positivismus ist weder bei ihm noch in der einschlägigen Literatur die Rede — und von der Konzentration „auf einen ,ideologischen' Kampf, in dem der Antiklerikalismus sowie die Trennuung von Staat und Kirche (1906) die Hauptrolle spielten"[8].

Stichwortartig seien die wichtigsten Fakten der antiklerikalistischen Politik erwähnt:

Das Patronatsgesetz von 1899 hebt zahlreiche Bestimmungen des Konkordats auf und führt zur Unterbrechung der Beziehungen mit dem Vatikan bis 1937; 1902 Ein-

---

[4] Pareja aaO 322.   [5] Monaj 1970, 675.   [6] Pareja aaO 322.   [7] 1966, 155.
[8] Vgl. Abad aaO 1974, 83f. Pareja aaO 333ff spricht indes von der sozialen Komponente, die den Liberalismus Alfaros auszeichnete. Abad aaO 176 bemerkt: „Das Thema Klerikalismus - Antiklerikalismus, das sich schon 1869 an der ,Carta Negra' García Morenos entzündete und nach dem Tode des Tyrannen im Jahre 1875 die Form eines offenen Konflikts annahm, wurde zum ideologischen Fundament der ,historischen Parteien', der Liberalen und der Konservativen, so wie sie mutatis mutandis bis heute existieren. Dieser Kampf konzentrierte sich im Lager der Klerikalen auf die Verteidigung der mittelalterlichen und tradierten Sozialtheorie der Kirche, die als Feigenblatt für nicht durchführte Reformen diente, und auf seiten der liberalen Elite auf einen Antiklerikalismus, der sich auf eine Ideologie der Gleichheit, des Laizismus und des Rationalismus stützte, wobei die Zugehörigkeit zum Katholizismus nicht geleugnet und zuvorderst das Ziel verfolgt wurde, durch Erreichung der Macht die Partikularität der wirtschaftlichen Interessen der Großbourgeoisie der Küste durchzusetzen und zu befestigen."

führung der obligatorischen Zivilehe und begrenzter Scheidungsmöglichkeiten; 1905 ‚Ley de Cultos': Einführung der religiösen Toleranz und des Schutzes für nichtkatholische Geistliche; Abschaffung des Zehnten, Verbot der Besetzung öffentlicher Wahlämter durch kirchliche Funktionäre und der Gründung neuer Orden; Unterstellung der Klöster und Konvente unter die Aufsicht der Gesundheitsämter, Sachbindung aller Einkünfte aus der Verpachtung kirchlicher Ländereien zur Unterhaltung der kirchlichen Institutionen unter der Leitung staatlicher Prokuratoren. 1906 Trennung von Staat und Kirche in der 12. Verfassung und Gewährung völliger Gewissensfreiheit. 1908 ‚Ley de Beneficencia' mit grundlegenden Änderungen des Kultgesetzes von 1905. Im Gegensatz zu manchen anderen Staaten des Subkontinents, die den Kirchenbesitz einfach zur Deckung von Etatlücken entschädigungslos enteigneten und verkauften, sollte er in Ekuador in Staatsbesitz übergehen und zur Unterhaltung und Schaffung von kostenlosen Krankenhäusern und zur Unterstützung der Mönche und Nonnen dienen. Vorausgegangen war ein Gesetz über die öffentliche Erziehung, das dem Laizismus zum Durchbruch verhalf, die Grundschulpflicht und die Lehrgeldfreiheit einführte und flankiert wurde vom verstärkten Bau von Schulen, Handwerkerabendschulen und sonstigen Bildungseinrichtungen[9].

Zur Erläuterung dieser Gesetzeswelle muß folgendes festgestellt werden: Trotz der Schulpflicht waren noch 1969 30,3 % aller Ekuadorianer über 15 Jahre Analphabeten. Trotz der Existenz von Gesundheitsämtern ist die Kindersterblichkeit mit 86,1 pro Tausend alarmierend. Trotz gewisser Enteignungen von Kirchenbesitz ist die römische Kirche noch heute die „erste Großgrundbesitzerin des Landes"[10]. Obwohl mit der Trennung von Staat und Kirche der Anstoß des Patronatsgesetzes von 1899 stillschweigend beseitigt wurde und die römische Kirche nun jeder staatlichen Bevormundung ledig frei über den päpstlichen Legaten in Lima mit dem Vatikan verkehren konnte, wußten Klerikale und Konservative diese Freiheit der Kirche nicht zu schätzen und identifizierten die Trennung der weltlichen und der geistlichen Gewalten mit der Schaffung eines areligiösen Staates, brandmarkten den Liberalismus als anti-katholisch „und strebten die Rückkehr zu den undemokratischen Prinzipien eines García Moreno an"[11]. In Wirklichkeit leugnete die liberale Elite, deren Antiklerikalismus „sich auf eine Ideologie der Gleichheit, des Laizismus und des Rationalismus stützte", keineswegs die Zugehörigkeit zum Katholizismus, sondern trachtete hauptsächlich danach, „durch Erreichung der Macht die Partikularität der wirtschaftlichen Interessen der Großbourgeoisie der Küste durchzusetzen und zu befestigen". Den Widerspruch zwischen dem theoretischen Bekenntnis der Liberalen zur Gleichheit und dem Mangel an Maß-

---

[9] Vgl. Mecham 1966, 154f, der die ‚Ley de Cultos' von 1904 mit der erst 1908 erlassenen ‚Ley Beneficencia' verwechselt. Pareja aaO 334 zitiert Alfaros Wort aus seiner Kongreßbotschaft zu letzterem Gesetz: „Así, los bienes que pasaron del pueblo a los institutos religiosos, volverán al pueblo menesteroso y se invertirán en su exclusivo alivio y beneficio". Die Verwaltung der Gelder erfolgte nicht etwa durch das Finanzministerium, sondern durch eigens geschaffene ‚Juntas de Beneficencia' in den Provinzen. Fagg 1971, 640 spricht davon, daß es die konziliante Haltung des Erzbischofs von Quito Alfaro in seiner ersten Amtsperiode ermöglicht habe, die meisten traditionellen Orden aus dem Staate zu entfernen. In seiner zweiten Amtsperiode dagegen hätten die Landpriester die Massen aufgewiegelt, die Städtischen Prälaten Unheil vorausgesagt und sogar liberale Intellektuelle Alfaro des Fanatismus und des Aberglaubens bezichtigt. Das dürfte zur Steigerung von Alfaros Antiklerikalismus beigetragen haben. Vgl. Anm. 43.

[10] Vgl. Abad aaO 10, 176 und 179.   [11] Mecham aaO 155.

nahmen zur Umformung „der feudalen sozio-ökonomischen Strukturen... die mit der Kirche eng verknüpft und von ihr geprägt waren", nennt Abad „eine seltsame Koexistenz zwischen einer Gleichheitsideologie und feudalen Sozialstrukturen"[12].

Die Liberalen desavouierten sich selbst durch die Institutionalisierung des Wahlbetrugs, der Anwendung von Gewalt durch das von ihnen geschaffene Instrument der Berufsarmee und durch „eine Politik des geschlossenen Kreises (der ‚argolla') auf der Basis von Pakten und Vereinbarungen zwischen den mächtigen Wirtschaftsgruppen der Export- und der Banken-Oligarchie an der Küste"[13]. Es fehlt nicht an Beispielen für den grausamen Gebrauch ihrer etablierten Gewalt. Nachdem Alfaro zehn Tage vor dem Ende seiner Amtszeit gestürzt worden war und sich 1911 nach dem schnellen Tod seines Nachfolgers Estrada um Frieden im Bürgerkrieg der Diadochen bemühte, wurde er entgegen den Kapitulationsbedingungen zusammen mit anderen Generälen auf Befehl Freile Zaldumbides in Guayaquil verhaftet und nach Quito überstellt. Dort wurden Alfaro und fünf seiner Gefährten ein Opfer der Lynchjustiz eines Haufens von Soldaten, Huren, Raufbolden und fanatischen Agitatoren, die unter Anführung des Chefs des präsidentialen Fuhrparks, José Cevallos, das Gefängnis mit dem Schrei „Zu Tode mit den Freimaurern!" stürmten, die Gefangenen auf satanische Weise ermordeten und sie anschließend in einem kannibalischen Fest auf einem öffentlichen Platz zerstückelten[14]. Am 15. November 1922 ließ ein Offizier in Guayaquil bei Gelegenheit des ersten Streiks des Landes auf eigene Faust eine Ansammlung von Demonstranten einzingeln und in der durch die ersten völlig unmotivierten Schüsse der Soldaten ausbrechenden Panik tausend Menschen zusammenschießen[15]. Als sogar die indianische Landbevölkerung unruhig wurde, lieh die liberale Regierung José Luis Tamayos (1920–24) den Großgrundbesitzern bereitwillig militärische Hilfe, um die „Ordnung" wieder herzustellen. So wurden auf der ‚hacienda' ‚Leito' in Tungurahua am 13. September 1923 etwa „hundert Unglückliche ermordet, die etwas mehr essen und etwas weniger leiden wollten". Die Kleinpächter (huasipungo) hatten eine Herabsetzung ihrer täglichen Arbeitszeit von 10–12 Stunden und eine Aufbesserung ihres minimalen Lohns von 10 Cent täglich verlangt. Erst nachdem ihr ‚patrón' ihnen daraufhin ihr Zugvieh abgenommen und er sie von ihren Parzellen vertrieben hatte, hatten sie in ihrer Verzweiflung protestiert, was um so verständlicher ist, als der Verlust ihrer angestammten Scholle für die Indianer dem Verlust ihrer Seele gleichkommt. Dieser Protest auf eigenem Grund und Boden, den sich die ‚hacendados' in der Kolonialzeit angeeignet hatten, führte sofort zum Einsatz des Militärs[16].

---

[12] Abad aaO 176.
[13] Ebd. 84.
[14] Pareja aaO 333ff.
[15] ebd. 348f.
[16] Ebd. 349. Abad 25f und 36 bemerkt dazu: „In der Sierra wird die Bewirtschaftung extensiv betrieben, die Arbeitsproduktivität ist niedrig und die Produktion dient in erster Linie dem Binnenmarkt (Weizen, Hopfen, Kartoffeln, Obst und Gemüse). Die Arbeit in den Betrieben wird auf mittelalterliche Art und Weise verrichtet, u. a. nach dem... System des ‚huasipungo', welches darin besteht, daß der Landarbeiter nominell einen Teil seines Lohnes in Geld ausgezahlt bekommt, den anderen Teil in Form der Überlassung einer kleinen Parzelle meist unfruchtbaren Bodens, den er bebauen darf". Noch miserabler ist die Lage des völlig landlosen ‚arrimado', des Tagelöhners, der meist dem ‚patrón' seine Arbeitskraft gratis anbieten muß, da die Bevölkerungsexplosion auf dem Lande einen Zustand permanenter versteckter Arbeitslosigkeit hervorgerufen hat, so daß der Tagelöhner froh ist, wenn er wenigstens geringe Kost, unwürdige Behausung und einen gewissen paternalistischen Schutz gegen die Willkür der Behörden erhält. In den viel produktiveren Großplantagen der Küste, die für den Export produzieren (Bananen, Kaffee, Kakao) ist „das Verhältnis des Landarbeiters zum ‚patrón'...nicht so starr wie in der Sierra, wo die Lage der Indios...der von Sklaven gleicht". Außer den kleinen Pächtern (finqueros)

Die Regierung Baquerizo Moreno (1916—20) hatte zwar einen Zipfel des Problems der sozialen Gerechtigkeit angepackt und skandalöse Arbeitsverträge der Indianer (concertaje de indios) und die Schuldhaft verboten, und 1923 kündigten die Liberalen sogar in ihrem Parteiprogramm die Beendigung des Militarismus, eine Arbeitsschutzgesetzgebung, eine Agrarreform und Verbesserungen der öffentlichen Dienste an, aber das blieb weitgehend papierene Theorie. Die Offiziers-„Revolution" vom 9. Juli 1925 nahm den Spätliberalen die Initiative aus der Hand.

42382 Der Kampf des Kleinbürgertums um soziale Emanzipation (1925—1948)

Vorweg sei angemerkt, daß bis 1925 keine protestantische ‚Mission Board' mit größeren Mitteln in Ekuador arbeitete[17].

War die politische Entwicklung bisher fast ausschließlich von der Oligarchie bestimmt gewesen, sei es der konservativen der ‚sierra' oder der liberalen der ‚costa', so drängte über die Armee, die die „Funktion der sozialen Integrierung für die Gruppen der aufsteigenden Kleinbourgeoisie" erfüllte, die Mittelschicht durch die neue Generation der Berufsoffiziere 1925 erstmals zur direkten Partizipation an der politischen Macht[18]. Die Unzufriedenheit der ersten Generation des durch die Demokratisierung des Erziehungswesens herangebildeten Kleinbürgertums, das sich in der starren aristokratischen Gesellschaft marginalisiert sah, führte teilweise zu rebellischen oder sogar revolutionären Verhaltensmustern und zum Zusammengehen mit dem Proletariat.

Der Kampf des Kleinbürgertums um Emanzipation brachte auch neuen Schwung in die ekuadorianische Literatur, die in ihrem „geistigen Raffinement" bis dato nichts weiter als ein „aristokratischer Zeitvertreib" gewesen war. Diese neue klassenbewußte, sozialkritische und kämpferische Literatur verebbte 1948, als der Aufstieg des Kleinbürgertums zur neuen Mittelschicht geschafft war und politischer Konformismus und Streben nach wirtschaftlicher Saturierung das ehemals revolutionäre Denken ersetzten[19]. Auf die wirtschaftlichen und sozialen Hintergründe der Revolution von 1925 — Krise infolge der Erkrankung der Kakaopflanzen, galoppierende Inflation, zunehmender Pauperismus im Volke — kann hier ebensowenig eingegangen werden wie auf die Einzelheiten der Motivation der Offiziere. Pareja meint, sie seien inspiriert gewesen von der bolschewistischen Revolution von 1917, von Mussolinis Marsch auf Rom von 1922 und von der seit 1911 weiterwirkenden mexikanischen Revolution[20].

Pareja sieht in Isidro Ayora (1926-31) einen „progressiven Diktator" und Fortführer der revolutionären Ideen der abgesetzten ‚Junta de Gobierno Civil'[21]. Fagg meint, die Bewegung des 9. Juli sei der Furcht der Oligarchie vor einer politischen Radikalisierung entsprungen. Die herrschenden Kreise bedienten sich letztlich der jungen Offiziere, ähnlich wie sie es zu jener Zeit in Peru und Chile taten, um durch sie einige krasse Mißstände beseitigen zu lassen und durch dieses Beschwichtigungsmanöver

---

und den Tagelöhnern (sembradores) gibt es hier auch unabhängige Minifundienbesitzer. Der Begriff ‚finquero' bezeichnet in anderen lateinamerikanischen Staaten Besitzer der meist zum Großgrundbesitz zählenden ‚fincas'.

[17] Vgl. Montevideo 1925/3.   [18] Abad aaO 159f.
[19] Vgl. Cueva 1969, 15ff.   [20] Pareja aaO 350ff.
[21] Ebd. 351ff. Von den Reformen sind erwähnenswert die Gründung der Zentralbank und anderer Banken, die Reform des Sekundar- und Hochschulunterrichts, Steuer- und Zollreform, Erhöhung der Erbschaftssteuer, Mutterschutz, Bestimmungen zur Kinder- und Frauenarbeit, Arbeitsschutzgesetze, Altersversorgung etc. Vieles davon blieb auf dem Papier in einem Land, in dem nur ein geringer Teil der Bevölkerung in einem geregelten Arbeitsverhältnis steht.

ihre eigene Position zu sichern[22]. Obgleich die Entwicklung hierauf hinauslief, wird man die Zusammenhänge mit Abad wohl differenzierter sehen müssen.

Als die Offiziere sich die Angelegenheit der Besitzlosen zu eigen machten und „sich gegen die engen Verflechtungen der Interessen der korrupten Offizierscliquen der oberen Ränge mit denen der liberalen Regierung" wandten, also gegen „die sogenannte Tyrannei der Banken an der Küste", besann sich die Oligarchie auf die „Einheit der Klasse", „rief die verschiedenen liberalen Fraktionen zu gemeinsamen Kampf auf und erreichte dabei ebenfalls die Mitarbeit der Großgrundbesitzer aus der Sierra, welche die Konservative Partei bildeten". Die Antriebskraft des Widerstandes war die „Furcht vor einem möglichen — aber dem Programm nach noch weit entfernten — Angriff auf die geheiligten Interessen des Privateigentums (vor allem des Latifundiums)", die von der Amtskirche als traditionellem Verbündetem der Großgrundbesitzer der ‚sierra' geteilt wurde; doch diente ihr die Verteidigung der mittelalterlichen Sozialtheorie „als Feigenblatt für nicht durchgeführte Reformen"[23].

Die Weltwirtschaftskrise beeinträchtigte auch das soziale und politische Gleichgewicht der traditionellen Strukturen in Ekuador und führte eine populistische Bewegung an die Macht, die untrennbar mit der Person Velasco Ibarras verbunden ist, der fünfmal Präsident wurde (1934–35; 1944–47; 1952 bis 56; 1960–61; 1968–72), nur seine dritte Amtszeit verfassungsmäßig beenden konnte, sich in den übrigen vier Fällen zum Diktator ernannte und viermal im Exil endete. Der ‚Velasquismo', der vierzig Jahre die ekuadorianische Politik beherrschte, erwies sich letztlich als eine „politische Variable der Oligarchie zur Überwindung der latenten sozio-ökonomischen Krise". Er ermöglichte zwar eine erweiterte politische Partizipation, verhalf aber den zu kleinen und zu schwach organisierten neuen Gruppen — dem Proletariat und der Mittelschicht — nicht dazu, die Macht der Oligarchie zu brechen, weshalb man die ekuadorianische Form des ‚populismo' als reaktionär oder restaurativ bezeichnen kann. In Ekuador ging die sich beschleunigende Umstellung der Landbevölkerung auf das städtische Leben (Anteil der Stadtbevölkerung 1972 39,3 %), nicht mit einem Säkularisierungsprozeß einher. Für die ‚chusma', das aus der Landflucht hervorgegangene städtische Proletariat, wurde die Figur des ‚caudillo' Velasco — jenes routinierten Demagogen, der mit seinem Charisma prahlte: „Gebt mir einen Balkon in jedem Dorf, und ich kann überall zum Präsidenten gewählt werden" — als Äquivalent des beschützenden ‚patrón' zum Vehikel der Integration in die neue Umgebung. „So ist der Velasquismo die Religion des Subproletariats. Im ekuadorianischen sozio-kulturellen Schachspiel dient Velasquo als mythische Figur, die es dem abgewanderten Bauern erlaubt, sich recht und schlecht der entmystifizierten Realität des urbanen Lebens anzupassen, ohne seine geheiligte Vorstellung von charismatischer Macht völlig aufzugeben". Ein wichtiges Instrument des ‚Velasquismo' ist außerdem ein übertriebener Patriotismus, der der Nation eine geradezu mystische Realität zuschreibt.

Der überspitzte Nationalismus wird zur Manipulation des Klassenbewußtseins und zur Kontrolle über die verschiedenen Bevölkerungsschichten mißbraucht. „Dieser Patriotismus als nationale Ideologie bedeutet lediglich einen fortwährenden Kampf um die Aufrechterhaltung der Werte des ‚christlich-demokratischen Systems' und eine Abschirmung gegen die ‚falschen Apostel', welche die Abschaffung der Freien Markt-

---

[22] Fagg 1971, 641.   [23] Abad aaO 84f und 176.

wirtschaft und die Einführung eines ‚kommunistischen Systems der Unterdrückung' anstreben. Daraus resultiert die Stärkung der Armee als der wahren Trägerin der Würde der Nation, denn, wie Velasco sagt, sie bedeutet, ‚die einzige konstruktive Kraft, die Realität und die Hoffnung des Vaterlandes'." Eigenartigerweise haben die Anfang der zwanziger Jahre entstandenen Linksparteien der Sozialisten und Kommunisten nicht gezögert, unter Hintansetzung ihrer revolutionären Ideen, sich mit dem ‚Velasquismo' und anderen traditionellen Parteien zu verbünden. Abad erklärt die Ambiguität der Ideologien der aus dem Kleinbürgertum hervorgegangenen Eliten der Linksparteien damit, daß sie sich nie bemüht haben, „eine Entwicklungsideologie zur Integration und Artikulierung der Interessen" der „Massen außerhalb der traditionellen politisch-sozialen Ordnung zu schaffen", weil sie von der Prämisse ausgehen, „daß der großen Masse der Besitzlosen infolge ihrer Zugehörigkeit zu einem Subproletariat agrarischer Herkunft ein politisches Bewußtsein fehlt und sie meist nicht" in den ungenügend entwickelten industriellen Produktionsprozeß integriert ist. Nachdem das Kleinbürgertum durch die Revolution von 1944 mit Hilfe des ‚Velasquismo' vollends seine politische Mündigkeit erlangt hatte, zeigte sich, daß die Mittelschichten nicht länger als modernisierende Kräfte bezeichnet werden konnten. Sie waren nach dem zweiten Weltkrieg nur noch an der Aufrechterhaltung der erreichten Privilegien interessiert, die sie auch unter Verzicht auf demokratische Formen durch den ‚golpismo', d. h. die „Anwendung des Putsches als ultima ratio", gegen ultrareaktionäre oder ihrer Ansicht nach zu weit nach links neigende Regierungen zu verteidigen bereit waren[24].

1935 ist Velasco das erste Mal vom Militär abgesetzt und durch den diktatorisch regierenden Zivilisten Federico Páez (1935—37) ersetzt worden, der die Sozialisten diffamierte und auszuschalten versuchte[25].

Zur faschistischen Einstellung vieler Offiziere jener Jahre paßte es, daß sich Páez in Sicherheitsfragen von einem deutschen NS-Experten beraten ließ und eine ‚ley de Seguridad Social' in Kraft setzte, die es jedem Polizisten erlaubte, auf irgendeinen Verdächtigen zu schießen. Auf Grund dieses Gesetzes wurde ein umfangreiches Spitzelsystem aufgebaut, die Postzensur eingeführt und Haussuchungen ohne richterliche Befehle vorgenommen. Eine von Rache und Blindheit geleitete Repression bestimmte die Szene[26].

Auf diesem Hintergrund mutet es eigenartig an, wenn Mecham schreibt, daß in den dreißiger Jahren eine Atmosphäre religiöser Toleranz und gegenseitigen Verständnisses zwischen Kirche und Staat wuchs, so daß Präsident Páez den Kontakt zum Vatikan wieder anknüpfte und 1937 mit einem ‚Modus vivendi' und einer ‚Convención Adicional' die anstehenden juristischen Fragen in einer für die römische Kirche sehr befriedigenden Weise löste. Das macht die Gefahr jedweder Geschichtsschreibung deutlich, die sich nur auf Einzelaspekte beschränkt, wie z. B. Mecham auf das Verhältnis von Staat und Kirche. Objektiv richtige Fakten, die bei Lesern von Mechams Darstellung einen positiven Eindruck hervorrufen müssen, werfen ein zumindest eigenartiges Licht auf die römische Kirche, wenn man die Zusammenhänge kennt. Statt

---

[24] Ebd. 69ff, 195, 40f und 91.
[25] Ein Soldatenaufstand im Regiment Calderón diente Páez als Vorwand, daraus eine große von Moskau finanzierte Revolution zu machen, die ihm Anlaß bot, auf die Linken einzuschlagen - vgl. Pareja aaO 362f.
[26] Jeder Intellektuelle, der von irgendeinem Spitzel verdächtigt wurde, wurde verfolgt, manche auch nur vorbeugend, und auf die Galápagos-Inseln geschafft, ins Gefängnis gesteckt oder aus Ekuador verbannt, „wenn er die damit zusammenhängenden Kosten tragen konnte" - ebd. 364.

für Freiheit und Menschenrechte einzutreten, hat die Kirche sich um institutioneller Vorteile willen wieder einmal vor den Wagen eines autoritären Regimes spannen lassen.

Substantiell beinhalten die Abkommen, die bis heute gelten, Folgendes: „Die von den Liberalen erkämpften sogenannten Errungenschaften des Laizismus" wurden spürbar verringert, indem der Kirche die Weiterführung und Neugründung von Konfessionsschulen unter staatlicher Aufsicht gestattet und unter Verwässerung des Prinzips der Trennung von Staat und Kirche die gemeinsame Förderung der Indianermissionen im ‚Oriente' beschlossen wurde. Damit wird die Amazonasmission zu einem Instrument der staatlichen Akkulturation. Für die Kirche besonders wichtig war die Anerkennung als juristische Person, die ihr erneut den Immobilienerwerb und damit die Übernahme frommer Stiftungen und Erbschaften ermöglichte, und die einmalige Entschädigung für die Verluste durch die ab 1908 vorgenommenen Enteignungen[27]. Die in Art. 4 verordnete Abstinenz der Kirche in politischen Streitigkeiten sollte von der Kirche laufend mißachtet werden. „Paradepferde für die Intervention des Klerus in die Politik sind der Kampf gegen das Gespenst des atheistischen Kommunismus und in nicht wenigen Fällen gegen das weltliche Erziehungswesen."[28]

Entsprechend seiner mit einem liberalen Katholizismus vermischten konservativen Grundhaltung erwähnte Velasco 1946 in der Präambel der 14. Verfassung erstmals wieder den Namen Gottes, sehr zum Ärger der Liberalen, die darin eine weitere Aufweichung des Prinzips der Trennung von Staat und Kirche sahen. Darüber hinaus sahen die Liberalen das Toleranzprinzip in Gefahr, weil die Konservativen den Gottesbezug konfessionalistisch zu verstehen pflegten: „Der katholische Gott ist der Gott des ekuadorianischen Staates."[29]

42383 Die neokonservative Periode im Zeichen des wirtschaftlichen und politischen Aufstiegs der neuen Mittelschicht (1948—1960) und der Krise der neokonservativen Politik nach dem Ende des Bananenzyklus (1961—1972).

Die Diskrepanz zwischen Velascos Reden von „wahrer Demokratie", Hilfe für die Landwirtschaft und Industrie, Förderung der Gewerkschaften, Verbesserung der sanitären Einrichtungen etc. und seinen Taten führten bei der neuen Mittelschicht zur Ernüchterung und zum Wunsch nach Stabilität, deren Verkörperung die Regierung Galo Plaza Lasso (1948—52) wurde.

Plaza sanierte die Wirtschaft, stellte die Devisenfreiheit her und zog ausländische Investoren ins Land. Nachdem seit dem Niedergang des Kakaoexports im Jahre

---

[27] Vgl. Mecham 1966, 156, der hierüber völlig unkritisch berichtet und Abad aaO 176f, der den Kontext auch nur unvollständig schildert.

[28] Abad aaO 177.

[29] Mecham aaO 156ff. Obgleich es den kirchlichen Amtsträgern nach den Abmachungen mit dem Vatikan von 1937 verboten ist, sich direkt mit politischen Fragen zu befassen, hat es nicht an Verstößen dagegen gefehlt. Nicht nur, daß der Erzbischof von Quito 1951 in einem Hirtenbrief daran erinnert hat, daß es von kirchlicher Seite verboten sei, Kinder in nicht-katholische Schulen zu schicken, was möglicherweise mehr auf protestantische als auf staatliche Schulen zielt, vielmehr drohte 1960 der Erzbischof von Cuenca seinen Schafen die Exkommunikation an, falls sie ihre Stimme Galo Plaza gäben, den er als Marxisten und Atheisten bezeichnete. Die Sympathien des Klerus richteten sich in jener Zeit indes nicht nur auf die Konservative Partei, sondern auch auf die von der spanischen Falange inspirierte ‚Acción Revolucionaria Nacional Ecuatoriana' (ARNE) und auf den ‚Movimiento Social Cristiano' (MSC), eine christlich-demokratische Partei.

1929 der daraufhin angekurbelte Reisanbau nur ein dürftiger Ausgleich gewesen war, regte Plaza den verstärkten Bananenanbau und -export an, wodurch Ekuador in den Jahren 1950–61 die Bananrepublik par excellence wurde, der Welt größter Bananenexporteur. Bemerkenswert ist dabei, daß das Gros der Bananenproduktion von kleinen Landbesitzern kommt, daß keine nennenswerten Landkonzessionen an ausländische Firmen vergeben wurden und daß es kein Exportmonopol gibt. Plazas erstmalige Regelungen des Laufbahnwesens der Berufsbeamten, die die Vetternwirtschaft ausschlossen, wurden von Velasco, der seine Anhänger wieder in die Ämter bringen mußte (1952–56) wieder außer Kraft gesetzt. Der neokonservativ-christlich-soziale Camilo Ponce Enríquez (1956–60) versuchte, den Laizismus an den öffentlichen Schulen weiter einzuschränken, scheiterte damit aber am Widerstand der Öffentlichkeit[30]. Das Ende des Bananenzyklus und der Preisverfall für Kaffee und Kakao führten ab 1961 zu einer Wirtschaftskrise, die politische Instabilität nach sich zog. Velasco machte sich 1960 zu demagogischen Zwecken auch die Castro-Begeisterung zu eigen und versuchte die Aufmerksamkeit des Volkes von den eigentlichen Problemen abzulenken, indem er den Volkszorn auf die USA und Peru richtete, weil dieses seine Gebietsannexionen am Amazonas nicht rückgängig machen wollte und jene die 200-Meilenzone verhindern wollten. In der zweiten Hälfte der sechziger Jahre kam es auch in Ekuador zu Studentenunruhen. In Velascos letzter Amtszeit (1968–72) gelang es den Großgrundbesitzern, auch die Minimalreformen zu boykottieren, die bei dem 1964 von einer ‚Junta Militar' verabschiedeten Agrarreformgesetz herauskommen konnten[31]. Es bleibt bei dem, was Pío Jaramillo Alvarado 1922 in seinem „Indio ecuatoriano" geschrieben hat: „Das Problem des Indianers ist das Problem der Verteilung des Landes." Ohne die Landvergabe läßt sich der Indio nicht aktivieren und nicht integrieren. Dessen sind sich die Indianer schon bewußt, wie jene bekannte Anekdote beweist: Ein Gouverneur besuchte eine ‚hacienda' und fragte die Indianer, wer der Präsident des Landes sei. Sie antworteten mit der Gegenfrage: „Und wer wird der ‚patrón' sein?"[32]

Die Stellung der römischen Kirche zu diesen Problemen läßt sich folgendermaßen skizzieren:

Etwa bis 1950 bestand eine enge Verbindung zwischen der Hierarchie und

---

[30] 1958 zeichnete sich eine neue Wirtschaftskrise ab, die zu einem Volksaufstand führte, den Ponce blutig unterdrücken ließ, während er sonst formalrechtlich die Bürgerfreiheiten besser respektierte als Velasco - Pareja aaO 375.

[31] Die Tatsache, daß Velascos Landwirtschaftsminister, Rubén Espinoza Román, „ein Vertreter des größten Bonzentums in der Sierra" war, war in sich eine Garantie gegen jede effektive Agrarreform - Abad aaO 185. Ruíz G. 1971 I, 265ff hebt hervor, daß eine Änderung des Rechtsstatus des ‚huasipungo' nur im Zusammenhang mit einer strukturverändernden Agrarreform sinnvoll ist, die den Ureinwohnern wieder zu ihrem Recht auf ihren eigenen Grund und Boden verhilft. Da von den 54 % der landwirtschaftlich nutzbaren Fläche des Landes nur 38 % bebaut werden, könnte eine Agrarreform mit entsprechender Kolonisation zu einer enormen Steigerung der landwirtschaftlichen Erzeugung führen. Sie müßte zu einer Reform des privaten, des kirchlichen und des staatlichen (tierras de beneficencia) Großgrundbesitzes führen. Peñaherrera 1974, 83 betont die vorrangige Notwendigkeit der Integration jener 50 % der arbeitsfähigen Bevölkerung, die auf dem Lande lebt. Wie sehr diese Menschen sich nach anderen Arbeits- und Lebensbedingungen sehnen, wurde bereits in der 1. Hälfte der fünfziger Jahre deutlich, als ca. 1/2 Mill. Hochlandindios ihrem sklavenähnlichen Dasein entflohen und im Zeichen des Bananenbooms im Küstentiefland spontan Land urbar machten und besiedelten, wobei die Regierung Ibarra für gleichmäßige Landverteilung in diesem bisher größten Kolonisierungsvorhaben der Geschichte Ekuadors sorgte.

[32] Ruiz G. aaO.

der Großgrundbesitzeroligarchie. In den fünfziger Jahren bemühte sich die Kirche um die Modernisierung ihrer landwirtschaftlichen Betriebe nach kapitalistischen Prinzipien, ohne beispielhafte Lösungen der sozialen Probleme der Landbevölkerung anzustreben. Genauso investierte sie in Banken, kaufmännisch-industriellen Unternehmen und großen Mietbauten. Beim Übergang vom Großgrundbesitzer alten Typs zum Kapitalisten kam die Kirche notgedrungen der ihr ehemals feindlich gesonnenen Schicht des Handelsbürgertums näher, so daß man heute in ihm sogar eine Stütze der Kirche sehen kann[33]. Andererseits erlaubt auf dem „Gebiet des Erziehungswesens die Vermischung der Interessen von liberaler und konservativer Oligarchie der kirchlichen Hierarchie nicht mehr so leicht die Schwarzweißmalerei: Laizismus gleich Antireligiosität oder sogar Kommunismus". Eine ausschließliche Unterstützung der konservativen Partei ist der Hierarchie aber auch auf Grund des Demokratisierungsprozesses, der seit dem Vatikanum II innerhalb der kirchlichen Strukturen in Gang gekommen ist, nicht mehr möglich. Seitdem bildet die Amtskirche keinen monolithischen Block mehr, sondern ist in einen traditionellen und einen reformistischen Teil zerfallen. Ausdruck des neuen innerkirchlichen Pluralismus ist das Bischofswort zu den Präsidentschaftswahlen von 1968, bei dem erstmals amtlich bestätigt wurde, daß die Kirche „über den Kämpfen der Parteien steht und entschlossen ist, auf keinen Fall über die Aufgaben der ihr eigenen Mission hinauszugehen"[34].

Rein numerisch ist der traditionalistische Flügel in Episkopat und Klerus am stärksten ausgebildet. Dazu einige Beispiele aus der vergangenen Dekade:

Im Interesse des Schutzes ihrer Privilegien und ihres gewaltigen Grundbesitzes führte die Hierarchie in den sechziger Jahren im Zeichen der kubanischen Revolution durch ihre Hirtenbriefe, „die mit religiösen Gefühlen bis ins Unerträgliche überladen waren", einen mächtigen antikommunistischen Feldzug. Dazu ein deutliches Beispiel:

Der Erzbischof von Quito, Carlos María de la Torre, verkündete 1961 in einem Hirtenbrief: „Das im vergangenen Mai versammelte Komitee der Kommunisten hat die Invasion in Lateinamerika beschlossen. Für die Durchführung dieses kriminellen Unternehmens wurde ein Plan konzipiert, eine Frist gesetzt — nämlich das laufende Jahr 1961 — und ein Name ausdrücklich genannt: der der Republik Ekuador... Was haben jene Unterseeboote zu bedeuten, die gesichtet wurden, wie sie unsere Meere erforschen, und die gar nichts Geheimnisvolles an sich haben, wie es unsere Presse glauben machen will, denn zweifellos sind sie eines der mächtigsten Instrumente, mit denen Rußland durch seinen Mittelsmann Kuba in Ekuador einfallen will... Vor dem Heiligsten Herzen Jesu bete ich unter Seufzen der Seele und mit Tränen in den Augen... Schau uns gnädig an und erbarme Dich Ekuadors... zerstreue die gottlosen Legionen, die Deinen Heiligsten Namen beleidigen... Unbeflecktes Herz Mariä, errette Ekuador, unbeflecktes Herz Mariä, errette Ekuador, unbeflecktes Herz Mariä, errette Ekuador."[35]

Anfang 1961 hatten die Bischöfe hingegen in einem gemeinsamen Hirtenbrief „die Passivität und den apostolischen Müßiggang der Katholiken angeprangert und die unverantwortliche Blindheit der Latifundienbesitzer, die sich weigerten, die laufenden Ermahnungen der Päpste bezüglich der sozialen Ge-

---

[33] Moreno 1972, 10.   [34] Abad aaO 177f.
[35] Ebd. 179: Carta Pastoral del Arzobispo de Quito Carlos María de la Torre, zitiert bei Albornoz 1963, 286f.

rechtigkeit und einer angemessenen Güterverteilung in die Tat umzusetzen. Die Oberhirten meinten, vielleicht müßten die Christen von heute erst vom Kommunismus wachgerüttelt werden, um den Weg zur Wirklichkeit des Evangeliums wiederzufinden"[36].

1970 stellte Kardinalerzbischof Pablo Muñoz Vega von Quito in seinem Hirtenbrief „Kirche, Kapitalismus und Sozialismus" fest:

„Die Gefühllosigkeit und das Desinteresse gegenüber dem menschlichen Problem des Elends hat die Kreise, die die finanzielle Macht innehaben, in einem unglaublichen Ausmaß verblendet. Die Stunde des Wechsels ist gekommen. Für das katholische Gewissen ist die Stunde größerer Verantwortlichkeit gegenüber dem Drama sozialer Gerechtigkeit gekommen." Gleichzeitig kritisiert Muñoz die offiziell gültigen Konzeptionen von „Entwicklung" in Lateinamerika, „die sich auf rein technische Aspekte beschränkt und die menschliche Dimension außer acht gelassen haben". Er kündigt an, daß die ekuadorianische Kirche „eine Handlungsverpflichtung zur Umwandlung der Gesellschaft übernimmt". Gleichzeitig macht er deutlich, daß die Kirche weder den Kapitalismus noch den Sozialismus in seiner gegenwärtigen Form akzeptieren könne. Nur eine Änderung des Neokapitalismus oder des Neosozialismus könne zum richtigen Kurs führen[37].

Bezeichnenderweise werden im selben Jahr in einer Bewertung der kirchlichen Entwicklung Ekuadors in einer kolumbianischen Zeitschrift Geistliche, die sich im Kampf für eine Änderung der ungerechten gesellschaftlichen Strukturen einsetzen, einer neuen Art von Dogmatismus bezichtigt, so daß man meinen könnte, es mit einer falsch verstandenen Zweireichelehre zu tun zu haben[38]. Gleichzeitig machte sich der Erzbischof von Guayaquil in seinem „Aufruf zu Frieden und Vernunft" zu einem entschiedenen Fürsprecher der Diktatur Velascos, befürwortete also dessen Staatsstreich vom 22. Juni 1970, „da es eine Tatsache sei, daß das Volk die Diktatur verdient habe, denn die freiheitliche Ordnung sei erloschen, wenn man die Vorteile derselben nicht zu schätzen wisse"[39]. Dazu muß man wissen, daß Velasco angesichts wachsender wirtschaftlicher Probleme und berechtigter sozialer Forderungen des Subproletariats und der Studenten mit brutaler Gewalt das Prinzip ‚law and order'

---

[36] Promper 1965, 208 nach ICIA v. 28. 2. 1961, S. 4.

[37] Nach FISAL ‚el ecuador' 4, vol. 4, Nr. 36, 17 und PER V (Okt. 1970), Nr. 48, 259.

[38] Typisch dafür ist die entsprechende Kritik von Monaj 1970, 679, der das soziale Engagement der Priester als „neuen Klerikalismus" bzw. „neuen Dogmatismus" difamiert. Er erwähnt auch das „jammervolle Schauspiel" des Streiks einer Anzahl von Theologiestudenten gegen den Neubau eines Priesterseminars, an dessen Notwendigkeit die Hierarchie auch nach einem Gespräch mit den Seminaristen festhielt. Der Hinweis auf die falsch verstandene Zweireichelehre will besagen, daß man bei Lutheranern eine ähnliche strikte Trennung von geistlichem und weltlichen Bereich antreffen kann, die im Gegensatz zur Auffassung Luthers steht - vgl. Duchrow/Huber 1976.

[39] „Denken wir daran, daß eine entstandene Lage nicht ausschließlich dem Willen einer Person zuzuschreiben ist, sondern den unwiderstehlichen Erfordernissen kollektiver Verantwortlichkeit: Das Geschenk der Freiheit muß verdient werden; manchmal verlieren es die Völker, da sie für den Umgang mit ihm nicht reif genug waren... Obwohl mir ein Urteil über die Politik nicht zukommt, jedoch meiner Hirtenpflicht entsprechend, bitte ich in diesen Zeiten der Prüfung alle, nicht zu vergessen, daß die einzige Sache, für die es zu kämpfen gilt, die des Vaterlandes ist". Abad aaO 179f nach El Universo v. 23. 6. 1970, S. 1.

durchsetzen wollte[40]. Abad nennt deshalb den Aufruf Bernardino Echeverrías von Guayaquil eine „Manipulierung der christlichen Doktrin" und zitiert die Worte des Bischofs von Coroco (Bolivien), López de Lama, daß „jedes Attentat gegen die legitime Freiheit ein Attentat gegen den Menschen und daher gegen Gott" ist[41].

Positiv ist zu vermerken, daß in den drei Hochlanddiözesen die Bischöfe auf den kirchlichen ‚haciendas' mit Agrarreformversuchen begonnen haben, um damit den Staat zum Handeln auf diesem Sektor anzuregen[42]. Seit der zweiten Hälfte der sechziger Jahre nahmen auch die ‚Grupos de Reflexión' unter dem Klerus immer mehr zu. Eine Gruppe von Weltpriestern entführte den italienischen Pater Virgilio Cammaratta, um ihn vor der Ausweisung durch die Behörden zu bewahren, die damit begründet wurde, daß er Mitglied einer Reflexionsgruppe sei. Priester besetzten die Kathedrale von Quito und verlangten „eine Kirche der Armen" für Ekuador, und Seminaristen traten aus Protest gegen den von Rom gebilligten Bau eines ‚Colegio Vocacional' in Streik. Auf der zweiten ‚Convención de Sacerdotes', auf der sich 1971 125 Priester trafen, d. h. fast 10 % des Landesklerus[43], unter ihnen als einzige Vertreter des Episkopates, Leónidas Proaño, Bischof von Riobamba, und Antonio González, Hilfsbischof von Quito, wurde u. a. festgestellt:

„Die ekuadorianische Kirche schweigt angesichts ausländischer Usurpation, Ausbeutung im Lande und Machtmißbrauch... und wenn sie redet, tut sie dies zaghaft, daß sie bei manchen Leuten den Verdacht hervorruft, sie stecke mit dem gegenwärtigen Regime unter einer Decke... Die Kirche in Ekuador vermeidet ängstlich die Trennung von der (staatlichen) Macht, die sie etabliert hat, und fährt fort, jene Macht institutionell zu unterstützen..." Dabei leiden Millionen der Landbevölkerung unter Hunger, tragen Lumpen, versuchen den Zustand der Ignoranz zu überwinden und werden nicht nur Opfer wirtschaftlicher Ausbeutung, sondern auch entfremdender

---

[40] Abad aaO 110ff nennt für den Staatsstreich drei Hauptgründe: 1. Die Verteidigung der Interessen des nordamerikanischen Kapitals, das als conditio sine qua non von den Oligarchien ein Regime von ‚law and order' zu fordern pflegt, wenn es investieren soll, und allein die Texaco-Gulf sollte von 1970 bis 1972 US$ 933 Mill. auf dem Erdölsektor investieren. 2. Kaufkraftverlust und wachsende Arbeitslosigkeit etc. 3. Unmöglichkeit, die im Wahlkampf demagogisch geweckten Erwartungen der Massen befriedigen zu können.

[41] Abad aaO 180: López de Lama, El vía crucis de algunos hombres de iglesia en Bolivia, in: NADOC, Nr. 240 (9. 2. 1972), S. 6.

[42] Vgl. Monaj 1970, 679. Nachdem die Militärrevolution vom 15. 2. 1972 ein neues Agrarreformgesetz beschlossen hatte, überbrachte Bischof Leónidas Proaño von Riobamba dem Staatschef Anfang 1974 ein persönliches Schreiben, in dem er um die vorrangige Anwendung des Gesetzes auf die Diözese Riobamba bat, in der von 400 000 Einwohnern 300 000 auf dem Lande leben, der Analphabetismus noch immer bei 52 % liegt, wo in manchen Gegenden wegen der fortgeschrittenen Erosion die Minifundien nicht mehr genug Lebensmittel zur Befriedigung der elementarsten Bedürfnisse produzieren können, während anderorts die Latifundien jeden Überlebensversuch vereiteln - CEI Nr. 89 (Apr. 1974), S. 5.

[43] Nach Venezuela y Ecuador 1962, 94 zählte der Klerus 1960 1 307 Priester, davon 698 Regularpriester. Nach Ekuador 1970, 23 waren es 1968 1 646 Priester, davon 892 Regularpriester. In diesem Zusammenhang ist zu erwähnen, daß Ekuador in ganz Lateinamerika am besten mit Priestern versorgt ist. Die 3 Erzdiözesen (Quito, Cuenca, Guayquil), 9 Diözesen und 2 Prälaturen teilen sich auf in 532 Pfarreien und 63 Missionsstationen. An der Küste entfielen 1968 16 516 und im Gebirge 7 080 Ka-

Religionsformen. Viele erhalten weniger als den gesetzlichen Mindestlohn. 600 000 sind arbeitslos, also gut 18 % der arbeitsfähigen Bevölkerung, und 2 Mill., d. h. ca. ⅓ der Gesamtbevölkerung, sind Analphabeten.

Dies kann man laut Bischof Proaño entgegen der offiziellen Version nur ‚law and disorder' nennen, wovon die Kirche noch profitiere, denn sie widme sich mit Hingabe der Erziehung der Kinder der Reichen und vermittele ihnen nicht etwa eine befreiende Erziehung, sondern stärke die kapitalistische Mentalität und damit das obwaltende Prinzip von ‚law and disorder'. Die Kirche habe es versäumt, sich voll in den Kampf gegen das Analphabetentum einzuschalten und das Volk über den System-immanenten Betrug der Volkssouveränität aufzuklären. In der Schlußerklärung der Konvention wird der Kapitalismus verworfen und die Einführung einer neuen Gesellschafts- und Wirtschaftsordnung auf der Grundlage eines echten Sozialismus verlangt, „der mit dem Christentum keineswegs unvereinbar" sei[44]. In der systemkonformen Presse werden diese Priester und der Bischof von Riobamba ständig als „rote Priester" bzw. als „roter Bischof" diffamiert.

Die Haltung der hierarchischen Mehrheit wurde vollends anläßlich der mit Hilfe des Militärs durchgeführten Deportation des spanischen Priesters Luis Hernández transparent, der 1970 aus dem Bistum Riobamba direkt nach Spanien geschafft wurde. Für Velasco handelte es sich um einen verderbten Priester, der einen Streik in der Stadt Riobamba angezettelt hatte, Vorwürfe, die sich als unhaltbar erwiesen. Während der Fall Hernández die ersten Seiten der Tageszeitungen füllte und sogar Proteste der politischen Parteien auslöste, hüllte sich die Hierarchie bzw. ihr Organ, die Nationale Bischofskonferenz, und die päpstliche Nuntiatur in Schweigen, was zu heftigen Demonstrationen verschiedener kirchlicher Gruppen führte[45].

Wie die früheren Wirtschaftszyklen von Kakao und Bananen wurde auch der ab 1971 voll wirksam werdende Erdölzyklus vom Volk als ein Wunder empfunden, das es

---

tholiken auf eine Pfarrei. Der Anteil von Ausländern betrug 1963 im Weltklerus ca. 16 % und im Ordensklerus ca. 36,5 %.
Trotz des Verbotes der Neueröffnung von Noviziaten 1904 und des Verbotes der Zulassung ausländischer Priester 1927 erwies sich die kirchliche Situation in Ekuador als recht stabil. Durch Nutzung der Lücken in der Gesetzgebung verdoppelte sich die Zahl der Ordensleute sogar zwischen 1912 und 1945. Bis 1945 fiel die Zahl der Weltpriester, um dann wieder aufzuholen und sich etwa mit derjenigen der Ordenspriester einzupendeln - ebd. 19ff.

[44] Vgl. zum Ganzen: Ecuador: The Church must adapt itself to the times', o. Vf. in: TRICONTINENTAL Year VI, Nr. 64 Habana 1971, S. 2–10, v. Exekutivsekretariat der Organisation der Solidarität der Völker.

[45] Der ‚Consejo Nacional de Presbíteros' kritisierte, daß die Bischöfe sich lieber mit der „etablierten Ordnung" als mit ihrem Klerus solidarisierten und damit gegen die „sakramentale Brüderlichkeit" gesündigt hätten. Der Presbyterrat nahm diesen Fall zum Anlaß, Auskunft zu erbitten, inwieweit die Bischöfe eigentlich zu ihren Priestern stünden, die den Auftrag des Evangeliums zur „Befreiung des ganzen Menschen in Christus" ernst nähmen. Schließlich bemerkten sie, daß die Verfolgung von Hernández in Wirklichkeit auf den Bischof von Riobamba ziele, der Hernández als einziger verteidigt und dessen Deportation auf zwei Faktoren zurückgeführt habe: auf „eine Gruppe mächtiger Egoisten von Riobamba, die das Sozialwerk der Kirche behindern wollen, das sich gegen Jahrhunderte aufrecht erhaltene Privilegien und Mißbräuche richtet, und auf das Ressentiment des Präsidenten der Republik wegen des Streiks in Riobamba" - Leví 1970 187f.

der „gütigen Vorsorge" der Jungfrau von ‚El Quinche' zuschreibt[46]. „Seit der ‚Revolution' vom 28. Mai 1944... hat das Erscheinen der Militärs als ‚veto group' auf der politischen Bühne oder ihre direkte Ausübung der Staatsgewalt immer eine restaurative Funktion gehabt. Durch ihre Intervention bremsten sie den Verfall der traditionellen Strukturen und verteidigten die Interessen des nationalen und vor allem des ausländischen Kapitals."[47] Bisher deutet nichts darauf hin, daß der Staatsstreich der Armee vom 15. Februar 1972, der dem Präsidentschaftswahlkampf ein Ende setzte und zu einer Militärregierung unter General Guillermo Rodríguez Lara und nach einem weiteren Putsch am 11. Januar 1976 zu einem militärischen Triumvirat unter den Chefs der drei Waffengattungen führte, nicht nur rhetorisch, sondern tatsächlich einem anderen Ziel dient[48].

Was die oben zitierte Klage der zweiten Priesterkonvention von 1971 über entfremdende Religionsformen angeht, die natürlich auf die Protestanten zielt, so muß man die progressiven Priester zum ersten daran erinnern, daß der Katholizismus seit der Eroberung selbst kaum etwas anderes als eine entfremdende Religionsform für die Ureinwohner der Neuen Welt gewesen ist, und zum zweiten, daß Ekuador dasjenige Land Lateinamerikas ist, um das sich der missionarische Protestantismus bis heute am wenigsten gekümmert hat[49]. Damboriena gibt für 1957 für keine Kirche oder Mission eine Gesamtgemeinde, die größer ist als 2000, an[50]. Wenn deshalb in Ekuador 1961 gegenüber 1949 mit 149 der höchste Zuwachsindex in ganz Lateinamerika erreicht wurde, besagt das rein numerisch nicht viel. 1970 kamen etwa 27 Protestanten auf 10 000 Katholiken. „Die einheimischen Missionare sahen ihre Zahl in zwölf Jahren verdreifacht. Die etwa 14 199 Protestanten des Jahres 1968 verteilen sich auf 20 Gruppen."[51] Wenn sich mehr als 70 % der meist evangelikalen Missionare zurückhaltend bis ablehnend gegenüber der ökumenischen Bewe-

---

[46] Peñaherrera 1974, 82ff; Slaght 1973, 3ff bemerkt, daß seit 1970 21 Erdölgesellschaften in Ekuador fieberhaft nach Öl suchen und daß schon 1975 eine um 25 % höhere Förderung als in Venezuela erwartet wird. Die Erdölfunde haben auch die schrillen Grenzrevisionsforderungen der fünfziger Jahre gegenüber Peru verstummen lassen. Denn die größten Erdölreserven scheinen sich ausgerechnet auf jenen ca. 312,5 km² zu befinden, die Kolumbien 1922 nach dem Salomón Lozano Vertrag an Peru und Peru wiederum 1942 nach dem Protokoll von Rio de Janeiro als kleinen Trost für seine immensen Annexionen an Ekuador abgetreten hat.

[47] Abad aaO 160.

[48] M. v. Conta, Wie ein Staatschef auf Erdöl ausrutschte, SZ 32, Nr. 10 (14. 1. 1976), weist daraufhin, daß die Revolutionsregierung trotz der Dollarschwemme bisher mit den überfälligen Reformen kaum vorangekommen sei. Die Absetzung General Rodríguez Laras am 11. 1. 1976 deutet eher auf einen Rückschritt hin, d. h. auf eine Loslösung von der Ölpreispolitik der OPEC und auf eine Entschärfung der Landreform, nachdem Rodríguez „angesichts wachsender Unruhe unter den Landarbeitern gerade erst eine Verschärfung der Enteignungsbestimmungen angekündigt hatte".

[49] Mecham aaO 199.   [50] 1963, 90.

[51] Ekuador 1970, 29 nach NADOC Nr. 41 (22. 5. 1969). Nach der Jahresstatistik des LWB gab es 1975 insgesamt 445 Lutheraner im Lande, und zwar in den verschiedenen Kirchen, die zur ‚Federación de Iglesias Evangélicas Luteranas del Ecuador' gehören - vgl. LWBI 61/75 v. (20. 12. 1975). Diese Förderation ist 1974 aus dem Consejo Evangélico Luterano del Ecuador hervorgegangen. 1974 waren deutsch und englisch noch die Hauptarbeitssprachen. Aber man erkannte anläßlich des Zusammenschlusses, daß das Hauptziel darin bestehen müßte, eine in sich selbst möglichst einheitliche Gemeinde zu schaffen, die auch „in die ekuadorianische Wirklichkeit integriert werden kann" - LWBI 44/74, 8 (9. 9. 1974).

gung zeigen⁵², so bedeutet das im lateinamerikanischen Kontext, daß sie auch für das Anliegen der Sorge um den ganzen Menschen, das die Forderung nach Strukturveränderungen einschließt, das die aufgeschlossenen Katholiken spätestens seit Medellín (1968) umtreibt, kein Verständnis haben, weshalb die Kritik am entfremdenden Charakter des ekuadorianischen Protestantismus so unberechtigt dann doch nicht ist. Der Verfasser konnte diese Einstellung im Gespräch mit Redakteuren des bedeutenden protestantischen Missionssenders, ‚La Voz de los Andes', selbst feststellen und der Associate General Director der ‚Andes Evangelical Mission', die den Sender betreibt, C. Peter Wagner, hat sich 1970 auch deutlich von allen ihm radikal erscheinenden Theologien Lateinamerikas abgegrenzt⁵³. Sowohl der ökumenischen Zusammenarbeit wie der Frage der Befreiung des ganzen Menschen gegenüber scheint die 1965 als Zusammenschluß der Arbeit der Methodisten (seit 1900), der Presbyterianer, der ‚Iglesia Unida de Cristo' und der Brüderkirche (seit 1947) entstandene ‚Iglesia Evangélica Unida del Ecuador' aufgeschlossener zu sein. Ihre Strukturen sind eher kongregational als episkopal⁵⁴.

4239 Kolumbien (1880–1974)

42391 Die Renaissance von Konservativismus und Klerikalismus (1880–1930)

Unter dem Einfluß des Positivismus kam es in den letzten drei Jahrzehnten des 19. Jahrhunderts in Kolumbien zu einer Erneuerungsbewegung (‚La Regeneración'), deren „Chefideologe" Rafael Núñez (1825–94) war, der dreimal Präsident wurde: 1880–82, 1884–86 und 1887–88 und das politische Credo der ‚Regeneración' in der Verfassung von 1886 verankerte, die mit gewissen Abänderungen bis heute die oberste gesetzliche Leitlinie Kolumbiens ist.

Der Dichter, Essayist und Soziologe Núñez wurde zum Propagandisten Spencers, nachdem Comacho Roldán schon 1862 an der Universität Bogotá einen Lehrstuhl für Soziologie eingerichtet und Nicolás Pinzón wenig später in Bogotá eine private Hochschule für Recht, politische und soziale Wissenschaften eröffnet hatte. Der Einfluß des Positivismus in Kolumbien war eigenartig. Er begünstigte mit seinem extremen Fortschrittsglauben in den Jahren des Radikalismus der Liberalen den extremen Föderalismus der neun Bundesstaaten Kolumbiens (1863 Bundesverfassung von Rionegro), die eine Art mexikanische Reform durchführten und dem Mexikaner Juárez den Titel eines ‚Benemérito' verliehen. Dieser Enthusiasmus, der mit Kirchenfeindlichkeit gepaart war, sollte von dem früher selbst radikalen Núñez in seiner Präsidentschaft gebremst werden¹. Die Anhänger der positivistischen Philosophie waren gleichzeitig die Aktivisten der Liberalen Partei und Glieder eines entstehenden Bürgertums, das sich hauptsächlich aus Schriftstellern und Politikern zusammensetzte. Der Liberalismus jener Generation neigte mehr der Philosophie Spencers als derjeni-

---

⁵² Ekuador 1970, 29 nach Prudencio Damboriena SJ, Misiones y ecumenismo, in: Misiones Extranjeras, Nr. 61, Burgos, 37–70.
⁵³ Vgl. Wagner 1970.
⁵⁴ Tufiño 1976 spricht von Nationalkirchen in Anführungszeichen, weil der Einfluß der Missionen nach wie vor bestimmend ist: 1945 entsteht die Alianza Cristiana y Misionera als erste Nationalkirche.
¹ Arciniegas 1972, 391ff; eine umfassende kommentierte Bibliographie zur kolumbianischen Kirchengeschichte (1860–1968) hat Mesa 1968 veröffentlicht. Zum Thema Kirche und Entwicklung vgl. auch CIAS Bogotá 1972.

gen Comtes zu, da sie zu ihren bürgerlichen Idealen paßte — Toleranz, Sparsamkeit, Wissenschaftlichkeit und laue Religiosität verbunden mit einem halbwegs anarchischen Optimismus überschwenglicher Begeisterung für die Freiheit des Individuums —, die sich zwar aus französischen Quellen nährten, aber durch englisches Denken gezügelt wurden.

Núñez kritisiert, daß der Optimismus der Generation der Liberalen der fünfziger Jahre in einen politischen Dogmatismus ausgeartet sei und einen Zustand der Anarchie herbeigeführt habe. Er sieht im föderalistischen Zerfall des Landes die Hauptursache für den Mangel an Fortschritt in Landwirtschaft, Handwerk, Eisenbahnwesen und Export. Von der Pappschachtel bis zum Nagel muß alles eingeführt werden. Zur Regenerierung von Staat und Gesellschaft bot der Positivismus das Konzept, Ordnung und Fortschritt auf wissenschaftlicher Grundlage zur Organisation einer modernen Gesellschaft zu verbinden. Núñez konzipierte die Ideologie der ‚Regeneración' 1878 als „Ordnung und Freiheit gegründet auf Gerechtigkeit". Er entsprach den Erwartungen seiner Generation, wenn er von der sterilen Rhetorik der Emanzipation überleitete auf den Weg wirtschaftlicher Emanzipation und mit Hilfe materiellen Fortschritts das Ziel der Zivilisation zu erreichen suchte. Im Unterschied zu den Liberalen erklärte nun die Bewegung der ‚Regeneración' die Religion zum wesentlichen Element·der gesellschaftlichen Ordnung. Núñez urteilte, daß es angesichts der tief verwurzelten Religiosität der spanisch amerikanischen Völker nur die Alternative einer Politik mit dem Katholizismus oder gegen den Katholizismus gäbe. Núñez plädierte unter Berufung auf Spencer für die Versöhnung von Wissenschaft und Religion.

„Genau diese Versöhnung von Staat und katholischer Religion war es, die die Konservative Partei an seine Bewegung heranführte und hauptsächlich diejenigen, die in Kolumbien den Traditionalismus unterstützten mit Miguel A. Caro an der Spitze. Ohne ein religiöser Mensch noch ein praktizierender Katholik zu sein, suchte Núñez die Kirche und verlieh ihr eine Orientierungsmacht, die es so in der Geschichte Kolumbiens noch nie gegeben hat. Caro, der Gefährte Núñez' beim Erneuerungsprozeß, brachte durch seine konservative und katholische Mentalität in seine Ideologie die Ordo-Mystik ein. Deshalb war der gemeinsame Nenner zwischen diesen beiden Denkern leicht gefunden und akzeptabel für die Lösung der Probleme. Dieses Zusammentreffen von Ideologien führte dazu, daß sich der Positivismus in der Prägung Spencers in Kolumbien mit dem Traditionalismus versöhnte und daß aus deren Fusion die Organisation der gegenwärtigen Republik erwuchs."[2]

Angesichts einer starken Strömung der öffentlichen Meinung gegen die föderalistische Verfassung von Rionegro hoffte Núñez 1884 eine Verfassungsänderung auf legalem Wege herbeiführen zu können, was am Widerstand der Liberalen scheiterte, die 1885 die Entscheidung im Waffengang eines Bürgerkrieges suchten, den sie verloren. Nach der Befriedung des Landes betonte Núñez vor dem Kongreß die Notwendigkeit der Durchsetzung von Ordnung: „Die Republiken müssen autoritär sein, wenn sie nicht der ständigen Unordnung verfallen und sich vernichten wollen, statt den Fortschritt zu erlangen"[3].

---

[2] Ocampo 1968, 81ff; Pereyra 1958, 511: „Núñez, selbst ein Freidenker und Deist, erkannte dem Katholizismus den historischen de facto Wert zu, den die Jakobiner von 1863 ihm absprechen wollten, und verstand es, ihn als Bindekraft auszunutzen."
[3] Ocampo ebd. 107.

Der Mann, der in seiner Jugend ein Radikaler gewesen war und in den fünfziger Jahren für mehrere liberale Regierungen gearbeitet hatte, war 1863–76 im diplomatischen Dienst in Europa geprägt von der Reaktion auf die Revolutionen von 1848, namentlich von Gestalten wie Bismarck und Napoleon III. Einmal an der Macht, zu der ihm die gemäßigten Liberalen und die Konservativen verholfen hatten, wurde er ein aufgeklärter konservativer Autokrat, der dem auf Spencers Evolutionslehre und der in sie eingeflossenen Lehre Darwins vom Überleben der Tüchtigsten basierenden Fortschrittsgedanken durch eine autoritäre Ordnung in Kolumbien zum Durchbruch verhelfen wollte. Auch hier bewahrheitet sich also die Feststellung, daß der Positivismus in Lateinamerika der natürliche Verbündete der ‚dictaduras progresistas' war[4].

Das Ziel der Verfassung von 1886 war nach Núñez' Worten: „Nationale Einheit; religiöse Freiheit; Rechte für alle; Stabilität und Autorität"[5]. Politischer Zentralismus wurde mit administrativer Dezentralisierung verbunden, die den zu Departementen reduzierten Bundesstaaten die Wahrung der regionalen Interessen erlaubte. Gott wurde zwar in der Präambel als höchste Quelle aller Autorität bezeichnet und die römische Kirche im Verfassungstext als „entscheidender Faktor der gesellschaftlichen Ordnung" respektiert[6], aber es blieb bei der Garantie religiöser Toleranz und der Trennung von Staat und Kirche, mit der allerdings die Ausrichtung der öffentlichen Erziehung auf die Prinzipien der katholischen Kirche und die Möglichkeit, Konkordate mit dem Vatikan zu schließen[7], nicht recht in Übereinstimmung zu bringen ist. Diese Diskrepanz wurde noch deutlicher, als Núñez nach der Annahme des von den Katholiken als exemplarisch gepriesenen Konkordats[8] 1888 erklärte: „Das

---

[4] Zu den „Fortschritts-Diktaturen" vgl. Amurrio 1970, 50, der Venezuela die einzige zeitweilige Ausnahme von dieser Regel nennt, wo der Positivismus wenigstens in seiner ersten, exaltierten Form liberal und demokratisch war. Amurrio übersieht, daß das auch auf die Frühphase des Positivismus in Kolumbien zutrifft, wie Arciniegas zeigt. Zum Werdegang Núñez' vgl. Fagg 1971, 422.
[5] Ocampo aaO 108.
[6] Mecham 1966, 125f.   [7] Vgl. Ocampo aaO 109.
[8] Text des Konkordates in: Kolumbien, Conferencias 1956, 519–30. Das Konkordat bestimmt u. a., daß die „römisch-katholisch-apostolische Religion" „die Religion Kolumbiens" ist, daß die römische Kirche als juristische Person in ihrer Verwaltung und ihrer Rechtsprechung nach kanonischem Recht vom Staat völlig unabhängig ist, Immobilien erwerben kann, aber der staatlichen Besteuerung unterliegt mit Ausnahme von Kirchgebäuden, Pfarrhäusern, Bischofsresidenzen und Konzilsseminaren, daß der Klerus von öffentlichen Pflichten, die mit Amt oder Bekenntnis unvereinbar sind, befreit ist, besonders vom Militärdienst, daß der Staat der Kirche bei der Eintreibung von Abgaben hilft, die gegenseitig abgesprochen sind, daß Orden aller Art sich in Kolumbien niederlassen können, genau wie Erziehungsinstitutionen, Missionen und karitative Werke, die Staat und Vatikan besonder unterstützen werden, daß katholischer Religionsunterricht von der Grundschule bis zur Universität obligatisch ist, entsprechende Textbücher von den bischöflichen Ordinarien revidiert und Lehrer, deren Auffassungen den Ordinarien nicht mit dem katholischen Dogma übereinzustimmen scheinen, von solcher falschen Lehre abgehalten werden können. Das Konkordat bestimmt weiter, daß die Nominierung von Bischöfen, die Errichtung von Bistümern oder die Änderung ihrer Grenzen ausschließlich Sache des Papstes ist, der allerdings die Regierung konsultieren wird, ferner, daß die Ehegerichtsbarkeit Sache der Kirche bleibt wie auch die Priester bei der Trauung verpflichtet sind, die Paare auf ihre Pflicht zur Ziviltrauung hinzuweisen. Der Staat verpflichtet sich, beschlagnahmtes Kircheneigentum zu verzinsen oder noch nicht anderweitig verwen-

Konkordat ist die notwendige Ergänzung der Verfassung, um nicht zu sagen seine Seele..." Das Ausmaß des Wandels wird vollends erkennbar, wenn man bedenkt, daß 1880 die Lage der Kirche in Kolumbien ähnlich ungünstig gewesen war wie in Mexiko.

Die kirchlichen Privilegien (fueros) waren abgeschafft, die Zehnten absolut freiwillig (keine staatliche Einzugshilfe), kirchliches Eigentum mit Ausnahme der reinen Kirchgebäude und Pfarrhäuser war enteignet, die Friedhöfe säkularisiert, die Orden aufgelöst, die Ziviltrauung obligatorisch und trotz der Trennung von Staat und Kirche hatte der Staat das Recht zur Beaufsichtigung des gottesdienstlichen Lebens beansprucht und auf Grund dessen in die rein geistliche Sphäre eingegriffen. Außer dem Konkordat sicherte eine 1892 unterzeichnete Konvention der römischen Kirche zusätzliche Rechte hinsichtlich des ‚fuero eclesiástico', der Friedhöfe und der Zivilregister zu. Damit wurde eine Sonderbehandlung der Kleriker vor Zivilgerichten garantiert, die Rückgabe der Mehrzahl der Friedhöfe an die Kirche vorgesehen und die kirchlichen Register für Geburten, Heiraten und Sterbefälle als offizielle Register anerkannt, von denen die staatlichen Behörden nur durch Kopien zu unterrichten sind[9]. Núñez brachte auch die Jesuiten ins Land zurück, die sich als Stütze seines Regimes im Erziehungswesen und in der Mission in den Indianergebieten erwiesen.

Das Verhältnis von Kirche und bis 1930 konservativ beherrschtem Staat verbesserte sich weiter. 1902 wurde noch ein Abkommen über die Indianermissionen geschlossen, in dem sich der Staat zu deren laufender finanzieller Unterstützung verpflichtete und ihnen öffentliches Land für Ackerbau und Viehzucht zur Verfügung stellte. Präsident Pedro Nel Ospina (1922—26) artikulierte das eigentliche staatliche Interesse an den Missionen: Sie seien nicht nur „machtvolle Instrumente der Zivilisation und Kultur", weshalb der Staat ihnen die Schulaufsicht überlassen habe, sondern „auch ein Mittel, um die nationale Aktion in unbekannten und abgelegenen Gebieten wirksam zu machen". 1928 wurde schließlich durch ein entsprechendes Abkommen mit dem Vatikan die Militärseelsorge eingeführt[10].

Núñez hatte nur von gelegentlichen Zweifeln durch die Kritik jüngerer Liberaler geplagt in der Überzeugung regiert, daß er wie Porfirio Díaz in Mexiko die Lösung für die Überwindung politischer Instabilität und wirtschaftlicher Rückständigkeit gefunden habe. Er bescherte dem Lande zwar die längste Friedensperiode seit der Kolonialzeit (1885—1899), zerstörte aber mit Zensur und Verletzung der Menschenrechte die freiheitliche Tradition, beließ die Masse der Bevölkerung in Armut, unkundig des Lesens und Schreibens, abhängig von einer Subsistenzwirtschaft, die nur schwach exportorientiert war. Im Gegensatz zu Díaz gelang es ihm nicht, die ausländischen Investoren von dem potentiellen Reichtum seines Landes zu überzeugen[11] und zu größeren Investitionen in Kolumbien zu veranlassen, dessen Bevölkerung um die Jahrhundertwende auf 4,1 Mill. angewachsen war[12].

Die Herrschaft der Konservativen, d. h. des von Núñez gegründeten ‚Partido Nacional', blieb nach dessen Abgang nicht unangefochten. 1895 brachen bereits Rebellionen von Liberalen in verschiedenen Departementen aus und 1899—1903 wütete der „Krieg der tausend Tage", der mit dazu beitrug, daß die USA 1903 mit der von ihnen angestifteten Sezession Panamás vollendete Tat-

---

deten Besitz zurückzugeben, wobei die Kirche auf die Anrechnung des Besitzes erloschener Orden verzichtet, dafür aber jährlich 100 000 pesos erhält. Vgl. zum Text auch Mecham aaO 126ff.   [9] Mecham aaO 132.
[10] Kongreßbotschaft aus dem Jahre 1926 nach Mecham aaO 133.
[11] Fagg 1971, 423.   [12] Dix 1967, 38.

sachen schaffen konnten[13]. Man spricht von ca. 100 000 Toten in diesem fürchterlichen Bürgerkrieg. Während des Krieges war ohne Beteiligung der Liberalen General Rafael Reyes (1900—1906) zum Präsidenten gewählt worden, der schon die Rebellionen von 1895 erfolgreich bekämpft hatte. Reyes war ein Bewunderer des Mexikos von Porfirio Díaz. Er versuchte als de facto-Diktator Kolumbien Ruhe und Fortschritte zu bringen, indem er für seinen nationalen Wiederaufbauplan hinderliche Elemente aus dem Kongreß entfernte oder sogar einsperrte. Er hoffte, künftigen Bürgerkriegen durch die Aufforderung an die Liberalen zu wählen, statt zu rebellieren, vorzubeugen, wenngleich das Wahlrecht auf männliche, alphabetisierte Grundbesitzer beschränkt blieb. Reyes politisches System funktionierte bis 1930 unter Ausschluß der Liberalen von der Macht weiter[14].

Die kolumbianische Bevölkerungsstruktur blieb unter der Herrschaft der Konservativen archaisch. Zwar waren von den liberalen Reformern Mitte des 19. Jahrhunderts die Sklaverei, der obligatorische Zehnte und das ausschließliche Erbrecht des ältesten Sohnes bei den Großgrundbesitzern, das die patriarchalischen Strukturen verewigte, abgeschafft worden, aber die Abhängigkeit der Landbevölkerung hatte sich kaum verringert.

Die Großgrundbesitzer hatten ihr Produktionssystem von Sklavenarbeit auf freie Arbeit umgestellt, aber nicht etwa auf moderne Lohnwirtschaft, sondern auf eine versteckte Form der Zwangsarbeit, bei der die Schwarzen in Analogie zum mittelalterlichen Feudalsystem als Abhängige betrachtet wurden, die für die Überlassung einer kleinen Parzelle zur eigenen Bebauung (daher wird dieses System in Brasilien ‚parceria' genannt) zu harten Dienstleistungen auf der ‚hacienda' des ‚patrón' verpflichtet wurden, so daß sich an ihrer Abhängigkeit vom ‚patrón' kaum etwas änderte. Die Lage der ehemaligen Negersklaven wurde also derjenigen der indianischen ‚campesinos' angeglichen, die sich überhaupt nicht verbesserte, im Gegenteil, es gelang den Großgrundbesitzern, sich der Ländereien noch unabhängiger Indianer zu bemächtigen und diese auch noch in Abhängigkeit zu bringen. Die Masse der kolumbianischen Bevölkerung lebte Anfang des 20. Jahrhunderts in derartiger Abhängigkeit auf dem Lande. In einigen abgelegenen wenig ertragreichen Gegenden hatten sich die Pächter in Abwesenheit der Patrone selbständig gemacht und bauten selbst Tabak und später auch Kaffee an, nachdem sie oft selbst das Land erst urbar gemacht hatten. War das Land auf diese Weise im Wert gestiegen, dauerte es oft nicht lange, bis der „rechtmäßige" Besitzer auftauchte, um die ‚campesinos' in das übliche Abhängigkeitssystem einzugliedern oder mit Hilfe des Polizeiapparates zu vertreiben. Die freien ‚llaneros' der Küstenebenen, die von besitzerlosem Vieh lebten, das sich enorm vermehrte, hatten wie ihre Kollegen, die ‚gauchos' in Argentinien, um 1900 ihre Selbständigkeit verloren, als auch diese Ebenen (llanos) ihre festen Besitzer bekamen, denen sie dann das Vieh hüten durften.

In den Städten hatte sich die arme mestizische Bevölkerung vermehrt, die von handwerklichen Tätigkeiten oder niedrigen Hilfsdiensten für die städtische

---

[13] Übrigens lief 1903 eine Flottenexpedition unter dem erfolgreichen Bürgerkriegsgeneral Rafael Reyes aus, um die rebellierenden Eisenbahnarbeiter und Straßenrowdies in Colón wieder zur Raison zu bringen, aber sie wurde von dem US-Kreuzer Nashville am Ausschiffen gehindert – vgl. Fagg aaO 629.

[14] Vgl. Fagg aaO 630; Pereyra 1958, 512 nennt die Präsidentenfolge: Carlos E. Restrepo 1910—14; José V. Concha 1914—18; Marco Fidel Suárez 1918—21 (trat wegen Auseinandersetzungen um den 1915 fertiggestellten Panamá-Kanal zurück); General Jorge Holguín 1921—22; Pedro Nel Ospina 1922—26; Dr. Enrique Olaya Herrera 1926—30.

Bourgeoisie lebte, die ihrerseits europäischen Lebensstil des ‚fin de siècle' imitierte, „Latein oder Französisch lernte, Verse machte, Klavier spielte und als höchstes Ideal das Bakkalaureat oder gar ein Magistratsamt anstrebte" (in Kolumbien Bezeichnung eines Regierungsamtes). So standen sich auch in der städtischen Welt zwei völlig verschiedene Schichten in einer ungleichen, archaischen Gesellschaft gegenüber: die Volksmasse als barbarische Dienstleistungsklasse und die Großgrundbesitzer in ihren Stadtresidenzen, die Akademiker, das Handelsbürgertum und die Staatsfunktionäre. Durch die Impulse der Industrialisierung in Form des Ausbaus der Häfen, der städtischen Dienste, des Telegraphenwesens und der Eisenbahnen sollte sich im 20. Jahrhundert eine unabhängigere Zwischenschicht von Arbeitern und Angestellten bilden, deren Ansprüche wachsende Anstrengungen auf dem Produktions- und Exportsektor erforderlich machten[15]. Die republikanischen Regierungen wurden indes damals und werden noch heute von den städtischen Patriziern bestimmt, die sich auf Großgrundbesitz, die Kontrolle des Handels und der staatlichen Finanzen stützen.

Vor diesem Hintergrund muß man die Äußerungen der römischen Amtskirche sehen und beurteilen, die sich in den Hirtenbriefen jener Zeit finden.

Während des Krieges der tausend Tage wurde der Gleichklang zwischen Kirche und Konservativen deutlich. 1902 gab der Erzbischof von Bogotá als Primas der kolumbianischen Kirche ein Friedensgelübde ab, in dem er gelobte, in Bogotá eine neue Kirche zu bauen und dem hl. Herzen Jesu zu weihen, wenn das Land den Frieden wiedererlangen würde. Präsident Manuel José Marroquín münzte das Gelöbnis zu einem Propagandaakt für die konservative Sache um, indem er daraus ein nationales Gelöbnis machte, das Land dem hl. Herzen Jesu zu weihen. 1927 wurde die neue Kirche nach fast 25 Jahren äußerem Frieden fertiggestellt[16], ohne daß Fortschritte auf dem Wege zu einem gesellschaftlichen Frieden gemacht worden wären. Die Kirche wirkte als Stütze des Status quo: Ob nun bei Gelegenheit des Ersten Nationalen Eucharistischen Kongresses 1913 Präsident Carlos E. Restrepo als Vertreter der Nation Gelegenheit hatte, „dem Erlöser im Geheimnis der Eucharistie seine Reverenz zu erweisen", ob 1919 ‚Nuestra Señora del Rosario', die seit 1590 als ‚Nuestra Señora de Chinquinquirá' verehrt wird, zur Königin Kolumbiens gekrönt wurde[17], oder ob 1927 die mit staatlichen Mitteln ermöglichte Fertigstellung der erwähnten Kirche in Bogotá durch die Stiftung eines Christ-Königsfestes zum 25. Jahrestag des nationalen Gelöbnisses begangen wurde[18].

Das Verhalten der römischen Kirche im Krieg der tausend Tage spiegelt sich indirekt in den Vorwürfen, auf die in zwei Hirtenbriefen geantwortet wird, die 1908 anläßlich der ersten beiden nationalen Bischofskonferenzen veröffentlicht wurden.

Da wird Bezug genommen auf die öffentliche Polemik gegen die Kirche, weil ihre Priester Krieg, Mord und Totschlag gepredigt haben sollen, auf die Kritik an Prälaten und Orden, besonders an zahlreichen ausländischen Klerikern, die natürlich von der

---

[15] Ribeiro 1970, 349ff.
[16] Vgl. Kolumbien, Conferencias 1956, 329—339; Haddox 1965, 133 weist darauf hin, daß 1960 die ganze kolumbianische Nation dem Hl. Herzen Jesu geweiht wurde, wobei bezeichnenderweise die entsprechende Proklamation von einem Minister während der kirchlichen Zeremonie verlesen wurde.
[17] Haddox aaO.
[18] Kolumbien, Conferencias 1956, 371.

Kirchenleitung zurückgewiesen und auf den Einfluß von Freimaurerlogen auf gewisse Zeitungen zurückgeführt wird. Gewürdigt wird hingegen der Tod von fünfzig ‚hermanas de la Caridad', Ordensschwestern, die dem Kriegshaß zum Opfer fielen, oder die aufopfernde Erziehungsarbeit der Religiosen, die arme Kinder auf den Beruf vorbereiten und Kindern der Reichen Hochmut und Verschwendung abgewöhnen, um ihnen Mitleid mit den Armen einzuflößen und sie zu der Erkenntnis zu bringen, daß sie nur Schatzmeister Gottes sind, die ihre Güter gleichmäßig mit den Armen, Alten und Bedürftigen zu teilen haben. Die Bischöfe geben der Hoffnung Ausdruck, daß durch denselben Glauben schließlich jene christliche Einmütigkeit entstehen wird, die die Voraussetzung für das Gemeinwohl bildet. Um sie zu erreichen, scheuen sich die Bischöfe nicht, Waffen aus dem Arsenal der Inquisition und des Staatskirchentums einzusetzen, indem sie die Lektüre von gegen Kirche oder Prälaten gerichteten polemischen Artikeln in Zeitungen oder Flugblättern verbieten und den Journalisten mit Strafen nach dem kanonischen und zivilen Recht drohen. Sie berufen sich auf die verfassungsmäßige Rolle der katholischen Religion als „wichtigstes Element der sozialen Ordnung", als „Grundlage allen Fortschritts", predigen die Versöhnung der politischen Parteien und verdammen unter Berufung auf Leos XIII. Enzyklika „Immortale Dei" von 1885 alle Gewaltakte und bewaffneten revolutionären Unternehmungen als Verbrechen nach menschlichem und göttlichem Recht. Solchen revolutionären Kräften gegenüber bezeichnet sich die Kirche als „Partei der Ordnung, die allein imstande ist, den verwirrten Völkern den Frieden zu bringen"[19]. Ähnlich starke Worte gegen Ausbeutung und Unterdrückung, unmißverständlichen Einsatz für die Rechte der Masse, sowie irgendeinen Bezug auf „Rerum Novarum" sucht man in diesen Hirtenbriefen vergebens.

1913 warnten die Bischöfe vor den zahlreichen Verführern, die Irrtum und Laster im Namen von „Wissenschaft, Fortschritt und Freiheit" verbreiteten, womit positivistische Einflüsse gemeint sein dürften. Gleichzeitig forderten sie Ordnung in Gerechtigkeit „am häuslichen Herd, in den Werkstätten und Fabriken und in den Handelsunternehmungen", wo sie in verbrecherischer Weise hemmungslose Gewinnsucht und Streben nach illegitimen Gewinnspannen am Werke sahen[20]. 1916 nannten sie es

---

[19] Ebd. 329–39.
[20] Ebd. 341. Abgesehen von der sozialen Frage waren die Bischofskonferenzen jener Jahre beschäftigt mit dem Abwehrkampf gegen die ihnen *als atheistische Sekte erscheinenden Liberalen*, die selbst exklusiv behaupteten, ein Liberaler könne kein Katholik sein - vgl. Pastoral Colectiva von 1916 aaO 352f und Exposición de 1924 aaO 360, wo die Bischöfe daran erinnern, daß ein berühmter liberaler Tribun öffentlich auf einem Parteikonvent gefordert habe, daß man ein Gesetz beschließen sollte, kraft dessen die Bischöfe Kolumbiens erschossen werden sollten, da man anders die Republik nicht retten könne. Die Bischöfe kämpften gegen die Ziele der Liberalen wie Autonomie des Staates auf dem Erziehungssektor (obligatorische laikale Grundschule), Nivellierung der Kirche zu einem bloßen Verein, Aufwertung der zivilen Ehe gegenüber der kirchlichen Eheschließung, gegen die Behauptung, daß der päpstliche Nuntius nur rein diplomatische Funktionen haben dürfe, daß die römische Kirche kein Recht habe, ihre Gläubigen auf politischem Gebiet zu bevormunden und im Stile der Inquisition die Lektüre gewisser Tageszeitungen, Zeitschriften, Bücher und Propagandaschriften zu verbieten (1916 - aaO 352f). Abgesehen von ihren Warnungen vor dem Protestantismus (vgl. Anm. 53) hatte auch der bischöfliche Eifer gegen die unschickliche Mode der zwanziger Jahre einen nicht geringen Stellenwert, da sie die „Reinheit und Ehre der Frau" zu vernichten drohte und in höchstem Maße Anstoß erregte, wenn sie unbekümmert in der Messe und sogar beim Kommunizieren zur Schau gestellt wird. Gegen diese schlimme moralische Verwirrung der Kolumbianerinnen wurden die Liga de Damas Católicas Latinoamericanas und die Cruzada de la Modestia Cristiana auf den Plan gerufen. Genauso verdammlich erschienen den Hierarchen Kinderbälle, Wohltätigkeitsbälle (1924 - aaO 367f) und die sich neuer-

einen „kapitalen Irrtum", der „die schlimmsten Folgen" haben könnte, daß immer von den *Menschenrechten* gesprochen werde, nie aber von den Pflichten, wodurch die gesellschaftliche und individuelle Ordnung bedroht würde. Außerdem beklagten sie sich über die mangelnde Achtung vor der Autorität der Regierenden, obwohl doch unverändert gälte: „Non est potestas nisi a Deo-..." — Röm 13, 1b[21]. Hatten die Bischöfe vergessen, daß in den 400 Jahren lateinamerikanischer Geschichte stets von den Pflichten des Volkes, aber fast nie von seinen Rechten die Rede gewesen war und daß Regierungen, die nur Interessenvertretungen der Oligarchie sind, letztlich nicht unter Berufung auf Röm 13 gestützt werden können?

Erst 1927 hört man wieder etwas zur Frage der sozialen Gerechtigkeit, wenn von der Gier nach Reichtum, vom Tanz ums goldene Kalb und endlich auch einmal konkreter von Geschäftsleuten die Rede ist, die den Arbeitern falsche Versprechungen machen, um deren Gutgläubigkeit „für ihre egoistischen Pläne" auszunutzen. Aber kurz danach wird vor Agitatoren und Propagandisten gewarnt, die unter den Arbeitern Klassenhaß, Verachtung der Obrigkeit und revolutionäre Gedanken säen. Um dem zu begegnen, sollen die Priester die Arbeiter lehren, „daß das Leben eine Probezeit ist, in der wir in treuer Pflichterfüllung mit Geduld im Unglück die ewige Seligkeit verdienen müssen". Gleichzeitig soll allerdings nicht die Ermahnung an die privilegierten Klassen zu größerer Hilfeleistung an die „vom Glück weniger Begünstigten" fehlen. Erstmals werden auch kirchliche Sozialwerke angeregt, ohne daß über deren Form etwas Konkretes ausgesagt würde[22].

Abgesehen von dem mittelalterlichen Verdienstdenken begegnet hier also eine Mentalität, wie man sie etwa auch in der deutschen Amtskirche Mitte des 19. Jahrhunderts findet, gleichgültig ob katholisch oder evangelisch, wo auch Geduld im Leid gepredigt wurde, während sich gleichzeitig die individuelle karitative Arbeit entwickelte.

Dem Phänomen der Landflucht standen die Bischöfe 1930 trotz der seit dem 19. Jahrhundert in Europa gemachten Erfahrungen noch völlig hilflos gegenüber.

Sie riefen den unterdrückten und ausgebeuteten ‚campesinos' zu: „Wir sind eure Freunde!" „Bleibt der katholischen Kirche und ihrer Geistlichkeit treu!" Laßt euch nicht von den Lehren der Sozialisten und Bolschewiken betören und nicht anlocken von öffentlichen Arbeiten in den Städten, denn das Stadtleben führt nur zu Spiel, Trunkenheit, Unehrlichkeit, Kleiderluxus, schlechten Freundschaften etc. Die ‚campesinos' sollten deshalb lieber auf dem Lande bleiben, denn das Landleben sehen die Bischöfe wie eine Rokoko-Idylle, bzw. kennen es wahrscheinlich nur aus den gemütlichen Landresidenzen der ‚hacendados': „Vielleicht gibt es unter den irdischen Beschäftigungen keine, die moralisierender auf die Sitten wirkt, die die Seele so reinigt wie die Landwirtschaft, das Landleben. Die unverschmutzte Luft, die Stille der Natur, die fast völlige Unabhängigkeit, die Ruhe des häuslichen Herdes, die frugale Ernährung, die Ferne von den schlechten Beispielen der paganen Zentren, das Fehdings auch in Kolumbien ausbreitenden „heidnische Sitte" des Karnevals (1927 - aaO 377). Gegen all dieses suchten die Bischöfe katholische Sitte und Frömmigkeit zu stärken durch das Lob der Marienfrömmigkeit, das „grandiose Ereignis" des Marianischen Nationalkongresses, durch die herzliche Empfehlung der „in Kolumbien sprichwörtlichen Verehrung des Hl. Rosenkranzes" (1919 — aaO 354ff), durch die Einsetzung eines Christ-Königsfestes (1927 — aaO 371), durch das alle Katholiken aufgefordert wurden, sich dem Hl. Herzen Jesu zu weihen (aaO 380f) und durch die Stärkung der eucharistischen Frömmigkeit mit Hilfe eines Eucharistischen Nationalkongresses, den 1913 schon Tausende mit einer Unterschriftensammlung gefordert hatten (1913 - aaO 344) und der im selben Jahr abgehalten wurde.

[21] 1913 - aaO 345ff und besonders 1916 - aaO 349. Im letzteren Hirtenbrief findet sich kein Wort über den Ersten Weltkrieg.   [22] 1927 aaO 377ff.

len von Müßiggang ... alles dies trägt dazu bei, die Landwirtschaft, das Landleben hochzuschätzen."²³

Dieser Hymnus auf das bekömmliche Landleben mit seiner Betonung der Unabhängigkeit der Landbevölkerung mußte wie ein Hohn auf die fast völlig von ihren ‚patrones' abhängigen ‚campesinos' wirken, die ihrer elenden Situation durch die Landflucht zu entgehen hofften. Nicht deren Lage schien die Bischöfe zu alarmieren, sondern lediglich die Tatsache, daß durch das Stadtleben ihre Unwissenheit und Abhängigkeit von der Kirche abnahm. Dabei hat das Landleben noch nicht einmal im mittelalterlichen Europa eine moralisierende Wirkung gehabt. Wie schon lange vorher z. B. in Mexiko wurden nun für die städtischen Arbeiter auch Arbeiterzirkel angeregt, die Sparsinn, Hygiene „und die übrigen christlichen Tugenden" fördern sollten. In einem zweiten Hirtenbrief von 1930 wurden schließlich auch gerechtere und menschlichere Lebens- und Arbeitsbedingungen gefordert, und zwar konkret gerechtere Arbeitsverträge. Erstmals wurden die Reichen nicht nur aufgefordert, den Armen großzügiger zu helfen, vielmehr unterschieden die Bischöfe nun auch zwischen sozialer Gerechtigkeit und Wohltätigkeit und wiesen auf die möglichen politischen Folgen eines fortgesetzten unbußfertigen Verhaltens hin. Die Großgrundbesitzer wurden gemahnt, gegenüber ihren Pächtern mehr Gerechtigkeit walten zu lassen, sonst würden sie vielleicht eines Tages das Nachsehen haben, wenn ihnen wie in anderen Ländern im Strudel einer Revolution alles verloren ginge, eine Bemerkung die abgesehen von Rußland wohl an die Ereignisse in Mexiko erinnern sollte²⁴.

42392 *Halbherzige Reformen und der Ausbruch der ‚violencia' (1930–1957)*

Die liberale Phase bezeichnet den Beginn der Modernisierung Kolumbiens durch die Elite. Der Krieg der tausend Tage hatte weniger zu einem Konsensus über das Austragen politischer Differenzen mit friedlichen Mitteln geführt als zum Einfrieren des Status quo wegen Erschöpfung der Gegner. Immerhin ermöglichte es eine gewisse Übereinstimmung der rivalisierenden Teile der Elite, daß 1910 eine Reihe von Verfassungsänderungen angenommen wurden,

---

[23] 1930 - aaO 381ff in einem Hirtenbrief für die Landwirte. In einem Kollektivhirtenbrief desselben Jahres wird erneut betont, daß das „Brot der Seele" das wichtigste für Arbeiter in Stadt und Land sei, daß die Priester sich allerdings auch bemühen müßten, deren zeitliches Schicksal zu verbessern, deren extreme Notlage zu mildern und ihnen zu Arbeit zu verhelfen - aaO 388f.

[24] Ebd. 389. Zum Verständnis der Lage der Masse der Bevölkerung nach Education 1925, 3ff einige Hinweise auf das öffentliche Schulwesen, das hier so kümmerlich wie in wenigen Staaten Lateinamerikas entwickelt war. 1921 gab es 338 792 Schüler (1918 Gesamtbevölkeung 5 855 077), d. h. 2 636 Schüler und 86 Schulen weniger als 1911. Von den 283 Sekundarschulen mit nur 17 407 Schülern waren nur 73 mit 7 305 Schülern öffentlich. Die Privatschulen gehörten fast ausschließlich der römischen Kirche. Obgleich es bessere evangelische Schulen gibt, werden sie auf Grund des Konkordats nicht staatlich anerkannt. Die erwähnte offizielle Schulstatistik dürfte noch um 25 % zu hoch liegen. Bei einer Grundschullänge von nur drei Jahren schwankte der Analphabetismus je nach Departament zwischen 75 und 100 %, bei einem Mittelwert von 92 %. Nicht mehr als 5 % aller Kolumbianer hatten vor 1930 eine solide Grundschulausbildung. Die wirklich Gebildeten stellten eine noch winzigere Minderheit dar. Aus Protest gegen die Mittelmäßigkeit des staatlichen Hochschulwesens wurde eine ‚Universidad Libre' gegründet.

die implizit darauf hinausliefen, daß die Masse des Volkes vom politischen Leben und wesentlichen Verbesserungen des sozialen Status ausgeschlossen wurde und daß die Elite im Stile einer aristokratischen Republik wie in Athen zur Zeit des Perikles, im vorkaiserlichen Rom oder im Venedig der Renaissance die politischen, gesellschaftlichen, wirtschaftlichen und kulturellen Geschicke des Landes bestimmen konnte. An die sozialen Folgen wirtschaftlichen Wachstums und an das Eindringen revolutionärer Ideologien aus Mexiko und Rußland war innerhalb dieses Systems genauso wenig gedacht worden wie an die Notwendigkeit einer staatlichen Kontrolle exzessiven wirtschaftlichen Gewinnstrebens oder gar an die Notwendigkeit der Bewältigung einer Weltwirtschaftskrise.

Die „idyllische" politische Ordnung Kolumbiens wurde durch den wirtschaftlichen und den daraus resultierenden gesellschaftlichen Wandel der zwanziger Jahre untergraben. Das Bruttosozialprodukt stieg von 1925 bis 1929 um 7,3 % jährlich, und zwar durch den ständigen Anstieg der internationalen Kaffeepreise und dadurch mögliche staatliche Investitionen in öffentliche Arbeiten und den Transportsektor[25]. Schon 1921 hatte der Boom mit einer US-Entschädigung von US$ 25 Mill. für den Verlust Panamás begonnen, für die US-Ölgesellschaften umfangreiche Bohrkonzessionen erhielten, die entsprechende Investitionen nach sich zogen. Die Ölreserven des Landes werden bis heute durch die US-Konzerne verwaltet, die den größeren Teil unausgebeutet gleichsam als strategische Reserve im Boden lassen. Durch die Wiederaufnahme der diplomatischen Beziehungen zu den USA erholte sich auch der kolumbianische Handel rasch nach Jahren der Stagnation. Neben dem Erdölsektor, der bis heute zu 89 % von US-Firmen kontrolliert wird, übernahm eine Tochtergesellschaft der United Fruit die Kontrolle des Bananenexports zu 80 %, wenngleich sie selbst nur 18 % der Anbaufläche an der karibischen Küste selbst besitzt[26]. Andere US-Konzerne engagierten sich im Bergbau, wo die Gewinnung von Gold, Silber und Platin bis heute zu 89 % in ihrer Hand ist, in der Herstellung und Verteilung von Elektrizität und Gas, die sie mit 98 % beherrschen und nach dem Zweiten Weltkrieg in der Eisenverhüttung, an der sie mit 68 % beteiligt sind[27].

Die Weltwirtschaftskrise mit ihrem Preisabfall von 60 % auf dem Kaffeemarkt hatte verheerende Folgen für die Vielzahl kleiner Kaffeeanbauer[28], die an die „cash crop" gewöhnt waren, die meistens entsprechend hoch vorfinanziert ist. Wegen der längeren Wachstumszeit der Kaffeebäume ist eine schnelle Umdisposition natürlich auch unmöglich.

Die zwanziger und dreißiger Jahre hatten mit zahlreichen Streitigkeiten zwischen Siedlern ohne Rechtstitel, Pächtern und Großgrundbesitzern ohnehin viel Unruhe auf das Land gebracht, die durch das lebhafte Bevölkerungswachstum jener Jahre noch gesteigert wurde (von 4,1 Mill. 1900 auf knapp 8 Mill. in den dreißiger Jahren und 9 094 000 1940)[29]. Das rasche Bevölkerungswachstum verstärkte den Druck auf unbebaute Landreserven bzw. auf die Städte und wurde durch polizeiliche Zwangsräumungen noch gesteigert. Unter den Arbeitern kam es in den zwanziger Jahren zu ersten großen Streiks, die zum Teil mit Hilfe der Streitkräfte unterdrückt wurden, so etwa 1927 bei der Tropical Oil Co. und 1928 bei der United Fruit in der Nähe von

---

[25] Dix 1969, 78f.   [26] Ribeiro 1970, 352f und Dix aaO 25.
[27] Ribeiro aaO, womit Dix Behauptung (aaO 35), daß mit Ausnahme des Erdölsektors kein ganzer Industriezweig vom US-Kapital beherrscht sei, widerlegt sein dürfte.
[28] Heute leben 429 000 Familien vom Kaffeeanbau. 78 % der Kaffee-Fincas sind unter 20 ha groß - Dix aaO 24f.
[29] Dix aaO 80; Bevölkerungsangabe von 1940 nach Ruiz G. 1971 I, 38.

Santa Marta, wo es zu einem regelrechten Massaker kam. Gewalttätigkeiten sollten auch die Machtübernahme der Liberalen 1930 begleiten[30].

Der Machtübernahme der Liberalen vorausgegangen war ein zunehmender politischer Gärungsprozeß, der die Generation des Ersten Weltkriegs erfaßte und bei den Liberalen zu sozialistischen Anwandlungen im Zeichen der mexikanischen und russischen Revolution und bei den Konservativen zu faschistischen Tendenzen führte, die aber mit zunehmendem beruflichen Aufstieg dieser Generation wieder verflogen. Dennoch kam es bei den Liberalen zu gewissen Wandlungen. Entgegen ihrer Tradition aus dem 19. Jahrhundert, dem Staat nur eine Nachtwächterfunktion zuzuerkennen, nahmen sie 1922 die Sorge um soziale Gerechtigkeit und damit die Notwendigkeit eines gewissen Maßes an staatlicher Intervention auf sozialem und wirtschaftlichen Gebiet in ihr Programm auf. Die Koalitionsnatur des ersten liberalen Regimes unter Präsident Enrique Olaya Herrera (1930–34) kam allerdings revolutionären Erwar-

---

[30] Dix aaO 80. Man kann nicht sagen, daß die konservative Partei eine katholische Partei nach unseren heutigen Begriffen ist, eher eine klerikale Partei, die die Vorrechte der Kirche 100 % unterstützt, denn da ca. 98 % der Kolumbianer katholisch sind, sind heute auch die Liberalen in ihrer Mehrheit katholisch, obgleich sie allgemein eine antiklerikale Politik verfolgt haben. Trotzdem gehen sie weiter zur Messe und zur Kommunion, wie z. B. Restrepo 1936, 118 bemerkt. Wegen der klerikalen Tendenz der Konservativen wächst sich jeder Regierungswechsel leicht zu einem religiösen Problem aus. So waren z. B. faktisch nach Auffassung des konservativen Politikers Gonzalo Restrepo die Unterschiede im Programm der Konservativen und Liberalen 1930 gering. Aber eine faire Diskussion über Fragen, die mit Kirche zusammenhingen, war unmöglich, z. B. über das Verhältnis von Kirche und Staat, die Säkularisierung der öffentlichen Erziehung, die Neuordnung der Zivilrauung oder die Einführung der Scheidung. Angesichts solcher Fragen kam es zu einer „Erneuerung des ewigen Kampfes zwischen dem Guten und dem Bösen, und der konservative Gläubige verpflichtete sich selbst, gegen die Vorsätze der ‚fürchterlichen liberalen Republik' zu kämpfen, und, wenn die anderen Methoden unwirksam blieben, zur Waffe des vollständigen bürgerlichen Ungehorsams zu greifen" - vgl. Restrepo aaO 117–121 nach Haddox 1965, 139. Dem Machtwechsel 1930 ging eine Fülle von Fehlplanungen im Infrastrukturbereich und eine verfehlte Außenpolitik voraus. Die meisten Länder Südamerikas unterhielten gar keine diplomatischen Beziehungen zu Kolumbien, so daß anläßlich der Sezession Panamás nur Ekuador sein Beileid ausdrückte. Außerdem war die konservative Nationalpartei innerlich gespalten und hatte verschiedene Präsidentschaftskandidaten aufgestellt, was zu einer völligen Verwirrung von Hierarchie und Klerus führte, die wie üblich den Konservativen massive Wahlhilfe leisteten. Ismael Perdomo, dem als Erzbischof von Bogotá üblicherweise die Rolle eines Königsmachers bei den Konservativen zufiel, schwankte zu lange, was zusammen mit der Wirtschaftskrise 1930 fatal wirken mußte - vgl. Dix aaO 307 und Guzmán 1968, 16f. Angesichts der Ummünzung des Machtwechsels zum religiösen Problem und der massiven Wahlhilfe, die die Kirche den Konservativen leistete, ist es nicht verwunderlich, daß die Anhänger der liberalen Partei nach dem Sieg 1930 ihre aufgestauten Aggressionen auf lokaler und regionaler Ebene entluden, Aggressionen, die sich besonders gegen die römische Kirche als Bastion der Konversativen richteten, so daß zahlreiche Kirchgebäude in Flammen aufgingen. Konservative wurden reihenweise ins Gefängnis gesteckt und mancherorts sogar fusiliert. Die Priester sprechen in den Quellen von „den Unseren", wenn sie die Konservativen meinen. Zentren der Ausschreitungen waren die Gebiete von Santander und Boyacá mit Ausstrahlungen nach Cundinamarca, Antioquia und dem Westen von Caldas - vgl. Guzmán aaO 15ff.

tungen wenig entgegen, so daß linke Liberale wie Jorge Eliécer Gaitán sich mit einer eigenen Organisation versuchten, aber dann wegen des Mißerfolgs dieser Organisation doch zur Partei zurückkehrten, die die zweite Wahl mit dem Slogan „la revolución en marcha" 1934 gewann. Die Präsidentschaft von Alfonso López Pumarejo (1934–38) bezeichnet den eigentlichen Beginn der Modernisierung Kolumbiens als Antwort auf die Herausforderungen eines schnellen sozialen Wandels. Auf dem Papier nimmt sich die Fülle der neuen Gesetze sehr gut aus. Leider blieb die Praxis weit hinter den neuen Möglichkeiten zurück[31]. Dennoch bleibt der Reformansatz durch eine frei gewählte Regierung zusammen mit dem legalen Wechsel einer jahrzehntelangen konservativen Herrschaft zu einer liberalen ohne militärische Intervention im Panorama lateinamerikanischer Politik der dreißiger Jahre einmalig. Ihr ideologischer Hintergrund setzt sich zusammen aus dem Vorbild der mexikanischen Verfassung von 1917, Ideen der peruanischen ‚Apristas', dem New Deal Franklin D. Roosevelts, gewissen marxistischen Einflüssen und dem Eindruck, den der Aufbruch des traditionalistischen spanischen Mutterlandes in eine liberale Republik in den frühen dreißiger Jahren in der Neuen Welt machte.

Die Wahl des gemäßigten Liberalen Eduardo Santos (1938–42) bedeutete, daß die Revolution nicht mehr marschierte. Santos nahm sogar Konservative ins Kabinett auf und bezog damit Stellung gegen die radikalen Liberalen. Die Fortsetzung der Reformpolitik hätte eine innere Geschlossenheit der Liberalen Partei erfordert, an der es schon am Ende der ersten Amtszeit López' fehlte. Während die jungen, reformfreudigen Liberalen ähnlich wie die Radikalen in Chile dem Staat im umfassenden Sinne eine Rolle auf wirtschaftlichem und sozialen Gebiet zuerkannten, waren die Liberalen alten Schlages noch ganz im traditionellen liberalen Denken des 19. Jahrhunderts befangen, so daß für ihr politisches Credo die bürgerlichen und politischen Freiheiten, die föderalistische Dezentralisierung der staatlichen Verwaltung, das ‚laissez faire' auf wirtschaftlichem und sozialen Gebiet und die Kirchenfrage die zentralen Anliegen blieben. Von den Konservativen war ohnehin keine Unterstützung für die Reformpolitik zu erwarten. Sie ertrugen mit wachsender Ungeduld ihre Abwesenheit von den Schalthebeln der Macht. Mit Teilen der Oligarchie sahen sie in der „Revolution auf dem Marsch" finstere marxistische Kräfte am Werk, die das *Eigentum* und die *Kirche* bedrohten, so daß es für sie um einen Kampf zwischen Christus und Lenin ging, der den Todeskampf westlicher Demokratien mit den Ideologien von Faschismus und Kommunismus kennzeichnet[32]. Die polemische Alternative von Christus und Lenin wird verständlicher, wenn man bedenkt, daß die römische Kirche noch 1916 die Lektüre liberaler Zeitungen als gefährlich und zum Teil als Todsünde gebrandmarkt hatte[33] und daß die Regierung López 1937 durch eine Verfassungsänderung die völlige Religions- und Kulturfreiheit einführte, den Priestern jede politische Betätigung verbot und der römischen Kirche die Kontrolle über das öffentliche Erziehungswesen entzog. Unter dem Druck gemäßigter Liberaler und Konservativer muß-

---

[31] Zu den Reformen vgl. im einzelnen Dix 1969, 81–94.
[32] Vgl. Dix aaO 81ff.
[33] Kolumbien, Conferencias 1956, 352. Bei Todsünde verboten wurden: ‚El Espectador' von Bogotá, ‚El Siglo' von Barranquilla, ‚Retazos' von Montería. ‚El Espectador' von Medellín war schon seit 1888 entsprechend eingestuft. Als gefährliche und antikatholische Lektüre wurden 7 weitere Zeitungen bezeichnet.

te sie allerdings im selben Jahr die Aufsicht der Kirche über das Erziehungswesen wiederherstellen, so daß man sagen kann, daß die gemäßigten Liberalen sich auf den Boden des Konkordates stellten. Santos schloß dann auch 1942 mit dem Vatikan ein neues Abkommen, mit dem das Konkordat in dem Sinne modifiziert wurde, daß die kirchliche Kontrolle des öffentlichen Erziehungswesens eingeschränkt und bestimmt wurde, daß die Bischöfe von der Regierung akzeptierte kolumbianische Staatsbürger sein müssen[34].

In der liberalen Phase manifestierten die Bischöfe in kollektiven Hirtenbriefen ihren Widerstand gegen jede Beschneidung der Rechte der Kirche. Zwar schärften sie 1933 wieder Gehorsam gegenüber der Obrigkeit ein und ermahnten sie zugleich, für soziale Gerechtigkeit zu sorgen[35], aber 1936 protestierten sie gegen die geplante Verfassungsreform, die unter Verkennung der Rechte der Kirche „den Laizismus des Staates, den Laizismus der offiziellen Schule heiligen" sollte.

Sie zitierten dazu die Frage von Pius XI. an den Erzbischof Ismael von Bogotá: „Haben die Herren, die sie (diese verfassungsändernden Maßnahmen) diktierten, irgendeine Religion?" Als Ismael sie loyalerweise als Christen bezeichnete, konnte sich der Papst ihre Handlungsweise nur noch mit Unkenntnis der katholischen Lehre erklären. Im selben Hirtenbrief wird ausführlich Lehre und Taktik der Kommunisten erklärt und mit Hilfe der katholischen Soziallehre widerlegt. Dabei wird der Privatbesitz an den Produktionsmitteln unter Berufung auf Thomas von Aquin verteidigt und die Haltung der Kirche, „einer Feindin aller Ungerechtigkeit", die durch ihre „glorreiche Geschichte hindurch eine Beschützerin der Schwachen gewesen ist", an Hand der Enzyklika „Rerum Novarum" von 1891 dargelegt, deren Postulate für das Kolumbien von 1936 immer noch recht fortschrittlich gewesen sein müssen. Auf der Linie dieser päpstlichen Verlautbarung wurden die Kommunistische Partei und alle nichtchristlichen Gewerkschaften verdammt[36].

Der Dissensus zwischen den gemäßigten Liberalen unter Gabriel Turbay und den radikalen unter Gaitán, der bei den Wahlen 1946 separat kandidierte,

---

[34] Mecham aaO 133 bemerkt dazu, daß die kolumbianischen Regierungen auch in der Folgezeit von ihrem Recht zur Kontrolle der Erziehungseinrichtungen nur wenig Gebrauch gemacht hätten. Rodríguez 1970 zeigt, daß trotz der obligatorischen katholischen Erziehung der Prozeß der Entkirchlichung und Säkularisation in Kolumbien fortschreitet.

[35] Kolumbien, Conferencias 1956, 398. Haddox 1965, 140f hebt hervor, daß die konservativen Apologeten der Kirche während der liberalen Phase alle Vorschläge, die auf einen Wechsel in Recht und Macht der Kirche hinausliefen, als „radikal, sozialistisch und natürlich kommunistisch" brandmarkten. Sie gingen so weit zu behaupten, daß „die Vorherrschaft der katholischen Religion im Innern einer Gesellschaft den Staat zum Zusammengehen mit der Kirche zwingt...und zur Unterwerfung aller seiner Maßnahmen unter die ethischen und religiösen Prinzipien" (vgl. Forero 1938, 57). Dix aaO 92 zitiert eine Stellungnahme der Hierarchie anläßlich der Verfassungsreformen von 1936, in der es ähnlich wie in konservativen Verlautbarungen hieß: „Diese Erklärung ist keine Drohung oder ein Aufruf zur Rebellion ... aber wenn der Augenblick kommt, um für Gerechtigkeit zu kämpfen, werden weder wir noch unser Klerus oder die Gläubigen wehrlos und passiv bleiben" (vgl. La opinión nacional ante la reforma de la constitución, Bogotá 1936, 6—13). Haddox 1965, 140f erwähnt, daß sich bei der Konkordatsreform, die der Vatikan gut aufnahm, Konservative wie Laureano Gómez als päpstlicher als der Papst erwiesen, indem sie die Liberalen wegen dieses Vorhabens der „kommunistischen Inspiration" verdächtigten.

[36] Kolumbien, Conferencias 1956, 413ff.

brachte die Liberalen um die Macht. Obwohl die beiden liberalen Kandidaten zusammen 58,6 % der Stimmen auf sich vereinten, siegte der Konservative Mariano Ospina Pérez mit 41,4 %. Der tiefere Grund für den Sturz der Liberalen ist in ihrem Versagen zu sehen, auf die wirtschaftlichen, sozialen und politischen Herausforderungen Kolumbiens eine adäquate Antwort zu geben. Die liberale Republik eröffnete kein revolutionäres Zeitalter. Statt tiefgreifender Reformen wurden hauptsächlich beruhigend wirkende Korrekturen vorgenommen. Der relative Wahlerfolg des abtrünnigen Gaitán (26,3 % der Stimmen) verdeutlicht, daß die Masse des Volkes, die bis 1936 nicht wählen durfte, nach der damals vorgenommenen Einführung eines allgemeinen, von Besitz und Lesefähigkeit unabhängigen Wahlrechts aus ihrer politischen Apathie zu erwachen begann, so daß es nicht länger möglich war, die Interessen der ländlichen und städtischen Massen außer acht zu lassen. Der 45jährige Burgfrieden der beiden traditionellen Parteien war erschüttert. Die Liberalen hatten die Artikulierung der Wünsche der Massen ermöglicht[37], so daß es auf lange Sicht nicht mehr möglich war, so zu tun, als ob sie nicht existierten, und im konservativen Stil weiter zu regieren in der Hoffnung auf eine „nationale Regeneration nach dem alten spanisch-katholischen Muster", wie Laureano Gómez es predigte. Zwar schien es, als habe Kolumbien den Machtwechsel 1946 noch einmal friedlich bewerkstelligt, aber die alten Formeln der Macht funktionierten nicht mehr und Gewalttätigkeit, Unruhen und Streiks ab 1946 waren die Vorboten des großen Ausbruchs der ‚violencia' 1948[38]. Die Nachkriegszeit brachte überall in Lateinamerika einen großen wirtschaftlichen Boom, begleitet von einer grausamen Inflation. Die Folge war eine politische Indifferenz bei vielen, eine „Orgie von Materialismus und Gesetzlosigkeit" bei anderen und ein scharfer ideologischer Wettbewerb bei den reformerischen Kräften.

Die Ermordung Gaitáns, der seit dem Tode Turbays der offizielle Führer der Liberalen war, und den die einen für einen „faschistischen Demagogen wie Perón", die anderen für ihren Retter hielten[39], löste eine fürchterliche Welle von Gewalttätigkeit aus, ‚la violencia', die im April 1948, während der 9. Inter-Amerikanischen Konferenz in Bogotá, einen Großteil der Altstadt in Flammen aufgehen ließ (Bogotazo am 9. April 1948).

Dazu muß man wissen, daß die Liberalen am 16. März 1949 bei den Wahlen zum Senat wieder eine Mehrheit von 150 000 Stimmen erlangen sollten, obgleich die Konservativen, die keineswegs bereit schienen, einen Machtwechsel hinzunehmen, mit Einschüchterungsversuchen aller Art versucht hatten, die Sympathisanten der Liberalen von den Wahlurnen fernzuhalten[40]. Daher liegt es nahe, die geistige Urheberschaft des politischen Verbrechens, dessen Klärung verhindert worden ist, in führenden konservativen Kreisen zu vermuten, die es auch verstanden hatten, den Opposi-

---

[37] Dix 1969, 95ff.
[38] Vgl. Fagg 1971, 634 und Guzmán 1968, 42ff. Die Tatsache, daß die Hierarchie in ihrem Kollektivhirtenbrief vom 29. 6. 1948 (vgl. Conferencias aaO 485–87) noch einmal die liberale Ideologie als vollkommen irrtümlich bezeichnete, so daß kein Katholik sich zu ihnen bekennen könne, „ohne sich auf schwerwiegend schuldhafte Weise von den Lehren der Kirche, der unfehlbaren Meisterin der Wahrheit, zu entfernen", zeigt erneut die verhängnisvolle Vermischung von Religion und Politik, die die Modernisierung des kolumbianischen Staatswesens behindert und den Ausbruch von Gewalttätigkeiten als bewußten oder unbewußten Protest gegen die Erstarrung der unzeitgemäßen Strukturen begünstigt haben dürfte.
[39] Vgl. Fagg 1971, 634.   [40] Guzmán 1968, 42.

tionsführer aus der kolumbianischen Delegation bei der Inter-Amerikanischen Konferenz auszuschließen[41]. Vor der Wahl von 1949 bedrohten in Popayán Priester Anhänger der Liberalen in der Unterschicht mit der Exkommunikation für den Fall, daß sie liberal stimmen würden. Verschiedene Bischöfe des Landes verboten in Hirtenbriefen die Stimmabgabe für die Liberalen, weil sie die Einführung der Ziviltrauung, der Scheidung und der Koedukation anstrebten, was der Unmoral und dem Kommunismus Tor und Tür öffnen würde.

Das Ausmaß antikirchlicher Aktionen beim Bogotazo erklärt sich aus der Verketzerung der Liberalen bzw. einiger ihrer bedeutenden Vertreter als antikirchlich oder kommunistisch, nachdem der Streit zwischen Konservativen und Liberalen sich in der zweiten Hälfte der vierziger Jahre wieder verschärft hatte. Die latente Feindseligkeit der städtischen Massen gegen die Kirche machte sich im April 1948 in Bogotá Luft. Viele Kleriker identifizierten die Situation mit derjenigen Spaniens im Jahre 1936[42].

Gleich am 9. April 1948 drangen Heckenschützen in die Kirchen ein, warfen sich Soutanen über und schossen von den Kirchtürmen, was den Zorn der Volksmassen besonders auf die Kirchgebäude lenkte, von denen aus ihnen die Priester sie zu beschießen schienen. Alte Kirchen, der Palast des Erzbischofs, die Nuntiatur, die ‚Universidad Javeriana Femenina' in Bogotá, sowie zahlreiche Kirchen und kirchliche Schulen in den Provinzen wurden ein Raub der Flammen oder bildeten wie der Nuntius, der Erzbischof von Bogotá und andere Kleriker eine Zielscheibe tätlicher Angriffe. Einige Pfarrer und Missionare wurden ermordet, verletzt oder eingesperrt. Der Versuch, den Rektor des Salesianerkollegs ‚San Roque' in Barranquilla lebendig zu verbrennen, nachdem er schon mit Benzin übergossen war, konnte erst im letzten Augenblick von einem resoluten Arbeiter verhindert werden. Angesteckt oder geplündert wurden in Bogotá auch die konservativen Zeitungen, Privathäuser führender Konservativer und öffentliche Gebäude. Die grausamsten Übergriffe ereigneten sich indes in Puerto Tejada, wo die mehrheitlich liberale Bevölkerung unter Führung eines Mitgliedes des Stadtrates die konservativen Mitglieder der Stadtregierung langsam zu Tode folterte, die Leichname zerhackte und Köpfe und Gliedmaßen unter die frenetische Menge schleuderte.

Das Ausmaß dieser Ausschreitungen, die sich gegen die beiden neuralgischen Punkte des gesellschaftlichen Mechanismus Kolumbiens richteten, gegen den religiösen und den politischen, war nicht vorhersehbar. Atavistisches Rache- und Vergeltungsdenken hatte sich der Massen bemächtigt. Befriedungsversuche mit Hilfe einer „nationalen Union" der beiden großen Parteien unter Präsident Ospina Pérez und einer liberalen Regierung unter Darío Echandía brachten keine Lösung der Probleme, weil sie verkannten, daß es sich bei den Gewalttätigkeiten erst um die Vorstufe des eigentlichen Konfliktes handelte, dessen innere Logik auf einen Bürgerkrieg zusteuerte.

Werkzeuge der ‚violencia' sollten die ‚campesinos' werden, die von den „Schauspielern der politischen Farce" angestiftet wurden, von städtischen ‚caudillos', die sich selbst die Hände nicht schmutzig machten. Die eigentlichen Anführer der Landarbeiterhorden waren teilweise entlaufene Banditen und Marodeure, die nichts zu verlieren hatten und die Revolution predigten. Dabei brach nicht etwa eine Revolution aus, sondern die Anarchie, denn für eine Revolution fehlte der Führungsapparat und

---

[41] Zu den verschiedenen Thesen über die Urheber des Mordes an Gaitán, die von den politischen Führern der konservativen Oligarchie über die US-Ölgesellschaften bis zu den Kommunisten gehen, vgl. Guzmán aaO 42.
[42] Dix 1969, 308. Einige Priester kamen beim Bogotazo um..

die Entschlossenheit der Liberalen, um jeden Preis die Macht mit Gewalt zu erobern.

Angesichts des Fehlens von sozialer Mobilität in den ländlichen Gebieten ist in Kolumbien wie auch in anderen Gebieten Lateinamerikas unter den ‚campesinos' ohnehin eine latente Aggressivität vorhanden, die aus einem Gefühl der Frustration erwächst. Nachdem in Kolumbien das Bewußtsein der Frustration besonders geschärft worden war und nachdem auch anomale Mittel in Form von Waffen und Anführern zu ihrer Überwindung zur Verfügung standen, konnte sich die aufgestaute Aggressivität virulent entladen. Da aber echte Führertalente fehlten, die die erforderliche Orientierung zur Eroberung der Macht im Staate hätten geben können, lief alles auf sinnloses Blutvergießen, Mord und Totschlag hinaus. Der Teufelskreis von scheinbar erforderlicher Selbstverteidigung, überdosierten Gegenschlägen des Militärapparates, Vergeltung und Gegenvergeltung nahm seinen verhängnisvollen Lauf.

Chronologisch lassen sich vier Phasen im Ablauf der Gewalttätigkeiten unterscheiden:
1. 1949—53 Erste Woge der Gewalttätigkeit
2. 1953 Vorübergehender Waffenstillstand
3. 1954—57 Erneuter Ausbruch der Gewalttätigkeit
4. 1958 Pause[43].

Ad 1: Auf den sogenannten ‚Bogotazo', der ca. 1200 Opfer gefordert haben soll, folgten in den Jahren der ‚violencia' bis 1953 ca. 300 000 Tote. Die genaue Zahl steht nicht fest[44]. Unter dem 1950 angeblich „gewählten" Laureano Gómez Castro wurde ein ausgeklügeltes System von Folterungen angewandt[45]. Die „campesinos' kämpften primitiv bewaffnet untereinander und gegen die Übermacht der Streitkräfte, die plündernd und zerstörend durch die Lande zogen. Kaum waren die Armeeinheiten wieder abgezogen, setzten sich die lokalen Kämpfe fort. Die Liberalen behaupteten, Regierung und Militär produzierten die Gewalttätigkeiten und müßten deshalb vernichtet werden. Die Konservativen behaupteten, die Liberalen machten eine Revolution gegen die konservative Regierung und müßten deshalb ausgerottet werden. In Wirklichkeit wollten beide Seiten durch Schwächung des gegnerischen Wählerpotentials ihre Stellung verbessern[46].

Ad 2: Die Tatsache, daß die Regierung langsam in die Selbstverteidigung mit ihrem repressiven Apparat gedrängt wurde und das Land dem totalen Chaos auslieferte, führte in wichtigen Kreisen der Gesellschaft 1953 zu der Überzeugung, daß nur ein Regierungswechsel, und das hieß auch ein Wechsel des Präsidenten, weiteres Unheil abwenden könnte. Nachdem Gómez inspiriert von Antônio Salazar und der spanischen Falange eine faschistische Verfassung einführen wollte und damit die Befriedung des Landes vollends unmöglich machte, erzwang im Juni 1953 eine Offiziersverschwörung unter General Gustavo Rojas Pinilla den Rücktritt von Gómez. Eine vorübergehende Präsidentschaft Rojas' stieß auf eine breite öffentliche Zustimmung. Die Liberalen sprachen von einer nationalen Befreiung. Mit einer großangelegten Friedensoffensive, in der allen Straffreiheit zugesichert wurde, die ihre Waffen niederlegten und ablieferten, gelang Rojas eine leider nur vorübergehende Befriedung. Die Wiederherstellung normaler Verhältnisse ohne Hunger und Elend überstieg die wirtschaftlichen Möglichkeiten Kolumbiens[47].

Ad 3: 1954 rollte eine zweite Woge von Gewalttätigkeit über das Land, nachdem Rojas mörderische Übergriffe von Militärs auf friedlich demonstrierende Studenten in

---

[43] Vgl. Guzmán 1968, 58—71. [44] Hanke 1967 I, 69f.
[45] Die Folterungen beschreibt Guzmán aaO 81ff. Während die Konservativen unter Gómez entschlossen waren, mit allen Mitteln der Despotie zu herrschen, bestritten die Liberalen die Legalität seiner Präsidentschaft und riefen zum bewaffneten Widerstand auf.
[46] Guzmán aaO. [47] Ebd. 137—157.

Bogotá und ‚campesinos' in Pueblo Nuevo (Sumapaz) im Departament Tolima, die ca. 100 Todesopfer forderten, nicht exemplarisch bestrafte. Eine Politik der verbrannten Erde mit Panzern, Bordwaffen und Napalmbomben riß einen unüberbrückbaren Abgrund zwischen Streitkräften und Landvolk auf[48].

Ad 4: Rojas Pinilla war angetreten unter der Devise „nicht mehr Blutvergießen, nicht mehr Plünderungen", behauptete, inspiriert zu sein von Christus und Bolívar und wollte die Massen mit dem Schlagwort „Volk und Streitkräfte" hinter sich bringen[49]. Dennoch ging das Morden der Liberalen nach dem Motto „Kampf für die Freiheit und Rache für Gaitán" und der Konservativen als Kampf für „Christus König" weiter[50]. Als der gescheiterte Friedensbringer Rojas trotzdem die Stirn hatte, 1957 als den unverrückbaren Entschluß der Streitkräfte zu verkünden, daß er 1958—62 Präsident bleiben werde, brachte er Parteien, Handel und Industrie, Professoren, Studenten und die katholische Hierarchie gegen sich auf. Kardinal Luque, der Erzbischof von Bogotá, bestritt dem nicht demokratisch gewählten Parlament das Recht, Rojas zum Präsidenten zu proklamieren. Die Bischöfe Caicedo und Medina von Cali boten öffentlich dem Präsidentschaftskandidaten der Konservativen und Liberalen, Guillermo León Valencia[51], gegen den ein Haftbefehl ausgestellt war, Unterkunft in ihren Palästen an. Die Diözesan- und Nationaljunta der Katholischen Aktion schloß sich einem Protest des Kardinals gegen Übergriffe der staatlichen Sicherheitsorgane, insbesondere gegen Kirchenschändungen an. Die ‚Asamblea Nacional Constituyente' ließ sich nicht von der Wahl Rojas' abhalten. Als Rojas Maßnahmen gegen die Handelsbanken ergriff, deren Leitungen sich dem Protest gegen seine Regierung angeschlossen hatten, traf er den empfindlichsten Nerv der Wirtschaftsoligarchie. Der dadurch ausgelöste Generalstreik der Unternehmer zwang Rojas am 10. Mai 1957 in die Knie[52].

Ein besonderer Aspekt der Epoche der ‚violencia', der bis jetzt ungenügend erforscht ist, sind die *Protestantenverfolgungen,* zu deren Erklärung ein kurzer historischer Rückblick erforderlich ist. Als Begründer des Protestantismus in Kolumbien gilt der nordamerikanische Presbyterianer Henry Barrington Pratt, der hier 1856—59 und 1869—78 arbeitete und presbyterianische Gemeinden ins Leben rief, die sich 1937 in einer unabhängigen Synode organisierten und 1957 eine Gesamtgemeinde von 6650 Gliedern bildeten[53]. Anfang des 20. Jahrhun-

---

[48] Ebd. 159—181 - vgl. 165 zu den Höhepunkten der ‚violencia'.
[49] Ebd. 195ff.   [50] Dussel 1972, 206.
[51] Nach dem am 24. 7. 1956 von Laureano Gómez und Alberto Lleras Camargo unterzeichneten Pakt von Benidorm hatten die verfeindeten Parteien die Zusammenarbeit beschlossen und León Valencia als gemeinsamen Kandidaten nominiert - vgl. Guzmán aaO 195ff.   [52] Ebd.
[53] Vgl. González 1970, 368ff und Damboriena 1963, 70f. Schon 1924 hatten die Bischöfe in einem gemeinsamen Hirtenbrief vor den „falschen Propheten" der Protestanten gewarnt, die mit ihrer Wühlarbeit unter den armen Schichten versuchten, Anhänger zu gewinnen. Sie sprechen ihnen die Redlichkeit schon deshalb ab, weil ihre Behauptung, sie wollten die religiöse Intoleranz ausrotten, im Widerspruch zu ihrer Aktivität in Lateinamerika stünde, gäbe es doch Millionen von Menschen auf der Welt, die „überhaupt keine Religion bekennen" - Conferencias 1956, 365. 1944 bezeichneten die Bischöfe die KA als eine vom Papst geschaffene Waffe, die Propaganda der Protestanten weit überlegen sei, und warnten gleichzeitig die Familienväter, ihre Kinder auf protestantische Schulen zu schicken - aaO 462. Sinclair 1976 K nennt für 1916 326 kommunizierende Glieder aller protestantischen Gemeinden, 558 Besucher der Sonntagsschulen, 18 ausländische Missionare und 43 einhei-

derts war das Gewicht des Protestantismus in Kolumbien noch minimal. Auf dem Panamá-Kongreß war 1916 von wenigen hundert Protestanten die Rede. Abgesehen von der ‚United Presbyterian Church' haben die historischen protestantischen Kirchen in Kolumbien nicht Fuß fassen können. Ab 1908 nahmen indes die Arbeit auf die ‚Unión Misionaria Evangélica', die ‚Alianza Evangélica', die ‚Alianza Cristiana y Misionera', die ‚Iglesia Presbiteriana de Cumberland', die ‚Misión Evangélica Luterana', die ‚Misión Latinoamericana', die ‚Southern Baptists', die Adventisten, die Pfingstler u. a. Im Zeichen der liberalen Reformpolitik ab 1936 wurde der Protestantismus von manchen liberalen Politikern, „die der katholischen Kirche nicht allzusehr gewogen waren", gefördert, was ihm Auftrieb gab. Während des Zweiten Weltkrieges verstärkte sich die protestantische Missionsarbeit.

Die 1950 in der Epoche der ‚violencia' gegründete ‚Conferación Evangélica de Colombia', der 90 % aller Protestanten angehören[54], bezifferte Ende 1955 die materiellen Schäden der Zerstörungen auf 167 seit 1948 zwangsweise geschlossene Schulen und 42 zerstörte Kirchgebäude[55]. Eine „Märtyrerliste" von 1958 führt Namen, Todesumstände und Todesort von 108 Erwachsenen und 4 Kindern auf. Die meisten wurden in ihren eigenen Häusern umgebracht. Häufig waren Polizisten beteiligt.

Die schlimmsten Massaker ereigneten sich in Ríomanso/Rovira (Tolima) – 9 Tote, darunter ein dreijähriges Mädchen, das vom Mob zu Tode getrampelt wurde (1951) –, in Cubaral/San Martín (Meta) – eine siebenköpfige Familie (1951) –, in La Bricha/Macaravita (Santander) – 7 Tote (1951) –, in La Estelia/Sevilla (Valle) – 5 Protestanten und 2 Sympathisanten (1953) – und in El Cedral/Cajamarca (Tolima) – 8 Tote (1956)[56]. In La Moreno wurden noch im Oktober 1955 150 protestantische Männer, Frauen und Kinder aus ihren Häusern und Grundstücken vertrieben. Die Behörden erschwerten in vielerlei Hinsicht die protestantische Arbeit: Alle protestantischen Schulen mußten sich neue Lizenzen besorgen, die Einreise von protestantischen Missionaren wurde verboten, der Bau von sechs presbyterianischen Kirchgebäuden unterbrochen.

Auf der Konsultation des CCLA über Religionsfreiheit in Lateinamerika im Jahre 1955 verlautete, daß die kolumbianische Regierung sich langsam der negativen Folgen der breiten Erörterung der Protestantenverfolgung in der US-Presse bewußt zu werden scheine. Als positive Folgen der Unterdrückung

---

mische Mitarbeiter. In den dreißiger Jahren spiegelte das Leben der kolumbianischen Protestanten „unbewußt die Ideale der konservativen nordamerikanischen Mittelklasse". Die Mehrzahl der protestantischen Schulen diente einer priviligierten kolumbianischen Minderheit oder sozialen Aufsteigern. „Es fehlte bei Lehrern und Schülern an der Einschärfung eines kräftigen Verständnisses für soziale Verantwortung".

[54] Turner 1971, 230 weist darauf hin, daß Uruguay mit nur 65 % den einen Pol und Peru und Kolumbien mit 98 % seiner Bevölkerung als statistischen Katholiken den anderen Pol in Lateinamerika markieren, daß aber der regelmäßige Meßbesuch in den Arbeitervierteln bei nur 1 % läge. Haddox 1965, 132f macht darauf aufmerksam, daß für den Kolumbianer wegen erdrückenden Übergewichtes des Katholizismus jede andere Bezeichnung als katholisch die Assoziation „Heide, Protestant oder Kommunist" hervorruft. Christentum wird mit Katholizismus identifiziert. Wenn ein Kolumbianer sich als Protestant zu erkennen gibt, muß er mit der erstaunten Frage rechnen: „Und Sie sind Kolumbianer?"   [55] CCLA 1955, 18.
[56] Nach einer vom Weltrat der Kirchen vervielfältigten Liste aus dem Jahre 1958.

wurde nach anfänglichem Rückgang der Gliedzahl während der ‚violencia' ein erheblicher Anstieg auf über 100 000 Protestanten vermerkt, so wie ein engeres Zusammenrücken und eine Verbesserung der Zusammenarbeit unter den Protestanten, wie sie schon in der Gründung der ‚Confederación' zum Ausdruck gekommen ist[57].

Nirgendwo in Lateinamerika hat es im 20. Jahrhundert vergleichbare Übergriffe auf Leib und Leben von Protestanten gegeben. Allerdings läßt sich die katholische Schutzbehauptung nicht völlig von der Hand weisen, daß die Anschläge im Rahmen einer allgemeinen Gewalttätigkeit erfolgten und sich nicht in erster Linie gegen Protestanten, sondern gegen Kolumbianer richteten, die als Protestanten gleichzeitig eine Affinität zur Liberalen Partei hatten. Da die Regierungsbehörden von Konservativen gesteuert wurden, nimmt die Beteiligung von Polizisten an den Greueltaten nicht wunder. Schließlich wird darauf hingewiesen, daß protestantische Organisationen in ihrer mündlichen und schriftlichen Propaganda nicht den mindesten Respekt gegenüber katholischen Glaubensüberzeugungen und -praktiken bewiesen und dadurch die Feindseligkeit bei den Katholiken gesteigert hätten. In der Märtyrerliste findet sich hierauf immerhin ein Hinweis, wenn von Alfredo Zorro berichtet wird, er sei 1949 in Zetaquirá/Boyacá zu Tode geprügelt worden, weil er den Hut beim Vorbeizug einer Prozession nicht abgenommen habe. Eine Rechtfertigung für Gewalttaten durch katholische Christen stellen alle diese Erklärungen freilich nicht dar. Auch der Jesuit Damboriena räumt ein, daß die Protestanten vielfach unschuldig waren und daß offizielle Vertreter der römischen Amtskirche „sich zu Unklugheiten und sogar zu einzelnen Greueltaten haben hinreißen lassen"[58]. Ohne der Gefahr unzulässiger Verallgemeinerung zu erliegen, wird man feststellen können, daß Bischöfe und Klerus aufs Ganze gesehen der Gewalttätigkeit nicht entschlossen genug entgegengetreten sind und daß es nicht an Katholiken gefehlt hat, die die Schläge gegen die Protestanten, die bei dem Ausmaß der allgemeinen Gewalttätigkeit nicht aufzufallen schienen, nicht ungern sahen, bzw. teilweise direkt provozierten. Vergeblich sucht man in den gemeinsamen Hirtenbriefen seit 1949 ein Wort über die Protestantenmorde oder eine grundlegende Analyse über das Problem der ‚violencia'. Auch die Klagen über die Gewalttätigkeit sind nicht das beherrschende Thema

---

[57] CCLA 1955, 17ff.
[58] Damboriena 1963, 72f, der darauf hinweist, daß Protestanten vielfach in Gebieten umkamen, in denen ein gnadenloser Kampf gegen alle Sympathisanten der Liberalen geführt wurde. Dix 1969, 309f differenziert zwischen der Haltung der Hierarchie und des Klerus. Glieder der Hierarchie hätten selten zu Angriffen auf Protestanten oder Liberalen ermuntert, dagegen aber kaum mehr als verbale Ermahnungen unternommen. Das eigentliche Problem lag bei den Parochialpriestern, die sich durch den Antiklerikalismus der Liberalen und das Erscheinen protestantischer Missionare in ihrer Stellung bedroht fühlten, noch dazu, wo die Missionare „Priester und Kirche als reaktionär und korrupt" darstellten und ihre Tätigkeit nach katholischer Sicht gefährliche Proselytenmacherei war. So kam es, daß eine Anzahl von Gemeindepfarrern Konservativen leichtfertig Angriffe auf Liberale, die teilweise gleichzeitig Protestanten waren, verzieh und andere, was noch schlimmer ist, direkt zu solchen Angriffen aufriefen oder sie sogar anführten, galten ihnen doch die Liberalen als „Ketzer" und „Feinde der Kirche". Andere verweigerten den Liberalen die Sakramente oder die Beerdigung auf dem örtlichen Friedhof. Die Lage komplizierte sich noch dadurch, daß die meisten Protestanten mit den Liberalen sympathisierten, aber nur eine verschwindende Minderheit von Liberalen aus Protestanten bestand.

der Hirtenbriefe. So nimmt z. B. im kollektiven Hirtenbrief des Jahres 1951 die Sorge, daß die kolumbianische Frau ihr Schamgefühl verlieren könnte, einen erheblich breiteren Raum ein als das Problem der ‚violencia'[59].

Guzmán, der die ‚violencia' für multikausal und wiederkehrend in der kolumbianischen Geschichte hält, erwähnt unter den zahlreichen Ursachen folgende, die mit der römischen Kirche zusammenhängen: die Vermischung kirchlicher und politischer Interessen, politisch-klerikale Aktivitäten einiger Sektoren, eine mehr verbale als durch überzeugendes Handeln konkretisierte Verdammung der Gewalttätigkeit, wobei er den teilweise vom weltlichen Arm ausgeübten Druck auf die Kirche nicht unerwähnt läßt[60].

42393 Die Epoche der Nationalen Front (1957—1974)

Der erzwungene Sturz von Rojas Pinilla führte zur Zusammenarbeit der beiden verfeindeten Parteien in Form einer ‚Zivilen Front', die später ‚Nationale Front' genannt wurde. Durch ein Abkommen wurde die paritätische Besetzung aller Regierungsämter vorgesehen sowie der Wechsel des verfassungsmäßigen Schlüsselamtes des Präsidenten im Vierjahresrhythmus.

Eine Verfassungsänderung, die dieses Verfahren ermöglichte, wurde im Dezember 1957 erstmals in der kolumbianischen Geschichte durch ein Plebiszit mit überwältigender Mehrheit angenommen (4 169 294 gegen 206 864 Stimmen). Ob allerdings alle wußten, wofür sie mit ihrem ‚Ja' stimmten, ist eine andere Sache. Rojas behauptete später in seinem Prozeß vor dem Senat, viele ‚campesinos' hätten ihre Stimme für die Präsidentschaft von ‚Don Plebiscito' (Herrn Plebiszit) abgegeben. Über die ursprünglich für zwölf Jahre geplante Zusammenarbeit hinaus wurde mit der erforderlichen Zweidrittelmehrheit das System der Nationalen Front auf vier Präsidialamtszeiten ausgedehnt (1958—1974). Bei den ersten Wahlen im März 1958 erhielten die Liberalen 58 % der Stimmen, aber dem neuen Modus entsprechend nur 50 % der Sitze. Präsident wurde der Liberale Alberto Lleras Camargo (1958—62). Er und andere hofften, daß durch den regelmäßigen Wechsel des höchsten Staatsamtes von einer Partei zur anderen das Volk zur Demokratie erzogen würde[61]. Was erreicht wurde, war eher das Gegenteil, nämlich ein wachsendes politisches Desinteresse der großen Masse des Volkes angesichts der Vetternwirtschaft der Parteien, an der die Wähler, zum bloßen Stimmvieh herabgewürdigt, doch nichts ändern konnten, weshalb die Wahlbeteiligung immer geringer wurde. Außerdem hörte die Gewalttätigkeit in entlegenen ländlichen Distrikten nie ganz auf[62]. Im Inneren hatten sich „Unabhängige Bauernrepubliken" zur Selbstverteidigung gebildet, z. B. die von Tequendama und die von Marquetalia, die erst 1964 von der Armee liquidiert wurden. Nach kubanischem Vorbild organisierten sich Anfang der sechziger Jahre Guerrilla-Bewegungen, die von den Moskau-hörigen Kommunisten als Linksabweichler abgelehnt werden[63].

Das neue System der Zusammenarbeit der Parteien war möglich geworden, weil die Liberale Partei „nicht mehr radikal, noch antiklerikal, noch Anhängerin der Trennung von Kirche und Staat, noch antikonfessionell, noch eine Befürworterin der ‚Volkssouveränität' war, in deren Schatten das von der Groß-

---

[59] Kolumbien, Conferencias 1956, 497f - vgl. Anm. 20.
[60] AaO 500ff; Dix aaO 313f betont, daß es auch auf der Ebene der Gemeindepfarrer mutigen, Frieden stiftenden Einsatz gegeben hat.
[61] Dix aaO 129—136.
[62] Noch 1969 lag der Jahresdurchschnitt bei ca. 1 000 Opfern von Gewalttätigkeit aller Art - South American Handbook 1970, 352.
[63] Vgl. Houtart R. 1973, 127.

grundbesitzeraristokratie unterdrückte Kleinbürgertum auf eine Erfüllung seiner sozialen Ansprüche hoffte. Auch war die Konservative Partei nicht mehr ausschließlich klerikal, bedingungslos der Herrschaft starker Männer zugetan, noch nationalistisch, noch der spanischen Tradition zugewandt". Vielmehr waren die Spitzen beider Parteien gleichermaßen in der Hand des Großbürgertums, dessen Interessen es verlangten, daß der Staat sich in zwei gegnerischen Parteien manifestierte, die scheinbar vertikal quer durch alle Schichten organisiert sind, in Wirklichkeit aber nur zur Abstützung der horizontalen Organisation der herrschenden Schichten der gesellschaftlichen Pyramide dienen. Ihr Gefolge besteht aus den Streitkräften und der kirchlichen Hierarchie. Die unteren Schichten des Volkes bilden das Fundament. Auf diese Weise befestigte das Großbürgertum seine Rolle als führende Schicht Kolumbiens. Es ist bezeichnend, daß dieselben Köpfe, die ihre Gefolgschaft in die Epoche der fürchterlichsten Gewalttätigkeit der an Gewalttätigkeit ohnehin reichen kolumbianischen Geschichte geführt hatten, auch nach dem Ende der ‚violencia' weiter ganz vorn auf der politischen Bühne agierten und sich nun als Gegner des verhängnisvollen parteipolitischen Fanatismus und Sektierertums aufspielten[64].

Die römische Kirche unterstützte die ‚Frente Nacional' und diese verpflichtete sich, die Kirche „zu schützen" und ihr „Achtung als ein wesentliches Element der gesellschaftlichen Ordnung" zu verschaffen[65]. Trotzdem blieb das kirchenpolitische Konzept der Konservativen natürlich verschieden von dem der Liberalen. Aber die politische Macht der römischen Kirche war eine Realität, der sich kein Politiker, gleich welcher Schattierung, entziehen konnte. Andererseits waren erst wenige Priester zu der Überzeugung gelangt, daß die Kirche sich aus der Parteipolitik heraushalten sollte, weil sie mit ihrer Einmischung häufig ihren klaren geistlichen Auftrag kompromittiert hat. Die Stimme dieser Priestergruppe war gegenüber der offiziellen Stimme der Hierarchie noch schwach[66].

Innerhalb der Nationalen Front folgten auf Lleras die Präsidenten León Guillermo Valencia (1962—66), konservativ, erneut Lleras Camargo (1966—70), liberal, und Misael Pastrana Borrero (1970—74), konservativ. Ohne auf die Einzelheiten ihrer Politik eingehen zu können, muß man mit Guzmán fragen, ob die Politik dieser Regierungen mit ihrem Reformismus, ihrer Entwicklungsideologie, ihrer militärischen Unterdrückung unerwünschter Opposition, ihren nordamerikanischen Friedenskorpshelfern, ihrem Programm nationaler Ver-

---

[64] Guzmán aaO 203f, der namentlich die Konservativen Ospina Pérez, Urdaneta Arbeláez und Laureano Gómez erwähnt.
[65] Decreto legislativo Nr.: 0247 von 1957, der von der ‚Junta Militar provisional' und den beiden traditionellen Parteien unterschrieben wurde. Haddox 1965, 142. Dix 1969, 314 hebt hervor, daß die römische Kirche ihre Stellung durch die Nationale Front auf doppelte Weise verbessert habe: durch die konstitutionelle Reform von 1957 wurde in der Präambel wiederum festgestellt, daß die römisch-katholische die Religion des Staates ist. Außerdem haben nicht nur die Konservativen, sondern auch die Liberalen die Sonderstellung der Kirche sanktioniert, wodurch zumindest auf der oberen kirchlichen Ebene die Konfrontation zwischen Kirche und Liberalen abgebaut wurde. Im Programm der Nationalen Front von 1962 wurden dann die kirchlichen Aktivitäten auf sozialem und erzieherischen Gebiet ausdrücklich des „Wohlwollens und des Schutzes des Staates" versichert.
[66] Haddox 1965, 142

teidigung und dem, was sie unter Integration des Volkes und unter Agrarreform verstehen, eine adäquate Antwort auf die ‚violencia' gefunden haben, die ja der Ausdruck einer unerhörten gesellschaftlichen Desintegration und einer institutionellen Krise ist, die ohnegleichen in Lateinamerika sind[67].

Dix, der diese Periode der Nationalen Front nach dem Ablauf der Hälfte der ursprünglich vorgesehenen Zeit zu beurteilen hatte, kommt zu Schlüssen, die auch nach ihrem Ende noch zutreffen: Die kolumbianische Oberschicht, die häufig als eine modernisierende Elite bezeichnet worden ist, hat die Machtpositionen der Gesellschaft behauptet, „einschließlich der wirtschaftlichen Herrschaft, den in höchstem Maße ungleichen Bildungsmöglichkeiten, der Kontrolle der Massenmedien und der größten politischen Parteien. Ihre Art, Wandel zu schaffen, ist, aufs Ganze gesehen, die der palliativen, paternalistischen Reform, die darauf abzielt, starke Spannungen im System abzubauen und auf bestimmte Herausforderungen zu antworten (wie z. B. die anarchistische ländliche Gewalttätigkeit) oder auf gewisse Forderungen von seiten gegenelitärer Gruppen, ohne indes dabei irgendeinen wirklichen Anteil effektiver Kontrolle über die größeren Machtmittel abzutreten". *Keine der Krisen Kolumbiens, die durch den Modernisierungsprozeß ausgelöst worden sind, ist bewältigt worden*, weder die Krise der politischen Mitbestimmung, der mit einem rein formalistischen Wahlrecht nicht beizukommen ist, noch die der gesellschaftlichen Mobilität, mit der die staatlichen Verwaltungseinrichtungen nicht Schritt gehalten haben, noch die Krise der Verteilung von Besitz und Vermögen, der nicht einmal durch eine konsequente Steuerpolitik entgegengewirkt wird, noch die Krise der Legitimität der Ausübung der politischen Macht, die in der Stimmenthaltung der großen Mehrheit des Volkes bei den Wahlen ihren Ausdruck findet, noch die Krise der nationalen Identität, die sich in einem Mangel an gesundem Nationalgefühl äußert, noch die der Integration der Mehrheit der Bevölkerung in eine wirkliche nationale Gesellschaft. Nach dem Mißerfolg der Reformen der liberalen Partei von 1963 ist die Entstehung einer zur Modernisierung fähigen Koalition unter Einschluß der nichtelitären Gruppen, die das Land aus dem Zustand eines fortgeschrittenen politischen Verfalls herausreißen könnte, nicht am Horizont zu entdecken[68]. Daran hat auch die seit 1974 amtierende Regierung unter dem zum linken Flügel der Liberalen gerechneten Präsidenten Alfonso López Michelsen nichts geändert. Dabei nimmt bevölkerungsmäßig das Gewicht Kolumbiens rasant zu. Mit einer für 1980 auf 28 289 000 geschätzten Bevölkerung würde es nach Brasilien und Mexiko noch vor Argentinien den dritten Platz in der Rangliste von Lateinamerika einnehmen (1940: 9 Mill., 1960: 15 132 000, 1968: 19 289 000)[69].

Wie wenig sich die Bevölkerung von den beiden die wohlhabende Oberschicht repräsentierenden Parteien vertreten fühlt, haben wieder die Gemeinde- und Bezirkswahlen im Frühjahr 1976 gezeigt, d. h. zur Halbzeit der Regierungsperiode von López Michelsen, bei denen von den über 9 Mill. Wählern nur gut 30 % ihre Stimme abgegeben haben[70]. Durch eine Mobilisierung der

---

[67] Guzmán aaO 500ff; zur Agrarreform vgl. Ruiz G. 1971 I, 234ff.
[68] Dix aaO 410ff.
[69] Statistik nach Ruiz G. 1971, 38. Im DAS Nr. 17 (25. 4. 1976) heißt es unter der Überschrift „Zertretene Schuhputzer": „Der fortschrittliche, mit großer Mehrheit gewählte Staatspräsident, Alfonso López Michelsen, konnte oder wollte nicht verhindern, daß trotz einer stabilen Wirtschaftslage jede Reform zugunsten einer Bevölkerungsmehrheit unterblieb. Manches deutet darauf hin, daß nun der sogenannte ‚chilenische' Flügel innerhalb des Militärs die offene Machtübernahme vorbereitet, um nach der alten bequemen Tradition nicht das Elend, sondern lieber störende Elemente zu zertreten".
[70] Vgl. SZ 32 Nr. 104 v. 6. 5. 1976: „Fast 70 % Stimmenthaltungen". Bei den als Test für die Präsidentschaftswahlen von 1974 angesehenen Kommunalwahlen von

abseits stehenden Wählermassen müßte sich die Herrschaft der beiden Parteien, der inzwischen aufgelösten Nationalen Front, leicht aus den Angeln heben lassen. Das hat seit Ende 1964, wenn auch mit viel zu kurzem Atem, der freiwillig laikalisierte Priester Camilo Torres Restrepo mit der revolutionären Einheitsfront, der ‚Frente Unido', versucht. Abgesehen von seinem Mangel an Organisationstalent scheiterte Torres an der engen Toleranzbreite des Systems, das ihm versteckt ein ähnliches gewaltsames Ende wie Gaitán androhte und ihn damit zum Verzweiflungsschritt in den Untergrund trieb[71].

Obgleich die Bischöfe Torres und anderen Priestern immer wieder nachdrücklich jegliches politisches Engagement verboten haben, haben sie selbst immer das Recht zu politischen Empfehlungen beansprucht. Noch bei den Präsidentschaftswahlen des Jahres 1966 haben sie dem Volk eingeschärft, nur die beiden Parteien der ‚Frente de Reconstrucción Nacional' zu wählen, die bekanntlich einseitig die Interessen der wohlhabenden Oberschicht vertreten: „... es ist vom demokratischen Standpunkt aus inakzeptabel, die Stimme für diejenigen abzugeben, die die Gewalttätigkeit loben und drohen, die gesellschaftliche Ordnung zu zerstören."[72] Vom Begriff der „etablierten Gewalt" scheinen die Bischöfe noch nichts gehört zu haben. Wie kann man dieselbe ablösen, wenn man es nicht einmal demokratisch mit der Mehrheit der Stimmen darf? Bei dieser Lage der Dinge nehmen die zahlreichen Proteste von Katholiken aus den verschiedensten Teilen Lateinamerikas gegen den Besuch von Paul VI. 1968 in Kolumbien nicht wunder[73].

Als Beispiel sei nur der offene Brief des ‚Encuentro Latinoamericano Camilo Torres' vom Juni 1968 erwähnt, in dem betont wird, es sei schwer, in Lateinamerika eine andere Nation zu finden, deren Verhältnisse im Sinne der Enzyklika „Populorum Progressio" mehr verdammungswürdig seien, hielte doch 1 % der Kolumbianer 75 % des Bodens in seinem Besitz, um sein geheiligtes Eigentumsrecht rücksichtslos gegen die Interessen des Volkes auszunutzen und Gegner dieser Verhältnisse skrupellos zu liquidieren. Allein schon die Gegenwart des Papstes in diesem Land sei dazu angetan, das Bündnis der hierarchischen Kirche mit den Ausbeutern zu rechtfertigen[74].

Als Kardinal Concha 1966 Mario Bravo und Hernán Jiménez von der Zeitung ‚El Catolicismo' entfernte, weil sie „Verwirrung" verursachten und dagegen 119 Priester protestierten, antwortete er ihnen, daß das Vatikanum die kolumbianische Kirche nur zu Liturgiereformen, nicht aber „zu unmittelbarem Handeln auf sozialem Gebiet" verpflichte[75]. Das wirkt fast wie ein Kommentar zu Camilo Torres' Behauptung: „Die Kirche besteht aus einer Mehrheit von Personen, die ihren Glauben praktizieren, ohne ihn zu kennen" — gemeint ist das einfache, oft in magischen Vorstellungen befangene Volk, das die Nächstenliebe praktiziert —, „und einer Minderheit, die ihren Glauben

---

1972 lag die Wahlbeteiligung sogar nur bei 27,6 %. Relativ erhielten die Liberalen 45 %, die Konservativen 39,7 %, die ANAPO (Alianza Nacional Popular des Exdiktators Rojas P.) 12,5 % und die übrigen Oppositionsparteien 2,8 %, und zwar die Kommunisten 38 506 Stimmen, die chinesisch orientierten Marxisten 13 506, der Movimiento Operario Independiente 9 491 und die ‚Social Demócratas Cristianos' 2 967 - vgl. O Globo, Rio de Janeiro (19. 4. 1972).

[71] Zu Torres vgl. Guzmán 1968 T; Lünig 1969; Hochmann/Sonntag 1970; Houtart R. 1973, 124ff; Quelleneditionen: Torres 1970 und wesentlich bescheidener: Torres 1969.

[72] CIDOC INFORMA 3, Nr. 8 (April 1966), S. 4/45–49, wo die Botschaft des Ständigen Komitees der Bischöfe vom 18. 2. 1966 kommentiert wird.

[73] Vgl. die Dokumente bei Gheerbrant 1970, 13–50.

[74] CIDOC INFORMA 9, Doc. 69/187, 6.   [75] Dussel 1972, 210.

kennt, aber ihn nur in seinen äußerlichen Formen praktiziert". Damit wirft Camilo der Hierarchie vor, sich mit den herrschenden Normen zu identifizieren und den Konformismus zum Maßstab für priesterliche Führungstalente zu erheben[76]. Als sich etwa 50 Priester um den Bischof von Buenaventura im Dezember 1968 nach dem Studium von „Populorum Progressio" und der Erklärung von Medellín auf der Finca Golconda um eine rückhaltlose Situationsanalyse und um die Konkretisierung dieser Dokumente für den kolumbianischen Kontext bemühten[77], sollten sie sehr bald die repressiven Maßnahmen staatlicher und kirchlicher Stellen zu spüren bekommen. Wie im Falle Camilo Torres' wurde die Komplizenschaft der Hierarchie mit dem Establishment bei der Unterdrückung eines potentiell revolutionären Christentums deutlich[78]. Erzbischof Uribe Urdaneta von Cali suspendierte Manuel Alzate, einen Priester der Golconda-Gruppe, kurzerhand, „weil er die Hierarchie beleidigt habe"[79].

Demgegenüber gab es von seiten der Bischöfe nur wenige ermutigende Zeichen, die eine tiefere soziale Bewußtseinsbildung andeuten. So etwa die Aufgabe des Bischofspalastes von Erzbischof Botero von Medellín im Jahre 1962[80] oder die Übergabe von 324 ha Kirchenland zur Agrarreform durch Bischof Julio Franco Arango 1967[81] oder der Versuch des Episkopates, 1971 doch zur schwierigen sozialen Lage des Landes Stellung zu nehmen. In seiner Kommentierung der Kapitel „Privatbesitz", „Landreform", „Industriereform" und „Städtische Reform" stellt der ‚Centro de Investigación y Acción Social' fest, die Bischöfe hätten erkannt, die Probleme auf den reformbedürftigen Gebieten hätten ihre Wurzel in verzerrten Begriffen von ‚Mensch', ‚Gesellschaft' und ‚Eigentum'. Ohne eine Korrektur dieser Begriffe könne das traditionelle Eigentumsrecht nicht aufrechterhalten werden. Auf dem industriellen Sektor werden Strukturreformen gefordert, die die billigere und vermehrte Produktion von Massenartikeln des Grundbedarfs sicherstellen und die Unternehmermentalität dahingehend verändern sollen, daß nicht die Profitmaximierung das oberste Leitprinzip der Produktion ist, sondern die Herstellung und die Verteilung von Gütern, die entsprechend den wahren Prioritäten die Bedürfnisse der Gesellschaft befriedigen[82].

---

[76] Vgl. Houtart R. 1973, 140.

[77] Das Enddokument des 2. Treffens der Golconda-Gruppe (9.–13. Dez. 1968) ist abgedruckt in CIDOC INFORMA 7, Doc. 68/117, 1–8.

[78] Vgl. ebd. Art. von G. Castillo Cárdenas v. 24. 10. 1969: El por qué de „una mano dura contra los sacerdotes de Golconda".

[79] Dussel 1972, 254.

[80] InfCathInt v. 1. 7. 1962, 10f nach Promper 1965, 211f. Der aus einer begüterten Familie stammende Erzbischof erklärte 1962 in seiner Pfingstpredigt: „Keine Revolution geht tiefer als das Evangelium. Ist das Thema der Bergpredigt nicht ein Revolutionsprogramm? Wir müssen alle am Aufbau mithelfen. Das Beispiel muß von oben kommen". Darum zog er in ein einfaches Haus des Arbeiterviertels ‚Barrios de Jesús' und nahm sich vor, täglich zwei Arbeiter an seinen Tisch zu bitten, „um sich näher bei Jesus zu fühlen". In seiner komfortablen Residenz richtete er eine Schule für Arbeiter- und Bauernführer ein und investierte sein gesamtes Vermögen in dieses Unternehmen.

[81] Turner 1971, 68. Franco Arango war durch die Lektüre von „Populorum Progressio" zu diesem Schritt geführt, mit dem er den päpstlichen Satz unterstreichen wollte, daß „Privatbesitz kein absolutes und bedingungsloses Recht für irgend jemanden ist, wenn andere in Not sind".

[82] Vgl. CIAS ides 1971. Einige Daten zu den kirchlichen Strukturen nach Zuluaga 1971: 1971 gab es 9 Erzbistümer, 30 Bistümer, 2 Prälaturen, 8 Vikariate und 7 Apostolische Präfekturen. Von diesen 56 Verwaltungsbezirken gab es 1864 erst 7. Von

Die Zahl der Protestanten dürfte Mitte der siebziger Jahre auf ca. 200 000, d. h. auf ca. 1 % der Gesamtbevölkerung, angestiegen sein. Dazu haben wesentlich die Pfingstler und die Adventisten beigetragen.

Die ‚Iglesia Pentecostal Unida' mit ca. 15 000 erwachsenen Gliedern und einer Gesamtgemeinde von ca. 50 000 im Jahre 1967 geht auf die Tätigkeit von Verner Larson zurück, eines Kanadiers dänischer Abstammung, der 1936 nach Kolumbien gekommen ist. Die Adventisten sind stetig gewachsen. Sinclair schätzt, daß von den 70 000 Protestanten, die James E. Goff für 1967 nennt, ein Drittel Adventisten waren.

Medellín 1968 hat für Kolumbien das ökumenische Zeitalter eingeläutet. Den Kolumbianern fiel es besonders schwer zu glauben, daß die Protestanten nun „getrennte Brüder" und nicht mehr „Ketzer" sein sollten. Zaghaft begannen Versuche zur Zusammenarbeit auf sozialem Gebiet, bei der Alphabetisierung und der Bibelverteilung. Nur mit Lutheranern und Episkopalen kam es zu theologischen Treffen und gemeinsamen katholisch-protestantischen Andachten. Eine „Tendenz zur triumphalistischen Deutung der Geschichte" haftet den kolumbianischen Protestanten genauso an wie den Katholiken. Rev. Gonzalo Castillo Cárdenas hat 1966 auf der ‚Conferencia de Evangelismo' des Ökumenischen Rates in Mexiko seinen kolumbianischen evangelischen Brüdern die soziale Herausforderung genauso vor Augen gestellt, wie dies der bekannte evangelische Soziologe Dr. Orlando Fals Borda häufig getan hat. Aber „bis jetzt ist dies nur die Sorge von einzelnen und nicht der protestantischen Kirche in Kolumbien"[83].

---

den 4 864 Priestern, die es 1970 gab, waren 1 884 Religiose, von denen sich ein großer Teil mit Sekundar- und Hochschulerziehung beschäftigte. Demgegenüber machte die Entchristlichung der Arbeitermassen rasche Fortschritte, besonders im Zusammenhang mit der Landflucht. In diesem Zusammenhang ist Castillo Cardenas' (Anm. 78) Angabe zu bedenken, daß nur 2 % der Gesamtbevölkerung als Arbeiter eine gesicherte Beschäftigung haben. 50 % der ‚campesinos', 25 % der städtischen Bevölkerung sind unterbeschäftigt oder arbeitslos. Das Verhältnis von Kirche und Staat ist durch ein zweites mit einem Protokoll am 23. 7. 1973 in Bogotá unterzeichnetem Konkordat neu geregelt - vgl. Universitas Nr. 45 (Bogotá November 1973), 17ff. In Art. 1 wird die „katholische, apostolische und römische Religion" wiederum „als fundamentales Element des Gemeinwohls und der integralen Entwicklung der nationalen Gemeinschaft" bezeichnet. Alle traditionellen Vorrechte der Kirche werden gesichert. Der Staat verpflichtet sich, kirchliche Schulen im selben Maße wie staatliche zu unterstützen (Art. 11). „Staat und Kirche werden zur baldigen und wirksamen Förderung der menschlichen und sozialen Bedingungen der Eingeborenen...zusamenarbeiten" (Art. 5). Gegenüber diesem kirchlichen Besitzstandsdenken, das sich in Konkordaten äußert, sei abschließend die kritische Stimme des Kolumbianers Sepúlveda zitiert, der 1949–61 als katholischer Pfarrer tätig war und seit 1969 Soziologieprofessor an der Universidad de los Andes in Bogotá ist: „Der vereinigte Klerus muß kämpfen für eine arme Kirche, die alle ihre materiellen Positionen aufgibt zu Gunsten der Erziehung der Armen, besonders der ‚campesinos', die sie seit 400 Jahren ausbeutet, für eine nicht-konkordarische Kirche, die keine Konkubine des Staates und der Eliten ist, eine verborgene Komplizin, wenn es sich darum handelt, die großen armen Massen zu beherrschen...für eine freie, befreite und befreiende Kirche..." - Sepúlveda 1971, 199f.

[83] Sinclair 1976 K, 42f.

4240 Venezuela (1899—1974)

42401 Messianismus und Positivismus

1899 fiel Venezuela einer ‚Revolución Liberal Restauradora' General Cipriano Castros anheim, einem neuen „Retter des Vaterlandes", dessen Rettungswerk mit einem langen Bürgerkrieg begann.

„Das Dasein Venezuelas setzt sich aus einer monotonen Folge gescheiterter Erlösungswerke zusammen, wobei jedes derselben die Vergangenheit als schmachvoll und finster bezeichnet und den Beginn einer völlig neuen Ära von Licht und Fortschritt ankündigt." Schon Antonio Guzmán Blanco hatte zuerst Tabula rasa gemacht, um sich als Retter aus dem Chaos desto besser profilieren zu können. Dann weihte er das erneuerte Vaterland seinem Befreier Simón Bolívar an dessen 100. Geburtstag im Jahre 1883. Aber solche Rettungsversuche sollten Venezuela bald in einen unheilvollen Zustand von chronischer Krise versetzen, einer Krise, die so umfassend erschien, daß man darauf verzichten konnte, nach ihren wirklichen Ursachen zu forschen. Carrera Damas kritisiert die üblichen historischen Analysen, die die sozioökonomischen Aspekte fast völlig übersehen und deshalb von „einer Krisis des Volkes" sprechen, vom Mangel eines gemeinsamen geschichtlichen Nenners, statt mit den ausschließlich auf Erhaltung des Status quo ausgehenden Großgrundbesitzern (noch 1961 teilten sich 0,6 % der Besitzer 45 % der landwirtschaftlichen Nutzfläche, während 81 % nur 5 % des Bodens bearbeiteten) und der hin und her schwankenden „feigen und ausschweifenden Bourgeoisie, die sich selbst als führende Schicht der Republik definiert", ins Gericht zu gehen[1].

In diesem Kontext muß man die Rolle des Positivismus in Venezuela betrachten.

Der Positivismus eroberte sich gleich nach dem Erscheinen der grundlegenden Arbeit Spencers — ‚First Principles' 1862 — seinen Platz im akademischen Leben Venezuelas 1863 nahm der deutsche Gelehrte Adolf Ernst Fromm (1832–99) seine Vorlesungen über das darwinistische Mutationsprinzip an der Universität von Caracas auf, und ab 1866 legte Rafael Villavicencio (1838–1920) die Prinzipien der comteschen Philosophie dar. Von Caracas strahlte das positivistische Gedankengut in die kulturellen Zentren des Landes wie in die 1882 von jungen Studenten der Zentraluniversität gegründete ‚Sociedad Amigos del Saber', in den 1877 von Villavicencio gegründeten ‚Instituto de Ciencias Sociales' und von diesen Institutionen weiter in die Presse und die breitere Öffentlichkeit. Der Positivismus blieb indes, wie Luna bemerkt, auf einige städtische Zentren beschränkt. Man kann auch nicht von einem venezolanischen positivistischen System oder von einer venezolanischen Schule des Positivismus sprechen, da er nie strikt auf die nationale Thematik angewandt worden ist, sondern immer etwas Importiertes geblieben ist. Trotzdem darf man Macht und Einfluß des Positivismus auf das venezolanische Geistesleben nicht unterschätzen.

Wie überall in Lateinamerika handelte es sich nicht um einen rein comteschen Positivismus, sondern um eine Mischung von Darwinismus, Atheismus, Antiklerikalismus, Realismus und literarischem Naturalismus und mithin um eine Reaktion auf die Romantik, auf jede Art von Spiritualismus, also auf die thomistische Philosophie, den Klerikalismus, die traditionelle Moral, eine auf Schmeicheleien sich beschränkende Literarkritik und auf das durch das scholastische Dogma beschränkte und eingeengte Unterrichtswesen der Universität. Der Positivismus war also in Venezuela eine bilderstürmerische „Sturm-

---

[1] Carrera 1969, 125; Daten zur Landwirtschaft nach Rother, 1972, 23.

und Drangbewegung", die die jungen Intellektuellen etwa ab 1890 erfaßte. Sie war keineswegs der Motor der Reformen von Guzmán (vgl. 412383), eher ein Nebenprodukt seines Antiklerikalismus, wenngleich es naheliegt, daß gewisses positivistisches Geistesgut schon Guzmán beeinflußt hat.

Die neue europäische Geistesströmung wurde von den jungen Intellektuellen wie „ein neues Evangelium universaler Erlösung" aufgenommen, und Darwins „Über die Entstehung der Arten durch natürliche Zuchtwahl" (1859), sowie Spencers „Erste Prinzipien" wurden förmlich „die Bibeln dieser Generation". Sie betrachtete die Begründer des Positivismus als „kulturelle Befreier der der kolonialen Mentalität eines metaphysischen und obskurantistischen Katholizismus unterworfenen" lateinamerikanischen Nationen. Da sie dem Positivismus in einer geradezu „fetischistischen Faszination" erlegen waren, verzichteten die jungen Intellektuellen auf die gebotene kritische Beobachtung und Untersuchung dieser neuen philosophischen Strömung[2]. Auf politischem Gebiet bekämpften sie das traditionelle Unwesen, die öffentlichen Ämter als gute Geschäfte für ihre Nutznießer zu betrachten, ohne der aus ihnen erwachsenden Verantwortung gerecht zu werden. Gleichzeitig erfüllte sie die Zuversicht, die Strukturen ändern, die Verfahrensweisen berichtigen und alles einer wissenschaftlichen Analyse unterwerfen zu können, um das Richtige und Wahrhaftige herauszufinden[3]. Unter dem Einfluß des Positivismus kam es zwischen 1883 und 1914 zu einer Blüte von Wissenschaft und Literatur in Venezuela und zu einem Maß an Aufgeschlossenheit für die universalen Geistesströmungen, wie es in ähnlichem Maße nur in der Generation Ende des 18. Jahrhunderts gegenüber den Ideen der Aufklärung der Fall gewesen war.

Die Staatsauffassung Comtes führte auch zu kritischen Einsichten betreffs der venezolanischen Geschichte. So betonte Villavicencio nicht nur, daß es eine Wechselbeziehung zwischen einer stabilen Regierung und Ordnung und Fortschritt gäbe — daß eine stabile Regierung die Voraussetzung für Ordnung und Fortschritt ist, hatte Guzmán auch schon gesagt[4] —, sondern daß umgekehrt eine Regierung nicht stabil werden könne, die nicht für Ordnung und Fortschritt sorge. Ordnung sei nicht aufrechtzuerhalten, wenn schreiende Mißstände nicht beseitigt würden, und Fortschritt nur zu erreichen, wenn die Nation nicht alle Augenblicke revolutionäre Umwälzungen erlebe: „Ordnung und Fortschritt, Bewahrung und Freiheit sind sich ergänzende, nicht sich widersprechende Bedingungen... sie sind die grundlegenden Ursachen für die gesellschaftliche Evolution."[5] Luna weist indes nach, daß in der Historiographie

---

[2] Luna 1971, 34, der sich besonders auf Damboriena 1960, 128ff stützt, dessen beide Zitate gekennzeichnet sind.

[3] Luna aaO 32f.

[4] In seiner Kongreßrede vom 9. 5. 1876 zur Loslösung der katholischen Landeskirche von Rom sprach Guzmán von „libertad, orden y progreso", obwohl seinem Regime Freiheit fremd war. Den positivistischen Fortschrittsgedanken hingegen vertrat er deutlich, so z. B., als er am 20. 2. 1874 dafür eintrat, daß das Vermögen der zu enteignenden Nonnenkonvente der Universität von Caracas zugute kommen sollte, damit diese ihre Lehrvorhaben ausweiten und besonders die Naturwissenschaften stärker im Lande einbürgern könne, die so fruchtbar für den Fortschritt der Industrien seien, ferner daß Fachleute aus Europa geholt werden, chemische und physikalische Laboratorien sowie ein botanischer Garten eingerichtet werden sollten - vgl. das bei Navarro 1929, 324 und 291f zitierte Material.

[5] Luna aaO 40f.

unter dem Einfluß des Positivismus bald viel einseitigere Urteile auftauchten, weil die menschliche Geschichte nun weitgehend in Analogie zur Naturwissenschaft betrachtet wurde.

So kommt Fortoul zu dem Schluß, daß die ungünstige Zusammensetzung der venezolanischen Bevölkerung der Grund der nationalen Misere ist, besteht doch die Bevölkerung aus drei frustrierten Gruppen: den Nachkommen der Eroberer, die nichts mehr zu erobern haben und in den friedlichen Unternehmungen der modernen Zivilisation zurückgeblieben sind, den Nachkommen der unterworfenen Indianer, die ihren mutigen Naturinstinkt durch einen Hang zu Furchtsamkeit und Trägheit ersetzt haben, und den Nachkommen der importierten Negersklaven, denen ihr „gefühlloser Fatalismus" zwar die Möglichkeit zu überleben, nicht aber die Kräfte, ihre Lage zu verbessern, gibt. Bei einer derart naturhaft determinierten Sicht der Dinge, die teilweise richtige Beobachtungen doch nicht in die Vielfalt ihrer Bedingtheit einzuordnen versteht, geht die Offenheit der Geschichte für neue Möglichkeiten und Entwicklungen weitgehend verloren[6].

Diese negative Einschätzung der eigenen Geschichte und Volkssubstanz mit der daraus resultierenden pessimistischen Geschichtssicht der Positivisten mußte jenen Kräften gelegen kommen, denen nichts an einer Schmälerung ihrer wirtschaftlichen, gesellschaftlichen und politischen Privilegien gelegen sein konnte. Sie konnten mit den Theorien des historischen und soziologischen Fatalismus ihre Privatinteressen bemänteln und damit jahrzehntelang eine sozialrevolutionäre Entwicklung im Ansatz ersticken. Unter dem soziologischen Dogma ließen sich noch so gut gemeinte soziale und wirtschaftliche Reformvorschläge als angelesen und einer exotischen Ideologie entsprungen oder als gefährliche Anschläge auf das Ordnungsprinzip abtun, ist doch nach dieser Interpretation der venezolanischen Geschichte die einzig der Situation angemessene Kategorie die der Gewalt[7].

Insgesamt ergibt sich ein ambivalentes Bild des Positivismus in Venezuela: Einerseits bildete er für die Generation der neunziger Jahre ein Signal zum Aufbruch, zur kulturellen Befreiung, einen wertvollen Ansporn, alle Prinzipien und Traditionen neu zu durchdenken und zu erneuern, Scholastik und falsch verstandene Metaphysik zu überwinden und in bilderstürmerischem Eifer furchtlos gegen Obskurantismus und falsche Vorurteile zu kämpfen. Andererseits verkehrte sich derselbe Positivismus in seine Antithese, indem er durch die „soziologische Theorie des Pessimismus, des biologischen Fatalismus"

---

[6] Vgl. im einzelnen Luna 49ff, der diese Sicht u. a. bei Gil Fortoul, El hombre y la historia, nachweist.

[7] Luna aaO 95, der sinngemäß Augusto Mijares, La interpretación pesimista de la sociología hispano-americana, Madrid 1952, 8 zitiert. Laureano Vallenilla Lanz ist ein Beispiel dafür, wie ein positivistischer Historiker zur Stütze der Gewaltregime des 20. Jahrhunderts werden kann. Leitmotiv seiner Aufsätze über das demokratische Cäsarentum ist der Begriff des ‚gendarme necesario'. Danach erscheinen die kreolischen Generäle, deren „autokratische und despotische" Regierungsform der nationalen Mentalität angemessen ist, geradezu als ein Geschenk der Vorsehung (ebd. 96 nach Mijares aaO 273). Der Schluß, daß etwas, das adäquat für die Vergangenheit war, auch für die Gegenwart richtig sein dürfte, wird dem Leser solcher Traktate nicht schwer fallen. Arciniegas 1972, 397 erwähnt, daß Mussolini Laureano Vallenillas Verteidigung von Gómez System in dessen Buch ‚Cesarismo democrático' (1919) wegen seiner Überzeugungskraft laut lobte und ins Italienische übersetzen ließ.

einen an Götzendienst gemahnenden Servilismus und Untertanengeist nährte und die „Erhabenheit der vorgeblichen Tugenden des starken Mannes, des Kaziken, des Chefs, des notwendigen Gendarmen" pries. So ist es gekommen, daß in Venezuela die geistig führende Schicht der Universitätsabsolventen zu Stützen der Diktatoren wurde. Diese negativen Auswirkungen des Positivismus sind durch den bereits vorhandenen Bolívarkult — Luna spricht vom „messianischen Magnetismus Bolívars" — noch verstärkt worden[8]. Im Verhalten der venezolanischen Intellektuellen zeigen sich deutliche Parallelen zu dem der positivistischen ‚cientíﬁcos' im Mexiko Porﬁrio Díaz' (vgl. 4242).

Der katholische Klerus war zu einer offensiven Auseinandersetzung mit dem Positivismus kaum in der Lage. Seine intellektuelle Schulung war, wie Navarro beklagt, gegenüber dem allgemeinen akademischen Fortschritt weit zurückgeblieben[9], so daß die römische Kirche angesichts der Wucht der Angriffe der Intellektuellen, die denen des Guzmán-Regimes folgten, immanent nur auf das Gesetz der Beharrung und auf die Ignoranz der Massen vertrauen konnte. Die Regierung Cipriano Castros (1899–1908) behandelte die römische Kirche mit relativem Wohlwollen. Ähnlich wie Díaz in Mexiko ließ Castro zwar die antiklerikale Gesetzgebung in Kraft, achtete aber kaum auf ihre strikte Einhaltung. So kamen trotz des fortbestehenden Ordensverbotes nach den Kapuzinern und Salesianern 1899 die Augustiner-Eremiten und 1903 die Dominikaner ins Land[10]. Der Wiederaufbau und Ausbau der kirchlichen Strukturen wurde durch die kraftvolle moralische Autorität des achten Erzbischofes von Caracas, Dr. Juan Bautista Castro (1903–15), begünstigt, der trotz des weiterhin von „irrationaler Feindseligkeit" bestimmten geistigen Klimas die Fundamente der Kirche wieder festigen konnte. Schon als Generalvikar hatte er 1900 während einer Krankheit seines Vorgängers die Widerrrufung des Gesetzes über das Verbot kirchlicher Priesterseminare durchgesetzt, so daß er 1906/07 die beiden Institute des Metropolitanseminars gründen konnte. Er erkannte die wichtige Rolle der Publizistik. Schon 1890 hatte er zusammen mit anderen die noch heute erscheinende Tageszeitung ‚La Religión' ins Leben gerufen. Ab 1906 gab er monatlich ein ‚Boletín Eclesiástico' heraus, nachdem er im Vorjahr die venezolanische Bischofskonferenz institutionalisiert hatte, die auf ihren regelmäßigen Sitzungen die ‚Instrucción del Episcopado Venezolano' ausarbeitete, die die überholten ‚Sinodales' von Bischof Diego de Baños y Sotomayor von Santa Marta (1677–84) ersetzte. Als Vorkämpfer eucharistischer Frömmigkeit hatte Castro schon 1896 die ‚Congregación de las Siervas del Santíssimo Sacramento' gegründet, die sich in alle Bundeshauptstädte Venezuelas sowie nach Bogotá und Rom ausbreitete. 1899 weihte er die Republik dem Altarsakrament und 1907 veranstaltete er den ersten Internationalen Eucharistischen Kongreß in Lateinamerika, bei dessen Abschluß er Maria zur Königin Lateinamerikas proklamierte[11]. In der neuen Verfassung von 1904 wurde die „römisch-katholische apostolische Religion" erneut zur Staatsreligion erklärt und die finanzielle Unterstützung der Kirche durch den Staat gesichert. Aber in Art. 124 wurde auch der staatliche Anspruch auf das Patronat entsprechend dem Gesetz von 1824 bekräftigt. Die Einführung des Scheidungsrechtes im Zuge der Reform des Bürgerlichen Gesetzbuches 1904,

---

[8] Luna aaO 107f und 93.
[9] Vgl. Navarro aaO 339, Anm. 33. [10] Mecham 1966, 109.
[11] Vgl. Navarro aaO 354f und Iriarte 1967, 366f.

rief heftige Proteste der Hierarchie hervor. Insgesamt kann man wesentlich dank des Wirkens von Erzbischof Castro eine erstaunliche Renaissance der katholischen Kirche in Venezuela verzeichnen, die 1912 ca. 2,5 Mill. Menschen in 408 Pfarreien mit 469 Priestern betreute[12].

42402 Festigung des venezolanischen Staatswesens und wirtschaftliche Entwicklung im Zeichen des Kapitalismus

Die Herrschaft Castros ist gekennzeichnet von einer Serie brutaler Willkürakte.

1900 ließ er kurzerhand Kapitalisten aus Caracas einsperren, weil sie der Regierung ein neues Darlehen verweigerten. 1907 erteilte er den Befehl, General Antonio Paredes, der seiner ‚Revolución Liberal Restauradora' bis Ende 1900 widerstanden hatte, zusammen mit zwei anderen Häftlingen von Bord der ‚Socorro' (Hilfe) den Pirañas zum Fraß in den Orinoco werfen. 1908 ließ er den Hafenarzt Dr. Gómez Peraza einsperren, weil er pflichtgemäß nach Feststellung der Beulenpest im Hafen von La Guaira Epidemie-Alarm ausgelöst hatte[13]. Fagg charakterisiert Castro als grausamen, schamlos lüsternen Ignoranten, der als Tyrann herrschte, sich direkt aus der Staatskasse bereicherte und das gestohlene Volksvermögen in Banken auf Holländisch-Curaçao und in New York in Sicherheit brachte. Die Staatsfinanzen gerieten indes in einen immer desolateren Zustand, so daß 1908 die Auslandsverschuldung 230 Mill. Bolívar betrug bei einem jährlichen Steueraufkommen von nur 50 Mill. Bolívar[14].

Der 1905 vom Kongreß mit dem Titel ‚Restaurador de Venezuela' geehrte Staatschef, gegen den sich der Unmut des Volkes immer deutlicher Luft machte, wurde während einer Deutschlandreise 1908 von seinem Vizepräsidenten, General Juan Vicente Gómez (1908—35), mit Rückendeckung der Militärs gestürzt. Castros Herrschaft war also nur das Präludium einer neuen Errettung des Landes gewesen, das Gómez bis zu seinem Tode 1935 fest im Griff behalten sollte. Carrera D. spricht von einer bedauerlichen Anpassung der Elite an die Tyrannen Castro und Gómez.

„Während langer Jahrfünfte (präsidiale Amtszeiten) vergißt das Land fast zu denken, oder man denkt entsprechend der ländlichen Mentalität der Chefs an den Hah-

---

[12] Vgl. Mecham aaO 109; Arellano 1971, 103; Pollak-E. 1968, 28 spricht in ihrem von manchen Ungenauigkeiten gekennzeichneten Aufsatz irrtümlich von der Trennung von Staat und Kirche unter Guzmán.

[13] Arellano aaO 100ff.

[14] Vgl. Fagg 1971, 618 und Arellano aaO 107. Während der unruhigen neunziger Jahre waren viele Ausländer in Venezuela ihres Besitzes beraubt worden und hatten das Land verlassen, weil die Gerichte ihnen nicht zu ihrem Recht verhalfen. Als Castro auf Drohungen der europäischen Mächte nicht reagierte, unterstützten diese, was von manchen Historikern verschwiegen wird, die gegen Castros Herrschaft gerichtete ‚Revolución Liberadora' unter General Manuel Antonio Matos. Nach seinem Sieg über Matos fühlte sich Castro natürlich erst recht nicht mehr moralisch zu einem finanziellen Entgegenkommen verpflichtet und konnte der Zustimmung seiner Landsleute sicher sein, als er 1902 einer Seeblockade und Angriffen auf die Küste von Großbritannien, Deutschland, Italien und Holland widerstand, bis diese auf Intervention der USA abgebrochen und Castro sich verpflichtet hatte, einem Schiedsspruch des Internationalen Gerichtshofs im Haag zuzustimmen, der Venezuela 1904 zur Zahlung von 20 Mill. Bolívar verurteilte. Nur die zunehmenden Einnahmen aus der Ölförderung dürften den Staatsbankrott verhindert haben.

nenkampf des Generals oder daran, ‚Compadre' des Militärbefehlshabers zu werden, um nicht ins Gefängnis geschleppt zu werden. Und die schlimmste Niederlage ist die, die die gesamte öffentliche Moral erleidet, indem es zu einer Art kollektiven Billigung kommt."[15]

Es läßt sich bei aller Kritik indes nicht verkennen, daß die beiden „andinen Cäsaren" aus Táchira, dem südwestlichsten andinen Bundesgrenzland, Castro und Gómez, die Grundlagen des modernen venezolanischen Staatswesens legten. Seit 1902 hat Venezuela keinen Bürgerkrieg mehr erlebt. Das ist ein Zeichen dafür, daß es endlich zu einem Nationalstaat im territorialen Sinne des Wortes geworden ist. Die die geographische Einheit des Landes verhindernden lokalen ‚caudillos' sind entmachtet worden. Das war eine Voraussetzung für die Aufwärtsentwicklung des merkantilen Kapitalismus der Kaffee- und Kakaoexporteure. Die staatliche Einheit ruhte auf drei Säulen: auf einer stahlharten Bürokratie, deren einzelne Abteilungen in jeder Provinz von einem Vertrauensmann des Präsidenten überwacht wurden, auf einem Steuerwesen, das die Steuerhoheit der Bundesstaaten weitgehend zu Gunsten der Bundeshoheit abbaute, und auf dem nationalen Heer, das durch seine bloße Besetzung jener Gebiete, in denen der lokale ‚caudillismo' noch stark war, repressiv wirkte. Diese drei Säulen verwandelten Venezuela trotz formellen Fortbestehens einer bundesstaatlichen Ordnung de facto in ein zentralistisches Staatswesen.

Damit war eine wesentliche Voraussetzung für das Vordringen des neuzeitlichen Kapitalismus geschaffen, der den großflächigen, von inneren Grenzen freien Wirtschaftsraum braucht. Mit der Entmachtung der ‚caudillos' und der Unterdrückung ihrer Privilegien hat Gómez, gewollt oder ungewollt, dem Fortschritt gedient. Die Tatsache, daß Venezuela bereits eine solide Einheit bildete, als in der zweiten Dekade des 20. Jahrhunderts das Erdöl aus den Bohrlöchern in Zuila am Maracaibo-See zu sprudeln begann, hat Venezuela möglicherweise eine separatistische Amputation dieser Grenzprovinz im Stile Panamás erspart. Mit den angelsächsischen Ölgesellschaften kam der internationale Kapitalismus ins Land, der bald zur Stütze jener Diktatur werden sollte, die ihm den Boden bereitet hatte, und die idealen Bedingungen für sein Vordringen erhielt.

Nie seit der Kolonialzeit geriet Venezuela derart in die Abhängigkeit ausländischer Wirtschaftsinteressen wie in den zwanziger und dreißiger Jahren durch das Erdöl.

Zwischen 1920 und 1935 überstiegen die Investitionen der Ölgesellschaften bereits die Investitionen aller anderen Wirtschaftszweige zusammengenommen. Schon 1935 bildete das Erdöl den Hauptposten des Bruttosozialprodukts, so daß die Staatsfinanzen restlos von den Erdölerträgen abhingen und Venezuela beim Tode von Gómez zu einem „Wurmfortsatz des Erdöls" geworden war[16]. Die daraus resultierende politische Abhängigkeit wurde immer gravierender. Seit den Zeiten Gómez' kamen für Kabinetts- und hohe Verwaltungsposten praktisch nur Männer in Frage, die das Vertrauen der Ölgesellschaften genossen. Ob diktatorische oder demokratische Regierungen, alle waren nicht mehr als Vasallen, Vizekönige oder Statthalter der Ölzaren. Das zeigte sich besonders drastisch bei der Abwertung des Dollars nach der Weltwirtschaftskrise im Jahre 1934, der der Bolívar in weit stärkerem Maße folgte, als es die Zahlungsbilanz erforderte, so daß die Ölgesellschaften erhebliche Abgaben sparten. Der-

---

[15] Carrera 1969, 127 nach Picón 19953, 280.
[16] Rangel 1972, 27. Ribeiro 1970, 371f macht darauf aufmerksam, daß der durch

selbe Vorgang sollte sich 1964 bei der von den Ölgesellschaften manipulierten Abwertung des Bolívar um 30 % wiederholen.

Mit dem Ölboom begann das explosive Wachstum der Städte. Die Zeit von 1925 bis 1950 genügte, um das vorwiegend agrarische in ein vorwiegend urbanes Land umzuwandeln.

1926 überschritt Caracas erst die 100 000 Einwohnermarke und wurde als Handels- und Finanzzentrum noch von Maracaibo überflügelt. 1936 erreichte die Bevölkerung von Caracas schon die Zahl von 200 000 und ließ in seiner wirtschaftlichen Bedeutung alle anderen Städte weit hinter sich. Das Wachstum der Städte war begleitet von einem zunehmenden ländlichen Exodus auf den neuen Straßen, die bald weite Teile des Landes durchzogen. Dadurch „starben die patriarchalische Gesellschaft des ‚llano' und die marginale Gesellschaft der Anden an Auszehrung". Die Landgebiete gerieten in die Abhängigkeit der Städte. Die durch den Ölboom verursachte Devisenfülle führte zu einem Importrausch, von dem in erster Linie das aufsteigende Handelsbürgertum profitierte. Die Folge war einerseits ein ungezügeltes Wachstum der an Industrie armen Städte und andererseits der Zusammenbruch der kleineren nationalen Handwerksbetriebe und ihrer Produktion, so daß schließlich sogar der primitivste Bedarf der ländlichen Bevölkerung auf dem Importwege gedeckt werden mußte. Daher konnte der Handel seine Organisationen bis in die hinstersten Winkel des Landes ausdehnen. „Alle Güter, die das Leben bedeuten und erhalten", kommen praktisch aus den Städten in Küstennähe[17].

Durch diesen Entwicklungsprozeß wurde die Vorrangstellung des Handelsbürgertums aufgebaut, das dadurch zu einem politischen Machtfaktor wurde. Freie Währungskonvertibilität, Niedrigzölle und Versuche, den nationalen Anteil an den Ölgewinnen zu erhöhen, bezeichnen das wirtschaftliche Credo des Handelsbürgertums, das die nationale Politik bis zu der durch den Sturz des letzten Diktators, General Marcos Pérez Jiménez, im Jahre 1958 ausgelösten Krise bestimmte.

Die Industrialisierungspläne der Gegenwart werden an der Abhängigkeit Venezuelas so schnell nichts ändern, denn in der eisenverhüttenden und der petrochemischen Industrie investieren hauptsächlich Ölkonzerne und andere ausländische Konsortien, die Einfluß auf die Regierung zu nehmen versuchen. Eine halbwegs ausreichende industrielle Streuung wird frühestens um die Jahrhundertwende erreicht werden können[18]. In diesem Zusammenhang stellt

---

das Erdöl ausgelöste Importrausch zu einer wachsenden Auslandsverschuldung und zur Abhängigkeit von den USA führte. Eingeführte Fahrzeuge, Kühlschränke, Maschinen, Baumaterial, Nahrungsmittel etc. fressen zwei Drittel der Öleinnahmen auf, ein weiteres Drittel muß in Devisen abgeführt werden als Amortisationen von Darlehen, Subventionen für Transporte, Versicherungen, Royalties und technische Hilfe. Da die Nordamerikaner auch noch am Import in Venezuela verdienen und mit ihren Ketten von Supermärkten sogar wesentlich am Einzelhandel beteiligt sind, gerät die Devisenbilanz ins Defizit, das nur kurzfristig durch die Abgabe immer neuer Schürfrechte abgedeckt werden kann.

[17] Rangel aaO 9—37.
[18] Ebd.; Ribeiro 1970, 373 schildert die Ausbeutung der riesigen Eisenerzvorkommen am Orinoco, deren Wert auf US$ 10 Milliarden geschätzt wurde. US-Gesellschaften erwarben spottbillig die Schürfrechte, exportierten 1950—1962 126 Mill. metrische Tonnen im Wert von US$ 1 Milliarde, wobei 500 Mill. US$ Gewinn in den USA blieben und 500 Mill. ausreichten, um sämtliche Investitionen zu amortisieren, die Gehälter und die Steuern zu zahlen, die so niedrig waren, daß sie nicht einmal die

sich die Frage nach den Beschäftigungsmöglichkeiten für die mit beängstigender Geschwindigkeit wachsende Bevölkerung (Geburtenrate ca. 4,7 % und extrem niedrige Sterblichkeitsrate von 0,7 %), die von 2 664 000 im Jahre 1908 auf über 10 Mill. im Jahre 1970 angestiegen ist und im Jahre 2000 bei 28 Mill. liegen soll[19].

In der extraktiven Industrie (Öl und Erze) sind nur 1,1 % und in der weiterverarbeitenden Industrie ca. 9,6 % der Bevölkerung beschäftigt[20]. Im Jahre 1969 waren von den 6 438 000 Venezolanern über zehn Jahre 2 967 000 (46 %) ökonomisch aktiv. Davon arbeiteten aber nur 28 % zwischen 31 und 40 Stunden die Woche. Diese zeitliche Unterbeschäftigung weist auf einen hohen Grad verschleierter Arbeitslosigkeit hin, der außerdem auch aus dem hohen Prozentsatz von 54 % wirtschaftlich nicht aktiver Venezolaner spricht. „Mit der ‚Bevölkerungsexplosion' wächst das Problem der Unterbeschäftigung", das besonders die Jugendlichen betrifft, die zu wenig Möglichkeiten zur beruflichen Ausbildung haben. Von den 46 % ökonomisch Aktiven hatten nur 0,5 % eine Berufs- und 3,1 % eine Hochschulausbildung. „28,9 % konnten weder lesen noch schreiben oder hatten ein anderes, hier nicht erwähntes Bildungsniveau." Rother (1972) zeigt in seiner gründlichen Analyse, daß das Zentralproblem nicht in der Grundschulerziehung liegt — seit 1870 besteht bereits die allgemeine Volksschulpflicht, wenngleich lange noch nicht alle Venezolaner alphabetisiert sind, auch nicht in Vernachlässigung der Mädchen, denn ihre Zahl im Schul- und Hochschulwesen ist fast genauso hoch wie die der Jungen —, sondern im Ausbau eines umfassenden Berufsschulwesens. Das Problem Venezuelas besteht weniger im Kapitalmangel als in „der unzureichenden Zahl von Fachleuten für Landwirtschaft und Industrie, von Unternehmern und Geschäftsführern". Der Grund für das Vorherrschen kolonialer Produktionsmethoden in der Landwirtschaft und dafür, daß die verarbeitenden Industrien trotz der reichen Rohstoffvorräte des Landes nur eingeführte „Fast-fertig-Waren" vollenden „oder fertige Einzelteile" zusammensetzen, liegt wesentlich im Fehlen gut ausgebildeter Arbeitskräfte[21].

Bedenkt man, daß 1971 bereits 75 % aller Venezolaner im städtischen Bereich wohnten — für 1980 rechnet man schon mit 81 %[22] — und daß die Bevöl-

---

Höhe der venezolanischen Tabaksteuer erreichten, obgleich Venezuela am Orinoco Elektrizitätswerke hatte bauen müssen, die mehr kosteten als die gesamten US-Investitionen. Noch dazu fakturierten die Amerikaner intern weit unter Weltmarktpreis, um noch Steuern zu sparen, nämlich US$ 8,17 pro Tonne, als der Weltmarktpreis bei US$ 19,53 lag.

[19] Vgl. Ruiz G. 1971 I, 55f; Rother 1972, 18f und Ribeiro 1970, 374, der betont, daß beim Bevölkerungsanstieg von 3 850 000 im Jahre 1941 auf 5 034 000 1950 eine Einwanderungsquote von ca. 500 000 zu berücksichtigen sei. Rother aaO 18ff weist auf den hohen Prozentsatz von Delikten gegen die eigenen Kinder hin (Kindesmord, Aussetzung, Abtreibung), den niedrigen Prozentsatz ehelicher Kinder (1967 =47 %), die Beschränkung der Ehe auf die gehobenen Kreise, dagegen Konkubinat mit wechselnden Partnern in den Slums, wobei entsprechend dem ‚machismo' der Wert des Mannes „in der gegenwärtigen Generation vielfach noch an seiner Potenz gemessen" wird. Die Kinder der Unterschicht werden meist sich selbst überlassen, arbeiten trotz gesetzlichen Verbots, mißachten die Schulpflicht und fallen der Kriminalität anheim.

[20] Vgl. Ribeiro aaO 373.

[21] Rother aaO 26ff und 114ff. Seit dem Sturz von Pérez J. 1958 ist eine Expansion der Schülerzahlen und Ausbildungsmöglichkeiten festzustellen. In neuester Zeit bemüht sich der Staat um die Durchsetzung einer regulären Lehrlingsausbildung in Industrie und Handel.

[22] Arellano 1971, 165 gibt 75 % für 1971 an und Rother aaO 19 gibt für 1936 einen

kerung der Städte in etwa doppelt so schnellem Rhythmus wächst wie die Landbevölkerung, d. h. sich alle zehn Jahre verdoppelt[23], so stellt sich das Problem der sogenannten Marginalisierten und Unterbeschäftigten mit besonderer Dringlichkeit.

Einen Eindruck von der massenweisen Unterbeschäftigung vieler Arbeitnehmer, die Gelegenheitsarbeiten nachgehen, erhält der flüchtige Besucher beispielsweise, wenn er durch die Straßen des vorweihnachtlichen Caracas mit seinen Tausenden und Abertausenden von ambulanten Händlern geht, die alle Straßenränder des Stadtzentrums füllen. Schon 1961 bestanden 21 % aller Stadtgebiete aus ‚ranchos', d. h. improvisierten „Hütten aus Lehm, Brettern, Bambusstäben, Palmblättern, Pappe, Blech und anderen Abfallmaterialien". In diesen Elendsgürteln (cinturones de la miseria), die sich hier wie in fast allen Großstädten Lateinamerikas um die Stadtkerne ziehen, haust die „industrielle Reservearmee" des niedrigen Proletariats, das aus Straßenkleinsthändlern, Gelegenheitsarbeitern, Schuhputzern, Autowächtern und -wäschern etc. besteht. In Caracas stieg die absolute Zahl der ‚ranchos' von 1961 bis 1965 von 54 000 auf 85 000 und der Anteil der in ihr lebenden Stadtbevölkerung von 22 auf 25 %[24]. Da im niedrigen Proletariat das Bewußtsein wächst, daß es trotz seines Elends eine lukrative Einkommensquelle für die Reichen ist, entsteht hier ein gefährlicher revolutionärer Zündstoff.

Um ein weiteres Anwachsen der Landflucht zu bremsen, das die katastrophalen Verhältnisse in den städtischen Elendsvierteln noch verschlimmern würde, müßten die Arbeits- und Lebensbedingungen auf dem Lande schnellstens verbessert werden. Denn wenn tropische Produkte wie Kaffee, Kakao, Zuckerrohr etc. auch nur 3,5 % des Wertes der Ausfuhr ausmachen, so sind sie doch viel lohnintensiver als die Extraktionsindustrien. Allein die zwölf wichtigsten Zuckerfabriken bieten mehr Arbeitsplätze als die gesamte Extraktionsindustrie. In diesem Zusammenhang spielt die seit den sechziger Jahren lebhaft diskutierte und auch in Angriff genommene Bodenreform eine zentrale Rolle. Die Landbevölkerung ist sich dadurch ihrer Rechte bewußt geworden, ihres Status als Ausgebeutete und des Widerspruchs zwischen dem Beharren auf nominellen Grundbesitz und gleichzeitig fehlender Bereitschaft, den Boden auch zu bebauen. Was derzeit unter dem Titel ‚reforma agraria' betrieben wird, gleicht mehr einer großen Bodenspekulation, da die Entschädigungen für die Enteignung so hoch sind, daß die Großgrundbesitzer sich geradezu danach drängen, enteignet zu werden[25].

Verstädterungsgrad von 35 %, für 1970 76 % und für 1981 die Prognose von 84 % an. Als völlig unverständlich erscheint es, daß Hanke 1967 I 88f noch schreiben kann: „...and three-quarters of the population still live on the land".

[23] So Ribeiro 1970, 375.   [24] Rother aaO 10f.
[25] Ribeiro aaO 375; Rother aaO 11f bemerkt zur Sozialstruktur auf dem Lande, daß die Latifundienbesitzer wie in der Kolonialzeit Eigentümer riesiger landwirtschaftlicher nutzbarer Flächen sind, meist in den Städten bequem residieren und ihr Land von Verwaltern bearbeiten lassen. „Winzige Landstückchen verpachten sie an Kleinstbauern, die als Gegenleistung einen Großteil der Ernte abführen oder auf dem Gut des Pächters arbeiten... Oft liefern die Großgrundbesitzer ihren Pächtern das Saatgut zu hohen Preisen auf Kredit mit erheblicher Zinsbelastung und kaufen als lokale Monopolisten die Ernteerträge zu niedrigen Preisen". Nach den Latifundienbesitzern rangiert die nur etwa 1 % der Landbevölkerung ausmachende Schicht des neuen ländlichen Kleinbürgertums, das sich größtenteils aus europäischen Einwanderern der Nachkriegszeit rekrutiert und mit der ganzen Familie Flächen über 25 ha bearbeitet. Die 33 % mittelgroßen Bauern venezolanischen Ursprungs werden teil-

Wie oben erwähnt, ist die Armee die dritte Säule der staatlichen Einheit. Sie ist von Gómez zu einem schlagkräftigen Instrument entwickelt worden. Zu seiner Zeit „bedeutete gehorchen: überleben", so daß die Armee im strengen Sinne des Wortes noch keinen selbständigen Machtfaktor bildete. Durch die Einführung von Offizierslehrgängen und Waffenschulen besserte sich das technische Niveau, so daß die Offiziere 1935 beim Tode von Gómez schon eine besondere Elite bildeten, die die Rolle eines Moderators im Staate übernahm, Diadochenkämpfe verhinderte und General López Contreras (1935–40) zum unbestrittenen Erben der Macht machte.

„Seitdem ist ohne die Billigung oder Initiative der Streitkräfte kein venezolanisches Regime aufgekommen oder in der Führung des Landes geblieben." Nachdem die Streitkräfte also neben der Hochfinanz und der Oligarchie den entscheidenden Machtfaktor im Lande darstellen, kommt der Frage nach der Ideologie, die ihr Handeln bestimmt, eine entscheidende Bedeutung zu. Seit beim Sturz von General Pérez Jiménez 1958 die latenten gesellschaftlichen Konflikte des Landes offen zutage getreten sind, versuchen die herrschenden Interessengruppen immer stärker, den Militärs die Ideologie des Kapitalismus schmackhaft zu machen, die sie heute voll übernommen haben. Mit Hilfe nordamerikanischer und europäischer Instrukteure werden seine Werte wie an fast allen lateinamerikanischen auch den venezolanischen Militärakademien gepredigt, nämlich „Gewinnstreben als Mitte und Motor der Gesellschaft, individueller Wohlstand als oberstes Ziel, Pluralismus innerhalb von Institutionen, die dazu bestimmt sind, die Kapitalanhäufung und die Einschüchterung des unterdrückten Volkes zu gewährleisten". Wie andernorts in Lateinamerika ist das Militär auch in Venezuela allerdings keine restlos verläßliche Stütze des Kapitalismus, da manche Offiziere den falschen Humanismus, der ihnen in US-Handbüchern dargeboten wird, in Frage stellen, wenn sie merken, wie sehr er den nordamerikanischen Interessen nützt und den wahren Interessen der eigenen Bevölkerung zuwiderläuft[26].

---

weise wie die Angehörigen der untersten Schicht von den Großgrundbesitzern ausgebeutet, besitzen oder pachten teilweise aber auch über 10 ha. 65 % der Landbevölkerung besteht aus Tagelöhnern, die zum ländlichen Proletariat zu rechnen sind. „Drei bis fünf Monate im Jahr verdingen sie sich für Lohn; in der übrigen Zeit bearbeiten sie ein Landstückchen als Pächter der Großgrundbesitzer. Wegen der primitiven Produktionstechniken reicht der Ertrag nur für das Existenzminimum aus". Promper 1965, 207f schreibt es den wiederholten Aufrufen des venezolanischen Episkopats zur Übung sozialer Gerechtigkeit gegenüber dem Land- und Stadtproletariat zu - besonders derjenigen von Erzbischof Arias B. -, daß Betancourt auf Anregen der Christdemokraten 1962 ein Gesetz über die Landreform trotz heftiger Proteste der Opposition von rechts und links durchbrachte, so daß 25 000 Familien bei einer ersten Landverteilung berücksichtigt werden konnten (vgl. HKorr 17, 1962–63, 312). Rother aaO 23f bemerkt, daß 1961 81 % der Besitzer nur 5 % des Bodens bearbeiteten, während 0,6 % der Besitzer sich 45 % des Bodens teilten. „Durch die Agrarreform wurden in den sechziger Jahren 4 045 100 ha (Gesamtgröße der landwirtschaftlich genutzten Fläche 1961 = 26 Mill. ha, davon 63,8 % als Weideland und 6,1 % als Ackerland) betroffen; 164 900 Familien erhielten Land". Da aber vielfach „zusätzliche Hilfe in Form von Ausbildung, technischer Beratung, Krediten, Infrastrukturverbesserungen usw. für die Begünstigten" fehlte, scheiterten nicht wenige, verkauften ihr Land an die Erfahreneren, so daß 1964 nur 15,5 % des Reformlandes bewirtschaftet wurden und ein Teil der Neusiedler ihr Land verpachtete und sich als Lohnarbeiter verdingte.

[26] Rangel 1972, 37ff; vgl. ähnlich Ribeiro aaO 375f, der allerdings keine Hoffnung auf eine Umorientierung der Streitkräfte äußert.

42403 Kirche und Politik von Gómez bis Caldera (1908—1974)

Gómez (1908—35) suchte im Gegensatz zur Politik Castros maximale wirtschaftliche Zusammenarbeit mit dem Ausland und tilgte mit Hilfe der Öleinnahmen die hohen Auslandsschulden. Der Ölsegen brachte indes Lohn- und Preissteigerungen mit sich, die Landwirtschaft und Viehzucht in eine permanente Krise stürzten, damit die Landbevölkerung marginalisierte und ein Heer von Arbeitslosen schuf, das nur durch eine immer stärkere Repression in Zaum gehalten werden konnte. Der Preis für Ruhe und Ordnung bestand in hellen Scharen von Denunzianten und Spitzeln und einer entsprechenden Überfüllung der Gefängnisse mit politischen Gefangenen, die schlimmsten Folterungen sowie Mord und Totschlag ausgesetzt waren[27]. Ribeiro urteilt, daß die USA Gómez nicht zuletzt deshalb reich mit Orden behängt haben, weil er es mit seinen Methoden verstand, die durch die sagenhafte Bevölkerungsvermehrung und die Massenarbeitslosigkeit bedingte potentielle Gefährdung des Ausbeutungssystems zu bannen[28].

Im Zeichen des „demokratischen Cäsarentums" von Gómez und seinen Marionetten wurde die Linie der Kirchenpolitik Castros fortgesetzt, d. h. die alte Gesetzgebung Gúzmans in Kraft gelassen, aber nur sehr nachsichtig angewandt, so daß Rückstrom und neuerlicher Zustrom katholischer Ordensgemeinschaften, nachdrücklich unterstützt von den Erzbischöfen Juan Castro und Felipe Rincón González (1916—46), sich verhältnismäßig unbehindert fortsetzte. Es ist möglich, daß Gómez auf Grund katholischer Proteste gegen die Arbeit protestantischer Missionare 1911 per Dekret festlegte, daß bei Garantierung der Kultfreiheit das Patronatsgesetz von 1824 sinngemäß auch auf nichtkatholische Religionsgemeinschaften angewandt werden müsse, daß also auch deren Kirchenleitungen mit Billigung der Regierung eingesetzt werden müßten. Da gleichzeitig ein Verbot für die Einwanderung von Ausländern fortbestand, die sich speziell irgendwelchen kultischen oder religiösen Diensten widmeten, waren der protestantischen Arbeit enge Grenzen gesetzt[29]. Daher nimmt es nicht wunder, daß Venezuela zusammen mit Ekuador und Paraguay bis heute eines der Länder Lateinamerikas mit der geringsten Verbreitung des Protestantismus geblieben ist. 1922 erkannte das Bürgerliche Gesetzbuch allerdings allen Kirchen den Charakter einer juristischen Person zu[30].

Obgleich Gómez „als ‚Andino' in der christlichen Tradition aufgewachsen war und der Kirche nicht mehr ablehnend gegenüberstand", gab er ihr nur wenig finanzielle Hilfe und führte auch den Religionsunterricht an den öffentlichen Schulen nicht wieder ein. 1921 veranlaßte er indes die Aufnahme diplomatischer Beziehungen zum Vatikan, nachdem dieser einen Nuntius nach Venezuela gesandt hatte[31]. Trotz eines gewissen Entgegenkommens auf dem Wohlfahrtssektor und dem kirchlichen Schulwesen, um dessen Ausbau sich Erzbischof Rincón G. bemühte[32], konnte Gómez auch mit skrupelloser Härte

---

[27] Hanke 1967 I, 85 und Ribeiro aaO 358, der auch erwähnt, daß Gómez sich ein persönliches Vermögen von ca. US$ 200 Mill. in Form von Großgrundbesitz, Kaffeeplantagen und Viehherden zulegte, womit er seine umfangreiche Familie und eine Hundertschaft von Bastarden versorgte. [28] Ebd. 359.
[29] Mecham 1966, 109. [30] Sánchez 1972, 117.
[31] Pollak-E. 1968, 27, die darauf hinweist, daß im andinen Teil Venezuelas die katholische Tradition noch am stärksten fortwirkt.
[32] Vgl. Iriarte 1967, 367.

gegen Klerus und Hierarchie vorgehen und ihm nicht genehme Elemente verbannen. Dieses Schicksal erlitten nicht nur Pfarrer, sondern auch die Bischöfe von Valencia (1929) und von Mérida (1930), weil sie etwas Systemkritik gewagt hatten[33], was angesichts der schreienden Mißstände der Epoche dringend nötig war. Denn landwirtschaftliche Flächen lagen brach und waren zu reinen Spekulationsobjekten herabgesunken. Die von Hungersnot, Krankheiten, hoher Kindersterblichkeit und Analphabetismus gezeichneten Bevölkerungsmassen hausten in den Städten ohne fließend Wasser, ohne Licht, ohne Abwasseranlagen, ohne Schulen und Hospitäler, während die Statistik für Venezuela eines der höchsten Prokopfeinkommen der Welt auswies.

Schon damals begannen die Studenten, die bis heute einen Unruhefaktor darstellen, gegen diese Verhältnisse zu demonstrieren. Gómez ließ die Universität schließen und Studenten in zusammengeketteten Gruppen im Straßenbau Zwangsarbeit leisten. 1928 revoltierte eine Gruppe von Intellektuellen, Studenten und Offizieren, die in den Gefängnissen oder im Exil endeten. Der Tod von Gómez brachte Ausschreitungen der ausgebeuteten Massen gegen Regimefreunde, Gefängnisse und Einrichtungen der ausländischen Ölgesellschaften mit sich. Unter Präsident Eleázar López Contreras (1935–40) machte die Oligarchie dem Volk einige Konzessionen. Präsident Isaías Medina Angarita (1941–45) bemühte sich um demokratische Verfahrensweisen und ließ die Linksparteien[34] zu. Er setzte eine Erhöhung des venezolanischen Anteils am Erdölerlös von 17 auf 50 % durch. Ein Staatsstreich junger Offiziere brachte den ehemaligen Kommunisten, den Führer der linken PDN (Acción Democrática) Rómulo Betancourt (1945–47), an die Macht, der in kurzer Zeit viel in Bewegung setzte: Programme für Arbeiterwohnungen, Straßen, städtische Verkehrsmittel, Bewässerungsanlagen und Mechanisierung der Landwirtschaft und Reform des Schulwesens auf allen Ebenen, womit er ähnlich wie der Christdemokrat Frei später in Chile den Kommunisten das Wasser abgraben wollte. Sein erstmals in einer Wahl, an der alle über Achtzehnjährigen teilnehmen durften, Ende 1947 gewählter Nachfolger Rómulo Gallegos (PDN) wurde schon Ende 1948 von Militärs gestürzt, nachdem er ein Gesetz gegen die illegale Bereicherung öffentlicher Funktionäre und Beamter und eine Änderung der Einkommensteuer durchgebracht und für eine effektive Bodenreform und eine drastische Verringerung der Armee zu Gunsten der Schaffung einer Arbeiter- und Bauernmiliz eingetreten war. Damit war der in Venezuela spät zum Tragen gekommene populistische Ansatz erstickt und das Land fiel einem neuen Diktator in die Hände, General Marcos Pérez Jiménez (1950–58), dem Verteidigungsminister des Übergangspräsidenten Carlos Delgado Chalbaud.

Pérez Jiménez baute Venezuela wieder zum Polizeistaat im Stile Gómez' um. Für die ausländischen Gesellschaften brachen wieder gute Zeiten an. Die Rockefeller- und die Morgan-Gruppe erwarben für ein Ei und ein Butterbrot die riesigen Eisenerzlager bei Ciudad Bolívar am Orinoco. Pérez frönte einer pharaonischen Bauwut, die ihren Ausdruck fand in luxuriösen Offiziersklubs, Luxushotels, Schulen, Krankenhäusern und Regierungspalästen. Durch den gleichzeitigen Bau von riesigen Geschäfts- und Appartmenthäusern und eines modernen Verkehrsnetzes trat Caracas, dessen Einwohnerzahl inzwischen die Millionengrenze überschritten hatte, in Konkurrenz zu Mexiko-Stadt und São Paulo, den seinerzeit durch modernste Architektur herausragenden Städten der Neuen Welt. Während ein Drittel des Etats für öffentliche Bauten bestimmt war und Pérez Jiménez sich selbst ein Privatvermögen von über 250 Mill. Dollar beiseite schaffte, blieben die Anstrengungen zum Bau von Sozialwohnungen,

---

[33] Mecham aaO 110.
[34] Linksparteien: PDN bzw. AD = Acción Democrática; UP = Unión Popular (kommunistische Partei). Die Regierungsanhänger organisierten sich im Partido Demócrata Venezolano (PDV).

die das weitere Wachstum der ‚cinturones de miseria' verhindert hätten, völlig ungenügend, genauso die Bemühungen zur Entwicklung der ländlichen Gebiete, des sanitären Sektors und des Schulwesens. Der endlich gebauten ersten Ölraffinerie des Landes kam mehr Symbolcharakter zu[35].

Das Verhältnis von Staat und römischer Kirche hatte sich seit den Zeiten von Gómez erheblich verbessert. Der Klerus hatte sich an das Prinzip der Nichteinmischung in politische und gesellschaftliche Angelegenheiten gewöhnt, und der Staat war gegenüber kirchlicher Kritik nicht mehr ganz so empfindlich[36]. Es bedurfte besonderen Drängens des Nuntius Fernando Cento, damit Erzbischof Rincón die Männer-, Frauen-, Jungen- und Mädchenorganisationen der Katholischen Aktion ins Leben rief. Unter seinem Nachfolger Lucas Guillermo Castillo (1946–55) begannen 1952 die Bemühungen um die Schaffung neuer Pfarreien in den Elendsvierteln von Caracas, die Rafael Arias Blanco (1955–59) in den Jahren 1956–59 nachdrücklich fortsetzte, so daß insgesamt 38 neue Parochien entstanden[37]. Der Priestermangel setzte diesem Bemühen allerdings Grenzen. Ausländischer Klerus mußte in die Bresche springen. Erzbischof Arias hielt Werbefeldzüge für Seminaristen ab und unterstützte den Bau eines Seminars in Píritu in der Ostdiözese. Arias führte die „Berufungssterilität" größtenteils auf „den Mangel eines religiösen Beziehungsgeflechtes in Familie und Schule" zurück, weshalb er sich um die Verbesserung der Kinder- und Erwachsenenkatechese, sowie um den Ausbau des katholischen Schulwesens bemühte, der seine Krönung in der Errichtung der ‚Universidad Católica Andrés Bello' (UCAB) in Caracas fand[38]. Unterdessen begünstigte das Regime von Pérez die römische Kirche im finanziellen und juristischen Sinne, gab sich als Freund der Kirche aus, um das religiöse Gefühl desto besser ausbeuten zu können, etwa „durch die Veranstaltung von marianischen Prozessionen und Wallfahrten anläßlich der Woche des Vaterlandes" (semana patriótica). „Einige Bischöfe und Priester zeigten sich der Regierung wohlgesonnen, ließen sich bei religiösen Zeremonien zusammen mit Regierungsvertretern fotografieren, und einige katholische Blätter klerikaler Prägung stimmten eine zeitlang Lobeshymnen auf das Regime an", so urteilt mit deutlicher Zurückhaltung ‚Orbis Catholicus'[39].

Der groß aufgezogene ‚II Congreso Eucarístico Bolivariano' im Dezember 1956 in Gegenwart dreier Kardinäle, Concha aus Bogotá, de la Torre aus Quito und Caggiano aus Buenos Aires als päpstlicher Legat, mußte ebenfalls wie eine Verbrämung des Regimes wirken. Der missionarische Impuls, den Arias sich davon versprochen hatte, blieb indes aus. Die Bevölkerung der Vorstädte und Elendsviertel blieb völlig unbeteiligt. Arias verpflichtete alle neuen Orden, die Schulen eröffnen wollten, gleichzeitig einige Religiose für die Arbeit in den ‚barrios' zur Verfügung zu stellen, und versuchte, dem Klerus die katholische Soziallehre näher zu bringen. In dem Maße, wie Priester und Bischöfe sich für die sozialen Mißstände zu interessieren begannen, nahmen die Reibungen mit dem Regime zu[40]. Sie erreichten anläßlich der Verlesung des

---

[35] Vgl. Ribeiro aaO 364 und Fagg 1971, 624f.
[36] Mecham aaO 110.
[37] Iriarte aaO 367ff erwähnte die Gründung von 17 Pfarreien in Caracas in den Jahren 1952–55 und 21 1956–59.
[38] Ebd. 368.   [39] OC 1958, 202.
[40] Vgl. Iriarte aaO 368f; OC 1958, 203 weist besonders auf die durch die Einwanderer verursachten Probleme hin. Die Einwanderer wollen mit allen Mitteln Wurzel

erzbischöflichen Hirtenbriefes vom 1. Mai 1957 ihren Höhepunkt[41]. Arias Blanco legte die katholische Soziallehre dar und bezog sich konkret auf die Lage in Venezuela, dessen Prokopfeinkommen mit US$ 540 monatlich vor Deutschland oder Holland lag, dessen Vermögensverteilung aber so ungleich war, daß die große Masse der Bevölkerung „unter Bedingungen lebt, die sich nicht als human qualifizieren lassen". Arias stellte der Arbeitslosigkeit und den Niedriglöhnen die ungemessene Profitmaximierung gegenüber, wies auf die ungerechten Arbeitsbedingungen für Frauen, die fehlende Unterstützung für Familien und die ungestrafte Mißachtung der Arbeitsgesetze hin. Er forderte die Einführung eines Mindestlohns (salario vital obligatorio) und eine Stärkung der Gewerkschaften, die er indes vom marxistischen Gedankengut gereinigt und von katholischer Soziallehre erfüllt sehen wollte, wie sie die Katholische Aktion in Arbeiterführerkursen lehrt und wie sie von der katholischen Arbeiterjugend (JOC) vertreten wird.

Bemerkenswerterweise wagte es Pérez Jiménez nicht, den Erzbischof zu verhaften, sondern beschränkte sich darauf, ‚La Religión' wegen des Abdrucks des Hirtenbriefes zweimal konfiszieren und Kleriker verhaften zu lassen, die der Unterstützung oder Anregung von aufrührerischen Bewegungen beschuldigt wurden[42]. Aber das Startzeichen zur Formation des Widerstandes war gegeben und durch die fortgesetzten Übergriffe des Diktators steigerte sich angesichts des Scheinplebiszites vom November 1957, durch das er sich eine Legitimation für eine Fortsetzung seiner Präsidentschaft von 1958 bis 1963 hatte beschaffen wollen, die allgemeine Unruhe. Eine Rebellion der Luftwaffe scheiterte am 1. Januar 1958. Die Katholische Universität ‚Andrés Bello' war schon vorher geschlossen worden, weil sich Studenten und ein Teil der Lehrer als „Einheitskraft gegen die Diktatur" erklärt hatten. Der Rektor, José Barnola SJ, war festgenommen worden. Nach dem 1. Januar folgten weitere Festnahmen von Geistlichen, u. a. des Herausgebers von ‚La Religión', Jesús Hernández Cappellín, die auf erzbischöflichen Protest am 10. Januar wieder freigelassen wurden, während zwei Jesuiten vorher ausgewiesen worden waren[43].

Die geheime zivile Widerstandsbewegung ‚La Junta Patriótica' rief am 21. Januar 1958 unter allgemeinem Glockengeläut und Autohupen in Caracas zum Generalstreik „für die Demokratie" (huelga de la democracía) auf, der nach zwei Tagen zur Flucht des verhaßten Tyrannen führte.

Die Revolution soll drei- bis vierhundert Tote gekostet haben. Die Gebäude der ‚Seguridad Nacional' und der Regierungszeitung ‚El Heraldo' gingen in Flammen auf.

---

fassen, verkaufen deshalb ihre Produkte billiger als die Einheimischen und sind bereit, die gesetzliche Arbeitszeit zu überschreiten, wogegen die Regierung die einheimische Arbeiterschaft nie beschützt hat. Ein weiteres Problem stellen die illegalen Einwanderer aus Kolumbien dar. Der Generalsekretär der Bischofskonferenz, Ovidio Pérez Morales, nannte dem Vf. Ende 1972 eine Gesamtzahl von 500 000. Von den ca. 10 Mill. Venezolanern seien im 20. Jahrhundert 1 Mill. aus USA und Europa zugewandert.

[41] Vgl. Arias B. 1957.
[42] Vgl. OC 1958, 202f. ‚La Religión' ist im übrigen ein sehr konservativ-katholisches Blatt.
[43] OC 1958, 203f. Ein weiterer Chefredakteur, der Laie Miguel Angel Capriles, wurde ebenfalls festgenommen, ferner 5 Pfarrer aus Caracas, darunter der Kathedral-Pfarrer Sarapu. Bei des ausgewiesenen Jesuiten handelt es sich um Aguirre und Iriarte.

Die politischen Gefangenen wurden wieder einmal freigelassen und die verfassungsmäßigen Freiheiten hergestellt. Die Exilpolitiker kehrten heim. Wie der spätere Präsident Caldera dem Madrider Blatt ‚YA' sagte, blieb die römische Kirche abseits der Revolution. „Die Kirche hat an keiner politischen Verschwörung teilgenommen, aber hat mit Schmerzen gesehen, daß die Regierung Pérez Jiménez die wichtige Frage der sozialen Gerechtigkeit außer acht ließ."[44]

Die Übergangsregierung unter Konteradmiral Larrazábal (1958–59) ermöglichte Ende 1958 freie demokratische Wahlen. Der mit 49,2 % gewählte Kandidat der ‚Acción Democrática' (AD, vorher PDN), R. Betancourt (1959–64), war der erste demokratisch gewählte Präsident in der Geschichte Venezuelas, der sein Mandat ordnungsgemäß beenden und einem ebenfalls demokratisch gewählten Nachfolger – Raúl Leoni (AD, 1964–68) – übergeben konnte. Betancourt hatte eine innere Wandlung durchgemacht. Er versuchte Fidel Castro, der damals zum Idol der lateinamerikanischen Massen wurde, den Rang als der „demokratische Fidel" abzulaufen, „als Champion der Allianz (für den Fortschritt) von Kennedy, als liberaler Reformer". Obgleich er sich für die Entwicklung Venezuelas engagierte, entpuppte er sich nach dem Urteil Ribeiros als Spätpatrizier, der nur die Interessen der nationalen Oligarchie und der ausländischen Wirtschaftsmächte wirksam vertrat[45], so daß seine reformistischen Entwicklungsvorhaben nicht dazu beitrugen, die Abhängigkeit des Landes zu vermindern, wenngleich sie die akute Notlage vieler Menschen zunächst einmal milderten. 1959 wurde Fidel Castro von der ‚Cámara de Diputados' in Caracas empfangen und gefeiert und 1960 der kubanische Staatspräsident Oswaldo Dorticós als Staatsbesucher empfangen. Der spätere Bruch zwischen der Regierung Betancourt und Fidel Castro sollte zur Verschärfung des Untergrundkampfes in Venezuela beitragen, der hier wie in vielen Staaten Anfang der sechziger Jahre begonnen hatte[46]. Die Wahlen Ende 1968 brachten einen Linksrutsch. Gut ein Jahr vor dem Abtritt des Christdemokraten Frei in Chile eroberte mit Rafael Caldera ein anderer Christdemokrat die Macht in Venezuela (1969–74), gestützt nicht nur auf seine eigene Partei (Partido Social Cristiano de Venezuela), sondern auf eine Wählervereinigung (Comité de Organización Política Electoral Independiente – COPEI). Dabei ist zu bedenken, daß „die ‚Säkularisation' der christdemokratischen Parteien in Lateinamerika viel stärker ist als in Westeuropa, obgleich der Vatikan sie unterstützt". Sie reisen unter der Flagge des Nationalismus, der sich in erster Linie gegen die Vormacht der USA richtet[47]. So trat Venezuela 1973 dem Andenpakt bei und Caldera machte sich zum Fürsprecher

---

[44] Hanke 1967 I, 88. Vizepräsident Nixon bekam bei seinem Besuch in Caracas den Zorn der Massen gegen die Yankees zu spüren, die Pérez J. mit ihrem höchsten Orden geziert und ihm nach seiner Flucht gleich Asylrecht in Florida gewährt hatten. Nach Nixons Rückkehr in die USA erschienen dort prompt maßlos übertriebene Berichte über die kommunistische Gefahr in Venezuela, die dort die Woge antiamerikanischer Gefühle nur noch höher schlagen ließen. Sinclair 1976 K, 48 weist auf die Beteiligung evangelischer Männer und Frauen im Kampf gegen Pérez J. (1950–57) hin, u. a. Alejandro Yabrudy und Carmen Veita. „Es steht fest, daß die Evangelischen sich sehr im Untergrund engagierten und viel in den Kerkern des Diktators litten".

[45] Ribeiro aaO 365, der sich in Bezug auf Betancourts politische Wende auf Lieuwen 1964, 129 beruft. Betancourt verschloß sich ab 1959 der Zusammenarbeit mit den übrigen Parteien, gab das Programm der AD zwar nicht auf, aber verwirklichte es überaus vorsichtig und langsam. Nationale Befreiungsbewegungen bekämpfte er mit Zensur, Kerker und Folterungen. Die UP und die MIR wurden verboten. Schon 1960 kam es zu Abspaltungen von der AD, die ein Ausdruck für die Differenz zwischen den auf Betancourt gerichteten Erwartungen und seiner tatsächlichen Politik waren.

[46] BBB 1973, 66f. 1964 unterstützte Betancourt in der OAS die Handelssanktionen gegen Kuba.

[47] Vgl. Semionow 1970, 135ff. Die Christdemokraten in Lateinamerika verstehen sich als dritter Weg zwischen Kapitalismus und Kommunismus.

einer lateinamerikanischen „Einheit innerhalb der Vielfalt". Entsprechend dieser These vom ideologischen Pluralismus trat er 1973 innerhalb der Organización de los Estados Americanos (OEA) auch für die Aufhebung der Wirtschaftsblockade gegen Kuba ein. Seine Politik der inneren Befriedung war nicht 100 % erfolgreich, hat aber doch gewisse Früchte getragen, wie z. B. der Entschluß des MIR zeigt, 1973, nach zehn Jahren Subversion, sich als politische Partei eintragen zu lassen. Nachdem Larrazábal schon den venezolanischen Anteil an den Erdölerträgen von 50 auf 60 % heraufgesetzt hatte, belegte Caldera die Konzerne mit einer einmaligen Abgabe von 60 % und ermöglichte die Festlegung der Verkaufspreise von Öl und Eisenerz durch die Exekutive[48].

Das mutige Eintreten von Erzbischof Arias Blanco für die sozial Schwachen und das Engagement nicht weniger Katholiken gegen Pérez Jiménez hat das öffentliche Ansehen der römischen Kirche gehoben. Betancourt, der 1945—47 als Liberaler antiklerikal war und der Kirche „eher feindlich gegenüberstand", entwickelte 1959—64 ein geradezu herzliches Verhältnis, da päpstliche Enzykliken wie „Mater et Magistra" und „Populorum Progressio" auf der Linie der AD lagen. Viele reformbegeisterte Priester standen in den sechziger Jahren der AD nahe[49]. Die COPEI, deren Position etwa derjenigen der deutschen CDU zur Zeit des Ahlener Programms gleicht, steht weiter links als die AD. Obwohl sich Caldera als Vertreter des „sozialen Katholizismus" versteht und einen Sozialismus, der von „der Forderung der Notwendigkeit der Zerstörung der bestehenden wirtschaftlichen Ordnung" ausgeht, als „einen mit dem sozialen Katholizismus unvereinbaren Extremismus" ablehnt[50], bemüht sich die

---

[48] Arellano 1971, 165. Der 1969 zunächst abgelehnte Beitritt zum ‚Pacto Andino', den Kolumbien, Ekuador, Peru und Chile geschlossen haben, bringt für Venezuela, das bis dahin das Freihandelsschaufenster der USA auf dem Subkontinent war, eine erhebliche wirtschaftliche Umorientierung mit sich, muß es doch seine Produktionskosten senken, um konkurrenzfähig zu sein, und seine Abhängigkeit vom Konsumgüterimport aus den USA verringern. Am 9. März siegte mit 400 000 Stimmen Vorsprung vor dem COPEI-Kandidaten Lorenzo Fernández der Kandidat der AD, Carlos Andrés Pérez (1974—78) in dem mit Hilfe des in- und ausländischen Kapitals geführten teuersten Wahlkampfes der venezolanischen Geschichte. Die AD soll ca. DM 50 Mill. investiert haben, um ihr Motto „Demokratie mit Energie" durchzusetzen – vgl. Die Welt Nr. 58 v. 9. 3. 1974. Unter „Energie" dürfte in Wirklichkeit die Kraft des Kapitalismus zu verstehen sein. Andrés hat versprochen, in diesem Land mit dem höchsten Pro-Kopf-Einkommen von Lateinamerika (US$ 1 265) die „Kluft zwischen der rückständigen Landwirtschaft und der hochmodernen Industrie zu verringern". Obgleich er im Gegensatz zur COPEI die Verstaatlichung der Erdölindustrie aufschieben wollte, hat er sie am 1. 1. 1976 doch durchgeführt. Seitdem ist die Ausbeutung, Weiterverarbeitung und Vermarktung dem Staat bzw. der neuen Dachgesellschaft PETROVEN vorbehalten, womit der drittgrößte Rohölerzeuger der Welt endlich Herr seines eigenen Reichtums geworden ist. Dezentralisierung der Wirtschaft - Verlegung von Industrie heraus aus dem Ballungsraum Caracas -, Ausbau der petrochemischen Industrie im Rahmen des Andenpaktes und der Bau riesiger Wasserkraftwerke sind in der Mitte der siebziger Jahre die wichtigsten wirtschaftlichen Ziele - vgl. Wirtschaftsbericht Dez. 1975, 43ff.
[49] Pollak-E. aaO 28, die irrtümlich die erste Legislaturperiode von Betancourt mit 1948—49 angibt.
[50] Semionow aaO 131 nach R. Caldera, Derecho del trabajo, BD. I, 45 und 30, Buenos Aires 1960. Nach persönlichen Informationen, die der Vf. 1976 in Venezuela erhielt, hat allerdings das Opus Dei unter Caldera seine Machtstellung enorm ausbauen können.

COPEI, sich von dem Odium zu befreien, eine katholische Partei zu sein, weshalb sie sich gerade zur Zeit der Regierung Calderas bewußte Zurückhaltung gegenüber der Kirche auferlegte.

Prinzipiell stimmt Mechams Feststellung, daß die katholische Hierarchie nicht nur weniger konservativ geworden ist, sondern nach einer scheinbar apolitischen Phase sich auch den außerhalb des strikt religiösen Bereiches liegenden nationalen Fragen geöffnet hat. „Die Kirche hat erkannt, daß ethische und religiöse Probleme ohne eine Lösung der materiellen Probleme nicht erfolgreich angegangen werden können."[51] Der 1962 zum ersten Kardinal Venezuelas erhobene Nachfolger des 1959 bei einem Verkehrsunfall in Spanien verunglückten Erzbischofs Arias Blanco, José Humberto Quintero (1960–72), hat indes wenig sozialpolitisches Engagement gezeigt und mit seinem patriarchalischen Regierungsstil Priester, die sich auf diesem Gebiet auf eigene Faust hervortaten, rücksichtslos kaltgestellt.

Da es sich dabei meist um ausländische Priester handelt, nutzte der Erzbischof Heimatreisen der Betroffenen, um ihnen mitzuteilen, daß sie nicht zurückkehren dürften. 1972 wurden davon u. a. die Professoren am Interdiözesan-Seminar in Caracas, Dres. Eloy Legrand SJ aus Frankreich und Bruno Renaud SJ aus Belgien betroffen, die nebenbei Sozialarbeit in den Elendsvierteln von Patara im Osten der Hauptstadt betrieben. Vorher waren der Franzose Marcel Manciaux, der in Caracas, und die Spanier Enrique Sánchez, Ignacio Azparren und Álvaro Gutiérrez, die in Maracaibo in Elendsvierteln gearbeitet hatten, auf demselben Wege abgeschoben worden. Für den konservativen Bischof von Maracaibo war diese Maßnahme ebenfalls charakteristisch. Obgleich 85 % der Priester seines Bistums Ausländer sind, antwortete er 1972 auf die Frage eines Jesuiten, wie er die Verantwortung für die Arbeit der Diözese tragen wolle, wenn alle ausländischen Priester aus Protest gingen: „Der Hl. Geist wird sich des Bistums annehmen."[52] Besonderes Aufsehen erregte die Verhaftung und Ausweisung des Belgiers F. Wuytack durch die Behörden am 20. Juni 1970. Wuytack widmete sich der Arbeit an den Armen im ‚barrio' Vega-Montalbán von Caracas, wo er die apostolische Bewegung ‚Para Cristo' ins Leben gerufen hat. Wuytack führte wenige Tage vorher eine friedliche Demonstration von acht Einwohnern von La Vega vor dem Kongreß an, wo sie den Hungerstreik erklärten, um angesichts von 4000 Arbeitslosen in La Vega gesetzlichen Schutz vor Arbeitslosigkeit zu fordern. Da die Demonstration nicht genehmigt war und Wuytack schon öfter Gesetze mißachtet hatte, warfen die Behörden dem Belgier vor, sich unbefugt in innere Angelegenheiten des Landes eingemischt zu haben.

Das Besondere des Falles Wuytack liegt in der Reaktion des Klerus. 92 Priester solidarisierten sich mit ihrem Amtsbruder und protestierten in zwei offenen Briefen an den Innenminister und an Kardinal Quintero gegen die Ausweisung. Der Regierung Caldera warfen sie eine inkonsequente Politik vor. Einerseits betreibe sie eine Politik der Versöhnung mit den Gruppen der äußersten Linken, sogar mit den Guerrilleros, andererseits ertrüge sie vom Evangelium motivierte soziale Proteste nicht. Ihrem Kardinal und der Hierar-

---

[51] Mecham aaO 110f, der unter den sozialen Aktivitäten die katholische Organisation Fe y Alegría erwähnt, die mit Erfolg in den Elendsvierteln arbeitet und sich um verwaiste und verlassene Kinder kümmert. 1962 versorgte sie 10 000 Kinder in 27 Schulen. Der Bau des Kinderdorfes ‚Ciudad de los Muchachos' erregte viel Aufsehen. Inzwischen ist es darum still geworden, wie Pollak-E. 1968, 30 bemerkt. Vgl. Anm. 25 zum kirchlichen Drängen auf eine Agrarreform.
[52] So berichtete der betreffende Jesuit dem Vf. im Dez. 1972. Vgl. ferner Igreja da Venezuela expurga os sacerdotes impugnadores, in: CP v. 2. 9. 1972.

chie warfen sie indirekt Komplizenschaft mit der Regierung vor, weil sie nicht gegen die Ausweisung protestiert hatten und offenbar nicht ungern sahen, daß sie einen Mann, der wiederholt die Kirchendisziplin mißachtet hatte, auf diese Weise los wurden. Die Priester sahen im Verhalten des Kardinals einen Widerspruch zu den Aussagen von Medellín. Das Bedeutsame ist, daß bei dieser Gelegenheit in Venezuela zum erstenmal eine Pluralität der Meinungen in der römischen Kirche sichtbar wurde und erstmals eine knappe Hundertschaft Priester vor dem erzbischöflichen Sitz erschien, um ein Protestschreiben zu überreichen[53]. Die Hierarchie scheint daraufhin ihre Haltung zunächst noch verhärtet zu haben, denn bis 1972 wurden mehr als ein Dutzend sozial engagierter ausländischer Priester durch entsprechende Weisungen während ihres Heimaturlaubes an der Rückkehr gehindert.

Besonders spektakulär war der Fall des spanischen Direktors der Soziologieschule der UCAB, Rafael Baquedano SJ, mit dem auch dreißig Studenten, die zur Gruppe ,Tercera Juventud' (etwa: Jugend der Dritten Welt) gehörten, von der Universität verwiesen wurden[54]. 1972 war die UCAB zeitweise geschlossen. Nachdem auch der Direktor ihrer theologischen Abteilung abgesetzt war, setzte sich mit Rückendeckung des Erzbischofs Quintero die konservative Führungsgruppe, zu der natürlich auch Jesuiten gehörten, durch. Kritische Jesuiten urteilten, daß die scheinbare Einheit der Kirche seinerzeit höher bewertet würde als das Prinzip der sozialen Gerechtigkeit. Ein gut informierter Kleriker teilte mir mit, daß die Hierarchie unbequeme Priester inzwischen auf elegantere Weise abschiebe, indem sie persönliche Probleme vorschöbe oder einfach abgelaufene Verträge nicht erneuere.

Der Rücktritt von Kardinal Quintero auf der Bischofskonferenz im September 1972 und die Ernennung von José Alí Lebrún als Nachfolger haben im Klerus neue Hoffnungen geweckt. Die Konferenz verabschiedete auf Antrag von Quintero zwar eine Entschließung, die es allen Priestern und Religiosen verbietet, „in die aktive Parteipolitik einzugreifen", kündigte aber eine Erklärung zur sozialen Gerechtigkeit an[55], die am 14. Juli 1973 veröffentlicht wurde[56]. Während sich Priester der Region Carora 1970 öffentlich mit dem

---

[53] Vgl. El caso del padre Wuytack, in: PER año V, Nr. 46 (1970), 189–196, wo die Dokumente wörtlich abgedruckt sind. Kardinal Quintero änderte seine Haltung auch nach dem priesterlichen Protest nicht und protestierte nicht gegen die Ausweisung. Wenige Tage vor Wuytacks Ausweisung soll eine autorisierte Stimme der Hierarchie öffentlich geäußert haben, daß seine Anwesenheit in Venezuela nicht mehr gerechtfertigt sei. Nach CEI 93 (AUG. 74), 7 kam Wuytack noch einmal nach Venezuela und wurde 1974 zum zweiten Mal ausgewiesen.

[54] CP aaO. Symptomatisch sind in diesem Zusammenhang einige andere Informationen, die den Vf. Hilfsbischof Pérez Morales, P. Alberto Gruzón vom ,Centro de Investigaciones en Ciencias Sociales' (CISOR), P. Alberto Micheo SJ vom ,Centro Gumilla' (CIAS), der die Zeitschrift ,SIC' herausgibt, und P. Antonio Alonso OFMCap, der Direktor der Pastoral-Zeitschrift ,Nuevo Mundo' gaben: Ein Konzil des Gottesvolkes, wie es nach dem Vatikanum II überall abgehalten wurde, hatte in Venezuela Ende 1972 noch nicht stattgefunden, war aber mit schwächerer Laienbeteiligung als andernorts geplant. Die Päpstliche Kommission ,Justitia et Pax' wurde von einem Großunternehmer geleitet – Dr. Carlos Acedo Mendoza –, aber die Umbesetzung war geplant. Sozial engagierte Priestergruppen lösten sich wieder auf, nachdem es der Kirchenleitung gelungen war, deren Sprecher auszuweisen. Für die Sozialforschungen der Jesuiten im CIAS sind die Bischöfe nicht bereit, Geld zur Verfügung zu stellen.

[55] Vgl. Vilda 1972, 401.

[56] Voller Textabdruck in port. Übersetzung in: SEDOC 6 (Dez. 1973), Sp. 747–752.

Kampf der ‚campesinos' um die Bodenreform solidarisiert und eine Überwindung der feudalistischen Situation auf dem Lande gefordert hatten[57], ist in der Bischofserklärung zwar von notwendigen Strukturreformen zu Gunsten der Marginalisierten die Rede, aber die Mißstände werden nicht konkret angeprangert[58].

Durch die relative Freiheit, die die Regierungen angefangen mit Pérez Jiménez dem kirchlichen Erziehungswesen gelassen haben, hat es sich in den letzten zwanzig Jahren erheblich ausgeweitet, was nur durch den massiven Einsatz ausländischer Priester möglich war, so daß „verschiedene reaktionäre spanische katholische Orden in die kulturellen Einrichtungen des Landes geströmt sind". Mitte der sechziger Jahre gingen ca. 15 % der Schulkinder auf katholische Schulen. Da fast alle durch Schulgebühren unterhalten werden müssen und diese deshalb recht hoch sind, sind die Konfessionsschulen — auch die wenigen evangelischen — praktisch nur den Kindern der Mittel- und Oberschicht zugänglich. Mecham zieht das betrübliche Fazit, daß weder die öffentlichen noch die privaten Schulen aus Mangel an Lehrern und Räumen bis 1980 den nationalen Notwendigkeiten entsprechen und entscheidend zum Abbau der enormen Rate von 43 % Analphabeten in der Bevölkerung über fünfzehn beitragen können[59].

Das Verhältnis von Kirche und Staat findet seine gesetzliche Regelung in der Verfassung von 1961, die in Art. 65 die Religionsfreiheit garantiert und gleichzeitig das Recht der Exekutive zur Überwachung aller Kulte feststellt. Das in Art. 130 behauptete Patronatsrecht ist durch den 1964 unter Betancourt mit dem Vatikan geschlossenen „Modus vivendi" erloschen[60]. Die faktische Stellung der römischen Kirche als Staatskirche, die nicht durch den Wortlaut der Verfassung gedeckt wird, ist durch das Abkommen mit dem Vatikan untermauert worden. Trotzdem ist die politische und wirtschaftliche Stellung der

---

[57] Vgl. PER V, Nr. 46 1970, 198f: Venezuela: Sacerdotes y la lucha campesina. „Wir, die Priester der Diözese Barquisimeto, erkennen Gottes Handeln in Ihrem Kampf und solidarisieren uns mit Ihnen... Gott will nicht, daß der Boden in den Händen einiger weniger ist, sondern daß die ‚campesinos' Boden zum Bearbeiten haben".

[58] Die Bischöfe verlangen „eine gerechtere, brüderlichere Gesellschaft mit mehr Gleichheit und Beteiligung", geben zu, kein konkretes politisches Modell zu besitzen, fordern aber alle Menschen guten Willens auf, „neue Gesellschaftsmodelle zu erforschen, die nicht kapitalistisch und nicht mit dem marxistischen Sozialismus liiert sind".

[59] Mecham aaO 112f unter Bezug auf Houtart 1964, 174. Das Schulwesen wird wesentlich von den ca. 4 000 im Lande wirkenden Nonnen (Zahl nach CISOR) getragen.

[60] Vgl. Sánchez aaO. Nach der stillen Übereinkunft mit dem Staat müssen die Bischöfe mit Ausnahme der Missionsbischöfe geborene Venezolaner sein. Sie stammen also aus dem relativ schmalen Sektor der 20 % venezolanischer Priester. Ein Gesprächspartner des Vf. meinte 1972, daß dies eine doppelte Konsequenz habe: einmal ist das geistig-theologische Niveau der aus dieser Gruppe hervorgehenden Bischöfe nicht besonders hoch, zum anderen befleißigen sich die venezolanischen Priester wegen ihrer überproportionalen Aufstiegschancen eines Karrieredenkens, das sie konformistisch macht. Die übertriebene Angst der Bischöfe vor dem Staat mag noch ein Erbe der Zeit vor 1890 sein. Heute ist die Kirche vom Staat indes überhaupt nicht mehr angefochten. Das für lateinamerikanische Verhältnisse breite demokratische Kräftespiel droht andererseits die römische Kirche in der Illusion zu bestärken, sie könne politisch weitgehend neutral bleiben.

römischen Kirche in Venezuela schwächer als in anderen lateinamerikanischen Staaten[61].

Die protestantischen Kirchen, die in der zweiten Hälfte der sechziger Jahre eine Gesamtgemeinde von ca. 53 000 Gliedern umfaßten[62], gliedern sich in drei Gruppen:

1. Auslandsgemeinden aus Europa und den USA – hier ragt zahlenmäßig die Lutherische Synode, die mit Gemeinden in Caracas, Valencia, Maracaibo und Barquisimeto ca. 4000 Menschen betreut, hervor. Sie ist durch den Zustrom von Ungarn, Letten, Skandinaviern, Südosteuropäern, die großenteils während und nach dem Zweiten Weltkrieg als Flüchtlinge ins Land kamen, stark angewachsen und umfaßt heute auch spanisch sprechende Venezolaner[63];
2. unter den schon stärker verwurzelten protestantischen „Nationalkirchen" ragen die verschiedenen Pfingstlergruppen mit einer Gesamtgemeinde von über 11 000, zwei Baptistische Kirchen mit zusammen knapp 7000, die Presbyterianer mit knapp 2500 und die Adventisten mit 14 600 hervor;
3. außerdem sind eine Reihe von Missionsgesellschaften in Venezuela engagiert. Die Wirksamkeit ihrer Arbeit könnte auf lange Sicht durch ihre fundamentalistische Ausrichtung und ihre rigoristische Ethik in Frage gestellt werden.

Nach einer Information der Bibelgesellschaften gab es Anfang der siebziger Jahre in Venezuela 800 protestantische Kultstätten, d. h. etwa genauso viele wie katholische Pfarreien. Abgesehen von den Pfingstlern und der 1927 im Staat Apure völlig autochthon ohne missionarische Hilfe unter Führung von

---

[61] 1963 erhielt die römische Kirche, die kaum Grundbesitz hat, vom Staat 1,5 Mill. Bs (4,285 Bs = 1 US$) für Gehälter von Bischöfen und einigen Priestern. Gewisse Fonds für Kirchenreparaturen und die Indianermission standen außerdem zur Verfügung. Die privaten Zuwendungen sind nicht bedeutend - Mecham aaO 111f.
Kirchenstatistik: Der Stand zu Beginn der sechziger Jahre findet sich in: Venezuela y Ecuador. Die Zahl der Nonnen hat sich von 1950 bis 1960 durch den verstärkten Zustrom ausländischer Kräfte verdoppelt. Von den über 4 000 Nonnen (1967) widmen sich 66 % der Schularbeit, 15–20 % dem diakonischen Bereich, wobei Krankenhäuser aus Personalmangel praktisch nicht betreut werden. Die insgesamt 164 weiblichen Kongregationen, die hochgradig aus Spanierinnen und Italienerinnen bestehen, unterhalten 334 Häuser. Venezuela ist in 20 kirchliche Verwaltungsbezirke eingeteilt: 3 Erzdiözesen, 12 Diözesen, 1 Praelatura nullius und 4 Apostolische Vikariate. Pollak-E. aaO 28 gibt für 1967 728 Pfarreien mit 731 Welt- und 947 Ordenspriestern (zusammen: 1 687) an gegenüber 1950 465 Pfarreien mit insgesamt 787 Priestern. Die größte männliche Kongregation im Lande sind die Jesuiten mit 82 Priestern und 68 Laienbrüdern. Der Priestermangel verschärft sich angesichts der Bevölkerungsexplosion immer mehr. In 15 kleinen und großen Seminaren gab es 1967 nur 150 Seminaristen, im Interdiözesan-Seminar der UCAB 1972 nur 20. Der sonntägliche Meßbesuch lag 1958 in Caracas bei 15 % (OC 1958, 203). Die seelsorgliche Betreuung der Bevölkerung ist minimal. „Im allgemeinen steht die Bevölkerung der Kirche tolerant, aber indifferent gegenüber. Die Mitglieder der Oberschicht sind Katholiken aus Tradition und Konventionalismus, aber selbst hier machen sich viele liberale Tendenzen bemerkbar, die bis zum Antiklerikalismus reichen". Religion gilt als Frauensache. Die Mittelschicht schätzt kirchliche Schulen, weil sie Status und Prestige geben. Ein echtes religiöses Gefühl findet sich eher in der Unterschicht, wenngleich die Volksfrömmigkeit mit synkretistischen Elementen der Neger- und Indianerkulte vermischt ist. Auf dem Lande haben die Feste der Dorfheiligen und Schutzpatrone ihre Bedeutung bewahrt - Pollak-E. aaO 30ff.
[62] Vgl. WChH. Pollak-E. aaO 32 spricht von 6,4 % Protestanten, was entschieden zu hoch gegriffen scheint.   [63] Vgl. Trautmann 1972, 20ff; Caracas 1965.

Arístides Díaz entstandenen ‚Iglesia Evangélica Apureña' (auch Bethel-Kirche genannt, mit ca. 90 Gemeinden und mehr als 7000 Gliedern) sind die protestantischen Kirchen hochgradig von ausländischen Kräften abhängig[64], wenngleich die wirtschaftliche Situation der Kirchen dank der stabilen wirtschaftlichen Lage des Landes günstiger ist. Sinclair schätzt für Mitte der siebziger Jahre die protestantische Gesamtgemeinde, die sich 1930 auf nur 20 000 belief, auf ca. 200 000.

Die protestantischen Kirchen Venezuelas sind durch einen übertriebenen Individualismus gekennzeichnet, der auch die Schaffung eines theologischen Studienzentrums bisher verhindert hat, so daß es keinerlei Ausbildungsstätte über Bibelschulniveau gibt. Abgesehen von der Beteiligung an den Bibelgesellschaften bestand die einzige gemeinsame Aktion aller Protestanten in der Unterzeichnung einer „Erklärung über die Kultfreiheit" im Jahre 1959 zum 125. Jahrestag des Dekrets des Nationalkongresses[65].

4241 Zentralamerika

42411 Die politische und sozio-ökonomische Entwicklung (1871–1945)

Der Tod Carreras 1865 wurde von den Liberalen als Signal für die Rückeroberung der Macht verstanden. Mit Unterstützung von Honduras gelang den Liberalen 1871 zuerst der Sturz der konservativen Regierung Dueñas in El Salvador, und wenige Monate später konnte mit Rückendeckung durch Benito Juárez von Mexiko aus dank der modernen Ausrüstung der Liberalen mit Repetiergewehren auch der Widerstand der guatemaltekischen Konservativen unter Marschall Vicente Cerna gebrochen werden, so daß zwei Liberale im wesentlichen die Geschicke Guatemalas bis 1920 bestimmen sollten: Justo Rufino Barrios (1873–85) und Manuel Estrada Cabrera (1896–1920). Die von ihm angemaßte Rolle eines zentralamerikanischen ‚caudillos' bezahlte Barrios 1885 im Krieg gegen Salvador mit seinem Leben, womit gleichzeitig die hegemoniale Stellung Guatemalas in Zentralamerika beendet war. Der Spätliberalismus blieb indes viele Jahrzehnte die bestimmende politische Kraft Zentralamerikas.

Nur in Nikaragua hielt sich noch drei Jahrzehnte eine konservative Machtkonstellation, die dem Land den Frieden sicherte. Der Wendepunkt ihrer Macht wurde 1889 erreicht, als Präsident Evaristo Carazo im Amt starb und sein 1891 selbst gewählter Vizepräsident Roberto Sacasa Freunde mit Posten in der Verwaltung begünstigte und damit die Erbfehde zwischen León und Granada wieder entfachte. Die Liberalen schlugen Kapital aus der Uneinigkeit der Konservativen und brachten 1893 mit General José Santos Zelaya einen jungen fähigen Politiker aus Managua an die Macht, der in den folgenden sechzehn Jahren zur dominierenden Erscheinung seines Lan-

---

[64] Vgl. Anzahl der ausländischen Mitarbeiter in den WChH-Tabellen. Anzahl der Kultstätten nach CISOR-Mitteilung. Der Grad der sozialen Konszientisation scheint in den protestantischen Gemeinden noch gering zu sein. Zur Lage des venezolanischen Protestantismus in den sechziger Jahren vgl. Johnson 1967. Zur Bethel-Kirche vgl. Sinclair 1976 K, 46.

[65] Sinclair aaO 47ff nennt 960 organisierte Gemeinden. An CELA I-III haben nur die Presbyterianer und Lutheraner teilgenommen. In den sechziger Jahren suspendierten die Presbyterianer 4 qualifizierte nationale Pfarrer wegen Ökumenismus, Ungehorsam und Liberalismus. Vgl. 434223.

des und Zentralamerikas wurde „und Barrios als Präsidentenmacher ersetzte"[1]. Santos Zelaya war einer der wenigen Präsidenten seiner Zeit, die völlige Pressefreiheit gewährten[2]. Nur dem Grundübel der lateinamerikanischen Staatschefs, dem ‚continuismo', also dem Bestreben, mit oder ohne Wiederwahl an der Macht zu bleiben, entrann auch er nicht.

Was die Spätliberalen auch in Zentralamerika von den Liberalen der ersten Generation unterschied, war ihre Entschlossenheit, um jeden Preis die Macht zu erobern und zu behaupten. So waren die guatemaltekischen Liberalen 1865 trotz ihres erheblich gewachsenen Einflusses unter der städtischen Mittelschicht und in der Armee nicht willens, ihre Sache den Wahlurnen anzuvertrauen[3], vielmehr setzten sie auf gewaltsamen Umsturz. Dementsprechend entwickelte sich ihre Herrschaft. Die von der Exekutive dekretierten Gesetze der siebziger Jahre und die Verfassung von 1879 zeigen, daß es Barrios um eine moderne Form von Diktatur mit konstitutioneller Drapierung ging, bei der die Legislative und die Jurisdiktion reine Anhängsel der Exekutive waren. „Der guatemaltekische Liberalismus ging in den sechs Jahrzehnten nach Barrios' Tod bankrott. Dasselbe Schicksal ereilte ihn in den anderen Teilen Zentralamerikas."[4]

Der Siegeszug des Spätliberalismus ab 1871 sollte auch dem Positivismus in Zentralamerika Gelegenheit zu seiner Entfaltung und Blüte geben.

Der Erste Zentralamerikanische Pädagogische Kongreß von 1893 war bereits so stark von Positivisten unterwandert, daß die zentralamerikanischen Pädagogen sich in zwei Lager spalteten: in Positivisten und Antipositivisten. Während die Positivisten an den Schulen den Unterricht in positivistischer Ethik anstelle christlicher Religion verlangten, um dadurch eine Harmonie zwischen den beiden Gewalten zu erreichen, zerfielen die Antipositivisten in zwei Lager, von denen das eine entsprechend der liberalen These von der Trennung der geistlichen und weltlichen Gewalt für eine laikale christliche Erziehung eintrat, das andere, die gemäßigten Vertreter der römischen Kirche, hingegen für optativen katholischen Religionsunterricht[5].

Generell läßt sich für Zentralamerika sagen, daß in der etwa bis 1930 reichenden Periode der Vorherrschaft des Positivismus auf dem Universitätssektor im Gegen-

---

[1] Die komplexe Entwicklung im karibischen Raum kann hier ebenso wenig im einzelnen dargestellt werden wie diejenige der Guayanas in früheren Abschnitten. Im übrigen sei auf González 1969 verwiesen.
Zum Inhalt vgl. Rodríguez 1965, 106. Der unglücklich verlaufene Krieg gegen El Salvador war wiederum ein Teil der sich immer wiederholenden Bemühungen um die Wiedervereinigung Zentralamerikas. Gavidia 1969, 362 kreidet Barrios an, es sei ihm nicht allein mißlungen, Guatemala durch die zentralamerikanische Union zu vergrößern, vielmehr habe er die Hilfe Mexikos bei der Erringung der Macht in Guatemala auch noch teuer bezahlen müssen, indem Guatemala 1882 im Grenzvertrag mit Mexiko endgültig auf die reiche Küstenzone von Soconusco verzichten mußte. [2] Gavidia 1969, 365.
[3] Mecham 1966, 317. [4] Rodríguez aaO 98 und 102.
[5] Amurrio 1970, 98–126. Rodríguez aaO 108 weist indes darauf hin, daß es gerade unter der studentischen Jugend auch Reaktionen gegen den Positivismus gab: „Moreover, Central America's youth was reacting to the materialistic emphasis of the ‚new Liberalism' and the acompanying disregard for effective democratic institutions". Rodríguez erwähnt vorher die von guatemaltekischen Studenten unter Führung von Salvador Mendieta 1899 ausgehenden Bemühungen zur Schaffung eines regionalen Bewußtseins in ZA, die 1904 in der Gründung des Partido Unionista in allen 5 Republiken gipfelten.

schlag zu den rein abstrakten Studien der früheren Zeit alle Disziplinen verschwanden, die keine unmittelbare Nutzanwendung zulassen, also klassische Studien, Theologie, Philosophie und Künste, während in erster Linie die Naturwissenschaften und ihre technische Anwendung und in zweiter Linie die Geschichtswissenschaft gefördert wurde. Natürlich kann man wie Gavidia beklagen, daß die Universitäten sich auf diese Weise in höhere Berufsschulen verwandelt hätten und daß der wahre Geist der Forschung, ja, daß der wissenschaftliche Ertrag dieser Epoche so gering gewesen sei, daß sogar auf den höheren Schulen französische Texte benutzt werden mußten, da keine eigenen auf spanisch hervorgebracht wurden[6]. Andererseits kann man diese Entwicklung auch als eine natürliche Reaktion auf das iberische Erbe interpretieren, das jahrhundertelang ein einseitiges Interesse an den Geisteswissenschaften, sowie an Jurisprudenz und Medizin bewirkt hat. Jurisprudenz und Medizin sind noch heute in der Oberschicht die beliebtesten Studien, weil sie die Söhne auf einträgliche Berufe vorbereiten. Das Fortwirken des iberischen Erbes hat die Abhängigkeit von europäischer und nordamerikanischer Technik und Technologie ständig vergrößert. Leider ist auch den zentralamerikanischen Positivisten trotz ihres Utilitarismus kein entscheidender technologischer Durchbruch gelungen, ja, sie haben nicht einmal die von ihnen begründete Soziologie zu eigenständiger Entwicklung gebracht[7].

Lag das Fascinosum des Positivismus gerade in der Propagierung des Fortschritts, so muß er sich auch gefallen lassen, diesbezüglich an seinen Früchten gemessen zu werden, was hier am Beispiel Guatemalas getan werden soll.

Trotz des auf Nutzanwendung und Profite gerichteten Interesses des wissenschaftlichen Utilitarismus wurden z. B. in der Landwirtschaft die Methoden und Anbautechniken nicht verbessert, sondern lediglich der Kaffeeanbau verstärkt aufgenommen, dafür der Anbau des Farbstoffes Koschenille aufgegeben[8]. Eine unkluge Handhabung des Gold- und Silberstandards der Währung führte Ende des 19. Jahrhunderts zu einer 75fachen Entwertung[9]. Trotz des notorischen Interesses der Positivisten für

---

[6] Gavidia aaO 383, der des weiteren beklagt, daß Dichtung und schöne Künste im Zeitalter des Positivismus in ZA einen absoluten Tiefstand erreicht hätten, daß aber auch die Erzeugnisse positivistischer Historiker schlechthin kümmerlich seien.

[7] Zur Soziologie vgl. Gavidia aaO 386. Zum Einfluß des Positivismus in Guatemala meint Rodríguez aaO 97f, daß er sich speziell auf das Erziehungsprogramm ausgewirkt habe und durch den mexikanischen Erzieher Gabino Barreda vermittelt sein könne, der 1849–51 in direktem Kontakt mit Comte stand. „El Progreso (der Fortschritt), eine von Francisco Barrundia herausgegebene salvadorenische Zeitschrift, hat die Gedanken des Positivismus schon in den frühen fünfziger Jahren des 19. Jahrhunderts in ziemlicher Breite diskutiert. Was auch immer die Quelle gewesen sein mag, guatemaltekische Intellektuelle wie Manuel Herrera und Valero Pujol, um nur einige zu nennen, waren in Guatemala Anwälte des Positivismus und halfen Barrios' Erziehungsprogramm auszurichten" - vgl. im einzelnen Chincilla 1961.

[8] Naturfarbstoffe wie Koschnille (rot) wurden damals durch synthetische Farbstoffe verdrängt. Fagg 1971, 593 bemerkt, daß Barrios' Methode zur Verstärkung des Kaffeeanbaus simpel, aber wirkungsvoll gewesen sei: Regierungsangestellte verteilten Kaffeesamen an die Landbesitzer und peitschten diese später aus, falls sie nicht imstande gewesen waren, brauchbare Kulturen mit einer gewissen Mindesternte aufzuziehen.

[9] Der verlorene Krieg von 1876 minderte das Vertrauen der Sparer und führte durch überstürzten Geldabzug zur Bankpleite. Aber speziell die Geldpolitk Guatemalas war ein Fiasko, weil das Land die Preisrelation Gold : Silber = 1 : 16 beibehielt, nachdem sie im Ausland auf 1 : 55 abgefallen war, so daß das Land alle Goldreserven verlor. Dann behielt Guatemala trotz des höheren Silbergehalts seiner Münzen die Parität mit dem peruanischen Peso bei, was zu einem enormen Abfluß guatemaltekischer Silbermünzen im Austausch gegen wertlosere peruanische führte.

die Industrie wurde der Industrialisierungsprozeß in Guatemala nicht einmal eingeleitet. Die wenigen Industrien entstanden durch ausländische Initiative und blieben in ausländischer Hand, genauso wie das Transportwesen. Versuche zur Neuanlage von Häfen führten nur am Golf von Honduras zu dauerhaftem Erfolg, wo Puerto Justo Rufino Barrios, heute kurz Puerto Barrios genannt, sich weiter entwickelte. Abgesehen von Planungsfehlern, Kapitalmangel und dem Fehlen nationaler Unternehmen dürfte der Hauptfehler darin gelegen haben, daß man isoliert einige Sektoren der Wirtschaft entwickeln wollte, statt sich zunächst um die Integration und Erziehung des ganzen Volkes zu kümmern[10].

Wie andere Liberale vor ihm redete zwar auch Barrios von der Integration des indianischen Elementes, das weit über die Hälfte der Bevölkerung ausmachte. Aber er verstand darunter das, was bis heute die Oligarchien Lateinamerikas so gern unter Integration verstehen: die kulturelle Entwurzelung und Nivellierung der Indianer zu unselbständigen, abhängigen, billigen Arbeitskräften. Die für die liberale Reform von 1871 grundlegende Land- und Arbeitsgesetzgebung ging von der vernünftigen liberalen Doktrin aus, daß eine möglichst breite Streuung des Besitzes volkswirtschaftlich von Nutzen sei. Die beste Doktrin wird indes widersinnig, wenn man mit ihr, wie in Guatemala geschehen, eine bestimmte Bevölkerungsgruppe zum Nachteil einer anderen begünstigt, wenn man also das Kommunalland der Indianer enteignet, nicht um es ihnen als Individualbesitz zu übereignen, sondern um damit die ‚ladinos' zu beglücken und sie den Liberalen als Anhänger zu sichern und gleichzeitig den Kaffee-finqueros billige Arbeitskräfte zu beschaffen. Als Alibi für die Enteignung der Indianer diente die These, man müsse der volkswirtschaftlich unproduktiven indianischen Subsistenzwirtschaft ein Ende bereiten und die indianische Arbeitskraft dem Arbeitsmarkt zuführen. Infolge ihrer völligen Besitzlosigkeit waren die Indianer völlig der Willkür der ‚finqueros' und deren inhumanen Arbeitsbedingungen ausgeliefert.

Soziologisch gesehen geht die Machtübernahme der Liberalen in Guatemala 1871 auf eine Allianz zwischen den Handelskreisen der Hauptstadt und den mittleren und kleineren agrarischen Grundbesitzern zurück, die sich von der Bevormundung durch die konservativen Kreolen befreien und es ihnen an Landbesitz und Verfügungsmöglichkeiten über indianische Arbeitskräfte gleichtun wollten. Diese Ziele ließen sich nur auf Kosten der Indianer verwirklichen. Mit Hilfe gesetzgeberischer Instrumente, die vom „berühmten und berüchtigten ‚Reglamento de Jornaleros' aus der Epoche Barrios' bis zu der nicht weniger berühmten ‚Ley de Vagancia' des letzten Kaffeediktators, Ubico" (1931–44) ständig zur unmenschlichen Unterdrückung der Indianer verfeinert wurden und diese zu sklavenähnlicher Arbeit auf den ‚fincas' zwangen, wurde die koloniale Struktur der indianischen ‚pueblos' zerbrochen. Das bedeutete eine Abschaffung des kommunalen Landbesitzes — ganz ist sie freilich bis heute

---

Die Folge dieser Mißwirtschaft war eine 75fache Geldentwertung, die die Einführung von privatem Papiergeld auf den Kaffee-fincas nach sich zog.

[10] Vgl. Amurrio 1970, 216ff. Gerechterweise müßten einige Positiva von Barrios' Wirtschaftspolitik erwähnt werden: die Förderung des Bananenanbaus zum Export in die USA, die Gratisverteilung von Land zum Anbau von Gummi-Bäumen, Kakao und ‚sarsaparrilla', die Forderung von Viehzucht, Reisanbau, des Anbaus von Chininbäumen und der Einwanderung von Europäern mit ihrem Know-how und ihrem Kapital, „in der Hoffnung, daß sie gute Guatemalteken würden" - Rodríguez aaO 99f. Dadurch wuchs auch die Zahl der Auslandsdeutschen, die sich seit 1830 hier niedergelassen hatten. Sie belief sich 1930 auf 6 000. Zur Gründung der evangelischen Epiphanias-Gemeinde kam es erst 1929 - vgl. EvD 12 (1930), 47.

nicht gelungen —, die starke Vermehrung der Minifundien, sowie der Kaffee-fincas mit den zugehörigen ‚rancherías de indios', die Unterdrückung der Clans vornehmer Indianer zu Gunsten der von ‚ladinos' beherrschten Munizipalverfassung und „die endgültige oder saisonweise Verpflanzung der indianischen Massen in die Kaffeeanbaugebiete"[11]. Damit wurden also die letzten Reste vorkolonialer Strukturen beseitigt und die Schicht der ‚ladinos', die sich den Eroberern angepaßt hat, begünstigt.

„Landbesitzer und ausländische Gesellschaften begrüßten die Regierungsmaßnahmen" der Liberalen, bemerkt Rodríguez, um dann hinzuzufügen: „There was nothing liberal about the Indian program Barrios formulated."[12] Effektiv verschlechterte sich soziologisch und rechtlich die Lage der Indianer erheblich gegenüber der Kolonialzeit.

Nicht grundsätzlich anders verlief die wirtschaftliche Entwicklung in den vier anderen zentralamerikanischen Republiken im Zeitalter von Spätliberalismus und Positivismus, ohne daß hier die Einzelheiten geschildert werden könnten. Entsprechend der liberalistischen Wirtschaftskonzeption räumte man in- und ausländischem Kapital praktisch unbegrenzte Möglichkeiten zur Entfaltung ein, gleichgültig, ob sie der nationalen Volkswirtschaft nützten oder ihr letztlich schadeten. Den Interessen des Auslandskapitals diente die Zerstückelung Zentralamerikas in kleine, leicht manipulierbare Republiken besonders.

Jahrzehntelang herrschte der britische und französische Imperialismus „durch den üblichen Mechanismus der Gewährung von Anleihen, den Bau von Eisenbahnen, Häfen und Telegrapheneinrichtungen, die sich als Form monopolistischer Kontrolle und Ausbeutung als wirksamer erwiesen als die eigentliche Kolonialverfassung. Die letzten Requisiten zentralamerikanischer nationaler Respektabilität wurden von den Nordamerikanern beseitigt, die im Namen der Monroe-Doktrin und der Aufrechterhaltung der Ordnung, bzw. unter dem Vorwand, Güter und Leben ihrer Staatsangehörigen zu verteidigen oder auch ohne irgendeine Rechtfertigung nach und nach Zentralamerika ihrer Vormundschaft unterstellten und nur Großbritannien erlaubten, an ihrer Herrschaft teilzuhaben. Dies war die Lage, in der 1899 die United Fruit Co. in Zentralamerika Fuß faßte, die in der ersten Hälfte des 20. Jahrhunderts zum effektiven Entscheidungszentrum der ganzen Region werden sollte, kontrollierte sie doch das wirtschaftliche, politische und soziale Leben Guatemalas, Honduras', Costa Ricas und des 1903 geschaffenen Panamá. Die United Fruit bemächtigte sich 35 % der bebaubaren Flächen und fast total der für den Anbau von Bananen und Ananas geeigneten Flächen und etablierte sich als Monopolgesellschaft für Produktion, Transport und Handel, so daß sie den Weltmarkt für tropische Früchte beherrschen" konnte. Auf diese Weise wurde Zentralamerika zum bevorzugten Gebiet der Pax americana und bildet in seiner Rückständigkeit und Armut ein anschauliches Beispiel der Möglichkeiten einer Satelliten-Entwicklung unter der Oberhoheit der großen Gesellschaften und des zu Interventionen bereiten nordamerikanischen diplomatischen Apparates, der bis in die jüngste Gegenwart imstande war, in die Gesetzgebung dieser „Bana-

---

[11] Martínez P. 1971, 577ff.
[12] AaO 100f. Die Arbeitsgesetze übernahmen den verbreiteten Arbeitgeberstandpunkt, daß die Indios von Natur aus faul seien und zur Arbeit gezwungen werden müßten, weshalb der ‚libreto de jornaleros' eingeführt wurde, der bis 1945 in Gebrauch war. Darin mußten die ‚finqueros' bestätigen, daß ein Indio die gesetzlich vorgeschriebene Mindestzahl von Tagen im Jahr gearbeitet hatte. Damit war jeder Form von Ausbeutung Tor und Tür geöffnet, nicht aber der Integration. Niemand kam auf den Gedanken, die indianische Arbeitskraft durch kommunale indianische Produktionsgenossenschaften volkswirtschaftlich nutzbar zu machen, wohl nicht zuletzt, weil das der liberalen Ideologie und den wirtschaftlichen Gruppeninteressen widersprochen hätte.

nen-Republiken" einzugreifen, „Diktatoren zu designieren und zu stürzen, jedwedem Bürger zu Reichtum, Armut, Exil, Gefängnis oder Ermordung zu verhelfen"[13]. Diese Entwicklung zu durchschauen oder gar zu verhindern, waren Spätliberale und Positivisten nicht fähig oder nicht willens.

Die von den USA inszenierte Sezession Panamás und die Einrichtung einer Kanalzone boten fortan den USA zusätzliche Interventionsgründe. Theodore Roosevelt hatte schon 1904 die Monroe-Doktrin zum angeblichen Schutz der Kanalzone in dem Sinne interpretiert, daß die USA das Recht zur Intervention in Ländern hätten, deren innere Ordnung zusammenzubrechen drohte oder die von anderweitiger äußerer Einmischung bedroht waren[14]. Rückschauend kann man auch aus nordamerikanischer Sicht sagen, daß die Politik des ‚Big Stick' den USA mehr schadete als nützte, sei es wegen ihrer undemokratischen Mittel, die dem Ansehen der USA schadeten, sei es wegen der Verletzung des Nationalstolzes der Zentralamerikaner, die ‚Yankeephobia' (Yankeehaß) erzeugte, sei es, weil die zu starke Überwachung des nationalen Prozesses die Fähigkeit zur Eigenverantwortung bei den zentralamerikanischen Politikern verkümmern ließ. Besonders die Liberalen, die im 19. Jahrhundert sehr proamerikanisch eingestellt gewesen waren, fühlten sich im 20. Jahrhundert von den USA betrogen.

Nach dem Rücktritt von Zelaya im Jahre 1909 wurde Nicaragua zum Vorzugsgebiet für US-Interventionen in Zentralamerika.

Adolfo Díaz rief 1912 US-Marineinfanterie ins Land, um eine Rebellion niederzuschlagen. Sie blieb, euphemistisch ‚legation guard' genannt, bis 1933 im Land. 1934, nach dem Ende eines längeren Bürgerkrieges, in den wiederum die US-Marineinfanterie verwickelt war, wurde General Augusto César Sandino, der US-Eigentum zerstört und sich als Guerrillero-Führer erfolgreich gegen die US-Einheiten und die von ihnen ausgebildete Nationalgarde zur Wehr gesetzt hatte, nach einem Dinner mit dem ihm befreundeten Präsidenten Juan Bautista Sacasa ermordet. Dessen angeheirateter Neffe, General Anastasio Somoza, der Führer der Nationalgarde, verhinderte eine Untersuchung der Bluttat, die von einem Glied seiner Garde begangen war. 1936 war Somoza einziger Präsidentschaftskandidat, nachdem er vorher gewarnt hatte, es solle besser niemand versuchen, gegen ihn zu kandidieren. Seitdem ist Nicaragua in der Hand der Familie Somoza. Somoza wurde 1939 mit überwältigendem Zeremoniell in Washington als Staatsbesucher empfangen und erhielt für sein besonderes Wohlverhalten im Zweiten Weltkrieg einen 12 Mill. US$ Bonus in Form einer Fernstraße von der Atlantikküste bis an die zentralen Seen-Städte.

Die Weltwirtschaftskrise ab 1929 ließ die Kaffeepreise in die Verlustzone sinken und steigerte die Unzufriedenheit der Massen mit den traditionell untäti-

---

[13] Ribeiro 1970, 170f.
[14] Vgl. Rodríguez aaO 114ff. So gewiß strategische Gründe die US-Politik mitbestimmt haben dürften, so sicher ist andererseits, daß alle US-Einmischungen, auch die Bemühungen um die Sanierung ausländischer Staatsfinanzen, letzlich der nordamerikanischen Privatwirtschaft zugute kamen, sei es in Form von Bankmonopolen, Exklusivverträgen u. a. Das gilt auch hinsichtlich der Entwicklungshilfe. So erhielt z. B. Guatemala 1946–70 US$ 360 Mill. an US-Hilfe, während dem Lande im selben Zeitraum US$ 360 Mill. in Form von Dividenden und Gewinnen entzogen wurden, ganz abgesehen vom Schuldentilgungsdienst. Berücksichtigt man außerdem, daß die Entwicklungshilfe nicht selten zweckentfremdet zur Bezahlung der kostspieligen öffentlichen Verwaltung benutzt wird, so wird klar, warum die Entwicklungsfortschritte so gering sind. Zum Zahlenmaterial vgl. Zentralamerika 1973, 20.

gen Regierungen Zentralamerikas. Erstmals wurde die Theorie des wirtschaftlichen Nationalismus propagiert. In Costa Rica kam es nach zunehmender kommunistischer Aktivität unter Präsident Jiménez (1932—36) zu einer Reihe von Reformen — gesetzliche Mindestlöhne, Sozialversicherung, Arbeitsgesetze etc. —, während in den anderen vier Republiken starke Männer im Stil der alten ‚caudillos' mit Gewalt den Status quo im Sinne des ‚continuismo' aufrechterhielten.

Diese Diktatoren zentralisierten den Regierungsapparat in bis dato unerhörter Weise durch eine modernisierte militärische Organisation, deren neue Waffen innere Gegner abschreckten, durch Pressezensur, Beeinflussung der Massen durch Spitzel, die sie zur Konformität mit den Regierungsprogrammen aufriefen, während gleichzeitig hartnäckige Oppositionelle eingesperrt oder sogar liquidiert wurden, „beim Fluchtversuch erschossen", wie es in der heute geläufigen Sprache der lateinamerikanischen Bürokratie zur Bemäntelung solcher Morde heißt.

El Salvador wurde 1931—44 von General Maximiliano Hernández mit eiserner Hand regiert. Revoltierende indianische Landarbeiter bestrafte er 1932 mit einem exemplarischen Blutbad, in dem Tausende umkamen, weil sie angeblich Kommunisten waren und als solche die Regierung an sich reißen wollten. General Tiburcio Carías Andino (1933—49), ein Exliberaler, diente mit fanatischem Eifer eines Konvertiten der konservativen Sache in Honduras. Er ließ Strafgefangene mit Ketten und Eisenkugeln in den Beinen in den Straßen von Tegucigalpa arbeiten, um Kriminelle und Oppositionelle abzuschrecken. Die Methoden der beiden liberalen Diktatoren General Jorge Ubico (1931—44) in Guatemala und General Anastasio Somoza (1936—56) in Nicaragua waren nur etwas verfeinerter. Alle verstanden es, die konstitutionellen Bestimmungen, die die Wiederwahl des Präsidenten verboten, abzuschaffen oder zu umgehen.

Rodríguez resümiert: „Als der Zweite Weltkrieg am Horizont stand, schien es den Zentralamerikanern nicht besser zu gehen als zu Zeiten von Justo Rufino Barrios. Siebzig Jahre des ‚Fortschritts' hatten nur die alte Sozialordnung mit neuen Partnern verewigt, wobei sie die frühere ideologische Spaltung zwischen Liberalen und Konservativen beseitigten. Dennoch ging der Same der Unzufriedenheit auf, bereit, die ‚caudillos' bei der ersten sich bietenden Gelegenheit zu entthronen."[15]

---

[15] AaO 130f, der 126ff bemerkt, daß die konservativen Diktaturen in El Salvador und Honduras durch Nepotismus und Favoritentum, sowie Einfallslosigkeit bei der Bewältigung der wirtschaftlichen Pläne gekennzeichnet waren. Sie widerstanden sozialen Maßnahmen und unternahmen nichts zur Überwindung der Abhängigkeit von den Monokulturen. Bei den liberalen Diktatoren wirkte der positivistische Wirtschaftsgeist stärker nach. Abgesehen davon, daß Somoza Nikaragua in die „Somoza AG" verwandelt hat, wie man im Lande zu sagen pflegt, propagierte er die Diversifikation der Landwirtschaft und versuchte ausländischen Investoren neue Aufgaben schmackhaft zu machen, womit er den wirtschaftlichen Wiederaufstieg Nikaraguas nach dem Zweiten Weltkrieg vorbereitete. Die Existenz von Rechten der Arbeiter und von Gewerkschaften erkannte er allerdings auch nur theoretisch an.
Da im Abschnitt 42413 aus Platzgründen nur eine Fallstudie über die Entwicklung Guatemalas ab 1945 geboten werden kann, sei nachstehend wenigstens einiges statistisches Material aus Zentralamerika/Misereor wiedergegeben:
Aktuelle Veröffentlichungen außer den im Text bereits zitierten: Zentralamerika 1973; Zentralamerika/Misereor 1975; die entsprechenden Abschnitte aus Ruiz G. 1971 I und II; Justicia y Paz 1971 und 1972; generell die Artikel und Berichte der Estudios Centro Americanos (ECA), sowie die Veröffentlichungen des Secretariado Social

42412 Die kirchliche Entwicklung

Es erübrigt sich beinahe zu bemerken, daß die römische Kirche in Zentralamerika sich im ausgehenden 19. Jahrhundert nicht mit sozialen und wirtschaftlichen Strukturproblemen befaßte, weil sie sie noch gar nicht als ethisch relevante Probleme erkannt hatte. Wegen ihrer konservativen Grundeinstellung war sie so parteiisch, daß die Liberalen sie als politische Stimme zum Schweigen zu bringen trachteten. Nach der von den Liberalen 1879 in Guatemala durchgesetzten Verfassung wurde der Kirche ausdrücklich jede Beteiligung an der politischen Diskussion untersagt[16].

Interdiocesano der Erzdiözese San Salvador unter Leitung von Juan Ramón Vega Pbro. Lic. und die Statistischen Jahrbücher der Nationalkirchen. Zur sozio-ökonomischen Entwicklung Guatemalas erscheinen wichtige Arbeiten vom Seminario de Integración Social Guatemalteca. Zur Unterentwicklung und Abhängigkeit Zentralamerikas ist das zweibändige Sammelwerk: Zentralamerika 1972 mit heranzuziehen.

	Guatemala	Honduras	El Salvador	Nicaragua	Costa Rica	Panama
Fläche in qkm	108 889	112 088	21 393	138 000	51 000	75 650
Staatsform	Präsidialrepublik					
Hauptstadt	Guatemala-City	Tegucigalpa	San Salvador	Managua	San José	Panama-City
Bevölkerung (in Mio.)	5,6	2,8	3,7	2	1,85	1,5
Bevölkerungsdichte (pro qkm)	51,3	29	175,7	15,3	36,3	20
Bevölkerungszuwachs pro Jahr (in %)	3,1	3,4	3	3,7	3,2	3
Schulbesuche bis 13 Jahre	36	89	50	70	67	66
von 13–18 Jahre (in % der Altersgruppe)	9	10	18	16	37	46
Anteil der Erwerbspersonen an der Bevölkerung (in %)	31,3	29,3	67	31,6	28,3	28,9
Pro-Kopf-Einkommen im Jahr (in US-Dollar)	374	278	294	451	584	790
Analphabetenquote der Bevölkerung über 12 Jahre (in %)	62,6	42	51	50,4	10	27,7

Quellen: „Die Entwicklungsländer", Ernst M. Wallner, Verlag Ullstein GmbH, 1974; Statistisches Bundesamt Wiesbaden: Länderberichte; Mitteilungen der Bundesstelle für Auslandsinformation, Köln. Anmerkung: Bei den verfügbaren statistischen Angaben wurde grundsätzlich auf die neuesten Zahlen zurückgegriffen. In der Regel auf Zahlenangaben (manchmal auch Schätzungen), die aus den Jahren 1970–1972 datieren.
Vergleichszahlen Bundesrepublik Deutschland
Bevölkerung: 62 Millionen. – Fläche: 248 000 qkm. – Bevölkerungsdichte: 246 pro qkm. – Bruttoinlandsprodukt pro Kopf der Bevölkerung (1974): 16 080,– DM. – Pro-Kopf-Einkommen pro abhängig Beschäftigten (1973): 18 864,– DM.

Dabei hatte García Granados, der provisorische liberale Präsident Guatemalas (1871–73), seine konservativen Gegner zunächst mit staatsmännischer Zurückhaltung behandelt, die sie offenbar als Schwäche auslegten, weshalb sie ständig Umsturzversuche unternahmen, wobei sie besonders starken Rückhalt unter den frommen Katholiken des östlichen Landesteiles fanden, „der traditionellen Hochburg des Klerikalismus, die Rafael Carrera hervorgebracht hatte"[17].

Wie in anderen Teilen der Neuen Welt fehlte es auch in Zentralamerika sowohl den Liberalen wie der römischen Kirche an Kompromißbereitschaft zu einer Neuregelung der Beziehungen zwischen Kirche und Staat. Die römische Kirche wollte ihre privilegierte Stellung verteidigen, indem sie auf ihrem traditionellen Rechtsstandpunkt beharrte, und die Liberalen waren nicht willens, die von den Konservativen gewährten klerikalen Vorrechte zu verewigen, sondern entschlossen, das Prinzip der staatlichen Souveränität gegebenenfalls gegenüber der Kirche auch mit Gewalt durchzusetzen. Folglich wurden vielfach Bischöfe wegen ihres Widerstandes gegen eine liberale Neuordnung außer Landes verbannt –

in Guatemala 1871 Erzbischof Bernardo Piñol y Aycinena und Mariano Ortiz Uruela, Titularbischof von Teya in partibus infidelium, sowie 1887 Erzbischof Ricardo Casanova y Estrada; in Nikaragua 1894 Bischof Ulloa y Larrios, der nach Panamá verbannt wurde, weil er sich Gesetzen widersetzte, die das Konkordat verletzten; in Costa Rica 1884 Bischof Bernhard August Thiel, weil er gegen das Verbot der Einwanderung von Jesuiten agitiert hatte –

und monastische Orden verboten:

zuerst 1871 die Jesuiten in Guatemala, wo 1879 alle Orden aufgelöst wurden, wie dies auch die Regierungen von El Salvador 1871 und von Honduras 1880 anordneten. Sogar in dem an sich durch sein gemäßigteres politisches Klima bekannten Costa Rica wurde 1884 die Errichtung von Orden oder religiösen Gemeinschaften untersagt. Nur Nikaragua blieb eine Ausnahme. Hier fanden die 1871 vertriebenen Jesuiten eine Zuflucht. Als ein spanischer Professor 1881 bei der Eröffnung des staatlichen Erzie-

Außenhandel der mittelamerikanischen Länder

Land	Einfuhr- (−) bzw. Ausfuhrüberschuß (+) in Mio. US-Dollar (1972)		Wichtigste Ausfuhrwaren	Anteil der landwirtschaftlichen Erwerbstätigen (in %)
Guatemala	−	7	Kaffee, Baumwolle, Bananen, Zucker, Holz	65,4
Honduras	−		Bananen, Kaffee, Holz, Fleisch, Blei, Silber, Baumwolle	60,5
El Salvador	+	1	Kaffee, Baumwolle, Textilwaren, Zucker	53,6
Nicaragua	+	21,9	Rohbaumwolle, Kaffee, Zucker, Fleisch, Bananen	56,9
Costa Rica	−	92	Kaffee, Bananen, Kakao	48,4
Panama	−	316	Bananen, Erdöl, Zucker, Kaffee, Kakao, Fleisch	40,4

[16] Mecham aaO 319.   [17] Rodríguez aaO 95.

hungsinstitutes des Westens (Instituto de Occidente) in einer Rede betonte, daß vollkommene Gewissens- und Redefreiheit zur Erziehung freier Menschen nötig seien, fühlten sich die Jesuiten herausgefordert und begannen in Verkennung ihrer Lage eine Kampagne gegen die Freidenker des neuen Instituts und stifteten Gewalttätigkeiten an, die die an sich kirchenfreundliche nikaraguensische Regierung veranlaßten, alle Jesuiten auszuweisen. Bischof Ulloa y Larrios' Position blieb indes unerschüttert, da er diplomatisch klug den Jesuiten jede Hilfe verweigert hatte.

Die Trennung von Staat und Kirche wurde 1871 in El Salvador, 1879 in Guatemala, 1880 in Honduras, 1894 in Nikaragua unter Zelaya[18] und 1904 in Panamá durchgeführt. Nur in Costa Rica blieb die römische Kirche Staatskirche. Allerdings setzte 1884 Präsident Fernández das Gesetz von 1852 außer Kraft, das dem Konkordat Rechtskraft verlieh, so daß die diplomatischen Beziehungen zwischen Costa Rica und dem Vatikan abgebrochen wurden. Auch ließ Fernández nach dem Beispiel der Nachbarepubliken 1884 die Friedhöfe verstaatlichen, eine einschneidende Maßnahme, beraubte sie doch die römische Kirche der enorm diskriminierenden Möglichkeit, jedem Nichtkatholiken und jedem mit Kirchenstrafen Belegten eine Ruhestätte innerhalb der Kirchhofsmauern, und d. h. ein anständiges Begräbnis, zu verweigern[19].

Die Trennung von Staat und Kirche führte zu einer völligen Säkularisierung der öffentlichen Erziehung in den zentralamerikanischen Republiken mit Ausnahme Costa Ricas. Der Religionsunterricht blieb auf Privatschulen beschränkt, soweit diese gestattet waren, was in Guatemala und Honduras nicht der Fall war, wo die römische Kirche seit 1879 bzw. 1880 nicht einmal als juristische Person anerkannt wurde und keinerlei Besitz haben durfte, nicht einmal an Kirchengebäuden[20]. In El Salvador wurde der Kirche nur der Erwerb von Grundstücken, sei es durch Kauf oder Erbschaft, untersagt. Kirchliche Schulen waren erlaubt. Schließlich brachte die liberale Gesetzgebung auch die Einführung von Zivilehe und Scheidung mit sich.

Die Beziehungen der zentralamerikanischen Staaten zum Vatikan normalisierten sich im Laufe der Jahre wieder:

Bereits 1886 in Costa Rica, wo sich fortan der Klerus fast gänzlich der Einmischung in politische Angelegenheiten enthielt. Die Besserung der Beziehungen zu El Salvador wird an der Erhebung von San Salvador zum Erzbistum im Jahre 1929 deutlich (heute mit vier Suffraganbistümern: Santa Ana, Sonsonate, San Vicente, San Miguel). Guatemala schließlich, das am radikalsten gegen die römische Kirche vorgegangen ist und ihre Vormachtstellung für mehr als ein halbes Jahrhundert gebrochen hat, schloß schon 1884 ein neues Konkordat, durch das die Trennung von Staat und Kirche besiegelt wurde. Der Staat verzichtete auf das Präsentationsrecht und jegliche

---

[18] Mecham aaO 330. Nachdem 1894 die Trennung von Staat und Kirche in Nikaragua nur teilweise durchgeführt worden war, erfolgte sie durch die neue Verfassung von 1911 vollkommen. Die Kultfreiheit wurde garantiert mit dem Vorbehalt, daß ein Kult nicht gegen die christliche Moral und die öffentliche Ordnung verstoßen dürfe. Gleichzeitig wird festgestellt, daß die Mehrheit der Nikaraguenser die katholisch-apostolische römische Religion bekennt. Die Trennung von Staat und Kirche bedingte natürlich in allen Staaten auch die Abschaffung der kirchlichen Sondergerichtsbarkeit (fueros) und des Zehnten, wodurch die finanzielle Situation der römischen Kirche prekär wurde.

[19] Mecham aaO 333 zitiert dazu eine Stimme aus Costa Rica: „An jenem Tage wurde der unmenschlichen Verwaltung der Friedhöfe ein Ende gesetzt, durch die die Kirchenstrafen menschliche Wesen noch nach dem Tode verfolgten".

[20] Ebd. 327. Entsprechende Bestimmungen wurden in Honduras 1912 geändert.

Einmischung in innerkirchliche Angelegenheiten, und der Vatikan nahm die Konfiszierung des gesamten kirchlichen Besitzes hin. Leider hielten sich die späteren Regierungen Guatemalas nicht strikt an dieses Abkommen und versuchten immer wieder, die Privilegien des Patronatsrechtes geltend zu machen, ohne die damit verbundenen Verpflichtungen übernehmen zu wollen. Die durch die staatliche Einmischung entstehenden Konflikte führten zur Verbannung mehrerer Erzbischöfe Guatemalas[21].

Die Trennung von Kirche und Staat brachte die Toleranz für nichtrömische Kulte mit sich und schuf damit die legale Voraussetzung für die Aufnahme der protestantischen Missionarbeit. Schon vorher hatte indes der britische Imperialismus in den besetzten Gebieten (vgl. 412312) dem Protestantismus Entfaltungsmöglichkeiten geboten, also in Britisch-Honduras, auf den Islas de la Bahía, die 1859 an Honduras mit ihrer englisch-sprachigen anglikanischen Kirche zurückgegeben wurden, und an der Moskito-Küste Nikaraguas, wo die Herrnhuter Pioniermission 1849 die Arbeit unter dem Volk der Misquito (teilweise auch Mosquito genannt) aufnahm.

Die Pioniermissionare der Brüdergemeine, die in der fremdsprachigen Literatur meist als Böhmische Brüder (Moravians, Hermanos Moravos) bezeichnet werden, hatten schon zu Lebzeiten Nikolaus Ludwig von Zinzendorfs (1700–1760) die Arbeit im karibischen Raum aufgenommen, zunächst auf den Jungferninseln (1732 St. Thomas, 1734 St. Croix, St. John 1754 – damals alle dänisch), wo sie unter Negersklaven auf den Plantagen arbeiteten, dann auf Jamaika 1754 und Antigua 1756 und auf dem südamerikanischen Festland in den holländischen Kolonien Surinam (1735) und Berbice, dem späteren Britisch-Guayana (1738). Während der Schwerpunkt der Arbeit in Surinam sich bald auf den Umgang mit Negersklaven und Buschnegern verlagerte, sammelten die Brüdermissionare in Berbice die ersten Erfahrungen in der Indianermission, die ihnen dann in Nikaragua zustatten kamen[22]. Mithin sind die Brüder Pioniere der protestantischen Indianermission in Lateinamerika. Sie stießen in Nikaragua in ein Missionsvakuum der römischen Kirche vor. Besonders nach der Taufe der indianischen Prinzessin Matilda wurde die Missionsarbeit bei den Misquito sehr gut aufgenommen und später auf die Sumu ausgedehnt, bei denen 1878 die ersten Taufen vorgenommen wurden[23]. Sechs zur weltweiten Brüder-Unität gehörende Kirchenprovinzen – Jamaika, Ost-Westindien, Guayana, Surinam, Nikaragua und Honduras –

---

[21] Mecham aaO 316ff. Vgl. im einzelnen Alonso/Garrido 1962, 180ff. Die Verfassung Panamás erkannte 1904 der römischen Kirche keine besonderen Privilegien zu, wenngleich sie feststellte, daß ihre Religion die der Mehrheit der Einwohner sei, Die Religionsfreiheit wurde garantiert. Die römische Kirche erhielt indes Zuschüsse für die Indianermission und für optativen öffentlichen Religionsunterricht. 1925 machte Pius XI. Panamá durch die Erhebung zum Erzbistum unabhängig vom Erzbistum Cartagena. Außerdem teilte er das Land in zwei Bistümer.
[22] Nach Zinzendorfs Tod dehnten die Brüder ihre Tätigkeit im Bereich der Inseln über dem Winde von Antigua noch nach Barbados (1765), St. Kitt's (1777) und Tobago (1789) aus. Vgl. Staehelin; Hahn 1974 oder Flachsmeier 1963, 138ff. Belize, das frühere Britisch-Honduras, ist eine Bastion der anglikanischen Kirche und Sitz eines ihrer Bischöfe. Als Zeichen eines neuen ökumenischen Klimas wird gewertet, daß der anglikanische Bischof im Juni 1967 erstmals in einer Pfingstkirche gesprochen hat. Der Einfluß der römischen Kirche ist auch in Belize nicht zu unterschätzen und macht sich namentlich auf dem Erziehungssektor bemerkbar, denn das Schulwesen, das in Belize ausschließlich in privater Hand ist, ist die größte Herausforderung der Kirchen - vgl. IRM 57 (1968), 84.
[23] Vgl. González 1970, 395 und Damboriena 1963, 127.

zeugen heute vom Fortwirken der Missionsarbeit der Herrnhuter Brüder (zur Indianermission der Gegenwart vgl. 536)[24].

In Panamá wurde der Beginn der protestantischen Arbeit durch die Provinzautonomie von 1855 und die von den USA bewirkte Sezession von 1903 begünstigt.

Schon bevor in der Verfassung von 1904, in der zwar festgestellt wurde, daß die römisch-katholische die Religion der Mehrheit der Einwohner der Republik ist, der römischen Kirche aber keine Privilegien eingeräumt wurden, die volle Religions- und Kultfreiheit gewährt wurde, hatte hier 1882 die Methodistische Mission und 1892 die ‚American Bible Society' Fuß gefaßt. Es folgten 1904 die Heilsarmee (1957 mit einer Gesamtgemeinde von 24 524 die stärkste protestantische Kirche), 1906 die Adventisten (1957 = 6533) und die Episkopalen (1957 = 22 035) und 1916 die ‚Methodist Episcopal Church' (1957 = 2151). Die Bevölkerungsmischung und der US-Einfluß dürften entscheidend dazu beigetragen haben, daß Panamá 1938 mit 2,79 % den höchsten Bevölkerungsanteil von Protestanten in Lateinamerika aufwies. Seit den vierziger Jahren gewinnt die Pfingstbewegung stark an Gewicht (International Church of the Foursquare Gospel, 1957 mit einer Gesamtgemeinde von 11 818 die drittstärkste protestantische Kirche)[25].

Abgesehen von Panamá faßte der Protestantismus vor allem in Guatemala Fuß, wohin der liberale Präsident J. R. Barrios bei einem Besuch in New York die Presbyterianer einlud, deren ‚Board of Foreign Missions' 1882 die Arbeit in Guatemala aufnahm und 1957 eine Gesamtgemeinde von 11 725 Gliedern umfaßte.

Ihnen folgten Ende des 19. Jahrhunderts die ‚Central American Mission', 1901 die Nazarener, 1902 die Friends aus Kalifornien u. a. 1937 betrug die Zahl der protestantischen Kirchen und Missionen noch nicht einmal ein Dutzend. Anfang der sechziger Jahre überschritt sie bereits die Zahl von zwanzig. Die größten Missionserfolge haben in jüngster Zeit die Pfingstkirchen, die statistisch noch nicht erfaßt sind, so daß die Baptisten numerisch als stärkste Denomination figurieren[26]. In einer Situation, in der Guatemala-Stadt durch die Landflucht seine Bevölkerung von 1947 bis 1967 mehr als verdreifacht hat und die vom Land zugewanderten Familien unter einem Mangel an sozialen Kontakten leiden, erhöht der intensive persönliche Kontakt der sich als Brüder anredenden „Evangelischen" — vornehmlich Pfingstler, Presbyterianer, Zeugen Jehovas und Mormonen – die Anziehungskraft ihrer Gemeinden. Die gegenseitige Hilfe in Krankheits- und Sterbefällen, bei Hausreparaturen und bei der Arbeitssuche stellen einen weiteren Aktivposten dar. Die Bekehrten stellen dann auch die Verbindung zu ihren Verwandten auf dem Lande her, was Gemeindeneugründungen in den Landgebieten erleichtert[27].

In El Salvador hielt der Protestantismus 1896 mit der ‚Central American Mission' seinen Einzug.

---

[24] Das WChH 1968 gibt für die Gesamtgemeinde der Brüder in Guayana 1060 und in Surinam 46 528 an.

[25] Damboriena 1963, 131ff. Die Zahlenangaben schwanken zwischen 11 818 und 21 000. Mit ihren Straßenpredigten haben sie größere proselytische Erfolge erzielt als irgendeine andere Kirche Panamás. Die Heilsarmee wurde erst 1944 von der Regierung registriert und damit anerkannt. Die Zahl der in Panamá wirkenden Kirchen ist hier wie auch bei anderen Ländern keineswegs vollständig aufgeführt - vgl. dazu Damboriena 1963 bzw. WChH.

[26] Vgl. Damboriena aao 98ff, der mit Fragezeichen für die Southern Baptists eine Gesamtgemeinde von 75 845 nennt.

1911 folgten die ‚Northern Baptists', die 1934 eine nationale Konvention gründeten. Nach dem Zweiten Weltkrieg nahmen auch die Missouri-Lutheraner hier die Arbeit auf, wenn auch in bescheidenerem Maße als in Guatemala, wo sie außer in der Hauptstadt in Puerto Barrios, Zapaca, San Marcos und in Quezaltenango tätig sind. Mit fast 200 Kapellen und 400 Predigtstätten Anfang der sechziger Jahre bilden die Pfingstler (Asambleas de Dios) die stärkste protestantische Denomination. Damboriena zitiert mit Einschränkungen die Angabe, daß von 1957 bis 1961 479 einheimische „Pastoren" ordiniert seien, womit der Protestantismus in El Salvador den höchsten Prozentsatz einheimischer Mitarbeiter in ganz Lateinamerika hätte[28].

Abgesehen von Costa Rica mit seinem stark verwurzelten spanischen Katholizismus, wo es weniger als 1 % Protestanten gibt, hat der Protestantismus in Honduras die geringsten Zuwachsraten aufzuweisen, obwohl dort im Verhältnis zur Zahl der Evangelischen die höchste Zahl von Missionaren tätig ist. Ende des 19. Jahrhunderts war es in der Gegend von El Paraíso zur Gründung einer protestantischen Gemeinde gekommen, deren Missionar indes durch die Behörden umgebracht wurde. 1896 knüpfte die ‚Central American Mission' in El Paraíso an diese Anfänge an. 1898 nahm die Brüder-Unität von Nikaragua aus in San Pedro Sula die Arbeit auf und fing an, unter den Kariben in Trujillo zu missionieren. Es folgten Quäker, Reformierte, Friends, Heilsarmee, Adventisten u. a.[29]. In Nikaragua ist die Brüder-Unität mit 20 585 Gliedern die Säule des Protestantismus. Unter den anderen protestantischen Denominationen, die ab 1900 die Arbeit an der Westküste aufgenommen haben, ragen die ‚American Baptist Convention' (7850) und die ‚Asambleas de Dios' (4000) hervor, wenngleich Damboriena von 1949 bis 1961 eine prozentuale Abnahme der Gesamtzahl der Protestanten von 2,96 auf 2,58 % der Bevölkerung verzeichnet. Insgesamt konstatiert Nelson in Zentralamerika für die Periode 1900—1930 einen langsamen und für die Folgezeit 1930—1970 einen sprunghaften Vormarsch des Protestantismus. Er führt die Erfolge des Protestantismus auf verbesserte Kenntnisse der landeseigenen Mentalität, auf aggressivere Evangelisationsfeldzüge seit 1921, auf die Ausbreitung der Pfingstkirchen, auf das

---

[27] Vgl. Roberts 1967, der das Verhalten der „Evangelischen" - dazu rechnet das Volk die erwähnten Kirchen und Sekten - in zwei Elendsvierteln (colonias) der Hauptstadt untersucht hat. Im Länderbericht „Latin America" spricht die IRM (57, 1968, 83) von Schätzungen, nach denen bereits 10 % der Bevölkerung Guatemalas evangelisch seien, d. h. wohl im weiten oben angegebenen Sinne.
[28] AaO 95f.
[29] Vgl. González 1970, 393ff und Damboriena aaO 110ff. In Costa Rica wurde 1967 des 50. Jahrestages des Beginns der Arbeit der nordamerikanischen Methodisten und des 25. Gründungstages des Spanischen Sprachinstitutes gedacht. Letzteres war ursprünglich für die presbyterianischen Mitarbeiter mit Sitz in Kolumbien geschaffen, aber 1950 nach San José verlegt, nachdem es seine Pforten auch anderen Denominationen geöffnet hatte. Es hat in 25 Jahren 3 325 Sprachstudenten von 134 verschiedenen Missionsgesellschaften gedient. Costa Rica ist auch der Sitz des Office of Worldwide Evangelism in Depth unter Führung von Rubén Lores, der seit 1971 auch Präsident des Seminario Bíblico Latinoamericano ist, das 1924 von evangelikalen Kräften gegründet wurde und sich besonders um die theologische Fortbildung im zentralamerikanischen Rahmen (Lizentiaten-Programm) bemüht, vgl. LAE Jan./Febr. 1974, 2ff und die erstmals 1974 erschienene trimestrale Publikation des Seminario: Vínculos con el Seminario Bíblico Latinoamericano (Apartado 901, San José C. R.). Zu den lateinamerikanischen Seminaren vgl. Scopes 1962.

Schwinden der Vorurteile gegen die Protestanten und auf Hinzukommen einer Vielzahl von Missionen zwischen 1931 und 1969 zurück[30].

42413 Kirche und Entwicklungsproblematik — der Fall Guatemala (1944–1976)

Die zentralamerikanische Landbrücke zwischen Nord- und Südamerika mit ihrem enormen Bevölkerungswachstum (1980 Gesamtbevölkerung auf 22 Mill. geschätzt; Verdopplung alle 22 Jahre) spielt eine wichtige Rolle innerhalb der Enwicklung Lateinamerikas, da sie, im unmittelbaren Vorfeld der USA gelegen, am stärksten Pressionen des übermächtigen nördlichen Nachbarn ausgesetzt ist. Als nördlichem Einfallstor Zentralamerikas kommt Guatemala dabei eine Schlüsselfunktion zu[31]. Eine Beschränkung der Untersuchung der Funktion namentlich der römischen Kirche im Entwicklungskonflikt auf Guatemala ist außerdem aus Raumgründen geboten.

1971 lebten 64,6 % der Gesamtbevölkerung Zentralamerikas auf dem Lande[32], ein Prozentsatz, der ziemlich genau die Verhältnisse in Guatemala trifft, wo 65 % der wirtschaftlich aktiven Bevölkerung in der Landwirtschaft tätig sind[33]. Daraus erhellt, daß die Entwicklung Guatemalas wesentlich von der Form der ländlichen Besitz-, Produktions- und Gesellschaftsstrukturen abhängt, die derzeit so ungünstig sind, daß die Landflucht gravierende Ausmaße angenommen hat und daß jährlich 250 000 Familien aus dem Altiplano (Hochland) ihre Heimat zeitweise verlassen müssen, um Saisonarbeiten in anderen Landesteilen nachzugehen[34].

Die Landbevölkerung, aber nicht nur diese, besteht hochgradig aus ethnisch reinen Indianern, deren Anteil an der Gesamtbevölkerung von 64,84 % im Jahre 1921 auf 43,3 % 1964 abgesunken ist, wenngleich Ethnologen annehmen, daß der Prozentsatz wieder steigen wird, nachdem der Prozeß der „Ladinisierung" (Anpassung an die Mestizenschicht) zum Stillstand gekommen ist und es zur Gruppenbildung unter den Indianern in den Städten gekommen ist. Die indianische Bevölkerung konzentriert sich im westlichen Hochland und im zentralen Norden. Die Indianer besitzen, abgesehen von stellenweise noch vorkommenden kollektiven Landbesitz, fast ausschließlich meist unwirtschaftliche Minifundien unter 3,5 ha[35], die nach einem Bericht der Banco Interamericano de Desarrollo (BID) von 1963 76 % aller landwirtschaftlichen Besitzungen darstellen, aber nur 10 % der kultivierten Fläche umfassen, während 1950 158 Großgrundbesitzer mehr als 40 % des kultivierbaren Bodens in der Hand hatten, davon ein enormer Anteil im Besitz der United Fruit Co. (UFCO). Die BID rügt den „Absentismus" im mittleren und größeren Grundbesitz, der sich darin äußert, daß nur

---

[30] 1963, 127. Scopes aaO führt sechs protestantische Bibelinstitute auf und bemerkt, daß das Bildungsnivea in Nikaragua so niedrig ist, daß es für die Institute schon schwer sei, Kandidaten zu finden, die wenigstens sechs Jahre Grundschule vorweisen könnten. Vgl. die Statistik in Anm. 15; ferner Nelson 1976 mit Bibliographie.

[31] Vgl. Galeano 1967: Guatemala, Schlüssel Lateinamerikas.

[32] Escobar 1971, 47.   [33] Ruiz G. 1971 I, 296.

[34] Falla 1974, 680 mit Verweis auf Lester Schmid, The role of migratory labor in the economic development of Guatemala. Land Tenure Center University of Wisconsin, 1.

[35] Falla aaO 679ff; zur Frage Kommunalland und privater Bodenbesitz vgl. Stavenhagen 1971, 213ff. Teil III des genannten Buches von Stavenhagen mit dem Titel „Interethnische Beziehungen und Klassenbeziehungen in Meso-Amerika" (193ff) ist grundlegend für den Zusammenhang von indianischem Grundbesitz und Lebensmöglichkeit der Indianer, vgl. Zitate im Abschnitt 4242 über Mexiko.

56 % der Besitzungen von den Eigentümern bewirtschaftet werden. Die Minifundien kommen naturgemäß kaum über eine reine Subsistenzwirtschaft hinaus.

Die Rechtlosigkeit der Masse der Landbevölkerung erreichte 1944 ihren Höhepunkt, als der im selben Jahr gestürzte Diktator Ubico per Gesetz (Nr. 2795 v. 27. 4. 44) die Grundbesitzer frei von staatlicher Strafverfolgung erklärte, wenn sie kriminelle Übergriffe gegen Personen vornehmen, die sie in flagranti unautorisiert auf ihrem Grund und Boden beim Früchtesammeln oder der Entwendung von Forstprodukten, Werkzeugen oder Vieh antreffen. Im Klartext heißt das, daß die Besitzer ungehindert von der Schußwaffe gegen Menschen Gebrauch machen konnten. Wenn auch dies Gesetz längst wieder außer Kraft gesetzt ist, so hat sich doch an den Besitzstrukturen kaum etwas geändert, die meist erst den Zwang begründen, sich außerhalb des eigenen Minifundiums mit Lebensmitteln einzudecken und damit formalrechtlich straffällig zu werden[36].

Dabei konnte die Landbevölkerung bis Mitte des 20. Jahrhunderts oft nicht einmal mit der Präsenz des katholischen Klerus rechnen, geschweige denn mit aktiver Unterstützung. Der Verfall der römischen Kirche und der Priestermangel, die in Guatemala schlimmere Ausmaße annahmen als in irgendeinem anderen Staat Zentralamerikas, wirkten sich so aus, daß man von einer „Landflucht" des Klerus sprechen kann, die von der Kirchenleitung gefördert wurde, die es darauf anlegte, die schwindenden Personalressourcen in den größeren Ortschaften und Städten zu konzentrieren, wo sich der Klerus immer enger an die vermögende Schicht anschloß, die fast der einzige Geldgeber der Kirche war. Große Landstriche wurden von der kirchlichen Versorgung überhaupt nicht mehr erfaßt. Während Anfang der vierziger Jahre im Landesdurchschnitt auf 30 000 Einwohner noch ein Priester kam, standen in einem ländlichen Gebiet wie dem Departement Huehuetenango für 176 000 Einwohner nur zwei Priester zur Verfügung. Gleichzeitig war das Ansehen des Klerus so gesunken, daß die kirchliche Laufbahn für die Söhne der Oberschicht vollkommen unattraktiv geworden ist, so daß sie bestenfalls ins Ausland gingen, um in einem einflußreichen europäischen Orden zu studieren, dessen Glieder in Guatemala indes nicht tätig werden durften.

Diese Entwicklung war natürlich in hohem Maße durch die scharf antiklerikale Politik der Liberalen von 1879 bis 1944 bedingt, die zuletzt 1922 zur Verbannung von Erzbischof Luis Javier Muñoz y Capurón im Jahre 1922 und damit zur Vakanz bis 1928 geführt hat. Der noch von der liberalen Tradition beeinflußte Diktator Jorge Ubico (1931—44) lockerte dennoch nach und nach die antiklerikale Politik etwas und bemühte sich um eine Besserung des Verhältnisses von Staat und Kirche, indem er von Verfolgungen absah, sich nicht in Kirchenangelegenheiten einmischte, 1936 einen Nuntius akkreditierte, 1937 erstmals einige ausländische Religiose für den Schul- und Missionssektor und 1943 aus China vertriebene Maryknoll-Priester ins Land ließ. 1946 sollte die Mehrheit des Klerus schon aus Ausländern bestehen.

Trotzdem war die römische Kirche 1944 nach dem Sturz Ubicos verglichen mit der Kolonialzeit sowohl hinsichtlich ihrer inneren Verfassung wie ihres politischen Einflusses nur noch ein Schatten ihrer selbst. Vor Ubico hatte seit der Unabhängigkeit nur eine einzige Diözese geschaffen werden können: 1921 Quezaltenango. Es folgten 1935 Verapaz, 1951 Jalapa, San Marcos, Sololá

---

[36] Vgl. Ruiz G. 1971 I, 293ff.

und Zacapá, sowie eine Apostolische Administration für den Petén und 1961 die Praelatura Nullius von Huehuetenango. Vorher hatte Esquipulas 1956 noch den Rang einer Praelatura Nullius erhalten, weil es das Heiligtum des Schwarzen Christus (Cristo Negro) beherbergt, das berühmteste wundertätige Bild Zentralamerikas[37]. Da 1944 für gut 2,5 Mill. Einwohner nur 120 Priester zur Verfügung standen, mußte der strukturelle Ausbau der Kirche weitgehend mit Hilfe ausländischer Priester durchgeführt werden, wobei es zu der ungünstigen Situation kam, daß der einheimische Klerus überwiegend in den städtischen Gebieten konzentriert blieb, während der ausländische in das ländliche Vakuum einströmte. Der Erzbischof, der im Gegensatz zur Rechtslage in der Kolonialzeit nicht der disziplinarische Vorgesetzte der Bischöfe ist, konnte das Land kirchlich bis 1921 allein regieren. Die enorme Vermehrung der Bistümer ab 1951 führte zu einem Mangel an Koordination, der durch die inzwischen ins Leben gerufene Bischofskonferenz nur teilweise behoben werden konnte, da auch der Nuntius in die Kirche mit hinein regierte, obgleich er de iure keine legale Autorität über die Bischöfe hat, ihm diese de facto als Vertreter des Papstes aber doch zuwächst[38].

Die Regierung des aus dem argentinischen Exil zurückgekehrten Dozenten Juan José Arévalos (1945—51) genau wie die seines Nachfolgers Oberst Jacobo Arbenz Guzmán (1951—54) war mehr an überfälligen Sozialreformen interessiert als an der Verbesserung der rechtlichen Stellung der römischen Kirche, für die sich katholische politische Gruppen wie die ‚Unión Patriótica', die ‚Concordia Social', die Wochenzeitschrift ‚Acción Social Cristiana' (1944 bis 65) und der ‚Movimiento de Afirmación Nacional de Cristiandad' (MANC), der ‚El Observador' veröffentlichte, einsetzten[39]. Trotzdem wurde der Zustrom materieller und personeller Hilfe für die römische Kirche aus dem Ausland erleichtert. Die Bewertung beider Politiker ist stark umstritten.

Während Lewis Hanke Arévalos Leistungen bei der Durchsetzung einer neuen Arbeitsgesetzgebung, einer Sozialversicherung, bei Reformen des Erziehungswesens, der Beteiligung der Indianer an der Verwaltung und der öffentlichen Propagierung der Notwendigkeit einer Agrarreform anerkennt und nur auf einige Kritik an seiner doppeldeutigen Haltung gegenüber dem Kommunismus hinweist[40], sieht Fagg in ihm eher einen begabten Theoretiker, der die Macht immer mehr in die Hände der Kommunisten gleiten ließ, die aus ganz Lateinamerika nach Guatemala strömten. Entsprechend charakterisiert er Arbenz als überzeugten Kommunisten, der zu einer echten sozialen Revolution unfähig war, enteignetes Land hauptsächlich zum Aufbau staatlicher Gesellschaften verwendete, zur Verstaatlichung der Wirtschaft tendierte und das Land wirtschaftlich in den Abgrund führte[41], während Hanke zwar auch bemerkt, daß Arbenz das weitere Vordringen des kommunistischen Einflusses in Verwaltung, Gesetzgebung und Medien ermöglichte, aber seinem Ziel „der Umwandlung Guatemalas aus einer abhängigen Nation mit halb kolonialer Wirtschaft in ein wirtschaftlich unabhängiges Land, und der Umwandlung seiner vorwiegend feudalistischen Wirtschaft in eine moderne kapitalistische" verständnisvoll gegenübersteht.

Die durch meist nicht zugegebene ideologische Voraussetzungen bedingten Schwierigkeiten einer halbwegs objektiven Beurteilung mehr oder weniger revolutionärer Vorgänge spiegeln sich in diesen beiden Stimmen, die um viele vermehrt werden könnten. Die immensen psychologischen Hindernisse, die

---

[37] Vgl. Calder 1970, 18ff.
[38] Ebd. 148ff und 174.
[39] Ebd. 154f.
[40] Hanke 1967 I, 16.
[41] Fagg 1971, 596f.

zur Integration der Masse des Volkes überwunden werden müssen, werden an folgenden beiden Stimmen aus Guatemala deutlich:

> Ein Großgrundbesitzer schrieb am 25. Juli 1945 in einem Leserbrief an die guatemaltekische Tageszeitung ‚El Imparcial' (Der Unparteiische): „Welchen Nutzen würde es für die Indianer und das Land bringen, wenn die Indianer lesen und schreiben könnten? Können sie etwa Zeitungen und Zeitschriften kaufen? Natürlich nicht! Sie würden also ihre Überlegenheit als Alphabeten dazu gebrauchen, um sich in Führer der anderen Indianer zu verwandeln und dem Eigentümer der ‚finca' Schwierigkeiten zu machen...."[42] Kann man deutlicher den Wunsch nach ungestörter Fortsetzung der Ausbeutung der Indianer zum Ausdruck bringen? Dazu muß man wissen, daß Arévalo einen Alphabetisierungsfeldzug für die Indianer begann, daß aber noch 1971 63,3 % der Bevölkerung über sieben Jahre aus Analphabeten bestand, und zwar waren von den Analphabeten 59,1 % Indianer und 40,9 % Nichtindianer, während von Alphabeten nur 15,6 % Indianer und 84,4 % Nichtindianer sind[43]. Am Ende seines Mandats stellte Präsident Arévalo 1951 fest: „... wir mußten mit der besonderen gesellschaftlichen und wirtschaftlichen Struktur des Landes kollidieren, eines Landes, in dem Kultur, Politik und Wirtschaft in der Hand von 300 Familien waren, die die Privilegien der Kolonialzeit geerbt haben oder an ausländische Konzerne verpachtet oder von einer offiziellen Verwaltungssekte bestimmt waren, die die Interessen jener beschützte und proportional die eigenen vermehrte. 90 % unserer Bevölkerung lebte in einer Situation wirtschaftlicher Knechtschaft, ohne Recht auf Kultur und ohne staatsbürgerliche Rechte." Er kritisierte gleichzeitig das anachronistische Steuerrecht, das dem Prinzip einer gleichen und gerechten Besteuerung Hohn spricht. Noch 1963 stellte die BID fest, daß 1960—62 79 % des normalen Steueraufkommens aus indirekten Steuern resultierte[44].

Die Agrarreform von Arbenz, die ihn in den Augen der US-Regierung zum Kommunisten stempelte und damit zur Verurteilung seiner Regierung durch die OEA auf Betreiben der USA führte, wird heute z. B. von Ruíz G. nicht als Teil einer kommunistischen Revolution beurteilt, sondern als Projekt des fortschrittlichen Teils der Bourgeoisie, die die zur Modernisierung des Landes erforderlichen Reformen durchführen wollte. Für eine wirklich revolutionäre Bewegung hätte es der Organisation der Massen bedurft, an die weder Arévalo noch Arbenz gedacht haben[45].

Das Interamerikanische Komitee für landwirtschaftliche Entwicklung (CIDA), ein Ausschuß derselben OEA, die Arbenz verurteilt hat, hat 1965 in einer gründlichen Untersuchung der Landwirtschaftspolitik bei aller Kritik an Einzelaspekten die grundsätzliche Zielsetzung der guatemaltekischen Agrarreform positiv gewürdigt[46]. Die Deklarierung der guatemaltekischen Regierung Arbenz als kommunistisch durch die OEA erleichterte die von der durch Grundbesitzenteignungen betroffenen United Fruit Co. und vom CIA unterstützte „Befreiung" Guatemalas durch die von „einem obskuren Exil-Guatemalteken in Honduras"[47], Oberst Carlos Castillo Armas, aufgestellte Söldner-Truppe von ca. 2000 Mann, die dank der Passivität der guatemaltekischen Armee schnell ihr Ziel erreichte[48].

---

[42] Zitiert nach Ruiz G. aaO 301f.
[43] Escobar 1971, 57.
[44] Zitiert nach Ruiz G. aaO 302f.
[45] Ebd. 305f.
[46] Guatemala 1965.
[47] So Hanke 1967 I, 17.
[48] Die Beteiligung des CIA am Putschunternehmen ist heute in der Forschung unumstritten. Zur Rolle der UFCO vgl. Jerez 1971. Der CIA ließ 1968 Präsident Ydígoras einen Schuldschein für US$ 3 Mill. unterschreiben für die CIA-Beihilfe zum Sturz von Arbenz. Eigenartigerweise „entsprechen diese 3 Mill. Dollar dem Geldwert des Landes, das die UFCO der Regierung" Arbenz „übergeben hatte und

„Während die Regierung sich zur Linken neigte, bis hin zum Erlaß einer Agrarreform im Jahre 1952, lieferte die (römische) Kirche auf nationaler Ebene den Kampf des ‚Antikommunismus', und im Indianerbistum Los Altos verkörperte die Katholische Aktion den Kampf", so daß sie durch die neue Regierung Armas (1954–57) entscheidende Rückenstärkung erhielt[49]. Trotz ihres offenen Widerstandes gegen die Maßnahmen der Regierung Arbenz, war die römische Kirche von Übergriffen der Regierung verschont geblieben, was möglicherweise mit darauf zurückzuführen ist, daß Arbenz überzeugt war, schon genügend Feinde zu haben, so daß er eine zusätzliche Agitation in Kirchenfragen vermeiden wollte[50]. Die römische Kirche, deren sozio-ökonomisches Problembewußtsein seinerzeit minimal war, nahm mit besonderer Befriedigung den Sturz Arbenz' zur Kenntnis. Sie sah sich nun ihrem Ziel näher, ihre rechtliche Stellung zu verbessern. Als Pressionsgruppe diente ihr vornehmlich die MANC, die sich kurz darauf zum ‚Partido Democracia Cristiana' (DC) umbildete. 1956 hatte die römische Kirche so viel Unterstützung im Parlament, daß ihre Stellung in der neuen Verfassung erheblich gestärkt wurde. Sie wurde als juristische Person anerkannt, erhielt folglich das Recht auf Immobilienbesitz und garantierte die Freiheit zur Erteilung von Religionsunterricht. Der an sich prokatholische Castillo Armas weigerte sich indes standhaft, der römischen Kirche verfassungsmäßig eine Vorrangstellung zuzuerkennen[51].

Er ließ sich auch nicht zu einem Instrument der Hierarchie machen. Als die Protestanten 1957 anläßlich des 75. Jahrestages der Ankunft der Protestanten in Guatemala die Genehmigung zu einem gemeinsamen Defilee in der Hauptgeschäftsstraße der Hauptstadt (6. Avenida) erhalten hatten, ließ sich Armas auch unter dem Druck des Erzbischofs nicht zur Rücknahme der Genehmigung bewegen, obgleich jener das Defilee als einen Verstoß gegen den guten Geschmack in einem „katholischen Land" wertete. Armas wies ihn auf die Religionsfreiheit hin, stellte der römischen Kirche frei, gleichfalls eine Kundgebung zu veranstalten und machte den Erzbischof persönlich für eventuelle Gewalttätigkeiten haftbar. Für den Protestantismus bedeutete jenes Defilee den Durchbruch in das öffentliche Bewußtsein. Nach Meinung protestantischer Beobachter trug es auch dazu bei, die römische Amtskirche aus ihrer Lethargie hinsichtlich der Lage der Arbeiter und Indianer zu reißen[52].

Trotzdem blieb der Amtskirche noch bis Mitte der sechziger Jahre der Ausbau der kirchlichen Strukturen und die Verbesserung ihrer rechtlichen Stellung wichtiger als das sozialpolitische Engagement. Nach der Ermordung von Armas (1957) nahm sie von Präsident Miguel Ydígoras Fuentes (1958–63) gern ein Geschenk von US$ 300 000 zum Aufbau der neuen katholischen Universität entgegen, was leicht als Bestechungsversuch gewertet werden konnte, da die dem Erzbischof Rossell y Arellano sehr nahe stehende DC und besonders ihre Universitätsjugend die Regierungsführung Ydígoras' wegen ihrer

---

von dem die Gesellschaft" nach dessen Sturz einen Teil wiedererhielt – vgl. Zentralamerika 1973 Anm. 21.

[49] Falla 1974, 680.
[50] Calder 1970, 154, der nur einen Angriff auf einige Priester erwähnt, der mehr partikularer Natur gewesen zu sein scheint.
[51] Hanke 1967 I, 17; zu seiner prokatholischen Einstellung vgl. Calder aaO 155ff.
[52] Calder aaO 156f. Die römische Kirche hatte auf dem Gebiet der Hochschulerziehung das von ihr angestrebte Ziel verfehlt, unabhängig von der Kontrolle der Nationaluniversität San Carlos die katholische Universität führen zu können.

übermäßigen Korruption heftig bekämpften. Als Ydígoras zur Vorbereitung der Wahlen von 1964 indes gewisse Aktivitäten der Linksparteien und die Rückkehr des Altpräsidenten Arévalo aus dem mexikanischen Exil gestattete, wandte sich die Amtskirche gegen ihn und zelebrierte eine Danksagungsmesse für Oberst Enrique Peralta Azurdia und die Militärs, die Ydígoras gestürzt hatten. Unter der Militärjunta Peraltas (1963—66) gelang es der römischen Amtskirche, in der Verfassung von 1965 ihre Stellung weiter zu verbessern.

Sofern eine friedliche Rückgabe möglich ist, kann die Kirche 1871 enteignete Immobilien zurückerhalten. Die kirchliche Trauung wird der zivilen gleichgeordnet, setzt jene also nicht mehr voraus. Der Schutz der Familie wird garantiert. Christlicher — nicht katholischer — Religionsunterricht wird als nationales Interesse erklärt und kann optativ innerhalb des offiziellen Stundenplans an den öffentlichen Schulen erteilt werden. Die Autonomie privater Universitäten und damit die der ‚Universidad Católica Rafael Landívar' wird garantiert[53].

Besonders in der Dekade seit dem Sturz von Arbenz (1954) haben die kirchlichen Strukturen eine so enorme Stärkung erfahren, daß Beobachter das Bild des Aufstiegs des Phoenix aus der Asche auf sie anwenden, weshalb es zur Beurteilung der Identität der römischen Kirche Guatemalas wichtig ist, die Faktoren ihres Aufstiegs zu analysieren. Die drei Hauptkräfte, die den Aufstieg der Kirche ermöglicht haben, die Oligarchie, die ausländische staatliche und kirchliche Hilfe vornehmlich aus den USA und dem Vatikan, waren wesentlich von der Furcht vor dem Kommunismus motiviert, weshalb sie die von ihnen als Bollwerk des Antikommunismus betrachtete katholische Kirche unterstützten.

Zur Verhinderung der Zerstörung der traditionellen Gesellschaft, die die Quelle des Reichtums der „Elite" darstellt, fanden sich die konservativsten Familien des Landes mit eingefleischten Liberalen zusammen, die trotz ihres antiklerikalen Erbes bereit waren, über eine Änderung der Gesetzgebung die Rechtsstellung der katholischen Kirche zu verbessern und ausländische Hilfe zu erbitten. Sie wünschten sich eine traditionalistische Kirche als Bastion zur Aufrechterhaltung des Status quo. Zumindest unter Pius XII. († 1958) deckten sich die Ziele des Vatikans in erheblichem Maße mit denen der Oligarchie, weil auch er die Gefahr kommunistischer Revolutionen fürchtete, durch die im Falle Guatemala der Kirche potente Mäzene verloren gehen konnten, so daß die Stärkung der Kirche als Eckstein einer stabilen Gesellschaft Rom als ein dringliches Gebot erschien. Neben materieller Hilfe wurden Priester, Religiose und Ordensfrauen zum Einsatz in Guatemala mobilisiert. Was die USA anbelangt, so ist ihre Unterstützung der katholischen Kirche nur ein Aspekt ihrer antikommunistischen Politik, die ihrer eigenen strategischen Verteidigung, sowie derjenigen ihrer wirtschaftlichen und politischen Interessen dient. Auch die Hilfe zum Sturz Arbenz' hatten sie nur als Teil ihrer defensiven Politik verstanden. Calder kommt bei seiner Analyse zu dem Schluß, daß die Hilfe der USA kaum von idealistischen Motiven genährt wird, während man dies bei privaten Hilfsorganisationen und namentlich Orden kaum abstreiten könne, obgleich auch bei ihnen neben anderen Motiven „starke antikommunistische Gefühle" eine erhebliche Rolle spielen.

Diese unheilige Allianz, die die Identität der Kirche verfälschte und sie zu einer Vollzugsgehilfin von Gruppen- und Machtinteressen machte, ist in den

---

[53] Ebd. 158ff.

sechziger Jahren zerbrochen. Seit Kennedys Allianz für den Fortschritt betrachten die USA die Beseitigung von gravierenden Ungleichheiten, die auch ein Charakteristikum der guatemaltekischen Zustände sind, „als beste Form der Bekämpfung des Kommunismus". Der hieraus resultierende Dissensus mit der Oligarchie wird dadurch abgemildert, daß nach Kennedys Tod derartige Erklärungen der US-Administrationen selten mit ihrer effektiven Politik übereinstimmen. Der Dissensus zwischen Rom und der Oligarchie ist größer, weil der Vatikan generell zu der Überzeugung gekommen ist, daß eine Stärkung der kirchlichen Strukturen auf lange Sicht ein Land nicht gegen linke Revolutionen immunisiert. Die neue Überlebensstrategie des Vatikans, die aus den Sozial-Enzykliken spricht, besteht deshalb eher darin, notwendige Strukturänderungen zu Gunsten der Rechte der Massen zu unterstützen[54].

Die relative Ruhe in der guatemaltekischen Kirche könnte zu dem Schluß verleiten, als sei sie völlig von konservativen Kräften bestimmt, was man so allgemein nicht sagen kann.

Die Reibungsflächen zwischen Konservativen und Progressiven sind dadurch vermindert, daß der mehrheitlich konservative guatemaltekische Klerus, sich, wie oben angedeutet, in den städtischen Gebieten konzentriert, der mehrheitlich eher progressive ausländische Klerus hingegen in den Landgebieten. Die ab 1951 geschaffenen Bistümer sind weitgehend in der Hand des ausländischen Klerus, dessen Ausrichtung indes wiederum von der Einstellung des jeweiligen Bischofs mitbestimmt wird, der ihn angeworben hat. In Sololá gab es 1970 z. B. fast nur nordamerikanischen und spanischen Klerus. Huehuetenango wird ausschließlich von Maryknoll-Priestern betreut. Hier ereignete sich Ende 1967 der größte Eklat, als verschiedene Priester und eine Schwester dieser Kongregation, offenbar aus Verzweiflung über die stagnierende Elendssituation der ländlichen Massen, sich dem bewaffneten Widerstand anschlossen.

Wie nach dieser Konstellation zu erwarten, sind die städtischen Erneuerungsprogramme der Kirche in ihrer intellektuell anspruchsvolleren Art mehr auf die Oberschicht gerichtet und von der Hoffnung bestimmt, durch die Bildung eines christlichen Bewußtseins mit ihrer Hilfe notwendige Strukturänderungen herbeiführen zu können. Der Teufelskreis dieser Bemühungen zeigt sich daran, daß Reichtum und Status der städtischen Elite in nicht unerheblichen Maße ein Produkt der niedrigen Löhne der städtischen Arbeiter und des ungerechten Steuersystems ist[55]. Den Eindruck, den die städtischen Massen von der Kirche haben, paraphrasierte noch 1970 ein christlich-sozial engagierter Anwalt mit den Worten, „daß im städtischen Sektor die Regierung in Erscheinung trete, um Dienste zu leisten und Strafen für Gesetzesübertretung

---

[54] Ebd. 177ff.
[55] Zum Fall Maryknoll vgl. ECA Nr. 235 (1968), 36; im übrigen Caldar aaO 150f, 175f und 185, wo er bemerkt: „Der städtische guatemaltekische Klerus, besonders die Hierarchie, kann das, was sie tun müßte, um sozio-ökonomisch mit der Unterschicht der Hauptstadt in Kontakt zu kommen, nicht tun, weil das die Konfrontation mit den Interessen der Freunde, Verwandten und politischen Verbündeten bedeuten könnte. Die einzige Alternative, die den städtischen Erneuerern bleibt, ist die, mit der Elite selbst zusammen zu arbeiten und zu versuchen, das System von oben nach unten zu reformieren. Das Dilemma der Kirche zeigt sich an ihren eigenen Programmen". Die Hilfe für die Unterschicht beschränkt sich auf einige Maßnahmen auf dem Gebiet von medizinischer Fürsorge und schulischer Erziehung und läßt das Gebiet der wirtschaftlichen Strukturreformen aus.

zu verhängen, die Kirche, um Sakramente zu spenden, und die Hauswirte, um Mieten zu kassieren"[56].

Die mangelnde familiäre und gesellschaftliche Verstrickung des ausländischen Klerus mit dem Status quo erleichtert ihm progressive Maßnahmen, die notwendig mit den Interessen der Oligarchie kollidieren, die in den letzten Jahren mit Überraschung konstatiert hat, daß sich die Stärkung der Kirche als Damoklesschwert erwiesen hat. Deshalb besteht die latente Gefahr, daß die Oligarchie unter dem Vorwand eines Nationalismus zu Priesterausweisungen schreitet. Dann würde sich die starke Überfremdung und Abhängigkeit der guatemaltekischen Kirche von ausländischer Hilfe rächen. Eine weit bessere Grundlage für kirchlich unterstützte Wandlungsprozesse wäre also ein starker progressiv eingestellter einheimischer Klerus[57].

Abschließend sei noch ein Blick auf die Wirkung der ländlichen Entwicklungsvorhaben der katholischen Kirche geworfen. Die indianischen Kommunen sind traditionell von der indianischen Elite bestimmt, die sich seit alters der kirchlichen Bruderschaften und der Schamanen (zahoríes) bedient, um ihren Einfluß auszuüben. Die Mitglieder der Bruderschaften müssen die kostspieligen Feste ausrichten, so daß die Bruderschaften eine sozial nivellierende Wirkung haben, damit aber auch die Kapitalansammlung verhindern, die zur Modernisierung der Landwirtschaft erforderlich ist. Außerdem werden die Indios von den ‚zahoríes' ausgebeutet, die ihnen oft nicht helfen, aber die Indios wegen ihrer magischen Lebensauffassung in ihrem Bann halten und damit von den Fortschritten der Medizin abhalten. In dieser Situation bemühte sich die Katholische Aktion um eine Modernisierung der Landwirtschaft durch die Gründung von Genossenschaften, die ab 1963 mit der Einführung von Kunstdünger im Hochland zu blühen begannen. Ab 1965 setzte sich die DC für die Gründung von ‚ligas campesinas' (Landarbeitergewerkschaften) ein, um die Rechte der Landarbeiter zu verteidigen, die, mit der Katholischen Aktion verbunden, diese stärkten. Dank des Sieges der gemäßigten Linken im Jahre 1966 (Präsident Julio César Méndez Montenegro) erhielten die ‚ligas' zunächst sogar einen juristischen Status, aber nach dem Neuaufflammen der seit dem Sturz von Arbenz nie beseitigten Guerrilla[58] wurden ihre Leiter ver-

---

[56] Escobar 1971 in Anlehnung an eine Äußerung von P. Ricardo Seidel.
[57] Calder aaO 182ff. Möglicherweise nimmt die kritische Einstellung des Klerus in jüngster Zeit zu; vgl. den Hirtenbrief der Bischofskonferenz vom Juli 1976 (Guatemala 1976), in dem die Bischöfe auf den unhaltbar niedrigen Lebensstandard der Mehrheit des Volkes, das Problem der Arbeitslosigkeit und der niedrigen Löhne hinweisen, sowie darauf, daß die enorm ungerechten Strukturen nach dem verheerenden Erdbeben vom Febr. 1976 noch stärker offengelegt worden seien. Besonders unerträglich sei in einem vorwiegend agrarischen Land die Bodenbesitzkonzentration in Händen einiger weniger. „Die Akkumulation des Bodens in Händen weniger ... ist eine Sünde der Ungerechtigkeit, die zum Himmel schreit (Jes 58)" - vgl. S. 719.
[58] Die Problematik der guatemaltekischen Untergrundbewegung wird von Galeano 1967, 34ff, auf Grund persönlicher Kontakte und Erfahrungen beschrieben. Die Führer der Bewegung nannten zwei zentrale Ziele: die echte Integration der Indios in das nationale Leben und damit zusammenhängend die Durchsetzung des Prinzips, daß der Boden dem gehören muß, der ihn bearbeitet.
In Zentralamerika 1973, 19f heißt es: „In Guatemala waren im Laufe der letzten 20 Jahre bewaffnete Gewalt und Unterdrückung eine beinahe chronische Erscheinung. Der Guerrillakampf begann, als Arbenz unter dem Vorwand, er vertrete kommunistische Tendenzen, gestürzt wurde, und er setzte sich seitdem durch Unterdrückungen

folgt und seit dem Rechtsrutsch von 1970 stagniert die Arbeit der Katholischen Aktion.

Ob es sich nun um die Katholische Aktion handelt oder um evangelische Missionen, beide rufen bei den Indianern eine Glaubenskrise hervor, die sie an den überlieferten Werten zweifeln läßt. Da die traditionellen Bruderschaften einen Mechanismus zur Anpassung an die Herrschaft von ‚ladinos' und Regierung darstellen, stellt die Loslösung von ihnen zunächst eine Art von Befreiung dar. Diese Befreiung ist aber begleitet von einer Identitätskrise, von rivalisierender Gruppenbildung in den Gemeinden, von neuen Abhängigkeiten vom Priester, vom Kapitalgeber, von moderner Technologie, so daß der traditionelle Gott der Vorherbestimmung und des Fatalismus durch einen Gott abgelöst wird, vor dem zwar Indianer und ‚ladinos' gleich sind, der aber statt Gleichheit die einen bereichert und die anderen verarmen läßt und dessen Wirken unvorhersehbar ist. Diese Überlegungen Ricardo Fallas zeigen die Aporie christlicher Entwicklungshilfe innerhalb kapitalistischer Strukturen auf[59].

von seiten rechts orientierter Gegenrevolutionäre fort. Es sieht so aus, als würden die Untergrundkämpfer der Linken von Kuba unterstützt (oder organisiert?), während die rechtsorientierten Reaktionäre von der Regierung und der Armee unterstützt (oder organisiert?) werden." Die Wahl des Führers der gemäßigten linken Revolutionspartei, Méndez Montenegro, im Jahre 1966, bot die Chance einer Versöhnung, die der Präsident zu ergreifen suchte. Die Revolutionäre, besonders Luis Turcios, versprachen zwar von Gewalttätigkeiten abzusehen, wenn sie nicht angegriffen würden, wollten sich aber nicht auflösen und von ihrer Volksaufklärung absehen, bis sich die Lage grundlegend geändert hätte. „Die Armee lehnte ein derartiges Abkommen ab und nahm ihre Operationen wieder auf". Die gegen den Willen von Präsident Méndez erneuerte militärische Repression führte im Verein mit den Gegenschlägen der Guerrilleros 1967/68 zur schlimmsten Terrorwelle in der Geschichte Guatemalas mit ca. 7 000 Toten im Jahre 1967 - vgl. Guatemala 1968. Danach war die Guerrilla-Bewegung erheblich geschwächt. 1970 wurde jener Oberst Arana Osorio zum Präsidenten gewählt, der die Anti-Guerrilla-Operationen des Heeres geleitet hatte. Seine Ausgleichsversuche konnten daher nicht sehr überzeugend wirken. Noch Ende 1970 setzte Arana die Bürgerrechte außer Kraft und nahm die Repressionswelle mit entsetzlicher Brutalität wieder auf, so daß alle, die am Status quo rütteln wollten, in Gefahr gerieten. In diesem Zusammenhang muß man den Mord am deutschen Botschafter von Spreti als einen verzweifelten Gegenschlag sehen. 1971 teilte mir ein kirchlich engagierter Anwalt, der sich zusammen mit anderen ehrenamtlich um die Versorgung politischer Gefangener bemühte, mit, daß die Behörden oft nicht bereit waren, den Aufenthaltsort der Inhaftierten mitzuteilen und daß im Durchschnitt ein politischer Gefangener pro Tag umgebracht werde. Übrigens erwähnt Galeano 1967, daß der junge argentinische Arzt Ernesto Che Guevara 1954 beim Sturz von Arbenz in Guatemala weilte und dabei das für sein weiteres Leben entscheidende revolutionäre Schlüsselerlebnis hatte.

Der seit 1965 amtierende Kardinalerzbischof Casariego wurde mir als konservativ geschildert. Dazu paßt die in ZA 1973, 27 zitierte Kritik an der zu großen Unterwürfigkeit gegenüber Präsident Arana und an seinem wenig entschiedenen Eingreifen im Falle Spreti. Der Erzbischof scheint auch nicht mit der nicht unbedeutenden Priesterlaikalisierungswelle fertigzuwerden, die 1971 immerhin fast 10 % des Gesamtklerus erfaßt hatte (50 gegenüber 560 aktiven Priestern), die sich zur Verteidigung ihrer Interessen gegenüber der Kirche zur ‚Confederación de Sacerdotes de Guatemala' (COSDEGUA) zusammengeschlossen haben.

[59] Falla 1974. In diesem Zusammenhang sei noch auf zwei wichtige Studien aufmerksam gemacht: Mendelson, Religion und Weltanschauung in Santiago Atitlán,

Was in dieser Fallstudie über die Haltung der guatemaltekischen Eliten gesagt wurde, kann man auf die Eliten der anderen zentralamerikanischen Staaten übertragen: Sie halten krampfhaft am Status quo fest und bauen in blindem Vertrauen auf die Zeit, die alle Probleme lösen soll. Sie geben gelegentlich christlichen Kritikern eine gewisse Narrenfreiheit, wie das Regime Somoza dem Dichter-Priester Ernesto Cardenal[60] oder Guatemala dem christlich-literarischen Kritiker und Nobelpreisträger von 1967 Miguel Ángel Asturias, der allerdings auch zeitweise ins Exil ausweichen mußte[61], aber oft genug treten sie auch in aller Öffentlichkeit für die Unterdrückung jener Klerusglieder ein, die den Mut haben, konsequent für die Menschenrechte einzutreten. In Panamá wurde am 9. Juni 1971 der kolumbianische Priester Héctor Gallego in der Region von García entführt und umgebracht, weil seine selbstlose Arbeit unter dem ländlichen Proletariat die Großgrundbesitzer beunruhigte. Seine Leiche wurde nie gefunden[62]. Etwas besser erging es in El Salvador P. Allas, der auch Großes unter der Landbevölkerung leistete, am hellichten Tage mitten in San Salvador verhaftet und 24 Stunden später grausam gequält auf einem Felde immerhin noch lebend wiedergefunden wurde und seine Arbeit dank des energischen Eingreifens seines Erzbischofs Chávez wieder aufnehmen konnte. Salvador ist auch das einzige zentralamerikanische Land, in dem die Hierarchie unter Führung ihres Erzbischofs Luís Chávez y González im August 1969 angesichts der Not von 18 000 Rückwanderern aus Honduras infolge des damaligen Krieges zwischen beiden Ländern einmütig eine einschneidende Agrarreform verlangte[63]. In Tegucigalpa hingegen ließ der Erzbischof den Bauarbeitern, die an der Basilika Unserer Frau von Supaya, der Patronatsheiligen von Honduras, arbeiteten, nur einen Tageslohn von 2,50 Lempiras (2 Lempiras = US$ 1) bezahlen und den siebten Tag jeder Woche überhaupt nicht entlohnen. In Nikaragua „versuchte Pater Francisco Mejía, Berater der Christlichen Arbeiterjugend, die Soldaten aufzuhalten, die ein

---

1965 und Nasch, Die Maya im Zeitalter der Maschine, 1970. Die zahlreichen weiteren Veröffentlichungen des Seminario de Integración Social Guatemalteca können hier nicht aufgeführt werden.

[60] Die Veröffentlichungen Cardenals sind weithin bekannt, deshalb sei hier nur ein neuerer Kommentar von Iglesias 1974 erwähnt.

[61] Zu Asturias vgl. Grossmann 1969, 475ff und die Bemerkungen des letzten Literaturnobelpreisträgers Lateinamerikas (1971) über ihn: Neruda 1975.

[62] Vgl. in VIS 24–25 (1971): Secuestro en Panamá (92f) und in CONTACTO 12, Nr. 5 (1975): Plegaria con Héctor Gallego, a 4 años de su Martirio (71–74) über seine Nachwirkung unter der Landbevölkerung.

[63] Vgl. Prien 1972 und die lfd. Artikel über El Salvador in den ECA. Ein auf diese kirchliche Initiative 1970 einberufener Nationaler Agrarreformkongreß blieb ohne praktische Folgen - vgl. El Salvador 1970. Zu seinem 25jährigen Bischofsjubiläum veröffentlichte Pedro Arnoldo Aparicio, Bischof von San Vicente, zusammen mit dem Apostolischen Brief des Papstes, „Octogesima adveniens", einen flammenden Aufruf für soziale Gerechtigkeit in El Salvador (29. 6. 1971), in dem er u. a. schreibt: „Es ist nicht gerecht, Oberste Autoritäten, und es schreit nach der Rache des Himmels, daß der Schweiß unserer armen und einfachen Landarbeiter, Kaffeepflücker, Zuckerrohrschneider, Baumwollpflücker etc. mit dem Luxus von Ausschweifungen in den Kabaretts von New York, London, Paris, Wien oder Buenos Aires vergeudet wird". „Auf dem Lande, in der Hütte fehlt es an allem. Es fehlt an der so laut herausposaunten sozialen Förderung, an Kultur, an Erziehung". Vgl. ECA Nr. 278 (1971), 742–45: Estos molestos obispos (Kommentar).

Haus belagerten, in dem sich drei junge Männer, Mitglieder der ‚Sadinist Front', aufhielten, und sie zwangen, sich zu ergeben. Der Priester wurde ins Gefängnis geworfen und geschlagen; die jungen Männer wurden getötet (einer von ihnen war nicht einmal 16 Jahre alt), und das Haus wurde zerstört. Als Mrg. Borges erreichte, P. Mejía freizubekommen, zeigte sich die Hierarchie in der Interpretation der Geschehnisse uneinig. So offenbarte sich wieder einmal die mangelnde Einigkeit" der Hierarchie, die auch aus der Tatsache spricht, daß nicht alle zentralamerikanischen Bischöfe den Text ihrer Erklärung zum Tag der Menschenrechte in ihren Diözesen veröffentlichten[64].

In Guatemala hat das verheerende Erdbeben des Jahres 1976 zu einer stärkeren Bewußtseinsbildung innerhalb der Hierarchie geführt. Noch nie zuvor hat sich die Bischofskonferenz so konkret zu den Problemen des Landes geäußert wie in dem gemeinsamen Hirtenbrief „Unidos en la Esperanza" im Juli 1976, den bemerkenswerterweise Kardinal Casariego, dem der Ruf vorausgeht mehr ein Politiker als ein Hirte zu sein, nicht mitunterschrieben hat.

Die Bischöfe verstehen das Erdbeben auch als eine Mahnung Gottes an die Kirche, sich mit der guatemaltekischen Wirklichkeit kritisch auseinanderzusetzen. „... dieses Volk mit all' seinen Werten ist während mehrerer Jahrhunderte im Objekt ständiger Ausbeutung gewesen und führt heute ein ungerechtes und menschenunwürdiges Leben ... Wir leben wirklich in einem Zustand der Sünde, der uns alle betrifft." Die Oberschicht und in zunehmendem Maße auch die Mittelschicht sind von einer moralischen Dekadenz und Gleichgültigkeit gekennzeichnet. „Wir brauchen nicht darauf hinzuweisen, daß Guatemala in einer Situation institutionalisierter Gewalt lebt, d. h. es gibt ungerechte soziale Strukturen, die Unterdrückung ist offensichtlich. Die großen Massen sind marginalisiert. Die Folge ist eine unerträgliche Spannung." Obgleich 70 % der Bevölkerung von der Landwirtschaft leben, ist der Besitz bebaubaren Landes bei einer winzigen Minderheit konzentriert, „und wir wissen alle, welchen Prozeß der erste Versuch einer Agrarreform im Lande auslöste". Das höchste Ziel der gültigen Gesetzgebung ist die Unantastbarkeit des Besitzes zu wahren, während ihn „Gott allen seinen Söhnen gegeben hat und nicht nur einigen Privilegierten". Das Volk hat sein Vertrauen in die staatlichen Institutionen, die mit dauernden Folterungen, Betrug, Bestechung und Vetternwirtschaft arbeiten, verloren.

Angesichts der Größe der menschlichen Not bekennen die Bischöfe, daß es dem kirchlichen Handeln an Einmütigkeit, gleicher Lagebeurteilung und gemeinsamer pastoraler Anstrengungen gefehlt hat. Sie betonen die Würde der menschlichen Person, relativieren das Recht auf Privatbesitz, verteidigen das Recht auf gewerkschaftliche

---

[64] Vgl. Zentralamerika 1973, 27 mit Belegen. Auch in Honduras, wo die katholische Kirche intensiv für die Förderung der ländlichen Massen arbeitet, ist es inzwischen zu blutigen Zusammenstößen zwischen dem Heer und Gruppen von ‚campesinos' gekommen, die zur ‚Union Nacional de Campesinos' (UNC) gehören. So wurde am 25. 6. 1975 das kirchliche Landwirtschaftszentrum von Santa Clara von Soldaten überfallen. Es gab 15 Tote. 7 Priester und 8 Schwestern wurden verhaftet. Inzwischen sind die Kadaver des Priesters Iván Betancourt und der Sozialhelferin María Elena Vargas, beides Kolumbianer, gefunden worden, während über das Schicksal des verhafteten und verprügelten nordamerikanischen Priesters Casimiro noch keine Gewißheit vorhanden ist. Vgl. Contacto 12, Nr. 6 (1975), 69–77: Ahora en Honduras.
Während in Zentralamerika 1973, 27 behauptet wird, die Bischöfe hätten den Text ihrer Erklärung über die Menschenrechte nicht veröffentlicht, differenziert García 1971. In Salvador sei das Dokument an alle Priester ausgesandt und in der sonntäglichen Messe von den Kanzeln verlesen worden, in Nikaragua hingegen hätten die Bischöfe sie nicht verteilt, so daß sich die Priester die Erklärung aus dem Ausland besorgen mußten.

und politische Zusammenschlüsse und verlangen, daß der Wiederaufbau des Landes von einer privaten und gesellschaftlichen moralischen Aufrüstung begleitet werden müsse, die in Abwehr von Paternalismus und Assistenzialismus in ökumenischer Zusammenarbeit der Christen zur Schaffung des neuen Menschen führen müsse[65].

4242 Mexiko (1876–1911)

42421 Der Aufbau des Porfiriato

Kein Politiker hat in der Ära von Spätliberalismus und Positivismus solange in einem lateinamerikanischen Staat die Macht in der Hand gehabt wie Porfirio Díaz in Mexiko, nach dem die Epoche von 1876–1911 — seine Präsidentschaft wurde nur 1880–84 von seinem Klientelgeneral Manuel González unterbrochen — Porfiriato, Porfirismo oder auch ‚Díaz-potismo' (Despotie von Díaz) genannt wird. Der Widerruf des Gesetzes, das die Wiederwahl eines Präsidenten (continuismo) verbot, hatte seine sechsmalige Wiederwahl ermöglicht.

Der 1830 im Staate Oaxaca geborene Díaz, ein Mestize aus spanischem und mixtekischem Blut, der aus einfachen Verhältnissen stammte und Mexikaner bis aufs Mark war, hatte einige Jahre auf dem Priesterseminar und dem Wissenschaftlichen und Literarischen Institut von Oaxaca zugebracht, wo Benito Juárez einer seiner Lehrer gewesen war. Aber sein Interesse galt der Armee. Er zeichnete sich durch Kühnheit im Reformkrieg aus, dessen Ende er an der Seite von Juárez als General erlebte. Von Juárez nicht zu einem öffentlichen Amt herangezogen, begann der in seinem Herzen konservative Liberale, als Kommandeur der Armee des Bundesstaates Oaxaca Männer ähnlicher Couleur um sich zu sammeln. Als Juárez sich 1872 vom Kongreß wiederwählen ließ, nachdem er im Wahlkampf nur eine relative Mehrheit erlangt hatte, rief Don Porfirio als Wiederwahlgegner(!) „Betrug" und appellierte mit seinem ‚Plano de Noria' erfolglos an Kryptokonservative und unzufriedene Soldaten. Juárez starb im selben Jahr. Als sein Nachfolger Lerdo de Tejada (1872–76) sich 1876 auch wiederwählen lassen wollte, verkündete Díaz den ‚Plano de Tuxtepec', in dem er den ‚continuismo' ablehnte, Neuwahlen verlangte, Lerdos Ausverkauf an ausländische Kapitalisten kritisierte, Forderungen, die er später als Präsident kaum beachten sollte. Lerdo scheiterte mit seiner Offensive gegen Díaz und flüchtete ins Ausland. Der Mestizengeneral Porfirio gewann die Zuneigung der Indianer und Mestizen, aber auch der Konservativen, die bemerkten, daß er die Reformbewegung abmildern wollte, obgleich er sich in geradezu beschämender Weise als Vollstrecker des Willens von Benito Juárez hinzustellen versuchte, ähnlich wie es später Stalin in bezug auf Lenin tat; und ähnlich wie in der Sowjetunion Lenin, so wurde in Mexiko Juárez zum Nationalheros und Halbgott hochstilisiert[1].

Díaz hat es verstanden, die klerikale Partei, die auf Erleichterungen gegenüber dem Radikalismus Juárez' und Tejadas hoffte, mit Versprechungen, die er in erheblichem Umfang später erfüllte, vor seinen Triumphwagen zu spannen[2]. Inwieweit der Klerus seine verschiedenen Versuche, an die Macht zu

---

[65] Vgl. Guatemala 1976. Wie Gespräche mit Seminaristen im Dez. 1976 in Huehuetenango ergaben, hat sich die Gesamtzahl der Theologiestudenten in Guatemala inzwischen wieder auf fast 80 erhöht, darunter viele Indios, die auf der Bewahrung ihrer Sprache und Kultur bestehen.
[1] Fagg 1971, 520.
[2] Vgl. Mecham 1966, 376, der auf Edmundo González-Blanco, Carranza y la revolución de México, Madrid 1916, 339 und Francisco Bulnes, El verdadero Díaz, Mexico 1920, 90 verweist.

kommen und speziell den erfolgreichen Coup von 1876 finanziell unterstützt hat, ist nicht sicher³.

Díaz gelang es, in scheinbarer Respektierung der Verfassung von 1857, ein autoritäres Regime zu errichten und mit Hilfe des Parteiapparates der Liberalen aus dem locker gefügten Bundesstaat einen zentralistischen Staat zu machen.

Jeder Distrikt wurde von einem ‚jefe político' regiert, der dem Gouverneur des Bundesstaates verantwortlich war, der seinerseits direkt dem Präsidenten unterstand. Der Kongreß setzte sich ausschließlich aus loyalen Parteigenossen zusammen, und die richterliche Gewalt verlor ihre von der Verfassung gebotene Unabhängigkeit, indem sie „mit gehorsamen Richtern besetzt wurde, die wie üblich in Lateinamerika, den Wünschen des Diktators entsprachen". Eine systematische Bespitzelung der Diener des öffentlichen Dienstes durch bezahlte Informanden schützte den Präsidenten vor unliebsamen Überraschungen. Die Offiziere wurden durch persönliche Gunstbezeigungen und häufige Versetzungen, die sie daran hindern sollten, sich einen ihnen ergebenen Apparat zu schaffen, bei der Stange gehalten. Die Polizei baute Porfirio zu einem wirksamen Ordnungs- und Unterdrückungsinstrument aus und ergänzte sie durch die ‚guardias rurales' (Landpolizei). Indem er den ländlichen Banditen eine Staatsstellung mit schöner Uniform anbot, gelang es ihm zum ersten Mal in der mexikanischen Geschichte, die ländliche Kriminalität unter Kontrolle zu bekommen und Mexiko zum sichersten Land Lateinamerikas zu machen.

Ein Großteil der früheren Juarista-Liberalen — Juristen, Publizisten und Geschäftsleute — wurden durch den offenkundigen Erfolg des Verwaltungsapparates für Díaz gewonnen. Denen, die dennoch opponierten, machten gierige Steuereintreiber und parteiische Richter das Leben zur Hölle nach dem Motto des Systems: ‚pan o palo' (Brot oder Schlagstock), d. h., wer kollaboriert, kann sich Brot leisten, was in Mexiko auf dem Lande zum Teil noch heute ein Statussymbol ist, wo sich die armen Massen von ‚tortillas' (Maisfladen) ernähren. Wer Obstruktion treibt, bekommt die Schlagstöcke der Polizei zu spüren oder wird im schlimmsten Fall scheinbar ganz legal nach der ‚Ley fuga' eliminiert, also indem die Obrigkeit behauptet, jemand sei „bei einem Fluchtversuch umgekommen". Fagg meint, daß Díaz trotz Unterdrückung und Zynismus den Respekt und sogar die Zuneigung der meisten Mexikaner bis 1911 besessen habe und daß sein Regime keineswegs das korrupteste jener Epoche gewesen sei. „Er war nur korrupt genug, um Staatsdiener willig zu machen, ihrem Herrn zu willfahren."⁴

³ Katholische Historiker übergehen diesen Punkt gern, während List 1958, 49 eine Meldung aus dem katholischen Blatt ‚El Reino Guadalupano' vom Febr. 1885 zitiert, nach der Díaz 1876 für seinen Staatsstreich die Unterstützung des Klerus mit dem Versprechen gewann, die Reformgesetze zu widerrufen und ein Konkordat mit dem Vatikan abzuschließen.

⁴ Fagg aaO 521ff. Die ‚rurales' in Höhe von 7–9 000 Mann bildeten eine Kampftruppe in der Verfügung der ‚jefes políticos' mit der fast unbegrenzten Vollmacht zu Mord und Totschlag. Ihre grausamen Übergriffe wurden fast nie untersucht, wie der zeitgenössische Zeuge K. Turner 1910 schreibt (zitiert nach Arredondo 1971, 22). Die ‚rulales' waren das physische Instrument, mit dem die herrschende Großgrundbesitzerschicht die Landbevölkerung in einem Zustand völliger Rechtlosigkeit und Unterdrückung hielt - vgl. Agrarprobleme 1967, 749ff die Diskussion über Mexiko. Unverständlich ist, wie noch 1967 Olmedo in der NCE (IX, 779) eine fast unkritische Beurteilung Porfirio Díaz vortragen konnte, die die gesamte sozioökonomische Problematik außer acht läßt und die katholische Kirchengeschichte in geradezu triumphalistischem Stil vorträgt.

42422 Die Rolle des Positivismus

„Der Positivismus drückt dem Land den Stempel seiner philosophischen Färbung bestehend aus Realismus und Relativismus nach dem Sturz des zweiten Kaiserreiches auf. Aber der Begriff liberal mit seinem antiklerikalen und genau genommen antikatholischen Sinn hält sich im Lande." Dabei „sollte der philosophische Positivismus und der wissenschaftliche Naturalismus agnostische und atheistische Elemente der neuen positivistischen und materialistischen Strömungen, verstreute Deisten des sich in der Krise befindenden alten metaphysischen Rationalismus, Protestanten, sowie liberale Katholiken erfassen"[5].

Als Wegbereiter des Positivismus gilt Gabino Barreda (1820—81), der 1867 von der Regierung Juárez mit der Sekundarerziehung betraut wurde und als Weiterentwicklung des französischen Lyzeums die ‚Escuela Nacional Preparatoria' gründete, die eine enzyklopädische von der Philosophie Comtes beeinflußte Bildung vermittelte. An der Schule wirkten die besten Lehrer Mexikos. Zu der von ihnen ausgebildeten neuen Generation gehörten die späteren ‚científicos'[6].

„Barreda war der Priester jener Religion, die das Universum zu erleuchten schien: der Religion der Freiheit. Er glaubte an die Wissenschaft; er liebte die Wissenschaft; aber er lebte in einer Welt, die dem Himmel, der sein Land bedeckte, fremd war."[7] Indem Barreda die Jugend so den Naturwissenschaften weihte, traten moralische Erziehung, Literatur und Kunst, ja sogar staatsbürgerliche und republikanische Erziehung völlig zurück. Während Comte die Ratio dem Herzen unterordnete, blieb Barreda in einem pädagogischen Intellektualismus stecken, der nicht einmal die Intelligenz vollkommen ausbilden konnte, geschweige denn Gefühl und Willen mit einbeziehen[8]. Barredas Schule gilt als das Fundament, auf dem später das porfiristische Regime errichtet wurde: „Eine Schule, aus der jene dominierende, von Glauben und Frömmigkeit entleerte, antispanische und französierte Gruppe (eben die ‚científicos') hervorgehen sollte, die nur die Richtung der Dinge kennenlernen wollte, den Wert der menschlichen Seele dabei vergaß."[9] Barreda wurde, „ohne es zu wollen, der Propagandist einer Doktrin, die im Geist so vieler Männer der porfiristischen Epoche eine maßlose Fortschrittsliebe, eine Gier nach Reichtum schuf", die durch keinerlei ethische Maßstäbe gezügelt wurden. „Die Mehrheit der Liberalen hatte, inspiriert von ausländischen Ideen, die Lösung des mexikanischen Problems gesucht, ohne sich in das Studium der Wurzeln des Mexikanischen zu vertiefen. Der Porfirismus übertrieb die Verehrung des Ausländischen noch mehr."[10]

Zu den Wegbereitern des Positivismus in Mexiko gehörte auch Ignacio Ramírez (1818—79), der zu Unrecht mit Voltaire verglichen worden ist, verstieg er sich doch nie zum Haß gegen die Bibel, wenngleich er sie nur als literarisches Kunstwerk schätzte. Er hatte sich gegen die Herrschaftsmethoden von Juárez gewandt und deshalb den Erhebungen von Díaz angeschlossen, obgleich er ursprünglich ein Anhänger von Don Benito gewesen war. Wie schon der Titel seiner Schrift „Gott existiert nicht"[11] andeutet, wirkte Ramírez mit

---

[5] Torre 1965, 32f.   [6] Arciniegas 1972, 389.
[7] Valadés 1941, 196 nach Quirarte 1967, 391f.
[8] Der hier von Valadés aaO zitierte Antonio Caso und José Vasconcelos sollten nach dem Sturz Porifirios die Wende in der mexikanischen Pädagogik einleiten.
[9] Valadés aaO.   [10] Quirarte aaO 391.
[11] Vgl. Quirarte aaO 363f und Arciniegas aaO 390.

seinem aufklärerischen Atheismus in erster Linie destruktiv, wohingegen Barreda der aufbauende Geist unter den ‚reformistas' war. Er setzte der auf Religion basierenden kirchlichen Erziehung, die von Comte angeregte entgegen, wobei seine Zielvorstellung die Vorbereitung von Menschen, nicht die Vorbereitung auf Berufe blieb. Barreda war von der Richtigkeit seiner Konzeption derart überzeugt, daß er wünschte, seine Schule sollte eine noch dauerhaftere Bedeutung für die Republik erlangen als die Jesuitenschule für die Kolonialzeit.

Justo Sierra (jr.) war in gewissem Grade der Fortsetzer des Werkes Barredas, wenngleich er sich weniger an Comte ausrichtete.

Auf dem zweiten Erziehungskongreß 1891 wurde Barredas Plan bis auf die dort beschlossene Abschaffung des Lateins bewahrt. Gegen die von einigen geforderte Einführung eines Faches Metaphysik wandte sich Sierra mit dem Hinweis darauf, daß dann Spiritualismus, Materialismus, Pantheismus, Pessimismus, Agnostizismus etc. auch mit berücksichtigt werden müßten, was zum Chaos in der ‚Escuela Preparatoria' führen müßte. Dabei gehörte Sierra nicht zu denen, die unter dem Einfluß des Positivismus zu Atheisten geworden waren, im Gegenteil, für ihn war die Metaphysik „ein Scheinwerfer in Bereiche, in denen die Wissenschaft voll Bewunderung und Ohnmacht niederkniend verharrte". Aber aus Furcht vor einer möglichen Wiederkehr der Scholastik, die die Ziele der Reform gefährdet hätte, wollte er die Lehre der Metaphysik nicht dulden, deren Unterdrückung ihm als das kleinere Übel erschien[12].

Man hat dem Liberalen Sierra oft vorgeworfen, daß er Minister für öffentliche Erziehung unter Don Porfirio war. Sicher konnte er seine liberalen Ideen nicht durchsetzen, aber er wollte wenigstens das Mögliche erreichen. Dennoch blieb die wirtschaftliche Grundlage der öffentlichen Erziehung unter Díaz miserabel, obgleich seine Regierung behauptete, das wirtschaftliche Problem Mexikos definitiv gelöst zu haben. Die letzte Konzession, die Sierra dem Porfirismo entriß, war die Gründung der ‚Universidad Nacional' im Jahre 1910. Ein Mann wie José Vasconcelos (1881–1959), der 1921–24 unter General Álvaro Obregón Erziehungsminister war, also in der Zeit der Revolution, und der den größten Etat zur Verfügung hatte, über den das Schulwesen Mexikos je verfügt hatte[13], ist ein Beispiel für die Endphase des Positivismus in Mexiko. Vasconcelos kehrte über Schopenhauer, Nietzsche, William James und Bergson schließlich zum Katholizismus zurück[14].

Auf die grundsätzliche Bedeutung des Positivismus und auf die gerade für Mexiko wichtige Sicht von Leopoldo Zea ist im Abschnitt 4212 bereits eingegangen. Bezüglich des bleibenden Wertes des Positivismus wird in Mexiko weithin anerkannt, daß der comtesche Positivismus den Verbalismus und die formalistisch-grammatische Erziehung der Scholastik durch die Kenntnis und Pflege der Wissenschaften ersetzt hat (so z. B. Antonio Caso) und daß er im Erziehungsbereich koordinierend und disziplinierend gewirkt hat (so z. B. Carlos González Peña)[15]. Als Negativum wird allgemein vermerkt, daß der Positivismus von den ‚científicos' (heute würde man sie wohl Technokraten und Macher nennen) in den Dienst einer sozialen Gruppe gestellt wurde, des akkomodierten Bürgertums, die das Ordnung und Fortschritt garantierende Regime Díaz als das zwar nicht ideale, aber als das beste, das unter den mexikanischen Umständen verwirklicht werden konnte, guten Gewissens unter-

---

[12] Quirarte aaO 366ff. [13] Arciniegas aaO 494.
[14] Quirarte aaO 378ff. [15] Vgl. Quirarta aaO 374ff.

stützten. Für Zea verwandelte sich der Positivismus in eine die Diktatur Díaz' legitimierende Ideologie.

„Seine Figur wurde zu einem Symbol für Ordnung und Frieden, wonach die im Positivismus Erzogenen geschrien hatten. Materialismus und Enthumanisierung wurden für die Generationen, die unter seinem Regime aufwuchsen, in Lebensmodelle verwandelt: Industrie, Geld, Eisenbahnen und immer mehr Geld. Der Fortschritt schien endgültig zu triumphieren. Die soziale Evolution schien mit gigantischen Schritten voranzugehen, aber ... die Freiheit wurde vergessen, genau das also, wofür angeblich die Ordnung aufgerichtet worden war."[16]

Am Rande sei erwähnt, daß sich 1898 der Widerstand der Liberalen alten Schlages zu formieren begann, die der Verfassung von 1857 wieder volle Geltung verschaffen wollten.

Das erste Manifest des ‚Club Ponciano Arriaga' führte sogleich zur Bildung von hundert ähnlichen Gruppierungen im Lande, die 1901 einen gemeinsamen Kongreß abhielten, der zum Widerstand gegen die Mißbräuche der katholischen Kirche und gegen die „plutokratische Macht des General Díaz"[17] aufrief. Ricardo Flores Magón, einer der Leiter der seit 1900 erscheinenden Oppositionszeitung ‚Regeneración' (Erneuerung), sagte auf dem Kongreß: „Der Verwaltungsapparat des Porfirio Díaz ist eine Spelunke von Ganoven." Bei dreifacher Wiederholung dieses Satzes verstummten die Pfiffe und Beifall beherrschte die Szene. 1902 brachte Díaz diese unerwünschte Opposition durch Massenverhaftungen von Mitgliedern der neuen liberalen Klubs weitgehend zum Schweigen[18]. Dennoch formierte sich eine neue liberale Partei, der es 1906 gelang, ihr Programm zu veröffentlichen; es forderte neben der Rückkehr zur Verfassung von 1857 eine Beschränkung der präsidialen Amtszeit auf vier Jahre, einen starken Ausbau des Schulwesens, eine stärkere Überwachung der katholischen Kirche, eine generelle Präferenz von Mexikanern gegenüber Ausländern, eine Reduzierung der Armee, Abschaffung der Wehrpflicht, gerechte Landverteilung, bessere Arbeitsbedingungen mit einem garantierten Mindestlohn von 1 peso (statt 0,25) pro Tag, Einführung des Achtstundentages und Förderung von Arbeiterorganisationen[19]. Hier schimmern die Gravamina der Ära Díaz also deutlich durch.

---

[16] Zea 1963, 284.
[18] Ebd. 73ff.
[17] Formulierung von List aaO 73.
[19] Silva Herzog 1960 I, 76ff. Auch die sich im ersten Jahrzehnt des 20. Jahrhunderts neu formierende Liberale Partei Mexikos blieb also ein Gegner der katholischen Kirche. Die Begründung im Parteiprogramm von 1906 hört sich allerdings mehr wie eine Repristination der traditionellen Kritik von 1857 an als eine Verarbeitung der neueren Erfahrungen: Der katholische Klerus hat stets die Grenzen seiner religiösen Aufgabe überschritten, um sich als politische Kraft zu etablieren, d. h. als Mitherrscher konservativer Regierungen und als Rebell gegen liberale Regierungen. Der wilde Haß des Klerus gegen demokratische Einrichtungen ruft eine entsprechende Antihaltung bei ehrenwerten Regierungen hervor, die sich nicht in ihre zivilen Befugnisse hineinreden lassen wollen. Eine Überwachung des Klerus wäre unnötig, wenn sein Verhalten dem der entsprechenden Berufsstände in England oder den USA entspräche. Als Haupt einer militanten Partei, nämlich der konservativen, und in aggressiver Haltung gegen den liberalen Staat fordert er diesen heraus, sich energisch Recht zu verschaffen - nach Silva H. aaO. Die enge Liaison der römischen Kirche anderer lateinamerikanischer Staaten mit den konservativen Kräften bis in die Mitte des 20. Jahrhunderts geben dieser Kritik natürlich noch ein gewisses Recht.

42423 Das Verhältnis von Staat und Kirche während des Porfirismo

Díaz war sich der immer noch bedeutenden Macht der katholischen Kirche bewußt. Deshalb und möglicherweise wegen ihrer Unterstützung bei seinem Staatsstreich ging er vom Antiklerikalismus der Jahre 1857—60 auf einen versöhnlichen Kurs (política de conciliación) über, was nicht heißt, daß es zu einer offiziellen und öffentlichen Aussöhnung zwischen Staat und Kirche kam. Porfirio ließ zwar die Reformgesetze in Kraft, aber ließ ihre Durchführung und Beachtung lässig handhaben. Indem er sich also hütete, die früheren Vorrechte der römischen Kirche wieder herzustellen, erhielt er sich die Kirche gefügig, über der wie ein Damoklesschwert die Reformgesetze hingen. Gelegentlich ließ er deren Beachtung auch einschärfen, so daß er sich gleichermaßen Liberale, Freimaurer und Protestanten verpflichtet hielt. ‚Política de conciliación' bedeutete also keineswegs eine Zusammenarbeit mit oder eine staatliche Protektion der römischen Kirche, sondern eine Respektierung der gesetzlichen Trennung von Staat und Kirche, die Porfirio indes neu interpretierte als Garantie der freien Koexistenz verschiedener Meinungs- und Willensbildungen in der Gesellschaft. Diese Duldung einer Pluralität religiöser Bekenntnisse und philosophischer Weltanschauungen war zweifellos ein fortschrittlicher Zug am Regime Porfirios, aber doch nicht mehr als der verspätete Nachvollzug der toleranten Haltung eines aufgeklärten Fürsten wie Friedrichs d. Gr. von Preußen, wobei solcher Toleranz im Zeitalter des Liberalismus ein erheblich geringerer Stellenwert eignete, da sie ein theoretisches Postulat des Liberalismus war. Man könnte mit Murray sagen, daß Díaz nicht die Prinzipien des mexikanischen Liberalismus ablehnte, sondern nur ihren Mißbrauch in bezug auf die römische Kirche, weil er erkannte, „daß der Staat mehr von einer relativ freien Kirche profitiert als von einer verfolgten".

Porfirio stützte die ‚política de conciliación' auf drei Faktoren ab, die seiner liberalen Philosophie bzw. den von ihm übernommenen Regierungsstrukturen entstammten: auf dem aus der Gesetzgebung seit 1855 sprechenden Säkularismus, auf die protestantischen Missionskirchen, die aus außenwirtschaftlichen Gründen und zur Aufrechterhaltung des religiösen Toleranzprinzips begünstigt wurden und auf die Freimaurer, die den Kern der liberalen Partei und die treibende Kraft des Antiklerikalismus bildeten. Díaz selbst war Logengroßmeister, aber ließ sich in seinen Funktionen meist vertreten. Der Einfluß der Logen, die auch in Mexiko vom letzten Drittel des 18. Jahrhunderts an eine wichtige Rolle gespielt haben, hatte seit Beginn der liberalen Epoche (1830) erheblich nachgelassen[20]. Weil die erwähnten drei Faktoren gleichzeitig der Hauptgrund für die Opposition der katholischen Kräfte gegen seine Regierung waren, suchte Porfirio die politische Rolle der Freimaurer weiter abzubauen und vermied, wie gesagt, die strikte Anwendung der Reformgesetze, so daß die protestantische Aktivität zwar fortdauerte, die katholische Kirche aber größere Freiheit für ihre Arbeit hatte. Die sogenannte pax porfiriana basierte auf dem erwähnten Prinzip ‚pan o palo', das dem Volk als Axiom guter Regierung galt. Die Regierung identifizierte sich mit keiner Gruppe, gewährte aber allen Gruppen genügend Gunsterweise, ohne sie vergessen zu lassen, wem sie dieselben verdankten[21].

---

[20] Vgl. Torre 1965, 30f.
[21] Vgl. Murray 1965, 296f nach A. Murray 1959.

Ab 1890 war die ‚política de conciliación' so deutlich, daß sie auch in der Presse diskutiert wurde. Aber Díaz beachtete weiterhin die Grenzen seiner Annäherungspolitik und ließ sich auch 1904 durch das vom päpstlichen Sonderlegaten Mgr. Serafini gemachte Angebot eines Kardinalshutes für den Erzbischof von Mexikostadt nicht zur Wiederaufnahme diplomatischer Beziehungen mit dem Vatikan bewegen. Er konnte seinen Einfluß genauso wirksam und noch dazu unauffälliger durch seinen Botschafter in Rom ausüben und durch ihn sogar Vorschläge für Bischofsernennungen machen[22].

42424 *Das Wiedererstarken der katholischen Kirche*

Der Aufschwung der Kirche erhellt am besten aus einigen statistischen Angaben.

Die Zahl der Priester erhöhte sich von 1851–1912 von 3232 auf 4511, die Zahl der Kirchengebäude, Kapellen und sonstigen gottesdienstlichen Gebäuden: 1892 = 9580; 1900 = 12 225 und 1910 = 12 413 verglichen mit 10 500 am Ende der Kolonialzeit. Auch die Tatsache, daß zwischen 1876 und 1911 in Mexiko mehr Bistümer gegründet wurden als in der gesamten Kolonialzeit, nämlich 11, daß sich dadurch die Zahl der Priesterseminare von 10 im Jahre 1851 auf 29 im Jahre 1917 und die der Parochien von 1222 im Jahre 1831 auf 1331 im Jahre 1893 erhöhte, spricht für sich[23]. Die Vermehrung der Diözesen wurde begleitet von der Erhöhung fünf alter Bistümer in den Rang von Erzbistümern[24] und durch die Schaffung eines Apostolischen Vikariats in Baja California (1876).

Einen erstaunlichen Aufschwung nahmen auch die Orden und Kongregationen. Für Männer gab es 1851 nur acht: Dominikaner, Augustiner-Eremiten, Franziskaner, Karmeliter, Jesuiten, Merzedarier, Oratorianer und Barnabiten (Clerici Regulares S. Pauli decolati). 1914 war ihre Zahl auf zweiundzwanzig gestiegen[25]. Einen noch stärkeren Aufschwung nahmen die weiblichen Kongregationen, deren Zahl von neun im Jahre 1851 auf dreiundzwanzig 1910 anstieg, wobei die älteren Orden: Dominikanerinnen, Augustinerinnen, Karmelitinnen und die verschiedenen Arten von Franziskanerinnen ihre Volkstümlichkeit bewahrten und den Anstoß zur Gründung neuer Kongregationen gaben.

---

[22] Mecham aaO 378.
[23] Daten nach Murray 1965, 317, Priesterzahlen nach González Ramírez 1969, 93ff (3774 Welt- und 737 Ordenspriester 1912). Die Relation der Weltpriester zur Bevölkerungszahl verschlechterte sich von 1 : 2 370 (1851) auf 1 : 3 400 (1910). Seit der Unabhängigkeit wurden folgende Bistümer gegründet: San Luis Potosí 1854, León, Chilapa, Querétaro, Tulancingo, Zacatecas, Zamora 1863, Jalapa 1864, Tampico 1870. Im Jahr der Reformgesetze 1873 gab es also 19 kirchliche Jurisdiktionen für 8 994 724 E. Danach wurden folgende Bistümer errichtet: Tabasco 1880, Colima 1881, Sinaloa (Culiacán) 1883, Cuernavaca, Chihuahua, Saltillo, Tehuantepec, Tipic 1891, Campeche 1895, Aguascalientes 1899, Huajuapán de León 1902 (nach dem Porfiriato: Tacambaro 1913/20, Huejutla und Papantla 1922) - vgl. González Ramírez 1969, 39ff.
[24] In den Rang von Erzbistümern wurden erhoben: Oaxaca, Durango und Linares 1891, Puebla 1904 und Mérida 1906.
[25] Neu hinzu kamen die Passionisten 1865, der Orden vom Hl. Joseph 1872, Missionare vom Hl. Herzen Jesu 1884, Salesianer 1892, Maristenväter 1897, Maristenbrüder 1889, Johanniter 1901, Schulbrüder 1905, Redemptoristen 1908, Väter vom Hl. Herzen 1908, Oblaten der Unbefleckten Jungfrau Maria 1914, Missionare vom Hl. Geist 1914.

Bemerkenswert an dieser Entwicklung ist zweierlei: daß 10 von den 14 neuen Kongregationen mexikanischen Ursprungs waren und daß die neu ihre Tätigkeit in Mexiko aufnehmenden Kongregationen fast alle gemischt kontemplativer und aktiver Natur waren, sich in kleineren Städten niederließen und sich hauptsächlich karitativen und erzieherischen Aufgaben widmeten — Alten-, Kranken- und Waisenpflege, sowie Schulunterricht —, während die älteren Orden vorwiegend kontemplativer Natur waren und ihre Konvente in den größeren Städten hatten[26]. Es darf nicht übersehen werden, daß die erwähnten karitativen und erzieherischen Arbeiten größtenteils heimlich bzw. mit stillschweigender Duldung der staatlichen Stellen durchgeführt werden mußten. Gelegentlich ordnete Don Porfirio unter liberalem Druck Haussuchungen in kirchlichen Institutionen an, die im allgemeinen erfolglos verliefen, da er über seine für ihre Frömmigkeit bekannte Frau, Doña Carmen, rechtzeitig Warnungen ausgehen ließ[27].

Dank der ‚política de conciliación' vermehrte sich auch das Vermögen der römischen Kirche wieder erheblich, und zwar durch Spenden und Vermächtnisse und durch die heimliche Wiedereinführung des Zehnten, der von Haus zu Haus gesammelt wurde. Nach Schätzungen soll der kirchliche Besitz von 1874 bis 1910 von $ 50 Mill. auf $ 100 angewachsen sein, so daß die Priester erneut als Landbesitzer, Geldverleiher und Geschäftsleute auftreten konnten[28]. Die missionarische Arbeit in den ländlichen Gebieten, „ein Ruhmesblatt der Kirche in der Kolonialzeit", im erforderlichen Maße wiederzubeleben, gelang unter den obwaltenden Umständen nicht[29]. Eine einzige Indianermission wurde 1900 errichtet in Tarahumara von den Jesuiten Arocena, Vargas und Louvet zusammen mit dem Bruder Koadjutor Nicasio Gogarza. Außerdem gab es einen Missionsversuch unter den Yaqui, an dem die Jesuiten Vicente Manci (1889) und Manuel Piñán (1896) beteiligt waren[30].

Zeitgenössische Beobachter kamen zwar zu dem Schluß:

„The hold which the church has upon the affections of the common people is in no way shaken, and there are probably more places of religious worship in the Republic of Mexico than in any other Roman Catholic country in the world, not excepting either Spain or Italy."[31]

---

[26] Murray 1965, 317ff, der sich auf Bravo Ugarte 1941ff stützt. Die mexikanischen Kongregationen mit Gründer, Gründungsjahr und Namen sind: P. Vilaseca 1872: Hermanas Josefinas; P. Refugio Morales OFM und Schwester María de Jesús Crucificado Vásquez 1874 in Mexiko-Stadt: Hermanas Teresianas de la Purísima Conception; Antonio Plancarte y Labastida, Parochialpfarrer von Jacona/Michoacán 1878: Hijas de María Inmaculada de Guadalupe; Bischof Cázares y Martínez in Zamora 1884: Hermanas de los Pobres y Siervas del Sagrado Corazón; P. José María Yermo y Parras in León 1885: Siervas del Sagrado Corazón y de los Pobres; P. Pablo Anda in León: Hijas Mínimas de María Inmaculada; P. Antonio Repiso SJ 1900 in Oaxaca: Esclavas del Divino Pastor; Silviano Carrillo, Parochialpfarrer in Zapotlán el Grande/Jalisco 1904: Carmelitas Terciarias de México; María del Refugio Aguilar in Mexiko-Stadt 1910: Mercedarias del Santísimo Sacramento. Cuevas 1921 V, 409: Die Klöster wurden heimlich eingerichtet unter dem Vorwand, Schulen oder Wohlfahrtseinrichtungen zu sein.
[27] Fagg aaO 527.
[28] Vgl. Mecham aaO 376 mit Bezug auf Philipps 1925, 94f.
[29] Murray 1965, 319.   [30] Quirarte 1967, 355ff.
[31] Martin 1907, 93 zitiert nach Mecham aaO.

Und es ist eine Tatsache, daß das Feuer der Volksfrömmigkeit sich entgegen entsprechenden gesetzlichen Bestimmungen, die kultische Handlungen auf das Innere von gottesdienstlichen Gebäuden beschränkten, auch häufig in Prozessionen und Wallfahrten Luft machte. Dennoch kann nicht übersehen werden, daß die Kluft zwischen nominellen Katholiken, die vielfach nur getauft und kirchlich bestattet wurden, und den überzeugten Gläubigen, die die Träger der katholischen Renaissance waren, immer mehr wuchs. Oft aus einem Übermaß an Vorsicht und auch aus Opportunismus scheuten sich mehr und mehr Mexikaner, sich zu ihrer Kirche zu bekennen. Die Zahl der nominellen Katholiken besagt daher wenig über die wahre Lage der Kirche. Sie offenbart eher den Mißerfolg der antikirchlichen Propaganda und der laizistischen Erziehung der Liberalen und Positivisten, sowie den relativ bescheidenen Erfolg der protestantischen Missionen.

Rein zahlenmäßig erscheint das Bild für die Kirche günstig:

Jahr	Gesamtbevölkerung	Katholiken	Prozentanteil
1895	12 637 000	12 517 000	99,09 %
1900	13 607 000	13 519 000	99,36 %
1910	15 160 000	15 033 000	99,16 %[32].

42425 *Der Antagonismus von Kirche und Staat auf dem Gebiet des Erziehungswesens*

Fagg stellt fest: „Der Zynismus der ‚científicos' kann nirgendwo besser illustriert werden als an der Erziehungspolitik des Porfiriato." Der Indianer Benito Juárez hatte das Ideal der Schule für jedermann postuliert, das auch Díaz lautstark propagierte. Aber während andere Länder in jenen Jahren viel mehr für ihr Schulwesen taten, vermehrten sich in Mexiko die Primarschulen nur gerade entsprechend dem Wachstum der Bevölkerung. Das kulturelle Leben der begüterten Oberschicht war hingegen relativ vielfältig, und 1910 wurde die seit den Tagen Santa Annas mit Unterbrechungen funktionierende Nationaluniversität reorganisiert und als Institution zur Bildung der Elite gefestigt[33].

Absolut stieg die Zahl der öffentlichen Primarschulen von 4500 im Jahre 1878 auf 9500 1910[34]. Aber „außerhalb der Hauptstadt und der provinziellen Zentren waren sie praktisch inexistent". Die Vernachlässigung der ländlichen Massen durch das öffentliche Schulwesen verstärkte deren Marginalisierung. „1895 konnten 86 % der Bevölkerung nicht lesen und schreiben, und am Ende des Regimes Díaz waren 80 % der Mexikaner Analphabeten."[35]

Seit dem Sieg der Liberalen war das öffentliche Schulwesen nicht nur laizistisch, sondern auch penetrant antireligiös ausgerichtet, was sich, wie oben angedeutet, unter dem Einfluß des Positivismus noch verstärkte. Nicht zu Unrecht sieht Garibay in der systematischen Erziehung zur Ungläubigkeit und der Ablehnung aller metaphysischen Werte eine größere Gefahr als in der direkten Bekämpfung der Kirche, weil hier ganze Generationen zu Gleichgültigkeit, Pedanterie und Opportunismus erzogen wurden, die eine Gefühlskälte gegenüber dem Leben schlechthin zur Folge hatte, die der zeitgenössische

---

[32] Murray aaO 319.   [33] Fagg aaO 527.
[34] Daten nach Historia de México 1971, 560f.
[35] Ross 1955, 44.

Schriftsteller Plaza mit den Worten charakterisierte: „Ni amor al mundo, ni piedad al cielo" (Weder Liebe zur Welt noch Ehrfurcht vor dem Himmel).

Unter dem Einfluß des Positivismus versuchte man sogar eine Art Juárez-Kult zu schaffen. 1906 wurden dem „Wohltäter des Vaterlandes" (benemérito) Verse wie diese gesungen:
„!Oh excelso Juárez!, en la historia, ni hombre ni Dios mancillará tu gloria" (O erhabener Juárez, in der Geschichte werden weder Menschen noch Gott deinen Ruhm beflecken). Dabei mußten sich die Schulkinder um Juárez-Statuen versammeln und vor ihnen das Haupt senken. Ja, es kam sogar zur Gründung einer Kongregation der ‚Hijas de Juárez' (Töchter Juárez'). Dies veranlaßt Garibay zu der bissigen Bemerkung, daß dann doch wohl die Wiedereinführung des aztekischen Huitzilopóchtli-Kultes vorzuziehen sei, weil dieser wenigstens mit dem Schleier mythischer Distanz umgeben sei[36].

Vor diesem Hintergrund gewinnen die Anstrengungen der römischen Kirche um den Ausbau namentlich des ländlichen Schulwesens besonders an Bedeutung.

Ohne staatliche Hilfe hat die katholische Kirche ihr Schulwesen so erweitert, daß sie 1907 2527 Primarschulen und 18 Sekundar- und Vorbereitungsschulen besaß[37]. Die Mehrzahl der Primarschulen wurde von den Parochien unterhalten, wenngleich sich auch manche Orden auf diesem Gebiet betätigten. So unterhielten die Jesuiten außer 5 Sekundar- auch 30 Primarschulen, die Maristenbrüder sogar 37 Primarschulen. Fast alle Diözesanpriesterseminare hatten eine Vorbereitungsschule, so daß deren Zahl über den oben genannten 18 gelegen haben muß. Maristenbrüder und Salesianer unterhielten auch eine Reihe von Handwerks- und Handelsschulen. Auch die weiblichen Orden und Kongregationen waren auf dem Schulsektor aktiv. An den Primarschulen für Mädchen wurden vielfach Sonderkurse für Hauswirtschaft angeboten.

Das enorme Vakuum im ländlichen Bereich vermochte freilich das kirchliche Schulwesen auch nicht auszufüllen. Wegen seiner kümmerlichen Hilfsmittel und der miserabel bezahlten und folglich kaum vorgebildeten Lehrkräfte lag sein Niveau auf dem Primarschulsektor oft unter dem des staatlichen[38]. Ein wesentlicher Grund für die Finanzmisere war, daß die Reichen des Landes, „die ihren sozialen Verpflichtungen nie nachgekommen sind, das Geld für ein Werk von derartiger Größe nicht locker machten". So blieben die kirchlichen Schulen „rachitisch und ärmlich", stellten aber zweifellos einen heroischen Versuch dar, den staatlichen, atheistisch ausgerichteten Schulen eine christliche Alternative an die Seite zu stellen[39]. Diese Alternative war indes nicht nur materiell ungenügend, sondern auch in ihrer gesamten Unterrichtskonzeption. Denn ihr Lehrplan war an den der staatlichen Schulen angeglichen

---

[36] 1966, 89f.

[37] Murray aaO 323. Diese Zahlen aus offiziellen Statistiken beziehen sich auf die Gesamtzahl der Privatschulen, könnten also einige protestantische Schulen einschließen. Aber die wirkliche Zahl der katholischen Schulen lag noch höher, weil die meisten Primarschulen mit den Parochien verbunden und daher nicht registriert waren.

[38] Murray aaO 340f nach den Feststellungen des Erziehungskomitees des 1. katholischen Sozialkongresses von 1903. Wohlfahrts- und Erziehungseinrichtungen mußten nach dem damaligen Recht übrigens als ‚Sociedades Anónimas' (AG) organisiert werden.

[39] Garibay 1966, 91.

und zeichnete sich nur durch das zusätzliche Fach Religion aus. Von einer positiven Bewältigung der Herausforderungen des fortschreitenden Säkularisierungs- und Technisierungsprozesses dürfte kaum die Rede gewesen sein[40].

Die in Mexiko unter wachsender Beteiligung von Hierarchie, Klerus und Laien in den Jahren 1903, 1904, 1906 und 1909 abgehaltenen Katholischen Sozialkongresse befaßten sich unter anderem auch regelmäßig mit Schulproblemen.

1903 wurde zum Ausdruck gebracht, daß es nicht das Ziel kirchlicher Schulen sein könne, mehr Wissen zu vermitteln als staatliche, sondern die Verstehens- und Lernfähigkeit der Schüler zu erhöhen. Durch Schulgeldfreiheit sollten sie allen den Zugang ermöglichen[41]. Gerade das Problem des Schulgeldes, speziell bei Sekundarschulen, das meist durch einige Freiplätze für Minderbemittelte kaschiert wird, macht ja bis heute katholische wie protestantische Institute zu Vehikeln der Bildungswünsche der Oberschicht. 1903 wurde der Vorschlag des Erziehungskomitees, die Sekundarschulen der Leitung integrer und kompetenter Laien zu unterstellen, bezeichnenderweise auf Vorschlag von Erzbischof Ibarra y González dahingehend modifiziert, daß es dem Urteil der Prälaten überlassen bleiben solle, ob Laien oder Kleriker diese Schulen leiteten[42]. Das Bestreben der Hierarchie, keinerlei Kompetenzen abzugeben, hat bekanntlich alte Wurzeln. Schließlich wurde auf jenem Kongreß empfohlen, Leibesübungen in allen Schultypen einzuführen, Sekundarschulen mit einem fünfjährigen Unterrichtszyklus in allen größeren Städten, sowie Mütterschulen und Schulen für erwachsene Frauen in allen landwirtschaftlichen und industriellen Zentren zu errichten. 1904 legte man den verantwortlichen Katholiken und katholischen Organisationen nahe, die Familienväter zu überreden, ihre Kinder nur auf katholische Primarschulen zu schicken. Bürgerkunde (instrucción cívica) sollte in den Stundenplan aufgenommen werden[43], Abendschulen für werktätige Analphabeten eingerichtet und die Betriebe aufgefordert werden, ihre Arbeitnehmer dorthin zu schicken. Schließlich sollten in vermehrtem Maße Handwerks- und Handelsschulen entsprechend den örtlichen industriellen Gegebenheiten ins Leben gerufen werden[44]. 1906 wurde noch einmal auf die Dringlichkeit des Ausbaus des ländlichen Schulwesens auf Pflanzungen und ‚haciendas' hingewiesen, damit die Landarbeiter und ihre Kinder über ihre „christlichen Rechte ... und sozialen Verpflichtungen" informiert werden können[45].

42426 Die Ausweitung des Großgrundbesitzes und die Proletarisierung der Landbevölkerung

Die ‚científicos', „die ideologischen Architekten der Ära Díaz, bekundeten offen ihre Verachtung für die indianischen Massen und planten die Kolonisierung vermittels Einwanderung. Das Kommunal-Dorf sollte zerstört und die Indianer sollten als ein Bevölkerungselement ‚reduziert' und durch ein wünschenswerteres Immigrantenelement ersetzt werden". Die ‚científicos' stützten sich dabei auf eine Mischung von Liberalismus mit seiner Betonung von Modernisierung und Industrialisierung und Spencerscher Lehre vom Überle-

---

[40] Immerhin wollte man auf den Sekundarschulen mit Hilfe religionswissenschaftlichen Unterrichtes den Nachweis antreten, daß zwischen dem katholischen Dogma und der Wissenschaft Übereinstimmung bestehe, offenbar um das Odium der Wissenschaftsfeindlichkeit abzubauen - Murray aaO 341.
[41] Ebd.   [42] Ebd.
[43] Möglicherweise zielt das auf eine Rechtsmittelbelehrung.
[44] Ebd. 344f.   [45] Ebd. 351.

ben der Tüchtigsten[46]. Fasziniert von der europäischen Zivilisation, die sie in jeder Hinsicht einzuführen und nachzuahmen suchten, während sie bei den ‚Yankees' nur die Technologie interessierte, verfielen sie also einem offenkundigen Rassismus, nach dem die Indianer als minderwertige Rasse eingestuft wurden. Der weiße Mann war zur Herrschaft über Mexiko bestimmt, auch wenn er sie zeitweise unter dem Mestizen Porfirio Díaz ausübte. Es galt den ‚científicos' als ausgemacht, daß die Indios nie aus dem Proletariat aufsteigen würden, weshalb sie es auch für ungut hielten, sie überhaupt dazu zu ermuntern. Gegebenenfalls konnte man dem völligen Untergang der indianischen Rasse mit Gleichmut entgegensehen. Angesichts dieser mit dem Pseudo-Darwinismus begründeten rassistischen Einstellung nimmt die Gleichgültigkeit der ‚científicos' gegenüber den sozialen Problemen des ländlichen und städtischen Proletariats, das ja fast ausschließlich aus Indios und Mestizen bestand, nicht wunder. Díaz selbst verleugnete in wachsendem Maße sein Halbblut; jede Anspielung auf das Halbblut des Präsidenten bekam dem, der sie machte, schlecht. Díaz ließ Indios und Mestizen nicht die gleiche Behandlung zukommen wie Weißen. Von Bevorzugung gar konnte keine Rede sein[47]. In einem Interview mit einem US-Journalisten behauptete Díaz 1908 freilich, er glaube, die indianische Bevölkerung sei zu einer hohen Entwicklung fähig. Die Indios, Erben ältester Kulturen, müßten in Zukunft unter den Juristen, Ingenieuren, Ärzten und Offizieren gefunden werden[48].

Die aus der heutigen Sicht als Rassismus zu bezeichnende Einstellung Díaz gegenüber den Indios — seine niedrige Meinung von den indianischen ‚peones' — hatte verhängnisvolle Folgen. Porfirio sah keinerlei Nutzen darin, die ‚peones' zu selbständigen Bauern zu machen.

Als die Nachfrage von Ausländern und neureichen Mexikanern nach ländlichem Grundbesitz immer mehr wuchs, hatten deshalb Díaz und die ‚científicos' keinerlei Bedenken, die ‚Ley de Terrenos Baldíos', die sogenannte ‚Ley Lerdo', die Finanzminister Lerdo de Tejada 1857 zum Zwangsverkauf korporativen Eigentums der katholischen Kirche geschaffen hatte, nun auch auf den kommunalen Landbesitz indianischer ‚pueblos' anzuwenden. „So ging die Regierung daran, die Eingeborenen ihres angestammten Besitzes zu berauben und ihn billig an politische Günstlinge oder jedermann, der über Kapital verfügte, zu verkaufen."[49] Als ein anderes Mittel zum gigantischen Landraub sollte sich das 1883 in Kraft gesetzte Katastergesetz erweisen. Das Gesetz wurde keineswegs landauf, landab allen kleinen und großen Grundbesit-

---

[46] Ross 1955, 45.
[47] Fagg aaO 521; List 1958, 65 bemerkt, daß die totale Vernachlässigung der ländlichen Gebiete mit der Verachtung der Indianer begründet war, galt doch immer noch die Konquistadorenfrage: „Wer ist der beste Indio?...der tote Indio". Arredondo 1971, 48 bemerkt, daß die Masse absichtlich in einem Zustand der Ignoranz gehalten wurde, der das Regime Díaz stützte. Die ‚científicos' gaben das selbst zu. Zynisch bemerkt einer der bekanntesten Apologeten Porfirios, Francisco Bulnes: „Die ‚científicos' äußerten, daß ein so elementarer gesellschaftlicher Organismus wie der mexikanische so unfähig sei, die politische Freiheit zu assimilieren, wie ein Schwamm ein Beefsteak aufsaugen kann".
[48] Creelman 1908, 262.
[49] Fagg aaO 525; vgl. auch List aaO 63f: „Ende des vergangenen Jahrhunderts waren 3 Mill. ‚peones', die mit ihren Familien 12 Mill. der Gesamtbevölkerung ausmachten, Knechte von 11 000 ‚haciendas', die 54 % der Oberfläche der Republik einnehmen".

zern bekanntgemacht. Da es seit der Kolonialzeit niemals schriftliche Bodentitel gegeben hatte, galt der ererbte Besitz mit Selbstverständlichkeit als Eigentum. Die uninformierten Kleinbesitzer ahnten auch nicht, daß sich daran etwas ändern würde. Eines Tages wurden aber viele mit der Tatsache konfrontiert, daß ein Großgrundbesitzer ihr Land als Teil seines eigenen hatte eintragen lassen und seine Ansprüche nun mit Hilfe der berüchtigten ‚guardias rurales' notfalls mit Gewalt durchzusetzen gewillt war. Zumal analphabetische Indios ohne Beziehungen hatten keinerlei Handhabe, um gegen solche Betrugsmanöver vorzugehen. So wurden Hunderttausende von kleinen Grundbesitzern zu Bettlern oder Tagelöhnern gemacht. Die Mitglieder des Regierungsapparates, angeführt von Díaz und seinem Schwiegervater bildeten gleich nach der Verkündigung des Gesetzes Grundstücksgesellschaften und bereicherten sich auf märchenhafte Weise, indem sie Agenten ausschickten, die die besten Ländereien ausfindig zu machen hatten, damit sie vermessen und eingetragen werden konnten[50]. „Nach den Daten der ‚Secretaría de Fomento' waren bis 1889 38 249 377 ha vermessen; davon waren den Vermessern als Honorar 12 693 000 ha zuerkannt worden; 14 618 980 ha waren (von der Regierung) verkauft worden (vermutlich an Freunde). So blieben der Nation nur 12 300 000 ha."[51]

Nach dem Prinzip der ‚científicos': „Kolonisierung durch Einwanderung" wurden ganze Indianervölker mit Hilfe der gesetzlichen Handhaben zu Gunsten von Ausländern von ihren angestammten Ländereien vertrieben.

So wurden die Tarahumara von nordamerikanischen Gesellschaften in unfruchtbare Berghöhen, die Chamula von deutschen Kaffee-finqueros in die Urwälder und die Tarasco von italienischen Siedlern aus Nueva Italia und Lombardía ins vulkanische Gebirge abgedrängt. Da die Indios sich damit nicht abfanden, wurde die Pax porfiriano durch häufige Erhebungen von Indios unterbrochen. Am bekanntesten ist der hartnäckige Widerstand der Yaqui, die durch einen Regierungsvertrag ihres Landes in Sonora beraubt wurden, obgleich sie dies schon vor der Landnahme der Azteken in der ‚Mesa Central' besessen hatten. Als die Yaqui nicht bereit waren, ihre Sitze in den fruchtbaren Tälern der Flüsse Mayo und Yaqui zu verlassen, ordnete Díaz das Einschreiten des Militärs ein, womit ein langjähriger Kleinkrieg mit schrecklichen Grausamkeiten eröffnet wurde, die John Kenneth Turner 1910 in seinem Buch „Barbarous Mexico" der Weltöffentlichkeit bekanntmachte. Die Soldaten erhielten eine Prämie von $ 100 für jeden Yaqui, den sie umgebracht hatten, wenn sie die abgeschnittenen Ohren vorlegten. 1902 ließ Gouverneur Irazábal einer Gruppe friedlicher Yaqui, die sich auf die Insel Tiburón geflüchtet hatten, als Preis für ihr Leben die rechte Hand abhauen. 1908 schließlich ordnete Díaz an, daß die im Lande zerstreuten Yaqui festzunehmen und nach Yucatán zu deportieren seien. Dort wurden sie als Sklaven auf die Henequén-fincas[52] verkauft, wo sie ihrem Besitzer auf Leben und

---

[50] Vgl. Turner 1910, 271f und Arredondo 1971, 18.   [51] Arredondo aaO 13.

[52] List aaO 64 zitiert die Statistik der ‚Sociedad de Geografía y Estadística' von 1910:

11 000	hacendados	880 000 km²
50	Immobiliengesellschaften	200 000 km²
10 000	ländliche Siedlungen (poblaciones)	120 000 km²
	Kleinbesitz (ranchos)	400 000 km²
	Öffentlicher Grund und Boden (Wüsten, Sümpfe, Berge)	400 000 km²

Die Großgrundbesitzer waren fast immer abwesend, während ihre ‚capataces' (Administratoren), meist Spanier (gachupines) oder Franzosen, grausam und blutrünstig über die ‚peones' herrschten. Die Statistik besagt, daß „13 Mill. Mexikaner auf 26 % des Territoriums zusammengepfercht waren, während 11 000 ‚hacendados' 54 % des Bodens besaßen, abgesehen vom Anteil der Banken, Bergwerksgesellschaften, Eisenbahnen und der Regierung".

Tod ausgeliefert waren, ausgepeitscht wurden, wenn sie ihre Pflückquote nicht erfüllten, gelegentlich auch zu Tode gepeitscht wurden[53]. Die Provinz Yucatán war stark entvölkert, weil nach dem „Kastenkrieg" von 1848 gefangene Maya von den Siegern als Sklaven nach Kuba verkauft worden waren[54]. Übrigens wurde Indianern in den Erdölgebieten am Golf von Mexiko im Zeichen des Ölbooms seit der Jahrhundertwende mit Hilfe der Bestechung von Verwaltung und Justiz ihr Kommunalland abgenommen, wie B. Traven das eindringlich in seinem Roman „Die weiße Rose" beschrieben hat.

Ein weiteres Mittel zur Konfiszierung von Kleinbesitz waren die willkürlichen Steuern der Bundesländer.

Der ‚jefe político' eines Distrikts konnte die Grundsteuer nach Belieben festsetzen, so daß sich ihre Höhe umgekehrt proportional zur Gunst verhielt, in der der Steuerzahler bei diesem „Kaziken" stand. Die Reichen zahlten bisweilen gar keine Steuer. Die Armen konnten sich der Willkür nicht widersetzen. Konnten sie nicht zahlen, so wurde ihr Besitz alsbald unter dem Namen des „Kaziken" ins Grundbuch eingetragen[55].

Um 1910 hatten über 90 % der ‚pueblos' in der ‚Mesa Central', dem am dichtesten bevölkerten Gebiet Mexikos, ihr Land verloren. „Durch die Aufsaugung der ‚pueblo'-Ländereien und ungeheure Konzessionen staatlicher Domänen wurde das ‚hacienda'-System gefestigt und ausgedehnt"[56], und zwar in einem Ausmaß, das alle Vorbilder aus der Kolonialzeit überstieg.

So erwarb General Terrazas in Chihuala schließlich mehr als 7 Mill. ha[57]. Am Ende des Porfiriato besaßen kaum mehr als 3 % der gesamten Landbevölkerung von ca. 9 Mill. eigenen Grund und Boden. „Die ‚hacienda', die etwa die Hälfte des Landes und der Landbevölkerung kontrollierte, einschließlich mehr als 80 % der ländlichen Kommunen, beherrschte politisch, wirtschaftlich und sozial das Landleben einer vorwiegend agrarischen Nation. Die Tatsache, daß es 834 ‚hacendados' gab und vielleicht 9 Mill. ‚peones' ohne Land, die unter miserablen Bedingungen lebten, macht González Roas Feststellung verständlich, daß die Revolution vor allem agrarisch war. Zu den oppressiven Bedingungen kam die Demütigung hinzu, daß ein Großteil des Landes in ausländische Hände überging."[58] Jene 834, die teilweise Latifundien von mehr als 1 Mill. ha besaßen, „verbrachten ihre Tage in feudalen Residenzen in Mexiko-Stadt und in Europa, während ihre Ländereien von Professionellen verwaltet wurden, die selten so menschlich mit ihren Halbsklaven verfuhren, wie es die Geistlichen in früheren Zeiten getan hatten. Die Masse der ‚peones' „war unterernährt, schlecht untergebracht, wurde brutal behandelt und war oft betrunken". Ihr Realeinkommen war wahrscheinlich niedriger, als es in den Tagen Santa Annas oder der

---

[52] Henequén ist eine Agavenart, aus deren Blättern Bastfasern gewonnen werden, die zur Herstellung von Säcken, Matten und Seilerwaren dienen. Ende des 19. Jahrhunderts wurde Yucatán zum Hauptlieferanten des Weltmarktes für diese Fasern.
[53] Vgl. Turner 1910, den Arredondo aaO 20f zitiert.
[54] Die aufständischen Maya hatten 1848 erfolgreich die yukatekische Hauptstadt Mérida belagert, aber den entscheidenden Fehler begangen, sich nach alter Tradition zurückzuziehen, als die Zeit der Feldbestellung nahte. Die Rache der Oligarchie bestand darin, die Maya zum Dienst auf den Henequén-Plantagen zu versklaven und teilweise nach Kuba zu verkaufen. Zum „Kastenkrieg" vgl. Wolff.
[55] Turner 1910, 272.   [56] Ross 1955, 46.
[57] Arredondo aaO 13; weitere Erwerber von mehr als 1 Mill. ha nennt List aaO 63.
[58] Ross aaO 46f, der nicht erwähnt, auf Grund welcher Besitzgröße er die Zahl von 834 ‚hacendados' ermittelt hat.

Vizekönige gewesen war. Hungersnöte waren in manchen Landesteilen chronisch und Nahrungsmittel mußten oft eingeführt werden[59], da nur die fruchtbarsten Teile der gigantischen ‚haciendas' bewirtschaftet wurden und dies auch nur mit leichten und sicheren Anbauarten, die wenig Kosten verursachten[60]. Die Ausbeutung der mit 12—18 cents täglich miserabel bezahlten ‚peones' wurde durch das Trucksystem noch erhöht. Sie bekamen einen Teil ihres Lohns in Naturalien, einen Teil in Geld oder Gutscheinen für die ‚tienda de raya' (Hacienda-Laden). Da andere Geschäfte meist nicht erreichbar waren, waren sie also völlig auf die ‚tienda de raya' angewiesen, an der die ‚hacendados' auch verdienten und in der sie die Preise diktieren konnten. Vielfach wurde an den Wochenenden absichtlich Pulque (berauschendes Getränk aus Henequénsaft) und billigster Schnaps in Massen verkauft und die ‚peones' dazu verleitet, in der ‚tienda de raya' schon den Verdienst der kommenden Woche auf Kredit zu versaufen[61].

Stavenhagen hat eindringlich darauf hingewiesen, daß die gigantische Konzentration von Bodeneigentum nicht nur ein wirtschaftliches und soziales Problem ist, bei dem der Boden zu einer Ware wird, neue Formen von Verpachtung und bezahlter Landarbeit entstehen und die Ungleichheit zwischen den Menschen durch die Ausdehnung ihrer Ländereien vermehrt wird. Vielmehr ist für den Indio der Boden keine Ware, keine Quelle für Rendite, kein Produktionsmittel. „Der Boden muß bearbeitet werden und der Indio verwirklicht sich, indem er ihn bearbeitet (auch wenn er Eigentum eines anderen ist und er ihn als Tagelöhner oder Pächter bearbeitet)." Entscheidend ist, daß er auf dem angestammten Boden arbeiten kann, zu dem er ein quasi religiöses Verhältnis hat. „*Der Indio braucht den Boden, weil er ohne ihn seine gesell-*

---

[59] Fagg aaO 526; List aaO 55ff bemerkt zur wirtschaftlichen Lage der ‚peones': Geht man davon aus, daß der ‚peón' 75 % seines Verdienstes für Lebensmittel und 25 % für Kleidung ausgab, dann war sein Verdienst 14mal geringer als der eines US-Landarbeiters, der noch dazu nur 10 Stunden täglich arbeitete, während der ‚peon' vom Sonnenaufgang bis zum Sonnenuntergang arbeiten mußte. D. h., daß ein Mexikaner 14 Tage mit jeweils mehr Stunden arbeiten mußte, um dasselbe zu verdienen wie ein Nordamerikaner an einem Tag. Auf der Basis des Grundlebensmittels Mais stellt sich die Entwicklung der Kaufkraft des mexikanischen Landarbeiters folgendermaßen dar: In der Kolonialzeit Lohn für 250 Arbeitstage: 35,71 hl Mais, 1891 : 42,50 hl. 1908 : 23,51 hl. Unter diesen Umständen hatten die ‚peones' buchstäblich nicht mehr als ihr Zeug auf dem Leibe, ein paar Ellen ‚manta' (Umhang oder Poncho-Stoff), einen ‚sombrero' (Hut) etc. und mußten ein Leben wie die Tiere fristen.
[60] Arredondo aaO 13f: Mais, schwarze Bohnen (frijoles), Chili-Pfeffer, Kartoffeln und stellenweises Obst. Nicht einmal die Maisproduktion war ausreichend. 1903—1911 mußte Mais im Werte von US$ 25 Mill. und Weizen von 90 Mill. importiert werden. Die Produktionsmethoden waren veraltet, Bewässerungsanlagen gab es kaum.
[61] Vgl. im einzelnen zur ‚tienda de raya' Arredondo aaO 26ff. Der Pächter der ‚tienda' und der Administrator steckten meist unter einer Decke. Sie nutzten den Rausch der Indios und ihren Analphabetismus nicht selten dazu aus, um ihnen überhöhte Schulden anzuschreiben. „Diese unmoralischen Einkünfte bedeuteten den Administratoren viel mehr als ihre eigenen Gehälter" (sie teilten sich die Überschüsse mit den Pächtern). Auf dem 4. Katholischen Sozialkongreß 1909 in Oaxaca wurden diese Mißstände scharf angeprangert, Entlohnung in bar, Verkauf in bar und Einhaltung der Marktpreise gefordert. Die Läden dürften nicht als Geschäft für die Besitzer und nicht als Ort zum Betrug der Leute betrachtet werden, sondern müßten eine Dienstleistung sein für die Landarbeiter - vgl. Murray 1965, 359.

schaftliche und ethnische Identität verliert."⁶² Das geht auch eindeutig aus Stellungnahmen von Indio-Gruppen und -organisationen verschiedener lateinamerikanischer Staaten in der Gegenwart hervor⁶³.

42427 Die industrielle Ausbeutung von Bodenschätzen und Menschen

Der ausländische Kapitalismus stützte sich auf die beschriebene „feudalistisch-agrarische Grundlage".

„Die erzwungene, beschleunigte Industrialisierung verstärkte das koloniale Muster der mexikanischen Wirtschaft, denn der Nachdruck lag auf den extraktiven Industrien, besonders auf dem Bergbau. Ausländer bauten unter freizügigen Bedingungen Eisenbahnen, wobei die grundlegenden volkswirtschaftlichen Bedürfnisse mißachtet wurden, indem einseitig der Außenhandel gegenüber dem Binnenhandel bevorzugt wurde. Unter Umkehrung der seit der Kolonialzeit in Mexiko üblichen gesetzlichen Praxis gab die Regierung den Konzessionären das uneingeschränkte Recht zur Ausbeutung der Bodenschätze. Díaz rühmte sich regelmäßig, neue Minenkonzessionen vergeben zu haben, weil das Fortschritt bezeichnete. Mexiko erhielt für seine Söhne nur lange Arbeitszeiten und niedrige Löhne. Unbedeutende Einkünfte flossen in das Staatssäckel. Ausländer saugten den Reichtum ab, und im Verlauf dieses Prozesses verloren die Bodenschätze der Nation ihre Nationalität. Die Ausländer beuteten Mexiko nicht nur wirtschaftlich aus, sondern übten einen Einfluß aus, der ihren Anteil an der Bevölkerung weit überstieg. Vorzugsbehandlung bei Gericht war ihnen zugesichert. Täglich wurde der Beweis erbracht, daß Mexiko unter Díaz ‚die Mutter der Ausländer und die Stiefmutter der Mexikaner' geworden war."

„Der tragischste Aspekt des materiellen Fortschritts und der wirtschaftlichen Blüte des Porfiriato war die Tatsache, daß die Masse der Bevölkerung nicht daran beteiligt war. Im Gegenteil, der industrielle Fortschritt wurde durch Zollmauern möglich gemacht, die die Preise für den mexikanischen Verbraucher in die Höhe trieben, während der unproduktive ‚hacendado' in einer Zeit, in der Nahrungsmittel eingeführt werden mußten, vor der ausländischen Konkurrenz durch Importzölle auf Lebensmittel geschützt wurde."⁶⁴ Hinzu kam, daß die Arbeitsbedingungen in den Bergwerken, Fabriken und auf den Ölfeldern unbeschreiblich waren. Wer Gewerkschaften zu organisieren versuchte, setzte sich der Gefahr aus, als Feind der Gesellschaft angesehen und entsprechend behandelt zu werden. Streiks waren zwar nicht explizit verboten, da die Regierung sich der Intervention in wirtschaftliche Konflikte enthielt; da aber die Kapitalisten nach Belieben ihre bis an die Zähne bewaffnete Werkspolizei einsetzen durften, kosteten Streikbewegungen meist Arbeiterleben. Die Fabrikjustiz bediente sich sogar eigener Gefängnisse. Im Falle umfassenderer Streikbewegungen und Gewalttätigkeiten konnten die Unternehmer auf den Schutz des Militärs zählen.

Als Beispiel dafür sei der Streik von Cananea erwähnt. Am 10. Juni 1906 erschienen morgens die Arbeiter der Cananea Consolidated Copper Co. friedlich vor ihrem US-Direktor, um gleichen Lohn für gleiche Arbeit zu verlangen, erhielten doch die Nordamerikaner $ 3,50 und die Mexikaner nur $ 1,50. Außerdem forderten sie gleiche Aufstiegschancen bei gleicher Befähigung und einen Proporz, nach dem bei

---

⁶² Stavenhagen 1971, 217ff.
⁶³ Vgl. die Dokumente in: Indianische Minderheiten.
⁶⁴ Ross aaO 47.

allen Tätigkeiten 75 % Mexikaner und nur 25 % Nordamerikaner zu verwenden seien, eine entsprechende Befähigung der Mexikaner vorausgesetzt. Der von einer Bande Bewaffneter umgebene Direktor ordnete als Antwort auf diese Forderungen erbarmungsloses Direktfeuer auf die Arbeiter an, von denen in wenigen Minuten über hundert sterben mußten. Daraufhin setzten sich die Arbeiter mit Steinen und Messern zur Wehr, wurden indes in größerer Zahl massakriert als ihre Bedrücker und konnten Oberst Greens, des Direktors, nicht habhaft werden. Da die Bergbaustadt Cananea/Sonora nur 40 Meilen von der nordamerikanischen Grenze entfernt ist, erlaubte Don Porfirio sogar eine Strafexpedition von 300 Mann US-Rangers an den Ort der Gewalttätigkeiten. Der Gouverneur von Sonora, von dessen vorheriger Zustimmung jede Lohnerhöhung abhing, hatte übrigens seine Kumpanei mit den US-Minenbesitzern so weit getrieben, daß er die Löhne der Mexikaner sogar um 25 % herabgesetzt hatte[65].

Wie bereits angedeutet, erlaubte das staatliche Prinzip der Nichteinmischung in wirtschaftliche Konflikte den Unternehmern die Anwendung brutalster Methoden gegen alle Versuche der Arbeiter, ihre Interessen gemeinsam zu verteidigen.

Als 1907 Arbeiter der Fabrikregion von Orizaba einen ‚Círculo de Obreros Libres' gründeten, um sich gegen die Willkür der spanischen und französischen Aufseher zur Wehr setzen zu können, und diese Bewegung auf die Spinnereiarbeiter der Gegend von Puebla übergriff, bedienten sich die dortigen Fabrikanten des Arbeitsausweises als Repressalie. Die Verwalter hatten in die neu eingeführten Ausweise außer den Personaldaten Hinweise auf die Fähigkeiten und die Führung des Arbeiters einzutragen. Ohne den Ausweis stellte kein anderes Unternehmen der Region Arbeiter an. Nach dem neuen Arbeitsreglement sollten den Arbeitern Materialverluste während des Arbeitsprozesses vom Lohn abgezogen werden. Streiks waren absolut verboten, und die Arbeiterzeitungen sollten von einer Vertrauensperson des ‚Jefe Político' redigiert werden. Daraufhin riefen die Arbeiter von Orizaba und Puebla Präsident Díaz als Vermittler an. Porfirio billigte indes das Arbeitsstatut und erweiterte die Rechte der Fabrikanten noch. Daraufhin beschlossen die Arbeiter einen Generalstreik. Als in der Stimmung der allgemeinen Enttäuschung über die Parteilichkeit des Präsidenten dann der Angestellte einer ‚tienda de raya' — das Trucksystem mit seinen Tauschläden beherrschte auch die Industrie — einen Arbeiter erschoß, lief das Maß über. Das hungernde Arbeitervolk stürzte sich auf die Läden, plünderte sie und steckte sie in Brand. Dem von den ausländischen ‚capataces' (Aufseher) herbeigerufene Bataillon der ‚Guardias rurales' wurde von einer mutigen Arbeiterfrau ins Gewissen geredet und es hielt mit dem begonnenen Gemetzel inne, so daß sich die Streikbewegung ausdehnen und eine große Marschkolonne von Arbeitern, Frauen und Kindern gebildet werden konnte. Sie wurde am 7. Januar 1907 bei Nogales von Oberst Rosalino Martínez durch sein 12. Infanterieregiment mit einem Feuerhagel empfangen, und zwar auf telegraphischen Befehl von Díaz. Einen ganzen Tag währte der Kampf zwischen der perfekt bewaffneten Soldateska und den Hungernden. Ungezählte Tote blieben auf der Schlachtstätte zurück. Die ausländischen Fabrikanten gaben anschließend im Hotel Francia ein Sektfrühstück für ihren Retter Martínez und sandten telegraphische Glückwünsche an Porfirio, den sie als „Helden des Friedens" titulierten. Könnte man die Pax porfiriana besser demaskieren? Am Tage der Wiederaufnahme der Arbeit wurden vor den versammelten Arbeitern noch drei Anführer der Streikbe-

---

[65] List aaO 43 und 89ff; zur Entwicklung der Arbeiterbewegung 29ff. 1872 entstand der erste Gran Círculo de Obreros Libres, 1875 wurden Vereinigungen von Staatsangestellten gegründet und 1876 der Erste Allgemeine Arbeiterkongreß abgehalten. Daraus erhellt, wie sehr die katholischen Sozialkongresse hinter der Entwicklung herhinkten.

wegung erschossen, darunter der Präsident und der Sekretär des ‚Gran Círculo de Obreros Libres'[66].

Auch die Begünstigung von Ausländern durch die Gerichte erleichterte die Ausbeutungsmöglichkeiten. Im Falle von Nordamerikanern, die von der mexikanischen Polizei verhaftet waren, pflegte der US-Botschafter sofort zu intervenieren, teilweise sogar bei gewöhnlichen Kriminellen[67]. So ist es kein Wunder, daß durch die ausländische Ausbeutung größten Stils, durch Willkürakte und Benachteiligung bei den eigenen Gerichten sich bei den Mexikanern ein immer stärkerer Fremdenhaß entwickelte. „Lange vor Asien und Afrika, ja sogar vor anderen Teilen Lateinamerikas, entstand in Mexiko ein fürchterlicher, oft irrationaler Haß gegen den Imperialismus nordamerikanischer und europäischer Prägung."[68]

42428 Die Stellung der Kirche zu den sozio-ökonomischen Problemen

Wie angedeutet, weigerte sich die Regierung Díaz gemäß ihrem Prinzip der Nichteinmischung in wirtschaftliche Konflikte die elementarsten gesetzlichen Bestimmungen zum Schutz der Arbeiter zu erlassen, also eine Beschränkung der zulässigen Arbeitszeit, der Frauen- und Kinderarbeit, eine Sozialversicherung, Anforderungen zur Sicherung der minimal erforderlichen hygienischen Bedingungen, Unfallschutz etc. Die Opfer der nicht seltenen schweren Arbeitsunfälle mußten sich und ihre Familie infolgedessen durch Bettelei über Wasser halten.

Es dauerte Jahrzehnte, bis diese von der Regierung systematisch ignorierten Probleme, die durch Kapitalismus und Industrialisierung hervorgerufen waren, Hierarchie, Klerus und engagierten Laien bewußt wurden, wie dies im ersten Jahrzehnt des 20. Jahrhunderts auf den Sozialkongressen geschah, wenngleich auch dort die Fragen noch nicht als Strukturprobleme erkannt wurden. Erst recht konnte damals, wo die Euphorie der Unabhängigkeit noch relativ frisch war, das mit dem Kapitalismus verbundene Problem der wirtschaftlichen Dependenz als eine neue Form von Kolonialismus nicht erkannt werden.

Es fehlt an einer gründlichen Erforschung der sozialgeschichtlichen Aspekte der mexikanischen Kirchengeschichte während des Porfiriato, deshalb können hier nur einige Andeutungen gemacht werden. Die Nebeneinanderstellung der sehr kritischen Stimme Lists und der sehr prokatholischen Murrays könnte dennoch ein in etwa abgewogenes und objektives Bild ergeben.

Ende der siebziger Jahre bemühten sich Oberst Santa Fe und General Tiburcio Montiel, die einfache Landbevölkerung zur Verteidigung ihrer Rechte zu mobilisieren. Dabei ging es im Kern um die Forderung der Rückgabe der den Indios entwendeten Ländereien. Nachdem Santa Fe 10 000 Exemplare seines Pamphlets „Ley del Pueblo" (Gesetz des Volkes) unter den ‚peones' der Gegend von San Martín Texmelucan verteilt hatte, mußte er sich schon 1879 gegen den Vorwurf verteidigen, ein Propagandist des Kommunismus zu sein[69]. Die beiden Offiziere stießen auf den erbitterten Widerstand der ‚hacen-

---

[66] List aaO 93f.   [67] Ebd. 67f.   [68] Fagg aaO 525.
[69] In einem Artikel der Zeitung El Hijo del Trabajo (Der Sohn der Arbeit) v. 11. 5. 1879. Dieselbe Zeitung hatte von 4. 8. 1878 in Fortsetzungen die ‚Ley del Pueblo' publiziert. In ihrem ersten Absatz heißt es: „...die Landwirtschaft ist die Grundlage des Reichtums und das Eigentum die Grundlage der Freiheit des Menschen. Wer besitzt, ist frei; wer nicht besitzt, ist Sklave". List aaO 59ff.

dados' und offenbar auch des Klerus, denn Santa Fe klagte in der Zeitung ‚El Socialista' (15. Juni 1877), daß er nicht nur ein Opfer der grimmigen Verfolgung der Großgrundbesitzer des Staates Puebla, sondern auch des englischen ‚cura' Guillow SJ geworden sei, der selbst ein vermögender ‚hacendado' in San Martín Texmelucan war[70].

List nennt die katholische Kirche schlicht eine „Verbündete des Kapitals" und stützt sich dabei auf zahlreiche Klagen der zeitgenössischen Arbeiterpresse über „die ungerechte politische Einmischung des Klerus, die immer gegen die Interessen der Arbeiter erfolge".

Konkret erwähnt er einen Vorfall aus dem Jahre 1880, wo der Bischof von Oaxaca eine Fabrik besuchte und die Arbeiter aufforderte, ihre gewerkschaftsähnlichen Organisationen aufzulösen, da sie gefährlich für das Individuum und die Gesellschaft seien. Eine solche Organisation bedeute Kommunismus, die Internationale, Zerstörung, Brand und Totschlag. Schließlich verstieg er sich zu der Forderung: „Der Arbeiter muß seinen ‚patrón' wie einen Gott ansehen."[71]

Die hier zitierte Zeitung ‚El Hijo del Trabajo' beklagte wenig später, daß es zwischen den Mühlenbesitzern und Fabrikanten eine Übereinkunft gäbe, nur guten Christen Arbeit zu geben, die die Gebote der Religion erfüllten. Die Not ihrer Familie im Nakken verspräche daraufhin die Arbeitsuchenden, daß sie alles tun würden, was angeordnet würde, wenn sie nur ihren Lohn bekämen[72].

Solche christlich bemäntelte Ausbeutung wurde nicht selten durch eine direkte kirchliche Ausbeutung in Form von Lohnabzügen des Arbeitgebers für kirchliche Zwecke ergänzt.

Dieselbe Zeitung beklagt, daß die Arbeitgeber, ohne die Arbeiter zu fragen, mit Selbstverständlichkeit folgende Abzüge vornähmen: 2 reales (Münze von 25 céntimos) für die ‚Sociedad Católica', 1 real für irgendwelche Kirchengitter, 1 real zur Unterstützung der ‚Hermanos de la Vela Verde' (Brüder der grünen Kerze), 1,5 reales für den Monat Marias, 1,5 reales für den Monat Josephs, 1,25 reales als Almosen für das Hl. Grab in Jerusalem, 0,5 reales für die Bedürfnisse der Ortsgemeinde und 3 reales für drei kirchliche Blätter, die die Religion in der Landeshauptstadt verteidigen. „Der Arbeiter erhält ein Schandgeld, um seine Familie zu unterhalten, und dieses lächerliche, winzige, glatte Stückchen Kupfergeld wickelt er in kirchliche Zeitungen und geht zu seinen Kindern. Er nimmt die bittere Erinnerung an einen Raub und an den Hunger mit, den die Feudalherren ihm im Namen der Religion schenken, die in Puebla mit Wirtshausflüchen und Gefängnisparolen verteidigt wird."[73]

Auch Murray kann über die Zeit vor der Jahrhundertwende nur Beispiele frommer Wohltätigkeit in Verbindung mit kirchlicher Propaganda berichten, die der unsäglichen Not der Masse der Bevölkerung nicht gerecht wurden.

---

[70] List ebd. Damals kam es zu Indio-Erhebungen mit gewaltsamen Landbesetzungen in Hidalgo und Querétaro. 1881 wurde der noch in aktivem Dienst befindliche General Tiburcio Montiel verhaftet, weil er eine „tumultuarische Versammlung" teilweise bewaffneter Indios über die Landfrage abgehalten hatte.

[71] List aaO 47f nach ‚El Hijo del Trabajo' v. 30. 5. 1880.

[72] Ebd. 48.

[73] Ebd. 48 f. Der polemisch-ironische Ton bei der Aufzählung der Abgaben ist unverkennbar. Dennoch dürfte die Problematik dieser Abgaben richtig angesprochen sein.

Seit den sechziger Jahren wurden auf Grund von Laieninitiativen ‚Sociedades Católicas de Señores y Señoras' gegründet, weshalb Murray etwas überschwenglich von der „Formierung und Begründung des Laienapostolates" spricht[74]. Jesuiten und Glieder anderer Orden betätigten sich dabei als Berater, und der Segen der Hierarchie ließ nicht auf sich warten. Besondere Bedeutung erlangte die Gesellschaft der Hauptstadt, die ‚Sociedad Católica de la Nación Mexicana' (seit 1868), deren Kommissionen sich mit katechetischer Arbeit unter Kindern und Strafgefangenen, mit der Publikation katholischer Zeitschriften und sonstiger kirchlicher Literatur befaßten, sowie mit der Frage kostenlosen Unterrichts für arme Kinder und derjenigen der Abendschulen für Arbeiter. Punktuell führten sie auch einige Arbeitsvorhaben durch. Von der ‚Sociedad Católica de Señoras y Señoritas' berichtet Murray zwar, daß sie 1873 159 Gruppen mit 20 000 Gliedern umfaßte, aber kaum etwas von konkreten sozialen Hilfsmaßnahmen[75].

Die Feststellung des „Ersten Katholischen Sozialkongresses" 1903 in Puebla, daß die zahlreichen Wohlfahrtseinrichtungen des Landes einer brauchbaren Organisation und einer deutlichen Zielsetzung ermangelten[76], deutet demgegenüber eine höhere Stufe der Bewußtwerdung der sozialen Problematik an. Angeregt von ‚Rerum Novarum' (1891) beschloß man, in jeder Parochie ‚Círculos de Obreros' zu bilden, die die religiöse und wirtschaftliche Lage, sowie den Ausbildungsstand der Arbeiter verbessern sollten, und zwar durch Abendschulen, Sonntagsschulen, die Gründung von Büchereien, Pfandleihhäusern, Spar- und Darlehenskassen, Produktions- und Konsumgenossenschaften, landwirtschaftlichen Kreditgenossenschaften nach dem Vorbild von Raiffeisen, Fonds zur Hilfe auf Gegenseitigkeit und Fonds für Arbeitsinvaliden[77]. Zusätzlich zu diesen Punkten beschloß der Zweite Kongreß 1904 die ‚enganches' zu bekämpfen, Arbeitsverträge, in denen die Arbeiter verpflichtet wurden, in Gebieten weit entfernt von ihrer Familie zu arbeiten. Zur Aufbringung der Mittel zur Unterhaltung von Krankenhäusern, Waisenhäusern und Altenheimen empfahl der Kanoniker Ignacio Aguilar sogar, nicht nur reiche Katholiken, die Hierarchie und die Kathedralkapitel um Hilfe anzugehen, sondern sogar die Altargefäße zu verkaufen, um die unbeschreiblich große Not zu lindern[78].

Auf einem kirchlichen Agrarkongreß desselben Jahres in Tulancingo wurde die Lage der Landarbeiter nüchtern analysiert.

Der oft beklagte Hang der Landarbeiter zum Alkoholismus wurde weniger aus schlechter Gewohnheit und einer Tendenz zum Müßiggang erklärt als mit der Notwendigkeit, den Hunger zu betäuben, sowie als Folge von Ausbeutung, Unwissenheit und Heuchelei der Behörden. Deshalb kam der betreffende Ausschuß auch zu dem Resultat, daß die richtige Abhilfe, für die der Kongreß eintreten solle, in der Erhöhung der Löhne läge, wenn auch manche Landbesitzer unrichtigerweise behaupteten, daß das untragbar sei. Zum Familienleben der ‚peones' wurde konstatiert, daß ein solches praktisch inexistent sei. Das ländliche Proletariat vermeide die gesetzliche Ehe und das kirchliche Sakrament und lebe im Konkubinat mit ständigem Partnerwechsel, der üblicherweise in dem Augenblick erfolge, in dem der Mann merke, daß die Frau schwanger sei. Ein geregeltes Familienleben sei aber die Voraussetzung für einen geregelten Schulbesuch der Kinder, da die Schule die häusliche Erziehung ergänzen solle. Stabile Familien würden aber erst entstehen, wenn die Väter genug verdienten, um sie zu unterhalten, und das sei unmöglich, solange der ‚peón' 25 ‚centavos' pro Tag verdiene, die ihm der Pächter des lokalen Ladens sofort ab-

---

[74] Murray aaO 281. [75] Ebd. 281–89.
[76] Ebd. 337. [77] Ebd. 339. [78] Ebd. 346f.

nehme, der seinerseits vom Besitzer (dem hacendado), vom Großhändler und vom Steuereinzieher ausgebeutet werde. „Die Schule wird leer sein, solange der Vater... seine Kinder nicht unterhalten kann und sie zwingt, sich selbst zu versorgen von dem Augenblick an, an dem sie ihre ersten Schritte machen... Ich weiß nicht, wie jemand zur Schule gehen kann vor, während oder nach 14 Stunden von Arbeit und Sonne, und ich weiß nicht, wie irgend jemand, ohne zu essen, zur Schule gehen kann. Ich begreife nicht, wie wir über Grammatik nachdenken können, ohne vorher über die ‚tortilla' (Maisfladen) nachzudenken."[79]

So im Klartext wie hier von dem Anwalt Trinidad Sánchez Santos ist offenbar unter den Teilnehmern des Zweiten Sozialkongresses 1904 in Morelia nicht oft gesprochen worden, denn in den Empfehlungen des Kongresses war wieder die Rede von der Notwendigkeit häufiger Predigten aller Gemeindepriester gegen den Alkoholismus und seine gefährlichen Folgen, über die das Volk aufgeklärt werden sollte[80]. Auf dem Dritten Kongreß 1906 in Guadalajara ging man noch einen Schritt weiter in die falsche Richtung, indem man von der Regierung die Bestrafung von Menschen forderte, die in der Öffentlichkeit volltrunken angetroffen würden. Man hatte sogar ernsthaft den Vorschlag erörtert, die Regierung aufzufordern, Trunkenheit zum Kapitalverbrechen zu erklären und dementsprechend mit der Todesstrafe zu ahnden[81]. Obgleich P. Rosales beklagte, daß Arbeiter wie Sklaven behandelt würden, und gerechte Löhne forderte und Nicolás Leaño aus Guadalajara mit dem prophetischen Hinweis, daß Mexiko sich „am Rande einer blutigen Revolution" befinde, eine gerechte Arbeitsgesetzgebung forderte[82], scheuten sich Hierarchie und Klerus in ihrer Mehrheit, die erforderlichen drastischen Konsequenzen aus der trostlosen Lage des Proletariats zu ziehen und sich bedingungslos an die Seite des armen Volkes zu stellen. Alle kirchlichen Sozialmaßnahmen wie Schulen für Kinder und Erwachsene, Ausbildungshilfen, katechetische Beein-

---

[79] Hanke II, 277 stellt den Beitrag von Sánchez nur sehr allgemein vor als „A catholic conference discusses agrarian problems" (1904). In seiner Einleitung zu Sektion VI, 250 schreibt er näher, es handele sich um den Ersten Agrarkongreß, den der Bischof von Tulancingo gefördert habe. Das Bistum Tulancingo ist 1863 errichtet worden. Murray 1965 erwähnt diesen Kongreß nicht, sondern nur den 2. Katholischen Sozialkongreß, der im selben Jahr auf Einladung von Erzbischof Atenógenes Silva in Morelia stattfand. Nach den auf diesem Kongreß mitgeteilten Forschungen des Arztes Dr. Galindo lag die Kindersterblichkeit im Proletariat bei 75 %.

[80] Vgl. Murray aaO 345.

[81] Hier wurden wieder einmal Ursache und Wirkung verwechselt. Gefordert wurden schließlich aber auch die Bestrafung von Schankwirten und die Einrichtung von Trinkerheilanstalten.

[82] Ebd. 350. Beachtenswert sind noch folgende Forderungen des 3. Kongresses von 1906, die von „Rerum Novarum" inspiriert sind: Achtung der Menschenwürde des Arbeiters, seines Alters und seines Geschlechts, ausreichender Lohn, um eine Familie zu unterhalten, Förderung der Organisierung der Arbeiter in Gewerkschaften nach dem Vorschlag Leos XIII., um den Kontakt zwischen Kapital und Arbeit zu verbessern. Gleichheit, Brüderlichkeit und Freiheit sollte das Verhältnis aller Katholiken zueinander bezeichnen, da „Arbeitgeber und Arbeitnehmer ohne Unterschied von Gott, dem gemeinsamen Vater aller geschaffen seien". Sozialismus und Kommunismus werden abgelehnt. - aaO 351. Dabei ist zu beachten, daß der 3. Kongreß einen Rekordbesuch hatte mit 100 Klerikern - darunter 3 Erzbischöfe, 12 Bischöfe, zahlreiche Kanoniker, Säkular- und Ordenspriester - und 60 Laien - aaO 348.

flussung mußten letztlich angesichts der übermäßigen Ausbeutung des ländlichen und städtischen Proletariats scheitern. Die tiefgreifenden Strukturprobleme hätten nur durch umfassende staatliche Maßnahmen gelindert werden können. Ob die römische Kirche mit ihrem allerdings durch das System begrenzten politischen Einfluß solche Maßnahmen nachdrücklich genug gefordert hat und ob sie mit ihren Hilfsmaßnahmen genügend deutliche Zeichen gesetzt hat, muß zumindest in Frage gestellt werden. Von maßgeblichen Kräften der mexikanischen Revolution sollte das jedenfalls bezweifelt werden. Inwieweit jene Kräfte ihrerseits von dem alten liberalen Vorurteil beeinflußt waren, nach dem man der Kirche um keinen Preis irgendeinen Einfluß auf öffentliche Belange zugestehen soll, seien ihre Vorschläge auch noch so vernünftig, wird an späterer Stelle zu untersuchen sein. Zweifellos hat dieses Vorurteil dazu beigetragen, daß die Forderungen der Katholischen Sozialkongresse in der Endphase des Porfirismo nicht genügend beachtet worden sind.

Zum Beitrag der in jener Zeit noch relativ schwach entwickelten protestantischen Kirchen in Mexiko (vgl. zum Protestantismus in Mexiko 43421) kann man generell sagen, daß Schulen, Kliniken und Krankenhäuser der Baptisten, Northern Methodists und Presbyterianer Vehikel ihrer Missionsbemühungen waren. Daß die Protestanten mit ihrer bescheidenen Startbasis nicht zuerst den Menschen in seiner Not, sondern das Missionsobjekt sahen, ist umso weniger verwunderlich, als auch die Katholiken ihre konkreten Hilfsmaßnahmen mit katechetischen oder seelsorgerlichen Bemühungen verbanden. Auf beiden Seiten spielte offenbar die Vorstellung, daß materielle Hilfe ohne Bekehrung oder Vertiefung der Frömmigkeit unmöglich sei, eine entscheidende Rolle.

43 Die Entwicklung der protestantischen Kirchen in Lateinamerika in der Schlußphase des konfessionellen Zeitalters: 1807-1964

In den Abschnitten 41 und 42 ist bereits eine Periodisierung versucht worden (41 221: 1807–1850 und 1850–1880; 4221: 1880–1930 und 4222: 1930 bis 1964). Dabei sind die Hauptlinien der Ausbreitung des Protestantismus bereits aufgezeigt, ferner seine kirchliche und gesellschaftliche Herausforderung (41 222) und seine wichtigsten Entwicklungstendenzen im Zusammenhang mit der Situation der römisch-katholischen Kirche (422). Im vorliegenden Kapitel sollen nun die Rolle der Bibelgesellschaften, der Auslandsgemeinden und der deutschen Einwandererkirchen, sowie die Begründung des Missionsprotestantismus nordamerikanischer Prägung und damit der Probleme der Mission in Lateinamerika untersucht werden. Als Gesamtphänomen soll der Protestantismus beispielhaft in Mexiko und Brasilien dargestellt werden.

431 Die Rolle der Bibelgesellschaften

Die ersten Agenten der protestantischen Bibelgesellschaften, die ab Anfang des 19. Jahrhunderts die gerade selbständig werdenden oder gewordenen jungen lateinamerikanischen Staaten oft unter großem persönlichem Risiko bereisten, waren die Vorboten der protestantischen Mission. Sie erkundeten das Terrain und sammelten wertvolle Informationen über die politische und kirchliche Lage. Ihr Versuch, Bibeln in der Landessprache zu verteilen, wurde bei unvoreingenommenen Politikern und Klerikern nicht selten verständnisvoll aufgenommen. Vielleicht spürten sie, daß diese Kolporteure, die mit der Bibel kamen, sich auf das verbindende Fundament der Kirche Jesu Christi stellten. Als Boten und Verteiler der Schrift gingen sie an den Ausgangspunkt der Reformation zurück und stellten damit die protestantische Sache von ihrer besten und überzeugendsten Seite vor. Aber zwischen ihnen und der Reformation lagen die Zeitalter der katholischen Reform, der Aufklärung und der Französischen Revolution, deren Auswirkungen Kleriker und Intellektuelle Lateinamerikas in verschiedenem Ausmaß beeinflußt hatten. Im Zeichen des Aufstiegs des Liberalismus wirkte die Bibel unter den Gebildeten nicht mehr so revolutionär wie im 16. Jahrhundert, wenngleich in jener Phase des Umbruchs und Neuanfangs eine gewisse Aufnahmebereitschaft für alles Neue vorhanden war; und die Bibel in der Volkssprache war in Lateinamerika, nachdem sie durch päpstliches und königliches Dekret als „Gift" der Reformation verboten gewesen war, „ein beinahe unbekanntes Buch"[1]. Bis in die Zeit vor dem Vatikanum II erfolgte in der katholischen Kirche Lateinamerikas der Kontakt der Normalchristen mit dem biblischen Wort „durch Katechese, Predigt und andere Medien, aber nicht direkt durch den Gebrauch der Hl. Schrift". Der katholische peruanische Theologe Picazo fährt fort: „Wir wollen niemanden anklagen,

---
[1] Read 1969, 47.

aber die Furcht vor der Bibel ist ein leicht zu konstatierendes Faktum und ist noch (1967) nicht beseitigt in kleinen Ortschaften und nicht einmal in kleineren Sektoren der großen Städte."[2]

Dabei war die Ausgangslage unter dem Einfluß des Humanismus eine durchaus andere.

Kolumbus las in den Stürmen seiner Entdeckungsfahrt den johanneischen Prolog laut vor, offenbar aus der Vulgata, und vom ersten Bischof Mexikos, Juan de Zumárraga OFM, stammt der Ausspruch: „Der erste Schritt, um Christ zu werden, ist, die Hl. Schrift zu kennen." Aber als Abwehrreaktion gegen die Reformation wurde diese programmatische Feststellung unter dem Einfluß des Tridentinums (1546 Decretum de editione et uso librorum sacrorum) nicht maßgeblich für die Mission in Lateinamerika. Bekanntlich machte Paul IV. im ersten Index von 1559 den Druck und Besitz von Bibeln in der Volkssprache von der Genehmigung durch die römische Inquisition abhängig. Aber schon 1541 wurde in Santo Domingo Jerónimo Bejarano angeklagt, weil er für die Bibellektüre in der Volkssprache und für ihre persönliche Auslegung eingetreten war[3]. Bibeln in der Volkssprache drangen daher fast ausschließlich unter protestantischem Einfluß nach Lateinamerika ein. Dabei handelte es sich im allgemeinen um die erste spanische Vollbibel, die der spanische Emigrant Casiodoro de Reina 1569 in Basel herausgebracht hatte. So fand 1601 der Dechant der Kirche von Santo Domingo in seinem Jurisdiktionsgebiet, d. h. auf Hispaniola, 300 Bibelausgaben de Reinas[4]. Auf das ungenügend erforschte, von der Inquisition unterdrückte stellenweise Vordringen von Bibeln in der Volkssprache kann hier nicht näher eingegangen werden[5].

Heute wird von katholischer Seite anerkannt, daß der energische Versuch zur Verbreitung der Bibel in der jeweiligen Volkssprache seit Anfang des 19. Jahrhunderts durch die Kolporteure der protestantischen Bibelgesellschaften initiiert worden ist[6]. Aber die katholischen Geistlichen stellten sich der biblischen Botschaft naturgemäß nicht mehr so unvoreingenommen, wie sie es teilweise in der ersten Hälfte des 16. Jahrhunderts getan hatten. Trient und das Zeitalter des Konfessionalismus bestimmten auch den Horizont des lateinamerikanischen Klerus. Mit Pauschalurteilen war er in seiner Ausbildung oberflächlich widerstandsfähig gemacht gegen den Geist der Reformation, dessen Herausforderung die römische Kirche in Trient scheinbar ein für allemal begegnet war. Als diese Herausforderung dann ziemlich unerwartet Mitte des 19. Jahrhunderts in den ersten länger vor Ort wirkenden protestantischen Missionaren, die ihre Tätigkeit nicht selten als Bibelagenten begannen, Gestalt annahm, war sie von der Forderung nach einer Reformation der katholischen Kirche umgewechselt in die kleine Münze der individuellen Erweckung und Bekehrung, die den Anschluß an eine der denominationell verschieden geprägten Missionsgemeinden mit sich brachte. Der erhoffte große Einbruch in den lateinamerikanischen Katholizismus blieb dabei aus.

---

[2] Picazo 1967, 242.
[3] Ebd. 251 nach Bataillon 1966, 435ff.
[4] Picazo aaO 250.
[5] Vgl. hierzu Turner 1951 bzw. 1954. Turner 1951, 145f bemerkt, daß die BFBS und die ABS in 130 Jahren 80 Mill. Bibeln, Testamente und Evangelien verteilt hätten. Entgegen ihrer ursprünglichen Absicht hätten die Bibelgesellschaften sich in die Speerspitzen der evangelischen Missionen verwandelt. Turner 1954, 27f weist besonders auf den Beitrag der Bibel zur öffentlichen Erziehung und Alphabetisierung hin. [6] Picazo aaO 250ff.

Von den USA aus hat Cotton Mather aus Massachusetts schon Anfang des 18. Jahrhunderts durch seinen Freund Samuel Sewall erste Versuche unternommen, protestantische, spanisch-sprachige Bibelübersetzungen in Neu-Spanien zu verbreiten[7]. Entsprechende Bemühungen sollten indes erst nach der Unabhängigkeit Mexikos durch J. C. Brigham von der American Bible Society (ABS) und ab 1827 von James Thomson von der British and Foreign Bible Society (BFBS) fortgesetzt werden[8]. Zu einer trüben Verquickung von protestantischer Bibelverbreitung und nordamerikanischem Imperialismus kam es, als Rev. W. H. Norris als Agent der ABS die US-Truppen 1846—48 bei ihrem Einmarsch nach Mexiko begleitete und dabei Bibeln im Lande verteilte[9]. Thomson hat in den zwanziger Jahren in vielen lateinamerikanischen Republiken als Pionier für die Arbeit der Bibelgesellschaften gewirkt. In Kolumbien, wo er von den liberalen Elementen in Regierung und Klerus wohlwollend empfangen wurde, gelang ihm 1825 mit Unterstützung der katholischen Hierarchie sogar die Gründung einer nationalen Bibelgesellschaft, der 1835 nach Erlangung der Anerkennung Kolumbiens durch den Vatikan aus politischen Rücksichten gegenüber Rom und wegen der inzwischen geäußerten Ablehnung durch die Hierarchie die Arbeitsmöglichkeiten entzogen wurden. Schon vorher war der Agent der BFBS, Lucas Mathews, der 1828 nach Kolumbien gekommen war, auf einer Reise auf dem Río Magdalena spurlos verschwunden. Einer 1826 in Venezuela gegründeten Bibelgesellschaft war ein ähnlich kurzes Schicksal beschieden. Erst seit der Ankunft von Milne und Penzotti im Jahre 1886 sollten sich in Venezuela fast ununterbrochen Bibelkolporteure halten.

Ein Mann wie der schottische Baptist James Thomson war in den zwanziger Jahren, also unmittelbar nach Erringung der Unabhängigkeit, in eine völlig offene Situation gekommen. Es ist kennzeichnend für jene Zeit, daß er gleichzeitig als Vertreter der Lancaster Gesellschaft von London und der BFBS, also als Reformer des Schulwesens und als Bibelagent, auftrat. Das von ihm propagierte Lancaster-System zieht in starkem Maße die Bibel als Textbuch für den Unterricht heran. Als Schulreformer und -gründer — er organisierte u. a. Schulen in Buenos Aires, Santiago de Chile, Lima, Quito, Bogotá und Mexiko-Stadt — fand Thomson Sympathie und Unterstützung von Männern wie Rivadavia, José de San Martín, Bernardo O'Higgins, Simón Bolívar u. a.[10].

---

[7] Murray 1965, 254.   [8] González 1970, 403.   [9] Murray aaO 255.
[10] Mitchell 1972 hat mit einer wichtigen Untersuchung über Thomson auch neues Licht in das Wirken der erwähnten Kolumbianischen Bibelgesellschaft gebracht, die während ihres Bestehens 1825—35 u. a. 10 000 Neue Testamente verteilt hat (vgl. 278ff). Wie unproblematisch zunächst die Zusammenarbeit mit liberalen katholischen Kräften war, zeigt sich daran, daß der 1830 während der Wirren der Auflösung Großkolumbiens kurzfristig amtierende kolumbianische Präsident Joaquín Mosquera nach seinem Rückzug nach New York im Winter 1830 dort das Amt des Vizepräsidenten der ABS übernahm. Er sagte, daß es mit der Verteilung von Neuen Testamenten in Kolumbien keine Probleme gebe, sondern nur mit apokryphen Büchern. Als Mosquera im Januar 1834 sein Amt als kolumbianischer Vizepräsident unter Santander antrat, hoffte die ABS auf einen Aufschwung der kolumbianischen Bibelgesellschaft und schickte 500 Exemplare des Mt-Evangeliums. Aber 1835 erlangte Santander die lange gesuchte diplomatische Anerkennung des Vatikans. „He was politician enough not to promote any activity which clashed with papal policy at that time. Moreover, clerical opinion was well mobilized in opposition to noteless Bibles". Auch der neue Erzbischof Manuel María Mosquera, ein Bruder des Vizepräsidenten,

Die Aufgeschlossenheit war indes keineswegs überall gleich groß, und die Einfuhr und Verteilung von Bibeln wurde in manchen Ländern verhindert. So versuchten Penzotti und Milne 1828 vergeblich, Bibeln nach Ekuador zu bringen. Fredrick Crowe konnte zwar einige Jahre Bibeln in Guatemala verteilen, sowie predigen und eine Schule gründen, wurde aber 1849 verhaftet und ausgewiesen. In Mexiko-Stadt hatte Thomson 1827 das Glück, in einer Buchhandlung eine ganze Ladung von Bibeln zu entdecken, die er aufkaufen und verteilen konnte, obgleich das Metropolitan-Kapitel den Verkauf untersagt hatte. Sowohl diese Verkaufsaktion wie die Herbeischaffung weiterer Bibeln, die vom Hafen Veracruz mit Maultieren in das Hochland geschafft werden mußten, war nur mit einer erheblichen Portion Mut möglich, wie der Tod eines nordamerikanischen Protestanten zeigt, der sich als Schuster in Mexiko-Stadt niedergelassen hatte. Als er 1824 während einer katholischen Prozession vor seiner Ladentür saß, wurde er von einem fanatischen Mexikaner aufgefordert niederzuknien. Als er sich weigerte, stach jener ihn mit dem Degen nieder. Gegen Thomson wurde bald das Kapitel tätig. Er konnte sich nur dank seiner Beziehungen zu hochgestellten Persönlichkeiten, die an der Lancaster-Methode interessiert waren, noch eine Zeitlang im Lande halten. Bei einem zweiten Besuch des Landes legten ihm Regierung und Klerus so viele Steine in den Weg, daß er selbst aufgab und abreiste[11].

Auch in Brasilien wurden nach der Unabhängigkeit Bibeln verteilt, zunächst durch die BFBS und dann auch durch die ABS, die indes Bibeln nur zusammen mit anderen Exportwaren an interessierte Empfänger versandten. 1836 kam der nordamerikanische Methodist Rev. Spaulding nach Rio de Janeiro, der neben der Versorgung der englisch-sprachigen Auslandsgemeinde die Schularbeit unter brasilianischen und ausländischen Kindern aufnahm und ab 1837 durch eine Reihe von nordamerikanischen Lehrern, sowie durch das Ehepaar des Rev. Daniel Parish Kidder Unterstützung erfuhr. Kidder sollte der eigentliche Vorkämpfer der Bibelausbreitung in Brasilien werden.

Obgleich er die katholischerseits autorisierte Übersetzung von Figueiredo verteilte, stieß er keineswegs nur auf Verständnis — so z. B. bei Feijó, dem ehemaligen Regenten, mit dem er 1839 zusammentraf, beim Minister Vergueiro oder dem berühmten Juristen Brotero —, sondern vielfach auch „auf Gleichgültigkeit, reine Höflichkeit, Neugier und Politik". Seine eifrigsten Kunden waren Erzieher, u. a. Priester, die gern kostenlos Lehrmaterial in Form der Bibel beziehen wollten. Nach jahrelanger Vakanz nahm der Presbyterianer Rev. James Cooley Fletcher die Arbeit für die ABS in Bra-

veröffentlichte einen Hirtenbrief gegen die Bibelgesellschaft, da allein das NT mehr als 2 000 Änderungen gegenüber dem Vulgata-Text enthielte. Margallos Whale versuchte noch eine revidierte NT-Auflage herauszubringen, aber es wurden nur noch privat einige Exemplare verteilt. Bis ins 20. Jahrhundert hinein sollte man in Kolumbien nichts mehr von einer Bibelgesellschaft hören - ebd. 319f.
Vgl. zu Thomson im übrigen Picazo aaO 251 und González aaO 333f. Thomson war ein schottischer Baptist, der an der Universität Glasgow Theologie studiert und sich nach Ausübung des Pfarramtes mit dem Studium von Spanisch und der damals revolutionär wirkenden pädagogischen Methode des Quäkers Joseph Lancaster befaßt hat, die in starkem Maße mit der Lektüre unkommentierter Bibeltexte arbeitet. Als Sekretär der ‚British and Foreign School Society' und der ‚Translation Society' ließ sich Thomson von der BFBS nach Lateinamerika aussenden, wo er 1818 in Buenos Aires seine Tätigkeit aufnahm. Wo immer er eine Schule gründete, führte er die Bibellektüre im Klassenzimmer ein. Der zweite Agent der BFBS, Lucas Matthews, bereiste ab 1826 Argentinien, Chile, Bolivien, Peru und Kolumbien. Der im Zusammenhang mit Venezuela erwähnte Andrew M. Milne arbeitete für die ABS und war schon 1864 in Uruguay tätig.
[11] Murray aaO 253f; zur Tätigkeit der Bibelagenten in den einzelnen Ländern ist González 1970 heranzuziehen.

silien auf. Bis 1854 hatten ABS und BFBS lediglich insgesamt 4000 Bibeln in Brasilien verteilt. In den folgenden fünf Jahren wurden dann bereits 20 000 Exemplare verteilt. Auf Fletchers Drängen geht auch der Beginn der protentantischen Mission in Brasilien durch den schottischen Arzt und Pastor Dr. Robert Reid Kalley (1809–88) zurück, der 1855 in Rio de Janeiro ankam, wo er die erste Kongregationale Kirche gründete[12].

Generell kann man sagen, daß die Bibel für die Verwurzelung des Protestantismus in Lateinamerika eine hervorragende Rolle gespielt hat. Immer erschien zuerst die Bibel und danach ein evangelischer Prediger, wenn der Bibelagent sich nicht selbst schon als Evangelisator betätigte. Und wo die Bibeln verteilt worden waren, kam es nicht selten auch zur Bildung kleiner Gemeinden, die freilich nicht immer Bestand gehabt haben[13]. Heute gibt es in allen lateinamerikanischen Republiken Bibelagenturen bzw. nationale Bibelgesellschaften. 1948 wurde die ‚Sociedade Bíblica do Brasil' gegründet, 1966 die ‚Sociedad Bíblica de México', sowie die ‚Sociedad Bíblica Argentina'. Bis 1966 waren über 21 Mill. Bibelteile, darunter 689 570 Vollbibeln und 571 063 Neue Testamente in Lateinamerika verteilt, bzw. unter Selbstkostenpreis verkauft[14]. Nationale Bibelgesellschaften wie die brasilianische, die unter dem Motto arbeitet: „Die Bibel dem Vaterland geben"[15], sind nicht nur Stätten innerprotestantischer Zusammenarbeit, sondern zugleich Kristallisationspunkte für die ökumenische Zusammenarbeit in Lateinamerika. So konnte beispielsweise 1974 in Brasilien die erste Auflage eines „Neuen Testaments in heutiger Sprache", an dessen Übersetzung erstmals auch Katholiken beteiligt waren, innerhalb weniger Monate verkauft werden (200 000 Exemplare).

In diesem Zusammenhang ist auch die Tätigkeit der Gideons zu erwähnen, die sich in vielen Ländern intensiv darum bemühen, daß in jedem Hotelzimmer eine Bibel ausliegt. Ramos bemerkt zur Bibelverbreitung in Brasilien: „Tausende bekehrten sich zum Protestantismus, nachdem sie die Bibel ganz oder teilweise gelesen hatten. Es gab Fälle, in denen sich sogar ganze Gemeinden nach einer Prüfung des Buches bekehrten. Deshalb ist für viele die Bibel noch heute ein protestantisches Buch."[16]

---

[12] Vgl. Léonard 1963, 41ff, der irrtümlich Kidders Ankunft mit 1847 statt mit 1837 angibt - vgl. richtig bei Ribeiro 1973, 18. Zu Kalley vgl. Léonard aaO 50ff. Kalley taufte am 11.7.1858 den ersten Brasilianer, der in jüngerer Zeit zu einer protestantischen Kirche gehörte: Pedro Nolasco de Andrade (wenn man von den Kindern deutscher Einwanderer absieht). Die von Kalley begründete ‚Igreja Fluminense' in Rio ist die größte der Kongregationalen Kirche des Landes geblieben. Es sollte über 50 Jahre dauern, bis sich 1914 15 kongregationale Kirchen zu einer lockeren Konvention zusammenschlossen. 1962 bildeten die Kirchen des Nordens einen eigenen Regionalrat und traten aus der Konvention aus. Auch die ‚Congregacionais da Bíblia', die zur Gruppe Carl McIntires gehören, traten aus der Konvention aus. Die Kongregationalen sind zwar völlig nationale Kirchen, haben aber den typisch individualistischen, unabhängigen Geist der non-konformistischen Puritaner bewahrt. Theologisch sind sie ultra-konservative Fundamentalisten - vgl. Read 1967, 209ff, der mit insgesamt 30 000 kommunizierenden Gliedern in Brasilien rechnet.
[13] Read 1969, 48f.   [14] Picazo aaO 252.
[15] Vgl. die Zeitschrift der brasilianischen Bibelgesellschaft: A Bíblia no Brasil Nr. 96 (1973), 4.
[16] Zur ökumenischen Bibelübersetzung vgl. LWBI 41 (1974), 6; ferner Ramos 1968, 84f.

Zweifellos hat die Aktivität der protestantischen Bibelagenturen und -gesellschaften erheblich dazu beigetragen, das Interesse an der Bibel auf seiten der römisch-katholischen Kirche Lateinamerikas zu wecken, in Argentinien sogar schon Ende der zwanziger Jahre. Picazo zeigt in seinem Überblick, daß die vorkonziliare Epoche der fünfziger und die konziliare Epoche der sechziger Jahre in allen katholischen Landeskirchen eine stärkere Beschäftigung mit der Bibel in Form von Bibelwochen, Gründung von Bibelinstituten, biblischen Zeitschriften und Verstärkung der exegetischen Studien an den Seminaren gebracht hat. Wie im portugiesischen kam es auch im spanisch-sprachigen Bereich als Frucht der ökumenischen Neubesinnung des Vatikanum II zur Vorbereitung eines ökumenischen Neuen Testamentes. Wenn auch heute im Studium Fächern wie dem Kanonischen Recht nicht mehr stärkeres Gewicht beigemessen wird als den biblisch-exegetischen Fächern und biblische Studien nicht mehr als ein „Luxus" gelten, den sich die römische Kirche in Lateinamerika angesichts dringenderer Bedürfnisse nicht leisten kann, konstatiert Picazo nach wie vor einen enormen Rückstand und eine starke Abhängigkeit Lateinamerikas von Europa auf dem Sektor der exegetischen Forschung. Die größten Eigenanstrengungen hat diesbezüglich die katholische Kirche Brasiliens gemacht. Mehr als durch die protestantischen Seminare vor Ort wird heute protestantische Bibelwissenschaft durch katholische Theologen aus Lateinamerika, die in Europa und den USA studieren, vermittelt.

Die protestantische Bibelforschung ist in Lateinamerika absolut unterentwickelt. Die Bemühungen innerhalb deutscher Auswandererkirchen, etwa an der Theologischen Fakultät der EKLBB in São Leopoldo und der ‚Facultad Luterana' de José C. Paz bei Buenos Aires, deren Tradition heute in dem von acht Denominationen getragenen ISEDET fortgesetzt wird, bzw. in größerem Rahmen auch innerhalb der ASTE mit ihrem Übersetzungsprogramm für theologische Literatur, stellen eher eine Ausnahme dar. Der Elan der angelsächsischen Denominationen bei der Bibelverbreitung beruht gerade auf ihrer Überzeugung, daß die Bibel ein „heiliges Buch" ist, d. h. daß sie im Sinne der Verbalinspiration „Wort für Wort, Komma für Komma" von Gott diktiert ist, wie der Presbyterianer Ramos bemerkt. Die vom pietistischen Konservativismus mit dem reformatorischen Biblizismus kombinierte Vorstellung der absoluten Heiligkeit der Bibel hat die Bibel zwar im Sinne der Reformatoren zur „einzigen Glaubensregel und Verhaltensnorm" gemacht, sie aber durch das Dogma der Verbalinspiration ihrer sozial-ethischen Dynamik beraubt, indem sie entgegen Luthers hermeneutischem Prinzip, daß Christus die Mitte der Schrift sei, alle Teile der Bibel gleich wichtig nimmt. Indem die historische Genesis der Schrift mit ihrer Traditions-, Literar-, Form- und Redaktionsgeschichte nicht ernst genommen wird, wird auch die jeweils verschiedene historische Situation, in der das Wort Gottes verkündigt werden muß, nicht ernst genommen, so daß es, um mit lutherischen Kategorien zu sprechen, notgedrungen zu einem Auseinanderklaffen der beiden Reiche Gottes in ein und derselben Welt kommen muß[17].

---

[17] Unter dem Einfluß der evangelischen Bibelgesellschaften begann die katholische Bibelrenaissance stellenweise noch früher als Picazo annimmt. So begann die Hierarchie in Buenos Aires schon Ende der zwanziger Jahre die Katholiken über Rundfunk aufzufordern, in der Bibel zu lesen. An einem „Tag der Evangelien" wurde 1929 im Teatro Colón eine große Versammlung abgehalten, um die Bedeutung der

432 Die Rolle der protestantischen Auslandsgemeinden

Großbritannien bildete im 19. Jahrhundert den Haupthandelspartner der jungen lateinamerikanischen Republiken. Es schloß mit vielen von ihnen kurz nach ihrer Emanzipation Handelsverträge ab und sicherte darin für die Untertanen der britischen Krone eine Reihe von Sonderrechten, u. a. das Recht der freien Religionsausübung. Der erste derartige Vertrag wurde 1810 mit dem Königreich Brasilien abgeschlossen, da der portugiesische Prinzregent João seit der Flucht seines Hofes aus Lissabon vor den Truppen Napoleons Ende 1807 weitgehend von englischer Hilfe abhing.

Der Vertrag gestand den Engländern Religionsfreiheit auf brasilianischem Boden zu, allerdings mit drei einschränkenden Auflagen: Verzicht auf Proselytismus, Verzicht auf äußerlich als solche zu erkennende Kirchen und auf öffentliche Manifestationen ihres Kultes, der also auf das Innere der dafür bestimmten Räume beschränkt bleiben mußte. Trotzdem intervenierte der päpstliche Nuntius, Lourenço Calepi, bei Dom João gegen diese Konzession und versuchte sogar die Inquisition zum Schutz der römischen Religion gegen die Häresie wieder zu errichten. Beides scheiterte am Widerstand des Regenten, der es nicht auf eine Konfrontation mit den Engländern ankommen lassen wollte. Außerdem konnte von einer Gefahr durch die kleine Auslandsgemeinde kaum die Rede sein. Der liberale Bischof von Rio de Janeiro, José Caetano da Silva Coutinho, meinte sogar spöttisch: „Die Engländer haben in Wirklichkeit gar keine Religion, aber sie sind ein stolzes und stures Volk. Wenn wir ihrem Wunsch widerstehen, werden sie nicht nur darauf bestehen, sondern diesen Punkt zur Kardinalfrage erheben. Wenn wir aber nachgeben, werden sie ihre Kapelle bauen und nie hingehen."[18]

So entstand also in Rio de Janeiro die erste protestantische Gemeinde Lateinamerikas im 19. Jahrhundert, deren Kapelle 1819 eingeweiht wurde. Unter ähnlichen Bedingungen wurde 1825 nach der Anerkennung der Unabhängigkeit der La Plata-Provinzen durch England mit Hilfe einer Klausel im Handelsvertrag die Gründung einer anglikanischen Gemeinde mit eigener Kapelle in Buenos Aires ermöglicht, und zwar ohne äußere Bauauflagen[19]. Englische Kaufleute und Seeleute bildeten den Kern der anglikanischen Auslandsgemeinden, deren Gründung erheblich dadurch erleichtert wurde, daß sie in den Hafenstädten kostenlos von den Konsular-Kaplanen geistlich versorgt wurden. 1869 entsandte die Kirche von England einen Bischof auf die Malvinen

---

Evangelien zu unterstreichen. Anschließend verkauften junge katholische Damen in den Straßen 100 000 billige Exemplare des NT - vgl. CCLA 1929, 23f. Zu einer Brücke der römisch-protestantischen Verständigung wurde die Bibel indes noch nicht so schnell, wie ein Vorfall Ende 1932 zeigt. Damals ließ der Bischof von Florianópolis/SC im Hafen eine Ladung von 8 000 protestantischen Bibelübersetzungen in portugiesisch beschlagnahmen und verbrennen - EvBB 18 (1853), 3. Picazo aaO 244ff bringt einen Länderüberblick über katholische Bilbelinstitute, -zeitschriften etc. Zur Frage der Verbalinspiration vgl. Ramos 1968, 85f und Forschungsüberblick Prien 1972 P.

[18] R. Walsh, Notices of Brazil, 2 Bde, London 1830 I, 323 nach José Carlos Rodríguez, Religiões acathólicas, Rio de Janeiro 1901, 106ff zitiert nach Mc Intire 1969, 3. 4.

[19] Monti 1969, 62f. Äußere Beschränkungen für das Aussehen der Kapellen gab es in Buenos Aires nicht. Bis zur Gründung deutscher Auslandsgemeinden hielten sich die auslandsdeutschen Protestanten in der Frühzeit an die anglikanischen Gemeinden, z. B. in Buenos Aires - vgl. Villalpando 1970, III.

als Oberhirten für alle Gemeinden Südamerikas mit Ausnahme derer von Britisch Guayana. Im Laufe der Jahre strich die englische Regierung die Unterstützung, so daß die Gemeinden sich selbst erhalten mußten. So gab es 1905 in der damals größten Stadt Lateinamerikas, Buenos Aires, sieben Kongregationen der Kirche von England[20]. Wie bereits am Beispiel Chiles erwähnt, verfolgte die Arbeit der anglikanischen Auslandsgemeinden keinerlei evangelistische Ziele und blieb auf die englische Sprache beschränkt (vgl. 41235). Heute sind die im Laufe der letzten 160 Jahre in vielen lateinamerikanischen Hauptstädten gegründeten anglikanischen Auslandsgemeinden infolge des Überwiegens der Nordamerikaner nicht selten der Episkopalen Kirche der USA, bzw. in einer Reihe von Ländern wie Brasilien u. a. der örtlichen vorwiegend durch Einwanderung entstandenen Episkopalkirche angeschlossen. Außerdem schließen sich protestantische Nordamerikaner der gehobenen Schicht mit Vorliebe zu konfessionell ungebundenen ‚Union Churches' zusammen, die als Statussymbol auch auf Protestanten anderer Nationalität eine gewisse Anziehungskraft ausüben.

Die Problematik der Auslandsgemeinden soll im Folgenden exemplarisch an Hand der deutschen Auslandsgemeinden unter Verzicht auf die Beschreibung von Auslandsgemeinden anderer Nationalität beschrieben werden. Die Gemeinden bildeten sich zunächst aus in Lateinamerika ansässigen Kaufleuten, Diplomaten, Gelehrten, Ärzten, Ingenieuren und Technikern, die sich hauptsächlich in den wichtigsten Hauptstädten und Handelsplätzen in genügend großer Zahl fanden. Hinzu stießen typische Auswanderer oder deren Nachkommen, die aus der Landwirtschaft in ein städtisches Gewerbe überwechselten. So entstanden deutsche Auslandsgemeinden zuerst in Ländern wie Brasilien und Argentinien: Rio de Janeiro 1827, São Paulo 1858, Buenos Aires 1843; sie nahmen deutsche Auswanderer in größerer Zahl auf und erhielten dadurch eine breitere Basis zur Gemeindebildung. Hierzu gehören auch Uruguay und Chile, wo 1857 in Montevideo, 1867 in Valparaíso und 1886 in Santiago Gemeinden entstanden, die Pfarrer aus Deutschland beriefen[21]. Diese Gemeinden sind später alle in den Einwandererkirchen, wie sie in lateinamerikanischer Optik genannt werden, aufgegangen.

Bezeichnend ist für alle Auslandsgemeinden, daß sie nicht missionarisch ausgerichtet sind, sondern sich auf die Sammlung der aus Europa oder den USA stammenden Protestanten beschränken. In bezug auf Konfession und Nationalität sind sie nicht eo ipso engherzig, wie das Beispiel der Gemeinde von Rio de Janeiro zeigt, die sich als „Protestantische Deutsch-Französische Gemeinde" konstituierte und sich bewußt auf eine Symbiose zweier „Nationalidiome" und der „Glaubenssätze von Martin Luther und Calvin" stützte, wenngleich die Zusammenarbeit nicht über die Gründungsphase hinaus gelang[22].

---

[20] Latourette 1943, 105.
[21] Die Gemeinden von Buenos Aires und Montevideo bildeten sich aus Kaufleuten, Technikern, Lehrern, typisch städtischen Gruppen der vorwiegend freien Berufe. Später kamen Handwerker und Industriefacharbeiter hinzu, sowie Kolonisten im Zug des ländlichen Exodus. Aber der vorherrschende Zug der freien Berufe und die Verbindung mit dem modernen Unternehmer- und Manager-Bürgertum ist geblieben Büntig, Esperanza 68ff. Ähnliches gilt für São Paulo und Rio de Janeiro.
[22] Vgl. Festschrift zur Jahrhundert-Feier des Bestehens der Deutsch-Evangelischen Gemeinde in Rio de Janeiro von Fr. L. Hoepfner, Pfarrer Rio de Janeiro 1927, 5.

Hatten sich hier deutsch oder französisch sprechende Lutheraner und Reformierte aus deutschen und österreichischen Landen, aus der Schweiz und Frankreich zusammengefunden, so setzten sich doch auf lange Sicht immer mehr einsprachige Modelle von Auslandsgemeinden durch.

Streng lassen sich die genannten Auslandsgemeinden nicht von den in Brasilien sogar noch eher gegründeten Kolonistengemeinden unterscheiden, mit denen sie sich 1912 zur Mittelbrasilianischen Synode zusammengeschlossen haben. Dennoch heben sie sich bis heute auf Grund ihrer soziologischen Zusammensetzung von den Landgemeinden ab, da in ihnen eindeutig die Mittelschicht dominiert. Außerdem wurde das deutsche Element in den städtischen Zentren immer wieder durch Neuankömmlinge aufgefrischt. Seit Mitte des 20. Jahrhunderts kommen auch immer mehr Vertragskräfte, auf Zeit entsandte Kaufleute, Techniker, Lehrer, Wissenschaftler u. a. Alles das trägt dazu bei, daß die genannten ehemaligen Auslandsgemeinden deutsche Sprache und Kultur noch wesentlich mehr pflegen als die Einwandererkirchen, zu denen sie jetzt gehören, so daß der Grad der Integration in und der Identifikation mit dem Land, in dem sie sich befinden, geringer ist.

Abgesehen von den ABC-Staaten sowie Paraguay und Uruguay blieb die deutsche Einwanderung in Lateinamerika ziemlich unbedeutend, so daß es für die relativ kleine Zahl deutscher Residenten in den Handelszentren schwierig war, Auslandsgemeinden zu gründen. Dennoch gelang dies 1861 in Mexiko-Stadt, 1894 in Caracas, 1899 in Lima/Callao, 1923 in La Paz, 1929 in Guatemala-Stadt. Die Gemeinden litten nicht selten unter längeren Vakanzen, u. a. während der beiden Weltkriege. Besonders im Zweiten Weltkrieg lösten sich einige ganz auf, als z. B. in Zentralamerika alle Männer der deutschen Kolonien nach den USA deportiert wurden.

Die Dekade der fünfziger Jahre bezeichnet eine neue Phase von evangelischen Auslandsgemeindegründungen oder -wiedergründungen. Die Initiative ergriffen wie früher die „Laien" vor Ort. Ein Schub von Vertriebenen und Flüchtlingen aus Mittel- und Osteuropa hatte die Zahl der Protestanten vielerorts anwachsen lassen. Hatte nach dem Ersten Weltkrieg der Kirchenausschuß der Evangelischen Kirchen in Deutschland für die Neubelebung und -versorgung der Gemeinden gesorgt, so tat es nach dem Zweiten Weltkrieg zunächst der Lutherische Weltbund mit seiner Flüchtlingshilfe und der Entsendung nordamerikanischer lutherischer Pastoren in die vakanten Auslandsgemeinden und später das Kirchliche Außenamt der Evangelischen Kirche in Deutschland[23].

Ein Problem jeder Auslandsgemeinde, gleich welcher Konfession und Nationalität, ist die schwer zu vermeidende Identifikation von Sprache, Volks-

---

[23] Vgl. zu den deutschen Auslandsgemeinden im einzelnen Pfeiffer 1969; Brückenschlag II, 1968; Trautmann 1973; sowie Festschriften der einzelnen Gemeinden bzw. in den ABC-Staaten auch der Synoden. Was P. Ulrich Fischer in bezug auf die Gemeinde São Paulo in LD 8 (1972), 2 schreibt, gilt genauso für die Gemeinde von Rio de Janeiro: „Sie war bis zum Zweiten Weltkrieg eine deutsche Auslandsgemeinde mit einer bestimmten Tradition und einem großen Selbstbewußtsein gewesen. Sie lebte ganz auf sich bezogen, so daß sich die Gemeinde deutscher Herkunft plötzlich in einer ghettoähnlichen Situation befand". Erst in den sechziger Jahren löste sich diese Verkrampfung, indem die Gemeinde ihre Umwelt entdeckte und das Portugiesische als gleichberechtigte Gottesdienstsprache akzeptierte. Hier muß der Vf. einschränkend bemerken, daß hinsichtlich des Portugiesischen als Gottesdienstsprache noch erhebliche Vorbehalte vorhanden sind.

tum und Evangelium, die die Gemeinde im Gastland absondert und die Zusammenarbeit mit Protestanten anderer Sprachen und anderer Konfession, ja sogar mitunter derselben Konfession, erschwert, wenn nicht verhindert.

Bei den deutschen Auslandsgemeinden erreichte die Identifikation von Sprache, Volkstum und Evangelium in den dreißiger Jahren einen absoluten Höhepunkt. Das war für den kirchlichen Auftrag besonders gefährlich, weil deutsches Volkstum auch noch von der nationalsozialistischen Ideologie her interpretiert wurde, so daß die Gemeinden nicht selten nationalsozialistischen Propagandazentren glichen. Es fehlt nicht an Beispielen, daß die Pastoren selbst Parteimitglieder und Kirchenvorsteher gleichzeitig Vorstandsmitglieder der Ortsgruppe der NSDAP waren[24]. Hinsichtlich der Pflege des Deutschtums, die man vor dem Zweiten Weltkrieg „bis hin zur Perversion durch Unterordnung unter die nationalsozialistische Ideologie" getrieben hatte[25], ist man nach dem Kriege natürlich viel zurückhaltender geworden. Aber das Problem der Überschreitung der Sprachgrenzen ist nach wie vor virulent. Die Gemeinde in Guatemala-Stadt ist die einzige, in der es durch Kontakte während des Zweiten Weltkrieges 1947 zur Zusammenarbeit mit der lutherischen Missouri-Synode der USA und dadurch auch mit deren spanisch-sprachiger Arbeit gekommen ist. Dort gibt es heute eine Gesamtgemeinde von durch die Mission gewonnenen Guatemalteken, sowie englisch-sprachigen Lutheranern, die von einem Missouri-Pfarrer betreut werden, und deutsch-sprachigen Lutheranern, deren Pfarrer vom Außenamt der EKD entsandt wird. Doch bleibt es schwierig, zu einer echten Gemeinschaft unter den verschiedenen Gruppen zu kommen. Wahrscheinlich hat die Erdbebenhilfe des Jahres 1976 den Integrationsprozeß gefördert. Vor ähnlichen Problemen steht die Gemeinde St. Michael in Caracas, die nach ihrer Neugründung 1951 im Jahre 1952 zu einer Gesamtgemeinde für lutherische Letten, Ungarn und Deutsche mit je eigenen Pfarrern erweitert wurde. Später kam mit weiteren Pfarrern noch die Arbeit für die skandinavische, englische und spanische Sprachfamilie hinzu. Weniger als zu erwarten, wird die spanische Landessprache als lingua franca zu einem einigenden Band in dieser wie in anderen Auslandsgemeinden.

Das Beharrungsvermögen in den Volkssprachen ist sehr groß. Teilweise fehlt aber auch der gute Wille, sich zur Förderung des christlichen Miteinander und der Gemeinschaft stärker der Landessprache zu bedienen. Das hat zur Folge, daß sich ein gefährlicher Abgrund auftut zwischen der traditionellen sonntäglichen Kult-Muttersprache und der Zweitsprache des Alltags, in der die täglichen Geschäfte abgewickelt werden, so daß es auch in der Mentalität der Gemeindeglieder zu einer unlutherischen Trennung der beiden

---

[24] In den Festschriften der Gemeinden wird dieser Punkt freilich stets schamhaft verschwiegen. Zipser 1972, 32 gebührt das Verdienst, diesbezüglich die Vergangenheit der Gemeinde von Guatemala etwas erforscht zu haben. Hier gab es die erwähnte Personalunion zwischen Kirchen- und Parteivorstand bei einem Gemeindeglied. Hier versuchte Pfarrer Dörffler in seiner Reminiszere-Predigt vom 1. Mai 1933, „den ‚Deutschen Geist' dem Hl. Geist zuzuordnen" (vgl. Deutsche Zeitung, Wochenbeilage zu Nuestro Diario, Guatemala, v. 6. 5. 33, S. 4). Die „eindeutig nationalsozialistische Ausrichtung eines großen Teils der Gemeinde, einschließlich des Pfarrers", führte in Guatemala zu keinen nennenswerten Auseinandersetzungen. In São Paulo schrieb „im Jahre des Heils 1933" P. Martin Begrich, der spätere Präses der MBS: „Das Wartburghaus São Paulo darf mit Recht für sich in Anspruch nehmen, bewußt seit 1931 christliche und nationalsozialistische Weltanschauung hineingetragen zu haben in die zahlreichen Vereine und unter die Jugend unserer großen deutschen Kolonie" - DEBB 16 (1934), 15. Vgl. zu diesem Problem in Brasilien Prien 1971 und Dreher 1975, 248ff.

[25] Zipser aaO 41.

Reiche, zwischen Feiertag und Arbeitstag, zwischen Sakralem und Profanen kommen kann und damit die Gemeinde zu einem christlichen Erbauungsverein umfunktioniert wird, der dem Leben an gewissen Höhepunkten die notwendige Weihe zu geben vermag, aber nicht die Ethik der Arbeitswelt bestimmt. In der Arbeits- und Geschäftswelt werden statt dessen allgemein anerkannte Eigengesetzlichkeiten bestimmend. Mit dieser Gefahr haben die Auslandsgemeinden ständig zu kämpfen, auch ehemalige Auslandsgemeinden wie z. B. die von Rio de Janeiro oder São Paulo, die nach wie vor viel Wert auf die Benutzung des Deutschen als Gottesdienstsprache legen.

Der Zusammenhalt zwischen verschiedensprachigen Lutheranern nichtlateinamerikanischer Herkunft scheint weitgehend vom Vorhandensein von Pfarrern für jede Sprachgruppe abhängig zu sein, der Zusammenhalt mit durch die Mission gewonnenen Lateinamerikanern niedrigerer Schichten aus sozialen Gründen kaum zu bewerkstelligen zu sein.

Als Beispiel sei Kolumbien erwähnt. Hier versuchte der schwedische Pastor Åke Kastlund ab 1952 die Gründung multinationaler Gemeinden. 1954 wurde eine ‚Federación Evangélica Luterana de Colombia' ins Leben gerufen, zu der auch die aus der Missionsarbeit der ‚Evangelical Lutheran Church Mission' hervorgegangenen kolumbianischen Gemeinden gehören sollten. Die Tatsache, daß die Regierung diesem Bund die Anerkennung als juristische Person verweigerte, dürfte nur eine sekundäre Ursache für sein kümmerliches Dahinsiechen sein. Zwischen den einzelnen Sprachgruppen ging schnell jede organisatorische Verbindung verloren. Die skandinavische Gruppe zerbröckelte langsam nach Kastelunds Abgang. Pastor P. O. Wahlberg gab 1959 die Arbeit unter den ca. 400 in Kolumbien verstreut wohnenden Skandinaviern endgültig auf, weil ihre geringe Zahl ihm auf die Dauer als ausschließliche Motivation für die Arbeit eines Pfarrers nicht auszureichen schien. Er empfahl den Skandinaviern, in anderssprachigen lutherischen Gemeinden heimisch zu werden. Das taten aber die wenigsten. Viele schlossen sich statt dessen einer ‚Union Church' an[26]. Das hatten auch Glieder der deutschen Gemeinde von Guatemala nach dem Zweiten Weltkrieg getan[27].

Hier zeigen sich eindeutig Abnutzungserscheinungen der konfessionellen Volkskirche. Nicht das Bekenntnis erweist sich über die Sprach- und Klassengrenzen hinweg als einigendes Band, sondern die soziale Affinität. Ist aber die Gemeinde ein Verein, in dem man sich gegenseitig seinen gesellschaftlichen Status bestätigt, dann kann von christlicher Kirche kaum noch die Rede sein. So wenig übrigens wie in Kolumbien ist aus soziologischen und sprachlichen Gründen die Zusammenarbeit mit den einheimischen Missionsgemeinden in Mexiko vorangekommen.

Der Präsident der ‚Federación Evangélica de México', Pastor Rubén Castareda, bedauerte im Mitteilungsblatt der deutsch-sprachigen Gemeinde in Mexiko, daß die evangelischen Ausländergemeinden in Mexiko keinerlei Bereitschaft zeigten, mit den evangelischen mexikanischen Gemeinden zusammenzuarbeiten und „sich mit dem mexikanischen Volk zu identifizieren"[28].

---

[26] Trautmann 1973, 17f.
[27] Zipser aaO 33: „Ausschlaggebend für ihre (der Union Church) Attraktivität dürfte gewesen sein (und ist es bis heute), daß sich in ihr die bessere Gesellschaft des Landes, soweit sie nicht katholisch ist, trifft."
[28] LBWI 6/73, 4 (7. 2. 1973).

Da die Glieder der Auslandsgemeinden in ihrer Mehrheit der Mittelschicht bzw. der gehobenen Mittelschicht und damit zum privilegierten Bevölkerungsteil in den lateinamerikanischen Staaten gehören, erweist es sich als schwierig, in ihnen ein sozialkritisches Bewußtsein für die Landesprobleme zu wekken. Seit den sechziger Jahren hat sich zwar eine Reihe beeindruckender Sozialarbeiten in deutschen Auslandsgemeinden, oft durch die Initiative des jeweiligen Pastors und einiger weniger Gemeindeglieder, entwickelt. Man denke an das bekannte Sozialzentrum in Mexiko oder an die Kindertagesstätte (Casa Belén) in Lima[29]. Aber die Frage bleibt, inwieweit werden derartige Sozialarbeiten inzwischen vom echten Engagement der Gesamtgemeinde getragen, inwieweit engagieren sich die einzelnen persönlich und inwieweit delegieren sie ihren Beitrag an Dritte. Wo wird mehr getan, als aus dem Überfluß gegeben, wo ist die Beteiligung an Hilfsprojekten mehr als ein sozialethisches Alibi? Wo kommt es gar zu einer Zusammenarbeit mit den sozialkritischen oder revolutionären Kräften des jeweiligen Landes? Das sind freilich Fragen, die Gemeinden sich überall stellen müssen.

Die Probleme der Auslandsgemeinden sind hier verhältnismäßig ausführlich dargestellt worden, weil sie vielerorts als Aushängeschild des Protestantismus beachtet werden. Dennoch können ihre Probleme hier nicht ausdiskutiert werden. Bei all ihrer Fragwürdigkeit erfüllen sie einen Dienst, wirken nicht selten volksmissionarisch, indem sie der Kirche entfremdeten Gliedern das Evangelium wieder nahebringen. In den auf Freiwilligkeitsbasis organisierten Auslandsgemeinden wird vor dem Hintergrund der Diasporasituation und der Gesellschaftskrise der lateinamerikanischen Staaten die Krise der konfessionellen Volkskirche noch deutlicher als in Deutschland. Eine Auslandsgemeinde kann ihre Existenz heute nicht mehr als Selbstzweck im Interesse ihrer Glieder rechtfertigen, sondern nur durch ein umfassendes, ihrer Umwelt verständliches christliches Zeugnis, das die Identifikation mit den Problemen des Gastlandes und seiner Menschen einschließt.

433 Die deutschen Einwandererkirchen

4331 Einwanderung, Bekenntnisstand, Volkstum

Unter den Evangelischen, die nach Lateinamerika ausgewandert sind und die die Substanz der Einwandererkirchen bilden, dominieren eindeutig die Deutschen, deren Einwanderung sich nach der Reihenfolge der Intensität auf die Länder Brasilien, Argentinien, Chile, Uruguay und Paraguay konzentrierte. Für die in diesen Ländern entstehenden Einwandererkirchen sollte das reformatorische Bekenntnis und die gemeinsame Sprache und kulturelle Tradition, die man später gern mit dem Begriff Deutschtum bezeichnete, konstitutiv werden.

Wenn hier von Deutschen gesprochen wird, dann ist dies mehr im kulturellen als im politischen Sinne zu verstehen, denn erstens kamen die Einwanderer vor 1871 aus den verschiedensten deutschen Ländern und zweitens kamen sie auch aus Rußland, Österreich und der Schweiz. Erst ab 1871 kann

---

[29] Vgl. Brückenschlag II die Berichte von Stierle 113ff, Mercker 123ff und allgemein zu den Auslandsgemeinden Müller 19ff, der ex officio die Entwicklung der Auslandsgemeinden etwas optimistisch sieht.

man einen Unterschied zwischen Reichsdeutschen und Volksdeutschen machen. Es liegt auf der Hand, daß alle diese Einwanderer und diejenigen, die später kamen, also nach 1871, nach 1918, nach 1933 oder nach 1945, ein ganz anderes Deutschlandbild mitbrachten und repräsentierten bzw. eine andere Vorstellung von deutscher Kultur, wenn es Volksdeutsche, Österreicher oder Schweizer waren. Das von den Kirchen als mitbegründendes und verbindendes Element betrachtete Deutschtum ist also immer ein schillernder Begriff gewesen.

Genauso vielfältig war der Bekenntnisstand der Einwanderer[30]. Sie kamen aus lutherischen, unierten und reformierten Kirchen. Dieser sowohl konfessionell wie kulturell und natürlich auch soziologisch geringe Grad an Uniformität machte einen langen Prozeß des Zusammenwachsens sowohl in den Gemeinden wie auch in den Synoden erforderlich, der zunächst durch das gemeinsame Erlebnis der fremden Umwelt und Sprache und des schweren Anfangs gefördert wurde. Den zentripetalen Kräften standen aber auf längere Sicht die zentrifugalen Kräfte der wachsenden Anpassung an die fremde Umwelt in Mentalität und Sprache, aber auch in Form des Katholizismus gegenüber, dem nicht wenige sich mangels regelmäßiger protestantischer Betreuung oder infolge von Mischehen anschlossen. Man kann aus dem historischen Prozeß die Regel eruieren, daß der Übergang zur Landessprache leicht zum Verlust des traditionellen protestantischen Bekenntnisses führt. Vielfach zogen die Pfarrer und Kirchenleitungen daraus den falschen Schluß, daß man also mit aller Macht das Deutschtum verteidigen müsse, um das protestantische Bekenntnis zu retten. Dieser verhängnisvolle Irrtum bestimmte die Kirchenpolitik bis zum Zweiten Weltkrieg. Erst nach und nach setzt sich seitdem die Erkenntnis durch, daß man obige Regel nur durchbrechen kann, wenn man das protestantische Bekenntnis aus einer Traditionssache wieder zu einer lebendigen, auf den lateinamerikanischen Kontext der Gegenwart bezogenen Überzeugung macht. Hier gilt es einen Rückstand gegenüber den Missionskirchen nordamerikanischer Tradition und den streng konfessionalistischen Missouri-Lutheranern aufzuholen.

Wenn auch die Deutschstämmigen heute zum Teil schon untereinander stark vermischt sind, so kann man doch noch einige typische Siedlungsgebiete erkennen, wobei zu beachten ist, daß landsmannschaftliche Besonderheiten vielfach auch in den dominierenden Elementen aufgegangen sind. Solche dominierenden Elemente sind z. B. in Brasilien die Hunsrücker, die Pommern, die Westfalen und die Schwaben. Dabei kamen die Hunsrücker, die Mecklenburger und die Pommern aus einem ganz kümmerlichen sozialen Milieu. Sie waren Häusler oder bessere Leibeigene.

Die Mecklenburger und Pommern kamen vorwiegend aus Landarbeiterkreisen, die Hunsrücker „aus den Verhältnissen armseliger Kleinbauern". Trotzdem hatten auch die

---

[30] Stellenweise gab es allerdings auch eine gewisse konfessionelle Homogenität. So nennt Schlünzen 1951, 97ff für SC Einwanderer aus Pommern, Mecklenburg, Hannover, Braunschweig, Schleswig-Holstein und Hamburg, also alles Gebiete lutherischer Tradition. Schlünzen betont, daß die norddeutschen Auswanderer ein „lutherisch gebundenes kirchliches Bewußtsein" mitbrachten. „Man hätte auch in der kirchlich am meisten verwahrlosten Zeit unseren Pommern nie ihren lutherischen Katechismus nehmen und durch einen anderen ersetzen können. Keine Pommernfamilie war aus der deutschen Heimat geschieden, ohne als größtes Gut Bibel, Gesangbuch oder sonst einen alten Tröster mit einzupacken".

in sozialer und kultureller Hinsicht Rückständigen unter den deutschen Einwanderern wohl alle eine minimale Schulbildung mitbekommen. Dadurch waren sie den lusobrasilianischen Häuslern, mit denen sie im Innern des Landes in Berührung kamen, weit überlegen". Die Pommern siedelten vorwiegend in Espírito Santo und im Süden von Rio Grande do Sul (São Lourenço/Pelotas), Gegenden, deren zivilisatorisches Niveau bis heute noch recht niedrig ist. Pommern siedelten aber auch zusammen mit vielen anderen Norddeutschen in Joinville und im Itajaí-Tal in Santa Catarina. Hunsrücker und Rheinländer ließen sich in der sogenannten „alten Kolonie" um São Leopoldo nieder, von wo aus sie sich in den folgenden Generationen weiter ins Innere von Rio Grande do Sul ausbreiteten, wo es auch Westfalen in Teutônia und um Estrêla herum gab, ferner Schwaben in Panambi, Pommern in der Gegend von Santa Cruz do Sul und Böhmen in Nova Petrópolis[31]. Nachdem die UdSSR 1929 die Ausreise von Rußlanddeutschen gestattet hatte, kamen größere Gruppen nach einer langen Odyssee nach Brasilien, wo sie in West-Santa Catarina (Palmitos, Cunha Porã etc.), in Paraná (Witmarsum, Boqueirão) und in Rio Grande do Sul (bei Bagé) angesiedelt wurden[32]. Wolgadeutsche waren freilich schon seit den siebziger Jahren des 19. Jahrhunderts nach Brasilien und dann in wachsendem Maße nach Argentinien ausgewandert, wo sie sich in der Provinz Buenos Aires und in Entre Ríos niederließen, Bessarabiendeutsche besonders in der Pampa Central und Wolhynier (Deutsche aus der Ukraine) in Misiones[33].

Kleinere Gruppen von Rußlanddeutschen ließen sich auch in Uruguay, im Departement Paysandú und einzelne in Paraguay nieder[34]. Paraguay und in geringerem Maße auch Uruguay sollten von den zwanziger Jahren an das Ziel von rußlanddeutschen Mennoniten werden, ferner der brasilianische Staat Paraná.

Für die Rußlanddeutschen allgemein waren die Anpassungsschwierigkeiten in der neuen katholischen Umgebung größer als für andere deutsche Auswanderer, was mit ihrer konservativen Ethik, ihrer Strenge und ihrer pietistischen Frömmigkeit zusammenhing, die zu einem mehr passiven Verhalten zur Umwelt führten, so daß sie leicht abgeschlossene Inseln oder Ghettos bildeten. Andere Deutsche und Schweizer, die sich vor 1871 ohne ein ausgeprägtes Nationalgefühl in den argentinischen Kolonien bei Santa Fe angesiedelt hatten, waren Ende des 19. Jahrhunderts schon so assimiliert, daß sie 1898 einen zweisprachigen Pastor anforderten. Nach dem Ersten Weltkrieg in die argentinische Provinz Misiones eingewanderte Reichsdeutsche hingegen waren von

---

[31] Dressel 1967, 10ff.
[32] M. Fischer 1970, 33. Ein anderes soziologisches Element kam mit den „Brummern" ins Land, den Offizieren und Soldaten der brasilianischen Fremdenlegion, die sich, enttäuscht vom Ausgang der deutschen Revolution von 1848, von Brasilien zum Krieg gegen Argentinien hatten anwerben lassen. Viele dieser Liberalen hatten eine höhere Schulbildung und betätigten sich nach dem Ende des Krieges gegen Rosas in RS als Lehrer, Handwerker, Techniker, Landvermesser, Kaufleute und Schriftsteller. Sie verschafften dem deutschen Element ersten gesellschaftlichen und politischen Einfluß - vgl. Schmid 1949.
[33] Riffel 1928 - Argentinien bot günstigere Siedlungsbedingungen, weil hier große Campflächen zur Verfügung standen, die nicht erst von Urwald gesäubert zu werden brauchten, und weil hier wie in der russischen Heimat ohne weiteres Weizen angebaut werden konnte. Deshalb zog auch eine Anzahl Wolgadeutscher von Brasilien weiter nach Argentinien. Zum Problem der Rußlanddeutschen am Ende des Ersten Weltkriegs vgl. Schleuning 1922.
[34] Riffel 1928, 68 erwähnt in Uruguay die Kolonie Ulmenau, auch seit 1927 die ‚Colonia 19 de Abril' - so nach Hindenburgs Geburtstag genannt - ferner ‚Piedras Coloradas' und eine Gruppe bei Casa Blanca.

einem starken Nationalbewußtsein und der Überzeugung der ungerechten Niederlage Deutschlands geprägt, so daß sich dort in den dreißiger und vierziger Jahren wahre „Hochburgen des Deutschtums" und des Nationalsozialismus bildeten[35].

Die deutsche Auswanderung nach Chile begann im größeren Maße 1850, also nach dem Zusammenbruch der Revolution von 1848, und brachte neben Bauern und Handwerkern eine größere Zahl von Liberalen ins Land, gebildete und bemittelte Leute, die sich in Valdivia, Puerto Montt und Santiago niederließen, während die Bauern vorwiegend die heutige Provinz Llanguihue im Süden urbar machten. Die zweite Welle deutscher Einwanderer kam nach 1870 und besetzte die Frontera, d. h. das südliche Grenzgebiet zu den Araukanern, und Temuco, die dritte Welle kam nach dem Ersten Weltkrieg[36] und ein letzter Schub nach dem Zweiten Weltkrieg.

Die Rolle, die das deutsche Volkstum in den Auslandsgemeinden und in den Einwandererkirchen bis zum Zweiten Weltkrieg spielte, läßt sich nur auf dem Hintergrund der geistesgeschichtlichen Entwicklung in Deutschland verstehen.

„Schon die Vorstufen" der Herausbildung des deutschen Nationalgedankens „im Pietismus und bei Herder haben Geschichte und Offenbarung, Volksgeist und göttlichen Geist in Beziehung zueinander gesetzt. Daran hat Schleiermacher angeknüpft, vor allem in seinen patriotischen Predigten. Er hat der protestantischen Theologie des 19. Jahrhunderts die später besonders von der Erlanger Theologie aufgenommene Organismusvorstellung vermittelt. Vor ihrem Hintergrund sind die christliche Gemeinde und das Volk als Gottes Schöpfungsordnung geradezu identifiziert worden". Der Begriff „Volkskirche" wurzelt im Idealismus. Friedrich Schleiermacher hat 1820 zunächst den Begriff „Volksgemeinschaft" und 1822 den Begriff „Volkskirche" geprägt[37]. Wie der Kontext zeigt – patriotische Predigten im Zeitalter der Befreiungskriege –, enthält der Volksbegriff bei Schleiermacher im Gegenüber zum Fürstenstaat ein kritisches Element, das deutlich macht, daß Volk und Staat nicht identisch sind. Der Begriff der „Volksgemeinschaft" zielt auf eine erweiterte Partizipationsmöglichkeit des Volkes am Staat. Ähnlich geht es Schleiermacher beim Begriff „Volkskirche" im Gegensatz zu der vom Landesfürsten „von oben" her geschaffenen Landeskirche um „die Möglichkeit, ‚von unten her' zu einer gesellschaftlichen Vereinigung der einzelnen Gemeinden auch über den Bereich eines Landes hinaus zu kommen"[38], also um die Ermöglichung einer Union von an Sprache und Volkstum orientierten Partikularkirchen über die Grenzen deutscher Partikularstaaten hinweg. Die Volkskirche als Alternative zur Obrigkeitskirche sollte im Zusammenhang mit der Kirchenreform auch deshalb eine wichtige Rolle spielen, weil sie die Möglichkeit einer Kirchenregierung „von unten her" eröffnete (Synodalfrage). Bei Schleiermacher zielt also der funktional verstandene Organismusbegriff auf die Form der Organisation von Kirche ab. Während mithin der Organismusbegriff bei Schleiermacher sowohl durch idealistisches wie liberales Denken geprägt ist, trat bei den konservativen Romantikern einseitig der idealistische Strang der Organismusvorstellung hervor. Nach Fichtes Urvolktheorie hat allein das deutsche Volk durch seine unverfälschte deutsche Ursprache einen direkten Zugang zum absoluten Geist erhalten. Diese Beziehung von deutschem Wesen und deutscher Sprache ist von den Romantikern immer wieder hervorgekehrt

---

[35] Büntig, Esperanza 69f.
[36] Vgl. DA 72 (1934), 1ff. 1934 wurde die Gesamtstärke der deutschen Kolonie in Chile auf 30 000 geschätzt.
[37] Jacobs 1970, 106f.
[38] Vgl. H.-R. Müller-Schwefe, Volkskirche, RGG³ VI, 1458–61.

worden. Sie verstanden das Volk als einen Organismus, dessen Wesen aus mystischen Tiefen der deutschen „Volksseele" erwächst. Auf dieser Linie des Denkens ergibt sich, daß jedes Volk einen je eigenen, seinem geistigen Wesen entsprechenden Zugang zum Evangelium besitzt[39]. Den besonderen deutschen Zugang hat der Reformator Martin Luther eröffnet. Dementsprechend wurde das völkische Denken in der zweiten Hälfte des 19. Jahrhunderts durch die zur Heroisierung des Reformators führende Komponente der Nationalisierung des evangelischen Christentums ergänzt[40].

Das völkische Denken wurde in erster Linie durch die Trägerorganisationen der deutschen Heimat vermittelt, in stärkerem Maße allerdings erst seit der Jahrhundertwende.

In der ersten Hälfte des 19. Jahrhunderts ist ein entsprechender Einfluß nicht nachweisbar, in der zweiten Hälfte war er nur gering. Bei der Basler Mission, dem Evangelischen Oberkirchenrat in Berlin (EOK) oder nichtkirchlichen Kolonisationsgesellschaften, wie etwa der Hanseatischen, die zusammen mit Dr. Blumenau für die Versorgung der Kolonien mit Pfarrern im brasilianischen Bundesstaat Santa Catarina sorgten, kann von einem diesbezüglichen Einfluß keine Rede sein. Bei der Rheinischen Missionsgesellschaft oder dem Gustav Adolf Verein (GAV) ging es primär um die Hilfe für Glaubensgenossen im Ausland. Erst nach dem Ersten Weltkrieg erlangte beim GAV die Erhaltung des Deutschtums in der Diaspora-Arbeit einen erheblichen Stellenwert. Während Bismark aller Deutschtumspolitik ablehnend gegenübergestanden hatte, kam es nach seinem Rücktritt (1890) unter dem Einfluß von Kaiser Wilhelm II. etwa ab 1896 zur Ausbildung einer Deutschtumspolitik des Deutschen Reiches. Das führte zu einem Kurswechsel des EOK, der durch das Preußische Kirchengesetz vom 7. Mai 1900 „betr. die mit der evangelischen Landeskirche der älteren Provinzen in Verbindung stehenden deutschen Kirchengemeinden außerhalb Deutschlands" ermächtigt wurde, den Anschluß von Einzelgemeinden im Ausland an die Preußische Landeskirche zu genehmigen.

Ansätze für die Arbeit zur Erhaltung des Deutschtums in Übersee sind schon früher erkennbar bei Dr. Friedrich Fabri, dem Missionsinspektor der Rheinischen Missionsgesellschaft, der 1864 das ‚Comité für die protestantischen Deutschen in Südbrasilien' gegründet hat, das sich 1881 mit der ‚Evangelischen Gesellschaft für die protestantischen Deutschen in Nordamerika' zusammenschloß zur ‚Evangelischen Gesellschaft für die Deutschen in Amerika' mit Sitz in Langenberg und unter dem Vorsitz von Fabri.

In ‚Der deutsche Ansiedler', dem Blatt der Gesellschaft, hatte Fabri 1874 darauf hingewiesen, wie wichtig es sei, „jenseits des Oceans einen deutschen Bruderstamm zu haben, der deutsch denkt und handelt, in Handel und Politik mit uns sympathi-

---

[39] Jacobs aaO.
[40] Das wurde besonders 1868 auf dem Lutherfest in Worms und 1883 beim Luthergedächtnis deutlich. Man verstand hier Luther als den „ewigen Deutschen" (v. Treitschke) und die Reformation als den Durchbruch der dem deutschen Wesen adäquaten Form des Christentums. Vgl. zum Kontext G. Ritter 1959; Tilgner 1970, 140; Bornkamm 1970 52ff, 261ff u. ö. Fausel 1936, 239 schreibt über den Gründer der RGS: „Für Dr. Rotermund war das evangelische Christentum von Deutschland gar nicht zu trennen; nicht nur, weil ihm das in RS in seinen Deutschtumskampf paßte, sondern weil er die Verschmelzung von deutsch und evangelisch für geschichtlich, psychologisch und wesenhaft begründet hielt ... Ohne die Deutschheit Luthers lasse sich auch sein reformatorischer Geist nicht denken".

siert und in allen Stücken unsere Interessen vertritt..."⁴¹. Fabri sah die Brasilienhilfe der Gesellschaft ausgehend von seelsorgerlichen Motivationen unter kirchlichen und nationalen Gesichtspunkten, weshalb er auch durch die Aussendung von Lehrern deutsche Sprache und deutschen Geist in Schule und Kirche unter den Ausgewanderten wachzuhalten suchte⁴². Nach Fabris Tod 1891 wurde die Arbeit zur Erhaltung deutscher Sprache, deutscher Sitte und deutschen Wesens in Südamerika noch verstärkt, nicht zuletzt seit Max Dedekind, der 1899–1904 als Pfarrer in der Riograndenser Synode (RGS) tätig gewesen war und 1908 die Führung der Gesellschaft übernommen hatte. Dadurch drohte das vorrangige Interesse an der Verkündigung des reformatorischen Evangeliums durch das Überwiegen des kulturellen und nationalen Interesses völlig in den Hintergrund gedrängt zu werden. 1938–41 dominierte schließlich der Einfluß der nationalsozialistischen Propaganda völlig⁴³.

Fast völlig unerforscht ist der Einfluß des 1886 gegründeten ‚Evangelischen Bundes' bei der Vermittlung völkischen Denkens. Ein Brief von P. Paul Dohms, dem Vater des späteren Präses der RGS, den er 1894 an die Synodalversammlung der RGS in Neu-Hamburg richtete, zeigt, daß es schon damals erste Zellen des Evangelischen Bundes in Südamerika gab:

„Unser Evangelischer Bund hat es sich zur Aufgabe gemacht, für die ‚Wahrung deutsch-protestantischer Interessen', wo immer diese gefährdet sind, in Lehr und Wehr, durch Wort und Schrift, einzutreten. Auch in diesem Stücke, geehrte Herren, liebe Brüder, meinen wir uns eins zu wissen mit Ihnen, die Sie mit uns gleichen Namens sind. Immer wieder merken wir es auf unsern ‚Vorposten im Auslande': Wo deutsche Brüder in Gefahr sind, ihre nationalen Güter, deutsche Sprache und deutsche Sitte zu verlieren, da verlieren sie in römischen Landen auch gar leicht das Erbgut ihrer Väter, den Segen der Reformation, die von deutschen Landen ausging. Und umgekehrt: wenn die göttlichen Realitäten fallen, so sinken auch leicht die menschlichen Ideale hin."⁴⁴

Speziell in bezug auf die von ihren „Sendlingen" gegründete ‚Evangelisch-lutherische Synode von Santa Catarina und anderen Staaten Brasiliens' (ELS) spielte auch die Deutschtumsarbeit der Lutherischen Gotteskastenvereine eine Rolle. Ihnen kam es zwar vorrangig auf das lutherische Bekenntnis an, dennoch wirkten die im Geist von Wilhelm Löhe am Diaspora-Seminar von Neuendettelsau ausgebildeten Kandidaten „als Boten Gottes zugleich auch als Bringer und Erhalter der Kultur"⁴⁵.

Was schließlich den Zeitpunkt anbelangt, an dem bei Pfarrern und Gemeindegliedern eine Besinnung auf ihr deutsches Volkstum einsetzte, so stel-

---

[41] F. Fabri u. a., Die Arbeit unter den evangelischen Deutschen in Brasilien. 5. Bericht des Comité...abgedruckt in DA 12 (1874), 170f zitiert nach Dreher 1975, 86.

[42] Vgl. DA 20 (1882), 1 und 3 und 24(1886), 36; 27(1889), 73. Fabri lehnt indes separatistische Ideen im Zusammenhang mit der Einwanderungsförderung ab - Dreher aaO.

[43] Vgl. Dreher aaO 87f, der auf den Einfluß Paul de Lagardes auf Dedekind hinweist. „Die Arbeit der Gesellschaft wird als ein ‚nicht unbedeutender nationaler Dienst' für das deutsche Volk angesehen, indem man ‚den Deutschen in Südbrasilien gegenüber die ‚schöne, gottgegeben Aufgabe' erfüllt, ihnen ‚deutsche Sitte und Kultur zu bewahren und sie in lebendigem Zusammenhang mit dem deutschen Volk und der evangelischen Kirche Deutschlands zu erhalten'" - Dreher aaO 88 nach M. Dedekind, Jahresbericht der Evangelischen Gesellschaft...Barmen 1908, 1f.

[44] SRS 8 (1894), Nr. 22, 90 (25. 11. 1894).

[45] Wüstner 1951, 41f.

len die Jahre 1870/71 mit dem deutsch-französischen Krieg und der Reichsgründung eine Zäsur dar. Sie stärkten den Stolz auf das Land der Väter[46]. Es liegt auf der Hand, welche Gefahr die seit 1933 in Deutschland fest etablierte völkisch-rassische nationalsozialistische Ideologie für Gemeinden und Kirchen bedeutete, die ähnlich wie der Gründer der RGS, Dr. Wilhelm Rotermund, der 1874 vom Komitee Fabris ausgesandt worden ist, meinten: „Deutschtum und Evangelium sind auf Leben und Tod verbunden." Denn „der evangelischen Kirche, welche mit Recht als eine Frucht der Vermählung des Evangeliums mit germanischem Geist bezeichnet worden ist, liegt die Pflege des Deutschtums im Blute"[47].

4332 *Die Evangelische Kirche lutherischen Bekenntnisses in Brasilien (EKLBB) (Igreja Evangélica de Confissão Luterana no Brasil)*

Sieht man von der anglikanischen Auslandsgemeinde in Rio de Janeiro ab, dann ist die heute zur ‚Igreja Evangélica de Confissão Luterana no Brasil' gehörende Gemeinde von Nova Friburgo im Staate Rio de Janeiro die älteste protestantische Gemeinde Lateinamerikas, die ununterbrochen bestanden hat.

Mit 334 deutsch-evangelischen Einwanderern, die teilweise aus seiner Gemeinde Kirnbecherbach (Hunsrück) stammten, ist Pfarrer Friedrich Oswald Sauerbronn am 3. Mai 1824 in der von den zuerst dort ansässigen Schweizern fast verlassenen Kolonie Neu-Freyburg eingetroffen, wo er kurz darauf unter Einbeziehung einiger Schweizer eine Kirchengemeinde gebildet hat.

Die Masse der deutschen Einwanderer wurde indes von der Regierung in die Südprovinzen gelenkt. Ihre erste Gruppe landete am 25. Juli 1824 an den Ufern des Rio dos Sinos auf dem Gelände einer verkommenen Krondomäne von Rio Grande do Sul.

Diesen Termin wählten die Behörden 1974 zur 150-Jahrfeier der deutschen Einwanderung. Die 43 Einwanderer, die mehrheitlich evangelisch waren, gründeten mit dem in ihrer Begleitung aus Hamburg gekommenen Georg Ehlers, der zwar in kirchlichen Diensten gestanden hatte, aber kein Pfarrer war [48], eine evangelische Ge-

---

[46] In der Festschrift der Gemeinde Joinville (ELS) heißt es diesbezüglich: „Das Jahr 1870 ließ unsere Eingewanderten viel an die politischen Vorgänge in ihrer alten Heimat denken. Aufs neue erwachte die Liebe zum Lande ihrer Väter. Mit Spannung erwarteten sie die Meldungen vom Kriegsschauplatz in Frankreich. Ihre Begeisterung für Deutschlands Sieg stieg hoch... Sie sahen in dieser Einstellung kein Hindernis, ihrem neuen Vaterland zu dienen und für das Wohl ihrer neuen Heimat sich einzusetzen. Und auch die, nicht von ‚diesem Stamme', sahen darin keinerlei Gefahr für ihr Land... Man tat, was zu tun völkische Pflicht war", und sammelte für die „im Krieg verwundeten Landsleute" - Wüstner 21f. Der erste Pfarrer, der an die Erhaltung der „deutschen Nationalität" in Brasilien dachte, dürfte Dr. Borchard gewesen sein. Nachdrücklicher wurde dieser Gedanke dann von Dr. Rotermund verfolgt - vgl. Dreher aaO 54ff und 73. Später spielte die Verehrung für Wilhelm II. eine erhebliche Rolle: „Wer von uns sollte nicht Kaiser Wilhelm mit Verehrung zugetan sein und Gott danken für die Gabe, die er unserem Volk in diesem Kaiser beschert hat?" - ELGB 9 (1913), Nr. 2, 12 zum 25. Jahrestag der Thronbesteigung des Kaisers. Auch dies ist also eine Stimme aus der ELS.
[47] Fausel 1936, 239; zum Kontext vgl. Prien 1971, 21.
[48] Dressel 1967, 17: „Aus den Kirchenregistern der evangelischen Gemeinde geht

meinde und nannte die neue Kolonie zu Ehren der brasilianischen Kaiserin Leopoldina von Habsburg São Leopoldo. Hier wie in den später gegründeten Pikaden (Urwaldsiedlungen) waren die aus der Heimat mitgebrachten Bräuche und kirchlichen Sitten verschieden. Auf alles, was in der Heimat selbstverständlich war, mußten die Einwanderer in den Pikaden „anfangs verzichten: da waren keine Kirchen, Schulen, Krankenhäuser, keine ordentlich ausgebildeten Pfarrer, Lehrer, Ärzte, keine Bücher, keine Zeitungen". Hinzu kamen das ungewohnte Klima, Insekten, die Härte des Kampfes mit dem Urwald und nicht selten gegen „Buger" (Indios)[49]. Die an sich gutmütigen Kaingang hatten anfangs die europäischen Siedler nicht behelligt. Erst die ständig fortschreitende Reduzierung ihres Jagd- und Lebensraumes ließ sie schließlich zu unerbittlichem Haß gegen die ‚cara-branca' (Weißgesichter) entflammen, so daß es zu einem gnadenlosen Kampf um Sein oder Nichtsein kam[50]. Wie wenig Verständnis die deutschen Siedler für die Lage der Indios hatten, zeigt deren Bezeichnung als „Ungeziefer" oder „dreckige Schweine" (bugres), die man zusammenschlagen müsse. Moreira Neto meint, daß in den stark abgekapselten deutschen Gemeinden die Betonung der Grundwerte Arbeit und Privateigentum und die puritanisch-protestantische Weltanschauung zur Herausbildung der Indianerfeindlichkeit beigetragen habe, eine Einstellung, die man auch bei deutschstämmigen Intellektuellen wie dem Historiker Varnhagen und dem Anthropologen von Ihering beobachten kann[51]. Als bloßes Hindernis für den Fortschritt werden die Indios indes bis heute auch von der Mehrheit der luso-brasilianischen Gesellschaft, der Wirtschaft und der Regierungsbürokratie betrachtet[52].

Man muß die deutsche Einwanderung in dem in Abschnitt 42313 geschilderten Kontext des Ersatzes für den nachlassenden Sklavenimport sehen. Die Einwanderer waren zunächst nur erwünscht „als Verkünder der ‚Religion der Arbeit'. Dem Brasilianer war es ziemlich gleichgültig, ob sie lesen und schreiben konnten und ob ihre Kinder es lernten, ob sie fleißig zur Kirche gingen

---

hervor, daß die protestantischen Familien bis 1845 von Pfarrern Voges, Ehlers, Klingelhöfer und Klentze betreut worden sind. Wahrscheinlich war keiner von ihnen - außer Klingelhöfer, von dem das 100-Jahrbuch „weiß..., daß er ordinierter Theologe war" (S. 468) - zum Pfarrer vorgebildet. Sie waren aber bei der kaiserlichen Regierung als Pfarrer registriert und wurden zum Teil sogar von dieser besoldet, jedenfalls de jure, obschon nicht de facto. Als Pfarrer konnte übrigens jeder von den Kolonisten gewählte Mann registriert werden. In der ‚Deutschen Zeitung' vom 9. 3. 1864, Pôrto Alegre, stand zu lesen: ‚Die Protestanten können zum Geistlichen wählen, wen sie wollen, und wäre er selbst Sauhirt, das ist der Regierung einerlei, ja noch mehr, sie erklärt ihn als befugt zu geistlichen, gesetzlich gültigen Funktionen, wenn er nur einen Wisch beibringt, in welchem ein halbes Dutzend Bauern erklären, daß sie ihn zu ihrem Geistlichen erwählt haben'". Zum Problem dieser sogenannten „Pseudopfarrer" vgl. Fischer 1967.
[49] Gottschald 1961, 13ff, der „das größte Hindernis für den kontinuierlichen Aufbau evangelischer Gemeinden und die Bildung einer Synode in RS" in der „Uneinigkeit des Pfarrerstandes" sieht.
[50] Vgl. Gansweidt 1946, 7f. „Daher die häufigen Überfälle auf die Kolonisten, der Raub von weißen Frauen und Kindern, die Zerstörung von Unterkünften, die Verwüstungen bebauter landwirtschaftlicher Flächen und das Abstechen von Haustieren. Das ‚Weißgesicht' wird für den Wilden der feindliche Mensch, der verhaßte Eindringling, den er in einem Kampf auf Leben und Tod zu schlagen schwört. Entweder siegen oder umkommen". Der Indio verteidigt sein Eigentum, den Urwald.
[51] Vgl. Schaden 1972; Baldus 1972; Schaden 1969.
[52] Vgl. Prien 1974, Indiana 1975 und 1976 LM; The Indians and the occupation of the Amazon, in: Barbados 1972, 338–342.

oder sonntags Kegel schoben — sie sollten viel roden, viel pflanzen und recht viel ernten". In der Terminologie von Soziologie und Kulturwissenschaft läßt sich die Problematik der Deutschbrasilianer im Spannungsfeld von Marginalisierung und Akkulturation beschreiben[53]. Daß ein erheblicher Teil von ihnen protestantischer Konfession war, wurde als ein notwendiges Übel hingenommen. Bis 1863 waren nicht einmal evangelische Ehen vor dem brasilianischen Gesetz gültig, und religiöse Mischehen mußten vor katholischen Priestern geschlossen werden. Erst die im Zuge der Revolution von 1889 im Jahre 1890 verkündete Trennung von Staat und Kirche verschaffte den protestantischen Bekenntnissen endgültig eine legale Heimstatt in Brasilien.

Durch die Verfassung von 1891, welche die Trennung von Staat und Kirche besiegelte, wurden die Kirchen auf die Grundlage des Vereinsrechts gestellt (vgl. 42314), was die Diskriminierung der „Akatholiken" beseitigte und ihre Organisationsmöglichkeiten verbesserte. Allerdings gab es in Rio Grando do Sul schon früher Ansätze zur regionalen Zusammenfassung der deutschen Einwanderergemeinden zu Synoden, d. h. zu „Gemeindekirchen" auf presbyterial-synodaler Grundlage. Der von P. Dr. Hermann Borchard unternommene erste Versuch einer Synodalbildung war nur von kurzer Dauer (1868—75)[54]. Besser erging es der Initiative eines zweiten Pfarrers von São Leopoldo, Dr. Wilhelm Rotermund, der 1886 die Riograndenser Synode (RGS) ins Leben rief. Es folgten weitere regionale Synodenbildungen: 1911 die des ‚Evangelischen Gemeindeverbandes von Santa Catarina' (EGSC), 1912 der ‚Mittelbrasilianischen Synode' (MBS) und 1905 der ‚Evangelisch-Lutherischen Synode von Santa Catarina, Paraná und anderen Staaten Brasiliens' (ELS). Könnte man die anderen Synoden ihrer Zusammensetzung und der Herkunft ihrer Pfarrer nach eher als uniert bezeichnen, wenngleich es in ihnen dem Bekenntnisstand nach keine Teilung in lutherische und reformierte Gemeinden gab, so war die durch die Aussendung von Pfarrern durch die Lutherischen Gotteskastenvereine entstandene ELS streng konfessionell lutherisch ausgerichtet. Die ELS übertrug innerdeutsche Frontstellungen nach Brasilien, indem sie ihren Hauptgegner im „Mischmaschprotestantismus" sah, den sie dem Präsidenten des EOK vorwarf und deshalb auch die Diaspora-Arbeit des Evangelischen Kirchenausschusses ablehnte. Denn Diaspora-Pflege ist nach dem Verständnis der Gotteskastenvereine nicht möglich ohne Bekenntnis. Und weil der Kirchenausschuß mit dem Bekenntnis nichts zu tun haben will, wird er zur „Unionsbehörde", in der der „Unionsteufel" zum Vorschein kommt[55]. Durch die Aktivität der ELS ist es zu unangenehmer Konkurrenz zwischen den Synoden, zu Gemeindespaltungen — z. B. in Curitiba — und zum Übertritt ganzer Gemeinden in die ELS — z. B. in Espírito Santo von der MBS zur ELS — gekommen.

Außerkirchliche Ereignisse wie die Nationalisierung der dreißiger Jahre und der Zwang, im Zweiten Weltkrieg völlig ohne die Hilfe der Mutterkirche und der Trägerorganisationen auszukommen — alle Synoden hatten sich in den zwanziger und dreißiger Jahren organisatorisch an das deutsche Kirchenwesen angeschlossen[56] —, führten ab 1938, als sich erstmals die Präsidenten der

---

[53] Schaden 1954, 181ff.   [54] Vgl. Hees 1968.
[55] P. Riegel im Vorwort des ELGB 2 (1906) Nr. 1, 1–3 (1. 7.). Dort schreibt er noch deutlicher im Hinblick auf jede Union: „Wir verwerfen und verdammen."
[56] Vgl. im einzelnen Prien 1977.

vier Synoden zu einer Konferenz zusammenfanden, zu einer wachsenden Annäherung zwischen der ELS und den anderen Synoden[57], von denen die RGS nach der Zahl ihrer Glieder und Gemeinden den absoluten Schwerpunkt bildete. 1949 wurde der „Bund der Synoden" gegründet, der 1955 vertraglich die Selbständigkeit von der EKD erhielt.

Der Zusammenschluß der Synoden hat also nicht sofort einen Zuwachs an Autonomie gebracht, aber die Möglichkeiten zur Verringerung der Abhängigkeit von der Heimatkirche erheblich verbessert und war insofern eine Voraussetzung des Vertrages von 1955. Die Bildung des Bundes markiert vor allen Dingen einen Wandel im Selbstverständnis der Synoden. „Die Zeit der deutschen Einwandererkirche, deren Arbeit naturgemäß eine vorwiegend sammelnde und bewahrende war, geht ihrem Ende entgegen. An ihre Stelle tritt eine Kirche, die sich als bodenständige Kirche mitverantwortlich weiß für das Land und dafür, daß in diesem Land heute und in alle Zukunft an alle Menschen ohne Unterschied die Botschaft des Evangeliums ausgerichtet wird." Der Bund verstand sich von Anfang an als Kirche, nicht als Kirchenbund, wenn auch erst die 2. Kirchenversammlung 1954 den Namen „Bund der Synoden" mit dem Zusatz „EKLBB" versah und die 4. Kirchenversammlung 1962 den ursprünglichen Namen „Bund..." ganz strich. Als Bekenntnisgrundlage galt von vornherein die Confessio Augustana von 1530 und der Kleine Katechismus Martin Luthers. Die Zusammenarbeit der Synoden wurde gefördert durch die 1962 erfolgte Fusion der ELS und der EGSC, der die Wiedervereinigung der Gemeinde Curitiba vorausgegangen war, und besonders durch die 1957 auf Initiative der RGS unter die Verwaltung des Bundes gestellte Theologische Hochschule in São Leopoldo[58], deren integrierende Funktion sich schon vorher bemerkbar gemacht hatte, u. a. weil der langjährige Präses der RGS, Hermann Dohms (1935–56), gleichzeitig Rektor der Fakultät (1946–56) und Präsident des Bundes der Synoden (1949–56) gewesen war.

1968 gelang dann die Schaffung einer Einheitskirche, die in vier Regionen (Kirchenprovinzen) unterteilt ist. An ihrer Spitze stehen hauptamtliche, auf Zeit gewählte Regionalpastoren, deutschen Bischöfen vergleichbar. Die Regionen ihrerseits sind in Distrikte unterteilt, deren Leitung nebenamtlich von auf Zeit gewählten Distriktspastoren, Pröpsten vergleichbar, wahrgenommen und koordiniert wird. Sitz von Kirchenleitung — Präsident und Kirchenrat (Conselho Direitor) — und Gesamtverwaltung ist Pôrto Alegre, die Hauptstadt des südlichsten Bundesstaates Brasiliens. Die Gewährleistung einer wirksamen Administration des gewaltigen Kirchengebietes, das von Rio Grande do Sul über Santa Catarina, Paraná, São Paulo, Rio de Janeiro, Minas Gerais bis Espírito Santo mit Ausläufern bis Salvador, Recife, Brasilia und Mato Grosso reicht, ist problematisch.

Ab Santa Catarina hört man Klagen über die „Gauchofizierung"[59] der Kirche. Bei

---

[57] Faktoren der Annäherung der Synoden waren: die völlige Trennung von der deutschen Kirche während des Zweiten Weltkrieges, die persönliche Freundschaft des RGS-Präses Dr. h. c. H. Dohms (1935–55) mit dem Präses der ELS, Ferdinand Schlünzen DD. (1935–54), gemeinsam von allen Synoden genutzte Institutionen der RGS, besonders das Proseminar und ab 1945/56 die Theologische Hochschule, sowie die Schriftenzentrale und das Vorbild der Schaffung der EKD als eines Kirchenbundes aus lutherischen, unierten und refomierten Kirchen, ferner die Erkenntnis, daß von nun an das Erbe und Bekenntnis der Reformation die einzige Richtlinie für die Arbeit der Synoden sein mußte.

[58] Zur Nachkriegsentwicklung vgl. Schlieper 1966, 233ff.

[59] Die Einwohner des bis zum 19. Jahrhunderts fast ausschließlich von Viehzucht

der „Gauchofizierung" handelt es sich nicht nur um ein räumliches Problem, also um die Konzentration kirchlicher Einrichtungen im Großraum Pôrto Alegre, auch nicht nur um die Frage der Personen - in Kirchenleitung, -verwaltung und Instituten dominieren eindeutig die „gauchos" -, sondern auch um eine Frage der Mentalität. Vom wirtschaftlich relativ gut dastehenden Süden aus bekommt man die enorme soziale Not etwa des Nordostens, die Probleme des brasilianischen Großraums, die sich aus dem ländlichen Exodus ergebende Proletarisierung der Bevölkerung in den städtischen Ballungszentren, die neue Westkolonisation seit Beginn der siebziger Jahre und die Verantwortung für die brasilianische Gesellschaft schwerer in der Blick als von zentraleren Standorten, die freilich von den kirchlichen Schwerpunkten wieder weiter entfernt liegen.

Wenngleich die südliche Regionalmentalität im brasilianischen Kontext etwas marginalisierend wirken kann, ist der Marginalisierungseffekt nicht besorgniserregend und überhaupt nicht mit jenem, der durch die Deutschtumspflege bedingt war, zu vergleichen, die die Synoden vor dem Zweiten Weltkrieg ins kirchliche und gesellschaftliche Ghetto manövriert hatte.

Zum Punkt Volkstumspflege muß indes berücksichtigt werden, daß der brasilianische Staat den Einwanderern keine Erziehungs- und Sozialeinrichtungen geboten hat, so daß diese völlig verproletarisiert wären und ihre Identität verloren hätten, wenn sie nicht zusammen mit den Pastoren wirksame Eigeninitiativen ergriffen hätten. So gab es 1936 allein im Bereich der RGS 225 deutschsprachige Privatschulen mit knapp 7500 Schülern. Die Synode selbst bzw. ihre Gemeinden unterhielten noch zusätzlich 285 Schulen mit knapp 11 000 Schülern[60], sowie ein eigenes Lehrerausbildungsinstitut, eine beachtliche Leistung in einer Zeit, in der das staatliche Schulwesen gerade erst anfing, sich systematisch zu entwickeln. Durch gleichzeitigen Portugiesischunterricht förderten die deutschen Schulen auch die Integration der Einwanderer in die brasilianische Gesellschaft. Es war das Pech aller Einwanderer, gleich welcher Herkunft, daß der brasilianische Staat von den dreißiger Jahren an, als Nativismus und Nationalismus bestimmende Elemente der Kultur- und Gesellschaftspolitik geworden waren (vgl. 42317), kein Interesse an einer dem Schweizer Modell ähnlichen Mehrsprachigkeit mit entsprechender Pflege des bereichernden kulturellen Erbes der verschiedenen Volksgruppen hatte, sondern das luso-brasilianische Erbe zur absoluten Norm erhob. Es war das zusätzliche Mißgeschick der Deutschstämmigen, daß der Nationalsozialismus sich als Sachverwalter des Deutschtums schlechthin hinzustellen verstand, so daß die Institutionen der Auslandsdeutschen und auch ihre Kirchen stark vom Nationalsozialismus infiltriert wurden - 1935 waren 75 % aller Pfarrer der RGS Mitglieder der NS-Pfarrerschaft[61] -, so daß speziell seit Beginn des Zweiten Weltkrieges auch eine berechtigte Pflege des Deutschtums in Brasilien völlig in Verruf kam.

---

bestimmten Bundesstaates RS werden ‚gauchos' (cowboys) genannt. Im Großraum Pôrto Alegre befinden sich Kirchenleitung und -verwaltung, Archiv, Sendestudio, Zentralstelle für kirchliche Entwicklungshilfe, Schriftenzentrale und Kirchenverlag, Kirchenzeitung (JOREV), Proseminar, Theol. Fakultät, Diakonissenmutterhaus, Lehrer- und Katechetenseminar, Katechetisches Amt etc. Durch Beschluß der EKLB-Synode von Belo Horizonte (1976) wird *eine 5. Kirchenregion* geschaffen durch Aufteilung der bisherigen Region II. „Die neue Kirchenregion V umfaßt die Kirchendistrikte von West- und Nordparaná, einschließlich die in den letzten Jahren neuenstandenen Gemeinden in den neuen Siedlungsgebieten im Süden des ...Mato Grosso" - LWBI 54/76, 5 (17..11.1976).

[60] DA 75 (1937), 58.
[61] Vgl. Dreher aaO 143ff; Schlieper 1948, 187.

Es kann als ein kirchengeschichtlicher Glücksfall angesehen werden, daß 1935 in der RGS mit Unterstützung der Deutschen Christen der NS-Pfarrerschaft P. H. Dohms zum Präses gewählt wurde, der eine mittlere Gruppierung vertrat, die die RGS aus dem deutschen Kirchenkampf heraushalten wollte, nachdem sich als Reaktion auf die Propaganda der Deutschen Christen unter P. E. Knäpper auch eine kleine Arbeitsgemeinschaft der Bekennenden Kirche gebildet hatte[62]. Das Verbot der deutschen Sprache und der Ausgang des Zweiten Weltkrieges bewirkten 1945 bei dem bewußt deutsch-gesinnten Teil der Pfarrerschaft Ratlosigkeit und Resignation, die sich nicht selten in einer zynischen Betrachtung der Weltpolitik auswirkte, etwa in der Erwartung eines Krieges zwischen den USA und der Sowjetunion. Der mehr „pietistisch" ausgerichtete Teil der Pfarrerschaft hingegen sah im Kriegsausgang ein Gottesurteil „und forderte eine innere Erneuerung der Kirche"[63]. Diese setzte indes eine theologische Vergangenheitsbewältigung voraus, die die Probleme des von der Gruppe der Bekennenden Kirche geforderten Schuldbekenntnisses nach dem Muster der „Stuttgarter Erklärung", die Rezeption der Barmer Erklärung und die Anerkennung der Theologie Karl Barths einschloß. Die Kirchenversammlung von Ijuí in den Jahren 1947 und 1948 brachten für die RGS die Bewältigung der wichtigsten Streitfragen. Präses Dohms, der Karl Barth abgelehnt hatte, „weil er den Eindruck hatte, daß bei ihm die lutherische Zweireichelehre verworfen und ‚calvinistische Politik' getrieben" werde, erkannte die Bedeutung Karl Barths für die RGS an. Damit war die sogenannte „Volkstumstheologie" durch einen neuen Denkansatz überwunden. Die von Dohms beschworene Zweireichelehre war in der Vorkriegszeit als Korrektiv gegen die Volkstumstheologie nicht ausreichend wirksam gewesen[64]. Nur Ernst Schlieper, der 1931 im Hörsaal Barths in Bonn sein Damaskus erlebt hatte und zur Bekennenden Kirche gestoßen war, hatte schon 1937 in einem Aufsatz über den Kolosserbrief vom Barthschen Ansatz her eindeutig erklärt, daß ein Reden von „Schöpfungsordnungen" „letztlich von einem anderen Schöpfer als dem Vater Jesu Christi" ausgehe, weshalb „eine selbständige Theologie des 1. Artikels" abzulehnen sei[65]. Schlieper, der 1946—56 Vizepräsident der RGS, 1950 bis 1956 Vizepräsident des Bundes der Synoden und 1956—1969 Präsident des Bundes bzw. der EKLBB war, hat ein wesentliches Verdienst an der theologischen Erneuerung der EKLBB und an ihrem Bemühen, sich in die brasilianische Wirklichkeit zu integrieren.

Dieser Integration diente auch der Weg des Bundes der Synoden in die Ökumene. Präses Dohms (RGS) hatte schon 1948 als Gast an der Amsterdamer Kirchenversammlung teilgenommen. „Hier fand er sachlich und persönlich mehr als zuvor den Anschluß an die neue Zeit."[66] Schon die 1. Kirchenversammlung des Bundes ermächtigte 1950 einstimmig den Rat des Bundes, „die Zulassung des Bundes in seiner Eigenschaft als Kirche beim Weltrat der Kirchen und beim Lutherischen Weltbund ... zu erwirken"[67]. Die Aufnahme in

---

[62] Dreher aaO 254ff.   [63] Fülling 1974, 30.
[64] Füllings Feststellung, daß der Lutheraner Dohms „als Schüler der authentischen lutherischen Lehre von den zwei Reichen" jene Volkstumsideologie nie vertreten habe, klingt stark apologetisch (aaO 34).
[65] Vgl. Dreher aaO 262 mit Belegen.   [66] Fausel 1961, 54.
[67] Vgl. Relatório sobre o Primeiro Concílio Eclesiástico da Federação Sinodal, São Leopoldo 1950, 4.
[68] Vgl. Gottschald 1 1970, 58ff und Dreher aaO 272.

beide Organisationen erfolgte im selben Jahr, nachdem es beim LWB hinsichtlich der Frage, ob der Bund schon Kirche sei, zunächst Bedenken gegeben hatte. Sozusagen auf dem Umweg über die internationale Ökumene näherte sich der Bund auch der nationalen protestantischen Ökumene Brasiliens an und trat 1958 der ‚Confederação Evangélica do Brasil' bei, zu dessen Gründung 1934 die vier Synoden überhaupt nicht eingeladen worden waren, und zwar wegen der seit dem Ersten Weltkrieg bestehenden Spannungen mit dem nach Nordamerika orientierten brasilianischen Missionsprotestantismus, von dem sie „nicht als ein Teil", sondern als „ausländische Kirche gesehen" wurden[68]. In den fünfziger Jahren zeigte der Bund bzw. die EKLBB auch bald Bereitschaft zu einem offenen Dialog mit dem brasilianischen Katholizismus[69].

Missionarisch ausgerichteten Protestanten wie dem Nordamerikaner W. R. Read, die in den Kategorien des ‚Evangelism in Depth Program' denken (vgl. 5342), bleibt es indes auch heute noch ziemlich unverständlich, wie die EKLBB eine überwiegend volkskirchlich strukturierte Kirche sein kann.

Read wittert in der EKLBB reinen Traditionsprotestantismus, was in dieser Verallgemeinerung nicht stimmt, sieht aber große Chancen für eine Erweckung, wenn die Pastoren nicht ihre ganze Zeit mit Amtshandlungen für Traditionschristen zubringen. Echter missionarischer Geist scheint ihm nur bei den nordamerikanischen Missionaren der ‚American Lutheran Church' (ALC) vorhanden zu sein, die seit 1964 mit der EKLBB zusammenarbeiten[70] und sich nicht ohne Erfolg um eine Belebung der Gemeinden bemühen, in denen sie tätig sind. Sie haben eine Bibelschule in Londrina (Paraná) gegründet. Aber ihre Missionserfolge unter den Lusobrasilianern sind nicht sehr bedeutend. Read übersieht, daß sich seit Ende 1927 nach heutigen Begriffen evangelikale Missionare der „Gnadauer Brasilien Mission", die zum Deutschen Verband für Gemeinschaftspflege und Evangelisation gehört, um die Erweckung brasilianischer Gemeinden der heutigen EKLBB bemühen. Schwerpunkt ihrer Arbeit war und ist das Itajaí-Tal. Aber sie haben inzwischen auch in Panambí und Ijuí (RS), Chapecó (SC) und Rio de Janeiro, d. h. in insgesamt gut 20 Gemeinden Fuß gefaßt. Träger der Arbeit in Brasilien, die innerhalb der Strukturen der EKLBB erfolgt, ist die ‚Sociedade União Cristã', die auch ein Bibelinstitut, eine kleine Buchhandlung und ein Heim für Rüstzeiten unterhält. Außerdem sind direkt im Auftrage der EKLBB reisende Volksmissionare tätig[71].

Anders als die an Erweckungsbewegung und Pietismus anknüpfenden evangelikalen Missionare versuchte Anfang der siebziger Jahre ein Team von jungen brasilianischen Pastoren im Distrikt Uruguay die unevangelische Unterscheidung von Pastoren und „Laien" mit dem ‚Plano Integrado de Ação Interparochial'[72] zu überwinden. Durch die Aktivierung der in den Gemeinden

---

[69] Vgl. Dreher aaO 273ff.
[70] Read 1967, 203ff bzw. 1969, 86f. Gemäß einem 1976 zwischen der EKLBB und der Norwegischen Missionsgesellschaft Stavanger geschlossenen Abkommen wirken nun auch norwegische Missionare, die von pietistischen Kreisen ihrer Kirche getragen werden, in Brasilien, und zwar in der Stadtmission und in der Indianerarbeit - vgl. LWBI 59/76, 8f (16. 12. 1976).
[71] Zur Arbeit der Gnadauer Brasilien Mission fehlt es an veröffentlichten Untersuchungen. Man könnte hinweisen auf: Alfred Pfeiffer, O que é e o que quer a ‚União Cristã'?, São Bento do Sul 1949, oder auf die Beiträge von Hermann Schoepwinkel in den Gnadauer Heften 1 bzw. in den Missionsnachrichten NR. 8 der Gnadauer Brasilien Mission, Erscheinungsort beider Publikationen: Offenbach a. M.
[72] Vgl. im einzelnen die Berichte in JOREV 1973/74.

schlummernden Charismen soll aus dem traditionellen pastörlichen Einmannbetrieb der Gemeinden ein von vielen Gliedern des Volkes Gottes selbstverantwortlich getragenes Unternehmen werden, in das die Pastoren ihr theologisches Wissen und ihre Gaben so sinnvoll wie möglich einbringen. Dadurch soll gleichzeitig dem Pastorenmangel begegnet und die mit der fortschreitenden Inflation immer drückenderen finanziellen Belastungen für Pfarrstellen reduziert werden. Im übrigen ist es um den bodenständigen Pfarrernachwuchs nicht schlecht bestellt. Obgleich es erst seit 1946 eine eigene theologische Ausbildung gibt, lag 1974 der Anteil ausländischer Kräfte unter den Pastoren mit ca. 30 % um 10 % niedriger als bei der katholischen Kirche Brasiliens[73]. Die EKLBB hatte 1974 nach eigenen Angaben 750 000 Glieder in 1960 Gemeinden, die von 304 Pastoren, 50 Katecheten und 80 Diakonissen betreut werden. Die Kirche unterhält 103 Grund- und 40 Sekundarschulen[74].

Mit institutionalisierten ökumenischen Kontakten und der Verwendung der Landessprache konnte nach dem Zweiten Weltkrieg die Ghetto-Situation der Einwanderersynoden noch nicht völlig überwunden werden. Seit Anfang der sechziger Jahre wurde deutlich, daß die Frage nach der Identität der Kirche sich neu stellte in einer brasilianischen Wirklichkeit, die man nun vom Entwicklungskonflikt gekennzeichnet sah. Damit sind alle Kirchen gleichermaßen konfrontiert. Der Militärputsch von 1964 erstickte zunächst beginnende Versuche zur Bewältigung dieser Problematik, die dann seit der Verlegung der in Pôrto Alegre geplanten 5. Vollversammlung des LWB 1970 immer stärker ins kirchliche Bewußtsein eindrang. In der Erklärung von Curitiba (1970) trat die EKLBB erstmals für die Menschenrecht ein, in der Studie „Unsere soziale Verantwortung" (1975) legte sie ein soziales Schuldbekenntnis ab, erkannte ihre Mitverantwortung für den sozio-ökonomischen Bereich an und erklärte ihren Vorsatz, sich nicht auf karitatives Handeln zu beschränken, sondern gleichzeitig an Aktionen zur Veränderung der ungerechten öffentlichen Strukturen teilzunehmen. In der EKLBB wird die sich ab Ende 1975 öffentlich manifestierende Solidarisierung mit den Verlierern der „Revolution" von 1964 von starken avantgardistischen Zellen getragen. Ihr Zeugnis — vgl. die Solidaritätserklärung mit dem unterdrückten chilenischen Volk[75] — ist aber doppelt gefährdet, einer-

---

[73] An der auf kleinen Anfängen entstandenen Faculdade de Teologia in São Leopoldo haben 1946–1973 ca. 150 Studenten ein neunsemestriges Studium mit Hebraicum, Graecum und Germanicum als Baccalaureus der Theologie abgeschlossen, ein Pfarramt übernommen und nach ca. zweijähriger Praxis nach entsprechenden Vorbereitungskursen ein zweites theologisches Examen abgelegt. Mitte der siebziger Jahre wurde eine Studienreform durchgeführt, so daß das Studium inzwischen nicht mehr dem deutschen Modell gleicht. Eine nicht unerhebliche Anzahl von Pastoren haben ihr Amt über eine katechetische Ausbildung (in Ivoti) bzw. über einen „Intensivkursus" erreicht, wodurch ein erhebliches theologisches Gefälle innerhalb der Pfarrerschaft entstanden ist, so daß sich ein clerus minor zu bilden droht.

[74] LWBI 41/74 7 (14. 8. 1974). Man müßte in diesem Zusammenhang noch die Ausbildungsstätte für Diakone in Lagoa Serra Pelada/ES, das landwirtschaftliche Internat in Teófilo Otoni/MG, sowie Sozialzentren in Pôrto Alegre, Novo Hamburgo, Santo André/SP, Rio de Janeiro und anderen Orten erwähnen.

[75] Vgl. hierzu im einzelnen Prien 1977 Abschnitt 3: Identität und Entwicklungsproblematik. Auf der IX. Kirchenversammlung 1974 in Cachoeira wurde eine gewisse innerkirchliche Meinungspluralität sanktioniert, indem beschlossen wurde, daß von Kommissionen erarbeitete Dokumente auch ohne deren Annahme durch den Kirchenrat veröffentlicht werden können. Nach mehrjähriger Diskussion fand sich auf der

seits durch retardierende Elemente im Kirchenrat, andererseits durch die an der Basis sich ausbreitende evangelikale Tendenz. Deshalb warnen die Verfasser der Chile-Erklärung: „Bestimmte Äußerungen innerhalb der EKLBB, das Evangelium auf seine individuelle und familiäre Spitze zu beschränken, lassen uns besorgt die Glieder derselben auf unseren evangelischen Auftrag für den ganzen Menschen und für alle Menschen nachdrücklich hinweisen."

Nach der Beschreibung der größten Einwandererkirche Lateinamerikas und auch der größten unter den sogenannten historischen protestantischen Kirchen des Subkontinents sei nun die zweite lutherische Kirche vorgestellt, deren lateinamerikanischer Schwerpunkt in Brasilien liegt.

4333 Die Arbeit der Missouri-Synode in Lateinamerika

Der Ursprung der 1847 gegründeten ‚Deutschen Evangelisch-Lutherischen Synode von Missouri, Ohio und anderen Staaten' (MS) geht auf eine Gruppe erweckter sächsischer Lutheraner zurück, die 1838 unter Leitung ihrer Pastoren Martin Stephan und Carl Ferdinand Wilhelm Walther aus Protest gegen den in der sächsischen Kirchenregierung vorherrschenden Rationalismus in die USA ausgewandert sind. Der neulutherische Walther, der die Gruppe ab 1839 führte, gab der Synode ihr theologisches Gesicht, das geprägt ist von rigoristischer Ethik, Biblizismus bzw. Fundamentalismus (Verbalinspiration) und strengem Konfessionalismus nach Walthers Motto: „Gottes Wort und Luthers Lehr vergehen nun und nimmermehr."[76] Der Konfessionalismus der Missouri-Synode, der sich gegen jede Art von Union abgrenzt, ist getragen von dem Bewußtsein, das wahre Luthertum zu vertreten, was gepaart mit dem Geist der Erweckung der Synode eine bemerkenswerte missionarische Kraft verlieh. ‚The Lutheran Church – Missouri Synod', wie sie sich seit 1947 nennt, tritt von ihrem Anspruch her in Lateinamerika als Missionskirche auf. Auf echten Missionsfeldern wie Kuba, Mexiko, El Salvador, Panamá zählen ihre Glieder indes meist nur nach Hunderten. In Ländern wie Guatemala, Venezuela, Chile, Uruguay, Paraguay, Argentinien und Brasilien hingegen hat sie mit ihrer Arbeit an deutsche Auslandsgemeinden bzw. Einwandererkirchen angeknüpft und Krisenzeiten, besonders die Epoche des Zweiten Weltkrieges und der Nachkriegszeit, geschickt ausgenutzt, um unter den Deutschstämmigen Fuß zu fassen[77]. Da gut 90 % ihrer Glieder in ganz Lateinamerika Deutschstämmige und ein geringer Prozentsatz Nordamerikaner sind, muß man sie mit Fug und Recht unter die Einwandererkirchen zählen, wenn sie auch im Unterschied zu diesen bewußt Proselytismus treibt.

Synodalversammlung von Belo Horizonte 1976 eine Zweidrittelmehrheit für eine zur innerkirchlichen Demokratisierung gedachte Herabsetzung der Mandatszeiten der höchsten Amtsträger, mit der man die Distanz zwischen Kirchenleitung und Gemeinden zu verringern hofft (Kirchenpräsident statt 8 jetzt 4 und Regionalpastoren statt 6 jetzt 4 Jahre).

[76] Übrigens trug das ELGB der ELS ab 1905 dieses Motto im Untertitel.

[77] Zu Mexiko vgl. 434212. Auf Kuba haben sie ab 1912 nur auf der Isla de Pinos und erst ab 1946 auch in La Habana gewirkt. In Guatemala konnte, wie in Abschnitt 432 erwähnt, eine Konkurrenzsituation mit der deutschen Auslandsgemeinde vermieden werden, indem Missouri sich auf die Sammlung einer englischsprachigen Gemeinde und die Mission unter den Guatemalteken konzentrierte. Schwerpunkte der nach dem Zweiten Weltkrieg angelaufenen spanischsprachigen Arbeit liegen in der Hauptstadt, in Puerto Barrios und in den weitgehend indianischen Städten Zapaca,

Auf die Zeit vor dem Zweiten Weltkrieg gehen nur die Missouri-Distrikte Argentinien und Brasilien zurück, die die Säulen der Lateinamerika-Arbeit der Synode bilden. Im Jahre 1900 gab es in der RGS 93 evangelische Gemeinden, aber nur 39 ordinierte Pastoren, sowie eine nicht unbedeutende Zahl sogenannter „Pseudopastoren", d. h. mehr oder weniger geeigneter Nichttheologen, die von „Freigemeinden", also Gemeinden, die sich nicht der RGS angeschlossen hatten, nach dem Prinzip angestellt wurden: die machen es billiger als offizielle Pastoren und sind dem Vorstand ganz zu Willen nach dem Motto: Der Pastor ist unser Knecht[78]. Sowohl Freigemeinden wie Synodalgemeinden ohne Pfarrer boten Ansatzpunkte für die Missouri-Arbeit. Außerdem gab es nicht wenige Kolonien, die seit Jahrzehnten keine geistliche Versorgung hatten, so daß von evangelischem Geist kaum noch etwas zu spüren war.

Der Anstoß für die Missouri-Arbeit in Brasilien ging von P. Joh. Friedrich Brutschin aus, der 1868 vom ‚Comité' Fabris ausgesandt worden war. Er wandte sich 1899 an einen früheren Klassenkameraden von der Pilgermissionsanstalt S. Crischona in Basel, der in der Missouri-Synode tätig war, und regte an, daß diese einen Beitrag zur Besetzung der zahlreichen Vakanzen in Rio Grande do Sul leisten solle[79]. Schon 1900 traf Rev. J. C. Broders mit dem Auftrag in RS ein, die Lage zu erkunden. Noch im selben Jahr gelang im Gebiet der pommerschen Freigemeinden von Pelotas und São Lourenço die erste Gemeindegründung in São Pedro. 1901 traf Rev. W. Mahler zur Verstärkung ein. Bei seinen Reisen ins Innere von Rio Grande do Sul erhielt Broders von verschiedenen Gemeinden Gesuche zur Entsendung von Pfarrern, die dann bald in wachsender Zahl aus den USA eintrafen. Den Gemeinden ging es dabei um die geistliche Versorgung und nicht um den Konfessionalismus der Missouri-Synode.

In den Jahren 1900–1904 breitete sich die Arbeit, die selbstverständlich deutschsprachig durchgeführt wurde, von Süden bis in den Raum Pôrto Alegre aus, wo in der alten Kolonie Estancia Velha durch Brutschin seit 1900 der Missouri-Synode

---

San Marcos und Quetzaltenango. Die Missouri-Arbeit in Zentralamerika wird durch einen Rat der Kirchen (COCAP) koordiniert, der 1974 den ersten lateinamerikanischen Präsidenten wählte. Mit Ausnahme von Nikaragua ist Missouri überall in ZA tätig. In Venezuela werden durch Evangelisation 500 Familien erreicht, 1 300 durch Radio-Fernunterricht. Angeblich werden Missionsprogramme jede Woche von 300 Radiostationen gesendet und können in 12 Ländern des Subkontinents gehört werden, wovon sich Missouri eine potentielle Hörerschaft von 50 Mill. verspricht. Diese Angaben machte Rev. Fred Pankow, der LA-Skretär von Missouri auf der LABA-Sitzung 1975.

[78] 1961 gab es im Süden von RS, dem Gebiet der pommerschen „Freigemeinden", ca. 50 000 Evangelische, von denen sich 13 979 der RGS und ca. 2 000 dem Missouri-Distrikt angeschlossen haben, während die übrigen 34 000 noch mit ca. 70 Freipfarren in Freigemeinden lebten – vgl. SB 1961, 20.

[79] Vgl. hierzu Bachmann 1970, 47; Warth 1970, 75ff; Rehfeldt 1962, 31ff. Die Magisterarbeit des heutigen Dozenten für Kirchengeschichte am Concordia Seminar in Pôrto Alegre, Rehfeldt, ist grundlegend. Obgleich es die erste historische Untersuchung über die Entwicklung des brasilianischen Distrikts der MS ist, hat der überaus konservative Distrikt sie nicht der Veröffentlichung für wert erachtet. Es dürfte kein Zufall sein, daß der Concordia-Systematiker Warth den Beitrag in dem für die 5. Vollversammlung des LWB bestimmten Sammelband geschrieben hat und nicht Rehfeldt.

verpflichtet war und sich auch ein Teil seiner ehemaligen Gemeinde Baumschneis (Dois Irmãos) 1903 der MS anschloß. Durch eine Abspaltung entstand um dieselbe Zeit auch in São Leopoldo eine MS-Gemeinde. Als drittes Arbeitsfeld kam der zentrale Nordwesten hinzu (Jaguari, Toropi, Rincão dos Vales, Não Me Toque und Rincão Pedro). Von zentraler Bedeutung war Ende 1902 die Gründung einer Gemeinde in der Landeshauptstadt Pôrto Alegre, wo es ca. 20 000 Deutschstämmige, aber nur eine Gemeinde der RGS gab. Nachdem 1904 der brasilianische Distrikt mit W. Mahler als erstem Präses konstituiert worden war, wurde schon 1907 in Pôrto Alegre das Concordia-Seminar zur Ausbildung bodenständiger Lehrer und Pfarrer eröffnet, ein weitsichtiger Schritt, der der MS einen Vorsprung vor den nach Deutschland hin orientierten Synoden auf dem Weg zur Entwicklung zu einer autochthonen Kirche sicherte. Bis zum Zweiten Weltkrieg dehnte sich die Missouri-Arbeit praktisch in alle Gebiete der vier Synoden und danach bis in den Nordosten aus.

Anfangs wurden die Missouri-Pastoren nicht selten als amerikanische Agenten und Spione verleugnet. In der EKLBB kann man bis in die jüngste Zeit den weniger abwegigen Vorwurf hören, die MS bemächtige sich mit unlauteren Mitteln fremder Gemeinden. Dagegen kann sie geltend machen, daß weite Gebiete geistlich nicht versorgt waren und daß sie im allgemeinen den schriftlich geäußerten Wünschen von Gemeindegliedern nachkam, wenn sie Pastoren sandte. Einerseits handelt es sich also um Ergänzung der Arbeit der Synoden, andererseits aber um ausgesprochene Konkurrenz, die dazu geführt hat, daß es heute in vielen relativ kleinen Orten, die durchaus von einem Pastor versorgt werden könnten, zwei nicht miteinander, sondern gegeneinander arbeitende Gemeinden gibt. Angesichts des starken Partikularismus einzelner Gruppen oder Gemeinden innerhalb der vier Synoden, die für die übergemeindliche Organisation in den Synoden wenig Verständnis hatten, mußte die Konkurrenzsituation dazu führen, daß Meinungsverschiedenheiten in den Gemeinden nicht ausgelebt und überwunden wurden, sondern schnell zur Teilung oder bei Divergenzen mit der eigenen Synodalleitung zum Übertritt ganzer Gemeinden zur MS führten.

1941 wurden der brasilianische und der argentinische Distrikt ihrem Status nach den subventionierten Distrikten in den USA gleichgestellt, um von den jeweiligen Regierungen die Anerkennung als nationale Kirche zu erlangen. Obgleich der brasilianische MS-Distrikt während des Zweiten Weltkrieges beinahe von genauso vielen Verfolgungen und staatlichen Übergriffen heimgesucht wurde wie die anderen vier Synoden, konnte er seine Arbeit dank einheimischen Pastorennachwuchses und einer weit günstigeren Relation zwischen der Zahl der Glieder und der Pastoren weiter zu Lasten der vier Synoden ausdehnen, denen in jenen Jahren überhaupt kein Pastorennachwuchs zur Verfügung stand, so daß die RGS die Abiturienten des Proseminars, die an sich in Deutschland Theologie studieren sollten, als Hilfspastoren aussenden mußte. Rehfeldt gibt unumwunden zu, daß das äußere Wachstum des brasilianischen Distrikts kaum Einzelbekehrungen zuzuschreiben ist — 1950 wurden z. B. nur 202 Erwachsene getauft und konfirmiert —, sondern der Übernahme ganzer Gemeinden nomineller Lutheraner. Die Missouri-Arbeit in Brasilien „hat nicht die Charakteristika missionarischer Arbeit unter den Heiden, sondern ist hauptsächlich Volksmission (home mission) unter Lutheranern und nominellen Lutheranern deutscher Abstammung"[80]. Bis in die jüngste Zeit wurden Ge-

---

[80] Rehfeldt aaO 198 und 6.

meinden oder Teile von Gemeinden mit niedrigeren Beitragszahlungen geködert, die zwar die Kosten eines Missouri-Pastors auch nicht decken, aber durch Zuschüsse aus den USA ausgeglichen werden. Diese ungute Situation könnte nur durch eine Annäherung zwischen dem Missouri-Distrikt und der EKLBB behoben werden (vgl. 513).

Der strenge Konfessionalismus, sowie die räumliche und geistige Trennung von der sich im 19. Jahrhundert in Deutschland immer stärker herausbildenden Nationalisierung des evangelischen Christentums bewahrten die Missouri-Gemeinden in Brasilien und Argentinien vor einer Vermischung von Evangelium und Deutschtum. Sie bedienten sich des Deutschen als Mittel zum Zweck der Verkündigung, aber nicht aus ekklesiologischen Gründen, was ihnen in den dreißiger Jahren von den Vertretern der RGS als unbiblisches und unlutherisches Verhalten angelastet wurde[81]. Die MS erkannte die neulutherische Lehre von den Schöpfungsordnungen nicht an und warf Präses Dohms (RGS) auf Grund eines anderen Verständnisses der Zweireichelehre — auf diesen sich erst in den dreißiger Jahren durchsetzenden Begriff rekurrierte sie allerdings nicht — eine Vermengung der Bereiche vor[82]. Ungeachtet dessen wurden die brasilianischen Gemeinden der MS vom Verbot der Benutzung der deutschen Sprache beinahe ebenso hart betroffen wie die vier Synoden, denn 1938 wurden noch ca. 85 % aller Predigten in deutsch gehalten, weil die Gemeindeglieder einfach zu wenig portugiesisch verstanden[83]. Folglich kam es

---

[81] Der Streit über den Stellenwert des Deutschtums zwischen MS und RGS läßt sich schon vor dem Ersten Weltkrieg in Kontroversartikeln der Kirchenzeitungen beider Seiten verfolgen. In Nr. 11 des ‚Mensageiro Lutherano' wirft 1923 ein MS-Pfarrer den synodalen Pfarrern vor, daß ihre Tätigkeit nicht der Rettung der Seelen, sondern der Germanisierung diene — zitiert nach DEBB 5 (1923), 20. Im ‚Evang.-Luth. Kirchenblatt' Nr. 14 (1924) kann man gar lesen: „Will jemand Deutschtum pflegen, so gehe er nach Deutschland. Bleibt er aber hier und hängt noch immer mit allen Fasern seines Herzens am Deutschtum, so schließt die Pflege des Deutschtums allerdings die Pflege des Brasilianertums aus. Ein solcher Mensch sündigt damit...". Das hieß allerdings den Bogen der Polemik zu überspannen und die DEBB 16 (1934), 59 hatten es leicht, auf das 4. Gebot und die den Vätern gebührende Ehre hinzuweisen. Direktor Jahn vom Concordia-Seminar wies 1935 im ‚Ev.-Luth. Kirchenblatt darauf hin, daß der Übergang zur Landessprache bei allen Einwanderern nach einigen Generationen erfolge. Daraus zog er für das Sprachproblem die einsichtige Folgerung: „Die Kirche hat also solche den Übergang zur Landessprache weder zu hindern noch zu fördern. Sie hat das Evangelium in allen Sprachen zu verkündigen, muß aber darum dem Übergang zur Landessprache frühzeitig im weitesten Maße Rechnung tragen in der Kirche und in der Schule." Vgl. im einzelnen Dohms 1935. P. Knäppers Replik auf Jahn wirkte wenig überzeugend: „Diese Einstellung Missouris ist nicht biblisch, noch kann sie an Luther bewiesen werden..." — EvB 20 (1935) Nr. 6,1. Beweise aus der Bibel oder Luthers Schriften blieb er schuldig. Statt dessen hatte er kurz vorher auf der Titelseite des EvB (20, 1935, Nr. 1–2) einen Satz von Bohlen-Halbach abgedruckt: „In Martin Luther verehre ich nicht nur den Gottesstreiter und Reformator, sondern zugleich und darüber hinaus den Kämpfer gegen alles Undeutsche."

[82] Vgl. Dreher aaO 129 nach Ev.-Luth. Kirchenblatt 1934, Nr. 8, 61 zitiert in DEBB 16 (1934), 60.

[83] Rehfeldt aaO 156. Bachmanns Feststellung in bezug auf das schon 1917 kurzfristig erfolgte Umschalten auf portugiesisch dürfte so allgemein nicht ganz zutreffend sein („For the Missourians this was a boon because it hastened their becoming Brazilians at the same time that it tied them more closely to North American

während des Zweiten Weltkrieges wegen des erzwungenen ausschließlichen Gebrauchs der portugiesischen Sprache zu einem erheblichen Rückgang des Gemeindelebens.

Von einer Gruppe Rußlanddeutscher aus San Juan/Entre Ríos gerufen, hat die MS 1905 mit P. H. Wittrock auch die Arbeit in Argentinien aufgenommen.

Die Vorgeschichte ist eigenartig und zugleich bezeichnend für den Arbeitsbeginn von MS an manchen Orten. 1902 hatte der Vorsitzende der La Plata Synode trotz Bedenken des Synodalvorstandes in der Gemeinde San Juan den aus den USA gekommenen, sich als Pfarrer ausgebenden v. Matthesius eingeführt. Als er sich als zweifelhafte Persönlichkeit entpuppte, wurde ihm die Anerkennung als Synodalpfarrer verweigert, woraufhin er sich aus Rache, wie er sagte, an die MS in Rio Grande de Sul wandte. P. Mahler begrüßte dies im Evangelisch-Lutherischen Kirchenblatt als Fingerzeig Gottes, kam sogleich nach Uninarrain und begründete, ohne vorher irgendwelche Erkundigungen einzuziehen, die Evangelisch-lutherische St. Johannes Gemeinde. Er verhandelte dabei nur mit den Lutheranern von San Juan und nicht mit den Reformierten von San Antonio und Santa Celia, die zur Gesamtgemeinde dazugehörten und sich einige Jahre später, als ihnen das missourisch-lutherische Bekenntnis aufgezwungen werden sollte, wieder der La Plata-Synode anschlossen. Mathesius übergab 1905 die Gemeinde an Mahler, der P. H. Wittrock aus Brasilien nach San Juan schickte, der aber schon 1906 von P. H. J. Meyer abgelöst wurde. Riffel, der Chronist der Rußlanddeutschen am La Plata und selbst ein Rußlanddeutscher, bedauerte 1928 die durch Missouri herbeigeführte Spaltung der „Einheit der protestantischen Wolgadeutschen", für die alles Verbindende bei ihrem schweren Neuanfang sehr wichtig sein mußte[84].

Aus dem Anfang in San Juan hat sich die ‚Iglesia Evangélica Luterana Unida' (IELA) entwickelt, die sich nach Uruguay, Paraguay und Chile ausgedehnt Church life" – 1970, 57). Eine konsequente Umstellung auf portugiesische Arbeit erfolgte erst unter dem Zwang des Deutschverbots im Zweiten Weltkrieg. Statistische Angaben:

Jahr	Getaufte	Parochien, Gemeinden, Predigtplätze	Pastoren	Schulen	Schülerzahl
1930	19 844		43	81	2 410
1937	35 932	267	67	140	4 184
1941				91	3 454
1945	49 691	440	95		4 106
1950	65 280	539	88		
1967	136 203	1 062	163	100	6 400

Vgl. Rehfeldt aaO 154, 167f. 186f u. 204f, sowie für 1967 nach Warth 1970, 75ff. Die Zahl 1062 setzt sich zusammen aus 142 Parochien mit 639 Gemeinden, 232 Predigtplätzen und 49 Missionsplätzen. Außer den genannten 100 Gemeindeschulen gibt es noch den ‚Colégio Concordia' mit ca. 1000 Schülern, den ‚Colégio Vera Cruz', seit 1968 mit angegliederter Philosophischer Fakultät mit ca. 1200 Schülern und Studenten, beide in Pôrto Alegre, sowie einige Gymnasien an anderen Orten, u. a. in Teófilo Otoni/MG. Bemerkenswerterweise gab es schon 1922 im MS-Distrikt Brasilien mehr einheimische als US-Pastoren (Rehfeldt aaO 209). Nach Warth 1970, 78 wurden bis 1967 insgesamt 232 Pastoren und 99 Lehrer am Concordia Seminar in Pôrto Alegre ausgebildet, wobei zu berücksichtigen ist, daß bis zur Gründung des Concordia Seminars in Buenos Aires 1941 in Pôrto Alegre alle Pastoren für LA ausgebildet wurden.

[84] Riffel 1928, 74f.

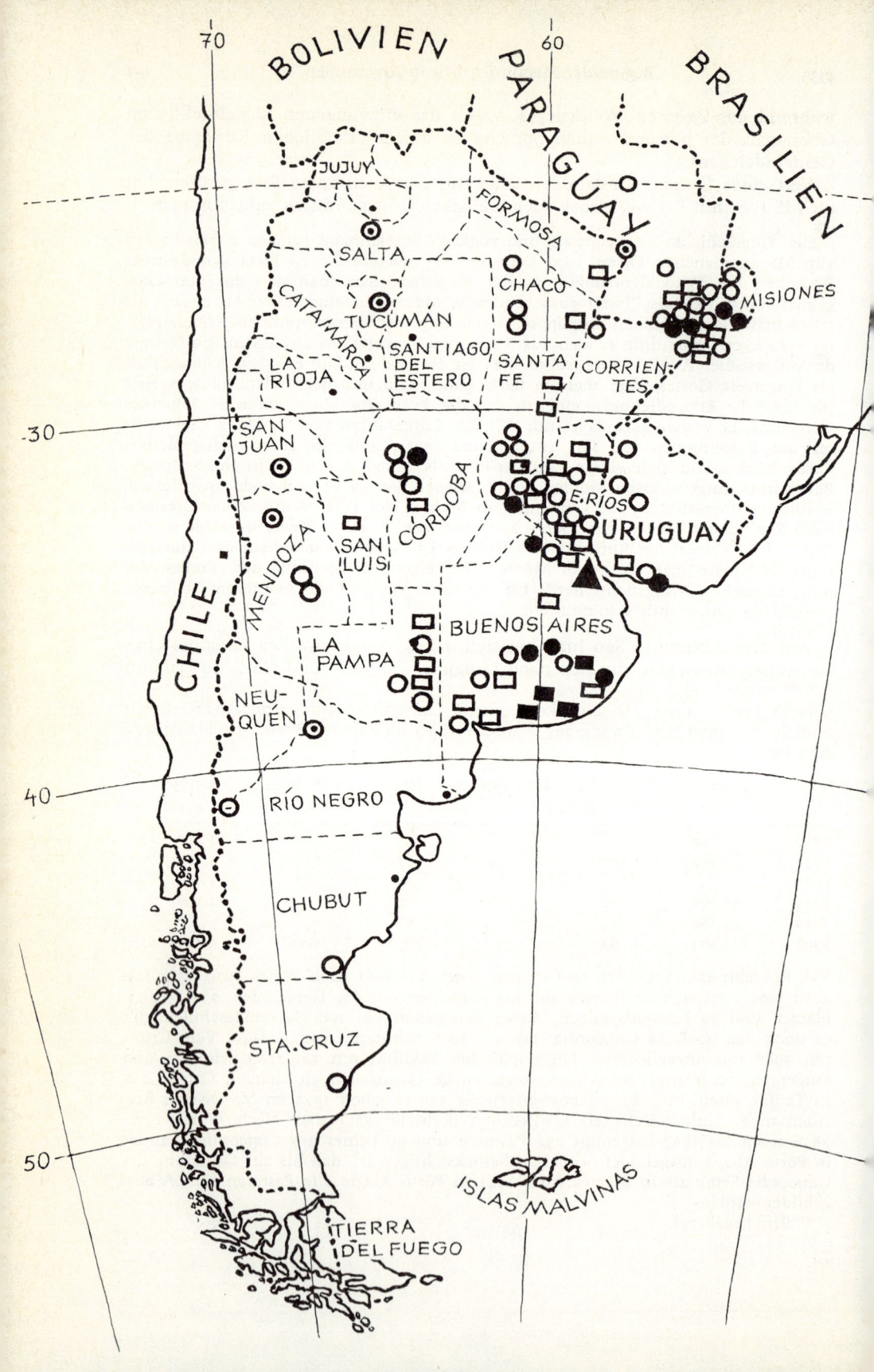

Evangelisch-lutherische Kirchen am La Plata

Zeichenerklärung:

- ● Iglesia Evangélica Luterana Unida (IELU)
- ○ Iglesia Evangélica del Río de la Plata (IERP)
- ◻ Iglesia Evangélica Luterana Argentina (IELA = Missouri-Synode)
- ■ Skandinavische Kongregationen

▲ Bundeshauptstadt Buenos Aires und Umgebung:

	●	○	◻	■
Hauptstadt:	Stadtmitte (Centro) Villa del Parque Belgrano	Stadtmitte Belgrano	Barracas Belgrano	Suecia Dinamarca Noruega Finlandia
Umgebung:	Villa Ballester Hurlingham Florida Villa Progreso Caseros San Miguel José C. Paz Berisso La Plata Grand Bourg Villa López	V. Ballester Martínez Quilmes El Palomar Munro Temperley Villa Alsina E. Lobos Ezpeleta La Plata Castelar Florida	Banfield Hurlingham V. Ballester km 34	

hat. Wie die Übernahme von San Juan zeigt, arbeitet die IELA nach dem auch in Brasilien praktizierten Prinzip der „internen Mission" deutschstämmiger Evangelischer. Obgleich sie also an vorhandene ethnische und konfessionelle Gruppen anknüpft, versucht sie doch aus ihnen echte Freiwilligkeitsgemeinden zu bilden und die Glieder entsprechend zu aktivieren. Parallel zur Nationalisierung des Pfarramtes von den dreißiger Jahren an (heute nur 15 % ausländische Pfarrer) ging die IELA zur Mitbenutzung des Spanischen über, so daß es heute keine rein deutsch-sprachigen Gemeinden mehr gibt. Die Zahl der Glieder der IELA erhöhte sich von 1930 bis 1968 von 8117 auf 20 903, die der Pastoren von 18 auf 46. Waren 1930 100 % der Pfarrer Ausländer so waren 1968 nur 8 Ausländer unter den 46 Pfarrern. Der Nachwuchs wird am Concordia-Seminar in Buenos Aires ausgebildet[85].

In der gegenwärtigen Situation heftiger sozialer Spannungen in Lateinamerika ist der auf ein Mißverständnis der Zweireichelehre Luthers[86] zurückgehende Grundsatz der MS, sich nicht mit sozialpolitischen Fragen zu befassen oder sich zu ihnen zu äußern, sondern dies ausschließlich den Gemeindegliedern als Bürgern oder Politikern zu überlassen, besonders problematisch, hat er doch zur Folge, daß die Kirche als Ganzes automatisch zur Stütze des Status quo wird und sich unter Außerachtlassung der Sozialethik auf eine Individualethik beschränkt.

4334 Die Evangelische Kirche des La Plata (Iglesia Evangélica del Río de la Plata) (IERP)

Den Namen ‚Iglesia Evangélica del Río de la Plata' (IERP) trägt die 1899/1900 gegründete Deutsche Evangelische La Plata-Synode erst seit 1965. Er ist Ausdruck ihrer wachsenden Nationalisierung. Mit Büntig kann man die Geschichte der IERP bzw. ihre Vorgeschichte in vier Perioden einteilen[87].

Erste Phase: Anfang des 19. Jahrhunderts bis 1857: Verwurzelung

In dieser Zeit kamen evangelische Deutsche aus beruflichen Gründen in größerer Zahl an den Río de la Plata, wo sie sich zunächst an die anglikanischen Gemeinden hielten und dann 1843 eine eigene Gemeinde in Buenos Aires und 1857 in Montevideo gründeten. Diese Zeit der Auslandsgemeinden (Iglesia Residente) ist dadurch gekennzeichnet, daß die Gemeinden ausschließlich aus deutschen Residenten bestehen, die soziologische Struktur nicht massiv, die kirchliche Struktur wenig flexibel und vertikal und die Gottesdienstsprache mit der Muttersprache identisch ist. Die Identifikation von Glaube und Kultur ist selbstverständlich. Schulen werden folglich zur Erhaltung der völkisch-religiösen Substanz für die Kinder der Gemeindeglieder gegründet.

Proselytismus war ohnehin verboten, aber auch nicht beabsichtigt. Die Gesetzgebung begann Mischehen und Kultfreiheit, sowie die Führung von So-

---

[85] Zur IELA vgl. Villalpando 1970, 134–140. Danach hatte die IELA 1968 in Uruguay 258, in Paraguay 455 und in Chile 143 Glieder, also insgesamt 21 759. Ab 1918 lautete der Name ‚Misión Argentina del Sínodo de Misuri, Ohio y otros Estados de la Iglesia Luterana'. Um 1960 wurden die Statuten geändert und der IELA abgekürzte Name angenommen.

[86] Zum Kontext vgl. Prien 1976 und 1977.

[87] Büntig, Esperanza.

zial- und Erziehungswerken durch nicht-katholische religiöse Gemeinschaften zu dulden. Die vorherrschende pastorale Tätigkeit zielte auf die Erhaltung des religiös sozio-kulturellen Erbes und war theologisch liberal, nicht konfessionalistisch, sondern im Sinne der preußischen Verwaltungsunion gemäßigt lutherisch und reformiert je nach dem Herkommen der Glieder ausgerichtet, denn die Deutschen, die 1842 für Buenos Aires in Berlin einen Pastor erbaten, waren teils lutherischer, teils reformierter Herkunft[88].

Zweite Phase: 1857—1899: Konsolidierung

Das Jahr 1857 bezeichnet die Gründung der Gemeinde Esperanza in Santa Fe, der ersten ländlichen deutschen Kolonistengemeinde am La Plata, die zum Kristallisationspunkt einer ganzen Reihe von ländlichen Gemeinden in Argentinien wurde, ähnlich wie die 1874 in Uruguay von Schweizer Auswanderern gegründete Gemeinde Nueva Helvecia. Neben der ländlichen Basis erweiterte sich auch die städtische durch die Gründungen der Gemeinden von Rosario de Santa Fe 1894 und Asunción del Paraguay 1893.

Die gesellschaftliche Grundlage war also jetzt doppelschichtig, städtisch und ländlich. Auch die sozio-religiöse Zusammensetzung änderte sich. Aus dem Bismarckreich nach 1871 ausgewanderte Deutsche bildeten Gemeinden von „Reichsdeutschen". Rußlanddeutsche, die ab 1878 nach Argentinien kamen, und andere europäische Auslandsdeutsche schlossen sich zu Gemeinden von „Volksdeutschen" zusammen. Ein Wille zu größerer kirchlicher Einheit war in diesen Lokalgemeinden zunächst nicht vorhanden.

Die pastorale Tätigkeit wurde durch die veränderten Bedingungen auch modifiziert und war je nach dem Erwartungshorizont der Gemeindeglieder mehr liberal oder mehr konservativ, weltoffener oder eher dualistisch, pietistisch geprägt. Die Gleichsetzung von religiöser und kultureller Tradition blieb bestehen, wenngleich die Unterschiede auf beiden Seiten erheblich waren, so daß man keineswegs von einer einheitlichen Tradition auf religiösem und völkisch-kulturellen Gebiet sprechen kann.

Zunächst wurde die Fremde „das gemeinsame, verbindende Erlebnis . . . mit ihrer Andersartigkeit im Naturempfinden, in Lebenshaltung und -gestaltung, Sprache und Glaube". „Einst in der alten Heimat voneinander getrennt durch die Scheidegrenzen der Kleinstaaten und Länder, auch der Kantone und landsmannschaftlicher Kolonien, oft einander fremd durch ihren geschichtlichen Werdegang und heimatlichen Brauch, durch eigene Prägung und Dialekt, geschieden durch Glaubensform und Kirchensitte in Lutheraner, Reformierte und Unierte fanden sie sich mehr oder minder bunt gemischt in den Hauptstädten der drei La Plata-Länder, in der Handels- und Kleinstadt, auf dem Lande in Kolonien und in der Zerstreuung zu Familiennachbarschaften zusammen." Erst die Fremde „hat sie über alle Unterschiedlichkeiten hinweg das Gemeinsame gleicher Herkunft, Sprache und Glaubens erkennen lassen; und wo die Sprache nicht die gleiche war wie bei den Französisch-Schweizern, gab der gemeinsame Glaube den Ausschlag".

Gemeinsamkeiten in Glaube, Herkunft und dem verbindenden Erlebnis der Fremde ergaben die Grundlage für Gemeindebildungen, deren Ziel Schmidt in der bewußten Entscheidung sieht, „in der neuen Heimat aus den geistigen

---

[88] Vgl. Villalpando 1970, 111ff. 1853 wurde die Kirche der Bonärenser Gemeinde in der Esmeralda 162 eingeweiht. In Montevideo hat P. A. L. Siegel, der erste Pfarrer von Buenos Aires, schon 1843 den ersten evangelischen Gottesdienst auf deutsch gehalten – vgl. Marcynski 1943.

und seelischen Wurzelkräften der alten Heimat leben zu wollen und sie kommenden Generationen als lebendiges Erbe zu erhalten", so daß *die Gemeinde als Hort und Mittler deutscher Art und evangelischen Glaubens* ... die Frucht des synodalen Gedankens in seiner allgemeinen Bedeutung des Zusammenschlusses aller derer" ist, „die sich auf gleichem Weg und zu gleichem Ziel befinden"[89].

Die Gemeinde von Buenos Aires hatte anders als etwa die Gemeinden von Rio de Janeiro, São Paulo oder Pôrto Alegre im bundesstaatlichen Brasilien wegen ihrer geographisch zentralen Lage im La Plata-Raum und wegen der seit dem letzten Drittel des 19. Jahrhunderts immer stärker zentralistischen Entwicklung Argentiniens wesentlich bessere Voraussetzungen, um beim Einigungsprozeß der Gemeinden eine maßgebliche Rolle zu spielen. Folgende Faktoren trugen dazu bei, daß sich der synodale Gedanke im engeren Sinne eines Zusammenschlusses von Gemeinden am La Plata entwickelte:

Die Bonärenser Gemeinde zeigte von Anfang an ihr Verantwortungsbewußtsein für die Betreuung von Glaubensgenossen, denen sie durch pfarramtliche Hilfe die eigene Gemeindebildung ermöglichte und ihnen über das Verhältnis von Filialgemeinden zur Selbständigkeit verhalf, indem sie auch deren Bemühungen um Entsandtpfarrer beim 1850 geschaffenen Oberkirchenrat der Evangelischen Kirche der altpreußischen Union unterstützte. Außerdem bekundete sie ihre Verbundenheit mit den Gemeinden, indem sie versuchte, deren Bestand zu retten, wenn er durch innere Unordnung oder Spaltung gefährdet war, wie dies 1870 in Esperanza der Fall war, wo der Prediger aus dem Basler Missionshaus sich außerstande zeigte, den Zerfall dieser deutsch-schweizerischen Gemeinde, der ersten Ackerbaukolonie Argentiniens, aufzuhalten, so daß ein großer Teil der Gemeinde sich den nordamerikanischen Methodisten anschloß, aber nach einiger Zeit wieder zurückkehrte, als die Gemeinde eine feste Gemeindeordnung nach Bonärenser Vorbild eingeführt hatte, die den Pfarrer vor Willkürmaßnahmen der Gemeinde schützte, ihr aber gleichzeitig einen Pfarrer verschaffte, der seiner preußischen Heimatkirche gegenüber verantwortlich war. Aus der Reisetätigkeit der Esperanziner Pfarrer entstanden die Gemeinden Rosario (1894) und General Alvear in Entre Ríos, das zum Ausgangspunkt für sechs Pfarrbezirke unter den Rußlanddeutschen in Entre Ríos wurde, nachdem in den Anfangsjahren eine existenzbedrohende Krise, „die durch den Selbständigkeitsdrang von Filialgemeinden gegen eine umfassende Pfarrbezirksordnung entstanden war", überwunden worden war. Schließlich wußte sich die Gemeinde von Buenos Aires auch den verstreut wohnenden deutschen Protestanten verbunden, die in Folge der Erschließung des Landes durch das Straßen- und Eisenbahnnetz sich auf immer größere Weiten verteilten, weshalb sie ein selbständiges Reisepfarramt für sie anregte und durchsetzte.

Die im Unterschied zu Brasilien nach Ausbildungsniveau und Herkunft völlig einheitliche Pfarrerschaft am La Plata erleichterte die Zusammenarbeit. So hatte sich schon 1863 eine „Synodale Zusammenkunft der evangelischen Geistlichen der Preußischen Landeskirche am La Plata" bilden können, eine Pfarrsynode, der bis zu ihrem Ende 1880 allerdings nie mehr als 5 Pfarrer angehörten und mit der Dr. Bor-

---

[89] Schmidt 1949, 5ff. An Problemen fehlte es in den Gemeinden in den ersten Jahrzehnten nicht. „In der Provinz Santa Fe waren es die Spannungen zwischen reinen Schweizer- und Deutsch-Schweizer-Kolonien, der Zweisprachigkeit zwischen Deutsch und Französisch und zwischen Sonderinteressen und gemeinschaftlichem Zusammengehen, dazu noch methodistischer Einfluß und Pseudopfarrertum; in Entre Ríos die Eigenart des (rußlanddeutschen) Volkscharakters, traditionsgeprägte Frömmigkeit und kirchliche Sitte, Fremdheitsgefühl gegenüber ‚Deutschländern', dadurch bedingtes Mißtrauen und Anfälligkeit für Sektiererei" — ebd. 10.

chard, der erste Organisator des deutschen evangelischen Kirchentums Rio Grande do Sul, schon bald nach seiner Ankunft in Pôrto Alegre bzw. São Leopoldo 1864 in „brüderliche Gemeinschaft" zu treten versuchte. Die Kontakte mit Brasilien verebbten mit dem Verlöschen der von ihm ins Leben gerufenen Vorsynode (1868 bis 75)[90].

Die Gemeinde von Buenos Aires erwarb sich ein weiteres Verdienst für das Zusammenwachsen der evangelischen Deutschstämmigen am La Plata, indem sie ab 1895 das „Evangelische Gemeindeblatt für die Deutschredenden am La Plata" herausgab, das 1896—99 mit einer spanischen Beilage erschien (La Fe Evangélica), was darauf hindeutet, daß die ausschließliche Benutzung des Deutschen als Kultsprache in dieser Zeit nicht mehr völlig unangefochten war[91]. Schon im ersten Jahrgang des von P. Bußmann, Buenos Aires, betreuten Blattes, fand sich die Anregung zur Bildung eines „Bundes der evangelischen Gemeinden in Argentinien", die bemerkenswerterweise von Nichttheologen aus der Gemeinde Progreso (Santa Fe) kam. Als Motiv wurde der Wunsch genannt, kleineren Gemeinden und Verstreuten besser helfen zu wollen. „Einmal ausgesprochen, löste das Einigungsbestreben seine eigene Werbekraft aus." Es richtete sich weniger an die ohnehin kontaktfreudigen Pfarrer als „an die einzelnen und Gemeinden und machte es ihnen zur Gewissenspflicht, daß jeder gerade in einem Lande, welches den Katholischen Glauben als Staatsreligion anerkenne, mitwirke zum Gedeihen des großen Ganzen und für die Erhaltung des von den Vätern ererbten Glaubens mit allen Kräften eintrete".

Dritte Phase: 1899 bis zum Zweiten Weltkrieg: Institutionalisierung

Die Pflege persönlicher Beziehungen mit fast allen Gemeinden durch P. Bußmann und die Tatsache, daß alle Gemeinden zumindest durch ihre Pfarrer mit der Preußischen Landeskirche verbunden waren, machte der Gemeinde Buenos Aires Mut, im Gemeindeblatt einen Statutenentwurf zu veröffentlichen und die 14 Gemeinden 1899 zu einer Vorsynode einzuladen, die zur Gründung der „Deutschen Evangelischen La Plata Synode" führte, die nach ihren Satzungen „nicht nur ein Zweckverband, sondern auch eine Glaubensgemeinschaft, nicht nur ein genossenschaftliches Unternehmen, sondern eine Vereinigung von Glaubensgenossen" wurde. Sie wahrte die Spannung zwischen der Selbständigkeit der Gemeinden und dem Gemeinschaftsbewußtsein und setzte sich, dem Brauch der Gemeinden folgend, über die konfessionellen Unterschiede hinweg, indem sie die Einzelbekenntnisse „unter dem einigenden Namen ‚evangelisch'" zusammenfaßte. Der Begriff „deutsch" wurde in den Satzungen nicht definiert. Er wird alle erfassen, die „sich durch Sprache, Herkunft oder Kulturverbundenheit dazu zählen"[92].

Auf lange Sicht bedeutete die Bildung der Synode „eine doppelte Institutionalisierung: ad intra eine Verstärkung der Koordinierung der rioplatenser Ge-

---

[90] Ebd. 14ff.
[91] Büntig, Síntesis. 1900 war schon ein spanisches Gesangbuch erschienen: ‚Himnos Evangélicos', hg. v. P. Bußmann; 1901 erschien das Religionsbuch ‚Biblische Geschichten in deutscher und spanischer Sprache' (verbesserte Auflagen 1913 und 1925). In den vierziger Jahren kam dann der ‚Culto Evangélico' mit 98 Liedern, Gottesdienstordnungen und Ordnungen für gemeinsame Bibelstudien heraus — Schmidt aaO 30f, der bei dieser Aufzählung übersehen hat, daß P. G. Bänziger von Nueva Helvecia schon 1899 in Buenos Aires den ‚Catecismo. Enseñanza resumida de la doctrina cristiana' veröffentlicht hat, ein 57 S. starkes Opusculum, das offenbar der älteste spanische Katechismus im eBreich der La Plata-Synode ist.
[92] Schmidt aaO 14ff.

meinden und ad extra die Einbeziehung der Gemeinden über die Synode" in das deutsche Kirchentum[93], d. h. nach dem Gesetz von 1900 konnten zunächst nur die Einzelgemeinden in Beziehung zum Evangelischen Oberkirchenrat treten. Nach dem Diasporagesetz von 1924 konnte dies auch die Synode als ganze mit dem 1922 gegründeten Deutschen Evangelischen Kirchenbund tun, der durch die Entsendung von Pröpsten nach Buenos Aires für einen engeren Kontakt und zugleich für eine größere Abhängigkeit der Synode sorgte (Pröpste Kräztke, Reifenrath und ab 1933 M. Marcynski). Ihnen übertrug der Synodalvorstand regelmäßig vertretungsweise den Vorsitz der Synode. Nach der Bildung der Deutschen Evangelischen Kirche 1933 vertraute die Synode der Zusage der Reichskirchenverfassung, am Verhältnis zur Auslandsdiaspora nichts zu ändern. Angesichts ihrer völligen Abhängigkeit in bezug auf Pfarrerversorgung und finanzielle Unterstützung entschloß sie sich, den Anschluß an die DEK zu beantragen, der im Oktober 1934 in Kraft trat. Die Tatsache, daß die Synode ab 1934 Propst Marcynski, der 1936 zum „Ständigen Vertreter der DEK für Südamerika" ernannt wurde, regelmäßig zu ihrem Vorsitzenden wählte, verdeutlicht die Intensivierung der Bindung an die Mutterkirche, die sie im argentinischen Protestantismus zunehmend isolierte. Gleichzeitig brachte der Anschluß 1934 eine Änderung der Synodalordnung mit sich, in die in Art. 2 fast wörtlich die theologische Grundlegung der DEK übernommen wurde: „Der gemeinsame Glaubensgrund der Gemeinden der La Plata-Synode ist das Evangelium von Jesus Christus, wie es uns in der Hl. Schrift offenbart und durch die Reformation neu ans Licht gebracht worden ist."[94] Gleichzeitig wurden die Vollmachten des Synodalvorstandes verstärkt, so daß das Jahr 1934 eine Festigung der kirchlichen Organisation und eine Verstärkung der Abhängigkeit brachte.

Die Abhängigkeit kam auch ähnlich wie bei den brasilianischen Synoden jener Zeit in einer verstärkten Hinwendung zum Deutschtum zum Ausdruck, die den Nationalisierungsprozeß der Synode verzögerte. Nach den Worten seines ersten Leiters, Bischof D. Heckel, wollte das Kirchliche Außenamt ja tätig werden „als Schützer, Helfer, Ratgeber, Förderer in der Verantwortung für evangelische Kirche und deutsches Volkstum . . ."[95]. In praxi bedeutete diese Zielsetzung vereint mit dem Einfluß des Nationalsozialismus am La Plata eine verstärkte Identifizierung von evangelischem Christentum und Deutschtum.

Schon 1924 hatte der Präsident der Synode gesagt: „Was unsere La Plata-Synode anbelangt, glaube ich fest, daß wir es als unsere Aufgabe betrachten, unter den evangelischen Deutschen nicht nur den evangelischen Glauben, sondern auch die deutsche Sprache und die deutschen Sitten zu bewahren."[96] Eine solche Zielsetzung führte zu einem krampfhaften Festhalten am Deutschen als maßgeblicher Kultsprache zu einem Zeitpunkt, als die Zahl der Nachkommen wuchs, die des Deutschen nur noch bedingt oder kaum mehr mächtig waren. Auf der 20. Synodaltagung im Jahre 1959 dachte man nüchtern über die Folgen dieser Politik nach. Nur eine ein-

---

[93] Büntig, Síntesis 16.
[94] Schmidt aaO 59 vgl. die Formulierung der DEK: „Die unantastbare Grundlage der DEK ist das Evangelium von Jesus Christus, wie es uns in der Hl. Schrift bezeugt und in den Bekenntnissen der Reformation neu ans Licht getreten ist."
[95] Schmidt aaO 58.
[96] Büntig, Síntesis 16 – aus dem Spanischen rückübersetzt.

zige Gemeinde hatte sich schon Ende des 19. Jahrhunderts der sprachlichen Entwicklung angepaßt: Esperanza. In dieser von Anfang an zweisprachigen Gemeinde wurde allerdings mehr das Französische durch das Spanische abgelöst als das Deutsche. Immerhin behielt dadurch die aufs Spanische übergehende Generation ihre Heimat in der evangelischen Gemeinde. An vielen anderen Orten hatte indes die selbstverständliche Gleichsetzung von deutsch und evangelisch, sowie argentinisch und katholisch verheerende Folgen. Sich als Argentinier fühlende Nachkommen deutscher Auswanderer wanderten nun auch kirchlich aus, nämlich in die katholische Kirche, andere, die diesen Schritt noch nicht vollzogen, fühlten sich kirchlich halb abgeschrieben, wurden ihnen doch höchstens Amtshandlungen in spanisch angeboten, aber keine Gottesdienste[97].

Es handelt sich hierbei indes nicht nur um ein Sprachproblem. Die ältere, deutschspechende Generation hatte auch „eine aus der Vergangenheit stammende Konzeption von Gemeinde", die wahrscheinlich weniger „volkskirchlich" als „kultur-evangelisch" oder „kultur-protestantisch" war und den Nachdruck auf das kulturelle Element legte, waren es doch auf dieselben „Leute, die den ‚Deutschen Klub', die ‚Deutsche Schule' und die ‚Deutsche Kirche' gegründet haben. Wir müssen den Mut haben zu sehen, daß die Gründer unserer Gemeinden nicht die Ausbreitung des Evangeliums in Argentinien, sondern die Errichtung ‚Deutsch-evangelischer' Gemeinden im Sinne hatten. Es waren die Zeiten der Verbindung von ‚Thron und Altar'. Die Betonung der Verpflichtung dem Evangelium der uns umgebenden Welt gegenüber, erscheint den Vertretern der früheren Generationen als eine Treulosigkeit gegen ‚Deutschtum und Väterart'"[98].

Vierte Phase: ab 1945: Nationalisierung

Das Sprachenproblem und damit die Frage nach der Aufgabe der Synode blieb auch nach 1945 virulent, wie die lebhafte Diskussion auf der 20. Synodaltagung 1959 beweist.

Dort mußte sich P. R. Obermüller noch mit dem Argument auseinandersetzen, daß die evangelische Predigt kaum übersetzbar sei „in die vom katholisch-romanischen Geist geformte Sprache" Lateinamerikas. Und P. Hoppe berichtete von dem verbreiteten Wunsch der Eltern, die Kinder möchten wenigstens im Konfirmandenunterricht Deutsch lernen, um dann festzustellen: „Es kann aber gar kein Zweifel bestehen, daß wir nicht verpflichtet sind, Kindern die deutsche Sprache auf Kosten des uns aufgetragenen Evangeliums beizubringen. In der Beziehung haben wir alle gesündigt und tun es noch." Und P. Engelbrecht gab zu bedenken, daß die akute Gefahr bestünde, daß durch deutschen Konfirmandenunterricht und, so könnte man hinzufügen, durch den Gebrauch des Deutschen als Kultsprache der Glaube noch stärker in eine Privatsphäre verbannt würde, weil er durch die Sprache deutlich vom alltäglichen Leben in Schule, Ausbildung und Berufsleben abgetrennt würde.

Die 20. Synodaltagung machte die Entschlossenheit der Synode deutlich, die Mauern der „deutsch-kirchlichen" Absonderung zu durchbrechen, die hundert Jahre lang die Gemeinden gegen die Umwelt abgekapselt haben[99]. Diese

---

[97] So P. M. Engelbrecht und P. F. Hoppe auf der 20. Synodaltagung.
[98] Ebd. P. Hoppe.
[99] Ebd. P. Hoppe. Auch am La Plata hatte sich ein ausgedehntes deutsches Schulwesen entwickelt, nachdem 1843 die erste Kirchenschule in Buenos Aires gegründet worden war. Es erlebte seinen Höhepunkt zwischen den Weltkriegen, als es etwa 200 deutsche Schulen mit ca. 14 000 Schülern gab. Wohlgemerkt waren dies in der Mehrzahl keine Gemeindeschulen. Wie in Brasilien begannen auch in Argentinien schon vor dem Zweiten Weltkrieg Nationalisierungsbestrebungen, die zunächst zur Auflage führten, daß die Privatschulen den Unterrichtsplan der Staatsschulen

Wandlung des Selbstverständnisses der Synode fiel nicht zufällig in eine Zeit der Stärkung des argentinischen Selbstbewußtseins und Nationalismus. Sie bezweckte auch, den weitverbreiteten Eindruck der Argentinier abzubauen, die Deutschstämmigen wollten etwas Besseres sein. Gleichzeitig führte sie erstmals zu einer missionarischen Konzeption, die darauf abzielte, die der Synode stark entfremdeten spanisch sprechenden Deutschstämmigen und die aus „Mischehen" entstehenden Familien für die evangelische Sache zu erhalten oder zurückzugewinnen[100].

Der synodale Gedanke, der schon in der Notzeit nach dem Ersten Weltkrieg, in der praktisch alle Hilfe aus Deutschland ausblieb und Missouri die Situation zu seinen Gunsten auszunutzen versuchte[101], über das Prinzip einer reinen Interessenvertretung hinaus zu einer stärkeren Gemeinschaft der Gemeinden untereinander gewachsen war, reifte im Laufe der Jahrzehnte, besonders wieder nach dem Zweiten Weltkrieg, immer mehr zu einem kirchlichen Bewußtsein, das 1956 im Partnerschaftsvertrag mit der Evangelischen Kirche in Deutschland seinen sichtbaren Ausdruck fand. Dadurch wurde die „Auslandssynode auf die Bahn einer selbständigen Kirche" gewiesen, ein Vorgang, der ungefähr gleichzeitig mit „der bewußten Hinwendung zum südamerikanischen Kontinent und seinen Menschen, seinen Problemen und seiner Kultur", zur Übernahme der Verantwortung für die Ausbildung des Pfarrernachwuchses (ab 1955 in der Fakultät von José C. Paz, einem Vorort von Buenos Aires) „und zur Zusammenarbeit mit den Brüdern anderer Denomination" erfolgte. Die Synode, die sich seit 1956 verstärkt als „eine Kirche im Werden" verstand, gab ihrem neuen ekklesiologischen Selbstverständnis auf ihrer 22. Versammlung in Rosario 1965 dadurch Ausdruck, daß sie sich neue Statuten und einen neuen Namen gab: ‚Iglesia Evangélica del Río de la Plata' (IERP), unter dem sie seit 1969 staatlich nach dem Vereinsrecht anerkannt ist. Der Kirchwerdungsprozeß ist freilich noch unabgeschlossen, da eine Reihe von Aufgaben unbewältigt sind.

Kirchenpräsident Held zählte 1971 diesbezüglich auf: „Die finanzielle und theologisch-geistliche Verantwortung für die Pastorenausbildung; die Erlangung voller fi-

---

übernehmen und Spanisch zur Unterrichtssprache machen mußten. Deutsch blieb als bevorzugte Fremdsprache erlaubt, „bis schließlich als Folge des letzten Krieges die deutschen Schulen ganz geschlossen wurden" – Schmidt aaO 54f.

[100] Engelbrecht aaO, der unter „Mischehen" Ehen zwischen Menschen deutscher Herkunft und solchen lateinischer oder lateinisch-indianischer Herkunft versteht, wobei auffälligerweise der völkisch-kulturelle und nicht der konfessionelle Aspekt im Vordergrund steht.

[101] Auch in Argentinien waren Reibereien zwischen der Synode und MS keine Seltenheit. In der Notzeit nach dem Ersten Weltkrieg, als der La Plata-Verein sich auflöste, der GAV kaum Mittel zu vergeben hatte und auch der Schweizer Hilfsverein seine Zuwendungen einschränkte, „war es besonders betrüblich zu sehen, wie die nordamerikanische MS, die unter anderen äußerlich günstigeren Bedingungen arbeiten konnte, sich durch bessere und entgegenkommendere Bedienung empfahl. Mögen die Motive, welche eine Gemeinde zum Übertritt veranlaßte, verschieden gewesen sein; daß beim sparsamen Bauern und armen Pächter auch das billigere Angebot eine Rolle spielte, kann mit einigem Recht angenommen werden". Schmidt 1949, 49f sieht hinter der vordergründigen Finanzfrage eine Frage von „Treue und Opfersinn" an die Gemeinden, „letztlich nach dem, was ihnen ihr evangelischer Glaube in heimatgebundener Verkündigung wert war".

nanzieller Selbständigkeit in allen Gemeinden und auf gesamtkirchlicher Ebene; die Einrichtung eines innerkirchlichen Lastenausgleichs zwischen leistungsstarken und -schwachen Gemeinden; die Weckung des diakonischen Gedankens; die Wahrnehmung ökumenischer Verantwortung und Zusammenarbeit; die Selbstversorgung mit gemeindegemäßer, katechetischer und theologischer Literatur, usw."[102]

Eine neue Entwicklung zeigt sich darin, daß seit Anfang der siebziger Jahre die Bewältigung vieler ungelöster Aufgaben in wachsender Zusammenarbeit mit den anderen evangelischen Denominationen am La Plata gesucht wird mit dem Fernziel einer echten ökumenischen Gemeinschaft. Ein wichtiger Schritt auf diesem Wege ist der 1970 erfolgte Zusammenschluß der lutherischen Fakultät von José C. Paz mit der interdenominationellen „Evangelischen Theologischen Fakultät" von Buenos Aires, deren Anfänge bis auf die achtziger Jahre des 19. Jahrhunderts zurückgehen, als waldensische und methodistische Gemeinden in Uruguay anfingen, gemeinsam nationale Pastoren heranzubilden. Der neue ‚Instituto Superior de Estudios Teológicos' (ISEDET) wird von acht Kirchen bzw. Denominationen getragen[103]. Von seiten der IERP, von deren 42 Pastoren 1968 noch knapp 80 % Ausländer waren, entsprach der Schritt zum Anschluß freilich einer finanziellen Notwendigkeit, da die eigene Studentenzahl zu klein für die dauernde Unterhaltung eines eigenen Ausbildungsinstitutes war[104].

Neben den oben aufgeworfenen Fragen dürften heute der erschreckend niedrige Anteil an nationalen Pfarrern[105] und die Bereitschaft zur Wahrneh-

---

[102] Held 1971.

[103] Es sind dies die Anglikanische Kirche mit 8000 Gliedern, die ‚Disciples of Christ' mit 2000, die IERP mit 60 000, die Evangelische Methodistenkirche Argentiniens mit 11 000, die Evangelische Kirche der Waldenser mit 18 000, die Reformierte Kirche Argentiniens mit 2500, die Schottisch Presbyterianische Kirche mit 2000 und die Vereinigte Evangelisch-lutherische Kirche (IELU) mit 5000. Die IELU ist eine der wenigen lutherischen Missionskirchen in LA, die nicht auf die Arbeit der MS zurückgeht. Ihre Anfänge gehen auf Rev. S. D. Daugherty zurück, der 1908 in Buenos Aires ankam. Vervielfältigte Studien zur Geschichte und Lage der IELU gibt es von einer Studienkonferenz des Jahres 1968 von Dr. Manfred K. Bahmann, La Historia de la Iglesia Evangélica Luterana Unida (30 S.) und Dr. B. Leskó, La IELA: una aventura y un experimento (24 S.). Die IELU hat ein Flüchtlingshilfsprogramm für Bolivianer, Uruguayer und Chilenen trotz erheblicher Bedrohung durch argentinische Rechtskreise entwickelt – vgl. LWBI 48/75 2ff (30. 9. 1975): Interview mit Präsident Juan Cobrda.

[104] 1974 studierten an der ISEDET, die auch eine Kirchenmusikschule einschließt, 50 Studenten Theologie, davon 13 von der IERP, 1 von der IELU und je 1 Lutheraner aus Chile und Venezuela – ISEDET 1974, 29; zur Pfarrerstatistik der IERP vgl. Villalpando 1970, 116, dito allgemein zu den Einwandererkirchen. Sonst zum argentinischen Protestantismus vgl. Monti 1969.

[105] Zur Flüchtlingshilfe der viel kleineren IELU vgl. Anm. 103. In der IERP war es erst auf der 24. Generalsynode (IERP XXIV Asamblea 1971) zu einer gewissen Bewußtseinsbildung zur „politischen Diakonie" gekommen – vgl. Documento No. 17 und Zusammenfassung der Diskussion S. 98f. Im Kern schloß man sich der Aussage an, daß „totale Befreiung" des Menschen nötig, aber nur in „völliger Bindung an Christus" möglich sei und billigte nachträglich den vom Kirchenpräsidenten Held mit anderen evangelischen Kirchenführern unternommenen Schritt, im März 1971 brieflich von den Chefs der drei Waffengattungen zu fordern, von der gesetzlichen Einführung der Todesstrafe abzusehen. Büntig, Esperanza 75f bemerkt: Auf dieser Synode ist zum ersten Mal in der Geschichte der IERP erklärt worden, daß die

mung öffentlicher Verantwortung der Kirche im gegenwärtigen lateinamerikanischen Kontext die Probleme sein, mit deren Bewältigung die IERP als Kirche steht und fällt. Unter den Militärregierungen bis 1973 zeigte die Kirchenleitung wenig Bereitschaft, für die mißachteten Menschenrechte einzutreten, und ab Ende 1973 waren es die Studenten der ISEDET, die sich stark für die vielen Tausende politischer Flüchtlinge aus Chile einsetzten, nicht aber die IERP mit ihren Gemeinden, denen die als „Linke" abgestempelten Flüchtlinge wahrscheinlich suspekt waren.

4335 Evangelisch-Lutherische Kirche in Chile (ELKC)

Die deutsche Einwanderung nach Chile begann tropfenweise schon Anfang des 19. Jahrhunderts. 1804 gründete der Schweizer Jakob Heytz eine Weberei in Santiago. Einige deutsche Offiziere kämpften bereits im Unabhängigkeitskrieg mit. Dann kamen Angehörige freier Berufe, — Kaufleute, Ingenieure, Ärzte —, die 1822 die älteste deutsche Kolonie des Landes in Valparaiso bildeten. Wie in Buenos Aires standen die evangelischen Deutschen in Valparaiso kirchlich mit der englischen Kolonie in Kontakt, mit der zusammen sie 1825 den ersten evangelischen Friedhof anlegten[106] (zur Einwanderung vgl. 4331). Wie in Abschnitt 41235 angedeutet, verbot die Verfassung von 1833 die öffentliche Ausübung akatholischer Kulte. Indes wurde dies Verbot nicht strikt durchgesetzt, solange Kulthandlungen nur von ausländischen Residenten besucht wurden. Im Unterschied zu den englischen und nordamerikanischen Residenten und zu den evangelischen Deutschen in Buenos Aires taten sich die Deutschen in Valparaiso und Santiago mit der Gemeindegründung schwer. Deshalb nahm die deutsch-evangelische Arbeit ihren Ausgang weder von der Handels- und Hafenstadt Valparaiso noch von der Hauptstadt Santiago. Vielmehr kamen die entscheidenden kirchlichen Impulse von den deutschen Kolonisten im Süden, die der junge Seeoffizier Bernhard Eunom Philippi mit Zustimmung der Regierung ab 1846 zur Urbarmachung des Seengebietes der heutigen Provinz Llanquihue ins Land gebracht hatte.

Erste Anfänge kirchlicher Betreuung sind ab 1852 zu verzeichnen, als zwei Pfarrer aus Kurhessen — Dr. phil. Friedrich Geisse und H. Carl Manns — als Gegner der in Kurhessen herrschenden politischen und kirchlichen Reaktion mit Auswanderern in Südchile eintrafen. Sie waren indes beide nicht mit der Absicht gekommen, pfarramtlich tätig zu werden. Auch hatten die Kolonisten, die erst einmal den Urwald roden mußten, buchstäblich noch kein Dach über dem Kopf und kaum etwas zu essen, so daß sie keinen Pfarrer unterhalten konnten. Geisse gründete in Puerto Montt eine deutsche Schule und waltete trotz seines vorgeschrittenen Alters gele-

---

Christen auf politischem und sozialem Gebiet Stellung beziehen müssen. Erstmals ist „von der argentinischen Wirklichkeit und nicht von der deutschen Politik gesprochen worden; über das man ständig Meinungen geäußert, wobei es weder an Unterstützung für den Kaiser während des Kaiserreiches noch auch an Sympathien einiger Gruppen für den Nationalsozialismus oder der Opposition gegen ihn gefehlt hat". Was den erschreckend geringen Anteil heimischer Pastoren der IERP anbelangt, so tritt dieser in ein noch grelleres Licht, wenn man bedenkt, daß die aus Deutschrussen bestehende ‚Iglesia Evangélica Congregacional' mit ihren ca. 10000 Gliedern von 23 Pastoren 22 aus ihren eigenen Reihen stellt. Vgl. Villalpando aaO 149.

[106] Zur Einwanderung vgl. DA 72 (1934), 1ff, zum evangelischen Friedhof s. Pfeiffer 1969, 122.

gentlich seines kirchlichen Amtes. Manns, der bei Valdivia wohnte, nahm Kinder in Pension auf, um sie auf die Konfirmation vorzubereiten. Es ist das Verdienst des Bruders des erwähnten Seeoffiziers, des Naturwissenschaftlers Prof. Dr. Rudolf Amandus Philippi (1853–97 Direktor des chilenischen Nationalmuseums in Santiago), „sich planmäßig und mit niemals erlahmenden Eifer dafür einzusetzen, daß der Ruf nach Pfarrern, der von den Kolonisten laut geworden war, nicht verhallte, sondern zu greifbarer Wirklichkeit heranreifte. Er nahm die langwierigen Verhandlungen mit den verschiedenen Stellen in Deutschland auf und erwirkte auch endlich die Zusage vom Gustav Adolf-Verein, einer jährlichen Unterstützung von 500 preußischen Talern als Beihilfe zum Pfarrergehalt, womit die Voraussetzung zur Berufung eines Seelsorgers in das Kolonistengebiet des Südens gegeben war. Ihm verdanken wir auch die Kontakte mit dem evangelischen Oberkirchenrat in Berlin, und er war es auch, der im Briefwechsel mit den Evangelischen Pfarrern in Buenos Aires die Probleme der Kolonistenpfarren studierte. Darüber hinaus dürfte er es auch gewesen sein, der ganz entschieden dafür sorgte, die Regierungskreise zur Toleranz gegenüber diesen evangelischen Bestrebungen zu bewegen, obwohl doch die katholische Religion die Staatskirche in Chile darstellte, und zwar bis 1925"[107].

In Zusammenarbeit mit dem Deutschen Verein bewirkte R. A. Philippi 1863 zunächst die Bildung eines provisorischen Kirchenvorstandes in Osorno und dann auch in Puerto Montt[108]. Beide Gemeinden schlossen sich zur pfarramtlichen Versorgung zusammen und beriefen 1864 den Predigtamtskandidaten und Gouverneur des Berliner Kadettenhauses Dr. Alfred Tyszka, der 1865 eintraf, aber Chile 1867 schon wieder verließ, nachdem die Kirche von Osorno erst halbfertig war. Den Nachfolger Franz Renz aus Schwedt und weitere Geistliche für Chile entsandte ab 1868 Dr. Fabri aus Barmen, der eng mit dem EOK in Berlin zusammenarbeitete. Diese Organisation wurde bald zur zentralen Koordinierungsstelle für die Chilepfarrer, von denen im 19. Jahrhundert auch drei vom sächsischen Konsistorium gekommen sind[109]. Die primitiven Verhältnisse im Kolonisationsgebiet schreckten anfangs die Pfarrherren aus Deutschland etwas ab. So verließ der vormalige Hofprediger aus Schwerin, P. Formey, nach knapp einem halben Jahr „fast fluchtartig", wie es in einer Chronik heißt, die 1872 von Osorno losgelöste Gemeinde Puerto Montt.

In der wohlhabenderen deutschen Kolonie von Valparaiso in Nordchile wurde im Dezember 1857 zwar auch eine sogenannte „Deutsche Gemeinde" gegründet, „aber ihre Satzungen besagten, daß ‚eine Hauptaufgabe die Gründung und Erhaltung einer deutschen Schule und, wenn möglich, einer deutschen Kirche' sein müsse". Da die Mittel zunächst nur für die Schule reichten, kam es erst 1867 unter Vorsitz des preußischen Konsuls Hermann Fischer zur Gründung einer deutschen evangelischen Gemeinde, die diesen Namen verdient und im selben Jahr P. Dr. Oskar Fiedler berief, aber nicht die Mittel zum

---

[107] Junge 1973, 12f.
[108] Ebd. und Pfeiffer aaO 118. Diese Kirchenvorstände wandten sich an den EOK in Berlin mit der Bitte um die Entsendung eines Pfarrers. Nach DEvA 10 (1911), 241ff wurden schon 1858 die ersten Schritte zur Gründung der Gemeinde von Puerto Montt unternommen, und zwar mit Hilfe des Gustav Adolf-Vereins. DA 72 (1934), 1ff bestätigt diese Version, nach der R. A. Philippi 1862 vom GAV einen Pfarrer für die Seegemeinde erbat. Die gleichzeitige Versorgung von Puerto Montt und dem 250 km weiter nördlich gelegenen Osorno durch einen Pfarrer sollte sich bald als schwierig erweisen.
[109] DA 72 (1934) 1ff.

eigenen Kirchbau aufbrachte und sich 1879 wegen finanzieller Schwierigkeiten infolge des Ausbruchs des Salpeterkrieges mit Peru wieder auflöste.

Zum Verständnis der damaligen und der heutigen Mentalität der evangelischen Deutschchilenen ist die Stellungnahme des ersten Vorsitzenden der Gemeinde Valparaiso zu ihrem hundertjährigen Bestehen 1967 bedeutsam: „...bei so schlechten Zeiten konnte man sich nicht auch noch einen Pfarrer leisten, und so kam man zusammen, 1879, und löste die Kirchen-Gemeinde wieder auf. Irgend jemand muß dann die Menschen erinnert haben, daß sich ein Pfarrer bei Hochzeiten und Begräbnissen immer sehr gut macht. So spricht man dann noch einmal mit Dr. Fiedler und er sagt zu, neben seinem Direktorberuf (an der deutschen Schule) für gelegentliche Amtshandlungen als Geistlicher tätig zu sein, (ich zitiere hier wörtlich!) ,da man allgemein der Ansicht war, einen Geistlichen nur für Casualfälle zu bedürfen'. Eine vom kirchlichen Standpunkt wohl bedenkliche Stellungnahme, aber meinen Sie nicht auch, daß auch heute diese Ansicht bei uns verbreitet ist?"[110]

Zuerst die Schule, dann die Gemeinde, das war nicht nur die Mentalität der Deutschstämmigen in Valparaiso. Manche Pfarrer haben sich auch erstaunlich leicht auf den Schulsektor abdrängen lassen. Der kongregationalistische Geistliche David Trumbull hatte anfangs in Chile zwar auch von einer Schule gelebt, aber diese Tätigkeit als Mittel zum Zweck der Gemeindearbeit verstanden[111]. Daß es 1889 schließlich zur Neugründung der evangelischen Gemeinde Valparaiso kam, ist den unermüdlichen Bemühungen des Kaufmanns Gustav Soltau zu verdanken. Zur Grundsteinlegung der Kirche fanden sich 1898 plötzlich 650 Personen ein. Daß endlich 1886 unter Vorsitz von R. A. Philippi auch die Gründung einer deutsch-evangelischen Gemeinde in Santiago gelang, ist in erster Linie das Verdienst des Deutsch-Schweizers Samuel Julius Christen, der 1870 von der ,American and Foreign Christian Union' der nordamerikanischen Presbyterianer nach Chile geschickt worden war und 1877 die spanisch-sprachige Verkündigungsarbeit in Santiago aufgenommen hatte. In selbstloser Art hielt er nebenbei deutsch-sprachige Gottesdienste und bat 1884 die Barmer Gesellschaft um die Aussendung eines deutschen Geistlichen[112].

Es ist bezeichnend für den Geist der Gleichgültigkeit, der besonders in den Städten unter den liberalen Einwanderern herrschte, daß meistens deutsche Schulen und teilweise auch deutsche Vereine lange vor einer evangelischen Gemeinde gegründet wurden, z. B. in Santiago der deutsche Verein 1845, die deutsche Schule 1866 und die Gemeinde erst 1886, und erst Jahrzehnte später konnte ihr Propst Karle eine breitere Grundlage schaffen. Im südchilenischen Valdivia hatte der führende Kopf der dort ansässigen Deutschen, Karl Anwandter, ehemaliger Bürgermeister von Calau in der Niederlausitz und Mitglied der Frankfurter Nationalversammlung, zeitlebens die Gründung einer Kirchengemeinde zu verhindern gewußt, eine Haltung, die viele enttäuschte Achtundvierziger billigten, denen die Solidarisierung der Amtskirche mit den deutschen Thronen während der Revolution von 1848 als Trauma auf der Seele lastete.

Obgleich ein Mann wie Karl Anwandter mit der Kirche nichts im Sinn hatte, bestimmte die von ihm geprägte Vorstellung vom Deutschtum bis in die jüngste Zeit weitgehend auch die Ausrichtung innerhalb der ELKC. Anwandters Traum war es,

---

[110] Junge aaO 15ff.   [111] Vgl. Kessler 1967, 42.
[112] Vgl. Junge aaO 19 und zu Christen Kessler aaO 46ff.

ein Stück Deutschland in Chile zu errichten mit einer völkisch unvermischten Grundlage und kultureller Autonomie. Und zur Kultur gehörte eben nach der in der Zeit des Kulturprotestantismus gängigen Auffassung neben der deutschen Schule und dem deutschen Verein auch die deutsche Gemeinde, der nach diesem Konzept weder eine missionarische noch eine integrierende Funktion zukam, denn die Deutschstämmigen erstrebten ja keine Assimilation an die chilenische Gesellschaft. Im Anfangsstadium hätte jede Integration tatsächlich auch den Verlust der Identität der Einwanderer bedeutet. In diesem Kontext muß man es verstehen, daß vor 1960 in der ELKC keine regulären spanischsprachigen Gottesdienste abgehalten wurden, während bei Kasualien wie Hochzeiten und Beerdigungen, bei denen man nicht unter sich war, seit langem häufig die Landessprache benutzt wurde[113].

Nachdem die Zahl der Gemeinden Ende des 19. Jahrhunderts auch in Chile gewachsen war, begannen die Bemühungen um ihren engeren Zusammenhalt, gefördert von Gustav Soltau[114].

Soltau versuchte schon 1888 vergeblich, zusammen mit den Pfarrern von Santiago und Valdivia einen Zweigverein der Evangelischen Gesellschaft für die protestantischen Deutschen in Amerika zu gründen. 1893 bei der Grundsteinlegung der Valdivianer Kirche wurde die Bildung eines Verbandes evangelischer Geistlicher, Lehrer und Kirchenvorstände angeregt und 1900 schließlich in Valdivia von P. Slyter der „Verein zur Förderung deutsch-evangelischer Bestrebungen in Chile" ins Leben gerufen, der nach mehreren Sitzungen 1904 wieder einschlief. „Als dann der Versuch gemacht wurde, die Gemeinden Südchiles von denen Nordchiles zu trennen und in einem eigenen Verband zusammenzuschließen, sandten der EOK Berlin und das sächsische Landeskonsistorium Ende 1905 den Oberpfarrer Voit zur Visitation

---

[113] Vgl. Koerner 1971. Die Deutschtumspflege wurde in Chile auch durch das besondere Ansehen, in dem die Deutschen standen, gefördert, das dazu führte, daß die Regierung 1884–89 das gesamte staatliche Unterrichtswesen von deutschen Lehrern und die Armee von deutschen Offizieren hatte reorganisieren lassen.

[114] Nach den verschiedenen Quellen verlief die Gründung der Gemeinden etwa in dieser Reihenfolge: Puerto Montt und Osorno 1863, Valparaiso 1867 bzw. 1889, Valdivia 1885, Santiago 1886, ungefähr zur selben Zeit Providencia mit 14 Predigtstellen, wo 1893/94 mit Unterstützung des Hilfsvereins der Schweiz schon ein Altersheim gebaut wurde, Frutillar 1894, Temuco und Victoria an der Frontera 1900/1902, La Unión 1900, Concepción 1904, Contulmo-Purén 1905, Punta Arenas 1908, Ancud 1908. Nach der ‚Ley Interpretativa' wurden den Protestanten auch Schulgründungen und die Erteilung von protestantischem Religionsunterricht erlaubt. Obgleich nichtkatholische Eheschlüsse schon seit 1844 gestattet waren, hatten nicht wenige Evangelische noch später ihre Kinder katholisch taufen lassen – vgl. DA 72 (1934), 1ff. 1914 umfaßt die Chilesynode 10 Gemeinden, „die teils der preußischen, teils der sächsischen Landeskirche angeschlossen waren und von Deutschland zum Teil sehr bedeutende Unterstützungen empfingen. Diese 10 Gemeinden· dienten den etwa 20 000 evangelischen Glaubensgenossen der ungefähr 25 000 Deutschsprechenden im Lande" – EvD 4 (1922), 70ff. Es ist keineswegs so, daß sich die Ausbreitung der protestantischen Deutschen ohne Widerstand von seiten der römischen Kirche vollzog. Zunächst hatte B. E. Philippi den ausdrücklichen Auftrag, nur katholische Familien ins Land zu bringen, was mißlang, da die Bischöfe von Münster und Paderborn ihren Gläubigen die Auswanderung verboten. Als dann „Ketzer" nach Chile kamen, verstand es der katholische Klerus zeitweilig, die Zuteilung von Land an die Protestanten zu verhindern. Dann durften sie anfangs nur vor den Toren der Stadt Valdivia auf der Insel Teja siedeln. Als die Religionsausübung geduldet wurde, blieben Gottesdienste in Landessprache und Mission noch lange verboten – Frenz 1973, 6f.

der Gemeinden nach Chile mit dem gleichzeitigen Auftrag, den inzwischen eingeschlafenen Verein neu zu beleben und nach Möglichkeit einen Zusammenschluß aller Gemeinden zu einer Synode zu bewirken."[115]

1905 wurde daraufhin eine Vorsynode abgehalten und 1906 die „Deutsche Evangelische Chile-Synode" gegründet, die sogleich das Gemeindeblatt „Deutsch-Evangelisch in Chile" herausgab. Die Konsolidierung der im Vergleich zur La Plata-Synode wesentlich lockereren Chile-Synode und ihrer Gemeinden erwies sich als schwierig. Bis zur Synodaltagung 1931 war der Gedanke, daß die Synode ein völlig freiwilliger und mithin unverbindlicher Zusammenschluß von selbständigen Einzelgemeinden sei, noch nicht völlig überwunden. Auf jener Tagung in Puerto Montt beklagte P. Stökl in einem Vortrag, daß die Gemeinden in Chile nicht mehr als „Gottesdienstvereine" mit einer halb demokratischen, halb aristokratischen Organisation seien. Er forderte zur Überwindung des vereinsartigen Charakters der Gemeinden auf und zur Errichtung eines geordneten und festgefügten Synodalbaus, in den die Gemeinden sich einzugliedern hätten. Es ist dem Einsatz der beiden Synodalleiter P. Dr. Stöckl und P. Steybe zu danken, daß diese Einsichten bis 1937 soweit Platz gegriffen hatten, daß nach dem Anschluß an die DEK im Jahre 1933 auf der Synodaltagung in Frutillar eine vom Kirchlichen Außenamt der DEK ausgearbeitete und von den Synodalen in einigen Punkten abgeänderte Kirchenordnung angenommen werden konnte. Die Präambel der Kirchenordnung der sich nun „Deutsche Evangelische Kirche in Chile" nennenden Synode stimmt fast wörtlich mit der theologischen Grundlegung der DEK überein. Als Organisation von deutschen Auslandsgemeinden war die Synode völlig von der DEK abhängig, die deren Leiter auf Vorschlag der Synode zu ernennen hatte. Dieser unterstand „in seiner gesamten Tätigkeit dem Kirchlichen Außenamt". Als Ausdruck zunehmender Einheit wurden in allen Gemeinden, auch in denen sächsisch-lutherischer Tradition, die altpreußische Liturgie eingeführt und die Lehrpläne für den Religionsunterricht vereinheitlicht[116].

Die in den dreißiger Jahren durch die Vermischung mit der nationalsozialistischen Ideologie noch fragwürdiger gewordene kirchliche Pflege des deutschen Volkstums kam auch in Chile während des Zweiten Weltkriegs in die Krise, als „Schwarze Listen" über Deutschchilenen angelegt wurden. Als Chile dann 1943 die diplomatischen Beziehungen zum Deutschen Reich abbrach, kam auch Unruhe in die Synode. Daß die Synode ohne wesentliche Schäden durch diese schwierige Zeit gekommen ist, verdankt sie wesentlich dem Weitblick Friedrich Karles, ihres Leiters seit 1937, dem nach fünfundzwanzigjähriger Tätigkeit von der EKD der Titel eines Propstes verliehen wurde.

Karle, seit 1930 Pfarrer an der Erlösergemeinde in Santiago, verstand es, in den Jahren 1945–48 die Hilfsbereitschaft der Gemeindeglieder für die Deutschlandhilfe zu wecken, wie sie ähnlich auch von den brasilianischen Synoden ins Leben gerufen wurde[117], wobei die kleine chilenische Synode „unter den Spendern für Deutschland

---

[115] Junge aaO 26. Nach DEvA 10 (1911), 241ff soll der Verein eingeschlafen sein, weil er nicht den Segen des EOK erhielt.

[116] Junge aaO 26f.

[117] Im JEvGB 21 (1949) 99f gibt Fausel einen Überblick über die Hilfsleistungen des brasilianischen Hilfswerkes SEF (Socorro a Europa Faminta), die sich, von kleineren Zwischensendungen abgesehen, insgesamt auf zehn Schiffsladungen mit insgesamt 4 226 471 to von Waren aller Art beliefen. Junge aaO 53 gibt für Chile den Gesamtwert der Hilfslieferungen mit US$ 500 000 an.

... an vierter Stelle" stand. 1959 gründete Karle ein Diakonisches Werk, das ein Alters- und Pflegeheim baute, und 1960, nach dem schlimmsten Erd- und Seebeben der Geschichte des Landes zwischen Concepción und Chiloé, hat er die ‚Ayuda Cristiana Evangélica' ins Leben gerufen[118].

Trotzdem bereitete die innere Erneuerung der Synode nach dem Zweiten Weltkrieg Schwierigkeiten. Den älteren Kirchenmännern war „die Erhaltung der deutschen Sprache ebenso ans Herz gewachsen wie die Treue zum Evangelium", so daß an ihrem Widerstand 1953 ein vom Kirchlichen Außenamt unterstützter Antrag der Synodalleitung scheiterte, die Bezeichnung „deutsch" aus dem Namen der Kirche zu streichen. Bis 1959 setzte sich indes die Erkenntnis durch, daß eine Namensänderung keinen Verzicht auf die Pflege der Tradition und keine Lösung des inneren Zusammenhangs mit dem reformatorischen Mutterland bedeuten mußte, so daß gegen eine Stimme von reformierter Seite als neuer Name gebilligt wurde: „Evangelisch-Lutherische Kirche in Chile (ELKC)."[119] Damit trug die Synode dem 1948 von Karle mit dem Lutherischen Weltbund hergestellten Kontakt Rechnung, der 1957 zum Eintritt führte. Seit 1948 hatte man schon in der Flüchtlingshilfe eng zusammengearbeitet und erreicht, daß eine große Zahl volksdeutscher Familien nach dem Zweiten Weltkrieg in der chilenischen Kirche eine neue innere Heimat gefunden hat[120]. Das Jahr 1959 brachte auch die vertragliche rechtliche Selbständigkeit der ELKC von der EKD.

Während sich die chilenische Bevölkerung von 1900 bis 1970 verdreifacht hat, stagniert die Zahl der Glieder der ELKC (1959 ca. 25 000), bzw. ist sogar leicht rückläufig.

Damit macht sich das Gesetz der kritischen Zahl bemerkbar, das sich auch auf das Kirchenbewußtsein auswirkt, und zwar in dem Sinne, daß das Vertrauen in die Zukunft der Kirche angeschlagen wird, daß die Rekrutierung einheimischen Pastorennachwuchses und die Ausbildung einer situationsbezogenen Theologie, d. h. zugleich Fortschritte auf dem Weg zur Integration der ELKC in den kirchlichen Kontext Chiles, erschwert werden. Der Beginn der strukturellen Reform im Jahre 1970 wirkte in dieselbe Richtung. Die Linken betrachteten die Lutheraner als „Mumien", und tatsächlich waren sie mehrheitlich gegen sozialistische Reformen, die sich teilweise gegen ihren eigenen Besitzstand richteten. Sie merkten aber, daß sie auf der Seite der Verlierer waren und spürten mehr oder weniger bewußt, daß sie auf Grund ihrer sozialen Stellung als Bürgerliche Fehler gemacht hatten. Das daraus resultierende vage Schuldgefühl übte seinerseits eine lähmende Wirkung für Integrationsbemühungen oder Versuche auf dem Gebiet der gesellschaftlichen Diakonie aus[121].

Da die Verantwortlichen in der ELKC — 1965—69 Propst Friedrich Tute, interimistisch P. Helmut Beisiegel und ab Ende 1970 Propst Helmut Frenz —

---

[118] Junge aaO 52f.
[119] Vgl. EvD 31 (1960), 110f. Die oppositionelle Stimme wollte nicht das Deutschtum, sondern den unierten Charakter der Kirche verteidigen.
[120] Pfeiffer aaO 126: Die ca. 25 000 Glieder der ELKC gliederten sich 1959 in 9 Gemeinden mit über 50 Predigtplätzen und 10 Pfarrern. Bis 1969 hatten 4 Theologiestudenten der ELKC in der IERP-Fakultät von José C. Paz ihr Studium beendet. In der 2. Hälfte 1973 hatte die ELKC 16 Pfarrer: Chilenen, Deutsche und Nordamerikaner — vgl. Reinhart Müller in epd-Ausgabe für die kirchliche Presse Nr. 33 (15. 8. 1973).
[121] Koerner 1971.

erst seit den sechziger Jahren bewußt darum bemüht waren, die drei babylonischen Mauern, die ihre Ghettokirche umschlossen, niederzureißen, nämlich die sprachliche, die kulturelle und die soziale[122] und die Identifikation ihrer Glieder mit Volk und Land gerade erst soweit gediehen war, daß sie mehrheitlich die ‚Democracia Cristiana' (DC) Eduardo Freis unterstützten, traf sie die verhältnismäßig radikale politische Entwicklung unter der ‚Unidad Popular' (UP) Salvador Allendes noch ziemlich unvorbereitet.

Man darf nicht übersehen, daß die erwähnten Mauern ursprünglich auch unter äußerem Druck der katholischen Gesellschaft Chiles errichtet worden sind, daß diese Gesellschaft an sich keine protestantischen Einwanderer haben wollte, protestantische Gottesdienste in der Landessprache verbot und keine Möglichkeiten der sozialen Integration für die überwiegend der Mittelschicht angehörenden Einwanderer bot. Da es im 19. Jahrhundert in Chile kaum eine Mittelschicht gab, die Einwanderer aber nicht in den Arbeiterstand absacken wollten und von der Oberschicht nicht akzeptiert wurden, heirateten sie fast ausschließlich untereinander, wodurch sie kulturell im „deutschen Ghetto" blieben. Etwa seit Mitte des 20. Jahrhunderts setzte ein rascher Integrationsprozeß in die inzwischen entstandene chilenische Mittelschicht ein, so daß 1973 90 % aller Eheschließungen in dreifacher Hinsicht als Mischehen angesehen werden können: konfessionell, kulturell, und sprachlich[123]. Frenz weist darauf hin, daß die ELKC zwar eine Kirche des Mittelstandes sei, daß sie sich aber nicht bewußt als „Klassenkirche" formiert habe, sondern durch den historischen Prozeß dazu geworden sei, so daß es ungerecht wäre, sie als „reaktionäre Kirche" abzuqualifizieren[124]. Bedenkt man, daß „deutsche Kaufleute und Großgrundbesitzer ... finanziell und geistig Führer des Deutschtums..." wurden, wie es in einem Artikel aus den dreißiger Jahren in der damals üblichen Terminologie heißt[125], und daß die Masse der Deutschstämmigen sich in der jüngsten Gegenwart durch Integration in die chilenische Mittelschicht mit deren gesellschaftlichen und wirtschaftlichen Interessen identifiziert, dann braucht man sich nicht über das geringe Verständnis zu wundern, das sie für die Sozialisierungsmaßnahmen des Allenderegimes, die Bodenenteignungen und Verstaatlichungen von Fabriken ‚aufbrachten, durch die sie selbst betroffen wurden. Schließlich verließen ca. 10 % der Glieder der ELKC teils wegen des ökonomischen Drucks, der auf ihnen lastete, teils aus politischen Gründen das Land, um einer marxistischen Beeinflussung ihrer Kinder zu entgehen[126]. Ausgesprochen oder unausgesprochen mögen auch noch Elemente der Ideologie vom deutschen Herrenmenschen weiter gewirkt haben. Wurden hier nicht Werte, die durch deutschen Fleiß und deutsche Tüchtigkeit geschaffen worden waren, an rassisch minderwertige Mestizen und Indios verschleudert?

Umso erstaunlicher ist es, daß die Amtskirche, aber auch eine ganze Reihe von Nichttheologen dem sozial-revolutionären Prozeß wesentlich aufgeschlossener gegenüberstanden und auch bereit waren, „im vernünftigen Rahmen

---

[122] Vgl. Interview mit Frenz in LWBI 32/73 (21. 6. 1973). Danach wurde 1973 in drei Gemeinden nur noch spanisch gepredigt und mit einer Ausnahme fanden in allen anderen Gemeinden auch regelmäßig spanische Gottesdienste statt.

[123] Frenz 1973, 7.   [124] LWBI 32/73.

[125] Vgl. DA 72 (1934), 1ff.

[126] Emigrieren konnten freilich nur jüngere Leute mit im Ausland gesuchten Fachberufen oder Ältere, die für ihren Lebensabend genügend Kapital ins Ausland geschafft hatten. Wenn die Glieder der ELKC auch nur 0,3 % aller nominellen Christen des Landes ausmachten, war ihr Einfluß auf Grund ihres ökonomischen Gewichtes doch erheblich größer.

mitzuarbeiten"[127]. Zur Tagung der „Kommission für Kirchliche Zusammenarbeit" des LWB in Santiago schrieb Frenz Ende April 1973, die Christen müßten „Stellung beziehen zu der Herausforderung von seiten des Sozialismus".

„Uns bewegen zur Zeit viele Fragen, auf die wir keine Antwort wissen. Die Tatsache, daß wir eine Kirche des Mittelstandes sind, erschwert den offenen Dialog. Denn sehr viele unserer Gemeindeglieder werden von den Sozialisierungsmaßnahmen betroffen, indem sie enteignet werden. Dabei geht es in sehr vielen Fällen ungerecht und illegal zu. Es entstehen Fronten, die sich von Tag zu Tag verhärten. Der Haß wird auf beiden Seiten geschürt. Da kommt unserer Kirche eine besondere Aufgabe zu: Wir müssen zur Versöhnung aufrufen! Doch wird dieser Aufruf verstanden? Wird man uns nicht Unentschlossenheit von beiden Seiten vorwerfen?" Dann zitiert er das Wort der Synode des Jahres 1972 zu diesen Fragen, das auch ein Schuldbekenntnis an den sozialen Mißständen enthält[128].

Die Stimmung der Mehrzahl der Glieder der ELKC war in der letzten Phase der Herrschaft der Unidad Popular gekennzeichnet von Nervosität, hilflosem Stillhalten und Abwarten, Bitterkeit und Klagen ob der Ungerechtigkeit, die ihnen als Pionieren der wirtschaftlichen Erschließung des Landes widerfuhr, ferner von der Tendenz, den Gegner zu verteufeln, „sich Bilder von ihm zurechtzulegen, die dem Haß Nahrung geben", während ihre überwiegend aus Deutschland entsandten Pastoren versuchten, sie versöhnungsbereit zu machen, bereit, „den Gegner von heute in den Frieden miteinzubeziehen"[129]. Nach dem Militärputsch vom 11. September 1973 stürzten sich die meisten Lutheraner wieder hinein in den „Kampf des Verdienens, des Mehr-Verdienens, des Mehr-haben-wollens, des Aufstiegs und der Beförderung". Deshalb fragte Propst Frenz sie in einer Predigt vom 30. September 1973, ob sie nichts dazugelernt hätten und ob sie sich denn freuen könnten, „wenn gleichzeitig für Hunderttausende von Chilenen alle Zukunftschancen ... verloren gegangen" seien, ob sie ihre Zukunft bauen wollten „auf den Trümmern und Tränen, auf den Hoffnungen und Sehnsüchten der Arbeiter", ob sie nichts verspürten von dem Haß und Eifer der Ver-

---

[127] Vgl. LWBI 32/73. Von einem Traditionslutheraner wie Lajtonyi mußten sie sich indes im nachherein sagen lassen, sie hätten als kleine aggressive Minderheit mit Frenz unter dem Schlagwort „Theologie der Befreiung" den Bolschewismus in Chile gefördert und der „kommunistische Weltkirchenrat" habe vor dem Fall Allendes genau wie er in Moçambique die bolschewistische Frelimo mit Waffen versorgte, „auch die nach Chile einströmenden Horden brasilianischer, bolivianischer und uruguayischer Terroristen unterstützt" — so im Gespräch mit Manfred von Conta, Chile heute: Die Spaltung der deutsch-luth. Kirche, SZ Nr. 174 (1. 8. 1975).

[128] Frenz 1973, 8ff. Das Wort der Synode von 1972 lautet: „Wer unter euch ohne Sünde ist, werfe den ersten Stein. Wir leiden unter der gegenwärtigen politischen, sozialen Situation und fühlen uns mitschuldig an ihr, weil wir zu den sozialen Mißständen geschwiegen haben, weil wir es versäumt haben, glaubwürdig das Evangelium zu leben, weil wir durch unbedachtes Reden den Haß mitangefacht haben. Ob Menschen reich oder arm, gebildet oder ungebildet, angesehen oder verachtet, stark oder schwach waren, für Jesus waren sie alle Geschöpfe Gottes und darum seine Brüder. Deshalb können wir jeden als unseren Bruder anerkennen, können wir keinen hassen, vielmehr versuchen wir, jeden in seiner Lage zu verstehen. Unser Reden und Handeln wird das deutlich machen. Zwar kennen wir alle die Angst und Sorge um unsere Zukunft, aber wir wissen von Jesus, daß der Mensch nicht allein vom Brot lebt. Das gibt uns die Freiheit, miteinander immer wieder neu anzufangen, d. h. Vorurteile und starre Positionen aufzugeben. So spricht Jesus: Gehe hin, versöhne dich mit deinem Bruder."

[129] So schreibt P. Harder im Gemeinderundbrief Nr. 3 (1973) der ELKC-Gemeinde zu Valparaiso — auszugsweise hektographiert vom KAEKD.

folgung gegen Andersdenkende, von der Neuauflage des Sektarismus, den man vorher beklagt hatte, nur unter anderen Vorzeichen[130]!

Obgleich Frenz, wie wohl die Mehrzahl der Glieder der ELKC, den Militärputsch zunächst bejaht hatte, war er, der schon vorher als „roter Bischof" difamiert worden war, wiederum bereit, seinen Ruf aufs Spiel zu setzen und sich als Kollaborateur der Linken diffamieren zu lassen, weil er es als Auftrag Christi ansah, Kollaborateur der Menschlichkeit zu sein, indem er sich für Verfolgte und Unterdrückte einsetzte[131]. Aber die Aktivitäten, die Propst und Pfarrer in ökumenischer Zusammenarbeit auf nationaler Ebene und auf internationaler Ebene mit den Institutionen in Genf im „Nationalen Flüchtlingsausschuß" entfalteten, um ca. 6000 politische Flüchtlinge aus anderen Ländern Lateinamerikas, die in Chile Schutz und Asyl gesucht hatten und vom Militärregime ausgewiesen worden waren, zu betreuen und in sichere Staaten umzusiedeln, stießen in den Gemeinden der ELKC nicht auf ungeteilte Zustimmung. Vor allem Gemeinden im Süden des Landes erregten sich über die Hilfe für die „linksorientierten Flüchtlinge" so sehr, daß sich „ganze Kirchenvorstände einer Mitarbeit bei der Hilfe für die Verfolgten" widersetzten und nicht wenige schon deshalb die Absetzung von Frenz betrieben[132].

Obgleich der Einsatz der Kirchen für die Flüchtlinge sogar den Militärs imponierte, so daß der Regionalsekretär von UNELAM für das andine Gebiet, Augusto Fernández Arlt, im Januar 1974 durch ein Gespräch mit Innenminister Bonilla eine öffentliche Belobigung Frenzens und der Pfarrrer erwirkte, die der rechtsgerichteten innerkirchlichen Opposition gegen Frenz eine Dämpfer aufsetzte und geeignet war, Befürchtungen zu zerstreuen, die Deutschchilenen könnten sich durch die Flüchtlingshilfe bei der Militärregierung mißliebig machen[133], setzten sich die turbulenten Auseinandersetzungen „in allen Gemeinden" fort[134]. Deshalb wurde im März 1974 eine Sondersynode nach Vitacura einberufen, auf der deutlich wurde, daß nur eine Minderheit seinerzeit zusammen mit Frenz dem Versuch Allendes, eine sozialistische Gesellschaft mit demokratischen Mitteln aufzubauen, gemäßigt positiv gegenübergestanden hatte. Angesichts der massiven Kritik aus den eigenen Reihen sah Frenz sich gezwungen, um Vergebung „für Versäumnisse in drei Jahren der Volksunion-Regierung" zu bitten, als viele Glieder der Kirche ihr Eigentum verloren und von ihrer Kirche vergeblich Hilfe erwarteten, hatte doch die Synode von 1972 sich nicht einmal zu einem Wort des Trostes für die von der gesellschaftlichen Umstrukturierung Betroffenen entschließen können. Die Nichttheologen fühlten sich über die Flüchtlingshilfe mangelhaft informiert und sahen sich von den möglichen Folgen stärker gefährdet als die Pfarrer, die, soweit sie Ausländer sind, schlimmstenfalls des Landes verwiesen werden können[135]. Wenn auch in Vitacura noch eine Ver-

---

[130] Predigt gehalten über Mt 6, 25 in Santiago – hektographiert von KAEKD.
[131] Ebd.
[132] In Genf wurde mit dem ÖRK, dem LWB und dem Hohen Kommissar für das Flüchtlingswesen der Vereinten Nationen zusammengearbeitet, der Frenz 1974 für seine Verdienste um die Flüchtlinge die Nansen-Medaille verlieh – vgl. LWBI 49/75 (6. 10. 1975). Zur Opposition gegen Frenz vgl. LWBI 4/74 (23. 1. 1974).
[133] Persönliche Information von Fernández Arlt.
[134] Müller 1974 I.
[135] Frenz wurde konkret vorgeworfen, „er habe in Wort und Schrift ‚politisch nicht zulässige Stellungnahmen' abgegeben, die geeignet seien, die Gemeinden ‚in Gegensatz zur Obrigkeit' zu bringen" – LWBI 17/74 (28. 3. 1974). „Auf dringendes Anraten der US-Botschaft verließ Ende 1973 ein nordamerikanischer Vikar, der im Dienste der ELKC stand, überstürzt mit seiner Frau das Land, nachdem sie von

trauensabstimmung für Frenz vermieden werden konnte und die Synode mehrheitlich anerkannte, daß alle Aktivitäten der Kirche seit September 1973 dem Dienst „der Versöhnung der Getrennten und der barmherzigen Liebe für alle Leidenden" gegolten hätten, so blieb doch das von den Kritikern ausgesprochene Wort von einer „Vertrauenskrise" im Raum stehen, das die Kluft enthüllte, die sich speziell zwischen den jüngeren deutschen Entsandtpfarrern und den alteingesessenen deutschstämmigen Kirchenvertretern auftat.

Die Forderung der Laienvertreter auf der Synode von Vitacura nach einer „stärkeren Hinwendung zur Gemeindearbeit", nachdem die Aufgaben des Nationalen Flüchtlingsausschusses erledigt seien[136], war bereits ein Signal für den bevorstehenden Konflikt um die ökumenische „Kommission zur Verteidigung der Menschenrechte" (Komitee für Frieden und Versöhnung), die sich zum Ziel gesetzt hatte, sich für die Respektierung der Menschenwürde der vielen tausend inhaftierten Chilenen einzusetzen. Die Auseinandersetzungen darüber, ob es eine vom Evangelium her verpflichtende Aufgabe der Kirche sei, für die politisch Verfolgten einzutreten, noch dazu wenn sie von vielen Gliedern der Kirche als die Feinde von gestern angesehen werden, bestimmten die innerkirchlichen Auseinandersetzungen bis zum Schisma am 21. Juni 1975, wobei die Sachfrage gelegentlich durch die Polemik um die Person von Frenz verdeckt worden ist. Als sich im November 1974 18 Laienvertreter von acht Gemeinden aus der Synode in Frutillar zurückzogen, weil Frenz nicht zu Beginn seinen Rücktritt erklärt hatte und die Laien auf Grund des gültigen Wahlrechtes ihre Meinung nicht durchsetzen konnten, beriefen sie sich auf ihre Übereinstimmung mit dem Evangelium und der authentischen christlichen und lutherischen Tradition: „Die Predigt des Evangeliums von Jesus Christus und der rechte Gebrauch der Sakramente."[137] Bei diesem Bezug auf Art. V der Confessio Augustana, der typisch ist für ein Verständnis lutherischer Tradition, das die Kirche ausschließlich auf den geistlichen Sektor beschränken will, wird übersehen, daß Luther im 3. Teil des Artikels „Von den Konziliis und Kirchen" (1539) und an anderen Stellen die Kennzeichen des durch den Hl. Geist geheiligten Volkes Gottes in seinen Bezügen auf alle Lebensbereiche darlegt und das Mitleiden mit Christus als ein wesentliches Kennzeichen der wahren Kirche ansieht. Auf der Gründungsversammlung der „Lutherischen Kirche in Chile" (LKIC) im Juni 1975, an der sich die Gemeinden Frutillar, Osorno, La Unión, Valdivia und Temuco beteiligten, wurde vom Veterinär Dr. Julio Lajtonyi, einem der Anwälte des unpolitischen Traditionschristentums, erneut betont: „Die Laien sind gegen eine Politisierung der Kirche und gegen eine Klerikalisierung der Politik, darum haben wir rebelliert." Frenz wurde außerdem vorgeworfen, „falsche Informationen" über die Situation in Chile im Ausland verbreitet, dadurch Chile in Mißkredit gebracht und

---

chilenischem Militär während der Begleitung eines Flüchtlingstransportes vorübergehend festgenommen worden waren" – LWBI 24/74 (16. 5. 1974).

[136] Die Ressentiments gegen Frenz wurden nur oberflächlich dadurch überdeckt, daß „die Synodalen ihrem Bischof und ihren Pastoren Dank und Anerkennung für ihre aktive Beteiligung an der humanen Aussiedlung von über 5 000 Flüchtlingen aus Chile nach dem Militärputsch..." in Vitacura aussprachen – LWBI 17/74 (28. 3. 1974).

[137] Erklärung der 18 Vertreter an die Gemeinden der ELKC – von KAEKD hektographiert für die EKD-Ratssitzung v. 13. 12. 1974.

ständig bei seinen Kontakten mit dem Ökumenischen Rat der Kirchen die Konsultation mit den Gremien der ELKC versäumt zu haben[138].

Obgleich der in Chile gebürtige P. Ricardo Wagner vor seiner Wahl zum Propst der LKIC gefordert hatte, daß die Polemik gegen die von Frenz geführte ELKC aufhören müsse, versuchte der „Koordinierungsrat" der LKIC, Regierungschef General Augusto Pinochet zur Ausweisung von Frenz und vier „linker" Pastoren zu bewegen, was jener zunächst mit dem Bemerken ablehnte: „Niemand kann des Landes verwiesen werden, der sich nichts zuschulden kommen ließ." Dennoch erschienen in Presse, Rundfunk und Fernsehen Mitte 1975 täglich entstellende und aufhetzende Berichte „über Marxisten und Leninisten, die unter dem Deckmantel einer christlichen Kirche Terrorismus und Extremismus predigen"[139]. Die LKIC zog sich sofort aus dem Aus-

---

[138] Das Mißverständnis der lutherischen Zweireichelehre bei den chilenischen Traditionalisten wird auch in Contas oben zitiertem Bericht über sein Gespräch mit Lajtonyi deutlich (SZ v. 1. 8. 1975): „Da Bischof Frenz nach dem ‚Ereignis' des 11. September Verfolgte unterstützte, verstieß er nach Ansicht eines großen Teils der deutschen Kolonie gegen das lutherische Glaubensbekenntnis, das im ‚Augsburger Bekenntnis' festlege, es bestünden zwei Reiche auf dieser Welt, das himmlische und das irdische, wobei der Christ sich nicht unter Berufung auf das eine in die Angelegenheiten des anderen einzumischen habe ... Dieser Bischof Frenz, der uns in Predigten vorwarf, wir behandelten unsere Kühe besser als unsere Landarbeiter, hat Politik in die Kirche getragen. Er, ein deutscher Staatsbürger, hat den chilenischen Gaststaat beschmutzt, indem er den Gegnern dieses Staates hilft. Damit mußte ein Ende gemacht werden. Wir wollen keine neumodische Theologie, sondern das einfache Evangelium vom Hirten und seiner Herde..." Am 29. 5. 1976 veröffentlichte die deutschsprachige Zeitung ‚Condor' eine „Grundsatzerklärung der Lutherischen Kirche in Chile. Wie wir uns selbst verstehen", in der es unter Punkt 5 heißt: „Wir wenden uns gegen die Politisierung der Kirche und gegen die Klerikalisierung der Politik. Diesbezüglich halten wir uns treu zur Lehre der Augsburger Konfession, Art. 28. Wir verwerfen jegliche politische Tätigkeit der Kirche, weil wir der Ansicht sind, daß Politik die Aktivität und Verantwortung der Staatsbürger ist und so auch der Christen als Einzelpersonen, die als solche zu verschiedenen politischen Gruppierungen gehören können, aber nur wenn diese sich nicht zu Ideologien bekennen, die mit dem christlichen Glauben in Widerspruch stehen." Bei dem Bezug auf CA 28 denkt die LKIC offenbar speziell an einen Satz wie: „Darumb soll man die zwei Regimente, das geistlich und das weltlich, nicht miteinander mengen und werfen." Das hier nicht das prophetische Amt von Pastoren und Bischöfen abgelehnt wird, also ihre Aufgabe, Gewissen des Staates zu sein, sondern die seit dem Mittelalter übliche Koppelung von geistlichem und weltlichem Fürstentum in der Gestalt von Bischöfen, übersehen die Verfasser.
Zu den Vorwürfen gegen Frenz, die hier nicht alle aufgezählt werden können, vgl. LWBI 32/75 (9. 7. 1975). Hier sei nur noch der Vorwurf erwähnt, er habe unter der Unidad popular vier Pastoren ins Land gerufen, die „ebenfalls linke Schlagseite" hätten, die Deutschen Axel Becker, Wolfgang Werner, Friedrich Wirnsberger und den Nordamerikaner Jimmy Savolainen. Bezeichnend ist, daß an den Gemeindeversammlungen, die der Gründung der LKIC vorausgegangen sind, maximal 4% der ca. 25 000 Glieder der ELKC teilgenommen haben und daß in den in die Presse lancierten Aufrufen zahlreiche Unterschriften von Deutschchilenen figurierten, die gar nicht der ELKC angehörten.

[139] LWBI ebd. — An dieser Polemik war auch die offizielle Regierungszeitung ‚Pro Patria' beteiligt. Der „Koordinierungsrat", eine Art Gegenkirchenleitung, hatte sich schon lange vor dem Schisma gebildet und betrieb seit November 1974 systematisch die Spaltung der ELKC. Nachdem alle seine Versuche gescheitert waren, die ELKC im „Putschverfahren" zu übernehmen oder mit kirchenrechtlichen Mani-

schuß für Frieden und Versöhnung zurück. Die fortgesetzte Kampagne gegen Frenz zeigte im Oktober 1975 Wirkungen, als das Innenministerium dem in Genf an einer Konsultation über die Identität der Kirche Weilenden in Abwesenheit wegen „antinationaler Aktivitäten" und „Störung der öffentlichen Ruhe" die Aufenthaltsgenehmigung entzog[140]. Noch Mitte 1976 kam es zu einer neuen Rufmordkampagne in der chilenischen Presse. Besonders typisch ist die Verleumdung durch die deutschsprachige Landeszeitung ‚Condor', die schrieb, Frenz habe nach dem Militärputsch mit seinem Eintreten für die politischen Flüchtlinge in Chile, die Allende als „fremde Söldner" ins Land gebracht habe, im geheimen Auftrag der tschechischen Botschaft gehandelt. Aus dem Kontakt Frenzens mit der Christlichen Friedenskonferenz in Prag wird weiter gefolgert, das ökumenische Komitee für den Frieden sei „ein kommunistisches Werk"[141]. Der Nationale Ausschuß der Zusammenarbeit für den Frieden, der ursprünglich von der katholischen Kirche, der ELKC, den Methodisten, den Orthodoxen und der jüdischen Gemeinschaft in Chile getragen wurde, geriet dann im November 1975 unter so starken Druck — zahlreiche seiner Mitarbeiter wurden von der chilenischen Geheimpolizei verhaftet[142] —, daß Kardinalerzbischof Raúl Silva Henríquez sich Ende November entschloß, den Ausschuß aufzulösen, um eine weitere Politisierung zu vermeiden, und künftig ähnliche Hilfe durch Institutionen wie ‚Caritas' und die Kommission ‚Justitia et Pax' zu leisten[143].

Mitte 1976 scheiterte der vorerst letzte Versuch des Kirchlichen Außenamtes der EKD, eine Annäherung des gespaltenen Luthertums in Chile zu errei-

---

pulationen auszulöschen, entschloß er sich zur Konstitution einer Gegenkirche — vgl. LWBI 27/75 (10. 6. 1975). Im Oktober 75 war die Lage so, daß 5 Gemeinden zur LKIC gehörten, 2 sich neutral verhielten, um die weitere Entwicklung abzuwarten und 4 spanischsprachige und 2 deutschsprachige Gemeinden mit ca. 1500 aktiven Gliedern in der ELKC unter Frenz verblieben waren — LWBI 49/75 (6. 10. 1975).
[140] LWBI 55/75 (17. 11. 1975).
[141] LWBI 26/76 (15. 6. 1976). Jorge Bentjerodt ist der Vf. des Kommentars im Condor v. 27. 5. 1976. Das Ziel dieser Rufmordkampagne war es wahrscheinlich zu verhindern, daß Frenz aus Deutschland gezielte Hilfsaktionen, besonders für Speisungszentren für hungernde Kinder in den chilenischen Arbeitervorstädten unterstützen konnte.
[142] LWBI 55/75 (17. 11. 1975). Conta aaO schreibt: „Dieses Komitee hat seit Oktober 1973 in seinem Hauptquartier an der Calle Santa Mónica und 20 Niederlassungen in den Provinzen 33 000 Menschen betreut — politische Häftlinge durch Rechtsbeistand, verzweifelte Familien bei der Suche nach ‚verschwundenen' Personen, Arbeiter, die unter Mißachtung des Arbeitsrechts von ihren Betrieben unter politischen Vorwänden ohne Zahlung der ihnen zustehenden Entschädigung auf die Straße gesetzt worden waren. Das Komitee organisierte mit Spenden und der Hilfe der Bevölkerung in den von Hunger und Arbeitslosigkeit heimgesuchten Proletariervierteln der Städte mehr als 200 ‚Comedores', wo an die 10 000 unterernährte Kinder durchgefüttert wurden. Es gibt außerdem überall dort finanzielle Starthilfen, wo Arbeitslose aus eigener Initiative versuchen, eine Werkstatt aufzumachen oder eine Kooperative zu gründen. An fünf Stellen im Stadtgebiet von Santiago, wo die staatliche Verwaltung die ärztliche Betreuung der Bevölkerung eingestellt hat, errichtete das Komitee poliklinische Ambulatorien. Auf dem Land, wo sich Grundbesitzer das unter Allende enteignete Land wieder zurückholten und auf diese Art Tausenden von Landarbeitern die Existenzbasis entzogen, offeriert es Pachtland zur Gründung von Kooperativen. Vor allem aber ist die Rechtsabteilung der Komitees durch die Sammlung Tausender von Fällen, in denen die Sicherheitsdienste Menschen entführten, folterten und verschwinden ließen, zu einer Art schlechten Gewissens der Militärjunta geworden, die bisher dieses Komitee nur deshalb nicht ausmerzte, weil es zu vielen internationalen Gremien Kontakt hält." [143] LWBI 58/75 (9. 12. 1975).

chen. Die LKIC lehnte im letzten Augenblick einen Vertrag mit der EKLBB ab, der ihre Versorgung mit Pastoren aus der brasilianischen Schwesterkirche sicherstellen und durch diese innerlateinamerikanische Hilfe eine Wiederannäherung an die ELKC bewirken sollte. Die LKIC zog es vor, sich um bedingungslose Hilfe bei der Freien Evangelisch-Theologischen Akademie Basel zu bemühen[144].

Im Wechselbad von Sozialismus und Kapitalismus ist die lutherische Kirche deutschstämmiger Chilenen wie keine andere lateinamerikanische Einwandererkirche in ihrem Kirchesein extrem in Frage und in die Zerreißprobe gestellt worden. Als eine nach dem Vereinsrecht angetretene Einwandererkirche, die nach dem Verständnis vieler ihrer Glieder bis in die Gegenwart ein kirchlicher Verein zur Befriedigung der geistlichen Bedürfnisse seiner Glieder geblieben ist, sah sich die ELKC nicht imstande, in ihrer Gesamtheit die Metamorphose zu einem sichtbaren Teil der Kirche Christi zu vollziehen, die ihren Auftrag für alle Menschen erkennt und imstande ist, sich mit der Not und den Leiden eines Volkes zu identifizieren, auch wenn die Masse der eigenen Glieder wegen ihres gesellschaftlichen Status davon nicht betroffen ist. Bemerkenswert an der Tragödie der ELKC ist, daß es diesmal nicht die ausländischen Pfarrer waren, die die nationale Verwurzelung der Kirche weiter verzögert haben, wie das in den vergangenen hundert Jahren nicht selten der Fall war, daß sie nicht das Gruppenbewußtsein der Deutschstämmigen oder ihre Verbindung mit der alten Heimat zu fördern versuchten, sondern im Gegenteil sich entsprechend der Verpflichtung des Evangeliums, daß allen Menschen geholfen werde und sie zur Erkenntnis der Wahrheit gelangen (1 Tim 2,4), mit der Gesamtheit des chilenischen Volkes verbundener und solidarischer erwiesen als die Mehrzahl der Glieder ihrer Kirche. Es ist eine Tragödie für die ganze Kirche in Lateinamerika, daß sich Gruppenegoismus und Mangel an Liebe stärker erwiesen haben als die christliche Botschaft. Die Glaubwürdigkeit der Kirche hat einen weiteren Schlag erlitten.

434 Protestantische Kirchen angelsächsischer Tradition in Lateinamerika

4341 Das Problem der protestantischen Mission in Lateinamerika

43411 Lateinamerika-Bild und Motivation des Missionsprotestantismus

Als einer der ersten hat Cotton Mather 1699 das Bild der nordamerikanischen Protestanten von Lateinamerika gezeichnet, das Grund und Ausgangs-

---

[144] LWBI 30/76 (30. 6. 1976). Direktor Prof. Dr. Samuel Külling hatte 1975 Chile besucht und scheint bereit zu sein, Vereinbarungen „zwischen eventuellen Kandidaten und der chilenischen Kirchenleitung" zu unterstützen. Vorher hatte sich die LKIC auch an die Notgemeinschaft Evangelischer Deutscher mit der Bitte um Pfarrervermittlung gewandt – LWBI 47/75 (29. 9. 1975). Conta aaO bemerkt etwas überspitzt, daß Propst Wagner, der aus Siebenbürgen stammende Pfarrer der Gemeinde Osorno, seine Theologie nicht in Deutschland, „sondern im Seminar der auch politisch rechtgläubigen ‚La Plata-Kirche' zu Buenos Aires gelernt" habe. Gemeint ist das frühere Seminar in José C. Paz, das im Vergleich zum ISEDET tatsächlich weithin unpolitisch war.

punkt späterer Missionsanstrengungen auf dem Subkontinent werden sollte, als er ein Traktat mit dem bezeichnenden Titel „An essay to convey religion into the Spanish Indies" verfaßte[145]. 1882 schrieb Bainbridge:

„Der (katholische) Glaube, der in jenen Ländern gepflanzt ist, ist eine Entstellung des Christentums. Er hat die Eingeborenen kaum erhoben und die Würde der Kolonisatoren herabgesetzt ... Über den Gräbern von Millionen und Abermillionen mißhandelter und ermordeter Wesen haben sie (Spanier und Portugiesen) das Gebäude der Barbarei ihrer Katholischen Kirche errichtet, die heute zu einem Unglück für die ganze abendländische Kultur geworden ist."[146]

In jener Zeit entstand die meist als ‚American Dream' bezeichnete selbstgefällige Berufungsgewißheit der liberalen Kultur der USA, jene Mischung aus Patriotismus und Rassismus, die die Nordamerikaner zu Werkzeugen der Vorsehung bei der Ausbreitung des ‚American way of life' werden ließ, der wesentlich auf den Protestantismus gegründet ist. Glaube, Wohlstand und Fortschritt, den die Pilgerväter nach Nordamerika gebracht haben, bedingen sich in dieser Sicht der Dinge gegenseitig. Es mußte deshalb geradezu als ein Akt christlicher Nächstenliebe erscheinen, wenn man die armen Nachbarn südlich des Río Grande del Norte an den Segnungen des protestantischen Glaubens teilhaben ließ. In diesem Denkschema nimmt es kaum wunder, wenn Beach 1904 die 1898 erfolgte Besetzung Kubas und Puerto Ricos als einen Akt der Vorsehung für den nordamerikanischen Protestantismus würdigte:

„Die Vereinigten Staaten haben Westindien besetzt, um der Welt zu zeigen, daß die Erziehung und das reine Christentum die Menschen darauf vorbereiten können, sich selbst zu regieren."[147]

Nach dem Vorbild der 1795 gegründeten ‚London Missionary Society' war in den USA 1810 der anfangs interdenominationelle ‚American Board of Commissioners for Foreign Missions' entstanden, der später zur Missionsgesellschaft der Kongregationalen Kirche werden sollte. In den Jahren 1814 bis 1821 riefen dann die Baptisten, die Methodisten und die Episkopalen eigene Missionsgesellschaften ins Leben, denen bald weitere Gesellschaften folgen sollten, z. B. 1837 der ‚Board of Foreign Missions' der Presbyterianer[148]. Zur interdenominationalen Zusammenarbeit auf dem Gebiet der Mission kam es nach und nach durch die erstmals 1893 in New York tagende und später unter dem Namen ‚Foreign Missions Conference of North America' zu einer ständigen Einrichtung gewordene Missionskonferenz, die 1900 in New York die ‚Ecumenical Missionary Conference' abhielt, mit insgesamt 170—200 000 Besu-

---

[145] Vgl. Murray 1965, 354.
[146] Around the world tour of missions, New York 1882, 497 zitiert nach Damboriena 1962 I, 21f, der auf eine Fülle ähnlicher zeitgenössischer Äußerungen hinweist.
[147] H. Beach, Geography of Protestant missions, London 1904, 91 erwähnt, daß die nordamerikanischen Protestanten ihre Berufung durch eine Reihe providentieller Akte bestätigt sahen, nämlich durch den von Napoleon beim Hören der Ostermesse 1803 gefaßten Entschluß, Luisiana an die USA zu verkaufen, den Fall Fernandos VII. von Spanien und den dadurch in Gang gesetzten Emanzipationsprozeß in Lateinamerika, durch die endgültige Annexion der riesigen Regionen des Fernen Westens, zuletzt im Krieg mit Mexiko (1845–48), sowie durch den Krieg mit Spanien (1898 bis 1900), der mit der Annexion von Puerto Rico und der Gewinnung der Vormundschaft über Kuba endete. Zitiert nach Damboriena aaO 21f.
[148] Hogg 1952, 11ff.

chern die größte missionarische Massenveranstaltung der Geschichte, die verdeutlicht, wie populär der Missionsgedanke damals an der Basis des nordamerikanischen Protestantismus war[149]. Der Missionsgedanke hatte nicht zuletzt durch eine studentische Erweckungsbewegung erheblichen Auftrieb erhalten, die 1886 auf einem von Dwight L. Moody in Mount Hermon bei Northfield in Massachusetts abgehaltenen interdenominationellen Studententreffen ihren Anfang genommen hatte. Zu ihr gehörte John R. Mott, später eine führende Gestalt der ökumenischen Bewegung. Die aus dieser Erweckung erwachsende Studenten-Freiwilligen-Bewegung, die sich über die USA hinaus ausbreiten sollte, wählte 1888 als Motto das Wort: „Die Evangelisation der Welt in dieser Generation", das gleichsam zum Schibboleth der nordamerikanischen Missionsanstrengungen wurde. Hogg betont, daß es sich bei diesem oft mißverstandenen Motto weder um eine Prophezeiung noch um Wunschdenken handele, sondern um die Erkenntnis der Verpflichtung in jener wie in jeder anderen Generation das Evangelium der ganzen Menschheit zu verkündigen. Dieser Verpflichtung wurde man sich damals in ihrer ganzen Radikalität neu bewußt[150].

Nicht nur die nordamerikanischen Missionsanstrengungen, sondern auch die europäischen — dies zeigte die Weltmissionskonferenz von Edinburgh 1910 — waren eingebettet in das geordnete Weltbild des 19. Jahrhunderts, dem noch die Vorstellung eines intakten Corpus christianum zugrunde lag. Dementsprechend hielt man die Christianisierung des gesamten Lebens der Völker für möglich und notwendig, denn der fortgeschrittenen Säkularisierung des Westens war man sich noch nicht recht bewußt geworden. Dementsprechend sah man auch in Kolonialpolitik und -handel der Mächte des Abendlandes positive Elemente für die Mission der schwächeren Völker, so daß man noch in Edinburgh „christianisieren" und „kolonisieren" arglos vermischte[151]. Die Missionare des 19. und des beginnenden 20. Jahrhunderts lebten in der damals üblichen Vorstellung einer geteilten Welt: „Auf der einen Seite waren die Christen (Europa, Nordamerika usw.), auf der anderen die Heiden (Afrika und Asien); das römisch-katholische Lateinamerika wurde letzteren zugesellt"[152], jedenfalls von den nordamerikanischen Protestanten. Die europäischen Missionsgesellschaften hatten die Thematik der Weltmissionskonferenz von Edinburgh bekanntlich auf die Mission „unter nicht-christlichen Völkern" beschränkt und damit Lateinamerika als Missionsfeld ausgeschlossen, was von den Nordamerikanern sehr bedauert wurde. Robert E. Speer führte in Edinburgh die Gegenkräfte an und hielt eine Rumpfsitzung über lateinamerikanische Missionsprobleme. Die Frucht dieser Beratungen war die 1913 in New York abgehaltene ‚Foreign Missions Conference', die sich ausschließlich mit Lateinamerika beschäftigte. Diese Konferenz beschloß die Gründung eines ständigen ‚Committee on Cooperation in Latin America' (CCLA). Dieses Komi-

---

[149] Ebd. 45f.

[150] Ebd. 88, der freilich nicht ausschließt, daß es unter den Studenten einige Enthusiasten gab, die tatsächlich glaubten, die Evangelisation der Welt in einer Generation bewerkstelligen zu können. Immerhin solle man dies Wort nicht unkommentiert zitieren, wie dies z. B. Lembke 1973, 84 tut, der noch dazu seinen Ursprung auf eine Äußerung Motts auf der New Yorker Missionskonferenz von 1900 zurückführt. Die Verbindung dieses Wortes mit Mott rührt daher, daß Mott unter diesem Titel 1900 gleichsam eine missionarische Programmschrift veröffentlicht hat.

[151] Günther 1970, 7.   [152] Liggett 1969, 69.

tee sah es nicht als seine Aufgabe an, römische Katholiken zu bekehren, sondern den Nöten von Millionen nicht evangelisierter Lateinamerikaner zu steuern und die Hilfe für sie zu koordinieren[153]. Hogg meint, daß die Schwierigkeiten wegen der Frage der Einbeziehung Lateinamerikas in die Thematik von Edinburgh aus einem inadäquaten Verständnis der tatsächlichen Situation Lateinamerikas resultierten[154], d. h. daß Lateinamerika nicht der katholische Kontinent ist, für den die römische Kirche ihn gern ausgibt, was sie ungewollt selbst bestätigt, in dem sie noch heute Missionare dorthin entsendet[155].

Das Lateinamerikabild, das Missionskreise ihrer Öffentlichkeit vermittelten, um die Missionsanstrengungen zu rechtfertigen und zu verstärken, war indes stark verzeichnet.

„In Amerika und England sagt man den Protestanten, sie sollten sich aus dem, was sie zu Hause vom Katholizismus sähen, kein Bild über die südamerikanische Kirche machen, in der der reinigende Einfluß der Reformatoren noch nicht wirksam geworden sei." Die Protestanten der USA entfalteten eine eifrige Propaganda für den ‚Neglected continent', veranstalteten Gebetsfeldzüge und Pressekampagnen für das Heil Südamerikas, für „den Erdteil ohne Christus", „dem Spanien wohl das Kreuz, nicht aber den Heiland brachte". Die Missionen erklärten, nicht gegen die Katholiken kämpfen, sondern nur Gott bekanntmachen zu wollen. Manche erklärten die Kirchenfrage sogar für sekundär. Rev. McStuart Nairn schrieb in einer Propagandaschrift der Evangelischen Südamerikanischen Union, Südamerika sei das Land „des toten Christus", der keine Macht hat in seinen Armen, das Heil zu wirken, und keine Liebe im Herzen, um Erlösung zu bringen", deshalb sei Lateinamerika „ein Kontinent ohne Christenheit", dessen „Bewohner nie etwas hörten von einem Erlöser", die „im dunkelsten Todesschatten sitzen"[156]. Schon auf der New Yorker Missionskonferenz von 1900 ist die religiöse Situation des Subkontinents in den schwärzesten Farben dargestellt worden. J. A. Brown beschrieb Südamerika als „einen Kontinent, der von Pfaffen beherrscht ist, ohne häusliches Leben, ein Opfer der Anarchie, des Götzendienstes, des Kultes heidnischer oder halbheidnischer Gottheiten, kontrolliert von der korruptesten Priesterschaft, deren einziges Instrument der Seelenhandel ist – eine Tätigkeit, die sie in der ganzen Welt berüchtigt gemacht hat –, obgleich er im Namen des Evangeliums geschieht"[157]. 1905 zählte G. B. Bainton die „Irrtümer", die der Protestantismus in Lateinamerika ausmerzen müsse, im einzelnen auf: 1. das Beharren auf dem hierarchischen Altarpriestertum, das die Messe zwischen Gott und die Menschen stellt, 2. die Übelstände, die aus dem schlechten Leben der Priester entspringen, die den Beichtstuhl zum eigenen Nutzen mißbrauchen, 3. das Priestertum generell, weil es die Ursache der Ignoranz der Völker Lateinamerikas ist, die durch den Ritualismus, die Dogmen und die Verhinderung der Verbreitung der Bibel von den Priestern gefördert wird. „Das defekte und entstellte Christentum, das von der Kirche Roms gelehrt wird, macht alle jene Völker zu legitimen Missionsfeldern des protestantischen Apostolats."[158] Auf der New Yorker Missionskonferenz von 1913 wurde in einem Manifest festgestellt: „Wir halten uns nicht damit auf zu erwägen, ob die herrschenden Kirchen jener Nationen christlich sind oder nicht, noch ob sie gläubig sind oder nicht bei der Erfüllung ihrer Pflicht. Wir betonen lediglich, daß Millionen und Abermillionen ihrer Einwohner

---

[153] Hogg 1952, 131f.
[154] Ebd. 121.
[155] Ebd. 132.
[156] Peters 1927, 71 und 69f.
[157] Ecumenical Missionary Conference, New York 1901, 476 zitiert nach Damboriena 1962, 22 Anm. 7.
[158] Bainton, Religions of mission fields as viewed by Protestant missionaries, New York 1905, 267 und 271 zitiert nach Damboriena aaO.

praktisch des Wortes Gottes beraubt sind und nicht einmal wissen, was das Evangelium ist."[159]

Das CCLA veranstaltete 1916 in Panamá den „Kongreß über christliche Arbeit in Lateinamerika", organisatorisch fast eine Replik der Konferenz von Edinburgh[160], der sich um ein objektiveres Lateinamerika-Bild bemühte. Die Veranstalter wollten auf alle Fälle vermeiden, daß sich die schon vorher geäußerten Verdächtigungen bewahrheiten könnten, daß der Kongreß das Bild einer Kreuzzugsveranstaltung gegen den Katholizismus annehmen könnte, weshalb sie auch katholische Beobachter einluden, die freilich nicht erschienen. Obgleich die Mehrzahl der Delegierten Lateinamerikaner waren, war der Kongreß von den Nordamerikanern — u. a. von Rev. Samuel Guy Inman, Robert E. Speer und Mott — vorprogrammiert und damit in gewissem Grade manipuliert, da man eine Diskussion über die Tagesordnung gar nicht erst aufkommen lassen wollte. Fragen der Missionspolitik und der Ekklesiologie sollten ausgeschlossen sein. Man wollte sich darauf beschränken, brüderlich darüber zu diskutieren, „wie die Erfordernisse Lateinamerikas am wirksamsten durch das Evangelium von Christus befriedigt werden könnten". Dennoch bestanden die Lateinamerikaner darauf, daß auch ekklesiologische Probleme (5141) und die Frage des Verhältnisses zum Katholizismus angesprochen wurden. Ihnen schien die Rücksicht der Organisatoren auf und ihre Kooperationsbereitschaft mit der römischen Kirche zu groß, da von deren Seite keinerlei Signale eines ökumenischen Geistes ausgingen.

In Panamá wurde Lateinamerika mit seinen damals 80 Mill. Einwohnern als offenes Feld für die Mission bezeichnet, und zwar nicht, weil gewisse Teile der Bevölkerung, wie z. B. Indios, noch nicht richtig evangelisiert worden waren, sondern weil „eine Welle der Ungläubigkeit oder Irreligiosität die Republiken des Südens bedroht". Die traditionelle religiöse Welt Lateinamerikas wurde durch die wissenschaftliche Revolution der Neuzeit, die im 19. Jahrhundert auch Lateinamerika erreichte, in eine tiefe Krise gestürzt. Rationalismus, Materialismus und Pessimismus bedrohen das christliche Denken mit enormer Virulenz. Der Spiritismus strömt in das Vakuum des Unglaubens. Die religiöse Krise wird durch die gesellschaftliche Krise noch verschlimmert, die ihren krassesten Ausdruck darin findet, daß nur 5 % aller Lateinamerikaner eine Schule besuchen, in Bolivien sogar nur 2,5 %, in Argentinien dagegen 10 %, so daß der Analphabetismus zwischen 50 und 80 % schwankt. Diese Mißstände erscheinen der Konferenz als eine Herausforderung für die Mission, kann doch nur das Christentum Geist und Intelligenz zu ihrer Überwindung erleuchten. Auf diesen Reflex der Aufklärung folgt ein Stück Kulturprotestantismus. Die Bibel, „jenes göttliche Buch, das die Größe der Völker des Nordens gewesen ist, wird auch die der Völker des Südens sein". Ihre Verbreitung wird die südamerikanische Mutlosigkeit und den Pessimismus überwinden. Die Bibel erscheint also als die wirksamste Entwicklungshilfe. Auf dem Gebiet der sozialen Wohlfahrt äußert der Kongreß die Bereitschaft zu einer gewissen Zusammenarbeit mit der römischen Kirche. Der von dem Kongreß ausgelöste Enthusiasmus wird deutlich in der überschwenglichen Äußerung des Brasilianers Pereira: „Panamá wird nicht nur für den Aufschwung der amerikanischen Zivilisation das Bindeglied sein, das zwei Ozeane verbindet, sondern wird mehr sein: Es wird das heilige Band sein, das zwei Welten zu einer neuen Welt verbindet, wovon Kolumbus kaum träumte."[161]

---

[159] Crivelli, Directorio Protestante de la América Latina, Rom 1932, 90 zitiert nach Damboriena aaO 23.
[160] Hogg 1952, 173.
[161] Pereira 1920, 164–180. Daß die Bibel der Entwicklungshilfe dient, entspricht

Günther urteilt: „In Edinburgh wurde über das Warum der Mission nicht reflektiert. Zur Begründung reichte der Missionsbefehl (Mt 28, 18 ff) völlig aus. Auch hierin gehört Edinburgh in die Tage der Unschuld."[162] Das kann man vom Panamá-Kongreß nicht mehr sagen. Angesichts der Tatsache, daß man in Lateinamerika auf einem nominell katholischen Kontinent arbeitete, hatte die protestantische Mission hier schon länger ihre Tätigkeit apologetisch zu verteidigen versucht. Am treffendsten hat Speer schon 1909 in sechs Thesen die Berechtigung des protestantischen Missionsunternehmens nach einer einjährigen Studienreise durch Lateinamerika dargelegt:

1. Die moralische Lage des Subkontinents mit ihrem Mangel an Erziehungsmöglichkeiten erfordert die Arbeit protestantischer Missionare;
2. dafür sprechen auch intellektuelle Gründe;
3. dafür spricht, daß sie dem Volk die Bibel in ihrer Sprache geben;
4. dafür spricht auch der ethische Verfall großer Teile der katholischen Priesterschaft.
5. Protestantische Missionen sind nötig, weil die römische Kirche ein entstelltes Evangelium predigt, das Maria den zentralen Platz zuweist und nur den leidenden oder den toten Christus am Kreuz verehrt und weil
6. die römische Kirche nicht mehr genügend Substanz und Kraft hat, um allein Lateinamerika zu evangelisieren[163].

allerdings mehr der Auffassung der traditionellen Denominationen als derjenigen der Faith Missions, für die die Bibel eher eine Waffe der ethischen Erneuerung ist. Die Akten des Panamá-Kongresses wurden 1917 veröffentlicht – vgl. Christian Work 1917 I-III; zu zeitgenössischen Bewertungen des Kongresses vgl. außer Pereira: Braga 1917 und Beach 1916.

[162] Günther 1970, 22.
[163] Speer 1909 bemerkt: Die europäischen Kirchen haben in Italien, Portugal und Spanien dasselbe Problem vor der Tür wie die USA mit Lateinamerika (179). Zu Speers Thesen vgl. 150ff, wo er u. a. bemerkt: „The Protestant missionary enterprise with its stimulous to education and its appeal to the rational nature of man is required by the intellectual needs of South America. It is an uneducated continent..." Zum moralischen Verfall der katholischen Priesterschaft (156ff) bezieht er sich u. a. auf einen Hirtenbrief des Erzbischofs von Caracas von 1908, in dem jener mit Entschlossenheit die „moral unworthiness" des venezolanischen Klerus anklagt. Ferner erwähnt er, daß Leo XIII. einige Jahre vorher den Dominikanergeneral und Großinquisitor zur Untersuchung der Verfassung des Klerus nach Brasilien entsandt habe, dessen Bericht indes nie veröffentlicht worden sei. Msgr. Caparand/São Paulo sagte Speer, er habe dem Großinquisitor mitgeteilt, er hätte „den brasilianischen Romanismus ein getauftes Heidentum genannt und dem Papst geraten, die gesamte Hierarchie ihres Amtes zu entheben und mit neuer Mission von vorn anzufangen". 1897 schrieb Leo XIII. an den Klerus von Chile: „In every diocese eclesiastics break all bounds and deliver themselves up to manifold forms of sensuality, and no voice is lifted up to imperiously summon pastors to their duties. The clerical press casts aside all sense of decency in its attacks on those who differ, and lacks controlling authority to bring it to its proper use ... It is sad to reflect that prelates, priests and other clergy are never to be found doing service among the poor ... As a rule, they are ever absent where human misery exists, unless paid as chaplains or a fee is given. On the other hand, you (the clergy) are always to be found in the house of the rich, or wherever gluttony may be indulge in, wherever the choicest wines may be freely obtained." In seiner Antwort warf der Kardinalerzbischof von Santiago daraufhin dem Papst und den europäischen Erzbischöfen vor, in noch größerem Luxus zu leben. Latourette 1943, 112 setzt sich mit der auch auf dem Kongreß virulenten Frage auseinander, warum sich die Nordamerikaner stärker als die Engländer in Lateiname-

Auf dem Kongreß wurde auch das bis dahin erzielte Ergebnis der protestantischen Missionsanstrengungen nüchtern analysiert. Man konstatierte, daß sich 1916 die Zahl der von nordamerikanischen Missionaren Bekehrten auf dem lateinamerikanischen Festland erst auf 126 061 belief, d. h. niedriger lag als die Zahl der farbigen Protestanten im karibischen Raum, die sich auf 159 642 belief. Unter den Gründen für den relativ bescheidenen Missionserfolg wurden eine einseitig antikatholische Frontstellung, Verlust an Überzeugungskraft durch die konkurrierende Fülle protestantischer Denominationen und Missionsgesellschaften, ungenügender Nachdruck auf der Soziallehre und geringschätzige Behandlung oder Außerachtlassung lokaler Sitten und Gebräuche genannt[164] (vgl. zum Panamá-Kongreß ferner 514).

43412 Selbstverständnis und Wesen des Missionsprotestantismus

Allgemein läßt sich zum Selbstverständnis der angelsächsischen Missionsgesellschaften sagen, daß die ekklesiologische Komponente bei ihnen relativ schwach ausgebildet war.

Günther nennt es bezeichnend, „daß der größte Träger der damaligen angelsächsischen Mission, die Studenten-Freiwilligen-Bewegung, nicht aus einer Kirche hervorgegangen ist, sondern aus den Universitäten und eben dort ihr Zentrum behalten hat. Auch ihre Losung, ‚Evangelisation der Welt in dieser Generation' zeigt diese kirchlose Grundausrichtung. Denn als Mittel dazu wurde keineswegs nur die Predigt angesehen ... Die Tatsache, daß die angelsächsische, vor allem die amerikanische Mission, in einem ganz anderen Maßstab durch Institutionen (Universitäten, höhere Schulen, Krankenhäuser) gearbeitet hat als die kontinentale Mission, erklärt sich nicht nur aus ihrer finanziellen Stärke", sondern aus der theologischen Voraussetzung, daß in einem nichtchristlichen Lande alles, „was den Geist Christi offenbart, eine in eminentem Sinne evangelistische Wirkung" hat[165]. „Die Gefahr einer unreflektierten Gleichsetzung von ‚christlich' und ‚westlich' lag dabei auf der Hand. Sie zeigt sich auch bei den Engländern", wie schon aus dem Titel der Festschrift des

---

rika engagierten, obgleich Großbritannien länger als die USA Kolonien in Lateinamerika hatte, mit Lateinamerika kulturell stärker verbunden war, obgleich es um die Jahrhundertwende auch wirtschaftlich noch eine viel bedeutendere Rolle spielte als die USA, die außerdem seit dem Eroberungskrieg gegen Mexiko (1846–48) bei den lateinamerikanischen Intellektuellen im Verdacht standen, potentielle Agressoren zu sein. Daraus folgert er, man könne den nordamerikanischen Missionaren des 19. Jahrhunderts in Lateinamerika weder politischen noch wirtschaftlichen Imperialismus unterstellen. Vielmehr sei das lateinamerikanische Missionsunternehmen einerseits auf die missionarische Zielsetzung der Kirchen, die die ganze Menschheit als ihr Missionsfeld betrachteten, zurückzuführen, andererseits auf den „etwas unrealistischen Idealismus, der die durch gemeinsame republikanische Institutionen und das Zusammenleben in derselben Hemisphäre bedingte Interessengemeinschaft überschätzte". Am Rande sei vermerkt, daß die Nordamerikaner keinerlei Rücksicht auf den britischen Wunsch nach Verschiebung des Kongresses genommen hatten, sahen diese sich doch nach 550 Kriegstagen nicht in der Lage, in Panamá effektiv mitzuarbeiten.

[164] Damboriena 1962, 23 nennt unter Berufung auf Latourette für das lateinamerikanische Festland eine Zahl von knapp 100 000 vom Missionsprotestantismus bis 1916 Bekehrten. Read 1969, 51 nennt indes die genauen Zahlen des Panamá-Kongresses: Mexiko 22 282, ZA 10 442, Südamerika 93 337, (davon Brasilien: 49 623), insgesamt 126 061; Westindien 159 642, Lateinamerika insgesamt 285 703.

[165] Günther aaO 12.

Jahres 1901 zum 200-jährigen Jubiläum der ‚Society for the Propagation of the Gospel' erhielt: „The spiritual expansion of the Empire", wobei nicht das Reich Gottes, sondern das Britische Empire gemeint ist.

Günther sieht die Wurzel für die unreflektierte Verbindung von Mission und Kolonisation im kalvinistischen Erbe der Angelsachsen begründet. Mission war für sie noch zur Zeit Edinburghs, „und damit sind wir an der Wurzel ihres kirchlosen Denkens, in erster Linie Ausbreitung des Reiches Gottes, Aufrichtung der Herrschaft Christi".

Und so darf, wie Mott sagt, die Predigt des Evangeliums „doch immer nur ein Mittel zu dem gewaltigen und begeisternden Vorhaben sein, in dem Leben des einzelnen und der Familie, im sozialen und nationalen Leben, in internationalen Beziehungen, sowie in allen Verhältnissen und Beziehungen der Menschen zueinander die Königsherrschaft Christi aufzurichten"[166].

„In Amerika wirkte hier neben den kalvinistischen Lehren vom Reiche Gottes und dem auserwählten Volk besonders die damit einhergehende geschichtliche Erfahrung der ‚Landnahme' und des ‚Reiches Gottes in Amerika' nach. In Verbindung mit dem wirtschaftlichen Aufschwung, der zentralen politischen Stellung und der religiösen Erweckung bestimmte dieser Hintergrund das Ziel der Mission". Dieser Hintergrund könnte „die breite Unterstützung durch die Öffentlichkeit" erklären, „die die Mission in England und Amerika gefunden hat und deren Ursache in einem Bündnis von Erweckung und aufgeklärtem Humanismus zu suchen ist. Die Intentionen beider liefen vom gezeigten Hintergrund her weithin parallel. Beide waren gegen den Sklavenhandel, beide bekämpften die Sklaverei, beide hatten Erbarmen mit der niedrigeren Kultur der armen Heiden"[167] und der als nicht viel christlicher betrachteten Lateinamerikaner. Obgleich die Verbindung von Mission und Kolonisation im Blick auf Afrika und Asien virulenter war, fühlten sich die amerikanischen Missionare durchweg auch in Lateinamerika als Boten ihrer erfolgreicheren und folglich „höheren" Zivilisation, was im Zusammenhang mit dem immer stärkeren politischen und wirtschaftlichen Einfluß der USA in der südlichen Hemisphäre im Verlauf des 20. Jahrhunderts zu einer zunehmenden Verfälschung des Evangeliums führen sollte. In diesem Zusammenhang ist auch Willems Hinweis auf die Verbindung der nordamerikanischen Missionen mit der Tradition der englischen Dissidenten zu beachten, die im Ansatz eine symbolische Rebellion gegen die bestehende Gesellschaftsordnung unternommen haben. In den USA wurde dieser Symbolismus auf die politische Emanzipation und die Sicherung der Rechte des gemeinen Mannes bezogen. Die Betonung der Gleichheit aller Menschen vor Gott wurde in den Dienst der Erlangung von gesellschaftlicher Anerkennung für die amerikanischen Massen gestellt. Als grundlegend für die gesellschaftliche Anerkennung aber galten „einfache Tu-

---

[166] J. R. Mott, The evangelization of the world in this generation, New York 1900, deutsch: Die Evangelisation der Welt in dieser Generation, Berlin 1901, 16f zitiert nach Günther aaO.

[167] Günther aaO 12f, der als Ausdruck des von einer latenten Reich-Gottes-Idee ausgehenden Sendungsbewußtseins die Feststellung des US-Präsidentschaftskandidaten Byron in Edinburgh: „Die Christen sind die Erzieher der Welt" anführt. Vgl. in diesem Zusammenhang: H. R. Niebuhr, Der Gedanke des Gottesreiches im amerikanischen Christentum, New York 1948.

genden" wie Rechtschaffenheit, harte Arbeit und Enthaltsamkeit, deren Wirksamkeit die Kirchen dadurch erhöhten, daß sie sie als göttlich geboten hinstellten. Die Verbreitung dieser Tugenden mußte den methodistischen, presbyterianischen und baptistischen Missionaren auch in Lateinamerika als grundlegend für den sozialen Aufstieg der von ihnen „Bekehrten" erscheinen.

„Ihr Ziel war daher möglicherweise nicht so sehr die Errettung der Lateinamerikaner von der ewigen Verdammnis, als ‚ein Evangelium' zu verkünden, ‚das darauf abzielte, ein Gefühlserlebnis zu erzeugen, das ausreichend stark war, um das Leben auf Rechtschaffenheit auszurichten; der konkrete Inhalt des Evangeliums hängt also weitgehend vom Kulturniveau des Predigers und seiner Zuhörer ab'."

Bezüglich der Verbindung der nordamerikanischen Missionen mit der Tradition der englischen Dissidenten ist indes d'Epinays Hinweis auf die Entwicklung des Methodismus in den USA zu beachten, die in gewissen Grade auch von anderen im britischen Nonkonformismus wurzelnden Kirchen der USA gilt, daß die Dissidenten in Nordamerika einen Prozeß der Verbürgerlichung durchgemacht haben, bei dem sich Ende des 19. Jahrhunderts zur Schau gestellte Frömmigkeit und puritanische Ethik mit liberaler Theologie verbanden. Diese gewandelte Form des religiösen Nonkonformismus wurde durch die Mission nach Lateinamerika gebracht. Sein Wesen war geprägt von der Erweckungsbewegung des 19. Jahrhunderts und der Theologie Wesleys mit dem Akzent auf Bekehrung, Rechtfertigung und Heiligung.

Im Anschluß an freikirchliche Traditionen vermittelten die angelsächsischen Missionen einen durch persönliche und emotionale Erfahrung bestimmten Glauben. Die Evangelisation zielte also darauf ab, durch die Bekanntmachung der Gnade und den Ruf zur Buße Bekehrung zu bewirken, d. h. eine freie, in einem emotionalen Vorgang ausgelöste Glaubensentscheidung für Gott. Die Folgen der Bekehrung waren: der Bruch mit der lateinamerikanischen Umwelt und ein öffentliches Bekenntnis in der Gemeinde, das diese auf seine Gültigkeit nachzuprüfen hatte. Diese Bekehrungslehre geht von der Einzelverantwortung des Menschen vor Gott aus, vor dem alle Menschen gleich sind, so daß keine Institution dem einzelnen diese Entscheidung abnehmen kann. Kliewer bemerkt in diesem Zusammenhang:

„Dieser individualistische Anspruch fand in einer Gesellschaft, die im Patrón-Modell den Individualismus zum Wert erhob, bald Anklang. Der protestantische Individualismus ermöglichte die scheinbare Realisierung des gesellschaftlichen Ideals auch außerhalb der Elite. Doch führte er dazu, daß der lateinamerikanische Protestantismus den Blick für gesellschaftliche und strukturelle Probleme verlor."[168]

Trotz der im Ansatz kirchlosen Ausrichtung der nordamerikanischen Mission führte sie zu denominationeller Kirchbildung in Lateinamerika, denn, wenn die Aufrichtung der Königsherrschaft Christi auch durch die Errettung einzelner, die zu neuem Leben erweckt werden, geschieht, so bedürfen diese doch zu ihrem Schutz einer Gemeinde als Sammelbecken. Soziologisch liegt hier ein vereinsmäßiges Kirchenverständnis zugrunde. Kirche ist zunächst Ortsgemeinde, aber diese ist im Gegensatz zur katholischen Parochie nicht

---

[168] Thomas Cuming Hall, The religious background of American culture, Boston 1930, 247 zitiert nach Willems 1967, 9ff. Vgl. ferner: Epinay 1970, 57 und Kliewer 1973, 129f, der sich seinerseits auf Willems 1967 und Rycroft 1961 stützt. Zum protestantischen Moralismus vgl. 43423 und Anm. 302.

mehr in erster Linie räumlich-geographisch bestimmt, sondern geistlich als der sich an einem Ort im Glauben Versammelnden und den Leib Christi Bildenden. Die Gemeinde ist autonom. Sie wird von der Gesamtheit der Glieder kontrolliert, deren Leiter seine Autorität nicht von der Institution Kirche, sondern ausschließlich von der Gemeinde erhält. Die übergemeindliche kirchliche Organisation ist eher ein technisches als ein theologisches Problem. Hier mag eine der Wurzeln dafür liegen, daß viele Missionskirchen nordamerikanischen Ursprungs in Lateinamerika so schwer ein inneres Verhältnis zur ökumenischen Bewegung finden. Der individualistischen Konzeption von Kirche und Mission korrespondiert eine individualistische Verbindung zwischen beiden: Erweckter Christi und Missionar zu sein, wird im Sinne des Priestertums aller Gläubigen als identisch angesehen, was den jungen Gemeinden in Lateinamerika zunächst eine erhebliche expansive Dynamik sicherte. Günther weist in seiner Analyse des in Edinburgh erkennbaren angelsächsischen Kirchenbegriffes auf dessen innere Spannung hin:

„Auf der einen Seite wird die Mission der Kirche zwar phänomenologisch beschrieben, da am Ende der Mission eine christianisierte Welt stehen wird, die Mission also nur eine zeitweise Aufgabe der Kirche ist. Auf der anderen Seite wird Christsein und Missionarsein schlechthin identisch gesehen. Die Mission gehört demnach doch zum Wesen des Christen und damit zum Wesen der als Zusammenschluß gläubiger Christen gesehenen Kirche."[169]

Die nordamerikanischen Missionare übertrugen nicht nur die ihnen aus der Heimat vertrauten denominationellen Gemeindemodelle nach Lateinamerika, also die Strukturprinzipien über die Integration von Pastor und Gläubigen in eine dauerhafte soziale Einheit, sondern auch die historisch erklärbare, metaphysisch verklärte Bewertung der erwähnten „einfachen Tugenden" als Grundlagen für gesellschaftliche Anerkennung und Aufstieg, aber auch andere allgemein in der nordamerikanischen Gesellschaft herrschende Vorstellungen. Wegen ihrer Verschiedenartigkeit von dem in Lateinamerika Gewohnten fielen hauptsächlich folgende Vorstellungen hier auf:

„Die Annahme der ethischen Gleichheit aller Gemeindeglieder unabhängig von Reichtum, Erziehung oder Beruf; die Annahme, daß individuelle Glieder einer Kongregation moralisch und intellektuell imstande sind, ihre gemeinsamen Probleme verantwortlich zu lösen; die Annahme, daß Führerschaft keine Beschränkung der Meinungs- und Redefreiheit bei den Geführten impliziert. Die Initiative eines Leiters sollte vielmehr von der Gruppenmeinung inspiriert sein; er soll den Leuten helfen, sicher, aber vor allem soll er ihnen beibringen, sich selbst zu helfen. Und ein Leiter sollte für alle Glieder einer Gruppe zugänglich sein."

Diese Prinzipien bedingen einen hohen Grad von Unabhängigkeit für die einzelne Kongregation, wenn nicht sogar ihre völlige Autonomie. Sie setzen nach nordamerikanischem Vorbild eine maximale Beteiligung aller Gemeindeglieder an Leben und Entscheidungen der Gemeinde voraus, die die Gemeinde kontrollieren und ihrem Leiter seine Autorität verleihen, die er im wesentlichen von der Gemeinde und nicht von der Institution Kirche erhält[170].

Da die Protestanten ursprünglich als Andersgläubige und damit Andersartige von der lateinamerikanischen Umwelt abgelehnt und in ihr isoliert wur-

---

[169] Vgl. Günther aaO 23ff.
[170] Willems 1967, 11.

den, erhielten ihre Gemeinden einen kompensatorischen und substitutiven Charakter.

Die protestantische Gemeinde ersetzte die durch Bekehrung und Glaubenswechsel zerstörten oder angeschlagenen sozialen Beziehungen durch andere, die in der neuen Situation als wertvoller verstanden wurden. Ihre Aufgaben waren sozial — Regelung der sozialen Beziehungen —, emotional — Bekehrung, Erbauung, Evangelisation — und missionarisch — Organisation und Evangeliumsverkündigung. Die protestantische Gemeinde zog vor allem diejenigen an, die in den bestehenden Gesellschaftstrukturen nicht recht heimisch waren, d. h. Einwanderer und die sich formierende Mittelschicht[171].

4342 Die Entwicklung der protestantischen Mission angelsächsischer Tradition in Lateinamerika

Beispielhaft soll die Entwicklung der Mission der sogenannten historischen Kirchen angelsächsischer Provenienz am Fall Mexikos, des südlichen Anrainers der USA und größten Staates spanischer Zunge (1975 ca. 58 120 000 E) und am Fall des portugiesisch-sprachigen Brasilien, des absolut, flächen- wie bevölkerungsmäßig größten Staates Lateinamerikas (1975 ca. 104 240 000 E)[172], dargestellt werden. In diesen beiden Staaten leben mehr als 50 % aller Einwohner Lateinamerikas. Mit heute noch ca. 12 Mill. Indios[173] ist Mexiko wie Guatemala, Ekuador, Peru und Bolivien eine starke Basis der Hochlandindios der vorkolumbischen Hochkulturen, während die Tieflandindios Brasiliens mit heute nur noch ca. 0,1 % Anteil an der Gesamtbevölkerung eine winzige Minderheit darstellen, wenngleich ihr völkischer Einfluß durch die Bevölkerungsmischung im Laufe der Jahrhunderte bedeutende Teile der Bevölkerung mit geprägt hat.

43421 Mexiko

Die Entwicklung des Protestantismus in Mexiko soll in drei Abschnitten skizziert werden. Nach einer Schilderung der Anfänge und der Gemeindebildung sollen Daten zur denominationellen Entwicklung vermittelt und dann in einem dritten Abschnitt grundsätzliche Probleme erörtert werden, d. h. unter anderem Fragen, die sich aus der mexikanischen Revolution seit 1911 ergeben.

434211 Die Anfänge des Protestantismus und der Gemeindebildung

Nach den sporadischen Versuchen zur Verteilung protestantischer, spanischer Bibelübersetzungen seit dem 18. Jahrhundert (vgl. 431) machte sich der Protestantismus im Schatten des nordamerikanischen Imperialismus wieder in Mexiko bemerkbar, als US-Militärkapläne 1847/48 im Nationalpalast von Mexiko-Stadt öffentliche Gottesdienste abhielten.

---

[171] Kliewer 1973, 131f.
[172] Zahlen nach der Statistik: „Alle Staaten dieser Erde", SZ Nr. 205 (4./5. 9. 1976), S. 12.
[173] Diese Zahl nannte der Präsident der Indio-Föderationen Mexikos auf dem 42. Internationalen Amerikanischen Kongreß im Sept. 1976 in Paris. Die offizielle Statistik liegt niedriger, da sich keine allgemein akzeptablen Maßstäbe zur Definition des Indio finden lassen.

Die Primärfolgen waren negativ, da diese Gottesdienste den Protestantismus als Religion der Aggressoren desavouierten. Die Sekundärfolgen waren eher positiv, insofern die Feldzugsteilnehmer ein anderes Bild von Mexiko und seinen Bewohnern erhielten und damit auch die Phantasie der Missionare in den USA anregten. Ob bei den Missionaren ein Schuldgefühl wegen der großen territorialen Annexionen mitwirkte und das Gefühl einer moralischen Verpflichtung, dem unterlegenen Nachbarn zu helfen, wie Gandee vermutet[174], mag dahingestellt bleiben. Jedenfalls scheint das Mexiko-Bild der ersten Missionare ein recht düsteres gewesen zu sein, d. h. das eines Landes mit einer negativen Religion und „einer fremdartigen, grausamen und feindlichen Kultur", ein Bild, wie es von den Kontroversen des Reformationszeitalters, der spanischen Inquisition und den Anklageschriften eines Las Casas geprägt worden sein dürfte.

Wie die protestantischen Missionare die Mexikaner kaum als Christen, sondern mehr als erlösungsbedürftige Blindgläubige betrachteten — Bigotterie und Intoleranz warfen sie ihnen am häufigsten vor —, so glaubten viele Mexikaner allen Ernstes, die „Protestanten wären Heiden oder etwas Schlimmeres, sie ergingen sich in Sexualorgien als Teil ihrer religiösen Riten, sie praktizierten die schwarze Messe und begingen verschiedenartige Sakrilegien"[175]. Solche Fehlurteile oder bösartigen Verleumdungen scheinen mit dem Anwachsen der missionarischen Tätigkeit der Evangelischen von Klerus und Hierarchie noch gefördert worden zu sein, konnte man doch noch 1959 in offiziellen Pamphleten, die in der Kathedrale von Mexiko-Stadt auslagen, lesen:

„Der Protestantismus entstand im Jahre 1520, als Martin Luther, ein Priester und Augustinermönch, der als solcher drei Gelübde abgelegt hatte: Gehorsam, Keuschheit und Armut, voll von Neid, weil Seine Heiligkeit der Papst nicht ihm die Ablaßpredigt und die Sammlung der Almosen für den Bau des Petersdomes übertragen hatte, seine Gelübde brach, gegen den Papst rebellierte, sich mit einer Nonne verheiratete, das Kloster, in dem er Mönch gewesen war, sich diebisch aneignete und, indem er die korruptesten Glieder des Klerus mit sich riß, in Deutschland die Lutherische Kirche gründete."[176] „... im Protestantismus findet sich die wahre Kirche Christi nicht, weil keine einzige seiner Sekten irgendeines ihrer Kennzeichen hat: Einheit, Heiligkeit, Katholizität und Apostolizität."[177] „...einige, wie die Methodisten und die Presbyterianer, behaupten, daß die Bibel das einzige heilige Buch ist ... Die Lutheraner geben vor, acht weitere heilige Bücher zu haben, unter ihnen den ‚Kleinen Katechismus des Dr. Martin Luther'."[178]

Direkte Missionsversuche nordamerikanischer Protestanten begannen in Privatinitiative nach dem Krieg von 1846/49. Diese Evangelisationsunternehmen begannen im allgemeinen in den nördlichsten, an die USA angrenzenden Bundesstaaten und wurden dann weiter nach Süden, speziell in die Bundeshauptstadt, vorgetragen.

So gründete Rev. E. C. Nicholson von der Episcopal Church im Staate Chihuahua 1853 die ‚Sociedad Apostólica Mejicana', die ihre Gottesdienste nach dem ‚Common

---

[174] Gandee 1949, 1.   [175] Ebd. 269.
[176] Lo que todo Católico debe saber del Protestantismo para no ser engañado por los ‚Evangélicos', Pedro Sembrador, México DF, S. 6.
[177] Ebd. S. 16.
[178] Como convencer a los Protestantes — Pedro Sembrador (wahrscheinlich ein Pseudonym), México DF 1959. Beide Traktätchen sind mit dem „Nihil obstat" geschmückt.

Prayer Book' abhielt[179]. Etwa 1856 kehrte der Kriegsteilnehmer Dr. Julio M. Prevost aus Philadelphia nach Mexiko zurück, wo er in Villa de Cos/Zacatecas die Tochter eines kultivierten Liberalen heiratete und mit der Evangelisation begann, deren Erfolg schon 1868 in einer Massentaufe von 40 Mexikanern deutlich wurde. Bis 1870 war seine Gemeinde auf 170 Glieder angewachsen, so daß er ein Kirchgebäude errichten und eines der ersten evangelischen Blätter Mexikos herausgeben konnte: ‚La Antorcha Evangélica' (Die evangelische Fackel). Sein Schwiegervater, Severo Cosío, glaubte zwar wie viele Liberale seiner Zeit nicht an die Gottheit Christi, half aber bei der Herausgabe des Blättchens und beim Kampf um die Religionsfreiheit. Prevosts Kongregation war presbyterianisch geprägt und widersetzte sich hartnäckig Versuchen der Baptisten im Staate León, sie zur baptistischen Seite hinüberzuziehen.

Die Anfänge der Missionsarbeit waren vielfach noch nicht eindeutig denominationell gebunden, wenn auch durch die Herkunft der Missionare beeinflußt. Nach den erfolgreichen Initiativen einzelner Evangelisten suchten diese zur Fortführung ihres Werkes zwecks finanzieller Unterstützung und/oder der Entsendung von Missionaren den Kontakt mit ihren Heimatkirchen in den USA bzw. Missionsgesellschaften.

So war auch die oben erwähnte Gemeinde in Nuevo León zunächst bekenntnismäßig gemischt. Unter den 23 Ausländern, aus denen sie 1863 bestand, waren z. B. ein Quäker, John W. Butler, ein Anglikaner, Th. M. Westrup, und Baptisten, zu denen der Gründer Rev. James Hickey gehörte. Der Ire Hickey und der Sohn englischer Einwanderer Thomas Martin Westrup hatten 1856 als Bibelkolporteure im nördlichen Mexiko angefangen. Westrup ließ sich dann allerdings zum baptistischen Pastor ordinieren und ist damit der erste in Mexiko ordinierte evangelische Geistliche. Als Hickey 1866 gestorben war, kam es bald zu einem üblen Streit zwischen Westrup und der Predigerin Miss Melinda Rankin, die 1852 mit einer Schularbeit für mexikanische Kinder in Brownsville/Texas angefangen und ihre Tätigkeit 1857 nach Matamoros und später nach Monterrey verlagert hatte. Der Streit führte zur Spaltung der Kongregation[180]. Miss Rankin ließ Rev. A. J. Park aus Brownsville kommen, um aus ihrer Fraktion eine presbyterianische Gemeinde zu bilden, während Westrups Anhänger dann zu kämpferischen Baptisten wurden.

Der 1866 einsetzende Streit zwischen den baptistischen und presbyterianischen Flügeln der Gemeinde in Nuevo León kennzeichnet den Beginn der denominationellen Aufspaltung der protestantischen Evangelisation in Mexiko. Kirchengeschichtlich am interessantesten ist indes die durch die Verkündigung der liberalen Verfassung von 1857 ausgelöste innerkatholische Reformbewegung. Zehn Priester, die sogenannten „konstitutionellen Väter", erklärten offen ihre Unterstützung für die neue Verfassung und brachten sich damit in Gegensatz zur Hierarchie und der Mehrheit des Klerus. Etwa gleichzeitig brach in Santa Bárbara/Tamaulipas Pfarrer Ramón Lozano mit der etablierten römischen Kirche und gründete eine nationale Kirche, die ‚Iglesia Apostólica Mejicana'. Es ist unsicher, ob die Zehn und Lozano womöglich eine Reform innerhalb der katholischen Kirche durchführen wollten[181]. Jedenfalls wurden sie von der Amtskirche marginalisiert und kurze Zeit darauf

---

[179] González 1970, 404f.
[180] Bennett 1968, 43. Miss Rankin wurde vom ‚American Board of Commissioners for Foreign Missions' unterstützt. Einen Pastor erhielt sie indes von der Presbyterian Church USA aus New York — vgl. Murray aaO 257, der bezüglich Mexiko verläßlicher ist als Goslin 1956.
[181] Vgl. Murray aaO 258f.

exkommuniziert. Lozano gelang es, seine Parochie hinter sich zu scharen und die Kirche in Santa Bárbara zu halten. Die Gruppe der zehn in der Hauptstadt, angeführt von Aguilar Bermúdez, gründete die ‚Iglesia de Jesús', deren dogmatische Ausrichtung derjenigen der Kirche von England ähnelte. Deshalb nahm sie Verhandlungen mit der ‚Episcopal Church' in New York auf. 1868 traf daraufhin der episkopale Geistliche H. Chauncey Riley in Mexiko-Stadt ein[182]. Inzwischen hatte Kaiser Maximilian 1865 die religiöse Toleranz dekretiert, während Juárez, ab 1867 wieder Herr des Landes, die protestantischen Ansätze sogar offen unterstützte. Die Regierung verkaufte zu einem Spottpreis einen Teil des säkularisierten Konvents ‚San Francisco' in Mexiko-Stadt, des einst größten franziskanischen Zentrums der Welt, an die ‚Iglesia de Jesús'[183].

Bald nach der Ankunft Rileys, eines in Chile geborenen Sohnes englischer Eltern, der seine theologische Ausbildung in den USA bezogen hatte, starb Bermúdez, so daß die Expriester Agustín Palacios und Francisco Aguilar die Säulen der ‚Iglesia de Jesús' wurden, die bald eine erhebliche Anziehungskraft auf einflußreiche Kreise ausübte. Als weitere Säule kam der Dominikaner Manuel Aguas hinzu, der sich intensiv mit protestantischer Literatur beschäftigt hatte, um den Protestantismus besser widerlegen zu können. Der Übertritt dieses bekannten Mönchs „rief einen großen Skandal bei den Romanisten hervor", so daß es zu Unruhen und Gewalttätigkeiten kam[184]. Die junge Kirche wuchs schnell und dehnte ihren Einfluß bis nach Oaxaca im Süden und bis Jalisco im Norden aus. Manuel Aguas, „den einige den Luther Mexikos nannten", schrieb einen offenen Brief an Erzbischof Labastida, in dem er die römische Kirche ihrer Irrtümer zieh. Bartonato Lozano soll im Namen des Erzbischofs Aguas zu einem Streitgespräch im Dominikanerkloster herausgefordert haben, dann aber unter dem Vorwand entgegenstehender kirchlicher Disziplinarbestimmungen nicht erschienen sein und dadurch der ‚Iglesia de Jesús' zu einem billigen Triumph verholfen haben[185]. Aguas scheint einige Jahre später zum Bischof der jungen Kirche gewählt worden, aber vor seiner Weihe verstorben zu sein[186]. 1879 wurde offenbar Riley Bischof, aber wegen Fehlern auf Grund einer Petition mexikanischer Geistlicher seiner Kirche und durch eine „direkte Intervention" der nordame-

---

[182] Die Zehn hatten eine Dreierdelegation nach New York entsandt und ihren Wunsch ausgedrückt, sich der ‚Methodist Episcopal Church' anzuschließen. Die ‚American and Foreign Union Society' entsandte daraufhin Riley nach Mexiko – Murray aaO 259 und 262.

[183] Unsicher ist, ob Juárez dies schon 1857 veranlaßte – so Murray aaO 285 – oder erst nach Ankunft Rileys – so González 1970, 405, der auf die Vermittlung des vormaligen mexikanischen Botschafters in Washington und seinerzeitigen mexikanischen Finanzministers Matías Romero hinweist und erwähnt, daß Präsident Juárez mit seiner Familie an Gottesdiensten Rileys teilgenommen habe.

[184] So González aaO 405, der noch hinzufügt, daß in den Unruhen mehr als 40 „Gläubige" (creyentes bzw. port. crentes – typische Bezeichnung für vom Missionsprotestantismus, einschließlich der Pfingstbewegung, Bekehrte) ihr Leben verloren. Hierfür findet sich bei Gandee/Murray indes keinerlei Bestätigung, so daß diese Angabe äußerst zweifelhaft ist.

[185] Die quellenmäßige Bezeugung dieser Vorgänge ist schwach. Die katholische Kirchengeschichtsschreibung hat aus verständlichen Gründen solche Vorgänge kaum tradiert. Murray aaO 263 weist darauf hin, daß z. B. auch in der neueren Profangeschichte von Bravo Ugarte, Historia de México, Bd. III, 434 nur angemerkt wird, daß Aguas „ein Protestant wurde und vom erzbischöflichen Tribunal am 23. 6. 1871 exkommuniziert wurde".

[186] González aaO 405 nach Goslin aaO 103 und 95.

rikanischen Schwesterkirche wieder von seinem Amt entbunden. Die Zusammenarbeit zwischen der ‚Iglesia de Jesús' und den nordamerikanischen Episkopalen wurde bei dieser Gelegenheit erneut beschworen, so daß auf diesem Fundament die heutige selbständige mexikanische ‚Iglesia Episcopal' erbaut werden konnte, eines der ganz seltenen Beispiele für eine historische protestantische Kirche wesentlich nationalen Ursprungs in Lateinamerika. Nach dem Ausscheiden Rileys vereinigte sich die englisch-sprachige ‚Christ Church Epicopal', die aus der angelsächsischen Auslandsgemeinde hervorgegangen war, wieder mit der ‚Iglesia de Jesús', auch ein seltenes Beispiel dafür, daß das gemeinsame Bekenntnis die Unterschiede von Herkunft und Sprache überwinden kann[187].

Wie bereits angedeutet (vgl. 412313), förderte die Regierung Juárez, dabei über die Verfassung von 1857 hinausgehend, die protestantische Bewegung offen, um ein Gegengewicht zur römischen Kirche zu schaffen. Unter der Regierung Lerdo de Tejada (1872—76), die den anti-römischen Kurs verschärfte, setzte sich die Begünstigung der Protestanten fort. Während Lerdo der ‚Sociedad Católica' die Weiterarbeit im Belén-Gefängnis untersagte, erhielten die protestantischen Missionare ein solches Verbot nicht[188]. Eine nicht ganz unerhebliche Zahl von Priestern, die für den Liberalismus gewonnen waren, gingen später offen zum Protestantismus über. Unter Porfirio Díaz war das Verhältnis des Staates gegenüber den verschiedenen Konfessionen ziemlich ausgeglichen (vgl. 42423). Aber schon die ungewohnte gleichberechtigte Behandlung der Protestanten dürfte in den Augen nicht weniger Katholiken wie eine Bevorzugung gewirkt haben.

Das merkt man auch bei einem katholischen Historiker wie Murray, der sich nach Kräften bemüht nachzuweisen, daß Don Porfirio die Protestanten als eine Säule seines Regimes betrachtet habe. Zur Untermauerung seiner Hypothese führt er an, daß ein protestantischer Pastor Gouverneur von Puebla geworden sei, daß Rev. William Butler gesagt habe, daß „... kein anderer Mann in Mexiko solche Fähigkeiten zeige wie General Díaz, und daß die allgemeine Achtung, die ihm sowohl von den Ausländern wie auch von den Mexikanern gezollt werde, sein unparteiisches und gerechtes Handeln bezeuge ... Er war gerechterweise streng mit denen, die sich in die Rechte anderer eingemischt haben..." und daß Präsident Díaz 1888 demonstrativ am Gedenkgottesdienst für den verstorbenen deutschen Kaiser Wilhelm I. in der Methodistischen Episkopalkirche teilgenommen habe, und zwar zusammen mit anderen Kabinettmitgliedern und mehreren Divisionsgenerälen in Uniform, was als Triumph für den Protestantismus ausgelegt wurde. Rev. W. Butler erflehte denn auch am Schluß der Feier den Segen des Allmächtigen für das gastfreie Land und seinen verehrten Präsidenten, „damit unter seiner Flagge Freiheit, zivile und religiöse Freiheit mit Frieden und Ordnung so lange erhalten bleiben möchten, wie Sonne und Mond bestehen werden"[189]. Den Besuch des Gedenkgottesdienstes anläßlich des Todes eines vergleichsweise ebenso bedeutenden katholischen Monarchen Europas hätte Murray sicher nicht als Bevorzugung der Katholiken gewertet.

Trotzdem mag Murray die subjektiven Gefühle der Zeitgenossen zutreffend werten, wenn er meint, die regierungsamtliche Begünstigung der Protestanten, ihr Ankauf von konfisziertem katholischem Besitz, ihre Benutzung von Schulen, Krankenhäusern und Waisenheimen zur Proselytenmacherei und das offenkundige „Bündnis zwischen Protestanten, Liberalen und zeitweilig freimaurerischen Gruppen, die die Missionare als Speerspitzen in örtlichen und nationalen Feldzügen gegen die (katholische) Kirche benutzten", rief den Widerstand des größeren Teils des mexikanischen Volkes hervor, der emotio-

---

[187] Goslin aaO 103.   [188] Murray aaO 285.   [189] Ebd. 299—306.

nal durch den Kult ‚Unserer lieben Frau von Guadalupe' mit der römischen Kirche verbunden ist, ein Kult, der seinerseits auf das Engste mit der Geburt der mexikanischen Nation verknüpft ist, so daß „vielen der Katholizismus so wesenhaft mexikanisch erschien wie der nationale Patriotismus". Gefühle des Mißtrauens gegen die USA nach dem verlorenen Krieg 1846/49, Bitterkeit und wohl auch Neid wurden auf die aus den USA kommende protestantische Bewegung übertragen, so daß der Protestantismus vielen als eine „ausländische Invasion erschien, die genauso zurückgeschlagen werden muß wie ausländische Armeen, die auf Eroberung aus sind"[190]. Diese Emotionen wurden durch das verzerrte Bild, das Hierarchie und Klerus bis zum Vatikanum II vom Protestantismus gezeichnet haben, verstärkt. Ein kleinerer Teil der mexikanischen Bevölkerung hingegen war zumindest aufgeschlossen für den Protestantismus, sei es durch den schon länger wirksamen Einfluß der französischen Philosophie, des englischen politischen Denkens und des typischen Individualismus des spanischen Geistes, sei es durch den Einfluß des Liberalismus, sei es durch die Assoziation der katholischen Kirche mit dem fehlgeschlagenen Experiment des katholischen Kaisertums Maximilians und der Assoziation des Protestantismus mit aufstrebenden, erfolgreichen Nationen, denen die Lateinamerikaner seit der Unabhängigkeit nacheiferten.

Trotz der erwähnten anti-protestantischen Emotionen und angeblicher protestantischer Provokationen[191], bei denen sich oft schwer feststellen läßt, ob sie wiederum Reaktionen auf vorausgegangene Feindseligkeiten von katholischer Seite sind, läßt sich das im Lateinamerika des 19. Jahrhunderts einzig dastehende Ausmaß von an Protestanten verübten Gewalttätigkeiten in Mexiko nicht zureichend erklären, geschweige denn entschuldigen. Die Zahl der protestantischen Blutzeugen beläuft sich auf 59, worunter sich bemerkenswerterweise nur ein Ausländer befindet. Es handelt sich also um protestantische Mexikaner, die von katholischen Mexikanern umgebracht worden sind. Der Hauptanteil der evangelischen Missionsarbeit lag nämlich schon früh auf den Schultern der Mexikaner, so daß 1892 von den insgesamt 689 in Mexiko

---

[190] Murray aaO 269 nach Gandee.
[191] In Atzala im Distrikt Chietla engagierten sich die Protestanten so sehr in der Lokalpolitik, daß sie eine politische Gruppe gründeten, die die Munizipalregierung übernahm, was Unruhen auslöste. Die Bevölkerung von Puebla grollte, daß sowohl der erste von Präsident Díaz ernannte Gouverneur, Juan Crisóstomo Bonilla, wie auch der zweite, Bischof Juan Nepomuceno Méndez, Protestanten waren. Dazu muß man bedenken, daß katholische Priester damals nicht einmal das Wahlrecht hatten und katholische Gruppen sich politisch nicht organisieren konnten. Bonilla half darüber hinaus den Protestanten beim Bau ihrer ersten Kirche und Schule. 1877 sollen Protestanten den Erzbischof von Guadalajara an einem Besuch der Stadt Ahualulco gehindert haben. In einem Dorf im Bundesstaat México sollen andere in eine katholische Kirche eingebrochen sein und Statuen entweiht, sowie Juwelen gestohlen haben. In Chapala, im Staate Jalisco, soll ein evangelischer Geistlicher auf eine Gruppe an seinem Hause vorübergehender Katholiken geschossen haben. Als Pastor Grennam 1881 nach der Errichtung einer Kirche in Querétaro von feindlich gesonnenen Bevölkerungselementen zum Verlassen der Stadt gezwungen worden war, appellierte er an den US-Botschafter und verlangte von der mexikanischen Regierung Garantien, was in katholischen Kreisen natürlich übel vermerkt wurde, da der katholischen Kirche keinerlei diplomatische Schützenhilfe erlaubt wurde. Murray aaO 305 übernimmt dieses Material von dem Historiker der porfirianischen Epoche González Navarro (ohne Titelangabe).

tätigen protestantischen Mitarbeitern 512 geborene Mexikaner waren[192]. Das erste Massaker ereignete sich 1871 in Acapulco. Dabei kamen 15 Glieder der presbyterianischen Gemeinde um. Das größte Massaker wurde 1886 an der denominationell ungebundenen Kongregation von Atzala verübt, die wegen ihres Einflusses in der Lokalpolitik den Zorn der Katholiken auf sich gezogen hatte. Bei diesem Angriff wurden 21 Evangelische ermordet. Bei den übrigen Gewalttätigkeiten handelt es sich mehr um Einzelfälle, die sowohl auf Anstiftung von Laien wie Klerikern zurückgehen. Insgesamt mußten Episkopat und Klerus aus politischen Gründen mit ihren Warnungen vor der protestantischen Lehre in Form von Hirtenbriefen, Predigten und Einzelermahnungen einigermaßen zurückhaltend sein. Die Vergehen an den Protestanten wurden von der Regierung verfolgt[193].

434212 Überblick über die Entwicklung der angelsächsischen Denominationen in Mexiko

Die ‚Iglesia Episcopal Mejicana' hat sich aus der ‚Iglesia de Jesús' und der englisch-sprachigen Auslandsgemeinde (Christ Church Episcopal) gebildet. 1906 schloß sie sich formell an die Episkopal-Kirche der USA an. Heute ist sie selbständig.

1970 standen Bischof José Guadalupe Sau in Mexiko-Stadt die beiden Suffraganbischöfe Melchor Saucedo in Guadalajara und Leonardo Romero in Monterrey zur Seite[194]. Nach Goslin soll es 1879 schon 50 episkopale Gemeinden mit 7000 Gliedern, darunter 3500 kommunizierenden gegeben haben[195], während nach dem Stande von 1960 42–43 Kongregationen mit einer Gesamtgemeinde von 5000 oder 11000 Gliedern zu existieren schienen, verteilt auf die Staaten Mexiko, Bundesdistrikt, Guajanuato, Jalisco, Morelos, Tamaulipas und Tlaxcala, wo sie auch einige höhere Schulen unterhalten[196].

Als Frucht der 1873 aufgenommenen Missionsarbeit der ‚Methodist Episcopal Church' (MEC) und der ‚Southern Methodist Episcopal Church' (SMEC) konstituierte sich nach vierjährigen Unionsverhandlungen der Vertreter der jeweiligen Konferenzen 1930 die ‚Iglesia Metodista de México' unter dem mexikanischen Bischof Dr. Juan Nicanor Pascoe als unabhängige, nationale Kirche[197].

1873 trafen sich die Bischöfe Gilbert Haven (MEC) und John C. Keener (SMEC) bei Missionssondierungen in Mexiko, die dazu führten, daß beide Kirchen im selben Jahr

---

[192] Murray aaO 256f nach Gandee.   [193] Vgl. Murray aaO 262ff und 304f.

[194] Directorio 1970, 19, wo keine Zahlenangaben gemacht werden. Bei Read 1969 wird die Kirche gar nicht erwähnt.

[195] Goslin aaO 103 nach González aaO 405 Anm. 284.

[196] Damboriena 1963, 116 zeigt sich verwirrt von der offensichtlich falschen Doppelung bei Bingle Grubb, wo außer einer ‚Iglesia Episcopal Mejicana' noch eine ‚Protestant Episcopal Church' aufgeführt ist. Nach dem Directorio der ‚Federación Evangélica de México' (1970) gibt es indes nur eine Episkopalkirche mit dem hier benutzten Namen. Der von Damboriena für die erste Kirche zitierte Bischof heißt nicht José Guadalupe Salcedo, sondern Sau. Zahlenangaben über protestantische Kirchen in LA sind prinzipiell sehr unsicher – vgl. hierzu Mc Gavran 1963, 34, der diese Kirche gar nicht aufführt.

[197] Vgl. Directorio 1970, 21, González aaO 407 und Velasco 1974, 27 ff. Der nordamerikanische Methodismus hatte sich 1844–45 in die beiden erwähnten Kirchen gespalten.

die Missionsarbeit in der Hauptstadt aufnahmen. Keener erwarb die San Andrés-Kapelle des säkularisierten Kapuzinerklosters und beauftragte den Mexikaner Sóstenes Juárez mit der Arbeit, einen Liberalen und Freimaurer, der während seiner französischen Gefangenschaft durch die Lektüre einer französischen Bibel eine Bekehrung erlebt und schon Mitte der sechziger Jahre an Treffen teilgenommen hatte, die P. Manuel Aguilar seit 1861 in seinem Hause abhielt. Nach theologischen Studien mit Rev. Dave wurde Sóstenes als erster Mexikaner zum Presbyter ordiniert. Nach Daves übernahm 1878 Dr. W. Patterson die Leitung der Mission, die sich in Zentralmexiko ausdehnte nach Cuautla, Orizaba, Amecameca, Jojutla, Jocquicingo etc. Patterson gründete ein Seminar und rief 1886 die ‚Conferencia Central de México' und 1879 die Zeitschrift ‚El Evangelista Mexicano' ins Leben. Schon 1884 war von Rev. Southerland für das an die USA grenzende zweite Arbeitsfeld eine Konferenz mit den Distrikten Monterrey, Monclova, San Antonio und El Paso einberufen worden[198]. Für die MEC nahm Dr. William Butler 1873 in der Hauptstadt die Arbeit auf, und zwar mit erheblichem finanziellen Rückhalt, so daß er einen Teil des Klosters San Francisco, sowie teilweise zerstörte Gebäude der Inquisition in Puebla kaufen konnte. Mit seinem Buch „Mexico in transition", in dem er von gefesselten Mumien und menschlichen Skelettresten berichtet, die eingemauert in dem Inquisitionsgebäude beim Wiederaufbau gefunden wurden, erregte er einen Sturm der Entrüstung bei den mexikanischen Katholiken. Fünf katholische Priester schlossen sich der methodistischen Arbeit an und förderten sie sehr: José María González, Trinidad Rodríguez, Augustín Rivera, Emilio Fuentes y Betancourt, sowie Augustín Palacios, der sich wegen Meinungsverschiedenheiten über administrative Fragen von der ‚Iglesia de Jesús' gelöst hatte und eine eigene Gemeinde in die methodistische Arbeit einbrachte. Die überlebenden Glieder der unabhängigen Kongregation von Atzala schlossen sich nach dem Massaker von 1886 den Methodisten an, die in der Person ihres Lehrers Epigmenio Monroy, der 1881 in Apizaco ermordet worden war, auch einen Blutzeugen hatten[199]. Butler ließ eine eigene Druckerei einrichten und ab 1877 den ‚Abogado Cristiano Ilustrado' (Illustrierter christlicher Anwalt) herausgeben[200]. In Puebla gründete die MEC außer einer Schule ein Seminar. Ab 1878 hielt die Mission, deren Arbeit sich von der Hauptstadt nach Osten (Puebla, Orizaba) und nach Norden (Pachuca) ausdehnte, Jahreskonferenzen ab[201]. Die zahlenmäßige Entwicklung der methodistischen Missionen zeigt einen raschen Anstieg bis 1910 (12 470), einen Rückgang im Zuge der Revolution bis 1938 (10 300) und dann eine erneute Erholung (1948: 23 000; 1973: 33 000)[202]. Ein hervorstechendes Merkmal dieser größten methodistischen Kirche der spanischsprachigen Welt ist ihre Mitarbeit im ÖRK seit 1948 und ihr starkes Engagement auf den Sektoren Erziehung und Wohlfahrt[203]. Seit 1962 wird die Kirche von Bischof Dr. Alejandro Ruiz Muñoz geleitet, der auch Präsident des 1969 geschaffenen Rats Evangelischer Methodistischer Kirchen Lateinamerikas ist[204].

Die von Damboriena ohne nähere Angaben erwähnten ‚Free Methodists of North America' sind womöglich identisch mit der ‚Iglesia Misionera Mexicana', die von der am Methodistenseminar von Asbury/Kentucky ausgebildeten Mexikanerin Graciela B. Esparza begründet ist, die vorher an der philosophischen Fakultät der Nationaluniversität von Mexiko studiert hatte. Graciela Esparza war durch eine Erweckung zum Theologiestudium gekommen und begann mit großem Elan und Feuer um 1951 die Evangelisationsarbeit in Mexiko, aus der sich die pfingstlerische ‚Iglesia Misionera Mexicana' entwickelte[205].

---

[198] Velasco 1974, 59ff. u. 88ff.
[199] Murray aaO 265f. Diese Einzelheiten verschweigt Velasco.
[200] Murray aaO 266 weist darauf hin, daß der ‚Abogado ...' später mit ‚El Mundo Cristiano' (Die christliche Welt) zusammengelegt wurde.   [201] Velasco aaO 67ff.
[202] González aaO 408; ab 1948 nach Baqueiro 1973, 28.
[203] Vgl. Baqueiro aaO 14ff.   [204] Ebd.   [205] Directorio 1970, 22.

Die ‚Iglesia Nacional Presbiteriana', die aus den von Dr. Prevost in Villa de Cos/Zacatecas und Miss Rankin und Rev. A. J. Park in Nuevo León gelegten Fundamenten erwachsen ist, ist die größte der historischen Denominationen in Mexiko.

Die Daten der Bildung der einzelnen Kongregationen im 19. Jahrhundert sind: 1870 Mexiko-Stadt, 1872 Bundesdistrikt, 1873 Zacatecas, 1875 Tamaulipas, 1878 Michoacán und San Luis Potosí, 1880 Durango und Coahuila, 1885 Guerrero, 1890 Morelos und 1897 Veracruz.

Die Arbeit in Mexiko-Stadt baut auf der Gemeindebildung des Mexikaners Arcadio Morales ab 1870 auf, zu dem 1872 Rev. Merril H. Hutchinson stieß. Aus beider Zusammenarbeit erwuchs die Kongregation ‚El Divino Salvador'. Hutchinson war der erste Missionar, der bis zur Pazifikküste vorstieß, wo die von ihm begründete Gemeinde in Acapulco 1871 die erwähnten 15 Blutzeugen zu beklagen hatte. In den Jahren 1872—73 kamen weitere 15 presbyterianische Missionare ins Land. Gandee bemerkt dazu: „Unter ihnen und ihren Konvertiten manifestierte sich der Presbyterianismus in striktem Fundamentalismus, kompromißlosem Anti-Katholizismus und, nach Verlauf der ersten Jahre, starkem Nationalismus, dessen Reflex der Name ‚Iglesia Nacional Presbiteriana' ist, und der frühzeitigen Schaffung denominationeller Literatur in Spanisch. Die Kirchenzeitung ‚El Faro' (Der Leuchtturm) wird in ununterbrochener Folge seit 1885 herausgegeben"[206].

Die Größe der presbyterianischen Kirche stagnierte während der ersten Jahrzehnte der Revolution (1910 = 5700; 1930 = 5300) und expandierte in stärkerem Maße wieder ab 1943 (1962 = 42 000)[207]. Dieses enorme Wachstum ist in erster Linie Massenbekehrungen unter der mestizischen Bevölkerung der südlichsten Staaten, Tabasco, Chiapas und Yucatán, zuzuschreiben.

Bennett (1968) hat das erstaunliche Kirchenwachstum speziell in Tabasco untersucht, wohin 1880 die ersten beiden Presbyterianer vordrangen, zu Pferde versteht sich. In San Juan Bautista, dem heutigen Villa Hermosa, der Hauptstadt Tabascos, das bei meinem ersten Besuch 1960 noch wie der letzte Posten der Zivilisation vor der Wildnis wirkte, starb einer der beiden, ein Bibelkolporteur, bald an einem Fieber, und Rev. Procopio Díaz kehrte nach Mexiko-Stadt zurück. Dennoch kam 1881 wieder ein presbyterianischer Evangelist in diese entlegene Provinz, deren ca. 100 000 nominelle Katholiken von drei bis vier Priestern versorgt wurden, d. h. die Masse der Landbevölkerung war total vernachlässigt. Die kirchliche Konkurrenz sollte sich auch hier wohltuend auswirken. Denn Mitte der sechziger Jahre sollten auf die inzwischen schon knapp 600 000 Einwohner Tabascos immerhin schon 46 Priester kommen, die jährlich um weitere drei vermehrt wurden. Im 19. Jahrhundert taufte die Landbevölkerung vielfach ihre Kinder noch selbst im nächsten Fluß. Die Lektüre der Bibel war den Massen verboten. Noch um die Jahrhundertwende wurde Nazario Juárez ein Neues Testament gewaltsam vom Bischof weggenommen[208]. Eine echte Ver-

---

[206] Murray aaO 262 nach Gandee. Bennett 1968, 44 weist darauf hin, daß die Presbyterianer noch in den siebziger Jahren ein Seminar in Mexiko eröffneten und 1878 bereits 11 Mexikaner ordiniert haben.

[207] González aaO 407. Mc Gavran 1963, 33 nennt die Alternativzahlen 37 000 und 66 000 für 1962. Read 1969, 196 betont, daß die Presbyterianische Kirche von Mexiko die zweitgrößte Lateinamerikas sei mit drei Synoden (Golf-Synode, Zentral-Synode und Nordostsynode).

[208] Bennett 1968, 32f. „Echarle agua" ist die Redewendung für diese ohne Priester vorgenommene Taufe im nächsten Fluß.

folgung hatte die ab 1883 kontinuierlich durchgeführte presbyterianische Arbeit von seiten der Katholiken in den Jahren 1885–88 erlebt, als verschiedene Kapellen zerstört, Orgeln und Bibeln auf den Plätzen verbrannt und zumindest ein Bekehrter getötet wurde, während eine vergiftete Lehrerin noch mit dem Leben davon kam. 1892 gab es in Tabasco fünf Zentren regelmäßiger Arbeit. 1897 hatten sich auch in Campeche und Yucatán Kongregationen gebildet[209]. Insgesamt kam die Arbeit vor der Revolution nur schleppend voran. Ausgerechnet die vier Jahre der Kirchenverfolgung (ab 1924) und weitere acht Jahre, die die Kongregationen ohne ordinierte Pastoren oder Missionare waren, führten in Tabasco zu einem Kirchenwachstum ohne Beispiel in der zeitgenössischen Kirchengeschichte Mexikos. Obgleich mit geeigneten Führern das Wachstum vielleicht noch größer gewesen wäre, führte die Notsituation dazu, daß Laien die Arbeit ganz in die Hand nahmen, sich im Gebet nur auf den Hl. Geist verließen, nur mit den eigenen finanziellen Möglichkeiten rechneten und die Freiheit gewannen, das Evangelium in einer der lokalen Kultur angepaßten und verständlichen Form denjenigen zu verkündigen, die es gern aufnahmen, nämlich der vernachlässigten Landbevölkerung. So ereignete sich das Gemeindewachstum nicht in den von Protestanten wie Katholiken bevorzugten städtischen Gebieten (Anteil der Stadtbevölkerung in Tabasco 1930 = 17,7 %; 1960 = 26,9 %), sondern auf den entlegenen ‚rancherías' der Landbevölkerung[210].

Es ist ein ziemlich einzig in Lateinamerika dastehendes Phänomen, daß eine historische protestantische Kirche wie die der Presbyterianer durch Massenbekehrungen unter der einfachen Landbevölkerung wie hier unter den ‚ladinos' in Tabasco, Chiapas und Yucatán gewachsen ist, so daß es allein in Tabasco 5000 kommunizierende Glieder gibt und die Golfsynode mit 19 000 Gliedern mehr als die Hälfte der gesamten Gliedschaft der Kirche stellt.

Statistische Angaben für die ‚Iglesia Nacional Presbiteriana' aus dem Jahre 1969: 3 Synoden, 14 Presbyterien, 170 organisierte Parochien (iglesias), 500 Kongregationen, 375 Missionen, 755 kirchliche Gebäude, 150 ordinierte Geistliche, 575 Älteste, 400 Diakone und 34 479 kommunizierende Glieder[211], die möglicherweise einer Gesamtgemeinde von über 100 000 entsprechen.

Wie in den meisten lateinamerikanischen Staaten sind auch in Mexiko nicht alle presbyterianischen Kräfte in einer Kirche organisiert, ein Problem, das am Fall Brasilien ausführlicher dargelegt werden soll[212]. Die unabhängigen Presbyterianer arbeiten mit der auf holländischen Ursprung zurückgehenden kalvinistischen Reformierten Kirche der USA zusammen, die nach Bekehrungen unter mexikanischen „Gastarbeitern" in den USA (chicanos), die in ihre Heimat zurückkehrten, 1962 ihren Tätigkeitsbereich nach Mexiko ausgedehnt hat[213].

---

[209] Ebd. 45ff.   [210] Ebd. 203ff.
[211] Directorio 1970, 24. Damborienas Kalkulation einer Gesamtgemeinde von 220 000 (1963, 11) dürfte weit überhöht sein. Sie stützt sich auf Clyde Taylors optimistische Schätzung einer aktiven Gemeinde von 66 000 – vgl. Mc Gavran 1963, 33.
[212] Vgl. Bennett 1968, 192, der als Arbeitstitel für eine Gruppe den Namen ‚independent Presbyterian Church' und für eine andere Gruppe ‚independent Fundamental Church' benutzt, sie aber als eine einzige Denomination, wenn auch keineswegs als ein kirchliches Gebilde betrachtet. Mc Gavran 1963, 33 nennt nach Velasco folgende Zahlen: „Ind. Presbyt. Mexican" 1000 und „Ind. Presbyt. USA" 5000.
[213] Vgl. Directorio 1970, 14. Sie unterhalten zusammen das Seminar ‚Juan Calvino' in Coyoacán. Die Reformierten unterstützen auch den ‚Instituto Cristiano Mexicano' im DF und den ‚Instituto Bíblico de Yucatán'.

Die ‚Convención Nacional Bautista de México' von 1902 umfaßt die Mehrzahl der baptistischen Kongregationen des Landes. 1969 gehörten 14 baptistische Assoziationen zur Konvention.

Die Anfänge der baptistischen Arbeit durch Hickey und Westrup in Nuevo León sind bereits erwähnt. Andere Ansätze lagen in Tamaulipas. Sie wurden von der Northern Baptist Convention' gefördert[214]. Thomas Westrup begründete auch die baptistische Evangelisation in Mexiko-Stadt (1880—90), die dann William H. Sloan weiterführte. Über Puebla dehnte sich ihre Arbeit nach Oaxaca aus, wobei die Baptisten stets besonderen Wert auf Schulgründungen legten. Als bedeutendster Leiter wird Teófilo Barocio genannt. 1880 begann auch die ‚Southern Baptist Convention' sich in Mexiko als erstem lateinamerikanischen Land zu engagieren, und zwar zunächst in Saltillo, Coahuila[215] und Toluca[216]. Zwischen 1925 und 1952 stagnierte die Zahl der Gemeinden[217]. Danach ist eine erhebliche Vermehrung zu registrieren, nachdem die Strategie der Southern Baptists auf vermehrte Gemeindeneugründungen ausgerichtet war. Bennett zeigt am Fall Tabasco, wo keine der beiden US-Konventionen gezielt gearbeitet hat, daß die sich dort nur auf ca. 900 belaufenden Baptisten sich hauptsächlich aus den Reihen enttäuschter Presbyterianer rekrutieren, während die Pastoren beider Seiten sich gegenseitig verketzern[218].

Zahlenangaben sind für die Baptisten schwer anzugeben, weil sie traditionell den lokalen Kongregationen die größte Unabhängigkeit lassen, so daß viele völlig selbständig sind und sich keiner Assoziation angeschlossen haben.

	1910	1930	1962
Bautistas del Norte	1202	3440	5000 (5—6000)
Bautistas del Sur	1428	2442	7640 (9000)

Der Sekretär der Nationalen Baptistenkonvention meinte 1962 hingegen, es gäbe „mindestens 60 000 Baptisten in Mexiko"[219].

Zu den historischen protestantischen Kirchen, die schon seit dem 19. Jahrhundert in Mexiko arbeiten, gehören noch die Kongregationalisten und die Plymouth Brüder. Die ‚Iglesia Congregacional' wurde 1874 in Guadalajara von Rev. Stephen, der im selben Jahr in Ahualulco ermordet wurde, und Rev. Watkins begründet. Die Missionare des 19. Jahrhunderts haben es verstanden, bekehrte Mexikaner in die aktive Arbeit zu ziehen und sich unendlich mit Er-

---

[214] Über der Frage der Abschaffung der Negersklaverei, die von den Baptisten der Nordstaaten befürwortet, von denen der Südstaaten aber abgelehnt wurde, ist es 1845 zum Bruch der 1814 gegründeten ‚General Missionary Convention' der nordamerikanischen Baptisten gekommen, d. h. zur Bildung einer ‚Southern Baptist Convention' und einer ‚Northern Baptist Convention' die sich seit 1950 ‚American Baptist Convention' nennt.

[215] Goslin aaO 104 nach González aaO 408 legt die Anfänge dorthin.

[216] Gandee, den Murray aaO 261 zitiert, legt die Anfänge nach Toluca. Eine Entscheidung muß künftigen Forschungen überlassen bleiben.

[217] Directorio 1970, 11. Auch Damboriena 1963, 120 erwähnt, daß die ‚Bautistas del Sur' durch die antireligiösen Gesetze von 1930 sehr gelitten und die Mission sogar praktisch aufgegeben hätten, aber seit 1938 zunehmend zurückgekehrt seien. Die von González aaO 409 zitierte Behauptung von Mc Gavran aaO 130, daß die Baptisten in keiner Weise durch die Revolution negativ beeinflußt seien und sich langsam aber stetig vermehrt hätten, dürfte unzutreffend sein. [218] AaO 190ff.

[219] Zahlen nach González 1970, 409 — in Klammern nach Mc Gavran 1963, 33, ebd. 34 Zitat: „60 000 Baptisten".

ziehungsprojekten in Chihuahua, Jalisco, Sinaloa und Sonora abgemüht. Die Gesamtgemeinde wurde 1962 auf ca. 1600 Glieder geschätzt[220]. Die ‚Hermanos de Plymouth' oder die ‚Misiones Cristianas en Muchos Países' sind mit der ‚Church of the Brethren' in den USA weder verwandt noch verbunden. Sie sind 1891 von dem englischen Eisenbahningenieur Eglon Harris, der die Südeisenbahn mitbaute, in Orizaba/Verucruz ins Leben gerufen worden. Orizaba ist bis heute ihr Arbeitszentrum geblieben und die Familie Harris ihre Leitungsinstanz.

Obgleich Harris jeglichen geistlichen Titel abgelehnt hat, gründete er Kongregationen — 1960 gab es mehr als 50 —, die es weit von sich weisen, eine Sekte oder Denomination zu sein, vielmehr betonen, unter dem Namen Christi zu stehen und alle zu achten, die den Herrn lieben und ihm folgen. Harris nahm nie einen Pfennig für seine Evangelisationsarbeit an. Seine 1894 entstandene Zeitschrift ‚El Sembrador' (Der Säemann), der auf Anforderung kostenlos versandt wird, hatte anfangs eine monatliche Auflage von 2000 und heute von 1 Mill. im Jahr. Der Verlag hat 160 Mill. Seiten evangelische Literatur herausgegeben[221]. Mit 1350 Gliedern dürfte Damboriena[222] die Gesamtgemeinde wohl unterschätzen.

Am Rande erwähnt seien noch die ‚Iglesia Cristiana' (Disciples of Christ), die der junge nordamerikanische Lehrer M. L. Hoblit 1895 zu sammeln begonnen hat (Gesamtgemeinde ca. 2750)[223], die Heilsarmee, die 1937 ins Land gekommen ist und 1970 in 25 Städten arbeitete (1968 Betreuung von 571 661 Personen und ständige Betreuung von 1370 Waisenkindern in 23 Häusern und von 503 Kindern im Rahmen des ‚Familienhilfsplanes')[224], und die Missouri-Lutheraner, die 1922 ihre Arbeit aufnahmen, in der Revolution unterbrachen und 1940 wiederkamen und um 1960 eine Gesamtgemeinde von ca. 1000 gesammelt hatten, nachdem sie 1947 in Monterrey im ‚Instituto Concordia de México' die Ausbildung einheimischer Lehrer und Pastoren aufgenommen hatten[225].

434213 Grundsätzliche Probleme der Evangelisationsarbeit der historischen angelsächsischen Denominationen in Mexiko

Diese Denominationen hatten um 1960 nach den konservativsten Angaben insgesamt ca. 100 700 Glieder. McGavran schätzt die kommunizierenden Evangelischen indes auf mindestens 210 000[226]. Sie sind von den Pfingstlern über-

---

[220] Mc Gavran aaO 33 nennt 600 kommunizierende Glieder, Damboriena 1963, 116 für 1957: 597 = Gesamtgemeinde 1602.   [221] Murray aaO 267.
[222] AaO 116. Die Brüder werden im Directorio 1970 nicht erwähnt, gehören also wohl nicht zur ‚Federación ...'.
[223] Directorio aaO 13 und Damboriena aaO cuadro 33 und S. 123.
[224] Directorio aaO 18.
[225] Damboriena aaO 119; Zahl nach Mc Gavran 1963, 33. Heutiger Name: Iglesia Luterana Mexicana — vgl. Directorio aaO 20. In Mexiko sind keineswegs nur die Missouri-Lutheraner tätig. Es gibt neben den deutschen Auslandsgemeinden die ‚Iglesia Luterana Mexicana' mit etwa 12 Pastoren, die ‚Iglesia Luterana de México' und die ‚Iglesia Evangélica Luterana en México', die zumeist für Ausbildungsfragen mit dem ‚Seminario Luterano Augsburgo' in Mexiko DF zusammenarbeiten, das seinerseits eine Arbeitsgemeinschaft mit den Seminaren der Episkopalen, Baptisten, Reformierten und dem ‚Centro Evangélico Unido' bildet.
[226] 1963, 33f. Mc Gavran rechnet die 29 000 Adventisten und Nazarener dazu und kommt dann auf 129 700, schätzt aber 275 700 kommunizierende Evangelische als eine reale Ziffer. Hinzukommen 275 700 Pfingstler.

flügelt worden, so daß 1960 etwa 1,6 % der Gesamtbevölkerung im weitesten Sinne des Wortes evangelisch waren.

Über weite Strecken des 20. Jahrhunderts war der Weg der Protestantismus in Mexiko von seinem Verhältnis zur mexikanischen Revolution bestimmt.

Nach Tannenbaum ist „der Kampf zwischen Kirche und Staat in Mexiko Teil des generellen Konflikts zwischen Volk und Nation, zwischen dem Eroberer und dem Eroberten, zwischen dem Spanier und dem Indio, zwischen dem Ausländer und dem Eingeborenen, zwischen dem Reichen und dem Armen, zwischen der Kultur europäischer Ideale und der auf rein nationale Ideale gegründeten Kultur...". In der Revolution entlud sich das Wesen des 400 Jahre geknechteten Mexikaners, das gebeugt, aber nicht gebrochen ist. Es ist der Kampf einer pluralistischen Kultur gegen die mit universalem Anspruch auftretende spanisch-katholische Kultur, die alle Lebensbereiche bestimmen will. Hierbei ist zu beachten, daß die kleine mexikanische ‚población' nie der Kirche, dem Staat, noch Europa oder der Landeshauptstadt gehört hat, sondern deren Einrichtungen nur ertragen hat[227].

Im Unverständnis der ausländischen Missionare für die inneren Zusammenhänge des mexikanischen Kulturkampfes liegen viele verwirrende Probleme der evangelischen Kirchen begründet. Von 1910 bis 1940 haben die evangelischen Kirchen übervorsichtig neben dem revolutionären Befreiungsprozeß gestanden, ohne einen Zugang zu ihm zu finden, „weil er einerseits mit dem Antiklerikalismus und dem Atheismus und andererseits mit der marxistischen Philosophie der Enteignung und der Gewalt identifiziert wurde". Davis stellte deshalb 1941 die berechtigte Frage, ob der angelsächsische Protestantismus, der durch seine Geschichte mit dem Kampf für Freiheit, Gerechtigkeit, Gleichheit und Menschenwürde verbunden ist, in Mexiko nicht eine große Gelegenheit verpaßt habe. Die Kirchen seien zwar aus dem Erziehungssektor hinausgedrängt worden — inzwischen haben sie diese Position zurückerobert —, aber ein Konzept, nach dem sich Kirche für die Erziehung besserer Staatsbürger, für eine neue Gesellschaftsmoral und Gehorsam gegenüber den Gesetzen einsetzt, sei für die mexikanische Erfahrung etwas völlig Neues und hätte den evangelischen Kirchen genauso Freunde schaffen können wie ihr Kampf gegen den Alkoholismus. Immerhin hat das typische Bild eines Protestanten als eines guten Staatsbürgers, der seine Steuern bezahlt, aufhört, seine Frau zu schlagen, die Finger von anderen Frauen läßt, seine Kinder zur Schule schickt, aufhört, sich zu betrinken, seine Schulden bezahlt, mit Hingabe arbeitet und spart, bewirkt, daß die evangelischen Kirchen im mexikanischen Kulturkampf weithin von direkten Verfolgungsmaßnahmen verschont worden sind[228]. Heute indes, in einer stagnierenden nur noch verbal als „revolutionär" apostrophierten Situation in Mexiko oder eindeutig reaktionären, auf Festschreibung des Status quo angelegten Situationen in anderen Staaten Lateinamerikas, birgt dieser moralistische Individualismus der Protestanten die große Gefahr in sich, daß sie vor lauter Staatstreue das Gemeinwohl aus den Augen verlieren, daß sie vor lauter Pflichterfüllung gegenüber den Arbeitgebern zu idealen Ausbeutungsobjekten werden und keinen Blick für die Notwendigkeit der solidarischen Gemeinschaft aller Ausgebeuteten und die Möglichkeiten notfalls revolutionärer Gesellschaftsveränderungen haben.

---

[227] Tannenbaum 1938, 24 zit. nach Davis 1941.
[228] Davis aaO 25ff.

Die sozio-ökonomischen Umwälzungen der mexikanischen Revolution haben im ländlichen Milieu die Wirkungsmöglichkeiten der protestantischen Mission erheblich verbessert. Die sozio-politischen Folgen der Bodenreform waren insofern positiv, als sie viele ‚peones' nach jahrhundertelanger Sklaven-ähnlicher Existenz zu Herren ihres Landes gemacht und durch die Auflösung der Lebens- und Arbeitsgemeinschaft auf den ‚haciendas' einen umfassenden Emanzipationsprozeß in Gang gesetzt haben, der auch das religiöse Verhalten der ‚peones' berührt. Die Suspendierung sozialer und wirtschaftlicher Bindungen hat nämlich auch die in der Lebensgemeinschaft der ‚hacienda' vorgegebene Bindung an die römische Kirche, wenn nicht erschüttert, so doch zumindest dem Bereich der Selbstverständlichkeit enthoben. Wie wichtig eine größere Freiheit im religiösen Verhalten der ‚peones' für die protestantische Mission ist, erhellt daraus, daß Mexiko 1930 noch ein reines Agrarland war. 79,5 % der Bevölkerung lebten auf dem Lande oder in Landstädten mit weniger als 3000 Einwohnern, weshalb sich 1940 von den 450 fest organisierten protestantischen Kongregationen 80 % und von den übrigen 700 registrierten Kongregationen sogar 90 % in ländlichen Gebieten befanden[229]. Die geringe Lebenserwartung der Landbevölkerung, die hohe Kindersterblichkeit, die Unzuverlässigkeit bei der Arbeit (Alkoholismus), der Mangel an Erziehung in jeder Hinsicht, die jahrhundertelange Ausbeutung durch die Oberschicht und teilweise auch durch die römische Kirche (Stolgebühren etc., vgl. 42428) haben neben politischer und sozialer Unsicherheit, die während der Revolution Gewalttätigkeiten begünstigte, eine fatalistische Gleichgültigkeit gegenüber dem Fortschritt entstehen lassen. Davis sieht deshalb eine wichtige Aufgabe der evangelischen Kirchen darin, das Erbe von Ausbeutung, Armut, Fatalismus zu überwinden und neue Hoffnung zur Regeneration der Massen zu erzeugen[230].

Indes fehlten 1940 Pastoren in 700 Landgemeinden, was das Vordringen von Adventisten und Pfingstlern erleichterte, und obwohl 80 % der Kongregationen ländlichen Charakter hatten, wurden die Pastoren nicht in ländlicher, sondern in städtischer Umgebung ausgebildet. Dabei ist der Gegensatz von Stadt und Land in Mexiko größer als beispielsweise in Asien, weil die Städte europäisch, die ‚aldeas' aber indianisch sind. Die Ausbildung von Pastoren in Städten mit ihren ganz anderen Möglichkeiten führt zu ausgesprochen schlechten Ergebnissen in bezug auf deren spätere Verwendung auf dem Lande. Eine theologische Ausbildung ohne Elementarkenntnisse in Hygiene, Medizin und Landwirtschaft nützt einem Landpastor nichts. Es gibt Fälle, in denen die auf das Landleben nicht vorbereiteten Pastoren ihre Kongregationen vernachlässigen und dadurch anderen religiösen Einflüssen öffnen, weil sie mehr Zeit in der nächsten Stadt als in ihrer Gemeinde verbringen[231]. Jede Kirche braucht deshalb verschieden ausgebildete Pastoren für die verschiedenen Arbeitsfelder. Mit dem Einsatz nationaler Kräfte ist es keineswegs getan, denn „der kulturelle, erzieherische und sprachliche Graben zwischen dem städtischen Mittelklassen-Mexikaner und dem mexikanischen Indio ist oft größer als der kulturelle Graben zwischen demselben Mittelklassen-Mexikaner und dem durchschnittlichen Nordamerikaner. Wirklich ‚eingeborene'

---

[229] Davis aaO 14ff. 56,4 % der Oberfläche waren landwirtschaftlich genutzt, aber nur 12 % lassen sich mit dem Pflug bearbeiten.
[230] Davis aaO 21ff.   [231] Ebd. 130ff.

Führer sind diejenigen, die ähnliche Sitten und Wertvorstellungen wie ihre Anhänger haben und nicht diejenigen, die zufällig innerhalb derselben politischen Grenzen geboren sind. Das haben die frühen Missionare offenbar nicht erkannt".

Nicht nur in Tabasco und nicht nur bei den Presbyterianern wird es so gewesen sein, daß sich zu wenig Missionare für die Arbeit in entlegenen Landgebieten fanden, daß diejenigen, die sich fanden, sich nach Mexiko-Stadt sehnten, wo nicht wenige ihre Familien gelassen hatten, daß sie mehr mit der „Zivilisierung" als mit der Evangelisation beschäftigt waren, weil sie ihre nordamerikanischen kulturellen Vorstellungen, ihre liturgischen Muster und ihre kirchlichen Organisationsprinzipien mitgebracht hatten und nicht zwischen dem unaufgebbaren Kern der frohen Botschaft und ihrer „kulturellen Verpackung" unterscheiden konnten. Weil es an klaren Prioritäten fehlte, engagierten sie sich oft zu stark in Erziehungsprojekten und „Details der kirchlichen Organisation"[232].

Es gibt indes eine Fülle weiterer Gründe dafür, daß die Expansion der protestantischen Denominationen sich weit langsamer vollzog, als die ersten Missionare hoffen konnten. In den dreißiger Jahren stellte der antireligiös gefärbte Schulunterricht einen erschwerenden Faktor dar. Man erklärte den Schülern beispielsweise bei der Schulspeisung, daß sie durch Gebete von Gott keine Nahrungsmittel bekämen, wohl aber von der Regierung. Antireligiöse Erziehung und Verfolgungen haben sich indes als weniger gefährlich erwiesen als gleichgültige Toleranz.

So hat es im Staat Tabasco, wo die Kirche von linken Kräften aufs schwerste verfolgt worden ist, die stärkste protestantische Renaissance gegeben. Auch im Staate Sonora, wo die protestantischen Kirchen von der Landesregierung völlig geschlossen worden waren, hat wenigstens die größte Denomination sich wieder völlig reorganisieren können.

Gefährlicher ist die gesellschaftliche Isolierung der Protestanten in der sie umgebenden Umwelt, das Problem der Mischehen, der Mitgliederverlust durch soziale Mobilität, der 1940 zum Teil bis zu 50 % betrug, denn am neuen Wohnort ist dieselbe Denomination meist nicht vertreten, so daß Evangelische einer anderen beitreten oder womöglich der protestantischen Sache wieder gänzlich verlorengehen[233]. Hinzu kommen die Wirkungen der Gegenoffensive der katholischen Kirche, eines im Verlauf der Revolution regenerierten Katholizismus, der sich verstärkt um die Landbevölkerung kümmerte. Ohnehin taten sich die Protestanten schwer mit dem aus indianischen Quellen gespeisten, katholisch überformten Lebenszusammenhang der ländlichen Bevölkerung. Man braucht sich nur den Festkalender vor Augen zu halten, um das Ausmaß der Probleme zu erkennen.

Im Gebiet von Tepoztlán gibt es z. B. über 60 Feste im Jahr, die meist indianischen Ursprungs sind, die die römische Kirche in ihren Festkalender übernommen und irgendeinem Heiligen gewidmet hat. Jedes Fest kann Tage, ja eine Woche dauern, ist der soziale Treffpunkt vieler Menschen aus der weiteren Umgebung und ersetzt den Urlaub des modernen Menschen. Messen, kultische Handlungen, Beichte,

---

[232] Bennett aaO 200ff.
[233] Davis aaO 25ff; zur religiösen Entwicklung in Tabasco vgl. die sozio-religiöse Untersuchung von González R. 1972, dort zu den protestantischen Gruppen 100ff.

Spiele, Tänze, Gelage, Musik und Feuerwerk sind eng miteinander verwoben. Im Rausch vergißt der Mexikaner die Lasten seines mühseligen Tagewerkes.

Von alledem ist die kleine protestantische Gemeinde ausgeschlossen und damit marginalisiert. Erst wenn sie größer ist, kann sie nach Ersatzformen suchen. Noch dazu haben die Missionare die typischen Feste und Lustbarkeiten, die den mexikanischen Geist erfreuen, scharf abgelehnt und damit berechtigte Anliegen, natürliche Instinkte wie das Streben nach Geselligkeit, Kultur und Erholung abgewürgt. Das pflegt die erste Generation mit ihrem großen Bekehrungserlebnis auszuhalten, aber die zweite und dritte Generation, die bereits evangelisch erzogen ist, versteht diese Haltung nicht mehr, so daß die Kirchen Drama, Musik, Kunst und Erholung wiederentdecken müssen, wirken doch auch die puritanisch-kalvinistischen Gottesdienstformen vor dem Hintergrund des reichen mexikanisch-katholischen Zeremoniells und der dekorativen Kunst besonders kalt und trocken[234]. In alledem hat sich die Pfingstbewegung schneller an die mexikanische Mentalität angepaßt, weshalb Davis in ihr die stärkste Konkurrenz der historischen protestantischen Denomination sieht[235].

Nicht zu unterschätzen ist auch das Problem der finanziellen Abhängigkeit von den US-Mutterkirchen und -Missionsgesellschaften.

Das Bild der reichen USA und des armen Mexiko hat die evangelischen Führer nicht unbeeinflußt gelassen und den Mexikanern das Vertrauen zu ihren eigenen Möglichkeiten genommen. Zwar hat der im Zuge der Weltwirtschaftskrise in den dreißiger Jahren schwächer fließende Geldstrom aus den USA das Verantwortungsbewußtsein der Pastoren gestärkt, dabei aber auch zu übertriebener Konzentration auf zahlungskräftige Hauptgemeinden geführt. Dennoch meinte nach 70 Jahren evangelischer Arbeit (1940) noch die Mehrheit der nordamerikanischen und mexikanischen Mitarbeiter, daß die Durchschnittsgemeinde zu arm sei, um ihren Pastor zu unterhalten und ohne finanzielle Zuschüsse auszukommen. Die Phantasie ist verkümmert, ein wirtschaftlicher Determinismus bestimmt das Denken der in- und ausländischen Leiter. Ende der ersten Hälfte des 20. Jahrhunderts brachte der fromme Katholik bereits größere finanzielle Opfer für seine Kirche als der durchschnittliche Protestant[236]. Selbstverständlich sind in den letzten dreißig Jahren Fortschritte auf dem Weg zur finanziellen Unabhängigkeit der protestantischen Denominationen gemacht worden, ebenso auch auf dem Weg zur innerprotestantischen Zusammenarbeit (vgl. 514).

43422 *Brasilien*

Über die Hälfte aller Protestanten Lateinamerikas sind Brasilianer (nach Kenneth Grubb waren es 1961 52,8 % = 4 071 643)[237], weshalb der brasiliani-

---

[234] Davis aaO 86ff.
[235] Ebd. 25ff spricht Davis von der Gefahr der eifrigen Proselytenmacherei der ‚sectas protestantes disolventes', wie er die Pfingstler bezeichnet.
[236] Ebd. 122ff und 42ff.
[237] Damboriena 1963, 18, der diese Zahlen übernimmt, geht also von einer protestantischen Gesamtgemeinde in Lateinamerika von 7 710 412 aus, entsprechend 3 735 523 kommunizierenden Evangelischen. Zieht man von der Gesamtgemeinde 810 539 für die karibischen Inselstaaten Kuba, Haiti, Dominikanische Republik und Puerto Rico ab, dann bleibt ohne Berücksichtigung der übrigen Inseln, Guayana und Britisch-Honduras eine Gesamtgemeinde von 6 899 813, entsprechend einer Gesamtzahl von 3 427 720 kommunizierender Evangelischer. Für dieselben 17 Festlandstaaten kommt Read 1969, 61 für das Jahr 1967 auf 4 915 477 aktive Evangelische, d. h. solche, die evangelisch getauft oder „wiedergetauft" sind. Read weist darauf

sche Protestantismus erhebliches Interesse in der Forschung geweckt hat[238]. Geht man von 2 623 600 aktiven Protestanten in Brasilien 1970 aus[239], dann beträgt der Anteil der auf angelsächsische Mission zurückgehenden traditionellen Denominationen 26,9 % (703 350).

434221 Die Überwindung der Identifizierung des religiösen Systems der gesellschaftlichen Organisation mit der römisch-katholischen Kirche

Die Verfassung von 1824 gewährte religiöse Toleranz und konditionelle Kultfreiheit (vgl. 41231 und 42313—4), ging aber nach wie vor von einem einheitlichen religiösen, d. h. katholischen System der gesellschaftlichen Organisation aus. Folglich konnten evangelische Einwanderer, Pastoren und Missionare ins Land kommen und auch religiöse Propaganda betreiben, solange sie nicht die Existenz Gottes und die Unsterblichkeit der Seele leugneten. Unter Dom Pedro II. (1840—89) herrschte absolute Pressefreiheit. Es kam zwar auf lokaler Ebene zu Behinderungen protestantischer Propaganda oder zu Tätlichkeiten gegen Protestanten, aber Appelle an die Zentralregierung be-

---

hin, daß es unmöglich ist, die exakte Zahl der protestantischen Gesamtgemeinde in den einzelnen Ländern anzugeben, da es unsicher ist, wieviel Familienangehörige auf ein Kirchenglied kommen. Die Statistiken der verschiedenen Kirchen schwanken zwischen zwei bis fünf. Read selbst geht von der konservativen Relation von ein Familienangehöriger auf ein Kirchenglied aus, meint aber, daß man in Wirklichkeit mindestens mit 10 Mill. Evangelischen in Lateinamerika rechnen müsse, vielleicht sogar mit 15—20 Mill. (aaO 62). Die Statistiken sind außerdem unsicher, weil es evangelische Gruppen gibt, die „jede Statistik" ablehnen, „weil sie gegen den Willen Gottes ist" (vgl. 2 Sam 24) — Léonard 1963, 24.

[238] Vgl. Léonard 1963; Read 1967; Read 1973, Camargo 1973 u. a.

[239] Read 1969, 63 geht für 1967 von 3 312 200 aktiven Evangelischen in Brasilien aus. Nach genaueren Forschungen kommt Read 1973, 23 für 1970 indes nur auf 2 623 600 aktive Evangelische, die sich folgendermaßen verteilen:

Denominationelle Gruppe	Protestanten Aktive Glieder Anzahl (1970)		Prozent	
Traditionelle Denominationen				
Lutheraner	433 000		16,4 %	
Presbyterianer	244 050		9,3 %	
Methodisten	62 550		2,4 %	
Kongregationale	46 100	703 350	1,8 %	26,9 %
Episkopale	20 150		0,8 %	
Baptisten	330 500		12,6 %	
Adventisten des 7. Tages	119 100		4,5 %	
Andere	72 650		2,8 %	
Zwischensumme	1 328 100		50,6 %	
Pfingstkirchen				
Assembléias de Deus	746 400		28,5 %	
Congregação Cristã	357 800		13,6 %	
Andere	191 300		7,3 %	
Zwischensumme	1 295 500		49,4 %	
Brasilien insgesamt	2 623 600		100,0 %	

wirkten im allgemeinen Abhilfe[240]. Andererseits waren Akatholiken gesellschaftlich völlig marginalisiert, und zwar von der Wiege bis zur Bahre. Die Zurückweisung der Protestanten durch die soziale Ordnung erstreckte sich sogar auf die Toten.

Zwar wurden die Munizipien 1828 gesetzlich angewiesen, Friedhöfe, unbeschadet des Fortbestehens kirchlicher Friedhöfe der Bruderschaften, anzulegen. Aber erstens zogen es die Katholiken bis 1850, als dies wegen Seuchengefahr verboten wurde, vor, sich in den Kirchen beisetzen zu lassen, und zweitens segnete der Ortspriester auch den munizipalen Friedhof, weshalb er nach den Normen des vom Tridentinum geprägten kanonischen Rechtes keinen Leichnam eines Ketzers aufnehmen durfte. Die protestantischen Einwanderer legten deshalb, wo sie konnten, eigene Friedhöfe an oder versuchten, einen abgesonderten Teil der öffentlichen Friedhöfe zu bekommen, blieben so freilich noch im Tode von der Gesellschaft getrennt. Dabei blieb es auch, nachdem durch Dekret 3069 im Jahre 1863 die Munizipien auf Grund des Gesetzes 1144 von 1861 angewiesen wurden, in jedem Fall einen abgesonderten Friedhofsteil für Akatholiken zu schaffen.

Durch das Gesetz von 1827 wurde die Ehe als eine religiöse Institution definiert, die durch das Tridentinum und die Konstitutionen des Erzbistums Bahia geregelt ist, obwohl seit 1824 protestantische Einwanderer im Lande waren mit von der Regierung kontrahierten Pastoren. Sie konnten zwar kirchlich heiraten, wenn ein protestantischer Pastor vorhanden war, oder einen Ehevertrag vor einem Notar schließen, aber keine vor dem Gesetz gültige Ehe eingehen oder ihre Kinder registrieren lassen, bis nach längeren Kämpfen die erwähnten gesetzlichen Bestimmungen von 1861/63 auch registrierten protestantischen Pastoren die Führung von Geburtsregistern und die Schließung von Ehen erlaubten[241].

1861/63 wurden die Protestanten in das religiöse System der gesellschaftlichen Organisation integriert, wenngleich die römische Kirche noch lange nach der Trennung von Kirche und Staat (1890) mit Hilfe von Nationalismus und Nativismus die protestantischen Kirchen als unbrasilianische, ausländische Sekten diffamierte und mit der Verfassung von 1934 dem Modell einer neuen Christenheit, nach dem Brasilianer sein, heißt, katholisch zu sein, sehr nahe kam (vgl. 42317). Nachdem die Liberale Partei 1869 die Forderung nach politischer Chancengleichheit in ihr Programm aufgenommen hatte, gelang

---

[240] Zu dieser Auslegung von Art. 5 der Verfassung von 1824 und zur Haltung der Zentralregierung vgl. Ribeiro 1973, 116ff. Die lokalen Verfolgungen waren indes recht hartnäckig. Als z. B. 1892 der presbyterianische ‚Colégio Internacional' von Campinas nach Lavras/MG verlegt wurde, begannen die Verfolgungen, die die Lehrerin Mrs. Gammon so beschreibt: „The local priest told his parishoners that it would not do to have dealings with the newcomers; they were heretics, and any money received from them would turn to charcoal in the hand of the recipient. This made it difficult for the missionaries to obtain employees and often even to buy fruits, vegetables, eggs and chickens that were hawked from door to door" – Clara Gammon, So shines the light, 54 nach McIntire 1969, 9. 5/6. Da vor der Prüfung und der Taufe die zum Presbyterianismus Übertretenden sich von katholischen Büchern und Heiligenbildern trennen mußten, gab dies nicht selten Anlaß zu Polemiken gegen die Presbyterianer. So beschuldigte P. Dr. Elias Tommsi während der großen Trockenheit in ES die Presbyterianer, daran schuld zu sein, weil sie 1905 angeblich in der Gemeinde S. José do Calçado ein Heiligenbild in den Fluß geworfen hätten – Neves 1955, 54f. Zur Zeitsituation vgl. auch Koseritz 1972.
[241] Ribeiro 1973, 108ff. Nur die katholische Taufe ermöglichte die Registrierung eines Kindes.

es dank ihres Einsatzes 1881 auch das aktive Wahlrecht der Akatholiken durchzusetzen und damit die Protestanten gegen den Widerstand der katholischen Kräfte auch in das politische System zu integrieren. Die wesentlichen Grundlagen für die gesellschaftliche Integration der Akatholiken sind also unter dem Druck der durch die eingewanderten Protestanten aufgeworfenen Probleme gelegt worden. Damit waren wichtige gesellschaftliche Voraussetzungen für eine erfolgreiche Arbeit des angelsächsischen Missionsprotestantismus in der zweiten Hälfte des 19. Jahrhunderts in Brasilien geschaffen.

434222 Der brasilianische Katholizismus und die Botschaft der Reformation

Ging es bei der Integration des Einwanderungsprotestantismus mehr um ein gesellschaftliches Problem, das die römische Kirche nur insofern tangierte, als ein eingewandertes Bevölkerungskontingent einen konfessionellen Sonderstatus behielt, so daß das Modell der (katholischen) Christenheit nicht mehr für die Gesamtbevölkerung des brasilianischen Staatsgebietes gültig war, so ging es beim Missionsprotestantismus, dem mit dem Einwanderungsprotestantismus der Boden geebnet wurde, vorrangig um ein ekklesiologisches Problem. Erstmals wurde die römische Kirche in Brasilien von reformatorischen Kräften in Frage gestellt, ohne daß sie die Frager mit Hilfe staatskirchlicher Machtmittel mundtot machen konnte.

Damit stellt sich die Frage nach der Identität des brasilianischen Katholizismus des 19. Jahrhunderts, der den Anspruch erhob, das religiöse System der gesellschaftlichen Ordnung zu bestimmen. „Die Religion des Staates", die „aufrechtzuerhalten" z. B. die Deputierten schwören mußten, bildete keineswegs eine innere Einheit. Dem von der Hierarchie erzwungenen starren Formalismus nachtridentinischer Tradition stand der Volkskatholizismus gegenüber (vgl. 251), der um die „ethischen, liturgischen und auf die Formen der Frömmigkeit bezogenen Konsequenzen des tridentinischen Modells nichts wußte", aber trotz seiner Entfremdung zum „tridentinischen Priestertum" ebenso wenig dem Protestantismus zuneigte wie der Regalismus der Oberschicht, der sich zwar gegen die Macht der römischen Kirche, und damit gegen den päpstlichen Supremat, aber nicht gegen die katholische Lehre richtete. Sie tolerierte oder begünstigte die Gegenwart protestantischer Denomintaionen als Gegengewicht zur ‚religião do Império', aber sie blieb ihr treu. „Die Gleichgültigkeit gegenüber dem priesterlichen Katholizismus und später der Antiklerikalismus waren kein Schritt in Richtung auf den Protestantismus."[242] Boanerges Ribeiro kommt zu dem Schluß, daß der Wettbewerb zwischen tridentinischem Katholizismus auf der einen und dem Volkskatholizismus, sowie indianischen und afrikanischen Religionen auf der anderen Seite und der seit Pombal schwelende Konflikt zwischen tridentinischer Amtskirche und dem Regalismus der Führungsschicht das Eindringen des Missionsprotestantismus nach Brasilien erleichtert, dessen Ausbreitung aber womöglich beschränkt hat[243]. Er meint dies offenbar in dem Sinne, daß die Uneinheitlichkeit des Katholizismus das Auftauchen anderer Konfessionen begünstigt habe, daß aber die Koexistenz so verschiedener Frömmigkeitsformen innerhalb des Katholizismus den Zwang zur radikalen Opposition, zur Trennung vom Katholizismus und damit zum Übergang zum Protestantismus vermindert habe.

---

[242] Ebd. 61ff.   [243] Ebd. 52.

Bringt man die Lehre der Reformatoren auf drei Kernaussagen — allgemeines Priesterum der Gläubigen, Rechtfertigung des Sünders ‚sola gratia et sola fide' und ‚sola scriptura', die Hl. Schrift als oberste Norm für Glaube und Ethik —, dann hat man ein kurzes Schema, an Hand dessen man prüfen kann, welche dieser drei Aussagen im Brasilien des 19. Jahrhunderts auf Aufnahmebereitschaft stieß.

Der tridentinische Katholizismus hat die Differenzierung zwischen Priestern und Laien gegenüber dem mittelalterlichen noch verschärft[244], aber innerhalb des Volkskatholizismus ist ein „universales Priestertum der Gläubigen" sui generis entstanden, das dennoch dem Dogma der Gegenreformation nicht fern steht. Letzteres gilt, wie gesagt, auch für die regalistischen Kreise, die den päpstlichen Suprematsanspruch bekämpften. Insofern hatte die reformatorische Botschaft in diesem Punkt keine so große befreiende Wirkung. Luthers Sorge um einen gnädigen Gott wurde von den Brasilianern des 19. Jahrhunderts nicht geteilt, weil sie mehrheitlich den Glauben gar nicht so ernst nahmen.

Eine Ausnahme wie der Priester José Manoel da Conceição bestätigt die Regel. Er ist durch eine ähnliche geistliche Krise wie Luther gegangen, deren Zentrum die Frage der Rechtfertigung und des Wertes der guten Werke war. Wie Luther lehnte er die Ablässe ab, weil sie einen falschen Frieden vermitteln und eine „Leugnung der Gnade Jesu" darstellen. Sein Übertritt in die presbyterianische Kongregation von Rio de Janeiro in Form einer „Wiedertaufe" (23. Oktober 1864) verschaffte ihm noch nicht den erhofften Seelenfrieden. Die biblische Mahnung: „Gott läßt sich nicht spotten" beunruhigte ihn ständig. Er meinte, nachdem er jahrelang die Irrtümer der römischen Kirche verbreitet habe, genüge es nicht, sich von ihr getrennt zu haben. Er wich den befreundeten Missionaren aus und fand erst Frieden, als er den Satz in der Bibel las: „Das Blut Jesu Christi reinigt von aller Sünde." In seinem „Bekenntnis des evangelischen Glaubens" berichtet er von seinen Seelenkämpfen[245].

Die Mehrheit der brasilianischen Bevölkerung stand dem tridentinischen Modell und damit der römischen Amtskirche hinsichtlich der Erwartung der

---

[244] Tôrres 1968, 32f bemerkt, daß die lusitanische Kirche überwiegend eine „Mittelklassen"-Kirche war, deren bürokratischer Apparat sich in Brasilien unter dem Einfluß des Tridentinums entwickelte. „... durch den Nachdruck, der auf den hierarchischen Charakter des Priestertums gelegt wurde und durch die Bedeutung des priesterlichen Handelns ex opere operato wurde der Abstand zwischen Klerus und Volk mehr hervorgehoben. Zwischen dem Opfer, zwischen dem Sakrament, mit dem der Priester beauftragt ist — eine geheiligte Person, abgeschieden von normalem Leben, einschließlich durch den Zölibat —, und dem Volk im allgemeinen, dem die Mysterien verborgen waren, war die Distanz enorm". In der Messe wurde trotz ihres an sich dialogischen Charakters das Opfer u. a. durch die lateinische Sprache noch weiter entrückt. Das wird durch die barocke Anlage der Kirchen verdeutlicht: „Die schöne Kirche, voller Einzelheiten, der Altar an der Wand angeordnet wie die erste Stufe eines wunderbaren Thrones, darauf die umfangreichen, betörenden, vergoldeten, reichen Heiligenbilder. Den Opfertisch sieht man nicht; er existiert praktisch nicht; es handelt sich wie gesagt um eine Thronstufe. Eine Balustrade trennt das Volk vom Altar... Die Messe ist nichts weiter als ein Vorwand für eine künstlerische Darbietung: das Konzert und die Predigt, die Musik und die Rhetorik."

[245] Vgl. Léonard 1963, 57f; der Originaltitel des Bekenntnisses lautet: ‚Profissão de fé evangélica'; es wird ausführlich in Ribeiro 1950, dem Standardwerk über Conceição, zitiert.

Rettung der Seele durch gute Werke am nächsten. Daraus erklärt sich das hohe Maß an Abhängigkeit von frommen Werken wie Zeremonien, Riten, Heiligenkult etc., wobei gute Werke, wie sie z. B. einige Bruderschaften förderten, sich auch auf die Schaffung sozialer Solidarität bezogen[246].

Ribeiro urteilt, daß nur die dritte reformatorische Aussage: ‚sola scriptura' dazu angetan war, eine Bresche in die geschlossene Front des brasilianischen Katholizismus zu schlagen. War in den Kirchen der Reformation die Hochschätzung der Bibel stets ein wichtiger Antrieb zur Alphabetisierung der Gläubigen gewesen, so hatte sich der brasilianische Klerus damit begnügt, den Katechismus vor der Erstkommunion zu lehren und gewisse biblische Szenen wie die Passionsgeschichte in der Karwoche zu dramatisieren. Bibeln in der Landessprache stellten Mitte des 19. Jahrhunderts eine Rarität in Brasilien dar[247]. Die blumenreichen, auf rhetorische Brillanz abzielenden Predigten basierten im seltensten Falle auf einem konkreten Bibeltext. Das Defizit an Katechese war enorm. Paradoxerweise wurde an Schulen der regalistischen Regierung, wie dem ‚Colégio Dom Pedro II', die Bibel in Landessprache im Unterricht gelesen, weil sich hier das Lancaster-System durchgesetzt hatte[248]. Gegenüber den klaren Predigten der Protestanten, die die Bibel zur Regel für Glauben und Praxis machten, geriet der katholische Klerus in die Defensive und wußte sich vielfach nur noch mit der Behauptung zu retten, die „protestantischen Bibeln" seien gefälscht. Trotzdem nahm die Zirkulation von Bibeln weiter zu.

Kennzeichnend ist die Pressepolemik in Pernambuco zwischen dem Kanoniker Pinto de Campos und General José Ignacio de Abreu e Lima (dem Sohn eines Priesters!). Der katholische General hatte Bibeln und Neue Testamente protestantischer Bibelgesellschaften verteilt und war daraufhin von Campos im ‚Diario de Pernambuco' angegriffen worden. Der General antwortete im ‚Jornal do Recife'. Abreu e Lima veröffentlichte die sich über mehrere Zeitungsausgaben hinziehende Polemik in Buchform. Papst Pius IX. setzte das Buch 1869 auf den Index, und der Bischof von Pernambuco verweigerte dem im selben Jahr gestorbenen General ein Begräbnis auf dem geweihten Boden des katholischen Friedhofs.

Das von Ribeiro gezeichnete Bild ist freilich einseitig, weil es keine Andeutungen über die Fragwürdigkeit eines so prononziert polemischen, antirömi-

---

[246] Ribeiro 1973, 65ff. Trotzdem kann man mit Ramos betonen, daß das Gemeindeprinzip und die Bewertung der Laienarbeit ein wesentlicher Beitrag des Protestantismus in Brasilien und Lateinamerika waren. Die „Ausbreitung des Protestantismus in Brasilien ist mehr der Laienarbeit zu verdanken als der des klerikalen Elementes", wenn man einmal unter Laien alle Nichtordinierten versteht. Man kann beobachten, daß „je demokratischer die Verwaltung einer Parochie ist, desto volkstümlicher und besuchter ist sie". Heute haben die lutherischen, episkopalen und presbyterianischen Kirchen eine „neutralisierte Leitungsform", die typisch für ihren Mittelklassenhintergrund ist. Das gilt in gewissem Grade auch für die Methodisten. Anders ist die Lage bei den Kongregationalisten, Baptisten und Pfingstlern. Dort „entscheidet die Versammlung der Gläubigen alles". Dort haben die Laien mit Selbstverständlichkeit Zugang zur Kanzel (1968, 81ff).
[247] Ribeiro 1973, 71; die ersten Bibelübersetzungen in Portugiesisch nach dem Tridentinum stammen von dem evangelischen Pastor João Ferreira de Almeida, der 1691 des NT aus dem Griechischen übersetzte, und von Pater Antônio Pereira de Figueiredo, der ab 1778 die Vulgata übersetzte.
[248] Ribeiro aaO 75.

schen Protestantismus enthält, der soweit ging, der römischen Kirche jede Form von Kirchlichkeit abzusprechen, deshalb auch ihre Taufe nicht anerkannte und die Wieder- bzw. Erwachsenentaufe praktizierte bzw. teilweise noch praktiziert[249].

434223 Denominationelle Mission und protestantische Identität

Ebenso berechtigt wie die Frage nach der Identität des brasilianischen Katholizismus des 19. Jahrhunderts ist natürlich die Frage nach der Identität des Missionsprotestantismus. Sie ist freilich erst in der zweiten Hälfte des 20. Jahrhunderts angesichts der Herausforderungen durch die ökumenische Bewegung virulent geworden (vgl. 514 und 515), die den Antikatholizismus zu einer fragwürdigen Klammer der protestantischen Denominationen werden ließ.

Fragt man nach dem Selbstverständnis der Missionare des 19. Jahrhunderts, so war der Antikatholizismus ein wesentlicher Bestandteil. Darin unterschied sich ihr Selbstverständnis von dem der Pastoren der Einwandererkirchen, denen es positiv um die Erhaltung der protestantischen Volkskirche ging.

Das Bild der Missionare vom brasilianischen Katholizismus war mindestens so unqualifiziert wie das vom mexikanischen (vgl. 434211).

So schrieb der erste baptistische Missionar, W. B. Bagby, als sein Schiff 1881 abends in der Bucht von Rio de Janeiro ankerte: „... Certainly this must be the rival of earth's most beautiful scenes. But ... my heart is grieved that here there are thousands who are without God and without hope, walking under the shadow of an eclipse. Oh, may God grant that His Truth, as it is in Jesus, shall fill this land from North to South, and from the Atlantic to the Andes."[250]

Generell kann man sagen, daß die ersten Bibelkolporteure und Missionare überzeugt waren, „daß die herrschende Religion in Brasilien kaum den Namen des Christentums verdiene". Angesichts des völligen Fehlens begründeter Argumente wird man mit v. d. Grijp derartige Bewertungen in erster Linie als Versuch einer Selbstbestätigung der Missionare verstehen müssen. Nicht selten schwang im Selbstverständnis der Missionare eine kulturelle Überheblichkeit hinsichtlich der „blonden, arbeitsamen Rasse" mit, der sie selbst angehörten. Bei einigen Missionaren ist auch ein ausgeprägtes „konfessionelles" Überlegenheitsgefühl festzustellen, also die Überzeugung, daß nicht allein die Grundprinzipien der Reformation ausreichen, sondern daß es auf die Ausbreitung ihrer speziellen Denomination ankommt. Solchen „Konfessionalismus" kann man bei gewissen Baptisten und abgeschwächt bei Methodisten beobachten, während er bei dem Gründer des brasilianischen Presbyterianismus, Ashbel Simonton, der 1859 nach Brasilien kam, völlig fehlte, wiewohl der Presbyterianismus später der schärfste Vertreter denominationellen Denkens in Brasilien werden sollte[251]. Es war offenbar eine unvermeidliche historische

---

[249] Ebd. 77f; Buchtitel: Biblias Falsas, ou duas respostas ao Sr. Cônego Pinto de Campos, pelo Christão Velho. Ramos 1968, 8of zum Antiromanismus, der von den Lutheranern nicht und von den Episkopaten ebenfalls kaum geteilt wird.
[250] Crabtree 1953, 39 erwähnt, daß Bagby niemanden in Brasilien kannte; er hätte hinzufügen sollen, daß er auch keine Informationen über Brasilien aus erster Hand hatte. [251] Grijp 1974, 15f.

Entwicklung, daß alle Denominationen nach der Begründung von Missionen in Lateinamerika in der Auseinandersetzung mit dem lokalen Katholizismus ein stärkeres denominationelles Selbstbewußtsein erlangten. Katholischerseits wurde schon die bloße Anwesenheit von Missionaren als ein Angriff auf die etablierte Kirche gewertet. Offenbar gab es nur die Alternative zwischen dem Verzicht auf Mission in Brasilien — eine Politik, wie sie die anglikanische Kirche betrieben hat, die 1910 in Edinburgh gegen die Einbeziehung Lateinamerikas in das protestantische Missionsgebiet eintrat — und der katholischen Feindseligkeit bei dem Bestehen auf protestantischer Mission. Während die katholischen Seminare auf das Arsenal der antiprotestantischen Argumente aus der Zeit der Gegenreformation zurückgriffen, importierten die Protestanten ihre Argumentation aus Ländern wie Frankreich und Irland, wo sie als Minderheiten schon die Auseinandersetzungen mit der römischen Kirche durchgestanden hatten. Die Diskussion in Lateinamerika entbehrte also der Authentizität und der Möglichkeit, daß eine Seite, durch einen echten Dialog überzeugt, ihre Positionen änderte, da die beiderseitigen Positionen völlig verhärtet waren[252].

Aus Raumgründen kann nachfolgend kein umfassender Überblick über die Entwicklung aller Denominationen in Brasilien gegeben werden. Deshalb soll exemplarisch in erster Linie der Weg des Presbyterianismus in Brasilien skizziert werden, der ältesten Denomination und, nimmt man alle ihre Zweige zusammen, der zweitstärksten Missionskirche.

In den Jahren 1859—69 wurden die Grundlagen für den Presbyterianismus in Brasilien gelegt.

1855 waren der englische Evangelist William Pitt und der schottische Arzt Dr. Robert Reid Kalley in Rio de Janeiro angekommen. Kalley, der aus Madeira vertrieben war, brachte von dort einige Evangelische mit, gewann einige Brasilianer dazu und organisierte 1858 in Rio eine kongregationalistische Gemeinde, für die er 1859 sieben Damen des Kaiserhofes in Petrópolis gewann, was viel Staub aufwirbelte. Im selben Jahr kam Ashbel Green Simonton, der Pionier des Presbyterianismus, nach Rio, wo er 1860 die erste Sonntagsschule mit fünf Kindern ins Leben rief. 1860 folgte ihm sein Schwager Rev. Alexander Blackford aus den USA. Blackford nahm 1863 die Arbeit in São Paulo auf, wo es ihm sehr zustatten kam, daß er P. José Manoel da Conceição kennenlernte, der von seinem Bischof Sebastião Pinto do Rego wegen seiner Bibelstudien und Reformpredigten schon ‚padre protestante' genannt wurde[253]. Da Conceição, der sich Ende 1864 laikalisieren ließ und zu den Presbyterianern übertrat, sollte zur demütigsten und ansprechendsten Erscheinung des Presbyterianismus in Brasilien werden[254]. Ribeiro zitiert zur Rechtfertigung der presbyterianischen Arbeit in der Diözese São Paulo einen Brief von Bischof Antônio Joaquim de Melo an den Kaiser vom 18. Dezember 1858, in dem es heißt: „Ich bekunde, mein Herr, eine traurige Wahrheit, eine Erfahrungstatsache: Brasilien hat keinen Glauben mehr, die Religion ist fast ausgelöscht. Von der Religion sind nur noch die Äußerlichkeiten übriggeblieben: große Feste, die normalerweise im Trubel der niederen Gesellschaftsschichten enden, und ein materieller Götzendienst der Heiligenbilder! Aber das, was der Weg, die Wahrheit und das Leben ist, ist unbekannt. Der

---

[252] Ebd. 18ff.
[253] Ribeiro 1973, 142. Zum Presbyterianismus in Brasilien vgl. Ribeiro 1950; Léonard 1949 und 1963, Neves 1955 zur Entwicklung in ES; Read 1967, 46—117; McIntire 1969; Camargo 1973, 111ff; Ribeiro 1973; Pierson 1974, Lessa 1924 und 1938; Bear 1961; Pereira 1965.
[254] McIntire 1969, 4.21.

Geist des Evangeliums dringt nicht einmal in die Vereinigungen ein...." Der Bischof sieht die einzig mögliche Abhilfe in der strengen Durchführung des tridentinischen Katholizismus und im Abschluß eines Konkordates mit dem Hl. Stuhl, Ribeiro hingegen in der presbyterianischen Arbeit auf Grund der reformatorischen Prinzipien „allgemeines Priestertum der Gläubigen, Rechtfertigung durch Glauben ohne Gesetzeswerke; die Bibel als einzige unfehlbare Regel für Glaube und Praxis"[255].

Diese undifferenzierte Gleichsetzung reformatorischer Prinzipien mit der Denomination der Presbyterianer leuchtete indes nicht einmal evangelischen deutschen Einwanderern im Staate São Paulo ein, die pastörlich nicht versorgt waren, weshalb die Presbyterianer ihnen den deutschstämmigen Rev. F. J. C. Schneider aus den USA nach Rio Claro (1862–64) schickten. Es kam nicht zu Massenübertritten der Deutschen und Schweizer zum Presbyterianismus. Ribeiro erklärt diesen Fehlschlag zu einseitig aus der volkskirchlichen Tradition, nach der Konfirmation und Abendmahl selbstverständliche Folgen der Taufe sind und die Rechte des allgemeinen Priestertums begründen und nach der es keine Vorbehalte gegen Symbole wie Kerzen und Kruzifixe gab. „Die presbyterianischen Prediger brachten mit den spezifisch kalvinistischen Zügen des Protestantismus kulturelle Züge des nordamerikanischen Presbyterianismus mit: die Fülle der Rechte des Gläubigen muß aus der religiösen Internalisierung resultieren, durch bewußte Erfahrungen, durch ‚Bekehrung'; der als Kind getaufte Sohn eines Presbyterianers erhält nur dann das Recht zur Teilnahme am Abendmahl und am gesamten kirchlichen Leben, wenn er sich ‚bekehrt', d. h. wenn er emotionelle Erfahrungen hat, die sich auf Schulderkenntnis und Annahme der göttlichen Vergebung beziehen, als Folge des Glaubens des Bekehrten an Jesus Christus." Nach Ribeiro hingen die Deutschen an äußeren Formen und hatten kein Verständnis für die Notwendigkeit der Bekehrung ihrer Kinder. Der Presbyterianismus erschien ihnen eher als „eine neue Religion" denn als *der* protestantische Glaube, den sie aus Europa mitgebracht hatten[256]. Jedenfalls hatte Blackford mit seiner Arbeit unter englischsprachigen Protestanten – Händlern, Ingenieuren und Arbeitern, die in São Paulo die Eisenbahnen bauten – mehr Erfolg.

Ein Durchbruch in der Arbeit unter den Brasilianern bedeutete die Bekehrung da Conceiçãos, die die kleine Schar von Missionaren ermutigte, predigend in alle Richtungen auszuschwärmen und Bibeln oder Testamente zu verteilen. Nicht selten waren schon durch die Bibellektüre Menschen beim nächsten Besuch des Missionars bereit, sich taufen zu lassen[257]. Simonton sorgte indes dafür, daß die „Wiedertaufe" fakultativ blieb, wenngleich sie von den meisten Bekehrten gewünscht wurde[258]. 1864–92 erschien als offizielles

---

[255] Brief bei S. Camargo 1953 VII, 331; Ribeiro 1973, 137f.

[256] Ribeiro aaO 140f und 101. Die deutschen und Schweizer Einwanderer wandten sich nur wegen Kasualien an Rev. Schneider, was freilich ein Indiz für ihren verflachten Glauben ist. Die Presbyterianer lehnten Symbole wie Kerzen, Kruzifix und Talar ab. Rev. Blackford weigerte sich z. B., in der lutherischen Kirche von Petrópolis Gottesdienst zu halten, weil dort das Kruzifix nicht entfernt wurde.

[257] Die Inlandmission entwickelte sich nach dem Vorbild der Missionsreisen Conceiçãos. Die Presbyterianer hofften durch die Strategie der ländlichen Mission die Küstenstädte vom Inland her aufzurollen. 1873 beim Tode Conceiçãos war der ganze Westen und Nordosten des Kaffeegürtels von kleinen evangelischen Gruppen erfüllt – Read 1967, 49ff und McIntire, 5. 4 und 6.

[258] McIntire aaO 4. 15; 1891 obligatorische Einführung der „Wiedertaufe" – vgl. Anm. 265. Simonton schrieb am 23. 1. 1862 nach New York (Board Letters II, 47): „As yet a public profession of faith in Brazil is felt to be a heavy cross. It excites opposition on part of friends and acquaintances, and the keeping holy of the Sabbath almost always necessitates being thrown out of former situations and em-

Sprachrohr des Presbyterianismus zweimal wöchentlich die ‚Imprensa Evangélica'. 1863 wurde das Presbyterium von Rio de Janeiro als erstes gebildet und staatlich anerkannt, was zur völligen Integration der Missionare und nationalen Pastoren in lokale Presbyterien führen sollte. Die Pioniere Simonton, Blackford, Conceição und Chamberlain erkannten Ende 1865 die Notwendigkeit der Schaffung eines Seminars, das 1867 mit drei Studenten den Unterricht in Rio de Janeiro aufnahm. Außerdem war die erste Primarschule gegründet. 1867 gab es drei Gemeinden: Rio, São Paulo und Brotas mit zusammen 163 Seelen. Weitere Gruppen warteten darauf, als Gemeinde konstituiert zu werden[259]. Die Jahre 1869—88 bezeichneten die Stabilisierung und weitere Expansion des Presbyterianismus in Brasilien, aber auch den Beginn innerer Spannungen.

Bisher stammten alle Missionare wie Simonton aus der ‚Old School', die sich namentlich im Kirchenbegriff und in der Sklavenfrage von der ‚New School' unterschied[260]. Als nach dem Ende des nordamerikanischen Bürgerkrieges (1861—65) konföderierte Südstaatler nach Campinas (SP) auswanderten, wohl nicht zuletzt, weil in Brasilien noch die „heilige Institution" der Sklaverei bestand, sandte 1869 das Komitée der ‚Presbyterian Church, U. S.' (der Südstaaten) in Nashville, das zur ‚Neuen Schule' gehörte, Missionare nach Campinas. 1873 nahmen sie auch die Arbeit in Recife auf. Da die Anhänger der ‚Neuen Schule' die Sklaverei verteidigten, kam es in dem Maße, wie sie in Brasilien umstritten wurde, zu schweren Spannungen zwischen den Missionaren aus Nashville und New York (vgl. 41231)[261].

Trotzdem gelang 1888 die Errichtung der ersten presbyterianischen Synode Brasiliens, zu der die Presbyterien von Rio de Janeiro, Campinas, West-Minas und Pernambuco mit zusammen 12 nationalen Pastoren und 20 Missionaren gehörten[262].

In dieser Phase entschied sich auch der Richtungskampf zwischen den mehr auf Zivilisierung und den mehr auf Evangelisierung drängenden Kräften zu Gunsten der ersteren.

Der Nachdruck auf dem Schulwesen in den Jahren 1869—89 erklärt sich auch dadurch, daß presbyterianische Familien verfolgt und diskriminiert wurden und daß die Kirche gebildete Pastoren und „Laien" brauchte. Aus der 1873 von Miss Henderson gegründeten Mädchenschule wurde der ‚Colégio Internacional in·Campinas' und aus der von Frau Chamberlain gegründeten Schule die ‚Escola Americana' in São

ployment." Damals arbeiteten zahlreiche Betriebe und Ladengeschäfte sonntags. Zur Sabbath-Heiligung, die im legalistischen Sinne auf den Sonntag übertragen wurde, vgl. Pierson 1974, 102.

[259] McIntire aaO 4. 32ff; Brotas war die letzte katholische Parochie von Conceição gewesen.

[260] Der US-Presbyterianismus hat sich 1837 in zwei Teile gespalten. Nach dem Ende des Separationskrieges bahnte sich eine Wiedervereinigung an.

[261] Vgl. Read 1967, 52ff und McIntire aaO 7. 1ff. Es kam zu einem Burgfrieden zwischen den Missionaren, als die aus Nashville ihr 1872 in São Paulo gegründetes Presbyterium wieder auflösten und dafür räumlich getrennt in Campinas arbeiteten, dessen Presbyterium dann 1888 der Synode beitrat.

[262] Read 1967, 54; McIntire aaO 8. 6 gibt die Statistik für 1890: 60 organisierte Gemeinden, die 3 Presbyterien zugeordnet sind, mit zusammen 2947 Erwachsenen Kommunikanten und Arbeitsschwerpunkten in Bahia, Laranjeiras, Campos, Rio de Janeiro, São Paulo, Sorocaba, Rio Claro, Jahu, Caldas, Campanha, Botucato, Curitiba — alle mit PC-USA verbunden, Campinas, Botacu, Bagagem, Pernambuco, Ceará, Maranhão — mit PC-US verbunden.

Paulo, das heutige Mackenzie Institut, das Ende der sechziger Jahre über 6000 Schüler hatte vom Kindergarten bis zur Hochschule für Naturwissenschaften, Ingenieurwesen und Jura[263]. Diese beiden ehrgeizigsten Schulunternehmungen brachten die Presbyterianer mit den führenden republikanischen und positivistischen Kreisen in Kontakt[264] und trugen insofern dazu bei, daß die Presbyterianer auch in Brasilien zu einer Kirche des Mittelstandes wurden.

Die Jahre 1888—1903 brachten eine weitere Expansion, aber auch eine ständige Zunahme innerer Spannungen über organisatorische und theologische Fragen, die 1903 zum Schisma führen sollten.

Der Beschluß der Synode von 1891, die „römische Taufe" als ungültig anzusehen, vertiefte den Graben zur katholischen Kirche[265]. Gegenüber den evangelischen Denominationen in Brasilien hatte die Synode von 1888 Offenheit gezeigt und zur Bildung einer evangelischen Allianz aufgerufen. Auch der Beschluß zum Aufbau eines protestantischen Kollegs in São Paulo (Escola Americana) wurde 1888/89 mit der Einladung an andere Denominationen verbunden, sich zu beteiligen[266].

Die weitere Entwicklung läßt es indes als zweifelhaft erscheinen, ob die US-Missionen, die das Projekt finanzierten, genügend Kooperationsgeist besaßen. Jedenfalls übergaben die Missionen zur großen Enttäuschung der nationalen Elemente in der Synode ihre Schulen nicht der neuen Synode, sondern versuchten sie völlig einer möglichen Kontrolle durch die Synode zu entziehen, indem sie sie unabhängig machten. Als besonders P. Eduardo Carlos Pereira von São Paulo gegen diese gefährliche Entwicklung Stellung nahm, die die Schulen zu einem Fremdkörper machte, wurde deutlich, wie unglücklich die völlig inkongruenten Probleme von Eigentum und Pädagogik mit den Konflikten starker Persönlichkeiten vermischt wurden[267].

---

[263] Read 1967, 53 und McIntire aaO 7. 10ff, der auf die wichtige Funktion der Missionarsfrauen als Lehrerinnen hinweist, die sehr zur Festigung der Kirche in Brasilien durch ihren breit gefächerten Einfluß beitrugen. 8. 26: Das kirchliche Stimmrecht erhielten sie erst 1891. Damit stärkten sie automatisch das Stimmpotential der Missionare gegen die nationalen Pastoren, was vielleicht nicht intendiert war, aber die Spannungen zwischen beiden Gruppen verschärfte. 8. 20: Dr. med. Lane, der die ‚Escola Americana' leitete, förderte die Abfassung von portugiesischen Textbüchern und führte ein für Brasilien sensationelles Programm von Handarbeit ein. Auch die Söhne reichster Familien mußten sich 12 Wochenstunden ‚manuel arts' widmen, wo doch in Brasilien niemand, der etwas auf sich hielt, etwas mit der Hand anfaßte.

[264] Ribeiro 1973, 150 hebt das aufgeklärte, moderne Bildungssystem der Presbyterianer hervor und weist auf die Bekehrung zahlreicher Damen der Paulistaner Oberschicht hin, die mit der Landaristokratie verschwägert waren, so daß auch Kinder von ‚fazendeiros' auf diese Schulen geschickt wurden.

[265] MacIntire aaO 8. 16. [266] Ebd. 8. 9 und 8. 21.

[267] Ebd. 9. 3 Die PC-USA gab vor, es handele sich um Gründe der Wirtschaftlichkeit und Effizienz. In Wirklichkeit sickerte durch, daß man die Schulen dem „dangerous influence of ecclesiastical discussion" entziehen wollte. Als Dr. Lane vom Presbyterium wegen seines schwachen kirchlichen Engagements getadelt wurde, übertrug er seine Mitgliedschaft einfach auf ein Presbyterium der USA und erreichte außerdem, daß das Mackenzie unter die Leitung von US-Trustees gestellt und damit jedem gegenwärtigen und zukünftigen Einfluß der Synode entzogen wurde. Pereira behauptete 1902 in seiner ‚Plataforma', er sei gegen das Mackenzie, weil es eine säkulare Institution sei, die eine Gefahr für die Moral der christlichen Jugend dar-

Léonard bemerkt zu Recht, daß Pereiras Konzept einer sich selbst tragenden, sich selbst regierenden und selbst missionierenden wahrhaft nationalen Kirche der tiefere Grund für das Schisma war[268]. Solange die ausländischen Missionare in Streitfällen immer noch an ihre Missionen appellieren konnten, konnte die Synode ihre Beschlüsse nicht richtig durchsetzen. Die vorübergehende Bildung der einen oder anderen ‚Igreja Presbiteriana Independente' wegen irgendwelcher Streitfälle war auch ein Alarmzeichen[269].

Die Nationalisierungsbestrebungen hatten durch die Trennung von Staat und Kirche (1890/91) und durch den Tod der Generation der Pioniere erheblichen Auftrieb erfahren[270].

Auch auf dem Gebiet der kirchlichen Publizistik kam es zu Reibereien zwischen Missionaren und Nationalen[271]. Schwerwiegender war indes der Streit um Standort und Richtung eines echten theologischen Seminars. 1892–97 gab es dadurch zwei Seminare, eines in Nova Friburgo und eines in São Paulo. Letzteres war von Pereira gegründet, der die Einschaltung der Nationalen in die Ausbildung forderte, damit die Studenten durch die Missionare nicht amerikanisiert würden[272]. Schließlich brach 1898 noch ein Streit über die Frage aus, ob ein Presbyterianer die Freiheit habe, in der Freimaurerei mitzuarbeiten, eine Kontroverse, die besonders bri-

---

stelle, was sicher übertrieben war. Aber Pereira war gegen Konzessionen, die an den starken Anteil katholischer Schüler gemacht werden mußten.

[268] Léonard 1963, 158ff. Als ersten Schritt für die gemeinsame brasilianische Aufgabe der Evangelisation gründete Pereira 1883 die ‚Sociedade Brasileira de Tractados Evangélicos', als zweiten Schritt die ‚Missões Nacionais' mit ihrem Organ ‚Revista das Missões Nacionais' und als dritten Schritt die Zeitschrift ‚O Estandarte', die ab 1903 das Sprachrohr der Independent PC sein sollte. 1889 wurde Pereira zum Pastor des ersten Presbyteriums von SP berufen. 1891 begann der Konflikt mit dem Mackenzie – McIntire aaO 9.9.

[269] Dr. Lane drängte auf die Gründung einer zweiten Gemeinde in SP, in der die Missionare und die Lehrer der ‚Escola Americana' ihre geistliche Heimat finden könnten, um vor den Angriffen Pereiras geschützt zu sein. 1893 erfolgte diese Gründung mit Revs. William Alfred Waddel und Frederic Joseph Perkins. Diese Gemeinde schloß sich 1900 mit der Philadelphia Church zur ‚Igreja Unida Presbiteriana' zusammen. 1898 kam es wieder zu einer Abspaltung vom Presbyterium SP, weil dieses vier Jugendliche aus ihrer Mitgliedliste gestrichen hatte, tieferer Grund: sie gingen zur ‚Escola Americana'. Rev. Carvalhosa solidarisierte sich mit ihnen und bildete eine Independent Church bis er 1900 mit seinen Anhängern wieder ins Presbyterium SP aufgenommen wurde – vgl. McIntire aaO 8.23 und 9.7.

[270] Vor Ende 1892 starb eine Reihe wichtiger Leiter: Rev. Miguel Torres aus Caldas, Rev. John Boyle von Bagagem, Rev. Lane von Campinas, Rev. A. Blackford, die alle bei der Gründung der Synode eine wichtige Rolle gespielt hatten. Andere kehrten in die USA zurück – McIntire aaO 8.12. Eine Gelbfieberepidemie raffte Rev. George Thompson, Rev. J. W. Dabney, Rev. Pinkerton und James Dick, alle unter 35 hinweg – Read 1967, 56.

[271] Die ‚Imprensa Evangélica' trug sich mit 800 Exemplaren nicht und konkurrierte mit ‚O Púlpito Evangélico' (ab 1887 in Campinas von PC-US) und ‚O Evangelista' (ab 1889 von Boyle in Bagagem/MG, PC-US herausgegeben). Es kam nicht zu einer vernünftigen Konzentration, vielmehr wurde das älteste Blatt, die ‚Imprensa', 1892 auf kaltem Wege durch Streichung der Zuschüsse aus den USA eingestellt.

[272] McIntire aaO 8.27f und 9.10. Der Streit um die Lokalisierung des Seminars war ein Ausdruck der Spannungen zwischen den beiden US-Kirchen und den nationalen Kräften – vgl. Read 1967, 56.

sant war, weil die Freimaurerei bei der Gewährung religiöser Freiheit eine nicht unbedeutende Rolle gespielt hatte (vgl. katholischerseits die „religiöse Frage" 1872-75: 41231). Während Pereira sich theologisch konsequent zum Sprecher der Gegner der Mitarbeit von Presbyterianern in der Freimaurerei machte, bildete sich eine unheilige Allianz der beiden bedrohten Gruppen, der ausländischen Missionare und der Freimaurer. Eine von der Synodalversammlung im Jahre 1900 eingesetzte Kommission fand schließlich folgende Formel: „The symbols and the Book of Order say nothing in respect to Masonry or any other secret society, and therefore, it is permissible for a member of the Church to be a Mason if his own conscience does not prohibit it."[273] Obgleich hier die Gewissensfreiheit betont wird, ist dies eher ein sophistischer als ein theologischer Satz, der ein fundamentalistisches Verständnis der Ethik verrät: Was in Bekenntnissen und Kirchenordnung nicht verboten ist, ist erlaubt. Propaganda für oder gegen die Freimaurerei wird als „schädlich für die Sache des Evangeliums" abgelehnt. Man kann dahinter die Meinung vermuten, das numerische Wachstum der Kirche darf nicht durch Streitfragen gestört werden, wobei das Mißverständnis nicht auszuschließen ist, daß Kirchenwachstum und Sache des Evangeliums unreflektiert identifiziert werden. Im übrigen wurden die Kräfte von São Paulo durch die Gründung eines zweiten Presbyteriums geteilt (West-SP), auch dies ein probates Mittel, das noch häufiger in der Geschichte des brasilianischen Presbyterianismus angewandt werden sollte: Man versucht, theologische oder ethische Streitfragen durch neue Organisationsformen oder durch Personalverschiebungen zu lösen.

Für Pereira gab nach dessen eigenen Angaben der Streit um die Freimaurerei den Ausschlag für seinen Entschluß zur Gründung einer ‚Igreja Presbiteriana Independente' (IPI), zu der er schritt, als die Synodalversammlung von 1903 sich mehrheitlich sein Programm nicht zu eigen machte[274]. Allein auf nationale Pastoren und nationale Finanzmittel angewiesen, brachte die IPI, die 1907 4224 Glieder in 56 Gemeinden hatte, es als erste protestantische Denomination in Brasilien fertig, ganz auf eigenen Füßen zu stehen und in São Paulo 1905 den ‚Instituto Evangélico' als In- und Externat und 1914 ein Theologisches Seminar zu eröffnen[275]. In den sechziger Jahren zählte sie 32 000 Glieder und über 90 Pastoren[276]. Der anfängliche Schwung ihres Wachstums ließ nach, nachdem die Frage der Freimaurerei an Aktualität verloren hatte, als die ‚Igreja Presbiteriana do Brasil' (IPB) 1916 ebenfalls die Unvereinbarkeit „der Freimaurerei mit dem Bekenntnis des Evangeliums" feststellte, so daß die IPI die Abendmahlsgemeinschaft mit der IPB wieder aufnahm[277].

---

[273] McIntire aaO 9.14. Léonard aaO 158 bemerkt, daß die Behauptung, man geriete mit allen evangelischen Kirchen der Welt in Widerspruch, wenn man gegen die Freimaurerei Stellung bezöge, unzutreffend sei, denn die Mehrheit der protestantischen Kirchen, besonders in Europa, sei gegen die Freimaurerei, wenn sie auch niemanden wegen seiner Mitarbeit dort exkommunizierten. Die Berufung auf Kap. 20 des Westminster Bekenntnisses, eines späten, kaum kalvinistisch geprägten Textes, sei auch dogmatisch wenig überzeugend. Aber das Programm der Dissidenten, die in Wirklichkeit eine orthodoxe, brasilianische Kirche waren, beschränkte sich auf den Punkt der Anti-Freimaurerei, „eines der ungenügendsten und kurzzeitigsten Programme und deshalb eines der fragwürdigsten, die in der Geschichte der Schismata bekannt sind".

[274] Mc Intire aaO 9. 12. und 9. 15ff. Zur Statistik der IPI vgl. Read 1967, 59.

[275] Léonard aaO 159f.

[276] Vlg. Read 1969, 91 und 112 und Damboriena 1963, 52.

[277] Léonard aaO 160f.

Nachdem sich die IPB wieder stabilisiert hatte, wurde in den Jahren von 1913 bis 1917 das Problem der Zusammenarbeit zwischen Mission und IPB in sehr effektiver Weise gelöst nach dem sogenannten ‚Plano Brasileiro', der vorsieht, daß die Missionen ihre neuen Gemeinden der IPB übergeben, wenn diese 50 % der Kosten zur Unterhaltung eines Pastors aufbringen können. Die jährlichen Zuschüsse der Missionen vermindern sich. Die Missionare eröffnen wieder neue Arbeitsfelder[278]. Entsprechend dem demographischen Wachstum Brasiliens wuchs die IPB von 1938 bis 1954 am stärksten. 1967 erreichte sie 136 195 Glieder[279].

Read sprach 1967 vom institutionellen Dilemma der IPB und bezog sich damit auf das unbefriedigende Verhältnis von IPB, Missions- und Erziehungssektor. Der aufgeblähte Erziehungsapparat muß sich besonders deshalb in Frage stellen lassen, weil er hauptsächlich einer zahlungskräftigen Elite dient. Der umfangreiche, von den Presbyterianern der USA unterhaltene Missionsapparat bildet in jedem Fall eine politische Bindung für die IPB, die sie nicht ad infinitum beibehalten kann, wenn sie nicht ihren Charakter als nationale Kirche in Frage stellen will[280].

Zum Verständnis der jüngsten Entwicklung ist ein Blick in die Jahre von 1937 bis 1946 nötig, die Pierson, der jahrelang Rektor des ‚Seminário do Norte' in Recife und Prof. für Kirchengeschichte war, unter dem Aspekt des „beginnenden Konflikts zwischen Modernität und Traditionalismus" beschreibt.

In der IPB wurde 1937 das ‚Book of Order' durch eine Verfassung ersetzt, die die kirchliche Struktur zentralisierte und dem nun nicht mehr „Moderator", sondern „Präsident" genannten Oberhaupt der Kirche erheblich erweiterte Vollmachten gab und die neue Kirchenstruktur als göttlich sanktioniert erklärte. Der Konflikt um den sogenannten Modernismus brach zunächst in der IPI angesichts des Versuchs einer Gruppe aus, „eine ökumenisch offenere Theologie zu formulieren". Nachdem diese Gruppe in der ‚Questão Doutrinária' 1942 u. a. sogar die Gültigkeit der Katholischen Taufe behauptet hatte, wurde sie zum Verlassen der IPI aufgefordert und bildete die ‚Igreja Cristã'. Aufgeschreckt durch diesen Streit in ihrer Schwesterkirche meinte auch die IPB, ihre Orthodoxie stärker verteidigen zu müssen. Als die IPI die Wahl von Diakonissen für möglich erklärte – vorher hatte es bei den Presbyterianern keinerlei ordinierte weibliche Mitarbeiter gegeben – und die IPB 1937 diesen Schritt nachvollzog, wäre es beinahe zum Schisma mit den Presbyterianern des Nordens gekommen, die die Rücknahme dieses Beschlusses forderten, in dem sie „feministischen Modernismus" sahen. Da in derselben Zeit das Kirchenwachstum abnahm und von dem der Baptisten und Pfingstler in den Schatten gestellt wurde, war die Notwendigkeit zur Erneuerung der Kirche (1946 bis 1959) unübersehbar (1974, 74ff).

Der erste Nachkriegskonflikt entzündete sich an der Frage der Mitgliedschaft zum Ökumenischen Rat, nachdem die Bereitschaft der brasilianischen Presbyterianer zur Zusammenarbeit mit ökumenischen protestantischen Organisationen nach dem Tode Erasmo Bragas erheblich nachgelassen hatte. Die

---

[278] Vgl. im einzelnen Read 1967, 59ff bzw. Pierson 1974, 74ff.
[279] Read 1969, 93; Camargo 1973, 122; zum Zeitraum 1910–1959 vgl. die neue Untersuchung von Pierson.
[280] Read 1967, 110f. Schon vor dem Erscheinen dieses Buches hat der Gouverneur Laudo Natel von SP das Mackenzie von der IPB gelöst, mit der Begründung, die dauernden administrativen Krisen der IPB behinderten die Funktion des Instituts, ein deutlicher Hinweis darauf, daß die Größe dieses Instituts in keinem gesunden Verhältnis zur Größe der IPB steht.

IPB zog 1949 ihre Mitgliedschaft zurück (vgl. 51 Anm. 141), widerstand aber der Versuchung, sich statt dessen dem ICCC Carl McIntires anzuschließen, wie dies Rev. Israel Gueiros von der Ersten Presbyterianischen Kirche Recifes befürwortete. Der Streit mit Gueiros, der zu dessen Ausschluß aus der IPB führte, hatte die Gründung der ‚Igreja Presbiteriana Fundamentalista' zur Folge, in die ihm ein Teil seiner und drei andere Kongregationen sowie vier Pastoren folgten.

Der folgenschwerste Konflikt sollte indes um die Frage der Erneuerung der Ethik, besonders der Sozialethik in der sich schnell wandelnden Gesellschaft entbrennen, wie sie die Jugend verlangte.

Seit 1938 gab es eine Jugendabteilung, die 1946 mit Frl. Billy Gammon von der Ostbrasilianischen Mission eine Ganzzeitsekretärin erhielt. Die bedeutendsten Jugendführer — Paulo und Waldo César, Paulo Rizzo und Tércio Emerique — waren Presbyterianer der dritten Generation. Die Jugendorganisation, die 1958 schon 17 000 Glieder hatte, entwickelte mit finanzieller Unterstützung der US-Mission schnell eine eigene Dynamik mit einer eigenen Zeitschrift (Mocidade), einer nationalen Konföderation und nationalen Treffen (Konventionen). Die ökumenische Offenheit von ‚Mocidade' kontrastierte lebhaft mit der diesbezüglichen Zurückhaltung von ‚O Puritano', was Besorgnis bei den Kirchenführern der älteren Generation hervorrief,, eine Besorgnis, die sich noch wesentlich steigern sollte, als die Jugend zur sozioökonomischen Lage Brasiliens eine immer kritischere Haltung einnahm. Als ‚Mocidade' 1951 schrieb: „... die große Fazenda genannt Brasilien wird wieder von Herrn Getúlio Vargas regiert", wurde sie sogleich der systematischen Opposition gegen die Regierung und von der Synode des Nordens allgemein der kommunistischen Propaganda beschuldigt, weil sie nach der ULAJE-Konferenz von La Habana 1946 (vgl. S. 921) deren Protest gegen das kapitalistische System mit seinem ökonomischen Imperialismus abgedruckt hatte.

Das Mißtrauen der älteren Kirchenführer gegen die unabhängige Jugendorganisation nahm immer mehr zu, so daß der ‚Supremo Concílio' 1962 den Antrag Boanerges Ribeiros annahm und sie ihrer Unabhängigkeit beraubte, woraufhin die Jugendorganisation bald ihre Vitalität verlor.

Es erscheint wie eine schicksalshafte Koinzidenz, daß Richard Shaull im selben Jahr Brasilien verließ, nachdem er 1953—59 am Seminar von Campinas und 1959—62 an dem neuen Jahrhundert-Seminar in Alto Jequitibá gelehrt hatte. Shaull war der Jugend als Prophet erschienen, der imstande schien, die erstarrte Theologie und Ethik der Presbyterianer zu reformieren. Definierten diese die Kirche als „depositum fidei", so betonte Shaull die dynamische Natur Gottes, die es der Theologie nicht gestattet, sich auf eine Auflistung von Dogmen zu beschränken, sondern sie zwingt zu versuchen, Gottes Handeln in den menschlichen Situationen zu beschreiben. Aus Shaulls neuem Verständnis der Aufgabe der Theologie folgte ein neuer Kirchen- und Missionsbegriff. Entsprechend der Vielfalt der Charismen forderte er ein neues Konzept von Amt und Laien. Sein Verständnis von Kirche als Leib Christi erforderte von den Gliedern dieses Leibes, d. h. von den Kirchen, zwingend ein Interesse für einander, also ökumenische Offenheit. Die sozio-ökonomische Lage Brasiliens schließlich beeinflußte sein Missionsverständnis in dem Sinne, daß er großes Gewicht auf christlich motiviertes politisches und soziales Handeln legte, womit er nicht nur bei der Jugend, sondern auch unter einer Anzahl kritischer Universitätslehrer Anklang fand.

Obwohl er selbst in Veröffentlichungen den Kommunismus kritisiert hatte, wurde Shaull von presbyterianischen Traditionalisten bald des Kommunismus, der ‚Social Gospel' und des Modernismus bezichtigt. Vergeblich hatte er häufig betont, daß die Begriffe Fundamentalismus und Modernismus der Vergangenheit angehörten. Pierson urteilt, daß viele Kirchenführer sich hinter einer Fassade von Orthodoxie verstecken, um der Auseinandersetzung mit den schwierigen Fragen der Gegenwart auszuweichen.

Die von Shaull aufgeworfenen Fragen wurden auch von der brasilianischen Sektion von Kirche und Gesellschaft (ISAL) wachgehalten, die sich 1955 nach der Weltkirchenkonferenz von Evanston unter Führung der Presbyterianer Benjamin Moraes als Präsident und Waldo César als Exekutivsekretär gebildet hatte. Dieser Schritt stieß im presbyterianischen Establishment auf nicht geringe Kritik, wenngleich ein Mann wie José Borges dos Santos Jr., der Präsident des ‚Supremo Concílio', Verständnis zeigte (Pierson aaO. 197 ff).

Die von Pierson hinsichtlich der Jahrhundertfeier des brasilianischen Presbyterianismus im Jahre 1959 geäußerte Befürchtung des Triumphalismus und des Beginns der konstantinischen Ära des Presbyterianismus (aaO. 241) sollte sich erfüllen. Die „Revolution" von 1964 stärkte die Kräfte der Reaktion und der Staatstreue, die jegliche sozial-ethische Diskussion abwürgten und 1966 einen Reinigungsprozeß gegen „linke" Pastoren einleiteten, um die „Kubanisierung" der IPB rückgängig zu machen, wie Rektor Heinz Neumann diesen Prozeß nennt und mit einem Seitenhieb gegen die Missionare aus den USA hinzufügt: Früher waren die Missionare Gelehrte und Gläubige, später nur noch Gelehrte und zuletzt keins von beiden[281]. Vergeblich protestierten 1967 verschiedene Presbyterien gegen die Entlassung angeblich „linker" Professoren und die Nichterneuerung der Matrikel entsprechender Studenten des Seminars Campinas. Die Reinigungswelle erfaßt indes Professoren, Pastoren und Studenten nicht nur wegen ihres sozial-ethischen Engagements, sondern auch wegen Infragestellens der fundamentalistischen, anti-ökumenischen und autoritären Linie der Kirchenleitung unter dem ultra-konservativen Präsidenten Boanerges Ribeiro, die dem klassischen Kollegialsystem der Presbyterianer völlig widerspricht[282].

---

[281] Neumann, der Rektor des Theol. Seminars in Recife ist, das 1973 43 Studenten hatte, mehr als Campinas, in einem Gespräch mit dem Vf. im Juni 1973.

[282] B. Ribeiro scheint 1966 gewählt zu sein. Er wurde im Mai 1970 und im Juni 1974 wiedergewählt. Im Mai 1970 legte der Gegenkandidat, Rev. Benjamin Moraes, der 1954–58 Kirchenpräsident gewesen war, zur Neuorientierung der IPB ein Zehnpunkteprogramm zur Ablösung der Einmannherrschaft vor, das vorsah: 1. Einberufung einer konstituierenden Versammlung mit breiter Vertretung aller Presbyterien, Seminare, der kirchlichen Presse und der Schulen. 2. Jährliche Versammlung des ‚Supremo Concílio' bzw. wenigstens alle zwei Jahre. 3. Verstärkung der kollegialen Kirchenleitung. 4. Politik der Liebe und der Union, damit die Kirche ihre Aufgabe, die Ungläubigen zu bekehren und die Gläubigen zu heiligen, erfüllen kann. 5. Revision aller Strafen für Pastoren und Konzile mit dem doppelten Zweck, die gerechtfertigten aufrechtzuerhalten und die ungerechten und ungesetzlichen zu annullieren. 6. Reorganisation des Finanzgebarens der Kirche durch Einrichtung eines Finanzsekretariats, das nach einem wirtschaftlichen und modernen Planungssystem arbeitet. 7. Freundschaftliche und definitive Lösung des Problems des Mackenzie-Institutes. 8. Einrichtung ständiger Kommissionen über alle aktuellen Fragen der Kirche und Brasiliens, die jeden Aspekt des kirchlichen und nationalen Lebens studieren sollen, um dem ‚Supremo Concílio' gut durchdachte Vorschläge machen zu können.

Es gibt eine Fülle von Beispielen, daß Presbyterien gegen die Beschlüsse der Kirchenleitung protestieren und auch zivilrechtlich erfolgreich gegen sie prozessieren. Das älteste Presbyterium Brasiliens, das von Rio de Janeiro, deckt seinen der Ökumene gegenüber aufgeschlossenen P. Nehemias Marien und hat 1970 die Mitglieder der von der Kirchenleitung aufgelösten Presbyterien von São Paulo und Belo Horizonte aufgenommen. Auf der Generalversammlung der IPB 1970 in Garanhuns/Pernambuco wurde zwar gesagt, was ein Pastor alles nicht tun dürfe, aber über die Haltung der Kirche in der gespannten sozio-ökonomischen Situation Brasiliens wurde nichts gesagt. Statt dessen wurden den Teilnehmern Plastikmappen mit dem Aufdruck: „IPB – liebe sie oder verlasse sie"[283] ausgehändigt. Rubem Alves, der wohl bedeutendste Theologe, den die IPB bisher hervorgebracht hat[284] und der Ende 1970 gegenüber dem Presbyterium von Campinas auf seine pastörlichen Rechte verzichtet hat, hat vier Jahre später seinen ehemaligen Kollegen in der IPB einen offenen Brief geschrieben, in dem er u. a. bemerkt: „Das Klima der Inquisition, der Intoleranz und der Gewalt ist nicht 1966 entstanden. 1966 kamen lediglich die Samen zur Blüte, die andere systematisch ausgestreut haben, uner-

---

9. Neue Beziehung zu den ausländischen Missionaren im Sinne einer besseren Einbeziehung in einen nationalen Plan der Evangelisation und Konsolidierung der IPB.
10. Gründliche Revision der Politik der IPB gegenüber anderen Denominationen, ohne daß die IPB ihre Charakteristika, die sich vom presbyterianischen Glaubensbekenntnis herleiten, verliert. Morales erhielt 44 % der Stimmen, also eine beachtliche Opposition gegen B. Ribeiro, der mit 132 gegen 101 Stimmen wiedergewählt wurde, womit die Reformpolitik scheiterte. Vgl. CEI 1970 Mai und Juni.

[283] ‚Igreja Presbiteriana: ame-a ou deix-a' – damit identifizierte sich die Kirchenleitung quasi mit der Militärdiktatur, die folgenden Spruch als Aufkleber verteilen ließ: ‚Brasil: ame-o ou deixe-o.' Das war eine Aufforderung an die Opposition, Brasilien entweder mit seiner derzeitigen Regierungsform zu lieben oder auszuwandern. Das Ganze stellt eine geistige Anleihe aus dem Amerikanischen dar: love it or leave it. Auf demselben Konzil 1970 wurde dem Delegierten Carl McIntires Buch ‚A morte da igreja' (Der Tod der Kirche) überreicht, mit dessen Linie sich die Kirchenleitung unter B. Ribeiro offenbar identifiziert. C. McIntire und Ian Paisley sind die Anführer der radikal anti-ökumenischen Gruppen der US-Presbyterianer, die sich zwar als „evangelikal" bezeichnen, aber 1974 auf der Weltkonferenz der Evangelikalen in Lausanne nicht zugelassen wurden – vgl. Schlichting 1974, 460.
Zur Lage der IPB muß man auch wissen, daß der ‚Supremo Concílio' im Dez. 1969 in Belo Horizonte beschloß, daß Pastoren, die sich gegen die Kirchenleitung auflehnen und an die zivile Justiz appellieren, automatisch suspendiert werden. Abgesehen davon, daß die Einberufung der Versammlung nicht den konstitutionellen Vorschriften der IPB entsprochen haben soll, kommentierten einige Pfarrer den Beschluß folgendermaßen: Der brasilianische Presbyterianismus, der einst stolz war auf seinen demokratischen Ursprung und seine demokratische Entwicklung, faßt Beschlüsse, die so radikal sind, daß sie sogar gegen die Verfassung Brasiliens verstoßen, die jedem Bürger das Recht gibt, an die Justiz zu appellieren. CEI Nr. 39 (Jan. 1970). R. Alves kommentierte die Lage in IPB dem Vf. gegenüber so: Es geht in der IPB nur noch um Machtfragen. Eine abgespaltene Gemeinde hatte Alves zum Beitritt aufgefordert. Aber die erste Sitzung ergab, daß sie sich theologisch überhaupt nicht von der Linie der IPB unterschied, sondern nur verärgert war, an den Machtstrukturen nicht beteiligt zu sein.

[284] Seine Princeton Dissertation - Alves 1969 - wurde in den USA ein Taschenbuch-Bestseller. Alves 1972 stellt einen neuen Versuch dar, eine Synthese aus der Theologie der Hoffnung und der Befreiung sowohl für die Erste und Zweite wie für die Dritte Welt anzubieten. Alves ist seit 1973 Prof. an der staatlichen Philos. Fakultät, Fachbereich Sozialwissenschaften und Literatur, in Rio Claro/SP.

müdlich, viele Jahre hindurch. Was haben jene, die heute ihre Stimme gegen die Kirchenleitung erheben, zur Verteidigung der Jugend gesagt? ... Solange andere verbrannt wurden, haben sie nichts getan und nichts gesagt. Sie haben erst angefangen zu sprechen, als ihr eigener Scheiterhaufen sie ansengte."[285]

Die Frage, wie es dahin kommen konnte, daß ausgerechnet die Presbyterianische Kirche — übrigens nicht nur in Brasilien[286] —, die von ihrem Ursprung her eine „demokratisch"-kollegiale Struktur hat und deren oben zum 19. Jahrhundert zitierter Präsident B. Ribeiro das universale Priestertum der Gläubigen gegenüber der hierarchischen, tridentinischen Struktur der römischen Kirche so hervorkehrt, so autoritär und geradezu inquisitorisch werden konnte, bedarf noch gründlicher wissenschaftlicher Untersuchung. Geht man von Luthers Forderung der ecclesia semper reformanda aus, dann kann man sich des Eindrucks nicht erwehren, daß die katholische Kirche Brasiliens seit dem Vatikanum II mit ihrem Wandlungsprozeß diesem Postulat weit mehr entspricht als eine Kirche der Reformation wie die Presbyterianer. Diese verkehrten Fronten sind zu beachten, wenn über die Rolle des Protestantismus im heutigen Lateinamerika nachgedacht wird (vgl. 51)[287].

---

[285] CEI Nr. 97,5 (Dez. 74). Auch die übrigen Angaben zur neuesten Entwicklung stammen aus diesem ökumenischen Informationsdienst.

[286] Im CEI Nr. 76,3 (März 1973) wird von Spannungen unter den chilenischen Presbyterianern wegen der unerträglichen Machtbesessenheit ihres Führers berichtet.

[287] Wie aus der Statistik in Anm. 239 ersichtlich sind die Baptisten die größte der aus der angelsächsischen Mission hervorgegangenen Denominationen in Brasilien. Die Anfänge lagen bei den Südstaatenauswanderern in Santa Bárbara/SP, die 1871 eine englisch-sprachige Gemeinde gründeten. Erst nach langen Hilferufen aus Santa Bárbara schickten die Southern Baptists 1881 Rev. William Buch Bagby mit Frau nach Brasilien (vgl. Crabtree 1953, 35ff). Bagby gründete 1882 in Bahia die erste portugiesisch-sprachige Gemeinde. Bestimmende Figuren für die Weiterentwicklung waren Rev. Zachary Taylor, ein Freund Bagbys, Dr. W. E. Entzminger, der Gründer von ‚O Jornal Batista', der Zeitschrift, die einen wesentlichen Beitrag zur Vereinigung der Baptisten und zur Entwicklung der Kirche leistete (Grabtree aaO 67f), und der polnische in Deutschland und England aufgewachsene Sohn eines Rabbi, Salomon Ginsburg, der sich zum Christentum bekehrte, nach Brasilien kam und als baptistischer Pastor unermüdlich arbeitete (vgl. Ginsburg 1970). 1889 gab es erst 312 Baptisten in Brasilien, 1895 784, 1900 2000 und 1907 bei der Gründung der Konvention schon 5000 (Crabtree aaO 61). Zu kleinen Schismata kam es frühzeitig, aber sie blieben auf eine oder wenige Gemeinden beschränkt wegen der kongregationalen Struktur der baptistischen Gemeinden, die den lokalen Bewegungen viel Raum läßt (Léonard 1963, 167ff). Die aus der IPB hereingetragene Streitfrage der Freimaurerei schlug 1905 auch bei den Baptisten Wellen. Im Unterschied zu den Presbyterianern und Methodisten, die ihre Evangelisationsarbeit mit Schulgründungen begleiteten, zeigten sich die Baptisten hieran zunächst uninteressiert. Ihre beeindruckenden Missionsergebnisse erreichten sie außerhalb der Atmosphäre „evangelischer" Zivilisation". Das Evangelium brachte seine Früchte selbst hervor, und das nicht nur beim einfachen Volk, sondern auch bei hochstehenden Personen. „Man kann sogar sagen, daß seine Ergebnisse immer größer waren, wenn das Evangelium sich selbst vorstellte in seiner ursprünglichen Nacktheit, ohne menschliche Beigaben, die seine Aufgabe beschützen oder erleichtern sollen." Aber irgendwann wird das Evangelium immer von religiösen und politischen Institutionen, Formen einer „christlichen Zivilisation" begleitet. So geschah es auch, als 1898 ein Proselyt mit der Missionarsfrau Taylor in Salvador die erste höhere Schule der

43423 Protestantismus und sozio-kultureller Wandel in Lateinamerika

Nach dem „World Missionary Atlas 1925" näherte sich die Zahl der Protestanten in Lateinamerika Mitte der zwanziger Jahre einer Million (798 978), wovon etwa die Hälfte zum Missionsprotestantismus zu rechnen sein dürfte, d. h. wesentlich zu den sogenannten historischen Denominationen, denn der expansive Einfluß der Adventisten des Siebten Tages, der Pfingstkirchen und der Faith Missions machte sich erst von den dreißiger Jahren an stärker bemerkbar. Knapp 400 000 durch den Missionsprotestantismus Erreichte, das mag nach 75 Jahren einerseits als wenig erscheinen, andererseits besagt es, daß die Missionen über die mühsam in den Küstenstädten eroberten Brückenköpfe weit ins Innere vorgedrungen sind. In Presse und Gesellschaft galten Mitte der zwanziger Jahre die neuen kirchlichen Werke als respektabel. Auch Katholiken gaben ihren Obolus der Heilsarmee oder vermachten karitativen Institutionen sogar Legate und Testamente. Der „Zweite Kongreß für christliche Arbeit in Lateinamerika" 1925 in Montevideo stand unter lateinamerikanischer Leitung und war „ein authentischer Ausdruck evangelisch-lateinamerikanischen Christentums"[288]. Dennoch blieb das zeitgenössische katholische Urteil weitgehend negativ.

So schrieb Peters 1927: „Der größte Erfolg des Protestantismus liegt darin, daß er die Zahl der Indifferenten erhöht. Wohl vermag er den katholischen Geist niederzudrücken, aber keine neue positive Religion zu erzeugen. Er ist eben im tiefsten Wesen ein revolutionäres, kein evolutionäres Geistesprinzip. Die vom Katholizismus abfallenden Gebildeten ergeben sich eher dem an den protestantischen Universitäten der USA herrschenden Atheismus und Deismus als positivem Christentum. In Mittel-Amerika ist der Sieg schon errungen. Das Kulturbild hat dort Veränderungen erlitten, die sobald keine katholische Gegenaktion entfernen kann. Protestantismus, Spiritismus, Freimaurerei arbeiten im Bunde an der Zersetzung der katholischen Religion und der darauf fußenden Lebensordnung ... Die religiöse Krise lastet schwer auf der südamerikanischen Protestantenmission. Aber vor der Panamakonferenz 1916 mehr als heute (1927), weil inzwischen die überaus erfolgreiche sozial-karitative Aktion in Südamerika, die einer wirklichen Not entgegenkam, dem Protestantismus Luft und neue Lebenskraft gab, freilich nur dem Kulturprotestantismus, nicht der protestantischen Religion ... Ein Hemmnis der protestantischen Aktion werden die tiefgreifenden Wesensunterschiede bleiben, die Nord- und Südamerika trennen: Hier angelsächsischer Individualismus, dort lateinischer Kollektivismus, der im Sekten-

---

Baptisten eröffnete (Léonard aaO 174ff). Zahlreichen Schulgründungen folgte 1902 die Eröffnung eines theologischen Kurses für den pfarramtlichen Nachwuchs. Ähnlich wie bei der IPB kam es auch bei den Baptisten über die Schulfrage zum Durchbruch des Nationalismus und damit zu heftigen Spannungen mit den Missionaren in den zwanziger Jahren. Ein Versöhnungsversuch der Konvention von 1925 scheiterte. Die Nordamerikaner erkannten, daß die brasilianische Konvention bis dahin nur ein unterwürfiger Dienstautomat gewesen war und arbeiteten „Grundlagen für die Zusammenarbeit" aus, die auf lange Sicht zur Überwindung der Schismata beitrugen, so daß sich 1934 die zerstrittenen ‚Associação Batista Brasileira' und die ‚Convenção' wieder versöhnten und andere Gruppen dem Beispiel folgten – vgl. Léonard aaO 186ff. Weitere Literatur: Crabtree 1937; Mesquita 1939; Mathews 1967; sowie jeweils die Jahrbücher der Konvention mit den neuesten Informationen – vgl.: Convenção Batista Brasileira 1972, 1973 etc. Literatur zum Methodismus: Dacorso 1967; Rocha 1967 und 1967P; Literatur zum Episkopalismus: Krischke 1949.

[288] Read 1969, 56, der darauf hinweist, daß der Kongreß unter der Präsidentschaft eine Brasilianers stattfand und das diesmal die Kongreßsprache spanisch war.

geist nicht Knospen überquellender Lebenskraft, sondern Schwäche und Unfähigkeit sieht. Hier hundertprozentiges weißes Amerikanertum, dort Rassenmischung und Rassenfreundschaft untereinander. Hier altspanische Zurückhaltung der Frau, dort fesselloses Girltum. Hier utilitaristisch umgebogener puritanischer Geist, der durch ‚sozial-ethische Reformen im Geiste des Evangeliums' Gottes Reich in der Gegenwart aufrichten will, dort die in Gemüt und Herz tief verankerte Auffassung von dem jenseitigen, metaphysisch verfaßten Reich Gottes, zu dem diese Erde der Weg ist und dem alle Kultur untergeordnet ist als Mittel zum Zweck. Der ethisch-religiöse Gehalt südamerikanischer Lebensanschauung ist und bleibt tiefer als der der ‚Gringos' (Yankees), denen ‚die Mission ein bürgerlicher Beruf geworden ist, der seine Inhaber recht gut und geschmackvoll ernährt'."[289]

Die Lutheraner, so bemerkte 1945 der spätere brasilianische Kardinal Agnelo Rossi, hätten so etwas wie eine Atmosphäre der Sympathie unter den Katholiken für die Protestanten hervorgerufen, weil sie die Katholiken achteten und auf einen fanatischen Proselytismus verzichteten[290]. Von einer Sympathie für den Missionsprotestantismus konnte indes keine Rede sein, vielmehr nutzten die lateinamerikanischen Bischöfe und Bischofskonferenzen die Gunst der Stunde des Zweiten Weltkrieges, in dem die USA der lateinamerikanischen Staaten als Bundesgenossen bedurften, um über diplomatische Kanäle und mit Unterstützung der nordamerikanischen Katholiken Druck auf die US-Regierung auszuüben, damit diese den Strom protestantischer Missionare nach Lateinamerika, die vom Wehrdienst befreit waren, stoppen möge.

Derselbe Rossi veröffentlichte 1946 ein Florilegium bischöflicher Schmähungen gegen die Protestanten an die Adresse der USA. Antônio dos Santos Cabral, Erzbischof von Belo Horizonte, hatte 1942 mit einer Note an den US-Botschafter den Reigen gleichsam eröffnet, indem er darauf hinwies, daß die Aktivitäten der nordamerikanischen Missionare in Brasilien im Volk antiamerikanische Gefühle auslösten. Die Bischöfe Perus nannten 1944 den Protestantismus schon ein Verbrechen gegen das Vaterland. Der Erzbischof von Quito hatte bereits 1943 hinsichtlich der „Yankee-Sektierer" vom „Stigma des Vaterlandsverrats" gesprochen. Die argentinischen Bischöfe charakterisierten den protestantischen Proselytismus in einem gemeinsamen Hirtenbrief vom 25. Januar 1945 als Faktor moralischer, politischer und gesellschaftlicher Desintegration der Nation[291].

---

[289] Peters 1927, 99 mit Zitat von Michaelis, Weltreisegedanken. Peters meint S. 94 die protestantische Propaganda habe „ein starkes Gegengewicht in sich selbst", und zwar in Form der mangelhaften Bildung der Missionare, ihrer holperigen, fehlerhaften Sprache, ihrer Ausfälle gegen den lateinamerikanischen Geist in ihren Predigten, wegen des Fehlens „eines zu Sinn und Herz sprechenden Kultus" und des verbreiteten Mangels an prächtigen Kirchen.

[290] Rossi 1945.

[291] Rossi 1946. Materialien über den katholischen Feldzug gegen die protestantische Mission in Lateinamerika, wie er in den USA 1942 anlief, hat das CCLA gesammelt. Aus den in Genf liegenden Akten geht hervor, daß der Feldzug mit einem Leitartikel in ‚Extension', dem Bistumsblatt von Chicago eröffnet wurde, der in ‚The Christian Century' (13.5. 1942) kommentiert wurde. Die Kampagne wurde fortgesetzt mit einem gleichzeitig im ‚Catholic Digest' (July 1942) und der jesuitischen Wochenzeitschrift ‚America' (4. 7. 1942) veröffentlichten Artikel von John Erskine. Die Protestanten wiesen auf die Widersprüchlichkeit des römischen Verständnisses von Religionsfreiheit hin: Wo die römische Kirche sich stark genug fühlt und ältere Rechte geltend macht, dürfen die Protestanten nicht missionieren, aber in überwiegend protestantischen Gebieten darf Rom immer missionieren.

Hier zeigt sich ein hartnäckiges Festhalten am kolonialzeitlichen Modell der lateinamerikanischen Christenheit als katholischer Einheit, das die Gründe für den Zerfall dieses Modells nicht in den Fehlern des Modells sucht, sondern bei den Freimaurern, den Liberalen und eben den auf Proselytismus bedachten Protestanten. Betrachtet man den Vormarsch des Protestantismus hingegen kultur-soziologisch aus der lateinamerikanischen Situation des 19. Jahrhunderts, dann wird man die von Léonard hinsichtlich Brasiliens aufgestellte Hypothese verallgemeinern dürfen: Trotz der beschränkten Annahme des Protestantismus durch die lateinamerikanischen Gesellschaften unterstreicht der Einbruch des Protestantismus den kulturellen Wandel, der im 19. Jahrhundert einsetzte[292]. Er hat den sozio-kulturellen Wandel nicht ausgelöst, aber er hat ihn in gebietsweise verschiedenem Ausmaß beschleunigt.

So bemerkt Camargo bezüglich Brasiliens: „Obgleich andere ideologische und institutionelle Modalitäten die Standesstruktur der traditionellen brasilianischen Gesellschaft umfassender und tiefgreifender umformen sollten, präsentierte sich der Protestantismus in bestimmten geschichtlichen Augenblicken als Mittel sozialen Wandels."[293]

Hinter der katholischen Polemik gegen den protestantischen Proselytismus steht unausgesprochen der Anspruch, einen Kontinent, den man als Ausgleich für die an den Protestantismus im Zeitalter der Reformation verlorengegangenen Gebiete erobert und missioniert hatte, noch vierhundert Jahre später als exklusive römische Domäne zu bewahren, und dies obgleich die römische Kirche ganz offenkundig allein mit dem Problem der laufenden Evangelisation der enorm angewachsenen Massen Lateinamerikas nicht mehr fertig wurde. Wenn heute auch unter den Katholiken Lateinamerikas die Evangelisation wieder ein vorrangiges Anliegen ist (vgl. 532), ist das nicht zuletzt ein Verdienst der protestantischen Missionsanstrengungen. Man wird in diesem Zusammenhang auch Boanerges Ribeiros Feststellung beachten müssen, daß die Einführung des Protestantismus nach Brasilien (und nach Lateinamerika) „nicht gewissen historischen Modellen" religiösen Wandels folgte:

„Militärische Eroberung oder Situation der Gefangenschaft, Bekehrung der Regierenden, gefolgt von der Auferlegung des neuen Glaubens auf die Regierten durch Gewalt oder Verlockung; revolutionäre religiöse Reform nach den europäischen Formen des 16. Jahrhunderts. Deshalb war die Annahme des Protestantismus durch Brasilianer nicht nur ein sozialer Anpassungsprozeß. Der Protestantismus wurde nicht zuerst durch Personen angenommen, die in der gesellschaftlichen Hierarchie so hoch gestellt waren, daß seine Annahme durch Glieder der unteren Schichten irgendwie erzwungen worden wäre. Seine Annahme ergab sich aus dem Vorschlag neuer Verhaltensnormen im religiösen System, sei er mündlich oder schriftlich gemacht, die individuell erfolgte." Der Protestantismus „wurde aus freiem, spontanen Willen und oft angesichts strenger negativer gesellschaftlicher Sanktionen angenommen"[294].

---

[292] Léonard 1949; Ribeiro 1973, 20f nimmt diesen Ansatz auf, den Willems 1967 bei seinem Vergleich des brasilianischen und des chilenischen Protestantismus schon ausgiebig untersucht hat. Auch er kommt zu dem Ergebnis, daß die durch die Annahme des Protestantismus bewirkten Neuerungen Teil eines „umfassenderen und komplexeren Panoramas kulturellen Wandels" sind (256).
[293] 1973, 144; vgl. zur Soziologie des brasilianischen Protestantismus César 1973.
[294] Ribeiro 1973, 21.

Die Tatsache, daß z. B. der Presbyterianismus, dessen Mission etwa gleichzeitig in Brasilien, Argentinien, Chile und Kolumbien begann, nur in Brasilien in größerem Maße Fuß faßte, deutet darauf hin, daß das Ausmaß des gesellschaftlichen Wandels und damit wohl auch das Ausmaß gesellschaftlicher Sanktionen gegen Protestanten in den lateinamerikanischen Staaten verschieden groß war. Wenngleich Ribeiros Bemerkungen über die individuelle, freie Annahme des Protestantismus subjektiv richtig sind, sollte auch der indirekte Zusammenhang von protestantischer Mission und wirtschaftlichem Imperialismus beachtet werden. Hinter dem Protestantismus standen wirtschaftlich und politisch starke und zum Teil von der Gesellschaft bewunderte Staaten und finanziell potente Mission-Boards, die der protestantischen Mission ein zusätzliches, über die evangelische Botschaft hinausgehendes Gewicht und den Glanz einer womöglich höher erscheinenden Kultur verliehen.

Die oben von Peters zitierte Beurteilung des Protestantismus in Lateinamerika, die in all' ihrer Einseitigkeit als typisch für die katholische Sicht vor dem Vatikanum II gelten kann, bezieht sich vornehmlich auf die Arbeit der „historischen Denominationen". Sie ist in ihrer Kritik fixiert auf deren zeitbedingte Erscheinungsformen: Kulturprotestantismus und ‚Social Gospel', die zweifellos sozio-kulturelle Wandlungsimpulse auf die Gesellschaft ausgehen ließen, aber dabei von der Voraussetzung ausgingen, „daß Mensch und Gott zusammenarbeiten müssen, um eine anständige Welt aufzubauen, daß keine Situation so schlecht sein kann, daß der Mensch mit Gottes Hilfe nicht etwas aus ihr machen könnte". Neben den übernatürlichen Implikationen der Erlösungsbotschaft wurden folglich die sozio-ökonomischen hervorgehoben und damit ein Stück Entwicklungsarbeit geleistet. Die Verbesserung der allgemeinen Erziehung und Schulbildung und die Einpflanzung des Geistes der Sparsamkeit und Arbeitsamkeit waren daher besondere Anliegen der Missionare[295]. Andererseits hat Kliewers Kritik ihre Berechtigung, daß der Individualismus des lateinamerikanischen Protestantismus ihm den Blick für gesellschaftliche und strukturelle Probleme verstellte. „Die Ursachen allen Übels wurden beim Individuum gesucht, die Entscheidung für Christus, die Bekehrung, als Lösung aller Schwierigkeiten angeboten. Gesellschaftliche Probleme erschienen als die Summe individueller Fehler und Sünden ... Im ‚lebendigen Glauben', den die protestantischen Missionare anzubieten hatten, schienen alle Probleme gelöst zu sein"[296]. Die starke Ausrichtung auf die Mitgliederwerbung durch Bekehrung als Seelenrettung, in der die Missionstätigkeit ihre Rechtfertigung fand, hinderte die Protestanten daran, über diesen Ansatz hinauszugelangen[297].

---

[295] Willems 1967, 10f mit Sekundärzitat von William Warren Sweet, The American churches, New York 1947, 48.

[296] Vgl. Rycroft 1962, 177f, der von „dynamischem Glauben" spricht als Gegensatz zur vorfindlichen katholischen Religiosität: „Ein dynamischer Glaube, der die Christen beflügelt, Seelen für Christus zu erobern und die Kräfte der Finsternis und des Bösen zu bekämpfen, ein solcher Glaube muß christozentrischer Glaube sein. Eine solche Botschaft braucht Lateinamerika von heute, die Botschaft vom lebendigen Christus, der das Leben des einzelnen und der Gemeinde umformt. Keine Religion, so durchdacht und ästhetisch sie erscheinen mag, noch irgendein kirchliches System, so mächtig es sein mag, ist imstande dieses Amerika auf den Weg des neuen Tages zu führen, den Weg von Gerechtigkeit, Freiheit, Verständnis und brüderlicher Liebe."

[297] Kliewer 1973, 130f.

In dieselbe Richtung wirkte die Forderung, sich durch Bekehrung und Taufe deutlich von der von katholischer Volksfrömmigkeit durchsetzten „Welt" zu lösen, von einer „Welt", die mit der Sünde identifiziert wurde. Diese radikale Trennung von protestantischer Gemeinde und katholischer Sakralgesellschaft, die in der Anfangsphase der Mission wahrscheinlich unvermeidbar war, mußte die Tendenz zur Vernachlässigung des sozialen Auftrages der Kirche fördern, der sich nicht auf „Bekehrte" beschränken kann. Eine solche Trennung wird umso fragwürdiger, je mehr der Säkularisierungsprozeß fortschreitet.

Trotzdem hat der Missionsprotestantismus der historischen Denominationen gesellschaftserneuernde Funktionen gehabt. Er verlor sie indes zunehmend mit dem schnellen gesellschaftlichen Wandlungsprozeß, der Brasilien und andere lateinamerikanische Staaten nach dem Zweiten Weltkrieg erfaßte. Das lag nicht zuletzt am inneren Wandel dieser Denominationen, von denen die Baptisten noch am meisten an der Gemeindeautonomie festgehalten und dem Verbürgerlichungsprozeß relativ am stärksten widerstanden haben. Aber generell kann man feststellen, daß die puritanische Ethik mit ihrer Betonung von Ehrlichkeit, Sparsamkeit, Nüchternheit, Arbeitseifer etc. sich abgeschwächt hat und daß die Glieder der „historischen Denominationen" sich der Mittelschicht mit ihren gegenwärtig konservativen Zügen angeglichen haben.

„Die im Gegensatz zum Katholizismus strikte bürokratische Kontrolle durch die konservative protestantische Mehrheit hat in den letzten Jahren die Koexistenz gegensätzlicher politischer Strömungen innerhalb derselben Kirche verhindert. Auf diese Weise können die Flügel des Protestantismus, die der Struktur der...Gesellschaft kritisch oder ablehnend gegenüberstehen, in der Regel nicht mit institutioneller Unterstützung rechnen, sondern werden sogar von den mehrheitlich konservativen Denominationen zurückgewiesen." Die von Ramos 1968 prophezeite Gefahr protestantischer Schismata auf Grund der Divergenz des linken und rechten Flügels der Kirchen über sozio-ökonomische Fragen hat bis heute keine Gestalt angenommen. Auf dem Generalkonzil der IPB 1966 in Fortaleza hatte ein einflußreicher Synodale die Spaltung der Kirche in linke und rechte Presbyterianer vorgeschlagen[298]. Der jeweils rechte Flügel der Denominationen hat sich vorerst durchgesetzt.

Die Wechselwirkung zwischen konservativer Mittelstandsmentalität, womöglich autoritären Regierungsformen und kirchlicher Sozialethik ist offenkundig. Derselbe konservative Zug zeigt sich auf theologischem Gebiet im Fundamentalismus, in mehr oder weniger weltabgewandter „evangelikaler" Frömmigkeit und speziell bei den Presbyterianern im vorgestrigen „Konfessionalismus", der im Ökumenismus eine schwere Gefahr erblickt.

In diesem Kontext wird die innere Entwicklung des brasilianischen Presbyterianismus[299] verständlicher. Auch in der älteren Generation der brasiliani-

---

[298] So Camargo 1973, 144ff zur Situation in Brasilien. Willems 1967, 252 betont zwar, daß die „historischen Kirchen keineswegs Mittelklasseninstitutionen geworden sind," aber er hat den beherrschenden Einfluß der Mittelklassenmentalität nicht in den Blick bekommen. Auch Kliewer betont, daß der Missionsprotestantismus eine Religion der Mittelklasse war und dieselbe ansprach. Angehörige etwas tieferer Schichten machte die disziplinierte Lebensweise, zu der er anleitete, häufig so erfolgreich, daß sie in die Mittelklasse aufstiegen - aaO 134; vgl. Léonhard 1963, 224f); Ramos 1968, 87f.

[299] Außer der IPB und der IPI, die nach Camargo 1973, 122 1967 136195 bzw. 32 000 Glieder hatten, gibt es noch die ‚Igreja Presbiteriana Fundamentalista' und

schen Baptisten gilt der Ökumenismus als Teufelswerk, junge vom Postgraduiertenstudium aus den USA zurückkehrende Theologen stehen in Gefahr, ihre Dozentur an einem der brasilianischen Baptistenseminare zu verlieren, wenn sie zu „modern" sind, d. h. z. B. die historisch-kritische Methode anwenden oder gefährliches sozial-ethisches Engagement zeigen. So wurde z. B. im Januar 1973 in Recife die „Kommission für christliche Ethik" kurzerhand aufgelöst[300]. Das methodistische Seminar Rudge Ramos bei São Paulo wurde 1968 im Anschluß an Auseinandersetzungen um einen Vortrag von Erzbischof Helder Câmara, den die Examensgruppe eingeladen hatte, von der Kirchenleitung geschlossen, 40 von 70 Studenten sowie einige der besten Professoren relegiert[301]. Das sich hinter solchen Reaktionen von Kirchenleitungen verbergende Motiv ist die Überzeugung, daß das grundlegende Problem Brasiliens moralischer Art ist.

„Dies ist die verbreitete Meinung, die sowohl von Ungebildeten wie Leuten mit mittlerer oder akademischer Ausbildung geteilt wird. Und diese Verallgemeinerung ist grundlegend für die politischen Optionen der Mehrheit der protestantischen Führer. Eine ‚Predigt' der Rechten zu Gunsten des Kampfes gegen Korrupte und Subversive erweckt notgedrungen Bewunderung und wesentliche Unterstützung bei den Leuten solcher Mentalität. Das erklärt auch die Tatsache der zunehmenden Verbindung von Pastoren und Laien der Mittelklasse mit internationalen Organisationen moralistischer Prägung wie dem Rotary Club, dem Lions Club und ähnlichen. Eine Bewegung wie die Moralische Aufrüstung erhält nur deshalb in diesem Milieu keine stärkere Resonanz, weil sie einerseits nichts Neues anzubieten hat und andererseits nicht genügend kämpferisch ist. Die Moralische Aufrüstung bekämpft nur den Kommunismus. Der brasilianische Protestantismus protestiert gegen wesentlich mehr. Sein moralistischer Kreuzzug ist viel umfassender. Er greift die Weltlichkeit und die ganze Welt an."[302]

---

die ‚Igreja Presbiteriana Conservadora do Brasil', die zusammen 6968 Glieder hatten.

[300] Nach Informationen eines Dozenten des Baptisten-Seminars in Recife an den Vf. im Juni 1973.

[301] Nach Informationen eines Studenten des Vf., der Gasthörer in Rudge Ramos war. Die Forderung nach besserem Mensa-Essen und der Beteiligung an der Ausarbeitung des Curriculums, die mit einem eintägigen Hungerstreik erreicht werden sollte, soll die Maßnahmen ausgelöst haben. Einige Mitglieder von Kuratorium und Kirchenleitung sollen sogar ihnen als „subversiv" erscheinende Studenten bei der DOPS (Sicherheitspolizei) denunziert haben. 1969 wurde der Lehrbetrieb mit Professoren niedrigeren Niveaus und unterwürfigen Studenten wieder aufgenommen. Noch 1972 herrschte ein wenig kreatives, psychologisch unsicheres Studienklima.

[302] Ramos 1968, 76f schildert auch die puritanische Ethik: „Im allgemeinen bestehen 90 % des Religionsunterrichtes an den Sonntagschulen und durch Predigten in Angriffen gegen die Verletzungen der zehn Gebote des Gesetzes Moses und gegen Laster wie Rauchen, Teilnahme an Glücksspielen, Alkoholtrinken, weibliche Schminkmode, Kino, Theater, Tanz, Karneval etc. Kürzlich eröffnete die IPB eine disziplinarische Untersuchung gegen einige Studenten des Seminars in Campinas und relegierte sie, weil sie ... sonntags ins Kino gegangen waren, gelegentlich geraucht hatten und in Maßen Bier oder Wein in den Schlafzimmern getrunken hatten. Der Fall des Alkoholverbotes ist so starr, daß die Mehrheit der protestantischen Kirchen den Gebrauch des Weins beim Abendmahl aufgaben und damit eine Anordnung Jesu selbst verletzen. An Stelle von Wein sind sie zum Gebrauch von Traubensaft übergegangen... In den Pfingstkirchen der Vorstädte und des Landesinneren werden von den Mädchen und Frauen Kleider, die weit unterhalb der Knie enden,

lange Ärmel und die Tracht langer Haare verlangt". Nicht selten werden solche, die sonntags auf Gartenbänken oder in Bars gesehen werden, aus der Gemeinde ausgeschlossen. Solcher Moralismus kommt auch bei den Missouri-Lutheranern vor, wenngleich das Ausmaß natürlich überall verschieden ist und in den letzten Jahren nachgelassen hat, während er bei den Episkopalen und der EKLBB kaum vorkommt.

44 Volksreligiosität und enthusiastische Frömmigkeit im 19.- und 20. Jahrhundert

In diesem Kapitel soll das breite Spektrum lateinamerikanischer Religiosität und Frömmigkeit beschrieben werden, das weder die römisch-katholische Kirche noch die Einwandererkirchen oder die historischen protestantischen Denominationen voll in ihrem religiösen Prisma bündeln konnten. Ließ sich schon in der Kolonialzeit die gesamte Breite der Volksfrömmigkeit kaum unter dem Begriff Volkskatholizismus zusammenfassen (vgl. 25), so ist dies, seit sich im 19. und 20. Jahrhundert überall mehr oder weniger stark Religionsfreiheit durchgesetzt hat, erst recht nicht mehr möglich.

441 Messianische Bewegungen

Wie schon die indianischen messianischen Bewegungen (vgl. 2542) so stellen auch die messianischen Bewegungen der ländlichen und städtischen Mischbevölkerung eine, wenn auch nicht ausschließlich auf Brasilien beschränkte, aber doch für Brasilien besonders charakteristische Erscheinung dar. Wenn man nach phänomenologischen Gesichtspunkten vorgeht, kann man zwar wie dies z. B. Kemper (1965) tut, so disparate Erscheinungen wie den brasilianischen Fußballenthusiasmus, Macumba, Candomblé, Xangô, Batugue und die katholische Erweckungsbewegung der „Im Gebet vereinten Familie", „die mehr als eine Million Gläubiger gleichzeitig auf Straßen und Plätzen im gemeinsamen Gebet" zu vereinigen vermochte, unter einem gemeinsamen Oberbegriff wie „archaisch-ekstatische Massenbewegungen" zusammenfassen, aber es erscheint mir fruchtbarer, religions- und frömmigkeitsgeschichtlich vorzugehen, wie dies etwa Gerbert (1970) tut, der freilich seinerseits etwas einseitig die gesamte Breite religiöser Erscheinungsformen im heutigen Brasilien in einer Tendenz „zu einer unter den veränderten soziokulturellen Bedingungen internalisierbaren religiösen Alternative" zu subsummieren versucht[1]. Mit Pereira de Queiroz (1965) soll zwischen den in Abschnitt 25 geschilderten indianischen und synkretistischen indianischen Bewegungen und den ländlichen messianischen Bewegungen und mit Gerbert zusätzlich zwischen diesen ländlichen Bewegungen und dem von Queiroz nicht berücksichtigten gegenwärtigen synkretistischen Messianismus der Städte unterschieden werden.

4411 Ländliche messianische Bewegungen

Diese Bewegungen werden von der ländlichen Mischbevölkerung (caboclos) des brasilianischen Binnenlandes (der ‚sertões') getragen, d. h. von der Subkultur der Cabocles, wenn man einmal von den Muckern (Santarrões), einer messianischen Bewegung unter den protestantischen Einwanderern in RG, absieht.

---

[1] Gerbert 1970, 5f.

„Ihre Religiosität drückt sich in einer Form des Katholizismus aus, die vereinzelte Elemente der portugiesischen Missionierung in zäher Tradition bewahrt, in der Selektion und Akzentuierung dieser Bruchstücke, die aber alles andere als orthodox ist. Vorstellungen, die ihrer magischen Religiosität und ihrem Wunderglauben entgegenkommen und ihre messianischen Hoffnungen auf ein zukünftiges irdisches Heil stärken, stehen im Vordergrund. Eine der ausgeprägtesten und zählebigsten Formen chiliastischer Erwartung ist der Sebastianismus, die Hoffnung auf die Rückkehr König Sebastians, mit der das goldene Zeitalter anbrechen wird.

Als Folge des katastrophalen Priestermangels haben sich diese Schichten darauf eingerichtet, ohne Priester auszukommen. Deren Funktionen, das Abhalten des Kultes und geistlicher Übungen wie überhaupt das Ausüben einer gewissen geistlichen Autorität, haben weitgehend Laien übernommen. Eine besondere Rolle spielen dabei die sogenannten ‚Beatos', Laien, die seit der ersten Missionierung, und damals sogar von der Kirche gefördert, sich ganz einem geistlichen Leben widmeten, ohne einem Orden anzugehören. Ihre Tätigkeit läßt sich vergleichen mit der Bußpredigt wandernder Mönche... Auf diese umherziehenden ‚Beatos', die den Priester vertreten und zugleich eine gewisse Analogie zu den ‚Pagés' der Indianer darstellen, wirft das Volk alle seine Heilshoffnungen. Da es nicht nur an Priestern, sondern vor allem an Ärzten fehlt, wächst das Ansehen eines ‚Beato' in dem Maße, wie er über therapeutische Kräfte verfügt. Nicht selten folgt einem solchen Mann eine kleine Schar von Anhängern, während andere eine solche Nachfolge ablehnen. Zu einer eigentlichen messianischen Bewegung kommt es aber erst, wenn in einem Mechanismus von Erwartung und Erfüllung, nicht selten gegen den Willen des Betroffenen selbst, die Autorität eines ‚Beato' so hoch gespielt wird, daß man nur noch in seiner Nähe Heil zu finden glaubt und ganze Ortschaften sich ihm anschließen, um irgendwo eine Niederlassung, eine ‚heilige Stadt', zu gründen. Nach dem Tode des Führers verfällt die Bewegung allmählich. Doch erlischt darum nicht der messianische Glaube. Er lebt vielmehr fort als verbreitetes Fluidum der Hoffnung auf die baldige Wiederkehr des Messias, und immer neue Reinkarnationen versprechen die Erfüllung."[2]

Die beiden ersten Bewegungen des 19. Jahrhunderts, die des „Propheten" Silvestre José dos Santos, der 1817 eine Hl. Stadt in der Serra do Rodeador/PE gründete[3], und die von João Antônio dos Santos, der 1836 seine Anhänger in ein unwirtliches Tal führte, dessen zwei hochragende Felsen (daher wird seine Bewegung auch die der ‚Pedra Bonita' genannt) er zum Eingangstor des sebastianischen Reiches erklärte[4], sind Ausdruck der in Pernambuco und im ganzen brasilianischen Nordosten lebendigen Erwartung der Wiederkehr König Sebastians. Die Muckerbewegung im Distrikt Sapiranga/RG am Fuße des Ferrabraz scharte sich 1872 um die protestantische „Prophetin" Jakobine Maurer, die auf Grund chiliastischer Bibeldeutung die bevorstehende Bestrafung der „Unreinen" und die Errettung ihrer „erwählten" Anhänger ankündigte.

„Die epileptischen Anfälle der ... Frau des Johann Georg Maurer, wurden von manchen Bewohnern der Koloniezone, harmlos und gutgläubig wie sie im allgemeinen

---

[2] Ebd. 31.
[3] Vgl. im einzelnen Queiroz 1965, 198ff.
[4] Näheres ebd. 200ff. João Ferreira, der zweite Mann in der Hierarchie, verkündete dann, daß die Rückkehr Sebastians davon abhinge, daß die beiden Felsen mit Menschenblut begossen würden. Der „Messias" João Antônio dos Santos und andere Freiwillige ließen sich daraufhin opfern. Wie bei der ersten Bewegung kam es beim Eingreifen der Behörden angesichts des Widerstandes der Anhänger der Bewegung zu einem Massaker mit zahlreichen Toten.

sind, als übernatürliche Erscheinungsformen angesehen. Kritischer eingestellte Leute teilten diese Meinung nicht und spotteten über die ‚Gläubigen', die sie Mucker (Frömmler, überspannte Heilige) nannten." Es kam bald zu Gewalttätigkeiten zwischen den ‚Gläubigen' und den ‚Spöttern', bis 1874 1000 Mann starke militärische Einheiten mit einem Saldo von mehr als 80 Toten die Probleme einer gewaltsamen Scheinlösung zuführten[5]. Der brasilianische Süden, mit charismatischen Bewegungen wenig vertraut, hielt die Muckerbewegung für eine typisch protestantische Erscheinung, was dem Ansehen des Protestantismus in RG erheblich geschadet hat[6].

Brod SJ urteilt, daß diese drei Bewegungen „durch Explosionen von Fanatismus und Massenhysterie gekennzeichnet sind ... aber mit anderen wahrhaft messianischen Bewegungen von authentischerer menschlicher, religiöser und sozialer Größe nicht verglichen werden können, wie es die Bewegungen der Canudos, Padre Cíceros, des Contestado und des Caldeirão waren"[7].

Etwa ab 1873 zog Antônio Vicente Mendes Maciel, bald allgemein Antônio Conselheiro (der Ratgeber) genannt, durch die ‚sertões' des Nordostens und speziell Bahias. Bei ihm vermischten sich Sebastianismus und Chiliasmus. Obgleich er die Sympathie einer Anzahl von Vikaren genoß und stets Priester zu kirchlichen Handlungen heranzog, wurde sein enormes Ansehen schließlich der Amtskirche gefährlich, als er das zuchtlose Leben des Klerus in jener Epoche vehement kritisierte. Das „Reich von Belo Monte", der ‚arraial' (Örtlichkeit) von Canudos im Norden Bahias, hatte in den neunziger Jahren schon ca. 30 000 Menschen angezogen, die sich als Gruppe „Erwählter" fühlten. Von der jungen Republik und der Kirche gleichermaßen als Gefahr empfunden und der „Subversion gegen die Religion, die öffentliche Ordnung und das neue Regime" bezichtigt[8], wurden die Canudos schließlich 1897 von der 4. Militärexpedition mit 6000 Soldaten und 20 Geschützen vernichtet. Sie hatten fanatisch um ihr Recht auf Überleben gekämpft.

„Verlassen und ausgebeutet waren sie in den hintersten ‚sertão' gezogen, wo sie ihr Leben organisieren wollten. Und nicht einmal dort wurden sie gelassen." „Wenn sie verstanden worden wären", hätte aus ihrer kommunitär betriebenen Ackerbau und Viehzucht und ihrer Gemeindeorganisation „eine wahrhafte Schlüssel-Erfahrung gewonnen werden können, denn in all' dem Elend, in dem sie sich befanden, zeigten sie eine beeindruckende Widerstandskraft, Intelligenz, Organisationsfähigkeit und ...militärische Strategie."[9]

Ein gewaltsames Ende blieb Pater Cícero und seinen Anhängern in Juazeiro erspart, obgleich Cícero von Tausenden als Heiliger verehrt von Rom exkommuniziert worden ist (vgl. 42316)[10]. Gleichzeitig entwickelte sich auf

[5] Vgl. Petry 1967, 28ff (Lit.), Brod 1973, 125; Schupp 1900; Queiroz aaO 220ff. Der brasilianische Kirchenhistoriker Camargo 1965, 743 weiß diese Bewegung nicht anders zu charakterisieren als so: „Die Mucker waren keine Katholiken, sondern Fanatiker, falsche ‚Beatos', Häretiker, Abergläubige, Ignoranten".
[6] Fischer 1970, III.   [7] Brod 1973, 126.
[8] Queiroz aaO 217f; Facó 1965; Villaboim 1967; Mello 1958.
[9] Brod aaO 126f.
[10] Lourenço F. 1959; Queiroz aaO 231ff; Gerbert aaO 32 hebt hervor, daß Cícero den Fanatismus in Schranken hielt, und Lepargneur 1974, 67 weist auf Cíceros Vorgänger Ibiapina und seinen gegenwärtigen Nachfolger Frei Damião hin. Brod aaO 127 bemerkt, daß über P. Cícero fast nie sine ira et studio geschrieben worden sei: „Cícero ging nach Juazeiro mit messianischen Ideen: er wollte im ‚sertão das machen, was der Kura von Ars in Frankreich oder Savanarola in Florenz gemacht

der Hochebene von SC unter einer Bevölkerung „ohne Schulen, ohne Kirchen, ohne Behörden, ohne Gesetz, ohne Schutz, ohne Hilfe", dafür aber der Willkür einiger Oberster ausgeliefert, eine weitere messianische Bewegung im Gefolge von drei „Mönchen", dem 1844 aufgetauchten João Maria de Agostini, dem nach dessen Tod 1870 aufgetauchten João Maria de Jesus, beides Endzeitpropheten, die indes keine mitwandernden Jünger haben wollten, und dem 1911 erschienenen José Maria. J. Maria führte 1912–16 20 000 ‚sertanejos' in einem Gebiet von 28 000 km² in den bewaffneten Aufstand des Contestado, den er als Hl. Krieg der Rechtlosen verstand, die für sich das „Gesetz Gottes" verlangten. José Maria fiel im ersten Gefecht. Der bis heute in SC verehrte São João Maria führte den Krieg bis zum bitteren Ende[11].

„Die messianischen Bewegungen setzten sich in Brasilien fort und dauern, gewalttätig oder nicht, bis heute fort. So gibt es die typischen Fälle des ‚Beato' José Lourenço in Caldeirão/Ceará, eines Erben von P. Cícero, des einzigen schwarzen Messias Brasiliens, der 1946 gestorben ist, und den Fall von Severino Tavares in Pau de Colher/Bahia und noch den Fall von Pedro Batista da Silva, der den Flecken Santa Brígida/Bahia in ein Munizip mit vollem Entwicklungsschwung verwandelt hat. Er ist 1968 gestorben. Und dann gibt es noch den Fall von Yokaanam, der seine Gemeinde von Gläubigen von Rio de Janeiro ins Innere von Goiás 40 km vor Brasília führte, wo er sein Neues Jerusalem gründete, eine Stadt der universellen Brüderschaft. Yokaanam, der Katholizismus, Spiritismus und Freimaurerei vermischt, und derzeit (1972) voll weiter wirkt. Man könnte ohne weiteres noch 15 Fälle aus unserem Jahrhundert aufzählen...."[12]

Man muß mit Brod in diesen messianischen Bewegungen Herausforderungen für Kirche und Gesellschaft sehen.

„Das messianische Phänomen ereignete sich fast immer außerhalb der etablierten Kirche und nicht selten gegen sie. Großenteils sündigten diese Bewegungen zwar durch Fanatismus, Utopie und Eilfertigkeit, Ghetto-Mentalität und Abhängigkeit von Mythen und Magie", aber sie stellen auf jeden Fall „eine Frage, vielleicht eine Anklage an die Kirche dar". Ihr Kern ist eine Hoffnung auf Befreiung aus einer deprimierenden Situation von Armut, Ausbeutung und Rechtlosigkeit, die die katholische Kirche vor Medellín nicht verstanden hat. Da die oppressive gesellschaftliche Oberschicht nichts mehr fürchtet, als daß ihre Opfer sich ihrer Rechte bewußt werden, kam es zur „summarischen Vernichtung der messianischen Bewegungen durch die Behörden", die sich genauso wenig wie die Amtskirche in Frage stellen lassen

---

hatte. Juazeiro, ein kleiner, ärmlicher Flecken, sollte eine große Stadt werden, nicht nur im wirtschaftlichen und politischen Sinne, sondern auch im religiösen. Er wollte seine Gemeinde als Heilige Kirche Gottes in der Neuen Welt planen, als eine Oase des Glaubens, als eine Stadt Gottes. Cícero war zutiefst davon überzeugt, daß er dazu vorherbestimmt sei, diese Aufgabe zu erfüllen. Er war überzeugt, daß sich all dies in einem apokalyptischen Klima vom Kämpfen vollziehen werde: Er sah große Verfolgungen nicht nur der Kirche von Juazeiro, sondern auch der Weltkirche voraus. Er war überzeugt, daß er selbst als Märtyrer sterben werde". Vgl. im einzelnen Sobreira 1969. Ohne persönliche Beteiligung Cíceros kam es 1913-14 zu einer großen Rebellion seiner Anhänger mit einem Angriff auf die Landeshauptstadt Fortaleza - vgl. Lourenço F. aaO 99ff bzw. Willems 1967, 32f.

[11] Queiroz aaO 246ff und 1957; Queiroz MV 1966; Comblin 1968 E, 289f.
[12] Brodt aaO 131; zum Anteil der Schwarzen an den messianischen Bewegungen vgl. Queiroz 1971.

wollten und sich zu „arroganten Herren der Wahrheit aufwarfen und um ihretwillen barbarische Verbrechen verübten"[13].

4412 Städtische messianische Bewegungen

Das roblem der weit stärker säkularisierten städtischen messianischen Bewegungen ist so wenig erforscht, daß es hier nur kurz angedeutet werden kann. Gerbert sieht diese Bewegungen durch ihre synkretistischen Schattierungen charakterisiert[14], wogegen einzuwenden wäre, daß diese auch bei den meisten ländlichen Bewegungen vorhanden sind. Er erwähnt die in den sechziger Jahren rasch gewachsene religiöse Volksbewegung des ehemaligen Rundfunksprechers Zarur, der mit dem Kampfruf „Jesus está presente..."[15] messianische Erwartungen in der Masse der besitzlosen Bevölkerung schürt und Jesu Botschaft und Person in spiritistischem Sinne deutet. Zarur schätzt die Zahl seiner Anhänger auf 10 Mill.[16]. Eine adventistisch-messianische Beengung gründete 1960 im brasilianischen Nordosten eine „himmlische Regierung". Yokaanam, der „Neue Christus von Rio de Janeiro", wurde bereits oben im Zusammenhang mit den ländlichen Bewegungen erwähnt. Gerbert sieht die Ziele dieser messianischen Bewegungen im „Kampf gegen die sozialen Mißstände oder gegen die moralische Verrottung der modernen Großstadt". Im Gegensatz zu den Erhebungen der Caboclos fehlt den städtischen Bewegungen meist das Exodus-Motiv. Ihr messianischer Grundton kann sowohl im Protestantismus wie im Spiritismus Wurzeln haben. „Die Grenzen zwischen dem zauberkräftigen ‚Macumbeiro' und dem wundertätigen ‚Messias'" sind fließend. „Sie erfüllen dieselben Funktionen und teilen das Schicksal einer kometenhaften Laufbahn."[17] In diesem Zusammenhang ist an

---

[13] Brod aaO 132f. Gerbert aaO 33f erwähnt vier Deutungsmöglichkeiten für messianische Bewegungen:
a) Die funktionalistische Deutung, die die Eigenständigkeit der Religion übersieht, und in den messianischen Bewegungen nur Versuche sieht, die unerträglich gewordenen kommunalpolitischen Strukturen mit Hilfe der Religion umzuwandeln, nachdem dies mit politischen Mittel nicht möglich war. b) „In der etablierten ‚primitiven' Religion besitzt wesentlich jeder Bereich des Lebens religiöse Valenz. Die religiöse Lösung des ‚Unheils' in allen Gebieten erscheint also von vornherein als die einzig sinnvolle und ist nicht eine Notlösung, der andere, ‚profane' Lösungsversuche vorausgegangen wären." c) Bastide 1971 II, 498ff, der sich besonders für die Rolle der Schwarzen in den messianischen Bewegungen interessiert, „deutet die ländlichen Bewegungen als Auflehnung des ländlichen Populärkatholizismus gegen die römische Kirche", ein Motiv, das Gerbert als sekundär erscheint, der d) die These vertritt, daß sie der Versuch sind, „einer unerträglichen sozialen Situation durch die Flucht in die radikal verwandelte gerechte Gesellschaftsordnung zu entgehen". Auslösende Momente sind also soziale Isolierung und Rechtlosigkeit. Zu den politischen Implikationen der Messianismen vgl. Cava 1968.

[14] Gerbert aaO 34.

[15] Gerbert schreibt die spanische Form „Jesús" mit Akzent, statt die akzentlose portugiesische Form „Jesus", was nicht auf eine profunde Kenntnis des Portugiesischen schließen läßt.

[16] Gerbert aaO 34 gibt die offizielle Zahl der Mitglieder von Zarurs ‚Legião da Boa Vontade' mit 600 000 an. Zarur sagte in einem Interview: „Ich habe alles, was religiöse Schule heißt, durchgemacht; über Religion weiß ich Bescheid. Und dann gab mir Jesus 1948 den genuinen geistlichen Auftrag: ‚Die Stunde ist gekommen, daß du mit dem Werk beginnst, das du dir vorgenommen hast' . . .

[17] Gerbert aaO 35.

Kempers Bemerkung zu erinnern, daß das Fußballspiel für die Brasilianer geradezu kultische, wenn nicht sogar messianische Bedeutung hat.

Das in den neunziger Jahren des 19. Jahrhunderts aus England eingeführte Spiel war zunächst der Oberschicht vorbehalten und erfüllte bald eine rassenemanzipatorische Funktion, als Mischlinge und Neger wegen ihrer hohen Spielqualitäten aufgenommen wurden. Mit „König" Pelé „und seinesgleichen ist eine alte messianische Verheißung erfüllt worden: Auch den Erniedrigten und Beleidigten, deren Eltern gerade eben vom Joch der Sklaverei befreit worden waren, steht heute — bildlich gesprochen — das ‚gelobte Land', wenn nicht gar ‚der Himmel' offen. Uralte Träume von der Gleichheit aller, die da Menschenantlitz tragen, haben sich im Fußball erfüllt"[18].

442 *Die gesellschaftspolitische Funktionalität der Volksfrömmigkeit*

Anknüpfend an Abschnitt 25 soll hier nach der Beziehung zwischen verschiedenen Frömmigkeitstypen und Abhängigkeitsstrukturen bzw. christlich motiviertem befreienden Handeln gefragt werden. Nachdem auch im Zusammenhang mit der Theologie der Befreiung oft von einem christologischen Defizit der lateinamerikanischen Theologie gesprochen worden ist, hat sich in der ersten Hälfte der siebziger Jahre das Interesse der Forscher auch verstärkt auf die verschiedenen lateinamerikanischen Frömmigkeitstypen gerichtet, da es als ausgemacht gilt, daß deren Christusbild eine entfremdende oder eine befreiende Funktion haben könnte. Das setzt natürlich voraus, daß Christus eine zentrale Rolle in der Frömmigkeit spielt, was nicht immer der Fall ist, weshalb Assmann darauf hingewiesen hat, daß die Mariologie noch stärker als Stütze des Status quo mißbraucht werde als die Christologie[19].

Christliche Frömmigkeit steht in der Spannung zwischen einer Erlösungsreligion und einer messianischen Religion. Obgleich das Kreuz Jesu massiven messianischen Erwartungen einen Riegel vorschiebt, hat die Volksfrömmigkeit die chalkedonensische Dialektik des „vere Deus et vere homo" nie theologisch befriedigend rezipieren können. Die oben erwähnten messianischen Bewegungen zeigen, wie sehr gerade in ohnmächtigen und unterdrückten Bevölkerungsschichten immer wieder messianische Erwartungen als Ausdruck eines lebendigen Glaubens durchbrechen. Lepargneur bemerkt auf Grund des brasilianischen Befundes, daß Christus in der Volksfrömmigkeit entweder in der alexandrinisch-monophysitischen Linie nur als inkarnierter Gott gesehen wird, so daß in solchem Erlösungsglauben Jesus und Gott Synonyme werden, oder aber, und das ist häufiger, in der antiochenischen Linie so sehr als menschlicher Messias, daß er mit anderen Heiligen als ‚Bom Jesus' verwechselbar wird, wenngleich die Feiern der ‚Semana Santa' ihn herausheben. Dennoch hat die Vielzahl der Bruderschaften in Brasilien den Heiligenkult so gefördert, daß die Erlösergestalt Jesu nur schlecht mit der Verehrung Marias und der beliebtesten Heiligen konkurrieren kann[20].

In seiner Untersuchung über Christologie — Conquista — Kolonisation kommt Trinidad zu folgenden Schlüssen:

---

[18] Kemper 1965, 135, der zur transzendent-sakralen Funktion des Fußballspiels eine Reihe von Beispielen anführt, u. a. die Erfüllung von Gelübden durch Rutschen eines langen Weges bis zu einer Kirche auf den Knien, Niederlegung der Fußballausrüstung nach einem siegreichen Spiel auf einem Altar etc.
[19] Assmann 1975, 47.
[20] Lepargneur 1974, 68ff, vgl. Abschnitt 25 Anm. 59.

Die spanische Christologie ist vom Bild des Leidenden Herrn gekennzeichnet, das den Menschen zwingt, seine „Glückseligkeit" im Leiden zu suchen. Der gekreuzigte Christus von Velázquez motiviert hingegen eher eine Christologie des „romantischen Mystizismus". Das Jesuskind auf dem Schoß Mariens, das nicht sprechen und sich gegen Bemächtigungsversuche verteidigen kann, verkörpert eine dritte Linie der spanischen Christologie, so daß der historische Jesus nur mit zwei Aspekten auftaucht, „dem des wehrlosen und harmlosen Kindes und dem eines gedemütigten und besiegten Opfers. Er wurde geboren und starb, aber er lebte niemals." Dem entsprechen der Weihnachtszyklus und der Zyklus der Semana Santa. „In der Liturgie der spanischen Religiosität finden wir ein anderes Bild: Den Christus der ‚magischen' Kraft", wie er sich in der Transsubstantiationslehre offenbart. Für die Oberschicht war das Bild Christi als des „himmlischen Monarchen" von besonderer Wichtigkeit. Der monarchische Christus wird durch seinen Vikar, den Papst auf der Erde vertreten, dem daher die Jurisdiktion über Menschen und Länder zukommt. „Dieser Christus als ‚himmlischer Monarch' äußert und offenbart sich durch die irdischen Monarchen, zunächst durch die spanischen Könige und sodann durch die verbreiteten ‚Fernandos', die Kommendenbesitzer, die Großgrundbesitzer, Kolonisatoren, Patrone und Herren", die ihren Besitz als Privileg Christi empfanden, des „reichen" und „mächtigen" Christus. „Wer also vor diesen Bildern betet und sie verehrt, ehrt und akzeptiert gleichzeitig die Macht der irdischen Repräsentaten der verherrlichten Wesen. Er wird Christus mit dem ‚hacendado', mit dem ‚patrón'" etc. identifizieren. Das ganz andere Bild eines „friedlichen" Christus, wie es Bernardo de Santo Domingo, Antonio de Montesinos und Bartolomé de Las Casas predigten, „stieß mit dem der ‚Besitzer' und ‚Herren', der irdischen Monarchen, zusammen" und wurde von ihnen als ‚antichristlich' und ‚teuflisch' verworfen. Da auch dieses Christusbild indirekt der Eroberung diente, wenn auch mit anderen Mitteln, erfüllte jedes christologische Bild die Funktion der „Legitimation der Beherrschung und Ausbeutung."

Cristóbal Colón verstand seinen Namen „Christus-Träger" (Christophorus) als prophetischen Hinweis auf seine Aufgabe, in Erfüllung des spanischen Messianismus Christus in die Neue Welt zu bringen, aber stets in den Doppelfunktionen von „Christianisierung/Kolonisierung, Christus/Staat, Glaube/Politik, geistlich/materiell, Kreuz/Fahne" mit dem Ziel der Erlangung von „Größe, Ausdehnung und Reichtum". Der Missionsauftrag von Mk 16,15 wurde von der spanischen Christologie umgebogen in: „Gehet hin und legt ihnen die Religiosität auf und breitet die ‚Zivilisation' der spanischen Einheit in der ganzen Neuen Welt aus, indem ihr sie mit der Kraft des Schwertes und im Namen der Trinität tauft und sie der Sklaverei und Ausbeutung unterwerft und sie lehrt, der Metropole die Treue zu halten, und siehe Ferdinand und Isabella werden bei euch sein ‚bis ans Ende der Welt'." Conquistadoren und Mönche arbeiteten an der Verwirklichung des Traumes, „von oben nach unten" eine staatlich und religiös einheitliche Modell-Christenheit durch die gewaltsame Unterdrückung aller indianischen Kulte zu schaffen. Statt mit Christus den Armen, Ausgestoßenen und Gedemütigten zu dienen, wurden diese mit allen Mitteln der Gewalt zum Dienst gezwungen. Die Bilder des leidenden, sterbenden Christus und der Jungfrau der Schmerzen dienten dabei dazu, den Indios und ihren Frauen das Verhaltensmuster zu internalisieren: Wer überleben will, muß geduldig leiden! Die Befreiung signalisierende Osterliturgie wurde kaum dem Volk nahe gebracht, desto mehr aber die zahlreichen Riten der Karwoche. Die Funktion dieser Christologie bestand also darin, das System von Eroberung und Unterdrückung zu sakralisieren und die Leiden zu Tugenden zu erklären. Der himmlische Herrscher, der „himmlische Monarch", der durch die spanischen Könige die Götter der Indios besiegt, ist die logische Ergänzung zu dieser „Christologie der Unterdrückung"[21]. In Abschnitt 252 sind diese beiden Aspekte der Christologie auch hinsichtlich des brasilianischen Katholizismus bereits mit den Begriffen der Herrenreligion des patriarchalischen Katholizismus und der Religion der Abhängigen, d. h. des Volkskatholizismus, beschrieben worden[22].

Die unablässigen Bemühungen der römischen Kirche, auch nach der politischen Emanzipation der lateinamerikanischen Staaten das Modell der lateinamerikanischen Christenheit aufrechtzuerhalten, haben dazu geführt, daß diese zwei Formen von Katholizismus bzw. dieser doppelte Aspekt der Christologie auch im 19. und 20. Jahrhundert erhalten blieben. „Die Identifikation zwischen der herrschenden Theologie und der herrschenden bürgerlichen Ideologie ist so klar, daß dem Bürger gar keine andere Alternative bleibt, als Katholik zu sein." Die Christologie der herrschenden Schichten hat sich im Rahmen ihres „eigenen bürgerlichen gesellschaftlichen Bewußtseins" entwickelt. Christus und sein Evangelium werden als wirksam gedacht in den Menschen und Strukturen der vorfindlichen Gesellschaft.

„Wenn etwas schlecht läuft, dann weil Christus noch nicht gegenwärtig ist,...weil Sünde waltet. Die Sünde oder die Abwesenheit Christi ist die Ursache aller Mängel der Gesellschaft. Wenn das Evangelium von Christus sich in allen Personen und Strukturen inkarnierte, würde nach dem bürgerlichen gesellschaftlichen Bewußtsein

---

[21] Trinidad 1975, 12—28 und Casalís 1975, 25—30. *Damit hat die neueste katholische Forschung die klassische Kritik John Mackays (1932) am spanischen Christusbild aufgenommen:* „...Seit Bethlehem und dem Kalvarienberg kam Christus durch Afrika und Spanien in seiner langen Reise bis in die Pampa und die Kordilleren. Aber war ER es wirklich, der kam, oder war es eine andere religiöse Figur, die denselben Namen und einige seiner Züge trug? Ich denke manchmal, daß Christus auf dem Weg in den Westen in Spanien eingesperrt wurde, während ein anderer, der seinen Namen nahm, sich mit den spanischen Kreuzfahrern in die Neue Welt einschiffte, ein Christus, der nicht in Bethlehem, sondern in Nordafrika geboren ist. Dieser Christus naturalisierte sich in den iberischen Kolonien Amerikas, während der Sohn und Herr Mariens seit den Zeiten des Kolumbus bis in die Gegenwart kaum mehr als ein Fremder und Wanderer in diesen Ländern gewesen ist..." - zitiert nach Sinclair 1976, VII. „Christus ‚war im Leben als ein Kind und im Tode als ein Gekreuzigter bekannt, über dessen schutzlose Kindheit und tragisches Geschick die Jungfrauen-Mutter präsidiert, ein Christus, der Mensch wurde, um der Eschatologie zu dienen, dessen Wirklichkeit in der wunderhaften Hostie greifbar wird, die Unsterblichkeit verleiht'" - Mackay 1933, 102 nach Turner 1954, 23ff, der fortfährt: Die wahre Menschheit Jesu „hatte bis vor kurzem fast keine Möglichkeit", das Leben der Lateinamerikaner zu beeinflussen. „Die Bibel und der Christus der Bibel waren in der ganzen Länge und Breite Lateinamerikas unbekannt." Gómez und Guzmán 1968, 55 äußern die Erwartung an Medellín, daß die Konferenz dazu beitrage, daß „die große Abwesende in unserer Reflexion", „eine in Christus zentrierte Theologie", beseitigt werde. Nachdem solange die Ekklesiologie ausgebaut und die Christologie vernachlässigt worden sei, müsse nun gefragt werden: Wie ist Christus „gegenwärtig innerhalb all' der Erwartungen, Kämpfe, Widersprüche, Hoffnungen des lateinamerikanischen Menschen? Was sagt sein Wort heute? Wie wird sein Tod und seine Auferstehung gelebt?" Vgl. auch Trinidad 1975 I.

[22] Hoornaert 1973 C spricht für die Zeit von 1500—1800 von einem auf Ordnung und gesellschaftliche Disziplin bedachten „kriegerischen, tridentinischen, apologetischen und in Sachen Politik und Religion zutiefst konservativen" Katholizismus in Brasilien - zitiert nach Boff 1975, 31.

die Gesellschaft vollkommen sein. Die Wirklichkeit wird also auf Grund der Gegenwart oder Abwesenheit Christi in der sozialen Wirklichkeit beurteilt und bewertet. Alles wird auf Gnade und Sünde zurückgeführt. Ähnlich wie die juristischen, politischen und kulturellen Werte ist Christus derjenige, der die Wirklichkeit begründet und ihr Sinn gibt. Das erlösende Werk Christi wird in Analogie zu den juristischen, politischen und kulturellen Werten gedacht. Die herrschenden Schichten empfinden fälschlich jeden Angriff auf die Gesellschaft oder jeden Versuch, sie umzustürzen, als Angriff gegen Christus und seine Kirche...Die Kämpfe des Volkes gegen die herrschenden Klassen werden fälschlich als Kampf des Atheismus gegen die Religion empfunden. Der Bürger versteht die Krise des Systems als Krise der Kirche und ruft ängstlich nicht nach einem Ersatz des Systems, sondern nach Stärkung des Glaubens, der Hoffnung und der Liebe. Er ruft nach Reue und Bekehrung."[23]

Dem kommt bis heute die Amtskirche weithin entgegen, indem sie „gestützt auf das christliche Liebesgebot die Ideologie der Pazifizierung gesellschaftlicher Konflikte um jeden Preis gegenüber allen Volksbewegungen zu Gunsten einer Umformung der politischen und wirtschaftlichen Strukturen der Gesellschaft" verteidigt. In ihrem Streben nach Ausgewogenheit läßt die Hierarchie ihre Hirtenbriefe, auch wenn diese Bedingungen gesellschaftlicher Ungerechtigkeit offenlegen, immer wieder „mit Ermahnungen an die Unterdrücker enden, diese Situation zu ändern und mit einer Warnung (die sich explizit oder implizit an das unterdrückte Volk richtet) vor jeder Form von Gewaltanwendung", die verkennt, daß die Unterdrückten bereits ständig unter der etablierten Gewaltanwendung leiden müssen.

Míguez Bonino fährt fort: „Gleichgültig, welche Beurteilung die verschiedenen Formen des Kampfes verdienen, ist es schwierig, den lähmenden Charakter vieler dieser Ermahnungen zu leugnen. Statt in eine Kraft der Solidarität im Kampf um die Umformung verwandelt sich die christliche Liebe in ein Hindernis, um jenen Kampf aufzunehmen." Demgegenüber bedeutet Säkularisierung in Lateinamerika weniger eine Funktionalisierung aller Bereiche des menschlichen Lebens als eine politische Stellungnahme, als die „Schaffung eines revolutionären Ethos, das die Gesamtheit des Lebens und der Aktivitäten umfaßt". Dieses Ethos kann indes nicht auf religiöse Elemente verzichten. Karikaturen und revolutionäre Lieder zeigen, in welchem christologischen Rahmen in Lateinamerika Figuren wie ‚Ché' Guevara oder Camilo Torres eingebunden sind. Demgegenüber versucht die konservative Oberschicht in jüngster Zeit verstärkt, mit wahren „Terrorkampagnen" politischer Propaganda etwa in Chile, Uruguay und Argentinien an „christliche Werte" – Familie, Freiheit, Ordnung, Besitz – zu appellieren, um das Volk gegen revolutionäre Ideologien und Bewegungen immun zu machen, wenngleich diese „politisch reaktionäre Mobilisierung des religiösen Gewissens eher die mittleren und höheren Schichten der lateinamerikanischen Gesellschaften anspricht (solche wie die Bewegungen ‚Tradition, Familie und Besitz' oder Stoß- und Terrortrupps katholischer Sektoren der Rechten)"[24].

Die entfremdende Funktion der Christologie beschränkt sich keineswegs auf katholische Frömmigkeitsformen, sondern eignet auch pietistischen, gefühlvollen Christusbildern, die in einer „liberal-privatisierenden Ideologie der Religion befangen sind", u. a. protestantischen Predigten, die in individualistisch-psychologischer Weise an „Jesus unsere einzige Hoffnung", „Jesus unsere Erlösung" appellieren, aber auf jeden Aufruf zu öffentlicher Verantwortung verzichten[25]. Es fehlt weithin an Untersuchungen protestantischer Frömmigkeitsformen in Lateinamerika. Kürzlich hat v. d. Grijp dieses Vakuum durch eine Untersuchung der Christusbilder des angelsächsischen Missions-

---

[23] Richard 1975, 38.   [24] Míguez 1976, 34ff.   [25] Negre 1975, 30.

protestantismus in Brasilien etwas verringert. Auf Grund der Prüfung des 'Hinário Evangélico', das die 'Confederação Evangélica do Brasil' 1962 für ihre Gliedkirchen herausgegeben hat, kommt er nach Inhalt und Auswahlkriterien der Gesangbuchlieder hinsichtlich der Christusfrömmigkeit zu folgenden Schlüssen:

Die inbrünstige Christusfrömmigkeit äußert sich in der Verehrung der suggestiven und dynamischen Kraft seines Namens. Christus ist derjenige, der den Menschen zu Bekehrung ruft und drängt. „Die Option ist ganz die unsrige: Vor Christus entscheidet der Mensch sozusagen frei über seine eigene Rettung oder Verdammnis. Dies ist ein eigenartiger Zug von Arminianismus, dem jede kalvinistische Sorge um das Geheimnis der Prädestination fremd ist, was sich indes leicht aus der Missionssituation in der Neuen Welt erklärt und schon den puritanischsten Traditionen Brasiliens eignet." Sodann „offenbart das globale Christusbild ein hohes Maß von religiösem Individualismus. Christus wird nicht verstanden als Herr seiner Kirche, als der, der lebt und sich in der Gemeinschaft der Gläubigen offenbart und noch weniger als der, der sich im eucharistischen Geheimnis konkretisiert, sondern als Erlöser individueller Seelen, die sich sekundär in Gemeinden konstituieren und sich als Bruderschaften des Herrn fühlen können. Die Ekklesiologie dieses Zweiges des Protestantismus ist äußerst schwach, da man die tiefen Überlegungen der Reformation vergessen hat...Das Vokabular dieser evangelischen Lieder vermittelt dank seines Individualismus ein Klima familiärer Vertrautheit, das den psychischen Erfordernissen entgegenkommt. Für viele Brasilianer ist die Welt zu kompliziert geworden: Die schnellen demographischen, technischen und gesellschaftlichen Veränderungen bedrohen ernstlich die Weltanschauung, und sie suchen einen neuen geistlichen Rahmen, um ihre Existenz einzuordnen in einen familiären, rationalen, geschlossenen Rahmen, der wenig Raum für Zweifel und das Geheimnis läßt. Der protestantische Evangelismus vermittelt ihnen diesen Rahmen." Weiter kann man beobachten, „daß die Beziehung zwischen dem Christen und der Welt im allgemeinen in einem einfachen Schema von Antithesen gefaßt wird, das jedes authentische Engagement seitens des Christen entbehrlich erscheinen läßt. Die Menschheit ist geteilt zwischen denjenigen, die Jesus haben und denen, die ihn nicht haben, zwischen denen drinnen und denen draußen, und der beste Dienst, den wir der Welt erweisen können, besteht darin, daß wir die größtmögliche Zahl von Seelen von dort nach hier ziehen. Jesus will nur unter der Bedingung in seiner Welt wirken, daß er explizit von den Menschen bekannt wird". Daß die Weltverantwortung so wenig in den Blick kommt, dürfte nicht zuletzt daran liegen, daß diese Form von Protestantismus sich theologisch praktisch in der Christologie erschöpft und kaum eine Beziehung zum Alten Testament hat, so daß gründliche Überlegungen zu Topoi wie „Schöpfung, Erwählung, Berufung, Befreiung, soziale und politische Verantwortung und die Theodizee" fehlen[26].

Mehr als die lateinamerikanischen Protestanten haben sich die katholischen Theologen der Neuen Welt seit dem Vatikanum II und Medellín gefragt, wie sich die verschiedenen Frömmigkeitsformen, die sich nicht an der Elle der Orthodoxie messen lassen, aus Instrumenten der Entfremdung zu Motoren der Befreiung des ganzen Menschen machen lassen.

In einer ethnosoziologischen Analyse über „CHALMA, das Heiligtum Anáhuac" (Mexiko) kommt Giménez zu dem Schluß, daß die traditionelle Frömmigkeit der mexikanischen Landbevölkerung, die von den sozio-ökonomischen Strukturen, also den Großfamilien und dem kommunalen Landbesitz abhängt, unter dem Druck des von der kapitalistischen Gesellschaft ausgelösten Proletarisierungsprozesses zu verfallen beginnt.

---

[26] Grijp 1974, 111–126.

Die traditionelle Religion der Landbevölkerung ist ambivalent. „Einerseits ist sie der letzte Hort der Identität der Landbevölkerung gegenüber der Aggression der herrschenden kapitalistischen Gesellschaft...andererseits hält sie die Gruppen der Landbewohner in Immobilismus und Konservatismus; so trägt sie zur Verzerrung ihrer sozialen Wirklichkeit bei und bildet ein Hindernis für das kritische Verständnis ihrer Bedingungen und ihrer Klassensituation...Die Volksreligiosität ist gleichzeitig Entfremdung und Selbstbewußtsein, ein Hindernis für die Befreiung und ein Ansporn zum Leben und Leiden in Hoffnung."[27]

Seit der „Internationalen Woche der Katechese" 1968 in Medellín ist man sich dieser Ambivalenz der Volksfrömmigkeit bewußt, die es verbietet, sie einfach mit aufklärerischem Elan beseitigen zu wollen. Die pastorale Frage, wie die Volksfrömmigkeit zu einem Agens der Befreiung werden könne, setzt eine Klärung ihrer Ursachen voraus. Dafür gibt es drei Thesen:

1. Der psychologische Erklärungsversuch, wie ihn zuerst der belgische Soziologe Emile Pin versucht und wie ihn der argentinische Soziologe Aldo Büntig fortgeführt hat, der von der Vorherrschaft der individuellen Primärkosmologie, -psychologie und -eschatologie und in minderem Maße der sekundären, in die Gruppe integrierenden Kosmologie, Psychologie und Eschatologie über die sozioreligiösen und eine geistliche Umwandlung bewirkenden Motivationen spricht. An diesem Ansatz ist der Fortschrittsgedanke, der von einer Reinigung und Vergeistigung der Motivationen ausgeht, kritisiert worden.

2. Soziologen wie Oscar Lewis haben eine Deutung der Volksfrömmigkeit im Rahmen der „Kultur der Armut" vorgeschlagen, die sich durch die Landflucht im 20. Jahrhundert verstärkt hat, denn man kalkuliert, daß im Jahre 2000 die Anfang des 20. Jahrhunderts bestehende Relation von Landbevölkerung zu Stadtbevölkerung = 70 : 30 sich umgekehrt haben wird. „Unter den Bedingungen der Vermassung, des Elends und des psychischen und familiären Ungleichgewichts...klammert sich das Individuum an jede Form von Sicherheit – die Religiosität ist eine Zuflucht –, sei es in den Formen der alten Riten oder Vermittler, sei es in den neuen Erscheinungen der Volksfrömmigkeit und des Pfingstlertums." Dieser Deutungsversuch hat den Vorteil, daß er die neuen Phänomene städtischer Volksreligiosität miteinbezieht.

3. Der argentinische Theologe Enrique Dussel schließlich interpretiert die Volksfrömmigkeit als Ausdruck der „kolonialen Christenheit", die von den „Kategorien Beherrschung und Abhängigkeit" bestimmt wird,[28] ein Ansatz, dem sich auch Büntig in seinen neuesten Arbeiten weithin angeschlossen hat[29].

„Marx' Charakterisierung der Religion als Protest und (falscher) Trost der ‚versklavten Kreatur' bietet also einen guten Bezugsrahmen für die Einordnung der Frage nach der Bedeutung der Volksfrömmigkeit im Prozeß der politischen Befreiung Lateinamerikas." Angesichts einer Kirche, die weithin iberische Frömmigkeit, Liturgie, Feste, Gesetze und kirchliche Bauformen importiert bzw. nach Lateinamerika übertragen hat, kann man die Volksfrömmigkeit „bis zu einem gewissen Grade als Protest des indianischen und mestizischen Bewußtseins gegen eine ihm aufgezwungene fremde Religion und Moral" verstehen, „die aber unter Verwendung der Namen und Formen jener Elemente die eigene religiöse und kulturelle Identität wiederherstellt". In diesem Sinne kann man mit Comblin die messianischen Bewegungen in Brasi-

---

[27] Giménez 1976, 272.   [28] Míguez 1976, 32.
[29] Zum ursprünglichen Ansatz Büntigs vgl. 1969 seine methodischen Darlegungen zu der sechsbändigen Serie: El Catolicismo Popular en la Argentina. Büntig 1976 zeigt den Wandel seines Ansatzes. Der Sammelband SELADOC III (1976) bietet den neuesten Stand der Forschung zum Problem der Volksfrömmigkeit.

lien deuten „als Protest und Ausdruck des Mißtrauens gegen die etablierte Religion und Ordnung und gleichzeitig als Versuch, die Errichtung eines Reiches von Heil und Gerechtigkeit auf wunderhafte Weise zu antizipieren"[30]. Ähnlich kann man mit Lalive d'Epinay (vgl. 443) die Pfingstbewegung als sozialen Protest und gleichzeitig als religiöse Sublimierung dieses Protestes, die die Aktivierung dieser Kräfte für soziale Reformprozesse verhindert, interpretieren.

Es kommt deshalb darauf an, daß die Kirche rein reformistische Versuche aufgibt, die Volksfrömmigkeit nur von unorthodoxen Elementen reinigen zu wollen, und sich bemüht zu erkennen, welche Werte sich unter dem Mantel der Volksfrömmigkeit verbergen, die die menschliche Initiative und Aktion durch religiöse Symbole oder Akte der Magie und Vorsehung ersetzen. Büntig zählt neben dem Sinn für Solidarität und Brüderlichkeit, der Sensibilität gegenüber Ungerechtigkeiten, der Sorge um die Leiden anderer, der Erwartung von mehr Gerechtigkeit und der Ablehnung oppressiver Regime einen ganzen Katalog von Volkswerten auf, die im Grunde Werten des Evangeliums entsprechen, deren positive Aufnahme durch die Kirche allerdings einen Kampf gegen die „Anti-Werte" und damit geradezu eine „Kulturrevolution" erfordert. Als solche Antiwerte nennt er die Entfremdung in der Konsumgesellschaft, den Mißbrauch der Religion als individuell-weltanschauliche Orientierung, die Beschränkung auf die nur gruppenbezogene Forderung von Rechten, die die globalen Aspekte der Politik der Befreiung außer acht läßt, die Abwälzung der eigenen Verantwortung auf messianische Figuren und eine apolitische Haltung, die mit der Furcht vor dem repressiven Apparat des Systems oder einem Gefühl wiederholter Frustrationen begründet wird. Auf diesem doppelten Weg der positiven Aufnahme der Werte des Volkes und der Bekämpfung der Anti-Werte können die Kirchen auf wirksame Weise an der Schaffung eines neuen Menschen in einer neuen Gesellschaft mitwirken[31].

---

[30] Míguez 1976, 33; zum Thema der lateinamerikanischen Christologie sind auch die Beiträge in VIS 2, Nr. 9 (1969), 46–64 unter dem Obertitel „El Cristo de la Fe y los Cristos de AL" heranzuziehen.

[31] Míguez aaO 37. Galilea 1973, 151ff hebt die Spannung zwischen dem reaktionären Volkskatholizismus und der Säkularisierung hervor, die sich in Lateinamerika vornehmlich in der Sorge um Entwicklung und Befreiung im Zusammenhang mit einem entsprechenden Politisierungsprozeß äußert. In diesem Sinne sind die lateinamerikanische politische Theologie", die „Theologie der Revolution" und die „Theologie der Befreiung" Formen der theologischen Säkularisierung. Die pastoralen Bemühungen um die Volksfrömmigkeit müßten deshalb darauf abzielen, im Volk das Bewußtsein für die politische Potentialität des Glaubens zu wecken, also die Dynamik der Volksfrömmigkeit für den befreienden Prozeß Gottes einzusetzen. Die Beurteilung der Möglichkeiten, die Volksreligiosität positiv für den Prozeß der Befreiung des ganzen Menschen zu mobilisieren, geht bei den einzelnen Autoren erheblich auseinander. So sieht z. B. Perani 1974, 72f zwar ähnlich wie Büntig in der Volksfrömmigkeit Manifestationen von Solidarität, den Wunsch nach Erlösung, die Kraft zu leiden, Gefühl für Ungerechtigkeiten, Bewußtsein des eigenen Ungenügens etc., aber er betont stärker die Schwierigkeit, diese Werte „in Begriffe der Sozialproblematik zu übersetzen". Deshalb kommt er zu dem Schluß, daß der Kampf für den sozialen Wandel nicht von der Volksreligiosität ausgehen kann, sondern daß umgekehrt der Kampf „um die Strukturierung einer neuen Gesellschaft die Formulierung einer neuen Religiosität zur Folge haben wird".

„Es handelt sich also um die Bekehrung und Überwindung der Entfremdung" der Volksfrömmigkeit, was nur in einem dialektischen Prozeß möglich ist. Denn einerseits kann die Entfremdung des Bewußtseins nur durch eine befreiende Praxis überwunden werden, „andererseits muß das Bewußtsein erst von seiner Blockierung befreit werden, um diese Praxis aufzunehmen, und in diesem Sinne ist eine anfängliche pastorale Aktion nötig, ... die (einschließlich durch einige Mechanismen der traditionellen Frömmigkeit) als Faktor der Entblockierung und der Ermutigung wirkt", die aber nur vorübergehend sein darf, um nicht erneut eine Entfremdung des religiösen Bewußtseins zu bewirken[32]. Dazu könnten die Erkenntnisse Paulo Freires über die Volkspädagogik[33] wertvolle Hilfestellung leisten.

443 Neue Formen enthusiastischer Frömmigkeit

Gewisse Formen der Volksfrömmigkeit wie auch die messianischen Bewegungen zeigen, daß der religiöse Nonkonformismus und enthusiastische Frömmigkeitsformen in Lateinamerika eine ältere Tradition haben. Der religiöse Nonkonformismus hat zweifellos die Ausbreitung des Protestantismus begünstigt. Aber gerade das Moment der enthusiastischen Frömmigkeit, das offenbar im lusobrasilianischen, aber auch im indianisch-mestizischen Gemüt auf besondere Resonanz stößt, wurde auch von den historischen protestantischen Denominationen nicht angesprochen, sondern suchte seine Befriedigung im Spiritismus und in synkretistischen afro-katholischen Kulten wie Candomblé, Xangô, Macumba, die im Umbanda eine komplexere Ausdrucksform gefunden haben[34]. Hollenweger spricht vom brasilianischen „Illuminismus vor dem Auftreten der brasilianischen Pfingstbewegung", den er in P. José Manoel da Conceição und dem hochgebildeten Ingenieur, Mathematiker und Politiker Miguel Vieira Ferreira hervortreten sieht, die beide zum Presbyterianismus konvertierten, sich dort aber in ihrer mystischen Frömmigkeit nicht richtig verstanden fühlten. Ferreira wurde, „als er seine Bekehrungserfahrung, die für ihn der Zugang zum Evangelium gewesen war, nicht verschweigen wollte, seines Ältestenamtes enthoben", so daß er sich vom Presbyterianismus trennte und 1879 die ‚Igreja Evangélica Brasileira' gründete.

„Zwischen da Conceição, Ferreira und den Pfingstlern konnte bis jetzt keine historische Verbindung nachgewiesen werden. Diese ist schon darum nicht wahrscheinlich, weil beide aus einem den Pfingstlern unzugänglichen Milieu kommen. Sie zeigen aber, wie sich ein Protestantismus in Brasilien entwickeln *muß*, der den Brasilianern ein Brasilianer sein will; er wird den latenten Illuminismus Brasiliens ernst nehmen und theologisch aufarbeiten müssen. Es liegen Anzeichen dafür vor,

---

[32] Míguez 1976, 37.
[33] Vgl. Freire 1970, 1971, 1974 und 1976. Hollenweger 1971, 438 fordert in demselben Sinne, daß Menschen ohne Stimme, die wir mit unseren intellektuellen Konzepten und rassischen Vorurteilen zum Schweigen verurteilt haben, in einem auf gegenseitiges Verstehen angelegten Dialog wieder eine Stimme bekommen. „Es ist aber auch das, was Paulo Freire fordert. Diese Revolution fürchten die Machthaber Brasiliens mehr als einen bewaffneten Aufstand. Darum haben sie den früheren Erziehungsminister Freire eingesperrt; denn Menschen, die sich ihrer Würde und Bedeutung bewußt sind, sind für sie gefährlicher als bewaffnete Sklaven." Sekundärzitat Hollenwegers nach Boletín de Cencos A. C. Nr. 4164, Mexiko, 13. 5. 1970.
[34] Vgl. Willems 1967, 33f.

daß dies der Pfingstbewegung gelingt, zwar nicht auf rationaler, sondern mehr auf intuitiver Ebene", der gedankliche Nachvollzug muß noch bewältigt werden[35].

Spiritismus und Umbanda rekrutieren ihre Anhänger wie die Pfingstbewegung aus den unteren Schichten, aber nur diese macht keine Konzessionen an den religiösen Synkretismus[36]. Die Pfingstfrömmigkeit mit ihrer Betonung von Hl. Geist, Heilungen und mystischen Erfahrungen stellt einerseits keineswegs eine Diskontinuität zum Volkskatholizismus dar und setzt andererseits „die alte Tradition des Messianismus in neuer und aufregenderer Weise fort, indem sie das Kommen der Gottheit hier und jetzt zum einzelnen Gläubigen verspricht"[37].

4431 Die Pfingstkirchen

44311 Zum theologie- und frömmigkeitsgeschichtlichen Hintergrund der nordamerikanischen Pfingstbewegung

Die amerikanische Heiligungsbewegung hat die Unterscheidung John Wesleys zwischen Geheiligten bzw. Geistgetauften und gewöhnlichen Christen übernommen und vereinfacht. Aber während Theologen der Heiligungsbewegung die „Kraft des Hl. Geistes" nicht brauchten, „um in den Himmel zu kommen" oder „um Seelen zu retten", sondern um praktische politische und sozialethische Aufgaben anzupacken, wirkten auf die aus ihr hervorgegangene nordamerikanische Pfingstbewegung wesentlich die theoretischen und praktischen Überlegungen zur Geistestaufe. Die Pfingstbewegung übernahm die Theorie von zwei voneinander zu unterscheidenden Kriserlebnissen — Bekehrung und Heiligung — und suchte Kriterien für das zweite Kriserlebnis. Die durch Erweckungen und Geisttaufen im ersten Jahrzehnt des 20. Jahrhunderts in den USA entstandenen Pfingstgemeinden lehrten bis 1908 ein Dreistufenschema. Die Gnade Gottes wirkt zuerst die Bekehrung, dann als ein unterscheidbares zweites Werk die plötzlich einsetzende Heiligung und schließlich die durch das Zungenreden charakterisierte Geistestaufe.

„W. H. Durham, ein geachteter und erfolgreicher Evangelist in Los Angeles und Chicago, der 1907 die Geistestaufe in Los Angeles empfangen hatte, reduzierte nun dieses Dreistufenschema, indem er unter baptistischem Einfluß Bekehrung und Heiligung zusammenfallen ließ und Heiligung als ein ‚sich Verlassen auf Gottes Verheißung' begriff." Der Unterschied zwischen dem von Seymour vertretenen Dreistufenschema und Durhams Zweistufenschema, das der größte Teil der Pfingst-

---

[35] Hollenweger 1969, 99ff. Souza 1969, 25 bemerkt hierzu: Viera Ferreira leitete die in Guanabara entstandene Kongregation, die sich in die Staaten SP und MG ausdehnte bis zu seinem Tode 1895. „Unter den Hauptcharakteristika des ‚Illuminismus' fallen einige wegen ihrer Ähnlichkeit zu den Praktiken der Pfingstler auf: Der Glaube an die Möglichkeit einer direkten Kommunikation des Gläubigen mit Gott: das Vorkommen von ‚Offenbarungen' und ‚Prophezeiungen', die das Leben der Führer begleiten; die Gründung sektiererischer Gemeinden, deren Anhänger die biblische Botschaft in fundamentalistischer Weise sehen; die Annahme von Heilungen durch göttliche Einwirkung, wobei häufig der Gebrauch von Medikamenten und die Beratung mit Ärzten verdammt wird." Trotzdem stellten weder die ‚Igreja Evangélica Bralileirá' noch die ‚Plymouth Brethren' jemals eine Konkurrenz zu den Pfingstkirchen in Brasilien dar. Vgl. zum Kontext und zur Pfingstbewegung in Brasilien auch Léonard 1953.   [36] Willems 1967, 257f.   [37] Ebd. 249.

bewegung übernahm, wurde in der Folge konstitutiv „für den Unterschied zwischen den Pfingstlern... Die Auseinandersetzung zwischen den dreistufigen und den zweistufigen Pfingstlern ist bis heute noch nicht beendet und bildet zusammen mit den ungelösten Fragen der Trinitätslehre das schwierigste theologische Problem der amerikanischen Pfingstbewegung."[38]

44312 *Die Entstehung und Ausbreitung der Pfingstbewegung in Lateinamerika*

Im Hinblick darauf, daß man in den Anhängern der Pfingstbewegung die „Protestanten der dritten Reformation" sehen kann, die in Lateinamerika dem Protestantismus zum breiten Durchbruch verholfen haben und für das Gesamtbild der Christenheit „nicht nur eine korrektive Funktion, sondern eine konstitutive Bedeutung" haben, sieht Harding Meyer „eine Beschäftigung mit dem Phänomen der Pfingstbewegung, die diese vorwiegend als eine merkwürdige Randerscheinung des Christentums ins Auge faßt, als eine kuriose ‚Sekte', die allenfalls — wie jede Sekte — eine ‚Frage' an die Kirche darstellt, ... als verfehlt und überholt" an[39]. In demselben Sinne schlägt Hollenweger vor, „den die Pfingstler irritierenden Begriff ‚Sekte' nicht mehr zu gebrauchen", denn „wenn man eine Gruppe theologisch als Sekte bezeichnet, die die Zugehörigkeit zu ihrer spezifischen Gruppe als heilsnotwendig betrachtet", besteht hierfür bei der weit überwiegenden Mehrheit der Pfingstler keine Notwendigkeit[40], weshalb auch hier die Pfingstbewegung unter dem Obertitel Pfingstkirchen behandelt wird.

Die Anfänge in Lateinamerika entwickelten sich aus den protestantischen Missionsgemeinden heraus, „als ein Protest gegen die Entwicklung derselben. Die ersten Prediger nutzten unbewußt die Spannungen in den Gemeinden aus: Die Spannung zwischen den Missionaren und ihrem Bemühen um institutionelle Kontrolle und dem Emanzipationsstreben, die Spannung zwischen den verbürgerlichten Teilen der Gemeinde und den Mitgliedern der unteren Schichten, die Spannung zwischen dem Rationalismus der ersteren und den emotionalen Bedürfnissen der letzteren. Sowohl Willems als auch Lalive d'Epinay halten darum die Entstehung der Pfingstbewegung für eine Rebellion von Gemeindegliedern, die zum einfachen Volk gehören, gegen eine Kirche mit rationalistischen mittelständischen Idealen"[41]. Der Forderung der Geistbewegten nach mehr Reinheit der Lehre und Treue gegenüber der Stimme des Herrn traten die Missionare mit Vorwürfen des Fanatismus, der Ekstase, der Unordnung und Verwirrung der Gemeinden entgegen. „Die Missionare blieben ihrem rationalistischen Mittelklassestandard treu und vertrieben die Geisterfülltheit." Besonders in der chilenischen Situation kann man einen weiteren Grund für die Abspaltung im Nationalismus der Gläubigen sehen, der eine entsprechende Abwehrreaktion gegen ausländische Missionare und die Kontrolle durch ausländische Missionsgesellschaften auslöste[42].

---

[38] Hollenweger 1969, 20ff.
[39] Meyer 1968, 9f. Er zitiert Ignacio Vergara SJ 1962, „der in den Anhängern der Pfingstbewegung die ‚Protestanten der dritten Reformation' sieht" und Lesslie Newbigin, The Household of God, 1953, der vom „dritten Typus christlichen Glaubens und Lebens" spricht.
[40] 1969, 568ff.
[41] Zitat nach Kliewer 1973, 135.
[42] Ebd. 136f vgl. Kessler 1967, 96 zum chilenischen Methodismus vor dem Schisma und 116–133 zur Vorgeschichte des Schismas, ferner Willems 1967, 104.

Wie man die theologische Genesis der Pfingstbewegung von Wesley über den Methodismus und die nordamerikanische Heiligungsbewegung verfolgen kann[43], kann man die Entstehung der chilenischen Pfingstbewegung direkt im Schoße der methodistischen Kirche beobachten.

Die kleine methodistische Gemeinde von Valparaíso, in der „der Wind der Spiritualität seit 1902 wehte", bildet den ersten Ansatzpunkt für die Pfingstbewegung in einem katholischen Land und in Lateinamerika. Ihr nordamerikanischer Pastor Dr. Hoover, der hier seit 1902 Dienst tat, war offenbar empfänglich für die neue Form von Spiritualität. Er hatte 1895 in Chicago eine „vorpfingstliche", erweckte Gemeinde besucht, erhielt aber erst 1907 durch die Korrespondenz mit Pfingstführern in Norwegen, den USA, Indien und Venezuela Kenntnis von der Lehre der Pfingstbewegung. Hoover war also ein potentieller Pfingstler, bevor er von deren neuer mystischer Gotteserfahrung, die sich in der Feuertaufe des Geistes und Glossolalie äußerte, erfuhr. Nach einer Vielzahl von Gebetsvigilien, die Hoover mit Gemeindegliedern ab 1907 abhielt, kam es im Winter 1909 zu zahlreichen Geisttaufen. Als im selben Jahr die vom Geist getaufte Elena Laidlaw nach Santiago fuhr, gewann sie die Mehrzahl der Glieder der beiden dortigen Methodistengemeinden für die pfingstlerische Frömmigkeit. Durch ihren Widerstand gegen Elenas Auftreten im Gottesdienst sahen sich die methodistischen Pastoren plötzlich fast von allen ihren Gemeindegliedern verlassen. Hier bahnte sich eine Entwicklung an, die die methodistische Kirche in Chile zur Bedeutungslosigkeit verurteilte (1920 = 4638 Glieder, 1960 = 6869), während 1960 von den 425 700 Protestanten Chiles bereits 87 % zur Pfingstbewegung gehörten. Zunächst hatte der geistbewegte Teil der Methodisten indes keineswegs die Unabhängigkeit angestrebt, sondern darum gekämpft, sein Anliegen in der Missionarshierarchie zu Gehör zu bringen. Erst als die methodistische Hierarchie im April 1910 in Valparaíso im Prozeß gegen Hoover, d. h. gegen den Pastor der inzwischen größten und am schnellsten wachsenden Gemeinde in Chile, sich zum alleinigen Hort der überlieferten dogmatischen Wahrheit des Methodismus aufwarf, zog sich Hoover mit den ihm treuen Dissidenten aus der methodistischen Kirche zurück, nachdem sich die zwei Gemeinden in Santiago schon kurz vorher zur ‚Iglesia Metodista Nacional' konstituiert hatten. Die drei Gemeinden bildeten dann auf kongregationaler Grundlage die ‚Iglesia Metodista Pentecostal', deren Oberleitung bis zum Schisma von 1932 Hoover übernahm. Epinay urteilt: Es ging 1910 um den „Widerstreit zwischen zwei Formen der Bibelauslegung, zwei Formen geistlichen Lebens, zwei Mentalitäten, zwei religiösen Ausdrucksweisen. Die methodistische Kirche, deren Ursprung mit der geistlichen Verwirrung der ‚Armen' verbunden ist, verstand es nicht, auf die Verwirrung des chilenischen Volkes zu antworten. Wieder einmal erwies der protestantische Denominationalismus seine Unfähigkeit, sich zu reformieren, ohne sich weiter zu teilen." Der ursprünglich volkstümliche britische Methodismus hatte sich im 19. Jahrhundert in den USA zu einer bürgerlichen Kirchlichkeit mit „kalter Frömmigkeit und strikter Moral" entwickelt. „Und als eine Fraktion der Gläubigen sich auf die Suche nach einer mystischen Religiosität macht, kommt es seitens der kirchlichen Autoritäten unter dem Einfluß des theologischen Liberalismus und des Nationalismus der Jahrhundertwende gegenüber den Geisterfüllten zu ähnlichen Kritiken, wie sie seinerzeit die Brüder Wesley seitens der anglikanischen Hierarchie und des englischen Adels erdulden mußten."[44]

---

[43] Vgl. hierzu Synder 1976.
[44] Lalive d'Epinay 1970, 47ff. Epinay stellt in einem Aufsatz (1969, 34ff) vier Merkmale für die ‚Iglesia Metodista Pentecostal' heraus: 1. Sie war nie eine Sekte, sondern hatte ihre Organisation und ihre Institutionen. Sie war bestenfalls im soziologischen Sinne eine „etablierte Sekte". 2. Der einzige Ausländer und Theologe war Hoover. Die Schaffung des geistlichen Amtes und seine Übertragung auf die de-

In Brasilien entstand die Pfingstbewegung fast gleichzeitig im Schoße presbyterianischer und baptistischer Gemeinden.

Im März 1910 kam der Italo-Amerikaner Luigi Francescon, ein Mosaikarbeiter, der in Chicago die erste italienisch-presbyterianische Kirche mit einigen Waldenserfamilien gegründet hatte, zusammen mit einem Mitarbeiter nach São Paulo. Er folgte der Einladung eines italienischen Einwanderers nach Santo Antônio da Platina/PR, wo es bald zu den ersten Geisttaufen kam, die „durch Zeichen des Höchsten bestätigt" wurden[45]. Dies war der Anfang der Pfingstbewegung in Brasilien. Als Francescon im Juni 1910 in der presbyterianischen Kirche des Brás-Distriktes in São Paulo predigte, kam es mit den Leitern der Gemeinde zu Reibereien und Spannungen, in deren Folge sich Francescon mit einer Gruppe Gleichgesinnter vom Presbyterianismus löste und die ‚Congregação Cristã' gründete. Die ‚Congregação Cristã no Brasil' zählte 1965 ca. 270 000 getaufte Glieder, was einer Gesamtgemeinde von mindestens 540 000 entsprechen dürfte[46]. Bis etwa 1930 handelte es sich bei der ‚Congregação' um eine rein italienische Kirche, die dann jedoch zur portugiesischen Sprache überging. Sieht man soziologisch das Charakteristikum einer „Sekte" in ihrer „radikal nonkonformistischen Haltung gegenüber der sie umschließenden Gesellschaft mit ihren Lebensformen und Lebenswerten", dann verkörpert die ‚Congregação' innerhalb der brasilianischen Pfingstbewegung am ehesten einen Sektentypus[47]. Ihre Schwerpunkte liegen bis heute in den Zentren italienischer Einwanderung (SP und PR). Obgleich Francescon ein einfacher Arbeiter

---

facto-Führer der Bewegung bedeutete eine „wahre Revolution", die „die Barriere der theologischen Ausbildung, die den Laien vom Pastor trennte, zerbrach und das System der Ausbildung ‚auf der Straße' verallgemeinerte... Jeder Bekehrte nimmt von Anfang an teil an der missionarischen Arbeit der Gemeinde und weiß, daß er, so Gott will, eines Tages Pastor werden kann... Die Pfingstbewegung schafft stark hierarchische, aber absolut gleiche und klassenfreie Mikro-Gesellschaften". 3. Die erwähnte Distanz zwischen Laien und Pastor war einer der Gründe für das Schisma von 1909/10. Es entstand durch die „Opposition zwischen einer kirchlichen Hierarchie der Mittelklasse, die vom ausländischen Element beherrscht war und dem Volk der Gläubigen aus der nationalen Volksmasse... Die chilenische Pfingsbewegung überwindet die Entfremdung Gottes, weil sie die christliche Botschaft befreit, sei es von der Kultursprache des nordamerikanischen Missionsprotestantismus, sei es aus dem vergoldeten Gefängnis des katholischen Klerus, dessen Mängel in den ersten Jahrzehnten dieses Jahrhunderts heute von allen zugegeben werden". 4. „Das methodistische Erbe einerseits und der Mangel an Theologen andererseits erlaubt der chilenischen Bewegung, sich nicht in den dogmatischen Normen der internationalen Pfingstbewegung zu verankern." Das zeigt das Festhalten an der Kindertaufe, die größere Freiheit im Verständnis des Hl. Geistes, die biblischer ist, und die gelassenere Bewertung des Zungenredens, das nicht zur Voraussetzung für die Übernahme des Pfarramtes gemacht wird.

[45] Meyer aaO 18.
[46] Ebd. 19; Zahlenangaben nach Read 1973, 72.
[47] Meyer aaO 19, der sich auf Souza 1966, 74 stützt; vgl. auch Léonard 1963, 346ff. Die Autorität der Hl. Schrift wird stark betont und für ihre Verbreitung viel getan. Aber Meyer aaO 27 gibt zu bedenken: „Da aber erst während des Gottesdienstes der Geist den Prediger ‚ruft', also niemand vorher weiß, wer zu predigen haben wird (eine theologische Ausbildung der Amtsträger lehnt die Congregação ab), ist es um die wirkliche Schriftgebundenheit und Schriftgemäßheit einer solchen Predigt, die doch durch vorausgehende Exegese und Meditation gewährleistet sein wollen, sicherlich fragwürdig bestellt." Die Gesetzlichkeit ist bei der Congregação geringer als bei anderen Pfingstkirchen. Und doch wehrt sie erfolgreich der Laxheit — aaO 24.

war und seine Bewegung sich zuerst unter dem Proletariat ausbreitete, gehört heute die Masse der Gottesdienstbesucher in São Paulo zur Kategorie der ‚white collar'-Arbeiter[48].

Über die Geschichte der ‚Assembléias de Deus no Brasil', der größten brasilianischen und lateinamerikanischen Pfingstkirche, ist zu ihrem fünfzigjährigen Bestehen 1961 eine Geschichte von Emílio Conde erschienen. Obgleich Conde meint, nur der Glaube könne eine Geschichte der ‚Assembléias' schreiben, ist seine Arbeit „eine merkwürdig trockene, chronik-, ja fast annalenhafte Aufreihung von Namen, Orten und Daten"[49], aber dennoch ein Zeichen dafür, daß auch in der Pfingstbewegung das historische Interesse aufbricht. Aus der Tatsache, daß die ‚Assembléias' aus dem Nichts zu solcher Größe gewachsen sind (1965 über 600 000 getaufte Glieder, also Gesamtgemeinde über 1,2 Mill.)[50], zieht er einen kirchengeschichtlich bedenklichen Schluß:

„Eine Bewegung, die seit ihren Anfängen bekämpft, gehaßt, verachtet, verleumdet, entstellt und exkommuniziert wurde, kann, um das Ansehen und die Bewunderung zu erlangen, die sie heute genießt, nicht von menschlichen Ideen und Kräften bewegt und geleitet sein, vielmehr muß Gott selbst das Bezugszentrum sein, das sie inspiriert und erhebt."[51]

Sich von Gott durch die Stimme eines Bruders, die „Pará, Pará" rief[52], zur Arbeit in Brasilien berufen wissend, kamen Ende 1910 die aus Schweden stammenden Arbeiter Daniel Berg und Gunnar Vingren, in Belém, der Hauptstadt des Bundesstaates Pará, an.

Die beiden Baptisten hatten sich in Chicago der Gemeinde Durhams angeschlossen. Berg hatte 1909 die Geistestaufe erlebt. Da es in den USA baptistische Gemeinden gab, die die Geistbewegung duldeten, wandten sie sich in Belém auch an die baptistische Gemeinde. Als sie portugiesisch gelernt hatten, „predigten sie die Erlösung und die Taufe mit dem Hl. Geist mit Beredsamkeit und Festigkeit, immer gestützt auf die Schriften" (Apg 2, 38). Nachdem am 2. Juni 1911 Celina de Albuquerque nach fünftägigem Gebet die Geistestaufe erhalten hatte, kam es am 10. Juni im Gottesdienst zu Auseinandersetzungen mit dem amtlichen Prediger, die mit dem Ausschluß der beiden Schweden und 18 ihrer Anhänger endeten[53]. Damit begann die Geschichte der ‚Assembléias'.

„Von Belém aus missionierten die Pfingstler das Amazonasgebiet; in den zwanziger Jahren stießen sie nach Süden vor in das Industrie- und Kaffeegebiet und gründeten große Gemeinden in den Städten Rio de Janeiro, São Paulo, Pôrto Alegre u. a. 1930 verband sich eine Anzahl Prediger der ‚Igreja de Cristo' (Mata Grande, Alagoas), einer amerikanischen evangelikalen Kirche, mit den ‚Assembléias de Deus'. Vom selben Jahr an stießen sie auch ins Innere des Landes vor. Schon früh (ab 1913) wurden auch Missionare nach Portugal gesandt."[54] Die Glieder der ‚Assembléias' sind hauptsächlich Personen mit geringer Schulbildung". Beatriz Muniz de Souza berichtet, daß ver-

---

[48] Souza 1969, 29f.
[49] Hollenweger 1969, 84.
[50] Read 1973, 72.
[51] Conde 1960, 9.
[52] Hollenweger 1969, 79 schreibt, Vingren habe diese Stimme gehört. Nach Olson, den Souza 1969, 31 zitiert, soll sie indes von Bruder Uldin gehört worden sein, in dessen Haus sie übernachteten.
[53] Conde aaO 22f.
[54] Hollenweger aaO 83.

schiedene ihrer Informanden erklärt haben, sie hätten sich nur alphabetisiert, um die Hl. Schrift lesen zu können[55]. Neben der katholischen Kirche sind die ‚Assembléias' die einzige Kirche, die in sämtlichen Staaten Brasiliens vertreten ist[56].

In Brasilien kann man ein plötzliches Ansteigen der Wachstumskurve der Pfingstbewegung ab 1950 beobachten. „Manche Pfingstler reden von diesem Geschehen als von der ‚großen Erweckung', andere sprechen von den Jahren bis 1950 als von einer Art ‚Inkubation', nach der die brasilianische Pfingstbewegung nunmehr zur vollen Reife und Virulenz gekommen sei. Dies wirkte sich aber nicht nur im Sinne einer Stärkung der bestehenden Pfingstkirchen aus, sondern führte zugleich zur Entstehung einer Fülle neuer Pfingstgruppen. Eine Reihe von ihnen bildeten sich durch Abspaltungen von den älteren Pfingstkirchen, andere waren das Ergebnis der Arbeit ausländischer, vor allem nordamerikanischer Missionare, die in den Jahren nach dem Zweiten Weltkrieg nach Brasilien kamen, wieder andere entstanden aus den protestantischen Denominationen des Landes, besonders den Methodisten, Baptisten, Presbyterianern, Kongregationalisten und Adventisten. Diese ‚freien Pfingstkirchen' sind in einem ausgesprochenen Sinne missionarische und evangelisatorische Bewegungen, die man in ihrem gegenwärtigen Stadium weder hinsichtlich ihrer Lehre, noch im Blick auf ihre Zahl und Größe exakt beschreiben kann. Wenn man von den Pfingstkirchen im allgemeinen sagt, ihre Auffassung von der Kirche reduziere sich im wesentlichen auf eine ‚pneumatologische Missiologie', oder sie seien ‚Kirchen im Zustand der Sendung', so trifft das auf diese freien Bewegungen in ganz besonderem Maße zu."

Die Grenzen der *freien Pfingstkirchen* sind speziell gegenüber den ‚Assembléias' zum Teil noch offen und fließend. Der fortwährende Prozeß der „Zellteilung" wird von dem Zusammenschluß neuer Gruppierungen wie der Mitte der fünfziger Jahre entstandenen ‚Igreja Evangélica Pentecostal Unida' und dem 1959 entstandenen lockeren Verband freier Pfingstkirchen, der ‚Confederação Pentecostal do Brasil', gekennzeichnet.

Ausgelöst wurde dieser Prozeß durch einen Missionar der ‚International Church of the Four Square Gospel', Harald Williams, der Ende der vierziger Jahre nach Brasilien kam und ab 1953 zusammen mit einem anderen Missionar, Raymond Boatright, vorwiegend im Raum São Paulo Massenevangelisationen veranstaltete, bei denen es oft zu Krankenheilungen kam. Zahlreiche Pastoren und Prediger anderer Denominationen stießen zu dieser Bewegung, die ab 1954 mit großen Evangelisationszelten arbeitete und sich ‚Cruzada Nacional de Evangelização' (Nationaler Evangelisationsfeldzug) nannte. Dieser Feldzug ist mit der ‚Igreja do Evangelho Quadrangular' weithin identisch, die Ende der sechziger Jahre eine Gesamtgemeinde von 30–40 000 Glieder umfaßt haben soll[57]. Die ‚Cruzada Nacional' gab den Anstoß zur Gründung neuer Pfingstkirchen. So schied 1958 der Pfingstprediger Syr Martins aus und gründete die ‚Igreja de Cristo Jesus', nachdem schon 1956 der aus den ‚Assembléias' hervorgegangene pernambukanische Prediger, Manoel de Mello, die ‚Cruzada' verlassen hatte, um die Pfingstkirche ‚O Brasil para Cristo' (Brasilien für Christus) zu gründen. Als der Verfasser 1973 Mello in São Paulo besuchte, ragte das Skelett seines gigantischen Baus, der Platz für 30 000 Gottes-

---

[55] Souza 1969, 35.   [56] Hollenweger aaO.
[57] Meyer aaO 41f. Im WChH 1968 wird für die ‚Cruzada' 32 626 als „latest available Figure" angegeben. Read 1973, 72 führt die ‚Cruzada' mit 4912 getrennt von der ‚Igreja do Evangelho Quadrangular' mit 25 071 Gliedern für 1966 an.

dienstbesucher haben und damit die größte Kirche der Welt bilden soll, noch ungedeckt in den Himmel. Er selbst gab die Zahl seiner ‚crentes' im Großraum São Paulo mit 120 000 und in ganz Brasilien mit 1,5 Mill. an. Nachprüfbare Statistiken gibt es dafür noch nicht. Mello ist überzeugt, daß seine Kirche die am schnellsten wachsende der Welt ist.

Fischer gibt eine Liste von 15 Pfingstkirchen in Brasilien wieder. 1930 gab es lediglich 50—70 000 Pfingstler in Brasilien. Heute rechnet man mit einem jährlichen Wachstum von 23—25 % und 1975 mit insgesamt 4—6 Mill. Pfingstlern, d. h. praktizierenden getauften Erwachsenen, was einer mehr als doppelt so großen Gesamtgemeinde entsprechen würde.

„Wenn die missionarischen Aktivitäten der Pfingstler weiterhin so erfolgreich sind, werden im Jahr 2000 etwa 20 % der Bevölkerung Brasiliens evangelisch sein. Was das für ein bisher traditionell katholisches Land wie Brasilien und auch für ganz Lateinamerika einmal bedeuten wird, ist noch gar nicht vorstellbar. Jedenfalls begegnet einem Land — einem Subkontinent! —, das eine fast fünfhundertjährige katholische Kirchengeschichte hat, zum ersten Mal mit der Pfingstbewegung bewußt die Botschaft der Reformation! Das Wort Gottes erweist sich damit in Südamerika nicht als toter, steriler Buchstabe, sondern als eine ungeahnte mitreißende Lebenskraft."[58]

In Chile bleiben die Lutheraner und die Anglikaner — letztere betreiben Mission nur unter den Araukanern —, die Presbyterianer und die Methodisten mit ihren Wachstumsraten weit hinter dem Bevölkerungswachstum zurück, so daß man von Stagnation sprechen kann. Nur Denominationen, die dem Typ der Heiligungsbewegung nahe stehen — die Baptisten (36 000) und die ‚Alianza Christiana y Misionera' (8900)[59] — wachsen in stärkerem Maße. Trotzdem dürften 87 % der chilenischen Protestanten, deren Gesamtzahl Epinay für 1960 auf 425 700 schätzte, zu den „Bewegungen der dritten Reformation" gehören, d. h. hauptsächlich zur Pfingstbewegung. 1920—1930 betrug die jährliche Steigerungsrate der protestantischen Kirchen nur 1,46 %, 1930—40 stieg sie auf 6,45 % und pendelte sich dann in den sechziger Jahren auf 6,60 % ein. Wenngleich 1960 nur 5,6 % der Chilenen Protestanten und 89,1 % Katholiken waren, besagt jener Anteil an Freiwilligkeitskirchen natürlich viel mehr als der hohe Prozentsatz einer Volkskirche. Ein Prozentsatz von 6,5 % bedeutet eine Verdoppelung der Zahl der Evangelischen alle 10—11 Jahre. Dennoch entbehrt die lediglich mathematisch begründete Warnung Pater Muñoz' aus dem Jahre 1956, Chile könnte bei einer gleichbleibenden Wachstumsrate in 150 Jahren evangelisch sein, jeglicher soziologischen Grundlage[60].

Der oben bezüglich Brasiliens erwähnte Zellteilungsprozeß läßt sich auch in Chile beobachten. Die ‚Iglesia Metodista Pentecostal', die durch eine ‚Conferencia Anual' zusammengehalten wurde, teilte sich 1932, als Hoover zum Rücktritt vom Vorsitz gezwungen wurde und daraufhin mit Víctor Pavez und anderen die ‚Iglesia Evangélica Pentecostal' gründete. 1942 erlitt die ‚Iglesia Metodista Pentecostal' eine weitere Abspaltung, als P. Enrique Chávez die

---

[58] Fischer 1975, 13ff.
[59] Zahlen nach WChH 1968. Lalive d'Epinay 1970, 60ff kommt allerdings zu dem Schluß, daß alle Zahlenangaben aus innerkirchlichen Quellen durchschnittlich bis zu 50 % übertrieben sind.
[60] Epinay aaO 65ff. Palma 1969 spricht von 600 000 Pfingstlern und Hollenweger 1973, 334 von 1 Mill. Pfingstlern bei einer Gesamtbevölkerung von 8 Mill. in Chile.

'Iglesia Pentecostal de Chile' gründete. Weitere Zweige der Pfingstbewegung entstanden durch Mission nordamerikanischer Pfingstler, z. B. ab 1941 von den 'Assemblies of God'. Die relativ geringe organisatorische Konsistenz der Pfingstkirchen — es gibt ca. 200 von einander unabhängige Organisationen in Chile — macht deren Beschreibung praktisch unmöglich, weshalb hier auf weitere Einzelheiten verzichtet werden muß. Einen Überblick bietet das WChH (1968), wonach ca. 50 % der chilenischen Pfingstbewegung zur ursprünglichen 'Iglesia Metodista Pentecostal', ca. 38 % zur 'Iglesia Evangélica Pentecostal' und der Rest zu den verschiedensten anderen Pfingstkirchen gehören[61]. Die Entstehungsgeschichte der Pfingstbewegung in Lateinamerika muß hier aus Raumgründen auf die beiden stärksten Zentren Brasilien und Chile beschränkt bleiben. Wie schon in Abschnitt 434212 angedeutet, bildete die Pfingstbewegung mit ca. 275 700 Gliedern um 1960 auch in Mexiko bereits das größte Kontingent unter den Evangelischen. Bridges bemerkt, daß die Gesamtzahl der Evangelischen in Mexiko größer ist als die in der Hälfte der lateinamerikanischen Staaten zusammen (Kolumbien, El Salvador, Bolivien, Dominikanische Republik, Uruguay, Panamá, Nicaragua, Paraguay, Honduras, Venezuela, Costa Rica und Ekuador)[62].

44313 Zur Theologie, Ethik und Frömmigkeit der Pfingstler

Die Vielfalt auf diesen Gebieten ist groß. Dennoch sollen hier gewisse Grundzüge aufgezeigt werden, und zwar im Vergleich der chilenischen und der brasilianischen Pfingstbewegung, wie ihn Kliewer versucht hat. Die Unterschiede ergeben sich namentlich aus der starken methodistischen Tradition der chilenischen und der primär von der nordamerikanischen beeinflußten brasilianischen Pfingstbewegung. Wenn nachfolgend von den Charakteristika der chilenischen Pfingstbewegung gesprochen wird, bezieht sich das auf jene ca. 88 % Pfingstler, die aus der 'Iglesia Metodista Pentecostal' hervorgegangen sind, und nicht auf die ca. 12 %, die auf spätere nordamerikanische Mission zurückgehen, ein Unterschied, der bei Kliewer nicht berücksichtigt ist.

In Chile wird nach methodistischem Modell auch in der Pfingstbewegung

---

[61] Vgl. auch González 1970, 355f, Damboriena 1963, 68f und Read 1969, 124ff. Read aaO bemerkt, daß die schwedischen Pfingstler, die Assemblies of God der USA, die Church of God (Cleveland/Tennessee) und die International Church of Foursquare Gospel zunächst bemüht waren, der nationalen chilenischen Pfingstbewegung zu helfen. Kurz vor 1930 scheiterte der Versuch der Zusammenarbeit vornehmlich an der Frage der Kindertaufe (vgl. Epinay 1969, 35). 1938 begannen die schwedischen Pfingstler eine eigene Arbeit. Sie hatten aber 1966 erst 1900 aktive Glieder. Erst nach dem Zweiten Weltkrieg begannen auch die beiden anderen außer den Assemblies erwähnten Kirchen eine eigene Arbeit, wobei sie kleine nationale Gruppen aufnahmen, die geistliche und finanzielle Hilfe suchten. Read gibt auch für sie Gliederzahlen von unter 3000 an. Die nationale Pfingstbewegung wuchs bis ca. 1920 zunächst durch die Auszehrung der methodistischen Kongregationen und einiger anderer Denominationen von Santiago bis Concepción wie Epinay bemerkt (aaO 33ff), dann aber ab 1930 durch direkte Rekrutierung aus den mehr kulturell als religiös mit dem Katholizismus verbundenen Massen. Palma 1969, 44f sieht die bedauerliche Fragmentierung der chilenischen Pfingstbewegung an 200 Organisationen in Zusammenhang mit dem 'caudillismo' der Gemeindeleiter.

[62] Zur Pfingstbewegung in Mexiko vgl. Mac Gavran 1963, 33; Bridges 1973, 19f; Hollenweger 1971 — vgl. Abschnitt 44315.

die Kleinkindertaufe angewandt, in Brasilien nach baptistischem Modell die Erwachsenentaufe. Die Kirchenleitung verkörpern in Chile Bischöfe, in Brasilien Präsidenten. In Chile sind die historischen protestantischen Denominationen durch die Pfingstbewegung weithin gelähmt, auf ihr biologisches Wachstum und die Mittelschicht beschränkt und haben das Missionsfeld fast völlig der Pfingstbewegung überlassen. Straßenevangelisation, Werbung von Haus zu Haus und Bekehrungsfeldzüge sind also Sache der Pfingstbewegung und werden von den historischen Denominationen als Proselytismus abgelehnt. In Brasilien steht die Pfingstbewegung in einer stärkeren Konkurrenzsituation mit den historischen Denominationen, die den Kontakt mit den unteren Schichten noch nicht verloren haben, auch auf die Straße gehen und daher nach Kliewer jährlich um 5 % wachsen[63].

Eine solche Verallgemeinerung ist leicht irreführend, deshalb seien hier die Ergebnisse der neuesten Computeranalysen über das kirchliche Wachstum in Brasilien eingefügt:

	1955	1960	1965	1970	Wachstum
Baptisten	151300	186900	250650	330500	118,44 %
Adventisten	30250	42550	78800	119100	293,70 %
Assembléias	255850	376800	588300	746400	191,70 %

Für die relativ hohe Wachstumsrate der historischen Denominationen in Brasilien sind also wesentlich die Baptisten und die Adventisten, die beide enorme evangelistische Anstrengungen unternehmen, verantwortlich, in geringerem Maße auch die Presbyterianer, die beispielsweise in MG 1955–1970 um 44,17 % gewachsen sind, wobei die jährliche Wachstumsrate von 1961–1966 indes nur 1,9 % betrug[64].

Die Pfingstbewegung in Chile, die stärker in die Subkultur der unteren Schichten eingedrungen ist als die brasilianische und sogar in der ländlichen Unterschicht Fuß gefaßt hat, übernimmt freizügig Elemente des Volkskatholizismus, während die brasilianische Pfingstbewegung diesbezüglich zurückhaltender ist und derartige Elemente stärker umdeutet, weil sie sich in einer besonderen Konkurrenzsituation mit afro-brasilianischen Kulten und dem Spiritismus befindet. Während in Chile geisterfülltes Tanzen im Gottesdienst als unanstößig gilt, wird es in Brasilien abgelehnt, weil hier die Umbandisten mediumistische Tänze in ihrem Kult pflegen. Deshalb müssen auch pneumatische Äußerungen in den Pfingstgottesdiensten interpretativ deutlich von den mediumistischen Praktiken der Spiritisten abgehoben werden, die den Pfingstlern als dämonisch gelten. Insgesamt werden daher die pneumatischen Äußerungen weniger betont als in Chile. Die brasilianischen Pfingstler halten sich für „zivilisierter" als die Anhänger spiritistischer Kulte und sehen sich darin von der Volksmeinung unterstützt. In Wirklichkeit ist eine Einordnung in die Hierarchie der Gesellschaftsschichten exakt nicht möglich, wenngleich man sagen kann, daß der kardecistische Spiritismus besonders die Mittelschicht erfaßt, die Pfingstbewegung die obere Unterschicht und Umbanda die untere Unterschicht. Insgesamt hat die brasilianische Pfingstbewegung die Klassengrenzen besser überwunden als die chilenische. Souza weist in ihrer Untersuchung über São Paulo nach, daß freie Pfingtskirchen wie ‚O Brasil para Cristo' und die ‚Cruzada' eine entwickeltere Pfingstbotschaft vertreten wollen und damit auch Angehörige der Mittelschichten ansprechen[65]. Während in

---

[63] Kliewer aaO 176ff.   [64] Read 1973, 93ff.
[65] Souza 1969, 41 und 77ff bzw. Kliewer aaO.

Chile die Massenmedien kaum genutzt werden, geschieht dies in Brasilien stark und geschickt.

Allgemein stand Chile noch in den sechziger Jahren weniger unter nordamerikanischem Einfluß und war weniger durchdrungen vom ‚American way of life' als Brasilien, was die starke Abwehr der Pfingstbewegung gegen äußere Einflüsse und gegen nordamerikanische Pfingstmissionen erklärt. Mangels ausländischer finanzieller Unterstützung gibt es in Chile kaum Bibelschulen zur Ausbildung der Pfingstprediger. Auch ist das Bewußtsein für die Notwendigkeit einer biblisch-theologischen Ausbildung noch wenig entwickelt. Beim Besuch des Verfassers 1970 in Santiago gab es ein ‚Seminario Unido' der historischen Denominationen, dessen Dozenten sich mit gewissem Erfolg bemühten, durch Besuche den Pfingstpredigern die Notwendigkeit einer Ausbildung bewußt zu machen und Kurse anzubieten. Dank der regen Verbindung der brasilianischen mit der nordamerikanischen und europäischen Pfingstbewegung und der durch sie ermöglichten personalen und finanziellen Unterstützung auf dem Erziehungssektor ist in Brasilien eine stärkere literarische Entwicklung zu beobachten, gibt es mehr soziale Institutionen und Bibelschulen mit fundamentalistischer Ausbildung[66].

Die gründlichste Untersuchung von Theologie und Weltverständnis der Pfingstbewegung in ihren lateinamerikanischen Zentren Chile und Brasilien hat bisher Kliewer 1973 geliefert, der oben bereits zitiert ist. Hier können nur noch einige Hinweise gegeben werden. Die pfingstlerische Theologie ist „in ihren Begriffen sehr stark von außen beeinflußt. Sie entspricht in ihren theologischen Grundzügen der Dogmatik, die in fundamentalistischen Kreisen vertreten wird. Ihre Ausgangspunkte sind: a) Der gefallene Mensch und die gefallene Welt; b) der Dualismus von ‚Leib' und ‚Seele', von ‚Welt' und ‚Reich Gottes'; c) Bekehrung und d) Eschatologie. Die Grundzüge dieser Dogmatik sind in einigen Pfingstkirchen in Glaubensbekenntnissen festgelegt; doch kommt diesen nicht die normative Bedeutung zu, die sie in den alten Kirchen haben.

Ad a/b) Die durch Landflucht und Industrialisierung hervorgerufenen strukturellen Veränderungen der Gesellschaft, die die Einheit der ländlichen Lebenswelt zerstört

---

[66] Kliewer aaO bzw. 230ff zur Ausbildung, die im Meister-Jünger-Verhältnis erfolgt. Die Stationen des Ausbildungsweges sind: Predigt und Zeugnis auf den Straßen, Sonntagsschullehre, Predigt und Gottesdienstleitung der Gemeinde, Eröffnung einer Außenstelle, um das Charisma unter Beweis zu stellen. Hat der Nachwuchsprediger Erfolg, wird er von der Jahreskonferenz der Kirche als „Arbeiter für den Herrn" vorgeschlagen und „in einen neuen Weinberg gesandt". Nur die Kosten für die Hinreise werden erstattet, im übrigen muß er für seinen Unterhalt selbst arbeiten. Hat er weiter in der Missionsarbeit Erfolg, wird er zum Pastor-Diakon ernannt. Kann er der Jahreskonferenz beweisen, daß die von ihm gesammelte Gemeinde bereit ist, ihn voll zu unterhalten, so kann er vollgültiger Pastor nach den in Chile üblichen Regeln werden. In Brasilien hingegen haben die meisten Pastoren eine Nebenbeschäftigung. Abgesehen von der ‚Congregação' legen hier die Pfingstkirchen mehr Wert auf den Besuch einer Bibelschule. Insgesamt werden die Vorteile der akademischen Ausbildung des Nachwuchses bei den anderen protestantischen Denominationen womöglich durch deren Nachteile aufgewogen: Aufstieg in die Mittelschicht, d. h. gesellschaftliche Trennung von großen Teilen der Gemeinde, kulturelle Entfremdung, Versetzung in eine Gemeinde nach Abschluß der Ausbildung, d. h. Beschränkung der Verbundenheit zwischen Pastor und Gemeinde.

haben, die „in der traditionellen Gesellschaft durch die Vermischung von religiösem und säkularen Bereich gegeben war", haben ein „funktionales Bedürfnis nach Neuinterpretation...nach ‚Heilung' der Welt" hervorgerufen, dem die Pfingstbewegung mit der Erklärung begegnet, die Welt liege im Argen, sei das Reich des Teufels. „Der Mensch ist in der Welt von vornherein verloren; das Wirken des Teufels, auf das sich der Mensch einläßt, ist verantwortlich für die Sünde in der Welt mit all ihren tragischen Folgen: Tod, Krankheit, Laster, moralische Verirrung, Kriege, Kapitalismus, Materialismus, Kommunismus... Das Evangelium von Christus bietet die Errettung von der Macht des Teufels an." Die Einstellung der Pfingstbewegung zur Welt ist also vollkommen negativ. „Ruhe, Frieden, Zufriedenheit und Glück sind darum nicht in ihr zu finden." Kliewer zeigt an Hand von Texten, daß die sozio-ökonomischen Probleme der lateinamerikanischen Gesellschaft im dualistischen System gedeutet und dann „auf individuelle, geistliche und innerliche Ursachen" reduziert werden. Folglich wird die Befreiung von der „Ausbeutung", des Kapitalismus oder des Sozialismus auch ausschließlich in individuellen Kategorien angeboten, und zwar in Form der Absonderung von der Welt in der Versammlung der Auserwählten, in der Gemeinde „als Ort des vorläufigen Heils", als „Ort des Friedens und der gemeinsamen Vorbereitung auf den Himmel". „Die negative Erfahrung, die die marginalen Bevölkerungsgruppen mit der Gesellschaft machen, die Verweigerung der Erfüllung der Hoffnungen, die den Zuzug zur Stadt motivierten, der erzwungene Verzicht auf die vor Augen geführten Herrlichkeiten der Konsumgesellschaft und die psychische Problematik, die der Anpassungszwang hervorruft, werden in dieser Botschaft durch Negation rationalisiert, bewußtseinsmäßig verarbeitet. Und durch diese Negation wird das zerbrochene Weltbild wieder zusammengekittet." Indem der Gläubige der „bösen Welt" „das Bild des Himmelreichs und der harmonischen Gemeinde und Kirche entgegensetzt, gelingt es ihm, die neue Lebenswelt in eine umfassende symbolische Sinnwelt zu integrieren, in der all seine Erfahrungen eine Deutung finden. Zwar gelingt es ihm nicht, die widersprüchliche Komplexität dieser Welt zu begreifen, aber die negative Interpretation entbindet ihn von der Notwendigkeit dieses Begreifens und ermöglicht ihm trotzdem, sein Verhältnis zu ihr neu zu definieren."[67]

Ad c: Die ereignishaft erfahrene Bekehrung „markiert die Abwendung von der Welt und den Eintritt in den Bereich des Heils. Wie vorher die bösen Mächte, so erfährt der Gläubige nun Christus als persönlich wirksame Macht, die alle Dämonen vertreibt. Bekehrung bedeutet Befreiung von allem, was als dämonisch gilt, von Lastern, Bindungen an die Welt[68], Krankheit, Unzufriedenheit...Bekehrung ist Wiedergeburt, Neubeginn."

Der Anspruch der Sinnwelt der „pfingstlerischen Ideologie" ist total, erstreckt sich auf alle Bereiche des menschlichen Lebens. Kliewer nennt das Integration durch Negation. „Indem Begriffe wie ‚Fortschritt', ‚Kampf', ‚Befreiung', ‚Gerechtigkeit', ‚Nationalismus' aus der Umwelt in diese religiöse Sinnwelt transponiert werden, werden sie ihrer ursprünglich gegen gesellschaftliche Zwänge gerichteten Züge entkleidet und somit entschärft ... Durch ihren Biblizismus erschließen sich die Pfingstler ein Inventar von Symbolen und Bildern, das in die Gegenwart übertragen und mit den dem gesellschaftlichen Kontext entnommenen Begriffen vermischt wird. Das ermöglicht die Einordnung aller Lebenssituationen in die Sinnwelt... Die Pfingstbewegung spricht die Sprache des einfachen Volkes und gibt dem einfachen Volk Sprache. Die

---

[67] Kliewer aaO 194ff. Der Pfingstler vermag dem Unheil zwar nicht die „heile Welt", „aber eine ‚geheilte Welt' entgegenzusetzen" – ebd. 197.
[68] Fischer 1975, 23f schildert die gesetzlich-rigoristische Ethik der brasilianischen Pfingstbewegung, die in bezug auf Tabak- und Alkoholgenuß, den Gebrauch von Parfum, Tanzen und Kinobesuch, was alles „Beweise für das Verlorensein in der Sünde" sind, weithin der Auffassung des angelsächsischen Missionsprotestantismus entspricht – vgl. Abschnitt 43 Anm. 302; vgl. auch Camargo, 1973 148f.

Verbindung dieser Sinnwelt mit funktionalen Institutionen ermöglicht es dem pfingstlerischen Gläubigen, weitgehend auf das Leben in anderen Sinnwelten zu verzichten."

Es ist also deutlich: „Die Kontinuität der Pfingstbewegung zur protestantischen Bekehrungslehre ist ungebrochen. Der einzelne Mensch ist der Sünder, der errettet werden muß. Die Probleme der Gesellschaft sind die Folgen der Sünde des Individuums. Deshalb kann auch die pfingstlerische Botschaft nicht die Sünde in den Strukturen erfassen, sondern erkennt als Sünde nur die Symptome derselben. Christus starb für das Individuum, nicht für die Gesellschaft. Er starb, um ihm ewiges Leben zu geben... Zu erfahren, daß Gott für mich persönlich gestorben ist und mich persönlich als Vehikel seines Geistes ausgesucht hat, ist für die Entwurzelten der erste Schritt zu einer neuen Identität".

Ad d: Während die messianischen Bewegungen „das Reich der Gerechtigkeit durch aktiven Kampf errichten" wollten, erwarten es die Pfingstler durch passives Ausharren, woran die grundsätzlich konservative Ideologie der Pfingstbewegung deutlich wird. „Die als Prüfung und Vorbereitung auf ein jenseitiges besseres Leben verstandenen Leiden der Unterdrückten verhindern die Auflehnung gegen die Unterdrückung....Dies mag ein Grund dafür sein, daß sich die Haltung der lateinamerikanischen Regierungen, die die Pfingstbewegung anfänglich verfolgten, geändert hat. Sie erkannten in ihr nicht nur keine politische Gefahr, sondern auch eine positive Leistung im Interesse der bestehenden Machtverhältnisse."[69]

Man muß hier indes differenzieren. Vor allen Dingen sind die Dinge in Fluß, so daß man der lateinamerikanischen Pfingstbewegung als ganzer nicht unbedingt eine quietistische Frömmigkeit unterstellen kann. Hollenweger (1973) betont, daß einer wachsenden Minderheit lateinamerikanischer Pfingstler der Zusammenhang von Wort und Tat klar zu werden scheine.

„Für sie geht das soziale und politische Engagement Hand in Hand mit der Evangelisation." Auch bei den brasilianischen ‚Assembléias' scheinen sich Änderungen anzubahnen. Einer ihrer Führer, Joanyr de Oliveira, berichtet von einem Interview mit dem schwedischen Pfingstführer Lewi Pethrus: „Christus maß dem Menschen einen außerordentlichen Wert bei. So viel, daß er für ihn am Kreuz starb. Das ist Grund genug für den christlichen Führer, den menschlichen Problemen einen großen Wert beizumessen. Jesus war in gewissem Sinn ein Humanist par excellence." In diesem Sinne widersprechen die ‚Assembléias' auch der von den Militärs vertretenen These, der Kommunismus entstehe durch ausländische Infiltration. Er entsteht vielmehr im „Sumpf des Elends". „Er ‚wird gedüngt von der Armut und der Ungerechtigkeit'. Zwar ‚verleugnet der Kommunismus Gott, aber die liberale Marktwirtschaft (comodismo) verleugnet den Mitmenschen. Beide sind gleichermaßen ungerecht'." In dieser Frage gibt es deshalb auch Spannungen zwischen der lateinamerikanischen und der nordamerikanischen und europäischen Pfingstbewegung[70].

Auch Manoel de Mello erklärte in einem Gespräch mit dem Verfasser, daß er besorgt sei um die Einhaltung der Menschenrechte in Brasilien, um soziale Gerechtigkeit und verantwortliche Freiheit auf allen Gebieten, für die er mit den Predigern von ‚O Brasil para Cristo' zu kämpfen entschlossen sei. Er bedauerte, daß wegen der konservativen Mentalität der Führer der historischen protestantischen Denominationen kaum gemeinsame Protestaktionen mit ihnen möglich seien. Statt dessen unterhält Mello enge Beziehungen zu dem ebenfalls sozialkritischen Kardinal von São Paulo, Paulo Evaristo Arns, und

---

[69] Kliewer aaO 199ff.   [70] Hollenweger 1973, 337f.

unterstützt mit ihm zusammen den Vorschlag zur Errichtung eines Internationalen Gerichtshofes zur Überwachung der Einhaltung der Menschenrechte in Ost und West.

Mellos Bemerkung: „Wir sind dem Ökumenischen Rat der Kirchen auf religiösem Gebiet weit voraus; während er noch mit dem Fahrrad fährt, fliegen wir mit dem Düsenflugzeug; aber wir können auf sozialem Gebiet viel vom Weltrat lernen" — mag die Schlußüberlegungen zur Pfingstbewegung einleiten[71]. Die von den unteren Gesellschaftsschichten angehörenden Pfingstpredigern praktizierte „spontane Weise der Kommunikation", kann man nicht als Gefühlsschwelgerei abtun, sondern kann sie eher positiv als bewußte Einengung auf die Verstehensmöglichkeiten der Zuhörer, d. h. als „pneumatozentrische Missiologie" werten, „die Bonhoeffers Konzept einer ‚Gemeinde für andere' ernst" nimmt. Für die Pfingstler gibt es freilich keine andere rationale Kommunikationsmöglichkeit mit Nichtpfingstlern als die fundamentalistische Sprache.

„Aber ihre fundamentalistische Beschreibung der Evangelisation und die Praxis ihrer Evangelisation decken sich nicht." Man kann auch die Krankenheilungen durch Gebet in engem Zusammenhang zur lateinamerikanischen Wirklichkeit sehen. In Ländern, in denen Krankenhausplätze knapp oder gar nicht verfügbar und Medikamente für die Massen kaum erschwinglich sind, „ist das Gebet des Pfingstpredigers für die Kranken ein erstes vorläufiges Eingehen auf die leibliche Not", das zusätzliche medizinische Hilfe keineswegs ausschließt. Die außernatürlichen oder übernatürlichen Gaben dürfen freilich nicht mit dem Göttlichen gleichgesetzt, sondern müssen für die ganze Gemeinschaft in Dienst genommen werden, wie Lepargneur 1965 auf einem ökumenischen Symposium der ASTE forderte. Den in der Auswertung artikulierten Wunsch brasilianischer Pfingstler an die historischen Denominationen, ihnen beim Aufbau ihrer Seminare theologische Hilfestellung zu leisten, darf man nicht so deuten, als sei die Pfingstbewegung den historischen Denominationen theologisch hoffnungslos unterlegen, sondern so, wie H. Meyer betont, daß sie ihre als wichtigen theologischen Beitrag zu wertende Praxis nicht selbst in theologischer Terminologie beschreiben könnten. Hollenweger fügt hinzu: „. . . bis jetzt haben die traditionellen Kirchen kein Instrumentarium entwickelt, mit dem sie das gesellschaftliche Spannungsfeld einer größtenteils nicht-bürgerlichen und rational unartikulierten Gesellschaftsschicht verstehen können, ein Instrumentarium, das die atmosphärischen, intuitiven und emotionalen Kommunikationsmittel einschließt."[72]

Ähnlich hat Synder 1976 in einem Symposium der ASTE den Beitrag der Pfingstbewegung in der Hervorhebung der Gaben des Geistes, der Hervorhebung der Emotionen und der Priorität der Predigt des Evangeliums für die Armen gesehen, aber im Vergleich zu den Intentionen Wesleys auf folgende Gefahren hingewiesen: daß auf der Suche nach Macht und Einfluß die Liebe ihren Vorrang verliert, daß die Pfingstler durch ihre Betonung des Erlebnisses der Geisttaufe den Prozeß des Wachsens in der Gnade vernachlässigen und daß die Hervorhebung des Hl. Geistes zu einer Hintanstellung der Person

---

[71] So Mello im Gespräch mit dem Vf. im August 1973. Ein EKLBB-Pastor aus São Paulo machte den Verf. auf den Widerspruch zwischen Mellos Redeweise von der Kirche der Armen und seinem persönlichen pompösen Lebensstil aufmerksam, ferner auf die Fragwürdigkeit seiner Riesenkathedrale, die ganz auf Mellos Persönlichkeit, d. h. auf sein die Massen mitreißendes Charisma angelegt sei. Früher habe Mello die Heilungsgabe gehabt, als sie erloschen sei, habe er sich der ökumenischen Bewegung zugewandt.

[72] Hollenweger 1969, 109ff.

Christi zu führen drohe. „Die Spiritualität werde fast ausschließlich in Begriffen subjektiver Erfahrung beschrieben statt in Begriffen des Beispiels und des Sinnes Christi. Für John Wesley waren Heiligkeit und ‚den Sinn Christi haben' Synonyme."[73]

44314 Soziologische Überlegungen zur Pfingstbewegung

Epinay hat versucht, die chilenische Pfingstbewegung ausgehend vom Gesellschaftsprozeß und seiner Problematik einerseits und den Kulturmustern und Bewußtseinsinhalten andererseits als religiöses System auf einer bestimmten gesellschaftlichen Ebene zu begreifen[74]. Kliewer wendet ein, daß man die Pfingstbewegung nicht nur durch den Macht- und Funktionsverlust der katholischen Kirche, die Auflösung der traditionellen Strukturen und die wirtschaftliche Entwicklung erklären könne.

Die Pfingstbewegung ist eine „Kirche der Enterbten" (Niebuhr), eine Volksbewegung, wenn man mit „Volk" die unteren Schichten bezeichnet. „Die Pfingstkirche ist die ‚Kirche der Armen', im Gegensatz zur katholischen Kirche, der ‚Kirche der reichen Leute', und zu den an die Mittelklasse gebundenen traditionellen protestantischen Denominationen[75], die beide der Pfingstbewegung lange mit unverhohlenem Mißtrauen begegnet sind und sie als „pathologische Erscheinung" abzutun geneigt waren. In Chile wie in Brasilien ist die Pfingstbewegung eine fast ausschließlich städtische Erscheinung, wenn man von der unbedeutenden Landgemeinde der ‚Congregação Cristã' absieht[76].

Epinay versteht die chilenische Pfingstbewegung als Reinkarnation der traditionellen Gesellschaftsstruktur, d. h. als Reproduktion des autoritären und paternalistischen Hacienda-Modells[77] und widerspricht damit der These Willems, der die „egalitäre Sektenverfassung in scharfem Widerspruch sieht zur lateinamerikanischen Klassengesellschaft, insbesondere aber zur hierarchischen Struktur der katholischen Kirche", woraus er schließt, sie repräsentiere in bestimmten Aspekten eine Überwindung der traditionellen Gesellschaft[78]. Kliewer hingegen sieht Ähnlichkeiten und Umdeutungen und spricht deshalb von Kontinuität und Diskontinuität.

Die Kontinuität äußert sich darin, daß es sich jeweils um geschlossene Syteme handelt, Schutzinstitutionen konservativer Prägung. Der Pastor ist in gewissem Grade der Nachfolger des patrón, eine Ersatz des „verlorenen Vaters", Hilfe und Autorität, daher auch der nicht seltene ‚caudillismo' der Pfingstführer. Die Pfingstbewegung versucht die Glieder zwar nicht wie die politische Grundeinheit der ‚hacienda' unmündig zu halten, erreicht aber durch die Absonderung von der Welt und den Verzicht auf demokratische Formen einen ähnlichen Effekt. Die Änderung der Verhal-

---

[73] Synder 1976, 23 — wörtlich: „wie Christus gesinnt sein".
[74] Epinay 1970, 15ff.
[75] Willems 1960, 655 und 660 zitiert nach Kliewer aaO 169. Kliewers Behauptung (aaO 175), soziale Aufsteiger blieben ihrer Pfingstkirche treu, ist anzuzweifeln. 1970 wurde dem Vf. in Chile gesagt, oft lehnten schon die Söhne von Pfingstlern die Kirche ihrer Väter ab, wenn sie eine höhere Schulbildung hätten. 1976 bestätigte der chilenische katholische Kirchenhistoriker Fernando Aliaga R. dem Vf. diese Beobachtung.
[76] Kliewer aaO 176.   [77] Lalive d'Epinay 1970, 130.
[78] Willems 1963, 318.

tensmuster (Diskontinuität) überwiegt indes. Die Pfingstgemeinde ist keine wirtschaftliche Einheit, die Abhängigkeiten sind umgekehrt; der Pastor hängt von der Gemeinde ab. Der Klassengegensatz ist zumindest formal aufgehoben; alle haben dieselben Chancen. Die Schutzfunktion der ‚hacienda' liegt im Interesse des ‚patrón'. In der Gemeinde erwächst sie aus der integrierten Gruppe, die Geborgenheit gibt[79].

Neben der Dialektik von Kontinuität/Diskontinuität nennt Kliewer die von Kompensation/Protest und Integration/Desintegration.

„Zum Erfolg der Pfingstbewegung trägt wesentlich ihre kompensatorische Verarbeitung der Situation ihrer Anhänger bei, die bis zur Errichtung einer Ersatzgesellschaft geht. Gleichzeitig aber ist sie auch Protest gegen diese Situation und formuliert in ihrer Sinnwelt und in ihren Institutionen das Bild einer Gegengesellschaft. Die Pfingstbewegung ist also gleichzeitig kompensatorische Überwindung und symbolischer Protest gegen die bestehende Gesellschaft."

„Die Integrationsleistung der Pfingstbewegung ist zweifach: Sie integriert ihre Glieder in ihre eigenen Strukturen und gleichzeitig auch in die Strukturen der neuen städtischen Umwelt. Hieraus entsteht die Spannung zu ihrer Desintegrationswirkung: Sie löst ihre Gläubigen aus ihrer Umwelt und entzieht sie der vollständigen Integration in dieselbe durch die Errichtung einer Gegengesellschaft, die sich dem gesellschaftlichen Integrationsprozeß verweigert. Die inneren und äußeren Widersprüche werden in drei Prozessen verarbeitet: durch missionarischen Eifer und Ausbreitung, durch schismatische Zersplitterung und durch Entwicklung. Die Entwicklung verläuft von der Bewegung zur Institution. Das impliziert: Die Entwicklung von ekstatischer zu ritueller Frömmigkeit, von individueller Spontaneität zur Gruppenkontrolle, von charismatischer zu institutioneller Führerschaft, vom Illuminismus zur Theologie. In dieser Entwicklung verändert sich auch das Verhältnis zur Welt von der Verneinung der Welt zum Arrangement mit ihr. Das schließt auch eine Entwicklung ein, die als Verbürgerlichung bezeichnet werden kann." Schließlich ist zu beobachten, daß die drei oben erwähnten Prozesse in sich widersprüchlich sind. „Die Entwicklungen verlaufen darum nicht gleichmäßig und unumkehrbar. Der Bewegungs- und der Institutionscharakter bleiben nebeneinander bestehen."[80]

44315 Pfingstfrömmigkeit als autochthone Form protestantischer Frömmigkeit in Lateinamerika?

Die häufig aufgestellte Behauptung, die Pfingstkirchen seien die autochthone Form des Protestantismus in Lateinamerika, läßt sich am Schluß dieser

---

[79] Kliewer aaO 256ff.
[80] Ebd. 181ff. Epinay 1969, 37ff spricht unter dem Zwischentitel „Imitatio Ecclesiae catholica" von dem gefährlichen Vakuum, das bei den chilenischen Pfingstlern durch das Fehlen einer christlichen Sozialethik entsteht. Da das Reich Gottes als vom Himmel kommend verstanden wird, lohnt es sich nicht, die Gesellschaft zu reformieren. Deshalb lohnt auch eine genauere Kritik nicht. Die Folge ist, daß paradoxerweise die gesellschaftlichen Normen und Werte en bloque übernommen werden, d. h. die Gebräuche der unteren Mittelklasse, der man gleich zu werden wünscht. Die Pfingstführer werden sich ihres Machtpotentials bewußt und wollen einen gesellschaftlich anerkannten Status erlangen. Die gescholtene römische Kirche dient heimlich als Vorbild. Man baut Kirchen, die allein schon durch ihre Größe den Eindruck von Kathedralen erwecken, wie z. B. die Kirche von Curicó, die 15 000 Menschen faßt, während die katholische Kathedrale von Santiago nur 3000 Menschen Platz bietet. Dieselbe Tendenz zeigt sich bei dem Wunsch nach Klerikalisierung, bei der Einführung des Bischofsamtes und der gelegentlich von Bischöfen geäußerten Bitte, ein anglikanischer Bischof möchte bei ihrer Einführung zugegen sein, um die apostolische Sukzession zu vermitteln. Auch die Projekte einer evangelischen Universität und der Gründung einer politischen Partei weisen in dieselbe Richtung.

Darlegungen nicht eindeutig bejahen. Auch die Pfingstbewegung hat ihren Ursprung nicht in Lateinamerika, aber sie hat offenbar einer Vielzahl von Menschen der in die Städte verpflanzten Unterschicht neuen Halt und neue religiöse Ausdrucksmöglichkeiten verliehen und ist von ihrer enthusiastischen Frömmigkeit mit geprägt worden. Nida nennt mit einer vielleicht nicht ganz glücklichen Wortwahl die Pfingstkirchen Lateinamerikas „ausgesprochene Eingeborenenkirchen", wobei er mit „Eingeborenen", die in Amerika geborenen und verwurzelten Menschen meint. Er führt aber auch Beispiele dafür an, daß sich selbständige Pfingstkirchen von Indios bilden, die in der Pfingstfrömmigkeit erstmals eine ihnen gemäße Form christlicher Religiosität erleben.

So verharrten die verlustreich militärisch bezwungenen Toba im Norden Argentiniens in einer verständlichen Antihaltung gegen die katholischen Argentinier. Auch Mennonitenmissionare hatten keinen Erfolg bei ihnen, weil die Toba sich nicht „mit der mennonitischen Verbindung von landwirtschaftlicher Seßhaftigkeit und individueller Frömmigkeit befreunden konnten", denn halbnomadisch wie sie waren, „hielten sie nichts von der ‚Spar- und Sklaven'-Lebensführung". Aber als sie mit Pfingstlern in Kontakt kamen, übte deren Botschaft schnell eine enorme Anziehungskraft auf sie aus. Waren ekstatische Erfahrungen nach ihrer alten Religion wenigen vorbehalten, so erlebten sie nun, daß alle Menschen den Geist Gottes empfangen konnten. „Die Botschaft von Gottes verzeihender Gnade bedeutet für diese Pfingstler, daß Gott den Menschen seinen Sohn gab und der Sohn wiederum den Menschen seinen Geist mitteilte." Auch unter den durch die Landflucht in die ‚barriadas' (Rand- und Elendsquartiere) Limas verschlagenen Indios des peruanischen Hochlandes haben sich seit den sechziger Jahren „einheimische Pfingstbewegungen wie Wildfeuer ... ausgebreitet"[81]. Das eindrucksvollste Beispiel bildet indes die heute mehr als 15 000 Glieder umfassende ‚Iglesia Cristiana Independiente Pentecostés' im Staate Hidalgo/Mex., eine reine Otomí-Kirche unter Leitung des Otomí Venancio Hernández als Hauptpastor und ca. 40 ‚obreros', Laienprediger, „die neben ihrem Beruf als Bauern und Handwerker vierzig Gemeinden von je etwa 100" Familien vorstehen. „Diese Kirche erlebte vor Jahrzehnten blutige Verfolgungen von seiten des unteren katholischen Klerus und der katholischen Mexikaner", ist aber heute nicht mehr bedroht. Durch Straßenbau, Bau von Steinhäusern und handwerklich-genossenschaftlicher Textilproduktion haben sie den Behörden inzwischen bewiesen, daß Indios selbst Entwicklungsprogramme planen und durchführen können[82].

4432 *Pfingstfrömmigkeit innerhalb der historischen Kirchen*

Ökumenisch offene Pfingstler, z. B. von ‚O Brasil para Cristo' äußern die Hoffnung, „die ganze Kirche zu ‚verpfingsten', d. h. die spezifisch pfingstlerischen Gaben in die anderen Denominationen zu tragen. Theoretisch sind alle Kirchen damit einverstanden — könnte eine Kirche sich im weitesten Sinne des Wortes anders denn als ‚Pfingstkirche' verstehen? Aber sobald einige Pfarrer oder ganze Gemeinden anfangen, die in der Pfingstbewegung üblichen Charismen zu betätigen (vor allem Zungenreden und Krankenheilung) entstehen Spannungen, die oft — aber nicht immer — zu Spaltungen in den Kirchen führen"[83]. Wie schwer die Spannungen sind, die pfingstähnliche Be-

---

[81] Nida 1969, 92f.
[82] Hollenweger 1971, 443f, dem hier ein Zahlenfehler unterlaufen ist, wenn er von „150 000 Mitgliedern" spricht, für die die Zahl von 40 Laienpredigern völlig unzureichend wäre.
[83] Hollenweger 1969, 112; vgl. auch Bispo dos Santos 1977.

wegungen in anderen Kirchen auslösen, zeigt der Kampf, den E. Tognini mit seinem ‚Movimento de Renovação Espiritual' innerhalb des brasilianischen Baptismus führt[84]. Pastor Alfredo Ramírez von der ‚Iglesia Metodista Pentecostal de Chile' bemerkte 1972 in einem Interview, daß es mit Ausnahme zur lutherischen Kirche zu den historischen protestantischen Denominationen in Chile keinerlei Kontakte gebe. Der verstorbene Pfingstbischof Manuel Umaña habe gesagt: „Die schlimmsten Feinde, die du haben wirst, werden die Deinen sein, nicht die Katholiken."[85] Allgemein gilt die Regel, daß sich die Kontakte der Pfingstkirchen in Lateinamerika zu den historischen Denominationen fast schwieriger gestalten als zur katholischen Kirche, was möglicherweise mit daran liegt, daß diese von ihrer reformiert-puritanischen Tradition her weniger Zugang zur charismatischen Bewegung haben als die römische Kirche mit ihrer mystischen Tradition. Trotzdem darf man den Einfluß pfingstlerischer Frömmigkeit auf den denominationell geprägten lateinamerikanischen Protestantismus nicht unterschätzen. Genauere Untersuchungen hierüber gibt es noch nicht.

Am sichtbarsten ist der Einfluß pfingstlerischer Frömmigkeit auf die römische Kirche, speziell in den USA. Hollenweger (1973) spricht in einer ersten Bewertung vom „Catholic Neo-Pentecostalism".

„Im Gegensatz zur pfingstlerischen Erweckung vor 60 Jahren innerhalb der protestantischen Kirchen und der gelegentlichen sozialen Diskriminierungen innerhalb des protestantischen ‚Neo-Pentecostalism' hat die Bischofskonferenz in den USA ziemlich freundliche Beziehungen zur katholischen Pfingstbewegung. Sie sagen: Die Bewegung hat eine theologisch legitime Existenzberechtigung und ruht auf einer soliden biblischen Grundlage. Es gibt hier und da Mißbräuche, aber die Bewegung als ganze sollte nicht behindert werden." Hollenweger zitiert Sudbrack SJ, der die pfingstlerische Frömmigkeit in der säkularisierten Stadt in Beziehung zu Harvey Cox' „Fest der Narren" setzt. Hollenweger meint, „soziale und politische Themen sind von deren Treffen nicht ausgeschlossen"[86]. Der bekannte uruguayische katholische Publizist Héctor Borrat (1976) meldet indes kritische Bedenken gegen eine zu globale Befürwortung der katholischen Pfingstbewegung an, wie sie erst kürzlich der belgische Kardinal Suenens artikuliert hat[87]. Borrat weist darauf hin, daß z. B. die pfingstlerische katholische Kommunität von San Francisco sich von den politischen Problemen der Stadt nicht bewegt zeige, was an die apolitische Haltung der protestantischen Pfingstbewegung in Lateinamerika erinnere, die einem politisch konservativen Ideologie entspreche. Borrat befürchtet u. a., daß die Ausbreitung des katholischen ‚Neo-Pentecostalism' auf eine verführerische Weise einen neuen Weg zur Entpolitisierung der Katholiken eröffnen und auch einen Rückfall in den biblischen Fundamentalismus bedingen könne, der in seiner „Textidolatrie" die geschichtliche Handlungskomponente des Wortes Gottes verkenne[88].

Vom 19. bis 23. Februar 1976 haben sich in Bogotá die katholischen Charismatiker Lateinamerikas erstmals versammelt — unter den 23 Vertretern befand sich unter den Klerikern und Religiosen beiderlei Geschlechts nur ein Laie — und ihr Treffen zur Verbesserung des Erfahrungsaustausches und zur Ausbreitung der katholischen Pfingstbewegung in Lateinamerika institutiona-

---

[84] Ebd. Anm. 41. [85] In: EE 16/72, 79f.
[86] Hollenweger 1973, 50ff, vgl. Sudbrack, Im Spiegel der Zeit. Streiflichter des nordamerikanischen Christentums. Geist und Leben 43 (5 Nov. 1970), 369–387.
[87] Interview in: ICI Nr. 437 (1976).
[88] Borrat 1976, 43ff; zur katholischen charismatischen Erneuerung vgl. Oliveira 1977.

lisiert (Encuentro Carismático Católico Latinoamericano = ECCLA). An der 7. Internationalen Konferenz für katholische charismatische Erneuerung, die im selben Jahr in den USA stattfand, nahmen auch Vertreter aus Belize, Bolivien, Brasilien, Chile, Kolumbien, der Dominikanischen Republik, Puerto Rico, Mexiko und Peru teil. Am weitesten ist die „charismatische Erneuerung" in Puerto Rico und Mexiko fortgeschritten. In Mexiko gibt es schon mehrere tausend katholische Pfingstler in ca. 40 Gebetsgruppen, die offizielle Beziehungen zum Kardinalerzbischof Miranda unterhalten[89]. Um das Gespräch zwischen Protestanten, protestantischen Pfingstlern und Katholiken hat sich in Mexiko-Stadt jahrelang Rolf Lahusen im ‚Centro Ecuménico' bemüht und Artikel protestantischer und katholischer Pfingstler in den ‚Estudios Ecuménicos' veröffentlicht.

Costas (1976) weist darauf hin, daß die Wurzeln der charismatischen Erneuerungsbewegung in Brasilien bis 1957 und in Argentinien bis 1964 zurückverfolgt werden können, daß die Bewegung aber erst ab 1969 kontinentale Ausmaße annahm. 1969 betonte Juan Carlos Ortíz, der Führer des protestantischen Flügels der argentinischen Bewegung auf Vorträgen in Costa Rica, daß es nicht nur um die geistliche Erneuerung durch die Geisttaufe gehe, sondern auch um die völlige Erneuerung der Kirche und ihrer Strukturen, was unter den costarizensischen Protestanten erhebliches Aufsehen erregte. Im selben Jahr beschrieb Rubén Lores, der Generalsekretär des Tiefenevangelisationsinstituts von Costa Rica, auf dem Lateinamerikanischen Evangelisationskongreß das Wachstum der charismatischen Erneuerungsbewegung außerhalb der Pfingstkirchen, wobei er von ‚Penteprotestantes' und ‚Pentecatólicos' sprach. Auf dem CELA III 1969 (vgl. 515) zeigte sich das CLADE-Exekutivkommitee durch diese Bewegung noch so verwirrt, daß es den Anträgen, Ortíz sprechen zu lassen, nicht stattgab. Erst der Weltevangelisationskongreß 1974 in Lausanne brachte den Durchbruch und die Anerkennung für diese neue Bewegung. Schon 1972 hatten sich indes 80 Lateinamerikaner aus Argentinien, Brasilien, Paraguay, Ekuador, Kolumbien und Costa Rica in Buenos Aires zu einem Erfahrungsaustausch getroffen, bei dem es zwischen den protestantischen und katholischen Charismatikern zu einer vertieften ökumenischen Begegnung kam. 1973 nahm das Engagement protestantischer und katholischer Charismatiker in lokalen Erneuerungsbewegungen innerhalb katholischer und protestantischer Parochien, Gruppen und Projekte in Argentinien, Chile, Paraguay, Brasilien, Kolumbien, Costa Rica, Nikaragua, Mexiko und Puerto Rico weiter zu[90], so daß Mortimer Arias 1975 von zwei Formen von Ökumenismus in Lateinamerika sprach: von der charismatischen Bewegung und von der Befreiungsbewegung, die beide quer durch die Konfessionen gehen und nichts mit dem offiziellen Kirchenökumenismus zu tun haben.

„Beide wurzeln in der Bibel und in der christlichen Erfahrung. Die eine ist privater, individueller und emotionaler, während die andere sozialer, aktivistischer und engagierter ist. Sie folgen verschiedenen Wegen. Aber beide sind eine Gabe Gottes in unserer gegenwärtigen historischen Situation in Lateinamerika. Werden wir imstande

---

[89] Ebd. 45. Borrat weist darauf hin, daß der protestantische Neo-Pentecostalism in den letzten 20 Jahren in den USA besonders innerhalb der Episkopalkirche, der Presbyterianischen Kirche und der lutherischen Kirchen eine Vielzahl von Anhängern gefunden habe und sich weiter kräftig ausbreite.

[90] Costas 1976, 77ff.

sein, sie zu entdecken, sie anzuerkennen und zu akzeptieren? Vor allem aber, können wir uns öffnen zu einer kreuzweisen Befruchtung, da beide uns den dialektischen Reichtum des Christus, der uns befreit und vereint anbieten?"[91]

444 Exkurs: Animistisch-spiritistische Frömmigkeitsformen im christlichen Umfeld[92]

In der Diözese Gonaives auf Haiti mußte die römische Kirche nach einer differenzierten Umfrage in den fünfziger Jahren die Zahl der Katholiken von

---

[91] Mortimer Arias, Jesus Christ Frees and Unites, in: One World, Nr. 4 (März 1975), 17 nach Costas aaO 80. Das gewandelte Verständnis der katholischen Kirche Brasiliens gegenüber der Pfingstbewegung seit dem Vatikanum II wird deutlich in einer Analyse des Forschungssekretärs von Helder Câmara, Abdalazis de Moura, in der er auf ihre Bedeutung für die katholische Kirche hinweist. „Nach Moura ist sie ‚bewußter oder unbewußter Protest gegen bestehende politische soziale, wirtschaftliche oder religiöse Formen'. Trotz ihrer eminenten theologischen Bedeutung seien bis jetzt kaum theologische Arbeiten – die Polemiken zählt Moura nicht zu den theologischen Werken! – erschienen." Moura betont, daß die verschiedenen sozialrevolutionären Entwürfe katholischer oder protestantischer Provenienz nicht die Masse des Volkes erreichen. „Sie sind das Monopol einer privilegierten Elite, die Zugang zu einem bestimmten Jargon hat." Die Folge sei, daß die Masse des brasilianischen Volkes weiterhin die Symptome der Armut für deren Ursache nehme. „Daß die Pfingstler hier weder besser noch schlechter als die übrigen Christen informiert seien, sei nicht verwunderlich, hätten doch die historischen Kirchen während Jahrhunderten in dieser Beziehung kaum Vernünftiges gelehrt. Das sei aber für die Pfingstler insofern tragisch, als sie fast die einzige ‚Organisation auf der Ebene des Volkes' (organização popular) in Chile und Brasilien darstellten. Was die römische Kirche trotz Liturgiereform nicht schaffe, sieht Moura in den Pfingstgottesdiensten lebendig verwirklicht: eine „schöpferische Liturgie" – Importância das Igrejas Pentecostais para a Igreja Católica, Recife 1969 zitiert nach Hollenweger, Reformatio 1973, 338f. Wie Hollenweger dem Vf. indes in einem Brief v. 23. 11. 1973 mitteile, erscheint ihm der indirekte Einfluß der Pfingstbewegung auf die katholische Kirche in Brasilien am wichtigsten, „z. B. die Übernahme mündlicher Formen der Liturgie, wie sie Helder Câmara mit seinen Festivals und Dramatisierungen praktiziert. Ob es sich da um pfingstlerischen Einfluß oder selbständige Entwicklung handelt", sei allerdings schwer zu entscheiden. Es sei noch hingewiesen auf zwei Artikel über katholische Pfingstfrömmigkeit in Venezuela in SIC Nr. 372 (1975) von Trigo und Moracho. Trigo erblickt in der Bewegung die Möglichkeit, den handelnden Gott zu erfahren, zu echter Gemeinschaftsbildung zu kommen und die kalte katholische Religiosität zu überwinden. „Wenn die Sakramente esoterische, unverständliche Riten sind, die jede Beteiligung, die nicht reine Hinnahme ist, zurückweisen, leere Zustimmung, dann ist man von der entgegengesetzten Seite zum nackten lutherischen Glauben gekommen. Das Volk, das aus reinem Gehorsam, ohne zu verstehen, huldigt, nimmt teil, um wie weitem seine Pflicht gegenüber dem undurchdringlichen Mysterium zu erfüllen; und anschließend wendet es sich seinen Heiligen, seinen Frömmigkeitsübungen zu, um das in den offiziellen Akten ungestillte religiöse Bedürfnis zu stillen." Moracho hingegen warnt vor einer Überbewertung der emotionalen Erfahrungselemente, die zu einer falschen Sicherheit führen können, zu einer Flucht aus der Geschichte und einem Verlust an Wirklichkeitssinn. Das religiöse Phänomen an sich sei kein Christentum! Man vermisse bei dieser Art von Frömmigkeit die Sorge um die sündigen Strukturen, „in denen unser Lobgebet wie die kühnste Ironie erscheinen kann".

[92] Auf zwei religiöse Bewegungen, die aus der christlichen Überlieferung entstanden sind, wird im Rahmen dieses Buches nicht eingegangen: auf die Mormonen und

470 000 auf 28 500 herabsetzen, d. h. nur gut 5 % der 500 000 Einwohner dieses Gebietes können ernsthaft als Katholiken betrachtet werden, weitere 5 % als Protestanten und die überwältigende Mehrheit von 88—90 % als Anhänger des afrohaitianischen Vodô-Kultes[93]. In Brasilien wird die Zahl der Adepten der verschiedenen Mischreligionen auf 5—20 Millionen und die der Sympathisanten auf 10—40 Millionen geschätzt[94]. Damit ist das Ausmaß der Herausforderung angedeutet, die den christlichen Kirchen Lateinamerikas besonders in den Zentren des früheren Sklavenimports gestellt ist, von jener anderen Herausforderung durch die latent weiter wirksamen amerindischen Kulte oder Frömmigkeitsformen in den andinen Gebieten des Kontinents ganz abgesehen (vgl. 254). Hinzu kommt der wachsende Einfluß des Hochspiritismus in vielen Ländern. Da Elemente des Hochspiritismus vielfach in die älteren Kulte afrikanischen Ursprungs eindringen, soll er im Folgenden zuerst beschrieben werden.

4441 Die Ausbreitung des Hochspiritismus

„Die Entstehung des modernen Spiritismus hängt unmittelbar mit dem Mesmerismus zusammen, jener großen Bewegung der Heilung, die auf Franz Anton Mesmer (1734—1815), den Entdecker des animalischen Magnetismus, zurückgeht und die für einige Jahrzehnte die ganze europäische Medizin revolutionierte. In Frankreich haben sich eine Reihe von Anhängern des Mesmerismus als magnetische Heiler betätigt...Sie beschäftigten sich vor allem mit Ahnungen, den Präkognitionen und prophetischen Erfahrungen, den telepathischen und telekinetischen Erscheinungen, den visionären Erlebnissen im Zustand der Entrückung, die von den Betroffenen als Begegnung mit der Welt der Engel und der heimgegangen Seligen verstanden wurden." Ab 1854 geriet der Pestalozzi-Schüler Hippolyte Denizard Rivail (1804—69) „unter den Einfluß zweier Personen aus den Kreisen des Pariser Mesmerismus, die ihn in die spiritistischen Zirkel von Paris einführten. 1858 gründete er die erste spiritistische Zeitschrift in Paris, die ‚Revue Spirite', dann die ‚Societé Parisienne des études spirites' und wurde Verfasser verschiedener spiritistischer Lehrbücher. Seit 1855 hielt er selber spiritistische Sitzungen mit Medien ab. Hippolyte Rivail hat die Offenbarungen, die ihm von seiten der Bewohner der Geisterwelt durch seine Medien zukamen, in seinem ‚Livre des esprits', dem ‚Buch der Geister', zu einem System zusammengefaßt." Auf einer seiner Sitzungen „teilte ihm ein Geist, sein ‚esprit protecteur', mit, er, Hippolyte Rivail, sei ihm bereits im Alten Gallien unter dem Namen Allan Kardec begegnet; von da an führte Hippolyte Rivail den gallischen Namen seiner Präexistenz als literarisches Pseudonym" für seine zahlreichen Schriften, die sich zusammen mit der spiritistischen Praxis in Übersetzungen in viele Sprachen in der Alten und Neuen Welt ausbreiteten.

---

die Zeugen Jehovas, obwohl beide erhebliche Anstrengungen unternehmen, in Lateinamerika Anhänger zu sammeln. Mit ihrer Berufung auf das Buch Mormon als zweite gleichrangige Offenbarungsquelle neben der Bibel verlassen die Mormonen bewußt das gemeinsame Fundament der protestantischen Kirchen im besonderen und der christlichen im allgemeinen, zu denen sie auch jegliche Beziehungen ablehnen. Letzteres gilt auch für die Zeugen Jehovas, die die christlichen Kirchen als Werkzeuge des Satans bekämpfen, sich zwar auf den Grund der Bibel stellen, aber die meisten auf kirchlichem Konsens beruhenden Lehren und Bräuche ablehnen.

[93] Willeke 1960, 114 Anm. 14. Eine gute deutsche Einführung in die afrikanischen Religionen und den brasilianischen Spiritismus bietet Gerbert 1970, 35ff bzw. 47ff.
[94] Schmidt 1973, 89.

Die Tatsache, daß das letzte ‚Auto de Fe' der spanischen Kirchengeschichte 1861 durch den Bischof von Barcelona der Verbrennung der spanischen Übersetzung von Schriften Allan Kardecs diente, trug speziell in Lateinamerika zusätzlich zu deren Verbreitung bei: „Für die antiklerikalen und freimaurerischen Kreise wurde Allan Kardec zum Vorkämpfer und Märtyrer des sogenannten ‚wissenschaftlichen Spiritismus'. Dieser verband sich in den höher gebildeten Kreisen mit der Wissenschaftslehre Auguste Comtes"[95] und führte in Brasilien, wo der Kardecismus ab 1873 nachweisbar ist[96], 1884 zur Gründung der ‚Federação Espírita Brasileira', die heute zahlreiche Alten- und Kinderheime, Krankenhäuser, Polikliniken und Schulen unterhält und sich in ihrer „Sozialarbeit um die Bewohner der großstädtischen Elendsviertel" kümmert[97]. Auch in Argentinien ist der „wissenschaftliche Spiritismus" sehr aktiv. Neben der exklusiven Gesellschaft ‚La Constanza' gibt es die volkstümlichere ‚Escuela Científica Basilio', die auch Wohltätigkeitseinrichtungen unterhält und große öffentliche Veranstaltungen im Luna Park von Buenos Aires veranstaltet. Während einer solchen Veranstaltung wollen Medien den „Geist Jesu" empfangen haben, der ihnen vom Vorhandensein intelligenter Lebewesen auf dem Mars berichtete. Sobrado urteilt, daß alle Dienste und Hilfseinrichtungen der Spiritisten in Argentinien und Uruguay einen tröstenden Effekt innerhalb eines fatalistischen Rahmens hätten[98].

Eine soziologische Analyse zeigt, daß der „wissenschaftliche Spiritismus" z. B. in Brasilien und Argentinien, zunächst zahlreiche Mitglieder führender akademischer und intellektueller Kreise, einschließlich hoher Militärs und Minister erfaßte und dann auch zur Heil und Heilung verheißenden Religion weiter Teile der integrierten unteren Mittelschicht wurde.

Der ‚Brasilianische Spiritistische Bund' hat schon in den Jahren 1931–39 897 500 Exemplare spiritistischer Schriften, darunter fast 20 Auflagen der Werke Allan Kardecs verkauft[99]. 1973 gab es mehr als 3000 Spiritistenzentren mit Namen wie „Spiritistisches Zentrum zum Ewigen Leben" oder „... zum Guten Geist". „Spiritistische Werbesendungen werden von annähernd 80 Rundfunkstationen ausgestrahlt. Nicht wenige Katholiken halten sich im Spiritismus eine praktikable Zweitreligion. Der Hinweis der offiziellen katholischen Kirche auf die mögliche Exkommunikation hat bislang nichts genützt."[100]

Nach der amtlichen Statistik von 1968 bezeichneten sich nur 640 000 Brasilianer als Spiritisten, was wohl mit dem Verständnis vieler zusammenhängt, der Spiritismus

---

[95] Benz 1976, 82f.
[96] Weingärtner 1969, 16. Kloppenburg 1964, der die bisher gründlichste Studie über den brasilianischen Spiritismus vorgelegt hat, weist allerdings darauf hin, daß man auch beim Hochspiritismus verschiedene Richtungen unterscheiden muß: die orthodoxe Richtung des Kardecismus, die Richtung von João Batista Roustaing, die Richtung von Pietro Ubaldi und die „heidnisierende Tendenz" innerhalb des Kardecismus, die den Spiritismus ganz vom Christentum emanzipieren will – aaO 46ff.
[97] Schmidt 1973, 88.
[98] Sobrado 1969; Promper 1965, 214ff bemerkt: „Da der Spiritismus, der die Unterschiede zwischen dem Sakralen und der Magie verwischt, dem Bedürfnis einer tief religiösen Bevölkerung entspricht, hat er auch nach Argentinien übergegriffen und macht dort unter den weithin unbetreuten Katholiken zusehend Fortschritte", das gilt auch für die Großen Antillen, besonders für Kuba und Santo Domingo.
[99] Movimento Espírita – REB I (1941), 833–43 o. Vf.
[100] Schmidt 1973, 88.

sei ihre Zweitreligion, so daß sie sich weiterhin als Katholiken bezeichnen. Denn ein Fernsehinterview mit dem bekanntesten brasilianischen Spiritisten, Chico Xavier, wurde Anfang der siebziger Jahre allein im Raum von São Paulo von 1 280 000 Zuschauern gesehen, und die spiritistischen Organisationen behaupten, 10 Millionen Anhänger zu haben. 1958 hatte Chico Xavier, der sich als Psychograph versteht, bereits 61 Bücher veröffentlicht. Auch der durch seinen Neffen Amairi Xavier Pena 1958 verursachte Skandal - der Neffe, selbst ein erfolgreiches Medium, behauptete, sein Onkel habe genau wie er gar nicht mit Geistern gesprochen, sondern nur seine blühende Phantasie zu Papier gebracht — vermochte die Anziehungskraft, die Chico auf die Massen ausübt, nicht entscheidend zu vermindern. Wie vorher Pedro Leopoldo, so wurde nun sein neuer Wohnsitz Uberaba zum Mekka der brasilianischen Spiritisten, die in seinen öffentlichen Sitzungen Heilung und Rat für alle Lebenslagen suchen. Seine Einnahmen steckt Chico fast gänzlich in Wohltätigkeitsmaßnahmen[101].

Es ist kein Zufall, daß Chico Xavier das Neue Testament und die Werke Kardecs als Grundlage seines Spiritismus betrachtet, von der Wiedergeburt als einem ewigen Evolutionsprozeß des Schöpfers spricht, Jesus als seinen Meister betrachtet und das „unsterbliche Gesetz der Liebe" lehrt[102]. Denn die Anziehungskraft des „wissenschaftlichen Spiritismus" in Brasilien beruht zum Teil darauf, daß er sich als christlicher Spiritismus versteht, sich ständig auf das Alte und Neue Testament beruft, sich selbst biblisch begründet, aber die göttliche Offenbarung für unabgeschlossen hält und sich selbst als „die dritte Offenbarung" versteht[103].

4442 Afro-amerikanische Kulte und niederer Spiritismus

Die afro-amerikanischen Kulte mit ihren Schwerpunkten in Haiti und Brasilien, meist mit den Stichworten Vodô und Umbanda bezeichnet, haben eine noch breitere Basis in den Massen als der Hochspiritismus. Soziologisch betrachtet überwiegen unter ihren Anhängern die marginalisierten Glieder der ländlichen und städtischen Unterschichten, für die sie eine kompensatorische Funktion haben. Beim Umbanda kann man indes in den letzten Jahren einen zunehmenden Prozentsatz Weißer aus allen sozialen Schichten sehen.

Mit dem Begriff „Afrikanismus" wird bereits das Produkt eines synkretistischen Prozesses bezeichnet, „der sich unter den besonderen historischen

---

[101] Vgl. die brasilianische Zeitschrift ‚Realidade' von Nov. 1971, 56ff. Chico verkauft mehr Bücher pro Jahr als jeder andere Autor in Brasilien, d. h. fast 300 000 Exemplare. Er hat inzwischen über 100 Werke veröffentlicht mit einer Gesamtauflage von fast 3 Mill. (1971). In seinen Sitzungen erteilt er Ratschläge und Heilungsrezepte.

[102] Vgl. Realidade aaO 62. Benz aaO 86 bemerkt, daß eine klare Abgrenzung der römischen Kirche gegenüber dem höheren oder niederen Spiritismus schwierig sei. Die Presse berichte laufend über Heilungen, die sich an den Gräbern von Pater Reus, einem in São Leopoldo beerdigten Jesuiten, dessen Grabkult der Vf. häufig beobachtet hat, und Pater Cicero vollziehen. „Der Kampf gegen den Spiritismus mit Hilfe einer wissenschaftlichen Parapsychologie... stellt dadurch den charismatischen Bereich der Kirche selbst in Frage und fördert einen reinen Rationalismus".

[103] Benz aaO 87: „Eines der meistverbreiteten und in den spiritistischen Sitzungen zu Lesungen und Gebeten benutzten Bücher Allan Kardecs ist das ‚Evangelium nach dem Spiritismus'. Dieses Buch enthält ‚eine Erläuterung der moralischen Grundsätze Christi in Übereinstimmung mit dem Spiritismus und ihre Anwendungen auf verschiedene Lebensumstände'".

Umständen in Brasilien im Bereich der vielgestaltigen afrikanischen Traditionen vollzogen hat"[104]. In diesem Sinne kann man Umbanda und Vodô als Afrikanismen bezeichnen, wobei der synkretistische Prozeß bei Vodô nicht ganz so vielschichtig ist, da die Mehrheit der haitianischen Sklaven aus Dahomé kam.

Zu undifferenziert hat Nina Rodrigues formuliert: „Die nach Brasilien eingeführten Neger gehörten alle totemistischen Völkern an."[105] Nach Bahia kamen auch die schon islamisierten Malês, deren Islamismus eine Schicht über den totemistischen Vorstellungen bildete. Wiederum zu verallgemeinernd meint Mendonça, die islamische Schicht sei mit dem Wegfall des moralischen Zwanges verschwunden und durch eine katholische ersetzt worden[106]. Weingärtner betont, daß bei den Haussa-, Tapa- und Mandigaabkömmlingen im Küstengebiet des Staates Bahia und im Raume von Rio de Janeiro bis heute islamische Elemente nachweisbar seien, „die in den jeweiligen religiösen Bräuchen ihren Niederschlag gefunden haben". Wenn man die islamischen Neger als Sonderfall beiseite lasse, könne man indes in der gegenwärtigen Kultpraxis von einer Affinität des gemeinsamen magisch-animistischen-fetischistischen Überlieferungsgutes sprechen[107].

Bei den nur oberflächlich christianisierten Schwarzen (vgl. 222), die aus den verschiedensten Stämmen und religiösen Traditionen kommend in den ‚senzalas' (Sklavenhütten) der Plantagen rücksichtslos zusammengewürfelt wurden, kam es schon früh zu einer „Identifizierung, Angleichung, Ausmerzung und Summierung religiöser Vorstellungen — ein Vorgang, der durch das Eintreffen immer neuer Sklavenschiffe ständig in Fluß gehalten wurde... Steine, Hölzer, Tierzähne und sonstige Gegenstände, denen man magische Kräfte zuschrieb, wurden an geheimen Stellen verwahrt, und die Hüter dieser Fetische waren die eigentlichen Träger religiöser Macht. Die Verehrung der heimatlichen Orixá war keineswegs gebrochen, obwohl die Götter der Weißen sich offenbar als stärker erwiesen hatten und man sich irgendwie mit ihnen arrangieren mußte.

Dieses Arrangement bestand in weitgehender Annahme der äußeren Symbole des Katholizismus: Amulette, Medaillen, Reliquien, Heiligenbilder, Weihwasser, Oblaten und Meßwein wurden in die fetischistische Vorstellungswelt übernommen und großenteils mit bereits bekannten sakralen Gegenständen identifiziert. Es entspricht also keineswegs den historischen Gegebenheiten, wenn gegenwärtig Stimmen aus dem afrikanistischen Flügel des Umbandismus die Entwicklung so darzustellen versuchen, als sei der Umbandakult bei seinem Zusammentreffen mit dem Katholizismus bewußt in den Untergrund gegangen und als haben die katholischen Gebräuche jahrhundertelang nur als Tarnung für einen kontinuierlichen Strom genuiner afrikanischer Tradition gedient. In Wirklichkeit liegen die Dinge viel komplexer." Der notgedrungen unter der Oberfläche vollzogene Kult wurde einem bis in die Gegen-

---

[104] Weingärtner 1969, 10. Zu Umbanda vgl. auch Kloppenburg 1961.
[105] Vgl. Mendonça 1973, 74, der sich auf Rodrigues 1932, 262 bezieht. Zum Vodô bemerkt Santa Ana 1966, 204: „Es hat seine Struktur und seinen für Dahomé typischen Geist beibehalten. Die verschiedenen ethnischen Gruppen am Golf von Guinea besaßen trotz tiefer Gegensätzlichkeiten und Sprachunterschiede weitgehend dieselbe Kultur. Häufige Kontakte und wechselseitige Beeinflussung trugen dazu bei, daß sie einander immer ähnlicher wurden. Die Sklaven, die aus dieser Gegend und Kultur kamen, hatten keine Schwierigkeiten, die verschiedenen Überlieferungen zu vereinigen und auf Haiti eine neue synkretistische Religion zu schaffen".
[106] AaO 74.   [107] AaO 9f.

wart sich fortsetzenden synkretistischen Prozeß unterworfen, dessen jüngstes Ergebnis seit Ende des 19. Jahrhunderts der wachsende Einfluß des Kardecismus auf den Umbanda ist. „Obwohl in den religiösen Gebräuchen der eingeschleppten Negersklaven der Verkehr mit den Geistern Verstorbener ursprünglich keine wesentliche Bedeutung hatte – die Orixá, die sich während der Kulthandlungen sichtbar in Menschengestalt offenbarten, wurden als Naturgeister vorgestellt; der Ahnenkult wurde nur bei den Nachkommen einiger Bantustämme gepflegt –, wurden die spiritistischen Zirkel in stets wachsendem Maße zum Leitbild des Umbandakultes, so daß sich heute die meisten Umbandisten als Spiritisten bezeichnen. . ." Dennoch ist der Inhalt der vermittelten Botschaften bei den Spiritisten und den Umbandisten grundverschieden. Erstere verstehen sich als christlich und erheben Anspruch auf Wissenschaftlichkeit, letztere haben nur Elemente aus dem Volkskatholizismus übernommen und kennen weder das Ethos der Menschenliebe, noch „das Drängen auf gute Werke, die Idee der Weiterentwicklung in sukzessiven Reinkarnationen und andere Lehrelemente des Spiritismus...Zudem erhoben die afrikanischen Kultstätten vor ihrer Begegnung mit dem Spiritismus niemals den Anspruch, Wissenschaft zu vertreten. Von Magie und Mythos bestimmt, waren sie eher geneigt, die Ergebnisse der Wissenschaft magisch zu interpretieren, als ihre eigene Überlieferung mit wissenschaftlichen Argumenten zu stützen." Man mag das Kontinuum beider in der Angleichung des Umbanda an den Spiritismus, in der Verwendung von Medien und in der Heilpraxis sehen[108]. Andererseits unterscheiden sie sich dadurch, daß der Umbanda sich im Gegensatz zum Spiritismus als eine Kult-Religion mit eigenem Priesterstand, farbenprächtigem Ritual und einem Katechismus versteht[109].

In vielen kurzen, aufsatzartigen Abhandlungen über die afro-brasilianischen Kulte herrscht eine Begriffsverwirrung zwischen Candomblé, Macumba und Umbanda, wobei Macumba meist als schwarze und Umbanda als weiße Magie definiert wird[110]. Die historische Genesis dieser Kultformen ist indes, wie Bastide zeigt, viel komplexer[111].

Bastide zeichnet eine regelrechte Geographie der brasilianischen Religionen der Kolonialzeit. Amazonien war eine von Indios bestimmte Region. Die sich hier unter dem Einfluß des Christentums entwickelnde synkretistische Frömmigkeit wird als ‚catimbó' bezeichnet, bzw. im Zusammenhang mit messianischen Erscheinungen als ‚santidades' (vgl. 254). Das importierte afrikanische Element steuerte einige re-

---

[108] AaO 12ff. Benz aaO 85 bemerkt: „Was sich in Brasilien vollzieht, ist ein religionsgeschichtlicher einzigartiger Vorgang: während sonst in der Geschichte der christlichen Mission die alten heidnischen Schichten vollständig ausgerottet oder unterdrückt wurden, hat in Brasilien eine eigentümliche Überlagerung der verschiedenen religiösen Schichten stattgefunden, die zu einem einzigartigen Prozeß der Akkulturation geführt hat. An Stelle der Ausrottung und Verdrängung der älteren Schichten tritt ein Prozeß ihres Aufstiegs in höhere Stufen des religiösen Bewußtseins, in denen sich das Alte und das Neue in ganz verschiedenen Formen und Dichtigkeitsgraden vermischen und verwandeln. So kommt es in Brasilien zu dem merkwürdigen Phänomen, daß sich unter und neben den traditionellen Formen katholischen und protestantischen Christentums eine neue Volksreligion entwickelt, in der gerade ein Kennzeichen der älteren religiösen Schicht, nämlich die Verbindung mit der Geisterwelt und die Heilung, eine maßgebliche Rolle spielt".
[109] Fülling 1961, 69. Gerbert 1970, 54ff faßt die Funktionalität des höheren und niederen Spiritismus unter folgenden Stichworten zusammen: Therapeutische Funktion, soziale Integrierung durch Assimilation und Kompensation und soziale Hilfe als Integrierungsfaktor.
[110] Z. B. bei Fülling aaO oder Schmidt aaO.
[111] Bastide 1971 II, 243ff im einzelnen.

liöse Elemente bei, paßte sich aber weitgehend den indianischen an, ähnlich beim ‚pajelanca' in Piauí. In Maranhão hielt sich in der Hauptstadt São Luís eine Insel afrikanischen Einflusses, speziell solchem aus Dahomé, während im Umland das indianische Element des ‚catimbó' überwog[112]. Im ganzen Nordosten von Pernambuco bis Bahia herrschte der Einfluß der Ioruba gegenüber dem aus Dahomé vor. Die namentliche Unterscheidung von ‚Xangô' in Pernambuco, Alagoas und Sergipe und ‚candomblé' in Bahia stammt von den Weißen, nicht von den Negern. Abgesehen von sekundären Unterschieden kann man vom afrikanischen Standpunkt aus von einer kulturellen Einheit sprechen[113]. Am wenigsten ist in Zentralbrasilien vom ‚canjerê' übrig geblieben[114]. In Rio Grande do Sul mit Zentren in Pelotas und Pôrto Alegre wurden die afro-brasilianischen Kulte ‚batuques' genannt[115].

Diese Kulte befanden sich in einem synkretistischen Prozeß mit dem Christentum, dessen entscheidendes Ereignis die schon sehr früh nachweisbare Identifizierung der Orixá mit katholischen Heiligen ist.

Weingärtner urteilt: „Wegen des völligen Mangels an verläßlichen geschichtlichen Quellen ist schwer auszumachen, ob jene Gleichsetzung spontan erfolgte oder ob sie das Resultat einer katechetisch-missionarischen Methode war, die bewußt an die Vorstellungen der Schwarzen anknüpfte, um sie auf kaltem Wege langsam durch katholisches Traditionsgut zu ersetzen ... Jedenfalls liegt der Ursprung einer Vielzahl brasilianischer Wallfahrtsorte und örtlicher Heiligenfeste im Dunkeln, und alle Wahrscheinlichkeit spricht dafür, daß in manchen Fällen afrikanische Kultorte und Kultfeste einfach verchristlicht wurden. Das bedeutet aber u. a., daß ein Marien- oder Heiligenstandbild nun die Stelle der wundertätigen Fetische oder Naturphänomene einnahm und daß diesem fortan dieselben Kräfte zugeschrieben wurden wie den ursprünglichen, heidnischen Symbolen... Jedenfalls verstand der Schwarze den weitgehend vom Heiligenkult bestimmten Populärkatholizismus als eine Welt, in die er seine altgewohnten Vorstellungen mit hineinnehmen konnte, ohne viel mehr als Namen und Formen zu verändern."

Der oberste Himmelsgott — Zambi oder Olorun — bleibt unnahbar und offenbart sich nicht. Deshalb werden Leben und Kult seiner Kinder, der Schwarzen, von den Orixá bestimmt bzw. in der Tradition von Dahomé von den Vodô-Geistern, sowie von einer unendlichen Zahl ihnen untergeordneter Wesen. Jeder Mensch hat seinen Orixá, dessen willenloses Werkzeug er während der Epiphanie seines Orixá in einer Kulthandlung werden kann. „Alle in ‚Ekstase' verfallenen Kultteilnehmer werden sozusagen" magisch in ihren Orixá verwandelt. „Unter den Orixá nimmt Oxalá eine Sonderstellung ein. Seiner Bedeutung entsprechend wurde er sehr früh mit Jesus Christus identifiziert", und zwar mit ‚Nosso Senhor do Bonfim', dem Herrn des mittelbrasilianischen Wallfahrtsortes Bonfim. Die sehr populäre „Mutter aller Orixá, Jemanjá, wird mit der Jungfrau Maria identifiziert, meist mit ‚Nossa Senhora da Conceição' (Unserer lieben Frau von der unbefleckten Empfängnis), weshalb ihr Jahresfest am 8. Dezember mit Opfern an Flußläufen und am Meeresstrand begangen wird. Xangô, der „Orixá des Donners und des Blitzes, sowie der Wasserfälle... wird meist mit dem hl. Hieronymus identifiziert, an manchen Orten auch mit dem hl. Antonius oder mit Sankt Michael", Ibegi, der Orixá der Zwillinge und Schutzpatron der Kinder, mit Kosmas und Damian, um nur einige Beispiele zu nennen[116].

Alle afrikanischen Kulte waren an ihren Kultort (terreiro) gebunden. Sie wurden daher durch die großen Bevölkerungsverschiebungen des 18. und

---

[112] Ebd. 256ff.   [113] Ebd. 266ff.
[114] Ebd. 281ff.   [115] Ebd. 287ff.
[116] AaO 14 und 23ff, vgl. im einzelnen Bastide aaO 359ff, der die Identifizierungen der Orixá mit christlichen Heiligen regional auflistet.

19. Jahrhunderts sehr in Mitleidenschaft gezogen. Im Zuge der Entdeckung des Goldes wurden im 18. Jahrhundert große Mengen von Sklaven in Minas Gerais zusammengezogen. Ab Ende des 18. Jahrhunderts wurden sie auf Viehzuchtbetriebe in Minas Gerais und auf Zuckerrohrplantagen in São Paulo verteilt, im 19. Jahrhundert auf Kaffee-Plantagen in São Paulo konzentriert und in Neuerschließungen am Amazonas. Diese Migrationen bedingten starke synkretistische Prozesse innerhalb der afro-brasilianischen Kulte[117]. Diese Prozesse wurden nach der Aufhebung der Sklaverei 1888 und der Trennung von Staat und Kirche 1890/91 infolge der nun möglichen Mobilität der Schwarzen verstärkt, die einerseits zur Zerstreuung der Schwarzen auf dem Lande (Minifundien) und andererseits zum beschleunigten Zuzug in die Städte führte. Die Folge war eine weitgehende Degeneration und Auflösung von traditionellen afro-brasilianischen Kulten der Landbevölkerung. Wegen des vorrangigen Interesses an medizinischer Hilfe wurden aus den Priestern Medizinmänner, die mit Befragung der Geister, Gebeten und magischen Riten Heilungen anboten. Die Heiligen des Katholizismus, Zauberwesen (encantados) des indianischen ‚catimbó' und der niedere Spiritismus gewannen an Gewicht. Die zunehmende Industrialisierung seit dem Ersten Weltkrieg zerstörte die traditionellen religiösen Werte in den Städten und verwandelte die Schwarzen in ein Subproletariat[118].

Der Macumba ist ein Reflex auf die Desintegration der geschlossenen ländlichen Kulte und die Auflösung der zwischenmenschlichen Beziehungen. Mit Hilfe des Volkskatholizismus und des Kardecismus bot er ein Minimum an zwischenmenschlicher Solidarität in der sozialen Umbruchsituation. In dem Maße, in dem sich die soziale Situation der Schwarzen in den Städten etwas besserte und sich leichte Aufstiegschancen abzeichneten, setzte sich als stabilisierendes religiöses Element der Spiritismus des Umbanda durch. Auf diese Weise zurückgedrängt denaturierte sich der Macumba immer mehr, verlor seinen religiösen Charakter und endete in „schwarzer Magie" und „touristischem Macumba". In Großstädten wie Rio de Janeiro oder São Paulo ist der mit Astrologie, indischen und kabbalistischen Überlieferungen vermischte Macumba heute die Ersatzreligion des Bodensatzes der Gesellschaft, der sozialen Parasiten, „bei der schamlosen Ausbeutung der Leichtgläubigkeit der unteren Schichten oder der Ausbreitung unmoralischer Tendenzen von der Notzucht häufig bis zum Mord"[119].

Umbanda ist also der Versuch des Wiederaufbaus dessen, was von den afrikanischen Religionen übriggeblieben ist. Bastide spricht von der „Geburt einer neuen Religion". Gegenüber dem rassischen Vorurteil der Weißen ist

---

[117] Bastide aaO 298ff.   [118] Ebd. 393ff.
[119] Ebd. 466ff, 406ff und 414ff. Im STERN Magazin 30 Nr. 2 (30. 12. 1976) heißt es im Artikel „Rio – die schönste Stadt der Welt verkommt" S. 39: „Was die Mediziner unterlassen, besorgen die Medizinmänner des afro-brasilianischen Macumba-Kults in ihren ‚casas de caridade' — Häusern der Mildtätigkeit, aber auch des Aberglaubens. Es gibt fast 30 000 dieser Heil-Häuser, in denen die Armen ihr Elend vergessen können. Dort werden böse Geister ausgetrieben und gutgesonnene beschworen, in mystischen Operationen Magengeschwüre entfernt und Rezepte gegen Liebeskummer verkauft. Die ‚casas' ersetzen Krankenhäuser und Kontaktzentrum, Psychiater-Couch und Kirche. Zur Flucht aus der Wirklichkeit sind sie im Norden so wichtig wie Karneval und Fußball". Im Norden, d. h. unter den 6,5 Mill. Einwohnern der nördlichen Vorstädte und ‚favelas' Rios.

Umbanda eine Revalorisierung der afrikanischen Traditionen der Farbigen, so weit sie unter dem Zeichen des Kreuzes überlebt haben. Bastide widerspricht der marxistischen Behauptung, dieser neue Spiritismus mit seiner Predigt der Unterwerfung, des Opfergeistes und der Liebe kette die Farbigen noch mehr an ihren unterprivilegierten Status. Umbanda werde hingegen von Kapitalisten wie Kommunisten gleichermaßen abgelehnt. Umbanda sei dem Proletariat nicht aufgezwungen, sondern „eine Schöpfung des Proletariates"[120]. Vor Mißbräuchen ist freilich keine Religion geschützt. So versuchte der haitianische Tyrann François Duvalier (1957—1971), sich die „einmalige Größe des afrikanischen Erbes" als großer Vodô-Priester politisch nutzbar zu machen und nahm dafür auch die Exkommunikation der römischen Kirche hin[121]. In Brasilien hatte Getúlio Vargas schon vorher die „Hierarchien der schwarzen Kulte aus staatlichen Geheimfonds" unterstützt, um die Massen für sich zu gewinnen[122].

Die Bedeutung von Umbanda erhellt daraus, daß die brasilianischen Behörden Umbanda bereits als vierte große Religion neben Katholizismus, Protestantismus und Spiritismus betrachten.

„Man schätzt die Zahl der umbandistischen Kultstätten in ganz Brasilien auf mindestens 80 000—100 000. In Rio wird die Zahl von 25 000 bis 30 000, im Staate Rio Grande do Sul mit 13 500 und für den Staat São Paulo mit 13 000 Kultstätten angegeben. Bei diesen Zahlen sind lediglich die eingetragenen ‚Terreiros' berücksichtigt. Darüber hinaus gibt es eine schwer zu schätzende Ziffer nicht behördlich registrierter Versammlungsorte. Dabei muß immer berücksichtigt werden, daß viele ‚Terreiros' und ‚Tendas' (Zelte, ebenfalls eine Bezeichnung für Kultstätten) eine strenge Arkandisziplin üben; viele Versammlungen sind nur Eingeweihten und Einzuweihenden zugänglich."[123]

Wie bereits angedeutet, ist Vodô ein ursprünglich aus Dahomé stammender Kult, den die Sklaven auch nach Brasilien, Kuba und in den Süden der USA gebracht haben, aber, so drückt es González aus subjektiv christlicher Sicht aus, nur in Haiti ist der Vodô eine „Plage" geworden, eine nicht nur auf religiösem, sondern auch auf politischem und sozialem Gebiet bestimmende Kraft[124]. Collyer stellt in seinem Haiti-Report für das CCLA (1953) nüchtern fest: „Vodô ist noch die einzige religiöse Praxis vieler, und sein Einfluß erstreckt sich in den christlichen Glauben und die christliche Frömmigkeit hinein"[125].

Man kann Vodô typisch abstrakt wissenschaftlich aus europäischer Sicht beschreiben als „‚ein Gemisch westafrikanischer Eingeborenenkulte... mit katholischen Vorstellungen und Gebräuchen'. In der Hauptsache handele es sich um Familienrituale, um Opfer, begleitet von Gesängen und Tänzen, wobei verschiedene Gottheiten verkörpert oder aufgefordert werden, an der Zeremonie teilzunehmen. Demgegenüber trete das rein magische Element in den Hintergrund"[126]. Man kann sich als Völkerkundler in einer Art nostalgischen Sehnsucht teilnehmend in den Vodô hineinsteigen und meinen, darin den Einklang mit den mythischen Urgewalten zu erleben, wie dies Wolfgang

---

[120] AaO 417 ff und 470f.
[121] Italiaander 1969, 302, vgl. hier Bibliographie.
[122] Redaktionelle Anmerkung in LM 12 (1973), 86.
[123] Schmidt 1973, 89.   [124] González 1969, 62.   [125] Collyer 1953, 2.
[126] Walter Hirschberg, Wörterbuch der Völkerkunde zitiert nach Italiaander 1969, 304.

Cordan in „Tod auf Haiti" tut[127]. Man kann Vodô aus der Sicht eines in seinem Bannkreis aufgewachsenen haitianischen Ethnologen wie Jean Price-Mars sehen, der Vodô als eine Religion versteht, „weil alle Anhänger des Vodô an die Existenz überirdischer Wesen glauben, die irgendwo im Universum, aber in engem Kontakt mit den Menschen leben und deren Handeln beherrschen".

„'Der Vodô ist eine Religion, weil der seinen Göttern geweihte Kult ein abgestuftes System von Priestern erfordert, eine Gemeinschaft von Gläubigen, Gotteshäusern, Altären, Zeremonien und schließlich eine mündliche Tradition, die sich zweifellos nicht unverändert erhalten hat, aber durch die wir doch die wesentlichen Teile des Kultes erkennen können. Der Vodô ist eine Religion, weil man durch den Wust der Legenden und korrumpierten Fabeln hindurch eine Theologie und ein System der Gottesdienste erkennen kann, durch das sich unsere afrikanischen Vorfahren die Phänomene der Natur erklärten....'."[128]

Man kann auch wie der bekannte französische Ethnologe Alfred Métraux kritisch nach der sozialpolitischen Rolle des Vodô auf Haiti fragen, wird er doch oft als ein den materiellen Fortschritt hindernder Aberglaube beschrieben.

„Wenn es für die ländlichen Massen auf Haiti einzig um eine bessere Ernährung, anständige Kleidung und bequemere Wohnungen ginge, müßte man sich ohne Zögern den Bekämpfern des Vodô-Glaubens anschließen. Aber der Mensch hat noch andere Bedürfnisse. Er braucht Sicherheit, und gerade weil der Bauer ständig von Not oder Krankheit bedroht ist, hängt er so sehr am Vodô. Im gegenwärtigen Zustand der haitianischen Gesellschaft ... erfüllt der Vodô eine wichtige soziale Funktion. Keine Gemeinschaft, die geistig gesund bleiben will, kann auf Vergnügungen verzichten. Wenn auch die Lieder und Tänze im eigentlichen Sinne religiöse Praktiken sind, so bereiten sie doch auch sehr weltliche Freuden. Endlich ist nicht zu leugnen, daß der Vodô-Kult im künstlerischen Bereich eine große Rolle spielt. Durch ihn konnten die Bauern auf Haiti ihr afrikanisches Erbe auf zwei Gebieten erhalten." Anzeichen einer Bedrohung des Vodô sieht Métraux in der durch den Tourismus geförderten Kommerzialisierung und, viel ernster, in dem „von der katholischen Kirche mit viel Aufwand betriebenen Kampf gegen den Aberglauben"[129].

Wie gegenüber den indianischen Kulturen und Religionen wird auch gegenüber dem Vodô von christlicher Seite ein ganz anderes Maß von Verständnis und Einfühlungsvermögen nötig sein, wenn den Haitianern das Evangelium gepredigt werden soll, ohne ihnen ihre kulturell-religiöse Identität zu rauben.

---

[127] Cordan 1961.
[128] Price-Mars 1928 zitiert nach Italiaander aaO 304ff. Bastide aaO 307 bemerkt, daß der Vodô in Haiti immer mehr zu einer „Mythisierung" der afrikanischen Vergangenheit neige, die der Stolz der jungen Republik sei und sich in Richtung auf die Bildung eines „Nationalbewußtseins" entwickele. „Im Gegensatz zu Haiti sind in Brasilien die afrikanischen Religionen mehr städtisch als ländlich. Die Evolution folgt hier dem Rhythmus der Urbanisierung und der Industrialisierung, um sich einer Gesellschaft im Umbruch anzupassen ..." Auch im Vodô werden die Geister, die die Natur und das tägliche Leben kontrollieren, mit christlichen Heiligen gleichgesetzt, so Legba, der Geist der Fruchtbarkeit und aller Eingänge, mit dem Hl. Petrus als Schlüsselbewahrer – González 1969, 63f.
[129] Métraux 1958 zitiert nach Italiaander aaO 308f.

5
Das Christentum im Zeitalter des Ökumenismus und der Krise der oligarchischen Nationalstaaten im Entwicklungskonflikt

51 Die Konfrontation der Kirchen mit der lateinamerikanischen Wirklichkeit und der Notwendigkeit der überregionalen und ökumenischen Zusammenarbeit

511 Die Entwicklung der überregionalen Zusammenarbeit innerhalb der römischen Kirche Lateinamerikas

Nachdem Msgr. Casanova 1890 in Rom schon ein Treffen lateinamerikanischer Kirchenvertreter (El Consejo Plenario latinoamericano) abgehalten hatte, kündigte Leo XIII. zu Weihnachten 1898 ein Lateinamerikanisches Plenarkonzil an. Dieses Konzil, das vom 28. Mai bis 9. Juli 1899 in Rom zusammentrat, muß im Zusammenhang mit dem von Washington geförderten Panamerikanismus und dem ab Mitte des 19. Jahrhunderts wachsenden Ultramontanismus, sowie der zunehmenden Romanisierung der Kirche des Subkontinents (vgl. 4121) gesehen werden.

Schon die Übernahme des in Frankreich geprägten Begriffs „Lateinamerika" durch den Vatikan, die 1859 mit der Gründung des Collegium Pio Latinoamericanum erfolgte, signalisierte ein Einschwenken auf die französische Linie, die das französisch-italienische kulturelle Element gegenüber dem spanisch-lusitanischen stärker betonte (1). In ihrem neuen lateinamerikanischen Projekt hatte die liberale Oligarchie im Zeitraum von 1850–1929 sich selbst auf kulturellem Gebiet stark an Frankreich und auf technischem Gebiet an den USA orientiert.

Die Krise der römischen Kirche in der Neuen Welt war nicht nur durch ihre Mittellosigkeit, die Folgen der Unabhängigkeitskriege, den Mangel an Bischöfen, Welt- und Ordenspriestern bedingt, sondern auch durch den von den anti-

---

[1] Von Pius VII. bis Gregor XVI. bezeichnete der Begriff ‚América' das spanischsprechende Amerika, während Brasilien stets mit seinem Namen benannt wurde, ebenso wie die USA und Kanada. Seit Pius IX. (1846–78) wurde ‚Amerika' auf die USA angewandt und der Begriff Lateinamerika eingeführt – vgl. Montalbán 1963, 687.

klerikalen liberalen Eliten gewollten und geplanten Bruch des Systems der lateinamerikanischen Christenheit[2]. Leo XIII. hatte erkannt, daß man dem Problem der religiösen Belebung Lateinamerikas, dessen Bevölkerung von 1825 bis 1900 von 20 Mill. auf 65,7 Mill. angewachsen war, nicht allein durch die Ausbildung einer Priesterelite in Rom und durch den verstärkten „Export" europäischer Priester und Ordensangehöriger beikommen könne, sondern die kirchlichen Kräfte in der Neuen Welt selbst aktivieren müsse. Diesem Ziel sollte das gründlich unter besonderer Mitwirkung des entschieden antiliberalen katalanischen Kapuziners Vives y Tutó (ab 1899 Kardinal) vorbereitete Plenarkonzil dienen, das von 53 der „damals 104 lateinamerikanischen Hierarchen" besucht wurde.

„Die Konstitutionen des Konzils, die 16 Titel mit 998 Dekreten enthalten,...befassen sich mit den Bischofskonferenzen und Provinzial- sowie Diözesan-Synoden, der kanonischen Lebensführung des vielfach disziplinlosen Klerus, den örtlichen Verhältnissen der Seelsorge, insbesondere auch an der Jugend, den caritativen Einrichtungen, den säkularen Gefährdungen des Glaubens durch Bücher, Zeitungen, neutrale Schulen und die Freimaurer, mit dem in Lateinamerika zu großer Bedeutung gekommenen Positivismus, mit den Grundsätzen des Verhältnisses von Kirche und Staat, wobei die päpstlichen Vollmachten der Nuntien gegenüber dem Landesepiskopat", sowie das weltliche Besitzrecht der Kirche und ihr Anspruch auf eine unabhängige kirchliche Gerichtsbarkeit unterstrichen wurden. „Den Dekreten geht die Weihe an das Herz Jesu und an die Immaculata voraus."[3]

Köhler urteilt, daß das Konzil der lateinamerikanischen Situation so weit wie möglich gerecht geworden sei.

„Aber die gesellschaftlichen Strukturen waren und blieben noch so lange verfestigt, daß die sozialen Voraussetzungen für eine fundamentale religiöse Erneuerung fehlten, die um so notwendiger war, als die Christianisierung der Völker steckengeblieben war und die von Europa herüberdringende Aufklärung in der intellektuellen Schicht Tür und Tor offen gefunden hatte (vgl. 31). In dieser Situation war es profanhistorisch nützlich, daß die Kirche in der Regel ihre Verbündeten in den Großgrundbesitzern der Provinz hatte, die sich zufolge ihres Föderalismus im Gegensatz zu den liberalen Zentralisten in den Hauptstädten befanden. Die Masse des Volkes, auch die unbegüterten Weißen, verharrte bis zum Ende des 19. Jahrhunderts in ihrer Passivität, aus der herauszuholen die kirchlichen Kreise teils nicht willig, teils zu schwach waren. Ein Mittelstand fehlte lange völlig. Bis zum Ersten Weltkrieg gab es keine nennenswerte öffentliche Sozialfürsorge. Auch wenn die Kirche sich nonkonformistischer verhalten hätte, so wäre sie doch nach den Säkularisierungen schwerlich in der Lage gewesen, über ihre konventionelle Liebestätigkeit hinaus eine Veränderung der Zustände zu bewirken. Freilich ist kaum ein Unterschied in jenen Zeitabschnitten festzustellen, wo jeweils in einem Land ein kirchenfreundliches Regime an der Macht war, sowenig andererseits die Liberalen an der sozialen Frage interessiert waren."[4]

Köhler verwickelt sich in Widersprüche. Einerseits verteidigt er das Bündnis der Kirche mit der Großgrundbesitzeroligarchie, andererseits gibt er zu, daß auch wenn sie, die Konservativen, an der Macht waren, „die sozialen Voraussetzungen für eine fundamentale religiöse Erneuerung" nicht geschaffen wur-

---

[2] Vgl. Dussel 1973, 96f, der allerdings in diesem Zusammenhang nicht von der Unzeitgemäßheit dieses konstantinischen Modells spricht und in unzulässiger Vereinfachung den liberalen Antiklerikalismus mit Antikatholizismus gleichsetzt.
[3] Köhler 1973, 133f.   [4] Ebd. 134.

den. Es geht doch auch nicht darum, ob die Kirche sich „nonkonformistischer" verhält oder nicht, sondern darum, ob sie ihrem evangelischen Auftrag, Volk Gottes und Zeugin der Liebe und Gerechtigkeit Gottes zu sein, treu ist oder ob sie sich hauptsächlich um die Erhaltung und Festigung ihrer Strukturen und des „christlichen" Rahmens der Gesellschaft sorgt und dafür das politische Bündnis mit den Konservativen sucht. Deshalb kritisierten Lateinamerikaner wie der Uruguayer Methol Ferré das Konzil als untauglichen Versuch, den Problemen der katholischen Kirche auf dem Subkontinent durch eine verstärkte Übernahme römischer Normen beizukommen.

Die marginalisierte römische Kirche Lateinamerikas „lebte nur in klerikalen Begriffen, im Rahmen von Liturgie und Frömmigkeit, und reagierte nur, wenn sie eine neue Gefahr zu sehen glaubte. Die Kirche hörte und erkannte die Zeichen der Zeit nicht. Seit dem 1. Lateinamerikanischen Konzil von 1899 meinte man den Weg zur Lösung der Probleme gefunden zu haben: Es genügte, das 1. Vatikanische Konzil zu ‚lateinamerikanisieren', der bedeutete, uns zu ‚romanisieren'. Die Romanisierung verstärkte die Fremdheit gegenüber dem Kontext, und wenn vorher jene Romanisierung eine unerläßliche Voraussetzung zum Überleben war, stellte sie bald ein negatives Gewicht dar. Die Ausbildung der Kleriker war zu klerikal. Sie ermöglichte nicht die Übernahme neuer Verständnisweisen der Wirklichkeit, übersah die Sozial- und Wirtschaftswissenschaften, die Geschichte. Ihr genügte das kanonische Recht, das Naturrecht mit einer Dosis ‚Soziallehre', die nicht den lateinamerikanischen Verhältnissen entsprechend neu durchdacht war. Die Geschichte wurde zu Kasuismen herabgewürdigt. Auf diese Weise kam es in der Kirche zu einer gigantischen Entfremdung von ihrem lateinamerikanischen Kontext."[5]

Natürlich hatte das Konzil auch positive Aspekte, z. B. die von Bruno hervorgehobene streckenweise Aktualisierung der Disziplinarbestimmungen des Limensis III (vgl. 2121), die ein gewisses Eingehen auf die lateinamerikanische Wirklichkeit, wenn auch vergangener Zeiten andeutet, und „die Wiedergeburt eines kollegialen Bewußtseins des lateinamerikanischen Episkopats", die Dussel als das wichtigste Ergebnis des Konzils bezeichnete[6]. Man kann darin den ersten Ansatz auf dem Wege zu der nach dem Zweiten Weltkrieg zustandegekommenen kontinentalen Zusammenarbeit des Episkopats sehen.

Wie im Einzelnen in den Länderabschnitten (423) gezeigt, bestand die Politik der römischen Nuntien und des nationalen Episkopats auch in der ersten Hälfte des 20. Jahrhunderts weiterhin auf der Erhaltung der Strukturen des alten kolonialen Christenheitsmodells bzw. auf seiner Erneuerung, obgleich sich das Modell einer profanen, pluralistischen Zivilisation immer mehr durchsetzte. Zur Erreichung dieses anachronistischen Ziels vergeudete die Kirche noch lange einen wichtigen Teil ihrer Energien, „um alte Rechte wiederzuer-

---

[5] Methol 1968, 79. Dussel 1972, 124 bemerkt: Die Bischöfe befaßten sich „mit dem Problem des Heidentums, des Aberglaubens, der religiösen Unwissenheit, des Sozialismus, der Freimaurerei, der Presse etc. und entwarfen gleichzeitig praktische Normen, um deren Voranschreiten Einhalt zu gebieten". Die 998 Artikel und Canones zur Reorganisation der Kirche in Lateinamerika sind im theologischen und juristischen Denken von der „römischen Schule" inspiriert, die keine missionarische Vision ermöglichte, d. h. keine aktive Verbreitung des Glaubens, sondern eine „bewahrende" Haltung einnahm, also den Glauben verteidigte und beschützte.
[6] Ebd. 124. Montalbán aaO 688 bezeichnet die zahlreichen Gründungen von Seminaren, Theologischen Fakultäten und Universitäten seit der Jahrhundertwende als Frucht des Konzils.

obern oder um die letzten nicht zu verlieren, wobei sie an eine Zivilisation dachte, die nicht mehr existiert"[7]. Diesem Ziel diente auch großenteils die sich anbahnende nationale Zusammenarbeit des Episkopats, die durch die vom Plenarkonzil geforderte regelmäßige Abhaltung von Provinzialsynoden gefördert wurde.

Am Beispiel Brasiliens läßt sich zeigen, wie die überregionale Zusammenarbeit mit einem kirchlichen Triumphalismus einherging (vgl. 42317).

Während „das Vorhandensein verschiedener Kirchenprovinzen in Spanisch-Amerika eine der Quellen des sezessionistischen Nationalismus war", mag die Tatsache, daß es in Brasilien bis zur Proklamation der Republik nur ein Erzbistum gab, „zur Erhaltung jenes Bewußtseins der Einheit beigetragen haben". Untypisch für die kirchliche Lage im spanischsprechenden Lateinamerika ist es in Brasilien durch die Herausforderung, vor die sich die römische Kirche durch die Trennung von Staat und Kirche gestellt sah, schon 1890 zu einem Treffen des nationalen Episkopats in São Paulo und zu einem gemeinsamen Hirtenbrief gekommen, in dem die Bischöfe ihre Haltung gegenüber dem neuen Regime darlegten[8]. Aber erst nach dem lateinamerikanischen Plenarkonzil wurden die Provinzialsynoden institutionalisiert. Da 1892 Rio de Janeiro zum zweiten Metropolitansitz erhoben worden war (vgl. 42315), kam es 1901 zur Errichtung einer südlichen Provinzialkonferenz unter Vorsitz des Erzbischofs von Rio und einer nördlichen unter Vorsitz des Erzbischofs von Salvador. Beide hielten ab je fünf Synoden ab: 1901 São Paulo, 1904 Aparecida, 1907 Mariana, 1910 São Paulo, 1915 Nova Friburgo bzw. 1901 Salvador, 1908 Recife, 1911 Fortaleza, 1915 Salvador, und 1919 Recife. Die südliche Provinzialsynode dehnte für den Fall pastoraler Visitationen in einem brüderlichen Übereinkommen die Rechte, die den Bischöfen in ihrer eigenen Jurisdiktion zukamen, auf die gesamte Erzdiözese aus. Die Bischöfe des Nordens übernahmen 1919 dieses Modell genau wie die Konstitutionen, die die Bischöfe des Südens auf ihren ersten vier Synoden ausgearbeitet hatten[9]. Die Ortswahl oder die Anlässe der Synoden entsprachen zum Teil einem triumphalistischen Geist. So traf man sich im berühmten marianischen Wallfahrtsort Aparecida, um des 50. Jahrestages der Verkündigung des Dogmas der Unbefleckten Empfängnis Mariens zu gedenken und um das Gnadenbild Nossa Senhora Aparecida zu krönen oder 1908 in Recife, um in einem gemeinsamen Hirtenbrief den wunderhaften Marienerscheinungen in Lourdes und dem fünfzigjährigen Priesterjubiläum Pius X. Publizität zu geben.

Der Jesuit Hortal meint, die pastoralen Beschlüsse und die Konstitutionen jener Synoden erschienen uns heute Jahrhunderte entfernt zu sein. Es handelt sich um ein statisches Seelsorgeverständnis, „das auf die Verteidigung des kirchlichen Besitzstandes gerichtet war". Im Geiste jenes Briefes Pius IX. an den österreichischen Episkopat aus dem Jahre 1856[10] trugen die Bischofskonferenzen dazu bei, „die Disziplin des Klerus zu stärken, die Sitten der Völker zu bessern und alles Abträgliche und Schädliche von ihnen fernzuhalten". Entsprechend dem Geist der Zeit„ fehlte ihnen die soziale Dimension". Statt dessen zeichnen sie sich durch ein „Übermaß an Sorge um liturgische Fragen, Glückwunschbotschaften und Lobgesängen über die Triumphe der Kirche aus. Die Seelsorge schien mehr auf die Erhaltung als auf die Eroberung gerichtet zu sein, um von der Unkenntnis des Geistes des Dienstes am Men-

---

[7] Dussel 1972, 122, der hier die in Anm. 2 vermißte Kritik selbst äußert.
[8] Hortal 1973, 103f.   [9] Calmón 1970, 176.
[10] Ep. Enc. Singulari quidem, 17. 3. 1856, in: Pii IX Pontificis Maximi Acta, Pars Prima, Bd. II, 519.

schen gar nicht zu sprechen."[11] Das politische Ziel der Zusammenarbeit des Episkopats hat Erzbischof Leme de Silveira Cintra von Olinda und Recife 1916 klar ausgesprochen: Die römische Kirche Brasiliens sollte gut organisiert werden, um Druck auf die Regierung ausüben zu können (vgl. 42317).

Die Gründe für das Aufhören der regionalen Synoden ab 1915 im Süden und ab 1919 im Norden sind unklar.

Hortal mutmaßt, daß der gemeinsame Hirtenbrief von 1915 und der Kodex des Kanonischen Rechtes von 1917 „den Eindruck erweckt haben könnte, daß bereits nichts mehr zu tun übrig sei, seit man über ‚ewige Instrumente'...verfügte. Später könnte der ‚Concílio Plenário Brasileiro' diesen Eindruck noch verstärkt haben."[12] Wahrscheinlich kam als hemmendes Moment für die Abhaltung von Synoden, die die halbe brasilianische Kirche umfaßten, die fortschreitende Unterteilung in weitere Kirchenprovinzen hinzu, gab es doch 1924 schon 14 Erzdiözesen.

Das erwähnte zweite Plenarkonzil von 1939 (wenn man das von 1890 als erstes rechnet) kam wesentlich auf Initiative von Dom Leme zustande, der als Erzbischof von Rio 1930 der zweite brasilianische Kardinal geworden war[13]. Er war der Motor nationaler kirchlicher Zusammenarbeit, die auch in der Errichtung einer Päpstlichen Katholischen Universität in Rio, in der Organisation der Katholischen Aktion und in der Abhaltung Nationaler Eucharistischer Kongresse ihren Ausdruck fand, die „mit großem Glanz und überreicher Frucht" 1933 in Salvador, 1936 in Belo Horizonte, 1939 in Recife, 1942 „in gigantischem Rahmen" in São Paulo, 1948 in Pôrto Alegre usw. gefeiert wurden. Silveira Camargo bestätigt in seiner triumphalistischen Sicht der Kirchengeschichte, daß „die Macht des Katholizismus in der Phase der koordinierenden und ständigen Bewegungen der Katholischen Aktion" und paralleler Bewegungen „gipfelt"[14].

„Es ist wahrscheinlich, ... daß die Katholische Aktion, als sie in nationalem Rahmen eine pastorale Bewegung auslöste, der Katalysator der Notwendigkeit einer größeren Querverbindung unter den Gliedern des Episkopats gewesen ist. In diesem Zusammenhang darf die Tatsache nicht übersehen werden, daß die klarsten und nachdrücklichsten Vorschläge für die Bildung einer Nationalen Bischofskonferenz (CNBB) von dem damaligen Nationalen Sekretär der Katholischen Aktion, Dom Helder Câmara, gekommen sind."[15]

Vorstufe für die Bildung der CNBB waren ein Treffen der Bischöfe des Amazonas in Manaus (Juli 1952) und der Bischöfe des Tales des São Francisco-Flusses in Aracaju (August 1952). „Mit ausdrücklicher Genehmigung der Hl. Konsistorial-Kongregation und des Päpstlichen Staatssekretariats errichtete der brasilianische Episkopat" dann im selben Jahr die CNBB „nach dem Vorbild der ‚National Catholic Welfare Conference' der USA[16]. Ihr erster Generalsekretär wurde einer ihrer Anreger, der Hilfsbischof

---

[11] Hortal aaO 104.   [12] Ebd. 104f.   [13] Calmón aaO 234.
[14] 1965, 760ff. Den Nationalen Eucharistischen Kongressen sind regionale 1915 in São Paulo und 1922 in Rio de Janeiro vorangegangen. Ihnen wiederum gingen als nationale kirchliche Ereignisse Kongresse des Gebetsapostolats 1900 in Salvador und 1901 in São Paulo voraus. Auf Betreiben des päpstlichen Nuntius Bento Aloisi Masella (1927–46) wurde die Romanisierung der brasilianischen Kirche durch die Gründung des 1934 eingeweihten ‚Colégio Pio Brasileiro' gefördert.
[15] Hortal aaO 105 mit Bezug auf Frei Romeu Dale OP, Itinerário da pastoral de conjunto no Brasil, in: Pastoral de Conjunto, Simpósio, Petrópolis 1968, 11.
[16] S. Camargo 1965, 763.

von Rio de Janeiro, Helder Pessoa Câmara, der dieses Amt von 1952 bis zur „Revolution" von 1964 innehatte, deren Kräften er nicht mehr genehm war. Hoornaert bemerkt zwar, Dom Helder habe die Philosophie der CNBB von Anfang an in dem Sinne beeinflußt, „daß sie dem Volk und nicht der Erhaltung des katholischen Systems diente"[17], aber hier muß man sorgfältig differenzieren. Dom Helder hat dem Verfasser 1973 in ausführlichen Gesprächen seinen Werdegang erläutert und bedeutet, welche tiefe Wandlung er seit 1964 durchgemacht habe. Er hat sich zwar auch vor 1964 für die soziale Frage interessiert, aber doch die Rolle der Kirche mehr in triumphalistischen Geist als einer Moderatorin im Staate verstanden, in der Meinung, durch die Macht und den Einfluß der Kirche könne die jeweilige Regierung dazu bewegt werden, den sozialen Problemen genügend Rechnung zu tragen. Heute hingegen versteht sich Dom Helder als prophetische Stimme der Kirche der Armen.

1952, bei der Gründung der CNBB, fehlte den Bischöfen noch „ein klares Bewußtsein episkopaler Kollegialität und gemeinsamer Verantwortung". Deshalb wurde in den ersten Statuten noch die Rolle der Metropoliten besonders hervorgehoben. „In jener Zeit schien niemand bereit zu sein, auch nur einen Millimeter der Jurisdiktion seiner Diözese aufzugeben." Dennoch folgten auf den ersten Schritt weitere: Man traf sich regelmäßig alle zwei Jahre, erweiterte den Themenkreis über die Ausbildung des Klerus, den Kampf gegen den Spiritismus oder die Organisation der KA auf die Fragen der Agrarreform, der Basiserziehung, der Gerechtigkeit innerhalb der gesellschaftlichen Strukturen und gelangte so zu einer Konkretisierung des Evangeliums in der heutigen Zeit[18].

Die CNBB veranstaltet auch regionale Treffen. Auf einem solchen Treffen der Bischöfe des Nordens 1956 in Campina Grande war nach Angaben von Camargo der Präsident der Republik anwesend, „der die bischöflichen Resolutionen in offizielle Dekrete verwandelte"[19], ein Vorgang, der mit der Trennung von Staat und Kirche unvereinbar ist, aber auf der oben skizzierten Linie des damaligen Generalsekretärs Dom Helder und d. h. des mehrheitlichen Selbstverständnisses des Episkopats lag.

Ohne in anderen Ländern den Weg zur Gründung nationaler Bischofskonferenzen verfolgen zu können, muß nun die Lateinamerikanische Bischofskonferenz ins Blickfeld rücken.

5112 Von der Gründung der Lateinamerikanischen Bischofskonferenz (CELAM) bis zum Vatikanum II.

Nicht zuletzt dank der Bemühungen Dom Helder Câmaras kam es 1955 zur Gründung der ‚Conferencia Episcopal Latinoamericana' (CELAM), deren ‚subsecretario' er bis 1963 blieb[20]. Natürlich ist dieser Schritt durch ein vitales Interesse des Vatikans bedingt, der nach neuen Möglichkeiten zur Lösung der „religiösen Frage" in Lateinamerika suchte. Rom betrachtete die religiöse Frage „unter dem doppelten Aspekt der Verteidigung und der apostolischen Eroberung und sah das Kernproblem im ‚Priestermangel' (vgl. 5311). Es waren die Zeiten einer besessenen und agressiven ‚Verteidigung des Glaubens', einer Denunziation der Feinde der Kirche, der Gebetsfeldzüge"[21]. Rom ver-

---

[17] 1976, 81.
[18] Hortal aaO 105.
[19] S. Camargo 1965, 763.
[20] Hoornaert 1976, 81.
[21] Borrat 1968, 4.

suchte, der „protestantischen Gefahr"[22] zu begegnen, die auch dadurch anwuchs, daß nordamerikanische Missionsgesellschaften nach dem Verlust des chinesischen Missionsfeldes (1949) sich verstärkt in Lateinamerika engagierten.

In diesem Kontext wird verständlich, daß Rom den 1955 in Rio de Janeiro veranstalteten 36. Internationalen Eucharistischen Kongreß zum Anlaß nahm, um durch seinen Vertreter, Kardinal Adeodato Piazza, die lateinamerikanischen Bischöfe zur Gründungsversammlung des CELAM in Rio zusammenzurufen (25. Juli — 4. August). Nachdem in Rio eine ernsthafte und umfassende Bestandsaufnahme der kirchlichen Lage auf dem Subkontinent versucht worden ist, „betreibt der Hl. Stuhl geradezu eine Generalmobilmachung zu Gunsten Lateinamerikas". Pius XII. gründete 1958 die päpstliche Lateinamerika-Kommission zur Förderung der Zusammenarbeit der lateinamerikanischen Kirchen mit der Kurie und zur Unterstützung des CELAM-Generalsekretariats, das seinen Sitz in Bogotá hat. Johannes XXIII. intensivierte diese Bemühungen noch[23]. Sicher hat Dussel recht, wenn er in der Gründung der CELAM einen prophetischen Schritt sieht, durch den die römische Kirche alle säkularen Bemühungen um eine Einigung Lateinamerikas weit hinter sich ließ[24], aber er geht nicht auf den klerikal-defensiven Hintergrund ein.

Die Konferenz faßte in elf Titel gegliederte Beschlüsse, die sich u. a. auf die Katholische Aktion, die Propaganda-Medien, den Protestantismus, die sozialen Probleme, die Mission und die Einwandererseelsorge beziehen und setzte neun jährliche Feiertage fest, an denen in Predigten, Gebeten und Kollekten in ganz Lateinamerika u. a. der Priesterberufungen, der Katechetisierungsarbeit, der Verbreitung der Bibel, der Einwanderer, des Papstes und der Katholischen Aktion gedacht werden soll[25]. Etwas anders ausgedrückt nennt die REB folgende Sorgen als Ursache für die Schaffung der CELAM: Die Notwendigkeit, eine Lösung für das schwere Problem des Priestermangels zu finden, die Ausbildung von Priestern zu fördern, den lateinamerikanischen Katholizismus zu beleben, angemessene Formen der Evangelisation und des Apostolats für Lateinamerika zu suchen und zu verwirklichen, sowie soziale Gerechtigkeit auf der Grundlage der kirchlichen Soziallehre zu predigen[26].

Als Folge der Gründung der CELAM kam es zur Gründung einer ganzen Reihe lateinamerikanischer Institute bzw. Sektionen der CELAM, die sich mit der Koordinierung verschiedener kirchlicher Arbeitszweige befassen. Es gab

---

[22] Dieser Terminus findet sich noch 1963 in der in Spanien erschienenen katholischen Kirchengeschichte der Biblioteca de Autores Cristianos als Überschrift — vgl. Montalbán 1963, 691.
[23] Promper 1965, 270f.
[24] 1972, 123. Soria 1970, 174, der einen Überblick über die Strukturen der CELAM und ihre Entwicklung bis 1967 gibt, weist darauf hin, daß bei der Gründung der CELAM 1955 nur die kolumbianische Bischofskonferenz über ein ständiges Sekretariat verfügte. Die Gründung der CELAM bedeutet eine Anerkennung der Tatsache, daß die lateinamerikanischen Kirchen sich durch viele gleichartige Probleme herausgefordert sehen, so daß deren Lösung nicht aus lokaler Sicht allein möglich ist. CELAM hat sich von Anfang an vier Aufgaben gestellt: „1. Fragen von Interesse für die Kirche in Lateinamerika zu untersuchen, 2. Aktivitäten zu koordinieren, 3. katholische Initiativen in Gang zu setzen und zu fördern, 4. andere Konferenzen des lateinamerikanischen Episkopats vorzubereiten, wenn diese vom Hl. Stuhl einberufen werden sollten — ebd. 173ff.
[25] Vgl. S. Camargo 1965, 763f und besonders Dussel 1972, 133ff.
[26] REB 15 (1955), 737f.

allerdings schon vorher eine Reihe lateinamerikanischer kirchlicher Organisationen, deren Arbeit wegbereitend für die Gründung der CELAM war. Die wohl älteste ist die 1945 gegründete ‚Confederación Interamericana de Educación Católica' (CIEC) mit Sitz in Bogotá, die 1948 einen lateinamerikanischen Erziehungskongreß abhielt, der sich mit der materialistischen Ausrichtung der staatlichen Erziehung auseinandersetzte[27], die als Fernwirkung des Positivismus zu verstehen ist (vgl. 421).

Der Episkopat versuchte in den folgenden Jahren, durch regionale Seminare die Heranführung von Priestern und Laien an die sozialen Probleme der verschiedenen Staaten zu fördern. Auch gelang es hier und da, die Regierungen zu entsprechenden Schritten zu bewegen, z. B. in Brasilien zur Schaffung der SUDENE (Superintendência do desenvolvimento do Nordeste). Insgesamt hält ein Kenner wie Borrat das Ergebnis der jährlichen CELAM-Konferenzen bis 1961 verglichen mit den Herausforderungen der Kirche nicht für überwältigend:

„Auf den Konferenzen von Bogotá 1956, Fómeque 1957 und Rom 1958 wurden die Strukturen und Funktionen von CELAM entsprechend jener alten Sorge (des Priestermangels) geplant. Die 4. Konferenz, Fómeque 1959 richtete sich kämpferisch gegen den ‚Kommunismus in Lateinamerika'. Ein neuer Abschnitt begann mit der 5. normalen Sitzung, Buenos Aires 1960, die im Zeichen des 1959 angekündigten Konzils anfing, Ansätze einer pastoralen Erneuerung zu reflektieren, indem sie nicht nur auf die Umwelt, sondern auf den Katholizismus selbst einen kritischen Blick warf"; der neue Abschnitt wird ferner eingeleitet durch „die 6. Sitzung, Mexiko 1961, wo man eine soziologische (und nicht eine rein ‚erbauliche') Analyse der lateinamerikanischen Familie versuchte. Von da an begannen sich die Instrumente und damit die Ergebnisse zu verfeinern."[28]

Die sich ab 1961 durchsetzende soziologische Analyse der Kirche und ihrer Umwelt stützte sich wesentlich auf das große, in den Jahren 1958—1962 von FERES (Federación Internacional de los Institutos Católicos de Investigaciones Sociales y Socio-religiosas) durchgeführte lateinamerikanische Forschungsprogramm. Die Arbeiten der Forschungsgruppen der verschiedenen Länder, die unter Leitung des Direktors des Zentrums für sozio-religiöse Forschungen in Brüssel, François Houtart, standen, wurden von FERES in Fribourg und Bogotá veröffentlicht. Bis 1963, als Houtarts Auswertung in Form einer zusammenfassenden Darstellung für das Konzil erschien (La Iglesia Latinoamericana en la Hora del Concilio), waren in der Reihe ‚Estudios Sociológicos Latino-Americanos' 20, in der Reihe ‚Documentos Latino-Americanos' 5 und in der Reihe ‚Estudios Socio-Religiosos Latino-Americanos' 16 Nummern erschienen.

---

[27] Vgl. REB 9 (1949), 175. Zu den Sektionen (Departamentos) und Instituten der CELAM vgl. Soria 1970, 176ff. Auf dem Gebiet der Kommunikatiosmittel gibt es ULAPC, UNDA und OCIC, auf dem Gebiet der Katechese zwei Institute in Santiago/Chile und Manizales/Kolumbien (ICLA), das Institut für Dogmatische und Soziale Studien in Santiago (ILADES), das Pastoral-Institut in Quito (IPLA). 1965 hat sich auch die ‚Confederación Latinoamericana de Religiosos' (CLAR), die kontinentale Vereinigung der Religiosen, zur Koordination ihrer Aktivitäten mit der CELAM entschlossen.

[28] Borrat 1968, 4; vgl. im einzelnen Soria aaO 179ff. 1958 wurde in Rom auch über die Statuten der ‚Organización de Seminarios Latinoamericanos' (OSLAM) beraten. 1960 wurde der IPLA geschaffen.

512 Vom Vatikanum II bis Medellín

5121 Die Herausforderung der lateinamerikanischen Kirche durch das zweite Vatikanische Konzil

Es ist der römischen Kirche nicht leicht gefallen, ihre Rolle als Ausdruck der Religiosität der abendländischen Menschheit und oberste Entscheidungsinstanz nicht nur auf dogmatischem, sondern auch auf gesellschaftlichem Gebiet in Frage zu stellen. Noch viele Jahrhunderte nach dem Zerfall der religiösen und sozio-kulturellen Einheit des Abendlandes war die römische Kirche von der Hypothese des mittelalterlichen Corpus Christianum ausgegangen. Ihre Verlautbarungen waren vom Ressentiment gegenüber einer nichtchristlichen Welt gekennzeichnet, die ihrer Meinung nach dem Chaos entgegenging, „weil sie einen Fortschritt der Menschheit unabhängig von der Kirche und meist sogar gegen sie anstrebte"[29].

„Johannes XXIII. erkennt den Abstand zwischen einer Welt, die fünf Jahrhunderte vorangeschritten ist, und einer Kirche, die noch in der Konzeption der Christenheit denkt und auf sie hin strukturiert ist. Sein in der Kirche schon klassisches Wort des ‚aggiornamento'...ist eine Aufforderung zur Begegnung mit einer Welt in schneller Entwicklung, die nicht mehr einheitlich christlich ist, sondern pluralistisch, die unter der Einwirkung der Säkularisierung steht, die auf eine fortschreitende Sozialisierung hin tendiert und sich ihrer Einheit immer bewußter wird. Es ist daher unnütz, von einer endgültig vergangenen Vergangenheit zu träumen, unnütz, die Wiederherstellung einer christlichen Einheit anzustreben, unnütz, die Haltung von ‚Unheilspropheten' beizubehalten und den Ruf Gottes durch die Zeichen der Zeit nicht hören zu wollen."[30]

Während für die deutsche und die französische Kirche diese zur Abhaltung des Konzils führenden Überlegungen schon mehr oder weniger Allgemeingut waren, definierte die römische Kirche der Neuen Welt Lateinamerika noch immer als einen katholischen Kontinent und konzentrierte ihre pastoralen Bemühungen auf die Bewahrung des religiösen Status quo[31], so daß das 1959 angekündigte Vatikanum II (1962–65) sie ziemlich unvorbereitet traf.

„Die romanisierte Kirche Lateinamerikas hatte nicht dazu beigetragen, das Konzil vorzubereiten..." Sie hatte sich mit den neuen Problemen nicht auseinandergesetzt. „So sahen sich Kirchenprovinzen schlagartig in die Welt gestoßen, ohne Vorbereitung einer Problematik ausgesetzt, von der sie kurz vorher nicht einmal einen Begriff hatten...Andererseits bedeutete das Konzil das Ende der ‚Zeloten' der Römischen Kurie, der Erzieher des lateinamerikanischen Episkopats. Daher wird die Verwirrung verständlich, die in der lateinamerikanischen Kirche das Konzil hervorrief..."

Wenn es auch übertrieben ist, wie Methol zu sagen, die lateinamerikanische Kirche sei auf dem Konzil stumm geblieben[32], so wirkte sie doch nicht so mit, wie es nach ihrer zahlenmäßigen Bedeutung zu erwarten gewesen wäre. Eine Ausnahme bildet Bischof Manuel Larraín von Talca/Chile, den Dussel zu den Persönlichkeiten rechnet, die das Konzil am meisten beeinflußt haben.

---

[29] Vgl. Cetrulo 1972, 5.   [30] Cetrulo 1967, 7.   [31] Cetrulo 1972, 7.
[32] Methol 1968, 81. Cetrulo aaO 7 bemerkt: „So wie das traditionelle Bild der Kirche in Lateinamerika ein Reflex der europäischen Christenheit war, so wurde auch das neue Bild (nach Lateinamerika) verpflanzt und blieb äußerlich bei einer Kirche, die nicht mit einer Kritik ihrer eigenen Vergangenheit zur Ausarbeitung der neuen Konzeption beitrug".

Rein zahlenmäßig war Lateinamerika mit 601 Bischöfen vertreten, stellte also 22 % der Konzilsväter, obgleich nominell 38 % aller Katholiken der Welt in Lateinamerika leben. Noch ungünstiger war der Anteil in den wichtigen Studienkommissionen, in denen nur 50 Sachverständige aus Lateinamerika waren gegenüber 219 aus den europäischen Kirchen und 318 von der Kurie. Immerhin unterschied sich die Rolle der lateinamerikanischen Konzilsväter auf dem Vatikanum II positiv von derjenigen ihrer 65 Vorgänger auf dem Vatikanum I, die absolut nicht sachverständig waren und „einfach dem zustimmten, was Rom vorschlug. Daher der enorme Zorn der Deutschen und besonders der ‚Altkatholiken', die ausrufen sollten: ‚Diese neuen Kirchen verstehen die Frage nicht'", obgleich Döllinger mit dieser Polemik das Alter der lateinamerikanischen Kirche verkannte[33].

Hier kann nicht die Bedeutung der Konstitutionen über die Kirche, über die Liturgie, über die Offenbarung und über die Kirche in der modernen Welt für die Kirche Lateinamerikas im einzelnen gewürdigt werden, noch die der Dekrete über den Ökumenismus, die Orden, die Bischöfe, das Laienapostolat, die Missionen, die Priester, die Priesterausbildung, die Ostkirchen und die Massenkommunikationsmittel, noch der Erklärungen über das Verhältnis der Kirche zu den nicht-christlichen Religionen, über die christliche Erziehung und die Religionsfreiheit. Die neuere in den vorstehenden Kapiteln verarbeitete lateinamerikanische Literatur geht bereits von den Fragestellungen des Konzils aus. Über die Rezeption des Vatikanum II wird in diesem und den folgenden Kapiteln zu berichten sein.

Der lateinamerikanische Episkopat traf sich 1966 in Mar del Plata/Argentinien auf der 10. ordentlichen und zugleich außerordentlichen Versammlung der CELAM erstmals nach Abschluß des Vatikanum II, noch beschwingt von konziliarer Euphorie und vom Triumph der chilenischen Christdemokraten (1964), deren jesuitisch inspirierte Entwicklungskonzeption der des Episkopats weitgehend entsprach. Das Generalthema von Mar del Plata war: „Aktive Präsenz der Kirche in der Entwicklung (desarrollo) und der Integration von Lateinamerika." Mit den Schlüsselbegriffen „Entwicklung" und „Integration" sprach die Konferenz die „aseptische Sprache der Technokraten"[34]. Die Konferenz sah ihre Aufgabe zwar darin, der Kirche Lateinamerikas das Bewußtsein ihrer historischen Aufgabe zu vermitteln und ihr eine geeignete Handlungsstruktur zu geben. Aber indem sie meinte, die Kirche könne am Aufbau einer humanen und integrierten nach den päpstlichen Sozialenzykliken aus-

---

[33] Dussel 1973, 107f. Larraín, der trotz seines Formates weder Erzbischof noch Kardinal wurde, war 1959–62 Vizepräsident und 1964–67 Präsident der CELAM. Eine Kommentierung des Konzils aus lateinamerikanischer Sicht findet sich u. a. in PER Nr. 1, 2, 6, 8, 9, 10 (1966). Wenn auch die Folgen des Vatikanum II für Lateinamerika nicht im einzelnen aufgeführt werden können, seien die Auswirkungen auf die Orden, wie Gera 1974 für Argentinien schildert, kurz angedeutet: „Das Konzil wie auch den Wandel im kirchlichen Selbstverständnis lösten tiefe Krisen in männlichen und weiblichen Ordensgemeinschaften aus. Beim Wunsch nach ‚aggiornamento' und Eingliederung in die Gesamtpastoral mußten viele Orden den Auszug etlicher ihrer Glieder hinnehmen. Möglicherweise ist die Krise auf seiten der männlichen Orden tiefer und komplexer, obgleich in den weiblichen Gemeinschaften die Desorientierung größer zu sein scheint, die freilich durch eine größere Anpassungsfähigkeit gegenüber dem Konzil ausgeglichen wird ... Zusammenfassend kann man sagen, daß sich das Ordensleben im Augenblick in einer Phase schwerer interner Krisen befindet. So kommt es, daß die Aufmerksamkeit der Ordensleute noch vorrangig ‚häuslich' orientiert ist". [34] Borrat 1968, 4.

gerichteten Gesellschaft mitwirken, verkannte sie die durch harte politische, gesellschaftliche und wirtschaftliche Interessen bestimmte lateinamerikanische Wirklichkeit mit ihrer strukturellen Abhängigkeit als Teil der Dritten Welt[35]. Hier zeigt sich, daß mit einer Übertragung des stark von europäischen Kategorien und europäischen Problemen bestimmten Vatikanum nach Lateinamerika noch nichts Entscheidendes geleistet wurde. Das Konzil hatte zwar drückende Probleme der Entwicklungsländer erkannt, aber die Entwicklungsländer doch aus der wissenschaftlich-technischen Perspektive Europas wie zurückgebliebene Weggenossen betrachtet, die das Tempo nicht mithalten können. Auch wenn später im ‚Documento básico para la II Conferencia del CELAM', also im vorbereitenden Dokument für Medellín, die Dreiteilung: „1. Wirklichkeitsanalyse, 2. theologische Reflexion, 3. pastorale Reflexionen" übernommen wird, besagt das noch nichts über die richtige Erfassung der lateinamerikanischen Wirklichkeit, da hier nur ein soziologisches Instrumentarium der Industriegesellschaften übernommen wird, das in seiner scheinbaren Neutralität die wahren Ursachen der Unterentwicklung eher verschleiert als offenlegt[36] (vgl. Einleitung 1). Methol bemerkt in diesem Zusammenhang, es könne nicht verwundern, daß der Klerus keine Ausnahme vom kulturellen Kolonialismus Lateinamerikas sei.

Man habe ein Heer europäischer Fachleute und Soziologen herbeigerufen, die wohl eine Methodologie, aber kein zureichendes Verständnis der lateinamerikanischen Geschichte besaßen. Als Beispiel nennt er den belgischen Jesuiten Roger Vekemans, seinerzeit Direktor des CIAS (Centro de Investigación y Acción Social), einen Apologeten der Allianz für den Fortschritt, der in rustikaler Psychologie das Entwicklungsproblem im „Neid des Armen" gegenüber dem „Besitz des Reichen" sieht. Er will es durch eine „Mutation der Mentalität" überwinden, um dann eine „metaphorische Revolution" durchzuführen, die die gegenwärtigen Besitzverhältnisse unangetastet läßt und nur mit Hilfe der zu erschließenden potentiellen Reserven Änderungen herbeiführt. Vekemans gilt Methol als ein Sprecher des Neokolonialismus und des „Herodianismus"[37].

Die Osterenzyklika Pauls VI. „Populorum Progressio" (1967) leitete in Lateinamerika eine neue Etappe der Reflexion über die Wirklichkeit des Subkontinents ein. Eine der bemerkenswertesten Reaktionen auf diese Enzyklika ist die wenige Monate später in Recife auf Anregung Helder Câmaras redigierte ‚Erklärung der Bischöfe der Dritten Welt'. Der Kontakt und der Dialog zwischen Bischöfen abhängiger Länder hatte sich auf dem Konzil angebahnt.

In bis dahin unerhört direkter Weise unterstützen die Bischöfe die seit dem Konzil lautgewordenen Stimmen, die „eine Beendigung des geheimen zeitlichen Einverständnisses zwischen der Kirche und dem Geld verlangen". „Wir haben die Pflicht, unsere Lage diesbezüglich einer strengen Prüfung zu unterziehen und unsere Kirche von jeglicher Knechtschaft der großen internationalen Finanz zu befreien. ‚Man kann nicht Gott dienen und dem Mammon'." Die Bischöfe fordern energischen Einsatz

---

[35] Vgl. die Einzelheiten in SEDOC I (Juli 1969), 69.
[36] Cetrulo 1972, 7.
[37] Methol 1968, 81. Mit „Herodianismus" bezeichnen Methol und andere Autoren eine Haltung der Kirche, die sich wie die jüdische Priesterschaft zur Zeit des Herodes damit abfindet, daß die weltliche Macht sie auf das Jenseits beschränkt. Herodianismus bedeutet Unterwerfung der Kirche unter den Staat, so daß die Oberschicht ungestört den Status quo aufrechterhalten kann – aaO 86.

für die Durchsetzung der Anerkennung der menschlichen Würde und die soziale Gleichheit aller Klassen, erkennen die geschichtliche Notwendigkeit revolutionärer Prozesse an, lehnen einen kirchlichen Schutz für den Großgrundbesitz ab, sowie die Ausbeutung ihrer Völker durch Handel und Industrie in- oder ausländischer Kapitalisten und betonen das Recht der Arbeiter, sich zur Verteidigung ihrer Interessen gewerkschaftlich zu organisieren. An der Tatsache, daß von den 9 lateinamerikanischen Unterzeichnern (von insgesamt 17) 8 Brasilianer waren und nur ein Vertreter des spanischsprachigen Episkopats — der Apostolische Vikar Ángel Cuniberti von Florencia/Kolumbien, der noch nicht einmal Kolumbianer ist —, läßt sich ablesen, wie sehr diese Erklärung der nachkonziliaren Bewußtseinsbildung der lateinamerikanischen Hierarchie vorauseilte[38].

Die Diskussion über die Bedeutung des Konzils für Lateinamerika wurde nicht nur in den vorhandenen kirchlichen und theologischen Organen, sondern auch in einer ganzen Reihe neuer Zeitschriften geführt, z. B. ‚Contacto' in Mexiko (ab 1964), ‚Perspectivas de Diálogo' (ab 1965) und ‚Víspera' (ab 1967), die beide in Uruguay erscheinen, sich aber an die ganze lateinamerikanische Kirche richten, ‚Nuevo Mundo' (ab 1965) in Venezuela mit dem bezeichnenden Untertitel: „Eine Zeitschrift, um aus der Neuen Welt eine *neue* Welt zu machen", und ‚Acción' (ab 1969) in Paraguay. Die Fülle der Artikel, die sich zwischen dem Vatikanum und Medellín mit der Auswertung des Konzils und der Anwendung seiner Anregungen auf die je unterschiedliche Situation der einzelnen lateinamerikanischen Staaten befaßt, harrt noch ihrer wissenschaftlichen Auswertung. Nicht gering ist auch die Zahl von Verlautbarungen von Priestergruppen, die sich am Vorabend von Medellín zu Erklärungen zusammenfanden oder sich dauerhaft als Gesprächspartner der Bischöfe formierten.

Die Ursprünge der argentinischen „Sacerdotes para el Tercer Mundo" gehen schon auf das Jahr 1965 zurück, wenngleich sie ihren Namen der Tatsache verdanken, daß sie Anfang 1968 320 Unterschriften von Priestern zur Unterstützung der Erklärung der Bischöfe der Dritten Welt sammelten und im Mai 1968 auf ihrem ersten Nationalen Treffen diese Erklärung zur Grundlage ihrer Arbeit erkoren. Ursachen für diese Priesterbewegung waren der Mangel an Dialog zwischen Bischöfen und Priestern und der relativ hohe Bildungsstand des argentinischen Klerus, so daß es schließlich, nachdem der Klerus vergeblich auf das Wehen des konziliaren Geistes im argentinischen Episkopat gewartet hatte, zur Konfrontation zwischen Klerus und Episkopat kam[39]. In Peru formierte sich 1968 die Priesterbewegung ONIS (Oficina Nacional de Investigación Social), die am 9. März 1968 mit der Erklärung von Cieneguilla (Vorort von Lima: „Declaración sobre las estructuras sociales del país") an die Öffentlichkeit trat, die im Klerus so viel Zustimmung fand, daß Erzbischof Landázuri von Lima ihr nachträglich beipflichtete[40]. Wie die peruanischen Priester, die unter dem Eindruck von ‚Populorum Progressio' das Schweigen zur sozio-politischen Lage ihres Landes brachen, traf sich auch in Kolumbien im Juli 1968 eine Gruppe von 50 Priestern auf der Finca Golconda, um die Enzyklika zu studieren, nachdem sie schon durch den Einsatz von

---

[38] Vgl. Borrat 1968, 108f, der die Erklärung falsch datiert als veröffentlicht im ‚Temoignage Chrétien' v. 31. 7. 1966 und damit den entscheidenden Zusammenhang mit „Populorum Progressio" nicht herstellt. Der Text findet sich in Gheerbrant 1970, 119–127. Die spanische Version wurde 1967 in den ‚Cuadernos de Documentación' von CIDOC/Cuernavaca veröffentlicht, die portugiesische Fassung erschien in der brasilianischen Presse erst zwei Monate nach Abgabe der Erklärung.

[39] Dussel 1972, 245ff.

[40] Text bei Gheerbrant 1970, 96ff. Zunächst hatten 60 Priester unterzeichnet — Dussel aaO 255.

Camilo Torres begonnen hatten, ihre priesterlichen Aufgaben kritisch zu überdenken. Ein Dokument veröffentlichten die Golconda-Priester allerdings erst nach Medellín auf Grund ihres zweiten Treffens im Dezember 1968 in Buenaventura (Documento de Buenaventura)[41]. Ohne Vollständigkeit anzustreben, seien noch folgende für Medellín vorbereitende Verlautbarungen von der priesterlichen Basis erwähnt: Die Reformforderung von 86 bolivianischen Priestern an die Bischofskonferenz vom Mai 1968[42], die „Erklärung über die Kirche und die Wirklichkeit Brasiliens", ein offener Brief von 300 Priestern de Region São Paulo vom Oktober 1967, der später von insgesamt 1000 Priestern unterschrieben wurde[43], dem zwei Monate später eine entsprechende Verlautbarung des Episkopates folgte (La misión de la jerarquía en el mundo de hoy)[44], ein Manifest von 350 brasilianischen Priestern zur 9. CNBB-Konferenz vom 16. Juli 1968[45] und die „Carta a los Obispos de América reunidos en Medellín", verfaßt in Buenos Aires am 20. Juni 1968 mit 920 Unterschriften[46].

Die zweite Vollversammlung des lateinamerikanischen Episkopats in Medellín wurde also vorbereitet in einer Atmosphäre zunehmender, von Konzil und päpstlichen Enzykliken ausgelöster kritischer Fragen aus der lateinamerikanischen Priesterschaft, begleitet vom Eindruck des enttäuschenden Ergebnisses der von einer technokratischen Entwicklungsphilosophie (desarrollismo) inspirierten Hilfsprogramme der sechziger Jahre (besonders der Allianz für den Fortschritt) und der radikalen Lösungsversuche der Kubanischen Revolution (1959), des Kampfes Camilo Torres' in Kolumbien († 1966) und ‚Che' Guevaras († 1967) in Bolivien, sowie des Kampfes von Untergrundbewegungen in einer Vielzahl anderer lateinamerikanischer Staaten, die ihrerseits eine Reaktion auf autoritäre, nicht am Wohl des Volksganzen orientierte Regime darstellten. Nachdem der revolutionäre Kampf in Lateinamerika 1965 seinen Höhepunkt erreicht hatte, tauchte 1966 im Zusammenhang mit der Genfer Konferenz für Kirche und Gesellschaft der Begriff der „Theologie der Revolution" auf, einer Theologie, die ursprünglich nicht von lateinamerikanischen Theologen entwickelt worden war, die aber in Lateinamerika Widerhall fand.

[41] Dussel aaO 253.
[42] Gheerbrant 1970, 103ff, vgl. die Auswertung bei Muñoz 1974 BRA 3, 153–58.
[43] Gheerbrant aaO 84ff.
[44] Zur Reaktion der Hierarchie vgl. Antoine 1972, 125f: „Allgemein kritisieren die Bischöfe an dem Dokument, daß die Priester damit einen Streit an die Öffentlichkeit getragen hätten, der innerhalb der kirchlichen Grenzen ausgetragen werden sollte. Ein Großteil von ihnen anerkennt jedoch die Richtigkeit und den positiven Charakter des Dokuments". Es gibt aber extrem konservative Äußerungen wie die des Weihbischofs von Aparecido do Norte und des Erzbischofs von Belém. Der Weihbischof moniert u. a.: „Die Schmähschrift trifft nicht nur die Bischöfe, sondern auch die zivilen Behörden und sogar, in bedauerlicher Weise, die Streitkräfte". Zur Kindersterblichkeit bemerkt der Erzbischof: „,Angenommen, diese verringere sich, dann ‚würden Tausende und Millionen getaufter Kinder die Gelegenheit verlieren, in all ihrer Unschuld in den Himmel zu kommen, und dafür dieses irdischen Lebens ausgeliefert bleiben, Gott beleidigen und ihr ewiges Heil fraglich machen. Es wäre dann auch sofort notwendig, die Anzahl der Kindergärten, der Schulen, der Sportplätze etc. zu erhöhen. Eine wahre bevölkerungspolitische Explosion wäre die Folge'". Daß jede Art von konsequenter Familienplanung immer noch menschlicher wäre als der Kindersterblichkeit tatenlos zuzusehen, kommt dem Prälaten offenbar nicht in den Sinn.
[45] Gheerbrant aaO 107ff.
[46] Ebd. 113ff. Bei Muñoz 1974, 382ff finden sich weitere Dokumente, die er analysiert.

„Ihr Verdienst besteht darin, anzufangen, das Bild eines mit einer ungerechten Gesellschaftsordnung verbundenen Glaubens zu zerstören, aber sie läuft Gefahr, den hohen Preis zu zahlen, sich in eine ‚revolutionäre christliche Ideologie' zu verwandeln."[47]

5122 Die lateinamerikanische Rezeption des Vatikanum II in Medellín (1968)

Im Mai 1967 schrieb der Brasilianer Gómez de Souza in der ersten Nummer von ‚Víspera', seit dem Konzil errege der Terminus „Ecclesia semper reformanda" bei immer weniger Katholiken Anstoß, man spreche „sehr viel von innerer Umwandlung, aber sehr wenig von der Wirklichkeit, die diese Umwandlung nötig macht". Man könne sehr wohl den Begriff ‚aggiornamento' im Munde führen und mit innerkirchlichen Reformen auf vielen Gebieten dennoch in einem „narzistischen Ghetto" verharren. Man müsse stets nach dem Ziel der Reformen fragen, das nur die Rettung der Welt sein könne.

„Es ist nötig, die wirkliche Welt zu kennen in ihrer wirtschaftlichen, gesellschaftlichen, politischen und kulturellen Verfassung, in ihren Spannungen und ihren Beherrschungspolen. Die Rettung der Welt ist z. B. untrennbar von der Befreiung des einen unterernährten Drittels der Menschheit und der Befreiung der wirtschaftlich und politisch kolonisierten Völker. Alles ist miteinander verbunden. Und diese Probleme schaffen nicht wenige Doppeldeutigkeiten. Das kann man an gewissen Ausdrucksweisen der Hirtenbriefe und der Seelsorge in Lateinamerika sehen."[48]

Vor der Spannung zwischen einem christlichen Sozialismus, der das kirchliche Ghetto durch aktive Teilnahme am weltlichen Revolutionsprozeß überwinden will, und der Reaktion gegen eine Ideologisierung des Christentums, die das christliche Proprium betont, aber in der Gefahr schwebt, den Geschichtsbezug zu verlieren, einer Christenheit, die zwar eschatologisch, aber nicht inkarniert ist, muß der Versuch von Medellín, das Konzil auf den lateinamerikanischen Kontext anzuwenden, betrachtet werden.

Der organisatorische Kontext der zweiten Vollversammlung des lateinamerikanischen Episkopats kann hier nur angedeutet werden. Sie wurde von Papst Paul VI. in Bogotá eröffnet und hielt ihre Arbeitssitzungen nach dessen Abreise in der Ruhe und Abgeschiedenheit des Priesterseminars von Medellín. Der Papst war anläßlich des 39. Internationalen Eucharistischen Kongresses im August 1968 als erster Pontifex nach Lateinamerika gekommen. Ob er sich dabei als „Brückenbauer" betätigt hat, war seit der Ankündigung der Reise umstritten: Eine Fülle von Stellungnahmen und offenen Briefen an den Papst bewegte vor dessen Reise die lateinamerikanische Öffentlichkeit. Die Verlautbarungen aller „progressiven" katholischen Kräfte aus Jugend- und Studentenbewegung, christlichen Gewerkschaften und Priestergruppen sind auf einen negativen Ton gestimmt. Sie reichen von der Aufforderung: „Paul . . . segne nicht die Mörder Camilos", legitimiere nicht das Unrechtregime von Kolumbien, bis zu Bedenken gegen den Eucharistischen Kongreß überhaupt, wie sie Guzmán Campos für die Freunde Camilo Torres' äußert:

Mit einer religiösen Massenveranstaltung wie dem „Eucharistischen Kongreß wird das Volk in seiner fatalistischen, konformistischen und fetischistischen Grundhaltung

---

[47] Guitiérrez 1975, 18. Zur Konferenz von 1966 vgl. Appell 1966.
[48] Souza L. 1947, 40ff.

bestärkt. Man kann ihn deshalb als einen Verrat an den Armen, an der Sache der Armen ansehen. . . Die katholische Kirche steht vor einem Dilemma: Entweder sie entscheidet sich zu Gunsten der Unterdrückten, die die Mehrheit bilden, oder sie fährt fort, durch ‚Bande der Liebe' mit den oligarchischen Strukturen verbunden zu sein. Entweder ist sie die authentische Kirche Christi oder die institutionelle, unauthentische Kirche."[49]

Am 23. August 1968 hielt Paul VI. 20 km vor Bogotá an der Station von Radio Sutatenza, jener ersten kirchlichen Volkserziehungsrundfunkstation, die der Pfarrer Salcedo gegründet hatte, vor einer gewaltigen Menge von ‚campesinos', unter ihnen Delegationen aus allen zwanzig lateinamerikanischen Republiken, eine kurze Ansprache. Er kam mit einem jener kolumbianischen Militärhubschrauber an, die zur Guerrillero-Bekämpfung eingesetzt werden, und versprach, weiterhin „die ungerechten wirtschaftlichen Ungleichheiten zwischen Reichen und Armen, die Mißbräuche der Behörden und Verwaltungen zu denunzieren", warnte aber davor, die „Hoffnung auf Gewalt oder Revolution zu setzen", und erinnerte an „die Seligpreisung evangelischer Armut". Indem er ausgerechnet die hungrigen Massen daran erinnerte, daß der Mensch „nicht vom Brot allein" lebt, und indem er nur vor revolutionärer, nicht aber vor etablierter Gewalt warnte, erweckte er den Eindruck, die ungerechten Strukturen zu stützen und die Religion als „Opium des Volkes" dazu zu benutzen[50].

Vor dem Hintergrund dieser päpstlichen Rede, die von den Beobachtern als eine hinter der Enzyklika „Populorum Progessio" zurückbleibende Beschwichtigung empfunden wurde, muß man das Ergebnis der zweiten Generalversammlung des lateinamerikanischen Episkopates unter der Leitfrage betrachten, ob es ihr gelungen ist, die Intentionen des Vatikanischen Konzils in die lateinamerikanische Wirklichkeit zu übertragen.

Die CELAM hatte sich in ihrer Zusammensetzung und Arbeitsweise seit ihrer Gründung verändert. Auf ihrer 12. ordentlichen Sitzung in São Paulo (November 1969) sollte sie ihre Statuten ändern und die Präsidenten der nationalen Bischofskonferenzen aufnehmen. Aber schon vor Medellín hatte die CELAM unter Leitung von Bischof Manuel Larraín von Talca ab 1963 echte Arbeitsstrukturen geschaffen, Abteilungen für die einzelnen pastoralen Arbeitsgebiete. Diese ‚Departamentos' hatten seit 1966, als Avelar Brandão Vilela, der Erzbischof von São Salvador da Bahia, die Leitung der CELAM übernommen hatte, in einer Reihe von Sitzungen mit Sachverständigen und Bischöfen die vorbereitenden Dokumente für Medellín erstellt. Diese Dokumente wurden beeinflußt und befruchtet von der nachkonziliaren Diskussion, den Manifestationen der Priestergruppen, dem Adventshirtenbrief der Erzdiözese Montevideo (1967)[51] und dem sozial-engagierten episkopalen Handeln von Bischöfen wie Antônio Fragoso von Crateús (Ceará), Helder Câmara von Olinda und Recife, Cândido Padin von Bauru (SP), Ramón Bogarín von San Juan Bautista de las Misiones (Paraguay), Méndez Arceo von Cuernavaca (Mexiko) u. a.[52]. Außer den regulären Mitgliedern der CELAM waren in Medellín die Präsidenten der Nationalen Bischofskonferenzen und für je 25 Bischöfe ein gewählter Vertreter anwesend und stimmberechtigt. Insgesamt waren in Medellín 7 Kardinäle und 280 Bischöfe als

---

[49] Quellen bei Gheerbrant aaO 13ff, nämlich „Paul... segne nicht..." von Saúl Rivas-Rivas/Caracas, 29–31 und Guzmán 24–25.
[50] Vgl. Text der Rede bei Gheerbrant aaO 55f.
[51] Pastoral de Adviento, PER 20 (1967).
[52] Vgl. Borrat 1970, 36.

Delegierte, ferner erstmals einige Religiose, Priester, Laien und sogar Protestanten als Beobachter oder als Sachverständige[53].

Die Abschlußdokumente von Medellín gliedern sich in zwei Gruppen, Nr. 1—5 bezieht sich auf die lateinamerikanische Wirklichkeit (1 Gerechtigkeit, 2 Frieden, 3 Familie und Demographie, 4 Erziehung, 5 Jugend), Nr. 6—16 auf pastorale und innerkirchliche Probleme[54].

Naturgemäß sind die Dokumente der ersten Gruppe von besonderer politischer Brisanz. Bischof Larraín, der kurz vor der Konferenz von Mar del Plata (1966) gestorben war, hat mit seiner Formulierung: „Entwicklung ist der neue Name des Friedens" maßgeblichen Einfluß auf jene Beratungen gehabt. Aber der Begriff ‚desarrollo' (Entwicklung) war in Lateinamerika durch die internationalen Hilfsagenturen und durch die oligarchischen Regierungen abgenutzt und neutralisiert, genau wie der Begriff ‚integración'. Die Dokumente von Medellín vermeiden diese Begriffe zwar nicht völlig, setzen aber den Akzent auf das Wort ‚liberación' (Befreiung), was das Vorhandensein von Unterdrückung und Knechtschaft voraussetzt und eine wie auch immer geartete Revolution impliziert[55].

Im Dok. 2 weisen die Bischöfe darauf hin, daß eine „Situation der Ungerechtigkeit" Ausdruck „einer Situation der Sünde" ist, führen also den Begriff der sündhaften Strukturen ein. Sie sehen die Lage des Subkontinents gekennzeichnet durch „Spannungen zwischen den Klassen und internen Kolonialismus", was sich ausdrückt in „verschiedenen Formen von Marginalität", in „übermäßigen Ungleichheiten zwischen den gesellschaftlichen Klassen", die die herrschenden Sektoren manchmal mit Hilfe von Gewalt aufrechtzuerhalten suchen, indem sie „jeden Versuch, ein gesellschaftliches System zu verändern, das den Fortbestand ihrer Privilegien begünstigt, als subversive Aktion bezeichnen". Das erzeugt Frustrationen in den marginalisierten Massen, die bei wachsender Konszientisierung zu aggressiven Explosionen führen können. Hinzu kommen die Auswirkungen „internationaler Spannungen und externen Neokolonialismus'", die sich aus der „Abhängigkeit (Dependenz) unserer Länder von einem wirtschaftlichen Machtzentrum" ergeben, „um das sie sich gruppieren". Stichwortartig kann man die Folgen der wirtschaftlichen Dependenz beschreiben mit „wachsender Verzerrung des internationalen Handels", (Verschlechterung der Terms of trade), „Flucht von wirschaftlichem und menschlichen Kapital", „Steuerflucht und Hinterziehung von Gewinnen und Dividenden", „progressiver Verschuldung". „Wir möchten unterstreichen, daß die Hauptschuldigen der wirtschaftlichen Abhängigkeit unserer Länder jene Kräfte sind, die angetrieben von einem hemmungslosen Gewinnstreben zu einer wirtschaftlichen Diktatur und zum ‚internationalen Geldimperialismus' beitragen, den Pius XI. in ‚Quadragesimo anno' und Paul VI. in ‚Populorum progressio' (Nr. 26) verurteilten." Die Bischöfe wenden sich gegen jedwede Form von ideologisch geprägtem Imperialismus, der zu indirekten oder sogar zu direkten Interventionen führt, aber auch gegen Spannungen zwischen den lateinamerikanischen Staaten, die durch übersteigerten Nationalismus und Wettrüsten herbeigeführt werden. Demgegenüber sei nach christlichem Verständnis der Frieden „nicht das einfache Ausbleiben von Gewalttaten und Blutvergießen", sondern „vor allem ein Werk der Gerechtigkeit", an dem ständig

---

[53] Vgl. Desarrollo 1972, 59.
[54] Von den verschiedenen Veröffentlichungen der Dokumente von Medellín sind in der Bibliographie unter „Medellín 1968" einige angeführt.
[55] Borrat 1968, 4. Die erwähnte Formulierung Larraíns begegnet ein Jahr später in „Populorum Progressio" Nr. 87 und wird in Dok. 2, 1 von Medellín einleitend zitiert.

gearbeitet werden müsse. In einer „Situation der Ungerechtigkeit", „die man institutionalisierte Gewalt nennen" könne, wie sie in „Lateinamerika in vielen Gebieten" zu beobachten ist, dürfe es nicht verwundern, daß die „Versuchung zur Gewalt" auch im Volk entstehe, dessen „Geduld nicht mißbraucht" werden dürfe. Eine lang andauernde Gewaltherrschaft könne sogar einen revolutionären Aufstand rechtfertigen, wenngleich „der Christ dem Frieden den Vorzug gibt", schon weil er die Schwierigkeit kennt, eine Regierung der Gerechtigkeit und Freiheit – hervorgegangen aus einem Prozeß der Gewalt – zu errichten."[56]

Dussel bemerkt, daß die Dokumente von Medellín dank der Beiträge P. Gregorys (Brasilien) und der Bischöfe Mac Grath (Panamá), Eduardo Pironio, Präsident der CELAM (Mar del Plata/Argentinien), Samuel Ruiz (Chiapas/Mexiko), Muñoz Vega (Quito/Ekuador), Henríquez (Caracas/Venezuela), Leónidas Proaño (Riobamba/Ekuador) „eine unerwartete Konkretion" erfahren hätten, aber es sei unverkennbar, daß *Medellín die Übergangsphase zwischen der technokratischen Entwicklungsphilosophie (desarrollismo) und der „Theologie der Befreiung"* bezeichne, weshalb sowohl Anklänge des ‚desarrollismo' wie neue Töne der „Befreiung" zu hören seien[57]. Deshalb ist die Redaktion nicht einheitlich. Zwar werden schnelle und tiefgehende Wandlungen gefordert, aber Dok. 1 nimmt einerseits den Neokolonialismus aufs Korn, fordert aber andererseits eine fortschreitende Entwicklung, die den Armen von den Reichen gewährt wird, während Dok. 2 den „internen Kolonialismus" aufdeckt und gegen die etablierte Gewalt sogar revolutionäre Gewalt als ultima ratio für möglich hält und schließlich in Dok. 7 I, 12 den Reichen den Revolutionär als einen menschlich überlegenen Typ vor Augen stellt, der den „Konservativen" und den „Entwicklungstechnokraten" wegen seines „echten Engagements für soziale Gerechtigkeit" in den Schatten stellt[58]. Nachdem in den Pastoralen Schlußfolgerungen von Dok. 2 schon davon die Rede ist, daß es eine vorrangige Aufgabe der Hirten ist, „die Gewissen zu erziehen, alle Initiativen, die zur Bildung des Menschen beitragen, zu beleben, anzuspornen und orientieren zu helfen" (III, 20), wird in Dok. 4 auf der Linie der ‚liberación' in Anlehnung an Paulo Freires „Pädagogik der Unterdrückten" die *befreiende Erziehung*", die „den zu Erziehenden zum Subjekt seiner eigenen Entwicklung macht", als Schlüssel bezeichnet, „um die Völker aus aller Knechtschaft zu befreien". So soll schon das kirchliche Engagement in der Grunderziehung nicht nur der Alphabetisierung dienen, sondern den Menschen zu einem „bewußten

---

[56] Dok. 2 I–II.
[57] 1975, 110. Der ‚desarrollismo' geht davon aus, daß die Entwicklungsländer das Modell der entwickelten Länder nachahmen müssen. In den sechziger Jahren hat sich herausgestellt, daß ein unterentwickeltes Land dieses Modell nicht nachahmen kann, weil es viel zu spät mit dem Prozeß der Industrialisierung angefangen hat, nämlich in der Phase der Elektronik und Kybernetik. Deshalb müssen die Entwicklungsländer eigene Entwicklungsmodelle suchen.
[58] In Dok. 2 II, 19 heißt es wörtlich: „Mit Paul VI. erkennen wir an, daß ihre Haltung ‚häufig ihre letzte Motivierung in edlen Beweggründen der Gerechtigkeit und Solidarität hat'" – vgl. Pauls VI. Rede in Bogotá in der Messe des „Tages der Entwicklung". Dok. 7 I, 12: „Die Revolutionäre neigen dazu, den Glauben einseitig mit der sozialen Verantwortung zu identifizieren. Sie besitzen einen sehr lebendigen Sinn für den Dienst am Nächsten". Dok. I, 10: „In der Gruppe der Konservativen oder Traditionalisten findet man häufig die Trennung von Glaube und sozialer Verantwortung. . .". Dok. I, 11: „Innerhalb der ‚desarrollistas' gibt es verschiedene Abstufungen des Glaubens von der Indifferenz bis zum persönlichen Glaubensleben . . ."

Träger seiner ganzheitlichen Entwicklung" machen. Dabei muß „befreiende Erziehung" entgegen den Bestrebungen des seit dem 19. Jahrhundert von den Oligarchien erzwungenen Modells nationaler Einheitskulturen „die lokalen und nationalen Besonderheiten bejahen und sie in die pluralistische Einheit des Kontinents und der Welt integrieren"[59].

Die Bischöfe verstehen das Befreiungshandeln der Kirche zu Gunsten des Individuums und der Gemeinschaft theologisch als ein Stück Vorwegnahme des vollkommenen erlösenden Handelns durch Christus. Sie wollen „den Plan Gottes in den ‚Zeichen der Zeit' erkennen", nachdem „nicht immer im Verlauf" der Geschichte der Kirche in Lateinamerika „all ihre Glieder, Kleriker oder Laien, dem Geist Gottes treu waren". In dem enorm schnellen Wandlungsprozeß, der alle Bereiche des Menschen, vom Wirtschaftlichen bis zum Religiösen, berührt und bewegt", können die Bischöfe „nicht umhin, die Spuren des Bildes Gottes im Menschen als eine mächtige Dynamik zu entdecken"[60]. Dahinter scheint eine Geschichtsphilosophie zu stehen, die die Geschichte als Emanzipationsprozeß versteht, in dem Christus „aktiv gegenwärtig" ist und im Befreiungsprozeß sozusagen zeichenhaft schon ein Stück Erlösung vorwegnimmt[61].

Man kann mit Leonor Ossa in der *Entdeckung der Profangeschichte als Offenbarungsraum Gottes* die Entstehung einer neuen Offenbarungstheologie sehen, „die eine erstaunliche Wendung im Denken der Hierarchie signalisiert:

Hatte sie noch zwei Jahre zuvor (in Mar del Plata) die überlieferte Offenbarungstheologie gegen den politischen Wandel in Lateinamerika verteidigt, so ist 1968 der lateinamerikanische Wandel selbst zum Ort neuer ‚Offenbarungserwartung' geworden." Indem die Bischöfe Orte zu erkennen versuchen, „an denen die Heilsgeschichte in der Profangeschichte manifest wird", müssen sie einräumen, daß diese Orte nicht primär auf die Heilsanstalt Kirche beschränkt sind, sondern „die vorläufig nicht definierten Veranstaltungen der Menschen im Sinne der besseren Gerechtigkeit, des besseren Friedens, d. h. ‚menschlicherer Lebensbedingungen'" betreffen. Ossa bemerkt zu Recht, daß „die Versuche einer Neuformulierung dessen, was Offenbarung sei, mit dem überlieferten Bestand heilsgeschichtlicher Offenbarungslehre in Konflikt" geraten. Es gelingt z. B. den Bischöfen nicht, im Dok. 1 die ungerechten Strukturen in der „Dogmatischen Grundlegung" überzeugend mit einem Abriß traditioneller Heilsgeschichte zu erklären. „Die Lehre von der Heilsgeschichte kann nicht leisten, was die Bischöfe von ihr erwarten: sie ist von Natur aus zeit- und geschichtslos und bleibt für das geschichtliche Leben unausweisbar." Mit Hilfe der Heilsgeschichte kann die vom Vatikanum inspirierte neue Hermeneutik, die aus den „Zeichen der Zeit" die „Stimme Gottes" heraushören will, nicht in Handlungsanweisungen umgesetzt werden[62].

Vergleicht man die erste Gruppe der Dokumente von Medellín mit den päpstlichen Ansprachen in Bogotá, dann fällt die unterschiedliche Tonart

---

[59] Dok. 4 II, 8 und 16.

[60] Vgl. in der „Botschaft an die Völker Lateinamerikas" den Abschnitt „Die Kirche, die Geschichte Lateinamerikas...".

[61] Vgl. die „Einleitung zu den Entschließungen" Abs. 3–5: „Christus, aktiv in unserer Geschichte gegenwärtig, nimmt seine eschatologische Tat nicht nur im ungeduldigen Sehnen des Menschen nach seiner völligen Erlösung vorweg, sondern auch als prophetische Zeichen in jenen Errungenschaften, die der Mensch durch ein in Liebe verwirklichtes Handeln erlangt" – vgl. „Gaudium et Spes" Nr. 38.

[62] Ossa 1973, 96ff.

und die konsequentere Kritik der Bischöfe an den lateinamerikanischen Strukturen auf. Obgleich die Aussagen der Bischöfe weit über die des Papstes in Bogotá hinausgehen, haben sie es geschickt verstanden, als Belege die päpstlichen Enzykliken heranzuziehen. Borrat meint, sie hätten damit die Priorität von Enzykliken gegenüber lehrmäßig unverbindlichen päpstlichen Reden betont und gleichzeitig deutlich gemacht, „daß die lokale Situation von den Ortsbischöfen und nicht allein vom Bischof von Rom beurteilt werden muß"[63].

Ohne an dieser Stelle auf die Frage der ökumenischen Zusammenarbeit eingehen zu wollen (vgl. 515), ergibt sich aus dem bisher Ausgeführten, daß nach Medellín eine sinnvolle ökumenische Arbeit in Lateinamerika nur zwischen Kirchen möglich ist, die in ähnlicher Weise die Befreiung des unterdrückten und marginalisierten lateinamerikanischen Menschen als eine vorrangige kirchliche Aufgabe ansehen.

Die Bedeutung der Dok. 6–16 von Medellín erhellt aus folgendem Kommentar von Comblin zum ‚Documento Básico' der Konferenz:

„Zunächst muß man erkennen, daß die Kirche großenteils mit der Unterentwicklung solidarisch war und in besonderer Weise mit jener Form von Unterentwicklung, die sich aus der amerikanischen Vergangenheit ergibt. *Alles Handeln in Richtung auf Entwicklung muß mit einer kirchlichen Reform anfangen.* Unter allen lateinamerikanischen Einrichtungen ist die Kirche eine der unterentwickeltsten. In diesem Sinne ist die Kirche viel solidarischer mit der Unterentwicklung als in Asien oder Afrika. Hier in Lateinamerika ist die Kirche aufs engste mit der Geschichte verbunden, ist sie Teil der Strukturen der Nationen. Um ein Beispiel zu sein, muß sie sich in erster Linie von ihrer Vergangenheit befreien."[64]

Cetrulo urteilt, daß die Konferenz diese Mahnung von Comblin nicht beherzigt habe. Allgemein könne man sagen, „daß Medellín in seiner Kritik an der Gesellschaft viel strenger gewesen ist als mit der an der eigenen innerkirchlichen Wirklichkeit".

Nachdem die Kirche sich im gesellschaftlichen Bereich vom Establishment losgesagt habe, hätte man eine ähnlich konsequente Haltung auch gegenüber den traditionellen Strukturen der Kirche erwarten müssen, gegenüber „ihren Erscheinungsformen in der Gesellschaft und den Formen der sogenannten Volksreligiosität, die aus der Missionspraxis der Vergangenheit entstanden sind und durch die spätere Seelsorge erhalten worden sind. Denn auch hier handelt es sich in entscheidender Weise um das Drama von Entfremdung und Befreiung des Menschen."

Zwar werde die Volksreligiosität zutreffend charakterisiert als „eine Religiosität der Gelübde und Versprechen, der Pilgerfahrten und zahllosen Frömmigkeitspraktiken. Sie ist begründet im Sakramentsempfang, besonders der Taufe und der ersten hl. Kommunion, die mehr als gesellschaftliches Ereignis gelten und weniger echten Einfluß auf die Gestaltung des christlichen Lebens ausüben", obgleich in der Volksreligiosität „ein großer Schatz echt christlicher Tugenden" verborgen ist[65]. Auf Grund dieser Situationsanalyse sollte man erwarten, daß in den pastoralen Empfehlungen gefragt würde: „Wie kann die befreiende Funktion gegenüber dieser Form von Entfremdung zum Tragen kommen und welche pastorale und pädagogische Aktivität müßte entfaltet werden, um das Volk von einer solchen mythischen und fatalistischen Weltanschauung, die sich einer christlichen Sprache bedient, zu be-

---

[63] 1968, 5.
[64] Cetrulo 1972, 8; vgl. Comblin 1968 CM 49.
[65] Dok. 6 I, 2.

freien?" Ohne ein solches Bemühen „ist es unnütz, von der politischen Verpflichtung oder der historischen Aufgabe zu sprechen. Trotzdem folgt das Dokument einer anderen Linie und sagt: ‚Diese Religiosität stellt die Kirche vor die Entscheidung, Weltkirche zu bleiben oder sich in eine Sekte zu verwandeln, wenn sie nicht jene Menschen, die sich durch eine solche Religiosität artikulieren, in lebendiger Weise in sich aufnimmt. Weil sie Kirche und nicht Sekte ist, wird sie ihre Heilsbotschaft allen Menschen bringen müssen...'"[66] Dies ist „eine eigenartige Art zu argumentieren. Um ihre Heilsbotschaft allen Menschen anzubieten, entzieht man sich der Radikalität einer Diagnose der kulturellen und religiösen Entfremdung, die die einzige Form darstellt, vermittels einer geeigneten pastoralen Pädagogik die Möglichkeit zur Entdeckung des befreienden Antlitzes des christlichen Gottes anbieten zu können."

Cetrulo kritisiert die unwissenschaftliche Vermischung von soziologischen und theologischen Kategorien (Sekte—Weltkirche). Der Aspekt der Universalität (Weltkirche) erinnere an die Typologie von Ernst Troeltsch, dessen soziologische Kategorie „Kirche" ihre soziologische Universalität durch ihre weitgehende Identifizierung mit der etablierten Ordnung erhalte, eine mit Medellín unvereinbare Vorstellung, die mit dem theologischen Konzept der Universalität der Kirche nichts zu tun habe. Wenn Medellín den Ursachen der Volksreligiosität nicht auf den Grund gehe, deute das eher einen Mangel an Universalität an, ferner eine mangelnde Erkenntnis des innigen Zusammenhangs zwischen den kritisierten gesellschaftlichen Strukturen und ihren kulturell-religiösen Ausdrucksformen, sowie „das Fehlen einer Theorie der innergeschichtlichen Befreiung des Menschen in seiner Totalität". Die Erfahrungen nach Medellín zeigten, wie gefährlich solche Zweideutigkeiten seien. Indem die Reform der Kirche zu einem bloßen Reformismus der äußeren Erscheinungsformen der Institution reduziert zu werden droht, wird auch ihre revolutionäre Kritik der gesellschaftlichen Strukturen ihres Gewichtes beraubt. „Deshalb wird der Katholizismus nach Medellín von der Radikalisierung des innerkirchlichen Konfliktes bestimmt."[67]

Schwierigkeiten gibt es auch bei der Rezeption der vatikanischen Ekklesiologie, die sich mit dem Stichwort „Kirche als Volk Gottes" kennzeichnen läßt. Die Neubewertung der Laien und der Laienbewegungen (Dok. 10 u. 15) und die Zielsetzung, eine Kirche in Armut zu werden (Dok. 14 „Armut der Kirche"), die auf die Schaffung einer Kirche von der Basis aus abzielen, sind in ihren Konsequenzen nicht genügend durchdacht. Vom Abbau der mächtigen hierarchischen Institutionen ist kaum die Rede, z. B. nicht von einer grundsätzlichen Umstrukturierung der mächtigen Erziehungsinstitutionen (vgl. Dok. 4 III, 17 ff), sondern nur von ihrer Demokratisierung im Sinne ihrer Öffnung für alle Gesellschaftssektoren und der Vermittlung eines echten sozialen Bewußtseins (Dok. 4 III, 18). Inwieweit die Kirche wirklich eine „Kirche der Armen"[68] wird, wird stark vom Willen und der Entschlossenheit der Ortsbischöfe, der Erzbischöfe und der Mehrheiten der Nationalen Bischofskonferenzen abhängen[69]. Kritische Leitlinien zur Reform zeigt Medellín auf:

---

[66] Ebd. I, 3.   [67] Cetrulo aaO 9f.
[68] Zum Begriff „Kirche der Armen" vgl. Gauthier 1967.
[69] In Dok. 15 ‚Pastoral de Conjunto' III, 17ff werden die Bischöfe und Bischofskonferenzen, aber natürlich auch die Pfarrer (III, 13ff) für die Durchführung der in Medellín beschlossenen Reformen ausdrücklich in Pflicht genommen. Soria 1970, 174 hebt hervor, daß die CELAM eine Vorwegnahme der vom Vatikanum II be-

Die Kirche nimmt die Klagen ernst, „daß die Hierarchie, der Klerus und die Ordensleute reich und mit den Reichen verbündet sind", daß die Finanzhaushalte der Schulen, Pfarreien und Diözesen von übertriebener Geheimhaltung umgeben sind, daß die Stolgebühren und Schulgelder unsozial seien. Wenn auch der Eindruck kirchlichen Reichtums häufig nicht mit den Tatsachen übereinstimmt, so stellen doch „die großen Gebäude, die Häuser der Pfarrer und Ordensleute ... die eigenen, manchmal aufwendigen Fahrzeuge, die aus früheren Epochen stammende Art sich zu kleiden", einen Stein des Anstoßes dar. „Es gibt genügend Fälle, in denen die Armen fühlen, daß ihre Bischöfe oder ihre Pfarrer und Ordensleute sich nicht wirklich mit ihnen, mit ihren Problemen und Ängsten identifizieren und daß sie nicht immer diejenigen unterstützen, die mit den Armen arbeiten oder sich für sie einsetzen" (Dok. 14 I, 1ff).

Medellín unterscheidet lehrmäßig deutlich zwischen Armut „als Mangel an den Gütern dieser Welt", geistlicher Armut „als Haltung der Öffnung zu Gott" und „Armut als Engagement, das die Bedingungen der Armen dieser Welt freiwillig und aus Liebe annimmt, um Zeugnis zu geben von dem Übel, das sie darstellt und von der geistlichen Freiheit gegenüber den Gütern" entsprechend dem Vorbild Christi. Die Bischöfe proklamieren das Leitbild einer armen Kirche, die „den ungerechten Mangel an Gütern dieser Welt und die Sünde, die ihn hervorbringt, anklagt", die „die geistliche Armut als Haltung der geistlichen Kindschaft und Öffnung zu Gott predigt und vorlebt", die „sich selbst zur materiellen Armut verpflichtet", weil „die Armut der Kirche eine unveränderliche Größe der Heilsgeschichte ist" (Dok. 14 II, 4)[70]. Das Ziel der armen Kirche soll erreicht werden durch einen Verzicht auf geistliche Ehrentitel, Überwindung des Systems der Stolgebühren, Beteiligung von Laien an der Verwaltung kirchlicher Güter, Anpassung der Priester an den Standard armer Viertel, Verstärkung des Zeugnisses der Armut von Ordensgemeinschaften durch Bildung kleiner Gemeinschaften, die sich ganz in das Armenmilieu einfügen, Suche neuer Organisationsformen für kirchliche Werke, die deren Dienst für die Allgemeinheit verdeutlichen und einer Wandlung „der individualistischen Mentalität in eine andere, die der sozialen Gesinnung und Sorge für das Gemeinwohl" entspricht und alle Phasen der Erziehung prägen muß (Dok. 14 III, 12 ff). Im Dok. 15 „Gemeinsamer Pastoralplan" (Pastoral de conjunto) werden die kirchlichen Strukturen allerdings gar nicht unter der Zielvorstellung der Kirche der Armut untersucht, sondern nur hinsichtlich ihrer kirchlichen Funktion, wobei als wesentliche Neuheit der konziliare Geist der Kollegialität in der Beziehung zwischen Geistlichen und Bischöfen und innerhalb der Ortsgemeinde die Basisgemeinschaften herausgestellt werden[71].

Insgesamt wird man urteilen können, daß die römische Kirche Lateinamerikas sich angesichts der sozialen Spannungen und des vorrevolutionären Be-

tonten kollegialen Verantwortung der Bischöfe darstellte. Daran anknüpfend könnte man Medellín als die bisher wichtigste Frucht kollegialer bischöflicher Verantwortung in Lateinamerika bezeichnen.

[70] In Verkennung der Tatsache, daß das spanische Adjektiv ‚espiritual' geistig und geistlich bedeuten kann, gibt die ADVENIAT-Übersetzung das Wort unzutreffend stets mit „geistig" wieder.

[71] Dok. 15 II, 9. ‚Pastoral de conjunto', „d. h., all jene gemeinsame Heilsarbeit, die durch die Sendung der Kirche unter ihrem umfassenden Aspekt ‚als Sauerteig und Seele der in Christus zu erneuernden und in die Familie Gottes umzugestaltenden menschlichen Gesellschaft' gefordert ist" — vgl. „Gaudium et spes" Nr. 40. Zu den hier in III, 10ff erwähnten Basisgemeinden vgl. Abschnitt 53223.

wußtseins breiter Bevölkerungsgruppen, die „das traditionelle kirchliche System religiöser Übermittlung und Kontrolle in Frage" stellten, in Handlungszwang versetzt sah, so daß sie in Medellín versuchte, ihre eigene Rolle in der veränderten Wirklichkeit neu zu bestimmen. „Sie hat programmatisch ihre ‚Konstantinische Ära' überwunden und dadurch tatsächlich eine neue Phase in der Geschichte Lateinamerikas eingeleitet, wie Papst Paul VI. in Bogotá betonte"[72]. Indem die römische Kirche in Medellín endgültig dem Versuch der Errichtung des Modells einer „neuen Christenheit" absagte, schuf sie die Voraussetzung zu einer ökumenischen Zusammenarbeit, die vom christlich motivierten Dienst am Menschen getragen wird, etwa im Sinne des Wortes des Erzbischofs von Cuzco, Ricardo Durand SJ: „Für die Gerechtigkeit unter den Menschen zu kämpfen, heißt anfangen, vor dem Herrn gerecht zu werden."[73]

513 Die überregionale und kontinentale Zusammenarbeit konfessionsgleicher protestantischer Kirchen: Das Beispiel der Lutheraner

Die vor dem Ersten Weltkrieg gegründeten vier brasilianischen Synoden schlossen sich in der Zeit zwischen den Weltkriegen (1928–36) dem deutschen Kirchenwesen an.

Dabei mußte die Gründung der Synoden keineswegs mit Notwendigkeit zum Anschluß an das deutsche Kirchentum führen. Dem Gründer der Riograndenser Synode, Dr. Wilhelm Rotermund, ging es bei seinem synodalen Bemühen um die Überwindung einer evangelischen Ghetto-Existenz. Die enge Zusammenarbeit und schließlich die organisatorische Bindung an den deutschen Protestantismus, die sich wegen der personellen (Pfarrernachwuchs) und finanziellen Abhängigkeit empfahl und das ungesicherte Inseldasein zu überwinden schien, führte zwar zu einer organisatorischen Festigung der kirchlichen Strukturen der deutschen Auswandererkirchen in Brasilien, bewirkte aber langfristig eine Verschärfung der Ghetto-Situation.

Der Weg zur überregionalen Zusammenarbeit zwischen den Synoden und zu ihrer rechtlichen Selbständigkeit ist gekennzeichnet durch die Gründung des Bundes der Synoden (1949), die Verleihung der rechtlichen Selbständigkeit durch die Evangelische Kirche in Deutschland (1955) und die Gründung der Einheitskirche (EKLBB 1968 — vgl. 4332). Schon 1950 beantragte der Bund der Synoden die Aufnahme in den Lutherischen Weltbund (LWB) und in den Ökumenischen Rat·der Kirchen, die im selben Jahr erfolgte. Daraus erhellt, daß es ab 1950 kein exklusives konfessionelles Denken mehr gab. Trotzdem sollen in diesem Abschnitt zunächst die Etappen der lutherischen Zusammenarbeit in Lateinamerika, die vom LWB gefördert wurde, nachgezeichnet werden.

Neben den in Abschnitt 433 beschriebenen lutherischen oder unierten Kirchen boten sich die nach dem Krieg wieder aufgebauten deutschen Auslandsgemeinden, sowie andere lutherische Auslandsgemeinden und lutherische Missionen zur Zusammenarbeit an[74]. In einer Reihe seit 1951 durchgeführter

---

[72] Zwiefelhofer 1974, 12f.
[73] Hirtenbrief zum Weihnachtsfest 1971 nach Zwiefelhofer aaO 16.
[74] Die Lutherischen Kirchen werden hier als Beispiel geschildert. Es gibt natürlich auch andere Versuche zu kontinentaler denominationeller Zusammenarbeit. So planten 1969 die mit der United Methodist Church/USA verbundenen methodistischen Kirchen aus Mexiko, Kuba, Panamá, Costa Rica, Brasilien, Perú, Boli-

gesamtlutherischer Konferenzen in Lateinamerika wurde versucht, „zu einer Form der Einheit zu gelangen, die der Verkündigung des Evangeliums Glaubwürdigkeit und Wirksamkeit verleiht"[75].

Die 1. gesamtlutherische Konferenz wurde 1951 in Curitiba/PR noch vom National Lutheran Council (USA) einberufen und diente der ersten Kontaktaufnahme der verschiedenen lateinamerikanischen lutherischen Kirchen und Gemeinden. Auf der 2. Konferenz 1954 in Petrópolis/RJ, die von dem 1952 auf der Vollversammlung des LWB in Hannover geschaffenen Lateinamerika-Komitee veranstaltet wurde, entdeckte man „die große missionarische Aufgabe des Luthertums in Lateinamerika" und prägte das Wort vom „Kontinent der Zukunft"[76].

„Das Erlebnis bereits erfahrener Gemeinschaft" stand „deutlich im Vordergrund. Die Erfahrungen des Bundes der Synoden mit der Ausbildung der Pastoren in Brasilien (Theologische Hochschule von São Leopoldo) beflügelten den Entschluß, auch für das spanischsprachige Lateinamerika eine Hochschule zu gründen", der 1955 in Buenos Aires verwirklicht wurde (später nach José C. Paz verlegt). Dieser Entschluß und „der Versuch, eine gemeinsame Publikationsstrategie zu entwerfen", hat „das Zusammenwachsen der lateinamerikanischen lutherischen Kirche wesentlich gefördert"[77].

Durch die Heranziehung der Missouri-Synode, die an der Konferenz noch nicht teilgenommen hatte, zur Ausarbeitung eines spanischen Gesangbuches (Culto Cristiano) und einer Agende (Ritual Cristiano), sowie zu einer Übersetzung einer Auswahl der Werke Luthers ins Spanische, kam es auf der 3. Konferenz 1959 in Buenos Aires neben der erstmaligen Beteiligung der La Plata-Synode auch zur Teilnahme der mit der Missouri-Synode verbundenen Kirchen und Gemeinden. Man beschloß eine engere Zusammenarbeit, die auf nationaler Ebene institutionalisiert werden sollte. Um diesem Ziel näher zu kommen, wurde auf der 4. Konferenz 1965 in Lima ein vorläufiger Koordinierungsausschuß gewählt, der die Voruntersuchungen und Vorarbeiten zur Gründung eines Lateinamerikanischen Lutherischen Rates durchführen sollte.

Dieser von der neugebildeten Lateinamerika-Kommission des LWB unter Vorsitz des EKLBB-Präsidenten E. Schlieper einberufene Konferenz sind drei Sondertagungen vorausgegangen: Die 1. Studienkonferenz der Lutherischen Theologischen Fakultäten in Lateinamerika[78], eine Konferenz über Herausgabe und Vertrieb kirchlicher Literatur in Spanisch und Portugiesisch und eine Konferenz der Beauftragten für lutherische Studentenarbeit, hatte doch die Vollversammlung des LWB in Hel-

---

vien, Uruguay, Argentinien und Chile, die insgesamt 129 000 Glieder haben, eine neue lateinamerikanische Konferenz, um die Verbindung untereinander zu stärken – vgl. SEI Nr. 28 (Febr. 1969). Der 1969 gebildete „Rat der Evangelisch-Methodistischen Kirchen Lateinamerikas" hielt im Juli 1973 im ‚Instituto Bennett de Ensino' in Rio de Janeiro seine 2. Generalversammlung ab – vgl. CEI Nr. 80 (Juli 1973), 6; ferner Baqueiro 1973, 17. Als Überblick über die lutherischen Kirchen und Gemeinden in Lateinamerika empfiehlt sich Pfeiffer 1969.

[75] Posfay 1972, 337.
[76] Pfeiffer aaO 193. Posfay aaO bemerkt, daß die erste Konferenz „nicht zuletzt deswegen gekommen sei, weil eine Besuchergruppe aus den nordamerikanischen Kirchen damals feststellte, wie wenig ihre Brüder südlich des Río Grande einander kannten und kaum Gelegenheit zur Begegnung und zu einem Gedankenaustausch über ihre Arbeit hatten".
[77] Posfay aaO.   [78] Vgl. Pfeiffer aaO 195.

sinki (1963) die Notwendigkeit betont, „die Kirchen dieses Kontinents darin zu unterstützen, die Glaubenserfahrungen der Reformation in das Denken und Leben dieses Erdteils einzubringen, die akademische Jugend mit den zwingenden Fragen der christlichen Botschaft zu konfrontieren, zur ökumenischen Gemeinschaft mit anderen Protestanten sowie zu einem Dialog mit der römisch-katholischen Kirche zu gelangen und von den christlichen Lebensgrundlagen her Führungspersönlichkeiten heranzubilden."

Mit 106 Teilnehmern aus 13 lateinamerikanischen Staaten (Argentinien, Bolivien, Brasilien, Chile, Costa Rica, Ekuador, El Salvador, Kolumbien, Mexiko, Peru, Puerto Rico, Uruguay und Venezuela) aus mit dem LWB verbundenen Kirchen, mit Missouri verbundenen Kirchen, der La Plata-Synode und dem Weltmissions-Gebetsbund war die breitest mögliche lutherische Repräsentanz erreicht. Pfeiffer sieht die „entscheidende Bedeutung der Konferenz" „in der sogenannten Vereinbarung von Lima", der erwähnten Bildung eines „Provisorischen Koordinationskomitees der lutherischen Kirchen in Lateinamerika"[79]. Hier dürfte indes ein gewisser Triumphalismus mitschwingen. So wichtig der Schritt von der friedlichen Koexistenz verschiedener lateinamerikanischer lutherischer Gruppen zur echten Zusammenarbeit ist, so wenig kann doch ein institutioneller Reformismus nützen, wenn die *Bedeutung der Reformation in der lateinamerikanischen Wirklichkeit*" nicht zuerst deutlich herausgearbeitet worden ist. Diese Umformulierung des Generalthemas „Verantwortliche Präsenz der lutherischen Kirche in Lateinamerika" schlug eine Gruppe von Teilnehmern vor. Angesichts der Herausforderung des 2. Vatikanischen Konzils mußte das Luthertum sich über sein Verhältnis zu den anderen evangelischen Kirchen, zur katholischen Kirche und über seine Funktion innerhalb der lateinamerikanischen Gesellschaft klar werden[80].

Bereits auf der 3. Vollversammlung des ÖRK in Neu-Delhi (1961) war den Gliedkirchen ja die Studienaufgabe gestellt worden:
„Was tut Gott in Christus in der Geschichte unserer Zeit mit ihren technischen Methoden, ihrem Streben nach höherem Lebensstandard, nach neuen Formen des Gemeinschaftslebens, dem Wandel der Familienstruktur, dem Wiedererwachen traditioneller Religionen und neuen Formen der Zusammenarbeit in der Industrie? Wie verhalten sich in dieser Lage die Sendung der Kirche und ihr Dienst in der Gesellschaft zueinander?"[81]

Auf der Vorkonferenz von 16 Dozenten der 5 Theologischen Hochschulen des Luthertums versuchte Weingärtner aus São Leopoldo theologisch darzulegen, daß die Kirche in die Welt gerufen sei, d. h. herausgerufen aus ihrem geschlossenen Zirkel, um auf ihre Weise als Leib Christi in der lateinamerikanischen Wirklichkeit zu existieren.

Nachdem es der katholischen Mission nicht gelungen sei, wirklich in die Welt der Indios und der Schwarzen einzudringen, müßten sich nun die Lutheraner fragen lassen, ob sie wirklich in Lateinamerika präsent oder ob sie Inseln lutherischer Volkskirchen seien. „Die viel zitierte öffentliche Verantwortung der Kirche kann letztlich nichts anderes bedeuten als Befreiung des Evangeliums aus seiner Klausur" hinter den Kirchenmauern. Kirchliche Aufrufe an die Welt oder Denkschriften könnten nicht die Notwendigkeit ersetzen, „daß die Kirche selbst in der Welt für die Welt"

---

[79] Ebd. 194ff.   [80] Weigandt 1971, 5f.
[81] Neu-Delhi 1961, 199 Bericht des Ausschusses für das Referat für Kirche und Gesellschaft.

sei! Von daher stellt Weingärtner die traditionelle parochiale Struktur, die ein Erbe der Volkskirche ist, in Frage und fordert eine diakonisch-missionarische Gemeindestruktur[82].

Diese Überlegungen und Sorgen spiegeln sich zwar in der „Botschaft von Lima" wider:

„Wir sind für ein christliches Zeugnis verantwortlich, das an die ganze Gesellschaft der lateinamerikanischen Länder gerichtet ist. Wir anerkennen, daß unsere Kirchen nicht als ein Selbstzweck bestehen können, sondern daß sie gesandt sind, in der Welt für die Welt zu leben...Wir sind für die Welt verantwortlich, in die Gott uns gestellt hat. Die lateinamerikanische Welt ist in eine Periode unerhörter Turbulenz eingetreten, und wir dürfen sie nicht ignorieren, aus ihr fliehen, sie verneinen oder uns ihr blind widersetzen...Wir sind aufgerufen, uns in echter Liebe mit den Problemen unserer Gesellschaft zu identifizieren."

Aber insgesamt verstand der 4. Kongreß die „verantwortliche Präsenz" mehr „in Funktion einer Koordination der Aufgaben der lutherischen Gruppen, ohne die Ziele hinsichtlich ihrer Funktion in der lateinamerikanischen Gesellschaft klar zu definieren"[83].

Auf nationaler brasilianischer Ebene fand im *April 1967* in Nova Petrópolis/RS die „*I". Consulta de Diaconia e Ação Social das Igrejas Luteranas*" statt. Erstmals berieten hier die EKLBB und die Missouri-Synode gemeinsam über eine Entwicklungshilfestrategie zusammen mit Vertretern von „Lutheran World Relief", „Church World Service", „Brot für die Welt", sowie der am 1. Januar 1967 als juristische Person von der „Federação Evangélica" geschaffenen „Diaconia". Den Anstoß zur Gründung dieser ökumenischen protestantischen Hilfsorganisation hatten die Schwierigkeiten bei der Verteilung der US-Lebensmittelspenden (Alimentos para a Paz) geliefert. Die Konsultation brachte zwar Studiendokumente über verschiedene Bereiche der brasilianischen Wirklichkeit hervor, insbesondere aus Bereichen der Deutschbrasilianer, aber diese stoßen nicht bis in den strukturellen Bereich vor, sondern atmen wie die CELAM-Konferenz von Mar del Plata (1966) den Geist des ‚desarrollismo'[84]. Damit bleibt die Konferenz von Nova Petrópolis auch hinter dem Stand der im Juli 1966 in Genf vom ÖRK veranstalteten Weltkonferenz für Kirche und Gesellschaft zurück[85].

Die im Mai 1968 von der LWB-Kommission für Weltdienst in Caracas veranstaltete „Lutherische Konferenz über christliche Sozialverantwortung in Lateinamerika" mit Teilnehmern aus allen Teilen des Subkontinents (auch von der Missouri-Synode) stellte demgegenüber einen entscheidenden Fortschritt dar. Der Argentinier Leopoldo Niilus führte hier den ‚desarrollismo' ad absurdum. Die durch die „Dependenz der armen Welt von der reichen Welt" hervorgerufene Unterentwicklung sei kein quantitatives, sondern ein qualitatives Problem. Das in den unterentwickelten Regionen herrschende „Gleichgewicht

---

[82] Weingärtner 1965.   [83] Weigandt aaO 6.

[84] Vgl. Diaconia 1967, 16, wo P. Dressel das Buch des ehemaligen US-Botschafters Lincoln Gordon ‚O progresso pela aliança' als Autorität für die Entwicklungsproblematik zitiert und wo P. Paul Evers aaO 18 als religiöses Motiv für die Entwicklungshilfe das Gleichnis vom barmherzigen Samariter (LK 10, 30ff) anführt, was zumindest fragwürdig wirkt, wenn nicht von den ungerechten Strukturen und der Gerechtigkeit Gottes gesprochen wird.

[85] Appell 1966.

der Stagnation" läßt sich nicht mit paternalistischen Entwicklungsmethoden beseitigen, sondern nur durch eine revolutionäre Motivation der Marginalisierten. Kein Entwicklungsmodell kann funktionieren, solange Unterdrücker und Unterdrückte sich gegenüberstehen und die wirtschaftlich Unterdrückten sich „auch ihrer kreativen Möglichkeiten beraubt" sehen[86]. Die Sektionsberichte sprechen freilich keine so klare Sprache. Schlüsselbegriffe von Medellín wie „Befreiung" und „institutionalisierte Gewalt" finden sich in ihnen ebensowenig wie Aussagen über Willkürakte der staatlichen Organe (Folterungen etc). und Nichtbeachtung der Menschenrechte. Im Bericht der ersten Gruppe wird einerseits der naturrechtliche Begriff des Allgemeinwohl unkritisch übernommen und andererseits die Frage der Zusammenarbeit mit dem Staat zur Verwirklichung von sozialer Gerechtigkeit ohne Rekurs auf die Zweireichelehre reflektiert[87].

Das geringe Verständnis, das die ausländische Kritik an den sozio-politischen Verhältnissen in Brasilien anläßlich der Vorbereitung der 5. Vollversammlung des LWB in Pôrto Alegre in weiten Teilen der kirchlichen Basis nicht nur der Missouri-Synode, sondern auch der EKLBB fand, zeigt, wie wenig die auf diesen Konferenzen vorgetragenen Analysen der lateinamerikanischen Wirklichkeit schon in die Gemeinden vorgedrungen waren[88].

Dennoch sollten die Auswirkungen der nach Evian verlegten Vollversammlung des Jahres 1970 für das Wirklichkeitsverständnis auch der lateinamerikanischen Lutheraner beträchtlich sein.

Mit Karl Hertz kann man sagen: „Historisch gesehen war Evian der Augenblick, als sich das Luthertum seiner Verantwortung im Blick auf die Auseinandersetzungen der Gläubigen aller Kontinente bewußt wurde. In Evian begann das Weltluthertum seine Stimme zu finden... In Evian begannen viele Stimmen nach den Konsequenzen zu fragen, die sich aus unserer gemeinsamen Glaubenshaltung ergeben"[89]. In Evian erfolgte die lutherische Rezeption der 4. Vollversammlung des ÖRK in Uppsala (1968), die unter dem Motto gestanden hatte: „Siehe, ich mache alles neu" (Apk 21, 5) und ihrerseits unter dem Einfluß der Genfer Konferenz von 1966, der Enzyklika „Populorum Progressio" und der vom „Sekretariat für Gesellschaft, Entwicklung und Frieden" (SODEPAX) im Frühjahr 1968 in Beirut abgehaltenen Expertenkonferenz über Entwicklungshilfe der Kirchen stand. In Uppsala wurde gefordert, die Kirchen sollten „die biblische Sicht von der Einheit der Menschheit sowie ihre konkrete Bedeutung für die weltweite Solidarität aller Menschen und die Haushalterschaft über die Güter der Erde besonders herausstellen"[90]. Obwohl nicht zuletzt die Lutheraner die scharfe Sozialkritik von Uppsala wegen ihrer schwachen theoretischen Grundlage nach der Konferenz angegriffen und insbesondere die „Theologie der Revolution" abgelehnt hatten, erkannten sie in Evian „den engen Zusammenhang

---

[86] Niilus 1969, 34ff. Niilus ist Anwalt, ein argentinischer lutherischer „Laie".

[87] Informe del Grupo Nro. 1: „Die Beziehung zwischen dem Sozialdienst der Kirche und der Regierungspolitik", 82ff. Immerhin wird eine „verantwortliche Haltung der Kirche gefordert, wo ein Strukturwandel erforderlich ist". Zur Zweireichelehre vgl. die Texte zur Kirchen- und Theologiegeschichte, hg. v. G. Ruhbach, H. 21 und 22, 1975/76, die von der Studienabt. des LWB vorbereitet worden sind.

[88] Zu Pôrto Alegre vgl. Prien 1976, 199f. Dort ist 201f auch auszugsweise die Curitiba-Erklärung des VII. Generalkonzils der EKLBB abgedruckt, die eine wichtige Etappe in der Bewußtwerdung der soziopolitischen Problematik innerhalb der EKLBB bezeichnet.

[89] Hertz 1974, 57f – vgl. Evian 1970 (Texte).

[90] Müller-Römheld 1971, 110f.

zwischen wirtschaftlicher Gerechtigkeit und Menschenrechten" und betonten: „Offene und latente Gewalt in ihren vielfachen Formen, bewaffnete Aggression, die illegitimen Wandel bewirkt, Gewalt, um pervertierte politisch-soziale Strukturen zu erhalten — dies alles ist eine dauernde Bedrohung elementarer Sicherheit und des Friedens. In diese Welt sind die Kirchen gesandt, um dem Frieden zu dienen... Der Friede ist nicht Abwesenheit von Krieg, noch die Erhaltung des Status quo, weder durch Machtstrukturen noch durch militärische Bewaffnung; sondern er ist ein Lebensstil, der schöpferische Menschlichkeit anerkennt. Er ist ein dynamischer Prozeß...Wir müssen im Blick auf Röm 13, 1–7 fragen, wer ist die ‚rechte Obrigkeit'? ...Die Kirchen sollten bereit sein, sich in den Kampf um politische Systeme hineinziehen zu lassen, wenn diese verdorben sind..."[91]

Der 5. ‚Congreso Luterano Latinoamericano' im August 1971 in José C. Paz, der aus politischen Gründen kurzfristig von Brasilien nach Argentinien verlegt worden war, stand in Anlehnung an das Motto von Evian „Gesandt in die Welt" unter der Thematik: „Der Ruf Christi und unsere Antwort." Unter dem starken Eindruck von Medellín versuchten die Lutheraner die Erkenntnisse von Evian für die lateinamerikanische Situation zu konkretisieren. Die Themastellung deutet bereits an, daß die organisatorische Einheit unter den Lutheranern oder mit anderen Christen nicht das Ende des Weges der Kirchen ist und es besonders in Lateinamerika nicht sein kann. Der Versuch zur Schaffung eines kontinentalen lutherischen Rates erwies sich als verfrüht. Man beschloß zunächst, die lutherische Zusammenarbeit auf regionaler Ebene zu intensivieren.

Besonders umstritten war der Bericht der Arbeitsgruppe III „Das Evangelium und unser Handeln", in dem es heißt:

„Wir müssen bekennen, daß wir schuldig sind, in allem Handeln zum Wohl des Menschen in Lateinamerika gescheitert zu sein. Wir bedürfen der Vergebung und der Erneuerung. Wir bekennen, daß wir in der Verkündigung des Evangeliums der Versöhnung versagt haben (Versöhnung ist Handeln)[92]...Die Verkündigung des Evangeliums ist nichts anderes als das von unserem Herrn Jesus Christus begonnene befreiende Handeln, das seine Gemeinde verpflichtet, es sich zu eigen zu machen und fortzuführen. Es sind darum nicht leere Worte der Theologensprache. Bei ihnen geht es um die Rettung des ganzen Menschen und somit um die Schaffung von Bedingungen, die eine wirklich menschliche Existenz ermöglichen...Befreiendes Handeln ist nicht neutral. Vielmehr fordert es zur Solidarität mit den Unterdrückten auf und verlangt unbedingtes Engagement." Die Gruppe fordert für eine neue Konferenz eine gründlichere Vorbereitung mit der Heranziehung von Fachleuten[93].

„In den Diskussionen über diese Vorlage wurde deutlich, daß man das Ergebnis der Arbeitsgruppe nur als politische Aktivität einer Minderheit werten wollte." Das Papier sei theologisch unklar und deshalb einseitig. Besonders

---

[91] Evian 1970, 135f Sektion III.
[92] In CLLA 5/1971, 103f wird besonders auf folgende Versäumnisse hingewiesen: kein Einsatz zum Wohl der Armen, keine Bereitschaft, öffentliche Verantwortung zu übernehmen, zu wenig Hilfe für Analphabeten, zu wenig Bemühung um gerechte Sozialgesetze, um sozialen Wohnungsbau, um Versöhnung der miteinander im Konflikt befindlichen Klassen. „Wir haben uns aus jedem Protest gegen institutionalisierte Ungerechtigkeit und Gewaltanwendung herausgehalten. Wir sind für die politisch, sozial oder kulturell Diskriminierten nicht eingetreten".
[93] Ebd. 103–105.

die Verallgemeinerung des Versagens wurde bemängelt[94]. Diese Kritik zeigt, wie schwer sich ein Konsens über konsequentes befreiendes Handeln auch unter den Lutheranern erzielen läßt, obgleich die Arbeitsgruppe II zu dem unumstrittenen Schluß gekommen ist, daß das Ziel der Sendung (Mission) „das Heil des ganzen Menschen, seines Leibes und seiner Seele" ist, so daß „die Erneuerung des Menschen durch Reue und Glauben" eine neue Wertung der Welt nach sich zieht[95].

Angesichts der Schwierigkeit, die Lutheraner umzupolen von einem Kirchenverständnis, das sich wesentlich auf die rechte Lehre des Evangeliums und die rechte Sakramentsverwaltung (vgl. CA VII) beschränkt, auf ein Verständnis, das auf die Befreiung des ganzen Menschen abzielt, nimmt es nicht wunder, daß auch die Lutherische Regionalkonferenz des karibischen Raumes im Januar 1973[96], die erste seit 1963, sich unter dem Thema „Der lutheri-

---

[94] Posfay 1972, 342.

[95] CLLA 5/1971, 102f: „Mit dieser Neubewertung bleibt der Christ Teil dieser Welt, so daß er die Freiheit hat, sich mit den Wünschen der Gesellschaft zu solidarisieren". Posfay aaO 338 erwähnt, daß die Missouri-Lutheraner auf dem CLLA 4/1965 die Einladung für den folgenden Kongreß nach Pôrto Alegre ausgesprochen hatten. Wie angedeutet, haben sie aus politischen Gründen, also aus Angst sich gegenüber dem Militärregime politisch zu kompromittieren, diese Einladung dann wieder zurückgezogen. Schon in Lima hatten sie die Bereitschaft „der gegenseitigen Anerkenntnis und der gegenseitigen Annahme" mit der EKLBB ausgesprochen. Auf dem CLLA/5 1971 erklärte sich der damalige Präses der IELB, Elmer Reimnitz, erneut bereit, in Gespräche mit der EKLBB einzutreten, nachdem der LWB seit Jahren versucht hatte, durch Konferenzen und Sozialprojekte die Missouri-Lutheraner heranzuziehen. Es kam auch zu derartigen Gesprächen auf zwei Ebenen, d. h. einerseits zwischen den Kirchenleitungen, andererseits zwischen den Theologischen Kommissionen der Kirchen. Letztere fuhren sich schon beim ersten Thema, den reformatorischen Bekenntnissen, fest, kamen also gar nicht erst bis zu der brisanteren Frage der Inspiration der Schrift. Inzwischen ist Präses Reimnitz abgewählt und der Streit innerhalb der nordamerikanischen Missouri-Synode lähmt ohnehin jeden Dialogversuch. Leider haben auch die Missouri-Distrikte Brasilien und Argentinien nicht annähernd jenen Freiraum erkämpft, den die asiatischen Distrikte behaupten, die sogar auf eigene Faust dem LWB beigetreten sind und 1974 die Leitung der Missouri-Kirche in den USA aufgefordert haben, „zum Geist des Evangeliums zurückzukehren und ihr Amt niederzulegen" — vgl. LWBI 41/74, 4; LWBI 24/74 berichtet über die im Mai 1974 abgehaltene nationale Versammlung der IELB, auf der Pastor Johannes H. Gedrat zum neuen Präsidenten gewählt wurde. Er war vorher Vizepräsident und Generaldirektor der Kirchlichen Rundfunkstation „Lutherische Stunde — Stimme des Kreuzes". Sollte, so könnte man sich fragen, das Thema der Versammlung: „Richte Dein Amt redlich aus" eine versteckte Kritik an der Amtsführung des abgewählten Präsidenten Elmer Reimnitz mitenthalten haben, insbesondere seiner Gesprächsbereitschaft mit der IECLB, was im Zeichen der Missouri-Krise in den USA nicht verwunderlich wäre? Jedenfalls zeigt die Folge der Präsidenten über Schmidt, den heutigen Rektor des Concordia-Seminars in Pôrto Alegre, Reimnitz und Gedrat eine steigende Betonung der lehrmäßigen Orthodoxie verbunden mit wachsenden Vorbehalten gegenüber dem innerlutherischen Gespräch.

[96] Vgl. Posfay 1973, 367: „Für den Norden Lateinamerikas, d. h. die an das Karibische Meer angrenzenden Länder und die Republiken Bolivien, Ekuador und Peru, ist es charakteristisch, daß die dortigen kleinen lutherischen Kirchen und Gemeinden ihren Dienst an Menschen verschiedenster Nationalität und, abgesehen von der Landessprache (die in den meisten Ländern spanisch, in Guayana und auf einigen Karibischen Inseln Englisch und in Surinam Holländisch ist), in einer ganzen Anzahl

sche Beitrag zur Sendung der Kirche in Lateinamerika" mit der Frage der kirchlichen Bewältigung der lateinamerikanischen Wirklichkeit beschäftigte. In seinem Grundsatzreferat ging H. J. Held, der damalige Präsident der IERP, auf das neue Verständnis des Verhältnisses zwischen Mission und Humanisierung ein.

Held sieht einen besonderen Beitrag der Lutheraner in diesem Zusammenhang darin, daß sie auf Grund der Erkenntnisse des Reformators in der Lage sein müßten, auf die in der gegenwärtigen Diskussion oft außer acht gelassene enge Verbindung von Rechtfertigung und Humanisierung hinzuweisen[97]. Ein zweiter lutherischer Beitrag „könne in der Förderung der Bemühungen bestehen, die auf die Besserung der sozialen und politischen Lebensverhältnisse auf dem Kontinent abzielen", ohne diesbezüglichem Handeln eine messianische Qualität beizumessen. Andererseits hindere die von Luther geforderte Unterscheidung von Gesetz und Evangelium die Christen keineswegs daran, für das Wohl ihrer Mitmenschen zu kämpfen. Vielmehr habe der Reformator die aus dem Liebesgebot resultierende Verpflichtung, alles Handeln auf das Wohl des Nächsten abzustellen, besonders hervorgehoben[98].

Als Ergebnis der jahrelangen Versuche der Lutheraner um eine kontinentale Zusammenarbeit kann man feststellen, daß viele Probleme, die die verschiedenen lutherischen Gruppen und Kirchen voneinander trennten, soweit sie durch Unkenntnis der gegenseitigen geschichtlichen Ursprünge bedingt waren, gelöst werden konnten. Ähnlich indes wie innerhalb der römischen Kirche kann hinsichtlich des konkreten Auftrags der Sendung in die lateinamerikanische Wirksamkeit eine zunehmende Polarisierung der Positionen beobachtet werden, die neue Gräben aufreißt, die derzeit durch die gemeinsame Berufung auf das lutherische Bekenntnis nicht überbrückt werden können. Die mangelnde Kohäsion der alten Bekenntnisse angesichts der neuen Herausforderungen des letzten Drittels des 20. Jahrhunderts scheint eine Implikation des Endes des konfessionellen Zeitalters und gleichzeitig eine Frage an die ökumenische Bewegung zu sein, die auf der Zusammenarbeit strukturierter Konfessionskirchen und Denominationen beruht.

---

von Sprachen versehen. Auch die Geschichte dieser Gemeinden und Kirchen ist durchaus verschieden. Die älteste Gemeinde lutherischer Tradition auf dem ganzen lateinamerikanischen Kontinent ist die schon 1742 gegründete Gemeinde in Paramaribo (Surinam). Andere sind aus Einwanderergruppen hervorgegangen, die sich zur Gewährleistung ihrer geistlichen Versorgung in Gemeinden zusammenschlossen. Eine ganze Anzahl geht auf missionarische Bemühungen (insbesondere des nordamerikanischen Luthertums) zurück. Neuesten Statistiken zufolge gehören heute etwa 50 000 lutheranische Christen den in diesem Bereich bestehenden 39 verschiedenen Kirchen und Gemeinden an, in denen 117 ordinierte Pfarrer Dienst tun. Vielfach ist jedoch die Bezeichnung ‚lutherisch' das einzige, was diese Lutheraner miteinander verbindet".

[97] Vgl. Held 1973 bzw. die Zusammenfassung bei Posfay 1973, 369.
[98] Ebd.; vgl. Abschnitt 433 zum Einsatz der lutherischen Kirchen in der sozialen Frage, vgl. zur EKLBB im einzelnen Prien 1977.

514 Die regionale und kontinentale interkonfessionelle Zusammenarbeit protestantischer Kirchen

5141 Die interkonfessionelle protestantische Zusammenarbeit von Panamá bis Whitby (1916–1947)

Wie sehr die römische Kirche 1916 ökumenischen Kontakten zu den Protestanten auf dem Subkontinent abgeneigt war, erhellt aus ihrer Reaktion auf den ‚Congress on Christian Work in Latin America' (1916). Das 1913 geschaffene CCLA (vgl. 4341) hatte katholische Beobachter zum Kongreß eingeladen, die nicht erschienen. Der Ortsbischof von Panamá verhinderte durch Exkommunikationsdrohungen die Abhaltung des Kongresses in Panamá-Stadt, so daß er nach Ancón (Hotel Tívoli) in die US-Kanalzone ausweichen mußte. Während der Bischof von Panamá die Teilnahme am Kongreß eine Todsünde nannte, soll ein chilenischer Bischof wenig früher einen protestantischen Missionar in Chile freundlich willkommen geheißen haben, da die katholische Kirche die Arbeit allein nicht mehr schaffe[99].

Der Kongreß stellt in gewissem Sinn ein protestantisches Gegenstück zum Lateinamerikanischen Plenarkonzil in Rom (1899) dar, war aber mit mehr Kenntnis der lateinamerikanischen Verhältnisse vorbereitet. Der starke Nachdruck, der in Ancón auf die protestantische Erziehung gelegt wurde, signalisiert die zunehmende Konkurrenz zweier ausländischer Bildungssysteme, des römischen, der französischen und italienischen Orden und des nordamerikanischen, das für die liberalen Eliten anziehend war. Am Ende des 19. Jahrhunderts war der Konkurrenzkampf um die lateinamerikanischen Eliten ausgebrochen. Dabei wurde schon im dritten Vortrag des Kongresses festgestellt, daß die protestantischen Schulen, die hauptsächlich auf Proselytismus abzielten, in Lateinamerika keinen besonderen Erfolg hatten, weil sie die Methoden der asiatischen Missionsfelder, auf denen ganz andere Bedingungen herrschten, kopierten, während Schulen, die sich ganz allgemein die Anhebung des Bildungsniveaus zum Ziel setzten, Erfolg hatten. Hatten sich die traditionellen Denominationen bis dahin stark an die unteren Mittelschichten gewandt, so wurde in Ancón betont, man müsse sich in Zukunft verstärkt auch an die Eliten wenden. Die Faith Missions, die allerdings auch keine Leute vom Niveau eines Mott oder Speer hatten, konzentrierten sich weiterhin auf die Unterschicht. Die Vertreter der Faith Missions äußerten sich relativ wenig auf dem Kongreß, Vertreter der jungen Pfingstkirchen waren ebensowenig anwesend wie solche der Einwandererkirchen. Letztere waren indes eingeladen worden, hatten aber mangels Interesse an der Mission der ‚latinos' von der Teilnahme abgesehen. Rückblickend wird man in der verstärkten Hinwendung der traditionellen Denominationen an die Mittelschicht und die Eliten eine Fehlentscheidung sehen müssen. Unbewußt ging der Protestantismus ein Bündnis mit der aufstrebenden Handelsoligarchie ein. Der Kongreß hatte wesentlich das zu bekehrende Individuum im Blick, dem ein personales Evangelium gepredigt wurde. Als Gegenstück zum „katholischen Kollektivismus" sprach dieser protestantische Personalismus Teile der sich aufwärts entwickelnden Mittelschicht an.

Indem man sich in Ancón auf die Erneuerung des Individuums konzentrierte, übersah man, daß es bei der Erlösung immer um die Erlösung zusammen

---

[99] Beach 1916, 181 zitiert Dr. Browning „... what a bishop of that church said to an evangelical missionary when he came to Chile: ‚I am glad to welcome you to this land. We cannot manage it. Moreover, we have lost our hold on the population. If you can bring any inspiration to our people, I for one shall be glad to welcome you to a part in our work". In Chile gab es damals bei einer Gesamtbevölkerung von ca. 4 Mill. E. ca. 700 Priester, davon 300 im Schuldienst.

mit den Nächsten im Leib Christi geht. Es wurde auf dem Kongreß zwar einiges über mangelhafte Strukturen auf dem Subkontinent gesagt[100], aber es erschien den Missionskirchen inopportun, an ihnen zu rütteln. Den Hauptgrund an der Armut der Massen sah man im Mangel an Erziehung. Die Erziehung der Armen blieb deshalb ein vorrangiges Ziel. Daß die Verelendung der Massen wesentlich durch das Vorhandensein oppressiver Strukturen bedingt ist, erkannte man damals noch nicht.

Ein zentrales Thema des Kongresses war natürlich die christliche Zusammenarbeit und die Förderung der Einheit der Kirchen, die im achten Grundsatzreferat behandelt wurde. Besondere Schwierigkeiten gab es wegen des mangelhaften Verständnisses zwischen den Missionen der etablierten Kirchen und den nicht-denominationellen Missionen, die ich hier schon in Vorwegnahme der späteren Terminologie Faith Missions nenne. Heute würden wir Evangelikale sagen. Der Kongreß verschloß absichtlich die Augen vor den theologischen Differenzen zwischen den verschiedenen Kirchen und Gruppen, die beinahe ebenso groß waren wie gegenüber der römischen Kirche. Man versuchte sich an das stillschweigende Übereinkommen zu halten, keine dogmatischen Differenzen zu diskutieren, obgleich diese den tieferen Grund für die Schwierigkeiten in der Zusammenarbeit bildeten. So erscheint es ausgesprochen inkonsequent, daß beispielsweise über intellektuelle Probleme des Glaubens diskutiert wurde, aber die in diesem Zusammenhang unerläßliche Erörterung der Implikationen der modernen Bibelwissenschaft ausgespart wurde. Dies wird indes eher verständlich, wenn man bedenkt, daß der Missionsprotestantismus nicht jede Autorität beseitigen, sondern den autoritären Einfluß der katholischen Hierarchie durch die Autorität der Hl. Schrift ersetzen wollte. Die gemeinsame Gegnerschaft gegenüber der katholischen Hierarchie bildete gleichsam den negativen und die gemeinsame Anerkennung der Autorität der Bibel den positiven Aspekt des Fundamentes, auf das man die Zusammenarbeit des Protestantismus in Lateinamerika gründen wollte. Deshalb hätte eine kritische Differenzierung der Autorität der Bibel alles in Frage stellen können. Die in Ancón wie in Edinburgh ausgeschlossenen dogmatischen Fragen sollten erst 1927 in Lausanne auf der Ersten Weltkonferenz für Glauben und Kirchenverfassung aufgegriffen werden. Trotz der Beschränkung auf die praktische Missionsarbeit bezeichnet der Panamá-Kongreß das Ende der enthusiastischen Phase der protestantischen Mission in Lateinamerika und den Beginn der kritischen Reflexion der protestantischen Mission auf einem traditionell und nominell katholischen Kontinent.

Hatte der Kongreß auf entwicklungspolitischem Gebiet die Lösung der sozio-ökonomischen Probleme Lateinamerikas in der Übernahme des nordamerikanischen Erziehungsideals gesehen, das Ausdruck einer bestimmten Form von Humanismus ist, so gründete er seine ökumenischen Erwartungen auf die Schaffung nationaler evangelischer Räte. Costas sieht hierin ein Vertrauen auf kirchliche Strukturen, das aus einer Gesellschaft stammt, die sich selbst in der Krise befindet[101]. Nur in Puerto Rico gab es schon seit 1905 einen sol-

---

[100] So wurden Mißhandlungen von Indios im brasilianischen und peruanischen Teil des Amazonasbeckens im Gefolge der Kautschuk-Booms kritisiert – vgl. Kesslers Beitrag auf dem IV. Encuentro Latinoamericano de CEHILA 1976 in Panamá. Vgl. im übrigen die Konferenzakten: Christian Work 1971 I–III.

[101] Vgl. Costas Beitrag auf dem IV. Encuentro.

chen ‚Concilio Evangélico'. Dort wirkten damals im Schatten des US-Imperialismus schon 40 protestantische Missionare, während es zur selben Zeit im unvergleichlich größeren Peru nur 15 gab. Die organisatorische Frucht von sieben Regionalkonferenzen, die Deputationen des Panamá-Kongresses in verschiedenen Teilen Südamerikas und in Westindien noch 1916 abhielten, war die Gründung von sieben Regionalkomitees des CCLA, die die Keimzellen der nationalen evangelischen Räte wurden, die in ihrer Mehrzahl in den Jahren 1929–1941 formiert wurden[102]. Regionalkomitees konnten in folgenden Ländern gebildet werden: CCLA für den La Plata-Raum (Argentinien, Uruguay, Paraguay), Chile, Bolivien, Peru (besonders dank der Anstrengungen Ritchies), Brasilien (dank der Anstrengungen Bragas), Kuba und Puerto Rico[103].

In Peru konnte das Komitee schon 1917 anläßlich des Besuches von Guy Inman, des Sekretärs des CCLA, eine Aufteilung der Missionsbereiche erreichen zwischen der ‚Unión Evangélica de Sudamérica', der Ritchie angehörte, den Methodisten und Adventisten. Diese Einteilung wurde ergänzt, als 1919 die Pfingstler und 1921 die Nazarener kamen, so daß eine offene Konkurrenz der evangelischen Missionen vermieden werden konnte. Es ist kennzeichnend für die peruanische Situation, daß mit Ritchie dem Komitee ein Vertreter der nicht-denominationellen Missionen präsidierte. Die Tatsache, daß nur in Peru auch später im Nationalrat die Faith Missions dominierten, hat bis heute die Mitarbeit der Methodisten verhindert[104].

Der wiederum vom CCLA vorbereitete 1925 in Montevideo abgehaltene ‚Congress on Christian Work in Latinamerica' verstand sich als Fortsetzung von Panamá, trotzdem war er bereits lateinamerikanischer.

„Von den zwölf Vorberichten, auf denen die Arbeit basierte, behandelten nur zwei die Fragen der Missionsgesellschaften. Die Tagungssprache war spanisch, und der Vorsitz wurde von einem hervorragenden Lateinamerikaner ausgeübt, dem Brasilianer Dr. Erasmo Braga, der später der erste Exekutivsekretär des Brasilianischen Evangelischen Kirchenbundes wurde. Obwohl dieser Kongreß ernsthaft die Fragen und Möglichkeiten prüfte, so erscheint es heute doch überraschend, wie wenig ein Großteil der gefundenen Beschlüsse für unsere Zeit Gültigkeit hat."[105] Thematisch beschränkte man sich weitgehend auf Südamerika, dessen Delegierte die Mehrheit stellten (von 251 Delegierten waren 46 Nordamerikaner, 45 Brasilianer, 35 Argentinier). Das CCLA konnte erhebliche Fortschritte bei der zwischenkirchlichen Zusammenarbeit vermelden. Da die Glaubwürdigkeit der protestantischen Mission bei den nur eine Kirche gewohnten Lateinamerikanern sehr unter der verwirrenden Vielfalt der Denominationen leidet, hat sich das CCLA mit erheblichem Erfolg darum bemüht, daß die einzelnen Missionen sich auf eine räumliche Abgrenzung ihrer Tätigkeitsbereiche einigten. Als Vorbild für die eigene Arbeit wurde die zunehmende internationale Zusammenarbeit der Kirchen besonders in konfessionellen Organisationen erwähnt, so der Weltbund der Reformierten Kirchen (1875), die Ökumenische Metho-

---

[102] Hogg 1952, 267f erwähnt nur die Gründung der Komitees von Mexiko (1917) und Brasilien (1916). In Mexiko wurde schon 1928 ein nationaler Rat gebildet, zu dessen Gunsten sich das Komitee auflöste.
[103] Odell 1969, 160 erwähnt die Komitees gar nicht, sondern bemerkt nur, daß die Mehrzahl der noch heute bestehenden nationalen Kirchenräte in Brasilien, Mexiko, Puerto Rico, Kuba, Chile, Peru, Río de La Plata, Kolumbien, Guatemala und Costa Rica sich im Zeitraum von 1929–1941 formierten.
[104] Vgl. Kesslers Beitrag auf dem IV. Encuentro.
[105] Odell aaO 159. Vgl. im einzelnen die Kongreßakten: Christian Work 1925 I–II und die 12 Vorberichte des CCLA: Montevideo 1925, 1–12.

distische Konferenz (1881), der Baptistische Weltbund, der Lutherische Weltkonvent (1923) und die für 1925 geplante Weltkonferrenz für praktisches Christentum. Die kirchliche Zusammenarbeit in Lateinamerika wird also vom CCLA im internationalen ökumenischen Kontext gesehen, wenngleich der Hauptimpuls zur Zusammenarbeit aus der Erfahrung der Missionen stammt, daß der Export historisch gewachsener denominationeller Unterschiede sich hemmend auf den Erfolg der Missionsarbeit auswirkt (12, 5 und 21).

Zahlreiche gemeinsame Unternehmungen kamen durch das Wirken des CCLA und die Regionalkomitees zustande, so Theologische Unionsseminare, Unionskrankenhäuser, interdenominationelle Konferenzen. Die Literaturabteilung des CCLA bemühte sich um bessere spanische und portugiesische theologische und erbauliche Literatur, die Gründung von Buchläden. Sie versandte an mehr als 600 lokale Missionare und Pastoren einen monatlichen Predigtmaterialdienst und veröffentlichte zusammen mit der Pan-American Union das Magazin ‚La Nueva Democracia'. Das CCLA kanalisierte auch die Kräfte der nordamerikanischen Temperenzler, die sich in Lateinamerika engagierten und förderte die Sonntagsschularbeit.

Das CCLA versuchte auch durch die Regional- bzw. Nationalkomitees soziale Reformen zu fördern und entsprechende staatliche Vorhaben zu unterstützen. Entsprechende Initiativen hatte das chilenische Komitee verlangt, das auch anregte, der Montevideo-Kongreß solle sich für die Probleme von Kapital und Arbeit interessieren, d. h. für eine Regelung der Arbeitszeit, für menschenwürdige Wohnungsmöglichkeiten der Arbeiter und ausreichende Bezahlung, sowie für angemessene Ausbildungsmöglichkeiten für deren Kinder. Gleichzeitig sollten die Arbeiter indes ermahnt werden, für anständige Bezahlung auch anständig zu arbeiten. Der CVJM als interkonfessionelle Organisation sollte sich um Industriemission bemühen, besonders um die Verbesserung der Beziehungen zwischen Arbeitgebern und Arbeitnehmern durch entsprechende Sachvorträge. Andere Nationalkomitees empfahlen, sanitäre und erzieherische Programme der Regierungen nach Kräften zu unterstützen. Sehr großer Nachdruck wurde auf dem Kongreß auf die Stützung des internationalen Friedens gelegt, wobei die wachsende internationale Zusammenarbeit der lateinamerikanischen Staaten durch ihre Mitgliedschaft im Völkerbund und durch die panamerikanischen Kongresse als Positivum erwähnt wurden. Heute so aktuelle Fragen wie das rasche Bevölkerungswachstum und die kapitalistische Wirtschaftsorganisation als mögliche Quelle kriegerischer Auseinandersetzungen durch die Verbindung von wirtschaftlichem und militaristischen Imperialismus und als unerträgliche Methode der Profitverteilung wurden auch schon als Diskussionsthemen für Montevideo vorgeschlagen. Offenbar mit Hinweis auf das Social Gospel (vgl. Walter Rauschenbusch: Die religiösen Grundlagen der sozialen Botschaft, 1917) urteilt Hogg, das Thema der sozialen Verantwortung der Kirche habe auf dem Kongreß eine gebührende Rolle gespielt, während Villegas neuerdings meint, es sei dem Kongreß vorrangig darum gegangen, Seelen für Christus zu retten und sie in Kongregationen zu organisieren. Er sei von der Überzeugung getragen gewesen, daß nur „das reine, einfache Evangelium, das mit dem Worte Gottes übereinstimmt", die individuellen und sozialen Probleme in Südamerika lösen könne[106]. Nach den Berichten der Nationalkomitees muß jedenfalls festge-

---

[106] Zahlenverweise im Text beziehen sich auf die Vorberichte. Zur Einteilung der Missionsfelder werden im Report 12 folgende Beispiele erwähnt: In Zentralamerika wurde je ein Land einer Mission zugeteilt; aus Kuba zogen sich 2 Mission Boards

stellt werden, daß die soziale Problematik 1925 eine größere Rolle spielte als 1916.

Die katholische Reaktion auf den Kongreß von Montevideo war eher noch heftiger als die auf den vorigen Kongreß, wohl weil der Protestantismus in Lateinamerika immer festere Konturen annahm. Die römische Kirche Uruguays argumentierte auf drei Ebenen gegen den Kongreß:

1. auf der ideologischen Ebene in der für die Epoche typischen Form apologetisch vom Vatikanum I her, d. h. von der Ekklesiologie der „Una Sancta": Christsein allein genügt nicht, man muß katholischer Christ sein im Sinne des anstaltlichen Kirchenbegriffs Cyprians: Salus extra ecclesiam non est. Diese ideologische Konfrontation findet sich klassisch ausgeprägt bei Buil SJ (1924).

2. Auf der pastoralen Ebene argumentierte man, weil die römische Kirche besorgt war, der Kongreß könne die Katholiken verwirren. Deshalb wurde in Zeitschriftenartikeln kirchlicher Organe (‚El Bien Público' und ‚El Colegio') polemisiert, die protestantischen Missionare bekehrten nicht Liberale, Rationalisten oder Atheisten, sondern säten nur Zweifel unter den Katholiken. Der Festigung der katholischen Geister dienten auch 20 000 antiprotestantische Pamphlete, die am Karfreitag 1925 in Montevideo verteilt wurden, sowie die wörtliche Veröffentlichung der Verhandlungen des Kongresses unter dem reißerischen Titel: ‚Violando la Clausura' (1925), der suggerieren soll, der Kongreß habe bewußt unter Ausschluß der Öffentlichkeit stattgefunden, aber es sei den Katholiken doch gelungen, seine Klausur zu brechen und die Öffentlichkeit durch diese Publikation zu informieren. Dieser Triumph war indes zweifelhaft, da die Dokumente nicht unbedingt dazu geeignet waren, den Zweck des Herausgebers zu erfüllen, nämlich den Protestantismus zu diskreditieren.

3. Schließlich versuchte die römische Kirche nationalistische Gefühle gegen den Protestantismus zu mobilisieren, indem sie auf die gefährlichen Folgen für die uruguayische und lateinamerikanische Identität hinwies. „Die Protestanten wurden mit den Yankees identifiziert", von denen man es nicht nötig habe, sich sagen zu las-

---

zurück. In Puerto Rico ist die Zoneneinteilung zuerst erprobt. In Peru einigten sich 3 Boards. In Chile haben die Presbyterianer und die Methodisten, die beiden größten Missionen, Felder ausgetauscht. Die Methodisten haben sich aus Paraguay zurückgezogen und es den Disciples of Christ überlassen. In Brasilien und Argentinien hat es auch örtliche Ausgleiche gegeben. In Venezuela und Kolumbien waren damals fast nur die Presbyterianer und in Ekuador die Christian and Missionary Alliance tätig. Peters 1927, 78ff nennt den Plan der regionalen Aufteilung Lateinamerikas einen echt amerikanischen Versuch, „die dogmatische Krisis durch einen kühnen Sprung in die Praxis zu lösen", also ins Pragmatisch-Organisatorische auszuweichen, ohne mit ‚faith and order' fertig geworden zu sein. Das Aufteilungssystem erinnere an die Ideenverwirrung des 16. Jahrhunderts, d. h. an die Konsequenzen des Augsburger Religionsfriedens von 1555: Cuius regio, eius religio, in dem den Protestanten beim Umzug in eine andere Region zugemutet werde, auch die Denomination zu wechseln. Dazu könnte man ergänzen, daß das auch eine Relativierung der Denominationen impliziert und daß das ganze Einteilungssystem nicht mehr funktionieren würde, wenn die Missionsräume knapper würden. Zur sozialen Frage vgl. ebenfalls Report 12 und Hogg 1952, 236: „In part reflecting the Christian thinking of the times, the Congress heavily underscored the churches' social responsibility". Vgl. ferner Villegas' Beitrag auf dem IV. Ecuentro: „El Evangelio puro, sencillo cabal con la palabra de Dios". Auf die ebenfalls in Montevideo zentralen Fragen der Beziehungen zwischen ausländischen Missionaren und nationalen Pastoren (Report 10) und die Fragen der Erziehung (Report 3) wird noch in Abschnitt 52 einzugehen sein.

sen, wer Christus sei. „Die Yankees wurden mit dem Panamerikanismus und der Panamerikanismus mit dem nordamerikanischen Imperialismus identifiziert."[107]

Nach dem Kongreß von Montevideo nahm das CCLA verschiedene neue Aktivitäten in Angriff wie Studien über neue, bis dahin unberührte Missionsgebiete wie Haiti und Santo Domingo, die Festigung der interdenominationellen theologischen Seminare und die Fortführung eines Ausbildungsprogramms für christliche Laienprediger.

1929 trafen sich die Vertreter der protestantischen Kirchen und Missionen der Anrainer der Karibischen See zum ‚Havana Congress on Christian Work'. In seinem Jahresbericht für 1929 sieht das CCLA diesen Kongreß bereits unter der düsteren Wolke der beginnenden Weltwirtschaftskrise, die die nordamerikanische Mission Boards in finanzielle Schwierigkeiten brachte, so daß sie bei den interdenominationellen Vorhaben an zu sparen fingen, da ihnen im Zweifelsfalle ihre denominationellen Projekte doch wichtiger waren. Das CCLA klagt über diesen zunehmenden „Konfessionalismus", der Unionsverlage und Unionsseminare an den Rand des Abgrundes bringen sollte, was sich besonders in Mexiko bemerkbar machte (CCLA 1929, 8 f).

War die Rolle der ausländischen Missionare schon in Montevideo umstritten, so warnte in Havana Dr. Browning, der Sekretär des La Plata-Regionalkomitees, die ausländischen Missionare könnten nicht länger blinden Gehorsam von den nationalen Mitarbeitern verlangen, als wären diese Mietlinge (ebd. 26). Der Havana-Kongreß forderte energisch, daß alle nordamerikanischen Missionare noch in den USA in Kursen gründlich mit Geschichte, Literatur und Sprache der lateinamerikanischen Völker vertraut gemacht werden müßten. Kritische Stimmen vermerkten, man könne im karibischen Raum mehr kirchliche Gebäude und Institutionen sehen als vom evangelischen Geist erfüllte Mitarbeiter. Was nützen Schulen mit Lehrern, die mit Dreijahresverträgen kommen, um die Abwechslung der exotischen Welt der Antillen zu genießen oder Krankenhäuser ohne evangelische Schwestern? Die geistliche Armut der Heimatkirchen, die keine geeigneten Mitarbeiter aussenden könnten, sei offenkundig (ebd. 13f).

Odell sieht im Habana-Kongreß das Ende der ersten Etappe der protestantischen Zusammenarbeit in Lateinamerika (1916–1929) und zugleich den Anfang einer neuen von 1929 bis 1941 reichenden Etappe, weil der Kongreß, dessen Organisation so gut wie ganz den Latinos anvertraut worden war, sich selbst als ersten Versuch verstand, „Ausdruck unserer Persönlichkeit als hispanoamerikanische Kirche" zu werden.

„...das Hauptziel unserer Anstrengungen läuft darauf hinaus, daß sich die evangelische Kirche Lateinamerikas selbst erkenne und ihr eigenes Leben in ihrer eigenen Umwelt führen möge... In Havanna wird die Latinität der Schlüssel für alle Methoden und für alles Heraufkommende sein."[108]

---

[107] Vgl. Villegas aaO. „Las reacciones Católicas ante el Congreso Protestante Celebrado en Montevideo 1925".

[108] Odell 1969, 159 zitiert aus den Kongreßakten. Den Vorsitz in Havana hatte der junge Prof. Gonzalo Báez-Camargo – Hogg 1952, 268. So zutreffend Damborienas (1962 I, 78) Hinweis ist, daß die Frage der Pastorenausbildung in Havana zentral war, so wenig stimmt seine Bemerkung, die entscheidende Neuheit des Kongresses sei der Vorschlag zur Gründung von theologischen Unionsseminaren gewesen, hatte doch das CCLA schon vor Montevideo deren Schaffung gefördert. In CCLA 1929, 13f bemerkt Dr. Daniel J. Fleming, der Chairman des Sub-Committee on Education

„Das mit ‚Zusammenarbeit und Brüderlichkeit' überschriebene Kapitel des Buches über den Kongreß stellt einen beeindruckenden Aufruf zur Einheit dar. Die Arbeit des Kongresses war von der Einheit in Christo und von der Gewißheit durchdrungen, daß zur Bewältigung der Aufgabe ‚religiöser Erneuerung', die Gemeinsamkeit in der Verkündigung unabdingbar war. Es wurde festgestellt, daß ‚die Spaltungen für den Protestantismus, ganz besonders in diesen Ländern, große Hindernisse auf dem Vormarsch des Reiches Gottes bedeuteten'." Der Vorschlag, einen lateinamerikanischen protestantischen Rat zu schaffen, eilte der Zeit weit voraus. Erst 1964 wurde mit UNELAM ein entsprechender Versuch gemacht.

Die Epoche 1929—1941 wird durch den Ausbau der regionalen innerprotestantischen Zusammenarbeit in Form der oben erwähnten nationalen Kirchenräte bestimmt[109]. Wie mühsam ihre Genesis war, sei am brasilianischen Beispiel angedeutet.

Aus regionalen Zusammenkünften zum Erfahrungsaustausch über die Sonntagsschularbeit war es dank des Einsatzes von Rev. Dr. Hugh C. Tucker, des Sekretärs der ABS, schon 1911 zur Gründung des Verbandes der Sonntagsschulen Brasiliens gekommen. 1918 gelang es dem presbyterianischen Geistlichen Erasmo Braga in Abstimmung mit dem CCLA, den Brasilianischen Mitarbeiterausschuß zu gründen. Der nächste entscheidende Schritt war 1933 die Gründung des Bundes Evangelischer Kirchen. „Schon im folgenden Jahr (1934) war es unter Führung des Pastors Epaminondas Melo do Amaral von der Unabhängigen Presbyterianischen Kirche Brasiliens möglich, den Evangelischen Rat für Religiöse Erziehung", der 1928 aus dem Verband der Sonntagsschulen hervorgegangen war, „den Brasilianischen Mitarbeiterausschuß und den Bund Evangelischer Kirchen zusammenzuschließen zur ‚Confederação Evangélica do Brasil'. Bis in die sechziger Jahre sollte das Amt des Generalsekretärs dieses Evangelischen Bundes Brasiliens (EBB) immer und der Vorsitz meistens in den Händen von Presbyterianern liegen[110].

---

des CCLA nach einem Besuch der Antillen: „One impression gained is that our American churches are living beyond their spiritual income".

[109] Odell aaO 159f.

[110] Gottschald 1970, 58f. Der 1928 in den Evangelischen Rat für Religiöse Erziehung umgebildete Verband der Sonntagsschulen Brasiliens gab 1929 eine interdenominationelle Zeitschrift ‚Lucerna' heraus. 1929 nahm auch ein interdenominationelles Komitee für Indianermission seine Arbeit in einer Missionsstation bei den Cayuá in Mato Grosso auf — CCLA 1929, 10. 1933 begann das brasilianische Nationalkomitee ein eigenes Organ, ‚Unum Corpus', zu edieren — ebd. 23. 1929 stellte das CCLA bei den Gebildeten und Intellektuellen Lateinamerikas wachsende Aufgeschlossenheit gegenüber der evangelischen Sache und ein zunehmendes informatives Interesse fest, dem es auf interdenominationeller Basis durch Vertragsreisen gerecht zu werden versuchte (open doors in Evangelism), etwa von Graf Keyserling, Dr. George P. Howard, einem in Argentinien geborenen Missionarssohn, und Dr. John Mackay, der sich als ehemaliger Professor der San Marcos Universität in Lima speziell der Studentenarbeit widmete. Man wird Mackays Äußerung als für diese Art Evangelisation charakteristisch ansehen dürfen, daß die Neugestaltung der Religion nicht auf der Grundlage der Dogmen, sondern der Person Christi erfolgen müsse, eine Forderung, die in der Presse vor dem Hintergrund der römisch-katholischen Tradition lebhaft diskutiert wurde. Für den Protestantismus stellte sich natürlich die Frage nach der Zielvorstellung dieser Art von Evangelisation. Es schien wenig sinnvoll, die Intellektuellen aufzufordern, den kleinen Kongregationen der verschiedenen Denominationen beizutreten, da sie sich in deren geistigem Horizont kaum wohlfühlen würden. Man dachte deshalb an die Gründung einer überkonfessionellen, internationalen Gesellschaft (fellow-ship), begnügte sich aber zunächst mit den Zen-

Abgesehen von der bis in die Zeit nach dem Zweiten Weltkrieg fehlenden Beteiligung der deutschen Einwandererkirchen ist zu beachten, daß die ‚Faith Missions' und die Pfingstkirchen nur in geringerem Maße mit den nationalen Kirchenräten zusammenarbeiteten.

Als Stoßtrupp der kontinentalen protestantischen Ökumene wirkte die evangelische Jugend. 1937 wurde in Rosario/Argentinien ein Jugendkongreß für den La Plata-Raum abgehalten, und schon 1941 führte das 1936 ins Leben gerufene vorläufige Sekretariat in Lima den ‚1. Congreso Latinoamericano de Juventud Evangélica' unter dem Thema „Mit Christus eine neue Welt" durch. Der auf dem Kongreß gefaßte Beschluß, eine kontinentale Jugendorganisation zu gründen — ‚Unión Latinoamericana de Juventud Evangélica' (ULAJE) —, „die sich das Ziel setzte, ‚die Zusammenarbeit zwischen der evangelischen Jugend zu fördern, das Organ der evangelischen Jugend zu werden und ein Werkzeug des Dienstes der Jugend und der evangelischen Kirche in Lateinamerika darzustellen'"[111], wurde innerhalb weniger Monate offiziell ratifiziert. Auf regionalen, nationalen und kontinentalen Treffen[112], durch Literaturprogramme und Jugendleiterschulung hat die ULAJE das ökumenische Ideal lebendig erhalten, den Glauben der Jugend und den Dienst der Kirche an der Welt zu fördern versucht. Die ULAJE ist die Dachorganisation der evangelischen Jugend verschiedener Denominationen, der ebenfalls kontinental organisierte Christliche Verein Junger Männer (CVJM) und Junger Mädchen ist indes eine interdenominationelle Vereinigung. Das ist offenbar der Grund, weshalb beide Organisationen trotz ihrer verwandten Ziele sich nicht zusammengeschlossen haben[113].

Vom CVJM aus versuchte der Schweizer Pfarrer Emanuel Galland seit Mitte der zwanziger Jahre am La Plata auch eine evangelische Studentenarbeit ins Leben zu rufen. Definitiv wurde diese Arbeit des ‚Movimiento Estudiantil Cristiano' (MEC) in der zweiten Hälfte der dreißiger Jahre in Lateinamerika begründet, als Dr. John R. Mott auf einer Reise im Auftrage der ‚World's Student Christian Federation' vollamtliche Regionalsekretäre berief, die unter deren Aufsicht standen. Obgleich die MEC heute in praktisch allen Staaten des Subkontinents wirkt und einen Lateinamerika-Sekretär hat, hat sie keine ausgesprochene kontinentale Struktur wie die ULAJE entwickelt.

Dadurch, daß Lateinamerika auf der Vollversammlung des 1921 gegründeten Internationalen Missionsrates (IMR) 1928 in Jerusalem als Missionsgebiet offiziell anerkannt wurde, gewannen die Programme des IMR nun auch für die Neue Welt Bedeutung.

Die Erschütterung der abendländischen Christenheit durch den Ersten Weltkrieg führte in Jerusalem zur Ablehnung der positivistischen These von der rassischen Überlegenheit der entwickelten Völker (vgl. 4212 mit Anm. 13). Die

---

tren des interkonfessionellen CVJM — CCLA 1929, 20f. 1933 bediente sich Howard für diese Arbeit in Chile bereits des Rundfunks — ebd. 10.

[111] Odell aaO 160

[112] Der Impetus von ULAJE ergibt sich aus den Konferenzthemen: 1941 Lima: Mit Christus eine neue Welt; 1946 Habana: Die christliche Jugend und die Freiheit; 1951 Buenos Aires: Damit die Welt glaube; 1956 Barranquilla: Frohe Botschaft den Armen und Freiheit den Gefangenen; 1961 Mexiko: Leben und Mission der Kirche; 1966 San Germán/Puerto Rico: Zwischen den Zeiten lebend.

[113] Vgl. Damboriena 1962 I, 70f zu weiteren Einzelheiten über die Arbeit des CVJM in Lateinamerika.

empirische Untersuchung der Probleme der Gebiete, die wir heute als Dritte Welt bezeichnen, führte „in den Vorarbeiten, Diskussionen und offiziellen Erklärungen" zu der bemerkenswerten „Erkenntnis, daß in der imperialen Expansion der westlichen Industriestaaten die primären Hindernisse für die Entwicklung Afrikas, Asiens und Lateinamerikas zu suchen sind".

„Die Ursachen dieser imperialen Haltung erblickte man in dem vornehmlich ökonomisch orientierten Denken und Verhalten der säkularen Zivilisation des Westens. Diese Entwicklung führte die Industrienationen selbst zu gesellschaftlichen Konflikten, die nur um den Preis der Unterwerfung der schwachen Völker reguliert werden konnten. Diese letzte Konsequenz, die Verursachung des Imperialismus durch die sozioökonomische Entwicklung der Industrienationen, wurde entgegen den Vorarbeiten von Grimshaw und Tawney in den offiziellen Erklärungen der Konferenz jedoch nicht gezogen."[114] Die Ablehnung der ideologischen Legitimierung der bestehenden sozialen und wirtschaftlichen Ungleichheiten zwischen den Völkern als Folge des Entwicklungsprozesses, wie sie Spencer und Sumner vornahmen, folgten „Überlegungen, wie sie zum Ende des Ersten Weltkrieges vom Social Gospel in der Unterstützung der Wilsonschen Politik vorgelegt wurden: dem Konzept eines Internationalismus, das in der Schaffung eines Völkerbundes auf der Basis eines für alle Nationen verpflichtenden Völkerrechtes seine Grundlage hatte."[115] Undiskutiert blieb in Jerusalem die Frage, ob und inwieweit z. B. die lateinamerikanischen Länder dem Vorbild und damit denselben Evolutionsgesetzen der fortgeschrittenen Industriestaaten folgen mußten. Das Social Gospel hatte nämlich den Vorbildcharakter der westlichen Zivilisationsideen nicht kritisch hinterfragt.

Indem in Jerusalem „die Verantwortung der Christenheit für die Entwicklung Afrikas, Asiens und Lateinamerikas zu einem sekundären Problem erklärt" wurde — es sollte nur eine Identifizierung der christlichen Verkündigung mit der westlichen Zivilisation vermieden werden —, blieb die „1928 von Visser't Hooft erhobene Forderung nach einem christlicheren, aber nicht weniger sozialen ‚Sozialen Evangelium' ungehört"[116].

Die Wucht der Ereignisse der Weltwirtschaftskrise und die aus ihr resultierenden finanziellen Schwierigkeiten der Missionsgesellschaften führte 1932 zur Herausgabe des ‚Laymen-Report', der „innerhalb der gesamten Missions-

[114] Vgl. Dejung 1973, 62ff und Tawneys klassische Studie (1946), die seine 1928 eingenommene Position umfassend verdeutlicht.

[115] Zu Spencer und Sumner vgl. Abschnitt 42 Anm. 13. Zum Social Gospel bemerkt Dejung aaO 58ff: „Das amerikanische Social Gospel entstand nach dem Ende des amerikanischen Bürgerkrieges, der das Ende des ‚unschuldigen Zeitalters' der neuen Welt demonstrierte. Die in erster Linie von Einzelpersönlichkeiten getragene Bewegung versuchte eine christliche Antwort zu formulieren auf die seit dem Jahre 1887 periodisch wiederkehrenden Wirtschaftskrisen. Sie zielte auf eine Christianisierung aller Lebensbereiche. Den Höhepunkt seines kirchlichen und gesellschaftlichen Einflusses erreichte das Social Gospel in der Zeit vor dem Ersten Weltkrieg mit der Gründung des stark unter seinem Einfluß stehenden amerikanischen Bundeskirchenrates (1910) und in den von ihm herausgegebenen ‚Sozialen Bekenntnissen der Kirchen' (1912/1919)". In seiner theologischen Grundlegung betont Rauschenbusch (1917) „sowohl die Veränderung der gesellschaftlichen Strukturen als auch die Wandlung des einzelnen als Voraussetzung zur sozialen Veränderung". Gegen die von Spencer und Sumner vorgenommene „ideologische Legitimierung der bestehenden Ungleichheiten als unausweichliche Voraussetzung bzw. Folge des Entwicklungsprozesses richtete sich in erster Linie der Kampf des Social Gospel", obwohl es selbst in hohem Maße dem Evolutionsdenken verhaftet war.

[116] Dejung aaO 64f.

bewegung als ‚Generalkritik der evangelischen Mission' verstanden" wurde und in den dreißiger Jahren den Diskussionsverlauf im IMR bestimmte.

„Der Laymen-Report begriff die Mission als notwendige Parallelbewegung zur Expansion der westlichen Völker und Kultur über den gesamten Erdkreis." Den Verfassern ging es um die religiöse Grundlegung „der immer manifester werdenden Welteinheitskultur."[117]

So sehr die dem Bericht zugrundeliegende Theologie kritisiert wurde, so wenig wurde die Analyse der Weltsituation, auf der seine neue Missionsstrategie basierte, in Frage gestellt. Einer der wenigen Kritiker war John A. Mackay, der bedeutende Peru-Missionar der Free Church of Scotland.

Mackay wies darauf hin, „daß der Bericht die Wünsche und Interessen der bürgerlichen Gesellschaft des Westens wiedergibt, die das Christentum als Seele der eigenen Kultur, nicht aber als deren Richter versteht. Diese Auffassung geht ... angesichts der Krise der westlichen Zivilisation und seiner modernen Religionen völlig an den geistigen Realitäten der modernen Welt vorbei."[118]

Die durch den Laymen-Report zur Diskussion gestellten Fragen der „christlichen Begründung der Mission angesichts der geistigen Situation der Moderne und das Verhältnis der Missionen des Westens zu den lokalen Kirchen des Ostens angesichts der politischen Weltentwicklung" wurden u. a. im Auftrag des IMR von John Merle Davis, der das zu Beginn der dreißiger Jahre vom IMR geschaffene ‚Department for Social and Industrial Research' (DSIR) leitete, untersucht. Die Studien befaßten sich zunächst mit asiatischen Situationen, dann aber 1941/42 auch mit Mexiko, Kuba und Jamaica.

Gegenüber dem von der Jerusalemer Konferenz empfohlenen Forschungsprogramm kam es indes zu einer bedauerlichen Akzentverschiebung: Statt die sozio-ökonomischen Probleme zu erforschen, „die sich aus dem Kontakt zwischen den fortgeschrittenen wirtschaftlichen Zivilisationen und den Völkern der unterentwickelten Länder ergeben", und damit zur Durchsetzung von „Gerechtigkeit in den internationalen und interrassischen Beziehungen" beizutragen, „wurden die jungen Kirchen und ihre soziale und wirtschaftliche Umwelt und nicht mehr die unterentwickelten Völker selbst zum Thema der Untersuchung ... Die Fragwürdigkeit dieser veränderten Forschungsrichtung zeigt sich auch im Blick auf die zentralen inhaltlichen Konsequenzen des Davis'schen Programms. Zwar konnte mit der Zielvorstellung ‚Einheimischmachung' das Verlangen der jungen Kirchen nach einer Befreiung von der westlichen Überfremdung zum Ausdruck gebracht werden. Doch blieb diese Zielperspektive unpräzise und doppeldeutig im Blick auf die Aufgabe dieser Kirchen in ihrer Umwelt." Die Lateinamerikastudien Davis' zeigen Bedeutung und Grenze seiner „primär an der Unabhängigkeit der Kirchen orientierten Perspektive". Seine berühmte kubanische Studie (1942) stellte treffsicher „die totale politische, kulturelle und wirtschaftliche Abhängigkeit Kubas von den USA" als „das vorrangigste Hindernis für eine unabhängige Kirche Kubas" dar, „doch blieben seine Empfehlungen zur Selbstverantwortung allein auf die kirchliche Ebene beschränkt und ohne Hinweis auf die notwendigen Veränderungen im politischen, ökonomischen und kulturellen Kontext ... Angesichts dieses Defizits mußte auch die Frage ungeklärt bleiben, unter welchen Bedingungen die soziale Wirklichkeit einer Weltkirche in die säkulare Wirklichkeit der sich bildenden ‚großen Gesellschaft' transformiert werden kann."[119]

---

[117] Vgl. Dejung aaO 68ff und Bibliographie: Hocking 1932.
[118] Mackay 1933 IRM nach Dejung aaO 74.
[119] Dejung aaO 83f und 129.

Auf der ersten Nachkriegsversammlung des IMR 1947 in Whitby wurde „das soziale Engagement der Weltchristenheit in einer revolutionären Welt auf dem Hintergrund der Kriegserfahrung" formuliert. In diesen Zusammenhang ordnete man auch die Probleme Lateinamerikas ein. „Dem weltweiten Abfall von Gott, wie er sich am folgenreichsten im Kommunismus abzeichnete, versuchte man die These vom Christentum als geistigem Führer der sozialen Revolution entgegenzusetzen." Dabei hatte man keine neuen Situationsanalysen über die spezifischen Probleme Afrikas, Asiens und Lateinamerikas ausgearbeitet und beschränkte die Forschungsprogramme des DSIR sogar auf innerkirchliche Probleme „die die Identität und Integrität der jungen Kirchen bedrohten". Der IMR blieb also in dieser wichtigen Umbruchphase ohne wissenschaftlich fundierte Beratung auf sozio-ökonomischen Gebiet[120] und konnte diesbezüglich keinen wegweisenden Einfluß auf die protestantischen Kirchen der Neuen Welt nehmen.

5142 Die interkonfessionelle protestantische Zusammenarbeit in Lateinamerika 1948–1961: Von der Gründung des Ökumenischen Rates der Kirchen (ÖRK) bis zum Vatikanum II

Seit dem Zweiten Weltkrieg, besonders seit der Schließung des chinesischen Missionsfeldes, sah sich Lateinamerika einer Invasion nicht-denominationeller nordamerikanischer Missionsgruppen ausgesetzt. Lateinamerika wurde zum Schauplatz von Massenevangelisationsfeldzügen und zum Standort neuer Missionssender. Gleichzeitig wuchsen die theologischen Spannungen im lateinamerikanischen Protestantismus. Bedeutende lateinamerikanische Theologen waren inzwischen herangewachsen und speziell aus der unierten Evangelisch-Theologischen Fakultät von Buenos Aires unter Prof. Foster Stockwell hervorgegangen, Männer wie Emilio Castro, Míguez Bonino und Luis Segundo.

Obgleich die Gründungsversammlung des Ökumenischen Rates der Kirchen 1948 in Amsterdam unter dem Generalthema stand: „Die Unordnung der Welt und Gottes Heilsplan", wies der Inder Chandran Devanesan darauf hin, daß für die Vertreter der asiatischen Länder „die Amsterdamer Diskussionen und Beschlüsse den Eindruck erweckten, als ende die Welt am Bosporus." Analog dazu hätten die Vertreter Lateinamerikas bemerken können, sie hätten den Eindruck, die Welt ende am 30. nördlichen Breitengrad, denn „die Probleme Lateinamerikas spielten auf der Konferenz keine Rolle"[121]. Der Repräsentant einer so bedeutenden protestantischen Kirche wie der Präses der RGS, Dohms, nahm in Amsterdam nur als Gast teil. Immerhin fanden die brasilianischen Synoden mit ihrem europäischen Hintergrund über Amsterdam den Anschluß an die ökumenische Bewegung. Schon 1950 sollte der Bund der Synoden dem ÖRK beitreten und sich sozusagen auf dem Umweg über die internationale Ökumene auch der nationalen protestantischen Ökumene Brasiliens nähern und 1958 der ‚Confederação Evangélica do Brasil' beitreten.

Wie schwierig Fortschritte zur ökumenischen Zusammenarbeit innerhalb des lateinamerikanischen Protestantismus sein sollten, wurde schon daran

---

[120] Ebd. 131ff. Nach dem Rücktritt von Davis war der DSIR umstrukturiert und in die Gesamtforschungsaufgabe des IMR integriert worden. Die neue Formel zum Verhältnis der alten zu den jungen Kirchen in Whitby war: „partners in obedience".

[121] Devanesan 1949 nach Dejung aaO 138 mit Anm. 105 und 106.

deutlich, daß im August 1948 in Amsterdam als Gegengründung zum ÖRK von „bibelgläubigen", „evangelikalen" den Fundamentalismus vertretenden Kirchen und Gruppen unter Beteiligung von sieben lateinamerikanischen Kirchen der ‚International Council of Christian Churches' (ICCC) geschaffen wurde, dessen Präsident Dr. Carl McIntire, Pastor der Bible Presbyterian Church in Collingswood, N. J., USA, wurde[122].

Nachdem 1929 auf dem Kongreß von Habana der Wunsch nach der Schaffung einer kontinentalen Vertretung der protestantischen Kirchen laut geworden war, kam es erst 1949 wieder zur Abhaltung einer kontinentalen Konferenz in Buenos Aires. Nicht weil man die vorangegangenen drei Konferenzen ignorierte, sondern weil man hervorheben wollte, daß dies die erste Konferenz ohne ausländische Vorherrschaft sei, nannte sie sich ‚1. Conferencia Evangélica Latinoamericana' (CELA I). Die Konferenz suchte die Wurzeln des Protestantismus im lateinamerikanischen Kontext, litt aber unter verschiedenen Problemen: Lateinamerika war geographisch ungenügend vertreten, hauptsächlich der ‚Cono Sur' (Argentinien, Brasilien, Chile) war repräsentiert. Auch war das Spektrum des lateinamerikanischen Protestantismus ungenügend durch die Delegierten von nur 18 religiösen Einheiten vertreten. Es nahmen kaum nicht-historische Gruppen (Faith Missions) und noch weniger Pfingstkirchen teil.

CELA II, die 1961 in Lima stattfand, war mit 220 Vertretern von 34 Denominationen aus fast allen Staaten des Subkontinents[123] zwar repräsentativer für den lateinamerikanischen Protestantismus, machte aber deutlich, daß man auf diesem Weg kaum zu einer Gesamtvertretung des Protestantismus kommen würde, sondern nur zu einem ekklesialen Ökumenismus der in den seinerzeit elf Räten und Vereinigungen organisierten Kirchen. Auch diese Form von Ökumene darf indes keineswegs unterschätzt werden, wenn man sich vor Augen hält, daß 1958 erst fünf Kirchen Lateinamerikas Glieder des ÖRK waren[124]. Die Evangelikalen sollten eine andere Form von Ökumenismus entwickeln (vgl. 513), die keineswegs identisch ist mit der Anti-Ökumene-Haltung der konservativen Glieder des ICCC, die in Lima eine Gegenkonferenz abhielten und die CELA II des „Modernismus" und des „Kommunismus" bezichtigten und damit in der Presse den Eindruck der Spaltung des lateinamerikanischen Protestantismus hervorriefen[125]. Der CELA II waren zwei Konsultationen in Huampaní bei Lima voraufgegangen, die durch Konferenzbeschluß zur Gründung zweier kontinentaler Organismen führten. Aus der Konsultation für christliche Erziehung ging die ‚Comisión Latinoamericana de Educación Cristiana' (CELADEC) hervor, der sich 17 Räte, Kirchen und kirchliche Institutionen anschlossen[126] und aus der Konsultation über Kirche und Gesell-

---

[122] H. H. Harms, Internationaler Rat christlicher Kirchen, EKL II, 351f. McIntires eigene Kirche sollte 1956 wegen seiner „undemokratischen Führung" und Übertreibung der Mitgliedzahlen aus dem ICCC austreten.

[123] Yoder 1962, 75 – nur Panamá und Nikaragua waren nicht vertreten.

[124] Vgl. ÖRK vervielfältigte Mitgliedliste – Gen. Sec. No. 2 corrected Febr. 1958. Auf der CELA II waren Pfingstler und Evangelikale teilweise vertreten, jedenfalls stärker als auf der CELA I.

[125] Vgl. Yoder aaO 77f.

[126] CELADEC soll die christliche Erziehung in den evangelischen Kirchen fördern, anregen, koordinieren durch Kurse, Beratungen, Treffen, Seminare, Ausbildungshilfen, Veröffentlichungen etc.

schaft die gleichnamige Kommission ‚Iglesia y Sociedad' (ISAL), die von ihrer Motivation her auf Kreise innerhalb der evangelischen Jugend zurückgeht, die von der Frage der gesellschaftlichen Verantwortung der Christen beunruhigt waren. Das Konferenzthema „Christus, die Hoffnung für Lateinamerika" betonte die Notwendigkeit der Inkarnation des Wortes und lenkte damit auch auf die in Huampaní erörterte sozioökonomische Problematik Lateinamerikas, die in der Konferenzbotschaft deutlich angesprochen wird:

„Lateinamerika erscheint uns als ein ruheloser Kontinent, der durch die Evolution und das Übergangsstadium seiner kulturellen und sozialen Strukturen bewegt wird und nach einer völligen Umgestaltung schreit. Diese Sorge äußert sich bisweilen in revolutionären Ausbrüchen oder in Plänen für Entwicklung und Fortschritt ... Die Landbevölkerung und die Mittelklasse schreien nach Gerechtigkeit; die Intellektuellen bemühen sich darum, eine schöpferische und dynamische Wahrheit zu finden ... die eine Umformung der gegenwärtigen Situation bewirken könnte ... Jesus Christus ist diesen Bestrebungen gegenüber nicht gleichgültig ... Wie in der Vergangenheit bedeutet seine Botschaft Freiheit für die Gefangenen, frohe Botschaft für die Armen, Gesundheit für die Kranken ... Wir geben zu, daß wir keine einfachen Lösungen für die Probleme Lateinamerikas anbieten können und daß wir der Versuchung eines künstlichen Optimismus widerstehen und uns ernsthaft und beständig anstrengen müssen, herauszufinden, welches die Konsequenzen der Botschaft des Evangeliums im gesamten Leben unserer Völker sind. Dies ist eine Aufgabe, zu der wir besonders die Laien in unseren Kirchen einladen."[127]

Dennoch sollten die ernsthaften Anstrengungen, die ISAL mit seinen Konsultationen und Veröffentlichungen[128] an diese Problematik wandte, vielen Kirchenleitungen bald als zu radikal erscheinen. Nicht wenige Mitarbeiter sahen sich in ihren Kirchen völlig isoliert.

„In einer Reihe von Arbeitstagungen: Rio de Janeiro 1963, El Tabo/Chile 1966 und Piriápolis/Uruguay 1967, gewann ISAL eine klare Definition des sozialpolitischen Engagements der Christen und der Kirche. Bemerkenswert war der Einfluß der jungen, mit ISAL verbundenen Lateinamerikaner auf der Weltkonferenz für Kirche und Gesellschaft in Genf 1966 und auf die sich seit der Ökumenischen Vollversammlung Uppsala 1968 abzeichnenden Kontroverse über die Gestalt und Orientierung kirchlicher Entwicklungspolitik. ISAL drängt auf radikale nationale und internationale Strukturreform und weist die nur technisch orientierte Entwicklungshilfe (desarrollismo) als eine Neuauflage des Kolonialismus zurück."[129]

---

[127] Zitiert nach Yoder aaO 77.

[128] ISAL erreichte durch seine Veröffentlichungen breite akademische und auch katholische Anerkennung, besonders durch die 1976 im 14. Jg. erscheinende Zeitschrift ‚Cristianismo Y Sociedad' und durch die inzwischen eingestellten FICHAS de ISAL.

[129] Odell 1969, 163, der selbst eine führende Kraft bei der Gründung von ISAL war – vgl. Tschuy 1971, 276. Die Vorgeschichte von ISAL wurde mir 1973 bei einem Besuch in deren Büro in Montevideo geschildert: 1940–1950 begann die Unruhe der Jugend besonders in der methodistischen Kirche Lateinamerikas als Ausdruck der Unzufriedenheit mit den Formen der Evangelisation und der christlichen Erziehung. Die Frage nach sozialer Gerechtigkeit brach in Uruguay auf. Die Jugend kam bald in Kontakt mit jungen Methodisten in Brasilien und Argentinien. Almir dos Santos, der heutige methodistische Bischof von Rio de Janeiro, war einer der Pioniere der bis 1957 ziemlich abstrakten Diskussion. Als kleines vervielfältigtes, in weiten Teilen Lateinamerikas verteiltes Blättchen erschien ‚Cristianismo y Sociedad' ab 1958. 1962/63 hatte ISAL bereits Filialen in Brasilien, Uruguay, Argentinien, Chile, Kolum-

515 Kirchliche Zusammenarbeit in Lateinamerika im Zeitalter des Ökumenismus

Das Vatikanum II mit seiner innerkirchlichen Reform, seinem Eintreten für Religionsfreiheit und seiner ökumenischen Öffnung überraschte den lateinamerikanischen Protestantismus in einer Phase, in der er noch nicht mit seiner kontinentalen Organisation zu Rande gekommen war. Eine effektive innerprotestantische Zusammenarbeit sollte von den sechziger Jahren an durch eine doppelte Polarisation erschwert werden: durch eine Polarisation zwischen „Konservativen" und „Progressiven" in der sozio-ökonomischen Problematik und zwischen Verfechtern der konfessionellen Konfrontation mit der römischen Kirche und gesprächsbereiten Ökumenikern.

Die CELA II hatte zur Verbesserung der Zusammenarbeit wenigstens einen ständigen Ausschuß geschaffen, der im Dezember 1964 in Montevideo die Schaffung einer lateinamerikanischen Kommission empfahl. Die Versammlung der Vertreter der nationalen Räte ratifizierte diesen Vorschlag im September 1965 in Campinas, so daß die Ratspräsidenten im September 1967 in Rio de Janeiro die Gründung einer „Provisorischen Kommission für die Evangelische Einheit in Lateinamerika" (Pro Unidad Evangélica Latinoamericana = UNELAM) beschlossen (Corcovado-Erklärung). Präsident des Exekutivkomitees wurde der argentinische Ratspräsident Rev. Luis P. Bucafusco und ‚Secretario Coordinador' Rev. Emilio Castro. UNELAM war gedacht als Dachorganisation für die bereits bestehenden kontinentalen Organisationen ULAJE, CELADEC und ISAL, konnte sie aber nicht mehr integrieren, da die Polarisation hinsichtlich der sozio-ökonomischen Problematik rasch so stark wurde, daß ULAJE und ISAL sich den nationalen Föderationen entfremdeten, so daß es zum Bruch kam, den CELADEC vermeiden konnte. Intendiert als eine Art Konföderation der nationalen Föderationen evangelischer Kirchen und parakirchlicher Vereinigungen konnte UNELAM nur so viel Gewicht erlangen, wie diese selbst hatten. Obwohl zeitweise durch den Beitritt der Einwandererkirchen gestärkt, hatten die nationalen Kirchenbünde den Höhepunkt ihrer Kraft bereits überschritten, als sie sich in UNELAM zusammenschlossen.

---

bien, Mexiko und Kuba. Zunächst wurden Gruppenleiter geschult und dann in kleinen Gruppen zur Konszientisierung Vorträge über Theologie im aktualisierten Sinn gehalten: Was will Gott hier und jetzt? In einer zweiten Stufe wurde mit Soziologen und Wirtschaftswissenschaftlern über die gesellschaftlichen Probleme der Länder diskutiert und in einer dritten Stufe gefragt: Welches kann die christliche Antwort auf die vorfindliche Situation sein? Als die Jugendgruppen von ISAL sich wegen des ihnen gegenüber gezeigten Unverständnisses in den etablierten Kirchen nicht mehr wohlfühlten, wurde ISAL der Zufluchtsort marginalisierter Engagierter. Auf der ISAL Generalversammlung des Jahres 1971 wurde von diesen Marginalisierten erstmals der Wunsch geäußert, in ihre Kirchen zurückzukehren, weil sie erkannten, daß diese als Multiplikatoren gewonnen werden müssen. Sie wollten indes nicht als verlorene Söhne zu den „unsterblichen Alten" zurückkehren, sondern als ‚Isalinos', die die Kraft gewonnen haben, um als konszientisierende Elemente in ihren Kirchen zu wirken. Ihre Marginalisation war also wohl ein notwendiger Prozeß, in dessen Verlauf sie erkannt haben, daß Kirche einen Körper haben muß. In Ländern mit Rechtsdiktaturen ist die Arbeit von ISAL meist unmöglich, so ab 1968 in Brasilien, aber auch in Haiti, nach Torres' Sturz in Bolivien, ab 1973 nach dem Umsturz auch in Uruguay, nach Allendes Sturz in Chile etc. Entscheidend finanziert wurde ISAL frühzeitig vom ÖRK.

„Ein eigenartiges und gleichartiges Vakuum umgab viele nationale Kirchenräte, weil sie eine sklavische Imitation von Organisationen waren, die in anderen Kontinenten geschaffen waren. In Lateinamerika waren die Räte keine Stätten der Begegnung und des ökumenischen Dialogs. Im allgemeinen beschränkten sie ihre Aufgabe darauf, einen gewissen Grad von Fraternisierung unter den Kirchenführern herbeizuführen, gemeinsame Sache gegen die übermächtige katholisch-apostolisch-römische Kirche zu machen und öffentliche Anerkennung für kleine und zerspaltene protestantische Minderheiten zu erlangen."[130]

Einerseits sind also die Beziehungen der Räte zu den Gliedkirchen meist nicht sehr stark, andererseits werden die Möglichkeiten zu gemeinsamen Aktionen noch zusätzlich dadurch eingeschränkt, daß die Kirchen selten gewillt sind, in politisch gefahrvoller Zeit durch ein gemeinsames kraftvolles Wort zu virulenten nationalen Fragen unkontrollierbare Risiken einzugehen[131]. Die Aktionsmöglichkeiten von UNELAM werden durch diese Schwäche der Räte und dadurch, daß ihre Mitarbeiter nicht direkt mit den Kirchen verkehren können, natürlich stark eingeengt. Außerdem gerieten deren Mitarbeiter durch die erwähnte politische Polarsierung bei den „Progressiven" in Verdacht, Befehlsempfänger reaktionärer Kirchenleute, und bei den „Konservativen", Bundesgenossen marxistischer „Pseudochristen" zu sein. Da UNELAM in der Person Emilio Castros personifiziert war, geriet es mit seinem Abgang Anfang 1973 nach Genf auch noch in eine Führungskrise. Der Leitungsausschuß und die Regionalsekretäre konnten Castros persönlichen Kredit nicht gänzlich wettmachen. Als Dachorganisation des lateinamerikanischen Protestantismus konzipiert, blieb UNELAM so etwas wie eine lateinamerikanische Kommission zur Erneuerung der Kirche, die ihre Verdienste hat. Aber kirchliche Erneuerung und Dienst in der Gesellschaft lassen sich nicht ohne Schaden für Kirche und Welt trennen. Wenn dies auch manche evangelische Kirchen Lateinamerikas erkannt haben, so liegt doch an diesem Punkt das Kernproblem für die protestantische Zusammenarbeit auf dem Subkontinent.

Vor diesem Hintergrund muß man die CELA III sehen, die vorläufig letzte Großkonferenz dieser Art, die im Juli 1969 in Buenos Aires abgehalten wurde.

---

[130] Der Begriff ‚Ökumenismus', der seit dem vatikanischen Ökumenismus-Dekret von 1964 eingebürgert ist, wird hier bewußt benutzt für jene Phase der ökumenischen Arbeit, an der sich die römische Kirche beteiligt. Zitat über die nationalen Kirchenräte nach Tschuy 1971, 277. Nach persönlichen Informationen von 1977 scheint die Auflösung von UNELAM wegen der Ineffektivität der Arbeit über die Räte bevorzustehen.

[131] Trotzdem gibt es einige Versuche von Räten, sich zu politischen Vorgängen zu äußern. So veröffentlichte die ‚Federación de Iglesias Evangélicas del Uruguay', nachdem ein Versuch fehlgeschlagen war, dies zusammen mit der katholischen Kirche zu tun, während der politischen Krise im Juli 1973 eine Erklärung, in der sie „Regierende und Regierte" aufforderte, „sich ehrlichen Herzens der dringenden Aufgabe zu verschreiben, Bedingungen für eine Versöhnung zu schaffen, die eine volle Verwirklichung des uruguayischen Menschen auf der Grundlage von Gerechtigkeit, Freiheit und Recht ermöglichen möchte". Zu Zitaten wie diesem über Vorgänge aus jüngster Zeit, die dem Vf. durch Briefkopien etc. bekannt sind, können aus Gründen der Vertraulichkeit nicht immer die Quellen angegeben werden. In der politischen Krise Brasiliens 1962 gab der brasilianische Rat eine öffentliche Erklärung ab, in der Gerechtigkeit, eine schnelle Agrarreform und ein neues, demokratisches Erziehungssystem gefordert wurden. Der argentinische Rat wandte sich Anfang der siebziger Jahre gegen eine mögliche Einführung der Todesstrafe.

Nach dem Beschluß von Lima sollte sie vor 1965 stattfinden. Der einladende Evangelische Bund Brasiliens nahm aber — offenbar den Termin wegen des politischen Umsturzes von 1964 aufschiebend — erst 1967 die Vorbereitungsarbeiten auf[132]. Knapp drei Monate vor der im Februar 1969 in São Paulo geplanten Konferenz sagte der Evangelische Bund Brasiliens die Konferenz wegen unvorhergesehener Ereignisse, die schamhaft verschwiegen wurden, plötzlich ab[133]. Man hatte Angst, durch die auf der Konferenz zu erwartende Sozialkritik Schwierigkeiten mit dem Militärregime zu bekommen. Diese Haltung verdeutlichte bereits die Grenzen solcher Konferenzen in der Gegenwart. Die Verschiebung auf 1969 zwang die CELA III sich mit völlig veränderten politischen und sozio-ökonomischen Problemen und vor allem mit einer durch das Vatikanum II und Medellín stark veränderten katholischen Kirche auseinanderzusetzen. Das Generalthema „Schuldner der Welt" (Röm 8,12) forderte geradezu zu einer solchen Auseinandersetzung heraus. Es wurde fünffach unterteilt:

1. „Unsere Hilfe und unsere besondere Verantwortung als evangelische, lateinamerikanische Kirche", 2. Schuldner in den sozio-ökonomischen und politischen Umformungsprozessen, 3. im Übergang von der ländlichen in eine städtische Gesellschaft, 4. Schuldner gegenüber der Jugend und, 5. „unsere evangelische Schuld gegenüber der römisch-katholischen Gemeinschaft Lateinamerikas"[134].

Um die Evangelikalen stärker miteinzubeziehen, wurden die täglichen Andachten Rev. Rubén Lores, einem der Hauptberater des Institutes für Tiefenevangelisation aus Costa Rica, übertragen.

Die einzelnen Kommissionen bemühten sich um kritische Situationsanalysen, nachdem das Niveau der Grundsatzreferate großenteils nicht überzeugte. Hinsichtlich der Gründlichkeit der Vorbereitung hält die CELA III offenbar keinem Vergleich mit Medellín stand. Ähnlich wie in Medellín kann man indes in den Kommissionsberichten verschiedene Strömungen feststellen. Am konsequentesten ist der Bericht über die Jugend. In ihm heißt es:

„Wer eine individualistische oder spiritualistische Position aufrechterhält, hat dieser Jugend nichts zu sagen", einer Jugend, die den ererbten ungerechten und unmenschlichen Situationen und Systemen gegenüber eine revolutionäre Haltung einnimmt und die Kirche als eine Institution betrachtet, „die den Status quo aufrechterhält", weshalb die Jugend bitter auf sie reagiert. Nur der noch nicht konszientisierte Teil der Jugend läßt sich noch durch traditionelle kirchliche Verkündigung ansprechen. Zur Frage: „Was bedeutet Christus für die neuen Generationen?" wird festgestellt: „Man hat die Liebe Christi mit der Toleranz dem Bösen gegenüber verwechselt, das Kreuz Christi mit Passivität, die Versöhnung mit der Verschleierung von Spannungen und Konflikten. Deshalb kann man sich nicht wundern, daß eine Jugend, die von einer ungerechten Gesellschaft aufgeschreckt ist, diesem entstellten Bild des Herrn und der Sendung seines Volkes den Rücken kehrt." Neue Formen für Glauben und Zeugnis müssen gefunden werden, die der Tatsache gerecht werden, daß die Kirche immer mehr zur „Diaspora-Kirche" wird, d. h. zur Minderheit in der Welt. Die Versöhnung Christi muß allen sozialen Klassen, unabhängig von ihrer politischen Ideologie angeboten werden, aber: „Die Kirche in der Zerstreuung nimmt die Folgen des Kreuzes auf sich. Verschiedene unserer Länder leben unter ‚de facto'

---

[132] Vgl. SEI 14 (Mai 1967), 8.   [133] Vgl. SEI 27 (Jan. 1969), 1.
[134] SEI 13 (April 1967), 2.

Regierungen oder Regimen totalitären Zuschnitts." Das kann die Kirche um des Menschen und seiner Existenz willen nicht hinnehmen. „In diesen politischen Regimen gibt es (bewußt oder unbewußt) dämonische Ausdrucksformen, die offenbaren, daß mächtige Nationen dazu beitragen, mit Hilfe der lokalen Oligarchien die Länder und Völker Lateinamerikas sozial und wirtschaftlich zu ersticken. In diesem Kontext besteht die Option der Kirchen darin, auf der Seite des Volkes zu sein, das für die Befreiung Lateinamerikas kämpft, und eine Situation, die nach Gerechtigkeit zum Himmel schreit, nicht zu ignorieren, sondern sich ihrer bewußt zu werden."

An dieser Stelle wurde die Polarisierung auf der Konferenz deutlich. Die Mehrheit sprach sich zwar gegen Diktaturen und sozio-ökonomische Unterdrückung und Ausbeutung, auch gegen ungerechte Rohstoffpreise aus, aber gegen die Option des Jugendberichtes wurde geltend gemacht, daß man zwischen dem, was man Cäsar und Gott schulde, unterscheiden müsse (Mt 22,21) und daß man revolutionäre Gewalt und blutige Unterdrückung von seiten der Regierungen gleichmäßig verurteilen müsse. Diese falsche Reihenfolge — als ob nicht die Revolution erst eine Folge der Repression des Establishments wäre — und dieses Streben nach vollkommener Ausgewogenheit pflegen kirchlichen Appellen die Wirkung zu nehmen. Daran ändern viele richtige Feststellungen der anderen Kommissionen zur kirchlichen, sozialen, wirtschaftlichen und politischen Lage Lateinamerikas nichts.

Allgemein wurde eine stärkere Einbettung aller kirchlichen Aktivitäten in den lateinamerikanischen Kontext verlangt, ein Schuldbekenntnis von Kommission II abgegeben („Wir sind als Kirche dafür verantwortlich, daß wir Unterdrückungssysteme geduldet haben ... Eine Kirche, die zu ängstlich war, dieser Situation zu begegnen ... ist in Sünde gefallen") und die Ausübung des prophetischen Amtes der Kirche verlangt, um die Souveränität Gottes über das gesamte menschliche Leben und alle menschlichen Beziehungen durchzusetzen, die Relativität aller menschlichen Einrichtungen, auch „der politischen, wirtschaftlichen und sozialen Strukturen der Nationen" anzuzeigen, Opfer sozialer Ungerechtigkeit zu verteidigen und „die Ersetzung oppressiver Strukturen durch solche" zu verlangen, „die auf die Vermenschlichung des Menschen abzielen". Auch die Kommission III bemängelte, daß die Kirche in ihrer Beziehung zur Welt bislang einer unzuverlässigen Dichotomie zum Opfer gefallen sei.

Wie wenig sich die Konferenz auf eine gemeinsame Strategie einigen konnte, zeigt besonders die blasse Stellungnahme der Kommission V zum Verhältnis zur katholischen Kirche. Man bekennt ihr gegenüber, nicht immer im Geiste der Liebe gehandelt zu haben, beobachtet mit Sympathie und Bewegung die katholische Erneuerung, die Hinwendung zur Bibel und das mutige Engagement bei der Beseitigung der sozio-ökonomischen Mißstände. Aber man betont gleichzeitig, „daß uns noch große dogmatische Unterschiede trennen", aber auch Unwissenheit und Vorurteile und daß man abwarten müsse, ob die neue Haltung der katholischen Kirche ein Werk Gottes oder der Menschen sei (vgl. Apg 5, 38—39). Zu einem Aufruf zur Zusammenarbeit mit der katholischen Kirche beim Kampf gegen Unterdrückung und ungerechte Strukturen konnte sich die Mehrheit der protestantischen Kirchen offenbar nicht aufraffen[135].

Die sozio-politische Polarisation zwischen „Progressiven" und „Konservativen" erweist sich als das entscheidende Hemmnis kirchlicher Zusammenar-

---

[135] Die Konferenztexte sind zuerst im SEI 34 (Aug. 1969) veröffentlicht (ohne Seitenangaben).

beit seit den sechziger Jahren, und zwar sowohl innerprotestantischer Zusammenarbeit wie protestantisch-katholischer Zusammenarbeit. Das zeigt sich auch im Verhältnis zum Ökumenischen Rat.

Wie oben bereits angedeutet, bedeutete die vom ÖRK verkörperte ökumenische Bewegung für den lateinamerikanischen Protestantismus mehr als ein Jahrzehnt wenig. Von konservativen Elementen und fundamentalistischen Missionen wurde gegen ihn polemisiert. Mit verhältnismäßig geringem Erfolg suchte der ÖRK mit den nationalen Räten in engeren Kontakt zu kommen. Während sechs Räte (Brasilien, Kuba, Jamaica, Mexiko, Puerto Rico und Río de la Plata) 1958 Mitglieder des IMR waren und weitere fünf mit dem IMR in Informationsverbindung standen (Chile, Nassau, Peru, Trinidad und Tobago, Uruguay), war kein Rat Glied des ÖRK. Neun Räte standen lediglich in Informationsverbindung mit dem ÖRK[136]. Die Situation wandelte sich in den sechziger Jahren nicht wegen der Gründung von ISAL 1961, sondern weil sich die Bedingungen in Lateinamerika gewandelt hatten. „Der Erfolg der kubanischen Revolution beförderte eine scharfe Debatte über die sozialen Bedingungen, und zum ersten Mal wurde der beherrschende Einfluß der USA in Frage gestellt. ISAL trug diese säkulare Debatte in die Kirchen." Die Folge war die erwähnte Polarisation.

Weil ISAL eng mit dem ÖRK zusammenarbeitet, sah dieser sich bald indirekt in die Kontroverse zwischen ISAL und den konservativen Kirchenleitungen hineingezogen, die übersahen, daß der ÖRK auch noch andere Beziehungen zu den Kirchen Lateinamerikas hat als über ISAL.

Indem ISAL im Geiste seines Mitgründers Luis Odell immer wieder betonte, daß das Engagement in der sozialen Revolution die zentrale und vitale Frage in der ökumenischen Zusammenarbeit des Subkontinents ist, war schließlich keine Dimension der Ökumene hiervon mehr zu trennen, „sei es der Beitritt einer Kirche zum ÖRK, zu Faith and Order ... die Schaffung und Erhaltung nationaler Kirchenräte etc... Diese Behauptung mag einem Europäer oder Nordamerikaner eindimensional oder simplizistisch vorkommen, aber die Prämissen der Existenz sind in Lateinamerika verschieden von denen der nördlichen Hemisphäre. Sogar die Kirchen der nördlichen Hemisphäre müssen begreifen, daß die lateinamerikanische Revolution als ökumenische Dimension auch für sie tiefe strukturelle Implikationen hat."[137]

Da der ÖRK selbst Gliedkirchen hat, „die die Entwicklung noch als Transfer technischer Kenntnisse des Westens in die Dritte Welt verstehen und nicht als einen revolutionären Kampf zur Erreichung von Gleichheit auf Weltniveau", muß er eine vermittelnde Haltung zwischen den „progressiven" Kräften in Lateinamerika und den konservativeren Kirchenleitungen einnehmen, so daß er stets in Gefahr steht, von beiden Seiten als inkonsequent angesehen zu werden. Wenn nach zwei kleineren chilenischen Pfingstkirchen („Iglesia Pentecostal de Chile' und ‚Misión Iglesia Pentecostal') 1969 auch die große brasilianische Pfingstkirche ‚O Brasil para Cristo' den Weg in den ÖRK fand, kann man das als ein Zeichen dafür werten, daß auch unter den Pfingstkirchen die Einsicht wächst, daß die Kirchen den Herausforderungen der heutigen Zeit besser gemeinsam begegnen können. ‚O Brasil para Cristo' bat um die Hilfe des ÖRK bei „der Verwirklichung eines integrierten Programms für ökumenische Erziehung und soziale Aktion"[138].

---

[136] Nach den Unterlagen des ÖRK/Genf (Gen. Sec. No. 2 corrected Feb. 1958).
[137] Tschuy 1971, 277ff.
[138] Ebd. 217ff.

Die Tatsache, daß 1973 erst 16 lateinamerikanische Kirchen dem ÖRK beigetreten waren und weitere 7 sich assoziiert hatten[139], zeigt nicht nur, wie schwierig eine protestantische Zusammenarbeit seit der Eingliederung des IMR in den ÖRK 1961 in Lateinamerika ist, die sich nicht an den antikatholischen Gemeinsamkeiten von gestern orientiert, sondern an den christlichen Herausforderungen von heute, sondern zugleich wie schwierig es für viele protestantische Kirchen ist, in den Dialog mit der römischen Kirche einzutreten. Denn eine Analyse der Genfer Liste der beigetretenen oder assoziierten Kirchen zeigt, daß es sich fast ausschließlich um Kirchen handelt, die dem ökumenischen Dialog Rom gegenüber aufgeschlossen sind, nämlich die Einwandererkirchen (EKLBB, IERP, ELKC), die Methodisten, die Episkopalen, Reformierte, Böhmische Brüder, Unierte und einige Pfingstkirchen. Es fehlen also die Evangelikalen, die Mehrzahl der Pfingstkirchen, aber auch die Presbyterianer und Baptisten.

Die Herausforderung des lateinamerikanischen Protestantismus durch den nachkonziliaren Katholizismus ist bisher kaum wissenschaftlich untersucht worden. Damboriena (1969) beleuchtet die Frage „Missionen und Ökumenismus" nur unter dogmatischen und nicht unter lateinamerikanischen, historischen Gesichtspunkten. Tschuy hingegen geht auf die zentrale Frage ein: Hat der Protestantismus in Lateinamerika noch eine Existenzberechtigung, nachdem er die unbestrittene ökumenische Leistung vollbracht hat, zu der Reform der römischen Kirche, die das Vatikanum II gebracht hat, entscheidend beigetragen zu haben? Dabei geht es nicht um die unvernünftige Frage, ob die protestantischen Kirchen nun Lateinamerika den Rücken kehren können, sondern darum, „welchen Typ von Kirche Lateinamerika für die Zukunft braucht". Die zukünftige Kirche muß fähig sein, „aktiv zur sozialen Revolution und zur Errichtung einer gerechten Gesellschaft beizutragen ... eine Kirche, die dem Menschen dient (und deshalb Gott) und nicht herrscht (und deshalb Kerkermeisterin Gottes ist). Mit anderen Worten, die Kirche der Zukunft muß ein authentisches Instrument der Erlösung in der Hand Gottes sein"[140]. Diese Forderung gilt natürlich für die katholische Kirche genauso wie für die protestantischen Kirchen.

Solchen unangenehmen Herausforderungen stellt sich manche organisierte Kirche nicht gern. Bezeichnend dafür ist ein Artikel der 1. Ausgabe 1976 der IPB-Zeitschrift ‚O Brasil Presbiteriano', in dem der gegen den ÖRK und gegen ökumenische Beziehungen zur römischen Kirche eingestellte Präsident des ‚Supremo Concílio', Boanerges Ribeiro, behauptet, die IPB habe den Auftrag, den brasilianischen Katholizismus zu reformieren. Dazu muß man wissen, daß dieselbe Zeitschrift häufig Artikel katholischer Traditionalisten wie Gustavo Corção und Lenildo Tabosa Pessoa abdruckt, die von der IPB als „gute Katholiken" angesehen werden, weil sie vor der durch das Vatikanum II ausgelösten „Protestantisierung" der katholischen Kirche warnen[141]. Hier bahnt

---

[139] Vgl. ÖRK, List of Member Churches, Oct. 1973. Als einzige presbyterianische Kirche hat sich die ‚Iglesia Presbiteriana-Reformada en Cuba' dem ÖRK assoziiert, was möglicherweise eine Frucht der Konszientisation durch die Vorgänge in Kuba ist.

[140] Tschuy aaO 283f.

[141] Vgl. CEI 111 (Febr. 1976). Dabei ist die IPB Gründungsmitglied des ÖRK gewesen. Der ‚Supremo Concílio' von 1946 hatte Rev. Samuel Rizzo zum Delegierten der Amsterdamer Versammlung gewählt, und dieser hatte in seinem Bericht die

sich also eine Form von Anti-Ökumene an, die Verbrüderung der katholischen und der protestantischen Traditionalisten. Deshalb nimmt es nicht wunder, wenn ein aufgeschlossener presbyterianischer Theologe wie Rubem Alves meint, die aus den USA gekommenen historischen Denominationen seien gealtert, bevor sie ihre kreativsten Elemente weitergeben konnten. Die Strukturen hätten einen Triumph über die Vitalität der menschlichen Gemeinschaften errungen, so daß nicht wenige Protestanten vor der Alternative stünden, entweder die Unterdrückung der Strukturen zu ertragen oder aus ihnen auszuwandern und sich ökumenischen Bewegungen wie ISAL oder ULAJE anzuschließen. Für Alves gibt es nur zwei Formen christlicher Gemeinschaft: priesterlich orientierte Gemeinden, wie er sie in den historischen Denominationen sieht, die für ihn eine Auferstehung des mittelalterlichen Katholizismus darstellen, und „messianisch-prophetische", auf die Zukunft ausgerichtete Gemeinden, in denen sich die zerstreuten Protestanten sammeln sollten, wenn anders der Protestantismus in Lateinamerika eine Zukunft haben solle[142]. Für nicht wenige kritische Protestanten war ISAL eine solche „messianisch-prophetische" Gemeinde. Sie wurde ab Ende der sechziger Jahre denn auch nicht nur von manchen Regierungen als subversiv auf die schwarze Liste gesetzt, sondern auch von konservativen Kirchenführern demonstrativ in Stich gelassen. Teilweise wurden Mitarbeiter von ISAL durch sie bei staatlichen Stellen denunziert[143].

In den siebziger Jahren hat sich die politische Lage in vielen Teilen Lateinamerikas derartig verschärft, daß man von einer Zeit des Schweigens sprechen kann. Offene Gespräche und große Konferenzen werden immer schwieriger, weil es an Vertrauen gebricht, ob Gesprächspartner sich nicht gegenseitig durch die Weitergabe von Informationen gefährden. Das Streben nach Sicherheit, ein Wort, das in diktatorischen Staaten ganz groß geschrieben wird, bestimmt das Verhalten vieler Christen und Kirchen im Umgang miteinander. Während innerhalb der katholischen Kirche politisch Konservative und Progressive innerhalb derselben kirchlichen Struktur bleiben und sich jeweils

---

Gründung des ÖRK als das wichtigste Ereignis seit der Reformation bezeichnet. Aber nicht der Besuch Marc Boegners, eines der Präsidenten des ÖRK machte 1949 bei den brasilianischen Presbyterianern, speziell denen des Nordens, einen durchschlagenden Eindruck, sondern der von Carl McIntire, der auch von der CELA I aus Buenos Aires kam, an der er als ungeladener Beobachter teilgenommen hatte. Boegner wurde von Rev. Israel Gueiros von der ersten Presbyterianischen Kirche in Recife wieder ausgeladen, so daß im Nordosten nur McIntire Gelegenheit zur fundamentalistischen Propaganda hatte. Nachdem deutlich wurde, daß selbst wenn im Süden genügend Unterstützung für die Ratifizierung der Mitgliedschaft im ÖRK vorhanden gewesen wäre, ein Schisma mit den nordbrasilianischen Presbyterianern unvermeidlich gewesen wäre, zog es der ‚Supremo Concílio' 1949 vor, die Einheit der Kirche zu bewahren. Die Beteiligung der orthodoxen Kirchen und die Aufgeschlossenheit des ÖRK gegenüber Rom war den Presbyterianern ohnehin ein Dorn im Auge – Pierson 1974, 202ff.

[142] Alves 1969 CEI. Alves meint, wenn es überhaupt ein protestantisches Prinzip gebe, dann sei es das Prinzip der Gemeinde. Denn im Gegensatz zum mittelalterlichen katholischen Kirchenbegriff der mechanischen Sakramentsgemeinschaft betone Luther, daß Christen sich um die Predigt sammeln, daß Kirche wesentlich Gemeinde sei, daß der Christ in der Gemeinde existiere und auch Gott als Gemeinschaft erfahre.

[143] Odell 1969, 163 und persönliche Informationen.

des Schutzes eines bestimmten Teils der Hierarchie erfreuen, führen politische und damit zusammenhängende theologische Differenzen innerhalb kleinerer protestantischer Kirchen schnell zu Ausschluß und Abspaltung.

Auf der Ebene der kirchlichen Strukturen ist es seit dem Konzil natürlich zu vermehrten Kontakten zwischen evangelischen Kirchen und katholischer Kirche gekommen. Vorurteile und Mißverständnisse konnten abgebaut werden. Wie allgemein bei den ökumenischen Kontakten liegt seit Ende der sechziger Jahre der Akzent nicht mehr so sehr auf dem „festlichen Ökumenismus" als auf der praktischen Zusammenarbeit. Auf diesem Gebiet kann man es als zeichenhaft ansehen, daß es in Brasilien zur Gründung einer ökumenischen Entwicklungshilfeorganisation (Coordenadoria Ecumênica de Serviço = CESE) gekommen ist, und zwar 1973 zunächst mit Beteiligung der CNBB, der ‚Igreja Episcopal do Brasil', ‚O Brasil para Cristo', der Methodisten und der Zentralbrasilianischen Presbyterianischen Mission, während die EKLBB weiter an ‚Diaconia' festhalten wollte. Die enge Verkoppelung von Entwicklung und Menschenrechten wurde schon im Oktober 1973 von der CESE der brasilianischen Öffentlichkeit bewußt gemacht, als sie auf einer kollektiven Pressekonferenz am Sitz der Katholischen Bischofskonferenz zum 25. Jahrestag der Verkündung der UNO-Charta der Menschenrechte einen in großer Auflage hergestellten Sonderdruck der Menschenrechte vorstellte[144]. Schon die Verbreitung des Textes stellte in der brasilianischen Situation einen prophetischen Akt dar, der deutlich über die Herausgabe einer gemeinsamen Bibelübersetzung hinausgeht. Ab 1973 sollte es in Chile im Nationalen Flüchtlingsausschuß und später im Ökumenischen Friedenskomitee (vgl. 4335) — ein solches Friedenskomitee, das sich für politische Gefangene und politisch Verfolgte einsetzt, entstand später auch in Paraguay — zum konkreten gemeinsamen Kampf für die Menschenrechte kommen. Diese wenigen Beispiele verdeutlichen, daß die ökumenische Zusammenarbeit in der akuten Situation Lateinamerikas weniger durch dogmatische Diskussionen als durch gemeinsame Aktionen zum Wohl der unterdrückten Menschen an Glaubwürdigkeit gewinnt. Das ist auch der Tenor verschiedener Beiträge, die Emilio Castro in FISAL (38–39/1972) zusammengestellt hat. „Das Problem der Einheit der Kirche läßt sich nicht trennen von der Einheit der Welt. Die beiden Wege der Einheit gehen durch die Befreiung der Armen hindurch."[145]

---

[144] CEI 84 (Nov. 1973), 3.
[145] FISAL 38–39 enthält Beiträge von Míguez Bonino, ‚Christliche Einheit und soziale Versöhnung: Übereinstimmung und Spannung', Noel Olaya, ‚Christliche Einheit und Klassenkampf', worin sie das oben von Giulio Girardi übernommene Wort zitiert, und Jorge Mejía, ‚Ökumenische Probleme in Lateinamerika'. Mejía unterstreicht, daß für den Normalkatholiken „Protestanten" immer noch Glieder einer Sekte sind, wie umgekehrt für die Protestanten die Katholiken noch oft als reine bilderanbetende sklavische Gefolgsleute des Papstes gelten. Ist der Ökumenismus der Pastoren und Professoren der protestantischen Basis nicht selten verdächtig, so fragen sich manche katholische Bischöfe, ob sie durch die ökumenische Öffnung nicht dem Missionsprotestantismus mit seinen Tiefenevangelisationsfeldzügen (vgl. Abschnitt 5342) zuarbeiten. Neben einer ausführlichen Bibliographie zum Ökumenismus in Lateinamerika enthalten FISAL 38–39 in der ‚Sección Documental' die wichtigsten katholischen und evangelischen grundsätzlichen Stellungnahmen zum Ökumenismus.

52 Kirche – Abhängigkeit – Befreiung

521 *Die Haltung der Kirchen in sozialrevolutionären Prozessen*

Der Begriff „sozialrevolutionärer Prozeß" wird hier in Anlehnung an Blasiers (1967) Definition von „social revolution" nicht einfach als Staatsstreich oder irgendeine Form revolutionärer Gewalttätigkeit verstanden, sondern als eine grundlegende Änderung der Art und Weise der Ausübung und der Beteiligung an der politischen Macht, der Besitzstrukturen, der Verteilung des Volkseinkommens, der gesellschaftlichen Strukturen und Werte. Ich übernehme nicht Blasiers Feststellung, daß diese grundlegenden Änderungen durch revolutionäre Gewalt eingeleitet werden, weil damit der zweifellos revolutionäre Prozeß in Chile ab 1970 ausgeschlossen würde, und ich ziehe es vor, von revolutionären Prozessen zu sprechen, weil damit angedeutet wird, daß eine Revolution nur einen Prozeß einleitet, der zu einer grundlegenden Änderung der Strukturen und Werte führen kann, der aber auch auf halbem Wege erstarren oder sogar rückgängig gemacht werden kann.

1967 schrieb Blasier, daß viele lateinamerikanische Länder „wie Brasilien, Kolumbien und die Dominikanische Republik am Rande einer sozialen Revolution gestanden zu haben scheinen", daß „Lateinamerika aber nur drei soziale Revolutionen gehabt habe, die den großen Revolutionen Eurasiens (der Französischen, der Russischen und der Chinesischen) entsprechen, die Mexikanische (1911), die Bolivianische (1952) und die Kubanische (1959)". Die Guatemaltekische Revolution von 1952 ist schnell abgewürgt und rückgängig gemacht worden, weshalb sie im zweiten Länderkapitel geschildert ist (vgl. Fallstudie 42413). Die Entwicklungen in Peru ab 1968 und in Chile ab 1970 fallen zweifellos unter die Definition von sozialrevolutionären Prozessen, wenngleich diese inzwischen gebremst, erstarrt oder im Falle Chile rückgängig gemacht worden sind.

In den sozialrevolutionären Prozessen sind die Grundprobleme der Menschen der Neuen Welt seit der politischen Emanzipation im 19. Jahrhundert am deutlichsten zum Ausdruck gekommen. Da die Kirchen zu diesen Prozessen, mit denen sie sich zumeist unerwartet konfrontiert sahen, nicht nur theoretisch, sondern ganz praktisch Stellung nehmen mußten, ist das Ausmaß des sozial-ethischen Bewußtseins ihrer Amtsträger und der militanten „Laien" in ihnen schlaglichtartig zu erkennen. Es wird deshalb in den folgenden Fallstudien neben der Darstellung der sozialrevolutionären Prozesse wesentlich um drei Fragen gehen:

1. Welche Stellung haben die Kirchen zu den sozialrevolutionären Prozessen bezogen?
2. Wie haben sie den revolutionären Prozeß bewältigt?
3. Welche Impulse sind von der Auseinandersetzung mit diesen Prozessen auf die sozial-ethische Konszientisation der Kirchen bzw. ihrer Glieder ausgegangen?

Dabei wird die Mexikanische Revolution in verhältnismäßig großer Breite geschildert, weil ihr als erster Revolution des 20. Jahrhunderts eine exemplarische Bedeutung zukommt, und weil sie die größte spanisch-sprachige Kirche der Welt (nach dem heutigen Bevölkerungsstand) bzw. die zweitgrößte Kirche Lateinamerikas in ihren Grundfesten erschüttert hat. Geht man von den heutigen Bevölkerungszahlen aus, dann haben alle folgenden revolutionären Prozesse auf dem Subkontinent zusammengenommen nicht so viele Menschen berührt wie der Mexikanische. Obgleich diese revolutionären Prozesse deshalb nicht weniger komplex sind, muß ihre Schilderung aus raumtechnischen Gründen knapper ausfallen bzw. in voller Breite künftigen Monographien vorbehalten bleiben.

5211 Die Mexikanische Revolution

52111 Die Phasen Maderos und der Konstitutionalisten: 1910—1920

521111 Politische Aspekte

Francisco Indalecio Madero (1873—1913) aus einer unter Díaz reich gewordenen Familie von Großgrundbesitzern in Coahuila hat 1908 die politische Landschaft Mexikos belebt, indem er in einem Buch für die Präsidentennachfolge im Jahre 1910 bescheiden einen vom Volk gewählten Vizepräsidenten forderte, also gegen den ‚continuismo' von Díaz selbst nichts einwandte. Durch die landesweite Zustimmung ermutigt, ging er 1909 einen entscheidenden Schritt weiter, nahm Díaz' altes Motto von 1876 auf, „echte Wahlen — keine Wiederwahl", nannte seine Partei die „Antiwiederwahlpartei" und kündigte nun seine eigene Kandidatur für das Präsidentschaftsamt an. In vielen Orten bildeten sich „Demokratische" Klubs. Kurz vor den Wahlen ließ Díaz Madero in San Luís Potosí einsperren. Díaz ließ seinen überwältigenden Wahlsieg verkünden und im September 1910 zur Hundertjahrfeier des ‚Grito de Dolores' von Hidalgo (vgl. 32222 und 32223) hielt er, der gerade achtzig Jahre alt wurde, große Feiern in der Hauptstadt ab, die die Unerschütterlichkeit seines Regimes zu bestätigen schienen. Als er indes im Oktober 1910 Madero freiließ, flüchtete dieser in die USA und verkündete seinen im Gefängnis ausgearbeiteten ‚Plan de San Luis Potosí', in dem er bürgerliche Freiheiten und politische Reformen forderte, während die Hinweise auf eine Landreform und Sozialreformen weniger konkret waren. Der Plan fand weite Verbreitung im Lande[1].

Im Norden gewann Abraham González seinen Freund Pascual Orozco für die Sache Maderos, der einen erfolgreichen Untergrundkampf gegen die föderalistischen Truppen von Díaz Ende 1910 aufnahm. Orozcos Sieg bei Mogina ließ Ende Januar 1911 fast den gesamten riesigen Staat Chihuahua in die Hände der Revolutionäre fallen. Unterdessen hatte González auch Pancho Villa[2] für die Sache Maderos gewonnen, der als Sechzehnjähriger von der ‚hacienda', auf der seine Familie arbeitete, flüchten mußte, nachdem er den Sohn seines ‚patrón' López Negrete schwer verletzt hatte, als er ihn bei der Vergewaltigung seiner Schwester Martina überrascht hatte. Als Karawanenführer in der Sierra de Chihuahua hatte sich Villa im Kampf

[1] Vgl. Fagg 1971, 528ff.
[2] Francisco Villa hieß an sich Doroteo Germán und wurde auch Doroteo Arango genannt, nannte sich aber im Andenken an seinen Großvater Anonio Villa selbst Villa - vgl. Arredondo 1971, 92.

mit Banditen hervorragende Ortskenntnisse in dieser wilden Landschaft erworben. Von nun an führte er für Madero gegen den Nachschub der Föderalen für Ciudad de Chihuahua Krieg. Der dritte große Revolutionsführer wurde Emiliano Zapata, ein einfacher indianischer ‚peón' aus Morelos, der das Kommando der Revolutionäre des Südens übernahm, nachdem deren Initiator, der Lehrer Pablo Torres Burgos, gefallen war. Art. 30 des Plans von San Luis Potosí, der sich auf den Landraub des Porfiriato bezog, gewann Zapata für den Kampf Maderos. Sein erster spektakulärer Sieg im März 1911 zwang Díaz, mit Aureliano Blanquet einen seiner berühmtesten Generäle gegen Zapata ins Feld zu schicken, wenngleich ohne Erfolg. Bei der Einnahme von Jonacatepec (5. Mai 1911) konnte Zapata nicht verhindern, daß seine Männer die ‚tiendas de raya' (vgl. 42427), durch die sie so oft ausgebeutet worden waren, plünderten und sich betranken. Diese Übergriffe, die sich wiederholten, wurden von der Presse der Hauptstadt einseitig angeprangert und trugen den ‚zapatistas' den Ruf ein, Banditen zu sein[3]. Córdova (1973) weist auf die unterschiedliche Anhängerschaft Villas und Zapatas hin. Während sich um Zapata Tausende von kommunalen Indio-Bauern in Morelos, Guerrero u. a. Staaten unter dem Schlachtruf „Land und Freiheit!" sammelten, rekrutierten sich Villas Gefolgsleute aus der ländlichen Unterschicht, die nie Land besessen hat. Trotz der durch die Unterschiedlichkeit ihrer Anhängerschaft bedingte Verschiedenheit ihrer Ziele näherten sich beide ‚caudillos' wegen der Ehrlichkeit ihrer Absichten einander an[4].

Im Februar 1911 überschritt auch Madero den Río Bravo (bzw. Río Grande del Norte) und beteiligte sich am Kampf. Erstmals während seiner dreißigjährigen Herrschaft bildete Díaz nun ein Kabinett mit ausgewählten Politikern. Der neue Finanzminister, José Ives Limantour, das Haupt der ‚científicos', setzte Gespräche mit den Rebellen durch, solange die Regierung noch aus einer Position der Stärke heraus verhandeln konnte. Gegen den Willen von Orozco, Villa und Zapata nahm Madero den Verhandlungsvorschlag an, weil er als Humanist und durch und durch unkriegerischer Optimist weiteres Blutvergießen vermeiden wollte. In Wirklichkeit bereitete Madero damit den Boden für ein viel ungeheuerlicheres Blutvergießen, weil er auf eine klare Durchsetzung der revolutionären Forderungen verzichtete und sich auf eine Koexistenz mit den porfiristischen Gruppen in Regierung, Verwaltung und Heer vorbereitete.

In seinem Verhandlungsvorschlag an Limantour wagte Madero nicht einmal den Rücktritt von Díaz zu verlangen, geschweige denn die Bodenreform, das Verbot der ‚tiendas de raya', der kostenlosen Konzession von Bodenschätzen an ausländische Konzerne, wie überhaupt der ganze sozio-ökonomische Fragenkomplex unerwähnt blieb. Trotz einer völlig unbefriedigenden Antwort der Regierung wollte Madero weiterverhandeln, während die drei revolutionären Führer des Nordens, Abraham González, Orozco und Villa, darin eine Falle witterten und schließlich gegen den Befehl Maderos die stark aufgefüllte Garnison Ciudad Juárez, die für den Warenverkehr mit den USA wichtigste Zollstation der Nordgrenze, angriffen und eroberten.

Die Niederlage und Gefangenschaft des fähigsten Generals Díaz', Juan Navarro, mit 500 Überlebenden löste ein politisches Erdbeben aus, das zum Rücktritt Don Porfirios führte[5].

Obgleich Madero nun aus einer viel günstigeren Position die Verhandlungen mit der Regierung Díaz wieder aufnehmen konnte, lief das Abkommen von Ciudad Juárez auf einen Verrat an den Zielen der Revolution hinaus.

---

[3] Ebd. 90ff.
[4] Vgl. Córdovas Kap. ‚La otra revolución'.
[5] Arredondo aaO 96ff.

Zwar wurden die Rücktritte des Präsidenten und Vizepräsidenten, Díaz und Ramón Corral, in Aussicht gestellt – Díaz sollte sich dann am 25. Mai nach Frankreich absetzen –, aber den Revolutionären wurde eine Übergangsregierung unter dem bisherigen Außenminister Francisco León de la Barra zugemutet, die dann bis zu den Wahlen im Oktober 1911 im Amt sein sollte. Die sozio-ökonomischen Vorstellungen der Revolution blieben genauso unerwähnt wie Verfassungsreformen. Indem den Großgrundbesitzern eine Entschädigung für erlittene Verluste zugesichert wurde, wurde indirekt auch noch die Legitimität ihres Besitzes bestätigt. Indem schließlich die Auflösung der revolutionären Streitkräfte noch unter der Übergangsregierung verfügt wurde, beraubte sich die Revolution vollends ihrer Grundlage.

Arredondo urteilt, daß Madero nie seine Mentalität eines ‚hacendado' und Weinfabrikanten überwinden konnte. Sein Hauptfehler war, daß er nicht für Ideen, sondern für oder gegen Personen, nicht für Institutionen, sondern für Individuen gekämpft hat, so daß sich die ‚científicos' behaupten konnten und die Revolution dank der Erhaltung der Latifundien und der föderalistischen Armee praktisch gescheitert war.

Indem Madero dann auch noch der Entlassung seines treuen Gefolgsmanns Vázquez Gómez aus der Übergangsregierung zustimmte, weil dieser dafür gesorgt hatte, daß die entlassenen Revolutionssoldaten heimlich Waffen behielten, lieferte er sich vollends seinen Feinden aus. „So ereignete sich in Mexiko der ungewöhnliche Fall, daß das siegreiche Heer entlassen und wie ein besiegtes behandelt wurde, während das besiegte Heer, das föderale, Herr der Lage blieb, als ob es gesiegt hätte." Nicht einmal die führenden Generäle der Revolution wurden ins Heer aufgenommen. Madero ließ sich eine Politik von Ruhe und Ordnung, von Versöhnung um jeden Preis aufzwingen, die seine Gegner nicht honorierten. Da Zapata die provisorische Regierung wegen der Nichterfüllung des Art. 30 des San Luis Potosí-Plans nicht anerkannte, wurde der Verbündete Maderos auf Befehl Barras von Regierungstruppen bekämpft, wenn auch ohne Erfolg, denn die ‚zapatistas', deren Uniform die indianische Kleidung und deren Verbündete praktisch die gesamte Landbevölkerung von Morelos war, konnten im Notfall überall untertauchen und ihre Waffen verstecken.

Der einzige Erfolg der Übergangsregierung, der auf die Vermittlung Maderos zurückgeht, war die Befriedung der Yaqui in Sonora, die von den föderalen Truppen nie bezwungen worden waren. Sie erhielten ihre Ländereien zurück und eine gewisse wirtschaftliche Hilfe. Es bleibt unverständlich, warum Madero mit den ‚zapatistas' nicht ebenso verfuhr[6].

Der Wahlkampf drehte sich nur um die Vizepräsidentschaft, da alle drei Parteien Madero als Präsidenten, aber jeweils verschiedene Personen als Vizepräsidenten aufgestellt hatten. Madero siegte in den freiesten Wahlen der mexikanischen Geschichte, nahm aber in sein Kabinett so viele fähige Revolutionäre nicht auf und statt dessen in seinem Versöhnungsstreben so viele Gegner, daß er damit kaum das revolutionäre Programm durchführen konnte.

Da er die Pressefreiheit voll respektierte, konnte die reaktionäre Presse ungestraft die Schwächsten angreifen, die Landleute, die Arbeiter, und für die Interessen der Mächtigen eintreten. Schließlich waren nicht einmal mehr die Vertreter der Revolution im Kabinett einschließlich Maderos vor Spott sicher. Der als Bandit von der Presse beschimpfte Zapata konzipierte Ende November 1911 den Plan von Ayala, um seine Ziele öffentlich klarzustellen. Der gemäßigte Plan verlangte im wesentlichen die Enteignung eines Drittels des Landes der ‚hacendados' und nur die gesamte

---

[6] Ebd. 104–120.

Enteignung nur solcher Latifundienbesitzer, die sich dieser Maßnahme widersetzten. Madero traf sich zwar mit Zapata, um sich mit ihm zu versöhnen, aber er lehnte die Landforderungen Zapatas ab, da er meinte, der Staat könne wirtschaftliche und gesellschaftliche Probleme nicht lösen. Unterdessen erhob sich in Chihuahua der über Maderos Undankbarkeit enttäuschte Orozco erneut und schlug im März 1912 die föderalen Truppen. Die föderalen Entsatztruppen führte General Huerta, der seinen Subalternoffizier Pancho Villa exekutieren lassen wollte, weil dieser ein gestohlenes Rennpferd nicht zurückgeben wollte. Nur die Intervention Maderos rettete Villa das Leben. Er wanderte in ein Gefängnis. Der schließliche Sieg Huertas sollte Madero vollends den Kräften der konservativen Reaktion ausliefern.

In wenig mehr als einem Jahr hatte Madero seine drei wichtigsten ‚caudillos' verloren, Orozco, Zapata und Villa. Wer sollte den Präsidenten noch beschützen?

„Die ‚porfiristas', die ‚hacendados' und das Großbürgertum begriffen, daß ihre Stunde gekommen war. Sie benötigten nur noch die Unterstützung der Föderalen." Revolten der Generale Félix Díaz, eines Neffen des Expräsidenten, und Bernardo Reyes wurden zwar vom föderalen Heer noch niedergeschlagen, aber im Februar 1913 revoltierte eine Garnison der Hauptstadt und befreite die beiden aus dem Gefängnis. Mit General Victoriano Huerta, der selbst in die Verschwörung verwickelt war, machte Madero den Bock zum Gärtner, indem er ihm die Verteidigung der Hauptstadt übertrug. Nach Scheingefechten mit den Rebellen in der Zitadelle, in denen er Madero ergebene Truppen der Garnison opferte, verständigte er sich mit den Rebellen, ließ den Präsidenten am 18. Februar 1913 festnehmen und dürfte auch für seine Erschießung vier Tage darauf verantwortlich sein[7].

Die folgenden drei Jahre überschreibt Fagg mit: „Ein Zwischenspiel der Barbarei."[8] Die Beurteilung Huertas und Carranzas fällt bei vielen Historikern subjektiv aus entsprechend ihrer Einstellung zur Mexikanischen Revolution. Nach der offiziellen Leseart der mexikanischen Historiographie ist Huerta ein finsterer Schurke der Reaktion, der wohl nachgewiesenermaßen eine Reihe von Morden auf dem Gewissen hat, und Carranza der Retter der Revolution. Versteht man indes die Revolution vorrangig als einen Kampf um soziale Gerechtigkeit und nicht als Kirchenkampf oder Religionskrieg, dann mag zwar Lázaro Cárdenas diesen Ruhmestitel verdienen, keineswegs aber Carranza, der die revolutionären Energien eher in eine volksfeindliche Richtung gelenkt hat.

Fagg meint: Huerta, „ein dem Alkohol verfallener Soldat mit niederen Instinkten, der seine Mitverschwörer verraten, Félix Díaz nach Japan verbannt und sich selbst zum Präsidenten gemacht hatte, hielt sich 17 Monate an der Macht. Da er keine revolutionären Ziele verfolgte, wurde er von den „ausländischen Investoren, dem Klerus, den Grundbesitzern und den Generalen" unterstützt, „weil er ihnen wenigstens freie Hand ließ"[9]. Meyer spricht davon, daß die Anhänger des Ancien Régime mit dem Sturz von Don Porfirio nur den alten Cäsar verloren hatten, daß die Koalition der Konservativen und der Generale aber mit dem Sturz Maderos die Macht zurückerobert habe[10].

Die militärische Opposition verkörperten wiederum Zapata und Villa. Als zweiter Juárez fühlte sich Venustiano Carranza, der Gouverneur von Coahuila, wie Pereyra bemerkt und gleichzeitig darauf hinweist, daß Madero Carran-

---

[7] Ebd. 120ff. [8] AaO 535. [9] Ebd. [10] 1975, II.

za zwar in sein provisorisches, aber nicht in sein endgültiges Kabinett aufgenommen hatte, sondern ihn auf den Gouverneursposten abgeschoben hatte. Carranza verachtete Madero und war zumindest sein potentieller Gegner. „Die Ungeschicklichkeit Huertas verwandelte Carranza in den Rächer Maderos." Neben Maderos altem Freund Abraham González, der Gouverneur von Chihuahua war, war Carranza der einzige Gouverneur, der Huertas Herrschaft ablehnte. Carranza faßte den Plan von Guadalupe zusammen mit einer größeren Zahl von zumeist außer Diensten befindlichen Revolutionsoffizieren, unter ihnen den sich sozialistisch nennenden General Álvaro Obregón, der die ‚División de Occidente', Pablo González, der die ‚Division de Oriente', und Pancho Villa, der die ‚División del Norte' aufbaute und kommandierte. Da Huerta nur die Unterstützung des Senats, nicht aber der ‚Cámara de Diputados' hatte, die er deshalb aufgelöst hatte, und auch keine Wahlen abhielt, konnte Carranza die Wiederherstellung verfassungsmäßiger Zustände auf seine Fahnen schreiben, weshalb seine Anhänger sich ‚constitucionalistas' nannten.

„Er schlug den Weg ein, der in Mexiko zur Präsidentschaft führt: ein Plan, eine Verfassung und die Restauration von irgend etwas. Vom ersten Augenblick des Streites an machte sich der Präsident der USA, Woodrow Wilson, die Sache Carranzas zu eigen."[11] Das sollte letztlich entscheidend sein. Schon kurz nach der Amtsübernahme des Demokraten Wilson im März 1913 verkündete sein Staatssekretär W. Jennings Bryan: „Die Regierung der USA wird keine durch eine Revolution in Mexiko eingesetzte Regierung anerkennen, wenn diese Revolution nach unserem Urteil nicht gerecht ist."

Huerta hatte zumindest die Funktion, die bis dahin uneinigen Revolutionäre im Kampf gegen sich zu vereinigen. Aber nachdem Villas Norddivision in nur zwei Schlachten, denen von Torreón und Zacatecas, die Streitkräfte Huertas praktisch vernichtet hatte und Villa spürte, daß Carranza ihm keinen seinen Verdiensten entsprechenden Einfluß einräumen wollte, sondern ihn als Rivalen betrachtete, geriet das revolutionäre Bündnis in die Krise, bevor es die Macht erlangt hatte. Noch bevor Villa in Opposition ging, traten die Gegensätze der Konstitutionalisten mit den Zapatisten offen zu Tage. Lic. Díaz Soto y Gama, einer der Freunde Zapatas, sprach bei Verhandlungen das grundsätzliche Dilemma der konstitutionalistischen Revolution an: ihre Volksferne.

„Und was haben die Konstitutionalisten angeboten? Pressefreiheit für die, die nicht schreiben können; Wahlfreiheit für die, die die Kandidaten nicht kennen; korrekte Justizverwaltung für die, die nie einen Anwalt in Anspruch nehmen werden; alle diese demokratischen Schönheiten, alle diese großen Worte, an denen sich unsere Großväter und Väter berauscht haben, haben jetzt ihre magische Anziehungskraft und ihren Sinn für das Volk verloren. Mit Wahlen und ohne Wahlen, mit einer wirksamen Abstimmung oder ohne sie, mit einer porfiristischen Diktatur oder einer maderistischen Demokratie, mit einer geknebelten oder mit einer libertinistischen Presse — immer und auf jede Weise muß das Volk seine Bitterkeit wiederkäuen, indem es sein Elend erleidet und die nicht endenden Demütigungen in sich hineinfrißt." Soto y Gama gab beredt der Ungeduld der Zapatistas Ausdruck, indem er unter dem Motto „zuerst Brot und Buchstaben, dann Rhetorik" die schnelle Liquidation des alten bürgerlichen Feudalstaates und praktizierte Gerechtigkeit gegenüber dem Volk verlangte.

---

[11] Pereyra 1958, 611. Villa war inzwischen aus dem Gefängnis befreit und wieder bei seinen Anhängern in Chihuahua.

Die Zapatistas verlangten die Anerkennung ihres Plans von Ayala. Daran scheiterten diese Verhandlungen und im Oktober 1914 auch diejenigen von Aguascalientes. Dort lehnte Díaz Soto y G. ein Abkommen vor der von Iturbide inaugurierten mexikanischen Flagge ab, da die Revolution sich gerade gegen *die historische Lüge* wende, die diese Flagge verkörpert: *„Das, was sich indianische Unabhängigkeit nennt, ist nichts anderes als die Unabhängigkeit der kreolischen Rasse und der Erben der Konquistadoren, um unbeirrt fortzufahren, den Indio zu betrügen."* Nach diesem Satz, der die bis heute andauernde Grundproblematik vieler lateinamerikanischer Staaten ausspricht, wurde Díaz Soto y G. vom Geschrei der übrigen Teilnehmer unterbrochen. Trotzdem kam es in Aguascalientes noch zu einem fragwürdigen Abkommen, nach dem der ‚Primer Jefe' Carranza auf die Führung der Übergangsregierung verzichtete, da er sich sonst nach der Verfassung die Möglichkeit verbaut hätte, im späteren Wahlkampf für die Präsidentschaft zu kandidieren. Eulalio Gutiérrez wurde als provisorischer Präsident akzeptiert[12].

Praktisch hatten sich die revolutionären Streitkräfte damit in vier Gruppen gespalten: in die Anhänger Gutiérrez', Zapatas, Villas und Carranzas. Die Generale Obregón und González zogen mit ihren Divisionen zusammen mit Carranza in den Staat Veracruz, der Ende November 1914 von der US-Marineinfanterie wieder geräumt worden war. Gutiérrez rückte mit den ihm ergebenen Truppen in die Hauptstadt ein, aus der Huerta im Juli 1914 geflüchtet war. Nachdem am 24. November bzw. 6. Dezember 1914 auch die Truppen Zapatas und Villas in die Hauptstadt einmarschiert waren, kam es schnell zum Streit zwischen dem ungefügigen Villa und dem Übergangspräsidenten, der von Villa verfolgt mit seinen wenigen Bataillonen floh und es vorzog, sich den ‚Carranzistas' zu ergeben.

Während das Land durch die fast fünfjährigen Wirren völlig erschöpft, die Hungersnot allgemein, das Eisenbahnnetz zerstört und die landwirtschaftliche und industrielle Produktion fast zum Erliegen gekommen waren, ließ die Uneinigkeit unter den vier revolutionären Gruppen keine politische Lösung in Sicht kommen. Da entschloß sich Carranza zum „Bruderkrieg". Im Besitz der entscheidenden Zolleinkünfte und mit der Rückendeckung Präsident Wilsons ausgestattet mit dem Monopol der Belieferung mit modernen US-Waffen ließ er Obregón eine einheitliche konstitutionalistische Armee von ca. 40 000 Mann aufbauen, der auch „Rote Bataillone" von Arbeitern einverleibt wurden. Es gelang Obregón bis Anfang Juni 1915, die ca. 50 000 Mann Villas vernichtend zu schlagen und Zapata zum Rückzug auf Morelos zu zwingen, wo er sich hielt, bis er 1919 mit Carranzas Abgesandten Verhandlungen aufnahm und von diesen hinterrücks erschossen wurde. Im August 1915 usurpierte der ‚Primer Jefe' das präsidiale Amt in der Hauptstadt und stellte nach Faggs Urteil in einer wirtschaftlich und administrativ verzweifelten Situation ein Minimum an staatlicher Ordnung wieder her[13].

---

[12] Arredondo aaO 161ff und 181ff.
[13] AaO 537; vgl. Arredondo aaO 188ff.

Exkurs zur vergleichenden Revolutionsforschung nach Blasier (1967).
Die vergleichende Revolutionsforschung hat zwar in den vergangenen 20 Jahren durch Einbeziehung sozialgeschichtlicher Kategorien erhebliche Fortschritte gemacht, ist aber noch keineswegs zu restlos überzeugenden Ergebnissen gekommen. So muß auch Blasier in seiner vergleichenden Studie der Mexikanischen, Bolivianischen und Kubanischen Revolution zugeben, daß viele der revolutionären Voraus-

521112 Das Verhältnis von Kirche und Staat

Die Rolle der Kirchen in den Jahren 1910—20 ist durch neuere Studien aufgehellt worden. Báez-Camargo (1971) weist nach, daß keineswegs, wie bisher angenommen, von protestantischer Seite nur Methodisten an der Revolution

setzungen auch in anderen lateinamerikanischen Staaten gegeben waren, ohne daß es dort zu einer sozialen Revolution gekommen wäre. Trotzdem seien hier einige der Voraussetzungen genannt. In dem damals überwiegend agrarischen Mexiko, in dem 69 % der Bevölkerung auf dem Lande lebten, stellte die enorme Bodenbesitzkonzentration eine der revolutionären Vorbedingungen dar, ferner andere wirtschaftliche und fiskalische Gründe wie die Unzufriedenheit mit Löhnen, Arbeits- und Lebensbedingungen. Diese Faktoren müssen indes, wie Silva Herzog (1960, 169) betont, in ein „politisches Fieber" einmünden, sich also auf die politische Machtfrage zuspitzen. Luis Cabrera nennt insgesamt sechs Voraussetzungen: die "Revolte gegen die lokalen politischen Bosse und ihre despotischen Methoden (caciquismo), gegen die feudalistischen Bedingungen auf dem Lande (peonismo), gegen Bedingungen in den Fabriken, die der Sklaverei ähneln (fabriquismo). gegen die gesellschaftliche und politische Kontrolle durch eine kleine Gruppe von Finanz- und Geschäftsmagnaten und gegen die bevorzugte Stellung von Ausländern in der mexikanischen Gesellschaft". Während Octavio Paz (1961, 137) die Bedeutung der Herausbildung einer Mittelklasse und damit den Generationenkonflikt für die Revolution herausstellt, bemerkt Cosío Villegas (1964, 13): „Die Mexikanische Revolution war tatsächlich die Revolte der vielen Verarmten gegen die wenigen Reichen ... der Grund, der sie unwiderstehlich machte, kam aus der reinsten christlichen Quelle: ein Gefühl offenkundiger sozialer Ungerechtigkeit." Als Führungsfigur der Revolution bot sich Madero als der einzige an, der durch seinen Wahlkampf gegen Díaz auf der nationalen Szene bekannt geworden war. Allgemein wird in der Forschung festgestellt, daß es der Revolution an einem klaren Programm gebrach, daß sie eher moralisch als ideologisch begründet war und nie ein endgültiges Programm konzipierte. Verglichen mit den bescheidenen anfänglichen Zielen Maderos, der die „Revolution verabscheute" und nur widerwillig den bewaffneten Aufstand begann, blieben die späteren Ergebnisse der Revolution bemerkenswert.

Der Ablauf der Revolution wurde beeinflußt von der äußeren Schwäche der nominell 30 000 Mann umfassenden, effektiv auf 18 000 Mann zusammengeschrumpften, aus kampfunwilligen Wehrpflichtigen bestehenden Armee und aus der inneren Schwäche des Díaz-Regimes, das nach den ersten Erfolgen der Aufständischen wie ein Kartenhaus zusammenbrach. Das Ausmaß des nordamerikanischen Einflusses auf den Gang der Dinge war beträchtlich, wenngleich er weder die Revolution ausgelöst hat, noch sie wieder rückgängig machen konnte. Schon bei Díaz' Rücktritt scheint die Furcht vor einer US-Intervention eine Rolle gespielt zu haben, falls es nicht zu einer Einigung mit Madero kam, der in der Nähe der US-Grenze operierte. Das Übereinkommen zwischen Félix Díaz und Huerta, das zum Sturz Maderos führte, wurde in der US-Botschaft in Mexiko-Stadt geschlossen, hielt doch Botschafter Henry Lane Wilson Madero für einen gefährlichen Narren! Der Botschafter wurde später von dem ab März 1913 amtierenden Präsidenten Wilson abberufen, als dieser von den Einzelheiten des Sturzes Maderos erfuhr. Der von moralischem Denken bestimmte Präsident Wilson lehnte wegen des Mordes an Madero die diplomatische Anerkennung Huertas ab. Die Bedrohung der von nordamerikanischen Firmen ausgebeuteten Ölfelder bot 1914 den Vorwand zur Besetzung von Tampico, die Verhaftung einiger amerikanischer Seeleute in Veracruz den zur US-Truppenanlandung in Veracruz, womit gleichzeitig eine deutsche Schiffsladung Waffen für Huerta abgefangen und Huerta seiner entscheidenden Zolleinnahmequelle beraubt wurde, was beides zu seinem Sturz beitrug. Übergriffe Pancho Villas gegen Nordamerikaner Anfang 1916 schließlich führten zur Entsendung einer US-Expeditionstruppe durch

teilgenommen haben. Vielmehr gibt es eine nicht unerhebliche Anzahl von protestantischen Amtsträgern und Laien verschiedener Denominationen, die sowohl in der Phase Maderos wie derjenigen der Konstitutionalisten aktiv auf seiten der Revolution gestanden haben. Etliche Pastoren stiegen sogar bis zum Generalsrang auf. Protestantische Sekundarschulen in Chihuahua, San Luis Potosí, Coyoacán, Puebla, Pachuca u. a. leerten sich buchstäblich, weil die Schüler sich den Revolutionären anschlossen.

Báez-Camargo stellt indes heraus,
1. daß die protestantischen Revolutionäre weniger aus christlichem Antrieb im engeren Sinne als aus bürgerlich-patriotischen Motiven und bewegt vom Wunsch nach einem politischen und gesellschaftlichen Wechsel aktiv geworden seien, Motive, die sie mit vielen katholischen Liberalen und Mexikanern ohne christliches Credo teilten;
2. daß die Protestanten — unter dem Schutz der Reformgesetze in ihren Kongregationen und Schulen im Geiste des „juaristischen" Liberalismus aufgewachsen — eine natürliche Affinität zur Sache der Revolution hatten;
3. daß Pastoren und Laien immer individuell und nie qua Kirche handelten und nach dem Sieg keine Privilegien für ihre Kirchen verlangten;
4. daß es keine offizielle oder halboffizielle korporative Erklärung von seiten einer protestantischen Kirche in irgendeiner Phase der Revolution gebe, da die Kirchen nach ihrer Berufung vom Evangelium her sich jeglicher Gewalt enthalten müßten.

Indem Báez-Camargo gleichzeitig die Notwendigkeit einer Belebung des sozialen Gewissens der Kirche, frei von bewußt oder unbewußt marxistischen Elementen, betont, scheint er implizit anzudeuten, daß der revolutionäre Pro-

---

Präsident Wilson unter General John J. Pershing, die Villa vergeblich bis Febr. 1917 in Nordmexiko jagte und damit gleichzeitig Carranzas Regierung bedrohte. Nicht zuletzt unter dem Eindruck dieser Gefahr ließ Carranza im Dez. 1916 in Querétaro eine Konvention zur Revision der Verfassung von 1857 zusammentreten.

Blasier kommt in seiner vergleichenden Untersuchung der Mexikanischen, Bolivianischen und Kubanischen Revolution zu dem Schluß, daß abgesehen von wirtschaftlichen Gründen, die Opposition ethisch begründet war. „In allen drei Ländern hatten die alten Regime den Anspruch auf Legitimität verspielt und hielten sich in einem Netz von Korruption und sozialer Ungerechtigkeit. Um es übertrieben zu vereinfachen: Díaz hatte zu lange und zu despotisch regiert. Die bolivianische ‚rosca' (Führungsschicht) hatte zu schwankend und uneffektiv geherrscht. Batista regierte zu willkürlich und grausam. Als Ergebnis hielten sich alle drei Regime am Vorabend der Revolution immer weniger durch Zustimmung des Volkes und mehr und mehr durch Zwang an der Macht. Und als sie in wachsendem Maße versuchten, durch gewaltsame Maßnahmen ihre nachlassende Macht über das Land zu festigen, wuchs der Widerstand des Volkes, bis es zum Ausbruch der opponierenden Kräfte in die Revolution kam ... Alle drei revolutionären Gruppen beanspruchten, die legitimen Erben eines konstitutionellen Systems zu sein, das durch die herrschende Regierung betrogen worden war. Und alle sicherten sich die aktive Unterstützung oder wenigstens die Passivität eines großen Teils der Nation." In Mexiko waren alle Klassen beteiligt. Der Widerstand der ländlichen Massen war in Mexiko entscheidender als in Bolivien oder Kuba. Aber sowohl in Mexiko wie Bolivien setzten sich auf lange Sicht die Interessen der Mittelschichten durch, während sie „in Kuba später denen der städtischen und ländlichen Arbeiterschaft geopfert wurden. Die Revolutionäre siegten nicht auf Grund ihrer eigenen Tugenden, sondern wegen der Laster der alten Elite. Die revolutionären Führer hatten Erfolg, weil sie Kapital aus letztlich ethischen Fragen schlagen und im Kampf gegen despotische Regime die große Masse der Bevölkerung mobilisieren oder neutralisieren konnten".

zeß in Mexiko bei den evangelischen Kirchen diese Bewußtmachung der „sozialen Implikationen des Evangeliums" nicht ausreichend befördert hat[14].

Damit ist freilich der Einfluß des Protestantismus auf die Revolution noch keineswegs zureichend beschrieben. Daß ganze Gemeinden hinter ihren Pastoren in den Kampf zogen, hängt mit der besonderen Situation im nordmexikanischen Grenzgebiet zusammen, in dem die römische Kirche seit der Vertreibung der Jesuiten 1767 lange Zeit praktisch abwesend war. In dieses Vakuum strömte frühzeitig der nordamerikanische Missionsprotestantismus, dessen Sympathie den Revolutionären des Nordens galt. „Die Männer der Nordgrenze betrachteten sich als Träger der Zivilisation, berufen, das alte Mexiko zu erneuern." Meyer betont, daß die führenden Konstitutionalisten des Nordens aus der Mittelschicht hervorgegangen sind und in ihrem Jakobinismus auf pragmatische Weise die These Max Webers bestätigen. Sie führten nämlich den Erfolg der USA auf den Einfluß des Protestantismus zurück, den Rückstand Mexikos hingegen auf das durch Indios und Klerus degenerierte spanisch-koloniale Erbe. Deshalb wollten sie das spanische Kulturerbe durch die angelsächsische Kultur ersetzen und waren daher die natürlichen Feinde der indianischen Landbevölkerung und des Klerus. Dank des nordamerikanischen Einflusses waren die Antiklerikalen des Nordens oft Protestanten oder Freimaurer.

„Diese Sympathie ist zurückgezahlt worden, denn Obregón und Calles haben den evangelischen Proselytismus begünstigt, den CVJM und die Missionen offen unterstützt. 1922 standen 261 nordamerikanische Missionare ihren 773 mexikanischen Kollegen an 703 Kultstätten, die von 22 000 Gläubigen besucht wurden, zur Seite. 1926 hatten die Methodisten 200 Schulen . . ." Die mexikanischen Katholiken sahen einen Zusammenhang zwischen ihrer Revolutionsregierung, den „Yankee-Missionen" und dem von den USA unter Präsident Theodore Roosevelt (1901–09) schon gewünschten Entkatholisierungsprozeß Mexikos, telegraphierten doch Anfang der zwanziger Jahre die Episkopalkirchen von Toledo (Ohio) und Taylor (Penn.) an Präsident Obregón: „Millionen Amerikaner fühlen mit ihnen und beten für Sie, während sie dafür kämpfen, die Umklammerung Ihres großen Landes durch die römisch-katholische Kirche zu lösen."[15]

Wie indes in Abschnitt 434213 betont, kann trotzdem von einer Identifizierung der protestantischen Missionskirchen mit dem revolutionären Prozeß generell nicht gesprochen werden. Freilich gibt es eine Reihe von Fällen —

---

[14] 1971, 14–16. Báez-C. war Offizier der 2. ‚División de Oriente' des ‚Ejército Constitucionalista' und als protestantischer Theologe Präsident des ‚Centro de Estudios Ecuménicos' in Mexiko-Stadt. Echeverría 1926, 44f behauptet, Carranzas Revolution sei großenteils durch die ‚Evangelische Allianz' finanziert worden, habe doch die Leitung mancher Denominationen wie die der Baptisten erklärt, „ihre Mission bestehe darin, den Katholizismus in diesem Land zu zerstören". „In der Tat schlossen sich fünf sonst einander befehdende Sekten sogleich beim Ausbruch der Revolution zur ‚Evangelischen Kirchenallianz' zusammen, um im Gefolge Villas und Carranzas das von ihnen eroberte Gebiet Schritt für Schritt auch ihrerseits durch ihre Schulen zu besetzen, wie dies ihr Feldzugsplan unverblümt aussprach". Nachdem ganze protestantische Gemeinden Carranza freiwillig in den Krieg gefolgt waren, duldete er trotz seiner religionsfeindlichen Verfassung von 1917 protestantische Schulen und unterstützte z. T. Prediger freigebig.

[15] Meyer 1975, 31ff.

Echeverría führt speziell Beispiele aus Tabasco und Yucatán an —, wo sich Protestanten offenbar direkt an Aktionen gegen die katholische Kirche beteiligten[16].

Was die Haltung der römischen Kirche angeht, so ist die Darstellung von Mecham (1966), die auch Profangeschichten wie der von Fagg zugrunde liegt, durch neue Quellenstudien Baileys und Meyers in wesentlichen Punkten überholt, u. a. was die Anfangsphase (1910—13) angeht. Bailey differenziert sorgfältig und gebraucht das Wort „Kirche" für „die Körperschaft aus Erzbischöfen, Bischöfen, Priestern und Religiosen und dem Teil der Laienschaft, der sich bewußt zum katholischen Dogma bekennt, so wie er es versteht"[17]. Er warnt vor einem pauschalen Gebrauch des Begriffs „Antiklerikalismus".

Theoretisch würde jemand als „antiklerikal" bezeichnet, der sich der führenden Rolle der Kirche in weltlichen Fragen widersetze, aber „nichts gegen die religiöse Institution selbst als rein geistliche Kraft habe, die in der privaten und persönlichen Sphäre wirke. Es handelt sich also um eine Abgrenzungsfrage. Aber wenn der ‚Antiklerikale' die Grenzen in einer Form interpretiert, daß er dem Klerus eine Rolle bestreitet, die gewohnheitsgemäß als innerhalb des geistlichen Reiches zu liegen gilt, wird ‚Antiklerikalismus' zu einer bestenfalls einseitigen Definition." Hinzukommt, daß tatsächlich nicht wenige sogenannte ‚Antiklerikale' jede Form der Abhängigkeit des Menschen von metaphysischen Mächten „als schädlich für Mensch und Gesellschaft" erachten[18]. Wenn der Vf. den Begriff „Antiklerikalismus" im 19. Jahrhundert nicht derart differenziert gebraucht, dann deshalb, weil der religiöse Erosionsprozeß in Lateinamerika erst stellenweise Ende des 19. und im 20. Jahrhundert so weit fortgeschritten ist, wie er hier von Bailey in der Mexikanischen Revolution festgestellt wird.

Da „der Konflikt zwischen Revolution und Katholischer Kirche in Mexiko eine Intensität erlangt hat wie sonst nirgendwo in der lateinamerikanischen Geschichte" und „die revolutionäre Führerschaft eine Generation lang" zur Auseinandersetzung mit dem religiösen Problem gezwungen hat, muß der Begriff „Antiklerikalismus" hier besonders vorsichtig gebraucht werden[19].

Bailey betont, daß die Revolte Maderos 1910—11 nicht auf den Widerstand der römischen Kirche stieß. Meyer differenziert: Die Katholiken verhielten sich beim Sturz Díaz' neutral, das Volk freute sich ohne Hintergedanken, zahlreiche Priester waren glühende Anhänger Maderos, manche Prälaten fürchte-

---

[16] AaO 62 erwähnt er das Massaker vom 27. Juni 1919 in Muna, bei dem eine Prozession zu Ehren des Kreuzes von Uxmal von vermummten Indios überfallen und 30 Männer, Frauen und Kinder auf barbarische Weise abgeschlachtet und der Künstler, der das Kruzifix ausgebessert hatte, mit Öl übergossen und lebendig verbrannt wurde. „Amtliche Schriftstücke ergaben, daß jene beiden" im Dienst der sozialistischen Regierung stehenden eingeborenen protestantischen Prediger „die geistigen Urheber des Überfalls waren, und nur dem energischen Einschreiten der Bundestruppen gelang es, ähnliche Greueltaten an anderen Orten zu unterdrücken."

[17] Bailey 1973, 184 Anm. 1.

[18] Ebd. 183f. Meyer aaO 19 spricht vom Pyrrhussieg der Liberalen im 19. Jahrhundert, das der das Gewissen der Priester belebt und sie wieder dem Volk angenähert habe, so daß der Antagonismus zwischen dem politischen Liberalismus und dem mexikanischen Katholizismus sich verewigte. Von Ausnahmen abgesehen gab es nach der Präsidentschaft Lerdo de Tejadas keine liberalen Katholiken und keine katholischen Liberalen mehr.

[19] Bailey aaO 184.

ten sich vor dem Schritt ins Unbekannte, d. h. vor der Gefahr einer rigorosen Anwendung der Reformgesetze des 19. Jahrhunderts. Nach Maderos triumphalem Einzug in Mexiko-Stadt spaltete sich das katholische Lager über der Frage der Gründung einer eigenen Partei. Es fehlte nicht an prophetischer Kritik vor der Gefahr, daß die Kirche mit einer Partei identifiziert werden könnte. Aber inspiriert vom deutschen Zentrum setzten sich die sozialreformerischen Kräfte des Katholizismus (vgl. 42428), ermutigt von Madero und den Bischöfen, durch und gründeten 1911 den ‚Partido Católico Nacional' (PCN), der in den Wahlen von 1912 23 von 100 Sitzen erlangte und die Macht in zahlreichen Munizipien übernahm. 1912 kam es von der Führung der PCN zu zunehmender Kritik an Maderos Regierungsprogramm, obwohl es in einigen Punkten mit dem katholischen Sozialdenken übereinstimmte; sie sah darin ein Hindernis zur Erreichung ihres Ziels, nämlich der Errichtung einer christlichen Gesellschaftsordnung. Aber noch wenige Wochen vor dem Sturz Maderos riefen die Bischöfe die Führer der PCN zum Gehorsam gegenüber der Regierung auf und warnten energisch vor einer Rebellion[20].

„Der Erzbischof von Morelia, Ruiz y Flores, veröffentlichte sofort eine Verdammung des Staatsstreichs vom Februar 1913, und die Kirche distanzierte sich von demjenigen, den die Geschichte den Usurpator nennen sollte, von General Huerta"[21].

Angesichts dieser Quellenlage läßt sich der religiöse Streit zwischen Carranzas Konstitutionalisten und der römischen Kirche nicht mehr so leicht erklären wie nach der Annahme der früheren Forschung — vgl. etwa Mecham 1966, 380 ff. —, daß die Kirche von vornherein gegen die Revolution opponiert habe. Der Hauptvorwurf der Konstitutionalisten ist, die Kirche habe Huerta unterstützt. Dazu bemerkt Meyer, daß in Mexiko fast alle gesellschaftlichen Gruppen in irgendeiner Weise durch das Regime Huertas kompromittiert seien, wenngleich die Bischöfe sich gehütet hätten, mit ihm in nähere Verbindung zu treten. Lediglich führende Glieder des PCN waren an Huertas Regierung beteiligt, obgleich die Partei als solche aufgelöst wurde: Der PCN hatte seit 1912 gegen Madero opponiert, nachdem dieser die Wahlergebnisse revidiert hatte. Im Januar 1914 weihte die Kirche Mexiko Christus König, wozu Huerta entgegen den Reformgesetzen eine große öffentliche Kundgebung erlaubte. „Für die ‚carranzistischen' Jakobiner war das Beweis genug für das Bündnis zwischen Schwert und Weihwedel, zwischen der Kirche und dem Tyrannen. Kurzum, soweit sich die Katholiken nach 1914 an der Revolution beteiligt haben, haben sie es gegen Carranza getan."[22] So sehr es die katholischen Kirchenführer auch bestritten, bei den führenden Köpfen der Konstitutionalisten — also bei Carranza, Obregón, Antonio Villareal und Plutarco Elías Calles — setzte sich unauslöschlich der Eindruck fest, der Klerus habe beim Sturz Maderos mitgewirkt und sich mit Huerta arrangiert. Diese quasi irrationale Über-

---

[20] Ebd. 184f; Meyer aaO 19f. Mecham 1966, 380 hingegen behauptet: „In the campaigns which preceded the elections held in October, 1911, the clerical partisnas worked energetically for the defeat of Madero and the capture of the government ... The clerical attempt to halt the Revolution failed." Echeverría aaO 29 weist auf die Entstehung des PCN aus der sozialen Organisation der „Arbeiter von Guadalupe" hin.
[21] Meyer aaO 20.
[22] Ebd. 20f.

zeugung der Konstitutionalisten bestimmte wesentlich den 1914 ausbrechenden Kirchenkampf.

Für General Obregón wurde es im Laufe der Jahre immer klarer, daß der Katholizismus im Bunde mit den Kräften der Reaktion stand. Auf seinem Vormarsch ließ er 1914 in Nayarit, der Landeshauptstadt von Tepic und in Guadalajara Bischöfe und zahlreiche Priester verhaften, sei es, weil sie angeblich gegen die Sache Carranzas agitiert oder weil sie die geforderten Zwangsanleihen nicht zeichnen wollten oder konnten. Die Truppen beanspruchten die kirchliche Jurisdiktion, besetzten das Seminar, belästigten die Kleriker, stahlen Sakralgegenstände aus der Kathedrale und plünderten sogar die Särge der Bischöfe. Als Anfang 1915 der Klerus von Mexiko-Stadt eine Zwangsanleihe von $1/2$ Mill. Pesos nicht aufbrachte, ließ Obregón kurzerhand den Generalvikar Antonio de Jesús Paredes und 167 Priester einsperren.

Dann erklärte er den versammelten Geschäftsleuten, die zur Vorauszahlung ihrer Steuern für ein Jahr gezwungen wurden: „Die Division, die ich stolz bin zu kommandieren, hat die Republik von einem Ende bis zum anderen inmitten der Flüche der Priester und der Anathemata der Bourgeoisie durchquert. Welchen größeren Ruhm könnte ich haben? Die Flüche der Priester sind eine glorreiche Sache!" Bailey fügt hinzu: „Die Identifikation des Klerus mit den Geschäfts- und Geldklassen war ein Eckstein der revolutionären Dämonologie Obregóns. Er blieb lebenslänglich davon überzeugt, daß die beiden natürliche Verbündete seien und durch ihren Haß gegen die Revolution noch enger verbunden wären." Obregón, der 1915 die Sache der Konstitutionalisten durch Villa und Zapata bedroht sah, gab schon damals zu, daß er den Klerus mit seiner Geldforderung bloßstellen und seine von ihm erwartete mangelnde Hilfsbereitschaft öffentlich anprangern wollte. Ein Teil der Priester wurde aus der Hauptstadt nach Veracruz geschafft und dort später von Carranza freigelassen[23].

Mecham bemerkt, daß es kaum bezweifelt werden könne, daß die Generale der Konstitutionalisten, abgesehen von ihrer mangelnden Achtung vor dem Klerus, auch kaum Respekt für den Glauben hatten. Er zitiert diesbezüglich General Salvador Alvarado:

„Mit der wohl bedachten Absicht, den Indios zu zeigen, daß der Blitz nicht einschlagen würde, daß die Konstitutionalisten nicht die Feinde Gottes seien, wie ihnen ihre Priester erzählt hatten, ritten die Generale auf ihren Pferden in die Kirchen und zertrümmerten öffentlich die Statuen der verehrten Heiligen."[24]

Diese Sakrilegien brachten das Volk gegen die Konstitutionalisten auf und bewirkten, daß sich in manchen Städten Selbstschutzkorps zur Verteidigung

---

[23] Bailey aaO 186ff. In Guadalajara waren im Juli 1914 über 120 Priester einschließlich des Generalvikars, der die Erzdiözese während der Sedisvakanz leitete, und des zufällig anwesenden Bischofs von Tehuantepec eingesperrt worden. Obregón behauptet, die ärztliche Untersuchung der 167 Priester der Hauptstadt habe ergeben, daß 49 an Syphilis litten. Echeverría aaO 37f zählt eine Fülle von Grausamkeiten der konstitutionalistischen Truppen auf und spricht von der üblichen Praxis Obregóns, den Klerus zuerst zu verhaften und dann Lösegeld vom Klerus selbst und von der Bürgerschaft, die Mitleid mit dem Klerus hatte, zu erpressen. Arredondo aaO 194ff zitiert Obregóns Rede vor den Geschäftsleuten der Hauptstadt ausführlich. Einige Geschäftsleute, die sich weigerten, die Steuern für ein Jahr im voraus zu bezahlen, wurden gezwungen, vor aller Augen, die Straßen der Hauptstadt zu kehren.
[24] 1966, 382.

bildeten, und nicht etwa die von der Kirche geförderte Unterstützung Huertas, wie die „Jakobiner" meinten[25].

„Die andere Revolution"[26] Zapatas und Villas zeigte sich diesbezüglich viel mehr den Gefühlen des Volkes verbunden.

Die ‚Zapatistas' achteten die Kirchen und bemühten sich um Feldkapläne. Fulcheri, Bischof von Zamora, der letzte Prälat, der während der Revolutionswirren in Mexiko ausharrte, flüchtete sich in das Gebiet Zapatas. 1915 zog Zapata mit einer Standarte der Jungfrau von Guadalupe in die Hauptstadt ein und ließ die Kirchen wieder öffnen, die ihn mit Glockenklang begrüßten. Villa und Carranza beschuldigten sich wechselseitig des Antiklerikalismus. In Wirklichkeit sind indes nur wenige Übergriffe der Truppen Villas gegen Kirchen nachweisbar und dies auch nur im ersten Monat seines Bündnisses mit Carranza. Und auch diese gehen zumeist auf das Konto zweier seiner Leutnants. Nachdem Villa mit Carranza gebrochen hatte, ließ er bei der Rückeroberung von Morelia und Guadalajara überall die Kirchen wieder öffnen und die Priester befreien, weil er bei seiner Ankunft im Zentrum des Landes begriffen hatte, daß er sich mit einer jakobinischen Haltung von der Basis des Volkes entfernen würde. Als 1915 sein Gruppenführer Daniel Vanegas P. Refugio Gallardo ermordet hatte, ließ Villa Vanegas exekutieren[27].

Carranza hat schon durch Dekrete vom 17. Oktober 1913 und 12. Dezember 1914 deutlich gemacht, daß er die strikte Einhaltung der unter dem Porfiriato weniger beachteten Reformgesetze und die strikte Trennung von Staat und Kirche zu erzwingen gedachte. Im August 1916 gingen die Kirchgebäude in den Besitz des Staates über. „Dieses Gesetz beseitigte jeglichen Zweifel daran ..., daß es Carranzas Absicht war, die Kirche der striktesten Regierungskontrolle zu unterwerfen."[28] „Dieser neue Antiklerikalismus hatte dieselben Wurzeln wie der des 18. und 19. Jahrhunderts; seit 1914 gaben die Konstitutionalisten ein Pamphlet aus der Zeit Maximilians wieder heraus und knüpften so an die früheren Zeiten an. Wenn die philosophischen Prämissen dieses Antiklerikalismus auch dieselben waren", so hatte er doch eine neue Dimension an sektiererischem Fanatismus und Grausamkeit erlangt[29].

Priestermorde, Kirchenschändungen, Vergewaltigungen von Nonnen, Vertreibung des Klerus, Plünderungen waren die äußeren Begleiterscheinungen eines Feldzuges gegen die römische Kirche, der gleichzeitig ein Feldzug gegen den christlichen Glauben war, wenn auch die Protestanten dabei ausgespart blieben. In Mérida erklärte ein carranzistischer Oberst in der von „liberalen" Studenten beschlagnahmten Drittordenskirche, „Christus sei kein Reformator, Sozialist oder Moralist gewesen, sondern nur der Stifter einer Religion von Sklaven und Eunuchen", während gleichzeitig die Regierung die Kinder in den Schulen und die Erwachsenen „durch religionsfeindliche und sittenlose Theatervorstellungen mit Freiplätzen auf den Galerien" und durch Haßtiraden in den ihr hörigen Zeitungen zu „entfanatisieren", d. h. die Bindungen des Volkes an den Katholizismus zu zerschlagen suchte. Der sich durch seine Übergriffe gegen die Kirche auszeichnende Gouverneur von Yucatán, Alvarado, erklärte in einem Manifest vom 1. November 1915: „Die konstitutionelle Re-

---

[25] Meyer aaO 22.
[26] Vgl. das so titulierte Kap. bei Córdova 1973.
[27] Meyer aaO 21f. Echeverría aaO 30ff lastet Villa indes eine Fülle von Grausamkeiten an. Ebenso spricht er vom Schreckensregiment Zapatas in Mexiko-Stadt, das im März 1915 herrschte, nachdem sich Zapatas Truppen 2 Tage anständig benommen hatten. Zu Zapata ist die neue Arbeit von Womack Jr. 1976 heranzuziehen.
[28] Mecham aaO 383f.   [29] Meyer aaO 22f.

form ist das Symbol des wohltuenden Lichtes der Wissenschaft. Denken wir daran: Religion ist Unwissenheit, und mit dem Triumph der Revolution muß sie untergehen! Kurz, alles muß verschwinden, was nach Fanatismus riecht, was Fortschritt, Erziehung, Freiheit und Wissenschaft hindert und dazu dient, die Vertreter der Maya-Rasse in Finsternis und Vertierung zu erhalten."[30]

Echeverría weist auf das gigantische Geschäft hin, das der nordamerikanische Kapitalismus mit dem Tauschhandel von geraubten Kirchenschätzen und sonstigem Eigentum gegen Waffen gemacht habe und sieht hierin ein Motiv für die Bekämpfung Huertas und die am 19. Oktober 1915 erfolgte Anerkennung Carranzas. Wilson hatte sich durch eine feierliche Erklärung von Carranzas Vertreter in Washington, man werde Leben, Eigentum und Religion aller Einheimischen und Fremden schützen, besänftigen lassen[31].

Drekonjas Meinung —

„Mit der Konstitution von 1917 dachte man an alles andere denn an eine neue Herausforderung gegenüber der Kirche. Diese hatte zum zweitenmal Besitz und Macht verloren. Obwohl sie sich nicht revolutionsfreundlich gezeigt hatte, erging es ihr vorläufig besser als unter der ‚Reforma'"[32] —

widerspricht dem Quellenbefund. Nachdem ca. 2 % der Bevölkerung, d. h. die Anhänger Carranzas, Ende 1916 gewählt hatten, um der Herrschaft Carranzas einen Schimmer der so oft beschworenen Verfassungsmäßigkeit zu geben, wurde am 1. Dezember 1916 in Querétaro die Nationalversammlung eröffnet, die praktisch ein Parteikonvent der Konstitutionalisten war, um eine neue Verfassung zu erarbeiten[33]. Die Abgeordneten ereiferten sich wesentlich mehr über die die Kirche betreffenden Artikel als über so wichtige revolutionäre Ziele wie die Arbeiterschutzgesetzgebung oder die Durchsetzung des staatlichen Eigentums an allen Bodenschätzen[34]. Die im Februar 1917 verkündete Verfassung von Querétaro stellt selbst gegenüber den 1873/74 ergänzten Reformgesetzen (vgl. 412313) noch eine erhebliche Verschärfung dar:

---

[30] Echeverría aaO 46ff. Dieser aufklärerische Materialismus stand weithin hinter dem, was euphemistisch „Antiklerikalismus" genannt wurde.
[31] AaO 43ff. Arredondo gab dies Schutzversprechen am 8. 10. 1915 in Washington ab.
[32] 1969, 39f. Drekonja meint, mit der Neutralität der Kirche wären die Verfassungsväter völlig zufrieden gewesen. „Niemand hatte von der Kirche einen zweiten Hidalgo erwartet".
[33] Vgl. zur Wahl Echeverría aaO 52; Mecham aaO 384f. Zur Atmosphäre des Jahres 1916 bemerkt Ledit 1956, 24: Die ab 1913 ausgesprochene Religionsverfolgung war zu „einer revolutionären Orgie geworden gegen alles, was nach Disziplin und Moral aussah. Beichtstühle und Statuen wurden verbrannt, Nonnen vergewaltigt. An einigen Orten erließ die Soldateska eine Verordnung, daß die Beichte nur den Sterbenden gestattet sei, und das nur mit lauter Stimme vor einem Beamten der ‚Regierung'. In anderen Orten war die Zelebrierung der Messe untersagt. Zahlreiche Priester wurden erschossen, fast alle religiösen Schulen gesperrt". Bis auf einen hatten alle Bischöfe aus Protest gegen dies Regime das Land verlassen. Echeverría aaO 51 bemerkt, daß der Konvent im sicheren Querétaro tagte, weil Carranza schon Anfang 1916 den Sitz der Bundesregierung hierher verlegt hatte, nachdem ungewiß war, ob die Hauptstadt gehalten werden konnte.
[34] Meyer aaO 23.

Art. 3 verfügt die Laikalisierung des Schulwesens, strich also die im Entwurf noch vorgesehene Erziehungsfreiheit. „Die Abstimmung über diesen ersten religiösen Artikel, der dem Konvent zur Begutachtung vorgelegt wurde, zeigte klar, daß die ‚Jakobiner' oder extremen Radikalen den Konvent kontrollierten und daß die religiösen Bestimmungen der neuen Verfassung die drastischsten der ganzen Geschichte der Republik werden würden."[35]

Art. 5 schärft das Verbot religiöser Orden und Gelübde erneut ein.

Art. 24 garantiert die Religionsfreiheit, verfügt aber gleichzeitig eine dauernde staatliche Überwachung aller Gottesdienststätten.

Art. 27 verfügt über Carranzas Vorschlag hinausgehend, unbewegliches Kirchengut zu verstaatlichen und den Kirchen das Recht zu verwehren, Immobilien zu erwerben, daß sogar die Kirchengebäude Eigentum der Nation sind und daß karitative Institutionen keinesfalls von Kirchen oder deren Mitarbeitern verwaltet werden dürfen.

Weit über den Vorschlag Carranzas hinaus geht der einschneidende *Art. 130*, der die meisten religiösen Neuerungen enthält. Er entzieht den Kirchen den Charakter einer juristischen Person, bestimmt, daß die Bundesstaaten über die Höchstzahl der Geistlichen an den einzelnen Orten zu entscheiden haben, entsprechend den Bedürfnissen der einzelnen Orte, verbietet die Anwesenheit nicht-mexikanischer Geistlicher, entzieht den Geistlichen das aktive und das passive Wahlrecht und das Erbrecht, verbietet ihnen jedwede Kritik an Behörden oder Regierung, versagt dem Studium an Priesterseminaren jede öffentlich-rechtliche Anerkennung, verbietet Parteien und Verbände mit religiöser Färbung und untersagt gerichtliche Verfahren für die Überschreitung dieser Bestimmungen, überläßt die Verhängung von Strafen also der Willkür der Exekutive. Damit wird der unpopuläre Charakter dieser Reform eingestanden, der es geraten erscheinen läßt, mit Publizität verbundene Prozesse zu vermeiden.

„Einige der Bestimmungen von Art. 130 stammten aus der Verfassungsänderung von 1873 (Art. 123) und den Reformgesetzen (1874). Die meisten aber waren ursprüngliche Bestimmungen des Konvents und überschritten in ihrer Schärfe jedwede frühere Gesetzgebung über kirchliche Fragen. Die Leugnung der juristischen Person der Kirche, das Verbot von ausländischem Klerus aller Bekenntnisse, die Beschränkung der Zahl der Geistlichen (Meyer sieht gerade hierin den Ausgangspunkt der Krise von 1926) und die zusätzlichen Beschränkungen der politischen und der Eigentumsrechte der einzelnen Glieder des Klerus, das war der ‚jakobinische' Beitrag zum Korpus der antiklerikalen mexikanischen Gesetzgebung... Die offenkundige Absicht der ‚Jakobiner von Querétaro' war es, die Kirche aus der Politik zu vertreiben, ihren gesellschaftlichen Einfluß zu zerstören und sie strikt auf das Gebiet der Religion zu beschränken. Um dies zu erreichen, widersprachen sie der Garantie der Religionsfreiheit und stellten die Kirche unter die Herrschaft des Staates. Die Verfassung von 1917 ging in ihrer Beschneidung der klerikalen Macht weit über die von 1857 hinaus — bei strenger Durchführung würde sie sogar die Existenz der Kirche bedroht haben."[36] Die Verfassung widersprach der Prämisse der

---

[35] Mecham aaO 386.
[36] Ebd. 384ff. Meyer aaO 23: Im Konvent gab es zwei Gruppen, die überraschend gemäßigten ‚Liberales Carranzistas' und die extrem radikalen ‚Jacobinos Obregonistas', die Anhänger General Obregóns, die sich in allen wesentlichen Punkten durchsetzten. *Zu den Menschenrechten* bemerkt Ledit aaO 25, daß diese nur anerkannt werden, sofern sie vom Gesetz gewährt werden. Die Verfassung von 1917 „setzt nicht wie so viele andere Gesetzestexte derselben Gattung voraus, daß der Mensch wesentliche Rechte hat, die jedes menschliche Gesetz achten muß".

Trennung von Staat und Kirche, stellte ein Patronatsrecht mit umgekehrten Vorzeichen wieder her, unterstellte die katholische Kirche also einem antikatholischen Staat, der keinerlei Appellationen an Rom erlaubte[37].

Als die Verfassung verkündet wurde, vermerkte das ‚Official Catholic Directory' von 1917: „Elf Erzbischöfe und Bischöfe weilen als Verbannte in den USA, zwei auf Kuba, andere in Europa, Hunderte von Priestern und Tausende von Nonnen sind vertrieben, gegen 2000 katholische Schulen sind unterdrückt."[38]

Der Protest der verbannten Oberhirten in den USA verhallte ungehört, zwei von ihnen, der Bischof von Zacatecas und der Erzbischof von Guadalajara, Francisco Orozco y Jiménez, waren Ende 1916 heimlich in ihre Bistümer zurückgekehrt. Der von Zacatecas wurde schon im Januar 1917 wieder abgeschoben, aber der von Guadalajara konnte zunächt heimlich und dann öffentlich wirken, bis er im Juli 1918 verhaftet und wieder deportiert wurde. Durch die Erregung des katholischen Volkes über diesen Akt und die verstärkte Repression von Gouverneur Diéguez kam es zu einem heftigen Kirchenkampf im Erzbistum Guadalajara, im Verlauf dessen die Masse der Bevölkerung in einen Generalstreik trat und Gesandtschaften mit Carranza verhandelten, so daß die Behörden Anfang 1919 zurücksteckten, das erzbischöfliche Palais und das Priesterseminar zurückgaben, den Erzbischof zurückkehren ließen und der erzbischöflichen Behörde wieder das Recht zuerkannten, frei über ihre Kirchen zu verfügen. Im April 1919 konnte in Guadalajara der erste Katholische Arbeiterkongreß seit Beginn der Revolution tagen[39]. Das Projekt einer konstitutionellen Reform von § 130 (21. 11. 1918), die Rückgabe des Besitzes an die Jesuiten, das Aufleben der „Katholischen Aktion der mexikanischen Jugend", die Neugründung katholischer Tages- und Wochenzeitungen, die Rückkehr der Bischöfe und eines Teils des ausländischen Klerus bezeichneten eine radikale Wende der Kirchenpolitik Carranzas, die politisch bedingt war: Der Widerstand der Volksmassen gegen die kirchenfeindliche Politik wurde immer massiver, die aufständischen Gruppen Zapatas, Villas und der föderalistischen Anhänger des Félix Díaz profitierten von ihrer prokatholischen Attitüde, selbst Carranza-Offiziere übten in größerer Zahl wieder ihre religiösen Pflichten aus, die Lebenshaltungskosten waren seit 1910 um 300 % gestiegen, der Zusammenbruch Deutschlands hatte die Hoffnungen auf militärische Unterstützung gegen die USA verblassen lassen, und die Versailler Friedenskonferenz verweigerte Mexiko unter Hinweis auf die Verfassung von 1917 die Aufnahme in den Völkerbund. So trug Carranzas kirchenpolitische Schwenkung zur Verbesserung der innen- und außenpolitischen Situation bei[40]. Im Frühjahr 1919 wur-

---

[37] Vgl. Meyer aaO 23; Tannenbaums Charakterisierung der Verfassung als „not rigid, is ridden by no doctrine" (1955, 201) dürfte ihr nicht voll gerecht werden.

[38] Nach Echeverría aaO 53.

[39] Ebd. 55f: „Die Tage zwischen der Gefangennahme Orozcos und dem Ausbruch des Streiks sahen in Guadalajara und ganz Jalisco eine religiöse Erweckung, wie sie nach dem Urteil des ‚El Futuro', einer neugegründeten katholischen Zeitung der Bundeshauptstadt, 100 Missionen und 1000 Prediger nicht hätten bewirken können".

[40] Echeverría aaO 58f bemerkt in diesem Zusammenhang: „Mexiko ist ein Land der Gegensätze. Es dürfte manchen ... verwundern zu hören, daß Cabrera, Carranzas Finanzminister, seine Kinder von katholischen Ordensleuten in Spanien erziehen ließ, während er gleichzeitig die mexikanische Kirche schonungslos plünderte, daß Carranza vor dem Ausbruch der Revolution ein bekannter Gast im Jesuitenkolleg zu

den die vordringenden ‚Felizisten' (föderalistische Anhänger des Félix Díaz) geschlagen, ihr Führer Blanquet getötet. Kurz darauf fiel Zapata einem Meuchelmörder zum Opfer. Es gab noch regionale Übergriffe gegen die katholische Kirche, z. B. in Yucatán, wo Echeverría von einem Zusammengehen von Sozialisten und Protestanten im Kampf gegen die römische Kirche spricht[41]. Aber die römische Kirche verzichtete im Präsidentschaftswahlkampf 1920 auf den Versuch einer eigenen Parteibildung und trachtete statt dessen nicht ohne Erfolg danach, die Anhänger der konstitutionalistischen Kandidaten Bonillas, Obregón und González mit katholischem Geist zu durchdringen, so daß sie Freiheit für Kirche und Schule, Schutz für kirchliches Eigentum und bürgerliche Rechte für den Klerus versprachen[42]. Noch vor dem Wahlkampf hatte Carranza am 17. Oktober 1919 in Mexiko-Stadt eine große öffentliche Kundgebung zur Feier der Krönung der Jungfrau von Guadalupe genehmigt, der Kirche also dieselbe Gunst erwiesen wie Huerta 1914[43].

52112 Vom Antiklerikalismus zum Totalitarismus (1920–1935)

Obregón, der große Sieger der Konstitutionalisten im Jahre 1915, mußte fünf Jahre warten, ehe er sich an die Spitze des Staates setzen konnte.

Pereyra meint: „Der zweite Juárez (Carranza) legte dem zweiten Díaz (Obregón) eine Wartezeit auf. Deshalb sagte Obregón, daß die Verfassung von 1917 zum Ziel hatte, daß ‚Carranza, der Erste Chef (Primer Jefe), die Macht Carranza, dem gewählten Präsidenten übergebe'. Und gewählt durch das Werk desselben Carranza. 1920, als die Amtszeit zu Ende war, wollte er den Kunstgriff wiederholen, den 1880 Präsident Díaz angewandt hatte, um seine Nachfolge durch seinen Freund Manuel González anzutreten. Carranza hatte Ignacio Bonillas ausgewählt als ein willfähriges Objekt. Aber er erreichte das Ziel seiner Ambitionen nicht. Der Plan von Agua Prieta, der von einem Triumvirat von Sonora formuliert war, stimmte nicht zu. Alle Gene-

---

Saltillo war, ehe er alle Ordensleute aus Mexiko vertrieb, und daß die Familien vieler Carranzaoffiziere eifrige Katholiken waren und in der Ausübung ihrer religiösen Pflichten oft nicht nur keine Schwierigkeiten, sondern sogar Unterstützung fanden." Drekonja 1969, 40 weist auf das Phänomen hin, „daß der Mexikaner gläubig und gleichzeitig schroff antiklerikal ist, letzteres als Beleg seiner Männlichkeit. Eine Psychopathologie des mexikanischen Katholizismus wäre nötig, um die Zusammenhänge zwischen Kirchenfeindschaft und dem maskulinen ‚machismo'-Kult aufzuhellen. Mündigwerden und Vernachlässigen des Messebesuchs gehen Hand in Hand. Bekennendes Christentum widerspricht allen maskulinen Imperativen. Den mexikanischen Frauen blieb das Praktizieren religiöser Traditionen überlassen; da diese immer nur zum Dulden erzogen worden waren, konnte von ihnen der Widerspruch nicht erwartet werden". Drekonja übersieht indes, daß eine so mächtige Widerstandsbewegung wie die der ‚Cristeros' schließlich von Männern getragen wurde und daß sich auch die Anhänger Zapatas mit Symbolen ihres Glaubens schmückten.

[41] Vgl. Anm. 16.
[42] Vgl. Echeverría aaO 63f. Bonillas war der Kandidat Carranzas, der von dem 1919 aus Bürokraten gebildeten ‚Partido Liberal Independiente' und vom ‚Partido Liberal Yucateco' unterstützt wurde. Hinter Obregón stand fast das ganze Heer und die stärkste Partei, der ‚Partido Liberal Constitucionalista'. General Pablo González hatte seine Kandidatur erst im Januar 1920 erklärt - vgl. Arredondo aaO 225.
[43] Meyer aaO 24 erwähnt, daß sich die Hierarchie Carranza erkenntlich erwies, indem sie die nordamerikanischen Katholiken veranlaßte, gegen Interventionsabsichten Stellung zu beziehen.

räle stürzten sich auf Carranza oder ließen ihn im Stich. Carranza mußte Mexiko-Stadt verlassen und wurde in Talxcalantongo ermordet (am 23. Mai 1920)."⁴⁴ Obregón sicherte sich die Macht durch seinen Freund Adolfo de la Huerta, der als Interimspräsident die erforderlichen Wahlen ermöglichte, „die nur dazu dienten, den ‚caudillo' zu konsekrieren". Carranza hatte das System der physischen Eliminationen mit der Erschießung des fähigsten der Kriegsakademiegenerale der Revolution, Felipe Ángeles, und der Falle für Zapata eingeführt. „Obregón konnte sich des Agrarreformprogramms bemächtigen, das Zapata vakant ließ. Eine andere nützliche Elimination für Obregón, die schon unter seinem Kommando erfolgte, war die von Villa, der am 20. Juli 1923 zur Strecke gebracht wurde."⁴⁵

Obregón hielt zwar seine Amtszeit (1920—24) ein, gedachte aber durch General Plutarco Elías Calles die Zügel der Macht in der Hand zu behalten. Unterstützt von US-Präsident Coolidge unterwarf Obregón de la Huerta und die Generäle, die dessen Kandidatur unterstützten, so daß Calles schließlich als einziger Kandidat gewählt wurde. Obgleich Calles keinen Obregón vergleichbaren Schlachtenruhm aufweisen konnte, sollte er wider Erwarten der starke Mann der nächsten elf Jahre (1924—35) werden. Er ermöglichte zwar die von Obregón erstrebte Wiederwahl 1928, aber dieser wurde vor seiner Amtseinführung ermordet. Meyer urteilt, daß damit das mehr oder weniger charismatische System der Herrschaft, das für Madero, Carranza, Obregón und Calles bezeichnend war, abgelöst wurde durch die Herrschaft von Staatsfunktionären, die Calles, ‚El Máximo', in seiner Rolle als Cäsar dem Volk nicht zur Wahl, sondern zur Akklamation präsentierte⁴⁶.

Als solche Funktionäre im Präsidentenamt fungierten Emilio Portes Gil (1928—29), Pascual Ortíz Rubio (1929—32), Abelardo Rodríguez (1932—34) und, bis er sich im Juni 1935 emanzipierte und der Macht Calles' ein Ende setzte, auch Cárdenas. Calles hatte nach der Krise von 1928 alle Machtmittel in seiner Hand konzentriert, indem er Mexiko zum Einparteienstaat machte und sich zum ‚Jefe Máximo' des ‚Partido Nacional Revolucionario' (PNR) ernannte, wobei er sich von Mussolini inspirieren ließ. Auf die politischen Ergebnisse dieser Epoche — die Stabilisierung der Finanzen, die Ankurbelung der landwirtschaftlichen Produktion, den Ausbau der Infrastrukturen, Bewässerungsvorhaben und Agrarreform — kann hier nicht weiter eingegangen werden⁴⁷.

Nicht nur aus kirchengeschichtlicher Sicht, sondern weil er das innerste Wesen der Revolution offenbart, ist der Kirchen- und Religionskampf, der im Widerstandskampf der ‚Cristeros' gipfelte, von zentralem Interesse.

Obregón war der erste, der den ideologischen Kampf mit der Kirche als der einzigen Macht aufnahm, die weder durch Kanonen noch durch Geld zu erledigen ist⁴⁸.

Er betrachtete die Revolution als „Mittel zur moralischen Regeneration des mexikanischen Volkes". Als geistigen Vorgang verstand er die Revolution als unbegrenten Prozeß, der nicht endet, „solange Gut und Böse bestehen". Als Sozialrevolutionär maß er den Werten der Revolution denselben Absolutheitsgrad wie denen

---

⁴⁴ 1958, 613f. Diese Behauptung ist etwas übertrieben, denn drei Generale, die drei ‚Panchos', schlugen sich noch für Carranza und retteten ihn vor dem Zugriff der Truppen Obregóns auf seiner Flucht nach Veracruz. Aber im Morgengrauen des 21. 5. 20 drang der Mörder in sein Fluchtquartier - Arredondo aaO 226f.
⁴⁵ Pereyra 1958, 613f.   ⁴⁶ 1975, 216.
⁴⁷ Vgl. ebd. 26f.   ⁴⁸ Ebd. 28.

einer Religion bei. „Wenn Álvaro Obregón eine Religion hatte, war es die Revolution. Was die meisten Mexikaner unter Religion verstanden — d. h. Katholizismus —, wurde nach seiner Überzeugung von einem Klerus geleitet, der sich eigennützig und blind dem wahren Gut der Mexikaner widersetzte, im Bunde mit anderen Kräften, auf die er sich normalerweise mit dem Begriff ‚die Reaktion' bezog." Es ist inkonsequent, daß Bailey nach diesen Feststellungen die Frage, ob Obregón antikatholisch oder antireligiös gewesen sei, meint verneinen zu können, zumindest nach Obregóns eigenen Prämissen, wenngleich er dann doch zugibt, daß Obregón in gewissem Sinne anti-katholisch war, weil er keine Hoffnung hatte, daß die Kirche, d. h. der Klerus, sich dermaßen wandeln würde, daß sie sich den Kriterien der staatlichen Autorität unterwerfen würde. Deshalb hoffte er 1926 auch, daß die katholische Kirche sich durch ihr Interdikt selbst überflüssig machen würde[49].

Anfang der zwanziger Jahre lagen in Mexiko der von Obregón bewunderte, aus den USA entliehene Sozial-Darwinismus, der Liberalismus, der „christliche" Sozialismus und der gerade in Mode gekommene Sowjetkommunismus in Konkurrenz miteinander. Noch deutlicher als Obregón setzte Calles Revolution und Staat gleich. „Der Nationalismus ist das ‚Rückgrat des revolutionären Geistes', was die Verdammung ‚exotischer Doktrinen' zur Folge hat", des Kommunismus sowjetischer oder des Faschismus italienischer Prägung. Calles ist der Vater der national-revolutionären Partei und der ‚sozialistischen Schule'. Die Partei ist beauftragt, dem Regime eine ideologische Rechtfertigung zu geben, die von den Lehrern propagiert werden soll. Calles' ‚Schrei von Guadalajara' (1934) besagt: die Nationalität muß geschaffen werden, indem ‚das Vaterland geschmiedet wird', und zwar durch die Schule, die Fabrik, die Agrarreform, die Einbeziehung der Indios, durch den Staat, den obersten Schiedsrichter, dem sich niemand, nicht einmal legal, widersetzen darf. Dieser Wille, jedes Individuum mit Beschlag zu belegen, erregt Anstoß bei den Intellektuellen; 1929 bricht das Regime mit der Universität und Vasconcelos verkörpert die Trennung... Der Konflikt mit der Kirche, der gefürchteten Rivalin, war in dem Maße unvermeidlich, in dem die vom Staat geschaffene Nation so wie die römische Kirche nichts über sich zuläßt"[50].

Die Unvereinbarkeit des staatlichen Absolutheitsanspruches mit kirchlichen Arbeitsbereichen wurde bald auf dem Gebiet der gewerkschaftlichen Organisation der Arbeiter deutlich. Die vom deutschen Katholizismus beeinflußte christlich-soziale Bewegung Mexikos hatte nach dem großen Arbeiterreichstag im Januar 1913 beschlossen, die Arbeiterschaft in Anlehnung an die katholische Kirche, unabhängig vom Staat zu organisieren.

„Das erste wirkliche Syndikat im modernen Sinne des Wotes wurde im selben Jahr von P. Méndez Medina in Mexiko gegründet... Die ‚Gran Unión de Trabajadores' arbeitete 1915 für die Arbeiter günstige Regelungen aus, die großenteils in die Verfassung von 1917 aufgenommen wurden. Die Prälaten unterstützten die Bewegung nachdrücklich, und 1920 wurden die Statuten" der ‚Confederación Nacional Católica del Trabajo' (CNCT) angenommen. Der Konflikt mit dem im Stil nordamerikanischer Syndikatbosse rücksichtslos arbeitenden Luis Morones, der 1918 die ‚Confederación Regional Obrera Mexicana' (CROM) ins Leben gerufen hatte, die ab 1920 von Obregóns Regierung nachhaltig unterstützt wurde, konnte nicht ausbleiben. Als die CNCT 1922 den 100 000 Anhängern der „Sozialen Revolution" der CROM schon 80 000 eigene Anhänger der „Christlichen Restauration" gegenüberstellen konnte, nahm Morones seine Zuflucht zu blutigen Methoden. Die CNCT nahm sich

---

[49] Bailey 1970, 191 und 197f.   [50] Meyer aaO 28f.

verstärkt der von der CROM vernachlässigten Landarbeiter an und beschloß auf ihrem zweiten Kongreß 1925 nicht nur die Gründung einer Nationalliga der Mittelklasse, sondern zur Beunruhigung der Regierung auch die Gründung einer Nationalen Katholischen Liga des Landvolkes.

Die Regierung versuchte ein nationales Einheitssyndikat zu erzwingen, weil die Konkurrenz auf dem Gewerkschaftssektor zugleich eine Konkurrenz verschiedener Agrarreformkonzeptionen war. Die Regierungspropaganda, die Kirche sei im Bunde mit dem Großgrundbesitz, war schlicht unwahr. Die militanten Katholiken, die vom politischen Leben ausgeschlossen waren, bedrohten die Revolutionäre auf ihrem ureigensten Gebiet, dem der städtischen und ländlichen Arbeiter. Die Erfassung und Ausbildung der Landarbeiter durch die CNCT und die Bildung kleinen Landbesitzes nach dem genossenschaftlichen Raiffeisen-System drohte dem staatlichen Agrarreformprojekt die Kunden abzuziehen.

„Die mexikanische Kirche, die sich sowohl vom deutschen Sozialkatholizismus inspirieren ließ wie von den Lehren Leos XIII. und von ihrem kolonialgeschichtlichen Werk, war von einer ähnlichen Dynamik wie die Revolutionäre erfüllt und stand im Begriff, vor der Erfindung dieses Begriffes eine Christliche Demokratie zu schaffen. Der Modernismus, der sie belebte... schlug ein originales Projekt vor, das dem Bauvorhaben der Leute aus dem Staat Sonora radikal entgegengesetzt war... Nach einem Jahrhundert der Kämpfe zwischen dem antiklerikalen Liberalismus und dem antijakobinischen Katholizismus, nach einem halben Jahrhundert liberaler Herrschaft, blieb alles beim alten. Nur die gesellschaftlichen Gruppen, die hinter den Institutionen und den Ideologien standen, hatten gewechselt. Die Neo-Liberalen hatten eine Kirche vor sich, die nicht mehr eine Kirche der Notabeln war. Die obskure Arbeit, die im Halbschatten des ‚Porfiriato' vollbracht worden war, trug ihre Früchte, während gewisse Katholiken hinter der Kirche und durch sie ihren Willen kundtaten, die Macht zu übernehmen. Die Kraft dieser Generation von Laien, die vom Klerus ab 1875 vorbereitet worden sind, erklärt die Heftigkeit des Zusammenstoßes von 1926."[51]

Auf das kulturelle Bewußtsein der Revolutionäre aus dem Norden, auf den Einfluß der angelsächsischen Zivilisation und damit auch des Protestantismus, ist oben (52112) bereits hingewiesen. Meyer nennt diesen Komplex die „Soziologie des Antiklerikalismus". Dazu gehört der beherrschende Einfluß, den die Freimaurerei nach ihrer Zurückdrängung unter Díaz ab 1914 wieder gewonnen hat. Wie zur Zeit der ‚Reforma' im 19. Jahrhundert bildeten die Logen die Kader für Politiker aller Ebenen. Militant antiklerikale Organisationen, wie die 1923 von Manuel Bouquet, dem 1918 von der katholischen Opposition gestürzten Interimsgouverneur von Jalisco, gegründete ‚Federación Anticlerical Mexicana', wurden von den Logen kontrolliert. Die Ideologie dieser Art von Freimaurerei entspricht den Bedürfnissen eines Staates, der in der Kirche seine Rivalin sieht. Die Freimaurer leiden unter dem Trauma, der römische Klerus sei die „Inkarnation des Bösen in der Welt", weshalb sie zu Zeloten der „Vernunft" und der „Defanatisierung", wie sie ihren Kampf gegen Kirche und Christentum nannten, wurden. Sie schreckten dabei nicht vor Gottesdienstparodien in Kirchen mit „Predigten" und Sektausschank mit Abendmahlskelchen zurück[52].

---

[51] Ebd. 29ff bzw. Fagg 1971, 541.
[52] Meyer aaO 34f. Meyer weist darauf hin, daß die Rolle der Freimaurerei in der Revolution ungenügend erforscht ist, obgleich Portes Gil 1929 schreiben konnte:

Obregón, wie Juárez ein Vollblutindio, beklagte sich zu Recht darüber, daß die Kirche dem Staate institutionelle Konkurrenz mache. Daß sie sich aber nicht auf rein jenseits bezogene Kulthandlungen in den Kirchen beschränken konnte, wenn anders sie dem Evangelium treu bleiben wollte, scheint er nicht verstanden zu haben. Er machte zwar 1923 noch einen Versöhnungsversuch, indem er sich an die Bischöfe mit dem Hinweis wandte, das soziale Programm der Revolution sei zutiefst christlich, erwähnte aber nicht, daß es mit einem völlig antichristlichen Geist durchgeführt wurde. Bei der Bodenreform z. B. verlangten die Kommissare, daß die Begünstigten förmlich dem Glauben abschwören, so daß nicht wenige Landarbeiter lieber auf ein Stückchen Boden verzichteten, als zu Apostaten zu werden. Der weitere Verlauf des revolutionären Kampfes um die totalitäre Beherrschung der Menschen hat das Recht der Kirche auf Widerstand nachträglich gerechtfertigt. Bezeichnend für den Totalitarismus ist etwa folgende Forderung Calles' von 1934:

„Wir müssen uns des Gewissens der Jugend bemächtigen, denn der Jugendliche und das Kind gehören der Revolution ... der Gemeinschaft, dem Kollektiv!"[53]

Der Antiklerikalismus der regierenden revolutionären Minderheit war zugleich Ausdruck ihres Hasses und ihrer Verachtung für das alte Mexiko. Meyer urteilt: Die Revolutionäre hätten alles gegeben für das kleinste Stückchen der USA. Sie glaubten, den Klerus zu verachten, in Wirklichkeit verachteten sie die christliche Landbevölkerung. Das ist der tiefere Grund der ‚Cristiada'[54].

Der äußere Ablauf des Konflikts kann hier nur stichwortartig geschildert werden. Die Wende der Kirchenpolitik Carranzas Anfang 1919 hatte zur Aufhebung der Kirchenparagraphen der Verfassung von 1917 geführt, so daß Ordensfrauen weiter in diakonischen Werken tätig waren, katholische Schulen weiterhin betrieben, öffentliche Prozessionen abgehalten und unter Obregóns Präsidentschaft zahlreiche „Krönungen" der Jungfrau durchgeführt wurden. Dynamitattentate auf den Altar der Basilika von Guadalupe (1921) und auf bischöfliche Residenzen verliehen der Unzufriedenheit der Jakobiner Ausdruck. Die unter starker Beteiligung der Massen 1923 vom Apostolischen Delegaten Filipi in Gegenwart von elf Bischöfen vorgenommene Grundsteinlegung für ein Christkönigdenkmal auf dem Cubilete-Berg veranlaßte Obregón zu Repressalien, d. h. zur Ausweisung Filipis, zur Verhaftung der Bischöfe wegen Verletzung von Art. 24 der Verfassung von 1917 und zur Nichtigerklärung der Gesetze, die die Kirchenparagraphen aufhoben.

„In Mexiko sind der Staat und die Freimaurerei seit einigen Jahren eine und dieselbe Sache." Das Feindbild der Freimaurer definiert General Joaquín Amaro so: „Die Katholische, Apostolische und Römische Kirche und ihr in eine räuberische, reaktionäre und rückwärtsgewandte politische Partei umgeformter Klerus sind der einzige Grund gewesen für alle Übel, die Mexiko von der spanischen Eroberung bis auf unsere Tage erdrückt haben... In der nicht enden wollenden Kette von Erhebungen und Staatsstreichen, die das Land seit Jahrhunderten verwüsten, ist der Klerus der Aufhetzer und das mächtigste Element gewesen wegen seiner großen materiellen Mittel und seiner absoluten Identifikation mit allen Feinden der Revolution".

[53] Calles in Guadalajara am 20. Juli 1934 - Meyer aaO 38.
[54] Ebd. 38f.

„Die folgende Entwicklung der kirchenpolitischen Verhältnisse der Jahre 1923–26 läßt sich nach Kenntnis dieser Kampfgesetze... wie folgt zusammenfassen: Im Anfang begannen einzelne Bundesstaaten, seit 1925 die Zentralregierung selbst, die Kirchenparagraphen der Verfassung von 1917 mit rückhaltloser Strenge und unter Anwendung einer satanischen Sophistik überall durchzuführen." Nur einige weniger freimaurerisch-sozialistisch geführte Bundesstaaten hielten sich mehr zurück. Noch nach der Wahl Calles (6. Juli 1924) konnte allerdings im Oktober 1924 mit großem öffentlichen Aufwand ein Nationaler Eucharistischer Kongreß in der Hauptstadt durchgeführt werden. Calles eröffnete Anfang 1925 „seine antikirchliche Politik mit der Säuberung der Staatsverwaltung von katholischen Beamten... Dann ging er an die planmäßige Ausführung der Verfassung..."[55].

Das umfangreiche von Echeverría vorgetragene Faktenmaterial widerlegt Mechams These, Calles habe erst Anfang 1926 nach dem kollektiven Protest des Episkopats (am 8. Februar 1926) gegen die Kirchenparagraphen der Verfassung dieselben scharf angewandt. Deshalb erscheint ihm auch der bischöfliche Protest nicht recht motiviert[56]. Indes bezeichnet Meyer das Jahr 1925 als das der „Geburt einer Krise", deren Auftakt die Beschlagnahme der ‚Iglesia de la Soledad' in der Hauptstadt durch einen Kampftrupp der CROM unter Leitung von deren Generalsekretär Ricardo Treviño und die Übergabe dieser Kirche an P. Joaquín Pérez war, der die schismatische ‚Iglesia Católica Apostólica Mexicana' mit neun anderen Priestern ins Leben rief. Hinter der Aktion stand Morones selbst, der unter Calles Minister geworden und die rechte Hand des Präsidenten war. Doch hoffte Morones vergeblich, auf diese Weise die sozialen und politischen Kräfte der Religion in revolutionäre Kanäle leiten zu können; sieben der Priester versöhnten sich schnell wieder mit der römischen Kirche, und der Zulauf der Massen blieb aus. Die Gründung einer Nationalkirche war erneut gescheitert[57]. Statt dessen war das Kirchenvolk alarmiert und begann überall die Kirchgebäude zu bewachen, so daß es zu regelrechten Gefechten bei weiteren Versuchen, Kirchen zu beschlagnahmen, kam (z. B. in Aguascalientes). Außerdem schlossen sich, ohne die Bischöfe zu fragen, verschiedene katholische Organisationen zur ‚Liga Nacional de Defensa Religiosa' (LNDR) zusammen. Während Rom eine Politik der Besänftigung in Mexiko verfolgte, reifte im einfachen Volk, in dem Maße wie die Überzeugung wuchs, daß der Krieg bevorstehe, auch die Bereitschaft zum Martyrium.

Rom befürchtete bei neuen Religionskämpfen nur die Gefahr eines Schismas und eine weitere Ausbreitung des Protestantismus. Häufig stufte es als Aberglauben ein, was bei den Mexikanern Treue zur Orthodoxie war. Wie die mexikanische Regierung unterschätzte es den Anhang der Kirche im Volk bei weitem. Auch als der Kampf der ‚Cristeros' ausgebrochen war, verfolgte der Vatikan weiter seine Politik des ‚appeasement', die er den mexikanischen Katholiken im Juni 1929 aufzwingen konnte[58].

Gegenüber der Kirche bildete der revolutionäre Staat keineswegs eine Einheit.

Die Armee, die CROM und die „Arbeiterpartei Morones', die Obregonisten und die Callisten stritten sich um militärische Bezirke, Minister- und Gouverneursposten...

---

[55] Echeverría aaO 68ff.   [56] AaO 391f.
[57] Vgl. Meyer aaO 40ff bzw. Abschnitt 434211 zur Vorgeschichte.
[58] Meyer aaO 43ff.

in Wirklichkeit sind keine Lehren an der Macht, sondern Individuen und Temperamente". Aber Calles, der heute als Vater des modernen Mexiko gefeiert wird, war nicht nur eine dieser Personen, sondern „die Diktatur in Person". Im Konflikt mit der Kirche vertrat er heftig den „Herr-im-Haus"-Standpunkt. Während Obregón durch seinen Sinn für Realpolitik in seinem Antikatholizismus immer wieder gebremst wurde, machte Calles aus seiner Feindschaft zur römischen Kirche ein Handlungsprinzip, dem er starrsinnig und grausam folgte, wobei er nicht nur Personen, sondern die Grundlagen der Kirche selbst angriff. Mit seinem stahlharten Willen unterdrückte er im Kabinett jegliche Diskussion über die Kirchenpolitik und überbrückte damit alle Meinungsverschiedenheiten. „Erst als der Konflikt sich im Cristero-Krieg verewigte, tauchten die Meinungsverschiedenheiten im Regierungslager wieder auf und führten zur Lösung von 1929. Auf dem Weg zum Bruch spielte die antiklerikale Pressionsgruppe (Tejada, Garrido Canabal, Morones, Amaro, die Freimaurer, die ‚Federación Anticlerical') eine unbestreitbare Rolle" genau wie bei allen Ausgleichsversuchen von Obregón, de Lemestre und Minister Pani.

1926 kam es zum Bruch. Im Januar verlangte Calles Sondervollmachten, um die Strafgesetze durch Strafen wegen Übertretung des Art. 130 zu ergänzen, womit das Eintreten für kirchliche Rechte gewöhnlichen Verbrechen gleichgesetzt wurde. Im Juni unterzeichnete Calles das entsprechende Dekret. Inzwischen hatte der Präsident alle Gouverneure eindringlich ermahnt, „die Verfassung um jeden Preis anzuwenden". Dennoch kam es nur in den Staaten Michoacán und San Luis Potosí zu Zusammenstößen und in Tabasco, Jalisco und Colima zu offenen Verfolgungsmaßnahmen. Ein neuer Nuntius, Mgr. Caruana, hatte diskret zu vermitteln versucht, war aber im Mai ausgewiesen worden. Überzeugt von der Nutzlosigkeit weiterer Verhandlungen empfahl er den Bischöfen den von Rom gefürchteten Widerstand. Auf seine Empfehlung hin hatten die Bischöfe ein Bischofskomitee gebildet, womit sie erstmals zum Mißfallen Roms über ein Handlungsgremium verfügten. Trotz der Änderung des Strafgesetzes und der Forderung nach Eintragung aller Priester beim Innenministerium wurden sich die Bischöfe nicht darüber klar, ob sie in den Schritten der Regierung einen neuen Einschüchterungsversuch oder eine Kampfansage sehen sollten. Während die Bischöfe sich nicht auf einen einheitlichen Kurs einigen konnten, mobilisierten die Führer der LNDR, die wie ihre jesuitischen Berater dem Widerstand zuneigten, Massen von protestierenden Katholiken. Unter dem Eindruck dieser Demonstrationen und eines Telegramms aus Rom, daß die Bischöfe zur Einmütigkeit und zur Vermeidung von Schritten ermahnte, die die Gläubigen als Hinnahme des besagten Gesetzes deuten könnten, beschloß die Episkopalkommission am 24. Juli 1926 die Verkündung des Interdikts, das am 31. Juli, d. h. vom Tage des Inkrafttretens des neuen Calles-Gesetzes, wirksam werden sollte[59]. Während die Kirchen die Massen nicht fassen konnten, die noch vorher in den Genuß der Sakramente kommen

---

[59] Ebd. 46ff. Text des Telegramms aus Rom: „Hl. Stuhl verdammt Gesetz, gleichzeitig jeden Akt, der Hinnahme oder Anerkennung des besagten Gesetzes bedeuten oder vom gläubigen Volk als solche interpretiert werden könnte. Der mexikanische Episkopat muß als Handlungsnorm dem Kriterium der Mehrheit folgen, wenn möglich dem der Einmütigkeit und ein Beispiel der Eintracht geben". Bravo Ugarte 1965, 399: „Die Kirche konnte keine Bedingungen akzeptieren, die ‚ihre Identität zerstörten'. Zwei Gesetze bedrohten ihre Existenz, das der Registrierung der Priester, das, mala fide angewandt, die Kirche der Regierung ausliefern würde, und das der Beschränkung ihrer Zahl, das zur Zerstörung der Kirche in jedem (Bundes)-Land führen würde".

wollten, nachdem ihnen durch einen Hirtenbrief der Sinn der Maßnahme erklärt worden war, interpretierte Calles die Entscheidung der Bischöfe als Versuch einer Kraftprobe zwischen Revolution und Reaktion.

Er war sicher, daß der Anhang der Kirche mit jeder Woche des Interdikts geringer werden würde, da er davon ausging, daß die indianischen Massen die Gewohnheit, zur Messe zu gehen, schnell verlieren würden. Wegen des zeitlichen Zusammentreffens des Kirchenkonflikts mit den außenpolitischen Spannungen mit den USA wegen der Erdölbesitzrechte, empfand Calles die Reaktion der Bischöfe als Verrat. Indes handelte es sich beim Erdöl, wie Pereyra es ausdrückt, nur „um einen in die Länge gezogenen Kampf der Worte", der 1927 gleichsam über Nacht beigelegt wurde, als Staatssekretär Kellog den neuen Botschafter Morrow nach Mexiko schickte. Weder der revolutionäre Kampf um die Bodenschätze noch um die soziale Frage hatte bei Calles einen entfernt so großen Stellenwert wie die Unterwerfung der römischen Kirche[60].

Die Antiklerikalen, die den „Fanatismus" durch die Erziehung überwinden wollten, hofften durch die Beendigung der Trennung von Kirche und Staat, die enorm zur Konsolidierung der Kirche beigetragen hatte, die Kirche endgültig zu unterwerfen. Hatte der Liberalismus des 19. Jahrhunderts erwartet, durch die Reformgesetze den römischen Block in einer Fülle kleiner Sekten zerschlagen zu können, so entwickelten die jakobinischen Revolutionäre einen Neo-Regalismus, der im Begriff war, zum Totalitarismus zu werden.

„Díaz Soto y Gama, ein Ideologe der Revolution, träumte von einem vom Staat geleiteten Christentum, bei dem die Rolle des Priesters auf die Pflege moralischer Tugenden beschränkt ist. Das juristisch lahme und den Interessen der weltlichen Macht abträgliche Gesetz des 2. Juli (1926) hatte eine eminent geistliche Bedeutung, bedeutete es doch, daß die Regierung diese Leidenschaften mit ihrer Staatstheorie verwechselte, ohne eine Möglichkeit der Korrektur durch die Wirklichkeit der Dinge. Sie ging von der Verteidigung der Interessen Cäsars zur Praxis des jakobinischen Terrorismus der Antireligion und zur Auslösung eines Religionskrieges über."

Das Gesetz, das die Kirche tödlich bedrohte, war eine Handhabe, um Widerstand und Rebellion zu predigen. So lehnte es die ‚Liga Nacional Campesina' auf ihrem Kongreß im November 1926 ab, „die kriminelle Regierung zu unterstützen, die ‚beabsichtigt, dem Volk gewaltsam seine teuersten religiösen Gefühle zu entreißen'". Aurelio Manrique klagte die Regierung an, den Konflikt künstlich provoziert zu haben. Die Bischöfe waren sich indes über die nächsten, von ihnen zu ergreifenden Schritte keineswegs einig, vielmehr setzten sie ihre Hoffnung noch auf eine Verfassungsreform. Sie zu verlangen, war in den Augen der Revolutionäre allerdings gleichbedeutend mit der Forderung ihres Rücktritts. Erst Calles' Starrheit vermochte es, die Bischöfe zusammenzuschweißen. Der Widerstand gewann aber nicht durch sie Gestalt, sondern durch eine Unbekannte, „an die niemand zu denken schien, die jedermann zumindest unterschätzte, an die Haltung des christlichen Volkes". Während die Bischöfe im Verlauf des Jahres 1926 hinter den Kulissen mit der Regierung weiterverhandelten, schob sich das Volk langsam in den Vordergrund der Bühne[61].

Die Erhebungen der ‚Cristeros' dauerten von August 1926 bis Mai 1929, wobei ihre zahlenmäßige Stärke ab Juli 1927 unaufhörlich zunahm. Sie muß-

---

[60] Vgl. Meyer aaO 51 und Pereyra 1958, 617.
[61] Meyer aaO 51ff.

ten das Kriegshandwerk erst lernen und kämpften nicht aus Begeisterung, sondern aus Verzweiflung als Christkönigskrieger, weil sie Mexiko durch einen Pakt mit Gott verbunden wußten, einen Pakt, der durch die Erscheinung der Jungfrau von Guadalupe und durch die Proklamation seines Sohnes zum König geschlossen worden war. Sie knüpften an den Chiliasmus der Franziskaner des 16. Jahrhunderts an (vgl. 212311).

„Wie Mendieta im 16. Jahrhundert hatten die Cristeros das Bewußtsein, das christliche Land zu sein, das Königreich Christi, für das sie ihr Blut vergossen. Das erklärt ihren Enthusiasmus, der eine föderale Armee beeindruckt, die sie ‚Fanatiker, Drogensüchtige, Betrunkene' nennt und die mehr als alles den Nahkampf fürchtet, den die Cristeros aus Munitionsmangel" suchten und in dem sie ausgezeichnet mit ‚machete' und Dolch kämpften. Als Sieger zeigten sie sich gegenüber den Gefangenen weniger blutrünstig als die Föderalen. Da die ganze Landbevölkerung sie unterstützte, konnten sie die Moral der Föderalen durch blitzartige Überfälle und schnelle Rückzüge brechen. Nach drei Jahren waren die Regierungstruppen auf ihre Garnisonen und die Hauptverkehrswege beschränkt, das Eisenbahnnetz schwer angeschlagen und weite Landstriche in der Hand der Cristeros. Meyer schätzt die unmittelbaren Menschenverluste in den dreijährigen Kämpfen auf ca. 100 000, davon die meisten auf seiten der Regierungstruppen. Die Verluste unter der Zivilbevölkerung durch Hunger und Epidemien sind nicht abzuschätzen.

Trotz hundertfacher Feuerüberlegenheit der Regierungstruppen hätten die Cristeros noch lange weiterkämpfen können. Aber das Zusammentreffen enormer wirtschaftlicher Verluste mit dem Ausbruch der Weltwirtschaftskrise ließ es Calles geraten erscheinen, ein Abkommen mit der Kirche zu suchen. Die USA hatten die Föderalen nachhaltig mit Waffen versorgt, und Botschafter Morrow hat sich sehr um ein Abkommen bemüht, durch das das Revolutionsregime definitiv gefestigt wurde. Meyer zitiert in diesem Zusammenhang das alte Sprichwort, das sich hier wieder einmal bestätigt hat: „Armes Mexiko, so weit von Gott entfernt und so nah' an den Vereinigten Staaten!"[62]

---

[62] Ebd. 175–182 bzw. die detaillierte Schilderung der Cristero-Bewegung 92ff. Zur Vorgeschichte des ‚Modus Vivendi' vgl. Rice 1959 und Bravo Ugarte 1965. Der seit 1917 schwelende Streit über nordamerikanische Besitzrechte an Erdölfeldern und Großgrundbesitz in Mexiko erreichte unter Präsident Coolidge und dessen Botschafter in Mexiko, James R. Sheffield (1924–27), seinen vorläufigen Höhepunkt. Staatssekretär Kellog ließ den neuen Botschafter Morrow 1927 eine Entspannung durch Verhandlungen herbeiführen. Hatte Morrow offiziell in dieser Sache verhandelt, so verhandelte er mit ungleich größerer Ausdauer inoffiziell und geheim im Religionsstreit von Dez. 1927 bis Juni 1929 nicht nur mit Calles und den Bischöfen, sondern auch mit Obregón, dessen Ermordung das Übereinkommen verzögert haben dürfte. Der schließlich erreichte ‚Modus Vivendi', der im wesentlichen auf einer mündlichen Übereinkunft beruhte, sah vor: 1. eine vollständige Amnestie für Bischöfe, Priester und Gläubige 2. Rückgabe der Bischofssitze, Pfarrhäuser und Seminare 3. Ermöglichung freier Beziehungen zwischen dem Vatikan und der Mexikanischen Kirche. Dies waren die Bedingungen des Vatikans, die die mexikanische Regierung im großen und ganzen akzeptierte - vgl. Bravo U. aaO 398ff. Auf den Vorwurf, zu Gewalttätigkeiten zu ermuntern, hatte Erzbischof Mora y del Río am 21. April 1927 Innenminister Tejeda geantwortet: „We have aided no revolution. We have plotted no revolution, but we do claim that the Catholics of Mexico have the right to fight by peaceful means first and with arms in an extremity". Daraufhin verbannte die Regierung den Erzbischof und 5 weitere Prälaten sofort - Mecham aaO 400.

Präsident Portes Gil hatte zwar „Frieden und die Rückgabe alles dessen, was der Kirche gestohlen worden war", versprochen, aber die Cristeros — die letzten von ihnen hatten im September 1929 die Waffen gestreckt — fühlten sich durch die Handlungsweise der Bischöfe frustriert und trauten den guten Absichten der Regierung nicht. Wie recht sie damit hatten, zeigte sich schon zehn Tage nach den ‚arreglos' (Abkommen), als der erste Cristero-Führer ermordet wurde. Es kam zu einer wahren Mordorgie. 1929—35 wurden 5000 Cristeros gejagt und umgebracht, davon 500 Führer vom Leutnant bis zum General. „Große Bitterkeit erfaßte die Herzen der Cristeros", die den Sieg vor Augen zu haben geglaubt hatten, um den sie sich durch die Bischöfe betrogen fühlten. Der Haß gegen die Bischöfe führte in Coalcomán (Michoacán) sogar zu einem Schisma. Die Gemeinde ‚La Cruz de Palo' glaubte die Amtskirche vom Antichrist erfaßt und lebte friedlich nach der Art der Täufer in Erwartung der baldigen Wiederkehr Christi[63].

Meyer überschreibt die Jahre 1929—35 mit „von der Kirche des Schweigens zum Schweigen der Kirche"[64]. Nachdem das Interdikt aufgehoben und am 27. Juni 1929 erstmals wieder Messen gefeiert worden waren, hatte der Apostolische Delegat Ruíz y Flores auf Rat des Papstes allen Gegnern der ‚arreglos' entgegengehalten, es sei nicht die Stunde zu diskutieren, sondern zu gehorchen, die Bischöfe hätten die Religionsgesetze nicht akzeptiert, sondern hofften, mit der Regierung zu einer besseren Verständigungsgrundlage zu kommen. Mecham urteilt:

„Once again, without there being the slightest alteration of the laws the Church blithely stepped out of the catacombs, just as if nothing had happened, and as if Mexico were the freest country in the world."

Es kam zu einer kurzen Blüte kirchlichen Lebens.

Die Katholische Aktion wurde ins Leben gerufen, um die Nation wieder zu christianisieren. Sie erfaßte im Katechismusunterricht binnen kurzen 300 000 Kinder. Am 1. Dezember 1931 feierten 27 Erzbischöfe und Bischöfe mit fast 200 Priestern und mehr als einer halben Million Gläubigen zahllose Messen zum 400. Erscheinungstag der Jungfrau von Guadalupe in der ihr gewidmeten Basilika. Aber schon ab Mitte 1931 war unübersehbar, daß die radikalen ‚Callistas' in den Bundesstaaten Veracruz, Chiapas, Tabasco und Yucatán offen das Programm Präsident Ortiz Rubios sabotierten und mit rigorosen Beschränkungen der Priesterzahl die römische Kirche zu strangulieren versuchten. Auf die Guadalupe-Feiern folgten weitere Beschränkungen in anderen Staaten[65].

Es war eine Periode wirtschaftlicher Schwierigkeiten, in der der revolutionäre Fraktionskampf seinen Höhepunkt und die Zuneigung des Volkes für ihre Führer ihren Tiefpunkt erreichte, in der die Skandale unerträglich wurden. Obgleich Calles den Präsidenten zur Aufgabe seiner Koexistenzpolitik mit der Kirche zwang, glaubte der Vatikan mit Schweigen und Wohlverhalten Ortiz

---

[63] Meyer aaO 209f. Mecham aaO 402 sieht beim ‚Modus Vivendi' den wichtigsten Erfolg der Kirche in der stillschweigenden „Anerkennung des Rechtes der Hierarchie, die zu registrierenden Priester zu designieren", womit implizit die korporativen Rechte der Kirche und die Autorität der Bischöfe anerkannt werden.
[64] AaO 211.
[65] Mecham aaO 403f. Wie sich bis 1935 die Lage zuspitzte, zeigt folgendes Zahlenmaterial aus Appendix II und III von Grubb 1935:

Rubio zu stützen, weshalb er sogar zwei Bischöfe absetzte. Der Sturz Ortiz Rubios im September 1932 zeigte, daß Calles nach wie vor der starke Mann war. Pius XI. klagte zwar im selben Monat in der Enzyklika „Acerba Animi"

Römisch-katholische Priester in Mexiko 1934/35

(1) Bundesstaaten	(2) Bevölkerungszahl	(3) Anzahl zugelassener Priester	(4) Anzahl registrierter Priester	(5) Anzahl der Priester vor 1926	(6) Anzahl evang. Gruppen
Aguascalientes	132 900	6	2	200	2
Baja California	95 416	2	0	3	—
Campeche	84 630	3	0	9	1
Chihuahua	491 792	0	0	50	3
Chiapas	529 983	0	0	30	2
Coahuila	436 425	11	5	50	4
Colima	61 923	0	0	150	1
Districto Federal	1 229 576	25	25	400	11
Durango	404 364	9	2	150	3
Guanajuato	987 801	20	?	200	4
Guerrero	641 690	0	0	25	2
Hidalgo	677 772	14	5	100	5
Jalisco	1 255 346	?	29	800	6
México	990 112	34	34	150	6
Michoacán	1 048 381	33	?	620	4
Morelos	132 068	?	8	35	5
Nayarit	167 724	0	0	90	2
Nuevo León	417 491	17	?	100	4
Oaxaca	1 084 549	18	1	167	5
Puebla	1 150 425	23	23	400	6
Querétaro	234 058	0	0	150	2
Quintana Roo	10 620	1	0	?	—
San Luis Potosí	579 831	58	56	100	8
Sinaloa	395 618	0	0	50	2
Sonora	316 271	0	0	30	4
Tabasco	224 023	0	0	12	1
Tamaulipas	344 039	?	0	40	6
Tlaxcala	205 458	5	(1)	(1)	1
Veracruz	1 377 293	14	0	182	6
Yucatán	386 096	9	0	50	2
Zacatecas	459 047	5	0	150	3
	16 552 722	307	190	4 493	111

Die Tatsache, daß die römische Kirche noch nicht einmal die minimale Zahl von zugelassenen Priestern hat, erklärt sich aus den schikanösen Bedingungen, so müssen in einigen Staaten die Priester verheiratet sein, um registriert werden zu können. Rein theoretisch ist jede evangelische Denomination, die als „Kult" gerechnet wird, berechtigt, genau so viele Pastoren zu haben wie in Spalte 3 für die katholische Kirche zugelassen sind. Die zulässige Gesamtzahl evangelischer Geistlicher ergibt sich also aus der Multiplikation der Spalten 3 und 6. Tatsächlich lassen sich die protestantischen Statistiken für 1934/35 folgendermaßen zusammenfassen:

Calles der Verletzung der ‚arreglos' an, gebot der mexikanischen Kirche aber wiederum Unterwerfung unter den Staat[66].

Bis 1935 sollte die Gesamtzahl der von der Regierung in ganz Mexiko zugelassenen Priester auf 305 herabgedrückt werden (Bevölkerung 1940 = 19 815 000[67]). In fast einem Drittel aller Bundesländer „durften überhaupt keine Priester amtieren, obgleich die (freie) Religionsausübung von der Verfassung garantiert war". Viele Prälaten gingen erneut ins Exil, auch der Apostolische Delegat, Erzbischof Ruíz y Flores, wurde im Oktober 1932 ausgewiesen[68].

Am gefährlichsten spitzte sich der Kirchenkampf 1934—37 im Schulkampf zu. Er bezeichnet am deutlichsten die totalitäre Tendenz der Revolution. Mit seinem „Schrei von Guadalajara" rief Calles die „psychologische Revolution" aus und zwang Präsident Rodríguez 1934 nach dem Vorbild von Rußland, Deutschland und Italien zur Einführung der antireligiösen sozialistischen Erziehung.

„Art. 3 der Verfassung wurde folgendermaßen abgeändert: ‚Die vom Staat verabreichte Erziehung wird sozialistisch sein und sich nicht damit begnügen, alle kirchlichen Lehren auszuschließen, sondern den Fanatismus und die Vorurteile bekämpfen'."[69]

Für Sozialismus sollte es bald so viele Definitionen wie Schulleiter in Mexiko geben. Auch im Regierungslager gab es keine einheitliche Definition. „Obgleich viele das marxistische Dogma unterschrieben, hing die Mehrheit der Revolutionäre, einschließlich des Präsidenten Cárdenas selbst" — Lázaro Cárdenas war im Juli 1934 als ein neuer Platzhalter Calles' gewählt und seit Dezember 1934 amtierender Präsident —, „einer strikt mexikanischen Variante von Sozialismus an, die wirt-

Anzahl von Denominationen und kirchlichen Gruppen	18
Anzahl der Kirchen	584
Anzahl der Kongregationen	1 203
Anzahl der ordinierten Geistlichen	259
Anzahl der hauptamtlichen Laien-Mitarbeiter	205
Anzahl der kommunizierenden Glieder	44 113
Evangelische Gesamtgemeinde	89 750
Teilnehmer an den Sonntagsschulen	39 802
Anzahl der ausländischen Missionen	20
Anzahl der Missionare	156

Eine genaue evangelische Schulstatistik war nicht zu erstellen. Mit Ausnahme der Schulen in Chihuahua, mit deren Schließung man damals rechnete, gab es ca. 2000 Kinder in protestantischen Schulen aller Grade.

[66] Vgl. Meyer aaO 211.

[67] Meyer aaO 213 - Bevölkerungsangabe nach Ruiz G. I 1971, 37. Zur Priesterzahl vgl. Anm. 65 die Tabelle von Grubb, aus der allerdings nicht völlig klar hervorgeht, ob die tatsächliche Priesterzahl nun so niedrig lag wie die der registrierten Priester oder ob es noch eine Dunkelziffer nicht registrierter, aber amtierender Priester gab.

[68] Mechams Feststellung (aaO 404f), daß in der Hälfte aller Bundesstaaten überhaupt keine Priester zugelassen waren, dürfte unrichtig sein. Nach Grubbs Tabelle trifft dies für 9 von 31 Staaten zu, während de facto 16 ohne Priester waren. Der geborene Mexikaner Erzbischof Ruiz y Flores, der die Funktion des Apostolischen Delegaten bekleidete, wurde als „unerwünschter Fremder" verbannt, weil er einem ausländischen Souverän (dem Papst) unterstand.

[69] Meyer aaO 211. Auch Grubb 1935, 3 sieht im staatlichen Erziehungsprogramm die totalitäre Tendenz besonders hervortreten.

schaftlichen Nationalismus, soziale Gerechtigkeit innerhalb eines kapitalistischen Rahmens, die Neuverteilung des Bodens, die Verbesserung des gesetzlichen Status der Arbeiter und den Antiklerikalismus betonte."[70]

Der Schulkampf trug dazu bei, daß sich die Cristeros ein zweites Mal erhoben. Die sogenannte ‚Guerra albérchiga' (Aprikosenkrieg) 1934—40 war indes wesentlich unbedeutender[71]. „Der bis 1937 geführte und verlorene Schulkrieg geriet seinen Erfindern zum Fallstrick." Er rief eine unerwartete Feindschaft der Mittelklasse auf den Plan, so daß die Kirche mit der Rückendeckung der städtischen Schichten, der Universität, der Mehrheit der Bevölkerung und der Weltmeinung kaltblütig dem Spiel Calles' gegen Cárdenas widerstehen konnte[72]. Townsend, der Gründer des ‚Summer Institute of Linguistics', beschreibt als Zeitgenosse und Freund Cárdenas' eindringlich die Krise des Juni 1935, in deren Verlauf der Machtkampf zwischen Calles und Cárdenas zu Gunsten des letzteren entschieden wurde[73]. Damit bahnte sich langsam auch ein Umschwung im Verhältnis von Staat und Kirche in Mexiko an.

52113 Überblick über die Weitentwicklung der Mexikanischen Revolution bis zur Gegenwart

Der dramatische Sieg des Indios aus Tarasco, der es mit seinem im Wahlkampf propagierten Sechsjahresplan ernst meinte, führte zu einer „massiven Erneuerung der Revolution"[74]. Die Ablösung des jakobinischen Landwirtschaftsministers Garrido Canabal (Juni 1935) durch General Cedillo, der zwar selbst auch ungläubig war, aber die Religion beschützte, weil die Leute seiner Provinz gläubig waren, bedeutete den ersten Hoffnungsschimmer für die katholische Kirche. Im Februar 1936 begann Cárdenas dann eine Reihe von Ansprachen, in denen er die Irrtümer jener verdammte, die „das religiöse Problem wichtiger nehmen als alle Probleme des nationalen Programms ... Antireligiöse Feldzüge werden nur Widerstand hervorrufen und das wirtschaftliche Wachstum endgültig verzögern"[75].

---

[70] Mecham aaO 406f. Nach der Verfassungsänderung auf Grund des Sechsjahresplanes von 1934 konnten Kirchen keinerlei Schulen mehr unterhalten, nicht einmal Priesterseminare, so daß die Ausbildung katholischer Priester in die USA verlegt wurde, besonders nach El Paso in Texas. Eine Vielzahl protestantischer Schulen wurde geschlossen. Der katholische Klerus rief zum Boykott der staatlichen Schulen auf.
[71] Vgl. im einzelnen Meyer aaO 212f.
[72] Ebd. 212. Michaels 1970, 51 bemerkt: „In 1934, the nationalism of the victors of the Mexican Revolution advocated the destruction of the church as a factor in Mexican life. It will never be clear how much of the anti-clerical nationalism of Calles, Garrido, and Tejada was sincere and how much was based on the plan of diverting the Mexican people from other issues".
[73] 1952, 109ff - vgl. auch die erweiterte spanische Fassung 1975.
[74] Vgl. im einzelnen Fagg aaO 546ff. Cárdenas hatte zeitweise auf seiten Zapatas, dann Villas und zuletzt auf seiten der siegreichen Carranza-Obregón-Truppen gegen Zapatistas und Villistas gekämpft. 1934 galt Cárdenas als aufrechter, gegen Korruption unanfälliger Offizier.
[75] Rede vom 4. 3. 1935 in Guadalajara nach Meyer aaO 213. Grubb 1935, 16 weist darauf hin, daß die Injektion eines völlig anti-religiösen Geistes in gewisse Zweige der nationalen Politik besonders durch die Gegenwart von Lic. Canabal in Cárdenas' Kabinett bewirkt wurde. Dieser gipfelte im Dekret vom 12. 2. 1935, durch das der

„In den Tagen, die folgten, haben die Gouverneure von sieben Staaten Dekrete verkündet, die die Wiedereröffnung der Kirchen gestatteten. Das Massaker einer ‚Kulturbrigade' durch die verzweifelte Bevölkerung von San Felipe Torres Mochas im März 1936 scheint diese Entscheidung beschleunigt zu haben. Im April öffnete man die Kirchen in der Hauptstadt und in Veracruz, im Mai setzte die US-Botschaft öffentliche Begräbnisfeierlichkeiten für Mgr. Díaz durch, im Verlauf des Sommers öffneten die Kirchen in Nayarit und in Jalisco. Im Februar 1937 führte der Tod eines Mädchens zur Mobilisation der Bevölkerung von Orizaba, dann eilte man im Staat Veracruz, die Kirchen zu öffnen, ohne daß die Regierung Miene machte, sich zu widersetzen; dasselbe ereignete sich in Chiapas und in Tabasco: in Villahermosa fand sich jemand, um Befehl zum Gebrauch der Schußwaffen zu geben. 1938 waren die Kirchen im ganzen Land offen; 1940 sprach General Ávila Camacho, der Nachfolger Cárdenas' seinen berühmten Satz: „Ich bin gläubig."

Die Frage, wie es zu dieser Entwicklung kommen konnte, obwohl „Cárdenas der aufrichtigste der Antiklerikalen und der überzeugteste der Rationalisten seiner Generation" war, beantwortet Meyer dahingehend, daß er gerade wegen seiner Aufrichtigkeit unter den antireligiösen Haßkampagnen litt. „Er verstand es mit dem ‚aufrichtigen Fanatismus' schonend umzugehen ... Sakristan-Präsident, Freund der Landpfarrer, zögert er nicht, sich den aufrichtigsten ‚Entfanatisierern' (von denen er einer ist) zu widersetzen, da die ‚Entfanatisierung' den Zielen seiner Regierung schadet. Die persönlichen Faktoren zählen, aber vor allem zählt die nationale und internationale politische Entwicklung."

Cárdenas befreite sich von der religiösen Hypothek, um sich ganz der nationalen Frage, der Erdölkrise und der Gefahr der zum Faschismus tendierenden Rechten widmen zu können, ohne die römische Kirche gegen sich zu haben[76].

Nach 1938 wurde der Antiklerikalismus der ersten Revolutionsjahrzehnte „durch ein ganz pragmatisches System der Zusammenarbeit, das die Beziehungen zwischen Kirche und Staat regelt, ersetzt"[77]. Die Kirchengesetze wurden zwar nicht beseitigt — nur die „sozialistische" Erziehung wurde aus Art. 3 der Verfassung wieder gestrichen —, sondern blieben als Damoklesschwert über der Kirche hängen, um sie vor Einmischungsversuchen in die Politik zu warnen, aber sie wurden nicht strikt angewandt.

Religionsunterricht in den öffentlichen Schulen blieb untersagt, aber Priesterseminare wurden wieder zugelassen und katholische Schulen geduldet; 1960 gab es 2259 mit 446 682 Schülern. Ab 1960 sorgte der Erlaß über die obligatorische Benutzung einheitlicher Textbücher des Unterrichtsministeriums in allen Schulen für Aufregung und Streit, bis auch er nicht mehr strikt durchgeführt wurde. Obwohl zwei

---

Versand religiöser Literatur durch die Post untersagt wurde. Schon am 16. 2. gab der Präsident die erste beschwichtigende Erklärung des Sinnes ab, daß nur der Versand politisch-religiöser Propaganda unterbunden werden sollte. Canabal hatte seine „Rothemden" mit in die Hauptstadt gebracht.

[76] Meyer aaO 213f. Als im März 1938 die Erdölindustrie verstaatlicht wurde und Cárdenas in eine ernste diplomatische und finanzielle Krise geriet, unterstützten ihn Mexikaner aller Schichten, auch die Bischöfe, was Cárdenas erstmals die öffentliche Erklärung abnötigte, daß seine Regierung Hilfe von seiten der katholischen Kirche erhalte - Mecham aaO 410. Cárdenas wandte sich an alle Proletarier mit seinem Programm, ungeachtet ihrer religiösen Einstellung. Er erkannte, daß Auseinandersetzungen mit der Kirche nur die unteren Klassen spalten würden - Michaels 1970, 52.

[77] Meyer aaO 224.

Oppositionsparteien, der ‚Partido de Acción Nacional' (PAN) und die ‚Fuerza Popular', der politische Zweig der ‚Unión Nacional de Sinarquistas', sich nachdrücklich für die Belange der katholischen Kirche eingesetzt und auch Schützenhilfe von Priestern erfahren haben, hat es die Hierarchie verstanden, die Kirche aus der Parteipolitik herauszuhalten[78].

[78] Vgl. Mecham aaO 410ff. Sein Urteil, „die ‚Sinarquistas' strebten eine autoritäre Utopia mit der römisch-katholischen Kirche als offizieller Religion an", hat Mecham aus der diese Bewegung diffamierenden Literatur (eröffnet von Juan Ignacio Padilla, Sinarquismo: contrarrevolución) übernommen. Dem ist die ausgewogene Darstellung von Ledit (1956) entgegenzuhalten. Gonzalo Campos gab der 1933 von dem christlichen, teilweise enteigneten ‚hacendado' José Antonio Urquiza gegründeten Agrarreformbewegung den Namen „Synarchismus" als Gegensatz zum revolutionären Anarchismus. Die Synarchisten verpflichten sich, nur pazifistisch zu wirken und ihren Gegnern mit gekreuzten Armen entgegenzutreten. 1937 wurde José Trueba Olivares zum Führer der ‚Nationalen Synarchistischen Union' gewählt, der Wahlspruch lautete: „Vaterland, Gerechtigkeit, Freiheit". Ein 16-Punkteprogramm wurde 1937 bekanntgegeben (vgl. ebd. 223ff). Die Zeitung ‚El Sinarquista' brachte es bis auf die erstaunliche Auflage von 97 500 Exemplaren. „Die Idee war im Vordringen, als im Jahre 1938 zwei Nachrichten...das Land erschütterten: Die Ermordung José Antonio Urquizas am 11. April und der siegreiche Marsch Abascals auf Villahermosa mit der Erringung der Religionsfreiheit in Tabasco am 11. Mai". Die Kehrseite der Landreform waren die Staatskommissare, die die ‚Ejidos' zu ihrem eigenen Nutzen mit der Pistole und zur Not mit Hilfe der paramilitärischen „Landwirtschaftlichen Reserven" regierten und die Eigeninitiative erstickten. „Von 1926 bis 1940 wurden tatsächlich nur 860 Ejidos auf etwas über 127 000 Parzellen aufgeteilt; daher erhielten kaum 30 % der Bauern das Nutznießungsrecht, das ihnen das Gesetz von 1925 zugesprochen hatte. Die übrigen 87 % waren strenger kollektiviert als die Bauern in Rußland, wo nach dem Stalinschen Gesetz von 1936 jedem Kolchosbauern eine Parzelle für seinen Privatgebrauch zugebilligt war. Die Kollektivgüter wurden von Kommissaren und staatlichen Banken verwaltet. Jetzt konnte der kollektivierte Bauer auf Gnade und Ungnade zins- und frondienstpflichtig gemacht werden. Es blieb ihm häufig nichts anderes übrig, als zu flüchten" (210). In dieser Atmosphäre der Unsicherheit und Ausbeutung durch die neuen Kaziken versuchte der Synarchismus mit Erfolg, die Eigeninitiative der Basis durch Kreditgenossenschaften, landwirtschaftliche Verbände und „Komitees für die Verbesserung der Dörfer" zu wecken (223ff). 1944 kam es zur Spaltung der Bewegung. M. Torres Buenos gründete als Partei die ‚Fuerza Popular', die sich 1946 ohne Erfolg an den Wahlen beteiligte (257f) und danach in der Versenkung verschwand. Zapatistas wie Antonio Díaz Soto y Gama hatten das alte aztekische Bodenrecht wiederzubeleben versucht. Die Synarchisten nahmen diese Forderung wieder auf und verlangten die Übertragung des Eigentumsrechtes an Stelle des bloßen Nutznießungsrechts an die Mitglieder des Ejido. In aztekischer Zeit hatte die Ortsgemeinde (Calpulli) das Eigentumsrecht, die Familienoberhäupter das Nutznießungsrecht. Das Ausdruck ‚ejido' kommt erstmals in einem spanischen Gesetz von 1573 vor im Sinne von „Auslauf" (Weideland). „Später gewann der Name dieselbe Bedeutung wie ‚Calpulli', das Gemeindegut des Dorfes oder Marktfleckens ...Die ersten 100 Jahre nach der Eroberung schützte die königliche Gesetzgebung" dieses indianische Bodenrecht. „Im Jahre 1631 sanktionierte der König von Spanien, der sich in Geldnöten befand, viel begangenes Unrecht durch ‚Vermittlung eines gemäßigten Vergleichs'. Von diesem Zeitpunkt an hatte die Ausbeutung der Indianer durch Usurpatoren, die in den Städten lebten und sich bessere Anwälte leisten und, wenn nötig, die Richter selber zahlen konnten, eine rechtliche Grundlage". Die schwersten Schläge wurden den Ejidos dann durch die Reformgesetze der Liberalen im 19. Jahrhundert zugefügt (196ff und 237). Als im Zweiten Weltkrieg die Synarchisten von Elementen der Mexikanischen Revolution und auch von den USA immer

Die Herausforderungen für die mexikanischen Christen in der gegenwärtigen Situation ergeben sich aus der Entwicklung des Landes seit Cárdenas. Mexiko hat auf dem sozialen und wirtschaftlichen Sektor erhebliche Fortschritte gemacht, aber manche Historiker beurteilen wegen seiner relativen Spitzenstellung in Lateinamerika Mexikos Entwicklung zu unkritisch[79], denn eine annehmbare Lösung für seine sozio-ökonomische und politische Problematik haben die revolutionären Kräfte bis heute nicht gefunden.

Obgleich mehr als 76 Mill. Hektar Land verstaatlicht und der Landbevölkerung in einer Art Erbpacht (ejido) gegeben wurden. gibt es auf Grund der demographischen Explosion (Bevölkerungsschätzung für 1980 = 71 387 000) heute mehr Landarbeiter ohne Grund und Boden als 1910[80]. Der im Dezember 1976 ins Amt eingeführte Präsident López Portillo hat angesichts der gegenwärtigen wirtschaftlichen Krise des Landes eine Wiederbelebung der Landreform angekündigt. Denn durch Landkauf auf den Namen von Verwandten ist die Obergrenze von 100 ha bewässerten Landes, das sich in einer Hand befinden darf, seit Jahrzehnten umgangen worden, so daß

mehr des Faschismus beschuldigt wurden, beobachteten auch manche mexikanischen Bischöfe „den wunderbaren Aufstieg des Synarchismus mit Besorgnis. Würden sich die besten Elemente der Laienschaft nicht so weit verleiten lassen, daß sie die KA im Stich ließen?" Die bürgerliche Bewegung des Synarchismus „war durch die Grundsätze, aus denen sie entstanden war, der Kontrolle des Episkopats entzogen" (252f).
Der 1939 von dem Volkswirtschaftler und früheren Rektor der Autonomen Universität von Mexiko Manuel Gómez Morín unter Mitwirkung einiger Glieder der KA gegründete PAN hat das Verdienst, die jungen Katholiken für politische Probleme interessiert zu haben. Anfang der fünfziger Jahre gab es im Parlament unter den 370 Abgeordneten 5 Vertreter der PAN. Dieser verschwindenden Minorität konnte die Staatspartei Narrenfreiheit gewähren. 1953 versuchte der politische Synarchismus noch einmal mit einer Parteigründung hervorzutreten: die ‚Unidad Nacional' (UN) trat die Nachfolge der ‚Fuerza Popular' an. Will man in Mexiko das politische Panorama mit den herkömmlichen Begriffen links und rechts erklären, dann bildet der politisch zur Zeit unbedeutende Integralismus (Ledit spricht von ‚Integrismus') nationalistischer Prägung, der die revolutionäre Entwicklung ablehnt, den rechten Flügel (281ff).

[79] Z. B. Beyhaut 1965, 204ff, verschiedene bei Ross 1966 zitierte Autoren und Halperin D. 1972, 249ff, dessen Überschwang Meyer in den Fußnoten der französischen Ausgabe gemindert hat.

[80] Bevölkerungsschätzung nach Ruiz G. 1971 I, 38 - Agrarreform vgl. ebd. II, 11ff. Ruiz aaO II, 50ff weist auf die paternalistische und repressive Behandlung der ‚ejidatarios' durch die öffentliche Hand hin, die jede Eigeninitiative erstickt hat. Die Revolution hat zwar das Grundbesitzsystem grundlegend gewandelt, aber die Landreform „war ein Mittel und nicht ein Endzweck in der globalen Reform der Gesellschaft", die ausgeblieben ist. Zu diesem Fragenkomplex ist die neue umfassende Untersuchung ‚Estructura Agraria' 1974 heranzuziehen. Während es zu Beginn der Revolution 1910 3,5 Mill. ‚campesinos' ohne Land gab, waren es 1970 bei einer aktiven Landbevölkerung von 7,6 Mill. fast 4 Mill. ohne Land. Selbst wenn man die maximale Grundbesitzgröße von 100 auf 50 ha reduzieren würde, würden nur 200 000 Landlose (4 % der aktiven Landbevölkerung) begünstigt. Seit 1935 hat Mexiko eine der höchsten Steigerungsraten der landwirtschaftlichen Produktion der Welt mit 4,4 % jährlich (zu festen Preisen gerechnet). Der Anteil der aktiven Landbevölkerung an der Gesamtbevölkerung sank von 70 % 1930 auf 47 % 1970. Die Hauptprobleme sind die Unterbeschäftigung und die Arbeitslosigkeit der Landbevölkerung. Eine Reduktion der zulässigen Größe von bewässertem Familienbesitz auf 50 ha empfiehlt sich hauptsächlich aus politisch-psychologischen Gründen.

sich eine neue Großgrundbesitzerklasse gebildet hat[81]. Die in den nächsten Jahren um weitere Millionen anwachsende Landbevölkerung (60 % der Gesamtbevölkerung leben noch auf dem Lande) kann nicht schnell genug in den industriellen Arbeitsprozeß eingegliedert werden, was zum Teil dadurch bedingt ist, daß die Industrie ihre Produktion wegen der unbedeutenden Kaufkraft der ländlichen Massen nicht entsprechend erhöhen kann. Dieser circulos vitiosus kann nicht allein durch die neuerdings propagierte Geburtenkontrolle durchbrochen werden. Er deutet vielmehr auf das Grundproblem der Mexikanischen Revolution: auf ihre Inkonsequenz. Eine Landreform ohne eine globale Gesellschaftsreform ist zum Scheitern verurteilt. Während auf dem landwirtschaftlichen Sektor die technisch rückständigen Erbpachtminifundien neben den kapitalstarken, modern ausgerüsteten, privaten Großbetrieben dahinvegetieren, herrscht in der Industrie der Privatbesitz an den Produktionsmitteln noch eindeutiger vor. Gesamtwirtschaftlich gesehen hat sich seit 1950 die Relation zwischen niedrigen und hohen Einkommen ständig verschlechtert. Dabei ist die Korruption eine selbstverständlich hingenommene Begleiterscheinung der wirtschaftlichen und politischen Entwicklung.

Wie sehr in Mexiko die Revolution erstarrt ist, verdeutlicht die Umbenennung der Einheitspartei in ‚Partido Revolucionario Institucional' (PRI) nach dem Zweiten Weltkrieg. Die persönliche Freiheit hört dort auf, wo die öffentliche Kritik am Präsidenten und seinen Freunden in der stark personell bestimmten Staatspartei beginnt. Es fehlt die von Paulo Freire geforderte dialogische Qualität der Revolution, die sie davor bewahren könnte, „sich zu institutionalisieren und in einer konterrevolutionären Bürokratie aufgelöst zu werden"[82]. Das zeigen die 1968 kurz vor der Olympiade blutig niedergeschlage-

---

[81] „Der neue Präsident López Portillo hat Probleme zu bewältigen, wie sie Mexiko seit 25 Jahren nicht gekannt hat. Das Land befindet sich in der größten wirtschaftlichen Krise seit den fünfziger Jahren, die Handelsbilanz (1975) steckt mit 3,6 Milliarden Dollar tief in den roten Zahlen, der Peso - lange Zeit eine der stabilsten Währungen der Welt - verlor allein seit dem 1. 9. die Hälfte seines Wertes, und die schlechten Aussichten haben die Mexikaner zu einer Kapitalflucht getrieben, wie sie das Land kaum je gekannt hat" - SZ 32 Nr. 279 (1. 12. 1976). In Sonora wurde die Enteignung von ca. 100 000 ha angeordnet, die 72 Grundbesitzern gehörten. Sie sollen an 8037 bäuerliche Familien verteilt werden - SZ 32 Nr, 271 (22. 11. 1976).

[82] Vgl. Freire 1971, 158. Zur Beurteilung der Umbenennung der Partei, die der Vf. schon 1972 (Prien 1972 LA 29) ohne Kenntnis von Ross abgegeben hat, bemerkt im selben Sinne Ross 1966, 18: „The best symbol of the change was the re-designation in 1946 of the official party (Mexican Revolutionary Party - PRM) as the Party of Institutional Revolution - PRI. Despite the seemingly mutual exclusivness of the terminology, the name sought to convey the idea that the day of violent and radical methods was over, and that henceforth change and progress would be effected within the law and by evolutionary means, through the machinery of the institutional processes created by the Revolution. It is probably not unfair to state that contemporary Mexican leadership was echoing the words of the nineteenth-century idealists - evolution, not revolution". Drekonja aaO 42 spricht ab 1951 ohne Begründung von der nachrevolutionären Phase. Mexikanische Historiker begrenzen die Revolution auf die 3 Jahrzehnte 1910–1940 - vgl. Ross aaO 6. Mit genauso gutem Recht könnte man die Umbenennung der Partei 1946 als Wendepunkt betrachten. Lewis 1961 kommt zu dem Schluß, daß mindestens das untere Drittel der ländlichen und städtischen Bevölkerung Mexikos zur ‚culture of poverty' gehören. Er findet es desillusionierend, daß nach fast 5 Jahrzehnten revolutionärer Anstrengungen noch ca. 60 % der Mexikaner schlecht ernährt sind, daß sie schlecht wohnen, schlecht gekleidet sind, daß ca. 33 % der Bevölkerung Analphabeten sind und daß ca. 40 % der Kinder im schulpflichtigen Alter keine Schule besuchen, aaO XXVII–XXIX nach Ross aaO 27f.

nen Studentendemonstrationen genauso wie jene kleine Zeitungsmeldung von April 1972, daß eine Gruppe mexikanischer Bauern, die sich auf dem Marsch in die Hauptstadt befand, um dem Präsidenten persönlich ihre Nöte zu schildern, wie sie es bei Cárdenas immer gekonnt hatten, von Militär am Weitermarsch gehindert und zur Rückkehr in ihre Dörfer gezwungen wurden. Das, was Antonio Díaz Soto y Gama die „historische Lüge" genannt hat (vgl. 52111), die Unabhängigkeit der kreolischen Rasse auf Kosten der betrogenen Indios, hat die Revolution bis heute nicht zu ändern vermocht, im Gegenteil unter dem „trinitarischen Dogma" „Nation, Revolution und Volk" wurde mit Hilfe des irreführenden Begriffes „Integration" verstärkt versucht, die indianischen Massen in eine nationale Einheitskultur (mejicanidad) unter Aufgabe ihrer eigenen Kultur hineinzupressen. Je mehr es in Mode kam, die präkolumbische Vergangenheit Mexikos zu preisen und die spanische Kolonialherrschaft in den schwärzesten Farben darzustellen, wie es etwa der revolutionäre Maler Diego Rivera getan hat, desto geringer wurde das Verständnis für die zeitgenössischen Indios und ihr kulturelles Erbe. Erziehung in spanischer Sprache und Vermittlung westlicher technischer Kenntnisse, das wurden die Aufgaben der staatlich verordneten Anthropologie, des ‚Indigenismo'. Cárdenas programmatische Erklärung von 1940 bestimmt bis heute die Politik:

„... unser Eingeborenenproblem besteht nicht darin, den Indio indianisch zu bewahren, noch darin, Mexiko zu ‚indigenisieren' (zu den kulturellen Werten der Indios zu bekehren), sondern den Indio zu mexikanisieren..."[83]

52114 Kirchen und Revolution im heutigen Mexiko

Gilberto Giménez faßt das Ergebnis einer Studie über die Identität der Kirchen in Mexiko (1974) folgendermaßen zusammen:

„Der mexikanische Katholizismus ist einer der konservativsten auf dem Kontinent. Ein paar fortschrittliche Bischöfe, Priester und Aktionsgruppen konnten dieses Bild nicht grundlegend verändern, obgleich ihr Einfluß stark genannt werden kann. Der mexikanische Protestantismus ist, allgemein gesprochen, in seiner breiten und überwältigenden Mehrheit fundamentalistisch, unökumenisch und ‚unpolitisch'. Wieder generell gesprochen, beschränken die christlichen Kirchen ihre sozio-politische Aktivität darauf, ihre Glieder moralisch zu ermahnen und ganz gelegentliche und nicht konkrete Erklärungen abzugeben, wobei sie es vermeiden, Stellungnahmen zu veröffentlichen, die sich direkt auf wichtige sozio-politische Ereignisse beziehen. Das grundlegende Problem für die Kirchen in Mexiko (wie an anderen Orten heute) besteht darin, daß sie sich vor radikalem sozialem Wandel und Nonkonformismus fürchten. Dies stimmt besonders hinsichtlich des Katholizismus und der traditionellen historischen Denominationen, die sich ideologisch mit dem herr-

---

[83] „Der mexikanische Botschafter in Paris, Carlos Fuentes, einer der bekanntesten Literaten seines Landes, will aus Protest gegen die Ernennung von Díaz Ordaz (zum Botschafter in Madrid) seinen Posten aufgeben. Er wirft Díaz Ordaz vor, während seiner Amtszeit (mexikanischer Präsident 1964–70) ‚der Alleinverantwortliche für die blutige Repression gegen Studenten und Arbeiter in Mexiko im Okt. 1968 gewesen zu sein'" - SZ 33 Nr. 84 (13. 4. 1977). Zur Indianerpolitik vgl. Warman 1970 und die übrigen Beiträge des Sammelbandes ‚Anthropología Mexicana', sowie Prien 1976 LM. Je nach Art der Definition des Begriffes Indio gibt es in Mexiko bis zu 12 Mill. Indios.

schenden ‚establishment' identifizieren. Die meisten etablierten Kirchen" sind so verbürgerlicht, daß sie die Werte der herrschenden Gruppen der Gesellschaft teilen „und ihre Interessen abhängig, wenn nicht identisch mit denen des ‚establishment' sehen... Strukturell und ideologisch sind die Kirchen gezwungen, (abstrakte) Reformen innerhalb der bestehenden (antagonistischen) Wirklichkeit, in die sie ‚inkarniert' sind, vorzuschlagen". Im einzelnen gibt es natürlich erhebliche graduelle Unterschiede gerade im Verständnis der Frage des kirchlichen „Dienstes am ganzen Menschen"[84].

Drekonja konstatiert: „Weder Revolution noch Kirche besaßen die Kraft, dem Mexikaner neue Werte zu vermitteln. Weder gibt es eine ‚christliche' noch eine ‚revolutionäre' Ethik. Das Fehlen der ersteren ist teilweise das Re-

---

[84] Giménez 1974. Castillo 1973 kommt zu einem ähnlichen Ergebnis. „Die Tatsache, daß sich im Jahr 1970... 42,9 % der gesamten wahlberechtigten Bevölkerung nicht an der Wahl beteiligten (11,9 Mill. Stimmen für den PRI-Kandidaten und 1,94 Mill. für den Oppositionskandidaten), demonstriert die politische Frustration. In der öffentlichen Verwaltung wird ein Maß an Unmoral erreicht, das sogar der Regierung Sorgen macht. Dies ist die natürliche Folge des völligen Fehlens der Kontrolle durch das Parlament und der Vergabe von Posten aus politischer Gefälligkeit". Es gibt genügend Kontakte zwischen Staat und Kirche. „Es existiert eine Apostolische Delegation mit diplomatischem Status, mit der die Behörden genauso verhandeln wie mit der nationalen Hierarchie, als wäre ihre Existenz auch rechtlich gesichert... Hierarchie und Klerus fühlen sich jedoch allein durch die Möglichkeit, daß die Strangulierungsgesetze dann angewandt werden, wenn die Kirche oder prominente Mitglieder etwas äußern oder unternehmen, was dem Staat mißfällt, eingeschüchtert und gehemmt... Durch ihre engen Beziehungen zu den politischen und wirtschaftlichen Führungsgruppen ist die institutionelle Kirche an die politische und ökonomische Macht gebunden; sie nutzt diese Beziehungen aber nicht zur Förderung der sozialen Gerechtigkeit. Abgesehen von gelegentlichen unverbindlichen Erklärungen und Aktionen relativ kleiner Gruppen der Hierarchie des Klerus oder der Gläubigen, verhält sich die Kirche passiv und unterstützt damit die repressiven Strukturen" (46ff). Zur Entwicklungsarbeit der Kirche mit den Sozialsekretariaten und dem CIAS, zur Bildungsarbeit und den karitativen Hilfswerken vgl. Secretariados Sociales und Castillos aaO 57ff.

Medellín hat auch in die mexikanische Kirche frischen Wind gebracht. Das wichtigste Ergebnis einer Studienkonferenz über die Dokumente von Medellín (1969) war der offene Dialog zwischen den 50 teilnehmenden Bischöfen und ca. 120 Entwicklungsexperten. Auch auf theologischen Gebiet zeigte sich auf dem Ersten Theologischen Nationalkongreß im Nov. 1969, der von der mexikanischen Gesellschaft für Theologie veranstaltet worden ist, neues Leben. „Unter den 150 Teilnehmern waren Bischöfe, Priester, Laien, nicht-katholische Christen, Anhänger verschiedener Ideologien und Beobachter aus verschiedenen Ländern des Kontinents. Ziel des Kongesses war es: 1. der Pastoral eine theologische Grundlage zu geben und gleichzeitig eine Theologie zu entwickeln, die die Wirklichkeit reflektiert; 2. die öffentliche Meinung mit dem Ziel zu beeinflussen, daß christliche Ideen die Entwicklungsprogramme durchdringen." Eine während des Wahlkampfes im Jahre 1970 dem Präsidentschaftskandidaten Echeverría von einer Gruppe engagierter Katholiken aus Cuernavaca überreichte Petition, in der eine Revision der Kirchengesetzgebung gefordert wurde, „stellt den ersten Versuch dar, ein Gespräch zwischen Kirche und Staat in Gang zu bringen, um das rechtliche Verhältnis zwischen Kirche und Staat zu ändern". Das kirchliche Angebot einer Zusammenarbeit mit dem Staat wurde in der Öffentlichkeit weitgehend als ein Anbiederungsversuch mißverstanden. Im Dez. 1972 hielt die im selben Jahr gegründete Bewegung ‚Sacerdotes para el Pueblo' (Priester für das Volk) ihren ersten Kongreß ab (64ff).

sultat der ‚Mexikanisierung' der Kirche. Mit dem Abwandern der ausländischen Priester und Theologen verbreitete sich eine provinzielle Haltung, wodurch der Kontakt mit den großen Strömungen der Theologie abriß."[85]

Damit mag das Ergebnis zutreffend charakterisiert sein, keineswegs aber der revolutionäre Prozeß. Die Mexikanische Revolution ist ja deshalb so schwer zu beurteilen, weil sich die kleine neo-liberale, antiklerikale Minderheit durchsetzte, ohne ihren atheistischen und sozialistischen Impetus durchhalten zu können. Die Basis, die Massen besonders der ländlichen Bevölkerung, hatte hinter der „anderen Revolution" Zapatas und Villas und hinter derjenigen der Cristeros gestanden, womit die These widerlegt ist, daß die ländlichen Massen Lateinamerikas apathisch abseits des politischen Prozesses verharren. Die Rebellion der Cristeros ist das in der lateinamerikanischen Geschichte einmalige Beispiel, daß sich die christlichen Volksmassen gegen den totalitären Anspruch einer Revolution erheben, die nur vorgibt, den Willen des Volkes zu verkörpern. Die in der katholischen Gewerkschaftsbewegung vorhandene christliche Sozialethik wurde 1929 einem zweifelhaften Modus vivendi geopfert, durch den die römische Kirche auf den christlichen Anspruch zur Mitgestaltung der Gesellschaft verzichtete, im Vertrauen darauf, als angepaßte Kirche ihre Strukturen erhalten zu können. Da die katholische Kirche Mexikos sich ihr Existenzrecht durch eine Art „Münchner Abkommen" erkauft hat, sind die Flucht in einen traditionell jenseits bezogenen Kult und ein schwach entwickeltes sozialpolitisches Bewußtsein in der heutigen katholischen Kirche Mexikos nicht verwunderlich. Dennoch ist eine theologische Aufarbeitung gerade der sozio-politischen Konflikte der Mexikanischen Revolution im Lichte der Theologie der Befreiung dringend erforderlich[86]. Sie könnte zeigen, daß christliche Mitarbeit an einer Revolution letztlich vom Menschenbild der Revolution bestimmt werden sollte. Eine Revolution mit rein eindimensionalem, diesseitigen Menschenbild wie die Mexikanische endet schließlich in der Reaktion, weil sie den tiefsten Bedürfnissen des Menschen nicht gerecht wird. Eine Revolution, die sich absolut setzt, wird totalitär und damit reaktionär, indem sie letztlich alte Abhängigkeiten durch neue ersetzt. Jede Befreiungstheologie wird deshalb nur revolutionäre Prozesse bejahen können, deren Träger sich der Endlichkeit ihrer Ziele bewußt sind und die ihre Ziele in Frage stellen lassen. Von daher wird verständlich, weshalb Ivan Illich nicht müde wird, „der Kirche die absolute, freiwillige Machtlosigkeit des Gekreuzigten zu predigen" und vor kirchlicher Beteiligung an Revolutionen zu warnen:

„Keine christliche Organisation hat in einer wirklichen Revolution etwas zu suchen, schon weil sie nie radikal genug sein kann, ohne die Kirche zu spalten. Und eine

---

[85] Drekonja aaO 43.

[86] Zur mangelnden theologischen Aufarbeitung vgl. Drekonja aaO 45. Die ‚Sacerdotes para el Pueblo' arbeiten genau wie die Sozialsekretariate (vgl. Zeitschrift CONTACTO) und CIAS an der Aufarbeitung der sozialen Problematik Mexikos. Ziel der Priesterbewegung ist es, „die Forderungen des Hirtenbriefs ‚Entwicklung und die soziale Integration des Landes' (1968) nicht als unverbindliche Absichtserklärung mit ihrer Alibifunktion für das mangelnde praktische Engagement verkümmern zu lassen, sondern durch ständiges Mahnen und durch das eigene Engagement zu Handlungsmaximen der Kirche zu machen" - Castillo aaO 67. Zu den Zielen der Priester vgl. ‚Sacerdotes para el Pueblo' bzw. die deutsche Übersetzung bei Castillo aaO 77–88.

Kirchenspaltung wie die, vor der wir heute stehen, ist eine Krankheit, die wir sobald wie möglich überwinden wollen."[87]

1968 haben die mexikanischen Bischöfe einen Hirtenbrief zur sozialen Frage veröffentlicht „als erste Stellungnahme zu politischen Problemen seit der Glaubensverfolgung... Mexikos Regierungsmitglieder akzeptierten das Dokument mit Stillschweigen. Drängt die Kirche weiterhin auf die Lösung sozialer Probleme, hält die Verkalkung der Revolution an, könnte eine verärgerte Regierung auf die Konstitution zurückgreifen. Eine patriotische Kirche ist willkommen, eine kritische Kirche würde stören"[88].

Vor einem neuen Konflikt mit dem Staat muß sich die katholische Kirche, müssen sich auch die protestantischen Denominationen fragen, ob sie spiri-

---

[87] Zitat aus einem Rundfunkinterview des SFB mit Illich vom 4. 12. 1976 in HKorr 23 (1969) 115–118: „Kontroverse um das CIDOC-Institut in Cuernavaca". Dieses Institut bildete für die mexikanische und lateinamerikanische Kirche ein wichtiges Forschungs- und Reflexionszentrum, das sich nicht zufällig in der Diözese Sergio Méndez Arceos befand. 1976 hat es seine Tätigkeit eingestellt, nachdem der Vatikan durch die Glaubenskongregation schon Ende Januar 1969 allen katholischen Priestern und Ordensleuten die Teilnahme an Kursen des Forschungs- und Dokumentationszentrums verboten hatte. Méndez gehört zu den „Progressiven", „ohne deswegen radikal zu handeln. Seine Reformversuche beziehen sich so ausschließlich auf innerkirchliche Fragestellungen, daß ungeduldige Revolutionstheologen ihn als Konservativen beurteilen. Unter völliger Vernachlässigung politischer Möglichkeiten konzentrierte er alle Energien auf die spirituelle Reform, beginnend mit einer konsequenten Verwirklichung konziliarer Anregungen zur Liturgiefeier. Architekten säuberten die Kathedrale von Cuernavaca von drei Jahrhunderten Gerümpel, Kitsch und Idolen. Beinahe hätten die Indianerbauern revoltiert. Heute pilgern Tausende heran, um den sakralen Funktionalismus zu bestaunen und am Sonntag die Mariachi-Messe zu hören... Sergios Offenheit lockte Mitarbeiter, Zukunftsvögel und Experimentierlustige an ... Schlagzeilen lieferte das Benediktinerkloster ‚Santa María de la Resurrección' unter Abt Gregorio Lemercier. Der aus Belgien Gebürtige war auf die Idee verfallen, mit psychoanalytischen Runden die Berufung der Mönche zu überprüfen. Sollte in Cuernavaca die Versöhnung zwischen Freud und Vatikan sich anbahnen?" - Drekonja aaO 44. Roms autoritärer Eingriff beendete das Experiment 1967 genauso, wie er 2 Jahre später das CIDOC-Institut bedrohte. Wie dem Vf. 1972 in Gesprächen in Mexiko mitgeteilt wurde, ist Don Sergio der einzige Bischof, der auch von Studenten säkularer Fakultäten eingeladen wird. 1972 hat er sich politisch exponiert, als die staatliche Gewerkschaft (CTM) nichts gegen die ungerechtfertigte Entlassung von Arbeitern seines Bistums unternahm. Der Bischof führte eine öffentliche Kampagne zu Gunsten der Entlassenen durch. Die CTM rief zu einer Demonstration gegen Sergio auf, die mangels Beteiligung ein Fehlschlag wurde. Méndez rief zu einer Gegendemonstration auf und setzte die Wiedereinstellung der Arbeiter durch. Er pflegt in den Meßgebeten stets konkret für sozial Bedrängte zu beten, ohne sich völlig mit deren etwaiger Reaktion zu identifizieren.

[88] Text des Hirtenbriefes in Desarrollo 1972, 13–57 bzw. Auszüge bei Castillo aaO 54ff und 71ff. Der Hirtenbrief wurde zum ersten Jahrestag der Enzyklika ‚Populorum Progressio' am 28. 3. 1968, also knapp 5 Monate vor Medellín, veröffentlicht. Trotz dieser Lebenszeichen kommt Castillo aaO 69 zu dem Schluß, daß die Bemühungen der katholischen Kirche um die marginalen Schichten noch nicht ausreichen, daß eine „sozialere Einstellung und eine sozialere Pastoral" die Kirche „zu einem wirksameren Element der zukünftigen Entwicklung Mexikos machen" könnte, daß es an der Ausbildung von Laienseelsorgern und an einer theologischen Fakultät zu ihrer Ausbildung fehle.

tuell so erneuert, so vom Geist evangelischer Armut erfüllt sind, daß ihre Glieder eine solche Auseinandersetzung verstehen würden[89].

5212 Die Bolivianische Revolution

52121 Die Vorgeschichte (1936—1952)

„Im Gegensatz zur Mexikanischen Revolution, die auf eine der längsten und stabilsten Geschichtsperioden folgte, bildete die Bolivianische Revolution den Höhepunkt einer zwanzigjährigen Periode gesellschaftlicher und politischer Gärung, die mindestens so früh wie die Depression von 1929 begann", urteilt Blasier[1]. In der Forschung besteht weitgehende Einmütigkeit darüber, daß der Chaco-Krieg (1932—36) nicht nur die Wirtschaft durcheinander- und die

---

[89] Ob die spirituelle Erneuerung von Ausnahmen wie Méndez Arceo oder Bischof Samuel Ruiz von San Cristóbal de Las Casas/Chiapas abgesehen schon genügend in die Breite gegangen ist, kann bezweifelt werden. Außer den ‚Sacerdotes para el Pueblo', die im Klerus 300—500 Sympathisanten haben, von denen auf den Treffen aber meist nur ca. 40 in Erscheinung treten (Information von 1972), hatte sich im Frühherbst 1968 mit 50 Seelsorgern der ‚Movimiento de Renovación Pastoral' gebildet, „um die ‚Demokratisierung der mexikanischen Kirche' zu versuchen. Sie pochen als ‚kirchliche Infanterie' auf Mitspracherecht in der erzbischöflichen Kurie. In ihrem Manifest heißt es: ‚Als Priester zählen wir nicht, weder im weltlichen noch im kirchlichen Bereich. Die Gründe für den ersten Punkt sind allgemein bekannt. In der Kirche zählen wir nicht, weil man uns nicht als Erwachsene betrachtet, so daß wir, unter ständiger Bevormundung, keine Entscheidungen fällen und keine Verantwortung tragen dürfen'" - Drekonja aaO 46. Mit der Demokratisierung der mexikanischen Kirche scheint es seitdem kaum vorangegangen zu sein. Im Leitartikel von CONTACTO Nr. 5 (1976), 5-11: „En México: Viejo ‚Guadalupanismo', Nueva Basílica" wird ausführlich über die traurige Tatsache nachgewiesen, daß trotz Konzil, trotz Medellín, trotz der Grundsätze der Weltbischofssynode von 1971 in Mexiko nicht einmal die Bischofskonferenz konsultiert worden ist, bevor man an den gigantischen Neubau der Basilika des Nationalheiligtums von Guadalupe ging. Mag der Neubau angesichts der Baufälligkeit der Basilika berechtigt sein, die Methode ist es nicht. Der Großeinsatz von Mitteln der Wirtschaft und wahrscheinlich auch des Staates und die kommerziellen Werbemethoden beim Finanzierungsfeldzug führen zu Mißbrauch der Jungfrau von Guadalupe, „um den Staatsmonopolkapitalismus, der das Land beherrscht, den politischen Populismus, der das politische Regime bezeichnet, und eine gefühlsmäßige, oberflächliche, individuelle Religiosität, die zu einem wahren Opium für das Volk wird, zu stärken." Hier geht es nur um eine entfremdende Religiosität, die dem römischen System des panem et circenses entspricht. Diesem konservativen ‚guadalupanismo' muß eine befreiende Version der Marienverehrung entgegengestellt werden.

Zur Statistik der mexikanischen Kirche vgl. González R. 1969 und Castillo 1972. Nach dem Stande von 1972 besteht die größte spanisch-sprachige Kirche der Welt, die zweitgrößte Lateinamerikas, aus 11 Erzbistümern, 47 Bistümern, 6 Apostolischen Prälaturen bzw. Vikariaten, davon wurden 30 Verwaltungsbezirke nach 1950 geschaffen. Die Zahl der Parochien erhöhte sich von 1700 im Jahre 1912 auf 2644 1968. Die Vermehrung der Pfarreien folgte jedoch ausschließlich den herkömmlichen zahlenmäßigen Kriterien. „Man bemühte sich nicht, eine neue Pfarrstruktur zu finden, die den verschiedenen Bedingungen besser angepaßt wäre. Im Jahre 1968 wohnten in jeder Pfarrei durchschnittlich 70890 Menschen. Dieser Durchschnitt verschlechtert sich, da die Bevölkerung schneller wächst als die Zahl der Pfarreien" - Castillo aaO 57f.   [1] 1967, 35.

Armee in Mißkredit brachte, sondern auch sozialem Aufruhr und moralischem Verfall den Boden bereitete und damit die Ausbreitung neuer Ideen unter der unzufriedenen Intelligenz und unter den Bergarbeitern erleichterte[2]. Nationalismus und Yankee-Haß breiteten sich in dem Maße aus, wie die Überzeugung wuchs, man sei zur Verteidigung nordamerikanischer Ölinteressen in den Krieg gejagt worden[3]. Mit 73 % lag der Anteil der Landbevölkerung an der Gesamtbevölkerung in Bolivien noch höher als in Mexiko. In den Jahren vor 1952 nahm die Landkonzentration häufig auf Kosten indianischer Gemeinden in der noch nach kolonialem Vorbild strukturierten hacienda-Wirtschaft weiter zu. Am Vorabend der Revolution wurden Massen indianischer ‚peones' noch zu bargeldlosen Diensten nach dem Trucksystem gezwungen, so daß 3 von 3,5 Millionen Bolivianern nicht eigentlich als Teil der nationalen Marktwirtschaft angesehen werden konnten[4].

Die Jahre von 1936 bis 1951 sind gekennzeichnet von einem ständigen Wechsel zwischen von Militärs getragenen Reformregierungen (A) und von konservativen Militärs und traditionellen Parteien getragenen reaktionären Regierungen, die um die Erhaltung und Wiederherstellung des Status quo bemüht waren und mit der Restauration den geringen durch Reformen erreichten Fortschritt weitgehend wieder zunichte machten (B).

A: 1936–40 Oberst Germán Busch Becerra, der 1937–40 selbst regierte und die liberale Wirtschaftsphilosophie des ‚laissez-faire' durch den Grundsatz des Gemeinnutzes abzulösen versuchte, aber am hartnäckigen Widerstand der Zinnbarone und der andauernden weltweiten Depression scheiterte und wahrscheinlich mit Selbstmord endete.

B: 1940–43 General Enrique Peñaranda del Castillo. In diesen Jahren der konservativen Restauration bildeten sich neue Parteien mit sozialistischen, indigenistischen und nationalistischen Tendenzen, u. a. der ‚Movimiento Nacionalista Revolucionario' (MNR), „der 1942 von einer Gruppe jüngerer Politiker – Advokaten, Professoren, Publizisten – ins Leben gerufen wurde"[5]. Als 1942 die Zinnminen im Zeichen der Kriegskonjunktur wieder mit Hochdruck arbeiteten und die Zinnbarone sich durch Niedrigstlöhne einen maximalen Ausgleich für die vorangegangenen mageren Jahre zuschanzten, kam es zur Besetzung der Minen Patiños in Catavi durch 7000 Bergleute. Der Einsatz von Militär führte zum Catavi-Massaker (1942), die dadurch ausgelöste Empörung zur Sammlung jüngerer, reformfreudiger Offiziere unter

A: Oberst Gualberto Villarroel (1943–46) mit Beteiligung der Oppositionsparteien, u. a. des MNR, deren Minister wieder ausschieden, als Villarroel in ein militärisches Terrorregime abglitt, z. B. 1944 einfach elf Anführer einer Streikbewegung im Bergbauzentrum Oruro erschießen ließ[6].

[2] Blasiers weist auf Alexander 1958, Zondag 1966 und Klein 1963 hin.
[3] Fagg 1971, 667: Der Krieg war ein heilsamer Schock, der die Massen aufwachen ließ. Zahllose Werkstätten hatten während des Krieges eingerichtet werden müssen, und eine enorme Zahl einfacher Indios war plötzlich mit Gewehren, Personen- und Lastwagen vertraut geworden. Sie hörten auf, eine quantité négligeable der Politik zu sein.
[4] Vgl. Blasier aaO 31 mit Belegen.
[5] Wolff 1967, 727.
[6] Barton 1968, 249: „Villarroel used Nazi tactics to stay in power and to restore the social reforms of the 1936–39 period". Ruiz G. 1971 I, 369 sieht den Hauptfehler Villarroels darin, daß er es nicht wagte, mit der ‚rosca', d. h. den Zinnbaronen, zu brechen. Diese nötigten ihn zuerst, die Zusammenarbeit mit dem MNR einzustellen. Nachdem er trotzdem das Vertrauen der wirtschaftlich Großen nicht gewonnen und

B: Tomás Monje Gutiérrez 1946–47, Enrique Hertzog 1947–49, 1949–51 dessen Vizepräsident Mamerto Urriolagoitia. Diese „politische Restauration, in der die traditionellen liberal-republikanischen Parteien und ihnen nahestehende Militärs wieder die Staatsgewalt übernahmen"[7], tat alles zum Schutz der Interessen der Hochschild, Aramayo und Patiño, um unter Urriolagoitia wieder in einen Polizeistaat auszuarten.

52122 Der sozial-revolutionäre Prozeß 1952–1964

Nachdem der Führer des MNR, Víctor Paz Estenssoro, im Mai 1951 die Präsidentschaftswahlen zwar mit 43 % der Stimmen aus dem Exil gewonnen, aber von einer Militärjunta an der Machtübernahme gehindert worden war, kam es 1952 in der Karwoche zu einem erfolgreichen Aufstand des MNR gegen die Militärs. In den Slums von La Paz entwaffneten zum Teil die indianischen Marktweiber die jungen indianischen Rekruten, die nicht recht wußten, wofür sie eigentlich kämpfen sollten[8]. Die Kadetten der Militärschule von La Paz haben am zähesten das alte Regime verteidigt. Außerhalb von La Paz kam es nur zu geringfügiger Kampftätigkeit. Angesichts des Widerwillens seiner Truppen zu kämpfen und der schwindenden Munitionsvorräte beugte sich der kommandierende General Torres Ortiz den Forderungen des MNR. Die Führer der Revolution waren Angehörige der Mittelschicht, Kleinbürger, die Gefolgsleute hauptsächlich städtische Arbeiter und Bergleute. Die Beteiligung der Landbevölkerung war fast gleich Null.

„Die Tatsache, daß der MNR sowohl von faschistischem wie marxistischem Gedankengut beeinflußt worden ist, war die Quelle nicht geringer politischer und ideologischer Verwirrung. Unter diesen Umständen ist es nicht verwunderlich, daß die frühen Programme der Bewegung den Kurs der neuen revolutionären Regierung nur teilweise anzeigten."[9] Trotz dieser äußeren Einflüsse kann mit Alexander (1958) festgestellt werden: „Die Mexikanische und die Bolivianische Revolution sind grundlegend amerikanisch gewesen. Keine von ihnen ist von Leuten geführt worden, die irgendeiner ausländischen Regierung oder ausländischen Ideologie ergeben waren."[10] Die bolivianische Kommunistische Partei, die erst 1950 gegründet worden ist und erst 1959 einen Nationalkongreß abgehalten hat, war 1952 noch zu klein und unbedeutend, um einen nennenswerten Anteil an der Revolution gehabt haben zu können. Obgleich die USA ein größerer Zinnmarkt für Bolivien waren, waren die Bindungen Boliviens an die Vereinigten Staaten geringer als diejenigen Mexikos oder Kubas[11]. Das bedeutet freilich nicht, daß die USA im Verlauf des revolutionären Prozesses nicht erhebliche Pressionen auf Bolivien ausgeübt hätten. Unter der Regierung Eisenhower begann die Hilfe für unterentwickelte Länder als eine indirekte Waffe gegen den Kommunismus und zur Begründung eines sicheren Friedens, wie Sherman Adams schreibt[12]. So wagte es Präsident Siles 1959 nicht,

---

das des Volkes verloren hatte, konnte man es dem Mob überlassen, ihn zu stürzen und seinen Leichnam vor seinem Amtssitz an einem Laternenpfahl aufhängen zu lassen. BBB 1974, 96: Beim Catavi-Massaker kamen 400 Bergleute um.

[7] Wolff aaO.   [8] Barton aaO 253.
[9] Blasier aaO 40ff. Von seiner Bildung 1940 an war der MNR bis zur Regierungsübernahme in verschiedene Konspirationen verwickelt, die dramatischste schlug 1949 fehl. Der Kampf um die Macht dauerte 1952 nur drei Tage.
[10] 272 nach Blasier aaO 46.
[11] Blasier aaO 46ff.
[12] Barton aaO 268 mit Bezug auf Sherman Adams, First Hand Report, New York 1961, Kap. X, 381.

ein russisches Kreditangebot von US$ 60 Mill. zur Entwicklung der Ölindustrie anzunehmen, ein Vorgang, der sich nach der Wiederwahl Paz Estenssoros (1960) wiederholte, als dieser nicht wagte, ein Kreditangebot der UdSSR von US$ 150 Mill. und das Angebot zum Bau einer Zinnraffinerie anzunehmen, aus Furcht, sich damit die beträchtliche US-Kredithilfe zu verscherzen[13].

Charakteristisch für den vom MNR bestimmten revolutionären Prozeß ist der auf indianische Vorbilder, d. h. auf „Indoamerika" zurückgreifende Nationalismus, der bemüht ist, die eigenständige Entwicklung gegenüber der Alten Welt stärker herauszuarbeiten.

Bei diesem Indigenismus ließ man allerdings die Kultur der Tieflandindios völlig außer acht und glorifizierte verallgemeinernd die Leistungen und Einrichtungen der Hochlandindios. Damit änderte sich die ganze geschichtliche Perspektive. Als vorbildlich galt nun die Epoche der Inka, in der die Indios selbst in Form von Kollektivbesitz Herren ihres Bodens waren. Die Kolonialzeit und die republikanische Epoche erschienen in dieser Sicht als Verfallszeit, weil in ihnen die Indios ihres Besitzes beraubt wurden und weil schon der Name Indio ein Synonym für soziale Degradierung war, weshalb die Revolution ihn durch ‚campesino' (Landmann) ersetzte, ihm dadurch freilich auch einen wesentlichen Teil seiner Identität raubte. Der Unabhängigkeitskampf des 19. Jahrhunderts verlor seine übliche Apotheose, weil die Kreolen die kolonialen Strukturen beibehalten und nur sich selbst die Freiheit erkämpft haben.

Obgleich sozial-ökonomische Faktoren weithin bestimmend für die Geschichtsvorstellungen des MNR wurden und das Kollektiv, also die unteren gesellschaftlichen Schichten und nicht die der Oberschicht entstammenden Einzelpersönlichkeiten, als Protagonist in den historischen Darstellungen auftaucht, kann von einer marxistischen Geschichtsauffassung nicht die Rede sein, fehlt doch die Einreihung der gesellschaftlichen Entwicklung Boliviens in den internationalen Zusammenhang und vor allem das Endziel einer klassenlosen Gesellschaft. Bemerkenswert bleibt die „Identifizierung von sozialer und nationaler Frage", die soziale Integrationsfunktion des Indigenismus und der geschichtskritische Nationalismus anti-kreolischer Prägung, der auf die Verlagerung der Macht von der alten, sich weiß fühlenden Oberschicht auf eine neue Mittelschicht hinweist[14].

„Der MNR glaubte, daß eine starke Zentralregierung erforderlich sein würde, um die grundlegenden Reformen, für die er eintrat, durchzusetzen. Es waren dies: die Lage des ‚campesino' zu verbessern — dieser Euphemismus bezeichnete die zwei Millionen Indios, derer sich keine frühere politische Partei erinnert hatte; die Verstaatlichung der Bergwerke; die Reduzierung des Einflusses der Oligarchie durch die Ausdehnung des Wahlrechts auf alle."[15] Im April 1952 übernahm der als Einheitskandidat der Linksparteien gewählte Paz Estenssoro das höchste Staatsamt und verwirklichte in schneller Folge dieses Wahlprogramm.

„Noch 1952 wurde das allgemeine, gleiche Wahlrecht eingeführt und damit die indianische Bevölkerung — rund 80 % der Gesamtbevölkerung — qualifiziert, die bis zu diesem Zeitpunkt durch die Bindung der Stimmberechtigung an Lese- und Schreibfähigkeit und an Mindesteinkommen praktisch ausgeschlossen war. Im gleichen Jahr wurde mit den drei großen bolivianischen Zinnbergbaugesellschaften Patiño, Hochschild und Aramayo der einzige große Industriezweig des Landes ver

---

[13] Barton aaO 278.   [14] Vgl. Wolff aaO 726ff.   [15] Barton aaO 247.

staatlicht. 1953 folgte die Enteignung des Großgrundbesitzes, der im Hochland und seinen Randgebieten die vorherrschende Form der Landnutzung war. Anschließend begann die Neuverteilung des Bodens, der teils als Privatbesitz an die indianischen Landarbeiter, teils als Kollektivbesitz an indianische Dorfgemeinschaften überging. Die Sozialstruktur des Landes wurde durch diese Maßnahmen weitgehend umgestaltet. Die bisherige Oberschicht, die sich auf Bergwerks- und Großgrundbesitz gestützt hatte, verlor ihre dominierende Stellung. Die Masse der Landbevölkerung stieg aus dem Status des halbfreien Arbeiters zu dem des Grundbesitzers oder Nutznießers des enteigneten Bodens auf. In den verstaatlichten Minenbetrieben gewannen die Bergarbeiter durch ihre Gewerkschaften nicht nur Mitspracherecht, sondern auch entscheidenden Einfluß auf die Gestaltung der Lohn- und Arbeitsbedingungen."[16]

Eine Untersuchung der Folgen dieser Reformmaßnahmen ergibt, daß ein einzelner Staat infolge seiner politischen und wirtschaftlichen Abhängigkeit solche Reformen gegen den Druck der internationalen kapitalistischen Marktwirtschaft kaum erfolgreich durchstehen kann.

Durch den Zusammenbruch der beiden benachbarten populistisch-nationalistisch ausgerichten Regime von Vargas in Brasilien (Selbstmord 1954) und Perón in Argentinien (1955) geriet Bolivien auf dem Höhepunkt des Kalten Krieges außenpolitisch völlig in die Isolierung. Vom Ende des Koreakrieges 1952 bis 1959 sank der Zinnpreis auf seinen Tiefpunkt. Da die bolivianischen Zinnbarone auch die beiden entscheidenden Zinnraffinerien in Großbritannien kontrollierten und außerdem an Zinnbergwerken in Thailand, Indonesien, Malaysia und Nigeria beteiligt sind, konnten sie den internationalen Zinnmarkt in der Baisse noch zusätzlich manipulieren und auf Bolivien einen ruinösen Preisdruck ausüben, ein Vorgang, der sich knapp zwanzig Jahre später in ähnlicher Form mit anderen Beteiligten auf dem Kupfermarkt wiederholen sollte, als Chile unter Allende die US-Kupfergesellschaften verstaatlichte. Die Auswirkungen auf die bolivianische Volkswirtschaft und damit auf die Revolution waren verheerend. Der Gesamtexport belief sich auf jährlich US$ 100 Mill., davon entfielen 90 % auf Zinnexporte. In den entscheidenden Jahren der Revolution sackte der Export auf US$ 50 Mill. ab. Wie sollte eine Revolution unter so erbärmlichen finanziellen Umständen, bei so kümmerlichen inneren Voraussetzungen und angesichts einer so ungünstigen außenpolitischen Lage Erfolg haben, wo natürlich auch noch bei der Durchführung der Reformen gravierende Fehler gemacht wurden. Obgleich die Zinngesellschaften vor der Verstaatlichung ihr gesamtes flüssiges Kapital ins Ausland abgezogen und durch ihre unmenschlichen Ausbeutungsmethoden mit horrenden Profiten gearbeitet und ihre Investitionen schnell amortisiert hatten, verpflichtete sich die Regierung noch zu umfangreichen Entschädigungen durch Verpfändung der Exporte etlicher Jahre. Sie zahlte bis 1961 über US$ 20 Mill. an die ehemaligen Besitzer. Dafür fehlten der staatlichen Minengesellschaft COMIBOL (Corporación Minera Boliviana) ausreichendes Betriebskapital und Mittel für die Modernisierung der Minen. Außerdem hatte die Regierung die Minenarbeiter noch mit einem Bonus von US$ 8 Mill. entschädigt und ihnen Werkswohnung und -land überlassen, womit eine verhängnisvolle Inflationswelle ins Rollen kam. Durch unvernünftige Lohnforderungen der Bergarbeitergewerkschaft wurden die Produktionskosten auch noch ungebührlich in die Höhe getrieben. Bei alledem wurde Bolivien in der Zwangsjacke internationaler Abhängigkeit gehalten weil es sein Zinn nicht selbst raffinieren und gewisse Trennverfahren und Legierung mit Tungsten, die die Reexporteure in den USA vornahmen, nicht durchführen konnte[17]. Aus Mangel an Kapital und technischem Know-how wurde auch die Grün-

---

[16] Wolff aaO 727f.
[17] Eine kleine Vorstellung darüber, welche ungeheuren Geldsummen die bolivianischen Zinnbarone mit dem Schweiß der Indios verdient haben, vermittelt die Mel-

dung einer nationalen Ölgesellschaft YPFB (Yacimientos Petrolíferos Fiscales Bolivianos), die schon 1937 nach der Enteignung der Standard Oil Co. erfolgt war, kein großer Erfolg, so daß sich Paz 1953 gezwungen sah, der YPFB zu gestatten, Kooperationsverträge mit ausländischen Firmen abzuschließen und 1955 sogar wieder direkte Kontrakte mit ausländischen Ölgesellschaften abzuschließen, die in der Folgezeit fast 75 % der Ölfelder übernahmen, was Paz fast den Vorwurf des nationalen Verrates eintrug, aber einen Anstieg der Produktion von ca. 600 000 Faß 1952 auf 3 Mill. 1956 bewirkte. Damit erhielt der Staat dringend notwendige Einnahmen.

Präsident Hernán Siles Suazo (1956–60) kritisiert rückblickend auch die mangelnde Solidarität unter den Arbeitnehmern. Während das monatliche Durchschnittseinkommen der Arbeiter bei US$ 30 lag, bezogen die Erdölfachleute der YPFB US$ 1000 und drohten damit, ins Ausland abzuwandern, falls sie diese Spitzenstellung nicht weiter behielten[18].

Im Endeffekt zeitigte das säkulare Werk der Agrarreform die besten Früchte.

Die Ankündigung der Agrarreform hatte die Indios aus ihrer Lethargie geweckt. Sie setzten den Gesetzentwurf von 1953 in die Tat um, ohne auf amtliche Anweisungen zu warten, indem sie das Land besetzten. Waren bis dahin wohlgemeinte Gesetze nie bis in alle Winkel des Landes vorgedrungen, so verschaffte erstmals die Rebellion des Volkes einem Gesetzentwurf die Rechtskraft, die ihm der Kongreß erst 1956 zuerkannte. Bis 1961 waren 3 597 834 ha Land an 107 397 Familienvorstände verteilt[19]. Hieran sieht man, daß nicht allein entscheidend ist, welche Schichten einen revolutionären Prozeß auslösen, sondern genauso, welche Bevölkerungsgruppen ihn vorantreiben.

Bei der Durchführung der Agrarreform blieben Rückschläge, die hier nicht im einzelnen zu schildern sind, nicht aus. Das war nicht anders zu erwarten bei einer unter dem Druck der Massen übereilt eingeleiteten Reform, deren Begünstigte überdies im wesentlichen nur die bargeldlose Form der Subsistenzwirtschaft kannten. Bis 1964 war indes der nach der Enteignung eingetretene Produktionsverlust von 15 % bei der Hochlandwirtschaft längst wieder ausgeglichen. Durch eine intensive Förderung des Tieflandackerbaus war es sogar gelungen, die landwirtschaftliche Produktion insgesamt um 33 % zu steigern[20].

---

dung, daß Antenor Patiño für den „Jet-Set" für DM 85 Mill. an der mexikanischen Westküste die Luxussiedlung ‚Las Hadas' gebaut hat - BUNTE Nr. 15 (4. 4. 1974), 78ff. Zu den technischen Problemen der Zinnaufbereitung vgl. Ruiz G. 1971 I, 373ff, zum gesamten Kontext vgl. Siles 1969, 31f.

[18] Siles aaO.

[19] Ruiz G. 1971 I, 380. Die indianischen ‚campesinos' bildeten 65 % der Gesamtbevölkerung.

[20] Barton aaO 265ff. Im Tiefland sind umfangreiche Kolonisierungsprojekte durchgeführt worden. Weil es schwer war, die Hochlandindios in dem ihnen ungewohnten tropischen Tieflandklima zu halten, siedelte man auch Ausländer an: Auswanderer aus Okinawa, sonstige Japaner, Paraguayer und Mennoniten aus Kanada. 25 000 Indios konnten in Produktionsgenossenschaften organisiert werden. In HKorr 16 (1961/62), 450 wird auf das erwachende katholische Sozialbewußtsein hingewiesen, daß sich u. a. in Äußerungen des ‚Partido Social Cristiano' (PSC) manifestierte, der 1961 seine Stimme gegen die Einparteienherrschaft erhob und in einem Dokument kritisch zur Agrarreform Stellung genommen hat. Grundsätzlich wertet die Partei die Gesetze von 1953 sehr positiv, kritisiert aber deren Durchführung sehr scharf, weil statt echter Eigentumsbildung und der Schaffung eines gesunden Genossenschaftswesens kommunistische Agenten die Kollektivierung und Verstaatlichung des bäuer-

Wichtiger als der wirtschaftliche war der gesellschaftliche Aspekt der Landreform. Erstmals seit den Zeiten der Inka gewannen die Indios eine ihnen völlig unbekannte Unabhängigkeit. Sie wurden in einen umfangreichen Emanzipationsprozeß hineingestellt, der ihnen eigenen Grund und Boden, Bürgerrechte und Bildungsmöglichkeiten verschaffte. Der Anteil der Erziehungsausgaben im Staatsbudget wuchs von 16 % auf 25 %. Die Gesamtzahl der Schüler stieg von 128 000 im Jahre 1950 auf 587 000 1964 bei einer Gesamtbevölkerung von 4 Millionen.

Das Hochschulwesen wurde von revolutionären Reformen kaum erfaßt.

Es lieferte weiterhin Juristen im Überfluß an Stelle der dringend benötigten Agronomen, Tierärzte und Hydrologen. Auch die Zahl der Ärzte blieb völlig ungenügend, um das geplante umfangreiche öffentliche Gesundheitsprogramm zu verwirklichen, das außerdem nicht finanzierbar war. Das Durchschnittsalter der Bolivianer schwankt zwischen 35 und 40 Jahren und liegt bei Minenarbeitern wegen Silikose noch niedriger. Die Kindersterblichkeit erreicht 150 auf 1000 Kinder. Ca. 75 % der Bevölkerung leiden an Tuberkulose, Parasiten, Typhus, Malaria etc., Erkrankungen, die hauptsächlich durch die verbreitete Unterernährung bedingt sind (nur knapp 1800 Kalorien pro Tag bei Vitamin- und Proteinmangel).

Einer der entscheidenden Schritte der Revolution war die Auflösung der Armee und die Bildung von Arbeiter- und Bauernmilizen gewesen. Die zahlreichen Unruhen und Aufstandsversuche hatten Paz indes schon 1953 zur Neugründung einer Armee veranlaßt, die später von nordamerikanischen Militärberatern wieder zu einem antirevolutionären Instrument umfunktioniert wurde.

Die vielen Revolten führten zur Ausbildung eines immer umfassenderen Unterdrückungsapparates. Eine Vielzahl Oppositioneller wurde enteignet, ins Exil oder in ein Konzentrationslager geschickt[21]. Ab 1953 war Bolivien massiv auf die Kapitalhilfe der USA angewiesen. Schließlich wurden US$ 40 Mill. des nur 60 Mill. betragenden Etats durch nordamerikanische Hilfe abgedeckt. Beim zehnjährigen Jubiläum 1962 war der US-Botschafter Stepansky praktisch der wichtigste Mann im Staate. Siles faßt den Widerspruch der Situation so zusammen: „Eine Revolution, die anfing, von dem (nordamerikanischen) Imperium subventioniert zu werden, konnte nur eine ungeheure Verwirrung und innere Korruption hervorbringen."[22]

Da die Landwirtschaft von den Erträgen des Bergbaus mitfinanziert werden mußte, um die Integration der Indios in Gesellschaft und Wirtschaft zu erreichen, merkten die Bergleute nicht genug von den Früchten der Revolution. Die Bergbaugewerkschaft unter Lechín sabotierte das Stabilitätsprogramm, mit dem Siles ab 1956 die galoppierende Inflation zu bremsen versuchte. Allein im ersten Halbjahr 1959 führten 500 Streikaktionen zu Produktionseinbußen bis zu 50 %.

Der MNR zerfiel in einen mehr oder weniger marxistisch inspirierten Arbeiterflügel unter Lechín und einen rechten Flügel, zu dem auch die Generale René Barrientos und Alfredo Ovando Candia gehörten. Praktisch wurde die Armee Schiedsrichter der Situation, dies besonders, als sich Paz 1964 wenige Monate vor Ende seiner Amtszeit auf die genannten Generale stützte, um mit ihrer Hilfe entgegen der Verfassung eine dritte Amtszeit durchzusetzen. Ob-

---

lichen Besitzes betrieben hätten. Außerdem fordert der PSC eine bessere Erziehung und Bildung der Landbevölkerung.

[21] Vgl. dazu ausführlich Padilla 1969 und Peñaranda 1965.
[22] Siles aaO 31.

wohl er Barrientos zu seinem Vizepräsidenten gemacht hatte, wurde er von diesen Generälen 1964 mit der Begründung gestürzt, sein Stabilitätsprogramm schade sowohl den Bergleuten wie den Landwirten[23].

Es fehlt eine gründliche Untersuchung der Haltung der Kirchen im sozialrevolutionären Prozeß Boliviens. Nach dem Stand der Forschung sieht es nicht so aus, als ob die Kirchen auf Grund der Erfahrungen mit dem revolutionären Prozeß in Mexiko für die Vorgänge in Bolivien ab 1952 sehr gut gerüstet gewesen wären oder durch eine entsprechende Aufgeschlossenheit dahin gewirkt hätten, daß eine marxistische Radikalisierung wenig Nährboden gefunden hätte.

Turner faßt sein Urteil mit den Worten zusammen: „... the Bolivian clergy stubbornly failed to collaborate with the process of change initiated by the Bolivian revolution of 1952."[24] Mecham spricht von einer Steigerung des kirchlichen Bewußtseins für die sozialen Probleme durch die Regierung des MNR, was z. B. daran sichtbar wurde, daß auf Initiative des päpstlichen Nuntius eine Gruppe in Sozialarbeit geübter kanadischer Oblaten ins Land gerufen wurde, die als Bergbaupatres ihre Arbeit in den Minen von Catavi aufnahmen. Aus Mangel an Geld, Erfahrung und Mitarbeitern sei aber die Entwicklung kirchlicher Sozialwerke weder an Umfang noch Popularität so bedeutend, daß sie mit Regierungsmaßnahmen konkurrieren könne. Warum auch? Die katholische Kirche habe zwar die Sozialreformen der Regierung unterstützt, sei aber kritisch gegenüber linken Tendenzen des MNR gewesen[25].

Das gemeinsame Hirtenwort des bolivianischen Episkopats vom April 1958 deutet auf innerkirchliche Erneuerungsbestrebungen und eine langsame sozial-ethische Bewußtseinsbildung.

Überall, so fordern die Bischöfe, müssen neue Methoden und eine neue Gesinnung Platz greifen. „Sowohl Diözesan- wie Ordenspriester müssen die veralteten Methoden einer rein ritualistischen Bürokratie aufgeben; sie müssen die christliche Soziallehre in ihrer ganzen Wirklichkeit studieren, praktizieren und lehren, um das Volk wiederzugewinnen. Unsere Gläubigen müssen aus dem Traum eines komfortablen Mittelstandskatholizismus erwachen und sich in der Liebe Christi zusammenschließen, um eine bessere Welt, eine christliche Welt sozialer Gerechtigkeit und brüderlicher Liebe zu schaffen... Die neue Zeit, in der wir leben, verlangt neue Methoden." In bezug auf das Agrarproblem heißt es, daß die Reformen von 1953 „praktisch in eine kommunistisch gefärbte Revolution ausgeartet sind". Die Kirche sei zwar immer auf seiten einer gerechten Reform, aber könne nicht billigen, daß die ‚campesinos' sich zu Gewaltakten, Terror und Anarchie hätten hinreißen lassen. Gleichzeitig betonen die Bischöfe, daß sie sich schon lange um das Landvolk gekümmert und ihm durch Errichtung von Schulen, landwirtschaftlichen Genossenschaften, ländlichen Gewerkschaften und die Bildung der Katholischen Aktion geholfen hätten, aber letzthin bei ihrer sozialen Tätigkeit auf Widerstand im Landwirtschaftsministerium stießen[26].

---

[23] Vgl. Barton aaO 270ff; Siles aaO 31f. Auch wenn man mit Schlußfolgerungen wie sie Abadie 1970/18, 56 zieht, vorsichtig sein soll, bleibt bemerkenswert, daß 1964 zwei nationalistisch-populistische Präsidenten von Militärs gestürzt wurden - in Brasilien Goulart am 31. 3. 1964 und in Bolivien Paz E. am 4. 11. 1964 -, die durch ihre Sonderkurse in den USA von der politischen Mentalität der USA beeinflußt worden sind. Unumstritten ist auch, daß nach der Ermordung Kennedys die US-Politik gegenüber Lateinamerika wieder intoleranter wurde. Zum Ganzen vgl. auch BBB 1974, 91ff.

[24] 1971, 98.   [25] 1966, 189.
[26] HKorr 12 (1957/58), 478.

So berechtigt die Warnung der Bischöfe vor Gewaltakten gewesen sein mag, so müssen sie sich doch fragen lassen, ob es nötig war, deshalb das Gespenst des Kommunismus zu beschwören, und ob sie sich in den voraufgegangenen vierhundert Jahren durch entschiedene Stellungnahmen zu Gunsten der ausgebeuteten und enteigneten ‚campesinos' die Legitimation erworben haben, in einem sozialrevolutionären Prozeß als glaubwürdige Mahner zur Mäßigung aufzutreten? Der Bezug auf den Mittelstandskatholizismus könnte ja darauf hindeuten, daß die Bischöfe ihre Gefolgschaft in erster Linie in der kleinen Minderheit der Mittelschicht sehen, statt sich mit den ausgebeuteten Massen der Indios zu solidarisieren[27].

Der ehemalige MNR-Präsident Siles bemerkte 1972 in einem Interview, daß die Revolution keine Probleme mit der katholischen Kirche gehabt habe, die in den fünfziger Jahren noch sehr konformistisch gewesen sei. Die Kirche als ganze habe sich nicht für die revolutionären Reformen engagiert, sondern sei passiv geblieben, wenn auch zahlreiche Priester, besonders Franziskaner, den MNR unterstützt hätten. Der bolivianische Primas, Kardinalerzbischof Maurer von Sucre, habe die Bodenreform des MNR allerdings ausdrücklich verdammt, weil sie gegen das Recht auf Eigentum verstoße[28].

Im November 1959 kritisierte Erzbischof Manrique von La Paz, daß die Regierung die Kommunisten dulde, ja daß häufig Pro-Katholiken inhaftiert, Kommunisten dagegen selten verfolgt würden. 1960 ergriff er im Wahlkampf erneut das Wort und rief in einem Rundschreiben dazu auf, nicht die Gottesleugner zu wählen. Das Volk solle „den roten Frieden des Kommunismus" zurückweisen. Dennoch meint Mecham, daß die Kirche sich im allgemeinen nicht in die Politik eingemischt und eher in einer gewissen Isolierung von den schwerwiegenden nationalen Problemen gelebt habe[29]. Im Unterschied zur Mexikanischen Revolution hatte die römische Kirche keinen Grund, sich über eine Diskriminierung von seiten des Staates zu beklagen, hat doch die Regierung Siles sie in einem Vertrag im Dezember 1957 als Kulturträger anerkannt und den katholischen Missionsvikariaten eine ganze Reihe von Sonderrechten eingeräumt:

Anerkennung als juristische Person, Steuerfreiheit für ihre Einrichtungen, Zollfreiheit für Importe, Gebührenfreiheit im Post- und Telegraphendienst, freie Reise für Missionare bzw. 50 % Ermäßigung auf Luftlinien und Eisenbahnen. Zum Aufbau einer Gesellschafts-, Wirtschafts- und Bildungsordnung in den Eingeborenengebieten wurden der Kirche beinahe so umfangreiche Rechte zugesichert, wie sie sie in der Zeit der Vizekönige gehabt hatte[30]. In der zweiten Amtszeit von Paz Estenssoro (1960–64) gewährte die bolivianische Regierung in einem Vertrag mit dem Hl. Stuhl außerdem großzügige Einfuhrerleichterungen und Zollbefreiungen für alle jene Dinge, „die für die unmittelbar kirchliche oder von der Kirche getragene soziale Aktion zugunsten der armen Landbevölkerung, notleidender Familien und karitativer Werke gebraucht werden". Damit wurde die Tätigkeit ausländischer Hilfswerke wie MISEREOR oder ADVENIAT erheblich erleichtert[31].

---

[27] Wenn schon von Gewalt die Rede ist, wundert man sich, daß die Bischöfe nicht gegen den politischen Terror des MNR und ihre Konzentrationslager protestierten - vgl. Anm. 21 und ‚Evangelio y violencia' 1973, 66 - bzw. sich nicht wie der PSC zum Agrarproblem differenzierter äußerten - vgl. Anm. 20.
[28] Mensaje Nr. 206 (1972), 53.   [29] 1966, 190.
[30] HKorr 12 (1957/58), 214.
[31] HKorr 18 (1963/64), 427.

52123 *Das Abgleiten des MNR in die Reaktion: Barrientos (1964–1969)*

Der MNR hatte die Unterstützung der Massen verloren. Die Regierung General Barrientos' wurde immer reaktionärer. Die Gehälter wurden gesenkt, die Preise freigegeben, die Volksmilizen entwaffnet, die Studentenbewegung unterdrückt, die Rückführung der Zinnminen in den Privatbesitz eingeleitet, die Bodenreform durch die Entschädigung der Großgrundbesitzer teilweise rückgängig gemacht, jedenfalls so weit sie die Entmachtung der Oligarchie betroffen hatte. Die Armee wuchs von 6000 auf 26 000 Mann an, die von US-Militärberatern ausgebildet, mit modernen US-Waffen ausgerüstet und auf die Niederschlagung von Volksaufständen vorbereitet wurde. Sie erlebte ihren Großeinsatz, als Barrientos am 19. Mai 1965 den Belagerungszustand verhängte, „um der Diktatur und Demagogie der Gewerkschaften ein Ende zu setzen". Die bestreikten Zinnminen wurden von Militär besetzt, der Widerstand der Bergleute in einem Blutbad erstickt, die Löhne der Bergleute um 40–60 % herabgesetzt und 6000 „überzählige" entlassen[32].

Nachdem die katholischen Bischöfe unter den vorangegangenen MNR-Regierungen sich nicht zur Verteidigung der Menschenrechte stark gemacht, sondern hauptsächlich den Besitz und die Privilegien der Kirche verteidigt hatten[33], kam es unter Barrientos in der Zeit des Vatikanum II zu einem verstärkten Bewußtseinsbildungsprozeß in bezug auf die soziale Problematik. Die Ereignisse des Jahres 1965 bewirkten, daß Erzbischof Manrique von La Paz und andere Kirchenführer seit Jahren erstmals wieder zu wirtschaftlichen Fragen Stellung nahmen[34]. Am 6. Oktober 1965 verlangte Manrique im Namen der Bischöfe vom Regime eine radikale Revision seiner Politik gegenüber den Arbeitern. Die katholische Radiostation ‚Pio XII' erhob mutig ihre Stimme gegen die Unterdrückung der Arbeiter im Zuge der sogenannten Politik der „Ordnung"[35]. Auch Gemeindepfarrer begannen, sich öffentlich zu äußern. So kritisierte eine Priestergruppe in Sucre 1965, daß die römische Kirche sich bis dahin hauptsächlich mit ihren inneren Problemen und dem Bau neuer Gebäude befaßt und die Probleme der Masse des Volkes — Sklaverei, Unterdrückung, Gleichgültigkeit und Fatalismus — ignoriert habe.

Es sei an der Zeit, daß Bolivien mit jener Form von „unterentwickelter Menschlichkeit" breche, die „zu Unwissenheit, Analphabetismus und Ungerechtigkeit geführt habe". Die Entwicklungspolitik der USA sei nicht wahrhaft an der wirtschaftlichen Entwicklung Boliviens interessiert, sondern schaffe Abhängigkeiten, die die bolivianischen Politiker in die Rolle „artiger Kinder" zwänge, die nichts tun dürften, was die Spendierlaune von Onkel Sam beeinträchtigen könne. Die Entwicklungspolitik des MNR sei letztlich nicht konstruktiv gewesen, sondern habe zu immer neuen Spaltungen unter Bauern, Arbeitern und Studenten geführt und sei ständig skrupelloser und oberflächlicher geworden. Die Kommunisten ihrerseits hätten ihr ganzes ausländisches Geld zu Propagandazwecken ausgegeben und nicht eine einzige Sozialeinrichtung damit aufgebaut. Dafür hätten sie inzwischen Hunderte von Lehrern an Schulen und Universitäten inspiriert. Die Priester sehen die Aufgaben der Kirche in verstärkter Evangelisation durch Laien und konsequenter Sozialarbeit, die auf die Freiheit aller abzielen muß. Die Kirche habe wegen ihrer ernst-

---

[32] Ribeiro 1970, 220. Zum Blutbad vgl. Miguel Cardozo VIS 4 Nr. 17 (1970), 57 - mehr als 400 Tote - bzw. Abadie 1970, 11.
[33] Goff 1972, 82.   [34] Hanke 1967 II, 48.
[35] Zu Manrique vgl. Abadie aaO, zu ‚Pio XII' Siles aaO 32f.

haften inneren Probleme — Priestermangel, fehlender Priesternachwuchs, desorganisierte Parochien, Mangel an katholischen Lehrern an öffentlichen und privaten Schulen, Geldmangel zur Unterhaltung einer katholischen Zeitung — das Drama der Massen zu wenig beachtet und die Heranbildung von Führungskräften aus dem Laienstande zu sehr vernachlässigt. Jedwede Entwicklungshilfe, „die nicht auf die Erziehung und Förderung der ‚campesinos' und Arbeiter abzielt, ist verschwendet. Die Kirche sollte ihre Anstrengung auf die Schaffung der Kirche Christi konzentrieren, statt sich ausschließlich dem Bau neuer Gebäude zu widmen", die ihr eines Tages von Revolutionären weggenommen und zweckentfremdet werden können[36].

Das Jahr 1967 mit seiner starken Guerrilla-Tätigkeit, der Gefangennahme von ‚Che' Guevara und Regis Debray und der Ermordung Guevaras durch die Militärs stellt einen psychologischen Einschnitt in der neueren bolivianischen Geschichte dar. Im moralischen Morast der Überreste der Bolivianischen Revolution wirkte das moralische Vorbild des Arztes aus einer aufgeklärten argentinischen Bürgerfamilie als Ansporn zur Veränderung der Situation. Die Tatsache, daß er sich als Lateinamerikaner verstand, sprengte die Enge und Abgeschlossenheit Boliviens[37]. Ernesto Guevara beeindruckte durch die Übereinstimmung seiner politischen Theorie von den Brennpunkten des Untergrundkampfes (focos guerrilleros) mit seinem persönlichen Einsatz. Die Veröffentlichung seines Tagebuchs, das Bekanntwerden der Abhängigkeit der Militärs vom CIA und vom US-Southern Command in der Panamá-Kanalzone, ja die Ungeheuerlichkeit, daß sogar der bolivianische Innenminister Arguedas vom CIA Anweisungen entgegengenommen hatte, verstärkte im Nachherein die Wirkung Guevaras[38]. So wurde er zum Märtyrer der „Linken" nicht nur in Lateinamerika und regte auch in Bolivien selbst die Diskussion unter den Studenten an, besonders auch unter den christdemokratischen Gruppen[39].

Guevaras Ermordung am 8. Oktober 1967 fand auf seiten der katholischen Hierarchie kein besonderes Echo. Noch im Juli 1967 waren der Erzbischof von La Paz und der Apostolische Nuntius Arm in Arm mit Staatschef Barrientos und seinem Anhang bei einer Kundgebung zur Unterstützung der Streitkräfte und zur Erklärung ihres Abscheus gegenüber den Kräften des „Castro-Kommunismus" in der Öffentlichkeit erschienen. Damals hatte nur Bischof Gutiérrez Granier Mut zu Zurückhaltung und Differenzierung bewiesen, indem er feststellte, die Kirche lehne zwar den Guerrilla-Krieg ab und sei gezwungen, die legal gebildete Regierung anzuerkennen, gebe aber zu bedenken,

---

[36] Hanke 1967 II, Reading No. 20, 204—206.
[37] Siles 1969, 33.
[38] Ruiz G. 1971 II, 360. Das Tagebuch Guevaras gelangte ins Ausland, als Innenminister Antonio Arguedas nach Chile flüchtete und es mitnahm. Die Flucht dieses Anhängers Barrientos' erfolgte in dem Augenblick, in dem Ovando namens der Streitkräfte eine minutiöse Untersuchung der Hintergründe der Ermordung Guevaras verlangt hatte - Abadie 1970, 11f. Die in der Literatur verbreitete Behauptung, die Zinnbergleute hätten gar keine Sympathie für die Guerrilla-Kämpfer gehegt, scheint nicht zu stimmen. Richtig scheint zu sein, daß sie keine direkten Verbindungen zum Untergrund hatten. Galeano berichtet in einem Interview mit VIS (4 Nr. 16, 1970, 48), daß die Zinnbergleute im Juni 1970 beschlossen hätten, den Untergrundkämpfern einen Tageslohn zukommen zu lassen, wobei ihnen der völlige Mangel an Verbindung mit ihnen auffiel. Dafür sprachen an St. Johanni wieder die Waffen des Militärs in den Bergarbeiterlagern.
[39] Goff 1972, 81.

daß wahrer Friede sich „nicht allein durch den Sieg der Waffen, sondern durch die Wiederherstellung der Gerechtigkeit erlangen lasse"[40].

Das Stichwort „Castro-Kommunismus" deutet bereits an, daß der sozialkritische Bewußtseinsbildungsprozeß führender Katholiken in Lateinamerika seit der kommunistischen Entwicklung des kubanischen Revolutionsprozesses nach 1959 erneut durch die traditionellen Denkkategorien des Kalten Krieges behindert wurde. Konnte doch nun wieder leichter jede sozialrevolutionäre Bewegung mit dem Kommunismus gleichgesetzt werden.

Weniger das tragische Ende Guevaras als die brutalen Morde an Zinnbergleuten, mit denen die Regierung Barrientos auf deren Lohnforderungen reagierte, und die Konkretisierung der vatikanischen Erneuerung durch Medellín 1968 dürften dazu beigetragen haben, die Mehrheit der bolivianischen Hierarchie aus ihrer Apathie gegenüber den Leiden des einfachen Volkes und ihrem traditionellen Einverständnis mit konservativen politischen Interessen herauszureißen.

1968 kritisierte eine Gruppe von 80 Priestern die Haltung der Hierarchie zum gravierenden Guerrilla-Problem des Jahres 1967. Sie habe den Weg der Suberversion zwar scharf verdammt, aber keine Alternative, keinen Weg gezeigt, auf dem der revolutionäre Wandel, dessen Bolivien dringend bedürfe, sonst erreicht werden könne. Die Kirche könne allerdings auch keine prophetische Rolle spielen, solange sie selbst nicht „evangelisch" handele und fortfahre, durch ihre eigenen Strukturen – z. B. durch ihr Schulwesen – dem Klassendenken Vorschub zu leisten[41].

Im selben Jahr wurde in Cochabamba unter Vorsitz des Primas, Kardinal Joseph Maurer, Erzbischof von Sucre, auf einem Symposium unter Beteiligung von 350 Priestern und Laien über ein Aktionsprogramm zur praktischen Verwirklichung der Prinzipien des 2. Vatikanischen Konzils beraten. Im Schlußdokument ‚Soldiarios en la frustración' bekennt die bolivianische Kirche ihre Mitschuld an der Aufrechterhaltung der untragbaren sozio-politischen Situation.

Sie sieht ihre Mitschuld besonders darin, daß sie nicht mutig genug protestiert habe. Eine Revolution sei in Bolivien unvermeidlich, wenn es nicht zu einer schnellen und durchgreifenden Änderung des sozialen und politischen Lebens komme. Angesichts der sozialen Ungerechtigkeit, der unmenschlichen Arbeitsbedingungen, der verbreiteten Arbeitslosigkeit, der ungenügenden Schuleinrichtungen, der Bettelei und der Kriminalität der Jugendlichen, der absurd niedrigen Löhne, der effektiven Versklavung ganzer Gruppen von Arbeitnehmern, u. a. der Hausangestellten, der Unterernährung, des Verbotes der gewerkschaftlichen Organisierung der Zinnbergleute und der „repressiven Bürokratie" sei die Versuchung, „mit Gewalt auf diese schweren Beleidigungen der menschlichen Würde zu reagieren", sehr groß. Konkret wurde eine wachsende Beteiligung der Arbeitnehmer am Unternehmensgewinn und an der Unternehmensleitung gefordert, Vorschläge, die weit über die vor 1964 vom MNR durchgeführten Verstaatlichungen hinausgehen, die nur einen bürokratischen Staatskapitalismus ins Leben gerufen haben. Da auch auf diesem Symposium Gewaltanwendung zur Durchsetzung sozialer Forderungen als unchristlich abgelehnt wurde, bleibt natürlich die Frage nach den Möglichkeiten solcher Forderungen offen, weshalb Gheerbrant von einem „frommen Votum" spricht[42]. Die wachsende soziale Bewußtseinsbildung spricht auch aus dem Entschluß der beiden

---
[40] Gheerbrant 1970, 70.
[41] CIDOC INFORMA vol. 6, Doc. 68/82, 1968, 82/1–4.
[42] ECA Nr. 239 (1968), 183 und Gheerbrant 1970, 70ff.

Anfang 1969 ernannten Hilfsbischöfe der Erzdiözese La Paz, aus Solidarität mit den Indios nicht in bischöfliche Gebäude zu ziehen, sondern in den Armenstadtteilen von La Paz wohnen zu bleiben, um weiterhin ohne Verlust ihrer Glaubwürdigkeit energisch für soziale und wirtschaftliche Gerechtigkeit für die Indios eintreten zu können[43].

52124 Die Rückkehr zum nationalistischen Reformkurs: Ovando bis Torres (1969—1971)

Nachdem Barrientos 1969 bei einem Flugzeugunfall über dem Titicaca-See ums Leben gekommen war, riß General Ovando Candia in kurzer Zeit die Macht an sich[44]. Besonders unter dem Eindruck der Machtübernahme nationalistischer Offiziere in Peru im Oktober 1968 stellten die bolivianischen Militärs keine unerschütterliche reaktionäre Einheit mehr dar. Ovando setzte auf einen stärker nationalistischen Kurs und bezichtigte öffentlich den rechten Flügel des Offizierskorps der Abhängigkeit vom CIA, von der US-Strategie und der Schuld am Mord ‚Che' Guevaras[45]. Die Verstaatlichung der US-Gesellschaft ‚Bolivian Gulf Oil' im Jahre 1969, die zu starkem Druck der Vereinigten Staaten auf Bolivien führte, war Ausdruck der neuen Linie, die Ovando indes nicht konsequent fortsetzte.

Unter Ovando meldeten sich erstmals Protestanten zur sozio-politischen Lage zu Wort. Am 23. März 1970 gab die Methodistische Kirche Boliviens ein von Bischof Mortimer Arias unterschriebenes ‚Manifiesto a la Nación' heraus, das zunächst Ovando vorgelegt worden war.

Darin heißt es, daß Christen keineswegs unfehlbar seien, sich aber auch auf die Gefahr des Irrtums hin zum sozio-politischen Prozeß äußern müßten, weil der Gott der Bibel ein Gott der Befreiung sei, der Mythen und Entfremdungen zerstöre. „Friedhöfe von Bergarbeitern", völlig marginalisierte Landbewohner, das niedrigste Prokopfeinkommen in ganz Lateinamerika, wirtschaftlicher Imperialismus der Großmächte und eine erschütternde Chronik der Unmenschlichkeit zwingen die Kirche zu reden. Sie ist besorgt angesichts der Gefahr des Abgleitens in Formen von militärischem Messianismus und Faschismus, angesichts der teilweisen Unterdrückung der Verfassung, des „Vertikalismus" und der übertriebenen Verwendung von Offizieren in Schlüsselpositionen aller Art. Anderseits begrüßt sie das Wiederaufleben eines revolutionären nationalistischen Geistes unter Militärs, Arbeitern und Studenten. Ausdrücklich lobt sie Zeichen der Humanisierung in Regierungsmaßnahmen wie dem Rückzug des Militärs aus den Bergwerksbezirken, der Nationalisierung der Bodenschätze, dem Streben nach einer Reform des Erziehungswesens. Die Methodistische Kirche, die bereits mit den Ministerien für Erziehung, Landwirtschaft und Gesundheitswesen zusammenarbeitet, erklärt ihren ausdrücklichen Wunsch, konstruktiv am revolutionären Prozeß zur Erziehung eines neuen bolivianischen vom Evangelium Jesu Christi wahrhaft geprägten Menschen mitzuwirken und ruft alle christlichen Kirchen, Bürgergruppen, Studenten und Arbeiter, alle Menschen guten

---

[43] PER IV Nr. 31 (März 1969), 31f. Die Hilfsbischöfe Ademar Esquivel und Andrew Schierhoff lehnen zwar die Zuflucht zur blutigen Gewalt ab, betonen aber, daß verhindert werden müsse, daß eine Minderheit institutionalisierte „unmenschliche Gewalt erzwinge".

[44] D. h. nach einem kurzen Regierungsintermezzo des Vizepräsidenten Adolfo Siles Salinas von der ‚Acción Democrática Boliviana' (ADB), der am 26. 6. 1969 von Ovando gestürzt wurde. Zu Ovando vgl. CM 30 (Okt. 1969): BOLIVIA: La segunda Revolución Nacional?

[45] Ruiz G. 1971 I, 386.

Willens auf, an der Aufgabe der Konszientisierung und Befreiung des bolivianischen Volkes mitzuarbeiten, um Opportunismus, Spaltungen, Verdächtigungen und Ressentiments zu überwinden[46].

Dieser mutige Aufruf der Methodistischen Kirche stieß nicht bei allen ihrer ca. 10 000 Glieder auf Verständnis, geschweige denn bei den übrigen ca. 100 000 Protestanten des Landes, bei denen es sich mehrheitlich um Evangelikale und Pfingstler handelt. Deshalb ist es besonders bemerkenswert, daß ein Teil der nominell fast 4,5 Mill. Bolivianer vertretenden römischen Kirche den Aufruf der kleinen protestantischen Minderheitskirche öffentlich unterstützt hat[47]. Auch hier hat also der gemeinsame Prozeß der Bewußtwerdung sozio-ökonomischer und politischer Problematik ökumenisch verbindend gewirkt (vgl. 515).

Am 4. August 1970 forderte dann Erzbischof Manrique in einem Hirtenbrief „Eine neue Politik für Bolivien". Er mahnte die Regierung, sich nicht mit oberflächlichen Reformen zu begnügen. Da das Land nicht einfach unter wirtschaftlicher Unterentwicklung leide, sondern unter institutionalisierter Ungerechtigkeit, die eine Situation der Sünde begründe, bestehe die „schreiende Notwendigkeit" für eine tiefgreifende Umwandlung des Landes.

Manrique lehnte zwar ideologische Lösungen ab, formulierte aber die christliche Sozialethik in für bolivianische Verhältnisse neuer Weise, indem er die vier biblischen Grundrelationen des Menschen – die Beziehungen zu Gott, zur materiellen Schöpfung, zu den Mitmenschen und zu sich selbst – in Richtung auf einen revolutionären Humanisierungsprozeß deutete. Die Beziehung zu Gott schließe die Säkularisierung nicht aus, vielmehr bedeute der authentische Glaube an Christus die Anerkennung der legitimen Autonomie der Welt. Er motiviere unsere Verpflichtung zu einer integralen Entwicklung der Gesellschaft, d. h. zu einem Befreiungsprozeß aller Glieder der Gesellschaft. In ihm komme der manuellen, technischen und intellektuellen Arbeit der Vorrang gegenüber dem Eigentum zu, dessen Berechtigung davon abhänge, ob es das Leben und die Arbeit des arbeitenden Menschen vermenschliche. Die individuellen Rechte auf eine bessere Erziehung der eigenen Kinder und auf Privatbesitz müssen zurückstehen hinter dem Anspruch aller Bolivianer auf Erziehung und Besitz[48].

Mit diesem Hirtenbrief machte sich Manrique zum Sprecher der „progressiven" Priester und Laien. Wie verbreitet indes unter der Hierarchie noch das Unverständnis für die sozio-politische Problematik war, sollte sich ab 1971 unter Präsident Banzer zeigen. Schon 1970 bekannte z. B. der Hilfsbischof von La Paz und Rektor der Katholischen Universität, der Italiener Prata, offen seine Aversion gegen den nationalistischen Reformkurs, genauso auch die Morgenzeitung der Hierarchie, ‚Presencia', von der kritische Katholiken sagen, Prata betrachte sie mehr als ein Unternehmen, das Profit bringen soll, denn als ein Instrument, das dem Volk Gottes Wort für die heutige Zeit nahebringen soll[49]. Auf evangelischer Seite fand Maniques Hirtenbrief öffentliche

---

[46] CIDOC INFORMA vol. 10, Doc. 70/213, 1-8, 1970 und kurz bei Goff 1972, 83f.

[47] Hayward 1971, 169f. Immerhin ist es ein Vertrauensbeweis seiner Kirche, daß sie Mortimer Arias 1974 erneut für vier Jahre als leitenden Bischof im Amt bestätigt hat - CEI Nr. 89 (April 1974), 7.

[48] ‚Una nueva política para Bolivia' abgedruckt in PER VI Nr. 51 (1971), 23–25.

[49] Vgl. Alberto Bayley Gutiérrez in VIS 15 (1970), 24; Grupo de Reflexión A. U. C. in PER VII Nr. 66 (1972), 185. In politischer Hinsicht konservativ äußerte sich Prata auch in einem Gespräch mit dem Vf. im Dez. 1972.

Unterstützung durch den methodistischen Bischof Mortimer Arias und durch ISAL. Aber er rief auch innerhalb und außerhalb kirchlicher Kreise eine lebhafte Polemik hervor[50].

Im September 1970 ließ Innenminister Oberst Juan Ayoroa einen methodistischen Pastor, drei Jesuiten und den naturalisierten franko-kanadischen Oblatenpriester Maurice Lefevre (OSFS) des Landes verweisen, um die Gruppe sozialrevolutionärer Theologen zu schwächen[51].

Ayoroa gehörte zur Gruppe des rechtsgerichteten neuen Oberkommandierenden der Streitkräfte General Rogelio Miranda, der General Juan José Torres abgelöst hatte. Als Lehrer der Christenheitskurse (vgl. 53222) scheint Ayoroa, der seinerzeit ein unbestechlicher Gegner des Regimes Barrientos gewesen war und möglicherweise selbst Ambitionen auf den Präsidentenstuhl hatte, überzeugt gewesen zu sein, mit der Ausweisung dieser „Progressiven" die Kirche zu reinigen und ihr damit einen Dienst zu erweisen. Die schweren politischen Folgen seines Schrittes hatte er offenbar nicht bedacht[52].

Es kam zu einer Kettenreaktion von Protesten von der Gewerkschaftsleitung der Zinnbergleute über die Anwaltskammer, die Studentenorganisation, die politischen Parteien, ISAL bis zur Bischofskonferenz, die scharf gegen diesen Schritt protestierte, der die öffentliche Ruhe gefährde und beweise, daß es mit den Menschenrechten und der Beteiligung des Volkes an Regierungsentscheidungen in Bolivien schlecht stehe. Es entwickelten sich aus dieser Kontroverse blutige Ausschreitungen mit 20 Verletzten und einem Toten[53].

Nachdem es in den 145 Jahren der bolivianischen Republik bis 1970 schon 184 „Revolutionen" gegeben hatte, führten diese Auseinandersetzungen Anfang Oktober 1970 zu einer neuen Krise, da Ovandos schwankende und unentschlossene Politik niemanden mehr recht befriedigte. Sie firmierte unter dem Schlagwort „nationalistisch". Seine Gegner unter Miranda putschten unter der Richtungsbezeichnung „faschistisch". Der Unterschied zwischen beiden Richtungen ist in Bolivien nicht groß. Beide Richtungen geben vor, gegen den Kommunismus zu kämpfen. Die Nationalisten, die selbst diese Bezeichnung beanspruchen, versuchen ein halbwegs eigenes Entwicklungsmodell zu verwirklichen, die Faschisten, die sich abgesehen von der ‚Falange Socialista Boliviana' nicht gern so betiteln lassen, meinen das Land besser im Bunde mit der Oligarchie und den USA entwickeln zu können. Beide halten im Grunde nicht viel von einem demokratischen Rechtsstaat.

General Miranda hatte zwar die Mehrheit des Offizierskorps, nicht aber die Gesamtheit der Streitkräfte hinter sich, so daß Ovando seinen Rücktritt an die Bedingung knüpfen konnte, daß ein Triumvirat aus nicht direkt am Putsch Beteiligten die Macht übernehmen sollte. General Torres, den Ovando zum Chef der ihm treuen Streitkräfte ernannt hatte, konnte dann mit Hilfe der Gewerkschaften, die zum Generalstreik aufgerufen hatten, am 7. Oktober 1970 Miranda ausschalten und selbst die Macht übernehmen. Angesichts der latenten

---

[50] PER VI 51 (1971), 23 Anm. der Redaktion.
[51] Levefre hatte als Soziologe der Universität für die Teponteguerrilla plädiert.
[52] Iriate 1970, 269. Schon im April 1970 waren 4 Priester (OSCSHA) ausgewiesen worden, was zu Spannungen zwischen den „Progressiven" und der Hierarchie geführt hatte - SEDOC 4 Nr. 45 (1972), 1005.
[53] PER V Nr. 47 (1970), 230 und 213.

Opposition eines Großteils des Offizierskorps, der traditionellen Schwäche der politischen Einrichtungen Boliviens und der Unbeständigkeit der Parteien — erst recht der ad hoc zu Torres' Unterstützung geschaffenen Volksfront (Unidad Popular = UP) — war Torres' Stellung alles andere als sicher[54].

Torres weckte zeitweise die Hoffnung, den revolutionären Prozeß in Richtung auf den Sozialismus weiterzuführen, ein Weg, den nach Meinung von Expräsident Siles schon der MNR implizit eingeschlagen hatte, auf dem er aber u. a. wegen wirtschaftlicher Schwierigkeiten auf halber Strecke stehengeblieben war[55]. Im November 1970 riefen die „sacerdotes mineros', eine der engagiertesten Priestergruppen, die ihre Solidarität mit den Bergleuten dadurch beweisen, daß sie selbst unter Tage arbeiten und damit ihre Gesundheit ruinieren, mit einem Manifest die Amtskirche auf, sich die Forderung nach der Vergesellschaftung der Produktionsmittel zu eigen zu machen.

Sie stützen sich dabei auf Aussagen der Kirchenväter, die Enzyklika „Populorum Progressio" und die Konferenz von Medellín 1968. Sie weisen darauf hin, daß es mit einer Verstaatlichung der Produktionsmittel nicht getan sei. Für die mittlere und kleine Bergwerksindustrie sei vielmehr eine genossenschaftliche Organisationsform anzustreben. Nur eine drastische Umverteilung des Eigentums können den sozialen Frieden schaffen. Ein besonderes Übel stelle die bis zu 60 % betragende Steuerhinterziehung dar. Im übrigen müsse die Kirche mit einer echten Sozialisierung ihrer Unterrichtseinrichtungen und der Überlassung von Gütern zur öffentlichen Wohlfahrt ein gutes Vorbild geben[56].

Dieser Appell der Bergarbeiter-Oblaten scheint in konservativen hierarchischen Kreisen eher Bestürzung über die zunehmende Radikalisierung gewisser Priestergruppen als Zustimmung hervorgerufen zu haben. Jedenfalls wurde wenig später die dreijährige Zusammenarbeit der bischöflichen Kommission für Sozialarbeit mit ISAL aufgekündigt, was zugleich bedeutet, daß ISAL ihre Räume im erzbischöflichen Palais zu räumen hatte. Gegen den Willen aufgeschlossener Bischöfe[57] verhinderte der Präsident der Bischofskonferenz, Kardinal Joseph Klemens Maurer, ein geborener Österreicher, jede Möglichkeit einer klärenden Aussprache.

Da die der Sozialkommission angehörenden Bischöfe die Vertrauensbasis mit der konservativen Mehrheit der Bischofskonferenz schwinden sahen, beschlossen sie, die Arbeiten der Kommission zunächst einzustellen. Jesús A. López de Lama, Bischof von Coroco, stellte sein Amt als Vorsitzender zur Verfügung, nachdem alle seine Anstrengungen, „von den Herren Bischöfen das Minimum an Vertrauen und Zustimmung zu erlangen, die ein hierarchischer Organismus braucht, um innerhalb der Struktur arbeiten zu können", fruchtlos geblieben waren. Er lobte in einem Brief an ISAL ausdrücklich deren Einsatz zur Befreiung des bolivianischen Menschen und bekräftigte seinen Glauben an die Möglichkeit gemeinsamen Lebens und Dienstes bei gleichzeitigem Pluralismus in dogmatischen Fragen. López de Lama klagt über den dauernden Druck und die Einmischungsversuche des päpstlichen Nuntius in La Paz, Giovanni Gravelli; desgleichen hatten auch die 34 ‚sacerdotes mineros' in einem offenen Brief gegen die Einmischung des Nuntius in die inneren Angelegen-

---

[54] Iriate aaO 267ff.
[55] Siles 1969, 34: „ . . . nur der Sozialismus kann die Disparitäten der Einkommen verhindern, das Opfer allgemein machen... Das Opfer muß von allen offenen Auges geteilt werden".
[56] PER VI Nr. 49 (1970), 293f.
[57] Dazu zählen Manrique, Gutiérrez, Schierhoff und López de Lama.

heiten der bolivianischen Kirche protestiert. Nachdem es dem Nuntius weder gelungen war, die Entfernung des Exekutivsekretärs der Sozialkommission, P. José Prats, noch eine Änderung der Zusammensetzung der Kommission zu erreichen, hatte er sich an die Glaubenskongregation in Rom gewandt, woraufhin deren Präfekt, Kardinal Confalonieri, López de Lama brieflich beschuldigte, „mit zweifelhaften Maßnahmen kirchliche Extremisten und Progressive zu begünstigen und zu unterstützen und damit sehr gefährliche Situationen für die Kirche Boliviens zu schaffen"[58].

Bei dieser Lage der Dinge nimmt es nicht wunder, daß die Mehrheit der Bischöfe die Regierung Torres nicht öffentlich unterstützte, sondern seine Sozialisierungsmaßnahmen und die dadurch verursachte gesellschaftliche Anarchie mißbilligte. Deshalb stieß der als Führer des konservativen Flügels der Hierarchie bekannte Kardinal Maurer auf ungläubiges Staunen, als er Anfang August 1971 ankündigte, es werde eine kirchliche Kommission zur Bewertung aller Reichtümer eingesetzt, die seit der Kolonialzeit in den Kirchen angehäuft worden seien. Die Schmuckgegenstände, Juwelen etc. sollten verkauft werden, um Geld für soziale und wirtschaftliche Hilfsprojekte freizubekommen. Der offenbar gewandelte Kardinal bemerkte, nur so könne die Kirche „authentisch zum Dienst an den Armen zurückkehren". „Wenn wir es nicht erreichen, eine mit dem Volk identifizierte Kirche zu sein, werden wir uns nicht als Nachfolger Christi ansehen können."[59]

Während dieser aufsehenerregende Schritt Kardinal Maurers in Bolivien zu ersten praktischen Taten führte[60] und in der lateinamerikanischen Presse Schlagzeilen machte, wurde im Departement Santa Cruz mit massiver psychologischer Unterstützung des Ortsbischofs bereits die Konterrevolution vorbereitet.

In dieser an Erdöl, Erdgas und Eisenerz (bei Mutún) so immens reichen Tiefland-Provinz war die Landwirtschaft seinerzeit von der Agrarreform kaum betroffen worden. Hier machen die Großgrundbesitzer mit Viehzucht, Baumwoll-, Zuckerrohr- und Reisanbau nach wie vor das große Geld. Bei steigenden Weltmarktpreisen für Baumwolle war Anfang der siebziger Jahre ein wahres „Baumwollfieber" ausgebrochen. Man wollte die Anbaufläche von 7000 auf 50 000 ha erweitern, ein lukratives Geschäft bei Hungerlöhnen von 1/120 US$ pro Kilo geerntete Baumwolle für Männer, Frauen und Kinder, die 16–18 Stunden täglich in der Ernte schuften müssen. Die 15 000 Zuckerrohrarbeiter werden genauso ausgebeutet. Sie müssen sogar nachts beim Schein von Petroleumlampen den Schnitt fortsetzen, ohne irgendwelche Rechte zum Schutz gegen Ausbeutung und ohne die Möglichkeit zu gewerkschaftlicher Organisation. Dennoch hielt es Bischof Luís Rodríguez von Santa Cruz für angebracht, einen dieser Zuckerrohrbarone mit einem besonderen Festakt zu ehren, um ihm für die Schaffung von Arbeitsplätzen zu danken.

---

[58] Briefe von López d. L. v. 15. 1. 1971 und von ISAL v. 30. 3. 1971 abgedruckt in SEDOC 4 Nr. 45 (1972), 1005 ff.

[59] CP v. 5. und 6. 8. 1971 und MENSAJE 206 (1972), 53f.

[60] Die fast gänzlich aus kanadischen und spanischen Patres bestehende Kongregation der Oblaten in Oruro stellte daraufhin spontan dem Erziehungsministerium ein Gebäude, Möbel, Grundstücke und anderen Besitz im Wert von mehr als US$ 100 000 zur Verfügung, um ein Zeichen zu setzen für „eine radikale soziale Umgestaltung im Lande". Die Religiosen der Maryknoll-Kongregation aus den USA beschlossen einen ähnlichen Schritt und richteten einen Aufruf an die Bischöfe, in dem sie eine „konkrete Stellungnahme" verlangten - CP aaO.

Verständlicherweise waren die besitzenden Kreise der Provinz Santa Cruz angesichts der sich im Lande ausbreitenden sozialistischen Tendenzen beunruhigt. Nachdem bei den Studenten und Arbeitern der Stadt Santa Cruz eine Bewußtseinsveränderung schon deutlich erkennbar war, fürchteten sie mit Recht um ihre Privilegien für den Fall, daß auch die schlichten Gemüter der Landarbeiter aufgeklärt würden. Die Sorge um die kapitalistischen Klasseninteressen führte zum Ausbruch einer regelrechten antikommunistischen Hysterie. Jedes Eintreten für die Interessen der Arbeiter wurde als kommunistisch abqualifiziert. Man gründete eine rechtsgerichtete Kampforganisation, die sich christlich nannte (Ejército Cristiano Nacionalista = ECN) zur Bekämpfung „kommunistischer" Umtriebe unter Arbeitern und Studenten, die von den Damen der Gesellschaft mit großzügigen Geldspenden unterstützt wurde. Die Oligarchie kämpfte also im Namen des „traditionellsten und reaktionärsten Christentums" für ihre eigenen Interessen und der Bischof ließ sich dazu herbei, ihnen dabei auch noch zu helfen. So predigte Rodríguez z. B. ca. 40 Minuten über die Gefahr des Kommunismus, der sich in Gestalt kommunistischer Priester anschicke, die Kirche zu zerstören. Gegen den Widerstand von ca. 90 % seines Klerus plante er mit Hilfe ausländischer Priester im August 1971 eine Missionswoche aus Anlaß des 10. Jahrestages des Eucharistischen Kongresses, wahrscheinlich aus subjektiv ehrlicher Sorge über den nachlassenden religiösen Eifer. Zur Eröffnung der Missionswoche sprach ein Laie, der nachdrücklich die „rebellischen" und „kommunistischen" Priester anklagte. P. Arcusa, der einzige ausländische Geistliche, der der Einladung gefolgt war, sprach über Antikommunismus, Gewaltlosigkeit der Armen, den Zusammenhalt von Armen und Reichen, sowie davon, daß ein Reicher innerlich arm sein könne, daß der wahre Grund der Armut im Alkoholismus zu suchen sei und daß Priester sich nicht in die Politik einmischen dürften. Auf dem Höhepunkt der Missionswoche versammelten sich 40 000 Menschen vor dem Gnadenbild der ‚Virgen de Cotoca', „entschlossen den Kommunismus zum Schweigen zu bringen und die kommunistischen Priester ein für allemal auszutreiben". Proteste der Arbeiter und Studenten gegen diesen durchsichtigen Einsatz des Bischofs für die Interessen der besitzenden Schichten blieben seitens der bischöflichen Kurie unbeantwortet.

Vier Tage nach dem Ende der Missionswoche, am 19. August 1971, begann in Santa Cruz der Putsch gegen Torres, der mit wärmster Anteilnahme von den Regierungen Brasiliens und der USA verfolgt und wahrscheinlich auch unterstützt wurde, wenngleich letztere Frage hier nicht untersucht werden kann. Wichtig ist in diesem Zusammenhang, daß die Putschisten sich der öffentlichen Meinung als Vertreter des Katholizismus und als Befreier von Sozialismus und Kommunismus präsentierten[61].

Dabei war „Torres weder Marxist noch Extremist. Er hat auch keine spektakuläre Umgestaltung der wirtschaftlich-sozialen Physiognomie des Landes bewirken kön-

---

[61] MENSAJE Nr. 206 (1972), 52f. Zur Einmischung der USA und Brasiliens vgl. u. a. VIS 4 Nr. 24–25 (1971), 23ff. Die massive Unterstützung der Putschisten durch deutschstämmige Bolivianer fand seinerzeit in der deutschen Presse ein breites Echo. Zu Bischof Rodríguez vgl. Goff 1972, 82. Der Bischof führt die Armut in erster Linie auf Trunksucht zurück und empfiehlt den Armen, „sich ein Beispiel an den Reichen zu nehmen, wie man durch harte Arbeit vorankommt". „Er griff Priester an, die die Medellín-Dokumente zitieren, die die Kirche herausfordern, mit den Armen arm zu sein."

nen. Sein Verdienst besteht darin", das Bewußtsein der Arbeiterklasse für die sozioökonomische Problematik geweckt und dadurch Eigeninitiative entbunden zu haben[62]. Er versprach zwar, die Revolution weiterzuführen, konnte sich aber eine Entwicklung außerhalb des kapitalistischen Systems nicht vorstellen. Er wurde gestürzt, bevor er sich für eine der beiden alternativen Möglichkeiten: Privatwirtschaft in einem Polizeistaat oder Sozialismus klar entschieden hatte[63]. Sein Schwanken sollte ihm zum Verhängnis werden. Die Konservativen betrachteten ihn, der nur unter dem Druck der Massen den Sozialismus als Fernziel anvisiert hatte, als Kommunisten und die Linken trauten ihm nicht recht. Seine unabhängige Außenpolitik mit der Aufnahme diplomatischer Beziehungen zu Kuba und der Volksrepublik China, die Bildung eines pazifischen Dreiecks mit Peru und Chile, stellten eine Herausforderung für die Hegemonialmächte USA und Brasilien dar. Die Neigung zu Verstaatlichung, die Duldung einer „Volksversammlung" aus gewerkschaftlich organisierten Stadt- und Landarbeitern, sowie Studentenvertretern und schließlich die Entgegennahme einer Denkschrift von 40 anonymen Unteroffizieren und Feldwebeln, die öffentlich die Auflösung der Armee und die Bildung von Volksmilizen forderten, schufen eine Interessengemeinschaft von Industrie, Großgrundbesitz und Offizierskorps. Die zögernd und viel zu spät erfolgte Ausgabe von Waffen an völlig ungeübte Milizgruppen konnte Torres' Sturz nicht verhindern[64].

52125 Der Rückfall in die Rechtsdiktatur — Bolivien unter Banzer (1971—?)

Als die Putschisten Santa Cruz in ihre Hand gebracht hatten, ließ Bischof Rodríguez, der gleichzeitig Generalvikar der Streitkräfte ist, für seinen Freund Oberst Banzer die Glocken der Kathedrale läuten[65]. Schon im Oktober 1971 war Rodríguez indes mutig genug, die Auftraggeber und Teilnehmer einer Durchsuchung des Karmelitinnenklosters von Santa Cruz nach Waffen, aufrührerischen Priestern und Kommunisten wegen Bruchs der Klausur zu exkommunizieren. Im April 1972 protestierte er öffentlich gegen die willkürliche Festnahme des belgischen Oblatenpaters Oscar Dewulf, woraufhin der Bürgermeister der Stadt in einem von einigen Zeitungen veröffentlichten Brief „einige Mitglieder der kirchlichen Hierarchie" anklagte, Konflikte heraufzubeschwören, wenn die Behörden mit guten Gründen Aktivitäten von Priestern untersuchten, die des Extremismus verdächtig seien. Die enge Verbindung oder zumindest stillschweigende Duldung des gestürzten Regimes durch gewisse Kreise der Kirche werde ja inzwischen von niemanden in Bolivien bezweifelt[66]. Das Regime verfeinerte bald seine Taktik zur „Reinigung" der Kir-

---

[62] MENSAJE aaO 52f.
[63] Goff aaO 79f. In seinem „revolutionären Nationalismus" verstaatlichte Torres zwar die an einen US-Konzern verpachtete große Zinnmine Matilde und schickte die 100 Mann des US-Friedenskorps nach Hause, konnte aber die von der Linken geforderte Auflösung der viel gefährlicheren US-Militärmission mit Rücksicht auf das Offizierskorps nicht erzwingen.
[64] FISAL 48–49, 13ff. Die ‚Asamblea Popular', die zu Unrecht in manchen lateinamerikanischen Hauptstädten als Keimzelle der Sowjets bezeichnet wurde, wirkte contra producentem, weil sie im Lande die Furcht vor dem Sozialismus schürte und damit eine Interessengemeinschaft zwischen in- und ausländischem Kapital, der politischen Rechten und den Offizieren schuf. Wirtschaftlich bedeutsam ist, daß unter Torres endlich eine eigene Verhüttungsindustrie für Zinn, Wismut und Antimonium aufgebaut wurde, die dann von Banzer weiter ausgebaut werden sollte - vgl. VIS 6 Nr. 26 (1972), 40f.
[65] Goff aaO 82. Banzer stammt auch aus Santa Cruz.
[66] CP v. 21. 4. 1972 und MENSAJE aaO 56.

chen von mißliebigen Kritikern mit ausländischer Staatsangehörigkeit. Nach dem sogenannten „Banzer-Plan" werden diese Geistlichen oder Religiosen ohne Aufsehen auf der Straße verhaftet und sofort ins Ausland abgeschoben, so daß bischöfliche Proteste post festum nichts mehr bewirken. Außerdem beteuert die Regierung ihr Wohlwollen gegenüber der römischen Kirche und versucht, ihre Übergriffe als Randerscheinungen in dem sonst ungetrübten Bild der Beziehungen von Staat und Kirche darzustellen. So hatte auch Nuntius Gravelli im September 1971 nach einem Interview mit Banzer festgestellt: „Die Beziehungen der Kirche und des Staates sind herzlich!" Banzer hatte ihm die Respektierung des kirchlichen Asylrechtes und der Klausuren versprochen, wenige Wochen vor dem erwähnten Übergriff in Santa Cruz.

Im Verhältnis von Staat und Kirche scheint Banzer Suárez in den Vorstellungen eines vergangenen Staatskirchentums im Stile eines García Moreno befangen zu sein. Der Kampf um die Macht ist zum Kreuzzug mystifiziert worden, der dazu diente, „die Seelen aus den häretischen Klauen des Sozialismus zu befreien". Weniger die Macht der Waffen und die Unterstützung der USA und Brasiliens verhalfen nach der offiziellen Lesart den Putschisten zum Sieg als die „besondere Absicht der Vorsehung". Das Gnadenbild der Jungfrau von Cotoca wurde zur Patronin und Protektorin der Regierung erklärt. Die kirchliche Zeitung ‚Presencia' druckte am 18. September 1971 die Meldung ab, daß die Regierung eine von den Franziskanern in La Paz organisierte Prozession als Ausdruck des „kollektiven Glaubens des Volkes von La Paz an die Regierung Banzer und an die Nationalistische Volksfront" werte. Solchen Interpretationen kommt der Opportunismus und die Kollaborationsbereitschaft einer Minderheit der Prälaten entgegen. Nur wenige kollaborierende Priester bekleiden indes politische Schlüsselstellungen[67]. Eine traurige Rolle als Regimestütze spielt die erwähnte Morgenzeitung ‚Presencia'[68]. Die Regierung wünscht sich eine in traditionell konservativen Vorstellungen befangene Kirche, die sich das Maß ihrer Freiheit vom Staat vorschreiben und sich bequem als Stütze für den Status quo mißbrauchen läßt. Jeder Bezug auf die neuere Soziallehre der Kirche, besonders auf die Dokumente von Medellín 1968 ist unerwünscht und kann Geistliche in den Verdacht der Subversion bringen. Dennoch hat es mehr Zusammenstöße zwischen Regierung und Bischöfen gegeben als unter früheren Regierungen. Der Erzbischof von La Paz und eine Reihe anderer Bischöfe mußten sich grobe Angriffe von Regierung und Presse gefallen lassen, weil sie wiederholt ihre Stimme gegen Übergriffe und Verletzungen der elementarsten Menschenrechte erhoben haben[69].

Schon am 18. September 1971 hat das ständige Komitee der Bischofskonferenz seine Bestürzung über „den Saldo von Toten, Verletzten, Trauer,

---

[67] Als pro-Banzer gelten der Nuntius Giovanni Gravelli, Hilfsbischof Genaro Prata von La Paz, Hilfsbischof Abel Costas von Cochabamba, Hilfsbischof Gerike von Santa Cruz, also weniger als 1/7 der Prälaten des Landes. Von Regime-treuen Priestern mit wichtigen politischen Posten wären zu nennen: Zárate, prominentes Mitglied der Falange und unter Banzer Bürgermeister von Potosí, der MNR-Mann Leónidas Sánchez in hoher Position in der COMIBOL und María Miranda als Mitglied der Falange - vgl. PER VII Nr. 66 (1972), 187.

[68] PER aaO 85.

[69] PER aaO 187. Die Angriffe galten außer Erzbischof Manrique von La Paz, López de Lama, Bischof von Corocoro, Gutiérrez Granier, Bischof von Cochabamba, Rodríguez von Santa Cruz und Hilfsbischof Esquivel.

Schmerz, Festnahmen, Ausweisungen und Armut" ausgedrückt, der die Spaltung im „Volke zu vertiefen und Haß und Repressalien hervorzubringen drohe". Drei Tage später, am 21. September, verurteilten katholische und protestantische Mitarbeiter von ISAL in einem Manifest die Willkürherrschaft des neuen Regimes noch schärfer[70]. Nachdem sich engagierte Gruppen von Christen in einem Brief vom 13. Oktober bei der Bischofskonferenz über mangelnde Rückendeckung für die Drittweltpriester beklagt hatten, die gemäß den Beschlüssen von Medellín mit dem Volk die Verantwortung für die Befreiung selbst in die Hand genommen haben[71], stellte sich die Bischofskonferenz im April 1972 in Santa Cruz hinter die Tercermundisten und den verhafteten P. Dewulf. Offenbar zur Überraschung der Bischöfe trat daraufhin die militant konservative Laienorganisation ‚Acción Católica Boliviana' mit einer Erklärung an die Öffentlichkeit, in der sie ostentativ für die Regierung Stellung nahm und behauptete, die Behörden hätten im Fall Dewulf nur ihre Pflicht getan, indem sie „die Freiheit des Volkes, die in Gefahr war, geschützt hätten". Das Volk verurteile die Drittweltpriester und die Verteidiger des Sozialismus. Im übrigen griffen die Laien den Primas, Kardinal Maurer an, indem sie ihn „den ausländischen Priester" nannten. Hier spiegelt sich ein schweres Problem der bolivianischen Kirche: ihre schwache Basis, die dazu geführt hat, daß ihre 23 Bischöfe sieben verschiedenen Nationalitäten angehören, davon nur sieben der bolivianischen[72].

Diese Vorgänge, die sich in ähnlicher Form nach dem Sturz von Allende in Chile wiederholen sollten, zeigen, daß die Hierarchie nach Medellín die Kräfte der Veränderung, die sie selbst gerufen hat, im Falle der Machtübernahme durch repressive Militärregime nicht einfach wieder zum traditionellen Katholizismus zurückführen kann. Es darf auch den europäischen Betrachter nicht allzusehr wundern, daß manche Priester und Religiose aus Verzweiflung über die Rückkehr brutaler Unterdrückungsregime tatsächlich vom passiven in den aktiven, bewaffneten Widerstand übergehen oder diesen wenigstens indirekt unterstützen, wie es auch in Bolivien ab 1971 stellenweise geschehen ist.

„Freiheit und Ordnung" wurde das Schlagwort der Regierung Hugo Banzer, die sogleich alle Linken mit dem Schimpfwort „Rote" belegte, ob es sich nun um Kommunisten, Sozialisten, revolutionäre Christdemokraten, in der Sozialarbeit aktive Pastoren oder Priester, Mitarbeiter von ISAL, Gewerkschaftsführer, Oppositionelle oder andere handelte, die die Ungerechtigkeit der bestehenden Strukturen angeprangert hatten[73]. Politische Verfolgungen sollten

---

[70] Vgl. Abdruck des Textes der Bischofserklärung vom 18. 9. 1971 und des ISAL-Manifestes vom 21. 9. 1971 in MENSAJE aaO 54f.

[71] MENSAJE aaO 54ff. Die Laien kritisierten die zweideutige Haltung der Bischöfe, die z. B. darin zum Ausdruck komme, daß sie in ‚Presencia' in derselben Ausgabe einmal schrieben: „Wir werden es nicht zulassen, daß man die Kirche und den christlichen Namen zu einer Parteifahne macht" und dann auf S. 4 doch anläßlich einer Prozession offen politische Propaganda betreiben (Ausgabe v. 18. 9. 1971 - vgl. PER Nr. 66, 187).

[72] Zusammensetzung der Hierarchie gemäß Angaben von Prata zum Vf. Im Klerus ist die Lage ähnlich wie in der Hierarchie. Allein in der Erzdiözese La Paz ging die Zahl der einheimischen Priester von 1888 bis 1968 von 138 auf 29 zurück - vgl. Bolivien 1970, 2. Zu Dewulf vgl. CP v. 21. 4. 1972.

[73] Vgl. Gillmore 1972, 409 und Goff 1972, 80. Die Vertreter des Militärs haben sich mit Politikern der Falange und einer Gruppe des ihr ursprünglich radikal entgegen-

bald ein unerträgliches Maß annehmen. Eine Denunziation genügt, um ohne richterliche Ermittlung der Schuld Haft und fürchterliche Folterungen erdulden zu müssen. Man rechnete 1972 mit ca. 1500 politischen Gefangenen, darunter 100 Frauen. 5000 Bolivianer hatten fluchtartig das Land verlassen[74]. „Sadismus und Niederträchtigkeit haben unvorstellbare Ausmaße erreicht". 800 vom Internationalen Roten Kreuz für politische Gefangene gespendete Wolldecken verteilte das Innenministerium an seine Folterknechte[75]. Der erste Innenminister Banzers, Oberst Andrés Selich Chop, wurde selbst ein Opfer der von ihm geförderten Foltermethoden. Angeblich in eine Rechtsverschwörung verwickelt, wurde er von seinem Nachfolger im Amt bei Vernehmungen zu Tode geprügelt[76]. Verfassungsmäßig nicht zulässige Sondergerichte (tribunales de excepción) und die Einführung der Todesstrafe nicht nur für Mord, sondern auch für eine ganze Anzahl politischer Straftaten wie Vaterlandsverrat, terroristische Aktivitäten, Entführungen etc. vervollständigen das Bild der neuen Zwangsherrschaft[77]

Ein Dekret mit dem euphemistischen Titel „Stabilisierung und Entwicklung" bescherte dem Land 1972 eine Abwertung des Peso um 66 %. Damit wurde eine Exportsteigerung um den Preis des wirtschaftlichen Ausverkaufs und einer gigantischen Ausbeutung der Volksmassen eingeleitet, die täglich nur die Hälfte der Mindesternährung zu bezahlen in der Lage sind[78].

---

gesetzten MNR unter Paz E. zusammengetan, die allerdings jeden Rückhalt in der Parteibasis und in der Arbeiterklasse verloren zu haben scheint. Wie stark die Gegensätze in der Banzerkoalition am Anfang waren, läßt sich einer Meldung in VIS 6 Nr. 28 (August 1972), 4 entnehmen, nach der zeitweilig der ehemalige MNR-Chef Paz E. und der Ex-Vize der ‚Falange Socialista' eingesperrt wurden. Inzwischen ist Paz. E. längst wieder im Exil. Zu Torres und Banzer vgl. CM 51 (Juli 1971): „Bolivia. El retorno del Fascismo".

[74] PER VII Nr. 66 (1972), 185; vgl. das Interview mit einer Gefolterten in ‚Caretas-Ilustración Peruana' Nr. 464 (20. 9. - 4. 10. 1972), Lima, S. 16f: Bei Frauen ist die Vergewaltigung bei den Folterungen meist inbegriffen, einer Frau sind dabei sogar die Brüste abgeschnitten worden, zwei Studenten wurden kastriert.

[75] Vgl. Junge Stimme, in: DAS Nr. 7 (18. 3. 1973): „Dokumentation über Folterungen und politische Verfolgungen in Bolivien". Hinweise auf die Brutalität des Regimes Banzer vermißt man im Bolivienbericht in HKorr 26 (1972), 445—50.

[76] Vgl. ESP v. 22. 5. 1973.

[77] Vgl. CP v. 7. 10. 1972 und PER VII Nr. 66 (1972).

[78] ‚El Diario', La Paz, v. 9. 12. 1972, die der Vf. dort bei seinem letzten Besuch kaufte, stellt die Lage trotz der Zensur recht ungeschminkt dar: Obgleich die Regierung behauptet, es sei „demagogisch", laut zu sagen, daß *die Masse der Bevölkerung nur die Hälfte der täglichen Mindesternährung bekommt*, ist dies eine durch viele Untersuchungen erhärtete Tatsache. Schon im Mutterleib wird damit den Kindern die Möglichkeit einer optimalen Entwicklung ihrer geistigen Fähigkeiten genommen. Man könnte hinzufügen: das Volk wird auf diese Weise indirekt in einer sklavischen Abhängigkeit gehalten. Die Währungsabwertung schmälert die Ernährungsbasis weiter. Kleine Sparer, Handwerksbetriebe und kleine Genossenschaften sind um ihr Kapital gebracht. Gehaltsbezieher aller Art und Rentner werden um 2/3 ihres Einkommens betrogen. Und wie sieht es mit der „Entwicklungspolitik" aus? 1972 wurden keine reproduktiven Investitionen vorgenommen, keine dauerhaften Arbeitsplätze für das Heer der Arbeitslosen geschaffen. Dafür wurde der öffentliche Dienst nach zahlreichen Entlassungen aus politischen Gründen mit Parteifreunden aller Art um 14 000 Bedienstete gegenüber dem Stand unter Torres erweitert. Allein die Post stellte 400 Mann zur Durchführung der Briefzensur ein. (Die Zahl der Postkon-

5213 Die Kubanische Revolution

52131 Die Vorgeschichte

Da Kuba wie auch die übrigen Antillen in den Abschnitten 41 und 42 aus räumlichen Gründen nicht gesondert behandelt worden sind, muß der geschichtliche Rückblick etwas breiter ausfallen.

Kuba stellt zusammen mit Puerto Rico[1] einen Sonderfall der lateinamerikanischen Geschichte dar. Beide Inseln gehörten zu den frühesten Bestandteilen des spanischen Kolonialreiches in Amerika und bildeten zugleich seine letzten Stützpunkte bis 1901. Aber ihr Mißgeschick bestand nicht nur darin, späte Opfer des spanischen Kolonialismus zu sein, der ihnen die Unabhängigkeit beinahe ein Jahrhundert länger vorenthielt, sondern auch darin, daß die Befreiung von der spanischen Herrschaft nur die Auslieferung an den nordamerikanischen Imperialismus bedeutete, der sich Puerto Ricos durch Annexion politisch und wirtschaftlich und Kubas teilweise politisch und in stärkstem Maße wirtschaftlich bemächtigte. Nach der vorübergehenden Besetzung im Krieg mit Spanien zwangen die USA Kuba durch das ‚Platt Amendment' zur Verfassung von 1901, politische Interventionen der USA zu legalisieren. Es sollte erst 1934 im Zuge Franklin Roosevelts ‚Good Neighbour Policy' widerrufen werden. Die Bedrohung durch die ‚in perpetuity' gepachtete Marinebasis von Guantánamo blieb indes bis heute bestehen.

Bevölkerungs- und Wirtschaftsgeschichte Kubas sind auf das engste miteinander verbunden. Die 114 524 km² große Insel ist ab Ende 1510 vom ‚Ade-

---

trolleure und des Beamtenzuwachses nach PER VII Nr. 66, 1972, 188; - ‚El Diario' spricht von einem Beamtenzuwachs von 12 000.) Diese Art von Entwicklungspolitik wurde mit einem wahren Dollarregen aus den USA, Brasilien, der Schweiz, der Bundesrepublik Deutschland und der UdSSR unterstützt - HKorr 26 (1972), 449. Die Auslandsverschuldung belief sich 1972 schon auf US$ 600 Mill. Noch ein Beispiel für die Arbeitsbedingungen: Private Unternehmer haben 40 000 Hochlandindios in die Provinz Santa Cruz geschafft, wo sie in Baracken ohne Licht und Wasser in völliger Promiskuität hausen müssen und in der Baumwollernte kaum 9 Pesos täglich verdienen. Das sind nach der Abwertung umgerechnet nur US$ 0,70 - vgl. PER aaO. Über das „Reich des Terrors" Banzers hat die katholische Kirche der USA eine Dokumentation veröffentlicht - CEI Nr. 81 (August 1973), 5. Die katholische Kirche Boliviens hat indirekt die Herrschaft Banzers totalitär genannt und kritisiert, daß sich Unternehmer zwar frei organisieren dürften, politische und gewerkschaftliche Gruppen indes nicht. Die Behörden behaupten zwar, den kirchlichen Kult und die assistenzielle Sozialarbeit zu unterstützen, aber sie versuchen, die kirchliche Soziallehre zu kontrollieren - CEI Nr. 122 (Januar 1977), 9. Die unter Leitung von López de Lama Ende 1973 neu konstituierte ‚Comisión de Estudios y Acción Social' hat schon am 25. 1. 1974 in einem Dokument die Wirtschaftspolitik der Regierung „aufs Schärfste verdammt", weil sie ausgerichtet ist „auf die von einigen wenigen geschaffenen Interessen und gegen die elende wirtschaftliche Lage der Mehrheit des Volkes". Den Hintergrund dieser Erklärung bildet die jüngste Verknappung von Grundnahrungsmitteln und deren rasanter Preisanstieg, der keineswegs nur durch die Energiekrise, sondern wesentlich durch die fortschreitende Aufblähung des Verwaltungsapparates, die technische Unfähigkeit der Koalitionsparteien und den institutionalisierten Schmuggel bedingt ist. „Eine legitime und angebrachte Reklamation mit subversiver Opposition zu verwechseln, kann gefährlich für alle sein", hält die Kommission warnend der Regierung vor - CEI Nr. 89 (April 1974), 4. Zur Wirtschaft: Guzmán 1973.

[1] Zu Puerto Rico vgl. u. a. Davis 1942 P; González 1969, 99ff; BAPH; Puerto Rico 1971; Puerto Rico FISAL; Albizo 1972.

lantado' Diego de Velázquez kolonisiert worden. Damit schlug den 100 bis 200 000 indianischen Ureinwohnern die letzte Stunde. Las Casas, der schon 1511 nach Kuba gekommen ist, spricht von 200 000 Indios, die Narváez zur Zwangsarbeit (repartimiento) unter die Spanier verteilen wollte[2]. 1537 hatte die Insel nur noch 5800 Einwohner, darunter außer Indios nur 300 Weiße und 500 Negersklaven, da eine weit größere Zahl von Weißen Kuba als Durchgangsstation auf dem Weg zum Festland benutzt hatte. Nachdem die anfangs reichen Goldminen nicht mehr viel hergaben[3], scheint das Interesse der Spanier an Kuba rasch nachgelassen zu haben. Bei der ersten Bevölkerungszählung 1774 schätzte man erst 171 620 Einwohner, darunter schon 25 % Schwarze. Das geringe demographische Wachstum erklärt sich daraus, daß die auf extensiver Viehwirtschaft und rudimentärem Ackerbau — Nahrungsmittel, langsam wachsender Zuckerrohranbau und Zuckerexport und seit 1553 Tabakanbau — basierende Wirtschaft keine allzu große Bevölkerung ernähren konnte. Kuba behielt wegen seiner zentralen geographischen Lage im Karibischen Meer eine erhebliche strategische Bedeutung für Spanien als Bindeglied zu den Kolonien auf dem Festland und als Flottenstützpunkt mit Werften für Schiffbau und Schiffsreparatur. Das spanische Handelsmonopol, das eine Ausweitung des Außenhandels verhindert hatte, wurde 1762 durchbrochen. Nachdem Engländer schon 1741 kurze Zeit das Tal von Guantánamo besetzt hatten — damals wurde der erste protestantische Gottesdienst auf der Insel gehalten —, hatten sie während einer neunmonatigen Besetzung 1762 nicht nur anglikanische Gottesdienste im Franziskuskonvent von La Habana gehalten, sondern mit dem Verkauf von 10 000 Negersklaven an die Zuckerindustrie diese erheblich belebt, so daß Carlos III. 1764 das Hafenmonopol von Sevilla und Cádiz aufhob. Die Öffnung weiterer spanischer Häfen für den Zuckerimport von Kuba ließ diesen Wirtschaftszweig schnell anwachsen. Der steigende Bedarf an Arbeitskräften zog die Freigabe des Sklavenhandels nach sich, so daß von 1779 bis 1887 eine Million Negersklaven nach Kuba geschafft wurden. Das dadurch bedingte starke Bevölkerungswachstum brachte auch eine Veränderung der Zusammensetzung der Bevölkerung mit sich. 1861 waren von 1 369 530 Einwohnern nur noch 8 % Spanier, 46 % Kreolen mit vorwiegend weißer Hautfarbe und 44 % Sklaven[4]. Das letzte Drittel des 18. Jahrhunderts stellt also einen tiefen sozio-ökonomischen Einschnitt in der Kolonialgeschichte dar.

---

[2] Vgl. Ruiz G. 1971 II, 68; Las Casas 1951 II, 524ff; zu den Taino s. o. S. 68 und 77. Büntig 1970, 7 beziffert die Urbevölkerung zur Zeit der Konquista auf 120 000.

[3] Zu den Goldminen vgl. Las Casas aaO 545.

[4] Ruiz G. aaO 69ff. Büntig aaO 8 spricht für die sechziger Jahre des 18. Jahrhunderts von ca. 200 000 E, davon ca. 80 000 Sklaven, woran der enorme Bevölkerungsanstieg innerhalb eines Jahrhunderts deutlich wird. Zur Kirchengeschichte Kubas ist eine umfassende, in 5 Bücher eingeteilte Untersuchung von Testé 1969ff in Erscheinung begriffen. Die Konzeption entspricht der traditionellen Kirchengeschichtsschreibung beginnend mit der Geschichte der Erzbischöfe, Bischöfe und Nuntien über die Geschichte der Parochien und hervorragenden Priester bis zu den Orden und Kongregationen und „Wahrheiten, die sich aus diesen gut belegten Fakten ergeben" - vgl. I, 7. Der Kubanischen Revolution steht Testé restlos ablehnend gegenüber. Er spricht von „der entsetzlichen Tyrannei des Ungeheuers" in bezug auf die Herrschaft Fidel Castros - vgl. I, 427. Büntig bezieht sich auf eine in Arbeit befindliche Dissertation des Kubanischen Priesters R. P. Lebroc an der Historischen

Schon Ende des 17. Jahrhunderts rekrutierte sich der Diözesanklerus fast ausschließlich aus geborenen Kubanern. Bischof Diego E. Compostela, ein Vorbild von Einfachheit und Armut, kümmerte sich wie kein anderer um die Bedürfnisse der Menschen im Inneren der Insel, so daß er bei seinem Tode in Habana als Heiliger betrachtet wurde. Mit der Entdeckung eines Marienbildes bei El Cobre mit der Aufschrift „Ich bin die Jungfrau der Nächstenliebe" entstand das große Wallfahrtsheiligtum der Insel. Die ‚Virgen de la Caridad' wurde zur Patronin Kubas erhoben. Lebroc nennt das 18. Jahrhundert das „glückliche Jahrhundert der kubanischen Kirche". Ende des Jahrhunderts sicherten 484 Diözesangeistliche in 52 Parochien die pastorale Versorgung. 20 Konvente beherbergten 496 Religiose. „Besonders das religiöse Leben von Habana war beneidenswert. Es gab in der Stadt 233 Religiose, 200 Ordensfrauen und 45 religiöse Laienvereinigungen, unter ihnen verschiedene von ‚freien Farbigen'." Bischof Pedro A. Morell (1753—1769) hatte sich besonders um die Sklaven gekümmert[5].

Schon 1826 bemerkte Alexander von Humboldt die extreme Abhängigkeit der kubanischen Wirtschaft von Importen, nicht nur auf dem Fertigwaren-, sondern auch auf dem Lebensmittelsektor. Da Lebensmittel in völlig ungenügender Menge produziert wurden, hing Kuba vom Weizenimport aus den USA und von der Fleischeinfuhr aus den La Plata-Staaten ab. Die Zuckermonokultur hatte die eigene Landwirtschaft bereits völlig aus dem Gleichgewicht gebracht[6]. Durch die Kapitalisierung der Zuckerindustrie veränderte sich im 19. Jahrhundert bereits die Mentalität der Kreolen: Landfläche und Kapital wurden wichtiger als Sklaven, so daß die in der liberalen Revolution von Céspedes (1868—78) geforderte Sklavenbefreiung unter den Großgrundbesitzern zahlreiche Fürsprecher fand. Dem kapitalarmen Kleinbesitz versetzte jener langwierige Krieg indes einen tödlichen Schlag.

„Der Geist des modernen Kuba ist unter den Hammerschlägen der Revolution entstanden — der Revolution einer kleinen Gruppe exilierter Patrioten, die mit einem Preis, der auf ihre Köpfe ausgesetzt war, im Gebirge des östlichen Kuba Zuflucht suchten und dann in zehn Jahren ihren Weg vom östlichen zum westlichen Ende der Insel hämmerten, wobei sie ihre Leute mit dem Ruf ‚Cuba libre' anfeuerten. Sie trieben eine große Armee regulärer, modern ausgerüsteter, von ausgebildeten, wenn auch unfähigen Offizieren geführte Truppen zurück. Es gibt kein aufregenderes Beispiel für die Macht einer unbesiegbaren Idee als die Geschichte dieser Massenerhebung in Kuba und der Zähigkeit, mit der sie einen scheinbar hoffnungslosen Kampf führten und ein scheinbar undurchdringliches Unterdrückungssystem stürzten", schreibt Merle Davis nicht etwa über den Freiheitskampf Fidel Castros, sondern über denjenigen Carlos Manuel de Céspedes', der 1878 mit dem ‚Pacto de Zanjón' endete, in dem die Spanier tiefgreifende Reformen versprachen, aber doch kaum durchführten[7].

Die Verzahnung der politischen mit der wirtschaftlichen Geschichte wird im <u>kubanischen</u> Freiheitskampf deutlich.

Fakultät der Gregoriana in Rom zur Kirchengeschichte Kubas, die dem Vf. noch nicht vorgelegen hat.
[5] Büntig aaO 7f.   [6] Nach Ruiz G. aaO 95.
[7] Davis 1942, 14, der damals Direktor des Department of Social and Economic Research und Counsel des IMR war und einer der ersten Missiologen ist, der die grundlegende Wichtigkeit des sozio-ökonomischen Kontextes für die Missionskirchen erkannt hat.

Die liberale Revolution Céspedes', die kurz nach der entsprechenden liberalen Revolution in Spanien ausbrach, konnte nur aus den oben angedeuteten Gründen die spanischen Liberalen überholen, die 1868 das Gesetz der ‚vientres libres' durchsetzten (Freiheit für neugeborene Sklavenkinder), während der Anwalt Céspedes als Vertreter der Interessen der kubanischen Oberschicht sogar die Sklavenbefreiung forderte. Er konnte dies nur, weil die Beschäftigung saisonaler Arbeiter inzwischen wirtschaftlicher war und weil er weder den Großgrundbesitz antasten noch auf eine Entschädigung der Sklavenbesitzer verzichten wollte. Ohnehin ließ sich die Sklaverei im karibischen Raum nicht mehr lange aufrechterhalten, nachdem Lincoln sie schon 1863 abgeschafft hatte und die Südstaaten im Sezessionskrieg unterlegen waren. Die Revolution José Martís (1895), die auf die Erringung der Unabhängigkeit hinzielte, wurde indes von den Großgrundbesitzern kaum unterstützt, weil ein Krieg der ohnehin nach den USA orientierten Wirtschaft nur schaden konnte. Die Erhebung Martís fand aber die Unterstützung des Kleinbürgertums und der schwarzen Arbeiter. Die USA fanden mit der Explosion des Schlachtschiffs ‚Maine' 1898 im Hafen von Habana einen hinlänglichen Vorwand, um im kubanischen Unabhängigkeitskrieg zu intervenieren und sich im Krieg gegen Spanien nebenbei auch die Philippinen anzueignen. Die Intervention in Kuba diente den nordamerikanischen Zuckerinteressen. Seit 1880 hatten die US-Investitionen in der kubanischen Zuckerindustrie ständig zugenommen. Eine Änderung der nordamerikanischen Zuckerimportzölle, durch die Qualitätszucker schwerer belastet und zur Weiterverarbeitung geeigneter Rohzucker entlastet wurde, hatte 1890 die kubanische Zuckerindustrie endgültig den nordamerikanischen Interessen ausgeliefert. Diese Entwicklung verstärkte sich durch die US-Besetzung 1898–1902. Immer mehr kubanische Zuckerplantagen- und Zuckerfabrikbesitzer verkauften an nordamerikanische Pflanzer oder Gesellschaften. So gab es 1905 schon 13 000 nordamerikanische Pflanzer auf Kuba. In wirtschaftlicher Hinsicht war Kuba schon 1895 eine nordamerikanische Kolonie, denn Exporten in Höhe von US$ 93,3 Mill. in die USA standen nur Ausfuhren von US$ 8,3 Mill. nach Spanien und noch weniger an Drittländer gegenüber, so daß „der Kampf um die Unabhängigkeit gleichzeitig die Abhängigkeit konsolidieren sollte. Die Macht ging auf das Finanz- und Investitionskapital über."[8]

Die Besetzung Kubas durch nordamerikanische Truppen verhinderte einen gesellschaftspolitischen Wandel in Kuba, den die von dem 1895 gefallenen Martí ins Leben gerufene Unabhängigkeitsbewegung anstrebte, der sich neben ländlichen und städtischen weißen und farbigen Arbeitern auch Intellektuelle im Exil angeschlossen hatten. Statt dessen wurde mit Hilfe der Invasoren der den ideologischen Liberalismus vertretende Protestant Tomás Estrada Palma als Präsident eingesetzt (1902–06). Die auf allen Gebieten geschlagene kreolische Aristokratie überließ auch die politische Macht den neuen Kräften[9].

Der Verfall der katholischen Kirche im 19. Jahrhundert ist statistisch erfaßbar. 1817 gab es für 553 303 Einwohner 1044 Kleriker, 1857 für 939 000 nur noch 438[10]. Dieser Verfall wird von manchen Autoren leichtfertig mit der Entwicklung in der gesamten Kolonialzeit identifiziert. Der Freiheitskampf im 19. Jahrhundert ist maßgeblich von Schwarzen geführt worden. Ihr dabei bewiesenes Führungstalent ist weder von der römischen Kirche noch von den protestantischen Missionen genutzt worden. Schulen und Sozialeinrichtungen der römischen Kirche standen im 19. Jahrhundert zwar Menschen aller

---

[8] Ruiz G. aaO 75 und 79ff.
[9] Ruiz G. aaO 79ff; zu Palmas protestantischem Bekenntnis vgl. HKorr 15 (1960/61), 125.
[10] Büntig aaO 8.

Schichten und Hautfarben offen, aber Hierarchie und Klerus bestanden wegen der rapide nachlassenden einheimischen Berufungen hochgradig aus Spaniern, die gegenüber den jahrzehntelangen Freiheitsbemühungen fast geschlossen für die spanische Herrschaft eintraten. Weil sie auch die liberalen Gedanken bekämpften, entfremdeten sie die von ihnen erfaßte Oberschicht der Kirche[11]. Im 19. Jahrhundert hat die katholische Kirche Kubas ihre Identität nicht gefunden[12].

„Die Kirche spielte bei der Entwicklung des kubanischen Geistes der Unabhängigkeit keine Rolle, der statt dessen von Freimaurerei und Rationalismus gespeist wurde."[13] Die Jahre des Freiheitskampfes (1868–98) „verschärften die Trennung zwischen dem Volk und der Kirche, die die kirchlichen Interessen mit denen Spaniens identifizierte. Die Unabhängigkeit Kubas (1898) wurde unter der Herrschaft der liberalen Ideologie erlangt. Es kam damals zu einer allgemeinen Bewunderung alles ‚Amerikanischen' und zu einer einzigartigen Verachtung alles ‚Spanischen', weshalb die Kirche wie ein sterbender Überrest erschien."[14]

Weil die Hierarchie auch die extremen Repressionsmaßnahmen der spanischen Militärs gebilligt hatte, war 1898 eine antiklerikale Stimmung unter den Kubanern weit verbreitet. Da die Kirche ein Bollwerk des Royalismus und Konservativismus gewesen war, mußte sie aus Sicherheitsgründen ihres politischen Einflusses beraubt werden.

Mecham sieht darüber hinaus in der 1901 verfassungsmäßig festgelegten Trennung von Staat und Kirche „einen nationalen Akt der Rache zur Vergeltung der prospanischen Aktivitäten des Klerus". 1901 bzw. 1918 wurden eingeführt: die Zivilehe, die absolute Scheidung, völlige Religionsfreiheit, zivile Friedhöfe. Der Religionsunterricht an öffentlichen Schulen wurde abgeschafft. Die Verfassung von 1940 blieb auf derselben Linie. In der dornenreichen Frage des kirchlichen Besitzes wurden nach der Unabhängigkeit durch Einwirken des protestantischen Generalgouverneurs Leonard Wood extreme Maßnahmen vermieden. Die römische Kirche behielt ihren durch die spanischen Säkularisationen der Jahre 1837–41 ohnehin verminderten Besitz. Statt der bis dahin von Spanien gezahlten jährlichen Entschädigungen verpflichtete sich der kubanische Staat, jährlich 5 % auf den aktuellen Wert des säkularisierten Besitzes zu zahlen oder die Kirche mit dem aktuellen Kaufpreis zu entschädigen.

Nach dem großen Exodus spanischer Priester im Jahre 1898 litt die Kirche zunächst unter Priestermangel, kümmerlicher Ausbildung des Priesternachwuchses und Unkenntnis des katholischen Glaubens auf seiten der Laien.

---

[11] Davis aaO 14f; Houtart 1973, 93 weist darauf hin, daß der spanische Klerus in Kuba nicht immer von bester Qualität war: „Allzu häufig diente die Insel Priestern, die in Spanien Schwierigkeiten gehabt hatten, als ‚Zuflucht der Sünder'".

[12] Thomas 1963, 402.

[13] Ebd.; Promper 1965: „Die Freiheitsbewegung wurde besonders von den Freimaurern geschürt, während die Kirche mit ihrem fast ganz spanischen Klerus mit der Status-quo-Tendenz identifiziert wurde, obgleich zahlreiche Priester für die Verselbstständigung eintraten".

[14] Büntig aaO 9. Noch 1898, am Vorabend der spanischen Niederlage im Jahre 1898 schrieb der Bischof von Habana einen Hirtenbrief „für die Zivilisation und gegen die Barbarei" - Houtart 1973, 93f. Daß der gebürtige Spanier Dr. Manuel Santander y Frutos seine Heimat mit der Zivilisation identifiziert ist weniger verwunderlich als die Tatsache, daß Testé 1969ff I, 274ff in Kap. LVI auf diesen Hirtenbrief gar nicht eingeht.

Mit Hilfe der 1928 ins Leben gerufenen Katholischen Aktion verstärkte sich die Aufwärtsentwicklung. Die Zahl der einheimischen Priester stieg langsam an[15], nachdem das Seminar ‚San Carlos' in Habana wieder eröffnet war[16]. Aber statt mit geringem Tempo und eigener Kraft weiter die Kirche zu bauen, wurden bald zahlreiche Orden, Ordensleute und Priester aus Europa, vornehmlich aus Spanien, „importiert" und damit die Fehler der Kolonialzeit wiederholt. Die Fülle der nun entstehenden Schulen und karitativen Einrichtungen mit ihren vielen ausländischen Priestern und Ordensleuten, bis hin zu der 1946 mit nordamerikanischer Hilfe von Augustinern gegründeten ‚Universidad Católica de Santo Tomás de Villanueva', überfremdete die kubanische Kirche erneut und erschwerte es ihr, die eigene Identität zu finden.

„Die religiöse Anteilnahme der Bevölkerung war schwach, das Prestige der Kirche gering, die Zahl der praktizierenden Katholiken minimal. Der spanische Klerus richtete sein Verhalten exakt an dem der Heimatkirche aus und baute in zunehmendem Maße vergleichbare Beziehungen zu den politischen Kräften auf. Durch ihre Allianz mit den Herrschenden und nicht durch ihr Interesse für die Armen gewann die Kirche ihr gesellschaftliches Ansehen wieder."

Das Hauptfeld der priesterlichen Tätigkeit, besonders der Ordensleute, war eindeutig die Erziehung. Es entstanden immer mehr höhere Schulen, für Jungen ebenso wie für Mädchen, aus der Illusion heraus, daß man auf diese Weise „die Gesellschaft rechristianisieren könne"[17]. In den fünfziger Jahren gab es 339 höhere katholische Schulen und die Universität, die deutlich machen, wie sehr die katholische Bildungsarbeit auf die Mittel- und Oberschicht fixiert war[18]. Während es 1953 in Habana mit gut 1 Mill. Einwohnern nur 16 Pfarreien mit durchschnittlich zwei Priestern gab, arbeiteten ca. 200 Priester in den Gymnasien der Stadt. Diese brachten den spanischen Stammorden ansehnliche Einkünfte. Die Teilung mancher Parochien in den vornehmen Wohngegenden der Stadt scheiterte daran, daß die Pfarrer nicht auf einen Teil der guten Einkünfte verzichten wollten. „Der Klerus in den Diözesen, dessen gesellschaftliches Ansehen gering war, hatte wenig Nachwuchs. Besonders auf dem Lande war die priesterliche Versorgung außerordentlich lückenhaft. All diese Fakten führten dazu, daß die Kirche hauptsächlich mit dem gebildeten Mittelstand identifiziert wird, dem es vor allem um politische Stabilität geht. Der Kardinal Arteaga y Betancur unterstützte Batista nach der Machtübernahme 1952."[19] Die innere Struktur des Klerus litt unter der Dichotomie zwischen dem wenig angesehenen einheimischen Klerus, der fast ausschließlich die Gemeindearbeit durchführte, und dem angesehenen ausländischen Klerus und den Ordensfrauen, die die Schularbeit in der Hand hatten. Das Übergewicht der ca. zwei Drittel aus Franco-Spanien stammenden Priester und Ordensschwestern — von insgesamt 690 Priestern und 2408 Ordensschwestern im Jahre 1957 — mußte die Einwurzelung der römischen Kirche in der kubanischen Wirklichkeit zusätzlich zu der erwähnten Bindung an den Mittel-

---

[15] Mecham 1966, 299ff und González 1969, 87. Zur KA vgl. Houtart 1973, 95: Die KA „mußte sich gegenüber einer gleichgültigen Umwelt behaupten, aber es gelang ihr, nach und nach innerhalb einer bestimmten geistigen Elite, die im allgemeinen dem Mittelstand entstammte, die Ausübung der Religion und die Zugehörigkeit zur Kirche wieder zu Ehren zu bringen".

[16] Büntig aaO 9. [17] Houtart aaO 94.
[18] Mecham aaO. [19] Houtart aaO 95.

stand enorm erschweren. Mecham urteilt, daß 1958 nicht die Freimaurerei, der Kommunismus oder der Protestantismus die ernsteste Bedrohung der römischen Kirche darstellte, sondern ihre eigene Unfähigkeit, „die allgemeine Apathie und Gleichgültigkeit zu bekämpfen und ihre eigenen ‚nominellen' Kommunikanten bei der Stange zu halten"[20]. Für eine innerlich derart geschwächte Kirche mußte sich eine hinzukommende Belastungsprobe im Verhältnis zum Staat fatal auswirken.

1959 standen den 723 katholischen Priestern nicht wesentlich weniger protestantische Pastoren gegenüber, nämlich 609. Der Anteil der Protestanten an der Gesamtbevölkerung erreichte mit 3,2 % = 208 584 eine für Lateinamerika bemerkenswerte Höhe. Auch die Zahl von 86 Primar- und 10 Sekundarschulen war beachtlich. Wie ist es zu dieser Entwicklung des Protestantismus auf Kuba gekommen?

Die Kämpfe ab 1868 hatten zur Emigration einer größeren Anzahl von Kubanern in die USA geführt. Unter ihnen begann die Mission der Episkopalen, der Presbyterianer, der Methodisten und der Baptisten. In den achtziger Jahren kamen bereits einige Bibelkolporteure und Missionare nach Kuba. Eine verstärkte Missionsarbeit sollte indes nach der amerikanischen Besetzung 1898 beginnen. 1918 kamen auch ‚Disciples of Christ' nach Kuba, später Adventisten, Pfingstler, die ‚West Indies Mission', die die ABS vertritt, die ‚Church of God' und die Heilsarmee, die beiden letztgenannten zeichneten sich durch aufopfernde Arbeit unter den Ärmsten der Armen, d. h. besonders unter den Schwarzen, aus[21]. Die Methodisten arbeiteten stark unter der Landbevölkerung. Mit ihrer landwirtschaftlichen Schule in Playa Manteca, Mayarí, setzten sie ein weithin beachtetes Zeichen zur Entwicklung einer neuen Mentalität unter der Landbevölkerung. Episkopale, Presbyterianer und Methodisten bilden ihren Nachwuchs seit 1947 an einem Unionsseminar (Seminario Evangélico de Teología) in Matanzas aus, das 1960 70 Studenten hatte und bis zur Kubanischen Revolution auch Studenten aus anderen Teilen des karibischen Raumes ausbildete[22]. Alle drei Kirchen sind sehr aktiv auf dem Schulsektor gewesen. Die Presbyterianer und die Methodisten unterhielten auch eine Reihe von Sozialwerken.

Bis 1959 wurde die kubanische Presse völlig von Katholiken kontrolliert, so daß es für die Protestanten sehr schwierig und kostspielig war, irgendwelche Nachrichten zu veröffentlichen. Bei offiziellen Einweihungen von öffentlichen Bauten pflegten neben dem Vertreter der römischen Kirche allerdings auch protestantische Vertreter geladen zu werden. Es ist kennzeichnend für das zwischenkirchliche Verhältnis vor dem Vatikanum II, daß im ähnlich strukturierten Puerto Rico noch Anfang der fünfziger Jahre ein katholischer Priester zur Bestürzung der Trauergäste eine Trauerfeier in der Kirche abbrach, weil ein evangelischer Pastor hereingekommen war[23].

Die Problematik der protestantischen Kirchen vor der Kubanischen Revolution läßt sich folgendermaßen umreißen: Im Bewußtsein einer breiteren Öf-

---

[20] Mecham aaO 304.
[21] Vgl. González 1969, 83ff und 1970, 421ff; Damboriena 1963, 83ff bzw. Tschuy 1977. Diese noch unveröffentlichte, im 1. Quartal 1977 in Zürich angenommene Dissertation, die den neuesten Stand der Forschung zum kubanischen Protestantismus darstellt, konnte erst nach Fertigstellung dieses Abschnitts eingesehen werden. Zur ‚Church of God' vgl. Davis 1942, 57f.
[22] Vgl. Scopes 1962, 66.   [23] CCLA 1955, 28.

fentlichkeit wurde der Beginn der protestantischen Mission mit der Zeit der US-Besetzung 1898—1902 gleichgesetzt und geriet folglich in ein ähnliches Zwielicht wie die katholische Mission ca. 400 Jahre früher im Schatten der spanischen Conquista. Kuba galt den Amerikanern seit 1898 als ein „ergiebiger Jagdgrund" für „politische, wirtschaftliche und kulturelle" Beglückungsmissionen, was die Kubaner einerseits mit Ressentiments erfüllte und andererseits ihr Selbstvertrauen erschütterte. Das führte gegenüber den protestantischen Missionen zu einer rein rezeptiven Haltung. In bezug auf Bauten, Unterhaltung von Pfarrer und Gemeindebetrieb erwartete man alles von den reichen Amerikanern und nichts von eigenen Anstrengungen. Diese Empfängerhaltung wurde durch die Missionsstrategie sogar noch weiter gefördert. Die ersten Missionare verkündeten „free salvation" im finanziellen Sinn, also alle Amtshandlungen ohne die in der römischen Kirche üblichen Gebühren, und verlangten für die Kollekten nur die kleinsten Münzen, so daß jeder nur noch einen Cent gab.

Neben dieser unseriösen nach Proselytenfängerei aussehenden Missionsmethode zielte die Missionsstrategie allgemein auf die schnellst mögliche Errichtung kleiner Gemeinden ab, hauptsächlich in den Städten, um in kürzester Frist ein Stützpunktenetz über die ganze Insel zu spannen. Die ländlichen Gebiete sollten von den kleinen Städten aus erschlossen werden. Bevor die Gemeinden recht konsolidiert waren, wurden mit nordamerikanischem Geld Kirchgebäude oder Gemeinderäume erstellt, Pastoren unterhalten und später kubanische Pastoren in den USA ausgebildet. Statt die junge Kirche den wirtschaftlichen Möglichkeiten und den kulturellen Gegebenheiten Kubas anzupassen, wurde eine amerikanische Mittelklassenkirche nach Kuba verpflanzt, wo es eine ausgeprägte Mittelklasse gar nicht gab. Die Folge war, daß diese Kirche weiterhin von der amerikanischen Mittelklasse unterhalten werden mußte, besonders da vielfach sogar kubanische Pastoren ihre Gehaltswünsche und ihren Lebensstandard an nordamerikanischen Normen maßen[24]. Das ganze Leitbild der Missionsarbeit war weitgehend nicht situationsgerecht, was sich auch im Schulwesen auswirkte, das auf die intellektuellen Ansprüche der nordamerikanischen Mittelschicht eingestellt war, statt sich konsequent nach den gesellschaftlichen und wirtschaftlichen Notwendigkeiten der angesprochenen Bevölkerungskreise zu richten, für die alles darauf ankommt, ihre miserable Lage durch geeignete erzieherische Hilfen zu verbessern[25]. Die meisten Missionen haben die Schwarzen vernachlässigt, die, einmal gewonnen, sehr treue Gemeindeglieder werden. Auch der Patriotismus der Kubaner und ihr Streben nach Unabhängigkeit sind von den Missionen nur ungenügend in Rechnung gestellt worden. Zwar hatten die meisten Missionen bis Ende der dreißiger Jahre die Kirchenleitung an Kubaner übertragen, aber ihre finanzielle Abhängigkeit nicht abgebaut. Es fehlte an der Einsicht, daß eine eigenständige kubanische Kirche als Ausdruck des kubanischen Menschen nur entstehen konnte, wenn sie ohne angelsächsische Ausrüstung und Hilfsmittel arbeitete[26]. Ein weiteres Problem besteht darin, daß die protestantischen Kirchen nicht nur mit dem ‚American way of life' identifiziert wurden, sondern vielfach auch den engstirnigen Denominationalismus der Mutterkirchen einschließlich deren Spaltun-

---

[24] Davis aaO 77ff, 59, 85 und 55. Es war deshalb völlig unzutreffend, wenn Peters 1927, 89 behauptete: „Die protestantische Gemeinde Kubas ist heute schon imstand, sich wirtschaftlich völlig selbst zu unterhalten", wobei er sich offenbar auf die ‚Civiltá Cattolica' stützt, die angesichts von 300 protestantischen Prädikanten, 130 Kirchen, 221 Sonntagsschulen, 6 Kollegien, 2 Seminaren, 125 Elementarschulen mit 20 000 Kindern, Krankenhäusern, Waisenhäusern, vielen Wochen- und zwei Monatsblättern ausruft: „Ecco il quadro doloroso!"

[25] Davis aaO 94.   [26] Ebd. 97ff.

gen – z. B. bei den Baptisten – nach Kuba übertrugen. Während die historischen Denominationen ihre Arbeitsfelder wenigstens räumlich einigermaßen trennten, nahmen die kleineren Missionen darauf keinerlei Rücksicht, so daß die Vielheit der protestantischen Gruppen der Überzeugungskraft der protestantischen Sache ebenso abträglich war wie die Ausschließlichkeit ihrer pietistisch-fundamentalistischen Frömmigkeit und ihrer streng puritanischen Ethik[27]. Die in den dreißiger Jahren erfolgte Bildung eines Rates der evangelischen Kirchen stellt einen ersten Schritt zu einer lockeren Zusammenarbeit dar[28].

Die sozio-ökonomische und politische Entwicklung bis 1958 läßt sich kurz so beschreiben: Das Fehlen einer stärkeren kreolischen Oberschicht, der Mangel an administrativer Tradition, die Machtlosigkeit der von den USA abhängigen Regierungen und die Versuchung, sich zur eigenen Bereicherung mit den immer mächtigeren und skrupelloseren nordamerikanischen Wirtschaftsinteressen zusammenzutun, führten dazu, daß nicht die ehrenhaftesten und patriotischsten Kubaner sich des Regierungsapparates bemächtigten, so daß das Land von einer Reihe ambitiöser, aber unerfahrener Politiker regiert wurde, die in die eigene Tasche arbeiteten[29]. Die Verwendung öffentlicher Mittel zu „privaten oder parteipolitischen Zwecken" bildete vom ersten Jahrzehnt der Unabhängigkeit an „eines der schlimmsten Übel in Kuba"[30].

Von 1906 bis 1920 war Kuba dreimal das Opfer nordamerikanischer militärischer Interventionen, die dazu dienen sollten, Ruhe und „Ordnung aufrechtzuerhalten, amerikanische Interessen, Besitz und Geschäfte zu schützen"[31]. Kuba war also nur nominell frei, „aber nicht frei, um seine eigenen Fehler zu machen"[32]. Der gigantische Zuckerpreisverfall von US$ 0,226 pro 1 bs. fob kubanischen Hafen im Ersten Weltkrieg auf nur US$ 0,0325 im Jahre 1921 führte zu einer schweren politischen Krise. Aber eine Sozialrevolution wurde wiederum durch US-Eingriff verhindert. General Crowder überwachte die Wahlen von 1921. Er hatte die Verfügungsgewalt über einen rettenden Staatskredit für Kuba. Präsident Zayas erwies sich angesichts der wirtschaftlichen Krisensituation als gefügig. 1924 konnte Enoch Crowder die politischen Interessengruppen dann auf Gerardo Machado (1925–33) einschwören, der sich als grausamer Diktator entpuppte. Inzwischen wurde von den USA das Zuckerquotensystem eingeführt, das bestimmten Erzeugerländern, an der Spitze Kuba, einen bestimmten Anteil am US-Zuckerimport sicherte. Die Preise lagen erheblich über dem Weltmarktpreis, um das Gefälle gegenüber den mit erheblich höheren Kosten produzierenden nordamerikanischen Rübenzuckerherstellern auszugleichen. Die Folge war indes eine erhöhte Abhängigkeit vom nordamerikanischen Markt und vom Präsidenten des Agrarkomitees des Repräsentantenhauses, das jährlich die

---

[27] Vgl. Davis und Ham 1969, 139f.
[28] Davis aaO 61. Dem Rat gehören nach einer Aufstellung des ÖRK heute an: Methodisten, Presbyterianer, Episkopale, Baptisten, Plymouth Brüder, Heilsarmee, die ABS, die ‚Asamblea de Dios' (Pfingstkirche) und das Unionsseminar in Matanzas. Lediglich als assoziierte Glieder gehören davon dem ÖRK die Methodisten und die Presbyterianer an.
[29] Ferguson 1968, 244.
[30] González 1969, 84 nimmt Estrada Palma ausdrücklich von dem Vorwurf der Verwendung öffentlicher Gelder zu politischen Zwecken (Korruption) aus, die seiner Meinung nach mit dem US-Interventor Charles E. Magoon (1906-09) begann, der als erster den Haushalt ins Defizit brachte.
[31] Ruiz G. aaO 94f unter Berufung auf die US-Historiker Lewis Paul Todd und Merle Curti, genauso Ferguson aaO 244.
[32] Hanke 1967 I, 34.

Quoten neu festzusetzen hat[33]. Die Cuba Company half dem Diktator Machado während der Weltwirtschaftskrise mit einem Kredit von US$ 50 Mill. aus[34].

Es ist keineswegs so, daß die römische Kirche in diesen Jahren der sozialen Frage keinerlei Aufmerksamkeit geschenkt hätte. 1918 veröffentlichte der Erzbischof von Santiago einen Hirtenbrief über die soziale Frage, in dem er sagte: „Gehen wir zum Volk, verteidigen wir das Volk, verlangen wir Genugtuung für das Volk..." 1919 auf dem Ersten Nationalen Eucharistischen Kongreß in Habana wurden die brennenden sozialen Fragen auch angegangen:

„‚Über die Rechte des Arbeiters, durch das Kapital nicht ausgebeutet zu werden; über die unausweichliche Notwendigkeit, die soziale Frage zu lösen; über die Regelung der Frauenarbeit...' kommt man zu für jene Epoche mutigen Erklärungen wie dieser: ‚Wenn, wie gesagt worden ist, die soziale Frage vom gegenwärtigen kapitalistischen Produktionssystem geschaffen und aufrechterhalten wird, muß dieses System geändert werden...' Danach, als Kuba die revolutionäre Phase von 1933 erlebte, war es der spätere Kardinal Arteaga, der Präsident Grau die Sozialenzykliken überreichte, damit sie der Sozialgesetzgebung als Leitlinie dienten." In der Verfassung von 1940 zeigt sich der Einfluß der katholischen Sozialenzykliken[35].

Anfang der dreißiger Jahre war der nordamerikanische Botschafter praktisch der Moderator der kubanischen Politik. Hätte die US-Regierung mehr Interesse an den Rechten der kubanischen Arbeiter gehabt als an den Profiten der nordamerikanischen Investoren, dann hätte sie dem Terror Machados eher ein Ende bereitet[36]. Botschafter Sumner Welles wartete indes die Zuspitzung der Krise 1933 ab und forderte dann sogar die Gegenwart von US-Kriegsschiffen vor Habana an, obgleich er Roosevelts neue „Politik der guten Nachbarschaft" mitformuliert hatte. Ein Generalstreik und die Furcht der Militärs vor einem direkten Eingreifen der ‚Marines' führte dann zum Sturz Machados 1933. Wiederum blockten die USA indes eine revolutionäre Entwicklung ab. Summer Wells intervenierte gegen den von der Revolutionsjunta als provisorischen Präsidenten designierten Universitätsprofessor Dr. Ramón Grau San Martín, weil er ihn für einen Kommunisten hielt, der nur von linken Studenten und Radikalen ohne Bedeutung unterstützt würde. Die Warnungen des weitsichtigen US-Botschafters Josephus Daniels in Mexiko, daß Grau von den Intellektuellen und Arbeitern Kubas unterstützt werde und die vergessenen Kubaner repräsentiere, verhallten in Washington unbeachtet. Man ließ Wells freie Hand. So konnte Oberst Fulgencio Batista putschen und Grau stürzen. „Welles favorisierte Oberst Carlos Mendieta, einen konservativen Führer, den die USA prompt anerkannten. Es stellte sich heraus, daß er der erste mehrerer Präsidenten war, die Batistas Marionetten waren, bis dieser 1952 endgültig durch einen Militärputsch die Macht übernahm. Er löste den Kongreß auf und entpuppte sich als ein rücksichtsloser Diktator. „Korruption und ‚institutionalisierte Gewalt'" bestimmten fortan den politischen Alltag[37].

---

[33] Ruiz G. aaO 100ff.   [34] Ebd. 113.
[35] Büntig aaO 9. Zum Inhalt der Verfassung vgl. S.
[36] So urteilt der damalige US-Botschafter in Mexiko E. David Cronon, Interpreting the New Good Neighbour Policy: The Cuban Crisis of 1933, HAHR XXXIX (1959), 542ff zitiert nach Hanke aaO 34f.
[37] Hanke aaO 35 mit Verweis auf Bryce Woood, The making of the Good Neighbour Policy, New York 1961, 48ff. 1940–44 regierte Batista selbst und offenbar besser als fast alle Präsidenten vor ihm. 1944 duldete er sogar die Wahl von Gran San Martín,

Alonso hat 1929 die Kubaner in religiöser Hinsicht in sieben Gruppen eingeteilt:
1. Katholiken — traditionell gläubige und liberale;
2. Protestanten — erklärte und Sympathisanten;
3. nicht-kirchliche Spiritualisten, wozu er nicht nur die Pfingstler, sondern auch Theosophen, Anhänger der Christlichen Wissenschaft und philosophische Spiritualisten rechnet;
4. Agnostiker der positivistischen Schule Spencers;
5. Atheisten;
6. Anhänger afro-kubanischer Kulte;
7. Spiritisten — wissenschaftliche und abergläubische.

Alonso erklärt die erhebliche Zahl von Spiritualisten damit, daß es sich hier um Menschen handele, die die römische Kirche verlassen, aber in den historischen protestantischen Kirchen keine neue geistliche Heimat gefunden haben. Die römische Kirche habe in Kuba nie eine so beherrschende Rolle wie z. B. in Mexiko gespielt. Der typische Kubaner sei nicht besonders religiös, wenn auch nominell katholisch, wobei der Einfluß des Katholizismus auf die Frauen am größten sei[38]. Italiaander (1969) weist auf in Kuba noch heute stark verwurzelte Kulte afrikanischen Ursprungs und deren Synkretismen hin (vgl. 4442):

„Diejenigen Neger, die der mysteriösen Welt des Nañaguismo mit der großen Erbschaft Afrikas angehören, übertreffen fraglos zahlenmäßig die ‚Calambuco', die frommen katholischen Kirchengänger."[39] „Die Subkulturen der Zuckerrohrschneider und Kleinkeuschler mußten auf die religiöse Betreuung verzichten... Ein Grund mehr für die Vernachlässigten auf dem Land, mit Geheimkulten und Zauber zu experimentieren."[40]

Davis hat in seiner epochemachenden Studie die sozio-ökonomischen Bedingungen 1942 folgendermaßen beschrieben:

Der größte Teil der Landarbeiter ist in der Zuckerrohrindustrie beschäftigt. Die kleinere Gruppe ist direkt in den Zuckerfabriken beschäftigt. Dank der modernen Maschinenausrüstung hat sich die Arbeitszeit der Fabriken von fünf auf zwei bis drei Monate verkürzt. Rechnet man zwei Monate für Reparaturarbeiten hinzu, so bleibt ein halbes Jahr tote Zeit. Die Zahl der Feldarbeiter, die das Zuckerrohr schneiden und transportieren, ist zehnmal so groß wie die der Fabrikarbeiter. Als Saisonarbeiter werden sie nur ungefähr vier Monate im Jahr bezahlt. Das bedeutet, daß etwa ein Drittel der gesamten kubanischen Bevölkerung, nämlich das von der Zuckerindustrie abhängige, nur von Saisonarbeit leben muß[41]. Während die Häuser der

---

der sich indes inzwischen zu einem Liberalen der Mittelklasse gewandelt hatte und den ‚Partido Auténtico' führte. 1952 ignorierte der aus Florida zurückgekehrte Batista die Wahlen und setzte sich durch einen Militärputsch selbst an die Spitze des Staates - vgl. Hanke aaO 36 und Ferguson aaO 245.

[38] Vgl. Luis Alonso, The religious environment of the Latin-American people, in: ‚El Evangelista Cubano' v. 1. 7. 1929 nach Davis aaO 49ff. Zur Rolle der römischen Kirche vgl. im selben Sinne Mecham aaO 304.

[39] AaO 338. Zur Rolle der Farbigen auf Kuba und deren Religiosität vgl. ebd. 326ff mit Bibliographie.

[40] Drekonja 1971, 74.

[41] Davis aaO 29ff rechnete 1940 mit 58 500 Fabrikarbeitern und 541 000 Feldarbeitern, die zusammen mit ihren Familien mindestens 1 250 000 Kubaner, d. h. ein Drittel der Gesamtbevölkerung ausmachten. Thomas 1963, 400 bemerkt, daß ein

Fabrikarbeiter, die die Gesellschaften stellen, sanitäre Einrichtungen und Stromanschluß haben, fehlt all' dies in den Häusern der Masse der Feldarbeiter, zu denen allerdings ein Stückchen Land gehört. Für die Fabrikarbeiter haben die abseitsgelegenen Fabriken meistens eine Kapelle, eine Schule, Sportplätze und ärztliche Versorgung zur Verfügung gestellt, nichts dergleichen dagegen für die Feldarbeiter. Feldarbeiter, meist Neger mit ihren Familien, haben praktisch kein kirchliches Leben. Die kirchliche Trauung ist unter ihnen so gut wie unbekannt, Taufen kommen schon eher vor. Die Folgen der Zuckermonokultur sind also, daß ein Drittel der kubanischen Arbeiter mehr als die Hälfte des Jahres unproduktiv bleibt, ihrer Eigeninitiative beraubt sind, durch ihre Spezialisierung alle Fähigkeiten zum Betreiben von Subsistenzwirtschaft verloren haben, fatalistisch und dem Glücksspiel (Lotterien) ergeben sind. Der Zucker hat zwar einem Drittel der Bevölkerung Arbeit gegeben, zur Modernisierung des Bank-, Transport und Bauwesens beigetragen, aber Kuba ökonomisch an die USA gefesselt, so daß der Zucker trotz seiner Macht „nicht vermocht hat, dem kubanischen Volk Glück, Komfort und eine normale Entwicklung zu bringen"[42]. Sozial etwas über dem Heer der Zuckerrohrarbeiter stehen die ‚guajiros', die kreolischen Landarbeiter, deren Lebensstandard indes ähnlich kümmerlich ist. Eine Art ländlicher Mittelschicht bilden die Plantagenaufseher, Zuckerfabrikinspektoren etc. und die ca. 40 000 ‚colonos', selbständige kleine Zuckerrohrbauern. Knapp die Hälfte der Bevölkerung lebte schon 1940 in den Städten. Abgesehen von Industrie und Handel galt eine Stellung in der aufgeblähten Verwaltung für die Städter von jeher als sicherster Job. Die alte spanische Tradition, daß körperliche Arbeit unter der Würde eines Weißen ist, hat bis in die Gegenwart nicht nur in der Oberschicht überlebt. Davis führt darauf sogar den Widerspruch zurück, daß die Zuckerrohrschneider, die in ihrem Beruf schwerste körperliche Arbeit leisten, es unerklärlicherweise unter ihrer Würde finden, in der langen beschäftigungslosen Zeit ihre Parzelle Land zu bewirtschaften[43]. 1933 besuchten fast 60 % aller Kinder im schulfähigen Alter keine Schule[44].

52132 Die Kubanische Revolution (1953–1959)

Die Kubanische Revolution kann indes keineswegs aus der besonderen Armut der Masse der Bevölkerung erklärt werden. Im lateinamerikanischen Rahmen rangierte Kuba etwa hinter den Spitzenreitern Argentinien und Uruguay. Thomas urteilt: Kuba war halbentwickelt und dekadent und angesichts der beherrschenden, aber stagnierenden Rolle von „König" Zucker" wohl frustriert. Seit 1925 hatte das Schulsystem nicht mehr mit dem Bevölkerungswachstum (1940 = 4 566 000; 1966 = 7 500 000) mitgehalten, so daß 1950 ein kleinerer Prozentsatz von Kindern zur Schule ging als 25 Jahre vorher[45]. Im Gegensatz zu Mexiko und Bolivien war die Landwirtschaft Kubas keineswegs

---

saisonaler Tagesverdienst von US$ 3,25 den Feldarbeitern in den fünfziger Jahren ein erheblich über dem lateinamerikanischen Mittelwert liegendes Jahreseinkommen garantierte. Da sie aber überhaupt nicht ans Sparen gewöhnt waren, lebten sie außerhalb der Saison beinahe schlechter als Arbeitslose und kamen aus ihrer Verschuldung nie heraus. Schon die Hoffnung auf ein Moratorium oder die Annullierung ihrer Schulden mußte sie zu Sympathisanten einer Revolution machen.

[42] Davis aaO 30ff.   [43] Ebd. 43.
[44] Ebd. 44. Jansen 1968, 156 bemüht sich um den Nachweis, daß es auf allen Gebieten vor Castro auf Kuba gar nicht so schlecht aussah. Nach dem Zensus von 1953 gab es nur noch 23,6 % Analphabeten, und zwar 11,57 % in der Stadt und 41,75 % auf dem Lande. Kuba besaß einen Studenten auf 273 E und wurde diesbezüglich in Lateinamerika nur von Uruguay und Argentinien übertroffen.
[45] Thomas 1963, 402ff.

mehr feudalistisch, sondern kapitalistisch strukturiert. Ob die Landwirtschaft eine Rolle für die Revolution gespielt hat, ist in der Forschung umstritten. Die mangelnde Diversifikation, die daraus resultierende enorme Exportabhängigkeit, die Überfremdung der Zuckerindustrie[46], die mangelhafte Modernisierung und ungenügendes Management sind als negative Faktoren bekannt. Ob aber die Anti-Batista-Gefühle unter der Landbevölkerung in den fünfziger Jahren besonders ausgeprägt waren, ist zweifelhaft[47]. „Obgleich nur wenige Autoren die Ungleichheiten des Reichtums und der Lebensbedingungen und besonders die saisonale und strukturelle Arbeitslosigkeit übersehen, gibt es einen überraschend großen Konsens hinsichtlich des Überwiegens politischer Faktoren bei der Erklärung des Falls Batistas." Der Kampf gegen eine Regierung, die illegal an die Macht gekommen war, die es nicht wagte, sich Wahlen zu stellen und sich deshalb immer stärker repressiver Terrormethoden bediente, stand im Vordergrund, nicht ein Verlangen der Massen nach radikalen Veränderungen der sozio-ökonomischen Strukturen[48]. „Batista, nicht Castro war der unerläßliche revolutionäre Faktor", meint Draper etwas überspitzt[49].

Der wichtigste auslösende Faktor für die Revolution war Batistas Putsch 1952. Fidel Castros Angriff auf die Moncada-Kasernen in Santiago de Cuba signalisierte 1953 den Beginn des Freiheitskampfes. Er führte zur Bildung der Bewegung des 26. Juli. Castros Vorbild war José Martí[50].

Aushängeschild des 1956 von Castro in der Sierra Maestra aufgenommenen Befreiungskampfes war die von einer 1939 relativ frei gewählten verfassungsgebenden Versammlung 1940 angenommene und kaum je strikt beachtete Verfassung, die die Menschenrechte garantierte, die Todesstrafe abschaffte, bestimmte, daß Staatsdiener nach ihrer Qualifikation zu ernennen und nicht aus parteipolitischen oder sachfremden Gründen abgesetzt werden dürften. Sie bestimmte die Einführung eines Mindestlohns, einer obligatorischen Sozialversicherung, der 44-Stundenwoche, bezahlter Feiertage, des Streikrechts und forderte eine völlige Neuordnung des unvollkommenen öffentlichen Erziehungssystems[51].

---

[46] Gut 33 % des Tabakexportes gingen auch in die USA, ferner der gesamte Bananenexport – auch auf Kuba war die United Fruit tätig – sowie über die Hälfte des Kaffeeexportes und die gesamte Ausfuhr von Kupfer-, Mangan- und Eisenerz. In umgekehrter Richtung bezog Kuba 1938 71 % aller Importe aus den USA. 70 % der gesamten dem Zuckerrohranbau dienenden landwirtschaftlichen Nutzfläche gehörte 1940 US-Gesellschaften – Davis aaO 18ff. Alle öffentlichen Dienste wie Eisenbahnen, Telephon, Telegraph und das gesamte Bankwesen waren seit der Weltwirtschaftskrise in nordamerikanischer Hand – Thomas 1963, 401.
1951 befanden sich 54 % der 174 Zuckerfabriken in nordamerikanischem und 34 % in kubanischem Besitz. Der Anteil des Zuckers am Gesamtexport lag 1940 bei 80 bis 90 %, der des Tabaks nur bei 5 %. Strukturveränderungen wurden seit langem diskutiert, „aber die USA hatten begreiflicherweise kein Interesse daran, und so unterstützten sie die Diktatur von Fulgencio Batista, der für die Aufrechterhaltung der bestehenden Verhältnisse sorgte" – HKorr 15 (1960/61), 125.
[47] Blasier 1967, 31f. [48] Ebd. 36.
[49] Ebd. [50] Vgl. Kuba 1972 A, 13.
[51] Ferguson aaO 245ff. Das Manifest der Bewegung vom 26. Juli 1956 hatte gefordert: Demokratie im Sinne von Jefferson und Lincoln, Nationalismus im Sinne von wirtschaftlicher Unabhängigkeit, soziale Gerechtigkeit in bezug auf Menschenrechte und Agrarreform. Im ersten Programm nach dem tatsächlichen Beginn des Guerrilla-Kampfes wurden hervorgehoben: Freiheit für politische und militärische Gefangene, Redefreiheit, Pressefreiheit, Agrarreform und Industrialisierung. Diesen Idealen ent-

Ruiz G. kommt zu dem Schluß, daß die Kubanische Revolution von 1959 keineswegs eine völlig unerwartete, spontane Erscheinung, sondern der endliche Durchbruch der immer wieder verhinderten kubanischen Revolution sei[52]. Die revolutionären Konspirationen richteten sich gegen Batista, waren aber zunächst keineswegs von Castro koordiniert, wie überhaupt Castros Truppen wohl nie 1500 Mann überschritten und wahrscheinlich nur eine Minderheit unter den rebellierenden Kräften darstellten. Der Sieg revolutionärer Einheiten unter Führung ‚Che' Guevaras gegen reguläre Truppen in Santa Clara (1958) hätte rein militärisch nie zum Sturz Batistas ausgereicht. Julien meint, Castros Sieg war vor allen ein Sieg der Moral und des Volkes[53]. Mit ihrem Waffenembargo gegen Batista hatten die USA etwas zu seinem Fall beigetragen.

52133 Die Haltung der Kirchen während des Aufstandes gegen Batista

Amtlich hat keine Kirche die Revolution unterstützt. Ham stellt fest: „Eine Anzahl evangelischer Christen" spielte während des Aufstandes gegen Batista „eine bedeutende Rolle."[54] Büntig behauptet, „der größere und bessere Teil des kubanischen Katholizismus" habe direkt oder indirekt die Revolution unterstützt[55], was wohl stark übertrieben ist. Tatsache ist, daß sich Erzbischof Pérez Serantes von Santiago de Cuba schon 1953 für die Angreifer der Moncada-Kaserne eingesetzt und dadurch wahrscheinlich Fidel Castro das Leben gerettet hat. In verschiedenen Hirtenbriefen des Jahres 1958 rief er zum Frieden auf[56]. Neben Pérez stand auch Bischof Alberto Martín von Matanzas dem Regime Batistas ablehnend gegenüber. Der greise Kardinalerzbischof von Habana, Arteaga y Betancur, pflegte indes weiter gute Beziehungen zu Batista, und der Bischof von Camagüey war davon überzeugt, „die Kirche sei von allem nicht betroffen"[57]. Am 25. Februar 1958 berief Pérez ein geheimes Bischofstreffen ein, auf dem er mit seiner Forderung nicht durchdrang, der Episkopat solle gemeinsam Batista zum Rücktritt auffordern. Statt dessen wurde nur ein Aufruf an die gegnerischen Lager zum Verzicht auf Gewalt be-

---

sprach die Bewegung nach ihrem Sieg nicht ganz. Am 12. 1. 1959 wurden 71 summarisch verurteilte Anhänger Batistas wegen Verbrechen gegen die Menschlichkeit erschossen und derartige Erschießungen dauerten einige Monate weiter an, was in den USA echte Entrüstung hervorrief und von reaktionären Gruppen ausgenutzt werden konnte.

[52] AaO 113. Zu demselben Schluß ist schon Thomas 1963, 406 gekommen: „Finally, the Cuban revolution of 1959, far from being an isolated event, was the culmination of a long series of thwarted revolutions".

[53] Blasier aaO 38 und 42.

[54] 1969, 140. Der kubanische Theologe Ham knüpft an die Thesen Davis' über die Abhängigkeit der protestantischen Kirchen Kubas an - vgl. Tschuy 1977, 416.

[55] AaO 10.   [56] Büntig aaO.

[57] In seinem Prozeß 1953 verteidigte sich der Jurist Castro selbst. Seine berühmt gewordene Rede stand unter dem Motto: „La historia me absolverá" (Die Geschichte wird mich freisprechen). Nach HKorr 14 (1959/60), 501 soll Erzbischof Pérez S. Castro 1953 auf seiner Flucht sogar Asyl gewährt haben. Zum Ganzen vgl. Houtart 1973, 96f. Labelle 1965 urteilt, daß die Revolution in der Anfangsphase die moralische Unterstützung von mindestens drei Bischöfen erhalten habe: Erzbischof Pérez S. von Santiago, Bischof Alberto Martín von Matanzas und Alberto Evelio Díaz, Hilfsbischof von La Habana.

schlossen und eine Regierung der nationalen Einheit gefordert. Während Batista nach diesem Strohhalm griff, fragte Castro die Bischöfe in einem Brief vom 9. März 1958, ob sie glaubten, ein ehrlicher Kubaner könne in einer Regierung der nationalen Einheit mit Batista zusammenarbeiten? Pérez und Martín blieben indes bei ihrer Forderung nach einem Rücktritt des Diktators, die der Bischof von Matanzas diesem in einem Gespräch persönlich vortrug. Die unmittelbare Folge waren heftige Unterdrückungsmaßnahmen gegen Katholiken bis hin zur Ermordung einiger militanter Katholiken wie des Arbeiterführers S. Gonzales. Trotzdem raffte sich die Kirchenleitung als ganze nicht zu einer einmütigen, offiziellen Reaktion gegen das Regime auf. „Anfang Dezember 1958 warf P. B. García der Kirchenführung ihre Gleichgültigkeit vor, die tatsächlich ... eine Unterstützung der Unterdrücker darstellte."[58] Die Last des Widerstandes gegen Batista wurde also nicht von der Mehrheit der Hierarchie und des Klerus getragen, wohl aber von einer nicht unbedeutenden Gruppe militanter Katholiken, die in breiteren Kreisen der katholischen Bevölkerung, bei einer Anzahl Priestern und zwei bis drei Bischöfen Verständnis und Rückhalt fanden.

In diesem Zusammenhang muß berücksichtigt werden, daß die spanischen Priester, die fast zwei Drittel der Priesterschaft ausmachten, von zu Hause an die Diktatur gewöhnt waren. Noch dazu pflegte Batista herzliche Beziehungen zu Francisco Franco. Die baskischen Priester dagegen übertrugen ihre Feindschaft gegen das zentralistische Regime Francos schon eher auf seinen Freund Batista. „Mit einer Reihe von kubanischen Priestern engagierten sie sich im Widerstand. Der Padre Guillermo Sardiñas übertrieb, indem er zu den ‚Barbudos' (Bärtigen) als Guerrillakaplan in die Berge zog. Wichtiger für den Maquis war die Kollaboration von Priestern und Laien in den Städten, besonders wenn sie über Radiosender und Druckpressen verfügten." Ihre Hilfe hat Castro auch ausdrücklich anerkannt[59].

52134 Die Haltung der Kirchen in der Anfangsphase der revolutionären Regierung (Januar–Dezember 1959).

Die Anfangsphase der Revolution war demokratisch und humanistisch, wenn auch nicht formal demokratisch. Castro sagte im April 1959 vor dem nordamerikanischen Kongreß: „Weder Brot ohne Freiheit, noch Freiheit ohne Brot ... Freiheit mit Brot, ohne Terror, das ist Humanismus."[60]

Die Kirchen wurden von Umfang und Tragweite der Sozialrevolution überrascht. Die sozial-ethische Einstellung der protestantischen Kirchen war überwiegend pietistischer Natur. Kirche und Welt galten als streng geschiedene Bereiche. Zur Welt zählte man auch Politik und soziale Verantwortung, Dinge, mit denen ein Bekehrter seine Hände nicht beschmutzen sollte, eine Haltung,

---

[58] Houtart aaO 96f. Jansen 1968, 159 hingegen versucht den Eindruck zu erwecken, als habe die Mehrheit der Bischöfe und Priester den Untergrundkampf unterstützt. Zur Lage der katholischen Kirche vgl. Mecham aaO 304.
[59] Drekonja 1971, 74, der aus ‚Bohemia' v. 31. 5. 1959 Castros Äußerung zitiert: „Die Katholiken Kubas haben mit der Sache der Freiheit vorzüglich zusammengearbeitet". Houtart aaO 97 bezieht sich bei seinem Zitat auf die Ausgabe v. 18. 1. 1959. Der Kubanische Exil-Jesuit Jansen hält bezeichnenderweise P. Sardiñas für einen kaum diskutablen Priester - aaO 159.
[60] Büntig aaO 12.

die durch die unübersehbare Korruption unter den Politikern noch bestätigt zu werden schien. „Die Tragik der protestantischen Kirchen bestand in der Beziehungslosigkeit zum sozialen Milieu des Landes, in der unzureichenden Ausbildung ihrer Führer, im Unvermögen, sich auf die neue politische Lage einzustellen, und im Mangel an einer gemeinsamen ökumenischen Strategie." So bildete sich zwar 1959 eine protestantische „christlich-soziale Bewegung" aus Pastoren und Gemeindegliedern, die politische und soziale Reformen befürwortete, aber bei deren überraschend schneller Durchführung durch den Staat dann doch nicht mitwirken wollte. Vielmehr verließen die Anführer der Bewegung die Insel mit der Begründung, nicht unter der „Drohung des Kommunismus" leben zu wollen, wie denn auch Protestanten, die Castros Aufstand unterstützt hatten, 1961 in die Opposition gingen, „als die Revolution sich als ‚marxistisch-leninistische' bezeichnete"[61].

Von der katholischen Amtskirche wurde der Triumph der Revolution 1959 im Sinne des Sieges der Reformbestrebungen teilweise überschwenglich begrüßt[62], aber man erwartete doch nur graduelle Reformen der vorhandenen Strukturen, die im Prinzip bestehen bleiben sollten. „Folglich würde die kubanische Gesellschaft weiterhin in ihrer hierarchischen Struktur bestehen bleiben, in der ‚die Reichen weniger reich sein würden', aber immerhin reich, und ‚die Armen weniger arm', aber immerhin arm."[63] Von diesem bürgerlich-reformistischen Erwartungshorizont her konnte der Weg zu einem umfassenden sozial-revolutionären Prozeß schwerlich mitgegangen werden.

Schon 1959 sahen sich die Bischöfe zu ersten Warnungen veranlaßt. So erhob Bischof Pérez S. seine Stimme am 29. Januar 1959 gegen ein Ausufern der staatlichen Sanktionen in Form der Todesstrafe durch Erschießen, „denn der neue Baum der Freiheit und Gerechtigkeit ‚braucht nicht mit mehr Blut begossen zu werden'"[64]. Im Februar warnte der Episkopat vor einer Erziehungsreform, die die Grundsätze des Naturrechts, also die freie Wahl der Schulart durch die Eltern, verkennt. In beiden Stellungnahmen wurde erstmals auf die Gefahr des kommunistischen Einflusses auf den revolutionären Prozeß hingewiesen[65]. Über die im Mai 1959 verkündete Agrarreform war die Meinung im Episkopat geteilt. Immerhin wurde das Agrarreformgesetz in der damals von Großgrundbesitzern und Finanzkonsortien geschürten Atmosphäre allgemeiner Aufregung vom Apostolischen Administrator Habanas, Evelio Díaz, und zahlreichen katholischen Organisationen wegen seiner Übereinstimmung mit den päpstlichen Enzykliken verteidigt[66]. Da damals der Eigentumsbegriff noch enger und isolierter gefaßt wurde als seit „Progressio Populorum", war

---

[61] Ham aaO 140. Tschuy 1977, 471: „Eine von der amerikanischen Regierung 1963 erstellte Analyse zeigt auf, daß die Exilkubaner vor allem aus bürgerlichen und kleinbürgerlichen Verhältnissen stammen, d. h. aus jenen gesellschaftlichen Kreisen, aus denen auch der Protestantismus seine Kirchenglieder vorzugsweise rekrutiert hatte".

[62] So bemühte Pérez S. in seinem Hirtenbrief „Vida Nueva" die „göttliche Vorsehung, die in den kubanischen Himmel das Wort „Triumph" anläßlich des Sieges Castros geschrieben habe - vgl. Büntig aaO 12f.

[63] Kuba 1972, 86.

[64] Vgl. Büntig aaO 13 und oben Anm. 51.

[65] Büntig aaO 13f. Die Bischöfe appellierten an Castro als ehemaligen Jesuitenschüler.

[66] Mecham aaO 305 und Büntig aaO 14. In den USA wurde die Landreform von vielen mit dem Kommunismus identifiziert. Vgl. Einzelheiten zur Agrarreform bei Ruiz G. aaO 122.

eine einhellige Zustimmung des Episkopats kaum zu erwarten, betrachtete doch die kubanische Hierarchie nach Dwart sogar Papst Johannes XXIII. als halben Kommunisten und veröffentlichte 1963 seine Enzyklika „Pacem in terris" nur widerwillig[67].

Mitte des Jahres flüchtete Pedro Luis Díaz, ein Kommandant der Bewegung des 26. Juli von Kuba und klagte Castro an zu planen, Kuba dem Kommunismus auszuliefern. Davor warnte Castro auch Kommandant Húber Matos, so daß entsprechende Befürchtungen in Hierarchie und Kirchenvolk bis Ende 1959 zunahmen. In dieser Situation kam dem Ende November 1959 abgehaltenen Nationalen Katholikenkongreß mit ca. 1 Mill. Teilnehmern besondere Bedeutung zu. „Es handelte sich um eine umfangreiche und überraschend bürgerlich-religiöse Kundgebung, die von dem für die Epoche typischen antimarxistischen Triumphalismus nicht frei war. Fidel Castro, Dorticós und ein Teil des Kabinetts nahmen am zentralen Akt des Kongresses teil, der in einer Freilichtmesse auf der Plaza Cívica stattfand. Die Parolen ‚Wir wollen ein katholisches Kuba'; ‚Kuba ja, Rußland nein' waren Vorzeichen einer Konfrontation, zu der es bald kommen sollte."[68]

52135 Dissens und Konfrontation von Kirche und Staat (Dezember 1959 bis September 1961).

Unter dem Einfluß ‚Che' Guevaras nahm der Einfluß des Marxismus weiter zu.

Im Dezember 1959 wurde Kommandant Húber Matos wegen seines Widerstandes zu dreißig Jahren Gefängnis verurteilt. Die Angriffe gegen den nordamerikanischen Imperialismus nahmen an Schärfe zu. Die Regierung Kubas intensivierte ihre Versuche, Handelsabkommen mit Ostblockstaaten zu schließen. Im Februar besuchte Anastas Mikojan, der stellvertretende Ministerpräsident der UdSSR, die Insel und versicherte Kuba der östlichen Hilfe im Falle nordamerikanischer Repressalien. Am 1. Mai 1960 schloß Castro mit der Frage: „Warum Wahlen?" eine demokratische Weiterentwicklung aus. Am 27. Juni verschärfte er den ideologischen Kampf mit der kategorischen Feststellung: „Wer Antikommunist ist, ist ein Antirevolutionär." Im Juli wurden die nordamerikanischen, im Oktober 1960 die kubanischen Unternehmen verstaatlicht, so daß der Staat als neuer Besitzer der Produktionsmittel die Wirtschaft des Landes völlig unter Kontrolle hatte[69].

Castro empfand ein Treffen von Prioren in der spanischen Botschaft von Habana als Herausforderung und sprach am 20. Januar 1960 erstmals von reaktionären und konterrevolutionären Elementen im Klerus. Er forderte die Bischöfe auf, subversive Aktivitäten zu verhindern[70]. Am 5. Februar demonstrierten katholische Studenten gegen den Besuch Mikojans. Nach der Aufnahme diplomatischer Beziehungen zur UdSSR im Mai 1960 protestierte Erzbischof Pérez gegen diesen Schritt. Die Christlich-Demokratische Partei löste sich auf. Ihre Führer gingen ins Exil in die USA. Nachdem die US-Raffinerien verstaatlicht worden waren, weil sie sich geweigert hatten, russisches Erdöl zu verarbeiten, das Kuba im Austausch gegen Zucker bezogen hatte, protestierte Hilfsbischof Eduardo Boza von Habana „gegen die Auswüchse der staatlichen Kontrolle des wirtschaftlichen und sozialen Lebens". Nachdem erst

---

[67] Belege bei Mecham aaO 303. [68] Büntig aaO 14f.
[69] Ebd. 15: nur der verteilte Kleinlandbesitz blieb in privater Hand.
[70] Mecham aaO 305.

zehn Jahre seit der Entscheidung des obersten römischen Kirchengerichts verflossen waren, daß alle Katholiken, die sich irgendwie an Aktivitäten der kommunistischen Partei beteiligen oder in Wahlen für sie stimmen, exkommuniziert würden, wollte die Amtskirche in Kuba den Schatten eines Verdachts der Übereinstimmung mit den Zielen der KP vermeiden[71]. Nicht eine nüchterne Analyse der sozio-ökonomischen Situation Kubas mit ihrer völligen Abhängigkeit von den USA, die im Lichte der christlichen Sozialethik vorgenommen wäre, bestimmte die Reaktion der Kirche, sondern dogmatisch-juristisches Denken, nach dem der Kommunismus verdammenswert und jedes Ziel der KP eo ipso als mit christlichen Prinzipien unvereinbar galt. So konnte es zu einer verhängnisvollen Verwirrung zwischen Kommunismus und Sozialreform, zwischen Atheismus und marxistisch inspirierter Gesellschafts- und Wirtschaftspolitik, zwischen sozialen Klasseninteressen und Religion kommen, und das alles vor dem Hintergrund des Ost-West-Konfliktes der Großmächte. Kuba schien im Kalten Krieg plötzlich eine Schlüsselstellung innezuhaben. Hier mußte scheinbar das „christliche Abendland" verteidigt werden. So wollte es jedenfalls die nordamerikanische Propaganda aller Welt glauben machen. Der Mittel- und Oberschicht, deren soziale und wirtschaftliche Stellung bedroht war, erschien rückblickend bald Batista als das kleinere Übel, weil er „wenigstens Antikommunist" gewesen war. Der katholische Journalist F. Paré nannte Kapitalismus, Christentum und Demokratie (in dieser Reihenfolge) die drei tragenden Säulen der kubanischen Gesellschaft, die der Kommunismus zerstören wolle. Nur wenige Katholiken mahnten zur Unterscheidung zwischen den von den Kommunisten propagierten Sozial- und Wirtschaftsreformen und der kommunistischen Ideologie (z. B. Valdespino) oder sprachen der Kirche das Recht ab, sich in den Reformprozeß einzumischen (z. B. A. del Cerro)[72].

Sie konnten es nicht verhindern, daß der Antikommunismus zum Schibboleth der Mehrheit der kubanischen Christen wurde, die sich damit bewußt oder unbewußt mit den Klasseninteressen der Hauptnutznießer der von der Revolution bekämpften kapitalistischen Gesellschaft identifizierten. Die Diskussion über nationale Befreiung und Revolution endete vorzeitig und unsachlich in der Verdammung des mit Atheismus gleichgesetzten Kommunismus in Hirtenbriefen der Bischöfe, Aufrufen der Katholischen Aktion, der katholischen Universität, der katholischen Frauenvereinigungen etc., die zu einer ständigen Steigerung der Spannungen zwischen Staat und Kirche führten.

Erzbischof Pérez mahnte in seinem Hirtenbrief vom 22. Mai 1960 unter dem Titel „Für Gott und Kuba", daß Christen nur in Freiheit leben könnten und daß der Kommunismus „der große Feind des Christentums" sei. Er zitiert ausgiebig die Enzyklika „Divini Redemptoris" Pius XI. von 1937, deren Beurteilung des Kommunismus immerhin fast ein Vierteljahrhundert alt war. Der dialektische Materialismus bedinge den Atheismus, deshalb sei die Zusammenarbeit mit dem Kommunismus ausgeschlossen. Zwar sei der Einsatz der Revolutionsregierung für die bedürftigen Schichten anzuerkennen, habe doch die Kirche schon „immer eine gerechtere Verteilung der materiellen Güter gefordert", aber, so kann man aus der Feststellung folgen, die Soziallehre der Kirche habe „für alle wirtschaftlichen und sozialen Probleme eine befriedigende Lösung", die Kirche kann eben nur mit einer Regierung zusammenarbeiten,

---

[71] Houtart aaO 99f.
[72] Ebd. u. a. mit Bezug auf ‚Bohemia' v. 5. 4. 1959.

die diese Soziallehre zur Richtschnur ihrer Sozialpolitik macht und nicht einen wie auch immer verstandenen Sozialismus[73]. Andere Hirtenbriefe, besonders der Gesamthirtenbrief des Episkopats vom 7. August 1960 (der letzte bis 1969), brachten nicht viele neue Gesichtspunkte. „Die Kirche steht heute und immer auf der Seite der Armen, niemals aber auf der Seite des Kommunismus", weil sein Menschenbild mit dem christlichen unvereinbar ist, weil „er ein System ist, das die Grundrechte der menschlichen Person brutal leugnet", indem er, um die Kontrolle über die Produktionsmittel zu erhalten, einen brutalen Polizeiterror aufrichtet, mit der Abschaffung des Eigentumsrechts alle Bürger schließlich zu Sklaven des Staates macht und das Familienleben „in ungebührlicher Weise" dem Staate unterordnet, „die Frau aus dem Haus treibt und ihr schwere Arbeit aufbürdet und die Kinder in der Form erzieht, wie es der Staat wünscht, ohne Rücksicht auf das Elternrecht"[74]. Zwei Tage später drohte der erzbischöfliche Koadjutor des greisen Kardinals Arteaga, Evelio Díaz, bis dahin keineswegs ein fanatischer Gegner der Revolution, mit der Schließung der Kirchen zum Zeichen des Protestes. Er wollte diesen Schritt in einer öffentlichen Erklärung damit begründen, daß sich die römische Kirche in einem Zustand der Verfolgung durch den Staat befände. Castro replizierte auf den gemeinsamen Hirtenbrief in einer Fernsehansprache am 11. August 1960, daß er zwar Priester kenne, die sich dem Dienst an den Armen verschrieben hätten, daß aber in der Hierarchie Höherstehende den Reichen dienten. „Ich hätte gern einen Hirtenbrief gesehen gegen die imperialistische Aggression, die gegen unser Land gerichtet ist." Gleichzeitig denunzierte er „faschistische" Elemente im Klerus, besonders spanische Priester[75].

Die traditionelle Prozession am 8. September anläßlich des Festes der nationalen Patronin ‚Nuestra Señora de la Caridad del Cobre' wurde von der Regierung verboten. Versuche militanter Katholiken, sie doch zu veranstalten, führten zu Zusammenstößen mit staatlichen Sicherheitskräften, wobei ein Toter und eine Anzahl Verletzter zu beklagen waren. Die Regierung reagierte mit Verhaftungen und Ausweisungen aus Kuba. Christen wurden in wachsendem Maße als Verräter oder in der neuen Gesellschaft unerwünschte Elemente behandelt. Darauf antwortete Erzbischof Pérez im Oktober 1960 mit seinem Hirtenbrief „Weder Verräter noch Parias". Er erinnerte daran, daß auch unter dem Diktator Machado jeder Kritiker gleich als Verräter abgestempelt worden sei, und beschwor die Opfer, die die Katholiken für den Untergrundkampf gebracht hatten.

„Wir würden gern wissen, wie viele Kommunisten das für die Revolution getan haben, was die Unsrigen getan haben. Aber im Kampf für die Revolution dachte niemand daran, daß uns einmal die eiserne Faust des Kommunismus drohen werde."[76] Ebenfalls im Oktober klagte Hilfsbischof Boza Masdival von Habana über marxistische Irrwege, betonte aber, daß die Katholiken nicht gegen die Revolution sind, sondern „die großen sozialen Veränderungen wollen, die Kuba braucht, aber daß sie den materialistischen und totalitären Kommunismus weder wollen noch unterstützen können, der die völlige Negation des Ideals sei, für das die Kubaner gefallen seien". Pérez verurteilte dann im November in seinem Hirtenbrief „Rom oder Moskau" offen alle Katholiken, die mit dem System zusammenarbeiteten.

Als „die besorgten Bischöfe" am 4. Dezember 1960 Castro in einem offiziellen Brief quasi ultimativ zu einer förmlichen Absage an den Kommunismus

---

[73] Deutsche Übersetzung des Hirtenbriefes in HKorr 14 (1959/60), 501ff.
[74] Deutsche Übersetzung des Hirtenbriefes v. 7. 8. 1960 in HKorr 15 (1960/61), 126f.
[75] Vgl. Houtart aaO 101 und Mecham aaO 305.
[76] Text nach HKorr 15 (1960/61) 127, Kontext nach Büntig aaO 17.

aufforderten, war der Zeitpunkt für einen vernünftigen Dialog verstrichen. Die Hierarchie schritt sehenden Auges auf eine totale Konfrontation zu. Möglicherweise hat sie dabei ihre Stärke überschätzt. Denn Kuba 1960 war nicht mit Mexiko 1926 zu vergleichen. Eine Art Interdikt, wie es Evelio Díaz angedroht hatte, hätte in Kuba kaum zu einer zweiten Cristero-Erhebung geführt.

Castro erklärte am 16. Dezember, die Regierung sei den Bischöfen keine Rechenschaft schuldig. Damit brach er den Dialog ab.

In einer Rede am 6. März 1961 fragte er seine Hörer: „Habt ihr schon einen Hirtenbrief gesehen, der die Tagelöhner auf den Zuckerrohrplantagen verteidigt oder Schulen für die Kinder der Tagelöhner fordert oder den Mord an Arbeiter- und Studentenführern verdammt? ... Haben sie jemals gegen die Spekulanten protestiert, die die Lebensmittel horten, oder gegen die höheren Mieten oder den Schleichhandel?"[77]

Im Januar 1961 setzten die USA auf der Sitzung der Organisation Amerikanischer Staaten (OAS) in Punta del Este mit den Stimmen von zwölf lateinamerikanischen Staaten gegen die Stimmen von sechs Staaten, die nach Bevölkerung und Wirtschaftskraft das absolute Übergewicht in Lateinamerika haben (Mexiko, Brasilien, Argentinien, Chile, Bolivien, Ekuador) den Ausschluß Kubas aus der OAS durch und sicherten sich die lateinamerikanische Unterstützung für die wirtschaftliche Blockade Kubas. Damit wurde erstmals in der lateinamerikanischen Geschichte ein Staat der westlichen Hemisphäre völlig dem politischen und wirtschaftlichen Einfluß der UdSSR ausgeliefert[78].

Etwa zur gleichen Zeit hat das kubanische Regime der römischen Kirche den Zugang zu den öffentlichen Nachrichtenmedien gesperrt. Die Amtskirche ihrerseits förderte Protestkundgebungen und Streiks von Schülern und Studenten gegen das Regime.

„Viele Christen gingen bewußt zur konterrevolutionären Aktion über, die seit August des Jahres 1960 zunimmt, sozusagen als Vorspiel der Invasion in der Schweinebucht (Playa Girón)."[79] Religiöse Prozessionen, z. B. am Palmsonntag, den 26. März 1961, wurden zu politischen Demonstrationen umfunktioniert. Bei den nächsten Prozessionen am Karfreitag griff dann Militär ein, ohne Rücksicht darauf, ob die Prozessionen oder Passionsspiele rein religiöser Natur waren oder nicht. Priester und andere militante Katholiken wurden verhaftet. Im selben Monat „beschuldigte Castro die Geistlichen öffentlich, ‚Verbündete des Raubs, des Verbrechens und der Lüge zu sein; sie sind heute die fünfte Kolonne der Konterrevolution'. Tatsächlich werden in Gemeinderäumen oppositionelle Treffen erlaubt, und es fehlt nicht an Priestern, die Christen ermutigen, in gegen das Regime gerichtete Bewegungen einzutreten, wie sie es gestern gegen Batista getan hatten. Andere raten deutlich zu dieser Alternative des Exils."[80] In seinem Buch „En Cuba" schildert

---

[77] Houtart aaO 101. [78] Ruiz G. aaO 133.
[79] Büntig aaO 18. Das gilt auch für Protestanten, wenn auch die Auseinandersetzung mit dem Kommunismus unter den Protestanten etwas später begann, wie Tschuy aaO 443 bemerkt, der S. 465 fortfährt: „Auf jeden Fall verhielten sich viele Protestanten in leitender Stellung im Laufe des Winters 1960/61, als rechneten sie fest mit dem baldigen Sieg der oppositionellen Kräfte. Unter Rektor Alfonso Rodríguez Hidalgo wurde das SET (Seminario Evangélico de Teología, Unionsseminar der Presbyterianer, Episkopalen und Methodisten) in Matanzas zu einem Zentrum bewußt antirevolutionären Denkens. Auch der MSC (Movimiento Social Cristiano) verstärkte seine Angriffe auf die Revolutionsregierung".
[80] Büntig aaO 18.

Ernesto Cardenal ein Gespräch mit einem katholischen Studenten, der bei den Protestaktionen besonders aktiv war und am Karfreitag 1961 verhaftet wurde. Er wurde zu neun Jahren Haft verurteilt, brauchte aber nur ein Jahr im Gefängnis zu verbringen, wo die Behandlung zum Teil brutal war. Sogar im Gefängnis bemühten sich die Reichen von gestern, die Klassenschranken aufrechtzuerhalten. Sie hielten sich strikt getrennt von Bauern und Arbeitern, die doch hauptsächlich einsaßen, weil sie sich unter religiösen Vorwänden zur Verteidigung der Klasseninteressen der oberen Schichten hatten verleiten lassen. Die überzeugten Katholiken, die mit einem Priester im Gefängnis einen Arbeitskreis für soziale Fragen hatten, wurden von den Angehörigen der Oberschicht als „Rote" abqualifiziert. Alberto, von dem Cardenal berichtet, meldete sich im Gefängnis zur Arbeit im Rehabilitierungslager, weil ihn die Haltung der Angehörigen der Oberschicht, die nach nichts anderem als nach der Wiederherstellung ihrer Privilegien strebten, völlig ernüchtert hatte. Im Rehabilitierungslager auf dem Lande war die Behandlung bei der Arbeit in der Landwirtschaft gut. Nach zwei Jahren wurde Alberto dort entlassen. Er gab zu, daß auch führende Kommunisten zum Teil Privilegien genössen oder sich solche illegal verschafften. Aber es gäbe auch häufig Strafaktionen gegen solche Typen[81].

Die Konfrontation von Kirche und Staat erreichte mit dem amerikanischen Bombardement auf Habana am 15. April 1961 und der zwei Tage später erfolgten Landung von Exilkubanern ihren Höhepunkt. Die drei spanischen Patres, die die Invasoren in die Schweinebucht begleiteten, stellten das Unternehmen in einem Aufruf an die Bevölkerung als einen katholischen Kreuzzug gegen den Kommunismus hin[82].

„Die völlige Niederlage der Invasoren sollte bestimmte Konsequenzen für den revolutionären Prozeß in sich und für das Leben der Kirche innerhalb der kubanischen Gesellschaft haben."[83]

Scharfe Reaktionen des Regimes, Repressalien gegen tatsächliche oder vermeintliche Komplizen der Vorgänge innerhalb der kirchlichen Reihen, ließen nicht auf sich warten. Priester, Religiose und Laien wurden massenhaft festgenommen, kirchliche Gebäude bewacht, der erzbischöfliche Koadjutor E. Díaz von Habana und sein Hilfsbischof Boza Masvidal kurzzeitig verhaftet. Der greise Kardinal Arteaga flüchtete in die argentinische Botschaft. Am 1. Mai proklamierte Castro Kuba offiziell zur sozialistischen Republik. Er hielt gleichzeitig an der Möglichkeit der Koexistenz zwischen Revolution und Religion fest, wandte sich aber dagegen, daß die Religion als Vorwand benutzt werde, um gegen die Gerechtigkeit zu kämpfen. Er warf dies nicht der ganzen kubanischen Kirche vor, sondern in erster Linie den ‚curas falangistas', die

---

[81] Cardenal 1972.
[82] In dem Aufruf heißt es: „Wir kommen im Namen Gottes ... Die Sturmbrigade setzt sich aus Tausenden von Kubanern zusammen, die allesamt Christen und Katholiken sind. Unser Kampf ist der derjenigen, die im Gegensatz zu den Atheisten an Gott glauben, der Kampf der geistigen Werte gegen den Materialismus, der Kampf der Demokratie gegen den Kommunismus. Ideologien können nur durch eine übergeordnete Ideologie bekämpft werden, und die einzige übergeordnete Ideologie, die dazu imstande ist, ist die katholische Überzeugung ... Es lebe Christus der König ..." - nach Houtart aaO 102. Der Satz über die Ideologie ist dort offenbar durcheinandergeraten oder falsch übersetzt und hier mangels des Orginaltextes versuchsweise sinngemäß berichtigt.
[83] Büntig aaO 18.

die katholischen Schulen mit ihren Schülern aus den wohlhabenden Schichten in Propagandastätten der Konterrevolution umfunktionierten, ein Vorwurf, der sicher nicht völlig aus der Luft gegriffen war. Als Gegenmaßnahme wurden per Dekret die kirchlichen Schulen[84] und die katholische Universität verstaatlicht und schulgeldfrei allen Schichten geöffnet, sowie eine Überprüfung der Aufenthaltsgenehmigungen der ausländischen Priester angeordnet.

Die Masse der ausländischen Priester wurde formal durch die Schließung der Schulen arbeitslos. Obgleich der nun ganz auf kirchliche Räume beschränkte Religionsunterricht erhebliche neue Anstrengungen erforderte, setzte ein gewaltiger Exodus besonders der spanischen Ordensgeistlichen ein. Hilflosigkeit angesichts der Frage, wie die Mission in der völlig veränderten Situation zu organisieren sei, und Befürchtungen, daß es zu ähnlichen Entwicklungen kommen könnte wie während der Mexikanischen Revolution oder der Spanischen Republik, mögen die Hauptursachen gewesen sein. Vier Fünftel aller Ordensfrauen zogen ab, obgleich die kubanische Regierung sie bat, auf ihren Plätzen in Krankenhäusern, Waisenhäusern und Altenheimen auszuharren[85]. Der päpstliche Sondernuntius Oddi versuchte vergeblich, den Strom der Ausreisenden zum Stehen zu bringen.

Dann ereignete sich am 10. September 1961 „der Zwischenfall der Prozession ‚Unserer Lieben Frau von Caridad', die ihren Ausgang von der Kirche des Mgr. Boza Masvidal nahm". Die Prozession mehrerer tausend Gläubiger verwandelte sich in eine antikommunistische Demonstration. Bei Zusammenstößen mit Sicherheitskräften gab es Verletzte und einen Toten. Boza wurde zwei Tage später verhaftet und zusammen mit 135 Priestern auf einem spanischen Schiff deportiert[86]. Öffentliche Prozessionen wurden verboten, die Religionsausübung strikt auf kirchliche Gebäude beschränkt. Castro sicherte allerdings gleichzeitig mit einer Erklärung vom 19. September allen Priestern, die sich ihren eigentlichen Aufgaben widmeten, weiterhin staatliche Duldung zu. Trotzdem wurde das Jahr 1962 für die kubanischen Katholiken bedrückend. Viele waren bereits ins Exil gegangen. Nicht wenige bevölkerten die Gefängnisse. Obgleich es keine gezielte Kirchenkampfpolitik gab, häuften sich die örtlichen Zwischenfälle. Überzeugte Katholiken wurden mit Mißtrauen betrachtet. Als Angehörige des Mittelstandes waren sie bei Immatrikulationen an Sekundarschulen und Universitäten „einer gewissen Diskriminierung ausgesetzt". Die

---

[84] Tschuy aaO 467 meint, daß nach der Schweinebucht-Affaire der Schlag gegen die kirchlichen Schulen hauptsächlich die katholischen Schulen treffen sollte. Tatsächlich wurden am 1. Mai 1961 aber auch alle protestantischen Schulen verstaatlicht. „Da auch die 1961 unternommene große Alphabetisierungskampagne neuen Ideen über die Schulerziehung zum Durchbruch verholfen hatte (allgemeine klassenlose Schulbildung), war das umfangreiche kirchliche Privatschulwesen ein Anachronismus geworden".

[85] Vgl. Mecham aaO 306. Wie Büntig aaO 19 bemerkt, waren freilich die weitaus meisten Ordensfrauen im Schulwesen beschäftigt gewesen.

[86] Vgl. Houtart aaO 102f. Jansen 1968, 159 bemerkt, daß ursprünglich 200 Priester deportiert werden sollten. Die 135 seien willkürlich, gewaltsam ohne Urteil zusammengetrieben und auf die ‚Covadonga' verfrachtet worden, und zwar Ausländer und Kubaner. Houtart aaO 103 spricht wohl etwas zu verharmlosend davon, daß sich „135 Priester, unter ihnen 45 Kubaner ... eingeschifft hatten ... um nach Spanien zu fahren".

Zahl der Priester war auf 250, die der Ordensleute auf 300 geschrumpft[87]. 300 000 Kubaner waren geflüchtet, in der Mehrheit Katholiken, die Kirche stützender Mittelstand[88]. Dewarts These, die katholische Hierarchie und die katholischen Intellektuellen seien zumindest mitverantwortlich für die Hinwendung der Revolution zum Kommunismus, erscheint nicht schlüssig[89].

---

[87] Houtart aaO 103ff. Die statistischen Angaben schwanken enorm. Unter Verwendung verschiedener Quellen ergibt sich folgendes Bild:

Jahr	Parochien	Priester	Religiose	Ordensfrauen	
1957	200	700	1000	2400	— Labelle 1965
		690		2408	— Mecham 1966, 303
1960		723		⟨ 2000	— Drekonja 1971, 74
		745		2225	– Büntig 1970, 19
1962	250	300		300	– Houtart 1973, 103f
1965		191			} — Büntig aaO nach Angaben des entstehenden statistischen Büros der Kurie in Habana
1966		198			
1970		230		ca. 200	

In Santiago gab es 1971 36 Priester für 2,8 Mill. E = 1 : 77 777 - nach La Ventana Abierta - Agentur Fides zitiert in Mitteilungen des KAEKD Nr. 1 (1972). Als Vergleich dazu muß man wissen, daß es 1953 in Habana in den 16 Parochien auch nur durchschnittlich 2 Priester für 1 Mill. E gab, während gleichzeitig 200 Priester im Schuldienst in der Stadt tätig waren - Houtart aaO 95. [88] Mecham aaO 306.
[89] Dewart 1963 sieht eine Parallelität zwischen der Zunahme der Opposition der katholischen Kirche und der wachsenden Hinwendung der führenden Revolutionäre zum Kommunismus. Er gibt zwar zu, daß äußere Umstände, namentlich die Isolierungs- und Blockadepolitik der USA Castro zwangen, sich auf den internationalen Kommunismus zu stützen, meint aber, interner Druck, besonders von seiten der katholischen Kirche, habe ihn von der Notwendigkeit überzeugt, die kommunistische Ideologie zu übernehmen. Hanke aaO 43 erinnert daran, daß Castro 1961 gesagt hat, er sei ein Sympathisant und Lehrling des Marxismus-Leninismus gewesen. Riviere (1968, 297–292) urteilt überzeugender, daß eine Radikalisierung des revolutionären Prozesses unvermeidlich war „wegen der Unvereinbarkeit der alten mit der neuen Gesellschaftsordnung", nämlich der auf Profitstreben beruhenden Gesellschaft, in der die Minderheit die Mehrheit ausbeutete, mit der neuen, das Ideal Martís anstrebenden „Dienstgesellschaft" „für alle und mit allen". Im übrigen sieht Riviere in Castro keinen Theoretiker, sondern in erster Linie einen Revolutionär und dann erst einen Marxisten. Deshalb habe auch nicht die Anwendung einer präexistenten Ideologie den revolutionären Prozeß Kubas bestimmt, sondern die zunehmende Bewußtseinsveränderung der kubanischen Führer. Im übrigen sei der Unterschied zwischen dem Marxismus sowjetischer Prägung und dem kubanischen bemerkenswert. Bei der Indoktrination der Basisgruppen sei von Marx auffällig wenig die Rede. Marxismus sei mehr ein Synonym für die revolutionäre Praxis, für die Errungenschaften der kubanischen Revolution, für die bewußte Aktivität und Verantwortung für das Gemeinwohl. Gerasi (1971, 395ff) meint, Castros Zusammenarbeit mit der KP resultiere nicht nur aus dem US-Druck, sondern sei unvermeidlich gewesen, weil er zur Durchführung der Reformprogramme „eine wirksame, finanziell unbestechliche, gehorsame Organisation" brauchte. Den gebildeten Nichtkommunisten in seiner Umgebung konnte er wegen ihrer bürgerlichen Vorurteile nicht völlig trauen. Trotzdem hat er es verstanden, den Einfluß der KP in Grenzen zu halten und einige ihrer Führer ins Exil zu schicken.

52136 Die Suche nach der kirchlichen Identität: Zwischen Ghettokirche und Kirche für das neue Kuba.

Am 1. Dezember 1961 identifizierte Fidel Castro den kubanischen Sozialismus mit dem marxistisch-leninistischen System. Aber der kubanische Marxismus erhielt das unverwechselbare Siegel Castros. Wirtschaftlich hängt Kuba zwar von der UdSSR ab, ideologisch liegt es eher auf der maoistischen Linie[90]. Wenn Castro noch Mitte der sechziger Jahre prominente Kommunisten absetzte und alte Revolutionskämpfer beförderte, dann nicht deshalb, weil diese gemäßigter oder gar anti-kommunistisch waren, sondern weil er den russischen Kommunismus nicht mehr für wirklich revolutionär hält[91]. So soll Castros Zorn über das russische Nachgeben in der Raketenkrise im Sommer 1962 groß gewesen sein, während Kossygin die Beilegung der Krise als Beweis der Möglichkeit der friedlichen Koexistenz zwischen Kapitalismus und Sozialismus wertete. Tatsache ist, daß Moskau mit dem Abzug der Raketen sich das offizielle Versprechen Washingtons einhandelte, auf eine militärische Intervention in Kuba zu verzichten, während Gromyko Kennedy versicherte, Kuba habe nicht die Absicht, die Revolution nach Lateinamerika zu exportieren. So hat Moskau das Überleben der Kubanischen Revolution mit dem Verzicht auf die Expansion in Lateinamerika erkauft. Die Raketenkrise bereitete die Annäherung der Supermächte vor. 1963 sollte bereits das Abkommen, das Atomversuche in der Atmosphäre verbot, unterzeichnet werden[92].

Der Kampf ‚Che' Guevaras in Bolivien war das deutlichste Signal, daß Castro nicht daran dachte, auf die Unterstützung revolutionärer Bewegungen in Lateinamerika zu verzichten, was er 1967 auch deutlich aussprach. Zunächst festigten sich in den sechziger Jahren die revolutionären Strukturen, die Jugendorganisation, die Frauenorganisation, das Komitee zur Verteidigung der Revolution, das jede Wohneinheit überwacht. Der Staat übernahm in immer intensiverem Maß die Funktionen der Wirtschaft, der Erziehung, der sozialen und medizinischen Fürsorge, der Erholung etc. Mit welchem Erfolg, das kann in diesem Zusammenhang nicht erörtert werden[93]. Indem Castro im Januar 1969 eine pro-sowjetische Fraktionsbildung unter Aníbal Escalante zerschlug und Escalante zu fünfzehn Jahren Gefängnis verurteilte, festigte er seine Stellung als Leiter und einziger Interpret der Revolution[94].

---

[90] Büntig aaO 19. [91] Gerasi aaO 398.
[92] Vgl. Ruiz G. 1971 II, 133ff.
[93] Zur Bibliographie über die neuere Entwicklung in Kuba vgl. Kuba 1975. Moncarz 1971 kommt in einer Analyse der kubanischen Wirtschaft zu dem Ergebnis, daß die materielle Basis der Bevölkerung sich in den Anfangsjahren der Revolution durch die Agrar- und Urbanreform verbesserte, daß die Verbesserungen aber mittelfristig nicht anhielten, u. a. wegen zu hoher Planziele, Wechsel der Ziele und hohen Ausgaben für die Verteidigung. Ferguson aaO 252 sieht langsame Aufstiegschancen für die kubanische Wirtschaft. Der Lebensstandard liege nach wie vor über dem lateinamerikanischen Durchschnitt. Nur sei das Problem der Abhängigkeit der kubanischen Wirtschaft nach wie vor ungelöst, nachdem die Abhängigkeit von den USA durch die Abhängigkeit von der UdSSR abgelöst worden sei. Zur Diskussion über die Relevanz der kubanischen Revolution für den Subkontinent und ihre Ausbreitung durch revolutionäre Bewegungen vgl. u. a. Methol 1967 und Quijano 1967.
[94] Büntig aaO 20.

Die römische Kirche existierte hinter ihren Kirchenmauern weiter, zog sich ins Ghetto zurück. Viele Katholiken, auch Kleriker nährten noch lange Zeit nach dem Fehlschlag der Schweinebuchtinvasion die Illusion, daß das Regime Castros eine vorübergehende Erscheinung sei[95]. Von einer inneren Regeneration, von einem Neuansatz auf Grund einer Besinnung über die Aufgaben der Kirche im sozialistischen Kuba war so bald nichts zu merken. Allerdings muß man der Amtskirche zugutehalten, daß sie ohne geistliche Vorbereitung aus Rom in die erste sozialistische Revolution Lateinamerikas geraten war, in der alte Stellungnahmen zum Kommunismus kaum situationsgerecht waren. Die große Sozialenzyklika Johannes' XXIII. „Mater et Magistra" war erst am 15. Mai 1961 erschienen, nachdem die Konfrontation von Kirche und Staat bereits ihren Höhepunkt erreicht hatte, ganz zu schweigen von der für das katholische Eigentumsverständnis entscheidenden Osterenzyklika Pauls des VI. von 1967 „Populorum Progressio". Weil die Institution der römischen Kirche in Kuba in die geschichtliche Entwicklung der schließlich fast völlig von den USA kontrollierten Struktur der Zuckerrohrproduktion einbezogen war, um deren Zerstörung es Castro vornehmlich ging[96], hatte es zum Zusammenstoß zwischen dem neuen Regime und einer Kirche kommen müssen, die sich über ihre sozio-ökonomische Verflechtung nicht im klaren war oder aber sich bewußt von ihr nicht trennen wollte, um eine arme Kirche für die Armen zu werden. Erzbischof Pérez bekannte einem ausländischen Religiosen vor seinem Tode: „Alles, was geschieht, entspricht der Vorsehung ... Wir glaubten mehr an unsere Sekundarschulen als an Jesus Christus."[97] Dabei ging es dem Regime gar nicht um die Zerstörung der Kirche, sondern nur um die Ausschaltung ihres politisch und wirtschaftlich reaktionären Einflusses. Deshalb wurde das alte sozialistische Motto aus dem 19. Jahrhundert „Religion ist Privatsache" wieder propagiert.

Zu der „außerordentlichen Dummheit" des Antiklerikalismus wollte man sich nicht hinreißen lassen, denn man sei nur am Kampf gegen den Imperialismus, die wirtschaftliche Unterdrückung und d. h. positiv an der Erlangung der vollen Unabhängigkeit und am Aufbau eines eigenständigen Sozialismus interessiert. Dies habe der Klerus verkannt und sich unter nordamerikanischem Einfluß in einen Kampf mit verkehrten Fronten treiben lassen[98].

Die Erkenntnis, daß man sich ohne hinreichenden Grund in eine Konfrontation mit dem Regime begeben hatte, war genauso schwer zu bewältigen wie jene andere, zu der die Zerstörung des sozialen und politischen Bezugsrahmens die Hierarchie zwang, nämlich die, daß in diesem äußerlich „katholischen" Land die Katholiken seit langem das waren, „was sie jetzt sichtbar für alle Augen sind: eine Minorität", eine Tatsache, die vordem „hinter einer Kulisse von ‚Triumphalismus'" verborgen war, wie ein Bischof bemerkt hat. Die Einsicht in diesen Tatbestand ist die Voraussetzung für den Neuansatz der

---

[95] Ebd. [96] Drekonja 1971, 73f. [97] Büntig aaO 21.
[98] Vgl. den Programmartikel ‚El clero reaccionario y la Revolución Cubana' in der maßgebenden Zeitschrift ‚Cuba Socialista' v. Juni 1962 zitiert nach Drekonja aaO 75f. Die Regierung ließ am 19. 3. 1962 verlauten: „Die Revolution hat ernste Maßnahmen ergriffen, um die Verschwörung der katholischen Hierarchie zu brechen, aber sie hat nichts getan, was einen echten Katholiken aus dem Volk beleidigen könnte, im Gegenteil, sie hat das Recht der Gläubigen auf ihren Kult und ihre Religion garantiert" - nach Büntig aaO 20.

pastoralen Arbeit, der Mitte der sechziger Jahre beflügelt vom Geist des Konzils langsam gefunden worden ist. Das bedeutet auch, daß die römische „Kirche nicht mehr unbedingt im Lager der politischen Opposition steht, insofern diese die alten Zustände wiederherstellen will. Die kubanische Revolution ist für die Kirche, wenn auch unter Schmerzen, zur Stunde der Wahrheit geworden, hinter die es kein Zurück mehr gibt"[99].

Johannes XXIII. hatte eine glückliche Hand, als er den Nuntius der Konfrontationsphase, Sentos, 1962 abberief und Anfang 1963 durch den Geschäftsträger Cesare O. Zacchi ersetzte und so den völligen Bruch mit dem Regime vermied. Zacchi kommt das Verdienst zu, das Verhältnis Kirche—Staat entschärft und damit zunächst einmal das Überleben der kirchlichen Strukturen gesichert zu haben. Zacchi erkannte die Unumkehrbarkeit des revolutionären Prozesses, trat in kontinuierlichen Dialog mit Fidel Castro und bewirkte damit, daß die Parteischelte der Katholiken allmählich aus der Presse verschwand. Durch Zacchis geduldiges Wirken und das Schweigen der Kirche schwanden die Spannungen in den Jahren 1962—65. Katholikenverfolgungen gab es nur noch gelegentlich im lokalen Rahmen, wenngleich Christen auf Kuba noch heute nicht zu Unrecht über eine gewisse Diskriminierung klagen, sind ihnen doch eine ganze Reihe von Posten im Partei- und Staatsapparat, sowie in der Armee verschlossen, da das Regime ihnen gegenüber nach wie vor ein gewisses Mißtrauen an den Tag legt[100]. Zacchi hat öffentlich die „Verbürgerlichung" der Kirche und die politischen Fehler der katholischen Organisationen bedauert. Er bemüht sich ständig, in gewissen Prinzipien der Revolution „evangelische Tugenden" zu entdecken und die gemeinsamen Grundlagen zwischen Christen und Revolutionären sichtbar zu machen, um den Katholiken zu verdeutlichen, von welcher Grundlage aus sie sich im revolutionären Prozeß engagieren können. Er hat sich damit freilich zwischen zwei Stühle gesetzt, denn für die Mehrheit des katholischen Kirchenvolks, die noch lange im bürgerlichen Denken befangen blieb, erschien er als Abgefallener und für viele Revolutionäre als ein Verdächtiger[101]. Trotz aller Anfeindungen durch konservative Glieder der römischen Kurie hat Paul VI. Zacchi in Habana gehalten. 1974 hat Staatssekretär Bischof Agostino Casaroli mit seinem Besuch auf Kuba demonstriert, wie weit Rom sich „vom verbissenen Antikommunismus der Pius-Zeit entfernt" hat. Casaroli hofft nicht nur auf eine positive Entwicklung der Beziehungen zwischen Staat und Kirche, sondern lobte in Rom sogar die kubanische Schulreform, in deren Rahmen er sich nur noch Platz für die kirchliche Unterweisung wünscht.

---

[99] HKorr (1964/65), 254.

[100] Vgl. Büntig aaO 22. Ein junger, in Miami ordinierter Priester hat 1965 Spionage für den CIA zugegeben.

[101] Riviere 1968, 296 und Drekonja aaO 76; Turner 1971, 156 erwähnt noch, Zacchi habe die Unumkehrbarkeit des revolutionären Prozesses erkannt und deshalb der katholischen Jugend sogar empfohlen, der kommunistischen Jugendorganisation beizutreten. Im ethischen Sinne halte er Castro für einen Christen. Turner behauptet irrtümlich, daß Zacchi bereits seit 1960 Nuntius in Habana sei, was ja einen totalen Wandel seiner Einstellung zur Revolution bedingen würde. 1960 wurde der Vatikan noch ganz anders in Kuba tätig, und zwar durch den Gesandten P. Luis G. Losada Rodríguez, der in die Verdammung des Kommunismus einstimmte und u. a. sagte: „Die Fidelisten haben ihr leninistisches Programm gut maskiert. Die Führer in der Sierra Maestra haben es in den ersten Monaten ihres Aufstandes beschlossen" - Mecham aaO 305.

Castro hat nicht nur mit seinem Überraschungsbesuch in einer von Casaroli in der Nuntiatur zelebrierten Messe, sondern auch bei vielen anderen Gelegenheiten sein Interesse an einer Normalisierung des Verhältnisses von Kirche und Staat signalisiert[102]. Die Enzyklika „Pacem in Terris" konnte in 10 000 Exemplaren verteilt werden und sogar Regierungsmitglieder studierten sie in einem Arbeitskreis. Zum Tode Johannes XXIII. wurde eine dreitägige Staatstrauer angeordnet und ein Requiem in Anwesenheit von Regierung und diplomatischem Korps zelebriert[103]. Büntig betont, daß in der „fidelistischen Etappe" der Revolution, d. h. seit der Verurteilung des prosowjetischen Escalante Anfang 1969, die ideologische Elastizität erheblich zugenommen hat, so daß Castro sich bei der Neuinterpretation des Marxismus-Leninismus weit von jenem Verständnis Marx', Engels' und Lenins entfernt hat, das in der Religion nur eine Form der Entfremdung des Menschen sieht. Schon im Januar 1968 hatte Castro auf dem ‚Congreso Intercultural de la Habana' vor 1500 führenden Marxisten davor gewarnt, daß der Marxismus in fossilen Dogmen erstarren und damit quasi zur Kirche werden könnte, während die christliche Kirche revolutionäre Kräfte freisetzte. Der Tod Camilo Torres' und der unermüdliche gewaltlose Kampf Erzbischof Helder Câmaras haben maßgeblich dazu beigetragen, den kubanischen Revolutionären ein neues Bild des Christentums zu vermitteln. Wenn Castro in seiner ideologisch zentralen Rede vom 26. Juni 1968 die Heranbildung eines „neuen Menschen" forderte, hat er damit eine christliche Utopie in säkularisierter Form als Zielvorstellung übernommen, von der der ehemalige Jesuitenschüler sehr wohl wissen muß, daß sie nicht quasi magisch durch eine Veränderung der Strukturen erreichbar ist. „Für die kubanische Kirche stellt das eine Einladung und eine Herausforderung dar, eine Herausforderung, die Dinge in einer anderen Perspektive zu sehen und die Formen einer ‚neuen Grenze' zu konkretisieren."[104]

Mehr als der neue Geist Johannes' XXIII. und des Zweiten Vatikanischen Konzils hat womöglich der Wandel innerhalb der lateinamerikanischen Kirche, ihr Kampf für einen Wandel der Strukturen, dazu beigetragen, der kubanischen Kirche zu einem neuen Verständnis ihrer Situation zu verhelfen.

Eine direkte Folge von Medellín ist das Kommuniqué der kubanischen Bischofskonferenz vom 10. April 1969, mit dem die Bischöfe ihr achtjähriges Schweigen beendeten. Ihre „Aufforderung, an der Entwicklung der kubanischen Gesellschaft

---

[102] Vgl. FR v. 9. 4. 1974.
[103] Houtart aaO 105. Durban 1969, 189 weist darauf hin, daß Castro zwischen Christen und Christen differenziere. Natürlich seien ihm revolutionäre Christen vom Schlage eines Camilo Torres sympathisch. Nach Torres hat er eine moderne Klinik benennen lassen, Torres' Eltern geehrt und ihn im übrigen mit Ernesto Guevara verglichen.
Die Christenheitskursbewegung hat ein Flugblatt unter dem Titel „Katholische Kirche und Kuba. Aktionsprogramm" entdeckt, auf dem Li Wein Han, Abteilungsdirektor der chinesischen KP, schreibt: „Stufenweise das politische Bewußtsein der Katholiken wecken und entwickeln, um sie dazu zu bringen, an Kreisen zur Untersuchung und politischen Aktion teilzunehmen ... Nach und nach werden wir das religiöse durch das marxistische Element ersetzen. Langsam werden die Katholiken durch spontanen Entschluß, die Gottesbilder, die sie selbst geschaffen haben, zerstören" - nach „Cursillo - To deceive the elect" S. 126 zitiert bei Castro Mayer 1973, 95. Diese Direktive zeigt, daß Christen bei der Zusammenarbeit mit Kommunisten immer auf der Hut sein müssen. [104] Büntig aaO 23ff.

mitzuarbeiten, die nicht von einer Verdammung der Ideologie begleitet ist, die diese Entwicklung leitet, bedingt einen radikalen Wechsel der Perspektive"[105]. Ihre Denunziation der Blockade Kubas, die auch nordamerikanische Protestanten und Katholiken aufgenommen haben[106], sowie allgemein ihre Redeweise über die Kubanische Revolution erscheinen freilich jener Gruppe kubanischer Katholiken, die sich im revolutionären Prozeß zu engagieren sucht, noch zu vorsichtig und „rätselhaft". Ihre Befürchtung, daß die Forderung nach persönlicher Bekehrung in der Sozialethik „den Primat der individuellen Erneuerung vor der Reform des gesamten gesellschaftlichen Systems aufrechterhält", sehen sie im folgenden bischöflichen Kommuniqué über den Atheismus (September 1969) bestätigt. Sie halten die Warnung der Bischöfe vor dem Atheismus für oberflächlich, weil dabei eine tiefere Situationsanalyse fehlt, die ergeben könnte, daß in Kuba gerade die Atheisten gegen viele Widerstände die sozialethischen Forderungen, die Gott stellt, zu verwirklichen trachten. Diese engagierten Katholiken sehen im revolutionären Prozeß die Chance, daß die Christen ihrer Berufung zu einem „Leben in Armut und Opfer nachkommen können"[107]. Demgegenüber hebt Büntig hervor, daß auch diese Verlautbarung die Überwindung der Ghetto-Mentalität deutlich mache, fordern doch die Bischöfe zur Begegnung mit den Atheisten in brüderlicher Liebe und in Anerkennung ihrer Position und zur Zusammenarbeit mit ihnen bei der Entwicklungsaufgabe auf[108]. Das gewandelte Verständnis der Bischöfe für die kubanische Situation wurde auch in ihrer Billigung des Ausfalls der üblichen weihnachtlichen Ferienzeit vom 23. Dezember bis 3. Januar 1969/70 sichtbar, der die Mobilisierung des ganzen Volkes zur Rekordzuckerrohrernte ermöglichen sollte[109]. Der 1969 zum Erzbischof von Habana geweihte Francisco Oves würdigte 1972 revolutionäre Gruppen von Christen in Lateinamerika als Ausdruck der unerschöpflichen Energie der Christen im Kampf um Befreiung. In einer Lage der Unterdrückung müsse die Kirche ihre prophetische Rolle mit Bescheidenheit spielen und im Falle Kubas den Christen helfen, ihre positive Aufgabe in der neuen Gesellschaft zu erkennen und die menschlichen und evangelischen Werte

---

[105] Ebd. 27ff: „Es gab Priester, die ihn (den Hirtenbrief) nicht verlesen wollten; einige Christen verließen die Kirche während seiner Verlesung aus Protest, und wir kennen sogar den Fall eines in die Jahre gekommenen Bischofs, der öffentlich geäußert hat, er habe jenes Dokument nur aus Solidarität mit seinen Brüdern im Bischofsamt unterschrieben und nicht, weil er (von seiner Richtigkeit) überzeugt war". Durban 1969, 189 weist darauf hin, daß die kubanische Bischofskonferenz auch durch äußere Einflüsse zu ihrem überfälligen Wort ermutigt worden sei, so durch die Haltung des DC-Präsidenten von Venezuela, Rafael Caldera, der sich gegen die Fortsetzung der Blockade und für die Wiederaufnahme diplomatischer Beziehungen zu Kuba ausgesprochen hat, ferner durch die Forderung Helder Câmaras nach Wiedereingliederung Kubas in die Gemeinschaft der lateinamerikanischen Staaten.

[106] Noch 1969 haben die nationale Konferenz der Episkopalen und die Generalversammlung der Vereinigten Presbyterianischen Kirche der USA ihre Regierung öffentlich aufgefordert, die Blockade zu beenden - vgl. Durban aaO, ferner: Episkopale 1972. Die katholische Bischofskonferenz der USA schloß sich am 7. 6. 1972 zum 10. Jahrestag der Blockade diesem Appell an die US-Regierung an - SEDOC 5 (1972), 61f.

[107] Kuba 1972, 87. Ähnlich hatte Yvan Labelle, ein kanadischer Soziologe und Priester, der seit 1959 in der Gemeindearbeit in Kuba steht, 1965 der Hoffnung Ausdruck gegeben, daß aus dem „Unglück Kubas eine Kirche hervorgehen wird, die eng identifiziert wird mit der gesellschaftlichen und wirtschaftlichen Reform und fortschrittlichen Konzeption der heutigen Philosophie, eine Kirche, die gereinigt ist von reaktionären und atavistischen Gliedern des Klerus".

[108] Büntig aaO 30.

[109] Ebd. 31. Statt der geplanten 10 Mill. to Zuckerrohr wurden immerhin 8,5 Mill. to geerntet, das höchste jemals in Kuba erzielte Ergebnis.

zu sehen, die in Sozialismus und Christentum übereinstimmen, ohne ihr kritisches Gewissen einzuschläfern. Bewußtmachung der Ungerechtigkeiten, Kampf gegen die Vorurteile, Mitarbeit an jedem Beitrag zur vollen Befreiung des Menschen angetrieben von brüderlicher Liebe, das sei die Aufgabe der Christen in der Welt von heute[110]. Daß Oves sich im Namen des kubanischen Episkopats mit Kardinalerzbischof Raúl Silva Henríquez von Santiago de Chile solidarisierte und seinen Empfang Fidel Castros (1972) als ein christlich motiviertes Skandalon würdigte, das ein Zeichen der Liebe Christi zu allen Menschen sei, empörte die Exilkubaner und den konservativen Teil der kubanischen Katholiken genauso wie die Tatsache des Empfangs selbst. Der konservative Flügel gerät freilich in wachsendem Maße unter das Feuer der Kritik durch progressive Teile der Kirche Lateinamerikas[111]. Labelle nennt den traditionellen Sektor der Gemeinden „Reliquien der Vergangenheit", die die

---

[110] Oves 1972, 1504ff. Die Einladung chilenischer Priester nach Kuba, die Castro bei seinem Chilebesuch ausgesprochen hatte, begrüßte Oves als wertvolle Möglichkeit zum Erfahrungsaustausch. In Santiago hatte er in der kubanischen Botschaft eine große Gruppe chilenischer Priester zum Dialog empfangen - vgl. Daubechies 1972. Castro wies auf seine früheren kubanischen Eindrücke vom Katholizismus hin: „Die Religion war nicht Sache des Volkes, sondern wesentlich Sache der Reichen ... denn sie wurde hauptsächlich durch die privaten Sekundarschulen gepredigt, Kollegien der Mittelklasse und der Reichen, und dort gab es nur als Ausnahme einen Armen ... und sie ließen ihn die Schule reinigen". Für die großen Massen war der Katholizismus „nur die Gewohnheit, die Kinder zu taufen". Castro erklärte seinen Ausspruch, die Christen könnten die strategischen Verbündeten der Marxisten werden, dahingehend, daß es nicht darum gehe, die Christen zu mißbrauchen, sondern sich im Kampf gegen den enorm mächtigen Imperialismus zusammenzutun. „Die kämpferische Bewegung der Christen in Lateinamerika ist ein neues Phänomen, das wir schätzen und begrüßen als ein höchst positives Ereignis. Wir können nicht sagen, daß sie in Kuba ihr Bestes zur Revolution gaben". Glücklicherweise „haben die Priester - ich weiß nicht, ob ich sehr alt geworden bin - sich sehr schnell entwickelt. Sie tun die Dinge, von denen wir möchten, daß die Kommunisten sie täten". Dabei verlangte Castro von seinen Gesprächspartnern, sie sollten Christen bleiben, genau wie die Marxisten Marxisten und sich nicht etwa zum Marxismus bekehren.

[111] Daß dabei angesichts der mangelhaften Information über Kuba auch historische Verzerrungen vorkommen, ist nicht verwunderlich. Eher gibt es zu denken, daß kubanische Exilkatholiken sich darauf beschränken, solche historischen Einseitigkeiten richtigzustellen, statt auch etwas von der Richtigkeit der geäußerten Kritik anzuerkennen. So beschränkt sich der Exilkubaner Jansen SJ (1968) darauf, historische Einseitigkeiten aus einem Artikel des brasilianischen Bischofs Fragoso (1968) zu zitieren und sich um den Nachweis zu bemühen, daß die soziale Lage Kubas unter Batista gar nicht so schlecht war, ohne auf die Kernthese Fragosos einzugehen, daß der Mut des kleinen Kuba bei seiner Selbstbehauptung gegenüber dem nordamerikanischen Imperialismus ein Symbol für die Befreiung Lateinamerikas sei. Ähnlich geht der ehemalige Hilfsbischof von Habana, Boza Masvidal (1971), in seinem Exil in Caracas nicht ernsthaft auf die Thesen des Hilfsbischofs von Santiago de Chile, Fernando Ariztia, ein, der Anfang 1971 in einem Artikel geurteilt hatte, daß die Christen in Kuba letztlich deshalb marginalisiert seien und als Bürger zweiter Klasse gelten, weil die Kirche in der Vergangenheit nicht bereit gewesen sei, sich in den Prozeß der revolutionären Veränderung zu integrieren. Boza versucht die Haltung der Kirche zu rechtfertigen, indem er auf die Unterstützung, die sie Castro in der Aufstandsphase gewährt hat, hinweist und so tut, als ob die Kirche nur wegen der Übergriffe Castros, also wegen der Erschießungen, Verhaftungen, Folterungen und Verletzungen der Menschenrechte zur Opposition gezwungen worden sei. Warum mag sie dann nicht so konsequent gegen rechtsgerichtete Regime in Opposition gegangen sein, die sich derselben Verbrechen schuldig gemacht haben?

Priester als Tränentücher benutzen, um sich über die sie umgebende Ungerechtigkeit zu beklagen. Sakramentsverwaltung und Katechismusunterricht füllen die Zeit der Priester solcher Gemeinden voll aus. Die Verinnerlichung der Frömmigkeit und die pessimistische Grundhaltung bringen sektiererhafte Züge in solche Gemeinden[112].

Allgemein freilich läßt sich sagen, daß allein schon die Tatsache, daß Hierarchie und Priester im revolutionären Kuba ausgeharrt haben, nachdem sie ihren politischen und gesellschaftlichen Einfluß, ihre Privilegien und ihre Bildungseinrichtungen verloren haben, die Achtung vor den kirchlichen Strukturen im Volk erhöht hat. Ein Apostolat, das nur noch über das Wort Gottes, die Sakramente und das Zeugnis des eigenen Lebens verfügt, wird in dieser Bescheidung ernster genommen[113].

Abschließend noch einige aphoristische Bemerkungen zur Entwicklung des Protestantismus und zu seiner Stellung im revolutionären Prozeß. Auch die Protestanten gingen 1959/60 zunehmend in Opposition zum neuen Regime. Die enge kirchliche Verbindung aller Denominationen mit den USA, ihre hohe Abhängigkeit von nordamerikanischen Pastoren, Missionaren und finanzieller Hilfe mußte sie unter den veränderten Umständen in erhebliche Schwierigkeiten bringen. Zahlreiche Pastoren und Gemeindeglieder wanderten in die USA aus, in ein „protestantisches Land", weil sie nicht in einem „kommunistischen" Land leben wollten. Manche Denominationen verloren die Hälfte ihrer Pastoren, die teilweise gleich einen Teil ihrer Gemeinden mitnahmen, so daß auch diese oft um die Hälfte schrumpften. Besonders stark litten die Methodisten, die auch das Verbot der US-Regierung (1963), weiterhin irgendwelche finanziellen Hilfen nach Kuba zu schicken, sehr hart traf, da ihr Etat bis dahin zu 70 % von ausländischen Zuschüssen abhing. Nach der Erklärung des marxistischen Charakters der Kubanischen Revolution emigrierte beinahe der gesamte Exekutivausschuß des Kirchenrates von Kuba nach Miami, um dort einen Exilkirchenrat zu bilden, wie es überhaupt zeitweilig schien, als sähe der kubanische Protestantismus seine Zukunft in Exilgemeinden in den USA. González weist darauf hin, daß kleinere Denominationen wie Missouri-Lutheraner, Free Will Baptists, Quäker, Heilsarmee, Church of God, Church of Prophecy, Berean Mission, Nazarener, West Indies Mission, Asamblea de Dios, Adventisten des Siebenten Tages und einige autonome Pfingstgruppen mehr unter dem revolutionären Prozeß gelitten haben als die größeren historischen Denominationen, 1. weil sie stärker von ausländischen Missionaren abhingen, 2. weil ihre starre Ethik sie leichter in Konflikt mit dem Regime brachte und

---

[112] Labelle 1965. Msgr. Zacchi äußerte in einem Interview mit MARCHA (vom 14. März 1968), daß Prälaten und Klerus wegen ihres überwiegenden Umgangs mit Gegnern der Revolution ein entstelltes Bild der Revolution empfangen hätten. Erst nach der Auswanderung dieser Kreise seien die Priester stärker mit anderen Gruppen in Kontakt gekommen und sähen nun die Vorgänge auch aus anderem Blickwinkel. Zacchi befürwortet die Mitarbeit der Katholiken in allen Massenorganisationen des Regimes, weil er dadurch ein wachsendes gegenseitiges Verständnis erwartet und hofft, daß christliche Lebensauffassungen und Konzeptionen in die Revolution eindringen könnten - zitiert bei López O. 1970, 60.

[113] Labelle 1965. Die Beobachtung mehrerer Autoren der sechziger Jahre, die katholische Kirche Kubas sei dreigeteilt in einen linken Flügel, die Mehrheit der Amtskirche in der Mitte und einen rechten konservativen Flügel dürfte in den siebziger Jahren nicht mehr so ausgeprägt zutreffen.

3. weil Castros Generalangriff auf die Religion vom 13. März 1963 sie besonders traf, hatte er doch erklärt, daß mehrere fundamentalistische Sekten wahre Agenten des CIA seien[114].

Unerwarteterweise führte die äußere Schwächung des kubanischen Protestantismus zu einer inneren Stärkung. An Spaltungen beteiligte Pastoren und Missionare hatten das Land verlassen. Die Kubaner unter sich kamen besser ins interdenominationelle Gespräch und nahmen endlich auf allen Ebenen die Leitung ihrer Kirchen selbst in die Hand. Die Kirchen wurden national, personell und finanziell selbständig, wie Davis schon zwanzig Jahre vorher gefordert hatte. Die Bereitschaft zur interdenominationellen Zusammenarbeit wuchs. Selbst die extremste Pfingstgruppe trat dem Kirchenrat bei. Nur die südlichen Baptisten stehen noch immer in enger Zusammenarbeit mit den Kirchenführern in den USA. Es gab sogar Bemühungen um eine kirchliche Einheit, die indes höchstens zu einer Einheitskirche hätte werden können, deren kleinster gemeinsamer Nenner die Front gegen Kirchenfeinde und Atheismus gewesen wäre. Schon 1959 wurde indes die CIMPEC (Interkonfessionelle Vereinigung Evangelischer Kirchen und Pastoren) gegründet, die eng mit dem Kirchenrat zusammenarbeitet. Die Sperrung der nordamerikanischen Finanzhilfe half dabei, die einseitige Bindung der Kirchen an die USA zu überwinden und den Kontakt zur Weltökumene in Genf herzustellen, die nicht nur Hilfe zur Selbsthilfe leistete, sondern auch die Beziehungen der kubanischen Kirchen internationalisierte[115].

[114] 1969, 98. Im LWBI 24/74, 4 heißt es: „Die zur Missouri-Synode gehörende Distriktkirche hatte ... 1959 ... rund 900 Mitglieder. Die Kirche blieb nach der Revolution ohne geistliche Betreuung. Die Missouri-Pastoren verließen ihre Gemeinden, und die Kirche zählt heute nur noch etwa 70 aktive Mitglieder. Fernández C., der Exekutivsekretär des Rates der Evangelischen Kirchen Kubas, schildert (1969) die Unterstützung der Bewegung des 26. Juli durch die evangelischen Kirchen. Tschuy 1977, 437 zitiert einen führenden presbyterianischen Pfarrer, Cecilio Arrastía: „Wir Protestanten hatten kein Programm. Wir wollten einfach Fidel helfen, sich Batistas zu entledigen. Und dann kehrten wir zu unserer ‚eigentlichen Aufgabe' zurück". Tschuy kommt zu dem Schluß (438): „Weder das vom Ausland orientierte und finanzierte Sozialwerk noch das Anliegen des hilflosen Landproletariats wurde von den Protestanten je wirklich begriffen. Noch weniger vermochten sie die Verbindung zwischen diesen Werken und dem Landreformprogramm der Regierung herzustellen". Ihre „eigentliche Aufgabe" sahen sie ab 1959 wieder in der Durchführung neuer Evangelisationsfeldzüge, in der Stärkung des evangelistischen Werkes.

[115] Bezüglich der Beziehungen zum ÖRK vgl. Anm. 28. Die Beziehungen zum Katholizismus waren traditionell belastet. Kurz nach dem Sieg Castros kam es zu einem Wiederaufleben des Antikatholizismus, als die Protestanten befürchteten, Castro könnte unter den Einfluß der römischen Kirche kommen. Eine positive Äußerung Castros über den Religionsunterricht ließ die evangelischen Kirchen sogleich die Gefahr einer Wiedereinführung des Religionsunterrichtes an den Staatsschulen befürchten, die laut Art. 55 der Verfassung von 1940 unzulässig war. Man sah in einem solchen Schritt, den Castro nie ernsthaft erwogen hat, den ersten Schritt zur Restaurierung des Staatskirchentums. „Dieser an sich unbedeutende Vorfall (vgl. Castros Äußerung in ‚El Mundo', Habana, v. 16. 1. 1959) zeigt auf, wie gereizt die Stimmung unter den Protestanten gegenüber der katholischen Hierarchie war". Tschuy (aaO 426) weist indes darauf hin, daß das gemeinsame Leiden von Protestanten und Katholiken ab 1961 zu einer ökumenischen Annäherung geführt habe. Zunächst wuchs jedoch die Bereitschaft zur Verstärkung der innerprotestantischen Ökumene. So erklärten die Presbyterianer 1965 ihre Bereitschaft zur Intensivierung

Die Umwandlung der von den USA übernommenen Mittelstandsgemeindestruktur ist noch nicht überall tiefgreifend genug durch Anpassung an das soziale Milieu erfolgt. Aber bei der Überwindung der Pastorenkirche durch Mitarbeit von Laien, in der christlichen Unterweisung und in der theologischen Ausbildung gibt es hoffnungsvolle Neuansätze. Ähnlich wie in der römischen Kirche zeichnete sich zunächst die Gefahr ab, daß die protestantischen Gemeinden zu einem Hort der „guten alten Zeit und eines vergangenen Kleinbürgertums", zu einer Bastion der antirevolutionären Kräfte wurden. Diese Gefahr scheint inzwischen gebannt zu sein. Die Zusammenarbeit mit dem Regime wird nicht mehr immer und überall verurteilt. Die Informationen über das sozialistische Gedankengut und über den Kontext des christlichen Glaubens in Lateinamerika sind besser geworden. Ham meint, daß die Notwendigkeit von Revolutionen zur Lösung der sozialen Probleme in Lateinamerika von den kubanischen Protestanten heute weitgehend anerkannt werde[116]. Drekonja (1971) erwähnt freilich den Essay von Sergio Arce Martínez, „La Misión de la iglesia en una sociedad socialista", La Habana 1965, als einziges Beispiel für einen theologischen Bewältigungsversuch der kontextuellen Problematik von protestantischer Seite[117]. Die Gespräche des Verfassers mit dem Präsidenten des ‚Consejo de Iglesias Evangélicas de Cuba', dem Presbyterianer Raúl Fernández Ceballos, deuteten indes auf ein hohes Maß von Bewältigung des Kubanischen Revolutionsprozesses hin, wenngleich es ähnlich wie auf katholischer Seite diesbezüglich noch weiterer theologischer Anstrengungen bedarf[118].

522 Von der Abhängigkeit zur Befreiung: Auf der Suche nach einer kontextualen Theologie — programmatische Entwürfe einer „Theologie der Befreiung"

Verschiedene Autoren haben in den letzten Jahren darauf aufmerksam gemacht, daß man von *Theologie der Befreiung* nicht im Singular, sondern nur im Plural sprechen könne[1]. Wenn der Begriff Theologie der Befreiung im

der interdenominationellen Zusammenarbeit: „Ein konfessioneller Körper darf nur für die Einheit existieren... Wir sind eine fragmentierte Kirche... die Stunde der ökumenischen Berufung der Kirche Jesu Christi in Kuba ist gekommen... unsere Struktur ist nicht sakrosankt... unser Name ist nicht unabänderlich". Der Dialog mit den evangelischen Brüdern solle nicht zu einer Superstruktur führen, sondern „in Buße und Gehorsam eine Antwort sein auf den Aufruf, daß wir alle eins seien" - Kuba 1965 Presb.

[116] 1969, 139ff. Drekonja 1971, 76 weist darauf hin, daß der KP-Chef Blas Roca nach den Normalisierungsversuchen Zacchis ab 1963, seine Parteischelte auf die protestantischen Kirchen beschränken mußte - vgl. seine Tirade ‚La lucha ideológica contra las sectas religiosas' in: ‚Cuba Socialista' v. Juni 1963.

[117] 1971, 76. Mecham aaO 307 fragt, ob es religiöse Freiheit geben könne ohne kulturelle, soziale und politische Freiheit, da Freiheit doch unteilbar sei? C.-H. Hellberg vom LWB hat bei einem Kuba-Besuch festgestellt, daß die kubanischen Christen Bibeln benötigten. „Die staatliche Zensur habe in den letzten Jahren keine Genehmigung zum Druck kirchlicher Bücher, Zeitungen oder sonstiger christlicher Literatur erteilt. Die christliche Unterweisung sei praktisch im ganzen Land zum Erliegen gebracht worden" - LD 10 (1974) 2, 11f.

[118] Gespräch in Hamburg im Okt. 1976. Es ist bezeichnend für das kubanische System, daß alle Versuche Fernández', für den Vf. ein Einreisevisum zu erlangen, fehlschlugen. [1] U. a. Frieling 1975 und Vekemans 1974.

Folgenden dennoch in der Einzahl gebraucht wird, dann im Sinne Galileas (1972), der von der „noch bruchstückhaften Theologie der Befreiung" spricht[2] oder Scannones (1976), der bemerkt, daß die Theologie der Befreiung großenteils noch programmatisch ist, „wenn es auch nicht an mehr oder weniger globalen Entwürfen fehlt"[3].

Um den langen Weg lateinamerikanischer Theologie zu einer Theologie der Befreiung richtig einschätzen zu können, muß man mit Costas (1976) daran erinnern, daß „die Gläubigen gelehrt worden sind, die Versöhnung von der Forderung nach Gerechtigkeit zu trennen".

„Den Reichen ist erlaubt worden, mit einer Hand ‚dem Herrn zu geben' und mit der anderen die Armen auszubeuten. Die Armen sind gelehrt worden, ihre Armut und Ausbeutung passiv hinzunehmen. Die Schwachen sind ermutigt worden, politisch passiv zu sein, während die Starken in ihrer politischen Aggressivität unterstützt worden sind... Die institutionellen Vertreter Christi haben sich des Bündnisses mit den lokalen Oligarchien und/oder auswärtigen Mächten schuldig gemacht, die für Fortdauer eines Zustands der Ungerechtigkeit, der Beherrschung und der institutionellen Gewalt verantwortlich sind."[4] Das bezieht sich auch auf die protestantischen Kirchen, die sich im 19. Jahrhundert im Kampf zwischen der traditionellen Gesellschaft und den liberalen Pionieren der Modernität mit letzteren stillschweigend verbündet haben, die für öffentliche Erziehung, repräsentative Demokratie, wirtschaftlichen Liberalismus und den Eintritt in die nordatlantische Machtsphäre kämpften. „... der Protestantismus fügte sich ein in das liberal-modernistische Zukunftsprogramm, wie es von Sarmiento, Rivadavia, Lastarria, Bilbao u. a. mit ihrem Kampf gegen den Klerus und das traditionelle, prämoderne Ethos vertreten wurde. Es ist bedeutsam, daß die Vertreter dieses Programms, ohne selbst protestantisch zu werden, doch den Einzug des Protestantismus sowohl durch die Einwanderung als auch durch die Mission begünstigten. Dies verbindet den Protestantismus unvermeidlich mit dem Zeitpunkt der neokolonialistisch-imperialistischen Expansion der in der Mehrheit protestantischen Länder nach Lateinamerika. Die äußere Verbindung ist historisch evident, die innere weniger deutlich, aber sie hängt an den Gedanken von Freiheit, Fortschritt und Individualität, die ihre ethische, personale, befreiende Seite, aber auch ihre politische und wirtschaftliche Seite haben, wodurch sie vom imperialistischen Kapitalismus nicht zu trennen sind. Dieser Ursprung bildet den Grund für die paradoxe Stellung des Protestantismus in unseren Ländern. Einerseits hatte er – durch Einführung neuer Normen, Werte und Institutionen, die den bis dahin herrschenden entgegengesetzt waren – teil an der notwendigen Auflösung der traditionellen Gesellschaft; andererseits erkennen viele Protestanten heute, daß der liberale, sich auf die Moderne richtende Zukunftsentwurf, den der Protestantismus unterstützte, zutiefst zweideutig war, negative Folgen wie Imperialismus und Beherrschung nach sich zieht und auf jeden Fall keine Zukunft hat."[5]

In den geschilderten sozial-revolutionären Prozessen in Mexiko, Bolivien und Kuba haben sich die Kirchen schwer getan bei der Erkenntnis dieser Zusammenhänge, die weder theologisch noch sozio-ökonomisch und politisch aufgearbeitet waren. Erst im Verlauf der sechziger Jahre fand die These, daß „ein kapitalistisches Unterdrückungssystem eine abstrakte, absolute, ideologische, entfremdende oder religiöse Theologie benötigt, gebraucht und ent-

---

[2] 1972, 171.
[3] Scannone 1976, 25. In ähnlichem Sinne bemerkt Borrat 1974, 183 die Theologie der Befreiung steckte noch im Reifungsprozeß.
[4] 341f.   [5] Míguez 1972 LWBI.

wickelt, um seine Herrschaft aufrechtzuerhalten", zumindest in Lateinamerika zunehmend Zustimmung. In Lateinamerika hat die katholische Theologie wie anderswo deduktiv gearbeitet: „Gott — Christus — Kirche — Moral — Sozialethik der Kirche" und auf diese Weise nicht selten den Christdemokraten oder Militärdiktaturen eine „‚übernatürliche' Legitimation" verschafft[6]. Der Versuch, auf Grund einer aus der katholischen Soziallehre apriori gewonnenen Definition der neuen Form einer Gesellschaft „eine *christliche* Revolution durchzuführen und ein *neues Christentum* aufzurichten", dürfte mit Eduardo Freis Abgang in Chile 1970 endgültig gescheitert sein[7]. Die Bindung an die deduktiv entwickelte, theologisch und naturrechtlich begründete Sozialethik hat der römischen Kirche eine unvoreingenommene Auseinandersetzung mit sozialrevolutionären Prozessen enorm erschwert und im Fall Kuba von dem Augenblick an völlig blockiert, wo dieser Prozeß in kommunistisches Fahrwasser geriet. Noch bei der Gründung der CELAM und erst recht bei der von Kennedy ins Leben gerufenen „Allianz für den Fortschritt" spielte der Gesichtspunkt der Abwehr des Kommunismus eine nicht unerhebliche Rolle. In dieser Hinsicht stellt die Kubanische Revolution so etwas wie eine Scheide der jüngsten Geschichte in Lateinamerika dar. Für die nationalen Oligarchien, die Militärs und die USA war sie ein Alarmzeichen, den Repressionsapparat auszubauen und nach links tendierende politische Entwicklungen rechtzeitig abzublocken. Die Ausbildung lateinamerikanischer Polizeioffiziere in den USA, sowie von Offizieren und Mannschaften der Streitkräfte in den USA und in der US-Kanalzone in Panamá in Anti-Guerrilla-Kampftechniken wurde erheblich intensiviert. In der Dominikanischen Republik wurde im September 1963 Dr. Juan Bosch, der nach der Ermordung des langjährigen Diktators Rafael Trujillo 1961 mit überwältigender Mehrheit 1962 gewählt worden war und 1963 eine sehr freiheitliche Verfassung in Kraft gesetzt hatte, von Militärs unter dem Vorwand gestürzt, er lasse die Verwaltung von Kommunisten infiltrieren. Als sich im April 1965 Oberst Francisco Caamaño Denó gegen das Triumvirat erfolgreich erhob, um den legitimen Präsidenten Bosch wieder zur Macht und seiner Verfassung zur Geltung zu verhelfen, sandte Präsident Lyndon Johnson Marine-Infanterie nach Santo Domingo, ohne die OAS vorher zu konsultieren. Man fragte sich, ob 35 000 Soldaten und ‚Marines' erforderlich waren, um mit 58 Kommunisten fertig zu werden[8]. In Brasilien und Bolivien hatten Militärs 1964 populistische Regime gestürzt. Ebenfalls 1964 stürzten Offiziere General Ydígoras Fuentes in Guatemala, weil er zu den Neuwahlen gewisse Aktivitäten der Linksparteien und die Rückkehr des Altpräsidenten Arévalo aus dem Exil zugelassen hatte. In Argentinien fiel 1966 die Zivilregierung Illías einem Militärputsch General Onganías zum Opfer.

Dies ist der Kontext, in dem lateinamerikanische Christen in den sechziger Jahren versuchten, die sozio-ökonomische Problematik des Subkontinents aufzuarbeiten. In Brasilien erkannte die katholische Linke Anfang der sechziger Jahre, „daß eine Revolution im christlichen Verständnis der Gesellschaft wie auch der Rolle der Kirche in ihr geschehen müsse", d. h. daß die Kirche ihren traditionellen Paternalismus zur Gesellschaft, der sich aus ihrer vertikalen, von der göttlichen Autorität her begründeten Struktur ableitet, aufgibt.

---

[6] Richard 1976, 15f.
[7] Vgl. zum Kontext Shaull 1967, 658.
[8] Hanke 1967 I, 59f.

In der Mitarbeit im ‚Movimento de Educação de Base' (MEB) erkannte die katholische Jugend in der Anwendung der volkspädagogischen Methoden Paulo Freires, „daß es nicht allein um die Schaffung von Möglichkeiten für die Massen, an der Gemeinschaft und am politischen Leben teilzunehmen, geht, sondern um eine radikale Neuorientierung ihres Verhältnisses zur Natur und zur Gesellschaft".

Die Teilnahme am wachsenden Prozeß der Bewußtmachung der vorhandenen sozio-ökonomischen Lage „führte dann wieder zu neuen Entdeckungen der Selbstverwirklichung und zu neuen Ansichten über die Art der Sozialrevolution, was im Lauf der Zeit zu einer explosiven Kraft anwuchs"[9]. Die spezialisierte Katholische Aktion nahm regen Anteil an der Bewußtseinsbildung der Massen. Theologiestudenten und junge Geistliche der verschiedenen protestantischen Denominationen engagierten sich in zunehmendem Maße[10]. Márcio Moreira Alves (1968), der die ergreifendste Dokumentation der Unterdrückung dieser Bewegung ab 1964 zusammengestellt hat, bemerkt in seiner Einleitung: „Ich habe dann festgestellt, daß die verfolgten Christen eines der größten Kontingente unter den Opfern des Militärregimes waren."[11] Shaull wies wenig später darauf hin, daß zwar viele linke Vorkämpfer radikalen gesellschaftlichen Wandels bewußt oder unbewußt das marxistische Vokabular benutzten, daß dies aber nicht verwunderlich sei, da nur die Marxisten eine überzeugende Situationsanalyse vorgelegt hätten, es sei aber ein schwerer Irrtum, die Linke als Vorhut Moskaus zu charakterisieren, da gerade das Beispiel Kubas die Entschlossenheit der Linken, die nationale Unabhängigkeit zu verteidigen, gestärkt habe. Weder von den rechtskonservativen Kräften der Großgrundbesitzer, noch von den liberal-demokratischen Kräften der Mitte könnten in Lateinamerika grundlegende Reformen erwartet werden, schließlich habe sogar der Koordinator der „Allianz für den Fortschritt", Moscoso, festgestellt, daß deren größtes Problem das Fehlen „eines ideologisch positiven Impulses" für Reformen in Lateinamerika sei[12].

Hatten die engagierten Christen in Brasilien schon Anfang der sechziger Jahre den Dialog mit Nichtchristen und Marxisten aufgenommen und damit christliches Zeugnis im Kampf um revolutionären Gesellschaftswandel abgelegt, so schritt Camilo Torres 1964/65 in Kolumbien mit dem ‚Frente Unido' zur konkreten Zusammenarbeit mit den Kommunisten.

Torres hatte erkannt, daß in Lateinamerika diejenigen, „die die politische, kulturelle, militärische und unglücklicherweise auch kirchliche Macht — zumindest in den Ländern, in denen die Kirche zeitliche Güter besitzt — in Händen haben", die wirtschaftliche Minderheit bilden. Da es nach soziologischen Erkenntnissen absurd

---

[9] Shaull aaO 662f. Zum MEB vgl. Abschnitt 42317 und Kadt 1970, 122ff.
[10] Shaull 1967 PT, 109f weist auf ein Erklärung von 1962 hin, in der es u. a. heißt: „Wir bekennen, daß wir bis vor kurzem nur Beobachter anderer Gruppen waren, die im Bewußtsein ihrer Verantwortung am revolutionären Kampf teilnehmen, der im Nordosten intensiv war ... wir erkennen an, daß wir zwischen zwei Wegen wählen müssen: entweder wir nehmen aktiv am revolutionären Prozeß teil und sind so an der Seite des ‚brasilianischen Menschen', besonders des Menschen des Nordostens, oder wir stellen uns an die Seite der herrschenden und unterdrückenden Gruppen, sei es durch unsere Unterlassung, durch unseren Individualismus und Opportunismus, verraten die Revolution und das Vaterland, halten den Status quo aufrecht und werden auf diese Weise verantwortlich für Hunger und Tod. Wir wählen den ersten Weg, weil wir Christen sind.. ".
[11] M. Alves 1968, 5.
[12] 1967 PT, 114ff.

wäre zu erwarten, daß diese Minderheit gegen ihre eigenen Interessen strukturelle wirtschaftliche Reformen durchführt, muß dafür gekämpft werden, daß die Mehrheit des Volkes auch die Macht erhält. „Wenn die Laien sich nicht im Kampf für das Wohl ihrer Brüder engagieren, wird das Priestertum ritualistisch, individualistisch, oberflächlich." Deshalb hat in diesem Falle auch ein Priester die Pflicht, sich in den politischen Kampf zu begeben, um darin ein Zeugnis der Nächstenliebe abzulegen. Auf die Frage, ob der ‚Frente Unido' angesichts seiner Zusammenarbeit mit Kommunisten eine demokratische Bewegung sei, antwortet er: „Er ist wesentlich demokratisch, denn die Demokratie besteht nicht darin, einen Wahlapparat aufzubauen, eine Wahlkomödie abzuhalten, die den Minderheiten die Macht verschafft, sondern darin, daß die organisierten Mehrheiten die Macht ausüben können."[13]

Torres schreitet also auf Grund einer realistischen Situationsanalyse mit der Absicht, christliche Liebe konkret zu bezeugen, aber nicht mit einem ausgeführten theologischen Handlungsentwurf, zur konkreten „revolutionären" Aktion, wobei sein Kampf um die Mehrheit mit formal demokratischen Mitteln in der kolumbianischen Situation nur gradweise weniger „revolutionär" war als sein Verzweiflungsschritt in den bewaffneten Untergrund. Dieser Aspekt ist von den europäischen Diskussionspartnern 1966 auf der Genfer Konferenz für Kirche und Gesellschaft und in der sich im Anschluß daran entwickelnden Debatte über die „Theologie der Revolution" nicht recht verstanden worden. Die Diskussion über die Theologie der Revolution entwickelte sich losgelöst vom lateinamerikanischen Kontext, wobei einseitig die Themen „Revolution" und „Gewalt" isoliert wurden[14].

Assmann weist darauf hin, daß der Begriff Revolution 1966 zwar von lateinamerikanischen Konferenzteilnehmern eingebracht worden ist, weil sie ihn nicht als tabu betrachteten, daß man aber weder damals noch später in Lateinamerika daran gedacht habe, „eine Theorie der Revolution ausgehend von der Theologie zu entwickeln"[15]. „Die Gefahr einer sich global verstehenden Theologie der Revolution liegt gerade in ihrer notwendigen Distanzfähigkeit. Verliert sie aber das Bewußtsein, daß sie nicht unmittelbar auf der Ebene der Strategie und Taktik operiert, dann kann ihr leicht auch das praxeologische Moment als solches entschwinden. Dann mag sie sich unendlich um sich selber drehen und allerlei fein geschliffene Distinktionen aufstellen, ohne auch nur von ferne der vorhandenen Geschichtssituation gerecht zu werden."[16]

Dussel beleuchtet den theologiegeschichtlichen Hintergrund: „Die Theologie der Christenheit (Modell von einst) identifizierte gewissermaßen den christlichen Glauben und die mediterrane (latein-byzantinische) Kultur, wobei sie den Prozeß nachträglich fixierte (in der Krise des Lateinischen im Zweiten Vatikanischen Konzil trat dies noch ein letztes Mal zutage). Die privatisierende europäische Theologie der Neuzeit reproduziert sich in den Kolonien als progressistische Theologie, die auf dem Weg der Nachahmung von denen

---

[13] Torres 1968 PT, 117ff.
[14] Zur Konferenz vgl. Appel 1966; zur Diskussion über die „Theologie der Revolution" vgl. Diskussion 1970. Zur Auseinandersetzung mit dem Thema „Revolution" aus protestantischer lateinamerikanischer Sicht vgl. Schuurman 1970 (reformierter Systematiker an der ISEDET); allgemein zu den Herausforderungen der evangelischen Theologie durch die lateinamerikanische Situation vgl. Santa Ana 1970 und zur Frage einer evangelischen Ethik für diese Situation Míguez 1972 E.
[15] Assmann 1971.   [16] Ebd. 221.

praktiziert wird, die als Nutznießer des Systems, als eine das Volk unterdrückende koloniale nationale Oligarchie, zum Heilsmodell eine Theologie nehmen, die in der Peripherie abstrakt und deswegen nicht kritisch ist, sondern den Status quo stützt."[17] Mit progressistischen Theologien sind gemeint: die „Theologie der Säkularisation", die „Theologie vom Tode Gottes" als Grenzfall dieser nordatlantischen „Theologie der Säkularisation", die „Theologie der irdischen Wirklichkeiten", die „Theologie der Revolution", die „Theologie der Entwicklung", die „Theologie der Hoffnung" und die „politische Theologie". Allen diesen Theologien wirft Dussel vor, daß sie kein „geschichtliches Befreiungsprojekt als reales Zeichen des eschatologischen Projekts" vermitteln und insofern, dies bezieht er auch auf Moltmanns „Theologie der Hoffnung", den Status quo bestätigen und folglich als Opium dienen[18]. Säkularisation, irdische Wirklichkeiten, Revolution, Entwicklung, Politik „erscheinen im Grunde als neue theologische Themen. Die theologische Thematik wechselt, aber nicht die Theologie. Der Theologe radikalisiert und problematisiert seine theologische Suche, aber er stellt seinen Status oder seine Funktion als Theologe nicht in Frage. Die Theologie der Befreiung fügt kein neues Thema hinzu, sondern eine neue Art Theologie zu betreiben"[19]. Die Theologie der Revolution studiert nur den Ausgangspunkt der Theologie der Befreiung, die politische Theologie nur eine ihrer Grundlagen und die Theologie der Hoffnung nur deren Zukunft. Die Theologie der Befreiung hingegen „reflektiert von der Befreiungspraxis aus, d. h. vom Übergang (Passa) oder vom Weg der Menschheitsgeschichte durch die Wüste her, von der Sünde als Herrschaft der verschiedenen (politischen, erotischen, pädagogischen usw.) Systeme her bis zum irreversiblen Heil in Christus und seinem (eschatologischen) Reich ... Die Theologie der Befreiung, zu der die lateinamerikanischen Denker den Anstoß geben, tritt in Erscheinung, als man im Gefolge der Entdeckung der wirtschaftlichen (Dependenztheorie) und kulturellen Abhängigkeit (Salazar Bondy spricht 1968 in Paris von ‚Herrschaftskultur') die Abhängigkeit auch der Theologie entdeckt."[20] Wie groß dieser Schritt ist, wird daran deutlich, daß man noch vor einigen Jahren Erzbischof Helder Câmara für einen Außenseiter hielt, wenn er nur das Problem der wirtschaftlichen Abhängigkeit ansprach und den internen Kolonialismus und den von außen als Ergebnis des wirtschaftlichen Imperialismus kommenden Neokolonialismus als die beiden Schlüsselprobleme Lateinamerikas bezeichnete[21].

Die von Wirtschaftswissenschaftlern und Soziologen konzipierte Dependenztheorie, die in dieser Untersuchung in ihren Auswirkungen durch die lateinamerikanische Geschichte hindurch verfolgt wird, bestimmte in den sechziger Jahren immer stärker die Situationsanalysen von ISAL, kritischen Priestergruppen und offiziellen kirchlichen Konferenzen (vgl. 51). Ihr Vordringen ist eng mit der Genesis der Theologie der Befreiung verbunden. Dabei ist zu beachten, daß das sich langsam entwickelnde Programm einer Theologie der

---

[17] Dussel 1974 C, 404f.
[18] Ebd. vgl. ähnlich Richard 1976, 15.
[19] Richard aaO.
[20] Dussel aaO 405; zur Dependenztheorie vgl. ausführlich Gutiérrez 1972, 118ff sowie die kurze Bewertung von Körner 1976 und die Einleitung S. 18ff.
[21] Zwiefelhofer 1974, 7f, der aus einem Vortrag Câmaras vor dem Katholischen Arbeitskreis für Entwicklung und Frieden v. 23. 10. 1970 in Bonn zitiert.

Befreiung mündlich in Form von Vorträgen entstand, die dann auch gedruckt wurden.

„So begann die ‚Theologie der Befreiung' in einem Vortrag von Gustavo Gutiérrez beim Nationalkongreß der ONIS in Chimbote (Juni 1968) Gestalt anzunehmen... Ähnlich liegt der Fall bei ‚Unterdrückung — Befreiung, Herausforderung für die Christen'. Zwei der dort zusammengefaßten Aufsätze" hat Hugo Assmann „ursprünglich für andere Anlässe ausgearbeitet", den einen davon für eine Konferenz vor dem Klerus von Montevideo. Die ersten Ansätze der Theologie der Befreiung haben anerkanntermaßen die Konferenz von Medellín (1968) und die peruanischen Bischöfe auf ihrer 36. Bischofskonferenz (1969) und deren Beitrag für die römische Bischofssynode 1971 „inspiriert" und damit indirekt das römische Dokument „Die Gerechtigkeit in der Welt" mitgeprägt[22]. Wie in Abschnitt 5122 bereits angedeutet, sind die Dokumente von Medellín indes nicht völlig homogen. Elemente des technokratischen Entwicklungsdenkens stehen solchen der Dependenztheorie und der ansatzweise eingeflossenen Theologie der Befreiung gegenüber, die in der Aufnahme der Volkspädagogik Paulo Freires und in der konsequenten Durchführung des Dreischritts: Situationsanalyse — theologische Reflexion — pastorale Schlußfolgerungen, sichtbar werden. Deshalb sind die Dokumente ambivalenten Interpretationen zugänglich. Von ihrer Wirkungsgeschichte her muß man freilich sagen, daß sie durch die Verbindung der von der Dependenztheorie her vorgenommenen Situationsanalyse mit dem biblischen Stichwort „Befreiung" den „progressiven" lateinamerikanischen Theologen enormen Auftrieb gaben, so daß sich bald eine rege programmatische Diskussion über eine Theologie der Befreiung entwickelte. Comblin, der frühere theologische Berater Helder Câmaras, der an der Vorbereitung der II. Generalversammlung des Lateinamerikanischen Episkopats in Medellín — inzwischen ist für 1978 eine III. Generalversammlung vom Vatikan angekündigt worden — mitgearbeitet hat, sieht in den Beschlüssen von Medellín die Option für einen revolutionären Weg.

Das lateinamerikanische Denken hat die Vision der Konservativen abgelehnt, deren Denken vom System der Christenheit ausgeht, das einige auch „neo-integristisch" nennen und das vom Vatikanum II überholt ist. Es hat aber auch den ‚desarrollismo' abgelehnt, d. h. die Entwicklungskonzeption der liberalen Europäer, die sich auf dem Konzil durchgesetzt haben, den „Optimismus gegenüber der gegenwärtigen abendländischen Welt, der die technische und industrielle Entwicklung begünstigt und in ihre Evolution vertraut, die Annahme des Themas der Säkularisation und die Suche einer Theologie für die säkularisierte Welt. Das lateinamerikanische Denken widersetzt sich genauso nachdrücklich der Säkularisierung wie dem ‚Integrismus' in allen seinen Formen... Die ‚Theologie' der Entwicklung und die Studien über dieselbe bilden im allgemeinen einen Teil der Ideologie der westlichen Welt und diese Ideologie dient dazu, die Herrschaft der westlichen Welt über die übrigen Kontinente aufrechtzuerhalten und zu verstärken. Jede Theologie, die auf ‚Evolution' der westlichen gegenwärtigen Gesellschaft vertraut, tendiert dazu, das gute Gewissen der Europäer und Nordamerikaner zu bewahren, und infolgedessen die etablierten Strukturen zu festigen... Im Gegensatz zum ‚Integrismus' erwartet das engagierte christliche Denken in Lateinamerika von der institutionellen Kirche, daß sie sich löst und befreit von den Banden, die sie an die etablierten Mächte fesseln, daß sie aufhört, die Mächtigen zu bitten um Prestige für ihre Prälaten, um Zuschüsse für ihre Institutionen, um Wohltätigkeit

---

[22] Borrat 1974, 185 und 188.

für die Armen, um Exemtionen, um Privilegien, um gesetzliche Sonderrechte für ihre Kleriker und Gebäude. Denn für all dies muß man teuer bezahlen. Der Preis ist, genauer gesagt, die Aufopferung der Forderungen der Nächstenliebe."

Die in Medellín erfolgte „Wahl des Themas Befreiung als Zentralthema hat ab 1968 die Entwicklung des lateinamerikanischen Denkens zutiefst bestimmt. In den Augen der europäischen Kritiker kann dies seltsam, ja sogar unangebracht und gefährlich erscheinen, aber in diesem Augenblick nehmen die Lateinamerikaner die Richtlinien des europäischen christlichen Denkens nicht mehr als normativ hin. D. h., daß die Lateinamerikaner für eine pluralistische Perspektive im Schoß der katholischen Kirche und der protestantischen Kirchen optieren. Wenn die Europäer noch den Eindruck haben, daß sie eine universale Theologie betreiben, müssen sie von jetzt an damit rechnen, daß sie diese Überzeugung dem Rest der Welt nicht mehr mit demselben Erfolg wie bisher vermitteln können. Das christliche europäische Denken im allgemeinen und die europäische Theologie im besonderen werden immer mehr als europäisch erscheinen, d. h. beschränkt durch das enge europäische Gesichtsfeld."[23] In demselben Sinne ruft Dussel die europäischen Theologen auf, die „barbarische Theologie' (entsprechend dem, was die Apologeten von den griechischen Weisen sagten)" ernstzunehmen und ihren Totalitätsanspruch aufzugeben. Er meint, in einem kairós (Sternstunde) der Geschichte sei es in Lateinamerika „den Propheten, den Christen, der Kirche" möglich geworden, die totale eschatologische Befreiung deutlicher anzukündigen und zu bezeugen. Die Theologie der Befreiung ist ein neuer Moment der Theologiegeschichte; die erste Theologie der Dritten Welt könnte zu einer „Welttheologie der Unterdrückten im allgemeinsten Sinne" werden, auch wenn Europa nicht hören will auf die Stimme des Andern (der Barbaren), auf die Theologie der armen Völker, auf die Theologie der Befreiung, bei der es sich „um eine Theologie-Ethik" handelt, „die von der Peripherie aus, von den Randständigen, von den ,Lumpen' der Welt aus gedacht wird"[24].

Ich erläutere hier bewußt stärker den Kontext und die Präliminarien der Theologie der Befreiung als diese Theologie selbst, denn die europäischen Theologen schreiten zumeist vorschnell zur kritischen Analyse dieses neuen theologischen Ansatzes und werden ihm nicht gerecht, weil ihnen das existentielle Verständnis abgeht, das nur aus einem jahrelangen Erleben und Erleiden der lateinamerikanischen Situation erwachsen kann, und weil außerdem ihre Informationsbasis durch die Abhängigkeit von den ins Deutsche oder Englische übersetzten Texten zu schmal ist. Der Deutsche Evangelische Missionstag 1975 ist sich dieser Verstehensschwierigkeiten bewußt geworden und hat sich deshalb das Thema „Identität und Kommunikation" gestellt. Im Vorbereitungspapier wird dazu ein Wort von Hugo Assmann zitiert:

„In aller Aufrichtigkeit müssen wir uns vor Augen halten, daß wir nicht in der gleichen Situation leben und nicht von einem gemeinsamen Kontext ausgehen können; daß unser Bemühen um den Dialog von einer fundamentalen — für uns Lateinamerikaner fundamentalen und zugleich prinzipiellen — Voraussetzung ausgeht, nämlich von dem Gegensatz von Unterdrückern und Unterdrückten, von dem wirtschaftlich entwickelten Teil der Welt und den im Zustand der Unterentwicklung gehaltenen Ländern."[25]

[23] Comblin 1972, 231, 240 und 230.   [24] Dussel 1974 C, 404f.
[25] Nach Int. Dialog Zschr. 7 (1974) 144.

Pablo Richard (1976) versucht deshalb in einem Artikel mit dem Untertitel „Ein kritischer Beitrag zur europäischen Theologie" die Theologie der Befreiung zunächst einmal negativ in sieben Thesen abzugrenzen:

1. Um in einen Dialog eintreten zu können, gilt es, den Mythos einer abstrakten „Lateinamerikanität" zu überwinden. „Nicht alles, was aus Lateinamerika kommt, ist lateinamerikanisch. Wir dürfen nicht vergessen, daß die herrschende Kultur und Theologie in Lateinamerika gerade europäisch sind, weil wir beherrschte und abhängige Länder sind."

2. Man kann nicht einfach eine Theologie der Dritten Welt einer Theologie der mächtigen Staaten gegenüberstellen, denn im Inneren Lateinamerikas gibt es die Dritte Welt, gibt es Arme, aber auch Machtzentren und Reiche. „Es gibt eine lateinamerikanische, herrschende Theologie, die mit den Machtzentren Europas verbunden und von ihr abhängig ist, andererseits gibt es auch in Europa eine Theologie, die mit der Dritten Welt" verbunden ist.

3. Die Wurzel der gegenwärtigen theologischen Konfrontation ist in der Dialektik von Unterdrückung und Befreiung zu suchen. „Die Theologie der Befreiung ist lateinamerikanisch, weil die Befreiung der tiefste, menschlichste, christlichste und lateinamerikanischste Kampf in Lateinamerika ist. Wir haben unsere lateinamerikanische Identität entdeckt, weil wir unsere Abhängigkeit und unsere Unterentwicklung entdeckt haben, die durch die imperialistische und kapitalistische Beherrschung unseres Kontinents verursacht sind. Unsere Theologie ist nicht a priori anti-europäisch, sondern anti-imperialistisch...."

4. Die Theologie der Befreiung muß abgegrenzt werden gegen gewisse fortschrittliche europäische Theologien wie die Theologie der Revolution oder die politische Theologie, die die lateinamerikanische Theologie der Befreiung zu vereinnahmen oder zu entstellen suchen.

5. Bei der Theologie der Befreiung handelt es sich nicht um die Entdeckung der Befreiung als eines neuen theologischen Themas, sondern um eine „neue theologische Methodologie".

6. Das Spezifische der Theologie der Befreiung ist nicht der Schritt von einer abstrakten zu einer konkreten Methodologie, nicht „der Gegensatz von Abstrakt und Konkret, sondern der Gegensatz von Beherrschung und Befreiung". Sie erklärt „das Abstrakte als Praxis der Unterdrückung... Die Theologie der Befreiung ist in diesem Sinne eine Befreiung von der Theologie, die Befreiung aus ihrer Gefangenschaft oder ihrer Verwendung als Instrument der herrschenden Ideologie, die immer eine Ideologie der herrschenden Klassen ist".

7. Die Theologie der Befreiung „stellt nicht ausschließlich den Schritt von einer deduktiven zu einer induktiven Methologie dar", sondern „den Schritt von der Interpretation zur Transformation". Die Leistungen der induktiven Methode sind bedeutend, aber sie übersieht „den fundamentalen Aspekt der Theologie der Befreiung: die Praxis. Die Wirklichkeit kann nur in dem Maße analysiert und interpretiert werden, in dem wir sie umgestalten" durch wirkliche und wirksame Teilnahme am Kampf um die Befreiung des lateinamerikanischen Kontinents. In Europa können Theologen die Theologie der Befreiung in scheinbarer Neutralität am Schreibtisch untersuchen. In Lateinamerika ist sie revolutionär, subversiv, wird heimlich praktiziert und von staatlicher Seite verfolgt und unterdrückt[26].

---

[26] Man könnte eine Fülle von Theologen und engagierten Christen aufzählen, die in den siebziger Jahren aus verschiedenen Staaten Lateinamerikas ausgewiesen worden sind, weil sie als subversiv geltende sozialkritische Positionen vertreten haben, z. B. José Comblin aus Brasilien, Héctor Borrat aus Uruguay, der wie Hiber Conteris in Uruguay zunächst verhaftet worden war. Conteris war im 1. Halbjahr 1977 noch in Haft und dabei auch gefoltert worden. Einer der vielen aus Paraguay Ausgewiesenen ist Bartolomé Meliá SJ, der als Herausgeber der Zeitschrift ‚Acción Social' und als

Nach diesen Vorklärungen geht Richard zur positiven Beschreibung der Theologie der Befreiung über, indem er zunächst drei Definitionen aufführt:
1. „Die Theologie der Befreiung ist die kritische Reflexion der Praxis über den Glauben" (dies ist die klassische Definition).
2. „Die Theologie der Befreiung ist eine Theologie der Erlösung in den konkreten geschichtlichen und politischen Bedingungen von heute."
3. „Die Theologie der Befreiung ist eine militante Theologie, die sich der Analyse und Umwandlung der Geschichte als Mittel der ratio bedient."

Es geht allen diesen Definitionen darum, „die Dialektik zweier grundlegender Wirklichkeiten auszudrücken: der Praxis der Befreiung und des expliziten Glaubens, der in dieser Praxis gelebt und bedacht wird". Als „kritische Reflexion der Praxis" definiert sich die Theologie der Befreiung „als integrierenden Bestandteil einer Praxis der Befreiung". Ihr geht es um die wirkliche Entdeckung des „anderen", des Armen, des Marginalisierten, des Ausgebeuteten in der Gesellschaft, der sich von ihr unterscheidet, aber „ein Angesicht, Denken, Stimme, Ideologie, Theorie und Theologie hat". Die Entdeckung des „anderen" impliziert einen radikalen Wechsel der Methodologie. Die Theologie muß ihren eigentlichen Weg verlassen, „um auf dem Weg des ‚anderen' zu gehen, ohne immer zu wissen, wohin uns dieser Weg führen wird". Der spezifisch theologische Beitrag zur Praxis läßt sich nicht im Vorwege definieren, sondern nur in der Praxis selbst finden, in dem Maße, wie das christliche Proprium nicht als etwas Abstraktes, sondern als eine befreiende Kraft verstanden wird. „Diese Identifikation der Rationalität der Theologie mit der Rationalität der Praxis — die keine Reduktion der Theologie auf die Praxis oder der Praxis auf die Theologie bedingt — verändert die klassische theologische Unterscheidung zwischen dem Profanen und dem Heiligen, dem Immanenten und dem Transzendentem, dem Natürlichen und dem Übernatürlichen, zwischen Glaube und Religion grundlegend." Die Theologie der Befreiung lehnt diese Dualismen ab, in denen sie einen Reflex des Unterdrückungssystems sieht.

Die Theologie der Befreiung negiert nicht die transzendenten und übernatürlichen Aspekte des Glaubens, sondern sie negiert die transzendente und übernatürliche Legitimation einer Praxis der Unterdrückung. Je mehr die Kirche den falschen geistlichen und universalen Charakter aufgibt, desto mehr kann sie an der Praxis der Befreiung teilhaben. Es wird also nicht die im Grunde legitime Unterscheidung zwischen natürlich und übernatürlich bestritten, sondern eine abstrakte Methodologie, mit der die herrschende Theologie in friedlicher Koexistenz mit dem Unterdrückungssystem lebt oder es sogar legitimiert.

„Eine Kirche, die ihre Identität auf demselben abstrakten Weg bestätigt findet, ist auch eine Kirche, die mit dem Sytem der Unterdrückung koexistiert und es legitimiert. Es ist eine Kirche, die absolut unfähig ist, den irrationalen, unmenschlichen und widersprüchlichen Charakter der wirtschaftlichen, politischen, kulturellen und

---

Ethnologe mit seiner befreienden Alphabetisierungsmethode, die im Projekt ‚Promuri' unter den Guaraní angewandt werden sollte, der Regierung mißfiel. Enrique Dussel verließ 1976 sein Wirkungsfeld an der Universität Mendoza/Argentinien, nachdem in seinem Haus eine Bombe explodiert war, und verlegte seinen Wohnsitz nach Mexiko-Stadt. Paulo Freire mußte Brasilien nach der „Revolution" von 1964 verlassen. Der deutschstämmige Brasilianer Hugo Assmann hat seinen Wohnsitz je nach politischer Lage in den letzten Jahren schon oft verändern müssen.

religiösen Wirklichkeit zu erkennen und umzugestalten. Es ist eine Kirche ohne Glaube und ohne Hoffnung." Erst in der Verneinung der Unterdrückung wird der Glaube als freies Geschenk Gottes als „Hoffnung auf eine völlige und endgültige Befreiung" erfahren.

Auch die prinzipiell berechtigte Unterscheidung zwischen Glaube und Religion kann außerhalb der Dialektik von „Unterdrückung und Befreiung eine entfremdende Rolle spielen und die Praxis des Glaubens auf eine falsche Praxis der Befreiung beschränken", indem Christentum und Glaube sich als „Nicht-Religion" definieren und sich damit der Verantwortung für die Kritik der geschichtlichen Strukturen entziehen. Glaube und Theologie fristen dann nur ein ehrenvolles Dasein in der von der „Religionsfreiheit" tolerierten persönlichen Intimsphäre. In den reformistischen Entwicklungskonzeptionen für die „unterentwickelten" Länder wird der Dualismus von Glaube und Praxis aufrechterhalten. Glaube und Theologie haben nichts mit der Praxis zu tun und werden damit praktisch zur Ideologie. Der Theologie der Befreiung geht es um die „Entideologisierung" des Glaubens. Dabei handelt es sich beim Glauben innerhalb der Praxis ausdrücklich um *traditionellen christlichen Glauben* im Sinne der historischen Kontinuität der biblischen und christlichen nachbiblischen Tradition, um *kirchlichen christlichen Glauben*, d. h. um Glauben, der in der kirchlichen Gemeinde bekannt, gefeiert und mitgeteilt wird, und um *christlichen transzendenten Glauben*, d. h. um Glauben an die Auferstehung. Aber dieser traditionelle, kirchliche und transzendente Glaube kann sich nur bewähren „von einer befreienden Rationalität der Praxis, von der Umgestaltung der Geschichte und von der gleichzeitigen Umgestaltung von Natur und Gesellschaft her".

So verstandener Glaube stellt an die herrschende Theologie drei Anfragen:
1. Die Exegese muß sich fragen lassen, ob sie idealistisch, abstrakt und mithin entfremdend ist und damit das „Wort Gottes in einem falschen Bewußtsein, einer Evangelisation als falscher Praxis der Befreiung gefangen hält. Demgegenüber fordert die Theologie der Befreiung zu einer materialistischen Lektüre der Bibel, zu einer befreienden Exegese, zu einer subversiven Evangelisation heraus".
2. Die Ekklesiologie muß sich fragen lassen, ob sie ein Kirchenverständnis vermittelt, das ein abstraktes Gemeindeleben hervorbringt und die Gemeindeglieder von der Wirklichkeit entfremdet und damit die wirtschaftlichen, politischen und kulturellen Gegensätze verschleiert. Die Theologie der Befreiung fordert eine Ekklesiologie, die Partei ergreift, sich den Klassengegensätzen stellt und es dadurch ermöglicht, daß die Kirche in einer durch Unterdrückung und Ausbeutung geteilten Gesellschaft zu einem Zeichen der Einheit wird.
3. „Es gibt ein Christentum, das die Erlösung durch das Gesetz, die Moral, die Theologien und die abstrakten Dogmen sucht. Dieses Christentum des Gesetzes ist ein Christentum des Todes und der Unterdrückung. Diesem Christentum widersetzt sich ein Christentum, das die *Erlösung durch den Glauben* sucht", die sich in der Auferstehung verwirklicht. „Ein befreiendes Christentum ist ein Christentum der Auferstehung. Ein unterdrückendes Christentum ist ein Christentum des Kreuzes, des Gesetzes und der abstrakten Theologie."[27]

---

[27] Richard aaO. Zum Zusammenhang von Christologie und Ekklesiologie verweist

Richard beschreibt wohl eindringlich genug, daß die Theologie der Befreiung keine wie auch immer geartete „horizontale" Theologie ist, daß sie eine sozio-ökonomische und politische Befreiung nicht mit der eschatologischen Befreiung verwechselt, daß ihre Vertreter sich aber nicht vor konkreten politischen Optionen scheuen. Daß diese politischen Optionen von Fall zu Fall verschieden sein können, entspricht ja gerade dem Ansatz der Theologie der Befreiung und rechtfertigt es nicht wie Frieling (1975) in Vergröberung von Differenzierungen, die Fischer (1974) macht, eine „sozial-populistische" Befreiungstheologie von einer „marxistischen" Befreiungstheologie" zu unterscheiden. Das Scheitern des Peronismus in Argentinien hat die Hoffnungen, die die Befreiungstheologen der Bewegung der Priester für die Dritte Welt in den Peronismus gesetzt hatten, inzwischen zunichte gemacht, und in Peru breitet sich seit dem zunehmenden Abgleiten der Militärregierung nach rechts auch Ernüchterung unter den Theologen über die Möglichkeit aus, daß dieses Regime die erhoffte Befreiung verwirklichen könnte. Die Frage der Option für den Sozialismus soll weiter unten im Zusammenhang mit der Erörterung des sozial-revolutionären Prozesses in Peru und Chile noch erörtert werden.

An Stelle einer kritischen Analyse verschiedener Entwürfe einer Theologie der Befreiung, die hier schon aus Platzgründen nicht geleistet werden kann, für die es möglicherweise auch noch zu früh ist, sollen hier nur noch einige Literaturhinweise und einige kritische Anfragen folgen.

Einführungen in die Theologie der Befreiung aus deutscher Sicht sind aus der Feder Frielings 1972 und 1975 erschienen, aus lateinamerikanischer Perspektive von Prien 1973. Den für den Stand von 1973 besten Überblick bietet Teil 1 von „Exchange, Bulletin of Third World Christian literature" (Nr. 6/ Dez. 1973). Durch die 1973 in deutscher Übersetzung erschienene „Theologie der Befreiung" von Gustavo Gutiérrez M. beschränkte sich die Diskussion hierzulande ungebührlich auf diesen Entwurf. 1974 kamen in H 6/7 der Internationalen Zeitschrift für Theologie „Concilium" und in dem von Hünermann her-

---

Margull 1974, 91 auf die These der Deutschargentinierin Leonor Ossa (1973), daß die Theologen der Befreiung Mühe haben, die einseitig das Leiden Christi betonende lateinamerikanische Christologie zu überwinden (vgl. oben Abschnitt 442), die zu einer Vergöttlichung der Kirche geführt habe. Ossa führt die dogmatische und ekklesiastische Wand „in einem kühnen Exkurs bis auf Chalcedon zurück ... Dort sei, so erinnert sie, das christologische Problem nicht gelöst worden, was für die Gegenwart theologisch ermutigend ist; wohl aber sei unter dem dort dekretierten Abschluß mit der Formel ‚vere deus - vere homo' der ‚heimliche Monophysitismus' auf die Dauer siegreich geblieben, was sich in der nach Lateinamerika ausbuchtenden mediterranen Kirchengeschichte besonders stark in einem seinem Menschsein entzogenen Jesus und in einer divinisierten Kirche ausgewirkt habe. Da dieser Christus dem Volke gegenüber darstellt, ergibt sich bei allen Versuchen christologischer Neuformulierungen das Problem der Kirche. Damit ist dieses nicht nur, wie für gewöhnlich an der Oberfläche erfahren wird, ein Problem ihrer sozialen Inflexibilität: „Der ‚heimliche Monophysitismus" ... wird in keinem Bereich der Lehre verschwinden, solange die vorhandene Organisationsstruktur der Kirche die Gültigkeit eines vorgeblich unwandelbaren Wahrheits- und Gottesverständnisses als geschichtlich erfahrbare Macht vertritt' (137) Die Rede von Jesus als dem Befreier impliziert mithin eine fundamentale Krise für das Selbstverständnis der Kirche, die in der Theologie der Befreiung zu Akten der Befreiung aufgerufen wird und angesichts dieser Befreiung in Erschütterung geraten muß." Das Stichwort „heimlicher Monophysitismus" hat Ossa von Karl Rahner übernommen.

ausgegebenen Sammelband über „Die Provokation der lateinamerikanischen Theologie" endlich eine größere Zahl von Vertretern der Theologie der Befreiung in deutsch zu Wort. 1976 versuchte Modehn in einem Sammelband einige Wertungen zu vereinigen[28]. Auch wenn dieser kurze Überblick keinen Anspruch auf Vollständigkeit erhebt, kann festgestellt werden, daß die volle Breite des Spektrums der Theologie der Befreiung bisher im deutschen Sprachraum nicht in den Blick gekommen ist.

Ungenügend bekannt sind die Arbeiten des brasilianischen Presbyterianers Rubem A. Alves „A theology of human hope", Washington 1969 und „Tomorrow's child", New York/London 1972, die in den USA Bestseller geworden sind und befreiendes Handeln sowohl für die lateinamerikanische wie für die nordatlantische Sphäre einsichtig zu machen suchen, der Entwurf des uruguayischen Jesuiten Juan Luis Segundo, der den ‚Centro Pedro Fabro' in Montevideo leitete, „De la sociedad a la teología" (Von der Gesellschaft zur Theologie), Buenos Aires/Mexiko 1970, derjenige des französischen Dominikaners Alex Morelli, der die Zeitschrift des mexikanischen Sozialsekretariats CONTACTO herausgibt, „Líbera a mi pueblo" (Befreie mein Volk), Buenos Aires/Mexiko 1971, die Veröffentlichungen des deutschstämmigen Brasilianers Hugo Assmann, „Opresión – liberación" (Unterdrückung – Befreiung), Montevideo 1971, „Teología desde la praxis de liberación. Ensayo teológico desde la América dependiente" (Theologie von der Praxis der Befreiung her. Theologischer Versuch vom abhängigen Amerika her), Salamanca 1973, der erste christologische Versuch des brasilianischen Systematikers des Franziskanerseminars in Petrópolis, Leonardo Boff, „Jesus Cristo libertador. Ensaio de cristologia para o nosso tempo", Petrópolis 1972, der Entwurf des Venezolaners Antonio Alonso, „Iglesia y praxis de liberación. Pedagogía del recuerdo y la experanza" (Kirche und Praxis der Befreiung. Pädagogik der Erinnerung und der Hoffnung), Salamanca 1974 die Versuche des Argentiniers Enrique Dussel von der Dependenztheorie her die lateinamerikanische Kirchengeschichte in den Griff zu bekommen (1967 und 1972), zuletzt unter dem Titel „Caminos de liberación latinoamericana" (Wege zur lateinamerikanischen Befreiung), Buenos Aires 1973, sowie sein Bemühen um eine philosophische Grundlegung: „Método para una filosofía de la liberación. Superación analéctica de la dialéctica hegeliana" (Methode für eine Philosophie der Befreiung. Analektische Überwindung der hegelschen Dialektik), Salamanca 1974, ferner Aufsatzsammlungen wie „De la iglesia y la sociedad" (Von Gesellschaft und Kirche), Montevideo 1971 (Biblioteca Mayor/Tierra Nueva) mit einem breiten Autorenspektrum oder „Teología de la liberación y praxis popular. Aportes críticos para una teología de la libera-

---

[28] Margull 1974, 67 versucht Ausgangspunkt und Anliegen der Theologie der Befreiung mit dem Begriff der Tertiaterranität zu sehen, unter dem er auch die Konferenz von Bangkok beschreibt. „Tertiaterran heißt folglich: in der Situation der tertia terra, der Dritten Welt. Die sozialgeschichtliche Interpretation von Dritter Welt muß dabei ihrer geographischen Definition vorgezogen werden. Eine Tertiaterranität des Christentums erkennt man folglich überall dort, wo authentisch (und deshalb vor allem in der überseeischen Christenheit) der Christus auf der Seite der Unterdrückten stehend geglaubt und christlicher Glaube authentisch als Akt umfassender geschichtlicher Befreiung verstanden wird". Margull weist darauf hin, daß westliche Mission und Theologie den Kirchen der Dritten Welt zwar eine Indigenisation zugetraut und zugemutet haben, aber darunter eine kontrollierbare Akkomodation verstanden, die von der durch Kulturen und Rassen nicht aufhebbaren Einheit des Christentums ausgeht. Wie oben gezeigt, wird eine solche Einheit, die implizit unter dem Primat westlicher Theologie zu stehen hat, heute u. a. von den Theologen der Befreiung abgelehnt, weshalb die Entdeckung ihrer Identität durch die Kirchen der Dritten Welt automatisch zu einem Kommunikationsproblem mit den Kirchen der Industrienationen führt. Vgl. auch Karl Rahner u. a. (Hrsg.), Befreiende Theologie, 1977.

ción" (Theologie der Befreiung und Praxis des Volkes. Kritische Beiträge zu einer Theologie der Befreiung), Salamanca 1976, eine Sammlung von Aufsätzen Juan Carlos Scannones oder der Band über das Treffen in El Escorial 1972 „Fe cristiana y cambio social en América latina" (Christlicher Glaube und gesellschaftlicher Wandel in Lateinamerika), Salamanca 1973, oder schließlich die Aufsatzsammlungen „Panorama de teología latinoamericana" (SELADOC), Salamanca 1975, von zahlreichen anderen Aufsätzen in lateinamerikanischen und spanischen Zeitschriften ganz zu schweigen.

Frieling meint, Gutiérrez wolle zwischen den verschiedenen „Richtungen der Befreiungstheologie vermitteln, indem er drei Bedeutungsebenen von ‚liberación' einführt, die sich wechselseitig durchdringen: 1. die politisch-soziale Befreiung der sozialen Klassen und unterdrückten Völker, 2. die geschichtlich-prozeßhafte Befreiung der Menschen im Sinne einer fortschreitenden Emanzipation der Menschheit durch eine permanente Kulturrevolution und 3. das Verständnis von ‚liberación' als Erlösung durch Christus, als Befreiung von personaler Sünde, ‚die letzte Ursache eines jeden Bruchs von Freundschaft, einer jeden Ungerechtigkeit und Unterdrückung ist'. Nahezu alle Befreiungstheologen werden nicht müde, die Zusammengehörigkeit dieser drei Ebenen zu betonen und von der integralen, ganzheitlichen Befreiung zu sprechen. Aber indem Gutiérrez die Reihenfolge 1. politische, 2. geschichtlich-emanzipatorische und 3. christologisch-soteriologische Bedeutung von ‚liberación' wählt, gibt er genügend Anlaß, daß seiner Befreiungstheologie politische Kopflastigkeit vorgeworfen werden kann."[29] Mir scheint, daß ein solcher Vorwurf nur bei Verkennung der neuen Methodologie der Theologie der Befreiung erhoben werden kann. Segundo Galilea, der Leiter des Lateinamerikanischen Pastoralinstituts in Quito, der schon 1973 in seinem Buch „Espiritualidad de la liberación" auf den unlösbaren Zusammenhang zwischen Spiritualität und befreiender Aktion hingewiesen hat, tut dies erneut in seinem Beitrag für „Concilium" (1974): „Die Befreiung als Begegnung zwischen Politik und Kontemplation."

„Die Befreiung ist der Ort, an dem die politischen und die kontemplativen Dimensionen des Christen geschichtlich und theologisch-geistlich aufeinandertreffen." Galilea hat beobachtet, daß viele in der politischen Befreiung engagierte Christen und Christengruppen bei ihrem Einsatz auf dem gesellschaftspolitischen Feld eine Entwicklung durchmachen. „Statt des Hangs, ihren Glauben in Frage zu stellen oder gar zu verlieren, kommt bei ihnen das Bestreben auf, ihn zu stärken, das Gebet wieder aufzunehmen und seinen Sinn von neuem zu entdecken. Obwohl sie nicht dazu geschult sind, werden sie auf eine enge Affinität zwischen dem Glauben und ihren Optionen aufmerksam. Diese Christen nehmen gegen ein ungeschichtliches Heilsverständnis Stellung. Sie sehen das Heil in Verbindung mit dem tätigen Einsatz in Welt und Politik, auch wenn sie es nicht auf die Befreiung hier auf Erden beschränken. Sie legen sehr Gewicht auf die Befreiungspraxis und deren Effizienz und erblicken im Gebet die Gewähr dafür, daß diese Praxis von den evangelischen Werten bestimmt wird. Gerade ihr zuweilen sehr radikales Engagement hat sie in vielen Fällen dazu bewogen, ihren Glauben auf einen hohen Stand christlicher Mystik zu bringen — ein bekanntes Beispiel dafür ist Néstor Paz, der christliche Guerrillero, der vor vier Jahren im Guerrillakampf in Bolivien fiel."

[29] Das Kommunikationsproblem zeigt sich sowohl bei Frieling 1975, 53 wie auch bei dem Jesuiten Zwiefelhofer 1974 und 1974B, der von Deutschland her seinem uruguayischen Ordensbruder Juan Luis Segundo, um nur ein Beispiel zu nennen, kaum gerecht werden kann.

Galilea sieht die zwei Richtungen des Einsatzes für die Armen und die Geringen, die direkte politische Option und die pastoral-prophetische Option in enger Verbindung. Die biblische Botschaft von Mose bis Jesus verpflichtet auf beide Aufgaben des befreienden Glaubensengagements.

„Bei Mose nimmt die Befreiung ein weltliches, politisches Gepräge und weist auf die Befreiung im Vollsinn durch Jesus hin. Mit Jesus kommt es zu dieser Befreiung im Vollsinn. Die Befreiung erhält eine eschatologische, entscheidende Gestalt: Sie rettet und ändert den Menschen und die Gesellschaft von innen her. Sie erfordert aber auch gesellschaftspolitische Veränderungen, so wie die Befreiung bei Mose die Herzensbekehrung und die eschatologische Berufung des Volkes Israel in sich schloß... Damit bilden der ‚Mystiker' und der ‚Politiker' in ein und derselben Berufung eine Einheit, denn der Quellgrund ihrer christlichen Schau ist derselbe: das Leben und Wirken Jesu, dem man im Gebet und in den Brüdern, vor allem in den ‚geringsten', begegnet (Mt 25, 41)."[30]

Borrat bemerkt zu Recht, daß die Theologie der Befreiung der „praktischen Umsetzung" bedarf.

Sie müßte „im katholischen Volk eine Thematik neu lebendig machen, welche sich nicht in der Erklärung von Medellín erschöpfen darf. Die Erklärung kann zu Programmen hinführen, sie aber nicht ersetzen. Sie ruft zum Handeln auf, gibt ihm jedoch keine konkreten Strukturen. Deshalb stellt sich die Forderung nach Vermittlungen. Die Theologie der Befreiung... müßte eine dieser Vermittlungen zwischen der Erklärung von Medellín und den Programmen, zwischen dem kontinentalen Wort und der Pastoral einer jeden Kirche darstellen." Borrat vermißt bei den Befreiungstheologen indes eine Definition ihres Praxisbegriffs[31]. Alonso (1974) untersucht in seinem Kapitel „Wege der Befreiung" vier Wege der Praxis: „Die Erziehung als Mitel der Bewußtseinsbildung, ein pastorales Konzept in befreiender Funktion, eine Revolution oder ein qualitativer Wechsel (Mutation)" und die Versuchung der Gewalt beim Wechsel[32].

Borrat selbst ist sich darüber im klaren, daß das Problem der Praxis sich kaum mit einer Definition lösen ließe, „da sich die ‚befreiende' Funktion der Praxis erst dann bestätigen würde, wenn die Befreiung bereits stattgefunden hat, was in Lateinamerika nicht der Fall ist. Unterdessen stellt sich die sogenannte ‚revolutionäre Praxis' gewöhnlich nicht eindeutig dar, sondern wird von ebenso vielen Bewegungen, Parteien und Grüppchen geltend gemacht, wie innerhalb der Linken jedes Landes existieren. Es ist bestens bekannt, daß diese verschiedenen Richtungen häufig nicht nur unterschiedlicher Meinung sind, sondern sich auch gegenseitig bekämpfen. Als Beweis dafür dürften wohl die Proteste der Ultralinken in Chile und Peru oder die radikale taktische Diskrepanz zwischen der ‚Breiten Front' (Frente Amplio — vgl. 4233) und den Tupamaros in Uruguay ausreichen."

„Die Theologie der Befreiung schlägt eine missionarische Kirche vor, die arm, aber ihres sozialen Gewichts bewußt, den Armen zugewandt ist und eine kritische Funktion gegenüber der Gesellschaft durch ihre ‚prophetische Anklage' wahrnimmt... Doch was geschieht, wenn diese Anklage durch jene ‚herrschende Ordnung' blockiert wird und keinen öffentlichen Widerhall fin-

---

[30] 1974, 388ff und 394f; zu Paz vgl. Auszüge aus seinem Tagebuch in: Dokumente 1969–73, 62ff.
[31] 1974, 189 und 195.
[32] 197ff. Zum Titel von Borrats Beitrag vgl. Arias 1972.

den kann? Die Kirche, welche Medellín fordert, scheint die friedliche Koexistenz zwischen Kirche und Regierung vorauszusetzen. Auch für den Fall, wo letztere repressiv ist und die anderen Anklagen unterdrückt, scheint man davon auszugehen, daß die Kirche weiterhin (wie Dom Helder Câmara verlangt) ‚die Stimme, welche andere nicht vernehmen lassen können', bleibt, die einsame letzte Anwältin vor den Willkürmächten, die einzige offizielle geduldete Verteidigerin der Menschenrechte. Dieses Denkschema fing jedoch schon an, seine ersten Risse zu zeigen, als gewisse kirchliche Gruppen zum Objekt polizeilicher Repression wurden."[33] Inzwischen ist Borrat selbst zum Objekt solcher Repression geworden. Dieses Dilemma der Kirche unter Rechtsdiktaturen soll in Abschnitt 53 im Zusammenhang mit der Frage der Evangelisation heute noch weiter erörtert werden. Zum Abschluß dieses Kapitels soll die Frage der Option für die Befreiung am Beispiel der Peruanischen und der Chilenischen Revolution beleuchtet werden.

523 Christliche Optionen in den sozial-revolutionären Befreiungsprozessen von Peru und Chile

5231 Der sozial-revolutionäre Prozeß in Peru ab 1968

Wie bereits in Abschnitt 4237 angedeutet, hatte die römische Kirche Perus Ende der fünfziger Jahre begonnen, sich stärker den sozialen und wirtschaftlichen Problemen des Landes zu öffnen.

Der Maryknoll-Priester Daniel McCleallan aus den USA hat zusammen mit dem einheimischen Klerus ein umfassendes Programm zur Gründung ländlicher Genossenschaften und zur Kreditbeschaffung für Kleinerzeuger verwirklicht und damit das Vertrauen vieler Indios gewonnen, die dadurch den Umgang mit Geld lernten und für den Markt zu produzieren anfingen. Indios lernten, Genossenschaften selbst zu führen und zu verwalten. Schon 1964 war die Bewegung der Kreditgenossenschaften in Peru stärker entwickelt als in irgendeinem anderen Land Lateinamerikas. 1963 rief ein anderer Maryknoll-Priester mit Rückendeckung des Episkopats die Radio-Schule von Puno ins Leben, die in Spanisch, Ketschua und Aymara sendet, um die Indios zu alphabetisieren, ihnen moderne Hygiene und neue landwirtschaftliche Methoden beizubringen. Dank der Hilfe der Kreditgenossenschaften konnten viele modernes Gerät und besseres Zuchtvieh anschaffen[1].

Die Mehrheit des peruanischen Klerus war bis Ende der sechziger Jahre soweit, daß sie nicht mehr der Meinung waren, daß die materielle Besserstellung der Volksmasse dem Seelenheil schädlich sei.

---

[33] Borrat aaO 196ff, der die Überbetonung des Begriffs ‚Exodus' kritisiert: „Es wurde das Exil übergangen, wo der Akzent auf dem Gericht Gottes über sein eigenes Volk liegt". Borrat vermißt die neutestamentliche Kategorie des Leibes Christi, der Kirche, und wittert Pharisäismus: „‚Wir, das Volk Gottes im Exodus, die in der Befreiung engagierten Christen' gleicht allzusehr dem ‚Wir, die Gerechten' oder wenn man das vorzieht, dem ‚Wir, die durch die guten Werke, d. h. durch die befreiende Revolution Gerechtfertigten'". An der Ev.-Theol. Fakultät der Universität Hamburg befand sich 1977 in der Abschlußphase die Dissertation des Argentiniers Arturo Blatezky, Befreiung als Verheißung. Analyse zur Methodologie der lateinamerikanischen „Theologie der Befreiung".

[1] Pike 1970, 70ff.

Im *Mai 1968* trat Peru mit der *Erklärung von Cieneguilla,* die die Priesterbewegung ONIS unter dem Eindruck der Enzyklika „Populorum Progressio" verfaßt hatte, recht eigentlich in die nachkonziliare Ära ein. Die Erklärung der 35 Priester fand im Lande unerwartet großen Widerhall. 127 katholische Missionare aus den USA, Kanada, Irland und Österreich, sowie zahlreiche peruanische Priester und Laien unterstützten den offenen Brief von Cieneguilla öffentlich, so daß sich der Primas der peruanischen Kirche, Kardinalerzbischof Landázuri von Lima, veranlaßt sah, sich ebenfalls öffentlich hinter ihn zu stellen[2].

In dem Brief heißt es, daß die mangelhafte Verkündigung des Evangeliums den Eindruck erweckt habe, die Religion sei das Opium des Volkes. Es sei ein Verrat an der Entwicklung Perus, wollte man „die revolutionäre Mystik" des Evangeliums verschweigen, die sehr wohl „mutige Veränderungen" bewirken könne. Peru ist eine Nation von Proletariern, denn das Durchschittseinkommen des Peruaners beträgt nur 50 % des Weltdurchschnitts und die Verteilung des Bruttosozialproduktes ist extrem ungerecht. 60 Milliarden Soles entfallen auf 24 000 Peruaner und die restlichen 75 Milliarden auf 11 976 000. Entsprechend ungerecht ist die Agrarstruktur. Auf 1026 Latifundisten, die 0,1 % der Landwirte bilden, entfallen 60,9 % der landwirtschaftlich genutzten Fläche mit einer Durchschnittsgröße von 10 382 ha, während 688 427 Kleineigentümer, d. h. 83 % der Landwirte nur 5,8 % der Nutzfläche besitzen, Minifundien also mit einer Durchschnittsgröße von nur 1,5 ha.

Wer arm ist, zahlt mehr Steuern als der Reiche, nämlich die Masse der indirekten Steuern, deren Anteil am Haushalt von 1960 bis 1966 von 61,7 % auf 79 % stieg, während der Anteil der direkten Steuern von 38,3 % auf 21 % absank. Die Unterzeichner wenden sich ferner gegen den Ausverkauf der Bodenschätze Perus, gegen die Devisenflucht ins Ausland, gegen die Skrupellosigkeit der Führungsschicht, die großenteils an katholischen Bildungsanstalten erzogen sind, so daß damit das ganze kirchliche Bildungssystem in Frage gestellt ist. Ungeachtet der Arbeitsgesetze kaufe der Unternehmer Arbeitskräfte wie Waren und behandele sie unmenschlich. Die kapitalistische Mentalität, die Paul VI. in „Populorum Progressio" bereits angegriffen habe,[3] sei derart in die peruanischen Gesetze, Institutionen, die Verfassung etc. eingedrungen, daß es ohne eine revolutionäre Umformung praktisch unmöglich sei, die Strukturen grundlegend zu verändern. Die Hierarchie wird aufgefordert, den Gläubigen ein klärendes Wort zu sagen, damit Apathie und schuldhaftes Schweigen der Kirche überwunden werde. Es gälte „eine authentische zweite Unabhängigkeit Perus" zu erreichen, „die die Gotteskinder aus allen Arten von Knechtschaft emanzipiere".

Damit wurde praktisch ein halbes Jahr vor dem Militärputsch von den Priestern mit nachträglicher Unterstützung des Kardinals das Signal zur Revolution gegeben, ein singulärer Vorgang in der Geschichte des Subkontinents, der die Peruanische Revolution von den früheren Revolutionen abhebt. Gleichzeitig war es unter den Offizieren durch die Kurse der 1952 gegründeten Militärakademie (Centro de Altos Estudios Militares = CAEM) über internationale Politik, wirtschaftliche und gesellschaftliche Entwicklung, politische Ideolo-

---

[2] Vgl. Gheerbrant 1970, 103 bzw. Wortlaut der Erklärung S. 96—102 und PER III Nr. 23 (Mai 1968), 86ff.

[3] Zitiert wird aus „Populorum Progressio" der Satz: Kapitalismus ist „ein System, das den Profit als den wesentlichen Antrieb des wirtschaftlichen Fortschritts, die Konkurrenz als oberstes Gesetz der Wirtschaft, das Privateigentum an den Produktionsmitteln als ein absolutes Recht ohne Grenzen und entsprechende soziale Verpflichtungen betrachtet".

gien etc. zu einem Bewußtseinsbildungsprozeß gekommen. Sie lösten sich vom platten Antikommunismus und Reformismus im Stile der Allianz für den Fortschritt, die den Offizieren auf den Schulungskursen in den USA eingeimpft werden, und suchten die Schuld für die Rückständigkeit des Landes immer mehr bei den zivilen Politikern, wodurch die „traditionelle Oligarchie ihren besten Verbündeten verlor".

Nachdem die Streitkräfte endlich das Trauma ihrer Niederlage im Pazifikkrieg gegen Chile überwunden hatten, erkannten die jungen Offiziere, daß sie das Überleben der militärischen Institution eher durch die Überwindung der wirtschaftlichen Abhängigkeit und Rückständigkeit Perus als durch eine militärische Revanche zu irgendeinem fernen Zeitpunkt der Zukunft sichern würden. Angesichts des krassen sozialen Gefälles wurden sie sich der Gefahr einer blutigen Revolution bewußt, die sich in den Krisenjahren 1960–63 und 1965, im Jahr des Guerrilla-Kampfes, deutlich abzuzeichnen begann. Weil sie die Berechtigung der Forderungen der Aufrührer anerkannten, fiel ihnen der im Namen von Gesetz und Ordnung zur Aufrechterhaltung des Status quo befohlene Kampf nicht leicht. Nachdem sie erkannten, daß auch Belaúnde keine grundlegenden Strukturreformen durchsetzte, sondern in zahlreiche Skandale verwickelt war, die nationale Abhängigkeit durch ein vergrößertes Abkommen mit der International Petroleum Co. (IPC), einer Tochtergesellschaft der Standard Oil of New Jersey, noch verstärkte, im Kongreß dauernd Absprachen mit der APRA traf und schließlich am 2. Oktober 1968 sein 19. Kabinett vereidigte, riß den Militärs der Geduldsfaden.

Der Sturz Belaúndes im Morgengrauen des 3. Oktober 1968 deutete auf einen Militärputsch wie ihn Peru schon 1930, 1948 und 1962 erlebt hatte. Nur das Manifest der „Wachhunde der Oligarchie" verriet einen völlig neuen Geist:

„... Mächtige nationale und ausländische Wirtschaftskräfte in Komplizenschaft mit unwürdigen Peruanern halten die politische und wirtschaftliche Macht in der Hand, um ihr zügelloses Gewinnstreben zu befriedigen und machen so die Sehnsucht des Volkes auf die Verwirklichung grundlegender Strukturreformen zunichte, um die bestehende ungerechte gesellschaftliche und wirtschaftliche Ordnung weiterhin aufrechtzuerhalten, die es zuläßt, daß die Nutznießung der nationalen Reichtümer nur den Privilegierten möglich ist, während die Mehrheit an den Folgen ihrer Marginalisierung leidet, die die Würde der menschlichen Person verletzt..."[4]

Das Ziel der Revolutionsregierung unter General Juan Velasco Alvarado mußte es sein, das vom CAEM erkannte wirtschaftliche Mißverhältnis zu beseitigen, das darin bestand, daß 1,9 % der wirtschaftlich aktiven Bevölkerung mehr als 41 % des Bruttosozialprodukts beanspruchten, während 64,8 % der Peruaner sich 18 % teilen mußten. Außer der Verstaatlichung der IPC, die zu starken Spannungen mit den USA führte und einem fehlgeschlagenen technokratisch, autoritär ausgerichteten Universitätsgesetz gab es bis Februar 1969 keine sensationellen Reformen, da die verschiedenen Reformströmungen innerhalb der Militärgruppe sich erst langsam gruppierten. So konnte zu jenem Zeitpunkt eine dem Opus Dei nahestehende Zeitschrift noch den Haupttitel „Die neue Rechte" bringen, so wenig klar erschien die endgültige Richtung der Revolutionsregierung[5]. Am Tag der Indios, den 24. Juni 1969, wurde dann das Gesetz zur Agrarreform verkündet.

---

[4] „Manifiesto del Gobierno Revolucionario" v. 3. 10. 1968 nach VIS Nr. 13/14 3 (1969), 64: ‚El gobierno militar peruano. Crónica de actos y expresiones'.
[5] Ames 1969, 81.

Die agro-industriellen Betriebe an der Küste, das Rückgrat der Limenser Bodenaristokratie, wurden sofort in Form von Genossenschaften in Gemeinbesitz überführt. Die soziale Wirkung blieb geringer als erwartet, weil die Regierung irrigerweise annahm, damit würden die Gewerkschaften, Horte der APRA, hier überflüssig, weshalb die Regierung sie praktisch als Interessenvertreter der jetzt zu Teilhabern der Genossenschaften aufgerückten Arbeiter ausschloß. Für die Arbeiter hat sich indes nicht viel verändert. Wie immer werden sie von Funktionären und Technikern kommandiert, nur daß sie jetzt durch ein umständliches Verfahren von ihnen gewählt werden. In ihrer Doppelfunktion als Genossen und Arbeiter brauchen sie nach wie vor eine Interessenvertretung für ihren Status als Arbeiter[6]. Im übrigen erhielten bis 1971 von den rund 800 000 zum Landerhalt berechtigten Familien erst 44 000 eigenen Grund und Boden, immerhin schon wesentlich mehr als nach sechs Jahren „Revolution in Freiheit" in Chile[7]. Bis Ende 1975 soll das Programm abgeschlossen sein.

Die peruanischen Bischöfe begrüßten die Intentionen der Agrarreform, kritisierten aber, daß bei ihrer Verwirklichung neue Ungerechtigkeiten geschaffen würden, da Land ausschließlich an solche Arbeiter verteilt werden solle, die vor dem Zeitpunkt der Reform auf einer bestimmten ‚hacienda' beschäftigt waren, weshalb große Teile der Landbevölkerung leer ausgehen würden. Sie schlugen deshalb vor, schöpferisch nach neuen Eigentumsformen zu suchen, die den größtmöglichen Teil der ‚campesinos' begünstigen und die Unterschiede zwischen reichen und armen Landesteilen nicht noch vergrößern. Die soziale Bestimmung des Eigentums müsse zum Nutzen der Gesellschaft gesetzlich gesichert werden[8]. Das generelle Ziel der Agrarreform bejahte die römische Kirche also: die Ausschaltung des abwesenden ‚hacendado' nach dem Prinzip: Nur wer sein Land selbst bebaut, hat Eigentumsansprüche, ein sensationeller Schritt für Lateinamerika, wo es unter den iberischen Konquistadoren und Einwanderern kaum echte Bauern gegeben hatte[9].

---

[6] Hobsbawn 1972, 9. Die papierene Agrarreform Belaúndes hatte die in in- und ausländischem Besitz befindlichen Zuckerrohrplantagen und Zuckerfabriken der Küste ausdrücklich ausgeklammert. Das Neue an der Reform der Militärs war also weniger technischer als politischer Natur - ebd. 7. Während die Zuckerrohr-‚haciendas' der Nordküste sich zu echten industriellen Unternehmen entwickelt hatten, nicht nur wegen der Zuckerverarbeitung, sondern auch wegen anderer angegliederter Betriebe der chemischen Industrie oder der Papierherstellung, zeichneten sich die Baumwoll-‚haciendas' derselben Gegend nur durch ihre moderne technische Ausrüstung aus. Sie arbeiteten bis zur Agrarreform noch mit sochen Arbeitsverhältnissen wie der ‚yanaconaje'. Neben der Nordküste begann die Enteignung in der südlichen und zentralen ‚sierra' Perus, wo die sogenannten traditionellen ‚haciendas' überwiegen und die schlimmsten Formen der Ausbeutung herrschten. Hier wurde den ‚colonos' zum Teil ein Tagelohn von umgerechnet US$ 0,01 gezahlt, wobei ein Drittel bis eine Hälfte der Ernte der eigenen Parzelle abzuliefern und der Rest zu Minimalpreisen an den ‚patrón' zu verkaufen war, der außerdem noch unbezahlte persönliche Dienste (servicios personales) verlangen konnte.

[7] Hobsbawn aaO 5 spricht von 30 000 Familien, die unter Frei Land erhalten haben.

[8] Peru 1971 Nr. 22, 28.

[9] Betriebsgrößen von mehr als 150 ha bewässertes Land werden nach dem Gesetz enteignet, wobei die Besitzer über einen Zeitraum von 20–30 Jahren entschädigt werden. Auch Minifundien mit weniger als 3 ha bewässertes Land sollen beseitigt werden. Nicht zahllose kleine Parzellen sollen geschaffen werden, sondern

Eine Reihe anderer Gesetze und Maßnahmen kann nur aufgezählt werden, um einen Eindruck von der anfänglichen Dynamik des revolutionären Prozesses zu vermitteln:

Kontrolle der Preise der Grundnahrungsmittel zu Gunsten von Proletariat und unterer Mittelschicht, Nationalisierung des Fernmeldewesens (ITT), staatliche Beteiligung an Rundfunk und Fernsehen, Enteignung des Bankenkomplexes der Familie Prado (Banco Popular), Gesetze für Handel, Bergbau, Wasserwesen, Devisenkontrolle, Überführung der Zeitungen ‚Expreso'[10] und ‚Extra' in Genossenschaften, Peruanisierung des Bankwesens durch Beschränkung ausländischer Anteile auf 25 %, Ruhestandsversorgung für Angestellte der Privatwirtschaft und Künstler, Genossenschaftsgesetz, Statut der Pressefreiheit, Versuch der „Moralisierung" des öffentlichen Lebens durch die Schaffung des Nationalen Justizrates, Gründung einer staatlichen Entwicklungsfinanzierungsgesellschaft (Corporación Financiera de Desarrollo = CODIFE), Stärkung der staatlichen Ölgesellschaft PETRO-PERU, die keine Lizenzen mehr verkauft, sondern nur noch Service-Verträge mit ausländischen Ölgesellschaften abschließt, Nationalisierung der Fischereiflotte und der Fischindustrie und Versuch, den Fisch als Nahrungsmittel populär zu machen, um den Proteinmangel zu beheben, was schwierig ist, da im Hochland der Seefisch unbekannt war und das Volk nach einem traditionellen Vorurteil nur Fleisch ißt.

Ähnlich einschneidend wie die Agrarreform ist das Gesetz über die Schaffung der ‚comunidad de trabajo' (Betriebsgemeinschaft in der Industrie), das die Gewinnbeteiligung und die Mitbestimmung der Arbeitnehmer in Betrieben, die eine bestimmte Minimalgröße übersteigen, vorsieht. Damit soll der strukturelle Gegensatz der sozialen und wirtschaftlichen Interessen von Arbeitgebern und Arbeitnehmern überwunden werden, ohne daß der Sektor der Privatwirtschaft seiner Bedeutung und Eigenständigkeit beraubt wird[11]. Die Bischöfe kritisieren an diesem Gesetz, daß es ohne Beteiligung der Basis über die Köpfe der Arbeiter hinweg erlassen wurde. Da die „von der Regierung verfügten Mitspracherechte der Arbeiter sich so radikal von ihren bisherigen Erfahrungen unterscheiden", wissen die Arbeiter sich dieser Rechte nicht zu bedienen, „was Frustration hervorruft"[12]. Eine hochgesteckte Reform des Erziehungswesens wurde per Gesetz vom 21. März 1972 eingeleitet. Sie zielt auf die Überwindung der traditionellen Trennung von allgemeiner und technisch-beruflicher Ausbildung ab, will der Entwicklung und der Reform der gesellschaftlichen Strukturen „zur Befreiung und Bestätigung" des „nationalen Seins" dienen, die Erziehungsdressur und die Indoktrinierung überwinden und die Diskriminierung der weniger Bemittelten durch privilegierte

---

bestehende Betriebe aus Wirtschaftlichkeitsgründen erhalten bleiben und in Genossenschaften verwandelt werden - Soberón 1969, 94ff.

[10] ‚Expreso' war eine vom ‚Belaundismo' geschaffene Zeitung vgl. PER Nr. 44–45 (1970), 161. Zur Beherrschung der Massenkommunikationsmittel Perus durch in- und ausländische Wirtschaftskräfte, besonders zum vorherrschenden Einfluß nordamerikanischer Wirtschaftsgruppen, vgl. PER aaO PERU: liberación vs. m. c. s. a)las clases sociales y la difusión de noticias - Alberto Miranda (AAO 159–161) b)el enfrentamiento - Andrés Assandri (161–164). Assandri erwähnt u. a., daß die Zeitungen ‚Expreso' und ‚Extra' wesentlich in der Hand Manuel Ulloas waren, der Präsident der Deltic Banking Corporation war, eines Unternehmens der Familie Rockefeller. Ulloa war Finanzminister unter Belaúnde.

[11] Velasco Alvarado in einem Interview mit VISAO 42, Nr. 3. v. (12. 2. 1973), Rio de Janeiro.

[12] Peru 1971, Nr. 23, 28.

private Bildungsinstitute beseitigen[13]. Um der Revolution die fehlende Massenbasis zu schaffen, wurde weder eine neue Partei noch eine Bewegung, sondern ein „Nationales System der Unterstützung der gesellschaftlichen Mobilisierung" (SINAMOS)[14] geschaffen, das von den Linken und den Gewerkschaften als mögliche Konkurrenz mit Skepsis betrachtet wird. Diese Reformmaßnahmen entsprachen dem „Plan Inka", nach dem die Militärs die Entwicklung Perus in Richtung auf einen christlichen Sozialismus vorantrieben[15]. „Perus Generäle verfolgen einen gewiß beispiellosen, eigenen Weg der ‚Revolution', nach einem Modell, das angesiedelt ist zwischen Kapitalismus und Kommunismus, doch ‚weder antikapitalistisch noch antikommunistisch' sein will, wie Staatschef Velasco nicht müde wird, in jeder Rede und Pressekonferenz zu wiederholen."[16]

Hatten die Bischöfe bei allen Reformen der Regierung Velasco „eine mehr oder minder große Übereinstimmung mit den Grundsätzen der katholischen Soziallehre" festgestellt, so meldete die Bischöfliche Kommission für Erziehungsfragen Kritik an der 1974 inaugurierten Erziehungsreform an[17], die erstmals „Ideen und Methoden des lateinamerikanischen Volkspädagogen Paulo Freire in ein nationales Bildungsprogramm zu fassen" versucht. Die Kommission sieht die Gewissensfreiheit der Lehrer gefährdet, von denen eine „Übereinstimmung mit der peruanischen Revolution gefordert wird", ja, sie „sieht im Lehrergesetz sogar Tendenzen zu einem totalitären Regime". Hildegard Lüning meint, bei allen anderen Reformen wäre es den Bischöfen naturgemäß nicht so schwer gefallen, sie zu bejahen, da die Kirche nicht unmittelbar betroffen war. „Sie verfügte über keinen Grundbesitz, der in die Agrarreform hätte einbezogen werden können; sie hatte keine Medien, die unter die Bestimmungen der Pressereform[18] gefallen wären; sie besaß keine Fabriken, deren Eigentümer bei der Industriereform Einbußen erlitten... Die Bildungsreform aber greift auf ein Gebiet über, in dem die Kirche selbst stark präsent ist. Bestimmend im katholischen Schulwesen sind fachlich und materiell gut ausgerü-

---

[13] Die Beteiligung der zu Erziehenden, der Eltern und der Gesellschaft soll auf allen Erziehungsebenen gesichert werden. Alle sollen Erzieher und zu Erziehende sein, was einen dauernden Erziehungsprozeß, aber keine verschulte Erziehung bedingt - vgl. PER VIII (1972), 69-70, 335ff.

[14] Sistema Nacional de Apoyo a la Movilización Social.

[15] Vgl. v. Conta in SZ Nr. 187 (14.-15. 8. 1976).

[16] Lüning 1975, 198.

[17] Vgl. den Text des Erziehungsgesetzes Peru 1974. Lüning aaO 199ff urteilt, daß „auch die Gefährdung der eigenen Position der Kirche im Schulbereich ein starkes Motiv kirchlichen Widerstandes" sei.

[18] Lüning schreibt, daß sich seit der Pressereform die Berichterstattung grundlegend gewandelt habe. „War die Presse zuvor weitgehend gefüllt mit wahrhaft volksverdummenden Gesellschaftsnachrichten - endlosem Klatsch über 21. Geburtstagsfeiern höherer Töchter, Parties, Verlobungen, Hochzeiten in der Oberschicht -, so stehen heute dort im Mittelpunkt Berichte über Leben, Arbeit und Vergnügungen der einfachen Leute. Vorwürfe, in Peru sei der Pressefreiheit der Garaus gemacht worden, finden bei unvorgenommener Lektüre der ‚reformierten Zeitungen' keine Bestätigung. Selten zuvor hat Perus Presse so viele Skandale aufgedeckt, soviel Machtmißbrauch und Korruption, auch und gerade in der öffentlichen Verwaltung, dargestellt und angeprangert. Allerdings ist Kritik nur soweit erlaubt, wie sie den Generalen für die Revolution nützlich erscheint. Publizierte Fragezeichen hinter Regierungsvorhaben von ‚nationalem Interesse'... können die Konzession kosten."

stete höhere Schulen, eingerichtet und getragen von Ordensgemeinschaften ausländischer Herkunft. Auf diesen Schulen wurde und wird noch mehrheitlich der Nachwuchs der finanzkräftigen Minderheit der peruanischen Gesellschaft erzogen. Sie ist der Revolutionsregierung natürlich nicht wohl gesonnen, und sie hat auch den Bischöfen ihre Meinungsäußerungen zugunsten der ‚Revolution' verübelt, ihren Widerspruch zum Teil auch mit Denunziationen in Rom und mit der Drosselung finanzieller Unterstützung für kirchliche Werke bekräftigt."[19]

Bevor das Verhältnis der römischen Kirche zum sozial-revolutionären Prozeß noch genauer geschildert wird, sollen die neben den außenpolitischen Problemen, die durch die Enteignungen nordamerikanischer Firmen entstanden, nicht unerheblichen innenpolitischen Probleme noch etwas beleuchtet werden, da ein revolutionärer Prozeß schließlich nur erfolgreich weiterlaufen kann, wenn er von der Basis bejaht wird.

Wie die Gründung der SINAMOS zeigt, ist es innenpolitisch nicht immer einfach, die notwendige Unterstützung für die Politik der Revolutionsregierung zu finden, die für ihren Fünfjahresplan, der starke Investitionen auf den Sektoren Minenwesen, Metallverhüttung, Erdölgewinnung, Schiffbau und Volkswohnungsbau vorsieht, sparsam mit den Ausgaben umgehen und den Arbeitnehmern weiterhin Entbehrungen zumuten muß[20]. Widerstand kommt von der äußeren Linken, die teilweise aus dem Untergrund weiter subversiv tätig ist[21]. Der nach Moskau hin orientierte ‚Partido Comunista Peruano' hingegen ist sich zwar in den Endzielen mit den Generälen nicht einig, lobt aber den revolutionären Prozeß in Richtung auf die Schaffung einer „sozialen Demokratie mit voller Beteiligung aller an einer pluralistischen Wirtschaft" und findet gesellschaftliches Eigentum an den Produktionsmitteln völlig „in Übereinstimmung mit der wahren Tradition des Sozialismus"[22]. Die kleine, aber qualitativ gute Christdemokratische Partei, die sich enttäuscht wieder von Belaúnde distanziert hatte, ging von „kritischer Unterstützung" zu begeisterter Unterstützung der peruanischen Revolution über. Auch der reformistische Flügel der Acción Popular ist positiv zur Regierung eingestellt[23], was man mit Einschränkungen auch von einem Teil der Industriellen behaupten kann[24].

Die Stellung der Gewerkschaften ist gespalten, weil sie in ihrer Funktion von der Regierung nicht richtig anerkannt werden und weil sie sich mit den ungeduldig nach sozialen Verbesserungen rufenden Arbeitern solidarisieren müssen, um deren Unterstützung nicht zu verlieren. So kam es 1973 zu einer Streikwelle z. B. in den Departementen Arequipa und Moquegua, die sich gegen die Verbannung eines Gewerkschaftführers und die Entlassung von 450 Minenarbeitern richtete und mit der Forderung nach Ärzten, Krankenschwestern, Straßenbau und der Errichtung einer Universität im Süden des Landes verbunden war. Ohne vernünftige Vermittlungsversuche an der Basis reagierte die Regierung mit der Verhängung des Ausnahmezustandes in den betroffenen Gebieten, was die Aufhebung des „Habeas corpus" bedingt[25]. Im

---

[19] Lüning aaO 200f.
[20] Vgl. VIS 6, Nr. 26 (1972), 45: ‚Perú mitad de camino'.
[21] Eine kleine Gruppe der MIR scheint seit 1965 überlebt zu haben. Ferner agiert die ‚Vanguarda Revolucionaria' im Untergrund. Die Regierung wirft auch der APRA Subversion vor, obgleich diese leugnet. Im Mai 1972 wurde eine Gruppe von Terroristen festgenommen, die angeblich zur APRA gehörten und für 21 Attentate und 3 Überfälle (1970–72) verantwortlich sein soll - CP v. 20. 5. 1972.
[22] Vgl. CP v. 8. 8. 1972 - vgl. dort auch zum Terrorismus.
[23] Arteaga 1972, 610.
[24] CP v. 8. 8. 1972: ‚Direita e esquerda elogiam governo de Velasco Alvarado'.
[25] Folha da Manhã, Pôrto Alegre v. 10. 5. 1973.

Juni 1973 rief die Bergarbeitergewerkschaft ihre 38 000 Mitglieder zum Streik auf, um Lohnverbesserungegen und bessere Arbeitsbedingungen durchzusetzen. Das Stahlhüttenwerk Chimbote wurde von kostspieligen Sabotageakten betroffen[26].

In Puno kam es im Juni 1972 zu Unruhen zwischen einer „von Elementen der äußersten Linken" angeführten Volksmenge und der Polizei, die 3 Tote und 13 Verletzte forderten — so die amtliche von der Mehrzahl der Zeitungen verbreitete Version[27]. Das wirkliche Bild sieht ganz anders aus. Die Landbevölkerung mit einem Durchschnittseinkommen von weniger als US$ 100 pro Jahr ist mit der Agrarreform unzufrieden, die sie eine „Agrarreform ohne Landleute" nennen, weil sich die Lage der im Departement Puno überwiegenden Minifundien gegenüber dem inzwischen staatlich verwalteten Großgrundbesitz in nichts verbessert hat. Hinzu kommen steigende Arbeitslosigkeit, steigende Lebenshaltungskosten und Knappheit an Grundnahrungsmitteln.

Anlaß zu den Unruhen war die Verhaftung eines Studentenvertreters der Provinz Sandia, der sich um die Aufklärung der Ermordung des Ing. Clever Rivera bemühte, der anscheinend von einem lokalen Polizeichef und seinen Gehilfen grausam umgebracht und zerstückelt worden ist. Nach einem Ultimatum der Studenten von Puno wurde der Student in Sandia nach entsprechender körperlicher Züchtigung wieder freigelassen. Bei einem Besuch der First Lady in Puno am 26. Juni 1972 ließen sich einige studentischen Sprechchöre hören. Drei Studenten wurden festgenommen, weil sie angeblich Molotow-Cocktails hatten, indes fand sich nichts bei der Durchsuchung ihrer Quartiere. Am 27. kam es zu einer friedlichen Protestdemonstration von Studenten, nachdem Verhandlungsversuche mit den Behörden zwecks Freilassung der drei Studenten gescheitert waren. Die Demonstranten wurden plötzlich von Polizei mit Tränengas angegriffen. Da flogen die ersten Steine. Die Polizei zog sich auf erhöhte Positionen im Stadion zurück. Volk kam den Studenten zu Hilfe. Maschinengewehrsalven gingen in die Menge. Eine schwangere Frau, die einem verwundeten Studenten helfen wollte, wurde tödlich getroffen wie auch zwei Studenten. 22 Studenten wurden verletzt, aber kein Polizist. Am Tage nach diesem Massaker solidarisierte sich eine größere Volksmenge mit den Studenten in der Universität, die nach Ansprachen eine Kommission zur Verhandlung mit den Behörden bildeten, um den Rücktritt einer Anzahl durch diese Vorgänge kompromittierter leitender militärischer und ziviler Persönlichkeiten zu verlangen.

Am 29. Juni folgten 15 000 Menschen im Schweigemarsch den Särgen der drei Opfer. 12 000 versammelten sich nach der Beerdigung wieder auf der ‚Plaza de Armas', um die Reaktion der Behörden auf ihre Forderung zu erfahren. Nur der Präfekt trat indes zurück. Daraufhin rief das „Komitee des 27. Juni" zum Generalstreik im Departement auf.

Der allgemein befolgte Streik begann am 3. Juli. Einzelne Barrikaden wurden in Puno auf den Straßen errichtet. Als anrückende Polizei an einer Sperre mit Steinen beworfen wurde, eröffnete sie das Feuer trotz der Anwesenheit von Frauen. Ergebnis: weitere Verletzte, ein Familienvater erliegt seinen Verletzungen. Später wurde eine andere Polizeigruppe von einer aufgebrachten Menge von über 3000 Personen in einer Straße eingekesselt. Sie wurden von einigen Mitgliedern des Komitees vor dem Lynchen bewahrt und auf ein Kommissariat gebracht. Der Interimspräfekt kam dann der Aufforderung des Komitees nach, alles Militär aus Puno abzuziehen. General Falconí trat zwar nicht selbst zurück, ließ aber den verantwortlichen Oberst Vildozo verhaften, versprach die Autonomie der Universität zu achten und die Hinterbliebenen der Opfer zu entschädigen. Daraufhin wurde der Streik am folgenden Tag beendet.

---

[26] CP v. 14. 6. 1973.   [27] CP v. 29. 6. 1972.

Die völlige Entstellung dieser Vorgänge in der nationalen Presse wird von Teilnehmern in Puno als Furcht der Regierung gewertet, die Verantwortung für diese blutigen Vorgänge zu übernehmen.

Ich habe diese Vorgänge, über die ich durch einen meiner Studenten, der in jener Zeit Assistent an der Universität Puno war, aus erster Hand informiert bin[28], deshalb ausführlicher dargestellt, weil sie symptomatisch für die Diskrepanz zwischen den verbal artikulierten humanistischen Zielen des revolutionären Prozesses und der traditionell auf Menschenverachtung beruhenden Praxis der Ordnungskräfte sind. Diese Ordnungs- und Verwaltungskräfte lassen eine auf einem revolutionären Bewußtseinsbildungsprozeß beruhende Beteiligung der Volksbasis gar nicht zu und ersticken deren Initiativen.

Nur wenn die Masse die Möglichkeit erhält, ihre Wünsche und Nöte zu artikulieren, und die Behörden im Konfliktfalle nicht nach alter Gewohnheit gleich Polizei und Militär rufen und von extremistischen Agitatoren sprechen, kann eine Reformbewegung wie die peruanische auf längere Sicht Erfolg haben. Nur durch eine geduldige Aufklärungsarbeit an der Basis kann das Volk zu weiteren zeitweiligen Opfern motiviert werden, nicht aber durch starke Worte des Präsidenten, die Opposition notfalls mit Stumpf und Stiel auszurotten[29]. Die Unruhen im Februar 1975 zeigen, daß die Regierung diese Zusammenhänge außer acht gelassen hat.

Ein Vorfall, der sich in den ersten Monaten des Jahres 1969 in Trujillo ereignete, zeigt, daß auch zwischen bischöflichen Erklärungen und bischöflicher Amtspraxis gelegentlich erhebliche Diskrepanzen bestehen. Drei spanische Priester hatten eine Kundgebung gegen ein Luxusfest der Aristokratie der Stadt veranstaltet und außerdem einen Arbeiterstreik unterstützt. Daraufhin drang Erzbischof Carlos María Jurgens von El Cuzco auf ihre Abberufung, wogegen wiederum die Seminaristen von Trujillo rebellierten und einen der Priester als Geisel entführten, während zwanzig Priester aus Trujillo ihren Rücktritt androhten, falls der Bischof seine Anweisung nicht widerrief. Weitere öffentliche Solidaritätskundgebungen aus Lima und Arequipa, die den Geist der auf Gerechtigkeit und Befreiung des Volkes zielenden Priester aus Trujillo lobten, zwangen den Erzbischof zum Zurückstecken. Die Presse fand mit der Heirat des vormaligen Hilfsbischofs von Lima, Cornejo, ein lohnenderes Sensationsthema[30].

Eine Meinungsumfrage über die Priester im Erzbistum El Cuzco, wo nur 25 % des Klerus Ausländer sind, vom September 1969, läßt interessante Rückschlüsse über den Aufklärungsgrad verschiedener Gruppen der Bevölkerung zu. Die Ordensschwestern sehen in den Priestern in erster Linie moralische Berater. Kirchliche Laien, Teilnehmer von Christenheitskursen etc. legen auch den Nachdruck auf moralische Beratung und karitative Hilfe. Niemand erwähnte die Rolle des Priesters für die „integrale Entwicklung" oder den „Wechsel der Strukturen". Davon sprachen nur Seminaristen und Studenten, die von den Priestern „Bewußtseinsbildung" und „Motivierung der Leute", einen Beitrag zur Erziehung und zur Aufdeckung von Ungerechtigkeiten erwarten[31]. Das Ergebnis zeigt, wie wenig bis 1969 das neue Image der römischen

---

[28] Vgl. die maschinenschriftliche Vervielfältigung CODDEH (Comité de Defensa de los Derechos Humanos), Lima, Aug. 1972, deren anonymer Verfasser mir bekannt ist.
[29] Vgl. die Rede Velascos in Iquitos am 3. 10. 1972 - CP v. 4. 10. 1972.
[30] VIS 3 Nr. 10 (1969) 29f. [31] VIS 5 Nr. 24–25, (1971) 96ff.

Kirche Lateinamerikas in das öffentliche und sogar gemeindliche Bewußtsein eingedrungen war, was in gewissem Grade repräsentativ für ganz Lateinamerika sein dürfte.

Eine Einladung der katholischen Universität in Lima an Harvey Cox im Jahre 1970 verdeutlicht die neue ökumenische Öffnung der römischen Kirche bei der Diskussion über die Rolle der Kirche im lateinamerikanischen Entwicklungsprozeß. Cox sprach von einer Krise des kirchlichen Selbstbewußtseins und forderte Mut zur kirchlichen Selbstkritik: Eine Kirche, die Selbstkritik verhindert, befindet sich auf dem Weg zu ihrer Mumifizierung[32].

Ende April 1971 sollte in Lima die dritte Soziale Woche stattfinden, die dann in der Planung umfunktioniert wurde zum „Ersten Treffen für eine solidarische Kirche"[33]. 1300 Teilnehmer aus ganz Peru tagten in einer Arbeitergemeinde in 70 Arbeitsgruppen unter völligem Verzicht auf Referate und versuchten das Bild einer Kirche, die sich darauf beschränkt, Erklärungen abzugeben, zu überwinden, indem sie zu konkretem, auch politischen Optionen zu gelangen suchten. Bestimmt wurde das Treffen von den Laien. Sie verstanden den Glauben nicht als einen Aufruf zu einem fiktiven Frieden, sondern zum wirklichen Einsatz und zur wirklichen Befreiung. Die Arbeitsgruppen kamen zu dem Schluß, daß in Peru im Blick auf die Masse des Volkes eine Situation der Ungerechtigkeit andauere, die wesentlich durch das Fortbestehen des kapitalistischen Systems und seiner Werte bedingt sei. Sie fordern eine klassenlose Gesellschaft mit Kollektivbesitz der Produktionsmittel, zu deren Erreichung die Amtskirche sich völlig mit dem Volk solidarisieren, auf alle Privilegien verzichten und repressiv wirkende höhere Schulen für die Reichen aufgeben sollte, um überzeugend für die Unterdrückten eintreten zu können.

Wenige Tage nach dem Abschluß dieses Treffens, am 10. Mai kam es zu einem folgenschweren Zwischenfall in Lima. Hilfsbischof Luís Bambarén SJ, der nordamerikanische Maryknoll-Priester Carmelo de la Mazza und Pater Nicolás Tapia wurden auf Befehl des Innenministers verhaftet wegen öffentlicher Ruhestörung. Bambarén wurde nach zwölf Stunden wieder freigelassen. Der Grund des staatlichen Zorns lag in einem Akt der Solidarität mit einer Gruppe Marginalisierter Limas, die kurz vorher ein von der Polizei gesperrtes Gelände in Pamplona, 14 km vor den Toren Limas, mit Gewalt besetzt hatte.

Bei dem Zusammenstoß hatte es 60 Verletzte, vorwiegend Polizisten gegeben, und einen Toten. 2000-2500 Familien bauten schnell ihre Elendshütten auf. Wenig später unternahm die Polizei um 4 Uhr morgens eine Razzia auf dem Gelände, zündete zahlreiche Hütten an und warf Tränengasgranaten. Es gab Tote und Verletzte unter den wehrlosen Alten, Frauen und Kindern, die aus dem Schlaf aufgescheucht wurden. De la Mazza, Pastor der Kirche Menino Jesús aus Ciudad de Dios, unterschrieb mit anderen Gliedern des Gemeinderates einen offenen Brief an den Präsidenten, in dem energisch gegen diesen brutalen Verstoß gegen die Menschenwürde protestiert und eine Totenmesse am Tatort für den folgenden Sonntag (9. Mai 1971) angekündigt wurde. Der Innenminister nannte diesen Brief „unverschämt" und kündigte die Ausweisung de la Mazzas aus Peru an. Bambarén, der sogenannte Bischof der Elendsviertel (Obispo de los Pueblos Jóvenes), zensierte den Akt der Polizei scharf, wenngleich er anerkannte, daß es unter den Marginalisierten auch eine Reihe extremistischer Aufwiegler gäbe. Er nahm dann am 9. Mai an der Messe teil,

---

[32] PER V Nr. 42, (1970) 69f.
[33] Primer encuentro para una Iglesia solidaria - vgl. Bericht darüber in: MENSAJE XX Nr. 200 (1971), 307f.

die er mit sieben anderen Priestern zelebrierte. Er sagte den Zuhörern in der Predigt, daß sie gar keine „Invasoren" seien, sondern Gründer eines neuen Ortes „und daß die Regierung ihre Politik ändern müsse, weil sie bis dahin nur die Gieder der Mittelklasse begünstigt habe". Das brachte Bambarén vom Innenminister den Vorwurf ein, „ein Agitator mit Soutane" zu sein.

In Wirklichkeit stand die Wohnungsbaupolitik der Regierung zur Diskussion. Die ‚Pontificia Universidad Católica del Perú' bemerkte in einem Kommunique, die Regierung habe zwar den Wohnungsbau intensiviert, aber die untersten Schichten würden in der Planung nur ungenügend berücksichtigt. Die Abteilungen für Soziologie und Wirtschaft wurden noch deutlicher, indem sie den Innenminister einer repressiven, gegen das Volk gerichteten Politik beschuldigten, die in offenem Widerspruch zu den erklärten Zielen der Regierung stehe. „Es kann zu keiner Form von wirklicher Teilhabe des Volkes kommen, noch weniger kann sich eine neue Gesellschaft bilden, wenn jeder öffentliche Ausdruck eines Dissenses beschnitten werde."

Es hagelte scharfe Proteste gegen die Verhaftungen vom ‚Comité Ejecutivo del Movimiento Sacerdotal ONIS', vom Jesuitenprovinzial, von der katholischen Studentenbewegung UNEC (Unión Nacional de Estudiantes Católicos) und vom vorzeitig von einer CELAM-Sitzung in San José de Costa Rica zurückgeeilten Kardinal Juan Landázuri Ricketts, der sich beschämt zeigte über den Schaden, den das Image Perus in Lateinamerika erlitten habe. Der Innenminister General Armando Artola und der Chef des ‚Servicio de Inteligencia Nacional', General Pedro Richter, traten wenig später zurück. Der Präsident hatte sich bemüht, den unglücklichen Zwischenfall zu entschärfen und die herzlichen Beziehungen zur katholischen Kirche gerühmt[34]. Dennoch zeigt dieser Konflikt wie der von Puno, wie wenig die Menschenwürde selbst unter einem Regime zählt, das ausdrücklich beteuert, die Gesellschaft humanisieren zu wollen. Nur ein hoher gesellschaftlicher Stand vermag vor den schlimmsten Mißgriffen der Polizei zu schützen, wie denn der Innenminister Bischof Bambarén versicherte, daß er in seiner „Stellung als Kavalier der erste" sei „zu bedauern", daß dem Bischof „eine Behandlung zuteil geworden sei, die seinem hohen Amt nicht entspreche"[35]. Den Priestern oder gar den mißhandelten „Invasoren" gegenüber scheint er sein Beileid nicht ausgesprochen zu haben. Kirchliche Solidarität mit dem Volk und Proteste des Volkes scheinen indes nach wie vor vom Regime wenig gefragt zu sein. Denn im Februar 1972 wurden drei kirchliche Mitarbeiter des Landes verwiesen, weil sie bei Streikbewegungen die Arbeiter beraten oder „campesinos" aufgefordert hatten, sich für ihre Nöte demonstrativ Gehör zu verschaffen[36].

Schon im August 1971 haben die peruanischen Bischöfe in ihrem Dokument für die römische Bischofssynode die „entpersönlichte Mentalität vieler Funktionäre und Beamten, besonders in der Provinz" kritisiert, die die Anstrengungen, eine neue Gesellschaft zu bauen, zunichte machen. Die Vollzugsbehörden legen mehr Wert darauf, „die Kritik an den inneren Widersprüchen, die jedem Wandlungsprozeß eigen sind, zu unterdrücken, als die Berechtigung solcher Kritik zu prüfen". Deshalb fordern die Bischöfe, daß dringend

[34] Vgl. CP v. 12./13. 5. 1971 und VIS V Nr. 23 (1971), 49—52.
[35] VIS aaO 50.
[36] Vgl. CP v. 11. 2. 1972. Es handelt sich um den französischen Priester Bourdon Brun, den spanischen P. Gómez Morales und den brasilianischen Laien Garcez López. Eine vollständige Chronik aller Ereignisse im kirchlich-staatlichen Bereich wird hier natürlich nicht intendiert.

eine „neue Einstellung zur Autorität" entwickelt „und neue Formen der Autoritätsausübung" gefunden werden müßten (19—20)[37].

In diesem Dokument unter dem Titel „Die Gerechtigkeit in der Welt" stellen sich die Bischöfe hinter den peruanischen Befreiungsprozeß und deuten die namentlich erwähnten Reformgesetze als „einen beginnenden Umsturz der internen und externen Herrschaft", der auf die „Wiedergewinnung" der „Souveränität" Perus abzielt (3). Sie verurteilen den Gegendruck von außen durch internationale Nachrichtenagenturen und Massenmedien, sowie durch direkte Repressalien in Form wirtschaftlicher Sanktionen durch Limitierung von Krediten und Wirtschaftshilfe genauso wie den inneren Gegendruck der dominierenden Gruppen, die zur Erhaltung ihrer Privilegien ihr Kapital zurückziehen, ohne Rücksicht auf die Menschen, die dadurch von Arbeitslosigkeit betroffen werden. Sie kritisieren „die individualistische Wertordnung der Konsumgesellschaft", die „die zögernde Haltung der Mittelklasse bestimmt". Die Werbung der Konsumgesellschaft verführe auch die unteren Schichten „zu falschen Vorstellungen", so daß sie ihr Heil im individuellen Fortkommen suchen und ihrer Umwelt zu entrinnen trachten", statt sich mit den Brüdern ihrer Klasse zu solidarisieren und auf eine totale Volksbewegung hinzuarbeiten. Verständlicherweise fiele es den unteren Volksschichten schwer, „den Sinn und die Regelung ihres Mitbestimmungsrechtes zu begreifen", nachdem sie „durch eine lange Geschichte der Beherrschung entfremdet", seien. Die zwiespältige Haltung der Christen angesichts des revolutionären Prozesses, die sich darin äußert, daß die einen versuchen, ihre Privilegien vom Glauben her zu rechtfertigen, während andere die Änderungsmaßnahmen unterstützen oder sogar deren Radikalisierung verlangen, müsse durch eine Haltung echter Solidarität überwunden werden, „die ihre Wurzel im Evangelium hat" (4—5).

Jede Parteinahme zugunsten der Unterdrückten, jede Identifizierung mit ihren Problemen, Kämpfen und Bedürfnissen bedeutet eo ipso eine Verwicklung der Kirche mit der Politik. Denn sie kann „das Evangelium in einer Situation der Unterdrückung nicht verkünden..., ohne die Gewissen mit der Botschaft des Befreiers Christus aufzurütteln. Sie sieht in der evangelischen Armut den Ausdruck ihrer Solidarität mit den Unterdrückten und klagt die unterdrückende Konsumgesellschaft der Schuldhaftigkeit gegen Gott an, weil sie künstliche Bedürfnisse und überflüssigen Konsum schafft" (6).

Im internationalen Rahmen sehen die Bischöfe die Aufgabe der Christen darin, am Befreiungsprozeß mitzuwirken und für die Schaffung einer gerechteren Gesellschaft zu kämpfen. Da eine politische Emanzipation des Menschen ohne eine wirtschaftliche Emanzipation nicht möglich sei, müsse „eine neue, grundlegend humanistische Konzeption des Wirtschaftsprozesses" entwickelt werden, die das kapitalistische Modell überwindet, „in dem das Kapital privilegiert war und die Arbeit als reine Ware betrachtet wurde". Eine neue Auffassung über die Arbeit — „Arbeit verleiht das Recht, über die Güter auf grundlegende und legale Weise zu verfügen... denn Gott der Schöpfer hat die Güter allen Menschen zugedacht" — bedingt die Überwindung des ausschließlichen Privateigentums an den Produktionsmitteln und die Mitwirkung aller Arbeitnehmer eines Betriebes an seiner Führung. Gemeineigentum und Mitbestimmung sind also Kennzeichen einer neuen Wirtschaftsverfassung, in der „nicht nur die Vorherrschaft des Kapitals über die Arbeit..., sondern auch... Paternalismus und mögliche Manipulation von der Seite der Direk-

---

[37] Orginaltext in PER VI Nr. 57 (1971), 191ff und in MENSAJE XX Nr. 204 (1971), 569ff; deutsche Übersetzung: Peru 1971. Die Ziffern in Klammern entsprechen der Orginalunterteilung in Abschnitte.

toren oder Unternehmer" vermieden werden soll. Gleichzeitig müsse die Solidarität gegenüber Arbeitnehmern in weniger rentablen Betrieben und das Interesse der Arbeitnehmer am Wohl des ganzen Landes gefördert werden (9). In Übereinstimmung mit dem aus Anlaß des 80. Jahrestages der Enzyklika „Rerum Novarum" am 14. Mai 1971 veröffentlichten Apostolischen Brief Pauls VI. „Octogesima Adveniens" lehnen die Bischöfe den Kapitalismus nicht nur „in seiner wirtschaftlichen Form", sondern „auch in seiner ideologischen Basis" ab, „die den Individualismus, den Wucher und die Ausbeutung des Menschen durch den Menschen begünstigt". Weshalb eine qualitativ andere Gesellschaft geschaffen werden müsse, in der der „Wille zur Gerechtigkeit, Solidarität und Gleichheit" herrscht und in der „die Werte, im besonderen Freiheit, Verantwortung und spirituelle Aufgeschlossenheit, die eine integrale Entwicklung des Menschen garantieren", verwirklicht werden müssen[38]. Da keine neue Gesellschaft ohne einen neuen Menschen denkbar ist, muß das ganze Erziehungswesen umgestaltet werden, damit „die Erziehung des ganzen Volkes in sozialem und gemeinschaftlichen Geist erfolgt". Wenn man eine solche neue Gesellschaft auch sozialistisch nennen kann, so schließt sie nach der Konzeption der peruanischen Bischöfe doch „gewisse historische Sozialismen aus, die" sie „wegen ihres Bürokratismus, ihres Totalitarismus oder wegen ihres militanten Atheismus ablehnen" (10).

Die internationale römische Kirche solle Regierungen, „die versuchen, in ihren Ländern eine gerechtere und menschlichere Gesellschaft zu errichten", ausdrücklich dadurch unterstützen, daß sie hilft, „Vorurteile abzubauen, indem sie ihre Bemühungen anerkennt und sie ermutigt bei der Suche eines eigenen Weges zu einer sozialistischen Gesellschaftsordnung mit humanistischem und christlichem Inhalt..." (13).

Zum Thema „Kirche und Revolution" fordern sie eine Verdammung der repressiven Politik, die manche Staaten sogar „im Namen der christlichen Zivilisation... anwenden", „einschließlich der Folterung von Menschen, die für die Befreiung ihres Volkes kämpfen". Positiv möge die Weltkirche „das Recht jener Menschen anerkennen, für die Gerechtigkeit zu kämpfen und sich solidarisch zu ihren Idealen zu bekennen, auch wenn sie nicht immer ihr praktisches Vorgehen billigen könne" (14).

In seinem Weihnachtshirtenbrief vom 25. Dezember 1971 versucht der Erzbischof von El Cuzco, Ricardo Durand Flórez SJ, den Gläubigen noch einmal eindringlich den Sinn des Bischofsdokuments „Gerechtigkeit in der Welt" zu verdeutlichen und besonders den Vorwurf zu entkräften, die Kirche mische sich direkt in politische und wirtschaftliche Belange ein. Ein authentisches Christentum lasse sich indes nicht auf gewisse Frömmigkeitsformen „und auf eine Sicherung im Jenseits" reduzieren, wie es der Gewohnheitskatholizismus meine. In einem Augenblick, da allgemein liberalistische und christliche Ideen durcheinandergebracht würden, müsse die Kirche zur Begriffsklärung beitragen. Insofern wirtschaftliche Fragen einen direkten Bezug auf das Moralische, Religiöse und Übernatürliche hätten, fielen sie in die Kompetenz der Kirche. So könne sie z. B. sagen, daß Enteignungen „innerhalb gewisser Grenzen" nicht Sünde sind (vgl. P. P. Nr. 24), aber nicht zur ökonomischen Relevanz solcher Maßnahmen Stellung nehmen.

Zur Situationanalyse, wie sie von der Konferenz von Medellín und von der nationalen Bischofskonferenz in dem erwähnten Dokument vorgenommen ist, meint Erzbischof Durand, hier seien die Tatsachen und die Wirklichkeit beschrieben. „Man kann Unterscheidungen und Erklärungen anbringen; aber ohne Bosheit bitte ich

---

[38] Nur die beiden letzten Zitate stammen aus dem Brief O. A.

jene, die das tun, während eines Jahres bei Eingeborenen zu leben, wo es kein Licht gibt, kein Wasser, keine Kanalisation, keine Stühle, keine Betten, Hängematten und keinen Hausrat. Iß während eines Jahres Mais und Kartoffeln in verschiedenen Formen, ein wenig Bohnen, Mehl und gelegentlich Dörrfleisch. Leb' ohne ärztliche Betreuung und spür' die Wanzen und Läuse. Schau die Kinder an mit Krätze und Tuberkulose. Fühl' dich als Analphabet, ohne lesen zu können und ohne Zugang zur Kultur. Ich weiß, daß man dies nicht ausschließlich dem Kapitalismus anlasten kann; meine aber schon..., daß der Kapitalismus die Hauptverantwortung dafür trägt. Und es ist sicher, daß Christus weit entfernt von jenen war, die sich daran gewöhnt haben, angesichts solchen Elends ruhig zu leben."[39]

Angesichts des progressiven Geistes, der aus den letzten Dokumenten spricht, mutet der Fall des Bischofs von Puno, Julio González Ruiz, eigenartig an. Er erklärte, er sei der „Häresie, sexueller Besessenheit und der Kritik am Papst beschuldigt". 250 Kleriker und Laien seiner Diözese drohten, ihren Bischof als Geisel zu nehmen, wenn der Vatikan über Nuntius Luigi Poggi auf seinem Rücktritt bestehe. Der Nuntius möge „in loco" die Arbeit ihres Bischofs prüfen. González hat sich indes dem Druck gefügt und ist nach Rom gefahren[40]. Er soll in einmaliger Weise mit den Indianern seiner Diözese solidarisch gelebt und unkonventionelle Umgangsformen mit ihnen gepflegt haben, die offenbar von Außenstehenden mißverstanden worden sind. Zunächst ist man geneigt, Parallelen zu ziehen mit der ostentativen Visitation, die knapp ein Jahr später, 1973, die ebenfalls progressiven Bischöfe von Riobamba und Ibarra in Ekuador über sich ergehen lassen mußten. Hilfsbischof Prata von La Paz sagte mir indes, sein „guter Freund" González sei auf Initiative der peruanischen Bischöfe zum Rücktritt veranlaßt, weil er Priester, die in anderen Bistümern relegiert worden seien, bereitwillig in Puno aufgenommen habe[41]. Wie so oft mag die Wahrheit, die spätere Historiker ermitteln müssen, in der Mitte liegen.

Wohl nie zuvor hat sich der nationale Episkopat eines lateinamerikanischen Staates derart eindeutig hinter einen sozialrevolutionären Prozeß gestellt und für eine Form von Sozialismus optiert. Borrat sieht darin eine konsequente Anwendung der Erklärung von Medellín in Übereinstimmung mit den nationalen Besonderheiten Perus: „Die peruanische Kirche (und nicht nur Gutiérrez und ONIS) konnte sich u. a. für den Sozialismus einsetzen, weil Velasco Alvarado, der peruanische Präsident, selbst Wochen zuvor das schon getan hatte."[42] Auch in ihrem Dokument für die römische Bischofssynode 1974 vom Januar 1973 hat die peruanische Bischofskonferenz sich im Geiste der Theologie der Befreiung kritisch-solidarisch in den sozial-revolutionären Prozeß ihres Landes hineingestellt:

„Die Aufgabe der Kirche zu evangelisieren, verpflichtet uns, hier und heute die Frohe Botschaft der Befreiung des ganzen Menschen und aller Menschen zu verkünden, damit sie sich zu Christus bekehren und sich verpflichten, mit Gott bei der Erlösung der Welt mitzuwirken, und Christus als den Herrn des Alls anzuerkennen" (3. 3. 1.). Die Konferenz stellt also einen klaren Zusammenhang zwischen Evangelisation und Befreiung her. Sie ist sich des Problems bewußt, „daß jede Anstrengung zu befreien, die Gefahr in sich birgt, selbst wieder zu unterdrücken" (3. 3. 3.), daß sich Befreiung nicht auf den politischen Sektor beschränken darf, „daß sie sich

---

[39] Durand 1971. [40] CP v. 28. 4. 1972.
[41] In einem Gespräch am 8. 12. 1972 in La Paz.
[42] 1974, 188.

aber auch nicht nur am Rande desselben abspielt. Gerade bei dieser Perspektive der Evangelisation schließt die Kirche das Politische ein, da es der Boden ist, auf dem sich die Befreiung hier und heute vollzieht" (3. 4. 1.). „Die Kirche steht so vor der Tatsache einer unvermeidbaren politischen Verwirklichung... In diesem ganz konkreten Augenblick, in dem die peruanische Kirche ihre Mission erfüllen muß, leben wir noch immer – trotz aller bereits gemachten Anstrengungen – in Situationen der Ungerechtigkeit, die angeprangert und überwunden werden müssen, und zwar in Hinordnung auf eine wahrhaftige Befreiung" (3. 4. 3.)[43].

Wie entwickelt sich das peruanische Experiment weiter? Anfang der siebziger Jahre äußerten linke Kritiker die Befürchtung, der Prozeß werde zu einem Staatskapitalismus führen, weil seine militärischen Exponenten nur „modernisierende" Entwicklungsreformisten seien[44]. Auf alle Fälle sind sie Vertreter einer neuen Schicht, des Kleinbürgertums. Sie haben Peru grundlegender verändert als Perón dies in Argentinien in seiner ersten Amtszeit getan hat. Im Sinne der Transformation der wirtschaftlichen und institutionellen Struktur des Landes ist der von ihnen eingeleitete Prozeß revolutionär. Hobsbawn gibt freilich zu bedenken, daß in dem Maße, wie zu einer Revolution eine Massenbewegung gehört, der peruanische Prozeß nicht revolutionär sei[45]. Darin waren sich indes fast alle Beobachter einig, daß eine Alternative zum Regime Velascos wahrscheinlich auf ein Militärregime nach dem Muster des brasilianischen hinauslaufen würde[46].

Inzwischen reicht die Perspektive etwas weiter. Peru geriet im Februar 1975 an den Rand des Bürgerkrieges, als sich Studenten mit meuternden Bereitschaftspolizisten solidarisierten, die Lohnforderungen stellten. Proletariertrupps plünderten und brandschatzten „die ordnungshüterfreie Innenstadt" Limas. Ihr besonderer Zorn richtete sich gegen die Zentrale des SINAMOS, die in Brand gesteckt wurde.

„Dieser Versuch der ‚Revolution von oben', unten im Volk eine Massenbasis zu schaffen, ist offenkundig mißlungen. SINAMOS hat sich zu einem bürokratischen Apparat entwickelt, dessen gut bezahlte Funktionäre fern der Lebenswirklichkeit der Arbeiter und Bauern leben, denken und planen. Das Volk erlebt seine bestallten Entwicklungshelfer eher als Besatzer, Kontrollorgane, die eigene Initiativen, wo immer sie wach waren oder werden, behindern, wenn nicht gar unterdrücken. Die Mehrheit der Peruaner entzieht sich offenbar solcher staatlichen Vormundschaft durch Nichtmitmachen. Aktiven Widerstand leistet neuerdings eine organisierte Minderheit. Rund 50 politisch motivierte Terroranschläge verzeichnete die Polizeistatistik für 1974 in Lima, dazu kommen einige Anschläge auf SINAMOS-Büros in den Provinzen."[47]

---

[43] Evangelisierung in Brasilien, Chile und Peru 1974, 5ff.
[44] Arteaga 1972, 611.   [45] Hobsbawn 1972, 3.
[46] Ebd. 11 und Arteaga aaO 611.
[47] Lüning 1975, 196f. Im Zusammenhang mit der Verhängung des Ausnahmezustands am 5. 2. 1975 muß man den gemeinsamen Hirtenbrief der Bischöfe Perus vom Febr. 1975 sehen, in dem grundlegende politische und soziale Rechte für alle Peruaner gefordert werden. „Damit antworten die peruanischen Bischöfe offen auf die im Dezember 1974 von Peru, Bolivien, Panamá, Venezuela, Kolumbien, Argentinien, Ekuador und Chile unterzeichnete ‚Erklärung von Ayacucho', in der die Rechte der Nationen unterstrichen, die Bürgerrechte jedoch nur am Rande erwähnt wurden. Demgegenüber stellen die Bischöfe die Rechte des einzelnen Staatsbürgers in den Mittelpunkt des Hirtenbriefes. Unter den politischen Rechten führen sie ausdrücklich das ‚Recht auf abweichende Meinungen' an. ‚Keine Nation ist, was die

Schon im November 1974 hatte von Conta aus Peru unter der Überschrift berichtet: „‚Peruanische Revolution' an einem Wendepunkt. Machtkämpfe unter den Militärs, Furcht vor der CIA und hysterische Reaktion auf interne Kritik"[48]. Im August 1976 überschrieb er seinen Bericht: „Perus linke Generäle mit Rechtsdrall. Mit Rücksicht auf die hohe Auslandsverschuldung und künftige Kredite wird das Ziel einer sozialistischen Gesellschaft nicht mehr so eindeutig angesteuert wie in den Jahren seit 1968."[49] Präsident Velasco und die führenden linken Generäle hatten abtreten müssen. Der vereinte Druck von US-Außenminister Kissinger, Weltbank, Weltwährungsfond und lateinamerikanischer Entwicklungsbank hat Peru, das vom Ostblock vergeblich ein stärkeres finanzielles Engagement erwartet hatte, angesichts seiner hohen Auslandsverschuldung (US$ 4 Milliarden) zur Kursänderung gezwungen. Die Gewährung neuer Kredite wurde von einer Sanierung des Staatshaushalts abhängig gemacht, die wiederum nur durch Preiserhöhungen zu erreichen sind, die die Masse besonders treffen und daher nur mit Ausnahmezustand, Aufhebung des Streikrechts, Pressezensur bzw. Verbot politischer Zeitschriften, Verhaftungen und Deportationen durchführbar ist. Revolutionäre Maßnahmen wie Staatsbesitz an Industrieunternehmungen, Sozialbesitz, Verstaatlichung der Fischereiflotte sollen überprüft und teilweise rückgängig gemacht werden, was „praktisch ein Ende der Transformierung Perus in ein sozialistisches Gesellschaftssystem" bedeutet[50]. Der Fall Peru zeigt, daß innerhalb der politischen und wirtschaftlichen Machtkonstellationen der westlichen Hemisphäre ein einzelnes Land auch keinen gemäßigten Sozialismus verwirklichen kann, es sei denn, es würde wie Kuba mit gigantischer Wirtschaftshilfe des Ostblocks ausgehalten. Diese Erkenntnis läßt sich auch am Fall Chile gewinnen.

Menschenrechte angeht, ohne Schuld'... Als Verstöße gegen das Recht auf Leben im eigenen Land nennen die Bischöfe Abtreibung, Mißhandlungen, Verbrechen und mangelnde Gesundheitsfürsorge. Auch das Recht auf ausreichende Nahrung sei in Peru nicht garantiert. Auch politisch-kulturelle Rechte werden nach Auffassung der peruanischen Bischöfe den Bürgern vorenthalten" - SZ 31 Nr. 38 (15./16. 2. 1975).

[48] SZ 30 Nr. 271 (23./24. 11. 1974).
[49] SZ 32 Nr. 187 (14./15. 8. 1976).
[50] Ebd. weist v. Conta darauf hin, daß es nicht gelungen ist, „den landwirtschaftlichen Kleinstbesitz in den Andentälern zu größeren Produktionseinheiten zusammenzufassen. Von der städtischen Bevölkerung hat von der ‚Revolution' bisher nur jener kleine privilegierte Teil Nutzen ziehen können, der Zugang zu Arbeitsplätzen in der Industrie hatte. Der größte Teil des städtischen Proletariats lebt nach wie vor am Rande von Wirtschaft, Wohlstand und Politik. Angesichts der augenblicklichen Umorientierung wird es von der Linken als Fehler beurteilt, die ‚Ziele der Revolution' nicht rechtzeitig in einer Partei verankert zu haben. Andererseits war es in den zurückliegenden acht Jahren nicht wünschenswert erschienen, eine Partei mit den Revolutionszielen zu identifizieren, da eine möglichst große Vielzahl von politischen Richtungen die ‚Revolution' als die jeweils eigene verstehen können sollte: Auf diese Weise war es Juan Velasco Alvarado gelungen, die Unterstützung sowohl nationalistischer Unternehmer, des katholischen Mittelstandes, linker Gewerkschaften wie auch marxistischer Sozialrevolutionäre zu finden. Die Einheit dieser Gruppen hatte zu verfallen begonnen, als der Begriff des ‚sozialen Eigentums' und des ‚reformierten Privatbesitzes' eine deutlich nach links orientierte Tendenz sichtbar werden ließ. Die Einheit der Streitkräfte ist nun über den wirtschaftspolitischen Maßnahmen zu Bruch gegangen". Vgl. weiter zur Bibliographie: Peru 1976.

5232 Der sozial-revolutionäre Prozeß in Chile 1970—73

Die Vorgänge in Chile sind am bekanntesten. Wie in Abschnitt 4235 geschildert, war Freis „Revolution in Freiheit" praktisch 1970 gescheitert. Es war daher konsequent, daß die ‚Unidad Popular' (UP) unter Präsident Salvador Allende ab Oktober 1970 den zur Durchsetzung von mehr sozio-ökonomischer Gerechtigkeit dringend erforderlichen revolutionären Prozeß mit Hilfe des Sozialismus in Gang zu bringen versuchte. Die Kernstücke, die Agrarreform und die Nationalisierung des Bergbaus, sind von Weischet (1974) in einer Zwischenbilanz untersucht worden.

1972 hat Hugo Assmann die prophetischen Sätze geschrieben:

„In konkreten historischen Prozessen wie dem gegenwärtigen chilenischen Prozeß ... müssen die Christen sich darüber klar werden, daß ihnen nur zwei Alternativen bleiben: Entweder man ist für den revolutionären Prozeß mit einer entschiedenen Option für die Marschlinie der Revolution, so zweideutig wie sie sein mag, oder man ist unumgänglich gegen den besagten Prozeß, auch wenn die Motivationen dabei noch so human und heilig sein mögen. In Chile ist die Sache hinreichend klar: ein Scheitern des gegenwärtigen Prozesses hätte nicht mehr eine ‚verbesserte Ausgabe' der ‚Revolution in Freiheit' zur Folge, sondern einen Sieg der Rechten und einen Rückschritt mit unschätzbaren Konsequenzen auf nationaler und lateinamerikanischer Ebene." Wer noch immer nach einem dritten Weg sucht, sieht die Lage nicht realistisch[51].

Inzwischen haben auch die konservativen Kräfte in den USA und Europa erkannt, daß die Militärs, die am 11. September 1973 die legale Regierung der UP gestürzt haben, in Lateinamerika das schlimmste Terrorregime der Gegenwart errichtet haben, ohne daß sie die wirtschaftliche Lage insgesamt verbessert hätten[52]. Da hier aus Platzgründen der sozial-revolutionäre Prozeß in Chile nicht im einzelnen geschildert werden kann, soll wenigstens seine nachträgliche Beurteilung durch die chilenische Bischofskonferenz skizziert werden, wie sie sich aus ihrem Vorbereitungsdokument zur römischen Bi-

---

[51] Assmann 1972, 26f.
[52] Ein Literaturüberblick zur jüngsten Entwicklung in Chile kann hier nicht gegeben werden. Lesenswerte nachrevolutionäre Kommentare von Octavio Paz, Lincoln Gordon, Helmut Gollwitzer und Julio de Santa Ana finden sich in: LWF Marxism & China Study - Information Letter No. 6, Genf, Dez. 1973. Die Verfasser von Chile 1974, 22f sind der Auffassung, daß sich „die Linksparteien selbst disqualifiziert haben" und somit die Mitschuld an der Tragödie vom Sept. 1973 tragen, die „ernstzunehmenden Quellen zufolge nahezu 4000 Menschen in kriegsähnlichen Auseinandersetzungen den Tod gebracht" hat. Unter der Überschrift „Totenschein für die Parteien" schreibt v. Conta in SZ 32 Nr. 212 (13. 9. 1976) über die wirtschaftliche Lage: „Die 1975 beschlossenen Maßnahmen zur Senkung des Defizits der Zahlungsbilanz von 800 auf 270 Millionen Dollar hatten zwar das Nationalprodukt um 15 %, die Industrieproduktion um 23 %, die Investitionstätigkeit um 31 % und das Pro-Kopf-Einkommen um 20 % sinken, die Zahl der Arbeitslosen und Unterbeschäftigten aber auf 34,5 % steigen lassen. Die Defizite beim Staatsbudget und in der Zahlungsbilanz sind nun unter Kontrolle; die Inflation ist von 340 % im Jahr 1975 auf weniger als 200 % im Jahre 1976 gesunken. Das Nationalprodukt zeigt erste Anzeichen eines Wachstums und wird bis Jahresende voraussichtlich um 5 % zunehmen. Als Folge wird die Zahl der Arbeitslosen nicht weiter steigen. An zwei Millionen unterernährter Kinder und werdende Mütter verteilte das Speiseprogramm der Regierung laut Pinochet 33 Millionen kg Milch und Proteinpulver".

schofssynode 1974 ergibt, das offenbar kurz nach dem Sturz Allendes abgefaßt worden ist[53].

Ende der sechziger Jahre brachten die Stipendiaten aus Paris und Löwen „die Neuigkeit des Dialogs zwischen Marxisten und Christen" in die Heimat mit. „Das Interesse für die marxistische Analyse nimmt erheblich zu und füllt in den ‚spirituellen' apostolischen Bewegungen die Lücken, die durch den Mangel an Lehrinhalten entstanden sind. Man bemüht sich um eine Synthese: Im Bereich des Soziologischen möchte man Marxist, im Innern des Bewußtseins dagegen Christ sein. Nach und nach distanziert man sich von der religiösen Praxis und über kurz oder lang auch vom Glauben. Indem man die Hierarchie anficht, holt man den Klassenkampf in die Kirche herein. Die ‚Gemeinschaftspastoral' zerbricht und es entsteht ein Pluralismus, der immer mehr degeneriert und schließlich in Anarchie endet. Neue Seelsorgekräfte kommen nach Chile. Ausländische Priester und Ordensleute ... entdecken in großer Zahl diese neue Welt, die sich erheblich von ihren heimischen Schulen und Fürsorgewerken unterscheidet. So verliert die chilenische Kirche nach und nach ihre pastorale Identität und steht unter dem Druck vollendeter Tatsachen. In großer Zahl geben Priester und Ordensleute ihr Amt auf. Die Seminare bleiben leer. Alle Welt stürzt sich in die Politik und sucht im Marxismus Antworten auf der Suche nach sozialer Gerechtigkeit und Möglichkeiten für den Aufbau einer neuen Gesellschaft. Evangelisierung und Bewußtseinsbildung werden miteinander verwechselt. Glaube wird auf humanitäres Engagement reduziert. Ein der Tradition verbundener Teil der Kirche nimmt Anstoß an dieser Entwicklung und kritisiert die Hierarchie mit aller Schärfe, weil er sie für schwächlich gegenüber derartigen Auswüchsen hält." So in sich gespalten trat die römische Kirche in den sozial-revolutionären Prozeß der siebziger Jahre. Auf der einen Seite ergreift „die Begeisterung für den marxistischen Sozialismus selbst die apostolischen Bewegungen an den Universitäten, unter den Werktätigen und im Bereich der Landarbeiter. Einige Priester werden politisiert und bilden Gruppen für den Sozialismus. Man bringt die Begriffe Evangelisierung und Befreiung durcheinander, wobei Befreiung ein äußerst zwiespältiger Terminus ist, den man allgemein wirtschaftlich, politisch und gesellschaftlich versteht. Das Reich Gottes wird mit der zeitlichen Stadt verwechselt. Die marxistische Utopie tritt an die Stelle der christlichen Eschatologie." Auf der anderen Seite entstehen „als Antwort auf diese Entwicklung... neue Bewegungen in der Kirche: Cursillos (Christenheitskurse vgl. 53222), Vortragsreihen u. ä. ..." Sie „beginnen den Weg aufs neue, den die Katholische Aktion in den dreißiger und vierziger Jahren eingeschlagen hatte. Für viele Ordensleute ist dies etwas völlig Neues, das nunmehr den geistigen Bedürfnissen ihrer Schüler entgegenkommt. Immer zahlreicher werden Jugendgruppen und christliche Basisgemeinschaften, die wieder beginnen, das Evangelium zu lesen. Jedoch: Die Einheit der Kirche steht auf schwachen Füßen. Die Bischöfe stoßen in bedeutsamen Kreisen des Klerus auf Widerstand, die die Seelsorge dermaßen verzerren, als handele es sich um Politik... Die große Mehrheit in der Kirche fühlt sich währenddessen verlassen, verärgert und keine Richtung mehr.

Die Bischöfe veröffentlichen zahlreiche Erklärungen, mit denen sie den atheistischen und totalitären Bedrohungen durch die Politik, dem vielfältigen Aufruhr und dem mannigfachen Verrat, der an der Kirche nagt, auf kluge Weise entgegenzutreten versuchen. Aber ihre Stimme reicht nicht weit genug, so daß der Großteil der Christen unentschieden bleibt und keine Orientierung findet. Offizielle Haßpredigten vertiefen die Kluft, die durch Land und Kirche verläuft. Die moralische Krise kommt auf ihren Höhepunkt und bereitet den Weg zur Erhebung der Militärs vor. Nachdem jetzt in der Politik Stille ist, finden die Christen auf der Suche nach Schutz im Bereich der Lehre und nach neuen Möglichkeiten zum Aufbau der Gesellschaft wieder

---

[53] Evangelisierung in Brasilien, Chile und Peru 1974, 72ff.

den Weg zur Kirche zurück. Überall ist Hunger nach Frieden, Brüderlichkeit und innerer Stille zu spüren. Dabei will jedoch niemand die sozialen Errungenschaften noch den Kampf für die Gerechtigkeit aufgeben."[54]

Diesem Text und seiner Fortsetzung kommt für die Zeitgeschichte des Christentums in Lateinamerika eine exemplarische Bedeutung zu, verdeutlicht er doch die zwiespältige Haltung der Amtskirche gegenüber sozial-revolutionären Prozessen. Sein apologetischer Charakter ist unübersehbar, besonders was die „kluge Weise" angeht, mit der die Bischöfe diese Krise durchgestanden haben. Zweifellos ist manche Kritik an politischem Engagement von Priestern und Ordensleuten berechtigt, nicht aber die Haltung, aus der sie erfolgt, ist es doch eine Haltung, die die Rolle der Kirche im sozio-ökonomischen Prozeß mit all ihrer Einseitigkeit und historischen Schuld nicht sehen will. Die Verfasser scheinen das Anliegen der Theologie der Befreiung nicht begriffen zu haben. Sie sind taub gegenüber der oben zitierten Warnung Assmanns. Ihre Hoffnungen auf „neue Möglichkeiten zum Aufbau der Gesellschaft" haben sich seit September 1973 auf grausame Weise als Illusionen erwiesen. Sie konnten sich nicht vorstellen, daß der marxistisch gesteuerte revolutionäre Prozeß in Chile ein anderes Ergebnis hervorbringen würde als einen totalitären Staat im Stile eines osteuropäischen sowjetischen Satelliten.

Nur aus taktischen Gründen wurden alle öffentlichen Kontakte mit der Kirche weiter gepflegt. „So kann man die öffentliche Meinung beeindrucken. Die Mythen der Kirche werden ja von allein zusammenbrechen, wenn der wissenschaftliche Atheismus einmal fest Fuß gefaßt hat. Mit sehr viel Geschick versucht man, der Kirche ihren Einfluß im Bereich der Erziehung zu nehmen. Ein übereilter Schritt – wie das Projekt der ‚Nationalen Einheitsschule' (Escuela Nacional Unificada) – führte jedoch zu einem Mißerfolg. Da man in Lateinamerika um das Christentum nicht herumkommt, machte schon ‚Che' Guevara die Entdeckung der revolutionären Kraft des Christentums. Fidel Castro sah in Chile den Irrtum ein, den er begangen hatte, als er die kritischen Gruppen der Christen unberücksichtigt ließ, die mit großer innerer Kraft den Prozeß hätten vorwärtsbringen können. Die Dogmatiker des Atheismus hatten den Rat Lenins vergessen, der sagt, es sei viel wirksamer den Klassenkampf in die Kirche hineinzutragen, als diese zu bekämpfen."[55]

Die Amtskirche, die die Christdemokraten unterstützt hatte, hat sich dem sozial-revolutionären Prozeß gegenüber, der unter Allende vorangetrieben wurde, lange zurückgehalten[56]. Am 16. April 1972 rafften sich die 25 Bischöfe der Nationalen Bischofskonferenz dennoch mit ihrem Dokument ‚Practicar la Justicia' (Die Gerechtigkeit üben) zu einer verhältnismäßig positiven Stellungnahme auf:

1. Gerechtigkeit bedeutet heute Entwicklung, Teilhabe und Gleichheit. Die Bischöfe können nicht umhin, sich an den Fortschritten zu freuen, die das Land in diese Richtung macht.
2. Der Prozeß des Wandels kann nicht ohne Opfer für die am meisten Privilegierten durchgeführt werden.

---

[54] Ebd.; in der Hauszeitschrift Vekemans ist eine umfangreiche Chronik der Entwicklung der Kirche Chiles in der Ära der UP erschienen, die nicht wegen ihrer Sachlichkeit, aber wegen des umfangreichen zitierten und verarbeiteten Quellenmaterials informativ ist - vgl. Chile 1973.
[55] Evangelisierung ... 80.
[56] Vgl. Realidade Nov. 1971, 18.

3. „Geld und Macht sind keine endgültigen Werte. Reichtum, Luxus und Verschwendung einiger weniger sind eine dauernde Beleidigung einiger weniger gegenüber denen, die noch im Elend leben ...

4. Der Preis des Wandels muß gleichmäßig auf alle verteilt werden, entsprechend ihrer gegenwärtigen Lage. Es darf keine Diskriminierungen geben, es darf nicht mehr Parias in Chile geben."[57]

Das nur eine Woche nach der Veröffentlichung dieses Dokuments in Santiago von Katholiken und Protestanten abgehaltene ‚Encuentro Latinoamericano de Cristianos por el Socialismo' scheint wie ein Trauma auf der chilenischen Hierarchie zu lasten. Die Einladung dazu war von der Gruppe „der 80" ausgegangen, d. h. von jenen 80 Priestern, die am 30. November 1971 in der Kubanischen Botschaft in Santiago mit Fidel Castro diskutiert hatten[58]. Sowohl Kardinal Silva Henríquez als auch der Präsident der Bischofskonferenz, Bischof José Manuel Santos A. von Valdivia, lehnte eine Beteiligung am Veranstaltungskomitee ab, weil es sich bei dem „Treffen der Christen für den Sozialismus" 1. um ein anonymes Christentum und nicht um Kirche handele, 2. weil man sich mit einer politischen Formel identifiziere, 3. weil das Christentum auf den revolutionären Klassenkampf und eine historische Situation reduziert werde, 4. weil die Theologie zur Ideologie reduziert werde, 5. weil das Christentum auf die einzige Dimension der sozio-ökonomischen Umwandlung reduziert werde, 6. weil ganz allgemein nicht das Mysterium des Christentums, sondern eine rein soziologische Reduktion vertreten werde. Ein gemäßigt „Progressiver" wie Borrat urteilt, daß diese Einwände zwar einen gewissen Anhalt an dem Einladungspapier fänden, aber doch wohl kaum ausreichen, um wegen eines bestreitbaren Ausgangspunktes gleich das ganze Treffen zu diskreditieren, an dem immerhin der mexikanische Bischof von Cuernavaca, Sergio Méndez Arceo, und Männer wie Gustavo Gutiérrez, Alex Morelli, Gonzalo Arroyo, José Míguez Bonino und Hugo Assmann teilnahmen. Die Ablehnung der Einladung dürfte eine Reaktion auf die Linkstendenz innerhalb des chilenischen Katholizismus gewesen sein, die dazu geführt hatte, daß 1970 nicht wenige Katholiken für die UP und nicht für die DC gestimmt haben. Die christliche Linke betonte, daß es im Gegensatz zur Meinung der DC keinen dritten christlichen Weg zur Befreiung Lateinamerikas gäbe. Die Diskussion darüber mit der DC ist zweifellos vorschnell aufgegeben worden. Der Ausschluß der DC von dem Treffen in Santiago war um so unklüger, als die DC in Peru den revolutionären Prozeß unterstützte und in Uruguay, Venezuela, El Salvador und Guatemala noch eine Hoffnung für die Reformkräfte darstellte. Die Schlußerklärung von Santiago zeigt sich nationalistischen Bewegungen wie der peronistischen und der peruanischen gegenüber gleichgültig. Allzu pauschal wird die institutionelle Kirche angeklagt, eine Stütze des Status quo zu sein. Während die Schlußerklärung mit ihrer Bewunderung des Marxismus politisch des notwendigen dialektischen Denkens ermangelt, bescheinigt ihr Borrat, daß ihre Glaubensaussage den besten Strömungen der Theologie der Befreiung entspricht, das gälte es gerade gegenüber scharfen Angriffen Rechter auf die Theologie der Befreiung zu betonen[59].

---

[57] Tribuna, Rio de Janeiro, v. 17. 4. 1972: ‚Bispos apóiam luta da Unidade Popular'.
[58] Vgl. Daubechies 1972 und ausführlich in Chile 1973, vgl. S. 1023 Anm. 110.
[59] Borrat 1972.

Hierzu zählt Borrat die Diffamierungskampagne des belgischen Jesuiten Roger Vekemans, die dieser von Bogotá aus führt[60]. Hierzu gehört ebenfalls die rechtsgerichtete ‚Sociedad Chilena de Defensa de la Tradición, Familia y Propiedad' (TFP), die mit Großanzeigen sogar in Argentinien den chilenischen Episkopat der Linkslastigkeit anklagte[61].

Borrat sieht in der Schlußerklärung von Santiago eine „fruchtbare Interaktion" zwischen Glauben und revolutionärer Praxis. „Der Glaube verwandelt sich in ein kritisches und dynamisches revolutionäres Ferment, verschärft die Forderung, daß der Klassenkampf zur Befreiung aller Menschen führen muß, besonders jener, die unter den schärfsten Formen der Unterdrückung leiden; er akzentuiert die Orientierung auf eine globale Umwandlung der Gesellschaft hin und nicht nur der wirtschaftlichen Strukturen." Hier gibt es keine Alternative zwischen Glaube als Theorie und der revolutionären Praxis[62].

Der chilenische Episkopat hingegen verhärtete sich völlig in seiner Ablehnung der Bewegung „Christen für den Sozialismus". Auf ihrer Versammlung im April 1973 erklärte die Bischofskonferenz kategorisch: „Ein Priester und/oder Religiose kann dieser Bewegung nicht angehören."[63] Sie beschloß eine dogmatische Untersuchung über die Äußerungen der Christen für den Sozialismus anfertigen und unter dem Titel „Sorge um die konfuse Situation hinsichtlich der Sendung der Kirche in der Welt" veröffentlichen zu lassen.

Diese Erklärung wurde post festum, d. h. am 13. September, vom ordentlichen Komitee der Bischofskonferenz gebilligt und am 26. Oktober 1973 veröffentlicht. Ohne daß hier der Inhalt dieses Dokumentes eingehend kommentiert werden könnte, sei auf das Mißverständnis hingewiesen, daß sich darin äußert, daß die Hierarchie ausführlich aufzählt, was im Namen der Kirche alles an Sozialarbeit im Laufe der Jahrzehnte geleistet worden ist[64]. Hier wird wieder einmal verkannt, daß sozialer Assistenzialismus, so gut und notwendig er ist, nicht das Anliegen einer Theologie der Befreiung trifft. Rechtslastige katholische Bewegungen gelten den Bischöfen als weniger gefährlich, weil sie „keine neue Idee der Kirche und ihrer Beziehung mit der Welt vorgeben zu formulieren", sondern nur einen politischen Charakter haben, also die Kirche nicht mit einem politischen Modell identifizieren[65]. Die Gefahr eines Dualismus zwischen Kirche und Welt scheint hier unterschätzt zu werden.

Wie in Abschnitt 4335 angedeutet, hat es nach dem Militärputsch nicht am christlichen Einsatz für Flüchtlinge und politisch Verfolgte gefehlt. Es gibt

---

[60] „Auch von Bogotá aus hat Pater Vekemans finanzielle Hilfe angefordert, um die Theologie der Befreiung mit demselben Impetus anzugreifen, wie es scheint, mit dem er in den Jahren der Allianz für den Fortschritt vorgab, die ‚eigentliche Revolution' - der Ausdruck stammt von ihm - zu blockieren zu Gunsten einer ‚metaphorischen Revolution', einer technokratischen und herodianischen". - Borrat aaO 24.
[61] Vgl. eine ganzseitige Anzeige in: La Nación, Buenos Aires, v. 2. 3. 1973, 12, in der den Bischöfen und dem Kardinal vorgeworfen wird, als Kollegium weitgehend gegenüber dem revolutionärem Prozeß in Chile und den Auswüchsen der sozialistischen Priester geschwiegen zu haben, was einer stillschweigenden Billigung des Regimes der UP gleichkomme, und individuell „klare Äußerungen der Unterstützung des marxistischen Regimes des Herrn Allende" abgegeben zu haben.
[62] AaO 24.
[63] Zur Bischofskonferenz in Punta de Talca vgl. SEDOC 7 (Sept. 1974), 255–57. Der Text des Hirtenbriefes in portugiesischer Übersetzung findet sich ebd. 257–286.
[64] Ebd. 263 Nr. 20.
[65] Ebd. 258 Nr. 5 und 268 Nr. 40.

auch eine Reihe kritischer Stellungnahmen von Bischöfen gegen Übergriffe des Militärregimes[66], die hier nicht aufgezählt werden können.

Betrachtet man die chilenische Entwicklung von Medellín und der Entstehungsgeschichte der Theologie der Befreiung her, dann wird das grundsätzliche Dilemma deutlich, vor dem die Amtskirche angesichts der Forderung steht, mitzuhelfen, eine Praxis der Befreiung zu verwirklichen, da sie meint ablehnen zu müssen, für ein historisches Modell zu optieren. In Chile endete der in Medellín gewiesene Weg in der Sackgasse. Die Erfahrungen mit dem sozial-revolutionären Prozeß Kubas scheinen in den festländischen Kirchen nicht positiv verarbeitet worden zu sein. Die peruanische Variante des Sozialismus, die eine so viel größere Unterstützung von kirchlicher Seite erfahren hat, scheint gescheitert zu sein. Die Frage, was Befreiung denn nun konkret in den Strukturen des Subkontinents bedeutet, ist wieder völlig offen.

---

[66] SZ 32 Nr. 222 (24. 9. 1976) bringt nach epd folgende Meldung: „Nach Ansicht des chilenischen Kardinals Silva sind 85 % der chilenischen Bevölkerung gegen die herrschende Militärjunta. Viele Leute hätten allerdings Angst, dies offen zu bekennen. ‚Bei uns herrscht Tyrannei', sagte Silva in einem Gespräch mit dem norwegischen Pastor Torgeir J. Havgar, der jetzt als Mitglied einer norwegischen Kommission von Politikern, Juristen und Gewerkschaftlern aus Chile zurückgekehrt ist. ‚Niemand von uns konnte sich vorstellen, daß hohe Offiziere unserer Streitkräfte ihr eigenes Volk so behandeln würden, wie es jetzt geschieht', meinte der Kardinal. Er glaube auch, daß niemand in Chile angenommen habe, ‚wir eine Diktatur nach dem Nazi-Modell bekommen würden'". Nach einer Reuter-Meldung in „Die Welt" Nr. 153 (5. 7. 1974) hatte derselbe Kardinal Silva 1974 bei einem Besuch General Pinochet die uneingeschränkte Zusammenarbeit der Kirche mit dem Militärregime zugesagt: „Ich kam, um ihm zu gratulieren, und überbrachte ihm Grüße im Namen der Kirche und bot ihm unsere allseitige Zusammenarbeit an". Zur Unterstützung der Junta durch protestantische Kirchen vgl. Costas 1976, 145ff.

53 Die Krise der missionarischen Identität der Kirche

Die römische Kirche und die älteren protestantischen Kirchen und Denominationen befinden sich in einer Strukturkrise, die zugleich ihre herkömmliche Ekklesiologie in Frage stellt. Alle Kirchen sehen sich zu einer neuen Ortsbestimmung ihrer missionarischen bzw. evangelisatorischen Anstrengungen angesichts der Herausforderungen durch den Ökumenismus und die soziale Revolution gezwungen.

Míguez Bonino hat dazu 1974 bemerkt: „Was in Bangkok (1973) und in den folgenden Diskussionen über Wesen und Bedeutung der Mission gesagt wurde, deutet auf ein grundlegendes Problemgebiet hin: Die ‚missionarische Identität' sowohl der westlichen als auch der Dritte-Welt-Kirchen ist mit kolonialen Beziehungen verknüpft. Die Herausforderung der letzteren, der Dritte-Welt-Kirchen, schließt unweigerlich eine Krise der ersteren ein... Das missionarische Image sowohl des Meisters als des Abhängigen ist zerstört, und daher ist die ‚Rückkehr zum Ursprung' als konservative Reaktion ganz verständlich... Aber damit wird das Problem weder theologisch noch historisch gelöst; vielmehr wird weitere Frustration das Ergebnis sein. Wie Moltmann so deutlich im ersten Teil seines Buches ‚Der gekreuzigte Gott' gezeigt hat, ist die Krise der missionarischen Identität gekoppelt mit der Krise der christlichen Identität als ganzer. Allerdings befinden wir uns hier in einem Dilemma. Wir können unsere christliche Identität nicht ohne Geschichte finden (es gibt überhaupt nur historisch definierte christliche Identitäten). Historisch jedoch haben wir sie zu finden in dem augenblicklichen Konflikt. Dieser aber ist weltumfassend und schließt sozio-politische und ideologische Selbst-Identifizierung und Kampf ein. Es gibt keine Möglichkeit, diese zwei Dimensionen zu trennen. Darum finde ich die wechselseitigen Vorwürfe der Ideologisierung und Politisierung des Evangeliums ebenso verständlich als nutzlos. Die Artikulierung der christlichen Identität kann nicht vom Kampf losgelöst werden, weil sie mit dem tatsächlichen Ursprung des Problems zusammenhängt. Eine authentische christliche Identität kann nur erlangt werden durch eine völlige Transformation sowohl der Bedingungen als des Selbstverständnisses, innerhalb deren unsere ‚Christentümer' wirksam geworden sind. Eben dies ist das Thema der ‚Theologie der Befreiung' oder besser der Theologie im Kampf um Befreiung."

Innerhalb der römischen Kirche ist die Strukturkrise zuerst von dem Stichwort Priestermangel mehr verdeckt als aufgedeckt und schließlich als Identitätskrise des priesterlichen Amtes und der Sendung (Mission) der Kirche als solcher mehr und mehr verstanden worden.

531 Der Priestermangel als Ausdruck der Strukturkrise der römisch-katholischen Kirche

Bis zur ekklesiologischen Neubesinnung im Vatikanum II, durch die Kirche als Volk Gottes definiert wurde, stand und fiel die römische Kirche entsprechend ihrem hierarchischen Kirchenbegriff mit ihrer Hierarchie. Es ist deshalb kaum verwunderlich, daß dem Zustand des Klerus in Lateinamerika und seiner numerischen und qualitativen Insuffizienz zahlreiche Untersuchungen gewidmet sind. Man kann sie grob in zwei Gruppen einteilen, die zeitlich ungefähr durch das Konzil geschieden sind.

Die Autoren der ersten Gruppe analysieren die kirchliche und sozio-politische Lage der einzelnen Staaten des Subkontinents und sind alarmiert durch die mit europäischen Verhältnissen verglichen enorm ungünstige Relation zwischen der Zahl der Priester und der Zahl der nominellen, von ihnen zu versorgenden Katholiken, z. B. kam im kontinentalen Durchschnitt 1963 ein Priester auf 4891 katholisch getaufte Einwohner, die vielfach weit verstreut in ländlichen Gebieten leben[1]. Da in fast allen Ländern auch die Zahl der Seminaristen zu gering ist, suchen die Verfasser nach Möglichkeiten, mehr Jugendliche für den Priesterberuf zu gewinnen. Durch Steigerung des einheimischen Nachwuchses und vermehrten Einsatz ausländischer Priester scheint das Problem lösbar zu sein. Repräsentativ für diese Gruppe ist die bisher umfassendste Untersuchung des Problems von Werner Promper (1965), die etwa dem Stand der Forschung von 1963/64 entspricht[2].

Die zweite Gruppe geht von einem anderen Kirchenbegriff aus, der weniger vom Gegenüber von Priestern und Laien als vom Miteinander des Volkes Gottes geprägt ist. Das hat zur Folge, daß der Priestermangel nur als ein relatives Problem gesehen wird, das mit den kirchlichen Strukturen zusammenhängt. Die Mangelsituation kann dann als ein geradezu providentielles Signal zur überfälligen Reform der kirchlichen Strukturen erscheinen, der man nicht durch eine forcierte Priestervermehrung ausweichen darf. Typische Exponenten dieser Gruppe sind der belgische Theologe José Comblin und der nordamerikanische Jesuit Ivan Illich, die durch ihre lange Arbeit in Lateinamerika zu Vertretern einer neuen lateinamerikanischen Theologie geworden sind. Illich stellt in verschiedenen programmatischen Aufsätzen die Frage nach der Funktion des Priesters in einer erneuerten Kirche im Blick auf den Weltkatholizismus, vermeidet also bewußt eine Beschränkung auf Lateinamerika[3].

5311 Der Begriff des „Priestermangels"

Eigenartigerweise findet man in der Literatur viel mehr Angaben über die Gesamtstärke des Klerus in den verschiedenen Staaten als über den zahlenmäßigen Anteil der einheimischen Kleriker. Auch fehlt es an Aufschlüsselungen des Verhältnisses der Zahl von effektiv im Gemeindedienst stehenden Klerikern zur Zahl jener, die in der kirchlichen Verwaltung, in Instituten, kirchlichen Schulen, Priesterseminaren, kirchlichen Universitäten, Hilfswerken und kontemplativen Orden wirken. Schon 1927 schrieb Peters:

„Schrecklich ist in Lateinamerika die Priesternot. Hier liegt augenblicklich die tiefste Wurzel aller Übel des südamerikanischen Katholizismus..."[4]

---

[1] Míguez 1974; Zahlenangabe in Abschnitt I nach Promper 1965, 31; Guilherme Baraúna OFM spricht in REB XIII (1953) 667ff sogar von 1 : 5 104.

[2] Damit soll nicht gesagt werden, daß Promper speziell im Schlußkapitel nicht auch schon einige Überlegungen zur Änderung der kirchlichen Strukturen anstellt.

[3] Vgl. Illich 1970.

[4] AaO 97, wo er folgende Zahlen mitteilt: ZA 5 Republiken mit 1925 5 340 488 E, die zu ca. 95 % katholisch sind, Guatemala sogar zu 99 %, mit insgesamt 462 Priestern = 1 : 10 000, in Guatemala sogar 1 : 28 000. Guatemala und Honduras hatten

Schon damals wurden also Ursache und Wirkung verwechselt. Inzwischen hat der Begriff „Priestermangel" durch die ständige Wiederholung bereits ein solches Eigengewicht erhalten, daß dieses Phänomen von vielen Autoren isoliert und nicht im Kontext der kirchlichen Strukturen analysiert wurde. Deshalb muß zunächst daran erinnert werden, daß es sich dabei genau wie bei dem Begriff „Unterentwicklung" um einen relativen Begriff handelt, der sich aus dem Vergleich Lateinamerikas mit anderen Teilen der Welt ergibt.

Die Dekade der fünfziger Jahre brachte plötzlich die nachdrückliche Diskussion um den Priestermangel. Es wird mit Heftigkeit auf beiden Seien des Atlantiks darüber diskutiert, ohne daß die eigentlich Betroffenen, die Priester der Neuen Welt, intensiv zu diesem Problem befragt würden oder ihre Stimme ausreichend zu Gehör bringen könnten. Daß es sich zum Teil um ein importiertes Modethema handelt, sieht man daran, daß es sogar Länder bewegt, die mehr Priester haben als früher, z. B. Uruguay, das 1912 175 Priester für 800 000 Einwohner (1 : 4571), 1963 aber 740 Priester für 2 470 000 (1 : 3337)[5]. Eine typische Stimme der fünfziger Jahre ist der brasilianische Franziskaner Baraúna, der Lateinamerika mit der übrigen Welt vergleicht, wo er eine Relation Priester : Gemeinde = 1 : 761 konstatiert, für Lateinamerika 1 : 5104 im Jahre 1953. Indem er hinzufügt, daß in Belgien ein Priester im Durchschnitt ein Gebiet von 2 km² zu versorgen hat, in Lateinamerika hingegen von 724 km², erscheint die Lage noch dramatischer[6].

Alle derartigen Vergleiche kranken daran, daß sie 1. eine pauschale Relation zwischen allen in einem Land vorhandenen Priestern zur Gesamtzahl der nominellen Katholiken herstellen, ohne zu prüfen, wieviel Priester tatsächlich im Gemeindedienst stehen, 2. im Grunde inkomparable Siedlungs-, Gesellschafts- und Parochialstrukturen nebeneinanderstellen und 3. die Grundsatzfrage völlig außer acht lassen, wieviel Priester man in Lateinamerika benötigen würde, wenn man das aus der Alten in die Neue Welt verpflanzte parochiale Versorgungssystem durch neue, den Bedürfnissen Lateinamerikas angepaßte Gemeindestrukturen ersetzen würde, in denen zahlreiche bisher von Priestern wahrgenommene Funktionen von den sogenannten Laien übernommen werden könnten.

Diese Fragen werden auch in der ersten lateinamerikanischen sozio-religiösen Untersuchung von Pérez/Labelle (1964) weitgehend ignoriert. Sie nennen ein Verhältnis von je 1 Priester auf 1000 Katholiken „ideal", weil dieses Verhältnis zu Anfang des 19. Jahrhunderts in Lateinamerika gegeben gewesen sei. Sie führen indes selbst diese Zielvorstellung ad absurdum, indem sie erwähnen, daß die Kirche der USA Priester nach Lateinamerika entsende, obwohl ihre Relation Priester : Katholiken erheblich ungünstiger ist als z. B. diejenige in Ekuador[7].

---

jeweils nur 1 Priester-Seminar mit 25 bzw. 20 Studenten. „Die Bildung der Weltpriester ist oft auf das Niveau der Pfarrkinder herabgedrückt". Puerto Rico hatte 120 Priester gegenüber 700 protestantischen Predigern, Nordbrasilien mit 13 Mill. E nur 1000 einheimische, ganz Brasilien für 30 Mill. E ca. 3000 Priester = 1 : 10 000. In Nordbrasilien waren in 25 Jahren nur 570 Priester geweiht worden. In Chile hatte sich die Bevölkerung seit 1850 verdreifacht, die absolute Zahl der Priester hingegen abgenommen. Ganz Spanisch-Amerika hatte 1922 nach P. Bayle 12 000 Welt-Priester, wovon nur 10 000 für die Seelsorge aktiv in Betracht kamen.

[5] Bojorge 1971, 102ff.   [6] AaO 66ff.   [7] AaO 17.

5312 Zahlenmäßige Stärke und Herkunft des Klerus

Nach der CELAM-Statistik von 1967 liegt die Gesamtzahl der Priester in Lateinamerika bei 42 589, wobei der Anteil der Ausländer bei knapp 36 % (15 381) liegt[8]. Diese Zahl schlüsselt sich folgendermaßen auf:

	Lateinamerikaner	Ausländer	Insgesamt
Ordenspriester	16 300	3 260	19 560
Diözesanpriester	10 908	12 121	23 029
	27 208	15 381	42 589[9]

Das bedeutet angesichts des rapiden demographischen Wachstums gegenüber früheren Jahren allerdings eine erhebliche Verschlechterung der kontinentalen Relation von Priesterzahl und Gesamtbevölkerung, die sich nach den Erfahrungen der letzten Jahrzehnte wohl künftig noch ungünstiger gestalten wird. Aber allein schon der Hinweis auf ca. 120 000 Ordensschwestern in Lateinamerika zeigt, daß die Lage keineswegs hoffnungslos ist[10]. In Venezuela hat man beispielsweise schon 1969 118 Nonnen in einem Befähigungskursus im ‚Instituto Nacional de Pastoral' auf den Einsatz in Parochien ohne Pfarrer in Dreiergruppen als Vikarinnen vorbereitet und in Armenvierteln von Caracas eingesetzt. Sie sollen sich periodisch wieder im Institut treffen, um ihre Ausbildung zu vervollständigen[11].

Der zahlenmäßige Anteil des einheimischen Klerus ist von Land zu Land verschieden, wie sich aus der unten angeführten Statistik ergibt (s. S. 1068ff).

Den geringsten Anteil an bodenständigem Klerus haben die Antillen, wo die römische Kirche bis in die jüngste Zeit den „Charakter einer ausländischen Institution" behalten und die Ausbildung des Nachwuchses sträflich vernachlässigt hat. In Puerto Rico z. B. stammten 1962 von 431 Priestern nur 63 aus dem Lande, was nicht Wunder nimmt, wenn man weiß, daß erst 1961 ein Priesterseminar eingerichtet wurde, also 450 Jahre nach der Gründung des Bistums San Juan. In der Dominikanischen Republik leben etwa 71 % Mulatten und 16 % reine Neger, aber der aus Spanien stammende Referent auf der Lateinamerikanischen Bischofskonferenz in Rio de Janeiro von 1955 bemerkte in seinem Bericht über die religiöse Lage Santo Domingos, daß farbige Priester „weder nötig noch nützlich" seien. Damit dürfte er die Meinung des italienischen Erzbischofs von Ciudad Trujillo (heute wieder Santo Domingo) wiedergegeben haben. Bei dieser Einstellung der Kirchenleitung ist es nicht erstaunlich, daß der Anteil des einheimischen Klerus dank reichlichen Priesterimports von 1946 bis Anfang der sechziger Jahre von ca. 33 % auf ca. 16 % absank[12].

---

[8] Promper 1965, 34 nennt für 1963 20 393 Welt- und 21 190 Ordens-Priester, also zusammen 41 583 und beziffert den Anteil der Ausländer auf 17 000 = 40 % (aaO 57). Da die CELAM-Statistik die erste exakte Erhebung darstellt, wird man aus den Differenzen wohl keine besonderen Schlüsse ziehen dürfen. Offen bleibt, ob der Unterschied im Anteil ausländischer Priester 40 % bei Promper für 1963 und 36 % in der CELAM-Statistik an der Ungenauigkeit der Angabe Prompers liegt oder an einer echten Abnahme von 1963 bis 1967.

[9] Boletín del Departamento de Vocaciones del CELAM - zitiert nach Dussel 1972, 262.

[10] Ebd. werden 116 102 Ordensfrauen und 4020 Laienschwestern verzeichnet, leider ohne Angabe des Anteils der Nichtlateinamerikanerinnen.

[11] NM 27 (1969), 178ff: ‚Vicarías de religiosas en Venezuela'.

[12] Vgl. Promper aaO 59f. Der italienische Salesianer Riccardo Pittini war Erzbischof 1935–1961. Ihm folgte der einheimische Weltpriester Beras.

Außer den Gr. Antillen sind die zentralamerikanischen Republiken mit Ausnahme Costa Ricas, sowie Venezuela, Peru, Chile und Bolivien die kirchlichen Notstandsgebiete Nr. 1 mit weniger als 50 % bodenständigem Klerus, einer extrem ungünstigen priesterlichen Nachwuchssituation (in Guatemala konnte ich im Dezember 1976 diesbezüglich indes eine Besserung feststellen), einer trotz des massiven Einsatzes ausländischer Priester sehr ungünstigen Relation zwischen der Gesamtzahl der Priester und der Summe der Katholiken, was besonders für Guatemala, Honduras, Kuba und die Dominikanische Republik gilt. Hinzukommt in Honduras, Nikaragua und Bolivien eine Überalterung des Klerus (Durchschnittsalter über 50)[13]. Bedenkt man, daß im lateinamerikanischen Durchschnitt nur 66,6 % aller Weltpriester und 31,7 % aller Ordenspriester im Gemeindedienst tätig sind[14], so kann man getrost die in den üblichen Statistiken aufgeführte Zahl der Katholiken pro Priester verdoppeln, um ein ungefähres Bild von der wahren Situation in den Parochien zu bekommen. Das Bild verschlechtert sich weiter durch die ungleichmäßige Verteilung des Klerus innerhalb der einzelnen Länder. Ähnlich wie die Ärzte neigen die Priester dazu, sich in Haupt- und Großstädten zu konzentrieren, was in erhöhtem Maße für den Regularklerus zutrifft, der meist hier seine Häuser errichtet hat. In den erwähnten Notstandsländern sieht das dann so aus, daß z. B. in Guatemala-Stadt auf einen Priester 5970 Katholiken kommen, in Quetzaltenango schon 9374, in Zacapá 16 216 und in Jalapa gar 20 556, ähnlich in Caracas 9900, in Maturín hingegen 24 200[15].

Ein weiteres Problem bildet das zahlenmäßige Mißverhältnis zwischen Diözesan- und Regularklerus. Geht man davon aus, daß der Einsatz von Ordenspriestern in Pfarreien die Ausnahme sein sollte, dann wäre es in Ländern mit relativem Priestermangel für die Versorgung der Pfarreien wünschenswert, daß die große Mehrheit der Kleriker Weltpriester wären. Auch diesbezüglich ist die Lage in Lateinamerika anomal, denn nur in Mexiko, Kolumbien, Costa-Rica, Haiti und Paraguay übertrifft die Zahl der Weltgeistlichen die der Ordensgeistlichen. Hinzu kommt, daß im lateinamerikanischen Durchschnitt 52,5 % der Regularkleriker Ausländer sind, deren Konzentration in den Notstandsgebieten natürlich am größten ist, während in einem Land wie Kolumbien, in dem das zahlenmäßige Verhältnis zwischen Diözesan- und Regularklerus ausgewogen ist, auch nur 35 % des Regularklerus aus Nichtlateinamerikanern besteht. Die Religiosen, die in ihrer Mehrheit im schulischen Erziehungswesen und in der Missionsarbeit tätig sind, leben auch im Parochialdienst selten so allein und isoliert wie die Weltpriester[16].

[13] Letztere Angabe bei Pérez/Labelle 1964, 20.
[14] Ebd. 19ff.
[15] Ebd. 18f. Auch in diesen Fällen gilt die erwähnte Regel, daß effektiv diese Angaben wegen des Ausfalls von Priestern für andere Aufgaben noch zu verdoppeln sind. Promper aaO 55 erwähnt, daß der Regularklerus sich folgendermaßen in den Hauptstädten konzentriert: Santiago 46 %, Montevideo 78 %, San José/Costa Rica 75 %, Caracas 53 %, Quito 45 %. Zuluaga 1971, 35ff weist darauf hin, daß sich die Nachwuchslage in Kolumbien verbessert hat. 1945—1970 stieg die Zahl der Priester erheblich stärker als die der getauften Katholiken, so daß sich die Relation der Zahl der Priester zu derjenigen der nominellen Katholiken von 1945 1 : 3790 auf 1970 1 : 3547 verbesserte, was wesentlich der Zunahme des bodenständigen Klerus zu verdanken ist, denn die Zahl der jährlichen Ordinationen stieg von 71 im Jahre 1951 auf 150 im Jahre 1970, eine Rate, die 1963 Brasilien bei dreimal soviel Katholiken hatte. [16] Pérez/Labelle aaO 23.

Kirchliche Statistik

Vorbemerkung

Alle Zahlenangaben von 1971 nach dem Päpstlichen Jahrbuch 1971 Annuario Pontificio della Chiesa Estatistico, Rom 1971). Angaben für Brasilien mit dem Jahresvermerk 1970 nach dem Anuário Católico do Brasil 1970/1971; Angaben für Mexiko bis 1968 nach González Ramírez 1969, die Zahlenangabe der mexikanischen Seminaristen für 1950 bezieht sich auf die Gesamtzahl von Studenten an Kleinen und Großen Seminaren, für spätere Jahre hingegen nur auf die Studenten der Seminarios Mayores. In diesem Punkt besteht in den Statistiken erhebliche Unklarheit. Vielfach sind die Studenten der Kleinen Seminare mitgerechnet. Die Angaben für El Salvador sind ergänzt nach dem Anuario Eclesiástico de El Salvador 1970, für Paraguay nach dem Anuario Eclesiástico 1968. Die Bevölkerungsstatistik für 1950 und 1968 ist von Ruiz García 1971, I, 37f übernommen. Die Angaben für 1954 stammen aus der Soziographischen Beilage Nr. 2 zur HKorr 9 (1954/55). In HKorr 19 (1964/65), 598 werden als lateinamerikanischer Durchschnitt der Relationen Priester : Einwohner folgende Werte genannt:

1900 1 : 3829
1951 1 : 5104
1960 1 : 4730
1963 1 : 4891.

Während die Relation für 1971 exakt nach den Angaben des Statistischen Jahrbuches des Vatikans auf die nominellen Katholiken berechnet ist, ist bei Angaben für frühere Jahre nicht völlig klar, ob die nominellen Katholiken oder alle Einwohner der jeweiligen Länder der Berechnung zugrunde gelegt sind. Was den Prozentsatz der Katholiken in den einzelnen Ländern anbelangt, der vom Päpstlichen Jahrbuch 1971 übernommen ist, so sind in bezug auf die Angabe von 96 % für Chile gewisse Zweifel angebracht, da die dortige Pfingstbewegung wahrscheinlich schon mindestens 5 % der Bevölkerung erfaßt hat.

Zahlreiche Daten sind von Adveniat 72/72. Rechenschaftsbericht S. 16f übernommen, deren Herkunft dort belegt wird. Der Anteil der ausländischen bzw. einheimischen Priester ist nach den Angaben von CELAM 1965 wiedergegeben, die Adveniat veröffentlicht hat. Generell kann man sagen, daß sich 2/3 der Weltpriester, aber nur 31,7 % des Regularklerus der Gemeindearbeit widmen. Wenn in einem Land mehr Ordens- als Weltpriester tätig sind, ist die Struktur des Klerus nicht in Ordnung. Wenn der Anteil an einheimischen Priestern gering ist, pflegen auch die Ordensfrauen zu einem hohen Prozentsatz aus dem Ausland zu stammen.

Länder	Brasilien	Mexiko	Argentinien	Kolumbien
Ausdehnung km²	8 456 508	1 967 183	2 776 656	1 138 914
Gesamtbevölkerung in 1000 (Jahr)	70 529 (1950) 94 523 (1970)	25 891 (1950) 48 900 (1968) 52 000 (1971)	16 888 (1950) 23 707 (1968) 24 352 (1972)	11 934 (1950) 19 289 (1968) 21 786 (1972)
Pro-Kopf-Einkommen in US$ (1972)	394,–	670,–	1 068,–	320,–
Katholiken in % (Jahr)	80 % (1971)	94,5 % (1971)	92 % (1971)	95,7 % (1971)
Bevölkerungsdichte (Einw. auf km²) (1971)	11,3	25,8	8,8	19,1
Priester insges. (Jahr)	7 600 (1954) 10 518 (1959) 11 144 (1964) 12 645 (1970) 12 649 (1971)	4 412 (1954) 6 365 (1960) 8 907 (1971)	4 120 (1954) 5 125 (1964) 5 543 (1969) 5 511 (1971)	3 120 (1954) 4 128 (1961) 4 486 (1964) 5 030 (1971)

Länder	Brasilien	Mexiko	Argentinien	Kolumbien
Diözesan-P. (Ausländer) (Jahr)	4 453 (1959) (724) 4 399 (1964) 5 037 (1970) 5 071 (1971)	3 656 (1950) 4 975 (1960) 6 348 (1968) 6 469 (1971)	 2 644 (1969) 2 670 (1971)	2 712 (1964) (123) 3 213 (1969) 2 993 (1971)
Ordens-P. (Ausländer) (Jahr)	6 065 (1959) (3 505) 6595 (1964) 7 608 (1970) 7 578 (1971)	756 (1950) 1 390 (1960) 2 103 (1968) 2 438 (1971)	 2 899 (1969) 2 841 (1971)	1 774 (1964) (667) 1 894 (1969) 2 037 (1971)
Nationale P. in % (Jahr)	59,8 % (1959) 61,0 % (1965)	91 % (1965)	77 % (1965)	80 % (1961) 84 % (1965)
Nominelle Katholiken pro P. (Jahr)	6 740 (1954) 6 221 (1964) 6 666 (1971)	5 080 (1954) 4 678 (1964) 5 250 (1971)	4 210 (1954) 4 087 (1964) 4 000 (1971)	3 560 (1954) 3 562 (1964) 4 170 (1971)
Seminaristen (Jahr)	1 820 (1950) 3 535 (1962)	2 048 (1950) 2 086 (1959) 2 278 (1963)	710 (1950) 667 (1956)	790 (1950)
Nominelle Katholiken pro S. (Jahr)	28 500 (1954) 20 000 (1962)	11 640 (1954)	24 650 (1954)	14 100 (1954)
Rangfolge in LA/ in der Welt (1954) nach der Zahl der nominellen Katholiken pro S. pro P.	 11/71 16/87	 3/50 10/79	 9/68 8/77	 4/53 6/75
Ständige Diakone	82 (1971)	1	4	—
Religiose (Professen) (1971)	2 469	958	1 072	1 040
Ordensfrauen (Jahr)	34 684 (1968) 35 701 (1971)	23 008 (1968) 23 316 (1971)	13 081 (1968) 12 535 (1971)	18 197 (1968) 17 285 (1971)
Kirchliche Jurisdiktionsbezirke (1967)	194	63	50	54
Pfarreien (1967)	5 068 (1968) 5 577 (1970)	2 652	1 723	1 842

Länder	Peru	Venezuela	Chile	Kuba
Ausdehnung km²	1 280 219	898 805	756 629	114 524
Gesamtbevölkerung in 1000 (Jahr)	8 521 (1950) 12 772 (1968) 14 015 (1971)	5 014 (1950) 9 686 (1968) 10 778 (1971)	6 073 (1950) 9 351 (1968) 9 780 (1971)	5 508 (1950) 8 390 (1971)
Pro-Kopf-Einkommen in US$ (1972)	446,–	931,–	854,–	?

Länder	Peru	Venezuela	Chile	Kuba
Katholiken in % (Jahr)	94,5 % (1971)	95,3 % (1971)	96 % ?(1971)	40 %
Bevölkerungsdichte (Einw. auf km²) (1971)	10,9	12,0	12,9	73,3
Priester insges. (Jahr)	1 446 (1954) 2 007 (1964) 2 385 (1969) 2 440 (1971)	930 (1954) 1 318 (1960) 1 909 (1964) 1 982 (1969) 2 176 (1971)	1 830 (1954) 2 472 (1964) 2 488 (1969) 2 200 (1971)	700 (1957) 723 (1960) 250 (1962) 196 (1971)
Diözesan-P. (Jahr)	821 (1964) 877 (1969) 996 (1971)	715 (1964) 896 (1969) 894 (1971)	940 (1964) 959 (1969) 916 (1971)	88 (1971)
Ordens-P. (Jahr)	1 186 (1964) 1 508 (1969) 1 444 (1971)	1 194 (1964) 1 086 (1969) 1 282 (1971)	1 532 (1964) 1 529 (1969) 1 284 (1971)	108 (1971)
Nationale P. in % (Jahr)	40 % (1965)	26 % (1965)	48 % (1965)	36 % (1965)
Nominelle Katholiken pro P. (Jahr)	5 880 (1954) 5 097 (1964) 5 445 (1971)	5 590 (1954) 4 715 (1971)	3 120 (1954) 2 962 (1964) 4 260 (1971)	7 980 (1954) 17 150 (1971)
Seminaristen (Jahr)	265 (1950) 475 (1956)	150 (1950) 129 (1959)	235 (1950)	49 (1954)
Nominelle Katholiken pro S. (Jahr)	31 900 (1954)	34 000 (1954) 40 000 (1959)	24 400 (1954)	110 200 (1954)
Rangfolge in LA/ in der Welt (1954) nach der Zahl der nominellen Katholiken pro S. pro P.	15/75 15/84	16/76 12/81	8/66 4/73	22/82 18/88
Ständige Diakone	4	—	42	—
Religiose (Professen) (1971)	508	445	749	1 000 (1957) 34 (1971)
Ordensfrauen (Jahr)	4 435 (1968) 4 578 (1971)	4 144 (1968) 4 306 (1971)	5 740 (1968) 5 861 (1971)	2 400 (1957) 215 (1971)
Kirchliche Jurisdiktionsbezirke (1967)	40	24	24	6
Pfarreien (1967)	991	758	731	228

Länder	Ekuador	Guatemala	Bolivien	Haiti
Ausdehnung km²	270 670	108 889	1 098 581	27 750
Gesamtbevölkerung in 1000 (Jahr)	3 197 (1950) 5 695 (1968) 6 297 (1971)	2 806 (1950) 4 864 (1968) 5 348 (1971)	3 019 (1950) 4 519 (1968) 5 063 (1971)	2 805 4 674 4 969

Länder	Ekuador	Guatemala	Bolivien	Haiti
Pro-Kopf-Einkommen in US$ (1972)	267,—	354,—	203,—	90,—
Katholiken in % (Jahr)	84 % (1971)	85,5 % (1971)	4 % (1971)	90 %
Bevölkerungsdichte (Einw. auf km²) (1971)	23,3	49,1	4,6	179,1
Priester insges. (Jahr)	1 010 (1954) 1 590 (1969) 1 349 (1971)	150 (1954) 526 (1969) 621 (1971)	530 (1954) 805 (1969) 845 (1971)	350 415 391
Diözesan-P. (Jahr)	746 (1969) 595 (1971)	168 (1969) 174 (1971)	274 (1969) 286 (1971)	217 (1953) 222 (1969) 219 (1971)
Ordens-P. (Jahr)	844 (1969) 754 (1971)	358 (1969) 447 (1971)	531 (1969) 559 (1971)	125 (1953) 193 (1969) 172 (1971)
Nationale P. in % (Jahr)	70 % (1965)	20 % (1965)	25 % (1965)	22 %
Nominelle Katholiken pro P. (Jahr)	3 420 (1954) 3 920 (1971)	18 400 (1954) 7 400 (1971)	5 620 (1954) 5 355 (1971)	8 000 (1954) 11 420 (1971)
Seminaristen (Jahr)	110 (1954)	38 (1954)	55 (1954)	56
Nominelle Katholiken pro S. (Jahr)	31 400 (1954)	73 300 (1954)	54 000 (1954)	50 000
Rangfolge in LA/ in der Welt (1954) nach der Zahl der nominellen Katholiken pro S. pro P.	13/73 5/74	20/80 23/90	19/79 13/82	17/77 19/89
Ständige Diakone	1	1	—	—
Religiose (Professen) (1971)	315	88	220	182
Ordensfrauen (Jahr)	3 503 (1968) 3 002 (1971)	633 (1968) 946 (1971)	1 586 (1968) 1 340 (1971)	1 340 (1968) 799 (1971)
Kirchliche Jurisdiktionsbezirke (1967)	22	11	16	5
Pfarreien (1967)	593	262	402	185

Länder	Dominikanische Rep.	El Salvador	Uruguay	Puerto Rico
Ausdehnung km²	48 442	20 935	186 926	8 897
Gesamtbevölkerung in 1000 (Jahr)	2 131 (1950) 4 029 (1968) 4 188 (1971)	1 868 (1950) 3 269 (1968) 3 534 (1971)	2 407 (1950) 2 818 (1968) 2 921 (1971)	2 240 (1952) 2 690 (1971)

Länder	Dominikanische Rep.	El Salvador	Uruguay	Puerto Rico
Pro-Kopf-Einkommen in US$ (1972)	356,–	294,–	833,–	?
Katholiken in % (Jahr)	91,5 %	92 %	91,5 %	86,6 %
Bevölkerungsdichte (Einw. auf km²) (1971)	86,5	294	15,6	302
Priester insges. (Jahr)	168 (1954) 443 (1969) 463 (1971)	230 (1954) 389 (1969) 437 (1970) 422 (1971)	700 (1959) 740 (1963) 696 (1971) 633 (1971)	300 (1954) 647 (1969) 715 (1971)
Diözesan-P. (Jahr)	40 (1953) 122 (1969) 105 (1971)	109 (1953) 199 (1969) 219 (1970) 201 (1971)	 265 (1970) 212 (1971)	 211 (1969) 270 (1971)
Ordens-P. (Jahr)	127 (1953) 321 (1969) 358 (1971)	89 (1953) 198 (1969) 218 (1970) 221 (1971)	 431 (1969) 421 (1971)	 436 (1968) 445 (1971)
Nationale P. in % (Jahr)	26 % (1965)	54,0 % (1965) 51,7 % (1970)	51 % (1965)	18 % (1965)
Nominelle Katholiken pro P. (Jahr)	12 800 (1954) 9 040 (1971)	8 690 (1954) 7 700 (1971)	2 740 (1954) 3 460 (1963) 4 250	6 670 (1954) 3 335 (1971)
Seminaristen (Jahr)	68 (1954)	41 (1953) 51 (1963) 85 (1967)	103 (1954)	26 (1954)
Nominelle Katholiken pro S. (Jahr)	31 600 (1954)	27 400 (1954) 33 500 (1967)	18 450 (1954)	77 000 (1954)
Rangfolge in LA/ in der Welt (1954) nach der Zahl der nominellen Katholiken pro S. pro P.	14/74 22/92	10/69 20/90	6/61 3/70	21/81 17/86
Ständige Diakone	3	–	4	–
Religiose (Professen) (1971)	103	63	227	77
Ordensfrauen (Jahr)	1 135 1 198	794 700	2 036 2 044	1 354 (1968) 1 664 (1971)
Kirchliche Jurisdiktionsbezirke (1967)	4	5	10	5
Pfarreien (1967)	199	184	205	173

Länder	Paraguay	Nikaragua	Costa Rica	Panamá
Ausdehnung km²	406 752	139 000	50 900	75 650
Gesamtbevölkerung in 1000 (Jahr)	1 397 (1950) 2 231 (1968) 2 466 (1971)	1 069 (1950) 1 848 (1968) 1 922 (1971)	801 (1950) 1 766 (1971)	797 1 372 1 475
Pro-Kopf-Einkommen in US$ (1972)	246,—	440,—	539,—	739,—
Katholiken in % (Jahr)	95 %	94,2 %	95,3 %	88,1 %
Bevölkerungsdichte (Einw. auf km²) (1971)	6,1	13,8	34,7	19,5
Priester insges. (Jahr)	320 (1954) 479 (1968) 480 (1971)	195 (1954) 315 (1969) 312 (1971)	135 (1954) 387 (1969) 370 (1971)	172 255 339
Diözesan-P. (Jahr)	190 (1969) 198 (1971)	126 (1969) 99 (1971)	242 (1969) 248 (1971)	82 90
Ordens-P. (Jahr)	260 (1968) 282 (1971)	189 (1968) 213 (1971)	145 (1968) 122 (1971)	173 249
Nationale P. in % (Jahr)	55 % (1965)	30 % (1965)	59 % (1965)	17 %
Nominelle Katholiken pro P. (Jahr)	4 070 (1954) 4 755 (1971)	5 130 (1954) 5 890 (1971)	4 650 (1954) 4 545 (1971)	5 770 4 000
Seminaristen (Jahr)	82 (1954)	8 (1954)	33	15
Nominelle Katholiken pro S. (Jahr)	15 860 (1954)	125 000 (1954)	24 200 (1954)	52 000
Rangfolge in LA/ in der Welt (1954) nach der Zahl der nominellen Katholiken pro S. pro P.	5/ 57 7/76	23/83 11/80	7/65 9/78	18/78 14/83
Ständige Diakone	—	—	—	—
Religiose (Professen) (1971)	65 (1968) 90	52	38	62
Ordensfrauen (Jahr)	916 (1968) 910 (1971)	330 (1968) 444 (1971)	847 (1968) 898 (1971)	433 335
Kirchliche Jurisdiktionsbezirke (1967)	9	7	5	6
Pfarreien (1967)	207	145	136	107

5313 Der einheimische Priesternachwuchs[17]

Lange nicht jedes lateinamerikanische Bistum hat ein Konzilsseminar, was bei den heutigen Verkehrsverhältnissen oft auch gar nicht mehr sinnvoll ist, besonders wenn die Bistümer verhältnismäßig klein sind. Schon jetzt beklagen Pérez/Labelle die „geringe Rentabilität" der meisten Seminare[18].

Die Ausnutzung der Seminare leidet stellenweise auch unter der Parallelität mit Ordensseminaren, an denen vielfach auch Säkularkleriker studieren. Die beschränkte Größe vieler Seminare – auch zahlreiche Konzilsseminare werden übrigens von Ordensleuten geleitet – bedingt eine schlechte Ausstattung mit Lehrmitteln und Lehrkörper, was die Anziehungskraft der Seminare vermindert. Die Mehrheit der Studenten der Großen Seminare kommt von Kleinen Seminaren, was sich aus der Tradition und der Unterentwicklung des Schulwesens in den meisten Ländern erklärt. Die Ausfallquoten sind in beiden Seminartypen sehr hoch. Im Gegensatz etwa zur Lage in den USA hat kaum ein Student der Großen Seminare vorher einen Beruf ausgeübt. Die Seminaristen kommen vorwiegend aus kinderreichen Familien. Zahlenmäßig sind die Söhne kleiner selbständiger Landwirte am stärksten vertreten (31,9 %), aber der Anteil von Seminaristen aus der Landbevölkerung entspricht nicht dem hohen lateinamerikanischen Durchschnittswert von 54,1 % Landbevölkerung. Kinder aus dem Sekundarsektor der Wirtschaft sind etwas überproportional vertreten. Stärker überpropotional vertreten sind Söhne aus dem Tertiärsektor, der etwa der Mittelschicht entspricht. 33,9 % der Seminaristen waren in christlichen Bewegungen aktiv wie der Katholischen Aktion, den katholischen Pfadfindern, dem Eucharistischen Feldzug und den Marianischen Kongregationen, die offenbar speziell bei jenen, die mit siebzehn oder mehr Jahren ins Seminar eingetreten sind, eine bewußtseinsbildende Rolle gespielt haben. Augenscheinlich besteht eine Beziehung zwischen der Stärke und Verbreitung solcher Bewegungen und der Stärke des Priesternachwuchses, denn in Kolumbien, wo die Nachwuchslage recht günstig ist, rekrutieren sich 52,7 % aller Seminaristen aus solchen Bewegungen[19].

Vom Lateinamerikanischen Plenarkonzil in Rom 1899 bis Ende der fünfziger Jahre wurde die Zahl der Großen Seminare in Lateinamerika von ca. 20 auf etwa 100 und die der Kleinen Seminare auf ca. 225 erhöht[20]. Die fünfziger Jahre, die die Diskussion über den Priestermangel auf ihren Höhepunkt brachten, wurden auch zum Jahrzehnt des Seminarbaus par excellence. Gleichzeitig waren die Einkünfte vieler Priester so niedrig, daß sie nicht von ihnen leben konnten, was Bojorge zu der Bemerkung veranlaßt:

---

[17] Daten hierüber finden sich bei Pérez/Labelle 1964, Promper 1965, in den Bänden der ‚Estudios Socio-Religiosos Latino-Americanos', deren Zahlenmaterial auch schon über 10 Jahre alt ist, und bei Zuluaga 1971, der mit vorbildlicher Materialfülle die kirchlichen Strukturen Kolumbiens kritisch durchleuchtet. In den sporadisch in allen Ländern erscheinen ‚Anuarios Católicos' sucht man vielfach vergeblich nach statistischen Angaben über die Zahl der Seminaristen für Welt- und Ordensklerus. Der in Rom zum Päpstlichen Jahrbuch erscheine ‚Annuario Statistico della Chiesa' (hier 1971) führt die Gesamtzahl der Priesterweihen pro Land und Jahr an, woraus sich gewisse Rückschlüsse ziehen lassen, wenn man die Entwicklung über eine Reihe von Jahren verfolgt.

[18] AaO 58. Die Verfasser haben ihre Untersuchung auf die Gr. Antillen, ZA, Venezuela, Ekuador, Peru, Bolivien, Paraguay und Uruguay beschränkt.

[19] Pérez/Labelle 1964, 71ff. Alle diese Angaben sind wegen ihres Alters und weil sie nicht alle lateinamerikanischen Staaten berücksichtigen mit Vorsicht zu genießen.

[20] Promper aaO 255 Anm. 83 u. a. nach A. Schmidt, Panorama general de la Iglesia y sus Seminarios en AL, Bogotá 1958.

„Der Priester zählte nach wie vor nichts, gerade und ironischerweise zu einem Zeitpunkt, zu dem der Name seines Amtes in aller Munde war."[21]

Ausdruck klerikaler Gigantomanie sind die Mitte der fünfziger Jahre gebauten Seminare von São Paulo und Viamão bei Pôrto Alegre, die mit 1000 bzw. 500 Plätzen den ersten und zweiten Rang unter allen Seminaren Lateinamerikas einnehmen. In jener Zeit kam hier der Nachwuchs noch sehr reichlich aus den Kreisen der italienischen, deutschen und polnischen Einwanderer, die einen ziemlich großen kulturellen Zusammenhalt und kirchliche Tradition bewahrt haben[22]. Der Verfasser traf das Seminar von Viamão Ende der sechziger Jahre indes schon fast leer an. Das traditionelle Seminar mit seinem Internatsbetrieb und seiner Isolierung von der wissenschaftlichen Pluralität der Universität ist in eine Krise geraten. Das macht sich auch in protestantischen Seminaren bemerkbar. In Brasilien kann man beobachten, daß Priester-Seminare in zunehmendem Maße in katholische Universitäten eingegliedert werden, wo solche vorhanden sind[23], während hochqualifizierte Ordensseminare wie das Franziskanische in Petrópolis auch auf nicht regulierte Studenten anziehend wirken und gut besucht sind[24].

Von Anfang an hat die CELAM (vgl. 5112), die eine eigene Abteilung für „Berufungen" hat, systematisch versucht, deren Zahl in kontinentalem Maßstab zu steigern. Auf der CELAM-Konferenz in Rom 1958 wurden die Statuten der geplanten Organisation der Seminare Lateinamerikas (OSLAM) beraten und 1962 von OSLAM ein erstes Treffen der Seminarrektoren abgehalten. Gemeinsam ist der OSLAM und den schon vorher in Argentinien, Paraguay, Peru und Kolumbien gebildeten Nationalsekretariaten zur Förderung des Priesternachwuchses, sowie den verschiedenen Priesterwerken mit ihren Bulletins und sonstigen Veröffentlichungen, daß sie den Priestermangel als determinierende Ursache der Probleme der Kirche in Lateinamerika ansehen[25].

Volksmissionen, Gebetssonntage für Priesternachwuchs, Werbeveranstaltungen aller Art wurden von ihnen durchgeführt, um die Zahl der Berufungen zu vermehren. Obgleich damit gewisse Erfolge erzielt worden sind, hat sich die Zahl der Semina-

---

[21] Bojorge 1971, 102ff. Statt sich um die Lage der Priester zu kümmern, regte sich Eugenio Pellegrino 1952 in einer Serie von Artikeln im ‚Osservatore Romano' über den „Skandal von 100 Mill. Getauften ohne religiöse Assistenz" in Lateinamerika auf; und 1953 veröffentlichte der argentinische Jesuit Jacinto Luzzi in der NRTh 75 (1953), 617ff ‚L'appel de l'Amérique Latine', den er im Bd. 77 (1955), 822–48 mit einer ausführlichen historischen Studie untermauerte, in der er eine bessere Verteilung des Weltklerus forderte, ergo die massive Entsendung ausländischer Priester nach Lateinamerika. Die Artikel erschienen nicht von ungefähr in Löwen, wo Kardinal van Roey 1953 auf Drängen des Vatikans das Lateinamerika-Kolleg eröffnet hatte.
[22] HKorr 11. Jg. 1956/57, 223ff.
[23] So wurde Viamão in die PUC von Pôrto Alegre eingegliedert. Sogar ein so traditionsreiches Ordensseminar wie das jesuitische ‚Colégio Máximo' in São Leopoldo, RS, das größte SJ-Seminar Lateinamerikas, hat sich der 1970 gegründeten ‚Universidade do Vale do Rio dos Sinos' (UNISINOS) angeschlossen, die allerdings auch in jesuitischer Hand ist. Die ‚Pontifícia Universidade Católica do Rio de Janeiro' (PUC) hat genau wie die PUC von Pôrto Alegre ein theologisches Institut.
[24] Die Franziskaner betreiben dort gleichzeitig den bedeutendsten katholischen Verlag Brasiliens, die ‚Editora Vozes Ltda.", und geben seit 1940 die von ihnen begründete REB heraus, eine theologische Zeitschrift, die ihresgleichen in Lateinamerika sucht.   [25] Bojorge aaO.

risten nicht enfernt so vermehren lassen, daß sie das demographische Wachstum der lateinamerikanischen Länder zusammengenommen übestiege, wenn sich auch die Situation in einzelnen bisher besonders vernachlässigten Regionen, wie z. B. in Haiti, wo 1956 ein Interdiözesanseminar gegründet worden ist, gebessert hat[26].

Noch 1963, als der Zusammenbruch dieser Strategie bevorstand, gründeten die mexikanischen Bischöfe in Rom als drittes lateinamerikanisches Kolleg den ‚Colegio Mexicano', da das Pio-Latino-Kolleg wegen der massiven Entsendungen von Seminaristen aus Lateinamerika ständig überfüllt war. Auf den Gedanken, in Lateinamerika selbst ein internationales Studienzentrum zu schaffen, in dem die Seminaristen dem sozio-ökonomischen, politischen, kulturellen und religiösen Kontext der Neuen Welt weniger fern wären, ist man offenbar nicht gekommen. Im Verlauf der sechziger Jahre wurde dann immer deutlicher, daß das Problem des Priestermangels kein rein technisches Problem ist, das sich durch vermehrte Werbung und verbesserte Ausbildungsmöglichkeiten — u. a. auch für Spätberufene, wie inzwischen verstärkt versucht wird — lösen ließe. Statt vom Priestermangel müßte man vom Problem des Priesters sprechen, von der Krise des Priesterberufes, die u. a. aus zunehmender Unklarheit über die Aufgaben der Priester in der gegenwärtigen gesellschaftlichen Umbruchsituation resultiert.

Zu welcher unsinnigen Geldverschwendung widersprüchliche Zielvorstellungen „progressiver" und „konservativer" Bischöfe in der Nachwuchspolitik führen können, zeigt das Beispiel von Bischof Manuel Pedro da Cunha Cintra von Petrópolis. Das kleine Seminar seiner ca. 850 000 Seelen umfassenden Diözese im Staate Rio de Janeiro ist nicht besonders attraktiv. Als zusätzliche Ausbildungsstätte bietet sich das hervorragende Ordensseminar der Franziskaner in Petrópolis an. Stattdessen schickt der Bischof seine Seminaristen auf ein konservatives Seminar in Italien, weil die Franziskaner ihm dogmatische und gesellschaftspolitische Fragen zu freimütig diskutieren[27]. Zwischenkirchliche Finanzhilfe scheint eine solche bischöfliche Politik zu erlauben, wahrscheinlich nicht nur im Falle von Petrópolis.

5314 Die Rolle der ausländischen Mitarbeiter

In der lateinamerikanischen Kirche sind ausländische Welt- und Ordenspriester, Religiose beiderlei Geschlechts und Laien in großer Zahl tätig. Wie in früheren Kapiteln dargelegt, riefen die lateinamerikanischen Bischöfe von der zweiten Hälfte des 19. Jahrhunderts an zahlreiche männliche und weibliche Kongregationen in ihre Bistümer, um Mission, Diakonie und kirchliches Schulwesen auf- und auszubauen. Ab Ende des 19. Jahrhunderts schickten auch die älteren Orden wieder Kräfte in die Neue Welt, und zwar vorerst nichtiberische, um ihre in einer tiefen Krise befindlichen dortigen Provinzen zu

---

[26] HKorr 10 (1955/56), 506. In ihrem ersten gemeinsamen Hirtenwort zu Trinitatis 1956 empfahlen die 28 Bischöfe der zentralamerikanischen Festlandrepubliken, unablässig über die Vortrefflichkeit des Priestertums zu predigen und die Seminare zu fördern, um den Nachwuchs zu beleben. Die Maßnahmen führten nicht zum gewünschten Erfolg, weil die Bischöfe jegliche ernsthafte Problemanalyse unterließen. Auf die 8,3 Mill. Katholiken der Region kamen damals 511 Diözesan- und 640 Ordens-Priester = 1 : 7200. Die Zahl der Seminaristen war von 170 im Jahre 1950 auf 150 im Jahre 1956 zurückgegangen.
[27] Diese Auskunft erhielt der Vf. auf eine entsprechende Frage von Professoren des OFM-Seminars.

beleben. Die 1814 wiedergegründete Gesellschaft Jesu hatte sogar schon in der ersten Hälfte des 19. Jahrhunderts ihre Arbeit in einer Reihe von Ländern erneut aufgenommen, in denen sie nicht durch Verbote daran gehindert wurde. Es ist unbestritten, daß von diesen ausländischen Kräften viel wertvolle Arbeit geleistet worden ist. Andererseits wurden von den neuen Orden aus Frankreich und Italien und auch von neu entsandten Mitarbeitern alter Orden manche alten Fehler durch mangelhafte Kenntnis des Kontextes wiederholt, z. B. in der Mission, und sicher manche lokalen Anstrengungen unterlassen, um bodenständige Mitarbeiter zu gewinnen oder neue Arbeitsformen zu schaffen. Die Gründung einheimischer Schwesternkongregationen u. a. in Mexiko und Argentinien zeigt, daß charismatische Gestalten durchaus Kräfte im lokalen Potential wecken konnten.

Nicht die Tatsache, daß die Weltkirche in Lateinamerika solidarisch mit Mitarbeitern aushilft, erscheint als solche problematisch, sondern die Zahl der entsandten Mitarbeiter im Verhältnis zur Zahl der bodenständigen Kräfte, die Art ihres Einsatzes und die Motivation ihrer Entsendung. Wenn auch exaktes statistisches Material fehlt, wird man sagen können, daß etwa bis 1950 nicht nur die Gesamtzahl der ausländischen Mitarbeiter der römischen Kirche in Lateinamerika, sondern auch ihr prozentualer Anteil erheblich niedriger lag als heute. Nachdem 1949 das kommunistische China seine Selbständigkeit errungen hatte, wurden ab 1950 von katholischer wie protestantischer Seite in der Chinamission freigewordene Kräfte nach Lateinamerika dirigiert, oft ohne eine geeignete Vorbereitung. Die Mobilmachung ausländischer Kräfte durch den Vatikan (vgl. 5112) gipfelte unter dem Pontifikat Johannes XXIII., der mit einer ganzen Reihe von Schreiben in den Jahren 1959—63 die Bischöfe der USA, Kanadas, Deutschlands, Italiens, Frankreichs, der Schweiz, Hollands, Belgiens, Irlands und Spaniens zur Priesterhilfe für Lateinamerika aufrief. 1960 schlug die Religiosenkongregation der USA vor, während zehn Jahren 10 % des Personals aller Orden der USA in Lateinamerika einzusetzen[28]. Effektiv kamen bis Ende 1965 von den angesprochenen Priestern, Mönchen und Nonnen nur 1622 nach Lateinamerika. Aber, so meint Illich, es kam zu einem „Ausbruch von karitativer Wut in der amerikanischen Kirche, der zur Gründung ‚päpstlicher' Freiwilliger, zu ‚Missionskreuzzügen' von Studenten, zum jährlichen ‚Catholic Inter-American Cooperation Program' (CICOP), zu Massenversammlungen, zahlreichen Diözesanmissionen und neuen Ordensgemeinschaften geführt hat"[29]. Besondere Ausbildungsstätten zur Entsendung von Priestern nach Lateinamerika und zur Ausbildung von Studenten aus Lateinamerika wurden in Spanien, Belgien (Löwen) und Italien gegründet. Gleichzeitig wurde mit personeller und finanzieller Auslandshilfe der Ausbau der lateinamerikanischen Hierarchie beschleunigt. Statt 316 Sprengeln im Jahre 1955 gab es 1964 schon 543 kirchliche Jurisdiktionen auf dem Subkontinent[30].

Eine vollständige Statistik nach dem neuesten Stand kann hier über die Gesamtzahl der ausländischen Mitarbeiter nicht geliefert werden. Folgende Angaben vermitteln einen ungefähren Eindruck:

---

[28] Promper aaO 270f. Illich 1970, 43 drückt letzteren Sachverhalt etwas anders aus: „Papst Johannes XXIII. verpflichtete 1960 alle Ordensoberen in den USA und Kanada, binnen 10 Jahren 10 % ihrer Priester und Nonnen nach Lateinamerika zu schicken." Prompers Datierung auf 1961 beruht offensichtlich auf einem Irrtum.

[29] Illich aaO 45.   [30] Promper aaO 271.

Herkunftsländer	a Welt- priester	b Ordenspriester	c Religiose	d Nonnen	e Laien- missionare	
Spanien		7 164 b+c		4 249		(1954)[31]
	650	18 000 b+c+d			50	(1962)[32]
USA	125	1 707				(1963)[32]
Kanada	113	459	229	774	117	(1965)[33]
Holland		1 376 b+wenige a				(1963)[32]
Deutschland	76	1 628	33	2 221	1	(1964)[34]
Gesamtzahlen	3 260	12 121	?	?	?	(1967)[35]

Ungefähr seit 1967, also etwa zehn Jahre nach Beginn des Großeinsatzes ausländischer Mitarbeiter und zumal Priester in Lateinamerika, begannen sowohl diese selbst als auch durch sie angeregt die lateinamerikanischen Bischöfe sich nach dem Erfolg, dem Sinn und den Auswirkungen dieses Unternehmens zu fragen.

Aufsehen erregte 1967 der offene Brief, den 220 der fast 1500 ausländischer Priester, die damals in Chile tätig waren, unterschrieben haben. Die deutschen, argentinischen, belgischen, kanadischen, spanischen, nordamerikanischen, französischen, englischen, irländischen, italienischen, luxemburgischen und holländischen Priester äußerten sich in diesem Brief an die Teilnehmer der Generalversammlung der chilenischen Bischofskonferenz und der Weltbischofssynode besorgt über die Lage der Kirche in Chile und stellten ihre Rolle als Gastpriester kritisch in Frage[36]. Ihr Anliegen teilt eine nicht genannte Zahl ausländischer Priester des nordostbrasilianischen Erzbistums São Luís de Maranhão, die sich mit einem ähnlichen Brief an die CNBB wandte, mit der Bitte, diese Problematik auch innerhalb der CELAM zu erörtern[37]. Beide Priestergruppen konstatierten nicht nur eine Stagnation, sondern sogar einen empfindlichen Rückgang der einheimischen Priesterberufungen. In Chile trafen 1960 75 ausländische Priester ein, 1967 schon 188. Nur 135 000 Katholiken brachten im statistischen Durchschnitt einen Diözesanseminaristen hervor. Der An-

---

[31] HKorr 9 (1954/55), 201ff; - vgl. dort auch die verschiedenen Methoden der Zusammenarbeit mit Lateinamerika.

[32] Promper aaO 273.

[33] CIDOC INFORMA, vol. III, Nr. 16, August 1966, 8/19—24. Zu den genannten Zahlen sind noch 8 Prälaten hinzuzuzählen.

[34] Groner 1969. Hinzukommen 14 Missionsbischöfe.

[35] CELAM-Statistik nach Dussel 1972, 262. Zahlen aus anderen Ländern, die Priester nach Lateinamerika entsenden, lagen dem Vf. leider nicht vor. Nicht nur die USA blieben mit ihren Entsendungen hinter den Wünschen Roms zurück, sondern auch Kanada und Spanien. Johannes XXIII. hatte die spanischen Bischöfe um die Entsendung weiterer 1500 Priester innerhalb von 3 Jahren gebeten, aber nur 400 kamen in Lateinamerika an. Von den 10 % in Kanada angeforderten reiste nur der 4. Teil aus - vgl. REB 28 (1968), 377. Nach einer mündlichen Mitteilung eines Mitglieds der CLAR im Dez. 1976 an den Vf. betrug 1975 die Gesamtzahl der in 26 ‚Conferencias Nacionales de Religiosos' in Lateinamerika zusammengeschlossenen männlichen und weiblichen Religiosen 171 000. Es gibt in den 21 Ländern insgesamt 26 Nationalkonferenzen, weil einige Länder getrennte Konferenzen für männliche und weibliche Religiosen haben. Von den 171 000 Religiosen (ohne die Glieder von Säkularinstituten) leben 40 000 in Brasilien.

[36] CIDOC INFORMA vol. V, Doc. 67/39, 1967, 39/1—12. Der Brief stammt aus dem Monat August 1967.

[37] Voller Text in REB 28 (1968), 370—77.

teil der chilenischen Priester sackte von knapp 50 % 1960 auf weniger als 40 % 1967 ab. Ähnlich verlief die Entwicklung in Maranhão. Dort waren von 130 Welt- und Ordenspriestern 1955 noch 51,5 % Brasilianer, 1968 von 212 Priestern nur noch 27,3 %, was bedeutet, daß sogar deren absolute Zahl von 67 auf 58 gesunken ist. Durch das rapide demographische Wachstum hat sich trotz des Zustroms ausländischer Kleriker die Relation der Zahl der Katholiken pro Priester auf 16 500 : 1 verschlechtert. Auf 3,6 Mill. Einwohner des Staates Maranhão kamen in der Erzdiözese nur 4 Diözesan- und 4 Ordensstudenten.

Die Unterzeichner beider Briefe stellen nüchtern fest, daß trotz des jahrelangen Großeinsatzes ausländischer Priester nicht der Schimmer einer Hoffnung auf eine Entwicklung zur Unabhängigkeit ihrer Kirchen bestehe. Da man aber nicht davon ausgehen könne, daß die Weltkirche auf unbegrenzte Zeit genauso viele, ja wegen des fortgesetzten Bevölkerungswachstums noch mehr Priester nach Lateinamerika schicken könne, sei es um die Kontinuität der Arbeit willen höchste Zeit, ganz neue Arbeitsformen ins Auge zu fassen. Sie machen einen entsprechenden Vorschlag, der im Abschnitt 532 erläutert werden soll. Ähnliche Besorgnisse trug 1970 auch eine große Gruppe bolivianischer und ausländischer Priester in Bolivien ihrer Bischofskonferenz schriftlich vor. Sie beurteilt die Lage in Bolivien so dramatisch, daß ein völliges Verschwinden des bodenständigen Klerus absehbar sei[38]. Ganz abgesehen davon ist der Einsatz ausländischen Personals stets problematisch. So hat Léonard schon 1952 die enorme Überfremdung des brasilianischen Klerus und der Orden kritisch angemerkt:

„Eine solche Lage muß Folgen für die Gläubigen des ganzen Landes haben. Wie groß auch sein Eifer sein mag, der ausländische Pater wie auch der protestantische Missionar bringen eine Mentalität und religiöse Gewohnheiten mit, die die Eingeborenen irritieren. Gegenwärtig zeichnet sich ab, daß zu einem Zeitpunkt, an dem der protestantische Klerus immer mehr ‚verbrasilianert', der katholische Klerus (wegen seiner zunehmenden Überfremdung) immer mehr Reaktionen des lokalen Nationalismus provozieren kann." Gleichzeitig räumt Léonard allerdings mit Sodré ein, daß der einheimische Klerus durch den Einfluß des ausländischen an Würde und Hingabe an seine Aufgabe zugenommen habe[39].

Am schärfsten hat Ivan Illich Motivation und Auswirkung der Priesterhilfe durchleuchtet:

Die nordamerikanische Hilfsaktion stützt sich auf einen Impuls, „der von unkritischer Phantasie und sentimentalen Urteilen getragen wird. Ein ausgestreckter Finger und ein ‚Ruf nach 20 000' überzeugten viele von der Parole ‚Lateinamerika braucht Dich'. Niemand wagte deutlich zu sagen warum, obwohl die ersten Propagandaveröffentlichungen auf vier Seiten Text mehrere Hinweise auf die ‚rote Gefahr' enthielten."[40]

Auch in Artikeln der Herder-Korrespondenz wird der Zusammenhang zwi-

---

[38] ‚Carta de un grupo de sacerdotes a los obispos reunidos en Tarija; puntos de reflexión sobre el sacerdocio en Bolivia. Walter de Bock; Miguel Rojas; y otros'. CIDOC INFORMA, vol. 10, Doc. 70/215, 1–6, 1970 nach PRESENCIA, La Paz, v. 14. 4. 1970, 3–5. Vgl. hierzu die Untersuchung des bolivianischen Forschungsinstituts IBEAS über die Einstellung des Klerus aus dem Jahre 1968: ‚El clero en Bolivia' - deutsch auszugsweise veröffentlicht in HKorr 25 (1971), 319f.

[39] Léonard 1963, 209f mit Bezug auf Sodré 1944.

[40] 1970, 45.

schen der kommunistischen Gefahr und der kirchlichen Entwicklungshilfe deutlich.

1954 wurde unter dem Titel „Zentralamerika und karibischer Raum" ausführlich über die kommunistische Gefahr in diesem Gebiet berichtet[41]. Und 1965 wird bemerkt, daß Lateinamerika auf der Dringlichkeitsliste der westlichen Welt auf einer der obersten Stellen stehe, weil es im Programm der östlichen Welt Priorität genieße[42]. Der Autor sieht keine Veranlassung, die kirchliche Hilfe deutlich von dieser fragwürdigen Motivation staatlicher Hilfe abzusetzen. Illich nennt den „sogenannten päpstlichen Plan", 10 % der nordamerikanischen Religiosen nach Lateinamerika zu entsenden, Teil der vielgestaltigen Bemühungen, „Lateinamerika im ideologischen Kreis des Westens festzuhalten". Die „päpstliche Aufforderung wurde von den meisten Katholiken in den USA als ein Aufruf verstanden, bei der Modernisierung der lateinamerikanischen Kirche nach nordamerikanischem Vorbild mitzuwirken. Der Kontinent, auf dem die Hälfte aller Katholiken lebt, sollte vor dem ‚Castro-Kommunismus' gerettet werden."[43]

1955 hat Pius XII. das Problem der Überfremdung des lateinamerikanischen Klerus noch mit der Bemerkung zu bagatellisieren versucht, daß man den Klerus anderer Länder wahrhaftig nicht als fremd ansehen dürfe, da jeder katholische Priester, der seinen Beruf wirklich erfülle, sich als Sohn jenes Landes fühlen würde, in dem er dafür arbeite, daß das Reich Gottes blühe und wachse[44].

Illich stellt ohne Bezug auf dieses päpstliche Wort fest, daß Männer und Mittel, „die aus missionarischen Motiven entsandt werden", notwendigerweise ein ausländisches Christentum bringen, eine ausländische Form der Seelsorge betreiben und geprägt vom politischen und wirtschaftlichen System des Westens auch eine entsprechende politische und wirtschaftliche Botschaft verkünden. Außerdem läßt sich die personelle kirchliche Hilfe nicht von der materiellen trennen. Und diese materielle Hilfe hat dazu geführt, daß die kirchlichen Apparate in Lateinamerika so aufgebläht sind, daß sie weitgehend von ständiger ausländischer Finanzhilfe abhängen. Von 1962 bis 1966 sind die Betriebskosten der Kirche um ein Vielfaches gestiegen.

„Diese Art von ausländischer Großzügigkeit hat die lateinamerikanische Kirche dazu verlockt, ein Trabant nordatlantischer Kultur und Politik zu werden ... Die lateinamerikanische Kirche erblüht von neuem, indem sie zu dem zurückkehrt, wozu die Konquistadoren sie geprägt hatten: eine koloniale Pflanze, die dank ausländischer Pflege blüht ... Die wahllose Masseneinfuhr von Klerikern verhilft der Kirchenbürokratie dazu, in ihrer eigenen Kolonie zu überleben, die mit jedem Tage ausländischer und komfortabler wird. Diese Einwanderung trägt dazu bei, die Hacienda Gottes alten Stils (auf der das Volk nur geduldet war) in den Supermarkt des Herrn zu verwandeln, in dem Katechismus, Liturgie und andere Gnadenmittel in großen Mengen vorrätig sind ... Kirchgänger, die an Priester, Novenen, Bücher und Spanien aus Kultur (möglicherweise auch an Francos Bild im Pfarrhaus) gewöhnt sind, stoßen" in der Begegnung mit den in den sechziger Jahren immer zahlreicher werdenden nordamerikanischen Priestern „auf einen neuen Typ von administrativer und finanzieller Begabung, der eine gewisse Art von Demokratie als christ-

---

[41] (1954/55), 41ff.   [42] 19 (1964/65), 597ff.   [43] AaO 43 und 45.
[44] So in einem Apostolischen Schreiben ‚Ad Ecclesiam Christi' 1955 an den Apostolischen Delegaten Kardinal Piazza, der als Präsident der allgemeinen lateinamerikanischen Bischofskonferenz in Rio de Janeiro fungierte - vgl. HKorr 10 (1955/56), 16.

liches Ideal anpreist. Die Menschen erkennen bald, daß die Kirche fern, ihnen entfremdet, ein importiertes und spezialisiertes Unternehmen ist, das vom Ausland finanziert wird und mit heiligen, nämlich ausländischem Akzent spricht." Illich, der mit Polemik nicht spart, um seine nordamerikanischen Landsleute wachzurütteln, macht auf die Gefahr aufmerksam, daß Missionare zu Faustpfändern in einem weltweiten ideologischen Kampf werden können. Das Evangelium aber so zur Stützung politischer und gesellschaftlicher Strukturen zu mißbrauchen, sei reine Blasphemie. Man dürfe nicht verkennen, daß der Zustrom nordamerikanischer Missionare zusammentreffe mit dem des Friedenskorps, mit der Allianz für den Fortschritt, mit Camelot und CIA-Projekten, so daß es beinahe nach einer untereinander abgestimmten Aktion aussehe, die den Anschein erwecke, als werde die Allianz für den Fortschritt „von christlicher Gerechtigkeit geleitet", obgleich sie letztlich auf eine Täuschung hinauslaufe, die „den Status quo aufrecht erhalten soll". „Der Missionar aus den USA ist notgedrungen ein getarnter Agent, der — wenn auch unbewußt — für soziale und politische Übereinstimmung mit den USA arbeitet. Bewußt hingegen verfolgt er das Ziel, Südamerika die Werte seiner Kirche zu vermitteln; Anpassung und Auswahl lassen es nur selten zu, daß er diese Werte selber in Frage stellt."

Illich und die ausländischen Priester, deren Briefe oben erwähnt sind, stimmen in der Sorge überein, daß die ausländischen Bluttransfusionen die unerwünschte Wirkung haben könnten, überholte kirchliche Strukturen, eine klerikale und blanglose Kirche am Leben zu erhalten, die ihre Mitarbeiter und ihr Eigentum sakralisiert und dank der reichlich fließenden ausländischen Hilfe blind wird „für die Möglichkeiten, Personen und Gemeinde zu sakralisieren"[45]. Deshalb erscheint die Forderung als folgerichtig, daß Begründung und Zielsetzung der zwischenkirchlichen Hilfe rückhaltlos offen und von Grund auf neu diskutiert werden müssen.

Die CELAM hat Ende der sechziger Jahre in einer Fragebogenaktion die Bischöfe um Stellungnahme zum Problem der religiösen Überfremdung, der Gefahr des „religiösen Kolonialismus" gebeten. Die Mehrheit der lateinamerikanischen Bischöfe glaubt indes nicht, daß die ausländische Hilfe die Krise ihrer Kirche künstlich verlängere, vielmehr wünscht sie, daß sie aufrechterhalten, ja sogar intensiviert werde. In ihrer üblichen Ausgewogenheit geben die Bischöfe gelegentliche Probleme mit den ausländischen Priestern zu, z. B. mangelnde Integration, mangelnde Planung der Hierarchie, die die Ausländer als willkommene Lückenbüßer benutzt, schematische Übertragung auswärtiger Arbeitsmodelle ohne Berücksichtigung der regionalen Kultur und „eine von revolutionärer Romantik gefärbte rein sozial orientierte apostolische Ausrichtung". So sehr die Bischöfe den Beitrag der Gäste zur biblischen, liturgischen und katechetischen Erneuerung, zur theologischen und seelsorgerlichen Reflexion und zur Erneuerung des Priesterbildes allgemein loben, so wenig scheinen sie in ihrer Mehrheit von zu intensiver Gesellschaftskritik erbaut zu sein[46]. Dabei ist das soziale Engagement eines Teils der aufgeklärten ausländischen Mitarbeiter gerade als Positivum ihrer Tätigkeit zu erwähnen, übertreffen sie darin doch nicht selten den einheimischen, oft stärker akkomodierten Priester (vgl. Venezuela 42403). Der hochgradig bodenständige Klerus von Mexiko oder Kolumbien ist ein Beispiel dafür, wie schwer es für Kleriker ist, die durch Familie und Erziehung mit den bestehenden Strukturen verbunden sind, diese so radikal in Frage zu stellen wie weniger voreingenommene Aus-

---

[45] Illich 1970, 43—55. [46] Vgl. REB 29 (1969), 913ff.

länder, wobei Ausnahmen, Männer wie Camilo Torres oder Héctor Gallego, nur die Regel bestätigen[47].

5315 Historische Gründe für die Strukturkrise der römischen Kirche

Die Ursachen für die Strukturkrise der Kirche hängen zu einem Teil mit ihrer kolonialen Entstehungsgeschichte zusammen. Als koloniale Patronatskirchen konnten die Bistümer und Orden automatisch mit Nachschub aus Spanien und Portugal rechnen. Da die Mehrzahl der Bischöfe und Ordensoberen bis zum Ende der Kolonialzeit aus den iberischen Ländern gebürtig war und vielfach auch dorthin zurückkehrte, brachte sie implizit eine, wenn auch von Fall zu Fall verschieden ausgeprägte Kolonialmentalität mit, also eine Einstellung, der genauso wenig an der Begründung der kirchlichen wie der staatlichen Unabhängigkeit gelegen war. Den Bischöfen konnte folglich die Heranbildung einer ausreichend großen Zahl kirchlicher Mitarbeiter im Lande kaum als ein vitales Problem erscheinen, dies um so weniger, als in vielen städtischen Zentren eine an spätmittelalterliche europäische Verhältnisse gemahnende Priesterfülle herrschte. Da es indes keine genauen Erhebungen über den Anteil bodenständiger Priester während der Kolonialzeit gibt, läßt sich das Maß der von Region zu Region verschieden großen Abhängigkeit von europäischen Klerikern und Religiosen nicht exakt beschreiben. Jedenfalls waren die Partikularkirchen auf den Tag X, den Tag der Unabhängigkeit, an dem viele Bischöfe und Priester des spanischen Kolonialbereichs in die Heimat zurückkehrten und andere nicht in gleicher Zahl ausreisen wollten oder durften, überhaupt nicht vorbereitet. Das gilt in besonderem Maße hinsichtlich der auf Grund rassischer und kultureller Vorurteile sträflich vernachlässigten Heranbildung von Priestern aus der starken Bevölkerungssubstanz der Indios, Mestizen, Neger und Mulatten (vgl. 2322). Die Vertreibung der Gesellschaft Jesu aus dem lusitanischen und spanischen Kolonialreich 1759/67 (vgl. 31422 und 31423) hat den Klerus auf längere Sicht weniger zahlenmäßig als qualitativ geschwächt[48], was sich besonders auf dem Erziehungssektor ausgewirkt hat. Noch verheerender sind die Folgen der Epoche der politischen Emanzipation (vgl. 32224) und die daraus resultierende Abhängigkeit der Kirche von der kreolischen Oligarchie gewesen. Die weitgehende Identifizierung zwischen

---

[47] Dies wurde dem Vf. im Dez. 1972 in Gesprächen im CIAS und im ‚Secretariado Social Mexicano' versichert, in denen auch auf das relativ niedrige Niveau der Masse des mexikanischen Klerus und auf sein sakramentalistisches Amtsverständnis hingewiesen wurde.

[48] Vgl. Tibesar 1966, 418, der darauf aufmerksam macht, daß das numerische Defizit von 2617 vertriebenen Jesuiten nicht überschätzt werden dürfe. Erstens waren sie nicht alle Priester und zweitens hat die Krone 1760–80 allein 2049 Ordenspriester nach Spanisch-Amerika ausgesandt. In qualitativer Hinsicht sei die Lücke durch den Abzug der SJ viel empfindlicher gewesen und dies besonders in Brasilien. Zuluaga 1971, 13 unterstreicht für Kolumbien die verhängnisvollen Folgen für den ganzen Missions- und Erziehungssektor. Generell läßt sich in der Kolonialzeit keineswegs von einem Priestermangel sprechen, wie Lembke 1973, 125 dies unter Berufung auf Gordan 1957 tut, wobei völlig unklar bleibt, wieso Lembke sich auf diesen alten Aufsatz beruft, statt das entgegengesetzte Forschungsergebnis von Promper, den er S. 124 ausführlich zitiert, zu berücksichtigen, obgleich Promper die erste gründliche Forschungsarbeit zu diesem Fragenkomplex vorgelegt hat. In REB 32 (1972), 284 wird sogar von einem Priesterüberschuß in der Kolonialzeit gesprochen.

kirchlichen und konservativen Interessen mußte den antiklerikalen Impetus der Liberalen verstärken (vgl. 41).

Die mangelnde Offenheit der Kirche für die breiten Volksmassen, ihre mangelnde Bereitschaft, sich mit den Problemen und Sorgen des Volkes zu identifizieren, schmälerte ihren Nachwuchs aus Schichten, die schon in der Kolonialzeit nicht genügend angesprochen worden waren. Dieses Versäumnis sollte in dem Maße verhängnisvoller werden, wie die kirchliche Laufbahn für die Jugend der Oberschicht an Anziehungskraft verlor. Der Verlust an Anziehungskraft wiederum war zumindest teilweise, wie Tibesar für Peru nachgewiesen hat (vgl. 41237), durch die ultramontane Restauration der lateinamerikanischen Partikularkirchen im 19. Jahrhundert bedingt.

Dennoch darf die Tragweite dieser und anderer Faktoren für die heutige Lage nicht überschätzt werden, wie das Beispiel Mexiko lehrt.

Die mexikanische Kirche hat in der zweiten Hälfte des 19. Jahrhunderts und im Gefolge der mexikanischen Revolution mit sehr widrigen Umständen zu kämpfen gehabt und hat noch heute eine viel ungünstigere Rechtsposition als andere lateinamerikanische Kirchen, und trotzdem hat sie in Relation zur Bevölkerung den stärksten Nachwuchs und mit nur 9 % den geringsten Anteil an ausländischem Klerus. Die Bedrohung der Kirche und die Schwierigkeiten bei der Einführung ausländischer Kleriker scheinen in Mexiko eher zu einer Stärkung der bodenständigen Strukturen als zu einer Schwächung geführt zu haben, während Länder wie Kuba und Puerto Rico, deren Kolonialdasein fast achtzig Jahre länger gedauert hat, bzw. im Falle Puerto Rico in anderer Form noch andauert, bis heute hochgradig von ausländischem Klerus abhängig sind. Bei solchen Vergleichen muß indes auch berücksichtigt werden, daß die kirchliche Entwicklung in Ländern wie Mexiko, Kolumbien, Ekuador und Peru in der Kolonialzeit viel intensiver war als auf Kuba, in Zentralamerika, Venezuela, Bolivien oder Brasilien, so daß in diesen Gebieten auch die Substanz zur selbständigen Weiterentwicklung geringer war.

Auch innerhalb der einzelnen Gebiete war die kirchliche Entwicklung zu den Schwerpunkten kolonialer Besiedlung sehr verschieden, was Nachwirkungen bis in die heutige Zeit hat.

Die Spanier bevorzugten die Besiedlung des klimatisch angenehmen Hochlandes. Dort wurden folglich auch die kirchlichen Strukturen am stärksten ausgebaut, während die Golfküste Mexikos, die karibische Küste Zentralamerikas, die Küsten- und Binnentiefländer Südamerikas vernachlässigt wurden. Eine Ausnahme ist Lima, die einzige kolonialzeitliche Hauptstadt im Tiefland. Umgekehrt ist die Lage in Brasilien, da die Portugiesen eine Küstenkultur aufgebaut haben. Während in Brasilien im Binnenland (interior) die Relation Priester : Zahl der Katholiken noch heute fühlbar ungünstiger ist als in der Küstenregion, ist in den ehemaligen Gebieten des spanischen Kolonialreichs diese Relation in den Küsten- und Tieflandgebieten erheblich ungünstiger als im Hochland. Nach soziologischen Gesichtspunkten bedeutet das, daß Bevölkerungsgruppen, die eines langwierigen Evangelisationsprozesses bedurft hätten, seit eh und je vom kirchlichen Apparat vernachlässigt worden sind, nämlich die Neger und Mulatten auf den Antillen, an der mexikanischen Golfküste, den Küsten Venezuelas, Kolumbiens und Ekuadors, die Indios, Mestizen und Mulatten auf der Halbinsel Yucatán und an der nikaraguanischen Mosquito-Küste, die ‚caboclos', Neger und Mulatten im mittel- und nordostbrasilianischen ‚interior'. Hinzukommt, daß die Kirche zu diesen Bevölkerungsgruppen auch, soweit sie präsent war, keinen echten inneren Zugang gefunden hat, da sie sich ihnen zu sehr mit europäischer religiöser Kultur genähert hat, so daß diese Menschen auch eine gebrochene Beziehung zur römischen Kirche und zur Zivilisation ihrer Priester haben und folglich auch keinen nennenswerten Nachwuchs für den Priesterstand liefern, „d. h. für einen Stand, der einem ganz anderen soziologischen Lebensbereich" angehört[49].

Dieser Mangel an Anpassung seitens der Kirche dürfte ein wesentlicher Grund sein für den Priestermangel auf den Antillen, in Zentralamerika (mit Ausnahme des stärker von spanischen Einwanderern geprägten Costa Rica), in Venezuela, Bolivien, Peru, Chile und Brasilien. In den letzten drei Staaten ist dieser Mangel nicht so extrem, weil hier die iberischen Teile der Bevölkerung und die europäischen Einwanderer aus dem 19. und 20. Jahrhundert (Chile und Brasilien) bzw. die akkulturierten ‚cholos' (Peru) mehr Priesternachwuchs hervorbringen.

Es ist interessant festzustellen, daß keines der üblichen Schemata zur Einteilung der lateinamerikanischen Gesellschaften oder Staaten, seien sie nun mehr von der Volkssubstanz oder mehr vom Sozialgefüge und der wirtschaftlichen Struktur bestimmt, imstande ist, über die Lage der römischen Kirche und damit auch über die Nachwuchssituationen Aufschluß zu geben.

Von den von Mauricio López[50] in die Gruppe der Länder mit archaischer Struktur eingeordneten Ländern leiden zwar die meisten unter Priestermangel, aber Ekuador, Peru und Paraguay doch wesentlich weniger als die übrigen. Hier sind also Länder in einer Gruppe vereinigt, die extrem schwache kirchliche Strukturen haben wie Panamá mit 17 % einheimischen Klerus und solche mit verhältnismäßig starken Strukturen wie Ekuador mit 70 % einheimischen Klerus. In der Gruppe der Länder mit doppelter Struktur (ländlich archaischer und großstädtisch moderner) finden sich kirchlich mehr oder wenig schwache Staaten wie Venezuela und Brasilien und solche mit starker Basis wie Mexiko und Kolumbien. Auch in der Gruppe der Länder mit einheitlicher nationaler Struktur und einheitlichem Sozialgefüge — Argentinien, Uruguay und Chile, die Darcy Ribeiro als „verpflanzte Völker" charakterisiert und die ein anderer Autor[51] nach wirtschaftlichen und sozialen Gesichtspunkten als einzige in die oberste Gruppe 6 einordnet — ergibt sich kein einheitliches Bild in bezug auf die kirchliche Situation. Die Unterschiede dürften durch andere Faktoren hervorgerufen werden. Uruguay ist der am stärksten säkularisierte Staat Südamerikas und Chile hat weder eine völlig einheitliche nationale Struktur noch ist es in demselben Maße ein verpflanztes Volk wie Uruguay und Argentinien, so daß Uruguay und Chile im Gegensatz zu Argentinien unter 50 % nationale Priester haben. Im übrigen ist die Einteilung von Ribeiro für diese Fragestellung genauso wenig nützlich, rangiert doch unter den „Zeugenvölkern" z. B. das kirchlich schwache Guatemala zusammen mit dem starken Mexiko oder unter den „neuen Völkern" das schwache Haiti zusammen mit dem starken Kolumbien.

[49] Zur Zivilisation der ‚caboclos' vgl. G. J. Câmara 1953 nach HKorr 8 (1953/54), 457 bzw. nach Promper aaO 151. Zuluaga 1971, 11ff bestätigt für Kolumbien, daß die Missionare dem Zug der spanischen Einwanderer in das klimatisch angenehme Hochland folgten, so daß die Evangelisation der Küstenzonen nur sporadisch erfolgte. Während die spanischen Orte immer mit priesterlicher Versorgung rechnen konnten, waren die Priester in den ‚Doctrinas de Indios' immer knapp. Aus den ‚Doctrinas' wurden erst richtige Parochien, wenn weiße Siedler zuzogen, so daß man nicht von einer authentischen Evangelisation, sondern mehr von einer Evangelisation durch Akkulturation, d. h. durch den dauernden Kontakt mit den Weißen, sprechen kann. Die kirchliche Arbeit unter der Negerbevölkerung an den Küsten war dürftig, so daß afrikanische Kulte weiter blühten und es bis heute an Priester-Nachwuchs aus den Küstenzonen völlig fehlt.

[50] 1969, 52ff.
[51] Vgl. HKorr 16 (1961/62), 259ff ohne Nennung des Verfassernamens.

Eher scheinen folgende Gesichtspunkte die kirchliche Lage zu erklären: Eine verhältnismäßig starke kirchliche Basis haben Länder, deren indianische Bevölkerung schon in der Kolonialzeit kulturell und rassisch eine starke Symbiose mit den iberischen Einwanderern gebildet hat, also Mexiko, El Salvador, Kolumbien, Ekuador, Peru und Paraguay. In Paraguay war der Anteil der Spanier und damit der Kulturimport am kleinsten, aber die Vermischung sehr gründlich. In Eukuador war das spanische Einwandererkontingent im Verhältnis viel bescheidener als in Peru, aber die kulturelle Durchdringung stärker als in Peru, weshalb sich in Peru die negativen Folgen der mangelhaften Akkomodation in stärkerem Priestermangel äußern. Ebenfalls verhältnismäßig stark ist die kirchliche Grundlage in den verpflanzten Völkern, zu denen auch Costa Rica zu zählen ist. Extrem ungünstig ist dagegen die Lage in überwiegend von Indio-Kulturen geprägten Ländern wie Guatemala und Bolivien, vorwiegend vom negroiden Element bestimmten neuen Völkern wie auf den meisten Kleinen Antillen, den Großen Antillen, sowie in Panamá und in während der Kolonialzeit vernachlässigten Ländern mit einem geringen Anteil weißer Einwanderer und einer aus Mischlingen bestehenden Bevölkerungsbasis wie Honduras, Nikaragua und Venezuela[52].

In Venezuela dürfte die Zerrüttung der Kirche im 19. Jahrhundert durch den extrem ausgedehnten Befreiungskampf, die zahllosen Bürgerkriege und die besonders antiklerikale Politik der unter liberalen Vorzeichen angetretenen Diktatoren zusätzlich bedingt sein. Auf Kuba und Puerto Rico dürfte die Verlängerung des spanischen Patronatskirchentums zusammen mit der fortdauernden Vernachlässigung der Bemühungen um bodenständigen Nachwuchs in dieselbe Richtung gewirkt haben.

Eine Mittelstellung nimmt Brasilien als neues Volk ein, dessen Kirche sich trotz ungünstiger politischer und kultureller Voraussetzungen nach der Trennung von Staat und Kirche 1891 recht gut entwickelt hat, nicht zuletzt dank der kirchlichen Tradition der katholischen Neu-Einwanderer des 19. und 20. Jahrhunderts, deren Nachkommen einen überproportionalen Anteil an Klerus und Hierarchie haben.

Faktoren der historischen Entwicklung des 19. und 20. Jahrhunderts wie die Säkularisierung, die Laikalisierung des Schulwesens, die kirchenfeindliche Haltung der Regierungen, der von ihnen ausgehende Einfluß auf das soziologische Milieu, der sich negativ auf den Umfang des kirchlichen Nachwuchses ausgewirkt haben soll, dürfen nicht überbewertet werden, wie Promper es tut[53]. Ein Fortfall dieser Faktoren hätte die Krise des lateinamerikanischen Katholizismus womöglich nur länger verdecken und damit Heilungsversuche hinauszögern können.

Das läßt sich belegen. Promper erwähnt als eine erfreuliche Ausnahme für die Haltung von Regierungen, daß sich die römische Kirche in der Dominikanischen Republik lange Zeit des ausgesprochenen Wohlwollens der Regierung erfreut habe[54],

---

[52] In Nikaragua gibt es ca. 77 % indianische Mestizen, 9 % Neger, 4 % reine Indios und 10 % Mulatten, Zambos und Weiße. In Honduras beträgt der rein spanische Bevölkerungsanteil weniger als 1 %. Die Bevölkerung besteht zu 90 % aus Mischlingen, wobei an der nördlichen karibischen Küste das negroide und sonst das indianische Element überwiegt - vgl. South American Handbook 1970, 753 und 771.

[53] 1965.   [54] AaO 142.

ohne dabei zu sagen, daß sich hinter dem neutralen Begriff „Regierung" in diesem Fall die üble Familiendiktatur der Trujillos (1930—61) verbirgt. Trotz dieses angeblich für die kirchliche Nachwuchsgewinnung so wichtigen staatlichen Wohlwollens rangiert die dominikanische Kirche weiterhin unter den allerschwächsten des Kontinents und wird mit 74 % ausländischen Klerikern in Gang gehalten. Die Mesalliance mit den Trujillos dürfte ihre Glaubwürdigkeit auf längere Zeit erschüttert haben[55]. Wenn andererseits der schulische Laizismus und das dadurch bewirkte Fehlen von Religionsunterricht so negativ gewirkt hat, müßte ja umgekehrt das weit ausgebaute katholische Schulwesen erheblich zur Behebung des Priestermangels beitragen. Die Beobachtung zeigt indes, daß das kaum der Fall ist. Kuba z. B. hatte 1960 noch 339 katholische Schulen mit 35 000 Schülern, an denen Hunderte von ausländischen Priestern und Ordensfrauen tätig waren, aber nicht halb so viele bodenständige Priester wie katholische Schulen. Im Schulwesen werden die Fehler der Kolonialzeit fortgeführt, indem nach wie vor vorzugsweise Kinder der Ober- und Mittelschicht in einem traditionellen, dogmatisch korrekten, aber nicht gesellschaftskritischen Katholizismus erzogen werden, der kaum kirchliches Engagement in der heutigen Zeit hervorrufen kann (vgl. 535).

In diesem Zusammenhang muß Illichs provokative Bemerkung gehört werden, daß die massenweise Aussendung von Priestern nach Lateinamerika einem „betörenden Sirenengesang" gleiche, der den chronischen Überschuß an Klerikern verschleiere und es verhindere, „diesen Überschuß als die ernsteste Krankheit der Kirche zu erkennen".

„Ein großer Teil des Personals der lateinamerikanischen Kirche wird gegenwärtig in privaten Institutionen beschäftigt, die den mittleren und oberen Schichten dienen und oft ansehnliche Gewinne abwerfen. Das alles auf einem Kontinent, wo Lehrer, Pflegepersonal und Sozialarbeiter in öffentlichen Institutionen, die den Armen dienen, dringend benötigt werden. Ein großer Teil des Klerus wird mit bürokratischen Arbeiten beschäftigt, die gewöhnlich mit dem Hausieren von Sakramenten, Sakramentalien und abergläubischen ‚Segnungen' zu tun haben. Die meisten von ihnen führen ein elendes Leben. Die Kirche, die außerstande ist, ihr Personal für seelsorgerlich sinnvolle Aufgaben zu verwenden, kann nicht einmal ihre Priester und die 670 Bischöfe, von denen sie regiert werden, unterhalten. Die Theologie dient dazu, dieses System zu rechtfertigen, das Kirchenrecht dient seiner Verwaltung, und der ausländische Klerus soll weltweites Einvernehmen darüber schaffen, daß es fortgesetzt werden müsse."[56]

Von einem chronischen Priesterüberschuß kann zweifellos so verallgemeinernd nicht in allen Ländern gesprochen werden. Aber selbst in Ländern mit extremer Priesterknappheit werden die wenigen Priester auch nicht durchweg funktionsgerecht eingesetzt. Das ist der berechtigte Kern der Kritik Illichs. Dies ist ein ernstes Krisensymptom der kirchlichen Strukturen, das die Werbekraft des Priestertums gegenüber der Jugend nicht gerade erhöht.

Die kirchliche Strukturkrise wirkt sich auch innerhalb der Orden in Form von Nachwuchsmangel aus.

1972 beriet der ‚Centro de Investigaciones Socio-Culturales' (CISOC) in Santiago de Chile im Auftrag der CLAR zusammen mit den Novizenmeistern über die Nach-

---

[55] González 1969, 75f deutet das problematische Verhältnis der römischen Kirche zu Rafael Leónidas Trujillo, „one of the worst tyrants that New World has seen", nur zart an, indem er bemerkt: „At other times, and especially during Trujillo's reign, they (the members of the hierarchy) have been accused of being too lenient and cooperative with tyrannical governments". [56] Illich 1970, 50.

wuchskrise. Dabei stellte sich heraus, daß keine Kongregation sich von diesem Problem in ihrem Lebensnerv getroffen fühlte und alle Energien einsetzte, um es zu lösen. Das traditionelle System der Nachwuchsgewinnung über Kleine Seminare ist zusammengebrochen. Ein Ersatzsystem ist noch nicht gesucht worden. Es hat bisher an gemeinsamen Überlegungen zwischen den Orden, die nur eine sehr mangelhafte Kommunikation hatten, gefehlt.

Es ist symptomatisch, daß die Ausbilder bis 1972 noch nicht bemerkt hatten, daß die großen theologischen Themen — Befreiung, Prophetie, Politik —, die Lateinamerika erregen, eine vitale Beziehung zum Ordensleben haben, ja, daß sie die größte Herausforderung für die Orden darstellen. Das Aufgehen dieser Erkenntnis spricht aus folgender Bemerkung eines Novizenmeisters hinsichtlich der Ausbildung, des Glaubenszeugnisses, das von den Erziehern ausgeht, und der Erfahrungen, die sie bei den Novizen erzeugen: „Wir selbst sind das Problem!"[57]

Erst in der Gegenwart nimmt also die Erkenntnis zu, daß der häufig beklagte Nachwuchsmangel beim Ordens- und Weltklerus Ausdruck einer Krise des Priesterberufes ist, in der sich die Krise der Kirche selbst äußert, die eng mit der tiefen Gesellschaftkrise der lateinamerikanischen Staaten zusammenhängt. Diese dreifache, einander bedingende Krise führt zur Frustration, aus der nicht selten eine Berufsaufgabe oder ein Studienabbruch wird[58].

Welchen Umfang die Amtsniederlegungen angenommen haben, sei am Beispiel Brasilien demonstriert: Wegen Dispens vom Zölibat waren in Brasilien 1975 2000 Priester außer Dienst. Allein 1973 wurden deshalb 223 Patres dispensiert. Die Zahl der Dispensierten und der Sterbefälle übersteigt die Zahl der Neuordinierten erheblich. Allein in Rio de Janeiro leben ca. 1000 verheiratete Priester und in São Paulo etwa ebenso viele. In der Erzdiözese Rio de Janeiro wurden 1973 nur 5 Priester ordiniert, aber 7 ließen sich in den Laienstand zurückversetzen und nur 4 Kandidaten traten in das Erzbischöfliche Seminar ein. Für die mehr als 5 Mill. Katholiken der Erzdiözese standen nur 881 Priester zur Verfügung, darunter nur 296 Weltpriester[59].

Es fehlt an einer repräsentativen Befragung aller säkularisierten Priester in Lateinamerika und an einer Analyse ihrer Motive. In der Literatur werden ziemlich unsystematisch einige Motive genannt wie der Wunsch nach Überwindung

---

[57] Montes 1972, 540f.
[58] Hierüber fehlt es an Untersuchungen. Pérez/Labelle 1964 bringen das wenige Material 50ff. Sie weisen darauf hin, daß der Übergangsprozeß von einer ländlichen in eine urbane, technische Gesellschaft auch für die Priester erhebliche gesellschaftliche Anpassungsschwierigkeiten mit sich bringe. Auf die Jugend der Länder mit starken Entwicklungsgegensätzen zwischen archaischen und modernen Strukturen, die zu scharfer Kritik und Rebellion neigt, wirkt es für die Wahl des Theologiestudiums enorm abschreckend, wenn ihnen ein priesterliches Ideal vorgelebt wird, das den Anforderungen des modernen Menschen absolut nicht entspricht. Illich 1970, 50 zieht die Verbindungslinie zwischen der Abschreckung der Idealisten vom Priesterberuf und der Anziehung der Materialisten durch überreichliche Auslandshilfe: „Ein gesundes Wertempfinden leert die Seminare und die Reihen des Klerus viel wirksamer als etwa ein Mangel an Disziplin und Freigebigkeit. Tatsächlich machte das neue Gefühl des Wohlbefindens die kirchliche Laufbahn dem Selbstsüchtigen viel anziehender". Angesichts der kümmerlichen materiellen Bedingungen des Priester-Daseins in vielen Teilen Lateinamerikas darf diese Bemerkung indes nicht unzulässig verallgemeinert werden.
[59] Vgl. CEI Nr. 99 (Febr. 1975), 6 und Nr. 95 (Oktä 1974), 4.

der persönlichen Isolierung durch die Ehe, der naturgemäß bei den am stärksten vereinzelt lebenden Weltpriestern häufiger auftritt als bei den Religiosen, die Sinnentleerung des Priesteramtes, die wesentlich darin begründet ist, daß die Eucharistie ihres Zentralsinns beraubt ist, der darin besteht, eine neue Wirklichkeit anzukündigen, die Ungerechtigkeiten zu denunzieren und echte Gemeinschaft zu begründen. Die Hierarchie bemüht sich indes oft mehr, eine zweifelhafte Einheit zu bewahren. Die Sinnentleerung wird weiter dadurch bedingt, daß Priester ihre Tätigkeit entsprechend der konservativen, am Kulturkatholizismus vergangener Tage orientierten Haltung ihrer Oberhirten auf das rein religiöse Gebiet beschränkt sehen, entsprechend der Auffassung der Kolonialzeit, daß Religion trotz oder gerade wegen der christlichen Staatsordnung eigentlich „Privatsache" ist, d. h. eine persönliche Angelegenheit, die in Kultakten, Prozessionen und dergleichen Öffentlichkeitscharakter gewinnt, aber nicht durch die Propagierung christlicher Gesellschaftsethik. Andere Priester hingegen überwinden diese Loslösung ihres Amtes von den schreienden Nöten des Kontinents und sehen auch gegen den Widerstand ihrer Oberhirten einen neuen Sinn ihres Priester- oder Ordenslebens in ihrem Engagement für die Unterdrückten und Ausgebeuteten[60]. Es wäre lohnend zu untersuchen, ob ein Zusammenhang zwischen der Haltung der Hierarchie gegenüber einem solchen Engagement und der Zahl der frustrierten, ihren Beruf aufgebenden Priester besteht[61].

5316 Soziologische Analyse der Krise des Priesteramtes in der nachkonziliaren Situation

Comblin systematisiert mit Hilfe soziologischer Kategorien die Krise des Priesteramtes. Er lehnt die These ab, daß das Problem nur aus einer Reihe persönlicher Krisen resultiere, die sich aus nachkonziliarer Unruhe erklären ließen. Er hält auch Erklärungsversuche, die alles als eine Folge der Säkularisation darzustellen versuchen, für verfehlt.

Wenn die Priester durch die Säkularisation in eine Glaubenskrise gestürzt würden, müßte die Krise bei den Laien, die ihr noch viel unmittelbarer ausgesetzt sind, noch viel stärker zutagetreten. Außerdem sei die Säkularisation im 18. und 19. Jahrhundert viel virulenter gewesen. Damals habe aber der Laizismus und Naturalismus zu einer starken Reaktion beim Klerus geführt und mithin zu seiner Konsolidierung. Das Problem liegt also darin zu erklären, wieso die Säkularisierung damals das Prestige des Klerus erhöht habe, heute aber zur Erklärung seines abnehmenden Prestiges herangezogen würde.

Comblin sieht das Problem viel tiefer liegen und hält eine Lösung ohne tiefgreifende Reformen in der Struktur des geistlichen Amtes für ausgeschlossen. Die Zukunft des geistlichen Amtes in seiner heutigen Form sei ungewiß,

---

[60] Vgl. Aguirre 1972, 369.
[61] So übt in der guatemaltekischen Kirche der erzkonservative Kardinal Casariego einen auf viele Priester offenbar frustrierenden Einfluß aus. 1972 hatten sich 50 ehemalige Priester in der ‚Confederación de Sacerdotes de Guatemala' (COSDEGUA) zusammengeschlossen, um ihre Interessen gegen den Kardinal zu verteidigen. Einer dieser Ehemaligen teilte dem Vf. mit, er sei frustriert aus dem Dienst geschieden, nachdem er 8 Jahre lang allein eine ausgedehnte Indio-Parochie mit ca. 30 000 Seelen betreut hatte, ohne daß Aussicht auf eine Normalisierung der Lage durch Strukturreformen bestanden hätte.

das spürten die jungen Leute, weshalb die Seminare sich leerten. Die Ursachen der Ungewißheit des Amtes resultieren aus der Neubewertung der Rolle der Laien und aus einer Neubewertung der „Welt" durch das Vatikum II. Die dadurch ausgelöste Erschütterung wirkte in Lateinamerika stärker und schneller als in Europa, weil hier die Restauration des 19. Jahrhunderts schwächer gewesen sei. Da von allen Ämtern der alten Kirche nur das des Klerus übrig geblieben und sich entsprechend der hierarchischen Struktur der Feudalgesellschaft zu einem „Stand" verfestigt habe, mußte es zur Krise kommen, sobald die Laien nicht mehr schwiegen. Die Einführung des Dienstgedankens habe zur Beschleunigung der „Standeskrise" beigetragen. Die Notwendigkeit zum Dialog mit den verschiedensten Bevölkerungsgruppen zersprenge die homogene Struktur des gregorianischen Amtes in eine Vielzahl von Ämtern. Mit dem Hinschwinden der Standesprivilegien werde die gesellschaftliche Stellung des Klerus immer ungesicherter[62].

Zur Überwindung der Krise des geistlichen Amtes möchte Comblin die Erkenntnisse einer soziologischen Analyse fruchtbar machen.

Wenn man die Typologie Max Webers bezüglich dreier fundamentaler Formen von Autorität heranzieht – der rationalen bzw. legalen auf rechtlichen Titeln basierenden Autorität, der traditionellen, durch das Prestige eines uralten Amtes verliehenen Autorität und der charismatischen Autorität, die durch die persönliche Ausstrahlung und Führungskraft ihres Trägers begründet wird –, ergibt sich, daß die Autorität des im Geist des Tridentinums erzogenen Klerus wesentlich rechtlicher und bürokratischer Natur ist. Ein Heer von Bürokraten vertritt eine Zentralverwaltung, die in bemerkenswerter Weise ihre Kontrolle auf die ganze Welt ausgedehnt hat. Sowie aber ein andersartig gesinnter Klerus, die Laien und die „Welt" in neuer Form beachtet und nach charismatischer Autorität und der Schaffung einer „Kirche der Armen" strebt und deshalb gegen die verfestigten hierarchischen Strukturen revoltiert, muß es zur Krise kommen, da sich die bürokratische und die charismatische Amtsauffassung nicht miteinander vereinbaren lassen[63].

Nach der Typologie von Ernst Troeltsch kann man soziologisch zwischen Kirche und Sekte unterscheiden. Statt Kirche würde man in Lateinamerika eher „Christenheit" oder „Volkskirche" und statt Sekte heute eher „missionarische Gemeinde" oder „Gemeindekirche" sagen. Yinger hat diese Differenzierung fortgeführt und Kirche in „Universale Kirche", „Kirche" (National- oder Volkskirche) und „Denomination", Sekte in „etablierte Sekte", „Sekte" (Untergruppen: „bürgerliche Sekte" und „Volkssekte") und „Kult" unterteilt[64]. Da Züge dieser verschiedenen Typen heute innerhalb der katholischen Kirche auftreten, ergeben sich daraus Konflikte für die Amtsträger.

Im Rahmen der „universalen Kirche" ist das geistliche Amt für die Austeilung der Heilsmittel an alle in ihrem Dienstbereich wohnenden Personen zuständig, eine Erwartung, der kein Priester heute mehr gerecht werden kann. In der gregorianischen Kirche spielten die Religiosen die für die Kirche unerläßliche charismatische Rolle. Eine reine Verwaltungsaufgabe, die kein Charisma erfordert, wollen die jungen Priester aber heute nicht mehr übernehmen. Von der politischen Abhängigkeit von der Monarchie als Patronatskirche her, war die römische Kirche in Lateinamerika eine „etablierte Kirche". Der Klerus bestand aus Funktionären der Königreiche von Spanien und Portugal, wurde vom jeweiligen Vizekönig oder den Bischöfen ernannt, die ihrerseits vom König ernannt wurden, so daß der Klerus sich seiner

---

[62] Comblin 1969 P, 6ff.   [63] AaO 26f.
[64] AaO 20 mit Bezug auf J. Milton Yinger, Religion, society, individual, 1957.

sozialen Rolle absolut sicher war. Er hatte die moralische Verpflichtung, die sozioökonomische und politische Ordnung zu verteidigen. Mit der Inanspruchnahme des Patronatsrechtes durch die unabhängigen Nationen ging diese explizite oder implizite Allianz des Klerus mit den Königreichen auf die vom 19. Jahrhundert an direkt herrschenden Schichten in Lateinamerika über. Sie bestimmt noch heute die Mentalität eines Teils des Klerus, der in Charismen nur mögliche Störfaktoren der gesellschaftlichen Ordnung sieht und sich verunsichert fühlt, wenn er merkt, daß die bloße Tatsache, daß ein Bürger Kolumbianer oder Brasilianer ist, kein ausreichendes Motiv mehr bildet, um sich zum katholischen Glauben zu bekennen und die Sakramente in Anspruch zu nehmen. Wegen der autoritären, gesetzmäßigen, auf Verwaltung und Dogma ausgerichteten Erziehung fällt es dem Klerus schwer, sich auf die in den nordamerikanischen Denominationen üblichen Methode der Kundenwerbung umzustellen, sich also mit der Degeneration seiner Kirche abzufinden, deren Gläubige sich wie in der übrigen Welt immer mehr aus dem Kleinbürgertum und der unteren Mittelschicht rekrutieren. In denjenigen lateinamerikanischen Ländern, in denen der Einfluß der liberalen Kräfte im 19. und 20. Jahrhundert besonders stark war, ist die römische Kirche quasi zu einer „etablierten Sekte" geworden, wobei die Priester „Chefs der Subkultur" geworden sind. Im Rahmen der Subkultur hatten die Priester politische (im weitesten Sinne der polis betreffende) Funktionen übernommen. Sie leiteten Schulen, Krankenhäuser, Gewerkschaften, Genossenschaften, katholische Klubs etc. „Der Priester vereinigte gleichzeitig die religiöse und politische Autorität innerhalb dieser Subkulturen, die wahre Theokratien bildeten." Die Subkulturen des katholischen Ghettos waren so erfolgreich, daß sie heute von der Gesellschaft akzeptiert werden. Sie brauchen deshalb in dieser Form nicht aufrechterhalten zu werden. In jedem Fall gebietet die Neubewertung der Rolle der Laien, daß sie politische und administrative Funktionen übernehmen.

Ein wesentliches Moment der Krise des Priesterstandes liegt nun darin, daß viele Priester sich nicht mit dem Gedanken befreunden können, die liebgewonnenen politischen und administrativen Funktionen wieder abzugeben.

Ein weiteres Konfliktsmoment ergibt sich daraus, daß eine Minderheit von Priestern angeregt vom Erfolg von Sekten wie der Pfingstbewegung ihre pastorale Rolle im Sinne der „Sekte" verstehen wollen.

Sie suchen ein evangelisches Christentum zu verwirklichen, das zu den Quellen zurückkehrt, sich nicht um die Massen, sondern um authentische kleine Gruppen kümmert. Sie wollen sich engagieren, in ihrem armen und asketischen Leben ein Vorbild sein – vgl. die Drittweltpriester –, den Basisgemeinden dienen, das prophetische Amt wahrnehmen, ihren Lebensunterhalt selbst verdienen, um ganz in der Welt zu stehen. Die Mehrheit hingegen lehnt diesen Weg ab, obgleich ihnen die Basis dahinschwindet. Die Spezialisierung von Priestern in der Kursusbewegung (CC), den „Focolari", der Christlichen Familienbewegung, den Equipes de Nossa Senhora geht in die Richtung der „bürgerlichen Sekten" und stellt die bisherige Struktur des universalen geistlichen Amtes in Frage, ohne daß die Kirche sich dessen schon voll bewußt geworden ist. Während die mächtigste „Volkssekte" Lateinamerikas, die Pfingstbewegung, das Heil eher losgelöst von den zeitlichen Problemen sucht, schlagen die katholischen Bewegungen, die soziologisch Volkssekten gleichkommen, den umgekehrten Weg ein. Radikale Gruppen der Katholischen Aktion beispielsweise streben Strukturreformen an und sind von revolutionärem Geist erfüllt und werden darin von gewissen Priestern unterstützt. Konflikte mit den staatlichen Behörden sind dadurch unvermeidlich, repressive Maßnahmen die übliche Folge. Angesichts der enormen sozialen Spannungen in Lateinamerika kann der Episkopat die Radikalisierung katholischer Gruppen viel schwerer verhindern als in Europa. Das Engagement von Priestern in diesen Gruppen, ob von den Gruppen erbeten oder von den Priestern gesucht, bringt weiteren Konfliktstoff in das geistliche Amt von heute. Einige wenige Priester schließlich neigen sogar zu einer Amtsauffassung, wie sie bei „Kulten" üblich ist, d. h. sie akzeptieren überhaupt keine institutionellen Strukturen mehr.

Zusammenfassend kann man sagen, daß der katholische Klerus vier traditionelle Rollen verliert:

1. die Rolle des traditionellen Priesters der ländlichen Gesellschaft, der mit den „Stammesriten" beauftragt ist (Kultzauber),
2. die Rolle des Priesters der „universalen Kirche",
3. die Rolle des Kultfunktionärs der „etablierten Kirche" (vgl. die Rede vom „Ende des konstantinischen Zeitalters" oder vom „Ende des Bündnisses mit der Macht"),
4. die Rolle des politisch-religiösen Führers der katholischen Subkultur (Schlagworte: „Heraus aus dem Ghetto", „Eine Kirche in der Welt", „Gegenwart in der Welt").

Der Klerus sucht neue Rollen:

1. die Rolle des „Public-Relation"-Managers im Rahmen der Parochie, des Organisators parochialer Werke im Rahmen der Welt der städtischen Mittelschicht (Vorbild: US-Denomination)
2. die Rolle des religiösen Assistenten in einer Bewegung des Typs der „bürgerlichen Sekte" (Katholische Aktion, Christenheitskurse. Focolari, Christliche Familienbewegung etc.),
3. die Rolle des charismatischen Anregers ohne feste Gemeinde.

Alle sind sich darüber einig, daß die bisherige Ausbildung, der Stil des persönlichen Lebens, die offizielle Struktur der kirchlichen Institution und die für das Leben der Priester maßgebliche Gesetzgebung nach Rollenerwartungen ausgerichtet sind, die nicht mehr erfüllbar sind, so daß ein grundlegender Konflikt zwischen der durch Ausbildung und kirchliche Strukturen fixierten Rollenerwartung und dem verbreiteten Streben nach neuen Rollen besteht[65].

Schließlich wird das geistliche Amt verunsichert durch die Krise seiner Subsistenz, die mit der soziologischen Form der Kirche zusammenhängt.

1. In der „traditionellen ländlichen Religion" wird der Klerus durch Gebühren für die Ausführung der Riten und Almosen für die Heiligen unterhalten.
2. In der „universalen Kirche" unterhält die kirchliche Institution mit Hilfe ihres Immobilienbesitzes selbst den Klerus (Benefiziensystem, wobei der Klerus weder von den Parochien noch von den politischen Mächten gewählt, sondern von der Hierarchie eingesetzt wurde).
3. In der „etablierten Kirche" wird der Klerus von der staatlichen Exekutive unterhalten,
4. in der „etablierten Sekte" dagegen von der Gemeinde, wobei es in der Subkultur des Ghettos als Zeichen der Treue gilt, die traditionelle Religion zu unterstützen.
5. In der Denomination wird der Klerus von der Gemeinde mit Hilfe von Festen, Kirmes oder bestimmten Abgaben aller, also von der sozialen Schicht, die die Gemeinde trägt, unterhalten.
6. In der Sekte hängt der Klerus von freiwilligen Gaben und seiner eigenen beruflichen Arbeit ab.
7. Im Kult unterhält er sich völlig allein durch weltliche Arbeit.

In Lateinamerika ist noch im Gebrauch das System 1, System 2 gilt nur noch für

---

[65] In ähnlichem Sinne stellt Alonso 1970 die bisherige humanistisch-klassische theologische Einheitsausbildung in Frage, in der er einen wesentlichen Faktor für den vorzeitigen Abgang von Seminaristen sieht, die durch diese Ausbildung nur ihrem Milieu entfremdet werden.

die Subsistenz einiger Orden, die Systeme 4 und 5 sind in komplementärem Gebrauch, 6 und 7 kommen kaum vor. „Man kann sagen, daß die priesterliche Problematik sich klar und deutlich in der Unfähigkeit der Kirche äußert, ein wirtschaftliches System zur Unterhaltung des Klerus neu zu entwickeln."

Wenn auch das wirtschaftliche Problem sekundärer Natur ist, muß die Neuordnung des geistlichen Amtes Hand in Hand mit der Neuordnung seiner ökonomischen Aspekte erfolgen, da sie nicht unerheblich zur Verschärfung seiner Krise beitragen[66].

532 Wege zur Überwindung der Strukturkrise in der römisch-katholischen Kirche

Es überschreitet die Aufgabe des Historikers, Zukunftsperspektiven aufzuzeigen. Dennoch soll wenigstens angedeutet werden, welche Lösungsmöglichkeiten der Strukturkrise in den letzten Jahren diskutiert oder erprobt worden sind.

5321 Wege zur Überwindung des Mangels an seelsorgerlich tätigen Priestern

Illich stellte 1970 fest: Die heutige Lage erfordert ein gründliches Überdenken von Faktoren, „welche die gängige Vorstellung vom Priester als dem eigentlichen Vertreter der Kirche in der Welt ausmachen — eine Vorstellung, die in den Konzilsdekreten noch beibehalten wird. Einer Überprüfung bedarf insbesondere das Verhältnis zwischen sakramentalem Amt und hauptberuflich Tätigen, zwischen Amt und Zölibat und zwischen Amt und theologischer Ausbildung."

„Heute nimmt man an, daß alle oder fast alle geistlichen Verrichtungen der Kirche von hauptamtlichen, unterbezahlten Mitarbeitern ausgeübt werden müssen, die irgendeine theologische Ausbildung besitzen und das kirchliche Gebot des Zölibats akzeptieren." Geboten wäre eine „radikale Einschränkung der Zahl von Personen, die für ihren Lebensunterhalt von der Kirche abhängig sind; die Weihe von Männern zum sakramentalen Amt, die unabhängig davon im weltlichen Bereich tätig sind", eine Neubesinnung darüber, für welche Aufgaben der Verzicht des Zölibats besonders befähigt und welches Verhältnis nach der heutigen Lagebeurteilung zwischen sakramentalem Amt und theologischer Ausbildung bestehen müßte[67].

Die erwähnten Priestergruppen von Chile und Maranhão (vgl. S. 1078ff) sind beeindruckt vom Beispiel evangelischer Kirchen, wohl in erster Linie von Pfingstkirchen, denen in den Gemeinden mühelos Mitarbeiter erwachsen, woraus sie schließen, daß der priesterliche Nachwuchsmangel offenbar mehr mit kirchlichen Strukturproblemen als mit der Mentalität des Kirchenvolkes zu erklären ist.

Die Priester in Chile sehen in dem unter den ländlichen Massen verbreiteten Gemeinsinn und der Bereitschaft zu brüderlicher Hilfe eine Affinität zu den Werten des Evangeliums. Der Einsatz von Laien löse die Probleme indes nicht, solange diese nur unselbständig als Hilfspersonal verwendet werden. Man müsse auf das Vorbild der Kirche im Apostolischen Zeitalter zurückgehen, wo die Apostel mit ihren Mitarbeitern Gemeinden gegründet, diese dann aber den in ihnen erweckten

---

[66] Comblin aaO 26–34.   [67] 1970, 60f.

Charismen und Diensten überlassen hätten. Analog dazu sollten die in- und ausländischen zölibatären Priester den beweglichen Stab der Kirche bilden, der sich um die Schaffung echter Gemeinden bemüht. Wenn in einer Gemeinde Charismen erweckt worden sind, sollten sie auch konsekriert werden. Aus den Gemeinden erwachsene Ortsdiakone sollten also als Verheiratete die vollen Funktionen eines Presbyters erhalten. Außerdem sei eine Diversifikation der Dienste in der Gemeinde anzustreben, damit möglichst viele Charismen bei größtmöglicher Beteiligung des Volkes Gottes aktiv werden könnten. Presbyter aus dem Volke sollten eine gewisse Schulung durchmachen, wobei ihnen der Ballast der klassischen Bildung erspart bleiben müsse, und dann in ihren Beruf zurückkehren, um ihr Amt wie die anderen Mitarbeiter der Gemeinde nebenberuflich zu versehen. Bei diesem Modell, das eine völlige Reform des Priesterberufs voraussetzt, könnte eine relativ geringe Zahl zölibatärer, theologisch voll ausgebildeter Priester, die etwa der Zahl der bodenständigen Priester entsprechen müßte, nach einer gewissen Übergangszeit allein die Rolle der beweglichen Apostel übernehmen. In der Übergangszeit fänden die ausländischen Priester in dieser Aufgabe eine Tätigkeit, die echte kirchliche Entwicklungshilfe darstellt, die sich selbst überflüssig macht, was bisher nirgendwo der Fall sei.

Auch die bolivianischen Priester fordern eine Diversifikation des kirchlichen Dienstes und die Heranbildung eines autochthonen Klerus, der genau so heterogen sein müßte wie die verschiedenen Subkulturen des Landes. Außerdem solle die Eingehung einer Ehe der Option der Priester ohne Rückfrage in Rom überlassen und die Wiedereingliederung dienstwilliger durch Eheschluß säkularisierter Priester ermöglicht werden. Um zeugnishaft das Leben in der Armut des Volkes zu teilen, schlagen die Bolivianer vor, daß die Priester ihren Lebensunterhalt durch einen weltlichen Beruf verdienen sollten.

Der CELAM-Generalsekretär, Bischof Eduardo Pironio (Mar del Plata), kommt 1969 in einer Untersuchung des Priesterproblems auch zu dem Schluß, daß eine neue Seelsorgestruktur gefunden werden müsse, in der wenige Priester mit verheirateten Diakonen, im apostolischen Dienst stehenden Ordensschwestern und wirklich verantwortlichen und engagierten Laien zusammenarbeiten.

Ein solches Modell müsse, angepaßt an die lateinamerikanischen Verhältnisse, von einem Team von Theologen entworfen werden. Außerdem müsse geprüft werden, wo die Wurzeln der kirchlichen Abhängigkeit Lateinamerikas liegen, warum sich viele ausländische Priester frustriert fühlten und sich nach der Rückkehr in ihre Heimat sehr skeptisch über den Sinn kirchlicher Hilfe für Lateinamerika äußerten. Schließlich müsse die interdiözesane und zwischenkirchliche Hilfe innerhalb des Subkontinents intensiviert werden, um Notstandsgebieten mit lateinamerikanischen apostolischen Kräften auszuhelfen[68].

Die ganze Problematik ist dann für die Römische Bischofssynode 1971 in dem CELAM-Dokument „El tema sacerdotal y el clero en América Latina" von der Kommission für theologisch-pastorale Probleme weiterverarbeitet worden. Im Unterschied zur offiziellen kurialen Vorlage „De Sacerdotio Ministeriali" wird betont von der spezifisch lateinamerikanischen Lage ausgegangen. Aus der in Lateinamerika vorherrschenden Tendenz zur Säkularisierung und einer allgemeinen Befreiung und der damit verbundenen Annäherung der Priester an das weltliche Leben wird ihr Wunsch nach der Ehe, nach einem profanen Beruf neben dem Pfarramt und der vollen Teilhabe am sozio-ökonomischen,

---

[68] REB 29 (1969), 913ff.

politischen und kulturellen Befreiungsprozeß erklärt. Unter dem Vorzeichen der Präsenz der Kirche innerhalb der geschichtlichen Situation der einzelnen Staaten wird den kirchlichen Mitarbeitern die Aufgabe zuerkannt, diejenige politische Option zu unterstützen, die den Forderungen der ‚humanitas' am nächsten stehe. Auf praktischem Gebiet wird den religiösen Basisgruppen zur Neubelebung der traditionellen Gemeinden besondere Bedeutung zuerkannt.

Hier fehlt allerdings eine Auseinandersetzung mit dem plausiblen Argument der Priester aus Chile und Maranhão, daß Gemeinden mit Basisgruppen genauso viele Priester brauchen wie traditionelle Gemeinden, so daß das Modell der ‚Comunidades de Base' ohne eine Neustrukturierung des Amtes nicht viel weiter führe. Die Verfasser meinen, daß die Zahl der in der Seelsorge tätigen Priester erhöht werden müsse. Damit scheint Illichs Kritik berücksichtigt worden zu sein. Ein Mehr an Priestern solle auch dadurch gewonnen werden, daß verheiratete Diakone und entsprechend den religiösen Bedürfnissen Lateinamerikas speziell ausgebildete Laien zu Priestern geweiht werden. Sie sollen von spezialisierten Aktionsgruppen (Grupos de Acción Especializada) in der Arbeit mit den Basisgruppen unterstützt werden. Eine neue Form der Zusammenarbeit zwischen den Vertretern der Basisgruppen und den Bischöfen soll in Form der „Coordinación Central y Asesoría" verwirklicht werden[69].

Leider scheinen diese Vorschläge nicht einmal von der Mehrheit der lateinamerikanischen Vertreter auf der Römischen Bischofssynode 1971 vertreten worden zu sein. Kam man schon in der Frage des optionalen Zölibats nicht voran, so wurde die ebenfalls anstehende Frage der Ordination von Frauen überhaupt nicht ins Auge gefaßt[70]. Vielleicht muß die Krise der lateinamerikanischen Kirche noch größer werden, um von Hierarchie und Kurie als ernste Anfrage an die traditionellen Strukturen verstanden zu werden. Sollte Illichs Meinung zutreffen, daß die ausländische Hilfe die Krisis nur verlängere?

Inzwischen hilft man sich in Lateinamerika mit dem Gemeindedienst von Ordensfrauen, mit dem Einsatz von Laien, deren Rechte aber nicht über das traditionelle Maß hinausgehen, und mit Versuchen der Neuerrichtung des vom Vatikanum II genehmigten Diakonats, die bis 1968 von 11 nationalen Bischofskonferenzen beschlossen, aber nur in vier Ländern schon angelaufen waren. Diesbezüglich scheint allerlei Ratlosigkeit zu herrschen, so daß man auch die Erfahrungen von Protestanten auswerten will[71].

---

[69] Vgl. HKorr 25 (1971), 392f.
[70] Vgl. Crit XLIV Nr. 1630 (Okt. 1971), 672ff.
[71] Vgl. NM IV, Nr. 3 (1968): ‚El diaconado en América'. Hier wird auch erwähnt, daß bei den Bischöfen und Priestern eine Apathie gegenüber dem Diakonat zu beobachten sei, weil dessen Stellenwert im kirchlichen Gefüge nicht klar sei und weil die Pfarrer wirtschaftliche Nachteile für sich und die Bischöfe eine weitere Verringerung des priesterlichen Nachwuchses befürchten (aaO 10–16). Man sieht, daß nur der folgerichtige weitere Schritt der vollen priesterlichen Weihe für verheiratete Diakone ein echter Fortschritt wäre. Zum Diakonat in Venezuela vgl. auch Pérez Morales 1969, 146ff. Gera 1974, 95 weist aus argentinischer Sicht auf das *problematische Verhältnis von Hierarchie und Klerus* hin, das auch nicht dazu angetan ist, das Berufsklima der Priester zu verbessern. „Da die Hierarchie bemüht ist, den Priestern die problematisierende Beunruhigung auszureden oder auch sie zu beschwichtigen, scheint es, als würden die Bischöfe einen passiven und nicht sonderlich schöpferischen Klerus bevorzugen". In letzter Zeit wurden besonders solche Männer zu Priestern geweiht, „die sich zuvor durch Schweigen ausgezeichnet haben. . . Es scheint uns völlig klar zu sein, daß der Kern der Konflikte oder Krisen unter den

5322 Versuche zur Überwindung der statischen parochialen Struktur

Wie bereits im Abschnitt angedeutet, krankt die Kirche der Neuen Welt wesentlich daran, daß das aus der Alten Welt übernommene parochiale Versorgungssystem den lateinamerikanischen Bedürfnissen nicht entspricht.

Die traditionelle Pfarrstruktur vermag „das Bedürfnis nach Gemeinschaft und mitmenschlicher Geborgenheit" nicht mehr zu erfüllen. Ehedem sollte der Pfarrer alle seine Schäflein kennen und um ihre Probleme wissen, so daß sie zu ihm als ihrem „Hirten" aufblicken und bei ihm Rat, Hilfe und Trost suchen konnten. Das ist heute nicht nur wegen der Größe der Parochien, sondern auch wegen der Komplexheit des Lebens nicht mehr möglich. „Wer Rat sucht, geht in den seltensten Fällen zum Pfarrer, viel lieber zu einem Freund oder Fachmann. Und wenn einer geistlichen Zuspruch haben will, dann geht er zu einem Priester seines Vertrauens. Das persönliche Band zwischen Pfarr-‚Herrn' und Pfarr-‚Kind' — einstmals mitgeprägt vom Verhältnis des Lehnsherrn zu seinem Vasallen — ist nicht mehr da."[72]

Diese Lagebeschreibung Repges' ist nur teilweise richtig, übersieht sie doch, daß das parochiale Versorgungssystem für die missionarische Situation der Neuen Welt von vornherein unangemessen war. Deshalb gehen auch alle Reformversuche der jüngsten Zeit davon aus, daß die römische Kirche eine missionarische oder evangelisatorische Struktur erhält. Das zeigt das Dokument der pastoraltheologischen Kommission der CELAM zur Römischen Bischofssynode 1974, die sich „Die Evangelisierung der gegenwärtigen Welt" zum Thema gesetzt hat.

Darin heißt es u. a.: „In Medellín gewann die Kirche ihre ursprüngliche missionarische Dynamik und ihre prophetische Stimme zurück." Das II. Vatikanische Konzil und Medellín haben „eine außergewöhnliche Erneuerungsbewegung in der ganzen Kirche unseres Erdteils ausgelöst..., nachdem sie bis dahin ein wenig statisch und vielleicht auch in sich selbst verschlossen gewesen war... Unsere Kirche wird sich ihrer lateinamerikanischen Identität und ihrer spezifischen und originalen Berufung bewußt..."[73]

In demselben CELAM-Dokument wird die Wichtigkeit der apostolischen Laienbewegungen für den Evangelisierungsauftrag der Kirche hervorgehoben.

„Nicht wenige dieser Gruppierungen" stellen „gleichsam die Speerspitze der Evangelisierungsarbeit und das providentielle Mittel zur Begegnung mit dem Herrn im Glauben dar. Es wird u. a. sicherlich nötig sein, dieses oder jenes an die veränderten Verhältnisse anzupassen, nach Möglichkeiten einer besseren Eingliederung in die jeweilige Ortskirche zu suchen und die theologische Motivation im Sinne des Konzils zu vertiefen. Dennoch sind die apostolischen Laienbewegungen aufs ganze

---

Priestern primär auf der Ebene der prophetischen Anklage liegt, die von einem soziopolitischen Verständnis des Evangeliums und einem aufrichtigen Wunsch her formuliert wird, dem Volk zu dienen. In städtischen Gebieten kommt zu diesem Kern die Notwendigkeit hinzu, an der Ausarbeitung und Durchführung der pastoralen Entscheidungen teilzunehmen. Die Frage des Zölibats hat dabei nicht die Funktion einer Kampfparole".

[72] Repges 1976, 39; vgl. demgegenüber die viel tiefer gehende Kritik an der importierten parochialen Struktur bei Aubry 1974, 116ff.
[73] Evangelisierung in Lateinamerika 1974, 37; Aubry aaO 118f sieht die Evangelisation der Neuen Welt im Zeichen eines doppelten peccatum originale: den mit der Conquista gekoppelten Bekehrungszwang und der Übernahme der lateinischen Parochialstruktur mit ihrer seit Trient antiprotestantischen Ausrichtung.

gesehen eine mächtige Quelle der Erneuerung und haben große Bedeutung für die Evangelisierung unseres Erdteils"[74].

53221 Überblick über die vorkonziliaren Laienbewegungen in Lateinamerika

Bis zum Vatikanum II beschränkte sich die missionarische Aktivität der Laien auf die „klerikalisierte Zwischenzone zwischen Kirche und Welt"[75].

Seit dem Spätmittelalter stellen fromme Vereinigungen ein wesentliches Mittel zur Heranbildung des Laienapostolats und damit zur Volksmission dar (vgl. 254). Dazu gehören u. a. die sogenannten Dritten Orden, deren Niedergang nach der Erringung der Unabhängigkeit im 19. Jahrhundert nur mühsam durch die sich von Frankreich und Italien nach Lateinamerika ausbreitende Ordenserneuerung überwunden werden konnte. Mit den Jesuiten waren die Marianischen Kongregationen in die Neue Welt gekommen, die nach dem Verbot der Gesellschaft Jesu mühsam von Weltpriestern am Leben gehalten worden sind und sich erst im 20. Jahrhundert wieder kräftig entwickelten. In Brasilien erlebten sie beispielsweise in den dreißiger und vierziger Jahren ihren Höhepunkt. Hinzukamen u. a. die „Pia União das Filhas de Maria", die „Liga Católica Jesus Maria José", die „Liga do Menino Jesus", die „Cruzada Eucarística" (Eucharistischer Feldzug), der „Apostolado da Oração" (Gebetsapostolat) und die Marianische Legion, die 1921 in Dublin entstanden ist, mit ihren geschlossenen Sitzungen den Charakter einer Geheimgesellschaft gewann und teilweise zur Bekämpfung der Protestanten eingesetzt worden ist[76]. Alle diese Organisationen wurden zwar vom Klerus gesteuert, aber die Laien spielten nach und nach eine immer aktivere Rolle.

Dienten alle diese Vereinigungen der Förderung der Frömmigkeit, so gibt es eine ganze Reihe anderer Laienorganisationen, die vornehmlich auf politischem Gebiet gegenüber Staat und Gesellschaft Anspruch und Lehre der Kirche in apologetischer Weise in den Jahrzehnten des „Kulturkampfes" mit den liberalen Kräften verteidigt haben. Schwerpunkte ihres Einsatzes waren das Schulwesen und der soziale Bereich. Zu diesen Gesellschaften gehören z. B. die zuerst in Mexiko in den sechziger Jahren des 19. Jahrhunderts entstandenen ‚Sociedades Católicas de Señores y Señoras', die katholischen Arbeiterkreise (Círculos de Obreros), die aufgrund der Bemühungen Pius' XI. ab 1923 in Lateinamerika entstandene Katholische Aktion, die zur umfangreichsten kirchlichen Laienorganisation wurde. Hierbei handelte es sich zunächst um das aus Italien übernommene Modell, dessen Weiterentwicklung in Lateinamerika hier exemplarisch an Hand der brasilianischen Katholischen Aktion angedeutet sein soll.

In der ersten Phase 1935–1945 wurde das europäische Modell mit seinen vier Arbeitszweigen übernommen und versucht, auch eine Arbeiterjugendorganisation (JOC) und eine Universitätsjugendorganisation (JUC) aufzubauen. Erreicht wurden vornehmlich Gruppen der gebildeteren Schichten, deren Glaubensbewußtsein vertieft und die zu aktiven Gliedern des „mystischen Leibes Christi" gemacht wurden. Allgemein wurde das Bemühen deutlich, die Katholische Aktion an die brasilianische Wirklichkeit anzupassen. Das Scheitern dieser Bemühungen erklärt die Krise der zweiten Phase 1946–1950, die durch eine Aufgliederung in spezialisierte Bewegungen überwunden wurde, die der Bewußtwerdung des Grabens zwischen den verschiedenen Gesellschaftsschichten und der Kirche entsprach. In der dritten Phase 1950–1960 versuchte man dementsprechend auf verschiedenen Ebenen zu evangelisieren, also unter der Landbevölkerung (JAC), unter den Arbeitern (JOC), den Mittel- und Oberschülern (JEC), unter den Studenten (JUC) und anderen Gruppen der Gesellschaft. Erst gegen Ende dieser Periode gewann die ‚Ação Católica Ope-

---

[74] Evangelisierung in Lateinamerika 1974, 87.
[75] Zilles 1969, 31. [76] Reis 1973, 8f.

rária' (Arbeiter-KA) erhebliches Eigengewicht. Es machten sich auch zentrifugale Kräfte bemerkbar, die nach unabhängigen Organisationsformen suchten, z. B. die ‚Ação Católica Independente' (Unabhängige KA). Bezeichnend ist, daß man in dieser Phase die Umwelt genau studierte und erst aufgrund der Situationsanalyse die Rolle des Laien in der Kirche und die Ziele der einzelnen Arbeitszweige zu bestimmen versuchte. In der vierten Phase ab 1960 setzte sich die Spezialisierung der Katholischen Aktion fort. Die christliche Weltverantwortung, die Notwendigkeit von Strukturreformen wurde besonders von der JUC entdeckt. Das Entstehen eines sozialen Bewußtseins, das notwendigerweise auch zu gewissen ideologischen und politischen Optionen führte, rief Spannungen mit dem Episkopat hervor. Der etwa gleichzeitig 1964 erfolgte Militärputsch trug dazu bei, daß keine verbindliche Zielvorstellung für die Katholische Aktion entwickelt werden konnte, so daß sie sich bis heute in der Krise befindet[77].

Immerhin hat sich die Katholische Aktion auf gesamtlateinamerikanischer Ebene als wichtigste Organisation zur Laienausbildung erwiesen, so daß Houtart 1962 im Zusammenhang mit dem Plan der Wiederbelebung des Diakonats automatisch an Laien aus der Katholischen Aktion dachte. Noch in der Stunde des Konzils galt indes seine Feststellung: „In Lateinamerika tritt die Gemeinde im allgemeinen nur in Gegenwart des Priesters zusammen."[78]

Wenn den Laien in den letzten hundert Jahren im Zuge des Demokratisierungsprozesses auch die Rolle des „Anwaltes des hierarchischen Lehramtes der Kirche" zugewachsen ist, so behielten doch alle ihre Funktionen stets

---

[77] Barros 1968, 20ff. Zur spezialisierten KA in Chile vgl. Evangelisierung in Brasilien, Chile und Peru 1974, 69ff. In Chile entfaltete sich die spezialisierte KA in den vierziger Jahren: „Aus einer defensiven Haltung vor Laizismus und Immoralität geht man zur apostolischen Offensive über, d. h. zur Eroberung der Umgebung für Christus. Die großen Mittel, derer man sich bedient, sind Bibelstunden, Exerzitien, geistliche Führung, Benutzung des Meßbuchs, Gemeinschaftsmesse, Tagungen, Treffen und Massenveranstaltungen". Die fünfziger Jahre brachten weiteres Wachstum, aber schließlich auch die Verlagerung vom Apostolischen zum Gesellschaftlichen. Die Krise der KA war in den sechziger Jahren also nicht auf Brasilien beschränkt. Vielmehr handelt es sich wie bei der Krise des Priestertums um eine Identitätskrise, in der es darum geht, eine neue zeitgemäße, biblisch motivierte Rolle zu entdecken. Die spezialisierte KA hat sich in jenen Jahren entschieden, ihren Weg im sozialen Engagement zu suchen und für die Überwindung der Abhängigkeit zu kämpfen. In diesem Zusammenhang müßten auch *die christlichen Gewerkschaften* erwähnt werden, die sich in Lateinamerika von klerikaler Bevormundung befreit haben. Dussel spricht von einer Entkonfessionalisierung und Radikalisierung. So hat z. B. die CASC (Confederación Autónoma de Sindicatos Católicos) von Santo Domingo 1970 den Vatikan kritisiert, weil er die unterentwickelten Länder durch die BID (Internationale Entwicklungsbank) und die OAS unterstütze, die die Gewerkschaft nicht zu Unrecht als Instrumente nordamerikanischer Beherrschung ansieht - aaO 1972, 265f. Noch bemerkenswerter ist allerdings ein Brief der CLASC (Confederación Latino-Americana de Trabajadores Cristianos) und der FLCA (Federación Campesina Latino-Americana) an „Bruder Paul" aus dem Jahre 1968, in dem diese beiden Gewerkschaftsverbände mit zusammen 5 Mill. Mitgliedern dem Papst ihre Enttäuschung darüber ausdrücken, daß an der Konferenz von Medellín keine Laienvertreter teilnehmen sollten, weil die „Kirchenfürsten" nicht die Anwesenheit von Gruppen hinnehmen wollten, die Konflikte hervorrufen könnten. Vgl. Wortlaut bei Gheerbrant 1970, 40ff.

[78] AaO 51f.

„subsidiären Charakter". Der Riograndenser Systematiker Urbano Zilles bemerkt in diesem Zusammenhang:

> „Bis vor kurzem übte der Laie seine missionarische Aktivität in einer klerikalisierten Zone zwischen Kirche und Welt aus. In dieser Zwischenzone waren z. B. die frommen kirchlich-profanen Vereinigungen angesiedelt wie die Vinzentiner-Konferenzen, die Marianischen Kongregationen etc. In ihnen spielte der Laie eine immer aktivere Rolle. Ein anderes Feld der kirchlichen Mission des Laien war die Verteidigung des Dogmas der Kirche gegenüber den Mächten der Welt auf dem Felde der Politik. Jahrzehntelang kämpfte der Laie in offener Feldschlacht gegen den ‚Kulturkampf' und gegen den Liberalismus. Hierzu entstanden die christlichen Gewerkschaften, die wissenschaftlichen und kulturellen katholischen Organisationen. Alle diese Institutionen hatten im allgemeinen apologetischen Charakter."

Eine grundlegende Änderung bahnte sich erst durch das Vatikanum II an, das den Laien in der dogmatischen Konstitution „Lumen Gentium" eine ganz spezifische Rolle zuerkannte.

Ihre zentrale Stellung in dieser Konstitution deutet darauf hin, daß die Laien heute als der grundlegende Stand in der Kirche anerkannt sind. Von ihnen wird keine Weltflucht zur Vereinigung mit Christus mehr erwartet. Vielmehr gilt es als ihr Proprium, daß sie in besonderem Maße vital mit der konkreten Wirklichkeit der Welt verbunden sind und Gott als Mitarbeiter in der Schöpfung dienen. Im Alltag, in der Arbeitswelt haben sie Christus zu bezeugen[79].

Nachfolgend soll die missionarische Funktion zweier heute besonders wichtiger Organisationen zur Heranbildung des Laienapostolats etwas genauer untersucht werden, der Basisgemeinden und der „Christenheitskurs"-Bewegung, die zwar noch aus der vorkonziliaren Zeit stammt, ihre Konzeption inzwischen aber der konziliaren Definition der Rolle der Laien angepaßt hat.

53222 Die Christenheitskurse

Die meisten älteren Organisationen des Laienapostolats werden heute von der Bewegung der ‚Cursillos de Cristiandad' (CC) überragt, die in ca. 20 Jahren in allen fünf Erdteilen ca. 1,5 Mill. Katholiken erfaßt hat und von Papst Paul VI. besonders gefördert wird[80].

Die CC sind in der ‚Sociedad Sacerdotal de Santa Cruz y Opus Dei', meist kurz Opus Dei genannt, entwickelt worden[81]. Ihr wichtigster Vorkämpfer ist der spanische

---

[79] Zilles 1969, 31ff mit Bezug auf Kap. 4 von "Lumen Gentium". Der deutsche Begriff „Kulturkampf" ist in den lateinamerikanischen Sprachschatz übergegangen.
[80] Portugiesisch: ‚Cursilhos de Cristandade'. Zahlenangabe für 1972 nach SEDOC 6 Nr 62 (1973), 96. P. Bartolomé Vanrell nennt die CC die „wirksamste apostolische Bewegung in der katholischen Kirche" - Cursillos de Cristiandad en el Paraguay 1970, 15.
[81] Opus Dei wurde 1928 in Spanien gegründet, ging im Spanischen Bürgerkrieg in den Untergrund und näherte sich 1936 nach Francos Sieg dem Faschismus. Heute zählt das Opus Dei allein in Spanien ca. 30 000 Glieder und in weiteren 76 Ländern noch einmal so viel. Es handelt sich dabei um eine katholische Elite. Niemand kann in die Gesellschaft eintreten, es sei denn, er werde von ihr dazu aufgefordert, was ein strenges Auswahlverfahren einschließt. Opus Dei ist hierarchisch gegliedert. Die unterste Stufe bilden die „cooperadores", die die Gesellschaft mit regelmäßigen Beiträgen unterstützen und an ihren Programmen teilnehmen müssen. Sie zählen ca. 200 000 in aller Welt. Die Elite bilden die „numerarii", jene erwähnten 60 000, die

Militärbischof Juan Hervás, von dem zahlreiche Veröffentlichungen über die Bewegung stammen[82]. Nachdem die ersten 82 Kurse 1949—53 auf Mallorca abgehalten worden waren, breitete sich die Bewegung 1953 zuerst nach Kolumbien und dann auch auf das spanische Festland aus[83]. In den Jahren 1962—72 hat sich die Bewegung u. a. auf 140 brasilianische Diözesen ausgebreitet und 100 000 Anhänger gewonnen[84].

Man kann in den Kursen so etwas wie ein modernes Gegenstück zu den Exerzitien des Ignatius von Loyola sehen, wenngleich ihr zeitlicher Umfang auf drei Tage reduziert ist. Da aber die Teilnahme an einem Kursus mit Fortsetzungsaktivitäten verbunden ist, vergrößert sich die Wirkung entsprechend. Das Kurssystem baut sich auf drei Stufen auf:

In einem „Vorkursus" werden die Kandidaten ohne deren eigenes Wissen nach folgenden Kriterien ausgesucht: Unverheiratete oder legal Verheiratete, Katholiken, keine Freimaurer, Multiplikatoren in ihrer Umgebung, also Beamte, Ärzte, Apotheker, Anwälte, Lehrer, Präsidenten von kirchlichen oder zivilen Vereinigungen, leitende Angestellte und Industrielle bzw. aus Arbeiterkreisen Werkmeister, Vorarbeiter, Kolonnenführer etc., Personen, die psychischen Belastungen gewachsen sind. Ein Priester sammelt diskret über die Ehefrau oder Freunde umfangreiche Informationen über die in Aussicht genommenen Kandidaten und veranlaßt die Angehörigen Briefe mit empfohlenen Texten zu verfassen, in denen sie ihren großen Hoffnungen in bezug auf die innere Wandlung der Kandidaten Ausdruck geben und besondere Fürbitten und Opfer ankündigen, um dazu beizutragen. Diese Briefe steckt die Kursusleitung dann bei passender Gelegenheit, psychologisch geschickt dosiert in das Gepäck der Kursusteilnehmer oder läßt sie vor der Gruppe von meist 40 Teilnehmern verlesen, um eine entsprechende Rührung auszulösen. An sich kann sich keiner zum CC melden, sondern wird dazu eingeladen, so daß die Teilnahme unliebsamer Elemente verhindert und eine erhebliche Diskretion gewahrt werden kann. Um aber den Eindruck eines Geheimunternehmens zu vermeiden und negativen Gerüchten entgegenzutreten, werden auch eigene Meldungen berücksichtigt und gelegentlich Journali-

---

sich ganz in den Dienst der Gesellschaft gestellt haben, verpflichtet sind, ihr alle Einnahmen bis auf einen zum Lebensminimum nötigen Rest abzuliefern und die Gelübde der Keuschheit, Armut und des Gehorsams abgelegt haben. Ihre Gehorsamsnorm ist derjenigen der Jesuiten nachgebildet: „Gehorcht, denn ihr seid gewiß, daß von euch niemals etwas verlangt wird, das nicht völlig dem Ruhme Gottes dient". Vgl. Reis 1973, 10ff.

[82] Grundlegend ist sein Hirtenbrief „Los cursillos de Cristiandad, Instrumento de Renovación Cristiana", ferner zahlreiche Artikel in der Zeitschrift der Bewegung ‚Alavanca'.

[83] Reihenfolge der Verbreitung in Lateinamerika: 1953 Kolumbien, 1957 Bolivien und Mexiko, 1959 Peru und Venezuela, 1961 Puerto Rico, 1962 Brasilien, Argentinien und Guatemala, 1963 Chile und Dominikanische Republik, 1965 Nicaragua und Honduras, 1966 Paraguay. Das 1. kontinentale Treffen der Führungskräfte fand 1968 anläßlich des Eucharistischen Kongresses in Bogotá statt, das 2. 1970 in Tlaxcala/Mexiko, das 3. 1972 in Itaici/SP - Reis 1973, 13f. Dr. Pereira dos Reis, geb. 1924 erhielt 1949 seine Priesterweihe, war in Minas Gerais, Recife und im Staate São Paulo im Pfarramt tätig, entfernte sich ab 1961 nach eifrigem Bibelstudium von der römischen Kirche und legte sein Priesteramt nieder. 1965 ließ er sich von den Baptisten taufen, übernahm eine Gemeinde in São Paulo und arbeitete später in der baptistischen Evangelisation.

[84] SEDOC 6 Nr. 62 (1973), 94. AaO Sp. 76 heißt es in dem in einem aus ‚Alavanca' v. Dez. 1971 abgedruckten Artikel, die CC seien in über 100 von den 120 brasilianischen Diözesen verbreitet.

sten eingeladen[85], sowie Politiker, wobei nach Behauptung von Pereira dos Reis allerdings eine mehr religiös und weniger sozialkritisch ausgerichtete Kursvariante dargeboten werden soll[86]. Die Kurse werden getrennt für Männer und Frauen abgehalten. Der Vorrang liegt bei den Männern. Erst wenn mindestens fünf Kurse für Männer in einer Diözese abgehalten worden sind, soll ein weiblicher Kursus beginnen, der im Sinne der Familienseelsorge hauptsächlich für die Frauen der „cursistas" bestimmt ist[87].

Zu dem eigentlichen Kursus wird jeder Teilnehmer von einem „Paten", d. h. einem Mitglied der Kursusbewegung aus seiner Bekanntschaft, an den ihm vorher nicht bekannten Ort, wo er abgehalten wird, gebracht. In drei Tagen läuft dann ein intensives Programm mit Vorträgen, Meditationen, besonderer Musik, Andachten, Gebeten, Messen u. a. ab, das kein Teilnehmer vorher kennt. Eine besondere Intensität wird dadurch erreicht, daß auf die 40 Teilnehmer über 20 Leiter kommen, die mit jedem aufgrund der vorhandenen Daten und Beobachtungen Einzelgespräche führen[88], wobei Teilnehmer, die sich nicht psychologisch bewegt zeigen, also keine Art von Bekehrungserlebnis aufweisen, besonders stark bearbeitet werden.

Der „Nachkursus" ist die Frucht der Bekehrung oder Glaubensvertiefung im Kursus. Er bezeichnet das aktive christliche Leben der Teilnehmer, das freilich auch durch bestimmte Formen gekennzeichnet ist, nämlich durch wöchentliche Treffen kleiner Zellen, Gruppen von drei bis sechs ‚cursistas', auf denen das „Dienstblatt" (folha de serviços) mit den vorgeschriebenen Frömmigkeitsübungen gegenseitig verglichen wird und durch die ‚ultreyas'[89], größere Treffen von Kursteilnehmern aus einer Stadt oder Region, die in größeren Abständen stattfinden, um den allgemeinen Enthusiasmus und die Einsatzbereitschaft zu steigern. Die erste ‚ultreya' auf Weltebene fand 1966 in Rom mit Empfang beim Papst statt.

1972 entbrannte in Brasilien eine heftige Kontroverse über die CC, nachdem Antonio de Castro Mayer, Bischof von Campos (Erzdiözese Niterói), sich in einem Hirtenbrief recht kritisch über die Kursbewegung geäußert hatte[90] und später die von Mayer nachdrücklich unterstützte ‚Sociedade Brasileira de Defesa da Tradição, Família e Propriedade' (TFP), eine in den meisten lateinamerikanischen Staaten unter ähnlichem Namen verbreitete Laienorgani-

---

[85] So fand sich in der brasilianischen Monatszeitschrift REALIDADE in der Ausgabe Juni 1971 eine Reportage von Waldecy Tenório, der als Journalist am 127. Kurs in São Paulo teilgenommen hat (ebd. 102–108).

[86] 173, 30f - danach haben sogar Freimaurer und Protestanten an entschärften Kursen teilgenommen, was dazu beigetragen habe, die CC in Mode zu bringen.

[87] SEDOC 6 Nr. 62 (1973), 76ff: ‚A história dos cursilhos no Brasil'.

[88] Im einzelnen kennzeichnen folgende Elemente die Kurse: Besonderes an den in den Hostien präsent geglaubten Christus und an Maria, Frömmigkeitsübungen mit dem Kreuzweg (via sacra) und dem Rosenkranz, Messen als Zentrum der römischen Liturgie, enthusiastische Gruppengesänge mit Händeklatschen begleitet („De Colores" und „Buraquinho"), künstlich herbeigeführte psychologische Krisen, bei denen einzelne oder viele Teilnehmer anfangen zu weinen und dadurch in erhöhtem Maße beeinflußbar werden, 5 Meditationen, 3 Homilien, 16 sogenannte „Rollen", zwanglos vorgetragene kleine Vorträge, insgesamt also 24 Vorträge in kaum mehr als 70 Stunden, die zum Teil 2 Stunden dauern, aber mit Scherzen und Anekdoten aufgelockert werden, Arbeit in Zehnergruppen über die Rollen, „Korridorarbeit", d. h. intensive Einzelbearbeitung von Teilnehmern durch Leiter in den Pausen - Pereira dos Reis 1973, 22f.

[89] ‚Ultreya' ist ein archaisches Wort, mit dem der mittelalterliche „Hymnus an Santiago de Compostela" begann. Wegen seines Anklangs an ‚ultra' dürfte es bewußt modernisiert sein im Sinne von „Treffen von Avantgardisten".

[90] Castro Mayer 1973.

sation, die sich zum Ziel gesetzt hat, die traditionellen Gesellschaftsstrukturen und Besitzverhältnisse mit christlichen Argumenten zu verteidigen, dazu überging, diesen Hirtenbrief im ganzen Lande durch junge Leute verteilen zu lassen.

Sie pflegen dabei begleitet von Lautsprechermusik und Parolen kirchliche Fahnen und Standarten im Laufschritt durch die Städte zu tragen, um Aufmerksamkeit für ihre Sache zu wecken, und das nicht selten ohne Absprache mit dem zuständigen Bischof[91]. Während die Kursbewegung von den meisten Bischöfen und der brasilianischen Bischofskonferenz nachdrücklich in Schutz genommen wurde, erhielt die TFP auf der 13. Vollversammlung der brasilianischen Bischöfe in Abwesenheit von Castro Mayer einen Tadel. Seine Kollegen bemerkten, daß sein Hirtenbrief nur in seinem Bistum Gültigkeit habe, nationale Gültigkeit können nur Äußerungen erlangen, die vom gesamten Bischofskollegium mehrheitlich unterstützt werden. Im Bistum Nova Friburgo (RJ) untersagte kurz darauf Dom Clemente Isnard allen Gläubigen jegliche Verbindung mit der TFP[92].

Der Streit um die CC bezieht sich auf die Methode, die dogmatische Ausrichtung und die gesellschaftspolitische Zielsetzung. Die Kontroverse wird am besten durchsichtig, wenn man die Beurteilung dreier so verschiedener Persönlichkeiten berücksichtigt wie der des auf traditionelle Orthodoxie bedachten Bischofs Mayer, des katholischen Mitarbeiters des ‚Instituto Superior de Estudos da Religião' (ISER), Otto Dana, und des polemisch anti-römischen ehemaligen Priesters und jetzigen Baptisten Dr. Pereira dos Reis.

Die Methode der CC kritisieren Mayer und Reis als „Gehirnwäsche", als emotionale Schocktherapie, kollektive Hysterie, bei der durch gesteigerte Emotion die Ratio ausgeschaltet werden solle[93]. Dana versucht das Phänomen der „Bekehrung" religionspsychologisch in den Griff zu bekommen.

Bei einer Bekehrung müsse die Persönlichkeit zuerst „entstrukturiert" (desestruturação) werden, um dann eine neue religiöse Struktur (estruração) zu erhalten. Die Entstrukturierung versuche man bei den CC durch eine hemmungslose Flut von Reden, Gesprächen, Musik und Riten zu erreichen, die die Persönlichkeit zutiefst erschüttern, wobei bewußt keine Zeit zu einer kritischen, individuellen Aneignung der neuen Eindrücke gelassen werde. Dabei werden Bekehrungszeugnisse von Leitern und anderen Teilnehmern eingesetzt, ähnlich wie in pfingstlerischen oder freikirchlichen

---

[91] Vgl. den entsprechenden Protestbrief von Bischof Vicente Ángelo José Marchetti Zioni von Botucatu, SP, an Mayer - abgedruckt in SEDOC 6 Nr. 62 (1973), 84f. Der Vf. erlebte eine solche Demonstration auch 1973 in São Leopoldo.
[92] Zu den einschränkenden Äußerungen über die Gültigkeit des Hirtenbriefes vgl. die öffentlichen Äußerungen einiger Bischöfe im ESP v. 8. 2. 1973, die die TFP eine „intolerante" Organisation nannten, die nicht befugt sei, im Namen der Kirche zu sprechen. Anlaß für die Maßnahme des Bischofs von Nova Friburgo - vgl. SEDOC 6 Nr. 64 (1973), 304f - waren nicht autorisierte Aktivitäten der TFP im Bistum mit Polemik gegen die CC, Beleidigungen gegen den Bischof und das für die TFP typische Traditionsverständnis, das seine Mitglieder dazu führt, das nach dem Vatikanum II in Landessprache eingeführte Meßbuch (Ordo Missae) abzulehnen, obgleich es von Paul VI. zwingend vorgeschrieben ist, weshalb Glieder der TFP an manchen Orten sogar schon die sonntägliche Messe meiden. Wegen solcher schismatischen Haltung verbot D. Clemente Isnard den Gläubigen seiner Diözese jegliche Hilfeleistung für die TFP, den Beitritt und den Priestern die Kommunion mit äußerlich durch ihre Insignien gekennzeichneten TFP-Gliedern.
[93] Mayer aaO 50f; Reis aaO 47f, 55 und 66.

Gottesdiensten. Ob eine solche Bekehrung allerdings dauerhaft sei, müsse zumindest bezweifelt werden[94].

Reis sieht hier das alte jesuitische Prinzip angewandt: Finis medios iustificat, das in ‚Alavanca' leicht verklausuliert anerkannt werde: „Der Zweck rechtfertigt nicht die Mittel, er bestimmt sie aber, setzt sie ein und verleiht ihnen Wert."[95]

Während bei der Beurteilung der Methode bei den drei Autoren eine mehr oder weniger starke Kritik unüberhörbar ist, ist ihre Meinung über das Ziel der CC völlig unterschiedlich. Reis sieht in der Methodik eine neuerliche Ablehnung der Gewissensfreiheit mit dem Ziel, die Teilnehmer den Zwecken der Kirche, d. h. denen der Hierarchie, gefügig zu machen, was der von allen totalitären Systemen angestrebten Entpersönlichung nahekomme und letztlich Sklaverei sei[96]. Mayer hingegen sieht durch die CC den traditionellen Gehorsam gegenüber der Hierarchie schwinden, da die ‚cursistas' aufgefordert würden, die Lehre der Kirche nicht mehr blindlings anzunehmen, sondern ihrem eigenen Urteil zu unterwerfen, was der klassischen Haltung aller Häretiker entspreche[97].

Damit ist bereits die Frage der Rezeption von Dogma und Frömmigkeit angesprochen, wobei der Art der Auswahl und der Form der Darbietung innerhalb jenes kurzen Zeitraums von drei Tagen besonderes Gewicht zukommt. Reis und Dana kritisieren das Wiederaufleben klassischer, mit dem Konzil überwunden geglaubter Elemente der katholischen Frömmigkeit, also einer prononcierten Marienfrömmigkeit, einer stereotypen Devotionspraxis des Rosenkranzgebetes, der Kreuzwegstationen, der Novenen, einer überspitzten Eucharistiefrömmigkeit mit Besuchen beim Allerheiligsten, Gesprächen mit dem dort gegenwärtig geglaubten „Chef", Segnungen mit den Hostien — Reis spricht geradezu von einer Idolatrie der Hostien —, insgesamt einem sakramentalistischen Verständnis der christlichen Existenz nach dem Motto: Ein guter Christ ist der, der möglichst oft an der Messe teilnimmt. Der Sakramentalismus sei mit einem Triumphalismus verbunden, wobei auf die große Zahl und die spektakuläre Emotion besonderer Wert gelegt werde[98]. Mayer indes

---

[94] Dana 1974, 4 und 9 verweist auf diesbezügliche Zweifel, die Antoine Vergote in seiner ‚Psicologia Religiosa' erwähnt habe.

[95] AaO 32 nach Alavanca 68, 11. Bischof Geraldo Maia de Morais Penido von Juiz de Fora rechtfertigt dementsprechend auch die Gehirnwäsche: „Gehirnwäsche ist demnach nichts, worüber man staunen oder wovor man Angst haben müßte, wenn es darum geht, neue Ideen einzupflanzen". Der Kurs „kann sogar eine ganz normale Gehirnwäsche verabreichen, die gute Ideen vermittelt, die ausgezeichnete Überzeugungen hervorbringen" - Alavanca 74, 2 - Reis aaO 68.

[96] AaO 68. In der Behauptung, daß der Zweck die Mittel bestimme, sieht er eine Übernahme der Werbemethoden der sonst kritisierten Konsumgesellschaft und eine Verschärfung der jesuitischen Maxime, denn es sei gravierender, wenn der Zweck die Mittel nicht nur rechtfertige, also gleichermaßen entschuldige, sondern sogar bestimme und ihnen Wert verleihe. Zur Überwindung des Widerstandes der ‚cursistas' würde praktisch sogar die Gruppenhypnose angewandt - ebd. 67.

[97] AaO 97f. Diesbezüglich scheint ihm bezeichnend, daß in Alavanca Nr. 57 von A. M. Cantore Luise Rinsers Buch „Um diálogo, um horizonte" zitiert werde.

[98] Dana aaO 18; Reis aaO 71, der besonders hervorhebt, daß zu den vorkonziliaren Frömmigkeitselementen, die von den ‚cursistas' gepflegt werden, auch die Totenfürbitte gehöre und daß die Marienfrömmigkeit sich bis zur Vermehrung eines

bemängelt, daß die asketische Frömmigkeit der Mönche des Altertums und Mittelalters nicht geachtet, sondern sogar lächerlich gemacht werde.

Umstritten ist die Christologie.

Mayer vermißt eine vorrangige Betonung des Opferdenkens in der Soteriologie, die zu Gunsten eines „seltsamen Humanismus" unterlassen werde, demzufolge die Inkarnation ausschließlich erfolgte, um den Menschen ein erfülltes Leben zu vermitteln, so daß Jesus ausschließlich im Dienste der Menschen stehe[99]. Auch Reis bemängelt, daß man Jesu in seiner Eigenschaft als Erlöser der Sünder nicht gedenke. Beide sind sich einig in der Kritik an der neuen Form der Kreuzwegstationen, bei der der Schwerpunkt von dem traditionellen Mitleid mit Jesus Christus verlegt wird auf das Mitleid mit Menschen, die Opfer politischer, sozialer und wirtschaftlicher Systeme sind, Menschen in denen uns Christus als Leidender begegnet[100]. Dana hingegen ist dies noch zu wenig, weil der ‚cursista' nicht so weit komme, den leidenden Menschen selbst zu sehen. „Er sieht nur Christus im Menschen leiden."[101] Reis und Mayer beanstanden, daß die ‚cursistas' zu einem kumpelhaften Verhältnis zu Jesus geführt werden, was an dem am häufigsten verwendeten Titel ‚chefão' deutlich werde, einer Anrede, die im Alltag gegenüber Vorarbeitern und Werkmeistern verwandt wird. Durch solche und ähnliche Bezeichnungen werde zwar der Abstand zu Christus überwunden, aber Christus werde auch verbilligt für die Konsumgesellschaft verfügbar. Außerdem sei es ein Widerspruch, daß Christus als Bruder geduzt werde, die Patres hingegen als „Herr" und die Bischöfe als „Exzellenz" angeredet würden[102].

Marienerscheinungsglaubens unter den jüngeren Mitgliedern der CC steigere, wie denn auch Maria als Inspiratorin der Bewegung gelte (vgl. Manuel Aparici im Boletín Oficial del Obispado de Mallorca, 1954) - ebd. 4off. Die Bewegung hat sogar einen neuen Namen für Maria als Patronin der Kurse in Umlauf gesetzt: ‚Nuestra Señora del Adiós' (Nossa Senhora do Adeus) - ebd. 73ff. 1972 wurde auf dem 3. Kursusleitertreffen in Itaici in Übereinstimmung mit Hervás betont: „Maria, die Jungfrau und Mutter Gottes ist das Modell der Spiritualität des Laien". „Sie wirkte in relevanter Weise beim Erlösungswerk ihres Sohnes mit und wirkte weiterhin am Werk Christi in der Kirche mit". Ad Jesum per Mariam, diese alte marianische Losung findet sich im ‚Guia do Peregrino' der Bewegung, die den Teilnehmern beim Abschluß des Kurses die Verpflichtung auferlegt, täglich möglichst sogar mit der Familie ein Drittel des Rosenkranzes zu beten und dies im Dienstblatt zu vermerken. Mayer aaO 25 bemerkt dazu: Rosenkranzgebete, die keiner praktischen Gesinnung der Nächstenliebe im Alltag entsprechen, sind abzulehnen.

[99] AaO 26ff. Entsprechend bemerkt Reis, daß in der Christus gewidmeten Meditation nicht ein Wort über die exklusive Bedeutung Jesu als Erlöser falle, daß vielmehr nur von seiner Menschheit die Rede sei, daß das fleischgewordene Wort an der menschlichen Gemeinschaft teilgehabt und die religiösen, politischen und anderen Probleme der Zeit am eigenen Leibe erlitten habe und daß er ein Vorbild für das Leben in Familie, Gesellschaft, Beruf und Religion sei. Insgesamt werde *Christus als ein „Befreier" im Sinne einer „horizontalen Theologie"* dargestellt - aaO 72.

[100] Reis aaO 54; vgl. Mayer aaO 77ff. Mit größerem theologischen Recht kritisiert Reis aaO 56f, daß die Aussage des Gleichnisses vom verlorenen Sohn darauf reduziert werde, daß dieser seine Entfremdung erkennt, sich seines Sklavendaseins bewußt wird und zu dem ihn erwartenden Vater zurückkehrt, weshalb die ‚cursistas' aufgefordert werden, sich auch wieder in das *Haus des Vaters*, nämlich *die Kirche*, zu integrieren.   [101] AaO 18.

[102] Mayer aaO 72ff, der bemängelt, daß der Begriff ‚chefão' die Grundkategorie des Vertrauens gar nicht zum Ausdruck bringe und daß die Hoheit des göttlichen Wortes, die Majestät des Lammes, die Würde des Meisters und Herrn mißachtet werde.

Während Reis von einer „Jesusmanie" spricht, die in den Kursen hervorgerufen werde, beurteilt es Dana eher als positiv, daß die humane Seite Jesu hervorgekehrt werde, daß Jesus zum Ideal schlechthin für die „cursistas" werde, bemängelt aber auch, daß sein Wollen auf Frieden und Liebe reduziert werde, daß seine Vergebung allzu bedingungslos verkündigt und seine Rolle als Erlöser genau wie die Torheit des Kreuzes völlig im Dunkeln blieben[103]. Die Teilnehmer bezeugen zwar, den „lebendigen Christus" bei der Bekehrung erlebt zu haben, die Begegnung mit dem „lebendigen Christus" wird aber nach dem Konzept der Kurse auf Gespräche mit den Leitern und Anbetung der Hostien beschränkt[104].

Der Name „Christenheitskurse" verrät bereits die vorkonziliare Ekklesiologie der ,una sancta', die Gleichsetzung von römisch-katholischer Kirche und Christenheit. Reis weist auf die Verbindung von Eucharistie und Ekklesiologie hin. Die Kursbewegung verkündet: „Ohne Eucharistie gibt es keine Kirche." Damit wird eo ipso den evangelischen Kirchen, deren Abendmahl Rom nicht als Eucharistie wertet, die Kirchlichkeit abgesprochen. Die Eucharistie ist die Kommunion mit Christus, derer die Gläubigen nach dem Verständnis der Kursbewegung freilich nur durch die Kommunion mit der Hierarchie teilhaftig werden. Ganz im Sinne des Tridentinums und des Vatikanum I wird jegliche Förderung eines sich gegenüber der Hierarchie unabhängig verstehenden Laienstandes als irrtümlich abgelehnt[105], so daß Mayers Befürchtung, die CC führten zu einer Nivellierung der hierarchischen Unterschiede in der Kirche, als unbegründet erscheint[106].

Als eine Laienbewegung muß sie freilich versuchen, den Eindruck auszulöschen, als seien die Laien in der Kirche nur Subalterne, weshalb sie auch die sichtbare Demut fördert und Priester zusammen mit Direktoren, Offizieren, Ärzten und anderen Höhergestellten während der Kurse anonym die Küchen- und Reinigungsarbeiten machen läßt. Das hängt zusammen mit dem Versuch, ein neues Image des Priesters zu verbreiten, neues Verständnis für den Zölibat zu wecken und den Priester als „Herz und lebendige Achse des Kurses" erscheinen zu lassen. Gleichzeitig werden den Teilnehmern allerdings bedingungsloser Gehorsam gegenüber der Hierarchie nach dem alten Prinzip „Nihil sine episcopa" und Anerkennung des universellen Prinzips „Ubi Petrus, ibi ecclesia" eingeimpft[107]. Dana freilich sieht ein neues Bild der Kirche mit einer dialogfreudigen Hierarchie, Priestern, die mitten im Volk stehen als Brüder unter den Sündern mit einer handlungsfähigen Laienschaft, die weiß, daß die Hierarchie nur zusammen mit ihr die Kirche verkörpert[108].

Auch in der Beurteilung der Ethik gehen die Meinungen auseinander, was mit dem unterschiedlichen Verständnis eines ganzen Netzes theologischer Fragen zusammenhängt.

---

[103] Reis aaO 76ff; Dana aaO 7.
[104] Reis aaO 72. In diesem Zusammenhang könnte man noch Mayers Kritik am Glaubensverständnis der CC erwähnen. Er beanstandet, daß in den Kursen aller Nachdruck auf einen lebendigen kerygmatischen Glauben gelegt werde, daß die Bekehrung als Begeisterung für die Person Jesu verstanden werde, wobei die Rolle der ratio sekundär bleibe und man davon ausgehe, daß auf das Kerygma die Katechese folge. Dem kann Mayer vom Vatikanum I her nicht folgen, dessen Glaubensbegriff vom Tridentinum bestimmt war (aaO 38ff).
[105] Reis aaO 73.
[106] AaO 66ff.
[107] Reis aaO 36 und 38f.
[108] AaO 7f.

Mayer beanstandet schon, daß die Gnade nicht wie ein Almosen Gottes für den Sünder dargestellt wird, sondern als eine Gabe, die den Menschen auf Gottes Ebene emporhebt, ferner daß die Folgen der Erbsünde verniedlicht würden, wobei man offenbar übersehen habe, daß Gottes Haß gegenüber der Sünde ein Ausdruck seiner Liebe sei. Die Folge sei, daß man bewährte Bußübungen und Kasteiungen (mortificatio) als Aspekte eines manichäischen Religionsverständnisses abtue und lehre, daß Buße nicht bedeute, nach Leiden und Geißelung zu streben, sondern seine christlichen Pflichten zu erfüllen. Von den konkreten Anlässen der Sünde werde nicht gesprochen. Unausgesprochen vermißt Mayer die kasuistische Ethik. Hinter allen diesen Abirrungen vom rechten Weg der traditionellen römischen Dogmatik vermutet er ein falsches Weltverständnis, eine optimistische, evolutionistische, „teilhardistische" Weltsicht, die davon ausgehe, daß die Erlösung durch Christus den Menschen das Vollbewußtsein der Solidarität mit allen Menschen gebe, so daß sie als letzte Ziele Menschenwürde, Brüderlichkeit und Freiheit anstreben. Dementsprechend erscheine das Reich Gottes letztlich als Ergebnis einer Reihe von glücklichen Umformungen der Welt. Eine solche Verwendung der Werke Teilhard de Chardins erlaube es dann auch, die Verfolgung revolutionärer Ziele mit Hilfe der christlichen Ethik zu rechtfertigen[109]. Auch die Kritik von Reis geht in eine ähnliche Richtung. Er sieht in der Hamartiologie eine Verkehrung von Ursache und Wirkung, wenn behauptet würde, daß die Befreiung von den Lastern meistens die Befreiung von Unwissenheit, Elend, Ausbeutung, Unfähigkeit zu politischen, gesellschaftlichen und unternehmerischen Optionen voraussetze. Er erblickt in der Aufrechterhaltung der Abstufung der Sünden als schwerer und weniger schwerer eine unbiblische Verharmlosung der Sünde und weist darauf hin, daß das neutestamentlich-reformatorische „solus Christus" der Erlösungslehre nach wie vor mißachtet werde mit Lehrsätzen wie: „Christus und die kirchliche Gemeinschaft befreien uns... Die Kirche... ist das Sakrament der Erlösung für die Welt."[110]

Dana hingegen sieht einen Fortschritt im Sündenverständnis — man könnte sagen — in reformatorischer Richtung, da Sünde nicht mehr als ein Verbrechen gegen Gott oder als Ungehorsam gegenüber dem Gesetz Gottes, sondern als ein Bruch der Liebe Gottes verstanden und in ihren Folgen nicht nur im individuellen, sondern auch im Bereich der menschlichen Gemeinschaft bedacht werde. Dadurch werde die Beichte aus einer reinen Erleichterung des Gewissens zu einer Neuorientierung des Lebens durch ein richtungsweisendes Gespräch mit dem Priester. Die Schlechtigkeiten der Welt, die Gewalttätigkeiten und Widersprüche würden nicht verschwiegen, aber den Gläubigen werde die Möglichkeit zur Flucht aus der Welt in die Askese oder das Einsiedlertum genommen. Mitten in der Welt der Sünde läge das apostolische Handlungsfeld. Damit ändere sich auch das ganze Konzept der Religion. Sie werde aus einer Angelegenheit für Schwache, Abseitige und Frömmler, die ein fernes übernatürliches Reich erwarteten, zum Ausdruck des mannhaften Engagements des Christen „mit sich selbst, mit der Welt und mit dem Näch-

---

[109] Mayer aaO 21f, 59ff, 62ff und 30ff.
[110] AaO 124ff. Wie Mayer vermißt Reis, daß die ‚cursistas' nachdrücklich dazu aufgefordert werden, von ihren Sünden abzulassen aaO (130). Reis bejaht zwar die Beseitigung der sozialen Begleiterscheinungen der Sünde, stellt aber gegenüber dem „bombastischen" „Triumphalismus" der Kurse, den er als Mystifizierung bezeichnet, in bezug auf die Sünde fest: Sublata causa, tollitur effectus - nur wenn die Ursache der Sünde aufgehoben werde, d. h. die Überschreitung des göttlichen Gesetzes, können auch die traurigen Folgen wie Unwissenheit, Elend, Ausbeutung etc. beseitigt werden.

sten", aus einer individualistischen, auf die Seele bezogenen Sache zu einem Einsatz des ganzen Menschen in Gemeinschaft mit den Brüdern[111].

Der durch alle theologischen Topoi hindurchschimmernde Dissens zum Verhältnis von Kirche und Welt bestimmt weitgehend die Beurteilung der ethischen Zielsetzung der Kurse, namentlich der sozialethischen. Reis trifft die Kernfrage, wenn er darauf hinweist, daß die vornehmlich als Hierarchie verstandene römische Kirche behaupte, „die Seele der Gesellschaft" und „das Gewissen der Welt" zu sein, woraus sie die Verbindlichkeit ihrer Gesellschaftsethik ableite. Die Kursbewegung wolle die Kirche als „sichtbares Zeichen des Hauptes Christus" verstanden wissen[112]. Während Reis' nicht deutlich artikulierte theologische Bedenken in der Richtung des reformatorischen Kirchenverständnisses liegen dürften, wonach keine Partikularkirche Eigenschaften beanspruchen könne, die höchstens der ganzen Kirche Jesu Christi zukommen, und wonach das prophetische Amt der Kirche sicherlich nicht von den Priestern und der Hierarchie monopolisiert werden kann, paßt Mayer die enge Verbindung von Kirche und Welt nicht.

Im Sinne der Ziele der Gesellschaft für Tradition, Familie und Besitz (TFP) sollen Kirche und Welt nicht vermischt werden. Daher kann es nicht Sache der Kirche sein, eine Erneuerung der gesellschaftlichen Strukturen zu betreiben, schon gar nicht im sozialistischen oder gar kommunistischen Fahrwasser, wie ihm dies in manchen Äußerungen der Kursbewegung gegeben scheint, widersprechen doch die marxistischen Thesen eindeutig der Naturordnung und der Offenbarung. Meditationen wie die zur „Via sacra", die Unzufriedenheit, Haß, Subversion auslösen und mit Argumenten der Linken wie „paternalistische" und „oligarchische" Strukturen zum Sturz dieser Strukturen aufrufen, müssen nach diesem Verständnis strikt abgelehnt werden[113]. Aber auch Reis lehnt eine auf Strukturreformen gerichtete kirchliche Sozialethik ab, denn, so argumentiert er in fundamentalistischem Sinne: „Niemals hat Christus behauptet, der Reformator sozioökonomischer Strukturen zu sein."[114] Deshalb kritisiert er die Leitidee der Bewegung, den ‚Compromisso temporal', die Verpflichtung zum gesellschaftspolitischem Engagement der Laien, das auf eine politische Option ziele, etwa in dem Sinne der Erklärung der Konferenz von Medellín. Für Reis ist erwiesen, daß die Hierarchie die Bewegung in ein Instrument der gesellschaftlichen und politischen Suberversion umfunktionieren wolle, und zwar unter dem Deckmantel einer evangelischen Theologie. Er räumt allerdings ein, daß nicht alle Kurse von marxistischem Geist oder von der „Theologie der Befreiung" erfüllt seien[115].

Kardinalerzbischof Eugênio Sales von Rio de Janeiro hingegen meint, „der Verdacht der Linkstendenz" „sei glücklicherweise" „absurd"[116]. Ausgewogen stellt der Journalist Athayde fest, daß die geistliche Erneuerung der Kurse ambivalent sei, sie könne das Streben nach einer „friedlichen Revolution" als einzigem Mittel zur Verhinderung einer „gewalttätigen Revolution" fördern, sie könne aber auch zu einem sozialen Konformismus führen, der die Tendenz der bürgerlichen Mentalität, die sozialen Ungerechtigkeiten passiv hinzuneh-

---

[111] Dana aaO 7f.
[112] Reis aaO 35. Diese Losung wurde auf dem 3. lateinamerikanischen Treffen der CC ausgegeben.
[113] AaO 77ff.   [114] AaO 83.
[115] AaO 55f, 94ff und 111. Die Methode des „katholischen Humanismus", aus dem Kontext die Zeichen der Zeit zu deuten, lehnt er strikt ab.
[116] Wöchentliche Ansprache vom 9. 12. 1972 nach SEDOC 6 Nr. 62 (1973), 89ff.

men, irrtümlich als Folge eines göttlichen Mandates verstehen[117]. Das Urteil von Dana geht in letztere Richtung. Das apostolische Handeln vieler ‚cursistas' gehe nicht über Wortverkündigung und Austeilen der Eucharistie hinaus. Die Kurse brächten eine nach innen gekehrte Religiosität hervor, die zur Lösung innermenschlicher Probleme auf moralischem, psychologischen, gefühlsmäßigen (affektiven) oder intellektuellen Gebiet geeignet sei, die die Teilnehmer zu guten Ehemännern, Gattinnen, Vätern und Müttern mache, ferner zu treuen Kirchgängern, Helfern bei philanthropischen Feldzügen und Sammlungen. Diese Religiosität engagiere sie aber nicht in der gesellschaftlichen Wirklichkeit und lasse sie nicht nach Strukturreformen streben[118]. Weil die CC sich explizit an die überwiegend bürgerliche Elite mittleren Alters wenden, die nach ihrer Herkunft kaum zu revolutionären Tendenzen neigt, tragen sie kaum zur sozio-politischen Bewußtseinsbildung der Massen bei. Nach dem Urteil von Rubem Alves entsprechen die Kurse einem Bedürfnis der Bourgeoisie, besonders der etwa Vierzigjährigen, die im Beruf erfolgreich sind und nun plötzlich eine gewisse Leere im Leben spüren, die sie für die Sinnfrage aufgeschlossen macht[119].

Die erheblichen Divergenzen in der Beurteilung der Kurse erklären sich zum einen aus den verschiedenen Standorten der befragten Autoren — eines betont traditionalistischen Bischofs, eines progressiven Katholiken und eines typischen Vertreters des Missionsprotestantismus. Weil sich hier die schwierige theologische Diskussionslage der lateinamerikanischen Gegenwart spiegelt, sind die Kurse überhaupt so ausführlich erörtert worden. Zum andern erklären sich die Divergenzen auch daraus, daß die Kursbewegung in den vergangenen fünfundzwanzig Jahren eine erhebliche innere Entwicklung durchgemacht hat. Sie hält sich rückblickend für fortschrittlicher als die Kirche. In den Jahren von 1949 bis zum Vatikanum II konnte sie ihre Auffassung über Gnade und christliches Leben in ihren Veröffentlichungen nicht so offen darlegen wie seit jenem „transzendentalen Ereignis im Leben der Kirche"[120].

Insgesamt waren die Kurse indes keineswegs so fortschrittlich. So kritisierte 1970 der paraguayische Kursberater P. Bartolomé Vanrell, daß die Kurse noch wesentlich ihren vorkonziliaren theologischen Inhalt bewahrt und sich nicht erneuert hätten. Das gälte auch von der Liturgie in den Kursen, die dort unterschätzt werde. „Es handelt sich um eine Stagnation, die auf lange

---

[117] Artikel von Tristão de Athayde im Jornal do Brasil v. 16. 2. 1973 wiederabgedruckt in SEDOC aaO 97ff.
[118] Dana aaO 18 führt das Beispiel der Stadt Piracicaba an, in der fast alle Industriellen, Geschäftsleute und viele Fabrikarbeiter an den CC teilgenommen hätten. Die Folge sei eine kurzzeitige größere Herzlichkeit der Chefs mit den Arbeitern gewesen, besonders wenn sie auch ‚cursistas' waren, aber keinerlei substantielle Verbesserungen in den Arbeitsstrukturen. Der rein kirchliche Erfolg sei allerdings nicht zu übersehen: volle Messen, unabsehbare Schlangen bei der Kommunion, kirchliche Zeichen an den Autos, großer Umsatz von Bibeln und Rosenkränzen, erfolgreiche Sammlungen für wohltätige Zwecke.
[119] So in einem Gespräch mit dem Vf. 1973.
[120] Mayer aaO 100f mit Bezug auf S. 5 im Text der Meditationen des Kurses, hrsg. v. ‚Secretariado Nacional de España', Madrid 1968. Mayer schließt hier sogleich die Frage an, ob also die Lehre der Kurse vor dem Vatikanum II nicht orthodox war oder ob die Kursbewegung etwa meine, „die Gläubigen mußten bis zum Konzil warten, um zu erkennen, was christliches Leben sei".

Sicht die Bewegung ruinieren könnte."[121] In einem 1971 veröffentlichten historischen Überblick übt die Bewegung in Brasilien erhebliche Selbstkritik[122], und zwar zunächst an der Methodik. Seit Beginn des Konzils im Jahre 1962 versucht man eine zu elitäre Auswahl der Kandidaten zu verhindern, die übertriebene Vorprogrammierung der Kurse zu Gunsten größerer Freiheit für die Leiter zu vermindern, emotionale Schocks in den Kursen zu vermeiden, die inzwischen als Verstoß gegen die christliche Auffassung von „verantwortlicher Freiheit" bewertet werden[123], eine Überbewertung der traditionellen „Frömmigkeitsakte", über die in den Dienstblättern Buch geführt wurde, abzubauen. Die Dienstblätter sind inzwischen in „Blätter christlicher Lebenspraxis" (folhas de vivência) umbenannt worden. Man ist bemüht, den Einfluß von Paternalismus und Pietismus zu überwinden, nach dem „Frömmigkeitsakte" und sonstige Akte assistenzialistischer Barmherzigkeit als Leistungen der Gemeinde verstanden wurden. Damit sind bereits theologische Gesichtspunkte angesprochen. Seit Konzilsbeginn wird die Rolle der Laien anders bewertet. Man ist bemüht, die Extreme von Klerikalismus und Laikalismus zu vermeiden. Seit dem ersten Treffen der regionalen Sekretariate der brasilianischen Bistümer in Aparecida 1968 ist die Kursbewegung in den nachkonziliaren Gesamtplan kirchlichen Handelns (Plano de Pastoral de Conjunto) eingebettet. Die Kursbewegung versucht ihren „Triumphalismus" und ihren „Ghetto-Geist" zu überwinden, indem sie z. B. die ‚ultreyas' auch für Nichtkursteilnehmer öffnet und nach natürlichen christlichen Lebensgemeinschaften sucht. Seit Medellín (1968) sind die „Rollen" revidiert worden. Statt Wissensvermittlung wird nun die Bildung von Problembewußtsein angestrebt, statt der vorkonziliaren „Sakramentalisierung" echte „Evangelisation".

An der Kursusbewegung wird deutlich, vor welchen Problemen die kirchliche Erneuerung und Evangelisation nach dem Vatikanum II steht, wie groß die Gefahr ist, daß sich bei der Reform der Frömmigkeit wieder vorkonziliare Elemente traditioneller katholischer Frömmigkeit durchsetzen, und wie schwer es ist, eine evangelisatorische Bewegung mit sozialreformerischem Geist zu erfüllen. Weiter zeigt sich an der Beurteilung der Kursusbewegung, daß unter der Oberfläche eines dogmatischen Konsensus auch innerhalb der römisch-katholischen Kirche Lateinamerikas wichtige Loci der Dogmatik kontrovers sind, zumindest wenn es um deren Aktualisierung geht, die mit Hilfe des Neuthomismus nicht mehr möglich ist. Diese Kontroverse geht heute quer durch die Reihen der katholischen Kirche, wie sie seit längerer Zeit auch bei

---

[121] Cursillos de Cristiandad en el Paraguay 1970, 14f.

[122] ‚A história dos cursilhos no Brasil', in Alavanca v. Dez. 1971, wiederabgedruckt in SEDOC 6 Nr. 62 (1973), 75ff.

[123] Diese Einsicht scheint sich indes noch nicht überall durchgesetzt zu haben, denn Pedro Fedalto, Erzbischof von Curitiba, hat noch in der Ausgabe vom 10.–16. Dez. 1972 der ‚Voz do Paraná' (wiederabgedruckt in SEDOC aaO 94f) geäußert „Schocks sind ein Teil des menschlichen Lebens. Der Mensch ist ein aus Vernunft, Willen, Herz und Gefühlen zusammengesetztes Wesen ... Warum soll man sie nicht hinnehmen? Welcher Lehrer, Kaufmann, Industrieller sucht nicht nach zulässigen Mitteln, um die Schüler und die Verbraucher zu überzeugen? Ich lehne die verallgemeinernde These ab, daß die Kurse Gehirnwäsche, Zwang etc. sind. Die Predigt des Evangeliums von Christus, das christliche Leben, die Bekehrung zum Glauben können nie als Gehirnwäsche getadelt werden". Demnach sind also alle Mittel für diese Ziel statthaft im Sinne der These: Das Ziel ... bestimmt die Mittel und verleiht ihnen Wert.

den Protestanten nicht mehr in erster Linie die Konfessionen voneinander trennt, also entlang der Konfessionsgrenzen verläuft, sondern quer durch die Konfessionen hindurchgeht. Das ist besonders augenfällig beim Fragenkreis Kirche und Gesellschaft.

Ein weiteres Problem stellt sich sowohl bei den CC wie bei ähnlichen Bewegungen[124] hinsichtlich ihrer Zuordnung zur Gesamtkirche und der Sonderfunktionen der in ihnen tätigen Geistlichen.

Nach soziologischen Kategorien rechnet Comblin die CC zu den bürgerlichen Sekten (vgl. 5316). Das allgemeine Charakteristikum der Sekte wäre danach die Nichtannahme der Gesellschaft und ein Ausweichen in Form des Protestes. Die bürgerliche Sekte rekrutiert sich aus der Mittelschicht und weicht den „sozio-ökonomischen und politischen Problemen der Gesellschaft in der Annahme aus, daß die wahren Probleme persönlicher Natur sind und daß die Erlösung persönlich ist". Die in solchen Bewegungen tätigen Geistlichen gewinnen zwar das befriedigende Gefühl neuer Effizienz, aber sie lösen sich als Kapläne und Assistenten derselben praktisch von der allgemeinen Struktur der Kirche und widmen sich einer „marginalen Institution". Die Gefahr einer völligen Zerstreuung des Klerus in Spezialfunktionen, die in Zusammenhang mit der Krise des geistlichen Amtes steht, ist nicht von der Hand zu weisen[125].

53223 Die Basisgemeinden

Eine originär lateinamerikanische Antwort auf die gesellschaftliche und kirchliche Strukturkrise sind die in erheblichem Maße durch Laieninitiative entstandenen Basisgemeinden, die von Spontangruppen nicht strikt zu trennen sind. Aloísio Lorscheider OFM, Erzbischof von Belém und Präsident der CNBB nannte die Basisgemeinden auf der 4. Bischofssynode in Rom 1974 die erfreulichste Neuerscheinung im Katholizismus[126].

Initiativ- und Spontangruppen entstanden in Lateinamerika im Laufe der sechziger Jahre, vielfach mit dem Ziel, der Forderung Johannes' XXIII. nach ‚aggiornamento' Nachdruck zu verleihen. Sie sind Zeichen des erwachenden Selbstbewußtseins der Laien. Dussel meint, daß am 4. April 1966 erstmals in der lateinamerikanischen Kirchengeschichte eine Kirche von Laien besetzt worden ist aus Protest gegen die ohne vorherige Konsultation der Gemeinde erfolgte Ernennung eines Pfarrers[127]. In Nikaragua besetzten Laien 1970 mehrere Kirchen, um gegen Folterungen in Polizeigefängnissen zu protestieren. Man könnte viele ähnliche Beispiele zitieren, die zeigen, wie die Laien ihrer Stimme Gehör verschaffen und die öffentliche Meinung zu mobilisieren versuchen. Je nach Anlaß bilden sich solche Gruppen spon-

---

[124] Comblin 1969 P, 31 erwähnt als ähnliche Bewegungen die ‚Focolari' (Herdgemeinschaften), die Christliche Familienbewegung (Movimento familiar cristão = MFC) und die ‚Equipes de Nossa Senhora' (Gruppen Unserer lieben Frau).

[125] Comblin aaO 21 und 31 mit Bezug auf J. Milton Yinger, Religion, Society. Individual, 1957.

[126] ‚Comunidad' kann sowohl ‚Gemeinschaft' wie ‚Gemeinde' heißen. In deutschen katholischen Abhandlungen ist meist von ‚Basisgemeinschaften' die Rede. Da aber z. B. Gregory 1973 in seiner Auswertung der brasilianischen BG die ekklesiale Zielsetzung der BG nachdrücklich unterstreicht, scheint mir die Übersetzung ‚Basisgemeinde' als angebrachter, zumal in Lateinamerika auch sonst mit ‚comunidad' die einzelnen Gemeinden bezeichnet werden, aus denen sich eine Parochie zusammensetzt. Zu Lorscheider vgl. SZ 30 (3. 10. 1974): „Verkündigung und Glaubwürdigkeit".

[127] Dussel 1972, 264. Es handelt sich um die Besetzung der Kirche ‚Corpus Domini' in der ‚Calle Albariños' in Buenos Aires.

tan, wobei sie auch nicht mit Kritik an päpstlichen Verlautbarungen sparen, z. B. 1966 an der Enzyklika „Humanae Vitae". Andere Gruppen unterstützten die Enzyklika, weil sie in der Bevölkerungsexplosion ein Mittel sehen, das den Zusammenbruch der sozio-politischen Strukturen bewirken kann[128].

Anfang 1977 entschlossen sich die 2500 Bewohner der kolumbianischen Stadt Vascual die umgerechnet DM 38 500 ihrer Kirchbaukollekte lieber für wohltätige Zwecke zu verwenden. Diesen mutigen Schritt der Laien, der von hohem Problembewußtsein zeugt, verstand ihr Bischof Alonso Arteago Yepes keineswegs. Vielmehr sah er „in der mildtätigen Zweckentfremdung einen Mangel an Ehrerbietung gegenüber dem Hl. Sebastian, dem Schutzpatron der neuen Kirche", und exkommunizierte die gesamte Bevölkerung der Stadt. Die Leute von Vascual beschlossen, sich dagegen zu wehren und an Papst Paul VI. zu appellieren[129]. Gibt es ein überzeugenderes Beispiel für die Richtigkeit einer Laieninitiative und gegen die verbreitete Annahme, das prophetische Amt der Kirche sei ein Monopol der Hierarchie?

Es fehlt freilich nicht an Stimmen, die sich dagegen wenden, daß entsprechend einer pastoralen Mode alle kirchlichen Laiengruppen als Basisgemeinden bezeichnet werden, also Reflexionsgruppen, prophetische Gruppen, Untergrundkirchen u. a., die nur Pläne für oder gegen etwas durchsetzen wollten, aber in ihrer evangelischen Reflexion nicht über jede Parteilichkeit erhaben seien[130]. Dem ist freilich entgegenzuhalten, daß die Zeiten, in denen die Hierarchie eine so gut gegliederte und manipulierbare Organisation wie die Katholische Aktion mit Oberstem Rat, Diözesanrat und Parochialrat zu ihrer Verfügung hatte, wohl endgültig vorbei sein dürften[131]. Man kann freilich die Basisgemeinden terminologisch auf das Modell beschränken, das die Hierarchie seit Medellín (1968) für förderungswürdig hält.

Die historische Genesis der Basisgemeinden ist noch ungenügend erforscht. Dussel sucht den Ursprung des Gedankens in den Erfahrungen der brasilianischen „Bewegung für Basiserziehung" (MEB). Der MEB hat sich aus kirchlichen Rundfunkschulen entwickelt. Durch eine entsprechende Abmachung zwischen der CNBB und der brasilianischen Bundesregierung wurde der MEB 1961 zu einer staatlich geförderten Einrichtung mit einer Vielzahl von Rundfunkschulen und lokalen Teams, die in den entlegensten Orten Einwohner in irgendeinem Raum sammelten, um sie nach der Bewußtseinsbildungsmethode von Paulo Freire zu alphabetisieren[132]. Dabei erkannte man, wie

---

[128] Dussel aaO 267f, der allerdings S. 265 auch darauf hinweist, daß keineswegs alle Laienbewegungen der Erneuerung und dem sozialen Engagement der Christen dienen. So hat sich in Kolumbien eine traditionalistische Gruppe unter Leitung des Generalsekretärs der liturgischen Kommission der Diözese Medellín, P. Jairo Mejía Gómez, zusammengefunden, die sich ‚Anti-Golconda' nennt, sich also ausdrücklich gegen die Gruppe der progressiven Golconda-Priester wendet. In der Kirche ‚Nuestra Señora del Socorro' in La Plata/Argentinien verhinderten 1971 Laien die Einführung des neuen Pfarrers, dem sie vorwarfen, Tercermundista zu sein. Schließlich ist die TFP ein Hort der Traditionalisten zweifelhaftester Art.

[129] Vgl. SZ 33 Nr. 60 (14. 3. 1977).

[130] So ein unsignierter Leitartikel in NM Nr. 37 (1971), 9 unter dem Titel ‚Comunidades de Base'.

[131] Vgl. Dussel 1973, 129.

[132] Vgl. Freire 1971 und 1974 sowie Stückrath-Taubert 1975. Weil die Bewußtseinsbildung zur Aufdeckung der sozialen und wirtschaftlichen Ungerechtigkeiten der be-

wichtig auch für den Christen die konkrete Gemeinschaft ist, mit der er seinen Glauben gefühlsmäßig verbinden kann[133]. Aus dieser Erfahrung entstanden im brasilianischen Nordosten die ersten Basisgemeinden, die sich der besonderen Förderung von Bischöfen wie Antônio Fragoso in Crateús und Helder Câmara in Olinda und Recife erfreuten[134]. Repges und in seinen Fußstapfen Bossong dürften die Erfahrung von P. Geraldo Leite Bastos in der Pfarrei Ponte de Carvalhos bei Recife für den Ursprung der Basisgemeinden überschätzen.

Bastos hatte kurz nach Beginn seiner Tätigkeit 1963 in jener 20 000 Seelen umfassenden, kirchlich ziemlich erstorbenen Parochie ein Schlüsselerlebnis. Als er ratlos angesichts der Erfolglosigkeit der herkömmlichen Pastoral der Sakramentsspendung war, half ihm eines Tages eine arme Frau mit dem Satz weiter: „Wir sind alle arm hier, aber wenn ein Armer dem Armen hilft, kommt alles wieder ins Gleis." Für Bastos wurde die Erkenntnis, „die im Volk verborgenen christlichen Tugenden zu entdecken und an ihnen anzuknüpfen", zum Ausgangspunkt der neuen Pastoral, die mit Zellen kirchlicher Gemeinschaft unter den Armen arbeitete. Eine Woche der Evangelisation zur Vorbereitung der Karwoche mit abendlichen Rundfunkansprachen von Erzbischof Câmara, die mit der Anregung zur Gruppenbildung endete, förderte 1968 die Entstehung von Basisgemeinden in seiner Erzdiözese[135].

Comblin bewertet die brasilianischen Erfahrungen für die Entstehung der Basisgemeinden nicht so hoch, sondern spricht von simultanen Erfahrungen in Brasilien, Bogotá, Panamá und Mexiko[136].

Repges führt die Beispiele von P. Leo Mahon in der 45 000-Seelen-Parochie San Miguelito in Panamá an, einer 80 000 Seelen-Parochie mit einem einzigen Priester in Guayaquil/Ekuador, der Parochie der armseligen Stadt Girardot in Kolumbien und der Landparochie Futrono im Bistum Valdivia/Chile, deren 12 000 Glieder, die P. Juan Baud betreuen sollte, über ein Gebiet von 60 km² Ausdehnung in kleinen Siedlungen und Gehöften verstreut wohnen[137].

Die Basisgemeinden berücksichtigen die Erkenntnis, daß die moderne Gesellschaft in den Städten bzw. städtischen Elendsvierteln die aus der ländlichen Gesellschaft ererbten Bande zerstört, so daß auch die Parochien eine sichtbare brüderliche Gemeinschaft nicht mehr darzustellen vermögen, was ihnen freilich wegen ihrer Größe und Ausdehnung auf dem Lande auch häufig nicht mehr gelingt. Während die organisierte Kirche diesem Übel mit missionarischen Gruppen, z. B. Christenheitskursen, zu begegnen versucht, beruhen die Basisgemeinden auf dem Gedanken, natürliche und schon bestehende gesellschaftliche Gruppen mit neuen Werten zu erfüllen und mit der

---

stehenden Strukturen führt, galt diese Methode der brasilianischen Militärregierung ab 1964 als subversiv. Das ganze System der Rundfunkschulen wurde drastisch eingeschränkt und von sogenannter „linker Ideologie" gesäubert. Zur Entstehung und Entwicklung der MEB vgl. Kadt 1970, 122ff.

[133] Dussel 1973, 129.
[134] In Batista Fragosos kleinem Bistum mit 303 955 E (vgl. CERIS 1970/71, 432) gibt es mehr als 1500 BG, d. h. 150 in jeder der 10 Parochien, was den enormen Umfang, den das Modell hier erreicht hat, verdeutlicht - Dussel 1972, 268. In Recife gab es Anfang der siebziger Jahre ca. 600 BG.
[135] Repges 1975, 29f und Bossong 1976, 76f.
[136] 1969 P, 52; zu den BG in Brasilien vgl. Barros 1967 und Gregory 1973.
[137] Repges aaO 28–32.

Botschaft des Glaubens und der Liebe zu durchdringen. Laien, die sich mit den ihnen von den Pastoren übertragenen kleinen Aufgaben nicht zufrieden gaben, sammelten sich vielfach mit Hilfe irgendeines Priesters zu kleinen Gruppen, die spontan entstanden und ihre Existenz nicht wie andere alte Organisationen, z. B. auch die Parochien, der Tradition oder Verordnungen verdanken. Sie sind ein Ausdruck der Mündigkeit der Laien und der durch das städtische Leben gewachsenen Freiheit, die eine Beteiligung ohne strikte Regeln, aber auch eine relativ leichte Auflösung der Gruppen ermöglicht, wenn sie nicht mehr durch ein langfristiges Ziel zusammengehalten werden. Die Anwendung der Gruppendynamik trägt zur Aktivierung aller Glieder der Gruppe bei. Natürlich bringen die Gruppen auch gewisse Gefahren für die Parochien mit sich, nämlich einerseits die Gefahr, wie sie auch im Pietismus bei den Collegia Pietatis gegeben war, daß sich Gruppen zur Ecclesiola (kleine Kirche in der Kirche) entwickeln und den Kontakt und das Interesse für die Parochie verlieren, wobei die „Reinen" von einst, die allein in der Kirche zählen, heute die „Engagierten" wären, andererseits die Gefahr, daß der an sich begrüßte Pluralismus in der Parochie zur Anarchie führen kann, wenn es keine Koordination aller Gruppen gibt[138].

In Brasilien wurde das junge Phänomen der Basisgemeinde von der Hierarchie schnell ernst genommen und von der CNBB bereits dem ‚Plano de pastoral de conjunto' (Gemeinsamer Pastoralplan der Diözesen) für die Jahre 1966—70 zugrunde gelegt. Die brasilianischen Anregungen und Erfahrungen dürften entscheidend dazu beigetragen haben, daß die CELAM 1968 in Medellín empfohlen hat, Basisgemeinden als Grundelemente und Zellen der Parochien aufzubauen und zu Gemeinschaften der „Familie Gottes" weiterzuentwickeln. Ihre Glieder, die die priesterlichen, prophetischen und königlichen Funktionen haben, „die Gott ihnen anvertraut hat", gelten als „ein Signal der Gegenwart Gottes in der Welt". Als Leiter kommen Laien, Religiose, Diakone und Priester in Frage. Die CELAM erklärte es zur Hauptaufgabe der Pastoren und Bischöfe, Leiter für Basisgemeinden zu entdecken und auszubilden, denn *Basisgemeinden* erschienen der Konferenz als entscheidende *Kernzellen der Evangelisation in der Gegenwart*. Die Basisgemeinde wurde definiert als „eine Gruppe aus dem Ort oder der Umwelt, die der Wirklichkeit einer homogenen Gruppe entspricht und die eine solche Dimension hat, daß sie einen persönlichen und brüderlichen Umgang unter ihren Gliedern ermöglicht"[139].

Die Basisgemeinden erscheinen den Bischöfen als adäquate Antwort auf die Herausforderungen der heutigen Zeit, die in Lateinamerika dadurch gekennzeichnet sind, daß zunächst die vor-tridentinische Frömmigkeit der iberischen Metropolen, angereichert durch barocke Elemente, zusammen mit der allgemeinen Werteskala und den Einwanderern auf den Subkontinent verpflanzt und den Ureinwohnern durch eine Mission, die vielfach diesen Namen nicht verdiente, aufgezwungen ist, was zu Synkretismus führte. Auch die Priester und Religiosen, die von der zweiten Hälfte des 19. Jahrhunderts an wieder in großer Zahl nach Lateinamerika strömten, betrachteten sich nicht eigentlich als Missionare, sondern meinten, innerhalb des christlichen Abendlandes in „das Land der Zukunft der Kirche" zu gehen. Sie reorganisierten die Kirche durch erneute Übertragung von pastoralen Modellen aus Europa. Erst die durch das Vatikanum II ausgelöste Erschütterung führte zur Suche

---

[138] Arns 1971, 176ff.
[139] Medellín 1968, Dok. 15, 10: Pastoral de Conjunto.

nach eigenen pastoralen Arbeitsmodellen[140]. Als ein solches Modell, das dem Verlangen der Lateinamerikaner nach Befreiung im umfassenden Sinne entspricht, wurde das der Basisgemeinden in Medellín aufgenommen. Man konstatierte hier das Versagen der traditionellen Organisationen des Laienapostolats, das sich in deren offener Krise äußert. „In ihrer Zeit verwirklichten sie eine entscheidende Arbeit, aber durch spätere Umstände verschlossen sie sich in sich selbst oder gaben sich zu starre Strukturen oder verstanden es nicht, ihr Apostolat richtig in eine geschichtliche Verpflichtung zur Befreiung einzuordnen." Vielfach fehlte es ihnen an der richtigen Pädagogik und an der notwendigen Anpassung an den Prozeß gesellschaftlicher Umformung. Ein Faktor, der ihre Krise ganz besonders begünstigt hat, ist „die schwache Integration des lateinamerikanischen Laien in die Kirche", die mangelnde Ermöglichung einer echten Autonomie der Laien. Man weist entsprechend der Konzilskonstitution „Gaudium et Spes" darauf hin, daß die Pastoren nicht meinen sollten, für alles zuständig zu sein und für alle Fragen eine Patentlösung zu haben. Nach dem Schlußappell der Enzyklika „Populorum Progressio" ist es Sache der Laien aus freier Initiative, ohne Richtlinien abzuwarten, „die Mentalität und die Sitten, die Gesetze und die Strukturen ihrer Lebensgemeinschaft mit christlichem Geist zu erfüllen"[141].

In ihrem Dokument zur Römischen Bischofssynode 1974 knüpft die CELAM an Medellín an und betont erneut die evangelisatorische Funktion der Basisgemeinden:

„Die kirchliche Basisgemeinschaft hat die Funktion eines Katalysators zu übernehmen. Denn sie muß ekklesialen Sinn wecken und die christliche Erinnerung eines getauften Volkes mit neuer Kraft und neuem Leben erfüllen." Die CELAM zitiert Medellín: „Die dargestellte Sicht führt uns dazu, aus der Pfarrei eine belebende und Einheit schaffende pastorale Gesamtheit der Basisgemeinschaften zu machen. So wird die Pfarrei ihre Pastoral im Blick auf örtliche Gegebenheiten, Funktionen und Personen zu dezentralisieren haben" (Dok. 15, 12). Die CELAM-Kommission fügt hinzu: „Eine solche Kirche, in der in bezug auf Bewußtsein und missionarischen Einsatz ihrer Glieder Pluralismus gilt und die der Welt gegenüber offen ist und sich in ihr engagiert, ist Subjekt und Ergebnis der Evangelisierung in einem. Sie ist Zeichen, das mit Taten die Botschaft von der Befreiung bekräftigt."[142]

Basisgemeinden im engeren Sinne wie sie zuerst im brasilianischen ‚Plano de pastoral de conjunto' und dann von der Konferenz von Medellín empfohlen worden sind[143], kommen ohne ein Mindestmaß von Planung nicht aus. Die Einzelheiten der Planung sind allerdings in den Bistümern verschieden. Um trotzdem eine Vorstellung von einer möglichen Form zu geben, soll hier kurz das Modell der Erzdiözese São Paulo beschrieben werden[144].

---

[140] Unsignierter Leitartikel: Sobre Evangelización in PER IX Nr. 86 (1974), 161ff.
[141] Medellín 1968, Dok. 10: Movimientos de Laicos, Abschnitt 9 mit Zitat aus „Populorum Progressio" Nr. 81.
[142] Evangelisierung in Lateinamerika 1974, 87ff.
[143] Viola 1970, 463 weist darauf hin, daß der Begriff ‚Comunidad de Base' sich in Lateinamerika durch die Empfehlung der Konferenz von Medellín, die die Anwendung eines in der Kirche bereits vorhandenen Phänomens in größerem Rahmen darstellt, für die kleinen Gruppen durchgesetzt habe.
[144] ‚Comunidades de Base' Erzbistum São Paulo 1971, 3ff. An eine zu strenge Reglementierung ist in São Paulo nicht gedacht, denn Kardinalerzbischof Arns (1971, 181) lehnt ausdrücklich zu enge Wege und Methoden in bezug auf die Begrenzung der Verantwortung der Leiter ab. AaO 180 erwähnt er als Beispiel dafür, wie verschieden sich das Leben in einer BG abspielen kann, daß eine dieser Gruppen

Die verschiedenen Basisgemeinden einer Parochie bilden einen gemeinsamen Planungs- und Vorbereitungsausschuß (núcleo), in den sie einen oder zwei Vertreter delegieren. Er trifft sich wöchentlich oder alle 14 Tage entsprechend dem Rhythmus der Gemeinden, bespricht im 1. Teil der Sitzung die Probleme der Parochie, der Bürgergemeinde, des Stadtteils, der dort liegenden Fabriken etc. und diskutiert im 2. Teil das für die bevorstehenden Treffen der Basisgemeinden vorgesehene Evangelium. Der Ausschuß hat Verantwortliche für die einzelnen Aufgaben wie Gesamtleitung, gemeinsame Kasse, Liturgie, Informationsblatt. Die Basisgemeinden treffen sich wöchentlich oder vierzehntägig in den Wohnungen der Glieder, deren Zahl maximal 20 beträgt. Bei ihrer Sitzung wird auch im 1. Teil über Erfahrungen aus Familie und Arbeitswelt berichtet, die mit der Missionsaufgabe, die die Basisgemeinde sich stellt, zusammenhängen, weshalb sie hier auch „Equipe Missionária de Base" genannt wird. Der 2. Teil dient der Meditation über den Bibeltext, die keinerlei lehrhaften Charakter haben soll. Hilfreiche Denkanstöße für Fragen und Diskussion sollen von einem vorbereiteten Fragebogen oder einer Zusammenfassung des Textes ausgehen. Am Ende des Treffens zündet der Hausvater Kerzen vor einem Bild des Auferstandenen an, vor dem dann alle sich mit ihren Anliegen zum Gebet vereinen, wobei jeder seinen Gebetswunsch mit der Formel „Herr, ich bitte dich" einleitet. Das Bild des Auferstandenen bleibt bis zur nächsten Sitzung im Hause des Gastgebers, wo es gut sichtbar stehen und die ganze Familie zum täglichen Gebet vereinen soll. Eine vierteljährlich stattfindende Generalversammlung aller Basisgemeinden dient dazu, daß alle sich kennenlernen und gemeinsame Vorhaben verwirklichen können, etwa die Gründung einer Genossenschaft, den Bau eines Raumes, die Wahl des Präsidenten etc. Außerdem finden gelegentlich Gemeindetage statt, an denen alle Basisgemeinden gemeinsam einen Ausflug machen. Ein solcher Tag soll der Ruhe, der Meditation und dem Gebet im Zusammenhang mit dem Evangelium dienen. Beim Besuch der Messe begrüßen sich alle Gemeindeglieder, sprechen mit ihren Nachbarn, besuchen die Trauerhäuser von Christen, die mit ihnen an der Eucharistie teilgenommen haben. Sie besuchen sich gegenseitig und laden sich ein, besuchen Kranke im Hospital etc.

Der Grundgedanke der Basisgemeinden ist nicht, möglichst viele Leute in die Kirche, in die Messen hineinzulocken, sondern aus der Messe, als vom Herrn Gesandte, möglichst vielen Menschen das Evangelium zu bringen. Denn jedes Glied einer Basisgemeinde soll sich als Missionar verstehen, der täglich in seiner Umwelt Christus bezeugt. Darüber hinaus statten am Wochenende auch je zwei und zwei Glieder mit der Bibel und dem Informationsblatt in der Hand Mitbewohnern ihres Bezirks Hausbesuche ab, um ihren Glauben zu erklären. Nie zuvor konnte man in Städten wie Recife so oft Laien, häufig auch Farbige mit der Bibel in der Hand auf der Straße sehen.

Die Bewegung der Basisgemeinden hat in unerhörtem Maße die Bibel in die Hand der Gemeindeglieder gebracht. Sie hat zahllosen Christen die sozialen Probleme bewußt gemacht und damit den Glauben in den Alltag übertragen. Die Parochien mit Basisgemeinden haben ein dichtes Kommunikationsnetz erhalten, so daß beispielsweise eine Priesterverhaftung in einer Stadt wie Recife, wo sie sich nicht selten ereignet, noch am selben Tage in der ganzen Parochie bekannt ist, so daß sich Hunderte in derselben Nacht zum Gebet in ihrer Kirche versammeln können und damit der Verhaftung einen Publizitätseffekt geben, der auch den Behörden unangenehm ist. Die Basisgemeinden

---

einen ganzen Monat lang alle Abende gemeinsam im Gebet verbracht habe und dadurch eine ganz neue Dimension der Gotteserfahrung und Brüderlichkeit gewonnen habe.

machen mit der Erkenntnis Ernst, daß Evangelisation und Katechese eine ganz andere Wirkung erzielen, wenn sie gesprächsweise von einer kleinen Gruppe betrieben werden, als wenn sie frontal als Monolog vor einer großen Gruppe vorgenommen werden[145].

Repges faßt die Gemeinsamkeiten der Basisgemeinden unter 15 Aspekten zusammen, die man stichwortartig so aufzählen kann:

Sie sind natürlich gewachsene Gemeinden und bilden die Basis, auf der die Kirche ruht. Es sind kleine, homogene Gemeinschaften, die sich meist „bei sich zu Hause" treffen, in denen Verantwortung für den Nächsten wahrgenommen wird und in denen die Bibel einen zentralen Platz einnimmt. Die Basisgemeinde trägt sich selbst, setzt sich aus Erwachsenen zusammen und wendet sich an Erwachsene. Ihr Leiter geht aus ihr hervor. „In den Basisgemeinschaften... ist Christ-Sein und Gemeinschaft-Sein identisch." Sie überwinden die Resignation, indem jeder, der zu ihr gehört, „sich in irgendeiner Weise engagieren muß". Die Basisgemeinschaften überwinden den Institutionalismus, weil in ihnen nicht ihre Struktur, sondern ihr Lebendigsein primär ist. Sie nehmen dem Katholizismus in Lateinamerika „den Geruch des Fremden" und zeigen, „daß Katholisch-Sein nicht identisch ist mit der Herauslösung aus dem Bisherigen, mit Trennung von der Umwelt, mit ‚Selbstentfremdung', daß man katholisch werden kann und doch man selbst bleiben kann, daß Gott in dieser Welt, so wie sie ist, sein Zelt aufschlagen will". Die Basisgemeinden wachsen ohne Publizität in der Stille[146].

Die erste große Fragebogenaktion der CNBB ergab 1971, daß die für die Experimente Verantwortlichen explizit die Schaffung von wirklich kirchlichen Gemeinden anstreben, daß die obwaltenden Bedingungen aber zumindest kurzfristig die Erreichung dieses Ziels nicht begünstigen: „Die Bedingungen der Verinnerlichung und Vertiefung des Glaubens der expliziten Zugehörigkeit zu Christus und seiner Kirche sind noch zu prekär, um als entscheidende Grundlage des Gemeinschaftslebens betrachtet werden zu können." Die entscheidende Grundlage bleiben zunächst die Nachbarschaft, gemeinsame sozio-ökonomische Bedürfnisse und andere säkulare Faktoren. Etwas Endgültiges läßt sich über den dynamischen Prozeß der Basisgemeinden noch nicht sagen. Es bleibt eine Hoffnung, daß sie zur Erneuerung „des eigentlichen Geistes und des Gemeindschaftslebens der ganzen Kirche" führen werden[147].

Es bleiben auch noch eine Reihe offene Fragen im Zusammenhang mit den Basisgemeinden, zumal die des kirchlichen Amtes und die der Zielgruppen. Mit den Basisgemeinden verbindet sich die Hoffnung, mit den wenigen verfügbaren Priestern die rein sakramentalistische Evangelisationsstrategie des Tridentinums, die sich aus seiner antiprotestantischen Ausrichtung erklärt, zu überwinden[148]. Die Parochien sollen durch die Basisgemeinden durchgeglie-

---

[145] Im brasilianischen ‚Plano de Pastoral de Conjunto 1966–1970', 68f wird ausdrücklich auf die Wichtigkeit der parochialen Katechese und die Vertiefung der Kenntnis der kirchlichen Lehre durch die BG hingewiesen. AaO 77 wird die Möglichkeit liturgischer Feiern in den BG mit aktiver Teilnahme aller Glieder erwähnt - vgl. Comblin 1969 P, 52. Repges aaO 35 bemerkt: „Die Bibel nimmt einen zentralen Platz ein. Die Zusammenkünfte werden fast stets von einer Schriftlesung eingeleitet... Es ist ganz erstaunlich, welche Wertschätzung das geschriebene Wort Gottes in diesen Gemeinschaften erfahren hat, zu vergleichen eigentlich nur mit der Wertschätzung, die es bei den Evangelischen, insbesondere bei evangelischen ‚Sekten' (Baptisten, Pfingstkirchlern) erfährt".

[146] AaO 33–38.   [147] Gregory 1973, 149.
[148] Zu Trient vgl. Aubry 1974, 119.

dert, der Priester soll auf vielen Gebieten durch die Laieninitiative ersetzt und mehr zum Anreger und Koordinator aller Aktivitäten der Parochie werden, die zu einer Pastoral-Region umgestaltet wird. Damit stellt sich indes die Frage einer zweckmäßigen Ordnung der kirchlichen Ämter.

Sie stellte sich in der Kolonialzeit gar nicht. Damals gab es zwar den Basisgemeinden in etwa vergleichbare Einrichtungen, die Bruder- und Schwesternschaften (irmandades e confrarias), in denen die Laien auch bestimmte Aufgaben hatten. Aber da Ansehen und Autorität der Priester in allen religiösen Angelegenheiten so enorm waren, lagen die Aufgaben der Laien in Mission, Katechese und Bruderschaften auf einem völlig unvergleichbaren Niveau, so daß niemand auf den Gedanken kam, die Ämter der Laien irgendwie zum Priesteramt in Beziehung zu setzen. Außerdem gab es so viele Priester, daß sie alle religiösen Funktionen, die ihrem privilegierten Stand zukamen, wahrnehmen konnten, zumindest in den städtischen Zentren.

Nachdem die Parochien nicht mehr Unterabteilungen der Christenheit sind, sondern christliche Inseln inmitten einer unkirchlichen Gesellschaft, stellt sich auch das Führungsproblem im Zusammenhang mit den Basisgemeinden ganz neu. Denn das Strukturproblem einer Parochie wird doch nicht schon dadurch gelöst, daß sie Dutzende von Basisgemeinden hat, aber nur einen Presbyter, der die Eucharistie feiern kann.

Offen ist auch die Frage, wer eigentlich durch die Basisgemeinden erfaßt werden soll. Bürgerlich traditionalistische Kreise hängen am alten System, nach dem alle Aktivitäten von den Priestern ausgehen. Gruppen von Jugendlichen und engagierten Sozialreformern sind die Basisgemeinden nicht revolutionär genug. Solche Gruppen haben aber meistens auch nur eine vorübergehende Existenz. Sie sammeln sich um einen charismatischen Führer und lösen sich nach Monaten oder Jahren auf, wenn der Enthusiasmus schwindet. Die Basisgemeinden hingegen brauchen ein Mindestmaß an Kontinuität und Institutionalität, müssen sich also vornehmlich aus Erwachsenen, aus Familien rekrutieren. Comblin, der diese Problematik als langjähriger theologischer Berater von Erzbischof Helder Câmara kennt, empfiehlt, eine Vermischung von Basisgemeinden und christlich-revolutionären Gruppen zu vermeiden. Die Kirche brauche die radikalen Gruppen, damit das Evangelium in seiner ganzen Kompromißlosigkeit zur Geltung komme. Denn für das soziale Apostolat eigne sich am besten die nomadische Form bzw. die Existenz vorübergehender Gruppen. Die Kirche könne indes nicht allein von solchen Gruppen leben, sondern brauche auch stabile Elemente, deren Lebenszeugnis naturgemäß mittelmäßiger sei und nicht so sehr die Aufmerksamkeit auf sich lenke wie dasjenige radikaler Gruppen. Nicht selten gehe eine von einem charismatischen Führer gesammelte Gruppe in einer Basisgemeinde auf, aber dann wechsle auch der Leiter. Im Grunde gäbe es deshalb heute drei Ämter: 1. den Administrator der „Pastoral de conjunto", bislang stets ein Priester, 2. den Leiter der Basisgemeinde und 3. den Propheten mit einer charismatischen Gruppe. Die offene Frage sei, welches der drei Ämter „die Ordination als Priester, Diakon oder vielleicht gar keine verdiene", „auf welches Niveau die Feier der Messe zu legen sei"[149].

Das Problem der Bindung der Messe an den Priester bleibt also bestehen. Die Basisgemeinde bleibt ohne die Möglichkeit der selbständigen Feier der Eucharistie.

---

[149] Comblin 1969 P, 54ff.

533 Ansätze zur theologischen Aufarbeitung der Krise der missionarischen Identität innerhalb der römisch-katholischen Kirche

Das päpstliche Rundschreiben „De Evangeliatione Mundi Huius Temporis", das an alle Bischofskonferenzen zur Vorbereitung der Römischen Bischofssynode des Jahres 1974 hinausgegangen ist[150], hat in Lateinamerika einen intensiven theologischen Reflexionsprozeß über das Problem der Evangelisierung ausgelöst. Die Bischofskonferenzen sahen sich gezwungen, die Erfahrungen mit revolutionären und reaktionären Prozessen seit Medellín und die Anstöße der Theologie der Befreiung unter dem Aspekt des Auftrages der Kirche, der mit dem Begriff Evangelisierung umschrieben wird, aufzuarbeiten. Wie verschieden das geschehen ist, ist in bezug auf Peru und Chile bereits in Abschnitt 523 angedeutet worden.

Die Position des chilenischen Episkopats nach den Erfahrungen der Jahre 1970—73 erhellt aus folgender Feststellung:

„Für einen Menschen mit leerem Magen, der sich in einem Zustand körperlichen Elends, in Wohnungsnot und im Kampf ums Überleben befindet, gibt es keine Öffnung zur übernatürlichen Ordnung. Es gibt einfach ein Mindestmaß an materiellen Bedingungen, das erfüllt sein muß, damit man überhaupt vom Glauben sprechen kann. Trotzdem wecken oder verursachen Einsatz für Entwicklung und Engagement für Fortschritt nicht Glauben. Darum können die hochentwickelten Länder z. B. auch nicht als authentisches Beispiel für christliches Leben betrachtet werden." Es folgt die recht reformatorische Aussage: „Der Glaube ist ein Werk Gottes."[151] Die Bischöfe versuchen zwischen dem Materialobjekt der Evangelisierung, d. h. der Sorge um den Menschen und seine materielle Wohlfahrt, und dem Formalobjekt der Evangelisierung, d. h. „der Einsicht, daß das Evangelisierungswerk durch Erwachen des Glaubens charakterisiert ist", zu unterscheiden und kommen dabei zu folgender theologischer fragwürdiger Aussage: Dieser Glaube bringt, „wenn er echt ist, als Folge — die zwar nicht spezifisch für die Evangelisierung ist, d. h. als spezifische Sendung des Christen qua Christen — die Wendung zum Bruder mit sich...: Liebe, Gerechtigkeit und die Reform der Strukturen"[152].

Diese scholastische Unterscheidung zwischen Materialobjekt als niederer Stufe und Formalobjekt als höherer Stufe, zwischen unspezifischer und spezifischer Sendung des Christen, stellt einen deutlichen Schritt hinter die Theologie der Befreiung dar und bedingt ihr Mißverstehen oder ihre Ablehnung. Daß ein hoher Lebensstandard nach dem Vorbild der führenden Industrienationen christlichen Glauben hervorbringen könnte, hat kein ernst zu nehmender Theologe angenommen. Da es in diesen Nationen andere gefährliche Formen von Abhängigkeit gibt, wäre hier ebenfalls eine „Theologie der Befreiung" vonnöten!

An einer anderen Stelle weist der Episkopat indirekt selbst auf die Fragwürdigkeit seiner Position hin:

„In ihrer Predigt und in ihren pastoralen Leitlinien betont die Kirche unentwegt ihre Vorliebe für die Armen. Sie unterhält soziale Einrichtungen und ein Großteil der Erziehungsinstitutionen der Kirche ist den Armen gewidmet (?). Trotzdem ist die Anteilnahme der Armen an der Kirche noch sehr gering. Der größte Teil der prak-

---

[150] Evangelisierung in Lateinamerika 1974, 5–21.
[151] Evangelisierung in Brasilien, Chile und Peru 1974, 92.
[152] Ebd. 91f.

tizierenden Katholiken stammt aus der Mittelschicht. Die Kirche in Chile kann sich als Dienerin der Armen bezeichnen, aber sie besteht nicht aus Armen."[153]

Diese Sätze klingen eher nach Selbstrechtfertigung als nach Bereitschaft zur kritischen Überprüfung der eigenen Position. Liegt es nicht nahe zu vermuten, daß sich die Armen als „Materialobjekte" kirchlichen Assistenzialismus behandelt fühlen und nicht als Subjekte des christlichen Kampfes um die Befreiung des Menschen? Der chilenische Episkopat sieht die Krise der Evangelisierung in Lateinamerika dadurch gekennzeichnet, „daß in den lebendigsten Kreisen das Politische eben alle anderen Aspekte völlig absorbiert. Auch an diesem Punkt fallen wir von einen Extrem ins andere..."[154]

Wie die peruanische Bischofskonferenz (vgl. S. 1051ff) stellt auch die brasilianische demgegenüber einen klaren Zusammenhang zwischen Evangelisation und Befreiung her:

„In weiterentwickelten Ländern mag es zweckmäßig sein, in der Praxis zwischen menschlicher Entwicklung und Evangelisierung zu unterscheiden, wobei man auf letztere größeren Wert legt. In anders gelagerten Situationen, wie solchen, die wir in Brasilien oft antreffen, ist es äußerst wichtig, daß die Kirche ihre sozialen Verpflichtungen übernimmt und sich der menschlichen Entwicklung auf Grund des Glaubens und der Evangelisierung widmet. Man sollte nicht so sehr befürchten, daß man sich allzusehr um die ganzheitliche menschliche Förderung kümmert, als vielmehr Furcht davor haben, die Pflicht der Gerechtigkeit nicht zu erfüllen."[155]

Die CNBB beurteilt die Haltung der Amtskirche durchaus selbstkritisch:

„Durch ihre konstruktive Kritik an den sozialen Verhältnissen ist die Kirche in der letzten Zeit gewachsen, wenngleich diese Anstrengungen weder dauerhaft noch

---

[153] Ebd. 115. Diese Feststellung ist gegenüber Frieling 1976, 38f zu beachten, der Fontaine 1971 zitierend bemerkt: „Die relativ progressive sozialpolitische Haltung der katholischen Kirche Chiles hat im Laufe von wenigen Jahrzehnten dazu geführt, daß aus einer Kirche der Reichen, die von der Oberschicht getragen wurde, sich eine Kirche für alle entwickelte". Zum Problem Kirche-Staat in Chile und Lateinamerika vgl. Mondragón 1976.

[154] Ebd. 118f. Zu Recht bemerkt Frieling aaO 39: „...der praxeologische Ansatz einer Befreiungstheologie, welche bestimmte soziologische Gesellschaftsanalysen voraussetzt und Befreiung und Evangelisierung identifiziert, wird zurückgewiesen. Auch die ‚Theologie der Zeichen der Zeit', die an sich richtig die Gegenwart Christi in der Geschichte beschreibt, dürfe nicht überstrapaziert werden, sagen die Bischöfe: ‚Es darf einfach nicht vergessen werden, daß in der Geschichte beide, sowohl die Gnade als auch die Sünde, am Werke sind. Nicht die Welt hat das Evangelium zu beurteilen, sondern das Evangelium die Welt'". Die Bischöfe betonen, daß nicht nur die Perspektive des Glaubens, sondern auch die Gemeinschaft mit der hierarchischen Kirche entscheidend ist, wenn man die Zeichen der Zeit deuten will - vgl. aaO 117. Der Ständige Rat der chilenischen Bischofskonferenz hat am 25.3.1977 geschickt anknüpfend an die programmatische Rede Pinochets vom 18. März eine vorsichtig kritische Erklärung zur politischen und wirtschaftlichen Situation Chiles abgegeben, in der u. a. Respekt für politisch Andersdenkende, Aufklärung des Schicksals der seit dem 11.9.1973 Verschwundenen, eine positivere Würdigung der Leistungen der politischen Parteien, volle Garantie zur Wahrung der Menschenrechte, eine gerechtere Verteilung der Lasten des Wiederaufbaus und die gerechtere Aufzeichnung von frei und öffentlich diskutierbaren Alternativen in der Wirtschaftspolitik gefordert werden. Ferner wird eine vom Volk bestätigte Verfassung für genauso wichtig gehalten wie die Wahl rechtmäßiger Vertreter der Volkes - vgl. Chile 1977.

[155] Evangelisierung 58.

organisiert, noch einheitlich waren. Dies äußerte sich besonders in Erklärungen, konkreten Schriften und in einer größeren Unabhängigkeit von der wirtschaftlichen und politischen Macht. Der Geist des Evangeliums war eine ständige Motivierung der Bemühung um ganzheitliche menschliche Förderung, wenngleich man in der Wortwahl nicht immer sehr glücklich war. *Die Theologie der Befreiung scheint, trotz der Zwiespältigkeiten, die sie in sich birgt, einer der gültigen Versuche zu sein*, ebenso wie das Dokument über die Menschenrechte."[156] „Im allgemeinen haben sich die Bischöfe bemüht, ihrer prophetischen Mission gerecht zu werden, obgleich in einigen Fällen eine übertriebene Klugheit vorgekommen ist, wenn es galt, soziale Ungerechtigkeiten anzuprangern."[157]

Diese wenigen Zitate deuten auf eine erstaunliche innere Entwicklung im Episkopat, denn nach dem Militärputsch von 1964 erschien die römische Kirche oft eher als „eine von Grund auf konservative Institution, die nur reagiert, wenn ihre eigenen Interessen auf dem Spiele stehen", denn als „der Ort eines kritischen Gewissens der Gesellschaft, das die wirksame Verteidigung der menschlichen Werte im Auge hat"[158]. Antoine (1972) hat eine eingehende

[156] Ebd. 57 - zum Menschenrechtsdokument vgl. Abschnitt 515. [157] Ebd. 54.
[158] Antoine 1972, 23f formuliert dies als eine Frage des Entweder oder Oder. Der nicht genannte Brasilianer, der das Vorwort verfaßt hat, weist darauf hin, daß nach dem Syllabus von Rom im Verhältnis von Kirche und Staat „eine andere Doktrin so oft und so eindringlich verkündet worden" ist, „daß man manchmal glauben könnte, es habe sie von Anfang an gegeben: ‚Die Kirche verwirft keine jener verschiedenen Staatsformen, solange sie aus sich geeignet sind, das Gemeinwohl zu fördern; sie wünscht lediglich, daß die einzelnen Verfassungen, wie es ja auch die Natur verlangt, ohne Rechtsverletzung zustande kommen, namentlich unter Wahrung der kirchlichen Rechte' (Leo XIII., Enzyklika Libertas praestantissimum, 1888). Es ging wohlverstanden darum, den Ideen der Demokratie und der Republik in der katholischen Welt freie Bahn zu geben. In seinen dringlichen Ratschlägen an die französischen Katholiken, sich mit der Republik einverstanden zu erklären", ist Leo XIII. bis zu der Feststellung gegangen: „...Das höchste Kriterium des Gemeinwohls und der öffentlichen Ruhe gebietet die Anerkennung dieser de facto eingesetzten Regierungen an Stelle der alten Regierungen, die es de facto nicht mehr gibt" (Notre consolation, 1892). „Hier wird also die Realpolitik mit allen Ehren in die Sozialdoktrin der Kirche eingeführt. Wie sollte man sich also darüber wundern, daß dieselben Argumente einige Jahre später verwendet wurden, um die Konkordate mit Mussolini, Hitler, Franco und Salazar zu rechtfertigen? In der Tat beginnt sich das Prinzip der Gleichgültigkeit der Kirche in bezug auf die politischen Regime erst mit den Reden und Botschaften Pius' XII. gegen Ende des Zweiten Weltkrieges abzuschwächen, also zu dem Zeitpunkt, da die christliche Demokratie tatsächlich, und vor allem in Italien, als das einzige Bollwerk gegen den Kommunismus erschien. Das ist der Grund, weshalb die bemerkenswerten Stellungnahmen von ‚Pacem in terris' es trotz ihrer Klarheit und Kraft so schwer haben, zu überzeugen". Im 20. Jahrhundert ist es immer wieder zu einem Konnubium zwischen Kirche und Diktaturen gekommen, wenn nur die kultischen und organisatorischen Rechte der Kirche gewahrt blieben. Die Entwicklung des Verhältnisses von Kirche und Staat in Brasilien ist ein Anlaß, nachzudenken „über die Existenz des Rechtsstaates und der demokratischen Macht als unerläßliche Vorbedingung für die Entfaltung der menschlichen Person... über die Berechtigung der Theorie von der ‚Religion als dem höchsten Gut der Gesellschaft', die als Rechtfertigung der Zusammenarbeit mit dem Despotismus vorgebracht wird. Man muß des weiteren seine Vorstellungskraft ernsthaft bemühen, um praktische Lösungen für das Problem der ‚institutionellen Blockierung' des Göttlichen Wortes zu finden, und dabei den Mut zu riskanten Entscheidungen haben" aaO 16f.

Analyse der kirchlichen Zeitgeschichte von 1964 bis Ende 1969 vorgelegt, die er in drei Zeitabschnitte einteilt:

„1. Die Zeit vom März 1964 bis März 1967, d. h. unter der Präsidentschaft von Marschall Castelo Branco.

Der linke Flügel der Kirche, dessen bewußtes Erfassen der sozialen Probleme aus den sechziger Jahren datiert, festigt seine doktrinären und ideologischen Positionen, wird aber das Ziel einer ersten Welle der (staatlichen) Unterdrückung.

2. Die Zeit vom März 1967 bis Dezember 1968, d. h. in der ersten Hälfte der Präsidentschaft von Marschall Costa e Silva.

Unter der Wirkung der Verhärtung der Positionen der beiden Flügel, des integristischen und des progressistischen, und unter ihrem ständigen Druck tritt die Mehrzahl des Episkopats in eine Phase wachsender Unschlüssigkeit. Die kollektive Reaktion der Kirche auf die verletzenden Äußerungen der militärischen Ultras ist nur schwach, und das hat zur Folge, daß die extremen Positionen noch mehr radikalisiert werden. In dem damals rasch überhandnehmenden Klima der Gewalttätigkeit setzt der katholische Integrismus seine großen Offensiven im Dienste der Regierung in Gang, und die linksgerichteten Christen werden in den Widerstand und in den Untergrund zurückgedrängt.

3. Die Zeit vom Dezember 1968 bis Oktober 1969, d. h. in der zweiten Hälfte des Mandats des Marschalls Costa e Silva und mit dem Regierungsantritt des Generals Garrastazu Médici.

Da der Gewalt auf der Straße, in den Betrieben und im Parlament logischerweise die verfassungsmäßig verankerte Gewaltherrschaft gefolgt ist[159], paßt sich die Kirche der neuen Situation an und ist sogar bestrebt, ihren linken Flügel zurückzuweisen, ohne jedoch eine gleichgeartete Absage an ihren rechten Flügel zu richten. Um der politischen Macht willen begibt sich also die Kirche ihrer verbindenden und explosiven Macht, die die vorhergehenden Jahre erahnen ließ; nur einige örtlich bestimmte Bischofs- und Priestersitze leisten dem Regime weiterhin offenen Widerstand." Der Beginn der dritten Militärpräsidentschaft beendet eine Phase des Schwankens zwischen der Wiederherstellung des Rechtsstaates und der Rückkehr zum Ausnahmezustand. Die Diktatur wird nun institutionalisiert[160]. Wie die Ende

---

[159] Ebd. 12f wird darauf hingewiesen, daß das Militärregime durch die Konstitutionellen Akte, mit denen es die Verfassung ergänzt hat, „de facto und de jure ein Regime totalitären Zuschnitts darstellt".

[160] Antoine 1972, 24f. Der Vf. des Vorwortes meint, daß Antoines Charakerisierung des brasilianischen Regimes als faschistisch irreführend sei. Er meint, Faschismus werde bestimmt „durch eine ideologische Rechtfertigung zu universeller Berufung, durch die bedingungslose Unterordnung unter den Willen eines Führers (Führerprinzip), durch die Vorherrschaft einer einzigen Partei mit paramilitärischem Charakter und durch einen aggressiven Nationalismus, der auf eine Eroberungspolitik hinausläuft. Nun, keines dieser Charakteristika findet sich im gegenwärtigen brasilianischen Staat" - aaO 11. Diese Äußerung erklärt sich daraus, daß sie 1970 geschrieben sein dürfte. Inzwischen hat die Doktrin der „Nationalen Sicherheit" in Brasilien in ähnlichen lateinamerikanischen Regimen durchaus den Charakter einer ideologischen Rechtfertigung angenommen. Bartolomé Meliá äußerte im Mai 1977 im Gespräch mit dem Verfasser die Befürchtung, daß das Regime diese Doktrin auch zu einer Form von Patronat gegenüber der Kirche ausbauen könnte. Dieses angemaßte Patronat wäre noch gefährlicher als das alte, weil jenem wenigstens ursprünglich der Gedanke der Unterstützung der kirchlichen Arbeit durch den Staat zugrundelag. In Staaten wie Brasilien, Bolivien, Paraguay, Uruguay, Argentinien, Chile etc. wird dieses neue „Patronat" de facto schon ausgeübt, indem mißliebige Formen kirchlicher Aktivität im Namen der nationalen Sicherheit unterdrückt bzw. deren Initiatoren ausgewiesen werden. Was andererseits die Frage der Eroberungspolitik anbelangt, so

März 1977 durch die Schließung des unbotmäßigen Parlaments ausgelöste Verfassungskrise beweist[161] bleibt das Militärregime bei der Überordnung des Präsidenten über die Verfassung.

Zu den Prälaten, die auch in den Jahren bis 1969 energisch für die individuellen und sozialen Menschenrechte eintraten und Evangelisation Hand in Hand mit sozio-politischer Bewußtseinsbildung im Sinne der integralen Befreiung des Menschen verstehen und betreiben konnten, gehören Helder Câmara, seit 1964 Erzbischof von Olinda und Recife, von dem erstaunlicherweise 1968 noch eine Sammlung von Reden in kleiner Auflage in Brasilien erscheinen konnte (Revolution innerhalb des Friedens), und Antônio Fragoso, seit 1964 erster Bischof des neugeschaffenen Bistums Crateús Ceará, dessen gesammelte Reden aus dem Jahre 1968 unter dem Titel „Evangelium und soziale Problematik" (1969 in Frankreich und Portugal erschienen. Zusammen mit einer kleineren Zahl Gleichgesinnter schienen diese beiden Konzilsväter aus dem Nordosten lange zu einer unbedeutenden Minderheit innerhalb der CNBB zu gehören. Dem italienischen Jesuiten Floridi schien freilich schon 1968 der von Militärs und der Mehrheit der Bischöfe verteidigte Deich gegen die kommunistische Flut durch das Werk des „radikalen Klerus" zu brechen[162].

In Wirklichkeit geht es in Brasilien darum, dem Ausufern einer immer gefährlicheren Willkürherrschaft zu wehren, wozu seit 1973 eine wachsende Zahl von Prälaten bereit zu sein scheint. Am Tag der Arbeit des Jahres 1973 veröffentlichten die regionalen Bischofskonferenzen des Nordostens und des Mittleren Westens überraschend zwei gut dokumentierte Hirtenworte zur politischen und sozio-ökonomischen Lage. Wegen ihrer mutigen Kritik wurden beide Denkschriften zunächst verboten.

In der des Mittleren Westens heißt es: „In bezug auf die Rolle der Regierung genügt es wahrzunehmen, was alle Tage geschieht: Jede Kundgebung wird unterdrückt, die Leute werden festgenommen, sie bleiben dort ohne die Möglichkeit eines freien Gerichtspruches, wenn sie nicht einfach umgebracht werden... Im Namen der eigenen freien Initiative (der Regierung) beschneidet und verhindert man die persönliche Gruppenfreiheit und selbst diejenige eines großen Teils des Volkes. Es scheint, daß die Freiheit auch das Privileg einiger weniger geworden ist und auch geplant wird."[163] In der Denkschrift des Nordostens heißt es: „Die Reichen werden immer reicher und die Armen immer ärmer durch den fortschreitenden, dem System inhärenten Prozeß der wirtschaftlichen Konzentration. Andererseits erweist sich die

---

ist ein brasilianisches Hegemonialstreben zumindest auf wirtschaftlichem Gebiet unverkennbar und hat Nachbarstaaten wie Uruguay, Paraguay und Bolivien bereits in ein Abhängigkeitsverhältnis gebracht. Die angesehensten lateinamerikanischen Autoren sprechen heute von Faschismus in Lateinamerika - vgl. den neuen Sammelband: Fascismo 1976. Für das, was Hélio Jaguaribe „kolonialen Faschismus" (vgl. 4247) nennt, müßte eine neue Definition gefunden werden. Zea 1976 spricht in demselben Sinne von „abhängigem Faschismus". Vgl. auch Duclercq 1977 und Arroyo 1977.

[161] Die präsidentialen Prärogativen werden nicht nur in Form von Zensur und willkürlichen Verhaftungen, die wegen der Außerkraftsetzung des Habeas Corpus legal sind, ausgeübt, sondern auch in Form der Mißachtung des Parlaments - vgl. v. Conta: „Brasiliens ‚Demokratie' wegen Renovierung geschlossen. Bis zur Änderung der Verfassung und seiner weiteren Entmachtung bleibt das Parlament ausgeschaltet" - SZ 33 Nr. 79 (5. 4. 1977); zum Imperialismus in LA vgl. Ianni 1974.
[162] 1973, 218.   [163] Brasilien 1973 II, 5. 2. 2.

Notwendigkeit der Unterdrückung immer mächtiger, um das Funktionieren und die Sicherheit des mit ihm verbundenen kapitalistischen Systems zu garantieren. Das zeigt sich unerbittlich in der Einengung der verfassungsmäßigen Legislativen (auf Bundes- und Länderebene), in der Entpolitisierung der ländlichen und städtischen Gewerkschaften, in der Entleerung der studentischen Führerschaften, überhaupt in der Einrichtung der Zensur, in den Verfolgungsmaßnahmen gegen Arbeiter, Landwirte und Intellektuelle, in den Leiden, die Priestern und Mitstreitern der christlichen Kirchen zugefügt werden. Dies alles nimmt die unterschiedlichsten Formen an: Einkerkerung, Folterungen, Verstümmelungen und Morde."[164]

Kardinalerzbischof Vicente Scherer von Pôrto Alegre, ein Sprecher des konservativen Teils der Hierarchie, unterzog in einer Rundfunkansprache am 15. Juni 1973 beide Hirtenworte einer scharfen Kritik und behauptete, es stünde der Kirche nicht zu, zur Wirtschaftspolitik Stellung zu nehmen[165]. In einer Erwiderung bemerkte Erzbischof Gomes dos Santos von Goiânia:

„Mit seiner jüngsten Ansprache legt er (Scherer) seine Meinung eindeutig im offenen Gegensatz zur Stellungnahme der 18 Bischöfe und Ordensoberen (des Mittleren Westens) dar. Dies ist der Weg zu einem öffentlichen Dialog in Fragen, die nicht die heiligen Bande betreffen, die alle im gleichen Glauben vereinen, in der herrlichen Freiheit der Kinder Gottes, in der Verbundenheit mit dem gemeinsamen Hirten, Zeichen und Instrument der Einheit der Kirche. Ich hoffe, daß die Presse auserkoren werde, um in aller Fülle ihrer hohen Ziele zu erreichen, daß die Kommunikationsmittel in Freiheit und Verantwortung der Meinung die Befürchtungen, die Hoffnungen der Bürger miteinander verbinden möge, damit der ehrliche und offene Dialog wieder in Gang gebracht werde."[166]

Hier wird eine Folgerung für die Diskussion sozialethischer Fragen gezogen, die sich für Lutheraner aus der Zweireichelehre ergibt. Ohne Furcht vor Meinungsverschiedenheiten, vor einer innerkirchlichen Pluralität, müssen die sozialethischen Folgerungen aus dem Evangelium in der jeweiligen Situation offen diskutiert werden. Auch wenn innerhalb der Kirchenleitung kein Konsensus möglich ist, kann auf eine Option nicht verzichtet werden. Eine offene Diskussion berechtigt immerhin zur Hoffnung, daß sich aus ihr Leitlinien für die Grundbedingungen einer Politik ergeben könnten, die zu der von Christus eröffneten Möglichkeit der ganzheitlichen Befreiung des Menschen nicht in Widerspruch stehen.

Im Oktober 1973 beteiligte sich die CNBB über die CESE dann an der Verteilung von 300 000 Exemplaren der mit Bibelzitaten kommentierten Menschenrechte. Im Oktober 1975 lief die erste größere Verhaftungswelle unter der Präsidentschaft des Lutheraners General Ernesto Geisel an[167], dessen Amtsübernahme im ersten Halbjahr 1974 wiederum von Hoffnungen auf eine Demokratisierung und Humanisierung des Regimes begleitet gewesen war. Sichtbares Fanal der neuen Verhaftungs- und Folterungswelle war der Tod des jüdischen Journalisten Vladimir Herzog und eines Arbeiters in den Kerkern der militärischen Untersuchungsbehörde (COI-CODI) von São Paulo[168]. Kar-

---

[164] Brasilien 1973 I, Conclusio; zum Militarismus vgl. Schilling 1974 I u. II.
[165] CP v. 16. 6. 73.   [166] Gomes 1973.
[167] Zu Geisel vgl. Prien 1974G; zu den Menschenrechten in LA vgl. González 1974.
[168] Die Verhaftungswelle erstreckte sich besonders auf Mitglieder der Oppositionspartei MDB und Journalisten – vgl. Informationen Okt.-Dez. 1975. Zur Entwicklung der „Revolution" bis 1970 und zu den Folterungen vgl. die Dokumentationen Brasilien 1970 I–II, bzw. Brasilien/Amnesty.

dinalerzbischof Paulo Evaristo Arns von São Paulo, wie Dom Helder ein mutiger Vorkämpfer für die Menschenrechte, beteiligte sich mit vielen tausend Menschen an der Beerdigung Herzogs und die Vollversammlung der Bischofskonferenz des Staates São Paulo bekundete ihre Entschlossenheit, mit allen Kräften und Gruppen des Landes „für die Anerkennung der menschlichen Person" zusammenzuarbeiten und rief das Volk zur Teilnahme an Abendmessen in allen Bischofskirchen am 2. November 1975 auf, die zum Gedenken an alle spurlos Verschwundenen, in den Gefängnissen Eingesperrten und für die Seelen aller, die bei jeder Art von Gewalttätigkeit umgekommen sind, gefeiert werden sollten[169].

Das Jahr 1976 brachte in Brasilien wie in vielen Teilen Lateinamerikas eine Verschärfung der Repression und damit erhöhte Spannungen im Verhältnis von Kirche und Staat[170]. Die ‚Comissão Representativa' der CNBB veröffentlichte deshalb am 15. November 1976 einen „Hirtenbrief an das Volk Gottes", dessen Verbreitung sofort von den Behörden verboten wurde. In diesem Hirtenbrief werden folgende Vorkommnisse angeprangert:

1. Die Ermordung von Pater Rudolfo Lunkenbein durch Großgrundbesitzer und deren Helfershelfer, die die Abgrenzung des Reservats der Bororo in Merure/Mato Grosso verhindern wollten, am 15. Juli 1976. Ferner der Mord am Indio Simão bei demselben Überfall von etwa 60 Bewaffneten.

2. Die Gewalttätigkeiten zweier Polizeibeamten in Ribeirão Bonito bei Barra do Garças, die den Tod von P. João Bosco Penido Burnier SJ verursachten. Zusammen mit Bischof Pedro Casaldáliga von São Félix (Mato Grosso), der für seinen Einsatz für die rechtlosen Kleinbauern und Pächter bekannt ist, hatte Burnier am 11. Oktober 1976 in der Polizeistation jenes Ortes vorgesprochen, um die Polizisten zur Beendigung der Mißhandlungen und Folterungen von Margarida Barbosa und ihrer Schwiegertochter Jovina Barbosa zu bewegen. Viele Einwohner des Örtchens Riberão Bonito waren festgenommen, geprügelt und gefoltert worden, nachdem ein Angehöriger der Militärpolizei ermordet worden war, als er mit brutaler Gewalt versucht hatte, die Kinder Jovina Barbosas zu verhaften. Auf die Intervention der Geistlichen reagierten die Polizisten „mit Beschimpfungen und drohten ihnen für den Fall, daß sie es wagen sollten, diese Willkür anzuzeigen. Der Pater erhielt einen Faustschlag und einen Kolbenhieb ins Gesicht und wurde von einem Dum-Dum-Geschoß am Kopf getroffen."

3. Die Entführung und Mißhandlung des Bischofs von Nova Iguaçu, einer der endlosen Vorstädte von Rio de Janeiro, Adriano Hypólito, und seines Neffen am 22. September 1977. Der Volkswagen des Bischofs war angehalten worden, der Bischof gefesselt und entführt, wegen seines Einsatzes für die Armen als „kommunistischer Verbrecher" beschimpft und schließlich an einem entlegenen Ort entkleidet ausgesetzt worden. Die Terroristen rühmten sich, Angehörige der staatlich geduldeten oder sogar heimlich geförderten „Antikommunistischen Allianz Brasiliens" (AAB) zu sein. Den VW sprengten sie vor dem Sitz der CNBB im Stadtteil Glória in die Luft.

Außerdem werden in dem Hirtenbrief u. a. folgende „Fakten" angeprangert: das Veröffentlichungsverbot für Dom Helder, ja das Verbot der bloßen Nennung seines Namens in Presse, Funk und Fernsehen durch eine schriftliche Anordnung der Abt. Bundespolizei im Justizministerium; die doppelte Vorzensur des Presseorgans der Erzdiözese São Paulo, ‚O São Paulo'; die Attentate rechtsgerichteter Terro-

---

[169] Dokument der Bischofskonferenz des Staates SP „Du sollst deinen Bruder nicht unterdrücken" - Mitteilungen der CNBB v. 31. 10. 1975 in INFORMATIONEN aaO. Zur Theologie von Arns vgl. Arns 1971 und 1972.
[170] Vgl. die Dokumentation der Commission Tiers-Monde Église catholique, Genf: Une lutte systématique contre l'Église d'Amérique Latine - 1976.

risten gegen die brasilianische Rechtsanwaltskammer, die wiederholt die Wiedereinführung des Habeas Corpus gefordert hat, gegen den brasilianischen Presseverband und das von der Ford Foundation finanzierte Institut CEBRAP (Centro Brasileiro de Análise e Planejamento), das im Auftrage der päpstlichen Kommission Justitia et Pax das Wirtschaftswachstum der Region São Paulo untersucht hatte und dabei zu dem Schluß gekommen war, das Wirtschaftswachstum habe der Bevölkerung keine sozialen Verbesserungen gebracht. Der CEBRAP war daraufhin von den Sicherheitsbehörden der Förderung kommunistischer Propaganda bezichtigt worden[171]. Generell protestieren die Bischöfe gegen die seit Jahren geübte Praxis von Verhaftungen aus politischen Gründen; „Zumeist kam es dabei zu Entführungen, schlechter Behandlung, Folter, Verschwinden von Personen und Mord, wenn auch soweit bekannt, derlei Vorkommnisse sich seit Mai dieses Jahres (1976) nicht wiederholt haben. Man kann auch nichts Genaues über Verbrechen sagen, die fortlaufend von den Polizeikräften gegen das brasilianische Volk verübt werden... Gewalt erzeugt Gewalt. Und die Gewaltanwendung gegen politische Gefangene ist unter Militärs und Polizeikräften zu einem allgemein verbreiteten Mittel geworden. Die jüngsten Vorfälle scheinen zweierlei zu beweisen: zum einen die Deformation der brasilianischen Polizeieinheiten und zum anderen die bedeutende Rolle von Terrororganisationen auf dem lateinamerikanischen Kontinent.

Ein Beispiel für den politisch-militärischen Terror auf lateinamerikanischer Ebene war die Verhaftung von 17 katholischen Bischöfen und 20 Priestern, Religiosen und Laien am 13. August dieses Jahres in Riobamba in Ekuador. Von den Militärbehörden dieses Landes wurden sie nach Quito gebracht. Damals schrieben die Bischöfe, zu denen auch Brasilianer (Cândido Padin und Antônio Batista Fragoso), Nordamerikaner, Chilenen, Mexikaner, sowie ein Paraguayer, ein Argentinier und ein Venezolaner gehörten, einen Brief an den Papst, in dem sie betonten, daß das Ziel ihres Treffens ausschließlich innerkirchliche Angelegenheiten betraf."[172]

Außer der Aufzählung dieser Fakten und der Tatsache, daß ausdrücklich vermerkt wird, daß dieser Hirtenbrief „durch die wertvolle und brüderliche Zusammenarbeit von Priestern und Mönchen, Nonnen und Laien" entstand, kommt der Bewertung dieser Fakten entscheidende Bedeutung zu. Die Verfasser kommen zu dem Ergebnis, daß die Verantwortung für die zahllosen Übergriffe nicht allein die Sicherheitskräfte trifft, sondern das System, das ein Klima der Gewalttätigkeit geschaffen hat. Es gibt keine Gleichheit vor dem Gesetz. Nicht der Mensch, nicht das Prinzip der Gerechtigkeit bestimmt die Gesellschaft, sondern ausschließlich Geld, so daß die Rechtsanwälte kürzlich auf einem Treffen ihrer Kammer in Bahia feststellten, daß „das Strafrecht das Recht der Armen ist, aber nicht weil es sie behütet und schützt, sondern weil es allein sie mit seiner ganzen Härte trifft". Kriminelle Polizeiangehörige, besonders Glieder der berüchtigten „Todesschwadron", gehen straffrei aus.

Durch die Regierungspolitik der Gewährung von Steuererleichterungen für große Agrar- und Viehzuchtgesellschaften hat sich das Problem der ungerechten Verteilung des Bodens, dessen Wurzeln schon in der Kolonialzeit liegen, ungemein verschärft. Eine zügellose Spekulation auf dem Immobilienmarkt hat inzwischen auf das durch die Transamazônica und andere Straßenbauvorhaben erschlossene Landesinnere übergegriffen und dazu geführt, daß Indios und Kleinbauern (posseiros) mit Hilfe der juristischen und finanziellen Möglichkeiten der Großunternehmen von ihrem Land verjagt werden. Die Kleinbauern

---

[171] Vgl. v. Conta: Ist soziales Engagement schon Subversion? Brasiliens Regime verdächtigt Brasiliens Kirche... SZ 33 (15./16. 1. 1977).
[172] Vgl. Dokumentation Anm. 170, 8 und 11. Text des Hirtenbriefes: Brasilien 1976.

oder Pächter, die schon Schwierigkeiten haben, einen Personalausweis zu erhalten, „sind nicht in der Lage, ihr Eigentum durch Beibringung von rechtsgültigen Dokumenten zu belegen oder ihr durch langjährige Besetzung erworbenes Eigentumsrecht vor einem Gericht zur Geltung zu bringen". Sie werden also vertrieben, suchen sich neues Land oder landen in den aufgeblähten Elendsvierteln der Städte. (Der Einsatz von Bischof Casaldáliga, P. Jentel und anderen Mitarbeitern für die rechtlosen ‚posseiros' hatte schon 1972/73 zu schweren Auseinandersetzungen mit den Behörden in Mato Grosso geführt[173]). „In diesem Zusammenhang wird die ‚Indianergesetzgebung' zum toten Buchstaben. Denn selbst wenn die Eingeborenen noch mit dem nackten Leben davonkommen, beutet man sie als billige Arbeitskräfte aus" (vgl. 5362).

Die tiefere Ursache dieser verfehlten Politik sehen die Verfasser darin, daß die Träger staatlicher Macht die Treuepflicht gegenüber der Nation mit dem Gehorsam gegenüber Staat und Regierung verwechseln, daß sie die Regierung über die Nation stellen, die staatliche Sicherheit ungebührlich hoch bewerten (Lehre von der „Nationalen Sicherheit") und dabei gleichzeitig die Sicherheit der einzelnen Personen vernachlässigen.

„Wer so handelt, verdammt das Volk zum Schweigen und stößt es in ein Klima voller Angst. Ohne Hinzuziehung und Mitbestimmung des Volkes führen offizielle Programme, Projekte und Pläne... allzu leicht zur Korruption." „Lateinamerikanische Gewaltregime", die sich auf die „Ideologie der Nationalen Sicherheit" gründen, „erklären – im Namen des Kampfes gegen den Kommunismus und um der wirtschaftlichen Entwicklung willen – allen den ‚antisubversiven Krieg', die nicht mit der autoritären Organisation der Gesellschaft übereinstimmen. In Lateinamerika führt das Training für einen solchen ‚antisubversiven Krieg' gegen den Kommunismus nicht nur zu einer wachsenden Verrohung der Beteiligten, sondern erzeugt auch eine neue Art von Fanatismus und eine Atmosphäre von Gewalttätigkeit und Angst. Gedanken- und Pressefreiheit werden geopfert, die Garantie persönlicher Unversehrtheit ist aufgehoben. So hat diese Lehre die Gewaltregime dazu geführt, dieselben Merkmale und Praktiken zu übernehmen, die in den kommunistischen Regimen üblich sind: Mißbrauch staatlicher Macht, willkürliche Verhaftungen, Folterungen, Aufhebung der Gedankenfreiheit."

Die Verfasser fragen sich, wie der von Gott erteilte Missionsauftrag in dieser verzweifelten Situation, die für viele Länder des Subkontinents kennzeichnend ist, zu verwirklichen sei. Da es keine mögliche politische Option gibt, treten sie für eine konsequente Theologia crucis ein. Gut lutherisch stellen sie fest, daß sich eine Kluft zwischen Gut und Böse durch das Herz eines jeden Menschen zieht. „Wir alle spüren wie Paulus zwei Kräfte in uns, von denen die eine uns zur Freiheit ruft und die andere uns durch die Sünde versklavt (vgl. Röm 7, 13ff)[174]. Aus diesem Sachverhalt folgt die Notwendigkeit ständiger Bekehrung[175], daß wir nämlich den Hl. Geist mit seinem Licht alles Dunkel austreiben lassen, das noch in uns ist." Das Hirtenwort weitet dann konsequent den individualistisch verengten Sündenbegriff auf den gesellschaftlichen Sektor aus:

---

[173] Zum Problem der ‚posseiros' vgl. Cabestrero 1973.
[174] Diese Auslegung widerspricht dem traditionellen scholastischen Verständnis der Stelle, die sündige Haltung im Sinne des Begehrens und Aktsünde gewaltsam zu trennen pflegt - vgl. Prien 1967, 240.
[175] Vgl. These 1 der 95 Thesen Luthers von 1517: „Da unser Herr und Meister

„Die organisierten Kräfte des Bösen wollen den Schwachen und Armen, die die Mehrheit des Volkes ausmachen, keine Chance einräumen. Der kleine Mann soll nur das Allernotwendigste haben, um am Leben zu bleiben und den Mächtigen zu dienen. In demselben Augenblick, in dem er sich weigert zu dienen oder zu einem Steinchen im Schuh des Großen wird, muß er verschwinden, dringt man auf seinen Grund und Boden vor, und seine Hütte wird enteignet und auch zerstört. Gottes Plan ist anders. Gott schickte seinen Sohn Jesus als Hoffnung und Schutz für den Schwachen, den Unterdrückten, den an den Rand Geschobenen... Die Kirche hat dem Beispiel Christi zu folgen. Sie darf niemanden ausschließen... In besonderer Weise aber hat sie sich für die Schwachen und Unterdrückten zu entscheiden... Deshalb darf sie nicht die Hände in den Schoß legen, wenn Indios ausgebeutet und von ihrem Land vertrieben werden und damit die indianische Kultur zerstört wird... Deshalb darf sie nicht vorbeigehen an all' den aus ihrer Heimat Entwurzelten und Verschlagenen, die — auf der Suche nach einem neuen Anfang nirgendwo unterkriechen können als unter Brücken oder Überführungen oder sich in der Bannmeile der großen Städte niederlassen. Christus ist in diesen Menschen sichtbar gegenwärtig. Wer sie mißhandelt, mißhandelt Christus selbst.

Angesichts all' dieser Mißstände, denen die Kleinen tagaus, tagein ausgesetzt sind, sehen wir im Leiden und Sterben unserer Brüder, gleich ob Priester oder Laien, eine Teilhabe am Kreuz Christi und seines Volkes. Für uns geht es um eine neue Form, den Kelch des Herrn zu trinken.

Christus war der große Verteidiger der Menschenrechte." Da er die Menschen lehrt, daß sie alle geliebte Kinder eines himmlischen Vaters und folglich untereinander Geschwister sind, ergeben sich daraus das Recht und die Pflicht, auch die geschaffenen Güter untereinander aufzuteilen. „Die Großen der damaligen Zeit ertrugen es nicht, daß Christus verkündigte, sie seien in den Augen Gottes gleich mit den Kleinen, den Gesetzesunkundigen und Sündern. Diesen letzten aber gab Jesus gerade den Vorzug..." (vgl. Mt 21, 31).

Der Einsatz der Kirche für die Armen und Entrechteten muß heute quantitativ und damit im Grunde auch qualitativ anders sein als früher: Früher forderte sie „Almosen vom Überfluß, der ohnehin vom Tisch des Reichen fällt", heute verlangt sie „eine gerechtere Aufteilung der Güter insgesamt". Es geht nicht an, daß der Unterschied zwischen dem Mindestlohn (ca. DM 110,— bis 130,—) und den Höchsteinkommen das Zweihundertfache übersteigt. Es geht nicht an, daß die Entscheidungsgewalt in den Händen einiger weniger liegt.

„In den vergangenen Zeiten rieten wir in unseren Predigten dem Volk vor allem Geduld und Ergebenheit. Ohne daß wir heute dieses Thema aufgegeben hätten, richtet sich heute unser Wort auch an die Großen und Mächtigen, um sie auf ihre Verantwortung für die Leiden des Volkes aufmerksam zu machen."

Die Reaktion auf kirchliche Mahnungen ist bei den Mächtigen nicht anders als zu Jesu Zeiten. Sie weigern sich, ihre Privilegien aufzugeben, weshalb die Verfasser an die Zusage des Magnifikat erinnern, daß Gott die Machthaber von ihrem Thron stürzen wird (Lk 1, 52f). Sie wenden sich auch gegen den den Mißbrauch der Jenseitigkeit des Reiches Gottes (vgl. Joh 18, 36). „Obwohl wir nicht verkennen, daß wir den schönsten Teil des Reiches Gottes im Haus des Vaters erleben werden, weiß die Kirche jedoch auch, daß das Reich Gottes schon hier beginnt. Alle müssen wir daran mitarbeiten, daß das Volk ‚von

Jesus Christus sagt: ‚Tut Buße' usw. (Mt. 4, 17) wollte er, daß das ganze Leben der Gläubigen Buße sein sollte."

weniger menschlichen Situationen zu menschlicheren Situationen' gelangen kann." Der Versuchung, solche Verbesserungen mit Gewalt anzubahnen, gilt es freilich zu widerstehen, denn die Waffe der Kirche „ist das Kreuz! Ihre Kraft ist die Gnade Gottes. Um das Reich nicht dieser Welt, sondern Gottes zu bauen, müssen wir glauben, beten und vor allem leiden, ja sogar sterben, denn ‚ohne Blutvergießen gibt es keine Sündenvergebung' (Hebr 9, 22)."

Nach der optimistischen Welle, die der Ruf nach Befreiung in Medellín, den die Theologie der Befreiung ausgelöst hat, sind die Christen im heutigen Lateinamerika weithin auf die Theologie des Kreuzes und des Leidens zurückgeworfen. Ihre Gottesdienste sind richtig verstanden eine symbolische Form des Protestes gegen das Unrecht. Der Hirtenbrief fordert eine Bestrafung der Kriminellen, die für die aufgezählten Verbrechen verantwortlich sind, warnt aber die eigentlich Verantwortlichen in den Staatsämtern, mit einem solchen Akt ihre Gewissen zu beruhigen, „solange das herrschende gesellschaftspolitische und wirtschaftliche System nach wie vor eine Sozialordnung hervorbringt, die sich durch Ungerechtigkeit auszeichnet und Gewalttätigkeit begünstigt". Als Forderungen Christi in dieser schwierigen Lage werden dann abschließend einige ermutigende und tröstende Worte aus dem Neuen Testament zitiert, z. B.: „Habt keine Angst vor denen, die zwar den Körper töten, aber die Seele nicht töten können" (Mt 10, 28)[176].

Noch nie hat die CNBB ein Hirtenwort veröffentlicht, das inspiriert vom evangelischen Ziel der Befreiung den Unrechtscharakter der bestehenden staatlichen Ordnung so unmißverständlich zum Ausdruck bringt und im Sinne einer Theologie des Kreuzes die Gläubigen auffordert, dem Unrecht mutig zu widerstehen, auch auf die Gefahr hin, sich damit der Verfolgung und des Leidens auszusetzen.

Dieser Hirtenbrief ist in eine für viele lateinamerikanische Staaten typische Unrechtssituation hineingesprochen und zeigt einen Weg auf, den die Gesamtkirche so bisher nie auf sich nehmen wollte, den Weg des leidenden Gehorsams. Hier soll keineswegs der Eindruck erweckt werden, als habe die Mehrheit von Hierarchie und Klerus Lateinamerikas diesen Weg bereits mutig beschritten. Nicht einmal eine eindeutige Mehrheit der ca. 250 Bischöfe und Weihbischöfe[177] Brasiliens scheint den Tenor dieses Hirtenbriefes voll zu unterstützen. Denn die Vollversammlung der CNBB konnte sich am 10. Jahrestag der Erscheinung der Enzyklika „Populorum Progressio" auf ihrer Sitzung in Itaici/SP im Februar 1977 zunächst nicht entschließen, das Lehrschreiben „Die christlichen Forderungen an eine politische Ordnung", das im Mittelpunkt der Beratungen gestanden hatte und das durch eine Indiskretion bekannt geworden war, zu veröffentlichen, so daß die Meinung entstand, die Bischöfe wollten durch Schweigen reden[178]. Aber am 24. Febr. wurde das Dokument, das in vier Lesungen 524 Änderungen durchgemacht hatte, doch veröffentlicht.

Waren die Dokumente der letzten Jahre so gut lesbar, weil in ihnen die soziale Analyse der theologischen Reflexion voraus ging, so ist bei diesem Dokument „ein

---

[176] Ferner wird Bezug genommen auf Joh. 16, 33; 15, 18; 2 Tim. 2, 3; Apk. 2, 10; Kol. 1, 24; Apk. 21, 3–4.

[177] Nach CERIS 1970/71 wurden 1970 die 206 Diözesen und Prälaturen von 242 Bischöfen und Weihbischöfen verwaltet. V. Conta spricht in SZ 33 (19./20. 2. 1977) von 270 Teilnehmern der CNBB-Vollversammlung.

[178] So Bollinger in DAS 30 Nr. 9 (27. 2. 1977), vgl. v. Conta in SZ 33 (19./20. 2. 1977 und 26./27. 2. 1977).

gewisses Zurückstecken nicht zu übersehen. Es handelt sich in vielen Passagen um ein Lehrschreiben alten Stils... Solch eine Sprache bietet weniger Angriffsfläche, zeigt vielleicht mehr Gesprächsbereitschaft." Sie ist wahrscheinlich der Preis für die Annahme mit 210 gegen 3 Stimmen. Aber, so fragt Gogolok, „verhindert sie Fehlinterpretationen? Am Beispiel Erzbischofs Geraldo de Proença Sigauds (Diamantina) spürt man die Gefahr. Er stellte sich voll hinter das Dokument, „das dem Militärregime eine christliche Staatslehre vorhält", gleichzeitig aber verleumdet er seine Brüder im Amt, die Bischöfe Tomás Balduino, den Vorsitzenden des Indianermissionsrates (CIMI), und Pedro Casaldáliga, den Wortführer für die Rechte der Landarbeiter, als Kommunisten, die den Staat gefährden. Ist hier nicht um der Einheit willen ein Abstraktionsgrad erreicht, der zu viele Interpretationen zuläßt, unverbindlich wird?[179]

534 Die Krise der missionarischen Identität des Protestantismus

Seit der CELA II 1961, die sich ausgiebig mit dem Problem der Evangelisation befaßt hat, ist die Praxis der Evangelisation in Lateinamerika ständig Gegenstand der Diskussion gewesen. 1963 haben die Presbyterianer eine kontinentale Konsultation zum Thema „Die Natur der Kirche und ihre Mission in Lateinamerika" abgehalten[1]. 1966 hat die Methodistische Kirche kontinental den Inhalt der Evangelisation untersucht[2]. Ebenfalls in den sechziger Jahren erschienen die Studien über „Die missionarische Struktur der Kirche" vom ‚Centro de Estudios Cristianos del Río de la Plata' mit Unterstützung des Ökumenischen Rates[3]. 1964 hatte die Haward-Strachan Debatte über Tiefenevangelisation die Spalten des ‚International Review of Missions' gefüllt[4]. Das Pro-

---

[179] Gogolok 1977. Text des Hirtenbriefes: Brasilien 1977. Der Hirtenbrief enthält dennoch wertvolle Feststellungen u. a. zum brisanten Thema der nationalen Sicherheit. Die Bischöfe bejahen das Recht des Staates für Sicherheit zu sorgen, wenden sich aber gegen eine Sicherheitsideologie, die die Interessen des Regimes mit denen der Nation identifiziert. Eine Distanzierung des Volkes vom Staat, „dessen Mitarbeit der Staat nur in dem Maße duldet, in dem sie zur Stärkung eines Systems beiträgt", zeigt sich „im Ursprung aller totalitären Regime der Rechten und Linken, die immer eine Negation des Gemeinwohls und der christlichen Prinzipien darstellen" (Nr. 38). „Die Sicherheit als Gut einer Nation ist unvereinbar mit einer ständigen Unsicherheit des Volkes. Diese äußert sich in willkürlichen Unterdrückungsmaßnahmen, ohne Verteidigungsmöglichkeiten, in gewaltsamen Sicherheitsverwahrungen, im unerklärlichen Verschwinden von Personen, in entwürdigenden Prozessen und Verhören, in Gewaltakten, die mit der Leichtigkeit des heimlichen Terrorismus und mit häufiger und fast völliger Straffreiheit begangen werden" (Nr. 37). Letzteres bezieht sich auf die Todesschwadronen. Im übrigen fordern die Bischöfe verantwortliche Teilhabe des Volkes am „politischen, gesellschaftlichen, kulturellen und wirtschaftlichen Prozeß" (Nr. 25), „Disskussionsfreiheit der großen nationalen Probleme" (Nr. 30), ein Ende des Ausnahmezustands (Nr. 41), also der Regierungsweise mit Hilfe konstitutioneller Akte, die Wiedereinführung des Habeas Corpus und die Abschaffung der Zensur (Nr. 47) und kritisieren die Entwicklungspolitik: „Die Erfahrung zeigt, daß die wirtschaftliche Entwicklung sich nicht notwendigerweise in soziale Entwicklung umsetzt. Das wirtschaftliche Wachstum um jeden Preis führt zu einer Konzentration des Einkommens in geographisch begrenzten Gebieten und in Schichten der Bevölkerung und bringt auf diese Weise innerhalb derselben Nation Gegensätze von Reichtum und Elend hervor, die durch sich selbst eine Beleidigung für Gerechtigkeit und Gleichheit darstellen" (Nr. 43). Angekündigt ist CISER 7 - 1977 zum Thema Kirche und Staat in Brasilien.

[1] Costas 1976, 122 Anm. 43.   [2] Ebd. Anm. 44.
[3] Ebd. 123 Anm. 45.   [4] Ebd. 122 Anm. 42.

blem der Evangelisation hat natürlich auch die CELA III 1969 beschäftigt. Costas kommt indes zu dem Schluß, daß diese Konferenz neben ihrem Mangel an analytischer Konkretion, ihrer zweideutigen Ekklesiologie und ihrer ökumenischen Oberflächlichkeit auch an einer verkürzten Missiologie gelitten habe. Sie befaßte sich zwar mit dem Inhalt und den ethischen Problemen der Mission, nicht aber mit der Frage der nicht evangelisierten Gebiete und der Frage der Evangelistischen Strategie und ihren Methoden[5].

Bevor die Krise der missionarischen Identität und die Diskussion hierüber in den siebziger Jahren referiert wird, sollen deshalb zwei evangelistische Strategien, die in Lateinamerika entstanden sind oder hier besonders angewandt werden, vorgestellt werden: die ‚Church Growth'-Strategie und die Strategie des ‚Evangelism in Depth'.

5341 Die ‚Church-Growth'-Strategie

Die Mehrheit der mehr oder weniger fundamentalistisch ausgerichteten Kirchen und Missionen sah sich von dem Tatbestand herausgefordert, daß die Masse der lateinamerikanischen Bevölkerung nicht aus Bekehrten oder Erweckten, sondern bestenfalls aus nominellen Angehörigen einer Kirche, noch dazu der von ihnen bekämpften römischen Kirche besteht. Hierin liegt seit eh und je die Begründung und Rechtfertigung der protestantischen Missionsarbeit in Lateinamerika (vgl. 4341). Seit den dreißiger Jahren sehen sich die historischen Denominationen in wachsendem Maße durch die rasch wachsende Arbeit der Pfingstler und ‚faith missions' bzw. Evangelikalen herausgefordert, so daß es nahe lag, das verschieden starke kirchliche Wachstum der Kirchen und kirchlichen Gruppen wissenschaftlich zu untersuchen und daraus Schlüsse für eine bessere Missionsstrategie zu ziehen.

Dieser Aufgabe unterzieht sich seit Anfang der sechziger Jahre das ‚Institute of Church Growth' unter Donald McGavran, das als ein Pionierunternehmen auf diesem Gebiet vom ‚Northwest Christian College' in Eugene/Oregon mit Unterstützung der ‚United Christian Missionary Society of Indiana' gegründet worden ist. Das Institut ist Mitte der sechziger Jahre von Eugene nach Pasadena/Kalifornien verlegt und mit dem ‚Fuller Theological Seminary' verbunden worden, das zusammen mit ‚World Vision International' bereits den ‚Mission Advanced Research Center' und den ‚Center of Communications' unterhielt. McGavran wurde hier gleichzeitig Dekan des ‚Institute of Church Growth' und der ‚School of World Missions'. Das ‚Church Growth'-Institut hat eine doppelte Zielsetzung:

1. Es fördert Feldstudien zum Kirchenwachstum durch Vergabe von Forschungsstipendien an Missionare und Mitarbeiter überseeischer Kirchen. Daraus soll eine Reihe von Veröffentlichungen zur Frage des Kirchenwachstums entstehen, die inzwischen schon einen beträchtlichen Umfang erreicht hat[6].

---

[5] Ebd. 122.

[6] Bevorzugtes Forschungsfeld ist Lateinamerika. Bisher erschienen u. a. folgende Studien: McGavran, Growth of the Evangelical Churches in Jamaica, 1962; Keith E. Hamilton (seinerzeit Distrikt-Superintendent der Methodistenkirche in La Paz), El crecimiento de las Iglesias Evangélicas en los altos Andes (Ekuador, Peru, Bolivien), 1962; Taylor, Messengers of God to the Masses of Mexico, 1962; McGavran 1963; Read 1967; Bennett 1968; Read 1969; Read 1973. Außerdem ist 1969 eine Studie von Arno Enns über Kirchenwachstum in Argentinien angekündigt worden, die inzwischen erschienen sein dürfte.

2. Neben der Forschung steht die Lehre, die dazu dient, Studenten und Missionaren eine Spezialisierung auf den Gebieten der Evangelisation und des Kirchenwachstums zu vermitteln[7].

Von seinen Schülern wird Donald McGavran inzwischen teilweise geradezu als ein Prophet verehrt[8]. Seine „Prophetie" besteht in der Propagierung der „New Testament Mission"[9] im Zusammenhang mit der Entdeckung der Voraussetzungen für schnelles kirchliches Wachstum und deren Bekanntgabe. Nach seiner Studie über kirchliches Wachstum in Mexiko kann man diese Erkenntnisse folgendermaßen zusammenfassen:

Der inwendige Christus muß die Herzen der Missionare, Pastoren und Christen bewegen. Nur die Einwohnung Christi kann das Wachstum seines Leibes bewirken. Nur mit Hilfe des Hl. Geistes können die empirisch feststellbaren Regeln des Kirchenwachstums wirksam werden: Das Aufbaumuster der Kongregationen muß unendlich reproduzierbar sein, und zwar ohne allzu große Abhängigkeit von fremden finanziellen Mitteln. Den Selbstbildungsprozeß neuer Gemeinden sollte man nicht dadurch stören, daß man ordinierte Geistliche von auswärts hineinschickt, sondern man sollte abwarten, welche natürlichen Führer die Gemeinde selbst hervorbringt. Die Gemeinde muß den aktiven Laien gehören, die um das Heil anderer besorgt sind. Der Herrschaftsanspruch Christi muß so deutlich werden, daß sie nie auf den Gedanken kommen, den Geistlichen oder Missionaren zu gehören. Die Gemeinden können nur wachsen, wenn sie herausgefunden haben, welche Bevölkerungsgruppen auf das Evangelium ansprechbar sind. Die Gemeinden wachsen, wenn sie sich beauftragt wissen, den Speisesaal Christi zu füllen, wenn sie überzeugt sind, daß es ihre erste Aufgabe ist zu wachsen. Das Wachstum kann zu einer Basisbewegung werden, wenn die Bekehrungen sich schnell ausbreiten im Netz der familiären und freundschaftlichen Beziehungen der Glieder der Gemeinde. Konsolidierungspausen einzulegen, ist in jedem Fall schädlich für das Wachstum. Erweckungen innerhalb der Gemeinde helfen nicht, die „lebendigen Verbindungen" zwischen den Christen und der Gesellschaft aufrechtzuerhalten, von denen das Kirchenwachstum abhängt.

„Die Zukunft gehört den Kirchen, die wachsen. Keine Kirche, die diesen Namen verdient, möchte wachsen, um groß und einflußreich zu sein; sondern jede Kirche, die diesen Namen verdient, möchte wachsen, damit sie ‚in dem Maße wie die Gnade mehr und mehr Leute erreicht, zum Ruhme Gottes immer mehr danksagen kann'." Alle Kenntnis der Welt ist nicht so wichtig wie die unermüdliche Suche nach den Verlorenen, „wo immer und wann immer sie gefunden werden können"[10].

---

[7] McGavran 1961, 430ff.

[8] Wagner 1970. Diese Studie des Generaldirektors der ‚Andes Evangelical Mission' in Quito, die einer Apologie der Position der Evangelikalen gegenüber dem sozialen Engagement jener lateinamerikanischen Theologen gleichkommt, die sich inzwischen unter dem Banner der Theologie der Befreiung gesammelt haben, geht ebenfalls auf eine Anregung aus Pasadena zurück. Wagner nennt McGavran in seiner Widmung „one of the twentieth-century's distinguished prophets".

[9] McGavran 1961, 434 spricht von der ‚New Testament Mission'.

[10] McGavran 1963, 131ff. In einem Artikel im IRM 1968 verteidigte er erneut seine Thesen, die auf Grund eines Artikels aus dem Jahre 1965 eine weltweite Diskussion ausgelöst hatten. Für ihn ist Kirchenwachstum der Hauptzweck der Mission, die er mit dem physischen Wachstum von Kindern vergleicht, deren Eltern auch kein Interesse daran haben könnten, daß sie immer klein blieben. Er sieht sich dem verbreiteten Argument konfrontiert, daß die Hauptaufgabe der Missions heute in der Erneuerung der Kirchen läge. Dagegen meint er, die „übervorsichtige" Missionsstrategie der fünfziger Jahre sei fälschlich von der Voraussetzung ausgegangen, daß die Welt dem Evangelium feindselig gegenüberstehe. Dies sei aber durch das enorme

Read 1967 ergänzt auf Grund seiner Analyse der brasilianischen Situation diese aus der Analyse der kirchlichen Entwicklung in Mexiko gewonnenen Regeln. Die Möglichkeiten zu einem großen Wachstum der Kirche sind nicht immer und überall gegeben. Situationsanalysen sind nötig, um die günstigen Voraussetzungen in einzelnen Ländern zu erkennen. Hierin liegt also die Begründung für die Forschungsreihen des ‚Institut of Church Growth', deren Methodik und Datenverwertung immer mehr verfeinert wird. Read 1973 bildet ein beredtes Beispiel dafür. Erstmals wurde ein so großes Land wie Brasilien Distrikt für Distrikt für einen Zeitraum von 12 Jahren im Hinblick auf das Kirchenwachstum untersucht. Dies war nur mit den Methoden modernster Datenverarbeitung und Computeranalyse möglich. Die Voraussagen für die zukünftige Entwicklung wurden entsprechend exakter. Hatte McGavran 1965 im Vorwort zu Reads Brasilienstudie noch die Voraussage gewagt, die protestantischen Kirchen könnten ihren Anteil an der brasilianischen Gesamtbevölkerung von 5 auf 50 % steigern, ohne freilich einen Zeitpunkt dafür zu nennen[11], so vermied man in der gründlicheren Untersuchung von 1973 jede Prognose, zeigte indessen auf, in welchen Regionen die günstigsten Voraussetzungen für künftiges Kirchentum gegeben seien, nämlich dort, wo der Modernisierungsprozeß die Gesellschaft erfaßt, wo neue Straßen gebaut werden, wo Menschen aus den ländlichen Strukturen gerissen werden und in die für sie ungewohnten städtischen eingegliedert werden müssen oder wo sie am Zug nach Westen teilnehmen, nach Mato Grosso, Rondônia oder an einen der Abschnitte des Transamazônica-Straßennetzes.

Die Kirchen müssen erkennen, was jetzt „im Laboratorium Gottes in Brasilien" entschieden wird. Ungeahntes Wachstum der Kirchen ist nur möglich, wenn sie sich von alten Missionsmustern lösen, wenn sie der „kulturellen Kälte der nordamerikanischen Christenheit mit ihrem System, ihren Privilegien und ihrer Säkularisation" entsagen. Vor hundert Jahren, als die brasilianische Gesellschaft noch feudalistisch und statisch war, waren die alten Missionsmethoden angebracht. Jetzt hingegen gilt es, von den Pfingstkirchen zu lernen, die Gott vielleicht gesandt hat, „um zu demonstrieren, daß die Ernte reif ist". Die Kirchen müssen diese Lektion lernen[12]: „Die Missionsforschung ist der Schlüssel zur Erfüllung" von Gottes „Evangelisationsstrategie für Brasilien". Wenn Gott es will, dann werden die noch nicht evangelisierten Brasilianer dank der vereinten Anstrengungen von 3000 ausländischen Missionaren, 60 000 einheimischen protestantischen Kirchenführern und 3 Millionen kommunizierenden Protestanten evangelisiert werden[13]. Gottes Strategie muß erforscht werden. Dazu muß die Effektivität der Missionsmethoden untersucht werden, müssen die Hintergründe des Kirchenwachstums aufgeklärt werden, z. B. die soziologischen und wirtschaftlichen Faktoren, die es beeinflussen. Das wird in „Brazil 1980" versucht. Hier wird gezeigt, daß das Zeitalter der Mission nicht zu Ende ist, sondern kaum begonnen hat[14].

Das Projekt des ‚Mission Advanced Research Center' (MARC), aus dem das Buch „Brazil 1980" hervorgegangen ist, hat erstmals zu einer gewissen Zusam-

---

Kirchenwachstum besonders in Lateinamerika widerlegt: „We face the most winnable populations which ever existed."

[11] Read 1967, 15.
[12] McGavran im Vorwort zu Read 1967, 13f.
[13] Read 1973, XXVIII. Bei den kommunizierenden Kirchengliedern werden keine getauften Kleinkinder und Kinder mitgezählt. 1950 gab es erst 906 000 kommunizierende Protestanten nach dieser Berechnungsart.
[14] Ebd. XXIX.

menarbeit der traditionell separatistischen Kräfte der evangelikalen Gruppen in Brasilien geführt. Es wurde eine Zusammenkunft abgehalten zwischen MARC mit deren Direktor Edward R. Dayton, dem Vorsitzenden von ‚World Vision International', Dr. R. C. Halverson, und den Leitern der protestantischen Kirchen Brasiliens, die ca. 85 % aller Protestanten des Landes vertreten. Der Gedanke der Fortsetzung der Evangelisation in Brasilien einte alle und führte zu dem Beschluß, ein eigenes Informations- und Forschungszentrum für den Protestantismus in Brasilien zu gründen. Ein auf diesem Treffen gewähltes Komitee nahm Kontakt auf mit der Mannschaft des ‚Overseas Crusade' (SEPAL) in São Paulo, die zur Mitarbeit gewonnen wurde. Nach entsprechender Vorbereitung und einem Treffen zwischen MARC, World Vision, SEPAL und nationalen Kirchenführern wurde die Gründung des ‚Center for Advanced Studies in Evangelism' (CASE) mit Sitz in São Paulo beschlossen, dem auch das gesamte Datenmaterial, das für „Brazil 1980" gesammelt worden ist, überlassen wurde[15].

Costas (1976 M) weist an Hand des chilenischen Beispiels nach, daß bloßes Kirchenwachstum einer Verstümmelung des wahren Missionsauftrags der Kirche gleichkommen kann. Der chilenische Protestantismus, der sich von 1930 bis 1960 alle zehn Jahre jeweils verdoppelt hat, ist ein viel diskutierter Fall von phänomenalem Wachstum des Protestantismus in Lateinamerika. Aber man kann inmitten eines numerischen und organischen Expansionsprozesses eine missionarische Stagnation beobachten, und zwar in verschiedener Hinsicht:

1. Wie schon in Abschnitt 443 angedeutet, gibt es eine erhebliche Fluktuation in den Pfingstkirchen. Es werden zwar viele neue Glieder gewonnen, aber eine beunruhigend große Zahl, besonders soziale Aufsteiger, verläßt sie wieder[16].
2. Das Wachstum des chilenischen Protestantismus wird mit „einer denominationellen Aggressivität und einem Konkurrenzgeist" erkauft, den man schon als „kirchlichen Kapitalismus" bezeichnen könnte, so daß gemeinsame Anstrengungen zur Tiefenevangelisation nicht möglich waren[17].
3. Von 1960–1970 hat sich auch das zahlenmäßige Wachstum erheblich verlangsamt. Statt des vorhergesagten Wachstums von 100 % kam es nur zu einem solchen von 22,58 %[18].
4. Am schwerwiegendsten erscheint indes das ethische Problem. Costas spricht von der „moralischen Deformierung, die das Leben und die Mission des chilenischen Protestantismus charakterisieren". Es ist den chilenischen Pfingstkirchen nicht gelungen, die persönliche und geistliche Befreiung sozio-politisch umzusetzen, also deutlich zu machen, daß Gott nicht nur das Individuum, sondern auch die Gesellschaft heilen kann. Das wurde erschreckend am Verhalten der protestantischen Kirchen gegenüber dem Militärregime Pinochets deutlich. Am 13. Dezember 1974 unterschrieben 32 protestantische Kirchenführer vor einer Versammlung von 2500 Evangelischen eine Solidaritätserklärung für die Regierung, die ein presbyterianischer Pastor konzipiert hatte, der im Generalsekretariat der ‚Junta' arbeitet. Am 14. Dezember 1974 haben starke Sektoren des chilenischen Protestantismus in der „Kathedrale" der ‚Iglesia Metodista Pentecostal' in Santiago das erste protestantische „Te Deum" der chilenischen Geschichte zu Ehren des anwesenden Präsidenten der ‚Junta Militar', General Augusto Pinochets, gefeiert. Die Predigt Pastor Francisco

---

[15] Ebd. Vorwort von Dayton.
[16] Costas 1976 M, 13f, der sich diesbezüglich auf Padilla 1972, 5 bezieht.
[17] Ebd. 15.
[18] Ebd. 18. Nach dem Zensus von 1970 war die Gesamtzahl der Protestanten auf 549 904 gestiegen (1960 = 124 204).

Anabalóns, einer der hervorragendsten Persönlichkeiten des chilenischen Protestantismus, war eine einzige Solidaritätserklärung für das Militärregime. Anabalón dankte für den in der Gegenwart spürbaren Segen Gottes für das chilenische Volk. Solcher Segen drückt sich u. a. in der Integrität der Regierungsmitglieder aus, in ihrem Respekt für die Menschenrechte und in ihrer besonderen Sorge für die sozial niedrig Gestellten[19].

Angesichts der durch internationale Organe genügend erhärteten flagranten Verletzungen der Menschenrechte in Chile, der Massenarbeitslosigkeit und der Hungersnot breiter Kreise der Bevölkerung[20] kommt Costas zu dem Schluß, daß diese Akte entweder eine historische und politische Naivität verbunden mit einer Missiologie spiegeln, die spiritualistisch und privatisierend ist und der es an einer ethischen Gesamtschau gebricht, oder daß es sich bei dem „Te Deum" in moralischer und missiologischer Hinsicht um einen Akt der Häresie handelte.

„Nachdem der chilenische Protestantismus sich jahrelang geweigert hat, die befreiende Komponente des Evangeliums in den sozio-politischen Bereich zu übersetzen, beschließt er, dies nun in einer Weise zu tun, die nur Erinnerungen wecken kann an die protestantische Kirche Nazi-Deutschlands, gegen die sich die Bekennende Kirche der Erklärung von Barmen zu wenden gezwungen sah."[21]

Daß ein Evangelikaler wie Costas diese Parallele zu den Deutschen Christen zieht und den in Barmen gegen den totalitären Staat manifestierten christlichen Widerstand für Lateinamerika umsetzt in die christliche Verpflichtung, für die sozio-politisch befreiende Komponente der evangelischen Botschaft zu kämpfen, ist besonders bemerkenswert und sollte auch den deutschen Theologen zu denken geben, die nach der aktuellen Bedeutung der Erklärung von Barmen fragen.

5342 Die Missionsstrategie von ‚Evangelism in Depth'

Schon bevor McGavran seine ‚Church-Growth'-Strategie entwickelte, hatte R. Kenneth Strachan sein Programm der Tiefenevangelisation konzipiert.

---

[19] Ebd. 16f. Anabalón schließt mit der Zusage, daß die Protestanten zur Schaffung „eines gerechten und solidarischen" Vaterlandes und zur Versöhnung der „großen chilenischen Familie" durch den Glauben an Jesus Christus beitragen wollen.

[20] 1976 gab es in Santiago 20 % Arbeitslose und weitere 15 % nicht voll Beschäftigte mit unzulänglichen Einkommen. „Bei Festangestellten sieht es nicht viel besser aus. Nach zehn Berufsjahren erhielt im Juni dieses Jahres ein Vater von drei Kindern 1225 Pesos Monatslohn, während der Kauf des von der UNO empfohlenen Warenkorbes für die Minimalernährung allein 1120 Pesos kostete - Ergebnis einer liberalen Wirtschaftsphilosophie, die den Preisen freien Lauf ließ, den Löhnen aber nur alle drei Monate einen kleinen Sprung zugesteht, der jeweils unter der Inflationsrate bleibt. Hunger ist eine Erfahrung, die nun auch vom kleinen Mittelstand gemacht wird. Obgleich die Regierung für schulpflichtige Kinder ... ein Schulspeiseprogramm eingeführt hat, weiß der Direktor einer Volksschule von sieben Ohnmachtsanfällen an einem Vormittag zu berichten. Schlimmer noch ist die Lage für Kleinkinder, die keinen Zugang zu den Schultöpfen haben; ihr Überleben hängt in rund 20 000 Fällen von den Notküchen ab, die Caritas und Kirche in den populären Vierteln Santiagos unterhalten - v. Conta, Chile Verarmung ist amtlich verordnet, SZ 32 Nr. 246 (22. 10. 1976).

[21] Costas aaO 18.

R. K. Strachan war von Kindheit an mit der Evangelisation in Lateinamerika verbunden. Sein Vater, Harry Strachan, ein schottischer Presbyterianer, hatte 18 Jahre lang als Missionar der ‚Evangelical Union of South America' in Argentinien gearbeitet, wo Kenneth 1910 geboren wurde. Harry Strachan hat 1921 den ‚Latin America Evangelization Campaign' begründet, eine ‚faith mission', die später in ‚Latin America Mission' umbenannt wurde. Diese Mission war mit keiner bestimmten Kirche verbunden, sondern wollte der Kirche Jesu Christi insgesamt dienen. Dies geschah und geschieht noch heute durch christliche Literatur[22], durch direkte Feldmission[23] und durch das interdenominationelle ‚Seminario Bíblico Latinamericano' in San José/Costa Rica, das 1974 sein fünfzigjähriges Bestehen feierte und heute das führende Seminar der Evangelikalen in Lateinamerika ist[24]. Nach dem Tode seines Vaters im Jahre 1945 wurde Kenneth Co-Direktor der ‚Latin America Mission' und dann 1950–65, d. h. bis zu seinem Tode deren Generaldirektor. Zu seinen engsten Mitarbeitern gehörten W. Dayton Roberts, sein Stellvertreter, der Kubaner Rubén Lores und David M. Howard, der Leiter des Missionsfeldes in Kolumbien.

Kenneth Strachan war unzufrieden mit den missionarischen Fortschritten in Lateinamerika. Ursprünglich hatte die ‚Latin America Mission' den Hauptnachdruck auf geisterfüllte Missionare und deren evangelistische Feldzüge gelegt, dann deren Tätigkeit mit Hilfe von Traktaten und Rundfunksendungen unterstützt und schließlich der Ausbildung nationaler Missionare absoluten Vorrang eingeräumt. Aber nach dem Zweiten Weltkrieg war eine gewisse Stagnation des missionarischen Unternehmens nicht zu übersehen. Weder funktionierte die Zusammenarbeit zwischen den Missionsgesellschaften in ihrer damaligen organisatorischen Struktur mit den nationalen Kirchen in befriedigender Weise, noch hatte sich das enthusiastische Vertrauen der Evangelisatoren in die Massenmedien Presse und Funk als völlig begründet erwiesen. Hinzu kamen als Hemmnisse die kulturelle und politische Überfremdung durch die ausländischen Missionare, die innerprotestantische Konkurrenz, die oft jede Zusammenarbeit verhinderte, die Renaissance der römischen Kirche und die Bevölkerungsexplosion, die das Wachstum des Protestantismus weit zu überflügeln begann.

Angesichts dieser Krise der protestantischen Mission versuchte Strachan eine offensive evangelisatorische Strategie zu entwickeln, die darauf basiert,

---

[22] Die ‚Editorial Caribe' hat neben Sonntagsschulmaterial auch eine Reihe von Büchern verlegt und vertreibt christliches Schrifttum durch eigene Missionsbuchläden der ‚Latin America Mission' in San José, Sincelejo (Kolumbien), Panamá-Stadt und New York für die dortigen Spanisch-Sprechenden. Radio-Station TIFC in San José.

[23] Besonders in Costa Rica und Kolumbien. In Costa Rica haben sich die Gemeinden zu einer Vereinigung von Bibel-Kirchen zusammengeschlossen. In Kolumbien werden 10 Primar-, 2 Sekundar- und 1 Bibelschule unterhalten. Insgesamt sind 170 Missionare tätig, 2 Zeitschriften werden veröffentlicht, der ‚Latin America Evangelist' (LAE) und ‚El Mensajero Bíblico' - vgl. Rosales 1968, 1/1ff.

[24] Nach LAE Jan./Febr. 1974, 2f hat sich das Seminar auf postgraduate studies spezialisiert. Es hatte 1974 etwas mehr als 40 Studenten im Lizentiatenprogramm. Der zum Abschluß verliehene Magistergrad soll im Niveau dem nordamerikanischen entsprechen. Der Lehrkörper ist mit 18 Vollzeitdozenten und 7 Teilzeitdozenten unverhältnismäßig groß. Aber einige Dozenten sind für wissenschaftliche Arbeiten freigestellt und alle wirken bei evangelistischen Veranstaltungen mit. Die Hälfte aller hauptamtlichen Dozenten sind Lateinamerikaner. Präsident des Seminars war 1971–74 Rubén Lores.

daß alle Kräfte der Kirche mobilisiert werden, wie dies in erstaunlicher Weise die Zeugen Jehovas und die Mormonen fertigbringen, woraus Strachan schloß, daß erfolgreiches Wachstum davon abhängt, daß alle Glieder ihre Bekannten für ihre eigene Überzeugung zu gewinnen trachten. Weder die Zahl der Missionare noch die beste Nutzung der Massenmedien kann die totale Mobilisierung der „Laien" ersetzen. Als theologische Begründung für eine solche missionarische Anstrengung dient die aus dem Missionsbefehl abgeleitete Folgerung: „Gott will nicht, daß die örtliche Kongregation durch eine statische Daseinsweise gekennzeichnet ist." Jedes Gemeindeglied muß deshalb zum missionarischen Dienst geschult werden. Das öffentliche Zeugnis der Christen muß gelegentlich, ohne daß dadurch die Denominationen relativiert würden, mit vereinten Kräften gemeinsam erfolgen (union evangelism efforts). Das Ziel einer gemeinsamen Zeugnisaktion ist es, auf regionaler oder nationaler Ebene alle Menschen, d. h. auch alle verschiedenen soziologischen Gruppen, mit der Botschaft des Evangeliums zu erreichen. Dazu dient folgender Aktionsplan, den Strachan nach Beobachtung des ersten Feldzuges der ‚Billy Graham Evangelistic Association' im karibischen Raum im Jahre 1958 entwickelt hat:

1. Stufe: Mobilisierung der Kräfte zur Vorbereitung des Programms. Versuch, alle Denominationen in einem Gebiet für einen ‚Evangelism in Depth'-Feldzug zu gewinnen. Veranstaltung einer Vorbereitungsfreizeit für alle Pastoren und Missionare mit ihren Frauen mit gründlichem Bibelstudium. Bildung eines Koordinationskomitees der nationalen Kirchenführer zusammen mit Beratern der ‚Latin America Mission' sowie besonderer Komitees für Finanzen, Werbung, Musik, Laienschulung, Literatur, Besuchsdienst, technische Organisation, regionale Angelegenheiten etc. Bildung einer Vielzahl von Gebetszellen für die Dauer des Feldzuges. Vorbereitung der Feldzugszeitung ‚En Marcha' (Evangelism in Depth).

2. Stufe: Schulung möglichst aller Glieder der Denominationen zur Mitarbeit durch Kurse auf lokaler Ebene.

3. Stufe: Evangelisation. Dabei ist die Visitation von Haus zu Haus der Kern des ganzen Programms, wobei Bibeln oder Neue Testamente verteilt werden. Ein besonderes Programm erfaßt entlegene ländliche Bezirke, ein anderes die Schulen, ein weiteres die Gefängnisse. Mobile audio-visuelle Einheiten und Kino-Evangelisation begleiten diese Phase. Auf eine Reihe regionaler Evangelisationsfeldzüge folgt schließlich der nationale Feldzug in der Landeshauptstadt, der zwei bis drei Wochen dauert, Großveranstaltungen in Stadien, massierte Straßenwerbung und als abschließenden Höhepunkt eine Parade einer möglichst großen Zahl Evangelischer einschließt.

4. Stufe: Aufarbeitung der Ergebnisse. Gebetszellen arbeiten weiter, um die Früchte zu erhalten. Ein umfangreiches Korrespondenzprogramm der Denominationen soll die neu gewonnenen Interessenten allmählich an die Kongregationen binden und die Kongregationen selbst sollen in der Folgezeit eigene evangelisatorische Veranstaltungen durchführen. Die Kosten des Gesamtprogramms werden von den beteiligten Denominationen und der ‚Latin America Missions' gemeinsam getragen.

Bis 1966 wurden nationale ‚Evangelism in Depth'-Feldzüge in folgenden lateinamerikanischen Staaten durchgeführt: Nikaragua 1959/60, Costa Rica 1960/61, Guatemala 1961/62, Honduras 1963/64, Venezuela 1964, Bolivien 1965, Dominikanische Republik 1965 — vgl. Tabelle 4[25]. In allen diesen Ländern bilden die Protestanten statistisch gesehen eine winzige Minderheit von nur 0,18 % in Venezuela bis 1,33 % in Nikaragua, so daß sie sich in diesen traditionell katho-

---

[25] Zum Ganzen vgl. Rosales aaO.

lischen Ländern vielfach scheu im Hintergrund hielten, um um keinen Preis die Aufmerksamkeit der Behörden auf sich zu lenken. In Costa Rica hatten sie direkt einen ‚underdog complex' entwickelt[26]. Wenn es auch zwischen den Missionen über das CCLA gewisse Kontakte gab, so schufen die ‚Evangelism in Depth'-Programme doch erstmals auf der Ebene der Kongregationen echten ökumenischen Kontakt und demonstrierten der Öffentlichkeit jener Länder auch zum ersten Mal, daß die verwirrende Vielfalt der protestantischen Gruppen auch verbindende Gemeinsamkeiten aufweist. In diesem Sinne kann man sagen, daß sich hier unter den Kirchen und Missionen, die sich zumeist nicht am ÖRK beteiligen, eine neue Form ökumenischer Bewegung entwickelt, eine Ökumene am Ort, wie sie auch der ÖRK anstrebt, deren Gemeinsamkeit freilich bei ‚faith and order' aufhört.

Außer den evangelikalen Gruppen haben überall die Presbyterianer, Baptisten, Episkopalen und Pfingstkirchen teilgenommen, die lutherischen Auslandsgemeinden, die besonders in Venezuela einen gewichtigen Faktor darstellen, und die Missouri-Lutheraner hingegen nie. Nur in Bolivien nahmen die lutherischen Missionen der ‚World Mission Prayer League' teil. Ihr Direktor Odell O. Kittelson beurteilte das Unternehmen im ganzen positiv. Alle Aussagen seien biblisch gewesen, wenn man auch nicht jede Einzelheit unterschreiben könne. Nur könne die Gefahr nicht übersehen werden, daß man sich zu sehr auf Menschen und Methoden verlasse, daß man die Dinge erzwinge, statt der Spontaneität des Hl. Geistes in den Individuen, Kirchen und Veranstaltungen freien Raum zu lassen[27].

Damit sind wir bereits mitten in der Diskussion des Programms, die auf internationaler Ebene begann, nachdem Strachan 1964 auf Wunsch der ‚International Review of Missions' in dieser Zeitschrift sein Programm erläutert hatte[28]. Aus der Diskussion können hier nur einige Argumente herausgegriffen werden. Es wurde die Befürchtung laut, daß derartige Evangelisationen unbeschadet ihrer äußeren Wirksamkeit Christen hervorbringen könnten, die nur um ihr eigenes Seelenheil, nicht aber um den Zusand der Gesellschaft besorgt seien. Strachan gab zu, daß in konservativ-evangelikalen Kreisen die Gefahr einer falschen pietistischen, „ultra-individuellen" Frömmigkeit bestehe, die die Kirche und deren Wachstum verabsolutiere, daß man aber vom Evangelium her genauso jene Tendenz ablehnen müsse, die die Bedingungen von Buße und Wiedergeburt herunterspielten. Weiter wurde geäußert, daß die Debatte einmal mehr die Trennungslinie zwischen den konservativen Evangeli-

---

[26] Ebd. 4/1. Das Tiefenevangelisationsprogramm steigerte nicht nur das Selbstbewußtsein der Protestanten in den betreffenden Ländern, sondern auch ihre Anerkennung durch die Gesellschaft, die u. a. dadurch zum Ausdruck kam, daß die Kirchenführer meistens von den Präsidenten der Republiken empfangen wurden.

[27] Rosales aaO 5/11 nach einem Brief von Kittelson. Ein ähnliches Programm ist früher von Rev. William Berg in der früheren Augustana Church, jetzt LCA, betrieben worden. Der Hauptunterschied ist, daß das neue Programm auf interdenominationeller und nationaler Ebene durchgeführt wird. Rosales 7/11f meint, daß die Beteiligung den Lutheranern in Bolivien nur genützt habe.

[28] „Call to Witness". An der Eröffnung der Diskussion beteiligten sich Victor E. W. Hayward, Geschäftsführender Direktor der Abt. Weltmission und Evangelisation im ÖRK, Markus Barth vom Pittsburg Theological Seminary, Martin Conway von der Methodistenkirche Uruguay und späterer Promotor von UNELAM - Vgl. die Zusammenfassung der Diskussion bei Rosales aaO 6/9–13.

kalen und den Anhängern der ökumenischen Bewegung bewußt mache. Am häufigsten wurde indes bemängelt, daß ‚Evangelism in Depth'-Programme die Bekehrten nicht stärker auf den gesellschaftlichen, wirtschaftlichen, kulturellen und politischen Kontext hinweisen, in dem sie stehen. Die Kirche dürfe auf keinen Fall zu einem Selbstzweck werden.

Man kann der besonnenen Beurteilung von Rosales auf weiten Strecken folgen, der zunächst hervorhebt, daß Strachan und seine Freunde den Sendungsbefehl in dem Sinne ernst nähmen, daß das Evangelium allen Völkern in jeder Generation gepredigt werden müsse. Eine Besinnung über die Bedeutung des Sendungsbefehls könne den lutherischen Einwandererkirchen in Lateinamerika auch gut tun. Sie hat inzwischen eingesetzt. Die Tatsache, daß mehr als 150 protestantische Gruppen und Denominationen in Lateinamerika arbeiten und 75 % aller Missionare zu den sogenannten „nicht historischen Kirchen" gehörten und folglich in der ökumenischen Bewegung nicht mitarbeiten, zwinge dazu, neue Wege zur Zusammenarbeit und Einheit zu suchen, weshalb man die gemeinsamen Schlußparaden wenigstens als ein symbolisches Zeichen dieser Suche werten könne. Die Statistiken der Bekehrungen hätten freilich nur beschränkte Aussagekraft. Schon während der sieben Feldzüge wurde die ursprüngliche Methode der Handerhebung bei den Massenveranstaltungen abgewandelt in das Angebot persönlicher Gespräche nach den Veranstaltungen und anschließender fortgesetzter Information. Die begrenzte Dauer der Feldzüge erlaube schließlich keine großen Sozialprogramme. Diese seien Aufgabe der Kirchen und Missionen. Grundlegend sei aber, daß die Angesprochenen begriffen, wie Glaube und Praxis zusammenhängen. Die emotionelle Art der Ansprache (emotional approach) sei nicht als Schwäche der Evangelisation, sondern als ihre Stärke zu beurteilen, da ohne sie kein Engagement entstünde. Daß gewisse Fragen der Lehre bei einer interdenominationellen Evangelisation ausgeklammert werden müssen, ist klar. In bezug auf die Kirchengliedschaft sei die Wahlmöglichkeit für die Lateinamerikaner nicht so neu, weil sie immer schon zwischen katholischen Gemeinden des Säkular- und der Regularklerus unterschieden hätten. Schließlich sei zu bedauern, daß die Evangelisation keine echt spontane Volksbewegung sei. Das Gebet aller Missionare müsse stets darauf zielen, Gott um die Beseitigung aller Hindernisse für so eine Evangelisationsbewegung zu bitten und den Erfolg nicht von menschlicher Weisheit und immer wirksameren Methoden zu erhoffen[29].

Als positiv ist schließlich auch anzumerken, daß die Tiefenevangelisation auf sozialem Gebiet in Lateinamerika Hand in Hand arbeitet mit den „Aktionen des guten Willens", wie überhaupt „das Wiedererwachen der Wesleyschen Pietät und Evangelisation" von „der Teilnahme einiger Evangelikaler an den einfallsreichsten philanthropischen Unternehmungen" gekennzeichnet ist[30].

Die Tiefenevangelisation hat sich seit der Untersuchung von Rosales weiter ausgebreitet — über den Subkontinent hinaus. Guillermo Cook, der Exekutivsekretär des ‚Instituto de Evangelização em Profundidade' in São Paulo, hat 1975 die Ziele dieser Evangelisationsbewegung auf volkstümliche Weise dar-

---

[29] Rosales aaO 7/1–22. Der nächste ‚Evangelism in Depth'-Feldzug war 1967 in Peru geplant. Das Programm ist aber auch von einigen Kirchen für eigene Evangelisationen übernommen und auch auf interdenominationelle Ebene im lokalen Bereich durchgeführt worden, z. B. in São José dos Campos/Brasilien - ebd. 6/1ff.

[30] Escobar 1974 I, 7; Rosales aaO 7/14 erwähnt, daß z. B. beim Tiefenevangelisationsfeldzug in Bolivien 30 ‚Good Will Caravans' mitgewirkt hätten.

Übersicht über Tiefenevangelisationsfeldzüge 1959–1965

"Evangelism in Depth"-Feldzüge

Länder	Nikaragua	Costa Rica	Guatemala	Honduras	Venezuela	Bolivien	Santo Domingo
Zeitpunkt	1959/60	1960/61	1961/62	1963/64	1964	1965	1965
Gesamtbevölkerung in diesem Jahr	1,5 Mill.	1,2 Mill.	4 Mill.	2,1 Mill.	8,7 Mill.	4,1 Mill.	3,6 Mill.
Anteil von Analphabeten	ca. 66 %	20 %	70 %	70 %	34 %	69 %	50 %
Gesamtzahl der kommunizierenden Protestanten	20 000	16 000	36 000	knapp 10 000	16 000	15 000	16 500
Anzahl der Kongregationen			1 100		500 (in nur 220 der 23 000 Siedlungen)	750	
Zahl der protest. Gruppen	American Baptist Home Mission Societies; Assemblies of God; International Church of the Foursquare Gospel; Central American Mission; Church of God; Church of the Nazarene; Moravian Missions (größte evang. Gemeinschaft); Protestant Episcopal Church National Council; United World Mission; National Baptist	16 Missionen; luth. Auslandsgemeinde	Assemblies of God; Foursquare Gospel; Church of God; Church of God Full Gospel; Central American Mission; Emmanuel Mission; Friends (California); Independent Mission; Interdenominational Mission; Nazarene Church; Pentecostal Unification; Presbyterian (United); Primitive Methodist; Southern Baptists; Spanish American		u. a. 3 000 Lutheraner mit 8 Sprachen sowie wenige Missouri-Lutheraner	27 u. a. 12 luth. Gemeinden, die bis auf die Auslandsgemeinde der World Prayer League angehören, einer luth. Gebetsbruderschaft	

Übersicht über Tiefenevangelisationsfeldzüge 1959–1965

	Convention, Luth. Auslandsgemeinde	Mission; Evangelical Schools, Luth. Auslandsgemeinde; Missouri-Lutheraner				
Zahl bzw. Prozentsatz d. teilnehmenden Gruppen	95 %	95 %	82 %	16 Gruppen	24	100 %
Gebetszellen	500	6 135	3 600	2 651	4 000	2 000
Kursusteilnehmer	2 000	5 000 (weitere) 35 000 ohne Prüfung	18 000	6 000	4 000	20 000
Besuchte Familien	65 000	250 000 (in 8 000 Städten und Ortschaften)	200 000	75 000 (in 1 030 Zentren, von denen 886 keine Protestanten hatten)		300 000
Zahl der verteilten Bibelteile bzw. Traktate	195 000	500 000 / 1 Mill.	100 000 / 300 000	200 000		
Gesamtzahl der Teilnehmer an allen Veranstaltungen	126 000					
Teilnehmer an der Schlußparade	7–8 000	15 000	4 500	verboten	20 000	15 000
Bekehrungen	2 500	15 000 (residual Conversions)	5 000		15 000	10 000
Gesamtkosten in US$	40 000	122 027				66 000

Obige Daten sind der Untersuchung von Rosales 1968, 3/1–5/14 entnommen. Da Rosales eine solche Übersicht nicht bringt und nicht für jedes Land zu jedem Punkt Angaben macht, sind einige Lücken unvermeidlich.

gestellt. Er betont nachdrücklich, daß es sich weniger um eine neue Methode als um einen neuen Lebensstil der Kirchen handelt, die die Evangelisation nicht mehr als einen Anhang zu ihren „normalen" Aktivitäten betrachten. Stichwort dieses neuen Lebensstils ist der Begriff „Tiefe", auf den hin alle kirchlichen Lebens- und Arbeitsbereiche befragt werden. Zentral ist die Forderung nach der Verwirklichung eines echten allgemeinen Priestertums der Gläubigen.

5343 Die Suche nach missionarischer Identität angesichts der Herausforderungen durch den Ökumenismus und die sozio-politische Krise Lateinamerikas

Keine Kirche oder kirchliche Gruppe möchte ihre Arbeit in Lateinamerika als Proselytenmacherei bezeichnet wissen, als eine Tätigkeit, die darauf basiert, daß man einer anderen Kirche Glieder abjagt, um die eigenen Reihen aufzufüllen. Wie in Abschnitt 434 aufgezeigt, hat sich die protestantische Mission der hier virulent werdenden ekklesiologischen Frage zunächst dadurch entzogen, daß sie der römischen Kirche wahres Kirchsein absprach, während sie innerprotestantische Konkurrenz durch administrative Absprachen zu vermeiden suchte. Nachdem die römisch-katholische Kirche sich im Vatikanum II ihrerseits der ökumenischen Zusammenarbeit geöffnet hat, kommt eine Mission, die den Anspruch erhebt, Mission im Sinne des neutestamentlichen Sendungsbefehls zu sein, nicht länger um eine Klärung des ekklesiologischen Problems herum. Die protestantischen Missionskirchen sehen sich durch die Frage herausgefordert, wie sie Mission treiben wollen, wenn sie unter sich und mit der römischen Kirche zu der Übereinkunft gelangen, sich gegenseitig als Glieder an dem einen Leibe Christi anzuerkennen. Das setzt Bußfertigkeit und das Bekenntnis voraus, daß man diese Gemeinsamkeit in der Vergangenheit weitgehend geleugnet hat.

Die Bereitschaft dazu findet sich in der römisch-katholischen Kirche seit dem Konzil in wachsendem Maße. So rechtfertigte Kardinalerzbischof Raúl Silva Henríquez von Santiago de Chile vor den Delegierten des Vatikanum II die Tätigkeit protestantischer Missionare in Lateinamerika damit, daß die katholische Kirche die religiösen Bedürfnisse der Bevölkerung nur ungenügend befriedigen könne, was an der Form der pastoralen Strukturen liege, am Priestermangel, an der Gleichgültigkeit der Laien und daran, daß das geistliche Ministerium von der falschen Voraussetzung her agiere, ein etabliertes christliches Kirchenvolk vor sich zu haben[31]. Bei einem Besuch der Exekutivsekretäre in Lateinamerika arbeitender Missionen in New York würdigte der Kardinal ausdrücklich den Beitrag der protestantischen Kirchen zum geistlichen Leben in Lateinamerika und betonte, daß die römische Kirche dafür eine Dankesschuld bei ihnen habe[32].

Ein Kirchenbegriff, wie ihn hier Don Raúl Silva zu vertreten scheint, dürfte zukunftsweisend sein, insofern er den kirchlichen Dienstauftrag an den Menschen über das strukturelle Interesse und damit auch über vordergründiges Streben nach Kirchenwachstum stellt. Es gibt kein statisches Kirchenvolk,

---

[31] Zitiert von Jorge Mejía in einem Leitartikel in ‚El Mercurio', Cuenca/Ekuador, v. 9. 12. 1963, S. 5 zitiert nach Rosales aaO 7/5.
[32] John A. Mackay, Christ or Religion? in: World Vision IX Nr. 7 (Juli-August 1965), 23 zitiert nach Rosales aaO 7/5.

jede Kirche hat den Auftrag, jede Generation neu zu bekehren. Dazu bedarf es des Zeugnisses aller wahren Christen, durch das Gott Menschen zur Buße, zur Umkehr führen kann. Dies Zeugnis entspricht dem biblischen Sendungsauftrag. Offen bleibt indes die Frage, ob der herkömmliche Missionsbegriff mit dem biblischen Sendungsauftrag gleichgesetzt werden kann, ob also das Zeugnis, das Glieder einer bestimmten denominationellen Kirche leisten, unbedingt zur Anwerbung neuer Glieder für ihre spezielle Denomination führen muß.

Im Spektrum des lateinamerikanischen Protestantismus haben die Einwandererkirchen ein solches Verständnis des Sendungsauftrages immer entschieden abgelehnt. Ob sie indes ihre Sendung nicht zu sehr eingegrenzt haben, ist eine andere Frage. Der damalige Präses der Riograndenser Synode und heutige Präsident der EKLBB, Karl Gottschald, hat 1961 die Position seiner Kirche folgendermaßen beschrieben:

„Wir anerkennen die katholische Kirche als christliche Kirche und trauen ihr zu, daß sie sich aus sich selber heraus ändern und erneuern kann. Wir meinen auch, daß wir ihr einen zweifelhaften Dienst leisten, wenn wir Menschen in unsere Kirche zu verpflanzen versuchen, die in einer anderen Kirche verwurzelt sind, die wir als Kirche anerkennen. Etwas mehr Zurückhaltung scheint uns der Sache angemessener zu sein als der Übereifer und die Aufdringlichkeit gewisser Sekten."[33]

Nach wie vor positiv an dieser Haltung ist die Anerkennung der Kirchlichkeit der römischen Kirche, des Bewußtseins im Sinne des ökumenisch verstandenen Kirchenbegriffs Luthers zum selben Leibe der verborgenen Kirche Jesu Christi zu gehören. Aber steht hinter dieser Selbstbescheidung nicht letztlich noch das volkskirchliche Denken, das dem traditionellen staatskirchlichen Denken der katholischen Kirche zumindest darin gleicht, daß eo ipso die alleinige Zuständigkeit einer Kirche zwar nicht für ein Staatsvolk, aber für eine völkische Gruppe behauptet wird? Von dieser Prämisse her dürfte es in Lateinamerika im Grunde nur die römische Kirche und Einwandererkirchen geben und vielleicht noch protestantische Indianermissionen. Daß dieser Standpunkt indes nicht mehr so konsequent und starr vertreten wird, erhellt allein schon die Tatsache, daß die EKLBB 1959 der ‚Confederação Evangélica do Brasil' beigetreten ist, sich also zu einer gewissen Gemeinsamkeit mit den Missionskirchen bekennt. Dennoch bleibt festzuhalten, daß deren Arbeitsprinzip vom Ansatz her dem der Einwandererkirchen diametral entgegengesetzt ist. Wollen jene den reformatorischen Glauben der Väter auch in der Neuen Welt bei den Kindern erhalten und dies jetzt auch unter weitgehendem Verzicht auf Volkstum und Sprache der Vorfahren, so wollen diese dem *Prinzip der absoluten Religionsfreiheit* zum Durchbruch verhelfen, das davon ausgeht, daß niemand unbesehen den Glauben und die konfessionelle Zugehörigkeit seiner Eltern übernehmen sollte. Vielmehr ist es das Recht und die Plicht jeder Generation, sich selbst zu Christus zu bekennen und selbst die kirchliche Gemeinschaft auszusuchen, in der er seinem Glauben leben will. Das bedeutet, wenn man so will, ein Ja zum Proselytismus, wenngleich sich der missionarische Appell immer zuerst an die Unentschiedenen wendet, also an die rein nominellen Glieder, an denen es keiner historischen Kirche mangelt. Hinter der Ablehnung des Proselytismus durch die Einwandererkirchen kann indessen

---

[33] In: RGS 1961, 20f.

auch eine anerkennenswerte kirchliche Selbstbescheidung stehen. Denn ganz abgesehen von der Frage des kirchlichen Pluralismus gilt es doch zu prüfen, ob eine europäische Konfessionskirche, die unter bestimmten historischen, theologischen und gesellschaftlichen Bedingungen in einem bestimmten Volk entstanden und gewachsen ist, den Lateinamerikanern mit ihrer andersartigen Mentalität, in ihrer heutigen Situation des gesellschaftlichen Umbruchs und ihrem Streben nach Überwindung der Abhängigkeit auf allen Ebenen das Evangelium in der angemessenen Form verkündigen kann, ein Problem, vor das die nordamerikanischen Missionskirchen natürlich in ähnlicher Weise gestellt sind. Diese Bedenken schwingen mit, wenn Niels Koerner von der ELKC fragt, in welchem Sinne man denn heute in Chile ein Lutheraner sein könne? Wußten die Deutschen, die ihren Glauben mit nach Chile brachten, in welcher Form sie das Evangelium den Chilenen verkündigen könnten? „Ist es vielleicht nur auf gewissen Höhepunkten der Kirchengeschichte möglich, ein Glaubensbekenntnis zu übertragen oder zu missionieren? Bedeutet die missionarische Aufgabe für das Luthertum wirklich, daß das Luthertum seine Spuren in der ganzen Welt hinterlassen muß von Südindien über Südafrika bis nach Südamerika? Oder könnte man nicht erkennen, daß wir das Wort für Südamerika nicht besitzen? Andere mögen es haben, vielleicht die Pfingstchristen? Mission ist nicht eine Form von Kirchenstrategie, die die siegreiche Route des Evangeliums mit roten Fähnchen markiert. Es ist wahr, daß die Kirche in die Welt gesandt ist, aber der volle Satz lautet: ‚Wie du mich in die Welt gesandt hast, habe ich auch sie in die Welt gesandt' (Joh 17, 19). Aber Jesu Sendung in die Welt führte in den Tod." Also könnte auch seine Kirche nach Chile gesandt sein, um zu sterben, ganz ohne den Glanz des Heroischen[34].

Das Thema der Fünften Vollversammlung des Lutherischen Weltbundes im Jahre 1970, „Gesandt in die Welt", sollte indes sicher nicht im Sinne stillen Dahinscheidens lutherischer Kirchen in der Dritten Welt verstanden werden, obgleich die Verlegung von Pôrto Alegre in den stillen französischen Kurort Evian eher wie eine Flucht vor der direkten Konfrontation mit den Problemen der Dritten Welt wirkte. Die problematische Vorgeschichte der Vollversammlung verdeutlicht indes, wie schwierig es ist, sich über die Bedeutung des scheinbar so eindeutigen Auftrages, „Gesandt in die Welt", heute klar zu werden, stellt er doch die entscheidende Frage nach dem kirchlichen Selbstverständnis wie auch nach dem individuellen Verständnis der christlichen Existenz, ihren Funktionen und ihrem Auftrag in der Gesellschaft der Gegenwart. Die Frage nach dem kirchlichen Auftrag nimmt sich natürlich anders aus in einer Kirche, deren Mitgliedstamm sowohl absolut als auch relativ im Verhältnis zur Gesamtbevölkerung rückläufig ist wie der ELKC, als in einer Kirche, die ungefähr mit dem Bevölkerungswachstum Schritt hält wie der EKLBB, ganz zu schweigen von Unterschieden im Grad der Nationalisierung und Identifizierung mit den Problemen des jeweiligen Landes. Die EKLBB sah sich durch die neue Herausstellung des Sendungsauftrages stärker in die Verantwortung gerufen für das öffentliche Wohl, zu konstruktiver Kritik aus Liebe, zum „Dialog mit den Körperschaften des öffentlichen Lebens", um ihnen zu sagen, „was das Evangelium fordert"[35].

Der Sendungsbefehl wird hier also nach wie vor anders verstanden als von den sogenannten Missionskirchen. Die Lutheraner weisen auf das Paradox hin, daß „viele Kirchen den *Auftrag für die Welt* überbetont" haben, d. h. zu eifrig missioniert haben, aber den „*Auftrag in der Welt*" nicht ernst genug ge-

---

[34] Koerner 1971, 275.
[35] Vgl. Brakemeier 1971, 368ff - zum Kontext vgl. Abschnitt 513.

nommen haben, also mit zu vielen fertigen Rezepten auf den Missionsfeldern erschienen, ohne deren spezifische Situation zu berücksichtigen[36], ohne zu fragen, wie das Evangelium in der „als Umwelt und Struktur gesellschaftlich geformten Sinns" jeweil anderen „Welt"[37] neu zu verkünden sei. Der „Auftrag in der Welt" war auch das Zentralthema der 5. Lateinamerikanischen Lutherischen Konferenz 1971 in José C. Paz[38]. Hier wurde der biblische *Sendungsauftrag* keineswegs mit *Mission* gleichgesetzt.

„Proselytenjagd ist die Verkehrung unserer Sendung." Sie wäre eine unangemessene Verherrlichung der partikularen Kirche. Echte Liebe verfolge keine „fremden Zwecke". Zwar erwarte die Gemeinde das Reich Gottes nicht nur für sich selbst, „sondern für die Welt" und die Gemeinde könne auch der Ort sein, „an dem sich das Reich Gottes vorwegnehmend" ereigne, aber „das Angebot der Gnade Gottes, die das Heil der Menschen will", begründe die Sendung. Die Gemeinde sei nur Instrument, nicht Ziel oder Selbstzweck der Sendung. Auch werde das Reich Gottes nicht in Zahlen oder Statistiken gemessen. „Die Wiedergewinnung missionarischer Kraft seitens der Kirche" hinge wesentlich davon ab, ob sie in der Lage sei, „Modelle christlichen Lebens und Handelns zu schaffen"[39]. Die Formen der Sendung können nur vom Kriterium der Liebe bestimmt sein. Da die Rechtfertigung des Sünders die Errettung des ganzen Menschen zum Ziele habe, könne die Kirche in der lateinamerikanischen Situation nicht aufhören, Fürsprecher und Anwalt der Armen und Ausgebeuteten und jeglicher Opfer von Ungerechtigkeit zu sein[40]. Ganz ähnlich äußerte sich auch ein Referent der Missouri-Synode. Mission diene der ganzheitlichen Förderung des Menschen, der Findung des Lebenssinnes, der darin liege „in Christus zu leben", wobei Nachfolge zwangsläufig auch zur politischen Stellungnahme führe. Und da die Analyse der lateinamerikanischen Gesellschaft zeige, „daß der Mensch getreten, ausgebeutet, manipuliert und unterdrückt" werde, können Christen nicht „als lächelnde Komplizen dabei zusehen". Das sozio-ökonomische Gebiet habe derzeit in Lateinamerika absoluten Vorrang. Radikalität könne in dieser Situation nötig sein, da sie bedeute, „daß den der Gedankengang, durch den der Mensch zum Menschen wird, bis zur letzten Konsequenz gegangen wird". Das könne auch Gewaltanwendung bedeuten. Sogar die Wege der Guerrilleros können von Christen manchmal mitgegangen werden[41]. Eine erstaunliche Stimme, die für Missouri insgesamt keineswegs repräsentativ ist. Sie zeigt, daß das Problem einer politischen Option auch den Protestanten zunehmend bewußt wird.

Hier klingen Aussagen an, die im Januar 1973 auf der Weltmissionskonferenz in Bangkok weltweite Publizität erhalten sollten: „Heil" heißt beides: „‚Den Menschen unter Gott' und ‚die Welt unter Gott'."[42] Eine Trennung von Mission und Diakonie oder von Mission und Entwicklungshilfe ist daher nicht mehr zu rechtfertigen[43]. Der Begriff „Mission" wirkt heute vielfach anstößig, weil er historisch vorbelastet ist durch seine Verbindung mit Kolonialismus und Abhängigkeit auf vielen Gebieten sowie durch ein einseitig spirituelles Heilsverständnis. Deshalb sprechen die Kirchen heute lieber vom unverzichtbaren

---

[36] AaO 370.
[37] Definition von „Welt" nach Hefner 1969, 415.
[38] Vgl. CLLA 5/1971 bzw. die Referate in deutsch in LR 22 (1972), 263–329.
[39] Brakemeier 1972, 299.
[40] Ders. deutlicher in der portugiesischen Originalfassung in CLLA 5/1971, 59.
[41] Ojasti 1972, 311ff.
[42] So der ghanesische Delegierte Knesi A. Dickson - Class 1973, 150.
[43] Class aaO und v. Imhoff 1973, 66.

missionarischen Auftrag oder von der Sendung. Auch in Bangkok wurde vor einer Überbewertung des kirchlichen Wachstums in einigen Gegenden der Welt gewarnt. „Mit Zahlen könne man heute nichts mehr ausrichten. Denn die Christen würden mehr und mehr in der Welt zu einer Minderheit werden und nur daraus könne man die Kraft zur Aktivität schöpfen."[44]

Ähnlich wie Koerner (1971) in bezug auf die ELKC fragt, ob ihre Sendung nicht in den Tod ihrer kirchlichen Strukturen führen könne, hat Rubem Alves (1964) im Zusammenhang mit der sozialen Herausforderung der Kirche in Lateinamerika von der Notwendigkeit der Kreuzigung der Kirche gesprochen, weil er die Kirche nach dem neutestamentlichen Zeugnis[45] nicht vom Triumphalismus, sondern vom Leiden Christi für die Welt gekennzeichnet sieht. Die Gewißheit, daß Gott der Kirche wie dem ersterbenden Weizenkorn neues Leben und viel Frucht geben wird, kann der Kirche den Mut zum Mitleiden geben und die Bereitschaft, für die Sache Gottes in der Welt alles aufs Spiel zu setzen, sogar die kirchlichen Strukturen. Evangelikale wie Wagner erkennen zwar an, daß die Kirche ihre gesamte Kraft der Welt zuwenden müsse, sehen aber die Aufgabe und Last der Kirche darin, ständig wachsen zu müssen. Christus habe mit seinem Blut seine Braut bezahlt, aber nirgendwo angedeutet, daß auch sie ans Kreuz gehen solle. Die Notwendigkeit des kontinuierlichen Kirchenwachstums begründet er mit einem Hinweis auf Jesu Gleichnisse, die vom Wachsen des Reiches Gottes sprechen[46]. Das verrät eine simple Gleichsetzung von Reich Gottes und Kirche. Wagner räumt zwar ein, man könne mit Alves und Ricardo Chartier die Kirche nach Phil 2 als „Verlängerung der Inkarnation" verstehen, aber nie als „Verlängerung der Kreuzigung" und gibt der Hoffnung Ausdruck, diese Auffassung möge sich als eine ebenso vorübergehende Modeströmung erweisen wie die Theologie vom Tode Gottes[47].

Nach den verschiedenen obigen Auffassungen ist die Kirche also Instrument Gottes, das ihm „bei der Erfüllung seiner großen Aufgabe behilflich ist", aber nicht mehr „das einzige Werkzeug Gottes", die „Mitte des Erlösungsplanes". Hier deutet sich ein Verständnis von Missio Dei an, nach dem Gott in der ganzen Geschichte der Menschheit wirkt. „Er wirkt innerhalb der säkularen Geschichte und durch alle in ihr wirkenden Kräfte." Beyerhaus nennt dies die „Theologie der Säkularisierung", die zu seinem Bedauern die ÖRK-Abteilung für Weltmission und Evangelisation, in die der Internationale Missionsrat 1961 integriert worden ist, immer stärker bestimme. Demgegenüber wandte sich McGavran 1968 an die Delegierten in Uppsala mit der Frage, ob man die zwei Milliarden Menschen verraten wolle, die noch von keiner Evangelisierung berührt worden seien, ob man die geistlichen Nöte dieser Menschen zu Gunsten von politischen, wirtschaftlichen und sozialen Anliegen ganz außer acht lassen wolle?[48]

---

[44] v. Imhoff aaO 65.
[45] Alves verweist auf Röm. 8, 17; 2. Kor. 1, 5; Gal. 6, 17; Phil. 3, 10; 1. Petr. 4, 13.
[46] Wagner 1970, 44.
[47] Ebd. 45: ‚extension of the incarnation' nicht ‚extension of the crucifixion'. Demgegenüber bemerkt Castro 1969, 194: „‚Wer sein Leben erhalten will, der wird es verlieren, aber wer es um meiner und des Evangeliums willen verliert, der wird es erhalten.' Diese Worte sind ebenso auf die institutionelle Kirche wie auf den einzelnen anzuwenden".
[48] Beyerhaus 1972, 306, der sich auf McGavrans Artikel: „Wird Uppsala die zwei Milliarden verraten?" bezieht.

Man kann nicht leugnen, daß die Evangelikalen hier einer berechtigten Sorge Ausdruck verleihen. Aber man muß sich gleichzeitig fragen, ob sich hier unversöhnbare Gegensätze gegenüberstehen und man deshalb nach einem dritten Weg suchen müsse, wie Beyerhaus meint, einem Weg, „der am Säkularismus der Ökumeniker ... ebenso vorbeiführt wie am Spiritualismus vieler Evangelikaler"[49]. Hefner unterscheidet in der gegenwärtigen missiologischen Diskussion stark vereinfachend drei Gruppen, deren Hauptfehler darin besteht, daß sie ihre Position absolut setzen.

„Zur ersten gehören diejenigen, die zwischen Kirche und Außenstehenden fast unversöhnliche Gegensätze sehen und darum verlangen, daß Bekehrung Ziel der Mission sei; zur zweiten diejenigen, die glauben, daß nur Gott den Menschen zur Umkehr bringt und daß es Aufgabe der Mission ist, die Welt mit einem ihr nicht bekannten Evangelium zu evangelisieren; zur dritten gehören schließlich die, die glauben, daß das Evangelium überall die Erfüllung der menschlichen Existenz ist und das Ziel der Mission darum in der Erhöhung menschlichen Lebens besteht, auch wenn es ausdrücklich christliche Zeichen ignoriert. Bekehrung, Evangelisation, Humanisierung – das sind jeweils verschiedene Wege, die für die Vermittlung des Evangeliums etwas jeweils Verschiedenes bedeuten. Für die Bekehrung sind an eine Verpflichtung seitens des Hörers appellierende Predigt, Unterweisung und Überzeugungskraft zentral; in der Evangelisation stehen Predigt und Unterweisung als solche im Vordergrund; für Humanisierung sind diakonisches Handeln und sozialethisches Engagement Vermittlung des Evangeliums."[50]

Diese drei Wege sind jeweils charakteristisch für verschiedene Kirchen und Epochen, die Bekehrung für die Freikirchen, Missionskirchen und Evangelikalen, die Evangelisation für die Lutheraner und Reformierten und die Humanisierung für die ökumenische Bewegung der Gegenwart. Es wird Zeit zu erkennen, daß keiner dieser Wege als der allein richtige und mit Sicherheit zu dem Ziel der Begegnung mit der rettenden Gnade Gottes führende angesehen werden kann. Deshalb sollte man lieber nicht von drei verschiedenen Wegen, sondern von drei verschiedenen Wegabschnitten sprechen. Bekehrung, Evangelisation und Humanisierung ergänzen sich und gehören zusammen wie die vielen Kirchen zum einen Leib Christi. Wie einer von drei Wegabschnitten allein zu kurz ist, um zum Ziel zu führen, so verkürzt die Verabsolutierung eines dieser drei Begriffe den vollen Sinn der Mission.

Lernprozesse in dieser Richtung scheinen auf verschiedenen Seiten im Gange zu sein, auch bei den Evangelikalen. Aus der Tatsache, daß wie in Bangkok auch auf dem „Zweiten Internationalen Kongreß für Weltevangelisation" 1974 in Lausanne die „Frankfurter Erklärung zur Grundlagenkrise der Mission" nicht Gegenstand der Beratungen wurde, noch weniger die von Vorwürfen gegen den ÖRK strotzende Berliner Erklärung der Bekennenden Gemeinschaften vom Himmelfahrtstage 1974, kann man schließen, daß die Mehrheit der Evangelikalen den Graben zum ÖRK nicht vertiefen wollte und auch nicht ohne Verständnis für den Aspekt der Humanisierung ist, was man ganz besonders von den Vertretern der Dritten Welt sagen kann.

Schon in Bangkok hatte Claß mit Staunen bemerkt, „wie bei vielen Christen aus den überseeischen Kirchen eine persönliche, pietistisch geprägte Frömmigkeit ganz selbstverständlich verbunden war mit dem Willen zum Kampf für wirtschaftliche Gerechtigkeit und gegen die Ausbeutung eines Volkes durch ein anderes; für die Würde jedes Menschen und gegen die politische Unterdrückung des Menschen; für die

---

[49] AaO 313.   [50] Hefner 1969, 434.

menschliche Solidarität und gegen die Selbstentfremdung des Menschen; für die Vermittlung von Hoffnung und gegen die Verzweiflung am Leben"[51].

Man kann geradezu von einer „Wiederentdeckung der sozialen Dimension in der Evangelisation" seit dem Ersten Welt-Evangelisationskongreß in Berlin im Jahre 1966 sprechen[52]. Charakteristisch dafür war Padillas Grundlagenreferat in Lausanne: „Evangelisation und die Welt":

Padilla weist an Hand des Wirkens Jesu nach, daß Evangelisation nie mit mündlicher Kommunikation gleichgesetzt werden dürfe. Dies war nur eine der verschiedenen Missionsarten Jesu, die man am ehesten mit den Begriffen Kerygma, Diakonia und Didache beschreiben könnte. Hier ist also jenes Element mitenthalten, was wir oben mit „Humanisierung" bezeichnet haben. Freilich gehört auch die Buße dazu, deren Ziel es allerdings nicht ist, „den Menschen aus der Welt zu nehmen, sondern ihn in die Welt hineinzustellen, jedoch nicht mehr als Sklaven, sondern als Kind Gottes und Glied der Gemeinde Jesu". „Das Evangelium ist kein Aufruf zu sozialem Quietismus."[53] Padilla lehnt zwei falsche Alternativen zur sozialen Frage ab. Einmal eine Theologie, die sich in der Aufgabe der Humanisierung verliert, in der das Individuum ganz in der Gesellschaft aufgeht und entsprechend die personalen Dimensionen der Erlösung auf ein Minimum reduziert werden. Diese Gefahr meint er bei der „Theologie der Befreiung" zu erkennen. Zum anderen eine Theologie, die die Erlösung auf die zukünftige Erlösung der Seele beschränkt und im irdischen Leben nur ein Testgelände für das Jenseits sieht, so daß die gesellschaftlichen Dimensionen des Heils nicht in den Blick kommen. Weil Gottes Liebe unteilbar ist und allen Menschen gilt, fordert Padilla eine Theologie, die das Heil des Individuums und der Gesellschaft gleichgewichtig berücksichtigt[54].

Bei dem Versuch einer neuen Standortbestimmung der protestantischen Mission in Lateinamerika können Einwandererkirchen, Missionskirchen, Pfingstkirchen und Evangelikale zweifellos viel voneinander lernen, sei es in bezug auf die sozialen Aspekte der Sendung, sei es in bezug auf den enormen Bekehrungseifer und die unglaubliche Leidenschaft vieler Missionare und ihre zutiefst biblische Haltung, die zu dem enormen Wachstum des Protestantismus geführt haben. Der Methodist Emilio Castro gibt zu bedenken, daß man heute angesichts der auch in Lateinamerika fortschreitenden Säkularisierung kaum noch eine kontinentale Massenkonversion durch die Bekehrung einzelner erwarten könne, mahnt aber, daß im Verkündigungseifer nicht nachgelassen werden dürfe, „da er zum innersten Wesen des Evangeliums gehört... Keinerlei Kritik an theologischen Systemen oder der Missionspraxis von gestern darf diese Notwendigkeit der Verkündigung aufheben. Die Verkündigung ist ein Teil der Nächstenliebe. Sie will dem zu Bekehrenden das köstliche Wissen schenken, daß Gott uns liebt. Den missionarischen Eifer zu teilen, bedeutet jedoch nicht, die angewandten Methoden gut zu heißen. Gerade diese Methoden nehmen in Lateinamerika unserem Verkündigungseifer die Überzeugungskraft."[55] Die Methoden hängen freilich eng mit dem Inhalt der Verkündigung

[51] Class 1973, 150f.
[52] Escobar 1974 I, 2. Die Zitate der Vorträge von Lateinamerikanern in Lausanne konnten nicht mehr auf den später erschienenen Konferenzband umgestellt werden.
[53] Padilla 1974 I.   [54] Padilla 1974 II.
[55] Castro 1969, 191, der S. 194 vor dem Mißbrauch der Bibel als magischem Mittel warnt. Denn vielfach werde ihre tägliche Lektüre wie die des täglichen Horoskops empfohlen, statt die Bibel miteinander im Zusammenhang zu lesen und zu aktualisieren. Schlichting 1974, 459 weist darauf hin, daß auch in Lausanne der „plumpe Biblizismus" der Evangelikalen nicht überwunden werden konnte. In der Endfassung

zusammen. Padilla kritisierte in Lausanne, daß das nordamerikanische „Kultur-Christentum", das in Lateinamerika verkündigt werde, das Evangelium in eine Ware umfunktioniert habe, die auch jenen Kreisen zugänglich ist, „die bereits mit Religion übersättigt sind". Das Bild eines Christen, das nach der nordamerikanischen Version gezeichnet wird, „ist das eines erfolgreichen Geschäftsmannes, der die Formel für Glück gefunden hat; eine Formel, die er mit anderen freimütig zu teilen bereit ist".

Die „Ware" Evangelium ist also für den Verbraucher äußerst nützlich: „Erfolg im Leben und persönliches Glück auf immer. Die Handlung ‚Jesus Christus anzunehmen', ist zu einem Mittel geworden, kostenlos in den Genuß des Ideals eines ‚guten Lebens' zu kommen. Das Kreuz ist für viele kein Ärgernis mehr, weil es nur auf das Opfer Jesu Christi für uns zeigt, nicht jedoch zur Nachfolge auffordert. Der Gott eines solchen Christentums ist ein Gott, dessen ‚Güte beeinflußbar' ist, er ist ein Gott, der ständig gibt und niemals fordert, ein Gott, der genau den Wünschen der breiten Massen angepaßt ist, der mit Leichtigkeit mittels Gesetzen kontrollierbar ist und einfach Lösungen anbietet, ein Gott, der jenen seine Aufmerksamkeit schenkt, die Ihn nicht zurückweisen, weil sie Ihn wie ein schmerzlinderndes Mittel brauchen."[56] Ähnlich warnt Escobar: „Spiritualität ohne Jüngerschaft im täglichen sozialen, wirtschaftlichen und politischen Leben ist reine Religiosität, hat jedoch mit Christentum absolut nichts gemein."[57]

Hier wird also zunächst eine *Evangelisation* im Stile erfolgreicher Verkaufstechnik kritisiert, eine Methode der Kommerzialisierung des Evangeliums als billige Ware, die ohne strikte ethische Implikationen an den Mann gebracht wird, sodann die Methode der Bekehrung, die vielfach allzu mechanisch auf eine emotional bewirkte, durch Hand-Erhebung kundgetane Entscheidung für Christus reduziert wird, die notgedrungen mit dem Beitritt in eine bestimmte Ortsgemeinde gleichgesetzt wird[58]. **Bekehrung** wird vielfach mißverstanden als Annahme einer evangelischen Wahrheit und Übernahme jener bürgerlichen Moral, die Max Weber bei den nordamerikanischen Denominationen beobachtet hat[59]. *Das ethische Problem* von Gut und Böse wird in dieser Form von

---

der „Lausanner Verpflichtung" (Lausanne Covenant) sei die Irrtumslosigkeit der Bibel erneut unterstrichen worden, „aber schließlich doch reformatorisch auf das bezogen, was Glauben und Handeln betrifft. Die Behauptung der Fehlerlosigkeit in Historie und Kosmologie, auch unter Lutheranern strittig, wurde nicht zur Wasserscheide. Darüber läßt sich weiter diskutieren. Nur extreme Gruppen sperren sich gegen theologische Einsicht. Die übrige evangelikale Welt scheint für gründliche Exegese und reformatorische Theologie offen zu sein".

[56] Padilla 1974 I, 5.
[57] Escobar 1974 I, 4f; Silva 1970, 37 warnt vor der „Doktrin", daß aus dem individuellen Glaubenswachstum automatisch eine Erneuerung der Gesellschaft folge.
[58] Castro aaO 186 schildert ein entsprechendes Erlebnis beim Besuch eines protestantischen Gottesdienstes in Guayaquil/Ekuador. Dort forderte der Prediger, der Castro und seine Begleiter als neue Gesichter in der Gemeinde entdeckt hatte, die Gemeinde 17 Minuten herzzerreißend auf, zu ihrer „Rettung" die Hand zu erheben, ein Aufruf, der sich natürlich nur an die drei Neuen richtete. Auch bei Rosales aaO findet sich genug Kritik an den Bekehrungspraktiken bei den Tiefenevangelisationsfeldzügen, die auf Grund der von den beteiligten Kirchen erhobenen Kritik allerdings etwas geändert worden sind.
[59] Hierauf weist Maciel 1974, 24f hin, wobei er bemerkt, daß sich das weniger auf den Aspekt des Kapitalismus beziehe, denn in Brasilien deute nichts darauf hin, daß der Pietismus bei der Herausbildung einer kapitalistischen Mentalität eine maßgebliche Rolle gespielt habe.

Protestantismus, wie es Graham Greene einmal gesagt hat, mehr oder weniger in die Begrifflichkeit des Richtigen und Falschen übertragen, das Feld der Sünde gewissermaßen auf bestimmte Handlungen wie Rauchen, Trinken, Tanzen, Teilnahme an Glücksspielen etc. beschränkt, während umgekehrt die Enthaltung von solchen Handlungen als Ausdruck wahren Glaubens gewertet wird[60].

Diese Art von Legalismus ist nach Padilla als Weltlichkeit zu betrachten. Natürlich gibt es Verbote in der Bibel, aber die christliche Ethik darf nicht auf eine Sammlung von Regeln und Bestimmungen reduziert werden. Zwar hat der tertius usus legis seine legitime Funktion, aber das christliche Leben darf nicht zu einer bloßen Konformität mit Verboten und Tabus werden, die keinerlei Beziehung zum Evangelium haben. Verbote, die für Kinder gut sind, gleichen Zäunen, werden sie indes für Erwachsene aufrechterhalten, dann werden sie zu Betonmauern, innerhalb derer eine „evangelikale Subkultur" gedeiht, die von den brennenden Fragen, die die Welt bewegen, isoliert ist[61].

Bei dieser Art von Frömmigkeit wird übersehen, daß die Entscheidung für Christus zugleich eine Entscheidung für die Not des Nächsten ist, für die Gerechtigkeit der Gesellschaft, für ein ethisches Handeln, das der lateinamerikanischen Situation gerecht wird. Eine Predigt, die „in Formeln oder ekstatischen Gefühlen zu einer Entscheidung für den Christus von gestern aufruft", ist nichts weiter als „eine Flucht in die Unwirklichkeit, und damit sowohl eine Flucht vor der Wirklichkeit Christi als auch eine Flucht vor der lateinamerikanischen Wirklichkeit"[62].

Genauso problematisch ist die *Verkündigungssprache*. Das Evangelium wurde bis vor kurzem und wird vielerorts noch heute mit sicheren Begriffen in Form „ewiger und unwandelbarer Wahrheiten" „verkauft". Bestimmte Begriffe werden ständig wiederholt wie „Gnade, Sakrament, Sünde, Werkzeuge Gottes, Eintracht, dienen, brüderlich, Nächster, Liebe etc...". Den ganzen Tag wird von Christus gesprochen, obgleich Jesus bei Lebzeiten den Kult seiner Person abgelehnt hat und die Jünger des Johannes statt dessen auf das hingewiesen hat, was durch ihn geschieht[63]. Das Sprachproblem, zu dessen Bewältigung Alves schon 1969 die neue Sprache des messianischen Humanismus vorgeschlagen hat[64], wird also allmählich auch den fundamentalistisch bestimmten Missionskirchen bzw. den Evangelikalen Lateinamerikas bewußt. Emilio Castro weist darauf hin, daß mit der Wiederholung ehrwürdiger traditioneller Begriffe eine echte Fleischwerdung des Wortes verhindert wird, zu der ein konkreter Bezug auf die Lebenssituation der Hörer unumgänglich ist. Ohne seine Fleischwerdung bleibt das Wort auf einen religiösen Bereich beschränkt, „der dem Leben hinzugefügt werden könnte", und es bleibt für die religiösen Menschen reserviert, die dafür eine „Antenne" haben. Das Evangelium beansprucht aber den ganzen Menschen und alle Menschen, auch die nicht-religiösen. Die in eine revolutionäre Zeit gestellte Kirche muß deshalb „den in Aufruhr befindlichen Menschen ernst" nehmen und ihm ein Evangelium predigen, „das Anforderungen an seine aktive Mitwirkung als verantwortungsbewußtes Glied der Gesellschaft stellt". Schließlich liegt die Verantwortung für die Evangelisation bei der ganzen christlichen Gemeinde, bei den

---

[60] Ebd. 22f.   [61] Padilla 1974 II, 2.   [62] Castro aaO 192f.
[63] Botas 1973, 2f unter Hinweis auf Lk. 7,20.
[64] AaO 87 - Prien 1972 Lateinamerika, 45f.

selbständig handelnden „Laien", die mit ihrem Leben das Evangelium bezeugen. „Das Evangelium von der Gemeinschaft Gottes mit den Menschen kann nur in dem Maße verstanden werden, wie die Kirche in Gemeinschaft mit dem Menschen, dem sie das Evangelium verkünden will, lebt... Deshalb ist die Identifizierung der evangelischen Gemeinde mit der lateinamerikanischen Wirklichkeit keine Forderung eines nationalistischen Konzepts oder einer Kulturphilosophie, sondern eine Forderung des Evangeliums selbst." Sie ist die Vorbedingung für die Evangelisation der lateinamerikanischen Massen[65].

Damit ist das Problem von Quantität und Qualität der Mission angesprochen. Dazu einige Zahlen:

In den sechziger Jahren gab es in Lateinamerika 2000 wöchentliche protestantische Radiosendungen aus 11 großen Studios und 9 eigenen Sendern, die von 125 Missionaren, 44 davon aus den USA, produziert wurden. 300 Kirchen und Gruppen bemühten sich um die ca. 200 Millionen Einwohner des Subkontinents. In Brasilien erhöhte sich die Zahl der Missionare von 1949 bis 1961 von 700 auf 1400, die der nationalen Pastoren von 1400 auf 20 000, die der Bibelschulen, biblischen Institute und Seminare und theologischen Fakultäten von 15–20 im Jahre 1916 auf 126 1961. „Trotz dieses Wachstums sind die Spuren der Arbeit der missionarischen Einpflanzung noch stark genug, um eine wahre Autonomie zu verhindern. Alle größeren Werke, neuen Bewegungen, Veröffentlichungen und sogar der Bau von Kirchen hängen fast immer von Mitteln aus dem Ausland ab. Und im allgemeinen folgen die nationalen Pastoren und Laien dem Programm und den Methoden der Missionare zu sklavisch."[66] Die absoluten Zahlen haben sich inzwischen noch erhöht. 1970 arbeiteten ca. 3000 ausländische Missionare in Brasilien, und zwar in 150 verschiedenen missionarischen Organisationen, davon 1256 in Zusammenarbeit mit den älteren traditionellen Denominationen, 1053 in Zusammenarbeit mit ‚faith missions' (480 in der Indianermission, 344 versuchen, neue Gemeinden zu gründen, und 229 dienen hauptsächlich etablierten nationalen Kirchen) und nur 104 in Zusammenarbeit mit Pfingstkirchen[67]. Wie in Abschnitt 433 erwähnt, liegt der Anteil ausländischer Mitarbeiter in den Einwandererkirchen verschieden hoch, extrem hoch in der EKLC, ziemlich hoch in der IERP, tragbar in der EKLBB (ca. 30 %) und noch niedriger in den Missouri-Kirchen in Brasilien und Argentinien. Wie das Beispiel von Missouri zeigt, ist ein hoher Anteil nationaler Kräfte indes noch keine Garantie für einen autochthonen Protestantismus.

Ende der sechziger Jahre begann man sich im lateinamerikanischen Protestantismus der Gefahren eines übergroßen ausländischen Einflusses bewußt zu werden. Symptomatisch waren dafür der 1968 in Brasilien erschienene Sammelband ‚Protestantismo e imperialismo na América Latina' und die 1970 von UNELAM in Zusammenarbeit mit den nordamerikanischen Kirchen in Oaxtepec/Mexiko abgehaltene Konsultation unter dem Thema: ‚Misioneros norteamericanos en América Latina? Para qué?' (Warum nordamerikanische Missionare in Lateinamerika?). César macht darauf aufmerksam, daß in den Regionen, in denen der wirtschaftliche Einfluß der USA (für das 19. Jahrhundert müßte man Großbritannien dafür einsetzen) am stärksten ist, sich der Protestantismus am stärksten entwickelt hat. Im 19. Jahrhundert sei ein wesentlich urbaner nordamerikanischer Protestantismus durch die Missionen z. B. in das zu 80 % aus ländlicher Bevölkerung bestehende Brasilien verpflanzt worden. César führt die Krise des lateinamerikanischen Protestantismus auf seine ungenügende Identifizierung mit den nationalen Problemen zurück und

---

[65] Castro aaO 191ff.   [66] César 1968, 14ff.   [67] Read 1973, 133.

meint, daß die erforderliche „authentische Erneuerung" „sich umgekehrt proportional zum Typ und zur Quantität ausländischer Kultur verhält", die der lateinamerikanische Protestantismus internalisiert hat[68]. Shaull führt die Krise der Mission und der nationalen Kirchen wesentlich darauf zurück, daß die Mission eine Frucht des Pietismus ist, der den Herausforderungen des 18. und 19. Jahrhunderts entsprach und damals für den persönlichen Bereich eine befreiende Kraft hatte.

„Parallel dazu schuf der Pietismus, indem er die Existenz des Problems, das die Beziehung zwischen Glauben und Kultur darstellt, verkannte, Bedingungen dafür, daß das Christentum unter der Hand mit gewissen Formen des westlichen Denkens und mit seinen gesellschaftlichen, wirtschaftlichen und politischen Einrichtungen identifiziert wurde. Weil unser pietistisches Erbe keine klare Vision vom Handeln Gottes in der Geschichte — außerhalb des Bereiches der persönlichen Erfahrung — hatte, verlor es die messianische Herrschaft Gottes über die Geschichte und ihre revolutionären Implikationen aus dem Blick. Infolgedessen neigt die Kirche dazu, sich in gewissen Gesellschaftsmodellen, die mehr mit der Vergangenheit als mit der Zukunft zusammenzuhängen pflegen, wohl zu fühlen. Darüberhinaus hat sie die Tendenz, eine Verteidigungshaltung einzunehmen, wenn jene Gesellschaftstypen bedroht sind, statt die Herausforderung anzunehmen und an neue Grenzen zu stürmen, an denen eine neue Gesellschaftsordnung geformt wird." Die Missionare haben um sich herum eine verkleinerte Form des mittelalterlichen Corpus Christianum errichtet, ein protestantisches Ghetto, das zur Mitarbeit an der Errichtung einer neuen Gesellschaft völlig ungeeignet ist. Außerdem erschweren die derzeitigen Formen der Kongregationen diese Mitarbeit, da sie „das Volk um ein religiöses Programm sammeln, das von den Grenzen, an denen sich der Kampf abspielt, weit entfernt und den dort umstrittenen Problemen entfremdet ist". Shaull schlägt deshalb die Bildung kleiner Christengemeinschaften vor, die bereit sind, sich den Herausforderungen der Gegenwart zu stellen[69].

Da Silva zeigt, daß die *Krise der missionarischen Identität im Kern eine ekklesiologische Krise* ist. Wenn die Kirche sich selbst als Mittelpunkt des göttlichen Handelns ansieht, erscheint ihr jede Gesellschaftsordnung akzeptabel, die ihr Freiheit zur Durchführung ihres kirchlichen Programms einräumt. Kirchlichen Einsatz für die Freiheit im heutigen sozio-ökonomischen Kontext kann man dann von der Kirche nicht erwarten. Diese ekklesiologische Position erklärt, daß dieselben Kirchen — Lutheraner, Episkopale, Methodisten, Presbyterianer, Baptisten u. a. —, die ihre Entstehung dem Kampf gegen „Formen der Unterdrückung des menschlichen Gewissens und institutionelle Diktaturen in Gesellschaften der Vergangenheit" verdanken, die also „als Frucht der Freiheit des Hl. Geistes geboren" sind, durch ihre fundamentalistische Theologie und ihr an den Katholizismus gemahnendes hierarchisches Denken repressive Modelle entwickelt haben, die in auffälliger Weise mit den repressiven Modellen der Gesellschaft übereinstimmen.

„Es gibt eine Parallelität zwischen den herrschenden Tendenzen in unseren Kirchen und den Klassen, die die politische und ökonomische Macht in Lateinamerika in Händen halten, die die Symptome desselben Krankheitsbildes zeigt. Sie werden bestimmt durch Idealismus, Moralismus und Legalismus, die die drei grundlegenden Mangelerscheinungen unserer säkularen und religiösen Kultur bezeichnen, d. h. Mangel an Wirklichkeitssinn, an Sozialethik und an gesellschaftlicher Gerechtigkeit."

---

[68] César aaO 18ff.   [69] Shaull 1968, 37ff.

Diese Mangelerscheinungen lassen sich nur durch eine andere Ekklesiologie beheben, die nicht die Kirche, sondern sein befreiendes Handeln als den Mittelpunkt des Wirkens Gottes ansieht. Eine solche theologische Perspektive, die von der Solidarität Gottes mit den Leidenden und Unterdrückten ausgeht, führt zur intensiven Suche nach neuen Formen der Misssion und zum Entstehen einer neuen ökumenischen Dimension.

„Es ist unmöglich, eine Evangelisierung der Menschen zu versuchen, ohne die Situation ernst zu nehmen, in der sich solche Menschen in ihrer Welt befinden." Aber die Anklage einer „Gesellschaftsordnung" als „Beleidigung Gottes" führt notwendigerweise zur „Vertiefung des Konflikts zwischen der traditionellen konfessionellen Loyalität und der Treue gegenüber diesem Sendungsbewußtsein". Ausländische Missionare, die sich der gesellschaftlichen Herausforderung der lateinamerikanischen Situation nicht mit christlicher Offenheit stellen, dienen der Erhaltung des Status quo. Die Kirchen in den USA müssen sich darüber klar werden, daß sie in jenem Zentrum leben, in dem lebenswichtige Entscheidungen für Lateinamerika getroffen werden. Die Erkenntnis, daß sie zusammen mit den Lateinamerikanern Glieder am selben Leibe Christi sind, erfordert neue Formen ökumenischen Handelns[70]. Desnueza geht noch einen Schritt weiter, indem er bemerkt, die protestantischen Kirchen in den USA könnten nur dann glaubwürdig weiter in Lateinamerika missionarisch tätig sein, wenn sie für die Gleichberechtigung und Selbstbestimmung der spanisch sprechenden Christen in den Vereinigten Staaten eintreten[71].

Padilla äußerte zum Problem von Quantität und Qualität bei der Evangelisation 1974 in Lausanne, daß das nordamerikanische „Kultur-Christentum" heute über hochentwickelte Hilfsquellen verfüge, „mit denen die Botschaft auf wirkungsvolle Weise in die ganze Welt getragen werden" könne, so daß wir dank der Computer auch die „Wiedereinführung einer Kultur, die durch den christlichen Glauben geeint ist (Corpus Christianum)", näher gekommen seien, ein Ziel freilich, daß heute kaum mehr als erstrebenswert erscheine. Der Gebrauch der Technologie sei zwar an sich wertneutral und könne den Plänen Gottes dienen (1 Tim 2, 4), aber das Problem des ‚Kultur-Christentums' liege darin, daß es das Evangelium zu einer Formel für den Erfolg mache und den Sieg Christi mit der erreichten Höchstzahl an ‚Bekehrten' gleichsetze.

„Dies ist ein Christentum, in dem der Mensch im Mittelpunkt steht, ein Christentum, das klar erkennen läßt, daß es von der ‚technologischen Mentalität' abhängig ist – einer *Mentalität, die, wie Jacques Ellul es nannte, die Wirksamkeit als maßgebliches Kriterium ansieht* und auf dieser Grundlage in allen Lebenslagen die Systematisierung der Methoden und anderer zur Verfügung stehender Möglichkeiten anstrebt, um vorgefertigte Ergebnisse zu erhalten. Es ist das ‚religiöse' Produkt einer Zivilisation, in der die Technologie nichts, nicht einmal der Mensch selbst, entkommt – einer Zivilisation, die von ihrer Suche nach dem ‚besseren Weg' besessen ist, was unvermeidlich zur Automation führt. Diese andere Art von Weltlichkeit, von Manipulation des Evangeliums, die darauf abzielt, erfolgreiche Resultate zu erzielen, führt zwangsläufig zu einer Versklavung an die Welt und ihre Mächte." Padilla stellt allerdings resignierend fest, daß jegliche Kritik an dieser Evangelisationsmethode auf taube Ohren stößt, besonders bei den Nordamerikanern, die weitgehend unter dem Einfluß der technologischen Mentalität stünden, so daß sie Kritik an der Methode gleich als mangelndes Interesse an der Evangelisation auslegen. Insofern sei zu

---

[70] Silva 1970, 36ff. Auch Desueza 1970, 73 verlangt Solidarität, Identifikation und Hingabe von ausländischen Missionaren.

[71] AaO 75.

befürchten, daß der Tag nicht mehr fern sei, an dem Missionsstrategien wie etwa B. F. Skinners „Verhaltenskodex" (Beyond freedom and dignity, New York 1971) Anwendung fänden, „um die Welt durch wissenschaftliche Überwachung der Umweltverhältnisse und Genetik zu ‚christianisieren'". „Im Licht der biblischen Lehre gibt es keinen Platz... für Statistiken, die Auskunft darüber geben, ‚wie viele Seelen pro Minute in Christus sterben', wenn sie nicht berücksichtigen, wie viele davon einen Hungertod sterben... Die Kirche ist kein religiöser Klub, der sich mit dem Jenseits befaßt und mit Kampfparolen in die Welt eindringt, um mittels bewährter Überredungsmethoden die Anhängerschar zu vergrößern. Sie ist Zeichen des Reiches Gottes... Sie hat die Aufgabe, eine neue Menschheit zu schaffen, durch welche der Plan Gottes erfüllt werden kann, eine Aufgabe, der nur durch Opfer gerecht zu werden ist." Nicht Triumph und Erfolg sind das Ziel, sondern Treue und das Bekenntnis von Lk 17, 10[72].

Diese Diskussion zeigt, daß die Bedenken der Einwandererkirchen gegen eine einseitige, auf Kirchenwachstum zielende Betonung der Evangelisation heute in gewissem Grade von einigen Theologen der Missionskirchen und der Evangelikalen geteilt werden. Die Missionskirchen haben den Kirchenbegriff der historisch gewachsenen römisch-katholischen Kirche (Staatskirchentum der Christenheit) und dem der Einwandererkirchen (Volkskirchentum) und das auf ihnen fußende Kirchentum relativiert durch ihr Prinzip der absoluten Religionsfreiheit, mit dem sie dem kirchlichen Pluralismus in Lateinamerika endgültig Bahn gebrochen haben. Dieser Pluralismus ist Ausdruck des Widerstreites von Einheit und Vielheit, der die Kirchengeschichte prägt. Man könnte in ihm vielleicht eine Zuchtrute Gottes gegen den ekklesialen Triumphalismus, gegen die Erstarrung hierarchischer Verwaltungsstrukturen sehen, die dafür sorgt, daß jede Kirche nur in dem Maße lebendige Glieder halten kann, in dem sie sich durch innere Reformen jung und anpassungsfähig hält. Kirchlicher Pluralismus kann mithin nie ein Ziel menschlicher Anstrengungen sein, sondern nur ein Erleiden menschlicher Schwäche, beleuchtet er doch grell den unvollkommenen Zustand der vielen sichtbaren Abbilder der einen verborgenen Kirche Jesu Christi. So positiv ein gewisser Wettbewerb zwischen den Kirchen auch sein mag, so unangenehm kann er doch werden, wenn er nach den Gesetzen kaufmännischer Konkurrenz betrieben wird, wenn einzelne Glieder oder ganze Gemeinden mit dem Lockmittel niedrigerer Kirchenbeiträge abgeworben werden, wenn Gemeindevorstände ihrer Kirche den Rücken kehren, um partikularistische Wünsche gegen den Willen der Kirchenleitung durchzusetzen. Die unausweichlichen Folgen sind ein Absinken des Niveaus der teuren Pfarrerausbildung, eine überhöhte Abhängigkeit der Pfarrer von den Gemeindevorständen, eine Reduzierung der Sozialwerke der Kirche, die über die Gemeindebeiträge finanziert werden müssen, oder eine Steigerung der Abhängigkeit von ausländischen Geldgebern, denen jedes Mittel recht ist, um ihrer Denomination zum Wachstum zu verhelfen.

---

[72] Padilla 1974 I, 5ff, der teilweise Elull zitiert, The technological society, New York 1970. Escobar 1974 I, 4f und II, 8 wirft den einheimischen Geistlichen der zweiten Generation vor, daß sie einseitig auf zahlenmäßiges Wachstum hin arbeiten und dadurch nur nominelle Christen erzeugten. Es sei nicht im Sinne der Bibel, wenn der Akzent bei der Evangelisation einseitig auf die Mitteilung der Botschaft verlegt werde. Die Überbringer der Botschaft müßten die Wahrheit ihrer Verkündigung sichtbar widerspiegeln. Die Sorge um die Reife der Kirche und der Christen müsse Hand in Hand gehen mit der Sorge um das zahlenmäßige Wachstum der Kirche.

Die Krise der missionarischen Identität des Protestantismus in Lateinamerika kann nicht durch ‚Church Growth'-Strategien überwunden werden. Die Tiefenevangelisationsfeldzüge führen zwar wegen ihres ökumenischen Charakters weiter, führen aber nicht eo ipso zu einer Bewältigung der sozialen Herausforderung. Deshalb hat ein Mitarbeiter von INDEF wie Orlando Costas kürzlich ein „vieldimensionales Wachstum" gefordert, das davon ausgeht, daß die Mission der apostolischen Minderheit mit „der Proklamation des Evangeliums und dem gemeinsamen Glaubensleben" die Vielen in allen gesellschaftlichen Schichten erreichen muß, daß sie der „Mehrheit" der „Marginalisierten und Unterdrückten" das prophetische Zeugnis der konkreten Befreiung schuldig ist, daß sie sich aber auch bemühen muß, die soziologische Minderheit der herrschenden Klassen zu bekehren, ohne die Forderungen des Evangeliums zu ermäßigen, und schließlich versuchen muß, diese Minderheit für den Befreiungskampf der Mehrheit zu gewinnen.

„Sie ist gerufen, sich die Sache der unterdrückten Mehrheit zu eigen zu machen, Arme und Reiche, Unterdrückte und Unterdrücker einzuladen, sich in den geschichtlichen Marsch zur menschlichen Befreiung einzureihen und so den Tag vorwegzunehmen, an dem das Reich offenbar wird in seiner Fülle und eine neue Gesellschaft ohne Unterdrückte und Unterdrücker, ohne Privilegierte und Glücklose entsteht."[73]

Mission kann heute nicht mehr konfessionalistisch ausgerichtet sein. Sie kann nur von dem einem Leib Christi her und auf ihn hin erfolgen im Sinne der Einübung in Nachfolge und Glaubensgehorsam in der heutigen lateinamerikanischen Situation. Weil aber die kirchlichen Strukturen die Einheit des Leibes Christi nicht widerspiegeln können, ist ein Ende der Krise der missionarischen Identität der Kirche nicht abzusehen. In dieser Lage kann man mit Emilio Castro von den Kirchen nur Selbstverleugnung verlangen, die sich darin zeigt, daß sie sich zu Dienerinnen der Allgemeinheit machen und alle ihre Dienste, auch auf dem sozialen Sektor nicht leisten, „um damit Gemeindeglieder zu gewinnen", sondern „weil dies ihre Berufung ist". Genauso sollte die evangelisatorische Möglichkeit des Gottesdienstes wiederentdeckt werden, eines Gottesdienstes „ohne proselytische Absichten, ohne einen pietistischen Eindruck zu machen". Der Gottesdienst sollte ein Dienst der Kirche für die Gesellschaft sein, in dem ihre brennenden Probleme vor Gott gebracht werden. Dann wird vom Gottesdienst ohne direktes menschliches Zutun auch eine evangelisatorische Wirkung ausgehen[74].

535 Die Identitätskrise des kirchlichen Erziehungswesens

Bis vor kurzem war es noch unbestritten, daß das kirchliche Erziehungswesen einen wichtigen Beitrag zur Schließung der Bildungslücke in Lateinamerika leistet und daß es eine evangelisatorische Funktion hat.

---

[73] Costas 1976 M, 20ff.
[74] Castro 1969, 194: „Wenn einer, der in ein Gotteshaus der protestantischen Kirche kommt, plötzlich entdeckt, daß für ihn gebetet wird, ohne es vorher gewußt oder erfahren zu haben, daß man sich im Gottesdienst mit Fragen beschäftigt, die ihn im täglichen Leben bedrücken, und wenn er entdeckt, daß seine Sorgen Gott dargebracht werden, dann empfängt er dadurch wahrhaft evangelisatorischen Anstoß, der ihn desto tiefer treffen wird, je uneigennütziger die Gemeinde gehandelt hat".

Wie in früheren Abschnitten aufgezeigt, hat das katholische Schulwesen mit Hilfe europäischer Orden seit der zweiten Hälfte des 19. Jahrhunderts einen neuen Aufschwung genommen. Noch 1965 schrieb Fuente, das kirchliche Schulwesen entspreche dem doppelten Anspruch der Kirche „Mater et Magistra" zu sein, es sei nicht mit einer Religionsstunde getan, vielmehr müsse der Glaube im kulturellen Kontext der Welt vermittelt werden. Eine Erziehung von der katholischen Familie her, eine Fleischwerdung und nicht bloß eine Sättigung mit Kenntnissen könne nur eine kirchliche Schule leisten[1]. Nach dem Zweiten Weltkrieg wurden beträchtliche Anstrengungen auch auf dem Hochschulsektor unternommen, so daß 1965/66 auch kleinere Länder wie Panamá und Bolivien eine katholische Universität ihr eigen nennen konnten. Bei der Einweihung der Universität von Panamá 1965 bemerkte Marcos McGrath, der heutige Erzbischof von Panamá, die staatlichen Universitäten entsprächen nicht der jeweils anderen nationalen Wirklichkeit, weshalb die Studenten übermäßig an Politik interessiert seien. Die katholischen Universitäten wüßten sich im Sinne des Universitätsprinzips ausschließlich der Suche nach Wahrheit verpflichtet und stellten eine gesunde Konkurrenz zu den anderen Universitäten dar. Die Krise Lateinamerikas sei grundlegend eine Kulturkrise. Deshalb müßten die Katholiken aktiv im Dialog über die neue naturwissenschaftliche und technologische Weltsicht vertreten sein, der an den Universitäten geführt werde[2].

Der im 19. und in der ersten Hälfte des 20. Jahrhunderts in Lateinamerika notorisch vorhandene Fehlbestand an Lehrern und Schulen, der einem verbreiteten Desinteresse der herrschenden Schichten an der Erziehung der breiten Volksmassen entsprach, dem auch die römisch-katholische Hierarchie nicht mit dem gebotenen Nachdruck entgegenwirkte, bot die besten Voraussetzungen für die erzieherische Aktion der protestantischen Missionare. Da sie sich bemühten, ihre Schulen für alle Kreise offenzuhalten und den Anstrich von Bekenntnisschulen zu vermeiden, kamen sie gleichzeitig antiklerikalen Tendenzen, die besonders unter den Liberalen verbreitet waren, entgegen. Im Gegensatz zu den Katholiken pflegen die Protestanten zu betonen, daß sie grundsätzlich von der Nützlichkeit der öffentlichen Erziehung überzeugt seien[3], so daß Privatschulen auch religiöser Träger nur eine Lückenbüßerfunktion haben. Auch hierin bestand also weitgehende Übereinstimmung mit den Vorstellungen der Liberalen. Das Angebot von „Volks- und Mittelschulunterricht an Personen, denen praktisch sonst mangels Schulen die entsprechende Bildungsmöglichkeit vorenthalten bliebe", bereichert um das Angebot vieler Freiplätze an Arme und Mittellose, wurde überall reichlich genutzt. „Der kürzeste und sicherste Weg für ein schnelles Wachstum der Protestanten in Südamerika" schien gefunden zu sein[4]. Anspruchsvolle Bauten für Höhere

---

[1] Fuente 1965.   [2] McGrath 1965.
[3] Peters 1927, 84. Hierzu ist zu präzisieren, daß dies wohl die Meinung der nordamerikanischen Missionare war, nicht aber der Einwandererkirchen, besonders nicht der deutschen, die um der Volkstumspflege willen großen Wert auf eigene Schulen legten.
[4] Peters aaO, der folgende Zahlen für die Elementarschulen der Protestanten in Lateinamerika einschließlich Westindien nennt: 1903 - 892 mit 80 735 Schülern; 1911 - 1496 mit 153 815 und 1925 - 1487 mit 166 323 Schülern. Peters räumt den großen Erfolg der protestantischen Erziehungsarbeit ein, deren Methoden geeignet seien, „das Kind auch außerhalb der Schule zu beschäftigen und zu befriedigen, vor allem

Schulen (colegios), der freie Lebensstil der amerikanischen Erziehung, die starke Pflege des Sports in allen Formen und hervorragender Unterricht in dem für Handel und Politik Lateinamerikas so wichtigen Englisch erklären die Anziehung des protestantischen höheren Schulwesens. 1927 konnte Peters noch schreiben, daß in der amerikanischen Missionswelt im Gegensatz zur deutschen der Liberalismus vorherrsche, was auch damals nur für die „historischen Denominationen" zutraf, so daß meist statt Religionsunterricht „natürliche Ethik" doziert werde, die nichts anderes sei als „ausgesprochener Naturalismus". „Die ‚ethische' Basis des Religionsunterrichtes löst natürlich auch die pädagogischen Schwierigkeiten, die von der dogmatischen Zersplitterung der verschiedenen Denominationen herrühren, sie führt praktisch aber wegen ihrer naturalistischen und oft allzu utilitaristischen Einstellung weder zur Ethik noch zur Religion, sondern zum Indifferentismus."[5]

Sicher kann man nicht so einseitig wie Peters die erzieherische und soziale Aktion der Protestanten in Lateinamerika[6] als ein Ausweichmanöver interpretieren, das die geringe Effektivität der evangelischen Predigt ausgleichen soll, und zwar auf einem Gebiet, auf dem man nach dem Motto von Stockholm: ‚Life and work' am besten dogmatischen Zwistigkeiten entgehen kann[7]. Von den Sonntagsschulen einmal abgesehen, liegt der Schwerpunkt der protestantischen Schularbeit auf dem Sekundarsektor. Die Zahl der Sekundarschulen in Lateinamerika hat von 1937 bis Anfang der sechziger Jahre von 134 auf 240 zugenommen[8]. In den Hochschulsektor drang nur die Mackenzie-Universität in São Paulo vor, wenn man von einigen Fachhochschulen und theologischen Seminaren absieht[9]. „Die Sekundarschulen, die einige Zeit führend waren und der Erneuerung des Schulwesens dienten, verloren bald ihre Bedeutung; viele blieben nur in der Lehre der Sprache ihres Ursprungslandes wirksam."[10] 1962 hat CELADEC angefangen, das traditionelle Verständnis, daß Kirche um ihrer selbst willen existiere, zu hinterfragen und für die Kirchen und ihre Erzie-

---

mit ihren Sportveranstaltungen...". In Kuba und Argentinien stamme mehr als die Hälfte aller Schüler aus katholischen Familien. 50 % aller Konvertiten gingen aus den Schulen hervor, „desgleichen 95 % der Pastorenberufe" - aaO 94.

[5] Peters aaO 85.

[6] César 1968, 14: Die Sonntagsschulen vermehrten sich 1936 –1961 in Zentralamerika um 25 % und in Südamerika um 145 %. Die Zahl der Krankenhäuser stieg von 11 im Jahre 1916 auf 41 1959.

[7] Peters aaO 84.   [8] César aaO.

[9] Bereits in Montevideo wurde 1925 der Plan erörtert, das protestantische Bildungswesen Lateinamerikas mit 2–3 großen Universitäten zu krönen. Wie ein protestantischer Kirchenführer sich ausdrückte, wollte man die Hochschulen in die Hand nehmen, weil „aus den 45 000 Universitätsstudenten Spanisch-Amerikas 99 % der moralischen und religiösen Einflüsse ausgehen, und weil 45 % dieser Studenten später geschworene Feinde des Protestantismus" würden, während die übrigen 55 % dem Atheismus verfielen - Peters aaO 85. Einen ersten Versuch stellt die Mackenzie-Universität in São Paulo dar, die aus einer 1870 von der presbyterianischen Mission gegründeten Primarschule hervorgegangen ist und Anfang der sechziger Jahre des 20. Jahrhunderts 4500 Sekundarschüler und 2500 Studenten auf Universitätsniveau hatte - Scopes 1962, 124f.

[10] César 1968, 23. Wie alle Verallgemeinerungen stimmt auch diese nur bedingt. Der Vf. kennt nicht wenige kirchliche Sekundarschulen, die von zahlungskräftigen Eltern wegen ihres allgemeinen Niveaus staatlichen Schulen vorgezogen werden, aber eben nicht wegen ihres kirchlichen Charakters.

hungsinstitutionen ein Konzept vorgeschlagen, nach dem Kirche „zum Wohle der Welt da ist, in der sie sich vorfindet"[11]. Von daher setzten Forschungsprogramme ein, die nach Kriterien zur Interpretation der lateinamerikanischen Wirklichkeit suchten. Paulo Freire wurde als Berater herangezogen und volksnahe ‚grass-root'-Erziehungsprojekte gefördert. Besondere Fortschritte in Richtung auf die Entwicklung einer Methodologie für eine befreiende Erziehung machte der ‚New Life in Christ Course' (NLCC), der, ursprünglich für Sonntagsschulen entworfen, auch für Schulbibelkurse Verwendung gefunden hat und sogar von katholischen Parochien übernommen worden ist. Der Kursus nimmt das Handeln Gottes in der Geschichte ernst und beschränkt die missiologische Frage, was das neue Leben in Christus bedeutet, nicht mehr auf die individuelle Sphäre von Haus, Nachbarschaft, Arbeitsplatz und Beziehung zur Gemeinde, sondern fragt, was das für die globale lateinamerikanische Wirklichkeit bedeutet[12].

Katholischerseits hat sich ein Umdenken auf dem Erziehungssektor in Medellín gezeigt, aber wie in Abschnitt 5122 bemerkt, sind daraus die erforderlichen praktischen Konsequenzen kaum gezogen worden. Innerhalb der Gesellschaft Jesu, die auf dem Erziehungssektor eine führende Rolle gespielt hat und noch spielt, hat Ordensgeneral Pedro Arrupe selbst die Diskussion über die Erziehungsziele in Gang gebracht. Er bemerkte, es könne nicht länger das Ziel sein, individualistische Karriere-Menschen zu erziehen, sondern Menschen, die sich ihrer Sozialverpflichtung vom Evangelium her bewußt und die bereit seien, am Abbau ungerechter Unterdrückungsstrukturen mitzuarbeiten[13]. Jahrhundertelang haben die Jesuiten sich auf die Erziehung der gesellschaftlichen Führungsschicht konzentriert. Jetzt fragt Arrupe, ob sie damit nicht Eliten herangezogen haben, die sich auf das Geld ihrer Eltern stützen, und er schließt daran sogleich die Frage an: „Können wir unsere Energien nicht effektiver woanders einsetzen?"[14] Die Reaktionen sind bei den lateinamerikanischen Jesuiten nicht ausgeblieben, die ihre ‚colegios' nun als „Klassen"-Schulen betrachten. Der ‚Instituto Patria' in Mexiko-Stadt wurde deshalb 1970 geschlossen[15]. Dahinter standen folgende Überlegungen: „Die Oberschicht erkennt selten die Ungerechtigkeit unseres gesellschaftlichen Systems an und hilft schwerlich, sie zu überwinden. Immer weniger junge Jesuiten sind bereit, sich den ‚colegios' ‚für Reiche' zu widmen. Die Oberen möchten nicht mit Nachwuchskräften eine Institution stärken, die zur prophetischen Denunziation der sozialen Unordnung unfähig macht. Schließlich hat die Erfahrung gezeigt, daß der Instituto Patria sich trotz entsprechender Anstrengungen nicht im Sinne einer größeren sozialen Effektivität entwickelt hat."

Als sich im Laufe des Jahres 1971 die Jesuiten und die ‚Congregación de los SS. Corazones' in Chile überlegten, ob sie drei renommierte ‚colegios' dem Staat übergeben sollten, löste das eine heftige öffentliche Polemik aus, weshalb sich P. Segura SJ in einem Brief an das Schülerzentrum des ‚Colegio S. Ignacio de El Bosque' zu der Äußerung veranlaßt sah: „Mich schmerzt das Geschrei, das sich in diesen Tagen in der Presse erhoben hat, weil in den

---

[11] Costas 1976, 177.   [12] Ebd. 178ff.
[13] ECA 273 (Juli 1971), 462f.
[14] Brief Arrupes an die Jesuiten der USA betreffend den Sekundarschulunterricht v. 7. 3. 1971 zitiert nach SIC XXXV Nr. 348 (1972), 356f.
[15] SIC aaO.

vorigen Jahren niemand geschrien hat, als eine nach der anderen von 400 schulgeldfreien Grundschulen geschlossen wurden, die die Kirche unterhalten hatte und nicht länger finanzieren konnte." Der Plan, dem Staat Sekundarschulen zu übergeben und der Regierung damit die kirchliche Unterstützung für die Politik der Demokratisierung des Unterrichts zu signalisieren, wurde von dem durch Medellín inspirierten Beschluß der Vollversammlung der chilenischen Bischofskonferenz (April 1971 in Temuco) gefördert, „daß kirchliche Sekundarschulen allen offenstehen und daher schulgeldfrei sein müssen"[16]. Venezolanische Jesuiten weisen darauf hin, daß statt der alten Prinzipien: „Studien und Disziplin" heute eine Schulgemeinschaft angestrebt werden müsse, in der die Beziehungen Lehrer-Schüler und Schüler-Schüler geändert und kritische, konstruktive Geister herangezogen werden. Auch die katholischen Universitäten entsprechen in ihrer bisherigen Form keineswegs einem befreienden Ansatz, der darin bestehen könnte, daß sie die Ursachen der sozialen Schäden untersuchen. Statt dessen hat die Mehrzahl der katholischen Universitäten in Lateinamerika der Tendenz nachgegeben, Studenten für Berufe vorzubereiten[17]. Welchen Nutzen diese Berufe oft für die Gesellschaft haben, zeigt das Beispiel Kolumbiens, wo die Universität die Mängel der Sekundarschulen noch verstärkt, indem sie Laufbahnen anbietet, für die kein Bedarf besteht. So praktizieren ca. 70 % der Lizentiaten der Jurisprudenz nicht, weil ihre Ausbildung den Wünschen der Studenten und ihrer Familien, aber nicht den Notwendigkeiten des Landes entspricht[18].

Vier Priester der Erzdiözese Uruguay, in der 47 000 Schüler religiöse Bildung in kirchlichen Schulen erhalten, haben 1969 in einer Untersuchung für die Abschaffung des Religionsunterrichtes in diesen Schulen plädiert, weil Evangelisation und Lehramt sich ausschließen. Eine Disziplinarstruktur ist unvereinbar mit dem Beispiel Jesu, der jenen in Freiheit die frohe Botschaft gebracht hat, die sie hören wollten. Man dürfe sich außerdem nicht der Illusion hingeben, daß die Eltern ihre Kinder wegen der religiösen Erziehung auf kirchliche Schulen schickten[19]. Wenn aber die kirchlichen Schulen keine geeigne-

---

[16] Nach MENSAJE XX Nr. 204 (1971), 554ff: Democratización de colegios clasistas? In ECA XXI Nr. 312 (1974), 667ff wird im Leitartikel ‚Educación en un Colegio Católico' über eine Flugblattaktion von 12 Abiturientinnen des dem Vf. gut bekannten ‚Colegio de la Asunción' in San Salvador berichtet, einer von Ordensfrauen geleiteten höheren Lehranstalt für höhere Töchter. Unter dem Titel „Unsere erzieherische Erfahrung in eine katholischen Schule" protestieren die Abiturientinnen, daß sie „abseits der wahren gesellschaftlichen, wirtschaftlichen und politischen Probleme" der Gesellschaft erzogen worden seien. „Nie haben wir uns in unserem Kollegleben mit dem Volk und seinen Problemen solidarisch gefühlt". Sie spüren deshalb die Notwendigkeit einer Umerziehung in Richtung auf eine konkrete Teilhabe an den konkreten Kämpfen des Volkes. Der Herausgeber fragt: „Was kann El Salvador von derartigen Zentren erwarten? Was kann unser Volk von Personen erwarten, die dort ausgebildet sind?...Schmach und Entfremdung...jene Zentren repräsentieren das fehlende Problembewußtsein einer winzigen Schicht unserer Bevölkerung, genau jener Schicht, die sich weigert, die elementarsten Rechte des salvadorenischen Volkes anzuerkennen, dieselbe, die die autokratische Macht zu verewigen trachtet, dieselbe, die gewisse ‚Erziehungszentren' gründet".
[17] SIC aaO: Los Jesuitas buscan una educación.
[18] Donabín 1971, 445.
[19] La hora de la verdad para los Colegios Católicos, PER IV Nr. 37 (1969), 214–220. Auch in einer Einwandererkirche wie der EKLBB beginnt man das kirchliche

ten Stätten der Evangelisation sind, stellt sich automatisch die Frage, warum ein Heer von Priestern und Religiosen, die in anderen Arbeitsbereichen der Kirche fehlen, durch die schulische Arbeit gebunden sind, deren Ineffektivität in Kuba besonders deutlich geworden ist (vgl. 52131).

Auch die kirchlichen Entwicklungshilfeorganisationen lassen sich durch alarmierende Situationsanalysen nicht mehr ohne weiteres zur Förderung des kirchlichen Schulwesens bewegen. So skizziert ein Vertreter von ADVENIAT die lateinamerikanische Bildungssituation folgendermaßen:

„Die Notwendigkeit des Engagements der lateinamerikanischen Kirche im Bereich der Volksbildung und Erziehung wird deutlich, wenn man sich einige Tatsachen vergegenwärtigt: 1968 lebten in Lateinamerika 260 Millionen Menschen, 1992 werden es doppelt so viele sein. 1968 waren etwa 40 % der lateinamerikanischen Bevölkerung Analphabeten..., besuchte nur etwa die Hälfte aller Kinder die Schule..., beendeten nahezu 70 % aller Schüler nicht einmal die Grundschule. Obwohl viele Länder große Anstrengungen unternehmen, das herkömmliche Bildungswesen auszubauen (einige lateinamerikanische Staaten geben nach Angaben der UNESCO mehr für Bildung als für die Rüstung aus), wird sich diese Situation in den nächsten Jahren noch verschärfen."

Roos (1973) weist darauf hin, daß nach der Zielsetzung der befreienden Erziehung in Medellín kaum noch Gelder für Grund- und weiterführende Schulen bewilligt würden, vielmehr sei der Nachdruck der Förderung auf die kirchliche Erziehungsarbeit im außerschulischen Bereich, besonders auf die Erwachsenenbildung verlegt worden, etwa die Rundfunkarbeit, wie sie z. B. Radio Sutatenza in Kolumbien leistet, oder Alphabetisierung und Bewußtseinsbildung, wie sie die MEB in Brasilien geleistet hat.

„Mit dem Erlernen der Grundwörter wie ‚Haus', ‚Boden', ‚Regen', ‚Hacke' wird dem Landarbeiter „klar, daß er gemeinsam mit Freunden und Nachbarn seine Umgebung verändern kann, indem sie ihre Häuser besser bauen, Ställe für das Vieh errichten oder eine Wasserleitung legen. Für die Frauen bedeutet lesen und schreiben können, daß sie wissen, wie man Kinder richtig ernährt, einen Garten pflanzt und Erste Hilfe leistet. Vom Schreiben der Zahlen gibt es einen Weg zur Bildung von Genossenschaften und anderen Organisationen, die das Dorf in eine wirtschaftlich, sozial und politisch denkende Gemeinschaft verwandeln."[20]

Schulwesen in Frage zu stellen - vgl. Como manter as escolas comunitárias?, JOREV XCI Nr. 6 (1977), 5. Da die Gemeindeschulen auf staatliche Stipendien für Schüler angewiesen sind, geraten sie in Abhängigkeit vom Staat. Mit dem Finanzproblem wird man sich des Identitätsproblems bewußt. Viele Lehrer sagen: „Wenn die Kirche keine Identität hat, wie kann die evangelische Schule denn eine haben! Alle evangelischen Schulen sind aus einer wirklichen Notwendigkeit entstanden. Heute aber sind die Ziele anders". Eine Umfrage ergab, daß nur eine Minderheit der Eltern die Kinder aus konfessionellen Gründen auf Gemeindeschulen schickt. Es geht ihnen vielmehr um die Qualität des Unterrichts, aber was für eines Unterrichts? Eine Arbeitsgruppe von Schulleitern hat die Aufgabe evangelischer Schulen so definiert: „Als Einrichtung der Kirche muß die Schule sich bewußt sein, daß sie evangelisch in Brasilien ist und daß sie Minderheitscharakter hat. Sie muß sozio-politischer Ausdruck der Kirche sein. Sie muß das Laboratorium Nummer eins christlichen Lebens sein". Daß so etwas möglich ist, bezweifeln eben jene uruguayischen Priester.

[20] Roos 1973, 45ff.

Wo aber gibt es „das Dorf" in Lateinamerika, wenn man von gewissen europäischen Siedlungsgebieten absieht? Bewußtseinsbildung nach Paulo Freire zielt auf eine Kulturrevolution ab, während hier eher ein reformistischer Ansatz beschrieben zu sein scheint. Alphabetisation und Alphabetisation sind nicht dasselbe. Bischof Antônio Fragoso beschreibt den großen brasilianischen Alphabetisierungskreuzzug ABC. Er ist entsprechend dem Erziehungshilfsabkommen zwischen Brasilien und den USA (MEC-USAID) von Nordamerikanern entworfen. „Themen, Zeichnungen, Sätze, Strukturen, alles ist importiert. Es handelt sich um eine kulturelle Invasion; und wer die Kultur beherrscht, beherrscht das Land. Ein Land, das der kulturellen Abhängigkeit unterworfen ist, kann die wirtschaftliche und politische Unabhängigkeit nicht erreichen."[21] Damit ist nicht ausgeschlossen, daß man auch durch eine solche Art der Alphabetisation etwas Nützliches für Viehzucht und Ackerbau und für Hygiene lernen kann. Aber es geht, wie Freire immer wieder betont, um die Entschleierung der politischen Dimension der Erziehung[22].

Freire warnt vor dem verbreiteten Versuch, die „befreiende Erziehung" zu einem methodologischen Problem zu reduzieren. Alphabetisierung und Bewußtseinsbildung können zu einem entfremdenden Geschwätz werden, wenn daraus kein politisches Engagement erwächst. „Es gibt keine Bewußtseinsbildung, wenn sie nicht zum bewußten Handeln der Unterdrückten als einer ausgebeuteten sozialen Klasse führt, die für Befreiung kämpft. Außerdem unterwirft niemand jemand anders einem Bewußtseinsbildungsprozeß. Der Pädagoge und die Menschen unterwerfen sich vielmehr gegenseitig einem Bewußtseinsbildungsprozeß dank der dialektischen Bewegung, die kritische Reflexion über vergangenes Handeln mit dem fortdauernden Kampf verbindet." Freire warnt vor religiösen Linderungsmitteln wie etwa Feldzügen unter dem Motto: „Die Familie, die zusammen betet, bleibt auch zusammen." Viele Christen „erkennen allmählich, daß die Familie, die zusammen betet, auch ein Haus, eine frei gewählte Arbeit, Nahrung, Kleidung, Gesundheit und Erziehung für ihre Kinder braucht, daß sie sich und ihrer Welt Ausdruck gibt, indem sie sie schafft und neu schafft, daß ihr Körper, ihre Seele und ihre Würde respektiert werden müssen, wenn sie in mehr als Leid und Elend zusammenbleiben sollen. Wenn sie all dies zu erkennen beginnen, stellen sie fest, daß gerade ihr Glaube von denen in Frage gestellt wird, die noch mehr politische, wirtschaftliche und kirchliche Macht zur Umformung des Bewußtseins der anderen haben wollen." Wer auf der Neutralität der Kirche besteht, beraubt sie ihrer prophetischen Dimension. „... das grundlegende Problem in Lateinamerika ist nicht in der ‚Faulheit' der Menschen oder ihrer Minderwertigkeit' oder ihrem Mangel an Bildung zu suchen. Das Problem ist der Imperialismus. Und sie wissen, daß dieser Imperialismus weder eine Abstraktion noch ein Schlagwort ist, sondern fühlbare Wirklichkeit, eine überfallende, zerstörende Gegenwart. Solange dieser grundlegende Widerspruch nicht aufgehoben wird, kann sich Lateinamerika nicht entwickeln. Es kann sich nur ‚modernisieren'. Denn ohne Befreiung kann es keine wahre Entwicklung abhängiger Gesellschaft geben."[23]

---

[21] Fragoso 1969, 88. [22] 1976, 605ff.
[23] Freire 1972, 172ff. und deutsch: Freire 1977, 117ff. Vgl. Ernst Lange in seiner guten Einleitung zu Freire 1971, 14: „Depositäre Erziehung verläuft in der Weise eines Fütterungsvorgangs. In Lehrer und Schüler begegnen sich Wissen und Unwissen, Haben und Nichthaben, Fülle und Leere, Macht und Ohnmacht. Und nun wird der Zögling gefüttert, aufgefüllt mit den Wörtern, Vorstellungen, Urteilen und Vorurteilen des Erziehers bzw. des Systems, dem er dient... Bildung und Unterwerfung sind identisch... Der Gebildete ist der Entfremdete. Es ist deutlich, wie stark hier eine koloniale Situation vorausgesetzt wird".

Ivan Illich, der die im CIDOC in Cuernavaca geführten Gespräche über das Erziehungsproblem Anfang der siebziger Jahre unter dem Titel „Gesellschaft ohne Schulen" veröffentlicht hat[24], kommt zu dem Schluß, daß die Annahme, Schulbildung gewährleiste die Integrierung in die Gesellschaft in der Entwicklungssituation Lateinamerikas ein „liberaler Mythos" ist.

„Nirgends in Lateinamerika gelingt es, mehr als 27 % irgendeiner Altersgruppe über die sechste Klasse hinauszukommen, und nicht mehr als 1 % absolviert eine Universität. . Was ein Bürger der USA zwischen seinem 12. und 24. Lebensjahr jährlich für Schulbildung ausgibt, entspricht etwa dem, was die meisten Lateinamerikanrer in zwei oder drei Jahren verdienen. Schulen werden für die Entwicklungsnationen unerreichbar bleiben... Der Anteil der internationalen Mittel, der in Schulen investiert wird, kann nicht über ein gewisses Niveau angehoben werden, und dieses Budget kann auch nicht über vorhersehbare Maximalbeträge hinauswachsen. Schließlich müßte ausländische Hilfe auf 30 % des Staatshaushaltes jedes Empfängerlandes anwachsen, um eine ausreichende Schulbildung bereitzustellen; damit ist nicht zu rechnen. . . Für die Bildung in einer entfremdeten Gesellschaft bewirken die Schulen eine Milderung des subversiven Potentials; bleibt nämlich die Bildung auf Schulen beschränkt, so werden zu ihren höheren Stufen nur diejenigen zugelassen, die man auf den unteren Stufen zur Fügsamkeit erzogen hat. In kapitalarmen Gesellschaften, die nicht reich genug sind, um sich eine unbegrenzte Schulbildung leisten zu können, wird die Mehrheit nicht zur Fügsamkeit, sondern zur Untertänigkeit erzogen... Schulen graduieren und degradieren daher auch. Sie erreichen, daß der Degradierte seine Unterwerfung hinnimmt... Überall in Lateinamerika bedeutet mehr Geld für Schulen mehr Privilegien für wenige auf Kosten der meisten, und diese Begünstigung einer Elite wird als politisches Ideal hingestellt. Dieses Ideal schreibt man in Gesetze hinein, die verkünden, was offensichtlich unmöglich ist: gleiche Schulchancen für alle... Die Schulen lehren das Kind, das politische System zu akzeptieren, das sein Lehrer repräsentiert, obwohl behauptet wird, der Unterricht sei unpolitisch. Letzten Endes wird der Kult der Schulbildung ebenso zu Gewalttätigkeit führen, wie es die Etablierung *jeder* Religion noch getan hat." Es gibt keinen Grund, aus dem wir die mittelalterliche Tradition fortsetzen sollten, derzufolge die Menschen für das ‚westliche Leben' dadurch vorbereitet werden, daß man sie in einen sakralen Bezirk einsperrte, mochte das nun das Kloster, Synagoge oder Schule sein. Illich macht dann den Vorschlag, Fabriken in der arbeitsfreien Zeit zu Ausbildungsstätten umzufunktionieren und die Erwachsenenbildung, die jetzt hauptsächlich als Trostpflaster für die „Unterprivilegierten" dient, die nicht in den Genuß einer Schulbildung gekommen sind, in großem Stil als einen das Leben begleitenden Unterricht auszubauen. Für die Jugendlichen sollten neben verschiedenen Formen praktischer Lehrzeit zwei Monate herkömmlichen Schulunterrichts pro Jahr ausreichen[25].

---

[24] Illich 1973.
[25] Illich 1970 SCH, 87ff. CONTACTO 14 Nr. 1 (1977) ist der Erziehungsproblematik in Lateinamerika gewidmet. Der Herausgeber meint in seinem Leitartikel, es gebe für die Volkserziehung in Lateinamerika noch ungenutzte Freiräume, während im schulischen Bereich die Möglichkeiten wegen der Kontrollen nach Gesichtspunkten der nationalen Sicherheit, des gesellschaftlichen Wandels und der wirtschaftlichen Entwicklung gering seien. Er zitiert Julio Barreiro: „Eine Volkserziehung, die nicht als Instrument dient, damit das Volk sich organisiert und mobilisiert, um ein neues System sozialer Beziehungen zu errichten, dient nur dazu, daß die oppressiven Systeme in unseren Gesellschaften fortbestehen" (aaO 5). Genau das ist aber der springende Punkt, auf den auch Torres 1977, 29 hinweist: „Die Erziehung, sowohl im ganzen, wie auf einzelnen Gebieten, kann nicht wesentlich anders werden... wenn es nicht gleichzeitig zu einem projektierten Prozeß gesellschaftlicher Umwälzung kommt: zu einer gesellschaftlichen Revolution. D. h., das erzieherische Moment

Aus der umfangreichen Diskussion über die Probleme kirchlicher Erziehung und die Fragen der schulischen Ausbildung im allgemeinen, die in den letzten zehn Jahren in Lateinamerika in Gang gekommen ist, konnten hier nur einige typische Stimmen zitiert werden. In diesem Zusammenhang müßte noch der ganze Bereich der kirchlichen Katechese berücksichtigt werden, um den sich eine besondere Abteilung der CELAM kümmert, der ‚Comité Latinoamericano de la Fe' (CLAF), der seit 1969 dafür eine eigene Zeitschrift herausgibt: ‚Catequesis Latinoamericana'. Die umfangreiche katechetische Diskussion der letzten Jahre wäre eine gesonderte Untersuchung wert[26]. Insgesamt dürfte deutlich geworden sein, daß die Identitätskrise des kirchlichen Erziehungswesens nur ein Teil der umfassenden Krise des lateinamerikanischen Bildungssystems ist.

536 Indianermission heute: Integration oder Befreiung?

Im letzten wie im ersten Abschnitt dieser Untersuchung sollen diejenigen im Mittelpunkt stehen, deren Bekehrung den Vorwand für die Eroberung der Neuen Welt lieferte, die Indios. Bei der Behandlung, die ihnen widerfahren ist, gleicht es einem Wunder, daß es heute überhaupt noch Indios gibt. Daß der Christianisierungsprozeß der Indios, und zwar nicht nur der wenigen Ethnien, die noch am Rande der sogenannten „Zivilisation" leben, sondern auch vieler Gruppen, die in ihrer Mitte leben, noch nicht abgeschlossen ist, ist symptomatisch für die Geschichte des Christentums in Lateinamerika, das das Entstehen echt indianischer Kirchen verhindert hat.

5361 Rückblick auf den Neuaufbau der Indianermission im 19. und 20. Jahrhundert

Die Krise der staatlichen Emanzipation Lateinamerikas hatte weitgehend zum Zusammenbruch der missionarischen Strukturen im ersten Viertel des 19. Jahrhunderts geführt (vgl. 32224). In dem Maße, wie sich die kirchlichen Strukturen wieder stabilisierten, bemühte sich die Hierarchie auch um den Wiederaufbau der Missionsarbeit unter den Indios, nicht selten mit Hilfe neuer europäischer Orden, die in der Indio-Mission unerfahren waren und alte Fehler wiederholten. Auch hatte sich der Erwartungshorizont von Staat und Gesellschaft gegenüber der Missionsarbeit nicht grundsätzlich geändert. Es ging nach wie vor um Pazifizierung und Integration. Noch Ende des 19. Jahrhunderts folgte das Kreuz nicht selten der blutigen Eroberung.

---

bleibt völlig dem politischen Geschehen untergeordnet, so daß sich eine wahre Erneuerung auf dem Erziehungsgebiet nur ereignen kann im Rahmen einer wahren Kulturrevolution." Auf diesen Zusammenhang hat im Mai 1977 in einem Vortrag in Hamburg auch der Ethnologe B. Meliá SJ hingewiesn. Dem indianischen Entwicklungsprojekt PROMURI gelang es in Paraguay zwar, die Wirtschafts- und Gesundheitsstrukturen der Guaraní zu stärken, nicht aber die internen Erziehungsstrukturen. Das Alphabetisierungsprogramm enthielt 20 Karten mit mythologischem indianischen Weltverständnis, ohne die eine Konszientisierung der Guaraní unmöglich ist. Weil dieses Alphabetisierungsprogramm den Guaraní nicht die herrschenden Kulturwerte der dominierenden Kultur einflößte und deren Sprache nicht nur als Weg zur kulturellen und sprachlichen Entfremdung benutzte, wurde es verboten.

[26] Vgl. O' Gorman 1970.

So leitete in jener Zeit der katholische Missionar P. Gabriel Sala eine bewaffnete Expedition in das Gebiet der Campa im Gran Pajonal, die der peruanische Präsident Nicolás de Piérola persönlich ausgerüstet hatte. Ziel der präsidialen Expedition war es nicht, den Campa das Licht des Evangeliums zu bringen, sondern aus wirtschaftlichen Gründen die nationale Durchdringung des Amazonasgebietes zu bewirken und die dabei lästige indianische Bevölkerung auszurotten. P. Sala war von der Vorstellung beherrscht, überall wilde und grausame Indianer anzutreffen und erklärte, er sei bereit, den ersten Campa, der sich der Invasionstruppe entgegenstelle, „mit seinem Messer aufzuschlitzen und ihm Pfeil und Bogen abzunehmen". „Wir sind ganz geschickt mit einem Gewehr und wenn wir je eine Flinte auf irgendeinen Wilden richten müßten, würden wir ins Schwarze treffen, an die Füße oder in den Kopf." Diese Geschichte wiederholt sich noch heute. Alle jene Missionare gleichen Pater Sala, die sich bewußt oder unbewußt als Vorläufer und Wegbereiter der Unterwerfung und Ausbeutung der Indios durch wirtschaftliche Interessen mißbrauchen lassen[1].

In Argentinien gab es durch die erhebliche Aktivität der Franziskaner eine gewisse missionarische Kontinuität. Ihre Arbeit dehnte sich Mitte des 19. Jahrhunderts weiter aus[2].

1854 wurde auf Wunsch der Vollbürger von Río IV, wo es schon 1754 eine ‚doctrina' oder Reduktion gegeben hatte, ein ‚colegio de misioneros' geplant, der 1868 zum ‚Colegio de Propaganda Fide' erklärt wurde. Der im selben Jahr gewählte Missionspräfekt P. Marcos Donatti bemühte sich bei der Regierung und den Kaziken der Pampa, Mariano Rosas und Baigorrita, um eine Beilegung der Kämpfe, ohne die eine Missionsarbeit in der Pampa nicht möglich war. P. Moisés Álvarez begleitete General Lucio Mansilla auf seinem Marsch zu den Ranqueles. Ein anderer Franziskaner wurde indes von den Generalen Mansilla und Arredondo verhaftet, weil er Indios verteidigt hatte. Man sieht, die Franziskaner hatten beim Ausbau ihrer Missionsbemühungen im Gebiet von Río IV und auf der Linie Luns – Córdoba ähnliche Probleme wie in der Kolonialzeit.

Erzbischof Aneiros engagierte sich besonders für die Missionsarbeit in der Pampa. Er forderte dazu Lazaristen aus Paris an, die sich nach ziemlich fruchtlosen Versuchen unter den Catriel Richtung Braga nach Süden begaben, unterwegs immer wieder auf Indios stießen, die von der schlechten Behandlung durch die christliche Grenzbevölkerung völlig desillusioniert waren. Auch hier das alte Problem: Die „Kolonial"-Christen zerstören, was die Missionare aufzubauen versuchen. Die Regierung schickte nicht die versprochenen Lebensmittelsendungen für hungernde Indios. Nachdem Aneiros 1876 Salesianer zur Missionsarbeit eingeladen hatte, wurde deren Missionsfeld 1879 durch die Feldzüge zur ‚conquista del desierto' (Eroberung der Einöde) weitgehend vernichtet. Die italienischen Salesianer eilten den Linientruppen voraus und versuchten, noch vor deren Eintreffen Indios zu sammeln und zu retten. Bald blieb ihnen nichts anderes übrig, als sich um die gefangenen Indios zu küm-

---

[1] Varese 1971, 60. Nicolás de Piérola war 1868–72 peruanischer Präsident. Zur heutigen Lage der Campa vgl. Varese 1972 und Carstens 1973.

[2] 1834 erhielt der ‚Colegio de Misiones franciscanos' in Tarija, der auf den ganzen Norden ausstrahlte, kräftigen Zustrom von aus Spanien wegen der dortigen Verfolgungen geflüchteter Franziskaner. 1857 kamen emigrierte Franziskaner auf Einladung des Gouverneurs Dionisio Puch nach Salta und bauten das dortige Konvent wieder auf. Durch ihre Missionsvorhaben entstanden im ‚Chaco salteño' durch Ackerbau- und Viehzuchtkolonien sechs neue Reduktionen - vgl. Zuretti 1945, 271ff.

mern, die großenteils auf die Insel Martín García, nach Junín, manche auch nach Buenos Aires gebracht worden waren, praktisch nackt, ohne alle Habe, heimgesucht von eine Pockenepidemie, die die ‚Hermanas de caridad' zum Stehen brachten, während Salesianerpater Birot auf Martín García unermüdlich für die Gewährung der Sonntagsruhe für die Indios und gegen die willkürliche Trennung von Vätern und Müttern und Kindern kämpfte[3]. Nicht viel besser war die Lage in Chile, wo seit 1871 die Südkolonisation auf Kosten der Araukaner wieder verstärkt betrieben wurde. „Zu den Missionsstationen, die chilenische Positionen waren", hatten „sich immer mehr kleine Forts gesellt, die für die Indianer nicht mehr zu nehmen waren". Die auf ein schon relativ kleines Gebiet zusammengedrängten Araukaner waren sich bei ihren verzweifelten Widerstandsversuchen nicht mehr einig. Die christlichen Mapuche sahen „keinen Grund, Kriegsunheil auf ihr eigenes Volk herabzurufen, da sie sich der geänderten militärischen Situation wohl bewußt waren". Nach dem Aufstand von 1881 wurde der Rest des freien Araukarien unterworfen. Der Chronist der Araukanermission, P. Noggler OFMCap, bemerkt dazu: „Nach dem gescheiterten Aufstand waren viele Kaziken bereit, Missionare aufzunehmen, ja baten selbst um sie. Meist geschah dies aus der politischen Einsicht, Missionare in der eigenen Gemarkung wären Soldaten gegenüber das kleinere Übel."[4] Ein Kommentar über diesen Missionserfolg erübrigt sich.

---

[3] Vgl. im einzelnen Zuretti aaO, der darauf hinweist, daß es dem besonderen Einsatz Bischof Aneiros' zu danken sei, daß jeder Kazike des Südens getauft wurde. 1880 fuhr Mgr. Espinosa persönlich mit nach Patagonien, um P. José Fagano in das Kurat von Patagonien einzuführen, das Leo XIII. 1883 zum Vikariat unter Presbyter Juan Cagliero machte, der im Dez. 1883 Bischof wurde und bis 1904 im unwirtlichen Patagonien ausharrte. Wegen seines unermüdlichen Einsatzes für die Indios wurde er der Apostel von Patagonien genannt. Er nahm den Sohn des Kaziken Namuncura, Ceferino, zum Theologiestudium mit nach Rom. Ortsnamen wie Victoria, General Acha, Patagones, Santa Rosa, Viedma, Toay u.a. erinnern bis heute an die missionarische und zivilisatorische Arbeit der Söhne Don Boscos, d. h. der Salesianer. Galeano 1972, 60 Anm. 57 beschreibt einen anderen Aspekt der „Zivilisierung" Patagoniens: „Im argentinischen Patagonien erhielten die Soldaten um die Jahrhundertwende einen Geldbetrag für die Ablieferung jedes Hodenpaares. Der Roman von David Viñas ‚Los dueños de la tierra' (Buenos Aires 1959) beginnt mit der Indianerjagd: ‚Denn Töten war, wie jemanden vergewaltigen, etwas Gutes. Es gefiel sogar: Man mußte laufen, man konnte schreien, man schwitzte und fühlte später Hunger... Die Schüsse waren spärlicher geworden. Bestimmt war irgendein Körper rittlings auf einem dieser Nester hängengeblieben. Ein nach hinten gebogener Indianerkörper, mit einem schwärzlichen Fleck zwischen den Schenkeln...'". In Uruguay waren die letzten Charrúa, die als Viehdiebe in der wilden Landschaft des Nordens überlebt hatten, durch eine trügerische Freundschaftsbezeigung Präsident Fructuoso Riveras 1832 in einen Hinterhalt gelockt (Boca del Tigre) und abgeschlachtet worden.

[4] Noggler 1973, 246ff. Auf dem XLII. Internationalen Amerikanistenkongreß 1976 in Paris berichtete ein im Exil lebender chilenischer Anthropologe, daß ein chilenischer Ethnologe sich dazu hergegeben habe, dem Militärregime eine pseudowissenschaftliche Studie zu liefern, in der er nachweist, die Araukaner seien Nomaden gewesen und hätten keinen Ackerbau gekannt, was unrichtig ist. Diese Studie sollte den Vorwand liefern, um den Araukanern ihren Landbesitz wegzunehmen und sie in die südlichsten Einöden Patagoniens zu treiben und sie damit dem sicheren Hungertod auszuliefern. Der Amerikanistenkongreß bekräftigte deshalb seinen Beschluß V von Mexiko (1974) über die Identität und den Lebensraum der Mapuche und gegen Zwangsumsiedlungen und gab diese Aufforderung über die chilenische Botschaft in

In Bolivien, so schreibt Ex-Präsident Siles 1969, sind in den letzten Jahrzehnten die katholischen Indianermissionen wieder sehr aktiv, besonders die der Oblaten[5]. Bolivien ist ein typisches Beispiel dafür, daß in vielen Regionen Lateinamerikas eine klare Trennung zwischen Kirchen- und Missionsgebieten im herkömmlichen Sinne gar nicht möglich ist. Während die Indios der Kirchengebiete der Hochlandprovinzen vom Christentum oft kaum mehr als das Kreuzeszeichen kennen und vom Priester die Beschwörung der bösen Geister erwarten[6], hat die römische Kirche im verlassenen Niemandsland der bis zum 20. Jahrhundert noch nicht christianisierten bolivianischen Tieflandindios erhebliche Missionsanstrengungen unternommen und „von 1917 bis 1951 die sechs Apostolischen Vikariate Beni, Cuevo, Chiquitos, Nuflo de Chávez, Pando und Reyes errichtet", in Gebieten also, die von der äußersten Nordostecke (Riberalta) des Landes bis an die argentinische Grenze reichen. Hier wirken in vier Vikariaten Franziskaner, außerdem Maryknoller Missionare und Redemptoristen aus Deutschland, Spanien, den USA und Lateinamerika zusammen mit Ordensschwestern". In Ñuflo de Chávez, wo für 25 000 Eingeborene 20 bayrische Franziskaner, 12 mexikanische Schwestern und 4 Haller Schulschwestern arbeiten, hat man die besten Erfahrungen mit einer ‚Reduktion' nach altem Muster gemacht, d. h. mit einer Siedlung, wo einige hundert Indianer gegen Unterhalt und Vergütung für die Missionsstation arbeiten und dabei selbst landwirtschaftlich, schulisch und religiös herangebildet werden."[7] Hier

---

Paris an die Regierung weiter - vgl. CADAL 1/1977. In CHILE 1974, 32f wird berichtet, daß die Regierung Allende allein im ersten Jahr 58 000 ha Land an die Mapuche verteilt und sich sehr um deren Entwicklung bemüht habe. Zum Kampf der ‚Confederación Nacional Mapuche' für ihre Selbstbestimmung vgl. die Proklamation ‚Las Banderas de Lucha de las Asociaciones Ragionales Mapuches' - 1972 in: CADAL 0/1976. Zur gegenwärtigen Repression der Mapuche vgl. die ihnen gewidmete Nr. 47 von POGROM 8. (April 1977). Dort berichtet der Ethnologe Mark Münzel unter dem Titel „Seid fruchtbar, sprecht spanisch und gehorcht. Erziehung für Indianer im heutigen Chile" (26f) über die kulturelle Situation. Unter Allende wurde zur Lösung des Erziehungsproblems der Mapuche ein Zweisprachenmodell erwogen. Aber die diesem Modell „zugrundeliegende Stufenleiter - in den unteren Rängen zunächst Mapuche, für die höhere Bildung Spanisch - hätte die koloniale Sprachenhierarchie fortgeschrieben: Die Indianer und ihre Sprache unten, die spanisch-europäische Kultur oben". Dies ist das Problem selbst der wohlwollendsten regierungsamtlichen Entwicklungsmodelle für Indios in Lateinamerika.

[5] AaO 33.
[6] HKorr 12 (1957/58), 214 heißt es nach „La Croix" (20. 4. 1956): „So umfaßt z. B. die Diözese Oruro ein Gebiet von knapp der Größe Bayerns mit 200 000 nominellen Katholiken, für deren 66 Kirchen und Kapellen nur 33 Priester zu Verfügung stehen! Der Bischof erhält ein Monatsgehalt von DM 42,--, von dem er außer seinem Lebensunterhalt auch noch Diözesanwerke finanzieren soll! ‚In zerschlissener Kutte durchzieht er mit seinem Fahrrad seine Diözese, Dörfer von trostloser Armut und Primitivität, die oft jahrelang keinen Priester mehr gesehen haben. In der Regel ist er mehr Sanitäter als Seelsorger'".
[7] HKorr ebd. 213. Zur Mission im ostbolivianischen Tiefland finden sich Berichte in FM 51/1974 (Ausgabe für Österreich) und bei Bösl. Riester 1976 berichtet, daß es im ostbolivianischen Tiefland z. Z. 41 Ethnien mit 119–131 000 Gliedern gibt. 29 Ethnien, deren durchschnittliche Zahl von Angehörigen auf 202 zurückgegangen ist, sind in ihrer Existenz so bedroht, daß 16 davon das Ende der siebziger Jahre nicht mehr erleben dürften. „Der Prozeß des Aussterbens ist zurückzuführen auf Epidemien, gewaltsame Unterwerfung und Ausbeutung". In diesem Kontext muß man Pressemeldungen von

wird also ein paternalistisches Missionsmodell angewandt, das die Indios ihrem eigenen kulturellen Kontext völlig entfremdet. Im Jahre 1976 hat der Vf. am oberen Orinoco (Venezuela) eine Missionsstation besucht, die ähnlich arbeitete. Die Indios waren in Steinhäusern auf dem Gelände der Missionsstation angesiedelt. Trotz zwanzigjähriger Tätigkeit unter ihnen sprach der Pater nur spanisch. Die zur Verfügung stehende landwirtschaftliche Nutzfläche war viel zu klein, um die Indios ausreichend zu ernähren. Von moderner Landmelioration war nichts zu sehen. Wegen anderweitiger Aufgaben konnte der Pater sich nur noch an ein bis zwei Wochentagen um seine Schützlinge kümmern, die ihrer eigenen Kultur und ihrer Selbständigkeit beraubt zu ländlichem Proletariat geworden waren.

Schließlich seien in diesem Rückblick, der keinen Anspruch auf Vollständigkeit erhebt (vgl. dazu auch 41 und 42 die Länderabschnitte), sondern nur Tendenzen aufzeigen will, noch einige Anmerkungen zur Entwicklung in Brasilien gemacht. Nach der Erhebung Brasiliens zum Königreich (1808) bzw. zum Kaiserreich nach der Unabhängigkeit (1822) wurde die Indianerpolitik noch skrupelloser als in der Kolonialzeit. Angesichts der wachsenden Knappheit von Arbeitskräften auf Grund des zu Ende gehenden Sklavenhandels wurden die Indios als letzte Arbeitskräftereserve betrachtet. Die katholische Kirche stand dem Problem der Ausbeutung der Indios weitgehend machtlos gegenüber, sei es wegen des fehlenden Problembewußtseins, sei es wegen ihrer völligen Abhängigkeit vom Staat im Zeichen des Kirchenpatronats, sei es wegen des völligen Mangels an missionarischen Kräften auf Grund der tiefen Krise der Orden, so daß die Regierung schließlich italienische Kapuziner ins Land rief, die über keinerlei Missionserfahrung unter Indios verfügten[8]. Beozzo (1976) stellt fest: „Am Ende des Kaiserreiches (1889) scheint die Situation fast völliger Verlassenheit, in der die Eingeborenen sich nach der Vertreibung der Jesuiten (1759) befanden, sich nicht geändert zu haben. Praktisch die einzige etwas systematischere Arbeit wurde den italienischen Kapuzinern übergeben, die 1840 vom Regenten Pedro de Araújo Lima gerufen wurden . . . 1870 gab es 45 Kapuzinermissionare im Kaiserreich."[9] Die Kapuziner hatten

---

1977 sehen, die vom Interesse der bolivianischen Regierung an der Umsiedlung Namibia-Deutscher in das ostbolivianische Tiefland sprechen. Eine solche Maßnahme würde die Ausrottung der als rassisch minderwertig erachteten Tieflandindios noch beschleunigen. Zur Lage der Tieflandindios Boliviens vgl. Report Nr. 25 POGROM 7, Nr. 46 (1976). Ebd. 41f wird ein Manifest der Mink'a veröffentlicht, eines Zusammenschlusses indianischer Dorfgemeinschaften und Genossenschaften, der 1969 im Hochland entstanden ist und inzwischen auch auf das Tiefland ausgedehnt hat. Darin wird in bezug auf die Mission gefordert: „Die Kirche soll a) die zerstörerische Kraft ihrer missionarischen Aktivität als Mechanismus europäischer Kolonisierung und Entfremdung der indianischen Gruppen überwinden, b) den indianischen Kulturen gegenüber eine Position des Respekts einnehmen und so die lange und beschämende Geschichte von Despotismus und Intoleranz beenden, die typisch ist für die Arbeit der Missionare, die nur selten Sensibilität gegenüber den religiösen Werten der Indianer gezeigt haben, d) die Gründung wirklich indianischer Organisationen nicht fürchten, sondern unterstützen, d) jegliche Praktik der Deportation oder Konzentration indianischer Gruppen zur Katechese oder Assimilation beenden, e) verbrecherische Handlungen, wie Ethnozide und Genozide anklagen".

[8] Vgl. im einzelnen Prien INDIANA 1975.
[9] AaO 621.

Siedlungen zu betreuen, in denen Indios zwangsangesiedelt wurden, um der landwirtschaftlichen Expansion im Süden (RS und SC) bzw. in São Paulo und Paraná (Kaffeeanbau) Platz zu machen, ein Vorgang, der sich heute im großen Stil im Amazonasbecken wiederholt. Nur daß heute die staatliche Indianerschutzorganisation (FUNAI) bei der Vertreibung und Umsiedlung der Indios Handlangerdienste leistet und der Staat die Intervention katholischer Missionare und des katholischen Missionsrates, die sich inzwischen bemühen, die Rechte der Indios zu verteidigen, nach Kräften zu unterbinden versucht[10]. Zur Indio-Tragödie des 19. Jahrhunderts bemerkt Beozzo zusammenfassend: „Nachdem die Indios erst einmal zwangsangesiedelt (aldeados), zum Glauben ‚geführt' (reduzidos à Fe) und ihrer Ländereien beraubt sind, kommen sie um, während an ihrer Stelle die Ortschaften und Städte der ‚Zivilisierten' blühen."[11] Auch zum Zeitpunkt der Sklavenbefreiung sollte es keine Indianerbefreiungspolitik in Brasilien geben. Der Protest Cândido Mariano da Silvas (Rondon) und seiner früheren Mitarbeiter, die damals am ‚Museo Nacional' waren, sollte 1910 mit der Schaffung des Indianerschutzdienstes (SPI) den Indios auch nur vorübergehend etwas Schutz verschaffen, da dieser Dienst, genau wie die 1967 ins Leben gerufene FUNAI, notgedrungen staatlichen Interessen dienstbar gemacht wurde und an zunehmender Korruption litt[12].

Die heutige Diskussion über die Indianermission entzündet sich an der bis Mitte des 20. Jahrhunderts kaum in Frage gestellten Verbindung von Mission und „Zivilisation". Beozzo spricht vom „‚zivilisatorischen' Projekt" der Mission, das darin bestand, daß man die Indios dazu bewegte, den Missionaren ihre Kinder zur Erziehung in Internatsschulen zu übergeben, die halbnomadischen, freien Ethnien um Missionsstationen herum ansiedelte, wodurch sich ihr Landbedarf automatisch verringerte, was der Kolonisation der Weißen zugute kam, daß man die Indios neue landwirtschaftliche Methoden lehrte, „sie wie Zivilisierte bekleidete, ihnen die Moral des Privateigentums einflößte, ihnen Tänze und Gebräuche ihrer Rasse und Kultur als heidnisch verbot"[13]. Wenn man das

---

[10] Vgl. Prien 1974 und INDIANA 1975. Die beiden Sekretäre des CIMI wurden mit Haftbefehl bedroht, falls sie Reservate der FUNAI besuchten (1976), und Ende 1976 drohte Innenminister Mauricio Rangel Reis den kirchlichen Missionaren die Entfernung aus den Missionsgebieten an, falls sie die Regierungspolitik der schnellen Integration der Indios in die moderne Gesellschaft nicht unterstützten. Angesichts massiver kirchlicher Proteste kündigte Anfang Januar 1977 der Präsident der FUNAI, General Ismarth de Oliveira Araújo, eine Revision der staatlichen Indianerpolitik im Sinne einer größeren Respektierung der Eingeborenenkulturen an - vgl. SZ 33 Nr. 5 (8.–9. 1. 1977).
[11] 624.
[12] Zur Geschichte der Entstehung des SPI vgl. Stauffer 1955, zu SPI und Funai Prien INDIANA 1975, 164ff.
[13] Beozzo 1976, 630f. George 1970, 282 kommt in einer Untersuchung der rassistischen Voraussetzungen der Mission des 19. Jahrhunderts in Asien zu folgendem Schluß: „Once the missionaries were convinced that they possessed superior morals and culture as a result of Christianity, then they could participate with their governments in cementing the colonial system. Once they were convinced that millions of coloured heathens were of no value, unless they were saved by the power of the Gospel, the missionaries could not avoid being part and parcel of a racist system." AaO 271 definiert George „Rassismus" nach dem Dictionary of the English language, New York (Random House) 1966, 1184 als „einen Glauben, daß die menschlichen Rassen verschiedene Merkmale haben, die ihre jeweiligen Kulturen bestimmen, wo-

Ergebnis dieser Art von Mission heute als Ethnozid geißelt, darf man nicht übersehen, daß es hier letztlich wie in der Kolonialzeit nicht um eine religiöse Frage, sondern um eine Folge des Imperialismus geht, nämlich um die Frage der Verfügung über die Arbeitskraft und den Boden der Indios, die sich in der Gegenwart immer mehr auf das Landbesitzproblem zuspitzt.

Aus der Situation Guatemalas heraus schreibt Ricardo Falla, daß Mission und Evangelisation der Indios seit den dreißiger Jahren des 20. Jahrhunderts wesentlich Bruch mit den traditionellen indianischen Glaubensüberlieferungen und den eigenen religiösen Autoritäten der indianischen Gemeinschaften und Hinwendung zum katholischen Glauben und Unterwerfung unter die Autorität der Priester bedeutete. Betrieben wurde diese Bekehrungsbewegung von der Katholischen Aktion innerhalb der Parochien. Sie bedeutete gleichzeitig eine Unterwerfung unter den Gott der ‚ladinos' und damit eine Unterwerfung unter die Ausbeutung durch die ‚ladinos'. Falla weist auf die große Gefahr hin, daß es zu einem endgültigen Glaubensverlust bei den Indios kommen könne, wenn sie diese Zusammenhänge durchschauten[14].

Protestantische Missionsvorhaben unter den marginalisierten Indios sind vielfach von sogenannten ‚Independent Missions' in Gang gebracht worden, während sich die Missionen der historischen Kirchen mehr um die stärker akkulturierten, spanisch bzw. portugiesisch sprechenden Bevölkerungsteile gekümmert haben.

Als nachteilig bezeichnete Davis 1941 das Fehlen eines umfangreicheren Programms, das medizinische Fürsorge, Erziehungseinrichtungen, Veröffentlichungen, Sonntagsschulen etc. einschließt, wie es nur größere Missionen auf die Beine stellen können. Hinzukommen die räumliche Isolierung der Gemeinden, deren fehlender Zusammenhang mit der Weltkirche, die enorme Abhängigkeit von den wenigen die Mission betreibenden Personen und damit der Mangel an Kontinuität. Wenngleich die ‚Independent Missions' bei der Erschließung neuer Missionsfelder sehr fruchtbar wirkten, hänge deren Konsolidierung von der Zusammenarbeit mit anderen Kirchen ab. In Mexiko gibt es z. B. eine ganze Reihe unabhängiger Missionen, die lose mit der ‚Pioneer Mission Agency' in Philadelphia zusammenarbeiten, ohne von ihr finanziell abhängig zu sein[15]. Die größte Bedeutung sollte die Mitte der dreißiger Jahre in Mexiko begründete ‚Misión Townsend' erlangen, deren Gründer Rev. W. Cameron Townsend lange als Missionar in Guatemala gearbeitet hatte. Cameron legte den Akzent auf Sprachenstudium und Bibelübersetzungen, wie es die ‚Wycliffe Bible Translators', die aus diesem Ansatz hervorgegangen sind, noch heute tun[16].

---

bei gewöhnlich der Gedanke inbegriffen ist, daß die eigene Rasse überlegen ist und das Recht hat, andere zu beherrschen".

[14] Falla 1974, 679ff. [15] Davis 1941, 96ff.

[16] Davis schrieb 1941, daß die 35 Mitarbeiter der ‚Misión Townsend' 18 indianische Sprachen studiert hatten, zum Teil in Zusammenarbeit mit einem Sprachinstitut in Siloam Springs, Arkansas, das Sommerkurse für Linguisten hält. Die Townsend Mission ist denominationell ungebunden, arbeitet mit Bibelgesellschaften zusammen im Verfolg des Hauptziels: Das Evangelium in Mexiko bekanntzumachen und allgemein die Lage der Indios zu verbessern. Zur Tätigkeit Townsends in Mexiko vgl. Townsend 1952, zur Methode des ‚Bilingüismo' (Zweisprachigkeit) der Wycliffiten vgl. Townsend 1974. Der Grund, weshalb der ‚Bilingüismo', der staatlich verordnet und u. a. von den Wycliffiten in der Praxis durchgeführt wird, gegenwärtig so umstritten ist, ist, daß diese Programme, die oft von Wycliff entwickelt sind, nur der Hinführung zur spanischen bzw. portugiesischen Nationalsprache dienen. Der Unterricht beginnt 100 % in der jeweiligen Indio-Sprache und endet 100 % in der

Der ehemalige MNR-Staatspräsident von Bolivien, Hernán Siles Suazo (1956—60), lobt das verdienstvolle und entsagungsreiche Wirken der Indianermissionen der Methodisten, Baptisten und anderer protestantischer Gruppen, weil sie den Indios eine entscheidende Erfahrung vermittelt hätten: „Die Protestanten waren die ersten Weißen, die sie mit den Händen arbeiten sahen."[17] Aber auch die protestantischen Missionare machten folgenreiche Fehler, indem sie sich fast ausschließlich um das Heil und weniger um das Wohl der Indios kümmerten.

So hat die den ‚Faith Missions' zuzurechnende nordamerikanische Peniel Hall Society kurz vor dem Ersten Weltkrieg in Bolivien Land gekauft, um den Aymara-Bauern mit Krankenhaus und Schule zu helfen. Das Land wurde mit 250 Aymara als quasi Leibeigenen gekauft, die die Mission auch in diesem Status beließ und für sich arbeiten ließ. Als sich kein Erfolg bei diesem Projekt einstellte, wurde es 1920 einer kanadischen Baptistenmission übereignet, die gleichfalls scheiterte. Spät erst dämmerte den Missionaren, daß ihre Stellung als Landeigner und Sklavenherren alle gut gemeinten Versuche, die indianische Bevölkerung zu fördern, unglaubwürdig machte. 1942 parzellierten sie schließlich das Land und überließen es den Indios als Eigentum. Der Missionar Norman Dabbs bemerkte, daß den Missionaren ein Stein vom Herzen gefallen war. Die Richtigkeit der Maßnahme zeigte sich in Form eines raschen Gemeindewachstums nach 1942. Bei der staatlichen Bodenreform 1952 wurde das Experiment der Baptisten in Huatajata als ein wertvoller Versuch anerkannt[18].

Wie in Abschnitt 4237 angedeutet, hat sich die Indio-Mission der Adventisten am Titicaca-See besonders erfolgreich entwickelt, weil es hier zu einer echten Bewegung unter den Indios kam, die nach der Ordination Luciano Chambis (1912?) die schulische und medizinische Versorgung selbst in die Hand nahmen, so daß es zu einer Evangelisation von Aymara durch Aymara kam[19].

Übrigens bemühte sich auch das CCLA um eine Koordination der protestantischen Missionsanstrengungen unter den Indios. Nach dem Kongreß in Montevideo (1925) nahm sich der Kongreß in Habana (1929) dieser Frage noch stärker an und empfahl die Anfertigung von statistischen Übersichten über bisherige Missionsarbeiten unter Indios, die Bildung von Abteilungen für evangelistische, medizinische, soziale, handwerkliche, landwirtschaftliche und erzieherische Arbeit und die Zusammenarbeit mit den Regierungen zur bestmöglichen „Assimilation" der Indios in das nationale Leben. Wie der Begriff „Assimilation" zeigt, verfolgten die protestantischen Indio-Missionen genau wie die katholischen ein „zivilisatorisches" Projekt, das heutzutage meist mit den Begriffen Akkulturation oder Integration bemäntelt wird[20].

Nationalsprache. Der Indio-Sprache wird also kein kultureller Eigenwert zuerkannt. Sie dient nur als Vehikel der Akkulturation, d. h. der Entfremdung, die u. a. darin zum Ausdruck kommt, daß den Indios die Bildungsinhalte der dominierenden Nationalkultur vermittelt werden, daß sie die Geschichte ihrer Kolonisatoren lernen müssen. Sie lernen, wie heldenhaft die Weißen die Indios ausgerottet haben, aber sie hören nichts vom Widerstand ihrer Väter, z. B. der Araukaner, der weit bis ins 19. Jahrhundert dauerte, oder der Tobá in Paraguay, die sich noch Anfang der siebziger Jahre des 20. Jahrhunderts der Kolonisation widersetzt haben. Das Problem kam auch zur Sprache bei den Diskussionen auf dem IAK in Paris 1976 bzw. in einem Vortrag B. Meliás 1977 in Hamburg.

[17] 1969, 33.
[19] Vgl. Kessler 1967, 227ff.
[18] Escobar 1974 II, 4.
[20] CCLA 1929, 5 und 12.

Daß traditionelle Missionsstrukturen allzu leicht von einer Inferiorität der zu Bekehrenden ausgehen und diese insofern diskriminieren, wird in der Gegenwart auch den Indios in zunehmenden Maße bewußt, das zeigt eine Meldung über die ‚Iglesia Metodista de Bolivia' von Anfang 1976. Die Aymara-Gemeinden haben im Zeitraum 1975—76 ihre Gliederzahl verdoppelt, während der spanisch sprechende Teil der methodistischen Kirche nur langsam wächst. Trotzdem ist die Kirchenleitung weitgehend in Händen der Spanischsprechenden. Daraufhin beriefen die Aymara eigenständig eine Synode ein, erklärten den Krisenzustand der Kirche und verlangten die Auswechselung mehrerer ihrer Leiter sowie Einsicht in den Etat und die Gehaltslisten[21].

5362 Die gegenwärtige Diskussion über die Indianermission

Die Diskussion über die Problematik der Indianermission hat durch die von Ethnologen im Januar 1971 abgegebene Barbados-Erklärung neue Impulse bekommen[22]. In teilweise recht einseitiger Form wird darin den Missionen u. a. vorgeworfen, sie degradierten die Indianer zu missionarischen Objekten, sie suchten eine persönliche Verwirklichung in der Missionsarbeit, dienten der Kolonialisierung, bereicherten sich sogar selbst auf Kosten der Indianer, zeigten keinerlei Achtung für deren Kultur und Religion, brächten innere Spaltungen in die Indianergruppen durch die missionarische Konkurrenz der verschiedenen Kirchen, versuchten ihnen eine puritanische Ethik aufzuzwingen, die sie in ihren eigenen Gesellschaften nicht hätten durchsetzen können, so daß sich die kirchliche Missionsarbeit insgesamt des Verbrechens des Ethnozid (Ausrottung von Kulturen) und der Beihilfe zum Genozid (Völkermord) schuldig gemacht hätte[23]. Die Ethnologen übten auch scharfe Kritik an den Vertretern ihres eigenen Berufstandes, der die indianischen Völker als bloße Studienobjekte betrachtet und sich der menschlichen Verantwortung entzogen bzw. sich bestenfalls mit rhetorischen Protesten zufriedengegeben habe. Sie bezeichneten es als neue Aufgabe der Ethnologen, die indianischen Bevölkerungen als kolonisierte Völker zu betrachten, für deren Befreiungskampf sie eintreten müßten.

Aufs Ganze gesehen war die kirchliche Reaktion auf die harte Kritik der Ethnologen erstaunlich verständnisvoll und selbstkritisch. Das gilt freilich in geringerem Maße von den protestantischen und evangelikalen als von den katholischen Missionen, deren Selbstverständnis sich speziell durch das Vatikanum II und die CELAM-Konferenz von Medellín 1968 schon zu wandeln begonnen hatte. Auf einhellige Ablehnung stieß allerdings die Forderung, daß es sowohl für die indianischen Bevölkerungen wie für die moralische Integrität der Kirchen am besten wäre, „jede missionarische Tätigkeit einzustellen"[24].

---

[21] CEI Nr. 100 Jan. 1976, 7.

[22] In Barbados fand ein Symposium über den interethnischen Konflikt statt, das gemeinsam von der Ethnologischen Abteilung der Universität Bern und dem ÖRK im Zusammenhang mit dem Antirassismus-Programm abgehalten wurde - vgl. Barbados 1972, mit der Erklärung ebd. 376–381.

[23] Diese Aussage wird etwas milder gemacht: „In so far as the religious missions do not assume these minimal obligations (10 aufgezählte Punkte) they, too, must be held responsible by default for crimes of ethnocide and connivance with genocide". Aber implizit bedeutet das ja, daß sie in der Vergangenheit, als sie diese Verpflichtungen nicht beachtet haben, sich effektiv des Ethnozid schuldig gemacht haben.

[24] Barbados 1972, 378.

Diese Forderung übertrifft an Radikalität bei weitem die ebenfalls heftig umstrittene Empfehlung der Weltmissionskonferenz von Bangkok 1972/73, die Kirchen und Missionsgesellschaften der westlichen Welt sollten für geraume Zeit von der Entsendung weißer Missionare in die einstigen Missionskirchen absehen (Moratorium). Die Forderung nach der Einstellung der Missionsarbeit unter den Indios wurde u. a. abgelehnt von der UNELAM-Konsultation in Asunción 1972[25], vom Deutschen Evangelischen Missionsrat (DEMR)[26] und der gemeinsamen Tagung von Vertretern des DEMR und des Deutschen Katholischen Missionsrates in Königstein 1974[27]. Eine solche Forderung liegt auch nicht im wohlverstandenen Interesse der Indios selbst, dem angesichts der zunehmenden „Verknappung des Lebensraums" und der „unaufhaltsamen Ausbreitung der technischen Zivilisation" nur durch die Zusammenarbeit aller nationalen und internationalen Organisationen, „die sich uneigennützig für die Indios einsetzen und ihnen konkrete Hilfe bieten", gedient werden kann[28].

Im übrigen wird viel von der Kritik der Barbados-Erklärung, die sich ja auch gegen das Verhalten vieler Ethnologen richtet, die die Indios nur als Forschungsobjekte betrachten, in kirchlichen Stellungnahmen der letzten Jahre positiv aufgenommen und bekräftigt. Wenn auch die missionarische Aufgabe der Kirche als unaufgebbar gilt, so erkennt man doch im allgemeinen an, daß ihr evangelisches Ziel durch die Art, in der es angestrebt wurde, in den Augen der „Missionsobjekte" als fragwürdig erscheinen mußte, daß man zwar versucht hat, Seelen zu retten, dabei aber dem leiblichen Wohl der Indios einen sehr zweifelhaften Dienst erwiesen hat. Das erklärt sich aus dem Zusammenhang von Kirche und Kolonialismus, also dem bewußten oder unbewußten

---

[25] Von UNELAM und dem ÖRK veranstaltete Konsultation evangelischer und katholischer Missionare und Missionsgesellschaften zitiert als Asunción 1972 (vgl. deutscher Text in: Indianische Minderheiten 1975, 46–49).

[26] Stellungnahme des DEMR in Berlin im Mai 1971.

[27] Abschließende Erklärung der Arbeitstagung des DEMR in Absprache mit dem Deutschen Katholischen Missionsrat über „Indianerstämme Lateinamerikas im interethnischen Konflikt" in Königstein im Jan. 1974 - zitiert als „Königstein 1974".

[28] Königstein 1974; auch Varese 1971, 61 urteilt, daß ein völliger Missionsstop zwar ein revolutionärer Schritt wäre, aber den Indios eher schaden als nützen würde, weshalb er es für besser hält, wenn die Missionare revolutionärer wirken würden im Sinne der umfassenden Befreiung der Indios. Daß es schon Missionen gibt, die ihre Aufgabe so verstehen, zeigt VAUPES 1973, ein Dokument des Missionsteams der Apostolischen Präfektur Mitú/Kolumbien, das aus Medellín 1, 16 die Folgerung gezogen hat, daß die missionarische Arbeit eine klare politische Linie haben muß, wenn anders der Missionar selbst nicht zum Werkzeug herrschender Gruppen werden will. Die Missionare treten deshalb für einen klaren Kampf gegen jede Art von Abhängigkeit ein, d. h. für die Befreiung der Indios auf wirtschaftlichem, gesellschaftlichen, kulturellen, politischen und religiösen Gebiet. „Diese Erziehung und Konszientisation muß durch die tägliche Praxis erfolgen: in der gemeinschaftlichen Produktion und in der Kommunalarbeit, in der bewußten und aktiven Teilnahme an den verschiedenen Organisationen des Volkes in liturgischen Versammlungen etc. Wir dürfen die schmutzige Jagd nach Indiostimmen nicht länger gestatten... Die politische Mitbestimmung unserer marginalisierten Gruppen darf sich nicht auf die Wahlzeit beschränken ... skandalöse Vorkommnisse wie Morde, Folterungen, Vergewaltigungen etc., die auf den Gummistationen begangen werden, wie auch Übergriffe der staatlichen Verwaltung bei der Verwendung offizieller Gelder, die gerade für die Entwicklung dieser Gruppen bestimmt sind, dürften nicht unbemerkt passieren".

Bündnis der Kirche mit oppressiven Systemen und Ideologien[29], das man seit der Kolonialzeit immer wieder beobachten kann. Immer wieder hat die Mission dazu gedient, die Indios darauf vorzubereiten, taugliche Objekte wirtschaftlicher Ausbeutung zu werden[30]. Noch heute werden indianische Pächter von „christlichen" Großgrundbesitzern sogar sonntags ausgebeutet, indem man ihnen unter dem Vorwand dringender Arbeiten verbietet, den Gottesdienst zu besuchen[31]. Der Kolonialismus ist eng mit dem kulturellen Imperialismus verbunden. Im Namen von Christentum, abendländischer Moral, Fortschritt und Entwicklung galt von jeher das Axiom, daß die Indianer umgeformt und umerzogen werden müßten. Das Ziel der Umerziehung sahen die Missionare in der Evangelisation. Die Christianisierung der Indianer diente aber effektiv dazu, die innerstaatlichen wirtschaftlichen Interessen auszudehnen, den Indianern einen Großteil ihres nur extensiv genutzten Landes abzunehmen und sie selbst den wirtschaftlichen Interessen in- und ausländischer Machtgruppen dienstbar zu machen. Staatliche Entwicklungshilfe für Indios dient ausnahmslos diesem Ziel. Die Umformung im Sinne der „Verwestlichung" oder „Kreolisierung" führt fast stets zur Heranbildung eines indianischen Lumpenproletariats.

Die Amerikanisten sind auf ihrem Kongreß 1972 in Rom der Herausforderung der Barbados-Gruppe, die 1977 eine zweite Konsulation plant, noch ausgewichen. Sie gelangten aber inzwischen, wie die Diskussion auf den Internationalen Amerikanistenkongressen in Mexiko 1974 und in Paris 1976 zeigten, fast wider Willen zu einer gewissen Bewußtseinsbildung. Der Wandel im wissenschaftlichen Selbstverständnis vom scheinbar neutralen Wissenschaftler, der die Indios als Forschungsobjekte betrachtet, den Tod ihrer Kulturen und damit den auf die positivistische Evolutionstheorie Spencers gründenden Mythos von der Dominanz des Stärkeren hinnimmt, zum engagierten Wissenschaftler, der sich mit den Indios solidarisiert und sich als ihr dienender Berater versteht, wird freilich existentiell dadurch erschwert, daß Anthropologen, Ethnologen, Linguisten und Soziologen zumeist direkt oder indirekt im Dienst und damit in der Abhängigkeit der lateinamerikanischen Staaten und ihrer Eingeborenenpolitik (indigenismo) stehen, die generell das Indio-Problem durch Integration, Akkulturation oder Assimilation in eine nationale Einheitskultur zu erledigen sucht. Die herrschenden Schichten Lateinamerikas weigern sich bis heute von dem im 19. Jahrhundert postulierten Modell nationaler Einheitskulturen abzugehen und anzuerkennen, daß ihre Gesellschaften pluralistisch sind. Sie verkennen dabei, daß nicht das Vorhandensein verschiedener Ethnien die nationale Konsolidierung gefährdet, sondern die Art ihrer Beziehungen zueinander. Die Regierungen sehen das Indio-Problem bestenfalls als eine soziale Frage an.

Demgegenüber hat die um einige Soziologen erweiterte Barbados-Gruppe auf dem XLI. Internationalen Amerikanistenkongreß in Mexiko 1974 erklärt, daß die ethnische Identität sich nicht in der Identität einer Klasse auflöst und daß folglich das Problem der ethnischen Minderheiten nicht automatisch mit gewissen sozialen Fragen lösbar ist. Den Ethnien gebühre eine selbständige Rolle innerhalb nationaler Befreiungsprojekte. Es bestehe eine notwendige

---

[29] Asunción 1972.
[30] Ypacaraí 1972.
[31] K'ekchi 1973 – ein Tatbestand, der sich sicher nicht nur in Guatemala beobachten läßt.

Komplementarität zwischen nationaler Befreiung von äußerer Hegemonie und der Befreiung der Ethnien von ihrer Unterdrückung durch die nationale Gesellschaft. Selbstbestimmung der Ethnien heiße nicht Isolierung und Selbstgenügsamkeit, sondern frei gewählte Teilhabe an nationalen Projekten. Deshalb sei die Bildung von Indianerföderationen zu begrüßen als Zeichen für die Wiederbelebung der ethnischen Identität, genauso die Tendenz zu Bündnissen mit anderen unterdrückten sozialen Gruppen, die der Bewußtmachung der Klassensituation diene. Von den kirchlichen Missionen ist in diesem Zusammenhang gar keine Rede[32]. Auch die Gesamtheit des Kongresses lehnte die zwangsweise Integration der ethnischen Minderheiten in die nationalen Gesellschaften ab, weil darin eine Fortsetzung des in der Conquista begonnenen Ethnozids zu sehen sei[33].

Varese folgert aus der Tatsache, daß die Missionare stets Organisationsmodelle der Kolonialgesellschaft auf die Indios übertragen haben, daß sie im Grunde, ob sie es wollten oder nicht, nur besondere Werkzeuge der herrschenden Gesellschaft, d. h. der Unterdrücker waren.

Den Jesuiten diente als Modell ihrer Reduktion das kleine Königreich, das von einigen Missionaren kontrolliert werden konnte, den Missionaren der vierziger Jahre des 20. Jahrhunderts diente der kapitalistische landwirtschaftliche Betrieb des „fundo" als Modell für ihr Missionsstationen — daher der Vorwurf der Bereicherung der Missionsgesellschaften auf Kosten der Indios — und den „wachen" Missionaren der Gegenwart die landwirtschaftliche Genossenschaft. Immer gerieten die Eingeborenen aus einer vorklassischen Gesellschaft, die in sich ökologisch ausgeglichen ist und der Entfremdung durch Arbeit nicht bekannt ist, in das Netz der Abhängigkeiten und der Marginalisierung der untersten Stufe der westlichen Gesellschaftspyramide. Aus Angehörigen einer spezifischen indianischen Kultur werden allgemeine Angehörige der Gattung Indianer, deren humanitas erst anerkannt wird, wenn sie ihre Gattung verleugnen und sich zu Weißen machen lassen[34]. Dann aber werden sie gegenüber den spezifischen Indianern meistens selbst zu Ausbeutern, wie man es bei den „ladinos" in Meso-Amerika, bei den „cholos" im Andenraum und ganz allgemein bei den Mestizen beobachten kann. Sie praktizieren Rassendiskriminierung, indem sie die Schulausbildung und die Fortbildungsmöglichkeiten den Indios vorzuenthalten suchen, um sie sich als billige Arbeitskräfte zu erhalten[35]. Das gern geleugnete Problem der Diskriminierung der Indianer kann man in ganz Lateinamerika beobachten, sei es de iure in Form von diskriminierenden Gesetzen, sei es de facto in Form diskriminierender Situationen, in Form der Nichtanerkennung indianischen Landbesitzes, Mißbrauch von Landtiteln zum Schaden von Indianern, in Form paternalistischer Bevormundung der Indianer durch staatliche Behörden oder auch durch kirchliche Stellen[36].

---

[32] Barbados 1974.   [33] Etnocidio 1974 A 3.   [34] Varese 1971, 60ff.
[35] K'ekchi 1973, 68f; Oaxaca 1972, 66. Ladinisierung bedeutet für die Indios stets totale Entfremdung. Ebenso wird in Guatemala 1975, 401 festgestellt: „Für den Eingeborenen ist ein ‚ladino' jede nicht eingeborene Person ohne jeden Unterschied und im allgemeinen ein Unterdrücker, sei es in der Stadt oder auf dem Lande". Die Indios werden bei den Wahlen manipuliert, ihnen werden wichtige Verwaltungsposten vorenthalten, sie werden zum Wehrdienst einberufen, aber die Offizierslaufbahn ist ihnen versperrt, das spanisch konzipierte Schulsystem berücksichtigt die indianische Kultur nicht. Die Kinder werden sogar durch die Vorschrift, Schultracht zu tragen, gezwungen, ihre indianische Kultur zu verleugnen.
[36] Asunción 1972, 57f vgl. Anm. 35.

Die erzwungene „Latinisierung" der Indianer hat eine „völlige und absolute Entfremdung zur Folge und bringt kulturelle Bastarde mit tragisch fatalen Konsequenzen hervor"[37]. Dazu gehören die Ausschweifungen und die Trunksucht, die nicht etwa in der heidnischen Religiosität der Indianer ihren Ursprung haben, wie oft fälschlich behauptet wird. Der Alkoholismus, der oft von denen noch gefördert wird, die an der Ausbeutung der Indianer interessiert sind[38], und die Neurosen sind vielmehr direkte Folgen der Unterminierung aller religiösen Werte der Indios durch die Missionare. Denn die Indianer haben eine sehr empfindsame Seele. Durch die Bekehrung sind die Indianer vielfach erst zu richtigen Heiden gemacht worden, denen jedes religiöse Wertsystem abhanden gekommen ist. Und die westliche Gesellschaft mit ihrer Verabsolutierung von Konkurrenz- und Besitzdenken hat bei den Indianern den eigentlichen christlichen Sinn für Solidarität und Zusammengehörigkeit der Sippe zerstört. Die Übernahme des westlichen Individualismus hat sie also von echtem Christentum weiter entfernt[39].

Die sich der Problematik bewußt gewordenen Missionare und Bischöfe fordern heute deshalb zweierlei. Einmal den kirchlichen Einsatz für die Menschenrechte der Indianer ganz allgemein, für ihre Anerkennung als mündige Menschen, für die Sicherung ihres Landbesitzes, für ihr Recht darauf, würdig zu überleben, für ihr Recht auf Andersartigkeit, d. h. für ihr Recht, als Menschen und Brasilianer, Peruaner, Mexikaner etc. anerkannt zu werden, ohne ihre Kultur verleugnen zu müssen[40]. Aus der Anerkennung des Eigenwertes der indianischen Kulturen folgt zum zweiten die Forderung, auch ihre Religionen bei der Mission in ganz neuer Weise zu respektieren. Obgleich auch heute noch nicht wenige Indianer die kirchlichen Sakramente wie Taufe und Trauung begehren, um sich dadurch ganz Weißen anzugleichen, bemühen sich jetzt die Missionare, sie von einer solchen Mentalität abzubringen, damit sie die Tiefen ihrer alle Lebensgebiete normierenden Religiosität ausleben[41]. Während diese Feststellung des Exekutivsekretärs des brasilianischen katholischen Missionsrates (CIMI) für dessen Wirkungsbereich zutreffen mag, wurde noch 1972 in Guatemala und Mexiko über den mangelnden Respekt vor dem kulturellen und religiösen Kontext der Indianer geklagt, der zur Entstehung des Synkretismus geführt hat[42]. Bischof Samuel Ruiz von Sad Cristóbal de las Casas spricht etwas zu verallgemei-

[37] K'ekchi 1973, 68.   [38] Ebd. 69.
[39] Ypacaraí 1972, 72 mit Bezug auf Anthropologen und Theologen wie Egon Schaden, Bartolomé Meliá SJ und P. José Seelwische.
[40] Vgl. Asunción 1972; Varese 1971; Lima 1971; Oaxaca 1972; Ypacaría 1972 und öfter.
[41] Schwade 1974, 1399. Die Forderung mündet in die Unterstützung von spezifisch indianischen Selbsthilfeorganisationen (Asunción 1972) bzw. in die Stärkung der Stammeskulturen (Varese 1971, 61) oder die Befreiung der Indios auf allen Gebieten (Oaxaca 1972, 66) durch revolutionäres Wirken der Missionare (Varese 1971, 61). Heute, wo Entwicklung und Integration der Indios die politischen Losungen sind, werden die Missionare, die sich an die Seite der Indios stellten, um mit einer gigantischen Anstrengung deren völligen Untergang zu verhindern, deren wichtigste Verbündete.
[42] Oaxaca 1972, 66f. Die letzten Jahrgänge der ‚Estudios Indígenas', des Organs des mexikanischen ‚Departamento de Pastoral del Centro Nacional de Ayuda a las Misiones Indígenas' (CENAMI) zeigen indes auch hier eine tiefgreifende Wandlung. Siller (1974) untersucht die ‚Teologia Indigenista de la Iglesia'. Er kommt dabei zu folgendem Schluß: "Das Vatikum II hat die Wege der Evangelisation, die die Men-

nernd davon, daß die Missionare bei der Christianisierung die religiösen Werte der indianischen Völker weitgehend außer acht gelassen und dadurch das Christentum vielfach in der Art einer „Sandwich-Religion" eingeführt hätten, nämlich als oberste religiöse Ideenschicht auf der dicken Scheibe indianischer Religiosität und Mythologie, wobei es an jeglichem Bezug zwischen der Auflage und der Unterlage fehlt[43]. Dementsprechend wurden bis in die jüngste Zeit hinein durch das schon zu Beginn der Kolonialzeit eingeführte System der kirchlichen Internatsschulen, das heute als absurd und grausam kritisiert wird, der Kultur- und Familianzusammenhang beim Nachwuchs zersört und völlig ihrer kulturellen und religiösen Tradition entfremdete Christen herangezogen[44]. In Guatemala und Mexiko hat die Hierarchie noch Anfang der siebziger Jahre die speziellen Probleme der Seelsorge unter den Indianern verkannt und in den neueren Pastoralplänen unberücksichtigt gelassen, so daß eine diesbezügliche Bewußtseinsbildung der Hierarchie und besondere Kurse für die pfarramtliche Tätigkeit unter den Indios gefordert wurden[45]. Und noch 1973 wurde in der K'ekchi-Dokumentation beklagt, daß die Priester bei ihren ein- oder zweimal jährlich stattfindenden Besuchen in den kleinen indianischen Siedlungen des mesoamerikanischen Hochlandes im Grunde die Indianer mit

---

schen und die Zeiten verschlossen hatten, neu geöffnet. Man erkennt erneut die Gegenwart des Geistes in den kulturellen und religiösen Formen der autochthonen Gemeinden an. Man akzeptiert wieder die Gegenwart Christi in jenen Herzen, die eine andere Kultur haben als die Missionare. Die Samen des Wortes erwarten überall ihre Entwicklung und Reifung. Das Gute und Wahre jeder Kultur gehört schon zur Kirche und ist der Ausgangspunkt für vollkommenere Wahrheiten, die in ihrem Glaubensleben zur Geburt autochthoner Kirchen führen werden. All dies ist angelegt in Ad Gentes, Lumen Gentium, Nostra Aetate etc... (aaO 44). Zur missionarischen Diskussion nach dem Vatikanum II vgl. auch Rayan 1970. González R. 1976 betrachtet das Wirken von CENAMI 1970–1975 unter dem Titel: ‚De la Acción Indigenista a la Acción Indígena', was man frei übersetzen könnte: Vom Handeln für die Indios zum Handeln der Indios. Die wachsende Erkenntnis, daß es kein religiöses Monopol der katholischen Kirche gibt, sondern daß die „Kirche" schon in den sozio-religiösen Strukturen der Indios vorhanden ist, führt von der Unterwerfung zur Solidarisierung, zur Teilnahme an ihrem Leben, zur Begleitung ihrer Risiken und Ungewißheiten. Es ist der Anfang des ‚Hörens, Aufnehmens und Verstärkens der Stimme des Eingeborenen, was Kirche bedeutet'. Die heutige Bedeutung des Wortes Johannes' des Täufers (Joh. 3, 30) wäre: ‚Jene müssen wachsen, ich aber muß abnehmen', das müßte die Stimme der institutionellen Kirche sagen, der westlichen Kirche, der Kirche, die ohne Ortsbezug war, zeitlos, spiritualistisch - engel- oder satansgleich. Die Bischöfliche Kommission für Eingeborene und CENAMI, ihr Exekutivsekretariat, vereinen folglich alle Ziele und Vorhaben ihrer Abteilungen in dieser einzigen Absicht: die ethnischen Stimmen zu hören, aufzunehmen und zu verstärken, die Kirche sind" (ebd. 282).

[43] Ruiz 1971, 63. Wie alle Verallgemeinerungen ist auch diese nicht ohne Ausnahmen zutreffend. So weist Noggler 1973, 347ff z. B. auf stärkere Akkomodationsversuche der bayrischen Kapuziner in der Araukanermission nach 1900 hin. Außerdem sei daran erinnert, daß auch die älteren Missionare durch die Übernahme indianischer Gottesnamen teilweise bemüht waren, an einen bekannten Hochgott anzuknüpfen, was sie in Mexiko indes vermieden haben. Zur Position von Bischof Ruiz sind ausführlichere Aufsätze heranzuziehen wie Ruiz 1975.

[44] Varese 1971, 59.

[45] Oaxaca 1972, 66f. Inzwischen gibt es solche Kurse vgl. Guatemala 1975.

ihren Problemen sich selber überlassen und ihnen nur einen rituellen und sakramentalen Katholizismus anbieten[46].

Die katholische Missionstheologie hat sich infolge des Vatikanum II erheblich gewandelt. Die alte Voraussetzung, daß Gott die Errettung aller Menschen will, ist geblieben. Aber es wird in neuer Weise betont, daß Gottes rettende Gnade nicht nur durch die Heilsinstitution Kirche vermittelt wird, sondern auch schon in den heidnischen Religionen ansatzweise wirksam ist. Wenn aber der Missionar weiß, daß Gott schon unter den zu Bekehrenden gehandelt hat, muß er zunächst einmal die vorfindliche Religion und die von ihr vermittelten ethischen Werte respektieren und eine anthropologische Analyse vornehmen, um zu ergründen, was denn „Bekehrung" im spezifischen Fall bedeuten würde, wie der schädliche Kulturschock dabei vermieden werden kann, wie Christus bereits in der jeweiligen Kultur wirkt und wie er vollends in die Geschichte des jeweiligen Volkes inkarniert werden könnte. Die Sorge um Gerechtigkeit für die Indianer erlangt dabei einen ganz anderen Stellenwert als früher, ja, sie wird zur „einzigen Grundlage für die Wahrheit, die Liebe und den Frieden der Frohen Botschaft, d. h. Christi"[47]. Die religiösen Mythen des jeweiligen Volkes müssen zunächst erforscht werden, damit die biblische Botschaft mit Hilfe der Mythen, des traditionellen Symbolismus und der vorhandenen Terminologie erklärt und verdeutlicht werden kann[48]. Teilweise geht man noch weiter und erkennt die indianischen Kulte und Mythen als Parallelen zum Kult und Mythos des Alten Testament an und duldet die Fortführung oder Wiederbelebung derartiger Kulte, die nun als Vorstufen zum Evangelium gedeutet werden[49]. Man fragt sich, ob der herkömmliche katholische Sündenbegriff der

---

[46] K'ekchi 1973, 68.
[47] Lima 1971, 65; Ruiz 1971, 64; Ypacaraí 1972, 71f. Durch das Vatikanum II und Medellín hat überall in Lateinamerika eine Neubesinnung über die Indio-Mission eingesetzt, z. B. auch in Venezuela, wo 1969 der ‚I Encuentro Misional de Venezuela' abgehalten wurde - vgl. NM 30 (1969), 330ff und dazu Villamañán 1969, der beklagt, das es bisher an geeigneter Vorbereitung zur Mission gefehlt habe, daß man mit Selbstverständlichkeit erwartet habe, daß die Indios spanisch lernen, weil die Regierung das vorschreibt. Nachdem die Missionare gebührend ausgebildet sind, Sprache und Kultur der Indios kennen, sollten sie: a) „Dem Indio helfen zu entdecken, daß Gott immer in ihm und in seiner Kultur gegenwärtig gewesen ist und allen seinen Vorfahren ausreichende Mittel zur Erlösung verschafft hat. b) Ihnen zeigen, wer Jesus Christus ist, wie er sie alle liebt und ihnen helfen will, Gott besser zu kennen und immer vereint mit IHM zu leben. c) Ihnen zeigen, wie Jesus Christus aus ihnen seine Kirche bauen will, indem er sich inkarniert in ihrer Philosophie, in ihren religiösen Ausdrucksformen und in ihren moralischen Normen in Übereinstimmung mit dem Naturgesetz ihrer Kultur und dem Evangelium".
[48] Ypacaraí 1972, 72 mit bezug auf P. José Seelwische, der für die Chulupí einen Katechismus verfaßt hat, in dem er deren Mythen als Anschauungsmaterial für die biblische Botschaft heranzieht.
[49] Dies versicherte dem Vf. am 28. 6. 1974 ein Salesianerpater, der den Vizepräsidenten der Föderation der Shuar (Jíbaro) aus dem ekuadorianischen Amazonastiefland auf einer Informationsreise durch Europa begleitete. Zu den Shuar vgl. Pellizzaro 1968 und 1973 sowie Rosero 1972. Die Salesianer arbeiten seit langer Zeit unter diesem ehemaligen Kopfjägervolk, haben inzwischen das alte System der Internatsschule aufgegeben und statt dessen Schulen in den Zentren der Shuar eingerichtet, deren Sprache, Grammatik und Mythologie sie erforscht haben. Heute widmen sie ihre Hauptenergie der Beratung der Shuar-Föderation, einer Selbsthilfe-

indianischen Vorstellungswelt angemessen ist[50], ob man Sünde genannt habe, was womöglich keine Sünde sei, weil es an der echten Erziehung zur Freiheit gefehlt hat, weil man Sünde zu sehr von einem puritanischen Moralismus her verstanden hat. Das Problem wird besonders an der Frage des bereits angesprochenen Alkoholismus virulent, den man nun mehr und mehr als eine Folge der kulturellen Entwurzelung und Ausbeutung ansieht[51].

Man fragt sich auch erneut, wie man die Rolle der indianischen Priester beurteilen soll, die sowohl in Mesoamerika wie auch in gewissen Teilen Paraguays an Zahl alle christlichen Priester und Missionare übertreffen. In Mesoamerika beispielsweise führen sie parallele Riten zu allen katholischen Riten aus, also auch zu Taufe und Trauung. Diese religiöse Koexistenz verdeutlicht, wie wenig nach vierhundertjähriger Mission das Christentum Wurzel geschlagen hat[52]. Dieser Tatbestand erklärt aber auch in gewissem Grade das Phänomen des priesterlichen Nachwuchsmangels in diesen Gegenden. Ein indianischer Priester (in K'ekchi: tijonel oder aj ti) gehört nicht selten auch zur Katholischen Aktion. Aber als katholischer Priester müßte er die Religion seines Volkes völlig verleugnen, da gäbe es keine religiöse Koexistenz. Ein Grund, der die meisten Indianer davon abhält, sich für ein Priesterseminar zu interessieren. Schließlich stellt sich auch die Frage nach der Beurteilung des ganzen Komplexes der Verehrung indianischer Idole neu[53].

Daß diese missiologische Besinnung teilweise auch schon an der theologischen Basis angekommen ist, zeigte mir eine Begegnung mit Priesteramtskandidaten des Maya-Bistums Huehuetenango (Guatemala) Ende 1976. Die jungen Theologen stellten sich alle als reinblütige Indios verschiedensprachiger Ethnien vor, die entschlossen waren, ihren Dienst in ihrer eigenen Sprache zu versehen und bei ihrer evangelisatorischen Aufgabe den Kulturschock nach Möglichkeit zu vermeiden. Auch die Tatsache, daß die Bischöfe der Mayaregion aus Mexiko und Guatemala sich erstmals im Mai 1977 treffen wollten, um über ihren Auftrag gegenüber den Maya nachzudenken, ist ein solches Zeichen, genau wie der 1974 zum 500. Geburtstag Bartolomé de Las Casas' in

---

organisation dieses Stammes, dessen Name „Mensch" bedeutet, und deren Bildungsprogramm durch einen eigenen Sender, unterstützen deren Bemühungen um eine Überwindung der völligen kulturellen Entfremdung, zu der sie mit ihrer Missionsarbeit seit 1893 wesentlich beigetragen haben. Mit diesem radikalen Wechsel vom paternalistischen Missionsmodell zu einer den Indios untergeordneten Beraterrolle sind Orden und Hierarchie allerdings doch nicht ganz mitgekommen, so daß die dort noch wirkenden Salesianer es gleichsam privat tun. Angesichts der durch die ostandinen Erdölfunde beschleunigten Expansion der kapitalistisch orientierten ekuadorianischen Gesellschaft in das ostandine Tiefland ist die Sicherung des Lebensraumes, d. h. des Grundbesitzes der Indios, das vordringliche Problem, das nicht ohne ausländische Hilfe möglich ist. Denn nur, wer Grund und Boden fünf Jahre bewirtschaftet hat, erhält den Grundtitel. Kredite für die erforderlichen Investitionen zur Bewirtschaftung des Bodens erhält aber nur derjenige, der hypothekarische Sicherheiten vorlegen kann. Aus diesem circulus vitiosus, der typisch für die „Rechtslage" der Indios in ganz Lateinamerika ist, können praktisch nur Hilfsorganisationen heraushelfen. In diesem Fall haben Misereor, Brot für die Welt und die nichtkirchliche Deutsche Welthungerhilfe bereits wertvolle Dienste geleistet. Zum Bodenproblem in Mexiko vgl. Hambre 1973.

[50] Oaxaca 1972, 66.   [51] K'ekchi 1973, 69f.
[52] Ebd. 70 bzw. Ypacaraí 1972, 72; zur Koexistenz der Maya-Religion mit dem Christentum vgl. Girard 1966.   [53] K'ekchi 1973, 70.

der nach ihm benannte Stadt durchgeführte Indianerkongreß, der mit kirchlicher Unterstützung ein Jahr lang von der Basis her vorbereitet worden war und zu einer eindrucksvollen Demonstration für die Menschenrechte der Maya wurde[54].

Ohne hier noch im einzelnen auf die Reaktion der protestantischen Indianermissionen, die zumeist dem envangelikalen Flügel angehören, eingehen zu können — ihnen geht zumeist diese Umorientierung der Mission viel zu weit[55] —,

---

[54] Vgl. Cristóbal 1974. Der Vf. hatte im Dez. 1976 Gelegenheit INAREMAC zu besuchen, ein anthropologisches Beratungsinstitut, das Bischof Samuel Ruiz unabhängig von missionarischer Entwicklungshilfe für das ganze Mayagebiet in seiner Diözese unter Leitung von P. André Aubry ins Leben gerufen hat. INAREMAC verkörpert den neuen Geist bedingungsloser Hilfe für die Indios, damit sie ihre Selbstbestimmung erlangen. Zur Lage der Indios in Chiapas sind die Veröffentlichungen von INAREMAC heranzuziehen - vgl. Aubry 1974 I. Zur Verbindung des neuen missionarischen Bewußtseins mit der Theologie der Befreiung sind der Vortrag von Gutiérrez vor CENAPI und die Diskussion mit den Mitarbeitern von CENAPI sehr aufschlußreich - vgl. Gutiérrez 1972 I.

[55] Besonders umstritten ist gegenwärtig die Arbeit der Wycliffiten und des ‚Instituto de Verano', die auf Townsend zurückgehen. Problematisch ist die Verbindung ihrer Arbeit mit den Regierungen. Als nichtkirchliche Organisationen mit einem hohen wissenschaftlichen Niveau ist es ihnen gelungen, in den meisten Staaten Lateinamerikas Fuß zu fassen - vgl. Wycliffe 1973. Der IAK 1976 hat beide Institutionen der „Aggression gegen die physische und sozio-kulturelle Integrität verschiedener ethnischer Gruppen in Ekuador" beschuldigt, besonders der Aushiri und der Auca. Sie sollen die „Umsiedlung" der Aushiri durchgeführt haben, um ihr Territorium für die Arbeiten der Texaco Gulf zu räumen - vgl. CADAL Nr. 1 (1977). In Peru kam es 1976/77 zu einer Kontroverse über die Frage der Erneuerung des Regierungsvertrages mit Wycliff. Die Meinung der Peruaner auf dem IAK 1976 war, daß der persönliche Einsatz der Vertreter von Wycliff in der Indianerarbeit den staatlichen Bürokraten, die als Nachfolger in Frage kämen, vorzuziehen sei. Dem Vf. sind aus Brasilien sehr positive Beispiele der Arbeit von Wycliff-Linguisten bekannt. Vgl. zu Vorwürfen auch Schulze 1974. Ähnlichen, im einzelnen anderen Vorwürfen sahen sich die Mennoniten in Paraguay wegen ihrer Indianerarbeit durch den Ethnologen Miguel Chase Sardi ausgesetzt - vgl. Barbados 1972, 173ff. Die teilweise unberechtigten Vorwürfe Chases haben indes einen sehr nützlichen Denkprozeß bei den Mennoniten ausgelöst und zu einer grundsätzlichen Besinnung über die Ziele der Indianerarbeit geführt, wie die Diskussion mit einigen ihrer Vertreter in Königstein gezeigt hat. Eine Frucht der Besinnung ist z. B. der Entschluß eines jungen Lehrerpaares aus Paraguay, noch ein Zusatzstudium in Ethnologie in der Schweiz zu absolvieren. Zum Vorwurf des mennonitischen Rassismus vgl. Fast 1973. Zum Hintergrund muß man wissen, daß die paraguayische Regierung den 1926/30 aus Kanada eingewanderten Mennoniten den Chaco zur Urbarmachung anbot, ohne davon zu sprechen, daß Indios das urbar zu machende Gebiet als Jagdgrund nutzten. Es entwickelte sich eine Art Zusammenleben mit den 400–500 Lengua, die das Siedlungsgebiet der Mennoniten durchstreiften, und im Kampf ums Überleben erwies sich nicht jeder Mennonit als Missionar. Anfang der dreißiger Jahre schufen die Mennoniten bereits ein Missionswerk. Inzwischen hat die Zahl der in der Umgebung ihrer Siedlungen lebenden Indios 9000 überschritten. Weil die Mennoniten gesellschaftliche Strukturen von 1800, die damals relativ demokratisch waren, mitgenommen und bewahrt haben, wirkt ihr Lebensstil heute paternalistisch und leicht autoritär. Da sie ihr eigenes kulturelles Erbe mühsam in der Wildnis des Chaco bewahrten, brachten sie kein Verständnis für die kulturellen Werte der Indios auf, die sie einseitig akkulturierten. Dennoch bleibt es eine erstaunliche Tatsache, daß die Mennoniten, die auf die Indianermission überhaupt nicht vorbereitet waren, diese Aufgabe

möchte ich schließen mit einem Worte Miguelãos, eines Bororo, auf dem 3. Treffen von ‚Chefes Indígenas' in Meruri/Mato Grosso im September 1975: „Nicht wir sind es, die diesen Boden rauben. Der Weiße ist wie ein Gürteltier (tatu), wo er hinkommt, zerstört er alles. Auch wenn er alles hat, will er noch mehr rauben, und er schreibt seinen Raub noch auf Papier, um ihn sicherer zu besitzen..."[56]

---

erkannt und angepackt zu haben, was man z. B. von den deutschen evangelischen Siedlern in Südbrasilien nicht sagen kann - vgl. Prien INDIANA 1975, 106f. Zur gegenwärtigen Lage der indianischen Bevölkerung in Paraguay vgl. POGROM 7 Nr. 42/43 (1976): „Paraguay - eine Nation - zwei Kulturen: Militärdiktatur gegen Befreiung". Abschließend sei noch auf eine große Gefahr evangelikaler Indianermission hingewiesen, z. B. der New Tribes Mission, nämlich, daß ihr die Bekehrung indianischer Gruppen wichtiger ist als die Hilfe zur Gewinnung ihrer Selbstbestimmung, so daß Ethnien rücksichtslos auseinandergerissen werden und ihre Identität verlieren, eben zu Objekten verschiedener Misssionsgesellschaften werden. Hierfür wurden dem Vf. auf dem IAK 1976 und direkt von Indios in Panamá und Venezuela zahlreiche Beispiele genannt.

[56] Meruri 1975, 52.

Verzeichnis der Abbildungen, Karten, Tabellen und Statistiken

Abbildungen

Mission und Hispanisierung in der Sicht eines indianischen Christen des 17. Jahrhunderts: Bilder aus der ‚Nueva Corónica y buen gobierno' des Inka Felipe Guamán Poma de Ayala	221–228

Karten im Text

Päpstliche Initiativen zur kirchlichen Restauration in der post-emanzipatorischen Phase des 19. Jahrhunderts	414–415
Evangelisch-lutherische Kirchen am La Plata	772–773

Faltkarten

Die Neue Welt im 16. Jahrhundert
Lateinamerika im Zeitalter der politischen Emanzipation (1. Hälfte des 19. Jahrhunderts)

Tabellen und Statistiken

Übersicht über die Entstehung der Diözesanstruktur in der Kolonialzeit	108–115
Übersicht über die Entwicklung der Diözesanstruktur in den Grenzen der heutigen Staaten bis 1960	116
Statistik der Gesellschaft Jesu für die Kolonialzeit	156
Tabelle der Gründungsdaten der Diözesanseminare	247–248
Immobilienbesitz der katholischen Kirche Mexikos vor der Säkularisierung im 19. Jahrhundert	508
Sozio-ökonomische Statistik der Staaten Zentralamerikas für die Gegenwart	703–704
Statistik des Protestantismus in Brasilien	820
Römisch-katholische Priester in Mexiko 1934/35	962
Protestanten in Mexiko 1934/35	963
Statistik der katholischen Kirchenstrukturen in den lateinamerikanischen Nationalstaaten	1068–1073
Überblick über die Tiefenevangelisationsfeldzüge 1959–1965	1138–1139

Abkürzungsverzeichnis

ABS	American Bible Society
Acción	Revista Paraguaya de reflexión y diálogo. 1969 ff
Adveniat	Dokumente, Projekte, Berichte der Bischöflichen Aktion Adveniat, Essen
AGI	Archivo General de Indias, Sevilla
AI	América Indígena. México D. F. 1940 ff
AL	América Latina. Zeitschrift des Centro Americano de Pesquisas em Ciências Sociais. Rio de Janeiro 1958 ff
Alavanca	Secretariado Nacional de Cursilhos do Brasil. Organ für Christenheitskurse
ANEC	Acción Nacional de Estudiantes Católicos (Katholische Studentengemeinde in Chile)
APRA	Alianza Popular Revolucionaria Americana
ASTE	Associação de Seminarios Teológicos Evangélicos (Verband evangelischer theologischer Seminare in Brasilien)
BAC	Biblioteca de Autores Cristianos, La Editorial Católica, S. A., Madrid
BAPH	Boletín de la Academia Puertorriqueña de la Historia. San Juan de Puerto Rico 1970 ff
BBB	A. Bänziger, R. Berger und J.-C. Buhrer: Lateinamerika. 2 Bde. (Stichwörter zu Lateinamerika 31 und 34) Freiburg/Nürnberg 1973 und 1974
BFBS	British and Foreign Bible Society
BG	Basisgemeinden
BIA	Biblioteca Ibero-Americana. Veröffentlichungen des Ibero-Amerikanischen Instituts Preußischer Kulturbesitz. Berlin (West)
BID	Banco Interamericano de Desarrollo/Banc of Interamerican Development
Bs. As.	Buenos Aires
CA	Cuadernos Americanos. Revista del Nuevo Mundo. México D. F. 1941 ff
CADAL	Centro Antropológico de Documentación de América Latina. México D. F. 1976 ff
CATLA	Catequesis Latinoamericana, Asunción. Comité Latinoamericano de la Fe, Departamento del CELAM. 1969 ff
CC	Cursillos de Cristiandad (Christenheitskurse)
CCLA	Committee on Cooperation in Latin America. Annual Report
CEA	Conferencia Episcopal Argentina (Kath. Bischofskonferenz Argentiniens)
CEAS	Revista do CEAS. Centro de Estudos e Ação Social. Salvador, Bahia
CEHILA	Comisión de Estudios de Historia de la Iglesia en América Latina
CEI	Centro Ecumênico de Informação. Rio de Janeiro 1968 ff

CELA I–III	Conferencia Evangélica Latinoamericana I 1949; II 1961; III 1969
CELADEC	Comisión Latinoamericana de Educación Cristiana
CELAM	Consejo Episcopal Latinoamericano. Bogotá 1968 ff
CESE	Coordenadoria Ecumênica de Serviço
CH & C	Christianity and Crisis. New York 1941 ff
CIAS	Centro de Investigación y Acción Social (Jesuitische Sozialforschungszentren in verschiedenen lateinamerikanischen Hauptstädten)
CIDOCD	Centro Intercultural de Documentación. DOCUMENTA. Cuernavaca
CIDOCI	Centro Intercultural de Documentación. INFORMA. Cuernavaca
CIMI	Conselho Indigenista Missionário. Brasilia
CIOS	Centro de Investigación y Orientación Social. Bs. As., Koordinator Aldo J. Büntig
CISER	Cadernos do ISER. Instituto Superior de Estudos da Religião, São Paulo. Tempo e Presença Editôra Ltda. Rio de Janeiro 1974 ff
CLADE	Primer Congreso Latinoamericano de Evangelización (Nov. 1969)
CLAR	Conferencia Latinoamericana de Religiosos
CLER	Säkularkleriker
CLLA	Conferencia Luterana Latinoamericana
CM	Congregatio Missionis: Lazaristae: Vicentiani — Lazaristen, Vizentiner
CM	Cuadernos de Marcha. Montevideo 1952 ff
CMF	Missionskongregation der Söhne des Unbefleckten Herzens Marias
CNBB	Conferência Nacional dos Bispos do Brasil
CNCT	Confederación Nacional Católica del Trabajo
Concilium	Internationale Zeitschrift für Theologie. Mainz u. a. 1965 ff
Contacto	Cuadernos bimestrales del Secretariado Social Mexicano. México D. F. 1964 ff
CP	Correio do Povo. Pôrto Alegre (Tageszeitung)
CPR	Colección Proceso. Tierra Nueva. Buenos Aires
CRIT	Criterio. Buenos Aires 1928 ff
CROM	Confederación Regional Obrera Mexicana
CS	Cristianismo y Sociedad. Revista cuatrimestral publicada por la Junta Latino Americana de Iglesia y Sociedad (ISAL). Montevideo 1963 ff. Ab Jg. XII. H. 39. Tierra Nueva. Buenos Aires 1974 ff
CSISG	Cuadernos del Seminario de Integración Social Guatemalteca, Ministerio de Educación. Guatemala-Stadt
CSSR	Congregatio Sanctissimi Redemptoris — Redemptoristen
DA	Der Deutsche Ansiedler. Blatt der „Evangelischen Gesellschaft für die protestantischen Deutschen in Amerika" in Langenberg. 1882 ff (hervorgegangen aus der Zeitschrift „Der Ansiedler im Westen" ab 1862 von der „Berliner Gesellschaft für die deutsch-evangelische Mission in Amerika" herausgegeben)
DAS	Deutsches Allgemeines Sonntagsblatt, Hamburg 1948 ff
DBH	Deutsch-Brasilianische Hefte, hrsg. v. Hermann M. Görgen. Lateinamerika Zentrum e. V. Bonn 1962 ff

DC	Democracia Cristiana
DEBB	Deutsche Evangelische Blätter für Brasilien. Monatsschrift für die Pflege des Volkstums und der Volkskirche, hrsg. v. P. Herm. Dohms. São Leopoldo 1919–1938
DEK	Deutsche Evangelische Kirche
DESAL	Centro para el Desarrollo Económico y Social en América Latina. Santiago de Chile
DEMR	Deutscher Evangelischer Missionsrat, Hamburg
DEvA	Deutsch-Evangelisch im Auslande. Marburg 1901 ff
DF	Distrito Federal – Bundesdistrikt von Mexiko-Stadt
DS	Diálogo Social. Panamá 1969 ff
DSIR	Department for Social and Industrial Research des IMR
E	Einwohner
EAGWM	Evangelische Arbeitsgemeinschaft für Weltmission. Hamburg
EBB	Evangelischer Bund Brasiliens (Confederação Evangélica do Brasil)
ECA	Estudios Centroamericanos. Revista de extensión cultural de la Universidad José Simeón Cañas. San Salvador 1946 ff
EE	Estudios Ecuménicos, Centro de Estudios Ecuménicos, A. C. México D. F. 1951 ff
EHMCM	Estudios de Historia Moderna y Contemporánea de México. México D. F. 1965 ff
EI	Estudios Indígenas. Trimestralschrift des „Departamento de Pastoral del Centro Nacional de Ayuda a las Misiones Indígenas" (CENAMI) des Exekutivsekretariats der Bischöflichen Kommission für Eingeborene. México D. F. 1971 ff
EKLBB	Evangelische Kirche lutherischen Bekenntnisses in Brasilien
ELGB	Evangelisch-Lutherisches Gemeindeblatt. 1906 ff (Zeitschrift der ELS)
ELS	Evangelisch-Lutherische Synode von SC, PR und anderen Staaten Brasiliens
EMJ	Evangelische Mission. Jahrbuch. Hamburg
EO	Ensayos Ocasionales. Publicaciones INDEF. San José 1974 ff
EOK	Evangelischer Oberkirchenrat, Berlin
ER	The Ecumenical Review. Genf 1948 ff
ES	Espírito Santo (brasilianischer Bundesstaat)
ESP	Estado de São Paulo. São Paulo (Tageszeitung)
ESTAL	Estudios Socio-Teológicos en América Latina. Bogotá 1972 ff
Estudos	Estudos Teológicos. Orgão da Faculdade de Teologia (EKLBB), Neue Folge. São Leopoldo 1961 ff
EvB	Evangelisch-lutherisches Kirchenblatt (Missouri-Synode). Pôrto Alegre
EvD	Die Evangelische Diaspora. Jahrbuch des Gustav-Adolf-Werkes. Kassel, 1966 ff (Monatshefte 1919–1965)
EvK	Evangelische Kommentare. Stuttgart 1968 ff
EvTh	Evangelische Theologie. München 1934 ff
EUSA	Evangelical Union of South America
FERES	Federación Internacional de los Institutos Católicos de Investigaciones Sociales y Socio-religiosas. Bogotá/Fribourg
FISAL	Fichas de ISAL. Montevideo 1969 ff
FM	Jahresbericht bzw. Jahresgabe der Franziskanermissionen. Werl

FOI	Foi et Développement. Une réalisation du Centre Lebret. Paris (monatlicher Informationsdienst über die Dritte Welt)
FR	Frankfurter Rundschau. Frankfurt (Tageszeitung)
Fr.	Fray (span.)/Frei (port.) — Titel der Regularkleriker
FUNAI	Fundação Nacional do Indio, Brasilia
GAV/GAW	Gustav-Adolf-Verein (Ev. Verein der Gustav-Adolf-Stiftung) ab 1842 mit Sitz in Leipzig, ab 1946 Gustav-Adolf-Werk, Kassel
HAHR	The Hispanic American Historical Review. Durham, N. C. 1918 ff
Historia	Instituto de Historia, Universidad Católica de Chile. Santiago de Chile
HKGJ	Handbuch zur Kirchengeschichte, hrsg. v. Hubert Jedin. Freiburg 1962 ff
HKorr	Herder Korrespondenz. Freiburg 1946 ff
IA	Ibero-Americana, University of California Press. Berkeley/Ca.
IAK	Internationaler Amerikanisten-Kongreß
IARB	Inter-American Review of Bibliography. Washington D. C. 1951 ff
ICCC	International Council of Christian Churches
ICI	Informations Catholiques Internationales. Paris
IDES	Instituto de Doctrina y Estudios Sociales. Bogotá
IDOC	The Future of the Missionary Enterprise. Dokumentation der IDOC. Rom
IECLB	Igreja Evangélica de Confissão Luterana no Brasil — s. EKLBB
IELA	Iglesia Evangélica Luterana Argentina (MS)
IELB	Igreja Evangélica Luterana do Brasil (MS)
IELU	Iglesia Evangélica Luterana Unida (Argentinien)
IERP	Iglesia Evangélica del Río de la Plata
IIB	Informationen des Instituts für Brasilkunde e. V. Mettingen
IJRS	Internationales Jahrbuch für Religionssoziologie. Köln-Opladen 1965 ff
IMR	Internationaler Missionsrat
INDEF	Instituto de Evangelización a Fondo. San José, Costa Rica
INDIANA	Beiträge zur Völker- und Sprachenkunde, Archäologie und Anthropologie des Indianischen Amerika. Ibero-Amerikanisches Institut, Preußischer Kulturbesitz. Berlin (West) 1973 ff
Informationen	Dokumentationsdienst des Instituts für Brasilkunde e. V. Mettingen
IPB	Igreja Presbiteriana do Brasil
IPI	Igreja Presbiteriana Independente (Brasilien)
IRM	International Review of Missions. Edinburgh 1912 ff
ISAL	Movimiento de Iglesia y Sociedad en América Latina
ISEDET	Instituto Superior Evangélico de Estudios Teológicos. Buenos Aires
IWGIA	International Work Group for Indigenous Affairs. Document. Kopenhagen
JEvGB	Jahrweiser für die Evangelischen Gemeinden in Brasilien. Editôra Sinodal. São Leopoldo 1929 ff

JGSWGLA	Jahrbuch für Geschichte von Staat, Wirtschaft und Gesellschaft Lateinamerikas. Köln 1964 ff
JLAS	Journal of Latin American Studies. Cambridge University Press. 1969 ff
JMLB	Jahrbuch des Martin Lutherbundes. 1953/54 ff
Jorev	Jornal Evangélico. Para as comunidades da Igreja Evangélica de Confissão Luterana no Brasil. São Leopoldo 1971 ff vgl. SRS
KA	Katholische Aktion
KAEKD	Kirchliches Außenamt der Evangelischen Kirche in Deutschland. Frankfurt a. M.
KiG	Die Kirche in ihrer Geschichte. Ein Handbuch, begr. v. Kurt Dietrich Schmidt und Ernst Wolf. Göttingen 1961 ff
KM	Die katholischen Missionen. Freiburg 1873 ff
KuELA	Kirche und Entwicklung in Lateinamerika, hrsg. v. Heinrich Pesch Haus. Mannheim
KZfSuS	Kölner Zeitschrift für Soziologie und Sozialpsychologie
LA/la	Lateinamerika/lateinamerikanisch
LA	Latino América. Anuario de Estudios Latinoamericanos. México D. F. 1949–58, Habana 1959 ff
LABA	Lateinamerika-Beratungsausschuß des KAEKD
LADOC	Lateinamerika-Dokumentation der Dokumentations-Leitstelle Lateinamerika, Institut für Iberoamerika-Kunde, Hamburg
LAE	Latinamerica Evangelist. Zweimonatsschrift der Latin America Mission
LAFT	Libro Anual. Facultad de Teología Pontificia y Civil. Lima 1966 ff
LARR	Latin American Research Review. 1966 ff
LD	Lutherischer Dienst, Lutherischer Weltdienst. Stuttgart 1963 ff
LEC	Liga Eleitoral Católica (Brasilien)
legua	span. Meile = 5,572 km
LM	Lutherische Monatshefte. Hannover/Hamburg 1962 ff
LR	Lutherische Rundschau. Zeitschrift des Lutherischen Weltbundes. Stuttgart 1951 ff
LWB	Lutherischer Weltbund. Genf
LWBI	LWB Information. Lutherischer Weltbund Pressedienst
MA	Misión Abierta: Al Servicio de la Fe, hrsg. v. der Zeitschrift „Ilustración al Clero". Misioneros del Corazón de María. Madrid
MB	Monumenta Historica Societatis Iesu. Monumenta Brasiliae. Rom 1956 ff
MBS	Mittelbrasilianische Synode
MD	Materialdienst des Konfessionskundlichen Instituts Bensheim. Bensheim 1950 ff
MEB	Movimento de Educação de Base
MEC	Movimiento Estudiantil Cristiano
Medellín	Zweite Vollversammlung des lateinamerikanischen Episkopats 1968 in Medellín
Mennonit	Der Mennonit. Internationales mennonitisches Gemeindeblatt. Karlsruhe 1948 ff
Mensaje	Revista Panamericana de Inquietud Social. Santiago de Chile 1952 ff

MERP	Mercurio Peruano. Revista Mensual de Ciencias Sociales y Letras, Lima
MEZW	Materialdienst der Evangelischen Zentralstelle für Weltanschauungsfragen. Stuttgart
MG	Minas Gerais (brasilianischer Bundesstaat)
Missio	Missio Informationen, hrsg. v. *Missio* — Internationales Katholisches Missionswerk, Abt. Dokumentation. München
MIR	Movimiento de Izquierda Revolucionaria
MNR	Movimiento Nacionalista Revolucionario (Bolivien)
MS	Missouri-Synode
NACLA	North American Congress on Latin America. New York
NADOC	Noticias Aliadas y Documentación. Lima
NCE	New Catholic Encyclopedia. New York 1967
NM	Nuevo Mundo. Revista bimestral de orientación pastoral. Caracas 1965 ff
NP	Nueva Política. México D. F. 1976 ff
NZM	Neue Zeitschrift für Missionswissenschaft. Beckenried/Immensee
OA	Octogesima Adveniens. Apostolischer Brief zum 80. Jahrestag von „Rerum Novarum". 1971
OAS	Organisation Amerikanischer Staaten
OC	Orbis Catholicus. Barcelona 1958 ff
OC	Ordo Fratrum B. V. Mariae de Monte Carmelo — Karmeliter
OCCAL	Office Catholique Canadien de l'Amérique Latine. Bulletin. Ottawa 1960 ff
OCSHA	Obra de Cooperación Sacerdotal Hispano-Americana (1948 gegründetes spanisches Priesterhilfswerk für LA)
OEA	Organización de Estados Americanos — s. OAS
OESA	Ordo Eremitarum S. Augustini — Augustiner-Eremiten
öpd	Ökumenischer Pressedienst. Genf
OFM	Ordo Fratrum Minorum — Franziskaner
OJer	Eremitenkongregation der Hieronymiten
OM	Ordo Beatae Mariae de Mercede de Redemptionis Captivorum — Merzedarier
OMI	Oblatenkongregation Maria Immaculata
ONIS	Oficina Nacional de Información Social (peruanische Priesterbewegung)
OP	Ordo Fratrum Praedicatorum — Dominikaner
ÖRK	Ökumenischer Rat der Kirchen. Genf
OSA	span. Abkürzung für OESA
OSB	Ordo Sancti Benedicti — Benediktiner
OSC	Clerici regulares ministrantes infirmis — Kamillianer
OSFS	Oblatenkongregation des hl. Franz von Sales
OST	Ordo Trinitatis redemptionis Captivorum — Trinitarier
P.	Priester, Pater, Pastor, Pfarrer
PC-USA	Presbyterian Church USA (Old School). New York
PC-US	Presbyterian Church US (New School). Nashville
PE	Pernambuco (brasilianischer Bundesstaat)
PER	Perspectivas de Diálogo. Centro Pedro Fabro. 1966: Diálogo. Boletín de enlace de las CCC. Montevideo 1966 ff
Perspectiva Teológica	Faculdade Cristo Rei. Universidade do Vale do Rio dos Sinos. São Leopoldo 1969 ff
PMV	Pro Mundi Vita Centrum Informationis. Brüssel

Pogrom	Hrsg. v. der Gesellschaft für bedrohte Völker. Hamburg 1970 ff
PP	Populorum Progressio (Enzyklika)
PR	Paraná (brasilianischer Bundesstaat)
Prbo.	Presbítero (Bezeichnung des mit der Leitung einer Parochie beauftragten kath. Pfarrers: Presbyter)
PT	Paz e Terra. Ecumenismo e humanismo. Encontro e diálogo. Rio de Janeiro 1966–1968 (1968 verboten)
PUC	Pontificia Universidad Católica (Kath. Universität)
RACHE	Revista de la Academica Colombiana de Historia Eclesiástica. Medellín
RBMU	Regions Beyond Missionary Union
RCC	Revista Católica de Cultura. Petrópolis 1907 ff
RChG	Revista Chilena de Historia y Geografía. Santiago de Chile
RChHD	Revista Chilena de Historia del Derecho. Santiago de Chile
RCIAS	Revista del CIAS. Buenos Aires 1952 ff
REB	Revista Eclesiástica Brasileira. Petrópolis 1941 ff
Rev.	Reverend (angelsächsischer Titel für Geistliche)
RGS	Riograndenser Synode
RH	Revista de História. São Paulo 1950 ff
RHA	Revista de Historia de América. México D. F. 1938 ff
RHU	Revista Histórica. Publicación del Museo Histórico Nacional. Montevideo 1907 ff
RI	Revista de Indias. Madrid 1940 ff
RIB	Revista Interamericana de Bibliografía. Washington D. C. 1951 ff
RIEB	Revista do Instituto de Estudos Brasileiros. São Paulo
RIHGB	Revista do Instituto Histórico e Geográfico Brasileiro. Rio de Janeiro 1838 ff
RIO	Generalis Conventus Antistum Americae Latinae. S. Sebastiani Flumensis 1955
RJ	Rio de Janeiro (brasilianischer Bundesstaat)
RJav	Revista Javeriana. Bogotá
RS	Rio Grande do Sul (brasilianischer Bundesstaat)
SB	Bericht über die ... ordentliche Synodalversammlung der DEK bzw. der RGS. Archiv der RGS. São Leopoldo
SC	Santa Catarina (brasilianischer Bundesstaat)
SDB	Societas Salesiana von Don Bosco – Gesellschaft des hl. Franz von Sales
SEDOC	Serviço de Documentação. Petrópolis 1969 ff
SEI	Servicio Evangélico de Información. Boletín Mensual de Información de la Comisión Provisoria Pro Unidad Evangélica Latinoamericana (UNELAM)
SELADOC	Seminario latinoamericano de la Facultad de Teología de la Universidad Católica de Chile
Seminar	Dokumentationsreihe des Instituts für Brasilkunde e. V. Mettingen
SEPAL	Servicio Evangelizador para América Latina
SIC	Centro Gumilla. Caracas 1938 ff
Simpósio	Revista Teológica da ASTE. São Paulo
SJ	Societas Jesu – Gesellschaft Jesu/Jesuiten
SP	São Paulo (brasilianischer Bundesstaat)
SPI	Serviço de Protecção ao Indio (brasilianischer Indianerschutzdienst 1910–1967)

SRS	Sonntagsblatt der RGS. São Leopoldo 1886–1937 = Folha Dominical 1938–1970 – vgl. Jorev
SS	Priesterkongregation des Allerheiligsten Sakraments
SSCC	Congregatio Sacrorum Cordium Jesu et Mariae
STJ	Staden-Jahrbuch. Beiträge zur Brasilkunde und zum brasilianisch-deutschen Kultur- und Wirtschaftsaustausch, hrsg. v. Egon Schaden und Karl Fouquet. Instituto Hans Staden. São Paulo 1953 ff
Stromata	(Früher: Ciencia y Fe). Facultades de Filosofía y Teología. Universidad del Salvador. San Miguel, Pcia. de Buenos Aires 1945 ff
SVD	Societas Verbi Divini
SZ	Süddeutsche Zeitung. München (Tageszeitung)
TFP	Tradición, Familia, Propiedad bzw. Sociedade Brasileira de Defesa da Tradição, Família e Propriedade (Gesellschaft zur Verteidigung von Tradition, Familie und Besitz)
The Americas	A Quarterly Review of Inter-American History. Washington, D. C. 1945 ff
ThLZ	Theologische Literaturzeitung. Leipzig 1876 ff
TV	Teología y Vida. Universidad Católica Santiago de Chile. Santiago de Chile 1960 ff
UCAB	Universidad Católica Andrés Bello. Caracas
UFCO	United Fruit Company
ULAJE	Unión Latinoamericana de Juventud Evangélica
UNELAM	Movimiento Pro Unidad Evangélica Latinoamericana
UP	Unidad Popular (Chile)
VIS	Víspera. Un Servicio para América Latina del Movimiento Internacional de Estudiantes Católicos. Publicación trimestral. Montevideo 1967 ff
VuF	Verkündigung und Forschung. Beihefte zu EvTh. München 1940 f, Neue Folge 1946 ff
WChH	World Christian Handbook, hrsg. v. Bingle und K. B. Grubb. New York 1968
ZA	Zentralamerika
ZKG	Zeitschrift für Kirchengeschichte. Stuttgart 1876 ff
ZMR	Zeitschrift für Missionswissenschaft und Religionswissenschaft. Münster 1950 ff
ZThK	Zeitschrift für Theologie und Kirche. Tübingen 1891 ff

N. B.: Abkürzungen, die im Text entschlüsselt sind und nur wenige Seiten danach vorkommen, sind hier nicht wiederholt.

Literaturverzeichnis

Auf eine Unterscheidung in Quellen und Sekundärliteratur ist wegen sachlicher Schwierigkeiten verzichtet worden. Gerade für die jüngste Zeit ist eine eindeutige Abgrenzung kaum durchzuführen. Auch wirft der interdisziplinäre Charakter der Arbeit manche Fragen auf. Eine Veröffentlichung aus dem Gebiet der Soziologie könnte z. B. innerhalb ihrer Disziplin Sekundärliteratur sein, aber im Zusammenhang der Kirchengeschichte eine Quelle darstellen. Um dem Leser trotzdem anzudeuten, welche Veröffentlichungen vorwiegend als Quellen herangezogen sind, sind sie in der Bibliographie mit dem Buchstaben Q gekennzeichnet. Quellen sind z. B. auf dem Gebiet der neueren Diskussion über die Indianermission nicht nur Verlautbarungen indianischer Gruppen und Föderationen, sondern auch Untersuchungen von Mitarbeitern missionarischer Organisationen in Lateinamerika wie der CENAMI oder die Barbados-Erklärung von 1971 oder Erklärungen Internationaler Amerikanistenkongresse, während Arbeiten über diese Diskussion Sekundärliteratur darstellen. Oder Veröffentlichungen lateinamerikanischer Theologen, die zu den Vertretern der Theologie der Befreiung gehören, sind, wenn sie die Theologie der Befreiung weiterentwickeln, Quellen, Analysen oder Bewertungen der Theologie der Befreiung hingegen Sekundärliteratur.

Die für die Kurztitel verwendeten Angaben — im allgemeinen Verfasser bzw. Herausgeber und Erscheinungsjahr — sind im Literaturverzeichnis kursiv gesetzt. Bei mehreren Veröffentlichungen eines Verfassers innerhalb eines Jahres folgt der Jahreszahl ein Zusatz, der in Klammern vermerkt ist. Sammelwerke oder Veröffentlichungen von Organisationen sind unter ihrem Kurztitel eingeordnet. Bei spanischen Autoren ist der erste Nachname der Vatername, bei portugiesischen bzw. brasilianischen der zweite; der Vatername wird jeweils vorangestellt.

Abad Franco, Armando: Parteiensystem und Oligarchie in Ecuador. (Biblioteca Ibero-Americana 19) Berlin (West) *1974*

Abadie Aicardi, Raúl F.: Bolivia, revolución en la contrarevolución? In: VIS 4, 19/20 *(1970)*, 10—22

—: De la revolución cubana a la revolución peruana. In: VIS 4, 18 *(1970)*, 53—58

Abreu, J. Capistrano de: Capítulos de história colonial (1500—1800) & Os caminhos antigos e o povoamento do Brasil. Biblioteca Básica Brasileira. 1. Aufl. Rio de Janeiro 1934. 5. Aufl. Brasilia *1963*

Ackerbau 1969. Vom Ackerbau zum Zahnrad. 7000 Jahre frühe technische Kultur Bd. I. (rororo) Reinbek 1969

Acosta SJ, José de: De promulgatione Evangelii apud barbaros sive de procuranda indorum salute libri sex. Salamanca *1589*—Q

—: Historia natural y moral de las indias en que se tratan las cosas notables del cielo y elementos, metales, plantas y animales dellas, y los ritos y ceremoniales, leyes y gobierno y guerra de los indios. In: Obras. Hrsg. v. Francisco Mateos. (Biblioteca de Autores Españoles desde la Formación del Lenguaje hasta Nuestros Días 73) Madrid *1954*, 1—247—Q

ADVENIAT 1973. Adveniat 72/73. Rechenschaftsbericht. Essen 1973 — Q
Agrarprobleme 1967. Colloques internacionaux du Centre national de la recherche scientifique. Sciences humaines: Les problèmes agraires des Amériques Latines. Paris 11.—16. Okt. 1965. Paris 1967
Aguirre SJ, Jesús M.: Iglesia, sacerdocio y liberación. In: SIC XXXV, 348 *(1972),* 368—370
Aiton, Arthur Scott: The Spanish government and the enlightenment in America. In: Whitaker *1961,* 119—129
Albizo Campos, Pedro: República de Puerto Rico. El siglo ilustrado. Montevideo 1972
Albornoz, Oswaldo: Historia de la acción clerical en Ecuador — desde la conquista hasta nuestros días. Quito *1963*
Alden, Daniel: The population of Brazil in the late eighteenth century: A preliminary survey. In: HAHR XLIII *(1963),* 173—201. Wieder abgedruckt in: Hanke I, 222 ff
Alexander, Robert.: The Bolivian national revolution. New Brunswick *1958*
Alfaro, Carlos: Guía apostólica latinoamericana (CELAM). (Herder) Barcelona *1965*
Almeida, Fernando H. Mendes de: Constituicões do Brasil. 2. Aufl. São Paulo *1958*—Q
Almendáriz L., Pedro: Historia de la dependencia y del problema agrario en el Perú Republicano. In: CS XIV, 48 *(1976),* 21—33
Alonso, I., und G. *Garrido:* La iglesia en América Central y el Caribe. Fribourg *1962*
Alonso: Preparamos curas burgueses? In: NM VI, 32 *(1970),* 119 f
Alves, Márcio Moreira: O Cristo do povo. Rio de Janeiro *1968*
Alves, Rubem A.: Injusticia y rebelión. In: CS II, 6 *(1964)*
—: A theology of human hope. (Corpus Books) Washington D. C. *1969*
—: Ha algum futuro para o protestantismo na América Latina? CEI Suplemento, März *1969 (CEI)*
—: Tomorrow's child. Imagination, creativity, and the rebirth of culture. New York/Evanston/San Francisco/London *1972*
—: Religião: Patologia ou busca de sanidade? in: REB 32 *(1972 REB),* 929—935
Ames Cobián, Rolando: El procesco político. In: VIS 3, 13/14 *(1969),* 77—82
Amurrio Gonzáles, Jesús Julián: El positivismo en Guatemala. (Estudios Universitarios 16) Guatemala *1970*
Anastacio, Timoteo Amoroso, und Sinval de Itacarambi Leão: O Cristo da Cidade Salvador de Bahia. In: VIS 2, 9 *(1969),* 61—64
André, Marus: La fin de l'empire espagnol d'Amérique. (Nouvelle librarie nationale) Paris *1922*
Andreas, Willy: Deutschland vor der Reformation. 1. Aufl. 1932. 6. Aufl. Stuttgart *1959*
Ángelis Manuscritos da coleção de Ángelis. Bd. *I—VII.* Rio de Janeiro *1951—1969* — Q
Annuario Pontificio della Chiesa Estatistico: Rom *1971,* 177—179 (zur lateinamerikanischen Kirchenstatistik) — Q
Antoine, Charles: Kirche und Macht in Brasilien. Graz *1972.* Aus dem Französischen: L'église et le pouvoir au Brésil. Paris 1971
—: L'intégrisme brésilien. Annexes. Paris *1973*
Antropología Mexicana 1970. Arturo Warman, Nolasco Armas, G. Bonfil, Olivera de Vázquez, E. Valencia: De eso que llaman antropología mexicana. México D. F. 1970
Anuário 1971. Instituto Brasileiro de Geografia e Estatística. Anuário estatístico do Brasil, 1971. (Ministério do Planejamento e Coordenção Geral. Fundação IBGE, Instituto brasileiro de estatística 32) Rio de Janeiro 1971
Appell 1966. Appell an die Kirchen der Welt. Dokumente der Weltkonferenz für Kirche und Gesellschaft. Hrsg. v. ÖRK. Deutsche Ausgabe besorgt von Hanfried Krüger. 3. Aufl. Stuttgart *1968* — Q
Araneda Bravo, Fidel: Breve historia de la iglesia en Chile. Santiago de Chile *1968*
Arboleda SJ, José Rafael: Aporte para el estudio de América Latina. In: RJav 400 *1973),* 471—479

Arcand, Bernard: The urgent situation of the Cuiva Indians of Columbia. (IWGIA Document 7) Kopenhagen 1972
Arciniegas, Germán: Amerigo y el nuevo mundo. México D. F./Buenos Aires 1956
—: Latin America. A cultural history. Aus dem Spanischen von Joan MacLean. New York 1967. 5. Aufl. 1972
Ardao, Arturo: Asimilación y transformación del positivismo en Latinoamérica. In: MERP 437/440 *(1963)*, 191–199
Arellano, Estuardo: En Ecuador. El diálogo para el retorno y su significación política. In: CS XIV, 50 *(1976)*, 45–55
Arellano Moreno, A.: Guía de historia de Venezuela. 2. Aufl. Caracas 1971
Arias Blanco, Rafael: Hirtenbrief zum 1. Mai 1957. In: Lectura. Revista crítica de ideas y libros CXVIII *(1957)*, 16–26–Q
Arias Reyero Prbo., Maximinio: Teología de la liberación – o liberación de la teología? Aporte crítico al libro de Gustavo Gutiérrez, Teología de la liberación. Perspectivas. In: TV XIII, 3 *(1972)* 177–191
Ariza SOP, Alberto E.: Los dominicos en Venezuela. In: Memoria 1969, 94–127
Armitage, John: História do Brasil. Aus dem Englischen *(1836)*. Rio de Janeiro 1943
Arns, Paulo Evaristo: De esperança em esperança na sociedade, hoje. São Paulo 1971–Q
—: Comunidade: União e ação, São Paulo 1972
Arredondo Muñozledo, Benjamín: Historia de la revolución mexicana. México D. F. 1971
Arroyo, G.: Église face au néo-fascisme. (Études) Paris 1977
Arteaga, R., Mario: Perú: Cuatro años de gobierno militar. In: Mensaje 213 *(1972)*, 606–611
Aspurz, Lázaro de: Magnitud del esfuerzo misionero en España. In: Missionalia Hispanica 3 *(1946)*, 99–173
Assmann, Hugo: Die Situation der unterentwickelt gehaltenen Länder als Ort einer Theologie der Revolution. In: Diskussion 1970, 218–248
—: Opresión – liberación. Desafío a los cristianos. Montevideo 1971 – Q
— (Hrsg.): Habla Fidel Castro sobre los cristianos revolucionarios. Selección y prólogo H. A. Montevideo 1972 – R
—: Teología desde la praxis de liberación. Ensayo teológico desde la América dependiente. Salamanca 1973 – Q
—: Medellín: La desilusión que nos hizo madurar. Sugerencias de autocrítica para cristianos comprometidos. In: CS XII, 40/41 *(1974)*, 137–143
—: La actuación histórica del poder de Cristo. In: CS XIII, 43/44 *(1975)*, 43–54
—, José *Blanes*, Luis *Bach*: Las exigencias de una opción. In: CS X, 33/34 *(1972)*, 19–92
Asunción 1972. The Asunción Statement. Issued by the Latin American Movement for Evangelical Unity (UNELAM) after its conference in Asunción, Paraguay, 7–10 March 1972. Spanisch: NADOC Nr. 266, 3. 8. 1972. Englisch: LADOC, Washington Febr. 1973. Zit. nach IDOC 1973, 57–58–Q
Aubert, Roger: (Kap. 9) Die Kirchen Amerikas 2. Teil: Die Katholische Kirche und die Restauration. (Kap. 31) Die spanisch-amerikanischen Republiken 4. Teil: Die Katholische Reaktion gegen den Liberalismus. Brasilien. In: HKGJ Bd. VI, Freiburg 1971, 197–207 und 584–590
Aubry, André: Una iglesia sin parroquias. Aus dem Französischen (Une église sans paroisses). México D. F./Buenos Aires/Madrid 1974
—: Il Instituto de asesoría antropológica para la región maya (INAREMAC). In: EI IV, 1 *(1974)*, 81–93 – Q
Ávila, Fernando Bastos de: L'immigration au Brésil. Rio de Janeiro 1956
Azevedo, Fernando de: A cultura brasileira. (IBGE) Rio de Janeiro 1943
Azevedo, Thales de: Problemas religiosos e a igreja no Brasil. (Publ. pela Universidade da Bahia) Salvador 1962

—: Cultura e situação racial no Brasil. (Retratos do Brasil 42. Civilização Brasileira). Rio de Janeiro *1966*
—: Religião popular e sentimento de culpa. In: Revista Brasileira de Psiquiatria 3, 2 (Juni *1969*)
—: Democrácia racial. Petrópolis *1975*
Bachmann, E. Theodore: Lutherans in Brazil. A story of emerging ecumenism. Minneapolis *1970*
Bänziger, Andreas, Roman *Berger*, Jean-Claude *Buhrer:* Lateinamerika: Widerstand und Befreiung. (Stichwörter zu Lateinamerika 31) Freiburg/Nürnberg *1973 (BBB)*
—, —, —: Lateinamerika: Abhängigkeit und Gewalt. (Stichwörter zu Lateinamerika 34) Freiburg/Nürnberg *1974 (BBB)*
Báez-Camargo, Gonzalo: Los protestantes en la revolución mexicana. In: EE 11 *(1971)*, 14—16
Bailey, David C.: The Cristero rebellion and the religious conflict in Mexico 1926—1929. Diss. phil. Michigan State University *1969* (unveröffentlicht)
—: Álvaro Obregón and the anticlericalism in the 1910 revolution. In: The Americas 26 *(1970)*, 183—198
—: Viva Cristo Rey! The Cristero rebelión and the religious conflict in Mexico 1926—1929. Austin *1974*
Baldus, Herbert: Métodos e resultados da ação indigenista no Brasil. In: Schaden *1972*, 209—228
Ballesteros, Juan: s. Estructura Agraria 1974
Bannon SJ, John Francis (Hrsg.): Indian labor in the Spanish Indies. Was there another solution? Lexington, Mass. *1966*
Baqueiro, Oscar G.: Los últimos veinticinco años del metodismo en México (1948—1973). México D. F. *1974*
Barbados 1972. The situation of the Indian in South America. Contributions to the study of inter-ethnic conflict in the non-Andean regions of South America. Barbados Symposium 1971. Hrsg. v. Prof. Dr. W. Dostal. Genf 1972 – Q
Barbados 1974. Declaración sobre identidad étnica y liberación indígena. Erklärung der Barbados-Gruppe zusammen mit anderen Soziologen auf dem XLI. Internationalen Amerikanistenkongreß in Mexiko 1974. In: Liberación del indígena, 36—39 – Q
Barreiro, Julio: Iglesia y poder político. Amsterdam 1948 – Nairobi 1975. In: CS XIII, 45 *(1975)*, 27—37
Barreto, Célia de Barros: Acão das sociedades secretas. In: O Brasil monárquico. II: O movimento da independência. 1: O proceso de emancipação. (Civilização Brasileira) São Paulo *1962*, 191—206
Barros, Raimundo Caramuru de: Comunidade eclesial de base: Uma opção pastoral decisiva. Petrópolis *1967*
—: Brasil: Uma igreja em renovação. A experiéncia brasileira de planejamento pastoral. Petrópolis *1968*
Barroso, Gustavo: História secreta do Brasil. I: Do descobrimento à abdicação de Dom Pedro I. *II:* Da abdicação de Dom Pedro I à maioridade de D. Pedro II. (Civilização Brasileira) 3. Aufl. Rio de Janeiro *1937*
Barthel, Thomas S.: Gab es eine Schrift in Altperu? In: IAK *1968* II, 237—242
Bartolomé, Miguel Alberto: The situation of the Indians in the Argentine. The Chaco Area and missions province. In: Barbados *1972*, 218 ff
Barton, Robert: A short history of the Republic of Bolivia. Being an account of all that has taken place in Upper Peru from earliest times to the present. Cochabamba *1968*
Barta SJ, Enrique T.: Trayectoria histórica de la Facultad de Teología de Lima. In: LAFT 6 *(1971)*, 25—63
Basadre, Jorge: La promesa de la vida peruana y otros ensayos. Lima *1958*. Auszugsweise Übersetzung ins Englische in: Humphreys und Lynch 1968, 293—300

Bastide, Roger: Die kulturelle Anpassung des brasilianischen Negers. In: STJ 1 *(1953)*, 100—104
—: As religiões africanas no Brasil. Contribuição a uma sociologia das interpretações de civilizações, Bd. I–II. Übersetzt von Maria Eloisa Capellato und Olívia Krähenbühl. São Paulo *1971*. Aus dem Französischen: Les religions africaines au Brésil. Paris 1960
— und F. *Fernandes:* Brancos e negros em São Paulo. 2. überarbeitete u. erweiterte Aufl. São Paulo *1959*
Bataillon, Marcel: L'esprit des évangélisateurs du Mexique. In: Annuaire du Collège de France *1950*, 229–234
—: L'humanisme de Las Casas. In: Annuaire du Collège de France *1951*, 252–58
—: Études sur Bartolomé de las Casas. (Institut d'études hispaniques) Paris *1964*
—: Erasme et l'Espagne. Recherches sur l'histoire spirituelle du XVIe siècle. Paris *1937*. Spanisch: Erasmo y España. Estudios sobre la historia espiritual del siglo XVI. (Fondo de Cultura Económica) 1. Aufl. 1950. 2., überarbeitete und erweiterte Aufl. México D. F./Buenos Aires 1966. *Anhang* S. 807 ff: Erasmo y el nuevo mundo.
Batllori SJ, Miguel: La cultura hispano-italiana de los Jesuítas expulsos españoles-hispanoamericanos-filipinos 1967–1814. Bd. 1–2. Madrid *1966*
—: Church and independence in Latin America. In: NCE VIII (1967), 441–442
Baumgartner SMB, Jakob: Der Gottesdienst in der Jungen Kirche Neuspaniens. (Mission und Liturgie in Mexiko 1. NZM Supplementa XVIII) Schöneck/Beckenried *1971*
—: Indianerinnenklöster in der Neuen Welt. In: NZM 28 *(1972)*, 9
—: Quezalcóatl – Guadalupe. Zu einer Ideengeschichte des Vizekönigtums Neuspaniens. In: NZM 31 *(1975)*, 223–26
Bayle SJ, Constantino: La comunión entre los indios americanos. In: RI 4 (1943), 197–254 und Missionalia Hispanica I *(1944)*, 13–72
—: El clero secular y la evangelización de América. (Biblioteca ‚Missionalia Hispanica' publicada por el Instituto Santo Toribio de Mogrovejo VI) Madrid *1950*
Bazant, Jan: Historia de la deuda exterior de México. 1823–1946. (Centro de Estudios Históricos, Nueva Serie 3) (El Colegio de) México *1968*
—: Alienation of church wealth in Mexico. Social and economic aspects of the liberal revolution 1856–1875. Hrsg. und übersetzt von Michael P. Costeloe. Cambridge *1971*
Beach, Harlan P.: An outline and interpretation of the Congress on Christian Work in Latin America, Held at Panamá, Febr. 10–19, 1916. New York *1916*
Bear, James Edwin: Mission to Brazil. (Board of World Missions of the Presbyterian Church in the USA) Nashville *1961*
—: The mission work of the Presbyterian Church in the United States in Southern Brazil (1869–1958). Nashville *1961 (SB)*
Beaulieu, G., u. a.: Educação brasileira e colégios de padres. Sacerdotização, desclericalização, democratização. Sao Paulo *1966*
Becker, João: Christo e a republica. Vigésima carta pastoral de D. J. Becker Arcebispo Metropolitano de Pôrto Alegre. Pôrto Alegre *1931* – Q
—: A religião e a patria em face das ideologias modernas. Vigésima oitava carta pastoral de D. J. Becker Arcebispo Metropolitano de Pôrto Alegre. Pôrto Alegre *1939* – Q
Becker-Donner, Etta: Philologische und ethnographische Zusammenschau. In: Anhang zu Zwettler-Codex *1959* ff II, 863 ff
Beckmann SMB, Johannes: *Taufvorbereitung* und Taufliturgie in den Missionen vom 16. Jahrhundert bis zur Gegenwart. In: NZM 15 (1959)
—: Zur Problematik der amerikanischen Missionsgeschichte. In: NZM 15 *(1959)*
—: Der Missionar im Lichte der Missionstheologie des Bartolomé de Las Casas OP. In: NZM 22 *(1966)*, 175–188
—: Die Glaubensverbreitung in Amerika. In: HKGJ V *(1970)*, 256–294 (§ 15)

Béjar, Héctor: Perú 1965: Apuntes sobre una experiencia guerrillera. (Compodónico Ediciones) Lima *1969*
Bello, José Maria: História da república 1889—1954. Síntese de sessenta e cinco anos de vida brasileira. 6. Aufl. São Paulo *1969*
Bennett, Charles: Tinder in Tabasco. A study of church growth in Tropical Mexico. Grand Rapids *1968*
Bennett, Wendell C.: The Andean Highlands: An introduction. In: Stewart *1946* ff II
Benz, Ernst: Kirchengeschichte in Ökumenischer Sicht. Köln *1961*
—: Jenseitshoffnung — eine neue Frage an die Kirche. Der brasilianische Spiritismus als Symptom. In: MEZW 39 (März *1976*), 82—87
Beozzo, Oskar: A igreja e os indios. In: REB 36 *(1976),* 621—632
Berger, Manfredo: Bildungswesen und Dependenzsituation. Eine empirische Darstellung der Beziehungen zwischen Bildungswesen und Gesellschaft in Brasilien. Diss. soc. oec. Bielefeld *1972* (maschinenschriftlich)
Bernal, Ignacio, Román Piña-Chán und Fernando Cámara-Barbachano: The Mexican Museum of Anthropology. México D. F. *1972*
Bernstein, Harry: Some inter-American aspects of the enlightenment. In: Whitaker *1961,* 53—69
Berthe, A.: Vida de Don Manuel García Moreno. Buenos Aires *1972*
Beyerhaus, Peter: Das Neuerwachen der evangelikalen Missionen. In: LR 23 *(1972),* 302—313
Beyhaut, Gustavo: Süd- und Mittelamerika. II: Von der Unabhängigkeit bis zur Krise der Gegenwart. (Fischer Weltgeschichte 23) Frankfurt a. M. *1965*
Bibliografía CEMCEI. Bibliografía de „Relaciones iglesia-estado en América Latina". Publicado e impreso por la Comisión Episcopal de Misiones y Cooperación entre las Iglesias, Madrid. (Boletín Bibliográfico Iberoamericano. Centro de Información y Sociología de la OCSHA. Ciudad Universitaria) Madrid o. J.
Bie, Jan de: God in de sermoenen van Padre António Vieira. Diss. theol. Katholieke Universiteit te Leuven *1970*
Biermann OP, Benno: Das Requerimiento in der Spanischen Conquista. In: NZM 6 *(1950),* 94—114
—: Die Sklaverei in Maranhão. Brasilien im 17. Jahrhundert. Ein unveröffentlichtes Dokument aus der Tätigkeit de P. Antonio Vieira SJ mit einem Kommentar. In: NZM 13 *(1957),* 103—118, 217—225
—: Las Casas und seine Sendung. (Walberberger Studien. Theol. Reihe 5) Mainz *1968*
—: Fray Bartolomé de Las Casas und die Gründung der Mission in der Verapaz (Guatemala). In: NZM 16 *(1960 a),* 161—177
—: Das spanisch-portugiesische Patronat als Laienhilfe für die Mission: In: Das Laienapostolat in den Missionen. Festschrift für Beckmann, hrsg. v. J. Specker u. W. Bühlmann. Beckenried *1961,* 161—179
—: Las Casas — Ein Geisteskranker? In: ZMR 48 *(1964),* 176—191
—: Don Vasco de Quiroga und seine Schrift „De debellandis Indis". In: NZM 22 *(1966),* 189—200
—: Zur Auseinandersetzung um die Menschenrechte der Indianer. Fray Bernardino de Minaya OP und sein Werk. In: 24 *(1968),* 179—189
Bispo dos Santos, Áureo: Pentecostalização do protestantismo histórico. In: CISER 6 *(1977),* 21—24
Bitter, Wilhelm (Hrsg.): Massenwahn in Geschichte und Gegenwart. Ein Tagungsbericht. Stuttgart *1965*
Blanco Segura, Ricardo: Historia eclesiástica de Costa Rica. Del descubrimiento a la erección de la diócesis (1502—1850). (Editorial Costa Rica) San José *1967*
Blanke, Fritz: Mission und Kolonialpolitik. In: Missionsprobleme des Mittelalters und der Neuzeit. Zürich *1966,* 89—114
Boehmer, Heinrich: Der junge Luther. 1. Aufl. 1925. 7. Aufl. hrsg. v. Heinrich Bornkamm. Leipzig *1955*

Boehrer, George C. A.: The church and the overthrow of the Brazilian monarchy. In: HAHR 48, 3 (Aug. *1968*), 380—401. Wiederabgedruckt bei Schmitt 1972, 57—79
Boff OFM, Leonardo: Jesus Cristo Libertador. Ensaio de cristologia para o nosso tempo. Petrópolis *1972*
—: Las imágenes de Cristo presentes en el cristianismo liberal en el Brasil. In: CS 13, 46 *(1975)*, 31—53
Bojorge, Horacio: Jalones bibliográficos. El problema sacerdotal. In: VIS 6, 24/25 *(1971)*, 101—104
Bolivien 1970: Le clergé en Bolivie. Note Spéciale 11. In: PMV 1970, 1—16
Borah, Woodrow, und Sherburne F. *Cook:* The aboriginal population of Central Mexico on the eve of the Spanish conquest. In: IA 45 *(1963)*, 1—5, 88 Wiederabgedruckt in: Hanke I, 201—205
Borges OFM, Pedro: Métodos misionales en la cristianización de América: siglo XVI. (Consejo Superior de Investigaciones Científicas. Departamento de Misionología Española) Madrid *1960*
—: La Santa Sede y América en el siglo XVI. In: Estudios Americanos XXI (Sevilla *1961*), 141—168
Bornkamm, Heinrich: Luther im Spiegel der deutschen Geistesgeschichte. 2. Aufl. Göttingen *1970*
Borrat, Héctor: Introducción. In: Medellín. La iglesia nueva. CM 17 *(1968)*, 3—6
—: El encuentro de Santiago. In: VIS 6, 28 *(1972)*, 21—24
—: Theologie der Befreiung — eine befreiende Theologie? Unbequeme Anfragen zwischen „Medellín" und der Zukunft. In: Hünermann/Fischer *1974*, 181—203
—: La eclosión de los carismáticos. Eros y el espíritu. In: EE 26 *(1976)*, 43—53
Bossong, Klemens: Befreiendes Handeln der Gemeinde. Anregungen von den lateinamerikanischen Basisgemeinschaften für die pastorale Praxis in der Bundesrepublik. In: Modehn *1976*, 71—91
Botas, Paulo César Loureiro: Evangelização: O julgar do mundo. In: CEI Suplemento 5 Evangelização *1973*, 2—7
Boxer, C. R.: Race relations in the Portuguese colonial empire, 1415—1825. Oxford *1963*
Boza, Masvidal Eduardo: En Cuba no se tiene confianza en los cristianos. In: ECA XXVI, 272 *(1971)*, 353—55 – Q
Braga, Erasmo: Pan-Americanismo: Aspecto religioso. Una relación e interpretación del Congreso de Acción Cristiana en la América Latina celebrado en Panamá los 10 a 19 de febrero de 1916. Versión castellana del Prof. Eduardo Monteverdi. Sociedad para la Educación Misionera en los Estados Unidos y El Canadá. New York *1917* – Q
Brakemeier, Gottfried: „Gesandt in die Welt." Ansprache vor der Generalsynode der EKLBB in Curitiba im Okt. 1971. In: LR 21 *(1971)*, 168—371 – Q
—: Das Evangelium und unsere Sendung. Referat auf dem 5to Congreso Luterano Latinoamericano. In: LR 22 *(1972)*, 287—300 – Q
Brasilien/Amnesty. Folter in Brasilien (1968—1972). Aus dem Englischen (Report on allegations of torture in Brazil). Amnesty International, Sektion Bundesrepublik Deutschland. Hamburg *1972* – Q
Brasilien 1970 I: Brasil: Persepctivas de la revolución. (CM 38). *II:* Brasil seis años de dictadura: Torturas. (CM 37) Texto y selección de documentos: Paulo R. Schilling. Montevideo *(1970)* – Q
Brasilien 1970/71. Anuário católico do Brasil 1970/71. Centro de Estatística Religiosa e Investigações Sociais (CERIS). Rio de Janeiro 1972 – Q
Brasilien 1973 I. Eu Ouvi Os Clamores Do Meu Povo (Ex 3, 7). Documento de bispos e superiores religiosos do nordeste. Salvador, Bahia, 6. Mai 1973. Deutsch in: Seminar – Q
Brasilien 1973 II. Marginalização de um povo. Grito das igrejas. Documento de bispos

do centro-oeste. Goiânia, 6. Mai 1973. Deutsch: Randexistenz eines Volkes. Aufschrei der Kirchen. In: Seminar — Q
Brasilien 1976. Comunicação pastoral ao povo de Deus. Hirtenbrief der Comissão Representativa da CNBB v. 25. 10. 1976. Comunicado Mensal da CNBB, Outobro 1976 — Q
Brasilien 1977. Exigências cristãs, de uma ordem política. Documento aprovado pela XV Assembléia Geral da CNBB, Itaici 8 a 17 de fevreiro de 1977. (CEI documento 74. Beilage zu CEI 123) Febr. *1977* — Q
Bravo Ugarte SJ, J.: Historia de México. Bd. 1—4. México D. F. *1941—1959*
—: Como se llegó al ‚Modus Vivendi' de 1929. In: HUMANITAS 6 (Monterrey *1965*), 395—405
Bridges, Julian C.: Expansión evangélica en México. (Editorial Mundo Hispano) Madrid *1973*
Brod SJ, Benno: Os messianismos no Brasil. In: Missão *1973,* 117—133
Bruno SDB. Cayetano: Historia de la iglesia en la Argentina. Bd. 1—6 (bis 1800). Buenos Aires *1966—1970*
—: El derecho público de la iglesia en Indias. (Estudio Histórico-Jurídico) Salamanca *1967*
Brückenschlag: Berichte aus den Arbeitsgebieten des Kirchlichen Außenamtes der EkiD. I: Brasilien. Stuttgart *1966.* II: Lateinamerika. Stuttgart *1968*
Bruneau, Thomas C.: Catolicismo brasileiro em época de transição. Übersetzt von Margarida Oliva. (Themas Brasileiros III, Instituto Brasileiro de Desenvolvimento) São Paulo *1974.* Aus dem Englischen: The political transformation of the Brazilian Catholic Church. London/New York 1974
Büntig, Aldo J.: La iglesia en Cuba. Hacia una nueva frontera. In: RCIAS XIX, 193 (*1970*), 3—46
—: La iglesia Evangélica del Río de la Plata (IERP) y la Congregación Evangélica de Esperanza (Santa Fe). Ensayo de ubicación histórica-sociocultural y socioreligiosa. Pistas de acción pastoral. Buenos Aires *1973* (vervielfältigte Feldstudie im Auftrag des LWB zusammen mit Carlos A. J. Chiesa und Mitarbeit von Juan Pedro Schaad). Zusammenfassung: *Síntesis* del Estudio. Doc. No. 4. 1. 1020 (vervielfältigt von der Studienabt. des LWB)
—: (und Equipo del CIOS, Buenos Aires): La iglesia argentina en las diversas etapas del proyecto neocolonial. In: Héctor Borrat und Aldo J. Büntig: El imperio y las iglesias. (Dependencia 7) Buenos Aires *1973,* 69—115
—: Catolicismo popular y aporte a la liberación. In: SELADOC III *(1976),* 149—157 nach Mensaje Iberoamericana 3 (1975)
Burgin, Miron: The economic aspects of Argentina federalism, 1820—1852. Cambridge, Mass. *1946.* Auszugsweise abgedruckt bei Hanke II, 93—99
Burns, E. Bradford: Nationalism in Brazil. A historical survey. New York/Washington/London *1968*
—: (Hrsg.): A documentary history of Brazil. New York *1970* — Q
Bustamante y Rivero, José Luís: Las clases sociales en el Perú. In: Exigencias Sociales *1959,* 31—79
Cabestrero, Teófilo: São Felix/Brasil: Una iglesia que lucha contra la injusticia. Dokumentation. In: MA 7/8 *(1973),* 5—228 — Q
Calder, Bruce Johnson: Crecimiento y cambio de la Iglesia Católica Guatemalteca 1944-1966. (Estudios Centroamericanos 6. Una publicación conjunta del Seminario de Integración Social Guatemalteca y del Instituto de Estudios Latinoamericanos. Universidad de Texas) Guatemala *1970*
Callcott, W. H.: Church and state in Mexico, 1822—1857. Durham, N. C. *1926*
Calmón, Pedro: História da civilização brasileira. São Paulo *1933*
—: Espírito da sociedade colonial. São Paulo *1935*
—: História social do Brasil. São Paulo *1937*

—: Brasília catedral do Brasil. História da igreja no Brasil. Obra Oficial do VIII Congresso Eucarístico Nacional. Brasília *1970*
Calógeras, J. P.: Formação histórica do Brasil. São Paulo *1966*
Câmara, Gil José: Le Brésil, terre de mission? In: Église vivante 5 (Paris/Löwen *1953*)
Câmara, Hélder Pessoa: Revolução dentro da Paz. Sabiá/Rio de Janeiro *1968* — Q
Camargo, Cândido Procópio Ferreira de: Kardecismo e umbanda. São Paulo *1961*
—: Essai de typologie du catholicisme brésilien. In: Social Compass 14 *(1967)*, 423 ff
—: O movimento de natal. ISS/Feres. Brüssel *1968*
Camargo, Cândido Procópio Ferreira de, Beatriz Muniz de Souza, José Reginaldo Prandi, Melanie Berezowski Singer, Renata Raffaelli Nascimiento: Católicos, protestantes, espíritas. Petrópolis *1973*
Camargo, Paulo Florêncio da Silveira: A igreja na história de São Paulo. Bd. VI u. VII (Instituto Paulista de História e Arte Religiosa) São Paulo *1953*
—: História eclesiástica do Brasil. Petrópolis *1955*
—: Abschnitte zur brasilianischen Kirchengeschichte in: K. Bihlmeyer, H. Tuechle: História da igreja III: Idade moderna. São Paulo *1965*
Campo del Pozo OSA, Fernando: Misiones antiguas de los agustinos en Venezuela. In: Memoria *1969*, 128—143
Campos, Fernando Arruda: Tomismo e neotomismo no Brasil. São Paulo *1968*
Canals Frau, S.: Civilizaciones prehispánicas de América. Buenos Aires *1955*
Caracas *1965*. 100 Jahrfeier der Deutschen Predigtgemeinde Caracas. 1865—1965 Iglesia Evang. Luth. „La Resurrección". Caracas *1965* — Q
Cardenal, Ernesto: En Cuba. Buenos Aires *1972*. Nach einem Auszug in PER VII, 62 *(1972)*, 48 f
Cardich, Augusto: Investigaciones prehistóricas en los Andes peruanos. In: Ravines *1970*, 141—149
Cardiel SJ, José: Declaración de la Verdad. Mit einer Einleitung veröffentlicht von Pablo Hernández SJ. Buenos Aires *1900* — Q
Cardoso, Fernando Henrique: Capitalismo e escravidão no Brasil Meridional. O negro na sociedade escravocrata de Rio Grande do Sul. São Paulo *1962*
—: Das Hautfarbenvorurteil in Brasilien. In: StJ XI/XII *(1963/64)*, 9—17
—: Proletariado no Brasil: Situação e comportamento social. In: F. H. Cardoso: Mudanças sociais na América Latina. São Paulo *1969*, 199—220
—: Hegemonia burguesa e independência econômica: Raízes estruturais da crise política brasileira. In: F. H. Cardoso: Mudanças sociais na América Latina. São Paulo *1969 (M)*
Cardozo, Efraim: Historiografía Paraguaya. I Paraguay indígena, español y jesuita. (Instituto Panamericano de Geografía e Historia. Comisión de Historia 83, Historiografías) México D. F. *1959*
Carmichael, James H.: Recurrent idolatry and religious syncretism. In: Greenleaf *1971*, 138—147
Carnaxide, Visconde de (Antonio de Sousa Pedroso Carnaxide): O Brasil na administração pombalina. São Paulo *1940*. S. 81—88, 160—161 englisch in: Mörner *1965*, 128—133
Carrato, José Ferreira: Igreja, iluminismo e escolas mineiras coloniais. Notas sobre a cultura da decadência mineira setecentista. (BRASILIANA 334). São Paulo *1968*
Carrera Damas, Germán: El culto a Bolívar. Esbozo para un estudio de la historia de las ideas en Venezuela. (Instituto de Antropología e Historia) Caracas *1969*
Carrocerra OFMCap, Buenaventura de: Memoria sobre las misiones de los padres capuchinos. In: Memoria *1969*, 41—77
Carsten, Dietmar M.: Die letzten Inseln der Glückseligkeit. Als Forscher unter den bedrohten Paradiesmenschen in Lateinamerika. Düsseldorf *1973*
Casalís, George: Jesús: ni vencido ni monarca celestial. In: CS 13, *(1975)*, 25—30
Caso, Alfonso: Religión o religiones mesoamericanas? In: IAK *1968* III, 189—200. Vgl. die weiteren Beiträge im Symposion: Religiones mesoamericanas.

Cassani SJ, Joseph: Historia de la provincia de la Compañía de Jesús del Nuevo Reyno de Granada en la América. Madrid *1741* — Q. Vgl. Rey Fajardo 1967
Castañeda Delgado, P.: La teocracia pontifical y la conquista de América. Vitoria *1968*
—: Implicaciones etico-morales de la tributación indiana. Siglos XVI y XVII. In: IAK *1972* III, 223—230
Castillero R., Ernesto J.: Breve historia de la iglesia panameña. Episcopologios de la Diócesis de Panamá. Panamá *1964*
Castillo SJ, Alfonso (unter Mitwirkung des CIAS): Kirche und Entwicklung in Mexiko. In: Kirche und Entwicklung in Argentinien und Mexiko *1973*, 36—88
Castillo Arroyo Prbo., Javier L.: Catecismos peruanos, ayer y hoy. In: LAFT *1967*, 138—163
Castro, Emilio: Neue Wege zur Evangelisation. In: Tschuy *1969*, 186—196
Castro, Theresinha de: História documental do Brasil. Rio de Janeiro *1969* — Q
Cauca 1974. Carta abierta del Consejo Regional Indígena del Cauca. In: Contacto 11, 5 *(1974)*, 55—58 (Indianisches Dokument zu den Menschenrechten in Kolumbien) — Q
Cava, Ralph della: Brazilian messianism and national institutions: A reappraisal of Canudos and Joaseiro. In: HAHR 48 *(1968)*, 402—420
CCLA 1929. Annual report for 1929. New York. Report of Secretary *1933* — Q
CCLA August 1942. Material, activities and attitudes of the R. C. church issued by the CCLA. New York, August 1942 (hektographiert) — Q
CCLA 1955. Consultation on religious liberty in Latin America. IV: Present limitations on religious liberty in Latin America and their effects on the Evangelical communities. A paper by Dr. Howard W. Yoder. Buck Hill Falls, Pa. Nov. 1955 — Q
CEA ARGENTINA 1970. Declaración de la Comisión permanente de la Conferencia Episcopal Argentina. Edición del Secretariado General del Episcopado Argentino. 12. 8. 1970. Wiederabgedruckt in: CIDOCD 70/246 *(1970)*, 246/I—II — Q
CEHILA 1975. Para una historia de la iglesia en América Latina. I encuentro latinoamericano de CEHILA en Quito (1973). Barcelona 1975
CEHILA 1976. Bartolomé de Las Casas (1474—1974) e historia de la iglesia en América Latina. II Encuentro latinoamericano de CEHILA en Chiapas (1974). Barcelona 1976
CEHILA 1976 P. Protestantismo latinoamericano. Problemática histórica. Ensayos de periodización. Referencias bibliográficas. Material reunido en ocasión del Encuentro de Historiadores Protestantes convocado por CEHILA en Bogotá en marzo de 1975. Hrsg. v. José Míguez Bonino. Buenos Aires 1976
Cepeda, Rafael: La conducta cristiana en una sociedad revolucionaria. In: CS. III *(1965)*. Wiederabgedruckt in: CIDOCI III, 6 (März 1966), 3/45—51
Ceram, C. W.: Der erste Amerikaner. Das Rätsel des vorkolumbischen Indianers. Hamburg *1972*
CERIS 1970/71: s. Brasilien 1970/71
César, Waldo A.: Situação social e crecimento do protestantismo na América Latina. In: Protestantismo *1968*, 7—36
—: Para uma sociologia do protestantismo brasileiro. (Trilhas 2) Petrópolis *1973*
Cetrulo SJ, Ricardo: Populorum Progessio: De la ‚animación' de la sociedad al análisis de situación. In: VIS I, 3 *(1967)*, 5—10
—: El catolicismo en América Latina. In: FISAL 4, 40 *(1972)*
Cevallos SJ, Luis: s. CIAS Quito 1972
Chile. Ein Schwarzbuch. Hrsg. v. Hans-Werner Bartsch, Martha Buschmann, Gerhard Stuby und Erich Wulff. Köln *1974 (Sch)*
Chile 1964. Pastoral-Plan des Chilenischen Episkopats. Mit Einleitung. In: PMV 1964/I — Q
Chile 1972. El proceso chileno. In: FISAL 4 *(1972)*, 1—44

Chile 1973. La iglesia chilena, microcosmos latinoamericano. Crónica. In: ESTAL I, 2 (1972), 24–41; 4 (1973), 80–91; 7 (1973), 29–63

Chile 1974. Chili. In: PMV 1974, 1–44

Chile 1975. La iglesia y la junta militar de Chile. (Colección Proceso 7. Tierra Nueva) Buenos Aires 1975

Chile 1977. Unser nationales Zusammenleben. Erklärung des Ständigen Rates der Chilenischen Bischofskonferenz v. 25. 3. 77. In: Mensaje 26 (Apr. 1977). Deutsch in: Missio 3 (1977), 21–29 – Q

Chile TFP 1976. La iglesia del silencio en Chile. Un tema de meditación para los católicos argentinos. Hrsg. v. Sociedad Argentina de Defensa de la Tradición, Familia y Propriedad. Buenos Aires 1976

Chinchilla Aguilar, Ernesto: El positivismo y la reforma en Guatemala. Guatemala 1961

Chong, Moisés: Positivismo y antipositivismo en América Latina. In: LOTERIA, Publicación mensual de la Loteria Nacional de Beneficencia 197, (Panamá 1972), 1–16

Christian Work 1917. I: Survey and occupation. Message and method. Education. *II:* Literature. Women's work. The church in the field. The home base. *III:* Cooperation and the promotion of unity. The training and efficiency of missionaries. The devotional address. The popular addresses. Published for the CCLA by the Missionary Education Movement. New York 1917 – Q

Christian Work 1925. Published for the CCLA by the Missionary Education Movement. Bd. I–II. New York 1925 – Q

Christ sein '70. Junge Bewegungen berichten. 25 Berichte hrsg. v. Siegfried Großmann mit einer Einführung von Günter Krüger, Schloß Craheim 1970 (102 ff: Aufbaumannschaft Brasilien)

CIAS Bogotá: Kirche und Entwicklung in Kolumbien. In: Kirche und Entwicklung in Ekuador und Kolumbien, 1972, 43–84

CIAS Quito 1972. Leonardo Izurieta SJ und Luis Cevallos SJ (CIAS): Kirche und Entwicklung in Ekuador. In: Kirche und Entwicklung in, Ekuador und Kolumbien, 1972, 10–42

CIAS IDES 1971. Iglesia y aspiraciones del pueblo colombiano. (Documento de trabajo 6) Bogotá 1971

CISER 7/1977. Igreja e estado no Brasil: A igreja católica. (CISER 7) Rio de Janeiro 1977

Civilização Brasileira: s. História Geral da Civilização Brasileira

CLAR 1969. Pobreza e vida religiosa na América Latina. Documentos aprovados pela IV Assembléia Geral da CLAR. Santiago de Chile 3a 15 de dezembro 1969. Publicações da Conferência dos Religiosos do Brasil 4 – Q

Class, Helmut: Hypotheken der Mission. In: EvK 6 *(1973),* 150–151

CLLA 5/1971. 5to Congreso Luterano Latinoamericano: El llamado de Cristo y nuestra respuesta. (Publicaciones El Escudo) Buenos Aires 1972 – Q

CODDEH. Comite de Defensa de los Derechos Humanos: Informe de Puno. Lima 1972 (maschinenschriftlich) – Q

Coleman, W. J.: Latin America, Church and independence in. In: NCE VIII *(1967),* 441–443

Collyer, Paul A.: Report on Haiti. *1953.* (unveröffentlichter Bericht für das CCLA im Archiv des ÖRK, Genf) – Q

Colmenares, Germán: Haciendas de los Jesuítas en el Nuevo Reino de Granada siglo XVIII. Bogotá *1969*

Comblin, José: Situação histórica do catolicismo no Brasil. In: REB 26 *(1966),* 574–601

–: Para uma tipologia do catolicismo no Brasil. In: REB 28 *(1968),* 46–73

–: Notas sobre el documento básico para la III Conferencia General del CELAM. In: CM 17 *(1968 CM),* 47–59

–: Os sinais dos tempos e a evangelização. (Teologia hoje) São Paulo *1968 (E)*

–: História da teologia católica. São Paulo *1969*

–: O futuro dos ministérios na igreja latino-americana. Petrópolis *1969 (P)*

–: El tema de la „liberación" en el pensamiento cristiano latinoamericano. In: PER 7 *(1972)*, 105–114. Wiederabgedruckt in: SELADOC I, 229–245
Comunidades de bases *1971*. Caderno do Cristão missionário. Para os cristãos das comunidades de base. Pastoral da Arquidiocese de São Paulo. São Paulo 1971 (hektographierte Schrift von 31 S. für die Leiter der Basisgemeinden)
Concatti, Rolando: Nuestra opción por el peronismo. Sacerdotes para el tercer mundo – Mendoza. 2. Aufl. Buenos Aires *1972* – Q
Conde, Emílio: História das assembléias de Deus no Brasil. Rio de Janeiro *1960*
Conferencias 1956/1961. Conferencias episcopales de Colombia. I: 1908–1953. II: 1954–1960. Bogotá *1956* und *1961* – Q
Conteris, Hiber: Die Entwicklung der modernen Ideologien in Lateinamerika. In: Tschuy *1969*, 60–65
Convenção Batista Brasileira. 54a assembléia, São Paulo 1972 Anais. Rio de Janeiro *1972*. 55a assembléia, Recife 1973. Rio de Janeiro *1973* – Q
Cook, Guillermo: Profundidad en la evangelización. Reflexiones sobre la evangelización a la luz de la Biblia y de la ciencia de la comunicación. (Publicaciones INDEF) San José *1975*
Cook, Sherburne F.: s. Borah/Cook 1963
Cooper, John M.: The Araucanians. In: Steward *1946* ff II, 742 ff
Cordan, Wolfgang: Mayakreuz und Rote Erde. Unter Indios in Mexico. Zürich/Stuttgart *1960*
–: Tod auf Haiti. Erzählung. Stuttgart *1961*
–: Das Buch des Rates Popul Vuh. Schöpfungsmythos und Wanderung der Quiché-Maya. Aus dem Quiché übertragen und erläutert. Düsseldorf/Köln *1962* – Q
–: Götter und Göttertiere der Maya. Resultate des Mérida-Systems. Bern/München *1963*
–: Reconstrucción del Marko y del Proto-Maya. Mérida *1964*
Cordera, Rolando: México: alternativas y contradicciones. Un análisis de la coyuntura política mexicana. In: CS XI, 38 *(1973)*, 11–40
Córdova, Arnaldo: La ideología de la revolución mexicana. La formación del nuevo régimen. México D. F. *1973*. Nach der Rezension von Mauricio de la Selva in: CA XXXII, 5 (1973), 181 ff
Correa, Gustavo: El espíritu del mal en Guatemala. An essay in cultural semantics. In: Middle American Research Institute. Tulane University of Lousiana. Publication 19, New Orleans *1955*, 37–104
Cortesão, Jaime: Introdução, notas e glossário zu Ángelis *1951* I
Cosío Villegas, Daniel: American extremes. Austin *1964*
Costa, Cruz: Contribuição à história das idéias no Brasil. 2. Aufl. Rio de Janeiro *1967*
Costa e Silva, Riograndino da: Notas á margem da história do Rio Grande do Sul, Pôrto Alegre *1968*
Costas, Orlando E.: Theology of the crossroads in contemporary Latinamericana. Missiology in mainline protestantism: 1969–1974. Amsterdam *1976*
–: La misión y el crecimiento de la iglesia. Hacia una misiología de masas y minorías. In: EO III, 2 *(1976 M)*, 2–28
Costeloe, Michael P., Church wealth in Mexiko. A study of the ‚Juzgado de Capellanías' in the Archbishopric of Mexico 1800–1856. Cambridge *1967*
Crabtree, A. R.: História dos batistas do Brasil. Bd. I. (Casa Publicadora Batista) Rio de Janeiro *1937*
–: Baptists in Brazil. A history of Southern Baptists greatest mission field. (Baptist Publishing House) Rio de Janeiro *1953*
Creelman, James: President Díaz: Hero of the Americas. In: Pearson's Magazine XIX (März 1908), 231–277. Auszugsweise abgedruckt bei Hanke II, 256–266
Crespin, Jean: Los mártires de Rio de Janeiro. Colección „Documentos" dirigida por G. Báez-Camargo. Documentos inéditos o muy raros para la historia del protestantismo en Iberoamérica. México D. F./Buenos Aires *1955*. (Edición facsimilar de la

1ª edición francesa, Ginebra 1564). Versión portuguesa de Domingos Ribeiro. (Publicaciones del Comité de Literatura del Comité de Cooperación en América Latina) Buenos Aires 1917 – Q

Cristianos por el socialismo. Luis Bach, José Blanes und Hugo Assmann: Cristianos por el socialismo. Impacto y repercusiones de un encuentro. In: CS X, 33/34 (1972), 5–13

Cue Cánovas, Agustín: Historia social y económica de México. México D. F. 1963

Cuevas, Mariano: Historia de la iglesia en México. Bd. I–V. México D. F./El Paso 1921–28

Cunill, Pedro: A América Andina. Aus dem Französischen (L'Amérique Andine). (Magellan 30) São Paulo 1968 (gute geographische und wirtschaftliche Information nach dem Stand von 1961)

Cursillos de cristiandad en el Paraguay 1970. In: Acción II (Mai 1970), 14–16

Dacorso Filho, César: Príncipe da Igreja Metodista do Brasil. Traços de vida do primeiro bispo brasileiro da Igreja Metodista do Brasil. Por Nelson de Godoy Costa. São Bernardo do Campo 1967

Daghlian, Carlos: Joaquim Nabuco. Der Vorkämpfer für die Befreiung der Sklaven. In: STJ 17 (1969), 55–62

Damboriena, Ángel: Rómulo Gallegos y la problemática venezolana. Caracas 1960

Damboriena SJ, Prudencio: El protestantismo en América Latina. I: Etapas y métodos del protestantismo latino-americano. (Estudios Socio-Religiosos Latino-Americanos 12) Fribourg/Bogotá 1962. – II: La situación del protestantismo en los países latino-americanos. (Estudios Socio-Religioses Latino-Americanos 13) Fribourg/Bogotá 1963

–: Misiones y ecumenismo. In: Misiones Extranjeras 16, 61 (Burgos 1969), 37–70

Dammert Bellido, José A.: Orientaciones para la acción de la iglesia. In: Exigencias Sociales 1959, 157–178 – Q

Dana, Otto: A conversão no contexto dos Cursilhos de cristandade. In: CISER I Conversão (1974), 3–20

Daniel-Rops: The miracle of Ireland. Dublin 1959

Dantzenberg, L.: Bischof Peter Schumacher, 1839–1902. Regensburg 1908

Daubechies SJ, Hubert: Fidel Castro habla a „Los 80". In: MENSAJE 206 (1972), 57–63 – Q

Davis, J. Merle: La base económica de la iglesia evangélica en México. New York/London 1941

–: The Cuban church in sugar economy. A study of the economic and social basis of the Evangelical Church in Cuba. (Department of Social and Economical Research and International Missionary Council) New York/London 1942

–: The church in Puerto Rico's dilemma. A study of the economic and social basis of the Evangelical Church in Puerto Rico. New York 1942 (P)

–: The church in the New Jamaica. A study of the economic and social basis of the Evangelical Church in Jamaica. New York/London 1942 (J)

Dedekind, Max: Verzeichnis der deutschen evangelischen Pfarrer in Südamerika von 1823 bis 1. April 1937. Zur Hundertjahrfeier der „Evangelischen Gesellschaft" zusammengestellt. Wuppertal-Elberfeld 1937 – Q

Degler, N. Carl: Neither black nor white. Slavery and race relations in Brazil and the USA. New York/London 1971

Dejung, Karl-Heinz: Die Ökumenische Bewegung im Entwicklungskonflikt 1910–1968. (Studien zur Friedensforschung 11) München 1973

Dellaferrera, Nelson C.: Un episodio de la historia eclesiástica argentina. La amonestación del Delegado Apostólico al obispo de Córdoba. In: Criterio XVL, 1642 (1972), 205–207

Delmonte, Carlos: La situacón del protestantismo en Argentina. In: CS XI, 34/35 (1973), 129–136

Desarrollo 1972. Desarrollo, justicia, liberación. Ocho documentos doctrinales. (Secretariado Social Mexicano) México D. F. 1972 – Q

Deschner, Karlheinz: Mit Gott und den Faschisten. Der Vatikan im Bunde mit Mussolini, Franco, Hitler und Pavelić. Stuttgart *1965*
Desueza, Edmundo: Personal misionero. Para qué? In: UNELAM *1970,* 65–77 – Q
Devanesan, C.: Post-Amsterdam thoughts from a younger church. In: ER 1 *(1948/1949),* 143
Dewart, Leslie: Christianity and revolution: the lesson of Cuba. New York *1963*
Dhondt, Jan: Das frühe Mittelalter. (Fischer Weltgeschichte 10) Frankfurt a. M. *1968*
Diaconia 1967. I. a Consulta de diaconia e ação social das igrejas luteranas. Serviço de projetos de desenvolvimento da IECLB. Pôrto Alegre *1967* – Q
Diégus Júnior, Manuel: Etnias e culturas no Brasil. Rio de Janeiro *1972*
Diekhans OFM, Mariano: A Assunção de Nossa Senhora na Persuação do Povo Brasileiro. In: REB XII *(1952),* 582 ff
Directorio Evangélico de la Ciudad de México 1969–1970. Hrsg. v. Federación Evangélica de México. México D. F. *1970* – Q
Diskussion 1970: Diskussion zur „Theologie der Revolution". Mit einer Einleitung, einem Dokumententeil und einer Bibliographie zum Thema. Hrsg. v. Ernst Feil und Rudolf Werth. München *1970*
Disselhoff, Hans Dietrich: Geschichte der Altamerikanischen Kulturen. München *1953*
Dix, Robert H.: COLOMBIA: The political dimensions of change. (Yale Studies in Political Science 20) 2. Aufl. New Haven/London *1969*
Dohms, Hermann: Hundert Jahre deutsche Siedlung in Rio Grande do Sul. Zum 25. Juli 1924. In: DEBB 6 *(1924),* 77–78
–: Katholische Reformation und katholischer Nationalismus in Brasilien. In: DEBB 7 *(1925),* 134–141
–: Der Positivismus in Brasilien. In: DEBB 12 *(1930),* 67–72, 81–89, 106–113, 117–126 – Q
–: Kirche und Staat. 38. Synodalbericht *1931* Cai, 28–37 – Q
–: Die deutsche Sprache und die Missouri-Synode. In: DEBB 17 *(1935),* 2 ff – Q
–: Staat und Kirche bei uns. Geschichtliche Bemerkungen. In: SRS 54, 11/12 *(1939)* – Q
Dokumente 1969–73. Centro de Estudios y Publicaciones: La iglesia en América Latina. Testimonios y documentos. 1969–1973. (Tercer mundo 1) Estella, Navarra *1975* – Q
Domínguez Ortiz, Antonio: Los judeoconversos en España y América. (Colección Fundamentos II) Madrid *1971*
Donabín, Michel: El sistema escolar. In: ECA XXVI, 273 *(1971),* 435–455
Dornas Filho, João: O padroado e a igreja brasileira. (Serie 5.ª-Brasiliana 125) São Paulo *1938*
Dreher, Martin Norberto: Kirche und Deutschtum in der Entwicklung der EKLBB. Diss. theol. München *1975* (maschinenschriftlich)
Drekonja, Gerhard: Die Kirche in Kuba. In: Wort und Wahrheit 26 (Freiburg *1971),* 73–77
–: Religion and social change in Latin America. In: LARR VI *(1971 Rel),* 54–72
Dressel, Heinz F.: Der deutschbrasilianische Kolonist im alten Siedlungsgebiet von São Leopoldo, Rio Grande do Sul. Eine soziologische Studie unter besonderer Berücksichtigung von Dois Irmãos. Neuendettelsau *1967*
Duchrow, Ulrich (Hrsg.): Zwei Reiche und Regimente. Ideologie oder evangelische Orientierung? Internationale Fall- und Hintergrundstudien zur Theologie und Praxis lutherischer Kirchen im 20. Jahrhundert. (Studien zur evangelischen Ethik 13) Gütersloh *1977*
– und Wolfgang *Huber:* in Zusammenarbeit mit K. Eichholz, F. Heidler, K. Hertz, W. Kistner, G. Nagy, H.-J. Prien, L. Reith: Die Ambivalenz der Zweireichelehre in lutherischen Kirchen des 20. Jahrhunderts. (Texte zur Kirchen- und Theologiegeschichte 22) Gütersloh *1976*

Duclercq, Michel: L'Église face aux dictatures militaires en Amérique Latine. In: Foi 44 (Febr. *1977*), 1–4
Duplá, F. Javier: Los jesuitas buscan una educación. In: SIC XXXV, 348 *(1972)*, 356 f – Q
Durand Flórez SJ, Ricardo: Carta pastoral de Monseñor ... Arzobispo del Cusco. Al venerable cabildo, sacerdotes, religiosos, religiosas y fieles. Cusco, 25 de Diciembre de 1971. Deutsch in: Peru *1971*, 61–81 – Q
Durban, R.: Las tres „iglesias" de Cuba. In: CIDOCI 9, Doc. 69/189 (1969) übernommen aus: Revista de Revistas, Confidencial, Caracas, 1 (6): 18–19. 69. 11, die ihrerseits einen Artikel von Anne Power zitiert aus: Commonwealth v. 7. 3. *1969*
Dussel, Enrique: Hipótesis para una historia de la iglesia en América Latina. Barcelona *1967*
–: El episcopado hispanoamericano. Institución misionera en defensa del indio 1504–1620. Bd. 1–7. (Sondeos 32–38) Cuernavaca *1969–1971*
–: Historia de la iglesia en América Latina. Coloniaje y liberación 1492/1972. 2., überarbeitete und erweiterte Aufl. Barcelona *1972* (1. Aufl. u. d. Titel: Hipótesis, 1967)
–: Caminos de liberación latinoamericana I. Interpretación histórico-teológica de nuestro continente latinoamericano. Seis conferencias, Buenos Aires *1973*
–: Fray Bartolomé de Las Casas. Profeta crítico del imperialismo europeo. In: Contacto 11, 5 *(1974)*, 27–33
–: Herrschaft – Befreiung. Ein veränderter theologischer Diskurs. In: Concilium 10, 6/7 *(1974 C)*, 396–408
–: Método para una filosofía de la liberación. Superación analéctica de la didáctica hegeliana. Salamanca *1974 (F)*
–: Núcleo simbólico lascasiano como profética crítica al imperialismo europeo. In: CEHILA *1976*, 11–17
– und María Mercedes *Esandi:* El catolicismo popular en la Argentina. (Cuaderno 5: Histórico) Buenos Aires *1970*
Duvoils, P.: La lutte contre les religions autochthones dans le Pérou colonial, „L'extirpation de l'idolâtrie". (Institut Français d'Études Andines) Lima *1971*
Echeverría, José: Der Kampf gegen die katholische Kirche in Mexiko in den letzten 13 Jahren. Hrsg. v. Volksverein für das katholische Deutschland. (Apologetische Tagesfragen 21) München Gladbach *1926*
Eckl, Jürgen: Klassenkämpfe in Chile. (Internationale Solidarität 8) Offenbach *1975*
Eckstein, Salomón: s. Estructura Agraria 1974
Educación 1971. Carta pastoral sobre educación. Conferencia Episcopal de Bolivia. La Paz *1971* – Q
Egaña SJ, Antonio de: Historia de la iglesia en la América española desde el descubrimiento hasta comienzos del siglo XIX, Hemisferio sur. (Biblioteca de Autores Cristianos 256) Madrid *1966*
Eguía Ruíz SJ, Constancio: España y sus misiones en los países del Plata. Madrid *1953*. S. 584–596 englisch in: Mörner 1965, 175–180
Ekuador 1970. In: PMV 31 *(1970)*, 1–36 o. Vf.
El Salvador 1970. Memorial del Primer Congreso Nacional de Reforma Agraria. Enero 5–10, 1970. (Publicaciones de la Asamblea Legislativa) San Salvador *1970* – Q
El Salvador 1970 I. III anuario eclesiástico de El Salvador. Secretariado Social Interdiocesano. Arzobispado, San Salvador. San Salvador *1970* – Q
Encina, Francisco: Resumen de la historia de Chile. Redacción, iconografía y apéndices de Leopoldo Castedo. Santiago de Chile *1954*
–: Historia de Chile. Bd. I–III. 3. Aufl. Santiago *1959*
Ennis, Arthur: Fray Alonso de la Vera Cruz OSA (1507–1584). A study of his life and his contributions to the religious and intellectual affaires of early Mexico. Louvain *1957*
Episkopale 1972. Declaración de la Conferencia Episcopal de EE. UU. Washington 7.

6. 1972. In: PER VII, 66 *(1972)*, 191 (Erklärung der Episcopal Church of USA gegen die Blockade Kubas)
Erdmann, Carl: Die Entstehung des Kreuzzugsgedankens. 1. Aufl. 1935. 2. Aufl. Darmstadt *1955*
Esandi, María Mercedes: s. Dussel/Esandi 1970
Escandell, Bonet, B.: Sobre la peculiarización americana de la inquisición española en Indias. In: IAK *1972* III, 215–222
Escobar Armas, Carlos: El hecho centroamericano y Panamá. In: Justicia y Paz *1971*, 41–74
Escobar, Samuel: Evangelisation und die Suche des Menschen nach Freiheit, Gerechtigkeit und Erfüllung. Internationaler Kongreß für Welt-Evangelisation. Taktische Grundsätze. Kongreß-Paper. Lausanne. Juli *1974* – Q
–: Evangelization and man's search for freedom, justice and fulfillment, Escobars Antwort auf Bemerkungen zu seinem Referat. *1974* (II) (hektographiert) – Q
–: El Reino de Dios, la escatología y la ética social y política en América Latina. In: Padilla *1975*, 127–156
Escorial 1972. Instituto Fe y Secularidad: Fe cristiana y cambio social en América Latina. Encuentro de El Escorial, 1972. (Agora: Critica Religión, Sociedad) Salamanca 1973
Estructura Agraria 1974. Sergio Reyes Osorio, Rodolfo Stavenhagen, Salomón Eckstein, Juan Ballesteros u. a.: Estructura agraria y desarrollo agrícola en México. Estudio sobre las relaciones entre tenencia y desarrollo agrícola de México. (Fondo de Cultura Económica) México D. F. 1974. Zitiert nach der Zusammenfassung in: Contacto 13, 4 (1976), 21–34
Etnocidio 1974. Declaración sobre etnocidio. XLI Congreso International de Americanistas en México. 1974. In: Liberación del indígena, 42–47 – Q
Evangelio y Violencia 1973. Un análisis eclesiástico de la situación en Bolivia. Centro de Documentación, Buenos Aires 15. 2. 1973 (Erklärung von 99 Priestern, Religiosen und Pastoren von Bolivien). In: Presencia v. 20. 1. 1973. Wiederabgedruckt in: Dokumente 1969–73, 63–74 – Q
Evangelisierung in Brasilien, Chile und Peru 1974. Dokumente der Bischofskonferenzen zur Synode 1974. (Adveniat 16) Essen 1974 – Q
Evangelisierung in LA 1974. Arbeitspapier der pastoraltheologischen Reflexionsgruppe des Lateinamerikanischen Bischofsrates (CELAM) zur Bischofssynode in Rom 1974. (Adveniat 15) Essen 1974 – Q
Evian 1970. Offizieller Bericht der 5. Vollversammlung des LWB epd. Dokumentation, hrsg. v. Hans-Wolfgang Heßler. Bd. 3. Witten/Frankfurt/Berlin 1970 – Q
Exigencias sociales 1959. Exigencias sociales del catolicismo en el Perú. Primera semana social del Perú. Lima 1959 – Q
Faber, Gustav: Brasilien, Weltmacht von morgen. In Zusammenarbeit mit dem Institut für Auslandsbeziehungen, Stuttgart. (Erdmann Ländermonographien 2) Tübingen/Basel *1970*
Facó, Rui: Cangaceiros e fanáticos. 2. Aufl. Rio de Janeiro *1965*
Faget Montero, Jorge: Una experiencia de autoritarismo. In: PER 39/40 *(1969)*, 273–285
Fagg, John Edwin: Latin America. A general history. 3. Aufl. New York *1971*
Falk-Rønne, Arne: Massenmord im Mato Grosso. Die Ausrottung der Indianer in Südamerika. Gütersloh *1970*
Falla, Ricardo: Poder, pueblo y fe en la Guatemala indígena: Una visión antropológica. In: ECA XXIX *(1974)*, 679–686
Fascismo 1976: El fascismo en América. (NP 1) México D. F. 1976
Fast, Heinold: Mennonitischer Rassismus? In: Mennonit 26 *(1973)*, 87–89 – Q
Fausel, Erich: D. Dr. Rotermund. Ein Kampf um Recht und Richtung des evangelischen Deutschtums in Südbrasilien. São Leopoldo *1936*
–: Präses D. Dohms, Festgabe zum 75. Synodaljubiläum. São Leopoldo *1961*

Feder, Ernest: Agrarstruktur und Unterentwicklung in Lateinamerika. Frankfurt a. M. *1973*. Aus dem Amerikanischen: The rape of the peasantry. Latin America's landholding system. New York 1971
—: Violencia y despojo del campesino: El latifundismo en América Latina. Aus dem Amerikanischen von Roberto R. Reyes. 1. Aufl. México D. F. 1972. 2. Aufl. *1975* (die amerikanische Ausgabe, New York 1971, ist gekürzt)
FERES: Protestantisme et développement au Nord-Este du Brésil. Faite dans le cadre du projet ISS/FERES, a été publié sous le titre: Religião e desenvolvimento económico no Nordeste do Brasil. CIDOCI 9, Doc. 69/160 *(1969)*, 160/1–11 (englische Zusammenfassung)
Ferguson, John Halcro: Cuba. In: Véliz *1968*, 241–256
Fernandes, Florestan: Das Vorurteil gegen die Farbigen in Brasilien und seine gesetzliche Bekämpfung. In: StJ I *(1953)*, 105–123
—: A integração do negro na sociedade de classes. I: O legado da raça branca. II: No limiar de uma nova era. São Paulo *1965*. Deutsch von J. Gräbener: Die Integration des Negers in die Klassengesellschaft. Bad Homburg *1969*
Fernandes, Rubem César: O debate entre sociólogos a propósito dos Pentecostais. In: CISER 6 *(1977)*, 49–60
Fernández Ceballos, Raúl: Christen in der Bewährung. In: Kuba *1969*, 13–92
Figuera, Guillermo: Documentos para la historia de la iglesia en Venezuela. Estudio preliminar de G. Figuera. Bd. I–II. (Biblioteca de la Academia Nacional de la Historia 74–75. Fuentes para la Historia colonial de Venezuela) Caracas *1965* – Q
Fischer, Joachim: Der Kampf gegen die Pseudopfarrer in Rio Grande do Sul im 19. Jahrhundert. In: EvD 38 *(1967)*, 94–118
—: Geschichte der Evangelischen Kirche Lutherischen Bekenntnisses. In: Jahn *1970*, 85–200
Fischer, Martin: Vierzig Jahre rußlanddeutsche Siedlungen in Santa Catarina. Festgabe zum vierzigsten Jubiläum der rußlanddeutschen Einwanderung in Iracema und Aguinhas. 1930–1970. Ijuí *1970*
—: Die Inquisition im spanischen und portugiesischen Kolonialreich Amerikas. In: Serra-Post Kalender. Brasilianisches Jahrbuch 51 (Ijuí *1972*), 147–160
Fischer, Ulrich: Brasilien für Christus. Eine evangelische Herausforderung. Neuendettelsau *1975*
Flasche, R.: Geschichte und Typologie afrikanischer Religiosität in Brasilien. Diss. theol. Marburg *1971*
Flores, Gerardo (Bischof von Quezaltenango): La religiosidad popular en Guatemala. Un estudio presentado a la I semana de pastoral de conjunto de Guatemala. In: ECA 244 *(1968)*, 427–433
Florescano, Enrique: Haciendas, latifundios y plantaciones en América Latina. Coordinación de E. F. Simposio de Roma organizado por CLASCO. (Siglo XXI Editores) México D. F. *1975*
Floria, Carlos Alberto: La iglesia, los católicos y la política. In: CRIT 36 (Dez. *1963*), 885–888. Wiederabgedruckt in: CIDOCI II, 88 (1965), 4/19–24
Floridi SJ, Ulisse Alessio: O radicalismo católico brasileiro. Para onde vai o catolicismo progressista no Brasil. São Paulo *1973*. Aus dem Italienischen: Radicalismo cattolico brasiliano. Rom 1968
Focher, Juan de: Tractatus de baptismo et matrimonio. In: Missionalia Hispanica 19 (Madrid *1962*), 331–370 – Q
Fontaine A. SSCC, Pablo: La Iglesia Católica Chilena en los últimos 20 años. In: Mensaje 202/203 *(1971)*, 422–432
Forero León, Luis A.: Dos ciudades: La iglesia y el estado. Bogotá *1938*
Fragoso, Antônio Batista: El coraje de Cuba, o Fidel Castro enjuiciado por un obispo. In: El Mensajero del Corazón de Jesús. Bilbao, März *1968*
—: Evangelho e problemática social. Aus dem Französischen (Evangile et révolution sociale). Porto *1969* (Reden des Bischofs von Cratéus aus dem Jahre 1968) – Q

Frank, André Gunder: Kapitalismus und Unterentwicklung in Lateinamerika. Frankfurt *1969*. Aus dem Englischen: Capitalism and underdevelopment in Latin America. London/New York *1968*

Freire, Paulo: Politische Alphabetisierung. Einführung ins Konzept einer humanisierenden Bildung. In: LM 9 *(1970)*, 578–583

–: Pädagogik der Unterdrückten (Pedagogia dos oprimidos). Aus dem Amerikanischen (1970). Stuttgart/Berlin *1971* und (rororo 6830) Reinbek 1973 – Q

–: La misión educadora de las iglesias en América Latina. In: PER VII, 66 *(1972)*, 172–179 und 67 *(1972)*, 201–209

–: en América Latina. Texte. Fichas Latinoamericanas 1, 4 (Buenos Aires *1974 LA*)

–: Erziehung als Praxis zur Freiheit (La educación como práctica de la libertad). Aus dem Amerikanischen. Stuttgart *1974* und (rororo 7058) Reinbek *1977*

–: Die Wirklichkeit entschleiern. Interview in: LM 15 (1976), 605–607

Frenz, Helmut: Auf dem Wege. Einleitung. In: Junge *1973*, 5–10

Freye, Gilberto: *I:* Casa-grande e senzala. Formação da família brasileira sob o regime de economia patriarcal. 11. portug. (10. brasil.) Aufl. Rio de Janeiro *1961*. Deutsch: Herrenhaus und Sklavenhütte. Ein Bild der brasilianischen Gesellschaft. Köln/Berlin *1965*

–: *II:* Sobrados e mucambos. Decadência do patriarcado rural e desenvolvimento do urbano. 3. Aufl. Rio de Janeiro *1961*

–: Order and progress. Brazil from monarchy to republic. Aus dem Portugiesischen (Ordem e progresso) von Rod. W. Horton. New York *1970*

–: Nôvo mundo nos trópicos. Aus dem Englischen (1963). Erweiterte und aktualisierte Ausgabe. São Paulo *1971*

Friede, Juan: La censura española del siglo XVI y los libros de historia de América. In: RHA 47 *(1959)*, 45–94

–: Bartolomé de Las Casas, precursor del anticolonialismo. Su lucha y su derrota. (Siglo XXI Editores) México D. F. *1974*

Friederici, Georg: Der Charakter der Entdeckung und Eroberung Amerikas durch die Europäer. Einleitung zur Geschichte der Besiedlung Amerikas durch die Völker der Alten Welt. Bd. 1–3. (Allgemeine Staatengeschichte II, 2. Hrsg. v. Hermann Onken) Stuttgart *1925* und *1936*

Frieling, Reinhard: Die lateinamerikanische Theologie der Befreiung. In: MD 23,2 *(1972)*, 26–35

–: Befreiungstheologien. In: MD 26, 3 *1975*), 51–55

–: Kirche fürs Volk (Bericht über Chile). In: Md 27, 2 *(1976)*, 38 f

Fülling, Erich: Außerkirchliche religiöse Strömungen im heutigen Brasilien. In: EMJ *1961*, 64–76

–: Christus im sechsten Kontinent. Der Weg des Evangeliums in Lateinamerika. Stuttgart *1966*

–: Evangelische Kirche in Lateinamerika. Ihre missionarische und soziale Aufgabe. In: EMJ *1969*, 28–47

–: O desenvolvimento interno da Igreja Evangélica no Brasil (Sínodo Rio Grandense) após a 2a Guerra Mundial (1945–1948). In: Estudos 14, 2 *(1974)*, 29–35

Fuente, Carlos de la: Educación católica, por qué? In: CIDOCI II, 15 (Aug. 1965), 8/13–17 übernommen aus SIC 28 *(1965)*, 265–267

Fuenzalida 1972: s. Silva Fuenzalida

Fuerst, René: Bibliography of the indigenous problem and policy of the Brazilian Amazon region (1957–1972). (AMAZIND/IWGIA Document 6) Kopenhagen/Genf *1972*

Furlong SJ, Guillermo: La Santa Sede y la emancipación hispanoamericana. Buenos Aires *1957*

–: Misiones y sus pueblos de guaranís. Buenos Aires *1962*

–: Argentina. In: NCE I *(1967)*, 779–785

Furtado, Celso: Formação económica do Brasil. 8. Aufl. São Paulo *1968*. Spanisch: Formación económica del Brasil. México D. F. *1959*
Galeano, Eduardo H.: Guatemala, clave de Latinoamérica. Montevideo *1967*
–: Die offenen Adern Lateinamerikas. Die Geschichte eines Kontiments von der Entdeckung bis zur Gegenwart. Wuppertal *1973*. Aus dem Spanischen. Las venas abiertas de América Latina. Montevideo 1971
–: La fe como principio de promición de la religiosidad popular. In: Escorial *1972*
Galilea, Segundo: La teología de la liberación como crítica de la actividad de la iglesia en América Latina. In: NM VIII *(1967)*, 138–145
Gandee, Lee J.: The introduction and nineteenth century development of protestantism in Mexico. México D. F. *1949* (Unveröffentliche Magisterthese des Colegio de México, zit. nach Murray)
Gansweidt, Matias José: As vítimas do Bugre. Aus dem Deutschen (Luis Buger und die Opfer seiner Rache) von Eugénio Damião. Pôrto Alegre *1946*
Gaona Pbro., Silvio: El clero en la guerra del 70. Asunción *1964*
Garaycoa Hawkins Pbro., Hugo: Primeras relaciones entre la Santa Sede y el Perú. Diss. Pontificia Universidad Lateranense Rom 1964. Wiederabgedruckt in: LAFT *1970*, 3–94
García Gutiérrez, Jesús: La iglesia mejicana en el segundo imperio. México D. F. *1955*
García, Salvador: Revolución violenta o pacífica? Relación de una visita a Centroamérica por el Padre S. G., Director del Secretarido Social Diocesano de Cuernavaca, 1. de junio – 10 de julio 1970. In: CIDOCD Doc. I/I 71/277 *(1971)*, 277/1–9 – Q
Garibay, Angel Ma. K.: Presencia de la iglesia en México. 2 Aufl. México D. F. *1966*
Garrido, G.: s. Alonso/Garrido 1962
Gauthier, Paul: O Concílio e a ‚Igreja dos Pobres'. ‚Consolai Meu Povo.' Com textos de J. Mouraux e Y. Congar OP. Petrópolis *1967*
Gauto B., Miguel Angel: Esquema para la aproximación a un análisis de la historia Paraguaya. Coordenadas interpretativas. Asunción *1972* (unveröffentlichter Entwurf für die Paraguayische Bischofskonferenz)
Gavidia 1969: s. Mata Gavidia
Gensichen, Hans Werner: Missionsgeschichte der neueren Zeit. (KiG 4 T) Göttingen *1961*, 3., verbesserte und ergänzte Aufl. 1976
–: Kirchengeschichte im Kontext. Die Historiographie der jungen Kirchen auf neuen Wegen. In: LR 26 *(1976)*, 301–313
George, Poikail John: Racist assumptions of the 19th century missionary movement. In: IRM 59 *(1970)*, 271–283
Gera, Lucio, und G. *Rodríguez* Melgarejo: Ekklesiologie konkret – Zur Krise des argentinischen Katholizismus. In: Hünermann und Fischer *1974*, 70–118. Aus dem Spanischen: Apuntes para una interpretación de la iglesia argentina. In: VIS 4, 15 *(1970)*, 59–88
– Aldo J. *Büntig*, Osvaldo *Catena*: Teología, pastoral y dependencia. Lucio Gera, La iglesia frente a la situatión de dependencia. Aldo J. Büntig y Osvaldo Catena, Acción pastoral y dependencia. (Dependencia 10) Buenos Aires *1974*
Gerasi, John: The great fear in Latin America. 1. Aufl. 1963 (The great fear). 6. Aufl. New York/London *1971*
Gerbert, Martin: Religionen in Brasilien. Eine Analyse der nicht-katholischen Religionsformen im sozialen Wandel der brasilianischen Gesellschaft (BIA 13) Berlin (West) *1970*
Gheerbrant, Alain: La iglesia de América Latina. (Siglo XXI Editores) México D. F./Buenos Aires 1970
Gibson, Charles: The Aztecs under Spanish rule. A history of the Indians of the Valley of Mexico 1519–1810. (Stanford University Press) Stanford *1964*
Gillmore, Juan: Bolivia y la solución brasileña. In: Mensaje 210 *(1972)*, 406–409
Giménez, Gilberto: Socio-theological investigation project on the theme: „Faith,

church and social reality in Mexico." Identity 74 LWB/DS Doc. I. 04/1.3, Genf *1974* (vervielfältigtes LWB-Paper)
—: Chalma, sanctuaire de l'Anahuac. Analyse éthno-sociologique d'un santuaire rural. Doctorat. Institut des Hautes Études de l'Amérique Latine, Paris III, Sorbonne Nouvelle. Paris *1976* (maschinenschriftlich)
Girard, Rafael: Los Mayas. Su civilización — su historia, sus vinculaciones continentales. México D. F. *1966*. Deutsch: Die ewigen Mayas. Zivilisation und Geschichte. Zürich 1969 (Ungeaue Übersetzung)
Glazik MSG, Josef: Mission im spanischen Patronatsgebiet (Kap. 45). Die Mission im portugiesischen Missionsgebiet (Kap. 46). In: HKGJ IV *(1967)*, 606–623
Goff, James and Margret: Setback in Bolivia. In: Ch & C 32 *(1972)*, 78–84
Gogolok OFM, Osmar: Die brasilianischen Bischöfe über Grundfragen politischer Ordnung. In: HKorr 31 *(1977)*,
Goldenberg, Boris: Lateinamerika und die kubanische Revolution. Köln/Berlin *1963*
—: Gewerkschaften in Lateinamerika. Hannover *1964*
Gomes, Fernando (Bischof von Goiânia): Die Kirche hat das Recht, zur Wirtschaftspolitik Stellung zu nehmen. Goiânia, 4. Juli *1973*. Deutsch in: Brasilien II, *1973*, 4548
Gómez Canedo OFM, Lino: La Provincia Franciscana de Santa Cruz de Caracas. In: Memoria *1969*, 144–255
Gómez M., Lidice, und *Guzmán* Carriquiry: Qué espera Vd. del CELAM? „La presencia de la palabra". In: VIS 2, 6 *(1968)*, 52–55
González, Justo L.: The development of christianity in the Latin Caribbean. Grand Rapids *1969*
—: Historia de las misiones. Buenos Aires *1970* (bezüglich LA: 138–164, 168–170, 327–439)
González Echenique, Javier: Los obispos de indias como funcionarios de la corona. In: RChHD 6 *(1970)*
González Machado, Tristán: Los derechos humanos y la represión en América Latina. In: CS XII, 40/41 *(1974)*, 110–136
González R., Luis: De la acción indigenista a la acción indígena: CENAMI 1970–1975. In: El V, 3 *(1976)*, 273–289 — Q
González Ramírez SJ, Manuel R.: La iglesia mexicana en Cifras. (CIAS) México D. F. *1969* — Q
—: Aportes a la sociología de la religión. Tesis para optar por el título de Licenciado en Ciencias Sociales. Universidad Iberoamericana. Escuela de Ciencias Políticas y Sociales incorporada a la U.N.A.M. México D. F. *1972*
Gordan, P.: Das Kreuz des Südens. In: Wort und Wahrheit 2, 12 (Freiburg *1957*), 735 ff
—: Die Kirche in Lateinamerika. Klischee und Wirklichkeit. In: Wort und Wahrheit 4, 12 (Freiburg *1959*)
Goslin, T. S.: Los evangélicos en la América Latina. Buenos Aires *1956*
Gottschald, Karl: Von der Eigenart der Riograndenser Synode. In: RGS *1961*, 11–21 — Q
—: Der Evangelische Bund Brasiliens. In: Jahn *1970*, 58–63
Graham, Richard (Hrsg.): A century of brazilian history since 1865. Issues and problems. New York *1969*
Greenleaf, Richard E.: Zumárraga and the Mexican inquisition 1536–1543. In: Academy of American Franciscan History. Washington *1962*, 26–32. Wiederabgedruckt in: Greenleaf 1971, 30–36 unter dem Titel: Religion in the Mexican renaissance colony.
—: The inquisition and the Indians of New Spain: A study in jurisdictional confusion. In: The Americas 22 *(1965)*, 138–166
— (Hrsg.): The roman catholic church in colonial Latin America. (Borzoi Books on Latin America) New York *1971*

Gregory, Affonso: Pesquisa exploratória sobre Comunidades Eclesiais de Base (CEB) no Brasil. In: Missão 1973, 135—149
Griffin, Charles C.: The Enlightenment and Latin American independance. In: Whitaker 1961, 119—143
Grijp, Klaus van der: Protestantismo brasileiro á procura de identidade. In: Estudos 14, I *(1974 E)*, 14—26
—: Imagens de Jesus Cristo no protestantismo conservador. In: Jesus Cristo no Brasil. São Paulo 1974, 111—126
Grimal, Pierre (Hrsg.): Mythen der Völker. (Fischer Bücherei. Bücher des Wissens III) Frankfurt a. M. *1967*
Groner, Franz: Kirchliches Jahrbuch. Amtliches statistisches Jahrbuch der katholischen Kirche Deutschlands. XXVI: 1962—1968. Köln 1969 — Q
Grossmann, Rudolf: Das Erbe der Mönche und Conquistadoren. Das theologische Problem in der heutigen Umwälzung Lateinamerikas. In: Tutzinger Texte 2 (München 1968). Wiederabgedruckt in: Idee und Wirklichkeit in Ibero-Amerika. Hamburg 1969, 13—24
—: Geschichte und Probleme der lateinamerikanischen Literatur. München 1969
Grubb, Kenneth G.: Report on the religious conditions in Mexico. CCLA New York/London *1935* (für internen Gebrauch vervielfältigt, ÖRK-Archiv Genf) — Q
Gruson, Alberto: Religiosidad popular e iglesia como institución. Centro de Investigaciones en Ciencias Sociales. Caracas 1972 (vervielfältigter Vortrag vom XXIII. Congreso del Instituto Internacional de Sociología)
Guarda OSB, Gabriel: Notas sobre el apostolado seglar en América española en los siglos XVI—XIX. In: TV XIII *(1972)*, 66—78
Guatemala 1965. Tenencia de la tierra y desarrollo socioeconómico del sector agrícola en Guatemala. Dokument der CIDA, hrsg. v. der Unión Panamericana, Generalsekretariat der OAS. Washington, D. C. 1965. Wiederabgedruckt in: Galeano 1967, 157—166 — Q
Guatemala 1968. Guatemala. La violencia. Bd. I—III. Zusammengestellt von Alejandro del Corro. (CIDOC-Dossier Nr. 19—20 u. 217) Cuernavaca 1968
Guatemala 1975. Indigenismo e iglesia en Guatemala. Text aus einem ‚curso de antropología y teología para la actividad misionera en Guatemala' im Instituto Indígena Santiago in Guatemala-Stadt vom Dez. 1974. In: EI IV (1975), 391—402 — Q
Guatemala 1976. Mensaje del Episcopado de Guatemala: Unidos en la esperanza. Presencia de la iglesia en la reconstrucción de Guatemala. Julio 1976. Secretariado de Medios de Comunicación Social del Episcopado de Guatemala. Quezaltenango 1976 — Q
Guimarães, Alberto Passos: Quatro séculos de latifúndio. Rio de Janeiro 1968
Günther, Wolfgang: Von Edinburgh nach Mexico City. Die ekklesiologischen Bemühungen der Weltmissionskonferenzen (1910—1963). Stuttgart 1970
Gutiérrez, Guillermo: Ciencia — Cultura y dependencia (Dependencia 2) Buenos Aires 1973
Gutiérrez Merino, Gustavo: De la iglesia colonial a Medellín. In: VIS 4, 16 *(1970)*, 3—8
—: Teología de la liberación. Perspectivas. Salamanca 1972. Deutsch: Theologie der Befreiung. München 1973 — Q
—: Teología, Biblia y misión indígena. In: EI I, 4 *(1972 II)*, 17—36 — Q
—: Praxis de liberación y fe cristiana. Testimonios de la iglesia en América Latina: 1969—1973. In: CS XII, 40/41 *(1974)*, 110—136 — Q
—: Praxis de liberación y fe cristiana. In: IAL *1975*, 11—48 — Q
Guzmán Campos, Germán: La violencia en Colombia. Parte descriptiva. Cali *1968*
—: El Padre Torres. México D. F. *1968 (T)*
Guzmán R., Aníbal: Dependencia y subdesarrollo de Bolivia. In: CS XI, 37 *(1973)*, 5—26

Haberland, Wolfgang: Zentral-Amerika: Begriff, Grenzen und Probleme. In: Mitteilungen aus dem Museum für Völkerkunde 25 (Hamburg *1959*), 53–59
–: Amerika, Besiedlung. In: Völkerkunde. Hrsg. v. Herbert Tischner. (Fischer Lexikon 13) Frankfurt a. M. *1963*, 19–21
–: s. auch Trimborn 1966
Hack, Hendrick: Indianer und Mennoniten im paraguayischen Chaco. Amsterdam *1975*
Haddox, Benjamín E.: Sociedad y religión en Colombia. Estudio de las instituciones religiosas colombianas. Traducción de Jorge Zalamea. (Biblioteca Latinoamericana de Sociología) Bogotá *1965*
Hagen, Victor W. von: Die Kultur der Maya. Aus dem Englischen. Wien *1966*
–: Sonnenkönigreiche: Azteken, Maya, Inka. 2. Aufl. München/Zürich *1966*
–: *Culturas* Preincaicas. Civilizaciones Mochica y Chimú. Madrid *1966*
Hahn, H. Ch.: Die Herrnhuter Pioniermission in Mittel- und Südamerika im 18. Jahrhundert. Vervielfältigtes Manuskript eines Referates auf der Arbeitstagung „Indianerstämme Lateinamerikas im interethnischen Konflikt" in Königstein im Jan. *1974*
Hahner, June E.: The Brazilian armed forces and the overthrow of the monarchy: another perspective. In: The Americas 26 *(1970)*, 171–182
Haller, Johannes: Das Papsttum. Idee und Wirklichkeit. 5 Bde. (Rowohlts deutsche Enzyklopädie) Reinbek *1965*
Halperin Donghi, Tulio: Histoire contemporaine de l'Amérique Latine. Traduit de l'espagnol par Anny Amberni. Avant-propos et notes de Jean-A. Meyer. Paris *1972*. Aus dem Spanischen: Historia contemporánea de América Latina. Madrid *1969*
Ham, Adolfo: Die Sozialkrise und die evangelischen Kirchen. Der Fall Kuba. In: Tschuy *1969*, 139–144
Hambre 1973. „No podemos caminar con hambre bajo el sol." In: Contacto 10, 4 *(1973)*, 51–58 (Dokument zum indianischen Bodenproblem in Südmexiko) – Q
Hanke, Lewis: Las Casas, historiador. Einleitung zu: Las Casas I, *1951*, X–LXXXVI
–: Aristotle and the American Indians. A study in race prejudice in the modern world. London *1959* (Auszug aus der Debatte von Valladolid). Wiederabgedruckt in: Greenleaf 1971, 47–52
–: The dawn of conscience in America: Spanish experiences with Indians in the new world. In: Proceedings of the American Philosophical Society CVII, 2 *(1963)*, 83 ff. Wiederabgedruckt in: Hanke I, 180–190
–: More heat and some light on the Spanish struggle for justice in the conquest of America. In: HAHR 44 *(1964)*, 293–340
–: The sermons of Friar Antonio de Montesinos, 1511. In: The Spanish struggle for justice in the conquest of America. Boston *1965*, 17–18. Wiederabgedruckt in: Hanke I, 121–123
–: Mexico and the Caribbean. (Modern Latin America. Continent in ferment I) 2. aufl. Princeton *1967* (I)
–: South America. (Modern Latin America. Continent in ferment II) 2. Aufl. Princeton *1967* (II)
–: History of Latin American civilization. Sources and interpretations. I: The colonial experience. 2. Aufl. II: The modern age. 3. Aufl. Boston 1967 *(Hanke I+II)* – Q
Hardoy, Jorge: Urban planning in pre-Columbian America. (Planning and Cities. General Editor George R. Collins) New York *1968*
–: El modelo clásico de la ciudad colonial hispano-americana. In: IAK *1968* IV, 143–181
–: Las formas urbanas europeas durante los siglos XV al XVII y su utilización en América Latina. In: IAK *1970* II, 157–190
Harms-Baltzer, Käte: Die Nationalisierung der deutschen Einwanderer und ihrer

Nachkommen in Brasilien als Problem der deutsch-brasilianischen Beziehungen 1930–1938. (BIA 14) Berlin (West) *1970*

Haubert, Maxime: A vida quotidiana no Paraguai no tempo dos Jesuítas. Lissabon o. J. Aus dem Französischen: La vie quotidienne au Paraguay sous les jésuites. Paris *1967*

Hayward, Victor: Latin America – an ecumenical bird's eye view. In: IRM LX, 238 *(1971)*, 161–185

Hedrick, B. C.: Religious syncretism in Spanish America. (Colorado State College. Greeley Museum of Anthropology Miscellaneous Series 2) Boulder, Colo. *1967*

Hees, Ulrich: Die Anfänge der Kirchbildung in Rio Grande do Sul. Zum 100. Jahrestag der Gründung der ersten Riograndenser Synode am 10./11. Februar 1868. In: EvD 39 *(1968)*, 51–70

Hefner, Philip: Die Vermittlung des Evangeliums in ökologischer Sicht. In: LR 19 *(1969)*, 414–34

Held, Heinz Joachim: Die Evangelische Kirche am La Plata zwischen Herkunft und Zukunft. Hektographiertes Manuskript eines auf der 24. Ordentlichen General- und Synodalversammlung, Buenos Aires 9.–13. Okt. 1971, gehaltenen Referates. Buenos Aires *1971* – Q

–: La contribución luterana a la misión de la iglesia en América Latina. Consulta de Caracas, 2–6 de Enero de 1973. Zusammenfassung in: LR 23 *(1973)*, 369 – Q

Hellinghaus, I.: Der hl. Franziskus Solanus, Apostel von Peru, Tucuman (1549–1610), Trier *1912*

Helms, James Ervin: Origins and growth of protestantism in Mexico to 1920. Diss. theol. University of Texas 1955 (unveröffentlicht; beste Arbeit über den frühen Protestantismus in Mexiko). Zitiert nach Murray 1965

Henderson, Lawrence Wallace: Portuguese colonial policy. A thesis submitted to the Faculty of Kennedy School of Missions of the Hartford Seminary Foundation in partial fulfilment of the requirements for the degree of Master of Arts. Hartford, Con. *1958*

Hernáez, F. J.: Colección de bulas, breves y otros documentos relativos a la iglesia de América y Filipinas. Bd. 1–2. Brüssel *1879*, Neudruck 1964 – Q

Hertz, Karl: Studienarbeit. In: LR 24 (1974), 57–60

Hessel, Lothar, und Georges *Raeders*: O teatro jesuítico no Brasil. (Editora da Universidade Federal do Rio Grande do Sul) Pôrto Alegre *1972*

Heyer, Friedrich: Die Katholische Kirche vom Westfälischen Frieden bis zum Ersten Vatikanischen Konzil. (KiG 4 N) Göttingen 1963

Hildner, Robert E.: s. Russel 1974

Hillekamps, Carl H.: Religion, Kirche und Staat in Lateinamerika. München *1966*

Historia de México. Wigberto *Jiménez* Moreno, José *Miranda*, Maria Teresa Fernández. 6. Aufl. México D. F. *1971*

História Geral da Civilização Brasileira sob a direção de Sérgio Buarque de Holanda. I: A época colonial. II: O brasil monárquico. São Paulo *1960* ff

Hobsbawn, E. J.: Perú: La „revolución" singular. In: FISAL 4, 41 *(1972)*

Hochleitner, Franz Joseph: Eine neue Interpretation des 370 Legua Meredians im Vertrag von Tordesillas (1494). In: IAK *1972* III, 173–175

Hochman, Elena, und Heinz Rudolf *Sonntag*: Christentum und politische Praxis: Camilo Torres (Edition Suhrkamp 363) Frankfurt a. M. *1969*

Hocking, W. E.: Rethinking missions. A laymen's inquiry after one hundred years. New York/London *1932* (Text des sogenannten Laymen-Report) – Q

Höffner, Joseph: Kolonialismus und Evangelium. Spanische Kolonialethik im Goldenen Zeitalter. 2. Aufl. von „Christentum und Menschenwürde". Trier *1969*

Hoeltje, Georg: Die Propheten von Congonhas do Campo. In: STJ 2 *(1954)*, 101–131

Hogg, William Richey: Ecumenical foundations. A history of the international missionary council and its nineteenth-century background. New York *1952*

Holanda, Sérgio Buarque de: Raízes do Brasil. (Biblioteca Básica Brasileira 10) 4. Aufl. Brasilia *1963*
—: A visão do paraíso. (Brasiliana 333) 2. erweiterte Aufl. São Paulo *1969*
Holl, Karl: Luther und das landesherrliche Kirchenregiment. In: ZThK XXXI, 1911 Ergänzungsheft I. Wiederabgedruckt in: Gesammelte Aufsätze zur Kirchengeschichte I: Luther. 7. Aufl. Tübingen *1948,* 326–380
Hollenweger, Walter J.: Handbuch der Pfingstbewegung. (8 Bände vervielfältigt). II. Hauptteil 02b: Lateinamerika
—: Enthusiastisches Christentum. Die Pfingstbewegung in Geschichte und Gegenwart. Wuppertal/Zürich *1969*
—: Enthusiastisches Christentum in Brasilien. In: Tschuy *1969 (E),* 97–106
—: Die Pfingstkirchen und die Dritte Welt. öpd *24* (3. Juli *1969)*
—: Charisma und Ökumene: Der Beitrag der Pfingstbewegung zur weltweiten Kirche. In: Rondom het Woord 12, 3 *(1970),* 300 ff
—: „Blumen und Lieder." Ein mexikanischer Beitrag zum theologischen Verstehensprozeß. In: EvTh 31 *(1971),* 437–448
—: Pfingstler, Katholiken und Politik in Lateinamerika. In: *Reformatio* 22, 6 (Juni *1973),* 334–341
—: New wine in old wineskins. Protestant and catholic neo-pentecostalism. (Fellowship Press) Gloucester *1973 (N)*
—: Zur katholischen Pfingstbewegung. In: ThLZ 100 *(1975),* 952–960 mit Bibliographie
Homet, Marcel: Die Söhne der Sonne. Olten/Freiburg *1958*
Hoornaert, Eduardo: O Concílio Vaticano II e a igreja no Brasil. In: REB 27 *(1967),* 43–54
—: A distanção entre „Lei" e „Religão" no Nordeste. In: REB 29 *(1969),* 580–606
—: Las Casas ou Sepúlveda? O futuro da igreja no Brasil. In: REB 30 *(1970),* 850–870
—: A igreja e a ética do desenvolvimento no Brasil. In: REB 30 *(1970 E),* 27–58
—: Rio de Janeiro, uma igreja perseguida. In: REB 31 *(1971),* 590–619
—: As relações entre igreja e estado na Bahia colonial. In: REB 32 *(1972),* 274–308
—: Verdadeira e falsa religião no nordeste. (Evangelho Povo e Nordeste. Subsídios para Uma Pastoral Renovada. I. Estudios) Salvador (Bahia) *1973*
—: Para uma história da igreja no Brasil. In: REB 33 *(1973 REB),* 117–138
—: A formação do cristianismo guerreiro no Brasil de 1500–1800. In: REB 33 (Dez. *1973 C)*
—: Formação do catolicismo brasileiro 1550–1800. Ensaio de interpretação a partir dos oprimidos. Petrópolis *1974*
—: A evangelização segundo a tradição guadalupana. Análise de um folheto popular. In: CEHILA *1976,* 137–159
—: A tradição lascasiana no Brasil. In: CEHILA *1976 (T),* 67–82
Hortal SJ, Jesus: Instituições eclesiásticas e evangelização no Brasil. In: Missão *1973,* 95–116
Houtart, François: La iglesia latinoamericana en la hora del concilio. (FERES) Fribourg/Bogotá *1963*
—: El cambio social en América Latina. Bogotá *1964*
—: und E. *Pin:* Los cristianos en la revolución de América Latina. (Contemplación y Acción). Buenos Aires *1966* (Überarbeitung von Houtart 1963)
— und André *Rousseau:* Ist die Kirche eine antirevolutionäre Kraft? München *1973.* Aus dem Französischen: L'église force antirévolutionnaire? De 1789 à mai 1968 – De la commune au Vietnam – Du Cuba à l'Angola. Paris 1968
Howe, Gary Nigel: Representações religiosas e capitalismo: Uma ‚leitura' estructuralista do pentecostalismo no Brasil. In: CISER 6 *(1977),* 39–48
Hoyt Williams, John: Paraguayan isolation under Dr. Francia: A revaluation. In: HAHR 52 *(1972),* 102–122

Hünermann, Peter, und Gerd-Dieter *Fischer* (Hrsg.): Gott im Aufbruch. Die Provokation der lateinamerikanischen Theologie. Freiburg/Basel/Wien 1974

Hughes, Kathleen: The church in early Irish society. (Methuin) Dublin 1966

Humphreys, R. A., und John *Lynch*: The origins of the Latin American revolutions 1808–1826 (Borzoi Books on Latin America. General Editor: Lewis Hanke) I. Aufl. 1965, 4. Aufl. New York 1968

Hunsche, Karl-Heinrich: Der brasilianische Integralismus. Diss. Phil. Berlin 1937. Stuttgart 1938

Hussey, Roland D.: Traces of French enlightenment in colonial Hispanic America. In: Whitaker 1961, 23–51

Hutchinson, Bertram: The patron-dependant relationship in Brazil: A preliminary examination, In: Sociologia Ruralis VI, 1 (Assen 1966), 3–30

IAK 1968: Verhandlungen des XXXVIII. Internationalen Amerikanistenkongresses Stuttgart-München 12 bis 18. August 1968. Bd. I–IV. München 1969–1972

IAK 1970 II: El proceso de urbanización en América desde sus orígenes hasta nuestros días. Simposio 2. XXXIX Congreso International de Americanistas. 2. Lima 1972

IAK 1972: Atti del XL Congresso Internazionale degli Americanisti. Roma-Genova 3–10 Settembre 1972. I–III. Genua 1973–1975

IAL 1975: La iglesia en América Latina. Testimonios y documentos (1969–1973). (Centro de Estudios y Publicaciones [CEP]. Editorial Verbo Divino). Estella (Navarra) 1975 – Q

Ianni, Octávio: As metamorfoses do escravo. São Paulo 1962

–: Raças e classes sociais no Brasil. (Ed. Civilização Brás.) Rio de Janeiro 1966

–: O colapso do populismo no Brasil. Rio de Janeiro 1968

–: Imperialismo na América Latina. (Documentos da História Contemporánea 58) Rio de Janeiro 1974

Ibero-Amerika 1954. Ein Handbuch. Hrsg. v. Ibero-Amerikanischen Verein Hamburg-Bremen e. V. verbesserte Aufl. Hamburg 1954

IDOC 1973. The future of the missionary enterprise. I: The situation of the Indian in South America: contributions to the study of interethnic conflict in Non-Andean regions of South America. II: The search for new forms of community. (IDOC International) Roma 1973

IERP XXIV Asamblea 1971. Iglesia Evangélica del Río de la Plata: Informe sobre la XXIV Asamblea General y Sinodal Ordinaria 9 al 13 de octubre de 1971 Buenos Aires. Hrsg. v. IERP 1971/72 – Q

La Iglesia y el País. Pbro. Lucio Gera, Pbro. Alberto Sily, SJ, Dres. José Miguens, Francisco Suárez, Pbro. Justino O'Farrel. Koordinierungskommission des Treffens von 70 Priestern im Juni 1966 in Chapadmalal (Prov. de Bs. As.). (Ediciones Búsqueda) Buenos Aires 1967 – Q

Imhoff, Christoph von: Das neue ökumenische Gesicht. Asien und Afrika prägten die Bangkok-Konferenz. In: LM 12 *(1973)*, 63–66

Illich, Ivan: The seamy side of charity. In: America 58 (New York, Jan 1967). Deutsch: Die Kehrseite der Barmherzigkeit. In: Almosen und Folter. München 1970, 433–55

–: The vanishing clergyman. In: The Critic 1967. Deutsch: Das Verschwinden des Priesters. In: Almosen und Folter. München 1970, 57–78

–: Schulen helfen nicht. In: Almosen und Folter. München 1970 *(Sch)*, 87–112

–: Sociedade sem escolas. Petrópolis 1973

Indianische Minderheiten. Weltmission heute zum Thema: Indianische Minderheiten – Überleben und Identitätskrise. Hrsg. v. EAGWM, Deutscher Evangelischer Missionstag und MISSIO, München. Hamburg 1975 – Q

The Indians and the occupation of the Amazon. The complete text of the document released on the 14th of July, 1971 and signed by more than 80 Brazilian ethnologists, anthropologists, historians and sociologists. In: Barbados 1972, 338–342 – Q

Innes, Hammond: Die Konquistadoren. Bern/Stuttgart *1970*. Aus dem Englischen: The conquistadors, London 1969
Interdonato, Francisco: El ateísmo en el mundo actual. Estudio aplicado al Perú. Diss. theol. Facultad de Teología Pontificia Civil de Lima 1968. Lima *1968*
Iriate OMI, Gregorio: Octubre 1970: la revolución de los comunicados. In: PER V, 49 *(1970)*, 267–272
–: Padre Mauricio, mártir de la liberación. In: PER VII, 60 *(1971)*, 290 ff – Q
Iriarte SJ, Víctor: La Arquidiócesis de Caracas de 1900–1966. In: SIC XXX, 297 *(1967)* 365–369
ISAL 1971. De la iglesia y la sociedad. Hrsg. mit einem Vorwort von Emilio Castro. Montevideo 1971
ISEDET 1974. Bericht über den Instituto Superior de Estudios Teológicos von Rektor Roberto E. Ríos. Buenos Aires *1974* (hektographiert) – Q
Italiaander, Rolf (Hrsg.): Die Gefährdung der Religionen. Ein Symposion der Weltreligionen. Kassel *1966*
–: Terra dolorosa. Wandlungen in Lateinamerika. Wiesbaden *1969*
–: Partisanen und Profeten. Christen für eine Welt. Erlangen *1972*
Izurieta SJ, Leonardo: s. CIAS Quito 1972
Jaboatão OFM, Frei Antônio de Santa Maria: Novo orbe seráfico brasílico, ou crónica dos Frades Menores da Província do Brasil. Neudruck 1. und 2. Teil. Rio de Janeiro *1858* und *1859* – Q
Jacob, Ernst Gerhard: Grundzüge der Geschichte Portugals und seiner Übersee-Provinzen. (Grundzüge 12/13) Darmstadt *1969*
–: Grundzüge der Geschichte Brasiliens. (Grundzüge 24) Darmstadt *1974*
Jacob, Raúl: Consecuencias sociales del alumbramiento (1872–1880). Montevideo *1969*
Jacobs, Manfred: Die Kirchengeschichte Südamerikas spanischer Zunge. In: KiG 4 S (Göttingen *1963*), 33–63
–: Die Entwicklung des deutschen Nationalgedankens von der Reformation bis zum deutschen Idealismus. In: Zilleßen *1970*, 51–110
Jaeger SJ, Padre Luis Gonzaga: O indio no Rio Grande do Sul. In: Primeiro Seminário de Estudos Gaúchos. Edição da Pontífica Universidade Católica. Pôrto Alegre *1958*
–: A expulsão da Companhia de Jesus do Brasil em 1760. Exame crítico no seu bicentenário. Pôrto Alegre *1960*. Englisch in: Mörner 1965, 117–127
Jahn, Christoph (Hrsg.): Es begann am Rio dos Sinos. Erlangen *1970*
Jansen, Gustavo Amigo: El Coraje de Cuba – símbolo y llamado para la liberación de América Latina? In: ECA 238 *(1968)*, 154–159
Jaramillo Restrepo, Gonzalo: El pensamiento conservador. Medellín 1936
Jedin, Hubert: Vorschlag für die Amerika-Mission aus dem Jahre 1513. In: NZM 2 *(1946)*, 81–84
Jerez SJ, César: La United Fruit Company en Guatemala. In: ECA 269 *(1970)*, 117–128
Jesus Cristo no Brasil. Boff, Araujo, Lepargneur, Maraschin, Grijp, Tavares, Muniz de Souza, Willik: Quem é Jesus Cristo no Brasil? (Teologia no Brasil I. ASTE). São Paulo 1974
Jiménez B. SJ, Julio: Sobre iglesia y política en la historia chilena (1). In: TV XII *(1971)*, 218–254
Jiménez Fernández, Manuel: Fr. Bartolomé de Las Casas. Tratado de Indias y el Doctor Sepúlveda. Estudio preliminar de M. Jiménez F. Caracas *1962* (Kommentierte Ausgabe von 16 Dokumenten) – Q
Johnson, A. E.: Venezuela survey report. Worldwide evangelization cruzade 1967. Fort Washington, Penn. *1967*
Johnson, John J.: Simón Bolívar and Spanish American independence: 1783–1830. In Zusammenarbeit mit Doris M. Ladd. New York etc. *1968*
Jones, William B.: Evangelical catholicism in early colonial Mexico: An analysis of

Bishop Juan de Zumarraga's Doctrina Cristiana. In: The Americas XXIII *(1967)*, 423–432

Junge, Hans: Auf dem Wege. Eine kurzgefaßte Chronik 1863–1973. Hrsg. v. ELKC. Santiago *1973* (hektographiert)

Junqueira, Carmen: The Brazilian indigenous problem and policy: The example of the Xingu National Park (AMZIND/IWGIA Document 13) Kopenhagen/Genf *1973*

Justicia y Paz 1971. 1er. Encuentro Regional México-Centroamérica y Panamá del 23 al 28 de Noviembre de 1970. Antigua-Guatemala. Hrsg. v. Pontificia Comisión de Justicia y Paz y Secretariado Social Interdiocesano de El Salvador. San Salvador 1971

Justicia y Paz 1972. Ayuda externa y promoción humana. La experiencia centroamericana. Estudios, informes, conclusiones del Encuentro Centroamericano de Instituciones de Promoción celebrado en Estelí, Nicaragua del 15 al 17 de Octubre de 1972. Hrsg. v. Secrataría Regional de Justicia y Paz. San Salvador 1972

Justicia y Paz 1974. La Evangelización hoy en América Central y su proyección a la justicia. IV Encuentro Regional de Justicia y Paz, México, Centroamérica y las Antillas, Panamá, Rep. de Panamá; 23–27 Junio 1974. San Salvador 1975

Justicia y Paz 1975. Movimentos Apostólicos en América Central y su incidencia en lo sociopolítico. V Encuentro ... Belize, 18–22 Agosto 1975. San Salvador 1976

Kadt, Emanuel de: BRAZIL. In: Véliz *1968*, 41–53

—: Catholic radicals in Brazil. Royal Institute of International Affairs, Oxford. London/New York *1970*

Kamen, Henry: Die spanische Inquisition. München *1967*. Aus dem Englischen: The Spanish inquisition, London 1965)

Kaplán, Marcos: La política del petróleo (1907–1955). In: Foro Internacional, Colegio de México XIV *(1973)*, 85–105

Kasper, Walter: Warum noch Mission? In: Pesch Haus *1971*, 13–32. (Referat 1968 vor der Mitgliederversammlung des Kath. Missionsrates in Würzburg)

Katz, Friedrich: Vorkolumbianische Kulturen. Die großen Reiche des Alten Amerika. (Kindlers Kulturgeschichte) München *1969*

K'Ekchi 1973. The K'Ekchi documentation. The problems of pastoral work among the indigenous population in the Diocese of Verapaz, Guatemala. In: EI III, 1 (März *1973*) (zit. nach IDOC 1973, 65–67) – Q

Kelemen, Pál: Colonial religious architecture. In: Greenleaf *1971*, 237–255

Kemper, Werner: Archaisch-Ekstatische Massenbewegungen im heutigen Brasilien. In: Bitter *1965*, 133–150

Kessler, Jr., J. B. A.: A study of the older protestant missions and churches in Peru and Chile. With special reference to the problems of division, nationalism and native ministry. Diss. theol. Utrecht. Goes *1967*

Kiemen, M. C.: Brazil. In: NCE II *(1967)* 762–771

Kilger OSB, Laurenz: Die Neger in Peru um 1600 nach der Bilderchronik des Phelipe Guamán Poma de Ayala. In: NZM *(1948)*, 110–116

Kilgore, W. J.: The development of positivsm in Latin America. In: RIB XIX *(1969)*, 133–145

Kinzer, Nora Scott: Myth and misinterpretations of the Latin American female. In: IAK 1972 III, 453–458

Kirche und Entwicklung in Argentinien und Mexiko. Hrsg. vom Institut für Gesellschaftspolitik an der Hochschule. für Philosophie München. (Kirche und Dritte Welt 10) Mannheim-Ludwigshafen *1973*

Kirche und Entwicklung in Ekuador und Kolumbien. Hrsg. vom Institut für Gesellschaftspolitik an der Hochschule für Philosophie München. (Kirche und Dritte Welt 7) Mannheim-Ludwigshafen *1972*

Kirche und Gesellschaft 13/1958. Rapid social change in Argentina, Chile and Uruguay. Project Papers Nr. 13. (Department on Church and Society. Division of Studies. World Council of Churches) Genf 1958

Kirche und Gesellschaft 1969. Social justice and the Latin churches. Church and society in Latin America. Translated by Jorge Lara-Braud. Richmond 1969

Kirchenkampf LA. Une lutte systématique contre l'église d'Amérique Latine. Dokumentation der Commission Tiers-Monde Église catholique. Genf 1976 (vervielfältigt)

Klein, Herbert S.: The impact of the Chaco War on the Bolivian society. University of Chicago. Chicago *1963* (Mikrofilm)

Kliewer, Gerd Uwe: Religion, Unterentwicklung und sozialer Wandel, untersucht am Beispiel der lateinamerikanischen Pfingstbewegung. Diss. Marburg *1973* (maschinenschriftlich) = Das neue Volk der Pfingstler. Religion, Unterentwicklung und sozialer Wandel in Lateinamerika. Bern/Frankfurt *1975*

Kloppenburg, Bonaventura: O espiritismo no Brasil. Orientação para os católicos. (Vozes em Defesa da Fé. Estudo 1). 1. Aufl. 1960. 2. Aufl. Petrópolis *1964*

–: A umbanda no Brasil. Petrópolis *1961*

Knapp, Forest L.: Protestants help in Latin America. In: Christian Century 9. 12. 1942. Auszugsweise wiederabgedruckt in: Religious Liberty 1943, 15 ff

Königstein 1974: Erklärung der ersten Arbeitstagung „Indianerstämme Lateinamerikas im interethnischen Konflikt". In: Indianische Minderheiten 1975, 52–53

Körner, Heiko: Zur Bedeutung der ‚dependencia'-Theorie für die Erforschung der Probleme der Entwicklungsländer. In: Lateinamerika 1976, 62–63

Koerner, Niels: Appraisal after a century. The Evangelical Lutheran Church in Chile today. In: IRM LX, 238 *(1971)*, 272–76

Kolakowski, Leszek: Die Philosophie des Positivismus. Aus dem Polnischen (1966). München *1971*

Kolumbien, Conferencias 1956. s. Conferencias 1956/1961

Konetzke, Richard: Colección de documentos para la historia de la formación social de Hispanoamérica 1493–1810. I: 1953 (1493–1592); II T. 1: 1958 (1593–1659); II T. 2: 1958 (1660–1690); III T. 1: 1962 (1691–1779); III T. 2: 1962 (1780–1807). Madrid *1953*ff – Q

–: Forschungsprobleme zur Geschichte der Religion und ihrer Bedeutung in der Kolonisation Amerikas. In: Saeculum 10 *(1959)*, 82–102

–: Staat und Gesellschaft in Hispano-Amerika am Vorabend der Unabhängigkeit. In: Saeculum 12 *(1961)*

–: Ramón Menéndez Pidal und der Streit um Las Casas. In: Romanische Forschungen 76 (Frankfurt a. M. *1964)*, 447–453

–: Süd- und Mittelamerika. I: Die Indianerkulturen Altamerikas und die spanisch-portugiesische Kolonialherrschaft. (Fischer Weltgeschichte 22) Frankfurt a. M. *1965*

–: Christentum und Conquista im spanischen Amerika. In: Saeculum 23 *(1972)*, 59–73

Koseritz, Carl von: Imagens do Brasil. Tradução, préfacio e notas de Afonso Arinos de Melo Franco. 1. port. Aufl. 1934. 2. Aufl. São Paulo *1972* – Q

Kossok, Manfred (Hrsg.): Der Iberische Revolutionszyklus 1789–1830. Bemerkungen zu einem Thema der vergleichenden Revolutionsgeschichte. In: Studien über die Revolution. Festgabe für Walter Markow. Berlin *1969*

–: Aufklärung in Lateinamerika: Mythos oder Realität? In: IAK 1972 III, 417–422

Krickeberg, Walter: Altmexikanische Kulturen. Berlin *1956*

– u. a.: Die Religionen des Alten Amerika. (Religionen der Menschheit 7) Stuttgart *1961*

Krischke, George Zepton: História da Igreja Episcopal Brasileira. (Editôra da Igreja Episcopal Brasileira bzw. Publicadora Ecclesia Pôrto Alegre). Rio de Janeiro *1949*

Kroeber, A. L.: The Chibcha. In: Steward 1946 ff II, 887 ff

Kroeber, Clifton B.: Rosas and the revision of Argentine history 1880–1955. In: IARB X *(1960)*, 3–25. Auszugsweise wiederabgedruckt in: Hanke II, 100–112

Kroeker, Peter J.: Lenguas and Mennonites: A study of cultural change in the Paraguayan Chaco, 1928—1970. Master of Art Thesis. Department of Anthropology, Wichita State University, Wichita, Kansas 1970

Kuba 1969. Neue Kirche in neuer Welt. Studien zum kubanischen Protestantismus von Raúl Fernández Ceballos, Rafael Cepada und Sergio Arce Martínez. Berlin (Ost) 1969

Kuba 1969. Comunicado de la Conferencia Episcopal a sus Sacerdotes y Fieles. La Habana 10. April 1969. In: Iglesia Latinoamericana: Crisis y renovación. CM 24 (Apr. 1969), 104—106

Kuba 1972. La situación de la iglesia en Cuba analizada por un grupo de cristianos comprometidos en la Revolución Cubana. In: Misiones Extranjeras 14 (1973), 70—95 (Es handelt sich um das Paper der kubanischen Delegation auf dem „Encuentro sobre Teología de la Liberación" in El Escorial/Spanien im Juli 1972)

Kuba 1972 A. La iglesia en Cuba. Informe que la delegación de cristianos de Cuba presentó en el Primer Encuentro Latinoamericano de Cristianos por el Socialismo, realizado en Santiago de Chile entre el 23 y 30 de abril de 1972. Editorial Auca. Buenos Aires 1972

Kuba 1975. Kuba: Politik-Wirtschaft. Kurzbibliographie. Dokumentationsdienst Lateinamerika. Institut für Iberoamerika-Kunde im Verband der Stiftung Deutsches Übersee-Institut. Dokumentationsleitstelle. Hamburg 1975

Kühner, Hans: Neues Papstlexikon von Petrus bis Paul VI. Frankfurt/Hamburg 1965

Labelle, Yván: s. Pérez Ramírez 1964

—: La iglesia en la Cuba socialista. (Artikel auf Grund mehrerer Vorträge von P. Labelle). In: CIDOCI II, 7 *(1965)*, 4/1—10

Laclau, Ernesto: Feudalismo y capitalismo en América Latina. In: Cuadernos Anagrama. (Sociología y Antropología 63) Barcelona *1973*, 178—192

Lafaye, Jacques: Quetzalcóatl et Guadalupe. La formation de la conscience nationale au Mexique (1531—1813). Vorwort von Octavio Paz. Paris *1974* (Überarbeitete, gekürzte Fassung von: Quetzalcóatl et Gudadalupe. Eschatologie et histoire au Mexique. Diss. phil. Sorbonne, Paris 1971)

Lalive d'Epinay, Christian: La „Conquista" Pentecostal en Chile. In: CM 29 *(1969)*, 33—41

—: O refúgio das massas. Estudo sociológico do protestantismo chileno. Traducão de Waldo A. César. (Estudos sôbre o Brasil e a América Latina 14) Rio de Janeiro *1970*. Aus dem Französischen: Le Pentecôtisme dans la societé chilienne. Essai d'approche sociologique. Diss. theol. Genf 1967

—: Religião, espiritualidade e sociedade. Estudo sociológico do Pentecostalismo Latinoamericano. In: CISER 6 *(1977)*, 5—10

Laming-Emperaire, A.: Südamerika. In: Fischer Weltgeschichte. 1: Vorgeschichte. Frankfurt a. M. *1966*, 320 ff

Lanczkowski, G.: Die Begegnung des Christentums mit der aztekischen Religion. In: Numen 5 (Leiden *1958)*, 58—81

Landsberger, Henry A. (Hrsg.): The church and social change in Latin America. (University of Notre Dame Press) Notre Dame/London *1970*

—: Time, persons, doctrine: The modernization of the church in Chile. In: Landsberger *1970*, 77—94

Lanning, John Tate: The eighteenth-century englightenment in the University of San Carlos de Guatemala. New York *1956*

—: The reception of the enlightenment in Latin America. In: Whitaker *1961*, 71—93

Larrea, Carlos Manuel: Notas de prehistoria e historia ecuatoriana. Quito *1971*

Las Casas OP, Bartolomé de: Historia de las indias. Edición de Agustín Millares Carlo y estudio preliminar de Lewis Hanke. Bd. I—III. (Fondo de Cultura Económica) México D. F./Buenos Aires *1951* — Q

—: Kurzgefaßter Bericht von der Verwüstung der westindischen Länder (Brevissima relación de la destruyción de las indias. 1552). Neudruck nach der Ausgabe von 1790. Hrsg. v. H. M. Enzensberger. Frankfurt *1960* — Q

Lateinamerika 1974 (LA 1974). Lateinamerika. Wirtschaftliche Daten. Ausgabe 1974. (Deutsche Überseeische Bank) Hamburg 1974
Lateinamerika 1974. Kurzbericht über Lateinamerika. Stand November 74 (Nr. 4/74). (Deutsch-Südamerikanische Bank) Hamburg 1974
Lateinamerika 1976. Denkanstöße aus Lateinamerika. Theologen, Soziologen, Politik- und Wirtschaftswissenschaftler berichten. Hrsg. v. Albrecht v. Gleich und Germán Kratochwil anläßlich der Frankfurter Buchmesse 1976 (Institut für Iberoamerika-Kunde) Hamburg 1976
Lateinamerika: Faschismus oder Revolution. Hrsg. und übersetzt von Heinz Rudolf Sonntag. Berlin 1974
Latourette, Kenneth Scott: A history of the expansion of christianity. III: Three centuries of advance. A.D. 1500–A.D. 1800. New York 1939. V: The great century in the Americas, Austral Asia and Africa. 1800–1914. New York 1943
Ledit SJ, Joseph: Die Front der Laien. Revolution in Mexiko. Wien/München 1956. Aus dem Französischen: Le front des pauvres. (Editions Fides) Montréal 1954
Leite SJ, Serafim: História da Companhia de Jesus no Brasil. Bd. *I–X*. Rio de Janeiro/Lisboa 1938ff
Lembke, Ingo: Die Herausforderung des Katholizismus durch die Probleme der Unterentwicklung in Lateinamerika. Diss. theol. Hamburg 1973 = Christentum unter den Bedingungen Lateinamerikas. Die katholische Kirche vor den Problemen der Abhängigkeit und Unterentwicklung. Bern/Frankfurt 1975
Leme 1962. Irmã Maria Regina do Santo Rosário (Laurita Pessóa Raja Gabglia). O Cardeal Leme. Rio de Janeiro 1962
León-Portilla, Miguel: La filosofía náhuatl, estudiada en sus fuentes. (Universidad Nacional XV) 3. Aufl. México D. F. 1963
—: und Renate Heuer (Hrsg.): Die Aufzeichnungen der Azteken über den Untergang ihres Reiches. Köln 1962 — Q
Léonard, Émile G.: L'Eglise Presbytérienne du Brésil et ses expériences ecclésiastiques. (Études Evangéliques. Faculté Libre de Théologie Protestante d'Aix-en-Provence) D'Aix-en-Provence 1949
—: L'illuminisme dans un protestantisme de constitution récente (Brésil). (Presses Universitaires de France) Paris 1953
—: O protestantismo brasileiro. Estudo de eclesiologia e história social. Aus dem Französischen von L. de Camargo Schützer. In: RH 1951 und 1952. In einem Band hrsg. von der ASTE. São Paulo 1963
Leopoldo e Silva, Duarte: O clero e a independência. Conferências patrióticas. 1. Aufl. 1922. 2. Aufl. São Paulo 1972
Lepargneur, Hubert: Imagens de Cristo no catolicismo popular brasileiro. In: Jesus Cristo no Brasil. São Paulo 1974, 55–94
Lery, Jean de: Journal de bord de Jean de Lery en la terre de Brésil (1557). Hrsg. v. M.-R. Mayeux. Paris 1957 — Q
Lessa, Vicente Themudo: O evangelho na borda da matta. (Typ. Irmãos Ferraz) São Paulo 1924
—: Annaes da 1.ª Egreja Presbyteriana de São Paulo, 1863–1903. Edição da 1.ª Egreja Presbyteriana Independente. São Paulo 1938 — Q
Leturia SJ, Pedro: Relaciones entre la Santa Sede e Hispano-América. Bd. *I–III*. Rom/Caracas 1959 I–III
Leví, Benjamín: Ecuador: expulsión del padre Hernández. Los Hechos. PER V, 46 (1970), 187 f — Q
Lewin, Boleslao: La inquisición en Hispanoamerica. Buenos Aires 1967
—: La rebelión de Túpac Amaru y los orígenes de la independencia de Hispanoamérica. 3. Aufl. Buenos Aires 1967 *(A)*
Lewis, Oscar: The children of Sánchez, autobiography of a Mexican family. (Vintage Books) New York 1961

—: La vida. A Puerto Rican family in the culture of poverty. San Juan/New York. New York *1965*
Liberación del indígena. Por la liberación del indígena. Documentos y testimonios. Compilación del proyecto Marandú. Prólogo y notas de Adolfo Colombres. (Ediciones del Sol S. A.) Buenos Aires *1975* — Q
Lieuwen, Edwin: Venezuela. Buenos Aires *1964*
Liggett, Thomas J.: Missionierung Lateinamerikas in nord-amerikanischer Sicht. In: Tschuy *1969*, 69—73
Lima 1971. The apostolic vicariates of the selva faced with situations of injustice. The catholic bishops of Peru. (From the appendix to „Justice in the world", a report published by the Peruvian Episcopate in preparation for the 1971 Synod of Bishops in Rome). Vollständiger Text in: CIC Noticias, Lima, 19. 8. 1971. Englisch: in: IDOC International. North American Edition 37/11. 12. 1971. Zitiert nach IDOC 1973, 64—65 — Q
Lindig, W., und M. *Münzel:* Die Indianer. Kulturen und Geschichte der Indianer Nord-, Mittel- und Südamerikas. München *1976*
Lins, Ivan: História do positivismo no Brasil. (Brasiliana 322). 2. erweiterte Aufl. São Paulo *1967*
Lisiero SS, Darío: Iglesia y estado del Uruguay en el lustro definitorio 1859—1863. In: RHU LXV (2.ª Época tom. XLII), 124—126 *(1971)*, 1—230, und LXVI (tom. XLIII), 127—129 *(1972)*, 1—207
Liss, Peggy K.: Jesuit contributions to the ideology of Spanish empire in Mexico. In: The Americas XXIX *(1973)*, 449—470
List Arzubide, Armando: Apuntes sobre la prehistoria de la Revolución. México D. F. *1958*
Llanque Chana Pbro., Domingo: La iglesia y el pueblo Aymara. Enfoque pastoral. In: LAFT V *(1971)*, 67—99
Lopes, Juarez Rubens Brandão: Sociedade industrial no Brasil. São Paulo *1964*
—: Desenvolvimento e mudança social: Formação da sociedade urbano-industrial no Brasil. 2. Aufl. São Paulo *1971*
Lopetegui SJ, León: A propósito de la teocracia pontifical y la conquista de América. In: Estudios de Deusto 19 (Bilbao *1971*), 135—151
— und Félix *Zubillaga* SJ: Historia de la iglesia en la América española. Desde el descubrimiento hasta comienzos del siglo XIX México. América Central. Antillas. (Biblioteca de Autores Cristianos) Madrid *1965*
López Menéndez, Felipe: Compendio de historia eclesiástica de Bolivia. La Paz *1965*
López Olivia, Enrique: Los católicos y la revolución latinoamericana. (Instituto del Libro) La Habana *1970*
Lourenço Filho, M. B.: Juazeiro do Padre Cícero. 3. Aufl. São Paulo *1959*
Lowie, Robert H.: The tropical forest tribes. In: Stewart *1946* ff III, 1 ff
Lozano, Fidel: La iglesia y la política en el Paraguay. In: Acción 12 *(1971)*, 9—17
Lüning, Hildegard: Camilo Torres, Priester, Guerrillero. Hamburg *1969*
—: Befreiung auf Befehl. Peru unter der Militärregierung Velasco. Länderbericht in: HKorr 29 *(1975)*, 196—201
Lugon, C.: A república comunista cristã dos Guaranis. 1610—1768. (Ecumenismo e Humanismo 12) Rio de Janeiro *1968*. Aus dem Französischen: La république communiste chrétienne des Guaranis. 1610/1768. Paris 1949
Lugones, Leopoldo: El imperio jesuítico. Publicación de la Comisión Argentina de Fomento Interamericano. (Ediciones Pucará) 2. Aufl. 1907. 3. Aufl. Buenos Aires *1945*
Luna, José Ramón: El positivismo en la historia del pensamiento venezolano. Concurso de Ensayos „Laureano Vallenilla Lanz". Caracas *1971* (Luna ist ein Pseudonym von Luis Cardozo)
Lynch, John: s. Humphreys Lynch 1968
Machucá Martínez, Marcelino: Mapas históricos del Paraguay gigante. Ascunción *1951*

Maciel, Elter Dias: Conversão ao protestantismo brasileiro. In: CISER 1 *(1974),* Conversão, 21—27

Macín, Raúl: Los protestantes en México. In: CS XI, 38 *(1973),* 3—5

Mackay, John A.: The other Spanish Christ. A study in the spiritual history of Spain and South America. London *1932.* Spanisch: El otro cristo español. *1933* und übersetzt von Gonzalo Báez Camargo: El otro Christo Español (Colección Renovación IV. CUPSA) México D. F. 1952

—: The theology of the laymen's foreign missions inquiry. In: *IRM* 22 *(1933),* 177 f

—: A fresh look at Cuba. In: The Christian Century LXXXI, 32 *(5. 8. 1964),* 983—89

Madariaga, Salvador de: El ocaso del imperio español en América. Buenos Aires *1955*

Madsen, William: Christo-Paganism. A study of Mexican religious syncretism. In: Middle American Research Institute. Tulane University of Louisiana. Publication 19 (New Orleans *1957),* 105—180

Marchant, Alexander: Aspects of the enlightenment in Brazil. In: Whitaker *1961,* 95—118

Marchant, Anyda: Viscount Mauá and the Empire of Brazil. A biography of Ireneu Evangelista de Sousa (1813—1889). Berkeley/Los Angeles *1965*

Marcynski, Martin: Kirchen und Bethäuser in der Deutschen Evangelischen La Plata-Synode. Buenos Aires *1943* (Kleines Bildheft)

Markgraf, J.: Kirche und Sklaverei. Seit der Entdeckung Amerikas. Tübingen *1865*

Margull, Hans-Jochen: Überseeische Christenheit II. Vermutungen zu einer Tertiateranität des Christentums. In: VuF 19, 1 1974, 56—103

Maria, Júlio: O catolicismo no Brasil. Memória histórica. Rio de Janeiro *1950*

Mariátegui, José Carlos: 7 Ensayos de interpretación de la realidad peruana. (Biblioteca Amauta) 1. Aufl. 1928. 19. Aufl. Lima *1971*

Marini, Ruy Mauro: Perú: Klassenkampf und Militärregierung. In: Lateinamerika: Faschismus oder Revolution *1974,* 96—125

Markov, Walter (Hrsg.): Lateinamerika zwischen Emanzipation und Imperialismus 1810—1960. Berlin (Ost) *1961*

Martin, Luis: The intellectual conquest of Peru. The Jesuit College of San Pablo, 1568—1767. (Fordham University Press) New York *1968*

Martin, Percy F.: Mexico of the twentieth century. London *1907*

Martín-Baró, Ignacio: El complejo de macho o el „machismo". In: ECA 235 *(1968),* 38—42

Martínez Peláez, Severo: La patria del criollo. Ensayo de interpretación de la realidad colonial guatemalteca. (Editorial Universitaria) Guatemala *1971*

Martínez Ríos, Jorge (Hrsg.): Seminario latinoamericano sobre reforma agraria y colonización, Chiclayo, Perú, 29. de nov. — 5 de diciembre 1971. Universidad Nacional Autónoma de México, Instituto de Investigaciones Sociales. México D. F. *1975*

The *List of Martyrs.* Protestant Christians killed in Colombia 1949—1958 because of their religion. Evangelical Confederation of Colombia. Bogotá *1959* (hektographiert) — Q

Mata Gavidia, José: Anotaciones de historia patria centroamericana. (Editorial Universitaria) Guatemala *1969*

Mathews, Ruth Ferreira: O apóstolo do sertão. (Junta de Educação Religiosa e Publiçações da Convenção Batista Brasileira) Rio de Janeiro 1967

Matos Mar, José: Exposé de synthèse sur le thème II: Les grands domaines d'agriculture et d'élevage. In: Agrarprobleme *1967,* 765—767

Matthei OSB, Mauro: Orientaciones de la pastoral hispanoamericana en los siglos anteriores a la independencia. In: TV XI *(1970),* 20—26

Maurer, Gerhard, und Peter *Molt:* Lateinamerika. Eine politische Länderkunde. Ergänzte Neuaufl. Berlin (West) *1971*

Mauro, Frédéric: Prééminence urbaine et réseau urbain dans l'Amérique coloniale. In: IAK *1970* II, 115—131

Mayer, Antônio de Castro (Bischof von Campos, Erzdiözese Niterói: Carta pastoral sobre cursilhos de cristandade. 3. Aufl. São Paulo *1973*. Der Hirtenbrief vom 15. 8. 72 wurde veröffentlicht in: Catolicismo 12 (1972) und: SEDOC 5, 61 (1973), 1473 ff und als separate Broschüre – Q

McCann, Frank D.: Vargas and the destruction of the Brazilian Integralista and Nazi Parties. In: The Americas 26 *(1970)*, 15–34

McGavran, Donald: The institute of church growth. In: IRM 55 *(1961)*, 430–434 – Q

–: (zusammen mit John Huegel und Jack Tylor): Church growth in Mexico. Grand Rapids *1963*

–: Church growth strategy continued. In: IRM 57 *(1968)*, 335–343

McGrath, Marcos G.: La universidad católica. Discurso pronunciado el día de la inauguración de la Universidad Católica de Panamá. CIDOCI II, 19 (Sept. *1965*), 9/63–67 – Q

McIntire, Robert Leonhard: Portrait of half a century. Fifty years of presbyterianism in Brazil. 1859–1910. (Sondeos 46) Cuernavaca *1969*

Mecham, J. Lloyd: Church and state in Latin America. A history of politico-ecclesiastical relations. 2. verbesserte Aufl. Chapel Hill *1966*

Medellín *1968*: La iglesia en la actual transformación de América Latina a la luz del Concilio. II. Conclusiones. (CELAM) Bogotá *1968*. Portugiesisch: A igreja na atual transformação de América Latina á luz do Concílio. Conclusões de Medellín. Edição brasileira aos cuidados de Odilon Orth. 3. Aufl. Petrópolis *1970*. Deutsch: Sämtliche Beschlüsse der II. Generalversammlung des lateinamerikanischen Episkopates. Medellín 24. 8.–6. 9. 1968. (Adveniat 1–3) Essen *1970* – Q

Medina, Ascensio Luis: La Santa Sede y la emancipación mexicana. (Imprenta Gráfica) México D. F. *1946*

Medina, José Toribio: Historia del tribunal del Santo Oficio de la inquisición en México. Ampliada por Julio Jiménez Rueda. (Ediciones Fuente Cultural) México D. F. *1952*

Mejía, Jorge: Problemas ecuménicos en América Latina. In: FISAL 38/39 *(1972)*, 13–17

Meliá SJ, Bartolomé: La création d'un langage chrétien dans les réductions des Guarani au Paraguay. 2. Bde. Straßburg *1969*

–: Textos sociales de la primitiva iglesia Paraguaya. In: Acción 1, 2 *(1969)*, 3–6 und 1, 3 *(1969)*, 4–9 (kommentierte Quellentexte)

–: El guaraní dominante y dominado. In: Acción 3, 11 *(1971)*, 21–26

–: La utopía imperdonable. La colonia contra la socialización de los guaraníes. In: Acción 4, 14 *(1972)*, 3–7

–: De la religión guaraní a la religiosidad paraguaya: una sustitución. In: SELADOC III *(1976)*, 136–148 aus: Acción 6, 23 (1974), 4–10

Mello, Dante de: A verdade sôbre ‚Os Sertões'. Rio de Janeiro *1958*

Melo, Carlos R.: La iglesia en la República Argentina durante la presidencia del general Justo José de Urquiza. In: Revista de la Junta Provincial de Historia de Córdoba 2 (Córdoba *1967*)

Melogno, Tabaré: Portuguese y brasileños. In: Enciclopedia Uruguaya 6 (Montevideo *1968*)

Memoria del Primer Congreso Venezolano de Historia Eclesiástica. Maracaibo, 5 al 8 de Noviembre de *1969*. Caracas 1970

Mendelsson, E. Michael: Los escándalos de Maximón (gekürzte Fassung einer Dissertation an der London School of Economics unter dem Titel: Religión y visión del mundo en Santiago Atitlán). Hrsg. v. Seminario de Integración Social Guatemalteca. Guatemala *1965*

Mendes, Josué Camargo: Conheça a pré-história Brasileira. (Editôra da Universidade de São Paulo) São Paulo *1970*

Méndez Arceo, Sergio, u. a.: Respuesta al documento de los obispos „El compromiso cristiano ante las opciones sociales y la política". In: CS XI, 38 *(1973)*, 41–46 – Q

Mendizábal, Miguel O. de, und Wigberto *Jiménez* Moreno: Lenguas indígenas de México. (Instituto Panamericano de Geografía e Historia. Instituto Politécnico Nacional. Esc. Nac. de Ciencias Biológicas) México D. F. *1939*
Mendonça, Renato: A influência africana no português do Brasil. (Civilização Brasileira. Retratos do Brasil 83) 4. Aufl. Rio de Janeiro *1973*
Merkx, Gilbert W.: Recessions and rebellions in Argentina. 1870–1970. In: HAHR 53 *(1973)*, 285–295
Meruri 1975: 3. a Assembléia de Chefes Indígenas Meruri 2–4, Setembro *1975*. Sonderdruck des CIMI – Q
Mesa CMF, Carlos E.: Historiografía eclesiástica colombiana de 1860 a 1968. In: RACHE III, a *(1968)*, 31–70
Mesquita, A. N.: História dos batistas do Brasil. Bd. II. (Casa Publicadora Batista) Rio de Janeiro *1939*
Methol Ferré, Alberto: La revolución verde oliva, Debray y la OLAS. In: VIS 1, 3 *(1967)*, 17–39
–: Las Épocas. La iglesia en la historia latinoamericana. In: VIS 22, 6 *(1968)*, 68–86
–: Las corrientes religiosas. In: Nuestra Tierra 35 (Montevideo *1969*)
Métraux, Alfred: Le vodou haïtien. Paris *1958*
–: Religion and shamanism. In: Steward 1946 ff V, 559 ff *(1963)*
–: Die Mythologie der Südamerikaner. In: Grimal *1967*, 198–214
Metzler OMI, Josef: Francesco Ingoli und die Indianerweihen. Ein Dokumentarbericht. In: NZM 25 *(1969)*, 262–272
Mexiko 1973. Documento de los obispos: El compromiso cristiano ante las opciones sociales y la política. Auszugsweise in: CS XI, 38 *(1973)*, 47–69 – Q
Meyer, Harding: Die Pfingstbewegung in Brasilien: In: EvD 39 *(1968)*, 9–50
Meyer, Jean A.: La révolution mexicaine. (Calmann-Lévy) Paris *1973*
–: La Cristiada. I: La guerra de los cristeros. II: El conflicto entre iglesia y el estado en México. III: Los cristeros: sociedad e ideología. (Siglo XXI Editores) México D. F./Madrid *1973 (C)*
–: Apocalypse et révolution au Mexique: La guerre des Cristeros. (Archives) Paris *1974*
–: La christiade. L'église, l'état et le peuple dans la révolution mexicaine, 1926–1929. Paris *1975*
Michaels, Albert L.: The modification of the anticlerical nationalism of the Mexican revolution by general Lázaro Cárdenas and its relationship to the church-state detente in Mexico. In: Americas 27 *(1970)*, 35–53
Míguez Bonino, José: Unidad cristiana y reconciliación social: Coincidencia y tensión In: FISAL 38–39 *(1972)*, 3–9
–: Ama y haz lo que quieras. Hacia una ética del hombre nuevo. Buenos Aires *1972* *(E)*
–: Die politische Haltung der Protestanten in Lateinamerika. In: LWBI 47 (8. Sept. *1972)*, 3–7
–: Identität und Kommunikation. Maschinenschriftlich vervielfältigtes Referat, gehalten auf der Sitzung der Theologischen Kommission des DEMR und der EAGWM am 12.–13. 7 *1974* in Hannover
–: Doing theology in a revolutionary situation. Philadelphia, Pa. *1975*. Deutsch: Theologie im Kontext der Befreiung. Göttingen *1977*
–: La piedad popular en América Latina. In: CS XIV, 47 *(1976)*, 31–38
Miller, James A.: S. Russel 1974
Miranda, Francisco: Problemática de una historia eclesiástica. In: Historia Mexicana XXI (México D. F. *1971)*, 269–284
Miranda, José: La fraternidad cristiana y la labor social de la primitiva iglesia novohispana. In: IAK 36, 4 (Sevilla *1964)*, 59–67
Miranda, Maria do Carmo Tavares de: Os franciscanos e a formação do Brasil. (Universidade Federal de Pernambuco) Recife *1969*

Missão da igreja no Brasil. V semana de reflexão teológica. (Teológia – Pesquisa e Reflexão. Faculdade de Teologia Cristo Rei, Universidade do Vale de Rio dos Sinos) São Leopoldo *1973*

Mitchell, Donald Ruth: The evangelical contribution of James Thomson to South American life 1818–1825. Diss. theol. Princeton Theological Seminary *1972* (maschinenschriftlich)

Modehn, Christian (Hrsg.): Christen entdecken die Freiheit. Notwendige Anstöße aus Lateinamerika. Stuttgart *1976*

Mörner, Magnus (Hrsg.): The expulsion of the Jesuits from Latin America. (Borzoi Books on Latin America) New York *1965*

–: The history of race relations in Latin America: Some comments on the state of research. In: LARR I *(1966)*, 17 ff

–: Actividades políticas y económicas de los jesuítas en el Río de la Plata. Buenos Aires *1968*. Aus dem Englischen: The political and economic activities of the Jesuits in the La Plata region: The Habsburg Era. Stockhòlm 1953

Molinari, Diego Luis: Descubrimiento y conquista de América de Erik el Rojo a Hernán Cortés. (Edit. Universitaria) Buenos Aires *1964*

Monaj, Fernando: La iglesia en Ecuador – tres zonas bien definidas. In: ARCO, Revista de Actualidad de los Países Bolivarianos 119/120 (Bogotá *1970*), 675–679

Moncarz, Raúl: Hacia dónde va la economía de Cuba? Evolución de la economía cubana de 1955 a 1970. In: ECA 278 *(1971)*, 731–39

Mondragón, Rafael: La novísima teología latinoamericana. In: CONTACTO 13, 6 *(1976)*, 10–24

Montalbán, Francisco J.: Historia de la iglesia católica. IV: Edad moderna (1648–1963). La iglesia en su lucha y relación con el laicismo. 3. Aufl. überarbeitet und erweitert von Bernardino Llorca und Ricardo Villoslada. Madrid *1963*

Montenegro, João Alfredo de Sousa: Evolução do catolicismo no Brasil. Petrópolis *1972*

Montes SJ, Fernando: Crisis de las vocaciones o depresión de los formadores? In: Mensaje XXI 212 *(1972)*

Montevideo 1925. Congress on christian work in South America, Montevideo 1925. Report No. *3*: Education. Report No. *8*: Religious education. Report No. *10*: Relations between national and foreign workers. Report No. *11*: Special religious problems in South America. Report No. *12*: Cooperation and unity. NEW York/Chicago/London/Edinburgh *1925* – Q

Monti, Daniel P.: Presencia del protestantismo en el Río de la Plata durante el siglo XIX. Buenos Aires *1969*

Montoya SJ: s. Ruiz de Montoya

Moog, Vianna: Bandeirantes e pioneiros. Paralelo entre duas culturas. 8. Aufl. Rio de Janeiro *1966*

Moracho, Félix: El pentecostalismo católico en Venezuela. In: SIC 372. Auszugsweise abgedruckt in: PER X 94 *(1975)*, 114

Moreira Neto, Carlos de Araujo: Some data concerning the recent history of the Kaingang Indians. In: Barbados *1972*, 284–333

Morelli OP, Alex: Libera a mi pueblo. Buenos Aires/México D. F. *1971* – Q

Moreno Cornejo, Alberto: El Ecuador. In: FISAL 4, 4 (1972), 1–12

Morley, Sylvanus G.: La civilización Maya. México D. F. *1956*. Aus dem Englischen: The ancient Maya. 1946

Moscoso Pastrana, Prudencio: Fray Bartolomé de Las Casas en Ciudad Real, Chiapas. In: CEHILA *1976*, 161–173

Moses, Bernard: South America on the eve of emancipation. New York *1965*. S. 143–166 wiederabgedruckt in: *Greenleaf* 1971, 129–137

–: Spain's declining power in South America 1730–1806. (Cooper Square Publishers, Inc.) New York *1965*

Mostny, G.: Estado actual de los estudios prehistóricos en Chile. In: IAK *1968* I, 443 ff
Müller, Reinhart: Kirche in der Zerreißprobe. Zur Situation der Evang.-Luth. Kirche in Chile. In: LD 10, 2 *(1974),* 2–4 – Q
Müller-Plantenberg, Clarita: Reproduktionskämpfe in lateinamerikanischen Städten. Das Beispiel Chile. Lateinamerika-Institut der Freien Universität Berlin. Diskussionspapier. Berlin *1977* (fotomechanisch vervielfältigt)
Müller-Römheld, W.: Auf dem Wege zur Einheit. In: Ökumene in Schule und Gemeinde. Hrsg. v. F. Hasselhoff u. H. Krüger. Stuttgart *1971,* 61–115
Münzel, Mark: Südamerikas Tieflandindianer. In: Pogrom 5, 28 *(1974),* Report Nr. 14 5–10
–: s. Lindig/Münzel 1976
Muñoz, Ronaldo: Nueva conciencia de la iglesia en América Latina. (Materiales Sígueme 1) Salamanca *1974*
Murray, Alice: Díaz and the church: The conciliation policy, 1876–1900. Magisterarbeit des México City College *1959* (unveröffentlicht)
Murray, Paul v.: The catholic church in Mexico. Historical essays for the general reader. I: 1519–1910. México D. F. *1965*
Nash, Manning: Los Mayas en la era de la Máquina. La industrialización de una comunidad guatemalteca. (Seminario de Integración Social Guatemalteca, Publicación 27) Guatemala *1970*
Naudon, Carlos: Cuba en el Comecon. In: Mensaje 212 *(1972),* 538 f
Navarro, Monseñor Nicolas E.: Anales eclesiásticos venezolanos. Caracas *1929*
Negre Rigol, Pedro: Cristología popular: Alienación o ironía. In: CS XIII, 43/44 *(1975),* 29–34
Nelson, Wilton M.: Protestantismo en América Central. In: CEHILA *1976 (P),* 33–36
Neruda, Pablo: Ich bekenne: Ich habe gelebt. Memoiren. Berlin *1975* – Q
Neu-Delhi 1961. Dokumentarbericht über die Dritte Vollversammlung des ÖRK. Hrsg. v. Willem A. Visser't Hooft. 2. Aufl. Stuttgart *1962* – Q
Neves, Mário: Meio século. Poliantéia do presbiterianismo no Estado do Espírito Santo. (Casa Editora Presbiteriana) São Paulo *1955*
Niilus, Leopoldo J.: El planeamiento social – sus características y su sentido para América Latina. In: Responsabilidad *1968,* 34–54
Nida, Eugene A.: Die Pfingstkirchen in Lateinamerika. In: Tschuy *1969,* 90–96
Nóbrega SJ, Manuel da: Diálogo sobre a conversão do gentio. Baía 1556–1557. In: MBR II, 317–345, Dok. 51 – Q
Noggler OFMCap, Albert: Vierhundert Jahre Araukanermission. 75 Jahre Missionsarbeit der bayrischen Kapuziner. (NZM Supplementa XX) Schöneck/Beckenried *1973*
–: Theologie oder Pastoral der Befreiung. In: Rahner *1977,* 97ff
Novinsky, Anita: Cristãos novos na Bahia. São Paulo *1972*
Nunn, Frederick M.: Military professionalism and professional militarism in Brazil, 1870–1970: Historical perspectives and political implications. In: JLAS 4 *(1972),* 29–54
Oaxaca 1972. Report of the first national meeting of bishops from indigenous areas of Mexico and Guatemala. Organized by the Episcopal Commission of Mexico for the Indigenous Peoples. Oaxaca, Mexico, 25.–28. Sept. 1972. In: IDOC *1973,* 65–67. Spanisch in: EI III, 1 (1973) – Q
Oberacker, Karl Heinrich: Die sozialgeschichtliche Bedeutung der deutschen Einwanderung. In: STJ 2 *(1954),* 175–180
–: A contribuição teuta à formação da nação brasileira. Rio de Janeiro *1968.* Erweiterte Fassung der deutschen Ausgabe: Der deutsche Beitrag zum Aufbau der Brasilianischen Nation. São Paulo *1955*
Obermüller, Rudolf: Das Evangelium in Lateinamerika. Versuch eines Gesamtüberblicks über die Verkündigung des Evangeliums in Lateinamerika in ökumenischer Sicht. In: EvD 1/2 *(1958),* 1–52

Ocampo López, Javier: El positivismo y el movimiento de la „regeneración" en Colombia. In: LA *1968*, 81—109
Odell, Luis E.: Der Wandel ökumenischer Strukturen. In: Tschuy *1969*, 158—163
O'Gorman, Onésimo: Die ‚neuen' Glaubenslehrbücher in Südamerika. In: CONCILIUM 6 *(1970)*, 217—223
Ojasti, Tapano: Das Evangelium und unser Handeln. Referat auf der 5. CCLA. In: LR 22 *(1972)*, 301—316
Olaya, Noel: Unidad cristiana y lucha de clases. In: FISAL 38/39 *(1972)*, 9—13
Oleachea, Juan B.: Sacerdotes indios de América del Sur en el siglo XVIII. In: RI XXIX *(1969)*, 371—91
Oliveira, Pedro A. Ribeiro de: A renovação carismática católica. In: CISER 6 (1977), 25—30
Olmedo, D.: Mexico, Modern. In: NCE IX *(1967)*, 775—783
Omegna, Nelson: A cidade colonial. (Edit. de Brasília S. A.) Brasília *1971*
Ortiz, R.: Historia económica de la Argentina. Bd. I—II. Buenos Aires *1971*
Ossa, Leonor: Die Revolution — das ist ein Buch und ein freier Mensch. Zur Inkulturation des Christentums in Lateinamerika. Hamburg *1973*
Otruba, Gustav: Historische Vorbemerkungen. In: Zwettler-Codex *1959* I
Ott, Carlos: Pré-história da Bahia. (Coleção de Estudos Brasileiros, Série Marajoara 24) Salvador, Bahia *1958*
Otte, Enrique: Cartas privadas de Puebla del siglo XVI. In: JGSWGLA III *(1966)*, 10—87
—: Semblanza espiritual del poblador de Indias. Siglos XVI y XVII. In: IAK *1968* III, 441—449
—: Die europäischen Siedler und die Probleme der Neuen Welt. In: JGSWGLA VI *(1969)*
Oves, Francisco: Entrevista do arcebispo de Havanna por ocasião da visita do Primeiro Ministro Fidel Castro ao Chile. In: SEDOC 4, 49 *(1972)*, 1503—1505 nach NADOC Nr. 244
Oviedo Cavada OM, Carlos: Sínodos y conçilios chilenos 1584 (?) — 1961. In: Historia 3 (Santiago de Chile *1964*), 7—86
Padilla, Mario: Bolivia, la Cuba ignorada. El M. N. R., Barrientos y las guerillas. Bogotá *1969*
Padilla, René: La teología en Latinoamérica. Boletín teológico 2 (Juli *1972*).
—: Evangelisation und die Welt. Internationaler Kongreß für Welt-Evangelisation. Juli 1974 Lausanne. Vortrag über biblische Grundlagen. (Kongreß-Paper) Lausanne *1974* (I) — Q
—: Evangelization and the world. Lausanne *1974* (II) (hektographierte Antwort und Stellungnahme Padillas zu Fragen und Bemerkungen zu seinem Vortrag unter demselben Titel) — Q
— (Hrsg.): El reino de dios y América Latina. San Antonio *1975*
Padilla d'Onís, Luis: La primera .Universidad de América. In: BAPH II, 6 *(1971)*, 13—55
Palma, Daniel: Seiscientos mil en Chile. In: CM 29 *(1969)*, 42—47 (Interview über die Pfingstbewegung)
Paoli, Luigi de: Por qué hay pocos curas? In: NM III, 6 *(1967)*, 22—26
Paraguay 1968. Anuario eclesiástico del Paraguay. In: Revista Eclesiástica XXVII Extraordinario. Asunción 1968 — Q
Paraguay 1971. PARAGUAY. Die Kirche und ein Entwicklungsland. (Ohne Verfasserangabe). In: PMV 38 (1971), 1—35
Paraguay 1972. Paraguay. In: FISAL 4, 42 (1972), 1—35
Paraguay 1972. Anuario eclesiástico del Paraguay. Conferencia Episcopal Paraguaya. Asunción 1972 — Q
Pareja Diezcanseco, Alfredo: Historia del Ecuador. Quito *1962*
Pasara, Luis H.: Perfiles ideológicos del belaundismo. In: VIS 1, 2 *(1967)*, 6—10

Passos Guimarães, Alberto: Quatro séculos de latifúndio. (Estudos sôbre o Brasil e a América Latina 4) Rio de Janeiro *1968*

Pastor, Ludwig von: Geschichte der Päpste seit dem Ausgang des Mittelalters. 16 Bde. 1886–1932. Zitiert nach der spanischen Übersetzung der 4. deutschen Aufl. von P. Manuel Almarcha: Historia de los Papas desde fines de la edad media XVI: Historia de los Papas en la época de la monarquía absoluta. Vol. XXXV–XXXVII (1740–1799). Barcelona *1937*

Paucke SJ, Florian: Hin und Her. Hin süsse und vergnügt, Her bitter und betrübt. Das ist: Treu gegebene Nachricht durch einen im Jahre 1748 aus Europa in West-Amerika, nahmentlich in die Provinz Paraguay abreisenden und im Jahre 1769 nach Europa zurukkehrenden Missionarium. *Zwettler-Codex* 420 Hrsg. v. Etta Becker-Donner unter Mitarbeit von Gustav Otruba. Bd. *I* und *II*. (Veröffentlichungen zum Archiv für Völkerkunde. Museum für Völkerkunde Wien. 4/1–2) Wien *1959* und *1966* – Q

Paula e Silva, Francisco de São Benedito, o preto, e seu culto no Brasil. In: REB *(1941)*, 824–831

Paz, Octavio: The labyrinth of solitude; life and thought in Mexico. New York *1961*

Pellegrini, Vicente: Tipología socioeconómica de la Argentina. In: RCIAS XIV, 143 *(1965)*, 1–48

Pellizzaro, P. Siro M.: Leyendas Jíbaras. Cultura Shuar: Una civilización desconocida. Traducidas e interpretadas por P. Pellizzaro en el Vicariato Apostólico de Méndez, Provincia de Morona Santiago. (Editorial Don Bosco) Cuenca *1968* – Q

–: Técnicas y estructuras familiares de los Shuar. Federación de Centros Shuar *1973*

Peñaherrera, Blasco: Ecuador 1974: de república bananera a república petrolera. In: VISTAZO, Quito, Febr. 1974, 82–86

Peña Montenegro, Alonso de: Itinerario para párrocos de indios. Madrid *1668* – Q

Peñaranda Rivera, Mario: Entre los hombres lobos de Bolivia. En las prisiones de la dictadura totalitaria del M. N. R. Publicado por Instituto de Ediciones Americanas. La Paz *1965*

Peralta Pizarro, Ariel: El cesarismo en América Latina. (Edit. Orbe) Santiago de Chile *1966*

Perani Claudio: Religiosidade popular e mudança social. In: CEAS 30 (Salvador, Bahia *1974*), 65–73

Pereira, Eduardo Carlos: O problema religioso da América Latina. Estudo dogmático-histórico. (Empresa Editora Brasileira) São Paulo *1920*

–: As origens da independência presbiteriana e a atitude do sínodo e dos presbitérios. 3. Aufl. São Paulo *1965*

Pereyra, Carlos: Breve historia de América. 4. Aufl. Madrid/México D. F./Buenos Aires *1958*

Pérez, Gustavo, Alfonso *Gregory* und François *Lepargneur:* O problema sacerdotal no Brasil. (CERIS) Rio de Janeiro *1965*

Pérez, OM, Pedro Nolasco: Religiosos de la Merced que pasaron a la América española. (Publicaciones del Centro Oficial de Estudios Americanistas de Sevilla. Biblioteca Colonial Americana IX) Sevilla *1923*

Pérez Morales, Ovidio: Tendremos diaconado permanente en Venezuela? In: NM V, 27 (1969), 146–151

Pérez Ramírez, Gustavo und Yván *Labelle:* El problema sacerdotal en América Latina. (Oficina Internacional de Investigaciones Sociales de FERES. Centro de Investigaciones Sociales) Bogotá *1964*

Peru 1971. Gerechtigkeit in der Welt. Dokument der Bischöfe Perus für die Bischofssynode (August 1971). In: Adveniat 10 (1971), 11–36 – Q

Peru 1974. Erziehung auf peruanisch. Mit einem Vorwort von Hildegard Hamm-Brücher. Wuppertal 1974. Aus dem Spanischen: Reforma de la educación peruana. Informe general. Texto completo. 1974 – Q

Peru 1976. Peru. Länderkurzbibliographie. (Institut für Iberoamerika-Kunde. Dokumentationsleitstelle LA) Hamburg *1976*
Pesch Haus, Heinrich (Hrsg.): Mission und Entwicklung. (Kirche und Dritte Welt 4) Mannheim/Ludwigshafen *1971*
Peschke, Rudolf: Sklaverei und Sklavenbefreiung in Brasilien. In: STJ 2 *(1954)*, 134–153
Peters, Josef: Die protestantische Propaganda in Mittel- und Südamerika. In: Priester und Mission. Jahrbuch der Unio cleri pro missionibus 11. (Aachen *1927*), 68–101
Petry, Leopoldo: Die Mucker. Erkenntnisse und Schlußfolgerungen zur Geschichte der Mucker am Ferrabraz. Übersetzt von Theophil Dietschi. 2. Aufl. Pôrto Alegre *1967* (?)
Pfeiffer, Johannes: Auf Luthers Spuren in Lateinamerika. Erlangen *1969*
Phelan, John Leddy: The millenial kingdom of the Franciscans in the new world. A study of the writings of Gerónimo de Mendieta (1525–1604). Berkeley/Los Angeles *1956*
–: The kingdom of Quito in the seventeenth century. Bureaucratic politics in the Spanish empire. (The University of Wisconsin Press) Madison/Milwaukee/London *1967*
Philipp, Wolfgang (Hrsg.): Das Zeitalter der Aufklärung. (Klassiker des Protestantismus VII) Bremen *1963*
Philipps, Helen: Some aspects of the agrarian question in Mexico. (University of Texas Bulletin 2515) Austin *1925*
Picazo MSpS, Melecio: La Biblia en América Latina. In: LAFT II *(1967)*, 241–260
Picón Salas, Mariano: Los días de Cipriano Castro. Caracas *1953*
Pierson, Paul Everett: A younger church in search of maturity. Presbyterianism in Brazil from 1910 to 1959. (Trinity University Press) San Antonio, Texas *1974*
Pike, Frederick B.: Chile In: Véliz *1968*, 59–68
–: Peru. In: Véliz *1968*, 111–125
–: South America's multifaceted catholicism: Glimpse of twentieth-century Argentina, Chile and Peru. In: Landsberger *1970*, 53–75
–: Hispanismo, 1898–1936: Spanish conservatives and liberals and their relation with Spanish America. Notre Dame, Ind. *1971*
–: Spanish origins of the social-political ideology of the catholic church in nineteenth-century Spanish America. In: The Americas 29 *(1972)*, 1–16
Pin, E.: s. Houtart/Pin 1966
Pinquinela, José A.: Protestantismo en el Cono Sur: Uruguay. In: CEHILA 1976 P, 73–75
Plano de pastoral de conjunto 1966–1970. CNBB. Secretariado Nacional do Ministério Hierárquico. Rio de Janeiro *1966* – Q
Plasker, Robert L.: Ritos y creencias populares relacionados con el sacramento del bautismo. In: AI XXIX *(1969)*, 451 ff
Polanco Brito, Hugo Eduardo: El concilio provincial de Santo Domingo y ordenación de negros y de indios. In: Revista Espanola de Derecho Canónico XXV *(1969)*, 697–705
–: Fray Bartolomé de Las Casas en la Isla Española. In: CEHILA *1976*, 83–89
Polémica en la iglesia 1970. Documentos de obispos argentinos y sacerdotes para el tercer mundo 1969–1970. (Ediciones Busqueda) Buenos Aires *1970* – Q
Pollak-Eltz, Angelina: Die Kirche in Venezuela. In: Aconcagua 4 (Vaduz *1968*), 25–32
Poma de Ayala, Felipe Guamán: Nueva corónica y buen gobierno. Codex péruvien illustré. (Université de Paris. Travaux et Mémoires de l'Institut d'Ethnologie XXIII) Paris *1936* – Q
Pombo, Rocha: História do Brasil. Revista e atualizada por Hélio Vianna. 14. Aufl. São Paulo *1967*
Poppino, Rollie E.: O processo político no Brasil: 1929–1945. In: Revista Brasileira de Estudos Políticos 17 (Belo Horizonte *1964*), 83–94

Pôrto, Aurélio: História das missões orientais do Uruguai. I. Revista e melhorada pelo P. Luís Gonzaga Jaeger SJ. 2. Aufl. (Jesuítas no Sul do Brasil III) Pôrto Alegre *1954*
Posfay, George: Der fünfte Schritt zur Einheit. In: LR 22 *(1972)*, 337—44
—: Der lutherische Beitrag zur Sendung der Kirche in Lateinamerika. Regionalkonferenz in Caracas, 2.–6. Jan. 1973. In: LR 23 *(1973)*, 367—71
Posner, Johann: Der deutsche Papst Adrian VI. Recklinghausen *1962*
Pott SVD, Anton: Das Weihehindernis für Indianer im 3. Konzil von Lima. In: NZM XII *(1956)*, 108—118
Prado Júnior, Caio: Formação do Brasil contemporáneo. (Liv. Martins Edit.) São Paulo *1942*
Prata 1969. Anais do terceiro simpósio de arqueologia da área do Prata, Pesquisas. (Antropologia 20. Estudos Leopoldenses 13) São Leopoldo *1969*
Prem, Hanns J.: Aztec hieroglyphic writing system. Possibilities and limits. In: IAK *1968* II, 159—165
—: A tentative classification of non-Maya inscriptions in Mesoamerica. In: INDIANA 1 *(1973)*, 29 ff
Presbyterianer in Kuba 1965. Declaración del presbiterio de la iglesia Presbiteriana de Cuba. In: Boletín informativo de la Unión Latino-Americana de Juventudes Evangélicas XIV, 69/70 (1965) — Q
Prescott, William H.: Historia de la conquista de México. Resumen integral realizado por Florentino M. Torner. México D. F. *1952*. Aus dem Amerikanischen: History of the conquest of Mexico. New York 1843. Deutsch: Die Eroberung von Mexiko. Wien 1927
—: History of the conquest of Peru. New York 1847. Partly abridged and revised by Victor W. von Hagen. New York *1961*. Deutsch: Die Eroberung von Peru. Wien 1927
—: El imperio de los Incas. 1.–6. Aufl. México D. F. *1970*. Aus dem Amerikanischen: Realm of the Incas. 1847. Neudruck New York 1957. Deutsch: Das Reich der Inkas. Leipzig 1925
Price-Mars, Jean: Ainsi parla l'oncle. Port-au-Prince *1928*
Prien, Hans-Jürgen: Francisco de Ossuna. Mystik und Rechtfertigung. Ein Beitrag zur Erforschung der spanischen Theologie und Frömmigkeit in der ersten Hälfte des sechzehnten Jahrhunderts. Diss. theol. Hamburg *1967* (Photo-Offset)
—: Weltgeschichte im Koordinatensystem von Kreuz und Auferstehung. In: Estudos 9 *(1969)*, 69—85
—: Kirche — Volkstum — Politik. Das Verständnis des Öffentlichkeitsauftrages der Riograndenser Synode in den dreißiger Jahren im Lichte ihrer Publikationen. In: Estudos 11 *(1971)*, 15—41
—: Die arme Kirche der Campesinos (El Salvador). In: DAS Nr. 25 v. 18. 6. 1972, 10
—: Palavra divina e Palavra humana na Bíblia, ou a questão: Onde está a verdade? In: Estudos 12 *(1972 P)*, 80—93
—: Lateinamerika: Evolution oder Revolution? In: Estudos 12 *(1972 LA)*, 27—49
—: Befreiung und Entwicklung. Zur Frage strukturverändernden Handelns lateinamerikanischer Christen: In: LR 23 *(1973)*, 155—177. Englisch in: Lutheran World XX (1973), 114—132
—: Trügerische Hoffnung für die Indianer Brasiliens. Theorie und Wirklichkeit der Indianerpolitik Brasiliens. In: Pogrom 5, 28 (Dez. *1974*), 22—26. Report Nr. 14: Der alltägliche Kolonialismus: Südamerikas Tieflandindianer Teil I
—: Präsident General Geisel: Ein distanzierter Protestant. In: LM 13 *(1974 G)*, 4
—: Die gegenwärtige Diskussion über die Indianermission im Kontext der Neubesinnung über die Weltmission. In: Indianische Minderheiten *1975*, 54—63
—: Indianerpolitik und katholische Mission in Brasilien im 19. und 20. Jahrhundert. In: *INDIANA* 3 *(1975)*, 155—181
—: Lateinamerika (Brasilien/Argentinien). In: Duchrow/Huber 1976, 195—210

—: „Wir haben es endgültig satt." Indios lösen sich von der Vorherrschaft der Weißen. Bericht zum XLII. IAK. In: *LM* 15 (Okt. *1976*), 561—63
—: Identität und Entwicklungsproblematik. Die Evangelische Kirche Lutherischen Bekenntnisses in Brasilien (EKLBB). In: Duchrow *1977*, 189—228
Promper, Werner: Priesternot in Lateinamerika. Löwen *1965*
Protestantismo 1968. Protestantismo e imperialismo na América Latina. Waldo A. César, Richard Shaull, Orlando Fals Borda, Beatriz Muniz de Souza. (Questões Abertas) Novo Petrópolis *1968*
Puerto Rico 1971. Church panel on copper mining in Puerto Rico. Colegio de Abogados San Juan, Puerto Rico — January 21—22, 1971. Recommendations, Findings, Background, Summary of Testimony, Appendix. NIM 1971
Puerto Rico. FISAL 4, 4 *(1971)*, Nr. 34
Puigrós, Rodolfo: Peronismo y socialismo. In: CS XI, 34/35 *(1973)*, 26—58
Queiroz, Maria Isaura Pereira de: Die Fanatiker des „Contestado". In: STJ 5 *(1957)*, 203—215
—: O messianismo no Brasil e no mundo. (Dominus Ed.) São Paulo *1965*
—: A participação do negro brasileiro em movimentos messiânicos e o problema da marginalização. In: RIEB 10 *(1971)*, 111—121
—: Os catolicismos brasileiros. In: Cadernos 4 (São Paulo *1971*), 157—188
—: O mito da terra sem males: Uma utopia guaraní? In: RCC 67, 1 *(1973)*, 41—50
Queiroz, Maurício Vinhas de: Messianismo e conflito social. A guerra sertaneja do contestado: 1912—1916. (Ed. Cic. Brasileira) Rio de Janeiro *1966*
Quijano, José M.: La revolución cubana, Debray y la OLAS. In: VIS 1,5 *(1967)*, 7—13
Quintas, Amaro: A agitação republicana no nordeste. In: O Brasil monárquico II: O movimento da independência. 1: O proceso de emancipação. (Civilização Brasileira) São Paulo *1962*, 207—227
Quintero Peña, Arcadio: Lecciones de historia de Colombia. La Colonia 1499—1819. Bogotá *1971*
Quirarte, Martín: El problema religioso en México. (HISTORIA XVII. Instituto Nacional de Antropología e Historia) México D. F. *1967*
Raat, William D.: Leopoldo Zea y el positivismo: Una revaluación. In: LA *1969*, 171—189
Rabuske SJ, Arthur: A supressão da Companhia de Jesus em 1773, um dos fatos mais singulares na história da igreja. In: Perspectiva Teológica V *(1973)*, 199—217
—: A contribuição teuta à igreja católica no Rio Grande do Sul. In: Missão 1973 *(A)*, 49—78
Raeders, Georges: s. Hessel/Raeders 1972
Rahner, Karl, u. a.: Befreiende Theologie. Der Beitrag Lateinamerikas zur Theologie der Gegenwart. (Urban 627) Stuttgart *1977*
Ramalho, Jether Pereira: Notas sobre duas perspectivas da pastoral popular: comunidades eclesiais de base e grupos evangélicos pentecostais. In: CISER 6 *(1977)*, 31—39
Ramírez Necochea, Hernán: Englands wirtschaftliche Vorherrschaft in Chile 1810 bis 1914. In: Markov *1961*
Ramón, J. A. de: Chile. In: NCE III *(1967)*, 583—87
Ramos, A. Guerreiro: Introdução crítica á sociologia brasileira. (Ed. Andes) Rio de Janeiro *1957*
—: A redução sociológica. Introdução ao estudo da razão sociológica. (Tempo Brasileiro) 2. erweiterte und überarbeitete Aufl. Rio de Janeiro *1967*
Ramos, Jovelino Pereira: Protestantismo brasileiro: Visão panorâmica. In: PT 2, 6 *(1968)*, 73—94
Rangel, Domingo Alberto: La oligarquía del dinero. (Capital y desarrollo III. Biblioteca de Obras de Economía) 3. Aufl. Caracas *1972*
Ravines, Rogger: 100 años de arqueología en el Perú. Introducción, selección, comenta-

rios y notas por Rogger Ravines. (Fuentes e Investigaciones para la Historia del Perú 3. Instituto de Estudios Peruanos) Lima *1970*
Rayan SJ, Samuel: Mission after Vatican II: Problems and positions. In: IRM 59 *(1970)*, 414–426
Read, William R.: Fermento religioso nas massas do Brasil. Campinas *1967*. Aus dem Amerikanischen: New patterns of church growth in Brasil, Grand Rapids 1965
–, Victor Monterrosso und Harmon Johnson: O crescimento da igreja na América Latina. São Paulo o. J. Aus dem Amerikanischen: Latin American Church Growth. Grand Rapids *1969*
– und Frank A. *Ineson:* BRAZIL 1980. The protestant handbook. The dynamics of church growth in the 1950's and 60's and the tremendous potential for the 70's. (Missions Advanced Research and Communications Center) Monrovia, Cal. *1973*
Redmond, Walter: Bibliography of the philosophy in the Iberian colonies of America. Den Haag *1972*
Rehfeldt, Mario L.: The first fifty years of the history of the Igreja Evangélica Luterana do Brasil. The Brazilian district of the Missouri Synod. Theol. Magisterthese, Department of Historical Theology, Concordia Seminary. St. Louis *1962* (maschinenschriftlich)
Reis, Dr. Aníbal Pereira dos: Éste padre escapou das garras do papa. (Caminho de Damasco) São Paulo *1970*
–: A Senhora Aparecida. Outro „Conto do Vigário". Relato verdadeiro sóbre a „Aparição da Santa". 2. Aufl. São Paulo *1968*
–: Os cursilhos de cristandade por dentro. Uma análise do que são e do que pretendem. São Paulo *1973*
Religious Liberty 1943. Religious liberty in Latin America. Documents relating to recent Roman catholic campaign opposing protestant missions in Latin America. Hrsg. v. CCLA. New York *1943* – Q
Remesal OP, fr. Antonio de: Historia general de las indias occidentales y particular de la gobernación de Chiapa y Guatemala. Libro I–XI. Madrid 1619. (Biblioteca Guatemalteca de Cultura Popular „15 de Septiembre" 91–94) 3. Aufl. Guatemala *1966* – Q
Repges, Walter: Christen in Lateinamerika. In: Adveniat 17 *(1976)*
Responsabilidad 1968. Responsabilidad social cristiana. Conferencia luterana sobre responsabilidad social cristiana en América Latina. Caracas, Venezuela 11 al 17 de Mayo de 1968. Hrsg. v. LWB. Buenos Aires *1969* – Q
Rey Fajardo SJ, José del: Einleitung S. I–XCIX und Anmerkungen zu: Historia de la provincia de la Compañía de Jesús del Nuevo Reyno de Granada en la América von Joseph Cassani SJ. Madrid 1741. (Biblioteca de la Academia Nacional de la Historia 85) Caracas *1967*
–: Ensayo sobre las fuentes para la historia de la Compañia de Jesús en Venezuela. In: Memoria, Caracas *1970*, 78–93
Reyes Osorio, Sergio: s. Estrutura Agraria 1974
Restrepo, Juan Pablo: La iglesia y el estado en Colombia. London *1881*
RGS 1961. 75 Jahre Riograndenser Synode: 1886–1961. (Editora Synodal) São Leopoldo *1961*
Ribeiro, Boanerges: O padre protestante. (Casa Editora Presbiteriana) São Paulo *1950*
–: Protestantismo no Brasil monárquico. 1822–1888: Aspectos culturais da aceitação do protestantismo no Brasil. São Paulo *1973*
Ribearo, Darcy: As Américas e a civilização. (Estudos de Antropologia de Civilização II) Rio de Janeiro *1970*
Ribeiro, René: Brazilian messianic movements. In: Thrupp *1962*, 55–69
Ricard, Robert: The spiritual conquest of Mexico. An essay on the apostolate and the evangelizing methods of the mendicant orders in New Spain: 1523–1572. Berkely/Los Angeles *1966*. Aus dem Französischen: Conquête spirituelle du Mexique. Paris 1933

Rice, Elizabeth Ann: The diplomatic relations between the United States and Mexico, as affected by the struggle for religious liberty in Mexico. 1925—1929. Diss. Theol. Cath. University Washington, D. C. *1959*
Richard G., J. Pablo: Cristología y racionalidad política. In: CS XIII, 43/44 *(1975)*, 35—41
—: Teología de la liberación latinoamericana. Un aporte crítico a la teología europea. In: Contacto 13, 5 (Okt. *1976)*, 12—26 — Q
Riese, Berthold: Objetivos y estado de la investigación de la escritura Maya. In: IAK *1972* I, 389—398
Riffel, Jakob: Die Rußlanddeutschen, insbesondere die Wolgadeutschen am La Plata (Argentinien, Uruguay und Paraguay). Festschrift zum 50jährigen Jubiläum ihrer Einwanderung. Buenos Aires *1928* — Q
Rivière, Charles: El desafío cubano. In: PER III, 30 *1968)*, 291—297 u. 281
Roberts, Bryan: El protestantismo en dos barrios marginales de Guatemala. (Estudios Centroamericanos 2) Guatemala *1967*
Rocha, Isnard: Histórias da história do metodismo no Brasil. (Imprensa Metodista) São Paulo *1967*
—: Pioneiros e bandeirantes do metodismo no Brasil. (Imprensa Metodista) São Paulo *1967 (P)*
Roche, Jean: A colonização alemã e o Rio Grande do Sul. Bd. I—II. Pôrto Alegre *1969*. Aus dem Französischen: La colonisation allemande et le Rio Grande do Sul, Paris 1962
Rodrigues, José Honório: O clero e a independência. In: REB XXXII *(1972)*, 309—326
Rodrigues, Nina: Os africanos no Brasil. (Co. Editora Nacional) São Paulo *1932*
Rodríguez, Mario: Central America. Englewood Cliffs, N. J. *1965*
— und Vincent C. *Peloso*: A guide for the study of culture in Central America. Washington, D. C. *1968*
Rodríguez F. SDB, Jaime: Educación católica y secularización en Colombia. Bogotá *1970*. Aus dem Französischen: Education catholique et sécularisation en Colombie. Diss. phil. Sorbonne. (Sondeos 63) Cuernavaca 1970
Rodríguez de Magis, María Elena: La ideología de la historia latinoamericana. In: LA *1969*, 105—117
Rodríguez Melgarejo, G.: Gera 1974
Rodríguez Valencia: Santo Toribio de Mogrovejo. Organizador y apóstol de Sur-América. Bd. I—II. Madrid *1956/57*
Röwer OFM, Basílio: A Ordem Franciscana no Brasil. 1. Aufl. 1942. 2. erweiterte Aufl. Petrópolis *1947*
—: O Convento de N. S. da Penha do Espírito Santo. Vila Velha (ES) *1965*
Rolim OP, Antônio: Em torno da religiosidade no Brasil. In: REB 25 *(1965)*, 11—27
Rolim OP, Francisco Corlaxo: Religiosidade popular. In: Missão *1973*, 79—94
—: A propósito do pentecostalismo de forma protestante. In: CISER 6 *(1977)*, 11—20
Romero, José Luis: A history of Argentine political thought. Stanford, Ca. *1963*. Auszugsweise wiederabgedruckt in: Hanke II, 85—92
Romero, M. G.: The clergy and independence. Gran Colombia. In: NCE VIII *(1967)*, 445 f
Roos, Horst: Kirche und Bildung in Lateinamerika. In: Entwicklung durch Bildung. Hrsg. v. Institut für Gesellschaftspolitik an der Hochschule für Philosophie München. Mannheim-Ludwigshafen *1973*, 45—51
Rosa, José María: Análisis histórico de la dependencia Argentina. (Dependencia 1) Buenos Aires *1973*
Rosales, Ray S.: The evangelism in depth program of the Latin America mission. A description and evaluation. (Sondeos 21) Cuernavaca *1968*
Rosenblat, Angel: La problación indígena y el mestizaje en América. Bd. I. Buenos Aires *1954*

Rosenfeld, Anatol H.: Die Situation der Farbigen in Brasilien. In: STJ 2 *(1954),* 155—174
Rosero, Sor Magdalena: La espiritualidad de los Shuar. (Pontificia Universidad Católica del Ecuador. Facultad de Enfermería) *1972*
Ross, Stanley R.: Francisco I. Madero, apostle of Mexican democracy. New York *1955,* ‚The peace of Porfirio' wiederabgedruckt in: Ross 1966, 37—48
— (Hrsg.): Is the Mexican revolution dead? New York *1966*
Rossi, P. Agnelo: O protestantismo no momento atual brasileiro. In: REB V *(1945),* 26—99 — Q
—: Por que missões protestantes na América Latina? In: REB 6 *(1946),* 610—622
Rother, Klaus: Wirtschaft und Berufserziehung in Venezuela. (BIA 16) Berlin (West) *1972*
Rout Jr., Leslie B.: Sleight of hand: Brazilian and American authors manipulate the Brazilian racial situation. 1910—1951. In: The Americas 29 *(1972)*
Rowe, John Howland: Inca culture at the time of the Spanish conquest. In: Steward 1946 ff II, 183 ff *(1963)*
Royer, F.: Saint Francis Solanus, Apostle to America. (Paterson) New York *1955*
Ruiz de Montoya SJ, Antonio de: Conquista espiritual por los religiosos de la Compañía de Jesús en las provincias del Paraguay, Paraná, Uruguay y Tape. Madrid *1639.* Portugiesisch in: Annaes da Biblioteca Nacional do Rio de Janeiro VI. 1879 — Q
Ruiz García, Enrique: América Latina, Hoy. Anatomía de una revolución. Bd. I—II. 2. verbesserte Aufl. Madrid *1971*
Ruiz García, Samuel: Our proselytizing and the Indians' own religion. *1971.* Spanisch in: Contacto 2 (1972). Englisch in: LADOC III, 23 a (1973). Zitiert nach IDOC 1973, 62—64 — Q
—: Problemática indígena y teología. In: EI IV *(1975),* 315—337 — Q
Ruíz Maldonado, Enrique: La justicia en la obra de Fray Bartolomé de Las Casas. In: CEHILA *1976,* 45—65
Russel, Charles A., James A. *Miller* und Robert E. *Hildner:* The urban guerrilla in Latin America. A select bibliography In: LARR IX *(1974),* 37 ff
Russel-Wood, A. J. R.: Fidalgos and philantropists. Berkeley *1968*
Rycroft, W. Stanley: Religión y fe en la América Latina. Aus dem Englischen (Religion and faith in Latin America). México D. F. *1962*
Saake SVD, Wilhelm: Der Wallfahrtsort Aparecida. In: STJ 17 *(1969),* 135—138
Sabanes, Carlos M.: Urbanization in Latin America. In: IRM 55 *(1966),* 307—312
Sacerdotes para el pueblo: Documento del 1er. Congreso del Movimiento „Sacerdotes para el Pueblo". 8. 12. 1972 (vervielfältigter Text des RCIAS) — Q
Salas, Alberto Mario: Las armas de la conquista. Buenos Aires *1950*
Salvador, José Gonçalves: Cristãos-novos, Jesuítas e Inquisição. Aspectos de sua atuação nas Capitanias do Sul, 1530—1680. (Biblioteca Pioneira de Estudos Brasileiros) São Paulo *1969*
Samaniego, Marcial: Textos míticos Guaraníes. Algunos conceptos y mitología de los Abá de Ibypté. In: Separata del Suplemento Antropológico de la Revista del Ateneo Paraguayo 3, 1/2 (Asunción *1968),* 373—423
Sánchez, Jesús Leopoldo: Las personalidades de la iglesia en el convenio de 1964 con la Santa Sede. In: Boletín de la Academia de Ciencias XXXXII, Caracas *1972,* 1—162
Sanchez Pbro., Pedro J.: Historia del Seminario Conciliar de México. Bd. I. México D. F. *1931*
Sánchez-Albornoz, Claudio: España: Un enigma histórico. Bd. I—II. Buenos Aires *1956*
Sánchez Baquero SJ, Juan: Relación breve del principio y progreso de la Provincia de Nueva España de la Compañía de Jesús. Erstmals 1571—80 veröffentlicht unter dem Titel: Fundación de la Compañía de Jesús en Nueva España von Sánchez Baquero. Auszugsweise wiederabgedruckt in: Biblioteca del Estudiante Universitario

73: Crónicas de la Compañía de Jesús en la Nueva España. Prolog und Auswahl von Francisco González de Cossío (S. 53–117). México D. F. *1957* – Q

Sánchez Santos, Trinidad: A catholic conference discusses agrarian problems (1904). In: Hanke 1967 II, 277 ff. Aus dem Spanischen: Historia documental de México. Hrsg. v. Ernesto de la Torre Villar, González Navarro, Stanley Ross. Bd. II. México D. F. *1964*, 400–403 – Q

Sanders, William T., und Joseph *Marino:* Pré-história do nôvo mundo. Tradução de Alvaro Cabral. Rio de Janeiro *1971*

Sandner, Gerhard, und Hanns-Albert *Steger:* Lateinamerika (Fischer Länderkunde 7) Frankfurt a. M. *1973*

Santa Ana, Julio de: Die religiöse Situation in Lateinamerika. In: Italiaander *1966*, 182–219

–: Protestantismo, cultura y sociedad. Problemas y perspectivas de la fe evangélica en América Latina. Buenos Aires *1970*

Santos, José Augusto dos: Liberalismo eclesiástico e regalista no Brasil sob o Pontificado de Gregorio XVI. Diss. theol. Gregoriana/Rom 1969 (maschinenschriftlich). Zitiert nach dem auszugsweisen Abdruck in: Cadernos da PUC-RJ 5, Série Teologia 02–71. Rio de Janeiro *1971*

Santos, José Maria dos: Os republicanos paulistas e a Abolição. Rio de Janeiro *1942*

Scannone, Juan Carlos: Teología de la liberación y praxis popular. Aportes críticos para una teología de la liberación. Salamanca *1976* – Q

Schaden, Egon: Ensaio etno-sociológico sobre a mitologia heróica de algumas tribus indígenas do Brasil. São Paulo *1946*

–: Der Deutschbrasilianer. Ein Problem. In: StJ 2 *(1954)*, 181–194

–: Der Paradiesmythos im Leben der Guaraní-Indianer. In: StJ 3 *(1955)*, 151–162

–: Aculturação indígena. Ensaio sôbre fatôres e tendências da mudança cultural de tribus índias em contacto com o mundo dos brancos. São Paulo *1969*

– (Hrsg.): Homen, cultura e sociedade no Brasil. Seleções da Revista de Antropologia. Petrópolis *1972*

Schaden, Francisco S. G.: Xokléng e Kaingang. Notas para um estudo comparativo. In: Schaden *1972*, 79–89

Schilling, Paulo R.: *I*: Los militares: Instrumento de opresión o factor de liberación? In: CS XII, 40/41 *(1974)*, 61–92. *II*: El militarismo brasileño. In: CS XII, 42 *(1974)*, 64–96. S. auch Brasilien 1970 I+II

Schleuning, Johannes: Aus tiefster Not. Schicksale der deutschen Kolonisten in Rußland. 2. Aufl. Berlin *1922* – Q

Schlichting, Wolfhart: Profilierung der Evangelikalen. Kluft zwischen Glauben und Weltveränderung überbrückt. In: LM 13 *(1974)*, 458–460

Schlieper, Th. Ernesto: In: Estudos teológicos. In: Studien und Berichte. Sonderheft „Unser Bekennen". São Leopoldo *1948*, 1–14. Wiederabgedruckt in: Schlieper 1974, 181–200 – Q

–: Evangelische Kirche Lutherischen Bekenntnisses in Brasilien heute. Memorandum zur Frage der kirchlichen Neuordnung vom 31. Jan. 1966. In: Brückenschlag I *1966*, 17–28 und Schlieper 1974, 233–243 – Q

–: Testemunho evangélico na América Latina. Palestras e prédicas. Hrsg. v. Joachim Fischer. São Leopoldo *1974* – Q

Schlünzen, Ferdinand: Luthertum in Brasilien. In: JMLB *1951/52*, 97 ff

Schmid, Albert: Die „Brummer". Eine deutsche Fremdenlegion in brasilianischen Diensten im Kriege gegen Rosas. Mit einem Anhang: „Erinnerungen und Erlebnisse eines alten Brummers" von Christoph Lenz (Separata do Suplemento de „A Nação" 15683–15690) Pôrto Alegre *1949* – Q

Schmidt, Hermann: Deutsche Evangelische La Plata Synode 1899–1949. Buenos Aires *1949*

Schmidt, Walter: Ekstase – Zauber – Überwelt. Umbanda, Macumba und Spiritismus in Brasilien. In: LM 12 *(1973)*, 86–91

Schmitt, Karl M.: The clergy and the enlightenment in Latin América: An analysis. In: The Americas 15 *(1959)*, 381–391. Wiederabgedruckt in: Greenleaf 1971, 151–163
— (Hrsg.): The Roman catholic church in modern Latin America. New York 1972
Schmolze, Gerhard: Keine „Anti-Ökumene". In: LM 13 *(1974)*, 460–61
Schnieder, Ronald: The political system of Brazil. Emergence of a „modernizing" authoritarian regime, 1964–1970. (Columbia University Press) New York/London 1971
Schoen, W. Freiherr von: Geschichte Mittel- und Südamerikas. (Weltgeschichte in Einzeldarstellungen 9) München *1953*
Schofield Saeger, James: Origins of the rebellion of Paraguay. In: HAHR 52 *(1972)*, 215–229
Scholes, France V.: An overview of the colonial church. Auszug aus: Church and state in New Mexico 1610–1650. In: New Mexico Historical Review 11 *(1936)*, 9–19. Wiederabgedruckt in: Greenleaf 1971, 19–29
Schooyans, Michel: O comunismo e o futuro da igreja no Brasil. São Paulo 1963 – Q
–: O desafio da secularização. São Paulo *1968*
Schröder, Ferdinand: Die deutsche Einwanderung nach Südbrasilien bis zum Jahre 1859. Berlin *1931*
Schütte SVD, Johannes: Entwicklungshilfe – Hindernis der Mission? In: Pesch Haus 1971, 48–68
Schulze, Heinz: Wycliffe-Institute. Bibelverkündigung oder Ausbeutung? In: POGROM 5, 27 *(1974)*, 21–22
Schupp, Ambrosius: „Die Mucker". Eine Erzählung aus dem Leben der deutschen Kolonie Brasiliens in der Gegenwart. Paderborn *1900* – Q
Schuurman, Lamberto: El cristiano, la iglesia y la revolución. (Coedición de Junta de Publicaciones de las Iglesias Reformadas y Editorial LA AURORA) Buenos Aires *1970*
Schwade SJ, P. Egydio: Missões católicas entre os índios do Brasil. In: SEDOC 6 *(Juni 1974)*, 72/1398–1400
Schwaiger, Georg: Geschichte der Päpste im 20. Jahrhundert. (dtv) München *1968*
Schwartz, Stuart B.: Buraco de Tatú. The destruction of a Bahian Quilombo. In: IAK 1968 III, 429–438
Scopes, Wilfried (Hrsg.): The christian ministry in Latin America and the Caribbean. Report of a survey commission authorized by the International Missionary Council issued by the Commission on World Mission and Evangelism of the World Council of Churches. Genf/London/New York 1962 – Q
Secretariados Sociales, Unión mexicana de: En la brecha del desarrollo e integración del país. México D. F. 1968 – Q
Segundo SJ, Juan Luis: De la sociedad a la teología. Buenos Aires/México D. F. 1970 – Q
–: Conversión y reconciliación en la perspectiva de la moderna teología de la liberación. In: CS XIII, 45 *(1975)*, 21–25 – Q
Séjourné, Laurette: Altamerikanische Kulturen. (Fischer Weltgeschichte 21) Frankfurt a. M. *1971*
SELADOC I. Panorama de la teología latinoamericana I. (Materiales 8) Salamanca *1975*
SELADOC II. Panorama de la teología latinoamericana II. (Materiales 9) Salamanca *1975*
SELADOC III. Religiosidad popular. (Materiales 13) Salamanca *1976*
Semionov, S.: Una segunda evangelización de Iberoamérica? Características del movimiento Demócrata-Cristiano en los países de América Latina. In: Ibero-Americana Pragensia 4 *(Prag 1970)*, 129–142
Senghaas, Dieter (Hrsg.): Imperialismus und strukturelle Gewalt. Analysen über abhängige Reproduktion. Frankfurt *1972*

Sepp SJ, P. Anton: Meine Reise zu den Indianern am Uruguay. In neuzeitliches Deutsch übertragen, eingeleitet und erläutert von Wolfgang Harnisch. (Latin Publishers) Rio de Janeiro *1941* (RR.PP. Antonii Sepp, und Antonii Böhm. Der Societät JESU Priestern Teutscher Nation, deren der erste aus Tyrol der Etsch, der andere aus Bayrn bürtig, REIßbeschreibung, Wie dieselbe aus Hispanien in Paraquariam kommen; und Kurtzer Bericht der denkwürdigsten Sachen selbiger Landschafft, Völckern und Arbeitung der sich alldort befindenden PP. Missionarium, gezogen Aus denen durch R. P. Sepp, Soc. Jesu mit eigener Hand geschriebenen Briefen, zu mehrern Nutzen von Gabriel Sepp, von und zu Rechegg, leiblichen Brudern, in Druck gegeben mit Erlaubnis der Obern. Nurnberg In Verlegung Johann Hoffmanns/1698) — Q

Sepúlveda Niño, Saturnino: Pecados de la iglesia. Sociología religiosa. (Fundación: Investigaciones para el Cambio) Bogotá *1971*

Shaull, Richard: Die Kirche und die Revolution: Gegensätzliche Ansichten. In: EvTh 27 *(1967)*, 646–63. Englisch: The church and revolutionary change: Contrasting perspectives. In: Landsberger 1970, 135–153

—: O nôvo espírito revolucionário da América Latina. In: *PT* I, 4 *(1967)*, 103–119

—: A crise nas igrejas nacionais. In: Protestantismo *1968*, 37–55

Shiels, W. Eugene: The critical period in mission-history. In: Mid-america 21 *(1939)*, 97–109

Sieg, Manfred: Musa paradisiaca. Die Geschichte der (Süß-)Banane. (Stichwörter Entwicklungspolitik) Nürnberg/Fribourg *1975*

Sierra, Justo: Juárez, su obra y su tiempo. (Universidad Nacional Autónoma de México) México D. F. *1956*

Siles Suazo, Hernán: Hacia la segunda revolución boliviana? Interview mit dem ehemaligen bolivianischen Staatspräsidenten (1956–60). In: VIS 3, 13/14. *(1969)*, 29–34 — Q

Silio, Vicente: Nuevo manual de la historia de España. Madrid *1969*

Siller, A., Clodomiro L.: Teología indigenista de la iglesia. In: EI IV *(1974)*, 33–44 — Q

Silva, Fernando Correia da: Os descobridores. São Paulo *1960*

Silva, João P. da: Reflexão sôbre a participação de missionários na missão de igreja na América Latina. In: UNELAM *1970*, 33–44 — Q

Silva, Pedro Agostinho da: Information concerning the territorial und demographic situation in the Alto Xingu. In: Barbados *1972*, 252–283

Silva Fuenzalida, Ismael: Marginalización, transición y conflicto social en América Latina. (CEDIAL) Barcelona *1972*

Silva Herzog, Jesús: Breve historia de la Revolución Mexicana. Bd. I. (Fondo de Gultura Económica) México D. F. *1960*

Silveira OFM, Ildefonso: Tentativas de concordata no Brasil Império. In: REB 21 *(1961)*, 361–379

Silvera Anduiza, Néstor: La Iglesia Católica Apostólica Romana y la masonería en la emancipación hispanoamericana. Montevideo *1970*

Simoni, M.: Die Mythologie der Mittelamerikaner. In: Grimal *1967*, 173–197

Simpson, Lesley Byrd: The laws of Burgos. Hrsg. und übersetzt v. L.B.S. San Francisco *1960*. Auszugsweise abgedruckt in: Hanke I, 135–144 — Q

Sinclair, John H.: Protestantism in Latin America. A bibliographical guide. (William Carey Library) 2. Aufl. South Pasadena *1976*

—: El protestantismo en Colombia. Protestantismo en Venezuela. In: CEHILA 1976 P *(K)* 37–43 und 44–49

Sireau, A.: Teoría de la población. Buenos Aires o. J.

Siverts, Henning: Tribal survival in the Alto Marañón: The Aguaruna Case. (IWGIA 10) Kopenhagen *1972*

Skidmore, Thomas E.: Politics in Brazil, 1930–1964. An experiment in democracy. New York *1967*

—: Toward a comparative analysis of race relations since abolition in Brazil and the United States. In: JLAS 4 *(1972)*, 1–28
Slaght, Dale V.: The new realities of Ecuadorian-Peruvian relations: A search for cause. In: Inter-American Economic Affairs 27 *(1973)*, 3–14
Smith, Robert C.: Colonial towns of Spanish and Portuguese America. In: Journal of the Society of Architectural Historians XIV *(1955)*, 3–12. Wiederabgedruckt in: Hanke I, 283 ff
Soberón, Luís: Lineamientos generales de la reforme agraria. In: VIS 3, 13/14 *(1969)*, 94–98
Sobrado, Enrique E.: Influencia social de la iglesia católica en el Uruguay. In: Aportes 10 (Paris 1968), 106–135. Wiederabgedruckt in: CIDOCI 8, Doc. 69/130 *(1969)* 130/1–29
Sobreira, Azarias: O patriarca de Juazeiro. Petrópolis *1969*
Socialismo 1972: El socialismo y los Cristianos. Notas, para una reflexión. (Secretariado Social Mexicano, A. C.) México D. F. 1972
Sodré, Nelson Werneck: Formação da sociedade brasileira. Rio de Janeiro *1944*
—: História da burguesia brasileira, 2. Aufl. Rio de Janeiro *1967*
—: Formação histórica do Brasil. 4. Aufl. São Paulo *1967 (F)*
—: O que se deve ler para conhecer o Brasil. (Retratos do Brasil 54) 3. Aufl. Rio de Janeiro *1967 (O)*
Soria SM, Cecelio de Lora: History, structure, and present activities of CELAM. In: Landsberger *1970*, 173–190
Soustelle, Jacques: A vida quotidiana dos aztecas nas vésperas da conquista espanhola. 2. Aufl. Lissabon o. J. Aus dem Französischen: La vie quotidienne des Aztèques. Paris *1955*. Deutsch: So lebten die Azteken am Vorabend der spanischen Eroberung. Stuttgart *1956*
South American Handbook 1970: The South American handbook. 46. Aufl. Hrsg. v. Andrew Marshall. London *1970*
Southey, Robert: História do Brasil. London 1810–1819. Aus dem Englischen übersetzt von Dr. Luiz de Oliveira e Castro. 3. port. Aufl. nach der engl. Aufl. von 1865. Bd. I–VI. Mit Anmerkungen von J. C. Fernandes Pinheiro, Brasil Bandecchi und Leonardo Arroyo. São Paulo *1965*
Souza, Beatriz Muniz de: Funções socias e psicológicas do protestantismo pentecostal de São Paulo. In: O Espírito Santo e o Movimento Pentecostal. Simpósio. São Paulo *1966*
—: A experiência da salvação. Pentecostalistas em São Paulo. (Duas Cidades. Religião e Sociedade 1) São Paulo *1969*
Souza, J. P. Coelho de: Denúncia. O nacismo nas escolas do Rio Grande. 2. Aufl. Pôrto Alegre *1942* (?)
Souza, Luis Alberto Gómez de: El postconcilio o el riesgo del ghetto narcista. In: VIS I, I *(1967)*, 40–42
Spahni, Jean-Christian: Les indiens des Andes. Pérou-Bolivie-Équateur. (Petite Bibliothèque Payot 243) Paris *1974*
Spalding, Walter: O apóstolo São Thomé no Brasil. In: VERITAS. Revista da PUC do RS XVIII (Pôrto Alegre *1972*), 335–347
Specker SMB, Johann: Der einheimische Klerus in Spanisch-Amerika im 16. Jahrhundert. In: Der einheimische Klerus in Geschichte und Gegenwart. Festschrift für Kilger OSB. Hrsg. v. Joh. Beckmann. Beckenried *1950*, 73–97
—: Die Missionsmethode in Spanisch-Amerika im 16. Jahrhundert. Mit besonderer Berücksichtigung der Konzilien und Synoden. (NZM Suplementa IV) Beckenried *1953*
—: Der Spital-Orden der Bethlehemiten in Lateinamerika (1667–1820). In: Das Laienapostolat in den Missionen. Festschrift für Beckmann. Beckenried *1961*, 181–199
—: Die Einschätzung der Hl. Schrift in den spanisch-amerikanischen Missionen. In: NZM 22 *(1966 a)*, 37–71

—: Fray Bartolomé de Las Casas im Widerstreit der Meinungen. In: NZM 22 *(1966)*, 213—230
Speer, Robert E.: Missions in South America. New York *1909*. — Q
Staden, Hans: Warhaftig Historia und beschreibung eyner Landtschafft der Wilden, Nackeren, Grimmigen Menschfressen Leuthen, in der Newenwelt America gelegen ... 1557. Zit. nach der in die Sprache der Gegenwart übertragenen Neuausgabe von Karl Fouquet: Abenteuerliche Erlebnisse unter den Menschenfressern der Neuen Welt im 16. Jahrhundert. São Paulo *1941* — Q
Staehelin, F.: Die Mission der Brüdergemeine in Suriname und Berbice im 18. Jahrhundert. 6 Hefte. Herrnhut o. J.
Stauch v. Quitzow, W.: Barocke Malerei aus den Anden in Düsseldorf. Mission mit Flintenengeln. Kirchenkunst und Kolonialherrschaft im Vizekönigreich Peru. In: DAS 30, 3 (16. 1. *1977*), 17
Stavenhagen, Rodolfo: Las clases sociales en las sociedades agrarias. (Siglo XXI Editores) 1. Aufl. 1969. 3. Aufl. México D. F. *1971*
—: s. Estructura Agraria 1974
St. Clair, David: Amazonas. Zürich *1970*. Aus dem Englischen: The mighty, mighty Amazon. London 1968
Steger, Hanns-Albert: Revolutionäre Hintergründe des kreolischen Synkretismus. Soziale Aspekte der geheimen Religionsumwälzung im kolonialen (und nachkolonialen) Afro-Amerika. In: IJRS 6 *(1970)*, 99—141
—: s. Sandner und Steger 1973
Steward, Julian H.: The native population of South America. In: Handbook of South American Indians V, New York *1963*, 655—668
— (Hrsg.): Handbook of South American Indians. (Smithonian Institution: Bureau of American Ethnology, Bulletin 143) Bd. I—VI. Washington D. C. 1946—1950. Neudruck *1963*.
Stichwörter LA 31. Andreas Bänzinger, Roman Berger, Jean-Claude Buhrer: Lateinamerika: Widerstand und Befreiung. (Stichwörter zu Lateinamerika 31) Freiburg/Nürnberg *1973*
Stichwörter LA 34. Andreas Bänzinger, Roman Berger, Jean-Claude Buhrer: Lateinamerika: Abhängigkeit und Gewalt. (Stichwörter zu Lateinamerika 34) Freiburg/Nürnberg *1974*
Stierlin, Henri: Maya. Guatemala, Honduras. Mit einem Vorwort Pedro Ramírez Vázquez. (Weltkulturen und Baukunst) München *1966*
Stückrath-Taubert, Erika (Hrsg.): Erziehung zur Befreiung. Volkspädagogik in Lateinamerika. Paulo Freire: Rezeption und Kritik. Aus dem Spanischen übersetzt von Ingeborg Kuhl de Solano. (rororo 880 bzw. 6877) Reinbeck *1975*
Susnik, Branislava: El indio colonial del Paraguay. *I*: El Guaraní colonial. 1965; *II*: Los trece pueblos Guaraníes de las misiones (1767—1803). 1966; *III*: El Chaqueño. 1971. Asunción *1965* ff
Synder, Howard A.: Metodismo e pentecostismo. Desenvolvimento histórico. In: Simpósio 14 (São Paulo *1976*), 18—24
Tannenbaum, Frank: Peace by revolution. (Colombia University Press) New York *1938*
—: Slave and citizen. The negro in the Americas. New York *1946*
—: Reflections on the Mexican revolution. In: Journal of International Affairs IX, 1 *(1955)*, 37—46. Wiederabgedruckt in: Ross 1966, 195—209
—: Lateinamerika. 3. Aufl. Stuttgart *1969*
Tawney, Richard Henry: Religion und Frühkapitalismus. Eine historische Studie. Bern *1946*. Aus dem Englischen: Religion and the rise of capitalism. London 1937
Terra, Helmut de: Urmensch und Mammut. Alte Kulturen im Boden Mittelamerikas. Wiesbaden *1954*
Testas, Guy and Jean: A Inquisição. (Saber Atual) São Paulo *1968*. Aus dem Französischen: L'inquisition. (Que sais-je? 1237. Presses Universitaires) Paris

Testé Prbo., Ismael: Historia eclesiástica de Cuba. Bd. *I*, 1–2. 1969; Bd. *II*, 3. 1970. Burgos *1969* ff
Thielicke, Helmut: Theologische Ethik. Bd. I–III. Tübingen *1958–1964*
Thomas, Georg: Die portugiesische Indianerpolitik in Brasilien 1500–1640. (BIA 10) Berlin (West) *1968*
Thomas, Hugh: The Castro revolution was the culmination of a long series of thwarted revolutions. Aus: The origins of the Cuban revolution. In: The World Today XIX (Oct. *1963*), 448–460. Wiederabgedruckt in: Hanke II, 399–406
Thompson, Donald E.: Maya paganism and christianity. A history of the fusion of two religions. (Middle American Research Institute. The Tulane University of Louisiana. Publication 19) New Orleans *1954*, 1–36
Thompson, J. Eric S.: Grandeza y decadencia de los Mayas. México. D. F. *1959*. Aus dem Amerikanischen: The rise and fall of Maya civilization (The University of Oklahoma Press) Norman, Okla. 1954
–: Arqueología Maya. México D. F. *1971*. Aus dem Amerikanischen: Maya archaeologist. (The University of Oklahoma Press) Norman, Okla. 1963
Thrupp, Sylvia L.: Millenial dreams in action. Essays in comparative study. Hrsg. v. S. L. Thrupp. (Comparative Studies in Society and History. Suppl. 2) Den Haag *1962*
Tibesar OFM, Antonine: Franciscan beginnings in colonial Peru. (Academy of American Franciscan History) Washington D. C. *1953*. S. 35–50 wiederabgedruckt in: Greenleaf 1971, 53–62
–: The shortage of priests in Latin America: A historical evaluation of Werner Promper's Priesternot in Lateinamerika. In: The Americas 22 *(1966)*, 413–420
–: The Peruvian church at the time of independence in the light of Vatican II. In: The Americas 26 *(1970)*, 349–375. Wiederabgedruckt in: Schmitt 1972, 31–49
Tilgner, Wolfgang: Volk, Nation, Vaterland im protestantischen Denken zwischen Kaiserreich und Nationalsozialismus (ca. 1870–1933). In: Zilleßen *1970*, 135–171
Tobar Donoso, Julio: La iglesia ecuatoriana en el siglo XIX. I: De 1809 a 1845. Quito *1934*
Tormo, Leandro: Historia de la iglesia en América Latina. I: La evangelización de la América Latina. (II: noch nicht erschienen.) III: La iglesia en la crisis de la independencia (Tormo/Pilar Gonzalbo Aizpuru). (Estudios Socio-Religiosos Latino Americanos 8. 10) Fribourg/Bogotá *1962* und *1963*
Torre Villar, Ernesto de la: La iglesia en México, de la guerra de independencia a la reforma. Notas para su estudio. In: EHMCM I *(1965)*, 9–34
Torres, Camilo: Revolution als Aufgabe des Christen. Mainz *1969*. Aus dem Spanischen: Biografía – plataforma – mensajes. 1966 – Q
–: Encruzilhadas da igreja na América Latina. In: PT 6 *(1968)*, 117–121 und 121–137 (portugiesische Übersetzung zweier Vorträge) – Q
–: Cristianismo y revolución. México D. F. *1970* – Q
Torres, Carlos Alberto: La educación actual. Apuntes para una educación utópica. In: Contacto 14, 1 *(1977)*, 25–42
Tôrres, João Camilo de Oliveira: Estratificação social no Brasil. (Dif. Europ. do Livro). São Paulo *1965*
–: História das idéias religiosas no Brasil. A igreja e a sociedade brasileira. São Paulo *1968*
Townsend, William Cameron: Lázaro Cárdenas. Mexican democrat. Mit einem Vorwort von Frank Tannenbaum. Ann Arbor, Mich. *1952*. Spanisch (überarbeitet und erweitert): Lázaro Cárdenas. Demócrata Mexicano. Barcelona *1975*
–: Hallaron una lengua común. Comunidad a través de la educación bilingüe. Übersetzung v. Luis Alberto López Galarreta. (Septentenas 131) México D. F. *1974*. Aus dem Amerikanischen: They found a common language. New York 1972
Trautmann, Volker (Hrsg.): Verantwortliche Präsenz. Selbstverständnis und Aufgaben

der Ev.-Luth. Gemeinden deutscher Sprache im nördlichen Lateinamerika. Hrsg. im Auftrage der Konferenz deutschsprachiger Pfarrer im nördlichen Lateinamerika durch Pfarrer V. T. Bogotá *1973*

Triana, Miguel: La civilización Chibcha. (Biblioteca Banco Popular 4) 1. Aufl. 1921. 2. Aufl. Bogotá *1970*

Trigo, Pedro: El pentecostalismo católico en Venezuela. Su marco histórico. In: SIC 372. Auszugsweise abgedruckt in PER X, 94 *(1975),* 113 f

Trimborn, Hermann: Das Alte Amerika. (Große Kulturen der Frühzeit. Neue Folge) Stuttgart *1959*. 3. Aufl. *1966*

—: und Wolfgang Haberland: Die Kulturen Alt-Amerikas. Frankfurt a. M. *1969*

Trinidad Camargo, Saúl: Cristología — conquista — colonización. In: CS 13, 43/44 *(1975),* 12—28

—: Hacia una cristología pastoral latinoamericana. Lizenziatenthese am Seminario Bíblico Latinoamericano. (INDEF) San José *1975 (I)*

Trujillo Mena Prbo., Valentín: La legislación eclesiástica en el virreinato del Perú durante el siglo XVI. Con especial aplicación a la jerarquía y a la organización diocesana. Diss. theol. Gregoriana, Rom 1945 (unveröffentlicht). Auszug: Clero indígena, doctrinas, doctrineros. Lima *1963*

Tschuy, Theo (Hrsg.): Explosives Lateinamerika. Der Protestantismus inmitten der sozialen Revolution. Berlin *1969*

—: El Consejo Mundial de Iglesias y América Latina. In: ISAL *1971*, 271—284

—: Hundert Jahre Kubanischer Protestantismus (1868—1961). Versuch einer kirchengeschichtlichen Deutung. Diss. theol. Zürich *1977* (unveröffentlicht)

Tufiño, René: Protestantismo en el área incaica: Ecuador. In: CEHILA *1976* P, 50—51

Turner, Carlos W.: La Biblia en América Latina. Buenos Aires/México D. F. *1951*

—: La Biblia construye en América Latina. Buenos Aires/México D. F. *1954*

Turner, Frederick C.: Catholicism and political development in Latin America. (The University of North Carolina Press) Chapel Hill *1971*

Turner, John Kenneth: Barbarous Mexico. Chicago *1910*. Zit. nach Auszug in: Hanke II, 266 ff — Q

Ugarteche, Horacio Aníbal: Copacabana y sus tradiciones religiosas. Vínculo espiritual de unión de Bolivia con el Brasil. La Paz *1967*

UNCTAD III. Handel statt Hilfe? Die Dritte Konferenz der Vereinten Nationen für Handel und Entwicklung in Santiago de Chile (UNCTAD III). (Kirche und Dritte Welt 8. Hrsg. v. Institut für Gesellschaftspolitik an der Hochschule für Philosophie München) Mannheim-Ludwigshafen *1972* — Q

UNELAM 1970. Misioneros norteamericanos en América Latina. Para que? UNELAM-Konsultation von Oaxtepec vom Nov. *1970* Q

Urbano, Victoria: Juan Vázquez de Coronado y su ética en la conquista de Costa Rica. Diss. phil. Facultad de Filosofía y Letras de la Universidad de Madrid. (Ediciones Cultura Hispánica) Madrid *1968*

Valadés, José C.: El porfirismo. Historia de un régimen. El nacimiento, 1876—1884. México D. F. *1941*

Valcarcel, D.: La rebelión de Túpac Amaru. 2. Aufl. Mexico D. F./Buenos Aires *1965*

Valente, Waldemar: Misticismo e região: Aspectos do Sebastianismo Nordestino. Recife *1963*

Vallier, Ivan: Extraction, insulation, and re-entry: Toward a theory of religious change. In: Landsberger *1970*, 9—52

—: Catolicism, social control and modernisation in Latin America. New York *1970* (LA)

Varese, Stefano: Mission work, native societies, and liberation. (Varese war als Anthropologe von 1970—1972 Leiter der Abteilung „Comunidades Nativas de la Selva" in Peru. Er ist einer der Gründer von IWGIA. Extrakt einer Ansprache auf dem ersten kontinentalen Missionstreffen in LA in Iquitos, Peru, 21—27. 3. *1971*).

Spanisch: CIDOCD 72/372). Englisch in: LADOC III, 10 a (Nov. 1972). Nach IDOC 1973, 58—62
—: The forest Indians in the present political situation of Peru. (IWGIA Document 8) Kopenhagen *1972*
Vargas OP, José Maria: Historia de la iglesia en el Ecuador durante el patronato español. Quito *1962*
—: Liturgia y arte religioso ecuatoriano. Quito *1964*
Vargas Ugarte SJ, Rubén: Concilios Limenses (1551—1772). Bd. *I* 1951. Bd. *II* 1952. Bd. *III* (Historia) 1954. Lima *1951* ff — Q
—: Historia de la iglesia en el Perú. Bd. *I* (1511—1568) 1953. Bd. *II* (1570—1640) 1959. Bd. *III* (1640—1699) 1960. Bd. *IV* (1700—1800) 1961. Bd. *V* (1800—1900) 1962. Lima *1953* ff
—: El episcopado en los tiempos de la emancipación sudamericana. 3. Aufl. Lima *1962*
V*AUPES 1973*. La iglesia misionera del VAUPES (Colombia). Un iglesia comprometida en la liberación de un pueblo. In: Misiones Extranjeras 16/17 *(1973)*, 191—203. Nachdruck aus: Vaupes al Día. Informationsblatt der Apostolischen Präfektur von Mitu — Q
Vega, Garcilaso Inca de la: Comentarios reales que tratan del origen de los Incas Reyes que fueron del Perú ... Bd. *I* Madrid *1609*. Bd. *II* Córdoba *1617*. Bde. I—II Madrid 1722/23 und 1829. Neuausgabe Lima *1959*
Verga, Juán Ramón: Causes du concubinage en Amérique Centrale. Diss. Lic. Löwen *1962*
Vekemans SJ, Roger: Las teologías de la liberación en América Latina. Breve Introducción. In: ESTAL 2, 8 *(1974)*, 15—21
Vela, David: Plástica Maya. Guía para una apreciación. (Seminario de Integración Social Guatemalteca. Publicación 22) Guatemala *1967*
Velasco, Gustavo A.: Metodismo mexicano. Períodos iniciales. (Sociedad de Estudios del Metodismo en México) México D. F. *1974*
Véliz, Claudio (Hrsg.): Latin America and the Caribbean. A handbook. (Handbooks to the Modern World) London *1968*
Vellinho, Moysés: Capitania d'El-Rei. Aspectos polémicos da formação Rio-Grandense. 2. verbesserte Aufl. Pôrto Alegré *1970*
Venezuela y Ecuador. Isidoro Alonso, Medardo Luzardo, Ginés Garrido, José Orioli: La iglesia en Venezuela y Ecuador. Estructuras eclesiásticas. (Centro de Investigaciones Sociales. Serie Socio-religiosa 3) Fribourg/Bogotá *1962*
Vergara SJ, Ignacio (Hrsg.): El protestantismo en Chile. (Editorial Pacífico) Santiago *1962*
Veríssimo Serrão, Joaquim: Do Brasil Filippino ao Brasil de 1640. (Brasiliana 336) São Paulo *1968*
Vessuri, Hebe M. C.: Aspectos del catolicismo popular de Santiago del Estero: Ensayo en categorias sociales y morales. In: AL 14 *(1971)*, 40—68
Vetrano, Vicente O.: Apuntes sobre la iglesia en Ecuador. In: CRIT XLI, 1545 *(1968)*, 216—219
Vianna, Hélio: História do Brasil. I: Período colonial. 1. Aufl. 1961/62. 7. verbesserte Aufl. São Paulo *1970*
Vilda, Carmelo: La Asamblea Episcopal Venezolana: Una esperanza comienza a despuntar. In: SIC XXXV, 349 und 401 *(1972)*
Villaboim Filho, Paschoal: Canudos. Rio de Janeiro *1967*
Villalpando, Waldo Luis: Las iglesias del trasplante. Protestantismo de inmigración en la Argentina. Hrsg. v. Waldo Luis Villalpando, ausgearbeitet von einem Forschungsteam unter Mitwirkung von Christian Lalive d'Epinay, Dwain C. Epps u. a. Buenos Aires *1970*
Villamañán OFMCap, Adolfo de: Se renuevan las misiones? In: NM 30 *(1969)* 360—367

Villegas SJ, Juan: Die Durchführung der Beschlüsse des Konzils von Trient in der Kirchenprovinz Peru: 1564–1600. Diss. phil. Köln *1971* (maschinenschriftlich). Spanisch: Aplicación del Concilio de Trento en Hispanoamérica 1564–1600. Provincia eclesiástica del Perú. (Cuadernos del Itu 3) Montevideo *1975*

—: Providencialismo y denuncia en la ‚Historia de las indias' de Fray Bartolomé de Las Casas. In: CEHILA *1976*, 19–44

Viola, Roberto: Catequesis de adultos y comunidades de base. In: CATLA 2, 8 *(1970)*, 463–467

Viotti SJ, Hélio Abranches: Expansão da igreja no Brasil independente. In: RH XXIII *(1972)*, 351–365

Wagemann, Ernst: Die deutschen Kolonisten im brasilianischen Staate Espírito Santo. München *1915*

Wagley, Charles: An introduction to Brazil. (Colombia University Press) 1. Aufl. 1963. 2. überarbeitete Aufl. New York/London *1971*

Wagner, C. Peter: Latin American theology radical or evangelical? The struggle for the faith in a young church. Grand Rapids, Mich. *1970* – Q

Wagner, Erika: Problemas de arqueología y etnohistoria de los Andes Venezolanos. In: IAK *1968* I, 281–287

Wagner, Helmuth O.: Subsistence potential and population density of the Maya on the Yucatan Peninsula and causes for the decline in population in the fifteenth century. In: IAK *1968* I, 179 ff

Waldmann, Peter: Der Peronismus 1943 bis 1955. Hamburg *1974*

Walter, H. V.: Arqueologia da região de Lagoa Santa. Minas Gerais. Indios pré-colombianos dos Abrigos-Rochedos. Rio de Janeiro *1958* (zweisprachige englisch-portugiesische Ausgabe)

Warman, Arturo: Todos santos y todos difuntos. Crítica histórica de la antropología mexicana. In: Antropología Mexicana *1970*, 9–38

Warren, F. Benedict: Vasco de Quiroga and his pueblo hospitals of Santa Fe. In: Academy of American Franciscan History. Washington D. C. *1963*, 26–42. Wiederabgedruckt in: Greenleaf *1971*, 37 ff

Warth, Carlos H.: Die Evangelisch-Lutherische Kirche Brasiliens (Brasilianischer Distrikt der Luth. Kirche/Missouri-Synode). In: Jahn *1970*, 75–80

Watters, Mary: The present status of the church in Venezuela. In: HAHR XIII *(1933)*, 23 ff

Wauchope, Robert (Hrsg.): The Indian background of Latin American history. The Maya, Aztec, Inca, and their predecessors. New York *1970*

Webster, Charles K. (Hrsg.): Britain and the independence of Latin America, 1812–1830. Select documents from the Foreign Office Archives. 2 Bde. London *1938*. Zit. nach Wiederabdruck von Bd. I, 6–12 bei Humphreys/Lynch 1968, 75–83 – Q

Weckmann, Luis: The middle ages in the conquest of America. In: Hanke *1967* I, 10–22

Weffort, Francisco Corréa: O populismo na política brasileira. In: Furtado et al.: Brasil. Tempos modernos *(1968)*, 49–75

Weigandt, Ernesto W.: Introduccion. In: CLLA 5 *(1971)*, 5–10

Weingärtner, Lindolfo: A igreja no mundo. Conferéncia realizada em Lima em 14 de julho de 1965. In: Estudos 5 *(1965)*, 109–122

—: Umbanda. Synkretistische Kulte in Brasilien – eine Herausforderung für die christliche Kirche. Diss. theol. Erlangen. (Erlanger Taschenbücher 8) Erlangen *1969*

Weischet, Wolfgang: Chile. Seine länderkundliche Individualität und Struktur. Darmstadt *1970*

—: Agrarreform und Nationalisierung des Bergbaus in Chile. Zugleich eine Aktualisierung der Wissenschaftlichen Länderkunde Bd. 2/3: Chile. Darmstadt *1974*

Wentz, Abdel Ross: A basic history of Lutheranism in America. Revid. Aufl. Philadelphia *1964*

Wetzel SJ, Herbert Ewaldo: Mem de Sá. Terceiro governador geral (1557–1572. Diss. theol. Gregoriana, Rom. (Conselho Federal de Cultura) Rio de Janeiro *1972*
—: O condicionamento histórico étnicocultural da igreja no Brasil. In: Missão *1973*, 27—47
Whitaker, Arthur P. (Hrsg.): Latin America and the enlightenment. Essays. 1. Aufl. 1942. 2. Aufl. New York *1961*
—: The dual role of Latin America in the enlightenment. In: Whitaker *1961*, 3—21
Wilgus, Curtis A.: Historical atlas of Latin America. Political, geographic, economic, cultural. New York *1969*
Willeke OFM, Venantius: Die franziskanische Missionspraxis unter den Indianern Brasiliens. 1595–1619. In: ZMR 42 *(1958)*
—: Umbanda und Christentum in Brasilien. In: ZMR 44 *(1960)*, 107—114
—: Zulassung von Negern und Mischlingen zum Ordensstand in Braslien. In: ZMW 46, 4 *(1962)*, 274—79
—: Die Neubelebung der nordbrasilianischen Franziskanerprovinz. In: ZMR 52 *(1968)*, 277—288
—: Franziskanermissionen in Brasilien 1500–1966. In: NZM 23 *(1967)*
—: Kirche und Negersklaven in Brasilien 1550–1888. In: NZM 32 *(1976)*, 15—26
Willems, Emilio: The structure of the Brazilian family. In: Social Forces 31, 4 (May *1953*), 339—345
—: Protestantismus und Klassenstruktur in Chile. In: KZfSuS 12 *(1960)*, 652—671
—: Protestantismus und Kulturwandel in Brasilien und Chile. In: René König (Hrsg.): Max Weber zum Gedächtnis. Materialien und Dokumente zur Bewertung von Werk und Persönlichkeit. Köln-Opladen *1964*
—: Religiöser Pluralismus und Klassenstruktur in Brasilien und Chile. In: IJRS *1965*
—: The followers of the new faith. Culture change and the rise of protestantism in Brazil and Chile. Nashville *1967*
Windelband, Wilhelm: Lehrbuch der Philosophie. 15. durchgesehene und ergänzte Aufl. hrsg. v. Heinz Heimsoeth. Tübingen *1957*
Wipfler, William: Latin America: U. S. Colony. In: Ch & C 32, 5 *(1972)*, 68—75
Wirtschaftsbericht Dez. 1975: Lateinamerika, Spanien und Portugal. Deutsche Überseeische Bank. Hamburg 1975
Wiznitzer, Arnold: Os judeos no Brasil colonial. Tradução de Olivia Krähenbühl. São Paulo *1966*. Aus dem Amerikanischen: Jews in colonial Brazil. (Columbia University Press) New York 1960
Wolff, Inge: Geschichtsverständnis und Nationalismus in der Bolivianischen Revolution. In: JGSWGLA 4 *(1967)*, 726—46
Womack, Jr., John: Zapata y la revolución mexicana. (Siglo XXI Editores) 1. Aufl. 1969. 7. Aufl. México D. F. *1976*
Worcester, Donald E., und Wendell G. *Schaeffer*: The growth and culture of Latin America. New York *1956*
Wright, Luis B.: Gold, glory and the gospel. The adventurous lives and times of the renaissance explorers. New York *1970*
Wüstner, Fr. (Hrsg.): Kirchengemeinde Joinville. Evangelisches Bekennen in Schwachheit und Kraft. 1851–1951. São Leopoldo *1951* – Q
Wycliffe 1973. Christian mission for the empire. Story of the Wycliffe Translators: Pacifying the last frontiers. (Nacla's Latin America and Empire Report VII, 10) New York 1973
Ybot León, Antonio: La iglesia y los eclesiásticos en la empresa de Indias. I: Las ideas y los hechos. (Historia de América y de los pueblos americanos XVI) Barcelona/Madrid/Buenos Aires/México D. F./Caracas/Rio de Janeiro *1954*
Yoder, Howard W.: The second Latin American evangelical conference. In: IRM 51 *(1962)*, 75—78
Ypacarí 1972. New horizons for the christian Indian. Report on the first conference

on pastoral work among the Indians, held at Ypacaraí, Paraguay, 11—15 July 1972. Spanisch: Boletín de Informaciones der paraguayischen Bischofskonferenz, Asunción, 30. 7. 1972. Englisch: LADOC III, 23 c (Febr. 1973). Nach IDOC 1973, 71—72 — Q

Zavala, Silvio: New viewpoints on the Spanish colonization of America. Philadelphia 1943. S. 38—48: ,The doctrine of just war' wiederabgedruckt in: Hanke I, 126—135

—: La defensa de los derechos del hombre en América Latina (siglos XVI—XVIII). (UNESCO) Paris 1963

Zea, Leopoldo: El positivismo en Iberoamérica. In: Filosofía y Letras 63—65 (México D. F. 1957), 67—74

—: The Latin-American mind. Aus dem Spanischen von James H. Abbott und Lowell Dunham Norman. (University of Oklahoma Press) Norman, Okla. 1963. Auszugsweise abgedruckt in: Hanke II, 254 ff

—: Latinoamérica: Emancipación y neocolonialismo. Ensayos. (Editorial Tiempo Nuevo S. A.) Caracas 1971

—: Fascismo dependiente en Latinoamérica. In: Fascismo 1976, 147—152

Zelinsky, Wilbur: The historical geography of the Negro population of Latin America. In: Journal of Negro History XXXIV (1949), 153—221. Auszugsweise abgedruckt in: Hanke I, 216 ff

Zentralamerika 1972. Pierre-Charles Gérard, Catalina Gougain de Contreras, Rolando Colado: Centro América 1: Subdesarrollo y dependencia. (Universidad Nacional Autónoma de México. Instituto de Investigaciones Sociales) Bd. I—II. México D. F. 1972

Zentralamerika 1973. Die Kirche in Zentralamerika und Panamá. Guatemala, Honduras, Salvador, Nicaragua, Costa Rica, Panamá (PMV 46) Brüssel 1973

Zentralamerika/Misereor. Mittelamerika: Mexiko, Guatemala, Honduras, El Salvador, Nicaragua, Costa Rica, Panama. Hrsg. v. Misereor — Bischöfliches Hilfswerk e. V. Aachen o. J. (1975?)

Zerries, Otto: Wild- und Buschgeister in Südamerika. Eine Untersuchung jägerzeitlicher Phänomene im Kulturbild südamerikanischer Indianer. (Studien zur Kulturkunde 11) Wiesbaden 1954

—: Die Religionen der Naturvölker Südamerikas und Westindiens. In: Krickeberg 1961, 269 ff

—: La maraca y los espíritus cefaliformes en Suramérica. In: Estudios Americanos XXI (Sevilla 1961), Vgl. die deutsche Vorstufe dieses Aufsatzes: Kürbisrassel und Kopfgeister in Südamerika. In: Paideuma V, 6 (Juni 1953).

Zilles, Urbano: Uma igreja em discussão. Petrópolis 1969

Zilleßen, Horst (Hrsg.): Volk — Nation — Vaterland. Der deutsche Protestantismus und der Nationalsozialismus. Gütersloh 1970

Zipser, Ekkehard: Die deutschsprachige Arbeit in Guatemala im ökumenischen Bezugsfeld. Arbeit zum 2. theol. Examen beim Theologischen Prüfungsamt im Evangelischen Konsistorium Berlin-Brandenburg. Berlin 1972 (maschinenschriftlich)

Zondag, Cornelius H.: The Bolivian economy, 1952—1965. The revolution and its aftermath. New York 1966

Zubillaga SJ, Felix: s. Lopetegui 1965

Zuluaga J., Francisco: Estructuras eclesiásticas de Colombia. (CIAS Bogota) 2. aktualisierte Aufl. Bogotá 1971

Zum Felde, Alberto: Proceso histórico del Uruguay. (Arca) Montevideo 1967

Zuretti, Juan Carlos: Historia eclesiástica Argentina. Buenos Aires 1945

Zwettler Codex 420: s. Paucke 1959 und 1966

Zwiefelhofer SJ, Hans: Evangelisierung durch Mission oder Entwicklungsförderung? In: Pesch Haus 1971, 84—98

—: Bericht zur „Theologie der Befreiung". (Entwicklung und Frieden. Materialien 1) München *1974 (B)*
—: Christen und Sozialismus in Lateinamerika. (Theologie in Lateinamerika 1) Wuppertal *1974*

Bibelstellenregister

Dtn		241	Joh	3,30	1174 A 42
2 Sam	24	820 A 237		12,24	114 A 47
Ps	72,9	199 A 101		15,18	1127 A 176
Jes	18,1–2	199 A 101		16,33	1127 A 176
Mt	4,17	1125 A 175		17,19	1142
	5,24	789 A 128		18,36	1126
	6,25	790 A 130	Apg	2,38	861
	7,6	167		5,38f	930
	10,14	168	Röm	7,13ff	1125
	10,16	173 A 32		8,17	1144 A 45
	10,28	1127		13,1	658
	21,31	1126		13,1–7	911
	22,21	930	1 Kor	9,12–22	234
	25,41	1040	2 Kor	1,5	1144 A 45
	28,18	173 A 32	Gal	6,17	1144 A 45
Mk	16,15	850	Phil	2	1144
Lk	1	307 A 53		3,10	1144 A 45
	1,52f	1126	Kol	1,24	1127 A 176
	4,9ff	241	1 Tim	2,4	794; 1151
	9,53ff	169	2 Tim	2,3	1127 A 176
	10,3	173 A 32	Hebr	9,22	1127
	10,30ff	909 A 84	1 Petr	4,13	1144 A 45
	14,23	210	Apk	2,10	1127 A 176
	15,11ff	1103 A 100		17,14	173 A 32
	17,10	1152		19,16	173 A 32
				21,3–4	1127 A 176
				21,5	910

Personenregister

(Personen, die heiliggesprochen sind, finden sich unter San, Santa, Santo und São)

Abad y Queipo, Manuel 390; 509 A 301
Abreu e Lima, José Ignácio 824
Achá, José María de 619
Acosta SJ, José de 70 A 40; 74+A 52; 182 A 56; 213f; 235; 237f; 244 A 72; 269 A 30
Afonso V., König von Portugal (1438–81) 124
Agía OFM, Miguel 180 A 55
Ägidius Romanus 65 A 23
Agostini, João Maria de 847
Aguaraguavi 275
Aguas OP, Manuel 807
Agüero Prbo. 388
Aguiar y Seijas, Francisco 247 A 76
Aguilar, Eugenio 493
Aguilar, Ignacio, Kanoniker 739
Aguilar, María del Refugio 727 A 26
Aguilar Bermúdez Prbo., Manuel 807
Aguirre, Anastasio Cruz 442f; 448
Aguirre Cerda, Pedro 611
Alamán, Lucas 498
Alarcão, José de Barros, Bischof von Rio de Janeiro (1681–1700) 114; 253 A 84
Alberdi, Juan Bautista 516f+A 10; 521; 575f; 581 A 30
Albernaz, kirchlicher Administrator 190
Albuquerque OP, Bernardo de, Bischof von Oaxaca 154; 247 A 76
Albuquerque, Celina de 861
Alday, Manuel. Bischof von Santiago de Chile (1755–1788) 362

Alegre, Francisco Javier 341 A 46
Aleijadinho = Antônio Francisco Lisboa 374
Alessandri, Arturo 605; 608
Alessandri, Jorge 614
Alexander VI., Papst (1492 bis 1503) 64f; 135; 171; 204
Alexander VII., Papst (1655 bis 67) 441
Alfaro SJ, P. Diego de 275; 279f
Alfaro, Eloy 419; 421 A 46; 470; 472f; 636ff
Alfaro, Francisco de, königlicher Visitator 180 A 54; 284; 286
Allende, Salvador 437 A 96; 614; 788f; 790; 793; 977; 993; 1057f; 1059; 1164 A 4
Almagro, Diego 118; 174 A 35
Almeida, P. João Fereira de 824 A 247
Alvarado, Gouverneur von Yucatán 948f
Alvarado, Pedro 71
Alvarado, Salvador 947
Álvarez, Bernardino 158f
Álvarez, Juan 495; 498
Álvarez, P. Moisés 1162
Alvear, Marcelo 584
Alves, Rubem 835+A 283f; 1144
Alzate, P. Manuel 674
Alzega OFM, Antonio de, Bischof von Coro 248 A 76
Amaral, Rev. Epaminondas Melo do 920
Amaro, Joaquín, General 956 A 52; 958
Amat y Juniemt, Manuel de, Vizekönig von Peru (1761–76) 353; 362
Ampuero, Valentín 625f

Anabalón, P. Francisco 1132f
Anchieta SJ, P. José de 152; 167; 187 A 72; 213; 219 A 42; 234 A 54; 296
Anda, P. Pablo 727 A 26
Andrada, Vicente Freire de 374
Andrada e Silva, José Bonifacio de 365; 384; 425
Andrade, Manuel Joaquim Gonçalves de 429 A 70
Andrade, Pedro Nolasco de 746 A 12
Aneiros, Erzbischof von Buenos Aires 1162f+A 3
Ángeles OC, Miguel de los 157
Ángulo SJ, P. Francisco 267
Anjos, Gregorio dos, 1. Bischof v. Maranhão (1679 bis 88) 114; 372
Antequera y Castro, José de, Gouverneur von Asunción 368
Antonelli, Kardinalstaatssekretär 417; 433, 503
Anwandter, Karl 784f
Aparicio y Quintanilla, Pedro Arnoldo, Bischof von San Vicente 718 A 63
Apicabiyia 276
Aquaviva SJ, Claudio, Ordensgeneral 266; 268
Aquinat → Thomas von Aquin
Arana, Francisco Javier 717
Aranda, Conde de 343; 352
Araújo, Ismarth de Oliveira, General 1166 A 10
Arbenz Guzmán, Jacobo 711f; 714
Arboleda SJ, José Rafael 83
Arce, Agustín de 155
Arce SJ, P. José 155
Arce, Manuel José 490

Personenregister

Arces Martínez, Sergio 1026
Arcusa, P. 990
Areche, José Antonio de, Generalvisitator von Peru 369; 370 A 4
Aresti OSB, Cristóbal de 285
Arévalo, Juan José 711; 714; 1028
Arguedas, Alcides 621
Arguedas, Antonio 983+A 38
Arias, Buenaventura, Hilfsbischof von Mérida 413; 483
Arias, Mortimer, Methodistenbischof 874f+A 91; 985; 987
Arias Blanco, Rafael, Erzbischof von Caracas 685 A 25; 688f; 691f
Arista, Mariano 497f
Aristoteles 176 A 38; 290; 330; 362; 364
Ariztia, Fernando, Hilfsbischof von Santiago de Chile 1023 A 111
Armand Ugon, P. Daniel 595
Arns OFM, Paulo Evaristo, Kardinalerzbischof von São Paulo 604 A 26; 868; 1113 A 144; 1123
Arosemena, Justo 516f
Arrábida, Fr. Antônio de 394
Arrastía, P. Cecilio 1025 A 114
Arredondo, General 1162
Arroyo, Gonzalo 1060
Arteaga y Betancour, Kardinalerzbischof von Habana 1000; 1004; 1008; 1013; 1015
Arteaga Yepes, Alonso, Bischof von Antioquia 1110
Artigas, José Gervasio 381; 386; 388; 391; 402 A 3; 440; 445
Artola, Armando 1051
Assmann, Hugo 1035 A 26; 1060
Asturias, Miguel Ángel 718
Atahualpa 53 A 75; 69f; 309; 629
Aubry, P. André 1177 A 54
Avellaneda, Nicolás 577
Avenarius, Richard 517 A 9

Avendaño SJ, Diego de 182; 197 A 96
Ávila, SJ, Esteban 182 A 56
Ávila SJ, Francisco de 340
Ávila e Souza, P. Francisco das Chagas de 428
Ayala OFM, Pedro de, Bischof 114
Aycinema, Marquis de 490
Ayora, Isidro 641
Ayoroa, Juan 987
Azeredo Coutinho, José Joaquim da Cunha de, Bischof von Olinda und Recife (1799–1806) 375
Azevedo, Lúcio 219
Azparren, P. Ignacio 692
Azuaga OFM, Pedro de 214

Bacon von Verulam, Francis 332; 512; 518
Bänziger, P. G. 777 A 91
Báez-Camargo, Rev. Gonzalo 919 A 108
Bagby, Rev. William Buch 825; 836 A 237
Baigorrita 1162
Balduino OP, Tomás, Bischof von Goiás 1128
Ballivián, Adolfo, General 619
Ballivián, José 455; 458
Balmaceda, José Manuel 605f
Baluffi, Gaettano, Apost. Legat 415; 476
Bambarén, Luís, Hilfsbischof von Lima 1050f
Bandarra 323 A 105
Bandini, Manuel Antonio, Erzbischof von Lima 626
Báñez OP, Domingo 176
Baños y Sotomayor, Diego de, Bischof von Santa Marta 679
Banzer Suárez, Hugo, Oberst 986; 991ff
Baquedano SJ 693
Baquerizo Moreno 641
Barault, Miguel Antonio 487
Barberini, Kardinal 129
Barbosa, Januário da Cunha 394
Barbosa, Rui 550
Barilli, Lorenzo 415
Barnola SJ, José 689
Barocio, Teófilo 814
Barra, Francisco León de la 938
Barradas, Constantino de,

Bischof von São Salvador (1600–1618) 114
Barreda, Gabino 698 A 7; 722ff
Barreiros, Fr. Antônio, Bischof von São Salvador (1576–96) 334
Barreto, Francisco 299
Barrientos, René, General 979f; 982ff
Barrington Pratt, Henry 667
Barrios, Justo Rufino 696f; 699+A 10; 702; 707
Barroeta, Pedro Antonio, Erzbischof von Lima (1751–58) 362
Barrundia, Francisco 490; 698 A 7
Barth, Karl 301; 764
Barzana SJ, P. Alonso 267
Bastos, P. Geraldo Leite 1111
Batista, Fulgencio 943; 1000; 1004 A 37; 1007ff +A 46; 1025 A 114
Batlle y Ordóñez, José 593; 595
Baud, P. Juan 1111
Bayle, Pierre 341
Bazaine, Achille 501 A 280
Beaulieu, Leroy 565
Becker, P. Axel 792 A 138
Becker, João, Erzbischof v. P. Alegre (1912–46) 567; 570
Beckmann (Bequimão), Manuel 372
Begrich, P. Martin 751 A 24
Beisiegel, P. Helmut 787
Béjar, Héctor 634 A 36
Bejarano, Jerónimo 743
Belalcázar (Benalcázar), Sebastián 117
Belaúnde Terry, Fernando 633+ A 33; 635; 1043f+ A 6
Belgrano, Manuel, General 365 A 106; 379; 388f
Belzú, Manuel Isidoro 439; 455f
Benavides OJer, Francisco de, Bischof von Cartagena 150
Benedikt XIII., Papst (1724 bis 30) 139
Benedikt XIV., Papst (1740 bis 58) 115; 194 A 89; 249; 374
Benedikt XV., Papst (1914 bis 1922) 562

Benavente OFM (Motolinía), Toribio de 261
Bentham, Jeremy 403 A 3; 467; 476; 516; 579; 581 A 30
Beras Rojas, Octavio Antonio, Erzbischof von Santo Domingo 1066 A 12
Berbeo, Juan Francisco 371
Beresford, General 378; 384
Berg, Daniel 861
Berg, Rev. William 1136 A 27
Bergson, Henri 628 + A 17; 723
Bernal SJ, Antonio 278 A 62
Bernanos, Georges 571
Bernard, Claude 517
Bernardes, Arturo 564
Berro, Bernardo 442f
Berthelin, General 502
Besi, Apost. Legat 415
Betancourt, José de 159
Betancourt, P. Iván 719 A 64
Betancourt, Rómulo 685 A 25; 687; 690f; 694
Betanzos OP, Domingo de 67; 172; 174; 251 A 80
Beyerhaus, Peter 1144f
Bilbao, Francisco 405; 450; 1027
Birot SDB, P. 1163
Bismarck, Otto von 653; 757
Blackford, Rev. Alexander 826f; 830 A 270
Blanco, Hugo 635
Blanquet, Aurelio, General 937; 952
Blumenau, Hermann 757
Boatright, Raymond 862
Bobadilla, Francisco 65; 142
Bockwinkel, Johann 604 A 26
Boegner, Marc, Präsident des ÖRK 933 A 141
Böhm, Johann Heinrich, Generalleutnant 347
Bogarín, Juan Sinforiano, Erzbischof von Asunción 600
Bogarín Argaña, Ramón 899
Boil → Buil
Bolaños OFM, Luis de 264; 286; 305
Bolívar, Simón 365f; 381ff; 386; 389; 392f; 402f + A 3; 410ff; 416 A 32; 435; 454; 457; 460; 464; 467; 481;
483 A 230; 484; 516f; 667; 676; 744
Bonaparte, Joseph 379
Bonhoeffer, Dietrich 301; 537; 869
Bonifaz VIII, Papst (1294 bis 1303) 64 A 23; 132
Bonilla 790
Bonilla, Juan Crisóstomo 809 A 191
Bonillas, Ignacio 952 + A 42
Bonpland, Aimé 328
Borchard, P. Hermann 759; 761; 776f
Bordaberry, Juan María 597
Boroa SJ, Diego, Provinzial 129; 278ff
Borrat, Héctor 598; 1034 A 26; 1041
Bosch, Juan 1028
Bossuet, Jacques-Bénigne 341
Botero Salazar CM, Tulio 674
Bougainville, Louis-Antoine 328
Bouquet, Manuel 955
Bourdel, Jean du 187
Bourdon, Pierre 187
Boutin SJ, P. 376
Boyle, Rev. John 830 A 270
Boza Masvidal, Eduardo, Hilfsbischof von Habana 1011; 1013; 1015f; 1023 A 111
Braga, Rev. Erasmo 832; 916; 920
Brid Prbo., Juan José 443
Brigham, J. C. 744
Broders, Rev. J. C. 768
Browning, Rev. 919
Brun, P. Bourdon 1051 A 36
Brutschin, P. Joh. Friedrich 768
Bryan, W. Jennings 940
Bucafusco, Rev. Luis P. 927
Bucareli, Marquis de 354f
Büchner, Georg 516
Buenaventura OFM, Alonso de 264
Buil (Boil; Boyl) OSB, Bernal 68 A 35; 126; 139 + A 137; 160; 245
Buil SJ 918
Bulhões e Sousa, Fr. Miguel de, Bischof von Pará (1749–58) 351
Bulnes, Francisco 405; 731 A 47
Bulnes, Manuel 450
Bunge, Carlos Octavio 581 A 30
Burnier SJ, P. João Bosco Penido 1123
Busch Becerra, Germán 974
Bußmann, Pastor 777 + A 91
Bustamante, Präsident von Mexiko 496; 497 A 272
Butler, John W. 806
Butler, William, Superintendent 811
Caamaño, José María Plácido 472
Caamaño Denó, Francisco 1028
Caballero, Bernardino 600
Caballero y Góngora, Antonio, Erzbischof von Bogotá (1777–88); Vizekönig 371
Cabral, Alvares 65; 206
Cabral, Antônio dos Santos 838
Cabral, Antônio Teixeira 114
Cabré SJ, Ramón 441; 443
Café Filho, João 571f
Caggiano, Kardinallegat 688
Cagliero, Juan, Bischof von Patagonien 1163 A 3
Caicedo, Fernando, Bischof von Bogotá (ab 1827) 413
Caicedo SDB, Julio, Bischof von Cali 667
Caicedo y Velasco OESA, P. 200 A 103
Cajetan OP, Thomas de Vio, Kardinal 145; 149; 173 A 32
Calancha, P. 146
Caldas, Francisco José de 332
Caldas, José de 364 A 106
Caldera, Rafael 690f; 1022 A 105
Calleja, General 385
Calles, Plutarco Elías 944; 946; 953–964
Calvin, J. 166; 749; 801; 853
Calvo de Padilla OP, Lic. Juan 198
Camacho, M. Ávila 965
Câmara, Hélder Pessoa 875 A 91; 889f; 895; 899; 1021; 1022 A 105; 1031f; 1041; 1111; 1116; 1121; 1123
Câmara, M. de Arruda 375
Caminha, Pero Vaz de 66; 166
Cammaratta, P. Virgilio 648
Camões, Luís de 183

Campanillo, del 439
Campos, Gonzalo 966 A 78
Campos, P. Pinto de 824
Canabal, Tomás Garrido 958; 964+A 75
Caneca OC, Joaquim do Amor Divino 424
Cañete, Marquis de, Vizekönig von Nueva España (1556–60) 257
Canning, George 384f; 440
Cano OP, Melchior 176
Caparand, Msgr. 799 A 163
Capellari, Bartolomeo Alberto, Kardinal → Gregor XVI. 413; 416; 418
Caramuru = Diego Álvares 217; 299
Carazo, Evaristo 696
Cardenal, P. Ernesto 718; 1015
Cárdenas OFM, Bernardino de, Bischof von Asunción 129; 282; 286f; 369
Cárdenas SJ, Juan de 278 A 62
Cárdenas, Lázaro 939; 953; 963ff
Cardiel SJ, P. José (1704–?) 353 A 77
Cardim SJ, Fernão 167 A 8
Careta 69
Carías Andino, Tiburcio 702
Carlos II. von Spanien (1675–1700) 254; 297
Carlos III. von Spanien (1759–88) 115; 127; 254; 341+A 48; 343; 345; 347; 352f; 361; 370; 435; 996
Carlos IV. von Spanien (1788–1808) 341; 344 A 55; 364 A 105; 377f
Carlota Joaquina, Königin von Portugal 377; 379
Caro, José María, Erzbischof von Santiago de Chile 611
Caro, Miguel A. 652
Carranza, Pedro de 113
Carranza, Venustiano 939ff
Carrera, José Miguel 381
Carrera, Rafael 491ff; 696; 704
Carrillo, Braulio 491
Carrillo Prbo., Silviano 727 A 26
Caruana, Nuntius 958
Carupé, Kazike von Caaró 276
Carvalhosa, Rev. 830 A 269
Casaldáliga Pla CMF, Medro Maria, Bischof v. São Félix 1123; 1125; 1128
Casanova, Kardinalstaatssekretär 885
Casanova, Mariano, Erzbischof von Santiago de Chile 606; 609
Casanova y Estrada, Ricardo, Erzbischof von Guatemala 704
Casariego CRS, Mario, Kardinalerzbischof v. Guatemala 717; 719
Casaroli, Agostino, Titularbischof, Staatssekretär 1020f
Caso, Antonio 723
Castagny, General 502
Castañeda, Delgado 182
Castareda, P. Rubén 752
Castelo Branco, Humberto de Alencar 1120
Castelo Branco, José J. J. Mascarenhas, Bischof von Rio de Janeiro (1774 bis 1805) 374
Castilhos, Júlio Prates de 554; 558; 568
Castilla, Ramón 458f; 462 A 162
Castilla, Ruiz de 390
Castillo, Lucas Guillermo, Erzbischof von Caracas 688
Castillo SJ, P. Juan del 276
Castillo Armas, Carlos, Oberst 712
Castillo Cárdenas, Gonzalo 675
Castro, Álvaro de 299
Castro, Cipriano 676; 679ff; 686
Castro, Rev. Emilio 924; 927f; 934; 1146; 1148
Castro, Juan Bautista, Erzbischof von Caracas 679; 686
Castro Ruz, Fidel 690; 996 A 4; 997; 1007ff; 1059f
Catalina de Jesús Huamán Cápac, Äbtissin 162
Causas y Torres, Ramón, Erzbischof von Guatemala 490
Cavalcanti, Joaquim Arcoverde de Albuquerque, Erzbischof von Rio de Janeiro (1897–1930) 562ff
Cayanchire, Juan 224
Cázares y Martínez, Bischof von Zamora 727 A 26
Cedillo, General 964
Ceferino 1163 A 3
Cento, Fernando, Nuntius 688
Cerna, Vicente 492; 696
César, Paulo 833
César, Rev. Waldo 833f
Céspedes Prbo, Antonio 445
Céspedes, Carlos Manuel de 997f
Céspedes, Francisco de, Gouverneur von Buenos Aires 273
Céspedes Jería, Luis de, Gouverneur von Paraguay 273; 283
Chamberlain, Rev. 828
Chambi, Luciano 1168
Charles II. von England 150
Charlotte Amalie, Prinzessin von Belgien 500; 503
Charún, Agustin, Bischof von Trujillo 462
Chase Sardi, Miguel 1177 A 55
Chatfield, Frederik 402 A 2; 491
Chávez, Nuño de 112
Chávez, P. Enrique 863f
Chávez y González, Luis, Erzbischof von San Salvador 718
Checa, José Ignacio, Erzbischof von Quito 472
Choiseul-Amboise, Etienne François Herzog von 345
Christen, Samuel Julius 784
Cícero, P. Romão Batista 561; 847+A 10; 878 A 102
Cienfuegos, José Ignacio, Erzdekan von Santiago de Chile, Kapitularvikar 409f; 413
Cisneros → Jiménez de C.
Cisneros, Hidalgo de, Vizekönig von Río de la Plata 381 A 26
Clara, Jerónimo 579+A 25
Claver SJ, Pedro → San Pedro Claver
Clavijero SJ, P. Francisco Javier 341
Clemens VII., Papst (1523 bis 34) 108; 149
Clemens VIII., Papst (1592 bis 1605) 158
Clemens X., Papst (1670 bis 1676) 161
Clemens XII., Papst (1730 bis 40) 374

Clemens XIII., Papst (1758 bis 69) 254
Clemens XIV., Papst (1769 bis 74) 349; 353
Cobden, Richard 448
Cobos, Francisco 174
Cobrda, Juan, Kirchenpräsident IELU 781
Cocchia, Roque, Apost. Legat 487
Cochrane, Thomas, Lord 384
Coelho, Jorge de Albuquerque 145
Coelho, Romualdo de Sousa, Bischof von Belém (1821–41) 395
Coimbra OFM, Henrique de 144
Coll y Prat, Narciso, Erzbischof von Caracas 392; 399; 482
Colón, Cristóbal → Kolumbus
Comblin, P. José 1032f; 1034 A 26; 1064; 1116
Comonfort, General 496; 498
Compostela, Diego E., Bischof von La Habana 997
Comte, Auguste 516ff; 523; 542; 550; 628 A 17; 652; 676f; 698; 722f; 877
Conceição, P. José Manoel da 823; 826ff; 856
Concha, Juan Enrique 611
Concha, Luis, Kardinalerzbischof von Bogotá 673; 688
Conde, Provisor von Montevideo 443
Condillac, Étienne Bonnot de 328
Confalonieri, Kardinal 989
Conrado, P. Bernardo 395
Constant Botelho de Magalhães, Benjamin 542+A 60; 550
Conteris, Hiber 598 A 22; 1034 A 26
Coolidge, Calvin, US-Präsident (1923–29) 953; 960 A 62
Copello, Santiago Luis, Kardinalerzbischof von Buenos Aires 586f
Corção, Gustavo 565; 932
Cordero, Luis 472
Córdoba, Dr., Dekan des Domkapitels von Lima 457

Córdoba OFM, Antonio de 210
Córdoba OP, Francisco 207
Córdoba OP, Pedro de, Prior 145; 172; 207; 333
Córdova, Jorge 455
Coriche OP, Christóval Mariano 330
Corne, Carlos Marcelo 248 A 76
Cornejo, Mariano 628 A 17
Corral, Ramón 938
Cortés, Donoso 565
Cortés, Hernán 70f; 74; 76; 139; 141f; 148; 166f
Costa, Antônio de Macedo, Bischof von Pará (1861 bis 90) 432 f; 552; 553 A 105; 554; 562f
Costa, Carlos Duarte, Bischof von Maura 561
Costa, Claudio Manuel da 374
Costa, Duarte da, 2. Generalgouverneur von Brasilien (1553–56) 152
Costa, Hipólito da 342
Costa, Manuel Álvares da, Bischof von Olinda und Recife (1710/15–20) 373
Costa e Silva, Arturo da 1120
Costas, Abel, Hilfsbischof von Cochabamba 992 A 67
Costes, Fr. José OFM(?) 461
Coutinho, José Caetano da Silva, Bischof von Rio de Janeiro (1808–1833) 395; 748
Cox, Harvey 873; 1050
Crespo, P. Salustiano 486 A 240
Croix, Marquis de, Vizekönig v. Nueva España 354
Cromwell, Oliver 150
Cross, Dr. P. 391
Crowder, Enoch 1003
Crowe, Frederick 745
Cruz, Antonio de la 159
Cruz, Manuel da (João da?), 1. Bischof von Mariana (1748–64) 115
Cuauhtémoc 71
Cuero y Caicedo, José de, Bischof von Quito (1801 bis 1815) 390+ A 56; 393
Cunha Cintra, Manuel Pedro da, Bischof von Petrópolis 1076
Cuniberti, Ángel, Apostol. Vikar 896

Cyprian, Thascius Cäcilius 918

Dabbs, Rev. Norman 1168
Dabney, Rev. J. W. 830 A 270
Daciano OFM, Jacobo 251
Daniels, Josephus 1004
Darío, Rubén 529
Darwin, Charles 516; 518 +A 13; 525; 528; 653; 677
Daugherty, Rev. S. D. 781
Dave, Rev. J. T. 811
Dávila y Padilla OP, Agustín 247 A 76
Davis, John Merle 923f+ A 120
Dayton, Edward R. 1132
Debray, Regis 983
Dedekind, Max 758
Delgado, Matías, 1. „Bischof" von San Salvador 412+A 21
Descartes, René 327; 329 A 6; 330; 332; 341; 364; 512; 518
Dessalines 376
Deule OFM, Juan de la 139 +A 137; 142; 206
Deustua, Alejandro O. 628 A 17
Dewulf OSFS, P. Oscar 991; 993+A 72
Dias, Henrique, Negerführer 196 A 93
Dias Melgarejo, Rui 265
Díaz, Adolfo 707
Díaz, Alberto Evelio, Hilfsbischof von Habana, Koadjutor 1008 A 57; 1010; 1013ff
Díaz, Arístides 696
Díaz, Carmen 727
Díaz, Félix 493; 942; 951f
Díaz, Pascual, Erzbischof von Mexiko 965
Díaz, Pedro Luis 1011
Díaz, Porfirio 504; 511; 521f; 654f; 679; 720ff; 808f+A 191; 936ff; 952; 955
Díaz, Rev. Procopio 812
Díaz Bravo, José Vicente, Bischof von Durango 348 A 68
Díaz Carrillo OP, Custodio, Bischof von Cartagena 392f
Díaz Ordaz, Gustavo 969 A 83

Díaz Soto y Gama, Antonio 940f; 959; 966 A 78; 969
Díaz Taño SJ, P. Francisco 277 A 59; 280
Díaz de Burena, Pedro 129
Díaz de Gamarra, Juan Benito (1745–83) 341 A 46
Dick, Rev. James 830 A 270
Diderot, Denis 341; 464
Diego, Juan 305
Dionisio OP 208
Dobrizhoffer SJ, P. Martin 155
Döllinger, Johann Josef Ignaz von 894
Dohms, Hermann, Präsident der RGS 553 A 105; 762+A 57; 764+A 64; 770+A 81; 924
Dohms, P. Paul 758
Donatti, P. Marcos 1162
Dorticós Torrado, Oswaldo 690; 1011
Duarte Coelho 80
Dueñas, Francisco 493; 696
Dupin, General 502
Durán OP, Diego 261; 283
Durand Flórez SJ, Ricardo, Erzbischof von El Cuzco 635; 906; 1053f
Durham, W. H. 857; 861
Dussel, Henrique 1035 A 26
Dutra, Gaspar, General 571
Duvalier, François 883

Echaguë, Dechant 416 A 32
Echandía, Darío 665
Echenique, Rufino 459
Echeverría, Bernardino, Erzbischof von Guayaquil 647f
Echeverría, Esteban 438; 579; 581 A 30
Echeverría, Luis 970 A 84
Egaña, Juan de 403
Ehlers, Georg 759+A 48
Eisenhower, Dwight D. 975
Elizondo, Antonio, Kapitularvikar von Santiago de Chile 413 A 26
Emerique, Tércio 833
Engels, Friedrich 1021
Enríquez, Martín, Vizekönig von Nueva España (1568–83) 131
Enríquez de Ribera OESA, Payo, Bischof von Guatemala (1657–68), Erzbischof von Mexiko (1668 bis 81), Vizekönig von Nueva España (1674–80) 159
Entzminger, Rev. W. E. 836 A 287
Erasmus von Rotterdam 62; 183+A 57; 212; 238; 255; 356; 357 A 86
Erikson, Leif 64
Erksine, John 838 A 291
Errázuriz, Crescente, 1. Erzbischof von Santiago de Chile 609+A 13; 611
Errázuriz, Federico 605
Ervias OP, Antonio de 111
Escalada, Mariano, Hilfsbischof 438
Escalante, Aníbal 1018; 1021
Escalante, Juan Francisco, Titularbischof für Niederkalifornien 501 A 280
Escobar, Diego de, Gouverneur von Paraguay 286
Esiguara 144
España, José María 371 A 5
Esparza, Graciela B. 811
Espejo, Francisco Javier 365 A 106
Espinal OFM, Alonso del 174 A 33
Espinosa SJ, P. 274
Espinosa Medrano, Juan de (1632–88) 254
Espinoza, P. José Alberto 484
Espinoza Román, Rubén 645 A 31
Esquilache, Francisco de Borja y Acevedo, Fürst von, Vizekönig von Peru (1615–21) 134
Esquilache, Marquis de, span. Premier 352f
Esquivel, Ademar, Hilfsbischof von La Paz 985 + A 43; 992 A 69
Estigarribia, José Félix 601 + A 13
Estrada Cabrera, Manuel 696
Estrada Palma, Tomás 998; 1003 A 30
Eugen IV., Papst (1431–47) 125 A 105

Fabbrini 415; 429
Fabián y Fuero, Bischof von Puebla 348 A 68; 349 A 69
Fabris, Felipe 343
Fagano, P. José 1163 A 3
Falconi, General 1048
Fals Borda, Orlando 675
Farfán, Pedro Pascual, Erzbischof von Lima 632
Farrel, General 588
Faulhaber, Michael, Kardinal 350
Fedalto, Pedro Antônio Marchetti, Erzbischof von Curitiba 1108 A 123
Federmann, Nikolaus 117
Feijó, P. Diogo Antônio 428f+A 75; 745
Feijóo y Montenegro, Benito Jerónimo 330+A11; 345
Ferdinand der Katholische, Fernando V., König von Aragón (1479–1516) 107; 125f; 135; 142; 150; 170; 172; 204; 207; 235; 245
Ferdinand I., deutscher Kaiser (1556–64) 111
Fernandes, André 280
Fernandes SJ, P. Manoel 335
Fernández, Lorenzo, Provisor v. Montevideo 441ff
Fernández, Lorenzo (COPEI) 691 A 48
Fernández Arlt, Augusto 790
Fernández Ceballos, Raúl 1025 A 114; 1026
Fernández Oreamundo, Próspero, Präs. v. Costa Rica (1882–85) 705
Fernández Peña, Ignacio, Erzbischof von Caracas 485
Fernández Pradel SJ, Jorge 612
Fernández de la Torre OFM, Pedro, Bischof von Río de la Plata 263
Fernando VII. von Spanien (1814–33) 344 A 55; 377f; 381ff; 390ff; 408ff; 705 A 147
Ferreira Prbo., Ildefonso Xavier 395
Ferreira, João 845 A 4
Ferreira, Miguel Vieira 856f+A 35
Ferrer SJ, P. Rafael, Märtyrer 154
Ferrera, Francisco 491; 493f
Ferry, Jules 578
Feuerbach, Ludwig 520 A 15
Fichte, Johann Gottlieb 756
Fiedler, P. Oskar 783f
Fields (Filds) SJ, Tom 267f; 270f

Figueiredo, P. Antônio Pereira de 824 A 247
Figueiredo, Jackson de 563; 565
Figueroa OJer, Luis de 172
Filangieri, Gaetano 332 A 15
Filipi, Apostol. Delegat. 956
Fischer, Hermann, Konsul 783
Fleming, Rev. Daniel J. 919 A 108
Fletcher, Rev. James Cooley 745
Flores Jijón, Antonio 472
Flores, Juan 467f
Flores Magón, Ricardo 724
Flores, Venancio 442f
Focher OFM, Juan de († 1572) 239
Fonseca, Juan Rodríguez de, Erzdechant in Sevilla, später Bischof verschiedener span. Diözesen 65; 69 A 39; 170; 172
Fonseca, Manuel Deodoro da 543; 553 A 105; 562
Forbes, US-Konsul 440
Forey, General 501 A 280
Formey, P. 783
Fragoso, Antônio Batista, Bischof von Crateús 899; 1023 A 11; 1111+A 134; 1121; 1124; 1159
Franceschi, Gustavo, Bischof 586
Francescon, Luigi 860
Franco Arango, Julio
Franco Bahamonde, Francisco 631; 1009; 1080; 1098 A 81; 1119 A 158
Frate, Celestino del, Apost. Legat 605
Frei Montalva, Eduardo 612; 615ff; 687; 690; 1028; 1044 A 7; 1057
Freire, Gomes 343 A 54
Freire, Paulo 856+A 33; 901; 968; 1029; 1032; 1035 A 26; 1110; 1159
Freire, Ramón 409f; 449; 451
Freitas, Serafim de 169
Frenz, Helmut 787ff
Freud, Sigmund 520 A 15; 972 A 87
Freyre, Gilberto 82; 105; 202
Frías, Félix 582 A 33
Frías, Tomás 454; 619

Friedrich II. von Preußen 725
Fromm, Adolf Ernst 676
Fuentes, Carlos 969 A 83
Fuentes y Betancourt, P. Emilio 811
Fulcheri, Bischof von Zamora 948
Funes, Dekan von Bs. As. 410; 436
Furtado, Francisco Xavier de Mendonça 350f

Gaínza, Gabino 383; 402
Gaitán, Jorge Eliécer 662f; 667; 673
Galá, José Antonio 371
Galilei, Galileo 512; 518; 525
Galland, P. Emmanuel 921
Gallardo, P. Refugio 948
Gallego, P. Héctor 718; 1082
Gallegos, Rómulo 687
Gálvez, José de 341 A 48
Gálvez, Mariano 491
Gamarra, Agustín 458f
Gamarra, P. Juan 332f A 16
Gammon, Billy 833
Gandia, Herzog von 204
Garay, Juan 113
Garcés OP, Juan, Protomärtyrer 207
Garcés OP, Fr. Julián, 1. Bischof von Tlaxcula 173
Garcez López 1051 A 36
García, P. B. 1009
García, Lizardo 637
García, Manuel José 386 A 42
Garcia SJ, P. Miguel 192; 196f+A 94; 199
García de Cisneros OFM 250
García Granados, Miguel 704
García Moreno, Gabriel 419; 469ff; 638f
García de Panes OFM, Pedro, Bischof von Asunción (1809–16) 445
Garcia Ros, Baltasar 368
Garcilasco de la Vega, el Inca 43; 214; 254
Garibaldi, Giuseppe 595
Garza, Lázaro de la, Erzbischof von Mexiko 499
Gasca, Pedro de la 118
Gaston d'Orléans, Herzog von Eu 541

Gedrat, Johannes H. Präsident der IELB 912 A 95
Geisel, Ernesto 1122
Geisse, P. Friedrich 782
Gelabert, Msgr. 578
Genovesi, Antonio 332 A 15
Gerike, Hilfsbischof von Santa Cruz 992 A 67
Ginsburg, Rev. Salomon 836 A 287
Godoy SJ, Juan José 370 A 4
Godoy, Manuel, span. Premier 364 A 105; 377
Gogarten, Friedrich 537
Gómez, Juan Vicente 680f; 685f
Gómez, Valentín, Kanoniker 409
Gómez Castro, Laureano 663; 666f+A 51
Gómez Farías, Valentín 495ff; 509
Gómez Morales, P. 1051 A 36
Gómez Pedraza, Manuel 495
Gómez Morín, Manuel 967 A 78
Gómez de Ribera 207
Gonçalves, Afonso 302
González, Abraham 936f; 940
González, Florentino 477
González, P. José María 811
González, Manuel, General 720; 952
González, Pablo, General 940f; 952 A 42
Gonzales, S. 1009
González Echenique 132
González Peña, Carlos 723
González Prada, Manuel 628; 630+A 24
González Ruiz, Julio, Bischof von Puno 1054
González de San Nicolás OP, Gil 178
González de Santa Cruz SJ, Roque 269f; 275f; 603 A 21
Gottschald, Kárl, Präsident der EKLBB 1141
Goulart, João Belchior Marques, Präs. von Brasilien (1961–64) 572; 980 A 23
Gouveia SJ, Cristóvão de, Visitator 195; 266
Gouveia, Diogo de 151

Goyeneche y Barrera, José Sebastián, Bischof von Arequipa (1817–59), Erzbischof von Lima (1859 bis 72) 398; 416 A 32; 457; 462 A 162
Grã SJ, Luís de 196 A 93
Graham, Billy 597 A 16
Grau San Martín, Ramón 1004+A 37
Gravelli, Giovanni, Nuntius 988f; 992+A 67
Gregor d. Gr., Papst (590 bis 604) 209; 234
Gregor XII., Papst (1572 bis 85) 111; 114; 252
Gregor XIV., Papst (1590 bis 91) 259 A 92
Gregor XV., Papst (1621 bis 23) 122
Gregor XVI., Papst (1831 bis 46) 194 A 89; 412; 416+A 32; 441; 446; 451; 483; 493; 496; 885 A 1
Gregory, P., Affonso Felippe 901
Grennam, Rev. 809 A 191
Griffi SJ, P. 269
Grimaldi, Jerónimo, Staatsminister 345
Grimshaw, H. A. 922
Gromyko, Andrei 1018
Grote, P. Friedrich 582+A 36
Guadalupe, Fr. Antônio de, Bischof von Rio de Janeiro (1725–40) 191
Gual, Manuel 381 A 5
Guarda OSB, Gabriel 245f
Gueiros, Rev. Israel 833; 933 A 141
Güema 580
Guerra OP, Alonso, Bischof von Asunción 263
Guerra, José María, Bischof von Mérida 501 A 280
Guerrero, Fernão 166
Guerrero, Vicente 383; 495
Guevara, Ernesto „Che" 717 A 58; 852; 897; 983ff; 1008; 1011; 1018; 1021 A 103; 1059
Guevara y Lira, Silvestre, Erzbischof von Caracas (1852–82) 419; 486ff
Guilléstegui OFM, Gabriel de, 286 A 89
Guillow SJ, Prbo. 738
Guise, Kardinal 187 A 70
Gutiérrez, Álvaro 692

Gutiérrez, Eulalio 941
Gutiérrez, Gustavo 1060
Gutiérrez Granier, Bischof von Cochabamba 983f; 992 A 69
Gutiérrez Guerra, José 622
Gutiérrez de Estrada 499; 501
Gutiérrez de Piñeres, Juan Francisco 370f
Gutiérrez de Ulloa, Antonio, Inquisitor 339
Guzmán OFM, Francisco de 127 A 111
Guzmán, Joaquín Eufrasio 493
Guzmán Blanco, Antonio, 485ff; 676f
Guzmán y Talavera OJer 111

Hadrian VI., Papst (1522 bis 23) 126 A 109; 172; 257; 333
Häckel, Ernst 516
Haenke, Thaddäus 328
Hall, Francis, Oberst 467
Halverson, R. C. 1132
Haro y Peralta, Alonso de, Erzbischof v. Mexiko 343
Harris, Eglon 815
Hatuey 77
Haven, Gilbert, Methodistenbischof 810
Haya de la Torre, Víctor Raúl 24; 630+A 26; 632f+A 30
Heckel, Bischof D. 778
Hegel, Georg F. W. 26; 98
Heine, Heinrich 350
Heinrich VIII. v. England (1509–47) 445; 486
Heinrich von Segusia 65 A 23; 210 A 16
Held, H. J. 280f+A 105; 913
Henderson 828
Henrique II., Thronverweser von Portugal (1578–80), Kardinalgroßinquisitor 334
Henríquez Jiménez, Luis Eduardo, Hilfsbischof von Caracas 901
Herder, Johann Gottfried 756
Hernandarias = Hernando Arias de Saavedra, Gouverneur von Paraguay 264; 268f; 272f; 282; 285
Hernández SJ, Bartolomé 237
Hernández, José 577
Hernández, P. Luis 649 A 45
Hernández, Venancio 872
Hernández Cappellín, Jesús 689
Hernández Martínez, Maximiliano 702
Herrán, Pedro Alcántara 477
Herrera, P. Bartolomé 461ff
Herrera, José 497 A 272; 498
Herrera, Manuel 698 A 7
Hertzog, Enrique 975
Hervás, Juan, spanischer Militärbischof 1099; 1103
Herzog, Vladimir 1122
Heytz, Jakob 782
Hickey, Rev. James 806; 813
Hidalgo, José Manuel 499; 501
Hidalgo y Costilla, P. Miguel 332 A 15; 341; 381; 383; 389ff; 936
Hinestrosa, Gouverneur von Paraguay 286
Hitler, Adolf 119 A 158
Hobbes, Thomas 341
Hoblit, M. L. 815
Holguín, Jorge 655 A 14
Hoover, Rev. Willis C. 859; 863
Hortigosa SJ 177
Houtart, François 892
Howard, Rev. David M. 1134
Howard, Rev. George P. 920 A 110
Huascar 69
Huayna Cápac 43; 104 A 51
Huerta, Adolfo de la 953
Huerta, Victoriano 939ff
Humboldt, Alexander von 328; 385; 506; 997
Hurtado SJ, P. Alberto 612f
Hurtado de Mendoza, Andrés, Marqués de Cañete, Vizekönig von Peru (1556–60) 111; 131
Hurtado de Mendoza, García, Marqués de Cañete, Vizekönig von Peru (1589–96) 140
Hutchinson, Rev. Merril H. 812

Hypólito OFM, Adriano Mandarino, Bischof von Nova Iguaçu 1123

Ibapiri 276
Ibarra y González 730,
Ihering, H. von 760
Illía M., Arturo 591; 1028
Illich SJ, Ivan 1064
Ingenieros, José 438; 575
Ingoli, Francesco 252f
Inman, Rev. Samuel Guy 798
Innozenz III., Papst (1198 bis 1216) 65 A 23
Innozenz XI., Papst (1676 bis 89) 114; 297
Inza, Agustina 505 A 290
Irazabal 732
Isabel von Brasilien 541
Isabella die Katholische, Königin von Kastilien (1474–1504) 60; 68; 125f; 129; 135; 170; 204; 215; 235; 245; 379
Isnard OSB, Clemente José Carlos, Bischof von Nova Friburgo 1101
Iturbide, Agustín de 366; 383; 385; 402; 495; 941
Iturrigaray y Arostegui, José de, Vizekönig von Neu-Spanien (1802–08) 379

Jaboatão OFM, Antônio de Santa Maria 190
James, William 723
Jaramillo Alvarado, Pío 645
Jefferson, Thomas 1007 A51
Jentel, P. François 1125
Jesus von Nazareth 142; 222; 226; 237; 296; 298; 304f; 309f; 443; 487; 540; 662; 789 A 128; 790; 842 A 302; 848; 850; 878; 1040; 1054; 1103; 1126; 1157; s. a. Christologie
Jesus, João Maria de 847
Jesus Maria do Desterro, Fr. José 374
Jiménez, Ricardo 702
Jiménez de Cisneros, Francisco, Kardinal, spanischer Regent (1516–17) 60+A 11; 63; 130 A 120; 150; 172; 207
Jiménez de Enciso, Salvador, Bischof von Popayán (1818ff) 393
Jiménez de Quesada, Gonzalo 117

Joachim von Fiore 143 A 147; 239
João III. v. Portugal (1521 bis 57) 60 A 9; 89 A 19; 110 A 65; 151; 198; 218; 315 A 81
João IV. v. Portugal (1640 bis 56) 197 A 94; 299; 323 A 105
João V. v. Portugal (1706 bis 1750) 115; 300
João, Dom, port. Prinzregent (1799–1816), João VI. (1816–26) 343 A 54; 365; 377; 383ff; 402; 424; 430 A 75; 748
Johannes XXIII., Papst (1958–1963) 558; 613; 891; 893; 1011; 1019ff; 1077f+A 35; 1109
Johnson, Andrew 503
Johnson, Lyndon B. 1028
José I. v. Portugal (1750 bis 77) 350; 352
Joseph II., deutscher Kaiser (1765–90) 439
Juan de San Francisco, Fr. 109
Juárez, Benito 495f; 498ff; 510; 651; 696; 720; 722; 728; 807f; 952
Juárez, Nazario 812
Juárez, Sóstenes 810f
Juárez Celmán, Miguel 578
Julius II., Papst (1503–13) 108; 135+A 130
Jurgens, Carlos María, Erzbischof von El Cuzco 634; 1049
Justo, Agustín P. 587

Kalbermatter, Pedro 629
Kalley, P. Dr. Robert Reid 532; 746; 826
Kardec, Allan, Pseudonym von Hippolyte Denizard Rivail 876ff
Karl V., deutscher Kaiser (1519–56), Carlos I., König von Spanien (1516 bis 1556) 60; 69f; 72; 79; 111; 118; 124; 126f; 139; 141; 147; 150; 170 A 23; 172ff; 208; 231; 255
Karle, Friedrich, Propst 784; 786f
Kastlund, P. Åke 752
Keener, John C., Methodistenbischof 810
Kellog, Frank Billings 959f +A 62

Kennedy, John F. 690; 715; 980 A 23; 1018; 1028
Kepler, Johannes 518
Keyserling, Graf 920
Kidder, Rev. Daniel Parish 745
Kierkegaard, Søren 301
Kino SJ, Eusebio Francisco 153
Kissinger, Henry 1056
Kittelson, Rev. Odell O. 1136
Klentze 760 A 48
Klingelhöfer, P. 760 A 48
Knäpper, P. Erich 764; 770 A 81
Kolumbus, Christoph 64ff; 68 A 35; 79f; 125f; 150; 169; 170 A 20; 178; 205; 743; 798; 850f
Kolumbus, Diego 170
Kopernikus, N. 330; 518
Kossygin, Alexei 1018
Kräztke, Propst 778
Kubitschek de Oliveira, Juscelino, Präs. v. Brasilien (1956–61) 572
Kundt, Hans 601 A 13

Labastida, Bischof von Puebla, Erzbischof von Mexiko 500; 502; 807
Lacerda, Carlos 573
Lacerda, Jaõa Baptista de 547
Lacerda, Pedro Maria de, Bischof von Rio d. J. (1869–90) 431 A 79; 432; 554
Lafargue, Paul 288 A 100
Lafone, Samuel 440f
Lagarde, Paul de
Lahusen, P. Rolf
Laidlaw, Elena 859
Lajtonyi, Julio 189 A 127; 791f+A 138
Lamarck, Jean B.A.P. 327; 341; 518; 519 A 13
Lamas, José Benito 443
Lancaster, Joseph 745 A 10
Landa, Diego de, Bischof von Mérida 75
Landázuri Ricketts, Juan, Kardinalerzbischof von Lima 896; 1042; 1051
Landívar SJ, Rafael 341 A 46
Lane, Dr. med. 829 A 263; 830 A 269
Lanusse, Alejandro 589
Lapouge, Jorge Vacher de 547

Larangeira, Sebastião Dias, Bischof von P. Alegre (1860–88) 554
Larraín Errázuriz, Manuel, Bischof von Talca 398 A 79; 612f; 615; 893f+ A 33; 899f
Larrañaga, Apost. Vikar in Montevideo 440f
Larrazábal, Wolfgang 690f
Lartaún, Sebastián de 111; 120; 136
La Santa y Ortega, Remigio de, Bischof von La Paz (1799–1817) 390
Las Casas OP, Bartolomé de 67; 107; 109f; 145; 150; 152; 171ff; 177ff; 183; 192; 197f; 201; 207f; 209f; 214; 229ff; 231; 261; 805; 850; 996
Las Heras, Erzbischof von Lima 416 A 32
Lasso de la Vega, Rafael, Bischof von Mérida de Maracaibo (1816–27), Erzbischof von Quito (1827–41) 393; 408f+ A 12; 412 A 23; 413
Lastarria, José Victorino 405; 516; 1027
Latorre, Lorenzo 594+A 8
Lavoisier, Antoine L. 341
Laynes SJ, Diego, Ordensgeneral 218
Leaño, Nicolás 740
Lebrún, José Alí, Erzbischof von Caracas 693
Lechín, Juan 979
Ledochowski, Mieczyslaw Halka Graf (1822–1902) 415; 479
Lefevre OSFS, Maurice 987
Legrand SJ, Eloy 692
Leguía, Augusto Bernardino 628; 630; 632
Leibniz, Gottfried W. 341; 512; 518
Leitão, Pedro, Bischof von São Salvador (1559–72) 185 A 63; 187 A 71
Leite SJ, Gonçalo 192; 196; 199
Leite SJ, Serafim 190; 196f; 265; 267
Leme da Silveira Cintra, Sebastião, Erzbischof von Olinda und Recife (1916–21), Erzbischof von Rio d. J. (1921–42), Kardinal (1930) 561; 563f; 566f; 889

Lemercier, Gregorio, Abt 972 A 87
Lemestre, de 958
Lemos, Miguel 550
Lemos, Conde de, Vizekönig von Peru 181
Lenin, Wladimir Iljitsch 662; 720; 1021; 1059
Leo X., Papst (1513–21) 108
Leo XII., Papst (1823–29) 409; 411ff
Leo XIII., Papst (1878 bis 1903) 533f; 538; 563; 586 A 53; 740 A 82; 799 A 163; 885f; 955; 1119 A 158; 1163 A 3
Leoni, Raúl 690
Leopoldina Carolina von Habsburg 384; 760
Lerdo de Tejada, Miguel 495; 504f+A 290; 720; 808; 945 A 18
Lerma, Hernando de, Gouverneur von Tucumán 136; 266 A 18
Levingston, General 589
Lewis, Oscar 75; 235; 242 A 68; 854; 968
Liber Seregni, General 597
Liendo y Goicoechea, José Antonio 362
Lima, Alceu Amorosa 563; 567 A 141
Lima, Pedro de Araújo 549; 1165
Limantour, José Ives 937
Liñán y Cisneros, Melchor de, Bischof (ab 1664), Erzbischof von Lima (ab 1678) 181
Linares, José María 455
Lincoln, Abraham 998; 1007 A 51
Liniers, Santiago de 378; 381 A 26
Lissabon OFM, Christoph von 197 A 94
Lissón y Chávez, Emilio Erzbischof von Lima 629
Lizana y Beaumont, Javier, Erzbischof von Mexiko 390
Lizárraga OP, Reginaldo, Bischof von Asunción 268f
Lleras Camargo, Alberto 667 A 51
Llinás OFM, Antonio 244f
Llorente y Lafuente, Anselmo, Bischof von San José/Costa Rica 493

Llull OFM, Ramón 60; 141; 176 A 38
Loaisa OP, Jerónimo, Erzbischof von Lima (1548 bis 75) 118f; 133; 181 A 56
Loaysa OP, Alonso de 170
Lobo Guerrero, Bartolomé 247 A 76
Locke, John 364
López, Basilio, Bischof von Asunción (1844ff) 416; 446
López, Carlos Antonio 416; 444ff
López, Francisco Solano 442; 444; 447f
López, José Hilario 477f
López Contreras, Eleázar 685; 687
López Michelsen, Alfonso 672+A 69
López Portillo, José 967f+ A 81
López Pumarejo, Alfonso 662
López Rega, José 589
López de Lama, Jesús A., Bischof von Coroco (Bol.) 648; 988f; 992 A 69; 994 A 78
López de Solís OSA, Luis 248 A 76
Lorenzana, Francisco Antonio 348 A 68
Lorenzana SJ, P. Marciel 268
Lorencez, General 501 A 280
Lores, Rubén 708 A 29; 874; 1134
Lorscheider OFM, Aloísio, Erzbischof von Fortaleza 1109
Losada Rodríguez, P. Luis G. 1020 A 101
Lourenço, José 847
Loyola, Ignatius von 1099
Loyola, Juan de 339
Loyola OFM, Martín Ignacio, Bischof von Asunción 263f; 285
Lozano, P. Bartonato 807
Lozano Prbo., Ramón 806f
Lozano, Salomón 650
Ludwig XVI. von Frankreich (1774–92) 341; 347
Lué y Riega, Benito, Bischof von Bs. As. 391
Luís, Washington 566
Luna Pizarro, F. X. de, Erzbischof von Lima (1845

bis 55) 457; 460f; 462 A 162
Lunkenbein SDB, P. Rudolfo 1123
Luque, Crisanto, Kardinalerzbischof von Bogotá 667
Luther, Martin 21; 56; 70 A 40; 123f; 133; 145; 148; 497; 549; 747; 749; 747+A 40; 770 A 81; 774; 791; 805; 807; 823; 836; 913; 933 A 142; 1125+A 175; 1141
Macchi, José, Nuntius 562
Mach, Ernst 517 A 9
Machado, Gerardo 1003f; 1013
Maciel, Antônio Vicente Mendes 846
Mackay, John A. 630+A 26; 920 A 110; 923
Macri, Glori de, Apostol. Vikar 415
Madero, Indalecio 936ff
Magalhães, Fernão de 64
Mahler, Rev. W. 768; 771
Mahon, P. Leo 1111
Maillard OFM, Generalvikar 142
Maistre, Joseph de 565
Maíz, P. Fidel 447f
Maíz, Marcos Antonio 446
Maldonado, Manuel Tomás 470
Malespín, General 493
Mallea, Eduardo 585
Mancera, Marqués de, Pedro de Toledo y Leyva, Vizekönig von Peru (1639–48) 283; 336
Manci SJ, Vicente 727
Manciaux, P. Marcel 692
Manco Inka 217
Manns, P. H. Carl 782f
Manrique, Erzbischof von La Paz 981ff; 986; 988+ A 57
Manrique, Aurelio 959
Manrique de Toledo, Alonso, Generalinquisitor 333; 340
Mansilla- Lucio 1162
Manso, Alonso 333
Mantua, Herzogin von, Vizekönigin von Portugal 190
Manuel I. von Portugal (1495–1521) 60 A 9; 66; 166; 302; 335
Manzilla SJ, P. 273
Marcynski, Propst M. 778

Maria, José 847
Maria, Königin von Portugal (1777–1816) 342f; 350; 377
Maria CSSR, P. Júlio 534; 563
Mariana SJ, Juan de 348
Mariana = Maria Anna von Österreich, Frau von João V. 115
Marianne von Österreich, Frau von Philipp IV. von Spanien 178
Mariátegui, José Carlos 99 +A 43; 630; 633
Marien, Rev. Nehemias 835
Marina, Doña 71
Marini, Mario 415; 446; 580 A 26
Maritain, Jacques 540; 571; 611; 614
Márquez, José Ignacio de 476f
Marroquín, Francisco, 1. Bischof von Guatemala (ab 1537) 174; 216
Marroquín, Manuel José 656
Martí, José 998; 1007; 1017 A 89
Martí OP, Ramón 141
Martín, Alberto, Bischof von Matanzas 1008f
Martínez, Martín C. 594
Martínez, Rosalino 736
Martínez Peláez, Severo 83
Martínez de Hoz 590
Martínez de Irala, Domingo 263
Martínez de Rozas, Juan 403
Martins, P. Antônio 432
Marx, Karl 199; 540 A 15; 854; 1017 A 89; 1021
Mata Prbo., Manuel 410
Mather, Cotton 744; 794f
Mathews, Lucas 744f+A 10
Matienzo, José Nicolás 581 A 30
Matos, Húber 1011
Matos, José Botelho de, Erzbischof von Bahia (1741–61) 352+A 75
Matos, Manuel Antonio 680 A 14
Mattera, Apost. Legat 579
Matthesius, von 771
Maurer, Jakobine 845f
Maurer, Joseph Klemens, Kardinalerzbischof von Sucre 981; 984; 988f; 993

Maurras, Charles 565
Mayer, Antonio de Castro, Bischof von Campos 1100ff
Maximilian von Habsburg, Erzherzog, Kaiser von Mexiko (1864–67) 415; 471; 495; 500ff; 807; 809; 948
Mazcarenhas, Pedro de 151
Mazetta, SJ, P. 273
Mazza, P. Carmelo de la 1050
McCleallan, P. Daniel 1041
McGavran, Donald 1129ff; 1144
McGrath, Marcos Gregorio, Erzbischof von Panamá 901; 1154
McIntire, Carl 746 A 12; 833; 835 A 283; 925+A 122; 933 A 141
Medeiros, A. A. Borges de 568
Medellín OFM, Diego de 178; 247 A 76
Médici, Garrastazu 1120
Medina, Miguel Antonio, Hilfsbischof von Cali 667
Medina Angarita, Isaías 687
Medrano, Mariano Apost. Vikar, Titularbischof für Bs. As. (ab 1828) 411; 416; 436
Meglia, Pietro Francesco, Nuntius, Erzbischof 502f
Mejía, General 503
Mejía Gómez, P. Jairo 1110 A 128
Melchior OFM, Superior 145
Meléndez Valdés, Juan 388
Melgarejo, Mariano 618; 621
Meliá SJ, Bartolomé 1034 A 26
Mello, Manoel de 862f; 868f
Melo, Antônio Joaquim de, Bischof von SP (1852–61) 554; 826f
Melo, Bernardo Viera de 372
Mena Porta, Aníbal, Erzbischof von Asunción 602
Mendes, Murilo 540
Mendes, Teixeira 550
Méndez, Juan Nepomuceno, protest. Bischof 809 A 191
Méndez, Ramón Ignacio,

Erzbischof von Caracas (ab 1827) 413; 481ff+A 224f
Méndez Arceo, Sergio, Bischof von Cuernavaca 899; 972f A 87+A 89; 1060
Méndez Medina, P. 954
Méndez Montenegro, Julio César 716
Méndez de Villafranca OP, Juan 112
Mendieta, Carlos 1004
Mendieta, Salvador 697 A 5
Mendieta OFM, Gerónimo de 261; 960
Mendizábal, José María, Bischof von La Paz (ab 1829) 455
Mendoça, Gaspar Barata de 121
Mendonça, Heitor Furtado de, Visitator 334
Mendonça, Fr. Lourenço, Prälat von Rio de Janeiro (bis 1640) 136 A 130; 189
Mendoza, Antonio de, 1. Vizekönig von Nueva España (1535–50), Vizekönig von Peru (1550 bis 52) 96; 250
Mendoza SJ, P. Cristóbal de 277f; 278 A 61
Mendoza, Eugenio, Erzbischof von Lima (ab 1845) 459
Mendoza, Pedro de 113; 265
Meneses, Carlos Alberto 544
Menezes OST, Fr. Francisco de 372
Mesa OP, Bernardo de 171
Mesmer, Franz Anton 876
Messina OFM Cap, Caetano de 433
Meyer, P. H. J. 771
Mier, Fr. Servando Teresa de 411f+A 19
Míguez Bonino, José 924; 1060
Mikojan, Anastas 1011
Mill, John Stuart 516+A 9; 523; 579
Millalién 246
Milne, Andrew M. 744f+A 10
Minaya OP, fr. Bernardino de 173; 198
Miramón, General 503

Miranda, Francisco de 365 A 106; 370 A 4; 379; 381; 389; 392; 412 A 21
Miranda, P. 501
Miranda, P. María 992 A 67
Miranda, Rogelio 987
Miranda y Gómez, Miguel Darío, Kardinalerzbischof von Mexiko 874
Mitre, Bartolomé 448; 574; 577; 580
Moctezuma II. 47; 71
Mogrovejo, Santo Toribio de → Toribio
Mola SJ, P. Pedro 273; 277 A 58; 278 A 61; 279; 281
Moleschott, Jacob 516
Molina SJ, Luis 176; 196+A 96; 304
Monagas, José Gregorio 483
Monagas, José Tadeo 485
Monje Gutiérrez, Tomás 975
Monroe, James, Präsident der USA (1817–25) 384
Monroy, Epigmeneo 811
Montalbo OP, Gregorio de 123
Montaigne, Michel Eyquem de 341
Monteiro da Vide, Sebastião, Erzbischof von São Salvador (1702–22) 121; 194 A 89
Montejo, Francisco 45 A 42
Montenegro, João Alfredo de Sousa 257
Mongerroso OFM 391
Montes, Toribio 393+A 68
Montesinos OP, Antonio de 76; 145; 170+A 23; 173 A 32; 850
Montesquieu, Charles de Secondat 328; 364
Montiel, Tiburcio 737f+A 70
Montoya → Ruiz de Montoya
Montt, Manuel 450ff
Montúfar OP, Alonso de 198
Moody, Dwight L. 796
Mora y del Río, Erzbischof von Mexiko 960 A 62
Moraes, Rev. Benjamin, Kirchenpräsident der IPB 834f+A 282
Morales, Arcadio 812
Morales OFM, Refugio 727 A 26
Morales Bermúdez, Remigio 624

More (Morus), Thomas 231
Morel, P. Miguel 595
Morell, Pedro A., Bischof von La Habana 997
Morelli OP, Alex 1060
Morelos, P. José María 332 A 15; 341; 381; 383; 385; 391
Moreno, Mariano 332 A 15; 365 A 106
Moreno, Pedro José, Interimsvikar von Asunción 446
Morgan, Henry 150f
Moriñigo, Higinio 601
Morones, Luis 954; 957f
Morrow, Dwight 595f+A 62
Moscoso, Teodoro, Leiter der Agentur der Allianz für den Fortschritt 1029
Mose 1040
Mosquera, Joaquín 744 A 10
Mosquera, Manuel María, Erzbischof von Bogotá 478; 744 A 10
Mosquera, Tomás Cipriano de 477
Mott, Rev. John R. 536; 796; 798; 801; 914; 921
Moura, Abdalazis de 875 A 91
Moura, P. Antônio de 429
Moya y Contreras, Pedro de 127
Muñoa SJ, P. Domingo 282
Muñoz y Capurón, Luis Javier, Erzbischof von Guatemala 710
Muñoz Vega, Pablo, Kardinalerzbischof von Quito 647; 901
Murúa OM, Martín de 214
Mussolini, Benito 631; 641; 678 A 7; 953; 1119 A 158
Mutis, José Celestino 330; 332 A 15
Muzi, Giovanni 398; 409 bis 411; 415f

Nabuco, Joaquim 424f
Nabuco, José Tomás 429
Namuncura 1163 A 3
Napoleon I., Bonaparte 376; 379; 408; 492; 748; 705 A 147
Napoleon III., Louis 500ff; 653
Nariño, Antonio 331; 365 A 106; 371 A 5

Narváez, Gouverneur von Kuba 996
Narvarte, Dr. Andrés, Präsident von Venezuela (1836–37) 484
Natel, Laudo, Gouverneur von SP 832 A 280
Navarro, Juan 937
Neenguirú, Nicolás 276; 280
Neri, Filippo (1515–95) 160
Neruda, Pablo 611f
Netzahualcóyotl 340
Neumann, Rev. Heinz 834 + A 281
Newton, Isaac 327; 329 A 6; 341; 364; 512; 518
Nezú 275f
Nicholson, Rev. E. C. 805
Nicolalde, Juan de 248 A 76
Niebuhr, Reinhold 870
Nietzsche, Friedrich 723
Nikolaus V., Papst (1447 bis 55) 64; 65 A 23; 124
Nixon, Richard M. 690 A 44
Niza OFM, Murcos de 143
Nobili SJ, Roberto 236
Noboa, Tomás R. 468
Nóbrega SJ, Manuel da 151f; 167; 185f; 187 A 72; 213; 267f; 240; 250; 265; 296
Nogueira, Bernardo Rodrigues, 1. Bischof von SP (1746–48) 115
Noronha, Fernando de 60 A 9
Norris, W. H. 744
Nossa Senhora de Nazaré, Joaquim de, Bischof von Maranhão (1820–23) 395
Núñez, Rafael 404; 651ff
Núñez Vela, Blasco, Vizekönig von Peru (1543 bis 44) 118; 174
Núñez de Balboa, Vasco 69

Obando, José María 476ff
Obermüller, P. Rudolf 779
Obregón, Álvaro 723; 940f; 944; 946ff
Ocampo, Melchor 495; 498f; 505
Oddi, Sondernuntius 1016
Odell, Rev. Luis 931
O'Higgins, Bernardo 365f; 381; 409f; 449; 744
Ojeda, Alonso de 144; 207
Olaya Herrera, Enrique 655 A 14; 661

Olivares, Herzog von 283
Oliveira, Joanyr de 868
Oliveira OFM Cap, Vital Maria Gonçalves de, Bischof von Olinda/Recife (1871–77) 432f+A 82; 554; 563
Olivera, P. Maurillo 811
Olmedo OM, Bartolomé de 148
Oñate SJ 197 A 96; 271
Onganía, Juan Carlos 589; 591; 1028
Orantes, Pedro de 263
Oribe, Manuel 439
Orihuela OSA, José Calixto, Bischof von Cuzco (1821–1826) 398 A 81
Orozco, Pascual 936f; 939
Orozco y Jiménez, Francisco, Erzbischof von Guadalajara 951
Ortega SJ, P. 267; 270f
Ortíz, P. Juan Carlos 874
Ortíz OP, Tomás 166
Ortíz Rubio, Pascual 953; 961f
Ortíz Uruela, Mariano, Titularbischof 704
Orue, Prbo., José Vicente de 446
Ospina, Pedro Nel 654f+ A 14
Ospina Pérez, Mariano 478; 664f; 671 A 64
Ostini, Pietro, Apost. Nuntius 415f
Osma OFM, Fr. Gregorio de 286
Ovanda OFM, Francisco de 111
Ovando, Nicolás de 142; 215
Ovando, Juan de 237
Ovando Candia, Alfredo 979; 983 A 38; 985ff
Oves Fernández, Francisco Ricardo, Erzbischof von San Cristóbal de la Habana 1022f+A 110

Pacheco, Alonso de 113
Pacheco, Melchor 441
Pacheco Areco, José 597
Padin OSB, Cândido, Bischof von Bauru/SP 899; 1124
Páez SJ, P. Esteban 268
Páez, Federico 643
Páez, José Antonio 382; 481; 484ff
Paine, Thomas 365

Pais OFM, Álvaro 168
Pais Lemes, Fernão Dias 73; 280
Paisley, Rev. Jan 835 A 283
Palacios, Manuel Antonio, Bischof von Asunción 447
Palacios, P. Agustín 807; 811
Palacios Rubios, Juan de 69 A 39; 171
Palafox y Mendoza, Juan de, Bischof von Puebla (1640–50) 248 A 76; 258; 353
Palma, Clemente 628 A 17
Palmerston, Lord 491
Palos OFM, José de, Bischof von Asunción 368
Pamplona, Francisco de → Redín
Pando, José Manuel 620f
Paré, F. 1012
Paredes, Antonio 680
Paredes, Antonio de Jesús 947
Pankow, Rev. Fred 768 A 77
Park, Rev. A. J. 806; 811
Pascoe, Juan N., Methodistenbischof 810
Pasquel y Erasmo, José Manuel, Erzbischof von Lima 462
Pastor SJ, P. Juan 285
Pastor Morales, Juan 341
Patiño, Atenor 978 A 17
Patiño, Simón 620; 974
Patterson, Rev. William 811
Paucke SJ, P. Florian 155
Pané OJer, Román 139; 150; 206; 211
Paul III., Papst (1534–49) 60 A 9; 108; 151; 189; 194 A 89; 240; 248 A 76; 263; 286
Paul IV., Papst (1555–59) 124; 743
Paul V., Papst (1605–21) 112f; 119; 178
Paul VI., Papst (seit 1963) 673; 895; 898ff; 901 A 58; 902f; 1019f; 1042; 1098; 1101
Pavez, P. Víctor 863
Paz OP, Matías de 171
Paz, Octavio 405
Paz, Néstor 1039
Paz Estenssoro, Víctor 975ff; 994 A 73
Pedemonte, Carlos, Kapi-

tularvikar von Trujillo 410; 416 A 32
Pedrarias = Pedro Arias de Ávila 69
Pedro I. von Brasilien (1822 bis 31) 305f; 384f; 394f; 424
Pedro II. von Brasilien (1840–89) 424; 430f; 439; 541; 543; 820
Pedro II. von Portugal (1667–1706) 253 A 84; 114
Peirce, Charles S. 517 A 9
Peixoto, Florian 542
Peña OJer, P. Luis de 150 A 158
Peña OP, Pedro de la, Bischof von Quito (1565 bis 83) 120
Peña y Montenegro, Alonso de, Bischof von Quito (1653–87) 182; 209; 244 A 72; 259
Peñafiel OP, Pedro de 173 A 32
Peñaranda del Castillo, Enrique 974
Penzotti, Francisco G. 626; 744f
Peralta, Gabriel de, Generalvikar von Bs. As. 280
Peralta Azurdia, Enrique 714
Perdomo, Ismael, Erzbischof von Bogotá 661 A 30; 663
Perea OSA, Pedro de 111
Pereira, Bartolomeu Simões 114
Pereira, P. Eduardo Carlos 798; 829ff
Pereira, Mateus de Abreu, Bischof von São Paulo (1796–1824) 394
Pereira, Sousa 191
Pérez, Bischof von Puebla († 1829) 399
Pérez, Carlos Andrés 691 A 48
Pérez, P. Joaquín 957
Pérez, José Joaquín 450; 542
Pérez Prbo., Tomás 578
Pérez Alamillo, Anastasio 341
Pérez Jiménez, Marcos 682; 685; 687ff+A 44
Pérez Morales, Ovidio, Hilfsbischof von Caracas 689
Pérez Serantes, Erzbischof von Santiago de Cuba

1008ff+A 82; 1019
Pérez de Espinosa OFM, Juan, Bischof v. Santiago de Chile (1601–18) 133 A 125
Pérez de Menacho SJ, Juan 182 A 56
Perkins, Rev. Frederic Joseph 830 A 269
Perón, Isabel 589
Perón, Juan Domingo, Oberst 588f; 664; 977; 1055
Pershing, John J. 943
Pessoa, Lenildo Tabosa 932
Pethrus, Lewi 868
Pezuela, Joaquín de, Vizekönig von Peru (bis 1821) 382
Philipp II. von Spanien (1556–98) 95; 122; 124; 126f; 133; 139; 145; 147; 149f; 153; 175; 177; 198; 252; 255f; 258; 259 A 92; 260; 330; 333; 345; 363
Philipp III. (Felipe) von Spanien (1598–1621) 95; 120 A 87; 188; 268
Philipp IV. von Spanien (1621–45) 283; 286
Philipp V. von Spanien (1713–46), Philipp von Anjou 181; 330; 368
Philippi, Bernhard Eunom 782
Philippi, Rudolf Amandus 783f+A 114
Piazza, Adeodato, Kardinal 891; 1080 A 44
Piérola, Nicolás de 624; 1162
Pimenta, Silvério Gomes, Bischof von Mariana (1896–1922) 253 A 84
Pimentel, Ana 89 A 19
Piñán SJ, Manuel 727
Piñas SJ, Provinzial von Peru 267
Piñeda y Zaldaña, Tomás Miguel, Bischof von San Salvador 493
Pinheiro, José Feliciano 549 A 86
Pinkerton, Rev. 830 A 270
Pinochet, Augusto 792; 1062 A 66; 1118 A 154; 1132f
Piñol y Aycinema, Bernardo, Erzbischof v. Guatemala 704
Pinto, Aníbal 605
Pinzón, Nicolás 651

Pironio, Eduardo, Bischof von Mar del Plata 901; 1093
Pisco, Güepsa Ambrosio 371
Pitt, Rev. William 826
Pittini SDB, Riccardo, Erzbischof von Ciudad Trujillo 1066+A 12
Pius II., Papst (1458–1464) 194 A 89
Pius IV., Papst (1559–65) 109ff; 149; 258
Pius V., Papst (1566–72) 122 A 94; 126; 247 A 76; 258
Pius VI., Papst (1775–99) 127
Pius VII., Papst (1800–23) 379; 381f; 393; 408f; 412; 418; 885 A 1
Pius VIII., Papst (1829–30) 412; 416
Pius IX., Papst (1846–78) 409; 417; 432f; 456; 459; 463; 500; 502f; 534; 554; 824; 885 A 1; 888
Pius X., Papst (1903–1914) 559; 583; 587 A 55+A 56; 888
Pius XI., Papst (1922–39) 537f; 570; 586; 663; 706 A 21; 900; 962; 1012; 1096
Pius XII., Papst (1939–58) 586 A 53; 589; 611; 714; 891; 1080; 1119 A 158
Pizarro, Francisco 69f; 74; 111ff; 143; 146
Pizarro, Gonzalo 118; 144; 174
Plancarte y Labastida Prbo., Antonio 727 A 26
Plaz, P. José 486 A 240
Plaza, Leónidas 637
Plaza Lasso, Galo 644
Poggi, Luigi, Nuntius 1054
Poma de Ayala, Phelipe Guamán 196 A 93; 199; 221–228
Pombal, Marquis de, Sebastião José de Carvalho e Melo 103 A 50; 121 A 88; 192; 220; 249; 241 A 48; 342f;+A 54; 345ff; 350ff; 360; 396+A 73; 430 A 75; 822
Ponce, Dr. José Antonio, Erzbischof von Caracas 487
Ponce de la Fuente, Constantino 357 A 86

Ponsomby, Lord 440
Portales, Diego 450
Portes Gil, Emilio 953; 961
Portugal, Luís Ferreira 374
Prado, Javier 628 A 17
Prado, Manuel 458
Pradt, Dominico de, Abt 412 A 21
Prata, Genaro, Hilfsbischof von La Paz 986+A 49; 992 A 67
Prats, P. José 989
Prestes, Júlio 566
Prestes, Luís Carlos 568
Prevost, Julio M. 806; 811
Price-Mars, Jean 884
Prieto, General 449
Primo de Rivera, José Antonio 611
Proaño, Leónidas, Bischof von Riobamba 648f+A 42; 901
Puch, Dionisio 1162 A 2
Puerta, Fr. Juan de la 109
Puerto, Nicolás del, Bischof von Oaxaca 247 A 76
Pueyrredón, Juan Martín de 366; 409
Pujol, Valero 698 A 7

Quevedo OFM, Juan de, 1. Bischof von Santa María la Antigua del Darién (1514–19) 142
Quintero, José Humberto, Kardinalerzbischof von Caracas 692f+A 53
Quiroga, Vasco de, Bischof von Michoacán (1537 bis 65) 168; 198; 231; 239; 247 A 76

Ramalho, João 217
Ramírez, P. Alfredo 873
Ramírez, Ignacio 722
Ramírez OFM, Juan 341
Ramírez de Fuenleal, Sebastián, Bischof v. Santo Domingo und Concepción (1528–30) 250
Rankin, Melinda 806; 811
Rauschenbusch, Walter 917; 922 A 115
Raynal, Guillaume Th. F. 341
Redín, Baron Tiburcio de = Francisco de Pamplona 156f
Reed, W. E. 421 A 46
Rego, Sebastião Pinto do, Bischof von SP (1862–68) 826

Reifenrath, Propst 778
Reimnitz, Elmar, Präsident der IELB 912 A 95
Reina, Casiodoro de 743
Reis, Aníbal Pereira dos 1099 A 83
Reis, Mauricio Rangel 1166 A 10
Renan, Ernest 425; 540
Renaud SJ, Bruno 692
Renz, P. Franz 783
Repiso SJ, P. Antonio 727 A 26
Restrepo, Carlos E. 656; 661 A 30
Reus SJ, Pater 878 A 102
Revillagigedo, Francisco de Güemes, Conde de, Vizekönig von Neuspanien (1746–55) 343
Reyes, P. José Trinidad 492ff
Reyes, Rafael 655+A 13
Reyes Balmaceda, Diego de 368
Ribeira, Amador Bueno 372
Ribeira OFM. Bernardino de → Sahagún
Ribeiro, Rev. Boanerges, Präsident der IPB 833f; 836; 839f; 932
Ribeiro, Demétrio 550
Ribera, Lázaro de, Gouverneur von Paraguay 447
Ribera OESA → Enríquez de Ribera
Ricci SJ, Matteo 234; 236
Richter, Pedro 1051
Riley, Rev. H. Chauncey 807f
Rincón González, Felipe, Erzbischof von Caracas 686; 688
Rio Branco, Vicomte 432f
Riofrío, P. José 390
Rigaud 376
Ritchie, John 626; 916
Riva Agüero, José de la 631+A 27
Rivadavia, Bernardino 365; 367; 403 A 3; 409; 435ff; 581 A 30; 744; 1027
Rivera, P. Agustín 811
Rivera, Clever 1048
Rivera, Diego 969
Rivera, Fructuoso 441; 1163 A 3
Rizzo, Paulo 833
Rizzo, Rev. Samuel 932 A 141

Roberts, Rev. W. Dayton 1134
Robleda OFM, Martín de 178
Robles, Francisco 468
Roca, Julio A. 577f
Roca, Vicente Ramón 468
Rocafuerte, Vicente 467f
Rocha, Ático Eusébio da, Bischof von Santa Maria/RS 564
Rodó, José Enrique 521
Rodrigues SJ, Antônio 152; 186; 265
Rodríguez, Abelardo 953; 963
Rodríguez, Fr. Gregorio José, Bischof von Cartagena (1816–19) 393
Rodríguez, Luís, Bischof von Santa Cruz 989ff+A 61+A 69
Rodríguez, Martín 435
Rodríguez, P. Trinidad 811
Rodríguez Hidalgo, Alfonso 1014 A 79
Rodríguez Lara, Guillermo 650+A 48
Rodríguez Peña 379
Rodríguez Zorrilla, José Santiago, Bischof von Santiago de Chile (1816 bis 25, † 1831) 410; 413 A 26; 451
Rodríguez de Francia, José Gaspar 381; 444ff
Rodríguez de Mendoza, Toribio 362
Rojas, Ricardo 539
Rojas Pinilla, Gustavo 666f; 673 A 70
Roldán, Rebell auf Hispaniola 178
Roldán, Salvador Comacho 651
Romero SJ, P. Pedro 275; 277
Rondon, Cândido Mariano da Silva 191; 551+A 92; 1166
Rondón OJer, P. Antonio 150 A 158
Roosevelt, Franklin D. 662; 995; 1004
Roosevelt, Theodore 701; 944
Rosas, Juan Manuel de 437ff; 441; 444; 573; 755 A 32
Rosas, Mariano 1162
Rossell y Arellano, María-

no, Erzbischof von Guatemala 713
Rossi, Agnelo, Kardinalerzbischof von São Paulo, Kurienkardinal (seit 1970) 838
Rostow, W. W. 519
Rotermund, P. Dr. Wilhelm 553 A 105; 757 A 40; 759 + A 46; 761; 906
Rousseau, Jean-Jacques 328; 331; 341; 364f; 404; 464
Rowlandson, Rev. John 451
Rubio SJ 177
Ruíz y Flores, Erzbischof von Morelia, Apost. Delegat 946; 961; 963
Ruiz García, Samuel, Bischof von San Cristóbal de Las Casas 901; 973 A 89; 1173f+A 43; 1177 A 54
Ruiz Muñoz, Alejandro, Methodistenbischof 811
Ruiz de Montoya SJ, P. Antonio 189; 242; 269 A 29; 271f; 274; 280; 283

Sá, Mem de, 3. Generalgouverneur von Brasilien (1557–72) 72; 80 A 3; 89 A 19; 94; 152; 184; 218; 299; 315 A 81
Sá, Salvador Correia de, Gouverneur von Rio de Janeiro 190
Saavedra, Bautista 622
Sacasa, Juan Bautista 701
Sacasa, Roberto 696
Sahagún OFM = Bernardino de Ribeira, 75; 235; 236 A 55; 306
Saint-Simon, Claude Henri de Rouvroy 581 A 30
Sala, P. Gabriel 1162
Salas Toro, José Hipólito, Bischof von Concepción/Chile (ab 1854) 451; 605
Salazar, Antônio Oliveira 570; 666; 1119 A 158
Salazar y Espinosa, Juan de 109; 262
Salcedo Prbo. 899
Sales, Eugênio de Araújo, Kardinalerzbischof von Rio de Janeiro 1106
Salgado, Plínio 540; 569
Salinas, Hilfsbischof von Santiago de Chile 612
Saloni SJ, P. 267f
Salvatierra, García Sarmiento Sotomayor, Conde de, Vizekönig von Neu-Spanien (1642–48) und Peru (1648ff) 283
Sámano, Juan, Vizekönig von Neu-Granada (bis 1819) 393
Sampaio OC, Fr. Francisco de Santa Teresa de Jesus (1778–1830) 394
San Agostín = Augustin 211; s. auch Augustinische Tradition
San Alberto OC, José Antonio de, Bischof von Tucumán (1778–84), Erzbischof von Charcas (1784–1804) 370
San Antonio = Antonius von Padua OFM 158 A 179; 292 A 2; 296; 299; 304; 309 A 57; 881
San Antonio Abad = Antonius d. Gr. 158 A 179
San Blas = Blasius 603 A 21
San Cosme y Damián = Kosmas und Damian 299; 302; 881
San Francisco Asís = Franz von Assisi 229; 293 A 7; 304; 309 A 57; 317 A 89
San Francisco Solano OFM 229f
San Francisco Xavier SJ 236; 308
San Francisco de Borja SJ 156; 219 A 42; 308
San Francisco de Paula = Franz von Paula († 1507) 160
San Ignacio de Loyola SJ 266; 293 A 7; 308
San Joaquín = Joachim 308
San Jorge = Georg 58; 299; 309 A 57
San José = Joseph 308; 309 A 57; 312
San Juan Bautista = São João Baptista = Johannes d. T. 292 A 2; 303
San Juan Bosco 309 A 57
San Juan de la Cruz = Johann vom Kreuz 293 A 7
San Martín, José de 382; s384; 386; 388f; 402 A 3; 384; 386; 388f; 402 A 3; 449; 460; 744
San Martín OP, Tomás de 146
San Martín de Porres 311 +A 61
San Mauricio = Mauritius 58
San Miguel OFM, Antonio de, 1. Bischof von La Imperial (1568–89) 178
San Pablo = São Paulo = Paulus 292 A 2; 308
San Pedro = Petrus 59; 296; 308; 325; 884 A 128
San Pedro Claver 198 A 100; 199f+A 103
San Pedro Nolasco 148
San Ramón de Penyafort (Peñafort) OP 141; 148; 298
San Sebastián 58; 296; 299; 304; 322 A 101; 187 A 71; 1110
San Vicente de Paul → Vinzentiner
Sánchez, P. Enrique 692
Sánchez, P. Leónidas 992 A 67
Sánchez Cerro, Luís 632
Sánchez Cerrudo OFM, Miguel, Bischof von Santa Marta (1808–1817) 248 A 76
Sánchez Santos, Trinidad 740
Sandino, Augusto César 701
Sandoval SJ, Alonso de 198+A 100; 199f
Sandoval, Ldo. Tello de 174
Santa Ana = Anna 303; 308
Santa Anna, General 495f; 498; 500 A 279; 728; 733
Santa Apolonia 308
Santa Barbara 222; 308
Santa Clara = Clara Scifi 162
Santa Cruz, Andrés de 402; 450; 454f; 457; 459
Santa Fe, Oberst 737f
Santa Filomena 309 A 57
Santa Ifigênia 317
Santa Lucía 308
Santa María, Domingo 605
Santa María OP, Justo de 413 A 27
Santa María OP, Vicente de, Generalvikar 333
Santa Mariana de Jesús Paredes 161
Santa Rita 309 A 57
Santa Rosa de Lima = Isabel Flores de Oliva 106f; 382; 435
Santa Teresa = Theresa von Ávila 160; 293 A 7; 308

Santander, Francisco de Paula 305; 393; 403; 464; 476f; 483; 744 A 10
Santander y Frutos, Manuel, Bischof 999+A 14
Santiago = São Tiago = Jakobus 59+A 5 70; 299
Santo Domingo, Bernardo de 850
Santo Elesbão 317
Santo Jerónimo = Hieronymus 881
Santo Tomás, Apóstol 144 +A 150; 307 A 53
Santo Tomás = São Tomé = Thomas von Aquin OP 168; 178; 290; 331; 663
Santo Tomás OP, Domingo de 206 A 6
Santo Toribo = Toribo Alfonso de Mogrovejo, Erzbischof von Lima (1580–1606) 76; 118; 120; 133 A 125; 139f; 256 A 86; 247 A 76; 256
Santos, Almir dos, Methodistenbischof 926 A 129
Santos, Eduardo 662
Santos, Fernando Gomes dos, Erzbischof von Goiânia 1122
Santos, João Antônio dos 845
Santos Jr., Rev. José Borges dos 834
Santos, Luís Antônio dos, 1. Bischof von Fortaleza (1861–81), Erzbischof von São Salvador (1881 bis 90) 425; 553 A 105; 554
Santos, Silvestre José dos 845
Santos A., José Manuel, Bischof von Valdivia 1060
Santoyo, Martel de 146
São Benedito o Preto = Benedikt von Palermo 312; 317
São Jerônimo, Francisco de, Bischof von São Sebastião do Rio de Janeiro (1701–21) 339 A 44
São João de Deus = San Juan de Dios = Johann von Gott 508
Sardiñas, P. Guillermo 1009 +A 59
Sardinha, Pedro Fernandes, 1. Bischof von São Salvador (1552–56) 110; 151; 166 A 3; 217f; 234
Sarmiento, Domingo Faustino 516; 521; 524; 575ff; 1027
Sato SJ, P. 443
Sau, José Guadalupe, Methodistenbischof 810
Sauerbronn, P. Friedrich Oswald 759
Savolainen, P. Jimmy 792 A 138
Scarpardini OP, Nuntius 562
Scherer, Alfredo Vicente, Kardinalerzbischof von Pôrto Alegre 1122
Schierhoff, Andrew, Hilfsbischof von La Paz 985 A 43; 988+A 57
Schleiermacher, Friedrich 756
Schlieper, P. Ernst, Präsident der EKLBB 764; 907
Schlünzen, Ferdinand, Präses ELS 762 A 57
Schmidel, Ulrico (Ulrich) 265
Schneider, Rev. F. J. C. 827
Schopenhauer, Arthur 723
Schumacher, Pedro, Bischof von Portoviejo 472 +A 192
Schweitzer, Albert 48
Sebastião, König von Portugal (1554–78) 114; 323 A 105; 845
Segundo, Luis 924
Segura y Cubas, Luis Gabriel, 1. Bischof von Paraná 580 A 26
Seixas Barroso, Romualdo Antônio, Erzbischof von São Salvador (1827–60) 430 A 75; 554
Selich Chop, Andrés 994
Sentos, Nuntius 1020
Seoane, Edgardo 633 A 33
Sepúlveda, Juan Ginés de 175f; 209
Serafini, Päpstl. Delegat 726
Serna OSA, Francisco de la, Bischof von Popayán (1638–1645) 248 A 76
Serna, José de la, Vizekönig von Peru (1821–24) 398; 416 A 32
Sewall, Samuel 744
Seymour, W. J. 857
Shaull, Richard 833f
Sheffield, James R. 960 A 62
Siegel, P. A. L. 775 A 88
Sierra, Justo 723
Sigaud, Geraldo de Proença, Erzbischof von Diamantina 1128
Sigüenza y Gongora SJ, P. Carlos de 330
Siles Suazo, Hernán 975f; 978f; 981; 988; 1168
Silva, Atenógenes, Erzbischof von Mexiko 740
Silva, Pedro Batista da 847
Silva Henríquez, Raúl, Kardinalerzbischof von Santiago de Chile 615; 793; 1023; 1060; 1062 A 66; 1140
Silveira, Manuel Joaquim da, Erzbischof von São Salvador 554
Simonton, Rev. Ashbel Green 825ff+A 258
Sixtus V., Papst (1581–90) 127
Sloan, Rev. William H. 814
Slyter, P. 785
Smith, Adam 448
Sobremonte, Rafael Marqués de, Vizekönig von Buenos Aires (1805–07) 378
Solano OFM, Francisco → San Francisco Solano
Solórzano Pereira, Juan de 128; 132; 136
Soltau, Gustav 784f
Somoza, Anastasio, und Familie 701f+A 15; 718
Soto OP, Domingo de 209
Soto, Francisco de 208
Soublette, Carlos 485
Sousa, Martim Afonso de 135; 144
Sousa, Tomé de, 1. Generalgouverneur von Brasilien (1549–53) 89 A 19; 151; 183; 188f; 218; 265f
Southerland, Rev. Alexander 811
Spaulding, Rev. 745
Speer, Rev. Robert E. 796; 798; 914
Spencer, Herbert 516+A 9; 519. A 13; 520; 547; 581 A 30; 651ff; 676ff; 730; 922+A 115
Staden, Hans 76 A 55
Stahl, Frederick und Ana 625
Stephan, P. Martin 767
Stephansky, US-Botschafter 979

Stephen, Rev. 814
Steybe, P. 786
Stockwell, Foster 924
Stökl, P. Hans 786
Strachan, Rev. Harry 1134
Strachan, Rev. R. Kenneth 1133ff
Strauß, David Friedrich 540
Stroessner, Alfredo 601ff
Suárez SJ, Francisco 176; 197 A 96; 308; 348; 349 A 69
Súarez de Figueroa, Lorenzo 112
Sucre, Antonio José de 110; 383; 454f+A 141; 464; 467
Sucre, Prbo. Antonio José 486+A 240
Suenens, Leo Jozef, Kardinal 873
Sumner, William Graham 519 A 13; 922+A 115

Taddei, P. Bartolomeu 430 A 76
Taforo, Francisco de Paula 605
Tagle, P. Gregorio 436
Taine, Hippolyte 523
Talavera y Garcés, Mariano, Titularbischof 483
Tamayo, José Luis 640
Tapia, P. Nicolás 1050
Taques, Pedro 190
Tawney, R. H. 922+A 114
Tavani, Apost. Legat 470
Tavares, Antônio Rapôso 72; 273; 278+A 61; 279; 282
Tavares, Severino 847
Tayaoba 271
Taylor, Rev. Zachary 836 A 287
Teilhard de Chardin, Pierre 1105
Teixeira, Marcos 334
Tejada, Ignacio de 412+A 21
Tejada → Lerdo de Tejada
Testera, Fr. Jacobo de 210
Thiel, Bernhard August, Bischof von San José 704
Thompson, Rev. George 830 A 270
Thompson, P. Juan F. 595 + A 10
Thomson, James 422; 450; 744f+A 10

Tiarajú, Sepe 351
Tiradentes = José da Silva Xavier 373f
Tisin OFM, Juan de 139 +A 137; 142; 206
Toledo, Francisco de, Vizekönig von Peru (1569 bis 81) 118; 120; 131; 149; 216f; 257 A 88; 260
Toledo SJ, Francisco de, Visitator 351
Tomic, Radomiro 612
Tommsi, P. Elias 821 A 240
Tonna, Humberto, Bischof von Florida/Uruguay 597
Tonolio, Giuseppe 582 A 36
Toral OFM, Francisco de 110
Toro OP, Tomás de, 1. Bischof von Cartagena (1534—36) 146 A 153
Torre, Carlos María de la, Kardinalerzbischof von Quito 646; 688
Torre, Martín de la 330
Torres, Juan José 987ff
Torres, Rev. Miguel 830 A 270
Torres OP, Tomás de, Bischof von Asunción (1621—26) 285
Torres Bollo SJ, Diego de 180 A 54; 230 A 49; 268f; 273; 287
Torres Bueno, M. 966 A 78
Torres Burgos, Pablo 937
Torres Ortíz 975
Torres Restrepo, P. Camilo 673; 852; 897f; 1021; 1029f; 1082
Toussaint Louverture 376
Townsend, Rev. W. Cameron 1167+A 16; 1177 A 55
Traven, B. 733
Trejo OFM, Hernando, Bischof von Tucumán (1594 bis 1614) 248 A 76; 284
Treviño, Ricardo 957
Triana, Miguel 42f
Troeltsch, Ernst 904; 1089
Trueba Olivares, José 966 A 78
Trujillo, Rafael Leónidas 1028; 1086+A 55
Trumbull, Rev. David 452; 784
Tucker, Rev. Hugh C. 920
Túpac Amaru I. 217
Túpac Amaru II. = José Gabriel Candorcanqui 254; 368ff

Turbay, Gabriel 663
Turner, John Kenneth 732
Tute, Friedrich, Propst 787
Tyszka, P. Alfred 783

Ubico, Jorge 699; 702; 710
Ullua, Manuel 1045 A 10
Ullua y Larrios, Bischof v. Managua 704f
Umaña, Manuel, Pfingstbischof 873
Unamuno, Miguel de 539
Unanue, José 364 A 106
Urban VIII., Papst (1644 bis 68) 132; 189; 194 A 89
Urbieta, Juan Gregorio, Koadjutor (ab 1848), Bischof von Asunción (ab 1860) 446
Urbina, José María 486f
Uribe Urdaneta, Alberto, Bischof v. Cali 674
Uriburu, José F. 585
Urquiza, José Antonio 966 A 78
Urquiza, Justo José de 439; 442; 574; 580 A 26
Urriolagoitia, Mamerto 975
Urrutia, Manuel María, Provisor von Cartagena 393
Urtarsum SJ, P. Martín 271
Uzcátegui, Crispulo, Erzbischof von Caracas (1884—1904) 488f

Val SJ, P. Félix del 443
Valcárcel, Luis E. 629f
Valdivia, Gualberto 461
Valdivia, Pedro de 111f; 117
Valdivieso, Félix 467
Valdivieso Zuñartu, Rafael Valentín, Erzbischof von Santiago de Chile (ab 1845) 451+A 134; 605
Valencia, Guillermo León 667
Valencia OFM, Martín de 333
Valle, José Cecilio del 490
Vallenilla Lanz, Laureano 678 A 7
Valverde OP, Vicente 69f; 109; 146; 629
Vanegas, Daniel 948
Vargas, Getúlio 514; 564; 566ff; 833; 883; 977
Vargas, María Elena 719 A 64
Varnhagen, Francisco Adolfo 760

Vasconcelos, Doroteo 493
Vasconcelos, José 24; 539; 723; 954
Vásquez, María de Jesús Crucificado 727 A 26
Vázquez, Pablo 416
Vázquez Acevedo 594
Vázquez Gómez 938
Vázquez Trujillo SJ, P. Francisco 273f; 286
Vázquez de Coronado, Juan 72
Vega → Garcilasco
Vega, P. Juan Ramón 703
Veintimilla, Ignacio de 472
Veita, Carmen 690 A 44
Vekemans SJ, Roger 614; 1059 A 54; 1061+A 60
Velasco, José Miguel 458
Velasco, Luis de, 2. Vizekönig von Nueva España (1550–64) 113; 182 A 56
Velasco Alvarado, Juan 1043; 1046; 1054ff+A 50
Velasco Ibarra, José María 637; 642ff
Velásquez, Diego de 996
Venegas, Francisco Javier, Vizekönig von Neu-Spanien (1810–13) 389; 392
Ventura OSB, Antônio 159
Vera, Jacinto, Apost. Vikar in Montevideo, Bischof (ab 1864) 440 A 104; 443
Verdugo de las Navas y Quevedo, Francisco, Bischof von Guamanga (1623–33) 167; 248 A 76
Verneuil, Matthieu 187
Vespucci, Amerigo 66f
Viaruzu 324
Vicente do Salvador OFM 166 A 3
Viçoso, Antônio Ferreira, Bischof von Mariana (1844–75) 554
Victoria OP, Francisco de, 1. Bischof von Tucumán (1582–90) 120 A 87; 136f; 266+A 18; 267
Victoria, Guadalupe 412 A 23
Vicuña Larraín, Manuel, Titularbischof für Santiago (ab 1828), Erzbischof (ab 1840) 413. A 26; 451
Videla, Jorge 589
Vidigal, Francisco Corrêa 428
Vidoget, Gouverneur der Banda Oriental 391+A 61
Vieira SJ, P. Antônio 152; 187 A 72; 191f; 198f+A 101; 233; 244; 298; 323 +A 105; 337 A 35; 372
Vilaseca, P. 727 A 26
Vildozo, Oberst 1048
Vilela, Avelar Brandão, Kardinalerzbischof von São Salvador 899
Vilela, Prbo., José Alves 307 A 53
Villa, Pancho 936+A 2; 937ff; 971
Villar Don Pardo, Conde de = Fernando de Torres y Portugal, Vizekönig von Peru (1586–89) 339
Villarán, Manuel Vicente 628 A 17
Villareal, Antonio 946
Villaroel, Gualberto 974+A 6
Villavicencio, Rafael 676f
Villegaignon, Nicolau Durand 166; 186f
Villegas SJ, Juan de 267
Vingren, Gunnar 861
Vio OP, Thomas de → Cajetan
Viracocha 43; 53
Viscardo SJ, Juan Pablo 370+A 4
Visser't Hooft, Wilhelm Adolf 922
Vital, Dom → Oliveira
Vitelleschi, SJ, Ordensgeneral 263 A 33; 276 A 57; 278+A 62
Viteri y Ungo, Jorge, Bischof von El Salvador (1843–53) 493
Vitoria OP, Francisco de 72f; 176; 192; 209; 211; 266 A 18
Vives SJ, P. Fernando 612
Vives y Tutó OFMCap, Kardinal 886
Voges 760 A 48
Voit, Oberpfarrer 785f
Voltaire 328; 341; 343 A 52; 364; 464; 497; 523; 722

Waddel, Rev. William Alfred 830 A 269
Wagner, C. Peter 651
Wagner, P. Ricardo 792; 794 A 144
Waldseemüller, Martin 66

Walker, William 491+A 259
Walther, P. Carl Ferdinand 767
Watkins, Rev. 814
Weber, Max·297 A 18; 576; 944; 1089; 1147
Welles, Sumner 1004
Welser 117; 170 A 23
Werner, P. Wolfgang 792A 138
Wesley, Charles 859
Wesley, John 802; 857; 859; 869f; 1137
Westrup, Rev. Thomas Martin 806; 813f
Whitelock, John 378
Wilhelm I., König von Preußen (1864–88), deutscher Kaiser (1871–88) 808
Wilhelm II., König von Preußen, deutscher Kaiser (1888–1918) 757; 759 A 46
Williams, Harald 862
Willka, Temible 621
Wilson, Henry Lane 942
Wilson, Woodrow 940ff
Wirnsberger, P. Friedrich 792 A 138
Wittrock, P. H. 771
Wolff, Christian von 341
Wood, Leonard 999
Wood, Thomas Bond 595 +A 10; 626
Wright, Oberst 467
Writhington, Robert 266
Wuytack, P. F. 692f

Xavier, Chico 873+A 101

Yabrudy, Alejandro 690A 44
Yáñez, P. Vigil 463; 628
Ydígoras Fuentes, Miguel 713f; 1028
Yermo y Parras, P. José María 727 A 26
Yokaanam 847f
Yrigoyen, Hipólito 578; 584f
Yupanqui, Inka 43
Yupanqui, Tito 305

Zacchi, Msgr. Cesare O. 1020; 1024 A 112
Zaldumbide, Freile 640
Zambrano, P. José Ignacio 361
Zapata, Emiliano 437ff+A 27; 952; 971

Zapata de Cárdenas OFM, Luis, Erzbischof von Santa Fe de Bogotá (1573–90) 212; 247 A 76

Zárate, Juan López de 109 A 63

Zarur 848+A 16

Zavaleta, Kapitularvikar von Bs. As. 409

Zayas, Alfredo 1003

Zea, Leopoldo 405

Zelaya, José Santos 696f; 701; 705

Zinzendorf, Nikolaus Ludwig von 706

Zioni, Vicente Ángelo José Marchetti, Bischof von Botucatu/SP 1101 A 91

Zolórzano OM, Juan de 148

Zubiría, Antonio de, Bischof von Durango 501 A 280

Zumárraga OFM, Juan de, 1. Bischof von Mexiko (1528–47), Erzbischof (1547) 75; 143; 161; 168; 212; 231; 250; 306; 340 +A 45; 357 A 86; 743

Zumbi 195

Zúñiga Camacho, Manuel 625

Zwingli, Huldreich 194 A 89

N. B.: Bei orthographischen Differenzen zwischen Text und Personenregister ist letzteres maßgeblich.

Sachregister

Das Sachregister enthält hauptsächlich Stellenangaben, die nicht durch das Inhaltsverzeichnis erfaßt sind. Geographische Begriffe sind nur in Auswahl erfaßt. Stellen, an denen die Bedeutung spanischer bzw. portugiesischer Begriffe erklärt wird, sind kursiv gesetzt, wenn die Begriffe mehr als einmal vorkommen. Kriege sind unter Krieg, Marienbilder unter Mariengnadenbilder, päpstliche Bullen und Enzykliken unter Papsttum, Revolutionen unter Revolution und Verträge unter Vertrag zu suchen.

Aberglaube 291; 639 A 9; 887 A 5; 1146 A 55
Abhängigkeit 18ff; 23; 61 A 12; 62; 77; 80; 93; 101; 121; 178f; 235; 252; 295; 349; 358; 360; 405; 418f; 421f; 427; 455; 488; 511; 519; 524—527; 575; 577; 599f; 601; 628; 633 A 33; 655; 681; 682 A 16; 735; 737; 778; 819; 854; 900; 923; 971; 977; 998; 1012; 1018 A 93; 1031; 1043; 1117; 1142f; 1159; 1170
Abiponen 155+A 175
Ablaß 178+A 55; 308; 313 A 73; 344; 823
Abolition, Sklavenbefreiung 191; 318; 365; 370; 375; 424ff; 445; 469; 485; 490; 541—544; 566; 998
Absentismo 90; 709f
Absolution → Beichte
Absolutismus, aufgeklärter 31; 80; 95; 123ff; 128; 192; 255; 259 A 92; 300; 328; 331; 341f; 345ff; 353; 364; 366; 369; 378; 381f; 390; 409; 417; 424; 435; 438; 441; 447; 503
Abtreibung 86+A 16
Acalá 208
Ackerbau 36ff; 154; 350; s. auch Landwirtschaft
Ackerbauvölker 38; 165
Adaptation 237f; 306; s. auch Akkomodation
Adel 60f; 80; 90; 92; 96f; 103 A 50; 141; 255; 337; 377; s. auch Aristokratie
Adel, indianischer 251; s. auch Inka, Kaziken
Adventisten des 7. Tages 530f; 623; 625f; 629; 635; 636 A 44; 668; 675; 695; 707f; 815ff; 837; 862; 865; 916; 1001; 1024; 1168
Afrika 81; 102
Afrikanische Kulte 199; 318f+A 90; 1084; s. auch Synkretismus
Agace 262
Aggiornamento 893 A 33; 894; 898; 1109
Agnostizismus 522; 568; 594; 722
Agonizanten → Kamillianer
Agrarreform 25; 298; 386; 510f+A 305; 536; 578; 590; 599; 608; 610 A 15; 615; 630; 633f; 635+A 38; 648 A 42; 650; 672; 674; 684f; 687; 694; 699; 711—713; 718; 724; 817; 890; 928 A 131; 936ff; 955f; 966ff+A 78; 978; 982; 1007 A 51; 1010; 1025 A 114; 1043; 1057
Agrarstruktur 94; 98f; 593
Ahnenkult 51; 53; 880
Ahomché 322 A 101
Ahpu 48f
Aimoré 166
Akademie 327f; 343 A 54
Akephale Kirchen 396 A 72; 398; 408
Akkomodation 121; 214; 234ff; 287; 289; 318 A 90; 319; 323; 1038; 1085; 1174 A 42. 43; s. auch Adaptation
Akkulturation 33; 38; 77; 80 A 5; 254; 319 A 91; 632; 644; 761; 880 A 108; 1084; 1168 A 16; 1171

Alcabala 369
Alcántara-Ritterorden 141
Alchimie 335
Aldeia, aldeamento 152; 183; 203; 215; 217—220; 229; 232f; 241; 267; 608; s. auch Missions-aldeia, Reduktion
Aliança Nacional Libertadora (ANL) 569
Alkoholhandel 252; 355; 371
Alkoholismus 167; 196; 219 A 42; 243; 252; 263; 625; 739; 816f; 990; 1173; 1176
Allerheiligenfest 322
Allianz für den Fortschritt (1961) 615; 616 A 28; 690; 715; 895ff; 1028f; 1043; 1061 A 60; 1081
Almosen 196 A 93; 243; 297f; 508
Alphabetisierung 212; 233; 357; 445; 471; 505; 536; 572; 624; 675; 712; 743 A 5; 824; 862; 901; 1016; 1035 A 26; 1041; 1110; 1159; 1161 A 25
Altarsakrament → Eucharistie
Altersheim 140; 727; 739; 1016
Altertum 29; 193; 293; 295
Altkatholiken 561
Alto Perú 53 A 76; 94; 101; 104; 110; 112; 147; 153f; 244 A 72; 369; 379; 381; 398; 402; 453; s. auch Bolivien
Ambulante Mission 217; 229f; 241 A 66; 264; 267
American and Foreign Christian Union 531; 784

American Bible Society (ABS) 707; 1001; 1003 A 28
American Lutheran Church (ALC) 532; 765
American way of life 795; 1002
Amerindische Religiosität 47ff; 306; 307 A 53; 309 A 57; 310; 315; 319ff; s. auch Religionen, nichtchristliche
Amero-Expressionismus 539f
Amero-Klassizismus 331
Amero-Realismus 518; 539; 630 A 24; 676
Amero-Romantik 29; 420; 518; 522f + A 20; 528; 581 A 30
Amulett 307 A 57; 320; 879
Analphabeten, Analphabetismus 311 A 65; 361 A 97; 406; 453; 474; 485f; 546; 565; 599 A 4; 614 A 22; 639; 648 A 42; 649; 654; 683; 687; 694; 712; 730; 734; 798; 968 A 82; 982; 1138; 1158
Anarchie 404; 435; 438; 480; 504; 521; 652; 665
Andes Evangelical Mission 651
ANEC 612
Anglikaner 421; 451f; 483; 596; 706 A 22; 774; 781; 807; 826; 863
Angola 189+A 77; 253 A 84
Animismus 40; 47ff; 52f; 235; 241; 303
Anpassung → Akkomodation
Anthropologie 168f; 183; 321 A 100; 525; 868; 902; 971; s. auch Menschenbild; Indianerbild; Natur, menschliche
Anthropophagie, Kannibalismus 39; 48ff; 76; 165; 168; 170; 177; 185; 218; 240; 271; s. auch Menschenopfer
Anthropozentrismus 561
Antichrist 961
Anti-Golconda 1110 A 128
Antigua 363; 706
Antikatholizismus 497; 503; 537; 722; 812; 825; 886 A 2; 1025 A 115
Antiklerikalismus 257; 367;

394; 411; 421; 430; 441; 472; 486; 501 A 280; 510; 523; 552; 580; 585; 595; 600f; 638; 639 A 9; 676f; 710; 725; 816; 822; 886 A 2; 944f; 948; 965; 999; 1019; 1154
Antikommunismus 569; 572; 601; 612; 615; 631; 646; 713f; 990; 1043; 1123; 1125
Anti-Kurialismus 433
Antillen 38f; 68f; 81; 82 A 7; 87; 101; 103; 105; 117; 181; 209; 229; 329; 363; 399; 422; 491; 529f; 877 A 98; 919; 995; 1066; 1083ff
Antiprotestantismus 1095 A 73
Antirassismus-Programm 1169 A 22
Antireligiosität 646; 728
Antoniter (San Antonio Abad) 158
Apokalyptik 143; 325
Apostaten, Apostasie 210; 343; 562; 956
Apostel, Apostolat 141 bis 143; 234 A 54; 245; 1092
Apostolado da Oração 430 A 76; 557
Apostolische Administratoren 413
Apostolische Sukzession 871 A 80
Apostolische Vikare 138f; 413; 1164
APRA 630; 632; 635; 1043f
Apristas 662
Arara 38 A 22
Araukaner 40; 51; 74; 84 A 12; 112; 149; 162; 177f; 208; 210; 230 A 48; 232; 254; 355 A 83; 369; 448; 449 A 127; 574; 756; 863; 1163; 1168 A 16; 1174 A 43
Arawak 38
Arbeiter, -klasse 91; 101; 569; 572; 585 A 47; 589; 609; 656; 675 A 82; 943 A 13; 975; 1045
Arbeiterkongreß, kath. 951
Arbeiterkreise, kath. 557; 582; 595; 606; 659; 689; 1096
Arbeitsbedingungen 181; 285; 290; 300; 546; 622; 655; 659; 689; 724; 735; 740; 917
Arbeitsbegriff 61+A 12;

67; 91; 94; 182f; 195 A 92; 453; 546; 549; 551; 634; 655; 760; 817; 829 A 263; 986; 1006; 1052; 1168
Arbeitsgesetze 609; 699; 949
Arbeitskräfte, -bedarf 184; 189 A 77; 191; 196 A 93; 217; 219; 253; 262; 426 A 63; 453; 513; 524
Arbeitslose 488; 640 A 16; 683; 686; 689; 967 A 80
Arbeitspflicht 233; s. auch Zwangsarbeit
Arbeitsproduktivität 640 A 16
Arbeitsvertrag 641
Argentinien 40; 101f; 112; 311; 318 A 90; 382; 391; 398; 402ff; 416; 421f; 433–440; 442f; 444; 448; 516; 521; 522; 528f; 530 A 35; 561; 747f; 874; 877; 1006; 1037; 1077; 1084; 1120; 1155 A 4; 1162
Argentinien, Protestantismus 433ff; 530; 767; 771; 918 A 106
Aristokratie, Kolonialaristokratie 90; 92; 98; 163; 201f; 331; 342; 346; 359; 372; 379; 387; 439; 448ff; 457; 541; 584; 607; 671; s. auch Adel
Armec → Militär
Arminianismus 853
Armut, Arme 298; 538; 654; 675 A 82; 684; 847; 868; 905; 990; 1027
Armutsideal 139; 143; 150; 196 A 93; 203; 230 A 48; 632; 997; 1099
Arrimado 640 A 16
Arzt 158; 246; 337; 845
Asamblea de Dios; Asembleía de Deus → Pfingstkirchen
Askese 62; 229; 314
Assimilation 1168; 1171
Assistenzialismus 295; 298; 616f; 720; 1061
ASTE 747
Astrologie 53; 335; 882
Astronomie 42ff
Asylrecht 134f; 188; 194 A 89; 477; 992
Atheismus 332 A 15; 388; 464; 497; 522; 528f; 594; 627; 644 A 29; 676; 722f; 816; 837; 852; 918;

1012; 1022; 1025; 1053; 1058f; 1155 A 9
Atlantik 67 A 30; 104; 112f; 118; 268; 273; 402 A 2; 453
Auca 1177 A 55
Audiencia 91; 96+A 40; 98; 118; 120; 129; 131; 133f; 137; 140 A 140; 154; 175; 231; 273; 287; 344; 371; 379; 403; 460; 480
Auferstehungsglaube 50; 304 A 45; 305; 325 A 114; 1036
Aufklärung 29; 97; 103 A 50; 104 A 53; 140 A 140; 192; 249; 254; 259 A 92; 283; 290; 304; 327–367; 373; 375; 380; 388f; 404; 420; 431; 435; 440; 444; 450; 454ff; 490; 507; 512; 519; 559; 580; 677; 723; 742; 798; 801; 886
Aufstand → Rebellion
Augustiner-Chorfrauen 161; 726
Augustiner-Eremiten 143; 146; 147f; 156 A 175; 159; 174; 230; 243f; 250; 312; 352; 429; 460; 507; 679; 726
Augustinische Tradition 168; 210; 357 A 86
Ausbeutung 77; 83; 86 A 15; 90; 106+A 58; 137; 157; 168; 170; 174; 178; 181+A 56; 192; 193; 197 +A 97; 201f; 205; 218; 220; 222; 250 A 77; 252; 253; 263; 272; 283; 285; 288; 347; 350; 368; 371; 468; 518; 524; 577; 609; 620; 625; 648; 673; 684; 700 A 12; 712; 719; 734; 737ff; 741; 817; 847; 867; 896; 930; 966 A 78; 994; 1004; 1027; 1036; 1044 A 6; 1053; 1105; 1145; 1162; 1165; 1167; 1176
Ausbildung, theologische 817; 860 A 47; 1092; s. auch Priesterseminare, Universität
Aushiri 1177 A 55
Auslandsgemeinden, prot. 421; 451f; 695; 699 A 10; 815; 1136
Auslandskapital, -anleihen 25; 511; 530; 577; 593; 599; 622

Auslandsschulden 498; 501 A 280; 504; 513; 530+ A 35; 680; 682 A 16; 686
Ausnahmezustand 604; 1047; 1128 A 179
Ausrottung der Indios → Genozid
Auswanderer, europäische 79f; 513; s. auch Einwanderer
Ausweisung → Expatriierung
Auto (amtliche Genehmigung) 270
Autodafé (Auto de fe) 336; 339f; 877
Autorität 364f; 1089
Avis-Orden 428
Ayatl 306
Ayllu 43; 53f; 217; 453 +A 140; 457
Aymara 53; 235; 370 A 4; 452f; 1041; 1168
Ayutla, Revolution von 495
Azoren 64f; 151; 548
Azteken 45ff; 54 A 81; 70ff; 119; 142; 162 A 187; 210; 213; 237; 242; 307 A 53; 320f; 729; 732

Bachué 52
Bahamas 363
Bahia, Konstitutionen von (1707) 85 A 14; 121; 194 A 88.89; 198f; 249; 558; 821
Ballspiel, kultisches 49
Bananen, -republiken 104 A 53; 645; 649; 660; 699 bis 701
Bandeira 72; 155; 186; 187 A 72; 189 A 77; 272 A 47; 273ff
Bandeiranten 72f; 92; 189; 272ff; 280; 286; 303
Bankwesen 137; 300; 355 A 83; 437; 507; 511; 573
Bann, kirchlicher → Exkommunikation
Bantu 880
Baptisten 422; 530; 536; 596; 603; 623; 636 A 44 +45; 668; 695; 707f; 741; 795; 802; 806; 824f A 246; 832; 836 A 287; 841f; 860ff; 863ff; 873; 932; 944 A 14; 1001; 1003; 1024f; 1115; 1136; 1150; 1168

Baptistischer Weltbund 917
Barbados-Erklärung 363; 706 A 22; 1169
Barbaren, Barbarei 209; 213f; 421; 434; 575; 795
Barmer Erklärung 764; 1133
Barmherzige Brüder des hl. Johannes von Gott 158; 460 A 156; 508
Barmherzige Schwestern 430
Barnabiten 726
Barock, Kolonialbarock 29; 77; 123; 162; 289; 293; 295ff; 331; 360; 823 A 244; 1112
Barragana, Barraganía 71; 74 A 51; 84; 85 A 13
Basilianer-Orden 393
Basisgemeinde 1058; 1090
Basken 480
Basler Mission 757; 776
Batugue 844; 881
Bauern 80; 88; 94; 1044
Baukunst 42ff; s. auch Barock, Kirchenbau
Baumwollanbau 81; 95; 105; 542; 548
Beamte, königliche 97f; 172; 174; 182; 193; 201; 216; 225; 260; 294; 297; 350; 355; 377; 382; 408; 475
Beamte, staatliche 581
Beata 62; 160ff
Beaterio 161f; 508
Beato 302
Befreiung (liberación) 28; 185; 199; 214; 235; 293; 295; 305f; 325; 356; 435; 475; 591; 601; 649 A 45; 850; 853ff; 900; 903; 908; 911; 923; 930; 934; 985f; 1022f; 1032ff; 1039; 1049f; 1054; 1058; 1060f; 1087; 1113; 1118; 1122; 1127; 1153; 1170 A 28
Begräbnis 48; 50; 298; 300; 315; 317; 320; 728; s. auch Friedhöfe
Beichte 53f+A 81; 170; 175; 190; 197 A 94; 226f; 235; 242f; 267 A 20; 285; 295; 303; 336; 446; 529; 607; 818; 949 A 33; 1104f
Bekehrung 168; 184; 211f; 214; 230; 234; 236f; 242; 245; 275; 276; 292; 743; 802ff; 819; 827; 840; 852f; 857; 866ff
Bekehrung, Bekehrungs-

erlebnis 420; 423; 532; 536; 1100ff; 1104; 1125; 1145; 1147; 1173; 1175; 1178 A 55
Bekennende Kirche 764
Bekleidungszwang 81; 82 A 7
Beleidigung Gottes, Theorie der 67; 169
Belgien 1077
Benediktiner 88; 159f; 160 A 182; 190; 273; 312; 360 A 94; 425; 429; 473 A 192; 519; 556; 571
Benefizien → Pfründe
Berbice 706
Berean Mission 1024
Bergbau, Bergleute 101; 104; 106; 113; 181+A 56; 192; 287; 294; 300f; 369; 405; 450; 458; 660; 735; 949; 975; 1057; s. auch Mita
Bergpredigt 192; 674 A 80
Bernarda 395
Berufsschule, Fachschule 517; 683
Berufsverbote 337+A 36
Berufungen (in Priester oder Ordensstand) 451; 556; 571; 853
Bestechung → Korruption
Bethlehemiten 158; 159 A 180; 308; 436; 460; 508
Bettelorden 60; 141; 148; 150; 152; 237; 257; 276
Bevölkerungsdichte 36f; 42; 61 A 12
Bevölkerungsexplosion 25; 513; 526; 555; 660; 683; 1134
Bevölkerungsgeschichte Amerikas 34f; 79ff; 88ff; 94; 99; 106; 152; 186 A 66; 188; 356; 526; s. auch Einwanderung
Bevölkerungsstruktur 655
Bewußtseins- und Gewissensbildung → Konszientisation
Bibel 69f; 154; 226; 250; 278; 629; 636; 722; 742; 746; 798f; 805; 812; 823f; 827; 851ff; 866ff; 874ff; 878; 915; 930; 985; 1107 A 118; 1114f; 1135; 1146 A 55
Bibel, Altes Testament 853; 1175
Bibel, Neues Testament 194 A 89
Bibelgesellschaften 421; 440f; 492; 626; 744; 824; 1167 A 16
Bibellektüre 631 A 26; 827
Bibelschule 765; 866; 1149
Bibelübersetzung, ökumenische 934
Bibelübersetzung, protestantische, Verteilung 441; 675; 742; 744; 1167
Bibelübersetzung in Volkssprachen 206f; 245; 256; 423; 441; 743
Bibelverbrennung 441; 748 A 17; 812
Bibelwissenschaft 747; 842; 860 A 47; 915; 1036; 1147
Bibliotheken 329; 355; 505 A 290
Biblizismus 747; 767; 867
Bigamie 335
Bigotterie 805
Bilderstürmerei 71; 75
Bilderverehrung 199; 237; 238 A 58; 240 A 63; 279; 296; 298; 304ff; 311; 316; 321; 336; 821; 823 A 244; 826; 879
Bildung 90; 471; 540; 1042; 1158f; s. auch Erziehungswesen, Schulwesen
Bildungsmonopol 250; 358; 473; 507
Bilingüismo 1167 A 16
Bischof, Bischöfe 95; 118f; 122; 131f; 136; 139; 167ff; 174f; 178; 185 A 63; 188ff; 202; 231; 244; 257 A 88; 258; 285; 295; 307 A 53; 333; 353; 381; 390ff; 398; 418; 431; 446; 464; 481; 498f; 503f; 540; 553; 559; 562; 581; 585; 628; 634; 663; 665; 669; 810; 946; 961; 965 A 76; 967 A 78; 1011; 1078; 1097
Bischof in partibus infidelium 413; 416; 440; 443
Bischof, Gehorsamseid 483
Bischofskonferenz 679; 711; s. auch Medellín
Bistum, Bistumsstruktur 106–115; 122; 139; 347; 376; 390; 428; 430; 434; 442; 451; 470; 491; 555; 586; 600; 615 A 26; 623; 638; 674 A 82; 695 A 61; 710; 726; 973 A 89; 1077; s. auch Diözesansynode
Blancos 441ff; 594
Blut 55f; 181
Bluthunde 67; 69; 73; 179
Blutreinheit 85; 316; 337; 339
Bodenrecht, Bodenbesitzstrukturen 169f+A 20; 189; 200ff; 203; 386; 445; 494; 513; 599; 602; 731 + A 49; 966 A 78; 974
Bodenreform → Agrarreform
Böhmische Brüder → Herrnhuter Brüder
Bogotá 473; 477; 664; 1111; s. auch Santa Fe de B.
Bolívarkult 679
Bolivien 402ff; 419; 422; 434; 444; 448; 452–456; 458; 468; 600 A 8; 633; 798; 804; 874; 912 A 96; 927 A 129; 943 A 13; 1006; 1028; 1067; 1079; 1083f; 1085; 1120; 1121 A 160; 1135f; 1154; 1164; s. auch Alto Perú
Bolschewismus 789 A 127
Bororo 1123
Botokuden 36
Bourbonen, span. Dynastie (ab 1713) 29; 87; 127f; 329f; 345; 347; 361; 364; 370
Braganza, port. Dynastie (1640–1910) 30; 347
Brandenburger 193
Brandmarkung 172
Brasilholz 95; 103 A 50; 105
Brasilien 59f; 61 A 12; 66; 72f; 79; 80ff; 87f; 92ff; 101; 105; 106 A 56; 107; 110; 114; 117f; 118 A 79; 121; 122 A 93; 144; 147f; 149; 151f; 158f; 165; 183ff; 198f; 201; 203; 220; 229; 233 A 53; 250; 255; 262; 265; 268; 273; 294; 298; 300; 302; 304; 309; 311; 314; 316; 318 A 90; 323; 328f; 334; 337; 342f; 346; 356f; 360; 363; 365f; 371ff; 383f; 386; 394; 401; 423 bis 433; 437; 442; 522; 528f; 530 A 35; 540–573; 745; 748; 874; 877f; 927 A 129; 931; 935; 990; 995 A 78; 1028; 1065 A 4; 1075; 1096; 1099; 1111; 1118; 1147 A 59; 1165

Sachregister

Brasilien, Kirche, katholische 122f; 192; 195; 257; 258 A 92; 291f; 318 A 90; 350ff; 394; 408; 750; 761; 799 A 163; 1083 bis 1087; 1119 A 158; 1120 A 160; 1131
Brasilien, Kirchenpolitik 125; 128; 147f; 151f; 189; 248f
Brasilien, Mission 123; 135; 151ff; 156f; 183ff; 208ff; 213; 215; 217ff; 230 A 48; 240f; 244; 253; 767
Brasilien, Protestantismus 421f; 530f; 536; 757–767; 799; 918 A 106
Brevier 69f; 154
Britisch-Guayana 746
Britisch-Honduras 706
Bronzezeit 42
Brot der Seele 659 A 23
Brot für die Welt 909; 1176 A 49
Bruderschaft 93; 137; 158; 236; 260; 293f; 296; 298; 300; 312; 316ff; 431f; 433; 508; 634; 716; 821; 824; 849; 1116
Brüder vom Heiligsten Herzen Jesu 557
Brüdergemeine → Herrnhuter Brüder
Brüderlichkeit 375; 855
Brummer 755 A 32
Buchhandel, Buchimport 329; 335; 341
Buenos Aires 112f; 117; 155; 265; 276 A 57; 329; 354; 359; 367f; 381; 386; 388; 410; 421; 434ff; 439; 441; 574; 578; 583
Bürgerkrieg 404; 440f; 449; 478; 480; 491; 503; 652; 665; 676; 681; 701; s. auch Unabhängigkeitskriege
Bürgerrechte 376; 403; 445; 510; 717 A 58; 979; 981; 1055 A 47
Bürgertum, Bourgeoisie 61; 103 A 50; 140; 200; 331; 337; 342; 346; 468; 569; 608; 656; 671; 676; s. auch Handelsbürgertum, Kleinbürgertum
Buße 55; 63; 160; 170 A 20; 227; 242f; 293; 309; 313 A 73; 314; 484; 562; 659; 802; 852; 1026 A 115; 1105; 1136; 1141; 1146

Caacupé 305ff
Caaguapé 277
Cabecera 232
Cabildo (kirchl.) → Domkapitel
Cabildo, Cabido (staatl.) 89; 95f; 107; 154; 269; 347; 355; 378f; 393; 395; 437; 472
Caboclo 82 A 11; 93; 427; 844; 1083; 1084 A 49
Cäsaropapismus 127; 445f
Caeté 151
Cafuzo 82 A 11
Caiubí 217
Calambuco 1005
Calatrava-Ritterorden 141
Callampa 526; 615
Calpulli 966 A 78
Campesino 474; 480; 484; 655; 665; 694 A 57; 899; 976
Candomblé 199; 844; 856; 880f
Canjerê 881
Cantegril 593f
Canudos 846
Capanga 544
Capitão-mor 95
Caracas 480; 485; 682; s. auch Santiago de León de C.
Carijó 144
Caritas 793
Cartagena 109; 117; 146 A 153; 150; 199; 248 A 76; 333; 344 A 55; 371; 381; 393; 408; 473
Casa de la Contratación 79
Castas 87f + 88 A 17; 385f; 389; 494
Castilla del Oro → Panamá
Castizo 82 A 11
Catimbó 199; 880
Catriel 1162
Caudillismo 454; 458; 504; 870
Caudillo 434; 437; 454; 464; 467; 480f; 491; 495; 499; 514; 544; 573; 618; 636f; 642; 665; 681; 702; 953
Cayenne (Franz. Guayana) 363
Cayuá 920 A 110
CCLA 796; 1136; 1168
CCLA, Panamá (1916) 798; 837; 914f
CCLA, Habana (1929) 1168
CCLA, Montevideo (1925) 305; 916f; 1168

Ceará 197 A 94; 328; 430; 561
CEHILA 21; 23 A 16; 915 A 100
Ceiba 56
CELA 925; 928
CELADEC 925; 927; 1155
CELAM 25; 301; 558; 891 A 24; 909; 1028; 1075; 1081; 1095; 1112f
Central American Mission 531; 707f
Centro Democrático 600
Centro Dom Vital 563; 571
CESE 1122
Chácara 277
Chaco 36; 262ff; 269f; 452; 574 A 1; 603; 1177 A 55
Chak 55f
Chalchiuhtlicue 54 A 81
Chamula 322 A 101; 732
Chanca 43
Chapultepec 46
Charcas, La Plata de los (Bistum/Audiencia) 110; 112f; 118; 144; 247 A 76; 254; 286; 306; 330
Charisma 866 A 66; 869 A 71; 872; 1089f; 1093
Charrúa 113; 1163 A 3
Chavín 43
Chechehet 36
Chiapas 44; 109f; 146; 148f; 174; 208; 325; 402; 961; 965
Chibcha 42f; 52; 53 A 75; 97; 117; 371
Chicanos 813
Chicha 53 A 78
Chichén Itzá 45
Chichicastenango 322 A 101
Chichimeken 45; 247; s. auch Azteken
Chihuahua (Mex.: Bundesstaat, Bistum) 153; 726 A 23
Chilapa 726 A 23
Chile 40; 87 A 16; 99; 102; 112; 117f; 133 A 125; 144; 147; 149; 155 A 175; 177f; 180 + A 54; 201; 208; 254; 284; 329; 332 A 15; 353; 355; 365; 381f; 387 A 45; 398; 403f; 406 A 10; 409; 413; 416; 421; 439; 448–452; 516; 522; 526; 528f; 584; 661; 749; 782; 874; 927 A 129; 931; 1040; 1044; 1065 A 4; 1067; 1078; 1084; 1097

A 77; 1117; 1118 A 153. 154; 1120 A 160; 1163
Chile, Protestantismus 530f; 536; 767; 914; 918 A 106
Chiliasmus 325; 845f; 960
China Inland Mission 531
Chinesen 458
Chiqui 271
Chiquito 155
Chiquitos (Vikariat) 1164
Chiriguano 38 A 24; 619
Chocó 52
Cholos 452; 455; 457; 473; 575; 1084; 1172
Christão novo → Neuchrist
Christen für den Sozialismus 1060f
Christenheit 76; 79; 125; 143; 204; 255; 301; 323; 356; 406; 420; 422; 502; 528f; 533; 539f; 579; 588; 821f; 839; 850f; 886f; 893; 906; 1030; 1032; 1089; 1116
Christenheitskurse 987; 1021 A 103; 1058; 1091; 1111
Christentum 22; 76; 104; 165; 176f; 184; 189; 192; 204; 209f; 212; 214; 221; 229; 234ff; 238; 240; 257; 293; 323; 364; 385; 420; 423; 540; 573; 576; 668 A 54; 674; 795ff; 923f; 959; 1012; 1021; 1023; 1036; 1059f; 1080; 1090; 1173; 1176
Christentumsgeschichte 454; 475
Christenverfolgungen 196 A 93
Christian and Missionary Alliance (Alianza Cristiana y Misionera) 531; 617 A 31; 668; 863; 918 A 106
Christian Missions in Many Lands (Plymouth Br.) 531; 623; 1003 A 28
Christianisierung 204f; 210; 216; 236; 264; 323; 376; s. auch Bekehrung, Mission
Christkönig 242; 656; 667; 801; 946; 960; 1015 A 82
Christlich-demokratische Bewegungen (DC) 540; 582 A 36; 588; 596; 612; 633 A 33; 685 A 25; 690 A 47; 713; 716; 788; 894;

955; 983; 1011; 1047; 1059
Christliche Familienbewegung 1090f; 1109 A 124
Christliche Schulbrüder 470; 557
Christlicher Verein Junger Mädchen/Männer (CVJM) 531; 564; 917; 921 A 110; 944
Christologie 233; 245; 291; 296; 304 A 45; 305; 308ff; 312ff; 336; 340; 382; 388; 539; 662; 667; 747; 790; 797ff; 801; 806; 849ff A 21; 853; 875; 881; 902 A 61; 920 A 110; 929; 948; 986; 1028; 1036 A 27; 1039; 1052; 1154; 1100 A 88; 1103f; 1126; 1130; 1141; 1147f; 1174 A 42; 1175
Christusritter-Orden 124f; 135; 141; 299; 428
Chronologie 42
Chthonische Gottheiten u. Riten 306
Chubut 434; 574 A 1
Chucuito-See → Titicaca
Chulupí 1175 A 48
Chuquiabo 113; 147; 149; 369; s. auch La Paz
Chuquisaca 110; 117f; 147; 149; 182; 379; s. auch Sucre
Church of God 1001; 1024
Church of Prophecy 1024
Church World Service 618 A 33; 909
Chusma 642
CIA 712; 983; 985; 1025; 1056; 1081
CIAS 970 A 84
Ciboney 38
CIDOC 972 A 87; 1160
Cientificos 722f; 728; 730ff; 937f
CIMI 1166 A 10; 1173
Ciudad Real → San Cristóbal de Las Casas
Ciudad Real del Guayrá 271f; 274
Ciudad de los Reyes 109; 143; 149; s. auch Lima
Civitas Imperialis → La Imperial
CLAR 141f
Clerus minor 254; 766 A 73
CNBB 1110; 1112; 1118; 1122f
Cocama 38 A 24

Cochabamba 147; 149; 154; 369
Cocom 45
Cofradía → Bruderschaft
Coimbra (Universität) 190; 255; 342; 357; 360+A 94; 365; 396
Colá 434 A 85; 574 A 1
Colegio Mexicano 1076
Colegio, colégio→Jesuiten-Kolleg; Schule
Colima 726 A 23; 958
Collegium Pio Latinoamericanum 418; 533; 885
Colônia do Santíssimo Sacramento 284 A 78; 351
Colonos → Kolonisten
Colorados 441ff; 594f; 600
Comayagua 108; 248 A 76; 492f
Compadrazgo 83; 241; 313 A 75
Compostela → Guadalajara
Comuneros 61; 124; 368; 370
Comunidades indígenas 217; s. auch Ayllu
Concepción (Chile) 112; 230 A 48
Concepción (Paraguay) 600
Concepción de la Vega 108; 117; 145
Concordia-Seminar 769; 774
Confederação do Equador (1824) 423f
Confederação Evangélica do Brasil 572; 920; 924; 929; 1141
Confederação Pentecostal do Brasil 862
Conferência de São Vicente de Paulo 430 A 76
Confessio Augustana 791f
Congada 318
Congonhas do Campo/MG 110 A 59; 374
Congregação Cristã no Brasil 860; 870
Congregación de las Siervas de Santísimo Sacramento 679
Congregatio de propaganda fide 122; 156; 245; 252; 260; 413; 506; 554
Conjuração Fluminense (1794) 342
Conquista 61; 62 A 13; 67ff; 81; 82 A 9; 83; 103f; 139; 171ff; 177ff; 200; 205; 208; 229; 234f; 261; 299; 301; 307 A 53;

330; 377; 629; 850; 1002; 1095 A 73; 1161; 1172
Consejo Real y Supremo de las Indias → Indienrat
Conselho Ultramarino 124 A 103; 357
Consulta von Lissabon, Große (1655) 185; 191
Contestado 847
Continuismo 720; 936
Conversión 233
Conversos, Neuchristen 59; 335; 339
Copacabana 147; 148 A 156; 162+A 191; 305
Córdoba del Tucumán 112; 129; 149; 180 A 54; 194; 248 A 76; 359; 445; 589
Coronelismo 106 A 56; 515 +A 5; 544; 566
Corpus Christi → Fronleichnam
Corpus Christianum 143; 796; 893; 1150f; s. auch Christenheit
Corregidor 95; 137 A 134; 140; 180+A 55; 222; 354; 369
Corregimiento 96; 180
Correio Brasiliense 342
Corrientes 434; 583
Cortes 159; 181; 380ff; 392; 394f
Costa Rica 72; 105; 229; 402; 419; 422; 489; 491ff; 530 A 35; 700; 702; 705; 708; 874; 1067; 1085; 1135f
Criollo → Kreole
Crioulo 90 A 22
Cristão novo, Marrano português 60 A 9. 10; 79; 92; 316; 317 A 87; 335-338
Cristeros 505; 952 A 40; 953; 957; 959f; 971
CROM 957
Cruzada 865
Cúcuta, Kongreß von 464
Cuenca 115; 468; 470
Cuernavaca 726 A 23
Cuibá 428
Cuiva 33f
Culhuacán 46
Cumaná 145; 207f
Cunco 40 A 30; s. auch Araukaner
Cundinamarca 42; 381; 661 A 30
Cunha 312
Cura 294

Curaca 230; 246; 452; s. auch Kazike
Curaçao 483
Curitiba 555
Cuyo 382; 413 A 27; 439
Cuzco 43; 109; 111; 113; 117; 123; 133; 136; 143; 146f; 149; 163 A 191; 174; 296; 308; 310; 369f; 460

Dänen 193
Dahomé 879
Darién 35; 52; 117; 142; 146; 150f; 489
Darwinismus 676; 731
DC → Christlich-demokratische Bewegungen
Dechant 130
Deismus 388; 420; 443; 487; 522f; 528; 594; 652 A 2; 837
Dekalog 842 A 302
Democracia Cristiana (DC) → Christlich-demokratische Bewegungen
Demokratie, Demokratisierung 96; 255; 342; 365; 387; 404f; 463; 479; 495; 497; 511; 513ff; 566; 569; 573; 580; 631; 635; 641; 689; 973 A 89; 987; 1012; 1027; 1030; 1080; 1119; 1122
DEMR 1170
Demut 296; 351
Denominationalismus 859; 1002f; vgl. Konfessionalismus
Dependenztheorie 18ff; 519; 525+A 28; 1031f; s. auch Abhängigkeit
Deportation 336 A 32; s. auch Kriminelle
Desarrollismo 514 A 3; 897; 901+A 57; 909; 926; 1032; vgl. Unterentwicklung
Despotismus, aufgeklärter 364; 366; 392; 405; 447; 487; 578; s. auch Absolutismus
Desquite 87; s. auch Ehescheidung
Deutsche, Deutschtum 79; 89 A 19; 104 A 53; 105 A 54; 170 A 23; 265+A 11; 532; 544; 548f; 576; 578 A 18; 699 A 10; 750f; 753f; 755ff; 759; 763; 770+A 81; 778; 784; 785 A 113; 815 A 225

Deutsche Christen 764; 1133
Deutsche Evangelische Chile-Synode 530; 786
Deutsche Evangelische Kirche (1933-45) 778
Deutsche Evangelische La Plata-Synode 530; 532; 774ff
Deutsche Welthungerhilfe 1176 A 49
Deutscher Evangelischer Kirchenbund (1922-33) 778
Deutschland 175; 475 A 198; 487; 513; 556; 732; 780; 804; 963; 995 A 78; 1077
Devotionalkirche 314f
Diaconia 909
Diaguita 229
Diakone 616; 832; 1093f
Diakonie 583; 658; 753; 766 A 74; 781+A 105; 787; 909; 934; 956; 1001; 1094; 1097; 1146
Dialektik 98
Dialektischer Materialismus 1012
Dialog zwischen Marxisten und Christen 1058
Diamanten 95; 103 A 50; 106; 298; 346
Diamantina (MG) 430
Diasporasituation 753
Didache 1146
Diktatorische Methoden, Diktaturen 450; 470; 475; 478; 485; 488; 495; 498; 514; 570; 628; 642; 655; 697; 702; 1119 A 158; 1120
Diözesansynode 119; 132; 139; 259; 264
Diözese → Bistum
Disciples of Christ 530; 603; 781; 1001
Dissidenten 801f
Disziplin, Disziplinarrecht 133f; 395; 439; 442 A 109; 887f
Doctrina 148f; 222ff; 225ff; 232ff; 239 A 61; 243 A 69; 246; 257ff; 264; 266; 305; 468; 1084 A 49; 1162
Doctrinero, Katechist 229; 232 A 52; 233; 246; 259; 305
Dogma 235; 255; 291; 293; 304f; 307 A 53; 332; 389; 417; 431; 463f; 483; 497; 523; 539; 833; 1036; 1102

Domherr 130; 139; 154; 254
Dominikaner 141; 143; 145ff; 154; 156 A 175; 170+A 20; 174; 207; 216; 222; 230; 247 A 76; 250; 251 A 80; 266 A 18; 268; 286; 308; 312; 333; 337 A 35; 344; 359; 361; 376; 438; 446; 460; 468; 491; 507; 556 A 113; 560; 571; 679; 726
Dominikanerinnen 161; 726
Dominikanische Republik 819 A 237; 874; 935; 1028; 1066f; 1085; 1135
Domkapitel (cabildo eclesiástico) 107; 129ff; 137; 139; 181; 254; 257 A 88; 258; 374; 391; 394; 399; 429 A 71; 435f; 446; 451; 470; 478; 509
Donado 246
Donatário 80; 89 A 19; 94; 135; 185; 201
Dorf 88; 255; s. auch Pueblo
Dritte Welt 895; 1142
Drittes Reich 143 A 147
Drittorden, Terziare, Tertiarier 145; 159f; 161; 163; 300; 316f; 317 A 87; 591; 1096
Drittweltpriester 592; 993; 1037; 1090; 1110 A 128; s. auch Priesterbewegungen
Druckereiwesen 289; 328; 355; 357; 383; 471
Dürre 303 A 37; 315 A 81; 821 A 240
Durango 113; 117; 138; 153; 506; 726 A 24

Edelmetall 104; 181f; 186; 300; 479
Ehe, Eherecht 82ff; 87; 194 A 88+89; 250; 419; 434; 443; 452; 567; 653; 739; s. auch Ziviltrauung
Ehehindernis 85; 246; 429 A 71
Eherecht, kanonisch 258; 280; 407; 821
Ehescheidung, gesetzliche 87; 435; 477; 550; 562; 567; 585; 588; 594; 601; 623; 639; 661; 999
Eheschließung, Ehesakrament 239; 244 A 71; 292; 320; 323; 423; 528; 784; 1006; 1173; 1176

Ehrbegriff 61; 85 A 15; 91; 93 A 31; 182; 244
Eigengesetzlichkeit 192; 196; 752
Eigenkirchen 121; 195; 202
Eigentum → Privateigentum
Einheitskultur 902; 969; 1171
Einwanderer, Einwanderung (19./20. Jh.) 421; 426; 448; 458; 464; 474; 480; 483; 522; 528f; 531; 533; 535; 537; 544; 548ff; 555; 567; 574; 577f; 583; 592; 595; 608; 684 A 25; 689; 699 A 10; 730; 750; 754; 788; 804; 860; 1044; 1084f
Einwanderungsprotestantismus 518; 530ff; 536; 550f; 574; 576; 595; 914; 921; 927; 932; 1137
Eisenbahn 576 A 8; 577; 637
Ejecutorial 129
Ejido 966 A 78; 967
Ekklesiologie 21; 62; 76; 106f; 123ff; 128; 190; 292; 296; 298; 301; 307 A 53; 308; 314; 331; 349; 388; 396; 398; 407f; 432; 435; 463; 535; 537f; 540; 553; 587; 607; 648; 675; 756; 762; 766; 778f; 786; 791; 794; 796; 798; 800; 802f; 822; 833; 850; 851 A 21; 853; 862; 870; 890; 904–906; 908; 912; 914; 918; 927 A 129; 929; 932f; 1020; 1026; 1028; 1035f; 1041 A 33; 1063; 1088–1091; 1104ff; 1109 A 126; 1112f; 1129f; 1140f; 1144f; 1150ff; 1155f; 1175
EKLBB 747; 759ff; 906; 909; 932; 1142; 1149; 1157 A 19
Ekstase 858
Ekuador 101; 153; 244 A 72; 398; 402ff; 419; 421 A 46; 456; 465–473; 475; 530 A 35; 745; 804; 874; 912; 918 A 106; 1065; 1083ff; 1124; 1177 A 55; s. auch Quito, Audiencia .de
El Dorado 42; 52; 480
Elendsviertel 684; 1125; s. auch Callampa; Cantegril; Urbanisierung

El Evangelista 595 A 10
ELGB 767 A 76
Elite 251; 253 A 83; 290; 307 A 53; 342f; 357; 427; 443; 462; 518; 525; 528; 539f; 553; 558f; 565; 659; 685; 718; 914; 1156; 1160
ELKC 793; 787ff; 873; 932; 1142ff; 1149
El Salvador 44; 86 A 15; 402; 491ff; 515 A 5; 530 A 35; 696; 702; 707; 718; 767; 1085
Elternrecht 1013
Emanzipation 31; 121; 162; 316; 935; 1052
Emanzipation, soziale 374; 386; 481
Emboabas 300 A 28; 372
Emerillon 38 A 24
Empirismus 517 A 9
Encomendero 91; 147; 154; 173; 178ff; 216; 222; 224; 232; 239 A 61; 263; 285; 368; 445
Encomienda, Kommende 91; 99; 150; 172; 174ff; 178; 180 A 54; 201; 203; 210; 216f; 232; 245; 263; 272; 274; 283+A 78; 284; 286; 287; 295; 369; 480; 577 A 15; 850
Encomienda de servicios personales 154; 171; 178ff; 182; 229; 283f; 285; 369; 1044 A 6
Enganches 739
Engel 77; 271; 292; 308; 315
Engenho → Ingenio
Engländer 193; 229; 577
England → Großbritannien
Entchristlichung 533; 675
Entdeckung Amerikas 61; 64ff; 330
Enteignung → Landenteignung; → Agrarreform
Entfremdung 177; 220; 236; 264; 289; 342; 356ff; 397; 422; 427; 518; 533; 558f; 560; 575f; 648; 822; 853ff; 860 A 44; 887; 903; 973 A 89; 1021; 1052; 1103 A 100; 1157ff; 1161; 1168 A 16; 1172f; 1176
Enthusiastisches Christentum 239; 533
Entkirchlichung 663
Entmythologisierung 520 A 15

Entrada 62; 72; *186*; 188; 191
Entre Ríos 583
Entwicklung 647; 894; 900; 934; 1031; 1059; 1118; 1171
Entwicklungshilfe 717; 798; 840; 983; 1022; 1143
Entwicklungsideologie 671; 931
Entwicklungspolitik 99; 103; 242; 251; 373; 445; 477; 485; 601; 701 A 14; 716; 894; 926; 982; 994 A 78; 1128 A 179
Entwicklungsprobleme 493; 513; 583; 766; 915
Enzyklopädismus 328; 343 A 52; 353; 396; 523; 722
EOK → Ev. Kirche der Altpreußischen Union
Epidemie 68; 81; 158; 161; 215; 218 A 42; 241; 263f; 274f; 376; 396 A 74; 960; 1164 A 7; s. auch Pest
Episkopale 422; 505; 675; 707; 795; 806ff; 824 A 246; 837 A 287; 932; 944; 1001; 1003 A 28; 1022; 1136; 1150
Episkopat → Bischof
Epistolographie 206 A 6
Equipes de Nossa Senhora 1090; 1109 A 124
Erasmianismus 356; s. auch Erasmus
Erbauung 804
Erbschaft, Erbrecht 644; 950; 967
Erbsünde 54 A 81; 1105; s. auch Sünde und Schuld
Erdbeben 345; 392; 481; 582 A 33
Erdöl 479; 527; 635; 649; 660; 680 A 14; 681; 691; 942 A 13; 965
Erkenntnistheorie 520 A 15
Erklärung der Bischöfe der Dritten Welt (Recife 1967) 895
Erklärung von Ayacucho (1974) 1055 A 47
Erlösung → Soteriologie
Ernährung, Unterernährung 170; 193 A 86; 610 A 15; 979; 984
Erstlingsgaben 487
Erwachsenenbildung 540; 1158
Erweckung 743; 765; 767; 796; 801f; 857; 951 A 39

Erzbischof 118; 140 A 140; 410
Erzbistum 117f; 121; 705; s. auch Metropolitanverfassung
Erzdechant 130; 254
Erziehung zur Freiheit 1176
Erziehungsreform 1010; 1045f
Erziehungswesen, katholisches 153; 200; 210; 215; 230 A 48; 289; 317; 320; 356ff; 408; 435; 470; 489; 496; 507; 538; 540; 556; 583; 595; 649; 663; 694; 816; 832; 904; 1000; 1153; 1056; s. auch Schule
Erziehungswesen, öffentliches 45 A 44; 140; 365; 407f; 422; 427; 468; 488; 493; 520f; 522; 526; 594; 639; 641; 662; 665; 675; 723; 728; 743 A 5; 816; 832; 949; 979; 1007; 1027; 1154; s. auch Schule
Erziehungswesen, protestantisches 811; 814; 816; 904; 914f; s. auch Schule
Eschatologie 142; 193 A 6; 196 A 93; 199; 246; 310; 321 A 100; 851 A 21; 854; 866; 898; 902 A 61; 1031; 1033; 1037; 1040; 1058
Esmeraldas 469
Espírito Santo (ES) 89 A 19; 114; 152; 160 A 181; 166; 185; 548; 755; 761f
Esquipulas 711
Estado do Brasil 95
Estado do Maranhão 95; 350; 401
Estado do Pará e Maranhão 118; 149; 152; 191
Estado Nôvo 569f
Estancia → Viehfazenda
Estanciero 584
Estremadura 69; 111; 142; 150
Ethik 196; 285; 313; 348; 355 A 83; 358; 387f; 391; 431; 462; 469f; 483; 635; 695; 697; 752; 755; 767; 802; 831; 833; 841f; 943 A 13; 970; 1003; 1024; 1027; 1030 A 14; 1033; 1052; 1088; 1104f; 1132; 1147f; 1155; 1169; s. auch Kolonialethik

Ethnologie 77; 155; 206 A 6; 238; 1169
Ethnozid 33; 71; 1167ff; 1172
Eucharistie 194 A 89; 242ff; 251; 279; 292; 294 A 10; 295; 299; 301; 309; 312f; 314 A 75; 316; 336; 389; 439; 587 A 55; 661 A 30; 679; 823 A 244; 824; 853; 903; 1088; 1107; 1114ff
Eucharistiefrömmigkeit 62; 235; 242ff; 244; 300; 309; 316f; 561; 1074; 1100ff A 88; 1104
Eucharistische Kongresse 244; 307 A 53; 557; 564; 572; 586f; 595; 601; 606; 656; 679; 891; 898; 957; 990; 1004
Europa 250; 255; 286; 327; 511; 513; 524; 526; 529; 540; 558; 584; 628; 653; 656; 731
Europäisierung 427; 558ff
Evangelical Foreign Missions Association 537 A 48
Evangelical Union of South America 531; 635; 636 A 44; 1134
Evangelikale 537 A 48; 915; 932; 986; 1129 A 8; 1130; 1136; 1144f; 1178 A 55
Evangelisation, Evangelisierung 245; 287; 307 A 53; 323; 804; 818; 828; 862; 865; 982; 1025 A 114; 1054; 1058f; 1083; 1084 A 49; 1095; 1108; 1112; 1115; 1117; 1121; 1130; 1145f; 1151f
Evangelisch-Lutherische Synode von Santa Catarina, Paraná und anderen Staaten Brasiliens (ELS) 761
Evangelische Gesellschaft für die protestantischen Deutschen in Amerika 757; 785
Evangelische Kirche der Altpreußischen Union 767; 775-778; 932
- Evangelischer Oberkirchenrat (EOK) 757; 761; 776; 777; 783; 785
Evangelische Kirche in Deutschland (EKiD) 780
- Kirchliches Außenamt 750; 778; 787; 793
Evangelischer Bund

(Deutschland) 758; (Brasilien) → Confederação Evangélica do Brasil
Evangelischer Gemeindeverband von Santa Catarina (EGSC) 761
Evangelischer Katholizismus 168; 357 A 86
Evangelistic Association 1135
Evangelium 76f; 110; 165; 171; 197; 206; 209f; 214; 228; 235; 239; 291; 293; 295; 301; 303; 305; 311 A 65; 320; 339; 356; 374; 388; 391; 537; 576; 590f; 635; 649 A 45; 692; 751; 753; 758; 762; 770; 779; 789 A 128; 791; 794; 796 bis 799; 813; 855; 867; 884; 890; 908; 911; 913; 926; 943; 956; 1052; 1058; 1095; 1116; 1122; 1130; 1135; 1142; 1146ff; 1151; 1156; 1162; 1175 A 47
Evolutionismus 512; 516; 518ff; 575; 653
Évora 110; 114; 190
Exegese → Bibelwissenschaft
Exekutive 697; 949
Exemtion 257; 284; 476; 1033
Exequatur 132f; 135; 257; 432f; 438f; 450; 459; 476; 579
Exerzitien 1099
Exkommunikation 120; 126; 133f; 154; 189; 194 A 89; 258; 279+A 65; 280; 335; 348+A 68; 373; 390; 393; 417; 462; 472; 499; 561; 571; 589; 605; 622; 644; 665; 807; 831 A 273; 861; 877; 883; 914; 991; 1012; 1110
Exodus 46; 50; 274; 280f; 324; 396; 682; 848; 1041 A 33
Ex opere operato 823 A 244
Exorzismus 303; 320
Expatriierung 374; 392f; 395; 396 A 74; 410; 450; 478f; 483f; 486; 490f; 493; 501 A 280; 504; 589; 604; 606; 956; 958; 979

Fabrikjustiz 735
Faith Missions 531; 537; 837; 914f; 921; 1129; 1168
Faktorei 89; 95; 144; 184

Falange 540; 612; 644; 666
Falklandinseln → Islas Malvinas
Familiares 334; 339
Familie, Familienplanung 83; 87 A 16; 202; 739; 897 A 44
Fanatismus 468; 471; 639 A 9; 858
Farbige 317 A 87; 403
Faschismus 540; 569; 601; 611f; 631f; 661f; 954; 965; 967 A 78; 975; 985; 987; 1098 A 81; 1120 A 160; 1121
Fasten 54; 243; 607
Fatalismus 303; 321; 375; 529; 678; 717; 817; 877; 898; 903; 982; 1006
Fazenda, Fazendeiro 82f; 195; 201—203; 217; 294; 351; 360 A 94; 372; 544; s. auch Hacienda, Viehfazenda
Federación de Iglesias Evangélicas del Uruguay 928 A 131
Fegefeuer 256; 291; 315; 317
Feiertage, kirchliche 140; 321f; 410; 439; 476; 483
Feitor 294
FERES 27
Fest, Fiesta 289; 292; 297f; 300f; 312; 318; 320f; 394; 695 A 61; 854; 881
Fetisch, Fetischismus 199; 240; 879; 898
Feudalismus 91; 93f; 99ff; 103 A 50; 105 A 56; 130; 202f; 259 A 92; 339; 366; 369; 405; 448; 480; 511; 524; 655; 694; 940; 942 A 13; 1089; 1095
Feudal-Kolonialismus 454 A 141
Feuerland 35; 434; 451
Feuerwerk 297; 300
Fidalgo 373; s. auch Hidalgo
Filipéia de Nossa Senhora das Neves → Paraíba do Norte
Finca 304
Finquero 640 A 16
Firmung 239; 243 A 69; 292; 399; 409f; 528
Fiscal → Beamte, königliche
Fiscal (Hilfskatechist) 246
Fischer-, Jäger- und Samm-

lervölker 35f; 38; 47ff; 153
Florida 108; 208; 347
Flüchtling, Flüchtlingshilfe 782; 787; 790; 793; 1061
Focolari 1090f; 1109 A 124
Föderalismus 404; 434; 438; 454; 478; 485; 495; 497 A 272; 574; 651f; 886
Folklore 292; 308; 309 A 57; 318
Folter 150; 339; 340 A 45; 445; 516+A 6; 604; 666 +A 45; 793; 910; 994; 1053; 1109; 1122—1125
Foreign Evangelical Society/N.G. 452
Foreign Missions Conference of North America 795
Formosa 434; 574 A 1
Fortaleza 430
Fortschritt, Fortschrittsglaube 331; 346; 365; 375; 386; 397; 417; 420; 450; 472; 475; 511; 514 A 3; 518; 519 A 13; 521f; 551; 581f; 599; 608 A 12; 620; 631; 638; 651; 653; 655; 657; 676; 677; 681; 698; 702; 722; 724; 735; 795; 817; 854; 867; 893; 895; 897; 926; 949; 1027; 1117; 1171
Fraile, Fray, Frei 246
França Antartica 114; 117; 157 A 176; 166; 184; 186f; 338
França Equinocial 157 A 176
Frankreich 61 A 12; 65; 111; 114; 124; 157 A 176; 345f; 363; 366; 376; 386f; 389; 404; 418f; 441; 444; 499f; 511; 513; 554ff; 583; 700; 750; 1077; 1096
Franziskaner 60; 77; 88; 141; 142ff; 149; 154; 156 A 175; 157; 173f; 176; 190; 191 A 82; 207; 210; 212; 216; 220; 230 +A 48; 238ff; 244f; 247 A 76; 250; 257; 260; 268; 270; 284; 308; 312; 317 A 87+89; 352; 356; 359f; 391 A 61; 396 A 74; 430; 438; 441; 443; 446; 460; 462; 491; 508; 556; 559; 619; 726; 807; 960; 981; 992; 1162ff

Französische Revolution 329; 341; 343; 362; 365 A 106; 381; 404; 418; 454; 497f; 518; 552
Franzosen 94; 117; 157; 184; 186f; 193; 253; 315 A 81; 329f; 343; 427
Frau 85ff; 160ff; 179; 212; 242; 267 A 20; 285; 300; 304; 339; 431; 471; 534; 598; 628; 657; 689; 695 A 61; 1094; s. auch Indianerin, Negerin
Frauenarbeit 285; 290; 1004
Frauenerziehung 161ff; 361; 471; 729f
Free Brethren → Hermanos Libres
Free Will Baptists 1024
Freidenker 464; 528; 578; 607; 631; 652 A 2; 705
Freier Wille 209; 211 A 19; 243 A 71; 321 A 100; s. auch Anthropologie
Freihandel 378; 406 A 10; 437; 441; 448; 449 A 129; 492; 577
Freiheit 123; 171ff; 178; 184; 191; 198; 217f; 243 + A 71; 252; 267; 354; 357; 364 A 105; 371 + A 5; 386; 391; 397; 403ff; 418; 445; 463; 475; 481; 483; 488; 521; 652; 657; 662; 677; 724; 731 A 47; 740 A 82; 808; 928 A 131; 949; 982; 1027; 1105; 1108; 1121f
Freiheiten, bürgerliche 405; 471; 477; 495; 521f; 598; 662; 936
Freimaurer 316; 342f; 373ff; 384; 388f; 394; 404; 425; 431ff; 442ff; 464; 468f; 495; 498; 505 A 290; 505; 507; 551; 558f; 563 A 134; 567 A 141; 597; 600; 611; 640; 657; 725; 808; 830f; 836 A 287; 837; 839; 847; 886; 887 A 5; 944; 955; 999; 1001; 1099f A 86
Fremdenhaß 737; 974
Frieden 207f; 270 A 33; 279; 412 A 23; 656; 900; 917; 984; 1050; 1104; 1175
Frieden von Utrecht (1713) 30; 87; 330
Friedhof 194 A 89; 315; 407; 423; 443; 478; 502;

550; 578; 600; 605f; 705; 782; 821; 824; 999
Friedhof für Akatholiken 455; 476; 483
Friends 707f
Frömmigkeit 53; 70ff; 123; 133; 137; 160f; 163; 243; 245; 252; 253 A 84; 255; 263 A 5; 281; 291–316; 440 A 104; 528; 561; 596; 722; 727; 755; 841; 859; 868; 871; 887; 1003; 1024; 1053; 1100; 1102; 1108; 1112; 1136; 1145; 1148; s. auch Eucharistiefrömmigkeit, Marienfrömmigkeit, Volksfrömmigkeit
Frondienste 99; 101; s. auch Zwangsarbeit
Fronleichnam 244; 309; 499
Fruchtbarkeitsriten 48f; 51 A 68
Fuero eclesiástico → Kirchliche Gerichtsbarkeit
Fuerza Popular 966
FUNAI 1166; s. auch Indianerschutz
Funchal 110
Fundamentalismus 537; 596; 621; 695; 746 A 12; 767; 812; 831; 834; 841; 857 A 35; 866; 869; 873; 931; 933; 969; 1003; 1025; 1106; 1129; 1150
Fundo, Fundista 608; 610 A 15
Fußballspiel 844; 849

Gachupines 390
Gallikanismus 347; 396; 407; 418; 435
Ganado cimarrón 104 A 53
Gaucho 102; 381; 386f; 391; 434; 440; 574f; 577; 580; 592f; 655; 763 A 59
Gebet 53; 243; 279; 289; 301; 311; 818; 1039; 1159
Geburtenkontrolle 968
Gedankenfreiheit 483; 510; 1125
Gegenreformation 123; 186; 295; 330; 341; 823; 826
Geheimgesellschaften 328; 343 + A 54
Gehorsamsideal 1099 A 81
Geißelung 290; 314 + A 80
Geister 47f; 303; 309 A 57; 314; 320; 880; 1164
Geisteswissenschaften 698
Geistliches Gesetz 214

Geisttaufe 636 A 44; 857; 859f; 869; 874
Geld 297; 300; 1124
Gelübde 301; 389; 407; 436; 496; 500 A 279; 505; 849 A 18; 903; 1099 A 81
Gemeinde, Gemeindekirche 295; 803; 1089
Gemeinwohl 816; 910; 1119; 1128 A 179
Generalkommissar der Indien 127 + A 111; 142
Genossenschaft 488; 536; 559; 582 A 36; 634; 716; 739; 793; 955; 994 A 78; 1041; 1044; 1090; 1172
Genozid 33; 68; 70; 73; 81; 181; 184; 192; 220; 229; 274; 350; 447; 577; 1169
Gerechtigkeit Gottes 315f; 887; 909 A 84
Gerechtigkeit, christliche 631; 867; 900; 984; 1118; 1175
Gerechtigkeit, soziale 174f; 177; 197 A 93; 463; 473; 553; 588; 598; 621; 633ff; 641; 647; 658f; 661; 663; 685 A 25; 690; 693; 718; 855; 867; 901; 911; 923; 926; 928 A 131; 970; 980; 1007 A 51; 1049; 1053; 1057; 1059; 1124; 1145; 1148ff
Germanenmission 64; 76; 209; 234; 276
Geschichte 304; 887; 902; 1063; 1118 A 154; 1144; 1150; 1175; s. auch Historiographie
Gesellschaft für Tradition, Familie und Privatbesitz → TFP
Gesellschaft Jesu → Jesuiten
Gesellschaftsgeschichte 364; 533
Gesellschaftsstrukturen, Gesellschaftsmodelle 87; 91; 93; 97f; 121; 130; 165; 232; 241; 246; 253; 255; 259 A 92; 260; 263; 283; 285; 288; 295; 299f; 301; 305; 308; 315; 323; 346; 358; 366; 369; 387; 398; 404f; 481; 498; 519; 533–535; 545; 579; 599; 601; 609; 612; 630; 635; 656; 672; 674; 798; 804;

818; 854; 871; 968; 1029; 1127; 1132
Gesellschaftsvertrag 365
Gesellschaftswissenschaft → Soziologie
Gesetze 213; 215; 383; 552; 578; 637; 854; s. auch Legislative, Kolonialgesetzgebung
Gesetzlichkeit 214; 242; 310 A 60; 313; 860 A 47; 1148
Gewalt, etablierte/institutionalisierte 263; 293; 295; 640; 673f; 719; 901; 915; 930; 982; 1004; 1027f; 1034
Gewaltanwendung, Gewalttätigkeit, Violencia 169; 210; 498; 640; 661; 664; 835; 899; 943; 1030; 1125
Gewaltentrennung 515; 550ff; 562f
Gewaltlosigkeit 209f
Gewerbe 509; 548; s. auch Handwerk
Gewerkschaften 569; 609; 689; 716; 735; 896; 898; 977; 1047; 1122
Gewerkschaften, katholische 535; 538; 544; 559; 954; 971; 1090; 1097 A 77; 1098
Gewinnbeteiligung 1045
Gewissen, Gewissensfreiheit 197; 283; 360; 435; 443; 510; 550; 552; 579f; 607; 628; 633; 639; 647; 831; 901; 1023; 1105; 1150
Gewohnheitsrecht 177
Ghetto-Kirche 535
Gilden → Zünfte
Glaube, christlicher 172 A 27; 174f; 177f; 207; 212; 214; 229; 231; 240; 245; 252; 256; 274; 311+A 65; 313; 337 A 35; 340; 357; 417; 425; 497; 522f; 561; 673; 722; 795; 840 +A 296; 855 A 31; 866; 912; 929; 948; 956; 1030; 1035f; 1052; 1058; 1061; 1104 A 104; 1112; 1115ff; 1118; 1137; 1146; 1148ff; 1152; 1159
Glaubensfrevel 279+A 65; 280; 286
Glaubenskriege, Zeitalter d. 151; 186; 196 A 93; 209

Glaubensmissionen → Faith Missions
Glaubensvorbild 209; 245; 255; 271
Glaubwürdigkeit des Evangeliums der Kirche 131; 139; 159; 165; 281; 539; 794; 1086
Gleichberechtigung 254; 423; 454 A 141; 544; 549
Gleichheit 193; 298; 371 A 5; 385; 403f; 481; 483; 495; 638 A 8; 639; 734; 740 A 82; 801; 849; 1053; 1059; 1124
Glossolalie, Zungenreden 857; 859; 860 A 44; 872
Glücksspiel 1006
Gnadauer Brasilien Mission 532; 765
Gnade, Gnadenerweise 296; 304+A 42; 315f; 635; 802; 852; 872; 1105; 1118 A 154; 1127; 1130; 1145; 1175
Götzendienst 75; 176
Goiana 395
Goiás 428
Golconda 674; 897; 1110 A 128
Gold 66; 68+A 35; 69f; 72; 77; 80; 88; 95; 103; 106; 117; 189 A 77; 226; 265 A 14; 286; 287 A 92; 297f; 345; 372f; 660; 882; 996
Goldenes Zeitalter (16. Jh.) 169
Gospel Missionary Society 531
Gospel Union 421 A 46
Gott, Gottesvorstellung 50ff; 55; 77; 183; 196 A 93; 197; 233; 235f; 241f; 303 A 37; 310; 312ff; 320ff; 331; 388; 420; 472; 484; 522; 528f; 539; 625; 644; 653; 717; 722; 738; 797; 818; 820; 833; 855 A 31; 857; 860 A 44; 904; 930; 932; 985; 1015 A 82; 1028; 1037; 1115; 1126; 1130ff; 1141; 1144ff; 1147; 1150ff; 1175 A 47
Gottesgnadentum 52; 96; 348; 349 A 69; 447+A 122
Gotteskastenverein 761
Totteskönigtum 47; 52
Gotteslästerung → Sakrileg

Gottesordnung 315
Gouverneur 137; 172; 188; 216; 270;
Granada 59ff; 107; 139; 696
Granada (Grenada) — Insel über dem Wind 156
Granada/Nik. 146
Gratiansche Dekrete 168
Gravamina, Agravios 370 A 4; 375; 382
Großbritannien 61 A 12; 65; 103 A 50; 105 A 54; 345; 347; 372; 377ff; 384; 386f; 402 A 2; 404f; 406 A 10; 416; 419; 421; 426; 435ff; 440f; 444; 448; 479; 490f; 500; 513; 525; 575; 593; 600; 601 A 13; 605; 700; 748; 1149
Großgrundbesitz, Großgrundbesitzer 87; 90; 98f; 170 A 20; 200ff; 288; 294; 298; 337; 354; 355 A 83; 359; 366; 370; 384; 425; 445; 449; 453f; 458; 467ff; 476; 481; 485; 494; 503; 507; 509f+A 305; 511; 526; 538; 548; ·573; 593; 599; 602 A 20; 610; 625; 637; 646; 655f; 659; 676; 684; 721 A 4; 732; 850; 886; 896; 938; 955; 968; 977; 1029; 1123; 1176 A 49
Großkolumbien 402f; 404; 409 A 12; 410ff; 464f
Grundbesitz, -besitzer 403; 406; 618; 695 A 61; 731
Gruppendynamik 1112
Guadalajara/Mex. 109; 114; 498; 740
Guajiro 38 A 23
Gualacho 271
Guanabara 36; 157 A 176; 184; 186f; 338
Guanahani 67; 73
Guanajuato 104; 505
Guano 458
Guaraní 38; 49f; 85 A 14; 144; 154f; 235; 262 bis 290; 305f; 321+A 100; 324; 325; 353f; 355; 445; 574; 598; 1035 A 26; 1161 A 25
Guatavita 52
Guatemala (Generalkapitanie) 83 A 12; 91 A 23; 101; 108; 117f; 146; 148f; 154; 159; 216; 247 A 76; 322; 329f; 362; 383; 402; 419; 489ff

Guatemala (Republik) 402;
422; 489ff; 530 A 35; 536;
700; 702; 707; 719; 745;
767 + A 77; 804; 1060;
1064 A 4; 1067; 1084f;
1135; 1138; 1167; 1174ff
Guayana (Provinz Venezuelas) 479; 482; 691 A 1;
706; 912
Guayana 105 A 55; 115;
153; 157; 479; s. auch
Cayenne, Surinam
Guayaquil 467f; 470; 472
Guaycurú 262; 268ff
Guayrá, Guaíra 189; 270ff;
277; 286
Guerra dos Emboabas 300
A 28
Guerrero/Mex. 147
Guerrilla, Guerrilleros 72;
279; 376; 516 + A 6; 789
A 127; 899; 984; 1143
Guinea 198
Guiraipotí 263
Gustav-Adolf-Verein
(GAV); -Werk (GAW)
757; 783 + A 108

Habana 115; 158; 159 A
180; 345; 1000ff
Habeas Corpus 622; 1121
A 161; 1124; 1128 A 179;
s. auch Menschenrechte
Habitat 230 A 48; s. auch
Umwelt
Hacendado 202; 369; 457;
735; 737f; 850
Hacienda 58; 91 A 23;
101f; 104; 105 A 56; 188;
201ff; 359; 369; 405; 468;
494; 511; 524ff; 637; 648;
655; 730; 731 A 49; 733;
817; 1044 A 6
Häresie, Häretiker 133;
175; 187; 206; 235; 255;
333ff; 354; 356; 380;
410; 471; 558; 567; 571;
628; 638; 675; 748; 785
A 114; 821; 1133
Häute, Leder 102; 105; 480
Hafen, Hafenöffnung 203
A 115; 373; 378; 406 A
10; 699
Hagiographie 245
Haiti 253; 363; 371 A 6;
374; 376f; 419; 421; 529;
530 A 35; 536; 600 A 8;
819 A 237; 875; 878;
879 A 105; 919; 927 A
129; 1067; 1076; 1084;
s. auch Hispaniola
Handel, Händler 41; 80;
136; 151; 182; 197 A 93;
266 A 18; 289; 329; 346;
350; 354f; 364; 383; 387;
509; 511; 548; 573
Handelsbürgertum 372;
379; 388; 445; 481; 485;
600; 682
Handelsmonopol 996
Handwerk, Handwerker 80;
91; 195; 233; 246; 289;
316; 355; 445; 449; 494;
544; 655; 682; 994 A 78
Handwerksschulen 355;
361; 729f
Haussa 879
Haustiere 37; 104 A 53
Hegemonie 491f; 600; 601
A 13
Heiden, Heidentum 168ff;
176; 178; 213; 218; 233;
252; 298f; 887 A 5
Heil, Heilsplan → Soteriologie
Heilige, das 313; 325 A 114;
1035
Heilige, Heiligenverehrung
226; 237; 241f; 256; 279;
289; 291f + A 2; 293 A 7;
296; 300; 302f; 308ff;
321; 569; 818; 824; 875
A 91; 881; 884 A 128;
s. auch Personenregister
Heilige Allianz 384; 412
Heiligenbild → Bilderverehrung
Heiliger Geist 120; 791;
813; 857; 860 A 44; 869;
1125; 1130; 1136; 1150
Heiliges Officium → Inquisition
Heiligsprechung → Kanonisation
Heiligung → Rechtfertigung
Heiligtum 237; 711; s. auch
Tempel
Heilsarmee 530; 596; 603;
636; 707; 708; 815; 837;
1001; 1003 A 28; 1024
Heilsgeschichte 902; 905
Heilung, Heilungsgabe 857
+ A 35; 862; 869 + A 71;
872; 878 A 102; 882
Help for Brazil Mission 531
Hermanas de la Caridad
657; 1163
Hermanos de Plymouth
814f
Hermanos Libres 530
Herodianismus 895 + A 37
Herrenhaus 82f; 202f; 358
Herrnhuter (Böhmische)
Brüder 422; 429; 651;
706; 708; 932
Herrnhuter Pioniermission
706
Herz-Jesu-Frömmigkeit
309; 471f; 561; 572; 587;
601; 623; 630f; 646; 656;
886
Hexenglaube 315; 335; 340
Hidalgo 61; 62 A 14; 67 A
33; 263; s. auch Rittertum
Hidalgo/Mexiko 147, 738
A 70
Hierarchie 254; 370f; 380;
389ff; 404f; 408; 418;
420; 422; 428; 450; 462
A 162; 475; 481f; 486;
490; 496; 500; 507; 509;
535; 537; 544; 559; 562;
571; 573; 579; 612; 622;
628f; 631; 633; 646; 661;
667; 680; 692f; 719; 730;
804; 806; 915; 934; 966;
970 A 84; 1058; 1088;
1104; 1174ff A 49
Hieronymiten (OJer) 150f;
160 A 182; 172; 208; 211;
215
Hieronymitinnen 161
Himmel 77; 196 A 93; 276;
303; 310f; 553 A 105
Himmelfahrt Christi (ascensión) 293 A 6
Hippolitaner 158f; 508
Hispaniola 67f; 70; 77; 79;
106; 135; 139; 142; 144f;
150; 169; 172; 178; 206f;
211; 245; 333; 376; s.
auch Haiti und Santo
Domingo
Hispanisierung, Hispanität 204ff; 211ff; 215; 234;
259; 264; 357; 631
Hispano-Amerika 81; 89;
95ff; 119; 128; 192f; 199;
232; 247; 294; 298; 300;
327; 329 A 8; 337; 347;
356; 362; 365f; 390; 394;
398; 401f
Historiographie 17ff; 221;
281; 307 A 53; 377; 484
A 234; 677; 939
Hoch-Peru → Alto Perú
Hochschule → Universität
Höchstes Wesen 388
Hölle 157; 190; 314f; 321
A 100; 322; 472f
Hörigkeit 179; 194 A 88; s.
auch Encomienda
Holland, Holländer 61 A
12; 65; 80; 95; 105; 114;
189; 191; 193; 195; 196
A 93; 197 A 94; 281; 283;

299; 302; 338; 363; 371f;
373 A 10; 556; 1077
Holzwirtschaft 105; s. auch
    Brasilholz
Homosexualität 338
Honduras 71; 108; 402;
    491ff; 530 A 35; 696;
    700; 702; 708; 718; 719
    A 64; 1064 A 4; 1067;
    1085; 1135; 1138
Honoratiorengesellschaft
    91; 95; s. auch Gesell-
    schaftsstrukturen
Hospitaldorf 231
Hospitaliter-Orden 158ff;
    396 A 74; 460; 508
Hostien, Hostienverehrung
    244; 295; 300; 851 A 21;
    1100ff; 1104; s. auch Eu-
    charistiefrömmigkeit
Huaca 53; 226; 303; 309
Huamanga → Guamanga
Huasipungo 640; 645 A 31
Huaso chileno 610 A 15
Huehuetenango 710f; 715;
    1176
Huilinche 40 A 30; s. auch
    Araukaner
Huitzilopóchtli 45 A 44;
    46; 729
Humanisierung 985; 1122;
    1145; s. auch Menschen-
    bildung
Humanismus 29; 168; 231;
    330; 340 A 45; 356ff+A
    86; 359; 362; 458; 490;
    633; 743; 801; 915; 1009;
    1106 A 115
Humanität 177; 192; 387;
    425
Hunahpú 49
Hunger, Hungersnot 274;
    277; 481; 687; 734; 739
Huterische Brüder 603
Hygiene 81; 212
Hypnose 1102 A 96

Ibarra, Bistum (Ek.) 470
Ibegi 881
Iberoamerika (Begriff) 23;
    377
Ibianguará 278
Ibirajara 267; 278 A 61
Identität 21; 28; 202; 317;
    386; 397; 456; 461; 631f;
    672; 735; 763; 785; 854;
    884; 918; 924; 958 A 59;
    999; 1033ff; 1038; 1058;
    1063; 1095; 1097 A 77;
    1129; 1158 A 19; 1171
Identität, indianische 75;
    92; 235; 307 A 53; 323;

445; 976; 1163 A 3; 1171;
    1178 A 55
Ideologie, Ideologiekritik
    90; 176; 331; 335 A 28;
    342; 366; 385; 428; 515f;
    519; 523; 525; 570 A 158;
    575; 685; 724; 1036; 1060
Idole, Idolatrie 51; 148;
    226; 241f; 289; 320 A 96;
    340; 1176
IECLB → EKLBB
IELU 772f; 781 A 103
Iemanjá → Jemanjá
IERP 772ff; 932; 1149
Igarasu, Igarassu 145; 302
    +A 36; 395
Iglesia Apostólica Mejicana
    806
Iglesia Cristiana 815
Iglesia Cristiana Indepen-
    diente Pentecostés 872
Iglesia de Jesús 807f
Iglesia Episcopal Mejicana
    810
Iglesia Evangélica Apureña
    696
Iglesia Evangélica Congre-
    gacional 782 A 105
Iglesia Evangélica Luterana
    en México 815 A 225
Iglesia Evangélica Luterana
    Unida (IELA) 771
Iglesia Evangélica Penteco-
    stal 863f
Iglesia Evangélica Peruana
    636
Iglesia Evangélica Unida
    532
Iglesia Evangélica Unida
    del Ecuador 651
Iglesia Luterana Mexicana
    815 A 225
Iglesia Metodista Nacional
    859
Iglesia Metodista Pentecu-
    stal 859 A 44; 863f
Iglesia Misionera Mexica-
    na 811
Iglesia Nacional Presbite-
    riana 811
Iglesia Pentecostal de Chile
    864
Iglesia Presbiteriana de
    Cumberland 668
Iglesia Unida de Cristo 651
Igreja Católica Apostolica
    Brasileira 561
Igreja Cristã 832
Igreja de Cristo 861
Igreja Evangélica Brasileira
    856f A 35
Igreja Evangélica Penteco-
    stal Unida 862

Igreja Presbiteriana do Bra-
    sil (IPB) 831
Igreja Presbiteriana Funda-
    mentalista 833; 841 A
    299
Ilhéus 145; 152; 184 A 61
Illuminismus 856f A 35;
    871
Immunität 344; 438; 455
Imperialismus 77; 205; 403;
    428; 437; 491; 518; 529;
    575; 605; 630; 700f;
    736f; 800 A 163; 804;
    833; 900; 919; 942 A 13;
    985; 995; 1011; 1023;
    1034; 1159; 1171
Importmentalität 526 A 30;
    682 A 16
Inconfidência Mineira
    (1789) 300 A 28; 342;
    373f
Indemnität 133
Independent Missions 1167
Index 128 A 115; 132; 206;
    341; 357 A 86; 743; s.
    auch Inquisition
Indianer 73; 75; 81f; 97;
    99; 102; 104; 107; 119+
    A 81; 123; 137; 139f;
    150; 152; 157; 165ff;
    171ff; 178ff; 200ff; 220;
    232; 246; 250; 298; 303;
    309; 319ff; 358; 365;
    369; 385; 397; 404; 434;
    455; 468; 474; 480; 490;
    546; 577; 610; 618; 620f;
    627; 629; 630 A 24; 631
    A 26; 634; 640 A 16; 655;
    675 A 82; 678; 699f; 709;
    711; 734; 798; 954; 969;
    976; 978f; 1124; 1126
Indianerbild 165ff; 176;
    183; 209; 211ff; 236; 261;
    287; 294; 457; 472; 625;
    700 A 12; 760; 1172
Indianerföderation 1172
Indianerin 74; 161ff; 246;
    262; 285; 305f; 480
Indianermission 66f; 68;
    70f; 75; 139; 141f; 145ff;
    151; 153ff; 167; 175ff;
    177; 183ff; 204—290; 306;
    307 A 53; 325; 350; 397f;
    430; 471; 476; 477; 489;
    603; 619; 622 A 17; 644f;
    654; 706; 727; 765 A 70;
    1083; 1112; 1161—1178;
    s. auch Mission
Indianerpolitik 168ff; 183ff;
    188; s. auch Indienrat
Indianerrecht 137; 140;
    170 A 20; 184; 1125

Indianerschutz 151; 183; 242; 350; 1176 A 49; s. auch FUNAI
Indianersklaven 67f; 69 A 39; 93; 145; 151f; 155; 168ff; 172ff; 177ff; 185ff; 188ff; 197; 207f; 252; 272ff; 278ff; 282; 301; 350f; 371f
Indianersprachen 35; 121; 130; 139; 153; 172; 206; 218; 229; 235; 238; 243; 250; 252; 256; 258f; 264; 267; 277; 397; 489; 494; 1161 A 25; 1167 A 16
Indianische Kirche 260f; s. auch Missionskirche
Indianische Kultur 35ff; 73ff; 220; 1173
Indianismus 631ff
Indienrat 69 A 39; 96; 98; 111; 113; 119; 121 A 88; 124 A 103; 128; 130; 131; 147; 152f; 156f; 160 A 182; 161f; 181; 237; 259f; 348 A 68
Indigenismo, Indigenismus 969; 976; 1171
Indios de administração 188; 189 A 76; 217; 219
Individualismus, Individuum 148; 204; 342; 348; 358; 561; 620; 802; 840; 853; 914; 1052; 1132; 1173
Indoamerika 24; 121; 630; 976
Industrialisierung 103 A 50; 426; 511; 519 A 13; 525f; 535; 569; 610; 635; 656; 682; 699; 735; 737; 866; 882ff A 128; 901 A 57; 1007 A 51
Industrie 434; 445; 522; 524; 548; 573; 577; 584; 589; 683; 691 A 48; 968
Industriegesellschaft 475
Infallibilität 418; 432; 461; 463; 487; 561
Inflation 664; 977; 979
Ingenieurschulen, Militärakademien 383; 458
Ingenio, Engenho → Zuckerrohrplantage
Inka 40f; 43; 52ff; 69f; 102; 104; 119; 153; 181 A 56; 210; 213; 216f; 221; 287; 288; 292; 305f; 369; 452f; 633; 976; 979
Inland South American Society 531

Inquilino 387; 609; 610 A 15
Inquisition 59f; 63 A 19; 133; 136f; 139; 157f; 192; 206; 227; 258; 266 A 18; 267 A 20; 280; 285; 292; 300; 309; 330; 333—344; 350; 354; 356f; 357 A 86; 380; 391; 405; 443; 464; 657; 743; 748; 811; 835
Inseln über dem Winde 363
Inseln unter dem Winde 363
Institut für Tiefenevangelisation 929
Instrumentum regni 123
Integralismus 540; 565; 569; 587; 967 A 78; 1032; 112α
Integration 34; 188f; 219f; 232f; 672; 699; 894; 969; 1161; 1166 A 10; 1171f; s. auch Akkulturation
Intendantensystem 346f
Interdenominational Foreign Missions Association 537 A 48
Interdikt 134; 137; 432f; 954; 958; 961; 1013f
Internationaler Kongreß für Weltevangelisation, 2. (1974) 874; 1145f
Internationaler Missionsrat (IMR) 536; 921f; 923f; 931f
— Weltmissionskonferenz in Edinburgh (1910) 796; 798f
— Jerusalem (1928) 921f
— Madras (1938) 536
— Whitby (1947) 924
— Bangkok (1973) 1063; 1143; 1170
Inti 43, 52f
Intoleranz, religiöse 539; 805; 835
Investitionen, Investoren 106 A 56; 195; 454; 485; 510f; 654
Investiturrecht 124; 488
IPB 841
Ipiranga 384
Iquitos 154
Irupuma 390
ISAL 25; 617; 834; 926f; 933; 987f; 993; 1031
ISEDET 747
Islam 59; 335; 879; s. auch Mauren
Islas de la Bahía (Hond.) 491; 706

Islas Malvinas 345
Italiener, Italien 157 A 176; 329; 387; 418; 430; 544; 548; 555f; 559; 561; 595; 695 A 61; 732; 860; 963; 1096
Itatines 282; 286

Jäger und Sammler → Fischer-, Jäger- und Sammlervölker
Jakobsleiter 44 A 41
Jalapa 710; 726
Jalisco 109; 143; 505
Jamaica 45; 102f; 108; 142; 150; 363; 382; 516; 706; 931
Jansenismus 396 A 73; 407; 430 A 76
Japaner 978 A 20
Jemanjá 319; 881
Jesuiten 63; 76; 85 A 13; 89 A 19; 102; 103 A 49; 118; 129; 145; 147; 151ff + 155 A 175; 168; 176f; 180 A 54; 183ff; 186; 189f; 191f; 195; 199f; 217—220; 230+A 49; 232; 234; 236ff; 241f; 244; 247f; 250; 253 A 84; 258; 262—290; 294; 296; 308f; 312; 317; 321 A 100; 329 A 6; 331f; 337; 342; 349ff; 356ff; 361; 371; 376; 418; 427; 430; 433; 438; 443; 446; 468ff; 477; 493; 500 A 279; 504; 554; 556; 559; 583; 619; 622 A 17; 654; 695 A 61; 704f; 726f; 729; 739; 951; 958; 1077; 1096; 1099 A 81; 1156
Jesuiten, Kolleg 153; 182 A 56; 190f; 194f; 196 A 93; 197; 247ff; 297; 334; 340; 358f; 369; 723
Jesuiten, Reduktion 129; 154f; 176; 189; 206 A 6; 217; 233; 242; 265—290; 325; 351—356; 403; 445; 1172
„Jesuitenstaat" 43; 102; 288; s. auch Jesuiten, Reduktion
Jesuitenverbot, Jesuitenvertreibung 245; 286; 344; 348; 349 A 69; 350ff; 368; 372; 443; 462 A 162; 469; 477; 479; 500 A 279; 504; 604; 944; 1082
Jívaros → Shuar
João Pessoa → Paraiba

Jocahu Maorocon 52 A 70
Johanniter 460; 726 A 25
Joinville (SC) 548; 564
Josephinismus 347; 407; 435
Juden, Judaismus 59ff; 79; 189; 266 A 18; 292; 298; 335; 337ff; 487; 611; 793
Jugendarbeit, katholische 535
Jugendarbeit, protestantische 921; 929f
Juiz de Fora (MG) 548
Jujuy 115
Jungferninseln 363; 706
Junta Magna (1568) 122; 127; 260f
Junta Suprema 379ff
Junta von Burgos (1512) 171; 215
Junta von Valladolid (1550/51) 175f; 185
Juntas Apostólicas oder Eclesiásticas 119; 243; 250
Jurisdiktion, kirchliche u. geistliche 118; 233; 257f; 334; 351; 409; 455; 460; 464; 508; 561; 888; 890
Jurisdiktion, staatliche 456; 697; 721
Jurisprudenz 362; 1157
Justitia et Pax 793
Justizialismus 588; s. auch Perón, Peronismus
Juzgado de Testamentos, Capellanías y Obras Pías 137f; 511

Kaapora 47
Kaffee 91 A 23; 104 A 53; 105 + A 55; 346; 426; 485; 541f; 548; 564; 566; 681; 684; 701; 1166
Kaingang 48; 760
Kakao 105; 376; 480; 644; 649; 681; 684; 699 A 10
Kalender, Kalenderreform 41; 43 A 40; 55; 56 A 88; 321; 596; 818
Kalifornien 153; 208; 355 A 83; 496
Kalvinisten 151; 166; 187; 197 A 96; 338
Kamillianer (OSC) 160; 460 + A 156
Kampa 33
Kanarische Inseln 64; 124; 151; 480
Kannibalismus → Anthropophagie
Kanonisation 161; 230; 276 A 57; 298; 353

Kanonisches Recht 129; 131 A 122; 168; 217 A 39; 227; 255; 286; 291; 395; 407; 419; 436; 439; 455; 463; 482; 499; 533; 558; 653; 657; 747; 889
Kantor 130; 225; 246
Kapitalflucht 968
Kapitalimport 577; 700
Kapitalismus 43; 99; 100ff; 105 A 56; 406; 421; 437f; 494; 511; 519 A 13; 524; 616; 629ff; 631; 649; 685; 735; 737; 833; 854; 867; 883; 917; 949; 1004; 1012; 1018; 1027; 1034; 1046; 1050; 1053f; 1147
Kapitalismus, merkantiler 62; 526; 599; 681
Kapitanie 90; 94; 328; 403; 480; 489
Kapitel → Domkapitel
Kapitularvikar 129; 352 A 75
Kaplan 202; 294; 300; 316; 360 A 94; s. auch Militärkaplan
Kapuziner (OFMCap) 156ff; 220; 351; 360 A 94; 429f; 489; 554ff; 679; 1165; 1174 A 42
Kapuzinerinnen 161; 508
Kapverdische Inseln 64; 198; 253 A 84
Kardecismus 877; 880ff
Kariben 38; 74; 119 A 81; 170; 177; 708
Karibik 105; 108; 117; 209; 363
Kariger 152
Karir 35 A 8
Karitative Werke → Wohlfahrtsorganisationen
Karmeliter, barfüßige (OC) 157f; 160 A 158; 190; 220; 312; 352; 360 A 94; 395; 429 + A 75; 507; 556; 726
Karmelitinnen, barfüßige 161f; 194; 305; 393; 467; 583; 726; 991
Karneval 322 A 101; 658 A 20
Kastilien 59ff; 64f; 69; 79; 87; 149
Kataster → Bodenrecht
Katechese 120; 139; 159; 167; 170; 188; 195; 198; 209f; 218f; 229–231; 234; 237; 239–244; 246; 263f; 271; 275f; 278 A 60; 301;

305; 309; 357; 468; 688; 824; 891; 1115; 1161
Katechismus 121; 145; 206; 212; 233; 256; 264; 267; 291; 777 A 91
Katechismusunterricht 361; 824; 961; s. auch Religionsunterricht
Katechist → Doctrinero
Kathedralkapitel → Domkapitel
Katholikenkongreß, Nationaler (Kuba 1959) 1011
Katholische Aktion (KA) 323; 535; 540; 557; 571; 586 A 53; 587 A 55; 588; 596; 602; 612f; 623; 628; 633 A 33; 667; 688f; 714; 717; 889ff; 961; 967 A 78; 980; 1000; 1012; 1058; 1074 1090f; 1096f; 1110; 1167; 1176
Katholische Aktion, spezialisierte 557 A 116; 613f; 1029
Katholizismus 61 A 12; 76 A 55; 192; 199; 244; 245 A 74; 294ff; 317f; 380; 394; 401; 405; 427; 510; 518; 522; 533ff; 540; 552; 561; 576; 582; 596; 605; 628 A 16; 631; 650; 668 A 54; 723; 793; 795; 822; 847; 945 A 18; 1115; 1175
Katholizismus, patriarchalischer 199; 292; 294ff; 389; 467; 851
Katholizismus, sozialer 691
Kautschuk 564; 699 A 10
Kazique, Kazike 51f; 67; 69; 77; 162; 180 A 55; 207; 215f; 222; 224; 229; 232; 254; 262; 264; 271; 287f; 504; 637; 966 A 78
Kebsweib 194 A 89; 223; s. auch Konkubinat
Keramik 41
Kerzen 237; 238 A 58; 315 A 81; 317 A 89; 505; 827 A 256
Ketschua, Quechua 43; 53; 104; 214; 228; 235f; 315 A 82; 370 A 4; 452f; 1041
Ketzer, Ketzerei → Häresie, Häretiker
Keuschheit 269; 431; 1099 A 81; s. auch Zölibat
Kinderarbeit 285; 355; 683
Kindersterblichkeit 81; 687; 740 A 79; 817; 897 A 44; 979

Sachregister

Kin Tajimoltíc 322 A 101
Kirche der Armen 203; 648; 675 A 82; s. auch Ekklesiologie
Kirche, Amt, Ämter 130; 833; 859 A 44
Kirche, Amtsverständnis 836; 859 A 44; 860 A 45; 1082 A 47; 1087 A 58; 1090ff; 1116
Kirche, Finanzverwaltung 135ff; 396; 407; 429 A 71; 436; 477; 499; 559f
Kirche, Gefängnisse 135; 272; 507
Kirche, Gerichtsbarkeit 124; 133; 298; 344 A 55; 435; 443; 451; 462; 476; 478; 493; 496; 502; 507; 605; 705 A 18; 886; 947; s. auch Inquisition
Kirche, gesellschaftliche Rolle 123; 507; 607; 675 A 82; 908
Kirche, Gesetzgebung 132
Kirche, Jurisdiktion → Jurisdiktion, kirchliche
Kirche, Strafvollzug → Kirchenzucht
Kirche, Verwaltung bzw. Selbstverwaltung 123; 139; 291; 455
Kirche und Immobilien 137f; 473; 502; 505; 509ff; 554; 558; 579; 606f; 653 A 8; 714; 727; 1091
Kirche und Politik (19. + 20. Jh.) 420; 481; 488; 493; 498; 501 A 280; 505 A 290; 529; 656f; 662f; 664 A 38; 671; 673; 690; 703; 713f; 1052
Kirchenbann → Exkommunikation
Kirchenbau 130; 135; 149; 157; 202; 230 A 49; 237; 241; 246; 289; 295f; 302; 312; 316; 456; 472; 486; 557; 603; 823 A 244
Kirchenbau, protestantischer 442; 452; 483; 854
Kirchenbesetzung 1109
Kirchenbünde, nationale → Kirchenräte
Kirchenfeindlichkeit 651; s. auch Antiklerikalismus
Kirchengeschichtsschreibung 18ff; 106; 442; 721
Kirchenkampf 479; 486ff; 506; 963; s. auch Staat und Kirche

Kirchenordnung, protestantische 786
Kirchenpatronat, königliches bzw. staatliches 128; 132; 140; 172 A 27; 256; 257 A 88; 260; 347ff; 356f; 366; 392; 398; 406ff; 416; 419; 428; 438; 441; 442; 445; 446 +A 118; 450; 456; 459; 469; 472; 476; 482; 491; 496; 497 A 272; 499; 502f; 510; 533; 552; 558; 579f; 585; 591; 600; 606; 628; 679; 686; 694; 951; 1090; 1120 A 160; 1165
Kirchenpatronat, Patronatskirche 31; 63; 77; 107; 118f; 119 A 81; 124f; 127f; 129; 131; 165; 342; 364f; 380; 389; 395ff; 399; 509; 623; 1089
Kirchenpatrone 147; 160f; 623; s. auch Heilige
Kirchenpolitik 123; 131f; 154; 257 A 88; 481; 491; 493; 502; s. auch Staat und Kirche
Kirchenräte, nationale 920; 927f; 931; 1003; 1024f
Kirchenregiment 123f; 131
Kirchenregister 654
Kirchenschändung → Sakrileg
Kirchenspaltung → Schisma
Kirchenväter 245; 463
Kirchenwachstum 1129f; 1140f; 1144; 1152
Kirchenzucht 133f; 499; 705 A 19
Klarissinnen 161f; 393
Klasse, soziale 61+A 12; 92; 346 A 65; 366; 404; 457; 497; 629; 658; 900
Klassenkampf 538; 1058; 1061
Klausur 148; 991f
Kleinbürgertum 404; 536; 641; 643
Kleine Brüder Jesu 602 A 20
Kleine Brüder von Foucauld 613
Klerikalismus 1108
Klerus, Kleriker 92; 137; 185; 250 A 77; 130 A 120; 254; 260; 296; 300; 341ff; 347ff; 370; 373; 390f; 394; 408; 420; 424; 427f; 445f; 449; 457; 468; 476; 498; 503; 505; 510;

523; 544; 559; 580f; 638; 648; 661 A 30; 669; 679; 687; 710; 738; 805f; 810; 846; 945; 954; 956 A 52; 1066–1092; s. auch Ordensklerus, Regularklerus, Säkularklerus
Klimazonen, tropische 479 A 211
Kloster 202; 217; 233; 246; 397; 429; 436; 446; 455; 483+A 230; 507
Kloster für Ordensschwestern 92; 163; 487; 508
Koadjutor 140
Koca 622 A 18; 625
Koedukation 665
Königtum 63; 132; 171; 447; s. auch Krone
Kolla 453 A 139
Kolonialethik 54; 81; 83ff; 96; 155; 163; 165ff; 170ff; 176ff; 181 A 56; 189f; 192ff; 201; 204; 210 A 16; 245; 297+A 17; 298; 300; 303; 305
Kolonialgesellschaft 123; 162; 189ff; 192; 219; 235; 372; 405; 507; 1172
Kolonialgesetzgebung 89; 170; 174ff; 178; 181; 190; 193; 215; 216; 285; 364
Kolonialismus, Neokolonialismus 18; 21 A 9; 75f; 165; 219; 242; 250; 252f; 266; 268; 300; 325; 352; 355f; 436; 737; 895; 900f; 926; 995; 1143; 1171
Kolonialkirche 107; 118; 145; 151; 165; 191; 202f; 245; 250; 253; 255; 260; 287; 357; 399; 419
Kolonialpakt 30; 123; 564
Kolonialpolitik 96ff; 127; 135; 165; 169; 170 A 20; 171; 177f; 204; 211; 245; 253; 290; 333; 382
Kolonialverwaltung 90f; 93ff; 96; 98; 118; 123; 140; 174; 188; 300; 355; 360; 370; 382
Kolonie 81; 93; 555
Kolonisation 67; 72f; 74; 79ff; 82; 84 A 12; 88; 93; 195; 145; 176; 189; 198; 209; 232; 262; 264; 266; 297; 436
Kolonisten 144; 150; 155; 157; 174 A 33; 179; 182f; 196 A 93; 203; 217; 220;

81 Prien, Lateinamerika

265; 278; 284f; 286f; 372; 376; 610 A 15
Kolonisten und Mission 157; 168; 174 A 33; 175; 218f; 233; 245; 284
Kolumbien 144; 153; 332 A 15; 398; 402ff; 408; 415; 419; 422; 467f; 473; 479; 480f; 489; 529f; 874; 935; 1029; 1099; 1157; s. auch Nueva Granada
Kolumbien, Katholische Kirche 475ff; 744; 1067; 1082 A 48; 1084f
Kolumbien, Protestantismus 422; 478; 531; 667ff; 752
Kommende → Encomienda
Kommunalland 91 A 23; 200; 287f; 356; 509f; 699; 709; 731; 733
Kommunikation 205; 1033; 1038
Kommunikationsmittel 445; 458; 471; 485; 492; 522; 620; 656
Kommunion → Eucharistie
Kommunismus 288 A 100; 538; 570; 573; 588; 631 A 27; 634f; 643; 646f; 662; 665; 690 A 44; 702; 711; 737f; 740 A 82; 793; 833f; 842; 867f; 892; 924; 981; 984; 987; 1010ff; 1019; 1046; 1119 A 158; 1124
Kommunisten 569; 602; 609 A 18; 611f; 630; 633; 663+A 35; 673 A 70; 687; 712; 883; 975; 982; 1047
Kommunistische Gefahr 631; 990; 1001; 1080; 1121
Kondor-Schlange 56 A 88
Konfessionalismus 423; 528; 534 A 44; 743; 767f; 825; 841; 919; 1142
Konfessionskirche 432; 533; 553; 761; 777; 913
Konfirmation 783
Konformismus 199; 203; 255; 298; 300; 303; 315; 898
Kongregation 422; 726 A 26; 729; 1130; 1135; 1150
Kongregationalismus 531f; 746 A 12; 795; 814; 824 A 246; 862

Konkordat 399; 419; 428f; 459+A 153; 469f; 472; 482; 486; 493; 497 A 272; 499; 501; 529; 533; 580; 631 A 26; 638; 653f; 663; 675 A 82; 705; 721; 827; 1119 A 158
Konkubine, Konkubinat 71; 74; 83+A 12; 133; 194 A 89; 259; 297; 459; 471; 480; 739; s. auch Barragana
Konquistador 59; 61; 62 A 13; 70ff; 74; 84 A 12; 90; 140; 145; 149; 165f; 175; 209f; 233; 244f; 261; 281; 298; 303; 305; 308; 406; 452; 1044; 1080
Konquistadorenproklamation 69 A 39; 171f+A 27
Konsensehe 84; 86+A 16; 87
Konservative 380; 384; 399; 401; 404; 406; 417; 419f; 422; 439; 454; 463; 477; 479; 484–487; 491; 495ff; 513ff; 529; 605; 652; 661 A 30; 662f; 714; 886; 901; 1032
Konservativismus 366; 404; 406; 449f; 476ff; 481; 539; 585f; 854; 999
Konstitutionalismus 348; 944
Konsumgesellschaft 855; 867; 1052
Konszientisierung, Konszientisation 190; 372; 572; 1058; 1108
Kontemplation 150; 157; 161f
Kontinentalsperre 377f
Konvente → Klöster
Konzeptionistinnen 161
Konzil des Gottesvolkes 693 A 54
Kopal-Harz 321f+A 101
Korporationen → Zünfte
Korruption 98 A 42; 173; 207; 406; 435; 471; 573; 584; 586; 714; 719; 721; 943 A 13; 968; 1003f; 1010
Korsaren → Piraterie
Kosmogonie 55; 321
Kosmologie 854
Kosmopolitismus 528
Krankenbesuch 1114
Krankenhaus, Krankenpflege 137; 140; 157ff;

231; 233; 246; 290; 297; 397; 455; 471; 493; 505 A 290; 507f; 535 A 45; 559; 619; 633 A 33; 639; 687; 695 A 61; 727; 739; 741; 800; 808; 919; 1016; 1155; s. auch Hospitaldörfer
Krankheit 67f; 79 A 1; 81; 82 A 7; 193 A 86; 215; 218 A 42; 231; 301; 303; 315; 334; 687; 867; s. auch Epidemie
Kreditgenossenschaft 1041
Kreolen 75; 88 A 17; 90+A 22; 91; 98; 103 A 50; 107; 137; 149; 153; 160; 162; 200; 250; 252; 264; 297; 322; 346; 353 A 79; 357; 369ff; 385; 387; 389f; 393; 397; 403ff; 437; 441; 453; 474; 611; 976; 1042
Kreolisierung 264
Kreuz 49; 71; 186; 205; 237; 270f; 281; 309; 315 A 81; 316; 322 A 101; 443; 929; 1147; 1161; 1164
Kreuzwegstationen 281; 309; 374; 1102f
Kreuzzug 124; 486
Kreuzzugsfrömmigkeit 58; 71; 234; 299; 563; 1015
Krieg 168; 171; 184f; 208; 233; 235; 244; 269; 273f; 276; 299; 351; s. auch Unabhängigkeitskriege
–, gerechter 168f; 171; 173 A 32; 174; 184ff; 191
–, Anglo-spanischer Krieg (1779–83) 363; 371
–, Burenkrieg (1899–1902) 531
–, Chaco Krieg (1932–35) 444; 598; 601f; 622f; 973
–, Dreibundkrieg (1865–70) 440; 442; 447f; 542; 599
–, Dreißigjähriger Krieg (1618–48) 283; 336; 363
–, Föderationskrieg (1859–63) 485
–, Guerra Cisplatina (1825–29) 424
–, Guerra de la Reforma (1858–61) 496; 498f; 509; 720
–, Kalter Krieg 573; 601; 977; 984
–, „Kastenkrieg" (1848) 733
–, Korea-Krieg (1950–53) 977

– der tausend Tage (1899–1903) 654; 656
–, Mexikanisch-nordamerikanischer Krieg (1845–48) 795 A 147; 800 A 163
–, Paraguay-Krieg (1754–56) 351f
–, Reduktionskrieg (1750) 290 A 105; 351f
–, Salpeter-Krieg, Pazifik-Krieg (1879–83) 452; 454; 456; 458; 605 A 2; 606; 618; 624; 630 A 24; 784; 1043
–, Sezessionskrieg (1861–65) 422; 426; 500; 503; 828; 998
–, Siebenjähriger Krieg (1756–63) 345f
–, Spanischer Erbfolgekrieg (1701–14) 363; 372
–, Spanisch-nordamerikanischer Krieg (1898–1900) 102; 529; 795 A 147
–, Weltkriege 513; 517; 529f; 539; 557
Kriegerorden 47 A 47; 55
Kriegsrecht 168; 173 A 32; 178; 191
Kriminelle Ansiedlung 80; 152; 245; 336 A 32
Krise 672; 753; 798; 1058; 1089; 1097 A 77
Krone, portugiesische 94; 132; 135; 141; 169; 171; 193; 200; 205; 211 A 19; 268; 295; 338; 345; 356; 372f; 396
Krone, spanische 132; 141; 171; 182; 189; 193; 205; 211 A 19; 215f; 254; 260; 266; 268; 280; 284; 295; 335f; 351; 356; 387; 395f; 408; 455; 480; 509; 618
Kruzifix 154; 286; 309; 827 A 256
Kryptojuden 59
Kuba 45; 77; 105; 108; 142; 172; 329; 346; 399; 527 A 30; 529; 530 A 35; 691; 733; 767 A 77; 795 A 147; 819 A 237; 877 A 98; 917 A 106; 923; 931; 932 A 139; 943 A 13; 1062; 1085f; 1155 A 4; 1158
Kubanische Revolution 516; 527; 634 A 36; 635; 646; 897; 995–1026
Kult, afro-brasilianischer 865
Kürbisrassel 47f

Kukulcán → Quetzalcóatl
Kult, katholischer 291; 301; s. auch Liturgie
Kult, nichtchristlicher 229; 237; 246; 293
Kultfreiheit 407; 436; 510; 515 A 5; 550; 579; 621f; 686; 696; 705 A 18; 707; 774; 820
Kultstätten 289; 306; 320; s. auch Tempel
Kulttanz 237; 240 A 63; 278f; 289; 309 A 57; 318; 321; 819; 865
Kultur, indianische, afrikanische 33ff; 138; 241f; 246; 357 A 85; 630 A 24; 633; 1174 A 42
Kultur der Armut 75; 235; 242 A 68; 854
Kultur-Christentum 1147; 1151
Kulturdarwinismus 168 A 12
Kulturheros 48ff; 53; 263f; 324
Kulturimperialismus 895; 1171
Kulturkampf 478; 487f; 504; 1096; 1098
Kulturkatholizismus 255; 260; 291; 423; 565; 1088
Kulturpessimismus 798
Kulturprotestantismus 774; 785; 798; 837; 840
Kulturrevolution 1159; 1160 A 25
Kulturschock 73ff; 81; 324; 1175f
Kuná 52
Kunst 40ff; 75; 289; s. auch Kirchenbau
Kupfer 40; 104 A 53; 608; 620; 970
Kustodie 143ff

La argolla 472
Ladino 88 A 17; 91 + A 25; 322 A 101; 489; 574; 699f; 813; 1167; 1172
Lagoa dos Patos/RS 144; 277
Laguna SC 115; 278
Laie 190f; 205f; 241f; 245ff; 250 A 77; 255; 260; 316f; 408; 423; 462; 499; 502; 534f; 559; 562; 570; 586; 587 A 55; 595; 616; 750; 765; 813; 823; A 246; 828; 833; 842; 845; 904f; 926; 935; 955; 972 A 88; 982; 993; 999; 1026;

1030; 1050; 1064f; 1089f; 1092ff; 1098; 1104; 1106; 1108ff; 1116; 1130; 1140; 1149
Laienapostolat 615 A 26
Laienarbeit 824 A 246
Laienbewegungen 557; 571; 1095f
Laienkongregation 296; 316ff; 557; 997; s. auch Bruderschaft, Drittorden
Laienpastoral 246
Laienprediger 919
Laikalisierung 594; 601; 621; 717 A 58; 1085
Laikalismus 1108
La Imperial 111f; 149; 248
Laizismus, laizistische Erziehung 417; 430; 435; 442; 444; 502; 515; 523; 552; 554; 582; 588; 628; 638 A 8; 639; 644ff; 663; 728; 1086; 1088; 1097 A 77
Lajes 564
Lakandonen 173
Lama 37 A 14; 227
La Mesilla 498
Lampaz 246
Lancasterschulsystem 422; 450; 492; 744; 824
Land ohne Übel (terra sem males) 50; 324f
Landarbeiter 80; 716; 955; 1005; s. auch Peón
Landbesetzung 635; s. auch Bodenbesitzstrukturen
Landbevölkerung 397; 546; 561; 610; 655; 817; 967 A 80; 975; 1165
Landenteignung 178; 200; 737; 788; 1053; 1163 A 4
Landeskirche 418f; 756
Landflucht 513; 526; 533; 535; 593; 658f; 675 A 82; 682; 684; 707; 709; 866; 872
Landnahme 65f
Landreform → Agrarreform
Landwirtschaft 41; 181 A 56; 195; 219; 262f; 269; 289; 328; 387; 405; 480; 511; 548; 610; 686; 691 A 48; 716; 1006; s. auch Ackerbau, Viehzucht
Landwirtschaftsschulen 544
La Nueva Democracia 917
La Pampa 434
La Paz 453; s. auch Chuquiabo

La Plata, Bistum/Erzbistum 110; 117; 129; 189
La Plata, Vizekönigreich 155; 332; 378f; 402f; 453
La Plata-Raum 105; 117f; 129; 136; 149; 153f; 201; 282f; 289; 329; 354; 365; 369; 386f; 394; 416; 434; 448
La Plata Synode 771; 774ff; 907
La Rioja 229
La Serena, Bistum / Chile 451
Latein 250; 256; 285; 290; 292; 295; 358; 723
Lateinamerika (Begriff) 23ff; 73f; 500+A 280; 796; 885
Lateinamerika-Kolleg 1075
Lateinamerikanisches Plenarkonzil (Rom 1899) 121f; 533; 558; 885; 914
Latifundien 58; 82; 94; 203; 577; 630 A 24; 642; 646; 684 A 25; 938
Latifundista 610 A 15
Latin America Evangelization Campaign 1134
Latin America Mission 531; 1134
La Voz de los Andes 651
Laymen-Report 922f
Lazaristen, Vinzentiner (CM) 430 A 75; 432; 473 A 192; 554; 556; 622 A 17; 1098; 1162
Lebensbaum 49; 56
Lebensbedingungen 182; 659; s. a. Armut; Ausbeutung; Gesellschaftsstrukturen; Klasse
Lebenserwartung 817
Legalismus 97; 98 A 42
Legalität 392 A 62
Legba 884 A 128
Legislative 366; 408; 424; 428; 697; s. auch Demokratie
Legitimierung, kultisch-religiöse 202; 244; 447; 482; 602
Legitimität 380; 392 A 62; 399; 408f; 672; 943 A 13
Lehnsrecht → Feudalismus
Leibeigenschaft 99; 170; 179; 202; 448; 457; s. auch Encomienda de servicios personales
Leidensbegriff, christlicher 199; 298; s. auch Theologia crucis

Leninisten 792
Léon/Mexiko 726 A 23
León/Nikaragua (Santiago de León) 146; 248 A 76; 383; 696
Letten 751
Letzte Ölung 244; 278 A 60; 301; 303; 443
Ley Iglesias 500 A 279
Ley Interpretativa 785 A 114
Ley Juárez 500 A 279; 510
Ley Lerdo (1856) 496; 500 A 279; 509f; 731
Leyes Nuevas de Indias (1542) 174f; 180 A 54; 189; 210
Libation 54
Liberación → Befreiung
Liberale 380; 383f; 388f; 394; 399; 401; 403 A 3; 404f; 411; 417; 419; 421ff; 441f; 449; 454; 457; 463; 467; 472; 477ff; 484ff; 490; 495ff; 507; 510; 513ff; 538; 541f; 551; 563 A 124; 576; 579; 600; 621; 627; 640; 651; 657 A 20; 661; 714; 724f; 728; 755f A 32; 784; 808; 821; 839; 914; 918; 998; 1154
Liberalismus 200; 255; 342f; 364 A 105; 375; 382; 396; 404; 406+A 10; 417; 420f; 428; 434; 436; 442; 451; 458; 468f; 472f; 477; 490; 511–514; 521; 551f; 558f; 575; 578; 580f; 588; 608; 612; 626; 638; 651; 696f; 722; 742; 808f; 859; 944 A 18; 954; 971; 1027; 1098; 1155
Libertinage 628
Liebe (Nächsten- und Feindesliebe) 143; 185; 199; 278; 443; 673; 887; 980; 1030; 1033; 1103 A 98; 1112; 1146; 1175
Liga Eleitoral Católica (LEC) 563; 567; 571
Ligas Agrarias 599; 602; s. auch Genossenschaften
Lima 89; 109; 117; 146f; 149; 153; 159; 182; 211 A 19; 217; 229; 257 A 88; 267 A 20; 296f; 309f; 316f; 333; 336; 340; 353; 357; 451; 459; s. auch Ciudad de los Reyes

Limensis I (1551–52) 119; 240; 244+A 72; 250
Limensis II (1567–68) 119; 244 A 72; 251
Limensis III (1582–83) 120; 133; 136; 212; 243; 244; 258; 259 A 92; 887
Limensis VII (1912) 625
Limensis VIII (1927) 629
Linguistik 206+A 6; 238; s. auch Indianersprachen; Negersprachen; Wycliffe
Linksparteien 687 A 34
Lions Klub 597; 842
Lisboa, Lissabon 94f; 110; 114; 118; 150; 191f; 339; 345; 384; 428
Literatur, lateinamerikanische 24; 677
Liturgie 237f; 255f; 291f; 295; 558 A 120; 819; 850; 854; 887; 1107
Liturgiereform 875
Llaneros 382; 387; 480; 482; 485; 655
Llanos 479ff
Llanquihue 756; 782
Lohnarbeit 180 A 55; 181; 202; 219; 304; 534; 625; 689; 724; 739; 1007
Lohngedanke (Ethik) 101; 243
Loja, Bistum / Ek. 470
Louisiana 329
Lule 155+A 155; 229
Lutheran Church in America (LCA) 532
Lutheraner 603; 617; 647 A 38; 675; 695; 750; 775; 824 A 246; 838; 863; 873; 1122; 1136f; 1145; 1150
Lutherischer Weltbund (LWB) 750; 764f; 787; 906; 909f; 1142
Lutherischer Weltkonvent 917
Luthertum 561; 596; 767; 875 A 91; 1142
Luxus 163; 297; 301

Machismo 85f; 86 A 15; 952 A 40
Machtpolitik, Machtmißbrauch 178; 210; 1125
Macumba 844; 856; 880; 882.
Madeira 64; 110
Madrid 379; 382; s. auch Krone, spanische
Märtyrer, Blutzeugen 144; 150 A 158; 151; 154; 187;

190; 207f; 227; 274; 276f; 668; 809; 957
Magie 205; 206 A 4; 241; 244; 278; 301; 303; 310f; 314+A 75; 673; 855; 877 A 98; 880; 882
Mais 37; 262; 277; 288
Majestätsbeleidigung 77; 354
Malerei 296; 305 A 46
Mamelucke, Mameluco 73; 82 A 11; 155; 186; 272ff; 280; 372
Mancebia 85 A 13; s. auch Barragana
Mandas forzosas 137 A 135
Mandiga 879
Maniok 38; 262
MAPU 616
Mapuche 40; 434 A 85; 574 A 1; 1163 A 4; s. auch Araukaner
Maraca → Kürbisrassel
Maracaibo 682
Maracaibo-See 115
Maranhão 114f; 117; 152; 157 A 176; 186 A 66; 233; 244; 298; 334; 350f; 372; 395; 428; 542; 1079
Margarita (Perleninsel) 207
Marginalisierung 203; 221; 235; 264 A 7; 289; 375; 526; 537; 684; 719; 728; 761; 900
Marginalstämme 38
Mariä Empfängnis (Concepción) 299; 308; 336; 463; 888
Mariä Himmelfahrt (Asunción) 262; 293+A 6; 299
Mariä Reinigung, Lichtmeß (Candelaria) 275+ A 55; 306; 391
Mariana (MG) 89; 115; 117; 396
Marianische Kongregationen 285; 308; 557; 1074; 1096; 1098; s. auch Oblaten
Marienfrömmigkeit 62; 69; 71; 147; 226; 229; 241f; 262; 292 A 2; 299; 305ff; 316 A 86; 317; 319; 321; 388f; 456; 467; 587; 591; 679; 688; 799; 809; 849; 886; 888; 956; 973; 1100 A 88; 1102
Mariengnadenbilder 147+ 148 A 156; 229; 299; 304ff+A 53; 997
– Jungfrau der Wunder von Caacupé 305f; 603 A 21

– Jungfrau von Copacabana 305f; 310
– Jungfrau von El Quinche 650
– Jungfrau von Guadalupe 305f; 307 A 53; 321; 389f; 461 A 159; 948
– Jungfrau von Loreto 308
– Jungfrau von Luján 591
– Nossa Senhora Aparecida 307f; 310; 557; 562; 888
– Nuestra Señora de la Caridad del Cobre 1013; 1016
– Nuestra Señora del Carmen 456
– Virgen de Cotoca 990; 992
Maristen 557; 726 A 25; 729
Marktwirtschaft 524; 642f; 868; 977
Marranen → Cristão novo
Marxismus, Marxisten 87; 99f; 613; 614 A 21; 615f; 631; 644 A 29; 662; 788; 792; 816; 975; 980; 1011; 1017 A 89; 1021; 1023 A 110; 1029; 1060
Maryknoll-Priester 710; 715; 989 A 60; 1041; 1050; 1164
Mascates 372f
Masochismus 304; 309 A 57
Massenkommunikationsmittel 526; 1135
Matacó 434 A 85; 574 A 1
Materialismus 332 A 15; 388; 512; 516; 538f; 594; 631; 724; 798; 867; 892; 949 A 30
Mate-Te (Yerba-Mate) 105; 272; 284; 288+A 98; 290
Mato Grosso 324; 762; 1123; 1131
Matriarchat 87 A 16; 598f
Mauren 59ff; 79; 209; 292; 303 A 41
Maya 43ff; 321f; 489; 949; 1176 A 52; 1177
Mayapán 44
Maynas (Region + Stadt) 115; 154
Mazombo 90 A 22
Mazorca 438
MEB 572f; 1029; 1110
Medellín (1968) 28; 122; 591; 603; 651; 674f; 851 A 21; 853; 929; 970 A 84; 992f; 1021; 1032; 1040;

1053; 1095; 1106; 1108; 1110; 1112f; 1127; 1156; 1169
Medizin 362 A 100; 423
Medizinmänner 882
Megalithkulturen 38 A 19
Mehinacú 38 A 23
Meinungsfreiheit 417; 803
Mejicanidad 969
Mendoza (Arg.) 359; 410
Mennoniten 531; 596; 603; 755; 872; 978; 1177 A 55
Menschenbild 194f; 211ff; 290; 380; 404; 674; 971; s. auch Indianerbild; Natur, menschliche
Menschenbildung 211ff; 216; 218; 229; 231ff; 268; 913
Menschenfresserei → Anthropophagie
Menschenhandel 169; 185ff; 189; 193; s. auch Sklaverei
Menschenopfer 40; 44; 48f; 50; 54f; 74ff; 104
Menschenrechte 145; 152; 165ff; 189; 191; 229; 364 A 105+106; 373; 437; 573 A 166; 621f; 625; 644; 654; 658; 718f; 766; 782; 791; 868f; 910; 934; 950 A 36; 982; 987; 992; 1007; 1041; 1055 A 47; 1118 A 154; 1119; 1121ff; 1126; 1133; 1173; 1177
Menschenwürde 61 A 12; 67; 75; 83; 173; 182; 189; 212; 237; 304; 306; 371; 740 A 82; 790; 1050f; 1105; 1145
Merzedarier 146; 148f; 156 A 175; 175; 207; 220; 230; 247 A 76; 284; 286; 308; 360 A 94; 391 A 61; 446; 460; 490; 507f; 726
Mercurio Peruano 329 A 10; 364 A 106
Mérida 110; 248 A 76; 726 A 24
Mérida de Venezuela 115; 398
Merkantilismus 61 A 12; 77; 88; 92; 101; 190; 192; 259 A 92; 355; 371; 405f; 445; 524
Mesa de Consciência e Ordens 124 A 103
Mesmerismus 876
Meso-Amerika 26; 34; 41; 43; 47; 54f; 209; 1174; 1176

Mesolithikum 36
Messe 66; 194f; 210; 233; 240 A 63; 246; 291f; 294 A 10; 295; 304; 313; 314 A 75; 317 A 89; 322f; 376; 435; 497; 500; 561; 582; 607; 615 A 26; 627; 657 A 20; 661 A 30; 668 A 54; 695 A 61; 797; 818; 823 A 244; 949 A 33; 972 A 87; 1021; 1100 A 88; 1102; 1114; 1116
Messianismus 50; 61 A 12; 73; 76; 204; 263; 313 A 73; 561; 676; 850; 854–857; 868; 985
Meßwein 879
Mestizaje feudal 83; 297
Mestizen 66; 74; 80; 82+ A 11; 107; 137; 149; 250; 264; 297f; 322; 358; 389; 397; 404; 434; 448; 467; 474+A 197; 480; 632; 1083; 1172
Metalle, Metallgewinnung 41; 104 A 53; 181; 345f; 620; 660; 687; 977
Metaphysik 520 A 15; 539; 678; 723
Methodisten 421f; 530; 536; 595; 617 A 31; 623; 626; 635; 638; 651; 707; 741; 776; 781; 793; 795; 802; 805; 808; 811; 824 A 246; 825; 836 A 287; 837 A 287; 858 A 42; 859; 862f; 906 A 74; 916f; 926 A 129; 932; 942; 944; 985; 1001; 1003 A 28; 1024; 1128; 1150; 1168f
Metropole 81; 101; 104; 124; 130; 183; 300; 339; 358; 360; 372; 386; 394; 519; 524; 527; 601
Metropolitanverfassung 117f; 135; 419; 451; 555; 705; 706 A 21; 726; 973 A 89
Mexikanische Revolution 733; 741; 804; 816; 936–973; 981
Mexikanum I (1555) 137; 240; 243 A 71; 251
Mexikanum II (1565) 119; 131; 137
Mexikanum III (1585) 120; 122; 137; 153 A 83; 258
Mexikanum IV (1771) 347 +A 68; 353
Mexiko 37; 39; 70ff; 74; 82; 87; 101f; 104 A 53;

201; 211 A 19; 216f; 244f; 320; 322; 329f; 332 A 15; 339; 343; 346; 354; 357: 363 A 103; 365f; 381; 389; 402ff; 416; 491; 494 –511; 521f; 538; 584; 874; 919; 931; 1067; 1077; 1176
Mexiko, Kirche 237; 247f; 250; 251; 254; 257; 348; 363 A 103; 390; 396+A 74; 399 A 84; 416; 1083ff; 1111; 1174
Mexiko, Protestantismus 421f; 536; 752; 767
Mexiko-Stadt 89; 117; 137; 148; 153; 159; 162; 247 A 76; 296; 305; 333; 357; 359; 383; s. auch unter Mexiko
Mexitli 45 A 44
Michoacán, Patzcuaro 108; 143; 147; 247 A 76; 499; 507; 958
Miles Christi 59 A 5
Militär 91; 141; 173; 180; 186 A 67; 191; 208; 211 A 19; 230 A 49; 242; 264; 276; 295; 299; 346f; 355; 371; 373; 384; 387; 406; 430; 437; 447; 448; 453f; 458; 467; 469; 476; 480; 498; 504; 508; 516; 541ff; 566; 573; 589; 632f; 640f; 650; 660; 666; 685; 721; 724; 979; 991
Militärdiktatur 468; 594 A 8; 597; 1028
Militärgerichtsbarkeit (fuero militar) 462; 495f
Militärkaplan, Militärseelsorge 139; 143; 145; 148; 229; 279; 389; 486; 602; . 654
Minas Gerais (MG) 80; 89; 106; 117; 196 A 93; 300; 342; 346; 372; 564; 762; 882
Minderbrüder → Franziskaner
Minenbesitzer 92; 373
Minifundien 700; 882; 1042; s. auch Bodenbesitzstrukturen
Minimen (Paulaner) 160; 460
Ministerium verbi → Verkündigung
Mink'a 1165 A 7
Minorit → Franziskaner
Miramonini 152

Mischehen, konfessionelle 436; 761; 774; 788; 818
Mischehen, rassische 192; 780 A 100
Misereor 1176 A 49
Misericordia, Bruderschaft der 158
Misión Evangélica Luterana 668
Misión Latinoamericana 668
Misión Townsend 1167; 1177 A 55
Misiones 232f; s. auch Indianermission
Misiones (Provinz) 434; 735
Misquito 706
Mißbräuche 203; 228
Mißhandlungen 168; 170; 179; 193 A 86; 194 A 89; 227
Mission 33; 62 A 13; 64; 70f; 75; 77; 79; 106; 121; 124f; 139; 146; 197; 245; 250; 256; 260; 263; 266; 284; 296; 300; 419; 427; 430; 496; 619; 707; 780; 803; 833; 1077; 1082 A 48; 1114; 1143; 1145; 1150; 1165; s. auch Indianermission
Mission, Anknüpfungspunkt 50; 235; 321; 1174 A 42
Mission, innere 461; 615
Missionare vom Hl. Geist 726 A 25
Missionare vom Hl. Herzen Jesu 726 A 25
Missionarische Struktur der Kirche 533; 559; s. auch Ekklesiologie
Missions-aldeia, Missões 183ff; 188ff; 190ff; 213; 217; 230 A 48; 267; 294; 296; 298; 300; 309; 352
Missionsaufgabe, Missionsauftrag 139; 141; 161; 1125; 1137; 1140f
Missionsidee 61; 66; 143; 217; 256; 268; 287
Missionskirche 106f; 119; 145; 151; 159; 161; 165; 191; 204; 238; 245; 256; 357; 372; 568; 1145
Missionskolleg 245
Missionsmethode 122; 124; 176; 186; 205ff; 210f; 229ff; 1002
Missionsorden 127f
Missionspolitik 798

Missionstheologie, Missiologie 190; 209; 213; 235; 238f; 244; 323; 923; 1129; 1130 A 10; 1131; 1133; 1175
Missões → Missions-aldeia
Missouri-Lutheraner 532; 708; 751; 754; 767–774; 780; 815; 843 A 302; 907; 909; 912 A 95; 1024; 1025 A 114; 1136; 1143; 1149
Mita 101; 104; 181 A 56; 369
Mitbestimmung 672; 1045; 1052; 1170 A 28
Mitra 129
Mittelalter 29; 77; 85 A 13; 91; 94f; 102; 132f; 154; 161; 168; 176 A 38; 187 A 71; 188; 192; 195; 206; 211; 234 A 54; 240f; 244f; 249; 255; 291; 293; 296f; 302; 304; 314; 316; 337; 357; 420; 468; 480; 534; 538; 658; 792 A 138; 823; 893; 1082
Mittelschicht 90ff; 103 A 50; 140; 453; 511; 521; 526f; 533; 536; 560; 585 A 47; 608; 617; 621; 632 A 30; 633; 641f; 753; 788; 804; 829; 841; 860 A 44; 865; 877; 886; 942ff; 975; 981; 1000; 1002; 1012; 1026; 1090f
Mixteken 242
Mobilität → Gesellschaftsstrukturen
Mochica 43
Mocobí 155+A 175
Modelación humana del indio 211; 213; s. auch Menschenbildung
Moderatorenrolle, Poder moderador 424; 543; 685
Modernisierung der Gesellschaft 422f; 445; 458; 468f; 477; 515; 525; 577; 616; 620; 637; 659; 662; 712; 716; 1131
Modernismus 558f; 565f; 587 A 57; 832; 834; 925; 955
Modus vivendi 428; 434; 443; 643; 960 A 62
Mönch → Orden; Religiose
Mojo 38 A 23; 154f
Molinismus 304+A 42
Moluche 40; s. auch Araukaner
Monarchie 96f; 380; 405; 428; 500; 534; 551; s. auch Krone
Monarchisten, Royalisten 368–399; 410; 456f; 460; 482; 495; 498f; 501; 999
Monismus 516
Monokultur 25; 105; 192; 405; 702 A 15; 997
Monophysitismus 1037 A 27
Monopol 103 A 50; 328f; 350f; 369; 371f; 375; 384; 473; 480
Monotheismus 321
Monroe-Doktrin 384f; 503; 700f
Monterey (Mex.) 506
Montevideo 378f; 381; 386; 410; 440ff; 593f; 837; 916
Montserrat, Kloster 159
Moral 140; 242; 285; 339; 443; 534; 565; 628; 681; 859; 1028; 1036; 1176; s. auch Ethik
Moralische Aufrüstung 842
Mord 321 A 100; 1122; 1124
Morelia 740
Morelos 938
Moriscos 60+A 10; 335
Mormonen 596; 707; 875 A 92; 1135
Mosquito-Küste (Nikaragua) 422; 491; 706; 1083
Motu proprio 413; 438; 496; 497 A 272
Movimiento de Renovación Pastoral 973 A 89
Mucker 844f
Mündigkeit 236; 1112; 1173
Muisca 52
Mulatten 80; 82+A 11; 252; 253 A 84; 297f; 317; 358; 374; 376f; 397; 448; 474; 480; 1083
Mumie 53; 340
Mundurukú 48
Mundus Novus 66
Mura 38 A 22
Mus 277
Musik, Gesang 237; 267f; 289; 296f; 312
Muslime → Mauren
Mysterienspiel, Auto sacramental 233f+A 54; 237; 240 A 63; 289; 297; 358
Mystik 62; 150; 160f; 229; 361; 856f; 1039; 1042
Mythos, Mythologie 46ff; 53 A 77; 55; 57; 74f; 144; 212; 237f; 307 A 53; 313; 324f; 729; 880; 1174f

Naboría 181
Nachfolge Christi 199; 1147
Náhuatl 145; 235
Nañaguismo 1005
Nanahuatzin 55
Ñanderykey 50
Nariño, Prov. (Kol.) 476
Nassau 931
Nationalisierung 630; 633 A 33; 1057
Nationalismus, Nationalisten 25; 100; 178; 308; 338; 384; 403; 407; 433; 441; 445; 514; 530; 540; 564ff; 587f; 611; 642; 690; 702; 763; 812; 821; 858f; 867; 900; 918; 954; 974; 976; 1079
Nationalkirche 399; 412; 486f; 564; 957
Nationalkongreß, Katholischer 1011
Nationalsozialismus 569; 588; 643; 756; 758f; 764; 778; 782 A 106; 786; 1120 A 160
Nationalstaat, Nationbildung 29; 118; 401ff
Nativismus 565; 569; 763; 821
„natürliche" Moral/Religion 431
Natur, Naturordnung 212; 331; 358; 463; 581; 1029; 1106
Natur, menschliche 193; 215; s. auch Indianerbild
Naturalienhandel, Naturalabgaben 136; 179f
Naturalismus 676; 1088
Naturgesetz 166f; 214; 1175 A 47
Naturrecht 169; 176+A 38; 177; 194 A 89; 210; 328; 629 A 21; 1010; 1028
Naturwissenschaft 329; 332; 360f; 362f; 516; 578; 667 A 4; 698; 722
Nayarit 965
Nazarener (Church of the Nazarene) 636; 707; 815 A 226; 916; 1024; s. auch Pfingstkirchen
Neger, Schwarze 61 A 12; 337; 386; 397; 404; 421; 448; 474f+A 198; 480; 489; 655; 1002; 1083
Negerin 82ff; 162 A 191; 194 A 89

Negermission 80f; 192ff; 204; 240
Negersklaven 80f; 91; 93; 136; 152; 192ff; 197+A 93; 202; 219 A 42; 246; 253+A 84; 298; 303; 314; 318f; 351; 365; 386f; 421; 424; 439; 445; 458; 462; 480; 541; 678; 880; 996
Negersklaverei, Abschaffung → Abolition
Negersprachen 195; 318 A 90
Negros bozales 81 A 5; 296
Negros ladinos, criollos 81 A 5; 296
Neolithikum 36f; 42
Neophyten 236 A 55; 243f; 340
Neuchristen → Conversos
Neue Christenheit 570; 573
Neue Gesellschaft 1053; 1150
Neue Gesetze → Leyes Nuevas de Indias
Neue Welt 66
Neuer Mensch → Rechtfertigung
Neues Volk 448f A 127; 475; 480; 489; 574; 592; 1084f
Neu-Mexiko 208
New Orleans 329
New Tribes Mission 1178 A 55
Niederlande → Holland
Nikaragua 45; 108; 120; 143; 154; 402+A 2; 419; 422; 491f+A 259; 493; 529; 696; 701; 702; 708; 718; 874; 1067; 1085; 1109; 1135; 1138f
Niterói, Bistum 555
Nomaden, Halbnomaden 36; 38; 269
Nominalismus 62; 348
Nonkonformismus 452; 802
Nonne → Ordensfrau
Nonnenkloster 137; 162ff; 677 A 4; s. auch Kloster
Nova Friburgo (RJ) 548
Novize, Noviziat 148f; 410; 429f+A 75; 436; 455; 460; 476; 583; 649 A 43
Nützlichkeit, „nützliches Wissen" 196; 328; 361; 365
Nueva España 96; 97; 126; 131; 137; 148; 181; 216; 305; 336; 359; 383; s. auch Mexiko
Nueva España, Kirche 137f; 140 A 140; 142f; 146f; 149; 157f; 161; 168; 174; 216; 231; 238; 329; 332; 356; 390f
Nueva Galicia 109; 114
Nueva Granada, Neu-Granada 74; 97; 117; 118 A 78; 146; 195; 254; 259 A 92; 332 A 15; 355 A 89; 382; 390; 393; 475
Nueva Vizcaya 113
Nuevo León/Mexik. Bundesstaat 115
Nullius diocesis 233
Numina 51f; 53; 57
Nuntiatur, Nuntius 126; 415f; 419; 428; 432; 497 A 272; 555; 559; 562; 649; 657 A 20; 686; 710f; 886; 988

OAS 25; 1014; 1028
Oberschicht 90ff; 163; 293f; 297; 299; 304; 313 A 74; 332 A 15; 346; 353; 356; 358; 378; 427; 431; 440; 452f; 455; 457; 475; 560; 574; 620; 624; 628; 632; 672; 695; 728; 730; 788; 817; 822; 847; 977; 1000; 1006; 1012; 1015
Oblaten der Unbefleckten Jungfrau Maria 726 A 25; 980; 989 A 60; 1164
Obrigkeit 300; 398; 581; 658; 663; s. auch Staat u. Kirche; Krone
Observanz, Observanten 72; 141; 156; 207; 245; 460
Öffentlichkeitsauftrag, kirchlicher 534ff; 551; 668 A 53; 853; s. auch Befreiung; Staat u. Kirche; Zweireichelehre
Ökologie 48
Ökumene, Ökumenismus 528; 534 A 44; 559; 595; 604; 650f; 675; 696 A 65; 706 A 22; 720; 746; 764ff; 780f; 790f; 798; 803; 832f; 841f; 874; 906; 913; 915; 921; 925; 927; 928 A 130; 934 A 145; 1010; 1025; 1050; 1063; 1136
Ökumenische Methodistische Konferenz 916f
Ökumenischer Rat der Kirchen (ÖRK) 536; 597; 617; 764; 792; 832f; 869; 906; 925+A 129; 932+ A 141; 1128; 1136; 1145
ÖRK, 1. Vollversammlung: Amsterdam 1948 764f; 924f; 932 A 141
ÖRK, 2. Vollversammlung: Evanston 1954 834
ÖRK, 4. Vollversammlung: Uppsala 1968 910; 926
ÖRK, Weltkonferenz für Glauben und Kirchenverfassung (Lausanne 1927) 915
ÖRK, Weltkonferenz für Kirche und Gesellschaft (Genf 1966) 909f; 926; 1030
ÖRK, Weltkonferenz für praktisches Christentum (1925) 917
Offenbarung 857 A 35; 902; 1106
Offiziere → Militär
Oidor 95; 120 A 87; 131; 231
Oligarchie 19; 103 A 50; 294; 365; 376; 383; 386f; 389; 397; 404; 424; 437; 450; 472; 475; 476; 481; 484; 513ff; 519; 521; 526; 573; 575; 581; 584; 599; 604; 624; 629; 630 A 24; 632 A 30; 642; 662; 699; 714; 930; 976; 982; 987; 990; 1027f; 1043; 1082; 1106
Olinda 105; 114; 117; 144f; 157; 160 A 181; 372; 396
Olorun 881
Ona 36
ONIS 1032; 1042; 1054
Opfer 53ff; 311; 321f
„Opium des Volkes" 195; 199; 308; 484; 899; 1042
Oppressive Strukturen → Gewalt, etablierte
Option, politische 587 A 55; 591; 930; 1032f; 1037; 1039f; 1050; 1057; 1062; 1094; 1097; 1105f; 1122; 1125; 1143
Opus Dei 691 A 50; 1043; 1098f
Oratorianer 160; 352; 360 A 94; 375; 460; 726
Orbis christianus 176
Orden, religiöse (männliche) 106; 118; 122f; 127f; 137–140; 162; 219; 257 A 88; 312; 395; 407; 427; 445; 493; 506; 556; 571;

583; 595; 686; 688; 694; 704; 726; 894; 950; 1000; 1086f
Orden, religiöse (weibliche), Ordensfrauen, Professchwestern 160ff; 246; 260; 460; 470f; 479; 504; 506; 556; 619; 628; 694 A 59; 695 A 62; 727 A 26; 729; 956; 997; 1000; 1016; 1093f
Orden und Indios 250f+A 80; 252; 254
Ordensbesitz 460 A 156; 507ff
Ordensbrüder 61 A 12; 139; 148; 195 A 92; 196 A 93; 245f; 490
Ordensdekadenz 149; 158f; 163f; 259; 397; 418; 429ff+A 75; 476
Ordensdisziplin 130; 163f; 259; 430 A 75; 436; 439; 455; 459f; 476; 502
Ordensklerus und Weltklerus 154; 257ff+A 92; 506; 1067; 1088
Ordensreformen 149; 164; 410; 429f; 449; 451; 470f; 540
Ordensrivalitäten 147ff; 154; 190f; 336 A 35; 353
Ordensstreitigkeiten, interne 157; 298
Ordination → Weihe
Ordination von Frauen 1094
Ordnung, gesellschaftliche 97; 298; 305; 308; 313 A 74; 325; 335; 342; 366; 385; 403; 435; 437; 450; 481; 519 A 13; 522; 538f; 565; 573; 601f; 640; 657; 724; 806; 846; 938
Ordnung, göttliche 216
Ordnung und Fortschritt 450; 488; 515 A 5; 521; 550; 652; 723
Ordo-Begriff 204; 552; 565; 567 A 141; 570
Ordo-Mystik 652
Orixá, Oxalá 241; 310 A 59; 879ff; 881 A 116
Orizaba 736
Orthodoxe Kirchen 793
Orthodoxie 238; 293; 309 A 57; 335; 340f; 358; 430; 461; 476; 528; 533; 832; 834; 853; 912 A 95; 957
Oruro 453; 1164 A 2
Osorno 112; 162

Osterpflicht/Ostern 194 A 89; 850
Otomí 147; 872
Overseas Crusade (SEPAL) 1132
Oyampi 38 A 24

Pachacamac 53
Pachacutec 43; 53
Pacha Mama 306
Padre 430 A 77
Pächter 494; s. auch Posseiro
Pädagogik 289; 358; 521; 722; 1113
Pajé 234; 241; 324f; s. auch Schamane
Paläolithikum 35
Palenque 44
Pallium 301
Pampa 36; 101; 155; 589; 593
Pampa-Indianer 36; 74; 155 +A 175
Panamá 45; 69; 86; 108; 120; 149; 151; 398; 402; 422; 489; 516; 529; 530 A 35; 654; 660; 661 A 30; 700; 706 A 21; 707; 767; 1084f; 1111; 1154; 1178
Panamá-Kanal, -Zone 516 A 6; 529; 630; 655 A 14; 701; 983
Panamá-Kongreß (1826) 403 A 3; 490; 668; 799
Panamá-Kongreß (1916) → CCLA
Panamerikanismus 403; 490; 540; 885; 917; 919
Pantheismus 528
Papantla 726 A 23
Papier 45; 445
Papst, Papsttum 64ff; 69 A 39; 70; 129; 171; 340 A 45; 349; 372; 388; 392; 408ff; 432; 646; 822; 850; s. auch Rom
–, Dokumente, Bullen 165; 169; 173; 190; 194; 207
– „Alias felices" (1521) 258 A 90
– „Altitudo divini consilii" (1537) 240
– „Commissum Nobis" (1639) 189f; 281; 286
– „Cum alias nonnulli" (1591) 135
– „Cum dudum affligebant" 125 A 105
– „Cum nihil magis" (1536) 60 A 9
– „Divini Redemptoris" (1937) 1012

– „Dominus ac Redemptor" (1773) 349
– „Dum diversas" (1452) 124; 125 A 105; 184
– „Etsi iam Diu" (1824) 411 A 17; 412 A 23
– „Etsi longissimo" (1816) 381; 393; 408f A 13
– „Eximiae devotionis" (1493) 125
– „Eximiae devotionis affectus" (1508) 136 A 130
– „Eximiae devotionis sinceritas" (1501) 125; 135
– „Exponi nobis fecisti" (1522) = „Omnimoda" 126 A 109; 257; 258 A 90; 333
– „Exponi nobis nuper" (1567) 258
– „Humanae Vitae" (1968) 1110
– „Il fermo proposito" (1905) 583
– „Illius fulciti praesidio" (1504) 135 A 130
– „Immortale Dei" (1885) 657
– „In Coena Domini" (1302) 132f
– „In Eminenti" (1738) 374
– „In Principis Apostolorum Sede" (1564) 258
– „Inter cetera" (1493) 64; 70 A 39; 125
– „Inter coetera" (1456) 124
– „Lamentabili" (1907) 559
– „Libertas praestantissimum" (1888) 1119 A 158
– „Mater et Magistra" (1961) 691; 1019
– „Nobilis Argentiniae Ecclesiae" (1934) 586
– „Notre consolation" (1892) 1119 A 158
– „Nuper ad Nos" 252
– „Octogesima adveniens" (1971) 718 A 63
– „Pacem in terris" (1963) 1011; 1119 A 158
– „Pascendi" (1907) 559
– „Populorum Progressio" (1967) 673f; 691; 896; 899; 910; 972 A 88; 988; 1010; 1019; 1042; 1113; 1127
– „Praeclara Inter Beneficia" (1875) 459
– „Praeclara Portugalliae" (1827) 428
– „Providus" (1751) 374

- „Quadrogesimo Anno" (1931) 537
- „Quamquam dolores" (1873) 432f
- „Quanta cura" (1864) → Syllabus
- „Regimini militantis ecclesiae" (1540) 153 A 168
- „Rerum Novarum" (1891) 534; 537f; 583 A 36; 609; 613; 663; 739; 740 A 82
- „Romanus Pontifex" (1454) 65 A 23
- „Sacri Apostolatus munere" (1518) 125
- „Sicut carissimus" (1418) 125 A 105
- „Solicitudo Ecclesiarum" (1831) 416
- „Sublimis Deus" (1537) 173
- „Super specula militantis Ecclesiae" (1551) 110 A 65
- Syllabus „Quanta cura" (1864) 417; 432; 502; 534; 1119 A 158
- „Ubi Vos" (1871) 417f A 36
- „Universalis Ecclesiae" (1508) 125

Pará 114f; 117; 149; 150 A 158; 152; 186; 309; 334; 395; 428
Paradies 50; 67; 323f
Paraguassu, Paraguaçu 184; 186; 299
Paraguay 43; 99; 102; 112; 144; 155; 180+A 54; 189; 217; 235; 262ff; 305; 353; 354; 359; 368; 379; 402f; 416; 434; 444–448; 531; 750; 755; 767; 775; 874; 918 A 106; 978; 1076; 1085; 1120 A 160; 1168 A 16; 1176; 1177 A 55
Paraíba (Bistum) 555
Paraíba do Norte (heute: João Pessoa) 88; 114; 145; 160 A 181
Paraíben 152
Paramaribo 913 A 96
Paraná 38; 155; 269; 415; 548; 564; 755; 762
Paranaguá 115
Pardos 474ff
Paressí 38
Parlamentarismus 405; 445; s. auch Demokratie
Parnaíba 160 A 181

Parochie 300; 347; 399; 408; 430 A 76; 434; 436; 455; 468; 506f; 533; 554ff; 688; 726; 729 A 37; 802; 973; 997; 1000; 1065; 1067; 1084 A 49; 1091; 1095; 1116; 1140; 1167
Parteienwesen 405f; 495; 571; 585 A 47
Partido de Acción Nacional (PAN) 966; 967 A 78
Partido Revolucionario Institucional (PRI) 968
Pase → Placet
Passionisten 726 A 25
Pasto 393; 467; 476
Pastor → Pfarrer, Priester
Pastoral de conjunto 905 A 71
Pastoralkonferenzen 436
Pastoralplan 905
Pastoraltheologie 249; 347; 558
Patagonien 34ff; 1163 A 3
Patenschaft → Compadrazgo
Paternalismus 176 A 40; 235f; 242; 252; 290; 295; 298; 405f; 545; 558; 583; 615; 637; 720; 1028; 1106; 1108; 1165
Patriarchalische Kultur 121; 200; 202; 294; 358; s. auch Katholizismus, patriarchalischer
Patriarchat 126; 412 A 21
Patrimonialstaat 91; 94; 97; 98 A 42; 200
Patriotismus 448; 458; 460; 600; 603; 642; 795; 809; 1002; s. auch Nationalismus
Patrón 105 A 56; 202; 312; 314; 387 A 45; 446; 515 A 5; 544; 546; 609; 637; 655; 802; 850; 870; 936; 1044
Patronat → Kirchenpatronat
Patronatsheilige 237; 279+A 65; 312; 317; 382; 389; 435; 456; 562; 603 A 21; 695 A 61; 718; 997; 1013
Patzcuaro → Michoacán
Paulistaner (Einwohner v. São Paulo) 155; 186; 189; 270; 272ff; 276; 279; 371
Pax porfiriana 725; 736
Pazifik 69; 104; 112; 118; 151; 154; 402 A 2; 453
Pazifizierung 172 A 27; 173; 184 A 61; 186; 208; 218; 244; 262; 370 A 4; 1161
Pehuelche 40; s. auch Araukaner
Pelucones 404; 449f A 129
Penedo 93
Peniel Missionary Society 531; 1168
Peón 202; 320; 387; 494; 503; 610; 731; 739; 937; 974
Periodisierung 29ff
Perlenfischerei 104 A 53
Pernambuco (PE) 80; 102; 114; 152; 338; 373ff; 394f; 544; 824
Pernambukanische Revolution (1817) 374f; 394f
Peronismus 1037; s. auch Justizialismus
Personenstandsregister → Zivilregister
Peru, Vizekönigreich 53 A 76; 69f; 74; 97; 101; 104; 112; 118; 126; 131; 136; 144; 146f; 153; 155; 174; 181; 195; 211 A 19; 216f; 244 A 72; 254; 268; 273; 287; 309; 330; 336; 339f; 362; 370+A 4; 382; 389
Peru, Republik 402ff; 416; 439; 453; 456–63; 468; 624–36; 804; 874; 912 A 96; 918 A 106; 931; 1037; 1040; 1067; 1118; 1177 A 55
Peru, Kirche 139; 143; 217; 235; 246; 257; 318 A 90; 355 A 83; 396 A 74; 398; 1083ff
Pest 158; 161; 274f; 315 A 81
Petén 45 A 42; 711
Petén Itzá (See) 45 A 42
Petiragen 152
Petroglyphen 42
Petrópolis (RJ) 548
Pfadfinder, katholische 1074
Pfarrer, katholische → Priester → Klerus → Kirche, Amt
Pfarrer, protestantische 760 A 48; 764f; 842; s. auch Kirche, Amt
Pfarrerausbildung 780; 794 A 144; 866 A 66
Pfarrermangel 766
Pfarrernachwuchs 787
Pferde 74; 225; 262; 264; 337

Pfingsten 228
Pfingstkirchen 526; 533; 536; 572; 596; 611; 617 +A 31; 636; 668; 675; 695; 706 A 22; 707f; 815; 817; 819; 824 A 246; 832; 837; 842 A 302; 854f; 861; 863–866; 914; 916; 921; 925; 931f; 986; 1001; 1003 A 28; 1024f; 1090; 1115 A 145; 1129; 1131f; 1136; 1142
Pfründe 111; 124f; 130; 146; 254; 406; 470; 484
Phallus 54 A 81; 56 A 88
Pharmazeutik 160; 206 A 6; 300
Philosophie 45 A 44; 213; 329ff; 341; 343 A 52; 356; 360 A 94; 362; 389; 512ff; 523; 539
Physiokraten 328
Piani 395
Pietismus 293 A 7; 532; 755f; 764; 765 A 70; 775; 1003; 1009; 1108; 1112; 1136; 1147 A 59; 1150
Pijao 177
Pilagá 434; 574 A 1
Pilgrim Holiness Church in Peru 636
Pioneer Mission Agency 1167
Pipiolos 404; 449
Piraterie 94; 102; 119 A 81; 150f; 157; 266; 363
Piratininga 88; 152; 315 A 81; 372
Placet 126; 132; 413 A 26
Plan de Agua Prieta 952
Plan de Ayala 938; 941
Plan de Ayutla 495
Plan de Guadalupe 940
Plan de Hospicio 497f
Plan de Iguala 383
Plan de San Luis Potosí 936
Plantage, Plantagenwirtschaft 81; 101f; 105f; 184; 201f; 364; 426 A 63; 524
Pluralistische Gesellschaft 533; 540; 579; 612; 632; 693
Plymouth Brüder → Christian Missions in Many Lands
Pocken 455f; 1163
Polen 548
Policía humana 214; 215; 216; 219; 264; s. auch Menschenbildung

Política de conciliación 725f; 727; s. auch Pax porfiriana
Politische Gefangene 597; 686; 1124
Politische Verfolgung 993; 1061
Politische Wissenschaften 361
Polizei 226; 342f; 437; 476; 516 A 6; 550; 655; 687; 721
Polizeiterror 438; 604; 611; 668; 1124
Polygamie 85 A 14; 167; 240; 242; 244 A 71; 262; 290; 598
Polytheismus 52
Popayán (Pompeian) 109; 117; 177; 248 A 76; 398; 467; 473; 665
Populismo 513f A 3; 569; 573; 584; 642; 687; 973 A 89; 1028
Popul Vuh 26; 48f
Pornographie 304
Porteños 378 A 20; 381; 386 A 42; 388; 391; 402; 434; 437; 574
Pôrto Alegre 428; 430
Pôrto Seguro 65; 114; 144
Portoviejo – Bistum (Ek.) 470
Portugal 59; 61 A 12; 62; 64; 79f; 93; 106 A 58; 118; 121; 124; 130; 135; 141; 151f; 154; 192; 194; 257; 266; 283; 323; 335; 344; 353; 363; 377; 379; 383f; 394f; 861; s. auch Krone
Portugiesen 80; 88; 106f; 113; 119 A 81; 145; 163; 165; 188; 191; 229; 250; 267 A 20; 272f; 297; 336; 345; 795
Posadas (Argentinien) 270; 274
Positivismus 401; 512–523; 525; 539; 542 A 60; 547; 550ff; 565; 567; 568; 575; 577; 579; 581; 594; 627f; 631; 638; 651; 653 A 4; 657; 676–679; 697f; 724; 728f; 886; 892; 921
Positivistische Kirche Brasiliens 550f
Posseiro 94; 1124
Potestas spiritualis 77
Potestas temporalis 77
Potosí 102; 104; 149; 180

A 56; 262; 273; 300; 454 A 141
Prädestination 853
Prädatoren 36
Präkolumbische Kulturen 35ff; 458
Prälat 408; s. auch Bischof
Praelatura Nullius 112
Prämonstratenser 556 A 113
Präsentation, Präsentationsrecht 108 A 60; 128ff; 413; 431; 438; 459; 496; 579; 705; 726
Pragmatische Sanktion (1767) 354
Praxis 1035; 1061; 1137
Predigerorden → Dominikaner
Predigt → Verkündigung
Presbyter 130; 429 A 71; 1093; 1116
Presbyterianer 421f; 425; 452; 478; 530; 536; 571; 617 A 31; 636 A 45; 651; 667; 695f; 707; 741; 781 A 103; 784; 795; 802; 805f; 810f; 814; 818; 824 A 246; 825; 840f; 856; 860; 862f; 865; 932+A 139; 1001; 1003 A 28; 1022 A 106; 1025 A 115; 1128; 1136; 1150
Presse, kirchliche 535 A 45; 559; 679; 1001
Pressefreiheit 380; 458; 468f; 479; 571; 624; 697; 820; 938; 940; 1007 A 51; 1045
Pressezensur 702; 1056
Priester 84 A 12; 87 A 16; 106; 131; 151; 247ff; 257; 263 A 5; 295; 313f+A 76; 317; 318 A 90; 447; 453; 498; 506f; 533; 554; 560; 586; 616; 662; 692; 823; 896; 898f; 947; 981; 1000; 1030; 1064; 1067
Priester, amerindische 320; 322
Priester, ausländische 556; 688; 693f; 715; 1076–1082; 1086
Priester, indianische 51; 53f; 250ff; 260; 290; 1176
Priester, Moral 134; 136; 263 A 5; 331; 347f; 435; 446; 797; 799; 846
Priester und Frauen 130; 133f; 331; 429; 431 A 79; 459; 470; 482 A 224
Priester und Inquisition 136

Priesterbewegungen 970 A 84; 971 A 86; 982; 988; 1031
Priestermangel 31; 302; 451; 485; 506; 580; 602; 615 A 26; 688; 695 A 61; 710; 890; 892; 999; 1064f; 1140; 1176
Priestermorde 948
Priesternachwuchs 583; 638; 891; 1074ff
Priesterseminar 247ff; 260; 327; 347; 362; 375; 396; 398f; 436; 442f; 446; 451; 455; 461+A 159; 471; 478; 483; 487; 493; 554ff; 558; 560; 583; 586; 622 A 17; 647 A 38; 679; 688; 692; 695; 720; 726; 950; 964 A 70; 965; 1000; 1074; 1087; 1149
Priestertum der Gläubigen, allgemeines 823; 1140
Priesterverfolgungen 433
Primiz 618
Primogenitur 84 A 12
Privateigentum 43; 288; 484; 642; 662f; 674; 760; 968; 981; 986; 988; 1010f; 1013; 1052; 1166
Privatisierung der Frömmigkeit, Religion 313; 420
Privilegien 63; 91; 126; 148; 180; 185; 225; 233; 257ff; 320; 346; 358; 372; 385f; 394; 419; 455; 463; 478; 486; 493; 495; 497; 501; 507; 529; 539; 551; 609; 649 A 45; 654; 712; 990; 1015; 1033; 1052
Privilegienstaat 99 A 42; s. auch Patrimonialstaat
Probabilismus 348
Problembewußtsein → Konszientisation
Produktionsmittel 371 + A 6; 630; 663; 968; 988; 1013; 1052
Profanum, Profanität 313; 533; 1035
Profeß 161; 246; 396 A 74; 410; 451 A 133; 455; 460; 483
Professional Militarism 566; s. auch Militär
Profitmaximierung 689
Prokurator 127
Proletariat, Proletarisierung 102; 159 A 180; 455; 510; 527; 584; 593; 629; 641f; 684; 685 A 25; 731; 740f; 853; 1056 A 50; 1165
Promiskuität 297
Pronunciamiento 498
Prophetie 177; 374; 857 A 35
Prophetisches Amt 553; 581; 792 A 138; 890; 930; 1087; 1090; 1095; 1106; 1110; 1153; 1156
Proselytismus 748; 767; 808; 819 A 235; 838f; 865; 944; 1002; 1140f
Prostitution 163
Protestanten 170 A 23; 187; 194 A 89; 202; 295; 299; 305; 335; 425; 432; 440+ A 103; 451f; 483; 487+ A 242; 595; 606f; 617; 625; 638; 650; 669; 675; 690 A 44; 707; 725; 761; 944; 948; 952; 998; 1014; 1094; 1177
Protestanten, Isolierung 818
Protestantenverfolgungen 560; 667; 708
Protestantische Kirchen 561; 567; 582; 587; 695; 741; 1138f; 1145
Protestantische Mission 338+A 42; 420; 422; 473; 478; 505; 526; 528ff; 535f; 553; 572; 603; 623; 641; 650; 686; 706; 717; 725; 742; 765; 803; 934 A 145; 944; 1150; 1177
Protestantische Propaganda 627
Protestantismus 105; 114; 187; 243f; 255f; 291; 301; 405; 420ff; 439f; 443f; 456; 468; 492; 505; 535; 551; 559; 563 A 134; 567 A 141; 568; 576; 596; 597 A 16; 627f; 657 A 20; 699 A 10; 713; 795; 838; 840; 848; 856; 921; 944; 957; 1001; 1024; 1025 A 114; 1027; s. auch Einwanderungsprotestantismus
Protokoll 131
Provinzialsynode 119; 131; 139; 252; 256; 259f; 347; s. auch Bahia, Limensis, Mexikanum
Provisorat, Provisor 340; 391; 393; 395; 435; 438
Prozession 140; 233; 236f; 244; 256; 267; 271; 285; 289; 291; 297f; 300; 308; 313; 315 A 81; 317; 669; 688; 728; 745; 903; 945 A 16; 956; 992; 1014; 1088; s. auch Wallfahrt
Pseudo-Pfarrer 760 A 48; 768; 776 A 89
Psychologie 517; 525; 854
Pucunche 40; s. auch Araukaner
Puebla de los Ángeles 108; 142; 146; 248 A 76; 501 A 280; 726 A 24; 736
Pueblo 92 A 25; 182; 216; 471; 608; 699
Puelche 36; 155+A 175
Puerto Cabelo 379
Puerto Justo Rufino Barrios 699
Puerto Rico 105; 142; 399; 529f+A 35; 795; 819 A 237; 874; 915; 918 A 106; 931; 995; 1001; 1065 A 4; 1066; 1083; 1085
Puerto Tejada 665
Puno (Peru) 453; 457
Puritanismus 183; 338; 746 A 12; 760; 802; 838; 841; 842; 853; 1003; 1176
Purú 38 A 23
Putsch → Staatsstreich
Puuc 44
Pyramiden-Hochtempel 44 A 41

Quäker 468; 530; 708; 1024
Querétaro 245; 385; 503; 726 A 23
Questão religiosa 431ff; 551; 552
Quetzal 56
Quetzalcóatl, Kukulcan 44; 55f; 307 A 53
Quezaltenango 310; 710
Quiché 48
Quietismus 246; 868
Quilombo 72; 195; 196 A 93; 338; 371
Quito 43; 103 A 50; 109; 117; 120; 143f; 146f; 149; 154; 157; 161; 248 A 76; 296; 298; 310; 329 A 6; 330; 379; 413; 415; 466ff
Quito, Audiencia de (Gebiet des späteren Ekuador) 180; 195; 254; 359; 369; 383; 393; 464; 467

Rache 184; 207; 278
Raiffeisen-System 955
Rasse 517; 543ff
Rassenmischung 82; 220; 262; s. auch Integration

Sachregister

Rassentrennung 187f; 199; 218; 235
Rassismus, Rassendiskriminierung 82ff; 86; 88 A 17; 162; 251; 253 A 83; 261; 290; 294; 298; 316 +A 86; 317 A 89; 337+ A 37; 380; 404; 545ff; 574; 577; 581f; 731; 788; 795; 921; 1165 A 7; 1166; 1172; 1177 A 55
Rationalismus 363; 405; 427; 442; 444; 463; 522f; 561; 595; 628; 638; 767; 798; 878; 918; 965; 999
Raza chilena 449 A 127
Rebellion 174; 191; 300+ A 28; 342; 366; 368ff; 433; 462; 467; 477f; 499; 566; 584; 654; 689; 701; 847 A 10; s. auch Bürgerkrieg
Rebellion der Indianer 177f; 185 A 66; 208; 231; 254; 263; 325f; 369ff; 577; 619; 733 A 54; 1163
Rebellion der Neger 195; 318 A 90; 371+A 6; 374; 376f
Recht, Rechtsprechung 98 A 42; 184+A 62; 193; 218 A 42; 618; s. auch Audiencia, Jurisdiktion, Kanonisches Recht
Rechtfertigung 295; 802; 823; 828 A 258; 855; 857; 859; 913; 985; 1021; 1053; 1143
Rechtlosigkeit 847
Rechtsstaat 346; 371; 987
Recife 196 A 93; 299; 372f; 433
Reconquista 59; 61ff; 88; 140; 187 A 71; 209; 232; 420
Redefreiheit 479; 803; 1007 A 51
Redemptoristen (CSSR) 430 A 76; 556 A 113; 560; 726 A 25; 1164
Reduktionen 144; 201; 209f; 215ff; 231; 237; 262; 264f; 268ff+A 29; 353; 368; 610 A 15; 1162; 1164; 1172; s. auch Aldeamento; Jesuiten, Reduktion
Reduktionsheer (SJ) 276; 280f; 283; 287; 368
Reduktionsmethoden 277
Reform 97; 305; 329; 345ff; 355; 359; 471; 477; 496f; 514; 584; 615; 650 A 48; 662; 671; 699; 702; 711; 725; 855; 936f; 946; 948; 953; 967f
Reform, kirchliche (kath.) 130 A 120; 407; 417; 423; 428f A 70; 431; 435f; 441; 449; 451; 471; 476; 554f; 742; 806; 898; 903f; 927; 932
Reformation 29; 64; 72; 79; 175; 206; 211; 234f; 356; 742f; 758; 839; 853; 933 A 141
Reformatoren 194 A 89; 291; 797
Reformierte Kirche 338; 531; 595; 708; 750; 775; 781 A 103; 916; 932; 1145; s. auch Kalvinisten
Reformkatholizismus 540; 571
Regalien 218+A 42
Regalismus, königlicher 31; 121+A 88; 127; 132; 205; 258; 260; 298; 300; 328; 347ff; 365f; 395; 396 A 73; 399; 407; 552; 587 A 55; 959
Regalismus, republikanischer, Regalistischer Liberalismus 407; 427ff; 433; 438; 446; 454f; 458ff; 477; 580; 606; 822
Regidor 95; 216; 231; 390; s. auch Corregidor
Regionalismus 394
Regionalkirche → Landeskirche
Regions Beyond Missionary Union (RBMU) 531; 626f; 636
Regnum christianum 77
Regularkleriker 106 A 57; 128; 130; 154; 181; 188; 205; 258ff; 285; 372; 396; 435f; 490; 1067
Reich Gottes 587; 801; 838; 855; 868; 871 A 80; 1058; 1105; 1126f; 1143f; 1152
Reis 104 A 53; 105; 288
Rekollekten 148; s. auch Observanten
Relação 95
Religion 520 A 15; 652; 949; 1042
Religion, christliche 165; 333; 523; 1021; 1036; 1088; 1105
Religion, nichtchristliche 47ff; 234f; 238; 240; 292; 302; 1175; s. auch Religiosität
Religion der Humanität 522
Religionsfreiheit 196 A 93; 211; 338; 391; 417; 468f; 476; 478; 483; 487; 491; 502f; 505 A 290; 552f; 662; 668; 694; 706 A 21; 707; 713; 748; 806; 808; 838 A 291; 927; 950; 999; 1036; 1141; 1152
Religionskritik 332 A 15; 522
Religionsunterricht 408; 567; 578; 581f; 588; 606; 623; 626; 653 A 8; 714; 965; 999; 1016; 1025 A 115; 1086
Religiose 139; 586; 616; s. auch Orden
Religiosität, indianische 47ff; 74f; 289; 1173; 1175
Reliquiar 244
Reliquie 242; 879
Renaissance 29; 58; 62; 122; 235; 237; 249 A 76; 330; 356
Repartimiento 99; 169; 178; 181 A 55; 369; 996
Repressalie 178; 263
Repression → Gewalt, etablierte
Republik, Republikanismus 341; 366; 372; 384; 404; 551; 1119 A 158
Requerimiento → Konquistadorenproklamation
Reservatfälle 132f+A 125; 285
Resgate 185; s. auch Indianersklaven
Residenzpflicht 136
Restauration 296; 381f; 390; 393; 397; 408; 418; 456; 461f; 491; 493; 534; 553; 557; 559; 563; 586; 589; 1083; 1089
Reue → Buße
Revolución Integrista 483
Revolution 91 A 24; 331; 332 A 15; 348; 364+A 106; 366; 566; 601; 630 A 24; 637; 641; 659; 689f; 896f; 899ff; 930; 1026; 1030f; 1061
–, Farrapen-Revolution 424; 428; 441
–, bürgerliche 342; 366; 375; 383f; 397; 417; 467; 472; 485; 498; 500; 542; 998

–, christliche 615
–, soziale 377; 383; 385; 417; 449; 475; 566; 658; 924; 931f; 935; 1003; 1029; 1063; 1160 A 25
–, sozialistische 573
–, technisch-industrielle 513
–, wissenschaftliche 363; 512f; 516; 525; 540; 798
Rheinische Missionsgesellschaft 757
Rhetorik 296f
Riberão do Carmo/MG 115 s. Mariana
Rigorismus 243
Riobamba (Ek.) 467; 470; 472; 649
Rio Claro (SP) 548
Rio Grande do Sul (RS) 276; 282; 424; 428; 548f; 555; 755; 759; 716f; 768
Riograndenser Synode (RGS) 550; 568f; 758; 761
Rio de Janeiro 88; 95; 114f; 117; 145; 152; 157 A 176; 160 A 181; 187 A 71; 189; 190; 273; 302; 312; 315 A 81; 339 A 44; 344; 357; 360 A 94; 373; 375; 377f; 384; 395; 541; 548; 550; 762
Rio de Janeiro, Erzbistum 555; 557
Riten, katholische 292; 296; 302; 313f; 431; 824
Ritterorden 140f; 232; 295
Rittertum 58; 61f; 70; 148; 255
Ritualisierung 290; 297
Ritualtanz → Kulttanz
Rohstoffe 421; 525f; 575; 930
Rom (Vatikan) 47 A 47; 184; 194; 280; 366; 396; 398; 407ff; 562; 663; 715; 957f; 961; s. auch Papst
Rom, Bischofssynode (1971) 1093f
Rom, Bischofssynode (1974) 1095; 1113
Rom und die Hierarchie der Neuen Welt 127; 131; 260; 399; 419; 446; 537f
Rom und die iberischen Kronen 122; 124ff; 129; 260f
Rom und die Nationalstaaten 408ff; 419; 428f; 438f; 440ff; 446; 450f;

455f; 459ff; 469ff; 476; 482; 488; 497 A 272; 500ff; 564; 579; 638; 643; 663; 686; 705; 714; 726
Romanisierung 418; 533; 558f; 561; 583; 619; 885
Rondônia 1131
Rosenkranz 199; 225; 238 A 58; 303f; 308; 317+A 89; 318; 1100 A 88; 1102; 1103 A 98; 1107 A 118
Rotary Club 597
Royalisten → Monarchisten
Ruhetage 285; s. auch Feiertage
Rundfunkschulen 536; 1041; 1110; 1111 A 132
Russen → Sowjet-Union

Säkularisation 410; 436; 441; 445f; 450; 455; 479; 491; 496; 504f+A 290; 508ff; 534; 538; 554; 639; 644; 677 A 4; 950; 999; 1031; 1088
Säkularisierung 289; 356; 360f; 367; 395; 405; 423; 436; 441; 443f; 446; 460; 468; 478f; 487; 491; 498; 502; 515; 528; 533; 550; 559; 571; 578; 616; 621; 642; 654; 661; 663; 705; 730; 841; 848; 852; 886; 893; 986; 1032; 1084f; 1093; 1146
Säkularismus 594; 725; 1145
Säkularkleriker 130; 151; 153f; 158; 188; 191; 195; 205; 233; 244; 249 A 76; 251; 257ff; 285; 300; 355 A 83; 356; 361; 369; 396; 431; 490; 496; 506; 554; 559; 997; 1088
Sänfte 295
Saisonarbeiten 709
Sakralgesellschaft 559; 565
Sakralopfer 39; 49
Sakrament 240 A 63; 243 A 71; 244; 278 A 60; 292; 301; 582; 739; 875 A 91; 958; 1024; 1090; 1105; 1173
Sakramentalismus 558; 564; 1108
Sakrileg 446; 947f
Sakristan, Küster 130; 225; 246; 250 A 77
Salamanca, Schule und Universität 176; 190; 249; 266; 328

Salesianer 430; 489; 556; 559f; 619; 623; 665; 679; 726 A 25; 729; 1162f; 1175 A 49
Salpeter 608
Salta 115; 149; 155
Saltos 185f
Salz 40; 103 A 50
San Diego, Barfüßer Orden 508
San José / Costa Rica 491; 493
San Juan de Dios → Barmherzige Brüder
San Juan de Puerto Rico 108; 207; 248 A 76; 345
San Lorenzo del Escorial 150; 279 A 65
San Luis Potosí 354; 726 A 23; 958
San Marcos 710
San Miguel del Tucumán (Stadt/Provinz/Bistum) 112; 129; 144; 149; 155; 180; 229f; 266f; 273; 354; 382; 389; 435
San Salvador (Bahamas) → Guanahani
San Salvador, ZA 383; 412f; 416; 492f; 705
San Yuste 150
Santa Casa de Misericordia 95; 158; 300; 316
Santa Catarina (SC) 144; 266 A 14; 268; 278; 424; 548; 555; 755; 757; 762
Santa Cruz de la Sierra (Stadt, Bistum, Dep.) 112f; 154f; 227; 989ff+ A 78
Santa Cruzada 133; 344f
Santa Fe / Arg. 144; 155; 583
Santa Fe / Mex. 248 A 76
Santa Fe de Bogotá 109; 112; 117; 144; 147; 153f; 180 A 54; 200 A 103; 247 A 76; 330; 371; 381f; 393; 415
Santa María de los Buenos Aires → Buenos Aires
Santa María la Antigua del Darién 108; 142
Santa Marta / Kol. 108f; 112; 117; 167; 248 A 76; 661
Santander 661 A 30
San Telmo 113
Santiago Atitlán 322 A 101
Santiago de Chile 111f; 117; 247 A 76; 353 A 79; 381; 409; 449; 451

Santiago de Cuba 108; 118
Santiago de Jerez (Guayrá) 275
Santiago de León / Nik. 108; s. auch León
Santiago de León de Caracas 108; 118; 248 A 76; 379; 381; 392
Santiago de los Caballeros de Goathemala (Antigua) 108; 163 A 191
Santiago del Estero (Stadt/Provinz) 112 A 69; 117; 149; 248 A 76; 266; 293 A 6; 315
Santiago-Ritterorden 141; 156
Santidade 325
Santo André (vgl. São Paulo) 88+89 A 19
Santo Ángelo (RS) 276
Santo Domingo 67; 89; 108; 117f; 146; 170f; 247 A 76; 252f; 331; 399; 415; 529; 530 A 35; 743; 877 A 98; 919; 1138f; s. auch Hispaniola
Santos 160 A 181; 190; 384
São Francisco do Sul (SC) 115
São Leopoldo (RS) 550
São Luís (nach Ludwig IX. von Frankreich 1214–70) 95; 114f; 191
São Paulo 88; 89 A 19; 105; 115; 117; 160 A 181; 186; 189; 217; 265; 272; 273; 307 A 53; 346; 372f; 384; 519; 541f; 548f; 559; 762; 882
São Salvador da Bahia de Todos os Santos (Stadt, Bistum, Erzbistum) 36; 88; 94f; 105; 110; 117f; 118 A 78; 152; 157+A 176; 159; 163; 218; 296; 299; 302; 305; 316; 338; 428; 696
São Sebastião do Rio de Janeiro → Rio de Janeiro
São Vicente 88; 114; 144f; 213; 217; 265; 278; 302
Sarazenen 124
Satellitenstruktur 406 A 10; 527; 700; s. auch Wirtschaft
Schachbrettmuster 58; 216
Schamane 41; 47f; 50f; 54; 219 A 42; 234; 263; 275f; 278; 320; 324; 340; 716
Schicksalsglaube 315 A 83;
316; 321+A 100; s. auch Fatalismus
Schiffahrt, freie 387; 402; 579 A 8
Schisma 413; 428f; 486; 530; 791; 792 A 139; 829; 836 A 287; 837 A 287; 841; 858 A 42; 859; 860 A 44; 863; 933 A 141; 957; 961
Schlange 55f
Schöpfergott 50f; 53; 55
Schöpfung 48+A 53; 49f; 55; 756; 764; 770; 853
Scholastik, Neoscholastik 62; 165; 180 A 54; 197 A 96; 209; 211; 213; 255f; 327; 330; 332; 349 A 69; 356; 359f; 362f; 388; 442; 461; 493; 519; 523; 540; 558; 627; 676; 678; 723; 1117
Schrift, ideographische 41; 71; 213
Schulaufsicht, kirchliche 420; 502
Schulbrüder 726 A 25
Schuldbekenntnis → Sünde und Schuld
Schuldhaft 641
Schuldknechtschaft 544
Schule, katholische 136f; 140; 153f; 157; 161; 231; 233; 246; 250; 254; 312; 352; 355ff; 397; 427; 430; 438; 441; 446; 451; 487; 492; 496; 507f; 535; 554; 556f; 559; 567; 572; 607; 619; 627f; 688; 727+A 26; 729; 808; 964 A 70; 965; 1000; 1016; 1050; 1067; 1086; 1090
Schule, öffentliche 408; 455; 468; 476f; 485; 488; 492; 517; 522; 576; 581f; 594; 599 A 4; 601; 619; 621; 624; 635; 659 A 24; 683; 687; 728; 730; 741; 774; 800; 818; 828; 905; 950; 1006f; 1016; 1172 A
Schule, private 779 A 99
Schule, protestantische 427; 440; 535 A 45; 549; 570; 595; 625f; 629; 667 A 53; 728; 763; 914; 919; 942; 964 A 70; 1001f; 1154
Schulkampf 963f
Schulpflicht 361 A 97
Schutzgeist, Schutzgott 47; 53; 237
Schutzpatron 299; 305; 307
+A 53; 695 A 61; s. auch Patronatsheilige
Schutzzoll 406 A 10; 436f
Schwarze → Neger
Schweden 193
Schweiz(er) 548; 578; 595; 750; 755; 995 A 78; 1077
Schwertmission 168; 176; 186; 207; 209ff; 269
Schwesternschaft 583; 1116
Sebastianismus 323 + A 105; 845f
Sedisvakanz 129; 395f; 459; 497 A 272
Seeblockade 680 A 14
Seele, Seelenvorstellungen 48; 50ff; 75; 76; 183; 276; 303; 314f; 322; 820; 1041
Seelenheil → Soteriologie
Seelenkult 303; 317; s. auch Fegefeuer
Seelenmesse 256; 301; 303; 313 A 75; 317; 320; 1102 A 98
Seelsorge 140; 158; 194f; 198f; 226; 239; 243; 408; 489; 695 A 61; 886; 888; 1058
Segen, Segnung 187 A 71; 298; 303; 311; 314; 320; 486; 553 A 105; 1102; 1133
Sekte 858; 934 A 145; 1089
Selbstbestimmung 172; 475; 1177 A 54; 1178 A 55
Semana Santa, Karwoche 309; 849f
Seminar, protestantisches 1001
Seminario Bíblico Latinoamericano 708 A 29; 1134
Seminario Luterano Augsburgo 815 A 225
Seminaristen 648; 1069ff; s. auch Priesternachwuchs
Senado da Câmara 95; 109f; s. auch Cabildo
Sendungsauftrag → Missionsauftrag
Sephardim 343 A 52
Sequestration von Kirchenbesitz → Säkularisation
Sertão 115; 184; 188; 433
Servicio personal → Encomienda de servicios personales, Leibeigenschaft
Serviles 490f
Sesmarias (sesmo = sexto,

der für die Krone bestimmte sechste Teil des Ertrages) 94+A 37; 201
Seßhaftmachung 218f; 232; 269
Sete Povos das Missões 282; 351; 356
Sevilla 47 A 47; 65; 79; 113; 117; 157; 380
Sexualität, Sexualmoral 82ff; 244 A 71; 304; 313 A 73
Shuar 33; 1175 A 49
Siedler → Kolonisten
Silber 66; 94; 102ff; 110; 181; 265 A 14; 273; 297f; 345; 454 A 141; 608; 660
Simonie 204; 628
Sinaloa 153; 726 A 23
Situationsanalyse 1032; 1053; 1097
Skapulier 311; 389
Skeptizismus 427; 450
Sklaven 58; 106 A 56; 169; 176 A 38; 293; 295; 385; 577 A 15; 625; 640; 732; 740; 997; s. auch Indianersklaven, Negersklaven
Sklavenbefreiung → Abolition
Sklavenbruderschaft 199; 317f+A 90; s. auch Bruderschaft
Sklavenhalter 190; 194; 196; 199f; 295; 366; 490; 549
Sklaverei, Sklavenhandel 101; 184f; 190f; 192ff; 215; 245; 277; 329 A 8; 358; 365; 372; 530 A 35; 655; 801; 828; 876; 982; 996; 1165
Smaragd 117
Social Gospel 834; 840; 922+A 115
Sociedades Católicas de Señores y Señoras 739
Socorro (Neu-Granada) 370
SODEPAX 910
Solidarität 855; 1052f; 1174 A 42
Sololá 710; 715
Sondergerichte 994
Sonnenkult, Sonnenjungfrauen 49; 52; 54f; 306
Sonntagsschule 1155
Sonora 115; 153; 355 A 83; 506; 732; 818; 968 A 81
Sorge um den ganzen Menschen → Heil → Wohl
Soteriologie 107; 134; 183;

191; 194; 198; 209; 233; 239f; 252; 262ff; 285; 314f; 320; 538; 632; 658; 824; 840; 902; 914; 932; 1036; 1039; 1041; 1054; 1103; 1105; 1109; 1146; 1168; 1175 A 47
South American Evangelical Mission 531
South American Missionary Society 452; 617 A 31
Souveränität 132; 272; 347; 350; 353; 406f; 417; 419; 445; 470; 487; 496; 588; 704; 1052
Sowjet-Union (UdSSR) 548; 963; 966 A 78; 995 A 78; 1018
Sozialarbeit → Diakonie
Soziale Frage, soziale Probleme 425; 518; 539; 559; 565; 573; 587 A 55; 612; 613; 657; 774; 891; 1004; s. auch Gesellschaftsstrukturen
Soziale Verantwortung → Öffentlichkeitsauftrag
Sozialenzykliken 609; 612+A 16; s. auch Sozialethik
Sozialer Wandel → Reform
Sozialethik 202; 287f; 298; 303; 362; 424f; 747; 792 A 138; 800; 816; 833ff; 841; 871 A 80; 980; 1012; 1028; 1088; 1106; 1122
Sozialgesetzgebung 497f; 534; 593; 609; 611
Sozialisierung 988f; vgl. Verstaatlichung
Sozialismus 43; 100; 290; 477; 538; 559; 592; 611; 643; 649; 658; 663; 694 A 58; 740 A 82; 887 A 5; 898; 952; 954; 963; 965; 988; 993; 1018f; 1023; 1037; 1057
Sozialismus, christlicher 1046
Sozialkongresse, katholische 534; 544; 730; 737; 739f
Soziallehre, katholische 535; 537f; 558; 633; 638 A 8; 663; 688f; 891; 992; 1046; vgl. Sozialethik
Sozialpolitik 588; 774
Sozialreform → Reform
Sozialsekretariat 970 A 84; 971 A 86
Sozialversicherung 1007
Sozialwerke, kirchliche → Diakonie

Sozialzentrum → Diakonie
Soziologie 18f; 517ff+A 10; 521; 525; 547; 606; 628; 651; 698; 887
Sozio-ökonomische Strukturen, Probleme 375; 929
Spanien 58ff; 61 A 12; 64; 79; 105 A 54; 106 A 58; 124; 130; 141; 148; 159; 172ff; 347; 352f; 363; 377; 408ff; 475 A 198; 500; 538; 556; 662; 665; 795 A 147; 1077; s. auch Krone
Spanier 79ff; 88 A 17; 89; 90f; 107; 112; 139; 145; 153f; 159; 174; 177; 182f; 222; 250; 271f; 289; 297; 345; 355; 390; 490; 695 A 61; 795
Spanischamerika → Hispano-Amerika
Spanische Sprache, Spanisch-Unterricht 215; 232; 289
Spanisch-portugiesische Interessengegensätze 152; 154; 266; 271; 357
Spinnerei 103 A 50; 231; 290; 356
Spiritismus 559; 798; 837; 847f; 856f; 865; 876; 890
Spiritualismus 60; 388; 443; 522; 613; 628; 676; 859; 1005; 1145
Spitalorden → Hospitaliter
Staat und Kirche 63; 123ff; 131; 138; 140f; 152; 172 A 27; 190; 204; 232; 244; 257ff; 347ff; 350ff; 389; 401; 406ff; 417ff; 427f; 438ff; 462 A 162; 483ff; 489f; 496; 502; 504ff; 573; 602; 623; 661 A 30; 688; 694; 704; 710; 886; 889; 950; 970; 981; 992; 1118 A 153; 1119 A 158; 1123; s. auch Regalismus
Staat und Kirche, Trennung 389; 399; 422; 478; 482; 496; 499f; 504f; 515 A 5; 523; 529; 533; 550; 552; 563; 578; 588f; 595; 596 A 11; 605ff; 618; 638f; 653; 705; 725; 761; 821; 830; 890; 948; 951; 999
Staat und Kirche, Finanzielle Unterstützung der Kirche 420; 436; 451; 455; 478; 483; 502; 533;

564; 567; 570; 572; 579; 618; 675; 679
Staatsvolk 24f
Staatsauffassung, Staatsformen 25; 96f; 401; 552
Staatskapitalismus 1055
Staatskirchentum 124ff; 128; 338; 441; 464; 476; 499; 533; 539; 552ff; 657; 694; 992; 1025 A 115; 1152
Staatskommissare 966 A 78
Staatsraison 341; 347; 349; 353; 464; 483
Staatsreligion 294; 380; 389; 408; 419; 427; 440; 450; 457; 468; 493; 579; 638; 671 A 65; 679; 822
Staatsstreich 406; 454; 492; 497; 504; 542; 569; 573; 584; 597; 643; 650; 687; 790; 956 A 52
Stadt 93; 96; 154; 181 A 55; 233 A 53; 255; 258; 259 A 92; 284; 297; 300; 312; 480; 555; 578; 584; 608; 655; 684; 817; 1056 A 50; s. auch Urbanismus
Standesgesellschaft 91; 93; 97; 130; 346 A 65; 404; 457; 538; 570 A 158
Status quo →Ordnung, gesellschaftliche
Statussymbol 98; 316
Stellenbesetzung, kirchliche → Kirchenpatronat
Steuer 132; 196; 347; 354; 369ff; 383; 509; 712; 733; 947; 1042
Steyler Missionare 556 A 113
Stierkampf 301; 460
Stiftung, fromme 137f; 157; 301; 644
Stoa 193
Stolgebühren 462; 499; 500 A 279; 558; 817; 905
Strafe, Strafrecht 213; 218 A 42; 230 A 48; 246; 290; 356; 1124
Strafe Gottes 304; 315; 321 A 100
Straßenbau, Straßennetz 103 A 50; 1131
Streik, Streikrecht 611; 622; 629; 640; 647 A 38; 660; 664; 667; 735f; 1007; 1056
Strukturwandel → Gesellschaftsstrukturen
Studenten-Freiwilligen-Bewegung 796; 800

Studentenrevolution 616; 645; 666; 687
Studium generale 361
Subjektivismus 628 A 16
Subkultur 242; 317; 865; 1090; s. auch Kultur der Armut
Subsistenzwirtschaft 67; 99; 105; 287; 302; 426 A 63; 524; 599; 654; 699; 710; 978; 1006
Substitution 237; 289
Subservion → Befreiung, Guerrilla, Öffentlichkeitsauftrag, Staat u. Kirche, Tupamaros etc.
Sucre 110; s. auch Chuquisaca
SUDENE 892
Sündenvergebung → Beichte
Sünde und Schuld 54; 198; 271; 313ff; 321 A 100; 392; 500; 529; 764; 789 +A 128; 840f; 851f; 867 A 68; 868; 875 A 91; 900; 905; 911; 930; 984; 986; 1031; 1039f; 1053; 1105; 1118 A 154; 1125; 1148; 1175f; s. auch Erbsünde, Todsünde
Summepiskopat 427; 445
Summer Institute of Linguistics → Wycliffe
Sumu 706
Supremat 822f
Surinam (Holl. Guayana) 105 A 55; 363; 422; 706; 913 A 96
Synarchismus 966 A 78
Synkretismus 52; 165; 195; 199; 230; 235; 241; 256; 295; 303; 307 A 53; 318ff +A 91; 503; 533; 559; 848; 856f; 878; 881; 1112; 1173
Synode → CCLA; CELA; Diözesan-, Provinzialsynode
Syphilis 67; 334; 947 A 23
Szientismus 512ff A 1

Tabak 95; 103 A 50; 105; 288; 290; 371; 480; 996
Tabasco 70; 726 A 23; 818; 945; 958; 961; 965
Tabula rasa 235; 238+A 58; 323
Tacambaro (Bistum) 726 A 23
Tacna 453; 456; 606
Tacuba 46

Taino 39 A 25; 51; 52 A 70; 67f; 170 A 20
Talca 43; 409 A 13
Talg 102
Taluhet 155+A 175; s. auch Pampa-Indianer
Tamoio 144; 315 A 81
Tampico 726 A 23; 942
Tapa 879
Tapacari 147
Tape 189; 274ff+ A 56
Tarahumara 727; 732
Tarajó 184; 186
Tarapacá 606
Tarasco-Indios 231; 732
Tarija 115
Tatauierung 82 A 7
Taufchristentum 242f; 292; 301; 313 A 75; 398
Taufe 54 A 81; 71; 77; 171; 194; 196; 204; 206; 210; 211 A 19; 230; 231+A 49; 235; 239; 241+A 66; 242; 244ff; 264; 270 A 33; 276; 278 A 60; 313 A 75; 320; 528; 706; 728; 785 A 114; 806; 812+A 208; 819 A 237; 825; 827; 829; 832; 841; 903; 961; 1006; 1023 A 110; 1173; 1176
Taufe, Erwachsenentaufe 423; 636 A 44; 825; 865
Taufe, Kindertaufe 860 A 44; 865
Taufhindernis 240
Tauf- und Heiratsregister 279; 654; s. auch Zivilregister
Taumalipas 115
Tauschhandel → Handel
Tawantinsuyu → Inka
Tayasal 45 A 42
Technologie, Technisierung 104 A 53; 526f; 730
Te Deum 482; 486; 493; 499f
Tegucigalpa 492
Tehuantepec 146; 489; 726 A 23
Tehuelche 155+A 175; 434 A 85; 574 A 1
Tempel 44 A 41; 51; 71; 233; 238 A 58
Tempeljungfrauen 162 A 187
Tenentismo 566
Teneriffa 150
Tenochca 45; s. auch Azteken
Tenochtitlán 46f; 71
Teófilo Otoni (MG) 548

Tepotzotlán 252
Tereno 38 A 23
Terms of Trade 526; vgl. Handel
Terreiro 881; 883; vgl. Umbanda
Terrorregime 1057; 1124
Terziare, Tertiarier → Drittorden
Tetzcoco 46
Teufel 75; 191; 235f; 238; 314f+A 82; 321+A 100; 393; 472; 497; 529; 638; 761; 842; 865; 867; 876 A 92; 930
Texas 208; 494
Texcoco-See, Stadt 46; 340
Textilindustrie 346
Tezcatlipoca 55
TFP 499 A 276; 614+A 21; 616 A 28; 852; 1061; 1100; 1101 A 92; 1106; 1110 A 128
Theater → Mysterienspiel
Theodizee 853; s. auch Gott
Theogonie 55
Theokratie, theokratisch 65; 69 A 39; 171; 288; 349; 469; 497; 534; 1090
Theologia crucis 1125; 1127
Theologia Indiana 256
Theologie, Theologiestudium 290; 356; 362; 364; 396; 455; 517; 533; 554f; 581; 698; 787; 794 A 144; 802; 817; 830f; 833; 851 A 21; 860; 871; 887 A 6; 917; 919; 1027; 1030f; 1036; 1060; 1086; 1092; 1105f; 1108
Theologie, politische 855 A 31; 1031; 1034
Theologie der Befreiung 19; 177; 293; 298; 789 A 127; 849; 855 A 31; 901; 971; 1032–1041; 1054; 1059–1063; 1106; 1117; 1119; 1127; 1130; 1146; 1177 A 54
Theologie der Revolution 855 A 31; 897; 910; 1030; 1034
Theologie der Zeichen der Zeit 893; 902; 1118 A 155
Theologie vom Tode Gottes 1144
Thomismus, Neuthomismus 26; 62; 518; 540; 558; 588; 611; 676; 1108

Thor 59
Thron und Altar 141; 370; 395; 406; 422; 455; s. auch Kirchenpatronat; Staatskirchentum; Staat und Kirche
Thronunion Spanien/Portugal (1580–1640) 145
Tiahunaco 43
Tibiriçá 217
Tiefenevangelisation 765; 874; 929; 934 A 145; 1128; 1133–1140; 1147
Tieflandindios 81; 82 A 9; 153
Tienda de raya 734+A 61; 736; 937
Tijonel (aj tij) 322f
Tikal 44
Tipic 726 A 23
Titel 93 A 31; 357; 383
Titicaca-See, Chucuito-See 147; 162; 453; 625
Titularbischöfe 413; 416
Tlatelolco 251+A 80; 253 A 83
Tlaxcala 108; 142; 246
Tloque Nahuaque 321
Tobá 434 A 85; 574 A 1; 619; 872; 1168 A 16
Tobago 931
Tobatí 144
Tod 301; 303 A 37; 315
Todesschwadron 1128 A 179
Todesstrafe 95; 219 A 42; 309; 335f; 340 A 45; 352; 356; 448; 460; 470; 485; 503 A 287; 589; 740; 781 A 105; 928 A 131; 994; 1007; 1010
Todsünde 170; 194; 662; 914; vgl. Sünde und Schuld
Toledo 60
Toleranz 59; 405; 407; 421f; 435; 440; 452; 473; 493; 505f; 600; 606; 612; 626; 639; 653; 706; 725; 783; 807; 820
Tolteken 44; 55
Toluca 147
Tomar 118 A 79; 125
Tonantzin 306; 307 A 53; 321
Tonocote 229
Tonsur 241; 250 A 77
Totalitärer Staat, Totalitarismus 360; 469; 588; 930; 959; 995; 1053; 1058; 1120 A 159; 1128 A 179

Totemismus 51; 879
Totenfürbitte, Totenmesse → Seelenmesse
Totenreich 53
Tradition, Traditionalismus 97; 341; 539; 652; 791; 832; 933; 1101 A 92; s. auch TFP
Transsubstantiationslehre 850; vgl. Eucharistie
Transzendenz 302; 1035
Trappisten 544
Trauung → Eheschließung; Ziviltrauung
Treueid, bischöflicher 129; 493
Tributfreiheit 88 A 17; 216; 233
Tributpflicht 68 A 34; 70; 99; 136; 171; 178; 180; 182; 200; 283+A 78; 284; 288; 369; 458; 462; 468f
Tridentinum 29; 63; 119ff; 128; 131; 206; 226; 243; 247f; 249 A 76; 251; 255ff; 291; 312; 419; 743; 821; 823+A 244; 1089; 1095; 1104; 1115
Trinidad 931
Trinität 312; 336; 858
Trinitarier (OST) 160 A 182
Triumphalismus 141; 203; 296; 300; 308; 557; 587; 834; 888; 908; 1019; 1102; 1108; 1144; 1152
Trucksystem 734; 736
Trujillo (Hond.) 108
Trujillo (Peru) 111; 147
Trunksucht → Alkoholismus
Tugend, christliche 182f; 243; 297f; 311; 356; 382; 411; 659; 803; 850; 852; 1020
Tugend, staatsbürgerliche 123; 801f; 943
Tulancingo 726 A 23; 739
Tulazutlán 173
Túmbez 211 A 19
Tunja (Kol.) 109; 381
Tupamaro 597; 1040
Tupán 50; 288
Tupí 35 A 8; 38; 47; 49; 89 A 19; 235; 262; 267; 270; 272; 279ff; 324; 372
Tupinambá 38 A 24; 49f; 184; 262; 324
Tyrannenmord 348

UdSSR → Sowjet-Union
ULAJE 921 A 112; 927; 933
Ultramontanismus, Ultra-

montane 348f; 418+A 38; 431f; 436; 440; 443; 456; 461; 486f; 496; 498; 523; 605; 885; 1083
Ultreya 1100+A 89
Umbanda 195; 199; 533; 856f; 865; 878ff; 882
Umsiedlung 215ff; 232; s. auch Reduktion
Umwelt 233ff; 246; 517
Unabhängigkeit, kirchliche, theologische 122; 149; 1079
Unabhängigkeit, politische 90; 121; 176; 182; 200; 235; 251; 255; 331+A 15; 341f; 354; 364ff; 366; 370+A 4; 376–399; 410f; 419; 445; 453; 475; 490; 497 A 272; 509; 518; 521ff; 588; 809; s. auch Emanzipation
Unabhängigkeitskriege 341; 356; 365; 375ff; 387; 388f; 391; 395; 404; 420; 435; 454; 460; 481
UNELAM 25; 790; 920; 927f; 1149; 1170
Ungarn 751
Ungerechtigkeit, institutionalisierte 986; 993; s. auch Gewalt, etablierte
Ungerechtigkeit, soziale 625; 868; 930; 942f; 982; 984; 1050; 1156
Unglauben 427; 431
Unidad Nacional (UN) 967 A 78
Unidad Popular (UP) 788
Unierte → Evangelische Kirche der altpreußischen Union
Union Church 452; 749; 752
Unión Evangélica de Sudamérica 916
Unión Nacional de Sinarquistas 966
Unitarier 438
United Fruit Co. (UFCO) 700; 709; 712; 1007 A 46
Universalien 57
Universalismus, päpstlicher 65; 74
Universität 89; 136; 140; 149; 154; 249 A 76; 255; 327f; 356f; 361–365; 383; 397; 442; 458; 468; 487; 492; 496; 519ff; 527; 600; 622; 627f; 676; 693; 697f; 714; 723; 728; 800; 887 A 6; 954; 979; 1155

Universitäten, katholische 359; 520; 540; 583; 606; 616; 631; 634; 688f; 713; 889; 1000; 1016; 1154; 1157
Universitätsreform 362; 631
Unmenschlichkeit 181f; 194 A 89; 199; 207; 985
Unmoral 297; 665
Unterbeschäftigung 684; 967 A 80
Unterdrückung → Gewalt, etablierte
Unterentwicklung 99; 101; 406+A 10; 457; 524; 541; 903; 909; 923; 986; 1065
Unterschichten 97; 865; 878; 914
Unterwerfung, militärische 208f; s. auch Conquista
Unzucht 196
Urbanismus, Urbanisierung 41f; 58; 80; 88f; 90 A 20; 237; 513; 526; 533; 535; 569; 608; 642; 682f; 884 A 128; 1006
Urkirche, Urchristentum 142; 231 A 50; 238; 256; 288 A 100
Urlaub 818
Uruguay 101f; 112; 318 A 90; 351; 388; 402+A 3; 403; 416; 421f; 424; 437; 439; 440–44; 448; 521; 528f; 750; 755; 767; 775; 781; 877; 927; 931; 1006; 1040; 1060; 1065; 1084; 1120 A 160; 1157; 1163 A 3; s. auch Colônia do Santíssimo Sacramento
Urwaldstämme 38
USA → Vereinigte Staaten von Amerika
US-Friedenskorps 991 A 63; 1081
Utilitarismus 103 A 50; 331f+A 15; 467; 516; 519; 521; 631; 698; 838; 1155; s. auch Nützlichkeit
Uto-aztekisch 45 A 44
Utopie 290; 1021
Uxmal 44

Vakanz 136; 140 A 140; 506; 509; s. auch Sedisvakanz
Valdivia 112; 149; 409 A 13
Valencia (Ven.) 480
Valladolid (Hond.) 108

Valladolid (Mex.) 163 A 191; 244
Valparaiso (Chile) 449; 452
Vasall, Vasallendienst 63; 189 A 76; 201; 1095; s. auch Feudalismus
Vaterland 499; 567; 954; s. auch Patriotismus
Vatikan → Rom
Vatikanum I 418; 463; 487; 887; 918; 1104
Vatikanum II 28; 141; 203; 234; 246; 418; 428; 461; 537; 540; 553; 591; 603; 613; 616; 646; 673; 742; 747; 809; 836; 853; 893ff; 902; 929; 932; 934; 982; 1001; 1032; 1063; 1089; 1095; 1098; 1107; 1112; 1140; 1169; 1175
Vecino, Vollbürger 95; 480; 482
Venezuela 99; 104 A 53; 105; 144f; 153; 157; 170 A 23; 180 A 54; 200 A 103; 207; 254; 329; 332 A 15; 371 A 5; 379; 383; 387; 392; 398; 402ff; 408; 419; 474f; 479–489; 531 A 38; 653 A 4; 744; 767; 768 A 77; 918 A 106; 1060; 1067; 1083ff; 1135; 1138f; 1178 A 55; s. auch Nueva Granada
Ventre livre 426; 432; s. auch Abolition
Veracruz 333; 341 A 48; 345; 494; 941f; 961; 965
Veragua 69
Verapaz (Guat.) 110; 208; 231; 322; 489; 710
Verbalinspiration 747; 767; 912 A 95; vgl. Bibel
Verbannung → Expatriierung
Verbo Divino, Kongregation 556
Verbrechen gegen die Menschlichkeit 67ff; 73; 102ff; 150f; 155
Verbrennungsstrafe 53 A 75; 77; 340; vgl. Autodafé
Verdienst 244; 311; 315; 658; s. auch Rechtfertigung
Vereador 95
Vereinigte Staaten von Nordamerika (USA) 366; 377; 382; 384f; 387; 404; 416; 492; 499f; 503; 513; 521f; 524; 526; 529; 535;

567; 573-576; 584; 597; 601; 633; 660; 680 A 14; 701; 736; 795; 804; 923; 931; 942 A 13; 944; 975; 979; 980 A 23; 982; 987; 990; 991 A 62; 992; 995; 1002; 1007 A 46; 1014; 1018 A 93; 1022 A 106; 1024f; 1028; 1043; 1077; 1081; 1149
Vereinigung katholischer Junger Männer 564
Verfassung 366; 380ff; 389; 404f; 424; 433; 437; 440; 450; 454; 457f; 464; 468f; 472; 476; 477f; 482; 493; 499; 505; 507; 510; 515; 529; 545; 552; 567; 575; 579; 589; 611; 651; 653; 666; 679; 694; 697; 703; 706 A 21; 713f; 721; 806; 821; 940; 943; 949; 954; 995; 1007; 1028; 1118 A 154
Verfassungseid 462; 468; 478; 482f
Vergeltung 67f; 178; 184; 207; 315; s. auch Rache
Vergesellschaftung von Produktionsmitteln 988; vgl. Verstaatlichung
Vergewaltigungen 150; 179; 948; 994 A 74
Verhaftungen 1124f
Verkündigung, Verkündigungssprache 178; 314+A 80; 561; 615; 801; 824; 860 A 47; 933 A 142; 1146; 1148; s. auch Evangelisation
Vernunft 166; 193; 212ff; 329; 331; 349; 361; 364; s. auch Aufklärung
Verpflanztes Volk 574; 592; 1084f
Versammlungsfreiheit 316
Versklavung von Arbeitnehmern 984
Versklavung von Indios → Indianersklaven
Versöhnung 315; 789; 911; 928 A 131; 929; 938; 1027
Versprechen, Promesa 301f; 311+A 65; 903
Verstaatlichung 437; 600; 691; 788; 965 A 76; 949; 985; 1011; 1016
Vertrag
- Ancón, Vertrag von (1883) 618 A 2
- Andenpakt 690; 691 A 48

- Argentinien-Großbritannien, Handels- und Freundschaftsvertrag (1825) 435f
- Asiento-Vertrag (1713) 329 A 8
-, Augsburger Religionsfrieden (1555) 111; 211; 918 A 106
- Britisch-brasilianischer Handelsvertr. (1810) 378
- Clayton-Bulwer Vertrag (1850) 491 A 259
- Dallas-Clarendon Abkommen (1856) 490
- Fontainebleau, Vertrag von (1807) 377
- Gadson Purchase (1853) 498
- Guatemala-Mexiko, Grenzvertrag (1881) 697 A 1
- Methuen, Vertrag von (1703) 103 A 50; 372; 377
- Miramar, Vertrag von 504 A 289
- Paris, Schiedsspruch von (1899) 479
- Platt Amendment (1901) 995
- Rio de Janeiro, Protokoll von (1942) 456; 650 A 46
- Salomon Lozano Vertrag (1922) 650 A 46
- Spanien-Portugal, Grenzvertrag (1750) = Vertrag von San Ildefonso 274; 282; 284; 351; 353
- Tordesillas, Vertrag von 64; 125; 265; 270; 351
Vertröstung → Eschatologie
Vetternwirtschaft 406; 454; 586; 645; 670; 719; vgl. Korruption
Viehfazenda, Estancia 82; 101f; 104 A 53; 201; 206; 286; 584
Viehzucht 37; 95; 104+A 53; 288f; 302; 479ff; 485; 542; 593; 686
Vikariat, Apostolisches 138f; 1164
Vikariat, königliches 128; 347; 349
Vikinger 64
Vila Rica de Ouro Preto (MG) 89; 300; 307 A 53; 373
Vilcapampa 369
Vilela 155+A 175
Villarica (Chile) 112

Villarica (Paraguay) 600
Villa Rica del Espírito Santo (Guayrá) 267f; 271; 273; 286
Vinzentiner → Lazaristen
Vinzentinerinnen 504 A 290; 556; 619
Violencia → Gewalttätigkeit
Virginitätskomplex 85; 163
Virilitätskomplex → Machismo
Visitas 232
Visitatio ad Limina 127
Visitator, Visitation 127; 140; 295
Visto bueno → Placet
Vitória ES 145
Vizekönigtum, Vizekönigreiche 95f; 98; 131f; 140 A 140; 154; 182; 339; 402f
Vizepatronat 131
Vodô 376; 876; 878; 879 A 105; 881; 883
Völkerbund 917; 922; 951
Völkerrecht 173ff; 176; 210
Volk, Volksbegriff 293; 307 A 53; 331; 356; 361; 375; 386; 387 A 45; 403; 409; 439f; 453f; 457f; 462; 475; 481; 497; 501f; 507; 540; 552f; 560; 568ff; 574f; 580; 584; 621; 649; 656; 672; 870; 899; 1157 A 16
Volk Gottes 21; 540; 586; 766; 887; 1064; 1093; s. auch Ekklesiologie
Volksfrömmigkeit 255; 291ff; 296; 301ff; 408; 559; 561; 587; 728; 841; 854; 903f
Volksfront 612
Volkskatholizismus 293; 301ff; 427; 443; 533; 572; 627f; 822f; 844; 851; 857; 865; 881f
Volkskirche 537; 568; 752f; 756; 825; 863; 908; 1089; 1141; 1152; s. auch Ekklesiologie
Volkssouveränität 96; 348; 365f; 380; 407; 424; 514
Volkssprache 122; 549; 561; 743; 751; s. auch Indianersprachen
Volkstum 537; 549; 751; 763f; 786; 1141; 1154 A 3
Volksweisheit 242
Vollkommenheitsideal 250
Vorsehung, Vorsehungs-

glaube 299; 302ff; 315; 447; 484; 678 A 7; 764; 795; 855; 992; 1010 A 61
Vorurteil, soziales 316; 361; 474; 548

Wahlen, Wahlbeteiligung 449; 454; 478; 495; 515; 566+A 140; 637; 661 A 30; 664; 670; 690; 940; 953; 1007; 1011
Wahlmanipulation 449; 478; 566; 585; 632; 640; 1172 A 35
Wahlrecht 424; 450; 515; 567; 572; 584; 614 A 22; 624; 655; 672; 809 A 191; 822; 950; 976
Wahrheit 519 A 13; 1154; 1175
Wahrschau 54
Waisenhäuser 739; 808; 1016
Waldenser 422; 595; 781+A 103; 860
Walfang 103 A 50
Wallfahrt 63; 301; 304; 311; 688; 728; s. auch Prozession
Wallfahrtsort 147; 304; 374; 881; 888; 997
Wassergottheit 306
Weberei 41; 103 A 50; 223; 231; 290
Weihe 250+A 77; 252ff; 286; 314; 331; 399; s. auch Segnungen
Weihehindernis 250ff
Weihnachtsfest 292 A 2; 303; 309+A 57; 850
Weihrauch 237; 484
Weihwasser 238 A 58; 292; 303; 879
Weihwedel 230
Wein 104 A 53; 288
Weizen 102; 288
Welt 841; 866; 912; 1089; 1146
Weltangst 295f; 303
Weltanschauung, Weltbild 75; 290; 302f; 330
Weltbank 1056
Weltbund der Reformierten Kirchen 916
Weltgeistliche → Säkularkleriker
Weltkatastrophen (Kataklysmen) 55; 56 A 88; 321 A 100; 324
Weltmarkt 100f; 105 A 56
Weltmissionskonferenzen → Internationaler Missionsrat

Weltwährungsfonds 1056
Weltwirtschaftskrise 513; 526; 528; 535f A 45; 584; 609; 622; 632; 642; 660; 681; 701; 819; 919; 922; 960; 1007 A 46
Weltzeitalter 49; 55
Werke, gute 193; 824; 880; s. auch Stiftungen
West Indies Mission 1001; 1024
Wettrüsten 900
Widerstandsrecht 348
Wiedergeburt 532; 867; 878; 1136; s. auch Rechtfertigung
Wiedertaufe 819 A 237; 821 A 240; 823; 825; 827 A 258
Wiener Kongreß 381; 387; 490
Wildgeister 47
Wirtschaft, Wirtschaftsstrukturen 99ff; 165; 192; 196; 200; 232; 253; 287f; 315; 328; 355 A 83; 426; 434; 440; 444f; 448; 457; 630
Wirtschaftliche Entwicklung 90; 99; 190; 364; 387
Wirtschaftliche Interessen 178; 198; 290; 338; 355 A 83; 379; 434; 448; s. auch Imperialismus
Wirtschaftliche Probleme 498; 593; 661 A 30
Wirtschaftspolitik 99; 176; 183; 283; 297; 345; 406; 542; 577; 1122; s. auch Ausbeutung
Wirtschaftswissenschaften 361; 364; 521; 887
Wirtschaftszyklen 92; 95; 103ff; 649
Wissenschaft 40ff; 75f; 86 A 15; 651f; 657; 677; 949
Wissenschaftsbegriff 20; 361; 520 A 15
Wissenschaftsgläubigkeit 512; 522; s. auch Szientismus
Wohl 107; 199; 233; 262ff; 285; 323; 1168
Wohlfahrt, öffentliche 316; 584; 594; 798; 811
Wohlfahrtsorganisationen, kirchliche 158–160; 534f; 559; 727 A 26; 1000; s. auch Diakonie
Wohlfahrtsstaat 346

Wohltätigkeit 659; 738; s. auch Diakonie
World Mission Prayer League 1136
World Vision International 1132
Wort Gottes 242; 863; s. auch Evangelium
Wunder 63; 229; 241f; 271; 276; 293; 301ff; 305; 307 A 53; 310; 314
Wycliffe Bible Translators 206; 636 A 45; 1167; 1177 A 55

Xangô 199; 844; 856; 881
Xetá 36
Xibalba 49
Xipe Tótec 32 A 101
Xlapak 44
Xolotl 55

Yaguarón (Reduktion) 144; 264
Yanacona, Yanaconato, Yanaconaje 99; 181+A 56; 262; 457; 1044 A 6
Yaqui 732; 938
Yaxchilán 44
Yerba-Mate → Mate-Te
Ypacaraí-See 264; 305f
Ytá (OFM-Reduktion) 264
Yucatán 37; 44f; 109; 494; 732; 945; 952; 961; 1083
Yungas 452

Zacatecas 104; 143; 248 A 76; 726 A 23
Zambo 82 A 11; 480; 881
Zapoteken 242
Zauberei, Zaubermittel 48; 314; 320; 321 A 100
Zayil 44
Zehnter 123 A 99; 125; 131; 135ff; 180; 263; 285; 353; 394; 407; 435; 451; 462; 477; 483f; 496; 509; 605; 618; 639; 654f; 705 A 18; 727
Zeitauffassung 49; 56 A 88
Zeitungen 329+A 10; 342; 364 A 106
Zemi 52 A 70
Zensur 261; 335 + A 28; 341; 427f; 450; 464; 470; 476; 479; 493; 643; 654; 702; 994; 1056; 1121f; 1128 A 179
Zentralamerika (ZA) 65; 118; 146; 148; 153; 175; 329; 362; 398; 402f; 416; 697 A 1; 711; 768 A 77; 917 A 106; 1067; 1083f

Zentralamerikanische Föderation (ZAF) 402; 404; 412; 489ff
Zentralismus, Zentralisierung 132; 256; 300; 330; 346; 360; 391; 404; 434; 436; 454; 485; 495; 497 A 272; 630 A 24; 653; 681; 702; 721; 886
Zeugen Jehovas 596; 707; 876 A 92; 1135
Zeugenvolk 453; 457; 489; 494; 1084
Zinacanteco 322 A 101
Zipaquirá 371
Zisterzienserinnen 623
Zitrusfrüchte 104 A 53
Zivilisation, abendländische 58ff; 188; 212; 214; 225; 230 A 48; 233; 242; 323; 356f; 363; 384; 386; 417; 421f; 457; 507; 558; 575f; 652; 731; 922; 944; 1151; 1166

Zivilisierung 77; 168; 211ff; 477; 818; 828
Ziviljustiz 469; 476
Zivilregister 87 A 16; 407; 423; 483; 487; 502; 594; 606; 821; s. auch Tauf- und Heiratsregister
Ziviltrauung, Zivilehe 443; 478; 487; 491; 505; 550; 567; 578; 594; 600f; 606; 621; 623; 626; 639; 653 A 8; 654; 661 A 30; 665; 999
Zölibat 130 A 120; 250f; 259; 267 A 20; 278; 428f +A 70; 459; 461; 823 A 244; 1087; 1092; 1094; 1095 A 71; 1104
Zuckerrohr, Rohrzucker 104 A 53; 105; 288; 290; 376; 480; 542; 548; 684
Zuckerrohrplantage, Ingenio, Engenho 81f; 88; 95; 103+A 50; 105+A

56; 152; 185; 188; 201; 294; 317; 425; 543; 996f; 1044 A 6
Züchtigung 209f; 217; 226f; 243
Zünfte, Gilden 80; 91; 298; 316; 508; 538
Zwang, Zwangsmaßnahmen 209ff; 213; 243 A 71; 340
Zwangsarbeit 68; 80f; 90; 99; 101; 107; 136; 169; 171; 175; 177ff; 180f+ A 56; 188; 198; 215; 340; 355; 445; 454 A 141; 458; 462; 655; 687; 996; s. auch Encomienda
Zweireichelehre 565; 586; 647; 747; 764; 770; 774; 792 A 138; 910; 1122; s. auch Öffentlichkeitsauftrag
Zwettler-Codex 155

Errata

S. 23 Anm. 16: IV. Encuentro Latinoamericana (statt: VI. Encuentro Latinoamericana)

S. 247 Anm. 76 Nr. 2: ca. 1550–1560 (statt: 1550–1650) – 1681 Neugründung (statt: Neugründung)

S. 1109 Abschnitt 53223 Z. 4: Fortaleza (statt: Belém)

THEOLOGIE DER ÖKUMENE

15 José Míguez Bonino

Theologie im Kontext der Befreiung

Aus dem Englischen von A. Gensichen. 176 Seiten, kartoniert

Was hat es mit der lateinamerikanischen Theologie der Befreiung auf sich? Wie ist sie entstanden, wohin führt sie? Will sie die politisch-soziale Befreiung der Entrechteten und Unterdrückten theologisch begründen? Will sie Lateinamerika vielleicht gänzlich vom Joch abendländischer Theologie befreien?
An mehr oder weniger sachkundigen Äußerungen über diese Theologie ist kein Mangel. Auch einige ihrer grundlegenden Texte sind inzwischen zugänglich. Was bisher fehlte, war eine Selbstdarstellung, die zugleich auslegt, die ihre Herausforderung der herkömmlichen Theologie so verständlich macht, daß ein Gespräch möglich ist.
José Míguez Bonino, seit langem maßgebender protestantischer Sprecher und Interpret der lateinamerikanischen Befreiungstheologie, bietet keine fertigen Konzepte. Wohl aber liefert er Anstöße, im Doppelsinn des Wortes: Impulse, die zum Weiterdenken nötigen, auch wenn sie mit harter Kritik am herkömmlichen theologischen Betrieb verbunden sind.

11 Kazoh Kitamori

Die Theologie des Schmerzes Gottes

Aus dem Japanischen von Paul Schneiß. 1972. 172 Seiten, kartoniert

„Mit diesem Buch ist es nun möglich, asiatische Theologie am Denken eines führenden lutherischen Theologen Japans kennenzulernen, und es kann überprüft werden, wie sehr sich abendländische und ‚eingeborene' Theologie von einander unterscheiden. Nicht nur als wissenschaftliche Leistung aus dem fernöstlichen Raum verdient diese Arbeit Beachtung, sie vermag auch für die theologische und spirituelle Existenz des Christen heute Hinweise und Richtungen zu eröffnen, die dankbar stimmen und besser zu leben verhelfen."
Deutsches Pfarrerblatt

Vandenhoeck & Ruprecht · Göttingen und Zürich

SAMMLUNG VANDENHOECK

Sergej N. Bulgakov
Sozialismus im Christentum?
Herausgegeben, übersetzt und eingeleitet von Hans-Jürgen Ruppert
176 Seiten, kartoniert

Der russische Nationalökonom und Theologe S. N. Bulgakov (1871 bis 1944) war ursprünglich ein Mitstreiter Lenins, dann einer seiner eindringlichsten Kritiker, der 1924 emigrieren mußte. Aus seiner intensiven eigenen Erfahrung heraus sieht er den Sozialismus als **die** Herausforderung an das Christentum unserer Zeit. Seine Überlegungen, in denen er theologische, ökonomische und soziologische Probleme einsichtig miteinander verbindet, haben nichts von ihrer Aktualität eingebüßt.

Donald E. MacInnis
Religionspolitik im kommunistischen China
Theorie und Praxis in Dokumenten

Übersetzt von E. Langerbeck
350 Seiten, Paperback

„Der Verfasser ist Sekretär des ‚National Council of Churches of Christ' und für China zuständig, wo er bis zur Machtübernahme der Kommunisten als Dozent tätig war. Er ist zweifellos einer der bestinformierten Männer über die Rolle und das Los der Religion in China. Das von ihm vorgelegte Buch enthält eine umfangreiche Sammlung von offiziellen Dokumenten zur Religionspolitik Pekings. Die Übersetzung dieser Dokumentation ist sehr zu begrüßen."   Politische Studien

Vandenhoeck & Ruprecht · Göttingen und Zürich

Mono
Dé ?
158.-